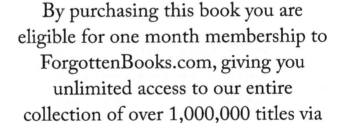

ISBN 978-0-267-07049-7
PIBN 11292881

FB &c Ltd, Dalton House, 60 Windsor Avenue, London, SW19 2RR.
Company number 08720141. Registered in England and Wales.

For support please visit www.forgottenbooks.com

DIE

GARTENWELT

ILLUSTRIERTE WOCHENSCHRIFT
FÜR DEN GESAMTEN GARTENBAU

HERAUSGEGEBEN
VON

MAX HESDÖRFFER, BERLIN

XII. JAHRGANG
(1. Oktober 1907 bis 31. Dezember 1908)

MIT FÜNFZEHN FARBIGEN KUNSTBEILAGEN UND ETWA SIEBENHUNDERTUNDFÜNFZIG TEXTABBILDUNGEN

BERLIN.
VERLAGSBUCHHANDLUNG PAUL PAREY.
Verlag für Landwirtschaft, Gartenbau und Forstwesen.
SW., Hedemannstrasse 10.
1908.

DRUCK: ANHALT. BUCHDRUCKEREI GUTENBERG, E. G. M. B. H., IN DESSAU.

Inhalt des zwölften Jahrganges.

(Die illustrierten Artikel sind mit einem * versehen.)

Ampelpflanzen.

Blumenbindekunst.

Blumentreiberei.

Chrysanthemum.

Dahlien.

Farne.

Gartenausstattung.

Gärten, Aus deutschen.

Gehölze.

Gemüsebau.

Gewürzkräuter.

Handelsgärtnereien, Aus ausländischen.

Handelsgärtnereien, Aus deutschen.

Kakteen und Sukkulenten.

Koniferen.

Kultureinrichtungen.

Landschaftsgärtnerei.

Obstbau.

Orchideen.

Palmen.

Pflanzen, Insektenfressende.

Pflanzen, Neue.

Pflanzendekoration.

Pflanzendüngung.

Pflanzenkrankheiten.

Pflanzenkunde.

Pflanzenschädlinge.

Pflanzenvermehrung.

Reiseskizzen, Gärtnerische.

Rosen.

Schlingpflanzen.

Schnittblumenkultur.

Sommerblumen.

Stauden.

Sumpf- und Wasserpflanzen.

Topfpflanzen.

Unterrichtswesen, Gärtnerisches.

Zwiebel- und Knollengewächse.

Bücherschau.

Fachgenossen, Verdiente.

Nachrufe.

Preisausschreiben.

Sport.

Tafeln.

Vereinen, Aus den (Kongresse, Versammlungen.)

Vogelschutz.

Fragen und Antworten.

Briefkasten der Redaktion.

Alphabetisches Sachregister.

(Die illustrierten Artikel sind mit einem „*" versehen.)

Die Gartenwelt.

Illustrierte Wochenschrift für den gesamten Gartenbau.

Herausgeber: Max Hesdörffer-Berlin.

Bezugsbedingungen: **Erscheint jeden Sonnabend.** **Anzeigenpreise:**

…rch **jede Postanstalt bezogen** Preis 2.50 M. vierteljährl. In Österreich-Ungarn 3 Kronen. …i **direktem Bezug unter Kreuzband:** Vierteljährlich 3 M. Im Weltpostverein 3.75 M. Einzelpreis jeder Nummer 25 Pf.

…i ohne Vorbehalt eingehenden Beiträgen bleibt das Recht redaktioneller Änderungen …rbehalten. Die Honorarauszahlung erfolgt am Schlusse jeden Vierteljahrs.

Die Einheitszeile oder deren Raum 30 Pf.; auf der ersten und letzten Seite 50 Pf. Bei grösseren Anzeigen und Wiederholungen steigender Rabatt. Beilagen nach Übereinkunft. **Anzeigen in der Rubrik Arbeitsmarkt** (angebotene und gesuchte Stellen) kosten für Abonnenten einmalig bis zu 10 Zeilen Grösse M. 1.50, weitere Zeilen werden mit je 30 Pf. berechnet. Erfüllungsort auch für die Zahlung: Berlin.

Adresse für Verlag und Redaktion: Berlin SW. 11, Hedemannstrasse 10.

XII. Jahrgang No. 1. | Verlag von Paul Parey, Berlin SW. 11, Hedemannstr. 10. | 5. Oktober 1907.

Illustrierte Wochenschrift für den gesamten Gartenbau.

Jahrgang XII. | 5. Oktober 1907. | No. 1.

Stauden.

Einiges über die neuen Regelio-cyclus Iris und deren Kultur.

Von **C. G. van Tubergen jr.**, Handelsgärtnerei „Zwanenburg" in Haarlem (Holland).

(Hierzu drei Abbildungen.)

Es ist in fachmännischen Kreisen eine wohlbekannte Tatsache, die auch von vielen Liebhabern anerkannt werden muß, daß die Gruppe der *Oncocyclus-Iris*, wovon *Iris Susiana* (die Dame in Trauer), *Lortetii, Gatesi* und *iberica* wohl als die bekanntesten bezeichnet werden müssen, in der Kultur viele Schwierigkeiten mit sich bringt. Man bemüht sich meistens vergebens, die Pflanzen länger als ein, höchstens zwei Jahre gesund zu behalten, und dies ist um so mehr zu bedauern, als die Blumen eine eigentümliche Schönheit besitzen, die selbst den verwöhntesten Geschmack befriedigen kann.

Teilansicht der Kulturen der Regelio-cyclus Iris in der Gärtnerei von C. G. van Tubergen jr., Haarlem (Holland).
Originalaufnahme für die „Gartenwelt".

Viel ist schon über ihre Kultur in Fachzeitschriften veröffentlicht worden, doch stehen wir der Lösung des Problems noch ziemlich fern. Wenn man im Auge hat, daß die *Oncocyclus-Iris* hauptsächlich auf den Hochebenen und südlichen Bergabhängen Kleinasiens und den angrenzenden Gebieten heimisch sind, wo eine Glutsonne bei wenig Niederschlägen im Sommer die Rhizome röstet und abreifen läßt, dann darf es uns nicht wundern, daß die Pflanzen sich in unserm immer feuchten, westeuropäischen Klima niemals heimisch fühlen können. Wenn sie aus ihrer sonnigen Heimat importiert werden, blühen und wachsen die Sorten wohl im ersten Jahre üppig, doch wenn die Periode kommt, zu welcher die Rhizome durch Wärme und Trockenheit abreifen müssen, um sich für den nächstjährigen Flor zu stärken, fehlt leider nur allzu oft die so dringend notwendige Sonne. Die Pflanzen wachsen infolgedessen weiter, bis tief in den Herbst hinein, machen zahlreiche Seitentriebe, doch wenn Frost kommt, fault die Belaubung, die nicht widerstandsfähig ist, ab, und die Rhizome gehen zugrunde. In meiner Gärtnerei, wo ich seit Jahren persönlich die umfangreichsten Versuche mit dieser herrlichen Irisklasse unternommen habe, werden nun, um genanntem Übelstande vorzubeugen, die Rhizome gegen Ende Juli aus der Erde genommen, getrocknet, in diesem Zustande zur Ruhe gezwungen und Ende Oktober wieder eingepflanzt.

Obgleich dieses Verfahren weit besser ist, als die Pflanzen stehen zu lassen, ist doch wieder vieles dagegen einzuwenden, und kann man sich nur wundern, daß die der *Oncocyclus*-Gruppe so nahe stehende *Regelia*-Sektion der *Iris* so bedeutend viel leichter in der Kultur ist und jedes Jahr wieder gesund zum Vorschein kommt. Die zu dieser Klasse gehörenden Spezies, *Iris Korolkowi, Leichtlini, vaga* und *Suworowi*, obgleich in Gestalt und Farbe den Blumen ihrer Schwestern bei weitem unterlegen, entschädigen uns wenigstens durch ihre Reichblütigkeit etwas für die alljährliche Täuschung, welche die *Oncocyclus-Iris* uns bereitet, und jeder Blumenliebhaber, der beide Gruppen zusammen in Blüte gesehen hat, wird wohl den Wunsch gehegt haben, eine Rasse zu besitzen, die sowohl die Reichblütigkeit der *Regelia Iris* als die Schönheit der Blumen der *Oncocyclus*-Gruppe in sich vereinige. —

Einzelblume der Regelio-cyclus Iris „Thalia".
Originalaufnahme für die „Gartenwelt".

Es gereicht mir darum zur großen Freude, erklären zu können, daß aus von mir seit Jahren durchgeführten, glücklich gelungenen, künstlichen Befruchtungen eine Rasse hervorging, die sich nicht nur durch leichte Kultur und williges Blühen auszeichnet, sondern auch die oncocyclusartigen, großen und herrlich gezeichneten Blumen trägt. Jeder, der sich auch nur einigermaßen mit Blumenzucht und künstlicher Bestäubung befaßt, wird es erklärlich finden, daß ich zu Samenträgern die oben erwähnten Spezies der willig wachsenden *Regelia*-Gruppe benutzte. Ich befruchtete sie mit dem Pollen der schönsten Blumen von der *Oncocyclus*-Klasse und erwies es sich schon nach ein paar Tagen, durch das Welkwerden der Blumen, daß eine Befruchtung stattgefunden hatte. Die Samen gingen willig auf und die jungen Sämlinge hatten sich nach dreijähriger Kultur zu großen, starken Exemplaren ausgebildet, die mehrere Blütenknospen zeigten. Die Blumen waren noch schöner, als ich mir vorgestellt hatte. Weil ich damals über sehr viel Material verfügen konnte, hatte ich möglichst viele und verschiedenartige Kreuzungen vorgenommen. Das Resultat zeigte sich in den mannigfaltigsten Farbenzusammenstellungen; auf schneeweißem, hellblauem, rosafarbigem, goldbronzenem oder tief indigoblauem Grunde sind die Blumen mit dunklen Nerven und Adern durchzogen, wie die Abbildungen (obenstehend und Seite 3) deutlich zeigen, und haben meistens mitten auf den unteren Blütenblättern einen kohlschwarzen Fleck. In Größe und Form stellen die Blumen sich denen der *Oncocyclus-Iris* zur Seite und haben überdies noch den Vorzug, zu zweien an jedem Stengel zu sitzen. Sobald die erste Blume verblüht ist, kommt die zweite zur vollen Entwicklung.

Der Habitus der Pflanzen ist wie bei den Samenträgern recht kräftig und gesund, die Stengel erreichen bei großen Exemplaren bisweilen zwei Fuß Höhe. Ich habe die *Regeliocyclus Iris* nun schon 8 bis 10 Jahre in Kultur und damit verschiedene Grundstücke in meiner Gärtnerei bepflanzt, um mich zu vergewissern, ob sie sich dauernd unserem Boden und Klima anpassen. Voriges Jahr hatte ich damit ein sandiges Terrain gegen Süden besetzt, das Resultat läßt sich auf dem Bilde der Titelseite ersehen; keine Pflanze fehlte und die meisten hatten zwei bis drei Blütenstengel.

An ungeteilten Exemplaren, die, wie sie voriges Jahr aus der Erde genommen waren, wieder gepflanzt wurden, zählte ich sechzehn offene Blumen und Knospen, und es läßt sich der Eindruck denken, den ein solches Exemplar in voller Sonne an einem windstillen Tage macht, denn Wind und Regen sind die größten Feinde der zart gebauten, großen, fantastischen Blumen.

Unter den zahlreichen Varietäten, die entweder schon seit einigen Jahren im Handel sind, oder noch immer durch fortgesetzte Kreuzungen neu entstehen, dürften die folgenden wohl als die wertvollsten bezeichnet werden:

Artemis (*Iris Korolkowi violacea* × *Mariae*), Abbildung nebenstehend, sehr robust, auf grauweißem Grunde dunkel violett genetzt; eine der besten.

Antigone (*Iris Korolkowi violacea* × *iberica*), schön rund gebaut, hell purpurviolett mit großen, blauschwarzen Mittelflecken.

Charon (*Iris Korolkowi venosa* × *atropurpurea*), eine der wunderbarsten Farbenzusammenstellungen; auf kupferbraunem Grunde sind die Blumen hellpurpurn angehaucht, mit goldbronzenen Adern durchzogen und hellgelb umsäumt.

Hesperia (*Iris Suwarowi* × *iberica*), Dom hellilarosa, untere Blütenabschnitte auf silbergrauem Grunde braun geadert.

Isis (*Iris Korolkowi concolor* × *iberica van. Houttei*), tief purpurrot mit braunroten Nerven und schwarzen Mittelflecken.

Thalia (*Iris Korolkowi typica* × *Susiana*), Abbildung Seite 2, herrliche Farbe; auf silberweißem Grunde dunkel lila genetzt und umsäumt, mit großen, stark ausgeprägten, blauschwarzen Mittelflecken.

Sirona (*Iris Korolkowi Leichtliniana* × *paradoxa*), kleinblumig, doch von auffallender Schönheit; Dom dunkel indigofarbig, Lippe kurz und breit, schwarz gefleckt und auf purpurrosa Grund blauschwarz durchadert.

Bellis perennis fl. pl. „Ruhm von Frankfurt".
Originalaufnahme für die „Gartenwelt".

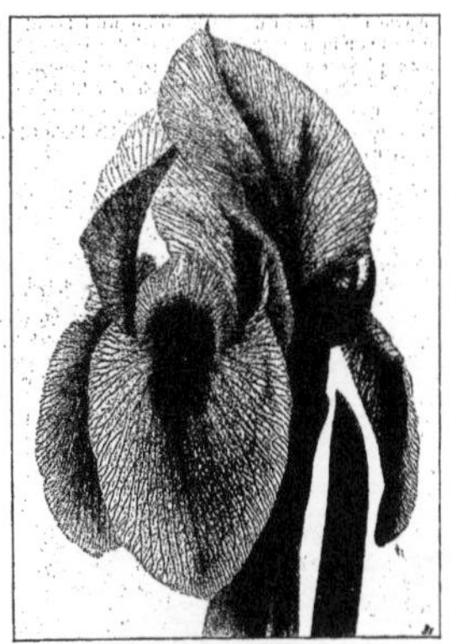

Regelio-cyclus Iris „Artemis".
Originalaufnahme für die „Gartenwelt".

Kultur.

Vor allen Dingen wähle man einen sonnigen, am besten gegen Süden offenliegenden Standort, am Fuße einer Mauer oder überall wo die Pflanzen am meisten der Sonne ausgesetzt sind. Die Erde wird tief ausgegraben, wenn dieselbe für Wasser schlecht durchlässig ist, auch reichlich mit scharfem, reinem Sande vermischt. Nichts schadet den Pflanzen mehr als Grundwasser im Winter; es ist also gute Drainage von äußerster Wichtigkeit. Ist der Boden kalkarm, so soll man auf jeden Quadratfuß eine Handvoll pulverisierten Kalkschutt geben. In die so zubereitete Erde lege man die Rhizome, welche, um der Fäulnis vorzubeugen, mit scharfem Sande umgeben werden. Auf schwerem Boden ist eine Tiefe von 3 bis $3^1/_2$ cm genügend, während in leichter Sanderde eine Schicht Erde von $4^1/_2$ cm auf die Rhizome gebracht werden muß. Je schwerer die Beschaffenheit des Bodens, um so weniger Dünger ist zu verwenden; er ist armem Sandboden reichlich zu geben. Am besten verwendet man fein geriebenen alten, zersetzten Kuhdünger. Die bei einigen Varietäten an den Rhizomen befindlichen Wurzeln werden sorgfältigst ausgebreitet, weil sich daran vor dem Winter zahllose Faserwurzeln bilden, die von großer Wichtigkeit sind. Pflanzzeit ist gegen Ende Oktober.

Im Winter gebe man etwas Deckung durch Stroh oder Blätter, die natürlich im Frühjahre, sobald die Triebe aus der Erde hervorkommen, schleunigst entfernt werden. Die Pflanzen blühen Mitte Mai und lasse man sie weiterwachsen bis Ende Juli, zu welcher Zeit die Blätter gelblich werden; wenn die Rhizome jetzt nicht herausgenommen werden, bilden die am Fuße der Blätter sitzenden Stiele sich zu weit aus; sie müssen durch Ausgraben der Rhizome und trockenes Aufbewahren in ihrem Ruhezustande erhalten werden. Wenn die Rhizome geerntet sind, werden sie nötigenfalls geteilt, die Wurzeln etwas eingekürzt, ohne jedoch das Laub zu beschneiden, und ohne weiteres in einem ganz trockenen, möglichst sonnigen Raume zum Nachreifen bis Ende Oktober aufbewahrt und dann neu gepflanzt.

Bellis perennis fl. pl. Ruhm von Frankfurt.

(*Hierzu eine Abbildung.*)

Seit Jahren ist man in den Kreisen der Neuheitenzüchter bemüht, auch unter den *Bellis* schöne, leuchtende Farben und große Blumen zu erzielen.

Hat man nun auch bereits nennenswerte Erfolge in der Anzucht schöner, gefüllter, reinweißer und rosafarbiger Blumen gehabt, so brachte uns doch in diesem Jahre die Mannheimer Neuheitenausstellung eine *Bellis fl. pl.*, unter dem Namen *Ruhm von Frankfurt* von der Firma Wilh. Alms, Samen- und Pflanzenhandlung in Frankfurt a. M.-Oberrad, ausgestellt, die tatsächlich den ihr zugesprochenen I. Preis für die beste noch nicht im Handel befindliche Staudenneuheit verdient. — *Bellis perennis fl. pl. Ruhm von Frankfurt* bildet starke Büsche und zeigt dicht gefüllte, leuchtend rote, von kräftigen Stielen getragene Blumen mit röhrigen Petalen, die einen Durchmesser von 5 bis 6 cm erreichen, also größer wie ein Fünfmarkstück sind, und eine äußerst lange Blütezeit aufweisen; dieser Blütenreichtum dauert ununterbrochen vom Frühjahre bis zum Herbste.

Ich erstand diese schöne Neuheit von obengenannter Firma, welche dieselbe vom Züchter ankaufte, in Massen heranzog und jetzt in den Handel bringt.

Für Parterre- und Blumenanlagen wird diese neue *Bellis* eine wertvolle Bereicherung bedeuten.

Auch für Bindereizwecke ist diese Sorte von Bedeutung und der Schnittblumenzüchter sollte mit ihr rechnen, zumal die schönen Blumen von sehr langen, kräftigen Stielen getragen werden.

Bellis perennis Ruhm von Frankfurt läßt sich durch Teilung leicht und willig vermehren, man kann dadurch einen Bestand schöner, leuchtender Maßliebchen heranziehen, die ob ihres großen Wertes ihren Platz unter den vielen Neuheiten behaupten werden.

F. Tutenberg, Stadtgärtner, Offenbach a. M.

Nachschrift des Herausgebers. Dem vorstehenden günstigen Urteile stimme ich vollkommen bei; ich habe diese *Bellis* in Mannheim gesehen und sie anerkennend in Jahrg. XI, Seite 406 erwähnt.

Gruppe der neuen Blütencanna „Mme Marguerite Mühle".
In der Handelsgärtnerei von Árpád Mühle, Temesvár, für die „Gartenwelt" photogr. aufgenommen.

Zwiebel- und Knollengewächse.

Die Cannaneuheiten Mme Marguerite Mühle und Hungaria.

Von **Árpád Mühle**, Handelsgärtner, Temesvár (Ungarn).
(Hierzu zwei Abbildungen.)

Die *Canna* sind ausgesprochene Südlandskinder, sie brauchen zu ihrer Entfaltung und zu ihrem üppigen Gedeihen und Blühen Licht und Wärme — also Sonne in schrankenloser Fülle. Nicht umsonst war es an Frankreichs südlichem Meeresstrich, mit seinem ewigblauen und sonnigen Himmel und seinen lauen Wintermonaten, wo sich aus den unscheinbaren Blüten der *Canna* unter Crozys glücklichen Händen die heutigen, von Blumen strotzenden Prunkstücke entfalteten. Ebenso waren es die sonnendurchglühten Gefilde Neapels, wo Sprenger mit der ihm eigenen, seltenen Liebe und Hingabe zur Pflanzenwelt uns aus der flatterigen *Canna flaccida* den Reigen der orchideenblumigen Riesensorten erschloß. In deutschen Landen war das sonnige Württemberg der Ausgangspunkt so vieler herrlicher und unvergänglicher Blütensorten.

In heißen, trockenen Himmelsstrichen gibt es für die Blütencanna keine Rivalin, die es ihr an Blüten- und Farbenreichtum gleichtun könnte. Zeitig in Töpfe gepflanzt, angetrieben und Mitte Mai ins Freie ausgepflanzt, entwickeln sie von Anfang Juni an ihren unverwüstlichen, sich immer aufs neue ergänzenden Blütensegen, erst der rauhe Frost zerstört den unversiegbaren Blütenborn. Im südlichen Ungarn, mit seinem ziemlich jähen Übergang vom Winter zum Sommer und seinen vom Mai bis Ende September fast unausgesetzt heißen und trockenen Monaten, also mit förmlichem Steppenklima, das vielen Pflanzengattungen so manchen derben Streich schon spielte, hat die *Canna* eine neue Heimat gefunden! Hier ist sie unumschränkte Herrscherin im Reiche der Sommerblumen, hier blüht und glüht sie im tollsten Sonnenbrande in unerreichter Fülle. Was Wunder, wenn mich der verblüffende Cannazauber immer mehr gefangen nahm und ich dem Studium und der Kultur dieser Blütenpflanze mit wahrem Eifer oblag. Die alljährlich erschienenen Neuheiten fanden mit ihren verlockend ausgestellten Schönheitszeugnissen in mir einen gutgläubigen Abnehmer, und so bevölkerten schließlich jahrein jahraus die edelsten Cannasorten mein sommerlich durchglühtes Gartenland. Im Verlaufe der mehrjährigen Beobachtungen fand ich in den steten Neuerscheinungen, trotz der immer größer und edler werdenden Einzelblüte, nicht mehr den alten Zauber von Sorten wie *Königin Charlotte*, *Paul Meylan*, *Paul Lorenz*, *Adolf Ernst* und dergl. wieder. Es fehlte den meisten Neuheiten die ungebundene Blütenfreudigkeit; die einzelnen, mastigen und pompösen Blütenschosse brauchten bedeutend längere Zeit, bis sie sich aus ihrem tropisch-üppigen Blattschmucke herausschälten und erschlossen auch langsamer ihre Dolden und Blüten. In der vollen Blüte entzückten sie zwar durch den neuartigen Reiz ihrer oft enorm großen Blüten und die unerschöpflichen Variationen der roten und gelben Farbenskala, doch verstimmten sie uns oft auf geraumere Zeit durch den zeitweiligen totalen Blütenstillstand, bis sie endlich wieder ein bis zwei Blütentriebe breitspurig hervorbrachten. Wie ganz anders verhielten sich dagegen die älteren Sorten, die mit ihren willig aufeinander folgenden Blütenschäften die Pflanze stets mit Blüten überschütteten. In der Erkenntnis, daß die Cannazüchtungen sich nur dann auf richtiger Fährte befinden, wenn wir ihnen eine womöglich noch erhöhte Blühwilligkeit anzüchten, und daß wir dann die monströse Größe der einzelnen Dolden und Blüten vermissen können, wenn diese auf Kosten des Blütenreichtums geht, entschloß ich mich, eine beharrlich durchgeführte Befruchtung mit den nur
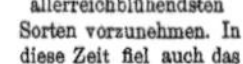
allerreichblühendsten Sorten vorzunehmen. In diese Zeit fiel auch das

Blütenstiele der neuen Canna „Mme Marguerite Mühle".
In der Handelsgärtnerei von Árpád Mühle, Temesvár, für die „Gartenwelt" photogr. aufgen.

Erscheinen der ersten sogenannten „weißen“ *Canna*, wie *Alsace*, *Meriem Lombard*, *Miss Anny Keer* und dergl. mehr, welche mir als neues Farbenmaterial willkommenen Anlaß boten, sie recht häufig mit zur Befruchtung heranzuziehen, um womöglich eine Abwechslung in das ewig wiederkehrende Rot und Gelb zu bringen. So entstanden denn nach einigen Jahren eine ganze Anzahl ungemein reichblühender Cannavarietäten, unter welchen jedoch als Krone in bezug auf Blühwilligkeit und Farbe die Sorte *Mme Marguerite Mühle* hervorragte. Sie ist das Ideal einer Blütencanna, wie ich es mir erträumte, eine fürstliche Verschwenderin an Blüten, eine Aristokratin in der Farbe, dabei in Bau und Wuchs ein kerngesundes, unverwüstliches Naturkind. Die Blütenschosse erscheinen in ununterbrochener Folge und tragen stets 3 bis 4 mal, oft auch noch reicher verzweigte Blütentriebe. Die Blüten öffnen sich an den Trieben größtenteils zu gleicher Zeit, so daß die Pflanzen immer mit großen Blütensträußen geschmückt sind. Was die Farbe anbelangt, so steht diese einzig unter allen *Canna* da, ein leuchtendes, wunderbar klares Seidenrosa mit tieferen Tönungen, welches besonders in den Morgenstunden wie transparentes, rosiges Glas erscheint.

Die photogr. Aufnahme Seite 4 zeigt eine Gruppe, die vollständig mit dieser Sorte bepflanzt ist; sie ruft das Staunen und Entzücken aller Besucher hervor. Das Blattwerk ist prächtig blaugrün, mit feinem, rötlichem Saume. Trotz der höchsten Hitzegrade (wir haben oft an 40° C. im Schatten!) zeigte es niemals Spuren vom Sonnenbrand, dem so manche und ganz besonders die neuesten robustblättrigen Sorten oft zum Opfer fielen. Der Wuchs ist unübertroffen, gleichmäßig, reichverzweigt, und erreichen die Pflanzen eine Höhe von 70 bis 80 cm, dabei gehen sie infolge der rasch aufeinanderfolgenden Blütentriebe in die Breite, wobei sich die Rhizome sehr vermehren. Diese Sorte ist der Vorläufer einer kommenden, wunderbar reichblühenden, neuartig rosagefärbten Cannageneration. Im nächsten Frühjahre gebe ich einen Nachkömmling der Sorte *Mme Marguerite Mühle* unter dem Namen *Hungaria* in den Handel. Bei dieser Sorte ist die rosa Farbe ganz großartig rein herausgezüchtet worden, denn sie besitzt ein vollkommen La France-artiges, weiches, noch nicht dagewesenes rosa Kolorit. Der Wuchs ist nicht höher wie 40 cm, die Blütentriebe gehen nie über 80 cm Höhe hinaus.

Ananasfrucht der Sorte Smooth Cayenne.
Originalaufnahme für die „Gartenwelt“.

Die Blütendolden sind für diese Zwergsorte enorm groß, ebenso ist die einzelne Blüte von edler Größe und Breite. Die Blühwilligkeit ist im Vergleiche zu so vielen anderen Sorten noch immer eine große zu nennen, doch jene der Stammsorte erreicht sie nicht, dürfte auch nicht so bald erreicht oder gar überholt werden.

Unter den vielen Aussaaten, die ich von der Sorte *Mme Marguerite Mühle* gewonnen habe, konnte ich das Mendelsche Gesetz sehr auffallend beobachten. Ich säte eine Anzahl Samen, die aus Selbstbefruchtung und jener der Bienen hervorgingen, also welche ohne jegliches künstliches Hinzutun an den Trieben reiften. *Mme Marguerite Mühle* stammt in letzter Instanz von der „weißen“ *Meriem Lombard* und der magentaroten *Ami Beney* ab. Jetzt nach Jahren fielen unter den vielen rosigen, roten und ganz dunkelroten Sämlingen etwa 15 % „weiße“ Abkömmlinge, jedoch mit der um vieles verbesserten und vergrößerten Form der Sorte *Mme Marguerite Mühle*. Die Blütenformen dieser „weißen“ Sämlinge sind ein großer Fortschritt unter den sogenannten „weißen“ Sorten; allerdings blühen auch diese noch immer im schönsten Blaßzitronengelb auf und bekommen erst in den nächsten Tagen, unter dem Einfluß der Sonnenwärme, die ersehnte weiße Farbe, aber es dürfte sich in 2 bis 3 Jahren aus diesen edlen Sämlingen doch endlich etwas wirklich brauchbares herauszüchten lassen, so daß man dann mit gutem Gewissen eine tatsächlich weise *Canna* in den Handel bringen kann.

Obstbau.

Die Zucht der Ananas in Florida.

Von **H. Nehrling.**

(*Hierzu drei Abbildungen.*)

Es ist ein sonniger Novembertag. Wir besteigen in Jacksonville, der Metropole Floridas, einen Zug der Atlantic Coast Bahn und fahren südlich. Die Luft ist von wunderbarer Reinheit. Überall in der Landschaft herrschen immergrüne Bäume und Sträucher vor, und selbst die laubabwerfenden prangen noch im vollen, grünen Blätterschmucke. Nur die purpurnen und tiefroten Farbentöne der Amberbäume *(Liquidambar styraciflua)* gemahnen uns daran, daß es Herbst ist. In den Gärten blühen Tausende buntfarbiger Blumen. Die Winteraster oder das *Chrysanthemum* ist jetzt im vollen Flor. Sie schmückt im Verein mit roter Salbei, glühendem *Hibiscus*, bunten Petunien und tiefblauen Torenien die Gärten der Hütte wie des Palastes. Der nördliche Teil Floridas bietet im Vergleich mit dem mittleren und südlichen Teile des Staates dem gewöhnlichen Reisenden wenig Anziehendes. Dem Naturfreunde jedoch bieten sich beständig neue, wechselnde Bilder und er empfängt unausgesetzt neue Eindrücke. Die Orangengärten, die einst bis Jacksonville, im Norden des Staates gelegen, sich ausdehnten, wurden in dem großen, verhängnisvollen Froste des 8. Februars 1895 völlig vernichtet, und nur selten sind junge Bäume nachgepflanzt worden. Erst südlich von Palatka, nachdem der Zug den majestätischen

Ananaskulturen unter Schattenhallen in Florida. Originalaufnahme für die „Gartenwelt".

und idyllisch-schönen St. Johns (der indianische Name Walaka wäre schöner! —) gekreuzt und an dessen Ufern dahin fährt, treten Orangenhaine vereinzelt in unseren Gesichtskreis. Vorbei geht es an Satsuma, Pomona, Como, Seville, Orange City und anderen Ortschaften, deren Namen teils schon andeuten, daß hier einst wichtige Kulturstätten der Orange waren. Ganz besonders fallen uns jetzt die vereinzelt und in Gruppen beisammen stehenden, schlanken und majestätischen Palmen *(Sabal Palmetto)* auf. Sie erregen die Aufmerksamkeit aller Reisenden, und durch ein freudiges Staunen und Worte der Bewunderung tun sie ihre Überraschung kund. Nachdem die Bahn nochmals den St. Johns gekreuzt hat, kommen wir nach kurzer Fahrt nach Sanford. Hier tritt uns bereits eine durchaus halbtropische Pflanzenwelt entgegen. Palmen spielen überall in der Landschaft eine hervorragende Rolle. Hier befand sich einst der berühmte Orangenhain des Generals H. S. Sanford, der seinem Besitzer viele Jahre lang ein wahrhaft fürstliches Einkommen sicherte. Nach dem großen Froste verlegte man sich hauptsächlich auf die Kultur von Bleichsellerie und Blumenkohl. Beide Pflanzen gedeihen in dem reichen, gut bearbeiteten Boden im Winter vorzüglich. Das Wasser, das aus zahlreichen artesischen Brunnen in mächtigen Strömen aus der Erde quillt, ist stark schwefelhaltig, scheint sich aber in der Kultur fast aller Pflanzen vorzüglich zu bewähren.

Wir sind nun im eigentlichen Orangengürtel angelangt. Überall zeigen sich unseren Blicken die wohlgepflegten Haine *(Orange grover)*, aus deren dunkelgrünem Laube die Goldorangen in Menge glühen. Wir passieren Maitland, einen Ort, der durch seine halbtropischen Gärten und durch seine vielen Winterpaläste, nördlichen Millionären gehörend, auffällt. Dann folgt Winter Park mit seinen Hotels und den zahlreichen Gebäuden des Rollins College, das idyllisch zwischen Palmen, mächtigen Bambusen und Lebenseichen am Ufer eines klaren, reizenden Sees liegt. Immer zahlreicher werden die Ortschaften und Orangenhaine. Das Auge wird nicht müde, auf die schöne Landschaft zu blicken. Wir wähnen, uns auf einem Vorstadtzuge in der Nähe Chicagos zu befinden, wo sich Ortschaft an Ortschaft reiht. Endlich langen wir in Orlando, unserem Bestimmungsorte, an. Es ist dies das schönste, sauberste Städtchen, das ich je gesehen. Ganz in Palmen, Bambusen, Magnolien, Wassereichen, australischen Grevilleen *(Grevillea robusta)*, mächtigen Dickichten von Aralien *(Aralia papyrifera)*, Orangen, Zitronen und Pomolobäumen und tropischer Blumenpracht versteckt, macht es von vornherein den Eindruck des Idyllischen und Schönen. Es zählt im Sommer nur etwa 6000 Einwohner, im Winter steigt jedoch die Zahl auf 12000 und mehr, da viele Nordländer hier reizende Villen besitzen. Außerdem gibt es noch viele Hotels und Kosthäuser, die im Winter alle überfüllt sind.

Allerwärts fallen dem Neuling hier die vielen, großen Schattenhallen auf. Sie bedecken in und bei Orlando viele hunderte Acker Landes und sind rings mit dichten Bretterwänden umgeben, welche das Innere unseren neugierigen Blicken entziehen. Betreten wir aber eine solche Schattenhalle (Abb. Seite 7), so sehen wir viele Tausende, ja Hunderttausende von Ananaspflanzen dicht gedrängt beisammen stehen, und in der Mitte einer jeden Blattrosette erblicken wir die Frucht. Ein köstlicher Wohlgeruch der reifenden Früchte erfüllt die Luft. Eine wahre Treibhauswärme herrscht in diesen oben mit Latten teilweise gedeckten Hallen. Wird es kalt, dann wird noch mit einem dicken Gewebe zugedeckt und durch bereitstehende Öfen geheizt. Dieser Fall tritt jedoch nur dann ein, wenn das Quecksilber draußen auf — 2 ° C. fällt. Orlando ist das Dorado der Ananaszucht im Zentrum Floridas, doch finden sich in und bei der rings mit prächtigen, klaren Seen eingefaßten Stadt auch zahlreiche Orangengärten, Erdbeerkulturen und Wintergemüse-Gärtnereien.

Die Ananas *(Ananassa sativa;* „Pine Apple") ist ursprünglich im tropischen Amerika heimisch. Sie gehört, wie das im Süden unseres Landes so häufig an den Bäumen in grünen Girlanden herabhängende spanische Moos *(Tillandsia usneoides* — man nennt es neuerdings *Dendropogon usneoides*, Rafinesque) und die überall im südlichen Florida auf Bäumen sich findenden Tillandsien oder Luftpflanzen *(Tillandsia recurvata*, *T. tenuifolia*, *T. juncea*, *T. utriculata*, *T. aloifolia* u. a., engl. Air-plants) zur Familie der Bromeliaceen. Die wilde Frucht ist klein, unscheinbar, wenig schmackhaft und wertlos. Erst in der Hand der Menschen und durch Jahrhunderte lange Kultur hat sie, wie alle unsere Obst-, Gemüse- und Getreidepflanzen, ihre jetzige Vollkommenheit erlangt. Von Amerika aus hat sich dann diese köstliche Frucht über die Tropenländer der ganzen Welt verbreitet. Viele Schriftsteller haben die Ananas für die köstlichste Frucht der Erde erklärt. Über den Geschmack läßt sich streiten. Es geht mit den Früchten ebenso wie mit vielen anderen Dingen: man kann nicht bestimmen, welches die beste ist. Der Nordländer wird seine Äpfel und Birnen, der Südländer Orangen, der Japaner Kakis *(Diospyros Kaki)*, der Tropenbewohner Mangos und Sapodillas und der Bewohner des malayischen Archipels die nach Moschus, Zwiebeln und altem Käse duftenden und wie ein Gemisch von Honig, Birnen, Äpfeln, Ananas und Mangos schmeckenden Durian *(Durio zibethinus)* allen anderen Früchten vorziehen. Ich kann aus eigener Erfahrung versichern, daß keine Frucht mir so ausgezeichnet mundet, als die selbstgezogene, völlig am Stengel reifgewordene Ananas der besten Sorten *(Smooth Cayenne* [Abb. Seite 6], *Sugar Loof*, *Porto Rico* etc.). Tatsache ist es ja auch, daß man in den Kreisen der hohen Aristokratie Europas schon seit vielen Jahren die Ananas als die bevorzugte Frucht angesehen hat. Man zog sie in sehr kostspieligen, eigens zu diesem Zwecke gebauten Gewächshäusern. Eine so gezogene Frucht war stets sehr teuer, und nur Reiche konnten sich ihren Genuß und die bekannte Ananasbowle erlauben. Durch den heutigen Schnellverkehr der Dampfer hat sich diese Frucht in allen nördlichen Ländern heimisch gemacht, denn ganze Schiffsladungen werden von Florida, den Bahama-Inseln, Cuba, Madeira etc. auf die Märkte gebracht.

In den Vereinigten Staaten sind Ananas schon seit vielen Jahren, ebenso wie Bananen, bekannte und beliebte Marktfrüchte. Die ersten Sendungen kamen von Westindien, besonders von Cuba. Dann wurde ihre Kultur in großem Maßstabe auf den aus Korallenriffen bestehenden, Süd-Florida umlagernden kleinen Inseln, den sogenannten Keys, betrieben,

Freiland-Ananaskulturen in Florida. Originalaufnahme für die „Gartenwelt".

und gegenwärtig ist ihre Anzucht in vielen Teilen der Halbinsel zu einer sehr bedeutenden Einnahmequelle geworden. Seitdem diese Kultur in Florida eine so große Ausdehnung angenommen hat, sind die besten und köstlichsten Ananassorten auch dem minder Bemittelten zugänglich. „Pine Apples" gehören heute zu den bekanntesten und beliebtesten Früchten und sind zeitweise sehr wohlfeil. Sie werden jetzt im ganzen südlichen Florida, wo immer sich geeignetes Land zu ihrer Kultur findet, gezogen, teils im freien Lande, teils unter Bedeckung. Die größten Freilandkulturen finden sich an der fast tropischen, erst vor wenigen Jahren durch den Standard-Öl-Magnaten H. M. Flagler durch seine Eisenbahn und die riesigen, fürstlich eingerichteten Hotelpaläste in Palm Beach und Miami, erschlossenen Ostküste. Dorthin ergießt sich jetzt jeden Winter der Strom der vornehmen Welt, ein Strom, der im November einsetzt, im Januar seinen Höhepunkt erreicht und erst im Mai zu versiegen beginnt. Hier an der Ostküste, von Fort Pierce südwärts, sind Tausende von Äckern mit Ananas bepflanzt (Abb. Seite 8). Diese, sowie im Winter gezogene Tomaten bilden hier die Hauptindustrie; Orangen und Pomolos kommen erst in zweiter Linie.

Florida ist der einzige Staat in der Union, wo die Ananas eine zweite Heimat gefunden. Boden und Klima eignen sich gleicherweise zu ihrer Entwicklung. Kaliforniens klimatische Verhältnisse, besonders aber der dortige Boden, sind vollständig ungeeignet; bisher ist Ananaskultur dort nicht erfolgreich gewesen. Gutes Land zur Ananaszucht findet sich in Florida in überreichlicher Menge. Der Boden soll lose und sandig, feucht aber nie naß sein. Nässe schadet den Pflanzen außerordentlich, anhaltende trockene Luft wird ihnen gleichfalls verhängnisvoll. Sie werden zumeist auf Bodenarten angebaut, die sich für Gemüse, Orangen und Feldbau als durchaus ungeeignet erweisen. Der sogenannte „Scrub" hat sich durchgängig als das beste Ananasland erwiesen, namentlich an der Ostküste. Diese fast ganz aus schneeweißem Sande bestehenden Gebüschstrecken sind Florida eigentümlich, und höchst eigentümlich sind auch die Pflanzen, die diese Landflächen dicht bedecken, — Pflanzen, die auf keiner anderen Bodenart angetroffen werden. Es sind mehrere Zwergeichen und Zwerghickory, kaum zwei Meter Höhe erreichend, ferner Andromeden *(Andromeda ferruginea)*, verschiedene Schlingpflanzen, die prächtigen, heideartigen *Ceratiola ericoides*, Michx., eine ganze Anzahl perennierender Pflanzen und besonders auch Fichtenkiefern *(Pinus inops var. clausa)*. Der Boden ist dicht mit weichen Flechten bedeckt. Dieses Land, das sich in breiten Streifen allerwärts durch das Waldland Floridas zieht, eignet sich für gar keine andere Kultur als für Ananas. Auf den Keys gedeihen sie sogar vorzüglich auf dem reinen Korallenfelsen, sofern sich an den Pflanzstellen nur eine kleine Vertiefung mit etwas Humus vorfindet. Daß auf derartigem armen Boden mit Kunstdünger nachgeholfen werden muß, erscheint einleuchtend.

Agave filifera mit Blütenstand.
Im Fürstl. Hofgarten zu Gera (Reuß j. L.) für die „Gartenwelt" photogr. aufgen.

Während in bezug auf eine rationelle Düngung der Ananas die Meinungen der verschiedenen Züchter weit auseinandergehen, weiß man doch mit Bestimmtheit, daß die Pflanze zur Beförderung des Wachstums ein Gemisch von Knochenmehl, getrocknetem Blut und Nitrat (Nitrate of Soda) nötig hat, und daß später ein Dünger, welcher sehr viele Pottasche enthält, zugefügt werden muß, um den Ansatz der Früchte zu befördern. Stalldünger hat sich als durchaus schädlich erwiesen.

Das Land wird zunächst geklärt. Alles Holz, Stumpfen, Wurzeln, Gras und die liegenden Stämme der oft sehr häufigen Sägepalme *(Serenaea serrulata)* werden entfernt und meist an Ort und Stelle verbrannt. Dann wird tief gepflügt, der Boden geebnet und in Beete abgeteilt. Jedes Beet enthält 6 bis 8 Reihen Pflanzen. Die Beete müssen schmal genug sein, um das Bearbeiten und Düngen bequem zu ermöglichen. Da es zwergartige und starkwachsende Sorten gibt, so werden die Reihen in kleineren oder größeren Abständen angelegt. So sind die Reihen der gewöhnlichsten, als *Red Spanish* bekannten Sorte nur 18 bis 20 Zoll von einander entfernt, während die der *Egyptian Queen* 20 bis 22 Zoll, und die der *Porto Rico* 30 bis 36 Zoll auseinanderliegen müssen. Die Pflanzen werden stets von Unkraut rein gehalten, der Boden durch öfter auszuführendes Behacken gelockert. Die Früchte werden etwa eine Woche, bevor sie ihre völlige Reife erlangt haben, sorgfältig abgeschnitten. Die gewöhnliche Sorte *(Red Spanish)* wird zumeist nach Art der amerikanischen Äpfel in Fässer, die besseren Sorten werden aber sorgfältig in Kisten gepackt, die je nach der Größe der Frucht 18, 24, 30, 36, 42, 48 und 54 Stück enthalten. Jede Frucht wird einzeln in dazu geeignetes zähes, weiches Papier gewickelt.

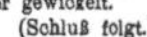

(Schluß folgt.)

Kakteen und Sukkulenten.

Agave filifera. (Hierzu eine Abbildung.) Umstehendes Bild stellt eine in Blüte stehende *Agave filifera* dar, welche im hiesigen Fürstl. Hofgarten am 3. August d. J. in Blüte kam, die bis zum 10. September andauerte. Der Blütenschaft trat vom 4. Juli ab aus der Blattrosette hervor und erreichte eine Höhe von 2,70 m, der Durchmesser des Stieles betrug dicht über den Blattspitzen 3½ cm. *Agave filifera* ist als Dekorationspflanze sehr schön zu verwenden, weil sie eine gleichmäßige, geschlossene Rosette bildet und sich daher als Mittelpflanze auf Teppichbeeten sehr gut ausnimmt. Die abgebildete Pflanze hat ein Alter von etwa 30 Jahren erreicht.

A. Kresse, im Fürstl. Hofgarten, Gera.

Primula floribunda, P. kewensis, P. verticillata.
In der Handelsgärtnerei von Georg Arends, Rönsdorf, für die „Gartenwelt" photogr. aufgenommen.

Topfpflanzen.

Primula floribunda, P. verticillata und die Hybriden von P. kewensis.

Von Obergärtner **Rob. Herold,** Ronsdorf.

(Hierzu eine Abbildung.)

Die in der Überschrift genannten Primeln sind wenig anzutreffen, aber trotzdem recht dankbare, auch als Zimmerpflanzen gut zu verwendende Winterblüher.

Unsere Abbildung zeigt *Primula floribunda* und *verticillata* und die aus einer Kreuzung beider hervorgegangene Hybride *Primula kewensis*. Links auf dem Bilde sehen wir *Primula floribunda*, Wall., welche vor etwa 20 Jahren von Herrn Max Leichtlin, Baden-Baden, aus dem westlichen Himalaya eingeführt wurde. Rechts sehen wir *Primula verticillata*, Forsk., (*Syn. P. Boveana, Dcsne.*) in Palästina in den Steinklüften des Berges Horeb heimisch, und die Mittelpflanze stellt die Hybride zwischen beiden, *P. kewensis*, dar, die vor etwa 10 Jahren durch Zufall im königlichen botanischen Garten zu Kew entstand.

In *P. floribunda* haben wir eine sehr reichblühende Pflanze, deren Blütenstiele bis 30 cm hoch werden. Die Einzelblüten sitzen quirlartig in bis drei Etagen übereinander und sind von schöner, dunkelgelber Farbe. Die Blätter sind stark gerippt und etwas behaart.

P. verticillata hat mehr lanzettliche Blätter, die ein weißlich-grünes Aussehen haben und deren Unterseite reichlich mit Mehlstaub bedeckt ist. Die straffen, gleichfalls weißbestäubten Blütenstiele werden ziemlich lang und der Blütenstand ist ebenfalls wirtelartig. Am Grunde der Dolden der blaßgelben und trompetenförmigen Blumen befindet sich ein Kranz von Deckblättern. Die Röhre der Blumenkrone ist zwei- bis dreimal so lang als der Durchmesser der Blüte, welcher ein angenehmer, zarter Wohlgeruch eigen ist.

In der Hybride, der *P. kewensis*, sind nun die guten Eigenschaften beider Eltern glücklich vereint, sie hat die stark gerippten, grünen Blätter, die herrliche, dunkelgelbe Farbe und das reiche Blühen von *P. floribunda*, den feinen zarten Duft, die lange Blütenröhre mit dem Kranz von Deckblättern von der *P. verticillata*, dabei ist der Blütendurchmesser fast doppelt so groß. Die Wirtel stehen 5 bis 10 cm übereinander und blühen die verschiedenen Etagen fast zu gleicher Zeit.

Von *P. floribunda* gibt es eine hellschwefelgelbe Varietät, deren Blätter auch stark behaart sind, es ist das *P. floribunda isabellina*.

Die vier hier angeführten, gelbblütigen Primeln sind äußerst widerstandsfähig; sie verlangen während der Wintermonate einen hellen Platz im temperierten oder kalten Hause, im Sommer hingegen kultiviert man sie wie *P. obconica* im Kasten. Die Blütezeit fällt in die Wintermonate, von Januar bis März-April, besonders reich blühen *P. floribunda, florib. isabellina* und *kewensis*, die auch trockene Luft vertragen und sich dadurch vorzüglich als Zimmerpflanzen eignen. Auch blühen *P. floribunda* und *kewensis* schon als junge Pflanzen recht gut, während *P. verticillata* undankbarer ist und nur als kräftige Pflanze reichlich blüht.

Die abgeschnittenen Blumen lassen sich wie bei *P. obconica* zu feineren Bindereien verwerten, wie auch die wohlgarnierten Pflanzen sich gut zu Tafeldekorationen eignen.

Die Vermehrung geschieht durch Aussaat im Frühjahr, aber auch durch Teilung der Pflanzen. *P. kewensis* setzt nur wenig Samen an.

Isotypus onoserioides.

Von **Axel Lange,** Garteninspektor des Botan. Gartens in Kopenhagen.

(Hierzu eine Abbildung.)

Humboldt und Bonpland entdeckten diese Komposite auf ihrer Forschungsreise in Südamerika und beschrieben sie in ihrer Nova Genera et Spezies plantarum, 1820, Band IV; abgebildet ist sie dortselbst auf Tab. 307.

Die Gattung *Isotypus* gehört zur Abteilung *Mutisieae-Gochnatinae* und unterscheidet sich nur wenig von der Gattung *Onoseris*, zu welcher sie von anderen Autoren, wie Bentham & Hooker, Engler & Prantl, gerechnet wird.

Isotypus onoserioides ist in den Kulturen noch eine sehr seltene Erscheinung; er bildet bei Topfkulturen einen niedrigen, halbholzigen, drei Zentimeter dicken Stamm, der eine reiche

Krone eleganter, fiederspaltiger Blätter mit triangulärem Endblatt trägt. Die Oberseite der Blätter ist hellgrün, während die Unterseite schneeweißer Filz dicht bedeckt. Blattstiele und Stamm sind mit gelbem Filz bekleidet. Die zierlichen Kornblüten bilden einen eleganten, rispenartigen Stand. In der Heimat der Pflanze fällt die Blütezeit in den Mai, während sie in der Kultur zu verschiedenen Zeiten eintritt. *I. onoserioides* ist zweijährig. Wir erhielten Samen dieser Art erstmals 1888 aus Palermo und kultivieren die Pflanze seit dieser Zeit. Bald erkannten wir, daß diese Art eine prächtige Schmuckpflanze ist, die namentlich als Dekorationspflanze für das Warm- bezw. temperierte Haus empfohlen werden kann. Wir haben deshalb die Pflanzen erstmals in diesem Jahre in besondere Kultur genommen und die vorjährigen Sämlinge im Frühjahre in große Töpfe, unter Verwendung nahrhafter, mit Hornspänen vermischter Erde gepflanzt. Das Resultat war ein ganz vorzügliches und kann ich *I. onoserioides* auf Grund desselben als Dekorationspflanze ersten Ranges empfehlen.

Die Kultur ist sehr einfach. Die Vermehrung erfolgt durch Aussaat im Hochsommer und Herbste, gleich nach der Reife des Samens. Die Sämlinge werden pikiert und dann in kleine Töpfe gepflanzt. Kultur im Sommer im Mistbeete, Überwinterung der jungen Sämlinge im Warmhause, an hellem Standorte. Im Laufe des zweiten Sommers, der die Blüten bringt, ist zweimaliges Verpflanzen in kräftige Erde notwendig. Bewährt hat sich hier eine Mischung von Lehmboden, Laub- und Moorerde mit grobem Sand, sowie ein Zusatz von altem Dung und Hornspänen. Unsere Abbildung zeigt ein kräftiges Exemplar in blühfähiger Stärke.

Isotypus onoserioides.
Im botanischen Garten zu Kopenhagen für die „Gartenwelt" photogr. aufgenommen.

Zwiebel- und Knollenpflanzen.

Das japanische Lilienversandgeschäft. Die Leser der „Gartenwelt" dürfte es interessieren zu hören, was für einen außerordentlichen Umfang das japanische Lilienversandgeschäft genommen hat. Er wird durch einige Zahlen illustriert, die für sich selbst sprechen. Mit dem Dampfer „Mounteagle" der „Canadian Pacific Dampfer- und Eisenbahn-Gesellschaft", der am 27. August Yokohama verließ und nach Vancouver (Britisch-Columbia) ging, wurden von den verschiedenen Exporteuren im ganzen 4699 Kisten verschifft, die etwa 360 Tonnen Raum einnahmen (1 Tonne = 40 Kubikfuß). Rechnet man nun die Kiste mit 225 Zwiebeln, so befanden sich auf dem Dampfer 1057265 Zwiebeln. Die größte Mehrzahl dieser Sendungen geht nach den Vereinigten Staaten und Kanada, doch befinden sich auch einige Sendungen darunter, die Europa als Endziel haben, und entweder via Montreal oder via New York umgeladen werden. Diese Sendung bestand hauptsächlich aus *Lilium longiflorum* und deren verschiedenen Varietäten.

Alfred Unger, Inhaber der Firma L. Boehmer & Co., Yokohama.

Fragen und Antworten.

Neue Frage 501. Was mag wohl die Ursache des Absterbens älterer *Prunus triloba* sein? Anfangs blühen die Bäumchen recht dankbar, nach einigen Jahren gehen dieselben indessen regelmäßig ein.

Neue Frage 502. Wie wird das Schwefeln der Freilandrosen am besten ausgeführt? Geschwefelte Rosen sollen sich, weil pilzfrei, im Herbste durch schönen, reichen Flor auszeichnen.

Neue Frage 503. Welches Material eignet sich am besten zum Anlegen eines dauerhaften Tennisplatzes und wie wird dasselbe schichtenweise aufgetragen? Wie werden die Spiellinien schön und scharf markiert und wie sind die genauen Maßverhältnisse derselben?

Neue Frage 504. Wer kann mir ein Mittel zur Vertilgung der kleinen, gelben Schädlinge angeben, welche im Herbste an Dahlien und Rosen auftreten?

Neue Frage 505. Ich bitte um Angabe eines guten Mittels gegen Mäuse, die hier sehr überhand nehmen und namentlich die Kulturen verschiedenartiger Zwiebelgewächse schwer schädigen.

Wir bitten unsere Leser, sich zahlreich an der Beantwortung vorstehender Fragen zu beteiligen. Die zum Abdruck gelangenden Antworten werden genau wie andere Beiträge honoriert.

Bevorstehende Ausstellungen.

Leipzig. In der Zeit vom 27. Juni bis 5. Juli 1908 findet im hiesigen Palmengarten eine Rosenausstellung statt, welche der „Leipziger Gärtner-Verein" veranstaltet. Die Veranlassung zur Veranstaltung der Ausstellung gibt der in diese Tage fallende Kongreß des „Vereins deutscher Rosenfreunde". Der Palmengarten eignet sich vortrefflich für solche Zwecke. Zunächst ist eine Fläche von 10000

Quadratmetern in Angriff genommen; sie wird rigolt, gedüngt, sowie zum Auspflanzen von Rosen vorbereitet. Alle Zuschriften sind an Otto Moßdorf jun., Leipzig-Lindenau, zu richten und es ist die Anmeldung in zwei Exemplaren einzureichen. — Das Programm steht jedem Interessenten auf Wunsch zur Verfügung, und wir weisen ausdrücklich darauf hin, daß sich das In- und Ausland an der Rosenausstellung zu Leipzig beteiligen kann, doch konkurrieren Berufsgärtner und Liebhaber getrennt. — Es sind für die erste Abteilung 5 Gruppen vorgesehen und zwar: Hochstämmige Rosen von mindestens 1 Meter Stammhöhe; halbstämmige Rosen unter 1 Meter Stammhöhe, dann niedrig veredelte, sowie wurzelechte Rosen und solche in Töpfen kultiviert. Eine besondere Abteilung nehmen auch die Wildlinge ein. Das Programm sieht außerdem noch als beachtenswerte Konkurrenznummer die schönste Bepflanzung eines Vorgartens mit Rosen auf einer Fläche von etwa 25 Quadratmetern vor. Außerdem sind für Handelsbaumschulen besondere Konkurrenzen in weißen, gelben, rosafarbigen und dunklen Schnitt- und Gruppensorten vorgesehen. Dann verlangt das Programm Sortimente von Gruppen-, Einfassungs- oder Rabattrosen, je 25 Stück einer Sorte, um diese in ihrer Wirkung kennen zu lernen. Auch hier werden Schnitt-, Treib-, Polyantharosen, ferner auch nach Farben auszustellende Sortimente gewünscht, ebenso ist ein besonderer Preis für die beste Neuheit ausgeworfen. Das Programm für die Bindekunst schreibt die Verwendung von nur Rosen*) und frischem Grün vor. Der letzte Termin zur Anmeldung von abgeschnittenen Rosen und Bindereien ist der 20. Juni nächsten Jahres.

Tagesgeschichte.

Berlin. Die städtischen Baumschulen und der Plänterwald enthielten am 1. April 1763000 Bäume und Sträucher. Im letzten Jahre wurden für die Anlagen der Stadt 70000 Stück im Werte von 52400 M. abgegeben.

Halberstadt. Wie wir bereits in No. 52 berichteten, beging die Firma W. Bürger, Halberstadt, am 3. Oktober ihr 50jähriges Geschäftsjubiläum, das einen glänzenden Verlauf nahm und mit einem Festessen in der Loge seinen Abschluß fand. Die Besitzer der Firma sind Wilhelm Bürger (Vater) und Max Bürger (Sohn).

Dem Gründer der Firma ist das seltene Glück beschert, trotz seiner 78 Jahre noch immer frisch und rüstig seinem Geschäfte vorstehen zu können. Er wurde am 17. April 1829 zu Pansfelde im Harz geboren. Bei Gelegenheit einer Hofjagd wurde ihm wegen seines verwegenen Reitens vom König Friedrich Wilhelm IV. die Militärlaufbahn vorgeschlagen, was aber der Vater dankend ablehnte. Im Jahre 1840 kam W. Bürger auf die Königl. Domäne Kochstädt zu Amtsrat Laßtrop, um die Landwirtschaft zu erlernen. Als er hier von den Quedlinburger Gärtnereien hörte, erwachte in ihm die angeborene Liebe zu den Blumen dermaßen, daß er noch im 17. Lebensjahre den Entschluß faßte, Gärtner zu werden. Unter den schwierigsten Verhältnissen und trotz aller sich seinem Vorhaben entgegenstellenden Hindernisse wußte W. Bürger sich auf eigene Faust eine Lehrstelle bei A. Keilholz in Quedlinburg zu verschaffen. In dies Geschäft kehrte er nach seiner Militärzeit (1850—51) zurück und blieb dort bis 1853. Von 1853—55 arbeitete er als Gehilfe in Dresden, woselbst gerade 100 Jahre vor ihm sein Urgroßvater im Königl. Palaisgarten angestellt war. Als preußischer Reservist mußte der Jubilar, infolge der Mobilmachung während des Krimkrieges, 1855 das geliebte Dresden verlassen und nach Preußen zurückkehren, wonach er das bei Halberstadt gelegene Rittergut Bönshausen bis zum Jahre 1857 verwaltete. Am 3. Oktober 1857 gründete er die Firma W. Bürger. Kurze Zeit nach der Gründung wurde er durch die Mobilmachung gegen die Revolution in Baden aus seinem Geschäfte gerissen. Auch sonst noch hatte er mit vielen Schwierigkeiten zu kämpfen, namentlich durch Überschwemmungen zu leiden.

*) Anmerkung der Redaktion. Das ist sehr bedauerlich und wird einen sicheren Mißerfolg dieser Abteilung zur Folge haben. Man sollte den Bindern keine Fesseln anlegen und nur das Vorherrschen von Rosenblumen in den Zusammenstellungen verlangen.

Bei all seiner anstrengenden Berufstätigkeit fand er immer noch Zeit, sich rege am öffentlichen Leben zu betätigen. So war er lange Jahre Stadtverordneter und ist noch jetzt, seit 42 Jahren, Kirchenrat (Kirchenältester). Für sein öffentliches Wirken wurde er durch Verleihung des Kronenordens IV. Klasse ausgezeichnet.

Bürger ist auch Mitgründer der Fortbildungsschule und des hiesigen Gartenbauvereins, dessen langjähriger Vorsitzender er war.

Seine Gärtnereien hat er aus kleinen Anfängen zu mustergiltigen Anlagen von Weltruf entwickelt, und wie er einst an der Stätte seines Urgroßvaters seinem gärtnerischen Berufe nachging, sieht er heute bereits seine Enkel in seinen Spuren wandeln.

Personal-Nachrichten.

Franz, Theodor, Gutsgärtner zu Quilow im Kreise Greifswald, erhielt das Allgemeine Ehrenzeichen.

Klett, August, Großh. Meckl. Hofgärtner a. D., † am 14. September.

Briefkasten der Redaktion.

Mit der vorliegenden Nummer beginnt die „Gartenwelt" ihren XII. Jahrgang. Die farbige Kunstbeilage für Oktober gelangt mit dem nächsten Hefte zur Ausgabe. Dank der Mitarbeit einer großen Zahl hervorragender Fachgenossen im In- und Auslande, die sich mit uns im Interesse des gesamten Gartenbaues zu gemeinsamer Arbeit verbunden haben, und deren Grundstamm uns seit Erscheinen des ersten Heftes dieser Zeitschrift unverbrüchliche Treue bewahrt hat, sind wir in der Lage, unserem ausgedehnten Leserkreise wieder einen nach jeder Hinsicht interessanten Jahrgang in Aussicht stellen zu können. In unseren Mappen liegt ein reiches Text- und Illustrationsmaterial zur Veröffentlichung bereit, auch haben wir eine größere Anzahl künstlerisch ausgeführte, hervorragende Neuzüchtungen darstellende Farbentafeln für den laufenden Jahrgang vorbereitet. Wir werden nach wie vor bestrebt sein, das zwischen unseren Mitarbeitern und Abonnenten und der Redaktion obwaltende kollegiale, stets ungetrübte Verhältnis weiterzupflegen und allen berechtigten Wünschen unseres Leserkreises so weit als möglich entgegenzukommen.

Als Mitarbeiter sind uns nach wie vor alle Fachgenossen im In- und Auslande willkommen, die über eigene Beobachtungen und über interessante Ergebnisse praktischer Berufsarbeit zu berichten haben. Die abgedruckten Beiträge werden am Schlusse eines jeden Quartals angemessen honoriert. Von der Honorierung ausgeschlossen sind einzig und allein diejenigen Beiträge von Handelsgärtnern, die sich mit der Besprechung eigener Kulturen und eigener Neuzüchtungen befassen, deren Veröffentlichung also auch den geschäftlichen Interessen der Einsender Rechnung trägt.

Die Rubrik **„Fragen und Antworten"** empfehlen wir dem besonderen Wohlwollen unseres gesamten Leserkreises. Fachtechnische Fragen jeder Art finden stets kostenlose Aufnahme, während die eingehenden Antworten, soweit sie zur Veröffentlichung gelangen, wie andere Beiträge honoriert werden.

Willkommen sind uns interessante **kleine Mitteilungen aus allen Gebieten der gärtnerischen Praxis und kürzere Abhandlungen,** möglichst mit scharfen Aufnahmen, die nach vorheriger brieflicher Verständigung mit uns auf unsere Kosten durch tüchtige Berufsphotographen angefertigt werden können.

Wir bitten unsere Mitarbeiter und alle, die es werden wollen, Manuskripte möglichst deutlich und nur auf einer Seite zu beschreiben, sowie rechts einen etwa 5 cm breiten Rand zu lassen. Es ist uns stets eine Ehrenpflicht gewesen, alle Einsendungen unparteiisch zu prüfen und ungeeignete Arbeiten den Einsendern auch dann postfrei und verschlossen zurückzusenden, wenn Rückporto nicht beigefügt war. In der Regel werden die eingehenden Beiträge, mit Ausnahme der Antworten, noch am Tage des Einganges geprüft und die erfolgte Annahme wird dann den Einsendern raschestens bekannt gegeben. Die angenommenen Beiträge gelangen unter allen Umständen zum Abdruck, der freilich nur in den seltensten Fällen schon in den nächsten Nummern erfolgen kann, da eine Zeitschrift wie die „Gartenwelt" aus dem Vollen schöpfen muß.

Berlin SW. 11, Hedemannstr. 10. Für die Redaktion verantwortlich Max Hesdörffer. Verlag von Paul Parey. Druck: Anhalt. Buchdr. Gutenberg e. G. m. b. H. Dessau.

reisselbeeren

ch gepflückt vom Walde, zum Einhen, 10 Pfundkörbchen 3 M., Zentnerbe 20 M. Wiederverkäufer und nmelaufträge billiger. [1156

Schraml, Waldeck i. Fichtelgeb.

ac. Beterams Söhne, Geldern a. Niederrhein

¿o pr. Morgen Grundbesitz (Lehmboden) ir Baumschulen. Anzucht sämtlicher aumschul-Artikel für Obst-, Park- und traßenbepflanzungen.

Besichtigung erwünscht.

Grosse Kulturen in Palmen, Lorbeer, zalla, Dracaena und Dekorationspflanzen. pez.: Blumenzwiebelh.-engr. Katal. kostenfr. hrenpr. Sr. Majestät des deutschen Kaisers, Düsseldorf 1904. [16

Zur Nedden & Haedge

Rostock (Meckl.)

[15]

Fabrik für verzinkte Drahtgeflechte nebst all. Zubehör. Drahtzäune Stacheldraht Eiserne Pfosten Thore, Thüren Drahtseile.

Koppeldraht, Wildgatter, Draht zum Strohpressen. Production 6000 □m-Gefl. p. Tag. Preisliste kostenfrei.

eueste, patentamtlich geschützte selbsttätige **Wasserversorgung für Gartenbaubetrieb.** [1408]

Anfragen und Prospekte zu beziehen durch M. Hiller, Grunewald-Berlin.

Man verlange Spezial-Offerte über

Dahs, Reuter & Co.

Jüngsfelder Baumschulen, Post Oberpleis, Bez. Cöln

Gegr. 1877. Besichtigung der Kulturen erwünscht. 225 Morgen

Illustrierter Katalog kostenlos. [1400

Orchideen

und

sämtl. Kulturmittel.

Karl Wilh. John, Andernach a. Rh. [10

Mahonien-Büsche,

um damit zu räumen, empfiehlt 3-, 4-, und 5jährig, verpfl. gestutzt, 100 St. 4, 6 und 8 Mk. Bei grösseren Posten Vereinbarung. [50

Herm. Peplow, Bienrode-Braunschweig.

Blühende Pensée

in Sorten: Germania, Kaiser Wilhelm, Goldelse, Negerfürst, Schneewittchen % 3 M., ‰ 26 M.

Erdbeerpflanzen,

Noble und Sovereign % 1.20 M., ‰ 10 M.

Karl Hegar, Versandgärtnerei, Friedberg, Hessen. [1418

Obstbäume

billigst, regelrecht gezogen, für Wiederverkäufer Engros-Preisliste zu Diensten.

J. Rauh, Baumschulenbesitzer, **Poxdorf bei Baiersdorf** (Bayern). [68

Robert Katzschmann

in Döbeln i. S.

Körnerplatz 17, Waldheimerstr. 1—4, Brauhausgasse 8 u. 20, Niedermarkt 20/21.

Spezialfabrik

für

Wintergärten, Gewächshäuser, Heizungsanlagen, Frühbeetfenster, schmiedeeiserne Fenster und Oberlichte.

[26

Zeichnungen, Kostenanschläge und der Besuch meiner Vertreter kostenlos.

Illustrierte Wochenschrift für den gesamten Gartenbau.

Jahrgang XII. 12. Oktober 1907. No. 2.

Schnittblumen.

Paeonia chinensis, eine moderne Schnittblume.

Von **Curt Reiter**, Feuerbach bei Stuttgart.

(Hierzu eine Abbildung.)

Die Vorliebe unseres tonangebenden, kaufkräftigen Publikums für die Innendekoration der Wohnräume mit lebenden Blumen bedingt naturgemäß auch vermehrte Anzucht hierfür geeigneter Arten und Sorten unserer Pflanzenwelt. Welch einen kolossalen Aufschwung hat durch diese Vorliebe in den letzten 15 Jahren allein die Kultur des *Chrysanthemum* genommen! Große, und dabei elegante Blumen werden in Blumengeschäften für Vasendekorationen stets gern gesehn. Durch die herrschende Geschmacksrichtung kommt jetzt auf einmal auch der Wert unserer herrlichen Paeonien zur Geltung. Stark setzte in den letzten Jahren, besonders in den Großstädten, die Nachfrage nach diesen großen, edlen Blumen ein. Bauernrosen — — Pfingstrosen! Jahrzehnte lang von niemand beachtet, von wenigen verlangt, führten sie in den Gärten der Dörfer und in jenen der Spießbürger kleiner Städte ein halbvergessenes Dasein. Unreine, lilarosa und blaurote Farbentöne, niedriger, kompakter Wuchs mit plumpen, klobigen Blumen waren die Haupteigenschaften der Paeonien.

Wenn auch von unsern führenden Firmen der Staudenbranche ständig an der Verbesserung der *Paeonia chinensis* gearbeitet wurde, wenn die Fehler der ältesten Sorten auch schon lange Jahre beseitigt sind und längst Neuzüchtungen von elegantem Blumenbau und wunderbaren, reinen Farbentönen Platz gemacht haben, so hielt doch die Nachfrage mit den erzielten Kulturerfolgen nicht gleichen Schritt. Mag auch eine Pflanze botanisch noch so interessant sein, mag auch ihr Wert für Landschaftsgärtnerei und Gartenausschmückung noch so gewürdigt werden, ist die Blume als Schnittblume wertlos, so kann ihre Kultur niemals einen so großen Aufschwung nehmen und eine so große Verbreitung erlangen, wie es mit *Chrysanthemum*, Rosen, Lilien, *Calla*, amerikanischen

Paeonia chinensis in der Gärtnerei von F. Herrmann, Feuerbach-Stuttgart.
Originalaufnahme für die „Gartenwelt".

Nelken und ähnlichen Blüten im letzten Jahrzehnt der Fall gewesen ist.

Jetzt, da, wie gesagt, durch die herrschende Geschmacksrichtung der Wert der Paeonien als Schnittblumen erkannt ist, beginnt eine neue Epoche für diese imposanten Pflanzen. Und wieder sind es die Amerikaner, die uns das Schauspiel geben, wie man eine Blume in Massen auf den Markt wirft und dem Publikum vor Augen führt. Sogar eine Paeoniengesellschaft hat sich bereits in Nordamerika gebildet, die sicher und zielbewußt vorgeht. Der praktische Geschäftssinn, der den Amerikanern eigen ist, befähigt sie, ein Unternehmen gleich beim richtigen Zipfel zu fassen. Davon zeugt schon das Vorgehen der Paeoniengesellschaft, Ordnung in den ungeheuren Sortenwirrwarr der Paeonien zu bringen und eine möglichst einheitliche Sortenbenennung einzuführen.

Es wurde daher auf dem Gelände der Gartenbauabteilung der Cornwell-Universität in Ithaka, N.Y., ein Sortiment von Paeonien angepflanzt, das wohl unerreicht dasteht. Spezialzüchter aller Herren Länder wurden aufgefordert, Paeoniensortimente von je drei Stück einer Sorte einzusenden, um so eine Übersicht über das Vorhandene zu gewinnen, das Schlechte auszuscheiden, und um von allen Sorten die besten herauszufinden. Wie mir erzählt wurde, beteiligte sich auch die Firma Goos & Koenemann, Nieder-Walluf, in hervorragendem Maße bei diesen Einsendungen. Da bei dieser Firma die Züchtung und Anzucht der Paeonien eine große Spezialität bildet und sie hierin schon hervorragendes geleistet hat, war es ihr möglich, eine Auswahl von über 200 Sorten, darunter allein 30 noch nicht im Handel befindliche Neuheiten, einzusenden.

Auch anderwärts werden vielfach ganze Felder mit Paeonien bepflanzt, um die stolze Schönheit dieser Blumen auf das Publikum einwirken zu lassen, Liebe dafür zu erwecken und sie „in Mode" zu bringen. Und es gibt wirklich nichts schöneres für große Vasendekorationen und größere Arrangements als die großen, und doch edel gebauten Paeonienblumen in den wunderbar zarten Farbentönen, wie man sie in gleichem Schmelz selten bei andern Blumen vorfindet. Vom reinsten Weiß variieren die Farben durch alle Abstufungen von Crême, Gelb, Rosa bis zum reinsten, feurigsten Karmin. Ihre gute Haltbarkeit und die verhältnismäßig lange Dauer der Blütezeit machen die Paeonien besonders als Schnittblumen wertvoll, und blühen sie auch grade zu einer Zeit, in der wirklicher Mangel an großen Schaublumen herrscht. Durch provisorischen Überbau eines Paeonienquartiers und durch Auflegen von Fenstern im zeitigen Frühjahre kann man den Flor noch erheblich verfrühen; es sind solch frühe Blumen besonders gesucht und werden gut bezahlt.

Die Kultur ist nicht schwierig, nur darf man im ersten Jahre nach der Pflanzung nicht viel von der Blüte erwarten; je länger Paeonien an einem Orte stehen, desto größer und prachtvoller werden die Blumen. Ein schwerer, lehmiger Boden, in welchen reichlich kurzer Mist untergearbeitet ist, sagt ihnen am meisten zu. Eine freie, sonnige Lage ist zu bevorzugen, doch gedeihen Paeonien auch an halbschattigen Orten noch recht gut. Hauptsache ist, es nicht an der nötigen Düngung in Form von öfteren Jauchegüssen fehlen zu lassen. Die beste Pflanzzeit für Paeonien ist der Herbst, sie kann jedoch im Notfalle auch in den Frühling verlegt werden. Zu beachten ist; daß man die Pflanzen nicht tiefer als 5 cm pflanzen darf, da sie sonst nicht blühen. Sie bilden in diesem Falle an dem in der Erde befindlichen Teile eine Menge Nebenknospen, die aber nicht blühbar sind.

Aus den vielen hundert im Handel befindlichen Sorten greife ich nur einige wenige heraus, die auch verwöhnten Ansprüchen in betreff Eleganz, Farbe und Haltbarkeit der Blumen genügen dürften. Ich bemerke noch, daß es stets ratsam ist, nur wenige gute Sorten, aber in größeren Posten zu kultivieren, um für eine größere Anzahl Blumen derselben Sorte lieferungsfähig zu sein.

Unter den weißen Paeonien nimmt die schon ältere *P. festiva maxima* noch immer eine der ersten Stellen ein; sie fällt überall durch ihre imponierende Größe auf. Die Farbe ist ein reines Weiß, mit zart crêmefarbenem Untergrunde, in der Mitte karmin gerändert und gefleckt. Diese dunkelkarminfarbenen Tüpfelchen tun der Schönheit der Blumen keinen Abbruch, es tritt das reine Weiß derselben dadurch eher noch schärfer und leuchtender hervor. Ferner sind unter den vorzüglichen weißen Sorten noch zu nennen: *Mme Crousse*, reines, schneeiges Weiß, lichtgrün durchschimmernd; *La Tulipe*, zart elfenbeinweiß mit durchscheinenden, gelben Staubfäden; *Victor Duruflé*, locker gefüllte Schalenform, reinweiß, Füllung crêmefarben; *Albatros*, schneeweiße, große Blume von prachtvollem Bau.

Weitere vorzügliche Sorten in hervorragenden, zarten Bindefarben sind *M. Charles**), zartes, malmaisonfarbiges Rosa; *Mme de Verneville*, lieblich centifolienrosa, Mitte crêmefarben mit lichtgrünem Schimmer, große Schneeballform; *Jeanne d'Arc*, große, locker gefüllte Schalenform, Schale pfirsichblütenfarben, Füllung elfenbeinweiß mit zartrosa Anflug; *Edulis superba*, groß und besonders reichblühend, frisch reinrosa, von großer, lockerer Paeonienform; *Marie Jaquin*, locker gefüllt, Schale lichtfleischfarben, Füllung hellcrême mit fleischfarben; *Reine des Roses*, eigenartige, fedrig gefüllte Schalenform mit herauswachsender Haube, Schale zart rosa-lila mit crêmegelber Füllung; *Prolifera tricolor*, sehr schöne, kräuselig gefüllte Schalenform, Schale reinweiß mit wachsgelber Füllung und leuchtend roten Narben. Von roten Sorten, die in der Binderei weniger beliebt sind, will ich deshalb nur *Felix Crousse* anführen, die sich durch ein feuriges, reines Karmin vor anderen Sorten auszeichnet.

Es gehören diese angeführten Paeoniensorten mit zu den allerschönsten, die wir besitzen und sie sind ganz besonders zur Schnittblumengewinnung, ihrer zarten, duftigen Färbung wegen, geeignet.

Chinesische Paeonien sind vollständig winterhart, jedoch ist es gut, die am Boden befindlichen Knospentriebe mit kurzem Dünger zu decken, da diese besonders in den Frühjahrsmonaten gegen Fröste empfindlich sind, die manchmal bei unbedeckten Knospen das Taubwerden der später erscheinenden Blütenknospen hervorrufen können.

Die Kultur der *P. arborea*, der strauchartigen Paeonien, möchte ich nicht so empfehlen, da diese, wenn sie sich auch zeitiger treiben lassen und wunderschöne Farben aufweisen, doch etwas kurzstielig sind. Auch sind die Anschaffungspreise für solche Paeonien ziemlich hoch und die Weiterkultur ist unter Umständen recht schwierig. Bei den *P. chinensis* fallen diese Nachteile fort und ist die weitere Verbreitung dieser Blüher nur freudig zu begrüßen.

*) Siehe Farbentafel, Gartenwelt Jahrgang III, No. 19.

Wasserpflanzen.

Limnophila heterophylla, Benth., ist erst seit einigen Jahren in Kultur. Herr Prof. Dr. Göbel brachte diese für den Botaniker, wie auch für den Pflanzenliebhaber und Gärtner gleich interessante Pflanze von seiner letzten Weltreise aus den Gräben der Reisfelder Javas mit. Mit großer Sorgfalt pflegte er auf der Überfahrt in der Kabine die wenigen Stücke und wurde in der Folge auch sämtliches jetzt in Kultur befindliches Material vom Münchener botanischen Garten aus verbreitet. Die Floren Blumes von Java und Hookers

Limnophila heterophylla (steril.).
Vom Verfasser für die „Gartenwelt" photogr. aufgenommen.

von Ostindien geben eine weite Verbreitung der Pflanze in den seichten Gewässern der südöstlichen Tropen an.

Wie die obenstehende Abbildung zeigt, hat die Pflanze unter Wasser eine fein zerteilte, wirtelige Belaubung, etwas gedrungener, aber feiner zerteilt und länger wie die bekannte *Cabomba*. Sobald aber die Triebe sich über die Wasseroberfläche erheben, treten an die Stelle der zersplissenen Wasserblätter spiralig angeordnete, ungeteilte, grob gezähnte, lanzettliche Blätter mit ziemlich stark hervortretender Nervatur (Abb. untenstehend). In den Achseln dieser Blätter sitzen die sehr kurz gestielten, reinweißen, im Schlunde violett gestrichelten Scrophulariaceenblüten. Wenn auch botanisch wenig, so ist doch allgemein beschreibend der Vergleich eines Bassins mit blühenden Limnophilen mit einem Stücke Wiese mit blühendem Schaumkraute (*Cardamine*) nicht so unpassend. Die Pflanze ist im Gegensatze zu der in den Wasserblättern so ähnlichen *Cabomba* von nicht gar so leichter Kultur. Im Sommer freilich, wenn Wärme und Licht genügend vorhanden, wächst die *Limnophila* leicht und ungemein rasch. In kürzester Zeit kann man auch mit den kleinsten Stecklingen eine kräftige Pflanze erzielen, aber im Winter bringt man oft nicht 10 vom Hundert davon. Am besten ist es immer noch, gegen Ende des Herbstes Stecklinge von den Überwassertrieben zu machen, diese in Töpfchen einwurzeln zu lassen und dann eine Anzahl dieser Stecklinge in eine Sphagnumschale zu setzen und im feuchtwarmen Ostindierhause dicht unter Glas zu überwintern. Während des Winters unter Wasser gehalten, ist uns alles eingegangen. Es entspricht diese erstere Behandlung auch mehr den natürlichen Verhältnissen, weil in der Heimat während der trockenen Monate die Pflanze auf diese Weise ihr Leben fristet, und daher erklärt sich wohl am ehesten ihre Zweigestalt (Dimorphismus). Im Frühjahre, nach dem Höhersteigen des Lichtes, ins Wasser gebracht, treiben sie ganz ungemein rasch, echt tropisch schnell, von unten heraus seitliche Triebe mit Wasserblättern und bald haben wir wieder das obenstehende Bild. Um während des ganzen Sommers hindurch stets schöne, kräftige Pflanzen mit tadellosen Wasserblättern zu haben, ist es nötig, des öfteren frische Köpfe zu stecken. Als echte Tropenpflanze tut der *Limnophila* eine Wasserwärme von 22 bis 25° C unbedingt not. Allzuviel Licht läßt das Wasser zu sehr veralgen; die einzelnen Fiedern setzen sich voll und die Schönheit der Pflanzen ist dahin.

B. Othmer.

Pflanzendüngung.

Die Bedeutung des Kalks als Pflanzennährstoff.

Von **K. Brehmer,** Altona.

(Hierzu sechs für die „Gartenwelt" gefertigte Zeichnungen.)

Es ist vielfach die Ansicht verbreitet, daß die Nährstoffe, deren die Pflanze zu ihrem Wachstume bedarf, nur Kali, Stickstoff und Phosphorsäure sind, daß der Kalk zwar ein gutes Mittel sei zur Bindung von Säuren in sauren Böden, zur Lockerung bindiger Böden, oder als Anreizungsmittel und Auflösungsmittel der Nährstoffe des Bodens in Betracht komme, daß er aber nicht ein Nährstoff für die Pflanze im Sinne der oben genannten drei Stoffe ist. Führt man nun durch eine künstliche Düngung der Pflanze Nährstoffe zu, so verdient allerdings noch manche Düngung den Namen Volldüngung, obgleich sie vielleicht nur Kali, Stickstoff und Phosphorsäure zuführen soll, denn viele unserer künstlichen Dünger enthalten Kalk in verschiedenen Mengen, z. B. Superphosphat, Kalkstickstoff, Knochenmehl, Thomasmehl u. a. m., letzteres sogar in der bedeutenden Menge von 50 Proz. In manchen künstlichen Düngern ist dagegen kein Kalk enthalten, z. B. in den Albertschen Nährsalzen, die wegen ihrer hohen Konzentration und ihres Freiseins von schädlichen Nebenbestandteilen für die Düngung gärtnerischer Kulturen so außerordentlich bedeutungsvoll sind. Da das Wachstum der Pflanze nun nicht durch das bedeutende Vorhandensein nur einiger Nährstoffe gefördert wird, sondern abhängt von dem Nährstoffe, der in der geringsten Menge der Pflanze

Limnophila heterophylla (blühend).
Vom Verfasser für die „Gartenwelt" photogr. aufgenommen.

zur Verfügung steht, so wird die Pflanze durch Düngung mit nur drei Nährstoffen, Kali, Stickstoff und Phosphorsäure, genötigt, sich den ihr nicht zugeführten Kalk bis zum letzten Reste aus dem Boden zu holen. In den meisten Böden ist der Kalk aber nur in geringen Mengen vorhanden, vor allem sind die Erdmischungen, wie sie für Topfkulturen verwendet werden, kalkarm. Da nun gerade für Topfkulturen die Albertschen kalkfreien Nährsalze AG, WG und PKN mit Vorliebe in Form von Dunggüssen angewendet werden, so läßt sich bei ihnen durch fernere Zuführung des fehlenden Kalks das Wachstum der Pflanze noch bedeutend heben.

Um dieses festzustellen, wurden in der Gärtnerei der Frau Etatsrätin Donner in Altona-Ottensen drei Düngungsversuche angestellt*), welche die Wirkung des Kalks nur als Nährstoff zeigen sollten. Um die Wirkung des Kalks nur als Nährstoff zu erhalten, durfte der Kalk nicht der Erde als kohlensaurer Kalk oder als Ätzkalk zugesetzt werden, da er dann als Auflösungsmittel der im Boden vorhandenen schwer löslichen Nährstoffe gewirkt hätte, sondern mußte ebenfalls wie die andern Nährstoffe in Form von Dunggüssen zugeführt werden. Es wurde zu diesem Zwecke salpetersaurer Kalk gewählt, der allerdings für eine Verwendung in der Praxis nicht in Frage kommt, dann aber leicht durch eine andere Form ersetzt werden kann.

Cinerarien
ungedüngt WG WG + Kalk.

Als erste Versuchspflanzen dienten Cinerarien. Gleichmäßig entwickelte Pflanzen wurden in drei Reihen angeordnet:

Reihe 1 blieb ungedüngt;
Reihe 2 erhielt wöchentlich 1 bis 2 Dunggüsse mit Lösungen, die 1 g WG in 1 l Wasser enthielten;
Reihe 3 erhielt wöchentlich 1 bis 2 Dunggüsse mit Lösungen, die 1 g WG und 1 g salpetersauren Kalk enthielten.

Der erste Dungguß wurde am 22. Januar gegeben. Schon nach 14 Tagen machte sich der Erfolg der Düngung in Reihe 2 und 3 bemerkbar, deren Pflanzen ein weit kräftigeres Blattwachstum zeigten als Reihe 1. Die Abbildung zeigt die Pflanzen vor der Blüte am 25. März. Der Einfluß einer Düngung mit dem Albertschen Nährsalz WG ist in Reihe 2 gegenüber Reihe 1 erkennbar, der weitere günstige Einfluß des Kalks ist in Reihe 3 deutlich sichtbar. Der Einfluß des Kalks auf die Blütenbildung war leider nicht zu kontrollieren, da aus Betriebsgründen die Fortführung des Versuchs nicht möglich war.

Als zweite Versuchspflanze diente *Pelargonium peltatum.* Die Reihenanordnung war genau dieselbe wie bei den Cinerarien. Der erste Dungguß erfolgte am 22. Januar. Auch hier zeigte sich schon nach dem dritten Guß der Einfluß der Düngung, wie oben. Reihe 2 zeigte besseres Wachstum als Reihe 1 (ungedüngt), während Reihe 3 (WG mit Kalk) einen weiteren Fortschritt gegenüber Reihe 2 (WG ohne Kalk) zeigte. Hier trat auch die Einwirkung des Kalks auf die Blütenbildung klar zutage: Mitte April stand Reihe 3 in kräftiger Blüte, während Reihe 1 und 2 gar keinen Blütenansatz zeigten. Die Blüte hatte die Kräfte der Pflanze nicht im geringsten geschwächt: als in der zweiten Hälfte des Mai Reihe 1 und Reihe 2 zum ersten Male in Blüte standen, blühte Reihe 3 zum zweiten Male und üppiger als Reihe 1 und 2. Da hochstämmige Pflanzen erzielt werden sollten, wurde von da ab sich zeigender Blütenansatz entfernt, doch war deutlich sichtbar, daß die Blütentriebe der Reihe 3 viel reichlicher waren als bei Reihe 1 und 2. Die Abbildung zeigt die Pflanzen am 21. November.

Ein dritter Versuch sollte die Bedeutung des Kalks als Pflanzennährstoff für die Fruchtbildung zeigen. Als Versuchspflanze diente die Erdbeersorte *Royal Sovereign.* Der Versuch ist eingehend mitgeteilt im Jahrg. XI, No. 7. Zur Zuführung der drei Nährstoffe Kali, Stickstoff und Phosphorsäure wurde das Nährsalz PKN gewählt, das in Reihe 2 in Form von Dunggüssen (1 g in 1 l) zugeführt wurde, während in Reihe 3 sämtliche Nährstoffe mit Kalk in Form einer Lösung zugeführt wurden, die 1 g PKN + 1 g salpetersauren Kalk enthielt. Der Ernteertrag von 26 Töpfen belief sich

bei Reihe 1: (ungedüngt) auf 315 g
„ „ 2: (PKN ohne Kalk) „ 2050 „
„ „ 3: (PKN + Kalk) „ 3950 „

Durch die weitere Zuführung von Kalk zu den drei anderen Nährstoffen war also eine Ertragssteigerung auf fast das doppelte erzielt worden; der Eintritt der Ernte lag bei Reihe 2 fünf Tage früher als bei Reihe 1, bei Reihe 3 verfrühte sich der Beginn der Ernte um weitere 7 Tage! Auch hatten die Früchte der Reihe 3 ein etwas höheres Durchschnittsgewicht als die der Reihe 2.

Alle drei Versuche zeigen deutlich, daß nicht nur Kali, Stickstoff und Phosphorsäure, sondern auch der Kalk ein unentbehrlicher Pflanzennährstoff ist. Für kalkarmen Boden, vor allem also bei den für Topfkulturen üblichen Erdmischungen, ist außer der Zufuhr der drei als Nährstoffe bisher in der Praxis anerkannten Stoffe auch eine Zuführung von Kalk zur Erzielung des Höchsterfolges notwendig. Eine geeignete Mischung, die alle vier Nährstoffe im richtigen Mengenverhältnisse enthält, ergeben: 3 kg Kalisalpeter*); 3 kg Chilisalpeter; 2 kg Doppelsuperphosphat, die dann in der Form verwendet werden muß, daß man Dunggüsse gibt, die 2 g dieser Mischung in 1 l Wasser enthalten.

Für welche Kulturen kommt noch ferner eine Zufuhr von Kalk als Nährstoff in Frage? Nach den Wolffschen Aschenanalysen sind in folgenden Gemüsen an Nährstoffen außer Stickstoff enthalten in 1000 Teilen trockener Pflanzenmasse im:

	Weißkraut	Savoyerkohl	Kopfsalat
an Kali . .	48	30	68
Kalk. . . .	59	23	26
Phosphors.	8	16	17

	Spinat	Kartoffel (Kraut)	Erbse (Stroh)
an Kali . .	27	17	12
Kalk. . . .	20	28	19
Phosphors.	17	7	4

Pelargonium peltatum.
ungedüngt WG WG + Kalk.

*) Gärtnerischer Leiter dieser Versuche war Obergärtner Hannig.

*) Marke CSK von Albert, Biebrich.

Man erkennt, daß beim Gemüse der Kalk allerdings nicht der Hauptnährstoff ist, aber doch ein recht wichtiger. Will man dem Boden daher den nötigen Kalkgehalt geben, den das Gemüse beansprucht, so muß man ihm je nach den Bodenverhältnissen 10 bis 40 kg kohlensauren Kalk (fein gemahlen) oder 5 bis 20 kg Ätzkalk alle 5 Jahre pro 100 qm geben.

Eine bedeutendere Rolle spielt der Kalk schon in der Ernährung der holzbildenden Gewächse. Nach den Angaben der Wolffschen Analysen beläuft sich der jährliche Bedarf an den Hauptnährstoffen Kali und Kalk pro 1 ha

Erdbeeren
ungedüngt WG WG + Kalk.

	an Kalk:	Kali:
bei Buchenhochwald (120jährig)	96,34 kg	14,52 kg
„ Fichtenwald „	70,09 „	8,88 „
„ Kiefernwald (100jährig)	28,91 „	7,44 „

Ferner sind bei Saatschulpflanzen in 1000 Teilen Trockensubstanz enthalten außer Stickstoff an Kali: Kalk: Phosphorsäure:

	Kali:	Kalk:	Phosphorsäure:
bei Buchen	5 Teile	11	4
„ Schwarzföhre	2 „	12	2
„ Fichte	5 „	9	5

Man sieht, daß Kalk der Hauptnährstoff ist für alle Holzgewächse. In den Saatkämpen ist also eine Kalkdüngung vor allen Dingen vorzunehmen. Eine Stickstoffdüngung kommt dann in zweiter Linie in Frage und ist wohl am besten durch eine Gründüngung mit Lupinen oder Seradella auszuführen. Mehr Kali liebenden Gewächsen, wie Buche und Eiche, wird man einen kalireicheren Lehmboden zuweisen, eine Phosphorsäuredüngung kann man dann meist auch unterlassen. Zu beachten ist allerdings, daß einige Pflanzen kalkempfindlich sind, u. a. *Aesculus* und *Pinus Pinaster*.

Die höchsten Anforderungen an den Kalkgehalt stellen die Obstkulturen. Im Durchschnitt aller Obstarten beträgt der Jahresbedarf für 100 qm Bodenfläche:

2 kg Kalk,
1,5 „ Kali,
0,75 „ Stickstoff,
0,5 „ Posphorsäure.

Eichen
mit Kalk ohne Kalk.

Ernte von 26 Erdbeertöpfen
ungedüngt 315 g PKN 2050 g PKN + Kalk 3950 g.

Handelt es sich um Neuanlagen, so wird man bei leichteren Böden die Zuführung des Kalks in Form von kohlensaurem Kalk vorziehen, den man dann nur gut mit dem Boden zu vermischen hat, bei älteren Kulturen ist die Zuführung nur möglich in Form von Ätzkalk, den man ablöscht, ungefähr im Stande der Kronentraufe auf den Boden streut und leicht unterbringt. Man tut gut, den Kalkbedarf für mehrere Jahre im voraus zu geben.

Gehölze.

Herbstrote Ahorne.

Von **Fritz Graf von Schwerin**, Wendisch-Wilmersdorf.

(Hierzu die Farbentafel und fünf Abbildungen.)

Jeder Naturbewunderer, der aus Nordamerika oder Japan zurückkehrt, berichtet über die herrliche Herbstfärbung der

Roßkastanien (kalkempfindlich)
ohne Kalk mit Kalk.

dortigen Wälder, denen das sonst so naturschöne Deutschland nichts ähnliches an die Seite zu stellen vermag. Die roten, gelben und violetten Tinten, welche im Herbste die mächtigen Wälder an den Küsten der großen nordamerikanischen Seen dem entzückten Auge darbieten, mögen auch dazu beigetragen haben, die Einführung dortiger Pflanzen in unsere Parks und Wälder zu beschleunigen und so unser Vaterland noch zu verschönern.

Unsere, der heutigen Nummer beigegebene Tafel zeigt uns vier Vertreter der Gattung *Acer*, strahlend in ihrem prächtigen Herbstlaube. In der Mitte liegen die großen Blätter des *Acer rubrum Schlesingeri*, Sargent, der großblätterigsten Varietät des Purpurahorns, die auch zugleich das schönste und tiefste Rot von allen *rubrum*-Varietäten entwickelt. Die

Blätter zeigen zuerst ein dunkles Orange und tönen sich allmählich in die herrliche Purpurfarbe ab. Darüber sehen wir einen schlanken Ast des sibirischen *Acer Ginnala,* Maximowicz, mit schmalen, am Mittellappen lang vorgezogenen Blättern, ebenfalls von schön roter Farbe. Darunter liegt ein goldgelbes Blatt des *Acer saccharum*, Marshall, das in der Heimat des *Acer rubrum* mit diesem im Gemenge vorkommt. Aus dem Safte dieser Art wird Zucker gewonnen; die Pflanzen sind von ihrem zweiten Jahre ab sehr ertragreich und die Produktion der Vereinigten Staaten an Ahornzucker ist keine geringe.

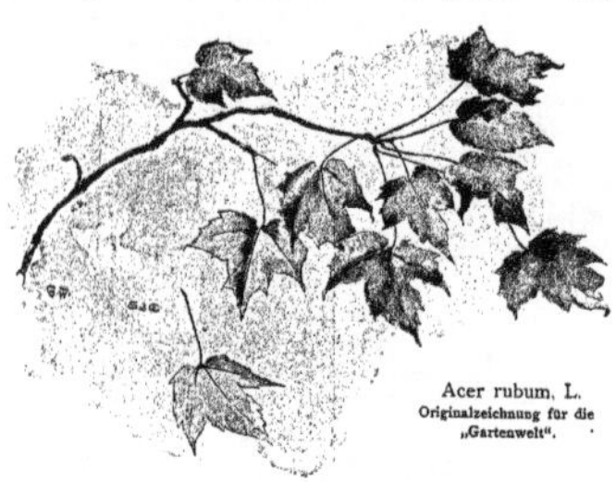

Acer rubum, L.
Originalzeichnung für die „Gartenwelt".

Diesen natürlichen Prachtfärbungen haben wir noch eine krankhafte hinzugefügt, nämlich blutrote Blätter des *Acer dasycarpum,* Ehrhardt, und zwar von der schönen Form *tripartitum.* *Acer dasycarpum* hat nämlich keine rote, sondern gelbe Herbstfärbung, erkrankt jedoch ein Ast oder wird derselbe stark verletzt, so nehmen die Blätter häufig eine intensiv blutrote Färbung an, so daß ein solcher blutrot belaubter Zweig zwischen dem übrigen herbstlich gelben Laube desselben Baumes außerordentlich schön und merkwürdig wirkt. Oft ist versucht worden, durch Veredlung diese blutrote Färbung festzuhalten, was natürlich niemals gelingt, da sie nur auf einer vorübergehenden Erkrankung oder Verletzung beruht.

Ausstellungsberichte.

Die allgemeine große Herbstausstellung zu Mannheim.

Von Obergärtner **Curt Reiter,** Feuerbach.

(*Hierzu eine Abbildung.*)

Wer hin und wieder die großen Sonderausstellungen Mannheims besucht hat, wird gewiß gefunden haben, daß die Herbstausstellung alle vorangegangenen Veranstaltungen bei weitem übertraf. Die Ausstellung war so reich beschickt mit guten, zum größten Teile vorzüglichen Sachen, daß außer den vorhandenen Hallen und den bestehenden Gewächshäusern auch noch der Rosengarten mit seinem schönen Nibelungensaale hinzugezogen werden mußte. Es liegt in der Natur der Sache, daß auch das Ausstellungsgelände selbst zur Zeit des Hauptflors, wo Stauden, Sommerblumen und Gruppenpflanzen in vollster und üppigster Entwicklung standen, einen guten Eindruck machte. Man sah so recht den Unterschied zwischen den Professorengärten — über die ich freilich nichts mehr zu sagen habe, da Herr Hesdörffer hierüber bereits ein Urteil abgegeben hat, das sich wohl mit den meisten Anschauungen decken dürfte — und denen unserer Gartenkünstler vom Fach, wie Henkel, Goos & Koenemann, Gebr. Röthe, Brahe usw. Es ist mit Freuden zu begrüßen, daß unser Publikum noch soviel Schönheitssinn besitzt, um diese Gärten nicht unbeachtet zu lassen, wie der rege Besuch derselben zeigt. Besonders der Henkelsche japanische Garten weist wirklich entzückende Motive auf, jetzt wo die tropischen Seerosen mit ihren blauen, weißen, gelben und roten Riesenblumen in üppigster Entwicklung und vollster Blüte stehen. Ich komme jedoch auf die im Freien befindliche Ausstellung und die der Gruppenpflanzen noch zurück und möchte mich erst dem Hauptclou, der großen Herbstausstellung in den Hallen, zuwenden. Die ganze Anordnung war diesmal eine recht glückliche; durch die Konkurrenz der einzelnen Ortsgruppen wie Mannheim, Heidelberg, Stuttgart, Mainz, deren jede mit einer umfangreichen Kollektivausstellung vertreten war, wurden reizvolle, abwechslungsreiche Bilder erzielt. Freilich wurden dadurch die Konkurrenzen für die einzelnen Programmnummern sehr verstreut und wird das Preisgericht eine recht aufreibende Tätigkeit gehabt haben, aber die Ausstellung gestaltete sich dadurch nicht so eintönig und war den einzelnen Kollektivausstellungen ein großes Feld für ihre Dekorationskunst gegeben. Wie zu erwarten war, waren die süddeutschen Gärtner die Hauptvertreter auf der Ausstellung, insbesondere haben sich die Stuttgarter großartig an den Preiskonkurrenzen beteiligt. Die beiden Firmen Carl Hausmann und Wilhelm Pfitzer waren mit Masseneinsendungen vertreten. Herr Hausmann, der auf dem Azenberg in Stuttgart eine große, modern eingerichtete Gärtnerei besitzt, in der hauptsächlich Farnkulturen und Rosentreibereien betrieben werden, hatte aber als Händler mit belgischen Pflanzen seiner Ausstellung ein entsprechendes Gepräge aufgedrückt. Seine Masseneinsendungen von Palmen aller Arten, darunter riesige Prachtexemplare, waren fehlerlos und ohne Tadel, hervorragend die *Croton,* unter denen besonders *Croton B. Conte* und *C. Rheidi* auffielen. Ein großes Sortiment Araucarien zeigte die große Verschiedenheit dieser beliebten Zimmerpflanzen; besonders schön durch die aparte Belaubung

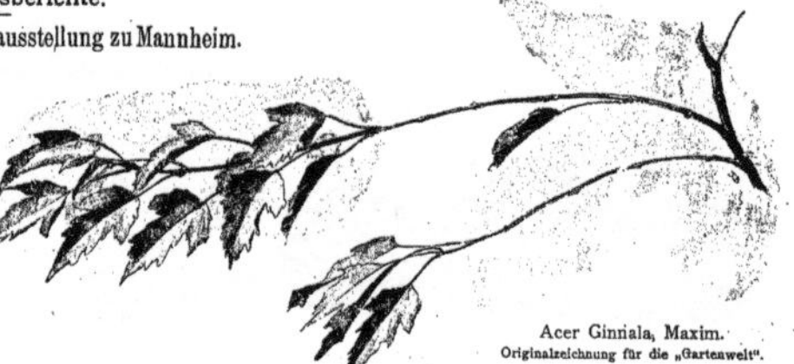

Acer Ginnala, Maxim.
Originalzeichnung für die „Gartenwelt".

Verlag von Paul Parey in Berlin

waren *Araucaria brasiliense* und *A. Cunninghami glauca*. Seine schönen *Aralia elegantissima* verdienen diese Bezeichnung im vollsten Maße, da die Pflanzen mit ihren zierlichen, braungrünen Blättern einen wirklich eleganten Eindruck machen. Als Neuheit hatte Hausmann eine *Tradescantia hypophaea* ausgestellt, jedoch gefiel mir die neue *T. Lackenana* von Busch, Heidelberg, mit ihren schneeweißen, hellgrün gebänderten Blättern, viel besser.

Auf einem ganz anderen Felde bewegte sich W. Pfitzer, der als Züchter Weltruf besitzt. Seine Spezialitäten sind die Knollengewächse *Canna*, Montbretien, Dahlien, Gladiolen usw. Seine Spezialausstellung abgeschnittener Gladiolen, die er in einer Anzahl von 5000 Stück der besten Sorten zu einer riesigen Pyramide vereinigt hatte, erregte durch die Reinheit der Farben und die Größe der einzelnen Blumen berechtigtes Aufsehen, sowohl beim Publikum durch die Massenwirkung des Arrangements, wie auch beim Fachmanne, der die einzelnen Blumen und Sorten näher prüft. In der großen Palmenhalle war außerdem noch ein Sortiment noch nicht im Handel befindlicher Neuheiten ausgestellt, das dem Prinzipe Pfitzers, nur das allerbeste als eigene Züchtungen in den Handel zu bringen, volle Ehre machte. Da Gladiolen in der Hauptsache als Schnittblumen Bedeutung haben, so habe ich die Sorten mit zartesten und reinsten Bindefarben notiert, die ich nachstehend wiedergebe: *Silvretta*, weiß mit zartrosa Hauch; *Frl. Selma Schumann*, rein crêmefarbig, großartig; *Dora Krais* und *Frl. Helene Grill*, gelblich; *Hohenzollern* und *Gelber Prinz*, rein schwefelgelb; *Frl. Johanna Pohl*, wunderbar zartes Lachsrosa

Acer saccharum, Marsh.
Originalzeichnung für die „Gartenwelt".

Wilhelm Steinhausen, rosig lachsfarben; *Professor Dinkelacker*, rotbraun; *Direktor von Angyal*, schwarzrot, etwas kleinblumig, besser in derselben Farbe ist *Negerfürst*. Von den beliebten veilchenblauen Sorten waren vertreten die gute *Baron J. Hulot*, dunkelblau; *Fr. Louise Rieber*, ebenso, etwas rötlicher im Ton; *Sarah Vautier*, sehr schön, und *Dora Widmann*, etwas heller. Von Montbretien zeigte Pfitzer nur seine beiden besten Einführungen *Germania*, feurig rot, und die im nächsten Jahre im Handel erscheinende Neuheit *Rheingold*, orangegelb. Es genügten diese auch vollkommen, denn bessere Sorten gibt es nicht. Ob die *Ceanothus*, die Pfitzer auch abgeschnitten ausstellte, große Liebe finden werden, weiß ich nicht, mein Geschmack sind sie nicht. Schön zartlila waren *C. Gloire de Versailles* und *Croix du Sud*, während mir die rötliche *C. Perle rose* gar nicht gefiel.

Von Warmhauspflanzen stellte Pfitzer schöne Caladien aus, die sich durch gedrungenen Wuchs und

Acer saccharum, L., (dasycarpum, Ehrh.) f. Jühlke.
Originalzeichnung für die „Gartenwelt".

reiches Farbenspiel auszeichneten; unter seiner Bromeliaceensammlung waren Prachtexemplare von *Tillandsia Lindeni vera*, *T. tessellata*, *Vriesia Malzinei*, *Vriesia splendens (zebrina)*, ferner notierte ich *Asparagus myriocladus*, *Selaginella caesia arborea* und *Pteris Childsi*, die mir mit ihrer lichtgrünen Farbe und den an den Rändern eigentümlich gekräuselten Blättern schon bei Rosenkränzer, Mannheim, aufgefallen war. Herr Rosenkränzer sagte mir, er hätte diesen Farn im Vorjahre selbst aus England als Neuheit mitgebracht, jedoch sei die Vermehrung schwierig und langsam, da *Pteris Childsi* keine Sporen bringt.

Der bekannte Pelargonienzüchter Faiss, Feuerbach, hatte außer einer reichblühenden Gruppe der remontierenden englischen Pelargonie *Ostergruß* in den Anlagen des Friedrichsplatzes (Abb. Seite 20) schöne Ampelpflanzen von *Campanula Mayi* ausgestellt, die durch die graufilzige Belaubung und den zartlilablauen Farbenton der zahlreichen Blumen einen allerliebsten Eindruck machten. Von W. Bofinger, Stuttgart, waren sehr schöne kleine *Picea pungens glauca* in einer imitierten Felsanlage vorhanden, jedoch sollten solche Spielereien, wie die aus Holz und Baumrinde hergestellte Puppe, welche die Hauptstaffage der Landschaft bildete, lieber unterbleiben. Solche Sachen gehören auf keine größere Gartenbauausstellung und sind meistens recht geschmacklos. Hier sah man auch die *Ageratum*-Neuheit *Frau Hofbaurat*

Berner. Ob aber eine Blütenpflanze wie das *Ageratum* besonders wertvoll dadurch wird, wenn sie gelbbunte, also krankhaft aussehende Belaubung hat, lasse ich dahingestellt sein. Von L. Schwinghammer, Stuttgart, waren sehr schöne Farne eingesandt, ein Kleinod aber, ein Ideal in der Dekorationskunst war sein Wintergarten. Gedacht als eine zum Wintergarten umgeschaffene Glasveranda, war er so recht geeignet, durch seine stilgerechte Ausführung, durch seine kostbare und doch dezente Dekoration mit plastischen Kunstwerken den erweiterten Salon darzustellen. Künstlerisch ist dagegen nichts einzuwenden. Die Idee, der Wintergarten sei der erweiterte Salon, ist eine sehr glückliche und gerade hierbei wird der künstlerischen Ausstattung ein sehr großer Spielraum gelassen. Ein Wintergarten, wie ihn Henkel, Darmstadt, ausstellte, bietet nichts neues. Statt Rasen das bekannte *Lycopodium*, zur Sitzgelegenheit die obligaten Korbsessel, Pflanzenschmuck aus Palmen, Blattpflanzen, Bambusen, Schlingpflanzen usw. Da die Pflanzen zum großen Teil schon vor einem halben Jahre angepflanzt waren und gut eingewachsen sind, hatte Henkel leichte Arbeit mit seinem Wintergarten, dessen Gedanke ein in ein Glashaus versetzter Garten en miniature ist. Herr Schwinghammer hätte für seine Arbeit entschieden den ersten Preis verdient.

Von sonstigen Ausstellern der württembergischen Kollektivausstellung verdienen noch lobende Erwähnung: W. Paule, Ludwigsburg, mit hervorragend schönen *Begonia Gloire de Lorraine*, den schönsten der Ausstellung; Hoflieferant Herrmann, Stuttgart, mit einjährigen *Adiantum scutum roseum*-Sämlingen, die ein üppiges Wachstum zeigten, und *Lilium lancifolium speciosum*. Fr. Ernst jr., Stuttgart, zeigte auf einem Parterre hervorragende Hohenzollern-Astern, während G. Ernst, Stuttgart, mit einer reichhaltigen Kollektion Staudenschnittblumen vertreten war.

In der Mannheimer Kollektivausstellung hat sich besonders P. Rosenkränzer hervorgetan. Seine großen Farne trugen viel zur Dekoration des Raumes bei, seine *Cyclamen* waren schön, großblumig und tadellos, seine *Chrysanthemum Mme Draps-Dom*, *Princeß Alice de Monaco*, *Mlle Lucie Duveau*, sowie *Selaginella Watsoniana* waren in prächtigen Schaupflanzen vorhanden. In seinem Farnsortimente gefielen mir besonders die schon erwähnte *Pteris Childsi*, die elegante *Pteris flabellata* und *Nephrolepis todaeoides* (neu), die mir ein Zwischending zwischen *N. bostoniensis Piersoni* und *N. Whitmanni* zu sein schien.

Bei der Ortsgruppe Heidelberg fielen sofort die riesenblumigen Knollenbegonien von Ludw. Dörsam auf; man sieht selten solche Riesenblumen. Auch die *Kochia trichophylla* desselben Ausstellers waren sehr schön. Daß Prestinari mit vielen und vorzüglichen Einsendungen an Palmen, Farnen, Tuberosen usw. vertreten war, ist bei dieser Firma selbstverständlich. Es würde zu weit führen, alle zum Teil sehr guten Einsendungen bei der Aufzählung zu berücksichtigen, weil die bei verschiedenen Ausstellern oft wiederkehrenden Sachen des allgemeinen Interesses entbehren. Besonders sah man viele *Begonia semperflorens*, *Lilium lancifolium*, *Salvia splendens*, *Primula obconica*, Eismaiblumen und was dergleichen Herbstblüher mehr sind. Daß die Farne zu dieser Jahreszeit sehr zahlreich in durchweg schönen Exemplaren vorhanden waren, ist sehr naheliegend. Bouvardien, Gardenien, *Stephanotis* und ähnliche, die vor 15 Jahren noch auf jeder Ausstellung paradierten, waren überhaupt nicht zu sehen. Daß aber die schöne *Amaryllis Belladonna*, eine prächtige Schnittblume, auch nicht in einem Exemplare vertreten war, hat mich Wunder genommen, auch fehlten auf der Ausstellung gute Remontantnelken; was davon zu sehen war, war nicht berühmt. Überhaupt war es entschieden ein Fehler der Ausstellungsleitung, daß sie bei der Bedeutung unserer heutigen Schnittblumengärtnerei dieser nicht einige Programmnummern zur Beteiligung offen gelassen hatte. Außer Programm auszustellen, scheut sich so mancher, da verkauft er lieber seine Blumen, und so ist es gekommen, daß von Schnittblumen überhaupt nichts nennenswertes vorhanden war.

Gruppe der englischen Pelargonie „Ostergruß“ aut der Ausstellung in Mannheim.
Im September vom Verfasser für die „Gartenwelt“ photographisch aufgenommen.

Die bestehenden Hallen wurden vollständig, wie erwähnt, von den Mannheimer, Heidelberger und schwäbischen Gärtnern eingenommen. Mainz, die Frankfurter, Darmstädter und einige fremde bezw. norddeutsche Firmen waren nach dem Rosengarten übergesiedelt, dessen herrlichen, großen Saal sie wahrhaft großartig dekoriert hatten. Die Pflanzen werden ja bei Schluß der Ausstellung in diesem geschlossenen Raume nicht gerade besser geworden sein, während meiner Anwesenheit präsentierten sie sich aber in der reichen Ornamentik des Saales auf das vorteilhafteste.

Den Mittelpunkt des großen Parterres nahm die Ausstellung der Hofgärtnerei „Rosenhöhe“, Hofgärtner L. Dittmann, mit wunderbar schönen Araceen und andern zum Teil seltenen Blatt- und Blütenpflanzen des Warmhauses in einer Größe von etwa 50 qm ein. Die Pflanzen waren durchweg in so vorzüglicher Kultur, wie man sie sonst nicht häufig in Hofgärtnereien trifft. Auf diesem Mittelparterre hatten auch die Frankfurter ihre *Cyclamen* gruppiert, unter denen die von C. F. Buch die vollkommensten waren. Eine wie die andere waren es durchweg Schaupflanzen mit 20—25 Blumen an einer Pflanze; auch die *Cyclamen* von Perner, Ginnheim bei Frankfurt a. M., waren recht annehmbar und genügend im Flor.

Die Grundfläche des Parterres nahmen noch größere Mengen von Begonien, *Primula obconica*, von welchen diejenigen von Schropp, Weinheim, die besten der

Ausstellung waren, und andere Blüten- und Blattpflanzen ein, auf deren nähere Beschreibung ich des beschränkten Raumes wegen verzichten muß.

In der Wandelhalle, die rings um den Nibelungensaal läuft, waren recht interessante und sehenswerte Sachen zu finden, es befanden sich hier verschiedene Neuheiten, die Farn- und Blattbegoniensammlungen, sehenswerte Pflanzen der Warmhäuser und dergleichen mehr. (Schluß folgt.)

Die Jubiläums-Gartenbauausstellung für den Kreis Teltow in Steglitz.

Vom Herausgeber.

Der Gartenbauverein für Steglitz und Umgebung, der seit vielen Jahren eine außerordentlich rührige Vereinstätigkeit entfaltet und im Laufe der Jahre zahlreiche Ausstellungen lokalen Charakters veranstaltet hat, blickt auf eine 25jährige, erfolgreiche Wirksamkeit zurück. Zur Feier dieses Jubiläums wurde die in der Überschrift genannte Ausstellung in den Tagen vom 2. bis 7. Oktober im Albrechtshof veranstaltet. Dem Ausstellungsprogramm wurde eine kurze Geschichte des Vereins vorausgestellt, aus welcher hervorgeht, daß der verstorbene Gartenbaudirektor Carl Lackner den Verein am 1. Oktober 1882 ins Leben rief und zugleich das Amt des ersten Vorsitzenden übernahm, während Herr Gartenbaudirektor Karl Koopmann, damals Garteningenieur der Firma Metz & Co., zum stellvertretenden Vorsitzenden gewählt wurde.

Im Gegensatze zu den letzten Ausstellungen des Steglitzer Vereins, die im Logenhause stattfanden, hatte man für diese Jubiläumsausstellung die weit günstigeren Räumlichkeiten des dicht am Bahnhofe gelegenen Albrechtshofes gewählt. Der große Hauptsaal dieses vornehmen Restaurationslokales präsentierte sich als höchst stimmungsvoll arrangierter Wintergarten, dessen hinterer Abschluß eine große Kaisergruppe mit den Büsten Ihrer Majestäten von E. Dietze, Steglitz, bildete. Diese Kaisergruppe bestand diesmal, nicht wie sonst wohl allgemein üblich aus Palmen und Blattpflanzen, sondern aus ganz vorzüglichen *Chrysanthemum* mit tadellosen Schaublumen. Die andere, gegenüberliegende Schmalseite des Saales nahmen dagegen Dekorationsgruppen aus Palmen und Blattpflanzen von Richard Köhler, Steglitz, ein, die durch die leichte, elegante Anordnung des Materials vorteilhaft wirkten. Neben diesen beiden Leistungen der Dekorationskunst enthielt der Hauptsaal ausschließlich verschiedenartige Gruppen von Kulturpflanzen. Um einige Lilien in der Mitte des großen Parterres gruppierte sich ein großes Beet *Begonia Gloire de Lorraine* von Herm. Krop, Britz, ausschließlich aus schönen vollblühenden Pflanzen mit gesundem Laube zusammengestellt. Hervorragende *Chrysanthemum*, eintriebige Pflanzen mit Schaublumen, zeigten Georg Bäthge, Steglitz, der auch mit sehr guten Remontantnelken der alten Rasse vertreten war, und Obergärtner O. Lange, Steglitz. Als Aussteller schöner Remontantnelken ist noch H. Voesch, Neuendorf, hervorzuheben. Amerikanische Nelken fehlten leider vollständig, da sie in und um Berlin, so weit mir bekannt, noch keine Kulturstätte gefunden haben. Bemerkenswert waren des ferneren in diesem Ausstellungsraume die ganz vorzüglichen *Cyclamen* von E. Dietze, Steglitz, und wahre Prachtpflanzen von *Begonia Rex* aus der Gärtnerei von W. Schimmelpfeng, Obergärtner Runge, Zehlendorf. In einer kleineren Gruppe hatte H. Kohlmannslehner, Britz, eine Anzahl Pflanzen des prächtigen *Asparagus Duchesnei* und *Nephrolepis Scottii* zusammengestellt, eingefaßt von der neuen *Tradescantia hypophaea*, deren schönes Farbenspiel an dieser Stelle leider nicht zur Geltung kam. Eine fernere, sehr beachtenswerte Neuheit der genannten Firma ist eine noch nicht im Handel befindliche, noch ungetaufte *Salvia splendens* mit ganz eigenartig schwarzbraun gefärbten Blüten.

An den Hauptsaal schließen sich ein langgestreckter und ein kleinerer Nebenraum an. In letzterem hatte die Firma Otto Beyrodt, Marienfelde, eine kleine, aber gewählte Orchideengruppe zusammengestellt. Eine weitere derartige Gruppe, vorzugsweise blühende *Odontoglossum grande* enthaltend, war aus der Gärtnerei der Frau Max Steinthal, Obergärtner Seelbinder, Charlottenburg, ausgestellt. Der langgestreckte Nebenraum hatte die Bindereien aufgenommen, die im großen und ganzen einen sehr vornehmen Eindruck machten. Hier tat sich namentlich wieder E. Dietze, Steglitz, hervor, besonders gefielen mir dessen beide Tafeldekorationen, die eine mit *Primula obconica* und prachtvollem Eislieder geschmückt, die andere mit Orchideen und crêmefarbigen Rosen. Weniger imponierten mir ein riesiges Cycasarrangement, ein ungeheurer Kranz mit dem man gleich zwei Grabhügel bedecken könnte, und die sogenannten Massiv- oder Pflasterarbeiten in einigen Kränzen und einem abnormen Pilze, aus dicht zusammengepreßten blauen Ageratumblüten hergestellt.

In verschiedenen Teilen der Ausstellung erzielten *Kochia trichophylla* in ihrer prachtvollen, tiefroten Herbstfärbung prächtige dekorative Wirkung. In dekorativer Hinsicht verdient überhaupt diese Ausstellung volle Anerkennung. Die Dekoration des Aufganges zu den oberen Räumen hatte Herr Dietze in musterhafter Weise durchgeführt, die obere Galerie enthielt ebenso wie ein unterer Raum Pläne namhafter Landschaftsgärtner, vorzugsweise ausgeführter Anlagen darstellend. Viel bewundert wurde ein Plastilinmodell einer Parkanlage von L. Lesser, Zehlendorf, das in seiner peinlichen Ausführung gewiß eine mehrmonatliche Arbeit erforderte. Auch verschiedene Behörden hatten zum Gelingen der Ausstellung beigetragen, so der Kreis Teltow (Kreisobergärtner Hübner) und einige Vorortgemeinden. Auf einem flachen Dache zeigte Landschaftsgärtner W. Strenger, Steglitz, einen prachtvollen Dachgarten mit Lauben und Blütengruppen, in welchem sogar ein Rebenspalier nicht fehlte.

Gerne hätten wir noch eine Abteilung für Schnittblumen gesehen, die fast vollständig fehlten. Einziger Schnittblumenaussteller war K. Förster, Westend, der, geschmackvoll in Vasen angeordnet, eine schöne Kollektion herbstblühender Stauden vorführte.

Die Gemüseabteilung war reichhaltig, Obst dagegen spärlich vertreten. Besonderes Interesse verdienten die Darbietungen aus den Steglitzer Familiengärten und die sehr reichhaltigen Gemüsekollektionen von Metz & Co., Steglitz, welche Firma auch ein kleines Kernobstsortiment vorführte, dessen Früchte sich freilich nicht über den üblichen Durchschnitt erhoben. Interessant war die Darstellung eines sehr praktischen Verpflanzverfahrens für große Bäume von W. Jensch, Obergärtner der Frau Kommerzienrat Schmidt, Steglitz; nach diesem Verfahren, das sich nicht wesentlich von dem beim Verpflanzen der alten Linden auf dem Leipziger Platze in Berlin unterscheidet (siehe Gartenwelt Jahrg. XI, No. 13), wurden Bäume im Gewichte von je etwa 15000 kg mit Erfolg verpflanzt. Als „Freunde der Blumen" führte der frühere Handelsgärtner und jetzige Rentier Carl Graef, Steglitz, eine prächtige Sammlung exotischer, farbenprächtiger Schmetterlinge und anderer Insekten vor, die viel bewundert wurde.

Leider verbietet es mir der beschränkte Raum, auf weitere Einzelheiten einzugehen. Die Ausstellung war eine wohlgelungene, vorzüglich durchgeführte, zu deren Gelingen Handelsgärtner, Privatgärtnereien und Samenhandlungen in gleicher Weise beigetragen haben; sie machte dem veranstaltenden Verein, dem wir weiteres Gedeihen im Interesse des gesamten Gartenbaues wünschen, alle Ehre.

Obstbau.

Die Zucht der Ananas in Florida.

Von H. Nehrling.

(Schluß.)

Wesentlich anders gestaltet sich die Ananaszucht in Schattenhallen. Das Zentrum dieser Kultur ist das schöne Orlando, doch werden auch in St. Petersburg, Avon Park und vielen anderen Orten Süd-Floridas Ananas unter Bedeckung gezogen. Wie ich bereits bemerkte, sind diese innen 7 Fuß hohen Schattenhallen (Abb. No. 1, Seite 7) ringsum mit dichten Bretterwänden umgeben. Das flache Dach besteht aus Latten, welche so gelegt werden, daß immer ein Zwischenraum von der Breite einer Latte bleibt. Dadurch werden nicht nur die grellen Sonnenstrahlen gebrochen, sondern der Frost wird auch teilweise abgehalten. Während die Ananaspflanze im freien Grunde schon bei einem Thermometerstande von 0 ° C. erfriert, schadet ihr ein solcher von —2 bis 2½ ° C unter Bedeckung nicht. Sinkt das Quecksilber noch tiefer, dann wird das Dach durch passende Latten, die in die Zwischenräume gelegt werden, oder durch lange Zeugstreifen dicht gemacht und das Innere durch bereitstehende Öfen geheizt. Diese Ananaskulturen haben das an und für sich schon so idyllische Orlando weit und breit berühmt gemacht. Die köstlichen Früchte, die ein Gewicht von 8 bis 12 Pfund erreichen, finden guten Absatz im Norden, sie werden auch bereits seit Jahren nach England und neuerdings sogar nach Deutschland geschickt. Sie reifen hier vom Juli bis in die Wintermonate und zeichnen sich durch köstlichen Geschmack und gutes, weiches Fruchtfleich aus. Man verpackt sie sehr sorgfältig, nachdem sie in Papier eingeschlagen sind, in leichte Kisten, die je nach der Größe 16 bis 18 Stück aufnehmen. Die einzelnen Früchte erzielen schon an Ort und Stelle 25 bis 30 Cents pro Stück. Die in Orlando zur Anwendung kommende Kulturweise ist jedoch eine sehr kostspielige, und nur reiche Leute können sich der Sache widmen. Der Boden in und um Orlando ist gänzlich von dem an der Ostküste verschieden. Er ist flach, schwarz, reich an Humus, stets feucht, nie naß, aber sehr sandig und locker. Solches Land kostet etwa 50 bis 100 Dollar per Acker und ist im Weichbilde der Stadt noch viel teurer. Die Errichtung einer Schattenhalle kostet etwa 100 Dollar per Acker. Die Kosten des Klärens und Herrichtens des Landes belaufen sich auf 20 bis 25 Dollar per Acker und junge Pflanzen kosten etwa 30 bis 150 Dollar per Tausend, je nach der Sorte, die man zu pflanzen wünscht. Um einen Acker zu bepflanzen, benötigt man 8000 bis 12 000 Setzlinge, die nach zwölf bis achtzehn Monaten ihre erste Ernte liefern. Dazu kommen noch der kostspielige Dünger und die hohen Arbeitslöhne. Selbst der schwärzeste Neger ist unter 1,50 Dollar (6 Mark) pro Tag nicht zu haben. Es ist einleuchtend, daß ganz bedeutende Mittel dazu gehören, um sich diesem hochinteressanten Zweige der Obstkultur zu widmen. Es hat dem Pionier dieser Kultur, Herrn Georg Rossell, jahrelanges Studium, viele Mühe und Arbeit gekostet, bis er die Sache auf eine feste, Gewinn bringende Basis brachte. Er importierte die besten Sorten aus den Tropen und experimentierte mit ihnen. Seine Erfahrungen kamen allen übrigen Züchtern zugute. Die sogenannte *Red Spanish*, die gewöhnliche kleine Marktsorte, die an der Ostküste massenhaft und fast ausschließlich angebaut wird, lohnt sich hier nicht zum Anbau, obwohl sie sehr ausdauernd ist und ungemein reiche Erträge liefert; sie muß zu billig verkauft werden. Man pflegt jetzt allgemein die *Smooth Cayenne* (Abb. No. 1, Seite 6), eine große, goldgelbe Sorte, von köstlichstem Aroma und Wohlgeschmack. Sie bringt stets hohe Preise, trägt sehr reich und, was die Hauptsache ist, sie läßt sich auf weite Strecken hin verschicken. Nicht nur die Früchte sind sehr gesucht, sondern auch junge Pflanzen. Es hat Zeiten gegeben, da sich die jungen Pflanzen als viel einträglicher erwiesen als die Früchte. Nachdem die Frucht sich angesetzt, treibt jede Pflanze an ihrer Basis mehrere Seitenschößlinge und jede Frucht hat einen zur Auspflanzung geeigneten Trieb an ihrer Spitze, der jedoch beim Versand intakt an der Frucht bleiben muß. Die Schößlinge wurden, als die Sorte noch selten war, zu 10 Dollar per Dutzend angeboten und fanden reißenden Absatz.

Die Blätter der meisten Ananas sind überaus stachelig, und es ist aus diesem Grunde nur mit ledernen Handschuhen und hohen Gummistiefeln möglich, zwischen ihnen zu arbeiten. Die Ränder der Blätter der *Smooth Cayenne* sind jedoch stachellos und sie läßt sich daher auch leicht bearbeiten. Man setzt etwa 10 000 Pflanzen dieser Sorte auf einem Acker-Areal aus. Die ersten Früchte reifen nach etwa 18 Monaten nach dem Auspflanzen, und die Ernte beläuft sich auf etwa 250 bis 350 Kisten per Acker. Unter günstigen Verhältnissen verdoppelt sich die Ernte im zweiten Jahre, erreicht ihren Höhepunkt im fünften und sechsten Jahre und nimmt dann schnell ab. Nun kommt aber der heikle Punkt dieser kostspieligen Kultur. Bei sorgfältiger Kultur hält eine Anpflanzung zehn Jahre aus, dann ist aber der Boden vollständig ausgesogen und eine Neupflanzung muß auf frischem Boden vorgenommen werden. Daran sind viele Züchter gescheitert, denn nur sehr wenige können es möglich machen, neues, noch teuereres Land zu erwerben.

Es waren jahrelange Versuche nötig, um diese Kultur zu einer gewinnbringenden zu machen. Viele haben ein großes Vermögen durch den Anbau gewonnen. Trotzdem ist die Sache für den Unerfahrenen immer höchst riskant. Es gehören dazu nicht nur genügende Mittel, sondern auch Ausdauer und ganz besondere Sachkenntnis. Wie die Orangenkultur, so hat sich auch die Ananaszucht zu einer Wissenschaft entwickelt, und nur der intelligente, scharf beobachtende und mit den nötigen Mitteln versehene Züchter kann auf Erfolg rechnen. Frost bedroht im Winter die Anpflanzungen, Harzfäule die Früchte, Meltau, rote Spinne, Schild- und Wolläuse die Blätter. Eine beständige Wachsamkeit, ein steter Kampf ist nötig, um diese Hindernisse zu beseitigen oder unschädlich zu machen. Wie bei der Kultur der Orange, so kann auch hier der Eigentümer selten fremden Händen seine Anpflanzungen anvertrauen, es sei denn, daß er einen gewissenhaften Sachverständigen fände, aber diese sind selten. An der Ostküste, namentlich in Fort Pierce, Eden, Donia, und Delray, das besonders von Deutschen bewohnt ist, sind viele Tausende von Äckern mit der *Red Spanish*-Ananas bepflanzt. Die unverkäuflichen Früchte (die sogenannten Culls) werden hier in den Einmachefabriken verwertet. Auch bereitet man aus dem Safte einen angenehmen Wein und einen Sirup, der in den Sodawasser-Verkaufsstellen Verwendung findet.

So köstlich auch die auf den nördlichen Märkten ausgebotenen Früchte sind — sie lassen sich doch kaum mit den an den Pflanzen völlig zur Reife gelangten vergleichen. Das Fruchtfleisch ist dann überaus weich und zart und das Aroma unübertrefflich. Von den vielen in den Gärten Floridas gezogenen Sorten hat jede ihre charakteristischen Merkmale, jede ist verschieden. Man zieht etwa zwanzig Sorten und von diesen werden nur zwei eigentlich versendet, alle übrigen — und das sind die besten — zieht man für den heimischen Bedarf, da sie sich nicht zum Versand eignen. Außer den bereits genannten ziehe ich die große *Porto Rico*, welche ein Gewicht von 15 Pfund erreicht, ferner die folgenden Sorten: *Abakka*, *Enville*, *Egyptian Queen*, *Ripley Queen*, *Pernambuco* und *Sugar Loof*, allerdings nur im kleinen Maßstabe und für den eigenen Bedarf.

In meiner Sammlung finden sich auch noch zwei herrliche ornamentale Sorten, *Ananassa Porteana* mit weiß und grün gestreiften Blättern und die noch viel schönere *A. sativa variegata*, deren Blätter breit rahmgelb gerändert, mit grünem Mittelstreifen versehen und mit roten Dornen an den Blatträndern geziert sind. Im Halbschatten wird das Rahmgelb herrlich tief rosarot und die Blattränder blutrot. Die Früchte, die ein köstliches Aroma besitzen, sind tief rosarot und die Blattrosette auf deren Spitze blutrot. Es ist eine der herrlichsten buntfarbigen Dekorationspflanzen, die ich kenne.

Wie wichtig die Ananaskultur für Florida ist, beweist der Umstand, daß das Ackerbaudepartement in Washington mehrere Sachverständige nach dem Staate geschickt hat, deren Aufgabe es hauptsächlich ist, die Kultur dieser Pflanze zu fördern, den Neulingen mit Rat zur Seite zu stehen und neue, womöglich noch bessere Sorten der Kultur zugänglich zu machen. Bei Miami hat die Regierung eine Versuchsstation eingerichtet. Dort beschäftigen sich die Sachverständigen vornehmlich mit Kreuzungsversuchen, um neue Sorten zu gewinnen, und ganz besonderes Gewicht wird darauf gelegt, die Krankheiten der Pflanze zu studieren, die feindlichen Insekten zu bekämpfen und die besten Dungmittel ausfindig zu machen.

Die neue Himbeere „Harzjuwel". Im Herbste 1905 erhielt ich aus Quedlinburg 25 Pflanzen der in der Überschrift genannten neuen Himbeersorte, die, im folgenden Frühjahre in üblicher Weise dicht über dem Boden abgeschnitten, im Laufe des Sommers kräftige Ruten trieben, welche im jetzt verflossenen Sommer den ersten Ertrag lieferten. Dieser Ertrag überflügelte alle meine Erwartungen. Die Früchte übertreffen an Größe diejenigen aller mir bekannten echten Himbeersorten und werden in dieser Hinsicht nur von der brombeerartigen Himbeere *The Logan Berry* etwas übertroffen. Neben der Größe und der erstaunlichen Tragbarkeit ist die Festigkeit der Beeren, die sie für kleinere Transporte geeignet macht, namentlich aber ihr ganz vorzügliches Aroma rühmend hervorzuheben. Auch in dieser Hinsicht übertrifft *Harzjuwel* alle mir bekannten Sorten. Verschiedene kenntnisreiche Gartenbesitzer, welche die Früchte dieser Neuheit bei mir sahen und kosteten, erklärten mir, daß sie für die Folge nur noch diese und keine andere Sorte anpflanzen würden. Ich kultiviere neben *Harzjuwel* zur Zeit noch folgende Sorten: *Fastolf*, *Malborough* und *Immertragende von Feldbrunnen*, bezw. *Billards Immertragende*, und von Brombeeren nur noch die bekannte *Lucretia*. Alle alten Sorten, die genannte Brombeere und die brombeerartige Himbeere *The Logan Berry* nicht ausgenommen, sind von einem Pilze befallen, der nach Mitteilungen von E. Tarrach im Jahrgang 1905 der „Jahresberichte über das Gebiet der Pflanzenkrankheiten" von Prof. Dr. M. Hollrung (Berlin, Verlag von Paul Parey), neuerdings mit der Sorte *Malborough* aus England eingeschleppt worden sein soll. Diesem, wissenschaftlich noch nicht bestimmten Pilze fallen im Laufe des Winters fast alle Fruchtruten zum Opfer. Im Juni zeigen sich an den neuen, noch grünen Trieben und Blattstielen einzelne, scharf abgegrenzte braune, sich allmählich vergrößernde und zusammenfließende Flecken, die ein Absterben der befallenen Ruten im Winter und nach meinen Beobachtungen auch noch im vorgeschrittenen Frühlinge, kurz vor Beginn der Blütezeit, zur Folge haben. Außer Himbeeren werden, wie ich selbst beobachtet, und wie an der genannten Stelle auch hervorgehoben wird, auch Brombeeren von der Krankheit befallen.

Wie Tarrach mitteilt, soll die Himbeersorte *Royal Church* gegen den Pilz am widerstandsfähigsten sein. Diese Sorte kenne ich nicht, bei mir hat sich aber die neue *Harzjuwel* als absolut unempfänglich für diese Pilzkrankheit erwiesen. Die Pflanzen stehen teils inmitten eines mit *Fastolf* bepflanzten Quartiers, in welchem auch nicht eine Tragrute lebensfähig geblieben war, ohne im geringsten durch die Krankheit in Mitleidenschaft gezogen worden zu sein.

Nach allen meinen bisherigen Erfahrungen ist *Harzjuwel* eine ertragreiche, stattliche Sorte von herrlichem Aroma und großer Lebenszähigkeit; sie verdient weiteste Verbreitung. M. H.

Ist das längere Aufbewahren von Winterobst für den Handel lohnend? Wir müssen diese Frage verneinen. Wer sein Winterobst bald nach der Ernte zu angemessenen Preisen verkaufen kann, der tut gut daran, von der Einwinterung abzusehen. Wenn einerseits auch der Preis des Obstes im Nachwinter ein höherer zu sein pflegt, so darf man doch andererseits nicht außer acht lassen, daß die monatelange Lagerung mit einem erheblichen Gewichtsverluste verbunden ist, und daß weiter, trotz sorgfältigster Ernte und sachgemäßer Aufbewahrung, ein Teil der Früchte an Fäulnis zugrunde geht. Infolge dieser Umstände, die so häufig nicht beachtet werden, kömmt der Züchter immer noch besser dabei weg, wenn er nach der Ernte zu geringerem Preise verkauft und nicht bis zum Nachwinter aufhebt, zumal beim letzteren Verfahren auch noch die Kosten für die Lagerung, Überwachung, für das Aussuchen der faulen Früchte und für das gelentliche Heizen der Lagerräume in Anschlag gebracht werden müssen.

Ich habe bei verschiedenen Sorten Gewichtsverluste und Abgänge durch Fäulnis während der Lagerung festgestellt. Bei einer Temperatur im Lagerkeller von 3 bis 8° C waren bis zum 15. Februar auf je 50 kg folgende Gewichtsverluste zu verzeichnen: Bei Wintergoldparmäne 4,6 kg; Kassler Rtte 4,5 kg; Gelber Mecklenburger 3,6 kg; Scheiben Rtte 6,8 kg; Blutrote rheinische Rtte und Langer grüner Gulderling je 3,5 kg; Grosser Brünner 3 kg.

Abgang durch Fäulnis betrug für je 50 kg bei Scheiben Rtte 51 Stück; Blutrote rheinische Rtte 25 Stück; Grosse Kassler Rtte 23 Stück; Gelber Mecklenburger 21 Stück; Wintergoldparmäne 20 Stück; Großer Brünner 19 Stück und Langer grüner Gunderling 6 Stück.

Wir sehen an diesen wenigen Zahlen, wie verschieden sich die einzelnen Sorten in bezug auf Gewichtsverlust und auf Abgang durch Fäulnis zu einander verhalten. Die Scheiben Rtte weist den größten Gewichtsverlust und den größten Prozentsatz an faulenden Früchten auf. Bei Aufbewahrung über den 15. Februar hinaus werden natürlich die Verluste noch beträchtlicher. Vielleicht veranlassen vorstehende Zeilen andere Züchter, ähnliche Aufzeichnungen an weiteren Sorten zu machen um festzustellen, bei welchen Winteräpfeln längere Aufbewahrung mit den geringsten Verlusten verknüpft ist. Otto Hollenbach, Charlottenburg.

Obstmärkte der Landwirtschaftskammer für die Rheinprovinz. Die diesjährigen Obstmärkte der Landwirtschaftskammer finden statt: am 16., 17., 18. Oktober in der Stadthalle zu Elberfeld, am 24. und 25. Oktober im Zentral-Hotel zu Barmen und am 29., 30., 31. Oktober in der städtischen Tonhalle zu Düsseldorf. Die Beschickung ist für Obstzüchter und Landwirte vollständig unentgeltlich. Anmeldescheine und Marktordnung sind von der Landwirtschaftskammer in Bonn zu erhalten.

Aus den Vereinen.

Hauptversammlung des **Vereins Deutscher Gartenkünstler.** Schon am Sonnabend, den 21. September, abends, hatte sich eine stattliche Anzahl Teilnehmer in den gemütlichen neuen Räumen des Dessauer Gartens in Berlin eingefunden. Mit Jubel wurden die zum Teil aus beträchtlicher Entfernung herbeigeeilten Mitglieder bei ihrem Eintreffen begrüßt, und bis spät in den Abend hinein hielt die frohe Stimmung die Gartenkünstler bei einander.

Schon zeitig am Morgen des nächsten Tages fanden sich die Teilnehmer zur Versammlung in den vornehmen Räumen des Klubs der Landwirte ein, galt es doch, die ursprünglich auf zwei Sitzungen berechnete Tagesordnung an diesem Vormittage zu erledigen, um den Montag Vormittag für die private Benutzung frei zu halten. Bald war der große Saal von den etwa achtzig erschienenen Mitgliedern gefüllt, denen sich auch einige Gäste angeschlossen hatten, zum Teil liebe, alte Freunde aus schöner, vergangener Zeit.

Mit kurzen Worten begrüßte der stellvertretende Vorsitzende Herr Stadtobergärtner Weiß die Versammlung, welche in das anschließende Hoch auf den Kaiser begeistert einstimmte. Der sodann zur Verlesung kommende Jahresbericht wurde ohne Debatte genehmigt. Aus ihm sei hervorgehoben, daß die Mitgliederzahl in fortdauernder Steigung begriffen und von 87 auf 198 gewachsen ist; die Finanzen des Vereins sind, wenn nicht glänzende, so doch gesunde und die stetig wachsenden Sympathien für den Verein lassen auf eine schöne Weiterentwicklung rechnen. Mit warmen Worten gedachte der Versammlungsleiter des verstorbenen früheren Vorsitzenden Axel Fintelmann, dessen Andenken, wie auch später dasjenige des Stadtgartendirektors Trip, die Versammlung in der üblichen Weise ehrte. Sodann genehmigte die Versammlung den Vorstandsbeschluß, der die früheren Ehrenmitglieder, soweit sie Fachmänner sind, auch zu Ehrenmitgliedern, des jetzigen Vereins, erklärt. Sämtliche Herren gehören dem Verein auch als ordentliche Mitglieder an. Es sind Herr Hofrat Bouché und die Herren Gartendirektoren Bertram, Bleyer, Hampel, Kaehler, Siebert und Vogeler.

Sodann wies der Unterzeichnete nach, wie so manche Satzungsbestimmung einer gesunden Weiterentwickelung des Vereins entgegenstände und forderte auf, bis zur nächsten Hauptversammlung sich mit dem Gedanken an eine freiere Gestaltung der Satzungen vertraut zu machen. Um aber auch dem augenblicklichen Bedürfnisse entgegenzukommen, hatte der Vorstand den Antrag eingebracht, die Satzungen aufzuheben, soweit sie den Beschlüssen der Generalversammlung entgegenständen. Dieser Vorschlag fand allseitig Zustimmung. Zum Vorsitzenden wurde der Kgl. Gartenbaudirektor und städtische Parkdirecktor F. Stämmler, Liegnitz, in den Verwaltungsrat die Herren Hering, Thieme, Weiß wieder- und Stadtgartendirektor Werner, Chemnitz, neugewählt. Bemerkenswert an diesen Wahlen ist, daß das Prinzip, den engeren Vorstand auf einen Ort festzulegen, hiermit durchbrochen ist; möge der Versuch glücken und einer organischen Fortentwickelung des Vereins die Wege ebnen.

Zur Axel Fintelmann-Ehrung bewilligte die Versammlung einen Beitrag von 50 M. und schritt sodann zur Schlußberatung der Leitsätze, die eine längere Debatte entfesselte. Durch dieselbe dürften aber nun die Ansichten soweit geklärt sein, daß die Zurückverweisung an die erweiterte Kommission unmittelbar zur Drucklegung führen wird.

Damit waren die Beratungen erledigt. Über den weiteren festlichen Verlauf der Tagung berichten wir in der nächsten Nummer.

Bindseil.

Verein zur Beförderung des Gartenbaues in den Kgl. Preußischen Staaten. Nachdem die übliche Monatsversammlung im August ausgefallen war, fand am 23. September wieder eine solche statt, und zwar erfreulicherweise vor überfülltem Hause. Als Grund für diese selten rege Beteiligung mag wohl in der Hauptsache der angekündigte Vortrag des staatlichen Kommissars für Naturdenkmalspflege, Herrn Professor Dr. Conwentz, Danzig, anzusehen sein, denn die gespannte Aufmerksamkeit während des 1½ stündigen Vortrages und der reiche Beifall am Schlusse desselben bewiesen deutlich das regste Interesse. „Die Pflege der Naturdenkmäler mit Berücksichtigung des Gartenbaues“ lautete das Thema. Der ganze Vortrag glich einer zu Herzen gehenden Predigt eines begeisterten Naturfreundes, in der dieser der Menschheit vorführt, wie sehr sie sich, vielfach wohl unbewußt, gedankenlos an Gottes herrlicher Schöpfung versündigt und zur Buße, zur Besserung ruft. Moore und Urwälder sind verschwunden, an ihrer Stelle nutzbringende Wiesen, Felder und Forsten entstanden. Das ist aus hygienischen und kulturellen Gründen nur erfreulich, doch sollte man überall urwüchsige Landschaften aus kulturhistorischen und künstlerischen Rücksichten in ihrem Urzustande reservieren, denn mit ihrer völligen Beseitigung wird nicht nur ihr Urtypus, sondern es werden vor allem viele seltene Pflanzen ausgerottet, zum mindesten gefährdet, wie z. B. *Lycopodium*, *Cypripedium Calceolus*, *Juniperus*, Königsfarn, Mistel usw. Doch damit noch nicht genug, man verunziert ganze Landschaftsbilder durch Denkmäler und Aussichtstürme, durch Wegemarken und Reklameplakate, wie man letztere namentlich in der Schweiz und auch sonst an Touristenwegen und entlang der Eisenbahnen findet; endlich verunziert der Städter seine eigenen Erholungsplätze durch Wegwerfen von Papier. Namentlich der Großstädter sollte darauf bedacht sein, sich in möglichster Nähe ein Stück wahrer, reiner Natur zu seiner Erholung zu erhalten; Denkmäler, Wegweiser und Plakate etc. hat er tagtäglich mehr als genug um sich. Eine Anzahl von Großstädten hat auch bereits die große Notwendigkeit, in der Umgebung größere Wald- und Wiesenkomplexe zu reservieren, erkannt. So hat z. B. London große Komplexe angekauft, Dresden hat die Dresdner Heide mit einem Reservat belegt, Wien hat sich sogar einen ganzen Wald- und Wiesengürtel erhalten usw., doch Berlin hat sich bis heute trotz vieler Anregungen immer noch nicht zu solchen Maßnahmen entschließen können. England und die Vereinigten Staaten von Nordamerika haben unermeßliche Komplexe reserviert, um sie für alle Zeiten in ihrer natürlichen Schönheit zu erhalten. Aber nicht nur Staat und Kommune, sondern jeder Gartenbauverein, ja jeder Berufsgärtner und Gartenkünstler ist dazu berufen, zur Pflege der Naturdenkmäler beizutragen. An zahlreichen Beispielen, daß man auch in unserem Vaterlande zu dieser Erkenntnis gelangt, fehlt es allerdings nicht; die vor kurzem in Danzig errichtete staatliche Stelle für Naturdenkmalspflege bedeutet einen tüchtigen Schritt vorwärts, doch ist vieles nicht mehr nachzuholen. Eine stattliche Reihe vorzüglicher, farbenprächtiger Lichtbilder bildeten gewissermaßen ergänzend und beweisführend den Abschluß des bedeutungsvollen Vortrages.

Von nicht minder großem Interesse waren die in reicher Zahl ausgestellten Gegenstände. Herr Obergärtner Adam Heydt, Blumenow, hatte nicht weniger als 200 Stauden, sowie eine Kollektion Edeldahlien ausgestellt; Herr Grubenbesitzer Körner und Herr Schriftsteller Cordel zeigten je ein Apfelsortiment ihrer besten Erzeugnisse dieser Saison; Herr Gärtnereibesitzer Lehmann, Weißensee, erfreute die Versammlung mit einer Gruppe köstlich duftender *Bouvardia Humboldtii corymbiflora* und *B. corymb. grandiflora*, einer eigenen Verbesserung. Herr Garteninspektor Weidlich führte ein Exemplar der seltenen *Vanda (Renanthera) Lowii* mit mehreren 1,60 bis 1,80 m langen Blütenähren vor; Herr Direktor Swoboda, Mitinhaber der Firma J. C. Schmidt, Steglitz, zeigte eine Anzahl Blütentriebe der neuen, hervorragend großen und schönen Gladiole *America*; endlich erregte noch eine Neueinführung der Firma Martin Grashoff, Quedlinburg, ganz besonderes Interesse. Es war dies *Viola cornuta hybrida admirabilis* von wirklich bewunderungswerter Größe und Färbung.

Einen weiteren interessanten Punkt der Tagesordnung bildeten die eingegangenen 10 Entwürfe zu einem Plakate für die internationale Gartenbauausstellung 1909, die von Herrn Generalsekretär Braun in geschickter Reihenfolge, mit beredten, teilweise drastischen Erläuterungen vorgeführt wurden. Die Entscheidung liegt in den Händen eines Preisgerichtes.

A. B.

Preisausschreiben.

Regensburg. Der Magistrat schreibt einen Wettbewerb zur Erlangung von Entwürfen zu einem Stadtparke unter in Deutschland wohnenden Architekten und Gärtnern aus. Es sind drei Preise von 1000, 700 und 400 M. ausgesetzt. Von Fachleuten gehören dem Preisgericht an: Garteninspektor Eipel, Nürnberg, Kgl. wirklicher Rat und Obergarteninspektor a. D. Kolb, München, Fürstl. Hofgarteninspektor Liebenau, Regensburg, und Kgl. Garteninspektor Schinabeck, Weihenstephan. Siehe Inserat in dieser Nummer.

Personal-Nachrichten.

Bockström, Karl Heinrich, Inspektor des botanischen Gartens in Helsingfors, Finnland, starb am 28. August 1907 nach kurzem Leiden.

Brugger, Gebhard, Baumgärtner, wurde zum Oberbaumwart des Bezirks Tettnang (Württemberg) ernannt.

Herrmann, E., bisher Obstbauwanderlehrer in Stettin, ist ab 1. November zum Landesobstgärtner für Oldenburg ernannt worden.

Kynast, Städt. Garteninspektor in Gleiwitz, ist vom Landwirtschaftsministerium zum Mitgliede des Kuratoriums und Prüfungsausschusses des kgl. Pomolog. Institutes in Proskau ernannt worden.

Mette, Heinrich, Samenzüchter in Quedlinburg, Rittmeister d. L., † am 28. v. M. in Quedlinburg.

Raue, Hermann, Gärtnereibesitzer und weitbekannter Rosenzüchter, † am 28. September im 64. Lebensjahre in Dresden-Strehlen.

Rudolph, Ernst, Gärtner zu Hartmannsdorf im Kreise Lauban, erhielt das allgemeine Ehrenzeichen.

Schaubach, Oberhofgärtner, Schloß Altenstein, erhielt die dem Ernestinischen Hausorden angereihte silberne Verdienstmedaille.

Berlin SW. 11, Hedemannstr. 10. Für die Redaktion verantwortlich Max Hesdörffer. Verlag von Paul Parey. Druck: Anhalt. Buchdr. Gutenberg e. G. m. b. H. Dessau.

Patente und Musterschutz.

Patent wurde erteilt Klasse 45f.

190259. Baumschere mit im Innern [de]s Stieles angebrachter Zugstange [un]d mit dieser einerseits und mit dem [E]nde des Stieles andererseits verbun[de]nen, zusammendrückbaren Hand[gr]iffen. Claude Armand **Jaboulay,** [O]ullins, Rhône; Vertreter: A. Elliot, [Pa]t.-Anw., Berlin SW. 48. 14. 11. 06. [J.] 9506.

190301. Klemmvorrichtung für [R]ebenveredlungsscheren mit federndem [K]lemmhebel. Franz **Nebral,** Rohren[do]rf, Nieder-Österreich; Vertreter: [H]ans Richter, Berlin, Alexandrinen[st]rasse 95/96. 5. 8. 06. N. 8597.

190910. Treibhaus mit nebenein[an]derliegenden Kulturlogen. Anatole [C]**ordonnier-Wibaux,** Bailleul; Ver[tr]eter: Dr. D. Landenberger, Patent[a]nwalt, Berlin SW. 61. 29. 1. 05. [C]. 13352.

Gebrauchsmuster-Eintragungen [K]lasse 45f.

314623. Aus dem eigentlichen [B]lumentopf und einem diesen auf[ne]hmenden Einsatztopf zusammenge[se]tzter Blumentopf für Ziergewächse. [L]ina **Schmidt,** geb. Hagemann, Ham[bu]rg, Kolonnaden 40. 11. 2. 07. [S]. 32384.

314663. Baumhalter. Georg **Zen[k]er,** Hain im Riesengebirge. 4. 7. 07. [Z]. 4602.

314665. Drahtträger, für ver[sc]hiedene Drahtabstände wagerecht und [se]nkrecht an Weinbergpfosten ver[st]ellbar. Jakob **Krieg** II., Mölsheim, [K]r. Worms. 5. 7. 07. K. 31539.

315265. Abschneider für Erdbeer[ra]nken. Paul **Goldammer,** Sornzig bei [O]schatz. 17. 7. 07. G. 17637.

315447. Rostartiger Blumentopf[u]ntersatz aus verzinktem Eisenblech. [S]**chornstein-Aufsatz und Blech[w]aren-Fabrik J. A. John, Akt.-Ges.,** [Il]versgehofen bei Erfurt. 30. 7. 07. [S]ch. 26304.

316000. Verstellbare Rollschatten[d]ecke für Gewächshäuser, Winter[g]ärten und Verandaglasdächer. Franz [S]**chwarzmann,** Bonn-Süd, Burgstr. 107. [.] 6. 07. Sch. 25888.

316020. Hecken- und Rasennach[sch]utzschere mit Grasfänger. August [S]**chebur,** Hagen i. W., Grabenstr. 10. [.] 7. 07. Sch. 26099.

316313. Luftpumpe für Rebspritzen. [F]riedrich **Kantlehner,** Freudenstadt. [.] 7. 07. K. 31560.

316427. Halter für Rosen, Wein[st]öcke sowie sämtliche Pflanzen. Carl [G]**rah,** Weyer, Rhld. 26. 7. 07. G. 17692.

316430. Frostschutzdecke für Ge[w]ächshäuser und Frühbeetkästen. Clara [H]**ahn,** geb. Engel, Stuttgart, Haupt[st]ätterstrasse 138. 27. 7. 07. H. 34168.

316588. Überschulbrett mit gleich[z]eitig bewirkter Auslösung der in [K]lemmvorrichtungen festgehaltenen Pflanzen. Philipp **Laudenberger,** Vielbrunn b. König. 22. 7. 07. L. 18002.

316602. Baumschützer aus quadratischem Drahtgeflecht, an dem je zwei aufrechtstehende Drähte an der Oberkante einen geschlossenen Bogen bilden. Fa. **C. S. Schmidt,** Niederlahnstein a. Rh. 26. 7. 07. Sch. 26265.

316918. Mit Druckknopfteilen ausgestattetes Band zum Binden von Blumen. Wilhelm **Greding,** Bad Aibling, Oberbayern. 23. 7. 07. G. 17682.

317051. Blumenstütze von Glas mit Nahrungszubringer. Otto **Born,** Wählitz bei Hohenmölsen. 27. 7. 07. B. 35176.

317396. Mit Nute und Rippe versehener Stein für Einfassungen von Gartenbeeten, Wegen usw. Franz Jos. **Schwarz,** Raspenau, Böhmen; Vertr.: Dr. B. Alexander-Katz, Patent-Anwalt, Berlin SW. 13. 10. 8. 07. Sch. 26372.

317556. Netz zum Auffangen des Obstes. Friedrich **Klee,** Eisenach, Karlstrasse 27. 18. 7. 07. K. 31653.

Konkurse.

Reichenbach, Vogtl. Über das Vermögen des **Blumengeschäftsinhabers Max Schwabe** in **Reichenbach** wurde am 14. September 1907, vormittags 1/2 11 Uhr, das Konkursverfahren eröffnet. Konkursverwalter: Herr Lokalrichter Ed. Klotz hier. Anmeldefrist bis zum 16. Oktober 1907. Wahltermin am **12. Oktober 1907, vormittags 9 Uhr.** Prüfungstermin am **26. Oktober 1907, vormittags 9 Uhr.** Offener Arrest mit Anzeigepflicht bis zum 30. September 1907.

Freiburg, Breisgau. No. 10559. Über das Vermögen des **Gärtners Ludwig Noë in Freiburg,** Stadtstr. 65, wurde am 17. September 1907, nachmittags 5 Uhr, das Konkursverfahren eröffnet. Konkursverwalter: Rechtsagent Kuhn hier. Anmeldefrist, offener Arrest und Anzeigefrist bis zum 7. Okt. 1907. Erste Gläubigerversammlung und Prüfungstermin: **Dienstag, den 15. Oktober 1907, vormittags 10 Uhr,** vor Gr. Amtsgericht hierselbst, Zimmer No. 13.

Ragnit. In dem Konkursverfahren über das Vermögen der **Obstverwertungs-Genossenschaft Litauen, E. G. m. b. H.** in Ragnit, ist zur Prüfung der nachträglich angemeldeten Forderungen Termin **auf den 22. Oktober 1907, vormittags 11 Uhr,** vor dem Königlichen Amtsgericht in Ragnit, Zimmer No. 14, anberaumt.

Eingegangene Kataloge und Preisverzeichnisse.

Georg Arends, Ronsdorf. Hauptverzeichnis über winterharte Stauden und Florblumen. Herbst 1907 — Frühjahr 1908.

F. Delaunay, Angers und Doué-la-Fontaine. Preisliste für 1907-1908.

Ph. Geduldig, Aachen. Preisverzeichnis 1907-1908 über Rosen der besten, empfehlenswertesten Sorten.

Paul Hauber, Baumschulen, Tolkewitz-Dresden. Hauptkatalog 1907-1908 über Obstbäume, Beerenobst, Ziergehölze, Alleebäume, Koniferen, Rosen, Stauden, Gartenbautechnische Artikel etc.

F. König, Ellingen. Preisverzeichnis 1907-1908 über Obst-, Allee- und Zierbäume, Fruchtsträucher, Rosen, Ziergehölze und Koniferen.

Müller, Langsur bei Trier. Hauptkatalog, Preis- und Sortenverzeichnis 1907-1908 aller Baumschulartikel.

Soupert & Notting, Luxemburg. Rosen-Verzeichnis (No. 128) 1907 bis 1908.

Haarlemer Blumenzwiebeln

— frei ins Haus. —

Spezialkulturen von Hyazinthen, Tulpen, Narzissen. etc. in unübertroffener Schönheit, prämiiert mit den höchsten Preisen auf den bedeutendsten Gartenbauausstellungen wie Paris, Düsseldorf, Gent, Antwerpen etc.

Reklame-Postpaket,

enthaltend 75 Hyazinthen in verschiedenen Prachtsorten, besonders geeign. z. Zimmerkultur od. z. Auspflanzen in Beete, sende ich **frei ins Haus** geg. Einsend. von

Mark 7.—. [52

Neuester, reich illustr. Katalog

mit Beschreibung u. Kulturanweisung von über mehr wie 3000 Zwiebel- u. Knollengewächsen **gratis und franko** bei

George van der Veld,

LISSE bei HAARLEM (Holland).

---

600 Sorten Rosen, Hochst. u. niedere. Katalog frei. [122

J. Felberg-Leclerc, Trier.

Baumschulen Zoeschen

bei **Merseburg** versenden auf Verlangen die **neue Preisliste** ihrer grossartigen Kulturen **ganz unentgeltlich,** den beschreibend. **Handbuchkatalog über ca. 3500 Sorten Moor- und Alpenpflanzen** gegen **M. 1.30.** [L. 105

Extra starke Allee- u. Parkbäume,

Ziergehölze und Sträucher,

gut verschult. [80

Grosse Koniferen mit festem Ballen.

5000 **Taxus baccata,** 80 bis 400 cm hoch.

2000 **Pinus Cembra,** 100 bis 200 cm hoch.

1200 **Buxus arboresc.** Pyramiden und Kugeln.

Katalog frei, bei Waggonladung Vorzugspreise.

G. Frahm, Elmshorn i. Holst.

Amerikanische Remontantnelken,

beste Sorten, mit Namen, in verschiedenen Stärken. Preise brieflich. Musterblumen das **Dutzend 2 M. 40 Pfg.** bei [106

F. Maurer, Langenau in Württemberg.

Meine neu erschienene **Engros-Preisliste** sowie **illustrierter Hauptkatalog** über

Winterharte Stauden

zur Schnittblumengewinnung, zur Ausschmückung von Gärten und Parks, Grotten, Felspartien und Teichen,

Winterharte **Freilandfarne und Eriken, Alpenpflanzen, Edel-Dahlien**

wird auf Verlangen kostenlos übersandt.

Georg Arends, Ronsdorf (Rheinland). [17

Der Versand

von

Erdbeerpflanzen

hat begonnen, ich bitte den betreffenden **Illustrierten Katalog** hierüber, welcher **gratis und franko** verschickt wird, zu fordern.

Es kommen nur starke **verpflanzte** Pflanzen zum Versand, falls nicht gewöhnliche, billige Rankenpflanzen besonders verlangt werden. [1212

H. Jungclaussen, Frankfurt a. Oder

Baumschule, Samen- und Pflanzenhandlung.

Allee- und Strassen

div. **Zier- und Forst-Bäun**

(ev. zollfrei!) bei Waggonladung.

über **sämtliche Ba**

Koniferen und immergrüne Pf

Jac[s]. Jurrissen & Sohn

Direkte Wagen von Köln via Cleve-An

Almelo. Bahnlinie nach A

Winterha

zur Schnittblumengewinnung

und Parks, von Gr

Freilandfarne, Heid

Wasser- und Sump

Reichhaltige Preisverzeichniss

sichtigung meiner Kulturen

gebenst ein.

Georg Arends, Stauder

Druck der Anhaltischen Buchdruckerei Gutenberg e. G. m. b. H. in Dessa

Illustrierte Wochenschrift für den gesamten Gartenbau.

Herausgeber: Max Hesdörffer-Berlin.

Bezugsbedingungen: …ch jede Postanstalt bezogen Preis 2.50 M. vierteljährl. In Österreich-Ungarn 3 Kronen. … direktem Bezug unter Kreuzband: Vierteljährlich 3 M. Im Weltpostverein 3.75 M. Einzelpreis jeder Nummer 25 Pf.
…ohne Vorbehalt eingehenden Beiträgen bleibt das Recht redaktioneller Änderungen …halten. Die Honorarauszahlung erfolgt am Schlusse jeden Vierteljahrs.

Erscheint jeden Sonnabend.

Anzeigenpreise: Die Einheitszeile oder deren Raum 30 Pf.; auf der ersten und letzten Seite 50 Pf. Bei größeren Anzeigen und Wiederholungen steigender Rabatt. Beilagen nach Übereinkunft. **Anzeigen in der Rubrik Arbeitsmarkt** (angebotene und gesuchte Stellen) kosten für Abonnenten einmalig bis zu 10 Zeilen Grösse M. 1.50, weitere Zeilen werden mit je 30 Pf. berechnet. Erfüllungsort auch für die Zahlung: Berlin.

Adresse für Verlag und Redaktion: Berlin SW. 11, Hedemannstrasse 10.

XII. Jahrgang No. 3. | Verlag von Paul Parey, Berlin SW. 11, Hedemannstr. 10. | 19. Oktober 1907.

In diesem strengen Winter
haben sich
„Mehlhorn's Reform-Ober-Heizungen“
und „Mehlhorn's Reform-Gewächs-Häuser“
auf das Glänzendste bewährt.
Mit Referenzen, Katalogen, Prospekten und persönlichen Besuchen stehe ich jederzeit gern zu Diensten.
Schweinsburg/Pleisse.
Oscar R. Mehlhorn
Spezialfabrik für Reform-Gewächshausbau und Heizungsanlagen.
Meine Fabrikate wurden im Jahre 1906 prämiiert:
k. k. Oest. silberne Staatsmedaille Reichenberg (Böhmen)
Goldene Ausstellungsmedaillen Karlsruhe (Baden) und Zwickau (Sachsen)
[31

Illustrierte Wochenschrift für den gesamten Gartenbau.

Jahrgang XII. 19. Oktober 1907. No. 3.

Aus deutschen Gärten.

Der Schloßgarten zu Hanau.

Mitgeteilt von Stadtbaumeister **Leers**.

(Hierzu elf Abbildungen.)

Im Jahre 1890 erwarb die Stadt Hanau das sogenannte Altstädter Schloß nebst dem Schloßgarten zu Hanau von den Agnaten der Hessen-Philippstal-Barchfeld'schen Linie. Die ganze Besitzung ist 6,2996 ha groß. Der Preis betrug 323000 M. Das Schloß wurde größtenteils zu Privatwohnungen eingerichtet; außer solchen sind das Standesamt, die Loge und die Handelskammer darin untergebracht. Um den an das Schloßgebäude anschließenden Schloßgarten führen breite, zum größten Teil einseitig bebaute Straßen. Die Unterhaltung des Schloßgartens liegt der dem Stadtbauamt angegliederten Stadtgärtnerei ob. War der Schloßgarten vor dem Erwerbe durch die Stadt in Privatbesitz, so kam dies deutlich in der ganzen Gestaltung des Gartens zum Ausdruck. Die Wegeführung war wenig planmäßig, Haupt- und Nebenwege unterschieden sich kaum u. s. f. (Vergleiche Abbildung Seite 26, ursprünglicher Lageplan.)

An der Stelle, wo heute ein ungefähr 43,00 m im Geviert großes Blumenstück angelegt ist, stand eine 61,50 m lange und 10,00 m breite Wagenhalle mit Stallgebäude. Dieses Gebäude wurde im Jahre 1897 niedergelegt, da an diesem Platze gelegentlich der dreihundertjährigen Jubelfeier der Gründung der Neustadt Hanau eine große gezimmerte Festhalle und weitere Nebenbauten errichtet wurden. Nach Abräumung dieser Baulichkeiten wurde die Frage geprüft, wie nach Freilegung dieser Teil umgebaut und neu angelegt werden könnte.

Herr Gartenarchitekt Fr. Schulz, † zu Köln*), ein geborener Hanauer, entwarf mit liebevoller Hingabe an seine Aufgabe einen neuen, allgemeinen Plan für den Schloßgarten und einen besonderen Plan für das an den Schloßbau anschließende Blumenstück. (Vergl. Abbildung auf Seite 27.)

Beide Pläne wurden von den städtischen Körperschaften genehmigt mit der Maßgabe, daß der Schloßgarten mit den Jahren umzugestalten sei, und alle zur Ausführung kommenden Arbeiten im Rahmen dieser Pläne zu halten seien. Alle Rasenflächen sind heute dementsprechend umgebaut, die Wege sind planmäßig verlegt, das Blumenstück ist genau nach dem Entwurfe angelegt. Besondere Mittel waren nicht bewilligt. Rückständig ist nur noch der Umbau des durch seine Form langweilig wirkenden Weihers. Hoffentlich ist es bald möglich, auch diese Arbeit vorzunehmen und damit den Schulz'schen Entwurf ganz durchzuführen.

Pyramideneiche im Schloßgarten zu Hanau.
Originalaufnahme für die „Gartenwelt".

*) Siehe Nachruf, Gartenwelt, Jahrgang II, Seite 215.

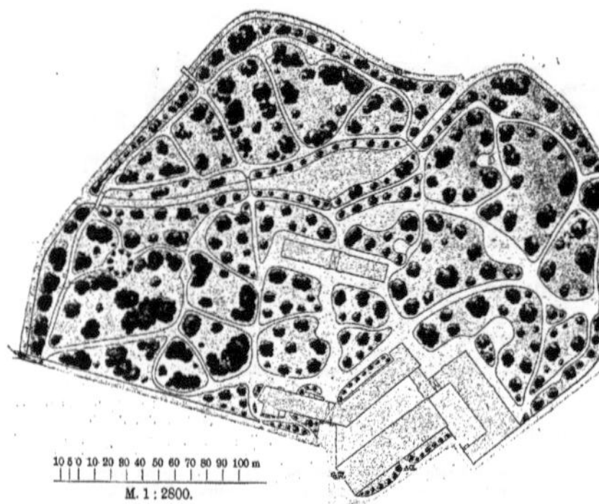

Schloßpark in Hanau vor der Umgestaltung. Originalaufnahme für die „Gartenwelt".

Der Besuch des Schloßgartens hat sich gegen früher bedeutend gehoben; er ist durch die reichliche Neupflanzung junger Gehölze und Baumgruppen, besonders auch von Koniferen, während des ganzen Jahres ein genußbringender. Für Sitzgelegenheit ist reichlich gesorgt. Die Bänke sind durch Aufschrift zur ausschließlichen Benutzung für Erwachsene und für Kinder gekennzeichnet. Für letztere sind außerdem, entfernt vom Wasser, vier Spielplätze vorhanden, auf denen Sandhaufen lagern. Vogelschutz wird fleißig ausgeübt.

Selbstverständlich ist bei den Wegeanlagen und Neupflanzungen mit der größten Schonung älterer, ehrwürdiger Bäume vorgegangen worden. Von diesen zeigen Abbildung S. 28 oben eine Platane, Abbildung S. 28 unten eine Kastaniengruppe, Abb. der Titelseite eine Pyramideneiche und Abb. Seite 29 oben eine Akazie. In Abbildung Seite 29 unten ist ein mit *Crimson Rambler* bepflanztes Rosenhäuschen und in Abbildung Seite 30 unten der im Weiher vorhandene, vom Verschönerungsverein geschenkte Springbrunnen dargestellt. Um das teilweise herrliche Geäst und Gezweig der zur Darstellung gebrachten Bäume zur Geltung kommen zu lassen, sind alle photographischen Aufnahmen im Frühjahre gemacht.

Schloßpark in Hanau in seiner gegenwärtigen Gestalt. Originalaufnahme für die „Gartenwelt".

Die Brücke, Abbildung Seite 30 oben, wurde 1902 erbaut.

Die Pflanzungen im Schloßgarten sind so reichhaltig, daß mancher Besucher freudig gestanden hat, so etwas in Hanaus Mauern nicht vermutet zu haben.

Gärtnerische Reiseskizzen.

Orientalia*).

III.

Im Rosengarten Bulgariens.

Als ich wieder im Hotel in Sofia saß, traf ich dort zwei junge deutsche Reisende, die voller Entzücken der schönen Stadt am Bosporus zustrebten, es aber nicht um die Welt unterlassen wollten, mit ihren Rädern von Philippopel einen Abstecher nach Kazanlik zu machen. Der Name Kazanlik hatte für die, wie für alle, die noch nicht da waren, etwas Bezauberndes und das rosenumduftete Städtchen zog sie magisch an. Als ich nun gar ein Fläschchen sog. echtes Rosenöl, das ich an der Quelle erworben hatte, herauszog, da halfen alle Einwendungen, die ich gegen einen Besuch Kazanliks im August erhob, nichts. Und Einwendungen lassen sich genug erheben. Ganz abgesehen davon, daß es kein Vergnügen ist, auf den holprigen Staatschausseen Bulgariens in staubiger Augusthitze dahinzugondeln, so ist

*) Siehe auch Jahrgang XI, Seite 536, 604.

auch sonst die Jahreszeit sehr ungünstig. Von Rosen sieht man kaum eine Spur, die Pflanzungen sind blütenlos und stehen mit halbverbranntem Laubwerke da, der Charakter der ganzen Gegend ist sehr wenig einladend und die Verpflegung und Unterkunft in Kazanlik ist eben echt bulgarisch.

Ich ging in den ersten Augusttagen nicht wegen der Rosen nach Kazanlik, sondern um meine weitere Durchforschung des Balkan, die ich bei Sliwen begonnen, fortzusetzen. Der Balkan wird im Bulgarischen die Stara planina, d. h. das alte Gebirge, genannt. Balkan heißt im Türkischen schlechtweg Gebirge und wird für alle Gebirge gebraucht. Ich habe vom Balkan — im Sinne der westeuropäischen Geographen — von Sliwen, Kazanlik und Kalofer die wohl wichtigsten Partien durchforscht. Mein Bestreben war, nach Neuem zu suchen und falls es für Kultur brauchbar schien, davon möglichst Sämereien zu sammeln. Leider muß ich gestehen, daß die Gebirge Bulgariens, ich besuchte noch die Rila, sich als viel, viel ärmer an pflanzlichen Schönheiten erwiesen, als ich nach all dem Gehörten und Gesehenen erwarten durfte. Unglücklicherweise haben ja fast alle Reisende den Fehler, schön zu färben, geringe Vorzüge ins Maßlose zu übertreiben und sich, wenn es not tut, für Enttäuschungen dadurch zu entschädigen, daß sie das Bild ausmalen, wie es hätte sein sollen.

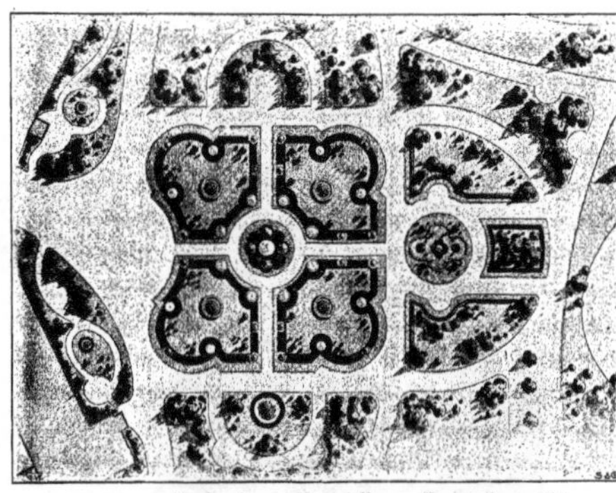

M. 1 : 750. 10 5 0 10 20 30 40 50 m

Grundplan des Blumenparterres im Hanauer Schloßgarten. Originalaufnahme für die „Gartenwelt“.

Kein Ort hat mich so sehr unbefriedigt gelassen, wie gerade Kazanlik bezw. der Schipkabalkan. Jedermann kennt jetzt die von dort stammende *Prunus Laurocerasus*, die infolge ihrer Winterhärte sich von Jahr zu Jahr mehr das Bürgerrecht in allen Gärten erwirbt. Ihr Vorkommen im Balkan ist beinahe ebenso einzigartig, wie das der *Sibiraea* oder *Forsythia* in den mehr westlichen Teilen der Balkanhalbinsel (deren türkische Gebiete zu besuchen mir ein Machtspruch des Großveziers in Konstantinopel verwehrte, da die hohe Pforte um mein Leben allzu besorgt war). Derartige Raritäten finden sich also in diesen Gebieten und ermuntern den Forscher immer von neuem zu weiterer Suche. Eine solche Expedition ist eben eine Art Lotteriespiel und wie ich glaube, habe ich in Bulgarien in bezug auf Neuheiten eine reine Niete gezogen. Das ist bei den großen Geldopfern und den nicht geringen Strapazen höchst bedauerlich. Man kann sich da nur türkisch trösten: Allah hat es so gewollt. Im übrigen aber war die *Laurocerasus*-Formation im Schipkabalkan, die sich auf der Nordseite etwa zwischen 700 bis 1000 m Höhe findet, sehr schön. Es ist so auffallend in diesen nüchternen Buchen- oder Mischwäldern, deren Pflege noch alles zu wünschen übrig läßt, plötzlich auf immergrüne, großblättrige Gebüsche zu stoßen, die kilometerweit alles andere Unterholz fast verdrängen und mit dem glänzenden, dunkelgrünen Laubwerke geradezu prächtig wirken. Leider verhinderte mich ein plötzlich hereinbrechendes Gewitter am Photographieren, und des anderen Tages gabs solchen Sturm, daß ich nicht nochmals umkehren wollte und zurück nach Kazanlik mußte. Beim steilen Abstieg vom Cifut stürzte noch das Packpferd und zwei Pflanzenpakete rollten in die

Blick auf das Blumenparterre im Schloßgarten zu Hanau.
Originalaufnahme für die „Gartenwelt“.

Hochstämmige Platane im Schloßgarten zu Hanau.
Originalaufnahme für die „Gartenwelt".

Tiefe und zerflatterten in alle Winde. So ging obendrein die Beute eines langen, heißen Tages, darunter all die Blattvarietäten der *Lauro cerasus*, zum Teufel. Man muß gar sehr lernen, sich auf solchen Reisen in Geduld zu fassen.

Natürlich erkundigte ich mich in Kazanlik nach dem Umfange etc. der Ölrosenkultur und wollte auch echtes Öl kaufen. Das letztere war unmöglich. Es ist Tatsache, daß es im Handel reines Rosenöl überhaupt nicht gibt. Die Großhändler kaufen alles Öl bei den Bauern auf, wo es in noch sehr primitiver Weise fabriziert wird, und bezahlen pro Kilogramm, je nach Ernte, 900 bis 1100 Frs. Nun wird aber das Öl in Westeuropa mit 500 bis 700 Frs. pro Kilogramm verkauft. Das ist aber nur dadurch möglich, daß es verfälscht wird, wozu meist Geraniumöl dient, dessen Einfuhr in Bulgarien allerdings verboten ist, was jedoch das Herüberpaschen über die Grenze nicht hindert. So sehr die bulgarische Regierung gewiß darauf bedacht ist, daß reines Öl erzeugt wird, so ist doch momentan nach Aussage von Kennern die Sachlage eine derartige, daß man die Verfälschung nicht völlig hindern kann. Es müßten energischere Maßregeln ergriffen werden, schon um die Kultur zu heben, die immer mehr zurückgeht, da die Bauern ihr Auskommen dabei nicht finden. Wenn man bedenkt, daß zu 1 kg Rosenöl mindestens 2000 kg Rosenblätter gehören, so wird man verstehen, daß schon die Unkosten des Pflückens ganz enorme sind. Zudem ist alles Kleinbetrieb, die Pflanzungen sind nicht praktisch genug angelegt, kurz und gut es fehlt, wie in der Landwirtschaft, hier der Betrieb im großen, der allein solche Kulturen rentabel machen kann. Dies gilt für den ganzen Rosenbezirk von Kazanlik über Kalofer bis Karlovo.

Ich besuchte auch Kalofer und erstieg von da aus den Jumruck Cal, die höchste Spitze des Balkan, jetzt Ferdinando Vrch genannt. Floristisch wie touristisch ist dieser Teil interessanter, als der Schipkabalkan, wenn auch nicht so reich an Pflanzen, wie der Sliwenbalkan. Meine dendrologischen Wünsche wurden aber auch hier nicht erfüllt. In Kalofer gabs übrigens ein klassisches bulgarisches Hotel, aber ich war schon so an die Landessitten gewöhnt, daß ich Paprika und Wanzen ziemlich ohne Schaden ertrug bezw. mit Erfolg bekämpfte. In Kalofer erstand ich mein Rosenöl, 3 gr für 6 Frs. Natürlich mit der Zusicherung, daß es ganz echt sei. Leider beweist der Geruch das Gegenteil.

Von der Stara planina wandte ich mich dann zur Rila, die südlich von Sofia im engen Anschluß an die Rhodope sich erhebt. Touristisch ist die Rila wohl das lohnendste Gebiebt in Bulgarien. Ich besuchte zuerst die höchste Spitze, die Mus Allah, die mit ebensoviel Recht von vielen Geographen als zur Rhodope gehörig betrachtet wird. Es gibt keine scharfe Grenzlinie für beide Höhenzüge, auch die Flora und geologische Struktur etc. lassen kaum eine Scheidung zu. Die Mus Allah ist etwa 2930 m hoch, also nur wenig niedriger als der thessalische Olymp, die höchste Erhebung im südöstlichen Europa. Die Spitze des Granit- oder Syenitberges ist sehr kahl, gewährt aber eine prächtige Sicht über Makedonien und besonders den Perindagh, den ich so gern besucht hätte. Aber die Banden! In Bulgarien ist alles totsicher, selbst dicht an der türkischen Grenze. Polizei und Militär sind ausgezeichnet organisiert (und fressen, nebenbei gesagt, ziemlich die ganzen Staatseinkünfte auf). Im Rilakloster, diesem sehenswertesten aller Reiseziele in dieser Gegend, gibt es allerdings die berüchtigten Comitatschi. Aber diese politischen Komitees tun keinem Fremden was zu leide, sondern stehen auf bestem Fuße mit der Regierung.

Die Hauptwaldungen der Rila setzen sich aus Fichten (*Picea excelsa*) zusammen, dazu tritt *Pinus silvestris* und in höheren Lagen die schöne *Pinus Peuce*, hier Schwarzföhre genannt und viel mehr als *silvestris* geschätzt. Auch die Fichte der höheren Lagen wird vom Volke als besondere Art bezeichnet und vorgezogen, ein Forst-

Aesculus-Gruppe im Schloßgarten zu Hanau.
Originalaufnahme für die „Gartenwelt".

beamter meinte, es sei *P. omorica*, doch diese lernte ich später in Serbien kennen und fand sie ganz abweichend. Die Rila-Fichte ist durchweg die *P. excelsa*.

Wunderbar entwickelt ist das Krummholz, *Pinus montana*, im weiteren Sinne. Man trifft Partien, wo die Stämme der Büsche bis über 5 m hoch werden und ganz anders wirken, als die gewohnten Legföhren.

Auch die Edeltanne (*Abies pectinata*) tritt auf, sehr vereinzelt auch buschiger *Taxus*. von weiteren Koniferen die *Juniperus communis* und *nana*.

Die mir so am Herzen liegende Laubholzflora erwies sich leider als sehr artenarm. Die Buche herrscht, dann stellenweise als „Unholz“ Birke (*Betula glutinosa*) und Espe (*Populus tremula*), ferner als Unterholz Hasel (*Corylus Avellana*), *Viburnum Opulus*, *Cornus mas*, zwei Loniceren, etwas *Acer campestre*, *Rhamnus Frangula*, *Prunus Padus*, hie und da eingesprengt Bäume von *Acer platanoides* und *Pseudoplatanus*, sowie *Sorbus aucuparia*, *Fraxinus excelsior* und Büsche oder Halbbäume von *Acer Heldreichii*. Also alles sehr mitteleuropäisch.

Den Boden überziehen *Vaccinium Vitis-Idaea* und *Myrtillus*, beide wunderbar fruchtend, außerdem *Bruckenthalia spiciflora*. Die Kräuterflora ist reicher, war aber im August in den besten Arten schon verblüht.

Landschaftlich sind besonders die Gebirgsseen sehr schön, sie liegen meist über 2000 m hoch und sind zum Teil sehr fischreich.

Dem, der das Rilakloster besuchen will, dessen Eigenart zu schildern ich mir an dieser Stelle versagen muß, sei nur bedeutet, daß der bequemste Weg (Fahrweg) von Sofia per Bahn bis Radomir und von da über Dubnitza-Rila ist. Für Reiter empfiehlt sich die Tour Sofia-Kostenec Banja (Bahn), dann Wagen nach Samokow und von dort Pferd. Ritt aber ziemlich anstrengend, etwa 10 Stunden, Wege zum Teil miserabel! C. K. S.

Robinia Pseud-Acacia im Schloßgarten zu Hanau.
Originalaufnahme für die „Gartenwelt“.

Stauden.

Ein Wort den Helleborus-Hybriden. Die schönen *Helleborus*-Hybriden verdienen in doppelter Hinsicht gewiß mehr Aufmerksamkeit als sie im allgemeinen genießen. Erfreuen sie im zeitigsten Frühjahre schon, wo im Freien alle Blumen doppelt interessieren, durch ihre verschiedenartigen, verwendbaren, großen und apart gefärbten Blumen, so sind sie nicht minder schön und interessant nach der Blütezeit bis zum spätesten Herbste, durch ihre herrliche, tief dunkel- ja schwarzgrüne Belaubung. Sie bilden hierdurch die ganze Zeit nach der Blüte interessante Blattstauden, die niemals schlechte Blätter aufweisen und außer genügender Feuchtigkeit keinerlei Pflege bedürfen. In kräftigem Boden bilden sie bald wahre Prachtstauden und eignen sich vorzüglich außer für größere Felspartien zur Vorpflanzung im äußersten Vordergrunde, zwischen niedrigen Koniferen. Man kann sie lange Jahre am selben Platze ohne irgend welche Vornahme, wie Teilen und Verpflanzen, was bei vielerlei Stauden zu geschehen hat, stehen lassen, wo sie dann, starke Büsche bildend, immer schöner werden. Ihrer reichen Wurzelbildung wegen sollte man sie auch mit Gießen nicht vernachlässigen. Das ist die ganze Pflege, bei welcher ab und zu oder jährlich einmal ein Dungguß sehr gut aufgenommen wird. Die Verschiedenheit der eigenartigen Färbung

Mit „Crimson Rambler“ bewachsenes Rosenhäuschen im Schloßgarten zu Hanau.
Originalaufnahme für die „Gartenwelt“.

Brücke im Schloßgarten zu Hanau. Originalaufnahme für die „Gartenwelt".

der punktierten oder einfarbigen, edlen, großen und schönen Blumen mit den vielen gelben Staubgefäßen zu beschreiben ist nicht so sehr die Absicht dieser Zeilen als die Empfehlung ihrer Anpflanzung überhaupt. Man gebe der Pflanze nur einen nicht gar zu ungeeigneten Platz, an welchem sie nicht, wie es solchen Pflanzen nicht selten ergeht, für das Auge gar zu sehr ins Hintertreffen gestellt ist. Jeder wird an ihrer Erscheinung als entwickelte Pflanze gewiß lange seine Freude haben. Im September eingetopfte *Helleborus* bringen bekanntlich im Kalthause bereits von Weihnachten an ihre Blumen zur Entfaltung. **G. S.**

Koniferen.

Die Arve (Pinus Cembra, L.).

Von **Henry Correvon**, Floraire, Genf.

Pinus Cembra ist von allen Koniferen der alten Welt nach der Zeder diejenige, welche unsere größte Teilnahme und Begeisterung erregt. Von zerklüfteter Felsenspitze und am Rande des düsteren Abgrundes zeigt sich, Kraft und Widerstand verkündend, ihr stolzer Schattenriß. Als Königin beherrscht sie die Höhen unserer Alpen. Kampf ums Dasein, Leben gegen Tod, steht sie selbst noch an der Schwelle der Gletscher. Hier begeistert sie den verwegenen Bergsteiger, rüttelt ihn auf gegen die schreckliche Leere und Trockenheit; sie ist die Schönheit, die sich gewaltig gegen die Nacktheit ihrer Umgebung verwahrt.

Die Besteiger der Alpen haben ihr eine besondere Verehrung gewidmet, welche mit der wetteifert, die die große Menge dem Edelweiß seit 30 Jahren entgegen bringt. Hat sie doch die Touristen oft geschützt und ihnen wieder Mut und Kraft gegeben! Unter ihrem mächtigen Dome haben sie köstliche Stunden verlebt.

Den Azur des Himmels trinkend, sich in den Strahlen der herrlichen Alpensonne badend, steht die Arve frei und unabhängig auf den letzten Grenzen des Baumwuchses. Sie ist ein Prinz von Geblüt, die Zeder der Felsen, der General einer Armee, ein Veteran in Erz gegen die Südwinde; frei, einzelstehend, sind ihre Formen pittoresk und künstlerisch, während sie im geschlossenen Walde, gut geschützt von ihren Kameraden, ihren Charakter verliert; sie steht dann in Reih und Glied und ist nicht mehr als ein gewöhnlicher Soldat. Aber auch dort noch zeigt sie durch ihre Straffheit und Schönheit das Sinnbild der Stärke und des Willens.

Pinus Cembra ist von asiatischer Herkunft. Als vor hunderttausenden von Jahren die Eiszeit in Europa herrschte, hat sie jedenfalls ihren Weg zu uns gefunden. Ihr Vaterland ist wahrscheinlich Mittel- und Südsibirien. Hier ist sie wirklich zu Hause, seine großen, unermeßlichen Wälder bezeugen es, indeß sie sich bei uns nur spärlich fortpflanzt und mit großer Mühe erhält.

Schon dadurch zeigt sie ihren besonderen Charakter, daß sie die einzige in Europa vorkommende Art ist, die zur Gruppe der fünfnadligen gehört. Diese Gruppe umfaßt 25 Spezies, deren Heimat Mittel- und Ostasien und das südliche Nordamerika ist. Der geographische Mittelpunkt scheinen die Gegend der Behringsstraße und die ihr zunächst liegenden Länder (Japan, Korea, Alaska etc.) zu sein.

Die Arve ist ein aufrecht wachsender, gedrungener, dicht ver-

Weiher mit Springbrunnen im Schloßgarten zu Hanau.
Originalaufnahme für die „Gartenwelt"

zweigter Baum; dieser Wuchs gibt ihr das Bild der Stärke. Der dicke Stamm erhebt sich nicht in senkrecht aufsteigender Linie, sein Wuchs ist schlängelnd, krumm; seine sehr rauhe, braungraue Rinde ist mit Flechten und Moos geschmückt. Die blaugrünen Nadeln sind zu fünf in einer Scheide vereinigt; sie vereinigen sich an der Spitze der Zweige zu aufrecht stehenden Büscheln, welche dem Baume die bekannte Kandelaberform geben. Die erbsengroßen, ungeflügelten Samen sind eßbar. Der Zapfen hat das Aussehen einer kleinen, abgestumpften Ananas oder eines Apfels und die größte Ähnlichkeit mit dem der Zeder; er gebraucht drei Jahre, um seine Samen zu reifen. Der Baum erreicht eine Höhe von 20 bis 26 m und ein sehr hohes Alter; sein Stamm kann einen Umfang von 4 bis 5 m erreichen.

Das Aussehen der Arve ist weder elegant noch anmutig, indeß gibt ihr gewöhnlicher Gefährte, die Lärche, mit ihren leichten, zierlichen Zweigen, diesem festgebauten Kämpfer mit seinem abgerundeten Gipfel den geeigneten Hintergrund. Die Arve kann ein Alter von 500 bis 600 Jahren erreichen. In den Tälern von Tourtemagne und Aniviers, aber ganz besonders in dem kleinen Hochtale von Arola und Engadin, gibt sie, sei es einzeln oder in geschlossenem Bestande, stets Gemälde von großer Wirkung. Für den Künstler, der ihren entzückenden Schattenriß zur Wiedergabe in sich aufnehmen will, ist Arola der geeignete Ort. Die Arve hat nicht die Züge einer schönen Frau, o nein, sie hat die Züge von Größe und Entschlossenheit, welche im besonderen dem Kämpfer zu eigen sind. Ihre athletische Gestalt ist mit smaragdgrünem Mantel bekleidet, der die Nacktheit ihres Stammes schützt und verhüllt.

Die kämpfenden Gruppen in der leuchtenden Landschaft der Alpen, am Fuße des funkelnden Gletschers, sind besonders großartig; das alles macht einen Eindruck von Größe und Erhabenheit. Jedes dieser lebenden Wesen ist mit einem besonderen Charakter ausgestattet, nicht ein einziges gleicht dem andern. Nehme man zehn, zwanzig, dreißig, und sie werden alle verschieden sein in ihrer großen malerischen Einfachheit. Diese Veteranen im Kampfe für ihr Dasein, unter den gewaltigen Winden sich drehend und windend, niedergedrückt, sich wieder aufrichtend, zeigen in diesem Kampfe seltsame Gestalten und Bilder.

Die Arve ist in einer Höhe von 1600 bis 2000 m über die Alpenkette verbreitet, bildet jedoch nur sehr selten größere Wälder und ist in schnellem Abnehmen begriffen, so daß die Forstverwaltung von Bern, an deren Spitze Herr J. Coaz, ein großer Verehrer dieses Baumes, steht, sich veranlaßt sah, ihren Schutz energisch in die Hand zu nehmen. Die Konföderation läßt an allen Stellen, wo es möglich ist, ihre Anpflanzung vornehmen, so daß die Aussicht vorhanden ist, unsere Höhen wieder mit Wäldern der Arve bevölkert zu sehen.

Kletterrosen als Laternenschmuck.
Originalaufnahme für die „Gartenwelt“.

Im Garten und Park ist die Arve ein schöner, williger Baum, artig und gehorsam, gerade wachsend, seine Äste gleichmäßig verteilend, wie man es von ihm verlangt. Von den übrigen Koniferen sticht die Arve auffallend durch smaragdblaue Farbe ab, ihre Kandelaber meistens bis ins hohe Alter tragend. Feuchter, tiefgründiger Boden in nicht zu warmer Lage, sagt ihr am besten zu. Während ihrer Jugend ist reichliches Begießen notwendig. Sie liebt einen sandigen Boden, besonders wenn er frei von Kalkgehalt ist. Hier in der Umgebung von Genf findet man mehr oder weniger schöne Stämme; so steht im Parke der Baronin von Rothschild in Pregny ein sehr starkes Stück, indeß hat es durch Verpflanzen sehr gelitten. Überhaupt ist der Baum keine Seltenheit in unseren Gärten, fast jeder Alpinist hat ihn in seinem Garten angepflanzt. Im botanischen Garten der Linnea (1678 m über dem Meere) haben wir vor 15 Jahren 100 Stück angepflanzt, welche sich ausgezeichnet entwickeln und uns viel Vergnügen machen. Auf der Spitze des Rochers de Naye (2000 m über dem Meere), im Jardin de la Rambertia, haben wir die Arve über der natürlichen Waldgrenze mit Erfolg angepflanzt.

Hier, in unserem Alpenakklimatisationsgarten, wo wir sie für das Ausland und für Kundschaft erziehen, halten wir sie sehr oft 10 Jahre lang mit Erfolg in Töpfen.

Bei dieser Topfkultur ist der Trieb aber entsprechend schwach, während die Arven in der Baumschule 20 bis 30 cm lange Jahrestriebe entwickeln.

Rosen.

Kletterrosen als Laternenschmuck. Die ungemein vielseitige Verwendbarkeit der hochwachsenden Kletterrosen ist wohl jedem, der sich, wenn auch nur zu seinem Vergnügen, etwa in seinen Mußestunden, mit der Gärtnerei, mit der Kultur von Ziergewächsen, beschäftigt, sollte ihm auch bloß ein kleiner Raum, vielleicht ein Hausgärtchen, zu Gebote stehen, und allen Fachmännern zur Genüge bekannt. Alle zur Belehrung des angehenden Gärtners, zum Gebrauche des Liebhabers der edlen Gartenkunst verfaßten Bücher und zahlreiche Aufsätze in den gelesensten Fachzeitschriften, sowie dickleibige Kataloge der Handelsgärtnereien, weisen auf die von Jahr zu Jahr an Zahl zunehmenden (freilich nur selten die altbekannten übertreffenden) Kletterrosen hin und befürworten deren möglichst ausgedehnte Anpflanzung an allen für ihr Fortkommen und reichliches Blühen geeigneten Orten, und solche gibt es wohl in jedem Garten.

Hauswände, mit hochwachsenden, nicht selten das Dach erreichenden Kletterrosen (z. B. *Williams Evergreen*, *Queen* und *Beauty of the prairies*, *de la Grifferaie* von alten beliebten Sorten, *Crimson Rambler*, *Aglaia*, *Euphrosyne* von neueren) bewachsen, zur Blütezeit, die nicht bei allen Sorten gleichzeitig eintritt, so daß eine längere Fortdauer derselben bei zweckmäßiger Auswahl leicht zu erreichen, mit Tausenden der schönsten, in den verschiedensten Färbungen prangenden Blüten wie übersät, eigens dazu geformte Gestelle aus Draht, die Stämme der Bäume im Ziergarten, von einem Stamme zum andern gezogene Schnüre oder Drähte, an denen die langen Triebe der Kletterrosen selbst oder mit geringer Beihilfe hinaufranken, gewähren einen herrlichen, jeden, der nur einigen Sinn für Blumen hat, auf das Höchste entzückenden Anblick.

Wie umstehende Abbildung zeigt, sind auch die nichts weniger als schön aussehenden Pfähle der in den öffentlichen Anlagen der Großstädte angebrachten Laternen durch Anpflanzung schönblühender und auch außer ihrer Blütezeit den sonst kahlen Pfahl mit frischem Grün bekleidenden Kletterrosen leicht in die betreffenden Anlagen nicht verunzierende, im Gegenteil sie sogar schmückende Objekte zu verwandeln. **Eug. Jos. Peters.**

Ausstellungsberichte.

Die Schau der Deutschen Dahliengesellschaft im Rahmen der Jubiläums-Gartenbauausstellung zu Bremen.

Von **Carl Ziskoven**, Obergärtner, Blankenburg am Harz.

Die Dahlienausstellung vom 14. bis 17. September im Bürgerpark in Bremen kann sich würdig ihrer Vorgängerin, welche einige Tage früher in Mannheim stattfand, zur Seite stellen. Es war eine großartige Leistung der Deutschen Dahliengesellschaft, in kaum einer Woche zwei Ausstellungen zu veranstalten.

Wenn einige bedeutende Firmen fehlten, oder nur wenig bringen konnten, so lag dies an besonderen Umständen; teilweise waren die Blumen bei manchen verregnet, oder, wie es hier in Blankenburg der Fall war, durch ein dem Thrips ähnliches Insekt ruiniert worden, so daß nur wenige gute Blumen auf den Feldern blühten. Im letzten Augenblicke wurde noch wegen ungenügender Beteiligung seitens der Bremer Bindekünstler die Bindekunstausstellung abgesagt, welche in derselben Halle stattfinden sollte, und der dafür bestimmte Platz wurde von der Dahliengesellschaft, um ein harmonisches Bild zu schaffen, noch mit Schnittblumen gefüllt.

Die ganze Ausstellung machte auf den Beschauer einen vornehmen Eindruck, und hat es Herr Curt Engelhardt, der technische Leiter derselben und Geschäftsführer der Deutschen Dahliengesellschaft, in vorzüglicher Weise verstanden, ein vortreffliches Gesamtbild hervorzubringen.

In der Mitte der Halle lag ein Parterre aus Dahlienblüten, in den verschiedensten Farbentönungen ausgesteckt, dessen Konturen sich in dem grünen Rasen vorteilhaft und wirkungsvoll abhoben. Eine Krone mit W II. in den Farben schwarz-weiß-rot bildete, etwas hügelig erhöht, die Mitte des Parterres, dessen Hintergrund aus einer großen aus Palmen, Dracaenen und Lorbeerbäumen zusammengestellten Dekorationsgruppe bestand.

Ich muß mich in meiner Berichterstattung auf das Wichtigste beschränken und weise von vornherein darauf hin, daß es sehr schwierig ist, den Wert einer Dahlie nach abgeschnittenen Blüten zu beurteilen. Manche bestechend schöne Blüte gehört einer Sorte an, die eine faule Blüherin ist, oder die Blüten unter dem Laube trägt, manche weniger edle Blüte dagegen einer hervorragenden Dekorationsdahlie.

C. Ansorge, Klein-Flottbek, brachte fast nur eigene Züchtungen, und sind ja besonders seine Zwergedeldahlien berühmt und verbreitet. *Edelweiß*, schneeweiß, ist wohl unsere beste weiße Sorte, dabei hat sie einen kurzen, straffen Wuchs und ist mit edelgebauten Blüten vollständig überladen. Eine im Freien ausgepflanzte *Edelweiß*-Gruppe zeigte die Vorzüge dieser Züchtung. Eine sehr gute Schnittsorte ist die diesjährige Neuheit *Rosa;* die im Grunde etwas breitpetaligen Blüten sind pfirsichrosa gefärbt; sie hat einen ungemein festen Stiel und blüht sehr reich. Auch das Sortiment pomponblütiger und einfacher Dahlien dieses Ausstellers war sehr beachtenswert, es scheinen überhaupt die einfachen Sorten in den Kulturen wieder Aufnahme zu finden. Folgende Sorten waren wohl die schönsten: *Kleopatra*, gelb; *Donau*, schneeweiß; *Frau Wally Santer*, lila und weiß; *Theodor Körner*, orangerot und goldgelb. Von den Sämlingen Ansorges, welche noch nicht im Handel sind, ist einer sehr beachtenswert; die aprikosenfarbige Tönung ist hellrosa schattiert, dabei sind die Blumenblätter spitz und die großen, edlen Blumen stehen auf festen Stielen.

Der Züchter W. Tölkhaus, Broxten, brachte ein großes Sortiment nur eigener und meistens schon bekannter und verbreiteter Sorten. Züchtungen wie *Alt-Heidelberg*, *Goldfasan*, *Helene*, *Roland von Berlin*, *Serpentina*, *Mikado* werden so leicht nicht verdrängt. Von seinen Sämlingen schien mir ein dunkler, weinroter, schwarz schattierter am wertvollsten zu sein, wegen seines festen, drahtartigen Stieles und der langen Haltbarkeit der Blumen, die am letzten Tage der Ausstellung noch vollständig frisch waren und die eigenartige Färbung behalten hatten.

Wohl mit dem schönsten Dahliensortimente war Otto Mann, Leipzig-Eutritzsch, vertreten. Neben älteren, bekannten Sorten verdienen die von diesem Aussteller vorgeführten englischen Neuheiten für 1908 erwähnt zu werden. Von annähernd 40 Sorten sind nachfolgende der Form, Farbe und dem festen Stiele nach die besten: *Prinzeß Mary*, lichtes Lachsorange; *Tressie*, leuchtend scharlach, besonders großblumig; *Gazelle*, kräftiges Rosa, hellere Mitte; *Australian*, leuchtend pflaumenfarbig; *Pink Perfection*, lilarosa; *Caradoc*, leuchtend gelb, großblumig; *Mrs W. H. Raby*, elfenbeinweiß, edelste Form; *Lady Fair*, schamoisfarben, Petalen kraus gefranst; *Kathleen Bryant*, blutrot, samtig, bräunlich schattiert, sowie die Degensche Züchtung *Chrysantheme*, zartes, gelbliches Rosa mit hellbräunlicher Schattierung. Außerdem zeigte Otto Mann ein Sortiment seiner hervorragenden *Gladiolus*, darunter eine herrliche Neuheit *America*, zur *Childsi*-Klasse gehörig. Die riesigen Rispen sind mit zart fleischfarbenen Blumen, welche sehr groß sind, dicht besetzt und scheint mir *America* eine ganz wertvolle Zukunftsschnittsorte zu sein. Die *Lilium lancifolium magnificum* Manns zeichneten sich durch ein leuchtendes, intensives Karmin aus und waren die einzelnen Blüten mit einem weißen Rande umsäumt. Der stattliche, gesunde, prachtvolle Wuchs macht diese vor zwei Jahren aus Japan eingeführte Varietät besonders wertvoll; ich zählte an einzelnen Schäften bis 20 der großen Blumen und Knospen. Eine ganz eigenartige Erscheinung ist auch die prächtige Staude mit knolliger Wurzel *Liatris graminifolia dubia*. Die Farbe ist leuchtend purpurrosa und stehen die Blüten in langen Ähren.

Georg Bornemann, Blankenburg (Harz), zeigte meistens eigene Züchtungen; seine *Freudenfeuer* für 1908 ist eine Dekorationsdahlie von allergrößtem Werte. Die kurzen, straffen, dunkelgrün belaubten Pflanzen sind mit leuchtend samtig blutroten Blüten, welche auf langen, festen Stielen stehen, ganz bedeckt. *Goldland*, rahmgelb, ist hervorragend und wohl die reichblühendste gelbe Dahlie. *Herbstabend*, kräftigrosa, im Grunde orange abgetönt, besticht durch die eigenartige Färbung; *Herbsttöne* ist mattgelb und aprikosenfarben schattiert, eine herrliche Lichtfarbe. Unter den diesjährigen englischen Neuheiten dieses Ausstellers befinden sich einige sehr gute Sorten: *Ducheß of Hamilton* ist zartisabellfarben, rosa überhaucht, sehr reichblühend; *Sandy*, orange getönt; *Lord Minto*, rosabräunlich mit gelblichen Spitzen; *Marjorie Caselton*, duftig rosa, wertvolle Schnittsorte.

Derselbe Aussteller hatte ferner ein großes Sortiment seiner bewährten Zonalpelargonien eingesandt. *Jugendland*, wundervolles Violettrosa, ist wohl die beste Gruppensorte in dieser Färbung. Die Blume ist besonders groß und stehen die Dolden auf festen Stielen in stattlicher Anzahl an den kurzen Pflanzen. *Feuerzauber*, kräftiges Orange; *Paul Rabbow*, leuchtend lachsrosa mit weißem Auge; *Mimi Neipe*, zart fleischfarben; *Johanna Beckmann*, lachsfarben, heller schattiert.

Die herrlichen Blüten der *Richardia hybr. Solfatara* und *Richardia Elliottiana**) dieses Ausstellers bewiesen, daß man diese herrlichen gelben *Calla* bei zweckentsprechender Kultur fast das ganze Jahr in Blüte haben kann.

Die Züchtungen von Pape & Bergmann, Quedlinburg, zeichnen sich durch einen ungeheuer reichen Flor aus und sind die dem Handel übergebenen Sorten für Gartenausschmückung unentbehrlich geworden. Eine prächtige Neuheit für 1908 ist *Melpomene*, frisches Karminrosa; diese feine, entzückende Färbung ähnelt derjenigen der alten Sorte *Mme Dickson*, jedoch ist die Form feinstrahlig und besonders edel. Von älteren Sorten sind hervorzuheben *Aristokrat*, zinnoberscharlach; *Harzer Kind*, hellrosa; *Medusa*, blutrot.

H. Severin, Kremmen, hat in seiner *Königin Luise* wieder einen Schlager ersten Ranges; dieselbe ist in der Blühwilligkeit und dem dekorativen Wuchse ein Gegenstück zu seiner früheren Züchtung *Schön Else*, weiß. *Königin Luise* ist zartrosa und in der Mitte silbrig weiß abgetönt; die feinstrahligen Blumen stehen auf festen, drahtartigen Stielen; es ließen die in großer Anzahl ausgestellten Blumen den Wert dieser herrlichen Sorte zum Schnitt sofort erkennen. Auch ein rubinroter Sämling, welcher bei der Taufe *Curt Engelhardt* benannt wurde, schien mir vielversprechend wegen des ungemein festen, langen Stieles. *Pindar* für 1908, kupfriges Rot, gelockt, ist sehr eigenartig.

H. Junge, Hameln, brachte neben wertvollen, erprobten Dahliensorten ein prächtiges Staudensortiment. Besonders seine Herbstastern sind hervorragend. *Aster hybr. Abendröte*, leuchtend dunkelrosa; *Rosalinde*, reinrosa; *Herbstzauber*, dunkelblau; *Flossy*, schneeweiß, waren wohl die schönsten Sorten. Beachtung verdienten auch Junges *Phlox decussata hybr.* in den verschiedensten Tönungen, sowie die abgeschnittenen, farbenprächtigen und winterharten Nymphaeen.

Nonne & Hoepker, Ahrensburg, zeigten neben umfangreichen Dahlieneinsendungen das größte und schönste Staudensortiment. Ihre diesjährige Dahlieneinführung *Kielia*, glänzend karminrosa, war in größerer Anzahl im Freien gruppiert und konnte man die Vorzüge der Reichblütigkeit gegen die Stammsorte *Britannia* sofort erkennen; ebenso ist *Moritz Arndt*, zart bernsteinfarben, eine herrliche Bindedahlie. Das Sortiment ausgepflanzter pomponblütiger Sorten dieser Aussteller zeigte so recht die Reichblütigkeit und den gedrungenen Wuchs dieser Rasse.

W. Knopf, Roßdorf-Genthin, zeigte einen schamoisfarbigen, rosa getönten Sämling mit ganz festem Stiel; dieser Sämling dürfte, wenn er reichblütig ist, wegen der feinen Farbe eine Zukunft haben. In dem reichblütigen Sortimente dieses Ausstellers fiel *Obergärtner Ulmer* als die feinste fliederfarbene Sorte auf.

Die holländischen paeonienblütigen Dahlien von G. van Waveren & Kruyff, Sassenheim, erregten allgemeine Bewunderung. Allerdings haben die herrlichen Sorten einstweilen nur Liebhaberwert, da bei den meisten die Stiele zu schwach sind. Auch sind mir die Blumen bei einzelnen Sorten zu roh und groß; die im Handel befindlichen einfachen Sorten von Ansorge und Pfitzer sind denn doch zum Schnitt geeigneter, da die Blüten kleiner sind und meistens feste Stiele haben. Unter den diesjährigen holländischen Neuheiten befinden sich nach dieser Richtung hin schon bedeutende Verbesserungen. *Andrew Carnegie*, lachsrosa, kupferfarbig schattiert, ist wohl die beste Neuheit, wegen des festen Stieles und der haltbaren Blume. Schön sind auch *Geisha*, gelb und kupferfarbig, *Bertha von Suttner*, lachsrosa, gelblich schattiert.

H. Hinrichsen, Eutin-Fissau, hatte die meisten Zwergsorten in Töpfen kultiviert und sah man, daß diese Zwerge auch als Topfpflanzen wegen der Reichblütigkeit verwendbar sind. Derselbe, sowie H. A. Hellemann, Bremen, und Chr. Küster & Söhne, Döhren-Hannover, hatten reichhaltige abgeschnittene Sortimente ausgestellt. Letzterer brachte auch *Gladiolus Childsi hybr.* in lachsfarbig, hellrosa und fleischfarben, welche einzig in bezug auf Farbenreinheit und Größe der edel gebauten Blumen waren.

*) Farbige Abbildung beider siehe Gartenwelt-Wandkalender 1903.

Von den im Freien massenhaft ausgepflanzten Edeldahlien waren nachstehende Sorten immer wieder als die reichblühendsten und schmuckvollsten anzusprechen: *Alt-Heidelberg*, *Edelweiß*, *Oda*, *Kielia*, *Harzer Kind*, *Aristokrat*, *Effective*, *Pink Pearl*, *Lenau*, *Verschwendung*, *Bornemanns Liebling*, *Schön Else*, sowie die Hybride *Marianne*.

Die allgemeine große Herbstausstellung zu Mannheim.

Von Obergärtner **Curt Reiter**, Feuerbach.

(*Hierzu eine Abbildung.*)

(Schluß.)

Die auf der Ausstellung vorhandenen Schnittblumen waren ebenfalls größtenteils, die bereits erwähnte Spezialausstellung Pfitzerscher Gladiolen ausgenommen, in der Wandelhalle des Nibelungensaales untergebracht. Bedeutendes war nicht eingeliefert, was da war, mußte außer Konkurrenz ausgestellt werden, da, wie gesagt, keine Preisbewerbung vorgesehen war. Besonders zu erwähnen sind die von Lambert & Söhne in Trier in den Handel gebrachten und dann nachgezüchteten Riesen-Hohenzollernastern, unter denen ganz entzückende Farben, die hohen Bindewert haben, vorherrschten. Besonders *Hellsilberlila*, *Lachsrosa*, *Zartseidenrosa* und *Crêmegelb* gefielen mir sehr gut. Die Bezeichnung *Crêmegelb* paßt nicht so recht, da die vorhandenen Blumen ein sehr schönes, helles Schwefelgelb zeigten, wie ich es in einer solch reinen Farbe bei Astern noch nicht gesehen hatte. Georg Arends in Ronsdorf zeigte seine neue, sehr zierliche *Coreopsis oculata**), deren goldgelbe Blumenblätter an der Basis mit einem dunkelbraunen Fleck versehen sind. Das Sommerveilchen *Viola cornuta G. Wermig* hatte im Gegensatz zu der daneben ausgestellten Stammart *(V. cornuta)* eine schöne, tiefdunkelblaue Farbe. Leider scheinen diese Sommerveilchen etwas hinfällig zu sein, da sie schon am ersten Tage arg die Köpfe hängen ließen. E. Neubert in Wandsbek brachte seine neue, winterharte Freilandnelke *Sonnenschein***) zur Schau, die einen aparten, orangegelben Farbenton besitzt. Die Blütezeit beginnt Anfang Juli, doch zeichnen die Blumen sich nicht durch besondere Größe aus.

Den Blattpflanzen und Farnen war im Rosengarten ein großer Platz eingeräumt. Besonders Blattbegonien, die sich jetzt auf der Höhe der Kultur befinden, waren zahlreich vorhanden. Das schönste Sortiment in der Auswahl der Sorten hatte H. Wehrenpfennig in Quedlinburg eingesandt, in welchem außer den besten älteren auch die neuesten Sorten vertreten waren. Von Blumengeschäften werden in den Herbstmonaten, besonders zur Verarbeitung mit *Erica gracilis*, gern die mit roten Blattzeichnungen versehenen Sorten bevorzugt. Ich notierte mir von solchen als sehr schön folgende: *Meteor*, *Hofgärtner Hartmann*, *Lusatia*, *August Buchner*, *Hermann Vietzeu*, *Kronprinzessin Cecilie*. Letztere wurde auch von der Rittergutsgärtnerei Ohorn bei Pulsnitz in einer größeren Gruppe schöner Pflanzen ausgestellt. Wenn die Farbe dieser Neuheit auch nicht so leuchtend ist, wie die der schwarz-roten *Louise Closon*, so scheint sie doch wüchsiger zu sein. Jedenfalls ist sie ihrer schönen Blattfärbung wegen warm zu empfehlen. Auch die leuchtend grüne *Rex Imperator* wird stets von Blumengeschäften bevorzugt.

Franz Eichling in Kaiserslautern stellte großartige *Ophiopogon Jaburan fol. aur. var.* und *fol. alb. var.* eigener Kultur aus. Es tut immer wohl, wenn man zwischen dem zahlreichen belgischen Kram den Zettel mit der Aufschrift „Eigene Kultur“ trifft. P. Becker in Weisenau-Mainz hatte die schönsten *Aspidistra elatior*, während man über die schönsten *Asparagus Sprengeri* im Zweifel sein konnte, da die Konkurrenzeinsendungen hierzu sehr zahlreich ergangen waren. E. Benary in Erfurt führte ein Farnsortiment von 80 verschiedenen Arten und Sorten in durchweg guten Kulturpflanzen vor. Besonders schön waren *Asplenium Nidus*, *Pteris Mariesii*, *Pteris internata*, *Adiantum Sancta Catharinae* u.a. Sehr hübsch waren des gleichen Ausstellers außer Konkurrenz ausgestellte blaue *Lisianthus Russelianus*. An

*) Abbildung und Beschreibung siehe „Gartenwelt“ Jg. X, No. 2.

**) Diese Nelke werden wir im Laufe dieses Jahrganges in der „Gartenwelt“ in farbiger Ausführung bringen.

dieser Preiskonkurrenz, die schönste und reichhaltigste Farnsammlung betreffend, beteiligten sich noch in erster Linie P. Becker in Weisenau-Mainz mit vorzüglichen Sachen, ferner V. Busch und W. Prestinari in Heidelberg und Wieblingen, Nic. Rosenkränzer in Mannheim, Herm. Ruh in Beiertheim bei Karlsruhe, u. a. Diese Aussteller, im Bunde mit Bernh. Voth in Heidelberg und H. Henkel in Darmstadt, hatten auch die Konkurrenzen, Sammlungen von *Adiantum*, *Nephrolepis*, *Pteris* und *Selaginella*, in einwandfreier, reichhaltiger Weise beschickt.

H. Henkel in Darmstadt zeigte neben seinen Selaginellen noch ein sehr schönes Sortiment *Philodendron*, von welchen das tiefgeschlitzte *Ph. bipinnatifidum* sehr hübsch ist, interessant ist das rankende *Ph. albo vaginatum* mit herz-eiförmigen Blättern, ferner *Ph. imperiale var. Laucheana* und *hastatum*.

Die schönste und reichhaltigste Gruppe buntblättriger Warmhauspflanzen war aus der Gärtnerei von Herrn Geh. Kommerzienrat Camphausen (Obergärtner Sandhack) in Mehlem a. Rh. eingesandt, die eine ganz vorzügliche Kultur und Pflege erkennen ließen. (Abb. Seite 35.) Besonders schön war eine Schaupflanze von *Platycerium Willinkii*, ein herrliches Exemplar. Großartig waren auch die *Acalypha (hispida) Sanderiana*. Diesjährige Frühjahrsstecklinge zeigten bereits eine Höhe von 80 cm bis 1 m bei kolossalem Blütenreichtume; in jeder Blattachse erschienen die langen, karminroten Blütenrispen. *Acalypha musaica* prangte mit ihren prächtigen, braun marmorierten Blättern, während *Saxifraga sarmentosa tricolor* als reizende Hängepflänzchen durch ihre Zierlichkeit fesselten.

Wenn ich noch die Arends'sche Neuheit für 1908, seine *Astilbe Davidii* Hybriden, mit über 1 m hoch emporragenden, stolzen und doch fedrig leichten Blumenschäfte von zartem Rosakarmin erwähne, so glaube ich über das Bemerkenswerteste im Rosengarten berichtet zu haben. Zu erwähnen ist noch, daß sich um die dekorative Ausstattung des Saales besonders die Firmen Th. Steinhauer in Laubenheim-Mainz und Herm. Ruh in Beiertheim bei Karlsruhe, mit ihren Palmen, Araucarien, Myrten, *Asparagus* usw. verdient gemacht haben.

Unter den Einsendern von *Lilium lancifolium*, *longiflorum* und Eismaiblumen zeichnete sich besonders die Firma Fritz Hufeld in Darmstadt aus, die diese Sachen in ausgezeichneter Qualität als Spezialität ihres Geschäftes führt. Auch die Maiblumen von C. Nupnau in Wandsbek waren ganz hervorragend in der Größe der Blume und der einzelnen Glocken.

Damit diese Abhandlung nicht zu lang werde, glaube ich mir die im Freien befindliche, permanente Ausstellung der Gruppenpflanzen bei der Berichterstattung schenken zu können, was mir umso leichter fällt, da Herr Hesdörffer schon eingehend darüber in seinen früheren Ausstellungsberichten geschrieben hat.

Ich komme zum Schlusse und will nur noch, last not least, die großartige Leistung der Firma Gebr. Neubronner in Neu-Ulm mit ihren hervorragenden Züchtungen von *Pelargonium zonale* erwähnen, die zum großen Teil der *Reformator*-Klasse angehören, die sich ja durch Reichblütigkeit, kompakten Wuchs und besondere Größe der Dolden vor andern Sorten auszeichnet. Wenn mich auch die Neubronnerschen englischen Pelargonien bei der Frühjahrsausstellung ziemlich kalt ließen, so hat die Firma doch gezeigt, daß sie bei der Züchtung hervorragender Zonalpelargonien noch immer mit an erster Stelle steht. Das mit den Neubronnerschen Einsendungen gefüllte Mehlhornsche Gewächshaus bot einen fesselnden Anblick. Topf neben Topf standen die gedrungenen, kompakten Pflanzen mit je einer Riesendolde, daß das Auge durch die glühende Farbenpracht förmlich geblendet wurde. Sorten wie *Reformator*, *Rival*, *Rubin* sind durch ihre guten Eigenschaften schon größeren Kreisen bekannt geworden. *Ulma* ist als *Rubin* in Rosa zu bezeichnen, *Cardinal*, das Ergebnis einer Kreuzung zwischen *Meteor* und *Reformator*, ist sehr zu empfehlen und vereinigt die Vorzüge beider in sich, ferner ist die gefüllte, dunkellachsfarbene *E. Kreis* sehr schön. Vielen Beifall fanden auch die leuchtend violette *Fritz Molfeuter*, sowie *Wilh. Pfitzer*, mennigrot mit gold, eine sofort ins Auge fallende Verbesserung der beliebten *Perle von Neu-Ulm*. Als die beiden besten dunkelroten Sorten notierte ich *Graf Geldern* und *Excellenz von Zingler*, in Weiß die gefüllte *Schneekönigin* (1908) und *Jugend*. Beachtenswert waren auch die beiden Neuheiten *Großherzog von Baden*, herrliche Lachsfarbe, und *Großherzogin von Baden*, leuchtend rosa, ähnlich der Sorte *Schöne Almerin*, mit noch größeren Blumen.

Wenn man nun nach beendeter Prüfung seine Gesamtschlüsse zieht, kommt man zu dem Ergebnis, daß die Aussteller, die in Mannheim vertreten waren, alle Anerkennung verdienen. Leider muß ich aber bemerken, daß mir das Programm der Herbstausstellung gar nicht gefallen hat. Es berührt eigentümlich, daß anfänglich — höchstwahrscheinlich auf Betreiben einiger deutscher Zwischenhändler mit belgischer Ware — die Konkurrenz der belgischen Firmen ausgeschaltet wurde und jetzt kann die Ausstellungsleitung nicht genug Preise für solche Pflanzen stiften, von denen jeder weiß, daß sie direkt aus Belgien bezogen und in die Ausstellungsräume geschafft wurden. So sind z. B. für Palmen allein für annähernd 4000 M. Geldpreise gestiftet, das ist so viel, wie für sämtliche Konkurrenzen blühender Pflanzen des Kalt- und Warmhauses zusammen. Und nimmt man sämtliche Pflanzen belgischen Ursprungs, wie Palmen, Araucarien, *Croton*, *Aletris*, bunte und grüne Dracaenen, *Pandanus* etc. zuzammen, so wird man finden, daß für diese etwa $^2/_3$ sämtlicher vorhandenen Preise ausgesetzt sind, die natürlich den Zwischenhändlern mühelos in den Schoß fallen. Man könnte schier meinen, es wäre vor der Festsetzung des Programms ein Kriegsrat abgehalten worden, in dem die Händler ein gewichtiges Wort mitzusprechen hatten. Das sollte nicht sein, dabei kommen unsre Züchter, unsre Kultivateure verzweifelt schlecht weg, denn wenn z. B. für 100 *Cyclamen* drei Preise von 100, 75 und 50 M. und für 10 *Pandanus Veitchii* ebensoviel ausgesetzt werden, so muß man sich unwillkürlich fragen, wie ist das möglich? Um 100 *Cyclamen* in egalen, großen, reichblühenden Pflanzen schon Ende August aus den Beständen heraussuchen zu können, dazu gehört schon die Anzucht von mindestens tausend Exemplaren, und wieviel von den 100 eingelieferten Pflanzen bringt man nach Schluß der Ausstellung wieder heil und gesund heim? Jedenfalls verschwindend wenig. Nun stelle man solcher Leistung die 10 *Pandanus* gegenüber, die womöglich direckt aus einem Waggon von Belgien in die Ausstellung geschafft wurden, die vielleicht gar „in Kommission" übernommen sind, und die man nach Schluß der Ausstellung in derselben Verfassung wie bei der Einlieferung wieder fortnehmen kann. Das sind keine gesunden Verhältnisse!

Zeit- und Streitfragen.

Gartenkünstlerisches Preisausschreiben der „Woche".

Der Verlag der „Woche", der schon so manches Preisausschreiben durchgeführt hat, zuletzt ein solches zur Erlangung von Entwürfen für deutsche Landhäuser, ist jetzt, im Anschlusse daran, mit einem solchen für Gartenkunst und Gartenausstattung hervorgetreten. 5000 Mark für vollständige Gartenentwürfe, verteilt auf 10 Preise von 1000 Mark bis herab zu 300 Mark, und 5000 Mark, nach freiem Ermessen des Preisgerichts, in Preisen von 50 bis 300 Mark, für die so beliebten Ausstattungsstücke, winken denen, die sich berufen fühlen mitzutun, außerdem kommen sie auch noch in die „Woche", bezw. in ein Sonderheft.

Es ist ja nicht mehr wie billig, daß jene „wichtigsten" Objekte des Gartens, wie Lauben und Brunnensäulen, Bänke und Sphinxbrunnen, Nilpferdfallen und Badewannenpfuhle, gleich hoch dotiert sind, wie die Gartenentwürfe selbst. Es lag ferner nahe, und hätte unter Punkt 5 der Bedingungen des Wettbewerbes kaum besonders ausgesprochen zu werden brauchen: „Im allgemeinen wird die regelmäßige Einteilung zu bevorzugen sein" und ferner „ausgeschlossen ist die Nachahmung von Naturszenerien in verkleinertem Maßstabe". „Auf einen schattigen Wandelgang," heißt es unter 6, „sei es in Form einer Pergola, einer dichten Allee oder eines Laubenganges, sowie auf bedeckte Sitzplätze, sei es in Gestalt von einfachen Bänken oder von hölzernen oder steinernen Gartenhäuschen, ist Bedacht zu nehmen. An den dazu geeigneten Stellen können Sitzgelegenheiten (Holz- oder Steinbänke) im Freien angebracht werden. Zur Verzierung des Gartens können Brunnen, Bildschmuck, Estraden, Sonnenuhren, Pflanzenkübel, Vogeltränken, Taubenhäuser, Hühnerställe usw. dienen" und (7) „Außer den Ausstattungsstücken des Gartens ist auch dessen Umwehrung mit den notwendigen Zugängen, Toren und Türen zu entwerfen. Als die geeignetste, innerhalb der Baupolizeivorschriften mögliche Umwehrung ist das Holzgitter zu betrachten, das jedoch der Haltbarkeit wegen möglichst zwischen massiven (steinernen oder eisernen) Pfosten anzubringen ist".*)

Das ist doch deutlich? und läßt an Klarheit nichts zu wünschen übrig. Wer es bisher noch nicht kapiert hatte, was in einem Garten die Hauptsache ist, wird sich an der Hand dieser Bedingungen endlich belehrt haben, es sei denn, daß er das Odium unverbesserlicher Begriffsstützigkeit auf sich zu nehmen geneigt ist. Mit dem alten Köhlerglauben, daß in einen Garten in erster Linie Pflanzen gehören, muß nunmehr gründlich gebrochen werden, denn die Vermutung, daß

Buntblättrige Warmhauspflanzen und Acalypha Sanderiana aus der Gärtnerei des Geh. Kommerzienrates Camphausen (Obergärtner Sandhack), Mehlem, auf der Ausstellung in Mannheim. Originalaufnahme für die „Gartenwelt"

in die erwähnten Pflanzenkübel lebende Pflanzen sollen, dürfte ein Trugschluß sein. Solch eine Pflanze ist ein eigenwilliges Ding und fügt sich nur ungern höheren künstlerischen Absichten, da wird denn doch der Künstler gut tun, in diese Kübel auch gleich die Pflanzen hinein zu modellieren. Wir habens ja in dieser Beziehung schon erfreulich weit gebracht. Sahen wir doch kürzlich in einer bekannten Zeitschrift Entwürfe zu hoch-, halb- und niederstämmigen Rechtecken, Quadraten, Dreiecken usw., eine Fülle von neuen Motiven, die man beliebig variieren und vermehren kann.**) So ein Dreieck läßt sich ja bekanntlich sowohl auf die Seite wie auf die Spitze stellen und so weiter. Diese Anregungen waren nun allerdings für unsere so sehr rückständigen Baumzüchter gegeben, bis aber diese auf der Höhe sind und wirklich jedes gewünschte Material tadellos liefern können, ist es doch wohl sicherer, die Pflanzen aus Plastilin, Gips oder dergleichen zu schaffen, damit sie mit ihrem stilwidrigen Sichgeberden nicht das Werk des Künstlers verhunzen.

„Die Sichtung der Entwürfe erfolgt durch die Redaktion der „Woche", die dazu einen fachmännischen Beirat heranzieht. Die Prüfung erstreckt sich hauptsächlich auf die Einhaltung der äußeren Bedingungen". Und erstreckt sich nebensächlich, worauf? So fragen wir! Wenn nun den Sichtern die gange Richtung nicht paßt? Wer ist denn da sicher, daß seine tüchtige Arbeit vor die Augen der Preisrichter kommt?

Geh. Reg.-Rat Dr.-Ing. Herm. Muthesius, Berlin; Professor Bruno Paul, Berlin; Architekt Richard Riemerschmid, München; Professor Paul Schultze-Naumburg, Saaleck bei Kösen und Paul Dobert, Chefredakteur der „Woche", haben das Preisrichteramt freundlichst übernommen und können weitere Preisrichter kooptieren und gärtnerische Sachverständige hinzuziehen; also letztere offenbar nur mit beratender Funktion für gartentechnische Fragen.

Wie sagt doch Hermann Cornils in seinen Gedanken über Friedhofskunst? „Das kommt aber daher, weil der Laie in Deutschland das große Wort hat und den Künstler als so eine Art Handlanger betrachtet, der nur das bischen Technik besitzt, um ihm seine Ideen auszuführen. Aus dieser Küche kann selbstverständlich nichts Gescheites kommen".

Ist es nicht gerade, als ob diese Sätze für unseren Fall geschrieben seien? Ein Wettbewerb, von Laien aufgestellt, die Beurteiler der eingehenden Arbeiten lauter Laien, und dem Künster, d. h. demjenigen, der das Fach beherrscht (Kunst kommt her von Können), räumt man gnädigst die Möglichkeit ein, in Fragen des bischen Technik beratend hinzugezogen zu werden. Merkst du denn nun endlich, deutscher Gärtner-Michel, wohin der Weg geht? Siehst du denn nun ein, welchen Grad von Achtung du dir in jenen Kreisen errungen hast, mit deinem Nachbeten und Buhlen um die Gunst jener Laien,

*) Anmerkung der Redaktion. Das verstößt ja gegen die Prinzipien Schultze-Naumburgs, der im Preisgericht sitzt, und den Garten nur ummauert bezw. eingemauert wünscht.

**) Anmerkung der Redaktion. Verfasser meint natürlich einen Artikel im Organ der Deutschen Gesellschaft für Gartenkunst.

dieseit Jahren auf dem Gebiete deines Faches das große Wort führen? Wirken die angeführten Tatsachen nicht wie ein Schlag ins Gesicht des ganzen Berufes? Treibt diese Schmach nicht jedem deutschen Gärtner die Röte der Scham in die Wangen? Das also das Resultat zwanzigjährigen Strebens, welches so glückverheißend begonnen wurde?

Vielleicht aber könnte dieser Schlag wirken wie jene Kraft, die stets das Böse will und stets das Gute schafft. Einigkeit, die langvermißte, könnte vielleicht gerade aus diesem tiefsten Punkt der Erniedrigung erblühen. Diesem Wettbewerbe keinen Blei- und Pinselstrich! das muß die Parole jedes deutschen Gärtners sein, der noch einen Funken Selbstachtung und ein Etwas von Solidaritätsgefühl besitzt. Wenn das erreicht wird, und es ist zu erreichen, so wird man nicht wieder wagen, uns mit solcher Nichtachtung zu behandeln, und wenn einiges Streben zum schönen Ziele führt, dann werden auch allmählich die Schatten der Uneinigkeit schwinden, die nur dem Ganzen zum Schaden gereicht. **Bindseil,**
Geschäftsführer des „Vereins Deutscher Gartenkünstler".

Aus den Vereinen.

Hauptversammlung des **Vereins Deutscher Gartenkünstler.** Nach Beendigung der Beratungen ergriff Herr Redakteur A. Steffen, Frankfurt a. O., das Wort, um auf Grund seiner, auf der Reise der Deutschen Dendrologischen Gesellschaft gewonnenen Eindrücke eine Schilderung dänischer Parks zu geben. Die historische Entwickelung und die sozialen Verhältnisse, ebenso wie die topographischen und klimatischen faßte der Redner zusammen als die Ursachen, welche in ihrer Gesamtheit Form und Inhalt der besprochenen Objekte bedingten, und so gelang es ihm, der Versammlung ein außerordentlich lebendiges und klares Bild dänischer Parks zu entwickeln, die mit lautem Beifall dem Redner lohnte. Herr W. Wendt führte aus seiner umfangreichen Praxis Dekorationen im Lichtbilde mit erläuterndem Texte vor. Neben seiner Spezialität der Hotelgärten, wobei er auch mancherlei praktische Winke gab, erschienen die Ausstellungsstücke, Dekorationen bei Gelegenheit froher und ernster Feiern, Balkonschmuck usw., Ausschmückungen, gelegentlich der Kaisertage im vergangenen Jahre in Liegnitz von unserem jetzigen Vorsitzenden, Herrn Kgl. Gartenbaudirektor Stämmler, ausgeführt, Effektstücke von der Dresdener Ausstellung und einiges andere vervollständigten die reiche Sammlung. Als der Vortragende zum Schlusse als den schönsten, leider zu früh uns entrissenen Schmuck unseres Vereins, das wohlgelungene Porträt Axel Fintelmanns vorführte, da übermannte ihn die Rührung und hinderte ihn am Weitersprechen, und mit wehmütigem Ernst sah die Versammlung in die Züge des so sehr verehrten Mannes. Mit Erlaubnis Professor Läugers, Karlsruhe, konnte der Unterzeichnete eine Serie von Lichtbildern vorführen, welche die bemerkenswertesten der Gärten der Mannheimer Ausstellung darstellten. Herr Wendt jr. hatte die Diapositive hierzu nach dem im Verlage Bruckmann, München, erschienenen Hefte „die Läuger-Gärten in Mannheim" hergestellt; beiden an dieser Stelle verbindlichsten Dank. Unter voller Würdigung der vorhandenen, unleugbaren Schönheiten, mußte der Vortragende darauf hinweisen, daß die Absicht, wie es im Vorwort genannten Heftes heißt, eine möglichst vielseitige Verwendungsart und abwechslungsreiche Zusammenstellung von Bäumen und Blumen in der Vereinigung von Haus und Garten zu bieten, keineswegs erfüllt worden ist, und die Absicht, daß hier „die Eigenart der Baum- und Blumengruppen wirkungsvoller zum Ausdruck komme" geradezu mißlungen, in ihr Gegenteil verkehrt, erschienen sei.

Ein fröhliches Mahl vereinigte sodann die Teilnehmer noch bis in die Abendstunden. Am nächsten Tage besichtigten mehrere Herren unter liebenswürdiger Führung des Herrn Kreisobergärtners Hübner die Anlage des Kreiskrankenhauses zu Groß-Lichterfelde. Durch ein Mißverständnis hatte der Berichterstatter den Treffpunkt verfehlt, und kann daher leider über diese Besichtigung nicht berichten. Um 2 Uhr nachmittags aber trafen alle Teilnehmer, verstärkt durch einen reichen Kranz schöner Frauen und weiterer Gäste, bei lachendem Sonnenschein und einer Wärme, wie wir sie in diesem Sommer des Mißvergnügens noch kaum erlebt hatten, auf dem Dampfer an der Giesensdorferbrücke in Gr. Lichterfelde zusammen. Bald war der geräumige Dampfer, den der Landrat des Kreises Teltow, Herr von Stubenrauch, dem Vereine zur Verfügung gestellt hatte, bis auf den letzten Platz gefüllt und setzte sich auf dieser neuen Märkischen Wasserstraße in Bewegung.

Es würde über den Rahmen dieses kurzen Berichtes hinausgehen, wenn ich auch nur das Interessanteste wiedergeben wollte, dessen, was wir sahen, sowie dessen, was uns unser brillanter Führer, Herr Hübner, über die Schwierigkeiten und Eigenheiten des Kanalbaues mitteilte, wie auch über die gärtnerischen Schmuck- und Nutzanlagen an letzterem. Drucksachen, welche vielerlei des Wissenswerten enthielten, waren überdies an die Teilnehmer verteilt worden.

In dem eigenartigen, prächtig mit der umgebenden Landschaft harmonierenden Bau der Machnower Schleuse wurde der Kaffee eingenommen, dann ging es weiter, unter den Geleisen der Potsdamer Bahn hinweg, in den Griebnitzsee mit seiner schmucken Villen-Umrahmung hinein, vorbei an Glienicke, Babelsberg, Sakrower Kirche, Pfaueninsel, durch jene unvergleichlich schönen Stellen der Mark steuerte unser wackeres Schiff dem Kaiser Wilhelmturme zu. Langsam ging die Dämmerung hernieder und malte immer neue Tinten auf Himmel und Landschaft; schnell eilte die Gesellschaft zum Turme hinauf, der vom Kreise Teltow dem Andenken des großen, alten Kaisers gewidmet, an jener Stelle erbaut ist, die ein Lieblingsplatz zur heiteren Rast, nach fröhlichem Jagen, für ihn gewesen ist. Noch einmal konnten wir von der Zinne des Turmes aus den überwältigenden Rundblick auf die Havelseen, das ferne Potsdam und auf die rauschenden Wipfel des Grunewalds genießen. Immer farbenprächtiger entwickelte sich ein selten schöner Sonnenuntergang, während im fernen Osten sich über Berlin die Nacht hernieder senkte. Der Vorstand konnte dann noch schnell die stimmungsvollen Räume betreten, die oft noch unserem Kaiser, die kaiserlichen Prinzen und einigen wenigen Bevorzugten ein gern genossenes Ruhestündchen bieten, konnte sich eintragen in jenes Buch, welches der Name des Kaiserlichen Herrn selbst eröffnet. Noch ein letztes mächtiges Aufflammen der Abendrotgluten, dann brach die Nacht vollends herein und der Dampfer trug uns über den tiefdunkel daliegenden Wannsee zur letzten Station des Tages. So schloß die Tagung mit einem wundervollen Akkord, gleichmäßig angeregt durch die in ganz besonderer Schönheit prangenden, an sich schon unvergleichlichen Bilder der Natur, wie durch Erinnerungen, die jedes deutsche Herz wärmer und höher schlagen lassen.

Bindseil.

Preisausschreiben.

General-Superintendent Faber, der Vorsitzende des Preisgerichts des Wettbewerbes zur Erlangung von Entwürfen für den Einrichtungsplan des Südwestkirchhofes in Stansdorf (siehe Gartenwelt Seite 576 und 612, und Inserat in No. 50, Jahrgang XI), teilt uns mit, daß Unterlagen zu diesem bedeutsamen Wettbewerbe, der mit drei Preisen von je 6000, 4000 und 2000 M. dotiert ist, in so geringer Zahl eingefordert werden, daß befürchtet werden müsse, die Beteiligung werde der Bedeutung der Aufgabe nicht entsprechen. Wir machen deshalb alle Interressenten nochmals auf dieses Preisausschreiben aufmerksam, das befähigten Gartenkünstlern in Verbindung mit Architekten eine dankbare Aufgabe stellt.

Personal-Nachrichten.

Strauwald, Kreisbaumgärtner, beging am 1. Oktober das Jubiläum seiner 25jährigen Tätigkeit in der Kommunalverwaltung des Kreisel Cosel.

Richter, Eduard, Hofgärtner in Wörlitz, der, wie wir bereits in No. 52 d. v. Jahrg. berichteten, krankheitshalber in den Ruhestand trat, wurde aus diesem Anlasse der Titel Oberhofgärtner verliehen.

Hartung, Ernst, Obergärtner, ist als Nachfolger des nach 43jähriger Dienstzeit pensionierten Oberhofgärtners Seyfert (siehe Personal-Nachrichten in No. 44, Jahrg. XI) mit der Verwaltung des Herzoglichen Schloßgartens in Zerbst betraut worden.

Berlin SW. 11, Hedemannstr. 10. Für die Redaktion verantwortlich Max Hesdörffer. Verlag von Paul Parey. Druck: Anhalt. Buchdr. Gutenberg e. G. m. b. H. Dessau.

WER Forstpflanzen oder schönblühende und buntblättrige Parkbäume u. Sträucher usw. pflanzen will, verlange unser neuestes Preisverzeichnis.

Gräfl. zur Lippe'sche Baumschulenverwaltung zu Dauban,
Post Förstgen, Bez. Liegnitz.
Gegr. 1862. [158

Berlin N. 113, Schwedter Strasse an der Ringbahn.
Biesenthal, Berlin-Stettiner Bahn
H. Lorberg, Baumschulen
Preisverzeichnis gratis und franko über: Obstbäume, Alleebäume, Ziergehölze, Nadelhölzer, Heckenpflanzen, Erdbeeren, Rosen, Spargelpflanzen. [11

1000000
[Er]dbeerpflanzen
[...]l, Sieger, Sämling, Lucida, [...]s v. Döbeltitz, ‰ 6 M. [129
[M]achmann, Handelsgärtnerei, [K]otzschbar bei Leipzig.

Sortenechte gesunde Ware in
Obsthochstämmen, Zwergobstbäumen,
Beerenobststämmen,
Rosen, Koniferen, Clematis
usw.
Durchaus erstklassige Ware bei normalen Preisen.
Kataloge frei. [108
R. Grüllich, Nieder-Walluf a. Rh.

Fagus atropurpurea
in Pyramidenform (Veredlungen),
100/150 cm 10 St. 12,— M., % 100 M.
150/200 „ 10 „ 17,— „ % 150 „
200/250 „ 10 „ 22,50 „ % 200 „
Fagus atropurpurea pendula,
80/100 cm 10 St. 10,— M., % 75 M.
120/150 „ 10 „ 18,— „ % 150 „
Fagus sylvatica pendula,
100/120 cm 10 St. 7,— M., % 60 M.
200/230 „ 10 „ 15,— „ % 120 „
230/300 „ 10 „ 18,— „ % 150 „
5 m h., mehrf. vpfl. Ballenpfl. 5-6 M. p. St.
Quercus pyr., schöne Pyramiden,
140/170 cm 10 St. 14,— M., % 120 M.
200/250 „ 10 „ 20,— „
Ulmus fast., schöne Pyramiden,
200/250 cm 10 St. 15 M. **mont. pend.**,
Pyramid., 300 cm 10 St. 18 M., % 150 M.
Salix aurea nova pend., 250/300 cm 10 St. 8 M., % 70 M.
Ulmus mont. pend., 200 cm Stammh. ca. 1 m br., mehrj. Kr. 10 St. 17 M., % 150 M.
Haselnüsse, verpfl. starke Sträucher in Sorten, Höhe 140/170 cm % 30 M.
Deutzia gracilis, stark . . . % 12 „
Halbst. **Viburnum op. ros.**, von 50 cm Stamm aufwärts, mit mehrj. Kronen 10 St. 7,50 M., % 70 M.
Stachelbeersträucher, stark, in best. engl. Sorten % 18 M., ‰ 150 M.,
Halbst., starke Kronen, engl. Sorten 10 St. 7,50 M., % 60 M.
Ziersträucher in Sorten, 4—5 jährige starke Ware % 15 M., ‰ 125 M.
Halbst. **Aepfel u. Birnen**, 1 m Stammh., mehrj. st. Kronen % 60 M., ‰ 500 M.,
Pyram., extra stark % 60 M., ‰ 500 M.
Efeu in Töpfen, 120/160 cm 10 St. 8 M., % 75 M., i. Freil., 120/150 cm 10 St. 5 M., % 40 M.
Acer Neg. fol. var., 150/200 cm Stamm, mehrf. verpfl. . . 10 St. 12—15 M.
Caragana pend., 150/200 cm Stamm, mehrf. verpfl., 1 m br. Kron. 10 St. 15 M.
Ferner empfehle hochst. **Linden** in allen Stärken, **Koniferen** etc. [159
Katalog auf Wunsch zu Diensten!
Farmsener Baumschulen John Carlsson,
Farmsen bei Wandsbek.

[H]auptkatalog
1907—08
(über 200 Seiten stark)
ist erschienen.
[H]erm. A. Hesse
Baumschulen [142
Weener
(Prov. Hannover).

Specialgeschäft für Gewächshausbau, Wintergärten, Treibhäuser
Ed. Zimmermann in Altona (Elbe)
Versandhäuser zum Selbstaufstellen zu mässigen Preisen
gegründet 1870. Ausführung in Holz- sowie Eisenconstruction.

Beste Bezugsquelle für verschiedene Grössen **Frühbeetfensterrahmen** und **Schattendecken.**
Man verwende die **Hercules-Decke.** [134

R. VAN DER SCHOOT & SOHN, Gartenbau-Etablissement, **HILLEGOM-HAARLEM** (Holland)
gegründet 1880.
Eigene Kulturen von Blumenzwiebeln und Staudengewächsen umfassend über 125 Hektar
(die grössten Hollands). [34
Kataloge gratis auf Anfrage.

Verlag von Paul Parey in Berlin SW., Hedemannstr. 10.

Das Chrysanthemum,
seine Geschichte, Kultur und Verwendung.
Von
M. Lebl,
Fürstlich Hohenlohescher Hofgärtner in Langenburg in Württemberg.
Mit 24 Textabbildungen.
Kartoniert, Preis 1 M. 50 Pfg.

Jeder Gärtner, der Chrysanthemum kultivieren will, sollte sich dieses Werkchen anschaffen. Er wird darin alles finden, was er über diese Pflanze zu wissen notwendig hat, um sie zu grosser Vollkommenheit zu bringen. [154

Gegen postfreie Einsendung des Betrages erfolgt die Zusendung postfrei.

Empfehle
[Ap]felhochstämme,
% 85 M und 70 M sowie
Apfelbüsche
[auf D]oucin % 65 M und 45 M, bei [...]5 M zum Teil auf Wildling.
Birnbüsche
auf Quitte % 70 M,
[in den bes]ten gangbaren Sorten echt und in sehr widerstandsfähiger Qualität [in s]ehr rauher freier Lage. Emballage [und F]racht frei. Auf Wunsch bei guten [...] 3 Mon. Ziel, sonst per Nachnahme.
[Neh]me auch Statice in Tausch
[...]Zentner jedes Quantum). Durch[...]s reelle Bedienung sichere zu.
Rud. Netsch, [143
[Ob]ercunnersdorf, Amtsh. Löbau i. S.

Johs. Noth jun., Fischbach
(Herzogt. Gotha)
empfiehlt zur Herbstaussaat
Waldsämereien
aller Art
in erstklassigen Qualitäten, insbesondere die hauptsächlichsten [161
Laubholzsamen, wie Saateichen, Birken-, Ahorn-, Eschen- und Lindensamen.

Haarlemer ▪ ▪ ▪ ▪ Blumenzwiebeln

— frei ins Haus. —

Spezialkulturen von Hyazinthen, Tulpen, Narzissen etc. in unübertroffener Schönheit, prämiiert mit den höchsten Preisen auf den bedeutendsten Gartenbauausstellungen wie Paris, Düsseldorf, Gent, Antwerpen etc.

Reklame-Postpaket, enthaltend 75 Hyazinthen in verschiedenen Prachtsorten, besonders geeign. z. Zimmerkultur od. z. Auspflanzen in Beete, sende ich **frei ins Haus** geg. Einsend. von Mark 7.—. [52

Neuester, reich illustr. Katalog mit Beschreibung u. Kulturanweisung von über mehr wie 2000 Zwiebel- u. Knollengewächsen **gratis und franko** bei

George van der Veld,
LISSE bei HAARLEM (Holland).

Ein sehr billiges

Düngemittel

für den Gartenbau!

Staub von gedämpft. Normalknochenmehl, nicht entleimt, 5 % garantiert Stickstoff, geringe Beimischung von Hornmehl. Für Freiland u. Gewächshauskulturen unentbehrlich. [1402

Muster kostenlos zu Diensten.

Philipp Geduldig in Aachen.

Tennisplätze, Villen-, Hausgärten [1339

werden sachgemäss angelegt und gepflegt. Sauberste und billigste Ausführung aller Arbeiten. **Emil Potratz,** Landschaftsgärtnerei, **Berlin-Westend,** Kastanienallee 3—5.

J. W. Beisenbusch, Dorsten (Westfalen).

Aeltestes Spezialgeschäft in Blumenzwiebeln.

Eigene Kulturen in Holland.

Grosse Spezialität in Treib- und Freiland-Tulpen

in vorzüglichen Qualitäten zu konkurrierenden Preisen. **Kataloge zu Diensten.**

Mannheim 1907.

Für die Bepflanzung des **Friedrichsplatzes** mit **spätblühenden Gartentulpen** wurde vom Preisgericht die **höchste Auszeichnung** beantragt. [37

Allee- und Strassenbäume!

Starke Linden, Ulmen, Ahorn, etc. oft verpflanzt, Ia. Qualität.

div. **Zier- und Forst-Bäume und -Sträucher billigst** (ev. zollfrei!) bei Waggonladung. Spezial-Offerte und Haupt-Katalog über **sämtliche Baumschulartikel** frei!

Koniferen und immergrüne Pflanzen für Ausstellung und Parkanlage, sowie Weiterkultur.

Jac^s. Jurrissen & Sohn (A.-G.), Baumschulen, **Naarden** (Holl.)

Direkte Wagen von Köln via Cleve-Amersfort, auch von Berlin via Salzbergen-Almelo. Bahnlinie nach Amsterdam (Naarden-Bussum). [51

Bisher gingen Ihnen **50—80 %** Ihres Heizmaterials **verloren.** Für 3 bis 5 Pfennig **„Kyl-Kol"** auf den Zentner des Heizmaterials gegeben, binden Sie die Heizwerte und **ersparen etwa 25 %** oder mehr vom Heizmaterial. Rauch, Russ und Schlacken verschwinden. Sowohl für Kessel als Hausbedarf vorzüglich geeignet. **„Kyl-Kol"** Postkolli gegen Einsendung von **M. 7.50** frei, 25 kg **M. 35.—**, 50 kg **M. 65.—** bei **Wilh. Stämmler** in **Frankfurt a. M.** [140

III. Internationale Gartenbau-Ausstellung Dresden 1907: **Ehrenpreis.** [796

Stauden- und Baumschul-Kulturen!

In allen einschlägigen Artikeln:

Vom Guten das Beste!

Unter anderem grosse Bestände der feinsten Auswahl in:

Paeonia sinensis,
Paeonia arborea,
Clematis. [9

Reichhaltiges Verzeichnis mit Beschreibungen und Abbildungen frei!

Goos & Koenemann

Grossh. Hess. Hoflieferanten

Nieder-Walluf bei Wiesbaden

Staudenkulturen und **Baumschulen** für Obstbäume, Koniferen, Rosen und Ziergehölze.

Ia. starke Rohr- und Cocosbaumbänder

Raffia, erste Sorte, Postkolli 5 M.
Kokosstricke, 100 kg 38 M., 25 kg 11.50 M.
Carbolineum, 245 kg 28.50 M.
Fahrbare **Hand-Jauchekarren** von 21 M. an.

Prospekte über alle verschiedenen **Gartengeräte** und **landwirtschaftliche Maschinen** umgehend. Gegr. 1895.

Gustav Graf Wwe., Dahle bei Altena. [23

Cyclamen-Samen, nur von grossblum. Exempl. gesammelt, diesj. Ernte, in d. Hauptfarben fliederfarben, reinweiss, dklrot, rosa, weiss m. Auge 100 K. 1 M., 1000 K. 9 M. empfiehlt per Nachnahme **E. Helfer,** Versandgärtnerei, **Ibenhain** bei Waltershausen i. Thür. [72

Meine neu erschienene Engros-Preisliste sowie illustrierter Hauptkatalog über

— Winterharte Stauden —

zur Schnittblumengewinnung, zur Ausschmückung von Gärten und Parks, Grotten, Felspartien und Teichen,

Winterharte Freilandfarne und Eriken, Alpenpflanzen, Edel-Dahlien

wird auf Verlangen kostenlos übersandt.

Georg Arends, Ronsdorf (Rheinland). [17

Vor Anschaffung eines Gartenhauses versäumen Sie nicht, sich mit der Neuheit

Richters transportable Gartenhäuser

bekannt zu machen.

Künstlerische Ausführung.

Katalog gratis.

Jalousie- u. Rollladenfabrik
Grünhainichen No. 27 i. Sa.
Louis Richter. [5

Verlangen Sie Offerte! **Rollschattendecken.** Verlangen Sie Muster!

Johs. von Ehren,

Baumschulen,

Nienstedten (Holst.) b. Hamburg,

empfiehlt in gut kultivierter Ware und reicher Auswahl **Koniferen, Rhododendron, Ilex, Buxus, Azaleen, Kalmien, Andromeden, Solitär-Bäume und -Sträucher, Stämmige und niedere, Hänge- und Schlingrosen,** in schönen Sorten, **Vorpflanz-, Deck- u. Mittelsträucher, Obstbäume** in allen Formen und schönen Sorten in starker grossverschulter Ware, **Johannis- und Stachelbeeren** in stämmiger und buschiger Form, **Himbeeren, Brombeeren, Erdbeeren, Strassenbäume, Hecken- und Schlingpflanzen.**

Grössen und billigste Preisaufgabe auf gütige Anfrage umgehend. [7

Druck der Anhaltischen Buchdruckerei Gutenberg e. G. m. b. H. in Dessau.

Illustrierte Wochenschrift für den gesamten Gartenbau.

Herausgeber: Max Hesdörffer-Berlin.

Bezugsbedingungen: **Erscheint jeden Sonnabend.** **Anzeigenpreise:**

rch jede **Postanstalt bezogen** Preis 2.50 M. vierteljährl. In Österreich-Ungarn 3 Kronen. direktem **Bezug unter Kreuzband:** Vierteljährlich 3 M. Im Weltpostverein 3.75 M. Einzelpreis jeder Nummer 25 Pf.

ohne Vorbehalt eingehenden Beiträgen bleibt das Recht redaktioneller Änderungen ehalten. Die Honorarauszahlung erfolgt am Schlusse jeden Vierteljahrs.

Die Einheitszeile oder deren Raum 80 Pf., auf der ersten und letzten Seite 50 Pf. Bei grösseren Anzeigen und Wiederholungen steigender Rabatt. Beilagen nach Übereinkunft. **Anzeigen in der Rubrik Arbeitsmarkt** (angebotene und gesuchte Stellen) kosten für Abonnenten einmalig bis zu 10 Zeilen Grösse M. 1.50, weitere Zeilen werden mit je 30 Pf. berechnet. Erfüllungsort auch für die Zahlung: Berlin.

Adresse für Verlag und Redaktion: Berlin SW. 11, Hedemannstrasse 10.

XII. Jahrgang No. 4. | Verlag von Paul Parey, Berlin SW. 11, Hedemannstr. 10. | 26. Oktober 1907.

Illustrierte Wochenschrift für den gesamten Gartenbau.

Jahrgang XII. 26. Oktober 1907. No. 4.

Obstbau.

Die Banane in Florida.

Von **H. Nehrling.**

(*Hierzu drei Abbildungen.*)

Keine Pflanze unserer südlichen Gärten — der Region des Golfes von Mexico — fällt mehr ins Auge, erregt ein größeres Interesse als die Banane. Sie verleiht ihnen ein so entschieden tropisches Gepräge, daß selbst die stolze Palme und die eleganten Bambusgruppen ihr in dieser Hinsicht nachstehen. Schon von weitem kennzeichnet sie sich durch ihre riesigen, glänzendgrünen Blätter, durch die Dichtigkeit und Fülle ihres Wuchses. Ihre Schönheit und Eigenart, das Kraftstrotzende ihrer Haltung fällt stets auf und erregt ungeteiltes Interesse. In der schönen Kreolenstadt New Orleans, in Mobile und Pensacola, namentlich aber in Jacksonville und anderen, mehr südlich gelegenen Örtlichkeiten Floridas, fehlt sie in keinem Garten, der Anspruch auf tropische Schönheit macht. Eine Gruppe Bananen inmitten blaugrüner Palmen, dunkelgrüner Magnolien, dichter Gruppen verschiedener Bambusarten und mit goldigen Früchten beladener Orangenbäume bietet einen wundervollen Anblick. Schon als Schmuckpflanze ist daher ihr Wert ein sehr großer. Das hat man auch im Norden und in Europa längst anerkannt, denn sie fehlt in keinem der großen Pflanzenpaläste unserer Parkanlagen, in keinem Palmenhause, und verschiedene Arten werden sogar in ausgiebigster Weise im Freien verwendet.

Goldbananen oder Champa (Musa sapientum var. Champa) in Florida.
Originalaufnahme für die „Gartenwelt".

Das alte, edle Geschlecht der Bananen ist ursprünglich in den feuchten Tropengegenden der alten Welt seßhaft, wo es vom südlichsten Japan und China über Vorder- und Hinterindien, Tonkin, Assam, Birma, den Malayischen Archipel und über das ganze tropische Afrika sich verbreitet. Nicht auf den Bergen finden sich die Bananen, sondern stets im reichsten Boden des Tieflandes, und auch nicht im Schatten der Wälder, sondern immer da, wo die Sonne freien Zutritt hat. Nur wo das Klima feucht und heiß ist, findet sich die Banane in größter Üppigkeit. Frost verträgt keine einzige Art. Sie alle sind echte Kinder der Tropen, doch sind einzelne Arten widerstandsfähiger als andere. Trockene Gegenden meiden sie gänzlich.

Von den zahlreichen Arten und noch zahlreicheren Varietäten der Banane werden hier in Florida die folgenden mehr oder weniger zahlreich in den Gärten gezogen: Da ist zunächst die aus Liu-Kiu in Japan stammende Basjoobanane *(Musa Basjoo)*; sie erreicht eine Höhe von 5 bis 6 Metern, blüht reichlich, reift auch ihre Früchte regelmäßig, doch sind letztere nicht eßbar. Häufiger findet man dann auch die kanarische Banane *(M. Martinii)* und die abyssinische Banane *(M. Ensete)*, beide sich durch massiven Wuchs und riesige Blätter auszeichnend. Da man aber in den meisten Gärten das Angenehme mit dem Nützlichen zu verbinden sucht, so pflanzt man jetzt fast ausschließlich nur die sich ebenso stark oder noch stärker entwickelnden Varietäten der *Musa sapientum,* die in guten Jahren stets ihre Fruchtbüschel zur Reife bringen. Aus diesem Grunde sind neuerdings die drei jüngst genannten Arten aus den Gärten verschwunden. Als ornamentale Arten kommen jetzt nur noch die folgenden in Betracht: Die Zebrabanane *(Musa seminifera (sapientum) var. zebrina)* mit unterseits seidig-braunen und oberseits tiefbraun gefleckten Blättern. Sie erreicht gewöhnlich eine Höhe von 4 bis 5 Metern und bildet in kurzer Zeit sehr dichte und schöne Gruppen. Von ganz hervorragender Schönheit ist auch die prachtvolle, sehr dankbar tief scharlachrot blühende *M. coccinea* aus Cochinchina. Sie wird nur $1^1/_2$ bis 2 Meter hoch, bildet bald dichte Büsche und blüht fast das ganze Jahr hindurch. Von derselben Tracht und Größe, doch nicht ganz so schön ist die aus Assam stammende *M. sanguinea.* Aus Indien, der Heimat der Zebrabananen, stammt die ebenfalls kleine, rosarot blühende *M. rosacea.* Die kleinste Art und auch die schwierigste in der Kultur ist die nur einen Meter Höhe erreichende *M. sumatrana.* Alle diese kleinen Arten verlangen mehr Pflege und Sorgfalt in der Kultur als andere Bananen, und wenn man sie nicht sehr gut schützt, werden sie leicht durch starke Fröste vernichtet. Ich kultiviere sie mit Caladien, *Maranta-* und *Calathea*-Arten, den feineren Alocasien, *Aglaonema-* und *Homalomena*-Arten etc. zusammen im Halbschatten, und hier gedeihen sie ohne Schwierigkeiten. Sie verlangen sehr reichen, leichten Boden, viel Wasser und oft kleine Dosen Kunstdünger. Die Blüten von *M. coccinea, M. sanguinea* und *M. rosacea* erscheinen in dichten, aufrechten Dolden. Diese Arten bilden auch sehr zierende Topfgewächse.

Wie es unter den Palmen eine große Anzahl Arten von hervorragender Wichtigkeit gibt — man denke nur an die Dattel-, Kokos- und Ölpalme — so finden sich auch unter den Bananen viele Nutzpflanzen von unschätzbarem Werte. Der bei uns eingeführte sogenannte Manillahanf entstammt einer Bananenart, der *Musa textilis,* welche in großem Maßstabe auf den Philippinen angebaut wird. Sie erreicht eine Höhe von etwa 6 bis 7 Metern, und ihre Faser, die aus dem Stamm und den Blattstielen gewonnen wird, gilt als das beste Material zur Anfertigung von Tauen und Stricken. Sie wächst in Florida sehr gut, friert aber leicht ab und ist längst nicht so schön als die *Musa sapientum*-Varietäten. Die auf Neukaledonien vorkommende *M. oleracea* konnte ich bisher nicht auftreiben. Sie liefert reiche Ernten stärkehaltiger Knollen, die auf den Südseeinseln dieselbe Verwendung finden wie bei uns die Kartoffel.

Unsere Kartoffeln gedeihen in den Tropengegenden nicht. Dafür ist aber ein reicher Ersatz gegeben in Pflanzen, welche müheloser zu ziehen sind, reichlich tragen und eine Fülle wertvoller Nahrungsstoffe enthalten. Ich erinnere nur an die Kokosnuß, den Brotfruchtbaum, den Durian, an die knollentragenden Yams *(Dioscorea),* Cassawa oder *Manihot,* an Yautias (*Xanthosoma*) und Taros (*Colocasia*). Alle diese aber werden durch die Banane übertroffen; sie ist die wichtigste und wertvollste Nahrungspflanze der Tropen. Der Ausspruch Humboldts, nach welchem $^1/_2$ kg Bananen ebensoviel Nährstoffe enthalten als 22 kg Kartoffeln, ist ja bekannt. Nach C. Campbell, dem hauptsächlich der ungeheure Aufschwung des Bananenhandels in diesem Lande zu danken ist, hat $^1/_2$ kg Bananen gleichen Wert mit $12^1/_2$ kg Weizenbrot. Sie ersetzen dem Tropenbewohner unsere Getreidearten, Kartoffeln und Gemüse vollständig, und ein halbes Dutzend Bananenpflanzen liefern einer Familie jahrein, jahraus reichlich Früchte, die auf die verschiedenste Weise zubereitet werden.

Von den vielen eßbaren Bananen, die sich in Florida in den Gärten finden, ist namentlich *Musa sapientum var.,* die sogenannte Orinocobanane, die sich über alle Tropenländer verbreitet, häufig. Sie wächst sehr schön, hat riesige, seidenartig glänzende Blätter und bildet bald dichte, massige Gruppen, die eine Höhe von 25 bis 30 Fuß (8 bis 10 Meter) erreichen. Sie trägt sehr reichlich, aber die Früchte haben kein ausgesprochenes Aroma, sind aber sehr süß und wohlschmeckend, wenn man sie an der Pflanze reifen läßt. Man findet sie fast in jedem Garten, besonders aber an Gräben, auf niedrigem, zum Gemüsebau hergerichteten Lande. Wie alle Kulturpflanzen, so hat sich auch die Banane in der Hand des Menschen gänzlich verändert, es sind zahlreiche Sorten entstanden, die in Größe und Form der Früchte und im Geschmack sehr von einander abweichen. Die wertvollste dieser Sorten ist die bei uns im Handel fast ausschließlich vorkommende gelbe Banane, die man auch als Tahiti- oder Martinique-Banane bezeichnet. Es ist kaum glaublich, in welch enormen Massen diese aromatische Frucht bei uns eingeführt wird. Sie ist in Wahrheit ein Volksnahrungsmittel geworden. Kein Obst ist auf unseren Märkten so billig und beständig zu haben. Der Haupteinfuhrhafen der Bananen ist New Orleans, dann folgen Mobile, New York, Philadelphia, Baltimore, Boston und Charleston. Die letzten fünf Städte beziehen ihren Bedarf hauptsächlich von den Antillen, New Orleans und Mobile namentlich von Zentralamerika. Von diesen beiden Hafenstädten werden sie über das ganze Land bis nördlich nach Manitoba geschickt. Die Gesamtsumme der jährlich eingeführten Bananenbüschel beträgt zwischen 30 bis 35 Millionen. Und diese enorme Menge findet stets guten und schnellen Absatz. Das Gewicht eines jeden Büschels, der an 120 bis 150 einzelne Früchte enthält, beträgt zwischen 25 bis $37^1/_2$ kg. Diese Massen werden allein östlich vom Felsengebirge jährlich verzehrt, denn Californien und die übrigen Pacific-Staaten werden durch das westliche Zentralamerika, besonders aber von Hawaii aus mit Bananen versorgt. Diese

Mit Früchten beladene Musa sapientum var. Champa. Originalaufnahme für die „Gartenwelt“.

Zahlen lassen darauf schließen, daß große Kapitalien in der Kultur dieser Pflanzen angelegt sein müssen. Es sind meistens Amerikaner und Deutsche, die sich in den Tropengegenden angesiedelt haben und die heute die Kultur der Bananen im großen betreiben.

Orinocobanane an einem Stallgebäude in Florida. Originalaufnahme für die „Gartenwelt“.

In allen geeigneten Örtlichkeiten der Ostküste Zentralamerikas, von Belize unter dem 19. Breitengrade bis hinunter nach Santa Marta in Kolumbia, sind ungeheure Areale der Kultur der Banane gewidmet, meistens der reiche Aluvialboden entlang der Flüsse und der Küste. Auch auf Jamaica, Cuba, Portorico und anderen westindischen Inseln wird die Kultur dieser beliebten Frucht im großen Maßstabe betrieben.

Große Mittelpunkte dieser Kultur, neue Ortschaften und Städte sind entstanden, und viele derselben wird man auf den Karten vergeblich suchen, letztere seien denn allerneuesten Datums.

In Florida sind es namentlich die reichen Ländereien südlich der sogenannten Everglades, die man als ausgezeichnetes Bananenland anpreist. In allen diesen Örtlichkeiten wird nur eine einzige Sorte für den Export angebaut: die gewöhnliche gelbe Banane. Die schöne rote Banane, auch Baracoabanane genannt (*Musa sapientum rubra*), die ehedem so häufig auf unseren Märkten zu finden war, ist fast ganz von der Bildfläche verschwunden. Sie ist in jeder Hinsicht mit der gelben Sorte gleichwertig, ja viele ziehen sie jener vor, aber sie liefert nicht so reiche Erträge. Sie wird in größerem Maßstabe nur noch auf Jamaica angebaut. Mit ihren roten Blattstielen bildet diese Banane einen herrlichen Schmuck der Gärten Floridas, doch ist sie empfindlich gegen Frost und reift nur selten einmal ihre Früchte. Die ursprüngliche Heimat der gelben Bananen sind die Inseln des Malayischen Archipels. Es wird angenommen, daß sie zuerst von den Spaniern von den Philippinen aus nach Mexico gebracht und bei San Blas und Acapulco angepflanzt wurde. Auf dieselbe Weise soll die rote Banane nach Kuba und anderen westindischen Inseln gekommen sein. Wegen ihrer überaus reichen Erträge und leichten Kultur und wegen ihres üppigen Wachstums fand die gelbe Banane eine schnelle Verbreitung über das ganze tropische Amerika. In den Gärten der Kolonisten sowohl als auch an den Hütten der Urwaldindianer und der Neger fanden sich einige Pflanzen, welche vollständig genügen, um die Bedürfnisse der Bewohner zu decken. Erst als sich in unserem Lande eine Vorliebe für diese Frucht zeigte und die Nachfrage das Angebot weit überstieg, gewann die Bananenkultur an Ausdehnung und wurde systematisch betrieben. In früheren Jahren wurden oft Sorten eingeführt, welche im Vergleich mit denen, die wir heute erhalten, sehr minderwertig waren. Die Bananenzüchter experimentierten anfangs vielfach mit vielen verschiedenen Sorten. Auch von der gewöhnlichen gelben Banane gibt es gute und schlechte, saftreiche und saftlose, säuerliche und süße Abstufungen. Man fand die richtige Sorte auf Martinique, wo sie von den Franzosen seit langem kultiviert wird, und wahrscheinlich von Tahiti nach dort eingeführt worden ist. Man nennt sie aus diesem Grunde die Martinique- oder Tahiti-Banane. Diese beherrscht gegenwärtig die Märkte vollständig, und ist daher mit Vorteil in großem Maßstabe zu ziehen. Sie läßt sich leicht und schnell durch Seitensprößlinge vermehren, wächst ungemein üppig, und die gleichmäßig großen Früchte sitzen dichtgedrängt in kompakten Büscheln. Der Hauptwert dieser Sorte besteht aber darin, daß sie sich auf weite Strecken hin verschicken läßt. Wenn die Fruchtbüschel ihre volle Größe erlangt haben, schneidet man sie, noch vollständig grün, ab. Eine kostspielige und mühsame Verpackung ist nicht nötig, sondern die grünen Büschel werden, wie sie sind, auf die Schiffe verladen. Auf der Reise und am Bestimmungsorte reifen sie langsam aber sicher und ohne Verluste. Auf dieser Eigenschaft beruht der ganze Erfolg in der Bananenkultur, der ganze Handel, die ganze Verbreitung und der ungeheure Konsum der Frucht. Es gibt viel bessere und feinere Bananen als die gelbe Sorte, sie sind aber nur genießbar, wenn man sie an der Pflanze reifen lassen kann, eignen sich also nicht für den Versand.

Die Kultur der Banane ist höchst einfach und mühelos, nachdem das Land geklärt und die Anpflanzung fertig ist. Das einzige Hindernis für den Nordländer bildet das Klima, denn die Pflanze gedeiht nur da üppig und verspricht reiche Erträge, wo es sehr feucht und heiß ist. Die günstigsten Örtlichkeiten für die Anlage von Bananenpflanzungen sind die Küstenstriche des östlichen Zentralamerikas und die Niederungen der Flüsse, Gegenden also, wo der an ein nördliches Klima Gewöhnte gerade keine besonders günstigen Verhältnisse vorfindet. Mit der nötigen Vorsicht in der Lebensweise läßt es sich jedoch auch hier leben — tatsächlich unterliegt es keinem Zweifel, daß die Berichte über das ungesunde Klima jener Gegenden übertrieben sind — nur muß man den lästigen Mosquito fernhalten. Bei der Anlage einer Bananenpflanzung ist die Wahl des Bodens und die Nähe eines Hafens oder Verladungsplatzes von allergrößter Wichtigkeit. Der Boden darf weder zu naß noch zu trocken sein. Ein schwarzer, reicher Humusboden mit Lehmuntergrund, in der Nähe eines Flusses und in ebener Lage, findet stets den Vorzug. Viele Ländereien dicht an Flüssen, obwohl überaus reich, sind periodischen Überschwemmungen ausgesetzt und daher ungeeignet für eine Bananenpflanzung. Gar mancher Deutsche hat sich während der trockenen Zeit durch das reiche Aussehen des Bodens täuschen lassen und hat große Landstrecken aufgekauft, die sich später als wertlos erwiesen. Ferner muß das Land stets ganz nahe an einem Landungsplätze der Bananendampfer sein, um die Ernte schnell und ohne weiten Transport per Wagen auf die Schiffe zu bringen. Da in fast allen Gegenden Zentralamerikas in den Monaten November bis Januar starke Nordwinde wehen, so muß die Plantage auf der Nordseite durch Wald geschützt sein. Gewöhnlich läßt man beim Klären des Landes den Urwald auf der Nordseite unberührt. Durch die starken Nordwinde werden die zarten jungen Blätter zerrissen und die Fruchtbüschel, ihres natürlichen Schutzes gegen die heißen Sonnenstrahlen beraubt, gehen zugrunde. Man pflanzt in Reihen von 10 Fuß nach jeder Richtung hin auseinander. Es sind somit 435 Pflanzen für jeden Acker erforderlich. Diese reifen, nachdem sie sich ausgebreitet und die nötige Größe erlangt haben, etwa 2000 bis 3000 Fruchtbüschel jährlich, die an Ort und Stelle für etwa 10 Cents pro Büschel verkauft werden und dem Eigentümer 200 bis 300 Dollar einbringen. Eine Bananenpflanzung von 10 Acker (Acres) bringt also eine Einnahme von 2000 bis 3000 Dollar jährlich. Die Kultur beschränkt sich zunächst auf das Niederhalten der mächtig emporwachsenden Schößlinge aus den vom Klären im Boden zurückgebliebenen Baumwurzeln. Diese Arbeit ist jedoch von nur kurzer Dauer, denn die Bananen wachsen so üppig heran, daß sie weder Unkraut noch Baumschößlinge neben sich aufkommen lassen. Es vergehen nach der Anpflanzung etwa acht Monate, ehe die ersten Früchte reifen. Diese sind jedoch klein und eignen sich nicht zum Versand. Erst im zweiten Jahre beginnen die Pflanzen ihre gleichmäßig großen, dicht mit Früchten besetzten Büschel zu reifen. Von jetzt an bedürfen die Bananen keiner Pflege mehr, und die ganze Arbeit beschränkt sich auf das rechtzeitige Abschneiden und den Versand der Früchte. Diese werden vorsichtig in Wagen verladen und an den nahen Fluß gebracht, wo der Dampfer ihrer harrt. Kleine Anpflanzungen haben sich nicht als rentabel erwiesen. Gewöhnlich werden etwa 30 Acker bepflanzt, und größere Plantagen von 50 bis 100 Acker sind keine Seltenheit. Für eine 30 Acker große Anpflanzung sind etwa zehn Arbeiter notwendig. Die Besitzer wohnen im Winter mit ihren Familien meist an Ort und Stelle, — den Sommer verbringen sie aber meist in den nördlichen Vereinigten Staaten. Verschiedene der großen Plantagenbesitzer lassen ihre eigenen Fruchtdampfer zwischen New Orleans oder Mobile und Zentralamerika laufen.

In Tampa in Florida befinden sich die größten Zigarrenfabriken des Landes, die Tausende von Kubanern beschäftigen. Diese und die Kreolen der Stadt New Orleans können ohne Pisang nicht fertig werden, es ist ihr tägliches Brot. Diese Frucht stammt vom *Musa sapientum var. paradisiaca,* einer Bananenvarietät, die ihrer Schönheit halber viel in den Gärten Floridas gezogen wird. Der Verbrauch dieser Bananen ist aber ein so großer, daß man sowohl auf Westindien als auch in Zentralamerika neuerdings der Kultur viel Aufmerksamkeit schenkt. Diese Frucht ist nur in gekochtem oder gebackenem Zustande eßbar. Die Büschel bestehen nur aus wenigen Früchten, meistens 10 bis 20 Stück, doch wiegt jede einzelne Frucht etwa 2 kg. Für den eigenen Bedarf zieht man auf den Antillen und im tropischen Amerika etwa fünfzig verschiedene Sorten Bananen, von denen die meisten die bei uns eingeführten an Wohlgeschmack weit übertreffen. Andere Sorten sind nur in gekochtem oder gebackenem Zustande genießbar, während wieder andere ein gutes Mehl liefern, das sich lange aufbewahren läßt. Als die beste eßbare Sorte wird die Feigenbanane genannt. Die Früchte sind klein und ein ganzer Büschel wiegt kaum mehr als 2 kg.

Außer den bereits genannten finden sich noch eine ganze Anzahl Sorten und Arten in den Gärten Floridas, die sich teils durch herrlichen Wuchs, teils durch köstliche Früchte — meistens aber durch beides auszeichnen.

Schon seit vielen Jahren werden Bananen in Florida in mehr oder weniger großen Mengen gezogen. Sie reichen aber längst nicht für den eigenen Bedarf. Es sind namentlich drei Sorten, welche nach einem frostfreien Winter gut und reichlich tragen. Sehr oft frieren sie bis zum Boden ab, und dann ist im folgenden Sommer auf keinen Ertrag zu rechnen. Ein leichter Frost vernichtet nur die Blätter, läßt aber den Stamm unberührt. Dieser treibt im Frühling frische Blätter und bald auch Blüten. Sehr verbreitet ist die chinesische Zwergbanane *(Musa Cavendishii).* Sie wird nur etwa 2 Meter hoch, liefert aber außerordentlich köstliche Früchte. Jeder Fruchtbüschel enthält 200 bis 250 sehr aromatische Bananen von 4 bis 5 Zoll Länge und $1^1/_2$ Zoll im Durchmesser, welche sehr süß und saftig sind und eine schöne gelbe Farbe zeigen. Sie lassen sich grün versenden, wie die gewöhnlichen Handelsbananen, und wurden ehedem massenweise von den kanarischen Inseln aus in England eingeführt.

Häufiger noch findet man die eine Höhe von 4 bis 7 Meter erreichende Goldbanane oder Champa (*Musa sapientum var. Champa,* englisch Hart's Choice oder Lady Finger Banane). Sie ist die gewöhnlichste Banane unserer Gärten. Man verbindet das Angenehme mit dem Nützlichen, pflanzt sie hauptsächlich als Schmuckpflanze an und rechnet erst in zweiter Linie auf einen Ertrag. Sie trägt sehr reichlich und ihre köstlichen aber kleinen Früchte übertreffen an Wohlgeschmack bei weitem die gewöhnliche Banane des Handels. Die Schönheit der Pflanze wird durch unsere Abbildung der Titelseite veranschaulicht, während das zweite Bild Seite 39 oben, eine Anzahl mit Früchten beladener Pflanzen zeigt. Vielfach zieht man diese Sorten hier in größerem Maßstabe. Ein Bekannter hier hat etwa zwei Acker damit bepflanzt und erzielt in guten Jahren einen Ertrag, der ihm etwa 2000 Dollar pro Acker einbringt. Die Pflanzen stehen auf reichem, niedrigem Lande in Reihen von acht Fuß Entfernung. Jeder Pflanze werden drei Sprößlinge gelassen, die übrigen werden entfernt, sobald sie sich zeigen. Er erntet etwa 1500 bis 2000 Büschel jährlich vom Acker und erhält 50 Cents für jeden, oft auch 75 Cents und mehr.

Die Orinocobanane (Abb. S. 39 unten), die man besonders an Ställen und Außengebäuden häufig anpflanzt, habe ich schon genannt. Sie ist die schönste aller, da die Blätter einen seidenartigen Glanz zeigen. Sie trägt sehr reich, doch sind die Früchte nicht besonders gesucht, obgleich ich ihren Geschmack ausgezeichnet finde, wenn sie ihre völlige Reife erlangt hat. Man genießt sie mit Zucker und Rahm.

Ferner findet man hier und da *Musa Troglodytarum* in den hiesigen Gärten. Sie bleibt niedrig, ist selten über 4 Meter hoch und stammt aus Indien. Die Früchte sind klein und haben stets einige Samen. Der Geschmack ist widerlich süß.

Musa Dacca, wahrscheinlich ein Varietät von *M. sapientum,* findet man ebenfalls gelegentlich, doch steht sie an Schönheit unserer gewöhnlichen Banane nach, ist auch empfindlicher gegen Frost.

Sehr interessant ist die Blüte, besonders der Orinocobanane. Die Blütenknospe, meist rosa-scharlach, oft auch tief karminrot, erscheint oben zwischen den jungen Blättern direkt aus dem Stamme. Zunächst steht sie aufrecht, dann horizontal und zuletzt neigt sie sich herab. Die nahe am Stengel stehenden Blüten öffnen sich zuerst. Sie sind in eine dicke, lederartige Hülle eingeschlossen, die beim Öffnen der Blüten herabfällt und wie ein rotes Stück Leder aussieht. Die Blüten stehen in konzentrischen Reihen, sind gelblichweiß und unter ihnen stehen schon die vollständig ausgebildeten Früchte. Wochenlang blüht dann ein solcher Büschel, stets die Blütenhüllen der Reihe nach abwerfend, bis endlich die Spitze erreicht ist.

Kakteen und Sukkulenten.

Die Kakteensammlung des Herrn O. J. Quintus und Echeveria carunculata.

Von **A. Fiet,** Inspektor des botanischen Gartens in Groningen (Holl.).

(Hierzu zwei Abbildungen.)

Es gibt unter den Sukkulenten eine große Anzahl interessanter und herrlicher Pflanzen, namentlich unter den Gattungen *Agave, Aloë, Crassula, Euphorbia, Gasteria, Mesembrianthemum, Rochea, Sempervivum, Stapelia, Sedum, Echeveria* und vielen Kakteen. Leider sind diese Pflanzen nicht mehr so allgemein in Kultur, wie dies früher der Fall war, denn man trifft heutigen Tages nur noch vereinzelt große und bemerkenswerte Sammlungen.

Anfang August hatte ich Gelegenheit, die herrliche Grusonsche Sammlung im Friedrich Wilhelmsgarten zu Magdeburg unter Führung des Obergärtners E. Henze zu besichtigen. Schon 1886 hatte ich gelegentlich einer Reise durch Deutschland das Vergnügen, diese Sammlung auf dem Grundbesitz ihres damaligen Besitzers, des inzwischen verstorbenen Geheimen Kommerzienrates Gruson in Buckau, studieren zu können. Der überwältigende Eindruck, den ich dort empfing, ist mir unvergeßlich geblieben. Nach dem Tode des Besitzers ging diese Sammlung mitsamt der Gewächshausanlage, laut testamentarischer Bestimmung, an die Stadt Magdeburg über, die

Treibhäuser und Pflanzenbestände nach dem Friedrich Wilhelmsgarten überführte.

Auch in Holland gibt es eine reiche Sukkulentensammlung; sie befindet sich auf der Besitzung Groenestein in Helpman bei Groningen, deren Entstehung dem kürzlich verstorbenen Herrn O. J. Quintus zu verdanken ist. Unsere untenstehende Abbildung gibt eine kleine Teilansicht aus dieser Sammlung. Herr Quintus hat die Pflanzen auf Felsengruppen arrangiert, wie das teilweise auch in Magdeburg der Fall ist. Meiner Ansicht nach ermöglicht es diese Art der Gruppierung in bester Weise, die Pflanzen auch dekorativ zur Wirkung kommen zu lassen. Die meisten Pflanzen sind zwischen den Felsen im freien Grunde des Hauses ausgepflanzt. Die säulenförmigen Cereusarten wachsen hier so schnell, daß sie bald das Glas berühren. Hierdurch sah man sich veranlaßt, die Stämme zu biegen, was einerseits eine erhöhte Blühbarkeit, und andererseits die Bildung zahlreicher junger Pflanzen am Fuße der Mutterpflanzen zur Folge hatte. In der Heimat dieser Cereusarten müssen die alten Stämme mit der Zeit umfallen, was auch dort reiches Blühen und reichen Fruchtansatz zur Folge haben wird.

Herr Quintus war ein großer Liebhaber sukkulenter Pflanzen und scheute als solcher keine Kosten, seine Sammlung immer reichhaltiger zu machen. Er war in der angenehmen Lage, große Summen aufwenden zu können; wenn er sich dadurch seinem Ziele näher gerückt sah. Ich versage es mir, hier auf diese große Sammlung näher einzugehen und beschränke mich auf Mitteilungen über die *Echeveria caruncuIata*, deren Name in den meisten Fachwerken fehlt, die aber seit August dieses Jahres mehr verbreitet worden ist.

Echeveria caruncuIata.
Originalaufnahme für die „Gartenwelt".

Die *E. caruncuIata* ist eine eigentümliche, vielleicht von *E. gibbiflora (metallica)* abstammende Form. Wie unsere obenstehende Abbildung zeigt, haben die Blätter dieser Pflanze große, dicke Warzen (carunculae). Diese Warzen werden bei dieser Abart bei nicht zu warmer Kultur regelmäßig hervorgebracht und verleihen ihr ein ganz eigenartiges Aussehen. Wie bei allen Echeverien, so erfolgt auch bei dieser die Vermehrung leicht durch Stecklinge, die im Alter von einigen Monaten bereits die Warzenbildung deutlich hervorbringen. Ich habe diese interessante Art zweimal angeboten gefunden und zwar 1879 im Kataloge der Firma L. de Smet in Ledeberg bei Gent, ferner 1887 im Index bibliographique del'Hortus belgicus, Cataloque methodique des plantes ornamentale, qui ont été écrites, figurées ou introduites en Belgique de 1830

Kakteengruppe aus der Sammlung von O. J. Quintus, Groningen.
Rechts im Hintergrunde des Bildes Herr Quintus †, links Herr Garteninspektor Fiet.
Originalaufnahme für die „Gartenwelt".

à 1880 par Ed. Morren et André de Vos. An beiden Stellen hat man sich damit begnügt, nur den Namen zu nennen; die Herkunft der Pflanze ist also bis jetzt nicht bekannt geworden.

Schreiber dieses unternahm 1880 mit Herrn Quintus eine achttägige Reise. Wir kamen damals auch zu L. de Smet, der ein bekannter Züchter von Sukkulenten ist, und fanden dort zwei Exemplare von *E. caruneulata*, die uns durch ihr eigenartiges Aussehen interessierten. Herr Quintus erwarb eines der beiden Exemplare, das andere wollte Herr de Smet zur Weitervermehrung behalten, es ist aber, wie ich später erfuhr, zugrunde gegangen. Auf diese Weise ward Herr Quintus der glückliche Alleinbesitzer der merkwürdigen Pflanze und ist es 25 Jahre lang geblieben, nicht etwa weil sich die Pflanze schwer vermehren ließe, sondern weil es ihm Vergnügen machte, Alleinbesitzer zu bleiben. Am 24. August 1905 bekam ich dann für den botanischen Garten in Groningen ein Exemplar der Pflanze von Herrn Quintus und seitdem ist dieselbe bekannter geworden. Eine farbige Abbildung von *E. caruneulata* erschien im Februar 1903 in der holländischen Fachzeitschrift „Floralia“, deren Hauptredakteur Schreiber dieser Zeilen ist. Dies ist alles, was mir von dieser interessanten Pflanze bekannt ist, der ich eine weite Verbreitung wünsche.

Terrasse mit Unterstandshalle in der Gartenbauausstellung in Posen. Originalaufnahme für die „Gartenwelt“.

Stauden.

Phygelius capensis, E. Meyer. Diese südafrikanische *Scrophulariaceae* mit scharlachroten Blüten, viereckigem Stengel und gegenständigen, fast herzförmigen, dicken, gekerbten Blättern, hat bei mir in Holland schon viele Winter unbedeckt durchgemacht und wiederholt — 6 bis 10° C. überstanden; die Stengel und Blätter fallen nicht ab, sondern sind ausdauernd. Diese merkwürdige Pflanze ist bei mir die einzige südafrikanische Spezies, welche hier im Freien aushält.

Blick auf die Gruppe von L. Späth, Berlin, in der Gartenbauausstellung in Posen. Originalaufnahme für die „Gartenwelt“.

Ich habe schon verschiedene andere kapische und neuseeländische Pflanzen im Freien zu überwintern versucht, aber sie sind alle eingegangen. Eine Temperatur von — 10° C. wird wohl im Vaterlande des *Phygelius* nicht vorkommen und ebenso wenig ununterbrochenes Frostwetter 3 bis 4 Tage lang! — Wie kann diese Pflanze solch niedrige Temperaturen ertragen, während andere südafrikanische Gewächse immer erfrieren? — Ich meine nicht, wodurch diese Spezies der Kälte widersteht; dies würde nach genauerer Untersuchung wahrscheinlich entdeckt werden können und auf ein außerordentlich starkes Gewebe, resp. auf kräftige Zellenkonstruktion zurückzuführen sein, aber, was ganz etwas anderes ist, **warum gerade diese Art** eine solche Widerstandsfähigkeit besitzt. Solche Fragen lassen sich so oft stellen und die Antwort bleibt immer aus!

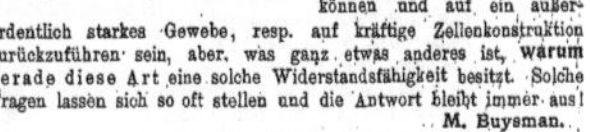

M. Buysman.

Gartenhaus von Architekt Pfannschmidt, Posen, in der dortigen Gartenbauausstellung. Originalaufnahme für die „Gartenwelt“.

Ausstellungsberichte.

Gartenbauausstellung im Botanischen Garten zu Posen vom 14. bis 22. September 1907.

(Hierzu vier Abbildungen.)

Angeregt durch die Mitte September für Posen anberaumte Hauptversammlung des volkswirtschaftlichen Vereins für Obst- und Gemüseverwertung in Deutschland, hatte es die Landwirtschaftskammer der Provinz Posen übernommen, aus Anlaß dieser Versammlung eine Ausstellung für Obst- und Gartenbau, Obsthandel, Obst- und Gemüseverwertung in Posen zu veranstalten.

Dank des bereitwilligen Entgegenkommens und der tatkräftigen Unterstützung der Veranstaltung seitens der städtischen Körperschaften ist die Ausstellung als eine wohlgelungene im ideellen wie materiellen Sinne zu bezeichnen. Der städtische Botanische Garten bot wie selten alle Vorbedingungen zur glanzvollen Entfaltung einer Gartenbauausstellung. Das schöne Landschaftsbild dieser öffentlichen Anlage inmitten der Großstadt diente der Veranstaltung als vornehme Staffage und steigerte erheblich die Wirkung des Gesamteindruckes wie der Einzelheiten. In der glücklichen Wahl der Platzfrage ist denn auch der hauptsächliche Erfolg begründet. Zum geschäftsführenden Ausschuß waren die Herren Stadtgartendirektor Kube, Posen, Zeitungsverleger Wagner, Posen, sowie Rechnungsrevisor der Landwirtschaftskammer Zirkel, Posen, ernannt worden. Besondere Förderung des Unternehmens ist dem energischen Eingreifen und planmäßigen Vorgehen Kubes zu verdanken.

Eine für die Terrasse des Botanischen Gartens schon früher geplante Halle kam noch vor der Ausstellung zur Ausführung, der ansprechende Bau erfolgte nach dem Entwurfe des Architekten Neiff, Stadtbauamt Posen. Diese Halle bildete den Mittelpunkt des gesellschaftlichen Treibens. Drei große Ausstellungszelte von Strohmeier, Konstanz, sowie die geräumigen städtischen Gewächshäuser bargen Obst, Topfpflanzen, Schnittblumen, Orchideen und Produkte der Obstverwertungen. Aber auch der Saal des Etablissements Feldschloß, das man zur Veranstaltung einbezogen hatte, konnte zur Ausstellung für die Bindekunst Verwendung finden, sodaß sich der Ausstellungsleitung günstige Vorbedingungen darboten.

Die Ausstellung war sehr gut beschickt, wenngleich nichts als ganz besonders hervorragend bezeichnet werden kann, da zu langen Vorbereitungen nicht genügend Zeit geboten war, wurde die Werbetrommel doch erst 9 Wochen vor der Eröffnung gerührt, so traten die ständig leistungsfähigen Firmen verdientermaßen, deutlich in den Vordergrund. Das waren allerdings nur zum geringsten Teile Bewohner der Ostmark.

In der Abteilung Baumschulartikel verdient die Firma L. Späth, Baumschulenweg-Berlin, zunächst genannt zu werden. Dieselbe hatte eine größere Anlage geschaffen, die sich durch künstlerische Anordnung vorteilhaft auszeichnete. Die Ausstellungsgegenstände der über die Grenzen des Reichs rühmlichst bekannten Firma waren von anerkannt vorzüglicher Beschaffenheit. Die Baum- und Rosenschule C. W. Mietsch, Niedersedlitz b. Dresden, hatte eine Spezialausstellung von Rosen, Koniferen, Obstbäumen und anderes in einem Sondergarten etabliert, der in seiner künstlerischen Gliederung und geschickten Verwendung des Pflanzenmaterials ein sehr anmutiges Bild darbot und als Hausgartenanlage die beste Leistung auf der Ausstellung gewesen sein dürfte. Entwurf und Oberleitung zum Sondergarten Mietsch leistete der städt. Gartentechniker Böhnich, Posen. Die Firma O. Düncke, Posen, hatte diesen Sondergarten mit einem Pavillon und anderen Gartenbauten in moderner Holzarchitektur ausgestattet, welche Arbeiten recht geschmackvoll ausgeführt waren und zweifellos für moderne Gartenausstattung schätzenswerte Anregungen darboten. Timm & Co., Elmshorn, stellten ihre bekannt üppig und schön gewachsenen Koniferen, ferner Obst- und Alleebäume aus. Von heimischen Baumschulen war A. Denizot, Luban, mit Laub- und Nadelholz in schöner kräftiger Ware vertreten; die Mustersammlung seiner Produkte war zudem in sehr geschickter Gruppierung aufgestellt. T. J. Seidel, Laubegast, glänzte durch seine Palmen, Lorbeerbäume und *Rhododendron*; Wilhelm Ernst, Charlottenburg, zeigte schöne Palmen, Dracaenen, *Cyclamen* und Farne; besondere Beachtung verdienten seine großblumigen *Chrysanthemum*. Mit Treibflieder und Remontantnelken war die Firma Oskar Otto, Liegnitz, vertreten; Otto Platz, Charlottenburg, war mit überaus reichblühenden *Cyclamen* erschienen. Die einheimischen Gärtner stellten das übliche Kontingent an Pelargonien, Fuchsien, blütenlosen *Cyclamen* und ähnlicher Marktware. Julius Roß, Bromberg, zeichnete sich vor andern durch schöne blühende *Cyclamen*, Kronenmyrten in tadelloser Ware, Farne, *Asparagus* und Palmen recht vorteilhaft aus. Einen besonderen Anziehungspunkt bildete die herrliche Orchideensammlung von Otto Beyrodt, Marienfelde, deren farbenprächtige Blüten das Ziel einer wahren Völkerwanderung bildeten.

Eingang zu den Schrebergarten auf der Gartenbauausstellung in Posen. Originalaufnahme für die „Gartenwelt".

Die Obstaustellung beschränkte sich ausschließlich auf Produkte der Provinz Posen. Ein großes Zelt von etwa 50×12 m im Geviert hatte das frische Obst aufgenommen. Der Eindruck war überraschend wohlgeordnet und durch geschmackvolle Dekorationen angenehm unterbrochen, boten die ausgestellten Früchte ein klares Bild von dem jetzigen Stande der Obstkultur in der Provinz Posen. Von der erfolgreichen Tätigkeit, welche seit Jahren auf dem Gebiete des Obstbaues von der Landwirtschaftskammer der Provinz Posen betrieben wird, gab eine besondere Schaustellung Kunde, die das von der Landwirtschaftskammer empfohlene Obstsortiment, d. h. alle diejenigen Sorten, die durch jahrelange Erfahrung als in fast allen Gegenden der Provinz zum Massenanbau geeignet und erprobt sind, in geschmackvoller Weise in Kistenpackung zur Schau bot. Besondere Beachtung verdienen die Kollektiv-Ausstellungen folgender Vereine: Obst- und Gartenbauverein Hohensalza, Gartenbauverein Lissa i. P., Kreisobstbauverein Strehlno, Landwirtschaftl. Lokalverein Lubasch, Obstbauverein für den Kreis Posen-West und andere. Trotz der bekannten politischen und nationalen Verhältnisse, unter denen die Provinz besonders leidet, trotz der ungünstigen Voraussetzungen für den Obstbau ist es in rastloser, zielbewußter Tätigkeit dem Obstbauinspektor der Landwirtschaftskammer für die Provinz Posen, Reisert, gelungen, diesen schönen Erfolg seiner Behörde wie dem Lande vor Augen zu führen. Die großen Schwierigkeiten, mit denen dieser treue Beamte bisher zu kämpfen hatte, werden in Zukunft unter Hinweis auf die allgemeine Anerkennung seiner Leistungen leichter zu überwinden sein. Das Vertrauen der Behörde wie der Interessenten zu dieser Kompetenz im Obstbau wird durch solche Erfolge zweifellos gehoben und eine weitere erfreuliche Förderung des Obstbaues steht zu erwarten. Möchte das gegebene gute Beispiel anregend und befruchtend auch in anderen Provinzen wirken, in denen der Obstbau seitens der zuständigen Behörden noch nicht gleiche Würdigung und Förderung gefunden hat!

Die Abteilung Obst- und Gemüseverwertung zeigte einen guten Teil Hausfrauenfleiß. Die Posener Haushaltungsschule, derLetteverein und Frau Bird, Dahlem, hatten sich hervorragend beteiligt. Naturgemäß hatten die Konservenfabriken, Firmen, die Obst- und Gemüseverwertung industriell betreiben, ganze Mustersammlungen ihrer Erzeugnisse zur Schau gestellt. Auch fehlte es nicht an Fruchtsäften, Schnäpsen, Obst- und Beerenweinen.

Unter den eingesandten Schnittblumen forderten besondere Beachtung die wundervollen Gladiolen, die W. Pfitzer, Stuttgart, geschickt hatte. Köhler & Rudel, Windischleuba, zeigten abgeschnittene Stauden und Adam Heydt, Blumenow, bemühte sich durch ein reichhaltiges Sortiment abgeschnittener Sommerblumen das Interesse für diese leider sehr vernachlässigten Pflanzenarten zu gewinnen. Bindekunst und Innendekoration waren im Saale des Etablissements Feldschloß untergebracht. Leider kam hier mehr der Tapezierer als der Pflanzendekorateur zur Wirkung. Die Firmen Hugo Tantow und C. A. Schmidtke, beide in Posen, rivalisierten um die Krone, zumal beide sich gleiche Aufgaben gestellt hatten: Haustaufe, Trauzimmer und Tafeldekoration. Imposant wirkte die Kaisergruppe, die von dem reichen Material der Stadtgartenverwaltung durch Obergärtner Pilaczek gestellt worden war.

Die Gruppe Gemüse war am schlechtesten vertreten, die Beteiligung an Gemüsekollektionen sehr gering.

Erwähnt sei noch, daß ein Musterschrebergarten vom Posener Naturheilverein ausgestellt war. Auf 100 qm Fläche waren eine Laube und Zäune einfach aber geschmackvoll errichtet, Gemüse- und Blumenbeete praktisch eingeteilt. Die ganze Einrichtung, stilgerecht durchgeführt, befriedigte auch das künstlerische Empfinden des Beschauers. Ein sehr reizvolles Gartenhaus stellte der Architekt Pfannschmidt, Posen, aus (Abbildung Seite 42 unten), welches, da massiv gebaut, vom Erbauer der städt. Gartenverwaltung überwiesen wurde. So werden einige Erinnerungszeichen an das im allgemeinen recht großzügige und reiche Bild der Gartenbau-Ausstellung erhalten bleiben.

Unangenehm empfunden wurde von den Ausstellern, daß das Prämiierungsergebnis seitens der Preisrichter erst am Donnerstag den 19. September, dem ursprünglich angenommenen Schlußtage, zur Kenntnis der Beteiligten kam. Als Ursache dieser Verzögerung wird angegeben, daß zur Prämiierung seitens der Ausstellungsleitung so gut wie gar keine Vorarbeiten geleistet waren, für die Preisrichter der einzelnen Gruppen war die Verteilung der Preise daher sehr erschwert, auch klagte man darüber, daß nicht genügend erfahrene Fachleute dem Preisrichterkollegium angehörten, sondern vielfach Laien das Ehrenamt versahen. Andere Aussteller waren gezwungen, 48 Stunden mit dem Aufbau ihrer Produkte nutzlos zu warten, bis ihnen endlich ein geeigneter Platz angewiesen wurde; daher können nicht alle Beteiligte der Ausstellungsleitung ein uneingeschränktes Lob erteilen, viele mußten sich über die völlige Dispositionslosigkeit in der Platzaufteilung bitter beklagen.

Bücherschau.

„Die Pflanzen und Fische des Süßwasser-Aquariums“ von Friedr. Henkel, H. Baum und K. Stransch, ist ein kleines Werk (75 Seiten Oktav und ca. 70 Abbildungen, Preis 1,50 Mk.), das in alphabetischer Reihenfolge die für den Aquarienliebhaber in Betracht kommenden Tiere und Pflanzen behandelt. Den verschiedenen Pflanzen sind je nur wenige beschreibende Worte gewidmet, einige Buchstaben vor dem Gattungsnamen geben Aufschluß über die allgemeinen Wachstumsverhältnisse. Etwas eingehender und mit mehr Liebe sind die Fische behandelt, besonders sind für deren Pflege eingehendere praktische Winke gegeben. Die Abbildungen, bei den Fischen als Photographien besonders schwer herzustellen, sind zum Teil recht gut, zum Teil jedoch die recht mäßigen älteren Bekannten aus Mönkemeyers Wasserpflanzenbuch. Schade — wie leicht hätte man besseres haben können. — Dem Anfänger in der Wasserpflanzen- und Fischliebhaberei wird dieser kleine Leitfaden recht nützlich sein und des geringen Preises sich wert zeigen.

B. Othmer.

Bericht der Königl. Lehranstalt für Wein-, Obst- und Gartenbau zu Geisenheim a. Rh. für das Etatsjahr 1906, erstattet von dem Direktor Prof. Dr. Julius Wortmann. Verlag von Paul Parey, Berlin. Preis 4 Mark.

In einem stattlichen, 324 Textseiten umfassenden Bande, im Formate Gr. 8° liegt der neue Jahresbericht für 1906 dieser bekannten und verdienten Lehranstalt vor. Wie seine Vorgänger ist auch dieser neue Band reich mit Textabbildungen und Tafeln ausgestattet. Der Inhalt zerfällt in fünf Teile: Schulnachrichten, Berichte über die Tätigkeit der technischen Betriebe, über die Tätigkeit der wissenschaftlichen Institute, über die Rebenveredlungsstation und die Tätigkeit der Anstalt nach außen. Den Berufsgärtner interessieren zunächst die Berichte über die Tätigkeit der technischen Betriebe, in welchen wir viele für die gärtnerische Praxis wichtige Beobachtungen niedergelegt finden. Ich erwähne hier nur die Pflücktabelle für die wichtigsten Kernobstsorten, in welcher deren Pflückzeiten nach mehrjährigen Beobachtungen angegeben sind, die bei den einzelnen Sorten mehr oder weniger differieren und sich im Durchschnitt oft, je nach der Witterung, oft um einen Zeitraum von über 14 Tagen abweichen; wir ersehen aus diesen Tabellen, daß die Pflückzeiten für das Rheinland beträchtlich früher als z. B. für die Provinz Brandenburg fallen. In einer weiteren Abhandlung, in welcher die Fortschritte der Buschobstkultur hervorgehoben werden, wird der Spindelbaum als eine zweckmäßige Zwergobstform für den Erwerbsobstbau empfohlen. Aus diesem Abschnitte führen wir die Abbildung eines Spindelbaumes der Birnensorte *Geheimrat Dr. Thiel* vor. In den letzten Jahren ist vielfach gegen die Zwergunterlagen zugunsten der Wildlingsunterlagen agitiert worden. In einer Abhandlung „Sind für die Zwergobstkulturen die bisher zur Anwendung gebrachten, schwachwachsenden Unterlagen entbehrlich?“ wird auf die Wichtigkeit dieser Unterlagen für verschiedene Zwecke, speziell für die Form- und Buschobstkultur, hingewiesen, und muß ich den hier zum Ausdruck gelangten Anschauungen in jeder Hinsicht beipflichten. Es wird in dieser Abhandlung mit Recht hervorgehoben, daß Obstbäume nicht in erster Line der Form, sondern des Ertrages wegen gezogen werden. „Die schönste Form“, so heißt es weiter, „hat für den Erwerbsobstzüchter keinen Wert, wenn sie nicht gleichzeitig auch Früchte liefert“. — Diesem Artikel schließt sich eine Tabelle bekannter Birnensorten an, in welcher für jede Sorte angegeben wird, ob sie auf Quitte gedeiht, Zwischenveredlung erfordert, oder ob für größere Formen Wildlingsunterlage angebracht ist.

Ein weiterer, sehr interessanter Artikel beschäftigt sich mit der Rentabilität der Weinkultur unter Glas nach belgischer Art, eine Kulturmethode, die jetzt auch in Geisenheim gehandhabt wird. Verschiedene Abbildungen zeigen Außen- und Innenansichten aus den Geisenheimer Weinkulturen unter Glas

Spindelbaum der Birnsorte „Geheimrat Dr. Thiel“.

des ferneren finden wir Abbildungen eines neu erbauten Pflanzenkulturhauses, von welchem wir auf dieser Seite Profil und Darstellung der Lüftungsvorrichtung bieten.

Die Geisenheimer Anstalt läßt sich auch die Prüfung der alljährlich auftauchenden Pflanzenneuheiten angelegen sein und berichtet über die Kulturergebnisse mit denselben unter Anführung der Firma, von welcher die betreffenden Züchtungen oder Einführungen bezogen wurden, so daß die Jahresberichte auch in dieser Hinsicht manche für die Praxis wertvolle Fingerzeige geben; auch über ausgeführte Düngungsversuche und deren Ergebnisse wird Bericht erstattet, des ferneren über die Erweiterung der Parkanlagen der Anstalt und über Neuerungen für die Praxis.

Einen großen Raum nehmen die Berichte über die Tätigkeit der wissenschaftlichen Institute ein, die gleichfalls für die gärtnerische Praxis eine reiche Fülle wertvollen Materials erbringen. In diesen Instituten werden auch die Prüfungen der auftauchenden Mittel zur Bekämpfung tierischer und pflanzlicher Schädlinge vorgenommen. Herr Geheimrat Wortmann rechtfertigt sich hier gegenüber den von einer Seite gegen die Anstalt erhobenen Vorwürfen, daß sie dem Geheimmittelunwesen Vorschub leiste; er bezeichnet diese Beschuldigung als unzutreffend, da die Kgl. Lehranstalt ihre Untersuchungen grundsätzlich niemals im Auftrage von Fabrikanten ausführt und diesen auch über die Ergebnisse keine Gutachten ausstellt, welche zu Reklamezwecken Benutzung finden könnten. Die Anstalt hält es für ihre Pflicht, durch eigene Untersuchungen und Prüfung der aus der Praxis hervorgehenden Neuerungen, auch wenn es sich um Mittel zur Schädlingsbekämpfung handelt, sich auf dem Laufenden zu halten, um stets in der Lage zu sein, der Praxis auf eigene Erfahrungen gestützte Ratschläge erteilen zu können. Über den Einfluß des Karbolineums auf Bäume sind umfassende Untersuchungen angestellt worden. Hervorgehoben seien ferner ein Beitrag zur Ansiedelung nützlicher Vögel in den Weinbergen, Betrachtungen über die *Fusarium*-Krankheit junger Apfelbäume und die eingehenden Untersuchungen über die Chlorose der Reben. Alles in allem enthält der vorliegende, auf das gewissenhafteste zusammengestellte und bearbeitete Jahresbericht eine Fülle wertvollen Materials

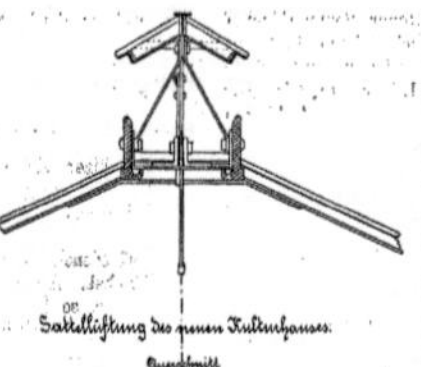
Sattellüftung des neuen Kulturhauses.
Querschnitt

auf wissenschaftlicher Grundlage für den praktischen Gartenbau, so daß ich ihn nicht nur den ehemaligen Eleven der Anstalt, sondern auch jedem strebsamen Gärtner zum Studium empfehlen kann. M. H.

Bevorstehende Ausstellungen.

Breslau. Der Vorstand des Provinzialverbandes schlesischer Gartenbauvereine gibt bekannt, daß die für 1908 projektierte große schles. Obst- und Gartenbauausstellung nicht stattfinden wird. Voraussichtlich wird aus Anlaß des 25 jährigen Jubiläums des Provinzial-Verbandes Schlesischer Gartenbau-Vereine im Jahre 1910 eine solche veranstaltet werden.

Hamburg. Der Verwaltungsrat des Gartenbauvereins von Hamburg, Altona und Umgebung beschloß im Jahre 1912 eine große, allgemeine Gartenbauausstellung zu veranstalten.

Holzminden. Hier besteht die Absicht, im Herbst nächsten Jahres eine Obst- und Gartenbauausstellung zu veranstalten, die sich auf Obst, Gemüse, Blumen, Topfgewächse, Sämereien und Gartengeräte erstrecken soll. Zugelassen werden sollen neben den Ausstellern aus dortigem Kreise auch solche der benachbarten preußischen und lippischen Gebietsteile.

Mannigfaltiges.

Baumschutzgitter aus Tonkin. Unter den vielen Sorten Baumschutzgittern haben sich bisher für den Massenbedarf die aus Kiefernstangen gefertigten noch am besten bewährt. Alle aus Schmiedeeisen, Drahtgeflecht und sonst aus Metall hergestellten hatten den Nachteil, daß sie einmal ganz unverhältnismäßig teuer waren, sodann aber, daß sie gegen Stoß und Druck gleichmäßig empfindlich waren. Stoß und Druck an Stelle der Bäume aufzunehmen, ist doch aber der Zweck dieser Gitter. Waren sie aber erst einmal beschädigt und verbogen, so war eine Reparatur, wenn überhaupt möglich, wieder mit sehr großen Kosten verknüpft.

Die aus Kiefernstangen gefertigten Schutzgitter zeigten diese Übelstände nicht, dagegen ließ ihr Aussehen fast alles zu wünschen übrig.

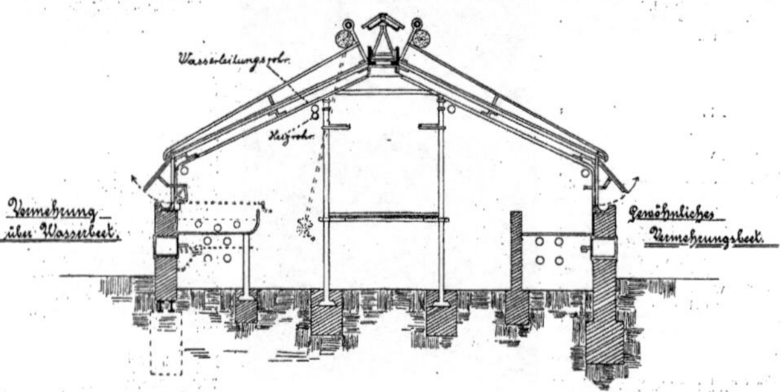

Profil des neuen Kulturhauses der Lehranstalt zu Geisenheim. Schnitt durch die Vermehrungsabteilung.

Selten nur gelingt es, die Stangen so gleichmäßig zu sortieren, daß die Gitter ein einigermaßen gefälliges Aussehen erlangen. Krumme und ästige Stangen mußten mitverwendet werden, dazu kam, daß die bald lose werdende Rinde allen möglichen Schädlingen Unterschlupf bot und daß schließlich die Stangen unter dem Einfluß der Witterung sehr bald vermorschten und so die Dauer der Gitter eine verhältnismäßig kurze wurde.

Alle diese Übelstände veranlaßten den Unterzeichneten, auf Ersatz zu sinnen, und nach mehrfachen Besprechungen mit Interessenten führte er ein aus Tonkinstäben gefertigtes Gitter in der Hauptversammlung des Vereins deutscher Gartenkünstler vor. Es sei vorweg bemerkt, daß die Idee dort solchen Anklang fand, daß eine Reihe der größten Verwaltungen sich sofort zu sehr umfangreichen Versuchen entschloß. Es ist dies sehr dankenswert, da nur große Versuche, an mehreren Orten ausgeführt, eine wirkliche Beurteilung ermöglichen.

Eines aber steht fest, der Haupteinwand gegen Tonkin, daß die glatten Stangen sich innerhalb der Drahtschlingen leicht verschieben könnten, ist schon heute als hinfällig erwiesen. Die Tonkins sitzen vielmehr, bei einigermaßen sorgfältiger Herstellung der Gitter, viel fester in der Drahtschlinge, wie die Kiefernstangen, da letztere bald zusammentrocknen und dann sehr leicht hin und her geschoben werden können. Über Aussehen und Haltbarkeit dürfte es nicht nötig sein, ein Wort zu verlieren, und der Preis stellt sich, Berliner Verhältnisse zugrunde gelegt, um nur etwa 25 Prozent höher. Das dürfte gegenüber dem besseren Aussehen und der größeren Haltbarkeit kaum ins Gewicht fallen. Daß man, wie immer, nur mit der besten Qualität gut fährt, mag gerade hier besonders erwähnt werden, weil Tonkin in sehr verschiedenen, aus dem Ursprungslande resultierenden Qualitäten, die der Laie gar nicht unterscheiden kann, in den Handel kommen. Mehr wie sonst ist es also hier nötig, sich einen vertrauenswürdigen Lieferanten zu sichern. Zu jeder Auskunft ist der Unterzeichnete natürlich gern bereit.

E. Bindseil, Berlin SW. 47.

Die Dorflinde, die in früheren Zeiten den Mittelpunkt des ländlichen Lebens bildete, neuerdings aber immer mehr in Vergessenheit gerät, sucht Landrat Büchting im Kreise Limburg in dankenswerter Weise wieder in Ehren zu bringen, indem er in einer Bekanntmachung schreibt: „Der schöne alte Brauch, in den Dörfern auf den öffentlichen Plätzen Lindenbäume anzupflanzen, ist leider vielfach in Vergessenheit geraten. Nur hier und da findet man noch einmal eine „Dorflinde“, mächtige, oft mehrhundertjährige Baumriesen; nachgepflanzte jüngere Linden trifft man aber selten an. Praktisch als Schattenspender auf freien Plätzen und bei Brunnen, ziert die Linde gleichzeitig wie sonst selten ein anderer Baum jeden Platz und verschönert das Dorfbild. Ich empfehle daher jeder Dorfgemeinde, welcher ein passender Platz zur Verfügung steht, wieder „Dorflinden“ anzupflanzen und zu pflegen. Wegen ihrer Anspruchslosigkeit, Widerstandsfähigkeit und besonderen Schönheit eignet sich in erster Linie die Krimlinde zur Anpflanzung.

Für 120 Millionen Mark Blumen. Aus London wird berichtet: Auf nicht weniger als 120 Millionen wird die Summe beziffert, die England alljährlich für Blumenschmuck aufwendet. In den Monaten, da der Handel mit geschnittenen Blumen besonders gut ist, im Winter, vom Oktober ab bis Ende Juni, werden täglich für ungefähr 400000 M. Blumen umgesetzt. Der Handel mit Schnittblumen ist in den letzten fünfzig Jahren ungeheuer gewachsen. Die Londoner Blumenläden erzielen in der Gesellschaftssaison gewaltige Umsätze; dazu kommen nun die Händler in der Provinz und die Armee von Straßenverkäufern. Der Verkauf der Straßenhändler ist mit 20 Millionen Mark im Jahre nicht zu hoch eingeschätzt. Von den Londoner Läden machen besonders die im Westend große Geschäfte; daß ein Gastgeber zu einem Feste für 2000 M. Blumen bestellt, ist durchaus nichts außerordentliches. Allein aus Frankreich und von den Kanalinseln werden alljährlich für nahezu 20 Millionen Mark Blumen eingeführt.

Aus den Vereinen.

Halbjahrsbericht des „Vereins ausländischer Gärtner von Paris und Umgebung“. Vereinslokal Sceaux (Seine), Rue Houdan 6. Versammlungen: Sonnabends 9 Uhr abends. Der Zweck des Vereins ist, sowohl zureisende Kollegen mit Rat und Tat zu unterstützen, als auch auf Anfragen schriftlich Auskunft zu erteilen. Die Entwicklung des Vereins im verflossenen Halbjahr war eine äußerst zufriedenstellende, derselbe zählt jetzt etwa 50 Mitglieder fast aller Nationen. An Fachzeitschriften liegen die gelesensten der verschiedenen Länder aus. Auch besitzt der Verein eine reichhaltige Bibliothek. Besonders hervorzuheben sind die vielen interessanten Ausflüge, so nach Versailles, Orleans, den Park von Rotschild in Ferrières, den Kulturen von Vilmorin u. a. m. Mögen diese Zeilen dazu beitragen, alle Kollegen, die die Absicht haben, nach Paris zu kommen, auf unseren Verein aufmerksam zu machen.

Sceaux, im Oktober 1907. Der Vorstand.

Tagesgeschichte.

Berlin. Im letzten Etatsjahre sind von der städtischen Parkverwaltung für die Ausschmückung der Plätze etc. in Berlin 165000 Stück Blumen- und Blattpflanzen im Werte von 53400 M. abgegeben worden. Ferner erhielt der Verein für Blumenpflege durch Schulkinder von der Verwaltung rund 4000 Stück Pflanzen zur Verteilung an die Kinder. Kleine Schulgärten wurden auf sechs Gemeindeschulgrundstücken eingerichtet, und auf anderen wurden Verbesserungen der Anlagen vorgenommen, ebenso auf einigen Grundstücken der Krankenhausverwaltung.

— Über den Obstbau auf den Berliner Rieselfeldern macht der Jahresabschluß der Deputation für die Rieselfelder einige interessante Angaben. Bekanntlich bedingt die Eigenart der Rieselfelder die Anlage einer großen Zahl von Wegen. Um diese meist sechs Meter breiten Wege nutzbar zu machen, hat man sie mit Obstbäumen bepflanzt. Diese meist 10 Jahre alten Bäume beginnen nun Erträge zu liefern. Von der Verwertung des Obstes durch Verpachtung ist man neuerdings abgekommen und hat den Vertrieb der Früchte für eigene Rechnung übernommen. Die Erfolge sind durchaus erfreuliche, denn während noch vor wenigen Jahren der Höchstertrag aus der Pachtung 8000 M. nicht erheblich überstieg, waren es zwei Jahre darauf 84000 M., und sind es im letzten Etatsjahre über 100000 M., die für Obst vereinnahmt wurden. Auch in diesem Jahre wird die Obsternte wieder mehrere tausend Zentner Kernobst etc. ergeben, die zum direkten Verkauf gelangen werden.

Hannover. Vielen Anregungen aus Fach- und Freundeskreisen des verstorbenen Gartendirektors Trip Folge gebend, ist, wie der „Hann. Courier“ mitteilt, eine Gruppe von fünf Herren zusammengetreten, um die Bildung eines Denkmal-Ausschusses zu betreiben. Der Bedeutung des Verstorbenen entsprechend, die weit über die Grenzen des Berufs sowohl wie der Stadt und Provinz Hannover hinaus anerkannt und wirksam war, haben der Provinzial-Gartenbauverein und die Deutsche Gesellschaft für Gartenkunst, deren Vorsitzender Trip war, geglaubt, nicht einseitig vorgehen zu dürfen. Der Denkmal-Ausschuß, dessen Bildung jetzt bevorsteht, soll sich deshalb völlig frei organisieren und alle Kreise berücksichtigen, denen der Verstorbene wert war und nahe stand. — Jetzt, wo die durch den Tod Trips freigewordene Stelle zur Neubesetzung gelangt, wird in Hannover allseitig das Verlangen laut, den neuen Gartendirektor zu einer ausschließlichen Tätigkeit für die Stadt zu verpflichten, d. h. ihm jene Privatpraxis zu untersagen, durch deren Ausübung eine erbitterte Feindschaft der hannoverschen Gärtner gegen den verstorbenen Gartendirektor zum Durchbruch kam, die häufig die öffentliche Meinung beschäftigte.

Krefeld. Der hiesige Stadtwald soll, einem Beschlusse der Stadtverordneten vom 10. d. M. zufolge, nach dem Plane des Gartenbaudirektors Encke-Köln mit einem Kostenaufwande von 125000 M. erweitert werden.

Mödling bei Wien. Fürst Johann II. von und zu Liechtenstein hat auf Ansuchen der Gemeinde Mödling ihr einen Waldkomplex im Ausmaße von 25000 Quadratmetern geschenkt. Dort wird nun ein neuer Park erstehen. Von der Gemeinde wurden vorderhand 30000 K. zur Umwandlung dieses Waldkomplexes in moderne städtische Parkanlagen, ähnlich dem Parke in Baden, bewilligt. Mit diesen Arbeiten wird schon demnächst begonnen und der Park anläßlich des sechzigjährigen Regierungsjubiläums des Kaisers und des fünfzigjährigen Regierungsjubiläums des Fürsten Liechtenstein der Öffentlichkeit übergeben; er soll den Namen „Jubiläumspark" tragen.

München. Für Verlegung des hiesigen Botanischen Gartens sind laut Finanzbudget 635000 M. eingesetzt; diese Proposition wird, wie folgt, begründet: Die Verlegung des Botanischen Gartens gilt seit längerer Zeit als dringliches Bedürfnis, weil der Betrieb des Gartens durch die Luft und Licht entziehende Nachbarschaft hoher Gebäude und durch die zunehmende Rauch- und Rußentwicklung, welche viele Pflanzen schädigt und die Kultur von Nadelhölzern geradezu ausschließt, sehr beeinträchtigt wird. Außerdem ist das jetzige Areal des Botanischen Gartens zu klein. Die Gewächshäuser sind konstruktiv veraltet und zum Teile reparaturbedürftig; von der Erbauung eines neuen Baumfarnhauses, für welches im Landneubauetat für die 28. Finanzperiode der Betrag von 20000 M. genehmigt worden ist, würde im Hinblick auf die in Aussicht genommene Verlegung des Botanischen Gartens Abstand genommen. Die dem Botanischen Museum des Staates und dem Pflanzenphysiologischen Institute zugewiesenen Räume im Anwesen Haus-No. 29 an der Karlstrasse sind überfüllt und ganz unzureichend. Aus diesen Gründen sind schon seit längerer Zeit Erhebungen wegen Ausmittlung eines geeigneten Areals für die Verlegung des Botanischen Gartens und der bezeichneten Institute im Gange. Ein solches Areal ist nun bei Nymphenburg zu so günstigen Bedingungen angeboten worden, daß dessen Erwerbung, vorbehaltlich der Bewilligung der erforderlichen Mittel durch den Landtag und der Allerhöchsten Sanktion der bezüglichen Beschlüsse, durch Vorverträge sichergestellt wurde. Die Verlegung des Botanischen Gartens und der Botanischen Institute auf dieses im Westen und Süden gegen Umbauung geschützte Areal wird nach vorliegender Berechnung ungefähr 3500000 M. kosten. Es ist in Aussicht genommen, die Verlegung im Laufe der nächsten drei Finanzperioden durchzuführen. Ferner sind im Etat für die kommende Finanzperiode noch die Kosten für den Ankauf von angrenzenden 8,55 Tagwerk mit 85500 M. vorgesehen, da dieses Areal billig, für die künftige Verlegung anderer wissenschaftlicher Institute, z. B. der Meteorologischen Zentralstation, günstig gelegen ist und für den künftigen Botanischen Garten weiteren Schutz vor lästiger Nachbarschaft von Privatbauten böte.

Neu-Babelsberg bei Potsdam. Nur noch 2 Jahre wird der Kronprinz den Sommer im Marmorpalais verbringen, danach soll die Übersiedelung des kronprinzlichen Hofstaates nach dem alten, von Schinkel und Persius 1835 im schottischen Tudorstile erbauten Lustschlößchen des alten Kaisers in Babelsberg erfolgen.

Selbstverständlich werden die ursprünglich von Wilhelm I. und der Kaiserin Augusta bewohnten Räume nicht benutzt, sondern pietätvoll in ihrem alten Zustande belassen; um dem neuen Hofhalte aber genügend Raum zu gewähren, wird vom Hofbaurat Geyer ein neuer großer Flügel an das alte Schloß angebaut. Dieser Neubau wird, im Stile des alten, über noch einmal so groß als das alte Schloß und wird sich zum Teil in derselben Richtung mit der Front nach der Havel, zum größten Teil jedoch senkrecht zur Hauptfront in den hinter dem Gebäude ansteigenden „Babelsberg" hinein erstrecken. Die Ausschachtungsarbeiten haben schon seit etwa 2 Monaten begonnen und werden jetzt unter Leitung des Königl. Hofgärtners Nietner eifrig gefördert. Es sind ganz außerordentlich große Erdmassen zu bewältigen, muß doch der etwa 30 m hohe Hügel hinter dem Schlosse bis auf 60 m hinein abgetragen werden, wozu drei Züge à 25 Lowrys mit etwa 80 Leuten ununterbrochen unterwegs sind. Im ganzen sind ungefähr 120000 Raummeter Boden abzugraben, die auf den 2 km entfernten feuchten Havelwiesen wieder aufgebracht werden. Die Züge und Leute leisten die ganz erhebliche Arbeit von 1000 cbm den Tag. Leider müssen diesem Neubau viele prächtig gewachsene und laubreiche Eichen und Buchen zum Opfer fallen, da sie nicht mehr in dem jugendlichen Alter stehen, wo sie ein Verpflanzen vertragen können.

Der Bau soll in zwei Jahren vollendet sein und wird mit seiner entzückenden Umgebung, den wunderbaren Ausblicken nach der Havel und darüber hinaus auf Potsdam und den Pfingstberg, und mit dem ausgedehnten, von Lenné künstlerisch vollendet angelegten Parke für unseren Thronfolger und seine junge Gemahlin ein würdiges Heim werden. R. F.

Rheydt. In der Stadtverordnetensitzung vom 1. Oktober teilte der Vorsitzende mit, daß drei Bürger, welche nicht genannt sein wollen, und die Witwe des verstorbenen Stadtverordneten A. H. Pungs der Stadt Rheydt je 5000 M. zu Wohlfahrtszwecken geschenkt haben. Diese 20000 M. werden zum Ankauf von Grundstücken für den Stadtwald verwendet. Seitens der Stadt Rheydt sind auf dem Gebiete der benachbarten Stadt Rheindahlen 179 Morgen Wald für 91000 M. zur Anlage eines Stadtwaldes angekauft worden. Für 19 Morgen wurde beschlossen, das Enteignungsverfahren zu beantragen.

Axel Fintelmann-Ehrung. Am Mittwoch, dem 9. Oktober, fand eine Versammlung des Ausschusses statt, welche von 16 Herren besucht war, während acht entschuldigt waren. Unter letzteren auch Herr Dr. Thost, welcher die Rechnungslegung Herrn A. Weiß übertragen hatte. Nach Begleichung aller entstandenen Unkosten ist ein Betrag von 2114,80 vorhanden und auf der Deutschen Bank unter den Namen Bindseil, Thost, Weiß hinterlegt, mit der Maßgabe, daß nur zwei dieser Herren gemeinschaftlich den Betrag abheben können.

Es wurde beschlossen, die Sammlung noch nicht zu schließen, da begründete Hoffnung auf Eingang weiterer Beiträge vorhanden ist, dagegen wurde den vorgenannten, durch Zuwahl der Herren E. Clemen, E. Chasté, G. Fintelmann, Schmidt, W. Wendt und F. Zahn verstärkt, aufgegeben, der Ausführung der Idee durch unverbindliche Rücksprachen, näher zu treten. Es kam dabei gleichzeitig zum Ausdruck, daß für die beabsichtigte Ehrung das Komitee keineswegs an die Grabstelle gebunden sei, daß es vielmehr zweckentsprechend sein könnte, den Denkstein, Büste oder dergl. an einem öffentlichen Platz, etwa im Humboldthain in entsprechender gärtnerischer Umrahmung aufzustellen.

An alle Kollegen ergeht die Bitte, sich mit etwaigen Anregungen für die Gestaltung des Denkmals, unter Beifügung von Skizzen usw. an einen der vorhergenannten zu wenden, damit es möglich werde, einen im Sinne des Entschlafenen gedachten Entwurf zur Ausführung zu bringen. B.

Personal-Nachrichten.

Dietze, Emil, Gärtnereibesitzer zu Steglitz, wurde das Prädikat eines Königlichen Hoflieferanten verliehen.

Hartmann, Gustav, Obergärtner, seit 27 Jahren bei Herrn Bechstein, Steglitz, erhielt das Allgemeine Ehrenzeichen.

Kindshoven, Josef, Kgl. Obst- und Gartenbaulehrer in Bamberg, erhielt vom Bayerischen Landwirtschaftsrate gelegentlich des Zentrallandwirtschaftsfestes in München die große silberne Vereinsdenkmünze mit Diplom verliehen, für erfolgreiche und verdienstvolle Bestrebungen auf dem Gebiete des Obst- und Gartenbaues.

Kölle, Gebr. Karl und Wilhelm, übernahmen die von ihrem am 27. v. M. verstorbenen Vater seit über 50 Jahren betriebene Handelsgärtnerei in Ulm a. D.

Kölle, Karl, Kunst- und Handelsgärtnereibesitzer, Königl. Württemb. Hoflieferant, † am 27. v. Mts. in Ulm a. D., dem Orte seiner Tätigkeit, im 81. Lebensjahre.

Kölle, Wilhelm, ein Bruder des vorgenannten, Kaiserl. und Königl. Hoflieferant, weitbekannt als hervorragender Rosenzüchter, † am Herzschlage dreizehn Tage später, am 10. Oktober, in Augsburg im Alter von 77. Jahren.

Lehmann, Aug., bisher Rittergutsgärtner in Noßwitz, hat die Kutschkesche Gärtnerei in Bautzen i. S. käuflich erworben.

Lehmann, Joh., hat sich als Handelsgärtner in Döbeln niedergelassen.

Peter, Julius, Gutsgärtner zu Nieder-Großenborau im Kreise Freystadt, erhielt das Allgemeine Ehrenzeichen.

Berlin SW. 11, Hedemannstr. 10. Für die Redaktion verantwortlich Max Hesdörffer. Verlag von Paul Parey. Druck: Anhalt. Buchdr. Gutenberg e. G. m. b. H. Dessau.

Patente und Musterschutz.

Patent wurde erteilt Klasse 45f.

191693. Düngertrichter mit durchlöchertem, in die Erde einstossbarem Rohr. Fritz **Bachmann,** Neumünster, Holstein. 4. 12. 06. B. 44781.

191937. Baumband nach Art einer Rohrschelle mit halbringförmig gebogenen, scharnierartig mit einander verbundenen, mit innerer Polsterung versehenen Schenkeln. Adolf **Ruthardt,** Villingen i. B. 22. 1. 07. R. 22891.

Gebrauchsmuster - Eintragungen Klasse 45f.

317695. Vorrichtung zum Anzeichnen der Tabakstauden - Abstände beim Anlegen von Tabakpflanzungen. Georg **Köchlin III.,** Sand, Amt Kehl. 21. 8. 07. K. 32017.

317817. Durch Rippen und Blattspitzen verzierte Blechhülle zum Einsetzen in Blumentöpfe. Martin **Lensch,** Neu-Galmsbüll bei Niebüll. 11. 7. 07.

317856. Pfeiler für Gewächshäuser und Mistbeete aus granulierter Kupolofenschlacke. E. **Reinecke,** Tangerhütte. 12. 8. 07. R. 19786.

317998. Setzeisen für Weinreben, Wurzelreben und sonstige Stecklinge. Johannes **Arzdorf,** Bingen a. Rh. 9. 8. 07. A. 10484.

318141. Zum Aufsetzen auf Hyazinthengläser und Töpfe bestimmte, aus Glas verfertigte und mit Durchlassöffnungen versehene Haube. Jacob **Mühlens,** Hamburg, Mittelweg 126. 31. 8. 07. M. 24970.

319016. Baumband aus einem Metallstreifen mit weicher Einlage. Georg **Bauer,** Untersiemau b. Koburg. 20. 8. 07. B. 35395.

319046. Obstpflücker mit Fruchtbeförderungsschlauch. Louis **Krause,** Wittenberge. 31. 8. 07. K. 32092.

Neue Kataloge.

Walther Cossmann Nachf., Rödelheim. Preisliste 1907—1908 über Baumschulartikel, Stauden, Blüten- und Gruppenpflanzen.

J. Felberg - Leclerc, Spezial - Rosenkulturen, **Trier a. Mosel.** Preisliste 1907—1908.

Otto Katzenstein & Co., Atlanta (Georgia, U. S. A.). Engros-Preisverzeichnis über Koniferen, Gehölze, Stauden und Blumenzwiebeln.

J. Lenz & Dr. V. Bendik, Baumschulen, **Budweis.** Haupt - Preisverzeichnis (III. Jahrg., No. 6).

Lorberg, H., Berlin und Biesenthal. Hauptverzeichnis über Baumschulartikel.

L. Spaeth, Baumschulenweg-Berlin. Preisverzeichnis No. 124 für 1907 und 1908, in altbekannter Ausführung und Reichhaltigkeit über Obstbäume und -Sträucher, Rosen, Laub- und Nadelhölzer, winterharte Kakteen, Allee- und Strassenbäume, Trauerbäume etc., Blumenzwiebeln, div. Stauden und Diverses.

C. Sprenger, Neapel-Vomero. Preisliste 2—5 (Juli—September 1907).

Handelsregister.

Berlin. In das Handelsregister wurde eingetragen unter No. 30838 offene Handelsgesellschaft **Kuhnt & Rohloff, Berlin.** Gesellschafter die Gärtner Hermann Kuhnt, Berlin, und Johannes Rohloff, Lankwitz. Die Gesellschaft hat am 15. September 1907 begonnen.

Hannover. In das Handelsregister wurde eingetragen unter No. 3186 die Firma **Mathias Ramstetter** mit Niederlassung **Hannover** und als Inhaber Handelsgärtner Mathias Ramstetter in Hannover.

Verlag von Paul Parey in Berlin SW., Hedemannstrasse 10.

Stein's

Orchideenbuch.

Beschreibung, Abbildung und Kulturanweisung der empfehlenswertesten Arten.

Mit 184 Textabbildungen.

Gebunden, Preis 20 M. [178

Steins Orchideenbuch sucht die Verbreitung dieser von der Natur so bevorzugten Pflanzenfamilie dadurch zu fördern, daß es dem Pflanzenfreunde die Wege weist, die er einschlagen muss, um sich an die Kultur der Orchideen mit Aussicht auf Erfolg wagen zu können. Für ein grösseres Lesepublikum berechnet, hat der Verfasser, obgleich seine Arbeit auf durchaus wissenschaftlicher Grundlage fusst, dennoch die populäre Darstellungsweise gewählt und insbesondere auf eine wissenschaftlich - systematische Anordnung des Stoffes im vorhinein verzichtet. In der Einleitung bespricht er in sehr anschaulicher Form die morphologischen Charaktere der Orchideen, gibt eine Übersicht über die Systematik derselben und erörtert dann in sehr ausführlicher Weise die bei ihrer Kultur zu befolgenden Massregeln. Hierauf folgt in alphabetischer Anordnung die Beschreibung der einzelnen Arten und der bezüglichen Kulturmethoden.

Gegen postfreie Einsendung des Betrages erfolgt die Zusendung postfrei.

Für die Herbst- u. Wintersaison

offerieren in bester Ware:

Rhododendron Catawb grand. Hybriden.
" Ponticum roseum.
" Cunningh. White.
Azalea mollis. Taxus baccata. Ilex acquifolium. Evonymus in Sorten.

Aucuba japonica, verschiedene Grössen (auch in Töpfen).
Kirschlorbeer-Sträucher (auch in Töpfen).
Kirschlorbeer-Pyramiden (auch in Kübeln).
Buxus-Pyramiden.
" kleine buschige.
Taxus hybernica. Hydrangea pan. grand., aus dem Lande.
Deutzia gracilis in Töpfen, starke Pflanzen.
Funkien in Klumpen. Rosen. Magnolia Soulongeana. Viele Knospen.
Picea pung. glauca Koster. Glycinen. Aristolochia. Sipho.
Vitis Veitchi. Clematis usw. [171

Gute kulante Bedienung.

Zur Besichtigung unserer Kulturen laden höflichst ein.

Rosbergen & Co.

Kunst- und Handelsgärtnerei

Hauptgeschäft: **Boskoop** bei Gouda (Holland). Filiale: **Mehrhoog** bei Wesel (Rheinland).

Versand gegen Nachnahme oder bei Aufgabe von Referenzen 3 Monate Ziel.

Konkurse.

Bremen. Über das Vermögen des **Handelsgärtners Theodor Gustav Pohl, hierselbst,** Sögestrasse 72, z. Zt. im hiesigen Untersuchungsgefängnis, wurde am 28. September 1907 der Konkurs eröffnet. Verwalter: Rechtsanwalt Dr. Otto Sprenger hierselbst. Offener Arrest mit Anzeigefrist bis zum 15. November 1907 einschliesslich. Anmeldefrist bis zum 15. November 1907 einschliesslich. Erste Gläubigerversammlung **25. Oktober 1907, vormittags 11 Uhr,** allgemeiner Prüfungstermin **13. Dezember 1907, vormittags 11 Uhr,** im Gerichtshause hierselbst, I. Obergeschoss, Zimmer No. 84 (Eingang Ostertorstrasse).

Plauen (Vogtl.). Über das Vermögen des **Gärtners Emil Tischner** in **Plauen** wurde am 9. Oktober 1907, vormittags 3/4 10 Uhr, das Konkursverfahren eröffnet. Konkursverwalter: Herr Rechtsanwalt Osswald hier. Anmeldefrist bis zum 28. Oktober 1907. Wahl- und Prüfungstermin am **11. November 1907, vormittags 10 Uhr.** Offener Arrest mit Anzeigepflicht bis zum 28. Oktober 1907.

Schöningen. Das Konkursverfahren über das Vermögen des **Gärtnereibesitzers Wilhelm Subklews** zu **Schöningen** ist nach erfolgter Abhaltung des Schlusstermins aufgehoben.

Stettin. Über das Vermögen des **Gärtnereibesitzers Franz Engelmann** in **Stettin,** Möhringerstrasse 1, wurde am 28. September 1907, nachmittags 1 1/2 Uhr das Konkursverfahren eröffnet. Verwalter: Kaufmann Otto Borkowski in Stettin, Birkenallee 36. Offener Arrest mit Anzeigefrist bis zum 18. Oktober 1907. Anmeldefrist bis 31. Oktober 1907. Erste Gläubigerversammlung am **18. Oktober 1907, vormittags 10 Uhr,** allgemeiner Prüfungstermin am **14. November 1907, vormittags 10 Uhr,** im Zimmer Nr. 37.

Bevorstehende Ausstellungen.

Oktober 1907.

Plauen i. V. Grosse Vogtländische Gartenbau - Ausstellung, Ende Oktober, veranstaltet vom Vogtländ. Gärtnerverein.

1908.

Duisburg. Gartenkunst - Ausstellung August—September 1908.

Gent (Belgien). XVI. internat. Gartenbau-Ausstellung vom 25. April bis 3. Mai 1908.

Thujagrün [190

frisch u. kurz geschn., per 50 kg 5,50 M.

Ligustrumzweige

m. **schwarzen** Beeren, per 50 kg 8 M.

E. Seyfarth, Kyritz.

Raupenleim, [1408]

monatelang seine Klebkraft behaltend, 4 kg Postst. 3.75 M., Posten billiger.
Präp. Pergamentrollen, ca. 50 m lg., 12 cm br., 1.20 M., 17 cm br., 1.60 M.
Emil Böringer, Bonn-Poppelsdorf.

HUSUMER BAUMSCHULEN HUSUM (Schlesw.-Holst.) Fernspr. No. 106. Grösste Muster-Obstbaumsch. d. Nordens. **Sehr** abgehärtete, gesunde u. seuchenfr. Bäume. **Preisv. franco** üb. Obst-, Allee-, Zierb., Conif., Sträuch., Forst.- u. Heckenpfl., Stauden etc. [193

Müller
Baumschulenbesitzer
Langsur b/Trier.

250 Morgen in Kultur.

Spezial-Obstbaumzucht.

Zierbäume und Sträucher.

Rosen.

Koniferen, Jungpflanzen etc.

Bekannt beste Ware bei gewissenhaftester Bedienung. [126

Wellpapier [92]

bestes und billigstes Packmaterial
(zum Schutze von Bäumen sehr geeignet)

Wellpappe-Schachteln
für Früchte, Gemüse, Blumen etc.

Carl Lampmann Söhne, Köln-Ehrenfeld.

Allee- und Strassenbäume!

Starke Linden, Ulmen, Ahorn, etc. oft verpflanzt, Ia. Qualität.

div. **Zier- und Forst-Bäume und -Sträucher billigst** (ev. zollfrei!) bei Waggonladung. Spezial-Offerte und Haupt-Katalog über **sämtliche Baumschulartikel** frei!

Koniferen und immergrüne Pflanzen für Ausstellung und Parkanlage, sowie Weiterkultur.

Jac$^{s.}$ Jurrissen & Sohn (A.-G.), Baumschulen, **Naarden** (Holl.)

Direkte Wagen von Köln via Cleve-Amersfort, auch von Berlin via Salzbergen-Almelo. Bahnlinie nach Amsterdam (Naarden-Bussum). [51

Soeben wurden ausgegeben: [76

Einbanddecken

für den

elften Jahrgang 1906/7 der „Gartenwelt“.

Preis 1 M. 40 Pf.
einschliesslich Verpackung und Frankatur.

Fehlende Nummern des elften Jahrganges liefern wir, soweit noch vorhanden, pro Nummer für 25 Pf.

Expedition der „Gartenwelt“,
Berlin SW., Hedemannstrasse 10.

Stauden- und Baumschul-Kulturen!

In allen einschlägigen Artikeln:
Vom Guten das Beste!

Unter anderem grosse Bestände der feinsten Auswahl in:
Paeonia sinensis,
Paeonia arborea,
Clematis. [9

Reichhaltiges Verzeichnis mit Beschreibungen und Abbildungen frei!

Goos & Koenemann
Grossh. Hess. Hoflieferanten
Nieder-Walluf bei Wiesbaden
Staudenkulturen und **Baumschulen** für Obstbäume, Koniferen, Rosen und Ziergehölze.

Den wirksamsten Schutz gegen Vö[gel] und Näschereien der Menschen [ge]währen für Sämereien, jg. Pflanz[en], Beeren, Kirschen, Trauben usw.

Roh's Schutznetz[e]

Vorrätig alle Längen- und Breite[n] 4 und 2½ cm Maschenweite, à [...] 5 Mark (8—12 Pfg. das □Meter). Versuchen ist jedes gewünschte Qu[an]tum zu haben. Prospekte gratis [u.] franko. **G. Roh, Apolda.**

Victoria-Regia-Haus des Königlichen Berggartens in Herrenhausen, wurde im Jahre 1906 von uns erbaut und mit Heizung, die von einem Gegenstromgliederkessel betätigt wird, ausgerüstet.

Gustav Röder
G. m. b. H.
Langenhagen
vor Hannover. [49

Moderne
:: **Gewächshausbauten** ::
Zentralheizung aller Systeme.

Stets grosses Lager an Kesseln und Frühbeetfenstern.

Gegründet 1876.

Auf allen Ausstellungen prämiiert. Letzte Auszeichnung goldene Medaille Jubiläums-Ausstellung Cassel 1907.

● Feinste Referenzen. ●
Fernsprecher 1276.
Telegramm-Adresse:
Röder Langenhagen.

Vertreter für Rheinland und Westfalen: **Leo Seegers, Dortmund, Neuer Graben 80.**

Druck der Anhaltischen Buchdruckerei Gutenberg e.G.m.b.H. in Dessau.

Die Gartenwelt.

Illustrierte Wochenschrift für den gesamten Gartenbau.

Herausgeber: Max Hesdörffer-Berlin.

Bezugsbedingungen: **Erscheint jeden Sonnabend.** **Anzeigenpreise:**

urch jede Postanstalt bezogen Preis 2.50 M. vierteljährl. In Österreich-Ungarn 3 Kronen. **ei direktem Bezug unter Kreuzband:** Vierteljährlich 3 M. Im Weltpostverein 3.75 M. Einzelpreis jeder Nummer 25 Pf.

s ohne Vorbehalt eingehenden Beiträgen bleibt das Recht redaktioneller Änderungen rbehalten. Die Honorarauszahlung erfolgt am Schlusse jeden Vierteljahrs.

Die Einheitszeile oder deren Raum 30 Pf.; auf der ersten und letzten Seite 50 Pf. Bei grösseren Anzeigen und Wiederholungen steigender Rabatt. Beilagen nach Übereinkunft. **Anzeigen in der Rubrik Arbeitsmarkt** (angebotene und gesuchte Stellen) kosten für Abonnenten einmalig bis zu 10 Zeilen Grösse M. 1.50, weitere Zeilen werden mit je 30 Pf. berechnet. Erfüllungsort auch für die Zahlung: Berlin.

Adresse für Verlag und Redaktion: Berlin SW. 11, Hedemannstrasse 10.

XII. Jahrgang No. 5. | Verlag von Paul Parey, Berlin SW. 11, Hedemannstr. 10. | 2. November 1907.

Die Gartenwelt.

Illustrierte Wochenschrift für den gesamten Gartenbau.

Jahrgang XII. | 2. November 1907. | No. 5.

Pflanzenkunde.

Vegetationsansichten aus dem neuen Königlichen Botanischen Garten zu Dahlem.*)

Erläutert von **C. Peters**, Obergärtner am Königl. Botanischen Garten.

Mit Erlaubnis der Direktion des Königlichen Botanischen Gartens zu Dahlem bringen wir eine Anzahl Bilder von Vegetationsansichten aus den pflanzengeographischen Anlagen desselben. Der Direktor des Gartens, Herr Geheimer Ober-Regierungsrat Professor Dr. Engler, welcher auf seinen Reisen den Vegetationsformationen besondere Beachtung geschenkt und auch einen großen Teil der in den Gebirgsanlagen vertretenen Pflanzen selbst gesammelt hat, sagt in den Erläuterungen zu dem kürzlich erschienenen Plane des Gartens hierüber folgendes:

„Wenige der schon im alten Botanischen Garten vorgenommenen Neuanlagen hatten sich so allseitigen Beifall erworben, wie die pflanzengeographischen Gruppierungen. Es ist dies sehr erklärlich, da derartige Zusammenstellungen der Pflanzen nach ihrer Heimat den Beschauer ganz anders an-

I. Norddeutsches Tiefland.

Waldvegetation im norddeutschen Eichenwalde mit *Carex pendula*, Huds und *Osmunda regalis*, L., Königsfarn. Eine sehr stimmungsvolle Pflanzengruppe, die von den Liebhabern des norddeutschen Waldes gern aufgesucht wird.

Im Botanischen Garten zu Dahlem bei Berlin für die „Gartenwelt" photogr. aufgenommen.

*) Anmerkung des Herausgebers. Wir werden in dieser und den folgenden Nummern insgesamt siebzehn Aufnahmen pflanzengeographischer Gruppen veröffentlichen. Die Anfertigung der Aufnahmen war Herrn Lehrer Georg Schulz, Verfasser des Artikels „Der Gärtner als Photograph" im „Deutschen Garten-Kalender" übertragen, der seiner Aufgabe in vorzüglicher Weise gerecht wurde.

II. Sudeten-Riesengebirge.

Hochmoor in der Kriechholzregion mit *Andromeda polifolia* in Blüte. Die dichten Büsche der *Andromeda polifolia*, mit den zahlreichen rosafarbigen Blütenglöckchen, gewähren anfangs Juni einen reizenden Anblick und heben sich sehr schön von dem dunkeln Knieholzgebüsch ab. Charakterpflanzen wie *Rubus Chamaemorus*, *Eriophorum alpinum*, *Trientalis europaea*, *Sweertia perennis* u. a. treten auf dem Bilde weniger hervor.

Im Botanischen Garten zu Dahlem bei Berlin für die „Gartenwelt" photographisch aufgenommen.

regen, als die Pflanze für sich allein. Der Beschauer wird durch eine derartige Zusammenstellung auf gewisse physiognomische Eigentümlichkeiten der Pflanzen eines Gebietes aufmerksam, er wird genötigt, an die klimatischen Verhältnisse des betreffenden Landes zu denken, er kann auch eine Vorstellung von den Hilfsmitteln gewinnen, welche ein Land durch seine Vegetation erhält. Daß die pflanzengeographischen Gruppen nicht eine vollständige Darstellung des Vegetationscharakters eines Gebietes geben können, ist gewiß. Nichtsdestoweniger sind sie im höchsten Grade anregend und für jeden, der Belehrung sucht, sehr förderlich. In kleineren botanischen Gärten wird man sich lediglich auf Zusammenstellungen von Pflanzen nach den geographischen Gebieten beschränken müssen, in einem größeren botanischen Garten aber kann man den Versuch machen, die einzelnen Pflanzenformationen eines Gebietes tunlichst nachzuahmen. Das letztere ist möglich, wenn es sich um die Darstellung von Vegetationsgebieten handelt, deren Klima dem unsrigen einigermaßen entspricht. Eine Wanderung durch die Pflanzenformation dieser Länder ist nicht bloß von Interesse wegen der vielen schönen Pflanzenformen, die uns dabei begegnen, sondern sie ist auch in rein wissenschaftlicher Beziehung von Wert, weil sie uns zum Nachdenken über die Verbreitung einzelner Arten, über das Auftreten von Parallelformen in entfernten Gebieten und die Abhängigkeit der Pflanzenformationen von den Bodenverhältnissen anregt. Und so ist ein großer Teil (pflanzengeographische Abteilung) des durch seine hügelige Beschaffenheit für solche Aufgaben geeigneten Geländes zur Darstellung der Vegetationsverhältnisse der nördlichen gemäßigten Zone verwendet worden, in welcher namentlich die Vegetation der Alpenländer des Sonntags wohl Tausenden von Besuchern viel Freude bereitet. Die Anordnung ist derart getroffen, daß man nach dem Eintritt von der Dahlemer Chaussee erst unsere heimischen Formationen repräsentiert findet, dann zu denen Nordeuropas, der Alpenländer und Mittelmeerländer gelangt, über Kleinasien nach Zentral- und Ostasien und durch das pacifische (westliche) Nordamerika über die Prärien zum atlantischen und subarktischen Nordamerika wandert.

Nicht unerwähnt möchte ich lassen, daß bei der landschaftlichen Gestaltung des Gartens die Direktion und Inspektion desselben von dem leider so früh verstorbenen, als Landschaftsgärtner allgemein geschätzten Gartenbaudirektor Axel Fintelmann in dankenswerter Weise unterstützt wurde, während bei der speziellen Ausführung der Anlagen, die ich nach meinen auf Reisen gesammelten Erfahrungen gestaltete, Kustos Dr. Graebner und Obergärtner Peters eifrigst mithalfen. Der erstere hat viel bei der Gestaltung der Formationen des deutschen Flachlandes mitgewirkt, der letztere sich um die Bepflanzung der Gebirgsanlagen sehr verdient gemacht."

Für die besonders ausgedehnten Anlagen, welche die Alpenflora und die Flora Nordamerikas darstellen, hat der Direktor besondere Schriften verfaßt, welche diese Florengebiete ausführlich behandeln und zu eingehendem pflanzengeographischem Studium bestimmt sind.

Zwiebel- und Knollengewächse.

Texanische Regenblumen (Cooperia).

Von H. Nehrling.

Gegenwärtig, anfangs September, blühen ganze Beete dieser hübschen, weißen Amaryllideen in meinem Garten hier in Florida, und der Duft, den sie namentlich abends aushauchen, ist entzückend. Einzeln gesehen, sind es bescheidene, weiße Blümchen, aber wenn viele Tausende dicht zusammen stehen und die ganze Luft mit dem zarten, lieblichen Duft erfüllt ist, dann ist der Anblick sehr eindrucksvoll.

Dieses reizende Zwiebelgewächs erinnert mich an vergangene, aber schöne Zeiten, an meinen dreijährigen Aufenthalt in Texas, in den Jahren 1879—1882. Im Frühlinge blühten *Phlox Drummondii*, *Calliopsis Drummondii* und andere Blumen; die weite und endlose Prärie glich dann einem leuchtenden Teppich. Nach der Küste zu waren weite, feuchte, baumlose Strecken oft ganz mit den weißen, stets duftenden *Hymenocallis galvestonensis* bedeckt, und im Sommer sah man im Pfosteneichenwalde inselartige Massen der stolzen *Gilia coronopifolia*. Nichts aber machte auf mich einen so nachhaltigen Eindruck und erfreute mich mehr, als die Millionen über Millionen der Cooperien, die nach jedem Regen wie ein Zauber aus dem noch kurz zuvor trockenen, aufgesprungenen Boden emporschossen. Wo noch einige Stunden vorher dürre Blätter und Äste unter den Hufen des Reitpferdes knisterten, da fand sich plötzlich ein weites, unübersehbares Blumenmeer. Ich kenne keine Blume, die so tadellos weiß ist, als die verschiedenen texanischen Regenlilien.

III. Alpen. 1. Wiese im südlichen Alpenvorlande mit *Primula acaulis*. — Frühjahr.

Primula acaulis ist vorwiegend verbreitet auf Wiesen und in lichteren Wäldern der nördlichen und südlichen Voralpen, wo sie oft in großen Scharen auftritt. Schon im ganz zeitigen Frühjahre entwickelt sie ihre zahlreichen, kurzgestielten, ziemlich großen, schön sattgelben Blüten, die bei der um die Jahreszeit oft noch herrschenden kühleren Witterung von ungemein langer Dauer sind. Ein entzückendes, farbenprächtiges Bild gibt sie in Verbindung mit dem zu gleicher Zeit blühenden, zartblauen Leberblümchen *(Hepatica triloba)*, in dessen Gesellschaft sie in noch vielen Waldformationen der geographischen Anlagen meist in größeren Trupps anzutreffen ist. Ohne besondere Pflege gedeiht dieser schöne Himmelsschlüssel, wie alle großblättrigen Arten, am besten im Halbschatten, während an mehr sonnigen Stellen im Sommer genügend Feuchtigkeit gegeben werden muß. In der Gartenkultur ist die oben erwähnte echte *Pr. acaulis* durch Kulturformen gänzlich verdrängt, obgleich sie von keiner an Schönheit übertroffen wird.

Im Botanischen Garten zu Dahlem bei Berlin für die „Gartenwelt" photogr. aufgenommen.

Der Sommer des Jahres 1881 war sehr heiß und trocken. Vom April bis spät in den August hinein zeigte sich kaum ein Wölkchen an dem tiefblauen Himmelsgewölbe. Kein Tropfen Regen fiel, und der spärliche Tau genügte nicht, um die Pflanzenwelt zu erfrischen. Bäche und Teiche, sogenannte Wasserfänge, waren vollständig ausgetrocknet. Ich befand mich damals im Hinterwalde an der West-Yegua, meinem texanischen Vogelparadiese. Dort, wie fast überall in Lee County, finden sich die mehr oder weniger ausgedehnten Kolonien der Wenden, deren Gehöfte allerwärts, wo sich gutes Land findet, im Walde zerstreut liegen. Der Wald besteht fast ausschließlich aus Pfosteneichen, wechselt aber vielfach mit kleinen, entweder mit Kakteen *(Opuntia Engelmanni)* oder Lebenseichen bestandenen Prärien ab. Nirgends habe ich eine so reiche Vogelwelt gefunden, als dort. Eines Morgens früh, in den letzten Augusttagen, begab ich mich in das wald- und buschreiche Tiefland, das sich meilenweit an der West-Yegua entlang zieht, um die damals noch sehr zahlreichen wilden Truthühner mit ihren Jungen zu beobachten. Es war ein heißer, schöner Tag, und obgleich an den beiden vorhergehenden Tagen einige leichte Schauer gefallen waren, so war doch der ganze Wald wieder vollständig dürr. Das Gras war schon längst vertrocknet; nur Kakteen und einzelne Zweige des Mosquitbusches zeigten etwas Grün, sonst sah man nur graue und braune Farbentöne. Gegen Mittag stellte sich endlich das längst ersehnte Gewitter ein und es fing an zu gießen, wie es nur in diesen Breiten gießen kann. Stundenlang hielt der Regen an. Endlich, gegen vier Uhr, hörte es auf, und als ich gegen Abend durch den Wald ritt, bot sich mir ein unbeschreiblicher Anblick. Wie durch Zauber hatte sich der Boden mit schneeweißen Blumen bedeckt, und der Duft, den diese ausströmten, war fast berauschend. Ich stieg ab, um einen Strauß zu pflücken und fand, daß die Stengel 8 bis 12 Zoll hoch waren und daß jeder Stengel immer nur eine Blume trug. Eine einzelne Blume hauchte nur einen leichten, zarten Duft aus, aber ein ganzer Strauß strömte einen starken Wohlgeruch aus, der nach Herbert dem Dufte der Primeln ähnlich sein soll. Die Pflanzen blühten ohne Blätter. Wahrscheinlich waren sie schon an den beiden vorhergehenden Tagen durch die leichten Schauer angeregt worden und hatten nun schnell ihre Blüten geöffnet. Es

Diese Cooperie blüht gewöhnlich im März zum ersten Male und dann immer wieder, wenn ein starker Regen nach einigen Wochen trockenen Wetters eintritt. Als ich am nächsten Morgen dieselbe Waldstelle besuchte, fand ich die Blüten des vorhergehenden Abends verwelkt, aber es zeigten sich noch Knospen ohne Zahl, die am kommenden Abend ihre Stelle einzunehmen bestimmt waren. Ich sah auch, daß sich kräftige Blätter entwickelten, später fand ich zahllose Samenkapseln, die in wenigen Wochen reiften und den ganzen Waldboden mit frischen Samen überstreuten.

III. Alpen. 2. Gruppe von *Erica herbacea*, L. = *E. carnea*, L., in den Südalpen. — Zeitiges Frühjahr.

Eine nicht minder wertvolle Frühjahrspflanze ist das Alpenheidekraut (*Erica herbacea* = *E. carnea*), welches seine Hauptverbreitung ebenfalls im Voralpenlande der Nord- und Südalpen hat, wo es an sonnigen Geröllhalden und Felswänden, sowie in lichteren Kiefernwäldern große Flächen bedeckt. Im zeitigen Frühjahre wird der Besucher unserer Anlagen Freude haben an den in herrlichem Rot erglühenden Gruppen des Alpenheidekrautes, welches man schon auf dem Auengeröll an steinigen Böschungen, sowie an den Felspartieen des Baches und an mehreren Stellen der Nord- und Südalpen unserer Anlagen sehr häufig wiederfindet. Ein wirklich freudiges Gedeihen zeigt das Heidekraut nur in ganz sonniger Lage, wo es dann aber oft schon Anfang März seine vollen Trauben der im Herbste des Vorjahres angelegten Blüten im schönsten Karminrot wochenlang in gleicher Schönheit erstrahlen läßt.

Im Botanischen Garten zu Dahlem bei Berlin für die „Gartenwelt" photographisch aufgenommen.

war *Cooperia Drummondii* (der Abendstern der Ansiedler, so genannt, weil sie nur des Abends und Nachts ihre volle Schönheit entfaltet, von anderen auch als texanische Regenlilie und Regenblume bezeichnet), die sich hier meinen erstaunten Blicken zum ersten Male in ihrer ganzen Pracht und Herrlichkeit zeigte. Die Blume fand sich nur im Pfosteneichenwalde und nur da, wo der Boden vollständig frei von Unterholz war. Sie ist aber auch auf den Prärien häufig. Wenn der Mond eine Fläche dieser sternartigen Blumen mit seinem Silberlichte überzieht, dann ist der Anblick bezaubernd schön. Dies ist besonders der Fall, wenn auf der weiten Prärie kein Baum oder Strauch die Fernsicht hemmt.

Cooperia Drummondii findet sich überall, auf steinigem Boden sowohl als in tiefer, schwarzer Erde, auf den Bergen und deren Abhängen und in dem unterholzfreien Walde, als auch auf der Prärie, der Sonne ausgesetzt, aber auch schattig. In Austin, der Staatshauptstadt, findet man sie überall auf freien Plätzen und sie ist überall beliebt — eine Lieblingsblume des schlichten Volkes. In ihrer Heimat findet man sie immer nur in dichten Massen und nur so ist sie effektvoll. Eine einzelne Blume fällt kaum auf, aber viele Tausende bieten einen entzückenden Anblick. Dies ist ein Fingerzeig, den uns die Natur gibt — man soll *Cooperia* nur in dichten Gruppen, in Massen anpflanzen. Ganz das Gleiche gilt von den beiden übrigen Arten. Diese *Cooperia* verbreitet sich fast über ganz Texas, bis westlich nach Neu-Mexico und südlich bis nach Mexico.

Ferner blüht jetzt in meinem Garten *Cooperia Oberwetteri*, die, wenn nicht eine gute Art, doch eine sehr distinkte Varietät der vorigen ist. Ein alter, deutscher Pflanzensammler, der schon über ein halbes Jahrhundert in Texas weilt und dem meist die massenweise Einführung dieser reizenden Zwiebelgewächse in den Handel zu danken ist, Herr P. H. Oberwetter, schreibt mir darüber: „Die Wissenschaft kennt nur zwei Spezies des Genus *Cooperia* — *C. Drummondii* und *C. pedunculata*. Indessen fand ich vor etwa 20 Jahren in den Bergen oberhalb Austins Zwiebeln ohne Blüten, deren Blätter üppiger im Wachstum waren als die von *C. Drummondii*, aber kleiner als die von *C. pedunculata*. Ich nahm einige Zwiebeln mit heim und pflanzte sie in meinem Garten aus. Im Herbst, als *C. Drummondii* blühte, öffnete auch diese ihre Knospen. Ich verglich beide mit einander und fand, daß sie verschieden waren. Das Resultat meiner Beobachtung ist folgendes: Die Zwiebeln der *C. Drummondii* sind klein, oval und hellfarbig, die der *C. Oberwetteri* sind größer, schwarz und kugelrund. Bei ersterer Art sind die Blätter schmal, rinnenförmig, spitz, blaugrün, bei meiner neuen Art glatt, grün, an der Spitze rund, der Blumenstengel ist länger. Bei *C. Drummondii* ist die Blumenröhre 5 Zoll lang, bei *C. Oberwetteri* nur $3^1/_2$ Zoll, die Segmente sind breiter als bei der alten Art. Beide sind stark wohlriechend".

III. Alpen. 3. Geröll mit *Daphne Cneorum*, L., im südlichen Alpenvorlande. — Frühjahr.

Mit *Erica herbacea* zusammen kommt im Flußgeröll der liebliche Alpen-Seidelbast (*Daphne Cneorum*) vor, dessen purpurrote Blütensträußchen herrlich duften. Bei einigermaßen natürlicher Pflanzung ist dieses prächtige, immergrüne Zwergsträuchlein ein reizvoller Schmuck für Felspartieen. Als Erde verwende man für *Erica herbacea* sowohl als auch für *Daphne Cneorum* eine mit kleinen Kalksteinstücken vermischte gröbere Heideerde.

Im Botanischen Garten zu Dahlem bei Berlin für die „Gartenwelt" photographisch aufgenommen.

Da bei mir jetzt beide Arten blühen, sodaß ich Vergleiche anstellen kann, so muß ich sagen, daß der Unterschied ein sehr auffallender ist. Die neue Art ist nicht nur größer und schöner, sondern der Duft ist ebenfalls stärker. Ich erhielt je 50 Zwiebeln der beiden Arten von Herrn Oberwetter und pflanzte sie dicht zusammen auf kleine Beete. Die Zwiebeln sind in Texas gewöhnlich drei bis vier Zoll tief im Boden.

Die größte und schönste Art ist *C. pedunculata*. Sie wächst nicht mit den beiden vorigen zusammen, sondern bevorzugt besondere Örtlichkeiten. Ich fand sie bei Serbin in Lee County, Texas, auf Bergen und deren Abhängen in Menge, auch zwischen Steinen und Felsen, dann auch im Walde und auf der Prärie. Herr Oberwetter schreibt mir über diese Art: „Sie wächst überall da, wo die Sonne hinfällt, mit Ausnahme der Bottoms*) und sumpfiger Plätze; selbst auf den Bergen findet man sie, sogar an steilen Abhängen. In den achtziger Jahren des vorigen Jahrhunderts hatte ich eine Menge dieser Zwiebeln ein volles Jahr in meinem Gewächshause auf den Stellagen und am Boden liegen. Dann schickte ich einige an eine Dame im Washington Territorium und sie schrieb mir, daß die Zwiebeln gut geblüht hätten.

Auch *C. pedunculata* blüht stets in großer Menge nach jedem Regen. Die Blumen sind bedeutend größer als die der vorigen Arten, doch sind sie geruchlos. Man nennt sie in Texas Rainflower und Fairy Lily (Feenlilie) und schätzt sie besonders deshalb, weil ihre Blüten etwa drei Tage andauern. Auch sie blüht des Nachts. Die Blätter sind länger und breiter als bei den übrigen Arten, 12 Zoll lang und $^1/_4$ Zoll breit, und jede Zwiebel entwickelt deren etwa sechs.

Ich habe noch eine Anzahl Cooperien in Kultur, die Dr. J. N. Rose in Mexico gesammelt hat, die aber noch nicht bestimmt sind.

Die Kultur der Cooperien ist leicht — ganz so wie die der Gladiolen. Man pflanzt sie im Frühling, nachdem alle

*) Bottoms sind Fluß- und Bachniederungen.

Frostgefahr vorüber, entweder ins freie Land oder in Töpfe, und im Herbst, nachdem die Blätter abgestorben, nimmt man sie wieder aus dem Boden und bewahrt sie trocken auf. Diese Zwiebelgewächse sind schon deshalb sehr wertvoll, weil sie oft und reichlich blühen. Will man ihre ganze Schönheit bewundern, dann muß man sie auch in Töpfen dicht pflanzen, ein Dutzend starker Zwiebeln in einen 7 zölligen Topf. Die Erde bestehe zu gleichen Teilen aus guter Gartenerde und Sand mit einem Zusatz gut verrotteten Kuhdüngers. Der Abzug muß stets in guter Ordnung sein, da sie sonst leicht faulen; nur wenn die Zwiebeln in vollem Wachstume sind, gebe man reichlich Wasser. Wenn man weiß, daß diese Pflanzen in ihrer Heimat auf sehr trockenem Boden wachsen, dann wird man ihre Pflege danach einrichten. Man kann sie auch in Töpfen fünf- oder sechsmal während des Sommers in Blüte haben, wenn man sie zeitweilig trocken und warm hält und dann wieder gießt.

III. Alpen. 4. Alpenwiese mit *Eryngium alpinum*, L., in den Schweizer Alpen. — Juli.

Eryngium alpinum, Alpen-Mannstreu, wegen der distelartigen Blütenköpfe auch Edeldistel genannt, ist ein Doldenblütler der Hochstaudenwiesen in den Schweizer Alpen. Die Stiele und Blütenköpfe dieser herrlichen und schönsten Edeldistel sind von höchst ornamentaler Wirkung. Sie gewähren durch die prachtvoll hellviolettblaue Färbung einen eigenartigen, schönen Anblick. Die großen Hüllen, welche die Blütenköpfe umgeben, sind zierlich zerschlitzt und zeigt sich gerade an diesen am meisten die wundervolle, zarte Farbe. *Eryngium alpinum* beansprucht etwas feuchteren Boden wie die übrigen kultivierten Arten.

Im Botanischen Garten zu Dahlem bei Berlin für die „Gartenwelt“ photographisch aufgenommen.

Obstbau.

Aphorismen zum Thema „Obstbau“.

Genügen selbst in guten Obstjahren die Erträgnisse des einheimischen Obstbaues, soweit es sich besonders um gutes Dauerobst — zunächst Äpfel — handelt, dem Bedürfnisse und ist der praktische Erfolg ein dem Aufwande an Obstausstellungen, Obstbauliteratur, Obstbauvereinen und Vorträgen der Wanderredner oder -lehrer ein entsprechender in Quantität und Qualität? — Keineswegs!

Zieht man die Preise der Äpfel in den Detailgeschäften und Markthallen der Städte, besonders im Winter, in Betracht, so ist man sofort überzeugt, daß von einer Befriedigung des Bedürfnisses — welches allerdings in vielen Menschen gar nicht geweckt ist und zwar eben des Mangels wegen, sonst wäre es ein mehrfach stärkeres — keine Rede sein kann, und daß der so überaus gesundheitsfördernde Genuß guter Äpfel für die weitaus größte Masse der Menschen einfach ausgeschlossen ist.

Ein halbes Kilo guter Äpfel amerikanischer Herkunft kostet in den Geschäften 30, 33 und 35 Pfg., das sind 3 Äpfel. In den feineren Handlungen zahlt man wohl auch noch mehr. Was man von Äpfeln außer den amerikanischen sieht, ist zum guten Teil von einer Qualität, die unser Mitleid erweckt, zunächst mit den Verzehrern derselben und alsdann mit dem Transporteur, der sie zur Stadt brachte, der aber in fast allen den Fällen, in welchen er gleichzeitig Besitzer der Apfelbäume ist, dieses Mitleid gar nicht verdient. Warum nicht? Weil der Bodenbesitzer des platten Landes in solchen wichtigen Fragen gesunder Ernährung und praktischster Bodenausnutzung, auch wenn sie sein eigenstes Interesse noch so sehr berühren, ein unzugänglicher Dickhäuter ist, der jeden Rat in dieser Beziehung ausschlägt und unbeachtet läßt.

Geht man über Land und sieht die Gärten und Fluren der

allermeisten Landleute an den Feld- und Gemeindewegen, Abhängen und anderen Plätzen, so wird man fast überall finden, wie man es **nicht** machen soll, oder mit anderen Worten, wie man es machen soll, daß man **kein** Obst, am wenigsten aber **wirklich gutes** Obst bekommt. Viele Landleute halten gütes Obst für Näscherei. ebenso Gartengemüse. Schlechte Kartoffeln, Heringe, Speck, Kaffee, Schnaps, außer Brot und Mehlsuppe — letztere beiden allerdings das beste von allen und die besten Kraftspender — diese von den Vätern ererbte Anschauung wird man vielfach bei kleinen Bodenbesitzern als den Inbegriff ihrer Zivilisation konstatieren können. Und bei dieser Anschauung bleibt es bei den Lederäpfeln, die aber auch außer dem Ernten keine Arbeit verursachen dürfen.

Pyramiden und Sträuchern — wirklich fabelhafte Erfolge erlebt, und zwar an allen Gattungen und Arten: Äpfel, Birnen, den verschiedensten Pflaumen, von welchen Reineclauden wie angereiht in Büscheln an den Ästen und Zweigen hingen und von der Sonne für ihre undankbaren Menschenkinder rotbäckig geküßt wurden, Mispeln, Himbeeren (noch im November), Stachelbeeren, Johannisbeeren und Erdbeeren, ungeachtet die Lage eine stark nach Norden geneigte an einem Hügelabhange war. Durch die Terrainverhältnisse geboten, war der vorzügliche Boden teilweise in Manneshöhe aufgefüllt worden, auf welchem nun die gesamte Anpflanzung ein fabelhaftes Wachstum entfaltete, was bei Behandlung der Obstbäume immerhin eine besondere Berücksichtigung erforderte.

III. Alpen. 5. Kalkfelsen mit *Saxifraga Burseriana*, L., in den nördlichen Ostalpen. — Zeitiges Frühjahr.

Saxifraga Burseriana, verbreitet in den Ostalpen, eröffnet in unseren Anlagen alljährlich den Blütenreigen unter den vielen hier kultivierten alpinen Felsenpflanzen. Wenn noch alle Hochalpinen im Schutze der Winterdecke eingebettet sind, bedeckt dieser schöne Steinbrech Ende Februar, Anfang März seine dichten, stachligen, blaugrünen Polster überaus reich mit weißen Sternblüten. In einer nach Süden gerichteten Felsritze eines Kalksteinblocks ist sein bester Platz.

Im Botanischen Garten zu Dahlem bei Berlin für die „Gartenwelt" photographisch aufgenommen.

Um Weihnachten 1903 erzählte eine Frau, indem sie in einer Handlung einige Pfund Apfel für ihren im Krankenhause zu Döbeln in Sachsen liegenden Sohn kaufte, daß dortselbst ein besserer Apfel, außer den oben schon erwähnten Mitleidsäpfeln allergeringster und für Menschen eigentlich ganz wertloser Sorte, überhaupt nicht zu haben sei. Und diese Mitleidsäpfel letzter Qualität kosteten dort dasselbe, was hier gute kosten, à $^1/_2$ kg 30 Pfg., weshalb sie jedesmal bei ihren zweiwöchigen Besuchen ihrem Sohne solche von Dresden mitzunehmen gezwungen sei „wonach er sich am meisten sehne, vielmehr als nach Bromkali und Salicylsäure!" — Döbeln mit etwa 18000 Einwohnern liegt in der allerbesten Pflege, in erster Bodenklasse ringsum, was nur nebenbei bemerkt sein möge.

In dieser Gegend hatten wir Ende der 70er Jahre eine Obstanpflanzung anzulegen und haben in raschester Folge — allerdings auch bei Verwendung allerbesten Pflanzenmaterials an Hochstämmen,

Wenige Jahre nach der Anpflanzung bezw. nach dem Beginn der geschilderten Tragbarkeit der Obstbäume, welche sich durchweg im besten Zustande befanden, kamen wir im zeitigen Frühjahre an Ort und Stelle und mußten diese Prachtbäume in einer wahrhaft schrecklichen Verfassung wiederfinden. Ein junger Mann aus der Nachbarschaft hatte sich kurz vorher angeboten, die Bäume, die doch „verschnitten" werden müßten, zu verschneiden und die Besitzerin des Anwesens hatte sich dazu bereden lassen. „Ich dachte, Sie kämen nicht", bemerkte sie jetzt verlegen und fügte, nachdem ihr die schreckliche Verheerung ihres prächtigen Baumbestandes klar zum Bewußtsein gekommen war, hinzu: „Aber der junge Mann hat doch einen Kursus im Obstbaumschnitt durchgemacht!" — Das sieht man allerdings und er hat seines Amtes auch in des Wortes verwegenster Bedeutung gewaltet, so daß ein Freund seltener Geweihe seine helle Freude an diesen Gestaltungen haben muß. Und was Sie nun zu-

IV. Pyrenäen. Felspartie aus der Waldregion mit *Ramondia myconis*, (L.) Rchb. (= *R. pyrenaica*, Rich.). Am Fuße der Felsen *Saxifraga umbrosa*, L., davor *Viola cornuta*, L. — Juli.

Ramondia myconis, bekannter als *R. pyrenaica*, ist eine der interessantesten Felsenpflanzen aus der an eigentümlichen Pflanzen so reichen Flora der Pyrenäen, wo sie an schattigen Felsen der Buchenregion vorkommt. Sie bildet Rosetten von großen, dunkelgrünen, verkehrteiförmigen Blättern, bedeckt mit rötlichen Haaren. Die großen, blauen, je zu zwei an einem festen Stiele leicht nickenden Blumen erheben sich in reizender Gruppierung aus der dunklen Laubrosette. Eine Felsgruppe für *R. pyrenaica* wird zweckmäßig so angelegt, daß sie vor den sengenden Strahlen der Mittagssonne geschützt ist. Die Pflanze verlangt einen schattigen, kühlen Standort und gedeiht am besten in grobfaseriger Heideerde. Die beiden in den Gebirgen der Balkanhalbinsel vorkommenden Arten, *R. serbica* und *Nataliae*, wachsen unter ähnlichen Bedingungen. Daß auch für den Waldsteinbrech, *Saxifraga umbrosa*, der geeignete Platz gewählt ist, zeigt seine üppige Entwickelung.

Im Botanischen Garten zu Dahlem bei Berlin für die „Gartenwelt" photogr. aufgenommen.

nächst daran erleben werden, das wird zwar kein Obst, wohl aber im günstigsten Falle eine Unzahl allzulanger Ruten, im minder günstigen Falle etwas anders sein, was wir zwar nicht hoffen wollen, aber doch befürchten müssen. Und nun mag sich der junge Mann mit den Bäumen und den Folgen seiner Arbeit weiter bemühen.

Die herrlichen Bäume waren in einer so empörenden Weise tief hinein in das alte Holz der Leitzweige, richtiger gesagt: Äste, herabgeschnitten und abgesägt, daß sie die Gestalt oder Krüppel aufwiesen, welche um Rache an ihrem Verstümmler zum Himmel schrieen. Die unausbleiblichen Folgen waren natürlich in der Hauptsache die als der „günstigere" Fall geschilderten; ein gut Teil der schönen Bäume aber war diese Amputation lebenswichtiger Gliedmaßen zu überwinden nicht imstande. Die wenigen stehengebliebenen Knospen trieben zwar einige dürftige Blätter, welche aber bald ganz verwelkten. Die Wurzeln der Bäume waren schwarz geworden, man konnte im Juni bereits viele der so verheißungsvollen Bäume tatsächlich mit einer Hand umstoßen — sie waren sozusagen in ihrem eigenen Safte erstickt. Beim Anblick dieser, nach der Operation eines Wahnsinnigen hingestorbenen Bäume und ihrer dürren Stumpfen gedachte man der Fabel von den zwei Löwen, die sich begegnet waren, gegenseitig angefallen und bis auf die Schwänze aufgefressen hatten:

Da kamen eines Tag's daher
Des Weg's zwei Leute edel,
Die fanden von dem Kampf nichts mehr
Als beider Löwen Wedel. —

Gewiß wird jeder einem rationellen Baumschnitt in jeder Lage das Wort reden, aber es muß eben ein rationeller, naturgemäßer, vernünftig zu begründender Schnitt, und nicht ein „Verschneiden" in des Wortes fürchterlichster Bedeutung sein, wie es hier durch Freund Baumwürger vorgenommen ward.

Zur selben Zeit machten wir Erfahrungen mit Obst auf im Gegensatz zu vorstehend geschildertem Falle durchaus ungünstigen Bodenverhältnissen. Hier war es scharfer, roher, knirschender Kiesboden, ohne alle voraufgegangene Bodenbearbeitung, in welchen die Obstbäume ohne alle Düngung beim Anpflanzen gesetzt wurden. Auf breiten Rabatten größerer Gemüseabteilungen stehend, wurden sie in der Folge nur mit dünnem Grubendünger, welcher über Winter in um die Bäume in entsprechender Entfernung gemachte Gräben gegossen wurde, gedüngt. An diesem Dünger war, weil der Garten zu einer Heilanstalt gehörte, kein Mangel. Die Bäume entwickelten in diesem strengen, scharfen Boden zwar keine so langen und kräftigen, aber um so härtere, gedrungene, kurze Jahrestriebe und bekundeten große Tragwilligkeit. Etwa 4 bis 5 Jahre nach der Anpflanzung antwortete der Besitzer auf eine schriftliche Einladung zur Besichtigung einer gerade stattfindenden Obstausstellung: „Ich brauche mir keine Ausstellung ansehen, denn ich kann mit dem, was Sie mir vor vier Jahren gepflanzt haben, bereits selbst eine Ausstellung machen." Und in der Tat, seine Äpfel- und Birnbäume, behangen mit unseren edelsten Sorten, bestätigten seine Auslassung. Form, Reinheit, Qualität und Haltbarkeit der Früchte machten sie zu solchen ersten Ranges in jeder Beziehung; nicht nur, daß sie mit dem Tiroler Obst an Aussehen rivalisieren konnten, übertrafen sie dieses an Geschmack ganz bedeutend. Es schien, als ob die Trockenheit der Lage neben der Schärfe des Bodens, die weder ein aufgeschwemmtes Holz noch solche Früchte erzeugten, von großem Einfluß auf Qualität und Haltbarkeit der letzteren seien. An diese Bäume, welche sich unter einem einfachen, natürlichen Schnitt, Hochstämme wie Pyramiden, zu wahrhaften Musterbäumen entwickelten und des Besitzers Interesse in höchstem Grade fesselten, wäre aber auch kein solcher „Verschneider", wie jener nach dem Kursus, herangelassen worden. Für Baumwürger war hier nichts zu machen.

Man kann also mit wenig gutem Willen überall, wo Raum vorhanden ist, nach Klima und Lage bereits erprobtes gutes Obst anstatt des schlechten haben. Und selbst wenn auch nur die Plätze der alten schlechten Obstbäume mit guten besetzt wären, so hätten wir wenigstens an dem vorhandenen einheimischen Obst etwas ganz anderes als Mitleidsobst.

Aber wie viele kleine Bodenbesitzer gibt es, die in ihrem Leben nicht einen neuen Baum auf ihr Besitztum pflanzen! Ähnlich ist es mit den Kartoffeln. Ehe man einen Kleinbauer gewöhnlicher Dickfelligkeit davon überzeugen kann, daß die Kartoffel, je länger auf derselben Bodenklasse angebaut, desto mehr degeneriert und durch neue Sorten aus Samen und aus anderen Bodenklassen ersetzt werden muß, und es doch zu seinem eigensten Vorteil sei, alljährlich wenigstens eine Kleinigkeit von einer anderen Sorte zum Ausprobieren anzuschaffen, eher läßt er sich ein Loch ins Knie bohren. „Der Städter ißt die auch“ denkt er und wenn die Ernte noch so schlecht ausfiel. Ob es in jenen Gegenden, wo 30000 Morgen Land in einer Hand sind, in Beziehung auf Obstbau in guten Sorten auch so oder besser ist?

„Ihr Menschen verdient die Erde und den unbeschreiblichen Aufwand an Naturkräften, welche zu eurem Wohle fortwährend in eurem Dienste stehen und sich nach eurem Belieben willig von euch verwenden lassen, ihr verdient die Erde noch lange, lange nicht und solltet durch Cherubim mit Flammenschwertern aus dem Paradiese verjagt werden!“ So denkt man, wenn man die Grasgärten der Landleute mit den verwitterten, bemoosten und größtenteils total verwahrlosten Obstbäumen sieht, von welchen hier und da einer, der in seiner Jugend von einem Sturme oder durch anderen Zufall schief gedrückt oder auch ganz umgelegt wurde, sich als alter verwitterter Krüppel, zuweilen schon halb verfault, heute noch in dieser Lage befindet. Zwar baute man ein neues Haus und richtete Wohnungen für Sommergäste aus der Stadt ein, aber zu einigen guten Obstbäumen kam es nicht, und der nächste Erbe übernimmt vielleicht auch noch den hinter dem Hause im Grase liegenden Apfelbaum. Nun ja, er trägt ja noch alle Jahre einige Lederäpfel.

Im vorigen Sommer versuchten wir einen Wirtschaftsbesitzer, in dessen wildem „Obstgarten“ ein schauerliches Gestrüpp von Pflaumenbäumen, wenn man diese Gestalten so nennen darf, steht, welche außer an den Wipfeln weder Licht noch Luft empfangen, zu bewegen, von diesen elenden Bäumen doch vier Fünftel zu entfernen, damit sich die stehen gebliebenen auch wirklich zu Bäumen entwickeln könnten. Während er jetzt von diesen ganzen Bäumen soviel wie garnichts habe, würde er dann an der Entwickelung und dem Tragen der verbleibenden seine Freude und einen wirklichen Nutzen haben, wie es ja bei seinen Schweinen auch der Fall sei. Alles umsonst, soviel man auch reden mochte: Der Klotz von Mensch war nicht zu belehren. „Nee, dos mach' ich nich, die mögen in de Höhe wachsen!“ Das war der einzige Erfolg aller Überzeugungsversuche. Und doch! Wie schnell würde dieser Mann Ordnung in seine Pflaumenbäume bringen und an Stelle der schlechten Bäume gute pflanzen. Ja, wieso denn? Es gibt ein sehr einfaches und in unserem Falle leicht anzuwendendes Mittel für solche Leute, die in ihrem störrischen Sinn nicht zu belehren und zu überzeugen sind, auch selbst nicht, wenn es, wie hier, zu ihrem Vorteile ist — ein einfaches Mittel, welches sie, wie man sagt, in Trab bringt, den Zwang! Und sie sollten gezwungen werden, auch diesem Bestandteile ihres Besitztums die nötige Aufmerksamkeit zuzuwenden.

Es würde sofort eine Wendung zum Besseren eintreten, wenn jeder Bodenbesitzer zwangsweise angehalten würde, je nach der Größe seines Obstgartens, zunächst, — abgesehen von Wegen und Straßen etc. — wenigstens alljährlich einen, zwei oder drei gute Obstbäume zu pflanzen und ebenso viele von den schlechtesten zu entfernen. Mehr anzupflanzen ist keinem verwehrt. Hiermit würde keinem ein bemerkbares Opfer auferlegt und in wenigen Jahren wäre es allgemein zur Gewohnheit geworden, auch dem Obstbaum von seiten dieser Leute eine bessere Aufmerksamkeit zu schenken, als es jetzt geschieht. Ganz armen Leuten könnte ja vom Staat, der Gemeinde oder von wohlhabenden Leuten alljährlich das nötige Quantum Bäume schenkungsweise überwiesen werden. Welche Folgen für die Zukunft dieser wohltätige Zwang hätte, ist zu einleuchtend, um näher darauf einzugehen. Jedenfalls würden dieselben schneller bemerkbar sein als durch die Bemühungen der Wanderredner, durch Ausstellungen, von welchen der kleine Bodenbesitzer — auch viele größere — gar nichts weiß und gehört hat. Wie der Landmann gezwungen ist, den Ausbruch einer Seuche, etwa der Klauenseuche, unter seinem Viehbestande anzuzeigen, und sei dieser noch so unbedeutend, so könnte er zwangsweise gehalten sein, seinem Obstbaumbestande die nötige Aufmerksamkeit zu widmen — ein Zwang, der ja nicht bemerkbar und eigentlich auch keiner ist.

Hätte man vor 50 Jahren bereits mit dieser einfachen Maßregel begonnen, so wäre heute schon ein einheimischer Obstbaumbestand vorhanden, aus dessen Erträgnissen das Mitleidsobst wohl schon ganz verschwunden sein dürfte, wenigstens aber vom Markte für Menschennahrungsmittel.

Könnte man alle die mit schlechten Obstbäumen bestandenen, an sich ja kleinen Flächen, zu einer einzigen Fläche, natürlich mit allen darauf stehenden Obstbäumen, zusammenlegen — gewiß, jeder aufrichtige Kultur- und Menschenfreund würde erschrecken über die Versündigung der Menschen an der Natur durch Mißbrauch des Bodens. Und nun denke man sich zu dieser Fläche noch alle die Plätze hinzu, welche mit Obst nutzbar gemacht werden könnten und es nicht sind.

Zu viel Obst werden wir nie bekommen; namentlich dann nicht, wenn die Massen des Volkes Obst genießen könnten, Alt und Jung und fortwährend, so lange nur welches überhaupt zu konservieren ist. Heute ist der weitaus größten Masse des Volkes der Genuß auch nur eines einzigen Apfels täglich für sich und ihre Kinder einfach unerschwinglich.

In weiterer Entfernung von großen Konsumplätzen könnte man sich zum Verkauf und Versand des etwaigen Überschusses über den eigenen Bedarf zu umfangreichen Transporten nach diesen Plätzen zusammentun. Mit gutem Willen und der nötigen Einsicht läßt sich Ungeahntes vollbringen.

Es ist hier hauptsächlich von frischem Dauerobst für die Winterszeit bis zu neuer Ernte die Rede. Würde man nun — ganz abgesehen von den getrockneten und konservierten ausländischen Früchten, von deren Dasein ja das Volk auch nur durch die Auslagen in den Schaufenstern der Delikateßhandlungen und auch nur in der Großstadt eine Ahnung hat — aus dem gesamten Obsthandel das importierte fremde und das einheimische Mitleidsobst, welches zumeist der Kleinhändler auf Handwagen herumfährt, ausschalten und nur das einigermaßen gute dabei berücksichtigen, so hätte man den besten Überblick über die Leistungsfähigkeit des einheimischen Obstbaues gegenüber einem selbst in den mäßigsten Grenzen vorhandenen Bedürfnisse.

Außer bei Kirschen in guten Jahrgängen, sowie bei Pflaumen weiß die große Masse nicht, was eigentlich wirklich gutes, vollkommen gereiftes Obst ist und auch bei diesen beiden Obstgattungen, namentlich bei den Pflaumen nur gegen das Ende der Saison, denn wenn die Früchte vollkommen reif sind und den wahren Geschmack haben, sind sie bereits alle, weil sie schon um Wochen zu früh abgenommen wurden. Es kommen namentlich von den Pflaumensorten wahrhaft sträfliche Qualitäten zum Verkaufe an die Massen. Den Wert guten Obstes bezüglich seines Geschmacks zu schätzen, ist nur dem Wohlhabenden möglich, weil er jenes, mit welchem man Mauern einwerfen kann, nicht ißt.

In einigen Gegenden mag es in manchen Beziehungen ja wohl besser sein, allein an den großen Konsumplätzen sind diese Beobachtungen unwiderleglich.

Was würden die Obstbaumschulen auf lange Jahre hinaus für Arbeit und Absatz bekommen, wenn man die allgemeine Aufmerksamkeit einem intensiveren Obstbau in vorstehend gedachtem Sinne zuwenden und Bodenbesitzern zur Pflicht machen wollte! Dies sei bei der hohen Bedeutung eines allgemeinen, regelmäßigen Obstgenusses für Volkswohlfahrt und Gesundheit nur nebenher gesagt.

Natürlich kann hierbei nur an natürliche Formen der Obstbäume, nicht an künstliche gedacht werden. Aber Gestalten, wie man sie gegenwärtig noch an Guts- und Vizinalwegen findet, die einem schief in die Erde gesteckten riesigen dichten Rutenbesen gleichen, müßten bald verschwinden oder eine andere Gestalt bekommen. Zieht man schließlich zu den gedachten mit schlechten und vernachlässigten Obstbäumen bestandenen Bodenflächen jene zur Gewinnung des Alkohols für menschlichen Genuß benutzten Flächen hinzu und vergleicht die Folgen des Genusses guten Obstes mit denjenigen des Alkohols auf die Menschheit, so erschrickt man bei diesem Vergleich im Tiefinnersten über den Umfang eines tatsächlichen Mißbrauchs des Erdbodens. Während gutes Obst mit seinem feinen, natürlichen Destillat an Säften ein aufrichtiger, ehrlicher Freund und Wohltäter jedes Menschen, des gesunden wie kranken, ist — man beobachte nur die einem natürlichen reinen Instinkt folgende Kinderwelt, wenn sie Obst wittert —, ist der Alkohol, zu welchem der zivilisierte Mensch auf dem Schlachtfelde des Lebens aus tausenderlei Gründen greift, nur ein falscher, trügerischer und heimtückischer Freund, der seine opferfreudigen Verehrer nach dargebrachten Opfern, je reichlicher desto mehr, zum Dank in den Straßengraben wirft und hilflos liegen läßt, verelendet an Leib und Geist, an Hab und Gut, zum Spott und zur Schmach für die Menschheit.

Schnittblumen.

Chrysanthemum Mlle Lucie Duveau.

Eine frühe Massenschnittsorte.

(Hierzu zwei Abbildungen.)

Eins unsrer besten weißen *Chrysanthemum* zum Massenschnitt ist unbestreitbar *Mlle Lucie Duveau*. Besonders wertvoll macht diese Sorte ihre große Frühzeitigkeit und die Größe der edelgeformten, schneeweißen Ballblumen. Sie ist nicht zu vergleichen mit Massenschnittsorten wie *Parisiana*, *Goachers Crimson*, *Grunerwald* usw., die zu den kleinblumigen Chrysanthemen gezählt werden müssen. *Mlle Lucie Duveau* wird viel größer und kann man im Durchschnitt auf Blumen von 10 bis 12 auch oft 15 cm Durchmesser rechnen. Freilich müssen dann die Nebenknospen und Seitentriebe, wie bei anderen großblumigen Sorten, entfernt werden. Wie die meisten Chrysanthemen, hat auch *Mlle Lucie Duveau* ihre großen Fehler, auch hat ihr bei ihrer Einführung die allzugroße Reklame, bei der sie als bestes weißes *Chrysanthemum* für frühe Schaublumen empfohlen wurde, viel geschadet. Zur Schaublumenzucht ist sie nicht geeignet, da die Blume hierfür nicht groß genug wird. Bei derselben Frühzeitigkeit sind für diese Zwecke *Mme Gustave Henry*, *Princesse Alice de Monaco* und *Loulon Charvet* viel wertvoller. Auch zur Topfkultur ist sie nicht sehr geeignet. Ausgepflanzt; zum Schnitt langstieliger Mittelblumen, ist *Mlle Lucie Duveau* jedoch sehr wertvoll und wirft hohen Gewinn ab, da frühe Chrysanthemen stets gesucht sind. Infolge ihres hohen, sparrigen Wuchses ist ein Aufbinden unerläßlich, was man am besten durch Spannen eines Netzwerkes von dünnem Bindfaden über den Beeten erreicht, welches mit fortschreitendem Wachstume erneut geschehen muß. Ein weiterer Fehler ist der, daß die zarten, weißen Blumen durch Niederschlag leiden und dann leicht fleckig werden. Häuser mit Oberheizung sind deshalb vorteilhaft, auch sollen die Pflanzen nicht mehr mit Stickstoffdünger und Latrine gedüngt werden, sobald die Knospen Farbe zeigen. Eine Düngung mit Kalisalz macht die Blumen substanzreicher und widerstandsfähiger. Je nach Größe der gewünschten Blumen beläßt man den Pflanzen 3 bis 8 Triebe, an welchen je eine Blume zur Entwicklung gelangt. Die Knospen müssen Ende Juli oder Anfang August gewählt werden, um den Hauptflor Anfang Oktober zu haben. Die Knospen erst später stehen zu lassen, ist nicht ratsam, da die Pflanzen sonst später unter Glas noch sehr in die Höhe schießen und der Stiel für die Blume zu schwach bleibt. Das Laubwerk ist nicht sehr groß, es können die Pflanzen daher verhältnismäßig dicht gepflanzt werden. C. R.

Chrysanthemum „Mlle Lucie Duveau"

Am 1. Oktober d. J. in der Handelsgärtnerei von Hoflieferant F. Herrmann, Feuerbach bei Stuttgart, vom Verfasser für die „Gartenwelt" photographisch aufgenommen.

Fragen und Antworten.

Beantwortung der Frage No. 460. Wie ist *Chrysanthemum Ada Owen* zu behandeln, um schöne, vollblühende Hochstämme zu erzielen?

Die Anzucht des *Chrysanthemum Ada Owen* zum Hochstamme ist keinesfalls sehr schwierig. Die Vermehrung muß anfangs Januar geschehen. Es werden deshalb zwecks Stecklingsgewinnung Mutterpflanzen sofort nach dem Verblühen in einem Hause von 10 bis 12° C an einem hellen Standorte untergebracht; sie liefern ein reichliches Vermehrungsmaterial. Die Stecklinge werden nun entweder einzeln in kleine Töpfchen, oder mehrere zusammen in größere Töpfe, auch wohl direkt ins Vermehrungsbeet, in rein gewaschenen Sand gesteckt; doch muß für Wasserabzug gesorgt sein. Ein Bedecken mit Fenstern ist nicht nötig. Die Temperatur soll selbst während der Bewurzelungsperiode nur sehr mäßig sein. Sobald die Pflänzchen bewurzelt sind, werden sie in kleine Töpfe, in nicht zu schwere, reichlich mit Sand vermengte Erde gepflanzt und im temperierten Hause nahe unter Glas aufgestellt. Zu viel Wärme ist entschieden zu verwerfen, weil die Pflanzen dadurch vergeilen und leicht verlausen. Ende März oder Anfang April wird das erste Verpflanzen notwendig und zwar in etwa 10 bis 12 cm weite Töpfe. Die Pflanzen müssen jetzt je einen Stab bekommen und können unter Umständen nach dem Anwurzeln auf einen kalten Kasten gebracht werden. Hier muß, je nachdem es die Witterung erlaubt, gelüftet werden, auch muß man einer Bildung von Wurzelfilz durch rechtzeitiges Verpflanzen in größere Töpfe vorgebeugen, wobei etwa erscheinende Nebentriebe zu entfernen sind. Sobald die gewünschte Stammhöhe erreicht ist, was etwa Ende Mai der Fall sein dürfte, werden die Köpfe ausgebrochen, ebenso von den erscheinenden Seitentrieben, wenn sie 5 bis 6 Blätter entwickelt haben. Anfangs Juni werden die Töpfe im Freien auf Beete eingesenkt, wo sie bis zum Herbst verbleiben. Das letzte Verpflanzen soll gegen Mitte Juli geschehen; es werden dann etwa 30 cm weite Töpfe notwendig sein. Die Erdmischung soll nicht zu leicht, recht nahrhaft und gut durchmischt sein. Es empfiehlt sich, die Erde für das kommende Jahr schon im Herbst zu mischen, damit für die ganze Kulturperiode dieselbe Erdmischung zur Verfügung steht. Vor allem dürfen Hornspäne nicht fehlen. Ein Hauptaugenmerk ist auf richtige Bewässerung zu richten.

Chrysanthemum müssen im Sommer meist zweimal täglich gegossen werden, und sollen wenigstens einmal wöchentlich einen Dungguß mit Kuhjauche erhalten.

Chr. Wedemann, Altona-Othm.

Beantwortung der Frage No. 461. Woran liegt es, daß bei *Asparagus plumosus* die jungen Triebe von oben nach unten vertrocknen? Die Pflanzen stehen in einem Hause mit Kanalheizung bei etwa 20° C.

Einzelblüten des Chrysanthemum „Mlle Lucie Duveau“.
Vom Verfasser für die „Gartenwelt“ photographisch aufgenommen.

In Häusern mit Kanalheizung, wo viel geheizt werden muß, entsteht leicht trockene Luft. Man sorge in solchen Häusern stets durch Aufstellen von Wasser auf dem Kanal, sowie durch Aufgießen der Wege usw. für genügend feuchte Luft. Zum Heizen benutze man nur Holz, Torf etc., nicht aber Steinkohlen. Sind die Pflanzen nicht hungrig und sonst gesund, so wird bei Beachtung des Vorstehenden das Übel bald behoben sein. **Heitmann**, Heringsdorf.

Beantwortung der Frage No. 462. Welche Schlingpflanzen eignen sich für einen nach Südosten gelegenen Wintergarten mit ausgepflanzten Gewächsen? Im Sommer kann reichlich gespritzt und gelüftet werden. Im Winter ist die Temperatur bei starkem Frost nur auf 8 bis 10° C. zu halten. Die Erde ist reichlich mit Torfstreu, Rasensoden und Lauberde durchsetzt und durchlässig. Kamellien, *Eucalyptus*, Palmen und namentlich Farne gedeihen in diesem Wintergarten gut.

Es kann sich in der Frage nur um Schlingpflanzen des kalten und temperierten Hauses, weniger um die des Warmhauses handeln, zumal die bereits angeführten Gewächse der gemäßigten Zone angehören.

Mikania scandens, Willd., (syn. *Senecio mikanioides*, Otto). Diese Pflanze trägt den Namen „Sommer- oder Schnellefeu“ mit Recht, denn nicht nur im Sommer, im Freien, sondern auch im Winter ist sie eine herrliche Schlingpflanze in Häusern, Wintergärten, zur Bekleidung von Wänden, Säulen usw. Die Blätter sind im Winter mehr hellgrün, im übrigen unserem Efeu täuschend ähnlich. Des starken Wachstums wegen tut man gut, in jedem Jahre junge Pflanzen heranzuziehen, was aus Samen oder Stecklingen sehr einfach ist.

Medeola (syn. *Myrsiphyllum*) *asparagoides*, L., Media-Spargel, ist eine perennierende Schlingpflanze vom Kap, mit glänzend grünen Blättchen, der Zierlichkeit und Dauerhaftigkeit wegen eine Dekorationspflanze in jeder Hinsicht. Die unscheinbaren, weißgelben Blüten verbreiten einen angenehmen Duft.

Lygodium japonicum, Sw., (syn. *L. scandens*), Kletter- oder Schlingfarn. Ein zierlicher, schlingender Farn aus Japan, mit mehrere Meter langen Trieben und gefiederten Blättern mit windender Mittelrippe. Zum Beranken von Pfeilern geeignet; er würde namentlich in die schon zahlreich ausgepflanzten Farne sehr gut passen.

Lapageria rosea, R. & P., mit der Varietät *alba*. Eine Schlingpflanze aus Chile, hat dauerhafte Belaubung und große, glockenförmige, rote bezw. weiße Blüten, kommt daher besonders zur Geltung, wenn sie am Glase oder über einem Wege entlang gezogen wird.

Pilogyne suavis, Schrad., vom Kap. Im Freien sowohl als auch im Hause eine schnellwachsende Schlingpflanze, mit wohlriechenden, weißen, sternförmigen Blumen, und zarter, dichter Belaubung.

Asparagus tenuissimus, hort. Ein Zierspargel vom Kapland, treibt ausgepflanzt, bei guter Ernährung, meterlange Triebe und eignet sich, des zierlichen, dauerhaften Grünes wegen, gut zum Bekleiden von Säulen.

Nachstehend seien solche Schlinger noch erwähnt, die teilweise mehr oder weniger im Winter das Laub verlieren, trotzdem aber der Anpflanzung wert sind, der Blütenfülle und Schönheit wegen.

Bougainvillea glabra Sanderiana, am Glase entlang zu ziehen, ein dankbarer Frühjahrsblüher, mit rosa-karmin gefärbten Hochblättern, und die verschiedenen Passionsblumen, deren größte *Passiflora Imperatrice Eugenie* ist; sie blüht ununterbrochen vom Frühjahr bis zum Herbst. **Butz**, Königsberg i. Pr.

— Am geeignetsten finde ich *Passiflora coerulea*, *racemosa* und *palmata*. Es gibt außerdem ja noch verschiedene Hybriden mit weißen, blauen, violetten, zinnoberroten u. a. Blüten. Die Vermehrung geschieht durch Stecklinge, welche man in Vermehrungsbeete oder in lauwarme Kästen im Frühjahre und Sommer steckt. Erzieht man die *Passiflora* aus Samen, so schneidet man die Schale derselben an der Keimstelle zur schnelleren Keimung an. Im Spätherbst schneidet man die langen Zweige ziemlich stark zurück, wodurch die Erzeugung blühbarer Triebe gefördert wird.

Auch *Tropaeolum Lobbianum*, *Aristolochia elegans* (Pfeifenwinde), *Asclepias* (*Hoya*) *carnosa* und *Lapageria rosea* sind sehr geeignet. **P. Bätcker**, Braunschweig.

Preisausschreiben.

Berlin. Die „Woche" gibt zu ihrem Preisausschreiben (siehe Kritik und Inserat in No. 3) nachträglich bekannt, daß die Städt. Gartendirektoren Encke, Köln, und Freiherr v. Engelhardt, Düsseldorf, als Preisrichter hinzugezogen worden seien. Das Preisgericht besteht nunmehr aus fünf Laien und zwei Berufsgärtnern, die Mitglieder der Deutschen Gesellschaft für Gartenkunst sind. In den kürzlich zur Versendung gelangten Grundsätzen für öffentliche Wettbewerbe dieser Gesellschaft lautet § 4: „Die Mehrheit der Preisrichter soll tunlichst (!) aus Fachleuten — Personen, welche Gartenkunst berufsmäßig ausüben — bestehen. Zweckdienlich erscheint die Ernennung eines oder zweier fachmännischer Stellvertreter. Von den fachmännischen Preisrichtern sollte womöglich (!) einer am Orte des Preisausschreibens ansässig sein," und § 5: „Die Preisrichter müssen vor Ausschreibung des Wettbewerbes ernannt sein und die dem Wettbewerbe zugrunde liegenden Erläuterungen und Bedingungen vor der Veröffentlichung gebilligt haben." Alles dies trifft im vorliegenden Falle nicht zu.

Tagesgeschichte.

Mannheim. Die Frage der Erhaltung eines Teils des Ausstellungsgeländes beschäftigte den Stadtrat in seiner letzten Sitzung. Nachdem sich die Majorität des Stadtrats für die Erhaltung eines Teiles der Ausstellung ausgesprochen hatte, drehte es sich um die Frage, welche Gebiete belassen werden sollen. Wie der „Mannh. Gen.-Anz." erfährt, ist nunmehr beabsichtigt, die Schwarzwaldanlage sowie die Sondergärten und die Augustaanlage in ihrer jetzigen Gestalt zu erhalten. Ferner sollen die beiden Rosarien, die sich vor dem Wasserturme befinden, bestehen bleiben, jedoch will man das Rosarium links vom Eingange, das von kompetenter Seite sehr abfällig beurteilt und als ein „Kirchhof" bezeichnet worden ist, umändern und es in ähnlicher Weise anlegen, wie sich jetzt das rechtsseitige, nach dem Parkhotel zu gelegene Rosarium repräsentiert. Die Kosten, welche durch die Ausführung des Projektes entstehen, werden auf 90000 M. veranschlagt.

München. Dem Gemeindekollegium lagen kürzlich die Pläne für die gärtnerische Ausgestaltung des Ausstellungsareals unter Einbeziehung des vom Staate abgetretenen Bavariaparkes vor, gleichzeitig ein Kostenvoranschlag, nach dem die Umgestaltung auf etwa 30000 M. zu stehen kommt. Das Kollegium genehmigte einstimmig diese Summe.

Schöneberg bei Berlin. Mit den Vorarbeiten für die Anlage des hiesigen Stadtparks ist nunmehr begonnen worden, nachdem man im Gebiete des Schwarzen Grabens, der das ehemalige Fenngelände durchfließt, Abzugskanäle angelegt hat, um den versumpften Boden des Geländes von der Nässe zu befreien. An der Südwestseite des Rathausplatzes wird zwischen der Erfurter und der Martin Lutherstrasse ein 15 Meter breiter Parkeingang geschaffen, der einen Überblick über die Gesamtanlage zuläßt. Die gärtnerischen Anlagen für den Park werden im nächsten Jahre in Angriff genommen werden.

Zabrze, Oberschlesien. In der Sitzung des Gemeinderates vom 9. Oktober wurde die Schaffung eines Gemeindeparkes in der Nähe des Maroschauer Waldes beschlossen.

Personal-Nachrichten.

Der Großherzog von Baden hat nachstehend genannten, in gärtnerischen Kreisen bekannten Persönlichkeiten Orden verliehen:

Behrens, Prof. Dr., Direktor der Biolog. Reichsanstalt, Dahlem bei Berlin, das Ritterkreuz I. Klasse mit Eichenlaub;

Solemacher, Arnold, Freiherrn v., Kgl. Preuß. Kammerherrn, Rittergutsbesitzer, Burg Namedy, bekanntem Obstzüchter, das Kommandurkreuz II. Klasse vom Orden des Zähringer Löwen;

Graebener, Leopold, Großherzogl. Hofgartendirektor, Karlsruhe, das Ritterkreuz I. Klasse mit Eichenlaub des gleichen Ordens;

Junge, Erwin, Kgl. Garteninspektor in Geisenheim a. Rh., und **Siesmayer, Philipp,** Kgl. Gartenbaudirektor, Frankfurt a. M., das Ritterkreuz II. Klasse des gleichen Ordens;

Klingmann, Friedr., Obst- und Weinbaulehrer in Frankental, und **Rosenkränzer, Nikolaus,** Handelsgärtner in Mannheim, das Verdienstkreuz vom Zähringer Löwen.

Klein, Dr. Ludwig, Professor an der technischen Hochschule zu Karlsruhe, wurde zum Geh. Hofrat ernannt.

Nickerz, Stadtgärtner in Mörs, der älteste Bürger der Stadt, hat sein Amt niedergelegt. Herr N., der jetzt 93 Jahre alt ist, hat in den 30er und 40er Jahren des vorigen Jahrhunderts die ersten öffentlichen Anlagen in Mörs geschaffen. Gelegentlich seines Rücktrittes sprach Herr Bürgermeister Craemer dem verdienten Fachmanne hohe Anerkennung für die der Stadt geleisteten Dienste und den Dank des Stadtverordneten-Kollegiums aus. Für die neu zu besetzende Stelle soll ein das bisherige beträchtlich überschreitendes Gehalt festgesetzt werden.

Pohl, Conrad, Parkinspektor im Kgl. Großen Garten zu Dresden, feierte am 15. Oktober sein 25jähriges Dienstjubiläum.

Werner, Otto, Städt. Gartendirektor in Chemnitz, feierte am 16. Okt. das Jubiläum seiner 25jährigen Tätigkeit im Dienste der Stadt. Nachstehende Daten über die Tätigkeit des Jubilars entnehmen wir der „Allgem. Ztg." in Chemnitz. Als vor 25 Jahren, am 16. Oktober 1882, die Stadtgemeinde Chemnitz den damaligen in Staatsdiensten stehenden Königlichen Obergärtner Werner von Dresden nach hier berief, um ihm die Leitung der hiesigen öffentlichen Promenaden und Anlagen zu übertragen, da lagen die Verhältnisse für das Gestaltungswesen der hiesigen öffentlichen Gartenanlagen nicht besonders günstig. Es eröffnete sich nun Herrn Stadtgärtner Werner ein reiches Arbeitsfeld, und es ist ihm gelungen, durch Tatkraft, Energie und Umsicht, gepaart mit einem feinen Verständnis und ausgeprägtem Schönheitssinn, auf dem Gebiete der gestaltenden Gartenkunst einesteils, und durch das leutselige, abgeschlossenem Bureaukratismus ferne und liebenswürdige Wesen andernteils, sich durch die damaligen kleinlichen Verhältnisse zu einer Stellung hindurchzuarbeiten, die heute allgemein hoch geachtet wird. Aufrichtigste Verehrung und treueste Anhänglichkeit werden ihm als Vorgesetzten von seinen Untergebenen entgegengebracht, und pflichtgetreu, von idealen, nicht engherzigen Lebensanschauungen durchdrungen, hat er sich jederzeit als Beamter und als Mensch erwiesen. Welch großer Sympathiebezeugungen er sich erfreute, beweist die Tatsache, daß ihm anläßlich seines Dienstjubiläums von allen Seiten, von nah und fern in außerordentlich reichem Maße Beglückwünschungen herzlichster Art zugegangen sind. Im Namen des Rates wurde Herrn Gartendirektor Werner durch den Dezernenten der Gartenverwaltung, Herrn Stadtbaurat Harms, ein Glückwunschschreiben überreicht. Die Herren Abteilungsvorstände der einzelnen technischen Ämter der Stadtverwaltung, der Verein städtischer Architekten, Ingenieure und Techniker, der Beamten-Verein, der Verschönerungsverein, der Gartenbauverein, die Fleischerinnung und noch andere haben es sich nicht nehmen lassen, die Glückwünsche durch Abordnungen zu übermitteln und auch durch Geschenke den Jubilar zu erfreuen. Aber nicht nur hiesige Korporationen und Vereine, sondern auch auswärtige sandten Vertreter, um den Jubilar zu ehren; so kamen unter anderen in Vertretung der Königlich sächsischen Gesellschaft für Gartenbau und Botanik „Flora" zu Dresden die Herrn Hofrat Bouché, Baumschulenbesitzer Poscharsky und Gärtnereibesitzer Haubold, die eine Urkunde überreichten, wonach Herr Gartendirektor Werner zum Ehrenmitgliede der Gesellschaft ernannt worden ist, Drahtglückwünsche sandte der Verein Deutscher Gartenkünstler, dessen zweiter Vorsitzender Herr Werner ist, der Verein ehemaliger Dresdner Gartenbauschüler, sowie die Aktiven der „Hortania" an der Dresdner Gartenbauschule, zu deren Kuratoriums-Mitgliedern er gehört. Der Majoratsherr von Schloß Lichtenwalde, Se. Exzellenz Graf Vitzthum v. Eckstädt, ein begeisterter und verständnisreicher Anhänger des Gartenbaues, sandte telegraphische Glückwünsche und Blumengrüße. — Die Tätigkeit des Jubilars in unserer Stadt Chemnitz illustriert am überzeugendsten, daß bei dem Dienstantritte des Herrn Direktors Werner im Jahre 1882 die Anlagenflächen etwa 100000 Quadratmeter aufwiesen, die bei einem jährlichen Kostenaufwand von 20000 M. zu unterhalten waren. Die Anlagenflächen betragen zurzeit $1^1/_2$ Millionen Quadratmeter und hierfür sind im letzten Etatsjahr rund 140000 M. verausgabt worden.

Berlin SW. 11, Hedemannstr. 10. Für die Redaktion verantwortlich Max Hesdörffer. Verlag von Paul Parey. Druck: Anhalt. Buchdr. Gutenberg e. G. m. b. H. Dessau.

Eingegangene Kataloge und Preisverzeichnisse.

. Poscharsky, Laubegast b. Dresden. Hauptverzeichnis der Baumschule und Spezial-Kultur von feinen Gehölzen und Koniferen. 26. Jahrgang. Herbst 1907 und Frühjahr 1908.

ne. Beterams Söhne, Geldern am Niederrhein. Hauptpreisverzeichnis über Baumschulartikel sowie div. Stauden, Schlingpflanzen, Cycas, Palmen, Cyclamen, Lorbeeren, Blumenzwiebeln etc.

leinrich Mette, Quedlinburg. Neuheitenliste für 1908 über div. Astern, Begonia, Petunia, Verbena und Viola; dazu zwei schöne Farbentafeln.

luis & Groot, Enkhuizen. Vorläufiges Preisverzeichnis über Gemüse, Blumen- und Feldsamen.

'eter Lambert, Grossharzogl. bad. Hoflieferant, Trier. Preisverzeichnis in der bekannten, guten Ausführung über Rosen als Spezialität, Obstbäume und Sträucher, Ziersträucher und Bäume, Schlingpflanzen, Koniferen, immergrüne Pflanzen etc.

. Herb, Neapel. Preisliste No. 107 über Neuheiten eigener Zucht.

Handelsregister.

Erfurt. In unser Handelsregister A urde am 19. Oktober 1907 eingegen: a) bei der unter No. 438 verichneten offenen Handelsgesellschaft Firma Rudolf Büchner in Erfurt, ass das Geschäft mit unveränderter irma übergegangen ist auf den Gartengenieur Alexander Rebenstorf und en Techniker Alfred Rüger daselbst, elche es als offene Handelsgesellschaft eiterführen. Die Gesellschaft hat am 1. Juli 1907 begonnen. Der Übergang der im Betriebe des Geschäfts begründeten Verbindlichkeiten auf die Gesellschaft ist ausgeschlossen.

b) bei der unter No. 548 verzeichneten offenen Handelsgesellschaft Eisenhardt & Mahling in Erfurt, dass das Geschäft mit unveränderter Firma übergegangen ist auf den Garteningenieur Alexander Rebenstorf und den Techniker Alfred Rüger daselbst, welche es als offene Handelsgesellschaft weiterführen. Die Gesellschaft hat am 1. Juli 1907 begonnen. Der Übergang der im Betriebe des Geschäfts begründeten Verbindlichkeiten auf die Gesellschaft ist ausgeschlossen.

Konkurse.

Altenburg, S.-A. Das Konkursverfahren über den Nachlass des **Kunst- und Handelsgärtners Walther Steinbach** weil. in **Altenburg** wird nach erfolgter Abhaltung des Schlusstermins hierdurch aufgehoben.

Auerbach, Vogtl. Über das Vermögen des **Blumen- und Delikatesswarenhändlers Waldemar Feodor Blaue in Rodewisch** wurde am 17. Oktober 1907, vormittags 11 Uhr, das Konkursverfahren eröffnet. Konkursverwalter Herr Ortsrichter Bernhard Gräfe hier. Anmeldefrist bis zum 18. November 1907. Wahltermin am **11. November 1907, vormittags 10 Uhr.** Prüfungstermin am **28. November 1907, vormittags 10 Uhr.** Offener Arrest mit Anzeigepflicht bis zum 9. November.

Rosenheim. Das Kgl. Amtsgericht Rosenheim hat mit Beschluss vom 16. Oktober 1907 das am 26. Februar 1907 über das Vermögen der **Handelsgärtnerseheleute Moritz** und **Johanna Wiedemann in Rosenheim** eröffnete Konkursverfahren als durch Schlussverteilung beendet aufgehoben.

Druck der Anhaltischen Buchdruckerei Gutenberg e. G. m. b. H. in Dessau.

Die Gartenwelt.

Illustrierte Wochenschrift für den gesamten Gartenbau.

Herausgeber: Max Hesdörffer-Berlin.

Bezugsbedingungen: ...ch jede Postanstalt bezogen Preis 2.50 M. vierteljährl. In Österreich-Ungarn 3 Kronen. ...direktem Bezug unter Kreuzband: Vierteljährlich 3 M. Im Weltpostverein 3.75 M. Einzelpreis jeder Nummer 25 Pf.

...ohne Vorbehalt eingehenden Beiträgen bleibt das Recht redaktioneller Änderungen ...halten. Die Honorarauszahlung erfolgt am Schlusse jeden Vierteljahrs.

Erscheint jeden Sonnabend.

Anzeigenpreise: Die Einheitszeile oder deren Raum 30 Pf.; auf der ersten und letzten Seite 50 Pf. Bei grösseren Anzeigen und Wiederholungen steigender Rabatt. Beilagen nach Übereinkunft. **Anzeigen in der Rubrik Arbeitsmarkt** (angebotene und gesuchte Stellen) kosten für Abonnenten einmalig bis zu 10 Zeilen Grösse M. 1.50, weitere Zeilen werden mit je 30 Pf. berechnet. Erfüllungsort auch für die Zahlung: Berlin.

Adresse für Verlag und Redaktion: Berlin SW. 11, Hedemannstrasse 10.

XII. Jahrgang No. 6. | Verlag von Paul Parey, Berlin SW. 11, Hedemannstr. 10. | 9. November 1907.

Illustrierte Wochenschrift für den gesamten Gartenbau.

Jahrgang XII. | 9. November 1907. | No. 6.

Landschaftsgärtnerei.

Etwas über Landschaftsgärtnerei in den Vereinigten Staaten von Nordamerika.

Von **Hans Witt**, Arlington Heights, Illinois, U. S. A.

Als ich vor ungefähr einem Jahre nach Nordamerika kam, hatte ich nicht gleich das Glück, wieder in Landschaftsgärtnerei arbeiten zu können. Man kann und muß als „Grünhorn", wie der Deutsch-Amerikaner den Frischgelandeten nennt, froh sein, wenn man gleich irgend eine Stelle erhält, sei es zunächst in einem andern Zweige des Berufes. Ich fand erfreulicherweise schon nach kurzen vier Monaten, die ich in der Nähe von New York zubrachte, Gelegenheit, wieder zur Landschaftsgärtnerei zurückzukehren, indem ich eine Stelle nach einem kleinen Flekken, etwas nordwestlich von Chicago, annahm. Die Firma, für die ich arbeite, hat nun nicht ihren Wirkungskreis in dem kleinen Orte mit 2000 Einwohnern, wo sie ihren Sitz hat, sondern außerhalb in vielen Städten und Orten des Staates Illinois, sowie der Staaten Wisconsin, Jowa etc. Augenblicklich befinde ich mich in Milwaukee, Wisc., einer größeren Stadt, wo das Deutschtum vielleicht mehr vertreten ist, als in irgend einer andern Stadt der Vereinigten Staaten. Doch auch abgesehen davon, macht sie einen angenehmen, freundlichen Eindruck

Vegetationsansichten aus dem neuen Botanischen Garten zu Dahlem. V. Mittelmeergebiet. Gemischte Strauchmacchia mit *Erica arborea*, L., *E. mediterranea*, L., *Cistus*-Arten und *Rosa spinosissima*. — Juni. Als Strauchmacchien bezeichnet man immergrüne Buschwälder, die im Mittelmeergebiete charakteristisch sind. Hauptbedingungen der Macchien sind flachgrundiger, humusarmer Boden, meist auf felsiger Unterlage, und lange Trockenheit im Sommer. Charakterpflanzen sind neben *Erica* und *Cistus*, *Myrtus*, *Arbutus*, *Phillyrea* u. a. Die Zahl der herrlich duftenden Cistrosen, Lippenblütler, Beifußarten ist sehr groß, so daß diese Arten oft in nahezu reinen Beständen weite Gebiete bedecken. Eine derartige Zusammenstellung kann nur während der Sommermonate zur Darstellung gebracht werden, da die meisten Repräsentanten bei uns nicht winterhart sind, doch gelingt es, in der dargestellten Gruppe einige *Cistus* zu überwintern. Originalaufnahme für die „Gartenwelt".

durch etliche ansehnliche Bauten, schöne breite Straßen, in denen zum Glück die bekannten Wolkenkratzer nicht so aufdringlich vertreten sind, als in anderen Großstädten. Natürlich bietet die innere Stadt dem Landschaftsgärtner kein großes Arbeitsfeld, um so mehr aber die Vororte. Milwaukees Lage an der Küste des Michigansees ist wie dazu geschaffen, hier Parks anzulegen. Am North-Western-Railway-Bahnhof ankommend, läuft man, nördlich gehend, gerade in den Juneau-Park hinein. Weiter nördlicher kommt dann der herrliche Lake-Park, der wunderschöne Partien aufzuweisen hat. Vom Ufer des Sees steigt das Terrain ziemlich schroff um etwa 100 Fuß auf, ist oben verhältnismäßig flach, jedoch durchbrochen von mehreren langgestreckten Tälern. Über diese weg führen stellenweise breite Brücken, während unten schmale Fußwege die Bächlein begleiten.

Neben diesen beiden Parks sind noch an größeren der Water Tower-, Washington- und Kosciusko-Park zu nennen.

Wie die Kultureinrichtungen und gärtnerischen Kulturen selbst zum Teil recht verschieden von denen in Deutschland sind, so sind auch in der Gartenkunst hier und dort Unterschiede zu finden. Nicht immer, aber doch vielfach wird in Deutschland eine leichte Bodenbewegung der Rasenfläche auch bei mittleren und kleinen Gartenanlagen angewendet. Das ist nun hier nicht der Fall. Der amerikanische Gartenbesitzer liebt eine absolut flache Rasenfläche, und alle Mühe ist umsonst, seinen Mann für eine geschwungene, nach den Gruppen leicht ansteigende Rasenfläche zu gewinnen. Von acht Mitgliedern eines Schulvorstandes fand sich nur eins, das für eine leichte Bodenbewegung in dem ziemlich großen Rasenplatze vor dem Schulhause stimmte. Ich mußte daher meinen Rasen wohl oder übel tot und steif anlegen.

Vegetationsansichten aus dem neuen Botanischen Garten zu Dahlem.

VI. Illyrisches Gebirge. 1. Felspartie mit *Clematis alpina*, (L.) Mill., im Hintergrunde *Picea Omorica*, Pancic.

Clematis alpina, die Alpenwaldrebe, tritt auf in Vorgebirgswäldern bis zur Knieholzregion der Alpen, Karpathen, in Gesellschaft von kleineren Alpensträuchern, zwischen denen sie rankt, im illyrischen Gebirge auch in der alpinen Region an Felsen. Früher als fast alle anderen *Clematis* bringt *alpina* ihre schönen, zart hellblauen Blüten in reicher Fülle an den vorjährigen Trieben hervor. An einem ihr zusagenden Standorte, wie hier in Ritzen nach Osten gelegener, großer Kalksteinblöcke, überzieht sie bald größere Flächen mit vielen Ranken, die sich während der Blütezeit wie ein Blumenkissen ausnehmen. Originalaufnahme für die „Gartenwelt".

Aber die ungeschwungene Rasenfläche ist nicht das einzige, was auffällt. Betrachten wir z. B. eine bessere Villenstraße in der Vorstadt irgend einer deutschen Großstadt. Jedes Gärtchen, und ist es noch so klein, ist von einem mehr oder weniger starken Gitter eingefriedigt. Das ist etwas, was hier wohl gänzlich fortfällt. Dieser Umstand läßt alle die kleineren und größeren Villengärten als ein Ganzes erscheinen, und die Straßen, die meist gut mit Schattenbäumen bepflanzt sind, machen mehr den Eindruck eines breiten Parkweges oder einer Allee, als den einer Straße. Viele Orte, so auch Milwaukee, weisen einen schönen, alten Baumbestand auf, der wesentlich dazu beiträgt, den breiten Straßen mit offener Bauweise ein mehr parkartiges Aussehen zu verleihen.

Eine große Rolle im Garten des Amerikaners spielt der Rasen. Einen gut gepflegten Rasen mag er nicht gern vermissen, aber, wie schon gesagt, derselbe muß flach sein.

Liegt das Haus etwas höher als die Straße, so wird der Rasen ziemlich in derselben Höhe gehalten, um vor dem Bürgersteige kurz abzuböschen. Zwischen diesem und dem Kantstein bleibt noch ein Rasenstreifen liegen, der in seiner Breite sehr verschieden und manchmal auch mit niederen Sträuchern bepflanzt ist. Strauchpartien möchte ich zuweilen mehr verwendet wissen. Häufig genug werden dieselben gar zu spärlich angewendet. Viele Besitzer lieben nur einige Solitärs und wollen keine weitere Bepflanzung, weil dadurch der Rasen an Fläche einbüßen würde. Aus demselben Grunde werden auch nur die allernotwendigsten Wege angelegt.

Meist genügt ein breiterer Aufgang zum Haupteingange des Hauses und ein schmaler Steig zum seitlichen Kücheneingange. Natürlich will ich meine Angaben über Rasen, Bepflanzung etc. nur auf städtische Villengärten angewendet wissen. Auf größere Gärten und Parks komme ich vielleicht später einmal zu sprechen.

Ich will nicht behaupten, daß die Landschaftsgärtnerei hier weiter vorgeschritten sei als in Deutschland, im Gegenteil; nur dem uneingefriedigten Villengarten gebe ich den Vorzug. Die meisten amerikanischen Städte sind noch in starkem Wachstum begriffen, was dem Landschaftsgärtner immer neue Gebiete zur Bearbeitung aufdrängt.

Kritische Betrachtungen über C. K. Schneiders Buch: „Landschaftliche Gartengestaltung“.*)

Von **Josef Buerbaum.**

Noch sind der Tage nicht viele verflossen seit jener Zeit, da sich die ersten Geburtswehen einer Reformation in der Gartenkunst bemerkbar machten, gewaltsam gedrängt von den anderen Künsten, welche den Kulturaufgaben unserer heutigen Zeit gerecht zu werden sich ehrlich bemühen. Welch große Umwälzungen haben sich bereits in den Anschauungen über die künstlerische Ausübung unseres Berufes vollzogen. — Wie ein Alpdruck lag es damals besonders auf der jungen Generation.

Als dann aber C. K. Schneider mit seinem Buche: „Deutsche Gartengestaltung und Kunst“ an die Öffentlichkeit kam, ward der Alpdruck von uns genommen und alles sang: Freiheit die ich meine, die mein Herz erfüllt! Und nun zog ein Sturm durch die deutschen Lande, der Kathederweisheit und die alten Dogmen wegfegte. Mögen auch noch so viele abseits stehen, die sich nicht vom Alten trennen können oder wollen, siegreich bricht sich jetzt das Neue Bahn. Der Jugend gehört die Zukunft!

Und nun nach kaum drei Jahren, einer Zeit innerer Häutung und regsten Gedankenaustausches, besonders auch mit den anderen Künsten, schenkte uns Schneider ein neues, wertvolles Buch: „Landschaftliche Gartengestaltung“.

Waren wir auch mit Schneiders Kritik am alten, Heimatsrecht erworbenen Schema in seinem ersten Buche so ziemlich alle in allem wohl einverstanden, so waren seine Andeutungen über das was nun? und wie denn? doch zum Teil noch unklar und verschwommen, wenngleich er auch viele recht beherzigenswerte Winke gab und neue Wege zeigte.

Schneider hat inzwischen viel, recht viel dazu gelernt, das beweist er uns in seinem neuesten Buche. Möchten doch alle, die da Augen haben zu sehen, den von Schneider eingeschlagenen Weg zur Erkennung dessen, was uns not tut, auch betreten. In den für unseren Beruf notwendigen Naturwissenschaften gut beschlagen und in allen Künsten zu Hause, steht er auf einer höheren Warte als die meisten unserer Berufskollegen. Und im klaren Überblick über all die Kulturbestrebungen unserer Zeit, geht er viel vorurteilsloser und sicherer an seine Aufgaben heran, als wir gemeiniglich es tun.

Seine Schreibweise ist klar und übersichtlich, flüssig und markant, dabei äußerst fesselnd. Er weiß seine Leser von der ersten bis zur letzten Zeile in Spannung zu halten, was sicherlich

*) Anmerkung der Redaktion. Diese Kritik befindet sich seit dem 2. Februar d. J. in unseren Händen, mußte aber ihres erheblichen Umfanges halber aus Raummangel leider bis jetzt zurückgestellt werden.

Vegetationsansichten aus dem neuen Botanischen Garten zu Dahlem.

VI. Illyrisches Gebirge. 2. Felspartie aus der Herzegowina mit *Moltkia petraea*, (Tratt.) Rchb., tiefer ein Polster von *Saxifraga Rocheliana*, Sternb., rechts davon *Aubrietia deltoidea*, (L.) DC., ganz rechts unter dem Felsenvorsprunge *Hedraeanthus Pumilio*, (Roem. et Schult.) DC. — Juni.

Weiter zeigen uns die drei folgenden Bilder wahre Perlen der alpinen Felsenflora aus der Herzegowina und Bosnien. *Moltkia petraea* = *Lithospermum petraeum*, ein kleiner Halbstrauch, der schon durch seine Reichblütigkeit auffällt; im Juli ist derselbe mit herrlich blauen Blüten, welche in schön wirkenden Sträußen beisammen stehen, völlig übersät. Originalaufnahme für die „Gartenwelt“.

viel zur Verbreitung seiner Schrift beitragen wird. Man muß Schneider das Verdienst des Baumeisters lassen, der all die vielen kleinen Bausteine der letzten Jahre getreulich zusammengetragen, gesichtet und verarbeitet hat. In folgendem will ich auf einige Punkte eingehen, in denen ich die Ansicht Schneiders nicht teilen kann

In der Einleitung entwickelt er sein Programm. Das Leben und den Widerstreit der Meinungen des Tages soll

Vegetationsansichten aus dem neuen Botanischen Garten zu Dahlem. VI. Illyrisches Gebirge.
3. Felspartie aus der Herzegowina mit *Hedraeanthus Pumilio*, (Roem. et Schult.) DC. — Juni.
Die Glockenblume, *Hedraeanthus Pumilio*, gehört unstreitig zu den schönsten Zierden unserer Alpenanlagen. Die violetten Rosetten mit den schönen, großen, hellblauen Blumen, die aus den Felsritzen oder von ganz steilen Felsblöcken herabhängen, geben der Partie ein wirklich schönes Gepräge. Originalaufnahme für die „Gartenwelt".

man in seiner Schrift spüren. Er fordert auch den Laien auf, mitzuwirken an der Gestaltung unserer öffentlichen Anlagen durch eine gesunde Kritik, die indes nur fördernd sein könnte, wenn sie auf Grund eingehender Kenntnis der Materie erfolgte. Nachdem er dann den Standpunkt vieler Architekten und selbst einiger Fachleute hervorhebt, welche allein in der architektonischen Gestaltung eine künstlerische Lösung der Gartenanlagen erblicken, weist er auf Muskau hin und betont den hohen Wert und die Berechtigung der landschaftlichen Gestaltungsweise besonders für die öffentlichen Gartenanlagen.

Seiner Auseinandersetzung über den Begriff landschaftliche Gartengestaltung im Gegensatz zur architektonischen kann ich mich nur zum Teil anschließen. Er sagt dort auf Seite 7 über die Pflanzen im architektonischen Garten: „Ihre natürlichen Charaktere werden zugunsten rein architektonischer Wirkungen gewaltsam beeinträchtigt". Bei einzelnen Pflanzen, Einfassungen und Hecken mag dies ja zutreffen, doch kann ich mir auch sehr wohl einen architektonischen Garten denken, in dem die Pflanzen sich in ihrer natürlichen Schönheit entwickeln. Vielleicht habe ich Schneider nicht recht verstanden, indem er unter der gewaltsamen Beeinträchtigung etwa die Herauslösung der einzelnen Pflanze aus dem großen natürlichen Verbande verstehen mag und somit die Pflanze in ihren natürlichen Wesenszügen nicht so klar zur Geltung kommt, als in der landschaftlichen Gartenanlage. Sonst aber gefällt mir seine Einteilung über die Benennung der verschiedenen Formen der Anlagen sehr gut. — Anstatt des Wortes Landschaftsgärtner schlägt uns Schneider „Landschaftsgestalter" vor und will dies Wort ungefähr in demselben Sinne wie „Gartengestalter" angewendet wissen. Da kann man ja wohl nichts gegen einwenden, aber Schneider hätte diese Bezeichnung dann auch konsequent in seinem Buche durchführen müssen, indessen wirft er diese Begriffe mehrfach durcheinander.

Ohne an das bisher Bestehende der landschaftlichen Gestaltung anzuknüpfen, entwickelt er in den ersten Kapiteln frei in seiner eigenen Weise die allgemeinen Grundzüge, wobei er sich aber ausdrücklich gegen den Vorwurf verwahrt, hiermit allgemein giltige Formeln und Gesetze aufgestellt zu haben. Diese Abschnitte zeigen Schneider als fein empfindenden Künstler und scharfen Naturbeobachter.

Als Haupterfordernisse für den Bildungsgang des Landschaftsgestalters verlangt er gründlichstes Naturstudium in Verbindung mit künstlerischer Betrachtung der Naturvorbilder. Sehr interessant und gehaltvoll sind seine Betrachtungen über das Schlagwort „Naturnachahmung", ein Wort, das so viel Staub aufgewirbelt, das so viel von den Architekten und Künstlern in den letzten Jahren als Waffe gegen die landschaftliche Gestaltung der Gärten gebraucht wurde. Schneiders Darlegungen dürften diese Herren wohl zu einer anderen Anschauung bekehren. Er vergleicht dann die Landschaftsmalerei mit der Landschaftsgärtnerei, weist auf den Unterschied beider in der künstlerischen Betätigung hin und betont den Wert des Studiums der Landschaftsmalerei für den Bildungsgang des Landschaftsgärtners.

Auf die Bedeutung des Zusammenarbeitens von Fachmann und Kritiker hinweisend, hebt Schneider besonders das erzieherische Moment in den Schöpfungen der Landschaftsgärtner hervor, indem er dadurch, gleich der Landschaftsmalerei, das Publikum zum tiefen Born und Urquell alles Schönen, der Natur hinleite bezw. zurückführe.

Er macht uns nun mit einigen wichtigen botanischen und pflanzengeographischen Büchern als wertvolle Hilfsmittel bekannt und geht dann zur Betrachtung einiger bestimmter Naturmotive über, wobei er uns zeigt, wie man die Natur betrachten muß, will man erkennen, worauf es ankommt, wie man als Künstler der Natur gegenübertreten muß, will man das Charakteristische, die Wesenszüge der Motive klar erfassen.

Freilich, so ganz leicht dürfte für viele das Studium der Naturvorbilder nun doch wohl nicht sein, da an Stelle der natürlichen Vegetationsformationen meist vom Menschen beeinflußte Gebiete getreten sind; dadurch der innere Zusammenhang gestört bezw. vernichtet ist und eine klare Übersicht der typischen Züge sehr erschwert wird.

In dem nun folgenden wichtigen Abschnitte über die künstlerische Verarbeitung der Naturmotive entwickelt Schneider sein eigentliches Glaubensbekenntnis. Er will darin aber nur seine subjektive Meinung zum Ausdruck bringen, glaubt indes aber doch gewisse Gesichtspunkte als Richtschnur für die Allgemeinheit andeuten zu können. Schneider kommt hier auch mit Lange in Konflikt, insofern, als Lange im künstlerischen Naturgarten die höchste Steigerung der Gartengestaltung erblickt, Schneider aber die architektonische Gestaltung der „landschaftlichen“ als ebenbürtig zur Seite stellt. Ich schließe mich voll und ganz der Schneider'schen Auffassung an.

Als Grundlage für die landschaftliche Gestaltungsweise, sagt Schneider, müssen wir unbedingt von den Naturmotiven der Heimat ausgehen, nur so können wir auch wieder Fühlung mit der uns umgebenden Natur bekommen; wir müssen in unseren Werken all das ahnen und fühlen lassen, was die Mutter Natur in so unendlicher Fülle besitzt, damit durch unsere Schöpfungen die Menschen angeregt werden, die Natur verständnisvoller zu betrachten.

Doch dabei bleibt Schneider nicht stehen, er dehnt den Begriff „Heimat“ auf alle dem deutschen Klima analogen Landstriche, oder wie Schneider sich ausdrückt, auf alle den unseren gleichwertigen Vegetationsgebiete der Erde aus und will die Pflanzen dieser Gebiete als „Heimatpflanzen“ mit den Naturmotiven unserer Heimat verarbeiten. Wenn er sich dabei auf Pflanzenarten der bei uns vorkommenden Gattungen beschränken würde, so ließe sich dagegen wohl nichts sagen, aber ganz fremde Pflanzengattungen in die Motive unserer Heimat hineintragen, heißt doch nichts anderes, als die typischen Züge der Heimatmotive zerstören, zum mindesten aber unklar erscheinen zu lassen. Es kann meiner Meinung nach in einer solchen Anlage von einer künstlerischen Naturwahrheit im Sinne Schneiders doch nicht mehr die Rede sein. Will also Schneider bei der Verarbeitung unserer Heimatmotive die vielen fremden Pflanzen verwenden, so verzichtet er damit bewußt auf die typischen Züge eben dieser Motive, es käme eine solchergestalt komponierte Anlage wohl so ziemlich auf die von Schneider am Ende seines Buches skizzierte „landschaftlich-architektonische“ Form hinaus.

Nachdem er sich an anderer Stelle, und auch gewiß mit Recht, so sehr für Lichtwarks Heidegarten begeistert, der nur aus Blumen und Gesträuch der umgebenden Heidevegetation bestehen sollte, sieht er wohl ein, daß unsere heimatliche Flora doch etwas gar zu arm sei, um unseren bereits zu verwöhnten Geschmack zu befriedigen. Er sagt deshalb:

Vegetationsansichten aus dem neuen Botanischen Garten zu Dahlem. VI. Illyrisches Gebirge.
4. Felspartie (Gneis) aus der bosnischen Gruppe mit *Aubrietia croatica*, Schott., und (rechts) *Cerastium tomentosum*, L., links oben *Achillea ageratifolia*. — Mai. Die Rasen von *Molktia petraea*, (Tratt) Rchb., *Hedraeanthus graminifolius*, DC., und *Alsine graminifolia*, Gmel., zu dieser Zeit noch nicht in Blüte.

Wie ein Blütenteppich erscheinen uns hier die Rasen der *Aubrietia croatica* mit ihren unzähligen dunkelblauen Blütchen. Unsere Aubrietienpartien, welche alljährlich mit Tausenden von Blüten bedeckt sind, bilden zur Zeit der Blüte Gegenstand allgemeiner Bewunderung. *Moltkia*, *Hedraeanthus* und auch *Aubrietia* gedeihen am besten in Felsritzen sonnig gelegener Felsgruppen. Originalaufnahme für die „Gartenwelt“.

„Es hieße in jedem Falle die freie Bewegungsfähigkeit in der Parkgestaltung wesentlich einschränken, wollten wir das heimische Material allein, oder doch wenigstens immer als tonangebend, als Grundriß verwenden“.

Gegen eine künstlerisch naturwahre Verarbeitung fremder, den unserigen gleichwertiger, Vegetationsgebiete an und für sich will auch ich nichts einwenden. Aber fremde und heimische, wenn auch gleich ansprechende, Motive untereinander zu vermischen, scheint mir nicht mehr künstlerisch naturwahr im Sinne Schneiders zu sein. Und sollte nicht bei einer solchen Verarbeitung der Motive, von seiten der großen Masse der Landschaftsgärtner, die Gefahr des Weiterbestehens der alten Schablone vorliegen?

Und wer schließlich die Vegetationsgebiete fremder Erdteile nicht aus eigener Anschauung kennt und studiert hat, und dies dürfte wohl nur wenigen vergönnt sein, wird auch die Verarbeitung dieser Motive nicht künstlerisch naturwahr durchführen können und sich vielmehr dabei auf eine mehr malerisch-schöne Anordnung beschränken müssen.

Nach einem kurzen, aber sehr interessanten historischen Rückblick, wobei er die Anschauungen von Scell, Pückler, Meyer, Petzold trefflich charakterisiert, geht er auf die Bestrebungen der Gegenwart ein. Bauers Darlegungen („Gartenkunst“, Band VIII, 1906), welche von feinem Naturempfinden zeugen, hält er für die bedeutsamste Meinungsäußerung des Tages. Bauer hält bekanntlich den landschaftlichen Gartenstil für einen verhängnisvollen Irrtum. Die hierauf bezüglichen Beweismittel Schneiders sind sehr stichhaltig und schließe auch ich mich darin seinen Ausführungen an.

In eine Auseinandersetzung mit den Künstlern und Architekten, die ja auch schon vielfach zu der landschaftlichen Gartengestaltung Stellung genommen haben, läßt Schneider sich jetzt mit Absicht noch nicht ein, da er diese Kreise zur Zeit noch für zu befangen hält, weil sie sich mit der Materie noch nicht genügend vertraut gemacht hätten, um eine objektive Kritik abgeben zu können.

Nun folgen englische und französische Parkstudien, welche bei der scharfen Beobachtungsgabe Schneiders uns ein gutes Bild dieser Anlagen geben. Und die Lehre, die ich aus den öffentlichen englischen Parkanlagen für uns ziehen möchte, sagt Schneider, ist folgende: „Wir wollen überall da, wo es unsere Mittel und sonstige Umstände nicht erlauben, in künstlerischer Weise zu gestalten, im Sinne der Engländer zu Werke gehen, d. h. nicht nach Verwirklichung künstlerischer landschaftlicher Ideen streben, sondern mit den einfachsten Mitteln in den schlichtesten Formen, aber in guter, solider Weise Anlagen schaffen, die dem Publikum Gelegenheit geben, sich im Freien, im Schatten schöner Gehölze, zwischen blumenreichen Wiesen, am bewegten Wasserspiegel zu erholen“. Verfasser fährt dann fort: „Wollen wir aber mehr, wollen wir künstlerisch naturwahr arbeiten, so müssen wir anders verfahren und von allen fremden Vorbildern gänzlich absehen. Da gilt uns dann nur das, was die Natur der Heimat — der weiten Heimat im naturwissenschaftlichen Sinne — uns lehrt und was unser persönliches künstlerisches Empfinden uns rät“. „Aber diese beiden Wege sollten wir auseinanderhalten und bedenken, daß der zweite nur für den Künstler gangbar ist“.

Schneider kommt mit dem, was wir von England übernehmen können, wohl ziemlich den Anschauungen Bauers nahe, welcher verlangt, „streng sachzweckentsprechend und menschenbauwerkgemäß ohne Schielen nach Scheineffekten, ohne übertriebenen Gehölzkultus zu verfahren“. Wenn aber Schneider, wie oben dargelegt, annimmt, für eine in solcher Weise ausgeführte Anlage bedürfe man keines Künstlers, so möchte ich denn doch widersprechen. Ich meine, auch für solche Anlagen bedarf man eines feinfühligen Künstlers.

Zur englischen Privatanlage übergehend, sagt er über die Berechtigung der Gesteinsanlagen im künstlerisch-naturwahren Garten unter anderem folgendes: „Indes mag es Fälle geben, wo wir Felspartien lediglich als Grundlage für Pflanzenkultur doch einschalten können. So nicht die Felsen als solche, die Gesteinscharaktere für sich in Erscheinung treten, sondern die Pflanze völlig dominiert und ihre Reize allein auf uns wirken, ist ein felsiger Untergrund auch da, wo er ganz künstlich sein muß, zu gestatten“. Ist das nicht ein Widerspruch gegen frühere Ausführungen Schneiders? Ist das, streng genommen, nicht ein Verstoß gegen künstlerisch-naturwahre Gestaltung? Denn wenn sich Pflanzen in der Natur als Grundlage der Felsen bedienen, so pflegen hier auch die Felsen zum Teil für sich, zum Teil in Verbindung mit den Pflanzen wirkungsvoll in die Ercheinung zu treten.

Hieran schließt sich ein großer Abschnitt über die Hauptformen öffentlicher, landschaftlich zu gestaltender Anlagen. Besprochen wird, zum Teil an der Hand bestehender Anlagen, der Volkspark, Friedhof, Palmengarten und Privatpark. Eine große Fülle wertvoller Angaben und Hinweise hat Schneider auf diesen Blättern zusammengetragen. Was er dort über Pflanzen und Pflanzungen, Gewässer, Gesteinsanlagen, Blumenbeete, sowie über Ausstattungsmaterial als Lauben, Brücken, Bänke, Statuen, Bootshäuser, Restaurationen und anderes mehr zur Sprache bringt, wenngleich meist auch nur streifend, enthält so viel Wahres und Beherzigenswertes, daß wir es nicht oft genug durchlesen können.

Auf zwei Einzelheiten möchte ich indes noch kurz eingehen, weil ich mich darin nicht Schneiders Ansicht anschließen kann. — Auf Seite 165, Bild 55, wird eine eiserne Laube aus den Anlagen am Neuen Palais in Potsdam gezeigt. Ich habe zwar diese Laube noch nicht an Ort und Stelle gesehen, kann mir aber nicht denken, daß sie schön wirken wird. Diese Laube ist mir in ihrer Konstruktion viel zu kompliziert, viel zu viel überflüssige Verzierungen befinden sich daran, welche ohnehin doch nicht recht zur Geltung kommen können. Auch für die über den Eingängen angebrachten Engelsköpfe kann ich mich nicht begeistern. Solche Lauben erinnern mich immer an gewisse, aus Eichenholz gerissene schwindsüchtige Modelle einer rheinischen Firma. Ich für meine Person bevorzuge Lauben und Gartenhäuschen, wie sie die Darmstädter Künstler 1905 und Großmann 1906 auf den Ausstellungen zeigten.

Auch zu den Ruinen möchte ich Stellung nehmen. Ich pflichte Schneider vollkommen bei, wenn er vorhandene alte Mauerreste, Türme, Häuser, alte Mühlen und anderes mehr in die Anlagen mit einbeziehen will. Aber Ruinen künstlich neu herzustellen, halte ich für bedenklich und unkünstlerisch, weil zwecklos. Künstliche Ruinen sind nach meinem Dafürhalten ebenso eine Vorspiegelung falscher Tatsachen, wie es die imitierten Flechten von Willy Lange sind.

Über die Friedhofsgestaltung sagt Schneider nicht viel Neues. Er gibt darin lediglich einen Überblick über die Meinungsäußerungen der letzten Jahre. Er stellt aber auch hier, und gewiß mit Recht, der landschaftlichen Gestaltungsweise die „architektonische“ als gleichberechtigt gegenüber. Beachtenswert sind seine Vorschläge für die Besserung in der Ausschmückung der Gräber, besonders auch was die Gedenksteine und Denkmäler anbetrifft.

Sehr lesenswert sind auch die dem Frankfurter und Leipziger Palmengarten gewidmeten Zeilen. Er greift dort manches sehr scharf an und auch mit Recht.*)

Etwas stiefmütterlich ist die Besprechung des Privatparkes ausgefallen. Über die hier eingeschaltete zweite landschaftliche Gestaltungsweise, welche Schneider als eine „landschaftlich-architektonische Form bezeichnet, möchte ich mich für heute einer Kritik enthalten.

Das Buch schließt mit einem interessanten Kapitel über „Heimatsschutz und Landesverschönerung“. In einem Literatur-Anhange weist Schneider auf eine große Anzahl für das Studium der Landschaftsgärtnerei wertvoller Schriften und Bücher hin.

Zwiebel- und Knollengewächse.

Crinum Moorei, Hook. f. (syn. C. Makoyanum, Carr.) und **C. Macowani, Bak.,** (Abb. obenstehend und S. 68) sind zwei sehr ähnliche dankbare und harte Hakenlilien. Im südlichen England und in Irland halten sie unter leichten Decken im Freien aus, wir dagegen im rauhen Deutschland müssen dieselben im Kalthause überwintern, jedoch auch dort erweisen sie sich sehr dankbar und nicht weniger üppig gedeihend, sofern man nicht zu kleine Gefäße gibt und in diese recht kräftige, nahrhafte Erde, sowie häufige Dunggüsse. Während des Winters wollen diese „harten“ *Crinum* gemäß ihres heimatlichen Vorkommens im kühlen Natal eine gewisse Ruheperiode; die Blätter sollen vollends absterben, je intensiver die Ruhe, um so besser erfolgt im Pflanzeninnern die Bildung der Blütenstoffe.

Crinum Macowani.
Im Kgl. Botanischen Garten zu München vom Verfasser für die „Gartenwelt“ photographisch aufgenommen.

Beiden Arten ist eine stark ausgebreitete, glockenförmige Blumenkrone von zart rosa Farbe eigen, die an elegant gebogenen engen Röhren zu mehreren vereint auf einem 1½ Meter hohen, kräftigen Schafte getragen werden, gestützt von fleischig häufigen Brakteen. Die Zwiebeln beider Pfanzen sind kräftig, etwa 12—15 cm im stärksten Breitendurchmesser. *C. Moorei* hat aber viel kürzeren und gedrungeneren Hals und infolgedessen gedrungener gestellte Blätter, auch ist die Neigung, Nebenzwiebeln zu bilden, viel mehr bei *C. Moorei* vorhanden, als bei *Macowani*. Bei diesem letzteren ist der Verlauf des Zwiebelhalses recht schlank und an ziemlich ein und demselben Punkte entspringen die fast spiralig gestellten Blätter, welche somit zu einem Schopfe vereinigt erscheinen. Den Unterschied beider zeigen wohl besser als alle weiteren Worte die beiden beigegebenen Abbildungen. Die Blätter sind bei 8—10 cm Breite 80—90 cm lang. *C. Moorei* ist etwas variabel, es existieren Formen mit helleren und auch weißen Blüten (*C. Schmidti, Rgl.*) und auch eine etwas zartere, weißgelb panaschierte Form. Die Pflanzen sind hervorragend schöne Dekorationsstücke für halbschattige Plätze. **B. Othmer.**

*) Anmerkung des Herausgebers. Ich persönlich kann die Angriffe auf den Frankfurter Palmengarten, dessen Bedeutung keinem Zweifel unterliegt, als berechtigt nicht anerkennen.

Pflanzenschädlinge.

Die Schädlichkeit des Maulwurfs und der Wühlratte, sowie ein gutes Mittel zu deren Vertreibung.

Von **Gottfried Oertel,**
Hopfgarten bei Erfurt.

Über die Nützlichkeit oder Schädlichkeit der Maulwürfe wird stets viel geschrieben und aus der Feder gelehrter Leute fließt zumeist ein Loblied über den schwarzen Gesellen. Der Handelsgärtner aber, der von seinen Kulturen bezw. seinen Aussaaten und jungen Pflanzungen sehr abhängt, wird gewiß bei Erscheinen der Maulwürfe nicht froh sein, sondern bald verzweifeln, wenn, wie hauptsächlich in diesem Jahre, alle frischen, zumeist teuern Aussaaten und jungen Pflanzungen durch große Wühlereien in Kästen und im Freien vernichtet werden. Allerdings frißt der Maulwurf keine Pflanzenteile, sondern nur Gewürm, aber der Schaden, den er durch die Umwühlereien und Unterminierungen anrichtet, übersteigt den Nutzen, den er stiftet, ganz bedeutend, jeder Gärtner wird deshalb bestrebt sein, diesen Wühler zu vertilgen, oder wenigstens zu vertreiben. Die große Schädlichkeit der Wühlratte, Erdwolf und wie sie noch genannt wird, dürfte jedermann kennen.

Ich glaube nun jetzt, mehr durch Zufall, ein ausgezeichnetes Mittel zur Vertreibung beider Schädlinge, aber auch zugleich zur Vernichtung des Ungeziefers, das in der Erde steckt, gefunden zu haben. Ich hatte ein Stück Wiese, das fortwährend förmlich mit Maulwurfshaufen bedeckt war, die das Abhauen des Grases sehr erschwerten. Im vorigen Herbste kam ich darauf, der Wiese eine tüchtige Kopfdüngung mit Kali zu geben und zu meiner Freude blieb in diesem Jahre das Wiesenland ganz frei von Maulwurfshaufen, und auch von anderen Schädlingen, wie Schnecken etc., habe ich fast nichts mehr gemerkt. Auf diesen Umstand aufmerksam gemacht, gab ich im Frühjahre auch einem frisch rigolten Stück Land im Garten eine reichliche Kalidüngung und zu meiner Freude haben sich in diesem Stück kein Maulwurf und keine Wühlratte bemerkbar gemacht, während doch in diesem Jahre im Garten und in den Kästen alles um und um gewühlt wurde.

Auch zwischen die Mistbeeterde mische ich jetzt immer etwas Kali, — allerdings ja nicht zu viel — und an den Kastenwänden entlang, wo doch hauptsächlich der Aufenthalt des Ungeziefers ist und die Häuptgänge der Maulwürfe sind, streue ich in eine tiefe Rille ½ cm hoch Kali und das hilft probat, keine Schnecke und kein Maulwurf kommt mir mehr in die Kästen.

Vogelschutz.

Amsel und Singdrossel vom Standpunkte des Forstmannes, des Gärtners und des Städters.

Von Dr. **Friedrich Knauer.**

Von langer Zeit her ein Lieblingsvogel des Städters ist die Amsel oder Schwarzdrossel (Turdus merula, L.) ihres volltönenden Gesanges und ihrer Gelehrigkeit wegen schon im Mittelalter ein so beliebter Stubenvogel gewesen, daß Dr. Killermann mit Recht sagt, man könne sich eine Werkstätte von damals ohne den belebenden Gesang dieses Vogels gar nicht recht denken. Sie ist da eine ebenso beliebte Hausgenossin des Menschen geworden, wie der gelehrige und zutunliche Star.

Diese Beziehungen des Menschen zur Amsel sind schon seit langem noch inniger geworden, seit die Amsel immer mehr ihr stilles Waldleben mit dem lärmenden Stadtleben vertauscht. Zeitweilige Wohnungsnot, wenn im Walde weite Gebiete zur Abholzung kommen oder das dichte Unterholz, der Lieblingsaufenthalt der Amsel, ausgerodet wird, der sichere Schutz, dessen die Amsel in der Nähe des Menschen teilhaftig wird, während ihr im Walde trotz der versteckten Lebensweise Marder, Wiesel, Iltis, Katzen, der Eichelhäher, die Elster, die Krähen gefährlich werden und es zu einer größeren Vermehrung der Amsel nicht kommen lassen, die Fütterung durch vogelfreundliche Menschen, besonders in der Winterzeit, während sie im Walde in beerenärmeren Gebieten nach Nahrung herumstreicht oder im Spätherbste ganz fortzuziehen gezwungen ist, haben diesen Umzug der Amsel aus dem Walde in die Nähe des Menschen schon seit langem veranlaßt. In dem Maße, wie heute, wo es kaum mehr eine deutsche Stadt geben dürfte, in welcher die Amsel nicht zu Hause wäre, ist diese Übersiedelung wohl erst in Gang gekommen, seit die Städte immer mehr beflissen sind, ihre alten Gartenanlagen zu erhalten, zu vergrößern und neue zu schaffen, und seit man in diesen Stadtgärten immer reichlicher allerlei beerentragendes Gesträuch pflanzt.

Auch die Singdrossel (Turdus musicus, L.) ist dem Beispiele der Amsel gefolgt und beginnt sich seit etwa 20 Jahren immer häufiger in den Städten einzunisten. Heute findet man sie u. a. in Dresden, Grimma, Großenhain, Leipzig, München, Öderan, Regensburg, Erlangen, Schweinfurt, Braunschweig, Koburg eingebürgert.

Nicht jedermann ist auf die Drosseln gleich gut zu sprechen. Der Forstmann und der Liebhaber des schönen Vogelgesanges urteilt da anders als der Obst züchtende Gärtner.

Ohne Frage ist die Amsel wie die Singdrossel forstnützlich, denn beide sind den größten Teil des Jahres über fleißige Vertilger von Regenwürmern, Nacktschnecken, der verschiedensten Insekten und deren Larven und Puppen. In ihren Waldverstecken stöbern sie im Moos des Waldbodens herum oder wühlen das abgefallene, alte, halbvermoderte Laub auf, um ihre Beute zu finden. Die Singdrossel versteht es auch, den mit einem Gehäuse versehenen Schnecken beizukommen, indem sie deren Schalenhaus an einem passenden Steine zertrümmert und die Weichteile herausfrißt.

Geht aber der Sommer seinem Ende zu und rückt die Reife der Beeren verschiedensten Waldgesträuches heran, dann wechseln beide Drosseln ihre Nahrung und gehen zur Beerenkost über. Die Amsel geht den Waldkirschen, den Beeren des roten und schwarzen Holunders, des Faulbaumes, ganz besonders gerne den Ebereschbeeren, wenn diese seltener werden, den Früchten der Kreuzdornbüsche, des Wachholders, des Weißdorns, der Rainweide und auch der Vogelmistel nach. Wo viel Spargel gebaut wird, z. B. in der Umgebung von Braunschweig und von Mainz, nimmt die Amsel zur Winterszeit gerne die roten Spargelbeeren an, was man nach W. Schuster beim Fange von Amseln ausnützt, indem man Bündel von Spargelbüschen auslegt und auf diesen Leimrutenstöckchen kreuzweise anordnet. Die Singdrossel frißt mit besonderer Vorliebe Ebereschbeeren, Beeren vom Hartriegel und Faulbaum, Kirschen, Johannisbeeren, Heidel- und Preißelbeeren, die Beeren des roten und schwarzen Holunders, weniger gern die Früchte vom Kreuzdorn und Wachholder, im Notfalle aber auch die Früchte vom Schlingbaum und anderen Holzarten. Indem Amsel und Singdrossel von den Früchten dieser und anderer Holzarten ganz enorme Mengen verzehren und dann die unverdauten Samen an verschiedensten Stellen des Waldes abgeben, machen sie sich so des weiteren durch Weiterverbreitung nützlichen oder dem Walde zur Zierde gereichenden Unterholzes und Gesträuches forstnützlich, andererseits aber, indem sie, wenn auch in geringem Maße, die Samen der lästigen Vogelmistel aussäen, schädlich.

Bei den Vogelstellern steht die Amsel nicht in Gnade; sie ist ihnen viel zu schlau. Sie weiß in den Dohnenstiegen den lockend ausgelegten Beerenbüscheln beizukommen, ohne sich selbst zu fangen, indem sie sich nicht in den Bügel setzt, sondern nach dem Beerenbüschel schnappend unter der Dohne wegfliegt und das ganze Büschel herunterreißt. Selten fängt sich da eine alte Amsel, wohl aber kann es vorkommen, daß sich Amseln, wenn ihnen solche Beraubung einer Dohne gelungen ist, mehrere Tage nach einander einfinden und mehrere Dohnen nebeneinander der Lockbeeren berauben. Dagegen fängt sich die Singdrossel in Dohnen und Sprenkeln, besonders wenn sie mit Ebereschbeeren behangen sind, sehr leicht. Von beiden Drosseln ist das Fleisch im Herbste sehr schmackhaft. Das wußten schon die alten Römer, welche die Amseln in großen Vogelhäusern zum Verspeisen künstlich mästeten.

Crinum Moorei.
Im Kgl. Botanischen Garten zu München vom Verfasser für die „Gartenwelt“ photographisch aufgenommen.

Schlecht ist der Jäger auf die Amsel zu sprechen. Er mag sein Wild noch so leise und vorsichtig anschleichen, die mißtrauische, vorsichtige, kluge Amsel, die unter allen unseren heimischen Drosseln das einsamste und verborgenste Leben führt, wird seiner gewahr, verscheucht ihm, indem sie mit lautgellendem Warnungsrufe abfliegt, das Wild.

Am berechtigtsten ist aber die Mißgunst, in der die Amseln und Singdrosseln bei dem Gärtner und Obstzüchter stehen. Beide statten zur Zeit der Kirschen- und Birnenreife diesen Obstbäumen ihren Besuch ab und scheuen oft weite Flüge nicht, um sich an diesem Obste gütlich zu tun. Sie suchen auch die Erdbeerplantagen heim, fressen in Menge von den Früchten und wühlen die Beete auf. In manchen Gegenden werden sie für die Weingärten ganz außerordentlich schädlich, deshalb sieht sich der Weinbauer genötigt, mit den Hecken, in denen sie nisten, aufzuräumen.

Das Schuldkonto der Amsel ist aber noch weiter belastet. So scheu und zurückgezogen die Amsel im Walde sich zeigt, wo sie das dichte Waldgebiet mit reichlichem Unterholze, besonders gern die von jungen Nadelbäumen gebildeten, mit Wachholdergebüsch vermengten Dickichte bewohnt, so keck, vordringlich, neugierig ist die Amsel in den Städten unter dem Schutze des Menschen geworden. Sie fühlt sich da ganz als Herrin unter den Vögeln und soll, wie manche Vogelfreunde klagen, durch ihr unruhiges, neugieriges, vordringliches Wesen andere kleinere Singvögel, die sich mit der Zeit in die Nähe des Menschen gezogen haben, beunruhigen und aus den Gärten verscheuchen. Ja die Amsel ist direkt des Nestraubes, der Tötung der Brut kleiner Singvögel, geziehen worden. In dem bekannten Würzburger Amselprozeß suchte der Zoologe Semper, der die Amsel in seinem Garten nicht duldete und deshalb der Übertretung des Vogelschutzgesetzes angeklagt war, den Beweis für die Gefährlichkeit der Amsel zu erbringen und wurde hierbei durch ein Gutachten des Ornithologen Baldamus unterstützt. Andere Vogelfreunde führen Klage darüber, daß die Amsel in den Städten, die gleichfalls in die Nähe des Menschen ziehende Singdrossel verdränge. So macht Gengler die Amsel dafür verantwortlich, daß seit etwa 20 Jahren die Singdrossel in der Umgebung von Erlangen ersichtlich abnimmt.

Es ist zu wünschen, daß die Ornithologen, welche solche Gefährlichkeit der Amsel entschieden bestreiten und höchstens zugeben, daß man es da mit einigen gewalttätig veranlagten und dann entschieden zu vertilgenden Exemplaren zu tun habe, recht haben und wir nicht wirklich Ursache bekommen, die Einbürgerung der Amsel in den Städten als unerwünscht anzusehen. Amsel und Singdrossel werden nach den unausbleiblichen anfänglichen Besitzstreitigkeiten nach und nach lernen, neben einander auszukommen. In England ist die Singdrossel heute schon überaus häufig, nistet in der Nähe der Häuser in Schuppen, in Hecken und Lauben und ist auch in den Gärten Londons schon seit etwa 20 Jahren eingebürgert. In Dresden ist die Singdrossel ebenso häufig wie die Amsel. Der Obstgärtner wird wohl Mittel und Wege finden müssen, Amsel und Singdrossel von seinen Kirsch- und Birnbäumen, seinen Erdbeerpflanzungen und Weingärten fernzuhalten, der Städter aber, dem diese beiden edlen Sänger durch ihre herrliche Sangeskunst so viele Freude bereiten, sieht die fortschreitende Übersiedelung dieser sangesfreudigen Vögel in die Gartenanlagen der Städte mit aller Freude und verzeiht ihnen ob ihres herzerfreuenden Gesanges manche ihrer wirklichen oder fraglichen Untugenden.

Mannigfaltiges.

Ein 6000jähriger Baum. Mehrere Botaniker, die eine Forschungsreise in Mexiko unternommen hatten, haben nahe bei Chapultepec eine Cypresse von einem Umfange von 36 m aufgefunden. Nach ihrer Schätzung muß der Baum ungefähr ein Alter von 6200 Jahren besitzen; nach Prüfung der Jahresringe scheint dies wenigstens festzuliegen.

Von einer anderen ehrwürdigen Reliquie wird aus Cairo berichtet, wo in der Nähe von Heliopolis eine uralte Sycomore in letzter Zeit eingegangen ist. Nach der Legende wird erzählt, daß unter diesem Baume die heilige Familie auf ihrer Flucht nach Ägypten ein Obdach gefunden habe. Allerdings konnte diese Sycomore, wenn sie auch alle Zeichen des Alters trug, höchstens 600 Jahre alt sein. Nach einer anderen Tradition soll sie aber ein Ableger der ursprünglichen Sycomore gewesen sein, und auch diesmal wird an der Stelle des gefallenen Baumes ein neuer Ableger aufwachsen, sodaß die Tradition gewahrt bleibt.

In Deutschland mag wohl die Ulme von Schimsheim (Kreis Oppenheim in Rheinhessen) der älteste und stärkste Baum sein. Die hessische Regierung, die sich den Schutz der Naturdenkmäler sehr angelegen sein läßt, hat diese im Volksmunde „Effe" genannte Ulme unter den Denkmalschutz gestellt. Man beabsichtigt den Baum, so gut es geht zu renovieren, indem die Hauptäste mit Eisenwerk verankert und der ganze Baum mit einem Eisengitter eingefriedigt werden soll. Das Alter des Riesen wird auf ca. 1000 Jahre geschätzt, der Umfang des Stammes beträgt $15\frac{1}{2}$ m. Diesen Umfang behält der Stamm bis zu einer Höhe von ca. 5 m bei, die beiden Hauptäste, in die sich der Stamm teilt, haben einen Umfang von 10 resp. 5 m, während diese wieder Nebenäste von 1 m Umfang aufweisen. In den sechziger Jahren war der Stamm des Baumes fast ganz hohl gebrannt und man befürchtete, daß er absterben würde. Die Höhe des Baumes, die früher ungefähr 30 m betrug, wurde damals, um den Baum überhaupt zu erhalten, auf die jetzige Höhe von 17 m reduziert. Bis vor einigen Jahren hatte der hohle Baumstamm zwei Öffnungen als Zugänge. Bei einem Dorffeste wählte einst eine aus 15 Mann bestehende Musikkapelle dieses Baumstamminnere als Musikpavillon. Der hohle Stamm ist jetzt mit Sand ausgefüllt und waren dazu 22 Kubikmeter notwendig. In Rheinhessen spricht man von dem Baume als dem „Schimsheimer Rathaus", weil sich unter seinem Schutze gegen Regen und Sonnenschein des Sonntags die Schimsheimer Männer zu versammeln pflegen, um über die Tagesneuigkeiten und die Gemeindeangelegenheiten zu reden, während an Wochentagen die Schimsheimer Schuljugend sich die „Effe" zum Tummelplatz und des Abends die freiende Jugend zum Stelldichein zu wählen pflegt. Sch.

Kakteen und Sukkulenten.

Crassula. Neuerdings ist die Vorliebe für Fettpflanzen aller Art besonders für Kakteen sehr im Schwunge, ganz wie zu der Zeit als der Großvater die Großmutter nahm und die Krinoline als Staatskleid der Dame galt. In der Tat kann man sich dieser Bewegung nur sehr freuen, denn die zum Teil durch ihre schönen und leuchtenden Blütenfarben ausgezeichneten Pflanzen bieten daneben durch die mannigfache Gestaltung ihrer Körper bei aller Einfachheit eine so reiche Abwechslung, daß man an die Krystallformen im Mineralreiche erinnert sein könnte. Daneben ist die Kultur eine leichte, sobald man nur ihre Eigenart ein wenig berücksichtigt, und für den Liebhaber kommt noch hinzu, daß sie im Zimmer oft besser gedeihen als im Glashause.

Im Laufe der Jahre wurden schon eine größere Menge dieser Gestalten in diesen Blättern namhaft gemacht. So beschrieb ich die *Mesembryanthemum* der *Sphaeroidea*-Gruppe. Heute möchte ich an zwei kleine *Crassula* erinnern, die in polsterförmigen Rasen wachsen, kleine niedliche, zierliche Formen haben und außerordentlich dankbare Winterblüher sind.

Crassula Schmidtii, Rgl., Abb. S. 70, ist die kräftigere von beiden. Sie hat kreuzweis gegenständige Blätter, etwa $2\frac{1}{2}$ cm lang und $\frac{3}{4}$ cm breit, oberseits dunkelgrün, unterseits rötlich angelaufen. An den sterilen Zweigen stehen die Blätter fast schopfig dicht zusammengedrängt, an den blütentragenden Zweigen sind sie kleiner und lockerer gestellt. Die Blüten sind in verzweigten Doldenrispen vereinigt, die einzelnen Blüten öffnen sich der Reihe nach von innen nach außen, ihre Farbe ist ein leuchtendes Dunkelkarminrot. Die Heimat der Pflanze ist Südafrika, von wo sie Anfang der 80er Jahre durch Haage & Schmidt, Erfurt, eingeführt wurde.

Crassula Bolusii, Hook. f., Abb. S. 70, ist eine weit zierlichere Pflanze mit ebenfalls kreuzweis gegenständigen Blättern, die aber nur bei schattig und feucht kultivierten Pflanzen etwas mehr von einander entfernt sind; bei zweckmäßig und gut kultivierten Pflanzen von sonnigen Standorten stehen die Blätter so gedrängt, daß an kurzen Stielen kleine Rosetten sich bilden, welche uns Gärtnern prächtiges Stecklingsmaterial liefern. Die Farbe der Blätter ist grün mit unregelmäßig darüber verstreuten, dunkelbraunroten Punkten. Blattgröße etwa 15 mm Länge und 2 mm Breite. Die kleinen, weißen Blütchen sitzen an der Spitze der Zweige in kurzen Rispen und stehen in netter Wechselwirkung mit dem dunklen Laube.

Crassula Schmidtii.
Vom Verfasser für die „Gartenwelt" photographisch aufgenommen.

Diese Pflanze wurde von Mr Bolus, dem so verdienten und bekannten Botaniker, vom Cap 1874 nach Kew eingesandt und fand von da in die Gärten um so eher Eingang, als das geringste Stückchen als Steckling weiter wächst.

In der Kultur verlangen beide Pflanzen einen lichten Stand und ein sandig-lehmiges Erdgemisch. Die Wassergaben seien besonders im Winter spärlich.

B. Othmer.

Fragen und Antworten.

Beantwortung der Frage No. 463. Ich bin gezwungen, meine *Cyclamen* mit Quellwasser zu gießen und vermag seit Jahren nur meist schwache und dürftige Pflanzen zu erziehen. Kann mir ein Kollege aus eigener Erfahrung mitteilen, wie ich unter diesen Verhältnissen zu verfahren habe, um kräftige Pflanzen zu erhalten?

Das schlechte Resultat mit Ihren *Cyclamen* wird allein im Wasser nicht zu suchen sein. Sie werden dafür sorgen müssen, daß das Wasser gut abgestanden verwendet wird und einen gewissen Wärmegrad hat. Hierdurch würden sich Kalk und Salpeter niederschlagen können. Regenwasser ist entschieden für *Cyclamen* das beste, da es weich und rein ist. Ausgangs März müssen schöne, gesunde Pflanzen in möglichst kleine Töpfe mit gutem Abzuge (scharfer Kies) gepflanzt und auf ein warmes Mistbeet von 20 Grad Bodenwärme möglichst nahe am Glase eingefüttert werden. Kühlt der Kasten frühzeitig ab, so muß für diesen Zweck ein neuer hergerichtet werden. Sobald die Pflanzen durchwurzelt sind, müssen sie in entsprechend größere Töpfe verpflanzt werden.

Crassula Bolusii.
Vom Verfasser für die „Gartenwelt" photographisch aufgenommen.

Erdmischung: zwei Teile Heideerde, ein Teil Lauberde und etwas möglichst scharfer Sand. Später kann der Erde gut verrotteter Dung beigegeben werden. Das Gießen muß von kundiger Hand geschehen. An warmen Tagen ist mehrmaliges Spritzen förderlich.

M. Hoepfner, Potsdam.

— Wenn Sie gezwungen sind, für Cyclamenkulturen Quellwasser zu verwenden, so dürfen Sie dasselbe nur in abgestandenem, unter Umständen künstlich erwärmtem Zustande nehmen. Es kann dem Gießwasser bei in voller Vegetation befindlichen Pflanzen immer ein wenig Kuhjauche beigegeben werden.

Chr. Wedemann,
Altona-Othmarschen.

Beantwortung der Frage No. 464. Ich habe alte, im freien Lande stehende Mutterpflanzen von Hortensien und möchte meinen Bedarf an blauen Hortensien selbst ziehen. Welches ist die vorteilhafteste Kultur und zu welcher Zeit müssen die Pflanzen in eisenhaltige Erde verpflanzt werden?

Bis die Hortensien fertig sind, d. h. bis sie ihr Blütenholz ausgereift haben, ist die Kultur derjenigen, die blau blühen sollen, dieselbe wie die der weiß und rosa blühenden. Bevorzugt man zweijährige und Freilandkultur, die ich auch in diesem Falle für die rentabelste halte, so nehme man die Pflanzen im Oktober aus der Erde und wasche die Wurzeln sauber aus. Alsdann pflanze man in sogenannte „blaue Erde". Es ist dies eine Erde, die in der Nähe von Köhlerhütten aus dem Abraum und den Abfällen der Holzkohle entsteht. Dieser Erde setze man ein gutes Quantum Hornspäne zu. Kann man sich diese Erde jedoch nicht beschaffen, so kommt man auch auf andere Weise zum Ziele. Man nehme dann eine gute, nahrhafte Erde und setze derselben ein gut Teil Eisenfeilspäne zu, oder auch gemahlenes Eisensalz. Auch ein Begießen mit einer nicht zu starken Alaunlösung, sobald der Trieb beginnt, tut dieselben Dienste. Hortensien, von vornherein in eisenhaltiger Erde kultiviert, sollen hellblau blühen.

Heitmann, Ostseebad Heringsdorf.

— Im Freien stehende Mutterpflanzen liefern im Mai Stecklinge, welche auf dem schnellsten Wege zur Bewurzelung gebracht und dann mit leichter Erde eingetopft werden.

Nachdem Durchwurzeln kann man die meisten zum ersten Male pinzieren, bei geeigneter Witterung werden sie dann auf das gut durchgearbeitete Land ausgepflanzt. Gedeihen die Mutterpflanzen im freien Lande gut, so braucht man keine besondere Beimischung von leichter Erde; bei schwerem Boden ist Moorerde, in geringen Mengen eingehackt, zu empfehlen. Natürlich muß das Land in guter Kultur stehen. Nach dem Pflanzen werden die Beete mit kurzem Mist oder Laub abgedeckt. Bei fleißigem Gießen und öfteren Dunggüssen entwickeln sich die Pflanzen üppig; nach dem zweiten Entspitzen hält man die Beete weniger feucht und stellt das Gießen schließlich ganz ein, um ein möglichst vollkommenes Ausreifen zu erzielen. Mitte September werden die Pflanzen entweder nach gründlichem Auswaschen des Wurzelwerks mit sogen. „blauer Erde" eingetopft, oder in lehmige Moorerde eingepflanzt, und in diesem Falle später mit Ammoniak-Alaun behandelt. Man erhält auf diese Weise 4 bis 7 triebige Pflanzen, größere Ware erzielt man durch Zusammenpflanzen zweier Stecklinge beim Auspflanzen. Beim Eintopfen achtet man darauf, diese Doppelpflanzen in den Topf zu bringen, ohne die Stellung der Triebe zu einander zu verändern. Bei fleißigem Spritzen wurzeln die Pflanzen bald durch. **Werner Lieb**, New York.

— Um blaublühende Hortensien zu erhalten, verfährt man folgendermaßen: Nach dem Verblühen verpflanzt man dieselben und mischt bei dieser Gelegenheit Alaun oder Eisenfeilspäne unter die Erde. Die Eisenfeilspäne müssen aber zuvor in einem alten Kübel tüchtig angegossen werden und in demselben längere Zeit lagern und rosten, dann vor dem Beimischen fein zu Pulver geschlagen werden. Man schüttle die alte Erde des Pflanzenballens gut ab. Man kann die Hortensien auch in eisenhaltige Erlenbruch- oder Sumpfmoorerde verpflanzen. Den besten Erfolg erzielt man durch Bezug der dazu geeigneten Erde aus Gegenden mit eisenhaltiger Erde. Für Topfkultur ist das beste Mittel, die Pflanzen 8 bis 10 Wochen vor der Blüte mit einer Alaunlösung zu begießen, empfehlenswerter. In jeder Drogerie erhält man das erforderliche Ammoniak-Alaun. Durch die Anwendung des Alaunsalzes erhält man eine reine, tiefblaue Färbung. Man rechnet 10 gr Ammoniak-Alaun auf 1 l Wasser. Genanntes Salz besitzt einen Gehalt an schwefelsaurem Ammoniak, das bekanntlich ein wirksames Stickstoffdüngemittel ist. Die Hortensien zeigen nach diesem Begießen williges Wachstum und sehr schöne Grünfärbung der Blätter. **P. Bätcker**, Braunschweig.

Beantwortung der Frage No. 465. Ist es möglich, im Rheinlande ausgepflanzte große Hortensien und *Araucaria imbricata* ohne Decke über Winter im Freien zu belassen?

Vor Jahren standen größere *Araucaria imbricata* und *Sequoia gigantea* (*Wellingtonia*) in verschiedenen Privatgärten von Remscheid, Solingen und näherer Umgebung, die aber vor ungefähr 10 bis 12 Jahren in mehreren aufeinander folgenden strengen Wintern bis auf wenige Überreste hinweggerafft wurden. Es war einigermaßen verwunderlich, diese doch als nicht ganz hart bekannten Pflanzen in einer Höhenlage von 3—400 Metern in solcher Schönheit anzutreffen, doch ist dabei zu bedenken, daß hier eine Kälte von 15 bis 18° C. seltener eintritt und dann auch nur von kurzer Dauer ist. Das im übrigen recht rauhe Klima mit seinen außergewöhnlich reichlichen Niederschlägen und selbst der alles bedeckende Fabrikruß schadet hingegen diesen Pflanzen, insbesondere der *Araucaria imbricata*, wegen ihrer harten äußeren Beschaffenheit, fast nichts.

Vor nunmehr neun Jahren habe ich eine solche, die bereits eine Höhe von etwa 3 Meter besaß und ebenfalls sehr gelitten hatte, so daß sie mehr braun als grün aussah, nachdem ich die unteren halbtoten Etagen entfernt hatte, auf einen angefahrenen Hügel gepflanzt und mit einer Gruppe starker *Rhododendron* umgeben. Diese Pflanze hat jetzt eine Höhe von etwa 5 Meter und auch der letzte Winter, dessen 15° C. junge, unbeschützte Exemplare scheinbar stark mitgenommen haben, ist wieder spurlos an ihr vorübergangen. Jedenfalls trägt der durch die *Rhododendron* bewirkte Schutz der Wurzeln und des unteren Stammes am meisten zur Erhaltung dieses Prachtexemplares bei, welches seinerzeit einen so trostlosen Anblick gewährte.

Auch direkt am Rhein (der Begriff Rheinland ist etwas groß) hält *Araucaria imbricata* auf die Dauer in sehr geschützter Lage aus, aber bei jungen Pflanzen ist unbedingt ein Schutz erforderlich. Am geeignetsten dürfte hierzu ein Bretterverschlag sein.

Für Hortensien gilt ungefähr dasselbe, denn diese halten im allgemeinen wohl aus, frieren jedoch meist etwas zurück und blühen deshalb nur unvollkommen oder gar nicht. Wenn man wirklich mal eine Gruppe schönblühender Hortensien im freien Grunde sieht, so ist das eben nur eine Ausnahme und damit kann man nicht rechnen. Die schönsten Hortensien, die ich je gesehen habe, hat Herr städt. Garteninspektor Wagener in Bochum herangezogen, diese erfüllen ihren Zweck als hervorragende Schmuckpflanzen des Parkes voll und ganz, ebenso die wohl kleineren, aber ebenfalls schönen Exemplare des Herrn Obergärtner Stumpp, Freiherrlich von Heyl'sche Gärten in Worms. In beiden Fällen stehen die Pflanzen jedoch in Kübeln.

Stadtgärtner **Max Büttner**, Solingen.

— *Araucaria imbricata* hat die letzten milden Winter im Rheingau gut ausgehalten, ohne irgendwelchen Schutz, bei einer Maximalkälte von 13° C. Aber soviel ich letzten Winter an verschiedenen Orten beobachten konnte, haben die Pflanzen an ihrer Schönheit eingebüßt. Um dieses zu verhindern, rate ich folgende Bedeckung an: Man baut im Herbst aus dünnen Stäben ein leichtes Gestell über die Pflanzen und spannt Bastmatten darüber. Bei einer solchen Bedeckung werden *Araucaria imbricata* auch strengeren Frost, bis zu 22° C., aushalten. **Ernst Richlin**, Niederwalluf.

— In hiesiger Gegend findet man sehr viele starke Exemplare von völlig winterharten Hortensien. Dagegen findet man meist *Araucaria imbricata* in Packleinwand eingebunden oder sonst gegen Frost geschützt. Durch die vielen leichten Winter ist man vielfach davon abgekommen, zu decken, so findet man *Rhododendron*, *Azalea mollis* und Rosen meist ohne Deckung. Der letzte, für hiesige Verhältnisse sehr strenge Winter, bis 13° C., wird hierin wohl eine Änderung eintreten lassen.

Peter Rademacher, Handelsgärtner, Bonn.

Neue Frage No. 506. Ich beabsichtige eine Obstplantage anzulegen. Ist es geratener, Buschobst oder Pyramiden anzupflanzen? Die Lage ist eine südliche, nach Norden durch große Lindenallee und Gebäude geschützt. Boden ist schwerer Sand- und leichter Lehmboden. Ich bitte um Angabe der besten, ertragreichsten Äpfel-, Birnen- und Pfirsichsorten (Tafelobst), ferner um Angabe der besten Pflanzzeit, bei Buschobst die Pflanzweite und um Angabe der besten Düngung beim Pflanzen.

Neue Frage No. 507. Welche winterharten und möglichst schönblühenden Rosen eignen sich zur Bildung von Hecken als Einfassung eines durch einen Park von Süden nach Norden führenden, 8 m breiten, viel benutzten Weges? Zu beiden Seiten dieses Weges steht höheres Laubgehölz, vorwiegend Birken. Ostseeklima.

Neue Frage No. 508. Gibt es ein Verfahren, nach welchem Koniferen für ein Herbarium so gepreßt werden können, daß sie Nadeln und Färbung behalten? Beim gewöhnlichen Pressen verlieren die Vertreter der Gattung *Picea* die Nadeln.

Aus den Vereinen.

Verein deutscher Gartenkünstler. Sitzung vom 21. Oktober. Nicht weniger als vier Preisausschreiben liegen zurzeit vor und konnten in der Sitzung besprochen werden. Zuerst ein nur auf einige aufgeforderte Teilnehmer beschränktes, für einen Friedhof der Gemeinde Groß-Lichterfelde, das jedoch wegen dieser Beschränkung auf allgemeines Interesse keinen Anspruch machen kann, sodann das Ausschreiben der „Woche", welches in No. 3 dieser Zeitschrift gekennzeichnet wurde. Mehr Beachtung beansprucht der Stadtpark für Regensburg. Ein eigenartig geschnittenes Terrain und eine Reihe nicht alltäglicher Aufgaben — eine im Jahre 1910 abzuhaltende Ausstellung mit ihren projektierten Baulichkeiten muß berücksichtigt werden; einige Terrainabschnitte, jetzige Friedhöfe, können dem Parke erst in 10 bis 30 Jahren einverleibt werden, u. a. — dürften zu eifrigem Nachdenken anregen und lassen eine große Menge verschiedener Lösungen zu. Daß die Frist bis zur Einlieferung der Arbeiten so kurz gesteckt und die Planunterlage auch hier wieder in kleinerem Maßstabe gegeben ist wie die Ausführung verlangt wird, ist zu rügen. Sonst sind die Bedingungen klar gestellt und entsprechen den Grundsätzen.

Eine Aufgabe, ungewöhnlich in ihrem Umfange wie nach den ausgesetzten Preisen, ist das Ausschreiben der Berliner Stadtsynode für einen Friedhof bei Stahnsdorf. Nicht weniger wie 21 Berliner Kirchengemeinden werden auf dem Riesenterrain ihre Friedhöfe unter gemeinsamer Verwaltung zusammenlegen. Eine Hauptkirche und neun Kapellen dienen den kirchlichen Bedürfnissen, während umfangreiche Baulichkeiten für den gewaltigen Verwaltungsapparat vorgeschrieben sind. Ein Bahnhof, Haupt- und Nebeneingänge, sowie die Gärtnerei sind bezüglich ihrer Lage genau bestimmt, so daß ein gewisser Kern für das Projekt vorhanden ist. Das Terrain bietet keine besonderen Schwierigkeiten, weist allerdings auch nicht auf ganz bestimmte Lösungen hin; so daß sich ein weiter Spielraum ergibt. Der vorhandene Wald besteht meist nur aus wertlosen Kiefernschonungen, und nur ein kleiner Teil im Norden des Geländes ist mit alten, malerischen Kiefern bestanden und so gärtnerisch beachtenswert.

Sehr schöne Bilder aus seiner Heimat führte uns Herr Stadtrat **Rasmus Meyer** aus Bergen (Norwegen) vor. An den Gestaden des atlantischen Ozeans gelegen, unter dem Einflusse des Golfstromes stehend, hat Bergen Wintertemperaturen, die nie unter — 13° C. hinuntergehen, während z. B. das Januar-Mittel 0° beträgt. Das sind Verhältnisse, die für die kältesten Jahreszeiten ungefähr denen Venedigs gleichen, ein Umstand, den wir fast stets vergessen in Betracht zu ziehen und dem die Küste Norwegens das treffliche Gedeihen vieler Pflanzen verdankt, die in der norddeutschen Ebene nicht mehr als winterhart betrachtet werden können, wie *Thuya Lobbi, Sequoia gigantea, Araucaria imbricata* und andere. Ein Exemplar der letzteren hat übrigens den verflossenen, so ruinösen Winter im hiesigen Humboldthain ohne Bedeckung und ohne Schaden zu nehmen, durchgemacht, wie Axel Fintelmann noch in der letzten April-Sitzung des Vereins berichtete. Die Bilder, vorzüglich gelungene Aufnahmen, teils aus dem Parke des Herrn Meyer, teils aus dem Stadtparke von Bergen, der mit Beihilfe der Stadt von einer gemeinnützigen Gesellschaft, unter ähnlichen Verhältnissen wohl wie der Friedrichspark in Mannheim, angelegt ist und unterhalten wird, zeigt, überall zu Tage tretend, die Felsen der Steilküste Norwegens, auf den Rasenmatten dazwischen jedoch eine Fülle der herrlichsten Blumen in natürlicher Anordnung.

Herr Stadtgärtner Schlegel führte ein mächtiges Exemplar einer *Wigandia caracasana* vor. Ein Frühjahrssämling, hatte dieselbe ohne besondere Pflege und trotz des kalten Sommers geradezu riesige Dimensionen angenommen.

Unter den ausliegenden Büchern sei besonders der Hesdörffersche Gartenkalender für 1908, mit seinen vielen nützlichen Tabellen und Artikeln, erwähnt; ferner das mit vorzüglichen Bildern und einem Plane versehene Album „Benrath“, von unserem Mitgliede, dem Kgl. Hofgärtner K. Fritz daselbst verfaßt, und von demselben zu beziehen.

Es wurde beschlossen, in Zukunft zu den Berliner Versammlungen nicht mehr besonders einzuladen. Wir bitten deshalb die Vereinsanzeigen auf der fünften Seite des grünen Umschlages der „Gartenwelt“, wo sie nunmehr stets an der gleichen Stelle erscheinen werden, recht sorgfältig zu beachten. B.

Bücherschau.

Deutscher Garten-Kalender, 35. Jahrgang 1908. Herausgegeben von Max Hesdörffer. Verlag von Paul Parey, Berlin SW. 11, Hedemannstr. 10/11. Preis in Leinen gebunden, mit einer halben Notizseite pro Tag 2 M., in Leder gebunden, mit einer ganzen Notizseite pro Tag 3 M.

Der Deutsche Garten-Kalender ist nicht nur der älteste der alljährlich erscheinenden Garten-Kalender, sondern auch der anerkannt beste und reichhaltigste. In weiten Fachkreisen gehört dieser Kalender zum täglichen Rüstzeug des Gärtners, dessen Erscheinen Jahr für Jahr mit Spannung erwartet wird. Von neu aufgenommenen Tabellen und Abhandlungen seien genannt: Tabelle niederer Blattpflanzen für Teppichbeete; Leitsätze für das Geschäftsverfahren landschaftsgärtnerischer Betriebe; Wie erweitert der Gärtner durch geeignete Reklame sein Absatzgebiet?; Die besten Schnittblumensorten der Gegenwart; Amerikanische Remontantnelken; Gründüngung; Vogelschutz; Gärtnerische Züchtungskunst; Größe und Einwohnerzahl europäische Staaten; Einwohnerzahl der wichtigsten Orte des Deutschen Reiches Einwohnerzahl der wichtigsten Städte anderer Staaten u. a.

Insgesamt enthält der neue Jahrgang über achtzig selbständig Artikel und Tabellen, welche über alle Fragen des täglichen Berufslebens zuverlässige und schnelle Auskunft geben und in vielen Fälle schwierige rechnerische Arbeiten ersparen.

Der Deutsche Garten-Kalender ist in Tausenden von Exemplare verbreitet, hat sich unter allen Verhältnissen bewährt, zahlreich Nachahmungen überlebt und aus dem Felde geschlagen. Der gering Preis von 2 M. ermöglicht jedem Gärtner die Anschaffung und we einmal seine Bekanntschaft gemacht, ihn als tägliches Notiz- un Nachschlagebuch benutzt hat, der wird ihn in den kommenden Jahre nicht mehr missen wollen.

Tagesgeschichte.

Hannover. Der Ausschuß für die Errichtung eines Denkmal für den Gartendirektor Trip in Hannover veröffentlicht im Inseratenteile dieser Nummer einen Aufruf. Die dem Verstorbenen zugedacht Ehrung ehrt zugleich den ganzen Beruf und hoffen wir, daß auc aus gärtnerischen Kreisen zahlreiche Beiträge eingehen, damit ei würdiges Denkmal zustande komme. M. H.

Gärtnerisches Unterrichtswesen.

Stuttgart. Die Vereinigung selbständiger Gärtner Württembergs, E. V., hat hier eine Gärtnerfachschule (Winterschule) zu besseren Fachbildung für junge Gärtnersöhne, Gehilfen und Lehrling gegründet. Die Staatsregierung und die Stadt Stuttgart unterstütze diese Schule mit Geldmitteln. Der Lehrgang beginnt Mitte Novembe und endet Ausgang Februar. Unterrichtsfächer sind: Landschaftsgärtnerei und Planzeichnen; Allgemeine Stillehre; Botanik; Allgemeiner Gartenbau; Obst- und Gemüsebau; Pflanzenkultur; Fachzeichnen; Chemie und Physik; Rechnen; Geometrie; Buchführung; Geschäftsaufsatz; Bürgerkunde; Nachbarrecht; Arbeiterversicherung usw Tüchtige Lehrkräfte wurden gewonnen. Das Schulgeld beträgt 20 M Die Schule soll den bestehenden Fachschulen keine Konkurrenz machen; sie ist für junge Gärtner bestimmt, denen es nicht möglic ist, ihrer theoretischen Ausbildung ein bis zwei Jahre zu widmen.

Personal-Nachrichten.

Hackbarth, Albert, Gutsgärtner zu Koseeger im Kreise Kolberg Körlin, erhielt das Allgemeine Ehrenzeichen.

Hofmann, Johann, nicht Lehmann, wie versehentlich in No. mitgeteilt wurde, hat sich in Döbeln als Handelsgärtner niedergelasse

Krämer, P., seitheriger Obergärtner der Fürstlich Erbach Schönberg'schen Hofgärtnerei in Schönberg, wurde zum Hofgärtne ernannt.

Kühn, Gottlieb, Gärtner in Waldau (Schles.), † am 18. Oktobe im Alter von fast 90 Jahren. Der Verstorbene war der älteste Bürge Waldaus und hat über 50 Jahre das Amt eines Schulvorsteher verwaltet.

Lehmann, Gottlob, Gärtner zu Groß-Kraußnigk im Kreis Luckau, erhielt das Allgemeine Ehrenzeichen.

Livoni, A. D., Sondenburg, beging die Feier des 50 jährige Bestehens der von ihm im Alter von 27 Jahren 1857 begründete Handelsgärtnerei.

Seyderhelm, Julius Louis, Mitinhaber der weitbekannten Ho lieferantenfirma Gebr. Seyderhelm, Hamburg, ein hervorragende überall gern gesehener Fachmann, seit Jahren auf vielen Ausstellunge als Preisrichter tätig, † am 25. Oktober im 60. Lebenjahre.

Aus Anlaß des Rücktrittes des Kgl. Ökonomierates **Friedr. Luca** in Reutlingen von der Leitung des Deutschen Pomologenvereins a 1. April d. Js., haben sich zahlreiche Freunde und Verehrer diese verdienten Pomologen zur Stiftung einer Ehrengabe zusammengeta Zugedachte Beiträge sind bis zum 30. November an Verlagsbuc händler Eugen Ulmer in Stuttgart zu senden.

Berlin SW. 11, Hedemannstr. 10. Für die Redaktion verantwortlich Max Hesdörffer. Verlag von Paul Parey. Druck: Anhalt. Buchdr. Gutenberg e. G. m. b. H. Dessa

Haarlemer ▪ ▪ ▪ ▪ Blumenzwiebeln

— frei ins Haus. —

pezialkulturen von Hyanthen, Tulpen, Narzissen etc. unübertroffener Schönheit, prämiiert mit n höchsten Preisen auf den bedeutendsten rtenbauausstellungen wie Paris, Düsselrf, Gent, Antwerpen etc.

Reklame-Postpaket,

thaltend 75 Hyazinthen in verschiedenen achtsorten, besonders geeign. z. Zimmerltur od. z. Auspflanzen in Beete, sende ı **frei ins Haus** geg. Einsend. von

Mark 7.—. [52

Neuester, reich illustr. Katalog

t Beschreibung u. Kulturanweisung von er mehr wie 8000 Zwiebel- u. Knollenwächsen **gratis und franko** bei

George van der Veld,

ISSE bei HAARLEM (Holland).

.Lenz & Dr. V. Bendik

Baumschulen

n Budweis (Böhmen)

ferieren aus ihren hochgelegenen, 15 m ü. d. M., Baumschulen, sanger Lehmboden, blutlausfrei und bestbewurzelt: [242

st- und Zierbäume, Ziersträucher, niferen, Magnolien, Clematis in **Spfen, Rhododendron, Azalea mollis d Pontica, Heckenpflanzen, Obstwildlinge etc.**

ataloge auf Verlangen gratis.

Johs. von Ehren,

Baumschulen,

Nienstedten(Holst.) b. Hamburg,

empfiehlt

gut kultivierter Ware und reicher uswahl **Koniferen, Rhododendron, ıx, Buxus, Azaleen, Kalmien, Androeden. Solitär-Bäume** und **-Sträucher. Stämmige** und **niedere, Hänge-** und **hlingrosen,** in schönen Sorten. **orpflanz-, Deck-** u. **Mittelsträucher, ostbäume** in allen Formen und hönen Sorten in starker grossverhulter Ware. **Johannis-** und **Stacheleren** in stämmiger und buschiger orm, **Himbeeren, Brombeeren, Erdeeren, Strassenbäume, Hecken-** und **Schlingpflanzen.**

rössen und billigste Preisaufgabe auf gütige Anfrage umgehend. [7

Soeben wurden ausgegeben: [76

Einbanddecken

für den

elften Jahrgang 1906/7 der „Gartenwelt".

Preis 1 M. 40 Pf.

einschliesslich Verpackung und Frankatur.

Fehlende Nummern des elften Jahrganges liefern wir, soweit noch vorhanden, pro Nummer für 25 Pf.

Expedition der „Gartenwelt", Berlin SW., Hedemannstrasse 10.

Allee- und Strassenbäume! Starke Linden, Ulmen, Ahorn, etc. oft verpflanzt, Ia. Qualität.

div. **Zier- und Forst-Bäume und -Sträucher billigst** (ev. zollfrei!) bei Waggonladung. Spezial-Offerte und Haupt-Katalog über **sämtliche Baumschulartikel** frei!

Koniferen und immergrüne Pflanzen für Ausstellung und Parkanlage, sowie Weiterkultur.

Jac^s. Jurrissen & Sohn (A.-G.), Baumschulen, **Naarden** (Holl.)

Direkte Wagen von Köln via Cleve-Amersfoort, auch von Berlin via Salzbergen-Almelo. Bahnlinie nach Amsterdam (Naarden-Bussum). [51

Verlag von Paul Parey in Berlin SW., Hedemannstrasse 10.

Gemüse-Album.

Aufnahmen nach der Natur

von **Ernst Benary,** Erfurt.

Tafeln im Format von ca. 45×56 cm auf feinstem Kunstdruckkarton in prachtvoller Ausführung.

Bisher erschienen:

Lieferung 1 (Acht Tafeln): Kopfkohl, Rotkohl, Blätterkohl, Winter-Endivien, Zwiebeln (südliche Sorten) und Radiese.

Lieferung 2 (Acht Tafeln): Karotten, Rabinschen, Kohlrabi, Kopfsalate, Radiese und Rettiche.

Preis jeder Lieferung von 8 Tafeln 6 Mark.

Die nach Aufnahmen auf den Versuchsfeldern der rühmlichst bekannten Firma Ernst Benary in Erfurt hergestellten Tafeln dürfen durch die Vereinigung unbedingter Naturtreue mit künstlerisch vollendeter Darstellung als vollkommen in ihrer Art bezeichnet werden. [230

Weder Mühe noch Kosten wurden gescheut, um mit diesem Album ein Werk von grundlegender Bedeutung für die Kenntnis deutscher und ausländischer Gemüse zu schaffen, so dass es für den Samenhändler wie für den Züchter dauernd von Nutzen sein wird.

Gegen postfreie Einsendung des Betrages erfolgt die Zusendung postfrei.

Stauden- und Baumschul-Kulturen!

In allen einschlägigen Artikeln:

Vom Guten das Beste!

Unter anderem grosse Bestände der feinsten Auswahl in:

Paeonia sinensis, Paeonia arborea, Clematis. [9

Reichhaltiges Verzeichnis mit Beschreibungen und Abbildungen frei!

Goos & Koenemann

Grossh. Hess. Hoflieferanten

Nieder-Walluf bei Wiesbaden

Staudenkulturen und **Baumschulen** für Obstbäume, Koniferen, Rosen und Ziergehölze.

Bambus

für gärtnerische Zwecke.

Alle Längen und Stärken.

Bast, Kokosstricke, Zierkork, Birkenrinde, [93 **Russische Bastmatten, Ausl. Hirschgeweihe und Antilopen, Kabinett-, Zier- und Gartenmuscheln.**

Billigste Offerte umgehend.

Carl Pfützner, Import, **Post Bergedorf bei Hamburg.**

Geschäfte aller Art

von

▪ Liegenschaften ▪

in grösster Auswahl, besonders in der schönen Bodenseeumgebung angrenzenden Schweiz, Oesterreich und deutscher Seite vermittelt das Internationale Kommissionsgeschäft von

G. Heim, Friedrichshafen,

Telephon 60. Seestrasse 21.

Von günstigen Ankauf-, Verkauf-, Pacht-, Verpacht-, Tauschgelegenheiten vorgemerkt und zu vermitteln sind besondere Abteilung der Landesproduktenbranche, Obst und Obstversand betr., feines Tafelobst per 1 Zentner 12 M. Waggon 1800 M., Kochbirnen 1500 M. bis auf weiteres. [236

Gesucht kleine, gute Gärtnerei.

Yucca filamentosa,

3 jährige starke, blühbare Pflanzen, 100 Stück 10 M., empfiehlt [170

Ernst Zenk,

Gärtnerei in **Nürnberg,** Hummelstein.

Wegen Platzmangel **Cyclamen,**

schöne, gedrungene, blühende Pflanzen, per St. 25—60 Pf. [205

Primel conp., St 30 Pf. } voll-
Primel chin., Dtzd. 2 M. } blühend.
Adiantum, St. 25—75 Pf.
Adiantum-Wedel, % 1.50—2 M.

Paul Bethke, Landsberg a. W.

Meine neu erschienene **Engros-Preisliste** sowie **Illustrierter Hauptkatalog** über

▪ Winterharte Stauden ▪

zur Schnittblumengewinnung, zur Ausschmückung von Gärten und Parks, Grotten, Felspartien und Teichen,

Winterharte Freilandfarne und Eriken, Alpenpflanzen, Edel-Dahlien

wird auf Verlangen kostenlos übersandt.

Georg Arends, Ronsdorf (Rheinland). [17

Einträgliche Geflügelzucht ohne Freilau

Herbst und Winter durch Geflügelfutter „Nagut" (früher Nährsalz-Präparat).

Mancher lächelt ungläubig, wenn er hört, daß Geflügelzucht speziell Legehühnerzucht, einträglich sein soll. Wer Hühner haben will, der soll sie auch etwas pflegen, dann lohnen sie sich auch. Zur zielbewußten Hühnerzucht gehören folgende Stücke:

1. Ein reiner, heller, sauberer Stall.
2. Ein kräftiger Hühnerstamm einer guten Legerasse.
3. Ein richtig zusammengestelltes Futter.

Zu 1. Einen Stall kann sich jeder selbst herstellen.

Zu 2. Von einem ehrlichen Züchter kauft man sich am besten Frühbrutküken und einen Hahn.

Zu 3. Die Hühner müssen richtig zusammengestelltes Futter haben. Wir müssen nämlich beachten, daß alle Hühnerarten vorwiegend Fleischfresser sind, und hieraus können wir uns auch leicht erklären, warum die Bauernhühner im Frühjahr und Sommer die meisten Eier legen, denn gerade in diesen Jahreszeiten bietet die Natur zahllose Raupen, Würmer und Insekten, welche im Spätherbst und Winter gänzlich fehlen. Nun muß sich das Huhn in dieser Zeit nur von Grünfutter und Körnern nähren, und der Eierertrag sinkt allmählich auf ein Minimum herab. Nun denkt mancher Züchter, dann brauche ich meinen Hühnern als Ersatz für Würmer und Insekten ja nur Fleisch zu geben, dann werden sie schon legen. Dies ist weit gefehlt, denn wie die Natur durch Würmer und Insekten (die alle Bestandteile in sich haben) es den Hühnern bietet, so können wir es ihnen nicht allein durch Fleisch ersetzen. Das Fleisch enthält nur die Bestandteile des Fleisches; die des Blutes aber fehlen gänzlich. Das Blut enthält Bittererde, Kali, Natron, Eisen usw., und das ist gerade die Hauptsache, weil durch die Bestandteile des Blutes sämtliche Organe gesund erhalten und angeregt werden. Nur durch Mitverfütterung dieser Bestandteile und dem sonstigen Futter, wie Mehl, Kartoffeln, Korn und Fleischfutter, ist es dem Huhn möglich, **auch ohne Auslauf** und im **Herbst** und **Winter** zu legen.

Ich betrieb Hühnerzucht nach alter Methode, es stand ein großer Auslauf zur Verfügung. Als Futter verabreichte ich Korn und Schrotarten: Die Kosten beliefen pro Huhn auf $2^1/_2$ Pf. täglich. Stets erhielt ich im Frühjahr und Sommer die meisten Eier, also zu einer Zeit, wo dieselben wenig kosten. Der Eierertrag belief sich auf ca. 120 Stück pro Jahr, und nehme ich durchschnittlich das Ei zu 6 Pf., so beträgt der Schaden 1 M. 93 Pf. Daß mir die Hühnerzucht in dieser Weise verleidet war, kann sich jeder denken. Nun kam ich auf den Gedanken, ob es nicht möglich wäre, den Hühnern die Bestandteile, die sie zur Eierproduktion nötig haben, auf andere Weise, wie sie Natur bietet, zu verabreichen. Zu diesem Zwecke beobachtete freilebende Hühnerarten und fand, solange der Tisch reichlich Würmern gedeckt, war guter Eierertrag, wurde dagegen Fleisch weniger, dagegen Körnernahrung mehr verabreicht, dann ließ Eierertrag nach. Nun stellte ich verschiedene Fütterungsversuche denn ich meinte, das Richtige gefunden zu haben, und verabreic Fleischnahrung, bestehend aus Fischmehl, Fleischgriesarten, Knoch schrot usw. nebst Korn und Schrotarten. Der Eierertrag stieg, ein anderer Übelstand stellte sich ein: Eier und Fleisch hatten ein **eigentümlichen Beigeschmack** und der Gesundheitszustand Tiere ging zurück. Jetzt stellte ich Mischungsversuche an und schließlich ein Produkt, das alle Anforderungen voll und ganz erfü Nun fing ich an, Geflügelzucht **ohne Freilauf** damit zu prü Ich nahm ein kräftiges Huhn, sperrte es im April ein, verabrei nur Korn und Mehlnahrung und ließ es nie ins Freie. Vorher le dasselbe fleissig. In den ersten 5 Wochen erhielt ich 15 Eier, hörte es auf. Die folgenden 6 Wochen fütterte ich meine Mischu Nach gut 8 Tagen erhielt ich das erste Ei, in den folgenden Wochen erhielt ich 19 große wohlschmeckende Eier. Jetzt wu es geschlachtet, ein fertiges Ei und eine große Menge Eidotter fand sich im Eierstocke vor.

Dieses nun jahrelang ausgeprüfte Geflügelfutter „Nagut" (frü Nährsalz-Präparat) enthält alle Stoffe mit dem nötigen Quant Fleisch, welches der Tierkörper braucht und von diesem voll ganz ausgenutzt wird. Die Futterration beläuft sich ohne Frei bis 2 Pf. pro Tag (Enten etwa 3 Pf.) und mit Freilauf auf $1^1/_2$ Pf. Der Haupteierertrag fällt in die Winterszeit, wo die E bereits 10 Pf. kosten. Der Ertrag der Eier ist etwa 175 pro Hu Nehmen wir das Ei auch jetzt zu 6 Pf., so bleibt stets ein Re gewinn von 3,20 M.

Für die Unschädlichkeit dieses Futters übernehmen wir v Garantie. Der Preis ist dem Körnerfutter ziemlich gleich und st sich bei Verfütterung noch bedeutend billiger.

Ein Postpaket, reines Präparat, welches noch mit 20 Pf Schrot gemischt wird, um verfüttert werden zu können, kostet 2 100 Pfund kosten 16 M. Gebrauchsfertig kosten 100 Pfund 11 Genaue Gebrauchsanweisung liegt jeder Sendung bei.

Nagel & Huth, Lage i. L.

Damit sich jeder von der Wirkung und Güte unseres Präparates überzeugen kann, lassen wir **einige von den vielen tägli einlaufenden Anerkennungsschreiben** folgen, deren Originale vom Notariat beglaubigt sind:

Halle a. S.-Cröllwitz, den 30. September 1907.
Herren Nagel & Huth, Lage (Lippe).
Wir sind in der angenehmen Lage, Ihnen mitteilen zu können, dass die von Ihnen erhaltenen Futtermittel für Geflügel sowohl bei Hühnern als auch bei Enten günstig auf die Eierproduktion gewirkt haben, besonders bei auf engen Ausläufen gehaltenen Tieren als auch im Winter. Wir können daher das hier ausprobierte Geflügel-Nährpräparat aus Ihrer Fabrik nur empfehlen.
Hochachtungsvoll
Zentral-Geflügelzuchtanstalt der Landwirtschaftskammer für die Provinz Sachsen.
Halle (Saale)-Cröllwitz. **A. Beeck.**

Herren Nagel & Huth, Lage i. L.
Senden Sie mir umgehend 50 Kilo Geflügel-Nährsalzpräparat, gebrauchsfertig. Das Futter ist das beste und rentabelste, was ich bisher verfüttert und ist der Erfolg wirklich überraschend.
Landau a. Isar, Niederbayern, 16. 1. 07.
H. Bäuerlein, Kassierer des Geflügelzuchtvereins.

Bitte um geneigte recht baldige Zusendung eines Postpaketes Ihres vorzüglichen Geflügel-Nährsalzextraktes. Gegen Nachnahme.
Brotzen i. Westpreussen, 10. 5. 07.
Ergebenst **von Wissmann**,
General d. Infanterie z. D. auf Brotzen.

Herren Nagel & Huth, Lage i. L.
Ich habe so gute Erfolge mit Ihrem Geflügel-Nährsalzextrakt gemacht, dass ich beabsichtige, dasselbe allgemein hier in meinen Gemeinden zur Einführung zu empfehlen. Die hier bestehende landwirtschaftliche Vereinigung soll den Vertrieb übernehmen. Ich bitte Sie, mir umgehend zwei Zentner zu senden usw.
Niederstein, Post Gudenberg, den 19. 11. 06.
Hochachtungvoll **Eisenberg**, Pfarrer.

Ew. Wohlgeboren ersuche ich, mir gütigst umgehend ein Postkolli Trockenfuttermischung für Küken zu 2 M. zu senden und mit der Fracht 60 Pfd. von derselben Marke für 7 M. Ferner bitte ich um gleichzeitige Zusendung von 100 Pfund (50 Kilo) Nährsalzextrakt. Bei dieser Gelegenheit möchte ich Ihnen mitteilen, dass sich letzte Marke in den Monaten, wo ich nun das Präparat füttere, grossartig bewährt hat. Es legen die Hühner unglaublich fleissig. 4 Ramelsloher habe ich auf einem kleinen Raum abgesperrt und mit dem Futter gefüttert, sie haben in 27 Tagen 86 Eier gelegt. Ich will offen gestehen, dass ich misstrauisch geworden durch andere Anpreisungen, Ihrer Annonce wenig Glauben schenkte, aber heute sage ich, „das ist doch endlich einmal kein Schwindel", dazu fressen die Hühner das Futter sehr gerne und ich meine, die Hühner des Herrn Divisionspfarrers Mosch müssen furchtbar verwöhnt sein, wenn sie sich weigern, das Futter zu fressen.
Hochachtungsvoll Frau Pastor **Schreiber**,
Brunshaupten i. Meckl.-Schwerin. Pfarrer.

Herren Nagel & Huth, Lage (Lippe).
Bitte senden Sie mir sofort nach Bahnhof Rostocker Hafen 120 Pfund Ihres Geflügel-Nährsalzextraktes zum Preise von 18 M. Ich habe mit dem bereits gelieferten Extrakt ganz vorzügliche Resultate in bezug auf Eierproduktion und glänzendes Aussehen der Volierenhühner erzielt.
Gehlsdorf, 21. 2. 07.
Mit vorzüglicher Hochachtung **Dr. jur. Greverus.**

Herren Nagel & Huth, Lage.
Infolge gründlicher Ausprobierung Ihres Geflügel-Nährextraktes fühle ich mich veranlasst, Ihnen meine volle Anerkennung zukommen zu lassen, da das Präparat in jeder Beziehung hält, was es verspricht. Senden sie bitte einen Sack zu 50 Kilo.
Lieblos b. Gelnhausen, 13. 2. 06.
Hochachtend **Neske**, cand. forest.

Herren Nagel & Huth, Lage i. L.
Bitte senden Sie mir wieder 200 Pfd. wie gehabt, Futter hat sich sehr gut bei meinen Hühnern bewährt, Nachbar hat noch 30 Hühner mehr als ich, ich habe bei diesem Frost 18—22 Eier bekommen, wogegen e 5—12 Eier bekommen hat usw. Hochachtend
Misburg, 2. 2. 06. **D. Raupe**

Herren Nagel & Huth, Lage i. L.
Senden Sie gefl. umgehend zur Probe ein Post Geflügel-Nährsalz an Frau Elsbeth Greve, Lindau, Harz fügen Sie genaue Gebrauchsanweisung bei. Es soll gleiche Nährsalz sein, das ich am 14. November 1906 Ihnen erhielt; ich bin sehr damit zufrieden, erhielt vo Hühnern im November noch 86 Eier, Dezember 124 Januar 120 Eier. Mit Hochachtung
Lindau, Harz, 4. 2. 07. **Emil Grev**

Bitte freundlichst mir 25 Ko. Ihres Geflügel-Nährs präparates, reines Präparat, à M. 30.— per 100 Ko., Bahn zu senden. Ich war mit der Wirkung des Präpa ganz besonders zufrieden.
Randers, Jütland, 4. 1. 07. Zeichne hochachtend
(Dänemark) Frau Kammerjunker Nyh

Sehr geehrte Herren!
Mit Misstrauen bestellte ich vor 5 Wochen eine P sendung Ihres „Nährsalz-Präparates" und heute bestelle voll Vertrauen 2 Zentner obigen Futters. Hatte 6 J Hühner separiert und genau nach Vorschrift gefüttert muss Ihnen mitteilen, dass die 6 Hühner mehr legen die 16 anderen Jungtiere; ihr Gefieder ist glänzend und Kämme feuerrot. Ich möchte nun alle meine Tiere, w stens jetzt bei den hohen Eierpreisen, mit dem Näh füttern.
Geflügelzuchtstation d. Landkr. Reisdorf, Rhld., 26. 1
Hochachtend W. Brandenbu

Bei Bestellung bitten Post- und Bahnstation deutlich anzugeben.

Druck der Anhaltischen Buchdruckerei Gutenberg e. G. m. b. H. in Dessa

Die Gartenwelt.

Illustrierte Wochenschrift für den gesamten Gartenbau.

Herausgeber: Max Hesdörffer-Berlin.

Bezugsbedingungen: **Erscheint jeden Sonnabend.** **Anzeigenpreise:**

urch jede Postanstalt bezogen Preis 2.50 M. vierteljährl. In Österreich-Ungarn 3 Kronen. **ei direktem Bezug unter Kreuzband:** Vierteljährlich 3 M. Im Weltpostverein 3.75 M. Einzelpreis jeder Nummer 25 Pf.

i ohne Vorbehalt eingehenden Beiträgen bleibt das Recht redaktioneller Änderungen rbehalten. Die Honorarauszahlung erfolgt am Schlusse jeden Vierteljahrs.

Die Einheitszeile oder deren Raum 30 Pf.; auf der ersten und letzten Seite 50 Pf. Bei grösseren Anzeigen und Wiederholungen steigender Rabatt. Beilagen nach Übereinkunft. **Anzeigen in der Rubrik Arbeitsmarkt** (angebotene und gesuchte Stellen) kosten für Abonnenten einmalig bis zu 10 Zeilen Grösse M. 1.50, weitere Zeilen werden mit je 30 Pf. berechnet. Erfüllungsort auch für die Zahlung: Berlin.

Adresse für Verlag und Redaktion: Berlin SW. 11, Hedemannstrasse 10.

XII. Jahrgang No. 7. ‖ Verlag von Paul Parey, Berlin SW. 11, Hedemannstr. 10. ‖ 16. November 1907.

Illustrierte Wochenschrift für den gesamten Gartenbau.

Jahrgang XII. 16. November 1907. No. 7.

Landschaftsgärtnerei.

Ein Dachgarten.

Von **L. Kniese**, Garteningenieur, Coburg.

(Hierzu zwei Abbildungen.)

Im vergangenen Sommer trat an den Verfasser die Aufgabe heran, einen Dachgarten herzustellen. Auf Reisen hatte ein Hausbesitzer mehrfach Gelegenheit gehabt, Dachgärten oder ähnliche Einrichtungen zu sehen und wünschte nun einen solchen auf dem flachen Dache seines Hauses ebenfalls anlegen zu lassen. Das Dach ist asphaltiert und besitzt eine geringe Neigung nach der Straßenseite zu, um den Ablauf des Regenwassers dorthin zu lenken. Ein turmähnlicher Pavillon mit Anbau teilt das Ganze in zwei ungleiche Teile, außerdem ragt auf jeder Seite noch ein Schornstein in die Luft. Mit Rücksicht auf die Belastung war es nicht möglich, die ganze Dachfläche mit einer Bodenschicht zu überziehen und auf diese Weise einen Dachgarten anzulegen, auch legte der Besitzer besonderen Wert darauf, das Abschlußgitter des Daches zu begrünen. Es wurde daher folgendermaßen verfahren.

Das Abschlußgitter steht auf einem etwa 40 cm hohen Steinsockel, in dem sich Lücken zum Ablaufen des Regenwassers befinden. Dieser Sockel wurde als Hinterwand benutzt und wurden davor Kästen gemauert, wie es der beigefügte Grundriß zeigt, ebenso wurde der freistehende Schornstein ummauert. Diese Kästen sind außen glatt verputzt und dienen zur Aufnahme von Erdboden für die Schlinggewächse und Blumen. So war es möglich, größere Bodenmengen unterzubringen und dabei die Hauptlast auf die Außenwände des Hauses zu verteilen.

In diesen Kästen liegen parallel zur Richtung des ablaufenden Wassers halbierte Drainageröhren, um sowohl das Regenwasser, als auch das durch die Erde sickernde Wasser unter den Kästen hindurch nach der Dachrinne zu leiten. Auf diese Rohre kam eine Schicht ganz grober Kiesel und dann gute Gartenerde.

Die Bepflanzung erfolgte nach dem Gitter zu mit Schlinggewächsen, nach innen mit Blumen in buntem Wechsel, selbstverständlich wurden auch die glatten Wände der Gebäulichkeiten und Schornsteine nach Möglichkeit mit Kletterpflanzen überzogen. Als Blumenschmuck waren Sommerblumen mit leuchtenden Farben gewählt, ganz innen am Rande der Kästen

Dachgarten des Herrn Kommerzienrates M. Frommann, Coburg.

Vom Verfasser für die „Gartenwelt“ gezeichnet.

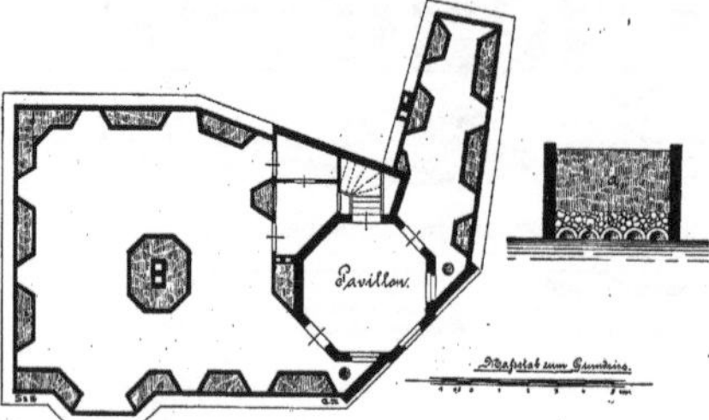

Grundriß des Dachgartens des Herrn Kommerzienrates M. Frommann, Coburg. Rechts Schnitt durch einen Pflanzkasten. Vom Verfasser für die „Gartenwelt" gezeichnet.

zur Verdeckung des Putzes Ampelpflanzen. Als teilweise Gitterbekleidung ist für nächstes Jahr wilder Wein vorgesehen, der wenig Pflege erfordert und besonders im Herbst mit seinem Rot sehr gut zur weißen Gebäudefarbe paßt. Rechts und links vom Pavillon haben zwei Lorbeerbäume Aufstellung gefunden.

Orchideen.

Epidendrum. Verschiedentlich habe ich schon in diesen Blättern Gelegenheit genommen, auf die wenn auch etwas bescheidene Schönheit einiger *Epidendrum* aufmerksam zu machen (siehe Jahrg. V, S. 125, X, S. 608), und auch heute möchte ich wieder drei dieser nennen, nämlich: *Epidendrum fragrans*, Sw. (*syn. E. aemulum*, Ldl.), Abb. unten, *E. glumaceum*, Ldl., *E. radiatum*, Ldl. (*E. bracteolatum*, Prsl.), Abb. Seite 75. Alle drei sind in Westindien und im tropischen Amerika zu Hause, wo sie epiphytisch in halbschattigem Walde wachsen, *E. fragrans* am feuchtesten und bei mehr Schatten als *glumaceum*; das stärkere *radiatum* liebt mehr Sonne.

E. fragrans hat dünne, gänsefederkiel- bis bleistiftstarke eingliedrige Scheinknollen auf dünnen, niederliegenden Rhizomen; an der Spitze dieser ein oder zwei Blätter und dazwischen eine kurze 4 bis 6blütige Rispe hübscher, milchweißer Blüten, mit violett gestreifter, stark zugespitzter, herzförmiger Lippe. *E. glumaceum* ist größer und schlanker in allen Teilen. Die Lippe ist auch nicht mit ausgeprägter Streifung, sondern nur mit rötlich-violetten Flecken versehen, jedoch auch zugespitzt und zwar noch schlanker. *E. radiatum* dagegen ist weit kräftiger, die Scheinknollen sind etwa 15 cm hoch, gekrönt von zwei bis drei langen, etwas lederigen Blättern von 2 cm Breite und 12 bis 14 cm Länge; zwischen ihnen schiebt sich ein 6 bis 10blütiger Stutz von feinen, wachsartigen, weißen Blüten mit rundlich ausgebogter, violett gestreifter Lippe heraus (Abb. Seite 75). Allen Blumen ist ein zarter Duft eigen.

In der Kultur verlangen diese Epidendren einen Platz im gemäßigt warmen Hause (13 bis 16° C), eine ziemliche Luft- und auch Bodenfeuchtigkeit und eine nur mäßige Trockenperiode, denn an ihrem heimatlichen Stammorte gibt es auch in der trockenen Jahreszeit noch reichlich Niederschläge. Die zarten Blüten dieser Pflanze sind recht haltbar, somit auch sehr geeignet für feine Bindereien und als Knopflochzierde. **B. Othmer**, Kgl. Garteninspektor, München.

Eine nachtblühende Orchidee. *Stelis tristyla*, Ldl., eine kleine, *Pleurothallis* ähnliche Orchidee aus Brasilien, besitzt die Eigentümlichkeit, ihre Blüten nur des Nachts zu öffnen. Die Pflanze erinnert im Habitus sehr an *Pleurothallis rubens*. Die mattgrünen, ledrigen, 15 cm langen, 3½ cm breiten Blätter sitzen auf dünnen, 10 cm hohen Stielen. Im März, April erscheinen im Blattwinkel 2 bis 3 feine, etwa 20 cm lange Blütenrispen mit 20 bis 25 flachen, 1 cm im Durchmesser haltenden Blumen, die nach und nach aufblühen. Sepalen sind bis zur Hälfte verwachsen, gelblichgrün, am Grunde rötlich, Petalen grün, Lippe bläulich. Beim Schließen der Blüte legen sich die geraden Ränder der äußeren Blumenblätter scharf aneinander und hüllen die winzigen Petalen und Lippe ein.

Hat auch *Stelis tristyla* absolut keinen blumistischen Wert, so verdient sie doch aus botanischem Interesse ein Plätzchen in den Sammlungen. Von den 150 Spezies dieser Gattung, die aus Peru, Brasilien, Jamaica, Venezuela stammen, sind nur sehr wenige in Kultur.

Emil Miethe, Zürich.

Schlingpflanzen.

Zwei Schlingpflanzen.

Lophospermum scandens, Don, nennt sich die erste oder auch wohl *Lophospermum erubescens*, Zucc. und *Maurandia scandens*, Gray. Es ist eine einjährig kultivierte Pflanze, aber mehrjährig, wenn sie im Herbst rechtzeitig unter Glas genommen wird.

Obwohl man *Lophospermum* sehr selten in Kultur findet, sollte dieses doch nicht so sein, denn die Pflanze ist es wert, zahlreich zum Bekleiden von Gartenhäuschen, Lauben, Baumstämmen und dergleichen gezogen zu werden. — Je nachdem sie kultiviert wird,

Epidendrum fragrans.
Vom Verfasser für die „Gartenwelt" photographisch aufgenommen.

blüht sie vom Juni oder Juli bis Oktober mit *Tecoma* ähnlichen Blumen, die rosafarbig sind und einzeln in den Blattachseln stehen.

Lophospermum kann vom Juni bis Juli im Halbschatten ins Freiland gesät werden, von wo man die Pflänzchen später in Töpfe pikiert, um sie unter Glas in einem Kalthause zu überwintern. Bei guter Witterung pflanzt man die jungen Pflanzen Mitte Mai an den Standort aus, wo sie dann von Juni bis Oktober oft reichlich blühen.

Man sät auch im Februar oder macht Stecklinge von den überwinterten Pflanzen. Die Pflänzchen werden später eingetopft und im Vermehrungshause oder auf einem warmen Kasten gehalten, wenn nötig, einmal umgetopft und gegen Ende Mai an ihren Bestimmungsort ausgepflanzt. In diesem Fall erscheinen die Blumen in reichlicher Zahl erst im Juli, manchmal aber auch nur sparsam, so daß es empfehlenswert sein dürfte, im Juli zu säen.

Beim Säen sollte man darauf achten, daß die Samen nur mit einer dünnen Erdschicht bedeckt werden, zumal sie sonst leicht ausbleiben. Da die im Frühjahr gesäten Pflanzen in kälteren Jahren schlecht zur Blüte kommen, ist es bei ausreichendem Platze zur Überwinterung zu empfehlen, im Sommer zu säen. Bei guter Kultur erreicht die Pflanze dann oft eine Höhe von etwa 3 m.

Von manchem werden Stecklingspflanzen deswegen bevorzugt, weil sie reichlicher blühen, allein sie erreichen meistens nicht die oben angegebene Höhe. —

Die zweite Schlingpflanze ist *Mina lobata*, Llav. et Lex., syn. *Ipomoea versicolor*, Benth. et Hook. Diese Pflanze erreicht eine Höhe von etwa 5 m, wobei sie sich reichlich verzweigt.

Die Blumen erscheinen bereits an jungen Pflanzen, der Hauptflor aber fällt erst in das Spätjahr, zumal die Pflanze viel Wärme bei sonnigem Standorte verlangt. Die Blumen sind orangerot beim Aufblühen, späterhin gelb, sitzen in großer Zahl, nach einer Seite gerichtet, an gabelig geteilten Blütenstielen, und blühen von unten nach oben auf.

Die Staubgefäße ragen weit aus den Blumen hervor und tragen nicht wenig dazu bei, diesen ein hübsches Aussehen zu verleihen.

Da die Samen in unserem Klima wohl selten oder nie reifen, ist man gezwungen, jedes Jahr frischen Samen zu beziehen. Spätestens Anfang März werden diese Samen auf einem warmen Fuß in sandige Lauberde eingesät, die Sämlinge in kleine Töpfe pikiert und unter Glas gezogen. Sobald es nötig ist, werden die Pflanzen umgetopft und an Stäbchen aufgebunden, wonach man sie gegen Juni in eine wohlzubereitete Erde auspflanzt.

Wenn diese *Convolvulaceae*, zu welcher Familie *Mina lobata* gehört, in vollem Flor steht, dürfte sie wohl niemand unschön finden. Ihren Namen hat diese Pflanze zu Ehren eines mexikanischen Ministers, Don Franzisco Xavier Mina. Beide Pflanzen sind in Mexiko heimisch, die erstgenannte wurde 1834, die letztgenannte etwa 10 Jahre später in Europa eingeführt. **P. J. Schenk**, Amsterdam.

Rosen.

Wald- oder Sämlingsstamm?

Ein Kapitel für Hochstammrosenzüchter von **Árpád Muhle**, Baumschulenbesitzer, Temesvár (Ungarn).

Jahrelanges Studium der Caninafrage, Erfahrungen, die sich im streng handelsgärtnerischen Betriebe und auf rationeller Ausbeute aller diesbezüglich gebotenen Möglichkeiten aufbauten, und das große Operationsfeld meiner ausgedehnten Rosenschulen setzen mich in den Stand, hierin ein klares und zureichendes Bild entrollen zu können. Meine Erörterungen sind vom Standpunkte des handeltreibenden Großzüchters zu betrachten, der alljährlich zum Herbste seine Tausende von Hochstammrosen in tadelloser, verkaufsfähiger Qualität fertig haben muß, und der jeden Ausfall in den Kulturen als eine arge Schädigung an Kapital und Zeit zu betrachten hat. Eine gute Verzinsung der aufgewandten Kosten und Mühen kann nur dann erreicht werden, wenn wir im Vorhinein mit gesunden und schwankungslosen Faktoren rechnen können; ausgenommen sind selbstverständlich Elementarschäden, gegen welche man bekanntermaßen keinen ewigen Bund zu flechten vermag.

Zur rationellen Hochstammrosenanzucht gehören in allererster Reihe fehlerlose, geschmeidige und reichbewurzelte Hoch-

Epidendrum radiatum, Blütenstand und Pflanze.
Vom Verfasser für die „Gartenwelt" photographisch aufgenommen.

stammunterlagen der *Rosa canina* und diese müssen auch stets in solcher Menge zu Gebote stehen, als es der jeweilige Bedarf erfordert. Seit langer Zeit beschaffte man sich dieselben aus den Lichtungen und von den Rändern der Wälder und Raine, pfropfte und äugelte darauf die Edelreiser, um die Kronenbäumchen zu erziehen. Gute, schlanke Waldstämme mit entsprechendem Wurzelvermögen ergaben zufriedenstellende Hochstammrosen, mit denen Züchter und Käufer ihre Rechnung fanden, hingegen bildeten schlechtgegrabene, nicht korrekt versorgte und wurzelschwache Unterlagen eine endlose Kalamität für beide. Mit den Jahren wurden die Raine und Waldesränder immer ärmer und spendeten die in stets größerer Anzahl begehrten Unterlagen nur noch in kärglicher Menge, so daß schließlich die gewünschten Quantitäten und Qualitäten trotz Geld und guter Worte in den meisten Fällen gar nicht mehr zu haben waren. Dieser Umstand brachte schon vor etwa 45 Jahren den weitsichtigen und verdienstvollen Dresdner Rosenzüchter Ruschpler auf den Gedanken, sich die erforderlichen Hochstammunterlagen aus dem Samen der *Rosa canina* selbst heranzuziehen. Seine jahrelangen Versuche und Bemühungen mit Pflanzungen lohnten die Mühe. Er erzog aus dem Samenkorn der wilden Rose den heutigen glatten, biegsamen, wunderbar bewurzelten Hochstamm, den wir nie erreicht hätten, wenn wir bei dem Waldstamme geblieben wären. Es liegt mir fern, den alten, braven Waldstamm, der uns ja durch Jahre hindurch diente und aus dem wir in dieser verflossenen Zeit ungezählte Tausende von Hochstammrosen erzogen und umgesetzt haben, undankbar zu schmähen, aber Verlaß war auf ihn niemals, und ein zielsicheres, baumschulartiges Arbeiten blieb bei ihm jederzeit ausgeschlossen. Wenn er im Herbste bei den Rodungs- und Bergungsarbeiten schon heil und ohne Defekt davon kam, so standen ihm noch so viele Gefahren im Frühjahre bevor, daß man sich in wärmeren Gegenden schließlich hochzufrieden gab, wenn nur die Hälfte davon gesund und erfolgverheißend durchkam. Das Aufdecken im Frühjahre war stets ein Lotteriespiel; ließ man die Stämme zu lange unter der schützenden Erddecke liegen, um ein gutes Regenwetter abzuwarten, so wurden die Seitentriebe lang und geil und verbrannten bei der ersten sengenden April- oder Maisonne; deckte man sie früh auf, so waren es wieder die trockenen Märzwinde, die ihnen das Lebenslicht ausbliesen. Im Verlaufe des Sommers mit seiner Okulierzeit und in der nächstjährigen Zeit der Kronenbildung reduzierte sich der Bestand oft noch in unheimlicher Weise, so daß man beim Abschlusse der Kampagne von hundert gepflanzten Hochstammunterlagen auf nicht mehr als dreißig tadellose, verkaufsfähige Hochstammrosen zu rechnen hatte, oft war auch nicht mal diese Anzahl vorhanden, wenn man ehrliche und makellose Ware seinen Kunden bieten wollte. Wenn nun schon bei diesem geringen Ergebnis soweit alles klappte, daß man gerade, biegsame, fleckenlose Stämme und eine gutverzweigte und wohlgeformte Krone aufweisen konnte, so haperte es fast immer an dem Wurzelvermögen, und wenn sich 4 bis 6 lange stricknadelstarke Wurzeln an den Knorren befanden, so beruhigte sich schon das Gemüt des Verkäufers, nicht immer aber das kritische Auge des Käufers. Es gibt ja Landstriche, wo ein regenreiches Klima und ein schlammiger Lehm- oder Sandboden etc. auch dem Wurzelansatz der Waldstämme hilfreich beispringen, die dann mitunter einen ganz respektablen Wurzelkranz zu produzieren vermögen, doch sind solche gesegnete Rosengaue in verschwindend geringer Anzahl gegenüber den vielen steinigen, rissigen oder sonstwie unwirtlichen Kulturböden anzutreffen. Die Rose ist aber von jeher der allererste gärtnerische Handelsartikel gewesen, und überall, wo sich auch der kleinste Handelsgärtner niederließ, sorgte er für die schleunige Anpflanzung eines kleinen Rosensortimentes zur Blumen- und Edelreisergewinnung, und wenn er nebenbei noch schöne Hochstammrosen zog, so waren es stets diese, die ihm das meiste Geld einbrachten. Auch heute noch, wo man infolge der intensiven Sämlingsstammanzucht meinen könnte, daß schließlich doch eine Überproduktion an Hochstammrosen eintreten müßte, ist diese nicht zu befürchten, und selbst die größten Geschäfte, sofern sie tadellose Ware produzieren, räumen so ziemlich alljährlich ihren gesamten, oft unheimlich starken Vorrat.

Die Heranzucht der Sämlingsstämme hat nur mit verpflanzten, also zweijährigen, fingerdicken Unterlagen zu geschehen, mit einem Worte, man nehme nur die allerstärkste Qualität und benütze in keinem Falle eine schwache oder minderwertige Sämlingsware. Die Anpflanzung dieser kräftigen Unterlagen geschieht auf tief gegrabenem oder rigoltem Boden, der vorher einer ausgiebigen Düngung unterzogen wurde. Die Wildlinge werden auf meterweit voneinander liegenden Reihen ausgepflanzt, in der Reihe selbst müssen sie mindestens einen 25 cm weiten Abstand voneinander haben, dadurch ist ein ständiges Reinhalten im ersten Jahre vollkommen gesichert und mühelos durchzuführen; es kann im zweiten Jahre vor dem Austriebe ebenfalls noch anstandslos bewerkstelligt werden. Dieses weite Pflanzen ist nicht die geringste Bodenvergeudung, denn hierdurch entwickelt sich jede Pflanze in 2 Jahren zu einem üppigen und kräftigen Busch, der seine sicheren Hochstammschosse liefert; ich meine hier Triebe, welche in einer Höhe von 140 bis 160 cm durchweg okulierfähig sind, wohingegen man bei dichter und knickeriger Bodenausnützung nur mit Mißerfolg zu rechnen hat, da dann etwa 30 bis 40 % von den gepflanzten Wildlingen nur Halbstämme ergeben werden, und wenn das Unkraut in solcher dichten Pflanzung, weil das Behacken beschwerlich und daher nur mangelhaft ausgeführt wird, gar zu sehr überhand nimmt, so gibt es auch noch größeren Ausfall und allerlei Krankheiten. Luft und Sonne müssen im ersten Jahre überallhin reichlich Zutritt erhalten, nur dann erhält man gesunde Stämme. In zwei Jahren hat man ein kerzengerades, biegsames und mit reichem Wurzelvermögen versehenes Hochstammmaterial, mit dem ein sicheres und gewinnbringendes Arbeiten ermöglicht ist. Nachdem im Herbste die gewonnenen Sämlingsstammunterlagen alle geputzt und geschnitten sind, pflanze man dieselben unter allen Umständen noch im selben Herbste auf die hierfür bestimmten Flächen aus, lege sie nach der Pflanzung sofort nieder und bedecke sie mit Erde. Sind nun die Hochstammunterlagen gepflanzt und mit Erde bedeckt, so ist man aller Sorge ledig und gegen alle Fährlichkeiten geschützt, die man sonst mit den Waldstämmen erlebt; hier gibt es keine Schäden der Winddürre im Frühjahre, keinen Ausfall und keine lückenhaften Reihen, hier wächst infolge der reichen Bewurzelung jedes Stück ebenso leicht und sicher an, wie jeder sonstige raschwachsende und gangbare Baumschulartikel. Im kommenden Frühjahre deckt man die Stämme ziemlich zeitig auf und läßt Frost, Regen und Sonne möglichst früh, also vor dem Austriebe, auf sie einwirken. Ich binde meine sämtlichen Sämlingsstämme sofort nach dem Aufdecken an Bambusstäbe fest und regele dadurch sofort den Wuchs und die Saftzirkulation des Stammes; dieses sofortige Anbinden schon im ersten Jahre wird fast nirgends geübt, sondern falscher Sparsamkeitsrücksichten halber unterlassen, und doch ist dieses Anbinden eine unbedingt notwendige Sache, wenn man schnurgerade und nicht verbogene Stämme haben will. Auch ist der Austrieb ein ganz anderer; der Saft strömt sofort in die höchsten Augen und kann sich dort in 2 bis 3 Trieben Luft machen, soviel er will. Zur Okulation werden die Stämme losgebunden und nach vollführter Veredelung abermals an die Bambusstäbe geheftet. Die damit verbundenen Arbeitskosten machen sich reichlich bezahlt, denn man bekommt erstarkte, gerade und viel dickere Stämme, als wenn man sie im ersten Jahre ohne jegliche Stütze dem Wind und Wetter preisgibt. Die Klagen über zu dünne Stämme fallen hierbei ebenfalls weg, denn man erzielt sie in der Stärke guter Waldstämme, aber mit einer Bewurzelung, die ein Waldstamm überhaupt nie aufweisen kann und die jeden Käufer besticht. Die Okulation geschieht selbstverständlich aufs schlafende Auge und der nächstjährige Austrieb der Kronen ist auf solchen gutgezogenen Sämlingsstämmen ein großartig gleichmäßiger. Stamm für Stamm treibt aus dem eingesetzten Edelauge einen über bleifederdicken Trieb hervor und eine Gleichmäßigkeit im weiteren Verlaufe der Kronenbildung entfaltet sich nun, wie man eine solche bei den Waldstämmen niemals beobachten kann, woran eben die ungleiche und zusammengewürfelte Qualität der gesammelten Waldstämme schuld ist.

Die Vorzüge, die man den Waldstämmen noch hier und da nachrühmt, bestehen in gar keiner Weise, wenn man sie mit jenen der Sämlingsstämme kritisch und ehrlich abwägt. Der Sämlingsstamm macht es uns möglich, daß wir es vor allem in der Hand haben, uns so viele Tausende von Unterlagen zu schaffen, als wir eben wünschen und Bedarf haben. Wir sind diesbezüglich vollständig unabhängig und brauchen uns weder mit den Waldstammgräbern und Sammlern herumzuschlagen, noch mit den teils vertrockneten, teils angefrorenen Stämmen zu ärgern. Wenn wir unseren Bedarf angepflanzt haben, so wickelt sich die Kultur ebenso wie die eines jeden anderen Baumschulmassenartikels glatt ab; wir haben nach abgelaufener Zeit unser beanspruchtes Quantum, können im Herbste unsere Pflanzungen ohne Verzug durchführen und sind allen Plackereien, aus denen man sonst mit den Waldstämmen gar nie herauskam, enthoben. Ferner haben wir mit den Sämlingsstämmen ein verläßliches und sicher anwachsendes Material, welches in allen Punkten, sei es Stamm, Wurzel, Kronenbildung, Glätte, Biegsamkeit, Höhe etc., den Waldstämmen überlegen ist — allerdings muß man gewissenhaft auch das Nötige dazu tun und nicht allein den lieben Herrgott kultivieren lassen. Wir haben die mit Sämlingsstämmen im Herbste bepflanzten Reihen im kommenden Jahre zum Okulieren vollkommen intakt, lückenlos und in baumschulartiger Üppigkeit, und nicht wie bei den Waldstämmen, wo lückenlose Reihen überhaupt nicht anzutreffen sind, uns besonders bei vorangegangenen heißen und trockenen Frühjahrswinden mitunter ein Bild der Öde entgegenstarrt. Weiter können wir bei sachgemäßer Pflege ebenso hohe und so starke Stämme erzielen, wie jene der Waldunterlagen. Läßt man die Ausläufer an den Sämlingsstämmen im ersten Jahre bis Mitte Juli ungehindert wachsen und kürzt sie dann nach und nach ein, wie man dies bei vielen Baumschulartikeln vornimmt, so kann man die Dicke der Sämlingsstämme über das gewöhnliche Maß der Waldstämme hinausbringen und den Umfang um ein Bedeutendes noch vermehren, so daß man weit über daumenstarke Sämlingsstämme in diesem ersten Jahre erzielt. Zweiflern stehe ich mit dergleichen, überdaumendicken, mit fertigen Kronen besetzten Sämlingshochstammrosen gerne zu Diensten: Das Stück hiervon kostet 2 Kronen ö. W. Doch ist es nicht empfehlenswert, die Stämme zu sehr in die Dicke wachsen zu lassen, da später bei dem Ausputzen derselben große Schnittflächen entstehen und die Stämme dann an Biegsamkeit einbüßen. Der daumendicke Stamm hat auch sonst keinen Vorteil, da man die Rosen doch über Winter niederlegen und eindecken muß, so liegt der Wert in einem dünneren, elastischen Stamm, der sich das Niederbiegen jahrelang gefallen läßt. Diese Tugend besitzt der Sämlingsstamm mit seiner schlanken Beschaffenheit in idealer Vollkommenheit. Weiter haben wir doch mit dem Sämlingsstamm endlich die erwünschte Bewurzelung erhalten, die man bei dem Waldstamm so gänzlich entbehren mußte. Ich habe im Laufe der Jahre Hochstammrosen aus allen rosenkultivierenden Ländern Europas bezogen, da meine Kulturen, solange ich noch die Waldstamm-Methode betrieb, niemals ausreichten, um der Nachfrage Genüge zu leisten und den Bedarf zu decken; immer hatte ich mit der Mangelhaftigkeit und der Unzuverlässigkeit der Unterlagen zu kämpfen. Da ich nicht nur Dutzende, sondern Tausende von der fertigen Hochstammware kommen ließ, so bekam ich Hochstammrosen auch in großen Mengen zu schauen, die auf Waldstämme veredelt waren, und ich habe deren Bewurzelung, Gott sei's geklagt, mitunter sehr gründlich studieren können. Wenn schon von gewissenhaften Rosenzüchtern (die sich leider noch immer nicht von der alten Waldstammethode trennen konnten) die Stämme gut gewählt, glatt und mit entsprechenden Kronen besetzt waren, so ließ die Bewurzelung stets zu wünschen übrig, sie war unzureichend und äußerst dürftig und bot den Käufern steten Anlaß zur Bekrittelung. Man konnte eben dem alten Knorren, wenn man ihn noch so liebevoll beschnitt und sachgemäß behandelte, keinen befriedigenden und üppigen Wurzelansatz entlocken. Ganz anders verhält sich jetzt die Sache bei den Sämlingsstämmen. Hier ist die Bewurzelung oft verblüffend reich und üppig verzweigt, ganz so wie bei anderen baumschulmäßig herangezogenen Kronenbäumen, und bietet ein Bild der Beruhigung für den Käufer und den Verkäufer. Die vielen Rosenliebhaber und Privatkäufer, die sonst stets nur Waldstammunterlagen zu sehen bekamen, waren geradezu überrascht, wenn sie die Bewurzelung der Sämlingsstammware betrachteten, und wollte ich heute, nachdem ich überhaupt nur noch Sämlingsstämme führe, auf die alten Waldstämme zurückgreifen, so bin ich dessen sicher, daß mein sehr ausgedehnter Kundenkreis mir die bitterbösesten Briefe schreiben würde. Alle Gegenbeweise, die man mit dem Waldstamme bringen und anführen will, zersplittern an der einfachen Tatsache, daß, wenn ich dem erfahrenen Käufer zwei gleich gut und gleich stark entwickelte Rosenhochstämme, den einen auf Waldstamm, den andern auf Sämlingsstamm veredelt, vorführe, er mir ganz entschieden den Sämlingsstamm abnehmen wird. Man wird mir einwenden, daß doch tausend und abertausend von Waldstämmen von den ersten französischen, luxemburgischen und auch noch vielen deutschen Firmen veredelt und verkauft werden, und daß deshalb doch der Waldstamm auch seine Existenzberechtigung haben müsse! Gewiß werden davon noch riesige Quantitäten heran-

Vegetationsansichten aus dem neuen Botanischen Garten zu Dahlem. VII. Kaukasus. 1. Waldwiese des nördlichen Kaukasus mit *Scilla sibirica*, Andr.
Originalaufnahme für die „Gartenwelt“.

gezogen und auf den Markt gebracht, da die Hochstammrose eben ein sehr gangbarer und unerschöpflicher gärtnerischer Handelsartikel ist, aber der Kunde kauft nur darum den Waldstamm, weil er in manchen Ländern eben noch keinen Sämlingsstamm bekommt und sich schließlich auch mit der kärglichen Bewurzelung abfindet. Wenn aber der Rosenkäufer mal eine Hochstammrosensendung guter und gewissenhaft erzogener Sämlingsstämme mit ihrer strotzenden Bewurzelung erhält, so schlägt das Blatt sofort zugunsten des Sämlingsstammes um, und ich prophezeie, daß alle Geschäfte, welche sich heute noch immer mit den endlosen Fatalitäten der Waldstammkultur abquälen, über kurz oder lang aus sehr triftigen und naheliegenden Gründen die Sämlingsstammkultur ergreifen müssen. Die Zeit des Waldstammes ist abgelaufen und ein neuer Pulsschlag belebt die modernen Rosenkulturen. Die Hochstammrosenanzucht muß ebenso zielsicher und baumschulmäßig betrieben werden, wie jede Apfel- und Pflaumenplantage; der Züchter muß seine Hochstammkulturen ebenso in der Hand haben und damit ebenso schalten und walten können, wie dies mit jedem Massenartikel geschieht. Er darf weder abhängig sein von seinen Sammlern und Lieferanten noch von der Anzahl der ihm abgelieferten Waldstämme und deren guter oder schlechter Beschaffenheit. Er muß sich von solchen Möglichkeiten freimachen und selbständig nach Gutdünken und Erfordernis vorgehen können. Und dies alles ist nur allein bei der rationellen, baumschulmäßigen und korrekten Anzucht der Sämlingsstämme möglich.

Vegetationsansichten aus dem neuen Botanischen Garten zu Dahlem. VII. Kaukasus. 2. Partie aus der oberen Waldregion des westlichen Kaukasus mit *Acer Trautvetteri*, Medwed. und *Lilium monadelphum*, M. B. — Ende Juni.

Aus der subalpinen Region des westlichen Kaukasus sehen wir die Kaukasuslilie (*Lilium monadelphum* = *colchicum*) in schönster Blüte. Diese Art gedeiht hier im Halbschatten von *Acer Trautvetteri* ausgezeichnet und tragen nicht selten die kräftigsten Exemplare mehr als ein Dutzend der schönen, zitronengelben Blumen. Mit *L. monadelphum* zusammen bilden die üppige Hochstaudenvegetation jener Region: das größte der *Heracleum*-Arten, *H. Mantegazzianum*, *Cephalaria tatarica*, die schöne Composite *Telekia speciosa*, das herrliche, silberweiße *Eryngium giganteum* u. a. Auf den unteren Waldwiesen ist die bekannte *Scilla sibirica* eine häufige Pflanze, der sich oft die *Primula acaulis rosea* zugesellt.

Origidalaufnahme für die „Gartenwelt".

Zeit- und Streitfragen.

Vom Fortkommen des Gärtners.

Von **A. Wernicke.**

Vor kurzem erhielt ich von einem guten, alten Freunde die Anfrage, wie es um das Fortkommen im Gärtnerberufe stehe; er wolle seinen Jungen Gärtner werden lassen. Diese Frage gab den Anlaß zu nachfolgenden Ausführungen, zu Gedanken, die mich lange beschäftigt haben.

Die Frage, die der Mann stellt, trifft mancherlei, was unsere jungen Gärtner bewegt, und weil deren sehr viele zu den Lesern der „Gartenwelt" gehören, wird mancher meinen Ausführungen, welche aus der Erfahrung eines alten Gärtners, der viel von der Welt, vom gärtnerischen Berufsleben, von den Lebensverhätnissen des deutschen Gärtners erfahren hat, mit Interesse lesen. Ich weiß das, ohne unbescheiden sein zu wollen, denn die Mehrzahl derartiger Fragen haben mich vor etwa 15 Jahren, als jungen Gehilfen, auch lebhaft beschäftigt.

Trotz allen Jammerns um die angeblich schlechten Verhältnisse im Gärtnerberufe, sind die Aussichten für das Fortkommen gut, in gewisser Hinsicht sogar vorzüglich. Es ist wahr, der Gärtnergehilfe ist weniger gut gestellt als mancher Industriearbeiter, als z. B. Maurer, Zimmermann, mancher Fabrikarbeiter. Das Durchschnittseinkommen gegenüber anderen Berufen ist klein. Aber mehr als fast in allen anderen Berufen tritt beim Gärtner das persönliche Wissen und Können fördernd ein. Einem jeden, der etwas kann und leistet, bieten sich im Gärtnerberuf viel mehr Aussichten, als z. B. in den technischen und industriellen Betrieben, wo der theoretisch gebildete Mann dem Vorrücken des Arbeiters in höhere Gehaltssätze eine Schranke errichtet.

Auch bei uns Gärtnern geht die Klage, daß der auf einer Lehranstalt gebildete die besser bezahlten Stellungen mit Beschlag belege. Das sind eitle Klagen. Die Behörden, denn solche sind zum großen Teil die besser bezahlenden Arbeitgeber, ziehen allerdings theoretisch gebildete Leute vor, aber demgegenüber gibt es eine Unmenge von Stellungen privater Art, die einem erfahrenen Praktiker vor dem anspruchsvolleren Theoretiker den Vorzug geben. Und diese Privatstellungen sind, abgesehen von einigen behördlichen

Glanzstellungen, nicht schlechter bezahlt als behördliche. Die Stellungen unserer Kreisobergärtner, Kreisobsttechniker, Lehrer an niederen und mittleren Lehranstalten usw. sind durchschnittlich mit 1500—2000 M. dotiert. Die Leute müssen dabei viel, sehr viel leisten und — beziehen nicht mehr Gehalt, als ein leidlich gut gestellter Herrschaftsgärtner, der 70—80 M. Monatsgehalt, Tantième, freie Wohnung, frei Licht, Feuerung und Küchendeputat hat.

In Hinsicht auf die besser dotierten Obergärtnerstellen größerer Herrschaftsgärtnereien und Handelsgärtnereien begegnet zudem der theoretisch gebildete Gärtner bei Bewerbungen bedeutenden Schwierigkeiten. Allgemein werden die reinen Praktiker in diesen Betrieben vorgezogen. Auch nach der Zahl der gut dotierten Posten stehen diese Stellen im Verhältnis zu der Zahl der Anwärter nicht wesentlich zurück. Die Zahl der behördlichen Stellen, welche den Gärtnern mit theoretischer Bildung vorbehalten sind und mit mehr als 2000 M. honoriert werden, wird schwerlich mehr wie 300 in ganz Deutschland betragen.

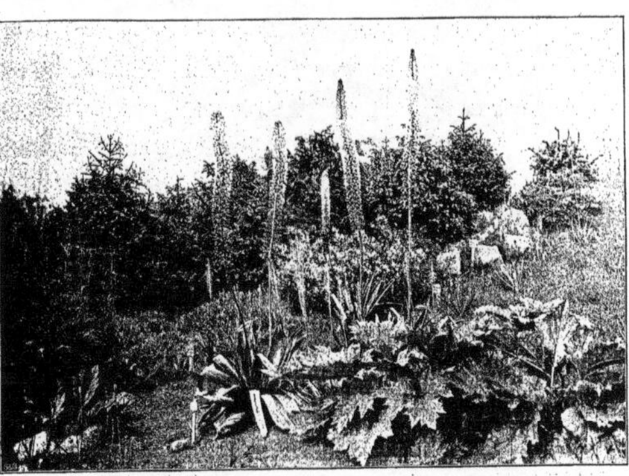

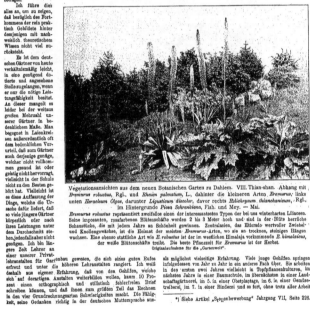

Vegetationsansichten aus dem neuen Botanischen Garten zu Dahlem. VIII. Thian-shan. Abhang mit *Eremurus robustus*, Rgl., und *Rheum palmatum*, L., dahinter die kleineren Arten *Eremurus*, links unten *Heracleum Olgae*, darunter *Ligusticum discolor*, davor rechts *Helichrysum thianchanicum*, Rgl., im Hintergrunde *Picea Schrenkiana*, Fish. und Mey. — Mai.

Eremurus robustus repräsentiert zweifellos einen der interessantesten Typen der bei uns winterharten Liliaceen. Seine imposanten, rosafarbenen Blütenschäfte werden 2 bis 3 Meter hoch und sind in der Blüte herrliche Schaustücke, die mit jedem Jahre an Schönheit gewinnen. Zentralasien, das Eldorado wertvoller Zwiebel- und Knollengewächse, ist die Heimat der meisten *Eremurus*-Arten, wo sie an trocknen, steinigen Hängen wachsen. Eine ebenso stattliche Art wie *E. robustus* ist der im westlichen Himalaja vorkommende *E. himalaicus*, der weiße Blütenschäfte treibt. Die beste Pflanzzeit für *Eremurus* ist der Herbst.

Originalaufnahme für die „Gartenwelt".

Ich führe dies alles an, um zu zeigen, daß bezüglich des Fortkommens der rein praktisch Gebildete hinter demjenigen mit nachweislich theoretischem Wissen nicht viel zurücksteht.

Es ist dem deutschen Gärtner von heute verhältnismäßig leicht, in eine genügend dotierte und angesehene Stelle zu gelangen, wenn er nur die nötige Leistungsfähigkeit besitzt. An dieser mangelt es leider bei der weitaus großen Mehrzahl unserer Gärtner in bedenklichem Maße. Man begegnet in Laienkreisen außerordentlich oft dem bedenklichen Vorurteil, daß zum Gärtner auch derjenige genüge, welcher nicht vollkommen gesund ist oder geistig nicht hervorragt, vielleicht in der Schule nicht zu den Besten gehört hat. Vielleicht ist es diese Auffassung der Dinge, welche die Ursache dafür liefert, daß so viele jüngere Gärtner körperlich oder nach ihren Leistungen unter dem Durchschnitt stehen, jedenfalls aber nicht genügen. Ich bin längere Zeit Lehrer an einer unserer Privatlehranstalten für Gartenbau gewesen, die sich eines guten Rufes erfreut und unter die höheren Lehranstalten rangiert. Ich weiß deshalb aus eigener Erfahrung, daß von den Gehilfen, welche sich auf derartigen Anstalten weiterbilden wollen, kaum 10 Prozent einen orthographisch und stilistisch fehlerfreien Brief schreiben können, und daß ihnen zum größten Teil das Rechnen in den vier Grundrechnungsarten Schwierigkeiten macht. Die Fähigkeit, seine Gedanken richtig in der deutschen Muttersprache auszudrücken, allgemein eine gute Ausbildung, zum mindesten eine gute Volksschulbildung ist aber erste Voraussetzung für das Weiterkommen im Berufe. Herren, welche öfters Stellungen zu vergeben haben und deshalb häufig Bewerbungsschreiben erhalten, können köstliche Beispiele von der literarischen Ungeschicklichkeit der Bewerber vorweisen. Es ist unglaublich, was in dieser Beziehung alles geboten wird. Wenn ich mich recht erinnere, so hat der Herausgeber dieser Zeitschrift vor längerer Zeit schon einmal die Frage der Bewerbungsschreiben behandelt.*)

Abgesehen hiervon ist aber die Beherrschung der Sprache in Wort und Schrift Voraussetzung für jegliche Weiterbildung und diese Fortbildung, die bei gutem Willen auch ohne Aufwendung großer Geldmittel möglich ist, ist unbedingt notwendig, um dereinst eine bessere Stellung zu erlangen und auszufüllen.

Noch jetzt gilt in den Kreisen vieler Gärtner die Ansicht, daß es keine bessere Vorbereitung für zukünftige gute Stellungen gebe, als möglichst vielseitige Erfahrung. Viele junge Gehilfen springen infolgedessen von Jahr zu Jahr in ein anderes Fach über. Sie arbeiten in den ersten zwei Jahren vielleicht in Topfpflanzenkulturen, im nächsten Jahre in einer Baumschule, im übernächsten in einer Landschaftsgärtnerei, im 5. in einer Obstplantage, im 6. in einer Gemüsetreiberei, im 7. in einer Binderei und so fort, ohne trotz aller Arbeit

*) Siehe Artikel „Stellenbewerbung" Jahrgang VII, Seite 226.

Vegetationsansichten aus dem neuen Botanischen Garten zu Dahlem. IX. Amurland. Waldwiese mit dem großen *Heracleum barbatum*, Ledeb.

Die Gattung *Heracleum* stellt uns die mächtigsten Vertreter nicht nur unter den Doldengewächsen, sondern unter den Freilandstauden überhaupt. Die meisten Arten der Gattung erreichen eine ganz beträchtliche Größe und breiten sich mit ihren fiederspaltigen gelappten Blättern stark aus, so daß sie als Solitairpflanzen für Rasenplätze vorteilhaft verwendet werden können. Man gebe diesen Riesenstauden einen recht nahrhaften Boden und während des Sommers viel Feuchtigkeit. Noch viele andere hohe Stauden, wie *Serratula coronata*, *Aster Maackii*, *Ligularia speciosa*, *Sanguisorba tenuifolia*, *Ulmaria palmata* u. a. sind Bestandteile der üppigen Hochstaudenwiesen im Amurlande.

Originalaufnahme für die „Gartenwelt".

mehr von diesen Zweigen zu erlernen, als nur einen matten Schimmer. Auf diese Weise erlernen sie nichts gründlich und können nichts ordentlich. Stehen einem solchen Gärtner nicht hervorragende natürliche Gaben zur Seite, dann wird aus ihm fast immer ein Pfuscher.

Eine solche Ausbildung war vor 50 Jahren berechtigt, wo der Schwerpunkt des Gartenbaues in der Herrschaftsgärtnerei lag, die immer ein vielgestaltiger Betrieb gewesen ist und sein wird. Nur für denjenigen, welcher sich zielbewußt zum Herrschaftsgärtner ausbilden will, ist eine solche fachliche allgemeine Ausbildung auch heute noch zu empfehlen. Immerhin kann aber auch ihm geraten werden, sich zur besonderen Ausbildung ein Spezialfach zu erwählen.

Wie fast in sämtlichen Gebieten menschlichen Fleißes, so stehen wir auch in der Gärtnerei im Zeichen der Arbeitsteilung. Man schätzt und bezahlt nicht mehr den Mann so hoch, welcher von allem wenig kann, sondern der ein kleines Wissensgebiet vollkommen beherrscht. Man arbeitet heute intensiver als früher, und solche Intensität ist nur erreichbar, wenn der einzelne Arbeiter sich ein Spezialgebiet erwählt und im Rahmen dieses Gebietes Vollkommenes zu leisten bestrebt ist.

Es fragt sich nun, welche Spezialgebiete zurzeit die lohnendsten und aussichtsreichsten für ein schnelles Fortkommen sind. Am meisten Aussichten bietet zurzeit wohl der Obstbau, am wenigsten die Landschaftsgärtnerei. Letztere ist zweifellos jenes Gebiet, welches Anfänger am meisten reizt und auch dauernd zu fesseln vermag, aber gerade dieser Eigenschaften wegen ist der Andrang zu diesem Gebiete übermäßig stark. „Viele sind berufen, aber nur wenige auserwählt!" Das gilt auch hier! Die handwerksmäßige Ausübung der Landschaftsgärtnerei kann jeder geschickte Mann leicht erlernen, Künstler sein, dazu gehört mehr. Die geringe Zahl der Gelegenheiten, sich auf diesem Gebiete durch Lösung großer Aufgaben auszuzeichnen, bewirkt in hohem Maße, daß wirkliche junge Talente zur Sterilität verurteilt sind, der Zufall manchen gering Befähigten emporzieht.

Anders beim Obstbau, welcher gediegenes Können und Wissen gerechter beurteilt und beurteilen kann. Es kommt hinzu, daß der Obstbau sich steigender Wertschätzung erfreut. Er erfreut sich der Fürsorge der regierenden Kreise in Deutschland, die von Jahr zu Jahr wachsende Mittel zur Förderung desselben gern bewilligen. Wie wünscht doch der jetzige Reichskanzler die Inschrift seines Grabsteines?: „Dieser war ein agrarischer Kanzler!" Die Zahl der amtlichen Stellungen steigert sich mit jedem Jahre. Entsprechend der warmen Empfehlung des Obstbaues von oben her, mehrt sich die Zahl der Obstplantagen und auch hier besteht lebhafte Nachfrage nach tüchtigen Leuten. Ein weites, dem Obstgärtner offenstehendes Gebiet ist die Tätigkeit der Baumwärter, von denen viele ein Einkommen bis zu 2000 M. haben. In der Ausschußsitzung der Landwirtschaftskammer einer unserer größten preußischen Provinzen wurde vor kurzem lebhaft darüber geklagt, daß mancher Gemeindebaumwärter unter 5 bis 6 M. Tagelohn für den Privatmann nicht mehr zu haben sei. Heute bildet man zu Baumwärtern landwirtschaftliche Arbeiter oder kleine Landwirte aus, denen man die Ausbildekosten bewilligt. Wieviel lieber würde man Gärtnergehilfen anstellen, welche gärtnerische Erfahrung mitbringen.

Die Betriebe mit Topfkultur, Treibkultur, Obsttreiberei, Schnittblumenkultur gewähren zurzeit geringe Aussichten. Die Handelsgärtnerei befindet sich gegenwärtig aus mannigfachen Gründen in gedrückter Lage und ist außer Stande, in größerer Zahl hohe Gehälter anzulegen. Der Baumschulenbetrieb bietet für tüchtige Gehölzkenner, gewandte Verkäufer und solche, welche disponieren können, sowie für schnelle, sichere Veredler gute Aussicht. Der Gemüsebau wird mehr und mehr von gewandten Arbeitern besorgt. Wer die nötigen Mittel besitzt, um später ein eigenes Geschäft beginnen zu können, mag sich gründlich mit der Gemüsetreiberei vertraut machen. Die Gemüsetreiberei ist ein unverdienterweise unterschätzter Zweig der Gärtnerei, welcher, an geeigneter Stelle betrieben, trotz der bedeutsamen Auslandskonkurrenz, ungemein lohnend sein kann. Tüchtige Treibgärtner rechnen pro Fenster gewöhnlich 6 bis 7 M. Erlös. Als

Angestellter ist in der Gemüsetreiberei nicht viel zu wollen, obwohl der Gehilfe infolge des geringen Arbeiterangebotes oft recht gut bezahlt wird.

Also der strebende Gärtner wird fast immer vorteilhaft verfahren, wenn er sich ein Spezialgebiet auswählt und hier möglichst Vollkommenes zu leisten versucht. Die Grundlage eines solchen Spezialgebietes muß indessen immer eine fachliche Allgemeinbildung sein. Die Lehrzeit und vielleicht auch die ersten zwei Gehilfenjahre sollten daher in einer Gärtnerei verbracht werden, welche vielseitig im Betrieb ist. Viele unserer großen Handelsgärtnereien sind Spezialbetriebe und eignen sich infolgedessen nicht so sehr zur Ausbildung, als viele kleine Gärtnereien, sofern diese nur sorgfältig geleitet und betrieben werden. In kleineren Gärten pflegen Lehrling und junger Gehilfe zu allen Arbeiten herangezogen zu werden, in großen Spezialbetrieben ist der Anfänger Industriearbeiter. Selbstverständlich kann sich der junge Gärtner in solchen Betrieben auch nur dann die nötigen Kenntnisse erwerben, wenn er zu sehen versteht und sehen will. Augen offen halten und fleißig sein in bezug auf die eigenen Kenntnisse ist deshalb zur Erwerbung guter Eigenschaften Vorbedingung.

Man schätzt beim Gärtner außerordentlich, wenn er etwas von der Welt gesehen hat. Er soll deshalb nicht lange Jahre an derselben Stelle hocken, sondern des öftern seine Stellungen wechseln und sich womöglich auch im Auslande umsehen. Das ist nicht so sehr deshalb, weil das Ausland besondere Gelegenheit für die fachliche Ausbildung bietet, sondern weil das Sehen anderer Verhältnisse den Blick weitet. Auch muß die leidige Vorliebe des Deutschen, welcher ausländisches Wissen und Können immer höher als das in Deutschland einschätzt, berücksichtigt werden. Mir hat einmal gelegentlich einer Stellenbewerbung ein hoher Beamter, dem ich von meinen Auslandsreisen erzählte, gesagt: Wir brauchen Leute, welche sich in der Welt umgesehen haben! Ich füge hinzu, daß der deutsche Gärtner fast überall als kenntnisreicher Mann geschätzt und gut bezahlt wird.

Es bleibt mir nunmehr nur noch übrig, die Vorteile zu erörtern, welche uns theoretisches Wissen, gewissenhafte Fortbildung durch Benutzung öffentlicher Hilfsmittel bietet. Es muß in erster Linie darauf hingewiesen werden, daß der Besuch der gärtnerischen Fachlehranstalten keineswegs nur demjenigen vorbehalten ist, welcher über größere Geldmittel verfügt. Man begegnet allgemein der irrigen Ansicht, daß der Besuch teuer ist, in Wirklichkeit aber ist das Gegenteil der Fall. Manche Lehranstalten fordern so geringe Honorare und bieten in ihren Internaten Aufnahmegelegenheit, welche so gut und so wohlfeil ist, daß auch der unbemittelte Gehilfe von der Ausbildungsgelegenheit Gebrauch machen kann. Eine unserer ersten staatlichen Anstalten verlangt an Honorar und für vollkommenen Unterhalt einschl. eines ausreichenden Taschengeldes für den ganzen, zweijährigen Kursus noch nicht 800 M. Diese 800 M. stellen die gesamten Aufwendungen während der zwei Jahre dar, wenn der betreffende Besucher in seinen persönlichen Ansprüchen nicht unbescheiden ist. Bei nachweisbarer Bedürftigkeit können strebsame Gehilfen von diesen Ausgaben teilweise oder ganz befreit werden. Aber selbst wenn von der Vergünstigung einer Freistelle kein Gebrauch gemacht werden soll, können bei ernstem Willen im Laufe einer Reihe von Gehilfenjahren wohl die Mittel vom Gehalt erspart werden, wie solche Fälle unter den Besuchern unserer Lehranstalten denn auch nicht selten sind. Wo die Mittel nicht zum Besuche einer höheren Lehranstalt mit zweijährigem Kursus zureichen, genügt auch der einjährige einer niederen Lehranstalt, selbst das Hören als Hospitant während weniger Monate begünstigt das Fortkommen, wenn Beweis durch Zeugnisvorlage bei amtlichen Stellenbewerbungen dafür geleistet werden kann.

Der Besuch derartiger Lehranstalten setzt auch dann eine gute Schulbildung voraus, wenn keine bestimmte Bildungsstufe zur Aufnahme Bedingung ist. Selbst in unseren niederen Anstalten erfordert die dort geleistete Arbeit eine gute Allgemeinbildung, soll das dort Vorgetragene gründlich verarbeitet werden. Bei dieser Gelegenheit mag auf den einen großen Fehler aufmerksam gemacht werden, welcher allgemein ist und den Wert, den Nutzen dieser Anstalten bedeutend herunterdrückt. Dieser Fehler besteht darin, daß die meisten Gärtner diese Anstalten vor der Erlangung vollkommener fachlicher und geistiger Reife aufsuchen. Es bildet sich von Jahr zu Jahr mehr die Regel heraus, daß die Anstalt sofort nach der praktischen Lehrzeit bezogen wird. Das fachliche Wissen ist zu dieser Zeit noch überaus gering, der Unterricht baut und muß auf Kenntnissen aufbauen, die bei einem Gärtner durchschnittlicher Praxis eigentlich vorhanden sein sollten, bei solchen Anfängern natürlich nicht gefunden werden. Wie kann der in der Anstalt zu errichtende Wissensbau fest werden, wenn das Fundament der Schulkenntnisse und des fachlichen Wissens unzureichend ist?

So lange gediegenes Wissen die sicherste Garantie für gutes Fortkommen bildet, so lange wird auch der Rat bestehen bleiben nur mit guten Schulkenntnissen gerüstet und nur als älterer, erfahrener Gehilfe die Anstalt zu beziehen. Leider wird diesbezügliches Bestreben dadurch gehemmt, daß sehr viele Direktoren das unreifste Schülermaterial um sich versammeln, weil es sich am leichtesten unter das Joch schrankenloser Willkür — die meistens mit der Bezeichnung „Disziplin“ gedeckt wird — zwingen läßt. Es ist natürlich, daß ein Gehilfe, welcher Jahre hindurch wacker seinen Mann im Kampfe des Lebens gestellt hat, sich nicht mit kleinlichen Bestimmungen gängeln läßt.

Aber selbst demjenigen, welcher aus irgendwelchen Gründen auf den Besuch einer Anstalt verzichten soll oder muß, ist der Weg zur theoretischen Weiterbildung durchaus nicht verschlossen, sofern er nur den guten Willen besitzt. Aber auch hier wird mit dem besten Willen nur dann Ersprießliches geleistet, wenn eine gute Schulbildung den Grundstein gelegt hat. Der gewaltigste Faktor in der Fortbildung sind immer noch gute Bücher und Zeitschriften. Insbesondere die letzteren bilden einen nie versiegenden Strom des Wissens, aus dem stündlich neu geschöpft werden kann. Ich kann mir schlechterdings keinen hervorragenden Fachgenossen denken, der nicht durch Halten einer Anzahl einschlägiger Fachzeitungen sich auf der Höhe hielte und über das neueste orientiert ist. Bei der ungeheueren Ausbreitung, welche in neuerer Zeit selbst Spezialgebiete nehmen, ist es unmöglich, sich allein auf die eigene praktische Erfahrung zu verlassen. So ungemein schätzbar eigene Erfahrung ist, so kann doch der tüchtigste Fachmann nicht der Erfahrungen seiner Kollegen entbehren. Die Zeitschriften aber sind es, welche die Beobachtungen der einzelnen aufnehmen und zur allgemeinen Kenntnis bringen.

Die Leistungsfähigkeit des Gärtners ist im allgemeinen abhängig von dem Verständnis für die Wirkung seiner Maßnahmen an seinen Pfleglingen und von dem Verständnis für die Lebensvorgänge in denselben. Wer aus sich selbst seine Weiterbildung betätigen will, verschaffe sich deshalb eines der vielen billigen Bücher, welches in großen Zügen die Pflanzenphysiologie und Anatomie behandelt. Ganz vortrefflich ist da z. B. das billige Lehrbuch von Bokorny.*) Ein solches Buch muß zunächst in großzügigen Umrissen, unbekümmert um nebensächliche Einzelheiten, ein Gesamtbild des Wissensgebietes geben, die Abrundung durch Studium der Einzelheiten ergibt sich von selbst. Meiner Erfahrung nach reizt die Einsicht in physiologische Vorgänge den Lernenden unwiderstehlich zur Weiterarbeit. Gewöhnlich ist es die wissenschaftliche Düngelehre, auf welche sich die Aufmerksamkeit im Anschluß an die Lehre von der Nährstoffaufnahme richtet, welche von dem Strebsamen zuerst in Angriff genommen wird. Mit ihr eng verbunden ist wieder die Bodenlehre, und so zieht ein Wissenszweig den anderen mit sich und die Arbeit wird immer leichter und interessanter. Das alte Sprichwort: Aller Anfang ist schwer! bewährt sich nirgends mehr als in der Wissenschaft. Das durch derartige theoretische Betätigung erworbene gesteigerte Verständnis für alle Zweige der Pflanzenkultur dokumentiert sich darin, daß Leute mit guter theoretischer Bildung sich von der althergebrachten Schablone freimachen und große Erfolge erzielen. Mir erzählte vor kurzem ein alter Gärtner, welcher unter dem berühmten Hofgarteninspektor Jäger gearbeitet hatte, daß dieser in Eisenach ein „verrückter

*) Bokorny, Prof. Dr. Th., Lehrbuch der Pflanzenphysiologie. Verlag von Paul Parey, Berlin. Preis gebunden 6 M.

Kerl" gewesen wäre. Er habe alles anders machen lassen, als es hergebracht sei. Praxis habe er wohl schwerlich viel gehabt. — Das ist so die landläufige Rede über Leute, die infolge weitschauenderen Blickes unbekannte, aber bessere Wege gehen. Den handwerksmäßigen Gebrauch in Ehren, aber geistige Selbständigkeit des Schaffens gibt nur eine Praxis, welche von der Theorie geläutert wurde.

Noch ein Letztes! Die weitaus größere Mehrzahl unserer jungen Gärtner strebt heute in die großen Städte und sollten nicht vergessen, daß man dort nicht nur die Möglichkeit zu höherem Verdienst und allerhand Genüssen hat, sondern daß eine solche Arbeitszentrale auch viele Mittel zur Weiterbildung beherbergt. Da gibt es Baugewerksschulen, in denen der Landschaftsgärtner viel Nützliches über Be- und Entwässerung, Wasseranlagen, Stauwerke, Wegeanlagen, Feldmessen usw. lernen kann. Es gibt Landwirtschaftsschulen, kaufmännische Fortbildungsanstalten, Zeichenschulen, Hochschulkurse, öffentliche Lesehallen und Bibliotheken, Universitäten, Akademien und so fort, alles Möglichkeiten zur Weiterbildung. Wer, mit gutem Willen ausgerüstet, diese Möglichkeiten sucht, findet immer freundliches Entgegenkommen, und nicht allein bei den Herren, welche diesen Einrichtungen vorstehen, sondern viel öfter auch als man öffentlich hört, bei den Arbeitgebern. Ich kenne die abgedroschene Klage: Wir haben keine Zeit! oder: Wenn man den ganzen Tag geschuftet hat, ist man zu müde! Ich schreibe unter angenommenem Namen und außer der Redaktion kennt mich mit meinem wirklichen Namen kaum ein Mensch. Ich kann es deshalb ruhig sagen, ohne in den Verdacht des Eigenlobes zu verfallen, daß ich auch oft hundemüde gewesen bin, aber trotzdem von der $1^1/_2$ Stunde Mittagpause immer noch Zeit genug gefunden, eine Stunde lang und abends ein bis zwei Stunden lang Universitätskollegien zu hören. Ich habe auch fast alle meine Chefs bereit gefunden, mir je nach dem Stande der Arbeit im Winter von Dunkelwerden an freizugeben, wenn ich mich zu einem Abzug am Gehalt für diese Zeit bereit erklärte. Was verschlägt das dem Manne auch, wenn er seine Leute nach Dunkelwerden oft mit Arbeiten beschäftigen muß, die er nur gibt, um die Zeit totzuschlagen, um sich seinen bewährten Arbeiterstamm zu erhalten. Wo ein Wille ist, da ist auch ein Weg, und der Weg der eigenen Weiterbildung sichert das Fortkommen mehr, als das unmäßige Schimpfen auf die bestehenden Verhältnisse, wie es heute leider vielfach an Stelle des guten Willens getreten ist. Heute noch wirken viele Fachgenossen in bevorzugten Stellungen, die mit einfacher Volksschulbildung in den Beruf traten, keine Lehranstalt besuchen konnten, sich aber durch Fleiß und Ausnutzung aller Möglichkeiten zur Weiterbildung ihren erfolgreichen Weg gebahnt haben.

Ich kann nur das wiederholen, was ich eingangs festgestellt habe: Zum Fortkommen im Gärtnerberufe gehört nur, ein klein wenig mehr zu leisten, als der große Durchschnitt der Berufsgenossen, und dieses Mehr sich zu erwerben, dazu gehören nicht so sehr große Mittel, auch nicht besonders hervorragende Befähigung, sondern nur eiserner Fleiß ist notwendig. Dieses Mehr zu leisten, ist auch nicht sonderlich schwer für diejenigen, die nicht Arbeiter, sondern Gärtner sein wollen.

Insektenfressende Pflanzen.

Zwei neue Insektivoren-Hybriden.

Von **Emil Zahn**, z. Z. Paris.

(Hierzu zwei Abbildungen.)

Sarracenia cantabrigiensis, Lynch. Diese Hybride entstammt einer Kreuzung zwischen *Sarracenia Drummondii* und *S. variolaris*. Sie hat die charakteristische Schlauchform von *S. variolaris*, ist jedoch stärker im Wuchse und besitzt an den oberen Teilen der Kannen die schöngefärbte Markierung von *S. Drummondii*. Interessant ist, daß einige der Pflanzen tief scharlachrote Blumen bringen, wie *S. Drummondii*, während andere die gelbe Blüte von *S. variolaris* zeigen.

Sarracenia cantabrigiensis wurde durch den Kurator des botanischen Gartens zu Cambridge (Cantabrigi) gezogen.

Nepenthes Allardi, Lynch, wurde nach dem Züchter E. J. Allard, Obergärtner im botanischen Garten zu Cambridge, benannt. Die Hybride ist das Resultat der Kreuzung von *Nepenthes Veitchii* ♀ und *Nepenthes Courtii* ♂. Die Kannen ähneln sehr denen von *N. Tiveyi*, doch ist der Wuchs der Pflanzen sehr verschieden von letzterer.

Die Pflanze hat den gedrungenen Wuchs und die charakteristische Behaarung von *N. Veitchii*. Die Kannen sind sehr groß, gut geformt und besitzen an der Kannenöffnung, jedoch in tiefroter Färbung, den breiten Rand von *N. Veitchii*. Der Körper der Kannen hält in Form die Mitte der Eltern und ist reich mit roten Punkten versehen.

Nepenthes Allardi ist kräftig, rasch und gedrungen im Wuchs, alles Vorteile, die einen guten Kannenträger kennzeichnen, und als solcher hat sich die Pflanze bewährt, wie die etwa dreijährige Samenpflanze auf der Abbildung zu erkennen gibt.

Beide oben beschriebenen Hybriden waren auf der im Vorjahre in London stattgefundenen Hybriden-Konferenz ausgestellt und erhielten dort die von Kurator Lynch vorgeschlagenen Namen.

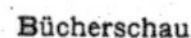

Sarracenia cantabrigiensis.
Im Botanischen Garten zu Cambridge (England) für die „Gartenwelt" photographisch aufgenommen.

Bücherschau.

Das Terrarium. Ein Handbuch der häuslichen Reptilien- und Amphibienpflege nebst Anleitung zum Bestimmen der Terrarientiere. Mit Beihilfe hervorragender Fachleute und unter besonderer Mithilfe von Hugo Mußhoff und Dr. Franz Werner verfaßt von Dr. Paul Krefft. Vollständig in 16 bis 20 Lieferungen zum Preise von je 50 Pf. Verlag von Fritz Pfenningstorff, Berlin W. 57.

Unter allen Naturanstalten, die wir uns in unserer Häuslichkeit einrichten und unterhalten können, ist zweifellos das Terrarium die interessanteste. Wenn es trotzdem nicht entfernt so häufig als das Aquarium anzutreffen ist, so hat dies seine Ursache in dem Umstande, daß die Terrarienpflege weit größere Anforderungen an den Naturfreund stellt. Aquarium und Terrarium sind beides Naturanstalten, welche uns die Möglichkeit bieten, Tier- und Pflanzenpflege in angenehmer und sachgemäßer Weise zu verbinden, neben den Pflanzen auch Tiere die sich in der freien Natur fast ganz unseren Blicken entziehen, zu beobachten, in ihrem Leben, ihrem Treiben und ihrer Fortpflanzung zu erforschen. Ich persönlich habe von jeher mein Interesse nicht nur den Pflanzen, sondern dem ganzen uns umgebenden Naturleben entgegengebracht, ich war schon der Terrarien- und Aquarienkunde zugetan, als beide noch in den Kinderschuhen steckten und habe bereits vor zwei Jahrzehnten im Terrarium Züchtungserfolge erzielt, die man vordem nicht für möglich gehalten hatte.

Der Verfasser des obengenannten Buches, von welchem jetzt zwölf Lieferungen vorliegen, und seine Mitarbeiter sind mir seit Jahren als tüchtige Kenner und Terrarienpfleger bekannt, und die vorliegenden Lieferungen entsprechen dem Rufe, den diese Spezialisten genießen. Der Inhalt des trotz des geringen Preises vornehm ausgestatteten und reich illustrierten Buches ist ein durchweg praktischer. Die ganze Praxis der Terrarienkunde wird in den bisher erschienenen Lieferungen, unterstützt durch gute Abbildungen der verschiedensten Hilfsmittel, in vorzüglicher Weise erörtert. Die dem Buche beigegebenen schwarzen und farbigen Tafeln sind, soweit sie Reptilien und Amphibien darstellen, bis in die kleinsten Merkmale durchaus korrekt, sie zeigen aber leider bis jetzt fast ausnahmslos Vertreter fremder Länder. Hoffen wir, daß auch noch die Reptilien und Amphibien der Heimat zu ihrem Rechte gelangen. Von den Pflanzentafeln ist die Sukkulententafel am besten geraten, auf den übrigen finden wir arg verzeichnete Kümmerlinge, die entweder nach spillerigen, schwindsüchtigen Terrarienexemplaren oder nach schlechten Vorlagen gefertigt sind. Pflanzen vom Aussehen der abgebildeten *Bambusa*, *Reineckea*, *Rhapis* gibt es nicht.

Auf Seite 231 kommen die „Gärtner" ziemlich schlecht weg, doch sollen wohl die Gänsefüßchen andeuten, daß der Verfasser mehr ehemalige Schneidergesellen, Hundefänger, Hausdiener und andere, sonst gewiß sehr ehrenwerte Leute meint, die sich auf den „anscheinend sehr gewinnbringenden Zwischenhandel mit gangbarer Marktware" verlegt haben und ihren Mangel an Pflanzenkenntnis durch hartnäckige und gröbliche Falschbenennung der feilgehaltenen Pflanzen bezeugen. Die gebildeten und leistungsfähigen Gärtner haben sich leider — wenige rühmliche Ausnahmen abgerechnet — die Aquarien- und Terrarienkunde nicht nutzbar zu machen verstanden, und die Einrichtung und Bepflanzung dieser Naturanstalten ganz den sogen. Naturalienhändlern überlassen, denen freilich meist jedes Verständnis für Pflanzen und ihre Lebensbedingungen abgeht, und doch würde ein hübsch bepflanztes und bevölkertes Terrarium im Schaufenster einer jeden besseren Blumenhandlung Aufsehen erregen und zu Kaufabschlüssen führen. Bisher fehlte es freilich demjenigen, der sich für Terrarienkunde interessierte, an einem brauchbaren Buche. Das dies Gebiet behandelnde Buch von Baron Johann von Fischer war seit Jahren veraltet und die später erschienenen kleinen Schriften waren unvollständig. Mit dem vollständigen Erscheinen des Krefftschen Werkes wird eine fühlbare Lücke in der Fachliteratur ausgefüllt sein; es sei allen Naturfreunden hiermit warm empfohlen. M. H.

Nephentes Allardi.
Im Botanischen Garten zu Cambridge (Engl.) für die „Gartenwelt" photographisch aufgenommen.

Aus den Vereinen.

Der **Verein zur Beförderung des Gartenbaues in den Preußischen Staaten** veranstaltete am 29. Oktober wieder eine der rasch beliebt gewordenen, erweiterten Monatsausstellungen, diesmal in den oberen Räumen des Architektenhauses, Wilhelmstraße. Diese Ausstellung hatte eine reiche Beteiligung gefunden, was umsomehr anzuerkennen ist, als eine Prämiierung damit auch diesmal nicht verbunden war. Leider wurde der Besuch durch die außerordentlich ungünstige Witterung stark beeinträchtigt. Die einzelnen Säle machten durch die musterhafte, dekorative Anordnung der verschiedenen Gruppen einen vorzüglichen Eindruck. Der Jahreszeit entsprechend herrschten *Chrysanthemum* vor, und zwar bestanden die Gruppen dieser modernen Blumen ausschließlich aus eintriebigen Pflanzen mit Riesenschaublumen. Hervorzuheben sind die Firmen J. C. Schmidt, Berlin, Waldemar Thiel, Plötzensee, W. Ernst, Charlottenburg, Alb. Herzberg, Charlottenburg und eine Privatgärtnerei. Kronenbäumchen hatten zwei Aussteller, O. Platz, Charlottenburg, und J. C. Schmidt, Berlin, in der bekannten Sorte *Ada Owen* gebracht. Von sonstigen Topfpflanzen sind noch zu erwähnen *Lilium auratum* und *longiflorum* in vorzüglicher Kultur und prächtige, riesenblumige *Cyclamen*, unter welchen diejenigen von H. Kiausch, Zehlendorf, durch vorzügliche Kultur und große, sehr breitpetalige Blüten vorteilhaft auffielen. Die verschiedenartigsten blühenden Ochideen der Jahreszeit hatte wieder Otto Beyrodt, Marienfelde, zur Schau gestellt, darunter neben solchen von hervorragendem Schnittwerte auch hochinteressante botanische Arten. Edeldahlien waren in einem reichen Sortimente von A. Schwiglewski, Karow bei Berlin, einfachblühende Hohenzollerndahlien von W. Pfitzer, Stuttgart, und ein reiches Sortiment Herbstastern von H. Junge, Hameln, vertreten.

Die Binderei beschränkte sich auf zwei Schaustücke von Th. Hübner, Berlin, eine prächtige Staffelei aus weißen Chrysanthemumblüten mit aufliegender, großartiger Dekoration von *Cotoneaster Pyracantha*-Fruchtzweigen, roten und gelben Früchten von spanischem Pfeffer, sowie eine Imitation des Kaiserschiffes „Hohenzollern" aus Chrysanthemumblüten. Wenn ich auch für Schiffskörper aus Blumen und überhaupt für sogenannte Blumenarchitektur oder Pflasterarbeit nicht schwärme, so muß doch anerkannt werden, daß dieses Schaustück mit Geschick und peinlicher Genauigkeit ausgeführt war.

Gemüse und Obst hatten in einem besonderen Raume Unterkunft gefunden; ersteres war aber nur sehr schwach vertreten, das Obst dagegen durchweg in recht guter, teilweise vorzüglicher Qualität. Hervorzuheben sind hier die Kollektion des Kiesgrubenbesitzers Körner, Britz, die freilich manche Sorten unter falschen Namen enthielt, und ferner die schönen, vorsichtshalber in einem Glaskasten unter Verschluß gehaltenen Treibhaustrauben des Handelsgärtners Mehl, Weißensee.

Gelegentlich dieser Ausstellung hielt Geh. Regierungsrat, Prof.

Dr. L. Wittmack, einen Vortrag über „Unsere Herbstflora und ihre Stammformen". Derselbe behandelte hauptsächlich unsere drei wichtigsten Herbstflorblumen, nämlich Aster, Dahlie und *Chrysanthemum*. Besonders interessant ist die Vorgeschichte des *Chrysanthemums*, dessen 100 jähriges Jubiläum 1879 gefeiert wurde; erst in den 60er Jahren gelang es, großblumige Formen zu züchten. Die Nachkommen der beiden Stammformen *Chrysanthemum indicum* und *chinense* sind heute, infolge vielfacher Kreuzung, kaum mehr von einander zu unterscheiden. Die Zahl der Sorten und Varietäten ist ins Ungeheure gewachsen; bereits 1895 gab es deren gegen 4000. Schwer nachweisbar sind die Stammformen unserer Dahlien, da die Gattung in ihrer Heimat Mexiko gegen 12 Arten aufweist, von denen einige, z. B. *Dahlia excelsa*, Baumhöhe erreichen. 1789 kamen die ersten Dahlien nach Madrid und Humboldt lieferte dem Berliner Botanischen Garten die ersten Dahliensamen. Erst mit der Einführung der Kaktusdahlie, mit ihrem besonderen Werte für die moderne Bindekunst, nahm die Dahlienkultur einen ungeheuren Aufschwung.

M. H.

Mannigfaltiges.

Die zuständigen preußischen Minister haben eine Erhebung über den **Gewerbebetrieb mit Samen im Umherziehen** veranstaltet. Es ist in Antrag gebracht, durch eine Änderung in der Gewerbeordnung den Handel mit Gemüse- und Blumensamen grundsätzlich vom Gewerbebetrieb im Umherziehen auszuschließen. Zur Begründung des Antrages ist darauf hingewiesen, daß sich unzuverlässige Elemente in großer Zahl die jetzige Fassung der in Rede stehenden Gewerbeordnungsvorschrift zunutze machen. Alljährlich durchzögen Hausierer die Dörfer und böten die verschiedensten Gemüse- und Blumensamen in auffallend buntfarbigen Düten feil. Diese Düten, welche fest verschlossen seien, enthielten vielfach eine ganz andere, und zwar minderwertigere Sorte als auf der Außenseite der Düte angegeben sei. Die feilgebotenen Sämereien hätten oft durch langes Liegen ihre Keimfähigkeit ganz oder zum Teil verloren und seien wertlos. Auf diese Weise würden größere Bestände von Samen, die in einer Saison unverkäuflich geblieben wären, in der nächsten Saison wieder in den Handel gebracht. Dieser unreelle Samenhandel sei so verbreitet, daß die Landleute sich auch in guten Geschäften weigerten, in bunten Düten verpackte Sämereien anzunehmen. Durch den geschilderten Hausierhandel würden nicht nur die Käufer geschädigt, sondern auch die angesessenen Saatgeschäfte beeinträchtigt, die, um ihre Kundschaft nicht zu verlieren, eine mit Aufwand von Zeit und Kapital verbundene sorgfältige Prüfung ihrer Ware vornehmen müßten. Die Minister haben nunmehr die Regierungspräsidenten zum Berichte darüber aufgefordert, ob ähnliche Wahrnehmungen in ihren Verwaltungsbezirken gemacht seien, die eine Änderung der Gewerbeordnung notwendig oder wünschenswert erscheinen ließen.

Tagesgeschichte.

Berlin. Zur Frage des Achtuhrladenschlusses nahm eine Versammlung der Blumengeschäftsinhaber Stellung. Es wurde folgende Resolution gefaßt: „In der außerordentlichen Versammlung des Vereins der Blumengeschäftsinhaber in Berlin, E. V., protestieren die zahlreich anwesenden Blumengeschäftsinhaber Groß-Berlins gegen jede weitere Verkürzung der Arbeitszeit, weil dadurch der Ruin einer Anzahl Existenzen der Branche herbeigeführt würde und andere Blumengeschäftsinhaber in ihrem Einkommen bedeutend geschädigt würden."

— Die Porträtbüste des verstorbenen **Tiergartendirektors Geitner,** welche der Kaiser im Tiergarten hat aufstellen lassen, ist am 30. Oktober enthüllt worden. Der die von Bildhauer Fritz Knaus geschaffene Bronzebüste tragende Granitsockel trägt die Inschrift: Geitner, Tiergartendirektor 1889—1905.

— Die Verlegung der Städt. **Humboldthain-Gärtnerei** ist eine beschlossene Sache, die Ausführung des Beschlusses nur noch eine Frage der Zeit. — Der Posten des städtischen Garteninspektors, der durch das Ableben Fintelmanns frei wurde, ist noch nicht besetzt, w man sich über die Person des Nachfolgers bisher nicht einigen konn

— Dem Vorgehen der Berliner Stadtsynode, den Kirchhof Stahnsdorf landschaftlich zu gestalten, folgt die Gemeinde Grc Lichterfelde nach. Bei dem von der Gemeinde ausgeschrieben engeren Wettbewerbe sind als künstlerische und technische Bera der Landesbaurat Goecke in Berlin und der Stadtobergärtner W vom Viktoriapark zum Preisgerichte hinzugezogen worden.

— Die Gruppe Berlin des Handelsgärtnerverbandes hat 5. d. M. die erste Einkaufsgenossenschaft als G. m. b. H. begründ Es ist zunächst der gemeinschaftliche Einkauf von Kohlen für Mitglieder ins Auge gefaßt.

Breslau. Von der Landwirtschaftskammer der Provinz Schlesi sind als Wanderlehrgärtner bestimmt worden: Für den Regierung bezirk Breslau Herr Garteninspektor Müller in Brieg, für den Bezi Oppeln Herr Lehrgärtner Rein, Proskau, und für den Bezirk Liegn Herr Lehrgärtner Regen in Liegnitz.

Dresden. Im Westen der Stadt sind schon seit längerer Z Bestrebungen auf Schaffung eines Volksparkes im Gange. Es h sich dort im Laufe der Zeit eine Vereinigung gebildet, der bere 2000 Mitglieder beigetreten sind. Die Vereinigung sucht ihre gemei nützige Idee zu verwirklichen

Essen. Zur Vergrößerung des Stadtwaldes und zu Bauzweck hat die Stadt das von Scherpsche Fideikommis in den Gemeind Heide und Bredeney für 800000 M. angekauft.

Myslowitz. In der letzten Stadtverordneten-Sitzung bildete d Magistratsvorlage wegen Pachtung des Tiele-Wincklerschen Schlo parkes den Hauptgegenstand. Nach langen Verhandlungen, die eigen lich den Kauf des Parkes ins Auge gefaßt hatten, den aber der Gr ablehnte, erklärte sich dieser damit einverstanden, daß die Stadt d Park in einer Größe von 3,15 Hektar mit den Baulichkeiten pacht um ihn der Bürgerschaft als Volkspark zugängig zu machen.

Ortelsburg. Fabrikbesitzer Richard Anders hat der Stadt e 18 Hufen großes Gelände zur Anlage eines Stadtparkes geschen und die Kosten für dessen Anlage übernommen. Die Anlage s den Namen Richard-Anders-Park erhalten.

Pforzheim. Die hiesige Stadtgärtnerei wurde vom Tiefbaua getrennt und ihr außer den öffentlichen Anlagen sämtliche Friedh unterstellt. Zum Vorstande dieses Ressorts wurde Herr Stadtgärt Hoffmann bestellt.

Proskau. Am Kgl. Pomolog. Institut wurde am 19. Okto die Staatsprüfung für Obergärtner abgehalten und bestanden na stehende Herren das Examen: Hahnel, Gartentechniker, Bresl Jentsch, Obergärtner und Gartenbaulehrer, Neuwied a. R.; Köhl Gartenarchitekt, Budapest; Müller, Obergärtner und Gartenbauleh Pillhowitz; Ocklitz, Obst- und Gartenbaulehrer, Bautzen; Reisse Landesobstbauinspektor, Posen; Tietzens, Gartenbaulehrer, Popel Winter, Obstbautechniker, Britz bei Berlin.

Wilster. Die Stadt hat zur Anlage eines Stadtparkes den al Kirchhof angekauft und Landschaftsgärtner Ahrens mit der A arbeitung des Projektes beauftragt.

Personal-Nachrichten.

Bergemann, Karl, Gärtner auf der Insel Scharfenberg, Te bei Berlin, erhielt das Allgemeine Ehrenzeichen.

Brozys, Eduard, Kunstgärtner zu Darkehmen, erhielt Allgemeine Ehrenzeichen.

Hamdorf, Christoph, Blumenhändler in Kiel, wurde Prädikat eines Kgl. preuß. Hoflieferanten verliehen.

Kölle, Karl Julius und **Wilhelm** in Ulm a. D., Inhaber Firma Gebr. Kölle, ist die Erlaubnis erteilt worden, das ihrem v storbenen Vater Karl Kölle verliehene Prädikat Kgl. Hoflieferant für ihre Person weiter zu führen.

Peters, Carl, bisher Obergärtner am neuen Kgl. Botanisc Garten zu Dahlem, ist zum Garteninspektor befördert worden. E Peters trat 1886 als Gehilfe in den damaligen Bot. Garten in Be ein und ist seitdem ununterbrochen an dem Institute tätig.

Berlin SW. 11, Hedemannstr. 10. Für die Redaktion verantwortlich Max Hesdörffer. Verlag von Paul Parey. Druck: Anhalt. Buchdr. Gutenberg e. G. m. b. H. Des

Otto Prüfer & Co. G. m. b. H. [32]

— Telephon 131 —

Zeitz, Prov. Sachsen.

Frühbeet- und Gewächshaus-fenster.

Seit Jahrzehnten bestens bewährt.

Vielfach prämiiert.

Gartenglas, Fensterkitt, Diamanten.

Preisliste kostenlos.

---

ajoran, franz.

ockene kl. Bunde, 10 Pfd. 4,00 M.
l. Packung per Nachnahme. [262
Strube, Domersleben, Bez. Magdebg.

[258

Bisher gingen Ihnen 50—80 % Ihres Heizmaterials **verloren.** Für 3 bis 5 Pfennig **„Kyl-Kol"** auf den Zentner des Heizmaterials gegeben, binden Sie die Heizwerte und **ersparen etwa 25 %** oder mehr vom Heizmaterial. Rauch, Russ und Schlacken verschwinden. Sowohl für Kessel als Hausbedarf vorzüglich geeignet. **„Kyl-Kol"** Postkolli gegen Einsendung von M. 7.50 frei, 25 kg M. 35.—, 50 kg M. 65.— bei **Wilh. Stämmler** in **Frankfurt a. M.** [140

Die einzige, hygienisch vollkommene, in Anlage und Betrieb billigste
Heizung für das Einfamilienhaus
ist die Frischluft-Ventilations-Heizung
Jn jedes auch alte Haus leicht einzubauen. — Man verlange Prospekt. C. Schwarzhaupt, Spiecker & C° Nachf. G. m. b. H. Frankfurt a. M. [132]

Verlag von Paul Parey in Berlin SW., Hedemannstraße 10.

Die Obstverwertung.

Von

Karl Huber,

Königl. Garteninspektor und Vorsteher der Obstbauanstalt Oberzwehren.

Mit 97 Textabbildungen. [113

Gebunden, Preis 2 M. 50 Pfg.

Gerade auf dem Gebiete der Obstverwertung herrscht Fortschritt und Wechsel der Ansichten, und diese machen es notwendig, neben das Alte, wenn es auch noch so gut ist, von Zeit zu Zeit etwas Neues zu setzen. Damit ist das Erscheinen dieser Schrift begründet. Sie macht weder Anspruch, ein erschöpfendes Handbuch der gesamten Obstverwertung zu sein, noch soll sie ein Rezeptbuch darstellen, nach welchem ohne Arbeitsvorkenntnisse mit unfehlbarer Sicherheit gearbeitet werden kann.

Es galt vielmehr, in gedrängter Form eine Gesamtübersicht über die heute geübten Verwertungsverfahren mit Einschluss des Rohverkaufs der Früchte zu geben.

Das Buch dürfte überall Nutzen stiften. **Sein Verfasser ist einer der tüchtigsten Fachleute des Gebietes, der Preis des Buches ein erstaunlich niedriger im Verhältnis zum Gebotenen.**

Gegen postfreie Einsendung des Betrages erfolgt die Zusendung postfrei.

Empfehle
Apfelhochstämme,
% 85 ℳ und 70 ℳ sowie
Apfelbüsche
auf Doucin % 65 ℳ und 45 ℳ, bei 45 ℳ zum Teil auf Wildling.
Birnbüsche
auf Quitte % 70 ℳ,
in guten gangbaren Sorten echt und in guter sehr widerstandsfähiger Qualität aus sehr rauher freier Lage. Emballage und Fracht frei. Auf Wunsch bei guten Ref. 3 Mon. Ziel, sonst per Nachnahme.
Nehme auch Statice in Tausch
(bis 4 Zentner jedes Quantum). Durchaus reelle Bedienung sichere zu.
Rud. Netsch, [143
Obercunnersdorf, Amtsh. Löbau i. S.

Myosot. oblong. Albion. Neu!

Mutterpflanzen . . .	10 St.	3 M.
Aus kleinen Töpfen .	100 „	12 „
Bewurzelte Stecklinge .	100 „	6 „
Unbewurzelte „ .	100 „	3 „

offeriert gegen Nachnahme [246
August Schneider, Freiberg i. S.

Waldrosenwildlinge!
von 1 bis 2 Meter Höhe, gut, gesund, bewurzelte Stämmchen, % Stück 6 ℳ, %₀ 55 ℳ, freie Emballage, liefert [225
Gärtner **Wilhelm Leygraf,**
Unterkahlenhausen 41 Cöln a. Rh.

Ilex-Zweige
der Ztr M. 8—, vers. z. Totenfest [256
Förster **Wulf, Kühren** bei **Preetz.**

Robert Katzschmann

in Döbeln i. S.

Körnerplatz 17, Waldheimerstr. 1—4, Brauhausgasse 8 u. 20, Niedermarkt 20/21.

Spezialfabrik

für

Wintergärten, Gewächshäuser, Heizungsanlagen, Frühbeetfenster, schmiedeeiserne Fenster und Oberlichte.

[26

Zeichnungen, Kostenanschläge und der Besuch meiner Vertreter kostenlos.

George Grimm **Hannover** Engelbostlerdamm 49

Zentralheizungen und Gewächshausbau

Lager von Gegenstrom-Gliederkessel, Cylinderkessel mit Wasserplatte,
sowie **Schlangenkessel** von Mk. 82.— an fertig zum Anschluss.

Frühbeetfenster in **Pitchpineholz mit je 3 Eisensprossen** 180 × 100 und 156 × 94 stets am Lager.

Prima Empfehlungen. Man verlange Katalog.

Um Irrtümer zu vermeiden, wird gebeten, obige Adresse genau anzugeben. [44

Billige

für Meisen

aus Rundholz ohne Rinde 35 Pfg.,
aus Rundholz mit Rinde 40 Pfg.,
exkl. Verpackung ab Neusorg.
(Durch viele staatliche Behörden erprobt und empfohlen.) [208

Vogelfutterkästen, Obstbaumleitern.

Kempf & Geiger,
Neusorg im Fichtelgeb.

Künstliche Blumen und Blätter

aus Stoff und Papier, **Wachsrosen**, Dekorationszweige, Pflanzen, sowie präparierte **Palmen**, **Cycaswedel**, **Kapblumen**, Raffiabast, Makartgräser und -Buketts, **Blumendraht**, Kranzschleifen, Atlasbänder, Gold- und Silberfransen, Bukettmanschetten, Guttapercha, Staniol, Straussfedern, **Brautkränze** und **Buketts**, sowie **Brautschleier** je in feinster Ausführung. **Sterbewäsche**, sowie Spezialität: **Grabkränze** von **Palmen** und **künstl. Blättern** mit Blumen ausgestattet, von **Glasperlen** und **lackiertem Blech.**

Reich ausgestattete Kataloge gratis und franko.

H. Eims Nachfolger,
Blumen- u. Kranzfabrik, Grossh. bad. Hofl.,
Karlsruhe (Baden). [259

Wegen Platzmangel **Cyclamen,** schöne, gedrungene, blühende Pflanzen, per St. 25—60 Pf. [205

Primel conp., St 30 Pf. } voll-
Primel chin., Dtzd. 2 M. } blühend.
Adiantum, St. 25—75 Pf.
Adiantum-Wedel, % 1.50—2 M.

Paul Bethke, Landsberg a. W.

Neueste, patentamtlich geschützte selbsttätige Wasserversorgung für Gartenbaubetrieb. [257

Anfragen und Prospekte zu beziehen durch **M. Hiller, Grunewald-Berlin.**

Allee- und Strassenbäume! Starke Linden, Ulmen, Ahorn, etc. oft verpflanzt, Ia. Qualität.

div. **Zier- und Forst-Bäume und -Sträucher billigst** (ev. zollfrei!) bei Waggonladung. Spezial-Offerte und Haupt-Katalog über **sämtliche Baumschulartikel** frei!

Koniferen und immergrüne Pflanzen für Ausstellung und Parkanlage, sowie Weiterkultur.

Jac^s. Jurrissen & Sohn (A.-G.). Baumschulen, **Naarden** (Holl.)

Direkte Wagen von Köln via Cleve-Amersforst, auch von Berlin via Salzbergen-Almelo. Bahnlinie nach Amsterdam (Naarden-Bussum). [51

Für **Feld, Wald und Garten** empfehlen wir

Kastenfalle „Triumph".

Beste und einfachste Kastenfalle der Welt.
No. 40a III für Marder, Iltis, Wiesel, Katze etc.
Preis M. 16.—

1434 herumwildernde Katzen in sechs Monaten fing der Berliner Tierschutzverein. — Als vorzügliche **Wieselfalle** empfehlen wir unsere kleinste Kastenfalle 40. V.

Preis nur **M. 3.—**, 2 Stück ein Postpaket. [63

Illustrierte Preisliste auf Verlangen gratis und franko.

Haynauer Raubtierfallen-Fabrik **E. Grell & Co., Haynau i. Schl.**

Neu eingetretenen Abonnenten

stehen gebundene Exemplare der früheren Jahrgänge (1896–1907) der Gartenwelt

soweit der Vorrat reicht, zum Preise von je 12 Mark (erster Jahrgang 8 Mark) zur Verfügung.

Ein komplett gebundener Band der „Gartenwelt" ist von einer so staunenswerten Reichhaltigkeit bei einem so niedrigen Preise, dass es kaum eine schönere Erwerbung für die Bibliothek eines Gärtners oder Gartenfreundes gibt.

Die Vorräte sind keine grossen mehr, so dass man eventl. Beschaffung bald bewirken wolle.

Berlin SW. 11, Hedemannstrasse 10. [111

Expedition der „Gartenwelt".

Gegen postfreie Einsendung des Betrages erfolgt die Zusendung postfrei.

Staud
und
Baums
Kultur

In allen einschlägig
Vom Guten das

Unter anderem gr
der feinsten Auswahl i
Paeonia si
Paeonia ar
Clemat

Reichhaltiges Verz
schreibungen und Abbil

Goos & Koen
Grossh. Hess. Hof
Nieder-Walluf bei
Staudenku
und **Baumsc**
für **Obstbäume,**
Rosen und **Zier**

20000 Kronen

Stachel- und Joh

in den Sorten: **Indust**
Smith, Keep
60—80 cm Stammhö
100—120 „ „
130—150 „ „
empfiehlt gegen Kasse

Fr. Spora, Exp
Klattau in I

Geschäfte a
von
Liegensc

in grösster Auswahl,
schönen Bodenseeumgeb
Schweiz, Oesterreich un
vermittelt das Inter
missionsgeschäft von

G. Heim, Frie
Telephon 60.

Von **günstigen Ank**
Pacht-, Verpacht-, Ta
ten vorgemerkt und zu
besonders Abteilung der
branche, **Obst und Ot**
feines Tafelobst per 1
Waggon 1800 M., Kocht
auf weite
Gesucht kleine, gu

Johs. von
Baumschul
Nienstedten (Holst.)
empfiehlt
in gut kultivierter Wa
Auswahl **Koniferen,**
Ilex, Buxus, Azaleen, K
meden. Solitär-Bäume u
Stämmige und **niedere**
Schlingrosen, in sch
Verpflanz-, Deck- u. M
Obstbäume in allen
schönen Sorten in star
schulter Ware. **Johann**
beeren in stämmiger
Form, **Himbeeren, Bro**
beeren, Strassenbäume
Schlingpflan
Grössen und billigste
auf gütige Anfrage

Hierzu eine Beilage der Firma **R. von Hünersdorff Nachfolger, Stuttg**

Druck der Anhaltischen Buchdruckerei Gutenberg e. G. m. b. H. in Dessa

Illustrierte Wochenschrift für den gesamten Gartenbau.

Herausgeber: Max Hesdörffer-Berlin.

Bezugsbedingungen: … jede Postanstalt bezogen Preis 2.50 M. vierteljährl. In Österreich-Ungarn 3 Kronen. …ecktem Bezug unter Kreuzband: Vierteljährlich 3 M. Im Weltpostverein 3.75 M. Einzelpreis jeder Nummer 25 Pf.

…ne Vorbehalt eingehenden Beiträgen bleibt das Recht redaktioneller Änderungen …alten. Die Honorarauszahlung erfolgt am Schlusse jeden Vierteljahrs.

Erscheint jeden Sonnabend.

Anzeigenpreise: Die Einheitszeile oder deren Raum 30 Pf.; auf der ersten und letzten Seite 50 Pf. Bei grösseren Anzeigen und Wiederholungen steigender Rabatt. Beilagen nach Übereinkunft. **Anzeigen in der Rubrik Arbeitsmarkt** (angebotene und gesuchte Stellen) kosten für Abonnenten einmalig bis zu 10 Zeilen Grösse M. 1.50, weitere Zeilen werden mit je 30 Pf. berechnet. Erfüllungsort auch für die Zahlung: Berlin.

Adresse für Verlag und Redaktion: Berlin SW. 11, Hedemannstrasse 10.

…II. Jahrgang No. 8. ‖ Verlag von Paul Parey, Berlin SW. 11, Hedemannstr. 10. ‖ 23. November 1907.

Illustrierte Wochenschrift für den gesamten Gartenbau.

Jahrgang XII. 23. November 1907. No. 8.

Landschaftsgärtnerei.

Wettbewerb „Nordmarkt“ in Dortmund.

(Hierzu fünf Pläne und elf Schaubilder.)

Die Entwürfe wurden zum 1. Oktober d. J. eingefordert, aber erst am 7. November erfolgte die Entscheidung über die

etwa 50 eingegangenen Bewerbungen. Schon am 24. Oktober fand eine Vorbesichtigung durch die zwei Fachleute des Preisrichterkollegiums, Promenadeninspektor Kreis, Braunschweig, und Handelsgärtner Stoffregen, Dortmund, statt. Wozu? Wars eine Privatbesichtigung oder eine offizielle? Nach den Bestimmungen über das Verfahren bei öffentlichen Wettbewerben soll in gemeinschaftlicher Besichtigung jeder Preisrichter sein Urteil für sich in Form von „Points“ abgeben. War es hier nun erforderlich, daß die nur zwei fachmännischen Preisrichter ihr fehlendes Übergewicht durch vorherige eingehendere Besichtigung ergänzten, oder wurde — wie wir annehmen zu können glauben — den anderen Herren Preisrichtern und Nichtfachleuten das fertige Urteil der Fachleute zur gefl. Genehmigung vorgelegt?

Jedenfalls liegt, wenn auch nur mit einem Worte oder Schriftstücke auf die Vorbesichtigung zurückgegriffen ist, eine Nichtachtung des Vertrauens der Bewerber, unseres Erachtens sogar ein Revisionsgrund vor.

Es liegt wohl nicht im Rahmen der „Gartenwelt“, alle eingegangenen Entwürfe einer Kritik zu unterziehen. Welche Summe von Arbeit und welche Verschiedenheit der Arbeit! Manch einer hat sichs leicht gemacht, mancher wohl tagelang seine beste Zeichentechnik für einen unbrauchbaren Gedanken aufgewandt, mancher keine Mühen und Kosten gescheut, Pläne und Bilder in Wasserfarbe, Öl, Buntstift, Kohle- und Bleistiftzeichnung herzustellen und mit schweren Holzrahmen zu versehen. Aber die Preisrichter ließen sich nicht durch Äußerlichkeiten leiten. Haben sie doch in künstlerischer Freiheit den zweiten Preis einem Projekte zugesprochen, das die Bestimmung: An Zeichnungen werden gefordert: . . . . 3. „Einige perspektivische Zeichnungen“, mit ebensolcher künstlerischen Freiheit übergangen hat. Ein weiterer Revisionsgrund?

Auch die neueste Richtung der modernen architektonischen Gärten ist nicht ausgeblieben. Die Namen der Bewerber sind nicht bekannt, aber wenn wir Pläne sehen wie: „Was ich will“, „H. Cr.“, „Meine Idee“, „Die Wahrheit“, „Alles Zweckmäßige ist schön“, „Tip-Top“, „Drinnen sprangen frische Brunnen“, so werden wir an Schultze-Naumburg, Professor Behrens und deren Sondergärten der letzten Ausstellung erinnert.

Schaubilder zum Entwurfe „Geometrie“.
Originalaufnahmen für die „Gartenwelt“.

„Geometrie." Mit dem ersten Preise ausgezeichneter Entwurf von Stadtgarteninspektor H. R. Jung, Köln. Originalaufnahme für die „Gartenwelt".

Überhaupt tritt in vielen, wenn nicht den meisten Entwürfen, eine Unkenntnis der örtlichen Verhältnisse und mangelnde Brauchbarkeit zutage. Wer jemals in großen Industriestädten wie Dortmund, gewesen ist, dio örtlichen Verhältnisse und die Bevölkerung mit Verständnis studiert hat, wird zugeben, daß große Blumenbeete und selbst Blütensträucher in so greifbarer Nähe der Wege vollständig unangebracht sind. Oder soll man neben jeden Blumenschmuck einen Polizisten stellen und den Bürgern — auf die in so manchem Motto hingewiesen ist — den Aufenthalt in den Anlagen mit den Tafeln verekeln: „Es ist verboten . . . .“? Ebenso unangebracht sind die mehrfach wiederkehrenden großen Bassins, überhaupt sind auch, abgesehen von der Gefahr des Verhaltens der am Nordmarkte wohnenden und verkehrenden Bevölkerung, Blumenbeete, Rosenpflanzungen etc. in einer so mit Kohlendunst geschwängerten Luft, wie sie Dortmund und alle westfälischen Industriestädte haben, verfehlt. Vielfach als verfehlt erachten wir auch die Einteilung, die nur dem Verkehr dienen soll. Entwürfe, wie „Klipp und klar“, „Rotunde“, „Wie“, „Im Verkehr“, „Disponiert“, „Vanvitelli“, „Einfach und Schlicht“, ohne jeden vom Durchgangsverkehr ungestörten Weg, sind unbrauchbar für eine Anlage, die eine Erholungsstätte sein soll.

Wie es noch „Gartenarchitekten“ geben kann, die einem solchen, von regelmässiger Bebauung und Alleepflanzungen umgebenen Platz unregelmäßige (englische?) Wegführung aufdrängen können, ist uns unverständlich. Projekte wie „Großstadt-Poesie“, „So fast as Dörpen“ (mit der schönen Bedürfnisanstalt), „Für Alle“ und das ähnliche „Dem Volke“ (mit dem Bassinmotiv „Die Furcht“, Eisbären in der Mitte, Fliehende Seehunde, Wasserspeier in den Ecken) stehen außerhalb einer ernsthaften Kritik.

Die der Prämiierung würdig erachteten Pläne sind durch die Abbildungen und Erläuterungsberichte den Lesern der „Gartenwelt“ zur Selbstkritik übergeben.

Im Vergleich mit den andern nicht wiedergegebenen Entwürfen und besonders in Rücksicht auf unsere oben angeführten allgemeinen Betrachtungen ergibt sich zu:

Projekt „Geometrie“,
I. Preis, Verfasser Garteninspektor Jung, Köln:

Die Nordstraße soll nach dem Erläuterungsberichte eine der zukünftigen Hauptverkehrsadern werden und doch wird der Verkehr in der Längsachse durch eine 3 Meter breite Pergolaöffnung und weiterhin über 4 Stufen geleitet. Wie verträgt sich das mit der Hauptverkehrsader, auf der „in leichter Weise Zu- und Abgang gefunden wird“? Der Verfasser arbeitet mit Hecken verschiedenster Höhe, Hainbuchen, *Taxus baccata,* Eichen oder *Evonymus*, und glaubt dadurch die geforderte Einfriedigung aus Rundeisen entbehren zu können (wenigstens ist auf dem Arbeitsplane nur außen herum — sogar über die Wege weg — Einfriedigung gezeichnet). Schön sind solche Einfriedigungen für das Ganze niemals, aber immer noch besser, wie schlechte Hecken, und daß sie schlecht werden, dafür werden schon Passanten und für die Taxushecken die Hunde sorgen. Oder soll bei etwaiger Ausführung jede Hecke noch mit Gitter eingefaßt werden? Dann ist es nötig, 50 cm zwischen Gitter und Hecke freizulassen, der Hundegaben wegen. Antwort müssen die Preisrichter geben.

Projekt „Koh-i-noor“,
II. Preis, Verfasser Blumberger, Köln.

„Ich tat mich zu ihm setzen und sah ihm ins Gesicht, das schien mir gar befreundet und dennoch kannt ichs nicht.“ Oder kannt ichs doch? Taucht nicht aus der Erinnerung ein anderes Preisausschreiben auf?*)

Es ist immer was Schönes um die Würdigung seiner Vorfahren, selbst wenn sie noch leben, aber man solls nicht zu arg treiben. Den Kernpunkt bildet in der Mitte die große

*) Platz „Z“ in Berlin-Schöneberg, nach der Ausführung Viktoria-Luise-Platz genannt.

Inselfontäne, wie in Berlin. Eine Verbesserung ist hier, daß man das Wasser von jedem Wege aus sehen kann (s. Erl. B.). Die Heckenbildung, hier wenigstens nicht wie bei „Geometrie“ dicht an den Weg gelegt, ist teils als „fester Rahmen“ der Gehölzpflanzung gedacht — ganz wie in Berlin. Außer den zwei architektonischen Sitzplätzen sind nur zwei weißlackierte Bänke vorgesehen. Ist das nicht reichlich wenig für einen Erholungsplatz der tagsüber arbeitenden Bevölkerung? Sollen die Erholungsuchenden abends immer im Oval oder Kreis herum laufen? Einfriedigung will der Verfasser nur für die Seiten der Anlagenteile nach der „Ahornallee“ anlegen, sonst nur Bandeisen. Was war gefordert im Programm? Die Bevölkerung und die Hunde werden trotz der Ausführungen des Verfassers die Anlage ohne Gitter eben nicht respektieren. Vorgesehene 2000 + 1125 M. sind also nicht genügend, es dürften die erforderlichen Einfriedigungen 6000 bis 7000 M. kosten. Dann ist die für die Anlage festgesetzte Summe um 4000 bis 5000 M. überschritten. Bezüglich der Zierhecken gilt dasselbe wie bei „Geometrie“. Wenn Bänder oder Rabatten angebracht werden sollen, so ist für Dortmund nur Efeu möglich, solcher wird wohl auch verwendet, wenn der Plan zur Ausführung kommen sollte. Daß die Prämiierung trotz fehlender Perspektiven erfolgte, sagten wir schon oben.

Projekt „Zur Wohlfahrt der Bürger gebaut“, III. Preis, Verfasser Brüder Pätz, Münster u. Düsseldorf.

Eine ganz moderne Auffassung. Der Erläuterungsbericht so ganz im Stile Willy Langes, der Plan nach den bekannten Professoren — Gartengestaltern. Schön ist der Gedanke, daß die Besucher von dem Durchgangsverkehr möglichst unbehelligt bleiben sollen, wenn dieselben aber durch Buschwerk und viel Holzwerk, Laubengänge, Pavillon, so wie geschehen, dem „Auge des Gesetzes“ entzogen werden, so möchten wir auf dem Nordmarkte nicht für die Folgen einstehen. Was dann am grünen Holze passiert, mögen die Preisrichter wissen. 600 Meter Einfriedigung scheinen uns zu wenig, oder soll auch hier die Hälfte uneingefriedigt bleiben?

Projekt „Vier Pappeln“, zum Ankauf empfohlen, Verfasser Gebrüder Röthe, Bonn.

Der Erläuterungsbericht betont wieder den stark entwickelten Verkehr, sieht aber dennoch nicht weniger als [illegible] vierstufige Treppenanlagen vor. Unseres Erachtens sind Treppenanlagen immer verkehrshindernd. Was die Preisrichter zur Empfehlung des Ankaufes bestimmte, ist unbekannt. Waren es die 4 Pappeln, die hoffentlich sich immer gleichmäßig entwickeln, oder der sitzlose Pavillon? Die reichliche Blumenanlage halten wir nach oben gemachten Ausführungen für unangebracht. Das Ganze ist sehr zerstückelt und dürfte wohl kaum zur Ausführung gelangen.

Projekt „Erholungsstätte“, zum Ankauf empfohlen, Verfasser Foeth und Bachmann, Köln-Lindenthal.

Hier ist dem Verkehr zu wenig Rechnung getragen, trotz Programm. Weißgestrichene Holzgitter und Blumenstreifen am Wege sind unangebracht. Die Betonung der Querachse ist einzig dastehend, und wodurch berechtigt? Umzäunung wieder zu wenig.

„Geometrie.“

Mit dem ersten Preise ausgezeichneter Entwurf von H. R. Jung, Städt. Garteninspektor, Köln.

Der Entwurf mit dem Kennwort „Geometrie“ ist bestrebt, sich den Bestimmungen des Ausschreibens im weitgehendsten Maße anzupassen. Verfasser war von der Ansicht geleitet, daß einesteils der von den umgebenden Straßen nach dem Platze geleitete Verkehr in leichter Weise einen Zu- und Abgang finden müsse, andernteils die Fläche als Garten, bezw. in einfachen Formen gehaltener Schmuckplatz wirken soll. In Hinsichtnahme auf die umgebende, geschlossene Bebauung, deren Architekturbild in den Fassaden nicht als besonders wirkungsvoll bezeichnet werden kann, soll im Gegensatze hierzu die Gartenanlage das Auge mit schönheitsvollen Bildern fesseln — sie soll aber auch in bevorzugter Weise praktischen Anforderungen genügen und den Anwohnern des Stadtteils angenehmen Erholungsaufenthalt bieten.

Schaubild zum Entwurfe „Geometrie“.
Originalaufnahme für die „Gartenwelt“.

Die Platzfläche ist an allen Seiten von den vorhandenen Baumalleen umschlossen, die nach der Innenseite zu stehende dritte Reihe Bäume ist aus praktischen Gründen in die Anlage einbezogen worden. Von der Nordstraße, wohl einer der zukünftigen Hauptverkehrsadern der Stadt, kommend, betreten wir den Platz durch eine Pergola, die sich hier nach der Innenfläche halbkreisförmig erweitert. Diese bauliche Schmuckanlage ist aus Verputzmauerwerk (Ziegelstein mit Terra nova verputzt) mit Sandsteinpfeilern hergestellt; sie wird von einer Eichenholzbalkenlage gekrönt, welche mit Schlinggewächsen (*Wistaria*, *Vitis*, *Tecoma*, *Aristolochia* usw.) überwachsen ist. Beiderseitig wird die Pergola von zwei einfachen Laufbrunnen mit vorliegendem Wasserbecken flankiert. Von diesem mit Bänken ausgestatteten Platze führen vier Stufen zu der inneren Platzfläche, in deren Mitte sich ein Wasserbecken mit Springstrahlen (niederer, breiter Sprudel) erhebt. Auch hier stehen unter acht schattenspendenden Bäumen mehrere Ruhebänke. In der Längsachse führt die gerade Linie zur Braunschweigerstraße, während zwei Diagonalwege zur Lortzing- und Klausthalerstraße geleiten. In der Gesamtanlage dient ein fünf Meter breiter Weg als Hauptumgangsweg, auch ist in der Achse der Braunschweigerstraße noch ein besonders großer, mit Bäumen bestandener Platz vorgesehen. Es ist somit den Verkehrsansprüchen weitgehend Genüge geleistet, ohne daß dem Ganzen intime Stimmungsbilder mangeln; auch von den umgebenden Alleen sind Blicke in die Anlage geöffnet, die Gesamtprojektion ist dermaßen gegliedert, daß die bauliche Schmuckanlage auch nach der Braunschweigerstraße zu, und der daselbst vorgesehene Platz nach der Nordstraße zu gelegt werden kann.

Verfasser würde in den umgebenden Alleen lieber eine andere, rasch wachsendere, die Häuser mit mächtigen Baumkronen verkleidende Baumart sehen, wie *Ailanthus* oder Platanen; demnach sollen auch die äußeren Pflanzungen (auf dem Arbeitsplane mit I bezeichnet) aus schweren Laubholzmassivs bestehen, während die inneren Pflanzungsflächen niedrig gehalten sind und teilweise übersehen werden können. An geeigneter Stelle ist auf den Rasenflächen Blumenschmuck angebracht.

Zwei elektrische Bogenlampen (3,80 m hoch) sind auf dem inneren Platze aufgestellt, wünschenswert wäre allerdings eine Mindestzahl von vier Lampen. Das Abortgebäude (baulich in zwei Abteilungen getrennt) ist inmitten von Pflanzungen an geeigneter Stelle plaziert. Die Eingänge an der Nord- und Braunschweigerstraße dürften mit einem stilisierten Lattentor (Holz mit Pfeiler) zu schließen sein.

Kostenanschlag:

Es wurden vorgesehen:

I. Bauten:	
Für Zementbetonmauerwerk	448.—
Für Sandsteinmauerwerk für die Pergola	3255.—
Für Ziegelsteinmauerwerk	950.—
Für Eichenholz für die Pergola einschl. Arbeitslöhne	2700.—
II. Weg- und Platzflächen:	
Herstellung derselben in fertiger Arbeit	2887.50
III. Pflanzungen:	
Bearbeitung der Pflanzungsflächen (Lieferung des Pflanzenmaterials von der Stadt Dortmund)	4867.80
IV. Rasen- und Blumenbeete:	
Herstellung der Flächen in fertiger Arbeit	1520.—
V. Verschiedenes:	
14 Baumgruben herzustellen in fertiger Arbeit	336.—
284 m Einfriedigungsgitter herzustellen in fertiger Arbeit	2556.—
5 eiserne Türme	200.—
2 hölzerne Tore	400.—
28 hölzerne Bänke	1540.—
12 hölzerne Bänke zur Pergola	720.—
4 Treppenstufen mit zwei Pfeilern	800.—
Anlage der Wasserleitung in Summa	1270.—
Zur Abrundung	549.70
Somit Gesamtsumme Mk.	25000.—

In den Kostenanschlag sind nicht einbezogen die Kosten für Beschaffung und Aufstellung der elektrischen Lampen inkl. Kabelanlage, die Kosten für Errichtung des Abortgebäudes und die Entwässerungsanlage des Platzes. Für letztere sind an tiefster Stelle 4 Regensinkkästen einzubauen, mit Anschluß an den Straßenkanal, in welchen auch die Wasserableitung der 3 Brunnen einzuführen ist. Diese Arbeiten dürften durch das Tiefbauamt herzustellen sein.

„Koh-i-noor."

Mit dem zweiten Preise ausgezeichneter Entwurf von Gartenarchitekt Wilh. Blumberger, Köln-Marienburg.

Im vorliegenden Entwurfe ist angestrebt worden, 1. durch ein möglichst praktisches Wegenetz dem Verkehre nach jeder Seite Rechnung zu tragen, 2. durch eine ruhige und klare Architektur dem Ganzen eine einheitliche Gesamtwirkung zu geben.

Die Wege sind in den Achsen der Straßen als fünf Meter breite Spaziergänge weitergeführt, so daß der ganze Platz von jeder beliebigen Straße aus bequem durchquert werden kann. Ein engerer Rundgang um den, die Mitte einnehmenden monumentalen Brunnen, kann kaum als Umweg störend für den Besucher werden, der auf einem der diagonalen Wege den Platz überschreitet. Ein bequemer, weiter Umweg, der den Erholungsbedürftigen als Spaziergang mit Ruheplätzen und guten Aussichtspunkten dienen soll, umschließt in glatter, großer Ellipse die ganze innere Anlage.

Die beiden architektonisch ausgebildeten Ruheplätze sind um je drei Stufen über das allgemeine Planum gehoben, um einen besseren Standpunkt zum Genuß des Gesamtbildes zu bieten. Die Pergola um den Sitzplatz an der Nordstraßenseite ist mit Wistarien, wildem Wein und *Clematis vitalba* berankt gedacht, hinterpflanzt mit hochwachsenden Cypressen- und Thuyaarten. Die runde Bank an der gegenüberliegenden Seite steht vor einer Laubenwand aus weißem Lattenwerk, die mit Kletterrosen und *Clematis Jackmani* berankt gedacht ist. Die hinter diesem Sitzplatze gelegene Abortanlage, die rings mit Koniferen, *Buxus, Ilex* usw. umpflanzt werden soll, müßte eine schlichte, aber architektonisch einwandfreie Außenseite erhalten, wie z. B. die Anlage am Ubierring in Köln solche zeigt, dann dürfte gegen die Lage in der Achse nichts einzuwenden sein, sondern diese dürfte aus praktischen Gründen (leichtes Finden) nur wünschenswert erscheinen. (Übrigens gestattet der Entwurf auch die Verlegung der Anlage in einen beliebigen der vier großen, mit Gehölzen zu bedeckenden Anlagenteile rechts und links von den Eingängen der Nordstraße bezw. der Braunschweigerstraße.)

Den Kernpunkt, auf welchem die ganze Anordnung der geschmückten Flächen sich konzentriert, bildet in der Mitte die große Inselfontäne, welche in drei Etagen ihr Wasser aus der Höhe herabplätschern läßt. Um die Fontäne, wie vor den beiden großen Sitzplätzen an den Querseiten der Anlage, sind Blumenbeete in reicher Form angeordnet.

Bei Aufstellung von zwei Bogenlampen müssen sehr schlanke Trägersäulen gewählt werden, und wären diese dann am besten auf den Plateaus der beiden großen Sitzplätze aufzustellen. Besser erscheint aber die Aufstellung von vier Lichtträgern, weil diese außer einer viel besseren Lichtwirkung und einer weit prächtigeren, gleichmäßigeren Durchleuchtung des ganzen Bildes bei Nacht, vor allem viel bequemer und ohne zu stören zu plazieren sind. Im Hauptplane habe ich deshalb die Kreuzungspunkte der Diagonalwege mit dem großen Umgangswege als Aufstellungsplätze für vier Leuchtkörper vorgeschlagen, weil die Aufstellung inmitten der Wegekreuze immerhin störend empfunden werden könnte, weitere vier symmetrisch verteilte Plätze in dem, den Umgangsweg begleitenden (äußeren) Efeu- oder Eichenstreifen.

Die ganze Anlage ist im Planum von der Ecke bei der Schleswiger- und Mallinckrodtstraße zur Ecke bei der Hayden- und Lortzingstraße um 90 cm geneigt. Im Arbeitsplan habe ich durch Darstellung der wahrscheinlichen jetzigen und der neuen Horizontale gezeigt, daß es sehr wohl möglich wäre, diese Schiefheit für den inneren Platz zu beseitigen. Die Eingänge an und gegenüber der Schüchtermannstraße müßten dann je eine Stufe erhalten, ebenso könnten in den Eingängen an der Lortzing- und Braunschweigerstraße durch Einbettung von Stufen schönere Gefälleverhältnisse bewirkt werden.

Nötig ist diese Anbringung von Stufen aber ebensowenig, wie die ganze Planumsveränderung, die ich aber aus ästhetischen wie praktischen Gründen durchaus befürworten möchte. Der Arbeitsplan zeigt vor allem, daß ich die ganze Anlage nach der Mitte zu um 30 bis 40 cm vertieft habe, um dem Beschauer einen besseren Überblick und der Anlage eine bessere Gesamtwirkung zu ermöglichen. Dadurch wird vor allem erreicht, daß selbst kleine Personen und Kinder den Wasserspiegel des um den Fontänenaufbau sich breitenden runden Bassins von jedem Wege aus bequem sehen können. Gerade hierin wurde vielfach schwer gefehlt, denn ein Wasserbecken, dessen Wasser man nicht sehen kann, ist zwecklos.

1 m breite Bänder aus Efeu oder Eichensämlingen, und diesen wieder folgen auf der äußeren Seite des Hauptumgangsweges 50 bis 60 cm hohe Hecken aus *Taxus baccata* oder *Ligustrum vulgare* bezw. *ovalifolium*, die den dahintergelegenen Gebüschpflanzungen etwas mehr festen Rahmen geben sollen, so daß sie sich der ganzen „architektonisch“ gedachten Anlage gut anpassen dürften, ohne übermäßig gestutzt zu werden, was die Blütenfülle beeinträchtigen könnte.

An den Eingängen von der Schlüchtermannstraße aus und dieser gegenüber sind zwei solide, weißlackierte Holzbänke von 3 m Länge vor je einer etwa 1,50 m hohen Hecke aufgestellt gedacht, so daß der Umgangsweg vierfache Sitzgelegenheit mit guter Aussicht auf den Platz und seine Ausschmückung bietet, besonders auch auf die Fontäne, bei gleichmäßiger und bequemer Verteilung, und ohne irgend welche Verkehrsbehinderung.

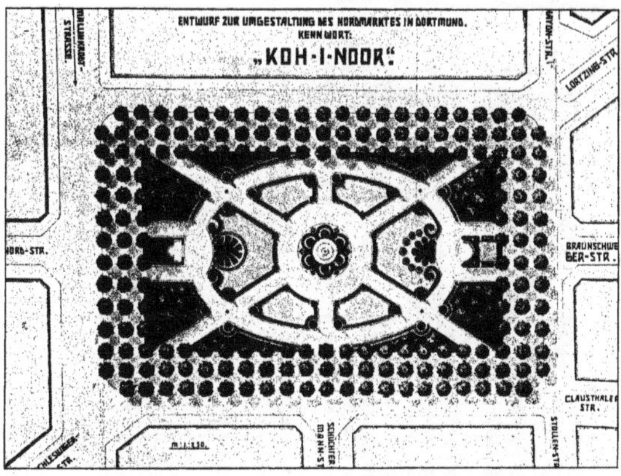

„Koh-i-noor.“ Mit dem zweiten Preise ausgezeichneter Entwurf von Gartenarchitekt Wilh. Blumberger, Köln-Marienburg. Originalaufnahme für die „Gartenwelt“.

Die ganze, recht übersichtlich, klar und einheitlich geplante Anlage um den Springbrunnen bis zum Haupteingangswege wird jenseits des letzteren von einem geschlossenen Kranze blühender und grünender Gehölzpflanzen umfaßt, der nur von den Wegeeinmündungen unterbrochen wird. Hierdurch wurde eine möglichst ruhige Abgeschlossenheit gegen das Getriebe der umliegenden Straßen angestrebt und die Einheitlichkeit der inneren Gesamtanlage erzielt.

Da auf allen Wegekreuzungspunkten die Beetecken mit schweren Taxuskegeln (oder dergl.) bepflanzt gedacht sind, so erscheint auch die lichte Übersichtlichkeit der inneren Flächen im Gegensatze zu der geschlossenen Massigkeit des umliegenden Gehölzgürtels genügend gemildert. Den Umgangsweg und die konzentrischen Querwege bekleiden beiderseits

Die dreireihige Ahornallee ist durchaus erhalten, nur sind die Bäume der inneren Baumreihe in die begrenzenden Kulturflächen einbezogen, während sie nach den Unterlagen bisher im Wege standen.

Die Einfriedigung mit Rundeisengitter ist nur für die Seiten der Anlagenteile nach der Ahornallee hin vorgesehen, während für die inneren Wege Bandeiseneinfassung genügend erachtet wurde. Das höhere Gitter stört ungemein und dürfte entbehrlich sein, schlimmstenfalls durch ein fußhohes, über den Boden zwischen Eisenpfosten sich hinziehendes zu ersetzen sein.

Diese Einfriedigung hat sich in vielen Städt. Verwaltungen durchaus bewährt und hat den Vorzug der Billigkeit. Sie würde auch für die äußeren Seiten durchaus genügen. Hunde springen über 60 bis 70 cm hohe Rundeisengitter glatt weg und die Passanten respektieren eine Anlage — auch ohne jede Einfriedigung! — erfahrungsgemäß um so mehr, je sorgfältiger sie unterhalten wird. Eine gute Unterhaltung ist der beste Schutz aller öffentlichen Anlagen.

Wasserleitung wurde nicht veranschlagt, weil aus den Unterlagen nicht hervorgeht, ob solche neu angelegt werden müßte, oder ob eine vorhandene Bewässerungsanlage sich ohne großen Aufwand den neuen Verhältnissen vielleicht anpassen ließe.

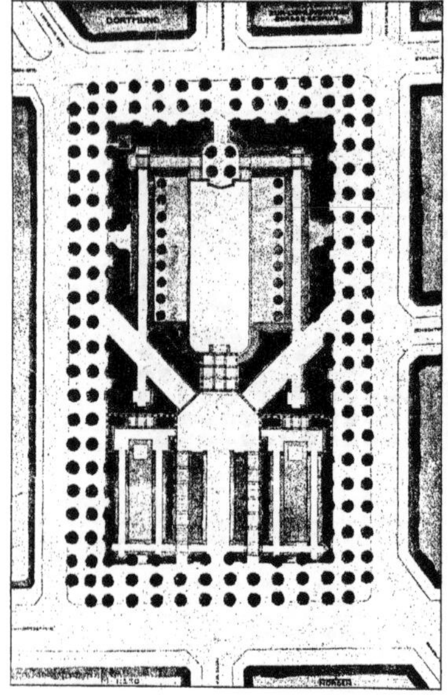

„Zur Wohlfahrt der Bürger gebaut." Mit dem dritten Preise ausgezeichneter Entwurf der Brüder Pätz, Stadtgärtner in Münster und Gartentechniker in Düsseldorf. Originalaufnahme für die „Gartenwelt".

Kostenanschlag.

I. Wegearbeiten:	
Herstellung derselben in fertiger Arbeit	11680.—
II. Bodenbearbeitung:	
Bearbeitung der Gruppen und Rasenflächen	584.—
III. Pflanzungen:	
Bepflanzung der Gruppenflächen	200.—
Pflanzung der Koniferen	60.—
20 große und kleine Solitärs	60.—
Bepflanzung der Blumenbeete	325.—
Bepflanzung der Efeu- und Eichenbänder	120.—
Pflanzung der Zierhecken	100.—
1 Springbrunnen	2000.—
Rasenanlage	534.—
1 Pergola	500.—
1 Rundbank	250.—
2 Gartenbänke	100.—
1 Abortanlage	5000.—
Einfriedigungsgitter	2000.—
Bandeisen	1125.—
Unvorhergesehenes und zur Abrundung	372.—
Gesamtsumme M.	25000.—

„Zur Wohlfahrt der Bürger gebaut."

Mit dem dritten Preise ausgezeichneter Entwurf der Brüder Pätz, Münster i. W. und Düsseldorf.

Es ist eine bekannte Tatsache, daß die Mehrzahl der öffentlichen Plätze eine geradezu trostlose Monotonie zur Schau tragen und damit ihren eigentlichen Zweck, zur Wohlfahrt der Bürger im ästhetischen und hygienischem Sinne beizutragen, sehr in Frage stellen. Mancherlei Gründe mögen zusammen wirken, die die Durchführung vernünftiger Gestaltungsprinzipien oft erschweren, oder gar in Frage zu stellen geeignet sind, die Hauptschuld für die Verkümmerung unserer Plätze aber trifft auch hier wie in allen ähnlichen Fällen meistens den Gartengestalter selbst. Er ist in den Gedanken, um jeden Preis repräsentieren zu wollen, so verbissen, daß es ihm in dieser bürokratischen Flachheit geradezu unmöglich wird, sich einmal klar und wahr vor Augen zu halten, daß sich auf jenem Platze denkende und empfindende Menschen ergehen und aufhalten wollen. Dies aber ist ein Faktor, der dem ersteren mindestens gleichbedeutend ist, ja, in sehr vielen Fällen ihn bei weitem überwiegt. Wir wissen wohl, daß es Fälle gibt und zwar viele solche, wo durch eine dominierende Umgebung von vornherein der Grundcharakter der Platzgestaltung unverrückbar festliegt. Doch wird hier dann meistens jenes schon vorhandene Grundprinzip nicht richtig erfaßt und verstanden, oder seine Bedeutung für die Platzgestaltung verkannt, es entstehen dann jene Karikaturgebilde, wie man sie ja leider u. a. vor so manchen, sonst so wirkungsvollen öffentlichen Gebäuden sieht. Es sind also zwei Hauptfaktoren, die für die Gestaltung der öffentlichen Plätze von wesentlichem Einfluß sind; einmal seine äußere Umgebung, also der Rahmen, in dem er liegt, meist architektonische Einflüsse, dann aber als

Schaubild zum Entwurfe „Zur Wohlfahrt der Bürger gebaut."
Originalaufnahme für die „Gartenwelt".

zweiter Hauptfaktor die Konzessionen, die ich der Wohlfahrt der Bürger in dem erwähnten Sinne zu machen gezwungen bin; ein Umstand, der trotz seiner großen Bedeutung für die Platzgestaltung bisher meist vernachlässigt oder fast garnicht berücksichtigt worden ist. Welches von diesen Grundprinzipien das überwiegende sein wird, ergibt sich von Fall zu Fall aus den Verhältnissen selbst, und ist es Sache des Gartengestalters, mit dem nötigen künstlerischen Takt das jeweilig Richtige heraus zu finden.

Wenn wir jetzt die Verhältnisse für die hier gestellte Aufgabe untersuchen, so kommen wir zu folgendem Resultat: Ein dominierender, architektonischer Einfluß ist nicht vorhanden. Es besteht aber ein ziemlich reger, wenn auch immerhin noch ganz normaler Verkehr, hauptsächlich von der Schleswiger- und Nordstraße zur Lortzingstraße hin, dann ist aber von sehr eingreifender Bedeutung der Umstand, daß nicht nur die den Platz umschließenden Straßenzüge, sondern auch das ganze umgebende Stadtviertel ausschließlich nur Wohnzwecken dient, es sind also auch in diesem Falle den dort wohnenden Bürgern im weitesten Maße Konzessionen zu machen. Hier überwiegt also dieses Gestaltungsprinzip gegenüber dem ersteren bei weitem. „Zur Wohlfahrt der Bürger gebaut" soll dieser Platz sein, das ist der Fundamentalgedanke, wie er sich als logische Konsequenz aus den vorhandenen Verhältnissen ergibt und diesem Entwurfe zugrunde gelegt wurde.

Schaubild zum Entwurfe „Zur Wohlfahrt der Bürger gebaut."
Originalaufnahme für die „Gartenwelt".

Es würde sich fast erübrigen, noch eine weitere Besprechung der Einzelheiten folgen zu lassen. Durch vier Schaubilder ist der Aufbau veranschaulicht und dürfen wir uns daher ganz kurz fassen.

Treten wir von der Nordstraße in die Anlage hinein (Schaubild nebenstehend, rechts), so stehen seitlich zur Betonung des Eingangs ein Milchhäuschen und eine Trinkhalle. Sie sind in ihrer Architektur mit den übrigen Baulichkeiten einheitlich zu gestalten. Von breiten Blumenrabatten vor den Laubengängen begleitet, gelangen wir zum eigentlichen Kernpunkte der ganzen Anlage, zu einer von Säulen umstellten Brunnenanlage; die ringsum aufgestellten Bänke gewähren dort gerade an heißen Tagen einen angenehmen Aufenthalt. Das Wasser des Brunnens fließt von einem kaskadenartigen Treppenbau herab in das anschließende Bassin. Vor dem Brunnen führen zwei breite Wege, der eine nach rechts und der andere nach links. Diese Wege dienen im wesentlichen dem Verkehre (siehe das Schaubild unten, links). Die übrige Gestaltung des Platzes ist absichtlich so gewählt, daß die Besucher von dem Durchgangsverkehr möglichst unbehelligt bleiben, ihnen also ein ruhiger, ungestörter Genuß des Gebotenen möglich ist. Ich hebe hier besonders die zu beiden Seiten des eben erwähnten Mittelwegs anzuordnenden Sondergärten hervor (siehe Schaubild oben, links). Sie zeigen auch von außen her ein angenehmes Bild, tragen aber einen ausgesprochenen, intimen Charakter, der einen längeren Aufenthalt zu einem wohltuenden und genußreichen macht. Für hinreichende und bequeme Sitzgelegenheit ist auch hier gesorgt worden. Es bleibt jetzt noch der nach der Braunschweiger Straße hin gelegene Laubengang zu erwähnen. Er gilt als Abschluß für das Bild (siehe das Schaubild oben, links) und gewährt auch

Schaubild zum Entwurfe „Zur Wohlfahrt der Bürger gebaut."
Originalaufnahme für die „Gartenwelt".

Schaubild zum Entwurfe „Zur Wohlfahrt der Bürger gebaut."
Originalaufnahme für die „Gartenwelt".

einen ansprechenden Ausblick auf die Brunnenanlage mit vorliegendem Wasserbassin. (Schaubild Seite 91, unten rechts.) Die zu ihm führenden Wege sind von breiten Blumenstreifen und einer Birkenreihe flankiert. Eine Bedürfnisanstalt ist nach der Lortzingstraße hin vorgesehen.

Kostenanschlag.

1. Bauliche Anlagen	14920.—
2. Erdarbeiten	4425.—
3. Wegearbeiten	1820.—
4. Diverses	3835.—
Gesamtsumme M.	25000.—

geschnittenen Heckenpflanzungen einen neuzeitlichen, architektonischen Charakter verleihen sollen.

Den Kernpunkt dieses Anlagenteiles und zugleich des ganzen Nordmarktes bildet ein Bassin mit 15 Meter Durchmesser, das von vier hohen Pyramidenpappeln umsäumt wird.

Dieser architektonische Teil des Platzes soll den Hauptblumenschmuck aufnehmen, welcher, der Vegetation und der Jahreszeit entsprechend, in möglichst einheitlichen, leuchtenden Farben gedacht ist.

Auch die diesen Teil nach außen hin abgrenzende Pflanzung soll in strengen Formen gehalten werden, was wohl durch die vorgepflanzten Hecken am wirksamsten erreicht werden dürfte.

Der längs der Mallinckrodtstraße laufende Teil des Nordmarktplatzes wurde als Promenade erhalten und nach der Anlage zu terrassenförmig zu einem großen Sitzplatze erweitert, welcher gegen

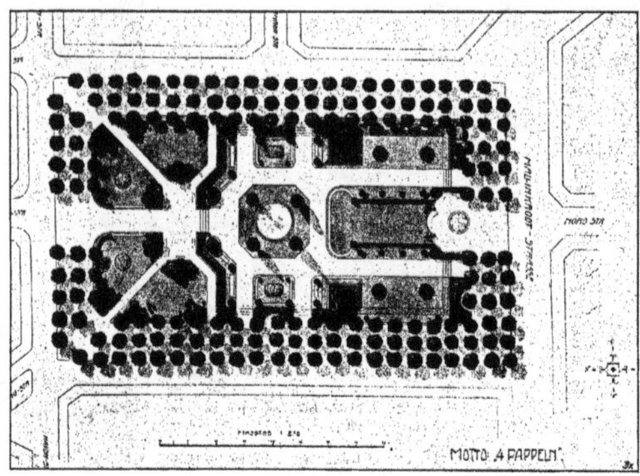

„Vier Pappeln." Zum Ankauf empfohlener Entwurf von Gebr. Röthe, Bonn.
Originalaufnahme für die „Gartenwelt".

„Vier Pappeln."

Zum Ankauf empfohlener Entwurf von Gebr. Röthe, Bonn.

Bei der Bearbeitung des vorliegenden Projektes wurde in erster Linie berücksichtigt, daß der Nordmarkt in einem stark bevölkerten Stadtteile Dortmunds liegt. Es kam daher vor allen Dingen darauf an, eine möglichst praktische, den Bedürfnissen des stark entwickelten Verkehrs entsprechende Wegeführung herzustellen.

Um dem Platze Abwechslung und Eigenartigkeit zu verleihen, wurde derselbe landschaftlich und architektonisch aufgeteilt.

Der landschaftliche, im Norden liegende Teil des Nordmarktes liegt im Straßenniveau und weist neben geraden, diagonalen Wegezügen eine locker gehaltene Pflanzung auf. Die Wege münden hier auf einen großen, freien Platz, der Sitzgelegenheiten in genügender Anzahl bietet.

Von diesem Platze führt eine breite Freitreppe nach dem um einen halben Meter tiefer gelegenen Teile der Anlage, welchem die scharf markierten Rasenböschungen, die geradlinigen Wege, sowie die den tiefer gelegenen Teil mit einer Balustrade aus Sandstein als Abschluß versehen ist.

Ein leichter, tempelartiger Pavillon krönt diesen Platz, von welchem man einen guten Ueberblick über den Nordmarkt erhält. Hier hat auch die im Programme verlangte Bedürfnisanstalt ihren Platz gefunden, die inmitten von immergrüner Pflanzung gedacht ist.

Die vorhandene Alleepflanzung wurde erhalten, die innere Baumreihe wurde mit in die Anlage einbezogen, diese somit als Abschluß gegen die Straßen dienend, und der Steifheit der geschlossenen Häuserfronten eine gute Vermittlung gebend.

Die ganze Anlage soll einen ruhigen, einfachen Charakter tragen, welcher am ehesten geeignet ist, der Bürgerschaft das zu bieten, was man dort sucht, nämlich: Erholung!

Kostenanschlag.

1. Wegearbeiten einschl. Lieferung des Materials	2960.—
2. Bodenbearbeitung	3972.—
3. Anpflanzungen, ausschließlich Lieferungen	602,80
Übertrag:	7534,80

Übertrag:	7534,80
4. Rasenanlage, ausschließlich Lieferungen	578.05
5. Verschiedenes	11538.—
6. Unvorhergesehenes und zur Abrundung	4606.15
Gesamtsumme Mk.	25000.—

„Erholungsstätte."

Zum Ankauf empfohlener Entwurf von Gartentechniker Foeth und Architekt Bachmann, beide in Köln.

In dem Projekt ist folgendes Prinzip zum Ausdruck gebracht worden:

Die Anlage soll eine vom großen Verkehr abgeschlossene Erholungsstätte bilden. Auf die direkte Verbindung der anliegenden Straßen ist durch dieses Prinzip nicht der Hauptwert gelegt worden, trotzdem sind die einzelnen Straßen bequem zu erreichen. Besonders hervorgehoben ist die Anlage durch eine Längs- und eine Querachse, welche in Beziehung treten zu einem Umgangswege. Die bauliche Anlage, als Schutzhalle gedacht, liegt erhöht westlich in der Querachse. Ferner wird die Querachse betont durch ein mit Blumenschmuck eingefaßtes Wasserbecken. Dieses Parterre mit anschließendem Sitzplatze ist von einer Thuyahecke, hinterpflanzt mit Pyramidenpappeln, umgeben, und bildet so ein abgeschlossenes Sondergärtchen. Die platzartige Erweiterung mit Schutzhalle schließt westlich ab durch ein Mauerwerk mit eingebauter Treppe. Auf dem Mauerwerk befindet sich ein weiß gestrichenes Holzgitter. Der im Norden der Anlage gelegene Spielplatz ist von einer Pergola umgeben, die durch einen Mittelweg in der Längsachse mit der Nordstrasse in Verbindung steht. Von der Braunschweigerstraße aus erreicht man den Platz durch zwei mit Pergola überdeckte Eingänge, welche mit der den

Schaubild zum Entwurfe „Vier Pappeln".
Originalaufnahme für die „Gartenwelt".

Spielplatz umgebenden Pergola durch einseitige Pergolakrönung verbunden sind. Zwischen den beiden ebengenannten Eingängen ist ein Sitzplatz, durch die Hecke eingeschlossen, vorgesehen. Der Spielplatz ist an dieser Seite durch ein weiß gestrichenes Holzgitter, hinterpflanzt mit Stauden, abgeschlossen. An den Umgangsweg gliedern sich mehrere Sitzgelegenheiten an, ferner stehen mit ihm zwei durch Gehölze geschützte kleinere Spielplätze in Verbindung. Längs des Umgangsweges sind Blumenstreifen vorgesehen.

Um die Anlage möglichst zu erweitern, ist die innere Baumreihe mit in die Grenzpflanzung hineingezogen worden, und liegt demnach innerhalb der den Platz umschließenden Umzäunung. Die beiden äußeren Baumreihen bilden eine Außenpromenade um die gesamte Anlage.

Kostenanschlag.

1. Erdarbeiten	150.—
2. Wegearbeiten	3562.50
Übertrag:	3712.50

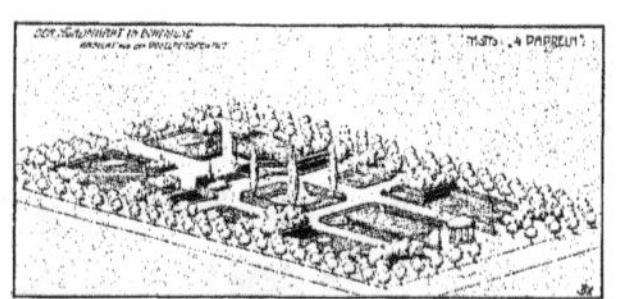

Schaubild zum Entwurfe „Vier Pappeln".
Originalaufnahme für die „Gartenwelt".

Übertrag:	3712.50
3. Pflanzungen	2915.25
4. Anlage der Beetflächen	225.—
5. Anlage der Rasenflächen	571.25
6. Bänke	2900.—
7. Holzgitter	132.—
8. Stufen	105.—
9. Mauerwerk	25.—
10. Wasserbecken	1800.—
11. Pergola	1710.—
12. Eisengitter	3760.—
13. Bogenlampen	500.—
14. Bedürfnisanstalt	2500.—
15. Schutzhalle	4000.—
16. Zur Abrundung	144.—
Gesamtsumme Mk.	25000.—

Nachschrift der Redaktion. In den uns übermittelten, vorstehend zum Abdruck gebrachten Abschriften der Erläuterungsberichte stimmten, vom Bericht „Erholungsstätte" abgesehen, sämtliche Additionen der Kostenanschläge nicht, indem sich beim Nachaddieren der Einzelposten in drei Fällen ein geringerer und in einem Falle ein höherer Betrag als der Gesamtbetrag von 25000 M. ergab. Wir können selbstverständlich nicht feststellen, wem diese Unstimmigkeiten, die wir auch schon bei früheren Konkurrenzen feststellen mußten, zur Last fallen und haben sie durch entsprechende Abrundung der letzten Position „Diverses" etc. ausgeglichen.

Zeit- und Streitfragen.

Unter der Überschrift „Gefährliches Treiben" bringt die „Tägliche Rundschau" in Berlin nachstehende Ausführungen, die sich gegen Angriffe von Avenarius und des Geschäftsführers der Deutschen Gesellschaft für Gartenkunst auf Willy Lange richten:

Der „Kunstwart" bringt in seinem ersten Oktober- und seinem ersten Novemberheft je einen Aufsatz über das Thema „Kunst im Garten". Dem Gärtner und Kunstschriftsteller Willy Lange, der es gewagt hat, die „Halbmonatsschau für Ausdruckskultur auf allen Lebensgebieten" anzugreifen, wird da übel mitgespielt. Das wäre seine persönliche Sache. Aber zugleich wird von der Presse gesprochen, die auf ihn „hineingefallen sei" und ganz besonders gerügt: „eine unserer größten unparteiischen Zeitungen hat Willy Lange, irr ich nicht, drei Nummern ihrer Unterhaltungsbeilage zur Verfügung gestellt." Mit der großen unparteiischen Zeitung ist die „Tägliche Rundschau" gemeint, und da ich selbst vielleicht der erste war, der auf Willy Lange „hineinfiel", ist es wohl berechtigt, wenn auch ich in dieser Sache das Wort erbitte.

Was Lange will, ist den Lesern der „Täglichen Rundschau" bekannt. In der Gartenbaukunst handelt sichs — so hatte ich die Sache formuliert — in erster Linie um die Doppelfrage: Sollen wir im Garten ein Stück Natur zu uns heranziehen? Oder sollen wir im Garten unsere kleinen Zimmer- und Baugedanken hinaustragen in die freie Natur? Lange hat entschlossen Stellung genommen für eine

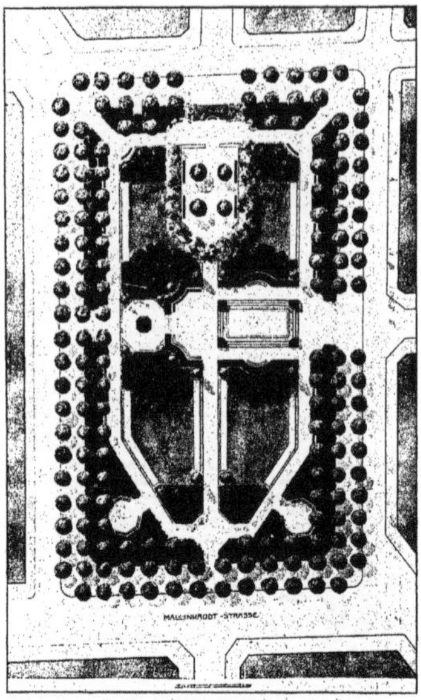

„Erholungsstätte." Zum Ankauf empfohlener Entwurf von Gartentechniker Herm. Foeth und Architekt Paul Bachmann, beide in Köln-Lindenthal. Originalaufnahme für die „Gartenwelt".

künstlerisch gesteigerte Natur und gegen eine architektonisch vergewaltigte Botanik. „Den Garten pflanzen, nicht bauen", verlangte er.

Daß er mit einer solchen Entscheidung die Mehrzahl der heute geltenden „Autoritäten" gegen sich haben würde, darüber wird er sich selbst wohl vorher klar gewesen sein. Ebenso, daß er insbesondere im „Kunstwart" einen scharfen Gegner finden werde. Denn Schultze-Naumburg, dessen Ansichten über den Gartenbau für den „Kunstwart" maßgebend waren, konnte kaum auf seiner Seite stehen. Einigermaßen seltsam mußten Lange und der auf ihn hineingefallenen Presse nur die Gründe erscheinen, mit denen nun gegen den Störenfried gearbeitet wurde. Für den „Kunstwart" nahm Avenarius die Sache in die Hand. Im Oktoberheft schreibt er: „Ich möchte kurz andeuten, wo ich selber in der modernen Gartenbewegung stehe. Ich meine, wenn wir gesunde Verhältnisse hätten, so müßte ganz ohne jeden Zweifel die Gartengestaltung Sache der Gärtner sein ... Dem Tischler der Tisch, dem Schlosser das Schloß, dem Gärtner der Garten, das ist das Ursprüngliche, und gerade wir von der Kunst wollen ja nach aller Möglichkeit zum Ursprünglichen wieder zurück."

Diese Andeutungen über den gegenwärtigen Stand der Avenariusschen Ansichten über den Gartenbau entsprechen genau dem, was hier vor einem Jahre über die Sache geäußert wurde. „Wenn heute einer die spielerischen Formen des Porzellanstils von Sèvres in Bronze gießt oder die charakteristischen Bildungen der Holzarchitektur in Sandstein meißelt, so wird ihm das vorgeworfen als ein Mangel an künstlerischer Gesinnung. Mit vollem Recht Sind aber schließlich die tollsten Nachahmungen der Bildnerei und Baukunst nicht harmlos gegen das, was gerade heute als Gartenbaukunst wieder laut gepriesen wird? Ornament- und Arckitekturformen, die der Ausdruck ganz bestimmter Baustile geworden sind, werden auf Gartenanlagen übertragen, und Pflanzen, lebende, beseelte Pflanzen müssen das Material hergeben für diese brutalste aller Stilverirrungen" usw. (siehe „Tägl. Rdsch." vom 29. November 1906).

Bei solch erfreulichen Übereinstimmungen, sollte man wohl meinen, sei eine Verständigung möglich, und Avenarius müsse mit Freuden auf die Arbeit eines Mannes eingehen, die derlei Gedanken anregt. Wie aber wendet Avenarius die Sache? Er meint, Gedanken solcher Art seien ja als Gedanken schön, für die rauhe Wirklichkeit jedoch noch nicht reif. „Heutzutage sind die Architekten und Maler die zu Führern Berufenen. Daß sies für immer seien, glaube ich nicht." Punktum. Also hat Schultze-Naumburg recht, und Lange hat unrecht, und wenn Lange sich müht, seine Gedanken tatkräftig durchzusetzen, wenn er in der Beurteilung einer Gartenbau-Ausstellung anderer Ansicht als Avenarius ist, dann heißt es einfach, bieder und kräftig: „In Langes Aufsätzen, wie in seinem Buche, sind die Theorien alle von dem Wunsche beeinflußt, seinem Stand die Geschäfte zu bewahren." So steht es zu lesen auf Seite 17 des Oktoberheftes.

Das Novemberheft leistet noch lieblicheres. Hier wird der Protest abgedruckt, der dem „Kunstwart" vom „fachmännischen Geschäftsführer" der „Deutschen Gesellschaft für Gartenkunst" zugegangen ist. Angenehme Fachgenossen gibt es ja wohl in jedem Berufe. Daß aber eine unparteiische Schriftleitung sie zu Worte kommen läßt, wenn sie den andern durch ein Scherbengericht gern aus dem Amte drängten, das ist neu. Der „Kunstwart" tuts, er läßt ruhig den einen Fachgenossen die ehrliche Arbeit des andern ein „gefährliches Treiben" nennen, und bemerkt zu diesen flammenden Protestsätzen mit verbinlichem Lächeln: „Was uns sonst noch von der Geschäftsstelle für Gartenkunst über Willy Langes Leistungen geschrieben wird, unterdrücke ich aus Rücksicht für Willy Lange.

Willy Pastor."

Nachschrift der Redaktion. Es bedarf wohl keines Kommentars zu diesen Ausführungen. Herr F. Avenarius stellte mittelst Briefes vom 18. v. M. an uns das sonderbare Ansinnen, seinen gegen unseren geschätzten Mitarbeiter Herrn Willy Lange gerichteten Artikel aus dem ersten Oktoberhefte des „Kunstwarts" abzudrucken. Über dieses Ansinnen sind wir selbstverständlich zur Tagesordnung übergegangen, da wir den Herren Avenarius und Konsorten keine Handlangerdienste leisten, und den zweifelhaften Ruhm, Verrat am eigenen Berufe zu üben, das eigene Nest zu beschmutzen, gern jenen Kollegen überlassen, die im Schlepptau der sogen. Allkünstler hängen.

Vom Geschäftsführer der „Deutschen Gesellschaft für Gartenkunst", Herrn Städt. Obergärtner Glogau in Hannover, ging uns kurz vor Redaktionsschluß die nachstehende Erklärung mit dem Ersuchen um Abdruck zu:

In eigener Sache.

Zahlreiche Zuschriften bekunden mir, daß die Veröffentlichung meines Briefes im „Kunstwart" vielfach mit Recht Kopfschütteln hervorruft. Ich sage ausdrücklich „mit Recht", denn in der veröffentlichten Form liegt ein Sinn, der nicht von mir beabsichtigt war und nur dadurch hineingetragen werden konnte, daß der Herausgeber des „Kunstwart“ es versäumt hat, einen sehr wichtigen Satz in dem Schreiben mit zu veröffentlichen. Ich stehe nicht an zu erklären, daß mir die Veröffentlichung des Briefes durchaus nicht unangenehm war, trotzdem sie ohne mein Wissen und Wollen vorgenommen ist. Was ich darin gesagt habe, vertrete ich jederzeit, jedoch nur, wenn die Leser auch folgenden Nachsatz, der nicht mit veröffentlicht ist, mit berücksichtigen. Wenn Avenarius sagt: Heutzutage sind die Künstler die zu Führern berufenen und hofft, daß dieses nicht immer der Fall sein werde, so habe ich Avenarius bedingt zustimmen können in bezug auf den Nachsatz. Meiner Zustimmungserklärung folgt aber der Nachsatz: „Die Gartenkunst erscheint zurzeit kraftvoll genug, in sich gestärkt und befestigt und geläutert im Geschmack, daß ich, ohne zu optimistisch zu sein, diese Hoffnung aussprechen darf“. Die ausgesprochene Hoffnung war, daß die Gartenkunst sich selbst ihre Führer

Schaubilder zum Entwurfe „Erholungsstätte“.
Originalaufnahmen für die „Gartenwelt“.

zu wählen in der Lage ist. Ich überlasse es dem unbefangenen Leser, der diesen Nachsatz dem veröffentlichten Briefe im „Kunstwart“ hinzufügt, ein Urteil über meine Hintansetzung der Interessen der Standesvertretung zu fällen. **Arthur Glogau,** Hannover.

Fragen und Antworten.

Beantwortung der Frage 466. Welches ist die beste Gewächshausschattierung für größere Häuser und wo wird dieselbe hergestellt?

Für größere Häuser empfiehlt sich eine Zentralschattierungseinrichtung schon im Interesse der Zeitersparnis, der Erhaltung der Rollschattendecken und des ordentlichen Aussehens wegen. Eine wirklich brauchbare Zentralschattierungsvorrichtung ist der Firma Oskar R. Mehlhorn, Schweinsburg a. Pleiße, patentiert, doch bietet die Anbringung solcher Einrichtungen auf alten bestehenden Häusern meist Schwierigkeiten, da bei Konstruktion derselben von vornherein nicht Bedacht darauf genommen worden ist.

Oscar R. Mehlhorn, Schweinsburg a. Pl.

— Unter den verschiedenen Arten von Gewächshausschattierungen, insbesondere für größere Häuser empfiehlt sich als die beste und auf die Dauer haltbarste, sowie auch am bequemsten und schnellsten zu bedienende Beschattung diejenige, welche aus einzelnen Holzstabschattendecken hergestellt wird, deren einzelne Felder ganz nach Bedarf der Form und Größe der zu beschattenden Glasflächen angepaßt werden können und welche, soweit es sich um rechteckige Flächen handelt, entweder in einzelnen Feldern oder alle Felder der Glasflächen auf einmal aufrollbar eingerichtet werden können. Diese Schattendecken bestehen aus dünnen etwa 5 × 20 mm starken Stäben, am besten aus vollkommen astfreiem amerikanischem Pitchpineholz hergestellt, welche in Zwischenräumen von ca. 10 mm Lichtdurchtritt mit einzelnen, eisernen, verzinkten Gliedern miteinander verbunden sind, und je nach Wunsch ohne Anstrich gefirnist, oder auch mit jedem beliebigen Oelfarbenanstrich versehen werden können. Diese Schattendecken können entweder direkt auf den zu beschattenden Dachflächen aufliegen oder dieselben werden in einer entsprechenden Entfernung von der Verglasung aufmontiert, in welch letzterem Falle ein entsprechend leichter, eiserner Unterbau als Auflage und Führung für die Schattendecken auf den Dachflächen der Gewächshäuser vorgesehen werden muss. Die vom Glase abstehenden Decken bieten den Vorteil, daß der Luftzutritt zu den unter der Beschattung liegenden Lüftungsvorrichtungen ungehindert, trotz der daraufliegenden Beschattung, stattfinden kann. Das Auf- und Abrollen einzelner Schattendecken erfolgt durch eine entsprechende Zugvorrichtung mittels Ketten, Schnüren oder Drahtseilen. Zum gemeinsamen Aufrollen sämtlicher Schattendecken einer ganzen Dachfläche auf einmal sind entsprechende Vorrichtungen mit Längswellen, Zahnrädern und Kurbeln anzubringen. **M. G. Schott,** Eisenwerk, Breslau.

— Bei Abschattierung großer Gewächshäuser sollte von vornherein alles ausgeschaltet werden, was in Gestalt von Binsendecken, Jutetüchern etc. zuweilen noch der angeblichen Billigkeit wegen verwandt wird, denn diese Materialien bilden die beste Brutstätte für allerlei Ungeziefer und sind in wohlgepflegten Anlagen ein beständiges Ärgernis, durch den schnellen Verfall und das unschöne Aussehen. Wenn auch die erste Anschaffung solcher Decken billiger ist als die irgend eines anderen Systems, so ist diese Billigkeit nur eine relative. In unserer Zeit, wo der Wert des Arbeitslohnes gegenüber dem Material an sich ein wesentlich höherer ist, als je zuvor, wo es sich insbesondere darum handelt, schnell und intensiv zu arbeiten, kann die ursprüngliche Anlage gar nicht praktisch genug gemacht werden, der Preis darf allerdings erst in zweiter Linie in betracht kommen.

Es muß also ein System gewählt werden, das es dem bedienenden Gärtner, der wichtigere Arbeiten hat, als stundenlang Decken zu-

sammenzurollen, ermöglicht, rasch und auf einfache Weise die Schattierung zu bewirken und zu entfernen. Es ist dabei auf eine solide Konstruktion zu achten, die möglichst wenige Reparaturen erfordert und endlich keinen zu komplizierten Mechanismus zur Grundlage hat, also Ersatzteile leicht einzugliedern gestattet, was nicht so leicht ist, da die Bewegungsteile mehr oder weniger den Witterungs- und sonstigen Einflüssen ausgesetzt sind.

Als Material für Schattendecken sollte ganz feinjähriges, hochkantparallelfaseriges, allseitig glattgehobeltes Holz zur Verwendung kommen; sehr harzhaltige Hölzer sind nicht geeignet. Bloß mit der Säge heruntergetrennte, nicht parallelfaserige und grobjährige Hölzer werfen sich, quellen an der Luft und in Feuchtigkeit und sind sprock, ergeben dadurch beständige Störungen. Diese Hölzer sind mit rechteckigem Durchschnitt auszuhobeln, am besten mit Oelfarbe in einem ruhigen Ton oder in beständiger Erd- oder Metallfarbe grau oder grünlich zu streichen, damit die Sache nicht zu sehr aus dem umgebenden Rahmen herausfällt. Die Verbindung der Latten sollte durch herumgreifende Klammern eine Schwächung der Decken hindern; eine Schlitzung der einzelnen Stäbe oder Durchbohrung ist unbedingt verwerflich, wie die Erfahrung zeigt: Die Decken sind am besten an einer Oberwalze aufrollbar zu konstruieren. Bei der Aufzugsvorrichtung wird im wesentlichen die Gestaltung und die Schrägung des zu schattierenden Daches ausschlaggebend sein. Die Rücksicht auf die Größe oder Verschiedenheit des Pflanzenmaterials und der Kulturen dürfte die Anwendung von Gesamt- oder Einzelaufzügen in Betracht zu ziehen sein. Am besten ist es einen Spezialisten, der genügende Erfahrung hat und größere Anlagen ausführt, mit der Ausführung zu betrauen, dabei aber nicht nur den billigsten zu wählen.

Große, genügend geneigte, rechteckige Flächen sollten stets mit seitlichen Führungsschienen für jede Decke versehen sein, sonst laufen die Decken ineinander. Die Wirksamkeit der Decken wird wesentlich erhöht, wenn sie mit einem mäßigen Abstande vom eigentlichen Glasdache angeordnet sind, auf einer Eisen- oder Hozlkonstruktion 20—50 cm darüber, so daß die Lüftungsflügel ungehindert funktionieren können, einerlei ob die Decke herunter- oder oben gelassen ist. Die Luftschicht zwischen dem Glasdache und der Schattendecke kühlt im Sommer ab, während sie im Winter die zu große Wärmeabstrahlung bei Nacht verhindert. Haben die Decken die nötige Entfernung vom Glase, so hat man nicht nötig, sie an den Fenstern auszuschneiden und läuft nicht Gefahr, sie zu zerreißen; ebenso kann man eines gleichmäßigen Ganges sicher sein.

Bei Gesamtschattierungen sollte unbedingt darauf gesehen werden, daß gut bewährte Konstruktionen zuverlässiger Lieferanten gewählt werden, es ist gerade bei allen beweglich funktionierenden Einrichtungen und Apparaten, besonders wenn sie im Freien sind, eine alte Tatsache, daß das beste sich erst nach langer Erfahrung und aus vielen kostspieligen Versuchen für den Spezialisten ergibt und nach örtlichen Verhältnissen richtet.

Es sei nur an dieser Stelle noch hervorgehoben, daß alle mittelst Federn, Spiralen oder Bandfedern konstruierten Aufzüge in der freien Luft unter dem Einflusse der Witterung naturgemäß von kurzer Lebensdauer sind. Wegen der entstehenden Undichtigkeiten bezw. Wärmeverluste sollten die Aufzugswinden außen angebracht sein und das Dachwerk nicht durchbrechen. Die Handhabung der seitlich betriebenen Decken, wobei der Gärtner am Hause hergehen und in einer unteren Schiene längs des Hauses die Decke rollen oder mittelst Zahnrad und Zahnstange betreiben muß, ist recht zeitraubend, und durch leichtes Abgleiten von der Schiene und Auffallen auf die Glasbedachung auch kostspielig, nicht nur durch den Zeitverlust, sondern auch durch die Reparaturen.

Gesamtschattierungen können gut bis zu 50 und selbst 80 qm ausgeführt werden und an einer Kurbel von einem Manne bequem auf- und abgerollt werden. Bei großen Neuanlagen, so im Palmengarten in Frankfurt am Main, sind sehr eingehende Vorstudien gemacht und Anlagen in diesem Sinne in Bestrieb gesetzt worden.

Die Schattendecken für die Schauhäuser sind aus zehn breiten Holzstäben von durchschnittlich 2 m Länge hergestellt; die Stäbe sind mit Drahtschleifen und kleinen Ringen verbunden. Das Auf- und Abrollen geschieht mittelst einer Handkurbel teils mit Ketten-, teils mit Zahnstangenübertragung. An den Sattelhäusern sind am First zwei durchgehende eiserne Wellen angebracht, die wieder mit zwei Meter langen Holzwellen versehen sind, auf denen sich die Decken auf- bezw. abwickeln. Am unteren Ende der Schattendecken sind eiserne Wellen angebracht, mit Rollen versehen, die auf eisernen T-Schienen laufen. Die untere Welle hat den Zweck, durch ihr Gewicht die Schattendecke herunterzuziehen und die Decken stets in einundderselben Lage zu erhalten.

Es ist nicht angängig, den Bewegungsmechanismus genauer zu beschreiben, da es sich meist um gesetzlich geschützte Konstruktionen handelt. Wenn sich der Fragesteller eine mechanische Schattierungsvorrichtung leisten will, so tut er am besten, sich mit den einschlägigen Geschäften in Verbindung zu setzen. Kleinere Häuser werden auch im Palmengarten mit der Hand schattiert, d. h. durch aufrollbare Decken. **Sch.**

— Wenn der Kostenpunkt keine Rolle spielt, wenden Sie sich am besten an eine unserer großen Heizungsfirmen, etwa Oscar R. Mehlhorn, Schweinsburg i. S. oder Hoentsch, Niedersedlitz. Sie werden dort Offerten über praktische und gute Schattierungseinrichtungen erhalten. Im andern Falle ist für solche Häuser noch immer ein Kalkanstrich die beste und billigte Schattierung. Der stark verdünnte Kalk (Kalkmilch) kann an unzugänglichen Stellen gut mit einer Gartenspritze verteilt werden. Gewöhnlich hält ein solcher Anstrich den Sommer über vor, wenn er auch gegen den Herbst durch Witterungseinflüsse, Regen usw. stark gelichtet wird. Das Abwaschen des Anstriches zum Winter geht schnell und leicht von statten. Oft wird ein Anstrich von verdünnter Schlemmkreide, dem etwas Leinöl zugesetzt ist, empfohlen. Ich halte diesen jedoch nicht für sehr praktisch, da er sehr fest am Glase haftet und nur schwer zu entfernen ist. **Curt Reiter,** Feuerbach.

Heiteres.

Eine ergötzliche Geschichte wird aus Königstein in Sachsen bekannt. Dort wurde in einer Druckerei eine Grabkranzschleife bestellt mit den Worten: „Ruhe sanft! Auf Wiedersehen!" Telegraphisch ging dann noch der Auftrag ein: „Nach Auf Wiedersehen beifügen im Himmel, wenn noch Platz ist!". Und richtig druckte man auf die Schleife: „Ruhe sanft! Auf Wiedersehen im Himmel, wenn noch Platz ist!"

Rechtspflege.

Der Gärtner Wilhelm Peterseim offerierte durch Zeitungsinserat Eckendorfer Runkelsamen, rot und gelb, in Originalsaat. Der Besitzer des Gutes Eckendorf, der daraufhin eine Bestellung machte, statt der Originalsaat aber Nachsaat erhielt, stellte Strafantrag wegen unlauteren Wettbewerbs. Der Angeklagte behauptete, es handle sich nur um ein Versehen bei Abfassung des Inserats. Das Gericht erkannte am 5. d. M. dem Antrage gemäß auf 30 M. Geldstrafe eventl. 6 Tage Gefängnis.

Tagesgeschichte.

Bonn. Das Baumschuler Wäldchen soll nach einem Beschlusse der Stadtverordnetenversammlung unter einem Kostenaufwande von 26000 M. zu einer Parkanlage umgestaltet werden.

Leer. Das hiesige bekannte Baumschulengeschäft der Firma Steinmeyer & Wolckenhaar ging mit Aktiven und Passiven in den Besitz einer neugegründeten G. m. b. H. über. Das Stammkapital beträgt 160000 M. Als Geschäftsführer wurde Carl Steinmeyer sen., als Kollektivprokuristen Obergärtner Carl Steinmeyer jun. zu Leer und Viktor Jantzen, Hamburg, bestellt. In den Beirat wurden gewählt Fabrikant Dieckhaus, Papenburg, Gartenbauarchitekt Rosselius, Bremen, und Carl Wolckenhaar, Leer. Das Topfpflanzen-, Maiblumen-, Binderei- und Samengeschäft, sowie die Landschaftsgärtnerei der genannten Firma setzen die bisherigen Inhaber Carl Steinmeyer und Carl Wolckenhaar unter der Firma Steinmeyer & Co. fort.

Lichtenberg bei Berlin. Zur Erlangung von Entwürfen für einen zu schaffenden Stadtpark und für die auf dem neuerworbenen 80 Morgen großen Gelände in der Gemarkung Karlshorst geplante Neuanlage eines Friedhofs, beabsichtigt die Gemeinde ein Preisausschreiben zu erlassen.

Zwickau. Das Gelände der vorjährigen Industrieausstellung ist mit einem Kostenaufwande von etwa 30000 M. in einen öffentlichen Park umgewandelt worden.

Personal-Nachrichten.

Goebel, Prof. Dr. K., Konservator (Direktor) des Kgl. botanischen Gartens in München, ist zum Geheimen Hofrat ernannt worden.

Lehmann, Arno, Obergärtner, seit 34 Jahren ununterbrochen bei der Firma Albert Wagner, Leipzig-Gohlis, tätig, wurde das Sächs. tragbare Allgemeine Ehrenzeichen für Treue in der Arbeit verliehen.

Reinicke, Gottfried, Kunst- und Handelsgärtner in Lankwitz bei Berlin, † am 8. d. M.

Schmidt, M. R., Gärtnergehilfe aus Schmölln, wurde jetzt für die am 2. 2. 1902 mit eigener Lebensgefahr bewirkte Rettung eines Schulkindes vom Tode des Ertrinkens aus dem Steinmühlteich zu Ronneberg die Lebensrettungsmedaille verliehen.

Berlin SW. 11, Hedemannstr. 10. Für die Redaktion verantwortlich Max Hesdörffer. Verlag von Paul Parey. Druck: Anhalt. Buchdr. Gutenberg e. G. m. b. H. Dessau.

Zur zweckmässigen

Obstbaumdüngung

empfehlen wir unser schnell und sicher wirkendes
Hochkonzentriertes Pflanzen-Nährsalz: Marke PKN.
Gehalt: ca. 20—21% Phosphorsäure, wovon ca. 17—18% wasserlöslich, ca. 8% Stickstoff, und 26% Kali.

[C]hemische Werke vorm. H. & E. Albert,
Biebrich am Rhein.
Preisliste und Gebrauchsanweisung kostenlos. [248

Verlag von Paul Parey in Berlin SW., Hedemannstrasse 10.

Praktisches Taschenbuch für Gartenfreunde.

[E]in Ratgeber für die Pflege und sachgemässe Bewirtschaftung des häuslichen Zier-, Gemüse- u. Obstgartens.

Von

Max Hesdörffer.

Mit 109 Textabbildungen. Gebunden, Preis 2 M. 50 Pf.

Das Praktische Taschenbuch ist für den Gartenbesitzer bestimmt, den [e]s mit allem vertraut macht, was bei der Pflege des häuslichen Zier- und [N]utzgartens zu beachten ist. Verfasser konnte hier in leicht verständlicher, [a]nregender Form die Erfahrungen verwerten, die er bei Anlage und Kultur [s]einer eigenen, inmitten ausgedehnter Gartenkolonien belegenen Pflanzungen [u]nd im persönlichen Verkehr mit Gartenfreunden gesammelt hat. Das Buch [w]ird jedem Liebhaber, der seinen Garten sachgemäss bewirtschaften will, von [g]rossem Nutzen sein. [233

Gegen postfreie Einsendung des Betrages erfolgt die Zusendung postfrei.

[H]allesche Rohrgewebe u. Gärtnermattenfabrik
[A]rthur Krug, Halle a. S.-Trotha, Station Trotha,
[e]mpfiehlt zum Herbst- und Frühjahrsbedarf seine aus nur bestem Roggenlangstroh (Flegeldrusch) mit der Hand gearbeiteten

Strohdecken

150/200 cm	1.10 M.	170/200 cm	1.20 M.
160/200 cm	1.15 M.	180/200 cm	1.30 M.

Excelsior-Decken (Rohr mit Stroh)

150/200 cm	1.25 M.	170/200 cm	1.40 M.
160/200 cm	1.30 M.	180/200 cm	1.50 M.

Riethedecken (aus feinem Schilfrohr)

150/200 cm	0.95 M.	170/200 cm	1.05 M.
160/200 cm	1.00 M.	180/200 cm	1.10 M.

[Al]le Decken sind 5mal mit geölter Kordel gebunden. Jedes gewünschte Mass wird geliefert.
Versand gegen Nachnahme. Bei größeren Posten nach Übereinkunft.
Prima Referenzen zu Diensten. [35
NB. Bemerken möchten wir noch, dass nur wirklich tadellose Ware zum Versand kommt.

Baumgürtel-Papiere

(in Röllchen)
liefert
Vereinigte Closetpapier-Fabriken
G. m. b. H.
Nürnberg. [241

Ueberall prämiiert. | Staatsmed. und 1. Preise.

OTTO RISS

1. Koniferenschule Westpreussens
Lage am Bahnhof und Chaussee
Oliva.
Grosse Auswahl nur winterharter Koniferen: [107
Tannen, Thuya, Taxus, Kiefern in allen Arten.

Buxus in allen Grössen. **Blaue Silbertannen.** Kataloge franko.

Für die Herbst- u. Wintersaison

offerieren in bester Ware:

Rhododendron Catawb grand. | Azalea mollis.
" Hybriden. | Taxus baccata.
" Ponticum roseum. | Ilex acquifolium.
" Cunningh. White. | Evonymus in Sorten.

Aucuba japonica, verschiedene Grössen (auch in Töpfen).
Kirschlorbeer-Sträucher (auch in Töpfen).
" -Pyramiden (auch in Kübeln).
Buxus-Pyramiden. | Taxus hybernica.
" kleine buschige. | Hydrangea pan. grand., aus dem Lande.
Deutzia gracilis in Töpfen, starke Pflanzen.
Funkien in Klumpen. Rosen. Magnolia Soulongeana. Viele Knospen.
Picea pung. glauca Koster. Glycinen. Aristolochia. Sipho.
Vitis Veitchi. Clematis usw. [171

Gute kulante Bedienung.

Zur Besichtigung unserer Kulturen laden höflichst ein.

Rosbergen & Co.

Kunst- und Handelsgärtnerei

Hauptgeschäft:	Filiale:
Boskoop	**Mehrhoog**
bei Gouda (Holland).	bei Wesel (Rheinland).

Versand gegen Nachnahme oder bei Aufgabe von Referenzen 3 Monate Ziel.

Durabisol.
Bestes garantiert unschädliches Konservierungsmittel f. Frühbeetkästen, Stellagen, Pikierkästen usw.
Mk. 22,50 p. 50 kg.

Probesendungen per Post frei u. ink. gegen Nachnahme.
4 od. 2×2 kg Durabo-Gärtnerölfarbe 4,50 und 5 Mk.
4 kg Durabisol 4 Mk.
Bahnversand von 12 kg an.
[36

Druck der Anhaltischen Buchdruckerei Gutenberg e. G. m. b. H. in Dessau.

Die Gartenwelt.

Illustrierte Wochenschrift für den gesamten Gartenbau.

Herausgeber: Max Hesdörffer-Berlin.

Bezugsbedingungen: **Erscheint jeden Sonnabend.** **Anzeigenpreise:**

…rch jede Postanstalt bezogen Preis 2.50 M. vierteljährl. in Österreich-Ungarn 3 Kronen. …i direktem Bezug unter Kreuzband: Vierteljährlich 3 M. Im Weltpostverein 3.75 M. Einzelpreis jeder Nummer 25 Pf.

… ohne Vorbehalt eingehenden Beiträgen bleibt das Recht redaktioneller Änderungen …behalten. Die Honorarauszahlung erfolgt am Schlusse jeden Vierteljahrs.

Die Einheitszeile oder deren Raum 30 Pf.; auf der ersten und letzten Seite 50 Pf. Bei grösseren Anzeigen und Wiederholungen steigender Rabatt. Beilagen nach Übereinkunft. **Anzeigen in der Rubrik Arbeitsmarkt** (angebotene und gesuchte Stellen) kosten für Abonnenten einmalig bis zu 10 Zeilen Grösse M. 1.50, weitere Zeilen werden mit je 30 Pf. berechnet. Erfüllungsort auch für die Zahlung: Berlin.

Adresse für Verlag und Redaktion: Berlin SW. 11, Hedemannstrasse 10.

XII. Jahrgang No. 9.	Verlag von Paul Parey, Berlin SW. 11, Hedemannstr. 10.	30. November 1907.

Die Gartenwelt.

Illustrierte Wochenschrift für den gesamten Gartenbau.

Jahrgang XII. 30. November 1907. No. 9.

Orchideen.

Cynorchis purpurascens, Thou.

Von **E. Miethe**, Orchideenkultivateur, Zürich, Villa Brandt.

(Hierzu zwei Abbildungen.)

Ein größerer Posten dieser wenig bekannten, schönblühenden rchidee wurde 1901 von einem Belgier namens Warpur aus Madagaskar in England eingeführt. Die Mehrzahl der Pflanzen wurde wohl für Privatsammlungen erworben, wenigstens fand ich in keinem Kataloge der bedeutendsten Orchideengeschäfte diese Spezies angeboten. Etliche Exemplare blühten schon bald nach ihrer Einführung und zeigten sich des allerdings recht beträchtlichen Einkaufspreises durchaus wert.

ynorchis purpurascens, Blüte und Knospe in natürlicher Größe.
Originalaufnahme für die „Gartenwelt".

Herr Warpur war in der Lage, genaue Angaben über den Standort und die klimatischen Verhältnisse, unter denen *Cynorchis purpurascens* gefunden wurde, zu machen. Nach seinen Mitteilungen ist die Heimat eser Orchidee Madagaskar, wo sie in hohen Wäldern, nahe n Flüssen, meistens an den liegenden Stämmen der *Pandanus* einer Höhe von 1000 bis 2000 Fuß gefunden wurde. elegentlich wurden auch Pflanzen an hohen Bäumen, im urzelwerk von *Asplenum Nidus* gefunden.

Cynorchis purpurascens ist eine „laubwerfende" Orchidee, enn dieser Ausdruck auch nicht wörtlich zu nehmen ist. us einer gekrümmten, sehr fleischigen Wurzel treibt im Frühjahre ein einzelnes, hellgrünes, etwa 40 cm langes, 10 cm breites Blatt und gleichzeitig wächst aus dem Grunde desselben der Blütenstengel hervor, mit einem regelmäßigen Bukett von 20 oder mehr einzelnen, in ihrer Form an *Pinguicula* erinnernden Blumen. Die Farbe der Blumen ist ein helles Purpur; auf der vierteiligen, fast 3 cm breiten Lippe befindet sich ein weißer, länglicher Fleck. Die drei oberen Blumenblätter sind aneinander gelegt und bilden eine

Cynorchis purpurascens.
Originalaufnahme für die „Gartenwelt".

Art schützende Haube über den Staubgefäßen. Die Pollenmassen, am Ende von zwei haarfeinen, 7 cm langen Grannen, bestehen aus vielen, grünlichen, staubfeinen Körnern. Sporn 3 cm lang, abwärts gebogen, mit grünlicher Spitze.

Die Blütezeit von *Cynorchis purpurascens* ist September bis Oktober. Die Blumen behalten an der Pflanze oder abgeschnitten gut zwei Wochen lang ihre Frische. Etwa im November beginnen die Blätter abzusterben, doch sind die Wurzeln fast nie ganz in Ruhe, ich konnte auch im blattlosen Zustande der Pflanzen Wurzeltätigkeit beobachten. Zwei Monate nach dem völligen Absterben der Blätter zeigt sich auch schon wieder der neue Trieb. Während des regsten Wachstums gebe ich den Pflanzen reichlich Wasser, halte aber auch aus oben angeführtem Grunde während der kurzen „Ruheperiode“ das Pflanzmaterial mäßig feucht. In den ersten Jahren kultivierte ich *Cynorchis purpurascens* in lockeren Ballen von Peat an Blöcken, in der Meinung, den Pflanzen etwas Ähnliches zu bieten wie ihre heimatlichen *Asplenum Nidus*-Wurzeln. Der Erfolg befriedigte mich jedoch durchaus nicht, die Blütenstengel brachten nur 10 bis 12 einzelne Blumen. Erst in einem Gemisch von $^1/_2$ grober, belgischer Lauberde, $^1/_4$ Peat, $^1/_4$ Sphagnum, mit etwas Silbersand gemengt, erzielte ich Pflanzen mit fast $^1/_2$ m langen Blättern und einem Blütenstengel mit 25 Blumen, wie auf umstehender Abbildung ersichtlich. Das Haus, in dem ich *Cynorchis purpurascens*, an schattiger Stelle aufgehängt, kultiviere, hat eine Temperatur von 15 bis 18° C. und mäßige Luftfeuchtigkeit. Eine Vermehrung durch Teilung konnte ich bei dieser Spezies nicht vornehmen, da jedes Rhizom nur wieder ein Blatt brachte, doch erhielt ich durch Befruchten einiger Blumen etwa ein Dutzend Sämlinge, wovon die ältesten fast blühbare Stärke erreicht haben.

Die beigegebenen photographischen Aufnahmen veranschaulichen eine stark verkleinerte Pflanze, sowie Blüte und Knospse in natürlicher Größe, aus der Sammlung von Frau Ida Brandt, Zürich.

Epidendrum paniculatum. Originalaufnahme für die „Gartenwelt“.

Epidendrum paniculatum, R. u. P., ist eine hochstämmige Art mit bis 1 m langen Bulben, die leicht in jedem Warmhause gedeiht. Ihre Blüten sind zu endständigen Rispen vereint, erscheinen in großer Anzahl und sind von einer hellen, weißlich-grünen Färbung. Die Pflanzen sind äußerst dankbare Blüher, auch schon in verhältnismäßig schwachem Zustande. Die Blütezeit währt Monate lang und fällt in die Monate Dezember, Januar und Februar. Ihres willigen Wachstums wegen kann diese Orchidee empfohlen werden.

E. B. B.

Topfpflanzen.

Preisrückgang für Cyclamen. In den letzten Jahren sind die Preise für *Cyclamen* stark zurückgegangen. Dieser Preisrückgang hat seinen Grund in zwei Ursachen, erstens in einer beträchtlichen Überproduktion, und zweitens in der infolge derselben eingerissenen Schleuderkonkurrenz. Bedenklich greift diese Schleuderkonkurrenz auf den sogenannten Gärtnerbörsen und Pflanzenmärkten um sich, was in diesem Jahre in betrübender Weise in Frankfurt a. M. zu Tage trat. Jedem, der die dortige Börse besuchte, wird diese Tatsache aufgefallen sein; nicht nur minderwertige Pflanzen, sondern auch die schönste Ware wurde dort zu Schleuderpreisen umgesetzt, so daß so mancher Züchter den Entschluß faßte, derartige Börsen überhaupt nicht mehr zu beschicken. Die Kultur der *Cyclamen* von der Aussaat bis zu fertigen Pflanzen ist eine mühevolle und kostspielige, deshalb nur dann lohnend, wenn annehmbare Preise gezahlt werden. Im Gegensatze zu Kamellien, Azaleen, *Ficus* u. a. durch die Mode neuerdings zurückgedrängten Marktpflanzen, wird ein gut kultiviertes *Cyclamen* auch zu besserem Preise seine Liebhaber finden. Früher standen die *Cyclamen* höher im Preise, trotzdem vorzugsweise minderwertigere, kleinblütige Sorten auf den Markt kamen. Vergleicht man die Preise, die damals für kleinblumige Pflanzen erzielt wurden, mit den heutigen für großblumige Sorten, so muß man zu der Überzeugung gelangen, daß die Kultur nicht mehr bezahlt wird. Viele Cyclamenzüchter arbeiten heute ohne Gewinn, die nicht kapitalkräftigen sind gezwungen, ihren Überfluß zu verschleudern, um vorübergehend Geld in die Hand zu bekommen, aber auch große und kapitalkräftige Züchter haben sich vielfach am Verschleudern der Pflanzen beteiligt. Es dürfte den in Betracht kommenden Züchtern zu empfehlen sein, die allzu umfangreich gewordenen Kulturen dieser Pflanze etwas einzuschränken und den falschen Glauben aufzugeben, daß es die Masse bringen müsse; man kultiviere nur beste, großblumige Sorten in reinen Farben, mit regelmäßig gestalteten Blüten und vorwiegend nur in marktgängiger Größe, da allzustarke Schaupflanzen nicht gern gekauft werden, und in einem Umfange, der die übliche Nachfrage nicht übersteigt. Dann werden sich auch die Preise so heben, daß Züchter und Wiederverkäufer gleichmäßig ihre Rechnung dabei finden.

Oskar Seifert, Rödelheim bei Frankfurt a. M.

Palmen.

Malortiea Tuerckheimii, U. Dam. Im März 1905 erhielt der Botanische Garten in Berlin von Herrn Baron von Tuerckheim eine Anzahl dieser, von ihm lebend aus Guatemala eingeführten Miniaturpalmen. Die zierlich gebauten Pflänzchen erschienen sehr empfindlich und wurden daher mit größter Vorsicht, unter Verwendung des mit ihnen überführten Naturbodens, in Töpfe gepflanzt und, den Verhältnissen ihres Heimatstandortes entsprechend, in eine gleichmäßig warme und feuchte Temperatur gestellt, wo sie auch alle anwuchsen. Anfang August desselben Jahres erschienen die ersten Blüten, die künstlich bestäubt wurden und nach Ablauf eines Jahres reife Früchte entwickelten.

Wie schon auf Seite 39 des XI. Jahrganges dieser Zeitschrift hervorgehoben wurde, nimmt diese *Malortiea* unter den Neueinführungen von Palmen der letzten Dezennien zweifellos den ersten Rang ein. Sie fesselt das Auge durch ihre Eigenart, die sich in dem zierlichen Habitus und dem prachtvoll gefärbten, fächerartig gefalteten Laube ausspricht. Die Pfanzen werden selten höher als 30 cm, blühen bereits in dieser Höhe und besitzen einen auf dem Erdboden kriechenden und wurzelschlagenden Stamm, was die anfängliche Vermutung einer kurzen Lebensdauer ausschließt. Die Blätter sind länglich, verkehrt eiförmig, am Rande gezähnt und nur kurz gestielt. Sie sind fächerartig gefalten und mit 15 bis 17 Seitennerven versehen. Ihre Farbe ist blaugrün, hat einen samtartigen Anflug und geht am Rande in einen hellen, weißlichgrünen Rand über, der sich vortrefflich abhebt. Der ♀ Blütenstand ist einfach, 10 cm lang; der ♂ ist verzweigt, einzelne Zweigchen 4 bis 5 cm lang. Die Blüten sind ½ cm groß und verbleiben an den ♂ Pflanzen fast geschlossen. Das Scheidenblatt, welches den Blütenstand an seiner Basis fest umschließt, mißt 6 cm. *M. Tuerckheimii* wächst in der Natur zwischen Moosen und hohen Gräsern, in einer sandig-lehmigen Erde, in feuchten Landstrichen, deren Temperatur das ganze Jahr über ziemlich gleichmäßig ist und nur um wenige Grade schwankt. E. B. B.

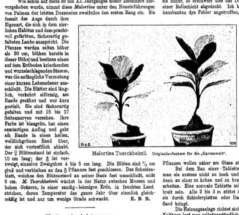

Malortiea Tuerckheimii. Originalaufnahme für die „Gartenwelt".

Kultureinrichtungen.

Die Konstruktion eines einseitigen Gewächshauses.

Von **H. Siemann**, Obergärtner und Gartenbaulehrer, Wittstock.

(Hierzu drei, vom Verfasser für die „Gartenwelt" gefertigte Zeichnungen.)

Einseitige Häuser baut man gewöhnlich dort, wo man eine Mauer oder Hauswand ausnützen will.

Man kann jedoch nicht jede Mauer oder jede Hausseite für solchen Zweck ausnützen, sondern nur solche, welche für ein Gewächshaus am günstigsten liegt. Dieses ist die Ost- oder Westwand, denn dann liegt das Haus mit der Breitseite nach Süden, und die Sonne kann von Osten, Süden und Westen in das Gewächshaus eintreten.

Ist der Ort, an dem das Haus stehen soll, genau festgelegt, so kommt wohl in erster Linie seine Länge in Betracht. Auf unserer Zeichnung ist das Haus 15 m lang. Besonderen Einfluß auf die Konstruktion hat die Länge eines Hauses nicht. Je länger das Haus, desto mehr Material, desto teurer wird es also. Die Höhe des Hauses richtet sich nach der Mauer. Auf unserer Zeichnung ist das Haus 4 m hoch und besitzt Stehwände.

Beim Bau von Gewächshäusern hat man darauf zu achten, daß man die Höhe richtig wählt, denn hiervon hängt die Neigung des Daches ab. Diese kann recht verschieden sein, je nach den Kulturen, welchen das Haus dienen soll. Je schräger das Dach ist, desto mehr Wärme erfordert es. Auch zu flache Dächer haben ihre Nachteile. Feuchtigkeit und Tropfenfall sind bei zu flachen Dächern vorherrschend, und daß dabei die Kulturen schlecht gedeihen, weiß wohl jeder Gärtner. Hat man an dem Hause keine Stehfenster, und muß man es im Winter decken, so hat man darauf zu achten, daß die Vorder- oder Frontmauer nicht höher als 1 m wird, baut man sie höher, so erschwert dies das Decken. Die Frontmauer wird mit einer Rollschicht abgedeckt. Ich habe schon bei mehreren Gewächshausbauten den Fehler angetroffen, daß die Neigung des Daches mit der Rollschicht eine gerade Linie bildete.

Die Höhe der Stehwand ist verschieden, am praktischsten ist eine solche von 50 bis 60 cm. Wir unterscheiden einfache und doppelte Stehwände. In der Umgebung von Berlin werden sehr oft die doppelten Stehwände in Anwendung gebracht; besonderen Nutzen haben sie nicht.

Die Breite des Hauses kann ganz verschieden sein; für große Kulturen errichtet man es 5 bis 7 m breit, so z. B. für Erdbeertreiberei. Auf unserer Zeichnung ist das Haus nur 4 m breit; es befinden sich im Innern eine Tablette und eine verstellbare Stellage. Es ist sehr anzuraten, verstellbare Stellagen in einem einseitigen Hause zu errichten, denn manche Pflanzen wollen näher am Glase stehen.

Bei dem Bau einer Tablette hat man darauf zu achten, daß man sie erstens nicht zu hoch und zweitens nicht zu breit macht, denn an einer zu hohen und zu breiten Tablette läßt es sich schlecht arbeiten. Eine normale Tablette soll 80 cm bis 1 m hoch und 80 cm breit sein. Alle 2 bis 3 m stützt man die Tablette. Abgedeckt wird sie durch Schieferplatten oder Dachziegel, auf welche man groben Sand bringt.

Die Heizungsanlage richtet sich nach der Art des Hauses. In ein Kalthaus legt man selbstverständlich nicht so viel Heizungsröhren als in ein Warmhaus, darum wird sich ein Kalthaus auch immer billiger stellen, als ein Warmhaus, wenn beide dieselbe Länge, Breite und Höhe haben. Die Seele der Heizung ist der Kessel. Wie oft hört man die Frage: Welches ist der beste Kessel? Diese Frage beantworte ich folgendermaßen: Jeder Kessel, der gut konstruiert und aus gutem Material gefertigt ist, wird den Anforderungen gewachsen sein, aber viel kommt auf seine Pflege an. Zur Zeit werden die Gliederkessel bevorzugt; am meisten ist der Strebelsche Gliederkessel verbreitet. Diesem Kessel möchte ich zwei andere gegenüberstellen, nämlich:

1. Schramms Caloria-Kessel;
2. Höntschs Universal-Glieder-Kessel.

Der Strebelsche Gliederkessel setzt sich, wie der Name sagt, aus Gliedern zusammen. Unter Gliedern versteht man bei einem Kessel die aus Gußeisen verfertigten Stücke, in denen sich das Wasser befindet. Jeder Gliederkessel kann vergrößert werden, und dies ist schon ein wichtiger Faktor, denn man braucht nicht bei jeder Vergrößerung seiner Gewächshausanlage einen neuen Kessel anzuschaffen.

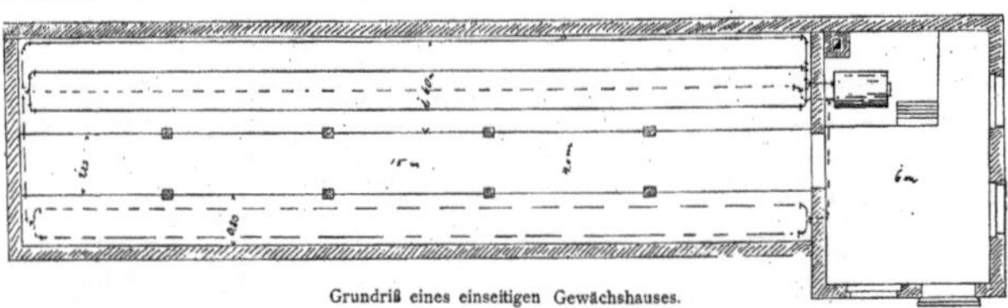

Grundriß eines einseitigen Gewächshauses.

Wie alle diejenigen wissen, welche einen Strebelschen Kessel kennen, besitzt derselbe eine große Feuerfläche, d. h. der Raum, in welchen man das Feuerungsmaterial, wie Koks, Kohlen etc. schüttet, ist bis 1 m lang. Hierdurch wird gewiß eine große Heizfläche erzielt, aber die Hitze wird in diesen Kesseln nicht genug ausgenützt. Es geht viel Wärme zum Schornstein hinaus. Die Caloria- und Universalkessel sind komplizierter, aber so konstruiert, daß die Wärme ordentlich ausgenützt wird. Die Glieder sind geteilt, sodaß von allen Seiten die Wärme herantreten kann. Die Feuerung ist etwas kleiner, es sind aber doch Dauerbrand-Kessel; sie halten die Wärme nachts gut an. Beim Universal-Kessel ist noch zu bemerken, daß er sich vorzüglich reinigen läßt. Von dem Kessel aus gehen die Heizröhren in das Haus. Da das warme Wasser das Bestreben hat, zu steigen, so müssen auf jeden Fall die Röhren eine Steigung und ein Gefälle aufweisen. Die Röhren können aus Gußeisen oder Zinkblech gefertigt sein, selten trifft man auch Kupferrohre an. An der höchsten Stelle des Rohrnetzes bringt man Lufthähne an, denn wenn man in die Rohre Wasser einläßt, tritt Luft hinzu, diese kann dann durch die Lufthähne entweichen.

Querschnitt eines einseitigen Gewächshauses.

Was die Lüftung betrifft, so richtet man jetzt vorteilhaft Zentrallüftung ein, welche von einem Punkte aus für das ganze Haus in Tätigkeit gesetzt wird. Die Stehwand kann durch Luftklappen oder Schiebefenster gelüftet werden, welche durch ein Bandeisen untereinander verbunden sind, und dieses Bandeisen wird durch einen Hebel in Bewegung gesetzt, sodaß auch die Stehwand von einem Punkte aus gelüftet werden kann.

Das abgebildete Gewächshaus würde sich bei 15 m Länge und 4 m Breite ohne Heizungsanlage auf 650 M. stellen, mit Heizungsanlage auf rund 1000 M.

Kakteen und Sukkulenten.

Cereus triangularis, Haw.

Von **E. Zahn**, Paris.

(Hierzu eine Abbildung.)

Dieser schlingende *Cereus* entfaltete zur Zeit meiner Tätigkeit im Botanischen Garten zu Cambridge (England) einige seiner herrlichen, großen Blüten, was mich veranlaßte, eine Pflanze photographisch aufnehmen zu lassen.

Cereus triangularis klettert, sich durch Wurzeln festhaltend, an Bäumen oder Felsen hoch empor. Die einzelnen Zweige oder Glieder sind oft über meterlang, 3 bis 5 cm breit, dreikantig und dunkelgrün; im Alter verholzen sie und sind dann mit graubrauner Rinde bedeckt. Die Kanten sind flach gekerbt. Die Areolen sitzen in den Buchten zwischen den Kerbzähnen, sind kreisrund, haben 2 bis 3 mm im Durchmesser und sind nur wenig mit Wollfilz bedeckt. Die 3 bis 5, kaum 4 mm langen Stacheln sind gerade, kegelförmig, braunschwarz und nicht sehr spitz.

Die wohlriechenden Blüten entspringen seitlich aus den Stämmen und sind 25 bis 30 cm lang. Der Fruchtknoten ist dunkelgrün, kurz, zylindrisch mit breiten, großen, auf Höckern stehenden Schuppen besetzt. Auch die Blumenröhre ist mit spatelförmigen, schräg abstehenden Schuppen von bläulicher Farbe besetzt. Die trichterförmig stehenden, zahlreichen Blütenhüllblätter (Kelchblätter) sind linearlanzettlich, zugespitzt, die Außenseite grün, die Innenseite gelblich. Die weißen Blumenblätter sind spatelförmig, kurz zugespitzt und leicht gezähnt. Die zahlreichen Staubgefäße sind crêmegelb

Längsansicht eines einseitigen Gewächshauses.

und erreichen etwas über halbe Länge der Blütenblätter. Der Griffel mit mehreren Narben ist ebenfalls crêmefarben und ragt weit über die Staubgefäße hinaus. Der Durchmesser der abgebildeten Blüte betrug 30 cm.

Die Heimat dieses *Cereus* ist der wärmere Teil Mexikos, wo er, an Häusern resp. Hütten angepflanzt, diese oft ganz überziehen soll.

Stauden.

Valeriana arizonica, A. Gray (Abb. Seite 102, oben), wurde von C. A. Purpus eingeführt und durch die Firma G. Arends in Ronsdorf in den Handel gebracht. Sie bildet ausgebreitete Rasen, auf denen sich die 10 bis 15 cm hohen Blütenschäfte, zahlreiche, im ersten Frühling sich entfaltende, hellrosenrote Blüten tragend, erheben. Die reizende Pflanze, zweifellos eine der schönsten der Gattung, fand C. A. Purpus an feuchten, halbschattigen Stellen, namentlich an Felsen in der subalpinen Region der San Francisco Mountains in Arizona. Ähnliche Standorte müssen wir ihr auch geben, sonst ist eine erfolgreiche Kultur ausgeschlossen. Öfteres Umpflanzen ist anzuraten, denn die Rasen lichten sich gerne und verschwinden schließlich ganz. In Moorboden, dem etwas Lehm beigesetzt ist, entwickelt sich die Pflanze am besten.

A. Purpus, Großh. Garteninspektor, Darmstadt.

Mannigfaltiges.

Die Hebung der Blumenkultur in Dalmatien.

Das „Neue Wiener Tagblatt“ brachte vor längerer Zeit unter oben wörtlich wiedergegebener Überschrift einen auch für weitere gärtnerische Kreise interessanten Artikel über einen Bericht des Herrn Professor Dr. Ritter von Wettstein, Direktor des K. K. botanischen Gartens der K. K. Universität in Wien, an die Akademie der Wissenschaften. Wir geben teils wörtlich, teils im Auszuge die in erwähnter Nummer gebrachten Mitteilungen hier wieder.

Die österreichischen Städte beziehen zur blumenarmen Zeit den allergrößten Teil der im Herbst, Winter und Frühjahr zum Verkaufe gelangenden Blumen aus der französischen und italienischen Riviera; ebenso stammt die größte Anzahl der als Zierpflanzen verwendeten Palmen, Agaven, Cycadeen etc., sowie viele aus Pflanzenstoffen bereiteten Handelsartikel, als Parfüme usw. aus dem Auslande; dadurch werden Millionen von Kronen jährlich in das Ausland getragen. „Es ist“, heißt es nun wörtlich weiter, „ein ganz besonderes Verdienst der Akademie der Wissenschaften, daß sie, deren Arbeiten sonst, wie es ja natürlich ist, den reinen abstrakten Wissenschaften gelten, nunmehr die Initiative dazu ergreift, daß Österreich sich von der Einfuhr von Blumen und Zierpflanzen frei mache und die zahlreichen Millionen Kronen, die bisher alljährlich ins Ausland gewandert sind, dem Lande erhalten bleiben“. Professor Dr. Ritter von Wettstein hat im Auftrage der Akademie der Wissenschaften in Wien pflanzengeographische Untersuchungen in Dalmatien, an der italienischen Riviera und in den Seealpen vorgenommen und hierüber in sehr ausführlicher Weise Bericht erstattet. Der genannte Forscher sucht die irrtümliche Anschauung zu widerlegen, daß eine entsprechende Blumen- und Zierpflanzenkultur in Dalmatien unmöglich sei und meint, daß es bei energischem Willen und bei Anwendung der entsprechenden Mittel zweifellos möglich sein wird, Österreich zum großen Teile der Notwendigkeit zu entziehen, Zierpflanzen zu importieren; allerdings wird es kaum möglich sein, in Dalmatien das zu schaffen, was an der französischen und italienischen Riviera durch Zusammenwirken überaus günstiger Verhältnisse ermöglicht ist. Professor von Wettstein beschreibt in sehr ausführlicher Weise die Kulturstätten der französischen und italienischen Riviera und die dort im Großen betriebenen Kulturen von Palmen, diversen Dekorationspflanzen und Florblumen, wie Rosen, Nelken u. a., und betont, daß der Boden der Kulturen nur in der Nähe der Meeresküste stark sandigen Charakter besitzt, an den Gebirgen aber vielfach sehr stark an die istrianische und dalmatinische „terra rossa“ erinnert, sowie, daß der heutige Kulturboden an der Riviera erst durch sorgfältige Entfernung der Steine und reichliche Düngung verbessert wurde. Weiter heißt es wörtlich: „Der klimatische Charakter der Riviera ist allgemein bekannt; zur Charakteristik sei nur hervorgehoben, daß auf einen relativ regnerischen Winter mit dem Maximum der Niederschläge im November ein sehr trockener Sommer mit dem Niederschlagsmaximum im Juli folgt, daß die durchschnittliche Jahrestemperatur etwa + 16° C. und die durchschnittliche Januartemperatur + 6° C. beträgt. Temperaturen unter Null kommen nicht häufig, aber immerhin vor. Die große und lang andauernde Trockenheit des Sommers erfordert sorgfältige Vorkehrungen für die Wasserversorgung, für welche große Zisternenanlagen, und in der Nähe der Küste Brunnen dienen.

Cereus triangularis.
Im Botan. Garten zu Cambridge (Engl.) für die „Gartenwelt“ photographisch aufgenommen.

Die Möglichkeit des Eintrittes von Frösten macht es nötig, wenigstens für einen Teil der empfindlicheren Kulturen ein Bedecken mit Glasfenstern vorzusorgen."

Professor von Wettstein wendet sich nun einer vergleichenden Betrachtung Dalmatiens zu und erörtert zunächst die allgemeinen, klimatischen Bedingungen dieses Landes, die einerseits aus den meteorologischen Aufzeichnungen, andererseits und in diesem Falle in viel wichtigerer Form aus der Beobachtung der spontanen Vegetation ersichtlich sind. Der nördliche Teil Dalmatiens kann ebenso wie der von Istrien in vegetativer Beziehung einen Vergleich mit der Riviera nicht aushalten. Das Vegetationsbild ändert sich erst auf der Höhe von Spalato, und in den von hier südlich gelegenen Gebieten treten auf den dalmatinischen Inseln und dem Festlande wesentlich veränderte Vegetationsbilder auf, die Professor von Wettstein im wesentlichen mit der Riviera vergleicht; er sagt, daß sie „einen Vergleich mit der Riviera vollkommen aushalten". Der Bericht sagt weiter: „Eine ganze Reihe wildwachsender Pflanzen der Riviera oder ihr ganz analoger Gebiete tritt hier wieder auf, die Gleichheit der Lebensbedingungen auf das klarste anzeigend. Das für die Riviera so charakteristische massenhafte Vorkommen verwilderter und fruchtender Agaven und Opuntien zeigt sich in Dalmatien — von vereinzelten Stellen abgesehen — erst südlich der Linie Lissa-Lesina-Spalato; erst südlich dieser Linie fällt das üppige Gedeihen der kultivierten Palmen (*Phoenix dactylifera*, seltener *Phoenix canariensis*) auf." An einer einzigen Stelle, in St. Giacomo bei Ragusa, konnte Professor von Wettstein auch das Verhalten jener Kulturpflanzen beobachten, auf welche es bei dieser Untersuchung besonders ankommt, nämlich das Verhalten von Blumen, wie Nelken, Rosen, Veilchen und dergleichen.

Valeriana arizonica.
Vom Verfasser für die „Gartenwelt" photographisch aufgenommen.

Die Verkehrsverhältnisse, insbesondere die Bahnverbindung mit dem Zentrum des Reiches (Wien), bereiten keine besonderen Schwierigkeiten. Zur Zeit beansprucht der Transport von Blumen von der Riviera nach Wien die Dauer von 60—70 Stunden oder drei Tagen, welcher Zeitraum nur ausnahmsweise verkürzt werden kann; mit der Benutzung von Eildampfern des österreichischen Lloyds und der ungarisch-kroatischen Schiffahrtsgesellschaft kann eine Sendung aus Süddalmatien in zirka 48 Stunden in Wien eintreffen. Eine Ausgestaltung der Verkehrsverhältnisse und eine Festsetzung mit möglichst billigen Tarifsätzen für frische Blumentransporte müßte erfolgen und könnte dadurch Süddalmatien ein bedeutendes Konkurrenzfeld für die Riviera werden.

Wir lassen den nun folgenden ganzen Schlußabschnitt dieses hochinteressanten Artikels folgen; er lautet:

„Eine Durchsicht des Vergleiches zwischen der italienischen Riviera und den südlichen Teilen Dalmatiens im Hinblick auf die Möglichkeit der Kultur von Ziergewächsen ergibt, daß die Verhältnisse in Dalmatien an und für sich durchaus nicht so ungünstig sind, wie man dies vielfach annimmt, daß im Gegenteile unter gewissen, gar nicht schwer zu schaffenden Voraussetzungen, die Bedingungen für die Einführung solcher Kulturen zweifellos vorhanden sind. Professor von Wettstein sagt, er sei nicht so sehr Optimist, daß er es für möglich hielte, in Dalmatien in absehbarer Zeit dasselbe zu schaffen, was die Riviera besitzt, und Dalmatien in die Lage zu versetzen, mit der Riviera in Bezug auf den Welthandel zu konkurrieren. Der Riviera kommen die Vorteile der Tradition, des alten Kulturbodens, der hohen Bildung breiterer Bevölkerungsschichten, der Nähe von Orten mit hoch entwickeltem sozialem Leben, des zeitweisen Aufenthaltes vieler Tausender vermögender Menschen und manches andere zugute. Professor von Wettstein gibt aber schließlich seiner Überzeugung dahin Ausdruck, daß Dalmatien für den Bedarf der Monarchie an Schnittblumen und Ziergewächsen

Vegetationsbilder. Aspidium Filix mas in einer Waldschlucht.
Von Eug. Jos. Peters, Graz, für die „Gartenwelt" photographisch aufgenommen.

zum großen Teile aufkommen könnte. —

Zu vorstehenden Zeilen wollen wir bemerken, daß diejenigen Fachmänner, welche die klimatischen Verhältnisse Süddalmatiens aus eigener praktischer Erfahrung und Anschauung kennen, die Schlußfolgerungen der Untersuchungen des Herrn Professor von Wettstein bestätigen werden. Daß man nun in Fachkreisen bisher wenig Neigung empfand, sich dort eine Zukunft zu gründen, mag verschiedenen Ursachen zuzuschreiben sein. Die Hauptschwierigkeit einer Ansiedelung ist wohl in den überaus schlechten und mangelhaften Wasserverhältnissen vieler großer Landstriche Süddalmatiens zu suchen. Um nicht große Kapitalien eventuell ohne jegliche Aussicht auf Gewinn opfern zu müssen, wäre es unbedingt erforderlich, neben dem Gutachten dieses hervorragenden Naturforschers und Gelehrten auch eine geologische Untersuchung der von Professor von Wettstein als gärtnerische Kulturfelder empfohlenen Gebiete vornehmen zu lassen. Es würde ein nicht minder hoch zu schätzendes Verdienst der Akademie der Wissenschaften in Wien sein, wenn dieselbe zu diesem Zwecke auch eine auf geologischem Gebiete maßgebende Persönlichkeit nach Süddalmatien entsenden wollte, z. B. Herrn Professor Dr. G. A. Koch von der K. K. Hochschule für Bodenkultur in Wien, die anerkannt erste Autorität auf geologischem Gebiete und dem Gebiete der Quellenforschung in Österreich. Unserer Meinung nach könnten die gewiß nur freudig zu begrüßenden günstigen Urteile und Vorschläge Professor von Wettsteins aber erst dann eine praktische Verwirklichung finden, wenn ein Mann wie der Geologe Professor Dr. Koch in Wien, den Schreiber dieser Zeilen persönlich kennt und schätzt, ein gleich günstiges Urteil in Bezug auf die Wasserversorgung und Ergiebigkeit für die in Süddalmatien anzulegenden gärtnerischen Kulturfelder abgibt und genau die Orte bezeichnet, wo Wasser durch Bohrungen in genügender Menge zu erlangen ist. Wäre diese zweite Hauptschwierigkeit ebenfalls in zufriedenstellender Weise gelöst, dann könnte das Kulturwerk beginnen. Jedenfalls gehören dann dorthin große Kapitalisten, geistig und körperlich starke Männer, die vor allem auch die hoch entwickelten Kulturstätten an der italienischen und französischen Riviera praktisch kennen. Trotz Überwindung aller dieser Schwierigkeiten aber wären die ersten Unternehmer immerhin gewissermaßen als „Pioniere“ zu betrachten, wenn auch nicht in so wörtlichem Sinne wie die Pioniere eines Koloniallandes; die Verbesserung des Bodens wird viel Geld und Arbeitskräfte erfordern und an letzteren dürfte es in den ersten Jahren bezw. Jahrzehnten sehr mangeln. Das dalmatinische Volk steht auf keiner hohen Kulturstufe; Ackerbau und Viehzucht sind infolge der Bodenbeschaffenheit sehr wenig anzutreffen, und erst in allerjüngster Zeit wurde die erste landwirtschaftliche Lehranstalt in Dalmatien eröffnet; am meisten wird Tabak gebaut und Weinbau betrieben. Die dalmatinischen Weine sind mit zu den geschätztesten des österreichischen Südens zu rechnen. Der Obstbau wird sehr wenig betrieben, es macht den Eindruck, als ob Dalmatien unter den Kronländern Österreichs bisher am stiefmütterlichsten behandelt wurde, und der Wunsch dürfte kein ungerechtfertigter sein, daß auch der Staat seinen Obulus dazu beitrage, damit die für südländische Gartenkulturen geeigneten Landstriche recht bald ein anderes Bild zeigen möchten. Im Laufe der Zeit würden bei einer tatkräftig ins Werk gesetzten Aktion Land und Volk in Dalmatien den größten Vorteil erzielen und die vom Staate geopferten Mittel könnten sich reich verzinsen. Voraussichtlich wird die Akademie der Wissenschaften die von Wettsteinschen Ideen und Vorschläge praktisch zu verwirklichen suchen und ausbauen.

Breitschwerdt, Mödling bei Wien.

Vegetationsbilder. Partie aus dem Bärenbruchgraben bei Großtabarz i. Th.
Von C. Rehfeld, Berlin, für die „Gartenwelt“ photogr. aufgen.

Vegetationsbilder. Partie aus dem Lauchagrund bei Großtabarz i. Th.
Von C. Rehfeld, Berlin, für die „Gartenwelt“ photographisch aufgenommen.

Uebersicht der Temperaturverhältnisse, Insolation und Regenfall im mittleren Japan.

(Hierzu eine Abbildung.)

Da wir in Europa eine ganze Anzahl von Pflanzen kultivieren, die ursprünglich aus Japan und meistens aus Zentraljapan stammen, so dürfte eine kurze Übersicht über die dortigen klimatischen Verhältnisse wohl für viele Leser von Interesse sein. Häufig wird in Europa der Fehler gemacht, daß man Japan und das auf gleicher Breite liegende China in dieser Hinsicht zusammenwirft, wie erst kürzlich ein sonst recht wohl unterrichteter Mitarbeiter der Zeitschrift von den kalten Wintern in China und Japan sprach.

Man muß zunächst nicht vergessen, daß Japan

ein völlig insulares Klima hat, in noch viel höherem Grade als England, und daß der mächtige, warme Golfstrom (der Kuroschio), welcher von den Philippinen herauf flutet, sich an Japans Südwestspitze bricht, denn während sein schwächerer Arm zwischen Japan und Korea durch die Tsusimastraße eindringt und die japanische Westküste wärmer und vor allem feuchter macht, umflutet der stärkere die ganze Süd- und Südostküste und macht sich noch weit hinaus im Großen Ozean bemerklich. Alle derartigen Wärmequellen für den Winter fehlen China (gleiche geogr. Breite) mit einem rein kontinentalen Klima, das im Sommer zwar sehr heiß, im Winter jedoch ziemlich kalt ist.

Besonders auffallend am japanischen Klima ist der weit hinausgezogene Herbst, der bis Anfang Dezember zu rechnen ist, andererseits das verhältnismäßig spät einsetzende Frühjahr, das sehr rasch in den heißen Sommer übergeht. Für erstere Erscheinung sind die Aufspeicherung von großen Wärmequellen in der See und die Monsunverhältnisse die Ursache, während für das späte Frühjahr und die wiederholten, scharfen Temperaturrückschläge um diese Zeit die bedeutenden Eismassen, welche sich an der Behringstraße angesammelt haben, und die Windrichtung um jene Jahreszeit von Bedeutung sind. Die Behringstraße ist bekanntlich so seicht, daß Eisberge an ihr stranden, also nicht südwärts treiben, wie im atlantischen Ozean, deshalb bleibt es auch im mittleren Japan kühl, bis jene Eismassen sich aufgelöst haben, und bei nördlichen Winden finden starke Rückschläge statt. Aus demselben Grunde sind auch die Nächte dann, wenn die bereits hohe Wärmestrahlung der Sonne aufhört, noch sehr kühl und der Boden findet noch nicht Zeit, sich wesentlich zu erwärmen. So sehen wir, wie z. B. unsere Zwiebelgewächse, Schneeglöckchen, Narzissen, *Scilla*, *Crocus*, Hyazinthen, Tulpen etc. im Freiland nicht viel früher blühen als in Deutschland, selbst die Maiglöckchen kommen erst Mitte Mai zu voller Entwicklung. Anders verhalten sich Prunusarten, die Kamellie und die *Daphne*, die recht häufig Ende Februar in voller Blüte stehen, dann aber von kurzen Schneestürmen überrascht werden, was die Blüte natürlich schwer schädigt. Aus diesem Grunde sehen wir hier an der Freilandkamellie auch nur nach ihrer mittleren Blütezeit vollendet schöne Blumen.

Während der Winter im mittleren und südlichen Japan sehr trocken ist und wochenlang strahlend blauen Himmel zeigt, ist der Feuchtigkeitsgehalt der Luft in der ganzen übrigen Jahreszeit ein sehr hoher, was auf die Nerven der hier lebenden Europäer ziemlich erschlaffend einwirkt. Der hier viel bedeutendere Regenfall kommt jedoch nicht durch eine größere Anzahl von Regentagen zum Ausdruck, sondern nur durch die tropischen Regengüsse, welche namentlich die Zeit des Südostmonsuns mit sich bringt. Der Wechsel zwischen strahlendem Sonnenschein und „Platzregen" ist hier ein ungleich schrofferer als in Europa, Aufklärungen und Umziehung des ganzen Firmaments mit schweren Regenwolken erfolgen mit verblüffender Schnelligkeit. In der am Schlusse folgenden Tabelle wird darum auch die geringe Zahl der bedeckten Tage dem Leser verständlich werden. Im allgemeinen bringt für Zentraljapan Westwind trockene Luft vom Kontinent, während Ost- und Südostwinde Regen vom Großen Ozean mit sich führen. Eine streng ausgeprägte Regenzeit kennt jedoch das mittlere und östliche Japan nicht, nur sind die Monate von Mitte Mai bis Mitte Juni und der September reicher an starken Regenfällen; im September erfolgen diese vielfach im Anschluß an schwere Stürme, die sogen. Taifune, die der Landwirtschaft (Reis) oft schweren Schaden zufügen.

Das außerordentlich kurze Frühjahr geht ziemlich plötzlich in den warmen und heißen Sommer über, der für Zentraljapan Temperaturen von 32 bis 36° C. ergibt, aber auch im nördlichen Japan, wenn auch nur für kürzere Zeit, sehr heiß ist. Nachtabkühlungen sind natürlich lokal oder verschieden. Fast wie ein Kalendertag so pünktlich (Verfasser lebt seit 18 Jahren in Japan), kommt dann vom 12. bis 15. September ein schwerer Sturm, der die Temperatur insofern bricht, als von da an die Nächte wieder kühler sind und wir wieder unter Decken schlafen hönnen. Dann folgt wie schon bemerkt, ein lang hinausgezogener, wundervoller Herbst, die beste Zeit, welche sich Japanreisende aussuchen sollten. Erst Mitte Dezember denken wir an künstliche Erwärmung unserer Räume, da die Tage bis dahin noch durchschnittlich 14° Wärme haben und die Sonne fast unausgesetzt am wolkenlosen Himmel steht.

Der Winter ist nun in Zentraljapan zwar mild, Frost am Tage nur sehr selten, aber die Trockenheit der Luft und die leichte Bauart unserer Häuser bringt uns doch die geringen Kältegrade (nachts selten unter — 5° C.), viel empfindlicher zur Wahrnehmung als in Europa. Deshalb ist wohl auch manche Pflanze viel schwieriger im Freien zu überwintern, als man glauben sollte. In Hampels Gartenbuch heißt es, daß Verbenen leichten Frost vertragen, mir ist es hier nie geglückt, Herbstsämlinge durchzuwintern. Februar und die erste Hälfte des März sind die unangenehmsten Monate des Jahres, besonders der März mit seinen enormen Temperaturschwankungen, die zuweilen bis zu 21° C. in vierundzwanzig Stunden betragen und natürlich vom Umschlag der Windrichtung bedingt sind.

Schnee fällt in Zentraljapan, von der Westküste abgesehen, nicht viel, und bleibt an der Küstenzone kaum je länger als bis Mittag liegen, kann aber doch am Morgen ein- bis zweimal während des Winters den Boden 20 cm hoch bedecken. Die Photographie aus meinem Garten zeigt ein derartiges, für uns seltenes Ereignis; sie ist nicht sehr scharf, da sie während eines heftigen Schneetreibens aufgenommen wurde. Ganz anders liegen die Verhältnisse an der Westküste (zwischen beiden Küsten sind 3 bis 4000 Fuß hohe Berge) und in den hohen Gebirgen von Ostjapan, wo der Schnee sich oft in kürzester Zeit zu 5 bis 6 Fuß Tiefe anhäuft, ebenso natürlich im Norden. Wer Nachrichten aus Japan in den letzten Jahren verfolgt hat, wird sich vielleicht noch an die schwere Katastrophe erinnern, daß fast ein ganzes japanisches Bataillon bei Aomori im Norden, auf einem Übungsmarsch, von einem heftigen Schneesturm überrascht, zugrunde ging.

Partie aus dem Garten des Verfassers bei Kobe (Zentraljapan), während eines heftigen Schneetreibens im Januar photographisch aufgenommen. Originalaufnahme für die „Gartenwelt".

Zur näheren Erläuterung dieser Skizze führen wir noch eine Tabelle für das Jahr 1906 bei. Dasselbe war ein ziemlich normales, nur war der Sommer etwas kühler als gewöhnlich, und die Sommerhitze brach sich bereits 14 Tage vor der üblichen Zeit. Die Aufzeichnungen für jene Tabelle wurden in Higashi-Suma, nahe bei Kobe, am Fuße 500 m hoher Berge, 1½ km von der Küste, gemacht.

Dr. med. E. Papellier.

Temperatur-Verlauf, Insolation und Regenfall für das Jahr 1906 in Higashi-Suma (Zentral-Japan), 100 Meter Seehöhe, 1½ Kilometer von der Küste.

	Januar Grad C.	Februar Grad C.	März Grad C.	April Grad C.	Mai Grad C.	Juni Grad C.	Juli Grad C.	August Grad C.	September Grad C.	Oktober Grad C.	November Grad C.	Dezember Grad C.
Durchschnitts-Max.	8.3	8.3	13.0	19.1	21.9	25.1	29.8	31.8	29.8	21.4	15.6	11.1
Durchschnitts-Min.	0.2	1.1	3.7	8.3	13.3	16.7	21.6	22.9	19.0	14.0	7.7	3.3
Wärmster Tag	14.8 (11. I.)	11.6 (7. II.)	20.4 (20. III.)	23.0 (2. IV.)	27.3 (20. V.)	29.5 (8. VI.)	33.5 (31. VII.)	35.4 (22. VIII.)	30.1 (12. IX.)	26.0 (15. X.)	23.2 (3. XI.)	16.4 (17. XII.)
Kälteste Nacht	−4.7 (21. I.)	−2.9 (18. II.)	−3.6 (8. III.)	−0.6 (5. IV.	10.1 (1. V.)	10.0 (1. VI.)	16.1 (7. VII.)	19.4 (15. VIII.)	15.5 (18. IX.)	9.7 (4. X.)	−0.2 (26. XI.	−1.8 (24. XII.)
Wärmste Nacht	—	—	—	—	—	26.0	25 3	25.3	24.6	18.5	—	—
Sonnige Tage	22	15	20	19	22	18	25	30	16	22	22	28
Bewölkte Tage	3	1	2	1	z	3	3	1	3	3	3	2
Regen-Tage	6	10	8	10	7	9	3	0	11	6	5	1 } 22. erster Schnee
Schnee-Tage	—	2	1	—	—	—	—	—	—	—	—	1 }
Frost-Nächte	18	12	7	1	—	—	—	—	—	—	1	6

Uebersicht über 12 Monate (Januar bis Dezember 1906).

Jahresdurchschnitt:

Max.	19.6° C.
Min.	11.0° C.
Wärmste Tage	24.3° C.
Kälteste Nächte	+5.6° C.

ergibt eine Jahresisotherme = 15.3° C.

Sonne strahlend	259 Tage.
Bedeckt	27 „
Regen	79 „
Frost-Nächte	45 „

Höchste Temperatur im Jahre = 35.4° C.
Niedrigste Temperatur im Jahre = −4.7° C.

Welches Klima ist das beste für den größten Teil der gesamten Vegetation?

Von **M. Buysman**, Botanischer Garten, **Middelburg** (Holland).

Die Bezeichnung „gemäßigtes Klima" für die Zone zwischen den Polaren und den Tropengegenden ist nur verhältnismäßig richtig, denn es wird damit angedeutet, daß das Klima weder kalt noch tropisch ist. Zwischen polar und tropisch ist aber ein enormer Unterschied, und ist der Übergang von einem Klima zum andern denn auch nicht schroff, sondern es geht das eine Klima nur allmählich ins andere über.

Wenn wir aber von unserm nordischen Klima als von einem „gemäßigten" reden, so ist das denn auch im Sinne, wie oben gesagt, vollständig richtig, d. h. das Klima ist für uns, weil wir dem polarischen Klima so viel näher sind als dem Tropenklima, gemäßigt; wenn wir aber die Bedingungen des Pflanzenlebens in Betracht ziehen und von diesem Standpunkte unser Klima beurteilen wollen, so kommt uns die Benennung einfach unsinnig vor, denn ein Klima, worin das Pflanzenleben sieben Monate, in strengen, lange anhaltenden Wintern oft noch länger, vollständig stille steht, der niedrigen Temperatur wegen, ist ganz sicher kein „gemäßigtes"! Dabei ist noch nicht einmal in Betracht gezogen, daß die Sommerdürre das Wachstum ebenfalls oft Monate lang zum Stillstande bringt und im Frühjahre die regelmäßig auftretenden Fröste auch regelmäßig den größten Teil der Blüten vernichten, wobei die Versuche, dem künstlich vorzubeugen, ebensowenig nutzen als solche, die Fröste und die Dürre abzuhalten, weil wir doch im großen und ganzen den Naturkräften gegenüber machtlos sind.

Wenn wir uns jetzt in den „wärmeren gemäßigten" Gegenden umschauen, so finden wir zwar nicht genau dieselben Zustände, aber, wenn die Winterkälte auch weit geringer als im Norden ist, so kann dieselbe doch immer noch durch plötzliches Auftreten enormen Schaden verursachen, wie dies sehr oft in den Mittelmeergegenden der Fall ist, während die Sommerdürre die Vegetation Monate lang zum Stillstande bringt. Der „ewige Lenz" Italiens ist selbstverständlich eine große Lüge.

Die subtropische Region hat im großen ganzen viel Aehnlichkeit mit der Mittelmeerregion, mit Ausnahme des Frostes, der hier nicht mehr möglich ist. Die Dürre dauert aber noch länger und kann man somit nicht von einem „idealen" Klima reden.

Die tropische Region, mit Ausnahme des Aequatorialgebietes, hat ebenfalls die sechs Monate dauernde Dürre mit den subtropischen Ländern gemein; manchmal dauert die Dürre sogar noch bedeutend länger. Wenn wir aber in dieser Region ins Gebirge hinaufsteigen, so finden wir auf 1000 bis 1500 Meter ü. M. ein Klima, wo die Dürre, resp. ihre schädliche Wirkung dadurch geschwächt wird, daß Wasser überall in Menge vorhanden und somit alles das ganze Jahr hindurch gesät und gepflanzt werden kann. Dieses von den Bergen herunterkommende Wasser ist in der Ebene nicht vorhanden oder trocknet bei der Dürre vollständig auf.

Dabei ist die Temperatur in genannten Höhen bedeutend niedriger als in der Ebene und die Bergluft stets frisch, das Klima somit stets gesund. Alle Unannehmlichkeiten des Tropenklimas findet man hier nicht mehr, während die Vorteile der gleichmäßigen, immer noch hohen Temperatur ohne Schaden ausgenutzt werden können.

Ich hoffe später dieses Klima ausführlicher zu behandeln, weil ich die Absicht habe, mich in einer solchen paradiesischen Gegend anzusiedeln.*)

Verkehrswesen.

Der Reichsanzeiger veröffentlicht folgenden Erlaß:

Die Einfuhr aller zur Kategorie der Rebe nicht gehörigen Pflänzlinge, Sträucher und sonstigen Vegetabilien, welche aus Pflanzschulen, Gärten oder Gewächshäusern stammen, über die Grenzen

*) Anmerkung der Redaktion: Verfasser hat sich inzwischen auf Java niedergelassen.

des Reiches darf fortan auch über die nachbezeichneten, dem Hauptzollamte St. Ludwig unterstellten vier Kaiserlich deutschen (elsaß-lothringischen) Zollabfertigungsstellen erfolgen:

1. Zollabfertigungsstelle auf dem Personenbahnhofe der Schweizerischen Bundesbahnen zur Personen- und Gepäckabfertigung sowie zur Postvorabfertigung;

2. Zollabfertigungsstelle auf dem Personenbahnhofe der Schweizerischen Bundesbahnen für den Eilgutverkehr;

3. Zollabfertigungsstelle auf dem Güterbahnhofe St. Johann für den Frachtgutverkehr und

4. Zollabfertigungsstelle auf dem Güterbahnhofe Wolf für den Frachtgutverkehr.

Beschränkung der Einfuhr von Obst und frischen Pflanzen nach Südaustralien. Durch Verordnung des Gouverneurs von Südaustralien vom 19. Juni d. Js. sind unter Aufhebung der durch Proklamation vom 23. Mai 1907 erlassenen Bestimmungen zur Ausführung des „Vine, Fruit and Vegetable Protection Act 1885“ neue Vorschriften erlassen, wonach die Einfuhr von Weinstöcken oder Teilen davon nach Südaustralien aus allen Ländern oder Staaten unbedingt verboten und die Einfuhr aller anderen lebenden Bäume und Pflanzen und der Teile von solchen sowie von Früchten (außer Weintrauben) nur über den Hafen von Port Adelaide gestattet ist. Eine Ausnahme ist für Kartoffeln und Zwiebeln (Knollen) zugelassen, die aus anderen Staaten des Australischen Bundes zu Lande eingeführt werden können. Andere lebende Bäume, Pflanzen und Teile davon (außer Früchten) können in Adelaide mit der Paketpost eingebracht werden.

Aus Ländern, in denen die Reblaus vorkommt, dürfen Pflanzen oder Teile davon nur eingeführt werden, wenn sie von einer vom Züchter vor einem Friedensrichter oder britischen Konsularagenten in dem Ursprungslande ausgefertigten Erklärung begleitet sind, die besagt:

a) daß das Packstück keine Weinstöcke oder Teile davon enthält;
b) daß die Pflanzen in einem größeren Abstande als 50 Yard von irgend welchen Weinstöcken oder Wurzeln von Weinstöcken gezogen sind;
c) daß in der Baumschule oder in dem Garten, in welchem die Pflanzen gezogen sind, keine Reblauskrankheit besteht oder bestanden hat;
d) daß sämtliche Pflanzen von dem als Reblaus bekannten Insekt frei sind.

Zeit- und Streitfragen.

Die Waffen heraus, deutsche Gärtner, und drein geschlagen!

Seit Jahren in aller Stille, seit Monaten in breitester Öffentlichkeit suchen die Allkünstler und Architekten der Welt zu beweisen, daß niemand weniger vom Garten verstehe als der Gärtner.

Der Gärtner — höchstens ein gefügiges Werkzeug, das eben in Gartendingen zuzugreifen versteht, aber sich beim Gestalten höchst lächerlich macht. Der Garten — so meint man — gehört dem Architekten oder dem Maler und — das Schlimmste — er wird auf dem geduldigen Papier unserer Kunstzeitschriften von gewissen Allerweltsästheten gestaltet, die heute beim Entwerfen von Möbeln, morgen von Häusern und dann auch einmal von Gärten ihren Genius der staunenden Mitwelt offenbaren.

Wir wollen keinen Kastengeist. Es ist gewiß nützlich und gut, wenn tausend fleißige Hände und Köpfe sich regen, um an „Gartengedanken“ zu bilden; woher sie kommen, gilt gleich. Gewiß gibt mancher Künstler sein Bestes, um unsrer Zeit den Garten zu schenken, der ihr allein gehört. Aber meistens wird von außen hinein, statt von innen heraus der Garten „gebaut“. Und „den Garten pflanzen“ soll es heißen. Denn nur wer die Pflanzen kennt, wird die Gartenkunst meistern können.

Uns Deutschen wirft man immer vor, daß wir alles Heil vom Auslande erwarten, und selbst in unserm Berufe zeigt sich ein Abglanz jener beschämenden Eigenschaft. Aller Fortschritt soll von außen in die gärtnerische Welt hineingetragen werden. Aber unsre Zeit ist an Erkenntnis reich genug, um mit dem traurigen Worte zu brechen, daß „der Prophet nichts in seinem Vaterlande gilt“. Wozu immerwährend das Schielen nach den Allkünstlern und das Unterdrücken der Wege weisenden Berufsgenossen — aus kleinlichem Neide? Wollen wir doch den Mut haben, dem Allkünstler zuzurufen: „Halt, das ist unsere Sache. Wir schaffen aus eigener Kraft. Und — Schuster bleib bei deinem Leisten“.

Keinen Kastengeist — aber auch keinen „Verrat an unserem Berufe“.

Du, „Deutsche Gesellschaft für Gartenkunst“, wie steht es hierbei um Dich? Deine Zeitschrift „Die Gartenkunst“ schwelgt seit Monaten in wohlklingenden Titeln ihrer Mitarbeiter. Hin und wieder steht einsam auf weiter Flur ein Gärtner. Ist das die neue Richtung, die man mit der inneren Umgestaltung der Gesellschaft einschlug? Mit wachsender Besorgnis kann man wahrnehmen, wie die hohe Schirmherrin deutscher Gartenkunst mit klingendem Spiel ins fremde Lager übergeht.

Man sage nicht, daß es Unverträglichkeit war, wenn wir es nicht immer und immer mit den Künstlern hielten. Austauschen und Sichergänzen ist eine feine Sache im Leben, ist klug in der Kunst, weil sie reicher und tiefer dadurch werden kann. Aber tanzen, wenn die Allkünstler pfeifen, das ziemt dem Gärtner nicht. Dieses Buhlen um die Gunst der Architekten ist eine Schmach für unseren Beruf.

Merkt ihr es nicht, wie sie euch milde lächelnd den Kragen umdrehen? — Ihr glaubt es nicht? — Dann verweise ich auf No. 40 der „Woche“, die ein Preisausschreiben für „Hausgärten“ bringt. Da heißt es in Punkt 5 der Bedingungen:

„Im Allgemeinen wird die regelmäßige Einteilung zu bevorzugen sein, entsprechend der in Aussicht genommenen Größe des Gartens, es sei denn, daß die natürliche Bodengestaltung auf eine andere Art der Behandlung hinwiese. Ausgeschlossen ist die Nachahmung von Naturszenerien in kleinem Maßstabe, wie Felsenschluchten, Waldseen etc., besonders da, wo solche Motive dem Ortscharakter fremd sind.“

Der Garten ist für den Gärtner, denk ich — aber solche Vorschriften wagt man dem gebildeten Gärtner zu bieten? Ein ätzendes Urteil in diesen Sätzen.

Und über diese „Gartenentwürfe“ werden zu Gericht sitzen; die Architekten Muthesius und Riemerschmid, die Künstler Bruno Paul und Schultze-Naumburg und der Chefredakteur der Woche. Und es klingt wie Hohn, wenn es weiter heißt, daß „die Hinzuziehung gärtnerischer Sachverständiger gestattet ist“. In einer Sache, die nur den Gärtner angeht, wird man ihn „raten“ lassen, „beschließen“ nicht. Ja, es ist weit gekommen mit uns. Weil wir nicht freimütig hintreten und sagen: Ihr da, laßt die Hände davon, das ist unsre Sache. Aber freilich, Hunderte von Berufsgenossen sonnen sich in der Gnade der Allkünstler. Weiter: Wie hat der „Kunstwart“, jenes Blatt, das in Sachen der Kunstkritik ein Monopol zu besitzen glaubt, über die 3. internationale Gartenbauausstellung zu Dresden geurteilt! Doch, das ist sein gutes Recht. Kritik kann jeder üben, wie es ihm beliebt und — wie ers versteht. Aber gegen „die Verrohung der Kritik“, die Sudermann so bitter beklagt, müssen wir Front machen. Da heißt es im Kunstwart im ersten Oktoberhefte (Seite 17): „In Langes Aufsätzen (Willy Lange, der den Lesern der „Gartenwelt“ genugsam bekannt ist), wie in seinem Buche, sind die Theorien alle von dem Wunsche beeinflußt, seinem Stande die Geschäfte zu bewahren, deshalb würde ihnen das Geradegehen schwer fallen, selbst wenn sie ihr Verfasser durch bessere ästhetische Bildung stützen könnte“ — und weiter unten: „Nun fühlen diese (die Gärtner), daß ihnen die besseren Kunden zu den Architekten und Malern weglaufen — —“.

Unerhörte Worte, die dieser Mann — ohne Widerrede — drucken darf. Wollen wir ruhig zusehen, wie man uns aufs tote Gleis fährt? Ich habe den Groll über diesen Schimpf noch nicht verwunden, da kommt mir heute die neue „Kunstwartnummer“ zu Gesicht. Und ich muß mich sehr zusammenraffen, um nicht die nötige Ruhe zu verlieren, denn der „fachmännische Geschäftsführer“ der „Deutschen Gesellschaft für Gartenkunst“ (Wer? Verträgt es sich mit dem literarischen Takt, daß der Kunstwart seinen Namen nicht nennt) beschmutzt sein eigenes Nest, indem er die Gartenkunst bewußt den Allkünstlern ausliefert. Denn er stimmt ausdrücklich dem Kunstwartsatze zu, daß „heutzutage die Architekten und Maler die zu Führern berufenen sind“, und es ist nur ein Zuckerplätzchen, wenn es danach heißt, „daß sie es für immer seien, glaube ich nicht“. Und dann verwahrt sich dieser Geschäftsführer, „daß ein Mann wie Willy Lange aus Steglitz als Führer in der Gartenkunst bezeichnet werde“. Willy Lange hat auf Grund seines Buches „Gartengestaltung der Nenzeit“ in Wannsee und in vielen Orten im Reiche Gelegenheit gehabt, seine Ideen auszuführen. Man rief ihn, weil man die Zukunft seiner Gartenkunst ahnt und begreift. Kennt ihr diese Gärten, ihr Schwätzer, die ihr den traurigen Mut hattet, diesen Lehrer, wie es wenige gibt, in seinem Lehramt zu verdächtigen? Nachdem die Gruppe Hannover sein Buch besprochen hatte, das sie für durchaus „unkünstlerisch“ hält, schrieb sie: „Es ist das umso bedauerlicher, als der Verfasser an der Kgl. Gärtnerlehranstalt zu Dahlem als Lehrer tätig ist und somit seine unkünstlerische Auffassung nach außen hin als anerkannt maßgebender Standpunkt gelten könnte“. Die Gruppe schrieb das auf den Umschlag der „Gartenkunst“, und als ich mir solche Kritiken als ehemaliger Hörer der Kgl. Gärtnerlehranstalt in Dahlem in einem kurzen Artikel verbat, bedauerte der Redakteur, ihn nicht abdrucken zu können, weil die Kritik auf dem Umschlage außerhalb seiner Verantwortung stehe. Kommentar überflüssig. — Und was mag dieser Geschäftsführer noch geschrieben haben, daß der „Kunstwart“ drucken kann: „Was sonst noch von der Geschäftsstelle für Gartenkunst über Willy Langes Leistungen geschrieben wird, unterdrücke ich aus Rücksicht für Willy Lange.“

Einem Manne, in Ehren ergraut, der seiner vorgesetzten Behörde höchste Achtung genießt, in solcher Weise in den Rücken zu fallen, ist — ja, dafür gibt es keinen parlamentarischen Ausdruck.

„Herr Willy Lange, Sie haben dankbare Schüler, die im Leben draußen fühlen, daß sie von Ihnen gute Wege gewiesen worden sind. Gedenken Sie dessen. Freilich, uns um Sie scharen, wie die Bienen um ihre Königin, oder wie die Israeliten ums goldene Kalb, um nur durchaus einen Götzen zu haben (Sie nennen das klüngeln), das tun wir nicht. Denn Sie selbst würden das am meisten mißbilligen.“ Aber im Westen, da ist es zur Sitte geworden.

Überhaupt scheint am Rhein nur die eine Fiktion zu bestehen, als gäbe es in der ganzen Welt nur eine „gartenkünstlerische Autorität“, die nämlich, die man zum Vorsitzenden der Deutschen Gesellschaft für Gartenkunst geküret. Jeder unabhängige Pfadsucher wird dort als unerhörte Beeinträchtigung empfunden. Der „Kunstwart“ scheint nicht zu wissen, daß man in der „Gartenkunst“ lesen konnte, daß Encke so arbeite wie Willy Lange lehrt. Wozu also der Lärm, wenn man nicht Verdruß darüber empfunden hätte, daß Willy Lange in seinem (trotz der hannoverschen Kritik) weitverbreiteten Buche neue, eigne Gestaltungsmittel bekannt gegeben, für deren Verwirklichung sich gerne andere als schöpferische Künstler feiern lassen? „Der Geschäftsführer“ hat dann noch „den dringenden Wunsch nach einer Lehr- und Lernstätte ausgedrückt, die der Bedeutung der Aufgabe entspräche. Die Lehrpläne der heutigen Lehranstalten seien unzureichend.“ Ich weiß nicht, ob dieser Geschäftsführer eine Lehranstalt und welche, besucht hat. Dahlem jedenfalls nicht; sonst würde er den Stolz haben, über unser innerstes Wesen nicht dem „Kunstwart“ das Herz auszuschütten. Das Ministerium ist der Platz. Langt bis dahin nicht die Kraft? Geisenheim, Proskau, Dresden und nicht zum mindesten Dahlem! Unterschreibt ihr diesen Satz jenes Geschäftsführers?

Als ehemaliger Hörer Dahlems bestreite ich dem Geschäftsführer das Recht, über Dahlem zu Gericht zu sitzen. Was wir an unserer Bildungsstätte haben, wissen wir; was wir mehr erreichen möchten, schreien wir nicht in der Presse aus, sondern beantragen es bei der Direktion oder im Ministerium.

— — — Schmutz war es, Neid, Kleingeist und Lakaientum, das ich auf jenen Zeilen so bitter besprach.

Eine Bitte zum Schluß: Deutsche Gärtner, steht treu zu unserem Berufe. Die Gefahr, innen und außen, ist groß! Die Waffen heraus! Carl Kanig.

Eine Hüterin der Interessen des Berufes, wie sie nicht sein soll, ist die **Deutsche Gesellschaft für Gartenkunst.** „Es wird dann der dringende Wunsch nach einer Lehr- und Lernstätte ausgedrückt,“ — in einem Schreiben des fachmännischen Geschäftsführers genannter Gesellschaft an den Schriftleiter des „Kunstwart“ nämlich, — „die der Bedeutung der Aufgabe entspräche. Die Lehrpläne der heutigen Lehranstalten seien unzureichend. Man stimme meiner Auffassung zu“ (sagt der Schriftleiter A. wieder): „Heutzutage sind die Architekten und Maler die zu Führern berufenen,“ — daß diesem Kopf jedoch nicht alle Hoffnung schwindet, setzt er hinzu — „daß sie es für immer seien, glaube ich nicht.“ Kommentar überflüssig.

Nur eins noch. Daß Lehrpläne sich überleben und veränderungsbedürftig werden, wer wollte daran zweifeln. In Mannheim wurde aber schon gar frank und frei gefordert, daß die Ausbildung des Gartenkünstlers auf den technischen Hochschulen zu erfolgen habe. Die meisten Leiter und Lehrer unserer Gärtnerlehranstalten sind Mitglieder jener Gesellschaft. Ich frage: Wissen sie um jene Bestrebungen, billigen sie dieselben, sind ihnen Anregungen zur Verbesserung der Lehrpläne von seiten der D. G. f. G. zugegangen? Und wenn, warum wird diesen Anregungen keine Folge gegeben? Die Beantwortung gerade der letzten Frage ist dringend erwünscht und wird entscheiden, ob jenes Schreiben des fachmännischen Geschäftsführers der Deutschen Gesellschaft gegen*) Gartenkunst, in seinen vorher angeführten Schlußworten wenigstens, eine an sich berechtigte Flucht in die Oeffentlichkeit ist, oder ob dieser Teil des Schreibens bestimmt ist, der gehässigen Denunziation Willy Langes, die ja schon von anderer Seite genügend gekennzeichnet ist, als Verbrämung zu dienen. Fatuus.

---

*) Anmerkung des Setzer-Lehrlings: Soll wohl heißen „für“.

Die Läuger-Gärten von Prof. Widmer, Karlsruhe.

(„Gartenkunst", Bd. IX, No. 10.)

Eine Abwehr.

Der Gartenkünstler von heute hat sich über seiner Arbeit, der in die Tat umzusetzenden Kunstpflege in Garten und Landschaft, mit mancherlei abgefunden. Er sieht es ruhig mit an, wie man es für überflüssig hält, ihm seinen Berufstitel und damit seine Standeswertung zu sichern, er lächelt resigniert, wenn Architekten und Kunstästheten ganz „nebenbei" unmögliche Gartenstaffagen und Hausgärten entwerfen und schüttelt den Kopf, wenn in allen Kunstzeitschriften von heute die Männer der Raumkunst „ihr Herrenrecht über das tote Material" auch auf das lebendige des Gartens übertragen wissen wollen und in Gartenkunst-Fragen sich als tonangebend fühlen.

In Heft 10 der „Gartenkunst" steht an erster Stelle der Vortrag von Prof. Widmer, Karlsruhe, abgedruckt, welchen er auf der diesjährigen Hauptversammlung der „Deutschen Gesellschaft für Gartenkunst" in Mannheim gehalten hat: Die Läuger-Gärten.

Da muß es den ohne Vorurteil an diesen Artikel herantretenden Fachmann Wunder nehmen, in welcher — sagen wir — freimütigen Weise der Verfasser das Recht der Künstlerschaft allein für sich und seine Kollegen in Anspruch nimmt. Er spricht von Malern und Architekten schlechtweg als „Künstlern" und glaubt, daß der Gartenkünstler keinen Teil an dem modernen Garten habe und ihn gar nicht begreifen könne. Herr Prof. Widmer schreibt: „Das alte Kunsthandwerk ist aus dem Handwerk selbst hervorgegangen, das haben Handwerker geschaffen: Schreiner, Schlosser, Glaser usw." — „. . . schließlich können wir auch die Gärtner unter die Kunsthandwerker rechnen."

Es ist ja sehr freundlich von dem Herrn Professor, uns „sogar" zu Kunsthandwerkern stempeln zu wollen, ich denke aber, wir lehnen diese Auffassung von unserer Kunst (Kunst kommt von Können) sehr entschieden ab und nehmen auf dem Gebiete der Gartenkunst das Recht der Künstlerschaft im vollsten Maße für uns in Anspruch. Es ist recht bezeichnend für die heutige Auffassung einiger bekannter Architekten und Kunstkritiker von unserem Wissen und Können, daß sie uns allenfalls noch als „Kunsthandwerker" ansprechen: Das ist aber auch das Höchste, — keinen Schritt weiter, sonst könnte es einem Gärtner ja einfallen, sich mit uns, den einzigen und wahren Universalkünstlern, auf die gleiche Stufe zu stellen! — Ich möchte allen diesen Herren doch empfehlen, sich einmal den Lehrplan der Königlichen Gärtnerlehranstalt Dahlem anzusehen oder z. B. unter den leitenden Gartenbeamten größerer Städte Umschau zu halten, damit sie sich einmal über den Bildungsstand und die künstlerische Befähigung des Gartenkünstlers orientieren.

Daß man sich in Mannheim nun erlaubt hat, einer Versammlung von Gartenfachleuten, unter denen viele in den weitesten Kreisen bekannte und anerkannte Gartenkünstler waren, derartiges vorzusetzen und das dann uneingeschränkt zu veröffentlichen, zeigt doch wieder einmal deutlich, was man dem Gartenkünstler zu bieten wagt, und es ist sicherlich im allgemeinen Interesse, wenn diese Ausführungen von Prof. Widmer nicht unwidersprochen bleiben. Was für einen Begriff vom Gartenkünstler mögen wohl königliche und kommunale Verwaltungen und Privatleute durch diesen Artikel bekommen haben, was müssen sie von ihren Gartenbeamten halten?! Sie mussen schließlich glauben, nur der Architekt sei der berufene Gartengestalter, nur dieser könne uns noch die Erlösung bringen, und diese müsse bestehen in der Ausmerzung des Naturgärtens.

Nun ein paar Worte über die Betrachtung der Läugerschen Gärten selbst: Aus dem Ganzen der folgenden Abschnitte des Widmerschen Ausatzes geht deutlich hervor, — und Herr Professor Widmer gibt es auch offen zu — daß in diesen Gärten der rein gärtnerische Teil so ziemlich versagt hat. Hätte der alte Baumbestand nicht vieles wieder gutgemacht und manche gärtnerische Entgleisung gemildert, so wäre auch der Gesamteindruck noch weniger günstig gewesen. In einem Garten ist die lebendige Pflanze bekanntlich die Hauptsache, in den Läuger-Gärten ist es aber der tote Stein, unter der Hand des Künstlers allerdings zu lebensvollen Bildern gestaltet. Es fehlt dem Garten aber das anheimelnde, wohltuende eines reichen Pflanzenwuchses; den muß man sich nach Herrn Prof. Widmer dazudenken: „Er (der Blumenschmuck) war von dem Künstler selbst wohl reicher, üppiger geplant; er ist ein bischen mager ausgefallen. Die Absichten, die der Künstler verfolgt, werden sich ja aus dem ganzen Plane, aus der ganzen Anlage für den, der sich hineinzudenken versteht, sehr leicht ergeben." Zugegeben, daß auf einer Ausstellung bei beschränkter Zeit der Pflanzenwuchs sich nicht so präsentieren kann wie in einem zehn Jahre alten Garten, so hätte doch ein Gartenkünstler schon nach der Planung die Empfindung gehabt, daß in der Gesamtheit der Läuger-Gärten gar zu wenig Strauch- und Baumvegetation vorgesehen war. Bezeichnend hierfür ist der Ausspruch, den ein Besucher der Mannheimer Ausstellung auf die Frage, wie ihm die „Professorengärten" gefallen hätten, zur Antwort gab: „Sie sind sehr schön gepflastert und gemauert" —.

So freudig es auch zu begrüßen ist, daß hervorragende Architekten mit daran arbeiten helfen, die Gartenkunst und speziell die Kunstpflege im Hausgarten zu fördern, so müssen wir es doch ablehnen, uns neue Gartenformen aufdrängen zu lassen mit einem: „So und nicht anders soll es in Zukunft sein; denn Euere Gärten taugen nichts, da Ihr nichts von wahrhaft künstlerischer Gartengestaltung versteht!" Schon um berechtigte Standesinteressen zu wahren, wollen wir in dieser Form gartenkünstlerische Lehren nicht annehmen von Männern, die doch immerhin Laien sind und deren Lehren dann von Neuerern als einzige Wahrheit den „unfähigen" Gartenkünstlern vorgestellt werden.

Rudolf Fischer, Berlin.

Gärtnerisches Unterrichtswesen.

Kgl. Wein-, Obst- und Gartenbauschule Veitshöchheim bei Würzburg. Der fünfte Jahresbericht über das abgelaufene Schuljahr gibt Aufschluß über den Zweck der Anstalt, Vorstandschaft und das Lehrerkollegium, welch letzeres aus 14 Mitgliedern besteht. Ferner wird das Lehrprogramm entwickelt, sowie über Unterrichts- und Tagesordnung etc. berichtet. Die Zahl der Schüler, Hospitanten und Praktikanten, betrug 25. Den ziemlich ausführlichen Schulnachrichten schließt sich ein Bericht über die Nebenkurse, sowie ein solcher über die Tätigkeit der Anstalt nach außen hin an.

Tagesgeschichte.

Berlin. Eine moderne städtische Blumenhalle beabsichtigt die Markthallen-Deputation durch den Umbau der Markthalle III in der Zimmerstraße ins Leben zu rufen. Den vielfachen Klagen der Blumenhändler wird auf diese Weise Abhilfe geschaffen werden können. Die neue Unterkunftsstätte für den Blumenhandel soll allen Anforderungen genügen, die das Publikum und die Blumenhändler zu stellen berechtigt sind.

Personal-Nachrichten.

Herre, Conrad, bisher Hofgärtner im Herzogl. Schloß- und Küchengarten zu Dessau, ist nach dem Herzogl. Schloßgarten in Wörlitz versetzt worden. Die bisher von Herrn Herre innegehabte Stellung soll nicht wieder besonders besetzt werden, da Herr Hofgärtner Alfred Seyffert vom Herzogl. Palaisgarten die Leitung des Schloß- und Küchengartens mit übernimmt.

Hinze, A., Kgl. Garteninspektor, 37 Jahre als Obergärtner des Berliner Zoologischen Gartens tätig, ein tüchtiger Fachmann und beliebter Kollege, † am 17. d. M. nach schwerem Leiden.

Moser, Melchior, Handelsgärtner und Kgl. Bayr. Hoflieferant in Würzburg, † am 13. d. M. im 60. Lebensjahre.

Olbricht, Eduard, Hofgärtner zu Schloß Varlar im Kreise Coesfeld, und **Schmitzer, Heinr.,** Stadtgärtner in Quedlinburg, erhielten das Allgemeine Ehrenzeichen.

Berlin SW. 11, Hedemannstr. 10. Für die Redaktion verantwortlich Max Hesdörffer. Verlag von Paul Parey. Druck: Anhalt. Buchdr. Gutenberg e. G. m. b. H. Dessau.

Handelsregister.

üsseldorf. Unter Nr. 504 des elsregisters B wurde am 22. Ok- 1907 eingetragen die Gesellschaft rma **„Rheinisches Palmenhaus, lschaft mit beschränkter Haf-** mit dem Sitze in **Düsseldorf.** Gesellschaftsvertrag ist am 5. Ok- 1907 festgestellt. Gegenstand Unternehmens ist Betrieb einer erei und Handel mit Palmen und en gärtnerischen Artikeln. Das nkapital beträgt 20000 M. Zu äftsführern sind bestellt die er Johann Klattenhoff in Essen Wilhelm Scholten in Elberfeld, demnächst in Düsseldorf. Jeder ihnen ist selbständig zur Ver- ɔg der Gesellschaft berechtigt. Gesellschafter kann mit sechs- tlicher Kündigungsfrist Auflösung Gesellschaft verlangen. Ausser- wird bekannt gemacht: Die Ehe- Wilhelm Scholten, Rosa geborene tens, zu Elberfeld hat zur Deckung Stammeinlage von 10000 M. die ıeinrichtung, die Warenvorräte die ausstehenden Forderungen des hr bisher unter der Bezeichnung inisches Palmenhaus“ zu Düssel- n dem Hause Graf Adolfstrasse 31 ›benen Gärtnereigeschäfts nach Stande vom 1. Oktober 1907 in Gesellschaft eingebracht. Die tlichen Bekanntmachungen der lschaft erfolgen durch den itschen **Reichsanzeiger“.**

udwigshafen, Rhein. 1. Einge- n wurde am 23. Oktober 1907 Firma **Blumen- und Samenge- t, Kunst- und Handelsgärtnerei rich Fischer** in **Neustadt a. H.** ›er ist Heinrich Fischer, Kunst- Handelsgärtner in Neustadt a. H. str. Firma **Wilhelm Leonhardt eustadt a. H.** Der Kaufmann rich Krasemann in Neustadt a. H. ıls persönlich haftender Gesell- ter in das Geschäft eingetreten. unmehr aus dem Möbelfabrikanten h Leonhardt in Neustadt a. H. genanntem Friedrich Krasemann hende offene Handelsgesellschaft am 1. Juli 1907 begonnen und unter unveränderter Firma mit Sitze zu **Neustadt a. H.** fort- ırt.

otsdam. In unser Handelsregister heute unter No. 771 die offene lelsgesellschaft in Firma **Kühn & rig** mit dem Sitze in **Wannsee** tragen. Die persönlich haftenden llschafter sind: a) der Landschafts- er Volkmar Kühn in Nikolassee, r Landschaftsgärtner Johann Sol- in Wannsee. Die Gesellschaft m 1. September 1907 begonnen.

Konkurse.

llenstein. Auf Antrag des Ver- ɪrs in dem Konkursverfahren über Vermögen des **Kunstgärtners nann Grothe** soll das in **Allen-** belegene, im Grundbuche von stein Band 21 zur Zeit der Ein- ng des Versteigerungsvermerkes len Namen des Gärtners Hermann ıe, in Gütergemeinschaft verheiratet Friederike geb. Hellwig, einge- ne Grundstück Allenstein No. 584 **0. Januar 1908, vorm. 10 Uhr,** ı das Königliche Amtsgericht, Ab- ıg 6, an der Gerichtsstelle, Zim- No. 46, versteigert werden. Das r Ziegelstrasse belegene, 0,85,14 ha e, aus Gärten bestehende Grund- ist mit Wohnhaus, 3 Gewächs- ɜrn und Schweinestall bebaut, Artikel 618 der Grundsteuer- mutterrolle zu 6,45 Tlr. Reinertrag und unter 675 und 878 der Gebäude- steuerrolle zu 285 Mark Nutzungswert veranlagt. Der Versteigerungsvermerk ist am 1. Juli 1907 in das Grundbuch eingetragen.

Osterode, Harz. Das Konkurs- verfahren über das Vermögen des **Gärtnereibesitzers Fritz Engelmann** zu **Osterode (Harz)** wird nach er- folgter Abhaltung des Schlußtermins hierdurch aufgehoben.

Neue Kataloge.

Árpád Mühle, Rosen-Grosskulturen, **Temesvár.** Rosenkatalog 1908.

Baltet Frères, Troyes (Aube). Preis- verzeichnis über Obstbäume, Zier- sträucher, immergrüne Bäume und Sträucher, Koniferen, Rosen etc.

H. Jungclausen, Frankfurt a. O. Preisverzeichnis über Baumschul- Artikel, Stauden, Rosen etc. 1907/08.

Heinrich Maurer, Jena. Preisver- zeichnis über Beeren- und Schalen- obst 1907—1908.

Pape & Bergmann, Quedlinburg. Neuheitenliste für 1908 über Blumen- und Gemüsesamen. Als Beilage eine prächtige Farbentafel über 7 neue Sorten Kaktus- oder Edel- Dahlien für 1908.

D. Uhlhorn jun., Grevenbroich. Preisverzeichnis über Obstbäume und Sträucher.

Patente und Musterschutz.

Zum **Patent** wurde **angemeldet Klasse 45f.**

B. 46555. Blumentopfmanschette aus mehreren Teilen. Wilhelm **Brase,** Friedrichshagen. 29. 5. 07.

Patent wurde **erteilt Klasse 45f.**

192794. Kranz- und Girlande- Bindemaschine mit einem sich drehen- den, den Faden unter Spannung um das Bindestück führenden Ring. Josef **Schreier,** München, Talkirknerstr. 90/0. 10. 1. 06. Schr. 24968.

Gebrauchsmuster-Eintragungen Klasse 45f.

319899. Pflanzentopf mit Wasser- rinne. Alphonse **de Saint Aubin,** Kalk b. Cöln. 10. 9. 07. A. 10580.

320401. Mit Federverschluss ver- sehener Obsthaken zur Sicherung des eingehängten Körbchens. Joh. Martin **Luy,** Schwabenheim a. S., Rheinhessen 23. 9. 07. L. 18305.

320526. Verschlusskrampe aus Draht für Baumbänder, mit auslaufen- den, einwärts abgebogenen spitzigen Enden. Gustav **Graf,** Dahle b. Altena i. W. 18. 9. 07. G. 17934.

320530. Profilstein zum Einfassen von Blumen- und Rasenbeeten, Gräben u. dgl., mit einem in die Erde zu setzenden Sockel, der an der Aussen- und Innenseite je eine quere Rinne zum Einlegen eines die Steine ver- bindenden Drahtes o. dgl. besitzt. **Brockhues & Cie.,** Cöln. 20. 9. 07. B. 35675.

320887. Baumgitter, dessen Stäbe in geschlitzten Bändern gehalten werden. Fa. **Herm. Franken,** Gelsen- kirchen-Schalke. 26. 9. 07. F. 16311.

320890. Gartenspritze mit regu- lierbarer Brause und Strahl, welche nur allmählich geschlossen werden kann. Ernst **Behrendt,** Iserlohn, Grünerweg 25. 30. 9. 07. B. 35731.

321022. Starrer, verstellbarer Selbstgiesser. Martin **Meier,** München, Dantestr. 22. 29. 8. 07. M. 24963.

George Grimm Hannover Engelbostlerdamm 49

Zentralheizungen und Gewächshausbau

Lager von Gegenstrom-Gliederkessel, Cylinderkessel mit Wasserplatte, sowie **Schlangenkessel** von Mk. 82.— an fertig zum Anschluss.

Frühbeetfenster in Pitchpineholz mit je 3 Eisensprossen 180 × 100 und 156 × 94 stets am Lager.

Prima Empfehlungen. Man verlange Katalog.

Um Irrtümer zu vermeiden, wird gebeten, obige Adresse genau anzugeben. [44

Ia. starke Rohr- und Cocosbaumbänder

Raffia, erste Sorte, Postkolli 5 M. **Kokosstricke,** 100 kg 38 M., 25 kg 11.50 M. **Carbolineum,** 245 kg 28.50 M. Fahrbare **Hand-Jauchekarren** von 21 M. an.

Prospekte über alle verschiedenen **Gartengeräte** und **landwirtschaftliche Maschinen** umgehend. Gegr. 1895.

Gustav Graf Wwe., Dahle bei Altena. [23

Waldrosenwildlinge!

von 1 bis 2 Meter Höhe, gut, gesund, bewurzelte Stämmchen, % Stück 6 M, ‰ 55 M, freie Emballage, liefert [225 Gärtner **Wilhelm Leygraf,** Unterkahlenhausen 41 Cöln a. Rh.

Specialgeschäft für Gewächshausbau Wintergärten Treibhäuser

Ed. Zimmermann in Altona (Elbe)

Versandhäuser zum Selbstaufstellen zu mässigen Preisen

gegründet 1870. Ausführung in Holz- sowie Eisenconstruction

Beste Bezugsquelle für verschiedene Grössen **Frühbeetfensterrahmen** und **Schattendecken.**

Man verwende die **Hercules-Decke.** [184

Allee- und Strassenbäume! Starke Linden, Ulmen, Ahorn, etc. oft verpflanzt, Ia. Qualität.

div. **Zier- und Forst-Bäume und -Sträucher billigst** (ev. zollfrei!) bei Waggonladung. Spezial-Offerte und Haupt-Katalog über **sämtliche Baumschulartikel** frei!

Koniferen und immergrüne Pflanzen für Ausstellung und Parkanlage, sowie Weiterkultur.

Jac^s. Jurrissen & Sohn (A.-G.) Baumschulen, **Naarden** (Holl.)

Direkte Wagen von Köln via Cleve-Amersfoort, auch von Berlin via Salzbergen-Almelo. Bahnlinie nach Amsterdam (Naarden-Bussum). [51

Stauden- und Baumschul-Kulturen!

In allen einschlägigen Artikeln: **Vom Guten das Beste!**

Unter anderem grosse Bestände der feinsten Auswahl in:

Paeonia sinensis, Paeonia arborea, Clematis. [9

Reichhaltiges Verzeichnis mit Beschreibungen und Abbildungen frei!

Goos & Koenemann

Grossh. Hess. Hoflieferanten

Nieder-Walluf bei Wiesbaden

Staudenkulturen und **Baumschulen** für Obstbäume, Koniferen, Rosen und Ziergehölze.

Geschäfte aller Art von Liegenschaften

in grösster Auswahl, besonders in der schönen Bodenseeumgebung angrenzenden Schweiz, Oesterreich und deutscher Seite vermittelt das Internationale Kommissionsgeschäft von

G. Heim, Friedrichshafen, Telephon 60. Seestrasse 2[illegible]

Von günstigen Ankauf-, Verkauf-, Pacht-, Verpacht-, Tauschgelegenheiten vorgemerkt und zu vermitteln sind besonders Abteilung der Landesprodukten-branche, Obst und Obstversand usw., feines Tafelobst per 1 Zentner 12 M., Waggon 1800 M. Kochbirnen 1500 M. [illegible] auf weiteres. [28

Gesucht kleine, gute Gärtnerei.

Aepfel-Hochstämme

I. Qualität, 100 St. ausnahmsw[eise] zu 80 M., II. Qualität, 100 St. [illegible] 60 M., starke, junge, wüchsige Wa[re] Preisliste gratis. **Gebrüder Ha[illegible]** Baumschule, **Hofstetten,** P[illegible] Langenprozelten (Spessart), Bayern

---

Johs. von Ehren,

Baumschulen,

Nienstedten (Holst.) b. Hamburg,

empfiehlt in gut kultivierter Ware und reicher Auswahl **Koniferen, Rhododendron, Ilex, Buxus, Azaleen, Kalmien, Andromeden, Solitär-Bäume und -Sträucher, Stämmige und niedere, Hänge- und Schlingrosen,** in schönen Sorten, **Vorpflanz-, Deck- u. Mittelsträucher, Obstbäume** in allen Formen und schönen Sorten in starker grossverschulter Ware. **Johannis- und Stachelbeeren** in stämmiger und buschiger Form, **Himbeeren, Brombeeren, Erdbeeren, Strassenbäume, Hecken- und Schlingpflanzen.**

Grössen und billigste Preisaufgabe auf gütige Anfrage umgehend. [7

Metallwerke Bruno Schramm

· ILVERSGEHOFEN-ERFURT ·

G. m. b. H.

Gegründet 1866.

20] **Spezialfabrik** für

Höchste Auszeichnung Goldene Medaille. Intern. grosse Gartenbau-Ausstellung Düsseldorf 1904.

Königl. Preuss. Staatsmedaille. Königl. Bayr. Staatsmedaille. Königl. Sächs. Staatsmedaille. Gross. gold. Staatspreis.

Gewächshausbau, Heizungsanlagen, Heizkessel

Man verlange Katalog B.

Hierzu eine Beilage der **Verlagsbuchhandlung Paul Parey, Berlin SW. 11,** Hedemannstr. 10.

Druck der Anhaltischen Buchdruckerei Gutenberg e. G. m. b. H. in Dessau.

Illustrierte Wochenschrift für den gesamten Gartenbau.

Herausgeber: Max Hesdörffer-Berlin.

Bezugsbedingungen: Durch jede Postanstalt bezogen Preis 2.50 M. vierteljährl. In Österreich-Ungarn 3 Kronen. Bei direktem Bezug unter Kreuzband: Vierteljährlich 3 M. Im Weltpostverein 3.75 M. Einzelpreis jeder Nummer 25 Pf.

Bei ohne Vorbehalt eingehenden Beiträgen bleibt das Recht redaktioneller Änderungen vorbehalten. Die Honorarauszahlung erfolgt am Schlusse jeden Vierteljahrs.

Erscheint jeden Sonnabend.

Anzeigenpreise: Die Einheitszeile oder deren Raum 80 Pf.; auf der ersten und letzten Seite 50 Pf. Bei grösseren Anzeigen und Wiederholungen steigender Rabatt. Beilagen nach Übereinkunft. **Anzeigen in der Rubrik Arbeitsmarkt** (angebotene und gesuchte Stellen) kosten für Abonnenten einmalig bis zu 10 Zeilen Grösse M. 1.50, weitere Zeilen werden mit je 30 Pf. berechnet. Erfüllungsort auch für die Zahlung: Berlin.

Adresse für Verlag und Redaktion: Berlin SW. 11, Hedemannstrasse 10.

XII. Jahrgang No. 10. | Verlag von Paul Parey, Berlin SW. 11, Hedemannstr. 10. | 7. Dezember 1907.

Illustrierte Wochenschrift für den gesamten Gartenbau.

Jahrgang XII. 7. Dezember 1907. No. 10.

Obstbau.

Aus meinen Buschobstkulturen.

Vom Herausgeber.

(Hierzu acht Abbildungen.)

Von jeher bin ich ein Feind der sogenannten Umstandsmeierei gewesen. Ich habe in meiner langjährigen gärtnerischen Praxis eine ziemliche Anzahl von Kollegen kennen gelernt, die echte Umstandsmeier waren, denen keine Maßnahme, keine Arbeit kompliziert genug sein konnte, die sich von früh bis spät in oft unglaublicher Weise herumplagten und dabei nach Beendigung des Tages entweder wenig oder gar nichts geleistet hatten. Für den Praktiker kommt es darauf

Teilansicht eines 1903 mit zweijährigen Veredlungen bepflanzten Wintergoldparmänen-Quartieres.
Im September 1907 für die „Gartenwelt" photographisch aufgenommen.

Wintergoldparmäne, 1903 als zweijährige Veredlung gepflanzt.
Im September 1907 für die „Gartenwelt" photographisch aufgenommen.

an, das Wesen einer Sache rasch zu erfassen, die Arbeit zu beherrschen und ohne alle Überhastung in kurzer Zeit korrekt auszuführen. Von vielen gärtnerischen Arbeiten und Kulturen wird auch heute hin und wieder noch ein Aufhebens gemacht, welches ihnen nicht zukommt, in keiner Kultur war aber von jeher die Umstandsmeierei so sehr heimisch wie auf dem Gebiete des Obstbaues. Namentlich die sogenannten Autoritäten der alten Schule, die Pomologen, umgaben vielfach ihr gärtnerisches Wissen auf diesem Gebiete mit dem Schleier des Geheimnisvollen und suchten den Obstbau durch die Abfassung hochgelehrter Abhandlungen zu fördern, in welchen sie auf Dutzenden von Druckbogen Anleitungen, Ratschläge und überflüssige Weisheiten niederlegten, die man, auf das Normalmaß beschränkt, auf wenigen Druckseiten hätte unterbringen können. Diese gelehrten Schriften, die aus der Obstkultur absolut eine Wissenschaft machen wollten, konnten nur dazu beitragen, den einfachen Mann aus dem Volke, der sich dem Obstbau widmen wollte, von diesem Vorhaben abzuschrecken. Seit langen Jahren bin ich bei jeder Gelegenheit für die Vereinfachung der Obstkultur eingetreten. Nichts ist einfacher, als sachgemäßen Obstbau zu betreiben. Bevor man aber an denselben herangeht, muß man sich erst darüber klar werden, ob man seine Obstbäume pflanzt, um künstliche Krüppel zu ziehen, das heißt, an den Bäumen so oft und so viel als nur irgend möglich herumzuschneiden und zu formen, damit sie das Aussehen von Schnüren, Säulen, Kandelabern, Kugeln, Buchstaben und andere Formen annehmen, die wohl einem Menschen, dem das Verständnis für die Natur in ihrer erhabenen Schönheit abgeht, ein kindliches Vergnügen bereiten können, aber keinen Ertrag liefern, der mit den Kosten und den Mühen, die sie verursachen, in Einklang zu bringen ist, oder, ob man sich damit begnügen will, urwüchsige Bäume heranzuziehen, die jene Kronenformen zur Schau tragen, die ihnen von der Natur vorgeschrieben sind und reiche Erträge bringen.

Ich bin weit davon entfernt, dem Liebhaber, der sich in seinem kleinen Gärtchen so viel als möglich mit seinen Obstbäumen beschäftigen möchte, der sich nicht wohl fühlt, wenn er nicht ständig bei jedem einzelnen Bäumchen an allen Ästen und Trieben herumhantieren, schneiden und heften kann, der also, mit einem Worte, ein Umstandsmeier ist und sein will, sein Vergnügen zu verleiden. Man lasse diesen Leuten ihr Formobst, und wenn sie einen reichlichen Posten davon angepflanzt haben, wird es ihnen immerhin möglich sein, einen Ertrag an mitunter recht schönen Früchten zu erzielen, der für die Bedürfnisse des eigenen Haushaltes und für die gelegentliche Bewirtung intimer Freunde ausreicht.

Als ich mir im Herbste 1902 einen Teil meines gegenwärtigen Grundstückes kaufte, um in meinen knapp bemessenen freien Stunden vereinfachte, aber trotzdem mustergültige Obstkultur zu treiben, hatte ich es in erster Linie auf Buschbaumkultur abgesehen. Diese Art der Kultur ist, wie ich von vornherein hervorheben möchte, absolut nichts Neues. Der Buschbaum war längst unter der Bezeichnung „Niederstamm“ bekannt, und Buschbäume habe ich überall auf meinen Reisen, namentlich auf großen Gütern, gefunden. Allerdings waren viele der älteren Buschbäume, die man häufig sieht, ursprünglich als Pyramiden gepflanzt und in strengem Schnitt gehalten worden. Als aber die Besitzer die Kosten für diese Formobstkultur im Verhältnis zu den oft sehr minimalen Erträgen zu hoch fanden, wurden sie die Sache überdrüssig; sie ließen die Bäume wachsen, wie sie wollten, und siehe da, es brach für die Kultur ein neues Zeitalter beträchtlich erhöhter Erträge an, womit ich aber nicht sagen will, daß man diesem Beispiele folgen und seine Bäume vernachlässigen soll.

Doberaner Borsdorfer Renette, 1902 als zweijährige Veredlung gepflanzt.
Im September 1907 für die „Gartenwelt“ photographisch aufgenommen.

Das Grundstück, welches ich im Herbste 1902 kaufte, sofort in Kultur nahm und dann bepflanzte, war sogenanntes Ödland, wie man solches in der weiteren Umgebung der Reichshauptstadt noch häufig findet. Die typischen Unkräuter des kalkarmen Sandbodens bedeckten die etwa $1^1/_8$ Morgen große Fläche, die nebst den Nachbarländereien von ihrem Besitzer, einem Bauern, weil er ihr keinen Ertrag abgewinnen konnte, seit mehr als 20 Jahren nicht mehr beackert worden war. Ich ließ das ganze Grundstück einen Meter tief rigolen, bei dieser Gelegenheit den Boden durch Kalkung und Düngung verbessern, und schritt dann im Dezember zur Bepflanzung des ersten, 100 Buschbäume fassenden Quartiers, worauf dann der Rest, wegen des inzwischen eingetretenen strengen Frostes, im Februar 1903 in Angriff genommen wurde. Zur Anpflanzung gelangten ausschließlich vorzügliche Apfelsorten in zweijährigen Veredlungen auf Zwergunterlagen. Der folgende Sommer war dem Gedeihen der jungen Pflanzung günstig, nur 4 oder 5 Bäume von etwa 200 blieben aus; das ermunterte mich so, daß ich noch ein größeres angrenzendes Nachbargrundstück kaufte; ich ließ es gleichfalls einzäunen, rigolen und bepflanzte es im Winter 1903.

Aus der zuerst, im Winter 1902/03, ausgeführten Pflanzung stammen die beistehenden Abbildungen, die, mit einer einzigen Ausnahme, Einzelbäume darstellen, und zwar nicht die stärksten, wie man vermuten könnte, sondern meist die schwächsten der betr. Quartiere; einerseits, weil bei diesen der Fruchtansatz am besten sichtbar ist, und andererseits, weil die im Innern der Quartiere stehenden Bäume infolge ihrer ungewöhnlichen Entwickelung schon heute nicht mehr photographisch aufgenommen werden können, da es nicht mehr möglich ist, den Apparat in entsprechenden Abständen aufzustellen. Diese, im Winter 1902/03 gepflanzten Bäume stehen jetzt ausnahmslos im Ertrage. Ungünstiger war die Entwickelung der Anpflanzungen vom Winter 1903/04. Die ungewöhnliche Trockenheit des Sommers 1904 war dem Anwachsen dieser zweiten Pflanzung außerordentlich hinderlich, und da ich meine Kulturen, wie bereits erwähnt, so einfach wie möglich durchführe, so werden meine Bäume grundsätzlich nicht künstlich bewässert. Ich sagte mir von Anfang an, daß alles, was nicht ohne künstliche Bewässerung anwachsen will, zugrunde gehen möge. Eine beträchtliche Anzahl der Bäumchen der jungen Pflanzung fiel auch der Dürre des Sommers zum Opfer; sie wurden im Herbst 1904 durch Nachpflanzungen ersetzt, was sich um viele 100 Proz. billiger als eine konsequent durchgeführte, ausreichende Bewässerung gestellt hat. Diejenigen Bäume des neuen Quartiers, es waren etwa 70 Proz., die der Sommerdürre von 1904 trotzten, kränkelten auch noch im folgenden Jahre, erst 1906 waren die Folgen des dürren Jahres überwunden, und in dem verflossenen nassen Sommer hat sich auch diese junge Pflanzung in so vorzüglicher Weise entwickelt, daß auch bei ihr im kommenden Sommer erstmals auf nennenswerten Ertrag zu rechnen ist. Die etwa 200 1902/03 gepflanzten Buschbäume lieferten in diesem Jahre ungefähr 15 Zentner Tafelobst allerersten Qualität und 10 Zentner sogenannte zweite Qualität, die immer noch mit 15 bis 20 M. pro Zentner abgesetzt werden konnte, während die erste Qualität je nach Güte der Sorten zu Preisen von 30 bis 60 M. pro Zentner willige Abnehmer fand. Schon im Jahre 1906 hatte ich von diesen Bäumen einen reichen Ertrag, der mir den Verkauf von 6 Zentnern Sommeräpfeln gestattete und außerdem meinen eigenen Bedarf an Winterobst lieferte. Meine ganze Plantage ist in der Hauptsache mit Buschbäumen, auf Doucin veredelt, bepflanzt. Diese Unterlage hat sich bei allen angepflanzten Sorten, mit Ausnahme des *Schönen von Boskoop*, bewährt. Die auf Doucin veredelten Äpfel dieser Sorte brachten bis jetzt nur wenige und unentwickelte Früchte, während auf Gelbe Metzer Paradies veredelte, 1904 nachgepflanzte Buschbäume der gleichen Sorte, in diesem Jahre einen erheblichen Ertrag an 400 bis 500 Gramm schweren Früchten gebracht haben. Die einzige Apfelsorte, die ich als Halbstamm angepflanzt habe, ist der *Adersleber Kalvill*. Ich halte nämlich auch den Hoch- und den Halbstamm in gewisser Hinsicht für Kunstformen, die als solche, namentlich in der Jugend, eines geregelten Schnittes nicht entbehren können. Abgesehen von meinen, ausschließlich des Ertrags halber angepflanzten Buschbäumen, besitze ich auch noch 125 wagerechte Cordons, die ich zu meinem Privatvergnügen als Einfassung der Hauptwege angepflanzt habe. Diese Cordons lohnen weder bis jetzt die auf sie verwendete Mühe, noch werden sie dieselbe meiner Voraussicht nach jemals lohnen. Immerhin bringen sie Früchte von tadelloser Entwickelung, und keiner der Äpfel, die ich hier von *Peasgoods Goldrenette* erntete, wog unter 500 Gramm, die meisten hatten aber in diesem Jahre ein Gewicht von 600 bis 650 Gramm und darüber.

Kaiser Alexander, 1902 als zweijährige Veredlung gepflanzt.
Im September 1907 für die „Gartenwelt" photographisch aufgenommen.

Meine Pflanzungen, insgesamt aus etwa 500 Bäumen bestehend, sind stets frei von Pilzkrankheiten und tierischen Schädlingen. Ich habe nicht nur jeden einzelnen Baum selbst gepflanzt, sondern ich führe auch alle Maßnahmen an meinen Bäumen selbst aus. Kein Fremder darf Hand an dieselben legen. Für diese Arbeiten steht mir nur der freie Sonntag, im günstigsten Falle noch ein halber Wochentag zur Verfügung, doch sind von diesen Tagen diejenigen abzurechnen, an welchen heftiger Regen oder starker Frost das Arbeiten im Freien überhaupt unmöglich machen. Nur im Frühlinge und im Herbste beschäftige ich gelegentlich einen Arbeiter bei Aussaat der Gründüngungspflanzen bezw. beim Einhacken der Saat, später beim Jäten und zum Herbst beim Graben der Plantage.

Wie die einzelnen Aufnahmen zeigen, wird die Plantage alljährlich so zeitig wie möglich im Frühlinge mit Seradella angesät; hin und wieder besäe ich auch ein Quartier mit Lupinen. Die beiden Bilder, welche keine Seradella zeigen, entstammen einem Quartiere, welches in diesem Jahre mit Lupinen angesät war, die Mitte August in voller Blüte untergebracht wurden; sie hatten bei reichlicher Bestockung eine Höhe von 130 cm. Die Aussaat mit Seradella bietet mir mannigfache Vorteile; Seradella läßt erstens vom Hochsommer ab das Unkraut nicht mehr aufkommen, und zweitens wächst und blüht sie bis zum Eintritt des Winters ununterbrochen weiter. Sie wird demnach erst nach der Ernte und nach dem Laubfall der Bäume untergebracht, wodurch das Zusammenharken des Fallaubes und das ständige Jäten der Pflanzungen fortfällt. In meiner Pflanzung lasse ich während des ganzen Sommers weder in den Wegen noch sonst wo irgend welches Unkraut aufkommen, da ich von jeher auf Ordnung den größten Wert gelegt habe.

Über die Kultur meiner Bäume habe ich nicht viel zu sagen. Mit der alljährlichen Gründüngung geht sonstige sachgemäße Düngung Hand in Hand. Allwinterlich gebe ich eine leichte Kalidüngung in Form von 40 prozentigem Kalisalz, etwa 75—100 kg auf den Morgen, gleichmäßig über die ganze Fläche, wenn möglich auf Schnee, ausgestreut. Die günstige Wirkung dieser Kalidüngung lassen die Früchte durch ihre vorzügliche Ausbildung und ihre brillante Färbung in zweifelloser Weise erkennen. Von den Sorten *Ribston Pepping, Gelber Bellefleur, Schöner von Boskoop, Kaiser Alexander, Pariser Rambour, Gravensteiner* und verschiedenen anderen Sorten ernte ich kaum eine Frucht, die nicht mindestens 300 Gramm wiegt; solche im Gewicht von 400 Gramm und mehr sind keine Seltenheit. Bezüglich der Stickstoffdüngung verlasse ich mich nicht ausschließlich auf die Seradella; ich gebe auch noch reichlich Hühner- und Taubendung, den mir die Insassen meines Geflügelhofes liefern, ferner Peruguano und neben diesen stickstoff- und phosphorsäurehaltigen Düngemitteln alle zwei Jahre eine besondere Phosphorsäuredüngung in Form von gedämpftem, unentleimtem Knochenmehl. Daneben habe ich in diesem Frühlinge vor Aussaat der Seradella noch eine besondere, leichte Kopfdüngung durch Chilisalpeter gegeben, die gleichfalls vorzüglich angeschlagen hat, was die beistehenden Abbildungen in bester Weise dartun. Wohl hatte mich ein Besitzer einer benachbarten Pflanzung vor Kunstdünger gewarnt, man habe in V . . . . damit überall trübe Erfahrungen gemacht. Ich habe mich aber weder an diese Warnung gekehrt, noch an das Kopfschütteln gewisser Landwirte, die sich nicht genug darüber wundern können, daß ich die üppige Seradella, „das herrliche Viehfutter“, untergraben lasse. Wer durch guten Kunstdünger Schaden erleidet, hat es meist nicht diesem, sondern unsachgemäßer Anwendung zuzuschreiben, und wem die Seradella zu schade für Obstbäume ist, der soll die Hand vom Obstbau lassen.

Cellini, 1903 als zweijährige Veredlung gepflanzt.
Im September 1907 für die „Gartenwelt“ photographisch aufgenommen.

Alle auftretenden Raupen, im besonderen aber die Knospenwickler, werden wöchentlich zweimal auf das sorgfältigste abgesucht; Pilzkrankheiten und andere Schädlinge werden durch dreimaliges Bespritzen mit Kupferkalkbrühe, der beim letzten Male, Ende Mai, Arsen zugesetzt wird, ferngehalten. Infolge dieser Behandlung gehören wurmstichige Früchte bei mir zu den seltenen Ausnahmen, während sie sonst häufig die Regel bilden. Die wenigen, von der Obstmade angegangenen Früchte beherbergen Maden der zweiten Generation, denn zur Flugzeit der im Hochsommer geschlüpften Schmetterlinge sind Arsen und Kupfer vom Regen längst abgewaschen. Auf andere tierische Schädlinge, Gartenlaubkäfer ausgenommen, welche die bespritzten Früchte nur selten angehen, übt Arsenkupferkalk keine Wirkung aus; Knospenwickler, die Raupen des Ringelspinners, Goldafters, Blausiebs, der Kupferglucke u. a. fressen ohne Schaden zu nehmen, tapfer am bespritzten Laube. Von der Blutlaus habe ich auf meinen Bäumen bisher erst eine Spur an einem Schnurbäumchen finden können, trotzdem sie in zahlreichen Nachbargärten auftritt, wie denn überhaupt meine kraftstrotzenden Bäume für Schädlinge wenig empfänglich sind. Im Winter werden die Eierringe des Ringelspinners, die Raupen der Kupferglucke, die Nester des Goldafters etc. sorgfältig abgesucht und vernichtet.

Mit Monilia behaftete Früchte habe ich nur vereinzelt, namentlich beim *Kaiser Alexander* festgestellt. Umempfänglich für *Fusicladium* zeigten sich bei mir in erster Linie *Muskat Rtte.*, *Ananas Rtte.*, *Doberaner Borsdorfer Rtte.*, *Große Kasseler Rtte.*, *Baumanns Rtte.*, *Cellini*, *Charlamowsky* und *Wintergoldparmäne*, sehr empfänglich für dasselbe der *Gelbe Bellefleur*.

Den Schnitt beschränke ich auf das Allernotwendigste. Es gibt dünntriebige Sorten, wie z. B. *Muskat Rtte.* und *Cellini* (Abbildung Seite 113), die in der ersten Zeit eines jährlichen, vorsichtig gehandhabten Schnittes nicht entbehren können, weil sonst die Äste zu dünn aufschiessen und die Last des reichen Fruchtbehanges nicht tragen können. Die weitaus meisten Sorten fühlen sich aber am wohlsten, wenn man sie mit der Schere so viel wie möglich verschont. An diesen schneide ich nur, um das Kreuzen einzelner Äste zu verhindern und zu dichte Partien auszulichten, dann entferne ich auch die zu tief gehenden Zweige, die Anstalten machen, sich auf den Boden niederzulegen. Weiterhin erfordern minderwertige Bäume, die man in manchen Baumschulen leider noch als Buschbäume abgibt, so lange eines gewissen Schnittes, bis man bei ihnen das erforderliche Gleichgewicht in der Kronenbildung erreicht hat. Die auf Abbildung Seite 111 dargestellte *Doberaner Borsdorfer Renette**) ist der schwächste Baum eines aus 25 Stück dieser Sorte bestehenden Quartiers. An diesen Bäumen ist bis heute so gut wie überhaupt noch nichts geschnitten worden, gleichmäßige, großartige Kronenbildung und trotz großer Triebkraft ein reicher Fruchtansatz sind die Folge davon. Auch andere Sorten, die sonst erst sehr spät zu tragen beginnen, wie *Pariser Rambour* und *Gravensteiner*, bringen bei mir seit zwei Jahren reiche Erträge. Die Erfolge, die ich mit von Hause aus spät tragenden Sorten bei meiner Methode des Schnittes, bez. der Unterlassung desselben, erzielt habe, liefern mir den Beweis, daß es bei Buschobstkulturen gar nicht so sehr, wie bisher angenommen wurde, auf die Auswahl einiger besonders frühtragender Sorten, sondern auf möglichste Mäßigung im Schnitt ankommt.

Baumanns Renette, 1903 als zweijährige Veredlung gepflanzt.
Im September 1907 für die „Gartenwelt" photographisch aufgenommen.

Von Winteräpfeln haben sich bei mir die Sorten *Ananas Renette* (Abb. Seite 115), *Gelber Bellefleur* und *Wintergoldparmäne* (Abb. Titelseite und Seite 110) am besten bewährt. Trotzdem die *Ananas Renette* nur wenig ins Holz geht und nur kurze Holztriebe bildet, sind diese doch

*) Siehe Beschreibung und Farbentafel Jahrg. II, Seite 265.

kräftig und stämmig; die Krone baut sich in geschlossener, kugeliger Gestalt auf und beschränkt sich infolgedessen der Schnitt auf das Allernotwendigste. Vom zweiten Jahre nach der Pflanzung an haben die Bäume bisher alljährlich reich getragen. Wohl sind die Früchte nur klein, aber von verführerischem Aussehen und von köstlichem Geschmack, so daß sie die höchsten Preise erzielen. Neben dieser Sorte ist die *Wintergoldparmäne* (Abbildung auf der Titelseite und auf Seite 110) von unglaublicher Tragbarkeit, nur hat sie die Untugend, viele Früchte schon vor vollständiger Entwickelung abzuwerfen, so daß man möglichst frühzeitig an die Ernte denken muß, während die Früchte der *Ananas Renette* sehr fest am Baume sitzen. Das gleiche ist auch beim *Gelben Bellefleur* der Fall, der durch sein Aussehen und sein vorzügliches Aroma den besten Ersatz für den *Weißen Winterkalvill* abgibt. Der *Gelbe Bellefleur* blüht mit Vorliebe an den Endknospen des einjährigen Holzes und quittiert dementsprechend jedes überflüssige Schneiden mit schlechtem Fruchtansatze. Andere vorzügliche Sorten sind der *Ribston Pepping* (Abbildung Seite 116), der sehr wüchsig ist, aber nicht sehr reich trägt, doch bringt er Tafelfrüchte allererster Qualität, der *Schöne von Boskoop* und die *Pariser Rambour Renette (Canada Renette)*. Diese sechs Sorten verkörpern das Beste, was ich an Winteräpfeln erster Qualität besitze. Des ferneren ist der *Kaiser Alexander* (Abbildung Seite 112) weit besser als sein Ruf. In Berlin werden tadellose Früchte dieser Sorte sehr geschätzt und in besonders schönen Exemplaren in den Delikatesshandlungen mit 1—2 M. und höher pro Stück bezahlt. Die Frucht hält sich sehr lange, bis zum Januar, verliert aber, je länger sie lagert, umsomehr an Aroma. Sie sollte eigentlich direkt vom Baume weg im September oder doch nur wenig später genossen werden. Eine Prachtsorte ist des ferneren *Baumanns Renette* (Abbildung Seite 114), die schon äußerlich durch die prächtige Rotfärbung auf der Sonnenseite besticht. Unter den neueren Sorten schätze ich *Peasgoods Goldrenette* am höchsten. Sie gedeiht herrlich auch im armen Sandboden und bringt wahre Riesenfrüchte, die an Qualität über dem *Kaiser Alexander* und selbstverständlich auch über dem *Bismarckapfel* stehen; sie sind, wenn auch nicht festfleischig, so doch von feinem, würzigem Geschmack. Der *Bismarckapfel* ist einer der minderwertigsten, mir bekannten Sorten und rechtfertigt in keiner Weise die übermäßige Reklame, unter welcher er seinerzeit zur Einführung gelangte. Ich werde die wenigen Bäume, die ich von dieser Sorte besitze, in diesem Winter umpfropfen, weil ich keine Lust habe, mich weiter mit ihr herumzuplagen. Eine vorzügliche neue Einführung sehe ich dagegen in der *Doberaner Borsdorfer Renette;* sie ist ein ungemein wüchsiger Apfel. Meine im Winter 1902 als zweijährige Veredlungen gepflanzten Exemplare haben bereits durchweg 3 m Kronendurchmesser, bei 2¹/₄ bis 3 m Höhe. Sie sind trotz der Zwergunterlage die kräftigsten Bäume der ganzen Pflanzung und zeitigten in diesem Jahre erstmals reichen Fruchtbehang. Die Früchte sind von mittlerer Größe, aber von bestechendem Äußeren; auf grünem Grunde rot schattiert und forellenartig dunkel getupft, hängen sie an auffallend kurzen Stielen ungemein fest am Baume, so daß der Ausfall durch Fallobst nur sehr gering ist; ich habe die letzten Früchte dieser Sorte erst am 6. November gleichzeitig mit den *Großen Kasseler Renetten* gepflückt, doch können sie im Gegensatze zu letzteren direkt

Ananas Renette, 1903 als zweijährige Veredlung gepflanzt.
Im September 1907 für die „Gartenwelt" photographisch aufgenommen.

vom Baume genossen werden. Auch ihr Aroma, ähnlich dem der weniger schönen *Muskat Renette*, läßt nichts zu wünschen übrig, doch werden sie, zu früh abgenommen, nach meiner Erfahrung bei längerem Lagern gern welk.

Der beste Sommerapfel, den ich besitze, ist der *Charlamowsky*, der als schöne, würzige Frucht viele Verehrer hat. Ihm kommt der prächtig rot gefärbte, etwas später reifende *Cellini* (Abbildung Seite 113) gleich, der ebenso wie die *Wintergoldparmäne* Jahr für Jahr reichen Ertrag bringt aber bei zu langem Lagern sehr an Qualität einbüßt auf dem Felde und an den Landstraßen wird man darauf verzichten müssen, feines Tafelobst zu ernten. Selbstverständlich ist bei der Buschobstkultur auf eingefriedigten Grundstücken noch manches zu beachten, was oben nicht speziell ausgeführt wurde. So muß man, um nicht vorübergehende schwache Seelen zum Diebstahl anzureizen, Sorten, die sich schon vor der Ernte verführerisch färben, wie *Kaiser Alexander*, *Ananas Reinette*, *Baumanns Reinette*, von Birnen unter anderen *Gute Luise von Avranches*, ferner Mirabellen u. a., mehr im Inneren des Grundstückes anpflanzen und ab-

Ribston Pepping, 1902 als zweijährige Veredlung gepflanzt.
Im September 1907 für die „Gartenwelt" photographisch aufgenommen.

Auch der *Gravensteiner* ist ein zur Buschobstkultur gut geeigneter Herbstapfel, der hier in der Provinz Brandenburg vorzüglich gedeiht und auch als Buschbaum außerordentlich dankbar trägt. Man behauptet hier nicht mit Unrecht, daß die *Gravensteiner* der Provinz Brandenburg mit zu den besten gehören.

Daß die Buschobstkultur eine Zukunft hat, ist zweifellos, selbstverständlich eignet sich diese vereinfachte und dankbare Form der Kultur nicht für alle Verhältnisse, sondern nur für Gärten und gut umfriedigte Plantagen; für den Feldobstbau wird immer nur der Hochstamm, unter besonderen Verhältnissen auch noch der Halbstamm in Frage kommen, aber gesehen von dieser Vorsichtsmaßregel nur Sorten auswählen, die gesucht sind, erfahrungsgemäß in der betreffenden Gegend gut gedeihen und gut bezahlt werden. Wer minderwertige Sorten anpflanzt, an Bodenbearbeitung, Düngung und anderem spart, und dementsprechend minderwertige Früchte erntet, die zu Preisen losgeschlagen werden, welche kaum die Kosten für Pflücklohn und Verpackung decken, wird beim Obstbau keine Seide spinnen. Die Kultur auf eingefriedigten Grundstücken kann nur dann lohnend sein, wenn man die Ernten unter Umgehung des Zwischenhandels im Durchschnitt zu mindestens 30 M. pro Zentner abzusetzen vermag. Das ist für gutes Tafelobst ein geringer Preis. Minderwertige Früchte machten bisher bei mir höchstens 30 Proz. der Gesamternte aus, weil ich im Juni den Fruchtansatz ausdünne, d. h. beim Kernobst, so weit großfrüchtige Sorten in Frage kommen, an jeder Fruchtdolde nur eine Frucht, bei kleinfrüchtigen Sorten höchstens zwei Früchte belasse. Bei Birnen wird man meist die Mittelfrucht lassen, wenn sie normal entwickelt ist, bei Äpfeln ergibt die stets kurzstieligere Mittelfrucht der Dolde, obwohl sie anfangs am stärksten ist, keine gute Frucht, ich schneide sie deshalb stets heraus. Ende Juni — Anfang Juli sehe ich den Fruchtansatz nochmals durch, um zurückgebliebene oder verkümmerte Früchte noch zu entfernen. Es ist ein nicht gering anzuschlagender Vorteil der Buschbäume, daß man sie stets in der Hand hat.

Meine Kulturen sind nicht auf Ertrag berechnet, sie sollen mir in erster Linie die Möglichkeit zu interessanter, praktischer gärtnerischer Tätigkeit bieten, trotzdem habe ich in der Hauptsache nur wertvolle Apfelsorten und hiervon jede Sorte in größerer Stückzahl angepflanzt, daneben aber auch Liebhabersorten in je einigen Exemplaren und etwas von allen übrigen Obstgattungen für meinen eigenen Bedarf. Auf den Rabatten kultiviere ich Rosen, *Rhododendron,* Stauden und Sommerblumen zur Erprobung neuer Züchtungen, der auch verschiedene andere Anlagen dienen.

Ausstellungsberichte.

Die große Herbstausstellung in Paris.

Von **H. Riebe,** Châteney-Paris.

Wieder einmal stehen wir im Zeichen der Chrysanthemumausstellungen. Die am 8. November im Beisein des Präsidenten der Republik eröffnete große Herbstausstellung der nationalen Gartenbaugesellschaft von Frankreich bot insofern eine höchst erfrischende und angenehme Abwechslung für den Besucher, als dieselbe uns nicht nur Chrysanthemen, sondern auch zahlreiche andere Blumen der Saison, Obst in Pracht und Fülle, desgleichen Formobstbäume, Koniferen, Gemüse usw. brachte. In der Tat war es schwer zu entscheiden, ob wirklich die Chrysanthemen oder das Obst den Hauptteil der Ausstellung bildeten. Wenn ich mir ein Gesamturteil über die Ausstellung erlauben darf, so kann ich dieselbe nur als eine äußerst gelungene bezeichnen, sowohl was Güte der dargebotenen Ware, als auch die Art der Schaustellung anbetraf. Wohl schwerlich kann man sich aber auch für eine Gartenbauausstellung einen schöneren Platz denken als die prächtigen, geräumigen Glashallen in der Prachtstraße Cours la Reine am Seineufer. Eine der Hauptbedingungen für das Gelingen eines solchen Unternehmens, ein guter Platz, ist dem französischen Gärtner und Aussteller somit gegeben, der dann seinerseits, vermöge des ihm eigenen guten Geschmackes und großer Geschicklichkeit, nicht verfehlt, das Beste daraus zu machen. Auch nicht eine der monotonen „Ausstellungskisten", wie ich solche in früheren Jahren auf der Londoner Schau im Cristallpalast beobachtete und seinerzeit in der „Gartenwelt" kritisierte, war hier zu sehen. Dafür waren in großer Anzahl *Chrysanthemum* als Topfpflanzen vorhanden und zwar in überwiegend schöner und wohlkultivierter Ware. Auch einige Neuheiten fehlten nicht, deren Wert als solche ich jedoch angesichts der schon so reichen Chrysanthemumsortimente dahingestellt sein lassen will. Eine recht gute Neuheit schien mir *Jules Traisnel* zu sein, eine große, reinweiße Blume auf starkem, aufrechtem Stiele; ferner *Mme Edmond Engelmann* und *Mr Albert Ledoux,* beide rosa. Die schon ein Jahr alte Züchtung *Augustin Doré* wurde mir als wertvolle Marktpflanze bezeichnet, da sie kurz, gedrungen und sehr widerstadsfähig sei, sich daher ausgezeichnet für Kultur im Freien und zu späterem Eintopfen für den Markt eigne; Farbe reinweiß, Blume mittelgroß. Ein ganz enormes Sortiment von Chrysanthemen zeigte die Firma Vilmorin, Andrieu & Cie., die mit dieser Sammlung und einem großen Gemüsesortimente wohl wiederum den Hauptanteil an der Ausstellung hatte. Ein im Mittelteile der zweiten Halle stehender „Baum" der Sorte *Tokio* erregte allgemeine Bewunderung. Ein derartiges Exemplar von *Chrysanthemum* war mir noch nicht vorgekommen; diese ganz prächtige Pflanze, im Kübel als Hochstamm gezogen, dürfte wohl 1000 Blüten von mittlerer Größe gehabt haben — gezählt habe ich sie nicht! Eine eigenartige Spielerei fand auch viel Beachtung. Es waren ebenfalls Chrysanthemumbäumchen von ansehnlicher Größe, die zahlreiche Blüten in allen Farben und Sorten produzierten, welches „Wunder" durch „Veredeln" erreicht worden war.

Unter den Schaublumen fand ich alle meine alten Bekannten von früheren Chrysanthemumausstellungen wieder, deren Aufzählung ich mir aus diesem Grunde ersparen darf. Reiche Sammlungen von Nelken, Knollenbegonien und *Clematis* waren bemerkenswert. Einer kleinen Gruppe von *Hydrangea Otaksa monstrosa,* mit ganz enormen Blütendolden, wurde die goldene Medaille zuteil. Unter den Dahlien der Firma Cayeux et Le Clerc befand sich eine Abteilung von Neuheiten, die im Frühjahr 1908 dem Handel übergeben werden sollen. Die Farbenzusammenstellung der folgenden Sorten war in der Tat für mich neu: *Capitaine Henry,* zitronengelb mit blutroten Längsstreifen auf den Blumenblättern; *Ed. J. Manuel,* orangefarben mit ebensolchen Längsstreifen; ferner *Sekretair Pinel,* große, reinschwefelgelbe Blume; *Mixifique,* eine edle Kaktusdahlie mit langen, gerollten Petalen und von undefinierbarer Farbe — ich glaube es war eine Art violett. Als letzte Neuheit, noch ohne Namen, notierte ich die No. 452, eine wundervolle rosa Blüte, auf deren langen Blumenblättern wiederum jene dunklen Längsstreifen sich zeigten. Die altbekannte Firma L. Renault stellte unter anderem eine schöne Sammlung von teils ganz neuen *Naegelia*-Hybriden zur Schau. Der jetzige Inhaber des Geschäftes, Herr L. Férard, wollte mir von seinen schönen Ronsdorfer *Primula obconica*-Hybriden verkaufen. Er nahm ein 2 Francs-Stück, legte es auf die einzelne Blume einer *Primula obconica Arendsi* und war ganz stolz darauf, daß die Blüte noch darüber hinausragte. Als ich dem Herrn erklärte, daß es nicht meine Absicht sei, etwas zu bestellen und daß ich Herrn Arends persönlich kenne, sprach er in ganz fließendem Deutsch weiter, daß er bei Haage & Schmidt in Erfurt und im Hofgarten zu Stuttgart gearbeitet habe. Eine ganze Zeitlang unterhielten wir uns dann über dies und jenes in unserm Fach von hier und jenseits des Rheines. —

Orchideen und Bindereien waren nahe dem Haupteingange der Glashallen zu finden. Eine sehr geschmackvolle Tafeldekoration verdient hervorgehoben zu werden. Entgegen der deutschen Sitte, auf Bindereiausstellungen Totenkränze zur Schau zu stellen, wird man hier niemals einen Totenkranz auf einer derartigen Ausstellung finden. Für den feinfühligen Franzosen erscheint diese barbarische Sitte fast unmöglich. Man mag hierzulande inmitten des rauschenden Lebens nicht an den Tod erinnert sein!

Nun zu dem Obst! Welche Pracht und Fülle jene riesigen Obstsortimente zeigten, ist schwer zu beschreiben. Namentlich Birnen waren in großer Zahl und großem Sortenreichtume vertreten, von der feinsten Tafelbirne bis zur vollendetsten, ungeheuren, jedoch auch ungenießbaren Schaubirne, wie z. B. *Belle Angevine.* Unter den Äpfeln gewahrte man in großer Anzahl die prächtige *Kanada Renette* und den König der Äpfel, den *Weißen Winter-Kalvill.* Ganze Pyramiden dieses letzteren in formedler Beschaffenheit und wachsklarer Farbe waren da zu sehen. Eines der wertvollsten und größten Sortimente war entschieden dasjenige der Firma Croux et fils, Châtenay, das eine große goldene Medaille erwarb. Namentlich auch die höchst geschmackvolle Art der Aufstellung war zu bewundern. Fast sämtliche großen Obstkollektionen waren bereits von den ersten Pariser Hotels aufgekauft worden, was durch große, weithin sichtbare Plakate der betr. Hotels und Restaurants angekündigt war und somit für jene gleichzeitig eine gute Reklame bewirkte. Eine eigenartige, wenn auch nicht neue Spielerei waren die „illustrierten Äpfel". Mit Hilfe eines einfachen Verfahrens und photographischer Films werden von der Sonne auf hochfarbigen Aepfeln naturgetreue Lichtabdrücke, also photogr. Kopien erzeugt.

So konnte man neben dem Zeichen der Republik fast sämtliche Herrscher Europas auf Äpfeln photographiert sehen, auch die Namen der Restaurants, wo sie gegessen werden sollen! Solche Äpfel, namentlich Kalvills mit den Bildnissen des englischen Herrscherpaares, erzielten auf dem Londoner Markt ganz enorme Preise. — Auch die Erzeugnisse berühmter französischer Weinlagen und Weinhäuser waren in vollendet schönen Trauben auf langen Tafeln und in Glaskästen untergebracht.

Im Freien konnte man, wie auf der Frühjahrsausstellung, in den mit großer Sorgfalt und Sauberkeit angelegten kleinen Formobstgärten der großen, bekannten Obstbaumschulen wandeln.

Zeit- und Streitfragen.

Der Kunstwart und die Deutsche Gesellschaft für Gartenkunst.

Kritische Betrachtungen im Rahmen eines Zeitbildes.

Gewartet habe ich und gehofft bis heute: wird denn keiner von jenen, deren Wort höher gewertet wird und weiter klingt, endlich sein „Haltet ein" erschallen lassen und öffentlich das aussprechen, was schmerzlich längst empfunden wird. Fürwahr, es ist höchste Zeit, wenn die Gartenkunst und ihre Vertreter nicht denen zum Gespött werden sollen, die im Vereinsleben von bestimmten Kreisen gefeiert und umworben, dem Gartenkünstler wohl die Hand reichen, in der Oeffentlichkeit ihn aber bis heute vollständig ignorieren und mit Spott bekämpfen.

Vor mir liegt das erste Novemberheft des „Kunstwart", in ihm ein Artikel „In Sachen der Kunst im Garten", dessen Inhalt in dieser Zeitschrift bereits gestreift ist.

Soweit also mußte es kommen! Eine Vereinigung von der Bedeutung der Deutschen Gesellschaft für Gartenkunst verliert so jede Haltung, daß sie durch ihren Geschäftsführer dem „Kunstwart" Zuträgerdienste leistet, und einen geachteten Fachgenossen in einer Weise herabsetzt, daß es schwer hält, dahinter nicht die niedrigste Absicht zu vermuten. Und warum? Weil dieser Fachgenosse, Willy Lange, eine ausgesprochene Persönlichkeit ist und für seine künstlerische Anschauung unerschrocken eintritt und für sie sein Bestes gibt.

Lange hat sich, wie bekannt, durch seine für die „Gartenwelt" geschriebene freimütige Kritik eines Kunstwartartikels den Zorn des Herausgebers jener Zeitschrift zugezogen, wofür im ersten Oktoberhefte mit einem erneuten Angriff auf Lange und die Dresdener Gartenbauausstellung quittiert wurde. — Daß der „Kunstwart" später einer angesehenen Fachzeitung, der „Gartenwelt", das Ansinnen stellte, diesen Artikel zu übernehmen, ist bezeichnend für diese Herren und ihre Auffassung vom Standesgefühl des Gärtners. — Nun sollte man meinen, damit hätte die Sache ihren Abschluß gefunden. O' nein! Lange hatte zu schwer gegen die Kultur- und Kunsthierarchie in Dresden gesündigt. Man holte wuchtig zu neuem Schlage aus und schlug, diesmal mit dem Geschäftsführer der Deutschen Gesellschaft für Gartenkunst, als Sekundanten wider Willen, recht kräftig daneben in den Schmutz; statt des erwarteten Erfolges, wie es scheint, einen Teil von jener Kraft auslösend, die Böses will und doch Gutes schaffen wird — weit über Lange hinaus.

„In Sachen der Kunst im Garten" — so steht es im „Kunstwart" — „sendet uns der fachmännische Geschäftsführer der Deutschen Gesellschaft für Gartenkunst einen Protest, aber nicht gegen meinen Aufsatz im ersten Oktoberhefte (das ist doch aber ganz selbstverständlich!), sondern dagegen, daß ein Mann wie Willy Lange aus Steglitz als Führer in der Gartenkunst bezeichnet werde." Und nun die Begründung: Der Vorsitzende der Deutschen Gesellschaft für Gartenkunst habe seinerzeit veranlaßt, daß das Buch W. Langes über „Gartengestaltung der Neuzeit", sofort nach seinem Erscheinen überall besprochen worden sei und habe selbst damit in Hannover den Anfang gemacht. Hierbei sei die Versammlung zu dem Resultat gelangt, daß die als unkünstlerisch zu bezeichnende Auffassung Willy Langes gefährlich für den ganzen Beruf werden könne. Dann weiter: „Es ist das um so bedauerlicher, als der Verfasser an der Kgl. Gärtnerlehranstalt zu Dahlem bei Berlin als Lehrer tätig ist, und somit seine unkünstlerische Auffassung nach außen hin als anerkannt maßgebender Standpunkt gelten könnte". Lange bedeute an der Stelle, in welcher er der Oeffentlichkeit gegenüber trete, eine große Gefahr, und der verstorbene Gartendirektor Trip habe mehrfach Gelegenheit genommen, auf das gefährliche Treiben Willy Langes aufmerksam zu machen, „daß er recht hatte", heißt es zum Schluß, „beweist Ihr Aufsatz". Der „Kunstwart" aber fügt dann hinzu, um seine unantastbare Gesinnung zu kennzeichnen: „Was uns sonst noch von der Geschäftsstelle für Gartenkunst über Willy Langes Leistungen geschrieben wird, unterdrücke ich aus Rücksicht für Willy Lange". — Ist das nicht anerkennenswert! —

Mag man zu Lange stehen, wie man will, — auch ich gehe keineswegs mit ihm durch dick und dünn — eins ist unverkennbar: Der Mann kämpft aus einer inneren Ueberzeugung heraus und durch sie gedrängt für das, was er als seine Mission im Kultur- und Kunstleben betrachtet; deshalb verdient er zunächst einmal unsere Achtung. Aber er verdient auch noch mehr: Anerkennung! Kaum ein anderer hat durch seine tiefgründigen Arbeiten so vielseitig anregend gewirkt, so gewissermaßen zum Denken, zum sich mit seiner Kunst auseinandersetzen gezwungen, wie er. Daß wir im einzelnen dabei oft zu anderem Resultat gelangten, bleibt unbestritten. Unbestritten aber auch, daß es um die Gartenkunst besser stände, wenn wir recht viele so eigene Naturen besäßen. Freuen wir uns ihrer!

Wo man eine Kunst, wie die Bauers — und mit Recht — gelten läßt, und dem Allkünstler und seinem Werke einen so bevorzugten Platz einräumt, da liegt kein Grund vor, Lange auszuschließen und sich Berufsgefahren einzubilden, die in Wirklichkeit an ganz anderer Stelle liegen.

Und nun zur Gartenkunst selbst, soweit sie jener Artikel berührt. Zunächst steht da eine Bemerkung der Geschäftsstelle, daß es um die Gartenkunst doch nicht so schlimm stände, wie Muthesius und andere über die Gartenkunst denken; dann ein Hinweis auf Gartendirektor Encke und Singers Vortrag, und der Wunsch nach einer besseren Lehrstätte, die der Bedeutung der Gartenkunst entspräche; und dann — ja dann stimmt man, das heißt die Geschäftsstelle der D. G. für Gartenkunst, der Ansicht des „Kunstwarts" bei: „Heutzutage sind die Architekten und Maler die zu Führern berufenen, daß sie es für immer seien, glaube ich nicht."

So! — Dieses Bekenntnis bedarf denn doch einer näheren Beleuchtung. Der Einzige von diesen Künstlern, der bisher richtig — wenn auch einseitig gestaltend — den Inhalt des Begriffs Hausgarten, denn darüber hinaus ist man doch überhaupt noch nicht gekommen, erfaßt hat, der herausfühlt, was des Deutschen Freude am Garten ausmacht, ist Schultze-Naumburg; aber auch seine Kunst ist bis heute nur zurückblickend, weiter entwickeln konnte auch er nicht. Daß die Architekten und Maler seinerzeit, künstlerisch damals ohne Zweifel besser durchgebildet, durch ihre Schriften einen reinigenden Strom in die Gartenkunst gelenkt haben, obgleich auch hier seit langem Gartenkünstler vorgearbeitet hatten; daß sie Anregungen geboten haben, sie liegen in jedem Erzeugnis künstlerischen Schaffens, ohne daß es darum vorbildlich zu sein braucht, sei ihnen unbenommen. Aber ist man deshalb nun auch jetzt zur Führerschaft berufen, wo es im Ringen um eine neuzeitliche Gartenkunst zum Aufbau geht? O nein! Was P. Behrens, Olbrich, Läuger und andere gezeigt haben, möge es dem selbständigen Denken und der starken Eigenart ihrer Erzeuger noch so glänzende Zeugnisse ausstellen, möge es noch so viele Gestaltungsanregungen in sich bergen, es fehlt ihm doch am Besten: Es sind dem deutschen Empfinden seelenfremde Gebilde einer einseitig aufs Besondere gerichteten Phantasie.

Aus völkischer Eigenart hervorgehend, muß die Kunst zum eigenen Volke verständlich sprechen können, wenn sie ein Kulturfaktor sein soll; dem aber kann eine so pointiert persönliche Kunst, in der sich das neuzeitliche Kunstschaffen auch hier zunächst einmal auslebt, nicht gerecht werden. Behrens und Läuger mögen sich jeder in seinem Garten wohl fühlen! Wer aber in echt deutschem Sinne Freude am Garten hegt, die in der Liebe zur Natur und zur Pflanze ihren Ursprung hat, wer die Natur auf einsamen Gängen in ihrem Werden und Vergehen beobachtet, sich hineingefühlt hat, und wem dann eines Tages in freier Gottesnatur im inneren Jubel die Offenbarung ward: Du und ich, wir sind eins! — der möchte auch ein Stückchen Natur im Garten an sich heranziehen und belauschen, ihn fröstelt vor der kalten Pracht jener Gebilde aus Holz und Stein, die keine der unendlich vielen Schönheiten des eigentlichen Gestaltungsgebildes, der Pflanze, und der in ihm liegenden Möglichkeiten auch nur ahnen lassen. Und doch ist sie zur Geltung zu bringen, sonst eine elementare Förderung künstlerischen Schaffens.

Die beiden letzten Jahre waren harte Lehrjahre für die Gartenkünstler in verschiedener Hinsicht; sie haben läuternd gewirkt; ich glaube wir haben sie hinter uns. Wir haben gearbeitet und gelernt in enger Fühlung mit dem Kunstleben unserer Zeit, und wer die Zeichen neuen Werdens in der Gartenkunst aufmerksam beobachtet, der fühlt die freudige Gewißheit heraus: es sprießt an allen Orten, und gute Frucht verheißt es. Denn es ist ein Geist in ihm, der auch tief in das Leben und Weben der Natur schaut und erkennt, daß die Gartenkunst noch höhere kulturelle Aufgaben zu erfüllen hat, als einzig in dem Joch architektonischer Gestaltung zu gehen und zur leeren Form zu werden. Bei diesen Aufgaben, den wahren der Gartenkunst, da wollen wir nun getrost wieder Männer aus unseren Reihen als Führer an die Spitze stellen. Wir haben sie, wenn nicht alle Zeichen trügen.

In einem Eingesandt, das den Lesern dieser Zeitschrift bekannt ist, stellt der Geschäftsführer der Deutschen Gesellschaft für Gartenkunst die letzte Bemerkung des „Kunstwart“, die den Ausgangspunkt dieser Erörterung bildete, richtig. Ich überlasse es den beiden Herren, sich über diesen Punkt zu einigen. Der „Kunstwart“ hätte demgemäß den Sinn des ganzen Ausspruches, dadurch, daß er nur den ihm zusagenden Satz aus dem Zusammenhange herauslöste und zitierte, so ziemlich in sein Gegenteil abgeändert. Das macht wiederum einen bösen Eindruck. —

Noch eine dritte Betrachtung scheint mir im Rahmen dieses Zeitbildes am Platze.

Ueber den Fachverein mußten wir hinaus und mit allen an der Gartenkunst interessierten Kreisen Fühlung gewinnen. Das war richtig! Eins aber hat man übersehen, daß der Fachverein bestehen bleiben mußte als berufenste Vertretung der deutschen Gartenkünstler und ihrer Kunst. Jenseits dieses Kreises erst ist Raum für jene andere Vereinsart, der man überall im Kunst- und Berufsleben dort begegnet, wo Berührungspunkte mit Interessentengruppen angestrebt werden. Diesen Verein mußte man gründen, ohne den Fachverein preiszugeben, nicht aber beides verquicken wollen, um am Schluß nicht zu wissen, auf welchem Stuhle man sitzt.

Die „Deutsche Gesellschaft für Gartenkunst“, hervorgegangen aus dem alten Fachverein der deutschen Gartenkünstler, ist heute, auf Grund ihrer Zusammensetzung und des sich daraus ergebenden Innenlebens, ein Gartenkunstverein dieser Art, wie wir ihn für den Gartenbau bereits im „Verein zur Beförderung des Gartenbaues in den preußischen Staaten“ haben. Ihm können große und schöne Aufgaben blühen, indem er Liebe und Verständnis für unsere schöne Kunst in weitere Kreise trägt und rege hält. Nicht aber kann er auf Grund eben dieser seiner Zusammensetzung die Interessen der Gartenkünstler noch so wahren, wie es gerade heute not tut, das hat sich in der letzten Zeit nur zu oft gezeigt; mehr denn je wird deshalb heute ein erneuter Zusammenschluß der deutschen Gartenkünstler in einem Fachvereine zur Notwendigkeit.

Als man drüben in die Weite zog, nicht ahnend, daß das neue Rüstzeug eine so schwere Bürde werden würde, und der Geist, den man gerufen, bald stärker als man selbst, da blieb, aus Gründen, die keineswegs auf künstlerischen Sonderinteressen beruhten, deren Erörterung aber nicht hierher gehört, eine kleine Schar zurück und betrachtete sich auch weiter als „Verein Deutscher Gartenkünstler“. Ueber Ziel und Zweck des Vereins tappte man zunächst im Dunkeln; heute jedoch ist man sich klar, daß der Verein doch noch eine bedeutendere Mission zu erfüllen hat, daß sein Ziel sein muß, einen Fachverein herauszubilden. Und diese Aufgabe kann er erfüllen, denn in ihm liegen noch Entwicklungs- und Gestaltungsmöglichkeiten nach jeder Richtung; er ist noch frei von jenem Ballast, der der Deutschen Gesellschaft für Gartenkunst zum Verhängnis wird. Noch eins besitzt dieser Verein — das vertrete ich — Männer an seiner Spitze, die, so wie ich sie kenne, jederzeit bereit sind, ihr Amt, wenn es die Verhältnisse fordern sollten, in andere Hände zu legen. Sie haben ihr Amt seinerzeit übernommen, weil es sonst keine Möglichkeit gab, das zu wahren, was ihnen ans Herz gewachsen war und was uns heute bitter not tut: der „Verein Deutscher Gartenkünstler“.

Damit nehme ich auf mich den Vorwurf, mit dieser letzten Betrachtung pro domo gesprochen zu haben. Ich tue es gern in dem Bewußtsein, daß meine Absicht eine gute ist.

Ich habe in der „Deutschen Gesellschaft für Gartenkunst“ bisher stets eine Vertretung der deutschen Gartenkünstler erblickt, aber die Vorgänge in der letzten Zeit fordern zur Kritik heraus, sie können unmöglich als Gesinnungsausdrücke der deutschen Gartenkünstler gelten, ich glaube selbst dann nicht, wenn sie Mitglieder dieser Gesellschaft sind.

Dann aber sagte ich mir weiter, wenn ich sah, wie so nach und nach die alten vertrauten Gesichter wieder im Verein Deutscher Gartenkünstler auftauchten und ihre Träger sich uns anschlossen, so daß er nun schon über zweihundert Mitglieder zählt, vielleicht bedarf es nur des befreienden Wortes, um hier Klarheit zu schaffen, denn hier scheint mir eine Möglichkeit geboten, sich wieder von neuem zu vereinen in gemeinsamer Arbeit: dort im Gartenkunstverein — hier im Fachverein deutscher Gartenkünstler. Ihn auszubauen sei jetzt unsere vornehmste Aufgabe: Lieber klein von neuem beginnen und Herr sein im eigenen Hause, als moralisch geknebelt und durch hundert Rücksichten gehemmt, ein Scheinleben führen in einem prunkenden Bau. **F. Ulrich**, Berlin.

Offener Brief an Ferdinand Avenarius
von der
Autographischen Gesellschaft Dahlemer a. H. a. H.*)

(Als Antwort auf Avenarius Artikel — „In Sachen der Kunst im Garten“ — im 1. Novemberheft des „Kunstwart“, Seite 198.)

Geehrter Herr Doktor!

Infolge Ihrer Aufsätze „Die Kunst im Garten“ erklären wir Ihnen als ehemalige Schüler der Königl. Gärtnerlehranstalt Dahlem und Willy Langes:

1. Wir „Gärtner“ haben noch andere Aufgaben zu erfüllen, als „Hausgärten“ anzulegen. Zu diesen Aufgaben werden wir auf den Gärtnerlehranstalten, in umfassender Weise auf unsrer höchsten, der Königl. Gärtnerlehranstalt zu Dahlem, vorbereitet.
2. Willy Lange verurteilt durchaus nicht das Mitreden des „Dichters“ in Gartendingen. Seine kurze Formel für Gartengestaltung als Kunst lautet: „Gartenkunst ist Wirklichkeit gewordene Poesie“.
   Beweis: In seinem Buche „Gartengestaltung der Neuzeit“ schreibt er auf Seite 384 mit Beziehung auf Maeterlincks, des Dichter-Gartenfreundes Werk „Joyzelle“: „Weil mich tief bewegte, den von mir naturwissenschaftlich entwickelten Leitgedanken für die künstlerische Pflanzung im Garten beim Dichter wiederzufinden, mag der Hinweis darauf nicht als Abschweifung gelten: gibt er doch Kraft; denn die Dichter ahnen das Kommende.“
3. Wenn Sie sein Buch gelesen hätten, müßten Sie wissen, daß Willy Lange dem geometrisch-architektonischen Gestaltungsgedanken ebenso gerecht wird, wie dem biologischen, müßten zugeben, daß er mit dem Leitgedanken der Zeit in den Richtungslinien übereinstimmt. Es ist deshalb nicht zu begreifen, wie

*) Anmerkung der Redaktion. Dem an uns gerichteten Ersuchen, diesem Brief durch Abdruck weitere Verbreitung zu geben, sind wir gerne nachgekommen.

man von seiten der Künstler eine Gegnerschaft gegen ihn konstruieren konnte. Auf nebensächliche Einzelheiten kommt es nicht an. Das „Recht der Persönlichkeit“ sollte nicht angetastet werden von denen, die es sonst für sich in Anspruch nehmen.

4. Wir übersenden Ihnen in der Anlage Jahresbericht mit Lehrplan und Prospekt unsrer alten Bildungsstätte. Wenn Sie nach gründlicher Durcharbeitung dieses Stoffes „Verbesserungsvorschläge“ machen wollen, so ist das Ihr Recht. Nicht Ihr Recht ist, ohne Kenntnis der Dinge in negativer Kritik einen aufstrebenden, aus eigener Kraft mächtig aufstrebenden Stand und seine erste Bildungsstätte vor der Oeffentlichkeit herabzusetzen.
5. Nicht Ihr Recht ist, an einem Lehrer der Königl. Gärtnerlehranstalt — auf Grund eines persönlichen, unbewiesenen und unbeweisbaren Angriffes — Kritik zu üben, mit der klar zutage tretenden Absicht, ihn herabzusetzen. Denn Willy Lange reißt nicht nieder, sondern baut auf in organischer Weiterentwicklung des bisherigen.
6. Der fachliche Widerstand gewisser Kreise gegen die Königl. Gärtnerlehranstalt Dahlem und ihren Lehrer Willy Lange ist nur geschichtlich: Denn lieber lernen sie Fortschritt von außerhalb des Berufes Stehenden als von Fachgenossen. Aber in dem Wirken Willy Langes für künstlerische und materielle Unabhängigkeit des Gartenkünstlers, unter steter Nutzung der Anregungen andrer Geistesgebiete, ist er der dankbaren Unterstützung seiner reifen Schüler und zahlloser Berufsgenossen sicher, sowohl solcher, die der „Gesellschaft für Gartenkunst“ angehören, als andrer. Daß „heutzutage die Architekten und Maler die zu Führern berufenen sind“ — wird kein Gärtner mit fachlichem Ehrgefühl unterschreiben.
7. Wir weisen es entschieden zurück, daß sich die Deutsche Gesellschaft für Gartenkunst durch jenen „Geschäftsführer“ ein Monopol der Urteilsfähigkeit in Kunstdingen und in der Frage der Gärtnerlehranstalten anmaßt.

Wir überlassen Ihnen, diese Erklärung zu veröffentlichen, der wir möglichst weite Verbreitung geben werden.

Hochachtungsvoll

Autographische Gesellschaft Dahlemer A. H. A. H.

Der Vorstand.

Kanig. Korte. Weinhausen.

Zieht „japanische“ Zwergbäumchen als „deutsche“ Zimmerpflanzen.

So müßte eigentlich ein Artikel in Heft 45 der „Woche“ betitelt sein, während er „Meisterwerke der Pflanzenkultur“ überschrieben ist, seiner Einleitung nach aber auf obige Tendenz hinausläuft. Ich glaube, derselbe verdient von gärtnerischer Seite entschiedenen Widerspruch. Der Verfasser (Prof. Dr. Udo Dammer) bedauert zunächst, daß unsere meisten Zimmerpflanzen ein verhältnismäßig kurzes Dasein fristen. Er bedauert ferner, daß die Deutschen ausländische Pflanzen als Zimmerschmuck verwenden. Eine Reihe einheimischer Gewächse seien sicher hierfür geeignet. Das könnte vielleicht stimmen. Statt uns solche aber zu nennen, weist der Verfasser auf die japanischen Zwergbäumchen hin, eine unserem Volksempfinden sicher völlig fremde Kulturmethode. Eine 20 jährige Eiche, im Laube den unseren ähnlich, in einem Topfe von der Größe der kleinen Samenschalen, benutzt er als Ueberleitung, um dann weiter Kniffe einer solchen Hungerkultur zu behandeln. Eine „80 jährige japanische Lärche“ preist er als Meisterwerk der „Gartenkunst“. Wir werden uns hüten, diese japanischen Bäumchen, die, aus ihrer Heimat eingeführt, als erzwungene Anpassung der Pflanze an die eigenartige Stilrichtung der Japaner, gewiß von Interesse sind, und in seltenen Fällen zur Vervollständigung einer Stilwirkung auch bei uns Verwendung finden können, als deutsche Zimmerpflanzen zu ziehen.

Aus ihrer bizarren Umgebung herausgerissen, in der sie allein wirken können, könnten wir nur mit Erbarmen diese Krüppel schauen, deren knorriger, gewundener Holzstumpf von der jahrzehntelangen Qual zeugt, der die Pflanze ausgesetzt war. Erst wenn sich zeigen sollte, daß die Pflanze dieser Qual zu entrinnen gedenkt, zeigt, daß sie sterben will, soll man sie verpflanzen. Doch gibt man ihr nur soviel neue Erde, daß sie gerade zu neuer Vegetation angeregt wird. Man pflanzt sie außerdem stets ein Stück zu hoch, so daß sie endlich auf einem häßlichen, aus Wurzeln und Erde gebildeten Hügel steht. Solche Bäumchen in Zimmerkultur, so meint der Verfasser, könnten dann demjenigen, bei dem nicht alte Bäume auf altererbtem Grundbesitz die Familiengeschichte mit erlebt haben, als Familienreliquien dienen.

Wir danken für solche Meisterwerke der Pflanzenkultur. Die Pflanzen sind uns Deutschen von altersher ein Zeichen des Lebens, des sich immer erneuernden Lebens gewesen. Verwahren wir uns dagegen, sie zu „Reliquien“ zu machen, Zwergbäumchen als Sinnbild des Hungers und der Not in unseren Zimmern zu ziehen. Wenn wir neue Zimmerpflanzen brauchen sollten, suchen wir sie unter den Bürgern von Floren, deren Klima uns darauf hinweist, daß sie Lufttrockenheit usw. ertragen, so daß wir hoffen dürfen, sie auch im Zimmer zu freudigem Gedeihen bringen zu können, statt zwerghafte, verkrüppelte Pflanzenreliquien jahrzehntelang an der Grenze des Hungertodes herumzuquälen. **Johannes Hartmann,** Dresden.

Tagesgeschichte.

Bautzen. Unter dem Namen Volkswohl ist hier ein neuer Verein ins Leben getreten, welcher u. a. auch die Schaffung eines neuen Volksparkes fördern will.

Berlin. Der Etat der städtischen Parkverwaltung für das Geschäftsjahr 1908 wurde in der Sitzung der Parkdeputation vom 21. November beraten. Es befinden sich im Etat außer weiteren Lohnerhöhungen für die städtischen Gärtner mehrere beträchtliche Summen für gärtnerische Neuanlagen, unter anderen die zweite Rate in Höhe von 700 000 M. für die Anlage des Schillerhains im Nordwesten Berlins. Außerdem beschäftigte sich die Deputation mit der Anfrage des Magistrats, welche außerordentlichen Mittel in den nächsten fünf Jahren für Parkzwecke aus Anleihemitteln benötigt werden.

Elmshorn. Die hier neubegründete, vom Ministerium mit 500 M. unterstützte gärtnerische Winterschule wurde am 2. Novbr. in den Räumen der landwirtschaftlichen Winterschule eröffnet. Den Unterricht erteilen die Lehrer an der landwirtschaftlichen Schule. Für den Unterricht im Planzeichnen und Nivellieren wurde Landschaftsgärtner Brügmann in Groß-Flottbek, für den gärtnerischen Fachunterricht Herr Stavenhagen in Rellingen gewonnen.

Personal-Nachrichten.

Dittmann, L., Großh. Hofgärtner in Darmstadt, ist vom Großherzog zum Obergarteninspektor ernannt worden.

Gude, F., einer der Berliner Gärtnersenioren, früher Handelsgärtner in Rixdorf, † zu Britz bei Berlin am 23. November im 81. Lebensjahre. In unserer Schilderung der Berliner Gärtnersenioren, Jahrgang VI, No. 47, boten wir Bild und Lebensbeschreibung des Entschlafenen, der sich aus bescheidensten Anfängen in harter, ehrlicher Arbeit emporgearbeitet hat und sich überall großen Ansehens erfreute.

Jäger, Gustav, bisher erster Gehilfe im Kgl. Neuen Garten zu Potsdam, wurde die Stelle des Kurhausgärtners in Polzin i. P. vom 1. März 1908 ab übertragen. Es hatten sich um diesen Posten etwa achtzig Bewerber gemeldet (!).

Briefkasten der Redaktion.

Die **Farbentafel für November** wird, da verspätet fertig gestellt erst der No. 11 beigegeben, mit No. 12 gelangt dann unser farbiger Wandkalender für 1908 zur Ausgabe.

Fr. H., Küsnacht. Die in No. 6 abgebildeten und beschriebenen *Crassula* sind nicht winterhart. Bezugsquelle für *C. Schmidtii* ist die Firma Haage & Schmidt, Erfurt.

Berlin SW. 11, Hedemannstr. 10. Für die Redaktion verantwortlich Max Hesdörffer. Verlag von Paul Parey. Druck: Anhalt. Buchdr. Gutenberg e. G. m. b. H., Dessau

[258

üringer Grottensteine

Anlage von **Grotten, Ruinen, ntergärten, Felsenpartien, Wasser- en, Böschungen.** Gärtner erhalten att. — Vertr. ges. — Preislisten, zen u. Referenzen gratis u. franko.
to Zimmermann, Hoflieferant, **Greussen i. Thür.** [12

annen

hübscher, runder, frischgrüner Ein- -Qualität, 40—70 cm hoch, 40—50 send, habe **billig** abzugeben. [235
Graue, Harburg a. E., Marctstr. 34.

0000 Kronenbäumchen

chel- und Johannisbeeren

den Sorten: **Industry, Neuwied, Smith, Keepsake.**
—80 cm Stammhöhe 100 St. 30 M.
—120 „ „ 100 „ 40 „
—150 „ „ 100 „ 60 „
pfiehlt gegen Kasse od. Nachnahme
. Spora, Export-Gärtnerei, **Klattau** in Böhmen. [208

Veilchentreibbüsche,

and und stark, **Augusta und arlotte,** % M. 4,50, ‰ M. 40,— empfiehlt per Nachnahme
Helfer, Versandgärtnerei, **Ibenhain** bei Waltershausen i. Thür. [72

en wirksamsten Schutz gegen Vögel und Näschereien der Menschen ge- ren für Sämereien, jg. Pflanzen, ren, Kirschen, Trauben usw. [22

oh's Schutznetze.

rätig alle Längen und Breiten in nd $2^1/_2$ cm Maschenweite, à Kilo ark (8—12 Pfg. das □Meter). Zu suchen ist jedes gewünschte Quan- zu haben. Prospekte gratis und ko. **G. Roh, Apolda.**

●● Altertümer, ●●●

Porzellan, Fayencen, Steinzeug, geschl. , Dosen, Miniaturen, Gemälde, Pastelle, ferstiche, Elfenbein, Bronzen, Holz- itzereien, Gothik, alte Teppiche u. Stoffe, tr. Bücher, Stammbücher, Silhouetten, uerrotypien, Silber-, Stein- und Gold- iten, kl. feine Möbel etc. etc. kaufe zu llen Preisen. Ebenso **Antiquitäten aus na, Japan u. Persien.** Ansichtssen- gen werden postwendend erledigt!
ak, 58, U. d. Linden, **Berlin NW. 7.** [221

[62

R. VAN DER SCHOOT & SOHN, Gartenbau-Etablissement, HILLEGOM-HAARLEM (Holland)

——→ gegründet 1880. ←——

Eigene Kulturen von Blumenzwiebeln und Staudengewächsen
▪ ▪ ▪ ▪ ▪ ▪ **umfassend über 125 Hektar** ▪ ▪ ▪ ▪ ▪ ▪
(die grössten Hollands). [34
☛ **Kataloge gratis auf Anfrage.** ☚

MASSENFABRIKATION von erstklassigen **Frühbeetfenstern!**

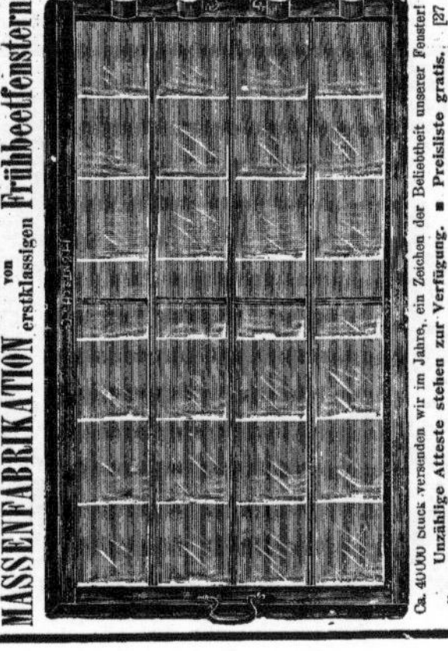

Ca. 40000 Stück versenden wir im Jahre, ein Zeichen der Beliebtheit unserer Fenster!
Unzählige Atteste stehen zur Verfügung. ▪ Preisliste gratis. [27
HÖNTSCH & Co., DRESDEN-NIEDERSEDLITZ 56, Sa., Grösste Spezialfabrik für den gesamten Gartenbau.
(Bitten bei Anfrage diese Nummer anzugeben.)

Orchideen-Erde,

45] **Polypodium-Fasererde** und **Sphagnum** empf. in I. Qualität
Joh. Wilh. Ringen
in **Oberdollendorf** am Rhein.
Preisliste und Proben postfrei.

Lüftungsschiebefenster „Triumph“

für Gewächshäuser, einzusetzen wie die Glasscheiben, aus starkem verzinkten Eisenblech, sehr praktisch und preiswert, fertigt [48
Wilh. Witt, Halle a/S. 2, Merseburgerstr.
Jeder Versuch ohne Risiko.
Viele Anerkenn. Prospekt und Preise franko.

Aucuben, buntblätterig und mit Beeren.
Azalea mollis, mollis chinensis, pontica und rustica. [46
Blautannen in allen Grössen.
Buxus, Pyramiden, Büsche und halbstämmige Kronenbäumchen.
Clematis mit Topfballen und aus dem Freien.
Coniferen in allen Grössen und in nur besseren Sorten.
Flieder und sonstige **Pflanzen zum Treiben** in Topf kultiviert.
Ilex, gold-, silberbunte und grüne Sorten.
Japanischer Ahorn in Töpfen und aus dem Freien.
Kirschlorbeeren und Immergrüne Pflanzen.
Knollengewächse zum Treiben, als Dielytra, Funkia und Spiraea
Magnolien, Pyramiden in den besten Sorten.
Rhododendron. Winterhart und z. Treiben.
Schlingpflanzen in allen Sorten.
In tadelloser Ware. — Billigste Bezugsquelle.
Jacs. Smits Ltd., Hoflieferanten, **Naarden** (Holl.)

☛ Zum Räuchern ☚

ist nichts besser als
Pape & Bergmann's

Tabak-Räucherpulver

mit extra verstärkten Nikotin- und Quassia-Dämpfen, 1 kg 60 Pf., 10 kg Mk. 5,—.
Räucher-Rost, überall aufzustellen, 1 Stück 60 Pf.
Räucher-Unterlagen mit Zündstreifen **(Zündpapier)** 100 Blatt 90 Pf., 10 Stück 10 Pf. — Gegen Nachnahme.
Gärtner erhalten auf obige Preise
21] **10 % Rabatt.**
Pape & Bergmann, Quedlinburg.

Porzellan-Etiketten

mit Schrift, Stück von 5 Pfennig an. Langjährige Garantie. Muster franco. Gärtner erhalten auf Rückseite Firma-Namen gratis. [8
L. Fichtmüller, Volkstedt-Rudolstadt.

Max Wudtke, Glashandlung,

Fernspr. 1328. **Stettin,** Klosterhof 27-28
Mistbeetglas, à qm 1 M. 20 Pfg.
Mistbeetfenster, à Dtzd. 48 M.
Kitt (prima) 50 kg 7 M.
Glaserdiamanten. [99

●● Champignon-Brut, ●●

d. Beste, was existiert bes. präpariert; Garantie für d. Erfolg, wenn Beete nach meiner Anweisung angelegt und behandelt werden. Postkorb 5 M., 25 kg. 25 M. **Fr. Grunewald,** Baumschule, **Zossen.** [80

Druck der Anhaltischen Buchdruckerei Gutenberg e. G. m. b. H. in Dessau.

Die Abonnenten erhalten mit diesem Heft eine farbige Kunstbeilage.

Illustrierte Wochenschrift für den gesamten Gartenbau.

Herausgeber: Max Hesdörffer-Berlin.

Bezugsbedingungen: | Erscheint jeden Sonnabend. | Anzeigenpreise:

ch jede Postanstalt bezogen Preis 2.50 M. vierteljährl. In Österreich-Ungarn 3 Kronen. direktem Bezug unter Kreuzband: Vierteljährlich 3 M. Im Weltpostverein 3.75 M. Einzelpreis jeder Nummer 25 Pf.

ohne Vorbehalt eingehenden Beiträgen bleibt das Recht redaktioneller Änderungen halten. Die Honorarauszahlung erfolgt am Schlusse jeden Vierteljahrs.

Die Einheitszeile oder deren Raum 30 Pf.; auf der ersten und letzten Seite 50 Pf. Bei grösseren Anzeigen und Wiederholungen steigender Rabatt. Beilagen nach Übereinkunft. Anzeigen in der Rubrik Arbeitsmarkt (angebotene und gesuchte Stellen) kosten für Abonnenten einmalig bis zu 10 Zeilen Grösse M. 1.80, weitere Zeilen werden mit je 30 Pf. berechnet. Erfüllungsort auch für die Zahlung: Berlin.

Adresse für Verlag und Redaktion: Berlin SW. 11, Hedemannstrasse 10.

XII. Jahrgang No. 11. | Verlag von Paul Parey, Berlin SW. 11, Hedemannstr. 10. | 14. Dezember 1907.

Illustrierte Wochenschrift für den gesamten Gartenbau.

Jahrgang XII. 14. Dezember 1907. No. 11.

Aus deutschen Gärten.

Die Stettiner Stadtgärtnerei.

Von O. Schulze, Stadtgarteninspektor, Stettin.

I.

Bauliche Anlage.

(Hierzu sieben Abbildungen.)

Im Sommer 1905, also vor nunmehr $2^1/_2$ Jahren, wurde hier die neuerbaute Stadtgärtnerei in Betrieb genommen. Da dieselbe mehrere Neuerungen aufweist, die sich auch durchaus bewährt haben, so mag hier eine Beschreibung am Platze sein; damit dürfte auch vielen Kollegen, die mich in dieser Angelegenheit um Auskunft baten, gedient sein.

Der Grundriß zeigt ein großes, durch eine Glaswand getrenntes, zweiteiliges Mittelhaus von 8 × 18 m Abmessungen und $4^1/_2$ bezw. $5^1/_2$ m Firsthöhe. Da dieses Haus für die Überwinterung großer Palmen, Musen, Drazaenen und sonstiger hoher Dekorationspflanzen bestimmt ist, so wurde ein um 1 m vertieftes Mittelbeet angelegt; dadurch wird noch 1 m an Höhe gewonnen. Das Mittelbeet hat einen doppelten Boden mit Heizanlage, so daß man je nach Bedarf den

Gesamtansicht der Stettiner Stadtgärtnerei. Originalaufnahme für die „Gartenwelt".

Pflanzen einen warmen Fuß geben kann. Seitlich sind Tabletten angeordnet.

Von diesem Mittelhause zweigen seitlich drei je 20 m lange Häuser ab. Davon ist das eine 4 m tief und einseitig erbaut. Es dient hauptsächlich zur Überwinterung von Pelargonien. Das mittlere Haus ist zweiseitig erbaut, 3 m tief, und als Vermehrungshaus eingerichtet, während das vordere mit gleichen Abmessungen für verschiedene Kulturen verwendbar ist. Sämtliche Häuser stehen in Terrainhöhe, da erwiesen ist, daß sich die feuchte Kellerluft in Erdhäusern schlecht erwärmt; am Ende sind sie durch einen Gang verbunden, der gleichzeitig als Topflager und Verpflanzraum dient. Auf der Rückseite lehnen sich Heizung, Kohlenraum und sonstige notwendige Nebenräume an. Im Projekt ist der Ausbau weiterer drei Häuser auf der anderen Seite des Mittelhauses vorgesehen, zunächst die Ausführung eines Hauses für 1908 beantragt. Bisher wurde auf dieser Seite nur ein 20 m langer, heizbarer Doppelkasten errichtet, bestimmt zur Überwinterung von Winterlevkojen und später als Mistbeet zum Antreiben von *Canna* und Caladien.

Die Stellung der Häuser ist so gewählt, daß das große Mittelhaus mit seinen Dachflächen nach Osten und Westen, die anderen Sattelhäuser nach Süden und Norden geneigt sind. Diese Stellung wollte anfangs nicht den Beifall hiesiger fachmännischer Kreise finden. Ich habe mich aber überzeugt, daß sie für eine Stadtgärtnerei, die doch ganz besonders im Winter gebraucht wird, die einzig richtige ist. Sie ermöglicht es, im Winter, wo die Sonne um 10 Uhr zu scheinen beginnt und um 3 Uhr schon wieder verschwindet, und sich nur wenige Grade über den Horizont erhebt, jeden Sonnenstrahl aufzufangen und ihn den Pflanzen zugute kommen zu lassen. Bei einer Stellung der Häuser mit dem First nach Süden und Norden kann kein Sonnenstrahl einfallen und die Pflanzen erreichen, weil die Glasscheiben in einem zu spitzen Winkel getroffen werden und die Sprossen schattierend wirken. Außerdem bietet diese Lage (von Osten nach Westen) die Annehmlichkeit, daß man im Frühlinge, wo die Sonne den Pflanzen gefährlich wird, nur auf einer Seite Schatten zu geben braucht.

Die ganze Anlage ist in Zementdielen von 35 × 70 cm Größe und 10 cm Stärke ausgeführt und zwar derart, daß sämtliche Wände eine 8 cm weite Luftschicht haben. Einfache Zementwände ohne Luftschicht sind so wenig wasserdicht, daß sie schon bei den geringsten Niederschlägen innen vollständig feucht werden. Die Luftschicht verhindert dieses und hält außerdem warm. Im Erdboden sind die Wände voll in Zement gestampft und zwar wurde der Boden nur in Stärke der Wände ausgehoben und dann mit Beton gefüllt; ein sehr einfaches Verfahren! Zur besseren Haltbarkeit der Zementdoppelwände ist von Zeit zu Zeit der Luftraum mit einem Pfeiler von 25 bis 30 cm Breite zugestampft worden.

Die Verwendung der Zementdielen hat sich durchaus bewährt; irgend welche Nachteile haben sich nicht herausgestellt. Die Häuser sind sehr trocken und scheinen auch von unbegrenzter Haltbarkeit zu sein. Da Zement außerdem nicht unwesentlich preiswerter ist, als Backsteine, so kann ich dieses Baumaterial nur empfehlen. Aus demselben Materiale ist auch die 2 m hohe Umwährungsmauer hergestellt.

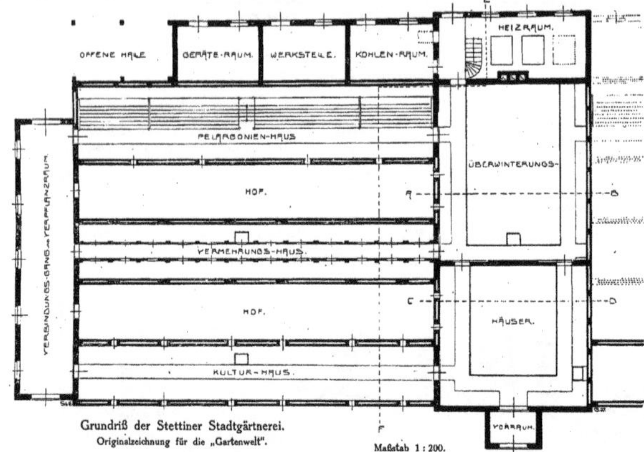

Grundriß der Stettiner Stadtgärtnerei.
Originalzeichnung für die „Gartenwelt".

Maßstab 1 : 200.

Schnitt A—B. Maßstab 1 : 150.
Originalzeichnung für die „Gartenwelt“.

Sämtliche tragenden Konstruktionen im Innern der Häuser sind in Eisen, alle Sprossen und Firsthölzer hingegen zur Verminderung des Tropfenfalles in Pitchpineholz ausgeführt. Alles übrige dürfte aus beistehenden Abbildungen ersichtlich sein.

Die Heizung geschieht durch zwei National-Gliederkessel von je 8 qm Heizfläche. Als Heizungssystem ist die Zirkulations-Wasserheizung gewählt. Beide Kessel sind verkuppelt und durch Ventile im Zu- und Rücklauf abstellbar, so daß nach Belieben ein Kessel ausgeschaltet werden kann. Im allgemeinen genügt für die Schaffung der erforderlichen Wärmegrade schon ein Kessel. Nur dreimal mußten bis jetzt, trotz des strengen Winters 1906/07, beide Kessel gleichzeitig in Betrieb genommen werden. Die Vorzüge des National-Gliederkessels bestehen in dem weiten Wege, den die Flamme zurücklegen muß, ehe sie zum Schornstein entweichen kann und die dadurch bedingte gute Ausnutzung des Heizmaterials, sowie in der bequemen Reinigung. Durch vorn angebrachte Türen lassen sich sämtliche Züge öffnen und mit einem Besen oder einer Bürste in horizontaler Richtung auskehren.

Die Heizrohre sind patentgeschweißte, schmiedeeiserne von 95 mm Weite. Die Taurohre sind nur 60 mm weit. Eine Neuerung ist hier ausgeführt, die ich bis jetzt bei keiner Wasserheizung in Gärtnereien gesehen habe. Sie besteht darin, daß die Anschlüsse der Zu- und Ableitungen von dem Hauptverteilungsrohre in wesentlich dünneren Rohren hergestellt sind. So werden z. B. zehn 95 mm Heizrohre, sowie vier 60 mm Taurohre des Vermehrungshauses durch ein einziges gemeinschaftliches Zuleitungsrohr von nur 60 mm Weite gespeist.

Diese Anordnung des städtischen Heizungsingenieurs kam mir anfangs recht wunderlich vor, ich habe mich aber bald von der Zweckmäßigkeit überzeugt. Theoretisch gesprochen würde es heißen: „Die Summe der Querschnitte sämtlicher Anschlußrohre ist so groß, wie der Querschnitt des Hauptzuleitungsrohres selbst.“ — Hierdurch wird erreicht, daß sich das warme Wasser sofort bei Beginn des Heizens über das ganze Röhrensystem gleichzeitig und gleichmäßig verteilt. Es sind also nicht mehr die dem Kessel zunächst liegenden Häuser bevorzugt. Außerdem sind dann in diesen dünnen Zuleitungsrohren Absperrhähne, und zwar für jede Leitung ein Hahn, ganz gleich ob im Zulauf oder Rücklauf, eingebaut, die ein gänzliches oder teilweises Abstellen der einzelnen Leitungen ermöglichen. So werden z. B. in dem Vermehrungshause die Rohre unter den Vermehrungsbeeten zu Zeiten, wo nicht vermehrt wird, gänzlich abgestellt, überhaupt ist jedes einzelne Heizrohr abstellbar. Die dünnen Anschlüsse des Zu- und Rücklaufes verhindern jegliche Zirkulation in den Rohren. Die alten Drosselklappen hingegen schließen selten dicht, und wenn dies wirklich einmal der Fall ist, dann zirkuliert das warme Wasser vom Rücklaufrohre her in dem Heizrohre selbst, so daß eine gänzliche Ausschaltung mit einer Drosselklappe fast zur Unmöglichkeit wird. Man darf auch wohl annehmen, daß diese Absperrhähne, wenn unsere Heizungsfirmen erst besser darauf eingerichtet sind, billiger werden, als die Drosselklappen.

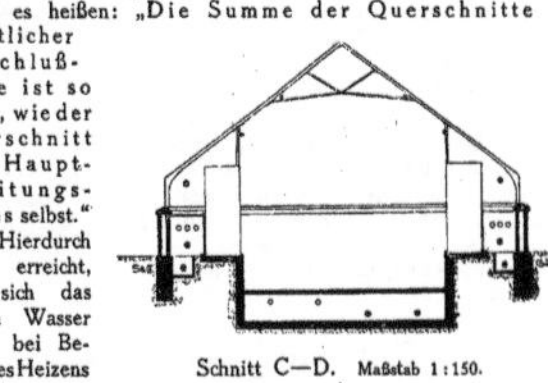

Schnitt C—D. Maßstab 1 : 150.
Originalzeichnung für die „Gartenwelt“.

Die Lüftungsvorrichtungen bestehen in den Glasdächern aus einfachen Klappen, die bei den hohen Häusern mittels Zugkette zu öffnen sind. Da, wo Standfenster vorhanden sind (Mittel- und Pelargonienhaus), befinden sich auch hierin noch Luftfenster. Außerdem sind noch kleine Lüftungsklappen im Mauerwerk, durch welche die einströmende kalte Luft über die Heizrohre unter den Tabletten geleitet und dadurch vorgewärmt den Pflanzen zugeführt wird.

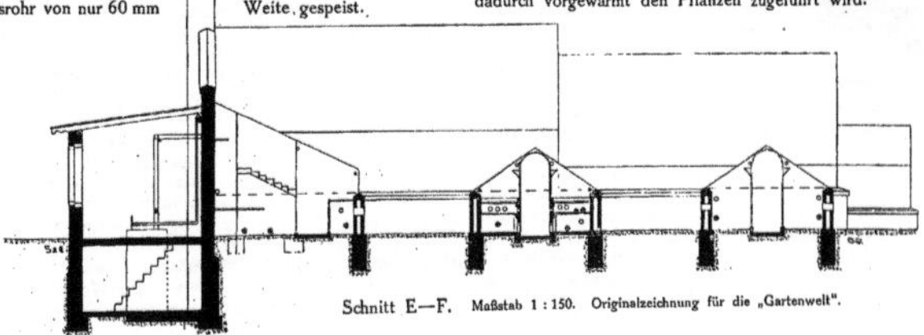

Schnitt E—F. Maßstab 1 : 150. Originalzeichnung für die „Gartenwelt“.

Die Anlage wurde nach meinem Entwurfe von der Firma J. Malick & Co. in Berlin in Oberbau und Heizung, die Zementarbeiten von Reinicke & Co., hier, zur vollen Zufriedenheit ausgeführt. Die Anlagekosten für die Gewächshäuser haben rund 30 000 Mark betragen.

Die Stadtgärtnerei lieferte in diesem Sommer für die Beetbepflanzungen in den öffentlichen Anlagen 195 825 Pflanzen im Werte von 22 600,00 Mark. Nach Abzug sämtlicher Betriebskosten, 6 Prozent für Verzinsung und Amortisation des Anlagekapitals und einer Bodenrente von 100 Mark für den Morgen, würde sich ein Ueberschuß von 11 116,00 Mark ergeben.

Aufriß der Gewächshausanlage. Maßstab 1 : 300.
Originalaufnahme für die „Gartenwelt".

Gärtnerische Reiseskizzen.

Aus schwäbischen Landen.

Kultur- und Reiseskizzen von Curt Reiter, Feuerbach-Stuttgart.

IV.

Anzucht von Adiantum scutum roseum in den Schnittblumenkulturen von F. Herrmann, Hoflieferant, Feuerbach.

(Hierzu zwei Abbildungen.)

Unter den vielen Handelsfarnen, die wir zur Schnittgrüngewinnung und Jardinièrenbepflanzung heranziehen, sollte *Adiantum scutum roseum* wegen seiner zahlreichen Vorzüge, die es vor andern Adiantumsorten voraus hat, bedeutend zahlreicher kultiviert werden. Daß man es trotzdem noch selten in den Kulturen trifft, woran mag es liegen? Hauptsächlich wohl daran, daß es selten echt zu haben ist und man statt *A. scutum roseum* alles mögliche Zeug erhält, das weder zur Schnittgrüngewinnung noch als Jardinièrenpflanze tauglich ist. Die wenigen Geschäfte in Deutschland, die dieses *Adiantum* führen, halten es lieb und wert. Mir ist eine große Schnittblumengärtnerei am Rhein bekannt, die ihre *Adiantum cuneatum*-Kulturen immer mehr einschränkt, während dem *A. scutum* ein immer größerer Platz eingeräumt wird. Es ist eine unbestrittene Tatsache, daß in den meisten Gärtnereien die *A. cuneatum* in den Spätherbst-, Winter- und Frühjahrsmonaten unter der Stellage ein kümmerliches Leben fristen, bis sie dann, wenn die Sonne am Himmel höher steigt, auch einen bevorzugteren Platz erhalten, denn in den genannten Monaten ist die Kultur von *A. cuneatum* durchaus nicht rentabel. In Häusern mit ungenügender Oberheizung, die nicht vollständig niederschlagfrei sind oder nicht die notwendigen Wärmegrade besitzen, faulen sie unrettbar zusammen. Und gerade in den Herbstmonaten, wenn Lorraine-Begonien, *Cyclamen* und dergl. eingeräumt werden, muß sich das Schnittgrün, das sich den Sommer über in den Häusern breit gemacht hat, mancherlei gefallen lassen können. Hier ist so recht *A. scutum* am Platze, dessen Wedel, falls sie nicht zu weich und dunkel herausgetrieben sind, jeder Fäulnisgefahr trotzen. Selbst mit einem vorübergehenden Platz unter der Stellage nehmen sie vorlieb, wenns mal nicht anders sein kann. Und kann man ihnen gar einen Platz bei 15 bis 18 ° C. geben, so wachsen sie auch im Winter gesund und üppig weiter und liefern besonders zu Weihnachten die schönsten Jardinièrenpflanzen, wie kein anderes *Adiantum*. Desgleichen ist die Schnellwüchsigkeit des *A. scutum* unerreicht; einjährige Pflanzen werden bei guter Kultur gern 30 bis 50 cm hoch, zweijährige erreichen einen Durchmesser von 100 cm.

Schnitt durch eine Wand aus Zementdielen. Maßstab 1 : 20. Originalzeichnung für die „Gartenwelt".

Herr Hoflieferant F. Herrmann, Stuttgart, dessen Schnittblumenkulturen sich in Feuerbach befinden, hat ebenfalls den hohen Wert dieses Adiantums erkannt und sind in dessen Gärtnerei größere Anzuchten davon vorhanden, die sich in üppigster Vegetation befinden. Einen großen Teil verbraucht Herr Herrmann in seinem Blumengeschäfte in Stuttgart, wo sie als Jardinièrenpflanzen in den verschiedensten Zusammenstellungen Verwendung finden. Besonders gern werden sie im Herbste und zu Weihnachten mit *Cyclamen* verarbeitet, wo die hohen, schlanken Wedel dann die Cyclamenpflanzen graziös überragen. Eine Verwendung von *A. cuneatum* wäre hier ganz ausgeschlossen. Es stehen bereits von August an Tausende fertig durchwurzelter *A. scutum roseum* als Jardinièrenware zur Verarbeitung bereit. Eine solche, 8 bis 9 Monate alte Jardinièrenpflanze ist auf der Abb. Seite 125 zu ersehen. Die Kultur ist eine einfache und befinden sich die Pflanzen bis zum Zeitpunkte des Einpflanzens frei auf Stellagen ausgepflanzt, lediglich in einer Mischung von ganz grober, lehmiger Komposterde, die zur Hälfte mit Torfmull und reichlich Sand vermischt ist. Hier gedeihen sie in beispielloser Üppigkeit (Abbildung auf Seite 125), ein mehrmaliges Umpflanzen ist deshalb erforderlich. Die Aussaat findet vom Oktober bis November statt, und ist ein zweimaliges Pikieren, wie es bei anderen Farnen auch stattfindet, notwendig, ehe man die erstarkten, jungen Pflänzchen auf den Stellagen auspflanzen kann. In der Vegetationszeit sind öftere, aber schwache Dunggüsse sehr vorteilhaft für das Gedeihen.

A. scutum verträgt keine so hohen Wärmegrade wie *A. cuneatum* und soll man die Temperatur, auch im Sommer, nicht über 30 ° C. kommen lassen, da die jungen Wedel sonst gern verbrennen. Bei kühlerem Standorte und tieferem Schatten haben die Wedel eine schön frischgrüne Farbe, in sonnigerer Lage werden sie jedoch sofort hellgrün, auch färben sich die jungen Wedel schön rosa, woher auch vermutlich der Beiname *roseum* stammt. Die Wedel an älteren Pflanzen erreichen eine Größe von etwa 50 cm und sind auch hier schön lichtgrün gefärbt wie es meistens von Bindegeschäften verlangt wird. Der tiefschwarze, drahtartige Stiel trägt die Wedel leicht und elegant, ist jedoch so stark, sie nicht hängen zu lassen. Selbst in kalten Räumen halten sich die Wedel wochen- ja monatelang gesund an der Pflanze.

Im vorigen Winter mußten wir wegen Raummangel einen Posten große *A. scutum* in einem Kalthause, wo die Temperatur nachts bis auf $2^1/_2{}^0$ C. sank, unterbringen, jedoch ist hier nicht ein Wedel durch Fäulnis zugrunde gegangen, im Gegenteil, wir haben lange Zeit hindurch das daran befindliche Grün allmählich verbrauchen können. Neue Wedel wuchsen nur ganz spärlich nach, was bei einer derartigen Temperatur begreiflich ist. Alles in allem genommen, ist *A. scutum roseum* äußerst wertvoll, besonders für Bindegeschäfte, infolgedessen auch für den Schnittblumenzüchter. Aber auch zur Ausstattung von Wintergärten haben wir hier ein vorzügliches Material, wie wir es kaum unter den anderen Adiantumarten und -sorten finden. In größeren Posten werden *A. scutum*-Wedel viel von Fabriken gekauft, die sich mit der Präparation lebender Farne befassen. Kurz, die Verwendung ist eine mannigfaltige und kann man daher diesem anspruchslosen Farn weitere Verbreitung wünschen.

Adiantum scutum roseum (junge Pflanze).
Originalaufnahme für die „Gartenwelt".

Chrysanthemum.

Chrysanthemumkulturen in der Handelsgärtnerei von E. Thiel, Plötzensee.

Vom Herausgeber.

(Hierzu sieben Abbildungen.)

Eine der interessantesten Handelsgärtnereien Großberlins ist unbedingt diejenige von E. Thiel in Plötzensee, dicht hinter der be–rühmten Strafanstalt gelegen, von der aus auch ihre Ländereien berieselt werden. Bereits in No. 40 des V. Jahrganges dieser Zeitschrift besprach ich in eingehender illustrierter Schilderung die Rosenkulturen dieses musterhaften Betriebes und führte dort auch den Gründer derselben, Herrn Emil Thiel, auf Seite 470 inmitten seiner Lieblinge im Bilde vor. Ich habe an genannter Stelle auch die Entstehungsgeschichte dieser Gärtnerei gestreift; sie befindet sich auf einem fiskalischen Gelände von 8 ha Größe, welches Herr Thiel in den Jahren 1871 bis 1872 in der damals

Kulturen von Adiantum scutum roseum in der Handelsgärtnerei von Hoflieferant F. Herrmann, Feuerbach.
Originalaufnahme für die „Gartenwelt".

Oben: Mme Paolo Radaelli, unten: Sappho.

In der Handelsgärtnerei von E. Thiel, Plötzensee bei Berlin, für die „Gartenwelt“ photographisch aufgenommen.

noch vollständig öde und verlassen liegenden Gegend pachtete. Es war damals für den jungen, fast mittellosen Anfänger ein großes Wagnis, in dem unfruchtbaren Flugsande gärtnerische Kulturen in Angriff zu nehmen, und noch heute erzählt er gern, wie an einem schönen Sonntage, als er sich im Schweiße seines Angesichts auf seinem Pachtlande herumplagte, von zwei vorübergehenden Fachgenossen ihn einer für verrückt erklärte, „weil er da Gärtnerei betreiben wolle“.

Dieser Gärtnereibetrieb ist insofern interessant, weil er sich einerseits, wie gesagt, auf Pachtland befindet, auf welchem auch die Gewächshäuser und das Wohnhaus errichtet sind, und weil andererseits hier Gemüsebau im großen mit Blumenzucht Hand in Hand geht. „Papa Thiel“ widmete durch 3½ Jahrzehnte hindurch im Winter und zeitigen Frühling seine ganze Arbeitskraft der Rosentreiberei in einfachen, an die Berieselung angeschlossenen Häusern, worüber man näheres in No. 40 des V. Jahrganges nachlesen wolle. War die Rosenschnittblumenkultur beendet, so nahmen die Gemüsekulturen ihren Anfang. — Vor etwa zwei Jahren hat sich nun Herr Emil Thiel von den Geschäften ins Privatleben zurückgezogen, nicht etwa weil er schwach und arbeitsmüde geworden, sondern weil er, wie er mir neulich treuherzig sagte, seinem einzigen Kinde die Möglichkeit bieten wollte, einmal zu zeigen, was es leisten kann. Der Sohn, Herr Waldemar Thiel, der sich auf Abbildung Seite 127, auf einer Tonne sitzend, den Gartenweltlesern persönlich vorstellt, führt die Kulturen, vom immer noch arbeitslustigen, jetzt abseits wohnenden Vater an schönen Tagen tatkräftig unterstützt, in der bisherigen Weise fort und hat sie in diesem Jahre durch Neuaufnahme der Chrysanthemumkultur erweitert.

Als Herr Thiel jun. mich an einem schönen Oktobertage ans Telephon rufen ließ und bat, einmal zu ihm herauszukommen, um seine in voller Blüte stehenden Chrysanthemen zu besichtigen, leistete ich diesem Ersuchen gern Folge. Der Besuch dieser Kulturen war in der Tat lohnend, denn sie sind sofort beim ersten Versuch vorzüglich eingeschlagen. Unsere an Ort und Stelle gefertigten Aufnahmen veranschaulichen alles in so vorzüglicher Weise, daß sich weitläufige Erläuterungen erübrigen. Die Bilder lassen erkennen, daß Herr Thiel eintriebigen Sommerstecklingen den Vorzug gibt, das Hauptgewicht auf die Erzielung großer Schaublumen legt, und schließlich nur wenige bekannte, aber überall bewährte Sorten in Kultur genommen hat, ohne sich auf oft kostspielige und enttäuschende Versuche mit unerprobten, allerneuesten Sorten einzulassen. Die hier kultivierten und abgebildeten Sorten sind ja unseren Lesern aus früheren Schilderungen bekannt, es erübrigt sich also ein

Beilage zur illustrierten Wochenschrift
„Die Gartenwelt“.

Neuzüchtungen von W. Bürger, Halberstadt

1. 2. 3. 4. 5.

Lith. u. Druck v. Sinsel & Co., Leipzig-Oetzsch.

Verlag von Paul Parey in Berlin.

A. Pelargonium hybridum grandiflorum nanum.

1. Tante Oda. 2. Käte Bornemann. 3. Geheimrat Johne. 4. Sir Trevor Lawrence. 5. F. H. Krüger.

Einseitiges, jetzt der Chrysanthemumkultur dienendes ehemaliges Rosenhaus in der Handelsgärtnerei von E. Thiel, Plötzensee.
Originalaufnahme für die „Gartenwelt“.

näheres Eingehen auf dieselben. Es hat sich auch in diesem Jahre wieder gezeigt, daß das Interesse des großen Publikums an edlen Chrysanthemumblüten noch ein beträchtliches ist, und daß namentlich hier in Berlin für prächtige Schaublumen Preise gezahlt werden, die dem erfahrenen Züchter ein gewinnbringendes Arbeiten gewährleisten. Nicht unerwähnt möchte ich lassen, daß sich alle Chrysanthemumkulturen durch musterhafte Verfassung auszeichneten; die Pflanzen waren vollständig pilzfrei und von unten auf mit gesundem Laube garniert. Die Kultur wird in einfachen, mit möglichst geringen Kosten erbauten Gewächshäusern gehandhabt. Von den beiden größten der Chrysanthemumhäuser diente das sich dem Wohnhaus anschließende, obenstehend abgebildete, ehemals der inzwischen ganz aufgegebenen Treiberei hochstämmiger Rosen, während seine Hinterwand ein nun eingegangenes Pfirsichspalier einnahm; letzteres bedeckte eine Wandfläche von reichlich 40 qm und brachte jährlich bis zu 500 wohlentwickelte Früchte (Abbildung und Beschreibung Jahrgang VIII, No. 27). Das zweite Chrysanthemumhaus der Thielschen Gärtnerei, Abbildung Seite 129 oben, ist, wie unser Bild erkennen läßt, in einfacher aber zweckmäßiger Weise ausschließlich für Chrysanthemumkultur erbaut worden. Wie bei allen Gewächshäusern der Thielschen Gärtnerei wird auch hier die Bedachung aus Mistbeetfenstern mit Holzrahmen und Holzsprossen gebildet, die späterhin abgenommen und im Frühling und Sommer zur Bedeckung der Mistbeete Verwendung finden.

Neue Pflanzen.

Neue Bürgersche Pelargonien.

(Hierzu die Farbentafel.)

Die dieser Nummer beiliegende Tafel führt uns die neuesten Züchtungen Bürgerscher Pelargonien vor, in denen uns der Züchter wieder eine ganz bedeutende Vervollkommnung bringt, die Auserwählten der letzten Jahre!

Kann man es denn überhaupt für möglich halten, daß nach den letztjährigen Neuheiten, die uns die „Gartenwelt“ in bunten Abbildungen vorführte, noch etwas Schöneres geboten werden könnte? Sind nicht schon die allerfrühesten *Konsul Lauteren, Aurora, Rosel Klemm, Adi,* in ihrer verblüffenden Reichblütigkeit die Ideale des Handelsgärtners? Und *Josef Adolf Töpfer, Ballkönigin, Rudolf Hattendorf, Gartendirektor Siebert* mit ihrem robusten Wuchse und ihrer fast immerwährenden Blühwilligkeit die Beherrscher des Marktes? Kann es etwas Feineres, Lieblicheres geben als *Schön Illa, Martha Bürger, Anna Rudloff, Mein Liebling,*

Chrysanthemumkulturen in der Handelsgärtnerei von E. Thiel, Plötzensee. Im Vorder- und Mittelgrunde Princesse Alice de Monaco, im Hintergrunde Mme Draps-Dom. Originalaufnahme für die „Gartenwelt“.

Andenken an Wildpark, Meta, Lina u. a.? Glaubte man doch schon für alle Zwecke das Höchste in den Sorten *Pauline Schröter, Schneewittchen, Gretchen, Rosa, Wilm, Käte Bürger, Dr. Nagel, Germania, Garteninspektor Mönkemeyer* u. a. erreicht zu haben. Von vielen Gärtnern werden sogar die allerersten Sorten des Züchters wie: *Obergärtner Wauer, Michel* etc. immer noch für wert gehalten, in großen Mengen herangezogen zu werden. Daß selbst diese Sorten immer noch volle Anerkennung finden, ist der beste Beweis dafür, daß uns der Züchter überhaupt nur Gutes gebracht hat!

Diese allerersten Sorten, die er vor länger als 10 Jahren dem Handel übergab, waren allerdings schon ein gewaltiger Fortschritt gegen die alte Rasse, so daß die Annahme, daß nun nichts Besseres mehr zu kommen brauche, wohl zu entschuldigen war. Wer aber einmal Gelegenheit hatte, den Züchter selbst zu sprechen und unter seiner Führung diese Kulturen zu studieren, der weiß, daß wir immer noch besseres zu erwarten haben. Aber alles Bessere ist der Feind des Guten, und so werden zuletzt doch auch die beliebtesten alten Sorten dem Neuen weichen müssen.

Chrysanthemum Princesse Alice de Monaco in der Handelsgärtnerei von E. Thiel, Plötzensee.
Originalaufnahme für die „Gartenwelt".

Ein Blick auf die Tafel zeigt uns aber auch in der Farbe wieder eigenartig Neues. Die zarten Farbentöne von *Tante Oda* wirken in der leichten, duftigen, krausen Blüte überaus anmutsvoll, die kleine dunkle, ausdrucksvolle, feurige Zeichnung, die in der ganzen krausen, vollen Dolde nur hin und wieder hervortritt, erhöht noch den Zauber der ganzen Erscheinung. Die zarte chamois Färbung der *Käte Bornemann* tritt ganz neu unter den Pelargonienfarben in Erscheinung. Den ersten leisen Anflug dieser Färbung finden wir in *Schön Illa* und bei *Aurora* deuten uns die Flecke auf den Oberblättern diesen Farbenton an. Bei *Käte Bornemann* dagegen erglänzt die ganze Blume in dieser eigenartigen Farbe und die großen Flecke der Oberblätter werden in tieferen Tönen dieser Färbung wie von einer Feuerkorona umstrahlt. Diese wunderbare, feine Farbenpracht verrät uns, wieviel Farbenreichtum noch der ganzen Blume zur Verfügung stehen kann. Auch *F. H. Krüger* ist eine ganz neue, aparte Färbung, wie sie in solcher Reinheit und edlen Blütenform noch nicht im Sortimente vertreten war. *Sir Trevor Lawrence* ähnelt im Farbenton *Rudolf Hattendorff* und *Gartendirektor Siebert*, übertrifft jedoch beide an Schönheit der Farben. Es liegt auch hier um die tiefschwarzen Flecke ein hervortretender, feuriger Glanz, der durch die flammenden Adern den Effekt erhöht. Geaderte Blüten wurden bisher vom Züchter immer verworfen, weil Aderung die Reinheit der Farbe beeinträchtigte, es ist dies die erste geaderte, die er dem Sortimente einreiht, und, wie er sie selbst bezeichnet, — die imponierendste und bestechendste.

Geheimrat Johne zeigt ein helles Feuerrot, welches ursprünglich die schwierigste Farbe unter den sogenannten Englischen Pelargonien war. Diese Färbung ist von Herrn Bürger aber mit besonderem Eifer schon immer bei seinen Befruchtungen verfolgt worden und ist schon in seinen früheren Sorten: *Perle von Halberstadt, F. Engel, C. Holzmann, Garteninspektor Mönkemeyer, Andenken an Wildpark, Konsul Lauteren, Josef Adolf Töpfer*, vorhanden. Diese Färbung wird aber immer gern gesehen, wenn sie gleichzeitig auch eine Vervollkommnung der anderen Eigenschaften der Pflanze bringt, wie es hier tatsächlich der Fall ist. Der Züchter sagt selbst von ihr, „sie vereinigt die strotzende Kraft der *Josef Adolf Töpfer* mit der Feinheit und Blühwilligkeit der *Konsul Lauteren* und besitzt das Feuer der *Andenken an Wildpark*."

Es kommt aber auch dem Züchter vielmehr auf die Vervollkommnung der guten Eigenschaften der Pflanze, als auf Darbietung von neuen Farben an. Neue Farben zu schaffen, ist nicht schwer, das zeigt uns jeder Besuch beim Züchter. Bei den vielen tausend Sämlingen sind kaum zwei in Farbe gleich, und man sieht dort viele Färbungen, die man sonst nicht gewohnt ist, unter Pelargonien zu finden, aber trotzdem werden sie nicht als Neuheiten gebracht. Sein Wahlspruch ist: „Nur in allen Stücken Besseres, Volkommeneres als Neuheit zu bringen!"

Seit 20 Jahren verfolgt er schon seine bestimmten Ziele, die auch jeder wirkliche Pelargonienzüchter und Kenner anerkennen muß. Er besitzt ja auch durch diese lange Zeit und seine persönliche Hingabe für diese Gattung soviel Erfahrung und Material voraus, daß ihn darin niemals jemand einholen kann, wenngleich noch so viele, auf seiner Rasse weiterbauend, sich damit Mühe geben. Das Verkehrteste wäre ja, wie einmal vor Jahren angedeutet wurde, die Bürgersche Rasse mit der alten englischen rück-

Neues Gewächshaus für Chrysanthemumkultur in der Handelsgärtnerei von E. Thiel, Plötzensee. Originalaufnahme für die „Gartenwelt“.

wärts zu kreuzen. Den besten Beweis für die Hinfälligkeit dieser Andeutung gibt wohl Herr Bürger dadurch, daß er aus seinen Sämlingen mit peinlichster Sorgfalt alles ausmerzt, was nur irgendwie an das Blut der alten Rasse erinnert.

Welches herrliche Material ihm noch zur Verfügung steht, zeigt ein Blick in die Häuser der zur weiteren Beobachtung stehenden neuen Sorten. Aus diesen würde man mit einem Schlage ein ganz neues Sortiment bilden können.

Es soll aber alljährlich nur eine beschränkte Zahl nur solcher Sorten dem Handel übergeben werden, die den jeweiligen Ansprüchen voll genügen. Die augenblicklichen Ansprüche des Züchters sind: daß sie bei absoluter Reinheit Bürgerscher Rasse entweder die Frühzeitigkeit und volle Reichblütigkeit der Sorten wie: *Konsul Lauteren, Aurora, Rosel Klemm, M. Bürger, Adi* u. a. besitzen oder, daß sie remontieren, d. h. nicht an eine kurze Blütendauer gebunden sind, sondern den Sommer hindurch blühen und sich dadurch für Beet-, Balkon- und Kästenbepflanzung eignen. Die diesjährigen Neuheiten sind besonders gut remontierend und steht hier *Sir Trevor Lawrence* an erster Stelle. Diese Neuheit blühte auch im Herbste, trotz des so schlechten Sommers, fast mit gleicher Fülle und Schönheit als im Mai-Juni.

Chrysanthemumkulturen in der Handelsgärtnerei von E. Thiel, Plötzensee. 1. W. Duckham, 2. Sappho, 3. Mme Paolo Radaelli, 4. Prinzesse Alice de Monaco, 5. Mme Draps-Dom. Originalaufnahme für die „Gartenwelt“.

Alle Sorten, die sich durch eine lange Blütendauer auszeichnen, sind auch widerstandsfähiger gegen schlechte Witterung, haben einen üppigen Wuchs, treiben leicht und immer wieder Seitentriebe, die auch wieder in Knospen enden. Bei guter Kultur, hinreichender Nahrung und öfterem Verpflanzen werden sie nie das Aussehen einer absterbenden, sondern einer sich verjüngenden Pflanze haben. Es ist dies eine außerordentlich hervorragende neue Eigenschaft, die Herr Bürger der so beliebten Blume angezüchtet hat. Hierdurch wird ihre Verwendbarkeit eine bedeutend gesteigerte werden und wird man sie nun nicht nur im Zimmer, auf Balkonen etc. bewundern, sondern sie wird auch als Zierde der Gärten unser Auge erfreuen. Auch dem Handel wird durch diese neue Errungenschaft des Züchters wieder ein größeres Absatzgebiet eröffnet.

So wird diese schöne Pflanze, der ausgesprochene Liebling so vieler Blumenliebhaber, auch noch in weiteren Kreisen Interesse erwecken, vor allen Dingen bei denen, die sie bisher nur als rasch vergehende Schönheit und nur als eine im Absterben dem Ungeziefer verfallende Zimmerpflanze kannten, sie nun aber als eine frische, beständige Blütenpflanze kennen lernen, der man gern den bevorzugtesten Standort im Garten einräumt. **A. Rudloff.**

Blumentreiberei.

Aetherverfahren und Warmwasserbehandlung bei Treibfliedern.

An der Versuchsstation für Pflanzenkultur am Königlich Botanischen Garten zu Dresden sind seit Jahren Versuche in Angriff genommen und zum teilweisen Abschluß gelangt, die für den deutschen Gartenbau und im besonderen für den Sachsens von Nutzen sind. Erinnert werden mag u. a. an die Düngung von Maiblumen und Azaleen, an die Blaufärbung der Hortensien, die Treiberei von Flieder und Maiblumen. Diese Versuchsergebnisse sind in den „Sitzungsberichten und Abhandlungen“ der Königlich Sächsischen Gesellschaft für Botanik und Gartenbau „Flora“ zu Dresden niedergelegt und durch den Bücherwart der Gesellschaft, Herrn Fr. Ledien, früherer Inspektor am Kgl. Botanischen Garten zu Dresden, jetzt Oberinspektor am Kgl. Botanischen Garten zu Dahlem-Berlin, in geschickten und von großer Liebe zur Sache getragenen Arbeiten unter Benutzung unserer deutschen Fachzeitschriften verbreitet worden. Auch für die nächsten Jahre sind eine Anzahl weiterer Versuche in Angriff genommen worden. In diesem Vorwinter wurde der Frage nach der besten Treibmethode der Flieder nochmals nahe getreten.

Den Gartenweltlesern ist das Johannsensche Aetherverfahren bekannt. Wenn dasselbe für die Zukunft wohl mehr in den Hintergrund treten dürfte, so hat es doch den Vorteil ergeben, daß sich die für die Praxis arbeitende Wissenschaft der Fliedertreiberei angenommen hat. Heute macht es ganz den Eindruck, als ob das Einhängen der Flieder in warmes Wasser das bisherige Aetherverfahren ablösen wird.

Marie Legraye war, Anfang November 10 Stunden lang in warmes Wasser von 35° C (= 28° R) eingetaucht, nach 3 Wochen in Blüte. Pflanzen, die im Wasser von 45° C (= 36° R) 10 Stunden lang eingehängt waren, zeigten nach Herausnahme aus dem Wasser zwar eine Bräunung ihrer Knospenschuppen, sie entwickelten sich anfangs auch langsamer als erstgenannte, holten dann aber rasch die mit 35° C behandelten Töpfe ein, während eine Wasserwärme von nur 25° C (= 20° R) fast keinen Einfluß auf bessere Treibfähigkeit ausübte. Es scheint somit, daß der für das Treibverfahren geeignetste Grad der Wasserwärme zwischen 35° und 45° C liegt und daß ein fest bestimmter Wärmegrad gar nicht gehalten zu werden braucht. Aetherisierte *Marie Legraye* entwickelten sich nicht so schnell als die mit warmen Wasser behandelten, hatten aber doch einen größeren Vorsprung gegenüber den Pflanzen, die gar keiner Behandlung unterzogen wurden.

Deutlicher noch trat bei *Charles X* der Vorteil der Warmwasserbehandlung zu Gesicht. Am 6. November mit 50 g per hl Raum ätherisierte Flieder versagten fast völlig, während die mit Warmwasser behandelten normal zum Blühen gelangten. Diese Aethergabe von 50 g war also um diese Zeit offenbar noch nicht ausreichend; wir hätten „die große“ Aetherdosis von 60 g per Hektoliter Raum geben sollen, die in anderen Jahren schon Schädigungen ergeben hat. *Charles X* aber, die 8 Tage später, am 13. November, die gleiche Aethergabe von 50 g erhielten, kamen früh zur Entwicklung und zeigten kein wesentlich anderes Treibresultat als die mit Warmwasser behandelten Töpfe.

M. Löbner, Kgl. Garteninspektor, Dresden.

Bücherschau.

Handbuch der Obstkultur. Aus der Praxis für die Praxis bearbeitet von Nicolas Gaucher. Vierte, neubearbeitete und vermehrte Auflage. Mit 630 Originalholzschnitten, 16 Tafeln und dem Porträt des Verfassers. Berlin 1908. Verlag von Paul Parey. Preis in Leinwand gebunden M. 22,—.

Die gewaltige Entwicklung, welche der moderne Gartenbaubetrieb genommen hat und dessen große Vielseitigkeit zwingen jeden Gartenbautreibenden, sich in der Hauptsache einem Spezialgebiete zuzuwenden, um dies in allen seinen Teilen zu ergründen und zu beherrschen zu suchen. Es ist aber heute schon schwierig geworden, es im Laufe langer Jahre auch nur auf einem Spezialgebiete zur Meisterschaft zu bringen, denn manche gärtnerischen Spezialitäten sind außerordentlich vielseitig, so daß man häufig schon froh ist, wenn man gewissermaßen einen Ausschnitt aus denselben voll und ganz zu beherrschen vermag. So dürfte es zurzeit kaum einen Spezialisten geben, der sich der genauen Kenntnis auch nur eines größeren Teiles der angepflanzten Rosen- oder Obstsorten rühmen könnte. Auch der Verfasser des vorliegenden Buches, der sein ganzes Leben ausschließlich dem Obstbau gewidmet hat, bevorzugt auf diesem weiten Gebiete gewisse Spezialzweige. Ihm liegt, vom Baumschulenbetrieb abgesehen, in erster Linie die Formobstkultur am Herzen. In der erschöpfenden Behandlung dieser beiden Spezialgebiete des Obstbaues liegt der Schwerpunkt des Gaucherschen Handbuches. Daß es diese beiden Gebiete richtig erfaßt, in eingehender und meisterhafter Weise behandelt, beweist der große Erfolg seines Werkes, das in verhältnismäßig kurzer Zeit vier starke Auflagen erlebte. Nimmt man sich die Mühe, die vorliegende vierte Auflage mit der ersten zu vergleichen, die bei ihrem Erscheinen berechtigtes Aufsehen erregte, so drängt sich die Ueberzeugung auf, daß der Verfasser mit der Zeit fortgeschritten, viel gelernt hat, und das Gelernte zu verwerten versteht. Der Buschobstkultur, also dem vereinfachten Erwerbsobstbau für eingefriedigte Grundstücke, steht Gaucher auch heute noch durchaus ablehnend gegenüber, was die Vermutung nahelegt, daß er von den musterhaften und ertragreichen Anlagen dieser Art im Reiche keine Kenntnis hat. Die in der ersten Auflage stark hervortretende Polemik ist in den weiteren Auflagen zum Vorteil des Werkes mehr zurückgetreten, auch ist die fortschreitende Erkenntnis tunlichst berücksichtigt worden. Fest steht auf jeden Fall, daß es als Lehrbuch für die vorerwähnten Spezialgebiete kein zweites Werk weder in deutscher, noch in fremder Sprache gibt, das dem Gaucherschen Handbuche ebenbürtig zur Seite gestellt werden könnte. Aber nicht nur in Bezug auf den textlichen Inhalt, sondern auch bezüglich der Abbildungen steht das Gauchersche Handbuch unerreicht da. Der Bildschmuck ist eine ganz vorzüglicher, systematischer, und diesem Umstande dürfte es wohl auch zuzuschreiben sein, daß die Originale dieses Werkes vielfach anderen Fachwerken als Vorlage gedient haben, bezw. unbefugt nachgebildet worden sind. Die Illustration der neuen, vierten Auflage hat durch eine Anzahl meisterhaft ausgeführter Tafeln und neuer Textbilder eine beträchtliche Erweiterung erfahren, die mit Freuden begrüßt wird. Daß, wie jedes Werk von Menschenhand, auch dieses noch gewisse Lücken aufweist, ist begreiflich. Von meinem persönlichen Standpunkte aus hätte ich gern gesehen, wenn Verfasser den vielseitigen Fortschritten in der Schädlingsbekämpfung eine größere Beachtung geschenkt haben würde; der Arsen-Kupferkalkbrühe zur Bekämpfung der Obstmade und des Obstbaumkarbolineums, mag man ihm wie Schreiber dieses auch noch skeptisch gegenüberstehen, hätte wohl Erwähnung getan werden können. Auch das Kapitel der Düngung der Obstbäume hätte ich gern ausführlicher behandelt gesehen. Verfasser erwähnt die Gründüngung, die für den Erwerbsobstbau von so großer Bedeutung ist, mit keinem Worte. Auch auf mineralische und konzentrierte Düngemittel geht er nicht ein. „Die künstlichen Dünger“ — er meint damit gewiß die mineralischen — betrachtet er nur als Reizdünger, „sie sind für den Baum das, was der Schnaps für den Menschen ist, sie wirken momentan, aber nicht auf die Dauer“. In mancher Hinsicht mag dies zutreffend sein, auf humose Böden trifft es aber nicht zu, und in Verbindung mit sachgemäß durchgeführter Gründüngung sind, von konzentrierten Düngern abgesehen, auch die mineralischen Dünger, speziell für den Plantagenbetrieb von hoher Bedeutung. Abgesehen von den erwähnten und anderen kleinen Ausstellungen, die sich noch machen ließen, nehme ich aber keinen Anstand, die neue Auflage des Gaucherschen Handbuches als eine außerordentlich fleißige, einzig in ihrer Art dastehende Arbeit zu bezeichnen, verfaßt von einem Spezialisten, der sich um die Veredlungskunst, die Formobstkulturen und um den Liebhaberobstbau überhaupt, wie auch um den Baumschulbetrieb bleibende Verdienste erworben hat.

Die Verlagsbuchhandlung hat keine Kosten gescheut, dieses Buch im Hinblick auf seinen hohen Wert in musterhafter Weise auszustatten. Es sei speziell auch als prächtiges Weihnachtsgeschenk für alle im Baumschulenbetriebe tätigen, sich mit Formobstkultur und Obstbau beschäftigenden Berufsgärtner und Liebhaber wärmstens empfohlen. Im Interesse der Förderung des Obstbaues verdient es weiteste Verbreitung, denn, um mit Gauchers Worten zu reden, „Jeder, der die Liebe zum Obstbau zu verallgemeinern strebt, dient dem Vaterlande und begünstigt das Wohl des Volkes“. **M. H.**

Zeit- und Streitfragen.

Ein städtischer Gartenbeamter in leitender Stellung übermittelte uns die nachstehenden Ausführungen, welche sicher zu denken geben, mit der Bitte um Abdruck:

. . . . und drein geschlagen!

Zu den Ausführungen des Herrn Carl Kanig in No. 9 der „Gartenwelt", die, nebenbei bemerkt, Worte zur rechten Zeit genannt werden können, sei noch hinzugefügt, daß die „Deutsche Gesellschaft für Gartenkunst" es wohl nicht so ernst mit den Interessen der Fachgenossen nimmt, besonders „Die Gartenkunst", deren Schriftleitung nur noch Artikel von sogenannten Autoritäten bringt und dem Gärtner und Gartenfachmanne von Architekten und Professoren „Aufklärungen" erteilen läßt, die besonders schädigend für die Gartenbeamten in den Städten wirken. Bekanntlich sind eine Anzahl von Städten der Gesellschaft beigetreten und erhalten das Vereinsorgan „Die Gartenkunst" monatlich zugeschickt. — Was soll nun der betreffende Gartenfachmann tun, wenn seine vorgesetzte Behörde, etwa der Stadtbaumeister, Kenntnis von dem Inhalte der „Gartenkunst" erhält? — Der Herr Stadtbaumeister oder Baurat wird oft das tun, was die meisten Architekten mit Vorliebe tun, — er wird den Gartenfachmann resp. Beamten nach zulässigen Mitteln unterdrücken, zum gewöhnlichen Handlanger herabwürdigen. Allerdings, für Leute, die keinen Charakter haben und ihr Mäntelchen nach dem Winde drehen, ist dieses gleichgültig, denn sie bringen es dennoch fertig, sich eine, wenn auch fragwürdige Position zu schaffen.

Tatsächlich kann man heute bereits die Folgen der neuen Richtung der Gesellschaft wahrnehmen. Hoffentlich ist es noch Zeit, das Errungene und bereits verloren gehende zu retten, den Gartenbeamten in unseren Städten die ihnen gebührende Stellung im Städtebau zu erhalten. Oder meinen die Führer der „Deutschen Gesellschaft für Gartenkunst", die zurzeit noch gut gebettet sind, daß sie fest stehen? Nein, meine Herren, da kennen Sie die Architekten leider zu schlecht und merken gar nicht, wie Ihnen allmählich das Fell über die Ohren gezogen wird.

Es ist hohe Zeit, daß mit der Politik der „Gartenkunst', soweit sie für unseren Beruf in Betracht kommt, gebrochen wird; für die sogenannten Allkünstler mag dies Blatt ja Tummelplatz für allerlei Ergüsse und Phrasen werden, aber unserm Stande ist mit ihr jetzt nicht mehr gedient.

Argus.

Aufruf!

Herr Professor Dr. **Carl Müller**, Lehrer der Botanik an der Kgl. Gärtner-Lehranstalt, Dozent an der Kgl. Technischen Hochschule und langjähriger Sekretär der Deutschen botanischen Gesellschaft, welcher am 13. Juni dieses Jahres nach kurzer Krankheit verstorben ist, hat seine Familie in sehr schwieriger Lage hinterlassen. Vermögensobjekte irgend welcher Art sind nicht vorhanden. Ein vor mehreren Jahren unternommener Versuch des Verstorbenen, seine Familie durch eine Lebensversicherung sicher zu stellen, war ohne Erfolg. Da Carl Müller erst vor wenigen Jahren in eine etatsmäßige Stellung eingerückt ist, konnte die Witwenpension nur gering bemessen werden. Das Erziehungsgeld für den einzigen Sohn fällt leider vom nächsten Jahre an weg. Zu alledem ist der Witwe durch einen doppelten Armbruch die Möglichkeit genommen, sich selbst etwas zu erwerben.

Unter diesen Umständen haben die Unterzeichneten geglaubt, an die Opferwilligkeit der Freunde, Schüler und Kollegen des Verstorbenen appellieren zu sollen.

Es ist geplant, ein Kapital zu sammeln, welches zum größeren Teile in eine Lebensrente für die Witwe umgewandelt und zum kleineren Teile zu jährlichen Erziehungsbeiträgen für den Sohn bis zur Vollendung von dessen 24. Lebensjahre zu verwenden wäre.

Wir bitten herzlich, Beiträge für diesen Zweck baldmöglichst an **Herrn Rentner W. Retzdorff zu Friedenau bei Berlin, Lauter-Straße No. 25,** senden zu wollen.

Diejenigen Herren, welche es vorziehen sollten, ihren Beitrag erst im Januar des nächsten Jahres einzusenden, werden ersucht, ihn schon jetzt bei Herrn **W. Retzdorff** anzumelden.

P. Ascherson. M. Drobnig. Th. Echtermeyer. A. Engler. F. Goerke. L. Kny. W. Laux. C. Liebermann. G. Lindau. G. Lopriore. P. Magnus. Otto Müller. O. Reinhardt. W. Retzdorff. S. Schwendener. H. Thoms. R. Thost. I. Urban. L. Wittmack. N. Zuntz.

Preisausschreiben.

Urteil des Preisgerichtes im Wettbewerb zur Erlangung von Entwürfen für einen Stadtpark in Regensburg.

Die als Preisrichter erwählten Herren*) haben sich am Donnerstag, den 28. November d. J., vormittags 11½ Uhr im Reichssaale des Rathauses zu Regensburg eingefunden. Herr Oekonomierat Jung ist als Ersatzmann einberufen worden für den vom Preisrichteramt zurückgetretenen Herrn Joseph Schinabeck in Weihenstephan.

Nach Begrüßung durch Herrn Bürgermeister Geib bildete sich das Preisgericht durch die Wahl des Herrn Kolb zum Vorsitzenden und des Herrn Schmetzer zum Schriftführer.

Von den 87 eingelaufenen Entwürfen ist laut Postaufgabestempel der Entwurf mit dem Kennwort „Vielleicht" erst am 22. November zur Post abgegeben worden, mußte also als zu spät abgesendet, von der Preisbewerbung ausgeschlossen werden.

Zunächst wurden bei einem ersten Rundgang durch die Preisrichter 50 Entwürfe ausgeschieden, die teils aus formellen Gründen — weil nicht programmgemäß —, teils aus sachlichen Gründen nicht entsprachen. Aus gleichen Gründen wurden bei einer zweiten Sichtung weitere 23 Entwürfe ausgeschieden. Ein dritter Rundgang ergab wiederum die Ausschaltung von 5 Projekten.

Es blieben somit für die Preisauswahl acht Entwürfe übrig, deren Kennworte folgendermaßen lauten:

1. A tempo;
2. Weißer Doppelpunkt;
3. Blick;
4. Ernst ist das Leben, heiter die Kunst;
5. Nach 20 Jahren (ein zweiter Entwurf mit gleichem Kennwort war bereits bei den Rundgängen ausgeschieden worden);
6. Donauwellen (ein zweiter Entwurf mit dem gleichen Kennwort war bereits bei den Rundgängen ausgeschieden worden);
7. Erholung (fünf weitere Entwürfe mit dem gleichen Kennwort konnten nicht berücksichtigt werden);
8. Im Wandel der Zeit.

Im Laufe des Nachmittags besichtigten die Preisrichter das Gelände des künftigen Ausstellungsparkes; hieran schlossen sich dann im Rathaus eingehende Erörterungen über die Bewertung der in die engste Wahl gezogenen Projekte. Diese Erörterungen wurden am nächsten Vormittage fortgesetzt und mit einer wiederholten gründlichen Besichtigung sämtlicher eingelaufenen Entwürfe verbunden. Das Preisgericht gewann hieraus nochmals die einstimmige Ueberzeugung, daß die acht ausgewählten Projekte die geeignetsten seien. Hierauf trat man in die Preisbewertung selbst ein. Nach längerer Diskussion ergab sich folgendes Resultat:

1. Der erste Preis mit 1000 M. ist dem Entwurfe „Ernst ist das Leben, heiter die Kunst" zuzubilligen, als dessen Verfasser nach Oeffnung des verschlossen beigegebenen Umschlages sich Friedrich Glum, Gartenarchitekt, Kottbus, und Alfred Boese, städt. Obergärtner, Kottbus, ergaben. Maßgebend für die Bewertung waren folgende Erwägungen:

*) Franz Elpel, Gartendirektor in Nürnberg, Hermann Geib, I. rechtsk. Bürgermeister, ebenda, Karl Jung, K. Oekonomierat und Gartenbau-Oberinspektor in Augsburg, Max Kolb, K. wirkl. Rat, K. Oberinspektor a. D., München, Georg Liebenau, Fürstl. Thurn und Taxis'scher Hofgarten-Direktor, Wilhelm Neuffer, Kommerzienrat, I. Vorstand des Gemeindekollegiums, Adolf Schmetzer, Stadtbaurat.

Großzügige Anordnung der Parkwege, gefällige Wegverbindungen nach allen Seiten, gute Anordnung der Bepflanzung und der Rasenflächen, schöne Durchblicke. Ein Hauptvorzug liegt darin, daß die Anlage schon vor der Hinzuziehung der Friedhöfe ein abgeschlossenes Ganzes bildet. Das Preisgericht spricht indes den Wunsch aus, daß, sofern das Wasserquantum nicht ausreicht, die Teichfläche verkleinert und ein kleiner, sich schlängelnder Fußweg längs der Ostseite des Teiches angelegt werde. Der Platz unter den Linden dürfte wohl gegenüber seinem jetzigen Bestande keine größere Veränderung erleiden.

2. Der zweite Preis mit 700 M. wurde dem Entwurf mit dem Kennwort „Donauwellen“ zugesprochen, als dessen Verfasser A. Hempel, Gartentechniker bei der städtischen Gartenverwaltung in Schöneberg bei Berlin, festgestellt wurde. Das Gutachten des Preisgerichtes lautet: Gute Wegführung, Bepflanzung und Rasenanlage. Schöne Parterreanlagen vor dem Ausstellungsgebäude, sehr glückliche Anordnung des Hauptzugangs. Dagegen könnte der im übrigen auch zu groß geplante Weiher erst nach Auflassung der Friedhöfe, d. i. in 15 bis 20 Jahren, zur Ausführung kommen.

3. Der dritte Preis im Betrage von 400 M. wurde dem Entwurfe mit dem Kennwort: „Im Wandel der Zeit“ zugesprochen, als dessen Verfasser sich die Gartentechniker Paul Sallmann und Arthur Stephan in Breslau ergaben. Das Urteil des Preisgerichtes lautete hierüber: Gefällige Weganlage, ruhige, große Flächen, gute Verbindungen. Die Form der Teichanlage dürfte eine Veränderung erfahren.

Der 1. und 2. Preis wurde vom Preisgericht mit Einstimmigkeit, der 3. Preis mit 6 gegen 1 Stimme zuerkannt.

Die Entwürfe „Erholung VI“, Verfasser Kurt Winkler, z. Z. Einj.-Freiwilliger in Münden i. H. (vorher Ausstellungs-Gartentechniker in Mannheim), und „Weißer Doppelpunkt“, Verfasser Leo Heerwagen, Darmstadt, werden vom Preisgericht den städt. Kollegien zur Verleihung einer Anerkennung empfohlen. Man ging dabei von der Erwägung aus, daß beide Entwürfe eine gute Gesamtleistung darstellen, daß sie aber wegen der regelmäßigen Partien dem Programme nicht ganz entsprechen.

Die Kostenanschläge geben bei sämtlichen Entwürfen zu Erinnerungen keinen Anlaß.

Die eingelaufenen Entwürfe sollen 14 Tage lang im Reichssaale zu Regensbuxg ausgestellt werden.

Hierauf wurden die Verhandlungen geschlossen und von den Herren des Preisgerichts zur Anerkennung unterzeichnet.

Bevorstehende Ausstellungen.

Breslau. Die am Sonntag, den 1. Dezember, hier stattgehabte Versammlung Schlesischer Fachleute, zugleich Vertreter der Schles. Gartenbau-Gesellschaft, der Sektion für Obst- und Gartenbau, und des Vereins Schles. Handelsgärtner hat beschlossen, im Jahre 1910 eine große Gartenbau-Ausstellung in Breslau zu veranstalten.

Gleiwitz. Der vom Oberschl. Gartenbau-Verein Gleiwitz beschlossene Unterrichtskursus für Gärtnergehilfen und -lehrlinge hat am 15. November mit 24 Teilnehmern begonnen. Dieser fachliche Fortbildungsschulunterricht findet von November bis Februar jeden Donnerstag abend von 5—8 Uhr in Gleiwitz in dem vom Magistrat zur Verfügung gestellten kleinen Zeichensaale der Schule IV statt und wird von Mitgliedern des Vereins nur an solche junge Leute erteilt, deren Chefs Mitglieder des Oberschl. Gartenbau-Vereins Gleiwitz sind. Die Unterrichtsfächer sind: Gärtnerische Betriebslehre, Geometrisches Rechnen, Feldmessen, Planzeichnen, Gehölzkunde, Obstbaumschnitt, Bodenkunde, Allgemeiner Pflanzenbau, Gärtnerischer Schriftwechsel.

Personal-Nachrichten.

Franz, Wilhelm, Gutsgärtner zu Kannenberg im Kreise Osterburg, erhielt das Allgemeine Ehrenzeichen.

Krück, Carl, Inhaber der Firma F. L. Stueben, Hamburg-Uhlenhorst, † am 28. v. Mts. im 68. Lebensjahre. Mit Krück ist wieder einer der um das kräftige Emporblühen des Hamburger Gartenbaues hochverdienten dortigen Gärtnersenioren dahingegangen. Der Verstorbene war ein den weitesten Kreisen bekannter, überall gern gesehener und beliebter Fachmann; er gehörte länger als ein Menschenalter dem Verwaltungsrat des Gartenbauvereins von Hamburg-Altona und Umgebung an, und hat sich um das Zustandekommen der internationalen und lokalen Gartenbauausstellungen, welche in den letzten drei Jahrzehnten in Hamburg durchgeführt wurden, hervorragende Verdienste erworben. In unserer Schilderung der Senioren der Hamburg-Altonaer Handelsgärtner, „Gartenwelt“, Jahrgang VII, No. 16, rangierte Krück nach der dort eingehaltenen Rangordnung als jüngster unter 9 hervorragenden, ergrauten Fachgenossen, von denen inzwischen so mancher dahingegangen ist, an letzter Stelle. Er war geboren am 2. Juli 1839 zu Sören im Amte Bordelsholm, Provinz Holstein, als Sohn eines Oberförsters und Forstrats. Am 1. April 1857 trat er in Reinbeck bei Jame Bahnsen in die Lehre. Nach Beendigung seiner dreijährigen Lehrzeit ging er 1/2 Jahr auf Reisen, trat dann wieder bei seinem Lehrprinzipale als Gehilfe ein und arbeitete danach kurze Zeit in einer Hamburger Samenhandlung. Durch Empfehlung seines Lehrprinzipals erhielt Krück im April 1861 Stellung als Leiter der Topfpflanzenkulturen der Firma F. L. Stueben, der er von nun ab bis zu seinem Tode seine ganze Arbeitskraft widmete. Schon kurze Zeit nach seinem Eintritt in die Firma wurde ihm die gesamte Geschäftsleitung daselbst übertragen. 1887 feierte er unter großer Teilnahme der gärtnerischen Kreise Hamburgs das Jubiläum seiner 25jährigen Tätigkeit als Geschäftsleiter der Firma Stueben, und noch im gleichen Jahre übernahm er den gesamten Betrieb für eigene Rechnung. Unter Krücks Geschäftsführung entwickelte sich die Firma zu einer der ersten Hamburgs, auch auf dem Gebiete der Dekorations- und Landschaftsgärtnerei, für welche der Verstorbene eine hervorragende Begabung besaß, die er durch eifriges Selbststudium weiterentwickelte. Alle, die Krück im Leben näher traten, werden diesem hervorragenden Fachmanne und trefflichen, stets hilfsbereiten und bescheidenen Menschen ein dauerndes Andenken bewahren. **M. H.**

Carl Krück †.

Schmeißer, Max, Garteningenieur in Breslau, † am 23. v. M. im 55. Lebensjahre.

Urban, Geh. Regierungsrat, Professor Dr., Unterdirektor des Botanischen Gartens und Museums der Friedrich Wilhelms-Universität in Berlin, erhielt den Königlich Bayerischen Verdienstorden vom heiligen Michael dritter Klasse.

Veitch, James Herbert, Chef der weltbekannten Gartenbaufirma James Veitch & Sons Lt., † Mitte vorigen Monats im Alter von 39 Jahren.

Berlin SW. 11, Hedemannstr. 10. Für die Redaktion verantwortlich Max Hesdörffer. Verlag von Paul Parey Druck: Anhalt. Buchdr. Gutenberg e. G. m. b. H., Dessau.

Bürgersche Grossblumige Pelargonien

Weltberühmte Verbesserung der alten sogen. Englischen.

Ich versende das ganze Jahr hindurch reichverzweigte Mutterpflanzen meines vorzüglichen Sortiments.

Jetzt empfehle:

Junge kräftige vollbelaubte Stecklingspflanzen

mit festen Topfballen in echten Sorten nach meiner Wahl

100 Stück schon von M. 25 an.

Die hervorragendsten Neuheiten der letzten Jahre sind die allerfrühesten, reichblühendsten, starkwüchsigsten, remontierenden!

Siehe Katalogbeschreibung!

Kataloge mit bunten Abbildungen stehen zu Diensten. [294

W. Bürger, Gärtnereien, **Halberstadt.**

Endlich ein brauchbarer **Rosenentdorn-Apparat.**

(D. R. G.-M.)

Zu beziehen zum Preise von M. 45.— von den alleinigen Fabrikanten [14

S. Kunde & Sohn
Dresden-A. 44
Kipsdorferstr. 106.

Der Apparat besteht aus einem auf der Tischplatte aufschraubbaren, eisernen Gehäuse, in dessen Innerem 6 elastisch federnde Messer so angeordnet sind, dass jeder hindurchgezogene Rosenwildling vollkommen sauber und glatt, ohne jede Verletzung, mühelos entdornt wird. Dieser Apparat macht sich in Rosenschulen bereits in wenigen Tagen bezahlt, denn es entdornt ein Mann damit **täglich** bequem 2000 bis 3000 Wildlinge, während mit dem Messer nur wenige Hundert mühevoll entdornt werden.

George Grimm

Hannover Engelbostlerdamm 49

Zentralheizungen und Gewächshausbau

Lager von Gegenstrom-Gliederkessel, Cylinderkessel mit Wasserplatte, sowie **Schlangenkessel** von Mk. 82.— an fertig zum Anschluss.

Frühbeetfenster in Pitchpineholz mit je 3 Eisensprossen 180×100 und 156×94 stets am Lager.

Prima Empfehlungen. Man verlange Katalog.

Um Irrtümer zu vermeiden, wird gebeten, obige Adresse genau anzugeben. [14

Stauden- und Baumschul-Kulturen!

In allen einschlägigen Artikeln: **Vom Guten das Beste!**

Unter anderem grosse Bestände der feinsten Auswahl in:
Paeonia sinensis,
Paeonia arborea,
Clematis. [19

Reichhaltiges Verzeichnis mit Beschreibung ... und Abbildungen frei!

Goos & Koenemann
Grossh. Hess. Hoflieferanten
Nieder-Walluf bei Wiesbaden
Staudenkulturen und **Baumschulen** für Obstbäume, Koniferen, Rosen und Ziergehölze.

Empfehle
Apfelhochstämme
% 85 ℳ und 70 ℳ sowie
Apfelbüsche
auf Doucin % 65 ℳ und 45 ℳ, 45 ℳ zum Teil auf Wildling.
Birnbüsche
auf Quitte % 70 ℳ,
in guten gangbaren Sorten echt und guter sehr widerstandsfähiger Quali... aus sehr rauher freier Lage. Emballa... und Fracht frei. Auf Wunsch bei gu... Ref. 3 Mon. Ziel, sonst per Nachnahm...
Nehme auch Statice in Taus... (bis 4 Zentner jedes Quantum). Dur... aus reelle Bedienung sichere zu.
Rud. Metsch,
Obercunnersdorf, Amtsh. Löbau i.

Beissner, Handbuch der Nadelho...kunde 20 M.
Hartwig, Illustr. Gehölzbuch 12 ...
Koehne, Dendrologie 16 M.
auch gegen 3 M. Monatsra...
Herm. Meusser, Spezialbuchhdl. für Gartenbau
Berlin W. 35/102, Steglitzerstrasse ...

Kieler Baumschule
Friedrich Repenning, Kie...
empfiehlt in bekannter, bester Wa...
Obstbäume,
Beerenobst,
Alleebäume,
Ziersträucher,
Koniferen u. Thuja ...
Rosen,
Stauden und Kaktus-Dahlien
Hauptpreisverzeichnis umsonst und postf...

Bei Bestellungen bitten wir auf die „Gartenwelt" Bezug zu nehmen.

Hierzu eine Beilage von der **Verlagsbuchhandlung Paul Parey** in **Berlin SW 11.**

Druck der Anhaltischen Buchdruckerei Gutenberg e. G. m. b. H. in Dessau.

Weihnachten 1907.

Die Gartenwelt.

Bezugsbedingungen: **Erscheint jeden Sonnabend.** **Anzeigenpreise:**

Durch jede Postanstalt bezogen Preis 2.50 M. vierteljährl. In Österreich-Ungarn 3 Kronen. **Bei direktem Bezug unter Kreuzband:** Vierteljährlich 3 M. Im Weltpostverein 3.75 M. Einzelpreis jeder Nummer 25 Pf.

Bei ohne Vorbehalt eingehenden Beiträgen bleibt das Recht redaktioneller Änderungen vorbehalten. Die Honorarauszahlung erfolgt am Schlusse jeden Vierteljahrs.

Die Einheitszeile oder deren Raum 30 Pf.; auf der ersten und letzten Seite 50 Pf. Bei grösseren Anzeigen und Wiederholungen steigender Rabatt. Beilagen nach Übereinkunft. **Anzeigen in der Rubrik Arbeitsmarkt** (angebotene und gesuchte Stellen) kosten für Abonnenten einmalig bis zu 10 Zeilen Grösse M. 1.50, weitere Zeilen werden mit je 30 Pf. berechnet. Erfüllungsort auch für die Zahlung: Berlin.

Adresse für Verlag und Redaktion: Berlin SW. 11, Hedemannstrasse 10.

Die Abonnenten erhalten mit diesem Heft den farbigen Wandkalender für 1908.

Die Gartenwelt.

Illustrierte Wochenschrift für den gesamten Gartenbau.

Jahrgang XII. | 21. Dezember 1907. | No. 12.

Aus deutschen Gärten.

Die Stettiner Stadtgärtnerei.

Von **O. Schulze**, Stadtgarteninspektor, Stettin.

II.

Ihre Nutzbarmachung im Sommer.

(Hierzu fünf Abbildungen.)

Naturgemäß werden die Gewächshäuser einer Stadtgärtnerei in der Hauptsache während der Wintermonate gebraucht, wohingegen sie im Sommer meist leer stehen. Diese Tatsache veranlaßte mich, darüber nachzudenken, wie die Häuser auch im Interesse der Bürgerschaft und zur Belehrung für die Allgemeinheit nutzbar zu machen seien. Ich kam da zunächst auf die Idee, die beiden vertieften Beete des Mittelhauses als Wasserbassins einzurichten und darin tropische Wasserpflanzenkulturen zu betreiben. Der Umstand, daß das ganze Bassin in Zement hergestellt ist, war der Sache förderlich, da dieses Material durch Wasser nicht leidet. Mit Hilfe der Bodenheizung ließen sich die nötigen Wärmegrade im Wasser bei trübem Wetter halten. Durch liebenswürdige Kollegen aus Hannover, Dresden, Darmstadt und Stuttgart erhielt ich Pflanzmaterial, und so hatte mein erster spärlicher Versuch im Sommer 1906 insofern Erfolg, als ich sah, daß die Sache ging; die Pflanzen gediehen vorzüglich. Die Nymphaeen kamen sämtlich zur Blüte, doch ließ die *Victoria regia* auf sich warten, weil sie erst Mitte Juni ausgepflanzt werden konnte. Sie hatte mehrere kräftige Knospen, als sie Anfang Oktober herausgeworfen werden mußte. Im Frühjahr 1907 durfte ich also mit etwas mehr Vertrauen an die tropischen Wasserpflanzenkulturen herangehen.

Infolge des lebhaften Interesses, das gerade im letzten Jahre

Tropische Nutzpflanzenkulturen.
In der Stettiner Stadtgärtnerei für die „Gartenwelt“ photographisch aufgenommen.

durch den afrikanischen Krieg und die Reichstagswahlen unseren Kolonien entgegengebracht wurde, entstand die Idee, auch eine Anzahl Kolonialpflanzen zu kultivieren und sie den Stettinern vorzuführen. Hier in der Hafenstadt mit überseeischem Verkehr, so dachte ich, muß man doch derartigen Gewächsen ein ganz besonderes Interesse entgegenbringen. Der von Haage & Schmidt bezogene Samen keimte zum größten Teil, und die jungen Pflanzen wurden Mitte Mai in dem einseitigen Pelargonienhause im freien Grunde ausgepflanzt.

Erste Abteilung des großen Mittelhauses mit Wasser- und Schlingpflanzenkulturen.
In der Stettiner Stadtgärtnerei für die „Gartenwelt" photographisch aufgenommen.

Die Stellagen waren vorher herausgenommen und der Untergrund mit Laub-, Kompost- und Dungerde vorbereitet worden. Die Pflanzen gediehen prächtig, und als dann im August die Gärtnerei dem Publikum geöffnet wurde, da war der Andrang ein so gewaltiger, daß zeitweise abgesperrt werden mußte. Wohl 20000 Stettiner Bürger besichtigten die tropischen Kulturen, nicht mitgerechnet die Schulen, die klassenweise mit ihren Lehrern kamen. Das Interesse ist ein so großes, daß diese Einrichtung wahrscheinlich zu einer dauernden gemacht werden muß. Es wurden folgende koloniale Nutzpflanzen kultiviert: *Acacia Catechu* (Gummi), *Adansonia digitata* (Fruchtbaum), *Agave rigida sisalana* (Sisalhanf), *Ananassa sativa* (Ananas), *Boehmeria nivea* (Ramiefaser), *Capsicum annuum* (Span. Pfeffer), *Carica Papaya* (Melonenbaum), *Castilloa elastica* (Kautschuk), *Cecropia peltata* (Kautschuk), *Ceratonia Siliqua* (Johannisbrotbaum), *Cinnamomum zeylanicum* (Zimmet), *Cocculus Thunbergii* (Coccelskörner), *Cinchona Ledgeriana* (Chinin), *Coffea arabica* (Kaffee), *Cyphomandra betacea* (Fruchtbaum), *Dracaena Draco* (Drachenblut), *Eriobotrya japonica* (Japan. Mispel), *Eucalyptus globulus* (Fieberheilbaum), *Euphorbia antiquorum* (Wolfsmilch), *Gossypium herbaceum* (Baumwolle), *Hovenia dulcis* (Fruchtbaum), *Kickxia elastica* (Kautschuk), *Laportea gigas* (Gespinnst), *Laurus Camphora* (Kampfer), *Luffa cylindrica* (Luffaschwamm), *Manihot Glaziovii* (Kautschuk), *Manihot utilissima* (Tapjokamehl), *Musa sapientum* (Banane), *Olea europaea* (Oelbaum), *Oryza sativa* (Reis), *Piper nigrum* (Pfeffer), *Plectranthus fruticosus* (Mottenpflanze), *Pogostemon Patchouli* (Patchouli), *Saccharum officinarum* (Zuckerrohr), *Santalum album* (Sandelholz), *Sanseviera ceylanica* (Gespinnst),

Solanum Melongena (Eierfrucht), *Tamarindus indica* (Tamarinde).

Die anderen beiden Häuser waren mit blühenden und dekorativen Blattpflanzen bestellt. Die beigegebenen Abbildungen veranschaulichen die einzelnen Häuser.

Die Abbildung Seite 134 zeigt die erste Abteilung des großen Mittelhauses. Im Vordergrunde steht *Euryale ferox*, dahinter *Nelumbium speciosum (Lotus)*, rechts im Mittelgrunde Reis *(Oryza sativa)*, dazwischen verschiedene tropische Seerosen, wie *Nymphaea O'Marana, Ortgiesiana rubra* (beide rosa), *Nymphaea dentata* (weiß), *Nymphaea rubra* (braunrot, die dunkelste aller Nymphaeen), und *Nymphaea zanzibariensis*. Im Hintergrunde vor der Glaswand steht ein prächtig entwickeltes Zuckerrohr *(Saccharum officinarum)* und daneben je eine Papyrusstaude *(Cyperus Papyrus)*. Außerdem sind noch vorhanden *Hibiscus palustris, Sagittaria japonica* und *Eichhornia crassipes*, auf dem Wasser schwimmend *Pistia stratiotes*. Auf den Tabletten waren in Kisten ausgepflanzt *Vitis gongylodes*, die die ganze Dachkonstruktion der Häuser berankten und ungezählte, intensiv rote Luftwurzeln zu Boden schickten, die, einem Perlenvorhang gleich, das Wasserbassin umhingen. Tradescantien, *Coleus, Pilea*, Mimosen füllten die Zwischenräume. Einige *Cissus* rankten noch an den Säulen empor. Das ganze ergab ein wahrhaft tropisches Vegetationsbild.

Das Bild dieser Seite zeigt die zweite Abteilung des großen Mittelhauses. Das 5 × 8 Meter große Bassin wird fast gänzlich durch die *Victoria regia*, der 11 bis 13 Blätter gelassen werden konnten, ausgefüllt. Einige Nymphaeen und Eichhornien haben noch in den Ecken Platz. Als Schlingpflanzen sind hier *Momordica Charantia* und *Luffa cylindrica* verwendet, daneben einige *Canavalia ensiformis*. Einige *Colocasia antiquorum* und eine im Gießbassin ausgepflanzte *Musa Ensete* vervollständigen das Bild; sonst ist die Tablettbepflanzung wie bei der ersten Abteilung.

Abbildung der Titelseite zeigt die tropischen Nutzpflanzen des Pelargonienhauses. Links im freien Grunde ausgepflanzt stehen die schnellwüchsigen und zwar: *Acacia, Adansonia, Boehmeria, Carica, Eucalyptus, Gossypium, Luffa, Manihot,*

Zweite Abteilung des großen Mittelhauses mit Victoria regia.

In der Stettiner Stadtgärtnerei für die „Gartenwelt“ photographisch aufgenommen.

Musa, Oryza, Piper, Saccharum und *Tamarindus*. Rechts auf der Tablette die langsam wachsenden, wie: *Agave, Ananassa, Capsicum, Castilloa, Cecropia, Ceratonia, Cinnamomum, Cocculus, Cinchona, Coffea, Cyphomandra, Dracaena Draco; Eriobotrya, Euphorbia, Hovenia, Kickxia, Laportea, Laurus Camphora, Olea, Plectranthus, Santalum, Sanseviera* und *Solanum Melongena*. Zur Füllung der Zwischenräume auf der Tablette sind noch Blattbegonien, *Lilium auratum* und *Coleus* verwendet. Unter dem Dache ranken Melonen, Gurken, *Luffa, Momordica, Vitis*.

Die Abbildung dieser Seite zeigt das Innere des Vermehrungshauses. Rechts stehen mit Ausnahme einiger Torenien nur Begonien und zwar das ganze Sortiment der Blatt-, Knollen- und Semperflorens-Begonien nebeneinander. Links stehen nur Gesneraceen, wie: *Gesnera macrantha, Isoloma hirsutum, Saintpaulia ionantha, Achimenes hybrida, Tydaea hybrida, Naegelia hybrida* und *Gloxinia hybrida*. Vorn ist das Zinkbassin sichtbar, in welchem die Wasserpflanzen ausgesät und herangezogen wurden. Mit Hilfe eines Petroleumkochers wurden die nötigen Wärmegrade gehalten. In dem Holzkasten daneben wurden die Nutzpflanzen herangezogen.

Vermehrungshaus im Sommer.
In der Stettiner Stadtgärtnerei für die „Gartenwelt" photographisch aufgenommen.

Die Abbildung Seite 137 zeigt das vordere Haus. Auf der Tablette steht bunt durcheinander das ganze Pelargoniensortiment und ausgesäte *Coleus* in teils prächtigen Farben, dazwischen einige Lilien und anderes. —

Die Oeffnung der Gärtnerei für das große Publikum und zur Belehrung für die Schulen hat hier einen derartigen Beifall in allen Bevölkerungsschichten gefunden, daß ich ähnliche Maßnahmen den Kollegen in Städten ohne einen botanischen Garten nur empfehlen kann. Das Interesse für die öffentlichen Anlagen und den gärtnerischen Beruf kann dadurch nur gehoben werden.

Landschaftsgärtnerei.

Berliner Hotelgärten.

In den letzten zwei Dezennien sind in der Weltstadt Berlin palastartige Gebäude entstanden, welche dem verwöhntesten Geschmack des Publikums in jeder Hinsicht Rechnung tragen. Die enormen Kosten des Grund und Bodens bedingen eine sorgfältigste Ausnutzung jedes kleinsten Teiles der Grundfläche, sodaß für die dekorative Tätigkeit des Gärtners nur an sich kleine Flächen zur Verfügung stehen können. Aber gerade hier ist es doppelt erforderlich, daß der Gartenkünstler für die Absichten des Architekten ein volles Verständnis betätigt und der Architekt dem Fachmanne über die Auswahl und Verwendung des pflanzlichen Materiales freie Hand läßt. Daß ein gemeinsames Arbeiten von Architekt und Gartenkünstler möglich ist und herrliche Erfolge zeitigen kann, hat der Verein Deutscher Gartenkünstler bei der Besichtigung der Berliner Hotelgärten unter Führung unseres werten Herrn W. Wendt mit großer Freude konstatieren können.

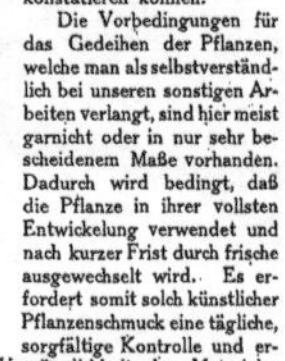

Die Vorbedingungen für das Gedeihen der Pflanzen, welche man als selbstverständlich bei unseren sonstigen Arbeiten verlangt, sind hier meist garnicht oder in nur sehr bescheidenem Maße vorhanden. Dadurch wird bedingt, daß die Pflanze in ihrer vollsten Entwickelung verwendet und nach kurzer Frist durch frische ausgewechselt wird. Es erfordert somit solch künstlicher Pflanzenschmuck eine tägliche, sorgfältige Kontrolle und ermöglicht als Folge der schnellen Vergänglichkeit des Materiales einen steten Wechsel in der Art der farbigen Lichtpunkte.

An die Schilderungen und die Pracht aus Tausend und eine Nacht erinnert die innere Ausstattung des „Haus Trarbach", wo sich die 50 Teilnehmer an dem Rundgange versammelten. Der Lichthof ist vollständig gepflastert, es kann deshalb eine grüne Fläche auf demselben nur durch Tannengrün gewonnen werden. Die reiche Architektur des Abschlusses kann durch ein wenig zu viel des Grünen um die ganze Wirkung gebracht werden, während bei der heutigen, wohldurchdachten Behandlung der Pflanze, als Mittel die Linien der Architektur zu betonen, ein einzigartig ruhiges Motiv gegeben ist.

Im Hotel de Rome ist der Lichthof verglast, es könnte hier den Ansprüchen eines Wintergartens allenfalls genügt werden. Wenn trotzdem ein saftgrüner Rasenteppich inmitten der Palmengruppen gewählt wurde und für wenige Tage das Auge des Fremden entzücken kann, so ist das ein Beweis, daß hier keine Mühe gespart wird, um scheinbar Unmögliches zur Tat werden zu lassen. Aber die erquickende Wirkung des Rasens könnte beeinträchtigt werden, falls der Blumenschmuck nicht in so dezenter Weise zur Verwendung käme.

Im Hotel Bristol münden fast alle Fenster der Hotelräume auf die beiden Gartenteile. Hier ist wenigstens eine bescheidene Schicht Boden für die Pflanzen vorhanden und auch einigermaßen Licht und Luft, allerdings mit ziemlichen Rußmassen, zur Verfügung. Wir hatten jetzt ja leider nur Gelegenheit, die Gärten im Herbstschmuck zu bewundern, wo die Konifere vorherrscht und *Primula obconica* und *Chrysanthemum* die lichten Farben geben können. Aber auch in der herbstlichen Ruhe und der elektrischen Beleuchtung erzielten die Gärten eine volle Wirkung. Für die Garnierung der einzelnen Hotelfenster waren viele Tausende kleiner *Picea pungens* gebraucht und pro Fenster je zwei kleine *Taxus*-Pyramiden verwendet.

Der uns unbekannte Hotelgarten im soeben eröffneten Hotel Adlon bildete einen würdigen Abschluß des hochinteressanten Rundganges. Aller Erwartungen waren gewiß hoch gespannt; man hatte in der Tagespresse gelesen von Allerhöchstem Besuche und großer Befriedigung, es waren vom Goethegarten usw. Andeutungen hier und dort an die Oeffentlichkeit gedrungen. Dem dürfte es wohl zuzuschreiben sein, daß sich uns hier noch eine Anzahl Herren anschlossen, welche nicht eher sich hatten frei machen können. Nachdem wir das Vestibül durchschritten hatten, wo die Hotelgäste mit ihren Bekannten unter Palmen den Tee einnahmen, gelangten wir in den Garten. Zunächst wirkte wohl auf jeden Einzelnen die Großzügigkeit des Bauwerkes an sich, und das magische Halbdunkel der elektrischen Beleuchtung ließ die Massen bis ins Unendliche sich ausdehnen. Hatte man sich aber auf den Zweck des Besuches zurückgefunden, so fühlte man sich gefangen durch die vornehme Ruhe der gärtnerischen Kunstleistung. Was wäre der Aufenthalt zwischen den erdrückenden Steinmassen für eine Qual, wenn nicht die schlichte Linie in der grünen Fläche parallelisierend wirken würde. Wie leicht könnte die Pagode inmitten der Anlage zu irgend einem Masseneffekt durch blühende oder gar grell bunte Pflanzen verleiten. Unser Meister Wendt hat sich dadurch nicht berühren lassen. Für ihn ist die Kunst noch eine jugendliche Schöne, die ihre Reize ohne erdrückende Blumenmassen darbieten kann und es unter seinem milden Zepter gern tut. Der Goethegarten im Hotel Adlon ist eine Kunstleistung ersten Ranges und erbringt den überzeugenden Beweis, daß die Architektur nur gewinnt, wenn sie sich für den gärtnerischen Schmuck die Hilfe des Gartenkünstlers erbittet und seinen Intentionen volle Freiheit gewährt. Zunächst darf ich wohl einfügen, daß die Bezeichnung „Goethegarten“ durch eine große eherne Büste unseres Geistesheroen über dem Eingangsportale des Gartens motiviert wird, nicht etwa seinem Zeitalter irgend welche Konzessionen macht. Hotel Adlon ist der personifizierte Begriff der Neuzeit und der damit engverknüpfte, raffinierte Luxus des Ganzen findet in gärtnerischen Anlagen seine Auslösung. Mit wie einfachen Mitteln dies erreichbar ist, zeigt uns Wendt. Die Mitte der großen Fläche um ein Kleines vertieft, auf dem umgebenden Streifen einfache Formen in Buxbaum mit *Evonymus*-Füllung, aus welcher im zeitigsten Frühjahre die *Crocus* in ihren leuchtenden Farben sprießen werden. Die vier Eckpunkte werden durch *Araucaria imbricata*-Gruppen betont und verbergen kleine Ungenauigkeiten in der äußeren Form, welche durch einen Eingang in die unterirdischen Räume bedingt wurden.

Allen Teilnehmern an dieser Besichtigung der neuesten Berliner Sehenswürdigkeit war es begreiflich, daß diese gartenkünstlerische Leistung den Beifall des Kaiserpaares in vollstem Maße erzielt hat.

Das vordere Haus, besetzt mit Pelargonien, Coleus u. a.
In der Stettiner Stadtgärtnerei für die „Gartenwelt“ photographisch aufgenommen.

Wir verbinden mit unserm innigen Dank für die liebenswürdige Führung unsere neidlosen Glückwünsche zu diesem neuen Erfolge, der unserer schönen Kunst nicht zum Nachteil und uns zum Ansporn dienen wird.

E. H. H.

Schlingpflanzen.

Clematis.

(Hierzu der farbige Wandkalender und vier Abbildungen.)

Unser nächstjähriger, mit dem vorliegenden Hefte zur Ausgabe gelangender Wandkalender, der hoffentlich den Beifall aller unserer Abonnenten findet, zeigt Blüten zweier riesenblumiger Clematissorten. Die edlen Waldreben sind von jeher unter den Schlingpflanzen meine besonderen Lieblinge gewesen, namentlich die großblumigen Sorten. Ich habe vor einigen Jahren die nach Osten gerichtete Front

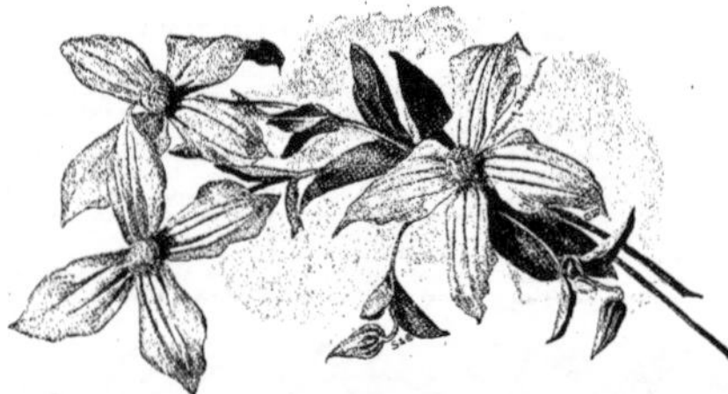

Clematis integrifolia Durandi. Originalzeichnung für die „Gartenwelt".

meines Gartenhauses mit solchen *Clematis* in verschiedenen Sorten bepflanzt und außerdem an einer freistehenden, prächtigen Birkengruppe die beiden wüchsigen Arten *Cl. paniculata*, kleinblumig, und *Cl. montana grandiflora* angepflanzt. Im ersten Jahre nach der Anpflanzung darf man nur mit bescheidenem Wuchse rechnen und muß sich mit wenig Blüten zufrieden geben. Vom zweiten Jahre ab beginnen *Clematis* aber kräftig zu treiben und bekleiden dann große Flächen, die vom vorgeschrittenen Frühling bis zum Eintritt des Winters ihren reichen Blütenschmuck unaufhörlich erneuern.

Die beiden auf unserem Kalender dargestellten *Clematis Romana* und *Xerxes* gehören nicht nur zu den großblumigsten, sondern auch zu den dankbarsten und unausgesetzt remontierenden Sorten. Die Malerin unseres Kalenders, Fräulein Johanna Beckmann, hat aus dem Bukett verschiedenartiger Clematissorten, das ich ihr übergab, gerade diese beiden für die Ausschmückung unseres Wandkalenders ausgewählt. Die Blüten der *Romana* sind lavendelblau, auf der Rückseite hell gestreift, d. h. jedes Blumenblatt ist mit einem hellfarbigen, sich durch die Mittelrippe ziehenden, breiten Bande geschmückt. Die Blüten erreichten bei mir einen Durchmesser von 18 bis 20 cm. Etwas kleiner sind die tief violettblau gefärbten Blüten der *Xerxes*, deren Petalen auf der Rückseite gleichfalls von einem hier weniger auffallend sich abhebenden hellen Mittelstreifen durchzogen werden; sie entfaltet im Frühlinge etwas später als *Romana* ihren Flor. In diesem Jahre standen beide Sorten bei mir noch Anfang November in voller Blüte.

Als ebenso dankbare Blüher habe ich die allerdings kleinblumigeren, aber immer noch stattlichen Sorten *Cl. integrifolia Durandi; Ville de Lyon, Jackmanni* und *velutina purpurea* kennen gelernt. *Jackmanni* ist mir noch aus meinen Lehrjahren in Erinnerung geblieben; sie war mit ihren violettblauen Blüten infolge ihres unerreichten Flors damals die geschätzteste Sorte und wird auch heute in bezug auf dankbares Blühen kaum von einer neueren Züchtung übertroffen. Ein Gegenstück zu dieser Sorte ist *Cl. velutina purpurea* mit samtnen, tief violetten Blüten, die in staunenswerter Fülle hervorgebracht werden, Die Blüten dieser Sorte bilden aber zu andersfarbigen *Clematis* — reinweiße ausgenommen — keinen harmonischen Kontrast, deshalb sollte man sie nur allein oder nur abwechselnd mit weißblühenden pflanzen. Aehnlich verhält es sich mit *Ville de Lyon*, deren Blüten rot sind. Sie ist eine neuere, aber schon ziemlich verbreitete Sorte von verhältnismäßig schwachem Wuchse, hübsch in Farbe und Form der Blume. Schön ist auch die Blüte der *integrifolia Durandi*, wovon unser Kalender unten rechts eine einzelne zeigt. Während die Blütensterne anderer einfacher *Clematis* gewöhnlich aus 5 bis 8 Blütenblättern zusammengesetzt sind, hat diese Sorte deren nur 4; die Blüten haben eine auffallende Aehnlichkeit mit einem eisernen Kreuze und Goos & Koenemann nennen sie deshalb die Eisern-Kreuz-*Clematis*. Die Farbe der Blumenblätter ist ein hübsches Blau. Eine schöne Sorte ist *Ville d'Angers*, charakteristisch durch ihre großen, lavendelblauen Blüten mit gewellten Petalen.

Neben den blauen, violetten und roten *Clematis* sind auch die rein weiß blühenden beachtenswert. Eine schöne Sorte ist *Smidts Schneeweiße (Smiths Snow White)*. Die Blüten dieser und der anderen in den Textbildern dargestellten Sorten verdanken wir den Herren Goos & Koenemann, Niederwalluf, deren Kulturen ich in diesem Jahre gerade zur Blütezeit der *Clematis* besichtigen konnte, wodurch ich auch zur Anfertigung des diesjährigen Clematiswandkalenders angeregt wurde. Außer den genannten Sorten findet man dort noch eine große Zahl herrlicher Vertreter der Gattung.

Die großblumigen *Clematis* werden bekanntlich auf *Cl. vitalba* veredelt. Während man in früheren Jahren auf im Walde gesammelte Wurzelstücken dieser Art veredelte, werden seit einer Reihe von Jahren Sämlinge als Unterlagen verwendet, die eine gesunde, wüchsige Ware ergeben. Zur Gewinnung der Edelreiser müssen kräftige Mutterpflanzen in Töpfen vorhanden sein, die im warmen Hause angetrieben werden, wie auch die Veredlungen bis zum Anwachsen warm und geschlossen zu halten sind.

Die großblumigen *Clematis* eignen sich vorzüglich zur Bekleidung kleiner Villen, Gartenhäuser, Lauben und Spaliere. Sie ziehen östliche und südöstliche Lage direkter Südlage vor, und entwickeln sich von Jahr zu Jahr zu größerer Ueppigkeit. Nach meinen Erfahrungen wartet man mit dem Schnitt am besten bis zum vorgeschrittenen Frühling, d. h. bis zum Beginn des jungen Triebes. Man kann dann genau erkennen, wie weit die vorjährigen Triebe lebensfähig geblieben sind und wird sich nun in den meisten Fällen auf Entfernung des abgestorbenen Holzes beschränken. M. H.

Clematis Ville d'Angers. Originalzeichnung für die „Gartenwelt".

Clematis Smiths Snow White.

Originalzeichnung für die „Gartenwelt".

Chrysanthemum.

Frühblühende Chrysanthemum.

Von Obergärtner **Curt Reiter**, Feuerbach.

(Hierzu drei Abbildungen.)

Einen großen Platz in unsern Schnittblumenkulturen nimmt das *Chrysanthemum* für sich in Anspruch. Unter den zahllosen Sorten, die wir heute besitzen, befinden sich doch nur verhältnismäßig wenige, die wirklich gute, ausgesprochene Frühblüher sind. Und gerade diesen frühen Sorten sollte man besondere Beachtung schenken, weil die Kultur und Anzucht früher Blumen sehr rentabel ist. Wenn etwas Neues auf dem Markt erscheint und das Angebot ist noch nicht so groß, so sind die Abnehmer und Händler lange nicht so wählerisch, auch werden dann durchweg gute Preise bezahlt, mit denen man zufrieden sein kann. Die Kulturkosten bei den frühen Chrysanthemen sind nicht bedeutend, da die Heizung sich dann in den allermeisten Fällen darauf beschränkt, die Blumen niederschlagfrei zu halten. Alles in allem ist die Kultur früher Chrysanthemen, besonders auch die Spezialanzucht einiger weniger Sorten, warm zu empfehlen.

Mir ist eine Firma in Lothringen bekannt, die alljährlich von Mitte September ab tadellose Schaublumen von *Mme Gustave Henry* auf den Markt bringt und der Nachfrage gar nicht genügen kann. Wieder andere bevorzugen die Anzucht von *Princesse Alice de Monaco* oder *Mlle Lucie Duveau* oder *Mme Draps-Dom* und anderer Sorten.

Das Bild ändert sich jedoch sofort und gehen die Preise arg herunter, sobald im Oktober, Anfang November, die Massenproduktion der Chrysanthemen einsetzt. Erst am Schluß der Saison ziehen die Preise für die späten Sorten wieder an.

Die besten frühen Sorten, die stets sicher bei einigermaßen guter Kultur sind, seien nachstehend angeführt.

Zur Erzielung von Schaublumen:

Mme Gustave Henry, weiß, etwas flach gebaut, niedrig wachsend, früher zu vermehren, um längere Stiele zu erreichen.

Princesse Alice de Monaco, reinweißer Lockenkopf.

Souv. de Mme Buron, der schwefelgelbe Sport von *Monaco*.

Mme Draps-Dom, reines Rosa, lachsfarben abgetönt; die zweite Kronenknospe nehmen.

Mme P. Lachmann, fleischfarbig-rosa, etwas langhalsig.

Loulou Charvet, reinweiß, sehr schön.

Mlle Marie Liger, rosa, ballförmig.

Rayonnant, bekannte, feinstrahlige Sorte.

Nobel, der bronzefarbige Sport von *Rayonnant*. Letztere beiden Sorten, die im Topfe leicht von der Blattfallkrankheit befallen werden, entwickeln sich ausgepflanzt vorzüglich.

Etienne Bonnefond, goldgelb mit rotem Schein; breite, bandartige Blumenblätter, sehr schön.

Für den Massenschnitt eignet sich *Mlle Lucie Duveau* sehr gut, deren Schaublumen aber, wie auf der Abbildung ersichtlich, nicht die Größe der anderen Sorten erreichen.

Chrysanthemum Mme Jules Merman.

Von J. **Baum**, in Firma Baum & Huguenin, Vevey.

(Hierzu eine Abbildung.)

Nicht mit Unrecht wird dieses *Chrysanthemum* die *rosa Soleil d'Octobre* genannt. Was Leichtigkeit der Kultur anbetrifft, so ist es eines der besten *Chrysanthemum*. Die Blumen entwickeln sich fast immer normal und werden auch ohne Mühe schön groß. Man hat auch über dieses *Chrysanthemum*, wie über andere bewährte, zum Beispiel *Mlle Lucie Duveau*, ungünstige Urteile geschrieben; wir kultivieren diese Sorten seit fünf Jahren in größerer Menge und haben stets gute Resultate erzielt. *Mme Jules Merman* ist im Wuchse

Clematis Ville de Lyon.

Originalzeichnung für die „Gartenwelt".

stärker als *Soleil d'Octobre* und kommt zur selben Zeit, also Ende September, Anfang Oktober, zur Blüte. Die Blumen haben eine sehr schöne, lebhaft rosa Färbung und erreichen leicht ohne jegliche Düngerzugabe einen Durchmesser von 16 bis 20 cm. Die auf der Abbildung, Seite 141 unten, ersichtlichen Blumen sind mit wenig Ausnahmen *Chrysanthemum Mme Jules Merman*. Unsere *Chrysanthemum* sind sämtlich im Freien ausgepflanzt, werden Anfang Oktober mit Fenstern bedeckt und zum Schutze gegen Wind und Frost mit starker Packleinwand umspannt. Die Nachfrage nach Stecklingen und Mutterpflanzen von *Mme Jules Merman* seitens vieler Gärtner beweist, daß es ein geschätztes, empfehlenswertes *Chrysanthemum* ist.

Umschau in der englischen Fachpresse.

Londoner Gartenbaugesellschaft. — Gardeners Benevolent Institution. — Blumenimport. — Fachwerke. — Neue Pflanzen.

Sir Thomas Hanbury schenkte der Londoner Gartenbaugesellschaft im Jahre 1904 den Garten von G. F. Wilson in Wisley, nachdem der Chiswick-Garten den Anforderungen nicht mehr genügte. Das Wilsonsche Besitztum hatte sich durch seine Sammlung ausdauernder Pflanzen einen Ruf erworben und schien auch durch seine freie Lage zu einem Versuchsgarten, wie ihn die Gesellschaft gebrauchte, besonders geeignet. Seit der Garten in den Besitz der Gesellschaft übergegangen ist, sind manche Einrichtungen getroffen, die zur Ausführung der gewünschten Arbeiten erforderlich waren. Eine ganze Flucht von Gewächshäusern ist entstanden, die Wasserversorgung herbeigeführt und eine Kanalisation und Drainierung angelegt, auch ein gut ausgestattetes meteorologisches

Frühblühendes Chrysanthemum Rayonnant.
Vom Verfasser für die „Gartenwelt" photographisch aufgenommen.

Frühblühende Chrysanthemum. Oben: Nobel. Mittelreihe von links nach rechts: Mme Draps-Dom, Mlle Marie Liger, Mme Gustave Henry. Unten: Princesse Alice de Monaco und Mlle Lucie Duveau.
Vom Verfasser für die „Gartenwelt" photographisch aufgenommen.

Institut ist neben den Wohnhäusern des Inspektors und Obergärtners errichtet. Etwa 7 Morgen wurden mit Sortimenten von Aepfeln, Birnen und Pflaumen bepflanzt. Zu diesen, in wenigen Jahren erzielten Leistungen gesellt sich heute das kürzlich eröffnete Laboratorium, dessen Zweck die Erforschung der Pflanzenkrankheiten ist und das gleichzeitig eine Lehrstätte für junge Gärtner sein soll, denn Wisley ist seit dieser Zeit Gartenbauschule geworden. Eine neue Aera ist für die Gesellschaft angebrochen; hat sie sich bereits unschätzbare Verdienste um die Förderung der Blumenzucht und der Pflanzenliebhaberei erworben, so gilt ihr Streben heute besonders der heranwachsenden Gärtnerwelt und deren Ausbildung. Außer Kew bot England seinen jungen Gärtnern bisher keine derartige theoretische Bildungsmöglichkeit. Der Wisleysche Stundenplan enthält für das erste Jahr 27 Stunden praktischer Arbeit und bietet 15 Stunden theoretischen Unterrichts wöchentlich. Ein von einem Schüler verfaßter fachlicher Aufsatz kommt einmal in der Woche zur Verlesung und Besprechung unter den Mitschülern. —

Wir finden im „Gardeners Chronicle" ferner einen Bericht über den heutigen Stand der „Gardeners Benevolent Institution", einer 1838 gegründeten Wohlfahrtseinrichtung für alte, hilfsbedürftige Gärtner und deren Angehörige. Trotz der im Verlaufe des Jahresfestes gesammelten enormen Summe von 2500 Sterling und trotz der hohen Jahresbeiträge der Mitglieder, ist es der Vereinigung unmöglich, allen hilfsbedürftigen Mitgliedern die gewünschte Unterstützung zuteil werden zu lassen. Die jährliche Einnahme durch Mitgliederbeiträge beläuft sich auf 1500 Sterling und 2500 Sterling sind alljährlich auf andere Weise aufzubringen. Mr. Harry J. Veitch führte gelegentlich des Festes aus, daß anfänglich nur zwei Pensionäre die Kasse in Anspruch nahmen, heute wären es 227 Mitglieder, die fortgesetzt Unterstützungen erhalten. Unter diesen 227 befinden sich 101 Frauen. Das älteste,

Unterstützung empfangende Mitglied ist eine Frau von 95 Jahren, die seit dem Tode des Mannes (1885) ihre Versorgung erhält. Ihr Mann, der an die Kasse 35 Sterling in jährlichen Beiträgen zahlte, erhielt aus dieser insgesamt 304 Sterling, seit seinem Tode erhielt die Witwe 344 Sterling. Ein weiteres Beispiel langlebiger Empfänger schildert Mr Veitch in einem Pensionär, der bei seiner Aufnahme 70 Jahre alt war. Nach Angaben des Arztes hätte dieser Mann unmöglich viele Monate weiter leben können, durch die ihm geschenkte Ruhe erreichte er aber ein Alter von 103 Jahren. Die „Gardeners Benevolent Institution" erfreut sich auch einer größeren Anzahl hochherziger Spender, die dem edlen Zwecke reiche Unterstützung angedeihen lassen. Von den gesammelten Gaben gelegentlich des Festessens, seien die folgenden besonders hervorgehoben: Der Prinz von Wales mit 5 Guineen. Harry J. Veitch gab 100, Rothschild & Sons ebenfalls 100 Guineen. Norman Cookson, ein reicher und bekannter Liebhaber, gab sogar 225 Sterling, Sander & Sons ebensoviel und Sutton & Sons 200 Sterling. —

Chrysanthemum Nobel.
Vom Verfasser für die „Gartenwelt" photogr. aufgen.

Ueber den englischen Blumenimport bringt „The Gardeners Magazine" einige Angaben, wonach derselbe für den Monat Juni 18358 Sterling betrug. Im Juni 1896 erreichte derselbe 17641 Sterling und im Juni 1895 gar nur 13115 Sterling. In der ersten Hälfte dieses Jahres wurden für 117240 Sterling Blumen nach England verkauft, das sind etwa 10000 Sterling weniger als im Vorjahre. —

Von den besprochenen Fachwerken mögen die folgenden Erwähnung finden: „Rock and Alpine Gardening" von H. Hemsley, im Verlag von J. Cheal & Sons, London; Preis 8 sh 6 d. Das kleine illustrierte Buch enthält nur 80 Seiten. Einige Kapitel, die wir herausgreifen, behandeln Die Wahl des Platzes (Lage), Auswahl des Materials für Alpenpartien, Winke für den Aufbau und Das Bepflanzen von Mauern. — „Rock and Water Gardens" von Charles Thonger, im Verlag von John Lane, London; (Preis 2 sh 6 d), enthält folgende zwölf Kapitel auf 90 Seiten zusammengedrängt: Alpengärten, Die Errichtung derselben, Gärten der alpinen Pflanzen, Der Alpengarten im Frühling, Pflanzen der Alpengärten, Gesteinliebende Sträucher, Wasserränder der Natur, Kleine Gärten für Wasserpflanzen, Moor- und Sumpfgärten, Wasserlilienbecken, Wasserlilien, Wasser- und Sumpfpflanzen. — „Flower-decoration in the house" von Gertrude Jekyll, im Verlag von „Country Life" Ltd, 20 Tavistock Street, Covent Garden, London W. C., Preis 6 sh. Der Name der Verfasserin bürgt für einen wertvollen Inhalt dieser reich illustrierten Schrift; ihre öftere Benutzung wird für jedermann von großem Vorteile sein, wenn es auf eine wirklich hervorragend geschmackvolle Zimmerdekoration ankommt. — „Flowers and Trees of Palestine" von Augusta A. Temple, im Verlag von Elliot Stock, London. Das Resultat einer Reise. Wohlbekannte Pflanzen Palästinas finden

Chrysanthemum Mme Jules Merman in den Kulturen von Baum & Huguenin, Vevey.
Originalaufnahme für die „Gartenwelt".

Besprechung. — „Fruit Recipes". von Riley M. Fletcher-Berry, im Verlag von Archibald Constable & Co Ltd., London; Preis 7 sh 6 d; 340 Seiten stark und illustriert. Ein nützliches umfangreiches Werk, in dem fast alle Arten der Obstverwertung eingehend erörtert sind. „Gardeners Cronicle" sagt: Die Nützlichkeit des Buches kann nicht überschätzt werden. —

Von Neueinführungen, die zum Teile bildlich gut dargestellt, mögen die folgenden besonders hervorgehoben sein: *Crinum amoenum*, Roxb., *var. Mearsii*, entdeckt im oberen Birma von Major Arthur Mears auf Bergen von 2500 Fuß Meereshöhe, wo es in trockenen Teak-Wäldern vorkommt. Eine kleinere Pflanze wie der Typ und wie die Abbildung zeigt, sehr reichblühend. („Gardeners Cronicle" 27. VII. 07, p. 62.). — *Felicia (Agathaea) petiolata.* Keine unbekannte Pflanze, doch zum ersten Male kultiviert. Thomas Cooper fand sie 1861 im Basutolande, jetzt begegnete sie M. Dieterlin, der sie an den Botanischen Garten in Montpellier gelangen ließ. Die Pflanze blüht reich. Die Blüten sind rosa und haben eine gelbe Mitte. — Sehr willkommen ist eine neue *Cosmos*-Art, die von Kew aus an verschiedene Gärten gelangt ist. Es ist *C. sulphureus*, eine auffällig schöne Annuelle mit orangeroten Blüten. Die *Cosmos* haben ihre Heimat hauptsächlich in Mexiko. Sie blühen leider so spät, daß der Flor meistens durch Nachtfröste vernichtet wird. Vorkultur in kalten Kästen bringt die Pflanzen früher heran und ermöglicht auch eine frühere Blüte. — *Dipelta floribunda*, Maxim. Eine der drei bekannten chinesischen Arten, eingeführt durch Wilson. Der Strauch erinnert an *Diervilla*, wird bis 15 Fuß hoch und ist reich mit weiß und rosa Blüten besetzt. — *Itea ilicifolia*, ein immergrüner Strauch von Zentralchina. Er erreicht eine Höhe bis zu 18 Fuß und ähnelt einer *Ilex* ungemein. Die aus grünlich-weißen kleinen Blumen bestehenden Blütenstände erreichen eine Länge von 30 cm. — *Dendrobium regium*, Prain. Die Blüten ähneln sehr denen von *D. nobile*, besitzen aber nicht den dunklen Lippenfleck und erreichen einen Durchmesser von 10 cm. Seine Heimat ist Hindustan. — *Primula* × *Unique.* Jedenfalls der Anfang einer neuen Richtung in der Primelkreuzung. Die zur Kreuzung verwandten Arten bildeten *Cockburniana* und die starkwüchsige und reichblütige *pulverulenta*. *P. pulverulenta* ist mehrjährig, *P. Cockburniana* einjährig.

Bücherschau.

Neue landschaftsgärtnerische Schriften.

Ein kleines, vornehm ausgestattetes, auf dem Leinenbande nur mit einer goldenen Krone und der Aufschrift **Benrath** versehenes Schriftchen, das keinen Verfassernamen trägt, befaßt sich mit der Schilderung des 300 Morgen großen Schloßgartens zu Benrath bei Düsseldorf. Ich darf wohl verraten, daß der Verfasser dieser Schrift der dortige Hofgärtner Karl Fritz ist, der sie im Selbstverlage erscheinen ließ. Die Schrift enthält auf 12 Bildertafeln etwa 40 durchweg vorzüglich ausgeführte Lichtdrucke des früheren und jetzigen Schlosses und seiner Teile und der schönsten Punkte des Parkes, daneben auch noch einen Plan des letzteren im Maßstabe von 1:4000, nach dem Entwurfe des Franzosen de Pigage, der auch die Schwetzinger Anlagen schuf. Der Garten zu Benrath gehört zu den interessantesten alten französischen Anlagen, ist aber trotzdem nur wenig bekannt geworden, auch Jäger erwähnte ihn in seinem Werke „Gartenkunst und Gärten sonst und jetzt" nur ganz nebenbei. Es ist deshalb dankbar anzuerkennen, daß Herr Hofgärtner Fritz sich bemüht hat, durch die vorliegende Schrift diese interessante Anlage weiteren Kreisen näher zu bringen. Der Preis von 1,25 M. für das elegant gebundene Schriftchen ist als ein mäßiger zu bezeichnen. —

Eine zweite uns vorliegende Schrift hat sich die Schilderung des Schlosses und Hofgartens in Schwetzingen zur Aufgabe gemacht. Sie führt den Titel **Schloß und Garten in Schwetzingen.** Verfasser Rudolf Sillib, Verlag von Carl Winters Universitätsbuchhandlung, Heidelberg. Preis kartoniert 2 M. Im Gegensatze zu dem Schloßgarten von Benrath ist über den Schloßgarten von Schwetzingen schon reichlich viel geschrieben worden, auch eine Spezialschrift, welche die Schloßgärten zu Heidelberg und Schwetzingen behandelt und eine Reihe von Abhandlungen des städtischen Gartendirektors Schröder, Mainz, und des städtischen Garteninspektors Jung, Köln, die eine Anzahl zuvor in der „Gartenwelt" erschienener Abbildungen umfaßt, gelangte vor mehreren Jahren zur Ausgabe. Das Erscheinen der Sillibschen Schrift ist wohl der diesjährigen Mannheimer Ausstellung zu verdanken, die gewiß auch Schwetzingen einen starken Strom Vergnügungsreisender zugeführt hat. Verfasser schildert, augenscheinlich auf Grund umfassender Quellenstudien, das Schloß und den Garten und bietet zum Schluß interessante kulturgeschichtliche Bilder. Die gut ausgeführten Textillustrationen sind fast ausnahmslos nach alten Kupferstichen gefertigt. —

Eine weitere Broschüre führt den Titel **Gartenkunstbestrebungen auf sozialem Gebiete.** Ihren Inhalt bilden drei auf der Hauptversammlung der Deutschen Gesellschaft für Gartenkunst in Nürnberg 1906 gehaltene Vorträge: Gartenstadt und Gartenkunst von H. Kampfmeyer, Karlsruhe, Die Gartenstadt von F. Zahn, Steglitz, und Arbeitergärten von F. Hanisch, Breslau.

In neuerer Zeit findet das sogenannte perspektivische Zeichnen auch in der Gartenkunst mehr und mehr Anwendung. Wie der Architekt, so soll auch der Landschaftsgärtner diese Art des Zeichnens beherrschen. In einem handlichen und durchaus praktisch gehaltenen Buche, das den Titel **Anleitung zum perspektivischen Zeichnen** führt, gibt der Verfasser, Garteningenieur E. H. Hermes, praktische Anleitungen, die überall durch vorzügliche Abbildungen in bester Weise unterstützt werden, und die Beschreibung eines vereinfachten Verfahrens für die Herstellung größerer perspektivischer Darstellungen aus Grund- und Aufriß. Das Buch, dessen Preis in Leinen gebunden 3 M. beträgt (Verlag von Hugo Voigt, Leipzig), eignet sich für diejenigen zum Selbstunterricht, welche die nötigen mathematischen Vorkenntnisse besitzen; es dürfte auch als Lehrbuch für höhere gärtnerische Lehranstalten zu empfehlen sein. M. H.

Gärtnerisches Unterrichtswesen.

Die Ausbildung des Gärtners.

Mit Recht ist schon viel über dieses Thema berichtet worden, denn nichts tut mehr not, wie gerade auf dem Gebiete des Gartenbaues in den Augen der Menschheit wertvollere, angesehenere Positionen zu schaffen, die zur Hebung des Berufes dienlich sind.

Heute spricht man vom Kunstgärtner, vom Handelsgärtner, vom Obergärtner, und schließlich vom Gartenkünstler, Gartenarchitekten, Garteningenieur, Gartentechniker, Stadtgärtner etc.; das sind alles Bezeichnungen, welche in der Regel beim großen Publikum nicht mit dem entsprechenden Respekt beachtet werden.

Woran liegt das?

Während z. B. auf den Gebieten des Kunsthandwerks Großes zur Ausbildung der Fachleute geleistet wird — erwähnt seien die Fachschulen in größeren Städten, — geschieht im Gartenbaufache für die Gehilfen nur wenig oder gar nichts.

Die Gehilfenplage ist eine große und wird immer größer, weil vielfach Elemente in diesen Kreisen existieren, welche den Stand auf ein tiefes Niveau herabdrücken. Wirklich tüchtige, fleißige, intelligente Leute leiden darunter und müssen diesen Zug der Zeit mitmachen. Ein wirkliches Streben und Durchringen der jüngeren Fachleute wird immer schwieriger, trotzdem der Gartenbau stetig im Aufblühen begriffen ist.

Die Schule des Gärtnergehilfen ist es, welche not tut. Die jungen Leute glauben vielfach, nachdem ihnen eine dreijährige Lehre beschieden war, sie seien für ihr späteres Leben reif genug, tun an ihrer Ausbildung nichts, legen in ihren freien Stunden die Hände in den Schoß, oder gehen in Kneipen, in Versammlungen, fordern naturgemäß mehr Lohn, und wünschen sich mit ihren besseren Kollegen gleichgestellt. Große Unterschiede bezüglich der Löhne wird es unter diesen Leuten selten geben, da ihre Organisation das verbietet. Die Folge davon sind die Unzufriedenheiten auf beiden Seiten.

Die obligatorischen Fortbildungsschulen können für den Gärtnerlehrling von Bedeutung sein, wenn in ihnen der Lehrgang nicht nur Bezug auf die Volksschulfächer, vielmehr damit im Einklange Bezug auf die fachliche Ausbildung nimmt, damit die Interessen des jungen Mannes mehr verfolgt werden; das trifft jedoch in den seltensten Fällen zu. Im allgemeinen ist der Gärtnerlehrling auch noch zu jung, nachdem er die Volksschule besucht hat, seine Fortbildungsschule mit genügendem Erfolge zu absolvieren; wenn sie jedoch keine besonderen Erfolge zeitigt, so hat sie das eine Gute für sich, daß sie ihn anspornt und von der Straße usw. fern hält.

Erst die späteren Gehilfenjahre sind es, für die eine Aufmerksamkeit von allen Seiten zu entfesseln meine Absicht ist.

Je älter der Gehilfe, um so eher ist er in der Lage, nicht nur praktisch und geistig denken zu können, sondern es liegt dann auch eher in seiner Interessensphäre, sich auszubilden, wenn ihm die geeignete Gelegenheit geboten wird. Der Gehilfe ist nicht immer in der Lage, eine Gartenbauschule besuchen zu können, da ihm hierzu die Mittel fehlen, deshalb ist erforderlich, um der großen Masse, und damit dem Gartenbaufache gewaltig zu nützen, eine junge, reifere Gärtnerwelt heranzubilden, die neben der Praxis auch die theoretischen Studien zu pflegen Gelegenheit hat. Hierzu den Gärtnergehilfen Gelegenheit zu bieten, muß die vornehmste Aufgabe der gesamten Fachwelt bilden. Die Prinzipale sind in erster Linie berufen, ihren jungen Leuten keine Gelegenheit für ihre theoretische Ausbildung entgehen zu lassen.

In jeder größeren Stadt existiert ein größerer Gartenbauverein, außerdem sind es die allgemeinen Gartenbauvereine Deutschlands, die ebenfalls für die gärtnerische Weiterbildung des Gehilfen tonangebende Interessen haben dürften; diese Vereine müßten keine Mühe scheuen, ihre Unterstützung zu bieten.

Mein Vorschlag ist nun folgender: Wie in Großstädten in sogenannten Fachschulen Lehrgänge für Kunsthandwerker existieren, so müßte an diesen Anstalten ebenfalls ein Lehrgang für Kunstgärtner eingerichtet werden. In größeren Städten, wo eine derartige Fachschule nicht besteht, müßte sie insbesondere für den Gärtner gegründet werden. Die Städte M.-Gladbach und Rheydt z. B. haben in diesem Herbste gemeinsam eine solche Fachschule für Gärtnergehilfen gegründet; die Fachklassen für die übrigen Fächer dürften in spätern Jahren folgen. An zwei Abenden in der Woche finden Unterrichtsstunden von 6 bis 8 Uhr bezw. 8 bis 10 Uhr statt, Sonntags morgens von 10 bis 12 Uhr.

An Unterrichtsfächern sind vorläufig vorgesehen:

1. Gartenarchitektur und Landschaftsgärtnerei.
2. Obst- und Gemüsebau.
3. Planzeichnen.
4. Pflanzenphysiologie.
5. Bodenkunde und Düngerlehre.
6. Chemie (Anfänge).

Als Lehrer fungieren der landwirtschaftliche Winterschuldirektor und Schreiber dieses. Der Unterricht findet während des Wintersemesters wie oben erwähnt, im Sommer nur Sonntags Vormittag statt. Das Schulgeld beträgt 10 Mark. Nach dem zweiten Winterkursus können die Teilnehmer eine Meisterprüfung ablegen, und erhalten auf Grund ihrer Leistungen ein Entlassungszeugnis.

Von dieser Einrichtung ist zu erhoffen, daß ein größerer Teil von den die Schule mit Erfolg besuchenden Gehilfen eine bessere Zukunft zu erreichen in der Lage sein wird, und ich knüpfe an meine Mitteilungen den Wunsch, daß diese Einrichtung in allen größeren Städten zur Ausführung kommen möge, zum Besten der jungen Gärtnerwelt, zum Besten des schönen Berufes und für jedermann. **Hartrath**, Stadtgartendirektor, M.-Gladbach.

Fragen und Antworten.

Beantwortung der Frage No. 467. Bitte um Namhaftmachung einer schönen Einfassungspflanze für *Nicotiana Sanderae*-Beete, die im Halbschatten liegen.

Als Einfassungspflanze für *N. Sanderae*-Beete im Halbschatten nehmen Sie Knollenbegonien, *Leucophyta Brownii, Ageratum mexicanum, Iresine, Chrysanthemum Parthenium*, syn. *Pyrethrum Parthenium.* **K. Perk Vlaanderen**, Fredriksoord.

Beantwortung der Frage No. 468. Wie könnte eine Gewächshausanlage, die 200 bis 300 qm Bodenfläche bedeckt, bei einer Höhe der Häuser von 4 bis 5 m durch Anschluß an die Zentralheizung des Wohnhauses zweckmäßig erwärmt werden?

Ohne die nötigen Unterlagen kann Ihre Frage unmöglich ausreichend beantwortet werden. Vor allen Dingen fragt es sich, ob in dem Wohnhause die Zentralheizung aus Wasser- oder Dampfheizung besteht und ob die bestehende Kesselanlage die event. Mehrleistung bewältigen kann. Ist dieses der Fall, so kann die Gewächshausanlage sehr gut angeschlossen werden. Wie die Rohranlage dann angelegt wird und wieviel laufende Meter Rohre notwendig sein werden, richtet sich nach der Temperatur, die für die Häuser erforderlich ist, und nach den Kulturen, die in der Gewächshausanlage betrieben werden sollen. Wenden Sie sich unter Beigabe der Zeichnungen der projektierten und bestehenden Anlagen an eine Heizungsfirma, die Ihnen in kürzester Zeit mit zweckdienlichen Projekten an die Hand gehen wird. **Curt Reiter.**

— Zu diesem Gewächshause, das etwa 40 m lang und 6 m breit ist, und jedenfalls, der Höhe entsprechend, auf beiden Seiten Glaswände besitzt, ist ein ziemlich großer Wärmebedarf von 50000 Wärmeeinheiten pro Stunde erforderlich. Der Kessel für die vorhandene Zentralheizung müßte demnach früher schon sehr reichlich bemessen sein. Ist dies nicht der Fall, oder ist die Konstruktion des Kessels nicht so, daß er sich durch Ansetzen weiterer Glieder vergrößern läßt, dann ist es ausgeschlossen, das Gewächshaus zweckmäßig mit zu heizen. Angenommen, es käme hier Warmwasserheizung in Frage, so würden etwa 350 laufende Meter Rohr (76 mm) erforderlich sein. Preis etwa 1800 M. Bei Dampfheizung ist der Kostenpunkt entsprechend geringer. Ist das Gewächshaus von der Zentralheizung entfernt, so käme noch eine genügende Isolierung in Frage.

Robert Katzschmann, Gewächshausfabrik, Döbeln.

Neue Frage No. 509. Ist es meinem Nachbar gestattet, an der Südseite der Grenze meines Gärtnereigrundstückes etwa 8 m hohe Ulmen zu halten, so daß annähernd der Hälfte meines Gartens die Sonne entzogen wird, zumal auch der Garten dieses Nachbars zwei Meter höher als mein Grundstück liegt?

Neue Frage No. 510. Wie wird das Dach eines $4^1/_2$ m breiten Gewächshauses konstruiert, das mit Frühbeetfenstern abgedeckt werden soll, derart, daß zwei Fensterreihen auf die vordere (Südseite) und eine Reihe auf die hintere (Nordseite) zu liegen kommen? Welche Fensterrahmen sind für diesen Zweck am empfehlenwertesten?

Neue Frage No. 511. Ist Koksasche für das freie Land schädlich?

Neue Frage No. 512. Liegen erfolgreiche Erfahrungen über die Topfkultur der Gladiolen vor?

Neue Frage No. 513. Woran mag es liegen, daß Sellerie, welcher früher bei mir vorzügliche Knollen brachte, jetzt jedes Jahr schwarz wird und nicht zu verwerten ist? Das Erdreich ist erstklassiger, tiefgründiger Boden. Gedüngt wird mit Kuh- und Pferdemist. Bei meinem Nachbar tritt die gleiche Erscheinung auf, trotzdem wir die Pflanzen aus verschiedenen Orten bezogen.

Neue Frage No. 514. Welche Treibhausgurke ist die empfehlenswerteste und einträglichste für Großkultur?

Gärtnerisches Unterrichtswesen.

Dresden. Seit dem Sommer dieses Jahres befindet sich die Gartenbauschule des Gartenbauverbandes für das Königreich Sachsen, nachdem sie während 15 Jahren Hassestraße No. 1 ihr segensreiches Wirken entfaltet hatte, in Laubegast bei Dresden. Maßgebend für diese Verlegung war in erster Linie das Unzureichende der Dresdner Räumlichkeiten. Von ganz besonderem Werte aber erschien dem

Kuratorium die Möglichkeit, den jungen Gärtnern, die auf der Anstalt nur theoretischen Unterricht genießen, die praktischen Arbeiten in den weltbekannten Laubegaster Gärtnereien täglich vor Augen führen zu können, da sich die Anschauung, man könne die Praxis nur beim Praktiker lernen, heute wohl endgültig als die maßgebende herausgebildet hat. Das geräumige, sehr schön und ruhig gelegene Grundstück der Anstalt bietet überdies Gelegenheit, den Schülern volle Pension zu gewähren und schöne große Räume auch für ihre Hausarbeiten zur Verfügung zu stellen, was besonders bei der Anfertigung von Plänen und Zeichnungen und zur Ersparung von Zeit, die sonst für Wege von und nach der Schule verloren geht, ins Gewicht fällt. Lehrkräfte, Anschauungsmaterial, Hygiene und Verpflegung stehen auf der Höhe der Zeit. Nach vierjähriger Praxis ist dem ehemaligen Schüler die Ablegung eines Obergärtnerexamens vor dem Königlichen Kommissar geboten. Die erfolgreiche Ablegung dieser Prüfung bildet bei Anstellungen in Staats- oder städtischen Betrieben eine heutzutage immer wichtiger werdende Empfehlung.

Jahresbericht über die Königlich Bayerische Gartenbauschule in Weihenstephan für das Schuljahr 1906/07. Im Berichtjahre wurde die Schule von 21 Schülern besucht, darunter von acht Zöglingen nur der Obstbaukursus. Außer mehrfachen Exkursionen in die nähere Umgebung wurden fünf größere Exkursionen unternommen, darunter eine zweitägige nach Lindau am Bodensee und Umgebung. — Alljährlich wird ein Baumwärterkursus abgehalten; der im November vor. J. stattgehabte, wurde von 39 Personen besucht und schloß mit einer Prüfung seitens einer staatlichen Kommission. Des ferneren wurde ein dreiwöchentlicher Obstbaukursus für Verwaltungsbeamte, Geistliche und Lehrer veranstaltet, an dem sich 20 Herren und eine Dame beteiligten. Schließlich fand ein einwöchiger Obstverwertungskurs für Frauen und Mädchen statt, an dem 29 Personen teilnahmen. Der vom Vorsteher der Anstalt, Herrn Kgl. Garteninspektor Jos. Schinabeck, verfaßte Bericht enthält acht sehr gute, ganzseitige Abbildungen auf Kunstdruckpapier nach Aufnahmen aus der Anstalt und deren Gärten.

Bevorstehende Ausstellungen.

Hamburg. Im Gartenbauverein für Hamburg-Altona und Umgebung wurde einstimmig beschlossen, 1912 eine große Gartenbauausstellung zu veranstalten.

Tagesgeschichte.

Dresden. Die Idee der Schaffung eines Volksparkes in Dresden-West scheint sich verwirklichen zu wollen. Die in dieser Sache gegründete Vereinigung hielt kürzlich eine öffentliche Versammlung ab, in welcher über den Stand des Unternehmens berichtet ward. Die Parkanlage soll auf einem 56 Hektar großen Flurstück eingerichtet werden und rund 400000 M. kosten. Diesen Betrag hofft man durch freiwillige Gaben und das Erträgnis einer Lotterie aufzubringen.

— Zeitungsmeldungen zufolge ging dem sächsischen Landtage ein königliches Dekret zu, in welchem die Zustimmung zum allmählichen Verkauf folgender drei, in der Stadt Dresden gelegener Hofgärten gefordert wird. Es sind dies der im Zentrum der Stadt gelegene „Herzogingarten", welcher früher in seinem großen Orangeriegebäude die zahlreiche Orangerie des bekannten „Zwingers" aufnahm; ferner der ausgedehnte sogenannte „Menageriegarten", an der Friedrichstraße gelegen, und zuletzt der in der Neustadt gelegene prächtige „Palaisgarten", so genannt nach dem „japanischen Palais", welches er umgibt. Aus diesen Gärten wird außer dem Bedarf an Auspflanzungsmaterial für die königlichen Schmuckanlagen, zum größten Teil der Pflanzen- und Blumenbedarf für die königliche Hofhaltung geliefert. Allgemein und auch unter der fremden Gärtnerwelt wohl bekannt als herrliche Schmuckgärten im Innern einer Großstadt sind besonders der „Herzogingarten" und der „Palaisgarten"; letzterer mit seinen Ausblicken auf den Elbstrom und die jenseitige Altstadt, während der „Menageriegarten" ausschließlich der Pflanzen- und Gemüseanzucht dient. Die Veräußerung dieser Gartenanlagen wird mit der stetigen Ausdehnung der Stadt und der damit verbundenen Rauchbelästigung begründet, wodurch diese Grundstücke mehr und mehr untauglich für ihren Zweck, besonders hinsichtlich der Pflanzenanzucht, werden. Letzterer Umstand, die Verschlechterung der Luft, war auch schon seinerzeit die Ursache zur Verbringung der umfangreichen Orangerie nach ländlich gelegenen königlichen Gärten, weil eben schließlich in der Stadt deren Existenz unmöglich wurde. Die genannten Gärtnereien sollen deshalb in ländliches Gebiet, welches aus dem Erlöse der zu veräußernden Grundstücke erworben werden soll, verlegt und jedenfalls zu einer einzigen großen Gärtnerei vereinigt werden. Den Anfang soll der „Herzogingarten" machen, welchem der gegenwärtig noch am freiesten liegende „Menageriegarten" folgen soll, während der „Palaisgarten" noch länger als Depot für die Produkte der auswärtigen Hofgärtnerei zu dienen hätte.

Es dürfte vom Landtage vielleicht der Umstand mehr erwogen werden, ob für ausgedehnte neue Hofgärtnereianlagen die Notwendigkeit überhaupt vorliegt. Die hiesigen, allgemein bekannten und berühmten Gärtnereien stehen bezüglich Leistungsfähigkeit auf einer so hohen Stufe, daß sie den höchsten Ansprüchen für festliche Ausschmückung innerer Räume sowohl wie derjenigen von Schmuckanlagen zu entsprechen in der Lage sind. Es würde, wenn der Hof sich solchen neuen Verhältnissen anpassen könnte, der hiesigen Handelsgärtnerei, deren Leistungen in den verschiedenen Spezialitäten zu übertreffen wohl kaum einer eigenen Hofgärtnerei möglich sein dürfte, ein neues Absatz- und gleichzeitig auch Ausstellungsgebiet eröffnet werden, was auch andererseits durch den Wegfall der Konkurrenz, welche die königlichen Gärtnereien der Handelsgärtnerei bereiten, bemerkenswert sein würde. G. S.

Hamburg. Die landschaftsgärtnerische Firma Jacob Ochs hat im Kunstsalon Hulbe eine Ausstellung von Photos, Aquarellen und anderen Schaubildern selbstausgeführter Gärten veranstaltet. Diese Schaustellung erfreut sich eines sehr regen Besuches.

Dem Vernehmen nach wird im Januar oder Februar der Wettbewerb zur Erlangung von Entwürfen für den Stadtpark ausgeschrieben. M.

Personal-Nachrichten.

Franz Wilh., Gutsgärtner zu Kannenberg im Kreise Osterburg, erhielt das Allgemeine Ehrenzeichen.

Guder, Wilh., Baumschulenbesitzer in Carlowitz, feierte am 1. d. Mts. sein 50jähriges Gärtnerjubiläum.

Krück, Ernst, wird die unter der Firma F. L. Stueben von seinem verstorbenen Vater in Hamburg-Uhlenhorst betriebene Gärtnerei unter unveränderter Firma weiterführen.

Solms-Laubach, Dr. Hermann Graf zu, ordentlicher Professor der Botanik zu Straßburg und Direktor des Botanischen Gartens daselbst, tritt mit Ablauf dieses Semesters von seinem Lehramte zurück. Sein Nachfolger wird **Prof. Dr. Friedr. Oltmanns,** Ordinarius für Botanik und Direktor des Botan. Gartens in Freiburg i. Br.

Weigold, Fr., Hofgärtner der Großh. Hofgärtnerei Bessungen (Orangeriegarten) bei Darmstadt, wurde zum Hofgarteninspektor ernannt.

Winter, wurde mit dem Wohnsitze in Liegnitz im Hauptamte als zweiter Wanderobstgärtner von der Schles. Landwirtschaftskammer angestellt.

Briefkasten der Redaktion.

In unserem Berichte über das Urteil des Preisgerichts im Regensburger Wettbewerbe (No. 11) ist richtig zu stellen, daß der Verfasser des mit dem zweiten Preise gekrönten Entwurfes **A. Hensel** und nicht A. Heimpel heißt.

Berlin SW. 11, Hedemannstr. 10. Für die Redaktion verantwortlich Max Hesdörffer. Verlag von Paul Parey. Druck: Anhalt. Buchdr. Gutenberg e. G. m. b. H., Dessau.

Auf Gegenseitigkeit. — Gegründet 1875.
Unter Garantie der Stuttgarter Mit- und Rückversicherungs-Aktiengesellschaft. [165
Kapitalanlage über 50 Millionen Mark.

Haftpflicht-Versicherung für Gärtnereien.

Empfehlungsverträge mit dem **Verband der Handelsgärtner Deutschlands,** sowie mit zahlreichen **Innungen, Verbänden, Vereinen und Handwerkskammern.**
Gesamtversicherungsstand über 700 000 Versicherungen. Monatlicher Zugang ca. 6000 Mitglieder.
Prospekte, Versicherungsbedingungen, Antragsformulare, sowie jede weitere Auskunft bereitwilligst und kostenfrei.

Unfall-Versicherung. | Vertreter aus allen Ständen überall gesucht. Bezugnahme auf dieses Blatt erwünscht. | **Lebens-Versicherung.**

Amerikanische
Remontantnelken
Bestbek. Sorten ○ Steter Eingang feinster Neuheiten Vers. jung. Pflanz. ab März **Preisliste auf Verlangen**
Hermann Staehle
Nelkenkulturen [321
Zuffenhausen bei Stuttgart.

Ordnung
im Garten u. Geschäft erzielt jed. Besitzer durch Verwendung meiner ges. gesch.
Schlüsselzeichen
und
Pflanzenschilder
mit auswechselbaren Tafeln unter Celluloid.
Einfach, praktisch und wetterfest.
100 St. M. 6.00 gegen Nachnahme
Muster und Prospekte gratis durch

Edeltanne.

auch in der Grösse 6×7 cm zu haben.

Chemische Werke
— **Mügeln,** Bezirk Dresden —
Dr. Loebell. [329

Begonien-Knollen u. -Samen, riesenbl.,

aufrechtst., das Beste, was es gibt. **Einf.: dunkel- u. feurigrot, orange, rosa, weiss, gelb,** I. Gr. ℳ 6.50, II. Gr. ℳ 4.50, III. Gr. ℳ 2.50, Mischung ℳ 6.—, 4.— und 2.—.
Gefüllte, nur riesenbl., mit Rosen- u. Kamellienbau, **rot, rosa, weiss, gelb,** I. Gr. ℳ 11, II. Gr. ℳ 8, III. Gr. ℳ 5, Misch. ℳ 10, 7 u. 3.50.
Gefranste, extra schön, **rot, rosa, weiss, gelb,** I. Gr. ℳ 12, II. Gr. ℳ 8, III. Gr. ℳ 5. Mischung ℳ 10, 7 und 4 je 100 St.
Extra-Auslese von gefüllten und gefransten, für Ausstellungen sehr geeignet, je 10 St. ℳ 3.—, 100 St. ℳ 25.—. [358
Samen obiger Farben, nur von Musterblumen und Ernte 1907, **einf.:** 1000 K. 40 ₰, 10 000 K. ℳ 3.—, Mischung 10 000 K. ℳ 2.50.
Gefüllt, garantiere, geben 80—90% best gefüllte, 1000 K. ℳ 1.—, 10 000 K. ℳ 9.—, Mischung 1000 K. 90 ₰, 10 000 K. ℳ 8.—.
Gefranst, ganz extra, 1000 K. 50 ₰, 10 000 K. 4.50, Misch. 10 000 K. ℳ 4.
20 000 grossbl. Canna billig, üb. 100 beste, neue u. neueste Sorten.
Katalog über **Begonien-Knollen und -Samen, Canna Crozy, Pelargonien Zonale, Kaktus-Dahlien, Gloxinien, Chrysanthemum** etc. zu Diensten.

Mannheim: silb. vergoldete Medaille und zwei Ehrenpreise.

Paul Schmid, Donzdorf, (Württemberg).

Welche Schattendecken sind **die stärksten** und **auf die Dauer billigsten?** — **Das sind die** ☛

mit den **Schnallengliederketten aus verzinktem Bandeisen.** Grösste Zugfestigkeit. Dieselben liefert

Ed. Zimmermann, Altona/Elbe

Spezialfabrik für Gewächshäuser, Wintergärten, Veranden und Frühbeetfenster etc. Etabliert 1870.
135]

Stauden- und **Baumschul-Kulturen!**

In allen einschlägigen Artikeln:
Vom Guten das Beste!

Unter anderem grosse Bestände der feinsten Auswahl in:
Paeonia sinensis,
Paeonia arborea,
Clematis. [9

Reichhaltiges Verzeichnis mit Beschreibungen und Abbildungen frei!

Goos & Koenemann
Grossh. Hess. Hoflieferanten
Nieder-Walluf bei Wiesbaden
Staudenkulturen und **Baumschulen**
für Obstbäume, Koniferen, Rosen und Ziergehölze.

Das Originalfabrikat
Avenarius Carbolineum
seit 30 Jahren auf das glänzendste bewährt
ist als erste Marke anerkannt
Die nächstgelegene Verkaufsstelle wird jedem Interessenten mitgeteilt durch:
R. Avenarius & Co.
Stuttgart, Hamburg, Berlin C und Köln.
[319

Max Wudtke, Glashandlung,
Fernspr. 1328. **Stettin,** Klosterhof 27-28
Mistbeetglas, à qm 1 M. 20 Pfg.
Mistbeetfenster, à Dtzd. 48 M.
Kitt (prima) 50 kg 7 M.
Glaserdiamanten. [99

●● **Champignon-Brut,** ●●

d. Beste, was existiert bes. präpariert; Garantie für d. Erfolg, wenn Beete nach meiner Anweisung angelegt und behandelt werden. Postkorb 5 M., 25 kg. 25 M. **Fr. Grunewald,** Baumschule. **Zossen.**

Empfehle
Apfelhochstämme,
% 85 ℳ und 70 ℳ sowie
Apfelbüsche
auf Doucin % 65 ℳ und 45 ℳ, bei 45 ℳ zum Teil auf Wildling.
Birnbüsche
auf Quitte % 70 ℳ,
in guten gangbaren Sorten echt und in guter sehr widerstandsfähiger Qualität aus sehr rauher freier Lage. Emballage und Fracht frei. Auf Wunsch bei guten Ref. 3 Mon. Ziel, sonst per Nachnahme.
Nehme auch Statice in Tausch
(bis 4 Zentner jedes Quantum). Durchaus reelle Bedienung sichere zu.
Rud. Netsch, [143
Obercunnersdorf, Amtsh. Löbau i. S.

Druck der Anhaltischen Buchdruckerei Gutenberg e. G. m. b. H. in Dessau.

Illustrierte Wochenschrift für den gesamten Gartenbau.

Herausgeber: Max Hesdörffer-Berlin.

Bezugsbedingungen: **Erscheint jeden Sonnabend.** **Anzeigenpreise:**

[D]urch jede Postanstalt bezogen Preis 2.50 M. vierteljährl. In Österreich-Ungarn 3 Kronen. [B]ei direktem Bezug unter Kreuzband: Vierteljährlich 3 M. Im Weltpostverein 3.75 M. Einzelpreis jeder Nummer 25 Pf.

[Be]i ohne Vorbehalt eingehenden Beiträgen bleibt das Recht redaktioneller Änderungen [vor]behalten. Die Honorarauszahlung erfolgt am Schlusse jeden Vierteljahrs.

Die Einheitszeile oder deren Raum 30 Pf.; auf der ersten und letzten Seite 50 Pf. Bei grösseren Anzeigen und Wiederholungen steigender Rabatt. Beilagen nach Übereinkunft. **Anzeigen in der Rubrik Arbeitsmarkt** (angebotene und gesuchte Stellen) kosten für Abonnenten einmalig bis zu 10 Zeilen Grösse M. 1.50, weitere Zeilen werden mit je 30 Pf. berechnet. Erfüllungsort auch für die Zahlung: Berlin.

Adresse für Verlag und Redaktion: Berlin SW. 11, Hedemannstrasse 10.

XII. Jahrgang No. 13. | **Verlag von Paul Parey, Berlin SW. 11, Hedemannstr. 10.** | **28. Dezember 1907.**

Illustrierte Wochenschrift für den gesamten Gartenbau.

Jahrgang XII. 28. Dezember 1907. No. 13.

Landschaftsgärtnerei.

Der Herzog Carl Eduard-Platz zu Coburg.

Von L. **Kniese**, Garteningenieur, Coburg.

(Hierzu ein Plan und zwei Abbildungen.)

Für die gärtnerische Ausschmückung des im Süden der Stadt Coburg gelegenen Platzes ist der dort aufgestellte Monumentalbrunnen maßgebend gewesen. Der Brunnen ist ein Werk des Herrn Professor Lepke aus Berlin, einem geborenen Coburger, und stellt Szenen aus der Sintflut dar. Mit seiner Längsachse steht der Brunnen senkrecht zur Längsachse des Platzes, der ziemlich schmal ist, sodaß eine weitere Entwickelung der Brunnenachse ausgeschlossen war. Um das Bassin ist daher ein fast ovaler Platz von solcher Größe vorgesehen, daß man von seinem Rande aus die 7 Meter hohe Brunnenfigur bequem übersehen kann; zugleich ist dieser Platz durch ausgedehnte Aufschüttung über das Niveau des Geländes herauszuheben und auf die Höhe der umgebenden Straßen zu bringen. Nach den freien Rasenflächen zu soll sich die Aufschüttung ganz allmählich abflachen.

Parallel zur Längsachse des Brunnens führen nach der Alexandrinenstraße und der Ketschendorferstraße doppelte grade Wege. Die übrige Wegeführung ist den Verkehrsbedürfnissen angepaßt, besonders der von der Nordwestecke nach dem Brunnen führende Weg. Am Südende ist ein größerer Platz vorgesehen, von dem man einen Überblick über den gesamten Park erhält, und der eventuell ebenfalls zu erhöhen wäre. Im nördlichen Teile sind zwei größere Sitzplätze gedacht; sonstige Sitzplätze oder Bänke sind nach Bedürfnis anzubringen. Rings um den Platz soll innerhalb der begrenzenden Straßenbäume ein Fußsteig führen, von dem man verschiedene Durchblicke nach dem Brunnen und den Anlagen genießt.

Die Bäume der Alexandrinen- und Ketschendorferstraße umrahmen den Platz derart, daß eine eigentliche Grenzpflanzung sich erübrigt. Zu diesem schönen Rahmen tragen die umstehenden Villen mit ihren Gärten und die im Osten hinter der Alexandrinenstraße ansteigende Berglehne wesentlich bei. Ferner befinden sich auf dem Platze eine Anzahl schon älterer Bäume, sodaß es nur erforderlich ist, an gewissen Punkten größere Gehölzpflanzungen vorzunehmen. Die Kernpflanzungen sind in der Hauptsache aus einheimischen Laubgehölzen zu bilden, denen in reicher Auswahl bessere Ziergehölze beizumischen und vorzusetzen sind. Die Einzelbäume und -sträucher sollen durch feinere, winterharte Nadelhölzer und Laubgehölze gebildet werden.

Die nächste Umgebung des Brunnens wird auch in bezug auf Bepflanzung von diesem beeinflußt. Vor allem ist hier jeglicher Blumenschmuck zu meiden. Sintflut und Blumen

Schaubild vom Herzog Carl Eduard-Platz zu Coburg. Originalzeichnung für die „Gartenwelt".

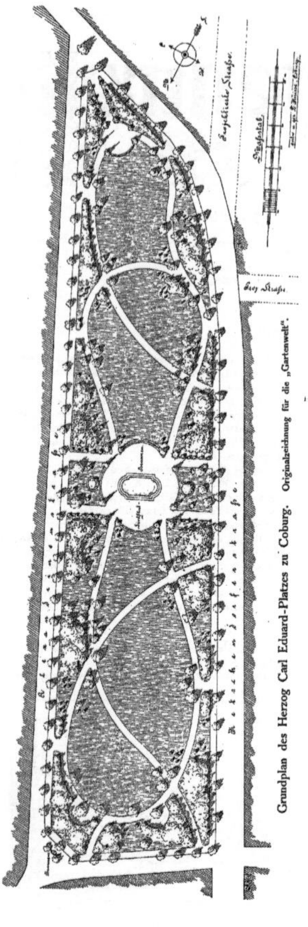

Grundplan des Herzog Carl Eduard-Platzes zu Coburg. Originalzeichnung für die „Gartenwelt“.

passen nicht zusammen; die Blumen würden die Aufmerksamkeit des Beschauers von der gewaltigen, ergreifenden Darstellung ablenken. Dabei soll die Umgebung nicht etwa düster sein, im Gegenteil, die dunklen Brunnenfiguren dürften durch den Kontrast mit dem weißbunten Ahorn *(Acer Negundo fol. var.)* in den vier dem Brunnen zunächst liegenden Ecken nur gewinnen (Abbildung Titelseite). Diese vier Ahornstämmchen sollen durch sehr vorsichtigen Schnitt so behandelt werden, daß ihre Kronen lockere Kugeln bilden. Die nach dem Brunnen zu liegenden Ecken der von den beiden graden Wegen begrenzten viereckigen Teile sind von Pyramideneichen besetzt und allemal die gegenüberliegenden Ecken der von Norden und Süden einlaufenden Wege von Nordmannstannen *(Abies Nordmanniana)*. Ringsum nach dem Rasen zu wird der Platz von einer etwas gewölbten Efeukante eingefaßt. Die Brunnenfigur (Abb. Seite 144) soll also ganz allein stehen und dadurch umsomehr auf den Beschauer wirken. Inmitten der beiden Vierecke östlich und westlich des Brunnens sind große, runde Rhododendrongruppen gedacht, und die zuführenden graden Wege sind mit Festons aus Fliederhochstämmchen und *Lonicera* beiderseitig bestanden. Den weißbunten Ahornbäumen sind einzelne *Rhododendron* vorgepflanzt.

Der am Südende vorgesehene Eingang soll durch zwei Pyramidensilberpappeln *(Populus alba pyramidalis)* markiert werden, während der runde Platz von Pyramidenulmen umpflanzt sein soll. Es ist absichtlich eine öftere Verwendung der Pyramidenform gewählt, um die durch die Kastanienallee der Alexandrinenstraße hervorgerufene Monotonie etwas zu unterbrechen. Zu beiden Seiten des südlichen Eingangsweges sind Rotdornhochstämmchen vorgesehen.

Da im allgemeinen kein besonderer Blumenschmuck vorgesehen ist, dürfte sich eine reichliche Verwendung von schönblühenden Stauden, jedoch nicht in allernächster Nähe des Brunnens, empfehlen. Die Ausführung der Anlage soll nach und nach vorgenommen werden. In diesem Jahre ist der mittlere Teil fertiggestellt worden. Der Verfasser hat den Entwurf seiner Vaterstadt geschenkweise überlassen.

Ueber die Gärten auf der Internationalen Kunst- und großen Gartenbauausstellung in Mannheim 1907.

Von **Carl Hampel**, Gartendirektor der Stadt Leipzig.

Die Urteile über die Gärten der Künstler auf der Internationalen Kunst- und Gartenbauausstellung in Mannheim sind seitens der Allkünstler des Lobes voll, seitens der Gartenkünstler ist man bisher darin noch immer wie die Katze um den heißen Brei gegangen; nur wenige Stimmen haben sich dagegen ausgesprochen und diese zum Teil noch unter Vorbehalt.

Nach den Urteilen über die Gärten auf den früheren Ausstellungen in Düsseldorf, Darmstadt und Köln durfte man annehmen, daß die Mannheimer Ausstellung hieraus gelernt hätte und sich bemühen würde, nun ihrerseits wirklich nur Gutes zu zeigen, d. h. Gärten, die zur Nachahmung anspornen würden. Leider ist diese Hoffnung nicht nur nicht erfüllt worden, es sind die Leistungen sogar bedeutend hinter denjenigen auf genannten Ausstellungen zurückgeblieben. Ja es hat den Anschein, als solle die Rückwärtsbewegung, die mit dem Erscheinen dieser Gärten in der Gartenkunst sich bemerkbar gemacht hat, weitere Fortschritte machen und damit die Gartenkunst aus ihrem vornehmen Rahmen als Kunst herausgedrängt werden, um zu einer Künstelei niedergerungen zu werden, zu einem Objekt, das man je nach Belieben formen könne, wie der Augenblick und die Laune es gerade verlangen oder die Mode es will, zu einem willenlosen Handwerk.

Die Mehrzahl der Gärten auf der Mannheimer Ausstellung, bis auf einige, trugen diesen Charakter. Sie hatten keinerlei Einrichtungen aufzuweisen, die beachtenswert genug erschienen und zum Nachdenken und weiteren Studium sich geeignet erwiesen hätten. Schon ein erster Gang durch diese Gärten zeigte offen und klar, daß sie mit wirklichen Gärten nichts zu tun hatten, wenigstens konnten die Darstellungen keinen Anspruch darauf erheben.

Bald nach dem Eintritt in die Ausstellung wurde der Besucher zu zwei Gärten geführt, die mit hohen und dicken Mauern ohne jede architektonische Entwickelung umgeben waren, Rosengärten sollten es sein, vom Professor M. Läuger entworfen. Ob sie in dieser Ausführung wohl jemals Nachahmung finden werden? Wir möchten es bezweifeln. Der Ausdruck des Befremdens lagerte darauf, und das absichtliche Bestreben, hier etwas anderes zu gestalten als sonst gesehen wird, ohne aber zu bedenken, daß doch Rosenmaterial schwer zu verarbeiten ist, besonders wenn daraus ein künstlerisches Ganzes gefügt werden soll. An guten Beispielen fehlt es nicht. Bei ernstem Studium wäre es nicht gar so schwer gewesen, hierin etwas Tüchtiges zu schaffen. Schon das Aeußere dieser beiden Gärten muß den Kunstverständigen verstimmen. Was haben hier die dicken und hohen Mauern zu tun? Mauern führt man wohl zur Abgrenzung des Besitztums nach außen hin auf. Sie haben den Zweck, Schutz gegen unbefugtes Eindringen zu geben, sie sollen dem Besitzer Sicherheit geben, um ungestört in seinem Besitztum sich aufhalten und bewegen zu können, auch die Neugierigen sollen fern gehalten werden. Ein Rosengarten liegt aber innerhalb des eingefriedigten Besitztums, er bedarf also keiner besonderen Mauer und da auch diese so gar nicht zu den schönen Rosen passen will, mußte sie, bestimmt aber in der gebotenen Form, wegbleiben. Und nun gar die zweite ebenso starke Mauer innerhalb der Rosengärten! Ein Leitweg zur Erhöhung der Disposition oder überhaupt zur Darbietung von Kunst lag nicht darin. Einem Zwinger gleich oder wie ein fremder Körper eingeklemmt, lag sie dazwischen, gewaltsam das Ganze von einander trennend. Wir vermißten hier einen leitenden Gedanken. Die Umgebung wie die innere Einrichtung verbanden sich nicht mit dem Material, das losgelöst sich zeigte. Jeder harmonische Zusammenhang fehlte, auf den es doch so sehr ankommt. Das Material aber verlangt Uebereinstimmung und jede Linie will begründet erscheinen. Nur wenn dies zusammentrifft, kann von einer darstellenden Kunst gesprochen werden; das aber war nicht möglich!

Die Anlagen auf der Promenade in der Kaiserin Augusta-Anlage können hier übergangen werden, da sie nicht zu den Gärten zählten. Die daneben tieferliegenden Einrichtungen mit ihren hohen Umfassungsmauern erinnerten an Formobstgärten, die mit ihrer Lage gegen Süden bestimmt sind, die Sonnenwärme aufzufangen und sie möglichst lange zu halten, wegen der bessern Ausbildung und Reife des Obstes. Aber für Blumengärten sind es keine geeigneten Räume, am wenigsten für solch niedrige Pflanzengebilde, die darin sich ausgepflanzt fanden. So konnten sie denn auch kein anderes Interesse haben, als eine Zurschaustellung der in sehr schöner Kultur sich darbietenden verschiedenen Pflanzen.

Der Staudengarten von Goos & Koenemann aus Niederwalluf (Rheingau) ist als Nützlichkeitsgarten anzusprechen; er fand vielen und gerechten Beifall. Ein besonderes Interesse bot die große Zahl der darin angepflanzten verschiedenartigen Staudengewächse. Sie ermöglichten es, sich ein Bild zu machen für vielerlei Zusammenstellungen und deren Wirkung im Garten. Dahin ist auch der Sondergarten von Heinrich Henkel, Darmstadt, zu zählen, mit seinem großen Wasserbassin voll der herrlichsten Nymphaeen, die mit ihren wundervollen Blumen in verschiedenen Farben allgemeine Bewunderung hervorriefen. Jedenfalls haben diese beiden Gärten einen reichen Schatz von Pflanzen zur Anschauung gebracht und damit Anregung zu deren Verwendung nach der einen wie anderen Seite hin gegeben. Ganz besonders hat auch der Rahmen, darin die Pflanzen gezeigt wurden, angenehm berührt. Diese Vorführungen waren deswegen auch nicht nur für den Blumenfreund sehr wertvoll, sondern ebenso für den Berufsgärtner, riefen sie doch so manche Erinnerung an alte und schöne, aber längst vergessene Pflanzen wach.

War es eine Freude, in diesen Gärten an den herrlichen Blütenpflanzen sich zu erquicken, so wurde man in den sich daran anschließenden Gärten von Professor M. Läuger von gegenteiligen Empfindungen gepackt. Zwei Räume, der eine mit hochstämmigen Silberpappeln, der andere mit ebensolchen des eschenblättrigen Ahorns besetzt, wurden für Gärten ausgegeben. In dem Pappelgarten standen die Bäume zu beiden

Sintflutbrunnen auf dem Herzog Carl Eduard-Platz zu Coburg.
Originalaufnahme für die „Gartenwelt".

Seiten des schmalen Rasenweges in mehreren Reihen in Entfernungen von etwa 1,50 Meter, dazu längs der Seite, dem Eingange gegenüber, in vier Reihen. Im Eschengarten standen sie in ähnlichen Entfernungen zu beiden Seiten des Weges. Sonst fehlte alles, was diesen Räumen den Charakter von Gärten hätte geben können. Eine solche Anordnung kann niemals Garten genannt werden, daran änderte auch das Gartenhaus nichts, das darin stand, ein solches kann eben überall untergebracht werden. Auch die anderen Gärten konnten nicht befriedigen. Was soll man z. B. von einem Garten sagen, der zu beiden Seiten seines einzigen Weges mit hohen Hecken aus *Thuya* eingefaßt ist, über die man nicht hinwegsehen kann, wenn dahinter, also zwischen Hecke und Garten, Blumen angepflanzt sind? Eine solche Anordnung ist doch ohne weiteres zu verwerfen. Die Anordnung hinter dem Badehause war das Gelungenste, was diese Gärten boten.

Ein Garten verlangt Linien, die anmutig wirken, Pflanzenwuchs, der diese begründet und in ihrer Wirkung unterstützt, Materialkenntnis. Darüber konnten auch die baulichen architektonischen Anordnungen nicht hinweghelfen, aber diese in die richtige Umgebung gesetzt, müßten vorteilhafte Bilder geben. Für das Baummaterial waren die Räume so klein, daß weder eine einzige Pappel, noch ein einzelner Ahorn sich jemals darin zu einer mittleren Krone hätte auswachsen können. Dies möge als Maßstab für die Größe der Gärten dienen. Weshalb ein Rasenweg in den Pappelgarten gelegt wurde, war nicht klar, er müßte doch nur das Betreten nach dem Sprengen, bei Tau und Niederschlägen hindern. Ein Weg im Garten soll aber so beschaffen sein, daß er zu jeder Zeit benutzbar ist.

Man muß sich wundern, wie die Kommission Anordnungen unter dem Begriff „Ziergarten" zulassen konnte, wie sie die Erdhügel des Professors H. Billing mit ihren warzenartigen Erhebungen, die noch obendrein mit mangelhaftem Pflanzenmaterial bestellt waren, darstellten. Diese Erdhügel waren so hoch, daß ein gewöhnlicher Mensch sie kaum von Augenhöhe aus übersehen konnte. So stellte denn diese Anordnung alles in den Schatten, was an unkünstlerischen Leistungen auf der Ausstellung zu sehen war.

Auch der Garten des Professors Peter Behrens entbehrte alle Anforderungen, die man an einen Garten stellen muß; es lag darin eine gezwungene Anordnung. Beim Eintreten konnte man das Gefühl haben, daß es ein Nutzgarten zur Samengewinnung sei, so wirkte die eintönige, mit Lobelien bepflanzte Fläche. Das Auge ermüdete darunter, denn auch die Blume kann langweilig wirken. Nur wenn mit den Blumen zusammen eine gute Zeichnung verbunden ist, aus der sie heraustreten, wirken sie lebendig, und je schöner die Formen, je motivierter die Linien erscheinen, um so angenehmer wird das Auge davon berührt. Die Spielerei mit dem Naturtheater konnte einen Ersatz nicht bieten. Ein solches Theater paßt in einen kleinen Garten nicht hinein, da es an sich nichts bietet, was entzückend und unterhaltend wirken könnte.

In dem Garten des Professors Schultze-Naumburg fanden wir eine getreue Kopie eines alten Obstgartens, wie ihn schon die Römer anlegten und wir ihn von ihnen übernommen haben. Diese Anordnung wurde früher in kleinen Gärten beim Hause, in der Stadt wie bei jedem Bauernhause auf dem Lande, gefunden und findet sich dort auch heute noch. Der Garten bot daher nichts Neues. Eins aber lehrte er zur Gewißheit, daß er zu unseren modernen Bauten, zu den modernen Menschen, zu ihrem Empfinden nicht paßt, und daß in der einfachen Nachahmung und Uebertragung eines älteren Gartens auf unsere Zeit und zu unseren Bauten weder Kunst liegt, noch neuer Gedanke oder ein Fortschritt für die Gartenkunst darin gesehen werden kann. Dieser Garten bot denn auch nichts Originelles, nichts was der Gartenkunst nicht längst bekannt wäre. Eine künstlerische Leistung war nicht darin zu sehen, dazu fehlte die Wirklichkeit und das Material. Wie anmutend wirkten die alten Gärten und besonders die alten Obstgärten, wie man sie in dieser Form auf den Gütern als Teile des Parkes noch heute findet und auch noch heute einrichtet. Was aber das Bassin mit seinem trüben, toten Wasser in diesem Garten sollte, das konnte man nicht ergründen, es zeigte sich als eine gänzlich verfehlte Anlage. Ein Plätzchen an dieser Stelle für die Jugend zum Spielen, wäre wohl richtiger gewesen.

Gegenüber diesen Leistungen wurde man in den beiden Gärten vom Gartenarchitekten Fr. Brahe in Mannheim und Gebrüder Röthe, Gartenarchitekten in Bonn a. Rh. infolge der Darbietung von wirklicher Gartenkunst erquickt. Diese Gärten konnten als wahre Gärten angesprochen werden und auch als gute Beispiele für die Anlage beim Hause und der Villa. In diesen Gärten gewann das Gefühl des Heimischen die Oberhand; nichts Fremdes fand sich darin, wie in den übrigen. Man erkannte, daß es den Künstlern darauf ankam, einen Garten in des Wortes vollster Bedeutung zu schaffen, unterhaltend, anmutig und zu beschaulicher Ruhe einladend. Jede Linie zeigte sich durchdacht und in der Art ihrer Anordnung und Anpflanzung begründet. Hier fand man Beherrschung des Materials und richtige Unterbringung. Sie regten deswegen auch zum Nachdenken an und ermöglichten eine künstlerisch-kritische Betrachtung.

In dem Garten des Gartenarchitekten Fr. Brahe wollte die eigenartige Teilung des Laubenganges mit dem dazwischenliegenden Schmuckstück nicht recht befriedigen. Es wäre für den sonst sehr schönen Garten eine einheitliche Anlage des Laubenganges ohne Unterbrechung wohl von besserer Wirkung gewesen.

In dem Garten von Gebrüder Röthe war der Laubengang nicht geteilt, er verband sich mit dem Pavillon in wohlgelungener Weise. Damit erhielt dieser Garten eine Fläche, die ihn größer erscheinen ließ. In bester Weise fand sich hier der reiche figürliche und architektonische Schmuck mit den übrigen Anordnungen im Garten vereinigt, ohne sich dem Auge aufzudrängen. Das Publikum zeigte in dem außerordentlichen Besuch, der diesen Gärten zuteil wurde, wie wohl es sich darin fühlte.

In beiden Gärten wurden diejenigen Anforderungen gefunden, die wir an einen Garten zu stellen haben. Mögen die Firmen auf diesem Wege weiter arbeiten!

Hiermit schließen wir unsere Besprechung der Gärten auf der Mannheimer Ausstellung. In einem späteren Artikel werden wir die aus den Gärten auf Ausstellungen der letzten Jahre zu ziehenden Nutzanwendungen einer Betrachtung unterziehen, wobei wir auch diese Gärten noch einmal streifen werden. Wir möchten aber dem Wunsche schon heute Ausdruck geben, daß in der Folge nur wahrhaft künstlerische Leistungen in Gärten auf Ausstellungen sich zeigen, nicht aber solche, die zum Teil von der Mode diktiert, zum Teil vom Drange, etwas Anderes zu machen, als es bisher war, geleitet werden, dann dürften solche Darbietungen auch von dauerndem Werte sein.

Zur Aesthetik der Friedhöfe.

Von Dr. Heinrich Pudor.

Ich erinnere mich, daß ich, als ich das erste Mal einen Friedhof betrat, zusammenschauerte und daß mich ein Gefühl des Entsetzens ergriff. Ich war damals noch klein und wußte nicht, welchem Zwecke die Friedhöfe dienen, ich konnte mir auch keine Rechenschaft geben, warum ich ein solches Gefühl des Schreckens empfand, aber der allgemeine Eindruck, die Stimmung, die aus dem Ganzen sprach, war nicht nur ein unsagbarer Jammer, sondern zugleich etwas Abstoßendes. Und als ich nach einer Reihe von Jahren wieder einen Friedhof betrat, hatte ich die gleiche Empfindung. Diesmal aber wurde ich mir über die Gründe meines Entsetzens schon einigermaßen klar. Und das Wort ästhetisches. Entsetzen sagt schon die Richtung, aus der die Ablehnung kam. Es ist gewiß nicht zu verlangen, daß ein Friedhof, der eine Stadt der Toten ist, einen erfreulichen Eindruck macht. Das wäre sogar unlogisch und nicht am Platze, es würde von Mangel an Pietät den Toten gegenüber, die man beweinen soll, zeugen. Unüberlegter Weise hat man in dieser Beziehung auf den Friedhöfen, wie sie heute sind, manchen Fehler begangen, indem man die Blumen ohne Wahl und ohne Rücksicht auf den Zweck, dem sie dienen sollen, auf die Gräber pflanzte oder zu Kränzen band. Rot ist die Farbe der Freude, auch hellblau und gelb haben etwas Freudiges; trotzdem nahm man ebenso gern rot, gelb und hellblau blühende Blumen, als andere. Wenn es darauf ankam, schwermütige Wirkungen auszuüben, hätte man wenigstens Blumen wählen sollen, die dunkelblau und violett blühen. Ich meine aber, man soll weder freudige Stimmungen auf dem Kirchhofe wecken, noch die Schwermut, die uns hier ohnedies beschleicht, zu verstärken und vertiefen suchen. Vielmehr ist keine Blumenfarbe so sehr geeignet für Friedhöfe, als weiß, die Farbe der Unschuld. Ebenso wie wir Unrecht tun, die Braut weiß zu kleiden, statt rot und die Kinder weiß zu kleiden, statt hellfarbig, besonders hellblau und rosa, werden wir für den Gräberschmuck keine bessere Blumenfarbe finden können als weiß. Und wer sich an die Stimmung erinnern kann, die eine Niederung mit weißen Wollblumen auf ihn ausgeübt hat, wird mir ohne weiteres beipflichten. Wer etwas Abwechselung in das Weiß bringen will, wähle noch einige dunkelblau und violett blühende Blumen, aber man vermeide rot und alle hell blühenden Blumen.

Ich komme aber nun darauf zurück, daß ein Friedhof nicht einen gezwungen melancholischen oder gar ästhetisch verletzenden Eindruck machen soll, wie es hauptsächlich deshalb der Fall ist, weil man, wenn man ihn betritt, nichts sieht als Hügel neben Hügel, Leichenstein neben Leichenstein. Diese gedrängte und gleichmäßige Anordnung der Gräber ist es in der Hauptsache, die jeden Menschen von Zartgefühl abstößt. Wenn man einen Friedhof aufsucht, hat man die Seele voll Leid und Kümmernis; in diesem Zustande nun noch mit Zaunpfählen tausende Male auf Tafeln, die aufrechtstehend, in regelmäßigen, allzuengen Abständen angeordnet sind, lesen zu müssen, daß hier und da und dort ein teurer Toter ruht, das ist roh und brutal, ebenso die regelmäßige Anordnung der massenhaften Grabhügel. Ich sehe nicht ein, warum jedes Grab einen Hügel tragen muß und warum die Grabtafel oder der Grabstein aufrecht stehen muß. Ich sage vielmehr, daß man das Empfinden, wenn es wirklich vorhanden ist, respektieren muß, daß ein Grab auf ebener Erde auch technisch sozusagen möglich ist, daß der liegende Grabstein, da es sich um eine so große Zahl handelt, ästhetisch zweifellos vorzuziehen ist.

Weiter aber war die ganze Anordnung unserer Friedhöfe eine, fast möchte ich sagen, pietätlose, denn unsere Friedhöfe sahen wirklich nicht viel besser aus als Jahrmärkte der Toten, oder, anders ausgedrückt, Erdtabellen der Totenstatistik. War das einzelne Grab noch so liebevoll und reich geschmückt, das Ganze war eine große Messe, ein — nun wir halten unsere Leser für reif genug, daß sie die Wahrheit vertragen: ein Abladeplatz der Toten.

Man ist nun zwar in den letzten Jahren darauf verfallen, die Friedhöfe zu reformieren, indem man sie nach dem Vorbilde der italienischen „Camposanto" landschaftlich zu gestalten sucht. Ich erinnere an den Hamburger Zentralfriedhof und an den neuen Zentralfriedhof für Mannheim. Und in der Tat wird auf diese Weise dem Gottesacker das Brutale der Massenheerschau genommen; man hat nicht mehr den Eindruck, als ob die Leichen nur so hingesät seien; man hat auf den ersten Blick den Eindruck einer landschaftlichen Anlage; — man muß die Ruhestätten der Dahingeschiedenen suchen, statt daß sie sich aufdrängen, und sie selbst sind wirklich Weihestätten.

Aber diese Reform wird doch nur den Allerreichsten zugute kommen und alle übrigen müssen, so fürchte ich, nach wie vor mit dem Nadelkissen der toten Menschheit, dem Gottesacker, fürlieb nehmen. Ich frage: gibt es denn da gar keinen Ausweg? Muß es durchaus solche Massenstädte der Toten geben? Meinem Empfinden nach passen sie nur für Geächtete und Verfehmte oder für solche, die ungekannt sterben.

Und es gibt einen Ausweg, und er ist so naheliegend, daß man eben deshalb nicht an ihn gedacht zu haben scheint.

Wer hat nicht schon mit angesehen, wie schwer es der Mutter wird, wenn ihr Liebstes, nachdem ihm der Tod die Augen geschlossen hat, ihr genommen wird, und aufgeladen und fortgefahren und abgetragen und hinuntergelassen wird, da draußen, irgendwo in der Vorstadt, wo die Krähen kreischen und die Katzen schleichen, auf einer fremden Erde, mit der sie nichts verbindet, wo nur Tote, andere Tote, fremde Tote ruhn?

Und wenn die Mutter klagt, „wenn ich es nur hier behalten könnte, so wie es noch jetzt ist, nur nicht fort von hier, nicht fort von mir". Nota bene, es gibt auch Mütter, die ihrem Kinde nachziehen, so wie es Tote gibt, welche die Lebenden nach sich ziehen.

Ja, warum nicht den Toten bei uns lassen? Aus hygienischen Gründen? Ich halte unsere Kirchhöfe für himmelschreiend unhygienisch. Es gibt hunderttausende Familien, die ihren eigenen Grund und Boden haben, groß genug, sollte man denken, um darauf eine Ruhestätte der Familienangehörigen zu schaffen. Es ist nicht zu fassen, daß heute unzählige Familien, die einen reichen Grundbesitz haben, ihr Liebstes, wenn ihnen eines stirbt, da draußen auf der Totenabfütterungsstätte „bestatten" lassen, wie es echt konventionell heißt.

Ich plädiere also für Familienfriedhöfe. Ich halte es für selbstverständlich, daß diejenigen, die in Gestalt eigenen Grundbesitzes eine Familienstätte haben, ihren Angehörigen und sich selbst, wenn sie zur Ruhe gehen, einen Platz auf dieser Erde sichern. Das allein nenne ich Familienkultur, das allein nenne ich Pietät vor dem Toten. Den Gestorbenen für ein paar Taler erster Klasse hinausfahren zu lassen, womöglich um möglichst fern von ihm zu sein, ist allzubillig und fast verdächtig, da es der Vermutung Raum gibt, man habe ihm schon bei Lebzeiten nicht genug Liebe gegeben. Über den Tod hinaus ihm treu bleiben und dem Toten noch einen Platz nicht allzuweit fort vom Herde geben, das nenne ich Liebe, das nenne ich „Humanität“ — hier steht es an rechter Stelle, dieses allzuviel mißbrauchte Wort.

Myoporum parvifolium.
Vom Verfasser im Botanischen Garten zu München für die „Gartenwelt“ photographisch aufgenommen.

Freilich muß, wenn diese billige Forderung sich erfüllen soll, noch manches andere sich ändern. Wir müssen wieder Sinn für die Erde, für das Heim, für die Familie, für unser Blut und Land bekommen. Heute, da wir die Wohnungen wechseln, wie den Rock und unser Väter Erbe, wenn es im Preise steigt, „veräußern“, wie es recht charakteristisch heißt, sind Familienfriedhöfe nur unter Fürsten möglich. Aber der Gedanke an sich selbst ist im Mittelstande realisierbar, in ähnlicher Weise wie die Familienschule, so nämlich, daß verwandte Familien sich verbinden und eine gemeinsame Ruhestätte schaffen. Und dann erst, wenn wir das Familiengrab auf der Scholle haben, wird auch die Frage, wie die Friedhöfe zu ästhetisieren seien, gelöst werden. Denn dann erst wird das entscheidende, das richtige Gefühl, da sein, das echte Gefühl, die Liebe und Sorge, und dann muß der ewige Ruheplatz eines geliebten Angehörigen ein auch von der Schönheit geweihter Platz sein.

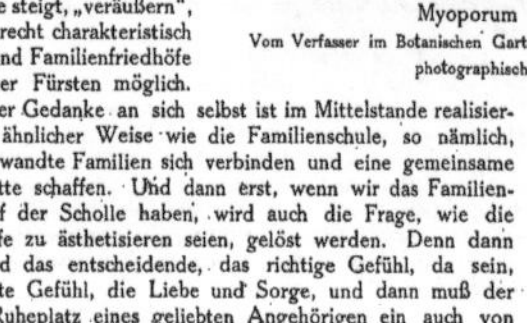

Topfpflanzen.

Myoporum parvifolium, R. Br. Unter den Kalthauspflanzen führen zahlreiche ein recht verborgenes und halbvergessenes Dasein, wenigstens in neuerer Zeit; in der ersten Hälfte des vorigen Jahrhunders war das ja wesentlich anders.

Solch ein fast vergessenes Pflänzchen ist auch *Myoporum parvifolium*, welches sich obenstehend im Bilde vorgeführt findet. Es ist ein niedriger, kleiner, vielverzweigter Strauch mit schmalen, unregelmäßig gekerbten oder gesägten Blättern an grünlichen Zweigen, die mit Drüsen bedeckt sind. Vornehmlich während des Spätsommers und während des Herbstes erscheinen hinter den Blättern rings um die Zweige herum, unregelmäßig angeordnet, die zahlreichen, weißen Blütchen, deren Staubfäden violette Antheren tragen. Diese zierlichen Blüten erscheinen in solcher Menge, daß die ganze Pflanze wie mit Schneeflocken überschüttet erscheint. In der Kultur erfordert die Pflanze ein gutes, lockeres aber nahrhaftes Heideerdegemisch, etwas vorsichtige Wassergaben und einen nicht allzu sonnigen Standort, im Winter einen hellen Platz im Kalthause. Ein mäßiger Schnitt verhilft zur Erziehung guter, buschiger Pflanzen, gelegentliche Güsse mit dünnem aufgelöstem Kuhdung befördern das Wachstum. Die Anzucht gelingt unschwer durch Stecklinge aus halbhartem Holze. Für feinere Bindereien geben die Blütenzweige einen prächtigen Werkstoff.

B. Othmer, München.

Stauden.

Houstonia serpyllifolia.

(Hierzu eine Abbildung.)

Eine allerliebste Pflanze zur Bepflanzung von Felspartien ist *Houstonia serpyllifolia*, Mich. Dieselbe bildet ganz niedrige, kriechende Polster, die Blätter sind sehr klein, quendelartig. Die vierteiligen Blüten werden von dünnen, drahtartigen Stielen von kaum 10 cm Höhe getragen. Die Blütezeit fällt in den Monat Mai und sind die Pflanzen mit den herrlich himmelblaufarbigen Blümchen so dicht übersät, daß die moosartigen Rasen unter der Fülle derselben fast ganz verschwinden. Bei größerer Anpflanzung in Felsanlagen, namentlich in kleinen Mulden, bildet *Houstonia serpyllifolia* einen lebhaften, einfarbigen Teppich und erzielt eine schöne Farbenwirkung.

Die beigegebene Abbildung zeigt die reizende Pflanze aufs beste, auch die Art und Weise, wie sie im Alpengarten des Herrn G. Arends, Ronsdorf, verwendet worden ist. Sie steht hier in einer sanften Mulde und ist gegen Mittag von einem Felsausläufer beschattet. Zwischendurch geht ein verlorener Fußpfad, um all die kleineren Pflanzen von der Nähe besehen zu können. Auf der rechten Seite blüht zu gleicher Zeit *Silene acaulis* im Geröllfeld mit ihren kleinen Sternblüten und festen Polstern.

Von gleich schöner, hellblauer Färbung, fast noch einen Ton heller, ist *Houstonia coerulea*, L., doch wächst diese Art bedeutend langsamer als die erstgenannte *Houstonia serpyllifolia*. Sie kriecht weniger, bildet nur kurze, gedrungene und niedrige Büsche, die Blätter sind mehr lang zugespitzt. Auch diese Pflanze blüht überaus reich es hebt sich hier noch der gelbliche Schlund wirkungsvoll von der hellblauen Blütenfarbe ab. In manchen Katalogen wird *Houstonia coerulea* als Synonym zu *Houstonia serpyllifolia* angeführt, wiewohl beide Arten im Wuchs verschieden sind.

Von *Houstonia coerulea* gibt es eine reinweiße Varietät *alba;* sie wetteifert im Blühen mit der schönen, hellblauen Stammart. Bei einigermaßen guter Kultur bringt diese Abart im August noch einen zweiten Flor, der ebensolange anhält (3 bis 4 Wochen), als der Hauptflor im Mai.

Eine weitere, aber 30 bis 40 cm hoch wachsende Art ist *Houstonia purpurea*, deren Blüten eine purpurviolette Farbe haben. Diese Art ist, bevor man sie in den Gärten verwendet, verbesserungsbedürftig.

Alle Houstonien lassen sich mit Leichtigkeit durch Teilung im Frühlinge oder Herbste vermehren, aber auch durch Aussaat, welche am besten während der Wintermonate zu geschehen hat, gibt es gute Resultate, vorausgesetzt, daß die Saatgefäße genügend feucht gehalten werden.

Zum guten Gedeihen müssen Houstonien einen halbschattigen, aber doch freien Standort haben, auch ist für einen lockeren, humösen, mit Sand und kleinen Steinen durchsetzten Boden Sorge zu tragen; hierin wachsen sie willig und blühen auch recht dankbar, wie es die Abbildung nicht besser veranschaulichen kann.

R. Herold, Obergärtner, Ronsdorf.

Zwiebel- und Knollengewächse.

Anzucht und Kultur der Amaryllis.

Von **Max Kellenbenz**, Gräfl. von Fuggerscher Schloßgärtner, Oberdischingen.

Die Anzucht der *Amaryllis* erfolgt meistens aus Samen, zu dessen Gewinnung man nur solche Pflanzen als Samenträger wählt, deren Blumen sich durch reine Farbe und besondere Größe auszeichnen. Beliebt sind namentlich die dunkelroten und hellen Blumenfarben. Die Samenträger müssen während der Blüte einen möglichst hellen Standort bei einer Temperatur von 12 bis 17° C haben. Bei niedriger Wärme schrumpfen die Samenkapseln ein und fallen schließlich ganz ab.

Die Befruchtung der Samenträger wird an möglichst sonnenhellen Tagen vorgenommen, zu welchem Zwecke man die Staubgefäße auskneift und den Stempel mit dem Blütenstaub betupft. Nach einiger Zeit schwillt der Fruchtboden an; die runden Früchte werden an der Mutterpflanze belassen, bis sie aufplatzen.

Die Aussaat wird bald nach der Ernte ausgeführt, weil der Same sonst leicht verdirbt. Der Same wird meistens in Schalen, die mit einer aus Lauberde und Sand bestehenden Erdmischung gefüllt sind, vorsichtig und in genügendem Abstande ausgebreitet und 2 cm hoch mit Erde bedeckt, worauf das Ganze mit einer Schicht Moos belegt wird, wonach die Schalen in ein warmes Haus oder in einen etwa 20 bis 24° C warmen Kasten gebracht und mäßig feucht gehalten werden. Nach Verlauf von zwei bis drei Wochen geht der Same auf, und werden die Keimlinge, wenn sich bereits das zweite Blatt entwickelt hat, in Stecklingstöpfe oder in kleine Kästen in ein Gemisch von zwei Drittel Lauberde, ein Drittel Mistbeeterde und etwas Sand pikiert. Ein heller Standort in einem Glashause mit 12 bis 18° C Wärme ist für die Pflänzchen unerläßlich. Hier bleiben sie bis zum Frühjahre stehen und werden stets mäßig feucht gehalten.

Im April pflanzt man die jungen *Amaryllis* in einen warmen, abgedampften Kasten in eine 20 cm stark aufgetragene Erdmischung aus, die zur Hälfte aus grober Lauberde, zu je einem Viertel aus Mistbeeterde und Torfmull nebst Sandzusatz besteht. Das Auspflanzen soll so tief erfolgen, daß die Zwiebeln mit Erde bedeckt sind. Die Pflanzweite muß 8—10 cm betragen. Hervorzuheben ist noch, daß anfangs nicht gegossen zu werden braucht, da im Frühjahre die Erde noch genügend feucht ist. Sollte der Kasten jedoch wider Erwarten noch etwas dampfen, so gibt man zum Abziehen der Dünste ein wenig Luft. Dampft der Kasten nicht mehr, so wird nur bei schönem Wetter gelüftet. Ein Decken ist nur nötig, solange noch kühle Nächte zu befürchten sind. Im Mai wird je nach der Witterung, im Juni stark gelüftet, so daß die Pflanzen an die Luft gewöhnt und abgehärtet werden. An warmen Tagen wird morgens und abends gespritzt; eine Beschattung ist nur in voller Sonne nötig.

Nachdem die *Amaryllis* genügend abgehärtet sind, werden Ende Juni oder Anfang Juli die Fenster von den Kästen ganz abgenommen, bei anhaltendem Regen jedoch wieder aufgelegt. Bei trübem Wetter erhalten dann die *Amaryllis* alle 14 Tage einen aus aufgelöstem Kuhdünger bestehenden Dungguß. Daß im übrigen die Beete frei von Unkraut gehalten werden müssen, ist selbstverständlich.

Gegen Ende August stellt man das Gießen ganz ein; die *Amaryllis* ziehen trotzdem noch lange Zeit hindurch genügend Nahrung aus der Erde. Die Vorenthaltung des Wassers hat hauptsächlich den Zweck, daß das Laub der Pflanzen abstirbt und die Zwiebeln besser ausreifen. Solange es die Witterung erlaubt, bleiben die *Amaryllis* im Kasten stehen, möglichst aber bis zum Oktober. Sollten jedoch im September schon kühle Nächte eintreten, so werden die Fenster auf den Kasten gelegt und dieser auch, falls schon Reif droht, abends mit Matten gedeckt. Im Oktober nimmt man die Zwiebeln heraus, wobei man oft findet, daß einige derselben schon völlig ohne Laub dastehen, ihre Wurzeln jedoch gesund erscheinen. Bei näherer Prüfung dieser Zwiebeln

Houstonia serpyllifolia.

In den Staudenkulturen von Georg Arends, Ronsdorf, für die „Gartenwelt" photographisch aufgenommen.

findet man zuweilen in ihrer Mitte braune, in einer schmutzigen, bräunlichen Masse sitzende Maden von etwa $1^1/_2$ bis 2 cm Länge. Solche erkrankten Zwiebeln werden am besten gleich durch Verbrennen vernichtet. Das an vielen gesunden Amarylliszwiebeln noch sitzende Laub schneidet man bis zur Hälfte ab, damit dieses beim Einschlagen der Zwiebeln in trockene Erde nicht etwa Fäulnis verursacht. Völlig abgestorbenes Laub muß ganz entfernt werden. Häufig werden *Amaryllis* von der Wollaus befallen, deren Brut man mit einem Pinsel entfernt. Nach dem Auspflanzen im nächsten Frühjahre behandelt man die *Amaryllis* wie im vorhergegangenen Sommer. Jetzt wird man schon Zwiebeln von genügender Stärke besitzen, die im darauffolgenden Winter blühen und von denen manche einen Umfang von 25 cm haben. Im dritten Frühjahre werden die Zwiebeln je nach der Größe sortiert, worauf man die kleinen wieder auspflanzt, die großen aber in Töpfe setzt, die man mit einer Mischung von einem Drittel Laub-, einem Drittel Mistbeeterde und ebensoviel nahrhaftem Lehm, ferner mit etwas Sand und pulverisierter Holzkohle anfüllt. Eine gute Drainage, die am besten aus Holzkohlenstückchen besteht, soll das Faulen der Wurzeln verhindern. Nun werden die *Amaryllis* auf einen warmen Kasten gebracht und mit den Töpfen in Sägespäne oder kurzen, vorrotteten Dünger eingesenkt. Gestatten es die Witterungsverhältnisse, so wird diese Arbeit schon im März vorgenommen; wenn der zuerst angelegte Kasten die Wärme nicht lange genug behält, so wird ein neuer Kasten hergerichtet. Anfangs wird wenig gegossen, da das Material, in welches die Töpfe eingesenkt sind, die Feuchtigkeit ziemlich lange hält. Erst wenn die Amarylliszwiebeln neue Wurzeln gebildet haben, wird etwas mehr gegossen. Gelüftet wird nach Bedarf, wie es auch bei den ausgepflanzten *Amaryllis* der Fall ist.

Im Juni bis Juli erhalten die Pflanzen alle acht bis vierzehn Tage einen Dungguß. Bei anhaltendem Regenwetter müssen die Fenster aufgelegt werden. Von Mitte August an wird nur noch sehr mäßig und von Anfang September an gar nicht mehr gegossen. In vielen Gärtnereien werden die *Amaryllis* während des Sommers bis über den Topfrand eingesenkt, um die Arbeit des Gießens einzuschränken; die Wurzeln wachsen dann über den Topfrand hinaus und finden in dem Dünger reichlicher Nahrung. Bei diesem Verfahren gießt man mit der Brause, damit die Erde gleichmäßig feucht bleibt. Vorsichtshalber nimmt man jedoch häufig an verschiedenen Stellen einige Töpfe heraus und prüft, ob die Topfballen zu feucht oder zu trocken sind. Anfang September werden die Töpfe sämtlich herausgenommen, die Erde darauf eingeebnet und die Pflanzen dann frei aufgestellt, damit die Zwiebeln gut ausreifen können. Ende September oder Anfang Oktober bringt man die *Amaryllis* in ein 10 bis 15° C. warmes Haus und legt die Töpfe unter der Stellage auf die Seite, wo sie während des Winters nicht gegossen werden dürfen und auch gegen jeden Tropfenfall geschützt sind. Die bis dahin noch nicht abgestorbenen Blätter schneidet man nicht ab, sondern läßt sie im Hause absterben. Sind die kräftigeren Zwiebeln gut ausgereift, so werden Ende November und im Dezember an einigen Knospen sichtbar. Diese Zwiebeln werden dann vorsichtig durchgeputzt und in ein 18 bis 22° C. warmes Haus gebracht. Ist im Vermehrungsbeete genügend Platz, so senkt man die *Amaryllis* in dieses, in eine etwa 10 cm starke, lockere Erdschicht ein; die Bodenwärme kann 23 bis 30° C. betragen. Im Vermehrungsbeete hält man die Pflanzen mäßig feucht; sie können dann unter günstigen Umständen schon im Januar blühen. Will man im Frühjahre blühende *Amaryllis* haben, so läßt man dem ersten Satz nach vier Wochen einen weiteren folgen und stellt die Zwiebeln, welche Knospen zeigen, ebenfalls warm. Ende Februar kann man auch solche, die keine Knospen zeigen, aber ihrer Beschaffenheit nach eine Blüte versprechen, antreiben. Meist finden sich viele Blüher unter denselben.

Wenn man ein für diesen Zweck geeignetes Vermehrungshaus nicht zur Verfügung hat, so stellt man die Zwiebeln in einem Hause von mindestens 12 bis 15° C. auf; bei einer niedrigeren Wärme bilden sich die Blütenstiele nicht gut aus. In einem solchen Hause kommen die Blütenschäfte einige Wochen später als im Vermehrungshause, so daß der Hauptflor dieser Pflanzen in die Monate März und April fällt. Man versäume nicht, während der Blütezeit die Samenträger auszusuchen und sie, wie ich bereits angegeben, zu behandeln. Nachdem die Blütenschäfte abgeschnitten sind, werden die Pflanzen in einem möglichst hellen Hause von 10 bis 12° C. aufgestellt, wo man sie stehen läßt, bis sie in einen Kasten gebracht werden können, was im April der Fall sein wird. Am besten ist das Auspflanzen in einen warmen Kasten, wozu die schon genannte Erdmischung verwendet wird. Die alte Erde muß man von den Zwiebeln abschütteln, und dürfen diese nur bis zur Hälfte in die Erde gesetzt werden. Wenn die Blätter schlapp sind, sodaß sie leicht umknicken, was hauptsächlich bei den zuerst getriebenen Zwiebeln der Fall ist, so schneidet man dieselben bis zur Hälfte ab.

Ausstellungsberichte.

Rückblick auf die Obst- und Gemüsesonderausstellungen, sowie die Spezialausstellung für die Verwertung von Obst und Gemüse im Haushalt, der Jubiläumsausstellung Mannheim 1907.

Von **Victor Graf von Helmstatt**, Neckarbischofsheim.

I.

Großzügig, Kleinliches vermeidend, wie dieses der Charakter der ganzen, auf herrlichem Platze gelegenen Ausstellung war, war auch das Programm entworfen zu den Obst- und Gemüsesonderausstellungen, welche vom Beginn der Ausstellung an bis zu deren Ende den Obstzüchtern und Gemüsebauern Gelegenheit boten, ihre Früchte und Gemüse der vier Jahreszeiten, auch im überwinterten Zustande oder in Gläsern, Krügen und dergl. frisch gehalten, zur Darstellung zu bringen. Das Programm zu diesen Sonderausstellungen wurde unter Mithilfe von Fachleuten und Männern entworfen, welche teilweise schon in Düsseldorf gelegentlich der dortigen Obst- und Gemüseausstellungen 1904 tätig gewesen waren. Die Vorstandsmitglieder des Deutschen Pomologenvereins wirkten hauptsächlich bei der endgültigen Festlegung des Programms mit. Auf Anregung derselben ist die Errichtung der Kosthalle, verbunden mit Auftragstelle der Badischen Kreisverbände und der Rheinpfalz, zurückzuführen. Diese Einrichtung, die zum ersten Male auf einer derartigen Ausstellung von Anfang bis zu Ende gut durchgeführt wurde, brachte die Obst- und Gemüsespezialitäten jedes einzelnen Teiles dieser beiden Länder während der verschiedenen Perioden der Ausstellung zum Angebote. Den Besuchern wurden die Bezugsquellen durch praktische, an den Kosthallen angebrachte Tafeln zur Kenntnis gebracht, und so zwischen Produzenten und Konsumenten ein direkter Verkehr vermittelt. Aber auch der fremde Händler wurde hierdurch auf gute Bezugsquellen für jegliche Früchte aufmerksam gemacht. Kühlanlagen bewährter Firmen waren mit herrlichen Früchten und Gemüsen den ganzen Sommer belegt, — Waggons, Pferde- und Handwagen zum Obsttransport waren zu sehen, sowie alle Arten Garten- und Obstverwertungsgeräte — die praktischen Obstaufbewahrungsschränke verschiedener Systeme nicht zu vergessen.

Die großen, lichten Hallen, welche zur Verfügung standen, der herrliche Nibelungensaal, der für einige Ausstellungen überlassen wurde, waren vorzüglich geeignete Räume, in denen mit jeder Ausstellung neue, abwechslungsvolle Bilder geboten werden konnten, welche Malern schönste Vorbilder geboten hätten. In einem großen Zelte wurden die mit jeder Sonderausstellung verbundenen Vorträge über Frischhaltung von Obst und Gemüse und Verpackung abgehalten, — Vorträge, welche sich großer Beliebtheit und guten Besuches erfreuten.

Diese Sonderausstellungen begannen im Mai mit einer internationalen Ausstellung von Treibobst, Treib- und Frühgemüse, sowie Spargel, und erreichten ihren Höhepunkt und ihr Ende mit der Deutschen Handelsobstausstellung und der großen internationalen Obstausstellung.

Sonderausstellung vom 18. bis 20. Mai.

Um diese Zeit — und noch dazu bei so verspätetem Frühjahre — eine Treibobst-, Treib- und Frühgemüse- sowie Spargelausstellung! Wie reich aber war sie beschickt, — zum Glück war sie international und wurde inmitten berühmter Spargelgegend, wo der Spargelbau feldmäßig betrieben wird, abgehalten. Die Ausstellung war sehr gut beschickt, sämtliche Hallen waren voll besetzt. Frankreich war mit herrlichem Treibobst und feinem Gemüse auf dem Plane erschienen. Welche Pfirsiche und Erdbeeren zu dieser Zeit! Holland nahm mit Massenbeschickung, in schöner, guter Aufmachung, einen großen Platz ein.

Nachdem hier das Ausland in erster Reihe angeführt werden mußte, weil es diesen Platz hier verdient, nicht nur aus Höflichkeitsrücksichten, will ich nun zunächst die geschmackvolle, mit Statistik versehene Aufmachung des Hamburger Landgebietes anführen. Auch hier war schönes Treibobst, aber noch schöneres Gemüse zu sehen. Die Ausstellung hessischer Spargel- und Salatzüchter, welche von der hessischen Landwirtschaftskammer in geschmackvoller Art eingerichtet war, nahm eine ganze Halle ein. Die Rheinpfalz war besonders mit Spargel sehr gut vertreten, und es machte sich schon bei dieser ersten Ausstellung bemerkbar, daß der Pfälzer in Düsseldorf anmelden und ausstellen gelernt hat. Der Einzelne tritt zurück; geschlossen tritt eine Gegend mit ihrem Spezialprodukt in geschmackvoller Packung auf, damit die Aufmerksamkeit des Besuchers erweckend, zum Nutzen des Einzelnen wieder.

Jedem Besucher dieser Sonderausstellung wird die hübsche und interessante Darstellung des berühmten Schwetzinger Spargels der Firma Bassermann & Wittmann, Schwetzingen, erinnerlich sein; auch hatten einige Gemeinden der Umgegend Mannheims bezw. Gartenbauvereine, so Sandhausen und Seckenheim ganz gut ausgestellt.

Vom 8. bis 11. Juni folgte die

Internationale Ausstellung von Erdbeeren, Frühkirschen, Frühsteinobst und Frühgemüse,

mit welcher Ausstellung die Vorträge über Obst- und Gemüsefrischhaltung begannen. Es wurden ferner die Erdbeeren- und Kirschenverpackung in vortrefflicher Weise vorgeführt.

Trotzdem auch für diese Ausstellung die Vegetation um mindestens 14 Tage gegen andere Jahre zurück war, bot dieselbe ein prächtiges Bild und war gut beschickt. Es holten sich hier die Badischen Kreisverbände unter bewährter Führung ihren ersten Preis. Welche Erdbeeren waren aber auch da aus dem ganzen Badener Lande, vom Oberlande und Unterlande, vom Fuße des Schwarzwaldes, des Kaiserstuhles, von der lieblichen Bergstraße zusammengebracht worden! Welch mustergültige Packungen führte uns das an der Spitze rationellen Obstbaues und rationeller Obstverwertung marschierende Bühl vor!

Für Kirschen wars noch etwas früh. Reizend war wiederum das geschmackvolle Arrangement der Vierlande in Rettigen, Radies und sonstigen frühen Herrlichkeiten, auf der praktischen Stellage, deren Umwandlungsfähigkeit bewunderungswürdig ist und welche für Ausstellungszwecke höchst zweckmäßig zu sein scheint. Auch Weisenheim a. S. in der Pfalz führte gute Packungen vor.

In Edingen versteht man nicht nur Bier zu brauen, sondern auch bewährte Gärtnerei hat da gute Schule gemacht, das zeigte die Ausstellung und Aufmachung eines dortigen Gärtners auf dieser, wie auf den folgenden Ausstellungen.

Die Gartenbauvereine haben jetzt schon gelernt — sie stellen geschmackvoll aus — das zeigte Käferthal. Schön systematisch, ein Bild von dem Obst- und Gemüsebau seiner Gegend gebend, war die Ausstellung des Bezirksvereins Frankenthal.

Im gleichen Monat noch fand vom 22. bis 25. Juni die

Deutsche Ausstellung von Handelskirschen

statt. Trotz Ungunst der Witterung war dieselbe von der Pfalz und Baden gut beschickt. Für Norddeutschland wäre der Termin in normalen Jahren schon etwas früh gewesen; so mußten wir die herrlichen Früchte der Sorten, die dort wachsen, beinahe ganz missen. Besonders verdient hier Freinsheim erwähnt zu werden. Diese Gemeinde hat es verstanden, so ein rechtes Bild ihres berühmten Kirschenbaues, der ihren Bewohnern viele Tausende einbringt, in geschmackvoller und übersichtlicher Weise zu geben. Ich will nur den umgestürzten großen Kirschenkorb erwähnen, die Kirschbaumabbildungen und die übersichtliche statistische Tafel über Freinsheims Kirschenerträgnisse durch eine Reihe von Jahren. Eine vortreffliche Versandkirsche wächst dort, die sogenannte Schloßkirsche. Baden hatte herrliche Sorten von Versandkirschen ausgestellt, teils Lokalsorten von der Bergstraße, Handschuhsheim, Dossenheim, Leutershausen, von dem Oberlande, Oosgau und Kaiserstuhl. Die Bühler Kirschenverpackung war auch hier wieder mustergültig. Es muß zugegeben werden, in dieser Ausstellung hat die Pfalz einen großen Sieg davongetragen, das zeigt das Preisergebnis.

Neben dieser Kirschenausstellung hatten die Vierlande außer Programm herrliche Ananaserdbeeren ausgestellt. Dort reift die Freilanderdbeere zu einer Zeit, wo bei uns in Süddeutschland deren Tragezeit beinahe, wenn nicht ganz vorüber ist, so daß der Handel damit in unsere Gegend für die Vierlande gewiß vorteilhaft eingeführt werden könnte. Tadellos hatten die prächtigen Früchte in zweckmäßigster Packung die weite Reise zurückgelegt; diese Packung wurde in Baden als Muster zurückbehalten.

(Ein zweiter Artikel folgt.)

Fragen und Antworten.

Beantwortung der Frage No. 469. Wie legt man am besten heizbare Mistbeete an, in welchen eine konstante Boden- und Luftwärme erhalten werden soll? Die Heizungsanlage könnte an eine in der Nähe befindliche Dampfleitung einer industriellen Anlage angeschlossen werden. —

Wenn die heizbaren Mistbeete konstant geheizt werden sollen, so müßte der Dampfkessel der industriellen Anlage den ganzen Winter hindurch Dampf abgeben können, was aber bei diesen Anlagen meist nicht der Fall ist. Sollen die Beete durch den Abdampf der Maschine mit angeheizt werden, so wäre es erforderlich, eine schwache Leitung direkt vom Kessel nach der Heizung zu führen, da an Sonn- und Festtagen die Maschine außer Betrieb ist; ausgenommen sind Brennereieinrichtungen, welche fast immer im Betriebe sind. Bei Abdampf müßte der Dampf durch etwa 70 mm l. W. Rohre nach den Beeten geleitet werden und in Rücksicht auf den Gegendruck der Maschine auch in den Beeten verteilt werden. Die Wärme des unteren Hohlraumes kann durch die Öffnungen nach oben entweichen und somit den Kasten erwärmen. Erwähnt sei noch, daß bei direktem Dampf nur Rohre von etwa 38 mm l. W. erforderlich sind.

Robert Katzschmann, Gewächshausfabrik, Döbeln.

— Ehe man zur Anlage der heizbaren Kästen schreitet, muß man Gewißheit haben, daß die Dampfzuleitung aus der industriellen Anlage ständig stattfindet, auch besonders des Nachts. Unterbrechungen würden zu starke Temperaturschwankungen herbeiführen.

Sobald die Zuführung unterbrochen wird, ist auch die ganze Heizungsanlage kalt und könnte dieser Umstand besonders im Winter schwere Schädigungen der angetriebenen Pflanzen im Gefolge haben. Ist dieses jedoch nicht zu befürchten und ist stets genügend Dampf vorhanden, um eine derartige Anlage beheizen zu können, so kann man getrost zum Bau der Kastenanlage schreiten, denn es ist ja von großem Werte für viele Kulturen, stets eine gleichmäßige, regulierbare Bodenwärme zu haben. Wenn die erste Anlage derartiger Kästen auch größere Kostenaufwendungen erfordert, so glaube ich doch, daß diese sich reichlich rentieren werden. Spart man doch schon an dem teuren Pferdedünger, den man sonst zum Erwärmen der Kästen braucht, jährlich viele hundert Mark.

Bei der ganzen Heizanlage muß man in Betracht ziehen, daß Dampfheizung eine höhere, intensivere Wärme erzeugt, als die Warmwasserheizung, kurz gesagt, die Pflanzen verbrennen in der Nähe der Rohre leicht. Man kann deshalb viel schwächere Rohre nehmen, als sonst üblich. Solche von einem Durchmesser von etwa 50 mm genügen vollständig. Da der Dampf eine große Ausdehnungsfähigkeit hat, kann man die Anlage nach Bedarf schon ziemlich groß machen, doch wird sich dieses auch nach der Dampfzuleitung richten. Bei der Bewegung durch die Rohre und bei der Abgabe seiner Wärme an die Heizungsflächen und die zu beheizenden Räume kondensiert der Dampf, das heißt, er wird wieder zu Wasser. Dieses Kondensationswasser wird gewöhnlich in schwächeren Röhren dem Kessel wieder zugeführt, um aufs neue in Dampf verwandelt zu werden. Ist dieses hier nicht angängig, so muß man, um Dampfverlust zu vermeiden, an der tiefsten Stelle ein Kondensationsgefäß anbringen, das zwar das Wasser, aber nicht den Dampf entweichen läßt.

Bei der projektierten Anlage ist das Rohr für die Luftheizung dicht unter Glas anzubringen, damit die ausströmende Wärme die Pflanzen so wenig wie möglich belästigt. Für die Bodenbeheizung sind drei Rohre vorzusehen. Eine gleichmäßige Bodenwärme kann nur erzielt werden, wenn die Rohre, in einem Hohlraum liegen, wo sich die Wärme verteilt. Dadurch verteuert sich die Anlage etwas, da nun zur Grundlage des Erdbeetes Tonplatten notwendig sind, die in querliegenden T-Eisen ruhen. Diese T-Eisen ruhen auf einem gemauerten Fundamente von der Stärke eines halben Ziegelsteines (etwa 13 cm). Auf diesem Fundamente werden auch die Seitenwände errichtet, die aus verschiedenem Material hergestellt werden können, etwa aus Holz oder Zementplatten, wie ich solche in der No. 38, Seite 449 des XI. Jahrganges beschrieben habe! Die Höhe dieser Seitenwände wird sich nach der Höhe der gewünschten Erdschicht richten. Das Zuleitungsrohr für die Luftwärme wird an den Verbindungslatten der Kästen aufgehängt. An einer Seite der Kastenanlage wird ein Hohlraum geschaffen, in welchem die ganze Zu- und Rückleitung der Heizungsanlage gegen Witterungseinflüsse geschützt ist. **Curt Reiter**, Feuerbach.

Beantwortung der Frage No. 470. Wie kann man stark kalkhaltiges Leitungswasser von Kalk befreien, bezw. denselben binden? Beim Bespritzen der Palmen im Wintergarten wird der Kalk besonders lästig.

Auf die Frage nach Entfernung des Kalks aus dem Wasser muß ich als Chemiker antworten: Das weiß ich nicht. Ich kann aber auch hinzufügen, es gibt Dutzende von Patenten, die diese wichtige Frage gelöst zu haben behaupten, sie sind alle nichts wert, wenn man nicht weiß, welchen Zwecken das kalkfreie Wasser dienen soll und wenn man nicht weiß, wie das kalkhaltige Wasser zusammengesetzt ist. Die erste Bedingung wäre ja erfüllt, Sie wollen das weiche Wasser zum Begießen von Pflanzen haben, deshalb sind schon eine Menge Kalkfällungsmittel, von denen ein geringer Überschuß nie zu vermeiden ist, ausgeschlossen, bleibt noch die wichtigere Frage nach der Zusammensetzung der Kalkverbindungen und anderer pflanzenschädlicher Salze zu beantworten. Darauf vermag aber nur eine genaue chemische Untersuchung Antwort zu geben. **Dr. Ziegeler**, Kgl. Chemiker.

— Es gibt verschiedene Verfahren, stark kalkhaltiges Wasser zu entkalken, aber nicht jedes Verfahren ist für die gärtnerische Praxis, d. h. im großen anwendbar, weil der Kostenpunkt ein zu hoher wäre. Ein derartiges Verfahren wäre das Destillieren des Wassers. Das einfachste Entkalken ist, das Wasser auf den Siedepunkt zu erhitzen, wobei sich der Kalk an den Wänden und an dem Boden des Gefäßes absetzt. Große Mengen von Wasser derart zu entkalken, erfordert viel Heizungsmaterial, ist kostspielig und ein großer Übelstand dabei ist, daß sich der Kalk in Krusten an dem Boden und an den Wänden des Gefäßes festsetzt und die Gefäßwände sich schwer von den Krusten reinigen lassen. Das einfachste und relativ billigste Verfahren ist folgendes: Der Fragesteller muß zunächst eine Wasseranalyse vornehmen bez. vornehmen lassen, um den Härtegrad des Wassers zu wissen, denn nach den Härtegraden des Wassers richtet sich auch dessen Kalkgehalt. Nun wäre das Wasser mit Kalkbrei zu entkalken. Als Beispiel diene: Auf je 16 gr kohlensauren Kalk werden 7 gr (also annähernd die Hälfte) gelöschter Kalk ins Wasser gegeben; das Ganze wird gut umgerührt und dann läßt man den Kalk sich absetzen, worauf das klare Wasser abgegossen und zum Spritzen der Pflanzen benutzt werden kann. Auch bei der Kultur von „kalkscheuen" Pflanzen muß zum Gießen und Spritzen derselben das Wasser derart entkalkt werden, wenn für diese Zwecke kein sog. „weiches" Wasser zur Verfügung steht.

Herm. Breitschwerdt, Gartenbaulehrer in Mödling bei Wien.

Beantwortung der Frage No. 471. Ich habe vor einigen Jahren junge Pflanzen von *Passiflora coerulea, Imperatrice Eugenie, racemosa* und *kermesina* bezogen. Die Pflanzen sind teilweise im Kalthause auf einer Tablette ausgepflanzt, teilweise stehen sie in Töpfen und Kübeln; sie wurden teils fett, teils mager gehalten und alle wiederholt zurückgeschnitten. Die Entwickelung der Triebe war stets befriedigend, doch bekam ich bisher noch keine Blüte zu sehen. Wie soll ich es anfangen, um die Pflanzen, die teilweise schon über einen Zentimeter starke Triebe besitzen, zum Blühen zu bringen?

Passiflora coerulea und *Imperatrice Eugenie*, im Hause ausgepflanzt, blühen sehr reich, wenn man sie im Frühjahre, dadurch, daß man eine Glasscheibe ausschneidet, ins Freie leitet und auf dem Glasdache ausbreitet. Im Herbste werden die Pflanzen zurückgeschnitten und das starke Holz wird danach wieder hereingezogen. Ob dies auch bei anderen Sorten zutrifft, ist mir unbekannt.

Büttner, Stadtgärtner, Solingen.

— Bei Beantwortung einer Frage, wie sie hier vorliegt, erheischt eine wenigstens oberflächliche Kenntnis der Kultureinrichtungen des Fragestellers und der Beschaffenheit der Pflanzen, ohne die man gezwungen ist, sich auf Vermutungen zu beschränken. Übrigens sind in der Frage Arten von ganz verschiedenen Kulturansprüchen zusammengefaßt. *P. coerulea* ist eine ausgesprochene Kalthauspflanze und im wärmeren Teile Mitteleuropas winterhart, *P. Imperatrice Eugenie* überwintert sehr gut in einem temperierten Hause von 10 bis 13° C. Durchschnittstemperatur, und läßt sich während des Sommers vorzüglich im Freien verwenden; während *P. kermesina* und *P. racemosa*, die manchem Leser als *P. princeps coccinea* bekannter sein dürfte, als Warmhauspflanzen anzusprechen sind und auch im Sommer Glasschutz bedingen, obwohl auch diese Arten ein größeres Lichtbedürfnis haben, als gewöhnlich angenommen wird.

Eine fortdauernde Kultur in stark beschatteten, wenig gelüfteten Häusern könnte daher sehr wohl als Ursache des undankbaren Blühens anzusehen sein; ebenso kann eine übermäßige Wurzelfeuchtigkeit während des Winters dazu Veranlassung geben, da in beiden Fällen die Pflanze nicht Zeit findet, ihre Triebe auszureifen. Auspflanzen ist durchaus nicht Bedingung für ein reiches Blühen. Ich hatte früher einmal mehrere ältere Pflanzen der Sorte *Imperatrice Eugenie* drei Jahre in Kultur. In großen Töpfen von etwa 25 cm Durchmesser stehend, wurden diese Pflanzen in einem temperierten Hause überwintert und erhielten von Juni an ihren Stand im Freien in einer nach Westen gelegenen Mauernische neben einer Steinlaube, wo die Sonne den ganzen Tag Zutritt hatte. Hier waren die Pflanzen während des ganzen Sommers in Blüte; allerdings sei hervorgehoben, daß diese Hybride an und für sich weniger reich blüht, als manche kleinblumige Sorten, obohl sie wie die meisten Gartenformen schon an jungen Stecklings-lanzen Blüten entwickelt. Die Oberfläche der Töpfe wurde im rühjahre mit Kuhdung belegt. Im Herbst wurden die Ranken was ausgelichtet, teilweise zurückgeschnitten und längs des lasdaches eines temperierten Hauses angeheftet. Später hielt ich ich mehrere Jahre an einem klimatisch nicht allzu begünstigten rte des Mittelmeergebietes auf, wo eine Wintertemperatur von bis 6° C. keine Seltenheit war. Hier konnte ich mehrere sehr te Exemplare von *Passiflora coerulea* beobachten, die im freien runde in sehr sonniger, trockener Lage standen und von Mai is September mit Hunderten von Blumen bedeckt waren. Die anze Pflege beschränkte sich auf Auslichten und Entfernung des ockenen Holzes; die Bewässerung geschah, wie in vielen Mittel-eerländern allgemein üblich, durch Stauberieselung, wozu große tauwehre das Wasser liefern.

Passiflora kermesina und *P. racemosa* sind nicht nur wärmebedürftiger, sondern auch schwachholziger und feinzweigiger als die eben genannten harten Arten und Hybriden. Sie sind aber auch entschieden **blühwilliger** als diese und ist es nur zu bedauern, daß als Pflanzen des Warmhauses für ihre Verwendung engere Grenzen gezogen sind. Sowohl bei Topfkultur wie bei Exemplaren, die im freien Grunde eines Bankbeetes ausgepflanzt waren, habe ich stets einen sehr reichen und regelmäßigen Flor beobachtet, auch bei Pflanzen, denen keine besondere Pflege zuteil wurde. Warmhausschlingpflanzen, wie *Thunbergia, Clerodendron,* und wohin auch diese Passifloren gehören, dienen meist nur als dekoratives Beiwerk in den oft einer ganz anderen Kultur dienenden Häusern, so daß von einer besonderen Behandlung nur selten die Rede sein kann. Während nun aber manche Schlinger dieser Kategorie, z. B. *Hexacentris* nur **ausgepflanzt** und selbst dann nur in älteren Exemplaren gut blühen, konnte ich bei diesen Passifloren stets das Gegenteil beobachten, und bildet der Mißerfolg des Fragestellers eine mir unerklärliche Ausnahme. Mit Rücksicht auf das schwach entwickelte Wurzelvermögen dieser zierlichen Schlingpflanzen möchte ich sogar der Topfkultur den Vorzug geben, indem man dann weit eher in der Lage ist, den Pflanzen durch vorsichtiges Gießen im Winter und etwas kühleren Stand eine gewisse Ruhezeit zu gewähren.

Die **Vermehrung** der **Passifloren**, auf welche die Frage No. 421 Bezug nahm, ist bei den Arten des kalten und temperierten Hauses eine sehr einfache. (Über die Vermehrung der *P. racemosa* kann ich aus eigener Erfahrung nicht berichten!) Krautartige, halbreife Triebe wachsen in einem gewöhnlichen Vermehrungsbeete ohne Schwierigkeit; namentlich wenn sie mit einem Stückchen alten Holzes am Zweigansatz geschnitten werden. Mißerfolge bei der Vermehrung kommen bei jeder Art von Stecklingen vor, sind aber gewöhnlich auf ungenügende Einrichtungen oder verdorbenes Material zurückzuführen. In solchen Fällen nehme man zu einem gewöhnlichen, durch Dünger erwärmten Frühbeete seine Zuflucht oder setze die Stecklinge zu 3 bis 6 Stück in kleine Töpfe mit sandiger Erde, der Topfwandung so nahe wie möglich. Bei Anwendung dieser Methoden lassen sich selbst solche Gattungen, die unter gewöhnlichen Verhältnissen Schwierigkeiten bieten, mit Erfolg durch Stecklinge vermehren. **Rich. Stavenhagen,** Rellingen.

Beantwortung der Frage No. 472. Wie groß müßte die Fläche sein, auf welcher ich Maiblumenkulturen in einem Umfange betreiben kann, durch welchen diese Kulturen ihren Mann ernähren? Wie hoch sind die Anlage- und jährlichen Unterhaltungskosten pro Hektar zu veranschlagen und wie hoch der durchschnittliche Reingewinn pro Hektar und Jahr? —

Diese Frage ist nur dann zuverlässig zu beantworten, wenn man die Lage der in Aussicht genommenen Ländereien, die Arbeiter- und Lohnverhältnisse, den Kostenpreis des Düngers und endlich auch die Absatzverhältnisse genügend kennt. Um jedoch eine Antwort erteilen zu können, nehme ich die mir als Durchschnitt erscheinenden Sätze an:

Der Hektar Land müßte demnach zu 5000 M. gerechnet werden, der Durchschnittsarbeitsverdienst eines Mannes auf 3.50 M., einer Frau auf 2.— M. pro Tag. Die normale Ernte beträgt pro Hektar zwischen 600000—800000 Maiblumenkeime prima, vorausgesetzt, daß es sich um guten, nahrhaften, nicht allzu trockenen Boden handelt; bei besonders günstigen Bodenverhältnissen kann dieser Ertrag noch gesteigert werden. Die Bewirtschaftungkosten eines Hektars berechnen sich wie folgt:

Tiefpflügen, Steinaussuchen und Planieren . . .	ca.	300 M.
Stalldünger	„	500 „
Unterpflügen, Pflanzkeime und Pflanzen	„	1500 „
Reinhalten und künstlicher Dünger während der 3 Jahre	„	1000 „
Herausnehmen, Putzen und Sortieren	„	4000 „
Zinsen und kleine Unkosten	„	1000 „
		8300 M.

Es würde sich also unter Zugrundelegung eines normalen Preises von 25 M. für 1000 prima Maiblumenkeime bei 600000 Stück ein Bruttoertrag von 15000 M. ergeben, nach Abzug der obigen Unkosten ein Reingewinn von 6700 M. pro Hektar. Da jedoch mit jedem Hektar Land nicht regelmäßig derselbe Ertrag zu erzielen ist, so muß man hiervon noch die Zinsen für die übrigen Hektare Land, welche man behufs Fruchtwechsels mit minder ertragreichen Kulturen bestellen muß, abrechnen, sodaß man den Reinertrag eines Hektars Land etwa mit 6000 M. bei normalen Verhältnissen veranschlagen kann. — Hiernach kann der Fragesteller mit seinem Vermögen und seinen Lebensansprüchen sich ziemlich genau richten.

W. Runde, Wandsbek.

Zeit- und Streitfragen.

Die Delegierten-Kommission der höheren Gärtnerlehranstalten Deutschlands hielt am 9. Dezember in Steglitz ihre II. Sitzung ab.

Zu Punkt 2 der Tagesordnung „Wie stellen wir uns zu den Angriffen des „Kunstwart“ gegen unseren Beruf“ referierte Herr Karl Kanig. An der Hand der Veröffentlichungen des „Kunstwart“ wies er nach, daß es sich in den Darlegungen dieser „Zeitschrift für Ausdruckskultur“ nicht um persönliche Meinungen in Gartenkunstfragen handle, sondern daß mit einem gewissen System und allen Mitteln versucht wird, den Gärtner als unfähig im Schaffen künstlerischer Gärten hinzustellen. Es sei ein Kampf der Allkünstler gegen den gärtnerisch-künstlerischen Beruf, der für uns Gärtner dadurch eine wirtschaftliche Bedeutung gewinne, welche die ideelle überwiegt. Nur durch die fast historische Uneinigkeit in unserem Berufe sei ein solches Vorgehen des „Kunstwart“ überhaupt möglich gewesen.

Nach eingehender Diskussion beschloß die Kommission einstimmig, nachfolgendes Schreiben an den Herausgeber des „Kunstwart“ abzusenden:

„Die heute hier versammelten Delegierten der ehemaligen Schüler der nachstehenden höheren Gärtnerlehranstalten Deutschlands: Dahlem-Wildpark, Dresden, Geisenheim und Proskau verwahren sich gegen die vom „Kunstwart“ gegen ihren Beruf geschleuderten Angriffe, denn diese Angriffe beruhen auf völliger Unkenntnis der Lehrpläne dieser höheren Lehranstalten und der Leistungen der Hervorragenden ihrer Schüler. Sie enthalten nur eine negative, aber nicht fördernd aufbauende Kritik.

Die Delegierten der ehemal. Schüler der Gärtnerlehranstalten Dahlem-Wildpark, Dresden, Geisenheim und Proskau.

Berlin, 9. Dezember 1907. gez. **Petersen**, Vorsitzender.“

Es sei hier noch erwähnt, daß die Delegierten-Kommission eine Interessenvertretung der Vereinigungen ehem. Schüler der höheren Gärtnerlehranstalten Dahlem-Wildpark, Dresden, Geisenheim und Proskau ist, deren Arbeitsgebiet alle die Fragen berührt, welche das wirtschaftliche und künstlerische Wohl des gebildeten Gärtnerstandes betreffen.

Es gehören der Kommission also an: Die Autographische Gesellschaft Dahlemer a. H. a. H., die Vereinigung ehemal. Desdener Gartenbauschüler, die Vereinigung ehemal. Geisenheimer und der Verband ehem. Proskauer, die Vereinigung ehem. Schüler der Potsdamer Kgl. Gärtnerlehranstalt, jetzt Dahlem. Vorsitzender ist der Schöpfer der Delegierten-Komm., Garteninspekt. Petersen, Nikolassee.

Aus den Vereinen.

Verein Deutscher Gartenkünstler. 42 Mitglieder und 6 Gäste hatten sich zu der Sitzung am 9. Dezember im Klub der Landwirte eingefunden, so daß der geräumige Saal total gefüllt war. Mehrere Entwürfe für den Mannheimer Friedhofswettbewerb waren ausgestellt und wohl ein halbes Hundert Pläne, Detailzeichnungen und Bilder vom Stettiner Zentralfriedhofe schmückten die Wände und illustrierten den Vortrag des Herrn Ulrich über neuzeitliche Friedhofsgestaltung aufs beste.

In dem feinen Gedankenaufbau, welcher Herrn Ulrichs Arbeiten stets auszeichnet, gab er seine Ideen über Friedhofsgestaltung kund, die den ungeteilten Beifall der Versammlung fanden. Daß bei der Anwesenheit vieler hervorragender Spezialfachleute, wie des Herrn Friedhofsinspektor Hannig, Stettin — auch der Gewinner des ersten Preises in Mannheim, Herr Großmann, Leipzig, war anwesend — eine überaus rege und lehrreiche Diskussion sich anschloß, kann nicht Wunder nehmen.

Besonders ersterer sprach in klarer und eingehender Weise über Wettbewerb im allgemeinen und über den Mannheimer im besonderen und wies nach, daß manche der preisgekrönten Entwürfe im praktischen Wirtschaftsbetriebe zu ernstesten Störungen Veranlassung geben würden. Nicht ohne Geschick verteidigte Herr Großmann seine Ideen, so daß sich die Aussprache, an der sich auch Herr Gartendirektor Vogeler sehr rege beteiligte, ohne im geringsten zu ermüden, bis nach zehn Uhr hinzog. Kurz wurden noch einige Tagesfragen gestreift, sodann schloß diese Sitzung, die der Verein zu einer seiner bestgelungenen zählen kann.

Bindseil.

Tagesgeschichte.

Erfurt. Das außerhalb der Stadt belegene Samenmagazin der bekannten Firma J. C. Schmidt ist am 17. Dezember ein Raub der Flammen geworden. Das Feuer brach um $^1/_2$3 Uhr früh aus und ergriff bald den gesamten Komplex des etwa 50 m langen und halb so tiefen Baues. Die bedeutenden Vorräte an Samen, getrockneten Blumen und getrockneten Blättern wurden in wenigen Minuten von der Glut der Flammen verzehrt. Die Trockenmaschinen brachen mit großem Krachen in sich zusammen. Das gesamte Magazin war innerhalb zweier Stunden völlig niedergebrannt. Der Brandschaden, der etwa $^1/_4$ Million Mark beträgt, ist durch Versicherung gedeckt. Das Feuer ist auf Brandstiftung zurückzuführen; dem vermutlichen Täter, Gärtnergehilfen Emil Werther, gelang es trotz mehrfacher Verhaftungsversuche, zu entkommen.

Göttingen. Der unlängst hier verstorbene Rentner Adolf Morck hat seiner Vaterstadt Göttingen 10000 M. für die Verschönerung der städtischen Anlagen vermacht.

Hamburg. Für den Wettbewerb zur Erlangung von Entwürfen zu dem geplanten Stadtpark wurden 40000 M. als Preise bewilligt.

Hannover. Wie wir aus bestinformierter Quelle hören, ist die in anderen Fachblättern veröffentlichte Notiz, nach welcher Gartendirektor Linne, Erfurt, als Nachfolger Trips zum Stadtgartendirektor hierselbst erwählt worden sei, mindestens verfrüht. Erst in den letzten Tagen ist eine Ausschreibung in der „Kölnischen Zeitung" erfolgt, in welcher der Termin für die Bewerbungen zum 1. Januar n. J. festgesetzt ist und bekannt gegeben wird, daß das Gehalt besonderer Vereinbarung vorbehalten bleibt. — Aehnlich liegen die Verhältnisse in Essen; auch hier ist über die Person des Nachfolgers des verstorbenen Gartendirektors Stefen noch keine Entscheidung getroffen. Wir werden nach Erledigung beider Fälle nochmals auf diese Angelegenheiten zurückkommen und ersuchen etwaige Reflektanten auf beide Stellen, in ihrem eigenen Interesse sich durch die falschen Veröffentlichungen nicht von etwaigen Bewerbungen abhalten zu lassen.

Hildesheim. Auf dem Gelände unterhalb des Bergholzes will die Stadt eine größere öffentliche Parkanlage schaffen.

Münster. Zur Hebung des Obstbaues im westfälischen Industrierevier will die westfälische Landwirtschaftskammer für landwirtschaftliche Obstanlagen, die mindestens 5 Jahre bestehen und einen halben Morgen groß sind, im Frühjahr 1908 zum ersten Male Prämien im Betrage bis zu 100 M. verteilen.

Nürnberg. Als einer der schönsten, stimmungsvollsten deutschen Friedhöfe galt von jeher der hiesige St. Johannisfriedhof, auf dem sich u. a. die Gräber von Albrecht Dürer und Hans Sachs befinden. Kustos Dr. Schulz vom Germanischen Museum hat nun darauf hingewiesen, daß durch viele, neuerdings dortselbst errichtete geschmacklose Grabdenkmäler der Friedhof außerordentlich viel von seinem Reize verloren habe und daß es an der Zeit sei, weiterer Verschandelung Einhalt zu tun. Durch eine Konkurrenz für Entwürfe von Grabdenkmälern sollen Vorbilder für künftige Grabschmuck- und Erinnerungsbauten geschaffen werden. Die zuständige protestantische Kirchenverwaltung beschloß der Anregung näher zu treten.

Regensburg. In dem an die Versorgungsanstalt im Vororte Kumpfmühl stoßenden herrlichen Park, der den Ferienkolonien als Spielplatz dient, hat die städtische Verwaltung einen Zentralschulgarten angelegt.

Soest. Die Stadt beabsichtigt den inmitten der Stadt liegenden großen Marktplatz zu Parkanlagen umzugestalten. Seitens des Stadtbaurats Reuter ist bereits ein Plan ausgearbeitet worden.

Wilster. Die Stadt will auf dem alten Kirchhofe einen Stadtpark anlegen lassen; Pläne hierfür sind bereits eingefordert. Da unserem Orte gärtnerische Anlagen fehlen, so ist obiger Plan mit Freuden zu begrüßen.

Personal-Nachrichten.

Buntzel, Max, Kgl. Gartenbaudirektor und früherer Baumschulenbesitzer in Falkenberg bei Grünau, † am 6. d. M. im 58. Lebensjahre.

Goethe, Rudolf, ehemaliger Direktor der Lehranstalt für Wein-, Obst- und Gartenbau in Geisenheim, Landesökonomierat, erhielt den Roten Adlerorden dritter Klasse mit der Schleife.

Hackbarth, Gotthilf, Landschaftsgärtner in Dresden, † am 4. Dezember im 39. Lebensjahre.

Hirlinger, Carl, Gartenbau-Ingenieur, † am 8. Dezember zu Wiesbaden im 67. Lebensjahre. Der Verstorbene stand über 50 Jahre im Dienste der Firma Gebr. Siesmayer, Frankfurt a. M., und hat sich u. a. bei der Schaffung des Frankfurter Palmengartens und der „Neuen Anlage" in Mainz hervorragend betätigt.

Jahn, Emil, langjähriger Mitarbeiter der „Gartenwelt", in den letzten Jahren Obergärtner des Botanischen Gartens zu Genua, gab diese Stellung auf und schiffte sich am 26. d. M. nach Galvestone ein, um sich von da nach Santa Barbara in Kalifornien zum Antritt seiner neuen Stelle bei der südkalifornischen Akklimatisationsgesellschaft zu begeben.

Lengacker, Franz O., früher Gartentechniker der Firma L. Lesser, Zehlendorf, hat sich in Müllrose (Provinz Brandenburg) selbständig gemacht und daselbst Baumschulen und Obstplantagen im Umfange von etwa 10 ha angelegt.

Schirmer, Ernst, Schloßgärtner zu Gäbersdorf im Kreise Striegau, erhielt das Allgemeine Ehrenzeichen.

Schoop, Franz, Gärtner in Bernburg, † am 6. Dezember im 55. Lebensjahre.

Strobl, Ferdinand, langjähriger Leiter der Samenabteilung der Firma Otto Putz, Erfurt, feierte am 15. Dezember sein 25 jähriges Jubiläum als Beamter der genannten Firma (früher Ferdinand Jühlke Nachf.). Zur Ehrung des Jubilars erschienen vom Verein Erfurter Handelsgärtner, in welchem die Chefs der 16 führenden Gärtnerfirmen Erfurts vertreten sind, drei Mitglieder persönlich, um dem Jubilar ein ihm vom genannten Verein verliehenes, künstlerisch ausgestattetes Diplom zu überreichen. Die Erfurter Gärtnervereinigung, welche sich in erster Linie aus etwa 60 Obergärtnern und Samenabteilungsleitern der Erfurter Großfirmen zusammensetzt, sandte durch eine besondere Abordnung dem beliebten Kollegen ein wertvolles Geschenk. Ebenso wurden ihm vom Chef seiner Firma und dem gesamten Geschäftspersonal, sowie aus Freundeskreisen reiche Gaben und Ehrungen zuteil, unter denen auch ein musikalischer Morgengruß nicht fehlte. Zur Beglückwünschung des Jubilars hatte sich, neben dem Chef der Firma und seiner Gattin, auch der frühere Geschäftsinhaber, der bald achtzigjährige Herr Carl Putz eingefunden.

Berlin SW. 11, Hedemannstr. 10. Für die Redaktion verantwortlich Max Hesdörffer. Verlag von Paul Parey. Druck: Anhalt. Buchdr. Gutenberg e. G. m. b. H., Dessau.

Handelsregister.

gsburg. In das Genossenschafts-
er wurde eingetragen: **„Genossen-
t zur Anlage von Musterobst-
n in der Gemeinde Binswangen,
tragene Genossenschaft mit be-
nkter Haftpflicht“** in **Bins-
en.** Das Statut wurde am 31. Ok-
1907 errichtet. Gegenstand des
nehmens ist die Anlage von
robstgärten und Verkauf der darin
ten Früchte auf gemeinschaftliche
aung. Rechtsverbindliche Willens-
ung und Zeichnung für den
n erfolgen durch zwei Mitglieder
orstandes. Die Zeichnung erfolgt,
i die Unterschriften der zwei
nenden beigefügt werden. Die
intmachungen des Vereins er-
i unter der Firma desselben im
nger Anzeige-Blatt und sind ge-
iet durch zwei Vorstandsmit-
r. Für den Fall, dass dieses Blatt
ien oder aus anderen Gründen
eröffentlichung in diesem Blatte
glich werden sollte, tritt das
blatt des K. Bezirksamts Wer-
ı an die Stelle dieses Blattes, bis
ie Veröffentlichung der Bekannt-
ungen der Genossenschaft durch
aluss der Generalversammlung ein
:es Blatt bestimmt ist. Die Ein-
g zur Generalversammlung er-
durch schriftliche Ladung. Diese
, wenn sie vom Vorstand ausgeht,
liesem in gewöhnlicher Art unter-
net. Die Haftsumme beträgt drei-
ert fünfzig Mark — 350 M. —.
: Genosse kann sich nur mit einem
häftsanteil beteiligen. Im übrigen
auf den Inhalt des bei den Akten
dlichen Statuts Bezug genommen.
Mitglieder des Vorstandes sind:
ihler, Johann, Lehrer in Bins-
gen, zugleich erster Geschäfts-
er, 2. Löffler, Johann, Kaufmann
Binswangen, zugleich Kassierer.
Einsicht der Liste der Genossen
während der Dienststunden des
chts jedem gestattet.

uttstädt. Im Handelsregister A
93 wurde am 13. November 1907
der Firma: **„Rob. Ackermann,
st- u. Handelsgärtnerei, Samen-
dlung in Guthmannshausen“** ein-
agen: Die Inhaberin heißt jetzt: Mar-
the Habicht, verw. gew. Ackermann,
Koehlmann, in Guthmannshausen.

essau. Seite 99 des hiesigen Güter-
tsregisters ist am 21. Novem-
1907 bezüglich des Gärtners **Carl
drich Hermann Graf** und Ehe-
, **Henriette,** geb. Schwarzkopf,
r. gew. **Diedering,** in Ziebigk bei
au eingetragen worden: Durch
rag vom 9. November 1907 ist
Verwaltung und Nutzniessung des
nannes am eingebrachten Ver-
en der Ehefrau ausgeschlossen.

resden. In unser Handelsregister
le eingetragen auf Blatt 6639, be-
end die Firma **Herm. Raue** in
den (Strehlen): Der bisherige In-
r **Handelsgärtner Christoph
nann Raue** ist gestorben. Die
nereibesitzerswitwe **Auguste Vero-
Lina Raue** geb. Lohse in Dresden,
Gärtnereibesitzer **Johannes Lud-
Raue** in Priestewitz, die ledige
es **Auguste Elisabeth Raue** in
den, die ledige **Gertrud Marie
es Raue** in Dresden und **Heinrich
iam Raue** in Dresden, geboren
3. September 1887, sind als Erben
verstorbenen **Christoph Hermann
e** in ungeteilter Erbengemeinschaft
ber der Firma. Die Prokura des
ners **Johannes Ludwig Raue** ist
chen.

Magdeburg. In das Handelsregister B Nr. 201, betreffend die Firma **„Steinbecher & Friedrich Deutsche Patent-Gartenfenster-Industrie, Gesellschaft mit beschränkter Haftung“** ist eingetragen: Durch Beschluß der Gesellschafter vom 14. November 1907 ist die Firma geändert in: **Steinbecher & Friedrich Deutsche Patent-Gartenfenster-Industrie mit beschränkter Haftung.** Durch denselben Beschluss ist das Stammkapital um 16000 M. erhöht und beträgt jetzt 43000 M. Der Kaufmann Albrecht Jordan zu Magdeburg ist zum Geschäftsführer bestellt. Durch obigen Beschluss ist ferner der Gesellschaftsvertrag nach Massgabe des Protokolls geändert. Danach erfolgt die Vertretung der Gesellschaft durch je zwei Geschäftsführer gemeinschaftlich.

Konkurse.

Bernburg. Über das Vermögen des **Handelsgärtners Emil Hummel** in **Bernburg,** Gr. Wasserreihe 25, ist am 3. Dezember 1907, vormittags 9¾ Uhr, das Konkursverfahren eröffnet. Verwalter: Kaufmann Wilhelm Oppermann in Bernburg. Offener Arrest mit Anzeige- und Anmeldefrist bis 5. Januar 1908. Erste Gläubigerversammlung am **21. Dezember 1907, vormittags 10 Uhr.** Allgemeiner Prüfungstermin am **18. Januar 1908, vormittags 10 Uhr.**

Neue Kataloge.

J. Lambert & Söhne, Trier. Verzeichnis der Neuheiten eigener Züchtungen oder Neueinführungen für 1907 und 1908.

Vilmorin-Andrieux et Cie., Paris. Preisverzeichnis über Freiland- und Warmhauspflanzen, Bäume, Sträucher und Nutzpflanzen der Tropen. 1908.

Joseph Klar, Berlin, Linienstr. 80. Preisverzeichnis über tropische und subtropische Frucht-, Nutz- und technische Samen und Pflanzen. Besonders beachtenswert sind die Samenkollektionen von Erzeugnissen unserer Kolonien für Lehrzwecke. Hervorgehoben sei noch die reiche Sortenauswahl an Blumenzwiebeln.

Sluis & Groot, Enkhuizen. Hauptpreisverzeichnis über Gemüse-, Blumen- und Feldsamen vom 2. Dezember 1907.

Patente und Musterschutz.

Zum **Patent** wurde **angemeldet Klasse 45 f.**

M. 29 824. Stützvorrichtung für Bäume. Ludwig **Matzke,** Luckau. 23. 5. 06.

Gebrauchsmuster - Eintragungen Klasse 45 f.

323 166. Lederne Handplatte mit Drahtbürste zum Abbürsten von Rebstämmen. F. J. **Canning,** Deidesheim-Forst. 4. 10. 07. C. 6024.

323 192. Garten- und Rebenscheren - Exzenterverschluss. Ernst **Jäger,** Hilgen. 28. 10. 07. J. 7561.

323 223. Aus lös- und verstellbar mit einander verbundenen Stäben bestehende Frucht- und Pflanzenstütze. Hugo **Ritter,** Leipzig-Schleussig, Brockhausstrasse 49. 6. 11. 07. R. 20 240.

323 359. Harzhobel. G. **Stohrer,** Stuttgart, Engestrasse 8. 28. 10. 07. St. 9839.

323 360. Rindenstriegel. G. **Stohrer,** Stuttgart, Engestrasse 8. 28. 10. 07. St. 9840.

323 539. Rost, dessen Balken aus mit Schlitzen versehenen U-Eisen bestehen. Otto **Schultz,** Berlin, Kurfürstendamm 238. 23. 10. 07. Sch. 26 932.

Zur jetzigen Aussaat

empfehle Samen von:

Primula obconica ‚Ronsdorfer Hybriden'

meine in Grösse u. Färbung noch unübertroffenen Züchtungen

Primula obc. gigantea (Arendsi, Pax)

hervorragende riesenblumige

Neuheit.

Samen von winterharten Stauden und feinen Sommerschnittblumen. [17

G. Arends

Staudengärtnerei und Samenhandlung

Ronsdorf (Rheinland).

Preisliste steht auf Wunsch kostenfrei zu Diensten.

Treibflieder

		% M
in Töpfen mit Knospen zum Treiben vorbereitet		75—100
Schneeball	i. Töpf. z. Tr. vorb.	75
Weigelien E. Rathk.		60
Glycine chin.		150—200
Pirus Scheideck.		75
Treibrosen		40—50
Cr. Rambler		60

empf. **Gustav Kunze**, [349
Altenburg, Bismarckstrasse 36.

Empfehle

Apfelhochstämme,
% 85 ℳ und 70 ℳ sowie
Apfelbüsche
auf Doucin % 65 ℳ und 45 ℳ, bei 45 ℳ zum Teil auf Wildling.
Birnbüsche
auf Quitte % 70 ℳ,
in guten gangbaren Sorten echt und in guter sehr widerstandsfähiger Qualität aus sehr rauher freier Lage. Emballage und Fracht frei. Auf Wunsch bei guten Ref. 3 Mon. Ziel, sonst per Nachnahme.
Nehme auch Statice in Tausch (bis 4 Zentner jedes Quantum). Durchaus reelle Bedienung sichere zu.
Rud. Netsch, [143
Obercunnersdorf, Amtsh. Löbau i. S.

Massenfabrikation von erstklassigen Frühbeetfenstern!

Ca. 40000 Stück versenden wir im Jahre, ein Zeichen der Beliebtheit unserer Fenster! Unzählige Atteste stehen zur Verfügung. ■ Preisliste gratis. [27

HÖNTSCH & Co., DRESDEN-NIEDERSEDLITZ 56, Sa., Grösste Spezialfabrik für den gesamten Gartenbau.

(Bitten bei Anfrage diese Nummer anzugeben.)

Man wolle bei evtl. Anfragen den gewünschten Artikel ausdrücklich nennen, damit unsere Offerte in Bezug der vielseitigen Fabrikation entsprechende Erledigung findet.

Ed. Zimmermann in Altona (Elbe)

Specialgeschäft für Gewächshausbau, Wintergärten, Treibhäuser — gegründet 1870 — Ausführung in Holz- sowie Eisenconstruction.

Versandhäuser zum Selbstaufstellen zu mässigen Preisen

Beste Bezugsquelle für verschiedene Grössen **Frühbeetfensterrahmen** und **Schattendecken.**

Man verwende die **Hercules-Decke.** [134

Fabrik chem.-techn. Specialitäten Edmund Simon Dresden.

Durabisol. Bestes garantiert unschädliches Konservierungsmittel f. Frühbeetkästen, Stellagen, Pikierkästen usw. Mk. 22,50 p. 50 kg.

Wetterfest und rostschützend **Durabo-Gärtnerfarben**
für Eisen Mk. 35
„ Holz „ 30
die 50 kg. Von Mk. 20 an Frachtvergütung
Man verlange Zeugnisse.

Probesendungen per Post frei u. incl. gegen Nachnahme. 4od. 2×2 kg Durabo-Gärtnerölfarbe 4,50 und 5 Mk. 4 kg Durabisol 4 Mk. Bahnversand von 12 kg an. [36

gegründet 1880 vorm. auch Fabrik patentirter Anstrichfarben Huebner & Co.

Stauden- und Baumschul-Kulturen!

In allen einschlägigen Artikeln: **Vom Guten das Beste!**

Unter anderem grosse Bestände der feinsten Auswahl in:
Paeonia sinensis, Paeonia arborea, Clematis. [8

Reichhaltiges Verzeichnis mit Beschreibungen und Abbildungen frei!

Goos & Koenemann
Grossh. Hess. Hoflieferanten
Nieder-Walluf bei Wiesbaden
Staudenkulturen und **Baumschulen** für Obstbäume, Koniferen, Rosen und Ziergehölze.

50,000 Himbeeren

Fastolf, Knevetts Riesen- % 3 ℳ, % u. 15 ℳ, **Feldbrunnen** % 8 ℳ, Goli und **Superlativ** (Neu!) % 10 ℳ

Brombeeren:

Neuheit! Theodor Reimers, ... Pflanzen, 10 St. 3 ℳ, % 25 ℳ

80,000 Johannisbeeren

Neue amerik. Fays prolific % 1... **grosse rote u. weisse Holländer**, ... **Werdersche, rote u. weisse Kirsc...** 1jähr. zur Weiterkultur % 3-5 ℳ, ... % 6, 8 u. 10 ℳ, tragb. 3- u. 4j. % 12 u. 15

50,000 Stachelbeeren

Grosse rote Berliner und Werdersc... Markt-, extra, 2jähr. % 8 u. 10 ℳ, ... tragbare 3- u. 4jähr. % 12 u. 15 ℳ, **Wi... hams Industry** % 18 u. 15 ℳ, **Victo... und Mai-Duke** % 30 ℳ, hochstämm... engl. % 60 ℳ, à St. 1 ℳ. [

80,000 Steckholz

von obigen Stachel- u. Johannisbeeren, ... geschnitten, ‰ 6 ℳ, ‱ 50 ℳ, F... prolific, Bangupu. Lees Black % 1,50

F. Geyer, Beerenobstkulture...
Bornim-Potsdam,
früher am königl. pomol. Institut Proskau.

W. Naumann

Schlossermeister, **Steglitz.**
Gewächshausbauten mit Heiz...
Wintergärten für Villen, Frühbeetfenster
Reparaturen an Heizanlagen werden sofort ausgeführt. [

Orchideen-Erde

45] **Polypodium-Fasererde** u. **Sphagnum** empf. in 1. Qual.
Joh. Wilh. Ringen in **Oberdollendorf** am Rhein.
Preisliste und Proben postfrei.

Hierzu eine Beilage von der **Verlagsbuchhandlung Paul Parey** in **Berlin SW 11.**

Druck der Anhaltischen Buchdruckerei Gutenberg e.G.m.b.H. in Dessau.

Illustrierte Wochenschrift für den gesamten Gartenbau.

Herausgeber: Max Hesdörffer-Berlin.

Erscheint jeden Sonnabend.
Monatlich eine farbige Kunstbeilage.

Bezugsbedingungen:
Durch jede Postanstalt bezogen Preis 2.50 M. vierteljährl. In Österreich-Ungarn 3 Kronen. Bei direktem Bezug unter Kreuzband: Vierteljährlich 3 M. Im Weltpostverein 3.75 M. Einzelpreis jeder Nummer 25 Pf.

Bei ohne Vorbehalt eingehenden Beiträgen bleibt das Recht redaktioneller Änderungen vorbehalten. Die Honorarauszahlung erfolgt am Schlusse jeden Vierteljahrs.

Anzeigenpreise:
Die Einheitszeile oder deren Raum 30 Pf.; auf der ersten und letzten Seite 50 Pf. Bei grösseren Anzeigen und Wiederholungen steigender Rabatt. Beilagen nach Übereinkunft. **Anzeigen in der Rubrik Arbeitsmarkt** (angebotene und gesuchte Stellen) kosten für Abonnenten einmalig bis zu 10 Zeilen Grösse M. 1.50, weitere Zeilen werden mit je 30 Pf. berechnet. Erfüllungsort auch für die Zahlung: Berlin.

Adresse für Verlag und Redaktion: Berlin SW. 11, Hedemannstrasse 10.

XII. Jahrgang No. 14. | Verlag von Paul Parey, Berlin SW. 11, Hedemannstr. 10. | 4. Januar 1908.

Illustrierte Wochenschrift für den gesamten Gartenbau.

Jahrgang XII. | 4. Januar 1908. | No. 14.

Obstbau.

Der moderne Weinbau.

Die Vorteile der amerikanischen Rebveredelung.

Von Obergärtner **P. Bunert**, Palanga (Rumänien).

(Hierzu vier Abbildungen.)

Daß es mit dem deutschen Weinbau recht schlecht steht, wird durch die immer trauriger lautenden Berichte aus den verschiedenen deutschen Weinbaugebieten in unzweideutiger Weise dargetan. In weiten Kreisen wird man sich der Ansicht nicht verschließen können, daß der deutsche Weinbau rückständig ist und sich den Neuerungen und Fortschritten verschließt, die für die Weinkultur des Auslandes vielfach nutzbar gemacht worden sind.

Ich bin Reichsdeutscher, aber seit 9 Jahren im Auslande ausschließlich auf dem Gebiete des Weinbaues tätig; ich habe in dieser Zeit beobachtet, wie man diesseits und jenseits der Karpathen den Weinbau betreibt. Dabei hat sich mir die Überzeugung aufgedrängt, daß der deutsche Weinbau nur dann auf eine gesunde Basis gestellt werden kann, wenn die amerikanischen Reben als Unterlagen allgemeinen Eingang finden. Aus Deutschland gehen jährlich Millionen für gute Tafeltrauben und edlen Tischwein ins Ausland, die bei richtiger Handhabung der Kultur dem Vaterlande erhalten bleiben könnten. Vielfach steht der deutsche Weinbauer achselzuckend vor seinen ertragsmüden Reben, an welchen alle Kulturmethoden versagen; es sind ihm, auch wenn er durchgreifende Veränderungen treffen will, infolge des Reblausgesetzes gewissermassen Hände und Füße gebunden. Jedenfalls ist aber die Zeit, da man den deutschen Weinbau auf die Basis der amerikanischen Rebe stellen wird, nicht mehr allzufern, und ich rate jedem Weinbergsbesitzer und Weinbauliebhaber, an Stelle seiner minderwertigen und verseuchten Reben nur noch auf amerikanische Unterlagen veredelte Sorten anzupflanzen, ohne erst abzuwarten, was die staatlichen Anstalten nach jahrelangem Probieren und Studieren gutheißen. Daß die Reben auf amerikanischen Unterlagen vorzügliches leisten, ist ja längst bewiesen, doch muß die Varietät der Unterlage den jeweiligen klimatischen und Bodenverhältnissen entsprechend ausgewählt werden.

Tafeltrauben von auf amerikanische Unterlagen veredelten Reben.

Von links nach rechts: Muskat Semser, weiß, 1 kg schwer, Rosa mina de Vaca, rosa, $^4/_5$ kg schwer, Millenium, hellgelb, $1^3/_5$ kg schwer, Aramon, blau, $1^1/_{10}$ kg schwer, Napoleon, gelb, $1^3/_5$ kg schwer, Muskat of Astrachan, blau, $1^1/_2$ kg schwer. Originalaufnahme für die „Gartenwelt“.

Leider ist es in Deutschland gegenwärtig noch außerordentlich schwierig, sich veredelte Reben zu verschaffen, weil es hier erstens kaum zuverlässige Bezugsquellen gibt, die Rebenveredelungen in großen Massen abzugeben haben, und zweitens infolge des Einfuhrverbots aus dem Auslande. Das Verlangen auf Öffnung der Grenze für auf amerikanische Unterlagen veredelte Reben dürfte wohl in Weinbaukreisen ein allgemeines sein. In den meisten Weinbaubezirken des Auslandes gelangen nur noch auf amerikanische Unterlagen veredelte Reben zur Anpflanzung, und überall da, wo dieselben allgemein eingeführt sind, kennt man keine Reblausgefahr mehr. Auch im Deutschen Reiche wird man in absehbarer Zeit gezwungen sein, den gegenwärtigen Kampf gegen die Rebläuse als einen Kampf gegen Windmühlen aufzugeben und dem Beispiele des Auslandes zu folgen.

Tafeltraube Napoleon, vierjährig. Originalaufnahme für die „Gartenwelt".

Zahlreiche deutsche Weingüter sind von der Reblaus verseucht, und die Berichte über neuentdeckte Reblausherde bieten innerhalb der deutschen Weinbaugebiete seit langem eine ständige Rubrik in der Tagespresse. Die scharfen Bestimmungen des Reblausgesetzes und im Zusammenhange damit die Vernichtung ausgedehnter Weinberge, haben dem rapiden Umsichgreifen der Reblaus keinen Einhalt zu tun vermocht. Trotz der gewaltigen Verbreitung der Reblaus innerhalb der deutschen Weinbaugebiete, versucht man durch gesetzliche Bestimmungen die Einschleppung des *Phylloxera* aus dem Auslande zu verhindern, und was könnte wohl aus dem Auslande eingeschleppt werden, wenn man die Einführung auf amerikanische Unterlagen veredelter Reben freigibt? Doch immer nur die Reblaus mit amerikanischen Reben, welche diesem Schädlinge trotzen, da ihre Wurzeln sehr in die Tiefe gehen, infolgedessen die Reblaus bei ihnen bei weitem nicht den Schaden anrichtet, wie an europäischen Reben. Die im Dahinsiechen begriffene und demzufolge zu jeder Krankheit geneigte europäische Rebe kann Schädlingen aller Art keinen Widerstand mehr entgegensetzen. Das Deutsche Reich, welches auf dem Gebiete des Weinbaues dem Auslande gegenüber erheblich zurücksteht, sollte ernstlich daran denken, sich den Neuerungen des Auslandes anzupassen und mit dem Zwange des Reblausgesetzes auch die Furcht vor der Reblaus über Bord werfen.

Die amerikanischen Rebenveredlungen bieten folgende Vorteile:

1. Die Reife der Trauben und des nächstjährigen Tragholzes jeder Sorte tritt mindestens 14 Tage früher ein, als bei deutschen Reben;
2. der Ertrag ist bedeutend größer;
3. die große Triebkraft sichert bedeutende Erfolge;
4. das verheerende Auftreten der Reblaus ist ausgeschlossen;
5. der Befall von *Peronospora viticola* hat bei amerikanischen Reben niemals die schädliche Wirkung;
6. die amerikanische Rebe nimmt mit jedem Boden fürlieb;
7. das Klima spielt durchaus keine Rolle, wenn Unterlage und Edelholz entsprechend gewählt werden;
8. Kultur, Schnitt und Veredlung sind in einfachster Weise auszuführen.

Das für amerikanische Reben bestimmte Land muß unbedingt rigolt werden, wodurch man den Wurzeln der Reben den Weg in die Tiefe ermöglicht. Hierin liegen Erfolg und Ertragfähigkeit, da die Wurzeln in der Tiefe der Reblaus unzugänglich sind. Ein Kalken des Bodens gelegentlich des Rigolens ist in kalkarmen Böden eine Notwendigkeit.

Rumänien, das Land meiner gegenwärtigen Tätigkeit auf dem Gebiete des Weinbaues, war noch vor 12 bis 15 Jahren eines jener Länder, deren Weinbau die Reblaus vollständig vernichtet hatte. Ich selbst sah bei meiner Ankunft vor neun Jahren, wie Hunderte von Morgen Rebenpflanzungen durch Feuer vernichtet wurden. Heute entzücken auf den gleichen Grundstücken prächtige Weinplantagen auf amerikanische Unterlagen veredelter Reben das Auge. Der Weinbau wird jetzt hier mit großem Eifer und Erfolge betrieben. Auch der Staat wirkt fördernd, indem er aus den Schulen, in welchen den Kindern das Veredeln der Reben beigebracht wird, die Veredlungen gratis verteilt, bezw. den Kindern gestattet, die selbst ausgeführten und gewachsenen Veredlungen mit heimzunehmen, um den Eltern so Neuanpflanzungen zu erleichtern. Fast zu jeder Dorfschule gehört in Rumänien

Tafeltraube Alcantino de Florence, blau, vierjährig. Originalaufnahme für die „Gartenwelt".

ein großes Stück Land, auf welchem die Jugend im Obst-, Gemüse- und Weinbau praktisch unterwiesen wird.

Das Klima Rumäniens ist keineswegs besonders günstig und steht trotz der hier im Sommer herrschenden höheren Wärmegrade wohl hinter dem deutschen Durchschnittsklima zurück. Der Weinbau Rumäniens, obgleich gegen westliche Winde geschützt, wird durch östliche kalte Winde von Rußland ungünstig beeinflußt. Aber trotzdem finden wir hier die Reben auf amerikanischen Unterlagen mit bestem Behange. Dabei haben die Kulturen hier durch häufige Dürre zu leiden, andererseits gibt es auch wieder Sommer, wie z. B. der verflossene, in welchen der Regen unaufhaltsam herniedergeht. Die Winterkälte ist in Rumänien oft enorm; so sank das Thermometer im verflossenen Winter vielfach auf —34° C, es haben diese Kältegrade aber den amerikanischen Reben absolut keinen Schaden zugefügt.

Die unter meiner Leitung stehenden Weinkulturen bedecken eine Fläche von etwa 20 ha (80 preuß. Morgen) und weisen etwa 80000 Reben auf, die alljährlich geschnitten und sachgemäß behandelt werden. Diese Kulturen bringen aus dem Verkauf von Tafel- sowie Keltertrauben und einjährigen Veredlungen reichen Gewinn. Das etwaige Auftreten der *Peronospora* wird sofort im Keime erstickt.

Vor 6 Jahren wurde hier ein höchst ungünstiges Grundstück von etwa $1^1/_2$ ha Größe als Weinplantage hergerichtet. Auf diesem Lande wurde früher Ziegelbrennerei betrieben, es war mit Sumpflöchern bedeckt und Ziegelbrocken sowie Bauschutt lagerten dort, so daß niemand an einen Erfolg mit Rebenkultur glaubte. Nachdem Bauschutt, sowie Steine gleichmäßig verteilt worden waren, wurde das ganze Terrain rigolt und mit amerikanischen Rebenveredlungen bepflanzt, die heute in großartiger Kultur stehen und enormen Ertrag geben, so daß die junge Pflanzung in der ganzen Gegend die Goldgrube genannt wird. Unsere Abbildung Seite 158 gibt eine Teilansicht aus dieser jungen Pflanzung wieder.

Alljährlich, im Monat März, wenn noch alle Landarbeit ruht, lasse ich hier etwa 80—100000 Rebenveredlungen vornehmen. Das Veredeln geht flott von statten; die rumänischen Arbeiter und Gartenmädchen haben darin eine große Geschicklichkeit. Nach einer peinlichen Vorkultur werden die veredelten Reben im April und Mai ausgepflanzt und sind dann zum Herbst verkaufs- und pflanzfähig.

Durch Massenanpflanzung amerikanischer Reben kann der Wein auch dem Minderbemittelten zugängig gemacht werden, da der reiche Ertrag der Reben auf amerikanischen Unterlagen dazu angetan ist, dieses edle Getränk zu verbilligen.

Nachschrift der Redaktion. Den vorstehenden Ausführungen müssen wir hinzufügen, daß in Deutschland der Anbau auf amerikanische Unterlagen veredelter Reben deshalb noch nicht gestattet wird, weil sicher erwiesen ist, daß der aus den Trauben dieser Stöcke gewonnene Wein nicht das feine Bouquet der Weine aus deutschen Trauben besitzt. Man will mit allen zu Gebote stehenden Mitteln den Ruf des deutschen Gewächses, und damit das Ansehen des deutschen Weinbaues überhaupt, wahren. Außerdem soll als erwiesen gelten, daß die auf amerikanische Unterlagen veredelten Reben zwar zunächst kräftiger wachsen und demgemäß reichere Erträge bringen, sie sollen aber kurzlebiger sein, und das wäre ein ganz bedeutender Nachteil. Im allgemeinen ist ja die Verseuchung in Deutschland, dank des wohlorganisierten Reblausdienstes, gegenüber derjenigen anderer Länder gering zu nennen. Das Reich und Preußen sehen aber keineswegs stillschweigend zu, Preußen besitzt mehrere staatliche Rebveredelungsstationen (Geisenheim, Engers) und auch die Reichslande besitzen in Villers l'Orme ein großes Versuchsfeld. Außerdem hat die Kaiserliche Biologische Anstalt neuerdings in Villers l'Orme bei St. Julien (Metz) ein großes Versuchsfeld eingerichtet, allwo die Biologie und Bekämpfung der Reblaus näher ins Auge gefaßt werden soll.

Wenn man weiß, daß man immerhin etwas Gutes aus der Hand gibt und etwas weniger Gutes erhält, wird man nicht kurzer Hand nun alles herausreißen und das weniger Gute nehmen. In einigen österreichischen Ländern mag das angebracht gewesen sein, denn dort war die Verseuchung schon zu weit vorgeschritten. Betrachten wir einmal Frankreich, wo namentlich einige südliche Länder ja total verseucht sind, und doch konnte man dort die Menge des gewonnenen Weines gar nicht los werden. Frankreich tut so gut wie gar nichts, es lebt eben mit der Reblaus, als wenn es ohne sie nicht geht.

Immerhin sind die vorstehenden Ausführungen ein hochinteressantes Kapitel mehr in den Erfahrungen, die man an der Hand von Versuchen sammelt, und es ist ja nicht ausgeschlossen, daß man in Deutschland doch einmal allgemein auf die Veredlung auf amerikanische Unterlagen zurückkommt.

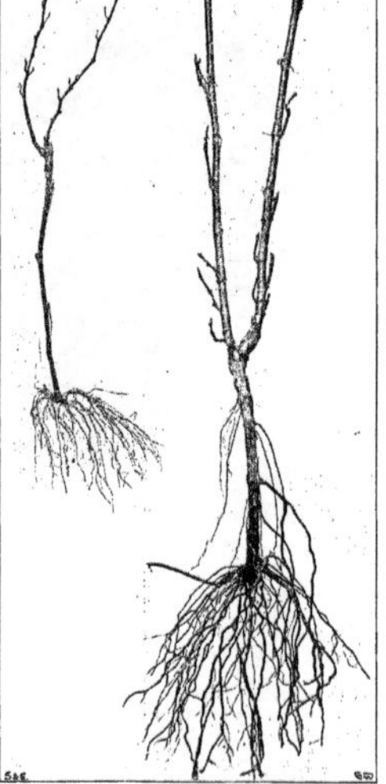

Links einjährige, rechts zweijährige, auf amerikanische Unterlagen veredelte Rebe.
Originalaufnahme für die „Gartenwelt".

Gehölze.

Veronica Traversii (Abbildung Seite 161) ist ein eleganter, kleiner Strauch, welcher zu der Gruppe der neuseeländischen *Veronica*, die mit *V. elliptica* verwandt sind, gehört. Er ist ein Bewohner der Alpen der mittleren Insel von Neu-Seeland. Hier erstreckt sich seine Heimat von Nelson bis Otago, besonders entlang der Flußränder, bis zu einer Erhebung von 3000 bis 5500 Fuß. Die Pflanze formt sich zu einem kugelförmigen Busch von symmetrischer Erscheinung, wird über 4 Fuß hoch und mißt ungefähr ebensoviel im Durchmesser. Zur Blütezeit, die im Freien in die Monate Juni bis August fällt, ist der Strauch gleichsam mit Blüten überschüttet. Die Farbe der etwa $^1/_2$ cm großen Blüten ist reinweiß; dieselben stehen in vielblumigen, zylindrischen Trauben von 4 bis 5 cm Länge. Die Zweige der Sträucher sind ebenfalls von zylindrischer Form, gegenständig und gerade aufrecht wachsend oder aufwärts steigend; sie sind dicht mit in vier Reihen stehenden Blättern bekleidet. Diese Blätter sind etwa $1^{1}/_{2}$ cm lang und sehr gleichmäßig in Form und Größe. *Veronica Traversii* ist in Kew und ähnlichen Orten vollkommen winterhart. Besonders schön und kräftig gedeiht dieser Strauch im Westen Englands und in Irland. In geschützten Gegenden dürfte er auch in Deutschland im Freien aushalten, wenn man ihm im Winter eine genügende Schutzdecke gewährt. Zum Auspflanzen auf Beete oder zur Gruppierung im Rasen ist diese *Veronica* von hohem Werte, namentlich zur Blütezeit. Man kann sie auch im Herbste vorsichtig mit dem Ballen herausheben und eintopfen; im kalten Hause oder Kasten läßt sie sich leicht überwintern, auch im Topfe kultiviert, kann man sie zu schönen Exemplaren heranziehen und vielseitig verwerten. **H. Riebe.**

Stauden.

Arnica montana. *(Abbildung Seite 162.)* Wer kennt nicht die schöne, orangegelb blühende Komposite *Arnica montana*, L., unser Bergwohlverleih, das auch in verschiedenen Gegenden Johannesblume genannt wird, weil es zu Johanni blüht.

Man trifft diese offizinelle Pflanze fast überall an hochgelegenen Berghängen und Waldrändern, auf Wiesen und Halden tausendweise an, wo die Blumen vielfach von der Landbevölkerung in großer Menge gesammelt und den Apotheken zugeführt werden. Bis jetzt galt *Arnica montana* als eine recht schwer zu kultivierende Pflanze und in der Tat findet man sie auch nur selten in den Gärten, wiewohl schon mancher Versuch mit wild gesammelten Pflanzen und Samen gemacht wurde.

Im Alpengarten der Staudengärtnerei von G. Arends, Ronsdorf, blüht *Arnica montana* jedes Jahr reichlich, ein Zeichen, daß sie sich in dem gewöhnlichen Gartenboden recht wohl fühlt. Dazu scheinen allerdings die vielen Niederschläge mit beizutragen, wie die Feuchtigkeit des Bodens und der Luft, die erstes Erfordernis für das gute Gedeihen sind.

Durch die stete Weiterzucht aus Samen scheint es auch gelungen zu sein, eine widerstandsfähigere Rasse zu erzielen, die auch in anderen Gegenden gut weiter wächst, wenn ein lockerer, lehmiger Boden, dem viel Steine zugesetzt sind, gegeben wird. Ein halbschattiger Platz, sei es in einer Felspartie oder ein Grüppchen am Gebüsch, sagt ihnen am besten zu.

Die Vermehrung geschieht durch Teilung der alten Wurzelstöcke im zeitigen Frühjahre, oder auch durch Aussaat in Handkästen oder Töpfe, woraus sie später als junge Pflanzen direkt ins freie Land verpflanzt werden. **R. Herold**, Ronsdorf.

Veronica Traversii. Im Botanischen Garten zu Kew bei London für die „Gartenwelt" photogr. aufgenommen.

Tunica saxifraga fl. pl. Aus dieser zierlichen, etwa 30 cm hoch werdenden, in Südeuropa heimischen Staude ist bei mir nach mehrjähriger Kultur eine gefüllte Form entstanden, die ich anfangs für eine Neuheit hielt, bis ich im neuen Vilmorin die Beschreibung einer *Tunica saxifraga fl. pl.* fand. Die Abbildung Seite 163 gibt unten die Teilansicht eines mit der bei mir entstandenen gefüllten Form bepflanzten kalten Kastens und zeigt ferner auf einem Blumentisch drei Topfpflanzen der gefüllten Form, in der Mitte eine solche der unscheinbaren Stammart. Ob die bei mir entstandene gefüllte Form mit der im Vilmorin beschriebenen identisch ist, konnte ich leider nicht feststellen, da die Pflanze bei ihrer geringen Verbreitung nur schwer zu beschaffen ist. Sollte dies aber der Fall sein, so ist es schwer verständlich, wie eine so schöne, dankbare Pflanze fast völlig in Vergessenheit geraten konnte. *Tunica saxifraga* ist von tadellosem, geschlossenem Bau und von erstaunlicher Reichblütigkeit. Die gut gefüllten Blüten sind rosenrot. Zur Herstellung von Einfassungen, zur Bepflanzung von Grotten und, im Topfe als Ampelpflanze gezogen, gibt es kaum etwas schöneres. Sie eignet sich auch besonders als Einfassungspflanze für Balkone, Geländer und Vasen, wegen ihres leicht überhängenden Wuchses und wegen ihrer Widerstandsfähigkeit gegen Sonne und Trockenheit. Der Blütenflor beginnt im Mai, kann aber auch durch Kultur im luftigen, kalten Kasten und im Kalthause dicht unter Glas früher hervorgebracht werden. Die Blütezeit währt bis zum Eintritt des Frostes.

Josef Pregetter, Gärtner in Weiz (Steiermark).

Pflanzendüngung.

In welcher Weise soll eine Kalkdüngung vorgenommen werden?

Von Brehmer, Landmesser, Lehrer für Agrikulturchemie der Handwerker- und Kunstgewerbeschule zu Altona.

(Hierzu fünf Abbildungen.)

Obgleich die Bedeutung des Kalkes für Boden und Pflanze eine so mannigfaltige und große ist*), pflegt über die Anordung einer Kalkdüngung einige Unkenntnis zu herrschen. Teilweise ist diese Unkenntnis vielleicht zurückzuführen auf die einseitige Propaganda für Stickstoff-, Phosphorsäure- und Kalidüngung, die von manchen Produzentenkreisen getrieben wird, hauptsächlich macht wohl auch die Vielseitigkeit der Bedeutung des Kalkes und die Mannigfaltigkeit der bei einer Kalkdüngung zu beachtenden Punkte Schwierigkeiten, planmäßige Kalkdüngungen vorzunehmen. Im folgenden soll unter Darlegung der Wirkung des Kalkes in den verschiedenen Zuführungsformen besprochen werden, welche Punkte in bezug auf Boden und Pflanze beim Vornehmen einer Kalkdüngung zu beachten sind.

Zunächst möge kurz erwähnt werden, daß manche künstlichen Dünger, die wir zur Zuführung anderer Nährstoffe anwenden, auch Kalk enthalten. Im Superphosphat und Doppelsuperphosphat sind außer 18 bis 20 Prozent bezw. 38 bis 40 Prozent wasserlöslicher Phosphorsäure, ebensoviel Mengen wasserlöslichen Kalkes enthalten, da im Superphosphat die Phosphorsäure an Kalk gebunden vorhanden ist. In recht beträchtlicher Menge ist Kalk im Thomasmehl vorhanden, nämlich in einer Menge von 48 bis 50 Prozent. Phosphorsäurebedürftige Böden, denen die Phosphorsäure in Form von Thomasmehl zugeführt wird, bedürfen daher in dem Falle keine weitere Zuführung von Kalk, wenn nur eine Zuführung von Kalk als Nährstoff für den Boden nötig ist; soll aber durch die Kalkzufuhr ein anderer Zweck erreicht werden, etwa die Lockerung eines schweren Bodens oder die Bindung pflanzenschädlicher Säuren im Boden, so hat regelrechte Kalkdüngung der Phosphorsäuredüngung voranzugehen. Es möge noch erwähnt werden, daß auch ein Stickstoffdünger, der Kalkstickstoff, Kalk enthält. Da er aber in der Praxis noch kaum angewandt wird, dürfte ein näheres Eingehen auf ihn hier nicht nötig sein.

*) Siehe auch die Artikel Jahrg. XI, Seite 163, 464 und Seite 15 d. Jahrg.

Will man zur Zuführung des Kalkes als Nährstoff, zur Lockerung eines schweren Bodens oder zur Bindung von schädlichen Säuren im Boden usw. eine Kalkdüngung vornehmen, so hat man zu entscheiden, ob eine Düngung mit kohlensaurem Kalk oder mit Ätzkalk zweckmäßig ist.

Die in der Natur vorkommende Form des Kalkes ist der kohlensaure Kalk. Der in der norddeutschen Tiefebene an manchen Stellen vielfach vorkommende Geschiebemergel enthält meist 7 bis 18 Prozent kohlensauren Kalk. Die unter Mooren und Wiesen häufig zu findenden Moor- und Wiesenkalke weisen einen erheblich höheren Kalkgehalt auf. Die Anwesenheit von kohlensaurem Kalk im Boden erkennt man durch Übergießen mit verdünnter Salzsäure; findet ein Aufbrausen des Bodens dabei statt, so enthält er kohlensauren Kalk. Meist wird eine Verwendung des verhältnismäßig niedrigprozentigen Geschiebemergels wegen der mit der Entfernung beträchtlich wachsenden Transportkosten unmöglich, kann man ihn aber in der Nähe der Fundstelle verwerten, so leistet e. zur Verbesserung leichtester Sandböden hervorragende Dienster Der Reichtum des Mergels an Tonbestandteilen gibt dem Sandboden eine bindigere Struktur und führt ihm das so sehr mangelnde Kali zu.

Die im Handel vertriebene Form des kohlensauren Kalks ist meist gemahlener Kalkstein oder ein Abfallprodukt technischer Industriezweige; sie enthält meistens 90 bis 95 Prozent kohlensauren Kalk.

Aus kohlensaurem Kalk wird durch Erhitzen in Brennöfen die Kohlensäure ausgetrieben und so der sogenannte gebrannte Kalk (Ätzkalk) gewonnen. In Stücken kommt er als Baukalk in den Handel. Um ihn als Dünger zu verwenden, muß man ihn ablöschen, wodurch er in ein staubfeines Pulver zerfällt. Vereinzelt wird von Kalkwerken ein in der Fabrik schon abgelöschter Kalk vertrieben, der dann sofort verwendet werden kann. Da der so abgelöschte Kalk aber ein beträchtlich höheres Gewicht durch die Wasseraufnahme erhalten hat, so gestalten sich die Transportkosten höher, als wenn man ungelöschten Kalk bezieht und das Ablöschen selbst vornimmt. Um den Konsumenten die Arbeit des Ablöschens zu ersparen und eine gleich verbrauchsfertige Ware zu liefern, bringen die Kalkwerke den gebrannten Kalk in feingemahlenem Zustand in den Handel; er führt die Bezeichnung „streufähiger Düngekalk“ oder „Kalkmehl (gemahlener, gebrannter Ätzkalk)“. Als Abfallprodukt beim Brennen des Kalkes kommt noch die Kalkasche in Frage; sie ist wesentlich billiger als der Baukalk und der streufähige Düngekalk. Da sie aber durch Wasseraufnahme beschwert ist, dürfte sie auf weitere Entfernungen der höheren Transportkosten wegen den Preis des Düngekalkes erreichen.

Welcher Unterschied besteht nun zwischen dem Ätzkalk und

Arnica montana.

In der Staudengärtnerei von Georg Arends, Ronsdorf, für die „Gartenwelt“ photographisch aufgenommen.

dem kohlensauren Kalk? Wann ist der eine und wann der andere anzuwenden? Ein Hauptunterschied zwischen beiden Kalkformen liegt in ihrer Wasserlöslichkeit: der Ätzkalk ist wasserlöslich, der kohlensaure Kalk zunächst nicht. Ätzkalk hat daher die Fähigkeit, sich gleichmäßig im Boden zu verteilen und überallhin zu dringen. Man wird ihn daher vor allem dort anzuwenden haben, wo man den Kalk an eine Stelle schaffen will, die unzugänglich ist. Will man Obstbäumen, deren Nährstoffbedürfnis in erster Linie auf Kalk gerichtet ist, eine Kalkdüngung geben, so muß dies in der Form von Ätzkalk geschehen, da nur dieser wasserlöslich ist und allmählich vom Regenwasser in das Bereich der Wurzeln geführt wird. Vom Salpeter her ist die Wasserlöslichkeit aber auch von ihren unangenehmen Seiten bekannt, der völlig wasserlösliche Salpeterstickstoff wird leicht nach kurzer Zeit in den Untergrund gewaschen; eine ähnliche Gefahr birgt die Wasserlöslichkeit des Ätzkalkes nicht in sich. Im Laufe der Zeit, manchmal schon einiger Wochen, setzt sich der wasserlösliche Ätzkalk im Boden in den unlöslichen kohlensauren Kalk um und bleibt somit dem Boden und der Pflanze erhalten. Das Bedenken, durch Düngung mit wasserlöslichem Ätzkalk Verluste an Kalk durch Auslaugung zu erleiden, ist also unbegründet.

Der kohlensaure Kalk ist in reinem Wasser unlöslich; löslich wird er erst in kohlensäurehaltigem Wasser. Nun enthält die Luft geringe Mengen Kohlensäure, diese werden vom Regenwasser in Spuren aufgenommen und das auf diese Weise geringe Mengen Kohlensäure enthaltende Regenwasser ist imstande, geringe Mengen kohlensauren Kalkes in Lösung zu bringen. Auf dieser geringen Lösungsfähigkeit durch kohlensäurehaltiges Regenwasser beruht die Langsamkeit, mit der die Fortführung des kohlensauren Kalkes in tiefere Bodenschichten vor sich geht. Der kohlensaure Kalk kommt daher nur da zur Wirkung, wo er gut mit dem Boden vermengt wird; beim Düngen mit wasserlöslichem Ätzkalk übernehmen die Bodenfeuchtigkeit und der Regen die Verbreitung des Kalkes im Boden, der kohlensaure Kalk bleibt unaufgelöst dort liegen, wohin er bei der mechanischen Bodenbearbeitung gelangt ist. Es ergibt sich danach von selbst, daß eine Düngung der Obstbäume mit kohlensaurem Kalk zwecklos ist, weil der kohlensaure Kalk nicht in die nächste Nähe der Wurzeln gebracht werden kann. — Wie geht nun aber die Aufnahme des unlöslichen kohlensauren Kalkes durch die Pflanzen vor sich? Im allgemeinen können nur in Wasser gelöste Nährstoffe die Wurzelmembran durchdringen und so von der Pflanze aufgenommen werden. Nun ist die Pflanze aber auch imstande, mit Hilfe der von den Wurzeln ausgeschiedenen schwachen Wurzelsäure Nährstoffe aufzulösen und so aufzunehmen. Da diese von den Wurzeln ausgeschiedenen Säuren aber sehr schwach sind, so sind sie nur imstande, ganz kleine Teilchen solcher sogenannter bodenlöslicher Stoffe aufzunehmen. Für den kohlensauren Kalk gilt daher dieselbe Forderung, wie sie für Thomasmehl stets erhoben wird: der Kalk muß außerordentlich fein gemahlen sein. Grob gemahlener oder gar grobkörniger Kalk bleibt für die meisten Pflanzenwurzeln gar nicht, oder sehr schwer aufnehmbar. Langsam wachsende Pflanzen, wie sämtliche Hölzer, vor allem Obstbäume, sind allerdings imstande, auch grobe Stücke kohlensauren Kalkes im Laufe der Jahre zu verbrauchen, wenn man sie in die zu durchwurzelnde Erde bringt. So pflegt man mit Erfolg einen neuanzulegenden Garten mit Bau-(Kalk-)Schutt zu durchsetzen, um ihm auf Jahrzehnte hinaus einen genügenden Vorrat recht langsam wirkenden Kalkes zuzuführen.

Dieser so ganz verschiedene Grad der Lösungsfähigkeit durch Wasser ist der eine Hauptunterschied zwischen Ätzkalk und kohlensaurem Kalk. Der zweite Hauptunterschied beruht auf dem chemischen Charakter der beiden Kalkformen.

Der Ätzkalk hat als Base ätzende Wirkung, die dem kohlensauren Kalke völlig fehlt. Die Abbildungen (Seite 164) zeigen an eben aufgelaufener Gerste diesen Unterschied. Die ätzende Wirkung des **frisch** in den Boden getanen, abgelöschten Ätzkalkes macht sich dadurch bemerkbar, daß die in die frische Ätzkalkdüngung gesäte Gerste fast gänzlich zerstört worden ist, während der Topf ohne Kalk und der mit kohlensaurem Kalk gedüngte ein kräftiges

Originalaufnahme für die „Gartenwelt".

Wachstum zeigen. Diese ätzende Wirkung hat aber nur der frische Ätzkalk, er verliert sie allmählich im Boden, wo er sich in kohlensauren Kalk umsetzt, der gänzlich unschädlich ist. Weil diese Umsetzung des gebrannten Kalkes in kohlensauren Kalk erst im Laufe einiger Zeit vor sich geht, so ist die gegebene Zeit zur Ausführung einer Ätzkalkdüngung der Herbst. Im Laufe des Winters hat sich dann die Umsetzung vollzogen und im Frühjahr darauf ist keine schädliche Wirkung mehr zu befürchten. Für das Ansetzen von Erden, die für Topfkulturen oder Aussaaten verwendet werden sollen, ist es von Wichtigkeit, genauer den Zeitpunkt zu wissen, wann sich die Umsetzung des Ätzkalkes in kohlensauren Kalk vollzogen hat. Um diesen Zeitpunkt festzustellen, wurde folgender Versuch angestellt: es wurde an einem Tage eine gleiche Menge Gerste in eine Reihe von Töpfen gesät, von denen der erste (in der Abbildung von links nach rechts) an demselben Tage, der zweite vor 8 Tagen, der dritte vor 14 Tagen usw. mit Ätzkalk gedüngt war, so daß in 6 Töpfen die Ätzkalkdüngung 1, 2, 3, 4, 5 und 6 Wochen vor der Aussaat stattgefunden hatte, an einem Topfe aber erst am Tage der Aussaat vorgenommen wurde. Naturgemäß geht nun diese Umsetzung in kohlensauren Kalk in verschiedenen Böden verschieden schnell vor sich; ein stark humoser Boden enthält reichliche Mengen Kohlensäure, so daß in diesem die Bildung von kohlensaurem Kalk schneller vor sich gehen kann als in nicht humosen Lehmböden, wo die zur Bildung von kohlensaurem Kalk nötige Kohlensäure nur in geringen Mengen vorhanden ist. An dem verschiedenen Auflaufen der Saat in den einzelnen Versuchstöpfen (Abbildung untenstehend) kann man deutlich sehen, daß allmählich im Laufe der Wochen eine weitere Umsetzung des Ätzkalkes in kohlensauren Kalk stattgefunden hat und daß das Wachstum der Saat, wenn die Kalkdüngung einige Wochen vor der Aussaat vorgenommen wurde, nicht mehr gestört wurde. Dieser Zeitraum beträgt bei Humusböden 6 Wochen, bei Lehmböden 7 bis 8 Wochen. Gleich hier möchte ich bemerken, daß diese Zahlen nur gelten, wenn man den Ätzkalk sorgfältig zu einer ganz feinen, mehlstaubähnlichen Masse abgelöscht hat; verwendet man auf das Ablöschen weniger Sorgfalt, so daß vielleicht einige kleine Stückchen abgelöschten Kalkes unzerfallen bleiben, so wird die Erde selbst nach 3 Monaten noch nicht verwendungsfähig sein, da derartige Ätzkalkstückchen sich sehr langsam in kohlensauren Kalk umsetzen. Allerdings gibt der obige Versuch an, wann für die Pflanze in ihrem empfindlichsten Wachstumsstadium, dem Keimungsprozeß, die Ätzkalkdüngung aufhört, schädlich zu wirken; ein Landschaftsgärtner möge danach beurteilen, einen wie langen Zeitraum er bei der Neuanlage von Gärten zwischen Ätzkalkdüngung und Bepflanzung verstreichen lassen muß, der je nach der Empfindlichkeit der Kulturen verringert werden kann. Für die meisten Fälle reicht dann wohl ein Zeitraum von einigen Tagen oder einer Woche aus, nur mit der Anlage des Rasens müßte 6 Wochen gewartet werden.

Gerste
ohne mit
frischem Aetzkalk.
Originalzeichnung für die „Gartenwelt".

Die pflanzenschädliche Wirkung des frischen Ätzkalks kann erwünscht sein, wenn es sich um die Beseitigung von Pflanzen handelt. In dieser Richtung angestellte Versuche zeigten guten Erfolg bei der Zerstörung von Moos im Rasen. Der im Herbst kräftig ausgestreute abgelöschte Kalk vernichtete das Moos, ohne dem Rasen schädlich zu werden. Im Laufe des Sommers siedelte sich allerdings das Moos in geringem Maße wieder an, da der Hauptgrund zur Moosbildung, die Beschattung, ja nicht beseitigt werden konnte. So mußte denn zum Winter wieder ein, allerdings geringeres, Ausstreuen von Ätzkalk vorgenommen werden.

Während wegen der ätzenden Wirkung einer frischen Ätzkalkdüngung diese stets im Herbste vorgenommen werden muß, ist die gelegenste Zeit für die Düngung mit kohlensaurem Kalk das Frühjahr, wo mit dem Zurechtmachen des Bodens der kohlensaure Kalk ausgestreut und untergebracht wird.

Auf welchem Boden ist nun eine Ätzkalkdüngung und auf welchem eine Düngung mit kohlensaurem Kalk zweckmäßig?

Da Ätzkalk eine stark aufschließende Wirkung hat, so ist eine Kalkdüngung in Form von Ätzkalk überall auf schweren Böden zweckmäßig. Auf Lehm- und Tonböden macht Ätzkalk die von der Pflanze schwer aufnehmbaren mineralischen Nährstoffe für die Pflanzenwurzeln aufnehmbar, die zähe, bindige Struktur dieser Böden wird durch Ätzkalk in die lockere, lose Krümelstruktur übergeführt. Kohlensaurer Kalk hat diese aufschließende und lockernde Fähigkeit nur in geringem Maße. So ist für schwere Böden eine im Herbst vorzunehmende Aetzkalkdüngung die angebrachte Form der Kalkdüngung. Bei einer Kalkdüngung in leichten Böden müssen wir auf die chemischen Eigenschaften des Ätzkalks als Base zurückgreifen. Im Gegensatze zu den untätigen Lehm- und Tonböden, pflegt man humose Sandböden als tätige Böden zu bezeichnen, wegen der Tätigkeit kleinster Lebewesen, die eine Umsetzung der unaufnehmbaren Nährstoffe mineralischen, vor allem organischen Ursprungs in aufnehmbare Formen herbeiführen. Auf der Tätigkeit dieser kleinsten Lebewesen beruht die Erscheinung der Bodengare und der Humusbildung, ferner die Fähigkeit der Leguminosen, den Stickstoff der Luft durch die Pflanzenwurzeln aufzunehmen. Diese für den Boden so außerordentlich wichtige Tätigkeit der Bakterien wird zerstört durch

Die einzelnen Töpfe wurden mit frisch abgelöschtem Aetzkalk gedüngt am (von links nach rechts) 21. V., 13. V., 5. V., 26. IV., 19. IV., 12. IV., 4. IV. Die Füllung der Töpfe bestand mit Ausnahme der beiden ersten beider Reihen in der oberen Reihe aus Humusboden, in der unteren aus Lehmboden. Die Aussaat erfolgte in alle Töpfe am 21. V., so daß die Kalkung 0, 8, 16, 25, 32, 39, 47 Tage vor der Aussaat lag. Originalzeichnung für die „Gartenwelt".

Gerste, gedüngt
mit kohlensaurem Kalk. mit frisch abgelöschtem Aetzkalk.
Originalzeichnung für die „Gartenwelt".

eine kräftige Aetzkalkdüngung, während kohlensaurer Kalk eine Entwickelung dieser kleinsten Lebewesen nicht beeinträchtigt. Im zweiten Bande der „Mitteilungen über Düngungsversuche" No. 10 und 11, herausgegeben von der Agrikulturabteilung des Syndikats der Kaliwerke Staßfurt, wird ein zur Beantwortung dieser Frage angestellter Düngungsversuch mitgeteilt. 1 ha leichtesten Sandbodens hatte 4100 kg kohlensauren Kalk in Form von Uelzener Mergel erhalten, ein anderes Feld war mit 2000 kg Aetzkalk pro 1 ha gedüngt worden. Die mit kohlensaurem Kalk gedüngten Erbsen erzielten eine Ernte von 2458 kg, während die mit Aetzkalk gedüngten nur 804 kg Erntemenge brachten. Die mit Aetzkalk gedüngten Erbsen zeigten auch ein sehr geringes Wachstum, bei näherer Betrachtung der Wurzeln zeigte sich, daß bei ihnen die Bildung von Knöllchen unterblieben war; der Ätzkalk hatte die Bakterien, die Erzeuger dieser Wurzelknöllchen, getötet. Unsere Abbildung Seite 166 zeigt einen Topfversuch. Das Bild der lebenden Pflanze zeigt links eine ungedüngte Erbse, der zweite Topf hat eine schwache Ätzkalkdüngung erhalten, die einer Gabe von 10 kg Aetzkalk auf 100 qm entspricht, der dritte Topf hat die doppelte Kalkgabe erhalten. Daß eine Kalkdüngung die Entwickelung der Pflanze fördert, ist aus dem Vergleich des ersten und zweiten Topfes ersichtlich; durch die erhöhte Kalkgabe (20 kg Aetzkalk auf 100 qm) ist das Wachstum beeinträchtigt. Die Abbildung der Wurzeln zeigt den Grund der Wachstumsbeeinträchtigung von Topf drei: Die zur Aufnahme des Luftstickstoffs nötigen Bakterien sind durch die stärkere Aetzkalkdüngung getötet, wie das Fehlen der Wurzelknöllchen zeigt. Auf leichten, humosen Sandböden hat eine Kalkdüngung also nicht durch Aetzkalk zu erfolgen, sondern durch kohlensauren Kalk, dem die bakterientötenden Eigenschaften fehlen.

Zum Schluß noch einige Bemerkungen zum Verhältnis des Kalks zu anderm künstlichen Dünger. Wir haben eben gesehen, daß der kohlensaure Kalk im Wasser unlöslich ist, daher nur sehr langsam in den Untergrund ausgewaschen wird. Geben wir dem Boden auch eine Kalidüngung, etwa in der Form des 40 prozentigen Kalisalzes oder des geringeren Kainits, so ist der Kalk einer recht bedeutenden Auslaugung ausgesetzt. Der Chlorgehalt dieser Kalisalze vereinigt sich mit dem kohlensauren Kalk zu einer wasserlöslichen Chlorkalkverbindung. Diese hat allerdings den Vorteil, den Pflanzen den Kalk in leichter aufnehmbarer Form zu bieten, aber auch den Nachteil, einen großen Teil des Kalks in den Untergrund zu entführen. Eine Kalidüngung mit chlorhaltigen Kalisalzen raubt dem Boden also einen beträchtlichen Teil seines Kalkgehaltes, diese Ausraubung an Kalk ist um so größer, je höher der Chlorgehalt des Kalisalzes ist, beim Kainit ist sie also größer als beim 40 prozentigen Kalidüngesalz. Bei einer Düngung mit Kalisalzen gilt daher der Grundsatz: eine Kalidüngung muß stets von einer Kalkdüngung begleitet sein.

Auch bei einer Kalk- und Superphosphatdüngung müssen Vorsichtsmaßregeln beobachtet werden, die infolge besonderer chemischer Verwandtschaft zwischen Phosphorsäure und Kalk nötig werden. In den chemischen Fabriken erfolgt die Herstellung des Superphosphates in der Weise, daß der Kalk, der in größerer Menge an die Phosphorsäure gebunden ist und diese wasserunlöslich macht, durch Schwefelsäure gebunden und somit von der Phosphorsäure genommen wird. Durch diese Bindung des Kalks wird die Phosphorsäure in eine lösliche Form übergeführt. Wird dieser vom Kalk teilweise befreiten Phosphorsäure im Boden Kalk wieder zugeführt, so wird die Phosphorsäure sich mit ihm sofort wieder zu einem unlöslichen Phosphat verbinden, das für die Pflanzen unaufnehmbar ist. Durch die Kalkdüngung wird also die Phosphorsäuredüngung in ihrer Wirkung gestört. Diese Gefahr besteht aber nicht, wenn man die Kalkdüngung genügend lange Zeit vor der Superphosphatdüngung vornimmt, was dann immer einige Wochen vorher zu geschehen hat. Für eine gemeinsame Superphosphat- und Kalkdüngung besteht also der Grundsatz: die Kalkdüngung muß der Phosphorsäuredüngung mindestens um einige Wochen vorangehen.

Ausstellungsberichte.

Rückblick auf die Obst- und Gemüsesonderausstellungen sowie die Spezialausstellung für die Verwertung von Obst und Gemüse im Haushalt, der Jubiläumsausstellung Mannheim 1907.

Von **Victor Graf von Helmstatt**, Neckarbischofsheim.

II.

Mit der fortgeschrittenen Jahreszeit brachte uns die **Internationale Ausstellung von Frühobst und Frühgemüse** (Spätkirschen, Pflaumen, Pfirsiche, Aprikosen, Aepfel, Birnen und Beerenobst) vom 13. bis 15. Juli schon ein bunteres Obst- und Gemüsebild. Frankreich und Holland wetteiferten hier in schönen, getriebenen Melonen. Holland gewann einen vollen Sieg in Weintrauben. Deutschland hat sich an diesen genannten Konkurrenzen gar nicht oder wenigstens erfolglos beteiligt, und viel Geld geht dadurch in das Ausland, daß wir noch zu wenig Frühobsttreibereien besitzen, doch hört man von Genossenschaften, die zu diesem Zweck unter staatlicher Beihülfe gegründet werden.

An den übrigen Konkurrenzen beteiligten sich die verschiedensten Länder, hierbei Deutschland recht erfolgreich. Pfalz und Baden hatten schöne Spätkirschensortimente, erstere herrliche Sauerkirschen. Weisenheim a. S. (Pfalz), die Heimat der Aprikose, nimmt hier schon mit dieser köstlichen Frucht eine bevorzugte Stellung ein, um in der folgenden Ausstellung selbst die französischen Früchte zu schlagen — „Enfin, que voulez vous — c'est ici le jardin de l'Allemagne!"

Württemberg und die Pfalz traten mit Frühäpfeln und Birnen erfolgreich auf. Diese Nummer war jedoch von vielen Ausstellern falsch verstanden worden, denn solche Birnen- und Aepfelsorten, welche bekanntlich erst im August oder gar September reifen, stellt man nicht im Juli aus, wenn sie auch wohl unter das Frühobst gezählt werden. Viel schönes Beerenobst bekam man zu sehen. Interessant war das Studium der für Konservenfabriken passenden Sorten; berühmte Firmen, welche deren Spezialkulturen ausschließlich betreiben, waren zu bemerken.

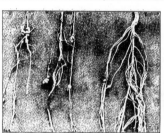

Wurzeltriebe der auf untenstehender Abbildung dargestellten Erbsen.
Originalaufnahme für die „Gartenwelt".

Verpackungen! Diese haben wir in Deutschland durch die Internationalität der Düsseldorfer Gartenbauausstellung gelernt. Bühl voran — erregte mit praktischen, vorzüglichen Packungen allgemeines Aufsehen und die Aufmerksamkeit der ausländischen Aussteller; es errang damit die ersten Preise.

Ein Hauptgemüseplatz der Pfalz scheint Sonderheim zu sein; der Frühkartoffelplatz derselben Flomersheim. Bamberg mit seinen bekannten Gärtnern und die Vierlande verdienen auch hier an erster Stelle genannt zu werden.

Der Termin der geschilderten Ausstellung war aber doch für die bekannte Gaiberger Spätkirsche, welche der Hausfrau die beste Einmachkirsche liefert, zu früh gewesen. In der folgenden Wochenausstellung kam sie in einladender, geschmackvoller Korb- und Kistenpackung in größeren Mengen zur Darstellung — dank verständnisvoller Anleitung. Gaiberg und Hilsbach, im Kreise Heidelberg, in bedeutender Höhenlage hinter dem Königstuhl gelegen, produzieren eine große Menge dieser Kirsche, Lokalsorte, und nehmen dafür ein gut Stück Geld ein. Der Obststand der Kreisverbände Badens hat viele Aufträge während dieser Ausstellung auf Gaiberger Kirschen entgegengenommen.

Die internationale Ausstellung von Frühkernobst und Steinobst vom 10., 11. und 12. August zeigte ganz veränderten Aufbau. Durch die Mitte zweier Hallen waren die langen Doppeltische aufgestellt, so Raum bietend in größter Uebersichtlichkeit für die Einzelwettbewerbe, während an den Seiten die Sammelausstellungen sowie die Packungen sich befanden. Die Programmnummer 16, Uebersicht des Gesamtobstbaues, wurde von der Pfalz und den Kreisverbänden Badens gleich gut gelöst — beide erhielten silbervergoldete Medaillen. Weisenheim, hier Repräsentant der Pfalz, entzückte in geschmackvollem Arrangement durch Aprikosen- und Pflaumenmassen. Die Kreisverbände Badens schütteten ein Füllhorn aller Badischen Saisonfrüchte aus; beides Vorwürfe für die Stillebenmaler Frankreichs. Bei dem Treibobst hatte das Ausland noch das Uebergewicht. Hier konnte sich Deutschlands Steinobst- und Frühäpfel- und Birnenbau getrost mit dem Auslande messen.

Bühls Spezialfrucht, die geldbringende Bühler Zwetsche, der Oosgau mit seinen prächtigen Pfirsichen, erregten allgemeines Aufsehen. Die Preise für Aprikosen kamen alle in die Pfalz. Prächtige Mirabellen machten den Preisrichtern das Amt schwer. Ein tapferer Württemberger, der keine der Ausstellungen unbeschickt ließ, hat auch hier die Ehre Württembergs gerettet. Avignon siegte in der Freilandweintraube. Verpackung: „Bühl" hieß auch hier die Parole. Im Wettbewerb um die Melone rang Edingen mit Holland und Frankreich um den Preis.

Es war eine reich beschickte, lehrreiche und schöne Ausstellung, diese Ausstellung vom August — der Fachmann konnte seine Freude daran haben.

Gleichsam zur Sammlung für die nächsten, teils gleichlaufenden und sich rasch folgenden Sonderausstellungen, trat nun eine Pause von über vier Wochen ein, während welcher Obst- und Gemüsewochenausstellungen von nicht geringer Bedeutung zugleich mit Blumenausstellungen abgehalten wurden, sodaß nie Oede in den geräumigen Hallen entstand.

Zur **„Großen internationalen Herbst-Gemüseausstellung"** vom 21. bis 24. September waren alte und neue Konkurrenten wieder erschienen, sämtliche große Hallen mit ihren Ausstellungsgegenständen füllend. Sieht denn eine solche nur mit Gemüse beschickte Ausstellung nicht recht einförmig aus, ähnelt sie nicht einem großen Gemüsemarkte? So hört man fragen. Gewiß nicht! Sie bietet dem Auge viel hübsche, abwechslungsvolle Bilder, dem Fachmann, dem Gärtner aber Gelegenheit, seine Kenntnisse zum Nutzen der Fachwissenschaft sowie des Geschäftes zu erweitern, wenn geschmackvoll und zweckmäßig gerichtet.

Die fesselndsten Darbietungen sind da auch immer wieder die Sammelausstellungen von Ländern, Kreisen, Vereinen etc. und die Ausstellungen von Spezialkulturen, wie die der Kohlsamenzüchter Sluis & Groot, Enkhuizen (Holland) und manch andere gewesen. Die Bamberger hatten ihre volle Kraft eingesetzt und errangen mit ihrem originellen, ganz aus den hauptsächlich dort angebaut werdenden Gemüsesorten errichteten Häuschen großen Erfolg. In Bamberg wird von altersher feldbaumäßiger Gemüsebau

Erbsen
ungedüngt; schwache Ätzkalkdüngung 10 kg auf 100 qm; starke Ätzkalkdüngung 20 kg auf 100 qm.
Originalaufnahme für die „Gartenwelt".

getrieben, und in welcher hervorragenden Qualität sowie Quantität! Die Vierlande hatten eine ganze Halle mustergültig belegt. Kartoffel, Zwiebel, Kraut, besonders auch Tomatensortimente aus den verschiedensten Ländern fielen durch Schönheit und Reichhaltigkeit auf. Originell wirkten die mächtige Pyramide aus Filderkraut sowie jene aus Rettigen.

Vereine, die zum ersten Male in den Wettbewerb eintraten, haben durch Beobachtung in der Stille ausstellen gelernt und errangen Anerkennung mit guten Sortimenten, in geschmackvollem Aufbau. Interessantes bot auch die Ausstellung aus Frankreich mit dem durch alle Jahreszeiten getriebenen grünen Spargel und den bildlich gut dargestellten Spezialkulturen dieses in der Nutzgärtnerei an der Spitze stehenden Landes. (Ein Schlußartikel folgt.)

Fragen und Antworten.

Beantwortung der Frage No. 473. Wie wird die beste Treibkultur der Früherbse „Wunder von Amerika“ gehandhabt? Ist es empfehlenswert, die Kerne direkt in das Mistbeet zu säen, oder in Handkästen und Töpfe, um dann in den warmen Kasten vorsichtig auszupflanzen?

Empfehlenswert ist es, die Erbsen in Handkästen oder Töpfe im Warmhaus oder warmen Kasten zu säen. Die ersten Tage hält man die Saatgefäße dunkel, bis die Sämlinge 3 cm hoch sind, dann pflanzt man sie in den halbwarmen Kasten aus. Durch Verpflanzen wird der Ertrag ein größerer. Man setze immer je drei Pflanzen zusammen auf 35—40 cm Abstand. Den Kasten besät man zur besseren Ausnutzung noch mit Radies. Die Hauptsache ist, daß man die echte *Wunder von Amerika* verwendet. Die Pflanzen sollen möglichst niedrig sein, andere Sorten wachsen zu hoch.

K. Perk Vlaanderen, Frederiksoord.

Beantwortung der Frage No. 474. Wie kommt es, daß Veilchen *Königin Charlotte,* die am 1. Dezember zum Treiben aufgesetzt wurden, wohl Blätter trieben, aber nicht blühten, da die Knospen sitzen blieben und verkümmerten. Die Veilchen wurden den Sommer über in Töpfen kultiviert und zwar in Moor- und Mistbeeterde. Welchem Umstande ist dieser Mißerfolg zuzuschreiben, da sich Veilchen andere Jahre unter denselben Verhältnissen und zu derselben Zeit mit bestem Erfolge treiben ließen?

Daß Ihre Veilchen keine Blumen brachten, sondern nur Blätter entwickelten, ist wohl in erster Linie darauf zurückzuführen, daß Sie von Anfang an die Veilchen zu warm gestellt haben. Bei Veilchen soll man mit 6 Grad C. Wärme beginnen und die Temperatur nach und nach bis zu höchstens 12 Grad C steigern. Ein heller, der Sonne zugänglicher Standort ist Bedingung. **G. Blau.**

— Wenn Veilchen zuerst Blätter und nicht Blüten treiben, so ist es sicher ein Beweis, daß sich die Sorte zum Treiben nicht eignet. Es kann aber auch möglich sein, daß, wenn sich die Sorte auch früher zum Treiben eignete, vielleicht die Blätter abgefroren waren, ein Umstand, der im Winter 1906/07 wohl eingetreten sein kann. Ebenso kann auch das starke Entblättern im Herbste den Blütenflor beeinträchtigen. Die Kultur in Töpfen und die Erdmischung waren nicht richtig. In Töpfen kultivierte Veilchen bleiben zu schwach und Moorerde ist ungeeignet. Am besten ist es, wenn man Veilchen ins freie Land auspflanzt. Man pflanzt sie dann von Oktober bis Ende November in Mistbeeterde ein. Auf diese Weise behandelt, werden die Veilchen stets dankbar blühen.

Felix Gieseler, Soest in Westfalen.

— Im April, wenn die Haupternte der im kalten Kasten getriebenen Veilchen vorbei ist, werden die Pflanzen reichlich mit Hornmehlwasser und Jauche gedüngt, damit man kräftige Vermehrungstriebe bekommt. Hierauf nimmt man die Pflanzen im Mai ganz heraus und steckt nun alle guten, gesunden Triebe in einen halbwarmen Kasten, in sandige Mistbeeterde, wo sie die erste Zeit gespannt und schattiert gehalten, je nach der Witterung auch zwei- bis dreimal täglich gespritzt werden. Innerhalb zwei bis drei Wochen werden die Stecklinge soweit bewurzelt sein, daß man sie abhärten kann. Ist dies geschehen, so pflanzt man sie auf gut zubereitetes Gartenland oder auf einen abgeernteten Mistbeetkasten. Hier verbleiben sie nun bis zum Oktober, worauf man sie ihrer Bestimmung nach verwertet. Wer Veilchen im Kasten treiben will, pflanze sie in einen geschützten, sonnigen Kasten, wobei es von Vorteil, wenn dieser heizbar ist; andernfalls wird man im kalten Kasten kaum vor Anfang Februar von einer eigentlichen Ernte sprechen können. Im heizbaren Kasten blühen die Veilchen schon zu Neujahr, wenn die Bodenwärme etwa 10—12 Grad C beträgt, vorausgesetzt, daß sich die Sonne hin und wieder blicken läßt. Reichliches Lüften bei hellem, warmem Wetter befördert das frühzeitige Blühen sehr.

Wer nun aber die Veilchen im Topfe blühend haben will, der pflanze dieselben im Oktober in Töpfe und lasse sie bis Anfang des Winters im Kasten durchwurzeln, von wo aus sie nach Bedarf zum Treiben ins Haus gestellt werden. Das ist nun aber kein eigentliches Treiben, die Temperatur darf anfangs nicht mehr wie + 10 Grad C betragen, später kann dieselbe auf 15 Grad C erhöht werden. Reichliches Lüften, sowie ein sonniger Standort in einem hellen Hause sind Hauptbedingungen für eine frühzeitige Blüte. Wer auf diese Art die Veilchen kultiviert, wird sich gewiß nicht über einen Mißerfolg beklagen können. Sonniges Wetter und hin und wieder ein Dungguß, tragen zum Erfolge bei.

Als Erdmischung verwende ich zwei Teile gute Mistbeeterde und einen Teil kräftige Rasenerde. Bei einem Kollegen sah ich Veilchenhochstämme von 40 cm Höhe, mit hübschen Krönchen, über und über mit großen Blumen behangen. Dieselben waren zweijährig und lassen sich heranziehen, indem man besonders wüchsige Pflanzen dazu verwendet. Da dieselben schön und originell aussehen, so möchte ich jedem Herrschaftsgärtner empfehlen, damit einen Versuch zu machen. **Ernst Richlin,** Niederwalluf.

Beantwortung der Frage No. 475. Welcher Art gehört die sogen. Chinarose an, welche in Bourbon als Heckenrose angepflanzt wird?

Wir haben uns vergeblich bemüht, in Erfahrung zu bringen, welche der zahlreichen in China heimischen Rosenarten oder -varietäten die Bezeichnung Chinarose führt, wir nehmen indessen an, daß es sich um *Rosa chinensis,* Jacq., *subspec. semperflorens* handelt, die in Bourbon als Heckenrose angepflanzt wird und schon bei uns $^1/_2$ bis 1 m Höhe erreicht.

Beantwortung der Frage No. 476. Gibt es ein Spezialwerk über *Iris* in deutscher, englischer oder französischer Sprache?

Als Spezialwerk über *Iris* in englischer Sprache kann ich empfehlen „The Book of the Iris“, dasselbe ist im Verlage von John Lane, The Bodley Head, London erschienen. Der Name des Verfassers, R. J. Lynch, Curator of the botanic Garden, Cambridge, bürgt für die Güte des Buches, das reich mit sehr guten, nach Photographien angefertigten Tafeln ausgestattet ist. Der Preis beträgt 2 sh 6 d.

Emil Zahn, z. Zt. Paris.

Ein Spezialwerk über Iris in französischer Sprache führt den Titel „Les Iris dans les jardins“. Verfasser H. Correvon und H. Massé. Preis 3,50 Fr.

Neue Frage No. 515. Wann ist die beste Zeit, um Sommerstecklinge von *Chrysanthemum* zur Erziehung eintriebiger Pflanzen zu machen?

Neue Frage No. 516. Welches ist die gebräuchlichste und vorteilhafteste Topfweite für das letzte Verpflanzen bei der Kultur von Chrysanthemumschaublumen auf eintriebigen Sommerstecklingen?

Neue Frage No. 517. Ist es empfehlenswert, Maiblumentreibkeime (nicht Eiskeime) für die früheste Treiberei zuvor durch Behandlung in warmem Wasser vorzubereiten und wie wird dies Verfahren gehandhabt?

Bücherschau.

Unter dem Titel **„Deutsche Gartenkunst in Wort und Bild“** hat der rührige Verein deutscher Gartenkünstler eine neue, geschmackvoll ausgestattete und mit reichem Bildschmuck versehene Schrift für seine Mitglieder herausgegeben, welche Straßen und Plätze im Pflanzenschmuck behandelt. Eingeleitet wird diese Schrift mit einer poetischen Verherrlichung der Gartenkunst von Stadtrat

C. H. Schöffer, Liegnitz. Von Anlagen werden in Wort und Bild behandelt: eine solche in Eberswalde, die Charlottenburger Schmuckanlagen längs des Kaiserdammes und der Bismarckstraße, von Stadtobergärtner Diekmann, der Kaiserplatz in Wilmersdorf, von Stadtobergärtner Thieme, die Anlagen in Schöneberg, von F. Ulrich, und die Promenade in der Bärwaldstraße zu Berlin, von Stadtobergärtner Weiß. Nichtmitglieder können die vorliegende, lehrreiche Schrift gegen Einsendung von M. 1,10 von dem Geschäftsführer Herrn E. Bindseil, Berlin SW. 47, beziehen. M. H.

Das Gebiet der Gartentaxation lag bisher noch sehr im argen. Im vorigen Jahrgange der „Gartenwelt" hat der inzwischen leider verstorbene Gartenbaudirektor Axel Fintelmann, Berlin, in einer Abhandlung, auf Grund seiner langjährigen Erfahrungen als gerichtlicher Sachverständiger, dargelegt, wie gärtnerische Anlagen in gerechter Weise abzuschätzen sind. Mit der **Taxation der Obstbäume** befaßt sich nun Herr Arthur Janson, Kösteritz i. Th., in einer uns vorliegenden, im Selbstverlage erschienenen Schrift. Er hat für die Taxation ein eigenes Verfahren ersonnen, das viel für sich hat und eine ziemlich sichere und einwandfreie Abschätzung des Wertes der Obstbäume in den verschiedenen Stadien der Entwicklung und der durch Hagel verursachten Verluste gewährleistet. Wir empfehlen Interessenten das Studium der überzeugend geschriebenen Broschüre, deren Preis 90 Pfennig beträgt. M. H.

Deutschlands Obstsorten. Bearbeitet von Müller-Diemitz, Grau-Körbelitz, Bißmann-Gotha. Preis für je drei Lieferungen 5,50 M. Stuttgart, Eckstein & Stähle.

Von diesem Tafelwerke gingen uns die Hefte 8 und 9 zu. Sie enthalten, wie stets, je vier Tafeln in Farbendruck und ebensoviel in Schwarzdruck, nebst begleitendem Text. Heft 8 bringt *Landsberger* und *Baumanns Renette*, von Birnen *Herzogin von Angoulême* und *Diels Butterbirne*, Heft 9 die vier Birnsorten *Mme Verté*, *Clairgeaus Butterbirne*, *Josephine von Mecheln* und *Esperens Bergamotte*. Die Tafeln sind wieder vorzüglich ausgeführt, der Text ausreichend und ohne jede Schönfärberei. Bei Birnen wie *Herzogin von Angoulême*, *Diels Butterbirne* und *Esperens Bergamotte* wird mit Recht darauf hingewiesen, daß sie nur unter günstigen klimatischen Verhältnissen befriedigen. M. H.

Preisausschreiben.

Der Magistrat von Berlin hat jetzt ein **Ausschreiben zur Erlangung von Entwürfen für den Schiller-Park (Nordpark) erlassen** und für die drei besten Entwürfe Preise in Höhe von 5000, 3000 und 2000 Mark ausgesetzt. Die Entwürfe sind spätestens bis zum 1. April 1908 abzuliefern. Als Preisrichter werden außer Vertretern des Magistrats und der Stadtverordnetenversammlung die Herren Gartendirektor Mächtig, Berlin, Gartendirektor Encke, Köln, Gartendirektor v. Engelhardt, Düsseldorf, Professor Max Liebermann, Berlin, Professor Schultze-Naumburg, Saaleck, und Professor A. Lichtwark, Hamburg, tätig sein.

Tagesgeschichte.

Britz bei Berlin. Eine neue Sehenswürdigkeit von Groß-Berlin wird das geplante Weltrosarium, der größte Rosengarten der Welt, werden. Nicht weniger als zehn Morgen Landes sollen für diesen Mustergarten in Anspruch genommen werden. Britz eignet sich für das in Aussicht genommene Projekt ganz besonders; da seine Rosenzucht, die durch den sandig-lehmigen Boden besonders gefördert wird, sich schon jetzt eines guten Rufes erfreut; es sind dort über 125 Morgen mit Rosen bepflanzt. Das Rosarium soll nicht nur zur Zeit der Rosenblüte seine Anziehungskraft bewähren, sondern auch als wissenschaftliche Versuchsanstalt für Rosenzucht für Fachleute und Laien jederzeit interessantes bieten.

Duisburg. Der Stadtrat beschloß die Uebernahme des Garantiefonds für eine hier in diesem Jahre zu veranstaltende Gartenbaukunst-Ausstellung.

Erfurt. Die Frima J. C. Schmidt schreibt uns, daß ihr Betrieb durch das Schadenfeuer in keiner Weise beeinträchtigt worden sei. Abgebrannt ist ein vorzugsweise getrocknete Pflanzenteile und Rohmaterialien enthaltendes Gebäude vor der Stadt, Samenvorräte und Hauptgeschäftsbetrieb befinden sich dagegen im Inneren der Stadt.

Osnabrück. Die städtischen Kollegien bewilligten 7500 M. für die Instandsetzung des an den Bürgerpark grenzenden Schultzeschen Gartens mit terrassenförmiger Ausgestaltung und Anlag von Kinderspiel- und Lawntennisplätzen. Für die Schaffung vo gärtnerischen Anlagen am Hasefriedhof wurden 650 M. bereit gestellt.

Rummelsburg bei Berlin. Ein Gemeindepark soll am Rummels burger See, nach dem Vorbilde von Pankow und Weißensee, fü die Einwohnerschaft von Boxhagen-Rummelsburg geschaffen werden. Das hierfür in Aussicht genommene Gelände gehört der Gemeinde, ist aber bis zum nächsten Jahre verpachtet. Den Mittelpunkt der Parkanlage soll ein großer Spielplatz bilden.

Weißensee bei Berlin. Der hiesige Gemeindevorstand hat endgültig die Schaffung einer öffentlichen Parkanlage beschlossen und eine Vorlage für den Ankauf eines geeigneten Grundstückes ausgearbeitet. Es ist ein 53 Morgen großes Terrain an der Hohenschönhausenerstraße zu Parkzwecken gesichert. Der Preis beträgt pro Morgen 6300 M., das ganze Objekt kostet also 333 900 M. Außerdem wollte die Gemeinde das Schloß Weißensee und den Weißen See selbst, nebst den umliegenden Terrains kaufen, die Unterhandlungen sind aber an der Höhe des geforderten Preises gescheitert. Es ist für das Schloßgelände ein derartiger Bebauungsplan aufgestellt worden, daß der Parkcharakter der Gegend gewahrt bleibt.

Zerbst. Der hiesige Gemeinderat beschloß, hier einen Obstmustergarten für den Kreis Zerbst zu errichten. Der Staat wird außer einem jährlichen Zuschuß von 10 000 M. noch 18 000 M. für die Erbauung des Wohngebäudes für den Obergärtner und 12 000 M. für die Einrichtung des 8 ha großen Gartens zahlen.

Korrespondenz von der Riviera. Der vergangene Winter wird durch seine starke, vernichtende Kälte und durch seine absolute Trockenheit in der Erinnerung aller Gärtner bleiben. Stärkere Regenfälle sind hier am ehesten noch während der Aequinoktien zu erwarten und in der verflossenen Periode waren wir darin auch nicht getäuscht. Ende September brach das Wetter los, hatte jedoch nichts überraschendes mit 112,8 mm Niederschlag für den Monat. Geradezu sintflutartig stürzte aber der Regen im Oktober nieder. Dieser Monat zählte nur wenige heitere Tage und beschenkte Mortola mit 525 mm Niederschlagsmenge, d. i. fast $^2/_3$ des Jahresdurchschnitts; am 24. Oktober allein wurden 107,3 mm gemessen. Aehnlich waren die Verhältnisse für das ganze Oberitalien und die französische Riviera. Das Wetter ist noch unbeständig und im laufenden Monat (Dezember) sind noch 115 mm Regen gefallen.

Die Spuren des zu reichlich gespendeten Wassers lassen sich noch überall an aufgeweichten Straßen, eingestürzten Terrassenmauern und verschütteten oder unter Wasser stehenden Blumenquartieren erkennen. Dabei ist die Temperatur ziemlich mild, das hat ein verfrühtes Austreiben vieler Pflanzen zur Folge und so sieht man blühende Eschen *(F. Ornus)*, Steineichen, Birnbäume und Feigenbäume, die sich mit neuen Blättern schmücken. Viele Sommerblüher haben ihre Blütezeit verlängert und notierte ich in hiesigen Gärten *Salvia splendens*, *Solanum jasminoides*, *Plumbago capensis*, *Heliotropium peruvianum*, *Bignonia Kerere*, *Tecoma jasminoides*, *Tecoma capensis*, *Ipomoea Learii* und verschiedene Passifloraarten.

Emil Jahn.

Personal-Nachrichten.

Hemmpel, Wilh. und **Tiessen, Ernst**, langjährige Mitarbeiter der Samenfirma Ernst Monhaupt der Aeltere in Breslau, haben diese erworben und werden sie in bisheriger Weise fortführen.

Lenz, Aug., früherer Handelsgärtner in Danzig, der älteste Gärtner Westpreußens, † am 18. v. Mts. nach langem, schwerem Leiden.

Schirmer, Ernst, Schloßgärtner in Gräbersdorf bei Elberfeld, erhielt das Allgemeine Ehrenzeichen.

Berlin SW. 11, Hedemannstr. 10. Für die Redaktion verantwortlich Max Hesdörffer. Verlag von Paul Parey. Druck: Anhalt. Buchdr. Gutenberg e. G. m. b. H., Dessau.

udtke, Glashandlung,
Stettin, Klosterhof 27-28
glas, à qm 1 M. 20 Pfg.
fenster, à Dtzd. 48 M.
na) 50 kg 7 M.
amanten. [99
Sehr starke Allee-,
Zier- u. Parkbäume
mehrmals verpflanzt, hat abzugeben [98
Gartenverwalt. Evenburg-Leer.
arn-Wedel. [895
m aculeatum, 1 Paket,
M. 2,40, bei Abnahme von
1000 M. 3,50 empfiehlt, nur
re, den ganzen Winter hin-
rkennungsschr. liegen auf!
ka, Bad Reichenhall.
Waldrosenwildlinge!
von 1 bis 2 Meter Höhe, gut, gesund,
bewurzelte Stämmchen, % Stück 6 M,
%o 55 M, freie Emballage, liefert [225
Gärtner Wilhelm Leygraf,
Unterkahlenhausen 41 Cöln a. Rh.
Massenfabrikation von erstklassigen Frühbeetfenstern!
Ca. 40000 Stück versenden wir im Jahre, ein Zeichen der Beliebtheit unserer Fenster!
Unzählige Atteste stehen zur Verfügung. Preisliste gratis. [27
HÖNTSCH & Co., DRESDEN-NIEDERSEDLITZ 56, Sa., Grösste Spezialfabrik für den gesamten Gartenbau.
Fabrik chem. techn. Specialitäten
Edmund Simon
Dresden
Durabo-Gärtnerfarben
für Eisen Mk. 35
Holz 30
die 50 kg. Von Mk. 20 an Frachtvergütung
Man verlange Zeugnisse.
gegründet 1880
vorm. auch
Fabrik patentirter Anstrichfarben
Huebner & Co.
abisol.
garantiert
Pikier-
en usw.
50 p. 50 kg.
Probesendungen per Post frei u. inkl. gegen Nachnahme.
4od. 2×2 kg Durabo-Gärtnerölfarbe 4,50 und 5 Mk.
4 kg Durabisol 4 Mk.
Bahnversand von 12 kg an.
[86
ER SCHOOT & SOHN, Gartenbau-Etablissement, HILLEGOM-HAARLEM (Holland)
gegründet 1830.
Kulturen von Blumenzwiebeln und Staudengewächsen
umfassend über 125 Hektar
(die grössten Hollands).
[34
Kataloge gratis auf Anfrage.
Drahtgeflecht, Drahtzäune, Stacheldraht, Koppeldraht, Drahtseile, eiserne Zäune, Herkuleszäune, eiserne Zaunpfähle liefert billigst [365
C. Klauke, Müncheberg bei Berlin.
nzeigen
für die nächste Nummer müssen bis Montag Mittag in unseren Händen sein."
ellpapier [921
nd billigstes Packmaterial
tze von Bäumen sehr geeignet)
appe-Schachteln
chte, Gemüse, Blumen etc.
mann Söhne, Köln-Ehrenfeld.
n Hermann Beyer & Söhne
& Mann) in Langensalza.
Anleitung [423
zu
schen Beobachtungen
und
hysiologischen Experimenten.
Bearbeitet von
nz Schleichert,
Lehrer in Jena.
vermehrte u. verb. Auflage.
Abbildungen im Text.
Preis 2,60 M., geb. 3,60 M.
on durch jede Buchhandlung.
Metallwerke Bruno Schramm
ILVERSGEHOFEN-ERFURT
G.m. b.H.
Spezialfabrik für Gewächshausbau, Heizungsanlagen, Heizkessel.
Gutachten, Kataloge, Zeugnisse und Kostenanschläge unberechnet.
Schramm's Original-Triumph-Kessel für Warmwasserheizung.
[20
Ueber 3800 Kessel im Betriebe.

Zur jetzigen Aussaat

empfehle Samen von:

Primula obconica ‚Ronsdorfer Hybriden'

meine in Grösse u. Färbung noch unübertroffenen Züchtungen

Primula obc. gigantea (Arendsi, Pax)

hervorragende riesenblumige

Neuheit.

Samen von winterharten Stauden und feinen Sommerschnittblumen. [17

G. Arends

Staudengärtnerei und Samenhandlung

Ronsdorf (Rheinland).

Preisliste steht auf Wunsch kostenfrei zu Diensten.

Treibflieder

	% M
in Töpfen mit Knospen zum Treiben vorbereitet	75—100
Schneeball (i. Töpf. z. Tr. vorb.)	75
Weigelien E. Rathk.	60
Glycine chin.	150—200
Pirus Scheideck.	75
Treibrosen	40—50
Cr. Rambler	60

empf. **Gustav Kunze,** [349
Altenburg, Bismarckstrasse 36.

Empfehle

Apfelhochstämme,
% 85 *M* und 70 *M* sowie

Apfelbüsche
auf Doucin % 65 *M* und 45 *M*, bei 45 *M* zum Teil auf Wildling.

Birnbüsche
auf Quitte % 70 *M*,

in guten gangbaren Sorten echt und in guter sehr widerstandsfähiger Qualität aus sehr rauher freier Lage. Emballage und Fracht frei. Auf Wunsch bei guten Ref. 3 Mon. Ziel, sonst per Nachnahme.

Nehme auch Statice in Tausch (bis 4 Zentner jedes Quantum). Durchaus reelle Bedienung sichere zu.

Rud. Netsch, [143
Obercunnersdorf, Amtsh. Löbau i. S.

S. KUNDE & SOHN

Dresden-A. 44, Kipsdorferstrasse 106.

Spezialfabrik für gärtnerische Schneidewerkzeuge.

Gegründet 1787.

Spezialität: Aussergewöhnlich schnitthaltige, gute Klingen unter Garantie! Gefällige, handliche Formen! — Dauerhafte, solide Konstruktion!

Katalog kostenlos. Katalog kostenlos.

Man kaufe keine Dresdener Messer, wenn sie nicht diesen Stempel tragen. S. KUNDE & SOHN DRESDEN *Kundesche Messer und Scher... Jedes unserer Fabrikate trägt diesen ...*

Ich liefere ab hier

mit absoluter

Zuverlässigkeit

— extra grosse Genueser —
Lorbeerblätter M. 6
Kirschlorbeerblätter M. 4
Ia. Lorbeerblätter M. 4
Lorbeerzweige M. 3
pro Postkorb
in Ia frischer Ware [402

Ernst Strecker, Stuttgart.
Telephon 5631. Leonhardsplatz 1.

Erste Poxdorfer Baumschule

Inhaber: **J. Kupfer.**

Poxdorf A. XI (Oberfr.). **Höhenlage ca. 400 Meter.**

Massenvorräte von Obstbäumen in allen Formen ... vielen vorzüglich bewährten älteren ... neueren Sorten.

Erstklassige Ware. — **Billige Preise.**

Garantie für Blutlausfreiheit.

Spezialitäten: Hochstämme, Halbstämme, Buschbäume, V... edlungen zur Weiterkultur für Hoch- ... Halbstämme. — Pyramiden, Spaliere, Obstwildlinge usw.

Alleebäume: Linden, Ahorn, Kastanien, Akazie...

Preis- u. Sortenverzeichnisse gratis u. franko.

Maiblumentreibkeime

beste Qualität, **pro Mille 20.— M.,**
empfiehlt [2...

Gustav Kunze,
Altenburg, S.-A., Bismarckstr. 36

Wald-Farn

grosse Knollen 100 St. 10 M.
Primula obconica in Töpfen, 5 bis 8 Blumen 100 St. 30 M.
In Tausch nehme andere Pflanzen, Sträucher und Blumen. [411

Chr. Becker, Gärtnerei,
Dillweissenstein.

Deutsches Reichspatent.

13 Auslands-Patente.

Luckau's Patent-Frühbeetfenster,

in fast allen Kulturstaaten der Welt patentiert, ist die neueste, hochwich... Errungenschaft auf diesem Gebiete und hat folgende Vorzüge:

1. Es fault und rostet nicht, sondern hält jeder Witterung dauernd St... da es aus sehnigem, innen und aussen verzinktem Eisenblech hergestellt ist;
2. es ist fast unzerstörbar, so dass Ausbesserung sowie jede Pflege fortf...
3. es kann stets im Freien aufbewahrt werden und behält dabei fortge... ein gutes Aussehen;
4. die stabile Bauart desselben schliesst jedes Schwanken dauernd aus, ... halb die Glasscheiben immer eine feste Lage behalten und nicht zerspringen;
5. es hält gut warm, da die Profile mit Substanzen ausgefüllt sind, ... einen schlechten Wärmeleiter ergeben;
6. es ist im Gebrauch das billigste Fenster, das es gibt, da die Halt... keit desselben eine fast unbegrenzte ist.

Etwaige Aufträge zum Frühjahr erbitten wir schon jetzt und ste... mit Prospekt und Preisliste gern zu Diensten.

Steinbecher & Friederich, Deutsche Patent-Gartenfenster-Industrie G. m. b. H.

Magdeburg-Wst., Schrotestrasse 4... Fernsprecher 2954.

Vertreter werden gesucht!

Druck der Anhaltischen Buchdruckerei Gutenberg e. G. m. b. H. in Dessau.

Die Abonnenten erhalten mit diesem Heft eine farbige Kunstbeilage.

Illustrierte Wochenschrift für den gesamten Gartenbau.

Herausgeber: Max Hesdörffer-Berlin.

Erscheint jeden Sonnabend.
Monatlich eine farbige Kunstbeilage.

Bezugsbedingungen:
ch jede Postanstalt bezogen Preis 2.50 M. vierteljährl. In Österreich-Ungarn 3 Kronen. direktem Bezug unter Kreuzband: Vierteljährlich 3 M. In Weltpostverein 3.75 M. Einzelpreis jeder Nummer 25 Pf.
ohne Vorbehalt eingehenden Beiträgen bleibt das Recht redaktioneller Änderungen halten. Die Honorarauszahlung erfolgt am Schlusse jeden Vierteljahrs.

Anzeigenpreise:
Die Einheitszeile oder deren Raum 30 Pf.; auf der ersten und letzten Seite 50 Pf. Bei grösseren Anzeigen und Wiederholungen steigender Rabatt. Beilagen nach Übereinkunft. **Anzeigen in der Rubrik Arbeitsmarkt** (angebotene und gesuchte Stellen) kosten für Abonnenten einmalig bis zu 10 Zeilen Grösse M. 1.50, weitere Zeilen werden mit je 30 Pf. berechnet. Erfüllungsort auch für die Zahlung: Berlin.

Adresse für Verlag und Redaktion: Berlin SW. 11, Hedemannstrasse 10.

XII. Jahrgang No. 15. ‖ Verlag von Paul Parey, Berlin SW. 11, Hedemannstr. 10. ‖ 11. Januar 1908.

Illustrierte Wochenschrift für den gesamten Gartenbau.

Jahrgang XII. 11. Januar 1908. No. 15.

Schnittblumenkultur.

Poinsettia-Kulturen in der Schnittblumengärtnerei von H. Keyssner, Zossen.

Vom Herausgeber.

(Hierzu drei Abbildungen.)

In den letzten Jahren hat die *Poinsettia pulcherrima* als Schnittblume eine ganz außerordentliche Verbreitung gefunden. Vor noch nicht allzulanger Zeit war diese Pflanze eine überall verkannte und misshandelte Rarität der botanischen Gärten und einzelner Privatgärtnereien, die, im Warmhause behandelt und im Laufe der Vegetationszeit wiederholt zurückgeschnitten, sich meist als kümmerlichbelaubter Halbstrauch präsentierte, der gelegentlich auch im November und Dezember einige armselige, zumeist verkrüppelte Blütenköpfe brachte, die trotz ihrer traurigen Beschaffenheit durch das feurige Rot der Hochblätter oder Brakteen das Interesse kenntnisreicher Blumenfreunde erregten. Wiederholt nahm man auch in Handelsgärtnereien die Kultur dieses interessanten Winterblühers zur Erzielung von Topfpflanzen auf, ohne sonderliche Erfolge damit zu erreichen. Pflanzte man die Stecklinge in lauwarme Kästen aus, so entwickelten sie sich üppig, nahmen aber später im Herbste das Eintopfen sehr übel und ließen, bald darnach ins Warmhaus gebracht, sämtliche Blätter fallen, was dann eine so kümmerliche Entwickelung der Blütensterne zur Folge hatte, daß diese nicht einmal als Schnittblumen den allerbescheidensten Anforderungen genügten; von verkaufsfähigen Topfpflanzen konnte selbstverständlich keine Rede sein.

In dem 1892 erschienenen Buche „Die Sukkulenten" von Rümpler und Schumann wird die Kultur noch in folgender Weise erläutert: „Die Aeste werden, wie bei der vorigen Art *(Euphorbia punicea)*, vor Beginn des neuen Wachstums

Teilansicht aus dem neuen Poinsettia-Hause der Schnittblumengärtnerei von H. Keyssner, Zossen.
Am 8. Dezember v. J. für die „Gartenwelt" photographisch aufgenommen.

Einzelner Blütenkopf von Poinsettia pulcherrima (etwa 1/4 nat. Gr.)
In der Schnittblumengärtnerei von H. Keyssner, Zossen, für die „Gartenwelt“ photogr. aufgenommen.

zurückgeschnitten, und die Pflanzen in eine lehmige, mit Laub- und Düngererde gemischte Erde versetzt und in das Warmhaus gebracht.

Hier läßt man sie zur Blüte kommen, oder man gewöhnt sie nach und nach an die Luft und pflanzt sie, wenn Fröste nicht mehr Gefahr drohen, an eine warme, geschützte Stelle ins frei Land; doch soll man an der Pflanzstelle den Boden einen Meter tief ausheben, die Grube etwa 50 cm hoch mit frischem Pferdedünger füllen und diesen mit Erde bedecken. Hier wird die Pflanze im Sommer zur reichsten Blüte gelangen (? D. Red.). Im Herbst setzt man sie wieder in einen Topf und stellt sie für den Winter in ein temperiertes Gewächshaus oder in einen anderen entsprechenden Raum“. — Das ist ein ganz verkehrtes, gar nicht mehr in Frage kommendes Kulturverfahren.

Man hat es mit Recht aufgegeben, die *Poinsettia* als verkaufsfähige Topfpflanze zu erziehen, da sie als solche, wenn man durch Rückschnitt auch nur eine mäßige Verzweigung erzielen will, selbst bei bester Kultur nur Blüten von geringer Größe bringt. Auch ist man vom Auspflanzen jetzt völlig abgekommen. Dieses prächtige Wolfsmilchgewächs ist ausschliesslich wertvoll als Winterblüher für Schnittblumenkulturen.

In der Gärtnerei von H. Keyssner, Zossen, werden diese Kulturen in größerem Umfange in einem großen, neuerbauten, hohen und luftigen Glashause mit Zentrallüftung und verstellbaren Stellagen betrieben. Die Abbildung der Titelseite gibt eine Teilansicht aus dem Innern dieses Hauses. Für diese Schnittblumenkultur kommen ausschließlich eintriebige Pflanzen in Frage. Die Blütezeit der *Poinsettia pulcherrima* fällt bekanntlich in die Monate November — Dezember, ganz besonders sind die Blüten zur Weihnachtszeit als sogenannte „Weihnachtssterne“ geschätzt, und sie erzielen dann in der Berliner Engrosmarkthalle, je nach Größe und Vollendung, einen Preis von 10 bis 15 Mark pro Dutzend. Herr Keyssner ist einer der wenigen weitsichtigen Berliner Schnittblumenzüchter, die sich von den Zwischenhändlern, hier Unterhändler genannt, frei gemacht haben und ihre Erzeugnisse auf eigenem Stande in der Engrosblumenhalle an die Blumengeschäftsinhaber verkaufen.

Die Kultur der *Poinsettia* zur Schnittblumengewinnung ist sehr einfach. Nach der Blüte treten die Pflanzen in ein kurzes Ruhestadium; sie werden dann, wenn das Laub abgeworfen und die Erde im Topfe abgetrocknet ist, dicht zusammen unter die Stellagen gelegt. Etwa Ausgang Februar bringt man sie wieder ans Licht, beginnt vorsichtig zu bewässern, läßt sie bei erhöhter Wärme austreiben und verwendet dann die erscheinenden weichen, vollsaftigen Triebe zu Stecklingen. Diese werden, nachdem sie ausgeblutet haben und an den Schnittflächen abgetrocknet sind, in das Vermehrungsbeet gesteckt, wo sie fast so sicher und leicht wie *Coleus* wurzeln. Die bewurzelten Stecklinge werden eingetopft und auf einen warmen Kasten gebracht, späterhin verpflanzt, auch im Laufe des Sommers auf dem Kasten weiter kultiviert und stets der vollen Sonne ausgesetzt. Das nur mäßig entwickelte Wurzelwerk ermöglicht die Kultur in kleinen Töpfen, wie dies auf unserer Abbildung Seite 171 zu erkennen ist, doch muß man eine recht nahrhafte Erde bieten, am besten eine Mischung fetter Mistbeeterde mit reichlichem Zusatz von Lehm- oder Rasenerde nebst grobem Sande.

Mit zunehmendem Wachstum, nach Eintritt beständiger, milder Witterung, und nachdem die Pflanzen vorher durch Lüften abgehärtet sind, errichtet man über den Kästen ein Leistengerüst zum Auflegen der Fenster, so daß die freie Luft über die Pflanzen hinwegstreichen kann. Weiterhin werden dann auch bei klarem Himmel über Nacht die Fenster abgehoben, um die Pflanzen der vorteilhaften Wirkung des Taues auszusetzen. Ende September erfolgt das Einräumen in die Gewächshäuser, möglichst auf verstellbare Stellagen, die mit fortschreitendem Wachstume nach und nach tiefer eingestellt und schließlich ganz entfernt werden, so daß sich die Triebspitzen immer möglichst dicht unter dem Glase befinden.

Wie bei fast allen Wolfsmilchgewächsen, so sind auch die Blüten unserer *Poinsettia* höchst unscheinbar; sie zeigen sich dem Auge als kugelige, grüne Gebilde. Den Wert als Schnittblume geben dieser Pflanze die prächtig feurigrot gefärbten Brakteen, welche die unscheinbaren Blumen spiralförmig umgeben und in dieser Anordnung prächtige, weithinleuchtende Blütensterne bilden. Sobald diese Brakteen im November merklich ins Wachsen kommen und sich zunächst blaßrot, dann aber immer intensiver zu färben beginnen, ist nach meinen Erfahrungen — ich habe *Poinsettia* schon vor etwa 20 Jahren in größerem Umfange kultiviert — die Zeit gekommen, zu welcher man vorsichtig mit Dünger nachhelfen soll. Die besten Erfolge habe ich mit Latrinendung in stärkster Verdünnung erzielt; wird er zu kräftig gegeben, so hat dies ein Erkranken der Wurzeln und rasches Gilben und Fallen der Blätter zur Folge, weshalb große Vorsicht geboten erscheint.

Große Schaublumen erzielt man, wie bereits erwähnt, nur an eintriebigen Pflanzen, und zwar die größten an überwinterten zweijährigen. Man läßt diesen nur den stärksten Trieb, der ungehindert wachsen muß; so erreichen diese zweijährigen Pflanzen eine Höhe von $2^{1}/_{8}$ bis $2^{1}/_{2}$ Meter, was bei der Errichtung des Gewächshauses für ihre Kultur wohl berücksichtigt werden muß. Die jungen Stecklinge werden je nach der früheren oder späteren Vermehrung 1 bis $1^{1}/_{2}$ Meter hoch. Daß derartige eintriebige und einblütige Pflanzen als solche auf Schönheit keinen Anspruch machen können und als Topfpflanzen nicht verkäuflich sind, ist selbstverständlich; sie sind eben nur als Schnittblumen zu verwerten. Wenn ich auch nicht die Anschauung vertrete, eine Schnittblume müßte so langstielig sein, daß man sich zu ihrer Besichtigung einer Stelleiter zu bedienen hat, so ist doch zu beachten, daß bei der *Poinsettia* die Blüte um so größer, je kräftiger und länger der Trieb. Unsere beistehende Abbildung zeigt einige der eintriebigen, ein- und zweijährigen bis $2^{1}/_{2}$ Meter hohen Pflanzen aus den Keyssnerschen Kulturen; die beiden vorderen kürzeren Pflanzen entstammen der Frühjahrsvermehrung. Auf diesem Bilde stellt sich Herr Keyssner persönlich den Gartenweltlesern vor. Wie man sieht, vermag er mit erhobenem Arm nicht entfernt an die Blüten heranzureichen. Die Blüten dieser langstieligen, eintriebigen Pflanzen haben einen Durchmesser von 35 bis 40 cm. Abbildung Seite 170 zeigt einen einzelnen Blütenstern dieser Größe in starker Verkleinerung.

Bis 240 cm hohe, eintriebige Poinsettia pulcherrima, rechts Herr H. Keyssner.
Originalaufnahme für die „Gartenwelt".

Poinsettienblüten sind außerordentlich haltbar; für den Versand schneidet man sie in gewünschter Stiellänge, läßt nach dem Schnitt den weißen Milchsaft von der Schnittfläche abtropfen, nimmt dann die Brakteen mit der Hand zusammen, zieht sie durch die hohle Hand etwas hoch und hüllt dann den ganzen Blütenkopf in Seidenpapier ein, über welches bei Frostwetter noch eine Wattepackung kommt. Nach dem Schnitt in Wasser gestellte und zwei Tage im Keller kühl gehaltene Blüten, bewahren sich, danach ans Licht gebracht, 10 bis 12 Tage lang die volle Schönheit und Farbenfrische. Neuerdings werden Poinsettien für den Versand auch in Südfrankreich in großem Umfange unter Glas kultiviert. Ein südfranzösischer Züchter verschickt davon jährlich über 100000 Stiele.

In den musterhaften Schnittblumenkulturen des Herrn H. Keyssner werden neben Poinsettien noch Schneeball und Flieder in großem Umfange getrieben. Für diese Treiberei hat Herr Keyssner neuerdings gleichfalls ein großes, mit Rohglas verglastes und mit allen modernen Errungenschaften ausgestattetes Gewächshaus erbauen lassen. Das frühe Treiben des Flieders macht sich in den Berliner Verhältnissen nur dann bezahlt, wenn man kurz vor Weihnachten mit tadellosen Blüten auf den Markt kommt. Um diese Zeit ist guter Flieder gesucht, wenn er schöne Farbe und vor allem grünes Laub hat. Für solchen Flieder erzielt Herr Keyssner 10-20 M. für das Dutzend Stiele. Auch im Januar werden noch gute Preise gezahlt.

Es sei noch bemerkt, daß der wissenschaftlich korrekte Name der *Poinsettia pulcherrima* nach Professor Dr. K. Schumann *Euphorbia pulcherrima*, Willd. (schönste Wolfsmilch) ist, doch dürfte sich diese Bezeichnung in gärtnerischen Kreisen kaum einbürgern. Heimisch ist die Pflanze in Mexiko, Guatemala und Costarica.

Blumenbindekunst.

Blumen und Blumenbinderei in Rio.

Von **A. E. Schmidt**, Breslau.

Als ich vor mehr als einem Jahre dem zaubervollen Lande Brasilien zustrebte, da freute ich mich schon unterwegs auf die Wunder der Vegetation, die meine Augen dort erschauen sollten. Und wahrlich, manche Schönheiten, manche Rätsel der Schöpfung durfte ich bestaunen unter den Giganten des Urwaldes, den königlichen Palmenalleen an den Gestaden des Meeres, den wunderbaren Lianen, den Mördern der Bäume. In einem Punkte aber erlebte ich eine große Enttäuschung. Wo war der Blumenreichtum, den ich in den Tropen zu finden geträumt, den ich auf Madeira in unbegrenzter Fülle gefunden hatte?

Waren die spärlichen Rosen, die nicht entfernt die reichen Farbenschattierungen aufwiesen wie bei uns im gemäßigten Klima, die Cannas, die Astern und Chrysanthemen, die Hortensien, die für eine Rarität angesehen wurden, und die sündhaft teuren Nelken der ganze Reichtum der Hauptstadt Rio de Janeiro an den holden Blumenkindern? Und wie geschmacklos waren sie noch zusammengesteckt, die lieblichen Dinger, ohne Farbensinn, ohne Formenkunst, in jene unschönen, altmodischen Rundbuketts, die bei uns in den Großstädten schon seit Jahrzehnten von der Blumenmode über Bord geworfen worden sind. Als Veilchenstrauß wurde mir eines Tages für einen Milreis (beinahe 1,50 M.) ein winziges Sträußchen farbloser Dinger aufgehängt, die eine täuschende Ähnlichkeit mit unseren Hundsveilchen zeigten. Die hübsche Zusammenstellung der blauen Blümchen mit einem Adiantumwedel schien in Rio gänzlich unbekannt. Ich mußte das Sträußchen daheim erst sachgemäß binden. In keinem Naturblumengeschäft, ausgenommen einem einzigen, und zwar dem Bazar Rosenbaum auf der Avenida Central, war jemals ein schöngebundenes Bukett zu sehen. Und doch leben so viele Fremde in Rio, die an europäische Blumenbindekunst gewöhnt sind, und sich an die geschmacklosen Machwerke absolut nicht gewöhnen können. Auf dem Blumenmarkte, der im vorigen Jahre eröffnet worden war, dasselbe Bild, kein Fortschritt zu kunstvollerer Herstellung der Blumensträuße. Der Gipfel an Geschmacklosigkeit wurde an den Trauerkränzen erreicht, die in bestimmten Farben für jede Altersstufe den flachen, niedrigen Särgen mitgegeben werden. Der heißen Sonne wegen, werden jene Kränze nicht von natürlichen, sondern von künstlichen Blumen zusammengestellt, aber etwas geschmackvoller könnten auch diese sein.

Es ist auch in Rio nicht leicht, immer frische Blumen zu bekommen, weil eben ein großer Teil dort gar nicht gedeiht, und die Pflanzen jener Ruhezeit entbehren, nach der sie bei uns dann wieder so reich treiben und blühen. Aber was sich findet, das könnte wohl noch schönere Gebilde geben, als solche Mißgeburten der Bindekunst, wie ich sie zu Gesicht bekommen. Eine einzige unserer geschickten Binderinnen wünschte ich mir nach Rio, die den empfänglichen, aber nicht zur Kunst erzogenen Brasilianern einmal deutsche Bindekunst vor Augen führen möchte, und einen produktiven Handelsgärtner, der sich an den in den Tropen gedeihenden Blumensorten erfolgreich und erfinderisch betätigte, — und zwar in nächster Umgebung von Rio, — gleich dem alten Joao Carstens in Joinville, der aus Liebhaberei die Orchideenkultur betreibt und darin schon hübsche Leistungen zu verzeichnen hat. Ich kann mir nicht denken, daß ein fleißiger Gärtner, der selbst oder dessen Angehörige guten Geschmack besitzen, nicht sein gutes Auskommen finden würde, wenn er europäische Blumenbindekunst in der Stadt Rio einführen würde.

Pflanzenkunde.

Eine Beobachtung über den Einfluß von Laternen auf Bäume.

Von Dr. R. Laubert, Steglitz.

(Hierzu zwei Abbildungen.)

In den ersten Tagen des Novembers v. J. bemerkte der Verfasser an einer Kastanie, daß der Teil der Baumkrone, der sich einer benachbart stehenden Laterne zunächst befand, noch grüne Blätter trug, während der ganze übrige Teil der Baumkrone, wie auch fast sämtliche übrigen Kastanien, bereits völlig entlaubt waren. Die Erscheinung war entschieden auffallend und ich achtete daher darauf, ob sie mehrfach zu beobachten war. Es zeigte sich nun, daß in der Straße, in der die Kastanie stand, überall da, wo sich eine Baumkrone einer Laterne näherte, die gleiche Erscheinung in mehr oder weniger ausgeprägtem Maße vorhanden war. Es war dies in unverkennbarer Weise bei nicht weniger als 10 Bäumen der Fall. Von einem „Zufall" konnte daher nicht die Rede sein.

Die betreffenden Bäume waren rote Roßkastanien *(Aesculus Pavia)*, die in einer fast noch ganz häuserfreien Straße (Königin Luise-Straße, zwischen Steglitz und der Domäne Dahlem) einen gegen Wind und Wetter ungeschützten Standort hatten. In der Mehrzahl der Fälle stand die Laterne auf der Süd- oder Südost-, in anderen Fällen dagegen, nämlich auf der gegenüberliegenden Seite der Straße, auf der Nordseite des benachbarten Baumes. An den meisten Bäumen war die Tatsache, daß diejenigen Zweige, die sich der Laterne zunächst befanden, ihre Blätter länger als die übrigen Zweige behielten, 2 bis 3 Wochen lang, in einzelnen Fällen sogar noch länger wahrzunehmen.

Fragen wir uns nun: wie ist das Zustandekommen der erwähnten Erscheinung zu erklären?

Die nächstliegende Annahme ist wohl die, daß die während der Nachtstunden stattfindende, nicht unerhebliche Beleuchtung (Gasglühlicht) der den Laternen zugekehrten Blätter diese veranlaßt, in ähnlicher Weise wie am Tage zu assimilieren, was den übrigen, in geringerem Maße beleuchteten Blättern, während der Nacht nicht möglich ist. Letztere stellen daher ihre Lebenstätigkeit frühzeitiger ein und fallen eher ab. Sodann könnte angenommen werden, daß die Erscheinung auf die Wärme zurückzuführen ist, die von der Laterne ausgestrahlt wird und die natürlich nur die zunächst befindlichen Blätter trifft. Weiter könnte vermutet werden, daß vielleicht die Verbrennungsgase, speziell die reichlich erzeugte Kohlensäure, die von der Laterne in die sie umgebende Luft abgegeben wird, die Assimilationstätigkeit der Blätter während der Nacht anregt bezw. erhöht. Schließlich könnte noch der Verdacht aufkommen, daß die Laternen vielleicht nur als Windschutz wirken. Gegen eine solche Vermutung spricht der Umstand, daß die betreffenden Laternen keineswegs alle auf der gleichen bezw. der der vorherrschenden Windrichtung zugekehrten Seite der benachbarten Bäume standen, daß sich die die Blätter länger festhaltenden Zweige nicht nur unmittelbar wagerecht hinter der Laterne, sondern rings um dieselbe herum befanden, und endlich, daß die Erscheinung da nicht vorhanden war, wo die dicken Masten der elektrischen Straßenbahnleitung und die daran angebrachten Schilder in ähnlicher Weise wie die Laternen vielleicht einen geringen Windschutz für die benachbarten Baumzweige gebildet haben könnten.

Es wird also kaum etwas anderes übrig bleiben, als eine der zuerst genannten Erklärungen für die richtige anzusehen. Soweit ich ermitteln konnte, werden die Laternen in der betreffenden Straße in der Regel zwischen 1 und 2 Uhr nachts ausgedreht. Mithin dürfte die Beleuchtung durch die Laternen Ende Oktober bis Anfang November, zu welcher Zeit der Laubfall der Kastanien stattfand, allnächtlich immerhin etwa 7 bis 8 Stunden, also fast $^1/_3$ des 24stündigen Tages, betragen. Ebenso lange Zeit dauert natürlich die Wärmeausstrahlung der Laterne. Diese Einflüsse sind sicher keineswegs belanglos. Denken wir daran, daß im Frühjahre beim Austreiben von Spalierobstbäumen — auch an Kletterrosen und anderen Pflanzen, die an einer Mauer stehen, läßt sich das gleiche wahrnehmen — diejenigen Zweige, welche die durch die Sonnenstrahlen erwärmte Mauer unmittelbar berühren, in ihrer Blüten- und Blattentwickelung den übrigen Zweigen merklich voraus sind, so vergegenwärtigen wir uns damit, wie leicht die Pflanze im Freien auf verhältnismäßig geringe Wärmeunterschiede reagiert.

So ganz einfach liegt die Sache bei den in Rede stehenden

Kastanien aber nicht. In vereinzelten Fällen hingen die Blätter nämlich teilweise noch, nachdem sie während eines mehrtägigen Frost- und Schneewetters sicher nicht mehr assimiliert hatten und auch, obwohl noch grün, bereits gänzlich abgestorben und vertrocknet waren. Die normale Ausbildung der Trennungsschicht am Grunde des Blattstiels und damit die Ablösung des Blattes vom Baume war in diesem Fall also nicht eingetreten. Ende November saßen schließlich nur noch die Blattstiele, von denen sich die einzelnen Blättchen bereits abgetrennt hatten, an den Zweigen.

Aus dem Ausgeführten geht jedenfalls zur Genüge hervor, daß die unmittelbare Nachbarschaft einer Laterne das „Ausreifen" der Jahrestriebe und den Eintritt derselben in den blattlosen Zustand der Winterruhe merklich, um etwa 2 bis 3 Wochen, aufzuhalten vermag. Bekanntlich soll im Herbst das Reifen vieler Früchte durch klare, kalte Nächte, die mit warmen, sonnigen Tagen wechselten, beschleunigt werden. Die Jahrestriebe dürften sich in dieser Hinsicht ganz ähnlich verhalten. Wird also das Sinken der Temperatur während eines großen Teiles der Nacht durch die wärmeausstrahlenden Laternen verhindert, so kann dadurch das Ausreifen des jungen Holzes in dem benachbarten Teile der Baumkrone verzögert werden. Die beiden obenstehenden Abbildungen zeigen die hier besprochene Erscheinung in deutlicher Weise.

Aehnliche Erscheinungen, wie die hier erörterten, sind sicher schon öfter beobachtet worden. Da mir jedoch aus der einschlägigen botanischen Literatur Mitteilungen darüber nicht bekannt sind (auch in dem soeben erschienenen bemerkenswerten Werke von Prof. Wiesner „Der Lichtgenuß der Pflanzen" habe ich, soweit ich dasselbe durchgesehen, nichts darüber gefunden), so erschien es angezeigt, auf die erwähnte Beobachtung einmal aufmerksam zu machen. Vielleicht wird dadurch Anregung gegeben, daß einmal der Frage näher getreten und durch exakt ausgeführte Versuche festgestellt wird, ob sich nicht unter Umständen künstliche Beleuchtung bei gewissen gärtnerischen Kulturen mit Vorteil anwenden läßt.

Zwei rote Roßkastanien *(Aesculus Pavia)*, deren Zweige nur noch in nächster Nähe der Laternen Blätter tragen.
Am 12. November v. J. von Dr. L. Peters für die „Gartenwelt" photographisch aufgenommen.

Zwiebel- und Knollengewächse.

Sind Praecox-Gladiolen winterhart? Es ist bekannt, daß die Firma Friedr. Roemer, Quedlinburg, eine neue, in Größe, Färbung und Zeichnung der Blüten den übrigen nicht nachstehende Gladiolenrasse gezüchtet hat, die durch ihre leichte Vermehrungsfähigkeit aus Samen, bezw. durch ihre erstaunlich rasche Entwicklungsfähigkeit — die Sämlinge blühen schon im ersten Jahre — wertvoll ist. Herr Roemer läßt diese Gladiolen schon frühzeitig aussäen und später auf abgeräumte Mistbeete pikieren, wo sie den Sommer über verbleiben und blühen. Die Knollen erreichen im ersten Sommer die Stärke blühbarer *Crocus*. Daß sie in dieser Stärke blühen, bewiesen die 1906 auf der Ausstellung der Dahliengesellschaft in Berlin von Herrn Roemer blühend vorgeführten ganzen Pflanzen mit den kleinen Knöllchen, die deutlich erkennen ließen, daß es sich um Sämlingsknöllchen vom Frühjahre handelte. In einer Zuschrift vom 2. November v. J. teilte mir Herr Roemer nun eine interessante Beobachtung mit, um deren Bekanntgabe an dieser Stelle ich seine Genehmigung erbat und erhielt. Er schrieb: „Bei dem Herausnehmen der Sämlingsknollen im Spätherbste kann es vorkommen, daß die eine oder andere Knolle, bei der der Blütenstiel schon zu stark abgetrocknet ist, abreißt und in der Erde verbleibt; ebenso mag es auch vorkommen, daß kleine Brutknöllchen, die ja auch an den Sämlingsknollen sitzen, abbröckeln und in der Erde verbleiben. Ich ließ also die Erde im Herbst 1906 aus den Mistbeetkästen, auf denen Gladiolen gestanden hatten, zusammen auf einen Haufen fahren. Gegen Mitte Mai v. J. war ich höchst erstaunt, als mir mitgeteilt wurde, daß auf dem ganzen Erdhaufen Gladiolen zum Vorschein kämen; es wurde nachgesehen und festgestellt, daß die Austriebe aus Brutknöllchen kamen, die teils nur bis 5 cm tief in der Erde steckten. Fröste haben wir noch hier von Ende Januar an gerade genug gehabt, dabei ohne die geringste Schneedecke. Die Erde war über einen Fuß tief gefroren. Die scharfen Fröste waren so heftig, daß *Primula veris elatior,* die ich für vollständig winterhart hielt, gänzlich erfroren. Selbstverständlich blieben die auf dem Erdberge aufgegangenen Gladiolen dort den ganzen Sommer über stehen und blühten, durch häufigen Regen begünstigt, auch recht schön. Es handelt sich nun darum, festzustellen: Sind von dieser Gladiolenklasse alle Knollen winterhart, oder sind nur die Brutknollen winterhart? Ich darf wohl annehmen, daß diese Fragen gleichfalls großes Interesse für Sie haben werden und gestatte mir deshalb die ergebene Anfrage: Darf ich Ihnen einige Knollen zur sofortigen Pflanzung zusenden und wieviel dürfte ich senden? Erstens würde ich Ihnen von jenen Knollen, die auf dem Erdberge überwintert sind, senden, zweitens Knollen von diesjährigen Sämlingen und drittens Knollen von vorjährigen Sämlingen. Ich habe Mitte September im freien Lande noch ein Beet von Praecox-Gladiolen ausgesät, die Sämlinge kamen gegen Mitte Oktober auf und stehen recht gut. Ein zweites Beet habe ich Ende Oktober noch ausgesät, und will etwa Ende November, wenn wir dann noch offenes Wetter haben, auch noch ein drittes Beet aussäen, um genau feststellen zu können, welche dieser Aussaaten sich im nächsten Jahre am schönsten entwickeln werden."

Meines Wissens gibt es bisher keine vollständig winterharten Gladiolen; die sogenannten *Gladiolus Lemoinei* wurden gelegentlich ihrer Einführung durch Lemoine als winterhart gepriesen. Die verschiedenartigsten Versuche, die ich vor Jahren in bezug auf die Winterhärte ausführte, hatten aber stets negativen Erfolg. Etwas härter soll *Gladiolus Childsii* sein, aber für wirklich winterhart kann er kaum gelten. Unter diesen Umständen dürfte die Mitteilung des Herrn Roemer gewiß in gärtnerischen Kreisen ein besonderes Interesse beanspruchen. Ich habe deshalb auch von dessen Anerbieten Gebrauch gemacht und die mir übermittelten Knollen Mitte November auf meiner Plantage ausgepflanzt. Auf das Ergebnis bin ich gespannt. Jedenfalls ist es auffallend, daß die Knollen in dem lockeren Erdhaufen in der Roemerschen Gärtnerei, die zum Teil nur wenig mit Erde bedeckt waren, einer so strengen Kälte, wie sie der vorige Winter im Januar und Februar brachte, standgehalten haben. Herr Roemer schrieb mir, daß viele Fachleute kopfschüttelnd den mit Gladiolen bestandenen Erdberg betrachtet hätten. Er hat einen Teil der Gladiolen auf dem Erdberge gelassen, um zu sehen, wie sie sich in diesem Winter in dem festgewordenen Erdreiche und in besserer Entwicklung dem Frost gegenüber verhalten.

M. H.

Allium pulchellum. *(Hierzu eine Abbildung.)* Im Hochsommer findet man in Felsenanlagen oftmals einen Mangel an schönblühenden, niedrigen oder mittelhohen Stauden; es treten dann hauptsächlich die verschiedenen *Campanula carpathica*-Varietäten von Dunkelblau bis Weiß hervor, dann die zierliche, rotblühende *Silene Schafta,* eine recht dankbar blühende Staude, ferner *Inula ensifolia* mit ihren kleinen, sattgelben Scheibenblumen, *Asclepias tuberosa* mit weitverzweigten Blütendolden, tieforangefarbig, und *Carlina acaulis,* die Wetterdistel, die allerdings in den Gärten bis 40 cm hoch wird. Hieran schließt sich das hier beistehend abgebildetete *Allium pulchellum,* das im Orient häufig vorkommt, an.

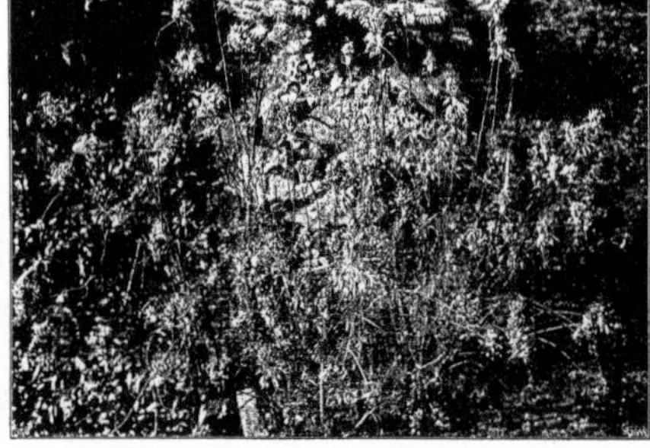

Allium pulchellum.

In der Staudengärtnerei von Georg Arends, Ronsdorf, für die „Gartenwelt" photogr. aufgenommen.

Allium pulchellum ist ein Zwiebelgewächs, das bis 50 cm hoch wird; seine Blütendolden sind quastartig und von schöner, leuchtend lilaroter Färbung. Die jungen Blüten hängen nach allen Seiten herunter, strecken sich aber straff nach oben, sobald sie von Insekten bestäubt sind und sehen dadurch auch die Samendolden noch längere Zeit frisch und schön aus.

Eine andere niedliche Art ist *Allium cyanea,* Rgl., aus Zentralasien stammend. Die Pflanze bildet dichte Büschel grasartiger Blätter, aus deren Mitte zahlreiche Blütenstiele hervorkommen, die etwa 20 cm hoch werden. Diese Stiele tragen eine Dolde dicht gedrängter Blütchen von rein himmelblauer Farbe. Die Blütezeit fällt in die Monate Juli-August.

Auf Felsanlagen, zu größeren Tuffs vereinigt, bieten diese Alliumarten mit anderen niedrigen und halbhohen Stauden zusammen eine angenehme Abwechslung.

Vermehrung geschieht durch Aussaat und durch Brutzwiebeln.

R. Herold, Ronsdorf.

Schlingpflanzen.

Lathyrus odoratus.

Von **Otto Putz,** Handelsgärtner, Erfurt.

Nach den Kommissionsberichten der „National Sweet Pea Society" (Englische Lathyrus-Gesellschaft) in London, ergibt sich die Prämiierung nachstehender Neuheiten gelegentlich der Jahresausstellung der Gesellschaft am 16. Juli 1907.

**Elsie Herbert,* Apfelblüte, Färbung an *Dainty* erinnernd.
**Evelyn Hemus,* rahmweiß, rosa berandet.
**Nancy Perkins,* hellorangescharlach mit terrakotta Anflug.
Rosie Adams, blau, mit Bronzestreifen auf der Fahne.
Silas Cole, in der Art von *Black Knight.*
St. George, gesättigt lachsorange (die beste Neuheit des Jahres).
**The Marquis,* lavendelblau.

Gelegentlich der Bewertung der Versuchspflanzen in Reading

am 18. Juli 1907 wurden folgende Sorten als vorzügliche Einführungen bezeichnet:

St. George, lachsorange (siehe oben).
Helen Pierce, tiefblau, weiß marmoriert.
**Princess Victoria (Dobbie's),* rosa.
Nora Unwin, reinweiß.
Lord Nelson (Brilliant Blue), tief dunkelblau.
**Prince Olaf,* weiß mit Reinblau geadert.

(Die * bezeichneten werden noch nicht allgemein im Handel angeboten.)

Wichtig ist die von der Gesellschaft aufgestellte Liste der besten einer jeden Farbenklasse, ausschließlich der letzten Neuheiten:

Reinweiße:
Dorothy Eckford,
Nora Unwin.
Zartrosa:
Mrs Hardcastle Sykes.
Hellgelb oder chamois:
Mrs Collier.
Rosa:
Countess Spencer.
Karminrosa:
John Ingman.
Kirschrot (cerise):
Coccinea.
Karmoisin und scharlach:
King Edward,
Queen Alexandra.
Lavendelblau:
Frank Dolby,
Lady Grisel Hamilton.
Rosalila:
Mrs Geo Higginson,
Mrs Walter Wright.
Blau:
Lord Nelson (Brilliant Blue),
Romolo Piazzani.
Violett:
Duke of Westminster.
Magenta:
Captivation,
George Gordon.
Schwarzbraun:
Black Knight.
Orange:
Helen Lewis,
Henry Eckford.
Zweifarbige:
Jeanie Gordon.
Marmorierte:
Helen Pierce.
Fancy-Sorten:
Marbled Blue (Sutton's),
Sybil Eckford.
Gestreifte:
Jessie Cuthbertson.
Geänderte:
Dainty.

Die folgenden wurden als sich einander zu ähnlich befunden und bestimmt, daß je nur eine derselben Gruppe für Ausstellungszwecke berücksichtigt werden sollte, mit dem Vorschlage, daß der zuerst aufgeführte Name den Vorrang erhalten soll. Letztere Bestimmung hat seitdem lebhaften Widerspruch gefunden und wird sich, streng genommen, kaum durchführen lassen, da über seine bevorzugten Lieblinge das Publikum und seine Gewohnheit entscheidet. Es sind dies die Sorten:

Weiß:
Etta Dyke,
White Spencer.
Scharlach:
Queen Alexandra,
Scarlet Gem.
Rosig karmoisin:
Her Majesty,
Splendour.
Karminrosa:
Lord Rosebery,
Cyril Breadmore.
Gelb:
Mrs Collier,
Mrs Felton,
Dora Cowper,
Ceres,
Yellow Dorothy Eckford.
Dunkelblau:
Captain of the Blues,
Bolton's Blue.
Lavendelblau:
Lady Grisel Hamilton,
Countess of Radnor,
New Countess,
Princess May.
Rosigkarmin:
John Ingman,
George Herbert,
E. J. Castle,
Rosy Morn,
Rosie Sydenham,
Mrs W. King,
Phyllis Unwin.
Hellblau:
Flora Norton,
Miß Philbrick.
Rosigweiß:
Modesty,
Duchess of Sutherland,
Sensation,
Countess of Aberdeen.
Rosa:
Princess Victoria, (Dobbie's)
Pink Gem
Countess Spencer,
Paradise,
Enchantress,
Olive Bolton,
Codsall Rose.
Gerandete:
Lottie Eckford,
Maid of Honour,
Ivy Miller.
Schwarzbraun:
Black Knight,
Stanley
Boreatton.
Violettschwarz:
Duke of Sutherland,
Monarch.
Orange:
Gorgeous,
Miss B. Whiley,
Mildred Ward.
Lachsrosa:
Countess of Lathom,
Coral Gem.

Zum Zwecke der Beschränkung der Sortenzahl und des allmähligen Ausschlusses älterer, minderwertiger Sorten, sollen nachstehende Sorten in den Versuchsfeldern der Gesellschaft zum vergleichsweisen Anbau künftig nicht mehr zugelassen werden, weil dieselben durch neuere und schönere Züchtungen inzwischen übertroffen sind. Es betrifft dies die Sorten:

Sensation
Duchess of Sutherland
Katherine Tracey
Lord Kenyon
Colonist
Lady Skelmersdale
Lovely
Mrs Knights-Smith
Queen Victoria
Salopian
Mars
Lady Penzance
Countess of Aberdeen
Her Majesty
Mrs Dugdale
Cyril Breadmore
Prima Donna
Mrs Gladstone
Mrs Eckford
Lady M. Ormesby-Gore
Firefly
Dorothy Tennant
Lady Nina Balfour
Golden Gate
Admiration
Countess Cadogan
Shahzada
Monarch
Calypso
Chancellor
Lady Mary Currie
Lottie Hutchins
Venus
Mrs H. K. Barnes
Blanche Ferry
Grey Friar
Princess of Wales
Sadie Burpee
Mrs Sankey
Primrose
Countess of Radnor
Duchess of York
Emily Eckford
Waverley
Boreatton
Fashion
Countess of Powis
Oriental
Gorgeous
Gracie Greenwood
Marchioness of Cholmondeley
Stella Morse
Mrs Joseph Chamberlain
Pink Friar
Blanche Burpee
Emily Henderson
Queen of England
Die *Invincible*-Varietäten.

Lathyrus odoratus.

(Hierzu die Farbentafel.)

In den Nummern 9 und 10 des vorigen Jahrganges hat Herr Otto Putz, Erfurt, dem *Lathyrus* und seiner Geschichte eine eingehende Abhandlung gewidmet. Seine Ausführungen sind im Leserkreise dieser Zeitschrift auf recht fruchtbaren Boden gefallen und haben zahlreiche Kollegen veranlaßt, diese bei uns noch wenig bekannten, in England aber sehr beliebten Sommerschlingblumen anzupflanzen.

Ich selbst ziehe die *Lathyrus* aus Liebhaberei schon seit Jahren, habe mir aber, durch die Ausführungen des Herrn Putz angeregt, von diesem Samen der besten neuen und neueren Sorten kommen lassen. Anfang Februar richtete ich für diese Sorten eine langgestreckte Rabatte her. In Abständen von 2 m markierte ich die Saatstellen für die einzelnen Sorten durch je einen kräftigen Bambusstab. Um jeden solchen Stab wurden Ende Februar 15 bis 20 Lathyruskörner kreisförmig gelegt. Nach dem Auflaufen der Saat umsteckte ich dann die einzelnen Bambusstäbe mit Birkenreisern, die mit Bast leicht um den Stab zusammengehalten wurden. Als Kopfdüngung gab ich Peruguano; abgesehen hiervon und vom zweimaligem Behacken, beschränkte sich die ganze Pflege auf das gelegentliche Anheften einiger loser Ranken. Von irgend welcher künstlichen Bewässerung konnte ich im Hinblick auf den nassen Sommer vollständig absehen. Bald entfalteten die *Lathyrus* ein außerordentlich üppiges Wachstum. Anfang Juni begann der Flor und währte ununterbrochen bis tief in den November hinein. In kurzer Zeit hatten die *Lathyrus* die ganzen Birkenreiser bis zu einer Höhe von 1¾—2 m und darüber berankt, und der herrliche Wohlduft ihrer Blüten erfüllte weithin den Garten. Die Blätter- und Blütenfülle war so üppig, daß die einzelnen Lathyruspyramiden im Laufe des Sommers durch 3 bis 5 weitere Bambusstäbe gestützt werden mußten. Es entfalteten sich unausgesetzt Tausende von Blüten, so viel ich auch schneiden mochte, am nächsten Tage war schon wieder alles mit neuen Blüten bedeckt. Es gibt keine Sommerblume, die in bezug auf reichen Dauerflor auch nur entfernt an diese *Lathyrus* heranreicht; je mehr man schneidet, desto mehr neue Blüten entfalten sich. Erst wenn man den Schnitt vernachlässigt, die Samen zur Ausbildung gelangen läßt, beginnen die neuen Blütenstiele schwächer und die weiteren Blumen kleiner zu werden. Fast alle neuen Sorten entwickeln an jedem Stiel drei, ausnahmsweise auch vier Blüten von beträchtlicher Größe; die einzelnen Blütenstiele haben bei den in kräftigem Triebe stehenden Pflanzen die stattliche Länge von 25—30 cm. Unter den angepflanzten 18 neuen und neueren Sorten befand sich nicht eine einzige minderwertige; jede war in ihrer Art eine Prachtsorte ersten Ranges. Die Blüten zu der diesem Hefte beiliegenden Tafel wurden im Hochsommer geschnitten, also zu einer Zeit, zu der ihre Größe schon etwas nachgelassen hatte. Ich habe zu der Tafel die nachstehend beschriebenen Sorten ausgewählt: *The Hon. Mrs E. Kenyon,* gelb; *Amerika,* blutrot, weißgestreift und getuscht; *Dorothy Eckford,* rosalila mit hellblau; *Helen Pierce,* tiefblau, brachte bei mir zu Beginn des Flors meist je vier Blüten an einem Stiele, und *Black Knight,* schwarzbraun.

Zur Bekleidung von Spalieren etc. und zur Herstellung lockerer Blütenpyramiden an Birkenreisern gibt es keine wirkungsvollere Schlingpflanze als *Lathyrus odoratus.* Diese Pflanzen sind aber auch lohnende Schnittblumen, die jederzeit, namentlich in reinweißen, gelben, blauen, violetten und schwarzblauen Farben Absatz finden und ihrer Schönheit, Farbenfreudigkeit und ihres Duftes halber von Liebhabern stets gern gekauft werden. Im Großhandel wird das Hundert je nach Farbe und Jahreszeit mit 3—5 M. bezahlt, ein Preis, der die Kultur wohl lohnend erscheinen läßt.

Hauptsache ist möglichst frühzeitige Aussaat im Februar, spätestens März; später ausgesät, liefern *Lathyrus* nach meinen Beobachtungen nur ungünstige Ergebnisse. Eine zweite Aussaat, die ich im Vorjahre Anfang Juni machte, ist trotz der günstigen Witterung vollständig mißraten; nur wenige Pflanzen entwickelten vor dem Eintritt des Winters noch einige Blüten. **M. H.**

Ausstellungsberichte.

Rückblick
auf die Obst- und Gemüsesonderausstellungen, sowie die Spezialausstellung für die Verwertung von Obst und Gemüse im Haushalt, der Jubiläumsausstellung Mannheim 1907.

Von **Victor Graf von Helmstatt,** Neckarbischofsheim.

III.

Die **Spezialausstellung für Verwertung von Obst und Gemüse im Haushalte** wurde am 21. September in dem herrlichen Nibelungensaale des städtischen Rosengartens eröffnet, mit einer Dauer bis zum 29. September. Dieselbe sollte dartun, in welcher Weise die Frischhaltung von Obst und Gemüse im Haushalte schon volkstümlich geworden und im Haushalte des Bemittelten und Unbemittelten sich eingebürgert hat, wie diese Frischhaltung nach den verschiedenen Systemen in den Frauenvereinsschulen, städt. Fortbildungsschulen, Kreishaushaltungsschulen etc. gelehrt wird. Wenn diese Ausstellung in hervorragender Weise gelungen ist, und eine der hübschesten und volkswirtschaftlich wertvollsten war, so verdanken wir dieses insbesondere der Beteiligung der Schulen Ihrer Königl. Hoheit der Großherzogin Luise v. Baden, der Seminar- und Frauenvereinskochschulen in Karlsruhe, der tätigen, praktischen, fachmännischen Mithülfe der Königl. Lehranstalt für Wein-, Obst- und Gartenbau, Geisenheim, deren Ausstellung an Konserven und zur Bearbeitung hierfür benötigten Obstes sowie Gemüses äußerst geschmackvoll und geradezu großartig war. Höchst dankens- und anerkennenswert war es, daß verschiedene Firmen von Konservenglasfabriken und Apparaten ihre Kunden unter Aufwand von Zeit und materiellen Mitteln gesammelt hatten, so daß Haushaltungen mit Kollektionen von 300 und mehr Gläsern ausstellten, wie dieses bei der Frischhaltungsgemeinde der Firma Weck der Fall war. Schön und lehrreich zugleich hatten die Großherzoglich Badische Landwirtschaftsschule Augustenberg, sowie die Großherzoglich Hessische Winterschule Friedberg, letztere in einer reizend eingerichteten Frischhaltungsküche, ausgestellt.

Gleich am Eingange des Nibelungensaales befand sich eine mit Konserven und Fruchtsäften der Kgl. Lehranstalt, Geisenheim, und der Firma Weck & Rex belegte Kosthalle. Sachgemäß beschickt und gut bedient, war der Zuspruch an derselben sehr bedeutend. Mit Tannenreis aus dem Schwarzwalde, welches noch in gütigster Weise der hochselige Großherzog Friedrich gesandt hatte, geschmackvoll und anziehend ausgestattet, hat diese Kosthalle ihren Zweck voll erfüllt. Geräte, allen Zwecken der Frischhaltung dienend, waren zu sehen. Mit viel Geschmack waren die Aufbauten der Zuckerraffinerie Mannheim arrangiert, welche die Gewinnung des Einmachzuckers, sowie Zuckers, der sich besonders für Einmachzwecke eignet, darstellte. Der volle volkswirtschaftliche Wert dieser Sonderausstellung wurde durch die Vorträge und praktischen Demonstrationen erreicht, welche an fünf aufeinanderfolgenden Tagen bei zahlreicher Beteiligung des Publikums Fachautoritäten abhielten. Ein äußerer und ideeller Erfolg dieser Ausstellung darf hier gewiß verzeichnet werden.

Wenige Tage lagen nur zwischen den letztbeschriebenen beiden Ausstellungen und der

Deutschen Handelsobstausstellung, Ausstellung von Obstbäumen und Obststräuchern, sowie der **großen „internationalen Obstausstellung“**

vom 5. bis 14. Oktober. Diese Ausstellungen, räumlich voneinander getrennt, die deutsche Handelsobstausstellung in den Ausstellungshallen, die internationale Obstausstellung in dem Nibelungensaale, die Obstbäume und Sträucher im Gelände, woselbst auch die Obstversandwaggons der Badischen sowie Preußisch-Hessischen Eisenbahn-Direktionen Aufstellung gefunden hatten, bildeten den Schluß und gewiß auch den durch Vielseitigkeit und Reichhaltigkeit der Beschickung interessantesten Teil der vorbeschriebenen Reihen von Obstsonderaustellungen.

So recht zum Ausdruck kam es bei diesen Ausstellungen, welchen Vorteil die verbesserte Beschickungsorganisation geboten hat, die Zusammenfassung der einzelnen Staaten, Provinzen, Kreise, Vereine zu gemeinsamer größerer, repräsentativer Ausstellungsvertretung. Bemerklich war dies besonders bei den Programmnummern 14a deutsches Handelsobst (große Massen verkaufsfähigen Obstes und versandfertige Verpackungen, die geeignet sind, die Leistungsfähigkeit der deutschen Obstzucht eindrucksvoll vorzuführen. Das Obst ist sortiert auszustellen), und No. 40 internationale Ausstellung (Uebersicht über den Gesamtobstbau des betr. Ausstellungsgebietes. Größere Mengen sind auszustellen).

Betrachten wir nun zunächst das äußere Bild dieser Ausstellungen, so finden wir geschmackvolle Aufbauten, und z. B. im Nibelungensaale und der Wandelhalle des Rosengartens ein das Auge fesselndes, großartiges Gesamtbild. In den Hallen war die badische Ausstellung der Kreisverbände (deutsches Handelsobst) wirklich hübsch und übersichtlich. No. 14a des Programmes war von Preußen, Hessen, Baden vorzüglich ausgestelllt; ebenso von Schmitz-Hübsch, Merten bei Bonn. In der internationalen Aus-

Beilage zur illustrierten Wochenschrift „Die Gartenwelt“.

hyrus odoratus, englische Züchtungen.

1. The Honorable Mrs. E. Kenyon; 2. Amerika; 3. Dorothy Eckford; 4. Emily Eckford; 5. Helen Pierce; 6. Black Knight.

stellung rangen Frankreich, Rußland, Ungarn und die Schweiz in friedlichem Wettbewerbe um den Preis mit Deutschland. Betrachten wir den inneren Wert der Darstellungen. Französisches Obst von Montreuil entzückte gleich beim Eingange in die Wandelhalle des Rosengartens durch seine vollendete Ausbildung; beim Eintritt in den Nibelungensaal fiel die geschmackvolle, einfache Aufmachung Hollands mit seinen prächtigen, großen, unter Glas gezogenen Weintrauben in vorzüglicher Delikateßverpackung auf. Der Bezirksverein Frankental (Rheinpfalz) hatte seinen massigen Aufbau mit großen Mengen des dort hauptsächlich wachsenden Obstes belegt, die Aufgabe No. 40 des Programmes am richtigsten damit auffassend; die zugleich hübsche und übersichtliche Weise der Darstellung dieser Nummer durch die Landwirtschaftskammer für das Großherzogtum Hessen verdient hier rühmender Erwähnung.

Die Nummer 37 des Programmes „Normalsortiment des betreffenden Ausstellungsgebietes in Aepfeln und Birnen, von jeder Sorte 10 Stück“ wurde von einzelnen Provinzen, Kreisverbänden, Obstbauvereinen und Einzelzüchtern der verschiedensten Länder in hervorragender Weise gelöst.

Es würde hier zu weit führen, alle Programmnummern beschreibend anzuführen. Es soll noch gesagt werden, daß ausgestellte Normalsortimente höchst belehrend für angehende Pomologen waren, daß Kühlschränke der verschiedensten Systeme, Verpackungsmaterialien, Eisenbahnwaggons für Obsttransport und Zeichnungen solcher Waggons, Wagen für Hand- und Pferdetransport von Obst, Obstautomaten, sowie Pläne und Kostenanschläge für Obstanlagen wertvolle Anregungen boten.

Die Ausstellung von Obstbäumen und -sträuchern war sehr gut und schön beschickt, fachmännisch und elegant gerichtet. —

Zum Schluß kommend, kann mit Bestimmtheit behauptet werden, daß Internationale Obst- und Gemüseausstellungen von höchstem Werte für den Obst- und Gemüsezüchter sind, denn große Fortschritte sind auf diesem Gebiete seit der Düsseldorfer Ausstellung von 1904 zu verzeichnen, das haben die verschiedenen Mannheimer Obst- und Gemüsesonderausstellungen zur Genüge bewiesen.

Werden mit solchen Ausstellungen volkswirtschaftliche Ziele verfolgt, wie dieses in anerkennenswertester Weise der Leiter der Gesamtausstellung von Anfang bis zu Ende im Auge hatte, so bringen diese Darbietungen nachhaltige Vorteile für die Gesamtheit; sie sind nicht nur vorübergehende prunkvolle Schaustellungen.

Vor der Internationalität solcher Obst- und Gemüseausstellungen werden sich emporstrebende Länder, ihre intelligenten Obst- und Gemüsezüchter nicht fürchten, sie werden schauen, besser machen, weiterstreben, sie werden neue Anregungen erhalten, geradeso wie der Leiter dieser Obst- und Gemüsesonderausstellungen sich nicht sagen darf: ich habe es vortrefflich gemacht!, sondern sich sagen muß: So manches habe ich verfehlt, hätte ich anders machen sollen, viel konnte ich während der Ausstellung lernen! — denn Selbstzufriedenheit heißt „Rasten“ und damit „Rosten“.

Champignonkultur im Keller.

Gemüsebau.

Champignonkulturen für kleine Verhältnisse.*)

Ein Hausbesitzer in einer schlesischen Großstadt pflegte seine verfügbaren Kellerräume zu Lagerzwecken zu vermieten; als aber seine langjährige Kellermieterin, eine Handelsfirma, die Räume aufgab, wollte sich, da das Grundstück außerhalb allen Geschäftsverkehres lag, kein neuer Abnehmer finden. Durch Zeitungslektüre auf die unterirdischen Champignonkulturen in Paris aufmerksam gemacht, kam der Hausbesitzer auf den Gedanken, das französische Beispiel in deutschen Kellern nachzuahmen. Er besorgte sich mehrere Fuhren Pferdedung, ließ denselben nach Vorschrift bearbeiten, d. h. innerhalb dreier Wochen mehrmals umsetzen, bis er die gehörige Beschaffenheit hatte, dann brachte er den fertigen Dung in $1^1/_2$ bis 2 m breiten Hügeln in seinem Keller unter. Der Dung wurde fest zusammengestampft und nach ordnungsgemäßer Erwärmung leicht mit Erde bedeckt. Nach vorschriftsmäßiger Erwärmung, auch der Erdschicht, wurde die Champignonbrut in die Erde verteilt (das Beet mit Brut gespickt) und — nach dem Rate eines sachverständigen Garteningenieurs — der Ruhe und völliger Trockenheit überlassen. Die Hausfrau, der die Wartung des neuen Nebenerwerbszweiges oblag, beobachtete, wie die Dürre nach und nach kleine Risse und Sprünge in die gleichmäßig verteilte glatte Oberfläche zeichnete, sonst machte sich keine Veränderung in den Beeten bemerkbar.

Wochen und Monate vergingen — immer dasselbe Bild; kein Edelpilz ließ sich sehen! Da verlor das Ehepaar endlich die Geduld, und eines Tages ward die ganze Anlage korbweise, wie sie hineingetragen worden war, wieder zum Keller hinausbugsiert, vorläufig in eine Ecke des Hofes, bis Rat geschafft war, den Ballast weiter zu befördern. Hier lagen nun die schönen Illussionen, die nicht unerhebliche Geldopfer gekostet hatten, als Komposthaufen im Winkel des Hofes, ein unerquicklicher Anblick und spöttischer Mahner an einen gründlichen Reinfall. Herr X. berechnete mit krauser Stirn: vier Fuhren Dung à 24 M., Arbeitslohn, eine Fuhre Muttererde, einige Kilogramm Champignonbrut, dazu die eigene weggeworfene Mühe und Arbeit, obendrein den Ärger über den Mißerfolg. Herr X schob die Hausmütze von einem Ohr zum anderen — wieder um eine böse Erfahrung reicher; das sollte ihm nicht wieder passieren.

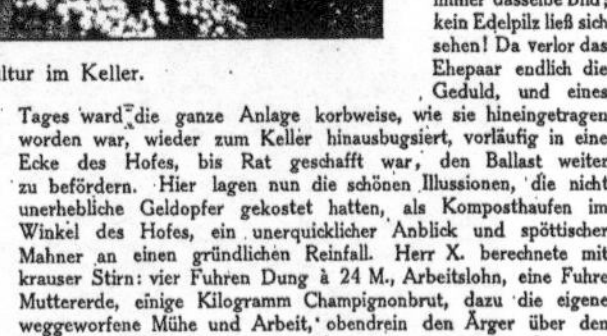

Da war über Nacht ein warmer Regen gefallen, denn man lebte in der sommerlichen Jahreszeit. Wie auf ein Zauberwort hatte sich der braune Komposthaufen im Winkel des Hofes mit Tausenden von Pilzen bedeckt. Entzückende appetitliche Kügelchen, die nur so aus dem Dunghaufen hervorlachten. Herr X. staunte das Wunder an, wie weiland der ehrenwerte Meister im Glockenguß zu Breslau die fertige Glocke angestaunt haben mag, deren Guß der vorwitzige Lehrbube unbefugterweise bewerkstelligt hatte.

*) Aus „Deutsche Landwirtschaftliche Presse“. Verlag von Paul Parey, Berlin.

Jetzt war die Freude groß. Die Champignonernte wollte nach Menge und Zeit fast kein Ende nehmen, und die ersten Delikateßgeschäfte kauften die frische, prächtige Ware willig auf.

Nun legte Herr X. zum zweiten Male eine Kellerkultur an und ließ den Beeten, gewitzigt durch die ersten Erfahrungen, so oft es nötig erschien, ein mildes Brausebad angedeihen. Der Erfolg war diesmal ein glänzender. Von der neuerlichen Kultur wurden im Laufe eines Monats und weniger Tage fünf Zentner Edelpilze geerntet und verkauft. Geschäfte, Hotels und Privatküchen bestürmten Herrn X., den erfreuten Besitzer, um Pilze, und er hätte den doppelten Ertrag mühelos untergebracht.

Unser Bild (Abbildung Seite 177) zeigt den Kellerraum mit den Pilzbanketts in schönster Entwickelung. Zwischen den beiden Schornsteinen ist ein eiserner Ofen aufgestellt, denn die Kulturen wurden auch im Winter betrieben. Obenauf steht eine Schüssel mit Wasser, zur Erzeugung feuchter Luft, was später noch durch Aushängen nasser Laken und Säcke unterstützt wurde. Die kleinen weißen Gegenstände im Hintergrunde sind Papierblätter, die gegen die Schimmelbildung an der Wand vorgelegt wurden. Am Balken neben dem Ofen hängt das Thermometer — vielleicht nicht ganz an der richtigen Stelle.

Aber man darf nicht etwa glauben, daß sich nun Erfolg an Erfolg gereiht hätte, und Herr X. als Spezialist für Champignonkulturen im Handumdrehen ein reicher Mann geworden wäre. Bewahre! Wie sagt doch Joseph Viktor von Scheffel im „Trompeter von Säckingen“: „Aber jegliches Ergötzen währt nur kurz auf diesem Sterne, — selbst dem stillvergnügtesten Manne wirft das Schicksal tückisch oft 'nen Meteorstein in die Suppe.“ — Hier in die Champignonsuppe. Mißgünstige Mieter im Hause schickten Herrn X. die Sanitätspolizei auf den Hals und klagten wegen des „sanitätswidrigen“ Gewerbebetriebes im Keller eines bewohnten Hauses. Die hohe Kommission kam, schaute, prüfte — mit großem Interesse die Beschaffenheit des braunen „Kulturstoffes“, der eher angenehm als nach Dung roch — und sprach Herrn X. von jedem Vorwurf frei. Das, was sie im Keller sahen, war weder belästigend noch gesundheitsschädlich für die Umgebung.

Schutzdach für ein im Freien angelegtes Champignonbeet.

Einen Grund zu irgendwelchem Verbot gab es nicht.

Da kam aber eine andere ernstere Geschäftsstörung: beim Bezuge des Materials zu einer neuen Anlage zeigte sich das Pilzmycel mit kleinen Maden durchsetzt. Beim Aufpacken der Brut entschwebten dem Paket schon etliche geflügelte Insekten, und bald fand man die Kellerwände bedeckt mit geflügeltem Gesindel, dem Frau X. vergeblich mit Spiritusfackeln zu Leibe ging. Die neuen Pilze erreichten kaum die Größe kleiner Haselnüsse, dann welkten sie ab und zerfielen; die Made hatte innen ihr Vernichtungswerk vollendet. Ein erneuter Versuch mit Brut hatte, nachdem der Keller ausgeräumt, geschwefelt und desinfiziert war, wieder den alten günstigen Erfolg.

Champignonbeet an einer Scheunenwand im Freien.

Auf Grund seiner Erfahrungen im Geschäftsverkehr plante Herr X. nun, seine Keller für drei Kulturabteilungen anzulegen, um während der Wintermonate eine ununterbrochene Ernte zu haben. Schade, daß in dem immerhin kleinen Betriebe eine regelrechte Buchführung unterblieb, denn geschriebene Ziffern beweisen mehr als die überzeugungstreuesten Versicherungen. Herr X. berechnete seinen Reingewinn auf 80 Proz.

Die vorstehenden Zeilen, gestützt auf persönliche Beobachtungen, haben vielleicht den Erfolg, erwerbsuchende auf einen, wenn auch nicht neuen, aber doch noch wenig beachteten Weg hinzuweisen. — Abbildung Seite 177 ist die photographische Aufnahme eines Teiles des Kellers, der sich hinter den Schornsteinen noch weiter ausdehnte und noch etwa drei ähnliche Pilzbeete aufwies, alle in gleich reicher Besetzung. — Nebenstehende Abbildung zeigt ein Champignonbeet an einer Scheunenwand im Freien, das an Umfang allerdings nur dem eigenen Küchenbedarf eines Gutshaushalts entspricht. — Obenstehende Abbildung zeigt ein Schutzdach für ein im Freien angelegtes Champignonbeet, dessen Entwickelung schon bedenklich in die kühle Jahreszeit fiel. Durch das über Nacht aufgebrachte Dach wurde es ermöglicht, noch eine volle Ernte von dem Beete zu nehmen, während schon die ersten Frostnächte den Gartenflor zu vernichten begannen.

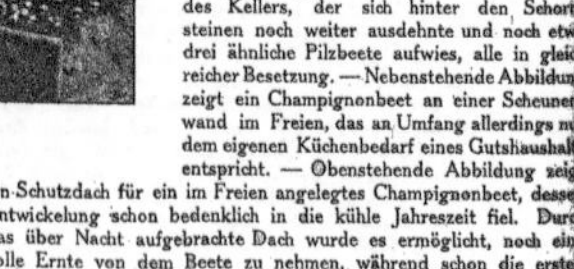

Ph. Seidler.

Nachruf.

James H. Veitch †

Mit aufrichtigem Bedauern entnehmen wir dem „Gard. Chron.", wie bereits in No. 11 der „Gartenwelt" bekannt gegeben, die ganz unerwartete Nachricht vom Ableben dieses allseits bekannten und hochgeschätzten Fachmannes, des unermüdlichen Leiters der Chelseagärtnerei. Kaum 39 Jahre alt, war derselbe genötigt, von seiner Tätigkeit zurückzutreten und siedelte, um die nötige Schonung zu finden, nach Exeter über, wo auch am 13. November der Tod erfolgte. Der Anlaß hierzu war wohl ursprünglich zweifellos eine Ueberarbeitung bei der Fertigstellung des vor Jahresfrist erschienenen „Hortus Veitchii", ein für die Firma fundamentales Werk. Im Verlauf dieser Arbeiten traten schon untrügliche Schwächeanzeichen auf; trotz seiner unermüdlichen Schaffenskraft und selbstanerzogenen Energie genügte die Widerstandskraft des Körpers nicht, diese Periode zu überstehen. Die vielen Verpflichtungen, welche Ehrenämter in Vereinen und Gesellschaften im Gefolge hatten, die umfangreichen Arbeiten, welche die Geschäftsleitung erforderte, gingen offenbar über das erlaubte Maß hinaus, zumal es seine Eigentümlichkeit war, persönlich alles bis ins Kleinste durchzuarbeiten.

J. H. Veitch wurde 1868 in Chelsea geboren. Nach Absolvierung des Crawford College in Maidenhead, studierte er in Deutschland und Frankreich und trat 1885 in die Gärtnerei in Chelsea ein. Mit dem 23. Jahre unternahm er eine große Reise nach Asien und Australien, besuchte die wichtigsten Gärten und durchforschte die verschiedensten Florengebiete zur Feststellung wo und was für den Handel wertvolles noch einzuführen sei. Die an seinen Onkel gerichteten Reiseberichte wurden 1896 unter Geschäftsfreunden in Buchform verbreitet und später, 1902 bis 1904, auch im „Gard. Chron." unter „A Traveller's Notes" veröffentlicht; sie wurden viel und mit Interesse gelesen. Nach seiner 1893 erfolgten Rückkehr teilte er sich in die Arbeit in Chelsea mit Harry J. Veitch und übernahm 1900, als dieser sich zurückzog, die Verantwortung als leitender Direktor. Ihm verdanken wir die 1900 und 1903 durchgeführten Wilson'schen Chinaexpeditionen. Die meisten auf diesen Expeditionen gesammelten Pflanzenneuheiten sind schon in allen besseren europäischen Sammlungen anzutreffen. Die zweite Reise galt fast ausschließlich der Auffindung von *Meconopsis integrifolia* (Beschreibung und Farbentafel „Gartenwelt", Jahrg. IX, No. 45), von der Wilson Samen heimschicken sollte. So hat J. H. Veitch die guten alten Traditionen seines Hauses auch in dieser Beziehung gewahrt und sich um die Einführung hervorragender Gartenpflanzen verdient gemacht, durch die das Haus Veitch von altersher seinen Weltruf hat. **Behnick.**

Zeit- und Streitfragen.

Vom Fortkommen des Gärtners.

Man kann die Ausführungen des Herrn Wernicke in No. 7 der „Gartenwelt" über dieses Thema nur unterschreiben, denn sie treffen in allen Punkten durchaus das Richtige. Sowohl der Abschnitt, in welchem der Verfasser die Arbeitsteilung im Berufe und die sich daraus ergebende Spezialausbildung behandelt, als auch die Betrachtungen der verschiedenen Bildungsmöglichkeiten, lassen Erfahrung und scharfen Blick für die tatsächlichen Verhältnisse erkennen. Als Extrakt seiner Ausführungen möchte ich den Satz betrachten: „Es ist dem deutschen Gärtner von heute verhältnismäßig leicht, in eine genügend dotierte und angesehene Stelle zu gelangen, wenn er nur die nötige Leistungsfähigkeit besitzt." Wenn nun Herr W. gleich dahinter die Tatsache feststellt: „An dieser mangelt es leider bei der weitaus großen Mehrzahl unserer Gärtner in bedenklichem Maße," so berührt da Herr W. einen Punkt, von dem ich nur gewünscht hätte, daß er ihn auch etwas eingehender behandelt hätte. Er wäre da sicher dazu gekommen, auch unsere heutige Art der Lehrlingsausbildung dahin kritisch zu beleuchten, ob in ihr nicht eine der hauptsächlichsten Ursachen für den oben festgestellten Mangel an Leistungsfähigkeit zu suchen sei.

Denn wenn feststeht, daß „eine allgemeine gute Ausbildung die erste Voraussetzung für das Weiterkommen" ist, so muß verlangt werden, daß gerade in der Lehrzeit nicht gegen diesen fundamentalen Grundsatz verstoßen werde. Doch von einigen wenigen rühmlichen Ausnahmen abgesehen, muß leider festgestellt werden, daß im Gärtnerberufe dieser selbstversändliche Grundsatz keine allgemeine Geltung hat. Die Lehrlinge werden hier oft nur als billige Arbeitskräfte betrachtet und dementsprechend behandelt. Man braucht da nur einige Wochen vor dem 1. April oder 1. Oktober die ost- und westpreußischen, schlesischen etc. Zeitungen durchzusehen, wo alljährlich, wenn nicht gar halbjährlich, immer mindestens gleich zwei Lehrlinge von den Schloß-, Domänen- und sonstigen Gutsverwaltungen, sowie Handelsgärtnern gesucht werden, um diese Tatsache bestätigt zu finden. Nicht selten finden sich auch Inserate, in denen Gutsgärtner gesucht werden, die sich verpflichten, zwei oder noch mehr Lehrlinge zu halten. Aber nicht nur die östlichen Provinzen zeichnen sich durch derartige Lehrlingszüchterei aus! Als Beispiel sei H. angeführt, wo in 14 Betrieben mit 8 Gehilfen 28 Lehrlingen die „Kunstgärtnerei" beigebracht wird; in einer Gutsgärtnerei in der Nähe werden von einem Obergärtner bloß 8 Lehrlinge „ausgebildet". Auch ich wurde mit noch zwei Leidensgenossen, pardon! Lehrkollegen derart in die gärtnerischen Künste eingeweiht, daß ich, ausgenommen die sogenannte Staudengärtnerei, auch nicht über die bescheidensten Kenntnisse in anderen Fächern verfügte, also nach Beendigung meiner Lehrzeit erst richtig anfangen mußte, etwas zu lernen. Und ich kann wohl sagen, daß ein junger Mann nach derart verpfuschter Lehrzeit schon über ein hohes Maß angeborenen Strebens verfügen muß, und gute natürliche Gaben ihm zur Seite stehen müssen, wenn er da überhaupt noch an eine Weiterbildung denkt. Besonders solchen jungen Leuten, deren Schulbildung noch manches zu wünschen übrig läßt, muß die weitere Ausbildung und damit das Fortkommen im Berufe äußerst erschwert sein.

Eine besonders traurige Tatsache ist es, daß viele Lehrprinzipale ihren Lehrlingen den oft so notwentigen Fortbildungsschulunterricht mit der Begründung vorenthalten, ihr (handelsgärtnerischer) Betrieb sei ein landwirtschaftlicher.

Diesen Zuständen im gärtnerischen Lehrlingswesen, die tatsächlich ein Lehrlingsunwesen darstellen, gegenüber muß betont werden, daß jeder, der Lehrlinge einstellt, die moralische Pflicht hat, und es ihm auch zur tatsächlichen gemacht werden müßte, nachzuweisen und zu beweisen, daß er auch die Fähigkeit besitzt, die ihm anvertrauten jungen Gärtner mit demjenigen Maß von Kenntnissen auszurüsten, das ein Fortkommen im Berufe ermöglicht.

Angesichts der Tatsache, daß vielfach und ganz besonders bei den schon genannten Privatgärtnereien eine große, in gar keinem Verhältnis zu den beschäftigten Gehilfen stehende Anzahl von Lehrlingen ausgebildet wird, ist zu verlangen, daß die Einstellung von Lehrlingen von einer bestimmten Anzahl beschäftigter Gehilfen abhängig gemacht wird, wie es in vielen anderen Gewerben auch der Fall ist. Nicht unausgesprochen mag auch meine Ansicht sein, daß Privatgärtnereien mir nur sehr bedingt als zur Erlernung des Gärtnerberufes geeignet erscheinen.

Mit der bisherigen Praxis, möglichst viele junge Leute mit möglichst geringer Mühe, aber unter recht hohem, eigenem Nutzen als Gärtner auszubilden, ohne da einer gewissen Lehrpflicht irgendwie eingedenk zu sein, sollte endlich gebrochen werden. Denn nicht nur, daß den betreffenden jungen Gärtnern der schlechteste Dienst geleistet ist, sie völlig ungenügend vorbereitet den Kampf ums Dasein aufnehmen zu lassen, auch die wirklich leistungsfähigen Berufsgenossen sind durch ein übergroßes Angebot minder leistungsfähiger behindert, eine ihren Kenntnissen und Leistungen entsprechende Bezahlung zu erreichen, ein besseres Fortkommen im Berufe zu finden.

Für alle übrigen Ausführungen muß man dem Herrn Verfasser nur dankbar sein, sie sind sämtlich sehr beherzigenswert. Nur mit einem Satz kann ich mich beim besten Willen nicht ganz einverstanden erklären. Herr W. sagt bei der Besprechung der Möglichkeit des Besuchs des zweijährigen Kursus an einer unserer ersten staatlichen Lehranstalten: „Aber selbst wenn von der Begünstigung einer Freistelle kein Gebrauch gemacht werden soll, können bei ernstem Willen im Laufe einer Reihe von Gehilfenjahren wohl die Mittel (800 M.) vom Gehalt erspart werden.“ Nun, ich will demgegenüber nicht sagen, daß dies unmöglich sei, aber ich kann wohl sagen: das ist nur unter großen Entbehrungen möglich. Dazu ist das Einkommen eines Gärtnergehilfen doch zu klein, wie es auch Herr W. in seinen einleitenden Sätzen zugibt.*)

Ich habe einen Freund und Kollegen, der dieses Kunststück fertig gebracht hat; er besucht zur Zeit den zweijährigen Kursus einer staatlichen Lehranstalt. Aber wie oft hat er auf ein vernünftiges warmes Mittagessen verzichten, wie manche anderen Annehmlichkeiten des Lebens entbehren müssen!

Alb. Lehmann, Treptow.

Aus den Vereinen.

Verein Deutscher Gartenkünstler. Wanderversammlung am 14. Dezember 1907 in Breslau. Auch hier hatte es sich ergeben, was wir in Berlin so häufig beklagen müssen, daß es geradezu zur Unmöglichkeit wird, an einem Sonnabend einen größeren geeigneten Saal aufzutreiben. So mußten sich die nach allgemeinem Urteil wenigstens 150 erschienenen Teilnehmer in einem normal etwa 80 Menschen fassenden Raume einrichten, so gut es ging. Und es ging. Die herzlichen Begrüßungsworte unseres Vorsitzenden, des Kgl. Gartenbaudirektors F. Stämmler, Liegnitz, fanden nicht minder warme Erwiderung durch den Kgl. Gartenbaudirektor Richter, die darauf hinausgingen, daß das uns Trennende zurückgedrängt, das Einigende in den Vordergrund gestellt werden müsse.

Leider war der eine Vortragende des Abends, Herr Parkinspektor Schneider, Görlitz, erkrankt und diese Nachricht so spät eingetroffen, daß an einen vollwertigen Ersatz nicht mehr zu denken war. So mußten sich die Erschienenen, außer mit den, mit großer Aufmerksamkeit verfolgten und mit vielem Beifall belohnten Vorführungen des Herrn Landschaftsgärtner W. Wendt, Berlin, — dessen Bilder waren noch um die neuesten Hotelgärten vermehrt — eine Wiederholung der zur Hauptversammlung vom Unterzeichneten vorgeführten Bilder von der Mannheimer Ausstellung gefallen lassen.

Nun, der Schwerpunkt dieses Abends lag nicht in weisheittriefenden Reden, eine Diskussion war infolge der unerträglich gewordenen Temperatur unmöglich geworden, sondern in dem bekundeten Zusammengehörigkeitsgefühl; das machte sich denn allerdings in elementarer Weise Bahn, und wenn nicht doch schließlich der Körper sein Recht gefordert hätte, so hätte sich die ansehnliche Runde der Nachsitzung überhaupt wohl nicht gelichtet. Der Sonntag aber vereinigte die meisten wieder, bis auch die letzten vom schmucken Breslauer Bahnhofe aus der Heimat entgegen rollten.

Der direkte Erfolg an Mitgliederzuwachs war aus dem wöchentlichen Berichte auf der 5. Umschlagseite zu ersehen. **B.**

Tagesgeschichte.

Berlin. Ueber das Vermögen des Handelsgärtners Heinrich Kohlmannslehner in Britz bei Berlin, der noch bis vor kurzem Vorsitzender des Verbandes der Handelsgärtner Deutschlands war, und dieses Ehrenamt laut Bekanntmachung des Vorstandes im „Handelsblatt“ vom 28. August v. J. freiwillig niederlegte, ist am 21. Dezember v. J. der Konkurs eröffnet worden. Danach ist also ein von namhaften Handelsgärtnern unterstützter Akkordvorschlag, in welchem den Gläubigern 30 Prozent ihrer Forderungen angeboten wurden, die in drei Raten gezahlt werden sollten, gescheitert. Konkursforderungen sind bis zum 16. Januar beim Kgl. Amtsgericht, Abt. IV, in Rixdorf, anzumelden.

Emden. Hier wurde in einer öffentlichen, zahlreich besuchten, vom Vereine zur Förderung des Fremdenverkehrs einberufenen Versammlung ein Verein gegründet, der sich die Schaffung ein Volksparks unter dem Stadtwalle zum Ziele setzt. Der größte T der Anwesenden, über 80 Personen, trat sogleich dem Vereine b dem auch der Bürgervorsteherwortführer das weitgehende Interes der städtischen Behörden und verschiedene andere Vereine ihr korporativen Beitritt oder sonstige Beihilfe zusagten.

Hyères (Frankreich). Sämtliche hiesigen Gärtnergehilfen u Blumenbinderinnen sind infolge verweigerter Lohnforderungen den Ausstand getreten. Gendarmerie wurde aufgeboten, um d Ordnung aufrecht zu erhalten.

Personal-Nachrichten.

Dirks, Fr., Fürstl. Hofgärtner in Pyrmont, trat am 1. Janu d. J. nach 32jähriger Dienstzeit in den Ruhestand.

Dirks, Werner, Fürstl. Hofgärtner in Arolsen, ein Sohn d Vorgenannten, wurde nach Pyrmont versetzt, vom Fürsten : Waldeck-Pyrmont zum Gartendirektor ernannt und ihm neben d Verwaltung sämtlicher fürstlicher Hofgärten auch die Oberleitu über die Pyrmonter Kuranlagen übertragen.

Eblen, Christian, Inhaber der Firma Binter & Eblen, Bau schulen, Stuttgart, † am 24. v. M.

Echtermeyer, Th., Kgl. Gartenbaudirektor und Direktor d Königl. Gärtnerlehranstalt zu Dahlem bei Berlin, ist der Charakt als Kgl. Oekonomierat verliehen worden.

Grube, H., Gartendirektor i. P. der Stadt Aachen, † a 28. Dezember nach schwerem Leiden im Alter von 67 Jahre Auf Seite 276 des vorigen Jahrganges brachten wir Portrait un Lebensbild des Entschlafenen, gelegentlich der Feier seines 50jäh Berufsjubiläums am 1. März 1907. Grube, der ein eifriger Mi arbeiter der „Gartenwelt“ war, konnte auf eine glänzende Laufbah zurückblicken; von 1862 bis 1864 war er Obergärtner der „Flora in Köln, von da ab Gartendirektor des Kaisers Maximilian vo Mexiko bis zu dessen Ermordung 1867, von 1867 bis 187 Fürstl. hohenzollerscher Gartendirektor in Sigmaringen, von 188 bis 1882 Handelsgärtner in Godesberg und vom 1. Juli 1882 bi zum 1. April 1903 Stadtgartendirektor in Aachen. Der Verstorbene war hervorragend befähigter Landschaftsgärtner un tüchtiger Dendrologe. Trotz schmerzhaften Halsleidens beschäftigt er sich mit Abfassung eines Rosenbuches. Am 25. November v. J schrieb er mir inbezug hierauf: „Ich arbeite an meinem Rosenbuche das mich sehr anregt. Ich habe bis heute auf 236 kleinen Quartseiten 18 echte Spezies, 223 natürliche Formen und 4951 Gartenvarietäten beschrieben“. Am Silvester wurde der Verstorbene, de auch Begründer und langjähriger Vorsitzender des Aachener Gartenbauvereins war, zur letzten Ruhe gebettet. Möge dem wackere Manne, dessen Leben reich an schönen Erfolgen, aber auch reic an harten Enttäuschungen war, die Erde leicht sein. **M. H.**

Hübner, Theodor, Blumenhändler, Berlin, wurde vom Prinze Friedrich Leopold von Preußen zum Hoflieferanten ernannt.

Lindner, Albert, bisher Obstbaumeister für Schwarzenbeck a. S und Umgebung, wurde die Stellung des Obergärtners der ausgedehnten Rittergutsgärtnerei Gundorf bei Leipzig übertragen.

Mühle, Árpád, Baumschulenbesitzer in Temesvár, geschätzte Mitarbeiter der „Gartenwelt“, erwarb am 1. Januar d. J. da Samengeschäft der Firma Wilh. Mühle, Hoflieferant, dortselbst um es in bisheriger Weise fortzuführen.

Perlick, Albert, Gärtnergehilfe bei der Tiergartenverwaltung i Berlin, erhielt das Allgemeine Ehrenzeichen.

Petrák, A., bisher Leiter der Gräfl. v. Mirbach'schen Schloßgärtnerei in Harff, wurde als Obergärtner für die Obstplantagen

Fischer, Richard, bisher Obergärtner der Firma Schöne in Lichtenrade bei Berlin, als Obergärtner für die Baumschulen der Firm Pomona, Baumschulen und Obstplantagen Julius Hönings, Neuß a. Rh angestellt.

Wygoda, Michael, bisheriger Obergärtner der Rittergutsgärtnere Gundorf bei Leipzig, trat am 1. Januar d. J. nach 25jährige Tätigkeit in den wohlverdienten Ruhestand.

*) Anmerkung der Redaktion. Der jährliche Kostenaufwand für den Besuch einer höheren Gärtnerlehranstalt beträgt mindestens 1200 M.

Berlin SW. 11, Hedemannstr. 10. Für die Redaktion verantwortlich Max Hesdörffer. Verlag von Paul Parey. Druck: Anhalt. Buchdr. Gutenberg e. G. m. b. H., Dessau

Zur jetzigen Aussaat

empfehle Samen von:

Primula obconica „Ronsdorfer Hybriden"

meine in Grösse u. Farbung noch unübertroffenen Züchtungen

Primula obc. gigantea (Arendsi, Pax)

hervorragende riesenblumige

Neuheit.

Samen von winterharten Stauden und feinen Sommerschnittblumen. [17

G. Arends

Staudengärtnerei und Samenhandlung

Ronsdorf

(Rheinland).

Preisliste steht auf Wunsch kostenfrei zu Diensten.

---

600 gr. Ahorn- 300 gr. Akazien- u. 5000 3jähr. Linden- Bäume

sind preiswert zu verkaufen. [433

A. Seemann,

Mögelin bei Rathenow.

Zur Nedden & Haedge

Rostock (Meckl.)

Fabrik für verzinkte Drahtgeflechte nebst all. Zubehör. **Drahtzäune** Stacheldraht Eiserne Pfosten Thore, Thüren **Drahtseile.**

Koppeldraht, Wildgatter, Draht zum Strohpressen.

Production 6000 □m-Gefl. p. Tag.

Preisliste kostenfrei. [151

Areal: 1300 Morgen.

Hauptkatalog

erschienen. [157

L. Späth,

Baumschulenweg-Berlin.

Hallesche Rohrgewebe u. Gärtnermattenfabrik

Arthur Krug, Halle a. S.-Trotha, Station Trotha,

empfiehlt zum Herbst- und Frühjahrsbedarf seine aus nur bestem Roggenlangstroh (Flegeldrusch) mit der Hand gearbeiteten

Strohdecken

150/200 cm	1.10 M.	170/200 cm	1.20 M.
160/200 cm	1.15 M.	180/200 cm	1.30 M.

Excelsior-Decken (Rohr mit Stroh)

150/200 cm	1.25 M.	170/200 cm	1.40 M.
160/200 cm	1.30 M.	180/200 cm	1.50 M.

Riethedecken (aus feinem Schilfrohr)

150/200 cm	0.95 M.	170/200 cm	1.05 M.
160/200 cm	1.00 M.	180/200 cm	1.10 M.

Die Decken sind 5mal mit geölter Kordel gebunden. Jedes gewünschte Mass wird geliefert.
Versand gegen Nachnahme. Bei größeren Posten nach Übereinkunft.

Prima Referenzen zu Diensten. [35

NB. Bemerken möchten wir noch, dass nur wirklich tadellose Ware zum Versand kommt.

Die einzige, hygienisch vollkommene, in Anlage und Betrieb billigste

Heizung für das Einfamilienhaus

ist die Frischluft-Ventilations-Heizung

In jedes auch alte Haus leicht einzubauen. [illegible] Prospekt [illegible]

Schwarzhaupt Spiecker & Co. Nachf. G.m.b.H. Frankfurt a. M.

Grossblumige Engl. Pelargonien.

Mein, auf der Gartenbauausstellung Mannheim mit höchsten Preisen (Ehrenpreis, goldene u. silberne Medaillen, sowie hohe Geldpreise) ausgezeichnetes prachtvolles Sortiment, namentlich meine letzt- und diesjährigen Neuheiten, welche als das Vollkommenste von Fachleuten und der Fachpresse anerkannt wurden, empfehle in gesunden vollbelaubten Stecklingspflanzen mit festen Topfballen. Ebenso alle besseren Bürgerschen Sorten. 100 St. n. meiner Wahl 25, 30, 40, 50 M. Letztjährige vorzüglichste Neuheiten von 1 M. an p. St. Man verlange Preisverzeichnis und Farbentafel. Beschreibung in No. 22, 23, 26, Jahrgang 1907 der „Gartenwelt". [334

C. Faiss, Gartenbaubetrieb. Grosskulturen Englischer Pelargonien.

Feuerbach-Stuttgart.

Bürgersche Grossblumige

Weltberühmte Verbesserung der alten sog

Ich versende das ganze Jahr hindurch reichv

pflanzen meines vorzüglichen Sort

Jetzt empfehle:

Junge kräftige vollbelaubte Steck

mit festen Topfballen in echten Sorten nach m

100 Stück schon von M. 2

Die hervorragendsten Neuheiten der letzten Jahre

reichblühendsten, starkwüchsigsten, rem

Siehe Katalogbeschreibun

Kataloge mit bunten Abbildungen stehen zu Di

W. Bürger, Gärtnereien, B

Hierzu je eine Beilage von **Otto Putz,** Samenhandlung, **Erfurt** und der Ersten Hannoverschen Spezial-Fabrik für
Gustav Röder, G. m. b. H., **Langenhagen** bei Hannover.

Druck der Anhaltischen Buchdruckerei Gutenberg e. G. m. b. H. in Dessau.

Die Gartenwelt.

Illustrierte Wochenschrift für den gesamten Gartenbau.

Herausgeber: Max Hesdörffer-Berlin.

Erscheint jeden Sonnabend.
Monatlich eine farbige Kunstbeilage.

Bezugsbedingungen:
[Dur]ch jede Postanstalt bezogen Preis 2.50 M. vierteljährl. In Österreich-Ungarn 3 Kronen. [Bei] direktem Bezug unter Kreuzband: Vierteljährlich 3 M. Im Weltpostverein 3.75 M. Einzelpreis jeder Nummer 25 Pf.
[An] ohne Vorbehalt eingehenden Beiträgen bleibt das Recht redaktioneller Änderungen [vorbe]halten. Die Honorarauszahlung erfolgt am Schlusse jedes Vierteljahrs.

Anzeigenpreise:
Die Einheitszeile oder deren Raum 30 Pf., auf der ersten und letzten Seite 50 Pf. Bei grösseren Anzeigen und Wiederholungen steigender Rabatt. Beilagen nach Übereinkunft. **Anzeigen in der Rubrik Arbeitsmarkt** (angebotene und gesuchte Stellen) kosten für Abonnenten einmalig bis zu 10 Zeilen Grösse M. 1.50, weitere Zeilen werden mit je 30 Pf. berechnet.
Erfüllungsort auch für die Zahlung: Berlin.

Adresse für Verlag und Redaktion: Berlin SW. 11, Hedemannstrasse 10.

XII. Jahrgang No. 16.	Verlag von Paul Parey, Berlin SW. 11, Hedemannstr. 10.	18. Januar 1908.

Illustrierte Wochenschrift für den gesamten Gartenbau.

Jahrgang XII. 18. Januar 1908. No. 16.

Landschaftsgärtnerei.

Wie ich mir den Hausgarten denke.

Von **Hermann König**, Magdeburg.

(Hierzu ein Grundplan und drei Federzeichnungen.)

Die letzten Jahre haben uns einen heilsamen Umschwung in der Bewertung des räumlich Kleinen gegenüber dem Großen und Kostspieligen gebracht. Noch vor wenigen Jahren wäre es unseren bedeutenderen Architekten kaum eingefallen, sich mit der Architektur des Arbeiterwohnhauses zu befassen, ebensowenig als der renommierte Gartenkünstler daran gedacht hätte, sich mit Entwurf und Durcharbeitung von Hausgärten zu beschäftigen. Die letzte Zeit hat aber hierin eine erfreuliche Aenderung zu verzeichnen, derart, daß sich heute die bedeutendsten Vertreter eines jeden Kunstzweiges, in richtiger Wertschätzung des heilsamen Einflusses, den eine künstlerisch-individuell abgestimmte Umgebung auf das Individuum, den besitzenden Menschen, ausübt, mit der künstlerischen Projektierung von Haus und Garten befassen. Es muß wohl als eine logische Entwickelung bezeichnet werden, daß diese Reformbestrebungen zunächst in unserer näheren Umgebung, den Wohnräumen, und hier wieder in dem Wohngerät zum Ausdruck kamen. Der Hauptreiz unserer heutigen Wohnungsarchitektur besteht eben in ihrer einfachen Zweckform, ohne überladenen Zierart. Riemerschmid, Muthesius, Urban, P. White, Junge u. a. haben sich durch die Schaffung von mustergültigen Beispielen ein entschiedenes Verdienst um die neuzeitliche Durchbildung unseres Hausgestühls erworben. — Diese Reformbestrebungen in den Wohnräumen ließen die derzeitigen Mängel in der Komposition unserer Hausgärten schließlich immer fühlbarer werden, bis dann

Weg nach dem Hause. Vom Verfasser für die „Gartenwelt“ gezeichnet.

von außerhalb der Anstoß zu einer Gartenreform gegeben wurde. — Es darf wohl als ein Stück Kulturarbeit bezeichnet werden, dieser erste energische Ansturm gegen Tradition und Schablone.

Die sprunghafte Kunstentwickelung wird immer ungesunde Resultate zeitigen, weshalb es zum mindesten unklug sein dürfte, plötzlich mit allen Ueberlieferungen zu brechen; mindestens aber ebenso töricht ist das strenge Festhalten an dem Alten, denn dieser strengen Pietät haben wir nicht zum wenigsten die Schablone zu verdanken, welche in der Gestaltung unserer Gärten vorherrscht. Hier muß sich eben ein allmählicher Umschwung vollziehen und nach und nach erst dürfte es möglich sein, Gärten durchaus praktisch und zweckentsprechend, befreit von allen anhaftenden Schlacken des Schemas, zu schaffen. — Anregungen aus Laienkreisen gegenüber (soweit man in Kunstfragen überhaupt von Laie und Fachmann sprechen kann) sich mit Berufsstolz zu wappnen, halte ich auf jeden Fall für vollkommen falsch. Im übrigen lehrt die Geschichte aller Kunstzweige, daß Anregungen zu Reformen meist von Leuten kamen, deren Blicke nicht durch Fachkenntnis getrübt waren. Wohl jeder praktizierende Gartenkünstler dürfte es erlebt haben, daß er beim Durchwandeln einer von ihm geschaffenenen Anlage, in Begleitung eines kunstverständigen Laien, von diesem des öfteren wertvolle Anregungen und Fingerzeige für eine weitere individuelle Ausgestaltung erhielt. Entschieden falsch ist es, einer bestimmten Gartenform das Wort reden zu wollen, denn wenn es auch schließlich gelänge, den regelmäßigen Hausgarten mehr einzubürgern, so wäre trotzdem schon deswegen kaum viel erreicht, als die Gefahr sehr nahe läge, daß an Stelle der Kurvenwegschablone eine regelmäßige Gartenschablone in Aufnahme käme.

Unser Kampf muß vor allem der Schablone gelten. An ihre Stelle muß dann mehr wie bisher die Schaffung gut durchdachter individueller Gärten treten; daß da beim Hausgarten eine architektonische Gestaltung nicht zu umgehen ist, muß zugestanden werden.

In beigegebenen Abbildungen habe ich versucht, meine Ideen über die zweckmäßige Ausgestaltung eines Hausgartens niederzulegen. — Als ein Moment von ganz hervorragender Bedeutung für die mehr intime Wirkung eines Hausgartens ist die Einfriedigung zu betrachten. Die Mauer ist und wird auch immer die idealste Einfriedigung bleiben, es dürften ihre Vorzüge gegenüber dem Gartenzaun und der lebenden Hecke allgemein erkannt werden, weshalb sich ein näheres Eingehen hierauf wohl erübrigt. Die Gartenmauer aus Backsteinen ohne Verputz dürfte infolge ihrer großen roten Fläche immer ziemlich disharmonisch zu dem umgebenden Grün stimmen; später allerdings, wenn diese Mauern schon etwas „Patina" angesetzt haben, können sie doch noch ganz reizvoll wirken. Ich ziehe mir die weißgespritzte Mauer, abgedeckt mit farbenfrohen Biberschwänzen, vor. Wie aus dem Schaubilde auf Seite 183 meines Hausgartenentwurfes zu ersehen ist, wurde seitlich der Eingangspforte eine ovale Oeffnung vorgesehen, durch welche man von der Straße den Weg nach dem Hause übersehen kann, wie auch auf diese Weise ein Teil der Straße übersehen werden kann. Beim Eintritt in den Garten ladet links eine Ruhebank, beschirmt von schattenspendenden Aesten, zum Verweilen ein; vielleicht will man hier einen Bewohner des Hauses erwarten, oder sonst die Gartenpforte im Auge behalten. Eine Fülle schöner Stauden, welche den Sitzplatz farbenfroh umdrängen, lassen dem Verweilenden die Zeit nicht lang werden. Der gerade Weg führt direkt auf das Haus zu, — welches, beschattet von mächtigen, ehrwürdigen Kastanien, stimmungsvoll den Garten beherrscht.

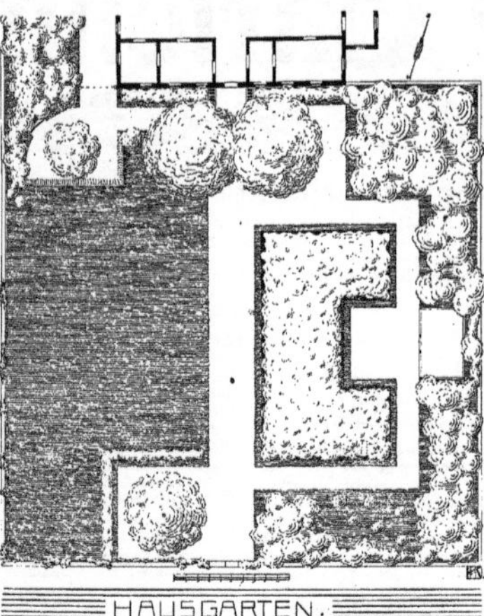

Vom Verfasser für die „Gartenwelt" gezeichnet.

Glücklich, der sie jemals selbst erlebt und genossen hat diese traulichen Stunden vor dem Hauseingange, unter alten Baumriesen, in schwülen Sommernächten und beim melancholischen Regenfall. In dieser Umgebung und unter der Einwirkung der alten, neuerwachten Liebe an der eigenen Scholle löst sich wohl manches Stück echter Volkspoesie aus, und zu dem Wanderer auf der Straße klingen traulich und heimisch die Weisen eines vergangenen, lebensfrohen Zeitalters herüber.

Wohl geben die Bäume viel Schatten, allzuviel vielleicht für die dahinter liegenden Zimmer, aber in Anbetracht dessen, daß die Gartenseite nach Süden gelegen ist, dürfte die Schattenkühle an heißen Sommertagen in den Gartenzimmern nur wohltuend empfunden werden. Im Herbst und Winter — die Kastanie wirft bekanntlich ihr Blatt zeitig — lassen die kahlen Aeste die nötige Helle genugsam ins Zimmer fluten.

Die Gartenlaube. Vom Verfasser für die „Gartenwelt" gezeichnet.

Auch eine Gartenlaube würde, wie obenstehendes Schaubild veranschaulicht, in meinem Hausgarten Platz finden. Vor derselben ein großes Blumenbeet! Kein Teppichbeet und kein Farbenbeet, sondern eben ein Beet voll der verschiedenfarbigsten Stauden. Hier mag auch die Hausfrau ihren Bedarf an Blumen zur Füllung der Blumengläser decken. Laßt es doch ruhig etwas wild aussehen dieses Blumenbeet; ich halte es eben für vollkommen falsch, in unserem Hausgarten die kalten Prunkflächen der Farbenbeete, deren Verwendung in öffentlichen Anlagen und vor großen Architekturstücken sehr zu empfehlen ist, anzuwenden. Hier soll alles einfach und intim sein, denn der Besitzer schafft den Garten für sich und nicht für Vorübergehende. Die Farbenbeete halte ich zur Anwendung in den öffentlichen Anlagen für sehr geeignet, da hier die einzelne Blume nicht zur Geltung kommen kann und eine Wirkung deshalb nur durch Flächen erzielt wird.

Die nächste Zeit dürfte uns noch manchen guten und schönen Gedanken über Gartenfragen geben, wenn die „Los von der Schablone-Bewegung" mehr Boden gewinnt. Auch der kleinste Landschaftsgärtner muß nach und nach überzeugt werden, daß es ohne eigenes Denken eben nicht mehr geht, daß die Zeiten vorüber sind, wo er sich mit der Kopie von Plänen aus irgend einem Gartenbuche behelfen konnte.

Naturphysiognomie und Gartengestaltung.

Von Obergärtner **Wilhelm Mütze**, Dahlem bei Steglitz.

Fürst Peter Krapotkin sagt in seinen „Memoiren eines Revolutionärs": „Die Entwickelung von innen heraus ist naturgemäß langsam, aber ihr Gang ist nicht gleichmäßig, Perioden der Ruhe werden von Zeiten plötzlichen Fortschrittes abgelöst". — Wahrlich ein Wort von tiefer Bedeutung und auch passend für die Entwickelung unserer Gartenkunst. —

Es existiert so ganz im Geheimen eine Verwandtschaft des Seelenlebens, das sich in der Natur offenbart, und dem künstlerischen Empfinden des Menschen. Es ist ein Nähertreten dem Alleinen, dem Geheimnisvollen, das sich durch die Jahrtausende hindurchzieht, nach dem, oft unbewußt, alle Menschen streben und in dem viele Menschen die Natur verstehen wollen, jeder in seiner Art.

Wenn Camillo Karl Schneider sagt, daß er „durch die Kunst den Weg zum Verständnis der Natur gefunden habe" (Landschaftliche Gartengestaltung pag. 116), so ist dies wohl erklärlich, weniger verständlich scheint mir das im nächsten Abschnitt über Willy Lange Gesagte: „Er erkannte auf wissenschaftlichem Wege die inneren Zusammenhänge zwischen den Einzelheiten, die unsere Naturszenerien bilden, und wurde erst dann zur künstlerischen Verwertunng derselben geleitet". Ich glaube, Schneiders Urteil ist hier ein falsches, entweder

Gartenpforte mit Bank. Vom Verfasser für die „Gartenwelt" gezeichnet.

hat er Lange nur von einem bestimmten Zeitabschnitte ab studiert, oder er hat sich überhaupt nur ein flüchtiges Urteil gebildet; Lange war viel eher Künstler als Wissenschaftler. Möglich ist ja auch, daß Schneider sich nur falsch ausgedrückt hat. So zeugten Langes erste Arbeiten in der „Gartenwelt" von einem hohen künstlerischen Empfinden, sie waren mit hinreißender Liebe geschrieben und ließen nirgends durchblicken, daß Lange ein plötzlich zum Künstler erwachter Botanikus sei. Im Verlaufe der Langeschen Arbeiten merkte der aufmerksame Leser dann in manchen Abschnitten eine Neueinführung: Lange studierte „Warmings Oekologische

Pflanzengeographie" und die darin gegebenen Anregungen konnten eine so empfindende Natur nicht unberührt lassen.

Es dauert oft lange, bis man sich von den Erkenntnissen der Wissenschaft wieder frei macht und zurückkehrt zur Liebe, die einzig und allein in unserem Herzen walten darf, wenn wir als Gartengestalter die Natur recht verstehen wollen. Reinhardt sagt in „Hundert ungeschriebene Schriften" (Zukunft, 1907) „Kunst ist Ahnung, Wissenschaft ist Erkenntnis des Gesetzmäßigen", und ein noch schöneres Wort sagt Friedrich Wilhelm Josef Schelling: „Kunst ist die einzige und ewige Offenbarung, die es gibt, und darum steht die Kunst über der Philosophie".

Es würde eine große Verirrung sein, wenn wir annehmen wollten, die Wissenschaft könne uns die Wege weisen, die wir gehen sollten, um einen Charakter richtig wiederzugeben. Die Wissenschaft hat auch gar nichts mit der Sache zu tun, denn um einen landschaftlichen Charakter, den ich einmal in seinem Wesen richtig erfaßt habe, wiederzugeben, brauche ich nicht eine einzige der in dem Landschaftsbild enthaltenen Pflanzen zu kennen. Meine Seele, als Spiegel gedacht, wird ein Bild aufgenommen haben, und dieses wird sie wiedergeben müssen in der Naturtreue, mit der sie es erfaßt hat, — das Material wird sie finden. Wir werden also sagen müssen: Die landschaftliche Gestaltungsweise gibt uns ein Stück Natur, gesehen im Spiegel einer menschlichen Seele oder gegeben durch das Wesen eines Menschen. Es ist dies Werk das Produkt individueller Auffassung in freier, selbstschöpferischer Wiedergabe.

Wollte man auf einem gärtnerisch zubereiteten Stück Land eine Pflanzengenossenschaft mit wissenschaftlicher Genauigkeit unterbringen, so würde man sich sehr leicht und oft in ein Blendwerk einlassen. Die Patina könnte wohl vorläufig die Sünden zudecken und auf den ersten flüchtigen Blick den Eindruck einer korrekten Arbeit erwecken, aber in Bälde würde das Bild zerstört sein. Die Nuancen an Boden- und Feuchtigkeitsverschiedenheiten, welche bei einem solchen Bilde mitsprechen, zu studieren, ist nicht Sache des Gartenkünstlers, sondern des botanischen Gärtners. Von dem Ersteren verlangen wir, daß er durch seine Seele zu anderen Seelen spricht, in schlichter, leicht begreiflicher Weise, frei von aller Kleinigkeitskrämerei, von dem Letzteren aber, daß er biologische Kenntnisse besitzt, mit den Einzelwesen lebt und ihr Verhalten zu einander genau kennt.

Irgendwo habe ich einmal flüchtig eine Arbeit in Händen gehabt, „Bilder ohne Worte" glaube ich heißt sie, darin war ein köstliches Stückchen über das Verstehen der Natur gegeben. Es ist Abend, so vor Sonnenuntergang, ein herrlicher deutscher Wald, so ein Abend und eine Zeit, wenn das letzte Sonnengold zwischen den Stämmen spielt. Ein Holzhändler kommt gegangen, bleibt stehen und sieht sich um. „Prächtige Stämme" murmelt er, geht weiter und rechnet in Gedanken aus, was man wohl erzielen könne, wenn man dies alles zusammenhaue und in Geld umsetze. — Ein Maler kommt, sieht sich um, klappt seine Leinwand auseinander, setzt sich hin. Ein Vöglein singt neben ihm sein Abendlied in den Zweigen. „Halts Maul", sagt der Maler, pfeift eine Operettenmelodie und mischt seine Farben. Auch er geht wieder. — Ein kleines Mädchen, ein Kind noch, kommt daher, plötzlich bleibt auch es stehen, schaut still umher, nach der scheidenden Sonne, nach den sich im Golde badenden Stämmen, es hört das Flöten der kleinen Sänger und all das wirkt auf sein reines, kindliches Gemüt. Nur ein Weilchen steht es — . . . dann sinkt es in seine Kniee, faltet die kleinen Hände und betet . . .

Goethe nennt einmal das Gebet „das Atemholen der Seele", und wer goethesche Art kennt, wird auch wissen, daß er damit nicht meint, die „frommen Mucker", die immer gleich mit Augenverdrehen und Händefalten bereit sind, seien die rechten Menschen, sondern daß es Stunden gibt, in denen auch das, was wir in unserem inneren Menschen so gerne niederkämpfen, ein Recht hat, einmal Atem zu holen, und das möchte ich eben dem angehenden Gartengestalter empfehlen: Er soll sein Kurvenlineal beiseite legen, er soll dem Raunen, welches ihn bestimmt hat, Gartengestalter zu werden, nachgeben, auch später noch. Ist er dann ein Mensch wie der Holzhändler von vorher, nun gut, es muß auch Holzhändler geben, ist er aber ein Mensch, dessen Seele das Seelenleben der Natur verstehen will und kann, dann soll er dies nicht unterdrücken, und er wird gut dabei fahren. Er wird zwar seine eigenen Wege gehen, aber das gerade sind die rechten. Die Befriedigung des Ehrgeizes, wissenschaftliche Erfolge, der Genuß erworbener Güter vermögen nicht jene Stunden zu ersetzen, die ihm eine andächtige Arbeit am Busen der Natur bereitet. Dort wird er lernen, was man unter einem Charakter versteht, dort wird er physiognomische Kenntnisse sammeln. Gleichwie die Züge eines lieben Menschen sich dauernd unserem Gedächtnis einprägen, wird er lernen, die Einzelheiten eines Typus richtig zu erfassen und im geeigneten Augenblick in richtiger Weise wiederzugeben.

„Nur wo ein Problem vorliegt, hat die Kunst etwas zu schaffen". Dieses bedeutende Wort Hebbels, des realistischeren Zeitgenossen Kleists, sollten wir heute mehr denn je beherzigen.

Schultze-Naumburg bietet uns in seinen Kulturarbeiten das, was uns jeder schlicht und bieder denkende Bürgersmann auch sagen kann, es war ihm wohl ein leichtes, seine Bildchen von „richtig" und „falsch" zusammenzutragen, ebenso wie es gar amüsant gewesen sein mag, für sein Werk „Die Kultur des weiblichen Körpers als Grundlage der Frauenkleidung" die vielen „kleinen Mädels" zu photographieren. Sein Messiaswahn scheint keine Grenzen zu kennen, obgleich das „Tam-Tam", mit dem er einherfuhr, heute schon lange nicht mehr die Wirkung auf die Massen ausübt. Mit seiner Reformbekleidung des Weibes ist er ebenso kläglich hereingefallen wie mit seinen Prinzipien in der Gartengestaltung. Was er brachte, wußten wir schon lange, wir wußten aber ebenso, daß mit Trommelwirbeln und Posaunentönen hier nichts zu machen sei und daß solche Sachen, geboren als Kinder einer Epoche, die nur wirtschaftlichen Interessen nachlief, nur durch das Bedürfnis des Menschen nach harmonischerer Gestaltung des Lebens mit der Zeit beseitigt werden können. Das Sehnen des heutigen Menschen ist von diesen Alleswissern doch falsch gedeutet. Man war gleich bei der Hand mit Biedermeierei „hier habt ihr etwas aus der guten alten Zeit". Das bezeichnendste im Agitieren dieser Allkünstler ist, daß sie nun in der Gartengestaltung an der Stelle ansetzen, die ihnen am gefährlichsten werden mußte, dieses Agitieren gegen Willy Lange zeigt aber auch, wie sie allem, was mit urwüchsiger Natur im Zusammenhange steht, die Existenzberechtigung absprechen. Unter den deutschen Malern liebe ich einen Karlsruher besonders: Gustav Schönleber, das ist so ein Mann, der in ernstem Ringen dem Heiligsten treu geblieben, nämlich seiner Liebe und Hingebung für die rechte

Natur. Seine Worte möchte ich Willy Lange zurufen: „Was du mit Liebe gemacht hast, wird auch zu anderen sprechen, alles übrige kümmert mich eigentlich nicht“. (Schönleber spricht von sich.) Möchte mancher deutsche Gartengestalter dieses Wort beherzigen, namentlich diejenigen, die sich heute an die Fersen der Alleswisser hängen, — aber was rede ich, das sind ja keine Gartengestalter, das sind ja Handlanger, und es ist gut, wenn sie sich selbst beizeiten als solche kennzeichnen.

Den Arbeiten Langes liegt ein Problem zugrunde, deutlich als solches im Charakter der Schöpfung erkennbar. Der größte Vorzug seiner Werke ist aber der, daß sie unverkennbar in schlichter Weise so sprechen, wie es beabsichtigt ist, daß Lange also in festen, leicht verständlichen Zügen charakterisiert und auf all die kleinen verwirrenden Schnurrpfeifereien verzichtet. Ueberdies ist Lange derjenige, welcher in der heutigen Gartengestaltung fast einzig es versteht, unbekümmert um Stil und Linien des Hauses die gärtnerische Schöpfung als ein selbständiges, für sich sprechendes Kunstwerk zu behandeln. Ich betrachte es als eine Fügung, daß gerade dieser Mann an eine Stelle berufen ist, von welcher aus er wie kaum anderswo der deutschen Gartenkunst dienen kann.

Leider müssen wir es bekennen, daß viele Mängel gerade in der Ausbildung der heranwachsenden Gestalter aufzuweisen waren und zum Teil noch sind. Nach Architektenmanier hat man Gärten mit Zirkel und Lineal „gemacht“ und sie dann dem Terrain aufgequetscht, anstatt zunächst den Funken, der in mancher jungen Seele glimmte, zu nähren, diese Seele selbst in die Gemeinschaft zu führen, mit der allein sie leben und schaffen konnte. Die Folge war, daß eine Schablonenmanier durch viele Werke hindurchgeht; man hat es versäumt, an der richtigen Stelle den Hebel anzusetzen, das junge empfindende Gemüt zunächst dem Vorbilde gegenüberzustellen, ihm dessen Einzelheiten klar zu machen, um es so zu selbständigem Denken anzuregen. Ich will es nur frei bekennen, daß ich früher den Arbeiten der Dahlemer Lehranstalt ziemlich skeptisch gegenüberstand, weil alles, was sich auf Hochschulmanier zuspitzte, mir im Grunde meiner Seele verhaßt war. Nachdem ich lange Zeit hindurch Gelegenheit hatte, zu sehen, in welcher Weise man dort sowohl in geometrischer als landschaftlicher Gestaltungsweise lehrt, kann ich mich nur darüber freuen.

Einen Lehrer in der Gartenkunst, wie es Goethe in Geisenheim war, möchte ich jedem angehenden Gartengestalter wünschen, alle, die den unter seiner Leitung gebotenen Unterricht genossen haben, werden wissen, wie es sein stetes und festes Bestreben war — „hinaus in die Natur dort die Edelsteine zu suchen, die wir brauchen, nur keine Manier, keine Schablone angewöhnen“.

Es paßt mir nicht recht, auf Lehrstätten zurückkommen zu müssen, aber es wird nötig sein, daß wir uns gerade in unserer Zeit mehr denn je mit ihnen befassen. Eins möchte ich schon jetzt erwähnen: In der Gartenkunst sollte das Skizzieren nach der Natur nicht wie bisher als Nebensache betrachtet werden, und man sollte dabei nicht den Zeichenlehrer allein mit hinausschicken, sondern vor allen Dingen auch den fühlenden Gartenkünstler. Ist er beides, um so besser, aber ich muß sagen, das, was ich so an Aquarellen und Skizzen gesehen habe und sehe, ist meistens vom Standpunkte des Malers aus auf Bildwirkung berechnet.

Nun möchte ich noch eine Sache erwähnen, die viel Staub aufgewirbelt hat, die Olbrichschen Gärten. Wir wollen doch nicht, wie die Alleswisser, wie ich vorhin erwähnte, gleich darauf los schimpfen, ehe wir eine Arbeit genauer betrachtet und nach dem Kern in ihr geforscht haben. Können wir etwas lernen, bietet uns ein Mensch etwas bisher nicht gezeigtes, gut, wir wollen ihm dankbar sein, einerlei ob er ein Architekt, ein Gärtner, oder Maler sei. Zeigt uns Olbrich etwas neues? Halb ja, halb nein! Und das erkläre ich mir so: Auf jedes Menschen Gemüt, um nicht zu sagen Seele, lastet ein gewisser Druck. Irgend ein bedeutsamer Faktor hat derartig auf dieses Gemüt gewirkt, daß es sich nicht wieder losmachen kann von dieser Einwirkung, es hat das stete Bestreben, die auf solche Weise gestörte innere Harmonie wieder herzustellen. Er nennt dies seine Muse, selbst wenn es eine dunkle dämonische Gewalt ist, deren Wirkung auf ihn er vor der Außenwelt verbergen zu müssen glaubt.

So kommt es, daß er sich immer und immer wieder mit diesen seinen Lieblingsgedanken beschäftigt, und es ist für den, der stets nach dem Warum fragen zu müssen glaubt, ein leichtes, aus den Werken eines Menschen, aus seinem Tun und Lassen, diese seine Lieblingsidee herauszufinden. So ist es auch unschwer, bald entscheiden zu lernen, ob ein tieferer Kern und damit ein Wert in seinen Arbeiten steckt.

Olbrichs Arbeiten beweisen zur Genüge, daß er den Märchen aus 1001 Nacht seine Sujets entnimmt, daß überhaupt das märchenhaft Orientalische seinen Arbeiten zugrunde liegt, und daß er es in einer Weise verarbeitet, die zur Ruhe, zum Träumen stimmt. Es ist ihm so gar nicht zu verargen, daß er auch auf den Einfall kam, Gärten zu schaffen, aber — . . . . ja aber, wo bleibt im Alltagsleben der Prinz, der sie bezahlt? Olbrichs Rosenhof in Köln war eine anerkennenswerte Leistung.

Immerhin ist dieser Künstler uns ein gutes Beispiel dafür, daß ein Kunstwerk das Produkt individueller Auffassung in freier selbstschöpferischer Wiedergabe ist. So denkt Olbrich sich die Rose und so gibt er sie uns. Neu ist für uns, daß er sie uns geboren im Glanze orientalischen Märchenzaubers gibt, alt, daß er auf den Einfall kam, durch eine Farbe die Ruhestimmung zu heben. —

Ich stelle Olbrichs Werke weit weg von den Ansichten eines Muthesius und Schultze-Naumburg, aber dieser Unterschied in den Ansichten ist ja im Wesen des Menschen begründet. Wenn man heute zusieht, wie die Alleswisser alles was nicht mit ihnen geht niederrempeln möchten, dann fallen einem die Worte Rosegger's ein („der Flößer-Hans“): „Die Krone der Schöpfung, der Mensch, ist nur in einem unendlich groß: in seinem Egoismus“.

Chrysanthemum.

Empfehlenswerte Chrysanthemum-Neuheiten.

(Hierzu sieben Abbildungen.)

Das vergangene Jahr war für die *Chrysanthemum* wegen der durch die ganze Kulturperiode herrschenden abnormen Witterung besonders ungünstig. Selten haben wir einen solchen Sommer zu verzeichnen gehabt, in welchem die Gießkanne so wenig in Tätigkeit zu treten brauchte, wie im verflossenen. Bei unseren Kulturen, die hoch oben auf dem Berge liegen, hält sich im allgemeinen die Feuchtigkeit nicht allzulange im Boden, er trocknet bald wieder ab. Dadurch können Blattkrankheiten sich kaum ausbilden, wie sie anderswo häufig durch langanhaltende Regenperioden entstehen, und durch welche mitunter ganze Kulturen empfindlich geschädigt werden. Ich hatte allerdings anderswo auf dem flachen Lande verschiedentlich Gelegenheit, die nachteiligen Folgen des nassen Sommers kennen zu lernen, wo ganze Bestände durch die Blattfäulnis stark mitgenommen wurden. An so erkrankten Pflanzen bilden sich selbstverständlich die Blumen nicht gut aus; sie werden fast alle krüppelhaft und sind kaum zu verwenden. Allerdings sind es meistens nur bestimmte Sorten, welche durch allzu große Nässe leiden, und fand ich, daß auf ein und demselben Grundstücke andere Sorten tadellos waren. Es gibt ja bekanntlich verschiedene Sorten, die in warmen, trockenen Sommern vorzüglich wachsen, dagegen langanhaltende Nässe, verbunden mit kühler Witterung, gar nicht vertragen können.

Für das Geschäft in Chrysanthemumblumen war auch der schöne Herbst so ungünstig wie noch nie, weil die Edeldahlien, zum Schaden der *Chrysanthemum*, zu spät, vom Frost zerstört wurden. Bei uns blühten Anfang November die Edeldahlien noch prächtig. Es zeigte sich Ende Oktober fast überall ein Ueberfluß an Edeldahlien- und Chrysanthemumblumen. Selbstverständlich fanden auch die letzteren fast keinen Absatz. Verschiedentlich erzählten mir Schnittblumenzüchter, daß ihnen ganze Häuser mit den schönsten Chrysanthemumblumen verblüht seien, denn naturgemäß werden die billigen Edeldahlienblüten, wenn vorhanden, vorgezogen. Bei einer Ausstellungsreise nach Kopenhagen fand ich, daß dort die Verhältnisse ebenso lagen. Die meisten dänischen Handelsgärtner klagten über das schleppende Herbstgeschäft, verursacht durch die prächtige Witterung. Beim Besuche des Kopenhagener Blumenmarktes war ich ganz erstaunt über die ungeheuren Mengen abgeschnittener Chrysanthemumblumen, die von den dortigen Handelsgärtnern an den Mann gebracht werden sollten. Die Preise waren nach unseren Verhältnissen ganz gute, wie überhaupt für die meisten gärtnerischen Erzeugnisse im Durchschnitt bessere Preise als bei uns gezahlt werden.

Chrysanthemum W. Gooding.
Originalaufnahme für die „Gartenwelt".

Was die Schaublumenanzucht betrifft, so gewinnt dieselbe, wie es mir scheint, von Jahr zu Jahr an Umfang. Es finden sich fortwährend neue Liebhaber für die herrlichen und farbenprächtigen *Chrysanthemum*. Aber auch die einfachblühenden Sorten werden viel verlangt und besonders vom feinen Publikum wegen ihrer eleganten Formen, sowie herrlichen Tönungen, welche viele der neuen Sorten besitzen, bevorzugt. Die meisten derselben sind darum auch dem Schnittblumenzüchter zu empfehlen, weil sie vom Bindekünstler gern gekauft werden. Die meisten einfachen Sorten eignen sich zum Auspflanzen in Kästen. Im Oktober können die Kästen mit Fenstern belegt werden, und entwickeln die Pflanzen, wenn die Kästen heizbar sind, ihren herrlichen Flor von Ende Oktober bis Anfang November. Die meisten Sorten haben recht straffe, lange Stiele, die Blüten tragen sich sehr gut aufrecht und sind ganz vorzüglich als langstieliges Schnittmaterial zu verwenden. Es gibt unter den einfachen Sorten verschiedene ganz frühblühende, die bei zweckentsprechender Kultur schon Ende September bis Anfang Oktober mit Leichtigkeit in Blüte zu haben sind. Dann auch solche, welche ihren Flor erst von Ende November an entwickeln, also Spätblüher sind. Fast durchschnittlich finden beim *Chrysanthemum* abgeschnittene Blumen eher Absatz als Topfpflanzen.

Unter den Schaublumenneuheiten für 1908 befinden sich großartige Einführungen sowie Färbungen, wie wir solche noch nicht in unserem Sortimente besitzen. *Miß C. Frick*, reinweiß, ballförmig, ist ein prächtiger Sport der Allerweltssorte *W. Duckham*. Diese ist wohl so bekannt und hat sich so schnell verbreitet, wie nur wenige Sorten. Darum glaube ich bestimmt, daß ihr herrlicher Sport, wenn genügend bekannt, die gleiche Wertschätzung finden wird, da gerade weiße Schnittsorten für Schaublumenanzucht stets begehrt sind.

W. Gooding (Abb. oben) zeigt feines Silberrosa und hat breite, leicht nach innen gebogene Blumenblätter, welche an den Enden gespalten sind. Die besonders prächtige, feingefärbte Blume hat eine ganz vorzügliche Haltbarkeit und ist ganz sicher in ihrer Ausbildung.

Chrysanthemum Mrs W. Wells.
Originalaufnahme für die „Gartenwelt".

Ami Bergeret, leuchtendes Malvenrosa, Ballform, etwas zurückgebogene Blumenblätter, herrlicher Wuchs, schon Anfang Oktober blühend. Es ist mir noch keine frühe Sorte bekannt, welche annähernd gleich vorzügliche Eigenschaften besitzt.

Lady Lennard, goldig-orangegelb, hat ganz breite, einwärts gebogene Blumenblätter. Die enorm großen Blumenbälle sind herrlich.

O. H. Bromhead (Abbildung Seite 187), zartes Rosa, Rückseite silberig, Petalen gelockt, Blüten sind voll, sehr haltbar, fest gestielt.

Chrysanthemum Polyphème.
Originalaufnahme für die „Gartenwelt".

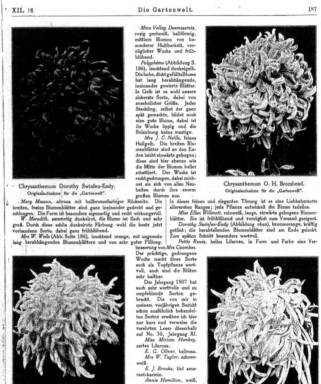

Chrysanthemum Dorothy Swinfen-Eady.
Originalaufnahme für die „Gartenwelt".

Mme Vellay Desmeseretz, rosig perlweiß, ballförmig, mittlere Blumen von besonderer Haltbarkeit, vorzüglicher Wuchs und frühblühend.

Polyphème (Abbildung S. 186), leuchtend dunkelgelb. Die hohe, dicht gefüllte Blume hat lang herabhängende, ineinander gewirrte Blätter. In Gelb ist es wohl unsere sicherste Sorte, dabei von ansehnlicher Größe. Jeder Steckling, selbst der ganz spät gemachte, bildet noch eine gute Blume, dabei ist ihr Wuchs üppig und die Belaubung keine mastige.

Mrs J. C. Neille, feines Hellgelb. Die breiten Blumenblätter sind an den Enden leicht einwärts gebogen; diese sind hier ebenso wie die Mitte der Blumen heller schattiert. Der Wuchs ist recht gedrungen, dabei zeichnet sie sich von allen Neuheiten durch ihre enorm großen Blumen aus.

Chrysanthemum O. H. Bromhead.
Originalaufnahme für die „Gartenwelt".

Mary Masson, altrosa mit hellbronzefarbiger Rückseite. Die breiten, festen Blumenblätter sind ganz ineinander gedreht und geschlungen. Die Form ist besonders eigenartig und recht wirkungsvoll.

W. Meredith, sammetig dunkelrot, die Blume ist flach und sehr groß. Durch diese schön dunkelrote Färbung wohl die beste jetzt vorhandene Sorte, dabei ganz frühblühend.

Mrs W. Wells (Abb. Seite 186), leuchtend orange, mit ungemein lang herabhängenden Blumenblättern und von sehr guter Füllung.

In dieser feinen und eleganten Tönung ist es eine Liebhabersorte allerersten Ranges; jede Pflanze entwickelt die Blume tadellos.

Miss Ellen Willmott, reinweiß, lange, einwärts gebogene Blumenblätter. Sie ist frühblühend und vorzüglich zum Versand geeignet.

Dorothy Swinfen-Eady (Abbildung oben), bronzeorange, kräftig getönt; die herabfallenden Blumenblätter sind am Ende gelockt. Zum späten Schnitt besonders wertvoll.

Petite Renée, helles Lilarosa, in Form und Farbe eine Verbesserung von *Mrs Coombes.* Der prächtige, gedrungene Wuchs macht diese Sorte auch als Topfpflanze wertvoll, auch sind die Blüten sehr haltbar.

Chrysanthemum Maud Jefferies.
Originalaufnahme für die „Gartenwelt".

Der Jahrgang 1907 hat auch sehr wertvolle und zu empfehlende Sorten gebracht. Die von mir in meinem vorjährigen Bericht schon ausführlich behandelten Sorten erwähne ich hier nur kurz und verweise die verehrten Leser dieserhalb auf No. 30, Jahrgang XI.

Miss Miriam Hankey, zartes Lilarosa.

E. G. Oliver, hellrosa.

Mrs W. Taylor, schneeweiß.

E. J. Brooks, tief amarant-karmin.

Annie Hamilton, weiß, rosig angehaucht.

Mrs R. F. Felton, terrakotta und chamois.

Mrs Walter Jinks, violettrosa.

Eleanor Duchess of Northumberland (Abb. neben-

Chrysanthemum Duchess of Northumberland.
Originalaufnahme für die „Gartenwelt".

stehend), weiß mit hellgrüner Mitte. Die besonders große Blume hat ineinander geschlungene Blumenblätter; zum späten Schnitt ist sie sehr geeignet, von großer Haltbarkeit, dabei trägt die Pflanze die feste Blume großartig und der Wuchs ist vorzüglich.

Maud Jefferies (Abbildung Seite 187), reinweis, ballförmig, ist ebenfalls eine erstklassige Sorte zur Schaublumenanzucht. Wohl die meisten älteren weißen Sorten werden durch die vorgenannten weißen übertroffen.

Lady E. Talbot, zart kanariengelb, mit lang herabhängenden Blumenblättern.

Mrs D. W. James, rötlich terrakotta mit altgoldiger Rückseite, ballförmig und enorm großblumig, von vorzüglichstem, gedrungenem Wuchse.

Reginald Vallis, tiefes violettrosa, mit lang herabhängenden, an den Spitzen gelockten Blumenblättern. Die Färbung ist eine satte und noch wenig vertreten.

Mrs A. S. Bott, bronzelachsfarbig, ballförmig und spätblühend.

Mrs A. T. Miller, reinweiß, gelockte Blumenblätter und ganz frühblühend, dabei recht großblumig.

Mrs A. H. Lee, leuchtend dunkelrot. Die schmalen, lang herabgebogenen Blumenblätter bilden eine enorm große Blume. In der Kultur sehr anspruchslos.

Tom King, kupfrig rosig und terrakotta. Ein herrlich gefärbter Sport von *Miss Mildred Ware,* von welcher auch der teegelbe Sport *Miss J. Hadaway* stammt. Die stark gefüllten Blumen blühen ganz zeitig und ist die Blumenausbildung so sicher, wie wohl nur bei wenigen Sorten.

Farfadet, dunkelgelb, altrosa schattiert, ineinandergewirrte, locker herabhängende Blumenblätter. Ganz frühblühend.

Wie ich schon eingangs erwähnte, erfreuen sich die in der letzten Zeit so recht in Mode gekommenen einfachen *Chrysanthemum* allgemeiner Wertschätzung. Nachstehend führe ich die besten Sorten an:

Mary Richardson, hellterrakotta, enorm reichblühend und recht verzweigte Büsche bildend.

Miss A. Holden, hell primelgelb, Topfsorte von ganz kurzem Wuchse.

Emilie, pfirsichblütenrosa, schöne runde Blumen, vorzüglich zum Schnitt.

Harold Shaw, reinweiß mit sternförmigen Blüten, sehr langstielig.

Merstham White, schneeweiß, sehr großblumig und von allen die früheste.

Nachfolgende Sorten setzen mit dem Flor Ende Oktober ein:

Rautendelein, bronze und rotbraun, sehr großblumig, von straffem Wuchse.

Perle, perlweiß, rosig angehaucht, reich verzweigte Büsche bildend.

Rosenelfe, lilarosa mit weißer Mitte. Die Blume ist langstrahlig und recht eigenartig.

Viktoria, kanariengelb, niedrig wachsend.

Roupel Beauty, rosigkarmin, eine herrliche Färbung.

Rotkäppchen, indischrot mit goldigem Grunde, die Blüten stehen einzeln auf starken Stielen.

Miss E. Partridge, rosa, edelgeformte Blumen, und wohl die anmutigste Sorte von allen.

Gracie Lambert, rosa mit weißem Grunde, sehr großblumig und langstielig.

Mrs R. N. Parkinson, schwefelgelb mit zwei Reihen Randblüten.

Kitty Bourne, goldgelb, sehr leuchtende Tönung und vorzüglich zur Topfkultur.

Mrs Morries, leuchtendgelb, sternförmig.

Schneewittchen, reinweiß, besonders großblumig und vorzüglich zum Massenschnitt geeignet, dabei ganz spätblühend und im Dezember im herrlichsten Flor.

Golden Star, goldgelb mit großem gelben Knopf, ebenfalls ganz spätblühend und zu Weihnachten noch im Flor.

Die von mir im vergangenen Jahrgange empfohlenen dekorativen Sorten zum Massenschnitt haben das gehalten, was sie versprochen. In der reinweißen *Money Maker* besitzen wir eine Schnittsorte, die so leicht nicht zu ersetzen und besonders für diejenigen von hohem Werte ist, die zu Allerheiligen feste und haltbare Blumen gebrauchen.

Terracotta Soleil d'Octobre, kräftig terrakottafarben, bewährte sich als buschige Topfpflanze ebenso vorzüglich wie zum frühen Schnitt; es gibt bei dieser Sorte überhaupt keinen Ausfall.

Rose Poitevine, kräftig leuchtend seidigrosa, ist eine hochfeine Schnittsorte, wegen der aparten Tönung. Als Topfpflanze eignet sich diese besonders und sah ich gerade auf der Kopenhagener Chrysanthemumausstellung von *Rose Poitevine* herrliche Buschpflanzen.

Noch zwei besonders wertvolle, frühblühende Sorten bewährten sich für den Septemberflor wiederum vorzüglich:

Crimson Quintus, braunrot mit goldiger Rückseite, durch sehr große Blühwilligkeit ausgezeichnet, und

Sally, korallenrosa, mit großen, edelgeformten Blüten und ganz aufrechtem Wuchse. Beide Sorten, ungemein reichblühend und gedrungen wachsend. Dabei zeichnen sich beide durch reine, intensive Blumenfärbung und gesunden, kräftigen Wuchs aus. Die diesem Artikel beigegebenen Abbildungen wurden nach Blumen der hiesigen Handelsgärtnerei von Georg Bornemann gefertigt.

Carl Ziskoven, Obergärtner, Blankenburg a. Harz.

Rosen.

Die Vermehrung der Polyantharose Mme Norbert Levavasseur. Da bekanntlich die übliche Anzucht der Rosen durch Veredlung zwei Jahre bis zur Erzielung verkaufsfähiger Pflanzen beansprucht, habe ich es voriges Jahr mit der früher viel gehandhabten Vermehrungsart durch Steckholz versucht; es sind diese Versuche so zu meiner Zufriedenheit ausgefallen, daß ich diese Vermehrungsart allen Kollegen empfehlen kann.

Das Anfang Mai und auch noch später von kräftigen Freilandpflanzen gesammelte Steckholz wurde auf 2—3 Augen geschnitten und in mit sandiger Komposterde gefüllte Handkästen gesteckt. Das Steckholz muß ausgereift sein; ist es zu weich, so tritt leicht Fäulnis ein, ist es zu hart, so nimmt die Bewurzelung lange Zeit in Anspruch. Die mit Stecklingen besetzten Holzkästchen bringe ich auf einen lauwarmen Kasten, wo die Bewurzelung bei guter Pflege in 4—5 Wochen erfolgt. Dementsprechend können die bewurzelten Stecklinge schon von Mitte Juni ab ausgepflanzt werden. Auf den Beeten entwickeln sich nun die Stecklingspflanzen im freien Lande überraschend schnell. Schon Ende Oktober haben diese Rosenstecklinge eine so große Vollkommenheit erlangt, daß sie den im Jahre vorher auf das schlafende Auge veredelten der gleichen Sorte vollständig gleichstehen. Dazu kommt noch, daß bei diesen Stecklingsrosen alles wächst, also kein Ausfall zu verzeichnen ist. Die meisten Pflanzen entwickeln 3—5 kräftige Triebe und zeigen reiche Bewurzelung. Auf diese Weise ist es mir gelungen, in 4—5 Monaten das zu erreichen, was bei der üblichen Vermehrung durch Veredlung die dreifache Zeit erfordert. Es sollte mich freuen, wenn durch diese leichte Art der Vermehrung die hübschen Polyantharosen immer weitere Verbreitung finden.

Versuche mit der gleichen Vermehrungsart bei der Bengalrose *Gruß an Teplitz* sind noch nicht vollständig abgeschlossen, scheinen aber gleichfalls ein günstiges Ergebnis zu liefern.

Gust. Lange, Kunstgärtner, Rödelheim.

Gemüsebau.

Erfahrungen mit Treibgurken im Jahre 1907. In den letzten vier Jahren habe ich regelmäßig Gurken unter Glas kultiviert und zwar in gewöhnlichen, für Topfpflanzen erbauten Kulturhäusern. Diese Häuser werden Anfang Mai leer und nun für den Anbau von Gurken nutzbar gemacht, der also eine Nebenkultur ist, die sich aber dennoch reichlich lohnt, wenn die Kultur sachgemäß gehandhabt wird. Die für diese Kultur bestimmten Treibhausgurken werden Anfang Mai in kleine Töpfchen gesät, in einen warmen Mistbeetkasten gebracht und ganz mit Torfmull bedeckt. Bei einigermaßen gutem Wetter bleiben die Sämlinge hier nun 15 bis 20 Tage, um dann in die Gewächshäuser verpflanzt zu werden. Ich pflanze ausschließlich auf Tabletten aus, auf die natürlich eine entsprechende Lage guter Erde kommt. Die Pflänzchen sind anfangs sehr empfindlich und fallen, wenn kalte Nächte eintreten, leicht um, um dann abzufaulen. Dies verhütet man durch Decken und vorsichtiges Gießen, wobei weder Stengel noch Blätter benäßt werden dürfen. Bald fangen die Gurken an, tüchtig zu wachsen, es ist dann geboten, in Zwischenräumen von zwei Wochen immer etwas frische, nahrhafte Erde und möglichst auch Kuhdung auf die Erdhügel zu bringen und diese dadurch mehr und mehr zu verstärken. Um das Wachstum zu fördern und ein Ueberhandnehmen des Ungeziefers zu verhindern, ist nun auch für permanente Luftfeuchtigkeit Sorge zu tragen, die man durch Aufgießen der Wege und Wände erzielt. Ein Spritzen der Pflanzen selbst ist in der Regel nicht ratsam, da es häufig ein Anfaulen der jungen Früchte zur Folge hat; man nehme es nur im Notfalle vor, wenn die Pflanzen infolge von zu großer Hitze schlapp geworden sind. Das Lüften der Häuser ist mit Vorsicht auszuführen, doch sollte die Temperatur derselben nicht über 35 bis 38° C steigen; die Luftklappen müssen immer zeitig wieder geschlossen werden. Jede der auf vorstehende Art behandelten Treibhausgurken brachte im Durchschnitt 35 bis 40 gut ausgebildete Früchte. Von allen Sorten habe ich bisher mit *Becks 1900* und *Becks Namenlose* (siehe Jahrgang XI, Seite 186—187) die besten Erfolge erzielt. Sie übertreffen die meisten anderen Sorten an Schnellwüchsigkeit, Widerstandsfähigkeit und Fruchtbarkeit.

Gust. Lange, Kunstgärtner, Rödelheim.

Mannigfaltiges.

Zum Kyl-Kol-Schwindel.

Wiederholt schon ist das Kyl-Kol, von welchem marktschreierische Reklame behauptet, daß es an jeder Feuerung mindestens 25 Prozent an Brennmaterial spare, öffentlich als Schwindelpräparat gebrandmarkt worden. Nach einem Inserat in einer der letzten Nummern dieser Zeitschrift, welches von einer Frankfurter Firma aufgegeben ist, scheint aber die Wertlosigkeit des Kyl-Kol, das früher auch unter den schönen Namen Kolawitsch, Kohlespar und Sparkohl angepriesen wurde, in den Kreisen der Leser dieser Zeitschrift noch wenig bekannt zu sein.*) Eine Aufklärung hierüber dürfte daher wohl von Nutzen sein.

Laut Untersuchungsbericht der Großh. Badischen Prüfungs- und Versuchsanstalt in Karlsruhe, enthält das Mittel folgende Bestandteile:

Chlornatrium (Kochsalz)	75,2	Prozent
Natriumsulfat	5,2	„
Calciumsulfat (Gips)	2,9	„
Eisenoxyd	7,7	„
Sägespäne	3,0	„
Feuchtigkeit	4,4	„
Unlösliche Verunreinigungen (Schmutz)	1,6	„

Salpetersaure oder chlorsaure Salze waren nicht vorhanden. Demnach stellt sich das Kyl-Kol im wesentlichen als ein durch Eisenoxyd und Sägespäne stark verunreinigtes Kochsalz (Viehsalz) bezw. Glaubersalz dar.

Eine erst kürzlich mir zur Untersuchung vorgelegte Probe bestand nur aus fast reinem, kristallisiertem, schwefelsaurem Natrium (Glaubersalz), das wieder durch Eisenoxyd braunrot gefärbt war. Das Glaubersalz ist natürlich ebenso unwirksam wie das Kochsalz.

100 kg des Kyl-Kol repräsentieren somit einen Materialwert von etwa 6 Mark, während sie in dem Inserat mit 130 Mark angeboten werden. Man sieht, daß hier der Händler mit einem ungeheuren Profit arbeitet. Für ein Postkolli von 5 kg Inhalt, also mit einem Materialwerte von etwa 30 Pfennigen, werden sogar 7,50 Mark verlangt, eine Summe, für welche man schon 8 Zentner beste Steinkohle erhalten kann. Grade diese kleinen Probemengen verleiten aber leicht zu einem Versuche und zu einem — Reinfall. Wer also absolut das Zeug probieren möchte, lasse sich höchstens auf Gratisproben ein.

Von irgend welcher Wirkung bezüglich der Verbrennung der Kohlen oder besserer Hitzeentwicklung durch das Kochsalz kann natürlich überhaupt keine Rede sein, und jegliche Kohleersparnis infolge Verwendung des Kyl-Kol ist ausgeschlossen. Die Anpreisung des Mittels als Kohlesparer ist also reiner Schwindel. Die einzige Wirkung des Kyl-Kol, bzw. des Kochsalzes, ist die, daß es die dunkle Flamme glühender Kohlen leuchtend gelb färbt, wodurch der Anschein einer besonders lebhaften Verbrennung und Wärmeerzeugung erweckt wird. Besonders auffallend ist die Erscheinung bei Koksfeuern, weil diese an sich mit fast farbloser Flamme brennen. Man lasse sich jedoch nicht durch das helle Aufleuchten des Feuers verblüffen, wenn Kyl-Kol zugesetzt wird, denn das Aufleuchten bedeutet noch keine stärkere Wärmeerzeugung. Den gleichen Effekt, selbstverständlich ebenfalls ohne damit an Brennmaterial zu sparen, erreicht man, wenn man eine Handvoll gewöhnliches Speisesalz in Wasser auflöst und von der Lösung etwas in das Feuer oder schon vorher auf die Kohle sprengt. Das beste Mittel, an Kohle zu sparen, ist und bleibt vorläufig sachverständige Anlage und aufmerksame Bedienung der Feuerstätte.

Bei den Verbrauchern großer Kohlemengen, welche gewöhnlich auch regelmäßige Kontrollen ihrer Feuerungsanlagen vornehmen, ist das Kyl-Kol längst als Schwindel bekannt und auch die glänzendsten Anpreisungen und Empfehlungen verfangen hier nicht mehr. Der Händler-Fabrikant scheint sich daher ein neues Absatzgebiet bei den kleinen Verbrauchern, so auch bei den Besitzern von Gewächshäusern suchen zu wollen. Darum im eigenen Interesse „Taschen zu"!

Dr. P.

*) Anmerkung der Redaktion: Wir haben sofort nach Eingang dieses Artikels veranlaßt, daß das fragliche Inserat nicht mehr aufgenommen wird.

Der Marder als Obstdieb. Die Nordgrenze meines Hausgartens bildet eine einzige lange Scheunenwand, an welcher auch zwei Weinstöcke der Sorte *Roter Gutedel* angepflanzt sind. In normalen Jahren gelangen die Trauben an dieser Südwand schon Ende September zur Reife. Doch im vergangenen, ungewöhnlich kühlen und nassen Sommer, wo der Wein am Südspalier hier erst Ende Juli blühte, wäre wohl kaum eine Reife eingetreten, wenn nicht der September und Oktober ununterbrochen außergewöhnlich warme Tage gebracht hätten. So kam es denn, daß die Trauben anfangs November doch noch gereift waren, und sie wurden nun nach und nach für den Tisch abgenommen. Am 8. November wurden vom ersten Stock die letzten Trauben geschnitten und am folgenden Tage sollte nun am andern Spalier der Anfang gemacht werden. Wie ich am 9. November morgens in den Garten kam, sah ich mit Schrecken, daß nur noch wenige unreife Beeren am Spalier hingen, während alle andern sehr geschickt einzeln abgefressen waren. Ein Diebstahl bei dunkler Nacht war ausgeschlossen, der Dieb hätte auch die ganzen Trauben abgeschnitten. Für den Fuchs, der sich hier auch nur sehr selten zeigt, hingen auch diese Trauben zu hoch, es sind also nur die Marder, die in mehreren Exemplaren in der Scheune hausen, als Traubendiebe anzusprechen. Am Morgen des 10. November war auch die letzte Weinbeere verschwunden, ein Beweis, daß den Mardern die Kost geschmeckt hatte. Seit dieser Zeit scheinen meine Raubritter überhaupt Geschmack am Obst zu finden. In der Nähe des Spaliers, wo ich häufiger Fasanenfedern und blutige Ueberreste von wilden Kaninchen als deutliche Zeichen fand, daß die unheimlichen Gesellen an der Arbeit waren, fand ich, seit die Trauben geplündert wurden, wiederholt Birnen, die angenagt waren und verschiedene Abdrücke scharfer, spitzer Zähne aufwiesen. Die Früchte stammten von einem Baume, der 16 m von der Wand entfernt steht.

Wenn die Entdeckung dieser Obstdiebe auch gerade nicht angenehm für mich war, so finde ich sie doch interessant genug, um sie bekannt zu geben. Ich hoffe, daß der Jäger mit Freude den Räubern noch diesen Winter ihr Handwerk legen wird. **O. Jacobs.**

Gerätschaften.

Räucher-Apparat „Terror“ (D.R.G.M.320069) besteht aus zwei Teilen, einem Spirituskocher und einem durchlochten Blechteller. Um eine wirksame Räucherung zu erzielen, füllt man den Spirituskocher etwa $^1/_2$ cm mit gutem Spiritus. Hierauf bedeckt man den Blechteller mit der Gebrauchsanweisung, auf welche man etwa 200 Gramm Räucherpulver schüttet. Dann wird der Spiritus angebrannt und die Räucherung ist im Gange. Es ist notwendig, daß der Apparat wagerecht steht und die Menge Spiritus nicht größer ist als oben angegeben, denn die Flamme soll nur bewirken, daß das Räucherpulver ins Glimmen kommt. Nach Verlöschen der Flamme glimmt das Räucherpulver langsam in sich weiter, was zur erfolgreichen Vernichtung von Blattläusen usw. nötig ist. Die Belaubung der betreffenden, mit Insekten behafteten Pflanzen soll trocken sein. Es empfiehlt sich, den betreffenden Raum luftdicht geschlossen zu halten. Bei Gewächshäusern genügt auf 40 cbm Luftraum ein Terror-Apparat, wenn man ungefähr 300 Gramm Räucherpulver auf einmal gebraucht. Bei Frühbeetkästen und schmalen Treibhäusern muß jedoch auf je 6 bis 8 Meter Länge ein Apparat verwendet werden.

„Peter's Sturmluftholz“ (Musterschutz) ist ein Holzkeil aus Hartholz in pyramidaler Form, mit breiter Basis, zu dem Zwecke, ein Umstürzen der Fenster bei verstärktem Luftzuge und eventuell Sturm zu verhindern. Seitlich in dem Holzkeil sind zwei Nuten eingekerbt, die die Luftzufuhr regulieren, so, daß Frühbeetfenster bei kalter Witterung auf halbhoch, bei wärmerer auf ganz, Hochluft, gesteckt werden können. Es ist mit diesem Holze möglich, von 2 bis 20 cm beliebig Luft zu stellen, wobei ein Umstürzen der Fenster gänzlich ausgeschlossen ist. Wer die bis jetzt gebräuchlichen Luftsteckhölzer kennt, weiß, welch kolossale Mengen Glas jährlich „geliefert“ werden, nur durch Umstürzen der Fenster. Der Anschaffungspreis dieser Hölzer ist ein so geringer, daß sich ein Versuch lohnt.

Fragen und Antworten.

Beantwortung der Frage No. 477. Welche blühenden und nichtblühenden, in Westfalen winterharten Schlingpflanzen sind für vier Meter hohen Laubengang zu empfehlen?

In erster Linie empfehle ich die Pfeifenwinde, *Aristolochia Sipho;* sie ist durchaus winterhart und bedeckt Laubengänge vorzüglich mit ihren großen Blättern. Die kleinen, grünen Blüten sind interessant durch ihre Form, werden aber von dem Laubwerk vollständig verdeckt. Am uppigsten entwickelt sich dieser Kletterstrauch in kräftigem, lehmigem Boden; er verlangt reichlich Wasser und verträgt noch ziemliche Beschattung.

Von Rosen empfehle ich in erster Linie die bekannte *Crimson Rambler,* der sich noch zahlreiche neuere Schlingrosen zugesellen. Von Waldreben durfte in erster Linie die weißblühende *Clematis flammula* zu empfehlen sein. Ein interessanter, weiter zu empfehlender Schlingstrauch ist *Actinidia polygama* (eingehende Beschreibung siehe Jahrgang I, Seite 98); sie wächst in den ersten Jahren allerdings nur langsam und muß anfangs im Schnitt gehalten werden.

Theodor Meier, Ronsdorf.

— Von nichtbluhenden bezw. hauptsächlich ihrer Belaubung halber angepflanzten Schlingpflanzen würde ich für diesen Zweck außer *Ampelopsis* den bekannten Pfeifenstrauch, *Aristolochia, Sipho* empfehlen. Unter den schönblühenden Schlingpflanzen haben wir jedoch so schöne Sachen, daß diesen entschieden der Vorzug zu geben ist. Da sind vor allen Dingen die Wistarien, wunderschön mit ihren blauen und weißen Blütentrauben *(Wistaria chinensis* und *W. chinensis alba),* ferner dürften die Bignonien in Westfalen winterhart sein. In Frage käme *Bignonia chinensis grandiflora (Tecoma chinensis),* mit leuchtend roten Trompetenblumen, starkwachsend. Eine noch neuere, ungeheuer raschwachsende Schlingpflanze ist *Polygonum Baldschuanicum,* das Triebe von 4 bis 5 Meter Länge in einem Jahre macht. Von August bis zum Herbst erscheinen die fedrigen weißen Blütenrispen in übereicher Fülle an den Zweigspitzen. Auch unsere Schlingrosen *Crimson Rambler, Dorothy Perkins, Leuchtstern* und andere würden für diesen Zweck zu empfehlen sein, ebenso *Clematis montana grandiflora,* die sehr raschwüchsig ist und starke Holztriebe bildet. Die großen weißen Blumen erscheinen von April bis Mai in überreicher Fülle. **Reiter.**

Beantwortung der Frage No. 478. Ist es besser, im Herbst oder Frühjahr gefällte Birken für Naturholzarbeiten zu benutzen? Wie verhält sich hierzu die Haltbarkeit der Rinde? Wann ist die beste Zeit, sich derartiges Holz zu sichern, und soll man dasselbe aufrecht oder liegend lagern? Ich befürchte bei liegender Lagerung Fäulnis.

Das Birkenholz kann, wenn im Herbst geschnitten, recht gut für Naturholzarbeiten verwendet werden, was aber nicht ausschließt, daß dieses auch während des ganzen Winters zu holen ist. Gegen Frühjahr ist das Abholzen meist gewagt, da in dem ohnehin saftreichen Birkenholze sehr zeitig wieder die Saftzirkulation einsetzt. In Saft befindliches Holz schrumpft vorzeitig und stößt auch bald die Rinde ab, Ich habe mit Erfolg im Herbst gewonnenes Birkenholz (in den Baumschulen als überständig gegrabene Birkenstämmchen) für einen Blumentisch verarbeitet und halte diesen Zeitpunkt auch für den geeignetsten. Das Holz läßt sich dann noch gut in die gewünschten Formen passen — spannen und biegen — während es später, nach dem Lagern, zur Verwendung im ungeteilten, ungespaltenen Zustande zu trocken ist. Bezüglich des Lagerns solcher Hölzer möchte ich hier auf folgendes aufmerksam machen. Man lasse die Stämme bezw. Aststücke ungeteilt und ungespalten, da statt des erwünschten schnelleren Trocknens über Winter damit sehr häufig eine Beschädigung durch Frost verbunden ist, da doch trockne und luftige Aufbewahrung geboten erscheint. Muß das Holz mit Rücksicht auf die Verwendungsart „lagertrocken“ sein, so sei langsames Trocknen geraten. Bleiben die Stämmchen ungeteilt, so kann der Frost nicht so intensiv einwirken und das Reißen, wie es uns bei einer Holzsammlung passierte, ist dann nicht zu befürchten. Für manche Naturholzarbeiten dürfte sich jedoch eine direkte Verarbeitung des frischgeschlagenen Holzes im Herbste empfehlen, wie beispielsweise zur Herstellung eines Blumentisches etc. Man bringt das Untergestell, die Füße, weit besser in annehmbare gefällige Form und kann ja immer die Vollendung, die letzte Politur etwas hinausschieben. An recht luftigem Ort (Speicher) dürfte es sich wohl gleich bleiben, ob das Holz stehend oder liegend aufbewahrt wird, nur ist darauf zu achten, daß dasselbe hohl zu liegen kommt.

Obergärtner **Beuß,** Schwetzingen.

— Will man Birken für Naturholzarbeiten benutzen, so empfiehlt es sich, dieselben schon im Spätherbst zu fällen, in einem offenen Schuppen an der Luft zu lagern und zu trocknen; ob die Stämme dazu gestellt oder gelegt werden, bleibt sich gleich. Das Holz im frischen Zustande zu verarbeiten, ist nicht zu empfehlen, weil frisches Birkenholz sehr leicht in Fäulnis übergeht, wenn es der Witterung ausgesetzt ist.

Obergärtner **A. Zerbe,** Miltitz bei Leipzig.

Beantwortung der Frage No. 479. Ich besitze eine 80 m lange Mauer, direkt nach Süden gerichtet, mit einer davorliegenden Rabatte von 1,50 m Breite. Auf dieser Rabatte will ich Freiland-*Chrysanthemum* ziehen. Ich bitte um Namhaftmachung von Sorten, die um die Zeit von Allerheiligen draußen blühen. Es ist durch die Mauer Gelegenheit geboten, durch Vorstellen von Matten nachts Schutz zu geben. Ich bitte um genaue Sortenangabe (hauptsächlich weiß). Gegend Rheinland. Einige Zuchtwinke erwünscht.

Die Auswahl in frühblühenden *Chrysanthemum* ist in den letzten Jahren eine größere geworden und zahlreiche wertvolle Neuzüchtungen scheinen dazu berufen, dem *Chrysanthemum* als Freilandblüher mehr Geltung zu verschaffen. Gerade zu Allerheiligen macht sich die Bereicherung der Liste frühblühender *Chrysanthemum* in großblumigen Sorten sehr angenehm bemerkbar, zumal die um diese Zeit flott abzusetzenden *Chrysanthemum* mit geringen Unkosten herangezogen werden können. Es seien besonders folgende als erprobt hier mitgeteilt: *Parisiana, Edmund Duval,* weiß; *Soleil d'Octobre, Tatiana,* prachtvolle großblumige gelbe Sorten, besonders reichblühend; *G. Grunerwald,* weißlich rosa, sehr großblumige und sehr dankbare Schnittsorte; *Mme Gastellier,* bleibt mittelboch, rahmweiß, reichblühend, für Grabbepflanzung gut geeignet; *Rose Laing,* rosa mit dunkler Rückseite; *La Triomphante,* rosa, großblumig, sehr ansprechende ältere Sorte; *Mme Isaak,* eine neuere, prachtvoll crêmeweiße Sorte, mit großen Blumen. Diese, wie auch die Sorte *Mme P. Sahut,* rosaweiß, nahmen sich ganz hervorragend in unserer vorjährigen Kollektion aus. Auch sei hier noch der kleinblumigen Sorten gedacht, die sich noch hier und da in den Gärtnereien erhalten haben und auch zum Schnitt, besonders als Frühblüher, recht verwendungsfähig sind.

Was nun die Heranzucht, unter besonderer Berücksichtigung der gegebenen Verhältnisse, betrifft, so wird bei der Kultur an einer südlichen, also sehr warm gelegenen Mauer, ganz besonders Wert auf guten, nicht zu leichten Boden zu legen sein. Guter, kräftiger Lehmboden ist am geeignetsten, und wird man stets für genügende Bewässerung und häufiges Spritzen bei anhaltend trockener Jahreszeit zu sorgen haben. Nur bei genügender Feuchtigkeit und Nahrung entwickeln die *Chrysanthemum* kräftige Triebe und Blumen, bilden und behalten sie kräftiges Laub. Es dürfte sich auch empfehlen, den Boden nach dem Auspflanzen der jungen *Chrysanthemum* mit kurzem Dung zu belegen, wodurch derselbe locker und feucht gehalten, den Pflanzen aber auch gleichzeitig entsprechend Nahrung zugeführt wird, die noch später, an Regentagen, möglichst durch flüssige Düngung ergänzt werden sollte. Man pflanze auf ein Beet, wie in vorliegendem Falle, nicht mehr als höchstens drei Reihen, damit auch eine gründliche Bodenbearbeitung möglich ist.

Für diese frühblühenden und zum größten Teil für den Schnitt berechneten Sorten ist eine Vermehrung Anfang April noch früh genug. Die einfachste Methode der Stecklingszucht ist für dieselben folgende: Die Stecklinge werden einzeln in mit sandiger Laub- oder Mistbeeterde gefüllte kleine Töpfchen gesteckt und in ein noch lauwarmes Mistbeetfenster (etwa ein abgeerntetes Frühgemüsefenster) eingesenkt und einige Zeit gespannt sowie gleichmäßig feucht gehalten. Bei möglichst eingeschränkter Beschattung werden die Stecklinge bald wurzeln und können Anfang bis Mitte Mai mit Topfballen ausgepflanzt werden; man hat dann die Arbeit des Eintopfens der bewurzelten Stecklinge gespart. Die weitere Behandlung ist schon eingangs erwähnt; es sei hier nur noch betont, daß ein- bis zweimaliges Stutzen nötig werden wird, um gedrungene, kräftige Pflanzen bezw. Blütenstiele zu erzielen. Nach Mitte Juli soll aber nicht mehr gestutzt werden, da sonst die Blüte verzögert wird. **Beuß.**

— Die besten, zu Allerheiligen blühenden weißen *Chrysanthemum* zum Schnitt, die sich bei leichter Decke aus Tannenreisig oder Laub im Freien überwintern lassen, sind folgende Sorten: *Melanie,* crêmefarbig, sehr reichblühend; *La Neige,* weiß, sehr reichblühend. Beide halten ohne Deckung im Freien aus und sind für Kranzbinderei sehr zu empfehlen. Wertvolle harte Sorten sind ferner *Souvenir de petite Amie, Miß Alice Byron* und *Niveum.* Die Anzucht dieser *Chrysanthemum* ist folgende: Man schneidet die Stecklinge von April bis Ende Mai und stopft sie in ein lauwarmes Beet. Sind die Stecklinge bewurzelt, pflanzt man sie in kleine Töpfe in Komposterde und hält sie nun ein paar Tage geschlossen. Sind die Pflanzen durchwurzelt, so werden sie gestutzt und nach dem Durchtreiben der Seitentriebe an ihren Bestimmungsort in 40 bis 50 cm Abstand ausgepflanzt. Reichliche Bewässerung und öfterer Dungguß sind zu empfehlen. Auf diese Weise behandelte Pflanzen werden stets gut und reich blühen; will man größere Blumen erzielen, so müssen die Seitenknospen entfernt werden. Blühende Pflanzen erfordern Schutz vor Nachtfrösten.

Obergärtner **A. Zerbe,** Miltitz bei Leipzig.

— Es ist schwer, dem Fragesteller ein für diese Zwecke geeignetes *Chrysanthemum* mit der Empfehlung anzugeben, dieses wäre das einzig richtige. Es gibt verschiedene Sorten, die hierbei in Frage kommen könnten. Probieren geht über Studieren! Am besten wäre es, einige geeignete Sorten anzupflanzen und dann die, welche sich in der betreffenden Gegend am besten bewährt und mit der Blüte in die gewünschte Zeit trifft, beizubehalten. Ich bemerke jedoch, daß es immer schwierig und ganz von der Witterung abhängig sein wird, zu Allerheiligen im Freien, ohne jede Glasbedeckung und Heizung gute blühende *Chrysanthemum* zu haben. Ich empfehle *Parisiana, Market White* und event. *Mlle Lucie Duveau. Parisiana* wird mit der Blüte bei trübem, kaltem Wetter gerade zu Allerheiligen zurecht kommen, bei warmer, sonniger Witterung dagegen dürfte sie bereits verblüht haben. *Market White* und *Lucie Duveau* kommen in kalten Kästen ziemlich sicher, bei guter Witterung auch im Freien. Winke für die Kultur kommen nur wenig in Frage, da solche im Freien wachsenden Chrysanthemen von selber blühen und gedeihen und ein Auskneifen der Nebenknospen nicht erforderlich ist. Man muß sich in der Hauptsache auf gutes Wetter im Herbste verlassen. Obergärtner **Curt Reiter,** Feuerbach.

Zeit- und Streitfragen.

Zur Verlegung der Dresdener Hofgärten.

Ueber die Hinausverlegung der Dresdener Hofgärten nach einem Vororte bringt No. 12 der „Gartenwelt" Mitteilungen in dem Abschnitt „Tagesgeschichte". Verfasser kommt dort zu dem Schlusse, daß die Anlage eines eigenen Hofgärtnereibetriebes eigentlich ganz unnötig sei, weil es in Dresden und Umgegend Handelsgärtnereien in Menge gäbe, die in bezug auf die Dekoration im Kgl. Schlosse und die Lieferung von Pflanzen zum Besetzen der Schmuckbeete den höchsten Ansprüchen zu genügen vermöchten. — Der Verfasser ist unbedingt ein Laie*), der weder von den Anforderungen, die hinsichtlich des Blumen- und Pflanzenschmuckes für das Königl. Schloß und die Tafeln an die Hofgartendirektion gestellt werden, einen Begriff hat, noch sich ein Bild von der Art und den Aufgaben eines Handelsgärtnereibetriebes zu machen weiß. Nur weil ein so angesehenes Fachblatt wie die „Gartenwelt" den Aufsatz abdruckte, nehme ich mir die Mühe, etwas darauf zu erwidern.

Das Königl. Residenzschloß in Dresden wird etwa sechs Monate, während des Winterhalbjahres, bewohnt und ist dann fortgesetzt mit Blumen- und Pflanzenschmuck versehen, wie auch für reiche Tafeldekoration zu sorgen ist. Den Höhepunkt erreicht die Pflanzen- und Blütenpracht natürlich bei den vielen kleinen und großen Hoffestlichkeiten; es ist außerordentlich erfreulich, ein wie großes Gewicht der Königlich Sächsische Hof auf gärtnerischen Schmuck legt und daß wohl kaum eine zweite Hofhaltung hierin der Dresdener gleichkommt. Diese Tatsache ist erklärlich durch den hohen Stand der Gartenkultur in Sachsen überhaupt. Einen Maßstab für das, was hier verlangt und geleistet wird, werden vielleicht die Herren gewonnen haben, die am 4. Mai v. Js. aus Anlaß der 3. Internationalen Gartenbauausstellung zur Frühstückstafel im Königl. Schlosse erschienen waren. Daß ein Blumengeschäft oder eine Dekorationsgärtnerei die Menge mächtiger und feiner Palmen, als Kentien, Arken, Cocos, Chamaedoreen usw. nicht zu stellen vermag, ist ebenso sicher als wie die Tatsache, daß man mit dem Material, das gestern zu einem Hochzeitsfeste, heute zu einer Trauerfeier benutzt wurde, morgen keine Hofballdekoration beschaffen kann. Glaubt der Verfasser des Aufsatzes in No. 12 der „Gartenwelt" etwa, daß eine Handelsgärtnerei, falls sie so kostbare Pflanzen besäße, geneigt sein würde, diese zu einer Dekoration in der gewissen Aussicht darzuleihen, daß ein großer Teil davon infolge der in den Sälen herrschenden trockenen Luft und bei der Unmöglichkeit die Pflanzen zu gießen, zugrunde geht oder doch so mitgenommen wird, daß er auf Jahr und Tag unverwendbar ist? Es sind für die Ausstattung der Innenräume und der Tafeln alljährlich viele Tausende von Fliedern, Poinsettien, Prunus, Rosen, Azaleen, Orchideen, *Amaryllis,* Glycinen und anderen Blumen erforderlich; wer will sich verpflichten, dies alles auf den Tag in schönster Entfaltung und genügender Menge zu liefern? Die Königl. Hofhaltung kann sich unmöglich von all den Zufälligkeiten abhängig machen,

*) Anmerkung der Redaktion: Einer der ältesten Dresdener Handelsgärtner.

denen sie bei dem Bezug des Werkstoffes aus Handelsgärtnereien unfehlbar unterworfen wäre!

Nur eine lediglich zu dem einen Zwecke bestimmte und dazu besonders eingerichtete und von kundiger Hand geleitete Hofgärtnerei vermag den überaus vielseitigen und großen Aufgaben gerecht zu werden, die dem Gärtner hier gestellt sind. Man braucht kein Rechenkünstler zu sein, um sich darüber klar zu werden, daß die Hofgartendirektion in einem eigenen Betriebe die für den Königl. Hof erforderlichen Blumen und Pflanzen unendlich viel billiger beschaffen kann, als wenn sie diese zusammenkaufen müßte. Der Fachmann wird es nur mit Freude begrüßen, wenn für die Zwecke der Königl. Hofhaltung in einer, den Schädlichkeiten der Stadtluft entrückten freien Lage, eine neuzeitlich eingerichtete Mustergärtnerei entsteht, die eine große Vielseitigkeit in ihren Kulturen aufweist im Gegensatze zu den aus geschäftlichen Gründen und deshalb mit Recht immermehr spezialisierenden Handelsgärtnereibetrieben. An maßgebender Stelle ist man über die Notwendigkeit der Forterhaltung eines eigenen großen Gartenbaubetriebes nicht im Zweifel. Wenn schließlich auf die Konkurrenz hingewiesen wird, welche die Königl. Hofgärten angeblich dem Handelsgärtner bereiten, so ist dem entgegenzuhalten, daß der in den letzten 10 Jahren mehr und mehr eingeschränkte Verkauf sich nur auf Verwertung etwaiger Ueberproduktion erstreckt und künftig ganz wegfallen soll. Es handelt sich um so geringe Beträge, daß von einem Wettbewerb der Königlichen Gärten mit der gewerbsmäßigen Gärtnerei um so weniger die Rede sein kann, als keine Pflanze unter dem marktmäßigen Preise abgegeben werden darf und die Abnehmer meist Handelsgärtner sind.

Bouché, Königl. Obergartendirektor, Dresden.

Aus den Vereinen.

Wir erfahren, das die **Deutsche Gesellschaft für Gartenkunst** eine außerordentliche Generalversammlung ihrer Mitglieder — oder nur ihrer Ausschußmitglieder? — nach Kassel einberuft. Bei der Geheimnistuerei, mit welcher Vorstand und Ausschuß dieses Vereins ihre Tätigkeit zu umgeben belieben, so daß selbst die wichtigsten Vorgänge den Mitgliedern in undurchdringlichem Dunkel bleiben, erfährt man selbstverständlich von der Tagesordnung nichts. Man wird aber kaum fehl gehen, wenn man den Anlaß zur außerordentlichen Generalversammlung in dem so geschmackvollen Verhalten des Geschäftsführers in der Angelegenheit Willy Lange-Avenarius sucht, und in dem darob, sowie infolge der neuen Richtung des Vereinsorgans an allen Ecken und Enden krieselnden Zustande der Gesellschaft. **Fatuus.**

Im Anschluß an vorstehende Mitteilung möchten wir noch einer Versammlung von Mitgliedern der Deutschen Gesellschaft für Gartenkunst gedenken, die zwecks Aussprache über die allenthalben in gärtnerischen Kreisen unliebsam bemerkte Stellungnahme der Gesellschaft zu den Bestrebungen der Allerweltsästheten und ihres Anhanges, in Bremen abgehalten wurde. Es wurde mehrfach von namhaften Rednern dem Austritt der Berufgenossen aus genannter Gesellschaft und deren Eintritt in den Verein Deutscher Gartenkünstler das Wort geredet, so von Bürgerparkdirektor Ohrt, Parkinspektor Heins und Handelsgärtner Ripper in Firma Hellemann. Inzwischen sind eine Anzahl Mitglieder der Gruppe Bremen, darunter die führenden Persönlichkeiten, dem Verein Deutscher Gartenkünstler beigetreten, der mehr und mehr ein Sammelpunkt aller derjenigen wird, denen die Berufsinteressen am Herzen liegen.

Bevorstehende Ausstellungen.

Internationale Gartenbauausstellung vom 2. bis 13. April 1909 in Berlin. Der Verein zur Beförderung des Gartenbaues in den preußischen Staaten verschickt ein kleines, vornehm ausgestattetes Heft, in welchem er Interessenten auf das geplante Unternehmen aufmerksam macht und zur Beteiligung einladet. Mit der Ausstellung soll ein internationaler Wettbewerb im großen veranstaltet werden, wie er seit 20 Jahren in Berlin nicht mehr dagewesen ist. Der Verein besteht seit 85 Jahren; er hat in diesem langen Zeitraume viele wohlgelungene Ausstellungen durchgeführt, zu deren Kosten die Garantiefondzeichner niemals herangezogen wurden, steht auch heute wohl fundiert da, wenn er auch, seinen idealen Zielen getreu, keine großen Reichtümer aufspeichern konnte, bezw. wollte. Es heißt in dem vorliegenden Schriftchen: „Für den Gartenbau in allen seinen Zweigen ist eine neue Epoche im Anzuge. Nach dem Aufstieg von Handel, Gewerbe und Industrie (Anm. d. Red.: Inzwischen wird leider allenthalben wieder ein bedenklicher Niedergang festgestellt), schlägt jetzt dem Gartenbau eine verheißungsvolle Stunde . . .! „Von den dem Schriftchen beigegebenen hübschen Textbildern haben leider nur einige wenige indirekten Bezug auf die geplante Ausstellung. Diese letzteren bieten eine Frontansicht der neuen Ausstellungshalle und einige Teilansichten der Innenräume. Interessenten steht das vorläufige Programm durch das Bureau des Vereins, Berlin N. 4, zur Verfügung. **M. H.**

Bücherschau.

Unter dem Titel **„Konstruktion und zeichnerische Darstellung perspektivischer Ansichten“** hat unser langjähriger Mitarbeiter L. Kniese, Garteningenieur in Coburg, eine kleine, gut illustrierte und lehrreiche Schrift für angehende Landschaftsgärtner verfaßt. Der Verfasser beabsichtigt mit dieser Arbeit den Mitgliedern der Vereinigung ehemaliger Dresdener Gartenbauschüler Gelegenheit zur Einführung in die Perspektive zu geben, „da dieser Zweig an der Dresdener Schule leider immer noch vernachlässigt wird.“ Die Schrift ist jedem Anfänger auf diesem Gebiete zu empfehlen. **M. H.**

Mannigfaltiges.

Schwarze Aepfel infolge zu starker Hefedüngung. Ein Mitglied der V. L. B. sandte aus Ostpreußen an das Botanische Laboratorium derselben eine Probe von Aepfeln, die während kurzer Lagerung völlig schwarz geworden waren. Die Aepfel entstammten dem Brauereigarten, dessen Bäume vor zwei Jahren durch Abfallhefe gedüngt worden waren. Auch die in der Nähe der so gedüngten Aepfelbäume stehenden Stachel- und Johannisbeersträucher zeigten schwarze Früchte. Die Untersuchung ergab das Vorliegen der durch den *Monilia fructigena* genannten Pilz erzeugten Schwarzfäule, die in der Tat anscheinend durch zu starke Düngung der Bäume mit Schwarzhefe mit verschuldet sein dürfte. Die Aepfel waren infolgedessen nicht widerstandsfähig genug und vielleicht zu stickstoffreich.

Personal-Nachrichten.

Deetz, Friedrich, Rentier, früherer Gärtnereibesitzer, † in Weißensee bei Berlin am 29. Dezember im Alter von 62 Jahren.

Hoffmann, E. G., wird die Gärtnerei und Baumschule seines verstorbenen Vaters in Schwarzenberg i. S. unter der bisherigen Firma Hermann Hoffmann weiterführen.

Leid, Wilhelm, bekannter Handelsgärtner und Nelkenzüchter in Arnstadt i. Th., † im Alter von 70 Jahren.

Rabe, Frau Karoline geb. Braun, Witwe des Kunst- und Handelsgärtners Karl Rabe zu Weimar, wurde zur Großh. Sächs. Hoflieferantin ernannt.

Scherl, Bruno, aus Berlin, ein Sohn des weitbekannten Verlagsbuchhändlers August Scherl, hat mit den Herren **Kurt** und **Rudolf Zersch** aus Köstritz das bisher unter der Firma M. Peterseims Blumengärtnereien G. m. b. H., Erfurt, betriebene Geschäft mit dem gesamten dazugehörigen Grundbesitz käuflich erworben. Herr Bruno Scherl ist auch als stiller Gesellschafter in die Firma J. Ernst Hergers Nachf. (R. Zersch, Baumschulen, Köstritz) eingetreten.

Stäglich, Ernst, Gärtnergehilfe in Dresden, erhielt das Sächs. tragbare Ehrenzeichen für Treue in der Arbeit.

Welter, Nicola, Rosenzüchter, Trier-Pallien, wurde zum Herzogl. Anhaltischen Hoflieferanten ernannt.

Berlin SW. 11, Hedemannstr. 10. Für die Redaktion verantwortlich Max Hesdörffer. Verlag von Paul Parey. Druck: Anhalt. Buchdr. Gutenberg e. G. m. b. H., Dessau.

Druck der Anhaltischen Buchdruckerei Gutenberg e. G. m. b. H. in Dessau.

Illustrierte Wochenschrift für den gesamten Gartenbau.

Herausgeber: Max Hesdörffer-Berlin.

Erscheint jeden Sonnabend.
Monatlich eine farbige Kunstbeilage.

Bezugsbedingungen:
..rch jede Postanstalt bezogen Preis 2.50 M. vierteljährl. In Österreich-Ungarn 3 Kronen.
.. direktem Bezug unter Kreuzband: Vierteljährlich 3 M. Im Weltpostverein 3.75 M.
Einzelpreis jeder Nummer 25 Pf.
..ohne Vorbehalt eingehenden Beiträgen bleibt das Recht redaktioneller Änderungen ..behalten. Die Honorarauszahlung erfolgt am Schlusse jeden Vierteljahrs.

Anzeigenpreise:
Die Einheitszeile oder deren Raum 30 Pf.; auf der ersten und letzten Seite 50 Pf. Bei grösseren Anzeigen und Wiederholungen steigender Rabatt. Beilagen nach Übereinkunft. **Anzeigen in der Rubrik Arbeitsmarkt** (angebotene und gesuchte Stellen) kosten für Abonnenten einmalig bis zu 10 Zeilen Grösse M. 1.50, weitere Zeilen werden mit je 30 Pf. berechnet.
Erfüllungsort auch für die Zahlung: Berlin.

Adresse für Verlag und Redaktion: Berlin SW. 11, Hedemannstrasse 10.

XII. Jahrgang No. 17. | Verlag von Paul Parey, Berlin SW. 11, Hedemannstr. 10. | 25. Januar 1908.

Illustrierte Wochenschrift für den gesamten Gartenbau.

Jahrgang XII. 25. Januar 1908. No. 17.

Pflanzendüngung.

Die Bedeutung der Albertschen Pflanzennährsalze für Topfkulturen, Untersuchung derselben auf Zweckmäßigkeit der Zusammensetzung und Anwendungsform.

Von K. **Brehmer**, Altona.

(Hierzu neun für die „Gartenwelt" gefertigte Abbildungen.)

In der Erkenntnis, daß den Topfpflanzen in der geringen Bodenmenge, die ein Blumentopf enthält, nur sehr geringe Nährstoffmengen zur Verfügung stehen, hat man seit langem versucht, diesen Nährstoffhunger der Topfpflanzen durch Zuführung von Nährstoffen in irgend einer Form zu stillen. Naturgemäß liegt eine Düngung mit natürlichem Dünger am nächsten, man versucht daher mit Jauche und Fäkalien, mit Lösungen von Tauben- und Hühnermist und ähnlichem tierischem Dünger diesem Nährstoffhunger der Topfpflanzen abzuhelfen. Wohl ist ein Erfolg durch derartige Düngungen im Wachstum der Pflanze zu erzielen, doch stellt sich auch oft ein Mißerfolg ein, der durch die organische Art des Düngers bedingt ist. Empfindliche Kulturen, auch weniger empfindliche, die eine starke Düngung beanspruchen, wie etwa Chrysanthemen, werden mit der Zeit vom Pilz befallen, oder die frische, unzersetzte Jauche tötet direkt die jungen Pflanzenwurzeln, oft wird auch die Erde des Topfes durch wiederholte Jauchegüsse filzig und sauer. So ist denn schließlich der Erfolg dieser Art der Düngung wenig befriedigend. Will man dann auf andere Weise dem Nährstoffhunger der Topfpflanzen abhelfen, so greift man wohl zum Hornmehl, sucht die darin enthaltenen Nährstoffe im Wasser aufzulösen und erzielt mit diesen Dunggüssen manchen befriedigenden Erfolg. Man wendet das Hornmehl auch in festem Zustande an, mischt es unter die Topferde und führt somit den Topfpflanzen einige Nährstoffe zu. Wer noch bessere Erfolge mit der Düngung von Topfkulturen erreichen will, greift dann zur Anwendung der Albertschen Pflanzennährsalze, oft, um sie schleunigst wieder aufzugeben, wenn er infolge unsachgemäßer Anwendung entweder gar keinen Erfolg oder gar einen Mißerfolg davongetragen hat. Und doch sind die reinen Pflanzennährsalze allein imstande, Höchsterfolge zu gewährleisten, wenn sie sachgemäß gegeben werden. Folgende Betrachtungen an der Hand von einigen Düngungsversuchen sollen die Bedeutung der Pflanzennährsalze für Topfkulturen im allgemeinen, die Zweckmäßigkeit ihrer Zusammensetzung und die wichtigste Form ihrer Anwendung im besonderen darlegen.

Zunächst ist es klar, daß eine Zuführung von Nährstoffen dann den rechten Erfolg hat, wenn sie eine vollständige ist, wenn man also der Pflanze **sämtliche** Nährstoffe zuführt, deren sie bedarf. Sowie der Pflanze die Gelegenheit fehlt, ihren Bedarf auch nur an einem Nährstoffe zu decken, kann die volle Wirkung der anderen ihr zugeführten Nährstoffe nicht eintreten. Führt man der Pflanze Stickstoff und Phosphorsäure im Hornmehl zu, so wird der Mangel an Kali und Kalk eine volle Ausnutzung der durch die Düngung zugeführten Nährstoffe unmöglich machen. Daher ist es klar, daß Hornmehl allein keinen Höchsterfolg bewirken kann. Man verwendet

Tradescantia

Ungedüngt, wöchentlich zwei Dunggüsse (1 g WG. in 1 l Wasser), wöchentl. zwei Dunggüsse (1 g WG. und 1/2 g Chilisalpeter).

Fuchsien. Düngung wie bei Tradescantia.

statt des Hornmehls manchmal Blutmehl und gibt auch etwas kohlensauren Kalk zur Erde. Im Gegensatz zum Hornmehl enthält das Blutmehl auch Kali, aber dennoch erzielt auch diese Düngung keinen Höchsterfolg, weil der Kaligehalt des Blutmehls ein sehr geringer und daher nicht imstande ist, den Kalihunger der Topfpflanzen zu stillen. Es kommt also nicht allein darauf an, daß man bei einer Düngung sämtliche Nährstoffe zuführt, sondern auch darauf hat man zu achten, daß die Nährstoffe der Pflanze in der Zusammensetzung zugeführt werden, wie sie dieselben zur vollen Entfaltung ihres Wachstums bedarf.

Außer der Unzweckmäßigkeit der Zusammensetzung haftet dem Hornmehl und Blutmehl noch ein anderer Mangel an: Die Nährstoffe sind in den organischen Düngern in einer Form enthalten, in der sie nicht ohne weiteres von den Pflanzenwurzeln aufgenommen werden können. Die organischen Dünger müssen im Boden erst einen Zersetzungsprozeß durchmachen, bis die in ihnen enthaltenen Nährstoffe den Pflanzen zugängig werden. Erfolgt daher die Zusetzung des Hornmehls zur Topferde nicht schon sehr frühzeitig, sondern erst dann zum Boden, wenn er verwendet wird, so treten die in ihm enthaltenen Nährstoffe erst in Tätigkeit, wenn die Pflanze schon wieder umgetopft wird, oft erst nachdem die Vegetationsperiode ihr Ende erreicht hat. Im allgemeinen muß man also von einem für Topfkulturen zu verwendenden Dünger verlangen, daß er die Nährstoffe in leicht löslicher Form enthält, damit er schnell und ganz zur Wirkung kommt.

In dieser wasserlöslichen Form sind die Nährstoffe aber nur in den künstlichen Düngern enthalten, wie Salpeter, Superphosphat, Kalisalz usw. Die wirksamste Zuführung von schnell wirkenden Nährstoffen geschieht daher durch eine Düngung mit diesen künstlichen Düngemitteln. Zur Düngung von Topfkulturen hat man sich eine Mischung dieser Dünger herzustellen, die dem Nährstoffbedürfnis der Topfpflanzen entspricht. Auch der Erfolg, den man mit diesen wasserlöslichen Düngern erhält, wenn man sie im richtigen Verhältnis verwendet, läßt sich noch übertreffen. In diesen künstlichen Düngemitteln sind teilweise die Pflanzennährstoffe an andere Stoffe gebunden, die manchen Kulturen, besonders den empfindlicheren, schädlich sind. So kann der starke Chlornatriumgehalt des Chilisalpeters und des 40prozentigen Kalisalzes, ferner der Schwefelsäuregehalt des Superphosphats manchen Kulturen schädlich werden. Diese schädlichen Beigaben sind bei den reinen Pflanzennährsalzen vermieden; diese Salze sind daher vor allen anderen Düngern imstande, Höchsterfolge zu zeitigen. Wegen der großen Bedeutung, die daher die reinen Pflanzennährsalze für die Düngung von Topfkulturen besitzen, ist es von Interesse, festzustellen, ob die Salze in jeder Hinsicht zweckmäßig zusammengesetzt sind, ob man zur Erzielung von Höchsterfolgen vielleicht eine besondere Zusammensetzung der Erdmischungen vornehmen muß und wie die Anwendung am zweckmäßigsten erfolgt.

Efeupelargonien

Wöchentlich zwei Dunggüsse (1 g WG. in 1 l Wasser), wöchentlich zwei Dunggüsse (WG. und Kalk), wöchentlich zwei Dunggüsse (1 g WG. u. 1/2 g Chilisalpeter in 1 l Wasser).

Die ersten zur Beantwortung dieser Fragen angestellten Düngungsversuche*) zielen darauf hin, festzustellen, ob das Albertsche Nährsalz WG im allgemeinen für Topfkulturen und ferner das Nährsalz PKN im besonderen für Erdbeeren den zweckmäßigen, von den Pflanzen verlangten Gehalt an Stickstoff enthält.

Begonia semperflorens

Ungedüngt, wöchentlich zwei Dunggüsse (1 g WG. in 1 l Wasser), wöchentlich zwei Dunggüsse (1½ g einer Mischung von gleichen Teilen Doppelsuperphosphat, Kalisalpeter u. Chilisalpeter. Kohlensauren Kalk zur Erde gemischt. Wöchentlich zwei Dunggüsse (1 g WG. in 1 l Wasser).

	Bis 1. Januar 1907 enthielt			seit 1. Jan. 1907:		
	WG	AG	PKN	WG	AG	PKN
Phosphorsäure	12%	11%	17%	6½%	11%	17%
Stickstoff	13%	12%	7%	15%	12%	8%
Kali	11%	20%	35%	8½%	15%	26%

In der neuen Zusammensetzung enthalten die Salze durchweg weniger Kali, teilweise mehr Stickstoff. Es ist dies auf Anraten von Prof. Wagner, Darmstadt, geschehen**), bei dessen Versuchen sich gezeigt hatte, daß das Nährsalz früherer Zusammensetzung im Vergleich zum Stickstoff zu reich an Phosphorsäure und vor allem an Kali war. Da nun einmal die Topfpflanzen, besonders die Blattpflanzen, viel Stickstoff bedürfen, die Humusbestandteile der Topferde aber nur sehr langsam Stickstoff abgeben, so sollten Versuche zeigen, ob eine weitere Erhöhung des Stickstoffgehaltes des doch meist für Topfkulturen zu verwendenden WG ratsam wäre, oder ob eine richtige Zusammensetzung in der neuen, seit 1907 eingeführten Form gefunden ist. Als Versuchspflanzen dienten Fuchsien, efeublättrige Pelargonien, Begonien, Calceolarien und *Tradescantia*. Der Düngungsversuch wurde so angeordnet, daß Reihe 1 ungedüngt blieb, Reihe 2 wöchentlich zwei Dunggüsse einer Lösung von 1 g WG in 1 l Wasser erhielt und Reihe 3 wöchentlich zwei Dunggüsse einer Lösung von 1 g WG und ½ g Chilisalpeter in 1 l Wasser. Reihe 2 zeigt deutlich stets den guten Erfolg des WG-Salzes, während das Zurückbleiben der Reihe 3 hinter Reihe 2 deutlich die Wirkung der zu starken Stickstoffdüngung erkennen läßt. Reihe 3 begann anfänglich ein üppigeres Wachstum zu zeigen, bald begannen sich aber die Anzeichen einer zu reichlichen Stickstoffdüngung in Form einer mastigen, geilen, ungesunden Blattentwicklung zu zeigen. *Tradescantia* zeigte in Reihe 3 bald ein Gelbwerden und langsames Absterben der Triebe. Als ferneres deutliches Anzeichen der zu starken Stickstoffdüngung machte sich der geringe Blütenansatz der Fuchsien und Pelargonien in Reihe 3 bemerkbar.

Die Zweckmäßigkeit der Zusammensetzung des Salzes PKN in bezug auf Stickstoff wurde an Treiberdbeeren, Sorte Royal Sovereign untersucht. Die ausführliche Mitteilung dieses Düngungsversuchs wird noch an dieser Stelle veröffentlicht. Jede Reihe dieses Versuchs umfaßte 40 Töpfe, die mit PKN + Kalk die Erntemenge 11 870 g (Reihe 2) ergaben. Erhöhte man den Stickstoffgehalt der Dunglösung von 0,08 % auf 0,15 %, so sank der Ernteertrag von 11 870 g auf **760 g**, ein Zeichen für den richtigen Gehalt des PKN an Stickstoff, ein deutlicher Beweis auch dafür, wie genau die Mengen der künstlich zugeführten Nährstoffe dem Bedürfnis der Pflanze genügen müssen, wenn man Höchsterfolge der künstlichen Düngung erwarten will. Dieser Erdbeerversuch zeigt auch deutlich die Zweckmäßigkeit des Kaligehalts des PKN. Die Reihe 2, welche Dunggüsse mit einer Lösung von PKN erhielt, das gemäß der Abänderung der Zusammensetzung 26 % Kali enthält, lieferte 11 870 g Früchte, während die Reihe 3, die mit PKN der alten Zusammensetzung gedüngt wurde,

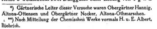

Efeupelargonien (Düngung wie oben 1—3).

das also 35 % Kali enthielt, nur 7030 g Früchte brachte.

Aus diesen Versuchen dürfte sich mit ziemlicher Gewißheit ergeben, daß die Albertschen Nährsalze WG im allgemeinen für alle Topfkulturen, das Nährsalz PKN im besonderen für die Erdbeeren den Stickstoff in einer Menge enthält, wie

*) Gärtnerische Leiter dieser Versuche waren Obergärtner Hannig, Altona-Ottensen und Obergärtner Nocker, Altona-Othmarschen.

**) Nach Mitteilung der Chemischen Werke vormals H. u. E. Albert, Biebrich.

ihn die betr. Kulturen zu ihrer Entwicklung bedürfen, daß also eine Aenderung des Stickstoffgehalts nicht zweckmäßig ist. Aus dem Erdbeerdüngungsversuche zeigt sich deutlich, daß die Herabsetzung des Kaligehalts des PKN von 35 % auf 26 % wenigstens für die Bedürfnisse der Erdbeere notwendig war, und es läßt sich annehmen, daß der Kaligehalt des PKN auch dem Bedürfnis anderer Obstsorten entspricht.

Eine zweite Frage, auf die sich die Untersuchungen auf Zweckmäßigkeit der Zusammensetzung der Albertschen Nährsalze erstreckte, war die, welche Bedeutung der Kalkmangel der Salze für das Wachstum der Pflanze hat. Ein Teil dieser Versuche ist in No. 2 dieses Jahrganges im Aufsatz: „Die Bedeutung des Kalks als Pflanzennährstoff" mitgeteilt. Die dort mitgeteilten Düngungsversuche sind an Cinerarien, efeublättrigen Pelargonien und Erdbeeren angestellt und in der Weise angeordnet, daß Reihe 1 ungedüngt blieb, Reihe 2 wöchentlich zwei Dunggüsse WG bezw. PKN erhielt, während in Reihe 3 außer dem WG- bezw. PKN-Dungguß ein solcher mit 1 g salpetersaurem Kalk gegeben wurde. Die Versuche zeigten deutlich, wie durch eine fernere Düngung mit Kalk neben der WG-Düngung das Wachstum der Pflanzen bedeutend erhöht wurde. Im vorigen Jahre wurden die Versuche in ähnlicher Weise wiederholt, um erneut die Möglichkeit der Wachstumssteigerung durch eine weitere Kalkzufuhr zu zeigen. In der kleinen Broschüre „Düngung der Gemüse-, Blumen- und Obstkulturen in Gärten und Treibhäusern" weisen die Chemischen Werke vorm. H. u. E. Albert allerdings auf die Zweckmäßigkeit der Zumischung einer kalkhaltigen Erde zu den zu verwendenden Erdmischungen hin, da aber die „kurze Anleitung zur zweckmäßigen Anwendung der Nährsalze", die dem Preisverzeichnis der Werke beigefügt ist, hierüber nichts enthält, so dürfte eine nochmalige, deutliche Feststellung der Bedeutung dieser Kalkzuführung am Platze sein. Daneben hatten die diesjährigen Versuche die Aufgabe, festzustellen, in welcher Form diese Kalkzuführung am zweckmäßigsten zu erfolgen hat. Zu diesem Zwecke wurden die Versuche folgendermaßen angeordnet:

Reihe 1 blieb ungedüngt.

Reihe 2 erhielt wöchentlich zwei Dunggüsse einer Lösung von 1 g WG in 1 l Wasser.

Fuchsien. Düngung wie bei Begonia semperflorens 1—4.

Reihe 3 erhielt wöchentlich zwei Dunggüsse einer Lösung von $1^1/_2$ g einer Mischung von 3 kg Doppelsuperphosphat, 3 kg Kalisalpeter (Marke CSK von Albert) und 3 kg Chilisalpeter in 1 l Wasser.

Reihe 4 erhielt eine Zumischung von kohlensaurem Kalk zur Erde und wurde wie Reihe 2 mit WG gedüngt.

Der Unterschied in der Düngung von Reihe 3 und 4 besteht also nur in der Art der Zuführungsform des Kalkes, Reihe 3 erhielt den Kalk als sauren phosphorsauren Kalk (im Doppelsuperphosphat) in flüssiger Form, während Reihe 4 ihn als kohlensauren Kalk in fester Form erhielt. In Reihe 4 liegt die Möglichkeit vor, daß die Phosphorsäure des WG sich mit dem Kalk zu unlöslichem oder schwerer löslichem Kalkphosphat verbindet und so der Pflanze zum Teil entzogen wird. Unser an Begonien, Pelargonien und Fuchsien angestellter Versuch gibt leider keine deutliche Auskunft über die Frage, ob die Kalkzuführung in Reihe 3 oder in Reihe 4 eine zweckmäßigere ist. Bei den Begonien und Pelargonien war Reihe 4 durchgehend im Wachstum hinter Reihe 3 zurück, bei den Fuchsien war aber stets das Wachstum der Reihe 4 etwas kräftiger als in Reihe 3. Es scheint in diesem Falle das gestörte Wachstum der Pelargonien und Begonien der Reihe 4 kaum auf die oben angedeutete Möglichkeit hinzudeuten, daß der kohlensaure Kalk die Phosphorsäure des WG in ihrer Wirksamkeit störte; die Wachstumsstörung scheint in der zu großen Stärke der Kalkdüngung ihre Ursache zu haben, die bei den Fuchsien vermieden ist. Jedenfalls zeigt der Unterschied von Reihe 2 und 3 deutlich die Notwendigkeit der Kalkzuführung neben der WG-Düngung; nimmt man diese Kalkzuführung durch Zusatz von kohlensaurem Kalk vor, so lehrt der teilweise Mißerfolg in Reihe 4, daß dieser Zusatz nur in geringer Menge zu erfolgen hat.

Den letzten Untersuchungen über die zweckmäßigste Form der Düngung mit Nährsalzen lag folgende Ueberlegung zugrunde. Die Zuführung der Salze in Form von Dunggüssen erfordert einen etwas größeren Aufwand an Zeit und Arbeit als die Zuführung in fester Form, die man nur einmal beim Zubereiten der Erdmischung, höchstens dann noch ein- oder zweimal in Form einer Nachdüngung vorzunehmen hat. Hierbei ist aber zu bedenken, daß die wasserlöslichen Salze der jungen Topfpflanze, die zuerst nur sehr geringe Mengen Nährstoffe aufnehmen kann, sehr leicht gefährlich werden können. Bei empfindlichen Kulturen ist daher eine solche Zuführung der Salze durchaus nicht geraten. Bei unserem Versuche ist die Hälfte jener Calceolarien, die eine geringe Menge Nährsalze in fester Form erhalten hatten, eingegangen. Bei wenig empfindlichen Pflanzen kann man dagegen ziemlich starke Düngungen in fester Form vornehmen. Chrysanthemen zeigten bei unseren Versuchen selbst bei so starken Düngungen, die das doppelte der gewöhnlichen Mengen den Pflanzen zuführten, keine Schädigung im Wachstum. Für mittelharte Kulturen, wie etwa Fuchsien und Pelargonien, erwies sich bei unseren Versuchen die Düngungsstärke von 3 bis 4 g WG auf 2 kg Erde als die zweckmäßigste. Als Anhaltspunkte für größere Erdmengen mögen folgende Angaben dienen*):

1 cbm Erde, bestehend aus 37 Teilen fertiger Lauberde, 27 Teilen schwerer Rasenerde und 2 Schiebkarren Sand hat das Gewicht von ca. 970 kg.

1 cbm Erde, bestehend aus fertiger Lauberde und 2 Schiebkarren Sand, wiegt ca. 775 kg.

Danach hat also 1 cbm Erde der 1. Mischung ca. 1,4 bis 1,9 kg WG zu erhalten, 1 cbm der zweiten Mischung ca. 1,1 bis 1,6 kg.

Calceolaria hybrida

Ungedüngt, WG. in Dunggüssen zugeführt (1—2 g auf 2 kg Erde). WG. in fester Form unter die Erde gemischt. (Bei 20 Pflanzen wurde diese Form der Düngung nur von 10 vertragen, die anderen gingen ein.)

Fuchsien

WG. in fester Form unter die Erde gemischt (3—4 g auf 2 kg Erde). WG. in Form von Dunggüssen zugeführt.

Bei Chrysanthemen hat sich als zweckmäßigste Düngungsstärke 6 bis 8 g WG auf 2 kg Boden ergeben.

Unsere Untersuchungen sollten nun ferner feststellen, ob den Topfkulturen die Zuführung der Nährsalze in fester Form dieselben Dienste wie die mühevollere Zuführung durch Dunggüsse leistet. Die Dunggüsse sollen den Pflanzen in schnell aufnehmbarer Form gerade soviel Nährstoffe zuführen, als sie in der Zeit bis zum nächsten Dungguß verarbeiten können. Daraus ergibt sich, daß die zweckmäßige Anordnung der Dunggüsse darin besteht, lieber schwache Nährlösungen zu wiederholten Malen zu geben, als stärkere in weiteren Zwischenpausen; es ist der Pflanze also zuträglicher, zwei- bis dreimal in der Woche Dunggüsse zu geben, die 1 g WG in 1 l Wasser enthalten, als wöchentlich einmal solche mit 3 g WG in 1 l Wasser. Beim Gießen des Dungwassers hat man ferner darauf zu achten, daß die Töpfe nicht trocken sind; gibt man ausgetrockneten Töpfen Dunggüsse, so leidet das Wachstum der Pflanze stark darunter, ebenfalls dürfen keine Pflanzen, die noch nicht völlig durchwurzelt sind, Dunggüsse erhalten. Beobachtet man diese Vorsichtsmaßregeln, so ist ein Mißerfolg ausgeschlossen. Die zweckwäßigsten Herstellungsarten der Dunglösung sind gelegentlich der Mitteilung eines Düngungsversuchs bei Treiberdbeeren in No. 7 des XI. Jahrganges besprochen. Der Vergleich der Versuchsreihen, welche die Nährsalze in fester Form zur Erde gemischt erhalten hatten, mit jenen, die sie in Form von Dunggüssen empfangen hatten, zeigt deutlich, daß die Dunggüsse den Pflanzen zuträglicher sind. Will man mit geringem Zeit- und Arbeitsaufwand Mittelerfolge, so kann man sich mit der Düngung in fester Form begnügen, will man dagegen Höchsterfolge, so sind die Dunggüsse der einzige Weg dazu.

*) Festgestellt und gütigst mitgeteilt von Herrn Obergärtner Alb. Klingbiel, Nienstedten (Holstein).

Dahlien.

Edeldahlien in Amerika. Unter den amerikanischen Firmen, welche Edeldahlien in großem Umfange und mit Erfolg kultivieren, nimmt die Firma W. W. Rawson & Co., Boston, eine hervorragende Stelle ein. Herrn Fuld, dem Inhaber dieser Firma, verdanken wir die nachstehenden Abbildungen. Abbildung dieser Seite bietet eine Teilansicht aus den Kulturen und zeigt, wie dort das Aufbinden gehandhabt wird. Die Pfähle, mit welchen jede einzelne Pflanze versehen ist, werden über den Pflanzen noch mit Querleisten verbunden und die Seitentriebe an diese hochgebunden. Abbildung Seite 199 unten zeigt Dahlienbindereien. Links unten sehen wir eine Tafeldekoration aus Edeldahlien und eine Vase mit neuen gelben Schaudahlien, die hier gleich Chrysanthemumschaublumen wirken, rechts ein Körbchen mit rosafarbigen Dahlien, dahinter eine Vase mit Pompondahlien, in der Mitte eine japanische Vase mit muschelblütigen Dahlien alter Zuchtrichtung, davor einen Dahlienkranz. Abbildung Seite 199 oben zeigt, wie die Firma ihre Dahlien auf Ausstellungen vorführt.

Teilansicht der Dahlienkulturen der Firma W. W. Rawson & Co., Boston.
Originalaufnahme für die „Gartenwelt".

Topfpflanzen.

Die Kultur der Croton (Codiaeum).

Von P. Geyer, Handelsgärtner, Ajaccio.

Während der Zeit, in der ich in Frankreich, Belgien und England tätig war, und viel Gelegenheit hatte, diese herrliche Euphorbiacee, den *Croton*, in Privat- und Handelsgärtnereien zu bewundern und zu kultivieren, habe ich mich oft gefragt, wie es kommt, daß man dieser schönen Pflanze nicht auch im lieben Deutschland die ihr gebührende Aufmerksamkeit schenkt. Solch herrliche Schaupflanzen, wie man sie in den Gärten der genannten Länder, denen ich noch die rühmlichst bekannte Gartenbauschule in Florenz beifügen möchte, sah, und die man dort auf den Märkten in tadelloser Beschaffenheit und in großen Mengen zu verhältnismäßig niedrigen Preisen, letzteres besonders auf Londons Convent Garden Market, wo prächtige Pflanzen mit 1,50 M. bezahlt werden, verkauft, müßten auch ebenso gut und leicht in Deutschland kultiviert und abgesetzt werden können. Streift man z. B. zur Weihnachtszeit durch die Boulevards von Paris, so findet man wohl kein Blumengeschäft ohne Crotonpflanzen, und welch herrliche Exemplare kann man dort bewundern! Unter der großen Sortenzahl findet man kaum eine, die dem Namen nach als deutsche Züchtung anzusprechen wäre. Wie sehr wurden nicht auf der Düsseldorfer Ausstellung die *Croton* von Cordonnier bewundert! Sollte es vielleicht die Unkenntnis der Kultur sein, oder hält man die *Croton* für zu anspruchsvoll und empfindlich, daß ihnen deshalb die richtige Verbreitung noch nicht zuteil geworden ist, so würde es mir große Freude machen, dieser schönen Pflanze durch nachstehende Zeilen neue Liebhaber zu gewinnen, die darauf hinarbeiten sollten, das Sortiment durch wertvolle deutsche Züchtungen zu bereichern.

Vor einigen Jahren las ich im „American Florist", daß man in Amerika die *Croton* im Sommer als Balkon- und Dekorationspflanzen verwendet. Ich meine, daß auch selbst in Deutschland die *Croton* in gut geschützten Lagen zu solcher Verwendung geeignet sein würden; eines Versuches wäre sie jedenfalls wert.

Die Vermehrung der *Croton* geschieht durch Stecklinge und Aussaat; letztere Art dürfte jedoch nur da Anwendung finden, wo es gilt, durch Kreuzung Neuheiten zu gewinnen. Um die wirklich rationelle Kultur zu beschreiben, muß ich bei der Mutterpflanze anfangen. Dieselbe pflanzt man am besten in einem Warmhause von 15 bis 20 ° C. auf eine Stellage oder ein Bankbeet an einem hellem Standorte aus, und zwar in ein Gemisch von $^{1}/_{3}$ grober Lauberde, $^{1}/_{3}$ guter Rasenerde, $^{1}/_{6}$ gut verrottetem Pferdemist und $^{1}/_{6}$ Sand. Im August oder September sind die Pflanzen zurückzuschneiden, damit sie junge Triebe entwickeln, welche die Stecklinge zur Vermehrung im Januar und Februar liefern. Wie die Mutterpflanzen im übrigen zu behandeln sind, werden wir unten bei der allgemeinen Behandlung der *Croton* sehen. Nachdem Anfang Januar ein gutes, mit Fenstern abzudeckendes Vermehrungsbeet mit scharfem Flußsand bei einer Bodenwärme von 25 bis 30 ° C. vorbereitet ist, schneidet man die Stecklinge, am besten nur gesunde, fehlerlose Kopfstecklinge. Man kann mit der Vermehrung bis zum Juni — Juli fortfahren; die späte Vermehrung liefert noch schöne, gesuchte Jardinièrenpflanzen. Um die Stecklinge von Ungeziefer ganz rein zu wissen, legt man sie für einige Minuten in eine nicht zu starke Nikotinlösung (die Lösung selbst hängt von der Stärke des Nikotins ab). Dann spült man durch reines Wasser gut ab und schneidet die Stecklinge unter einem Blattknoten. Geschlossen und feucht gehalten, wurzeln dieselben in 3 bis 4 Wochen leicht bei oben angegebener Wärme. Sie dürfen niemals ein welkes Aussehen haben, welchem durch genügende Wärme, Feuchtigkeit und Schatten vorgebeugt wird. Als Erde werden sehr oft bei *Croton* umständliche Mischungen empfohlen. Während der Belgier z. B. seine *Croton* in Lauberde kultiviert, zieht sie der Engländer ebenso schön in seinem „Loam". Beides unter Zusatz von $^{1}/_{6}$ Sand zu gleichen Teilen vermischt, ergibt jedenfalls eine sehr gute Erde für *Croton*. Man muß aber einen guten Wiesenlehm haben,

Dahlien-Ausstellungsgruppe der Firma W. W. Rawson & Co., Boston.
Originalaufnahme für die „Gartenwelt".

Dahlienbindereien der Firma W. W. Rawson & Co., Boston.
Originalaufnahme für die „Gartenwelt".

sonst nehme man lieber Lauberde, mit etwas schwerer Erde und Sand vermischt. Sind die Stecklinge in passende Töpfe verpflanzt, dann bringe man sie auf einen warmen Fuß, halte sie feucht und geschlossen und schattiere bei starker Sonne. Im Mai können die jungen Pflanzen, je nach Wüchsigkeit der Sorte, in 4 bis 5 zöllige Töpfe verpflanzt werden. Dünger gebe man nur sehr wenig oder gar nicht, da sonst die Pflanzen sehr stark wachsen, aber, statt sich zu färben, grün werden. Die Töpfe finden Aufstellung auf den mit reinem Kies oder Asche bestreuten Tabletten eines Sattelhauses. In der ersten Zeit nach dem Verpflanzen ist es nötig, schattig und feucht zu halten, wenn die Pflanzen jedoch gut angewachsen sind, empfehle ich den Schatten nach und nach ganz wegzulassen, also die *Croton* an die volle Sonne zu gewöhnen. Bei heißem Wetter ist reichlich zu lüften, wodurch die Pflanzen härter werden und sich schöner färben, als wenn schattig und geschlossen weiterkultiviert wird. Reichliches Spritzen darf nicht vergessen werden, es ist so zu handhaben, daß auch die Unterseite der Blätter berührt wird, womit man dem Auftreten von Ungeziefer, wie Schildlaus, Schmierlaus, roter Spinne und Thrips, sehr vorbeugt. Entdeckt man jedoch trotzdem Ungeziefer an den Pflanzen, so taucht man jede Pflanze in eine Lösung von Nikotin und spritzt auch etwa alle 14 Tage des Abends mit dieser Lösung. Man sehe sich jedoch vor, daß die Lösung nicht zu stark ist und spritze morgens die Pflanzen mit frischem Wasser nach. Durch Aufgießen der Wege etc. sorge man für reichlich feuchte Luft. Sind die Pflanzen gut durchwurzelt, so kann man etwa alle 14 Tage nicht zu viel Stickstoff enthaltende, schwache Dunggüsse geben, man erlangt so bis zum Herbst 1 m hohe und höhere, von unten bis oben mit tadellosen Blättern besetzte Pflanzen. Ein- oder zweimaliges Abwaschen mit Seifenwasser oder mit einer schwachen Nikotinlösung ist sehr zu empfehlen. Bei Eintritt kalter und nasser Witterung sorge man für eine möglichst regelmäßige Temperatur von 15 bis 18° C. und sei vorsichtig mit dem Gießen, denn eine zu reichliche Bewässerung hätte Wurzelfäulnis zur Folge, die Pflanzen würden dadurch die Blätter abwerfen.

Nicht weniger wichtig wie die richtige Kultur der *Croton*, ist auch die Sortenwahl. Da das Sortiment sehr groß, kultiviere man nur die schönsten und härtesten Sorten. *Van Oesterzie* ist schmalblätterig, gelb punktiert und bleibt niedrig, eignet sich somit ausgezeichnet zur Kultur in $2^1/_2$ zölligen Töpfen. *B. Comte, Reidii, Tompsonii, Andreanus, Queen Victoria, Sunshine, Golden Ring, Mme Ledien, Baron de Rothschild, Earl of Derby, Evansianus, Lady Zetland, Weismannii* sind schöne, empfehlenswerte Sorten. Zur Erzielung neuer Sorten muß man die Pflanzen zur Blüte kommen lassen und dann kreuzen. Aeltere Pflanzen blühen ziemlich leicht, doch müssen sie dann sorgfältig behandelt werden, denn zu schroffer Temperaturwechsel würde ein Abwerfen der Knospen vor dem Aufblühen zur Folge haben. In größeren Herrschaftsgärtnereien könnte man sich jedenfalls ganz gut mit Züchtung neuer *Croton* befassen, da dort die Zeit nicht immer so kostspielig ist, wie in Handelsgärtnereien. Bemerken möchte ich noch, daß der Saft der *Croton* giftig ist und man deshalb beim Schneiden der Stecklinge etwas Vorsicht gebrauchen muß, namentlich wenn man eine Wunde an der Hand hat.

Gehölze.

Ein alter Veteran im Nassauer Schloßgarten (Sophora japonica).

Von **R. Zeissig**, Geisenheim a. Rh.

(Hierzu drei Abbildungen.)

Klein, aber reich an dendrologischen Schönheiten ist der Schloßgarten zu Nassau an der Lahn. Der größte Teil dieser dendrologischen Bestände stammt aus dem Anfange des vorigen Jahrhunderts, aus der Zeit um 1815, als der preußische Minister Freiherr vom Stein Besitzer des Schlosses war. Angeregt durch die Freundschaft mit Alexander v. Humboldt, ließ Freiherr vom Stein eine ganze Anzahl damals noch recht seltener Bäume in seinem Schloßgarten zur Anpflanzung bringen. So stammen aus jener Zeit eine ganze Reihe von Catalpen, ein herrliches Exemplar von *Liquidambar styraciflua*, eine *Ginkgo biloba*, eine *Sophora japonica* und andere mehr. Man sagt, daß eine Anzahl dieser Bäume von Humboldt selbst von seinen Reisen mitgebracht und hier angepflanzt resp. aus Samen herangezogen worden seien.

Jetzt sind diese Bäume zu stattlichen, teils ganz prächtigen Exemplaren herangewachsen. Die größte Zierde des Gartens bildet eine *Sophora japonica*. Die Höhe dieses Baumes mag über 30 m betragen. Der Stamm verzweigt sich schon nahe am Boden, so daß eine breite Krone gebildet wird, welche mit dem zierlichen Laube einen herrlichen landschaftlichen Schmuck bildet. Leider haben sich Stamm und Krone, wie auf den Abb. Seite 201 und 202, oben, sichtbar, infolge der kaum 2 Meter ent-

Neue monströse Form der Mamillaria rhodantha.
In der Gärtnerei von Jean Balme fils, Mexiko, für die „Gartenwelt" photogr. aufgen.

fernten Anpflanzung einer Akazie ganz einseitig entwickeln müssen. Es liegt nahe, daß die schnellwachsende Akazie der Sophore nicht nur oberirdisch viel Raum raubt, sondern auch den Wurzeln außerordentlich viel Nahrung wegnimmt. Dazu kommt noch, daß der Stamm der Sophore von der andern Seite von Buschwerk dicht umpflanzt worden ist (Abb. Seite 202, oben). Die Folgen dieses ungünstigen Standes zeigen sich nun jetzt leider im allmählichen Absterben der ganzen Sophore.

Es ist nicht unmöglich, den Baum noch zu erhalten, falls eine Freilegung des Stammes, Zuführung von Komposterde zu den Wurzeln oder sonst geeignete Düngung herbeigeführt würde. Eine solche Arbeit lohnt sich sehr wohl, wenn es gilt, ein wirklich interessantes Baumexemplar zu erhalten. Dem Nassauer Schloßgarten würde jedenfalls mit der Sophore ein Schmuckstück verbleiben, welches nicht allein das Interesse des Fachmannes, sondern auch das des Laien in hohem Maße in Anspruch nimmt.

Vielleicht geben diese Zeilen Veranlassung, manchen Liebhaber auf diesen alten Veteran, wie auf den schönen Baumbestand des Nassauer Schloßgartens überhaupt, aufmerksam zu machen.

Sophora japonica im Nassauer Schloßgarten.
Vom Verfasser für die „Gartenwelt“ photogr. aufgenommen.

Obstbau.

Die Obstverwertung im Reichsetat. Unter den dauernden Ausgaben im ordentlichen Etat des Reichsamtes des Innern findet sich eine Position „zur Förderung des Absatzes landwirtschaftlicher Erzeugnisse und zur Unterstützung wissenschaftlicher und ähnlicher allgemeiner Bestrebungen auf dem Gebiete der Landwirtschaft“. Für diese Zwecke wurden im letzten Etat 115000 M gefordert. Diesmal werden 150000 M mit folgender Begründung verlangt: Zu diesen Aufgaben stehen die verfügbaren Mittel in einem so bescheidenen Verhältnisse, daß sie sich zahlreichen berechtigten Anforderungen gegenüben als unzureichend erwiesen haben. Auch die im Jahre 1906 eingetretene Verstärkung des Fonds hat nicht genügt. Beispielsweise ist dies neuerdings hinsichtlich der Aufgaben zutage getreten, die auf dem Gebiete der Obstverwertung liegen. Diese Aufgaben erwachsen naturgemäß aus der von den bundesstaatlichen Organen planmäßig betriebenen Pflege des Obstbaues. Wenn es nicht gelingen sollte, in absehbarer Zeit in Deutschland erhebliche Fortschritte in der Obstverwertung zu machen, so würden die erwähnten einzelstaatlichen Aufwendungen volkswirtschaftlich vielfach nutzlos bleiben. Wz.

Zwiebel- und Knollengewächse.

Lilium philippinense.

Von C. Sprenger, Vomero-Neapel.

Abgebildet wurde diese edle Lilie bereits in „Gard. Chronicle“ 1901, Seite 47, eine Beschreibung aber fand ich dort nicht. Ob sie bisher anderswo in Europa geblüht hat, ob sie beschrieben, d. h. wissenschaftlich ihren regelrechten Taufschein erhalten hat, wer ihr Autor ist, das ist mir ebenfalls unbekannt geblieben, nur daß sie schön, sehr schön ist, und ein Edelstein der Zukunft für den Gartenbau, das ist mir klar. In der Pflanzenliste von John Lewis Childs, Floral Park, Amerika, finde ich sie abgebildet und amerikanisch geschildert. Die Zeichnung ist gut, nur die Röhre der Blume etwas zu lang geraten. Diese Feenlilie wurde in den letzten Jahren verschiedentlich auf den Gebirgen der Philippinen gesammelt und nach Ohio und Europa geschickt. So kam sie auch zu mir und blühte erstmals im Sommer 1906. Die Zwiebeln kamen mehr tot als lebendig hier an, waren klein, wild gesammelt, schlecht verpackt und auf der weiten Reise fast vertrocknet. Sie wurden bei vorzüglicher Drainage in eine Mischung grobflockigen, lockeren Torfes, gelblicher, über Felsen gesammelter Walderde und etwas grobkörnigen Sandes in weite Töpfe, teilweise auch in freie, halbschattig liegende Beete gepflanzt und gut bedeckt, die Töpfe aber tief in dasselbe Erdreich eingesenkt und etwa 20 cm mit Erde bedeckt. Alle trieben im April. Im hiesigen Klima fällt die Blütezeit in den Juli. Sie blühten mit bedeutenden Abständen auf und sind hierin sehr warscheinlich angenehm variierend. Meine Pflanzen stehen dicht, stützen sich gegenseitig, scheinen also zur Topfkultur eine Stütze nötig zu haben, und es scheint zweifellos, daß sie zwischen Gebüsch und an Felsenlehnen gefunden werden, weil ihre schmalen, rinnigen, fast linienförmigen Blätter an der Spitze einen zwar ungeteilten Cirrhus (Ranke) tragen, der, Halt suchend, sich ungefähr wie der mancher *Gloriosa* verhält. Meine Pflanzen bringen meist nur eine oder zwei Blumen auf dem Stengel, dürften aber bei intensiver Kultur bald mehr bringen. Die Blüten sind schneeweiß, Petalen elegant zurückgeschlagen, sehr wohlriechend.

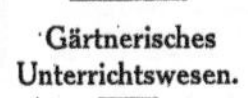

Gärtnerisches Unterrichtswesen.

Gärtner-Winterschule in Elmshorn. Der Artikel in der Weihnachtsnummer der „Gartenwelt“ von Gartendirektor Hartrath beweist, daß auf dem Gebiete des gärtnerischen Unterrichtswesens an vielen Orten des Deutschen Reiches reges Leben herrscht. Es sind im verflossenen Jahre nicht nur in M.-Gladbach, sondern auch in Stuttgart, Elmshorn und, wenn ich nicht irre, in einer schlesischen Stadt niedere Gartenbauschulen oder Winterschulen ins Leben gerufen worden. Auch in Leipzig wird am 1. April eine Fachklasse für Gartenbau an dem dortigen Landwirtschaftlichen Institut eingerichtet. Somit ist begründete Hoffnung vorhanden, daß nach und nach ein Umschwung im gärtnerischen Bildungswesen eintritt, wovon der Gärtnerstand in seiner Gesamtheit weit größeren Nutzen hat, als von den Bestrebungen für Errichtung gärtnerischer Hochschulen, die schließlich nur einer verschwindenden Minderheit zugute kommen. Daß ich hier nicht übertreibe, beweist folgende Tatsache der Statistik: Bei der letzten Berufszählung ergab sich für den Kreis Pinneberg folgendes Resultat: In den Gärtnerei- und Baumschulbetrieben des Kreises sind über 500 Gärtnergehilfen und wenig mehr als 200 Lehrlinge beschäftigt. Von diesen jungen Gärtnern hatte nur einer eine höhere gärtnerische Unterrichtsanstalt besucht.

Die Gärtner-Winterschule in Elmshorn ist im wesentlichen eine Gründung der Gruppe Pinneberg und Umgegend des Verbandes der Handelsgärtner Deutschlands. Die Gruppe bleibt bis auf weiteres auch Trägerin der Anstalt. Zuschüsse zahlt außer der Regierung noch der Kreisobstbauverein Pinneberg, die

Landwirtschaftskammer für Schleswig-Holstein und die genannte Verbandsgruppe, wahrscheinlich später auch die Stadt Elmshorn. Daß die Gründung zustände kam und auch von seiten der Regierung die fehlenden Mittel bewilligt wurden, ist das Verdienst des Landrates des Kreises Pinneberg, Geh. Rat Dr. Scheiff, der stets ein erhebliches persönliches Interesse für Gartenbau an den Tag gelegt hat. (Eine Edeldahlie, die Ansorgesche Züchtung *Landrat Scheiff*, trägt seinen Namen!). Für mich, der ich von Anfang an den Werdegang des Unternehmens verfolgen konnte, war das Ergebnis so recht ein Beweis, was auf diesem Gebiete in großen gärtnerischen Zentren erreicht werden kann, wenn der gute Wille der Arbeitgeber vorhanden ist. In Erfurt und Quedlinburg sollte beispielsweise sich ähnliches durchführen lassen. Mit der pekuniären Unterstützung ist es allerdings nicht allein getan, denn das wesentliche bleibt, daß die Arbeitgeber ihren Angestellten auch die zum Besuch der Schule erforderliche Zeit gewähren. Dies ist hier bereitwilligst geschehen.

Sophora japonica im Nassauer Schloßgarten.
Vom Verfasser für die „Gartenwelt" photogr. aufgen.

Die Elmshorner Schule ist übrigens die erste ihrer Art, die auf die besonderen Bedürfnisse eines bestimmten Zweiges der Handelsgärtnerei Rücksicht nimmt. Von niederen Gartenbauschulen besitzen wir schon eine ansehnliche Zahl, aber die meisten pflegen doch in etwas einseitiger Weise den Obstbau. Der Lehrplan der Gärtner-Winterschule in Elmshorn berücksichtigt in erster Linie die Verhältnisse des Baumschulbetriebes. Dies ist sehr natürlich, denn Westholstein ist ein Zentrum des Baumschulbetriebes, wie wir es von gleicher Bedeutung in keiner Gegend Deutschlands wiederfinden. Der Unterricht verteilt sich auf zwei Winter. Im ersten Jahre wird Unterricht in Bodenkunde, Planzeichnen, Feldmessen und Nivellieren, gärtnerischem Pflanzenbau mit Bevorzugung von Baumschulbetrieb und Obstbau, Gehölzkunde, Chemie in ihrer Anwendung auf die Düngerlehre und in Pflanzenkunde erteilt; im zweiten Winter treten noch Düngerlehre, Buchführung und Pflanzenkrankheiten hinzu.

Damit Angestellte gärtnerischer Betriebe, die gewillt sind, die Schule zu besuchen, nicht gezwungen sind, deshalb ihre Stellung aufzugeben, sind die Stunden auf diejenigen Monate gelegt, in denen die Gehilfen am meisten abkömmlich sind. Die Kurse beginnen daher am 1. Dezember und enden am 1. März. In dieser Zeit wird an fünf Wochentagen nachm. von 3—6 Uhr Unterricht erteilt.

Als Lehrkräfte sind an der Schule zunächst der Direktor der Landwirtschaftlichen Winterschule in Elmshorn, Dr. Rabe, und Dr. Brasch, Chemiker, ebenfalls Lehrer genannten Instituts, tätig. Der Unterricht in den gärtnerischen Fächern wird von Landschaftsgärtner Brügmann, Groß-Flottbek, und dem Unterzeichneten erteilt. Das Schulgeld beträgt pro Winter 20 M.; dafür wird indes noch ein Teil der Lehrmittel gestellt.

Obgleich man bei der Gründung nur mit etwa 20 Schülern gerechnet hatte und für die Propaganda in diesem Jahre wenig Zeit übrig blieb, indem die Bestätigung der Regierungsbeihilfe erst Mitte November eintraf, konnte die Schule schon mit 33 Schülern eröffnet werden. Die Zahl der Teilnehmer ist inzwischen auf mehr als 40 gestiegen. Diese rege Beteiligung ist das erfreulichste Zeichen für die Tatsache, daß für derartige niedere Gartenbauschulen ein dringendes Bedürfnis vorliegt.

Als Uebelstand ist zu bezeichnen, daß Anfänger und Vorgeschrittene gleichzeitig unterrichtet werden; sollte aber die Beteiligung sich in Zukunft noch umfangreicher gestalten, dürfte auch diesem Mißstande durch Teilung in zwei Klassen abzuhelfen sein. Zur Zeit sind an den Besuch keine weiteren Bedingungen geknüpft, als daß der Aufzunehmende mindestens das erste Lehrjahr hinter sich hat. Es sind demgemäß ein Lehrzeugnis, bezw. eine Bescheinigung des Lehrherrn und ein polizeiliches Führungsattest bei der Aufnahme vorzulegen. Die Mehrzahl der Besucher sind allerdings Gehilfen, worunter sich sogar zwei Ausländer befinden.

Ich kann mich zum Schluß dem von Herrn Gartendirektor Hartrath geäußerten Wunsche, daß ähnliche Einrichtungen immer allgemeiner werden mögen, nur anschließen.

Richard Stavenhagen, Rellingen.

Fragen und Antworten.

Beantwortung der Frage No. 480. Gibt es ein Radikalmittel zur Bekämpfung des Pilzes *Nectria ditissima* an Ulmen?

Der Pilz *Nectria ditissima*, der Erzeuger der pilzlichen Krebserkrankung unserer Laubbäume, tritt ganz besonders häufig an Rotbuchen und Apfelbäumen auf. Ulmen sind meines Wissens bisher verschont geblieben, ich nehme deshalb an, daß eine Verwechselung vorliegt mit der an Ulmen am häufigsten auftretenden *Nectria cinnabarina*. Neben der Ulme werden sehr stark von letztgenanntem Pilz die Ahorne, die Roßkastanien und Beerensträucher befallen. Wir finden die Fruchtkörper in zinnoberroten kleinen Polstern massenhaft auf abgestorbenem Geäst. Von hier aus verbreitet sich der Pilz und die Sporen kommen auf Wundstellen zum Auskeimen, das Mycel dringt in die Zellen und Gefäße der lebenden Aeste ein und breitet sich hier sehr rasch aus. Durch die Zersetzungen, die im Innern des befallenen Astes vor sich gehen, kennzeichnen sich diese Partien von außen zunächst durch eine dunkelgrünliche Färbung. Die Blätter werden welk, vertrocknen und schließlich stirbt der

ganze Ast oder Baum ab. Im Herbst oder im nächsten Frühjahr treten dann an den abgestorbenen Teilen die schon gekennzeichneten Fruchtkörper zutage.

Der Pilz vermag, ebenso wie der eigentliche Laubholzkrebs, nur durch Wundstellen in die gesunde Pflanze zu gelangen. Das wirksamste Bekämpfungsmittel wird demnach darin bestehen, daß man alle Wundstellen sofort verschließt. Man verwendet hierzu bei kleineren Wunden ein gutes Baumwachs, bei größeren dagegen einen Anstrich mit Teer, den man, je nach der Größe der Wunde, von Zeit zu Zeit wiederholen muß. Natürlich wird man gleichzeitig alle befallenen Hölzer sorgsam sammeln und verbrennen, um so die Verbreitung der Sporen zu verhindern. Ein eigentliches Radikalmittel gibt es gegen diese Erkrankung nicht. **Blaser.**

Beantwortung der Frage No. 481. Kann mir ein Leser der „Gartenwelt" Auskunft über die gärtnerischen Verhältnisse in den südöstlichen Vereinigten Staaten, insbesondere im Staate Alabama geben?

In Amerika haben nur solche deutsche Gärtner Aussicht auf gutes Fortkommen, welche Kenntnisse der englischen Sprache besitzen. Mobile würde ich nicht empfehlen, doch kann sich auch dort ein deutscher Gärtner durch Energie emporarbeiten. Ich habe dort keine Verbindungen, doch habe ich in Erfahrung gebracht, daß sich in Chunchula eine deutsche Kolonie befindet. Wenden Sie sich event. an den deutsch-luth. Pastor Fehlau (Adr.: Rev. R. Fehlau, Chunchula, Mobile, Alabama) oder an Pastor Schmidt (Adr.: Rev. J. F. K. Schmidt, Mobile, Alabama). Haben Sie etwas Kapital, so könnten Sie sich in Florida durch Gemüsebau für den nördlichen Markt eine unabhängige Existenz verschaffen. Die hiesigen Gemüsezüchter haben meist sehr große Einnahmen, wenn sie die Sache verstehen. Man züchtet hauptsächlich Sellerie, Tomaten, grüne Bohnen, Erbsen, Kartoffeln, Gurken etc. Sicher ist es, daß ein deutscher Gärtner hier mit Fleiß und Energie schnell vorwärts kommt. **H. Nehrling,** Florida.

Beantwortung der Frage No. 482. Wie hoch dürfen Hufspäne, wie dieselben aus der Schmiede kommen, pro 100 kg bezahlt werden? Wie verwertet man dieselben am besten als Düngemittel?

Die erstere Frage ganz genau zu beantworten, ist eigentlich Sache des Untersuchungschemikers, der die Hufspäne untersucht, deren Gehalt feststellt, und den Preis, resp. den Wert im Verhältnis zu anderen im Handel befindlichen, garantierten Düngemitteln berechnet. Es ist indessen auch für den Nichtchemiker nicht schwierig, sofern er ungefähr weiß, was Hufspäne enthalten, durch Rechnung den Wert zu ermitteln. Nach Wolff enthalten Horn- und Hufspäne im Durchschnitt etwa 10 % Stickstoff und 5 % Phosphorsäure. In ihrem Urzustande wirken aber die Hufspäne ziemlich langsam, die Stoffe lösen sich nicht sehr rasch auf, wodurch der Wert derselben nicht so hoch wie bei schnellwirkenden Düngern geschätzt werden darf. Ich glaube daher mit 70 Pfg. das Kilogramm Stickstoff, und 20 Pfg. das Kilogramm Phosphorsäure in den Hufspänen hoch genug zu bewerten. Es ergibt sich nun folgende Rechnung: Bei 10 % Stickstoff und 5 % Phosphorsäure ist in einem Kilogramm Hufspäne für 7 Pfg. Stickstoff und für 1 Pfg. Phosphorsäure enthalten, das Kilogramm also 8 Pfg. wert, 100 Kilogramm somit 8 M. Das wäre nur der theoretische Wert, wenn die Hufspäne ganz rein sind, da sie aber meistens mit allerlei Unrat gemischt sind, so darf man ruhig den Preis pro 100 Kilogramm auf 5 M. herabsetzen.

In der Topfpflanzenkultur verwendet, halte ich es für vorteilhaft, wenn man die Hufspäne erst grob durchsiebt, damit die ganz groben Stücke wegbleiben, das Durchgesiebte so gut wie möglich zerkleinert und mindestens einige Wochen vorher unter die Erde mischt, die man zu gebrauchen gedenkt. Auf diese Weise wird die Wirkung im Topfe eine raschere. Zur Verwendung für flüssige Düngung schüttet man die Hufspäne am besten in einen Korb oder Sack, beschwert diesen mit Steinen und legt ihn in ein Faß mit Wasser. Das Faß läßt man 2 bis 3 Wochen gut zugedeckt stehen, und so entsteht eine Brühe, die man event. noch vor dem Gebrauch mit Wasser verdünnen kann. Wirkung vortrefflich.

Fürs Freiland möchte ich Hufspäne der langsamen Zersetzung wegen nicht sehr empfehlen, ausgenommen da, wo nicht viel umgespatet wird; in Obstgärten oder an Spalierwänden dagegen kann man mit Hufspänen großartige Wirkung erzielen.

Adolf Erb, Ronsdorf bei Barmen.

— Die Hufspäne, die aus den Schmieden kommen, fallen sehr verschieden aus. Es gibt Leute, die die Späne ohne Kehricht sammeln und es gibt solche, die darauf bedacht sind, alles was sich in der Schmiede als Kehricht ergibt, mit in die Hufspäne zu werfen. Daher ist auch der Wert der Ware ganz verschieden, jedenfalls wird man für das Beste vom Besten nicht mehr als 3 M. pro Zentner bezahlen. Die Späne lassen sich als Düngemittel verwenden, allerdings liegen dieselben wer weiß wie lange im Erdboden, ehe sie fermentieren und ist es schon vorgekommen, daß man nach einem Jahre noch recht große Stücke im Erdboden fand. Wer im ersten Jahre nach der Düngung einen Erfolg auf seinem Felde sehen will, der dünge nur mit aus Hornabfällen hergestellten Düngemitteln, wie z. B. Hornmehl, à Zentner 11 bis 12 M., oder mit den mehrfach preisgekrönten Düngemitteln der Düngerfabrik Crossen a. O., à Zentner 7, 8, 8,50 und 9 M.

Otto Fr. Brumer.

Beantwortung der Frage No. 483. Gibt es ein billiges chemisches Mittel zur Vertilgung des Unkrautes auf Gartenwegen?

Lösen Sie reichlich Viehsalz in Wasser auf und überbrausen Sie einige Male im Sommer damit die Wege. Unkraut kommt dann überhaupt nicht auf. Sollte es hier oder da trotzdem der Fall sein, dann genügt eine Prise Salz an den Standort bei Regenwetter, um alles mit Stumpf und Stiel zu vernichten. Dieses Mittel ist immer noch das sicherste und billigste. **A. Wernicke.**

— Unkraut auf Gartenwegen vertilgen Sie am schnellsten, indem Sie es mit verdünnter roher Salzsäure (etwa 1 kg auf eine Gießkanne) durch die Brause begießen, am besten bei Sonnenschein. Die Kannen sind nachher gut auszuschwenken; mit Oelanstrich versehene vermeide man, da durch die Salzsäure die Farbe zerstört wird. Außer bei Moos und sehr tief wurzelnden Kräutern verrichten auch aufgestreutes Viehsalz oder Heringslake recht gute Dienste. Moosige Stellen vertreiben Sie durch ungelöschten Kalk oder Gaskalk (wenn Gasanstalt in der Nähe). Diese Mittel dürfen aber nicht zu lange liegen, da sie sich an den Schuhsohlen festheften und dann durch den Garten getragen werden. Löwenzahn, Ochsenzunge, Disteln, Sauerampfer und ähnliche tiefwurzelnde Kräuter vernichten Sie durch Aufgießen von etwas Petroleum bei Sonnenschein. Letzteres Mittel ist auch ausgezeichnet da, wo sich die Wurzeln zwischen Steinen oder Mauerwerk festgesetzt haben (Pflaster, Lawntennisplätze). **Alfred Schröter,** Aachen.

Bücherschau.

Die im Vorjahre schon erwähnte und besprochene **„Flora von Mitteleuropa von Dr. G. Hegi"** (J. F. Lehmann's Verlag, München) ist bis jetzt zur 9. Lieferung, bis zur Gattung 105, *Poa, Gramina,* Seite 312 gediehen. *Secundum ordines naturales* werden nach den Gefäßcryptogamen, die Koniferen (die Nadelhölzer) und sodann diejenigen Familien der Monocotyledonen behandelt, die zumeist Wasserpflanzen enthalten, dann folgen die Gräser, also Pflanzengruppen von großer gärtnerischer Bedeutung.

Welch reiche Fülle des mannigfaltigen Materials ist schon in diesen Heften dargelegt, wie weit geht gegen frühere, selbst größere Floren die Behandlung des floristischen Materials, von welch höheren und weiteren Gesichtspunkten wird alles aufgefaßt! Es bleibt nicht allein bei der Beschreibung und Abbildung der Arten, Varietäten; Wachstumsvariationen und Standortsformen werden namhaft gemacht und kurz, in prägnanter Weise skizziert, auch auf die wirtschaftliche Bedeutung und Verwendung der einzelnen Pflanzen und ihrer Produkte, auf ihren Wert etc. wird hingewiesen.

Recht zufrieden wird auch der Etymologe sein mit der sprachwissenschaftlichen Behandlung der Vulgärnamen. Der Gärtner muß es besonders begrüßen, daß im Zusammenhange auf die verwandten

Gruppen außerhalb des Gebietes verwiesen wird, meistens nicht zu flüchtig, daß auch die häufiger kultivierten Arten erwähnt und kurz beschrieben werden. Von ganz besonderem Nutzen sind aber die allgemeinen pflanzengeographischen Notizen bei den einzelnen Gruppen und Gattungen, sowie bei den Vorkommensnotizen, besonders bei den einzelnen Arten und Varietäten. Welch ungemein wertvolle behandelte Einzelheiten, wie viel Kulturwinke geben sie uns! Viele, verhältnismäßig immer häufiger werdende Detailzeichnungen erleichtern die Bestimmungen ungemein, die schwierigen *Potamogeton* z. B. sind alle abgebildet, die Schlüssel genauestens durchgearbeitet; sehr eingehend sind die Diagnosen behandelt.

Die farbigen Tafeln haben in der Folge nichts an ihrer Schönheit und guten Durcharbeitung eingebüßt; man sieht bei jeder Tafel, daß Künstler unter Aufsicht der Wissenschaftler nach lebendem Material arbeiten und so vorzügliche, nicht steife Herbariumsbilder resultieren. Stellenweise sind Standortsbilder eingefügt, die leider — in den Text gedruckt — nicht tadellos zur Geltung kommen, wie es nach den Originalen wohl hätte sein können. Es erweckt dies wohl den Wunsch, diese Standortsbilder auf Kunstdruckpapier einzuschalten oder in einigen Lieferungen am Schluß beizufügen. Ein solcher Bilderatlas mitteleuropäischer Vegetationsbilder würde jedenfalls auch durch Nachzahlung einiger Mark gerne erworben und dankbarst begrüßt werden.

Alles in allem hat man seine helle Freude an dem schön angelegten Werke und begrüßt freudigst jede neue Lieferung. Wie ich im Vorjahre schon sagte, ist die Kenntnis der Flora unserer Heimatländer, nicht allein die Namenkenntnis der heimischen Arten, die Basis für das Verständnis der Kulturmaßnahmen bei den fremdländischen Pflanzen. **B. Othmer.**

Gerätschaften.

Rosenentstachelapparat. Von der Dresdner Gartenwerkzeugfabrik S. Kunde & Sohn ging uns vor einiger Zeit ein kleiner, aber schwerer, aus Gußeisen gefertigter und durch D. R. G.-M. geschützter Apparat zum Entdornen von Rosenschößlingen und okulierfähigen Wildlingen der *Rosa canina* zu. Jeder Rosenspezialist weiß, wie hinderlich die oft starken Stacheln sind. Im Interesse eines rascheren und dabei auch gefahrlosen Arbeitens liegt eine systematisch durchgeführte Entstachelung der Wildlinge. Eine solche war aber bisher eine sehr mühevolle Arbeit, denn selbst ein geübter Arbeiter konnte pro Tag kaum mehr als etwa 300 Wildlinge ohne Rindenverletzung reinigen. Der Frage der Entstachelung der Rosen ist mit vorliegendem Apparat, der eine Erfindung des Gärtners Heyl in Radebeul bei Dresden ist, ein Ende bereitet. Mit Hilfe dieses Apparates sind täglich bis zu 3000 Wildlinge sachgemäß entstachelt worden. Im Innern des aufklappbaren Apparates sind 6 Messer kreisförmig angeordnet. Nachdem der Apparat geöffnet, wird das Stämmchen in eine Rinne gelegt, die nach Schließung desselben eine von den 6 Messern umgebene Röhre darstellt, worin das Stämmchen dann 2 bis 3 Mal hin und hergezogen wird. Durch eine unter dem Apparat angebrachte Oeffnung fallen die glatt abgeschnittenen Rosenstacheln heraus. Der Apparat ist auf jedem Verpflanztisch oder auf jeder feststehenden Bank mittels 4 Schrauben dauerhaft zu befestigen. **M. H.**

Tagesgeschichte.

Hannover. Besetzung der städtischen Gartendirektorstelle. In No. 13 vom 28. Dezember haben wir bekannt gegeben, daß die zuerst in der Erfurter Fachpresse veröffentlichte Nachricht, nach welcher der dortige städtische Gartendirektor Linne zum Nachfolger des verstorbenen Herrn Trip als städtischer Gartendirektor nach Hannover berufen worden sei, den Tatsachen nicht entspricht, zum mindesten ihnen vorauseilt. Den letzten Nachdruck dieser unrichtigen Meldung hat die „Gartenflora", das Organ des Vereins zur Beförderung des Gartenbaues, im ersten Januarheft gebracht. Es liegt im allgemeinen Interesse gärtnerischer Fachkreise, die Vorkommnisse in Hannover öffentlich klarzustellen. Die Ausschreibung der Stelle ist Mitte Dezember, etwa gleichzeitig mit der voreilig bekannt gegebenen Berufung des Herrn Linne, erfolgt, und zwar, so weit wir unterrichtet sind, in keiner Fachzeitschrift, sondern ausschließlich im „Hannoverschen Kurier" und in der „Kölnischen Zeitung". Durch die Ausschreibung in diesen beiden politischen, in gärtnerischen Kreisen kaum gelesenen Zeitungen, wollte man einem vom Bürgervorsteherkollegium gefaßten Beschluß nachkommen, sich zugleich aber auch etwaige neue Bewerber möglichst vom Halse halten. Darüber, daß diese Ausschreibung nur pro forma erfolgte, besteht kein Zweifel. Wir haben schon früher derartige Ausschreibungen als durchaus unzulässig gekennzeichnet. Lange bevor diese Ausschreibung erfolgte, stand der Magistrat von Hannover bereits in direkten Unterhandlungen mit Bewerbern. Drei derselben befanden sich bereits in der engeren Wahl und hatten sich auch schon persönlich vorgestellt. Unter diesen Bewerbern befand sich auch Gartendirektor Linne, außerdem ein früherer Obergärtner der Stadt Hannover, der viele Jahre hindurch die rechte Hand des verstorbenen Gartendirektors Trip gewesen sein soll. Die Entscheidung wird wohl im Laufe dieses Monats fallen, sie hat sich durch Erkrankung des Stadtdirektors Tramm und des Senators Dr. Bauer verzögert. Herr Gartendirektor Linne, Erfurt, kommt für Hannover nicht mehr in Frage; es ist ihm inzwischen die städt. Gartendirektorstelle in Essen übertragen worden (siehe Personal-Nachrichten). — Der vorstehend gekennzeichneten Art der Stellenausschreibungen wird erst dann Einhalt geboten werden können, wenn sich die irregeführten Bewerber einmal zusammentun, um gemeinschaftlich Schadenersatzklage für zwecklos aufgewendete Arbeit und Portoauslagen gegen die in Frage kommende Behörde einzureichen, damit einmal ein Exempel statuiert wird und nicht fürderhin wieder Stellen ausgeschrieben werden, für die vor der Ausschreibung schon auserwählte Fachleute zur engeren Wahl standen. **M. H.**

Personal-Nachrichten.

Baresch, Carl L., früher Leiter der Firma „La Flora" (G. Kalbreyer) in Bogota (Columbia) hat sich dortselbst als Handelsgärtner und Orchideenimporteur niedergelassen.

Bertram, M., Kgl. Sächs. Gartenbaudirektor in Dresden, legte sein Amt als Direktor der dortigen Gartenbauschule des Gartenbauverbandes für das Königreich Sachsen nieder, wird aber auch weiterhin als Lehrer an dieser Schule wirken.

Dittmer, A., erster Obergärtner bei der Kgl. Tiergartenverwaltung in Berlin, ist zum Kgl. Garteninspektor ernannt worden.

Döring, Bruno Herm., Handelsgärtner, Chemnitz, † am 4. d. M. im 57. Lebensjahre.

Fessel, Carl, Inhaber der Firma A. Keilholz in Quedlinburg, † am 10. d. Mts. im besten Mannesalter.

Fischer, W., bisher in Gatow bei Spandau, hat sich in Schöneiche bei Guben als Handelsgärtner niedergelassen.

Koehler, Fritz, staatlich geprüfter Obergärtner, Gartenarchitekt in Budapest, wurde zum städtischen Garteninspektor in Beuthen, O.-Schles., gewählt und tritt diese Stelle am 15. April d. J. an.

Linne, Otto, seit acht Jahren Gartendirektor der Stadt Erfurt, um deren Anlagen er sich sehr verdient gemacht hat, ist die durch Stefens Tod freigewordene Stelle des Gartendirektors in Essen a. d. Ruhr vom 1. April ab übertragen worden.

Reisinger, Joseph, Landschaftsgärtner, München, † am 2. d. M.

Schwan, Rudolf, Inspektor des Kgl. Botanischen Gartens in Halle a. S., † im 55. Lebensjahre.

Tamms, Fritz, bisher Geschäftsführer bei R. Seidel, Rittergut Grüngräbchen i. S., und seit acht Jahren Lehrer an der Gartenbauschule des Gartenbauverbandes für das Königreich Sachsen, ist zum Direktor derselben ernannt worden.

Timmler, Gottfried, ehemaliger Handelsgärtner, Tilsit, † am 8. d. M, im 78. Lebensjahre.

Weber, Joseph, Obergärtner in Königstein, erhielt das Allgemeine Ehrenzeichen.

Berlin SW. 11, Hedemannstr. 10. Für die Redaktion verantwortlich Max Hesdörffer. Verlag von Paul Parey. Druck: Anhalt. Buchdr. Gutenberg e. G. m. b. H., Dessau.

Neue Cactus- oder Edel-Dahlien für 1908.
212
213
214
219
Brillantlila
Aphrodite
Melpomene
Mephisto
Polarstern
Kaffernprinz
Lisa Bärecke
PAPE & BERGMANN, QUEDLINBURG.
Kunst u. Handelsgärtnerei – Samenbau.
SOMMERLAD, NIEDERSEDLITZ

Zum Räuchern ist nichts besser als
Pape & Bergmann's
Tabak-Räucherpulver
mit extra verstärkten Nikotin- und Quassia-Dämpfen, 1 kg 60 Pf., 10 kg Mk. 5,—. **Räucher-Rost,** überall aufzustellen, 1 Stück 60 Pf. **Räucher-Unterlagen** mit Zündstreifen (Zündpapier) 100 Blatt 90 Pf., 10 Stück 10 Pf. — Gegen Nachnahme.
Gärtner erhalten auf obige Preise 10 % Rabatt. [21]
Pape & Bergmann, Quedlinburg.

Zur Nedden & Haedge
Rostock (Meckl.)

Fabrik für verzinkte Drahtgeflechte nebst all. Zubehör, Drahtzäune, Stacheldraht, Eiserne Pfosten, Thore, Thüren, Drahtseile, Koppeldraht, Wildgatter, Draht zum Strohpressen.
Production 6000 □m-Gefl. p. Tag.
Preisliste kostenfrei.

Areal: 1300 Morgen.
Hauptkatalog
erschienen. [47]
L. Späth,
Baumschulenweg-Berlin.

USUMER BAUMSCHULEN
USUM (Schlesw.-Holst.) Fernspr. 106. Grösste Muster-Obstbaumsch. Nordens. **Sehr** abgehärtete, gesunde u. ...chenfr. Bäume. **Preisv. franco** üb. ...st-, Allee-, Zierb., Conif., Sträuch., ...rst- u. Heckenpfl., Stauden etc. [193

Johs. von Ehren,
Baumschulen,
Nienstedten (Holst.) b. Hamburg,
empfiehlt
in gut kultivierter Ware und reicher Auswahl **Koniferen, Rhododendron, Ilex, Buxus, Azaleen, Kalmien, Andromeden. Solitär-Bäume und -Sträucher. Stämmige und niedere, Hänge- und Schlingrosen,** in schönen Sorten. **Vorpflanz-, Deck- u. Mittelsträucher, Obstbäume** in allen Formen und schönen Sorten in starker grossverschulter Ware. **Johannis- und Stachelbeeren** in stämmiger und buschiger Form, **Himbeeren, Brombeeren, Erdbeeren, Strassenbäume, Hecken- und Schlingpflanzen.**
Grössen und billigste Preisaufgabe auf gütige Anfrage umgehend. [7

Bürgersche Grossblumige Pelargonien
Weltberühmte Verbesserung der alten sogen. Englischen.
Ich versende das ganze Jahr hindurch reichverzweigte Mutterpflanzen meines vorzüglichen Sortiments.
Jetzt empfehle:
Junge kräftige vollbelaubte Stecklingspflanzen
mit festen Topfballen in echten Sorten nach meiner Wahl
100 Stück schon von M. 25 an.
Die hervorragendsten Neuheiten der letzten Jahre sind die allerfrühesten, reichblühendsten, starkwüchsigsten, remontierenden!
Siehe Katalogbeschreibung!
Kataloge mit bunten Abbildungen stehen zu Diensten. [294
W. Bürger, Gärtnereien, **Halberstadt.**

Grossblumige Engl. Pelargonien.
Mein, auf der Gartenbauausstellung Mannheim mit höchsten Preisen (Ehrenpreis, goldene u. silberne Medaillen, sowie hohe Geldpreise) ausgezeichnetes prachtvolles Sortiment, namentlich meine letzt- und diesjährigen Neuheiten, welche als das Vollkommenste von Fachleuten und der Fachpresse anerkannt wurden, empfehle in gesunden vollbelaubten Stecklingspflanzen mit festen Topfballen. Ebenso alle besseren Bürgerschen Sorten. 100 St. n. meiner Wahl 25, 30, 40, 50 M. Letztjährige vorzüglichste Neuheiten von 1 M. an p. St. Man verlange Preisverzeichnis und Farbentafel. Beschreibung in No. 22, 23, 26, Jahrgang 1907 der „Gartenwelt". [334
C. Faiss, Gartenbaubetrieb. Grosskulturen Englischer Pelargonien.
Feuerbach-Stuttgart.

Specialgeschäft für Gewächshausbau, Wintergärten, Treibhäuser
Ed. Zimmermann in Altona (Elbe).
Versandhäuser zum Selbstaufstellen zu mässigen Preisen
gegründet: 1870. Ausführung in Holz- sowie Eisenconstruction.
Beste Bezugsquelle für verschiedene Grössen **Frühbeetfensterrahmen** und **Schattendecken.**
Man verwende die **Hercules-Decke.** [134

Versäumen Sie nicht,
falls Sie Blumenliebhaber od. Gartenbesitzer sind, den reich illustrierten Katalog der Firma
Oskar Knopff & Co. Erfurt
Gegr. 1832. Samen- und Pflanzenhandlung Gegr. 1832.
kostenlos einzufordern. [495]

Zuverlässigste Bezugsquelle für alle Arten
Gemüse- und Blumen-Sämereien
Nonne & Hoepker
Grossh. u. Herzogl. Hoflieferanten
Ahrensburg b. Hamburg.
Illustrierte u. beschreibende Samen-, Pflanzen-, Baumschul-, Stauden- und Dahlien-Kataloge frei. [425

Koniferen
grösseren Posten abzugeben. Ballensicher, von kleinsten bis zu Schaupflanzen in allen Sorten. [206
Wilhelm Behr, Elmshorn,
Baumschul-Versand.

Den wirksamsten Schutz gegen Vögel und Näschereien der Menschen gewähren für Sämereien, jg. Pflanzen, Beeren, Kirschen, Trauben usw. [22
Roh's Schutznetze.
Vorrätig alle Längen und Breiten in 4 und 2½ cm Maschenweite, à Kilo 5 Mark (8—12 Pfg. das □Meter). Zu Versuchen ist jedes gewünschte Quantum zu haben. Prospekte gratis und franko. **G. Roh, Apolda.**

Topfreben
laut Verzeichnis.
G. HAMKENS,
Wandsbek. [274

Zur jetzigen Aussaat

empfehle Samen von:
Primula obconica „Ronsdorfer Hybriden"
meine in Grösse und Färbung noch unübertroffenen Züchtungen
Primula obc. gigantea (Arendsi, Pax)
hervorragende riesenblumige
Neuheit.
Samen von winterharten Stauden u. feinen Sommerschnittblumen.

G. Arends
Staudengärtnerei u. Samenhandlung
Ronsdorf (Rheinland).
Preisliste steht auf Wunsch kostenfrei zu Diensten. [17

Orchideen-Erde,

Polypodium-Fasererde und
45] **Sphagnum** empf. in I. Qualität
Joh. Wilh. Ringen
in **Oberdollendorf** am Rhein.
Preisliste und Proben postfrei.

Wald-Farn

grosse Knollen 100 St. 10 M.
Primula obconica in Töpfen, 5 bis 8 Blumen 100 St. 30 M.
In Tausch nehme andere Pflanzen, Sträucher und Blumen. [411
Chr. Becker, Gärtnerei,
Dillweissenstein.

Das Originalfabrikat
Avenarius Carbolineum
seit 30 Jahren auf das glänzendste bewährt
ist als erste Marke anerkannt
Die nächstgelegene Verkaufsstelle wird jedem Interessenten mitgeteilt durch:
R. Avenarius & Co.
Stuttgart, Hamburg, Berlin C und Köln. [319

Kieler Baumschule

Friedrich Repenning, Kiel,
empfiehlt in bekannter, bester Ware:
Obstbäume,
Beerenobst,
Alleebäume,
Ziersträucher,
Koniferen u. Thuja zu Hecken,
Rosen, [40
Stauden und Kaktus-Dahlien.
Hauptpreisverzeichnis umsonst und postfrei.

Bon's Buchh., Königsberg i. Pr. sucht und kauft stets **alte Bücher, Ansichten u. Stiche von Königsberg i. Pr.,** ebenso wie moderne Literatur in Kunst etc. [286

Böttger's gesetzlich geschützte
Heissluft-Pumpmaschine
ist und bleibt die beste und billigste Wasserpumpmaschine der Welt für alle Zwecke, wo Wasser herbeizuschaffen oder zu beseitigen ist.
Böttger's Göpelpumpanlage
ist das vorzügl. Pumpwerk f. tierischen Antrieb.
Böttger's Handkolbenpumpe „Selecta"
ist die leichtest gehende und dauerhafteste Handpumpe und Gartenspritze.
Reflektanten erhalten Kataloge von der
Sächs. Motoren- und Maschinenfabrik
Otto Böttger, Dresden-A. 28 J.
Zweiggeschäft: Berlin NO. 18, Gr. Frankfurterstr. 32.
38]

Sauberes Frühbeetfenster

durch Massenherstellung,
Gartenglas in allen Nummern liefert sehr billig
Robert Katzschmann
Döbeln in Sachsen.
[475

Stauden und Baumsc[hul]-Kulturen

In allen einschlägigen A[...]
Vom Guten das Be[ste]
Unter anderem grosse [...] der feinsten Auswahl in:
Paeonia sinen[sis]
Paeonia arbo[rea]
Clematis.
Reichhaltiges Verzeichn[is mit Be]schreibungen und Abbildung[en]

Goos & Koenen
Grossh. Hess. Hoflief[erant]
Nieder-Walluf bei Wie[sbaden]
Staudenkultu[r] und **Baumschu[le]** für Obstbäume, Kon[iferen], Rosen und Ziergeh[ölze]

3000 Araucarien [...]
à % 20-40 ℳ, starke Coel[...]
à 2-8 ℳ, **Hortensien,** st. P[...]
25-30 ℳ, bew. St. à % 3 ℳ, b[...]
à 30-50 ₰, bl. **Primula chin[ensis]**
Primula comp. a. kl. T. à %[...]
z. T. à % 25-40 ℳ, **Selagi[nella]**
% 25 ℳ, **Selag. Ouv.** z. [...]
bis 20 ℳ, **Phalaris ar.** [...]
Bandgras % K. 6 ℳ. N[...]
Tausch **grüne u. bunte A[...]**
Verm., st. **Treibrosen u. [...]**
Treibkeime. Bernh. G[...]
deuben bei Gaschwitz-L.

S. KUNDE & SOHN

Dresden-A. 44, Kipsdorferstrasse 106.
Spezialfabrik für gärtnerische Schneidewerkzeuge.
Gegründet 1787.
Spezialität: Aussergewöhnlich schnitthaltige, gute Klingen unter Garantie! Gefällige, handliche Formen! — Dauerhafte, solide Konstruktion!

Katalog kostenlos. Katalog kosten[los.]

Man kaufe keine Dresdener Messer, wenn sie nicht diesen Stempel tragen. S. KUNDE & SOHN DRESDEN *Kundesche Messer und Sch[...] Jedes unserer Fabrikate trägt diese[n ...]*

George Grimm Hannov[er]

Engelbostlerdam[m]
Zentralheizungen und Gewächshausbau
Lager von Gegenstrom-Gliederkessel, Cylinderkessel mit Wasserpl[...]
sowie **Schlangenkessel** von Mk. 82.— an fertig zum Anschluss.
Frühbeetfenster in **Pitchpineholz mit je 3 Eisenspr[...]** 180 × 100 und 156 × 94 stets am Lager.
Prima Empfehlungen. Man verlange Katalog.
Um Irrtümer zu vermeiden, wird gebeten, obige Adresse genau anzugeben.

Hierzu je eine Beilage von **Pape & Bergmann, Quedlinburg,** in Verbindung mit der Firma **Krey & Sommerlad, Niede[...]** sowie der Verlagsbuchhandlung **Paul Parey, Berlin SW. 11,** Hedemannstr. 10.

Druck der Anhaltischen Buchdruckerei Gutenberg e. G. m. b. H. in Dessau.

Illustrierte Wochenschrift für den gesamten Gartenbau.

Herausgeber: Max Hesdörffer-Berlin.

Erscheint jeden Sonnabend.
Monatlich eine farbige Kunstbeilage.

Bezugsbedingungen:
…ch jede Postanstalt bezogen Preis 2.50 M. vierteljährl. In Österreich-Ungarn 3 Kronen. …direktem Bezug unter Kreuzband: Vierteljährlich 3 M. Im Weltpostverein 3.75 M. Einzelpreis jeder Nummer 25 Pf.

…ohne Vorbehalt eingehenden Beiträgen bleibt das Recht redaktioneller Änderungen …halten. Die Honorarauszahlung erfolgt am Schlusse jeden Vierteljahrs.

Anzeigenpreise:
Die Einheitszeile oder deren Raum 30 Pf.; auf der ersten und letzten Seite 50 Pf. Bei grösseren Anzeigen und Wiederholungen steigender Rabatt. Beilagen nach Übereinkunft. **Anzeigen in der Rubrik Arbeitsmarkt** (angebotene und gesuchte Stellen) kosten für Abonnenten einmalig bis zu 10 Zeilen Grösse M. 1.20, weitere Zeilen werden mit je 30 Pf. berechnet. Erfüllungsort auch für die Zahlung: Berlin.

Adresse für Verlag und Redaktion: Berlin SW. 11, Hedemannstrasse 10.

XII. Jahrgang No. 18. ‖ Verlag von Paul Parey, Berlin SW. 11, Hedemannstr. 10. ‖ 1. Februar 1908.

Illustrierte Wochenschrift für den gesamten Gartenbau.

Jahrgang XII. | 1. Februar 1908. | No. 18.

Palmen.

Seltene Palmen.

Von Obergärtner **C. Crusius**, Plauen i. Vogtl.

(Hierzu 13 für die „Gartenwelt" gefertigte Aufnahmen.)

Eine Beschreibung der hier bildlich dargestellten Palmen ist wohl entbehrlich; trotzdem sie alle im Handel vertreten sein mögen, dürften sie wohl kaum in größeren Beständen zu finden sein, sie können somit als seltene Palmen angesprochen werden. Fiederpalmen von eleganter Tracht sind *Areca rubra* und *Areca Wendlandiana*, welch letztere auf dem Bilde noch ungeteilte Wedel zeigt. Während erstere ziemlich schnellwüchsig ist, wächst letztere recht langsam und die charakteristischen Wedel erscheinen erst nach Jahren. — *Caryota sobolifera (C. mitis)*, vom Malaiischen Archipel, hat große Aehnlichkeit mit *Caryota urens*, treibt aber aus der Wurzel keine Ausläufer; die bizarren Wedel sind doppelt gefiedert, die Endlappen gleichen Fischschwänzen und Floßfedern. Erwähnen möchte ich noch, daß bei allen Caryoten das Spitzenwachstum mit dem Erscheinen der Blütenrispen aufhört. Alle *Caryota* verlangen viel Wasser und verhältnismäßig große Gefäße. — *Didymosperma porphyrocarpon*, aus Java, ist eine seltene und schmuckvolle Palme. Die Blätter sind ungleich gefiedert, unterseits silberfarbig, die Endlappen gleichen jenen der Caryoten; die aus dem Wurzelstock treibenden Ausläufer wachsen, sorgfältig abgetrennt, weiter.

Hyophorbe Verschaffeltii, in den Kulturen unter dem Namen *Areca Verschaffeltii* bekannt, auf der Insel Rodriguez heimisch, ist eine kräftig wachsende Fiederpalme; der Wurzelstock ist keulenartig verdickt, die Nervatur der Blätter und Blattstiele ist gelb, wie bei *Areca lutescens*.

Areca rubra.

Kentia Canterburyana, von der Lord Howe-Insel, mit breit gefiederten Blättern, von robustem, kräftigem Bau, dürfte wohl eine der besten Vertreter dieser beliebten Gattung sein; sie will, wie alle Kentien, im Winter nicht zu warm gehalten sein.

Livistonea Mariae ist eine sehr seltene, leider recht langsam wachsende Fächerpalme; sie zeichnet sich durch rote Färbung der jungen Blätter aus, die später eine dunkelgrüne Farbe annehmen.

Livistonea Jenkinsiana, aus Assam, ist, wie auf Abbildung Seite 208 ersichtlich, eine äußerst dekorative Palme; die harte, lederartige Beschaffenheit des Blattes läßt darauf schließen, daß diese Art gegen kühlere Temperatur wenig empfindlich ist, wie sie auch im übrigen nur bescheidene Ansprüche macht.

Pinanga decora ist auch recht selten und besitzt ein kriechendes Rhizom, aus dem sich dünne, niedrige Stämme erheben, so daß die Pflanze mehr strauchartig bleibt. Die Blätter dieser, auch jene der *Pinanga Kuhlii*, sind anfangs blaugrün gefärbt, gefleckt und mit Braun verwaschen. Mit der Zeit werden die Flecken dunkler und zuletzt schwarzgrün, die Nerven rötlich. Die *Pinanga* sind in etwa 40 Arten, von welchen sich aber nur wenige in Kultur befinden, im tropischen Asien heimisch. Alle Arten haben rohrartige Stämme und verhältnismäßig kleine Wedel.

Ptychosperma (Archontophoenix) Alexandrae steht im Habitus zwischen *Seaforthia (Archontophoenix) elegans* und *Kentia*, die Unterseite der Blätter ist blaugrün. Diese Palme, die weit seltener als *Seaforthia elegans* in Kultur anzutreffen ist, verlangt eine vollständige, durch spärliches Gießen einzuhaltende Winterruhe; sie zieht im Hinblick auf ihr kräftiges Wachstum eine schwere Erde vor und bildet bald den starken, geringelten Stamm.

Daemonorops (Calamus) periacanthus ist eine Schlingpalme von Sumatra. Sie ist wie alle *Calamus* eine Bewohnerin feuchter, schattiger Wälder und findet nur in feuchtwarmer Luft die ihr zusagenden Lebensbedingungen, daneben erfordert sie humosen Boden. Diese und alle anderen Arten sind in der Jugend sehr zierliche Topfpflanzen mit von Anfang an gefiederten Wedeln.

Chamaedorea Ernesti Augusti bildet wie alle Chamaedoreen schlanke, rohrartige Stämmchen. Alle Arten der Gattung sind im westlichen tropischen Amerika heimisch; sie verlangen alle schattigen Standort. Die genannte Art ist eine sehr schmuckvoll wirkende Palme, ziemlich raschwachsend, in der Kultur anspruchslos, auch wertvoll als Zimmerpflanze.

Schlingpflanzen.

Erfahrungen mit Lathyrus odoratus.

Von Obergärtner **Julius Buchholz**, Bockstadt.

In der hiesigen Freiherrlich von Münchhausenschen Gärtnerei werden die *Lathyrus*, die sich hier unter den Sommerblumen besonderer Bevorzugung erfreuen, in sorgfältiger Weise kultiviert. Es wird alles aufgeboten, um einerseits die ersten Blüten so früh als möglich zu erzielen, andererseits aber auch den Flor so lange als möglich auszudehnen. Zur Erzielung eines möglichst späten Flores hatte ich ausgangs Juli eine Aussaat in extra hierfür hergerichtete Kästen gemacht. Bei einer Höhe von 25 cm hatten diese Kästen einen Durchmesser von 30 cm. Bis Anfang Oktober blieben die Kästen im Freien. Die *Lathyrus* waren durchschnittlich 50 bis 60 cm lang geworden und gaben durch kräftige Entwicklung Hoffnung auf einen reichen Spätflor.

Caryota sobolifera.

Sie erhielten nun ihren Standort auf der Seitentablette eines Kalthauses, wo die Ranken mit größter Vorsicht dicht unter der Glasfläche hingezogen wurden. Durch angemessene Dunggüsse suchte ich das Wachstum zu fördern. Anfang November traten die ersten Blütenknospen hervor, aber, o Schreck! was war das? — Sie kamen nicht vorwärts; nach wenigen Tagen wurden sie welk und gelb und durch gleichfalls taube Knospen abgelöst. An der nötigen Lüftung hat es nie gefehlt, Ungeziefer und Pilzkrankheiten habe ich nicht ermitteln können. Ende November war es mit meiner Geduld und mit meinen Hoffnungen vorüber. Ich war von der Spätkultur der *Lathyrus* kuriert. —

Die Frühkultur wird hier in folgender Weise gehandhabt. Anfang März wird die Aussaat in mehrere hundert 10 cm weite Töpfe ausgeführt. In jeden der mit sandiger Erde gefüllten Töpfe gebe ich fünf Samen. Bis zum Auflaufen derselben stehen die Töpfe unter der Stellage eines Kalthauses, dann werden sie im gleichen Hause hell und luftig gestellt. Sobald die Witterung die Kultur im Freien gestattet, werden die schon im Herbst vorbereiteten Beete nochmals flach durchgegraben und auf jedem Beet in 30 cm Abstand nach der Schnur zwei Reihen gezogen. Zwischen je zwei Reihen bleibt ein meterbreiter Steig. Die *Lathyrus* werden nun ausgetopft, und längs der Reihen in 20 cm Abstand mit vollen Ballen so tief ausgepflanzt, daß sie etwa 3 cm tiefer als bisher stehen. Zur Zeit dieses Auspflanzens beginnt auch die erste Aussaat ins Freie, bei welcher die gleichen Abstände der Reihen und innerhalb der Reihen eingehalten werden. Sind die Wicken etwa 20 cm hoch, so werden die Beete mit guter Komposterde überzogen, es findet dann später noch eine ausgiebige Behäufelung statt. Ich ziehe hier die Wicken an Drahtschnüren, die der fortschreitenden Entwicklung entsprechend nach und nach gespannt werden. Ausgiebige Bewässerung und öftere Dunggüsse werden mit großen, von langen Stielen getragenen Blüten belohnt. Von Wichtigkeit ist das peinliche Entfernen verblühender Blumen, um den Ranken erneute Anregung zur Knospenbildung zu geben.

Areca Wendlandiana.

Die zweite Aussaat ins freie Land erfolgt hier Anfang Mai; die Kultur der aus ihr hervorgehenden Pflanzen ist am mühevollsten. Die ersten Blüten aus dieser Aussaat erscheinen zu Anfang September, aber hier treten häufig schon im August die ersten Nachtfröste ein, weshalb frühzeitig an eine Schutzvorrichtung zu denken ist. Es wird über sämtlichen Beeten ein Lattengerüst hergestellt und bei bevorstehendem Nachtfrost oben mit Deckläden abgedeckt; die Seiten werden mit Läuferstoff verhängt. Mit dieser Deckvorrichtung erhalte ich hier bis in den November hinein Blüten. Sobald aber das Thermometer des Nachts unter 8° C sinkt, fallen die Pflanzen trotz vorsichtigster Deckung der Kälte zum Opfer.

Nachschrift der Redaktion. Die vorstehenden Ausführungen bieten einen neuen Beleg für die Tatsache, daß *Lathyrus odoratus* weder zur Topf- oder Kastenkultur, noch für den Winterflor geeignet sind; sie sind wie alle Sommerblumen Kinder der Sonne und trotz bester Vorkultur versagt der Flor in den trüben Dezembertagen. Abgesehen hiervon wird man bei Kultur in Kästen auch im Sommer nur schwache Pflanzen erzielen. Wir haben stets festgestellt, daß selbst in geräumigen Balkonkästen im Vergleich zu den Freilandpflanzen nur kärgliche Resultate erzielt wurden. Sehr gute Erfolge hatte eine hiesige Schnittblumengärtnerei mit der Frühkultur, bei Aussaat im Januar in den freien

Grund eines geräumigen, luftigen Kalthauses. Die Pflanzen lieferten hier von Ausgang März ab eine reiche Blumenernte, die dann durch den Flor der ersten Freilandaussaat abgelöst wurde. Die Vorkultur in Töpfen möchten wir nicht empfehlen, sondern der frühen Aussaat ins freie Land, möglichst schon im Februar, den Vorzug geben.

Topfpflanzen.

Ein Beitrag zur Winterhärte der Musa japonica (Musa Basjoo).

Von A. Jelinek, Gräfl. Erdödyscher Obergärtner in Vas-Vörösvár (Ungarn).

Didymosperma porphyrocarpon.

Vor ungefähr zehn Jahren dürfte es gewesen sein, als die erste Kunde von einer „winterharten" *Musa japonica* zu uns drang, die auch erst zu dieser Zeit in die Kulturen aufgenommen wurde. Leider hat diese schöne Banane bisher nur wenig Verbreitung gefunden.

Wie es den meisten Neueinführungen zu ergehen pflegt, nahm man dazumal auch *Musa Basjoo* mit großem Pessimismus auf, aber mit Unrecht, wie die angestellten Versuche gelehrt haben; *Musa japonica* bietet einen vollständigen Ersatz für unsere so beliebte *Musa Ensete* und enthebt uns obendrein des umständlichen Aus- und Einräumens und der noch umständlicheren Ueberwinterung. Wie viele Herrschaftsgärtnereien sind mir allein bekannt, in welchen es selbst an einem geeigneten Ueberwinterungsraume für 1 bis 2 *Musa* mangelt, so daß man diese Pflanzen zum Ueberwintern erst in entfernt liegende fremde Gärtnereien geben muß. In solchen Fällen ist man durch Anpflanzung von *Musa japonica* aller Umstände überhoben. Schwierigkeiten oben besagter Art veranlaßten auch mich vor Jahren, Versuche mit *M. japonica* anzustellen, die meine Erwartungen weit übertrafen. Es war dies in einer meiner früheren Stellungen in Ungarn, wo ich mich entschloß, drei Stück dieser *Musa* aus Darmstadt zu beziehen. Es wurden an einer trocken gelegenen Stelle des Parkes $1^1/_2$ m breite und 1 m tiefe Gruben ausgehoben, mit guter, nahrhafter Erde angefüllt und die Pflanzen um Mitte Mai, je ein Exemplar auf jede vorbereitete Stelle, ausgepflanzt. Bei reichlicher Wasserzufuhr entwickelten sich die *Musa* bis zum Herbste zu kräftigen Exemplaren. Als die ersten Herbstfröste die Blätter vernichtet hatten, wurde der Stamm etwa 50 bis 60 cm über dem Wurzelhalse abgeschnitten, die Scheibe gut mit trockenem Laube geschützt und der abgeschnittene Stamm mit einem bodenlosen Faß überdeckt, dieses mit trockener Spreu gefüllt, mit einem Brett bedeckt, und der Winterschutz war damit hergestellt. Da der Winter streng war (—27 ° C), ist es erklärlich, daß ich mit gemischten Gefühlen dem Frühjahre entgegensah. Aber siehe da! Als im April die Winterdecke abgenommen wurde, überzeugte ich mich, daß die Wurzelstöcke aller *Musa* vollkommen erhalten waren. Nach Beginn des neuen Wachstums erschienen an jeder der drei Pflanzen mehrere Nebentriebe. Bei abermaliger reicher Bewässerung nebst einmal wöchentlich verabreichter flüssiger Düngung wurden die Pflanzen über $2^1/_2$ m hoch und wirkten mit Nebentrieben geradezu malerisch.

Hyophorbe (Areca) Verschaffeltii.

Kentia Canterburyana.

Wie schon der Name besagt, ist die Heimat der *Musa japonica (Basjoo)* Japan, wo sie um die Stadt Jeddo häufig angetroffen wird. Sie wird 4 bis 6 m hoch, der Stamm ist dick, rötlichgrün. Die 1 m langen, herrlich grünen Blätter werden von etwa 30 cm langen Stielen getragen.

Wie *Musa Ensete*, so liebt auch *Musa Basjoo* eine recht nahrhafte Gartenerde, im Sommer recht viel Wasser und ab und zu einen Dungguß. Im Winter schadet ihr mehr Nässe als Kälte, daher ist sie besonders gegen erstere gut zu schützen. In ihrer Heimat, wo das Thermometer oft bis —30° C sinkt, schützt sich *Musa Basjoo* jedenfalls selbst durch die über ihr zusammenbrechenden abgestorbenen Blätter, wozu dann wohl noch eine Schneedecke tritt.

Die Vermehrung geschieht durch die zahlreich erscheinenden Nebentriebe, die, im Sommer abgetrennt, in Töpfe gepflanzt und warm gestellt, bald bewurzelt sind. Im Interesse der Sache wäre es sehr wünschenswert, die Resultate der auch anderwärts angestellten Versuche in dieser sehr geschätzten Zeitschrift bekannt zu geben, um der wirklich dankbaren Pflanze eine größere Verbreitung in unseren Gärten zu verschaffen.*)

Blumentreiberei.

Zur Behandlung der Maiblumentreibkeime mit warmem Wasser.**) Gleichzeitig mit unseren diesjährigen Fliedertreibversuchen (Gartenwelt XII, Seite 129) wurden an der hiesigen Versuchsstation Maiblumen dem Warmwasserverfahren ausgesetzt. Auf Veranlassung von Geheimrat Prof. Dr. Drude sollte in diesem Jahre die zu einem guten Treibresultat erforderliche Dauer der Warmwasserbehandlung erprobt werden, nachdem der günstigste Wärmegrad des Wassers für Frühtreiberei mit 37,5° C (= 30° R) auf Grund von früher in den Treibereien ausgeführten Versuchen wohl als festliegend betrachtet werden kann.

Livistonea Jenkinsiana.

Wir setzten am 15. November einen Satz hier angezogener Maiblumen auf, der 12 Stunden, einen zweiten, der 18 Stunden, und einen dritten, der 24 Stunden lang in 37,5 gradigem Wasser gelegen hatte. Zu dem Zwecke verwenden wir ein gewöhnliches Wasserbassin des Treibhauses, in das einige Kannen heißes Wasser gegossen werden, bis der gewünschte Temperaturgrad gerade um so viel überschritten ist, als sich das Wasser durch Hineinlegen der losen Maiblumen wieder abkühlt. Darauf legen wir die Keime hinein und decken Leinwand in mehreren Lagen über das Bassin, um den Wärmegrad zu halten. Das Wasser ist dann beim Herausnehmen der Keime um nur wenige Grade abgekühlt.

Livistonea Mariae.

Das diesjährige Treibresultat der so behandelten Maiblumen war derart, daß die nur 12 Stunden im Wasser gelegenen Treibkeime sich ein wenig, doch kaum bemerkbar langsamer entwickelten, als die, welche 18 bezw. 24 Stunden im Wasser gelegen hatten, so daß wohl angenommen werden darf, daß 18 Stunden eine völlig ausreichende Dauer der Warmwasserbehandlung ist, daß es also auf eine Stunde länger oder weniger lange beim Liegenlassen der Keime gar nicht ankommt. Jedenfalls ist zu konstatieren, daß auch ein Liegenlassen der Keime volle 24 Stunden lang im warmen Wasser absolut nicht geschadet hat. Das gleiche Resultat ergab ein Satz vom 9. Dezember, bei dem wir die Dauer der Behandlung auf 8, 14 und 20 Stunden herabgesetzt hatten. Die Wasserbehandlung von nur 8 Stunden steht der längeren Dauer von 14 bezw. 20 Stunden im Resultat kaum nach, und das Gesamtresultat zeigt augenfällig, wie fast alle in Warmwasser eingelegten Keime mit prächtigen Blättern in Blüte stehen, während die keiner Behandlung unterzogenen Kontrollkeime weit weniger Blattwerk neben den Blüten hervorgetrieben hatten und längere Zeit zu ihrer Entwickelung brauchten. Die Warmwasserbehandlung von Maiblumen und Flieder wird in den Dresdener Gärtnereien vielfach gehandhabt. Ganz vorzügliche Treibresultate sah ich bei Herrn Hofgärtner Kleine in dem der Oberaufsicht des Herrn Hofrat Bouché unterstellten Herzogin-Garten.

Versuchsweise setzten wir auch Treibkeime Wasserdämpfen aus. Zu dem Zwecke heizt man einen Waschkessel an, dessen Flamme durch nur geringe Zutat von Holzkohle gelinde unterhalten werden muß. Wir erreichten als Höhe des Wasserdampfes eine Wärme von 37° C, die bis 32° C fiel, wie das aufgehängte Maximal- und Minimalthermometer anzeigte. Die Maiblumen werden auf ein Drahtgeflecht, etwa in ein Erdsieb gelegt, durch das man die Dämpfe des Waschkessels hindurchziehen läßt. Das Resultat ist interessant. Ein wesentlicher Unterschied zwischen den Keimen, die 8, 14 bezw. 20 Stunden den Dämpfen ausgesetzt waren, ist nicht zu konstatieren, alle 3 Sätze entwickelten sich aber um 2 bis 3 Tage früher als die in warmes Wasser eingelegten Keime. Da

*) Anmerkung der Redaktion: Wir haben verschiedentlich über *Musa Basjoo* berichtet, so Jahrgang II, Seite 211 (mit Bild), Jg. V, Seite 185 (mit Bild), Jg. VII, Seite 2 und 64 (mit Bildern).

**) Zugleich Beantwortung der Frage 517: Ist es empfehlenswert, Maiblumenkeime (nicht Eiskeime) für die früheste Treiberei zuvor durch Behandlung in warmem Wasser vorzubereiten und wie wird dies Verfahren gehandhabt?

aber die Wasserdampfbehandlung für die Praxis viel zu umständlich und kostspielig ist, beansprucht der Versuch nur ein Interesse theoretischer Natur. **M. Löbner**, Dresden.

Beitrag zur Frühtreiberei der Hyazinthen.

Von **Curt Reiter**, Feuerbach.

(Hierzu eine Abbildung Seite 211.)

Viele Jahrzehnte haben wir uns mit der Weihnachtstreiberei der holländischen Hyazinthen abgequält und stets nur Aerger und Mißerfolge davon gehabt. Daß jemals dabei ein Verdienst herausgeschaut hat, wird wohl auch der größte Optimist nicht behaupten können. Und doch mußten sie zu Weihnachten da sein, um die Nachfrage befriedigen zu können. In jedem Jahre ging man immer wieder mit dem Bewußtsein an die Treiberei, daß sie wiederum keinen Erfolg bringen würde. Am schlimmsten waren jene daran, die ihre Hyazinthenzwiebeln sofort nach dem Empfang in Töpfe pflanzten, in dem Glauben, durch die Frühzeitigkeit des Einpflanzens die Treibfähigkeit zu erhöhen. Es ist dieses eine falsche, aber auch jetzt noch weitverbreitete Annahme.

Pinanga Kuhlii.

Der Hauptgrund der schlechten Treibbarkeit der holländischen Hyazinthen ist darin zu suchen, daß die Zwiebeln in Holland selten genügend ausreifen. Um eine Nachreife noch später künstlich herbeizuführen, tut man gut daran, die Zwiebeln gleich nach Eingang auf Stellagen in leerstehenden Gewächshäusern trocken auszulegen und brennende Sonne sowie frische Luft einige Wochen darauf einwirken zu lassen. Bei so behandelten Zwiebeln wird sich eine sehr bedeutende Vermehrung der Frühzeitigkeit geltend machen. Heute haben wir auch dieses Verfahren nicht mehr einzuhalten, nachdem die holländischen Hyazinthenzwiebeln ein Jahr in Südfrankreich nachkultiviert werden. Es bedeutet dies Verfahren eine vollständige Umwälzung in der Hyazinthentreiberei, denn aus Südfrankreich bezogene, dort nachkultivierte Zwiebeln lassen sich mit Leichtigkeit mit vollem Erfolg zu Weihnachten zur Blüte bringen. Der Ausfall ist minimal im Verhältnis zu dem der holländischen Zwiebeln.

Pinanga decora.

In der vorigen, sowie in dieser Treibperiode war ja das Angebot solcher französischer Hyazinthen noch nicht groß, auch die Auswahl der Sorten war noch recht beschränkt. Aber die Holländer und auch die Franzosen haben die Wichtigkeit dieser neuen Kulturmethode sehr wohl erkannt, und dürften in diesem Jahre große Mengen von Hyazinthen in Frankreich angepflanzt werden, um die rege Nachfrage nach solchen Zwiebeln befriedigen zu können.

Der Grund der hohen Treibfähigkeit der in Frankreich nachkultivierten Hyazinthen ist in den heißen südfranzösischen Sommern zu suchen, in welchen die Zwiebeln zeitiger einen höheren Reifegrad als die in Holland kultivierten erhalten. Einen Beweis hierfür liefert ja auch schon die so früh und sicher blühende kleinblumige „Römische Hyazinthe“ (Romaine blanche), die in großen Mengen in Frankreich kultiviert wird.

Dahlien.

Das Versuchsfeld der Deutschen Dahlien-Gesellschaft im Palmengarten zu Frankfurt a. M.

Von Obergärtner **O. Krauß.**

Der Vorstand der Deutschen Dahlien-Gesellschaft wendete sich im Frühjahr 1907 an die Palmengarten-Gesellschaft mit dem Vorschlage, für die Anpflanzung von Dahlienneuheiten ein Stück Land zur Verfügung zu stellen. Er ging von dem Gedanken aus, daß es nicht nur für die Züchter von Vorteil sein werde, wenn sie ihre Dahlien in einem so vielbesuchten Garten zur Schau stellen könnten, sondern daß auch für den Palmengarten selbst mit der Einrichtung dieses Versuchsfeldes eine wertvolle Bereicherung seiner Darbietungen gegeben sei. Und diese Voraussetzung wurde von dem Palmengarten als richtig, mindestens aber als eines Versuches wert, anerkannt.

Der Erfolg der Schau hat auch gezeigt, daß der Gedanke ein außerordentlich glücklicher war, denn das Dahlienfeld übte in der Zeit seiner Entwicklung sowohl auf die ständigen Besucher des Gartens einen andauernden Reiz aus, wie es auch von den Fachleuten und Tagesgästen mit lebhaftem Interesse besichtigt wurde.

Am Eingange in den Anzuchtsgarten, dessen Anlage ja bekanntlich so erfolgte, daß dem Publikum Gelegenheit gegeben ist, auch diesen Teil des

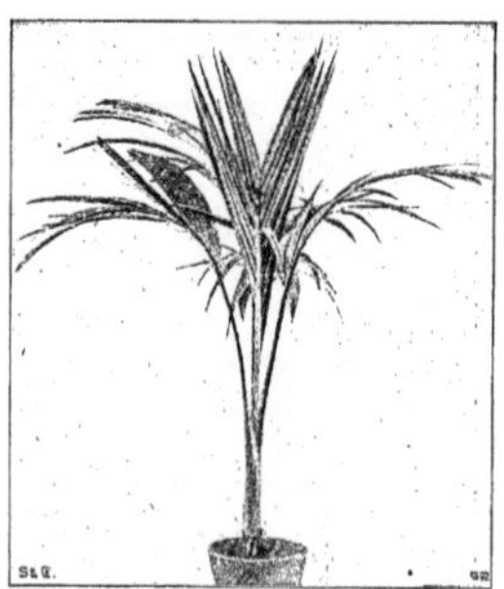
Ptychosperma Alexandrae.

Daemonorops (Calamus) periacanthus.

Gartens besuchen zu können, war ein rechteckiges Stück Land, auf welchem in den vorhergehenden Jahren die Topfchornelken gestanden hatten, dafür ausersehen und hergerichtet worden. Die Beteiligung der Dahlienzüchter war eine sehr rege, so daß insgesamt 192 Dahlien in 81 Sorten ausgepflanzt werden konnten.

Die Witterung war ja im allgemeinen der Entwicklung der Dahlien anfänglich nicht sehr günstig und erst von Anfang August ab begann die Pflanzung in ein Stadium zu treten, das einen Ueberblick über den Wert der einzelnen Sorten zuließ. Wenn bei der Besprechung vielleicht die eine oder die andere Sorte nicht in die erste Reihe gestellt wird, weil eben die Entwicklung der Pflanzen und des Flores nicht ganz zu befriedigen vermochten, so soll damit keineswegs ein abgeschlossenes Urteil ausgesprochen sein. Es wäre verfehlt, nach dem Erfolge eines Jahres, das noch dazu in der ersten Wachstumsperiode ungünstige Witterung brachte, einen Schluß ziehen zu wollen auf die Brauchbarkeit dieser oder jener Sorte. Dazu gehört ein mindestens zweijähriges Beobachten, außerdem ist noch zu bemerken, daß es Sorten gibt, die aus Stecklingen nicht die Entwicklung der aus Knollen erwachsenen Pflanzen zeigen.

Streifen wir kurz noch die Ergebnisse der Schau im allgemeinen, so will es scheinen, als ob die Neuzüchtungen in Edeldahlien etwas auf dem toten Punkt angekommen sind. Das Formenspiel scheint erschöpft, in dem Farbenspiel ist es äußerst schwierig etwas Neues und Besonderes zu bringen, so daß hier wohl epochemachende Neuheiten für die nächsten Jahre kaum zu erwarten sind. Man wird Verbesserungen dieser oder jener Sorte züchten, und das genügt ja bei dem ohnehin schon riesigen Sortiment der Edeldahlien vollständig.

Chamaedorea Ernesti Augusti.

Etwas anderes scheint es mit der Klasse der Kaktushybriden zu sein, in der einige ganz hervorragende neue Sachen zu sehen waren. Die Hybriddahlien sind ausschließlich als sogenannte dekorative Sorten zu betrachten, und sie werden für den Schmuck des Gartens immer gesucht sein. Ich ziehe die breiter und massiger gebaute Blume für den Gartenschmuck ohne Frage der feinstrahligen Edeldahlie vor, die nur bei näherer Betrachtung wirkt. Ich ließ mir sagen, daß in Frankfurt a. M. mit Hybriddahlien für den Schnitt gar nichts zu machen sei, selbst für Kränze werden Edeldahlien allgemein bevorzugt.

Um eine entsprechende Besichtigung vornehmen zu können, war zwischen je drei Reihen Dahlien ein Raum zum Gehen gelassen, was besonders angenehm empfunden wurde.

Die schönsten Edeldahlien waren: *Freudenfeuer*, leuchtend rot, *Amazone*, purpurviolett, *Stern*, leuchtend gelb, *Duchess of Hamilton*, licht chamois mit gelblicher Mitte, *Kielia*, lachsfarben, *Königin Luise*, zart rosenrot, *Hedwig Severin*, rosa; die schönsten Hybriddahlien: *Beloit*, purpurviolett, *Elly Gumpert*, lilarosa, *Havel*, bronzefarben, *Pindar*, weinrot, *Semiramis*, lilarosa mit kupferrosa.

Im allgemeinen sei folgendes bemerkt: Bornemann, Blankenburg, zeigte 8 Sorten: *Anna Bormann*, eine reichblühende, hellchamoisfarbene Sorte von niedrigem Wuchs, *Freudenfeuer*, leuchtend scharlachrot, sehr reichblühend und mittelhoch, zweifellos eine Gruppendahlie von blendender Wirkung, *Goldland*, eine der besten gelben Dahlien, hier nicht ganz freitragend, *Tip-Top*, violett, reichblühend, mittelhoch. Für *Herbstabend* und *Herbsttöne* kann ich mich nicht so sehr erwärmen, sie blühten in diesem Boden sehr versteckt. Die Bornemannschen Züchtungen zeichnen sich durch eine große Reichblütigkeit aus.

An ihn reihte sich J. Döppleb, Erfurt. *Amazone* ist eine wunderbar schön gebaute, große Blume von dunklem Purpurviolett, jener eigenartigen Farbe, die leider abends gar nicht anspricht, sie blühte sehr früh und sehr lange auf starken Stielen und zeigte niederen Wuchs. Die orangerote *Eros* ist sehr hübsch, die weiße *Persephone* blüht sehr reich, bringt aber, wie uns von verschiedenen Seiten gesagt wurde, von Stecklingspflanzen nur verkrüppelte Blumen (was auch hier der Fall war). Die Knollen sollen schöne Blumen ergeben, was sich ja im nächsten Jahre zeigen wird; als reinweiße Edeldahlie wird sie bei dem nicht gerade großen Ueberfluß an Sorten in dieser Farbe wertvoll sein.

Max Deegen, Köstritz, war nur mit 2 Sorten vertreten, *Chrysanthème*, chamois und bronze, und *Stern*, goldgelb. Die Pflanzen waren nicht stark entwickelt, die Blumen aber schön gebaut, sich gut über dem Laube tragend, jedenfalls zwei beachtenswerte Dahlien.

Unter den von Kohlmannslehner, Britz, gezeigten Sorten sind viele „Hängepflanzen“, dazu gehören *Aschenbrödel*, *Helene*, *Schwan* und *Schöne Rose*. Besser sind *Grenadier*, lachsorange, und *Roland von Berlin*, feurigrot. Von den Hybriddahlien sei die kupferbronzefarbene *Havel*, mittelblumig, aber sehr hübsch, als feine Lichtfarbe empfohlen.

Otto Mann, Leipzig-Eutritzsch, hatte zwei englische Sorten von guter Haltung und Blühwilligkeit geschickt: *Duchess of Hamilton*, licht chamois mit gelblicher Mitte, schöne, große, auf starkem Stiel sich tragende Blume, und *Mrs Macmillan*, mattlilarosa, aber nicht ganz so fest im Stiel wie die vorhergehende. Die Sorte *Wunderkind* war nicht in wünschenswertem Maße entwickelt, *Nelly Hemsley* hat schöne, große Blumen, purpurrot mit weiß, aber einen ganz weichen Stengel, dagegen möchte ich *Gräfin Potocka*, weiß mit gelblicher Mitte, als reichblühende Dahlie hervorheben. Von den Sämlingen fiel eine einfache Kaktusform, weiß mit purpur gestreift, angenehm als reichblühende und sich gut tragende Sorte auf. Von den Zwergedeldahlien war leider nur *Edelweiß* vertreten; es wäre wohl am Platze gewesen, mehrere dieser reizenden, für Gartenschmuck und Topfkultur so sehr geeigneten Sorten zu zeigen. Diese Rasse wird sich einen guten Platz im Garten erobern.

Von Pape & Bergmann, Quedlinburg, verdienen besonders *Melpomene*, herrlich dunkelrosa, und *Aphrodite*, crêmefarben mit zartrosa, genannt zu werden, beide gute und zahlreiche Blumen tragend, auch der weiße *Polarstern* und der schwärzlich dunkelrote *Kaffernprinz* mögen noch erwähnt sein.

Eine reichhaltige Auswahl bot H. Severin, Kremmen. Seine Edeldahlien in Rosa, *Königin Luise*, *Antoinette von Trotha* und *Hedwig Severin*, fanden großen Anklang. Die Blumen der ersten sind nicht sehr groß, haben aber eine rosenrote, in Weiß übergehende Färbung von großer Wirkung, eine der auffallendsten Darbietungen in dem ganzen Sortimente; die zweite hat mittelgroße Blumen, die dritte große Blumen, etwas lila getönt. Alle drei sind gut gestielt und erheben sich schön über das Laub. Als gute und blühwillige Hybriddahlien nenne ich *Elly Gumpert*, großblumig, lilarosa, eine ausgezeichnete Schmucksorte, ferner *Pindar*, weinrot, und *Beloit*, eine riesenblumige purpurviolette Sorte, die ihre Wirkung auf das große Publikum nie verfehlen wird. Von den nicht benannten Sämlingen ist ein feinstrahliger, leuchtendroter und reichblühender besonders zu erwähnen.

Unter gleichen Verhältnissen getriebene Hyazinthen der weißen Sorte L'Innocence. Rechts und links in Südfrankreich nachkultivierte, in der Mitte eine der besten holländischen Zwiebeln. (Text Seite 209.)
Am 10. Dezember v. J. vom Verfasser für die „Gartenwelt“ photographisch aufgenommen.

Außer der schon bei Mann erwähnten *Mrs Macmillan* brachten Nonne & Hoepker, Ahrensburg, noch *Daisy* und *Kielia*; erstere rosaviolett mit gelblichem Grunde, letztere rosakarmin mit violett, beides gute Schmuck- und Schnittsorten. Ihre weiße *Pomponkönigin* war zurückgeschlagen, da die Pflanzen von Knollenvermehrung stammten.

Recht hübsche Pompondahlien hatte C. Ansorge, Kleinflottbek, geschickt: *Flossie* und *Peacemaker* in Reinweiß, *Diana*, goldgelb, *Nerissa*, dunkelrosa, *Dainty*, weiß mit lila, *Censor*, zart pflaumenfarbig. Die reizenden Blümchen finden bei unseren Besuchern immer Anklang. Seine Edeldahlie *Rosa* hat sich hier nicht hervorragend entwickelt, gut war seine Hybriddahlie *Semiramis*, schön lilarosa mit kupferrosa Schein, und auffallend die einfache chromgelbe *Cleopatra*, mit großen, kräftig wirkenden Blumen.

W. Pfitzer, Stuttgart, brachte von seinen neuen halbgefüllten Riesendahlien *Maas*, leuchtend orangerot mit gelb, *Wolga*, dunkelrot, auf der Rückseite hellgelb gestreift, *Elbe*, schwefelgelb, *Rigi*, einfach primelgelb, und *Montblanc*, reinweiß, einfach.

Wie ich eingangs hervorhob, möchte ich mit meinen Bemerkungen über die einzelnen Sorten kein abschließendes Urteil abgeben, denn die Spielarten der *Dahlia variabilis* sind sich nicht in jedem Jahrgange gleich. Ich kann nur das bringen, was ich gesehen und beobachtet habe. Es mag sein, daß sich diese und jene Sorte an anderem Platze besser entwickelt hat, als auf unserem Versuchsfelde, und ich bin auch der festen Ueberzeugung, daß sich verschiedene aus Knollen ganz anders geben werden, als aus schwachen Stecklingen erzogene.

Jedenfalls aber hat das Versuchsfeld der Deutschen Dahlien-Gesellschaft schon in diesem Jahre seinen Zweck erfüllt und lebhaftes Interesse gefunden, und ich glaube auch sicher, daß die Aussteller davon Nutzen ziehen werden. Die persönliche Bekanntschaft mit Neuheiten läßt sich für den Käufer auf diese Art viel leichter bewerkstelligen, als spaltenlange Beschreibungen dies zu tun vermögen, und nicht nur der doch immerhin beschränkte Interessentenkreis wird seinen Nutzen davon haben, sondern auch das große Publikum, bei dem durch solche Vorführungen ein Interesse für die Dahlien geweckt und gefestigt wird.

Fragen und Antworten.

Beantwortung der Frage No. 484. Wie und wann dünge ich am besten alte, unter Glas stehende Pfirsichspaliere? Dieselben haben 7 m Breite; sie haben Mitte Februar reichlich geblüht und gut angesetzt.

Pfirsiche unter Glas müssen, um schöne, tadellose Tafelfrüchte zu erzielen, viel gegossen und gut gedüngt werden. Ich gebe meinen Pfirsichen, wenn sie abgeblüht sind und angesetzt haben, täglich 2 Gießkannen, etwa 16 l Wasser, und wöchentlich 2 Gießkannen Kuhjauche. Dazu wird an warmen, sonnigen Tagen dreimal gespritzt. Nach 4 Wochen tritt die Zeit der Steinbildung ein. Während dieser Zeit müssen die Pfirsiche eine Ruhepause haben. Es darf nicht gespritzt und gegossen werden. Auch lasse man die Temperatur im Hause etwas sinken. Ist die Zeit der Steinbildung vorüber, was man an einem plötzlichen, schnelleren Wachstum der Früchte sieht, fange man wieder mit Spritzen, Gießen und Düngen an. Vier Wochen nach der Steinbildung gebe ich wöchentlich zweimal Dunggüsse. Je mehr sich die Früchte der Reife nähern, um so weniger spritze man, halte dafür aber die Wände stets feucht, damit sich kein Ungeziefer einfindet. Meine Pfirsiche blühen im Januar und habe ich Anfang Mai die ersten geerntet. Im übrigen verweise ich den Herrn Fragesteller auf Hampels „Handbuch der Frucht- und Gemüsetreiberei"*). In diesem Werke ist die Pfirsichtreiberei eingehend besprochen.

G. Sievert, Obergärtner, v. Podbielskische Gartenverwaltung, Dallmin.

— Bei den in Frage kommenden Pfirsichspalieren verwendet man mit Vorteil die Bremer Poudrette. Dieselbe wird gleichmäßig und nicht zu stark über das Land gestreut und dann leicht untergehackt; eine darauffolgende Bewässerung ist ratsam, doch kann auch mit verdünnter Jauche nachgeholfen werden. Am empfehlenswertesten ist eine gründliche Düngung mit Kuhdung vor der Treibperiode (Dezember). Wird diese rationell durchgeführt, dann ist das Düngen während des Treibens gar nicht oder nur in Ausnahmefällen nötig. **G. Deistel**, Mannheim.

— Geben Sie eine Grunddüngung von altem, fettem Stallmist, außerdem in Abständen von etwa 8 Tagen auf einander folgend 1 Teil schwefelsaures Ammonium und je 5 Teile Doppelsuperphosphat und 40prozentiges Kalisalz. Mit Beginn der nächsten Treibperiode ist nochmals mit Superphosphat und Kalisalz zu düngen. Der Pfirsich ist jene Obstart, die am meisten Phosphorsäure und viel Kali, aber weniger Stickstoff nötig hat. Viel Stickstoff bringt viel Gummifluß. Ausgiebige Verwendung der phosphorsäurehaltigen Düngemittel ist der sicherste Schutz gegen das scheinbar unmotivierte plötzliche Eingehen ganzer Aeste und Astpartien, besonders aber gegen das bei der Treiberei so unliebsam empfundene Abstoßen des jungen Ansatzes während der Steinbildung. Die Schuld hierfür wird irrtümlich meistens ungenügender Befruchtung, die im Obsthau überaus selten ist, oder großer Trockenheit beigemessen. Außerdem aber muß gekalkt werden. Dazu eignet sich bei der Pfirsichtreiberei immer der kohlensaure Kalk am besten. Alle 4 bis 5 Jahre soll einmal gekalkt werden, alle 5 bis 6 Jahre, wenn als Phosphorsäuredünger seinerzeit bei Neuanlage der Pflanzung Thomasmehl verwendet wurde, was außerordentlich empfehlenswert ist.

Nach zahlreichen, in England und Frankreich, von der Praxis angestellten Versuchen ist es ratsamer, bei der Pflanzung ein Aeußerstes in der Bodenvorbereitung und Bodenbereicherung auf Vorrat zu tun, als die Ernährung allein durch nachträgliche Düngerzufuhr auf die Höhe zu bringen. Gleichmäßig hat die ausschließliche Düngung mit organischen Düngemitteln (Stallmist usw.), wie jene nur mit mineralischen Stoffen Nachteile. Am günstigsten ist die Anwendung beider nebeneinander. Die Mistdüngung soll Grundlage sein, die Mineraldünger geben die Spezialwirkung.

A. Wernicke.

Beantwortung der Frage No. 485. Welche Pflanzen, *Buxus* ausgenommen, eignen sich am besten zur Herstellung dauernder Wegeeinfassungen?

Streng genommen gibt es wohl keine Pflanze, die sich in der Weise wie Buchsbaum jeder Form fügt und zu haarscharf begrenzten Einfassungen verwenden läßt. Dennoch möchte ich die vier nachstehend genannten Pflanzen in mancher Beziehung dem Buchsbaum als Wegeeinfassung vorziehen, da die damit erzielte Wirkung eine gefälligere ist. Ich nenne zunächst *Evonymus radicans*, *Vinca minor* und Efeu. Alle drei lassen sich sowohl zu ungezwungen auslaufenden, breiteren Wegebegrenzungen, wie in scharf begrenzter, mehr girlandenartiger Form zu schmalen Einfassungen benutzen, je nachdem sie durch Schneiden oder Niederhaken in Form gehalten werden oder nicht.

Evonymus radicans ist besonders in seiner bunten Form eine prächtige Einfassungspflanze, die hart genug ist, in den meisten Gegenden Deutschlands ungeschützt den Winter zu überdauern. Ich sah davon im Frühjahr 1907 im herzoglichen Garten zu Glücksburg ein größeres Parterre, welches sehr gut durch den Winter gekommen war. Hier in Rellingen hatten die Pflanzen etwas gelitten, da der Winter ausnahmsweise andauernd naßkalte Witterung, wechselnd mit großer Kälte ohne Schneedecke, brachte; die schlechten Stellen sind aber bald wieder überwachsen. Besonders schön ist die Färbung der bunten Sorte, wenn sich zu dem gelblichweißen Tone der Panaschierung im Herbste und Winter ein zarter Anflug von Rosa gesellt. Die Pflanze läßt sich ebenso leicht und in gleicher Zeit wie der Buchsbaum durch Stecklinge und Abtrennung schon bewurzelter Ausläufer vervielfältigen.

Vinca minor, das kleinblättrige Sinngrün, verhält sich nach Wachstumscharakter und kulturellen Ansprüchen wie *Evonymus radicans*; ich gebe hier aber der dunkelgrünen Stammform den Vorzug vor den bunten Varietäten. Für größere Einfassungen ist dagegen unter Umständen die bunte Form des großblättrigen Immergrüns oder Sinngrüns recht geeignet. Diese Pflanzen entwickeln sich in etwas schattigen Lagen besonders üppig, gedeihen indes bei nicht zu trockenem Standort auch in voller Sonne und vermehren sich ohne Schwierigkeit.

Die Verwendung und Vermehrung des Efeus ist genügend bekannt; als Wegeeinfassung wie zur Abgrenzung größerer Figuren in Parterres verwendet man gewöhnlich den großblättrigen Efeu, der bei einiger Pflege und nach Bedarf wiederholtem Schnitt gleich-

*) Verlag von Paul Parey, Berlin. Preis geb. 7 M.

mäßige, breite Einfassungen bildet. Weniger bekannt ist dagegen die nicht kletternde, kriechende Form *Hedera Helix conglomerata*, mit eigenartig gekrausten, dunkelgrünen Blättern, und von niederliegendem, gedrängtem Wuchse, die außer für Felspartien zu kleineren Einfassungen geeignet ist.

Ein weiterer, in dieser Weise verwendbarer kleiner Strauch ist *Lonicera brachypoda (L. japonica)* in der Form *aureo-reticulata*, mit hellgrünen, goldgelb geaderten Blättern und rotbraunen Zweigen. Eine Einfassung aus dieser Zwergart des bekannten Jelängerjelieber dürfte schon etwas mehr Arbeit verursachen, auch die Winterhärte ist wie bei der genannten kriechenden *Evonymus*-Form in rauheren Gegenden Deutschlands etwas unsicher, dennoch lohnt bei der eigenartigen Schönheit der Pflanze ein Versuch die Mühe. Für Kieswege in rotgelben Farben passen allerdings diese Einfassungen buntlaubiger Gewächse weniger. Die Vermehrung geschieht am besten durch Stecklinge von angetriebenen Pflanzen unter Glas im Frühjahre. Selbstverständlich eignen sich auch die meisten Polyantharosen sowie einige Bengal- und Wildrosen zu Einfassungen.

Die Zahl derjenigen Stauden, die für den in Frage kommenden Zweck empfohlen werden können, ist nicht gering. Es befinden sich indes unter den Stauden nur wenige Arten, die für Gärten mit reicherer Ausstattung in gleichem Maße zu empfehlen sind, wie die oben genannten holzigen und halbholzigen Gewächse und das Sinngrün. Manche dieser mehrjährigen Gewächse werden nach der Blüte unansehnlich und machen dann einen unordentlichen Eindruck. Die Mehrzahl ist nur für breite Einfassungen geeignet, wo mehr Wert auf Billigkeit der Anlage- und Unterhaltungskosten, als auf elegantes Aussehen gelegt wird. Ich will hier die besten mir bekannten Arten nennen. Zunächst verdienen Pflanzen mit farbiger oder schön dunkelgrüner Belaubung den Vorzug, da diese auch im nichtblühenden Zustande gefällig wirken.

Funkia lancifolia und *F. ovata* (syn. *coerulea*), mit ihren zahlreichen bunten Varietäten, stehen hier an erster Stelle; sie passen auch für schmalere Einfassungen, gedeihen aber nur in feuchten, etwas schattigen Lagen gut. Die großblättrigen, schönblühenden Arten, so *F. Sieboldii* und *F. subcordata*, eignen sich dagegen nur für höhere und breite Einfassungen und sind namentlich zur Besetzung von Fontänen beliebt. Durch schön dunkelgrüne Belaubung, die verhältnismäßig dauerhaft ist, sind *Armeria Laucheana*, die Grasnelke, und *Iberis sempervirens* ausgezeichnet. Beide eignen sich für schmalere Einfassungen, *A. Laucheana* hat lebhaft karmesinrote Blumen, *Iberis sempervirens*, wovon es verschiedene großblumige Formen gibt, blüht weiß. Eine seltene, als zärtlich geltende Staude, *Plumbago Larpentae*, die ich vor 23 Jahren in Potsdam als schöne Einfassungspflanze kennen lernte, bildet dichte, 25 cm hohe Büsche mit bronzegrüner Belaubung. Die kobaltblauen Blumen erscheinen im Herbste. *Ajuga reptans atropurpurea*, mit rötlich getönter, braungrüner Belaubung, von kriechendem Habitus, wächst nur wenig in die Breite und vermehrt sich schnell. Die Gattung *Saxifraga* enthält ebenfalls zahlreiche Arten von rasenartigem Wuchse und meist düstergrüner Belaubung, wie *S. hypnoides, S. decipiens, S. Camposi, S. Rhei*, die außerdem durch schöne Blüte wertvoll sind, aber Einfassungspflanzen im engeren Sinne sind es nicht, da der Wuchs ein teppichartiger, am Boden hinkriechender ist. Auch die rosettenbildenden Arten, wovon *S. umbrosa* am bekanntesten ist, sind nur bedingungsweise zu empfehlen.

Unter den zahlreichen Stauden mit silbergrauer oder graufilziger Belaubung sind *Aubrietia, Alyssum saxatile, Arabis alpina* und *Cerastium* die am häufigsten verwendeten für diesen Zweck. Weniger bekannt ist *Veronica incana* (syn. *V. candida*), mit silbergrauer, feiner Belaubung und blauen Blumen, die ich für ganz niedrige schmale Kanten empfehle. Aubrietien und *Cerastium* lassen sich leichter als *Arabis* in Grenzen halten, die zu sehr in die Breite wächst. Für höhere Einfassungen wären dann noch *Salvia officinalis* mit ihren bunten Formen, *Stachys lanata* und *Gnaphalium margaritaceum* zu nennen, beide mit graufilziger Belaubung, die einen Stich ins Gelbliche zeigt. *Stachys lanata* bildet große Blattrosetten und geht sehr in die Breite, *Gnaphalium margaritaceum* hat dagegen einen mehr gedrängten, aufstrebenden Wuchs und muß wenigstens einmal geschnitten werden.

Unter den Gräsern kämen *Festuca glauca*, mit dunkelblaugrüner, ganz schmaler Belaubung, und das buntlaubige Knaulgras, *Dactylis glomerata elegantissima* in Betracht. *Festuca glauca* ist in sehr heißen und trockenen Lagen eine recht wertvolle Einfassungspflanze; nicht minder beachtenswert ist *Festuca Eskia*, aus den Pyrenäen, die im Gegensatz zu *F. glauca* dunkelgrüne, fast schwarzgrüne Blätter in dichten Rosetten entwickelt und selbst in den heißesten und trockensten Lagen ihre grüne Farbe bewahrt. Die Pflanze, die ich bei Dr. Dieck in Zöschen kennen lernte, habe ich aber bisher nur in englischen Katalogen angeboten gefunden.

Federnelken werden namentlich in vielen Hausgärten als Wegeeinfassung benutzt, vollblühende Pflanzen nehmen aber einen so breiten Raum ein, daß ich jedenfalls die bisher genannten Pflanzen für den fraglichen Zweck vorziehe. Dasselbe gilt von den vielen kriechenden *Sedum*-Arten und den rosettenbildenden *Sempervivum*, die ersteren sind Pflanzen für Böschungen, die letzteren bilden wohl schmale, gleichmäßige Linien, decken aber wiederum zu wenig, um für Wegebegrenzungen in Betracht zu kommen.

Rich. Stavenhagen, Rellingen.

— Um schöne und dauernde Wegeeinfassungen zu erzielen, lassen sich folgende Pflanzen sehr gut verwenden: *Ligustrum vulgare, Ribes alpinum, Cornus sanguinea, Cornus mascula, Taxus baccata, Juniperus communis, Juniperus virginiana, Thuya orientalis* sowie *Pinus sylvestris*. Was die ersten beiden anbelangt, so eignen sich dieselben besonders zur Verwendung als Wegeeinfassungen, werden sehr dicht, wachsen sehr schnell und gewähren durch ihre dunkelgrünen Blättchen ein freundliches Aussehen. Was die beiden Cornusarten anbelangt, so wachsen dieselben nicht so schnell vorwärts, wie die ersten beiden, verlangen einen feuchten Boden und sind von langer Lebensdauer. Die kleinen gelben Blüten erscheinen schon im zeitigen Frühjahre, während die Früchte von herrlich roter Färbung sind und im Herbste einen schönen Anblick gewähren. Die letzten vier, zu den Nadelhölzern gehörenden Arten, sind gleichfalls gut geeignet zu Wegeeinfassungen, lassen sich sehr gut in Schnitt halten und bilden ziemlich dicke Hecken.

Rich. Melchior, Pillnitz.

— Wenn *Buxus* nicht gewünscht wird, so käme es sehr darauf an, zu wissen, welchem Zweck der Garten dient, denn *Buxus* eignet sich ebenso gut für Gemüse- wie für Blumenbeete. Als Einfassungspflanze bei Gemüsebeeten empfehle ich sämtliche Erdbeeren mit Ausnahme der rankenden Monatserdbeeren. Man pflanze für den Tischgebrauch an jede Wegekante eine andere Sorte und berücksichtige bei der Auswahl der Sorten auch die Reifezeit. Für den kleineren Marktverkauf — bei größerem Absatz wird man ein besonderes Stück Land dazu nehmen — dürften die frühesten Sorten, deren Reife nicht in die Kirschenzeit fällt, die rentabelsten sein. Ich empfehle folgende Sorten, welche ich auch selbst züchte: *Laxtons Noble, König Albert, Aprikose, Sieger, Royal Sovereign* und rankenlose Monatserdbeeren.

Von blühenden Perennen empfehle ich als Wegeinfassung, besonders bei Blumenbeeten: *Phlox divaricata*, 25 cm hoch, Blütezeit Mai; *Ph. verna*, 15 cm, April-Mai; *Ph. nivalis*, 25 cm, April-Mai; *Hepatica triloba*, 15 cm, April; *Hemerocallis Dumortieri* und *H. Middendorffii*, 25—40 cm, Mai-Juni; *Iris pumila*, 25 cm, Mai; *Arabis alpina fl. pl.*, 20 cm, Mai, vereinzelt kommen noch Blüten im Spätsommer; *Primula veris* und *Pr. cashemereana*, 10 bis 20 cm, Mai. Dann kämen noch mehrere schöne *Saxifraga*, Efeu, *Evonymus radicans* in Betracht. Die Auswahl ist hiermit aber noch lange nicht erschöpft. Ich nannte nur jene Pflanzen, die ich aus eigener Erfahrung bestens empfehlen kann. Zu beachten ist auch, daß sämtliche hier genannten Pflanzen, um schön zu sein, sorgfältigere Pflege als *Buxus* beanspruchen.

F. A. Neumann, Pinkafö (Ungarn).

Zu dauernder Wegeeinfassung eignet sich besonders gut *Iberis sempervierens* (Immergrüne Schleifenblume). Dieselbe behält den ganzen Winter hindurch ihr schönes, dunkelgrünes Laub. *Iberis sempervierens* läßt keine Lücken aufkommen, wird etwa 25 cm hoch und wächst in jedem Boden ausgezeichnet. Die weißen, schon zeitig erscheinenden und lange blühenden Blumen eignen sich sehr gut zur Kranzbinderei. Ferner möchte ich für kleinere Wegeeinfassungen *Veronica prostrata* empfehlen, eine schöne, haltbare blaublühende Einfassungspflanze. **Adolf Düver jr.**, Wulsdorf.

— Als Wegeeinfassungspflanze, die sich sowohl durch Widerstandsfähigkeit gegen äußere Einflüsse, als auch durch leichte Anpassungsfähigkeit, selbst an die geringsten Bodenarten auszeichnet, möchte ich hier *Armeria formosa* (Grasnelke) anführen. Infolge ihres niedrigen Wuchses verursacht sie nach dem Entfernen der abgestorbenen Blütenstengel keinerlei Arbeiten, und erfreut eine solche Einfassung bis tief in den Winter mit einem fast grünen Laube, aus welchem im April dann die Mengen der rosafarbenen Dolden hervorstreben. **Emil Roeder**, Seckbach.

— Als treffliche Einfassungspflanze empfehle ich die rankenlose Monatserdbeere *Waldkönig*. Sie ist von kompaktem Wuchs und bringt unausgesetzt hocharomatische Früchte bis in den Spätherbst, sodaß sie das Schöne mit dem Nützlichen verbindet. Die Pflanzung wirkt besonders, wenn die etwas höher gelegenen Beete zu beiden Seiten des Weges nach den Wegrändern zu abgerundet werden. In derselben Weise läßt sich das wohlriechende Veilchen als Einfassung verwenden.

Eine reizende Einfassungspflanze ist ferner das großblumige Sandkraut *(Arenaria grandiflora)*. Die blendend weißen Blüten heben sich wundervoll von dem smaragdgrünen Blättergrunde ab. Es gedeiht auf jedem Boden, ist aber für einen tüchtigen Sandzusatz besonders dankbar. Von besonderem Vorteil ist, daß es sich willig jeder Form anschmiegt und beschnitten werden kann. **R. Zumwinkel**, Zersen.

— Um dauernde und zugleich schöne Wegeeinfassungen herzustellen, besitzen wir an Stauden ein Material, wie wir es gar nicht besser haben können, denn sie dienen nicht nur dem erwähnten Zweck, sondern es lassen sich ihre oft recht ansehnlichen Blüten als kurzstielige Schnittblumen sehr mannigfaltig verwenden. Als besonders widerstandsfähig gegen äußere Einflüsse sind *Iris pumila* mit ihren, bei den neuen Züchtungen farbenprächtigen Blumen, *Festuca glauca*, blauer Schwingel, und *Carex japonica fol. var.* hervorzuheben. An weniger exponierten Stellen verwenden wir moosartigen Steinbrech wie *Saxifraga Rhei, decipiens, hypnoides* und andere, ferner *Veronica incana*, mit ihren weißfilzigen Blättern, über welche sich im Juni die dunkelblauen Blütenrispen erheben. Auch die Alpenastern, *Aster alpinus*, und die Aubrietien möchte ich nicht vergessen. An schattige Wege bringt man Funkien, wie *Funkia japonica aurea, F. undulata vittata*, oder auch *Asarum europaeum* mit seinen glänzend dunkelgrünen Blättern, schließlich noch unser bekanntes Immergrün, *Vinca major*, besonders aber *V. minor*. Es gibt ja noch viele andere, sich hierzu eignende Stauden, aber ich glaube die besten angeführt zu haben. **Ernst Richlin**, Ronsdorf.

Neue Frage No. 518. Wie wird die Kultur der *Cyclamen pers. giganteum Papilio* und *Rokoko* gehandhabt, um tadellose, reichblühende Pflanzen aus Samen und Knollen zu erzielen?

Neue Frage No. 519. Wie kultiviert man *Hydrangea hortensis Souvenir de Claire*, um die Pflanzen frühzeitig in Blüte zu haben?

Neue Frage No. 520. Wie muß *Eucharis amazonica* behandelt werden, damit sie jedes Jahr blüht?

Neue Frage No. 521. *Solanum Pseudo-Capsicum*, wovon hier jährlich 2000 Töpfe kultiviert und unter der Stellage eines 15 °C warmen Hauses überwintert werden, sind in diesem Jahre von einem Pilze befallen, welcher die ganzen Pflanzen bedeckt. Wie heißt dieser Pilz und was ist gegen denselben zu tun?

Neue Frage No. 522. Bei etwa 30 % von *Erica hiemalis*, die anfangs Dezember ins Gewächshaus gebracht wurden, bleiben die Blumen stecken. Wie ist diesem Uebel vorzubeugen?

Neue Frage No. 523. Wie werden Gartenwege praktisch mit Eisenreifen eingefaßt? Wie erfolgt die Befestigung der die Reifen am Boden festhaltenden Haken?

Neue Frage No. 524. Wie ist die Kultur der *Nertera depressa*, um reich mit Beeren besetzte Pflanzen zu erzielen?

Bücherschau.

Blütenpflanzen und Blattgewächse für Gartenausschmückung von Richard Stavenhagen. Verlag von Hugo Voigt, Leipzig. Preis geb. M. 5,—.

Herr Doebner, der Direktor des Leipziger Palmengartens, hat dem vorliegenden Buche ein Geleitwort mit auf den Weg gegeben. Nach den Mitteilungen des Verfassers ist seine Arbeit als eine Ergänzung der verschiedenen Spezialwerke über Teppichgärtnerei und Gruppenbepflanzung anzusehen, ich persönlich sehe in ihr überhaupt eine Ergänzung der meisten landschaftsgärtnerischen Werke, die den jährlich zu erneuernden Blumenschmuck unserer Anlagen nur oberflächlich behandeln. Rein landschaftsgärtnerische Fragen werden in dem vorliegenden Werke nur in einigen allgemein gehaltenen Kapiteln behandelt, unter welchen dasjenige über die wichtigsten Regeln für die Anordnung einzelner Gruppen und ganzer Parterre, das auch die Regeln über harmonische Farbenzusammenstellungen enthält, sehr lehrreich ist; auch der Ausschmückung der Balkone wird gedacht. Der kulturelle Teil gibt kurz gefaßte, aber ausreichende, allgemein gehaltene Anleitungen über die Kultur und Vermehrung der in Frage kommenden Pflanzengruppen. Den Hauptinhalt des Werkes bildet der spezielle Teil, in welchem alle Blüten- und Blattpflanzen für die Gartenausschmückung vom Frühling bis zum Herbst in alphabetischer Reihenfolge besprochen werden. In bezug auf die Nomenklatur hat Verfasser hier meiner Ueberzeugung nach den einzig richtigen Weg eingeschlagen, indem er sich an die im gärtnerischen Verkehr eingebürgerten wissenschaftlichen Namen unter völliger Beiseitelassung von Anciennetätsschnüffelei hält. Von wissenschaftlichen Beschreibungen und auch von Abbildungen ist abgesehen worden, die einzelnen Arten und Sorten werden nur mit einigen Worten kurz charakterisiert, unter Angabe der Blüten- bezw. Blattfarbe, dann wird auf ihre Verwendbarkeit im Garten hingewiesen, woran sich die notwendigen Kulturangaben schließen. Sehr ausführlich behandelt sind alle für die Gartenausstattung in Frage kommenden Sommerblumen, Gewächshauspflanzen, auch Stauden; weniger eingehend Wasser- und Alpenpflanzen, über welche es, wie Verfasser mit Recht hervorhebt, gute Spezialwerke gibt. Die vorliegende Schrift ist meiner Ueberzeugung nach dazu angetan, so manchem Landschafter und Herrschaftsgärtner, der sehen will, die Augen zu öffnen, da Verfasser auch zahlreiche halb- und ganz vergessene Pflanzen aufführt, die dazu berufen sind, Abwechselung in das ewige Einerlei zu bringen, das leider noch so viele Gärten in Stadt und Land unvorteilhaft charakterisiert. **M. H.**

Studien über die sogen. Panaschüre und über einige begleitende Erscheinungen. Von H. Lindemuth. Mit 12 Tafeln und 16 Textabbildungen. Berlin 1907. Verlag von Paul Parey. Preis 3 M.

Mit der Panaschüre d. h. Buntlaubigkeit (panaschürt = panaschiert) und deren Uebertragung auf grünblättrige Pflanzen durch den Einfluß aufgepfropfter buntlaubiger Reiser, die bei sogen. infektiös panaschierten Pflanzen erreicht werden kann, hat sich Verfasser seit fast 40 Jahren beschäftigt. Ueber die Ergebnisse seiner Studien und auf wissenschaftlicher Grundlage praktisch durchgeführten Versuche hat Lindemuth erstmals zusammenhängend in einer 1878 erschienenen Broschüre: „Ueber vegetative Bastarderzeugung durch Impfung“ berichtet. An diese erste Schrift schließt sich die vorliegende an. Die Impfversuche Lindemuths erstrecken sich vorwiegend auf Vertreter der Gattung *Abutilon*, und hier hat er namentlich mit *A. Thompsoni* operiert. Auf zwei ganz vorzüglichen Farbentafeln führt er zehn bunte Varietäten dieser Gattung vor, wovon sechs von ihm hervorgebrachte Pfropfbastarde sind.

Wir müssen es uns hier leider versagen, die wissenschaftliche Bedeutung dieser, von einem geschätzten, hervorragend befähigten Fachgenossen (Herr Gartenbaudirektor Lindemuth ist technischer Leiter des Berliner Universitätsgartens) durchgeführten Versuche näher einzugehen, wir wollen nur darauf hinweisen, daß deren Ergebnisse auch für die gärtnerische Praxis von nicht zu verkennendem Werte sind, einmal, weil sie einen gangbaren Weg weisen, auf welchem zweifellos auch bei anderen Gattungen neue buntblättrige Formen gewonnen werden können, dann auch, weil Lindemuth u. a. auch ein vortreffliches Gedeihen mancher Arten auf anderen festgestellt hat. So erreichte ein auf einen bewurzelten Steckling von *Abutilon Selloanum (Sellowianum,* Rgl.) veredeltes *A. Thompsoni* in etwa 9 Monaten eine Höhe von 2 m und entwickelte dabei 40 Seitenzweige, wovon der größste 95 cm lang, der stärkste 0,9 cm dick war.

An einer Stelle der Schrift wendet sich der Verfasser mit Recht gegen die für Okulieren und Pfropfen gebräuchliche Bezeichnung „Veredeln", die eine ganz andere Bedeutung habe; er hat früher dafür die Bezeichnung „Impfen" gebraucht und schlägt jetzt „Transplantation" dafür vor, worunter man in der Zoologie die Uebertragung lebenden Gewebes versteht; sie hat sich auch in wissenschaftlichen Abhandlungen über Pfropffragen eingebürgert.

M. H.

Aus den Vereinen.

Verein Deutscher Gartenkünstler. In der ersten Sitzung dieses Jahres zu Berlin, am 13. Januar, gedachte der Versammlungsleiter, Herr Weiß, in warmen Worten unseres verstorbenen Mitgliedes Heinz Grube, Aachen, dessen Andenken die Versammlung in der üblichen Weise ehrte. Der Schriftführer konnte sodann berichten, daß seit der letzten Sitzung im Dezember sich etwa 60 neue Mitglieder dem Verein angeschlossen haben, deren Namen im Anzeigenteil dieses Blattes veröffentlicht sind. An der Hand eines Protokolls berichtet sodann Herr Wendt über eine von unserem Mitgliede, Herrn Parkdirektor Ohrt, Bremen, einberufene Versammlung von Mitgliedern der Deutschen Gesellschaft für Gartenkunst, die sich mit dem Zustande dieser Gesellschaft beschäftigte. Es wurde aus dieser Versammlung heraus der Vorschlag gemacht, dem Verein Deutscher Gartenkünstler sich wieder anzuschließen. Fand dieser Vorschlag auch nicht einmütige Annahme, so zeigte sich doch, welche große Unzufriedenheit innerhalb der Gesellschaft besteht. Zehn Herren aus Bremen haben sich inzwischen unserem Vereine angeschlossen. Am 19. Januar fand in Stettin eine Versammlung mit ähnlicher Tagesordnung statt, über die weiter unten kurz, später eingehender berichtet wird. Herr Hesdörffer legte sodann einige neuerschienene Bücher vor und unterzog sie einer eingehenden Besprechung. Eine ganze Reihe Stiftungen für unsere Bücherei seitens der Herren Kierski, Hermes, Dr. Thost, i. Fa. Gebr. Borntraeger, sind eingegangen. Allen Spendern sei auch an dieser Stelle der verbindlichste Dank ausgesprochen.

Es sprach sodann Herr Alfred Strenger über das Preisausschreiben „Schillerpark, Berlin". Wir kommen nach Erledigung desselben hierauf zurück.

An Stelle des durch Heiserkeit verhinderten Redners über das Thema: „Reisebilder aus Italien", des Herrn Cuno Becker, Spandau-Behnitz, nahm auf Einladung des Vorstandes Willy Lange das Wort zu einer „P l a u d e r e i a m J a h r e s a n f a n g", deren leitende Gedanken wir hier nur lose aneinanderreihen, mit dem Bedauern, die mit allseitigem, lebhaftem Beifall aufgenommenen Worte infolge Raummangels nicht vollständig wiedergeben zu können:

„Jahreswende! Ausblick und Rückblick: Ein Jahr des Kampfes liegt hinter uns, möchte das neue Jahr ein Jahr der Sammlung werden; statt Streit, Friede; statt Kritik, positive Arbeit. Dringend empfiehlt Redner die Lektüre eines Aufsatzes „Philister, Hinz, Kunz & Co." von Schwindrazheim im „Kunstwart" (1. Januar 1908), der darin gipfelte: „Müssen wir denn immer schelten?!" „Nein!" Verstehen müssen wir einer des anderen Standpunkt, und ihn achten. — Ist es nicht im Naturplan begründet, daß die höchsten Leistungen sich immer um den „Kern" konzentrieren? Von Protoplasmaklümpchen der Urschleimwesen über das Samenkorn zum Bienenstock; von der nomadisierenden Horde zum komplizierten Staatswesen konzentriert sich alles um eine Idee, einen leitenden Gedanken, für den die Kraft der Masse sich einsetzt: So ist der d e u t s c h e Garten der Kern, um den sich die Kräfte der Gesamtheit der deutschen Gärtner konzentrieren müssen. Der Garten ist der Gedankenkern des Gärtners; das Haus ist das Kraftzentrum des Architekten; sie haben einander manches zu sagen, haben Berührungspunkte, auch zu anderen Gebieten: aber der Garten ist das Kraftzentrum des Gärtners, wie der deutsche Gedanke das Kraftzentrum des Deutschen sein muß und nicht des Engländers. Das ist Naturplan, Erdengesetz! Kein Völkerbrei, kein Gesinnungsbrei, kein Kunstbrei! Die „Kunst" international? Ja, die Kunst als Weltsprache der Phantasie, aber die Künste seien national, in unserem Falle: deutsch. —

Sind die englischen Gärtner, die die englischen Gärten machen, die uns als Vorbild hingestellt werden, klüger? Es scheint ihnen ebenso zu gehen wie uns: ihr Strafprediger ist William Morris, ein verdienstvoller Mann, aus dessen Werk „Kunsthoffnungen und Kunstsorgen" Redner einige charakteristische Stellen verliest, die den Gedanken sehr ähnlich sind, die man heute oft liest. —

Es ist von höchster Wichtigkeit, daß wir uns um alle Geistesregungen kümmern, die außerhalb unseres Gartenzaunes auftreten. Ein Verein, ein Einzelner kann das nicht: aber — so gibt Redner als Anregung — eine Kommission innerhalb des Vereins für Presse, Literatur, müsse alle Neuerscheinungen prüfen, den Mitgliedern vom Wesentlichen einfach Kenntnis geben, auch die Fachpresse durch solche Auszüge befruchten — aber ohne zu kritisieren. Die Kritik sollte man mehr der Geschichte überlassen. Die Aufgaben, Wirkungskreise der gärtnerischen Berufsgenossen sind ja so sehr verschieden. Der Stadtgartendirektor, der Hofgartendirektor, der Landschaftsgärtner, sie haben ja ganz verschiedene Wirkungskreise und müssen ganz besonderen Auftraggebern Rechnung tragen. So auch der Fachlehrer: d e r m u ß n e u e W e g e s u c h e n! Ob sie zu richtigen oder zu falschen Zielen führen können, muß wiederum der Geschichte überlassen werden. Bei e h r l i c h e m S u c h e n nach dem Wege darf auch ein Umweg oder Irrweg nicht als vergeblich betrachtet werden: könnte doch ein neues ungeahntes Ziel sich plötzlich auftun. Wenn für viele Berufsgenossen der Beifall ihrer Auftraggeber — Stadtverwaltungen etc. — maßgebend sein muß, so ist für den Lehrer Grundbedingung, ja das Charakteristische seines Wirkens: „Lehrfreiheit". —

So mag in Zukunft sich jeder Stand, jeder Beruf und in ihm jeder Berufsgenosse auf sein Interessengebiet, sein Kraftzentrum richten, das Interessen- und Arbeitsgebiet des anderen wie fremdes Eigentum achten und jeder Berufsgenosse, wenn er an die Oeffentlichkeit tritt, sich der Verantwortung bewußt sein, die er in achtungsvoller Behandlung seinen Berufsgenossen gegenüber, dem Ganzen des Berufes hat. Mit dieser Losung werden wir vorwärts kommen!"

Der einmütige laute Beifall, der den Redner lohnte, zeigte, wie sehr er aus dem Herzen der Versammlung gesprochen hatte. Seinen Anregungen dürfte sicher Folge gegeben werden.

Der Schriftführer berichtete sodann über unsere Stellung in Fragen: Heimatschutz und Waldschutz und kam zu dem Schluß, daß der Verein überall dort, wo seine tätige Mitarbeit gewünscht werde, voll und ganz für diese Interessen eintreten möge, daß er es aber vermeiden müsse, sich als Auchmitmachender aufzudrängen und daß die Vereinsmittel in allererster Linie den eigenen Interessen dienen müssen, den Ausführungen Willy Langes gemäß: Konzentration um die Idee „Förderung unseres Berufes". Kein Indiebreitegehen, bei dem die Grundidee verwässert werde. Die persönliche Anteilnahme, besonders auch an dem Berliner Waldschutzverein, legte er den Mitgliedern dagegen aufs wärmste ans Herz. Herr Hesdörffer sprach zum Schlusse noch über die eigentümlichen Vorgänge bei Besetzung der Stelle des Gartendirektors in Hannover. (Siehe Tagesgeschichte, Gartenwelt No. 17.) B.

Am Sonntag, den 19. d. Mts., hatte der Unterzeichnete Gelegenheit, einer **Sitzung der Gruppe Pommern der Deutschen Gesellschaft für Gartenkunst** beizuwohnen. Es war dasselbe Bild, wie es nun schon seit längerer Zeit sich aus allen Kundgebungen im Norden und Osten des Reiches enthüllt, nämlich das einer tiefgehenden Unzufriedenheit mit der Leitung der Gesellschaft und ihres Organs. Man hofft auf eine Gesundung durch die Ausschußsitzung im Februar, aber der Umstand, daß auch diese ohne Rücksicht auf den Osten und Norden wieder in Kassel seligen

Andenkens anberaumt ist, hat wie ein Schlag ins Gesicht gewirkt und die Mißstimmung vergrößert. Eine Wiedervereinigung beider Vereine stand u. a. auf der Tagesordnung, aber einen nur einigermaßen gangbaren Weg zu diesem gewiß erstrebenswerten Ziel zu zeigen, war niemand in der Lage. Nun, der Verein Deutscher Gartenkünstler kann mit der bisherigen Entwickelung der Dinge zufrieden sein! **Bindseil.**

Zeit- und Streitfragen.

Wettbewerb Regensburg. Am 28. November tagte das Preisgericht und in ihrer No. 11 vom 14. Dezember brachte die „Gartenwelt" als erste Fachzeitschrift den Bericht, die „Gartenkunst" erst Mitte Januar einen Auszug aus demselben.

Der Umstand, daß für jene Bewerber, deren Arbeiten sich nicht bei den prämiierten oder anerkannten befinden, keine Möglichkeit gegeben ist, zu erfahren, weshalb ihre Arbeit fehlerhaft ist, veranlaßt mich zu nachfolgenden Ausführungen. In dem Protokoll heißt es schlechtweg: „Beim ersten Rundgange wurden 50 Entwürfe ausgeschieden, teils aus formellen, teils aus sachlichen Gründen; bei der zweiten Sichtung weitere 23 Entwürfe." Worin diese Gründe bestanden, sagt das Protokoll nicht. Es liegt doch sicherlich im Interesse der Beteiligten, zu wissen, worin denn nun ihre Arbeiten fehlerhaft waren. Ein jeder will doch auch aus seiner Arbeit Nutzen ziehen, und wenn sie eines Preises nicht würdig war, so will man doch wenigstens von den für besser befundenen Arbeiten lernen! Somit ist wohl der Wunsch nicht unberechtigt, daß entweder das Protokoll des Preisgerichtes ausführlicher verfaßt wird, — es würde hier z. B. genügen, kurz die Hauptgesichtspunkte, welche für die Auszeichnungen einerseits und die Ablehnungen andererseits maßgebend waren, hervorzuheben, dann hätte man doch ungefähr einen Anhalt für die formellen und sachlichen Gründe der Preisrichter — oder daß den Fachzeitschriften früh genug Gelegenheit geboten wird, über die Konkurrenz zu berichten, besser noch, die prämiierten Arbeiten zu veröffentlichen. **R. H.**

Nachschrift der Redaktion. Dem Herrn Verfasser und hundert anderen, die sich in ähnlicher Lage befinden, dürfte wohl kaum zu helfen sein. Bei Konkurrenzen mit enormer Beteiligung, wie es diejenige in Regensburg war, wo nach dem zweiten Rundgange des Preisgerichtes bereits 73 Konkurrenzarbeiten als für die Prämiierung nicht in Frage kommend ausgeschieden werden mußten, wird wohl kein Mensch von den Preisrichtern, deren Tätigkeit eine unbesoldete, ehrenamtliche ist, verlangen können, daß sie sich 8 oder 10 Tage an einen fremden Ort setzen, um zu jedem ungeeigneten Projekte eine Kritik niederzuschreiben. Die „Gartenwelt" hat den Bericht des Preisgerichtes sofort nach dessen Eingang veröffentlicht. In Anbetracht des Umstandes, daß sich die öffentlichen landschaftsgärtnerischen Wettbewerbe ständig mehren, was an und für sich gewiß erfreulich ist, wird es der Fachpresse unmöglich gemacht, will sie nicht in ein ganz einseitiges Fahrwasser gelangen und andere wichtige Gebiete vernachlässigen, die preisgekrönten Projekte nebst Erläuterungsberichten von allen Konkurrenzen zu veröffentlichen. Sie wird von Fall zu Fall entscheiden müssen, wie sie sich dieser und jener Konkurrenz gegenüber zu verhalten hat. Da aber in fast allen Fällen die prämiierten und nicht prämiierten Projekte eine Zeitlang am Ort der Konkurrenz öffentlich ausgestellt werden, so kann denjenigen, die sich an solchen Wettbewerben beteiligen und aus denselben praktische Lehren ziehen wollen, nur dringend geraten werden, Zeit und Reisekosten wenn möglich zu opfern, um die Entwürfe an Ort und Stelle zu studieren.

Der Magistrat in Beuthen (Oberschlesien) schickt den Bewerbern um die ausgeschriebene Garteninspektorstelle eine portopflichtige Dienstsache, in welcher den Herren mitgeteilt wird, daß sie nicht gewählt seien. Die genannte Behörde hält es nicht für notwendig, den Herren, die ihrer öffentlich ergangenen Aufforderung zur Bewerbung um die Stelle nachgekommen sind, Zeugnisabschriften, Referenzen und Photographie zurückzugeben! Bewerber, die diese Einlagen zurück wünschen, müssen unter Beifügung von 20 Pfennig in Briefmarken ein erneutes Gesuch an den Magistrat der Stadt Beuthen richten, das sie nicht wie dieser als portopflichtige Dienstsache aufgeben können, sondern ordnungsmäßig mit weiteren 10 Pfennigen frankieren müssen! Wenn eine städtische Behörde durch öffentliches Ausschreiben zur Berwerbung um eine Stelle auffordert und dadurch zahlreiche Fachleute veranlaßt, ihre Bewerbungen einzureichen, was natürlich ausnahmlos portofrei, in den meisten Fällen außerdem der Sicherheit halber eingeschrieben erfolgt, so liegt ihr, unserer Ansicht nach, auch die moralische Verpflichtung ob, den nicht berücksichtigten Bewerbern die Ablehnung postfrei zuzustellen und dieser ohne weiteres sämtliche eingereichten Papiere beizufügen. So verfahren wenigstens andere Städte im gleichen Falle. Wenn man in Beuthen in Oberschlesien glaubt, anders verfahren zu können, so mag dies wohl dem Einflusse der nahen russisch-polnischen Grenze zuzuschreiben sein. **T.**

Tagesgeschichte.

Niederschönhausen bei Berlin. Die Verschönerungskommission der hiesigen Gemeinde erläßt nachstehendes Preisausschreiben zur Erlangung von Entwürfen für schöne und billige Vorgärten: „6 Preise im Werte von zusammen 100 M, für jede Vorgartentiefe (3 m und 5 m) ein 1. Preis à 25 M, ein 2. Preis à 15 M und ein 3. Preis à 10 M. Von dem Einsender wird gefordert: Je ein Entwurf für einen Vorgarten von 3 m Tiefe und ein Entwurf von 5 m Tiefe. Die Entwürfe sind farbig und mit Kostenberechnung auszuführen und bis 20. Februar 1908 an den Vorsitzenden des Verschönerungsvereins, Herrn A. Lehmann, Viktoriastraße 6, portofrei einzusenden. Jede Einsendung ist mit einem Kennwort zu versehen und muß ein geschlossenes Kuvert mit dem gleichen Kennwort enthalten, in dem Name und Adresse des Einsenders angegeben sind. Die prämiierten Entwürfe werden Eigentum der Kommission; die nicht prämiierten stehen dem Einsender bis 1. März zur Verfügung, soweit sie nicht angekauft werden. Im März 1908 findet eine Ausstellung aller Entwürfe anläßlich der allgemeinen Bürgerversammlung statt". Wir geben dies Preisausschreiben auf besonderen Wunsch bekannt, trotzdem wir nicht glauben, daß die Aussicht auf die ausgesetzten Preise, die so dürftig sind, daß sie kaum als Trinkgelder bezeichnet werden können, auch nur einen unserer Leser zur Beteiligung animieren werden.

Personal-Nachrichten.

Friedrich, Carl, Landschaftsgärtner, Leipzig-Gohlis, † am 18. Januar.

Müller, Willy, hat die namhaften Bestände an neuen und wertvollen Pflanzen und Hybriden des Herrn C. Sprenger, Vomero-Neapel erworben und sich in Nocerna Inferiore (Prov. Salerno) als Handelsgärtner und Samenzüchter niedergelassen. Herr Sprenger wird sich ganz der Landwirtschaft widmen.

Schmidt, L., Kunst- und Handelsgärtner in Güstrow, feierte am 9. Januar sein 50 jähriges Geschäftsjubiläum.

Gelegentlich des Krönungs- und Ordensfestes in Berlin wurden nachstehenden Gärtnern Auszeichnungen verliehen:

Virchow, Hofgärtner in Wilhelmshöhe bei Kassel, der Königl. Kronenorden IV. Klasse.

Gohdes, vormals Gärtnereibesitzer in Dramburg und **Ostermann,** Gärtner in Kiel, das Kreuz des Allgemeinen Ehrenzeichens.

Bothe, Gärtner in Buckow, Kreis Züllichau, **Kokott,** Gärtner an der Provinzialheil- und Pflegeanstalt in Lublinitz, **Kunze,** Landschaftsgärtner in Flensburg, **Lehmkuhl,** Gärtner in Apenrade, **Schmidt,** Gutsgärtner in Mittel-Steinsdorf, Kreis Goldberg-Haynau, **Steinmeyer,** Friedhofsgärtner in Saarbrücken, **Tschöpe,** Gärtnereibesitzer in Alt-Driebitz, Kreis Fraustadt, und **Winter,** Gärtner in Schildberg, Kreis Soldin, das Allgemeine Ehrenzeichen.

Zabel, E., Kgl. Gartenmeister a. D., Gotha, Ehrenmitglied der Deutschen Dendrologischen Gesellschaft, erhielt das Verdienstkreuz des Herzogl. Sächs. Ernestinischen Hausordens.

Berlin SW. 11, Hedemannstr. 10. Für die Redaktion verantwortlich Max Hesdörffer. Verlag von Paul Parey. Druck: Anhalt. Buchdr. Gutenberg e. G. m. b. H., Dessau.

Patente und Musterschutz.

Zum **Patent** wurde **angemeldet Klasse 45f.**

B. 46719. Blumentopf. Adam **Bertram,** Lüftelberg bei Kottenforst, Bez. Cöln. 13. 6. 07.

Gebrauchsmuster-Eintragungen Klasse 45f.

323838. Einen Baumstamm darstellender Hohlkörper aus beliebigem Material mit herausnehmbarem Einsatzgefäss als Papiereinwurf, für Parkanlagen u. dgl. Georg **Plehwe,** Köln a. Rh., Blumenthalstr. 9. 5. 11. 07. P. 13015.

323842. Baumschutzgitter aus durch bandartige Blechreifen gehaltenen Längsstäben. **Rheinische Drahtindustrie Bäcker & Co.,** Amern i. W. 6. 11. 07. R. 20255.

323850. Sturmluftholz für Frühbeetfenster aus Hartholz. Heinrich **Peter,** Würzburg, Randersackerstr. 56. 8. 11. 07. P. 13033.

323983. Schattengitter für Frühbeete und Gewächshäuser. Otto **Mäkelburg,** Bant b. Wilhelmshaven. 1. 10. 07. M. 24840.

324193. Beweglicher Pflanzenkübelhalter. Wilh. **Stork,** Duisburg, Brauerstr. 35. 9. 10. 07. St. 9792.

324542. Blumenhalter mit zu jedem Blumentopf durch Verschieben passend zu machender, mit Schraube versehener Schiene. Paul **Trebs,** Döbeln i. Sa. 5. 11. 07. T. 8949.

324743. Pyramidenförmiger Blumenständer. **Gebr. Strüber,** Hann.-Münden. 4. 11. 07. St. 9867.

325566. Selbsttätige Pflanzenspritze, Anstreich- und Desinfektionsmaschine mit von aussen zugänglichem Rückschlagventil. Adam **Platz,** Ludwigshafen a. Rh., Schanzstrasse 49. 25. 11. 07. P. 13108.

325567. Vorrichtung zum Kontrollieren der bei selbsttätigen Pflanzenspritzen, Anstreich- und Desinfektionsmaschinen einzufüllenden Flüssigkeit. Adam **Platz,** Ludwigshafen a. Rh., Schanzstr. 49. 25. 11. 07. P. 13108.

325568. Ventilartig wirkender Luftpumpenkolben für selbsttätige Pflanzenspritzen, Anstreich- und Desinfektionsmaschinen. Adam **Platz,** Ludwigshafen a. Rh., Schanzstr. 49. 25. 11. 07. P. 13109.

326321. In Blütenform ausgebildeter Lichtschirm für Blumenzwiebeln. Johannes **Hilmer,** Stettin, Pölitzerstrasse 93. 9. 12. 07. H. 35413.

326585. Blumenmanschette mit Kalender. E. Eduard **Meyer,** Harzburg. 7. 9. 07. M. 25001.

Illustrierte Wochenschrift für den gesamten Gartenbau.

Jahrgang XII. 8. Februar 1908. No. 19.

Kultureinrichtungen.

Die neue Gewächshausanlage in der Handelsgärtnerei von Wilh. Bofinger, Stuttgart.

Von Obergärtner **Curt Reiter**, Feuerbach.

(Hierzu fünf Abbildungen.)

Wer von Fachleuten in letzter Zeit Stuttgart besucht hat, dem ist gewiß auch die neue Gewächshausanlage der Handelsgärtnerei von Wilh. Bofinger in der Bahnhofstraße aufgefallen. Diese Anlage ist nicht nur mit den neuesten und besten Errungenschaften der Gewächshausbautechnik ausgestattet, besonders was Lüftung, Heizung usw. betrifft, auch ihre äußere architektonische Ausstattung ist eine durchaus ansprechende. Herr Bofinger hat neben seinem ausgedehnten Versandgeschäft auch ein sehr umfangreiches Platzgeschäft. Durch die günstige Lage seiner Hauptgärtnerei, direkt am Stuttgarter Zentralfriedhofe, hat das kaufende Publikum stete Fühlung mit der Gärtnerei und mustert auch gern die vorhandenen Pflanzenschätze, besonders wenn sie in möglichst vorteilhafter Aufmachung vor Augen geführt werden. Durch die neue Bauart der Gewächshäuser ist letzteres in der günstigsten Weise geschehen. Bei sanft ansteigender Bodenbeschaffenheit gruppieren sich die vorhandenen sechs Sattelhäuser terrassenförmig hintereinander, an der Nordseite mit einer hohen, etwa 30 Meter langen Halle verbunden. Es ergibt sich daher bei der Länge der Sattelhäuser von etwa 20 Meter ein bebauter Komplex von ungefähr 600 Quadratmeter.

Die ganze Anlage liegt direkt an der Straße (Abb. beistehend). Da die Bauerlaubnis von einer gefälligen Ausführung abhängig war, und um dem vorübergehenden Publikum den Einblick in die Gewächshäuser zu erleichtern, ist an der vorderen südlichen Ecke ein pavillonartiger Ausbau errichtet worden, der die eintönigen Linien einer Gewächshausanlage angenehm unterbricht, und durch dessen große Spiegelscheiben das gefällig arrangierte Innere der Glashäuser sichtbar wird. Analog dieser südlichen Ecke ist im Norden der bis zur Straße heranreichende Giebel des großen Verbindungshauses in ähnlichem Stile ausgeführt. Auf diese Art und Weise ist also auch die mit blühenden und Blattpflanzen, gewissermaßen als Wintergarten dekorierte Halle der breiten Oeffentlichkeit nicht allein bei

Die neue Gewächshausanlage von W. Bofinger, Stuttgart, von der Straße aus gesehen.
Originalaufnahme für die „Gartenwelt".

Tage zugänglich gemacht, auch abends ist durch zahlreiche elektrische Glühkörper für die nötige Beleuchtung gesorgt. Wenn diese Häuser nun auch in der Hauptsache zu Schau- und Reklamezwecken, sowie zur Aufnahme zahlreicher Blatt- und Blütenpflanzen des temperierten Hauses dienen, welche für die ständigen Besucher stets gefällig arrangiert sein müssen, so sind sie jedoch auch ebensogut für die verschiedenen Kulturzwecke geeignet, speziell die drei vorderen Häuser, die bei einer Breite von 3 Meter gut bei der Treiberei und Vermehrung Verwendung finden können.

Was die technische Ausführung anbetrifft, so ist diese eine musterhafte. Zur Verwendung gelangten Pitchpineholzsprossen mit Tropfwasserrinnen, die oben und unten in eisernen Schuhen ruhen und deshalb nach Entfernung der Schrauben leicht ausgewechselt werden können. Sehr praktisch ist auch die zentrale Lüftungsanlage und diejenige der seitlichen Stehfenster. Die Mauern sind aus Ziegelsteinen ausgeführt, auf denen bei den Zwischenmauern der einzelnen Sattelhäuser eine muldenartige Vertiefung aus Zement hergestellt ist, um eine Abflußvorrichtung für das herabkommende Regenwasser zu schaffen (Abb. S. 219). Die Stellagen sind sämtlich aus Eisen, mit aufgelegten Hohltonplatten. Es sind dies die besten und auf die Dauer billigsten Stellagen, die ich kenne.

Blick in das Verbindungshaus der neuen Gewächshausanlage von W. Bofinger, Stuttgart.
Originalaufnahme für die „Gartenwelt".

Die Zentrale der Warmwasserheizung befindet sich unterhalb des Verbindungshauses und besteht aus zwei miteinander korrespondierenden Universalgliederkesseln von Höntsch & Co. Diese Verwendung von zwei miteinander verbundenen Kesseln hat mancherlei für sich. Man kann bei gelinder Witterung einen außer Betrieb setzen, und kommt es einmal vor, daß ein Kessel schadhaft wird und es stellt sich die Notwendigkeit einer Reparatur ein, so kann man ruhig mit einem Kessel weiterheizen, während der zweite repariert wird. Man ist in diesem Falle nicht gezwungen, die ganze Heizung ruhen zu lassen, was bei Frostwetter unberechenbaren Schaden nach sich ziehen könnte.

Die Heizung selbst besteht aus Ober- und Unterheizung und kann jede für sich, als abgeschlossenes Ganzes behandelt, d. h. abgestellt und vom Betriebe ausgeschaltet werden.

Die ganze Gewächshausanlage ist von der bekannten Firma Höntsch & Co., Niedersedlitz in Sachsen, ausgeführt worden, welche damit ihrer Leistungsfähigkeit ein schönes Zeugnis ausstellte. Herr Bofinger wird jedenfalls genau gewußt haben, warum er sich eine so kostspielige Gewächshausanlage herstellen ließ. Die Kauflust des Publikums wird durch den Anblick der vielen blühenden Pflanzen in recht schmucken Häusern gehoben, besonders in nächster Nähe des Friedhofes, und ist zu wünschen, daß die Anlage sich nicht nur verzinst, sondern auch amortisiert.

Zwiebel- und Knollengewächse.

Zur Kultur der Achimenes. Die zur Familie der Gesneraceen gehörige Gattung *Achimenes*, deren Vertreter in Zentralamerika heimisch sind, umfaßt herrliche und dankbare Blüher, die einen hervorragenden Sommerschmuck der Glashäuser bilden, aber auch den ungünstigen Einflüssen der Zimmerluft bei entsprechender Beschattung lange standhalten. Trotz ihrer großen Schönheit und Anspruchslosigkeit sind diese herrlichen Blütenpflanzen in neuerer Zeit mehr und mehr in Vergessenheit geraten, ich möchte deshalb zu Beginn der neuen Kulturperiode auf dieselben hinweisen. Die geschuppten Wurzelrhizome der *Achimenes* werden im Februar, spätestens Anfang März, wenn sie neues Leben zu zeigen beginnen,

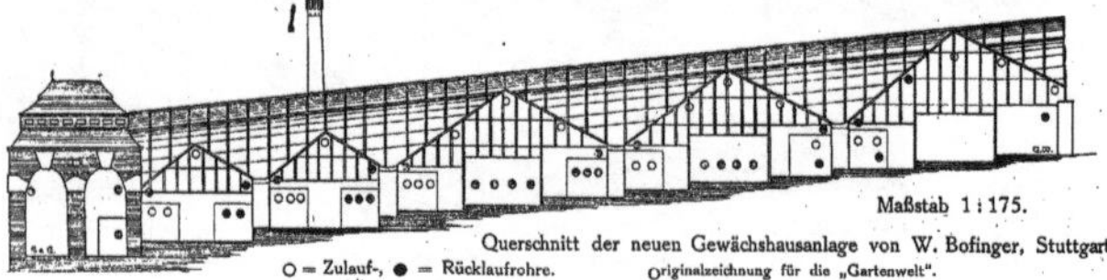

Querschnitt der neuen Gewächshausanlage von W. Bofinger, Stuttgart
○ = Zulauf-, ● = Rücklaufrohre. Originalzeichnung für die „Gartenwelt".

aus den Töpfen genommen, von der anhaftenden Erde und den vorjährigen abgestorbenen Wurzeln befreit und neu eingepflanzt. Bei dieser Gelegenheit kann auch eine künstliche Vermehrung durch Zerschneiden der größten Rhizome vorgenommen werden. Je 5 bis 6 dieser Rhizome kommen in einen Topf von 8 bis 10 cm oberer Weite. Die Töpfe erhalten gute Scherbenunterlage, werden dann zu $^2/_3$ mit sandiger Laub- oder Heideerde gefüllt, worauf man die Rhizome möglichst nahe um den Topfrand gleichmäßig verteilt und mit Erde bedeckt. Die so bepflanzten Töpfe werden leicht angebraust, auf eine Tablette oder ein Hängebrett des Warmhauses gestellt und bei Sonnenschein reichlich beschattet. Uebergroße Nässe ist zu vermeiden, da die Rhizome leicht faulen. Sind die Triebe etwa 10 cm lang, so werden sie mit dünnen Stäbchen versehen und locker an diese angeheftet, mit Ausnahme der durch hängende Triebe ausgezeichneten Arten, die beliebte Ampelpflanzen sind. Die Blütezeit ist von sehr langer Dauer und dehnt sich gewöhnlich bis zum September aus. Nach ihrer Beendigung entzieht man den Töpfen ganz allmählich das Wasser, schneidet später das Kraut über dem Topfe ab und überwintert die Rhizome in den trocken zu haltenden Töpfen unter der Stellage eines Warmhauses, wo sie am besten zum Schutz gegen Tropfwasser umgelegt werden. Neben vielen echten Arten befinden sich auch zahlreiche schöne Varietäten in Kultur. **Paul Jaletzki,**

Fürstl. Schloßgärtner, Bückeburg.

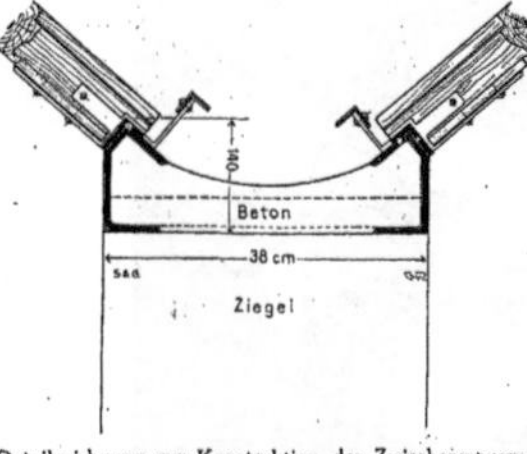

Detailzeichnung zur Konstruktion der Zwischenmauern der neuen Gewächshausanlage von W. Bofinger, Stuttgart.

Originalzeichnung für die „Gartenwelt".

Chrysanthemum.

Chrysanthemum La Gracieuse. (Abbildung Seite 220.) Als vor zwei Jahren *La Gracieuse* in den Handel kam, konnte man glauben, ein neuer Stern unter den Chrysanthemen wäre erschienen, so begeistert wurden die Vorzüge dieser Sorte gerühmt. Jedoch schon im vorigen Jahre hatte ich Gelegenheit, mit maßgebenden Chrysanthemumkultivateuren über diese Neuheit zu sprechen und war die Begeisterung schon recht gedämpft, man wußte noch nicht recht, was mit dieser Neuheit anzufangen wäre. Was man auf den Ausstellungen zu Gesicht bekam, ließ zum größten Teil zu wünschen übrig, da die Pflanzen fast ausnahmslos stark an der Blattfallkrankheit litten, auch war die zartrosa Farbe in den meisten Fällen arg verblaßt und hatte einem krankhaften Weiß Platz gemacht.

Ich habe diese Sorte in den zwei Jahren in der verschiedensten Weise kultiviert und bin jetzt zu folgendem Urteil gekommen:

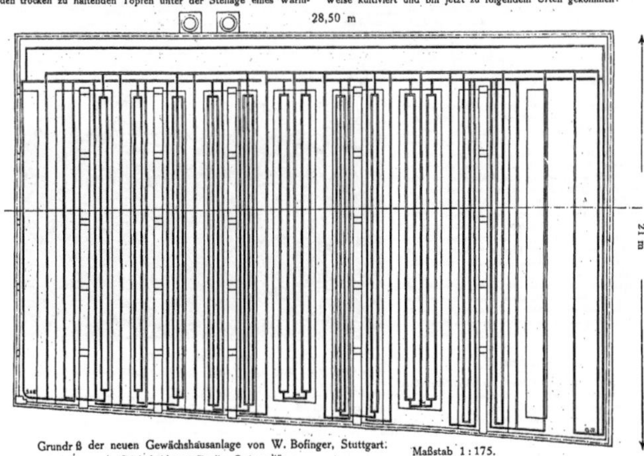

Grundriß der neuen Gewächshausanlage von W. Bofinger, Stuttgart.

Originalzeichnung für die „Gartenwelt".

Chrysanthemum La Gracieuse.
Vom Verfasser für die „Gartenwelt" photographisch aufgenommen.

Eine beliebte Schnittsorte, wenigstens für den Züchter, wird *La Gracieuse* nie werden, da sie zu schwach im Stiel ist. Wenn nicht jeder Trieb sorgfältig aufgebunden wird, ist sie zum langstieligen Schnitt nahezu wertlos; die Ansprüche der Blumengeschäfte sind in dieser Hinsicht ziemlich groß und finden Blumen mit krummen Stielen schlecht Absatz. Weiter darf *La Gracieuse* nicht als frühes *Chrysanthemum* behandelt werden, da frühe Blumen fast ausnahmslos eine krankhaft weiße Farbe haben. Die Sorte wächst in den Monaten August und September sehr rasch und kann man die zur Ausbildung bestimmten Knospen ziemlich spät stehen lassen, etwa Anfang bis Mitte September.

Lebhaften Beifall finden gut ausgebildete Blumen überall durch die wunderschöne, zartrosa Farbe und ist mir kein *Chrysanthemum* bekannt, das einen so reinen, wachsartig rosa Farbton besitzt. Die Form der Blume ist eine gefällige, lockere Ballform die bei frühen Blumen jedoch zu fest und geschlossen ist. Für Privatgärtnereien und Liebhaber ist diese Sorte ihrer schönen Farbe wegen sehr wertvoll, für den Schnittblumenzüchter meiner Ansicht nach aber weniger geeignet, da man mit dem Aufbinden zu viel Arbeit hat. Der Knospenansatz ist jedoch ein guter und kann man besonders bei den späteren Knospen fast ausnahmslos auf gute Blumen rechnen, die auch durch Niederschlag und kalte Temperatur nicht fleckig werden.

Würde der Stiel mehr befriedigen, so würde ich *La Gracieuse* trotz der Blattfallkrankheit für das Ideal einer Massenschnittsorte halten, besonders ausgepflanzt; für Topfkultur dürfte sie weniger geeignet sein.

Obergärtner **Curt Reiter**, Feuerbach.

Stauden.

Iris laevigata, Fisch. et Mey., var. alba. Bekanntlich ist *Iris Kaempferi*, Sieb., die Kulturform der *Iris laevigata*, Fisch. et Mey., ist aber erst viel später als *Kaempferi* wild in Japan aufgefunden worden und nach Europa gekommen. Siebold durfte das Innere Japans nicht sehen und sich nur in den Küstenstädten aufhalten, von wo er uns die Schätze der Gärten teilweise zuführte. *Iris Kaempferi* ist in Japan ungefähr dasselbe, oder verhält sich zu *Iris laevigata* so wie unsere edlen Remontantrosen zur alten wilden *Rosa gallica*, nur ist bei den *Iris* der Abstand weniger erheblich. *Iris laevigata* als Typus hat violette Blumen mit gelben Flecken auf den äußeren Sepalen, die ungefähr dort sitzen, wo der Bart bei unserer Germanicaklasse ist. *Iris Gmelini*, Ledebour, ist die Amur- und Sibirienform der japanischen *laevigata* und *Iris itsihatsi*, Hassk., eine japanische Form mit blasseren Blüten. Meine *Iris laevigata alba*, die hier im Bilde erscheint, ist die reinweiß blühende wilde Form des japanischen Typus und wurde mir von japanischen Freunden vor 5 oder 6 Jahren übermittelt. Sie kommt wild im Lande unter den Eltern vor und ist ein rechter Schatz für unsere Gärten. Erstens hat sie schneeweiße Blumen mit je einem goldenen Flecken, zweitens blüht sie ungefähr einen Monat früher als irgend eine *Kaempferi*-Varietät, drittens blüht sie viel leichter und reicher, wächst auch üppiger, ist weit schöner und frischer, vielleicht auch widerstandsfähiger, und endlich läßt sie sich treiben, d. h. unter gewissen Vorbedingungen. Sie ist eine Ausstellungspflanze von großer Schönheit, auch gibt es kaum eine andere Irisblüte, die so lange frisch und haltbar bleibt, so vielfach verwendbar ist als diese schneeige Irisform, von der ich nur wünschen möchte, daß sie bald als Gemeingut aller deutschen Gärten zu sehen wäre. Man kann sie als Wasser-, Ufer-, Topf-, Freiland-, Kalthaus-, Gruppen- oder Zimmer- und Balkonpflanze verwenden und zum Schnitt massenhaft kultivieren. Sie bringt es immer ein und wird jedermann Freude bereiten. Es ist aber merkwürdig, wie schwer sich heute wirklich nützliche und brauchbare schöne Pflanzen durcharbeiten und lange wird es auch wohl dauern, bis diese Perle — man darf sie ohne Uebertreibung so nennen — Gnade gefunden haben wird. Ausstellungen sind selten in Italien, Blumenfreunde noch seltener und goldene Medaillen oder Orden und so was gibt man hier dem

Iris laevigata var. alba.
In der Gärtnerei von C. Sprenger, Vomero-Neapel, für die „Gartenwelt" photogr. aufgen.

Gärtner nicht oder nur selten und ausnahmsweise. Auch ist niemand hier, der die Gartenwelt neidlos auf wirklich brauchbare Neuheiten aufmerksam machen würde, ergo muß ich es selber besorgen und das ist wieder auch nicht recht, sagt man.

C. Sprenger, Vomero-Neapel.

Schlingpflanzen.

Schlingpflanzen zur Bekleidung von Baumstämmen.

Von **Wilh. Pattloch**, Frankfurt a. Main.

Die Verwendung der Schlingpflanzen in der Landschaftsgärtnerei ist in den letzten Jahren eine reichere geworden wie vordem, wie man jetzt in kleineren Hausgärten wie auch in größeren Parkanlagen zu sehen Gelegenheit hat. Man hat ihren wirklichen Wert zur Schaffung malerischer Szenerien erkannt und verwendet sie nicht allein zur Verdeckung alter Mauern, zur Berankung an Veranden, Lauben und Gittern, sondern schafft mit ihnen reizende Landschaftsbilder wie z. B. durch Bekleidung von Baumstämmen, Säulen, Festons und Bogengängen. Ja selbst kriechend auf dem Boden oder rankend in einer Felspartie nehmen sie sich reizend aus und erfreuen immer, besonders aber zur Zeit der Blüte, das Auge des Beschauers.

Eine weniger verbreitete Art der Schlingpflanzenverwendung ist noch immer die Bekleidung von Baumstämmen, obschon sie keineswegs neu ist und gerade hierbei die eigentümlichen Reize vieler Schlingpflanzen am besten zur Geltung kommen. Die Natur bietet uns in dieser Hinsicht in den Wäldern sehr viele Vorbilder.

Die Zahl der für diese Verwendungsart hier in Betracht kommenden Schlingpflanzen ist gar nicht so gering, wie manchmal angenommen wird, denn unter Schlingpflanzen im weiteren Sinne sind nicht allein die eigentlichen Klettergewächse zu verstehen, die durch Luft- oder Klammerwurzeln, wie auch durch Winden sich anzuheften vermögen, sondern vielmehr auch Pflanzen mit langen rankenähnlichen, flechtenden Zweigen, die ein Drehen und Biegen vertragen wie z. B. verschiedene Rosen.

Nicht immer ist es angebracht, am Fuße schwachwachsender Solitär- oder sonstiger wertvoller Zierbäume Schlingpflanzen anzupflanzen, denn bei falscher Anwendung werden die Schlinger, anstatt den Anblick zu heben, die Stämme der Bäume direkt verunzieren oder aber auch den Kronen Licht und Luft nehmen, so daß diese kränkeln oder gar zugrunde gehen. Sortenkenntnis spielt hier eine Hauptrolle und sollte man stets auf die Eigentümlichkeit des Wuchses wie auch auf Blätter und Blüten der zu verwendenden Schlingpflanzen Rücksicht nehmen, denn auch die Farbenwirkung darf nicht außer Acht gelassen werden.

An jüngere oder schwächere Bäume pflanze man stets schwachwachsende, wenn auch einjährige Arten. Fürchtet man, daß die Schlinger den Bäumen die Nahrung rauben, so nimmt man die Pflanzung etwas entfernt vom Stamme vor. Das Gleiche gilt, wenn der Boden in nächster Nähe des Stammes zu sehr von Wurzeln durchzogen ist. In beiden Fällen kann man sich auch eines kleinen Fasses bedienen, das man, nachdem der Boden gut durchlöchert und mit Wasserabzug versehen, mit einer, der betreffenden Schlingpflanze zusagenden Erde ausfüllt und in nächster Nähe des Baumes bis an den oberen Rand in den Boden eingräbt, um da hinein die Schlingpflanze zu setzen, wobei allerdings eine genügende Bewässerung nicht unterlassen werden darf.

Für kleinere und mittelgroße Bäume sind vor allem die verschiedensten Clematissorten mit ihren zierlichen Ranken und ihren herrlich gefärbten Blumen sehr wertvoll. Als besonders widerstandsfähige und reichblühende Sorten nenne ich *Clematis Viticella kermesina*, mit mittelgroßen, karmesinroten Blüten und lange andauerndem Flor, *Colette Deville*, großblumig, violett, *Ville de Lyon*, leuchtend karmesinrot, *Ville d'Angers*, leicht lawendelblau, *Xerxes* violett mit rot gestreift, und besonders die gute alte *Jackmanni*, die zufolge ihres raschen Wuchses auch bei älteren Bäumen verwendet werden kann, wo sie zur Zeit der Blüte einen eigenartig schönen Anblick gewährt, wenn ihre reich mit dunkelblauen Blüten besetzten Triebe malerisch aus dem Geäst der Bäume herunterhängen.

Welch wirkungsvolle Bilder kann man allein mit der gemeinen Waldrebe, *Clematis Vitalba*, bei richtiger Verwendung schaffen! Schnell haben ihre Ranken die Gipfel der Bäume erreicht, und bewundern wir an ihr nicht allein die schöne dunkelgrüne Belaubung, welche reich mit den zwar kleinen weißen Blüten durchwebt ist, sondern auch ihre Hauptzierde, die später massenhaft erscheinenden Fruchtstände.

Die Gaisblattarten erreichen meistens nur eine mittlere Höhe und sind daher auch für kleinere Bäume zu verwenden. Als besonders empfehlenswert nenne ich *Lonicera Caprifolium*, *L. etrusca*, *L. hirsuta*, *L. flava* und *L. plantierensis*. Da die Loniceren den Fehler haben, unten leicht kahl zu werden, sollte man sie als junge Pflanzen gleich zurückschneiden, um die Bildung mehrerer Seitentriebe zu veranlassen, weil die Kahlheit dann weniger auftritt und auch durch Verjüngung einiger Triebe diesem Übel leicht abgeholfen werden kann.

Auch der gemeine Hopfen, *Humulus Lupulus*, ist für diesen Zweck sehr geeignet, doch muß man bei seiner Verwendung einem Verwildern vorbeugen.

Als einjährige, im zeitigen Frühjahr aus Samen zu ziehende Schlingpflanzen empfehle ich *Cobaea scandens*, *Lophospermum scandens*, *Ipomoea* in zahlreichen Farbenvarietäten, *Lathyrus odoratus*, *Tropaeolum majus* und *Lobbianum*, *Mauradia*, *Mina lobata*, *Dolichos Lablab* und andere dieser Gattung wie auch *Phaseolus bicolor*, die Feuerbohne und *Humulus japonicus* nebst der buntblättrigen Gartenform *H. japonicus fol. var.*

Für ältere und stärkere Bäume ist die Auswahl eine größere, da wir hier stark und rasch wachsende Schlingsträucher und -stauden bevorzugen. Man sollte nie an höhere Bäume schwachwachsende Clematissorten pflanzen, denn es würden Jahre vergehen, bis dieselben das Ziel, die Krone des Baumes, erreichen, auch würde das um den ganzen Stamm zu windende Bindematerial, wie Bast oder dergleichen, unschön wirken, denn solchen Schlingern muß durch Binden geholfen werden.

Für starke Bäume sind selbsthaftender wilder Wein und Efeu am Platze, daneben der amerikanische Wein, *Vitis odoratissima*, mit seinem üppigen Laubwerk, welches bald das Bindematerial verdeckt. Ferner lassen sich *Wistaria chinensis*, *W. polystachya*, *Celastrus orbiculata*, *Aristolochia Sipho*, *Polygonum baldschuanicum*, *Tecoma radicans*, sowie einige *Rubus*-Arten vorzüglich unseren Zwecken dienstbar machen.

Die Gattung *Rosa* liefert uns gleichfalls malerische Schlinger, so in *Crimson Rambler*, *Rubin*, *Leuchtstern*, *Aglaia*, *Ephrosine*, *Thalia*, *Belle de Baltimore* u. a. Einen unvergleichlich schönen Anblick bietet im Rosenmonat die Sorte *Mme Sancy de Parabère*, mit ihren geradezu blütenüberladenen Trieben, von denen man die Spitzen leicht herunter hängen läßt. Ich sah dieses Juwel im hiesigen Palmengarten, wo man ja immer aus dem Vollen schöpft, in herrlichen Exemplaren und war erstaunt über den kolossalen Blütenreichtum, wie auch über den prächtigen Wuchs. *Mme Sancy de Parabère* ist eine ältere, nie genug gewürdigte Sorte und möchte ich sie zur Bekleidung von Baumstämmen ganz besonders empfehlen.

Zu bedauern ist nur, daß die meisten Schlingrosen nicht remontieren, doch entschädigen uns die angeführten Sorten für die aufgewendete Pflege vollauf durch einen reichen Flor, sodaß wir ihnen nach der Blütezeit gerne Ruhe zur Sammlung neuer Kräfte für den nächstjährigen Flor gönnen.

Wie schon oben angeführt, darf bei der Anpflanzung von Schlingpflanzen an Bäumen auch die Farbenwirkung nicht außer acht gelassen werden, doch lassen sich die Farbenspiele nicht immer genau berechnen, zumal Standort, Witterung und Jahreszeit auf die Färbung der Blätter und Blüten großen Einfluß ausüben. Man pflanze die Sorten einer Gattung von Schlingpflanzen möglichst verteilt und wähle für höhere Bäume, die aus einer entfernt vom Wege liegenden Gehölzgruppe vereinzelt emporragen, Schlinger, die durch Blütenfarbe und Belaubung auffallend hervortreten. Sorten mit kleineren Blüten oder matten Farben wie auch mit zierenden

Früchten sollte man immer an Bäume nahe dem Wege pflanzen, dagegen können solche mit namentlich im Herbst sich verfärbendem Laube tiefer im Rasen stehen. Das Auge wird sie doch finden und sich an ihnen ergötzen.

Die Kultur der Schlingpflanzen ist im allgemeinen wohl bekannt genug und mit wenig Schwierigkeiten verknüpft, nur möchte ich bemerken, daß fast alle zu ihrem freudigen Gedeihen reichlich Wasser brauchen, wie auch ein öfterer Dungguß die üppige Vegetation sehr fördert.

Die holzartigen wie auch die staudigen Schlingpflanzen sind den krautartigen (einjährigen) meist vorzuziehen, da sie mit Beginn der Vegetation der Bäume gleich ihre Wirkung ausüben, welche bei den letzteren erst in den Sommermonaten in die Erscheinung tritt.

Die beste Vermehrungsweise bei Polygonum baldschuanicum.

Von **R. Stavenhagen**, Rellingen.

Polygonum baldschuanicum gehört zweifellos zu den besten Neueinführungen der letzten zwei Jahrzehnte. Daß die Pflanze bisher nur eine verhältnismäßig beschränkte Verbreitung erlangt hat, schreibe ich zunächst dem Umstande zu, daß vielfach Vorurteile bezüglich ihrer Winterhärte bestehen, weiterhin aber der Tatsache, daß die Mehrzahl der im Handel befindlichen Exemplare auf ungeschlechtlichem Wege vermehrt wurde. Die Pflanze ist vollständig winterhart und besitzt eine außerordentliche Wuchskraft. Sie schlingt in einem Sommer bis über 5 m hoch, bedeckt große Flächen und ziert durch ihren staunenswerten Blütenreichtum. Diese guten Eigenschaften wird man aber nur an Sämlingspflanzen in vollem Umfange beobachten. Pflanzen, die aus Stecklingen oder durch Ableger vermehrt wurden, wachsen bedeutend langsamer. Dazu kommt noch, daß die ungeschlechtliche Vermehrung ziemlich langwierig und oft mit großem Ausfall verbunden ist. Sämlingspflanzen zeigten sich selbst in Mittelschweden noch winterhart; ein sehr sonniger, trockener Standort ist allerdings erforderlich, damit wenigstens die älteren, verholzenden Teile der Pflanze gut ausreifen. Daß der größte Teil der jüngsten Triebe im Winter zurückgeht, hat bei dem außerordentlichen Ausschlagvermögen dieser Pflanze nichts zu bedeuten, deren Charakter im übrigen mehr der eines halbholzigen Gewächses als der eines Gehölzes ist. Dies sollte aber Baumschulen nicht hindern, diesen Schlinger mit in ihre Kataloge aufzunehmen. Sie können die Pflanze mit demselben guten Gewissen empfehlen wie etwa eine *Clematis* oder eine *Lonicera Caprifolium*-Varietät. Auf den Kernpunkt meiner Ausführungen zurückkommend, bezeichne ich die Samenzucht als die für Handelsgärtner zweckmäßigste Vermehrungsmethode; bei Vorkultur in Töpfen sind die Sämlinge schon im ersten Jahre verkaufsfähig. Nach längstens 2 Jahren erzieht man daraus extra starke Pflanzen, die dann weitesten Versand und das Auspflanzen ohne Schwierigkeit ertragen, wenn der Topfballen nicht ausgeschüttelt wird. Jedoch keimt der Samen nur dann gut, wenn die Aussaat sofort nach der Reife geschieht. Die Tatsache, daß in einem bekannten Versandgeschäft unter den an einer Schattenhalle ausgepflanzten Exemplaren ohne weiteres Zutun massenhaft junge Sämlinge erschienen, führte zuerst dazu, die unlohnende Stecklingszucht aufzugeben. Wenn man bei der Anzucht die Natur nach Möglichkeit nachahmt, wird man unbedingt Erfolg erzielen. Uebrigens scheint nur der von den zuerst gereiften Samenbüscheln geerntete Samen gut zu keimen, da nur diese Vollreife erlangt haben. Ich rate daher allen, die einen Versuch mit *Polygonum baldschuanicum* machen wollen, sich beim Bezuge der Pflanze zu vergewissern, Sämlingspflanzen zu erhalten. Für diejenigen, die diese schlingende Knöterichart noch nicht kennen sollten, sei hinzugefügt, daß die kleinen weißen Blüten in lockeren, end- oder achselständigen Rispen von Juli bis September erscheinen. Die Farbe ist zwar nur ein trübes Weiß und auch das unregelmäßig herzförmige, mattgrüne Blatt ist nicht besonders ansehnlich; der üppige Wuchs und der enorme Blütenreichtum verleihen dennoch diesem *Polygonum* einen ungemein hohen Zierwert. Bei sonnigem Standorte geht die Färbung der Blüten und Samenbüschel in ein bräunliches Rosa über; auch die Belaubung nimmt zum Herbste oft einen bräunlichen Ton an. Die Art wurde vor etwa 20 Jahren aus Turkestan eingeführt und bereits 1888 in der „Gartenflora" abgebildet.

Topfpflanzen.

Doryanthes Palmeri.

Von A. Fiet, Inspektor des Botanischen Gartens, Groningen.

(Hierzu eine Abbildung.)

Doryanthes Palmeri.
Originalaufnahme für die „Gartenwelt".

Eine selten, aber schön blühende Zierpflanze für das temperierte Haus ist die von Mr Walter Hill entdeckte und aus Queensland importierte *Doryanthes Palmeri.*

Im Jahre 1873 hat William Bull, London, diese Pflanze aus Sydney nach Europa geschickt, wo man schon die ältere Schwester *D. excelsa* längere Zeit kannte. Das Blühen der *D. excelsa,* welche große, karmesinrote, amaryllisartige Blumen trägt, hatte vielleicht erneut die Aufmerksamkeit auf *D. Palmeri* gerichtet und dazu beigetragen, auch diese zu importieren, sobald man davon hörte, daß auch sie wunderschöne große, rote Blumen bringe.

Bis zum Eintritt der Blühbarkeit sollen bei dieser Pflanze etwa 30 Jahre vergehen, so wurde wenigstens verschiedentlich berichtet. Im Jahre 1899 gelangte ein Exemplar dieser Art in der Nähe von Haag zur Blüte, ein zweites, das hier abgebildete, im Sommer 1907 auf Groenestein bei Groningen. Wie man sieht, handelt es sich hier um eine gut entwickelte, in kräftigem Wachstum stehende Pflanze.

Eine 1905 an dieser Pflanze vorgenommene Messung ergab einschließlich des Kübels eine Höhe von 3,80 m, ohne diesen 3,10 m. Der Durchmesser der Krone betrug 4,50 m, die Zahl der Blätter 80, deren größte Länge 2,85 m, die Breite 0,15 m. Aus diesen Zahlen ersieht man, daß die abgebildete Pflanze ein Riesenexemplar ist.

Im Herbst 1906 zeigte die Pflanze ihren Blütenschaft, dessen Wachstum den Winter über stockte, um im Frühjahre 1907 erneut einzusetzen. Weil der Blütenschaft in dem kleinen Gewächshause, in welchem die Pflanze überwinterte, nicht zur Entfaltung gelangen konnte, wurde sie im Mai ins Freie gebracht, da jedoch der Sommer vorwiegend naß und kalt war, gelangten die Blüten trotz vollkommener Ausbildung des Schaftes nicht zur Entwicklung.

Die Gattung *Doryanthes* gehört zur Familie der *Amaryllidaceae* und steht der Gattung *Agave* nahe. Die Vertreter der Gattung *Doryanthes* entwickeln erst nach der Blüte Seitentriebe.

Neben der auf unserer Abbildung dargestellten *Doryanthes Palmeri* standen auf „Groenestein“ im Sommer 1907 zwei blühende Verwandte, *Fourcroya Bedinghausii* und *Agave xylonacantha*.

Orchideen.

Vanda Denisoniana, Benson et Rchb. f.

Von Obergärtner **Herm. A. Sandhack**, Mehlem a. R.

(Hierzu zwei Abbildungen.)

Vanda Denisoniana aus Birma ist unstreitig zu den schönsten Vanden zu rechnen. Die etwa 5 cm im Durchmesser haltenden Blüten sind prächtig elfenbeinweiß, eine Farbe, die unter den Vanden wenig zu finden ist; sie sichert ihr auch eine vielseitige Verwendung als Schnittblume, zumal die Blüten zu 4 bis 6 auf einer Rispe erscheinen.

V. Denisoniana ist eine echte Epiphyte; in Töpfe oder Körbe gepflanzt und mit nahrhaftem Kompost versehen, wächst sie wohl üppig, blüht aber selten, wenn sie dagegen, wie auf nebenstehender Abbildung, an einem Holzblock befestigt kultiviert wird, blüht sie sehr dankbar. Leider war es mir nicht möglich, die Pflanze im Hauptflor zu photographieren, da die Blumen bis auf eine Rispe ganz plötzlich für ein Blumenstück geschnitten werden wußten.

Vanda Denisoniana.
Vom Verfasser für die „Gartenwelt“ photogr. aufgen.

Vanda Denisoniana.
Vom Verfasser für die „Gartenwelt“ photographisch aufgenommen.

Pflanzenkunde.

Ueber den Einfluß von Laternen auf Bäume.

Von **Kittel**, Inspektor der städtischen Friedhöfe in Düsseldorf.

Die in No. 15 der „Gartenwelt“ veröffentlichte Beobachtung des Herrn Dr. Laubert, Steglitz, hat mich in hohem Grade interessiert, um so mehr, als ich seit zwei Jahren ähnliche Beobachtungen in der Königsallee in Düsseldorf gemacht habe. Diese Straße ist an der Fahrbahn mit weißblühenden Kastanien bepflanzt. An der Ostseite ist sie mit hohen Häusern bebaut, während an der Westseite sich eine Promenade und der unter Napoleon I. gebaute breite Kanal befindet. Zwischen der Promenade und dem Kanal befindet sich eine Reihe sehr starker und hoher Ulmen. Jedem, die Stadt

Düsseldorf besuchenden Fremden, wird diese schöne Straße in Erinnerung sein. Sie wird durch elektrische Bogenlampen erleuchtet, die über der Mitte des Fahrdammes angebrachte sind.

Meine Beobachtungen gehen nun zunächst dahin, daß die nach und über dem Fahrdamm wachsenden Aeste der Kastanien eine bedeutend größere Entwickelung zeigen, als die einesteils nach den Häusern, anderenteils nach der Seite der Ulmen wachsenden Aeste. Das ist gewiß nur natürlich, denn die nach den Häusern wachsenden und unter den Ulmen befindlichen Kastanienzweige werden lange nicht so von den Sonnenstrahlen getroffen, wie die in freiem Licht und freier Luft wachsenden und der Sonne ausgesetzten über dem breiten Fahrdamm. Wenn es mir nun auch scheinen will, als zeigten im Frühjahre die in der Nähe der Bogenlampen befindlichen Zweige eine stärkere Vegetation, so wage ich dieses doch nicht auf die Belichtung durch die Bogenlampen zurückzuführen, obgleich in der Theorie die Sache ja möglich wäre, denn an anderen Zweigen, die dem Bogenlicht nicht so ausgesetzt sind, habe ich auch öfters ein stärkeres Wachstum konstatiert. Es scheint das überhaupt eine Eigentümlichkeit bei den Kastanien, insbesondere bei einzelnen Individuen zu sein. Das öfters eintretende zweite Blühen im Herbste, wie es bei einzelnen Bäumen in der Königsallee in gewissen Jahren vorkommt, scheint auch hiermit in Verbindung zu stehen.

Mag dem nun sein, wie ihm wolle, Tatsache aber ist, daß ich im Herbste an denjenigen Bäumen, deren Aeste dem direkten Bogenlichte durch ihre Nähe in besonderem Maße ausgesetzt sind, dieselben Erscheinungen beobachten konnte, wie Herr Dr. Laubert. Nur führe ich die länger andauernde Vegetation in den betr. Aesten nicht auf die wärmende Kraft des Laternenlichtes zurück, sondern auf die leuchtenden Strahlen bezw. auf die chemischen Strahlen, die ja im elektrischen Lichte besonders stark vertreten sind.

Von besonderem Interesse war mir der Schlußsatz in dem Artikel des Herrn Dr. Laubert. Herr Dr. Laubert sagt: „Vielleicht wird dadurch Anregung gegeben, daß einmal der Frage näher getreten und durch exakt ausgeführte Versuche festgestellt wird, ob sich nicht unter Umständen künstliche Beleuchtung bei gewissen gärtnerischen Kulturen mit Vorteil anwenden läßt.“ Nun, diese Versuche sind schon vor 27 Jahren in größerem Umfange und mit Erfolg mit elektrischem Licht gemacht worden, und zwar von C. W. Siemens. Wenn ich nicht irre, hat im Jahre 1881 Carus Sterne in der „Gartenlaube“ darüber berichtet. Als nach dem Vorbilde der deutschen Initiative zur Arrangierung von Fachausstellungen der französische Minister Cochery zu Anfang des Jahres 1881 dem französischem Senate die Idee einer elektrischen Ausstellung in Paris vorschlug, fand dieser Gedanke nicht nur bei der französischen Nation, sondern auch bei allen hervorragenden Kulturvölkern sofort volle Anerkennung. Die vorbereitenden Schritte wurden schleunigst getan und schon am 10. August konnte die Ausstellung eröffnet werden. Auf dieser Ausstellung wurden weitgehende Versuche über den Einfluß des elektrischen Lichtes auf die Pflanzen ausgeführt, bei denen die Erfahrungen, die W. Siemens in dieser Hinsicht schon gemacht hatte, und über die er u. a. auch in der britischen Naturforscherversammlung zu York 1881 referierte, berücksichtigt wurden. Ich habe damals, ich glaube im Jahre 1882, als ich noch Lehrer an der Gärtnerlehranstalt in Köln war, in einer großen Versammlung von Gartenbauvereinsmitgliedern, Ingenieuren, Architekten, Gärtnern und sonstigen Interessenten einen Vortrag über die Resultate der Versuche mit elektrischem Licht auf das Pflanzenleben auf besagter Ausstellung gehalten.

Seit dieser Zeit habe ich fast gar nichts mehr über Versuche und Erfolge über den Einfluß des elektrischen Lichtes auf die Vegetation gelesen und gehört. Ob die Versuche fortgesetzt worden sind oder ob gefunden wurde, daß eine rationelle Ausnutzung des künstlichen Lichtes bei den Pflanzenkulturen nicht möglich ist, oder ob die Höhe der Kosten in keinem Verhältnis zum Nutzen stehen, weiß ich nicht. Die Fachzeitschriften bringen nichts darüber. Es wäre aber von allgemeinem Interesse, wenn diejenigen, die darüber berichten können, ihre Erfahrungen und Kenntnisse in dieser Angelegenheit veröffentlichen wollten.

Nachschrift des Herausgebers. Meines Wissens ist bisher nur einmal der Versuch gemacht worden, den Einfluß des elektrischen Lichtes auf das Wachstum von Kulturpflanzen der gärtnerischen Praxis nutzbar zu machen. Dieser Versuch wurde, wenn ich nicht irre, zu Anfang der neunziger Jahre des verflossenen Jahrhunderts in den Wasserpflanzenkulturen der Gebrüder Harster in Speyer am Rhein ausgeführt, und ist, nebenbei bemerkt, derart mißglückt, daß sich Nachahmer nicht gefunden haben. Ich habe damals die Kulturen und die elektrische Lichtanlage der genannten Firma besichtigt. Es handelte sich darum, tropische Seerosen durch Einwirkung von Bogenlicht der Wintertreiberei zugängig zu machen. Abgesehen von der Kostspieligkeit der ganzen elektrischen Beleuchtungsanlage, war wohl das Versagen dieser modernen Kulturerrungenschaft hauptsächlich in dem Umstand zu suchen, daß bei der geringen Höhe der in Frage kommenden Glashäuser die Bogenlampen den Pflanzen zu nahe hingen, was ein Erkranken und Verbrennen der Belaubung zur Folge hatte.

Neue Pflanzen.

Neue Bürgersche Pelargonien.

(Hierzu die Farbentafel.)

In No. 11 dieser Zeitschrift habe ich, als Begleitwort der prächtigen Farbentafel der Bürgerschen Pelargonien, die letztjährigen Neuheiten in eingehendster Weise beschrieben. Ich mache auf das daselbst Gesagte aufmerksam, um Wiederholungen zu vermeiden, und füge daher der heute beigelegten neuen Tafel nur noch die kurze Beschreibung des auf derselben vorgeführten farbenprächtigen fünfblättrigen Kleeblattes bei.

Zuerst begrüßt uns hier *Miß Saunders*. Das klare Weiß der herrlichen, großen Blüte wird noch gehoben durch die purpurvioletten Flecke und Strahlen der oberen Petalen. Der bisherige Liebling des Marktgärtners war *Schneewittchen*, ich glaube aber, daß diese Sorte durch *Miß Saunders* verdrängt werden dürfte. Letztere ist leichter in der Kultur und von längerer Blütendauer; sie ist in ihren Eigenschaften den starkwüchsigen und remontierenden Sorten *Ballkönigin* und *Hattendorff* gleich, und bildet mit diesen ein schönes Trio zur Ausschmückung des Balkons und der Fensterkästen.

Eine der liebreizendsten Erscheinungen ist wohl *Anna Sophie Pflaumbaum*. Das zarte Rosa der großen, gleichmäßigen Blüte wird ungemein belebt durch die ausdrucksvollen dunklen, in leichtes Purpur auslaufenden Flecke, die jedes Blütenblatt zieren. Sie ist entschieden eine der schönsten Liebhabersorten.

Fred. Howard besitzt ein feuriges Dunkelrot, das noch blendender und glühender wird durch die tiefschwarzen Flecke; sie leuchtet überall, aus jeder Gruppe, jeder Umgebung gleich einer glutäugigen Kalifornierin zwischen germanischen Schwestern hervor. Leider war es schon dem Maler unmöglich, die Farbentöne in ihrer ganzen intensiven Glut wiederzugeben, noch weniger konnte es bei der Reproduktion gelingen. Die einzelne Blüte ist zwar nicht groß, bildet aber starke Dolden und einen vollen Busch, so daß sie eine Marktsorte ersten Ranges werden wird.

Ebenfalls nicht sehr großblumig aber um so interessanter ist die danebenstehende allerliebste krause, runde Blüte der *Erbprinzessin Ysenburg-Wächtersbach*. Die karminrote Blüte dieser Sorte erhält durch die weiße Umrandung, die weißen Fleckchen und Sprenkelchen etwas ganz besonders frisches und anmutendes. Gelegentlich einer ihrer häufigen Besuche sprach Ihre Durchlaucht die Erbprinzessin Ysenburg-Wächtersbach den Wunsch aus, daß der Züchter auch ihren Namen einer Pelargonie geben möchte. Daß die Wahl der hohen Dame, die als eine der feinsinnigsten und größten Blumenfreundinnen bekannt ist, gerade auf diese Sorte fiel, welche sie für die schönste nicht nur der Neuheiten, sondern unter sämtlichen Bürgerschen Pelargonien erklärte, bekundet wohl genügend die Vollkommenheit und Schönheit dieser herrlichen Züchtung.

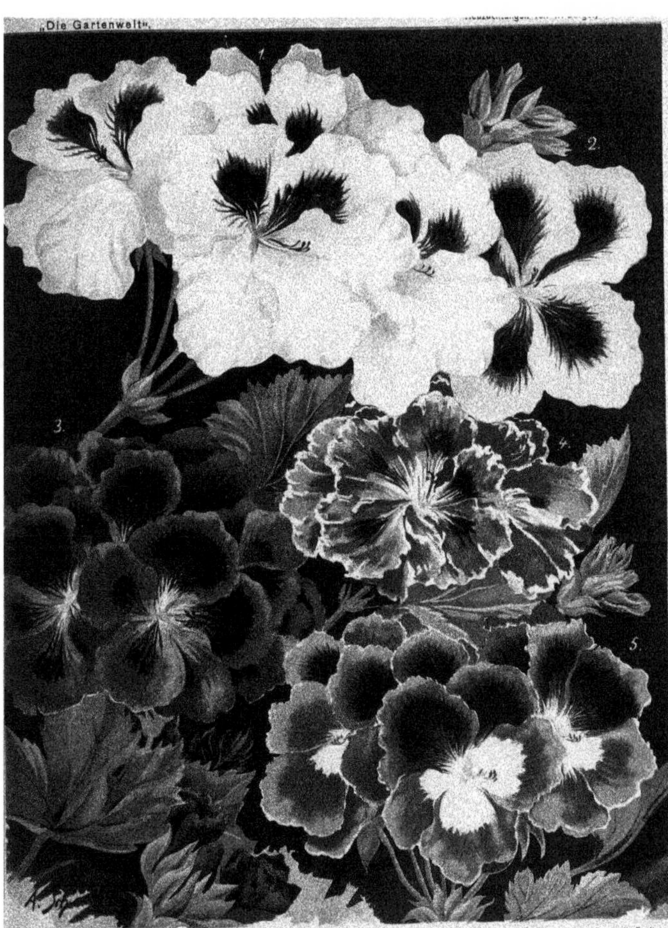

Lith. u. Druck v. Sinsel & Co., Leipzig-Oetzsch.

Verlag von Paul Parey in Berlin.

B. Pelargonium hybridum grandiflorum nanum.

1. Miss Saunders. 2. Anna Sophie Pflaumbaum. 3. Fred. H. Howard. 4. Erbprinzessin Ysenburg-Wächtersbach. 5. Andenken an London.

Wie ein Riesenstiefmütterchen im feurigen Gewande schließt *Andenken an London* die farbenprächtige Reihe. Gleich einem Auge schaut die große, weiße Mitte aus der scharlachroten Blüte mit den samtig dunklen Oberblättern und der hellen leuchtenden Umsäumung hervor. Noch erhöht wird der Effekt der Blume durch das dichte, frischgrüne, prachtvoll glänzende Laubwerk und den wundervoll geschlossenen Bau. Sie wird sich sicher überall Eingang zu verschaffen wissen! **A. Rudloff.**

Fragen und Antworten.

Beantwortung der Frage No. 486. Wie wird die Kultur der englischen Pelargonien am zweckmäßigsten gehandhabt?

Bei der Kultur der englischen Pelargonien wird man sein Hauptaugenmerk darauf richten, kurze, gedrungene Pflanzen zu erzielen, was man meistens durch Zuführung von viel Luft und Licht während der Hauptwachstumsperiode erreichen wird. Ferner ist es von Wichtigkeit, die noch jungen Pflanzen im Winter nicht zu warm zu halten, um die Stecklinge nicht zu einem vorzeitigen, geilen Trieb anzuregen. Anfang Februar, wenn die Vegetation sich zu regen beginnt, werden auch englische Pelargonien verpflanzt und auseinandergestellt, um den Pflanzen für das beginnende Wachstum genügend Platz zur Entwickelung zu geben. Durch zeitweilige Dunggüsse unterstützt, wird das Wachstum nichts zu wünschen übrig lassen.

Junge Vermehrung englischer Pelargonien in der Handelsgärtnerei von Carl Faiß, Feuerbach. (Zur Beantwortung der Frage No. 486.)
Originalaufnahme für die „Gartenwelt".

Die Vermehrung findet am besten von August bis Oktober statt. Man gibt den Stecklingen, die direkt in kleine Töpfe gesteckt und in Torfmull eingesenkt werden, einen halbwarmen Fuß, wo die Bewurzelung schnell von statten geht. Sobald wie möglich werden die bewurzelten jungen Pflanzen abgehärtet und an Licht, Luft und Sonne gewöhnt. Aus diesen Herbststecklingen erzielt man im nächsten Frühjahre schon hübsche, gedrungene, vollblühende Pflanzen.

Selbstverständlich kann man von englischen Pelargonien auch ebensogut eine Frühjahrsvermehrung machen. Die Mutterpflanzen soll man nicht auspflanzen, da dann das Steckholz zu weich und mastig wird, nur im Topf kultivierte Mutterpflanzen liefern kernige, zuverlässige Stecklinge. Weiter ist es nicht notwendig, bei den Mutterpflanzen nach der Blüte durch Umlegen der Pflanzen und Trockenhalten derselben eine absolute Ruhezeit herbeizuführen. Die Pflanzen stocken nach der Blüte so wie so etwas in der Vegetation, dies genügt ihnen als Ruhezeit vollkommen, auch lasse man die Pflanzen blühen, so lange sie mögen. Behandlungen, die der Natur einer Pflanze zuwiderlaufen, führen nur vorzeitige Degeneration herbei. Eine Hauptsache in der Kultur der englischen Pelargonien ist die Vorbeugung gegen Parasiten; besonders von Blattläusen werden sie gern heimgesucht, wenn man nicht genügend dahinter ist. Räuchern mit Aphitoxin ist von gründlicher und nachhaltiger Wirkung. **Curt Reiter**, Obergärtner, Feuerbach.

— Zu den sich in neuerer Zeit bahnbrechenden Blütenpflanzen gehören auch die englischen Pelargonien. Hauptsächlich sind es deutsche Züchtungen, welche durch ihre musterhafte Form und ihren Blütenreichtum alles bisher gezogene weit übertreffen. Die Vermehrung derselben kann sowohl im Frühjahre wie im Sommer erfolgen, jedoch ist die Sommervermehrung entschieden vorzuziehen. Im Juli oder Anfang August werden die Pflanzen, nachdem sie verblüht sind, so tief wie möglich zurückgeschnitten. Von dem so gewonnenen Holze werden nun die Stecklinge geschnitten, wobei man darauf achtet, nur Kopfstecklinge zu gewinnen. Nach dem Schneiden werden dieselben auf einer luftigen Stellage ausgebreitet, damit die Schnittflächen ein wenig abtrocknen, doch dürfen dieselben nicht zu lange liegen bleiben, damit sie nicht etwa welk werden. Zum Stecken selbst verwendet man eine sandige Lauberde und möglichst kleine Töpfe. Die einzeln eingepflanzten Stecklinge kommen in einen kalten Kasten, wo sie bei Sonnenschein Schatten, sowie am Tage ein wenig Luft erhalten. Solange dieselben noch unbewurzelt sind, überspritze man sie des Abends leicht, gieße aber nur die ganz trocknen Töpfe. Nach erfolgter Durchwurzelung werden die englischen Pelargonien in dreizöllige Töpfe verpflanzt und wieder auf ihren alten Standort zurückgestellt. Nach neuerdings erfolgter Durchwurzelung stelle man das Schattieren ein und nehme des Nachts die Fenster herunter. Gegen starken und anhaltenden Regen sind die Pflanzen zu schützen, überhaupt halte man sie nicht zu naß. Zum Verpflanzen verwende man folgende Mischung: zwei Teile Rasenerde, einen Teil Lauberde, einen Teil Mistbeeterde und einen Teil scharfen Sand. Beginnen nun die Pflanzen stärker zu wachsen, so kneife man denselben die Spitzen aus, um gedrungenen und buschigen Wuchs zu erzielen, denn wollte man erst im kommenden Frühjahre stutzen, würden nur wenige Augen austreiben und die Blüte verspätet eintreten. Mit Eintritt des Frostes verbringe man die Pelargonien in ein Kalthaus, an einen trockenen und hellen Platz, und gebe denselben wenig Wasser; bei anhaltend trübem Wetter gieße man überhaupt nicht. Die Temperatur halte man auf 6 bis 8 °C. Im März, wenn die Vegetation wieder beginnt, verpflanze man in etwas größere Töpfe in obengenannte Erdmischung, der noch etwas Hornspäne zugesetzt werden. Nach dem Verpflanzen stellt man die Pelargonien wieder in das Kalthaus zurück, an einen hellen Standort und zwar recht weitläufig, damit sie sich gleichmäßig ausbilden können. Sobald sie angewurzelt sind, gebe man reichlich Luft, überspritze sie leicht bei hellem Wetter, gehe jedoch mit dem Begießen vorsichtig zu Werke. Ein Dungguß von aufgelöstem Kuhdung ist allen anderen Düngemitteln vorzuziehen und, um schöne Pflanzen sowie einen wohlgebildeten Blütenflor zu erzielen, verschiedene Male anzuwenden. Ein weiteres Augenmerk hat man ferner darauf zu richten, daß die Pflanzen von Ungeziefer rein bleiben; sollte sich solches einstellen, so ist ein mehrmaliges Räuchern mit schlechtem Tabak nicht zu unterlassen. Bei schönen und starken Pflanzen ist ein nochmaliges Verpflanzen vor der Blüte sehr zu empfehlen. Anfang Mai beginnt die Blütezeit der englischen Pelargonien, welche bis Juli, bei den neuen remontierenden Sorten bis in den Spätherbst hinein anhält. Nachdem die Blütezeit vorüber ist, wird scharf zurückgeschnitten.

R. Melchior, Pillnitz.

Zeit- und Streitfragen.

Am Scheidewege.

„Schnell ist, was man erworben hat, zerronnen.
Die Ehre selbst, mißlingt ein kühner Plan,
Und nur ein töricht Glückspiel setzt verwegen
Unsichrem Wenig sichres Viel entgegen." (Tasso.)

Vorüber ist der Glücksrausch! Eine kritische Stimmung hat Platz gegriffen, und die vitale Frage des „Sein" oder „Nichtsein" drängt heute auch den Gartenkünstler mit unerbittlicher Notwendigkeit zur Einkehr und Entscheidung.

Mit Recht fragt man sich nun: Mußte das alles sein, was die Furcht vor der „Rückständigkeit" gezeitigt hat; diese Furcht, die sich für die Gartenkunst geradezu zum Schreckgespenst des „Schwarzen Mannes" ausgebildet hat und zum eisernen Bestand jener moralischen Zwangsmittel gehört, mit denen man uns zu schrecken und gefügig zu machen sucht, sobald sich der gesunde Sinn einmal gegen die Auswüchse des heutigen Treibens in der Gartenkunst auflehnte. Gab es denn wirklich keine andere Möglichkeit, der Segnungen dieser neuen Bewegung teilhaftig zu werden, als in der Angst vor diesem Zerrbilde wahrer Rückständigkeit unter Preisgabe der Selbstachtung und ohne Vertrauen in sich vor der Oeffentlichkeit sich wieder und wieder kompromittieren zu lassen, nur um den Schein zu wahren? — Ich meine doch. Die Quellen springen auch so für uns, wenn wir nur schöpfen wollen und die frische Luft durch Tür und Fenster herein lassen, den Stimmen da draußen aufmerksam lauschen und dann, wo es angebracht, einen bewährten Freund zu Gaste laden, um mit ihm Zwiesprache zu halten, im übrigen aber wie unser stolzer Vetter zu denken, als er das selbstbewußte Wort aussprach: „Mein Haus ist meine Burg!"

Denn, über „den Sinn für die großen Ideale der Gesamtheit" darf man sich doch auch nicht den Blick für die vitalsten Interessen des eigenen Berufs verkümmern lassen. Gerade das sollte man doch bei seinen Freunden von der Kunst gelernt haben, die durchweg vorzügliche Geschäftsleute sind und diese Interessen, ebenso wie die ihres Berufs im weitesten Sinne, äußerst geschickt und energisch zu wahren wissen, und die damit das beste Vorbild eines gesund und kräftig entwickelten Standesgefühls bieten. Diese Erkenntnis bricht sich heute allen Verdunklungsversuchen zum Trotz, die noch in letzter Stunde von nachbarlicher Seite unternommen werden, um den Blick von der eigenen Hohlseite abzulenken, mehr und mehr Bahn.

So haben die Vorgänge der letzten Zeit leider nur zu oft gezeigt, daß die „Deutsche Gesellschaft für Gartenkunst" in ihrer heutigen Beschaffenheit nicht geeignet und fähig ist, unsere Interessen nach dieser Richtung so zu wahren, wie es gerade jetzt vonnöten ist. Ein Gutes aber brachten diese sonst nicht erquicklichen Verhältnisse mit sich: Unter den Mitgliedern der „Deutschen Gesellschaft für Gartenkunst" und des „Verein Deutscher Gartenkünstler" trat das Gefühl der Zusammengehörigkeit wieder mehr und mehr hervor; das Bewußtsein, daß das Gemeinsame, Verbindende in der Tat stärker sei, als das Trennende, und so entstand der Wunsch nach Wiedervereinigung.

Durch eine anerkennenswerte Tat der Gruppe „Pommern" der „Deutschen Gesellschaft für Gartenkunst" hat dieser Gedanke nun Leben gewonnen und ist in der Januarsitzung auf Grund eines Antrages zur Besprechung gekommen. Der Antrag selbst ist für die Sitzung des Hauptausschusses in Kassel bestimmt und lautet:

„Der Hauptausschuß wolle eine Wiedervereinigung der Gesellschaft für Gartenkunst mit dem Verein der Gartenkünstler anstreben und innerhalb dieser Vereinigung eine Gruppe der ausübenden Gartenkünstler zur Wahrung der Fachinteressen bilden."

Damit ist die Diskussion eröffnet, und gerade diese Sitzung in Stettin, der auch ich, einer freundlichen Einladung folgend, als Gast beiwohnen durfte, hat in mir die Zuversicht gefestigt, daß dieses sich mehr und mehr verstärkende Gefühl der Zusammengehörigkeit uns endlich ans Ziel führen wird. Im Sinne des Antrags dürfte das allerdings kaum möglich sein.

Zusammenschluß und dann Bildung einer Gruppe zur Wahrung der Fachinteressen in der „Deutschen Gesellschaft für Gartenkunst" heißt es darin. Ja, würde denn das am heutigen unhaltbaren Zustand etwas ändern oder ihn gar beseitigen? Niemals! — Das wären dann nur zwei Seelen in einer Brust, die im unvermeidlichen Kampfe sich gegenseitig und den Körper, der sie trägt, ständig beunruhigen, wenn nicht gänzlich aufreiben müßten; oder das Ganze würde im unfruchtbaren Aufbäumen gegen eine scheinbare Mehrheit ohne Ergebnis enden, auf Grund des heutigen Ausschußsystems, das nie Meinung und Wille der Gesamtheit zur Geltung kommen läßt. Ich verkenne keineswegs die gute Absicht der Gruppe Pommern und achte die Gefühle, von denen sie getragen wird, aber eine solche Perspektive bildet keine Gewährleistung für das, was wir heute brauchen.

Uns kann unter den heutigen Verhältnissen keine Vereinigung nützen, die im Schatten der „Deutschen Gesellschaft für Gartenkunst", wie sie heute ist, steht — sondern das muß eine nach jeder Richtung unabhängige Fachvertretung sein, die kraftvoll und zielbewußt unsere Interessen in der Oeffentlichkeit vertreten und dort ein freies Wort, ohne Zensur von oben, sprechen kann. Dieser Verein muß selbst führend sein, er muß suchen, wieder die vornehmste Vertretung unseres Berufs zu werden: Eine blanke Waffe, keine stumpfe Klinge, mit der man nur im Hintergrunde klirren kann.

Es hieße einem Phantom das Letzte opfern, wollten wir in der heutigen Situation das preisgeben, was sich in hartem Ringen auf dieser Tendenz so zukunftsfreudig aufzubauen beginnt: den „Verein Deutscher Gartenkünstler" *).

Ich warne dringend vor jeder Halbheit und auch davor, die Zeit jetzt mit negativer Arbeit zu vergeuden, nur Positives kann uns nützen: Reinliche Scheidung der Interessen und klare Richtlinien auf beiden Seiten! Das wird beiden Vereinen und der von Ihnen vertretenen Sache, zum Heile sein und nicht trennen, sondern zusammenführen. — Gewiß fällt es schwer, von dem zu lassen, was man in jahrelanger Arbeit, Stück für Stück erwerbend, sich geschaffen hat; aber die Verhältnisse fordern diesen Schritt, und — auch hier im „Verein Deutscher Gartenkünstler" ist alter Heimatsboden. Nahezu dreihundert Bausteine fügen sich bereits auf seinem Grund zu neuem gutem Fundament, stellen wir auf sie, vereint, dem Berufe ein selbstsicheres, sturmfestes Heim — klar in den Linien und entschieden in der Front, so wird unser Ziel erreicht sein, denn nur so wird es dem Gartenkünstler möglich sein, die großen Aufgaben, die ihm seine Zeit stellt, aus sich heraus zum Segen seiner schönen Kunst zu lösen. **F. Ulrich**, Berlin.

Der Gartenbau im preußischen Abgeordnetenhause.

In der Sitzung des Hauses der Abgeordneten vom 20. Januar entspann sich während der zweiten Lesung des Landwirtschaftsetats eine ziemlich umfangreiche Debatte über die „Verstaatlichung der Kgl. Gärtnerlehranstalt Dahlem".

Professor Dr. Faßbender (Zentr.) begann mit einer ausführlichen Darlegung des Bildungsganges des Dahlemer Gärtners bis zu dem Zeitpunkte, da der „Schwergeprüfte" den Titel führen kann: staatlich geprüfter Obergärtner. Er begründete sodann die Notwendigkeit der Verstaatlichung als äußeres Zeichen der Wertschätzung eines Berufes, der in volkswirtschaftlicher und sozialer Beziehung eine ganz außerordentliche Aufwärtsbewegung genommen hat. Den Kernpunkt seiner Rede lasse ich im Wortlaut (nach dem amtlichen stenographischen Verhandlungsbericht) folgen:

„Die Abstufungen materieller Existenz und gesellschaftlicher Stellung sind im gärtnerischen Berufe außerordentlich zahlreich.

*) Der „Verein Deutscher Gartenkünstler zählt zurzeit 256 ordentliche Mitglieder, darunter nur 3 nicht fachlich vorgebildete und 23 außerordentliche, von denen 6 dem Fach nicht angehören.

Welcher Unterschied zwischen dem kleinen Gutsgärtner, der gleichzeitig noch Jäger und Diener ist, und dem Leiter einer gärtnerischen Weltfirma!

Gärtner werden gebraucht in den Botanischen Gärten als wissenschaftlich-praktisch gebildete Leute, in den großen Handelsfirmen als praktische Kultivateure oder kaufmännisch ausgebildete Geschäftsspezialisten, in den Städten und fürstlichen Gartenverwaltungen als Beamte, oder als freischaffende Künstler. Und neuerdings ist der Gärtner auch noch Volkswirt geworden und füllt im Vereins- und Genossenschaftsleben die Lücke des sachverständigen Geschäftsführers aus. Es ist noch viel zu wenig gewürdigt, welche kolossalen Kapitalien oft in den Betrieben großer Handelsgärtnereien festgelegt sind, welche Werte hier jährlich umgesetzt werden. Besonders gilt das auch für die Baumschulen und landwirtschaftlich betriebenen Großgärtnereien. Immer mehr wird ja auch unsere Landwirtschaft hingedrängt zur sorgfältigsten Ausnutzung jedes Fleckchens Erde in gartenbaulichem Betriebe. Welche Summen werden heute eingesetzt von den deutschen Städten, um dem Städtebild mit Hilfe gärtnerischen Könnens ein freundliches Aussehen zu geben! Aber noch wichtiger als das schmucke Kleid ist die volksgesundheitliche Bedeutung dieses gärtnerischen Wirkens, nicht zu vergessen auch die erzieherische Wirkung auf unsere heranwachsende Generation.

Und was die Städte dem Schmuck und der Hygiene an Geldopfern bringen, das setzen die ländlichen Volkskreise zur Pflege wirtschaftlicher Obst- und Pflanzenzucht ein. Immer mehr finden wir auch den Gemeindegärtner und den Kreisgärtner, die oft als Wandergärtner, als Wanderlehrer zu einem bedeutsamen Kulturfaktor werden.

Durch die enorme Entwicklung des Gartenbaues, mehr noch der Gartenkunst, ist der gebildete Gärtner auf eine ganz andere Stufe gestellt worden.

Der gebildete Gärtner muß heute ein halber Baumeister, ein Feldmesser und Tiefbauingenieur sein, er muß gründliche Kenntnis des Maschinenwesens besitzen, muß die Praxis der Naturwissenschaften nutzbar machen können für sein lebendes Material und muß — wenn er künstlerisch wirken will — den organischen Zusammenhang seiner Kunst mit allen Künsten sorgsam studieren und pflegen, muß die deutsche Heimatnatur kennen und all die Werte, die auf die Gestaltung von Landschaft und Garten von höchstem Einfluß sind.“ —

Das sind Worte der Anerkennung, wie wir sie nicht oft zu hören bekommen, und wofür wir dankbar sein wollen.

Nach dieser „ausgezeichneten und ausführlichen Begründung“ betonte der Abg. Hammer (kons.), daß dem Finanzminister durch die Verstaatlichung besondere Mehrausgaben nicht erwachsen könnten, was man von dieser Stelle aber befürchte, weshalb nicht im Landwirtschaftsministerium sondern im Finanzministerium der Widerstand zu suchen sei. Diesen Darlegungen schloß sich Wirkl. Geh. Rat Exzellenz Fritsch (nat.-lib.) an und meinte, „daß, wenn die Mittel, die jetzt vom Staate gewährt werden, nicht ausreichen sollten, der Staat sich ohnehin dem nicht würde entziehen können, zur Aufrechterhaltung der Anstalt mehr beizutragen.“ Für die Verstaatlichung trat endlich noch Kommerzienrat Dietrich-Thorn (freis. V.-P.) im Namen seiner Fraktion ein, indem er besonders ausführte, wie notwendig der Obstbau im Osten „tüchtige Lehrkräfte, tüchtige Gärtner und Obergärtner“ brauche.

Diesen Wünschen aller Fraktionen des Hauses gegenüber rechnete der Ministerialdirektor Foerster vom Finanzministerium vor, daß Wildpark früher 21000 M, Dahlem aber heute 83000 M Staatszuschuß erhalte. Er führte weiter aus: „Wenn sie (die Regierung) sich bisher mit dem Gedanken der Verstaatlichung weniger befreunden konnte, so lag das hauptsächlich daran, daß sie glaubte, gerade im Interesse der Anstalt und der Erfüllung ihrer allgemeinen Zwecke liege es, wenn die Anstalt nicht verstaatlicht wird, weil sie sich dann freier bewegen kann und nicht in dem Maße unter der bürokratischen Kontrolle steht wie eine Staatsanstalt. — — Schon die Kontrolle der Oberrechnungskammer würde bewirken, daß die Anstalt sich geschäftlich nicht so frei bewegen könnte wie heute. — — Deshalb glauben wir, daß die Verstaatlichung nicht dem wahren Bedürfnis der Anstalt entsprechen würde. Endgültig will ich heute zu dieser Frage nicht Stellung nehmen.“

Professor Faßbender führte zum Schluß seiner Rede aus, daß die Verstaatlichung „die notwendige Grundlage einer gesunden, folgerichtigen Weiterentwicklung ist.“ — Auf diesen Standpunkt stellte sich ja auch die „Autographische Gesellschaft Dahlemer a. H. a. H.“, als sie im Herbst dem Herrn Landwirtschaftsminister ihr Gesuch um Verstaatlichung ihrer alten Bildungsstätte einreichte.

Carl Kanig.

Aus den Vereinen.

In den Räumen der Loge in Erfurt feierte am Sonnabend, den 18. Januar, der **Verein Erfurter Handelsgärtner** sein 25jähriges Stiftungsfest. Herr Kommerzienrat Benary begrüßte die erschienenen Mitglieder und Gäste und warf einen Rückblick auf die Tätigkeit und die mancherlei Erfolge, deren sich der Verein zu erfreuen hat. In Rede und Gegenrede, bei Gesang und humorvollen Darbietungen verlief die Feier in höchst anregender Weise, sie wurde namentlich dadurch gehoben und gekrönt, daß bekannte ältere ehemalige Firmeninhaber, wie Carl Putz, Carl Hall, Franz Anton Haage, die Erfurts Gärtnerruhm mit begründet haben, der Feier beiwohnten, sie wurden denn auch ganz besonders geehrt. Möge der Verein weiter blühen und gedeihen. S.

An die Absolventen der Gärtnerschule „Elisabethinum“ in Mödling bei Wien. Den vielseitigen Anregungen älterer und jüngerer Absolventen vorstehender gärtnerischer Lehranstalt folgend, unterziehen sich die Unterzeichneten der angenehmen Pflicht, die Gründung eines Vereins ehemaliger Elisabethiner ins Leben zu rufen.

Zu diesem Zwecke laden wir alle unsere Studienkollegen, die Leser dieser geschätzten Zeitschrift sind, ein, bis zum 15. Februar ds. Js. ihren Zutritt zu dem zu gründenden Verein anzumelden und die genaue Adresse an Herrn Herm. Breitschwerdt, Obergärtner an der Gärtnerschule „Elisabethinum“ in Mödling, einzusenden, welcher der Gründung des Vereins sehr reges Interesse entgegen bringt und einen innigeren Anschluß der älteren wie jüngeren Studienkollegen an die alte, bewährte Schule bezwecken möchte.

Mödling, im Januar 1908.

Joh. Marek (1879—81),
gräfl. Zierotinscher Schloßgärtner in Blauda.

Josef Brezina (1885—87), Handelsgärtner in Mödling bei Wien.
Josef Vogl (1885—87), Samenzüchter und Händler in Krems an der Donau.

Josef Slouka (1885—87),
k. k. Hilfsgärtner in Schönbrunn.

Josef Perner (1887—89), Obergärtner in Hinterbrühl, Nieder-Oesterr.
Josef Sawonith (1887—89), Gärtner in Maria-Enzersdorf.

Carl Thiering (1891—93),
Blumenhändler in Wien VIII, Josefstädterstraße.

Julius Krob (1893—95), Herrschaftsgärtner in Mödling bei Wien.
Gustav Stecker (1893—95), Schloßgärtner in Kunstadt (Mähren).

Adolf Osolsobě (1899—1901),
Untergärtner am „Elisabethinum“ in Mödling bei Wien.

Die **Reichsversammlung der ehemaligen Schüler der Gärtnerlehranstalten Deutschlands,** die alljährlich gelegentlich der Landwirtschaftswoche in Berlin stattfindet, hat eine feste Form angenommen. Sie findet diesmal zum dritten Male statt, und zwar am 18. d. M. in dem großen Saale der Armin-Hallen, Kommandantenstraße 58/59, nahe dem Dönhofsplatz. Der geschäftliche Teil beginnt um 6 Uhr, während der Beginn des gemütlichen Teiles auf $8\frac{1}{2}$ Uhr festgesetzt ist. Es ist absichtlich die Zeit so gewählt, um den Besuchern die Möglichkeit zu bieten, nach Schluß des geschäftlichen Teiles zunächst erst das Abendbrot im gleichen Hause einnehmen zu können. Bisher war die Besucherzahl von Versammlung zu Versammlung eine stets wachsende, wodurch schon allein der Beweis für die Zweckmäßigkeit erbracht worden ist. Gute alte

Freunde aus der Zeit der Anstaltsjahre finden sich an diesem Abend zusammen, um Erinnerungen aus den gemeinsam verlebten Studienjahren aufzufrischen und ihre Erlebnisse auszutauschen; daneben werden dann auch Geschäftsverbindungen angeknüpft und weiter ausgebaut.

Der **Verein ehemaliger Proskauer,** Vorsitzender Curt Schuster, Gr.-Lichterfelde-West, Chausseestraße 87, II, begeht am 29. d. M. im Motivhaus in Charlottenburg, Hardenbergstraße 6, abends 8½ Uhr, sein 22. Stiftungsfest in Gestalt eines Sommerfestes. Eintrittskarten zum Preise von M 1.— sind beim ersten Vorsitzenden (Adresse oben) und bei allen Mitgliedern zu haben.

In der am 24. ds. Mts. in Breslau tagenden 15. Plenarsitzung der **Landwirtschaftskammer der Provinz Schlesien** wurde auf Befürwortung des Berichterstatters Grafen von Pückler-Burghaus (Friedland) der Antrag des Vorstandes angenommen und beschlossen, daß zur Bearbeitung der den provinziellen Obstbau betreffenden Angelegenheiten bei der Geschäftsstelle und zur Leitung der gesamten Maßnahmen zur Hebung des Obstbaues sowie zur Besserung der Obstverwertung ein oberer Beamter mit einem Anfangsgehalt von etwa 3000 M und einem Höchstgehalt von 4200 M nebst dem üblichen Wohnungsgeldzuschuß berufen und daß der Landwirtschaftsminister gebeten wird, zur Besoldung dieses Beamten eine laufende Beihilfe von jährlich 1500 M und zu den Reisekosten eine solche von 2000 M zu gewähren. Der Vorsitzende Prinz zu Schönaich-Carolath befürwortete sodann den Antrag des Vorstandes: den Vorstand zu ermächtigen, vorbehaltlich der Zustimmung des Landwirtschaftsministers mit dem Gewerbe- und Gartenbauverein zu Grünberg Vereinbarungen zu treffen, auf Grund deren die jetzt von dem genannten Verein ressortierenden Einrichtungen zur Förderung des Weinbaues in die Verwaltung der Landwirtschaftskammer übergehen. Die Kammer trat debattelos und einstimmig den Anträgen bei. F. H.

Tagesgeschichte.

Berlin. Landwirtschaftsminister von Arnim-Criewen hat das Ehrenpräsidium der im April 1909 hierselbst stattfindenden Internationalen Gartenbauausstellung übernommen. Regierungs- und Landesökonomierat Dr. Oldenburg ist zum staatlichen Kommissar dieser Ausstellung ernannt worden.

Darmstadt. Die hiesige Handelskammer beschloß nach entsprechender Umfrage bei den in Betracht kommenden Interessenten des Handelskammerbezirks einen Antrag der Handelskammer Mainz zu unterstützen, es möchte durch entsprechende Abänderung des § 56, 10 der Gewerbeordnung der Handel mit Sämereien jeder Art grundsätzlich vom Gewerbebetrieb im Umherziehen ausgeschlossen werden. Durch eine große Anzahl meist auswärtiger Hausierer, welche vielfach schlechte Qualitäten Gemüse- und Blumensamen verkaufen, werden oftmals sowohl die landwirtschaftliche Bevölkerung, wie auch die Samenhändler des Großherzogtums beträchtlich geschädigt.

Essen. Wie verlautet, wird man hier demnächst der Gründung eines zoologischen Gartens nähertreten. Um weite Kreise für die Sache zu gewinnen, ist die Ausarbeitung einer Denkschrift durch einen hiesigen Naturwissenschaftler bereits erfolgt. Die Arbeit, die reiches statistisches Material enthält, wird demnächst der Oeffentlichkeit übergeben werden.

Frankfurt a. M. In der Stadtverordnetensitzung wurde die Herabsetzung der Landsteuer für gärtnerische Betriebe beantragt. Der Antrag wurde vom Magistrat bekämpft, aber mit großer Mehrheit dem Finanzausschusse überwiesen.

Groß-Lichterfelde bei Berlin. Eine Vereinigung Deutscher Privatgärtner mit dem Sitze in Groß-Lichterfelde ist gegründet worden, um deren gesellschaftliche Stellung zu heben, die wirtschaftliche Lage zu bessern, sowie die Fachbildung zu fördern. Sowohl in Privatdiensten stehende Herrschaftsgärtner und Obergärtner, als auch beamtete Gärtner finden Aufnahme. Die zur Zeit auf Pensionsberechtigung resp. Alterversorgung gerichteten Bestrebungen der Privatangestellten aller Berufe sollen unterstützt und so auch für die Privatgärtner Deutschlands die gesetzliche Anerkennung als Privatbeamte erreicht werden.

Hannover. Um die Stellung des hiesigen städtischen Gartendirektors, die bekanntlich nur in zwei politischen Zeitungen ausgeschrieben wurde, haben sich insgesamt 18 Bewerber gemeldet.

Lichtenberg bei Berlin. Der jüngst Stadt gewordene Berliner Vorort Lichtenberg wünscht zur Aufteilung eines etwa 20 Hektar großen, größtenteils in seinem Besitz befindlichen Geländes, in dem sich ein Park befindet, einen Bebauungsplan oder ein Parkprojekt im Wege des öffentlichen Wettbewerbes zu erhalten. Für die drei besten Entwürfe sind Preise von 750, 500 und 300 M ausgesetzt. Ablieferung der Entwürfe spätestens am 15. März ds. Js.

Mödling bei Wien. Am 19. Januar fand in Jos. Bieglers Gasthaus „Zur Krone" in Mödling eine Versammlung in der Nähe wohnender ehemaliger Elisabethiner statt. Der Einladung folgten 22 Teilnehmer aus allen Jahrgängen. Der Verein ist gesichert und die im September dieses Jahres stattfindende Jubiläums-Gartenbauausstellung in Mödling soll Gelegenheit bieten, seine Gründung feierlich zu begehen. Das bereits gebildete Komitee hofft, daß sich zu dieser Feierlichkeit auch die in den entferntesten Erdwinkeln wohnenden Studienkollegen recht zahlreich einfinden werden.

H. Breitschwerdt, Vorsitzender.

Rheydt. Für die Anlage eines Stadtwaldes nebst Walderholungsstätte sind bis jetzt von verschiedenen Seiten hier Schenkungen im Betrage von 57000 M gemacht worden. Die städtische Verwaltung hofft, daß die noch fehlenden 43000 M in gleicher Weise aufgebracht werden.

Schöneberg bei Berlin. Für den in der Ausführung begriffenen Stadtpark wurden 400000 M als erste Rate in den neuen Etat eingestellt. Eine neue Stadtgärtnerei soll mit einem Kostenaufwand von 500000 M im Südosten der Stadt errichtet werden.

Siegen. Um den Bodenspekulationen bei späterer Erweiterung des Stadtgebietes entgegenzutreten, hat die Stadt eine 2000 Morgen große Fläche erworben, die, in unmittelbarer Nähe der Stadt gelegen, ein vorzügliches Baugelände abgibt. Vorläufig will man den erworbenen Grund und Boden in einen Stadtwald umwandeln.

Personal-Nachrichten.

Dorn, H., ehemaliger Schüler der Köstritzer Lehranstalt, bisher erster Gehilfe in der Stadtgärtnerei zu Swinemünde, wurde von 138 Bewerbern zum Stadtgärtner in Graudenz gewählt.

Noack, Wilhelm, Inhaber einer bekannten alten hessischen Gärtnerfirma in Darmstadt, † am 21. Januar im Alter von 53 Jahren. Das Geschäft wird erhalten bleiben, da sein einziger Sohn sich dem gärtnerischen Berufe widmet.

Nonne, Edwin und **Hoepker, Theod.,** Inhaber der Firma Nonne & Hoepker, Ahrensburg in Holstein, wurde das Prädikat als Kaiserliche Hoflieferanten verliehen.

Pollo, Fedor, bisher Obergärtner der bekannten Privatgärtnerei des Herrn Emil Ringel, Station Schtschurowo der Moskau-Kasanbahn (Rußland), errichtet wegen Auflösung dieser Gärtnerei, infolge Verzugs des Besitzers nach Moskau, eine Handelsgärtnerei in der russischen Kreisstadt Kolomna.

Scheffler, Landschaftsgärtner, wurde als Stadtgärtner in Neumünster (Holst.) angestellt.

Schröder, Adolf, Handelsgärtner in Sondershausen, wurde das Prädikat als Fürstl. Hoflieferant verliehen.

Briefkasten der Redaktion.

Herr Guillermo Kalbreyer, Inhaber der Firma „La Flora", Bogota, Republik Columbia, zurzeit in Hildesheim, teilt uns mit Bezug auf die Personalnotiz Carl L. Baresch in No. 17 mit, daß Herr Baresch nie Leiter seiner Firma, sondern nur etwa zwei Jahre als Gehilfe bei ihm angestellt war. Die veröffentlichte Notiz hatte uns Handelsgärtner Franz Baresch in Holleschau (Mähren) übermittelt.

Berlin SW. 11, Hedemannstr. 10. Für die Redaktion verantwortlich Max Hesdörffer. Verlag von Paul Parey. Druck: Anhalt. Buchdr. Gutenberg e. G. m. b. H., Dessau.

g von Paul Parey in Berlin SW., Hedemannstrasse 10.

tanisch-Gärtnerisches Taschenwörterbuch.

eitfaden zur richtigen Benennung und ussprache lateinischer Pflanzennamen.

Von **R. Metzner.**

veite, vermehrte und verbesserte Auflage.

Mit einem Anhang:

bildliche Darstellung der verschiedenen Formen und Zusammensetzungen aller Pflanzenorgane.

Gebunden, Preis 3 M. 50 Pf.

Im gärtnerischen Verkehr stösst man noch häufig auf unrichtige Be- ngen der verschiedensten Pflanzen. Um es dem Gärtner nun zu er- hen, die lateinischen Namen richtig gebrauchen und aussprechen zu , wurde dieses Büchlein herausgegeben, das **soeben in zweiter,** ver- ter und stark vermehrter Auflage erschienen ist. [536

postfreie Einsendung des Betrages erfolgt die Zusendung postfrei.

Begonien-Knollen u. -Samen, riesenbl.,

ufrechtst., das Beste, was es gibt. **Einf.: dunkel- u. feurigrot, orange, osa, weiss, gelb,** I. Gr. ℳ 6.50, II. Gr. ℳ 4.50, III. Gr. ℳ 2.50 Mischung ℳ 6.—, 4.— und 2.—.

Gefüllte, nur riesenbl., mit Rosen- u. Kamellienbau, **rot, rosa, weiss, gelb,** I. Gr. ℳ 11, II. Gr. ℳ 8, III. Gr. ℳ 5, Misch. ℳ 10, 7 u. 3.50.

Gefranste, extra schön, **rot, rosa, weiss, gelb,** I. Gr. ℳ 12, II. Gr. ℳ 8, III. Gr. ℳ 5, Mischung ℳ 10, 7 und 4 je 100 St.

Extra-Auslese von gefüllten und gefransten, für Ausstellungen sehr geeignet, je 10 St. ℳ 2.—, 100 St. ℳ 15.—. [358

Samen obiger Farben, nur von Musterblumen und Ernte 1907, **einf.:** 1000 K. 40 ₰, 10000 K. ℳ 3.—, Mischung 10000 K. ℳ 2.50.

Gefüllt, garantiere, geben 80—90% best gefüllte, 1000 K. ℳ 1.—, 10000 K. ℳ 9.—, Mischung 1000 K. 90 ₰, 10000 K. ℳ 8.—.

Gefranst, ganz extra, 1000 K. 50 ₰, 10000 K. 4.50, Misch. 10000 K. ℳ 4.

10000 grossbl. Canna billig, üb. 100 beste, neue u. neueste Sorten,

Katalog über **Begonien-Knollen und -Samen, Canna Crozy, Pelargonien Zonale, Kaktus-Dahlien, Gloxinien, Chrysanthemum** etc. zu Diensten.

Paul Schmid, Donzdorf, (Württemberg).

Beste Bezugsquelle für verschiedene Grössen **Frühbeetfensterrahmen** und **Schattendecken.**

Man verwende die **Hercules-Decke.** [134

zeichnisse empfehlenswerter Werke

über Landwirtschaft, Gartenbau, Forst- und Jagdwesen versendet auf Verlangen umsonst und portofrei die

gsbuchhandlung Paul Parey in Berlin SW., Hedemannstr. 10.

Mit dem Ehrenpreis von 150 Mark

des Herrn Oberpräsidenten der Provinz Posen, Exzellenz von Waldow, wurde der Kleingarten (Schrebergarten) auf der Gartenbau-Ausstellung zu Posen im September v. J. ausgezeichnet und nahmen die Aussteller Veranlassung, der Firma Liebau & Co., Hoflieferanten, Erfurt, ihre Anerkennung auszusprechen, da die Pflanzen in der Hauptsache aus Samen gezogen waren, welche diese Gärtnerei geliefert hatte. :: :: :: :: :: :: ::
:: Die durch prompte und gewissenhafte Bedienungsweise bestbekannte Firma stellt allen Lesern dieses Blattes ihren reichhaltigen und umfangreichen neuen, künstlerisch ausgestatteten Pracht-Katalog umsonst und portofrei zur Verfügung. :: :: :: :: :: :: :: :: ::
:: Man verlange denselben sofort p. Postkarte u. adressiere

Liebau & Co., Hoflieferanten, Samenzüchter, Erfurt 2.

[576

Grösste und reichhaltigste Baumschule der Welt.

Massen-Aufzucht aller Sorten **Gehölz-Pflanzen u. Coniferen** für Wald-, Park- und Baumschul-Anlagen, Allee-, Park-, Chaussee-, Zier- und Trauerbäume.

Baumschulen von

Herm. A. Hesse

in WEENER a. d. Ems

Prov. Hannover.

Obstbäume in Hochstamm-, Pyramiden-, Spalier- und Cordon-Form. **Ziersträucher. Coniferen.** Rosen, Magnolien, Azaleen, Rhododendron, Stauden etc. [554

Kataloge auf Anfrage gratis und franko.

Verlag von Paul Parey in Berlin SW., Hedemannstrasse 10.

Handbuch der Nadelholzkunde.

Systematische Beschreibung, Verwendung und Kultur der

Freiland-Koniferen.

Bearbeitet von [535

L. Beissner,

Kgl. Garteninspektor am botanischen Garten der Universität Bonn.

Mit 138 nach der Natur gezeichneten Abbildungen.

Gebunden, Preis 20 M.

Der Verfasser, als erste Autorität auf dem Gebiete der Nadelholzkunde bekannt, hat in diesem Werke die Resultate 30jähriger Arbeit und Erfahrung in meisterhafter Darstellung niedergelegt.

Es enthält — was für den Gärtner besonders wertvoll ist — genaue Angaben über Vaterland und die den Arten nötigen Kulturbedingungen nebst wissenschaftlicher Beschreibung, Nutz-, Zierwert und Verwendung, auch über ihr Verhalten und die bereits erreichten Grössenverhältnisse in deutschen Gärten.

Die dem Werke beigegebenen 138 Abbildungen sind mit der grössten Sorgfalt ausgeführt; alle Zeichnungen sind eigens für dieses Werk nach der Natur gefertigt, sei es in Wald und Garten, sei es nach genau geprüftem Originalmaterial aus dem Botanischen Museum zu Berlin.

Gegen postfreie Einsendung des Betrages erfolgt die Zusendung postfrei.

Zur jetzigen Aussaat

empfehle Samen von:

Primula obconica „Ronsdorfer Hybriden"

meine in Grösse und Färbung noch unübertroffenen Züchtungen

Primula obc. gigantea (Arendsi, Pax)

hervorragende riesenblumige

Neuheit.

Samen von winterharten Stauden u. feinen Sommerschnittblumen.

G. Arends

Staudengärtnerei u. Samenhandlung

Ronsdorf (Rheinland).

Preisliste steht auf Wunsch kostenfrei zu Diensten. [17

Böttger's gesetzlich geschützte

Heissluft-Pumpmaschine

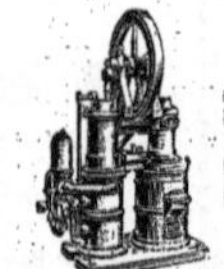

ist und bleibt die beste und billigste Wasserpumpmaschine der Welt für alle Zwecke, wo Wasser herbeizuschaffen oder zu beseitigen ist.

Böttger's Göpelpumpanlage

ist das vorzügl. Pumpwerk f. tierischen Antrieb.

Böttger's Handkolbenpumpe „Selecta"

ist die leichtest gehende und dauerhafteste Handpumpe und Gartenspritze.

Reflektanten erhalten Kataloge von der

Sächs. Motoren- und Maschinenfabrik

Otto Böttger, Dresden-A. 28 J.

Zweiggeschäft: Berlin NO. 18, Gr. Frankfurterstr. 32.

88]

Die besten Stauden für feinen Schnitt. [582

Aster alpinus superbus	%	5	ℳ
Achillea mongolien	%	10	„
„ The Pearl	%	1	„
Camp. Möhrheimi fl. pl.	%	6	„
Delphinium Belladonna	%	10	„
Dracocephalum vir. album	%	5	„
Iberis corifolia	%	10	„
Myosotis pal. Graf Waldersee	%	2	„
Scabiosa caucasica	%	10	„
Spiraea venusta	%	10	„
Viola cucullata	%	6	„

K. Maurer, Gohlis-Dresden.

Unentbehrlich für jeden Gärtner!

Soeben erschien:

Deutscher Garten-Kalender

XXXV. Jahrgang 1908.

Herausgegeben von **Max Hesdörffer**, Berlin

Herausgeber der „Gartenwelt".

Mit einer halben Seite weiss Papier pro Tag, in Leinen geb., Preis 2 M.

Mit einer ganzen Seite weiss Papier pro Tag, in Leder geb., Preis 3 M. [183

Verlag von Paul Parey in Berlin SW., Hedemannstrasse 10.

Schwarzbrot! Westfäl. Pumpernickel, feinste Qual., versende Postkolli b. Einsend. v. 1.80 ℳ frk. [568

S. Blomberg, Westerwiehe, Kr. Wiedenbrück.

Raupenleim,

monatelang klebend, zum Fang der Rüsselkäfer, Spargelfliegen etc. 4 kg Postst. 3.75 M, 12 kg Eimer 11 M, 22 kg Eimer 20 M. [570

Neuheit! Rüsselkäferfangstreifen,

sehr praktisch! per 100 Meter 3 M.

Baumwachs,

kaltflüssig, 1 kg Büchse 3 M.

Emil Böringer, Bonn-Poppelsdorf.

Durabisol. Bestes garantiert unschädliches Konservierungsmittel f. Frühbeetkästen, Stellagen, Pikierkästen usw. Mk. 22,50 p. 50 kg.

Probesendungen per Post frei u. incl. gegen Nachnahme. 4 od. 2×2 kg Durabo-Gärtnerölfarbe 4,50 und 5 Mk. 4 kg Durabisol 4 Mk. Bahnversand von 12 kg an. [186

A. Käding, Schwiebus

Hoflieferant Sr. Majestät des Kaisers und Königs.

Frühbeet- und Gewächshausfenster

Frühbeetfenster, 157×94 cm p. Dtz. 48—52 M.

Rahmen mit Holzsprossen 25—26 M.

Gartenglas à Kiste 200 □Fuss 26—30 M.

Fensterpreise ab Schwiebus.

Glaserdiamanten à Stück 6—10 M.

Gewächshausbauten in Holz und Eisen.

Heizungsanlagen in bester tadelloser Ausführung.

Filiale: [571

Rixdorf-Berlin, Knesebeckstr. 56.

Druck der Anhaltischen Buchdruckerei Gutenberg e. G. m. b. H. in Dessau.

Illustrierte Wochenschrift für den gesamten Gartenbau.

Herausgeber: Max Hesdörffer-Berlin.

Erscheint jeden Sonnabend.
Monatlich eine farbige Kunstbeilage.

Bezugsbedingungen:
...jede Postanstalt bezogen Preis 2.50 M. vierteljährl. In Österreich-Ungarn 3 Kronen.
...ektem Bezug unter Kreuzband: Vierteljährlich 3 M. Im Weltpostverein 3.75 M.
Einzelpreis jeder Nummer 25 Pf.

...Vorbehalt eingebunden Beiträgen bleibt das Recht redaktioneller Änderungen ...ten. Die Honorarauszahlung erfolgt am Schlusse jeden Vierteljahrs.

Anzeigenpreise:
Die Einheitszeile oder deren Raum 30 Pf., auf der ersten und letzten Seite 50 Pf. Bei grösseren Anzeigen und Wiederholungen steigender Rabatt. Beilagen nach Übereinkunft. **Anzeigen in der Rubrik Arbeitsmarkt** (angebotene und gesuchte Stellen) kosten für Abonnenten einmalig bis zu 10 Zeilen Grösse M. 1.50, weitere Zeilen werden mit je 30 Pf. berechnet.
Erfüllungsort auch für die Zahlung: Berlin.

Adresse für Verlag und Redaktion: Berlin SW. 11, Hedemannstrasse 10.

...1. Jahrgang No. 20. | Verlag von Paul Parey, Berlin SW. 11, Hedemannstr. 10. | 15. Februar 1908.

Oscar R. Mehlhorn

Schweinsburg (Pleisse), Sachsen

Wien IX, Liechtensteinstrasse 45a :: **Mannheim,** Augartenstrasse 28

Renommierteste Spezialfabrik

für

Glashausbau (Wintergärten, Gewächshäuser, Veranden etc.)

nach eigenem Reformsystem

und

Heizungs-Anlagen (Warmwasser und Niederdruck etc.)

nach eigenem Reform-Oberheizsystem.

Viele **patentamtlich geschützte** Neuerungen.

Ausgezeichnet mit der

Königlich Sächsischen, Königlich Preussischen und K. K. Österreichischen Staatsmedaille.

Goldene Medaillen (höchste Auszeichnungen):

Düsseldorf 1904; Chemnitz 1905; Reichenberg in Böhmen, Zwickau in Sachsen, Karlsruhe in Baden 1906;

Dresden und **Mannheim 1907.**

Wertzeugnis des Verbandes der Handelsgärtner Deutschlands.

Kostenanschläge und Kataloge gratis und franko. Persönliche Besuche bereitwilligst. [3]

Illustrierte Wochenschrift für den gesamten Gartenbau.

Jahrgang XII. 15. Februar 1908. No. 20.

Topfpflanzen.

Cordylinen und Dracaenen.

Von K. Räde, Staatsobergärtner der Kgl. Gartenbaulehranstalt, Budapest.

(Hierzu zwölf vom Verfasser für die „Gartenwelt“ gefertigte Aufnahmen.)

Im praktischen gärtnerischen Leben werden die beiden Gattungen *Cordyline* und *Dracaena* meistens als ein und dieselbe Gattung angesehen und im Handel gehen die meisten Cordylinen in der Regel unter dem Namen *Dracaena*, so z. B. *Dr. indivisa, Dr. congesta, Dr. rubra* usw., und doch gehören all diese Arten zur Gattung *Cordyline*. Beide Gattungen unterscheiden sich von einander durch folgende Merkmale: Cordylinen haben in den Samenkapseln 8 bis 14 Samenkörner, sie treiben Wurzelrhizome und haben weißliche Wurzeln; Dracaenen dagegen haben keine Wurzelrhizome, die Wurzelfarbe ist orangegelb und in jeder Samenkapsel befindet sich nur ein Samenkorn.

Die Kultur beider Gattungen ähnelt einander, d. h. die meisten Arten gehören zu den Warmhauspflanzen, nur einzelne wie z. B. *Cordyline indivisa* und ihre Abarten können im Sommer im Freien stehen oder in kalte Kästen ausgepflanzt werden.

Einzelne Arten wie z. B. *Cordyline indivisa, C. australis, C. nutans, Dracaena Draco* u. a. vermehrt man am schnellsten durch Samen, welchen man Ende Januar bis Februar in flache Näpfe in stark sandige Heide- und Lauberde aussät.

Cordyline indivisa Doucettii.

Im März—April pikiert man die Sämlinge in Kästchen oder (bei Massenkultur) in einen lauwarmen Kasten, aber nicht zu eng, damit sie sich frei entwickeln können. Anfangs hält man sie geschlossen und halbsonnig, später gewöhnt man sie an Luft und volle Sonne. Bis Ende August haben sich die Sämlinge zu schönen Pflanzen entwickelt, so daß sie um diese Zeit in etwa 10 cm große Töpfe gepflanzt werden können. Unbedingt nötig ist es, daß die frisch eingepflanzten Cordylinen vor Einwinterung gut einwurzeln, aus welchem Grunde sie nach dem Einpflanzen auf warmen Fuß kommen sollten.

Die meisten der Warmhaus-Cordylinen und -Dracaenen werden am besten durch Kopfstecklinge vermehrt, denn nur aus diesen zieht man im Laufe eines Sommers Schaupflanzen. Die Hauptvermehrung erfolgt jedoch durch Zerschneiden der abgeschnittenen Stämme und Wurzelrhizome in etwa 8 bis 10 cm lange Stücke. Diese legt man in das Vermehrungsbeet, in Sand oder sandiges Torfmull und hält sie feucht, bei einer Wärme von 28 bis 32 ° C. Die beste Zeit zu dieser Vermehrung ist der Monat Februar.

Die Kopfstecklinge gibt man einzeln in kleine Töpfe und senkt sie in den Schwitzkasten ein, wo sie sich in genannter Wärme in zwei bis drei Wochen bewurzeln. Hat man einen guten, tiefen Kasten, so kann die Vermehrung auch hierin sehr gut bewerkstelligt werden, nur ist es dann ratsam, diese erst im März bis April vorzunehmen.

Cordyline Bruanti.

Hauptsache ist, daß die Kopfstecklinge nach der Bewurzelung in etwas größere Töpfe, in nahrhafte, sandige Laub- und Kuhmisterde verpflanzt werden und in gleichmäßig hoher Wärme bleiben, sei dies im Vermehrungshause oder im warmen, tiefen Kasten.

Die in Sand gelegten Stammstücke entwickeln alsbald ebenfalls Triebe, und sobald diese 3 bis 4 Blätter haben, werden sie von den Stammstücken abgeschnitten und nun so wie die Kopfstecklinge behandelt. Bei sorgfältiger Behandlung ergeben auch diese Stecklinge bis zum Herbst ansehnliche Pflanzen. Die eigentliche Mastkultur im Sommer besteht darin, daß die jungen Cordylinen und Dracaenen nach jedesmaligem Verpflanzen auf warmen Fuß kommen. Nach zwei- bis dreimaligem Verpflanzen erhält man von Kopfstecklingen vom Topf aus belaubte mannshohe Pflanzen.

Beim zweiten Verpflanzen tut man gut, der Erdmischung etwas Hornspäne oder Hornmehl zuzusetzen.

Das Einsenken der Cordylinen auf warmen Fuß muß so tief geschehen, daß die Töpfe bis über den Topfrand in die Erde kommen; dieses Verfahren hat den Vorteil, daß die Wurzeln über den Topfrand hinauswachsen und reichlich Nahrung zum schnellen Wachstum aufzunehmen imstande sind.

Die Vertreter der Gattung *Dracaena* lassen sich auch im warmen Kasten ausgepflanzt schön heranziehen, doch muß das Eintopfen so früh geschehen, daß die Pflanzen vor Eintritt schlechter Herbstwitterung eingewurzelt sind. Cordylinen hingegen verlieren bei diesem Kulturverfahren leicht die unteren Blätter und somit auch an Schönheit und Wert.

Daß zur Sommerkultur ein aufmerksames und sachgemäßes Gießen, Spritzen und Schattieren gehört, braucht wohl nicht erst erwähnt zu werden, doch ist es ratsam, Cordylinen und Dracaenen im Herbst bis zu einem gewissen Grade an Luft und Halbsonne zu gewöhnen, wodurch die Färbung intensiver und die Pflanzen für Stube und Salon widerstandsfähiger gemacht werden.

Im folgenden will ich versuchen, die gangbarsten und besten Cordylinen und Dracaenen zusammenzustellen: *Cordyline indivisa*, Rgl. = *C. calocoma*, Rgl. = *C. australis*, Hook. fil. (*Dracaena australis*, Forst.), wohl die schätzbarste Art, welche aus Neuseeland stammt und daher auch als Kalthauspflanze behandelt werden kann. Erstklassige Handels- und Dekorationspflanze für Salon, Wintergarten und Garten. Heranzucht durch Samen. Kultur ausgepflanzt im kalten Kasten oder auch im Freien, später im Kübel. In der Regel findet man unter den Samenpflanzen verschiedenartige schmal- und breitblätterigere, auch in der Farbe von einander abweichende Formen, welche unter verschiedenen Namen bekannt sind:

Hierher gehört auch die auf der Titelseite abgebildete *C. Doucettii*; Blätter schmal, weißbunt.

C. lentiginosa, Bak., Blätter steif und braun, *C. Veitchii*, Blätter mit roter Mittelrippe, *C. nutans*; Blätter grün, breit, überhängend u. a.

C. indivisa, Kth. Heimat Neuseeland. Stattliche Art, die eine Stammhöhe von 8 bis 9 Meter erreicht, mit breiteren Blättern als vorgenannte Art, die bis 1 Meter lang und länger werden.

Cordyline congesta, Endl. = *C. stricta*, Endl. *C. angustifolia*, Kth. = *Charlwoodia congesta*, Sw. Heimat Australien. Allbekannte *Cordyline* fürs temperierte Haus mit bedeutend

Cordyline cannaefolia.

Cordyline elegantissima.

kürzerem Blattwerk. Als Zimmerpflanze haltbar und empfehlenswert. Vermehrung durch Wurzelsprossen und Stecklinge.

Cordyline rubra, Hgl. Zu dieser Art gehört meiner Ansicht nach auch die in Belgien ziemlich viel kultivierte *C. Bruanti (Dracaena Bruanti)* (Abb. S. 230, oben). Eine dunkelgrüne, schönbelaubte Zimmerpflanze. Vermehrung durch Wurzelsprossen und Stecklinge.

Cordyline cannaefolia, R. Br. (Abb. S. 230, unten). Aus dem wärmeren Australien mit 30 bis 40 cm langen, verkehrt-lanzettlichen Blättern. Pflanze fürs Warmhaus und Zimmer.

Cordyline terminalis, Kth. Im wärmeren Asien und Nordaustralien heimisch und bei uns als bunte *Cordyline* resp. buntblätterige *Dracaena* allbekannt. Schöne Hybriden dieser und der Form *ferrea* sind: *C. t. rosea*, *C. t. alba*, *C. limbata*, *C. elegantissima* (Abb. obenstehend), *C. imperialis*, *C. magnifica*, *C. Baptistii*, *C. Youngii*, *C. nigrostriata*, *C. Gladstonii*, *C. ignea*, *C. amabilis*, *C. Robinsoniana* und andere.

Cordyline kewensis, Hort. = *Dracaena kewensis*, Hort. Im Jahre 1901 von Neu-Caledonien eingeführt. Eine ziemlich harte, grünblättrige Art, welche im Habitus an unsere buntblättrigen Cordylinen erinnert.

Cordyline Dallieri, Hort. (Abb. nebenstehend). Eine gelbbuntblättrige Varietät, deren Habitus an *C. australis* erinnert.

Unter den wirklichen Dracaenen dürften nachfolgende die verbreitetsten sein:

Dracaena fragrans, Gawl. = *Aletris fragrans*, L. (Abb. S. 232, unten). Heimat tropisches Südostafrika, daher Warmhauspflanze. Bekannte Art mit breiten, grünen, überhängenden Blättern. — *Dr. Lindenii*, Hort. Abart der vorhergehenden mit breiten gelben Randstreifen.

Dr. Wacheana, Hort. = *Dr. massangeana*, Hort., ebenfalls Abart von *Dr. fragrans*, mit gelben Mittelstreifen.

Dr. arborea, Lk. = *Aletris arborea*, Willd. (Abb. S. 232, oben). Heimat Nord-Guinea. Mit stammumfassenden, kurzen, dichtstehenden Blättern. Gute Zimmerpflanze resp. Warmhauspflanze.

Dr. Draco, L. (Abb. S. 233). Von den kanarischen Inseln, daher Pflanze fürs temperierte Haus, mit dichtgedrängt stehendem, kurzem, steifem, dickem Blattwerk.

Dr. Rothiana, Hort. (Abb. S. 234, oben). Von *Dr. latifolia* abstammende Abart, mit steifem, robustem Habitus. Verlangt ein gutes, trockenes Warmhaus, sonst wird sie leicht fleckig, dagegen ist sie im Zimmer sehr haltbar.

Dr. Rumphii, Rgl. = *Dr. Hookeriana*, C. Koch (Abb. S. 234, unten). Heimat Kapland. Schöne und harte Art fürs temperierte Haus mit robustem Habitus. Empfehlenswert.

Dr. marginata, Lam. = *Dr. tesselata*, Willd. = *Dr. Mauritiana*, Hort. (Abb. S. 235, unten). Von der Insel Madagaskar stammende und daher Wärme liebende, schmalblättrige, dichtrosettige grüne Art, mit schmalen, roten Blattrandstreifen.

Dr. Betschleriana, C. Koch. = *Dr. concinna*, Kth. Heimat Insel Mauritius (Afrika). Erinnert im Habitus an vorige Art, ist in allen Teilen größer und hat breitere Blätter.

Dr. umbraculifera, Jacq. = *Dr. pumila*, Hort. von der Insel Mauritius. Erinnert in ihrer Tracht an *C. indivisa*, nur ist die sehr dichtgestellte Rosette im Wipfel abgeflacht.

Dr. Goldieana, Bull. (Abb. S. 235, oben). Eine der

Cordyline Dallieri.

schönsten Arten mit hell- und dunkelgebänderten, sowie marmorierten Blättern. Heimat tropisches Westafrika. Verlangt zum guten Gedeihen viel Wärme.

Dr. salicifolia, Rgl. Wahrscheinlich von den Maskarenen. Interessante Art mit 1 cm breiten Blättern.

Dracaena arborea.

Dr. Godseffiana, Sand. Hochinteressante Art von Sander, St. Albans, mit weißpunktierten, ovalen Blättern und verzweigtem, hängendem Wuchs. Verlangt sehr warmes Warmhaus.

Dr. Sanderiana, Hort. Vor etwa 16 Jahren von Sander in den Handel gebracht, weiß-buntblättrige Art, die nur dann schön ist, wenn sie truppweise in Gefäße gepflanzt und bei warmer Kultur öfters zurückgeschnitten wird.

Dr. javanica, Kth. = *Dr. elliptica*, Thbg. = *Dr. terniflora*, Wall. Heimat Java. Interessante, ästig wachsende Art mit kurzen, 4 bis 5 cm breiten Blättern. Sortimentspflanze.

Dr. surculosa, Lindl. Heimat Sudan (Nordwestafrika). Interessante Sortimentspflanze mit entferntstehenden, zu dreien quirlständigen, länglichen Blättern.

Die Kultur der Cordylinen und Dracaenen.

Von **Reinhold Metzner**, Mainz.

Unter den Blattpflanzen, welche man sowohl im Warm- als auch im Kalthause kultiviert und unterhält, nehmen die buntblättrigen eine bevorzugte Stellung ein, da sie durch die reichen Farbentöne ihres Laubes die fehlenden Blüten ersetzen, die außerdem mehr oder weniger vergänglich sind, wohingegen das farbige Laubwerk jahraus, jahrein den Beschauer erfreut.

Pflanzengattungen von hervorragendem Werte, sowohl durch die Färbung des Laubes, als auch durch die Mannigfaltigkeit des Wuchses, sind die der Dracaenen und Cordylinen.

Die hier besonders in Betracht kommenden „bunten" Dracaenen sind Bewohner des Warmhauses, ich möchte aber auch die „grünblättrigen" Arten nicht unerwähnt lassen, von denen einige schon mit einem temperierten, ja sogar mit einem Kalthause fürlieb nehmen und im Sommer mit Vorteil zur Ausschmückung unserer Gärten Verwendung finden können. Ehe ich die Kultur der „bunten" und „grünen" Dracaenen näher beschreibe, möchte ich in Erinnerung bringen, daß sich Rhizome nur bei den Cordylinen vorfinden, welche weiße Wurzeln besitzen, während diejenigen der Dracaenen eine orangegelbe Färbung aufweisen. Zuerst soll die Kultur der bunten Cordylinen (Dracaenen) besprochen werden.

Die Vermehrung geschieht auf dreierlei Art: durch Stecklinge, Rhizome oder Teilung des Stammes. Vor allem ist eine Gleichmäßigkeit der Temperatur des Beetes erforderlich, welche 25 °C nicht übersteigen, aber auch nicht niedriger als 22 bis 23 °C sein darf; ebenso ist eine gleichmäßige Feuchtigkeit Haupterfordernis. Die beste Zeit für die Vermehrung sind Dezember und Januar, da man durch frühe Vermehrung schon bis Juni-Juli vollentwickelte Exemplare erzielen kann. Stecklinge sowohl, als auch Rhizome und Stammteile müssen stets glatt abgeschnitten werden, damit nicht eine rauhe Schnittfläche durch ihre Fasern Fäulnis hervorzurufen vermag, auch sind die Schnittflächen mit Holzkohlenstaub zu bestreichen. Die Rhizome und Stammteile legt man in das Beet, so daß sie knapp mit Sand bedeckt sind, entfernt jedoch vorher mit einem scharfen Messer alle an den ersteren befindlichen schlechten Wurzeln. Was den Abschluß von Luft mittelst Fenstern anbetrifft, so bin ich nicht dafür, denn dadurch wird eine ungleichmäßige Lufttemperatur erzeugt. Man spritze aber die Blätter öfters leicht und sei beim Schattieren vorsichtig, da ja bekanntlich die Dracaenen sehr leicht verbrennen. Nach 4 bis 5 Wochen wird die Bewurzelung eingetreten sein und zeigen sich nun an den Rhizomen und Stammteilen junge Triebe, welche selbständig Wurzeln bilden und später von den Stücken abgetrennt werden können, um sie einzeln in kleine Töpfe zu pflanzen. Als Erde gebe man ein Gemisch aus gleichen Teilen Heide- und Lauberde, welchem man etwas Rasenerde oder Lehm und viel Sand beigibt. Auch die Kopfstecklinge sind nach erfolgter Bewurzelung einzupflanzen und wie die anderen zu behandeln. Von jetzt ab kultiviert man die jungen Pflanzen auf einem warmen Beete und hält sie bei öfterem Spritzen sehr schattig. So lange die Wurzeln den Topfrand noch nicht erreicht haben, sind sie sehr vorsichtig zu gießen, dann aber stets gleichmäßig feucht zu halten.

Sobald sich die Blätter berühren, müssen die Dracaenen weiter gestellt werden, und ist dies meist der Zeitpunkt, zu welchem ein Verpflanzen nötig wird. Man wähle dabei längliche Töpfe, damit

Dracaena fragrans.

das Rhizom nicht so bald den Ballen hebt; es kann auch, wenn erforderlich, ohne Nachteil für die Pflanze jederzeit von derselben abgeschnitten werden. Die Erdmischung bleibt dieselbe, wie oben bereits angegeben. Die Pflanzen sind vollständig abzuballen, mit Ausnahme derjenigen, welche nur gesunde Wurzeln besitzen, und alle schlechten Teile zu entfernen. Man sorge für guten Abzug, indem man die Scherbenunterlage noch mit einigen Ziegelstückchen bedeckt, welch letztere außerdem die überschüssige Feuchtigkeit einsaugen. Die Dracaenen sind fest zu pflanzen und tüchtig anzugießen. Die weitere Behandlung erstreckt sich auf sorgsames Schattieren (mit Doppelschatten) und öfteres Spritzen; in den heißesten Monaten — Juli bis August — gibt man auch noch etwas Luft. Mit abnehmender Jahrestemperatur fällt nach und nach der Schatten fort, doch soll man hiermit vorsichtig verfahren. Die Kulturen werden sehr häufig von der „roten Spinne“ heimgesucht, gegen welche eine Waschung mit Schwefelblume oder ein mehrmaliges Eintauchen in warme Seifen- oder Nikotinbrühe angewendet wird. Besser ist es, man räuchert dann und wann vor Auftreten der Spinne mit dem Hauboldschen Räucherapparat. Im Herbste stellt man die nun voll entwickelten Dracaenen in ein Warmhaus, nahe unter Glas, und gießt sehr wenig, was schon besonders bei kühler Temperatur im Mistbeete immer zu befolgen war.

Das Auspflanzen der Dracaenen halte ich nicht für vorteilhaft, da bei dieser Kulturmethode nicht so leicht ein gleichmäßiger Abstand der einzelnen Pflanzen von einander eingehalten werden kann, durch welchen sie sich ja erst zu Prachtexemplaren entwickeln können. „Grüne“ Dracaenen sind überhaupt nicht auszupflanzen, da sie nach dem Eintopfen gelb werden, sonst ist aber deren Kultur derjenigen der „bunten“ Sorten ähnlich. Die Vermehrung ist dieselbe. Später aber erhalten sie weniger Schatten und mehr Luft. Beim Umtopfen darf der Ballen niemals gestört werden, und sind die Pflanzen nach demselben einige Tage geschlossen zu halten; später aber gibt man ihnen nach und nach viel Luft. Auch ist häufig zu überbrausen, um das so lästige Auftreten der Blattlaus zu verhindern, bei deren Vorhandensein gleichfalls geräuchert werden muß. Die Anzucht verschiedener Arten, namentlich echter Dracaenen, aus Samen setze ich als bekannt voraus, nur sei erwähnt, daß die Keimdauer meist große Zeitdifferenzen aufweist.

Nachstehende Arten und Sorten möchte ich besonders empfehlen. Es bedeutet: W = Warmhaus, T = temperiertes und K = Kalthaus als Ueberwinterungsraum.

Cordyline amabilis, W.	*Cordyline nigro-rubra*, W.
„ *australis*, K.	„ *pulcherrima*, W.
„ *brasiliensis*, W.	„ *Rebeccae*, W.
„ *cannaefolia*, W.	„ *reginae*, W.
„ *congesta*, T.	„ *rubra*, K.
„ *Cooperi*, W.	„ *stricta*, W.
„ *Dennisonii*, W.	„ *Taylori*, W.
„ *ferrea*, W.	„ *terminalis*, W.
„ *Guilfoylei*, W.	„ „ *var. rosea*, W.
„ *Hendersonii*, W.	„ *Youngii*, W.
„ *hybrida*, W.	
„ *imperialis*, W.	*Dracaena arborea*, W.
„ *indivisa*, K.	„ *Draco*, T.
„ *magnifica*, W.	„ *fragrans*, W.
„ *majestica*, W.	„ *latifolia*, T.
„ *nigrescens*, W.	„ *marginata*, W.

Zwiebel- und Knollengewächse.

Lilium philippinense.

Von **Ernst H. Krelage**, Haarlem.

Zur Ergänzung der Mitteilung des Herrn Sprenger in No. 17 dieser Zeitschrift erlaube ich mir zu bemerken, daß diese Lilie im Jahre 1873 von Baker in „The Gardeners' Chronicle“ Seite 1141 wissenschaftlich beschrieben wurde.

Dracaena Draco.

Die dort beigefügte Abbildung wurde gelegentlich der Lilienkonferenz in London im Jahrgang 1901 der nämlichen Zeitschrift (20. Juli, Seite 47) nochmals abgedruckt. Farbige Tafeln erschienen in Elwes' Monograph of the genus Lilium und Botanical Magazine, tab. 6250.

Diese Lilie wurde zuerst vom bekannten botanischen Reisenden G. Wallis im Jahre 1871 auf den Philippinen entdeckt und an die Firma James Veitch & Sons in London gesandt. Dort blühte sie im Jahre 1873 zum ersten Male in Europa. Am 6. August jenes Jahres erhielt genannte Firma für diese Neuheit das erstklassige Wertzeugnis der Royal Horticultural Society.

Seitdem war *L. philippinense* seit längerer Zeit vollständig aus den Kulturen verschwunden, ohne früher je eine bedeutende Handelspflanze gewesen zu sein. In letzter Zeit ist es jedoch wieder mehr in den Vordergrund getreten, und zwar seitdem die Philippinen zu den Vereinigten Staaten gehören, hauptsächlich infolge der Versuche, einen Ersatz als zuverlässige weiße Treiblilie für das immer mehr von Krankheit befallene *Lilium Harrisii* zu finden.

Diese Versuche haben vorläufig einen sehr günstigen Erfolg erzielt. Importierte Zwiebeln, welche im Frühjahre in Europa ankommen, blühen schon nach zwei bis drei Monaten. Die Pflanze ist übrigens, abgesehen von der prachtvollen Blume, äußerst zierlich; das schmale Blatt macht einigermaßen denselben Eindruck wie *Cocos Weddelliana*. Kreuzungen mit *Lilium longiflorum* sind schon vorgenommen worden und Kulturversuche sind in Kalifornien, in den staatlichen Versuchsfeldern der amerikanischen Regierung, im Gange, so daß jedenfalls *Lilium philippinense* in nächster Zeit eine große Bedeutung als Handelspflanze oder als Mutterpflanze für Kreuzungen erlangen wird.

Dracaena Rothiana.

Umschau in der englischen Fachpresse.

Gewächshausbauten bei Sander, St. Albans. — Diesjährige Ausstellungen. — Georg Schneider-Ehrung. — Tagasaste als Futterpflanze. — Neue und seltene Pflanzen.

Unter Liebhabern und Geschäftsleuten ist häufig auf die Notwendigkeit besonderer Einrichtungen hingewiesen worden, welche zur Aufbringung von Orchideensämlingen verschiedener Gattungen erforderlich sind. Eine solche Neueinrichtung meldet „Gard. Chron." aus dem Sanderschen Geschäft in St. Albans, leider ohne jegliche Angabe der Konstruktion und der Innenausstattung. Die heute ins Unendliche ausgedehnte Hybridisation hat allerorts eine große Zunahme der Pflanzenbestände herbeigeführt, und Sander war zur Unterbringung seiner vielen Neuzüchtungen ebenfalls genötigt, dem Riesenkomplex an Häusern weitere 17 neue Gewächshäuser hinzuzufügen, trotzdem seit Jahren viel von den eingeführten Arten nach dem Zweiggeschäft in Brügge (Belgien) hinübergeschafft wurde. Von den 17 Häusern sind 8 fertig und einige davon mit Sämlingen besetzt. In der Einrichtung des Aussaathauses sind die langjährigen Erfahrungen zu Nutze gemacht und mit erfinderischem Sinn verwertet, so daß, wie gesagt wird, die Schwierigkeiten, welche sich dem Erfolge während des heikelsten Stadiums der Sämlinge entgegenstellten, gehoben zu sein scheinen. —

Zu den wichtigsten Veranstaltungen im kommenden Jahre zählt unbedingt die in Gent stattfindende Fünf-Jahr-Ausstellung, und manch einer wird bei dieser Gelegenheit auch die Templeshow in London besuchen. Unbekannt dürfte aber vielen die gleichzeitige Eröffnung einer dritten umfangreichen Ausstellung sein, die französische und britische Erzeugnisse des Handels und der Wissenschaft aller Art umfaßt. Dies ist die von Mai bis Oktober 1908 in London stattfindende „Franco-British Exhibition", zu welcher in Shepherds Bush die nötigen Vorkehrungen getroffen werden. Das obengenannte Blatt schreibt dazu: Es ist alle Aussicht vorhanden, daß diese Veranstaltung eine der großartigsten sein wird, welche England je gesehen hat. Das König schenkt dem Unternehmen Beachtung, der Präsident der franz. Republik und die Regierungen beider Länder lassen ihm alle nur mögliche Unterstützung angedeihen. Die Ausstellung erstreckt sich auf alle Zweige des Gartenbaues, auch Land- und Forstwirtschaft werden vertreten sein. Der Vorsitzende des Ausschusses für Gartenbau ist D. Prain, der Direktor der Kew-Gärten. In bezug auf die physiologische und biologische Abteilung bedauert das Blatt die enggezogenen Grenzen und weist darauf hin, wie viel die Wissenschaft in den letzten Jahren durch die Arbeiten deutscher Laboratorien gewonnen hat. —

Eine seltene Ehrung ist Georg Schneider zu teil geworden, einem in London ansässigen, früher bei der Firma Veitch & Sons tätigen Fachmanne, den bald jeder junge ausländische Gärtner kennen zu lernen Gelegenheit fand. Schneider ist seit etwa 20 Jahren Vorsitzender des französischen Gärtnervereins in London, der ein Treffpunkt der ganzen jungen ausländischen Gärtnerwelt ist. Schneiders Einfluß war wohltuend, und viele, drüben und auch auf dem Kontinent, nennen ihn mit Recht ihren Freund. In Anerkennung seiner Verdienste um den Gartenbau ernannte ihn die französische Regierung schon vor 10 Jahren zum Chevalier du Mérite Argicole, heute werden seine Freunde in seiner erfolgten Rangerhöhung zum Offizier du Mérite Argicole und den damit verbundenen Ehrungen eine Befriedigung erblicken. Am 9. November v. J. versammelten sich seine Pariser Freunde zu einem Bankett. Zugegen waren Albert Truffaut, G. Truffaut, Abel Chatenay, Moser & Son, Louis Leroy, Geo. Bruant, Sallier, H. Martinet, Salomon, Thibaut & Son, Nomblot, Bois, Millet, Nonin, Gravereau, Croux Fils, Aug. Cordonnier, Brochet, C. Harman Paque u. a. m. Seine englischen Freunde versammelten sich am 16. November v. J. in Londen. —

„Tagasaste" als Futterpflanze. Verschiedentlich ist über diese *Leguminosae*, die die Form *Palmensis* von *Cytisus proliferus* darstellt, in Zeitschriften berichtet worden. Sie wird für Gegenden, deren klimatische Verhältnisse denjenigen der Heimat der Pflanze (Kanaren) gleichkommen, als Viehfutter empfohlen. Ein Mitarbeiter des Agricultural Journal of the Cape of Good Hope teilt diesem

Dracaena Rumphii.

Dracaena marginat

Blatte mit, daß es ihm gelungen ist, Tagasaste mit Erfolg für Pferde und Kühe zu verwenden. Nachdem er die Tiere daran gewöhnt hat, fressen sie es heute gern. Es wäre interessant zu erfahren, welche Versuche in Deutsch-Südwestafrika damit angestellt worden sind und mit welchem Erfolge. Die Pflanze wächst in der Natur baumartig, die als Futter verwendeten Teile sind ihre frischgrünen Triebe. Für ihren umfangreichen Anbau sind folgende Umstände erschwerend ins Gewicht gefallen: 1. Die Tiere sträuben sich anfangs gegen den Genuß und können nur allmählich daran gewöhnt werden. 2. Die Gewinnung des Futters ist zeitraubend, da es weder mit Sense noch Maschine geschnitten werden kann. 3. Die Samen zeigen meist nur eine prozentual geringe Keimkraft. Letztere Schwierigkeit, meint der Schreiber, wäre zu überwinden, indem man folgendermaßen verfährt: Die Samen werden mit heißem Wasser übergossen und bleiben einen Tag darin stehen; nach der darauffolgenden Aussaat keimen sie fast alle. Von den Aussaatbeeten werden die Pflänzchen auf vorbereiteten Boden in 1 m Abstand verpflanzt, wo sie drei Jahre stehen bleiben und dann auf drei Fuß zurückgeschnitten werden. In wenigen Monaten darauf erzielt man die schönsten weichfleischigen Schößlinge, die nach Bedarf Verwendung finden. —

An Wichtigkeit unter den Pflanzenneuheiten steht *Gerbera Jamesonii* an erster Stelle. Wie viele haben sich nicht schon um eine erfolgbringende Kultur abgemüht und doch sind die Angaben nicht stichhaltig, die da meinen, Erfolge wären nur in den Länderstrichen zu erzielen, in denen die Pflanze winterhart ist und ungestört im Freien ausgepflanzt verbleiben könne. Haben Lynch, der Züchter der prächtigen neuen Spielformen, und Veitch nicht die schönsten Topfkulturen vorgeführt und gezeigt, zu welcher Vollendung dies reizende Transvaalpflänzchen zu bringen ist, wenn es im Topfe kultiviert wird? Jetzt berichtet das „Gardeners' Chronicle" bereits von der Verwendung in Schmuckanlagen und von Anpflanzungen größeren Stils zur Schnittblumengewinnung im Süden Frankreichs. Die Kulturangaben mögen auch an dieser Stelle wiedergegeben sein: Die Pflanze verlangt viel Nahrung und eine durchlässige, nicht zu schwere Erde; unter zu hoher Wurzelfeuchtigkeit erleidet sie Schaden. Beim Pflanzen ist die Wurzelkrone etwas über dem Boden zu halten, da dieser Teil gegen Feuchtigkeit empfindlich ist. Die jungen Sämlinge sind gegen zu hohe Feuchtigkeit ganz besonders empfindlich, bei richtiger Behandlung tritt der Flor nach fünf Monaten ein. Die Züchter bemühen sich, jetzt eine widerstandsfähigere, niedrigere und kompakte Form zu erzielen.

Dracaena Goldieana.

Dracaena marginata.

Arctotis × *regalis*. Ein von Sprenger zwischen *A. aureola* und *stoechadifolia (grandis)* gezüchteter Bastard mit einzeln stehenden, etwa ein Fuß langen Blüten, die bis auf das purpurne Zentrum reinweiß gefärbt sind. Die Pflanze ist perennierend. — *Berberis Wilsonae* erhielt von der Londoner Gartenbaugesellschaft, in der sie kürzlich von Veitch vorgeführt wurde, ein Wertzeugnis I. Klasse. Sie stammt von Tatien-lu, aus grasbewachsenen Bergen, 2000 bis 5800 Fuß hoch. Beeren, da wo dem Lichte ausgesetzt, korallenrot, gelblich auf der anderen Seite, halbdurchscheinend. In der Heimat nimmt auch das Laub eine bunte Herbstfärbung an. Sie ist ein niedrigbleibender, 2 bis 4 Fuß hoher Strauch.

„Gardening" bildet drei neue *Nephrolepis*-Spielarten ab, *N. elegantissima*, eine dichtbuschige, starkwüchsige Form; *N. Amerpohlii* ist mehr graziös, lockerer, und hat breite, leichte Wedel; noch zierlicher erscheint *N. Ebelei*, das bald an feine Hymenophyllen erinnert. *N. todeaoides* soll eine ebenfalls schöne Spielart sein.

Von neuen Werken ist ein in seiner Ausstattung gediegenes Buch über Italienische Gärten besonders hervorzuheben. Italien Gardens von Georg S. Elgood umfaßt 157 Druckseiten und 52 farbige Tafeln nach des Autors Originalaquarellen. All die berühmten historischen Villengärten wie Villa Borghese, Villa Medici, Villa Falconieri, Villa Lante, Villa Palmieri, die Boboli-Gärten u. a. m. finden hier abermals die ihnen gebührende Würdigung. Diese Schrift ergänzt das schöne Werk von H. Inigo Triggs, Art and Garden design in Italy.

E. B. B.

Stauden.

Aubrietia. (Hierzu eine Abbildung.) Zur Ausschmückung von Felspartien, zur Bildung kleiner Gruppen und auch zu Einfassungen bietet uns diese Gattung einige schöne perennierende, aus Kleinasien und Südeuropa stammende Arten. Diese niedrige rasenbildende Staude ist in der Kultur höchst anspruchslos und sollte daher zu angegebenen Zwecken weit mehr verwendet werden. Besonders schön entwickelt sie sich an einem Platze, wo sie nie gestört wird. Zur Blütezeit, die in die Monate März, April und Mai fällt, wirken die Aubrietien allerliebst und sind dann mit den leuchtenden Blumen völlig überschüttet.

Die Anzucht der Aubrietien kann durch Samen und durch Teilung der Wurzelstöcke geschehen. Beide Verfahren machen keinerlei Schwierigkeiten. Den Samen sät man am besten im Mai oder Juni aus. Die Teilung der Stöcke nimmt man gleich nach der Blüte vor. Von den vielen Arten und Formen nenne ich nur einige der schönsten.

Aubrietia deltoidea, dichte Polster bildend. Die elliptischen Blätter sind von graugrüner Farbe und behaart. Die lilablauen Blumen erscheinen schon im zeitigen Frühjahr und stehen in kleinen Doldentrauben.

A. Leichtlinii ist wohl die schönste und großblumigste von allen. Die Blüten sind leuchtendkarminrosenrot und erscheinen in einer solchen Fülle, daß das ganze Laubkissen mit ihnen überdeckt ist.

A. Hendersonii veranschaulicht beigegebene Abbildung. Sie ist ebenfalls eine wunderschöne Form mit ziemlich großen, violetten Blüten. Auf dem Bilde sieht man wohl, wie reichblühend diese Form ist, aber die Größe der Blumen und die herrliche Farbe derselben kommen nicht zur Geltung.

Schön sind ferner *A. Eyrii,* mit dunkelblauen Blüten, und *A. graeca fol. var.,* mit weißbunter Belaubung.

Otto Brand.

Aubrietia Hendersonii.
Originalaufnahme für die „Gartenwelt".

Neue Pflanzen.

Heliotropium Frau G. von Poschinger. (Hierzu eine Abb.) Diesen Sommer sah ich bei einem Besuche, den ich der Besitzung des Herrn Geheimrat von Camphausen in Mehlem abstattete, ein schönes Beet von einer äußerst großblumigen Heliotropsorte. Das Heliotrop *Frau G. von Poschinger* wurde vom Herrn Obergärtner Sandhack eingeführt und zu Ehren der Tochter seines Herrn Chefs benannt. Es ist weit großblumiger als *Frau Med.-Rat Lederle* und bedeutend schöner in Farbe als *Mme Bussy*. Dabei ist es im Wuchse äußerst kräftig, aber, auch wenn in sehr nahrhaften Boden gepflanzt, stets niedrig bleibend. Nicht zu vergessen wäre der sehr starke Duft der Blütendolden, deren Durchmesser 20 bis 25 cm beträgt. Beigefügte Abbildung zeigt das Beet. Es besitzt eine Breite von 3 m und ist 4 m tief, nach vorn abfallend.

Auch als Topfpflanze kann ich diese Neuheit nur empfehlen, da Herr Sandhack mir auch davon verschiedene tadellose Exemplare zeigte. Ich möchte, da dieselben herrliche, gedrungene Pflanzen waren, auch gleichzeitig hier mein Bedauern ausdrücken, daß diese Züchtung nicht mit in Mannheim ausgestellt worden ist, da ich fest überzeugt bin, daß sie dort Aufsehen erregt haben würde. Entschieden wäre es zu wünschen, daß dieses herrliche Heliotrop in den Handel kommen möchte und dadurch weitere Verbreitung möglich wäre. Jedem Handelsgärtner kann ich es nur bestens empfehlen.

A. Günther, Obergärtner, Andernach.

Gemüsebau.

Mülhauser Steckzwiebeln kultiviere ich seit mehreren Jahren mit gutem Resultate. Von den kleinen, gelben Zwiebelchen, die mir zuerst zum Versuch übersandt wurden (von E. Fabre in Metz), habe ich seither Zwiebeln mit einem Durchschnittsgewicht von 70 g erzielt. Auf ein vor dem Umgraben gewöhnlich mit flüssigem Dung begossenes und dann geebnetes Beet wurden die Zwiebelchen im April auf 20 cm Reihenabstand und 10 cm Entfernung nur wenig in die Erde eingedrückt. Sie bilden gleich Wurzeln; falls sich dadurch einige zu sehr aus der Erde herausheben, so werden sie wieder etwas eingedrückt. Sie gedeihen dann zusehends und zeigen auch keine Neigung zu vorzeitiger Samenbildung, was sonst bei Steckzwiebeln vielfach der Fall ist. Zum Marktanbau scheint mir die Sorte ganz besonders geeignet, sie verhilft dem Züchter recht früh zu verkaufsfähiger Ware, auch scheint der gute Ernteausfall hierbei keinem großen Risiko zu unterliegen. Mir bekannte Züchter waren mit dem Ernteergebnis auch durchweg recht zufrieden. Die Zwiebelchen kann man entweder aus der Handlung beziehen oder selbige auch im Jahre vorher selbst züchten. Man kann hierbei etwas später und dichter aussäen, wie es sonst zur Zwiebelsaat üblich ist.

A. Seulen.

Fragen und Antworten.

Beantwortung der Frage No. 487. Wodurch entsteht der Pilz am Salat im Mistbeet und wie wird er bekämpft?

Im allgemeinen ist die Pilzbildung am Mistbeetsalat auf ungenügendes Lüften der Kästen zurückzuführen. Des ferneren tritt sie in auffallender Weise in Kästen auf, zu deren Anlage sogenannte Austopferde verwendet wurde, deshalb sollte man von der Verwendung dieser Abfallerde bei Anlage von Salatkästen durchaus absehen und sie nur zur Aufbesserung des freien Landes, möglichst außerhalb des Gartenzaunes benutzen. Ist der Pilz einmal im Kasten, so kann der Salat auch durch fortgesetztes starkes Lüften nicht mehr gerettet werden. In denjenigen Fällen, in welchen sich der Pilz einfindet, ohne daß vorgenannte Umstände zutreffen, liegt die Schuld gewöhnlich an der Verwendung zu fetter Erde, und dürfte es sich hier empfehlen, die Mistbeeterde zur Hälfte mit Gartenerde, die zuvor durch einen nicht zu engmaschigen Durchwurf geworfen wird, zu vermischen. Nachdem der auspikierte Salat angewurzelt ist, beginnt man schon morgens frühzeitig mit Lüften; in der Frühe mäßig, gegen Mittag, wenn es die Witterung erlaubt, hoch. Der Salat darf auch nicht mit der Brause, sondern nur mit dem Rohr gegossen werden. Man gießt das Wasser in Vertiefungen, die man mit der Faust zwischen den Pflanzen herstellt. Mit zwei- bis dreimaligem Gießen auf diese Art wird man in der Regel bei diesen Kulturen auskommen. Natürlich muß das letzte Gießen so zeitig erfolgen, daß man noch zwischen den Pflanzen hindurchgießen kann, ohne diese erheblich zu benässen. Soll der Kasten noch mit Gurken ausgenutzt werden, so beginne man mit der Pflanzung derselben erst nach der Aberntung des Salates, denn wenn sich bei früherer Pflanzung die Gurken stark entwickelt haben, und der Salat noch unfertig ist, so ist für beide Pflanzen der Kulturerfolg in Frage gestellt. Zum Schluß sei noch ein häufig bei Anlage von Salatkästen vorkommender Fehler gerügt; die Kästen werden nicht hoch genug gepackt, so daß der Abstand zwischen den Pflanzen und dem Glase ein zu beträchtlicher ist, was stets Mißerfolge verursacht.

Emil Röder, Handelsgärtner, Frankfurt a. M.-Seckbach.

— Gerade der Salat ist Krankheiten der verschiedensten Art ausgesetzt. Der Pilz entsteht nach meinem Dafürhalten durch zu enges Pflanzen, zu wenig Luft, zu viel Feuchtigkeit und zu guten Boden. Auch mir wurden früher mehrere Fenster durch diesen gefährlichen Feind vernichtet. Nachdem jedoch obiges in Betracht gezogen wurde, sind meine Kulturen fortan vom Pilz verschont geblieben. Bei der großen Empfindlichkeit des Salates ist es schwer, ein Mittel zu finden, um den Pilz zu entfernen. Einen gewissen Erfolg habe ich durch Bespritzen der Erde und Wände (nicht des Laubes) mit einer Parasitol-Lösung 1 : 15 erreicht. Gespritzt wurde anfänglich zwei Mal pro Tag, nach zwei Tagen nur noch einmal, um dann nach drei bis vier Tagen, je nach dem Erfolge, ganz aufzuhören.

H. Plümecke, Norderney.

— Der Meltau am Treibsalat entsteht, wenn bei hoher Kastenwärme mit zu kaltem Wasser gegossen wird und auch, wenn nach richtigem Gießen die Kastentemperatur zu viel fällt, sei es durch falsches Lüften oder durch plötzlichen Eintritt von naßkalter Witterung. Bei sehr früher Treiberei muß das Gießen sehr vorsichtig und mäßig geschehen; die Erde soll nur eine milde Feuchtigkeit besitzen und nie naß sein. Wer wenig Erfahrung oder Uebung hat, erkennt diesen Feuchtigkeitsgrad leicht daran, daß, wenn man eine Handvoll Erde bei nicht zu schwachen Druck zusammenfaßt, dieser Erdballen beim Oeffnen der Hand wieder auseinander fallen muß. Meltau bildet sich nur bei unrichtigem Gießen und unrichtigem Lüften.

F. A. Neumann, Pinkafö (Ungarn).

— Der Pilz, welcher häufig an Treibsalatpflanzen die Blätter mit einem weißen, mehlartigen Hauch auf der Unterseite überzieht, gehört zu den falschen Meltaupilzen, er führt den Namen *Peronospora gangliformis*. Dieser Schmarotzer wuchert im Innern der Blätter und sendet nur seine Fruchtkörper nach außen, daher ist eine Bekämpfung des einmal vorhandenen Pilzes nur durch Vernichten der ganzen Salatköpfe möglich.

Der Pilz überdauert den Winter in Form fester, brauner, samenähnlicher Kügelchen, welche in den befallenen Salatblättern gebildet werden. Mit diesen kommen sie auf den Kompost, und mit der Komposterde wieder in die Salatkästen; hier platzen sie auf und entlassen kleine Gebilde, welche man Schläuche nennt. Diese werden durch den geringsten Luftzug, durch Spritzen oder durch kleine Tiere wieder auf die Salatblätter gebracht, hier keimen sie aus und rufen, nachdem sie im Innern des Blattes genügend erstarkt sind, wieder die charakteristische Krankheitserscheinung hervor.

Eine Bekämpfung des Meltaues verspricht daher nur Erfolg, wenn sie sich gegen die Winterform wendet. Gelingt es, diese Form auf dem Kompost zum Aufplatzen zu bringen, so finden die Schläuche keine Nährpflanzen und gehen zugrunde. Dieses läßt sich leicht durch mehrmaliges Umarbeiten des Kompostes erreichen, auch durch Lagerung im Halbschatten oder in voller Sonne, keinesfalls darf der Platz dumpf und schattig sein. Auf jeden Fall ist zu empfehlen, die befallenen Salatblätter nicht auf den Kompost zu bringen, sondern zu verbrennen oder zu vergraben.

Da bekanntlich, durch Darbietung ungenügender Wachstumsbedingungen, geschwächte Pflanzen am leichtesten von Krankheiten befallen werden, so ist, neben einer guten Lagerung und Bearbeitung des Komposthaufens, eine intensive, sonnige Kultur des Salates das beste Vorbeugungs- und Bekämpfungsmittel gegen den falschen Meltau.

W. Luserke, Herrenhausen.

Heliotropium peruvianum Frau G. von Poschinger.

Im Garten des Herrn Geheimrat Camphausen, Mehlem a. Rh., für die „Gartenwelt" photographisch aufgenommen.

Beantwortung der Frage No. 488. Wie kultiviert man *Ceologyne cristata?* Ist es vorteilhaft, diese Orchidee im Sommer auf einen Kasten zu bringen?

Ceologyne cristata gedeiht am besten in einer Mischung von Polypodiumwurzeln und Sphagnum. Bei kleinen Pflanzen gebe ich gut drainierten Töpfen den Vorzug, während bei großen Exemplaren besser Schalen oder Körbe aus Eichen- oder Pitchpineholz verwendet werden.

Als Standort genügt jedes Warmhaus, auch im temperierten und kalten Hause habe ich gute Resultate erzielt; besonders während der Ruhezeiten — vor und nach der Blüte — verträgt *C. cristata* sehr gut eine weniger hohe Temperatur. Wer über eine größere Anzahl Pflanzen verfügt, soll nach Vollendung des Triebes, d. h. wenn die Bulben voll ausgebildet sind, einen Teil der Pflanzen kühler stellen als die anderen, damit eine Partie später blüht. Obgleich gerade *Ceologyne cristata* zu denjenigen Orchideen gehört, die absolut nicht schwierig in der Kultur sind, sieht man dieselbe doch sehr oft in ganz traurigem Zustande, ja ich kenne Kultivateure, die mit dieser Orchidee absolut kein Glück haben, während sie andere Orchideen mit bestem Erfolg kultivieren.

Ich glaube nicht fehl zu gehen, wenn ich annehme, daß *C. cristata* in solchen Fällen in den Ruheperioden zu trocken gehalten wird, was sie nicht gern hat. Die Bulben sollen nie einschrumpfen. Ohne viel zu gießen, sorge man durch Spritzen, Feuchthalten der Wege und mäßige Temperatur dafür, daß die Pflanzen nicht zu sehr eintrocknen.

C. cristata zu oft zu verpflanzen, ist nicht ratsam; treiben die Pflanzen über den Topfrand hinweg, so schneide man die Triebe, sobald sie 3 bis 4 Bulben haben, nach der Blüte ab, und stecke sie zu 2 bis 3 Stück in einen Topf mit guter Drainage und dem üblichen Pflanzmateriale. Diese jungen Pflanzen blühen oft schon nach einem Jahre, im zweiten und dritten Jahre bringen sie, wenn sonst die Pflege gut war, schöne 5- bis 7blumige Rispen.

Unter Ungeziefer hat *C. cristata* in der Regel wenig zu leiden, höchstens daß sich Kellerasseln im Wurzelstock ansiedeln, die man leicht mit Kartoffelstücken fängt.

Ist man gezwungen, Coelogynen in ein Mistbeet zu bringen, so kann man auch da im Sommer einen guten Trieb erzielen, ich ziehe jedoch die Kultur im Hause vor und habe damit stets die besten Erfolge gehabt.

Ich möchte jedem Orchideenzüchter, der diese so dankbare, schöne Orchidee noch nicht in seiner Sammlung hat, empfehlen, dieselbe anzuschaffen, denn eine mit schönen Blütenrispen dekorierte Pflanze von *C. cristata* kann gerade zur Winterszeit mit jeder anderen Orchidee konkurieren. **Herm. A. Sandhack,** Mehlem a. Rh.

Beantwortung der Frage No. 489. Welches sind die besten stammbildenden Unterlagen für Pfirsich- und Aprikosen-Halb- und Hochstämme, jedoch *Schöner von Löwen* und Halaraspflaumen ausgeschlossen, da dieselben wohl die Veredelung annehmen, aber im darauffolgenden Jahre schlecht austreiben? Bodenverhältnisse und Lage sind die denkbar günstigsten.

Es ist überhaupt nicht empfehlenswert, den Stamm aus der Unterlage zu erziehen. Die Unterlagen haben ausnahmslos als Stammbilder wesentliche Nachteile. Entweder ist die Unterlage zu schwachtriebig für Hoch- und Halbstamm, oder die aus ihr gezogenen Stämme sind frostempfindlich, oder endlich ist kein gerader Stamm zu erzielen. Deshalb ist es trotz der vermehrten Arbeit immer noch am vorteilhaftesten, St. Julienpflaume als Unterlage zu wählen, in nicht zu starkem Zustande zu okulieren, und zwar mit einer einen guten Stamm bildenden Zwischensorte, und erst in Kronenhöhe die eigentliche Edelkrone aufzusetzen. Die unbedingt beste Zwischensorte ist meiner Erfahrung nach *Schöne von Löwen*.

A. Janson, Köstritz.

— Als sogenannte Zwischenveredelung bei Pfirsich- und Aprikosen-Halb- und Hochstämmen werden für gewöhnlich *Schöne von Löwen* und Halaraspflaumen verwendet, welche auf *St. Julien* okuliert werden. Da sich hier in diesem Falle die Halaraspflaume nicht dazu eignet, so verwendet man vorteilhaft *Frühzwetsche von Wangenheim* oder *St. Julien*. Von letzterer werden zu diesem Zwecke beim Aufschulen kräftige Pflanzen, welche veranlagt sind, gute Stämme zu machen, eigens dazu angepflanzt. Im zweiten Jahre werden sie zurückgeschnitten, genau wie Okulanten auf Zapfen. Nun wird ein Trieb an Zapfen gebunden und hoch gezogen, hat er die gewünschte Höhe erreicht und ist kräftig genug, so wird er okuliert. Nach diesem Verfahren wurden gute Resultate erzielt.

Paul Lange, Elmshorn.

— Zur Unterlage nehme man *St. Julien* und gebe als Zwischenveredelung die große blaue Eierpflaume, welche guter Stammbildner ist, darauf. Die Pfirsiche okuliert, die Aprikosen kopuliert, werden gern angenommen und liefern eine gesunde, lebensfähige Ware. Mir kommt es vor, als ob die Halaraspflaume allmählich aus jeder guten Baumschule verschwindet.

F. A. Neumann, Pinkafö (Ungarn).

— Die beste Unterlage ist nach meinen in den französischen Baumschulen gemachten Erfahrungen immer noch die St. Julienpflaume für Halb- und Hochstämme. Obwohl man auch in den dortigen Baumschulen andere *Prunus* als Unterlagen verwendet, wie z. B. die *Damascener* und *Myrobalana*, so wird doch am meisten die *St. Julien* angetroffen, da sie mit allen Böden vorlieb nimmt, ob naß, kalt oder wenig tiefgründig, sie gedeiht von allen *Prunus*, wie der Franzose sagt partout (überall).

Erst neuerdings hat man mit einer neuen Pflaumensorte, die von einem südfranzösischen Baumschulenbesitzer namens Kryzinski gezogen und verbreitet wurde, Versuche gemacht, sie als Zwischenveredlung zu verwenden, da sie staunend rasch wächst. Wir hatten ein Versuchsfeld von 500 Stück dieser Sorte, die auf *St. Julien* veredelt waren und einjährige Triebe von durchschnittlich 2 Meter Höhe brachten. Da die Sorte so rasch wächst, so hegte man anfänglich den Verdacht, daß der Stamm in kalten Gegenden nicht widerstandsfähig ist und erfriert, doch hat die Praxis gelehrt, daß auch solche Anpflanzungen im Norden von Frankreich erfolgreich sind. **Karl Mayer,** Dahlem.

— Schöne Pfirsich-Halb- und Hochstämme erziele ich, indem ich auf *St. Julien* sofort im ersten Jahre *Schöne von Löwen* okuliere und nach 2 bezw. 3 Jahren den Pfirsich oben in gewünschter Höhe, aber nur ins zweijährige Holz ebenfalls durch Okulation anbringe. Pfirsiche verlangen aber als Hoch- und Halbstamm unbedingtes Beiheften an den Zapfen in krautartigem Zustande.

Emil Roeder, Frankfurt a. M.-Seckbach.

Aus den Vereinen.

Verband der Handelsgärtner Deutschlands. Die No. 6 des „Handelsblattes“, des Organes des Verbandes, bringt die Zusammenstellung von 42 für die am 21. und 22. Februar in Berlin stattfindende Hauptversammlung eingegangenen Anträgen. Wie immer, so finden wir auch diesmal unter diesen Anträgen viele, die mit gleichem Inhalt Jahr für Jahr wiederkehren. Da steht gleich wieder als Punkt 3 der Tagesordnung und erster Antrag: „Die Hauptversammlung wolle beschließen, an Stelle des ersten Vorsitzenden einen besoldeten Verbandsdirektor anzustellen“. In weiten handelsgärtnerischen Kreisen ist man von der Notwendigkeit zur Anstellung eines besoldeten Direktors nicht überzeugt, vielmehr der Ansicht, daß der Generalsekretär vollständig genügt, zumal schon ohne Direktor an Bürogehältern zurzeit 9400 Mark gezahlt werden. Wenn es aber ohne Direktor durchaus nicht mehr gehen will, so wird der derzeitige Generalsekretär gegen eine Beförderung mit wesentlicher Gehaltsaufbesserung gewiß nichts einzuwenden haben.

Wie immer, so befassen sich auch diesmal mehrere Anträge mit dem Schmerzenskinde des Verbandes, dem „Handelsblatt“. Der Provinzialverband Hannover wünscht das Organ so ausgestaltet, „daß es in jeder Weise an der Spitze aller gärtnerischen Fachblätter steht“, und die Gruppe Bromberg, daß es „eine wesentliche Erweiterung erfahre, und dem Hauptvorstande die hierzu erforderlichen Mittel zur Verfügung gestellt werden“. In der Begründung dieses letzteren Antrages wird freimütig darauf hingewiesen, daß viele Mitglieder das „Handelsblatt“ ungelesen beiseite legen, was jedem, der das Organ kennt, gewiß einleuchtet. Der Gesamtinhalt des „Handelsblattes“ ist ebenso trostlos, wie derjenige der meisten übrigen, die Einkünfte zahlreicher Vereine aufzehrender gärtnerischen Vereinsorgane; er setzt sich in der Hauptsache aus weitschweifigen, inhaltslosen Gruppenberichten zusammen, an welchen wohl außer den Schriftführern, die sie verfaßt haben, kein Mensch irgend welches Interesse nehmen kann und will. Daß Verbandsbeschlüsse ein inhaltsloses und meiner Ueberzeugung nach auch höchst überflüssiges Vereinsorgan nicht „an die Spitze aller gärtnerischen Fachblätter“ stellen können, sollte man doch nun endlich eingesehen haben! Dazu gehören erstens beträchtliche Geldmittel, die nicht vorhanden sind, zweitens eine befähigte Redaktion, die nicht nur weiß, worauf es ankommt, sondern auch das Zeug dazu hat, die führenden Geister des Berufes als ständige Mitarbeiter zu gewinnen. Diese letzteren ziehen es aber vor, die Ergebnisse ihrer Praxis in einer unabhängigen, gut geleiteten und weitverbreiteten Fachzeitschrift zu veröffentlichen, nicht aber in ungelesenen, bedeutungslosen Vereinsblättern, die, als notwendiges Uebel betrachtet, meist ungeöffnet in die Kiste für Packpapier wandern. Aber auch mit der Beschaffung der notwendigen Mittel zur Verbesserung der Verbandszeitung dürfte es hapern, denn erstens nehmen auch die Anträge, welche auf eine wesentliche Herabsetzung der Mitgliederbeiträge hinauslaufen, kein Ende, und zweitens ist der Verband noch Schuldner einer Anzahl opferwilliger Mitglieder, die ihm vor Jahren erhebliche Summen vorstreckten, als er sich in einer finanziellen Notlage befand, der das Inseratenblatt zum Opfer fallen sollte. Auf Beitragsermäßigung und Rückerstattung geliehener Gelder beziehen sich die beiden nachfolgenden Anträge: „Die Hauptversammlung möge darüber in Beratung treten, wie es möglich sei, den Zusammenschluß aller deutschen Handelsgärtner herbeizuführen, ob durch die Annahme der korporativen Mitgliedschaft, oder durch die wesentliche Herabsetzung des Beitrages der jetzt bestehenden Personalmitgliedschaft." Die Gruppe Altmark-Priegnitz wünscht, daß das seinerzeit von Mitgliedern vorgestreckte Kapital für den Inseratenteil raschestens nach Leistungsfähigkeit der Kasse zurückgezahlt wird. In der Begründung dieses, in ähnlicher Form schon früher vergeblich gestellten Antrages, wird ausgeführt: „Der Verband hat vor Jahren finanziell sehr schlecht gestanden und haben sich damals Männer gefunden, die mit Bargeld ihm eine Unterstützung zuteil werden ließen. Da sich nun der Verband so gehoben, und genug Geld vorhanden ist, so ist es wohl Ehrensache, derer zu gedenken, die die Großherzigkeit besessen haben und dem Verbande dieses Geld zukommen ließen, es ihnen auch wieder zurückzugeben."

In einem Antrage der Gruppe Stettin wird gewünscht, daß die Abonnenten des „Handelsblattes" — es dürften ihrer nur sehr wenige sein — für die Folge das „Handelsblatt" ohne Inseratenanhang erhalten, wahrscheinlich, damit die Handelsgärtner, die hier ihre Erzeugnisse ankündigen, völlig unter sich bleiben und nicht durch Aufträge „von außerhalb" behelligt werden. Die Mitglieder inserieren ja wahrscheinlich nicht, um zu verkaufen, sondern nur um dem Verbande ihr überflüssiges Bargeld auf anständige Weise auszufolgen.

Sehr sonderbar berührt auch ein zweiter Antrag der gleichen Gruppe, dahingehend, den Vorstand zu beauftragen, sich mit den Verlegern solcher Gartenbauzeitschriften in Verbindung zu setzen, die auch in andere, d. h. nicht handelsgärtnerische Kreise gelangen, und dieselben zu veranlassen, daß sie allen Schleuderangeboten die Aufnahme verweigern. Wirkliche Schleuderangebote à la Peterseim seligen Andenkens sind sehr selten, häufiger dagegen Engrosofferten, die wohl hier gemeint sind; sie sollen nicht in die Hände von Herrschaftsgärtnern und Gartenbeamten gelangen.

Heute gibt es keine Geschäftsgeheimnisse mehr, die sich durch Unterdrückung von Inseraten aufrecht erhalten lassen! Jede Hausfrau weiß, wenn sie beim Kaufmann $^1/_2$ kg Erbsen holt, daß sie diese nicht zum 100 kg-Preise einkaufen kann, und jeder Herrschaftsgärtner weiß, daß er 1 Dutzend Rosen nicht zum 1000-Preise erhält, daß also Engrospreise nur für Wiederverkäufer bezw. Großabnehmer in Frage kommen. Der weitaus größte Teil der Handelsgärtner sucht Abnehmer außerhalb des engeren Zunftkreises, bei Behörden, Gartenverwaltungen, Privatleuten, und jeder Handelsgärtner ist und muß bereit sein, auch diesen Abnehmern für belangreiche Aufträge Engrospreise und, wenn es gewünscht wird, noch andere Vergünstigungen einzuräumen. Weil der Inseratenteil des „Handelsblattes" nicht in diese Kreise gelangt, darum, nur darum allein, inserieren auch die Mitglieder des Verbandes mit Vorliebe in jenen Blättern, die ihnen durch weite Verbreitung den Absatz ihrer Erzeugnisse gewährleisten.

In weiteren Anträgen wird gewünscht, daß die Hauptversammlung jährlich in einer anderen Stadt und nicht, wie jetzt, stets in Berlin stattfinde, daß den Ausschußmitgliedern während der Versammlungen Tagegelder (15 M pro Tag) und Fahrgeld III. Klasse gewährt wird, daß Spezialausschüsse gebildet werden, ferner die Beseitigung der Härten der Wertzuwachssteuer, Frachtermäßigung für Topfpflanzen und Pflanzen mit Erdballen deutschen Ursprunges, Frankierung der Bahn- oder doch Waggonsendungen mit Pflanzen aus dem Auslande, um einer Versteigerung im Falle der Annahmeverweigerung vorzubeugen, Ausschluß der Bäume, Sträucher und Sämereien vom Hausierhandel, Aufhebung der billigen Ausfuhrtarife für Kohlen zur Verbilligerung des Heizmaterials, Abwendung der Konkurrenz der Hof-, Stadt- und Anstaltsgärtnereien, die gewiß oft recht drückend ist, gegen die sich aber auf gesetzlichem Wege nichts machen läßt, da jedermann, ob Fürst oder Bauer, seine Bodenerzeugnisse nach Belieben verkaufen und, wenn er Gewerbesteuer zahlt, auch Handel treiben kann (Gewerbefreiheit), Anschluß des Verbandes an den Bund der Landwirte zwecks billigeren Einkaufs von Düngemitteln und Maschinen u. a. m. M. H.

Gärtner und Architekt im Lichte der Ausstellungen von Dresden und Mannheim, lautete damals, am 28. November 1907, das Thema des Vortrages, den der Generalsekretär Siegfried Braun des Vereins zur Beförderung des Gartenbaues vor dem Forum des genannten Vereins hielt. Mit einiger Entrüstung hatten die Fachgenossen aus dem Munde des Vortragenden — eines Laien — vernehmen müssen, wie dieser die Führung mehr dem Architekten als dem Gärtner zusprach; man verlangte Genugtuung, zum mindesten eine weitgehende Aussprache über diesen viel umstrittenen Punkt. Deshalb war die Diskussion über diesen Vortrag als Hauptpunkt auf die Tagesordnung der Sitzung des Vereins zur Beförderung des Gartenbaues am 30. Januar 1908 gesetzt worden und füllte mit etwa zweistündiger Dauer fast den ganzen Abend aus. Es waren nur wenige Sprecher, die aber die Materie so vorzüglich beherrschten, daß sie sich in der Kritik sehr verbreiteten; dazu kam noch, daß sie vielfach von der eigentlichen Kritik des Vortrages zu einer solchen des von Braun als „ungesundes Buch" bezeichneten Werkes von Willy Lange „Gartengestaltung der Neuzeit" übergingen.

Vor Eröffnung der Diskussion gab der Vorstand durch den Direktor eine Erklärung ab, in der er sich verwahrt gegen die Anschuldigungen, diesen Vortrag vor das Plenum des Vereins zur Beförderung des Gartenbaues gelassen zu haben; Herr Braun habe lediglich als Privatmann gesprochen und als solcher seine rein privaten Ansichten vorgebracht. Die Debatte eröffnete der Schriftführer des Vereins Deutscher Gartenkünstler, Herr Bindseil, mit einer scharfen Verurteilung der Auslassungen Brauns, sowohl der Bevorzugung der Architekten, wie der vernichtenden Kritik über Willy Langes Buch. Er suchte sich das Vorgehen des Herrn Braun mit den Worten aus dem Faust zu erklären: „Wir sind gewöhnt, daß die Menschen verhöhnen, was sie nicht verstehen, daß sie vor dem Guten und Schönen, das ihnen beschwerlich ist, murren", und gab ihm den guten Rat, sich mehr in die Sache zu vertiefen. Herr Garteningenieur Lesser, Zehlendorf, war über die schwere Anschuldigung höchst erstaunt und teilte die Ansicht mit dem Vorstande, daß niemand Herrn Braun seine persönliche Meinung streitig machen könne, auch wenn sie ganz falsch sei. Zu seinen Ansichten über Langes Buch verwies er auf eine umfangreiche Kritik in der „Gartenwelt" (XI, 18). Er verurteilte es, daß Lange zu oft betone, daß er der Dozent der Dahlemer Lehranstalt sei und damit gewissermaßen seine Worte und Ansichten als unumstößlich amtlich besiegele. Herr Garteninspektor Willy Lange begründete dies damit, daß er vielfach gefragt worden sei, wer und was er denn eigentlich sei und ging dann auf einige bekritelte Punkte seines Buches ein, das trotz seiner mehrfachen Anfeindung bald eine zweite Auflage erleben wird. Er meinte, die Ansichten gingen wie überall, so auch auf dem Gebiete der Gartenkunst, auseinander; er habe kürzlich im „Tag" das letzte Wort in dieser Angelegenheit gesprochen. Herr Baumschulenbesitzer Hermes, Zehlendorf, zeigte an humorvollen, drastischen Beispielen, wie ein Laie sich lächerlich machen kann, wenn er sich auf Gebiete begibt, die er nicht beherrscht, und ermahnt, ebenso wie der nächste Redner, Herr Brodersen, zu gemeinsamer, einmütiger Arbeit. Das Schlußwort hatte Herr Braun in einer längeren, äußerst geschickten Verteidigungsrede, in der er besonders darlegte, daß es nicht entfernt seine Absicht gewesen sei, den Architekten das Wort zu sprechen, daß er vielfach falsch verstanden worden sei, was eine Berliner Tageszeitung deutlich beweist, die in ihrem Referat über den Vortrag sagt, daß er den Architekten das Recht abgesprochen habe, sich auf gartenkünstlerisches Gebiet zu begeben. Seine Kritik über Langes Buch halte er aber aufrecht und zwar sei es nicht etwa seinem Inhalte nach ein ungesundes Buch, sondern sein Stil sei zu poetisch, zu gelehrt, zu schwärmerisch und somit zu schwerfällig; ein deutscher Garten müsse mit schlichten deutschen Worten geschildert werden. A. B.

Gärtnerisches Unterrichtswesen.

Erste deutsche Bindekunstschule Büdingen in Hessen. Diese 1903 von Frau Hoflieferantin Roth in Darmstadt gegründete Schule ist in jüngster Zeit einer Neugestaltung unterzogen worden. Frau Roth hat sich von ihrem Geschäft zurückgezogen, um sich ausschließlich der Leitung der Schule zu widmen. Da die Verhältnisse für die Schule in Darmstadt auf die Dauer nicht günstig waren, erfolgte die Verlegung nach Büdingen. Hier konnten größere Ländereien billig erworben werden, auf welchen der gesamte Werkstoff für die Schule herangezogen wird.

Die Schule umfaßt jetzt Kurse für Schüler und Schülerinnen, auch für bereits praktisch ausgebildete. Warum der Unterricht für Schüler und Schülerinnen getrennt stattfindet, will uns nicht einleuchten.

Bisher sind in der Schule gute Erfolge erzielt worden, und die Absolventen derselben werden gern von den Bindegeschäften engagiert. Die Unterrichtsdauer für Schüler und Schülerinnen, die noch keine praktische Lehre durchgemacht haben, beträgt 4 Monate, für praktisch Vorgebildete 2 Monate. Der viermonatliche Kursus beginnt am 15. Mai, der zweimonatliche am 15. Juli, beide enden am 15. September. Das Schulgeld beträgt monatlich 35 M für ersteren, 50 M für letzteren Kursus. Kost und Wohnung sind im Orte für 50 M pro Monat zu haben.

Rechtspflege.

Für manche gärtnerische Kreise von Interesse ist eine Entscheidung, die in der Klagesache gegen den Handelsgärtner C. in Altona gefällt wurde. C. besitzt an der Friedhofstraße ein Grundstück, auf dem er Blumen und Zierpflanzen zieht und die ersteren sowie Kränze verkauft. Da er dies auch nach Schluß der gesetzlichen Verkaufszeit an Sonntagen getan hatte, war er früher bereits einmal angeklagt, aber freigesprochen worden, weil es sich lediglich um den Verkauf selbstgezogener Produkte gehandelt hatte und deshalb ein landwirtschaftlicher Betrieb für vorliegend erachtet wurde. In einem späteren Falle aber wurde festgestellt, daß C. nicht nur selbstgezogene, sondern auch hinzugekaufte Produkte verkauft hatte. Er wurde aber wieder freigesprochen, weil das Gericht annahm, er habe in einem entschuldbaren Irrtum gehandelt. Neuerdings wurde C. nun wieder unter Anklage gestellt und nach Freisprechung von seiten des Schöffengerichts auf eingelegte Berufung von der Strafkammer zu 50 M Geldbuße verurteilt. Er hatte nachweislich am 16. Juni und 7. Juli u. a. Kränze verkauft, zu denen Tannenzweige, frisches Laub und künstliche Blumen verwendet waren, die er nicht selbst gezogen oder verfertigt hatte. Da dies einwandsfrei vom Vorderrichter festgestellt war, wurde die von C. gegen seine Verurteilung eingelegte Revision kostenpflichtig verworfen.

Tagesgeschichte.

Berlin. Der Kaiser hat kürzlich den Tiergartendirektor Freudemann zum Vortrag empfangen. Es handelte sich dabei um wichtige gärtnerische Neuanlagen, die im Tiergarten geplant sind. Gartendirektor Freudemann unterbreitete dem Kaiser die Pläne dazu und gab die nötigen fachmännischen Erläuterungen. Zunächst beschäftigen jetzt die Pläne für die neuen Anlagen, die auf eine Anregung des Kaisers zurückzuführen sind, das Finanzministerium, zu dessen Ressort die Tiergartenverwaltung gehört.

Groß-Lichterfelde bei Berlin. In dem von der hiesigen Gemeinde ausgeschriebenen engeren Wettbewerb zur Erlangung von Entwürfen für einen Zentralfriedhof, erhielten Garteningenieur Bauer, Magdeburg, den ersten, Garteningenieur Großmann, Leipzig, den zweiten und Garteningenieur Brabandt, Hannover, den dritten Preis. Dem vom städtischen Garteninspektor Hannig, Stettin, eingeschickten Entwurf wurde eine besondere Anerkennung zugesprochen. **W.**

Insterburg. Der Verein selbständiger Gärtner Ostpreußens hat eine Eingabe an den Reichstag über den Ausschluß von Obstbäumen und Fruchtsträuchern vom Wochenmarktverkehr gerichtet, womit die Abänderung des § 66 der Gewerbeordnung verbunden ist. Auch der Hausierhandel mit Gemüse- und Blumensamen soll untersagt werden, da sich dabei Mißstände ergeben haben. Es werden vielfach minderwertige oder gar wertlose Sämereien zum Kauf angeboten. Für Baumschulartikel sollen hinfort gleiche Preise in der Provinz gefordert werden und zwar für Halbstämme 1,25 M, für Hochstämme 1,50 M, für Formstämme 1,75 M, für Buschobst 1,50 M, für hochstämmige Rosen 1,50 M, für halbstämmige Rosen 1,25 M und für Buschrosen 0,50 M.

Pforzheim. Der Termin zur Meldung um die früher in der „Gartenwelt" ausgeschriebene Obergärtnerstelle in hiesiger Stadtgärtnerei ist bis zum 15. Februar verlängert worden.

Rixdorf bei Berlin. Konkursverwalter Lorentz schätzt die Dividende in dem Konkurse des Handelsgärtners Heinr. Kohlmannslehner, früheren Vorzitzenden des Verbandes der Handelsgärtner Deutschlands, auf die angeblich 25 777 M betragenden Forderungen ohne Vorrecht auf 6 Prozent.

Villingen (Baden). Die hiesige Stadtgärtnerei wird vom Stadtbauamt abgetrennt und zur selbständigen Dienststelle erhoben, welcher die Unterhaltung der bestehenden Anlagen, Ausführung der Neuanlagen und die Friedhofsverwaltung unter Leitung des Stadtgärtners Karl Nießle übertragen ist.

Ausschuß für Gartenbau beim Landeskulturrat des Königreichs Sachsen. Das Ministerium des Innern hat beschlossen, die Neuwahlen zum Ausschusse für Gartenbau beim Landeskulturrate Dienstag, den 25. Februar, in der Zeit von 10 Uhr vormittags bis 3 Uhr nachmittags vornehmen zu lassen. Mit der Leitung dieser Wahlen in den einzelnen Wahlbezirken sind die nachgenannten Wahlkommissare beauftragt worden. Im 1. Wahlbezirke Herr Handelsgärtner Andreas Pötschke in Bautzen; im 2. Wahlbezirke Herr Kunst- und Handelsgärtner Bernhard Haubold in Laubegast-Dresden; im 3. Wahlbezirke Herr Kunst- und Handelsgärtner Karl Römer in Coswig i. S.; im 4. Wahlbezirke Herr Handelsgärtner Karl Weißig in Großenhain-Großraschütz; im 5. Wahlbezirke Herr Kunst- und Handelsgärtner Otto Thalacker in Leipzig-Gohlis; im 6. Wahlbezirke Herr Kunst- und Handelsgärtner Oskar Knoch in Chemnitz.

Personal-Nachrichten.

Booth, John, früher Baumschulenbesitzer in Klein Flottbek (Holst.), hervorragender Fachmann, um die Einbürgerung fremdländischer Nadelhölzer hochverdient, Gründer der Kolonie Grunewald bei Berlin, † am 5. ds. Mts. zu Lankwitz bei Berlin im 72. Lebensjahre.

Brockmann, August, Gutsgärtner zu Nierow im Kreise Jerichow, und **Ebert, Wilhelm,** Gutsgärtner zu Ringelsdorf im zweiten Jerichowschen Kreise, erhielten das Allgemeine Ehrenzeichen.

Freiberg, Fr., bisher an der Kgl. Gärtnerlehranstalt zu Dahlem, geschätzter Mitarbeiter der Gartenwelt, ist zum Obergärtner und Obstbaulehrer an der Prov. Ackerbauschule zu Badersleben bei Halberstadt ernannt worden.

Schulze, Adolf, Gärtner zu Frankfurt a. O., erhielt die Rote Kreuzmedaille zweiter Klasse.

Seidel, Ernst, städtischer Garteninspektor zu Lauban, erhielt das Allgemeine Ehrenzeichen.

Silex, Karl, Baumschulenbesitzer, Königl. Garteninspektor und Amtsvorsteher, Tamsel a. Ostb., † am 1. Februar im 78. Lebensjahre.

Berlin SW. 11, Hedemannstr. 10. Für die Redaktion verantwortlich Max Hesdörffer. Verlag von Paul Parey. Druck: Anhalt. Buchdr. Gutenberg e. G. m. b. H., Dessau

…üringer Grottensteine
…Anlage von Felsenpartien, Ruinen, …tten, Wasserfällen, Wintergärten.
…turholz-Gartenmöbel,
…nzenkübel etc. Preislisten frei. [522
…Dietrich, Hoflieferant, Clingen b. Greussen.

…aht-Gewebe-Fabrik
…Giesen jr. Sn. in
B.-Gladbach

…fort 50 m 1 meter breit. verzinkt. …eflecht nebst 2 kg verzinkt. Bindedraht à 6.50 M franko. 30 m mit …indedraht à 4.30 M franko. [H. 600
Alle andern Sorten Geflechte u. Ge…be, Tore, Stacheldraht, Draht etc. etc.

Bambus

…auben, Spaliere, Obstbäume, Boeren-…, Rosen, Dahlien etc., Russ. Bast-…ten, Muscheln, ■ **Kokosstricke**, die billigsten Baumbänder!

Preise für 1 Postpaket		25 kg	50 kg
…e, starke	2.—	9.—	18.— M
…raffia	4 50	19.—	38.— „
Raffiabast	4.05	18.—	36.— „
…korkholz	1.50	5.—	9.— „
…kenrinde	2.50	7.50	15.— „

Torfmull ◆◆ Ia Torfstreu
…Ballen 1.75 M, 1 Ballen 3.— M.
…aggon Mull 100 Ballen 230.— „
„ Streu 115 „ 225.— „
Carl Pfützner, Import,
…wärder-Bergedorf (Hamburg). [93

Offeriere ab hier unter Vorbehalt, solange Vorrat reicht,

hochf. englische
Gold-Scharlotten

100 Pfund 20 Mark.
Verpackung frei. — Versand per Nachnahme. [635

Joh. Hein,
Nordhastedt in Holstein.

Laden- und Wiederverkäufer!
…Kakteen und Sukkulenten,
…assortiert, per 100 St. 10, 16 u. 20 M, …rot lackierte geringelte Töpfe 3 M.
Immer grosse Auswahl
…serer Pflanzen sowie von Greisenhäuptern usw.
…0 **Sempervivum**, assortiert, 8 M.
…haber von Kakteen verlanget Verzeichnis. [631
…antz De Laet, Kakteen- und …llen-Begonien-Spez.-Kulturen,
Contich (Belgien).

…feriere allerbestes trockenes
Polypodium
per Sack 5 M. [618
Sphagnum
…köpfig, trocken, per Sack 2,50 M.
Abnahme von je 5 Säcken 10% Rabatt.
…ustrierter Orchideenkatalog gratis und franko.
Paul Wolter,
Magdeburg-Wilhelmstadt.

Gärtnerlehranstalt zu Wittstock (Dosse)

Provinzial-Garten- und Obstbauschule
der [637
brandenburgischen Landwirtschaftskammer.

Gründliche Ausbildung in allen gärtnerischen Fächern, praktisch und theoretisch, für Gehilfen und Lehrlinge in getrennten Kursen.

Beginn des Sommer-Semesters am 7. April 1908.

Näheres durch den Direktor **Schneider**, Kgl. Ökonomierat.

ABNER & Co., Cöln-Lindenthal Fabrik Ohligs

Rasenmäher neuester Systeme.

Eigenes bewährtes Fabrikat. [625

Marke „PERFECTION" D. G.-M.

Im Gebrauche der Kaiserlichen Gärten am Neuen Palais Sanssouci-Charlottenburg, Wilhelmshöhe, Hofburg Wien, Schönbrunn etc. etc., des Palmengartens Frankfurt a. M., der Städte Berlin, Paris, Wien, Brüssel, Bern etc. etc. Höchstprämiiert gegen die gesamte Konkurrenz. 1902 Budapest, 1904 Düsseldorf, 1905 Paris, Dresden und Mannheim 1907.

Rasensprenger, Gartenwalzen etc.

|| Kulante Zahlungsbedingungen, billige Preise. ||

Bedeutende Ersparnisse an Arbeitskräften

neben intensivster Bodenbearbeitung erzielt man mit unseren jahrelang bewährten

Handhackmaschinen

in landwirtschaftl. Betrieben und Gärtnereien.

Ferner empfehlen zur **Drillkultur** unsere patentierten
Handdrillmaschinen **„Hallensis"**.

Fabrik landwirtschaftl. Maschinen **F. Zimmermann & Co., A.-G., Halle a. S.**

Filialen: Berlin SW., Dessauerstr. 30 · Breslau VII, Gabitzstr. 14 · Schneidemühl, Rüsterallee. [503

|| Prima Referenzen, weitgehendste Garantie. ||

Wiederverkäufern höchste Rabattsätze.

Anzeigen für die nächste Nummer müssen **bis Montag Mittag** ■ in unseren Händen sein. ■

Wellpapier [92]
bestes und billigstes Packmaterial (zum Schutze von Bäumen sehr geeignet)
Wellpappe-Schachteln
für Früchte, Gemüse, Blumen etc.
Carl Lampmann Söhne, Köln-Ehrenfeld.

Räucherapparat „Terror"
D. R. G. M. 320 069, in No. 16 der „Gartenwelt" beschrieben, ist der beste, sauberste und billigste Apparat der Gegenwart. Vertilgt Blattläuse etc. sofort. Preis per Apparat nebst 2 kg Räucherpulver u. Packung Mk. 4.—. Anweisung beiliegend. [298

„Peters Sturmluftholz" D. R. G. M. 323850
verhütet das Umstürzen der Fenster. 25 St. 3 Mk., 50 St. 5.75 Mk., 100 St. 10 Mk. per Nachnahme.

Friedr. Peter, Würzburg,
Versandgärtnerei.
Telephon 1734

Grosse Freude
bereit. viel. Gärtnern die Anwendung v.
Haubolds Dresd. Räucherapparat
z. Vertilgung versch. Art. Läuse u. Thrips. Prosp. u. Preisliste, sowie Beurteilg. aus Fachkreisen gratis u. franko durch [387
Bernhard Haubold, Laubegast-Dresden.

Konkurse.

Arnstadt. In dem Konkursverfahren über das Vermögen des Kunst- und Handelsgärtners Otto Müller, früher in Arnstadt, ist zur Abnahme der Schlussrechnung des Verwalters, zur Erhebung von Einwendungen gegen das Schlussverzeichnis der bei der Verteilung zu berücksichtigenden Forderungen, zur Beschlussfassung der Gläubiger über die nicht verwertbaren Vermögensstücke und über die Erstattung der Auslagen und die Gewährung einer Vergütung an die Mitglieder des Gläubigerausschusses der Schlusstermin auf **den 13. Februar 1908, vormittags 10 Uhr** vor dem Fürstlichen Amtsgerichte hierselbst bestimmt.

Schlussrechnung nebst Belegen, sowie Schlussverzeichnis liegen in der Gerichtsschreiberei zur Einsichtnahme aus.

Halberstadt. Ueber das Vermögen des **Blumengeschäftsinhabers und Gärtners Richard Ebert in Halberstadt** ist am 27. Januar 1908, mittags 12 Uhr, das Konkursverfahren eröffnet. Verwalter: Kaufmann Otto Hintze in Halberstadt. Anmeldefrist und offener Arrest mit Anzeigepflicht bis 13. Februar 1908. Erste Gläubigerversammlung und allgemeiner Prüfungstermin am **21. Februar 1908, vormittags 11 Uhr**, Zimmer No. 11.

Wassertrüdingen. Das Kgl. Amtsgericht Wassertrüdingen hat über das Vermögen der **Blumengeschäftsinhaberseheleute Georg** und **Luise Christ in Wassertrüdingen** den Konkurs eröffnet. Konkursverwalter: Gerichtsvollzieher Deinlein dahier. Offener Arrest erlassen, Anzeigefrist in dieser Richtung bis Freitag, den 28. Februar 1908, Frist zur Anmeldung der Konkursforderungen bis Freitag, 6. März 1908, einschliesslich bestimmt. Wahltermin zur Beschlussfassung über die Wahl eines anderen Verwalters, Bestellung eines Gläubigerausschusses, dann über die in §§ 132, 134 und 137 der K.-O. bezeichneten Fragen auf **Freitag, 21. Febr. 1908, vormittags 10 Uhr**, allgemeiner Prüfungstermin auf **Freitag, 27. März 1908, vormittags 10 Uhr**, bestimmt.

Illustrierte Wochenschrift für den gesamten Gartenbau.

Jahrgang XII. 22. Februar 1908. No. 21.

Landschaftsgärtnerei.

Der Schillerplatz in Eßlingen am Neckar.

Von Harry Maaß, Stuttgart.

(Hierzu vier Abbildungen.)

Im verflossenen Jahre wurde in Eßlingen, der ehemaligen Reichsstadt, am Neckar reizend gelegen, ein Stadtplatz dem Verkehr übergeben, der durch seine Einheitlichkeit in der Durchführung und durch seine charakteristische, einfache Behandlung ganz besondere Beachtung verdient.

Der ganze Platz zerfällt in zwei Hauptteile, wie aus dem beistehenden Plane ersichtlich, dem vorderen regelmäßigen Zugange und der hinteren, mehr landschaftlich gehaltenen Partie mit der Hauptszenerie, dem Teich.

Der regelmäßige Zugang hat ein um eine Wenigkeit vertieft liegendes Parterre erhalten, um welches eine etwas erhöhte Umfassungsrabatte läuft, die mit feurigroten Pelargonien bestanden ist und beiderseitig vier schlank geschnittene Taxuspyramiden erhält. In der Mitte des Parterres steht ein aus Cannstatter Tuffstein hergestelltes Postament mit Tuffsteinkübel, umwirkt mit dem Rankwerk rosablühender Peltaten. Blaue *Clematis* umspinnen locker das Postament.

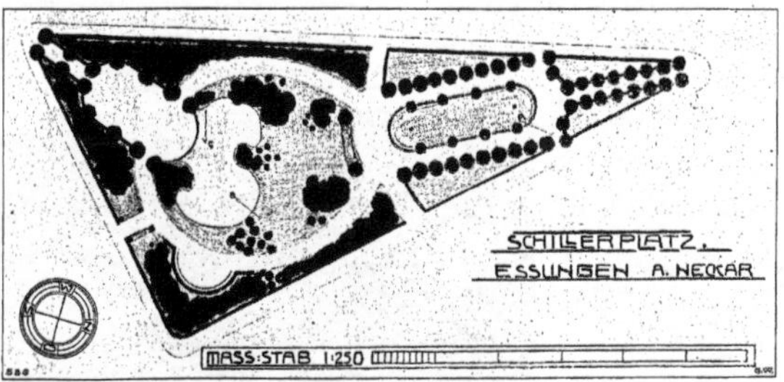

Originalzeichnung für die „Gartenwelt".

Die in der Regel grau oder schwarz gestrichene Einfriedigung ist hier durch eine weiße, sehr geschmackvolle Bandeiseneinfriedung ersetzt worden; sie hat sich trotz des sehr regen Verkehrs ganz vorzüglich bewährt. Flachkronige Platanen begrenzen hier wie auch am Zugange die Wege und werden durch Taxushecken verbunden, die hin und wieder zu Nischen erweitert sind, in denen leichte Ruhebänke Aufnahme fanden.

Der Schillerplatz liegt in einer noch wenig bebauten Gegend im südlichen Stadtteile, zwischen der „Alleen"-, „Schiller"- und „Blumenstraße", und wurde nach den Projekten der Firma Berz & Schwede, Inhaber Chr. Otto Berz in Stuttgart, und unter deren Oberaufsicht hergestellt.

An der Hand der hier wiedergegebenen Projektskizzen, nach welchen die Anlage unter Innehaltung aller Einzelheiten ausgeführt wurde, und die aus diesem Grunde ein getreues Bild des fertigen Schillerplatzes wiedergeben, sei mir an dieser Stelle eine kurze Erläuterung der Anlage gestattet.

Schaubild vom Schillerplatz in Eßlingen.

Im unregelmäßigen Teile der Anlage ist ein Weiher angelegt, dessen ruhige Form dem Auge wohltut. Eine Steinbrüstung, ebenfalls aus Tuffstein gehauen und nach der Wasserseite zu mit weißgestrichenem Lattenwerk geziert, trennt den Weiher von einem größeren Spielplatze, den Linden beschatten; er ist ebenfalls von einer Hecke eingefaßt. Die verdickten Pfeiler der einfachen Steinbrüstung erhalten Kübel mit leuchtender Bepflanzung.

Ein Springstrahl, Entenhäuschen mit ihrer Bevölkerung, sowie ein gut gewähltes einheimisches Sumpf- und Wasserpflanzenmaterial, sorgen für Belebung der Wasserfläche.

Den ganzen Platz umgibt ein Holzgitter mit Taxushecke dahinter.

Alle architektonischen Beigaben, wie Brüstung, Postament, Kübel, Bänke, Einfriedigung und Entenhäuschen, sind nach den Entwürfen vorgenannter Firma hergestellt, und diesem Umstande kann es zugeschrieben werden, daß die Anlage nach jeder Seite hin als „einheitlich" zu bewerten ist. Auch fällt ein Hauptmoment, das dieser Anlage die Bezeichnung eines wohlgelungenen Werkes auferlegt, in die Wagschale, es ist die vollkommen freie Disposition, welche der Stadtvorstand der Firma bei der Ausführung des Schillerplatzes ließ.

Die Kosten betrugen alles in allem rund 20 000 M.

Die Stadt Eßlingen ist durch diese wohlgelungene Anlage um ein gärtnerisches Schmuckstück bereichert worden, um das sie manche Großstadt mit Recht beneiden kann. Ihr voller Wert wird sich erst dann präsentieren, sobald einmal die umliegenden Grundstücke bebaut sind, sobald sie von allen Seiten durch geschlossene Häuserfronten umrahmt wird.

Stauden.

Nochmals Pflanzen zu Wegeeinfassungen. In No. 18 der „Gartenwelt" werden so viele Einfassungspflanzen genannt, daß man mit ihnen einen reichhaltigen Staudenmustergarten anlegen könnte. Wem die Wahl schwer fällt, dem möchte ich eine weitere Pflanze nennen, welche ich seit mehr als 12 Jahren mit bestem Erfolge verwende. Es ist die kleine Form des amerikanischen Löffelveilchens, *Viola cucullata*, Ait. Die Pflanze ist in voller Sonne, wie in nicht zu dichtem Schatten gleich dauerhaft, sie wächst dicht, bindet die erhöhten Kanten der Beete, läßt zwischen sich kein Unkraut aufkommen, wird weder von Ungeziefer noch Krankheiten befallen, rankt nicht und läßt sich wie Rasen abstechen; sie sieht in ihrem dunklen Grün kleiner, kurzgestielter Blätter stets sauber aus. Im Mai aber, wenn Tausende hellblauer Blüten sich drängen, bildet solche Einfassung eine einzige Blütengirlande Mitte Sommer lasse ich die Blätter gewöhnlich einmal abmähen. Die Einfassung ist, wenn nicht gerade große Dürre herrscht, nach 8 bis 14 Tagen wieder grün und behält dann bis zum Frost ihr frisches Aussehen. Die Pflanze ist genügsam und läßt sich durch Teilen der etwas knolligen Wurzelstöcke bis ins Unendliche vermehren.

Die schöne, großblütige Form, mit dunklerer Blume von der doppelten Größe, hat höheres Laub und ist aus diesem Grunde für unsere Zwecke trotz ihrer Schönheit weniger geeignet.

Wer aber eine feine, dauerhafte neue Staude wünscht, die sich aus Samen in großen Mengen leicht heranziehen läßt und die in sonniger Lage ziemlich den ganzen Sommer blüht, sei auf meine

Schaubild vom Schillerplatz in Eßlingen.

Campanula glomerata acaulis hingewiesen. Die Verbreitung dieser als Gruppen- wie als Einfassungspflanze noch viel zu wenig bekannten Form unserer einheimischen knäuelblütigen Glockenblume hat die Staudenfirma Georg Arends in Ronsdorf, Rheinland, übernommen. Wer diese, nur wenige Zentimeter hohe, dichte Blütentuffs bildende Staude erst in der richtigen Verwendung, namentlich in Massenwirkung kennen gelernt hat, wird sie weiter empfehlen.

Rehnelt.

Schaubild vom Schillerplatz in Eßlingen.

Kakteen und Sukkulenten.

Epiphyllum delicatum Froebels Schneeweißes.*)

Von J. Mülders, „Hortensia“, Zürich V.

(Hierzu eine Abbildung.)

Auf der letzten, im November v. Js. in Zürich stattgefundenen großen Chrysanthemum-, Orchideen- und Herbstblumenausstellung der Gartenbaugesellschaft „Flora“ zeigte uns die bekannte Gartenbaufirma O. Froebels Erben zum ersten Male eine größere Gruppe in voller Blüte stehender *Epiphyllum delicatum Froebels Schneeweißes.* Es verdient diese Neueinführung überall die größte Verbreitung, und wird sie auch von allen Liebhabern und Freunden dieser Gattung sehr geschätzt und ihr ungeteilte Anerkennung gezollt.

Es zeigte sich an der ausgestellten Gruppe, und ich konnte es auch sonst an den Beständen dieser Pflanzen in der Gärtnerei wahrnehmen, daß diese Neuheit einen äußerst robusten Wuchs hat, gepaart mit großer Reichblütigkeit und herrlicher Färbung der Blumen.

Nach der Aufstellung dieser Gruppe in der Ausstellung waren die Blumen anfangs ganz weiß, mit einem kaum bemerkbaren allerzartesten Anflug von Rosa. Nach Verlauf von etwa 5 bis 6 Tagen wurden die Blumen prächtig zartrosa, und ist diese Verfärbung wirklich schön zu nennen. Es bewahrheitete sich hier das, was Herr Obergärtner O. Zipperlen, Erfurt, in der No. 16, Jahrgang X, der „Gartenwelt“ über dieses *Epiphyllum* schrieb, daß sich seine Blumen bei hellem Standorte mehr rosa färben, hingegen bei dunklerem Stande weiß bleiben, denn

Gruppe von Epiphyllum delicatum Froebels Schneeweißes, eingefaßt mit Cyclamen salmoneum Papilio.
Originalaufnahme für die „Gartenwelt“.

*) Siehe auch „Gartenwelt“, Jahrgang X, Seite 131 und 192. Nach den Mitteilungen an letzter Stelle ist dieses weiße *Epiphyllum* zuerst als *E. delicatum* von William Bull & Sons aus Brasilien eingeführt worden.

in der Ausstellung standen die Pflanzen an einer großen Glastüre unter Einwirkung des vollen Tageslichtes und abends der elektrischen Beleuchtung.

Herr Th. Schweizer, Obergärtner der Firma Froebels Erben, teilte in No. 11, Jahrgang X, der „Gartenwelt“ über diese Neueinführung mit, daß sich die zuerst nach der Einführung aus Brasilien 1901 bei ihr gezeigten Blumen ganz weiß präsentierten, hingegen späterhin mehr Rosafärbung annahmen.

Es ist nicht zu bezweifeln, daß auch heute wieder derjenige Handelsgärtner, der dieses neue weiße *Epiphyllum* mit den alten guten roten und dunkelroten Sorten in schönen Exemplaren und größeren Partien auf den Markt bringt, überall gute Abnehmer finden wird, denn es gibt wohl kaum eine andere blühende Pflanze, die besonders in der Zimmerkultur so wenig Ansprüche macht und so widerstandsfähig ist, als gerade dieses *Epiphyllum*. Dabei fällt die Blütezeit desselben in die Monate November bis Januar, die doch verhältnismäßig wenig Abwechselung in blühenden Pflanzen bieten. Die Vertreter der Gattung *Epiphyllum* gehören zu jenen wenigen Kakteen, die unbeeinflußt durch die gerade herrschende Moderichtung stets ihre Liebhaber hatten. Sowohl als auf *Peireskia* veredelte Kronenbäumchen wie auch als wurzelechte Pflanzen sind sie gleich empfehlenswert. Leider scheinen die schönen Sorten des *Epiphyllum truncatum* fast ganz aus den Kulturen verschwunden zu sein.

Begonia hybrida Elsmerii.
Originalaufnahme für die „Gartenwelt“.

Topfpflanzen.

Begonia hybr. Elsmerii, eine neue, im Winter blühende Begonie.

Von Otto **Weißhahn**, Probstheida.

(Hierzu eine Abbildung.)

Zu unseren schönsten Blattpflanzen, welche uns gleichzeitig durch ihre herrlichen Blüten erfreuen, gehören unstreitig viele Abarten der Begonie. Diese herrliche Gattung, deren meiste Arten im tropischen Amerika heimisch sind, wurde im Laufe der letzten Jahre durch die Hand des Gärtners teils auf dem Wege künstlicher Befruchtung, teils durch Zufälligkeiten auf eine enorm große Sortenzahl gebracht.

Eine Züchtung jüngeren Datums, auf deren Eigenschaften im folgenden kurz hingewiesen werden soll, veranschaulicht die untenstehende Abbildung. Wie das Bild zeigt, eignet sich diese Sorte besonders zu Dekorationszwecken in Palmenhäusern, Wintergärten oder dergleichen.

Ihr Wuchs ist ein sehr robuster, kandelaberförmiger, die Blühwilligkeit eine enorme. Das abgebildete Exemplar trägt ein Dutzend Blütenstengel, welche mit ihren fleischfarbenen, großen Sternen der Pflanze einen vornehmen Charakter verleihen. Anfang Oktober mit Blühen beginnend, wird sie nicht müde, die teils vorhandenen, teils neu erscheinenden Blütenstengel bis in den März hinein in einer Vollkommenheit zu entfalten, die Staunen erregt.

So mancher Beschauer zollte der *Begonia Elsmerii* Anerkennung. Wir haben es hier mit einem vollendeten Winterblüher zu tun, dessen Kultur keine allzu schwierige ist. Die Vermehrung geschieht durch Stecklinge. Für eine kräftige Lauberde, mit etwas Heideerde und Sand vermischt, wozu man noch einige grobe Torfmullstücke geben kann, welch letztere besonders der Wurzelbildung zu statten kommen, ist sie recht dankbar. Bei späterem Verpflanzen setzt man dieser Mischung noch etwas Hornspäne zu.

Die einzige Schattenseite dieser Züchtung bildet die Schwierigkeit des Transportierens, denn ihre großen, an ganz fleischigen Stielen sitzenden, schweren Blüten brechen bei einigermaßen ungeschicktem Transport wie Glas ab; es macht sich deshalb ein öfteres Anstäben und Anbinden nötig. Für Marktgärtner und zum Versand ist *B. Elsmerii* daher weniger zu empfehlen, es sei denn, daß für Versand und Marktverkauf nur junge, noch vor der Blüte stehende Pflanzen verwendet werden.

Fuchsia hybrida Dr. Fournier.

Von Adolf **Gebers**, in der Handelsgärtnerei von Friedr. Heiler, Kempten, Algäu.

(Hierzu zwei Abbildungen.)

Ja, was ist denn das für eine wundervolle neue Fuchsie, welche Sie um diese Zeit, Mitte Mai, in schönster Blüte haben? Diese Frage wurde wiederholt in den letzten Jahren von verschiedenen Fachleuten an mich gestellt. Es ist keine Neuheit, werter Herr, antwortete ich, sondern eine ältere Sorte des weltbekannten Züchters Lemoine, Nancy.

Leider ist diese sehr wertvolle Sorte fast unbekannt geblieben. *Dr. Fournier* ist eine Fuchsie, welche mit jeder bis jetzt bekannten gefüllten Sorte einen Vergleich aushalten kann; sie ist unbestreitbar die früheste gefüllte Fuchsie.

Dr. Fournier ist von straffem, pyramidalem Wuchse, reichblühend. Die Blumen sind groß, silberigrosa gefüllt.

Die photographischen Aufnahmen erfolgten Ende Mai v. J.; ein Bild zeigt Januar-, das andere Märzvermehrung.

Mögen diese Zeilen dazu beitragen, daß diese sehr wertvolle Fuchsie die weiteste Verbreitung findet; sie sei jedem Handels- und Privatgärtner bestens empfohlen.

Fuchsia hybr. Dr. Fournier (zwei Monate alte Stecklinge).
In der Handelsgärtnerei von Friedr. Heiler, Kempten (Algäu) für die „Gartenwelt" photogr. aufgen.

Pflanzenvermehrung.

Die Vermehrung der Ficus elastica mit Wurzeleinsatz und deren Kultur.

Von **Jean Wentz**, Obergärtner der Firma C. F. Velten, Speyer.

(Hierzu zwei Abbildungen.)

Wenn auch die stattlichen *Ficus* seit einer Reihe von Jahren durch die wechselnde Mode etwas verdrängt worden sind, so haben sie doch als schmuckvolle, dauerhafte Zimmer- und Dekorationspflanzen immer noch ihre Liebhaber, wodurch auch diesen Pflanzen, wenn sie sich in tadelloser Kultur mit ihren glänzendgrünen, lederartigen Blättern präsentieren, befriedigender Absatz gesichert ist. Jeder wirkliche Liebhaber wird eine hübsch gezogene *Ficus* vielen anderen Blattpflanzen gegenüber bevorzugen, weshalb wir gut daran tun, die Kultur unserer Gummibäume nicht zu vernachlässigen. Mit dieser Kultur seit Jahren vertraut, möchte ich meine Erfahrungen durch Veröffentlichung an dieser Stelle weiteren Kreisen zugänglich machen.

Um die Kultur in größerem Umfange betreiben zu können, benötigt man vor allem einen entsprechenden Bestand mehrjähriger, vielverzweigter Mutterpflanzen, die einen größeren Prozentsatz der stets zu bevorzugenden Kopfstecklinge liefern, welche in einer Kulturperiode kräftigere Pflanzen als Blattstecklinge ergeben. Die Stecklingsvermehrung beginnt Ende Januar und Anfang Februar. Ist um diese Zeit das Vermehrungshaus in Stand gesetzt, so beginnt das Schneiden der Stecklinge. Man kann unter Umständen hierfür schon einen früheren Zeitpunkt wählen, vorausgesetzt, daß das Holz bereits die nötige Reife hat. Zu weiche, gelbliche und sonst krankhaft aussehende Stecklinge soll man nicht verwenden, sie liefern nur kümmerliche Pflanzen, falls sie nicht schon im Vermehrungsbeete abfaulen. Gewöhnlich wird es besser sein, einige Wochen später als zu früh mit der Vermehrung zu beginnen. Die Kopfstecklinge schneidet man in der Regel je nach der Blattgröße mit 3, 4 und selbst 5 Blättern ab. Man führt den Schnitt schräg, so daß der Astring quer durchschnitten wird; dieser Teil spielt

Fuchsia hybr. Dr. Fournier (fünf Monate alte Stecklinge).
In der Handelsgärtnerei von Friedr. Heiler, Kempten (Algäu) für die „Gartenwelt" photogr. aufgenommen.

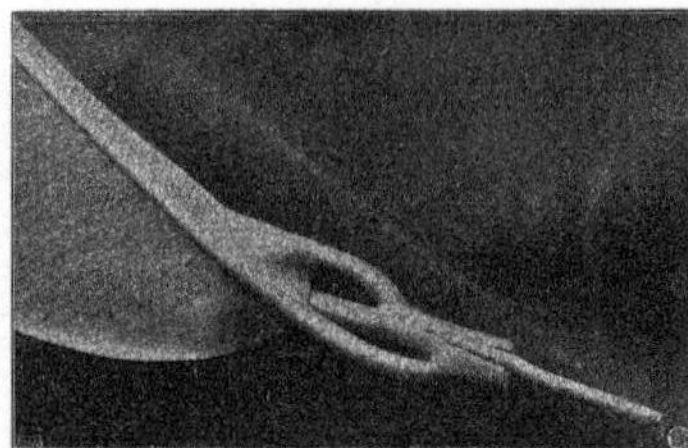

Ficussteckling mit Wurzeleinsatz.
Originalaufnahme für die „Gartenwelt".

bei der Wurzelbildung eine große Rolle. In vielen Betrieben werden Ficusstecklinge, ganz im Gegensatz zu anderen, über dem Auge geschnitten, sie wurzeln auch so tadellos, und es hat dies bei Blattstecklingen den Vorteil, daß durch das Einpflanzen das Auge nicht mit Erde bedeckt wird. Jedenfalls achte man beim Schneiden der Stecklinge darauf, daß die Augen nicht durch den Schnitt verletzt oder gar durchschnitten werden. Alle Stengelglieder von einem Blatt zum folgenden liefern je einen Blattsteckling, falls die Entfernungen von Blatt zu Blatt 3 bis 4 cm betragen; stehen die Blätter dagegen dichter zusammen, so schneide man Stecklinge mit je 2 bis 3 Blättern. Es ist nicht empfehlenswert, die Mutterpflanzen mit einem Male vollständig herunter zu schneiden. Man schneidet vielmehr zuerst alle Gipfeltriebe, also die Kopfstecklinge, und bringt dann die Mutterpflanzen in erhöhter Temperatur zu lebhafter Vegetation, um die in den Blattwinkeln schlummernden Augen zum Durchtreiben zu bewegen. Eine Temperatur von 25° C bei feuchter Luft genügt zur Erreichung dieses Zieles.

Die geschnittenen Kopf- und Blattstecklinge bleiben bis zum nächsten Tage liegen, damit sie ausbluten und die Schnittstellen etwas antrocknen. Bevor nun das Einsetzen der Wurzeln in die einzelnen Stecklinge beginnt, werden die Blätter derselben erst gründlich gewaschen, dann nach dem Abtrocknen übereinander gerollt und mit einem Bastband zusammengehalten. (Siehe obenstehende Abbildung.) Die Wurzeln, die man zum Einsetzen in die Stecklinge den Mutterpflanzen entnimmt, müssen gesund sein, sie werden vor der Verwendung gleichfalls sauber gewaschen.

Die Einführung der Wurzeln in den Steckling wird durch Spaltpfropfung ausgeführt; die Wurzeln werden oben auf 3 bis 4 cm Länge keilförmig zugeschnitten und in den auf einer Seite, also nicht durch den ganzen Stamm, gespaltenen Steckling eingeführt, worauf man einen guten Bastverband umlegt. (Siehe beistehende Abb.) Ein Verstreichen der Veredlungsstelle mit Baumwachs ist nicht erforderlich. Schon wenige Tage nach Vornahme der Operation zeigt die eingesetzte Wurzel neues Leben; nach 10 bis 12 Tagen wachsen schon einige junge Seitenwurzeln über den Topfrand hinweg.

Diese Veredlung der Ficusstecklinge verbürgt nach meinen Erfahrungen weit größeren Erfolg, als die gewöhnliche Stecklingsvermehrung ohne Wurzeleinsatz. Die veredelten Stecklinge wurzeln viel schneller in den Töpfen durch, die veredelten Pflanzen erlangen ein weit größeres Wurzelvermögen, was natürlich auch ein entschieden kräftigeres Wachstum zur Folge hat.

Nach Beendigung des Pfropfens werden die Stecklinge unter Verwendung recht sandiger, leichter Erde so in möglichst kleine Töpfchen gepflanzt, daß die ganze Veredelungsstelle unter die Erde kommt. In den Töpfchen befestigt man jeden Steckling vermittelst eines 20 cm langen Stäbchens, das durch die zusammengerollten Blätter hindurch bis auf den Topfboden gestoßen wird, also die Blätter jedes einzelnen Stecklings senkrecht und frei hält, wodurch sie gegen Fäulnis geschützt sind, die unausbleiblich ist, wenn die Blätter der einzelnen Stecklinge nicht gerollt und aufgebunden werden, also flach über einander liegen. Ist alles eingetopft, so füttert man die Töpfchen dicht zusammen in das mit einer Lage Sand oder Torfmull ausgestattete Vermehrungsbeet ein. Am besten sind sogenannte Vermehrungskästen geeignet, die mit einem Fenster abgeschlossen werden können. Im Vermehrungsbeete ist eine gleichmäßige

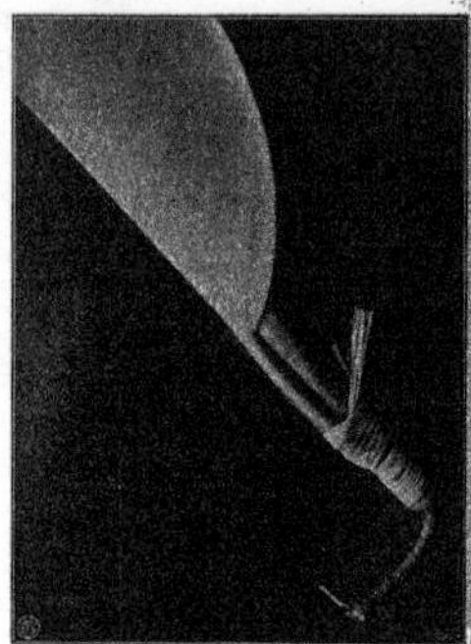

Ficussteckling mit Wurzeleinsatz und Bastverband, acht Tage nach der Veredlung. Das eingesetzte Wurzelstück hat bereits Faserwurzeln entwickelt.
Originalaufnahme für die „Gartenwelt".

Bodenwärme von 30 bis 33° C zu halten. Schroffe Temperaturschwankungen haben erhebliche Verluste zur Folge. Die Stecklinge werden täglich durchgesehen und etwa faulende entfernt. An sonnigen Tagen können die Blätter bei genügender Temperatur im Hause vormittags leicht mit lauwarmem Wasser überspritzt werden. Man lüftet täglich den Kasten so lange, bis die Pflanzen abgetrocknet sind. Auch müssen die Scheiben des Kastens täglich zwei- bis dreimal trocken abgewischt werden, um dem verderblichen Tropfenfall vorzubeugen.

Nach 14 Tagen wird der größte Teil der veredelten Stecklinge schön bewurzelt sein. Von nun ab nimmt man sie aus dem Kasten heraus, zunächst jene, deren Wurzeln über den Topfrand gewachsen sind, und stellt sie frei im stets gut durchwärmten Vermehrungshause auf, wo sie bis zum Auspflanzen auf warme Kästen bleiben.

Das Auspflanzen auf warme Kästen beginnt gegen Mitte April. Die hierfür bestimmten Kästen werden mit gutem Pferdemist gepackt und mit Umschlägen versehen. Hat sich der Mist gut erwärmt, so gibt man auf denselben zunächst eine etwa 15 cm hohe Lage grober Moorerdebrocken zur Förderung des Wasserabzuges, hierauf dann grob durchgesiebte Moorerde nebst Sand und etwas Hornspänen. Nach Einbringung und gleichmäßiger Verteilung der Erde werden die Kästen mit Fenstern belegt und gut gedeckt, bis das Erdreich durchwärmt ist, dann beginnt das Auspflanzen. Die Beete werden zu diesem Zwecke in Längsreihen von 25 cm Abstand eingeteilt. Der Abstand der Stecklinge innerhalb dieser Reihen beträgt 30 cm. Vor dem Auspflanzen werden die Stäbchen entfernt und die Blätter auf der Rückseite geschwefelt. Man stellt am besten aus Schwefelblüte und Wasser einen Brei her, den man zur Fernhaltung der roten Spinne mit einem Schwamm aufträgt. Austopfen und Auspflanzen müssen vorsichtig erfolgen, damit der Wurzelballen nicht auseinander fällt.

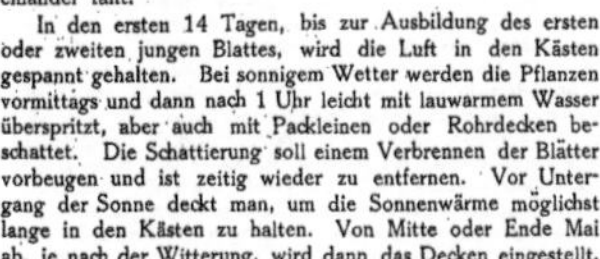

Saxifraga longifolia, vegetative Vermehrung zeigend.
Vom Verfasser für die „Gartenwelt" gezeichnet.

In den ersten 14 Tagen, bis zur Ausbildung des ersten oder zweiten jungen Blattes, wird die Luft in den Kästen gespannt gehalten. Bei sonnigem Wetter werden die Pflanzen vormittags und dann nach 1 Uhr leicht mit lauwarmem Wasser überspritzt, aber auch mit Packleinen oder Rohrdecken beschattet. Die Schattierung soll einem Verbrennen der Blätter vorbeugen und ist zeitig wieder zu entfernen. Vor Untergang der Sonne deckt man, um die Sonnenwärme möglichst lange in den Kästen zu halten. Von Mitte oder Ende Mai ab, je nach der Witterung, wird dann das Decken eingestellt.

Schreitet die Entwicklung der Pflanzen in den Kästen zufriedenstellend fort, so beginnt man allmählich mit Lüften. Bald ist das Wachstum derart vorgeschritten, daß die Pflanzen an die Fenster anzustoßen beginnen, es sind dann die Kästen durch einen Aufsatz zu erhöhen. An sehr warmen Tagen, nach voraufgegangenem Regen, beginnt man jetzt auch die Fenster abzuheben, um die Pflanzen allmählich an die freie Luft zu gewöhnen. Nach Eintritt ständig warmer Witterung werden die Kästen mit einer Lattenstellage versehen, um bei bevorstehendem Hagelwetter und andauerndem Regen Schutz bieten zu können.

Die Sommerbehandlung besteht in reichlicher Bewässerung, gelegentlichem Auflockern der Erde und Düngen mit Kuh- oder Latrinenjauche, was in Zwischenräumen von 2 Wochen zu wiederholen ist. Schattieren unterbleibt im Sommer. Bei solcher Behandlung erreichen die Pflanzen bis Mitte August 100 bis 120 cm Höhe; sie tragen dann je 12 bis 15 vorzüglich entwickelte Blätter. Jetzt ist es Zeit zum Eintopfen in mäßig große, dem Wurzelvermögen entsprechende Töpfe. Am besten bringt man die eingetopften Pflanzen auf ein mit Mist angelegtes Gewächshausbeet auf warmen Fuß, wo sie bald durchwurzeln. Auch beim Eintopfen bewährt sich sandige Moorerde am besten. Das Ausheben der *Ficus* aus den Kästen erfolgt mit den Händen, ohne Zuhilfenahme eines Spatens. Die frisch eingetopften *Ficus* werden sofort an saubere Stäbe geheftet. Nach dem Einpflanzen ist anfangs bei starkem Sonnenschein etwas zu schattieren, leicht zu spritzen und die Luft gespannt zu halten. Die Durchwurzelung ist nach 2 bis 3 Wochen erfolgt und sind die Pflanzen dann versandfähig.

Die zu überwinternden *Ficus* werden in einer Temperatur von 15 bis 20° C gehalten. Das Spritzen unterbleibt während des Winters.

Die alten Mutterpflanzen, welche jährlich das Stecklingsmaterial liefern, pflanzt man stets im Mai—Juni auf Kästen aus, von welchen sie im Herbst in ein Beet des Warmhauses verpflanzt werden.

Vermehrung durch Wurzelstücke.

Von Obergärtner **Wilhelm Mütze**, Dahlem bei Steglitz.

(Hierzu zwei Abbildungen.)

Die Vermehrung der Pflanzen auf geschlechtlichem Wege ist für die Erhaltung eines gesunden Zuchtmaterials die beste Art. Die so gewonnenen Pflanzen zeigen stets ein williges Gedeihen, sind kerniger und langlebiger als die auf ungeschlechtlichem Wege gewonnenen und immer wieder so vermehrten Exemplare. Trotzdem sind wir Gärtner sehr oft gezwungen, aus der Not eine Tugend zu machen, wir müssen auch oft reine Arten auf ungeschlechtlichem Wege vermehren, weil es für — den Geldbeutel so besser ist. Manche Arten trotzen aber dieser Vermehrungsart beharrlich, es gibt da nichts oder nicht viel zu schneiden und die Vermehrung durch Samen dauert entweder recht lange, oder aber wir erlangen durch ungewollte Fremdbestäubung meist minderwertige Bastarde.

Wurzelstück von Saponaria caespitosa, junge Polster entwickelnd.
Vom Verfasser für die „Gartenwelt" gezeichnet.

Eryngium alpinum, giganteum, amethystinum u. a. stehen immer hoch im Preise, da ihre Vermehrunng durch Samen Jahre dauert, der Same liegt meist über, geht oft verloren, die jungen Pflanzen brauchen auch zwei Jahre bis zum Blühen. Eine einfache Vermehrungsmethode ist die durch Wurzelstückchen. Im zeitigen Frühjahr nimmt man eine starke Pflanze vorsichtig heraus, schneidet die fleischigen Seitenwurzeln alle ab und setzt dann die Pflanze mit dem einen verbleibenden Wurzelstück wieder ein. Die abgetrennten Wurzeln schneidet man in 2 bis 3 cm lange Stückchen und legt sie in Sand in Schalenn Unter Glas gestellt, kühl und mäßig feucht gehalten, treiben diese Stücken sehr bald aus und bringen noch im selben Jahre schöne Pflanzen, die oft schon im nächsten blühen. Diese Vermehrungsart sollte viel mehr versucht und, wo sie möglich ist, angewendet werden; die so erzogenen Pflanzen scheinen tatsächlich den

Stecklingspflanzen gegenüber freudigeres Gedeihen und kernigere Entwickelung zu zeigen. Vielleicht enthalten die Wurzelstücke mehr Diastase als die Stengelteile, denn bei Vermehrung durch Blätter habe ich sehr oft die Wahrnehmung gemacht, daß die Blätter wohl sehr gut Wurzeln bilden, dann aber bald eingehen, es wird also wahrscheinlich Diastasemangel eintreten. Je mehr Blattstiel, um so mehr Gewähr für Bildung einer neuen Pflanze und längeres Grünbleiben des Blattes war gegeben. Fleischige Wurzelteile scheinen stets die zur Erzeugung gesunder, lebensfähiger Individuen nötigen Stoffe in Reserve zu haben.

Bei vielen Kompositen ist diese Vermehrungsart möglich, außerdem fand ich jüngst unter einigen Originalpflanzen von *Saponaria caespitosa* aus den Pyrenäen, die ja bekanntlich mit ihren fleischigen Wurzeln tief in die Kalkfelsen hineingeht, an einer jedenfalls freiliegenden Wurzel eine Reihe junger Polster. (Abbildung Seite 247, unten.) Gerade diese polsterbildenden Felsenpflanzen sind heikel in der Vermehrung und wären auch hier Versuche am Platze.

Interessanter noch waren mir unter etwa achtzig Originalpflanzen von *Saxifraga longifolia,* die ich aus den Pyrenäen erhielt, einige Exemplare, die auf irgend eine Weise im Wachstum gestört, wahrscheinlich abgefressen, sich bequemt hatten, aus dem Wurzelstock neue Sprosse zu bilden (Abbildung Seite 247, oben). *Saxifraga longifolia* gehört bekanntlich zu den stattlichsten Erscheinungen unter allen Alpenpflanzen, schade nur, daß auch sie bei uns so sehr schwer zu vermehren ist. Man beziehe nur einmal Samen, selbst aus guten Samengeschäften, was da herauskommt, alle möglichen Bastarde und kaum eine einzige echte Pflanze. Selbst bei eigener Samenzucht wird man kaum die Pflanzen so halten können, daß eine Fremdbestäubung ausgeschlossen ist. Kolb (Die europäischen und überseeischen Alpenpflanzen) gibt an, daß die Pflanze in halbschattiger Lage und Moorerde mehr Nebensprosse erzeugt, als in sonniger Lage; ferner, daß sie vor der Blüte einige Seitensprosse treibe. Ich habe davon nichts bemerkt; es sei also immerhin folgende Vermehrungsart empfohlen: Wer einige starke Exemplare zu Vermehrungszwecken opfern kann, zerstöre das Vegetationszentrum, sofern die Pflanzen gut eingewachsen sind. Alle nächstliegenden Rosettenblätter bilden dann am unteren Ende, direkt dort, wo sie in den Wurzelstock (Stamm) eingewachsen sind, kleine Knötchen. Aus diesen treiben zwei und später mehr Blättchen, eine neue Rosette entsteht, bald drängt sich eine an die andere. Die kräftigsten wird man dann entfernen und stecken können, während die Mutterpflanze noch lange Zeit weitere Rosetten entwickelt.

Bemerken möchte ich noch, daß eine Pflanze existiert, die unter dem Namen *Saxifraga longifolia „vera“* in den Handel gekommen ist. Diese sehr stattliche Saxifrage ist aber ebenfalls ein Kreuzungsprodukt, bildet Nebensprosse und hat viel schmalere, mehr rötliche Rosettenblätter. Immerhin ist sie eine gar feine, Aufsehen erregende Erscheinung und recht rar, aber den Namen *vera* (die echte, die wahre) verdient sie nun einmal nicht.

Stecklinge von vollsaftigen Pflanzen, namentlich solche von Euphorbiaceen, behandle ich nicht wie üblich, lasse also vor dem Stecken die Schnittflächen nicht ausbluten und abtrocknen, ich werfe sie vielmehr gleich nach dem Schneiden in kühles Wasser, um ihnen den Milchsaft zu erhalten. Nach dem Herausnehmen aus dem Wasser bestreue ich die Schnittflächen mit Holzkohlenpulver. Auch für *Ficus* dürfte sich dieses Verfahren empfehlen. Bei solcher Behandlung wachsen die Stecklinge weit sicherer als jene, die man zuvor ausbluten läßt. **P. J. Schenk,** Amsterdam.

Pflanzenkunde.

Ueber die Einbürgerung einiger subtropischer Pflanzen in Italien.

Das Vordringen der weißen Rasse in Amerika war von der gleichzeitigen Ausbreitung einiger unserer Unkräuter begleitet. Umgekehrt erfuhr Europa eine Bereicherung seiner Flora von Amerika aus. *Agave americana* hat sich schon seit ein paar hundert Jahren im Mittelmeergebiet heimisch gemacht. Zu den frühesten Einführungen gehören *Phytolacca decandra* und *Oenothera biennis,* welch letztere sich über weite Strecken des größeren Teils der alten Welt ausgebreitet hat. Neueren Datums ist das Auftreten von *Erigeron canadensis* und *Galinsoga parviflora;* besonders die letztgenannte hat viel von sich reden gemacht. Das milde Klima Italiens erlaubte einer noch größeren Anzahl die Einbürgerung. Auf nur einige davon will ich hier hinweisen, weil sie besonders auffallend und, obgleich erst in den letzten 25 Jahren aufgetreten, doch schon ganz heimisch geworden sind. Der schon erwähnten *Oenothera biennis* haben sich zwei andere Arten zugesellt, *O. stricta* aus Chile und *O. rosea,* die von Nordwestamerika bis Peru ihr natürliches Vorkommen hat. — *Oenothera rosea* ist eine ganz nette Staude mit grundständigen Blättern und 30 bis 40 cm hohen Blütenästchen, die an sonniger Stelle im Frühjahr und Sommer reichlich blüht. Da sie von Erfurter Samenhandlungen angeboten wird, ist ihr Auftreten in Deutschland nicht ausgeschlossen.

Zu *Erigeron canadensis* gesellte sich *E. Karwinskianus* aus Zentralamerika; er ist jene niedliche Komposite, welche in Deutschland unter dem falschen Namen *Vittadinia triloba* in den Gärten gepflegt wird. Eine andere amerikanische Pflanze, die sich hier eingenistet hat, ist *Nicotiana glauca,* ein Strauch, dessen Blätter und Stengelteile vollständig mit einem blaugrauen Ueberzug bedeckt und dessen gelbe, röhrige Blüten nicht schmucklos sind. Die Pflanze siedelt sich besonders in den Spalten sonniger Mauern an und hat rings um die Mittelmeerküste eine weite Verbreitung.

Auch aus anderen Gegenden hat die italienische Flora Zuwachs bekommen, aus Syrien und vom Kap der Guten Hoffnung. Nur auf drei davon, weil in die Gartenkultur aufgenommen, will ich hier hinweisen, nämlich *Oxalis cernua, Mesembrianthemum acinaciforme* und *M. edule.* Die beiden *Mesembrianthemum* haben sich auf den Strandklippen und an sonnigen Gartenmauern angesiedelt; sie überziehen daselbst große Flächen und bilden einen wahren Schmuck. **Emil Jahn.**

Obstbau.

Zu dem Aufsatz: **Vorteile der amerikanischen Rebveredlung** in No. 14 der „Gartenwelt“ hat die Redaktion bereits eine Anmerkung gegeben, die in der Tat den Nagel auf den Kopf trifft und das tendenziöse Lob der Veredlungen auf amerikanische Unterlagen und Züchtungen aus amerikanischen Rebensorten auf den realen, nüchternen Standpunkt zurückführt. Die ständig anwachsende umfangreiche Literatur über die Frage amerikanischer Rebpflanzungen und besonders die in ihr niedergelegten abweichenden, oft schroff einander gegenüberstehenden Ansichten von Leuten, die es wissen können und müssen, lassen deutlich erkennen, daß die Entscheidung der Sache nicht annähernd so leicht ist, als es dem Herrn Autor jenes Aufsatzes scheinen will. Die Gefahr durch die Reblaus ist in Deutschland bei seinem ganz vorzüglich ausgebauten Beobachtungs- und Bekämpfungsdienst geringer als irgend wo anders, und wenn auch natürlich ein Ausweg mit offenen Armen willkommen geheißen würde, weil er die hohen Kosten dieses Dienstes verringern oder ausschalten könnte, so ist doch für unsere Winzer dieser Ausweg von minderer Bedeutung, weil der Staat die Kosten fast ganz trägt.

Unsere Weinkultur liegt **finanziell** darnieder, aber sie ist alles andere als rückständig, wie in der Einleitung jenes Aufsatzes gesagt wird. Wenn die Rebkultur bei uns in der letzten Zeit zurückweicht, so liegt das nicht daran, daß die Erträge ungenügend sind, sondern an den geringen Preisen für Wein, an der Preisdrückerei durch die Weinpantscher. Wer die endlose Folge von Prozessen gegen Weinschmierer, insbesondere in der Pfalz, (Landau) seit Jahren verfolgt hat, wer gesehen hat, wie dort aus allen möglichen Chemikalien „analysenfeste“ Weine fabriziert werden, die nie, aber auch nie eine einzige Traube gesehen haben, den wundert es nicht mehr, wenn z. B. im fränkischen Weinbaugebiet oft nur 9 bis 15 M für den Zentner tadelloser Keltertrauben aus nicht etwa geringen Lagen gezahlt werden, und wenn man dort von den Weinbauern, welche sich noch nicht auf die chemische Herstellung analysenfester Weine verstehen, zu Spottpreisen kauft. Zieht man die hohen Preise für bessere Lagen heran, die kostspielige, mühsame Bewirtschaftung der Berglagen, die Unsicherheit der Ernten, dann muß auch jener, welcher mit Weinbau noch nicht viel zu tun gehabt hat, zugestehen, daß die Zeiten für Neuanlagen ohnehin nicht ermutigend sind. Es bedarf eines anderen Weingesetzes, welches die Pantscher empfindlich fassen kann und solide Kellereien schützt. Was verschlägt es einem Weinfabrikanten, wenn er möglicherweise 500 M oder auch einmal 5000 M Strafe zahlen muß, wenn er in einem Jahre das Zehnfache mit der Herstellung der berüchtigten analysenfesten Kunstweine verdienen kann.

Also nicht Rückständigkeit des deutschen Weinbaues ist es, die unseren Weinbau zurückgehen läßt, sondern die Schwäche unseres Weingesetzes! — A. Janson, Köstritz.

Gegen den Verkauf von Obstbäumen auf offenen Märkten hat das Königl. Landes-Oekonomie-Kollegium auf Anregung des Verbandes der Handelsgärtner Deutschlands Stellung genommen. Das Kgl. Landes-Oekonomie-Kollegium hat an den Landwirtschaftsminister das Ersuchen gerichtet, dahin zu wirken, daß im Interesse des einheimischen Obstbaues Obstbäume und Fruchtsträucher jeder Art vom Wochenmarktverkehr durch eine entsprechende Aenderung des § 66 der Reichsgewerbeordnung ausgeschlossen werden.

Zwiebel- und Knollengewächse.

Tuberose, Polianthes tuberosa. Unter unseren wohlriechenden Topfpflanzen nimmt wohl die Tuberose einen hervorragenden Platz ein, aber viel zu selten wird dieselbe in Herrschaftsgärten, wie auch in Handelsgärtnereien angetroffen. Da aber die Kultur dieser Blütenpflanze nicht schwierig ist, so möchte ich ihrer weiteren Verbreitung hiermit das Wort reden.

Die in jeder besseren Blumenzwiebelhandlung erhältlichen Knollen pflanzt man von März bis Mai in etwa 12—15 cm weite Töpfe, in recht nahrhafte, lockere Erde, und bringt sie auf ein Mistbeet, wo sie bis zum Treiben geschlossen, warm und mäßig feucht gehalten werden müssen, dann wird gelüftet, und später werden sie ins freie Land an sonniger Stelle eingesenkt. Kommen einige Töpfe bis zum Eintritt kälterer Tage nicht zum Blühen, dann bringt man sie ins Kalthaus auf Stellagen, wo sie möglichst hell und in der Sonne stehen müssen, und kann man so bis zum Spätherbst blühende Pflanzen haben. Die $^1/_2$ bis 1 m langen Blütenschäfte bindet man an Stäbe. Sowohl zur Dekoration, wie auch zu feineren Bindereien wird Tuberose stets gerne genommen, da der herrliche Duft der weißen, überaus zarten Blume wohl von keiner anderen Pflanze übertroffen werden dürfte.

W. Balke, Kloxin i. Pom.

Zeit- und Streitfragen.

Zentralfriedhof zu Lichterfelde.

Die Frage, ob ein beschränkter Ideenwettbewerb einen bedeutenden Vorteil für die Erlangung brauchbarer Entwürfe bieten muß, hat die Lichterfelder Ausschreibung nicht geklärt. Man hatte zunächst die einheimischen, ausführenden Berufsgartenkünstler vollständig ausgeschaltet und nur fünf auf dem Gebiete des Friedhofswesens vielfach prämiierte oder langjährig tätige Gartenkünstler zur Beteiligung aufgefordert. Man bedenke, daß in der Gemeinde Groß-Lichterfelde, die eine räumliche Ausdehnung etwa wie Breslau einnimmt, gegen 30 ausführende Landschaftsgärtner Steuern zahlen. In der nächsten Umgebung von 10 km sind einschließlich der Lichterfelder Kollegen etwa 30 bedeutende gartenkünstlerische Firmen ansässig, darunter Geschäfte, deren Jahresumsatz auf dem Spezialgebiete der Landschaftsgärtnerei $^1/_4$ Million bedeutend übersteigt.

Die Gemeinde Lichterfelde erstrebt eine Begräbnisstelle zu schaffen und gleichzeitig eine öffentliche Schmuckanlage zu gewinnen. Ob wohl diese Wünsche von den mit den hiesigen Verhältnissen wohl Vertrauten, sozusagen Einheimischen nicht gelöst werden konnten?

Wie mir auf eine diesbezügliche Frage versichert wurde, soll das Lichterfelder Parlament darüber noch manche Interpellation erhalten, und ich glaube, es ist nicht unberechtigt, auch in weiteren Kreisen wissen zu wollen, weshalb die Aufforderungen zur Beteiligung am Wettbewerb gar so weit hinausflattern mußten. — Der Prophet gilt nichts in seinem Vaterlande. —

Was nun die Lösung der gestellten Aufgabe anbelangt, so darf man unumwunden zugestehen, bei größerer Beteiligung wäre eine größere Verschiedenheit der Lage der Hauptachsen zutage getreten, ob aber eine einfachere Lösung in der Uebersichtlichkeit der Belegung des Friedhofes geboten worden wäre, als in dem Bauerschen Entwurf, möchte ich beinahe bezweifeln. Das Preisgericht hat auch wohl diesem Faktor den größten Wert bei der Beurteilung der Arbeiten mit Recht eingeräumt, denn der mit dem 2. Preise ausgezeichnete Entwurf von Großmann steht, meiner unmaßgeblichen Meinung nach, künstlerisch höher. Die auf den Wiedergaben der preisgekrönten Arbeit des Mannheimer Zentralfriedhofes so überzeugend wirkenden Quartiereinteilungen hat Großmann auch hier zur Anwendung gebracht. Das eigenartige Teilen der Gräberfelder macht schon den Plan an sich effektvoll, und Großmann läßt dem Gedanken der öffentlichen Parkanlage einen weiten Raum zum Nachteil der klaren Uebersicht der Belegung und Orientierung für den Beamten und Laien.

Der mit dem 3. Preise bewertete Entwurf von Brabandt läßt die Ideen von Kowalek und Trip erkennen, nach denen die Erbbegräbnisse die großen Gräberfelder in Parkteilen an den Außenkonturen umschließen. Ich möchte an Hand der letztjährigen Erfolge der Friedhofswettbewerbe fast sagen, daß mit dem Brabandtschen Entwurfe ein Vertreter der alterprobten Ansicht über landschaftliche Begräbnisplätze zur Prämiierung kam, im Gegensatz zu der neuesten Richtung, welche Bauer und Großmann sowie Großmann und Bauer in stets wechselnder, einzigartiger Weise vertreten.

Die Technik des Planzeichnens hat durch diese beiden genialen Beherrscher des Stiftes eine sehr wirkungsvolle Erweiterung erfahren. Sie legen auf das Kolorit des Grundplanes wenig Wert und machen durch perspektivische Beilagen die anscheinend einfache Lösung schmackhaft und verständlich.

Während Bauer in seiner Arbeit eigentlich nur 2 Farben, grau und grün, benutzt, bietet Großmann eine Farbensymphonie, die in der Tonfärbung des jedesmal verwendeten Kartons allen Registern des Buntstiftes das Leitmotiv bietet. Wo bleiben da unsere mehr gelb- oder blaugrünen Pläne der letzten Jahrzehnte? Trotz höchster Pinseltechnik treten sie in den Hintergrund und selbst eingerahmte große, farbige Ansichten können diesen ersten Eindruck nicht verwischen. Bei den zahlreichen, heute noch ausstehenden Konkurrenzen auf dem Gebiete der Gartenkunst, dürfte dieser kurze Hinweis nicht unangebracht sein. E. H. H.

Was erfordert der Beruf des Gärtners in gesundheitlicher Beziehung?

Die Vielseitigkeit der gärtnerischen Tätigkeit bringt es mit sich, daß die Forderungen, welche an die Gesundheit gestellt werden, nicht überall gleiche sind. In den einzelnen Betrieben wird von verschiedenen Organen des Körpers eine besondere Leistungsfähigkeit verlangt. Welche Organe in Betracht kommen, muß bei der Wahl des gärtnerischen Betriebes erwogen werden, denn die Art der Beschäftigung hat auf den gesundheitlichen Zustand einen bedeutenden Einfluß. Allgemein kräftige Entwicklung des Körpers ist bei den jungen Leuten, welche sich dem Gärtnereiberuf widmen wollen, durchaus wünschenswert.

Da der Gärtner dem Temperaturwechsel, sowie Wind und Wetter oft ausgesetzt ist, sind Erkältungen häufige Erscheinungen. Die Atmungsorgane sind diesen am meisten ausgesetzt und müssen daher widerstandsfähig sein. Bei Topfpflanzenkulturen ist zu bemerken, daß der Unterschied zwischen der Temperatur im Freien und der in Gewächshäusern oft sehr bedeutend ist, daher sich hier Erkältungen besonders leicht einstellen.

In Baumschulbetrieben ist zu beachten, daß dauernde Arbeit in gebückter Stellung (Veredeln usw.) starken Blutandrang zum Kopfe zur Folge hat, welcher unter anderem außerordentlich leicht Krankheiten der inneren Gehörorgane hervorrufen kann.

Junge Leute, welche an Schwerhörigkeit leiden, oder deren Gehörorgane nicht normal sind, sollten dies berücksichtigen, da die Erfahrung lehrt, daß in der Gärtnerei mehr als in anderen Berufen in verhältnismäßig kurzer Zeit eine bedeutende Zunahme der Schwerhörigkeit eintritt.

Selbst bei guten Leistungen wird ein solches Uebel dem davon Betroffenen ein unüberwindliches Hindernis sein, den Weg seines Fortkommens hemmen. Hierauf aufmerksam zu machen, sollte der Zweck dieser Zeilen sein. **Ernst Posselt,** Düsseldorf.

Im ersten Februarheft des „Kunstwart“ schreibt Richard Nordhausen in einem Artikel **„Snob“** unter anderem: „Weit schlimmer ist es, wenn sich Snob mit der deutschen Kunst befaßt. Es liegt in seiner Wesensart, daß er unaufhörlich nach neuem, ganz funkelnagelneuem Spielzeug schreit. Er ist zu „modern“, um treu zu sein. Der „Schaffende“, dem er heute huldigt, gilt ihm blutwenig. Ihm geht es nur darum, mitzumachen, bemerkt zu werden. Man soll wissen, daß er in der vordersten Reihe marschiert. Wohin und weshalb er marschiert — gibt es Nebensächlicheres? .... Wir sollten uns nicht darüber täuschen: von der „imposanten Kunstgemeinde“ in den großen Städten, die Deutschland Gesetze diktieren, stehen sieben Achtel der Kunst mit unbedingter Wurschtigkeit, als völlige know nothings gegenüber........ Statt der Kultur geht von diesen Gewalten Unkultur aus. Wenn es Reaktionäre gibt, so sind sie es, die mit ihrer Wimbligkeit, Unstetigkeit, ihrer nervösen Gier nach dem dernier cri jede ruhige und gesunde Entwicklung hemmen......“

Aus den Vereinen.

Verein Deutscher Gartenkünstler. Die Sitzung vom 10. Februar wies wieder einen sehr befriedigenden Besuch auf, wie dies dank des erfreulichen, bedeutenden Aufschwunges, den der Verein in letzter Zeit genommen hat, kaum anders zu erwarten war; auch einige Gäste hatten sich eingefunden. Leider war der Schriftführer, Herr Bindseil, durch Krankheit am Erscheinen behindert, was allgemein bedauert und empfunden wurde.

Nach einigen kurzen Mitteilungen des Versammlungsleiters, Herrn Weiß, über das Ableben des Garteninspektors Silex und die Aufnahme neuer Mitglieder, nahm Herr Betzler das Wort zu seinem Vortrage über „Zweck und Form in der Kunst Gustav Meyers“. Redner suchte darin, allerdings in ziemlich schwerer Sprache, vor allem zu beweisen, wie unrecht C. K. Schneider tut, wenn er Gustav Meyers Buch verurteilt, ein Buch, das in seiner Art bis heute noch nicht übertroffen worden ist. Er stellte dann die (wohl etwas kühne) Behauptung auf, daß es heute kaum sechs Gartenkünstler gibt, die Meyer voll und ganz verstehen, und entpuppte sich schließlich noch als scharfer Gegner Willy Langes.

Herr Weiß machte dann auf die angestellten Entwürfe zu einem Axel Fintelmann-Grabmonument aufmerksam, die in hochanzuerkennender Weise sehr zahlreich eingegangen sind, jedoch fast durchweg zu hohe Kosten erfordern würden. 2500 Mark sind bis jetzt für diesen Zweck gesammelt; außerdem werden die gesamten Pflanzen nebst den Ausführungsarbeiten kostenlos zur Verfügung gestellt, und die Stadt hat sich bereit erklärt, event. Umbetten zu übernehmen, die neue Stelle kostenfrei zu überlassen und für die fernere Pflege des Grabes zu sorgen.

Herr Schatzmeister Wendt machte dann einige Angaben über die Finanzen und entwickelte ein erfreuliches Bild über den Aufschwung, den die Kasse mit der Zunahme der Mitglieder genommen hat. Trotz zweier Sonderhefte verfügt der Verein bereits über den Grundstock zu einem Vermögen, wenn dieser auch nur klein ist. Das nächste Sonderheft „Hausgärten“ befindet sich in Vorbereitung; auch an dieser Stelle sei besonders darauf hingewiesen, daß Beiträge für dasselbe noch sehr willkommen sind.

Herr Siegfried Braun, der als Gast erschienen war, berichtete sodann noch über ein Preisausschreiben, das demnächst veröffentlicht wird. Es handelt sich um die Lösung der Aufgabe, wie die Internationale Gartenbauausstellung 1909 am besten und praktischsten auszugestalten ist. Die Preise betragen 500, 300 und 200 Mark.

Schließlich sprach Herr Ulrich noch einige Worte über die Versammlung der Gruppe Pommern der D. G. f. G. in Stettin und verwies auf seinen Artikel „Am Scheidewege“ in der „Gartenwelt“ No. 19. **A. B.**

Gärtnerisches Unterrichtswesen.

Im Jahre 1908 werden am Königlichen Pomologischen Institute (Gärtnerlehranstalt) zu Proskau folgende Kurse im Obst- und Gartenbau abgehalten: 1. Lehrerkursus in der Zeit vom 27. April bis 9. Mai und vom 3. bis 13. August. 2. Baumwärter- und Baumgärtnerkursus in der Zeit vom 9. bis 21. März und vom 20. bis 29. Juli. 3. Baumschnittkursus in der Zeit vom 24. bis 29. Februar und vom 9. bis 14. November. 4. Kursus für Liebhaber des Obst- und Gartenbaues unter besonderer Berücksichtigung der Bekämpfung der Pflanzenkrankheiten vom 25. bis 27. Mai. 5. Gartenbaukursus für Damen in der Zeit vom 23. bis 25. April und vom 8. bis 10. Oktober. 6. Kursus für Schulaufsichtsbeamte in der Zeit vom 22. bis 24. Juni. 7. Kursus für Kreisbaumeister in der Zeit vom 15. bis 17. Juni. 8. Kursus für Förster und Forstaufseher in der Zeit vom 6. bis 11. Juli. 9. Kursus für Obstweinbereitung am 12. und 13. Oktober. 10. Der Blaubeerweinbereitungskursus an einem noch näher zu bestimmenden Termine.

Der Herr Landwirtschaftsminister hat durch Erlaß vom 7. Dezember 1907 genehmigt, daß vom 1. April 1908 ab Damen ihre vollständige gärtnerische Ausbildung an dem Königlichen pomologischen Institut und Gärtnerlehranstalt zu Proskau, Bez. Oppeln, erhalten können*). Den Damen steht es demnach frei, nicht nur die kürzeren obigen Kurse wie bisher zu besuchen, sondern auch als Hospitantinnen den 2jährigen Kursus durchzumachen. Es ist damit eine Frage zur Erledigung gekommen, die in der Frauenbewegung vielfach erörtert wurde.

Nachruf.

John Booth †.

Bereits in der vorigen Nummer gaben wir unseren Lesern Kenntnis von dem in Lankwitz bei Berlin erfolgten Ableben Booths.

Der Verstorbene entstammte der Familie des 1772 in Schottland geborenen James Booth, der später seinen Wohnsitz in Deutschland nahm und im Jahre 1795 die bald zu großer Bedeutung gelangten Flottbeker Baumschulen gründete, die sein 1847 verstorbener gleichnamiger Sohn zu einem der größten derartigen Etablissements im Deutschen Reiche weiter entwickelte; er genoß als Fachmann einen bedeutenden Ruf und seine Geschäftsbeziehungen erstreckten sich fast über die ganze Erde. Ein Sohn dieses Booth war der jetzt verstorbene, der die Firma James Booth & Söhne, die er bis dahin mit seinem Bruder Lorenz gemeinschaftlich leitete, 1870 für alleinige Rechnung übernahm. Durch ihre reiche Samm-

*) Anmerkung der Redaktion: Hiervon sind wir wenig erbaut, da die jetzt seit drei Jahrzehnten betriebene Ausbildung von Gärtnerinnen sich, von einigen dürftigen Ausnahmen abgesehen, als durchaus verfehlt erwiesen hat. Der Gartenbau ist kein Beruf für „Damen“, was nicht ausschließt, daß kräftige, an Wind und Wetter gewöhnte Bauernmädchen gelegentlich auch in gärtnerischen Betrieben zum Jäten, Hacken u. a. eine Verwendung finden können, die nichts weniger als ein Vorstudium auf höherer Gartenbauschule erfordert.

lungen ausländischer Gehölze war die Firma berühmt. Eine Lieblingsbeschäftigung John Booths bildete die Einführung und Einbürgerung amerikanischer Nadelhölzer, ganz speziell hat er sich um die Einführung der sogenannten Douglasfichte, *Pseudotsuga Douglasi,* von der schon heute in Deutschland stattliche Waldbestände existieren, verdient gemacht; er stellte durch Jahre umfangreiche Versuche an, um die für den deutschen Wald geeignetsten fremdländischen Nutzhölzer ausfindig zu machen. Booth verstand es unter anderen auch den Fürsten Bismarck für seine Bestrebungen zu interessieren, er trat ihm persönlich näher und unter seiner Leitung wurden auch im Sachsenwalde, einer Besitzung des Fürsten, weiterhin auch in deutschen Staatsforsten größere Pflanzungen dieser Fichte ausgeführt. Booth selbst, der 1885 nach Groß-Lichterfelde übersiedelte, legte derartige Pflanzungen auf einem um diese Zeit im Grunewald erworbenen, 8 ha großen Terrain an, durch welches später eine Privatstraße, die jetzige Douglasstraße geführt wurde. Dieses Terrain wurde später von der Gemeinde Grunewald übernommen. Von den Schriften des Verstorbenen ist in erster Linie die 1877 erschienene Schrift „Die Douglasfichte" zu nennen. 1882 erschien seine Schrift „Die Naturalisation ausländischer Waldbäume in Deutschland", 1902 die Schrift „Die Einführung ausländischer Holzarten in die preußischen Staatsforsten unter Bismarck". Die letzten Abhandlungen Booths erschienen in den „Mitteilungen der Deutschen Dendrologischen Gesellschaft" von 1908.

Booth war auch der eigentliche Gründer der Kolonie Grunewald bei Berlin, einer der schönsten Waldvillenkolonien, die sich in großartigster Weise entwickelte und nicht nur die Bildung anderer angrenzender Kolonien, die in absehbarer Zeit, da der Fiskus ständig weitere Komplexe veräußert, leider den größten Teil des Grunewaldgeländes verschlingen werden, zur Folge hatte, sondern auch für ähnliche Kolonien im Reiche und in anderen Ländern vorbildlich geworden ist. Bei der Anlage dieser Kolonien wurden auch die Ratschläge Booths bezüglich der Bepflanzung der Prachtstraßen, deren Bau im Jahre 1886 seinen Anfang nahm, mit den verschiedenartigsten prächtigen Alleebäumen, befolgt. Auch bei der Anlage der Villengärten in der Kolonie hat Booth in Verbindung mit dem Landschaftsgärtner Robert Müller vielfach mitgewirkt, und zahlreiche prächtige Koniferen in diesen Anlagen und auf den öffentlichen Plätzen entstammen seinen ehemaligen Kulturen an der Douglasstraße, die im Laufe der Jahre von Tausenden von Fachleuten und Gartenliebhabern besichtigt wurden. Die jetzige Humboldtstraße der Kolonie Grunewald führte früher den Namen Boothstraße, der, weil er Anlaß zu Verwechslungen bot, später umgeändert wurde. Auch an der Gründung der Villenkolonie Groß-Lichterfelde, durch den in völliger Verarmung verstorbenen Rittergutsbesitzer von Kasten, war Booth beteiligt; die dortige Gemeinde hat ihm zu Ehren eine Straße Boothstraße genannt.

Vor einigen Jahren nahm Booth seinen ständigen Wohnsitz in Lankwitz bei Südende (Berlin-Anhalter Bahn), wo er sich in einem alten Parke das einfache Landhaus errichtete, in welchem er nun verstorben ist; seine Beisetzung fand in seinem Geburtsort Klein-Flottbek statt. Booth war eine gerade, derbe Natur, die jedem die Wahrheit sagte, auch wenn sie bitter war, was ihm manchen zum Feinde machte, groß war aber auch die Zahl seiner Freunde. Er war bis ins hohe Alter bestrebt, den Anbau fremder Holzarten zu fördern, bewahrte sich die Liebe zur Natur und zum Gartenbau und hat mit dem Unterzeichneten mehrfach lebhaften Meinungsaustausch über gärtnerische Angelegenheiten gepflegt. Alle, die ihm im Leben näher traten und ihn verstehen konnten, werden ihm ein dauerndes Gedenken bewahren.

M. H.

Bücherschau.

Krankheiten und Beschädigungen der Nutz- und Zierpflanzen des Gartenbaues. Von Professor Dr. Fr. Krüger und Professor Dr. G. Rörig. Mit 4 Farbentafeln und 224 in den Text gedruckten Abbildungen. Verlag von Eugen Ulmer, Stuttgart. (Preis 6 M.)

Ein Buch, in dem die wichtigsten Krankheiten sowie die tierischen Schädlinge speziell der gärtnerischen Kulturpflanzen, also unter Ausschluß derjenigen der rein landwirtschaftlichen und forstlichen Nutzgewächse, in einer allgemeinverständlichen Weise besprochen werden, existierte bisher nicht. Zwei bewährte Fachgelehrte, ein Botaniker und ein Zoologe, die sich seit vielen Jahren mit Erfolg mit dem Studium der Pflanzenkrankheiten und Pflanzenschädlinge beschäftigt haben, haben sich vereinigt, um diese Lücke durch Herausgabe des kürzlich erschienenen Buches auszufüllen. Zunächst werden auf 14 Seiten die Krankheitserscheinungen, die durch ungünstige Bodenverhältnisse und atmosphärische Einflüsse entstehen, und die für den Garten nützlichen Tiere behandelt. Darauf folgt ein 50 Seiten langer allgemeiner Teil über die wichtigsten pflanzlichen Parasiten und die allgemein schädlichen Tiere. Der nun folgende spezielle Teil gliedert sich in 3 Abschnitte: A. Obstgewächse (54 Seiten), B. Gemüsepflanzen (28 Seiten), C. Zierpflanzen (46 Seiten). In jedem dieser 3 Abschnitte sind zunächst die durch Pilze hervorgerufenen Krankheitserscheinungen, dann die schädlichen Insekten besprochen. In einem 10 Seiten langen Anhange wird schließlich der wichtigsten Maßnahmen, Chemikalien und Apparate zur Bekämpfung der Krankheiten und Schädlinge im allgemeinen kurz gedacht. Neben einem allgemeinen Sachregister finden sich am Schluß ein zweckmäßiges, nach Wirtspflanzen geordnetes Verzeichnis aller im Buche erwähnten Krankheiten und Beschädigungen und ferner 4 farbige Tafeln. Außerdem sind nicht weniger als 224 Abbildungen im Texte vorhanden. — Aufrichtige und objektiv denkende Verfasser von Werken, von denen Neuauflagen erwartet werden können, sind stets dankbar, wenn von Seiten der Rezension nicht kritiklos nur gelobt wird. Betreffs des botanischen Teils sei daher die Bemerkung erlaubt, daß nach der unmaßgeblichen Ansicht des Rezensenten hier und da wohl etwas mehr auf die Bekämpfung hätte eingegangen werden können; einige Krankheiten hätten etwas mehr Berücksichtigung finden bezw. wenigstens erwähnt werden können (z. B. *Septoria nigerrima* = *Mycosphaerella sentina, Fuligo septica, Fusicladium Cerasi* = *Venturia Cerasi, Uromyces appendiculatus);* einige nicht vorhandene Abbildungen hätten vielleicht aufgenommen werden können (z. B. Meltau von Rose und Apfel (farbig), *Monilia* auf der Frucht, *Septoria nigerrima,* Rosenrost, Johannisbeer- und Weymouthskiefernrost, *Heterosporium echinulatum, Cladosporium cucumerinum, Bremia Lactucae, Phytophthora infestans,* Einschnürungskrankheit junger Bäumchen, *Polyporus Ribis).* Statt dessen hätten ohne Schaden einige Krankheiten und Abbildungen teils etwas kürzer behandelt, teils als von zu geringer allgemeiner Bedeutung ganz fortgelassen werden können (z. B. Abbildung 94, 99, 188, *Lathraea squamoria, Taphrina bullata, Podosphaera tridactyla, Phyllosticta vindobonensis, Gloeosporium epicarpii, orbiculare, Bacillus tracheiphilus, Peronospora nivea Viciae, Polygoni, arborescens, Erysiphe Heraclei, Ramularia Armoraciae, Rhei, Microsphaera Evonymi, Lonicerae, Uncinula Aceris, Botrytis Douglasi, Coniothyrium concentricum, Septoria epicarpii, Pestalozzia Guepini, Urocystis Colchici, Uromyces Genistae, Puccinia Buxi, Helianthi, coronata* und *coronifera, Coleosporium Campanulae, Chrysomyxa Abietis, Cronartium Asclepiadeum, Gymnosporangium juniperinum, Melampsorella Caryophyllacearum).*

Das Buch hätte dadurch, ohne an Wert einzubüßen, etwas weniger umfangreich und mithin auch billiger werden können! Einige nicht besonders gut ausgefallene Abbildungen (z. B. No. 184, 86, 179, 186, 181, 146, 87, 89, 220) werden hoffentlich in der zweiten Auflage durch etwas bessere ersetzt werden können. Bei *Oidium Tuckeri* hätte vielleicht die Ueberwinterung des Pilzes, bei *Sphaerotheca mors uvae* die Perithecien, bei *Fusicladium dendriticum, Fus. pyrinum, Gloeosporium nervisequum, Gl. fructigenum, Rhizoctonia Solani* die zugehörigen Namen *Venturia inaequalis, Vent. pyrina, Gnomonia Veneta, Glomerella rufomaculans, Hypochnus Solani* (bezw. *Corticium vagum var. Solani)* angeführt werden können, bei *Colletotrichum Lindemuthianum,* daß auch Stengel, Blattstiele und Blätter von der Krankheit heimgesucht werden, und bei der Schwarzbeinigkeit der Kartoffel und der Einschnürungskrankheit junger

Bäumchen, daß dabei sicher verschiedene Bakterien- bezw. Pilzarten in Frage kommen. In den Ueberschriften hätte in vielen Fällen, ähnlich wie in dem zoologischen Teil, neben dem lateinischen Namen auch eine deutsche Bezeichnung mit Vorteil angeführt werden können (zum Beispiel Rosenmeltau, Rosenrost, Brandfleckenkrankheit der Rose, Kräuselkrankheit des Pfirsichs, Taschenkrankheit der Zwetsche, amerikanischer Stachelbeermeltau, Rotpustelkrankheit, Schwarzfleckenkrankheit der Ahornblätter, Rußtau, Kohlhernie, Spargelrost etc.). Der Erreger der „Blattbräune" oder „Blattfallkrankheit" der Johannisbeere wäre nach neueren Angaben statt als *Gl. curvatum* besser als *Gloeosporium Ribis = Pseudopeziza Ribis*, derjenige der Blattflecke der Walnuß auf Abbildung 93 statt als *Gloeosporium Iuglandis* besser als *Marssonina Iuglandis = Gnomonia leptostyla* bezeichnet worden. — Auf den zoologischen Teil näher einzugehen, würde zu weit führen. Es sei nur bemerkt, daß nach Ansicht des Rezensenten die durch Gallmilben hervorgerufene Knospensucht der Syringenzweige, eine vielerorts ganz außerordentlich stark und auffallend auftretende Erkrankung eines unserer allerwichtigsten Ziersträucher, und vielleicht auch die Stachelbeermilbe *(Bryobia Ribis)* wohl wenigstens hätten erwähnt werden können. Etwas zweifelhaft möchte es dem Rezensenten erscheinen, ob bei einer Befestigungsart, wie sie in der ursprünglich aus einer Ecksteinschen Publikation stammenden Abbildung 40 dargestellt ist, den Obstbäumen in exponierten Lagen genügend Halt gewährt und ein Scheuern des Stammes verhindert wird.

Gegenüber den zweifellos großen Vorzügen, die das Buch hat, fallen aber die vorgebrachten kleinen Bedenken resp. Meinungsverschiedenheiten so wenig ins Gewicht, daß man trotzdem getrost sagen kann: Jedem Gartenliebhaber, wie auch Berufsgärtner, der sich an der Hand eines geeigneten Buches über die wichstigsten Krankheiten und durch Tiere hervorgerufenen Beschädigungen unserer Obst-, Gemüse- und Zierpflanzen kurz selbst unterrichten will, muß das hier besprochene Krüger-Rörigsche Werkchen in erster Linie und **aufs wärmste empfohlen** werden! L.

Deutscher Camera-Almanach. Jahrbuch für die Photographie unserer Zeit. Herausgegeben von Fritz Loescher. 4. Band (für das Jahr 1908). Gegen 300 Seiten mit einem Titelbild, 57 Vollbildern und 96 Abbildungen im Text. Preis in Bütten-Umschlag 4 M, in Leinenband 5 M. Verlag von Gustav Schmidt in Berlin W. 10. Ein ganz vorzügliches, reich mit künstlerisch vollendeten Illustrationen ausgestattetes photographisches Jahrbuch, das eine große Fülle von Anregung und Belehrung für Berufs- und Amateurphotographen enthält; wir können es allen unseren Lesern, die Amateurphotographen sind, angelegentlichst empfehlen.

P. Gisevius, Das Werden und Vergehen der Pflanzen; R. Börnstein, Die Lehre von der Wärme. Beide in Leinen gebundene Bändchen sind in der Sammlung wissenschaftl.-gemeinverständlicher Darstellungen „Aus Natur und Geisteswelt" im Verlage von B. G. Teubner, Leipzig, erschienen. Preis pro Bändchen, geb. M 1,25.

Haupt, Dr. Hans. Die Erfurter Kunst- und Handelsgärtnerei in ihrer geschichtlichen und wirtschaftlichen Bedeutung dargestellt. Jena 1908. Verlag von Gustav Fischer, Preis geheftet 5 M. Eine sehr lesenswerte Schrift, welche über die Vergangenheit und gegenwärtige Bedeutung des Erfurter Gartenbaues interessante Aufschlüsse gibt.

Die Pflanzengesellschaften der Schweizer Alpen. I. Teil. Die Flora des Puschlav (Bezirk Bernina, Kanton Graubünden) und ihre Pflanzengesellschaften. Von Dr. H. Brockmann-Jerosch, Zürich. Mit fünf Vollbildern und einer Karte. Leipzig 1907. Verlag von Wilh. Engelmann. Preis geheftet 16 M.

Neue Fragen.

Neue Frage No. 525. In einer Anlage steht zur Beschattung eines Sitzplatzes eine starke holländische Linde, die alljährlich schon im Juli-August die Blätter abwirft. Wie ist diesem Uebel vorzubeugen?

Neue Frage No. 526. Was pflanze ich an die Böschung eines auf einen steilen Hügel führenden Serpentinenweges an, um das Herunterrutschen der leichten, stark sandhaltigen Erde auf den Weg zu verhindern?

Tagesgeschichte.

Duisburg. Die in diesem Herbste vom Duisburger Verein selbständiger Gärtner und dem Gartenbauverein von Rhein und Ruhr zu veranstaltende Gartenbauausstellung am Grunewald wird unter künstlerischer Leitung von Professor Behrens, Berlin, stehen (!). Eine unter dem Vorsitze des Oberbürgermeisters abgehaltene Interessentenversammlung setzte die Dauer der Veranstaltung vom 15. August bis 1. Oktober fest.

Schöneberg bei Berlin. Die Stadtverordneten genehmigten den neu aufgestellten Stadtparkentwurf, dem der seinerzeit mit dem zweiten Preise ausgezeichnete Entwurf von Encke und Bolte, Köln, zugrunde liegt. Die stehenden Wasserflächen sollen aufgegeben und dafür Springbrunnen und künstliche Wasserläufe mit fließendem Wasser hergestellt werden. Im westlichen Teile des Parkes soll ein großer, in sich geschlossener Promenadenweg angelegt werden. Die Umarbeitung des Projektes und die Inangriffnahme der Schüttungsarbeiten erfordern einen Kostenaufwand von 55000 M.

Weimar. Hierselbst wird, „um einem dringenden Bedürfnisse" abzuhelfen, wieder eine neue Gartenbauschule für Mädchen und Frauen ins Leben gerufen. Diese Schule will auch Berufsgärtnerinnen und Fachlehrerinnen ausbilden, die angeblich „schon jetzt", d. h. nachdem solche Schulen seit Jahrzehnten bestehen, ohne daß bisher jemand von wirklichen Leistungen irgend einer Gärtnerin gehört hätte, für Güter, Sanatorien und Erziehungsanstalten sehr gesucht sein sollen. — M. H.

Personal-Nachrichten.

von Angyal, Desiderius, Kgl. Rat und Direktor der Kgl. ungarischen Gartenbau-Lehranstalt zu Budapest, erhielt von Seiner Kgl. Hoheit dem Fürsten von Bulgarien den St. Alexander-Orden.

Blaser, bisher Anstaltsgärtner der Kgl. Lehranstalt für Wein-, Obst- und Gartenbau zu Geisenheim, verläßt am 1. März seine Stellung, um den Posten eines Obstbau-Inspektors für die Kreise Mannheim-Heidelberg zu übernehmen.

Blumentritt, Alfred, Handelsgärtner in Coburg, † am 3. d. M. im Alter von 68 Jahren.

Jensen, Stadtgärtner in Oberhausen, wurde dortselbst zum Garteninspektor befördert.

Kuntz, städtischer Garteninspektor in Straßburg i. E., feierte am 4. d. M. in voller Rüstigkeit seinen 70. Geburtstag.

Löckermann, C., bisher Direktorial-Assistent an der Kgl. Lehranstalt für Wein-, Obst- und Gartenbau zu Geisenheim, wurde als Nachfolger des verstorbenen Prof. Dr. Christ zum Oberlehrer für Naturwissenschaften berufen.

Räde, Karl, Staatsobergärtner und Gartenbaulehrer an der Kgl. Gartenbaulehranstalt zu Budapest, erhielt von Seiner Kgl. Hoheit dem Fürsten von Bulgarien den Orden für nationale Verdienste.

Schumacher, Max, bisher Obergärtner in der Gartenverwaltung der Heimstätten A. G. zu Nicolasee bei Berlin, wurde an Stelle des Garteninspektors Hans Petersen mit der Leitung des gesamten gärtnerischen Betriebes betraut.

Seyderhelm, Ernst, k. k. Hofkunstgärtner, † anfangs ds. Mts. Der Verstorbene, ein im Jahre 1857 aus Freiberg in Sachsen eingewanderter Deutscher, der sich durch seine Biederkeit allgemeine Achtung und durch Fleiß und günstige Länderbesitzungen ein großes Vermögen erworben hatte und unzähligen Ausstellungen (im Jahre 1900 auch in Paris) mit seinen schönen, großen Dekorationspflanzen ein günstiges Gepräge verlieh, erreichte ein Alter von 79 Jahren. Die Budapester Gärtner verlieren in ihm ihren Senior. Friede seiner Asche. Rd.

Umlaufft, Hofgartendirektor, Schönbrunn bei Wien, wurde nach Auflassung der Hofgartendirektion als fachlicher Referent in das Obersthofmeisteramt in Wien berufen.

Berlin SW. 11, Hedemannstr. 10. Für die Redaktion verantwortlich Max Hesdörffer. Verlag von Paul Parey. Druck: Anhalt. Buchdr. Gutenberg e. G. m. b. H., Dessau.

Nisthöhlen
mit natürlich erhaltener Rinde, tausendf. bewährt, für die unseren Gärten und Wäldern so nützlich. Singvögel, liefert äusserst billig
Volpert Seip
Nisthöhlenfabrik
Wollmar [394
bei **Münchhausen,**
Bezirk Kassel.
…kte auch über bewährte Winterfütterung gratis.

Gärten, Parkanlagen, Felspartien und Grottenbauten
Farn-Knollen
…rschiedenen Sorten bis 1,50 Meter …e Wedel, Grösse gleich Zikasstämm., … St. 10 M., 1000 St. 80 M., klein. … St. 5 M., 1000 St. 30 M., z. Schnitt …ine Binderei 100 St. 3,50 M., 1000 … 25 M. **Himbeeren,** 100 St. 5 M., … St. 30 M. **Efeublätter,** braun u. …, I. Qual. z. 50 gebünd., Kolli fr. … M. **Weidenkätzchen,** Kolli fr. … M. empfiehlt [444
…Schneider, Bl.-, Blätter- und …nzenvers., **Gomaringen,** Württbg

Hornspäne
…es und billigstes Naturdüngemittel für alle gärtnerischen Zwecke.
I Qual. gar. rein,
…kg 21 M., 50 kg 11 M, 25 kg 6 M; Postkolli franko 2,60 M.
…Qual. (mit Hornabfall vermischt) …kg 18 M, 50 kg 9,50 M, 25 kg 5 M; Postkolli franko 2,20 M.
…nmehl, gar. rein, 13/16% Stickstoff, …kg 24 M, 50 kg 12,50 M, 25 kg 6,75 M; Postkolli franko 2,75 M.
…nd ab Magazin Zittau gegen Nachnahme.
…x Leidhold, Königl. Sächs. Hoflieferant,
Zittau 15 in Sachsen. [204

… Champignon-Brut,

d. Beste, was existiert bes. präpariert; Garantie für d. Erfolg, wenn Beete nach meiner Anweisung angelegt und behandelt werden. Postkorb 5 M., 25 kg. 25 M. **Fr. Grunewald,** Baumschule, **Zossen.** [80

Orchideen
und
…mtl. Kulturmittel.
Karl Wilh. John,
Andernach a. Rh. [10

…ie schönsten
…ATHYRUS
… Farbentafel der „Gartenwelt“ … 11. Januar 1908, ferner das be…iliegende Verzeichnis neuester und …nster großblumigster Sorten im **…Preisbuch für 1908** (über …en-, Feld- und Blumensamen) von
…to Putz in Erfurt
Mitglied der … [432 …ional Sweet Pea Society“, London
Samenbau, Samenhandlung, Kunst- u. Handelsgärtnerei.
…B. Preisbuch für 1908 auf direkte …age kostenlos u. postfrei erhältlich.

In Gärtnereibetrieben tausendfach bewährt:
Durabo-Gärtnerölfarben
für Gewächshäuser . . M. 35 per 50 kg
„ **Frühbeetfenster** . . „ 30 „ „
„ **Heizrohre, Reservoire** „ 36 „ „
Für Farbe über M 20 vergüte die Fracht.
1876. Probesendungen per Post frei u. inkl. gegen Nachnahme; 4 od. 2×2 kg streichrechte Farbe M 4.50 und M 5.—.
Man verlange Farbenkarte etc. [36
Edmund Simon, Dresden-A. 43.

Sauberes Frühbeetfenster
durch Massenherstellung. [475
Gartenglas in allen Nummern liefert sehr billig
Robert Katzschmann
Döbeln in Sachsen.

Neu!
Verlangen Sie bitte
Spezial-Prospekt
über
Höntsch's neueste zentrale
Lüftungs-Einrichtungen
für
Dachventilation.
D. R. G. M.
Höntsch & Co., **Dresden-Niedersedlitz 56,** Sa (Bitten bei Anfrage diese Nummer anzugeben.)
Man wolle bei eventl. Anfragen den gewünschten Artikel ausdrücklich nennen, damit unsere Offerte in Bezug der vielseitigen Fabrikation entsprechende Erledigung findet.
Grösste Spezialfabrik für Gewächshausbau, Heizungsanlagen und Gerätebau. — Kostenanschläge und Katalog gratis. [28

Waldrosenwildlinge!
von 1 bis 2 Meter Höhe, gut, gesund, bewurzelte Stämmchen, % Stück 6 M, ‰ 55 M, freie Emballage,
Buxbaum,
kurz, gedrungen, % Meter 10 Mark, ‰ Meter billiger, liefert [225
Gärtner **Wilhelm Leygraf,**
Unterkahlenhausen 41 Cöln a. Rh.

Otto Prüfer & Co. G. m. b. H.
Telephon 131
Zeitz, Prov. Sachsen.
Frühbeet- und Gewächshaus-fenster.
Seit Jahrzehnten bestens bewährt.
Vielfach prämiiert.
Gartenglas, Fensterkitt, Diamanten.
Preisliste kostenlos. [83

Aepfel,
haltbare Winteräpfel, Zentner 14 M. Probekolli 2 M. ab hier per Nachnahme.
J. Schraml,
Waldeck in der Oberpfalz. 272

Drahtgeflecht, Drahtzäune, Stacheldraht, Koppeldraht, Drahtseile
liefert billigst
C. Klauke,
Müncheberg
bei Berlin. [592

Aucuben, buntblätterig und mit Beeren.
Azalea mollis, mollis chinensis, pontica und rustica.
Blautannen in allen Grössen. [46
Buxus, Pyramiden, Büsche und halbstämmige Kronenbäumchen.
Clematis mit Topfballen und aus dem Freien.
Coniferen in allen Grössen und in nur besseren Sorten.
Flieder und sonstige **Pflanzen zum Treiben** in Topf kultiviert.
Ilex, gold-, silberbunte und grüne Sorten.
Japanischer Ahorn in Töpfen und aus dem Freien.
Kirschlorbeeren und **immergrüne Pflanzen.**
Knollengewächse zum Treiben, als Dielytra, Funkia und Spiraea.
Magnolien, Pyramiden in den besten Sorten.
Rhododendron. Winterhart und z. Treiben.
Schlingpflanzen in allen Sorten.
In tadelloser Ware. — Billigste Bezugsquelle.
Jacs. Smits Ltd., Hoflieferanten, **Naarden** (Holl.)

Koniferen u. Moorbeetpflanzen
speziell [509
grosse Schaupflanzen.
Heinr. Hellemann,
Moorende bei Bremen.

Schnurbusch
Die praktischen Kultur-Einrichtungen d. Neuzeit
Teil I. Kulturkosten 3 M.
Teil II. Heizungseinrichtungen 3,60 M.
Teil III. Gewächshausbau 8 M. [25
Ein praktisches Buch mit vielen Kostenanschlägen. Auch geg. 3 M. Monatsrate.
Herm. Meusser, Spezialbuchhdlg. für Gartenbau,
Berlin W. 35/102, Steglitzerstrasse 58.

Illustrierte Wochenschrift für den gesamten Gartenbau.

Jahrgang XII. 29. Februar 1908. No. 22.

Pflanzenschädlinge.

Die Bekämpfung der schädlichen Insekten mit heißem Wasser.

Von Professor Dr. **Heinrich Mayr**, München.

In der Oktobersitzung der bayerischen Gartenbaugesellschaft zu München konnte ich bei Besprechung meiner Untersuchungen über schädliche Hitzegrade für die Pflanzen auf ein Ergebnis hinweisen, das, wie ich vermute, allgemeines Interesse beansprucht, da es die Möglichkeit einer Insektenvertilgung an den Pflanzen mit dem denkbar einfachsten und billigsten Mittel, mit heißem Wasser, bietet.

Durch umfangreiche Versuche an lebenden Pflanzenzellen, sowohl des zartesten Aufbaues an einer wachsenden Spitze, als der mehrjährigen harten Koniferennadeln, wurde festgestellt, daß die tötliche Temperatur bei 54 ° C liegt. Bei dieser Temperatur wird der Plasmakörper der lebenden Zelle zerstört; der Tod ganzer Zellengruppen äußert sich zunächst durch eine ganz intensive Wasserausstoßung von Seiten der Zellen, durch eine Zusammenziehung und — bei Zutritt von trockener Luft — durch Verdorren der getöteten Organe. Verbleibt aber die Temperatur unter 54 ° C = 43 ° R, so bleibt auch das zarteste pflanzliche Gebilde der einheimischen wie der fremdländischen, der polaren wie der tropischen Gewächse unversehrt, selbst dann, wenn der betreffende Pflanzenteil mehrere Minuten in Wasser unter 54 ° C und über 50 ° C gelegt wird. Wird ein solcher zarter Pflanzenteil aus dem heißen Wasser gezogen, so erschrickt man anfänglich, da alles schlaff und welk, aber schon nach kurzer Zeit kehrt die Straffheit zurück. Noch schöner wird das Experiment, wenn man steif gefrorene und bereifte krautartige Pflanzen des Frühjahrs, besonders *Rumex*, plötzlich in so heißes Wasser bringt; die Pflanzen werden schlaff wie gekocht, aber während man noch die Pflanze in der Hand hält, richtet sie sich auf wie eine aufblühende „Rose von Jericho" oder wie die Wunderpflanze in der Hand des indischen Zauberers.

Bei meinen Versuchen an aufkeimenden Erbsen wurden einige Pflanzen reichlich mit grünen Blattläusen besetzt und in heißes Wasser gebracht. Beim Herausnehmen ergab sich, daß sämtliche Läuse getötet waren, während die Pflanze selbst unversehrt blieb. Das war ein Ergebnis, das weiter verfolgt zu werden verdiente. Es gelang mir festzustellen, daß alle nackten Pflanzenläuse, alle Raupen von Groß- und Kleinschmetterlingen schon nach kurzem Verweilen in Wasser von einer Temperatur von 45 ° C getötet wurden. Insekten mit hartem Panzer wie Käfer, besonders kleine Rüßler wie der Apfelblütenstecher, der Blattroller *(Rhynchites)* gingen in kurzer Zeit in Wasser von 50 ° C zu-

Canna flaccida, von anderen Sumpfpflanzen umgeben.
Im Botanischen Garten zu München vom Verfasser für die „Gartenwelt" photogr. aufgenommen.

grunde. Die Schildläuse verlangten keine höhere Temperatur, aber ein längeres Verweilen der Pflanze im Wasser.

Damit liegt die praktische Bedeutung dieser Entdeckung für Blumenzucht und Obstbau auf der Hand; es handelt sich jetzt noch darum, ein Mittel zu finden, das heiße Wasser anwenden zu können. Was im Blumentopfe steht, ist ohne alle Schwierigkeit, ja selbst in jedem Hauswesen von Insekten leicht zu reinigen; Palmen in Töpfen, die vom Thrips oder von Schildläusen heimgesucht sind, werden an ihrer Basis mit einem Tuch so umwickelt, daß der Topf beliebig gedreht und gewendet werden kann, ohne daß das Erdreich durcheinanderfällt; sie werden dann in eine Wanne, mit Wasser von 50 ° C gefüllt, gelegt und ein paar Mal hin und her gerollt, damit alle Blätter für wenigstens eine halbe Minute unter Wasser sind — kein Insekt entgeht dem Tode, mit Ausnahme jener, welche an der umwickelten Stelle sitzen; diese wird alsdann mit 50 ° C heißem Wasser bespritzt. Wer beabsichtigt, seinen Blumentopf von Regenwürmern zu säubern, stellt den Topf in heißes Wasser, solange, bis die Wärme das Erdreich durchdringt; er wird seine Freude haben, wie die Regenwürmer dem Erdreich entfliehen, um im heißen Wasser sofort umzukommen. Was an Zweigen und Trieben umgebogen und in Wasser eingetaucht werden kann, ist leicht zu schützen. So konnte ich alle meine Johannisbeertriebe, welche von einer Wollaus im Fortwachsen gehindert wurden, durch längeres Eintauchen in heißes Wasser von der Pest säubern, so daß sie freudig weiter wuchsen, während die nicht behandelten Triebe verkümmerten; am häufigsten wurden zarte Rosentriebe durch heißes Wasser von Läusen befreit.

Was nicht gebogen werden kann, muß bespritzt werden. Damit verlängert sich der Weg für das heiße Wasser, es wird abgekühlt; je nach der Länge des Schlauches oder des Spritzstrahles muß daher die Anfangstemperatur des Wassers höher sein; bei einer Schlauch- und Wasserstrahlenlänge von 2 m benutzte ich Wasser von 55 ° C; bei 4 m Länge von 60 ° C, bei 4 bis 6 m Strahlenlänge darf Wasser von 60 ° bis 65 ° C Anfangswärme ohne Bedenken genommen werden; wäre der Strahl ein sehr kompakter, mag die Temperatur vorsichtiger gewählt werden. Bei winterkahlen Bäumen, an welchen es sich vor allem um eben ausschlüpfende Insekten oder noch um Eier handelt, können noch viel höhere Temperaturen ohne Gefahr angewendet werden. Am wichtigsten erscheint bei den Obstbäumen die Spritzung im Augenblicke, da die Knospe sich zu strecken beginnt, weil die der Blüte schädlichsten Larven und Käfer bereits ausgeschlüpft, an der Knospe mit Sehnsucht auf ihre Entfaltung lauern. Raupennester werden an meinen Obstbäumen nicht abgeschnitten, sondern einfach mit heißen Wasserstrahlen getötet, wenn nicht das Eintauchen des Zweiges in heißes Wasser ausgeführt werden kann. Auf meine Bitte hin hat Herr Obergärtner Holfeder in Weihenstephan derartige Versuche im Glashause angestellt. Er rühmt den durchschlagenden Erfolg dieses äußerst billigen Schutzmittels.

Ich möchte die Bitte an die Herren Praktiker des Garten- und des Obstbaues richten, mein Mittel zu versuchen, sie werden nur Freude, und bei genauer Einhaltung der Temperaturgrenze des heißen Wassers keine Enttäuschungen erleben; der Erfindungsgeist der Praktiker mag sich auch betätigen in der Konstruktion von trag- oder fahrbaren Spritzen, welche gestatten, den Wasservorrat in der gewünschten Temperatur zu erhalten und auf seine Wärme stets zu kontrollieren.

Sumpf- und Wasserpflanzen.

Canna flaccida, Salisb. (Abbildung Titelseite) ist eine prächtige Erscheinung unter den großblättrigen Sumpfpflanzen für das temperierte Haus und für geschützte Lagen wärmerer Gegenden unseres Vaterlandes. Schon seit langem ist sie aus den schlammigen Sümpfen Floridas und Süd-Carolinas eingeführt, aber — sie führte ein halbvergessenes Dasein, weil ihre farbenprächtigeren Schwestern Mode geworden waren. Jetzt ist man, einer weiteren Liebhaberei huldigend, auf der Suche nach dekorativen Sumpf- und Wasserpflanzen, und da sei an diese halbvergessene Schönheit unter Beifügung ihres Konterfeis erinnert.

Wie man sieht, sind die reichlich $1^1/_2$ m hohen, straff aufrechten Stengel zu einem dichten Busch vereinigt; sie sind bis unten hin mit eirunden, schlank zugespitzten, straffen Blättern gelblichgrüner Farbe garniert. An der Spitze der Stengel sitzen die Blüten, welche aus schmalblättrigem Kelche heraustreten, hellgelb gefärbt, ausgebreitet, die einzelnen Blumenblätter etwas herunterhängend, in der äußeren Tracht an unsere einheimische *Iris Pseud-Acorus* erinnernd. Die Samenkapseln sind relativ groß, höckerig von außen, angefüllt mit einer Anzahl der bekannten schwärzlichen, harten Samen.

Die Kultur der Pflanze ist etwas abweichend von der der Blütencanna. Diese *Canna flaccida* hat nämlich nicht wie jene einen knolligen Wurzelstock, keine solch starken, knolligen Rhizome, sondern nur weitkriechende, mehr fleischige, wurzelähnliche, federkielstarke Rhizome, verträgt somit nicht jene intensive Trockenbehandlung, welche man den Blütencannas zweckmäßigerweise zu teil werden läßt. Es ist darum nötig, die Pflanzen im Winter im mäßig warmen Hause (8 bis 12 Grad Celsius) in Vegetation zu halten, bei vorsichtiger Bewässerung, denn im Zustande dieses mäßigen Wachstums faulen die Rhizome leicht. Als Gefäße sind weite, flachere Töpfe bezw. Schalen zu verwenden. Zu Beginn des Frühjahrs, wenn das Wachstum wieder beginnt, dann ist zu verpflanzen und später das durchwurzelte Gefäß in Wasser zu stellen, sofern man nicht ein direktes Auspflanzen in den Sumpf vorzieht, welch letzteres erst die besten Resultate zeitigt. Selbstverständlich hat man als Sumpfpflanze ihr volles Licht zu gewähren. Die Vermehrung geschieht durch Teilung der Stöcke oder durch Anzucht aus Samen.

B. Othmer, Kgl. Garteninspektor, München.

Kakteen und Sukkulenten.

Cereus Urbanianus, Gürke & Weing. (Hierzu eine Abbildung.) Im Jahre 1901 erhielt der Botanische Garten zu Berlin von Herrn Apotheker Buch in Gonaives, Haiti, eine Sendung von Stämmen einer kletternden Kakteenart, die derselbe auf einer mit Dr. F. Vaupel gemeinschaftlich ausgeführten Expedition in Haiti gefunden hatte. Es gelang die wenigen guten Stammteile zur Bewurzelung zu bringen und sie zu erhalten. Nach mehrjähriger Pflege entfaltete sich im Juni 1904 die erste Blüte. Dies führte zur Feststellung einer neuen Art aus der Gruppe der *Principales*. Gürke & Weingart benannten die Pflanze zu Ehren des Vermittlers, Herrn Geheimrat Urban, Unterdirektor am botanischen Garten, und verfaßten die Beschreibung, welche im Notizblatt des Gartens vom 16. Dezember 1904 veröffentlicht wurde. Seit der Zeit hat die Pflanze mehrmals geblüht, auch im Sommer 1906, wo auch die Gelegenheit benutzt wurde, sie im Bilde festzuhalten. Eine dieser Aufnahmen, die nur die Blüte wiedergibt, erschien später, begleitet von einer ergänzenden Beschreibung, die von Prof. Gürke stammt, in der Monatsschrift für Kakteenkunde vom 15. September 1906.

Cereus Urbanianus wächst strauchig, erreicht mehrere Meter Höhe und besitzt bis zu 5 cm starke, reich verzweigte Aeste, aus denen hier und da starke Luftwurzeln hervordringen. Die 5 bis 6 unregelmäßigen Rippen tragen in Abständen von etwa 2 cm mit dichtem grauem Filz bekleidete, mehrere Zentimeter große Areolen. 4 bis 5 Randstacheln umgeben die zentralstehende, alle sind scharf gespitzt und von gelber Färbung. Die stark nach Vanille duftende

Blüte hat eine Größe von 30 × 25 cm, sie ist in der Hauptsache weiß, schwach zu Gelb übergehend. Die Rückseiten der Blumenblätter sind bräunlich. Die Röhre ist ungleichmäßig gerippt, auf der unteren Hälfte mit stark hervortretenden rötlichen Höckern besetzt, auf der oberen Hälfte statt dieser 1½ cm lange Schuppen tragend.

Hans Conrad.

Obstbau.

Einiges über Obstbaumschnitt und -pflege.

Von Obergärtner **Wilhelm Mütze**, Dahlem bei Steglitz.

(Hierzu sechs Abbildungen.)

Goethe sagt: „Das Wahre muß man immer wiederholen, weil auch der Irrtum um uns herum immer wieder gepredigt wird.“ Wie viel, wie oft ist schon geschrieben über den Schnitt unserer Obstbäume, wie allgemein verbreitet ist aber namentlich in gärtnerischen Kreisen immer noch die Regel „Das Messer ist der beste Dung“. Viel Unheil hat dieses Wort schon angerichtet, denn wenn irgend ein Obstbaum nicht trägt, ist gewöhnlich das erste, was man über ihn hört, da muß ein Gärtner kommen, ihn zu „verschneiden“. Es ist rein Manie geworden, an diesen armen Geschöpfen immer wieder herumzuschnitzeln, und unter 10 Fällen werden 9 zu verzeichnen sein, in denen Gärtner, die an einen Obstbaum herantreten, unwillkürlich mit der Hand in die Tasche fahren und dort das Messer umklammern.

Es ist hinlänglich bekannt, daß in Frankreich die Wiege der Formobstkultur stand, und wie alles einen besonderen Wert zu haben scheint, wenn es aus dem Auslande kommt, so war man auch zunächst des Lobes voll über diese importierte Lehre. Es läßt sich nicht leugnen, daß man an Formobstbäumen oft besondere Schaufrüchte ziehen kann, zieht man aber dabei in Betracht, daß man auch sonst diesen Bäumen gern die besten Plätze einräumt, sie in jeder Weise bevorzugt, so ist es leicht begreiflich, daß die Früchte oft zu Schauexemplaren auswachsen. Auch liegt ja eine Erklärung in gewissem Sinne schon in den Worten „Das Messer sei der beste Dung“. Ein kräftiger Rückschnitt bringt ein massiges Austreiben, demnach werden auch die wenigen Früchte in dieses massige Wachstum hineingezogen. Vergleicht man aber nach einer Reihe von Jahren die Rentabilität regelrecht geschnittener und nicht oder nur einmal geschnittener Bäume, so wird man leicht einsehen, wie man sich in des Wortes eigenster Bedeutung ins eigene Fleisch geschnitten hat. Man wird hier einwenden, daß die Früchte nicht geschnittener Bäume kleiner seien als die der geschnittenen, ein Einwand, den der flüchtige Beobachter auch gelten lassen möchte. Wer jedoch seine Bäume genau kennt und weiß, daß er sie alle mit gleichem Interesse beobachtet, ihnen auch gleiche Pflege angedeihen läßt, muß wissen, daß diese Behauptung hinfällig ist. Leider pflegt eben die Ansicht zu allgemein verbreitet zu sein, daß zur Pflege auch der Schnitt gehöre, wir finden deshalb zu wenig gepflegte, nicht geschnittene Bäume. Verwahrloste, halbverhungerte Bäume müssen krüppelhafte Früchte bringen. Würde man die Kosten, die ein jährlicher Rückschnitt, möglichst noch verbunden mit allen möglichen Formierungskünsten, verursacht, in sachgemäßer Baumpflege anlegen, sie würden ein rentabeler angelegtes Kapital bilden. Der Obstbaum ist für eine regelrechte Pflege ungemein dankbar und es liegt meines Erachtens ein Hauptgrund unserer immer noch mangelhaften Obstproduktion darin, daß die von Gärtnern behandelten Obstbäume zum großen Teil falsch, die von Landwirten etc. behandelten Obstbäume meist gar nicht gepflegt werden. Zwischen Pflege und jährlich wiederkehrender Metzelei ist doch immerhin ein gewaltiger Unterschied; nach dem heutigen Stande der Dinge scheint aber nichts notwendiger zu sein, als genau nach dem erlernten Schema alles fein säuberlich herunter auf drei Augen zu schneiden und wenn dann der arme Bursche im nächsten Jahre wieder wie ein Reisigbesen aussieht, „dann hat er sich eben noch nicht zufrieden gegeben“ und muß wieder eine tüchtige Lektion haben. So geht es fort, bis ein Zustand erreicht ist, in welchem der Baum, durch den immerwährenden Rückschnitt geschwächt, Fruchtholz bildet. Das, was man erreicht hat, ist ein künstlich herbeigeführter Alterszustand.

Cereus Urbanianus. Originalaufnahme für die „Gartenwelt“.

Liegels Winterbutterbirne, seit fünf Jahren regelrecht geschnitten.
Originalaufnahme für die „Gartenwelt".

und nun kann das Mätzchen gefüttert werden, damit es noch recht lange lebe. Es gibt tatsächlich unter diesen altgemachten Krüppeln solche, die sich über und über an ihren knorrigen Zacken mit Früchten beladen, und des Staunens ist kein Ende über die „Kunst". Wollte man doch einmal bedenken, was aus diesen Krüppeln hätte werden können, wenn man sie mit Messer und Schere in Ruhe gelassen, ihnen aber sonst ihre gute Nahrung und einen sonnigen freien Standort angewiesen hätte. Welch herzerfreuender Anblick solch ein Baum, dem man im ersten Jahre nach der Pflanzung oder bei dieser durch einen geeigneten Schnitt und später nur durch Auslichten sachgemäß nachgeholfen hat und der sich nun in voller Kraft und Gesundheit hat entfalten dürfen! Die Veredlung auf *Doucin* oder *Paradies* ist Hemmung genug, nun lasse man den Busch natürlich wachsen, helfe nur in vernünftiger Weise nach, dort wo sich Zweige offenbar gegenseitig unterdrücken, reiben usw.

Auf dieser Seite sind zwei Pflanzen der Birnsorte *Liegels Winterbutterbirne* wiedergegeben; der nebenstehende Busch, der vor vier Jahren bei der Pflanzung einmal geschnitten wurde, brachte schon eine ganze Anzahl Früchte, die regelrecht geschnittene Pyramide brachte einige wenige Früchte. Es ist dies kein Zufall, denn ich kultiviere eine stattliche Anzahl an gleichem Tage gleich groß in der Baumschule ausgesuchter Pflanzen, die teils nicht, teils geschnitten wurden. Ein schönes Beispiel dafür, wie dankbar Obstbäume sind, wenn man ihnen regelrechte Pflege angedeihen läßt und sie nicht mit immerwiederkehrendem Schnitt quält, bilden so manche Pfirsichspaliere, die aus irgend einem Grunde nicht geschnitten werden, sonst aber unter günstigen Verhältnissen wachsen; es ist erstaunlich, welche Last der herrlichsten Früchte an den oft meterlang von der Spalierwand abhängenden Zweigen hängt. So etwas ist malerischer und rentabeler als die dünnen, kränklichen, ängstlich angebundenen Ruten, an denen vereinzelt einmal eine Schaufrucht hängt. Abbildung Seite 257 unten zeigt einen fünfjährigen, aus dem Kern erzogenen Busch des *Proskauer Pfirsichs*, sechs solcher niemals geschnittenen Büsche brachten im dritten Jahre nach der Pflanzung, vier Jahre alt, $1^3/_4$ Zentner edler Früchte. So müssen sie voll hängen, geeignete Winterdüngung, reiche Jauchegaben, die nur während der Steinbildung aussetzen, sollen mithelfen edle schöne Früchte zu erzielen. Lieber breche man aus, wenn man Schaufrüchte haben will, eine Methode, die bei den meisten Buschbäumen überhaupt nicht entbehrt werden kann. Im hiesigen Obstgarten stehen fünfjährige Buschbäume der Apfelsorte *Minister von Hammerstein*, die bis dreißig Früchte an einem Seitentrieb entwickelten und dank jährlicher kräftiger Stalldüngung Kraft genug hatten, alle prächtig auszubilden, ebenso reich tragen die *Wintergoldparmäne*, die *Ananas-Reinette* und ganz besonders *van Zuccalmaglio's Rtte*, auch der *gelbe Bellefleur*, *Cludius Herbstapfel*, der *purpurrote Cousinot*, der *durchsichtige Sommerapfel*, *Schöner von Nordhausen*, *Charlamowsky*, *Nathusius Taubenapfel* als Buschbäume.

Ein prächtiges Beispiel dafür, was aus gut gepflegten Buschbäumen ohne regelmäßigen Schnitt werden kann, bietet die mustergültige Anlage des Herrn Hesdörffer in Fredersdorf bei Berlin. Wenn man bedenkt, daß diese Bäume in einem Boden stehen, der ehemals vollkommen humusarmer Sand war, und wie durch Rigolen, angemessene Stallmistdüngung, jährliche Gründüngung und mäßige Kunstdüngung in wenigen Jahren eine Musteranlage entstanden ist, die allseitig Staunen erregt, dann muß man auch noch den letzten Rest Vorliebe für die Schnipselei von sich werfen.

Man pflanze den Obstbaum stets in einen vorher rigolten Boden,

Liegels Winterbutterbirne, seit vier Jahren nicht geschnitten.
Originalaufnahme für die „Gartenwelt".

Gelber Edelapfel, fünf Jahre nach der Pflanzung. Nur einmal regelrecht geschnitten.
Originalaufnahme für die „Gartenwelt".

mindestens hebe man eine allseitig 1 m messende Pflanzgrube aus, die man mit dem gehörig verbesserten Boden wieder fülle. Hierbei muß immer wieder darauf hingewiesen werden, wie unnütz und unverständig es ist, Stalldung in Tiefen von 1 m oder 75 cm zu bringen. Er wird hier einfach vertorfen und gar keinen Wert haben. Stallmist muß flach untergebracht werden. Das Märchen von der Flachwurzelung der Obstbäume bei Stallmistdüngung verfängt nicht mehr; wer einmal eine nur zum Teil bloßgelegte Obstbaumwurzel gesehen hat, muß wissen, wie fest Obstbäume einwurzeln. Es steht dem ja auch nichts im Wege, nach einiger Zeit noch einmal tief umzuspaten. Flach untergebrachter Dung ist namentlich in leichtem Boden im allgemeinen in 3 bis 4 Wochen soweit zersetzt, daß er nur noch als dunkler Humus erkenntlich ist.

Gleichzeitig mit der Pflanzung schneide man die Zweige und die Wurzeln, fernerhin sehe man nur danach, daß überflüssige Zweige entfernt werden, oder wenn ganz ungleichmäßiges Wachstum eintreten sollte, helfe man etwas nach.

In Abbildung Seite 258 unten ist ein Stück Seitentrieb einer fünfjährigen Hochstammkrone der Apfelsorte gelber Edelapfel, seit der Pflanzung nicht geschnitten (5 Jahre) wiedergegeben. Dieser Zweig hat bereits getragen und durch das Neigen desselben hat sich unterhalb des abgebildeten Teiles ein neuer Trieb gebildet, der nunmehr die Führung des Seitentriebes übernimmt. So sorgt die Natur selbst dafür, daß die Krone ein natürliches Aussehen bekommt und ohne Schnitt alle Triebe mit Fruchtholz besetzt sind.

Geradezu auffallend ist es bei der Birnsorte *Gute Graue*. Neunjährige, regelrecht geschnittene Kronen brachten viel Holz und in diesem Jahre je etwa 5 bis 12 Stück Früchte, fünfjährige nur einmal geschnittene und seitdem nur gelichtete Kronen brachten in diesem Jahre je $2^1/_2$ bis 5 Kilo Früchte und haben sich prächtig mit Fruchtholz entwickelt.

Es soll durch vorstehende Zeilen durchaus nicht gesagt werden, daß man nun allgemein auf den Schnitt der Obstbäume verzichten soll. Dort wo der Schnitt hingehört, wo er sich nicht vermeiden läßt, bei Spindelbäumchen, Schnurbäumchen, Apfel- und Birnspalieren usw., überhaupt bei kleineren Obstbaumformen auf beschränktem Raume wird er unvermeidlich sein, auch wird mancher nicht auf seinen Spaliergarten verzichten wollen. Dem Buschbaum, Halb- und Hochstamm ohne Zwang durch Schnitt gehört die Zukunft. Dort aber, wo es sich darum handelt, dem Vaterlande zu dienen durch Verminderung der Summe, die alljährlich für Obst ins Ausland geht, da ziehe man eine sachgemäße Pflege dem mörderischen Schnitt vor und bilde sich nicht ein, ein halbverhungerter Obstbaum könne durch ein solches Eingreifen gesunden und dann von seinem Ueberfluß geben. Man rechne nur einmal das ganz einfache Exempel aus, wieviel ist nötig gewesen, diesen Baum zu produzieren, wieviel braucht er noch, um sich zu erhalten und weiterzuentwickeln, wieviel nehmen vielleicht noch die Pflanzen, die mit ihm aus einer Schüssel essen und woher nimmt er dann noch, um auch uns etwas abzugeben. Man stille also zunächst seinen Hunger, er wird dankbar dafür sein.

Proskauer Pfirsich, fünfjährig, nicht geschnitten.
Im Obstgarten der Kais. Biolog. Anstalt zu Dahlem für die „Gartenwelt" photogr. aufgenommen.

Seitentrieb eines seit fünf Jahren regelrecht geschnittenen Roten Herbstkalvills.
Vom Verfasser für die „Gartenwelt" gezeichnet.

Topfpflanzen.

Ficus pandurata.

Von J. Hartmann.

Hierzu zwei Abbildungen.

Wenngleich es auch an schönen und brauchbaren Blattpflanzen nicht mangelt, möchte ich doch die Leser dieser Zeitschrift mit einer seltenen *Ficus* bekannt machen, mit *Ficus pandurata*, so genannt wegen ihrer geigenförmigen Blätter.

Diese *Ficus* verdient meines Erachtens die größte Verbreitung, und ich glaube nicht zu viel gesagt zu haben, wenn ich behaupte, daß diese schöne und interessante Blattpflanze der *Ficus elastica* gleichgestellt zu werden verdient, auch als Zimmerpflanze, wenn auch nur für größere Räume, denn für kleine Zimmer würde sie wohl infolge ihres rapiden Wachstums bald unbequem werden. Die beigefügten Abbildungen Seite 259 zeigen einen Sämling vom Herbst 1902, zwei Meter hoch, der bis jetzt 50 Stecklinge gegeben hat, und einen Blattsteckling von Anfang April 1907, welcher ohne besondere Kultur diese Größe von 1 Meter in einem temperierten Hause erreichte. Der Kopf dieser Pflanze ist schon wieder zu Stecklingen benutzt worden.

Kulturansprüche stellt diese *Ficus* nicht mehr als *F. elastica*, natürlich wächst sie bei aufmerksamer Kultur besser als sonst, und jedes Blatt gibt einen Steckling, welcher zu jeder Jahreszeit ohne große Wärme nach 3 bis 4 Wochen gut bewurzelt ist. Hauptsache ist jedoch, daß man die Schnittfläche gut abtrocknen läßt.

Wenn ich diese *Ficus* auch für Zimmerkultur empfehle, so geschieht dies im Hinblick auf ihre festen, lederartigen und hochgestellten Blätter. Vorläufig steht ja der weiteren Verbreitung der Mangel an Pflanzen noch im Wege, aber da sie sich sehr leicht vermehren läßt, wäre es ihrer Dauerhaftigkeit wegen doch sehr erwünscht, wenn sie in weiteren Kreisen bekannt würde.

Francoa appendiculata. (Abbildung auf Seite 260.) Diese *Francoa* unterscheidet sich von der vielkultivierten *F. ramosa* durch ihre zartrosa Blüten mit dunkleren Streifen am Grunde der Blumenblätter, auch ist der Wuchs etwas kräftiger. Die bis meterlangen Blütenstiele erscheinen zahlreich und sind für Binderei sehr verwendbar. Auch als Topfpflanze wird *Francoa appendiculata* infolge ihres graziösen Aussehens stets ein Schmuckstück des Kalthauses bilden. Vermehrung geschieht leicht durch Samen und Teilung.

J. Baum, Handelsgärtner, Vevey.

Fragen und Antworten.

Beantwortung der Frage No. 491. Habe ein Röhrensystem zur Warmwasserheizung meiner zwei Erdhäuser mit 120 m langer, 45 mm starker Röhrenleitung im Gebrauch. Ein Haus dient zur Vermehrung, aber nur mit Steinkohle ist es möglich, die genügende Wärme zu erhalten. Welcher Kessel und welche Größe würde mir empfohlen werden, um billiger zu heizen?

Um ein Röhrennetz von 120 m Länge und 45 mm Stärke vorteilhaft zu heizen, empfehle ich einen Höntsch'schen Gliederkessel vorletzter Größe. In diesem Kessel kann man alles brennen, das Feuerungsmaterial wird vollständig aufgebraucht. Ferner möchte ich auch dem Schramm'schen Caloriakessel das Wort reden, und zwar braucht man hier für das angegebene Rohrnetz die kleinste Nummer. Billig heizen kann man mit beiden Kesseln, da sie Dauerbrandkessel sind und alles Material gut verbrennen.

H. Siemann, Gartenbaulehrer und Obergärtner, Wittstock (Dosse).

Beantwortung der Frage No. 492. Was ist die Ursache des frühzeitigen Fallens der Stachelbeerfrüchte?

Kalkarmut im Verein mit Trockenheit des Bodens zur Zeit des Fruchtansatzes der Stachelbeeren, schaffen hauptsächlich die Ver-

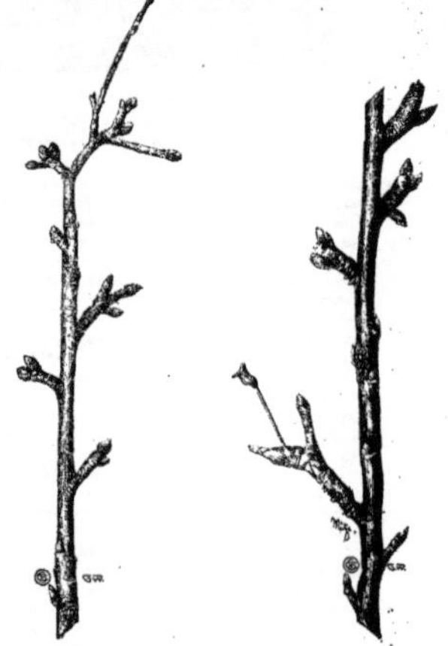

Seitentrieb des Gelben Edelapfels. Krone seit fünf Jahren nur einmal (bei der Pflanzung) geschnitten.
Vom Verfasser für die „Gartenwelt" gezeichnet.

hältnisse, durch die ein vorzeitiges Abfallen der Früchte hervorgerufen wird. Bei einigen Sorten, die schon von Natur aus etwas dazu neigen, die Früchte abzustoßen, kann auch einfacher Nahrungsmangel die Ursache sein. Ich würde im Herbst die Stöcke mit Kalk düngen, und zwar, wenn leichter Boden in Frage steht, mit kohlensaurem Kalk, und dann zur Zeit der Blüte und des Fruchtansatzes reichlich bewässern.

H. Lindner, Obergärtner, Wannsee.

— Diese Frage ließe sich viel treffender beantworten, wenn Fragesteller die Begleiterscheinungen angegeben hätte. Das Beerenobst ist bei weitem nicht so vielen Krankheiten ausgesetzt, als z. B. das Steinobst, aber dennoch können die Ursachen des vorzeitigen Abfallens der Stachelbeerfrüchte sehr verschieden sein. Es ist mir schon vorgekommen, daß die vollkommen ausgewachsenen Früchte, kurz vor der Zuckerbildung massenhaft abfielen, wenn die Pflanzen zu trocken standen; ein reichliches Gießen hat das Uebel sofort behoben. Ferner käme eine kleine Made in Betracht, welche in Gesellschaft zu mehreren die kaum verblühten Stachelbeerfrüchte bewohnt. Ihre Größe ist 1 bis $1^1/_2$ mm. Den Namen konnte ich leider nirgends erfragen, doch glaube ich, daß sie die Larve einer Mückenart ist. Die befallenen-Früchte bleiben im Wachstum zurück und fallen im Frühsommer, etwa anfangs Juni. Zur Fernhaltung dieses Schädlings empfehle ich das taufeine Bespritzen der Pflanzen mit einer schwachen Kampferlösung und zwar 10 gr Kampfer in 50 gr Alkohol aufgelöst und dann in etwa 200 l weichem Wasser verrührt. Das Spritzen beginnt beim Sichtbarwerden der Blütenknospen und wird bis nach der Blüte in der Woche mindestens zweimal ausgeführt. Das Spritzen während des Blühens schadet der abwärtshängenden Stachelbeerblüte gar nichts, nur muß man das Rohr der Nebelspritze immer so führen, daß die Flüssigkeit von oben auf die Pflanzen herabfällt. Diese Arbeit ist leicht und schnell auszuführen, vorausgesetzt, daß man eine gute Spritze hat. Der Kampfergeruch hält diese Mückenart ab, verhindert somit die Eierablage. Im Juni, wenn die ersten Früchte zu fallen beginnen, überzeuge man sich durch Zerschneiden einiger, ob sie von der Larve befallen sind. Ist dies der Fall, so pflücke man alle kleinen Früchte sorgfältig ab und verbrenne sie. Auch der ziemlich bekannte Rostpilz oder Becherrost, *Aecidium Grossulariae* kann die Ursache des vorzeitigen Fruchtabfalles sein. Man kann sein Auftreten durch angemessenen Schnitt der Sträucher und der Kronen bei Hochstämmen vermindern, obwohl er an letzteren seltener auftritt. Jeder Zweig soll auch im belaubten Zustande genügend Luft und Sonne erhalten. Als Bekämpfungsmittel gilt das Entfernen und Verbrennen aller befallenen Zweige, sowie öfteres Spritzen mit Kupferkalklösung. Die Lösung soll vor der Vegetation $2^1/_2$ prozentig, im April, gleich nach der Blüte, $^1/_2$ prozentig und nach der Ernte 1 prozentig sein.

F. A. Neumann, Pinkafö (Ungarn).

Beantwortung der Frage No. 493. Woran liegt es wohl, daß *Picea pungens glauca* die jungen Nadeln an den Triebspitzen verschiedentlich abwirft?

Ficus pandurata. Oben Blattsteckling nach einer Kulturperiode (einen Meter hoch), unten Sämling vom Herbst 1902 (zwei Meter hoch). Originalaufnahmen für die „Gartenwelt".

Das Abwerfen der Nadeln ist entweder eine Folge ungenügender Ernährung oder ungünstigen Standortes in mit schädlichen Säuren geschwängerter Luft in der Nähe von Fabriken mit ständig rauchenden Schloten. **H. Siemann,**
Gartenbaulehrer und Obergärtner, Wittstock a. d. Dosse.

Beantwortung der Frage No. 494. Wo kann man frisch geernteten Orchideensamen erhalten?

Da Orchideensamen sich ihre Keimkraft nur ganz kurze Zeit bewahren und deshalb sofort nach der Reife ausgesät werden müssen, bilden sie keinen Handelsartikel. Import von Orchideensamen aus den Heimatländern ist ausgeschlossen, und die hiesigen Züchter, welche sich mit Samenzucht und Hybridisation von Orchideen befassen, ziehen es vor, die geernteten Samen selbst auszusäen. **M. H.**

Beantwortung der Frage No. 495. Ist es angebracht, ein für Gurkentreiberei bestimmtes Haus mit Rohglas zu verglasen?

Es ist sehr empfehlenswert und vorteilhaft, ein Gurkenhaus mit Rohglas zu verglasen. Allerdings ist Rohglas bekanntlich nicht so hell wie einfaches Gartenglas, doch spielt dies bei der Gurkentreiberei keine Rolle. Es hat vor allem den Vorteil, daß die für die Gurkentreiberei besonders schädlichen Niederschläge sich nie in dem Maße bilden, wie bei gewöhnlichem Glase. Ratsam ist aber eine gute Lüftung bei derartig verglasten Häusern, da die Temperatur unter dem Rohglase, namentlich im Sommer, sich sehr schnell erhöht.

Wilhelm Rudolph,
Zuffenhausen bei Stuttgart.

— Ein Haus, welches für Gurkentreiberei bestimmt ist, mit Rohglas zu verglasen, ist sehr angebracht. Durch Rohglas wird in dem Hause eine höhere Temperatur erzielt, ferner braucht man das Haus, wenn die Gurken noch im Anfangsstadium sind, nicht zu schattieren. Die neuen Gurkenhäuser in der Melonerie zu Potsdam sind alle mit Rohglas gedeckt. **H. Siemann,**
Gartenbaulehrer u. Obergärtner,
Wittstock (Dosse).

Beantwortung der Frage No. 496. Welche frühen, gefüllt- und einfachblühenden Tulpensorten eignen sich zur Bepflanzung von Gruppen, um einen gleichmäßigen Flor in verschiedenen Farben zu erzielen? Ist es ratsamer, die Zwiebeln im Herbst gleich in die Beete zu legen oder sie in Töpfe zu pflanzen und im Frühjahr auszupflanzen?

Von einfachen Tulpensorten, die zu gleicher Zeit blühen, empfehle ich in Scharlachrot ganz besonders: *Vermillon brillant, Maes, Dusart, Verboom, Belle Alliance, Artus* und die niedrige, kleinblumige *Duc van Tholl.* In Gelb sind *Ophir d'or, Mon Tresor* und *Gelber Prinz* die schönsten. *Prinzesse Marianne, Weißer Schwan, La Reine* und *Pottebacker* sind vier gute weiße Sorten. Ferner dürfen in größeren Gruppen folgende Paradetulpen nicht fehlen: *Kaiserkrone,* scharlachrot mit gelbem Rand, *Joost van Vondel,* rot mit weiß, *Prinz von Oesterreich,* orangerot, *La Précieuse,* weiß mit rosa, *Proserpine* rot und *Van der Neer,* violett.

Gefüllt blühende Tulpen sind für Beete im Freien weniger geeignet, da sie bei Regenwetter ihre Blumen ganz zur Erde neigen. Ich kenne nur eine Sorte, welche diese unangenehme Eigenschaft nicht hat, es ist dies die crêmweiße *La Candeur.* Man sieht *La Candeur* vielfach als Einfassung um Beete, die mit *Rex Rubrorum* bepflanzt sind, was sich sehr gut macht. Schöne Gruppen gibt auch *Leuchtfeuer,* scharlach, eingefaßt mit *Murillo,* weiß mit rosa. Noch weitere drei zu empfehlende Sorten sind: *Tournesol,* rot mit gelbem Rand, *Courornne d'or,* gelb mit orangefarbener Schattierung, und *Alba maxima,* weiß.

Schließlich möchte ich noch auf die buntblättrigen Tulpen hinweisen, die sich zu Einfassungen und auch, da sie durch ihr gestreiftes Laub schon vor der Blüte sehr zieren, zu ganzen Gruppen eignen. Mehrere Jahre lang pflanzte ich als beste Sorte: *Rubin,* mit großen dunkelroten Blumen und weiß geränderter Belaubung. In neuerer Zeit habe ich *Goldcup* noch versucht, welche Sorte ein noch auffallenderes, schön weißgelb gestreiftes Laub hat und gelb blüht. Ich bitte die Tulpenliebhaber, einmal eine Gruppe mit *Rubin* zu pflanzen und diese mit *Goldcup* einzufassen, das wird gefallen. Der Einfachheit halber und auch um Zeit und viel Mühe zu sparen, rate ich die Zwiebeln gleich an den bestimmten Platz zu pflanzen.

H. Lindner, Obergärtner,
Wannsee.

Um einen schönen und gleichmäßigen Tulpenflor zu erzielen, würden von einfach blühenden zu empfehlen sein: *Duc van Tholl,* weiß, rot, gelb, rosa, scharlach und rot mit gelb, *Chrysolora,* gelb, *Alba regalis,* weiß, *Artus,* scharlach, *L'Immaculée,* weiß, *Van der Neer,* violett, *Pottebakker,* gelb, *Duchesse de Parma,* rot mit gelb, *Duc de Berlin,* feuerrot mit Goldrand, *Cardinalshut,* dunkelrot, *La Précieuse,* rosa mit weiß, *Rosa Mundi,* zartrosa geflammt, *Rose Grisdelin,* zartrosa, *Bacchus,* dunkelpurpurrot. Von gefüllt blühenden sind folgende zu empfehlen: *Duc van Tholl,* rot mit gelb, *Tournesol,* rot mit gelb, *Agnes,* scharlach, *Murillo,* zartrosa, *Prinzessin Alexandra,* karmoisin mit gelbem Rande, *Rosina,* rosa, *Titian,* rot mit gelbem Saum, *Le Blason,* rosa mit weiß. Tulpen für den Frühjahrsflor, für Gruppen bestimmt, im Herbst in Töpfe zu pflanzen, um dieselben dann im kommenden Frühjahr ins Freie zu setzen, ist nicht empfehlenswert. Am besten ist es, die Zwiebeln gleich im Herbst in die Erde zu legen und zwar vor Eintritt des Frostes. Hierbei verfährt man folgendermaßen: Die zum Belegen bestimmten Beete werden, nachdem die Sommerblumen entfernt sind, gut umgegraben und ordentlich geebnet. Hierauf überstreue man

Francoa appendiculata.
Originalaufnahme für die „Gartenwelt“.

die Beete mit Sand und nun beginne man mit dem Legen der Zwiebeln; sie werden 10 cm tief in die Erde eingedrückt. Hierauf werden die Beete nochmals geebnet, nach Eintritt von Frost mit kurzem Dünger überstreut und mit Tannenreisig abgedeckt. Im Frühjahre, sobald es die Witterung erlaubt, werden Reisig und Dünger behutsam entfernt. **Rich. Melchior**, Pillnitz.

Beantwortung der Frage No. 497. Wie wird der Meltau bei *Chrysanthemum* am einfachsten bekämpft?

Der Chrysanthemummeltau, *Oidium Chrysanthemi*, ist ein sogenannter echter Meltau und wird erfolgreich mit Schwefel bekämpft. Die Wirksamkeit des Schwefels hängt, von der Witterung und rechtzeitiger Anwendung abgesehen, hauptsächlich von dessen Reinheit und Feinheit ab, d. h. je feiner er gemahlen, desto größer ist die Wirkung. Man nehme nun recht fein gemahlenen oder sublimierten Schwefel, bringe ihn mittels eines Schwefelstäubers (Blasebalg) oder einer sog. Schwefelquaste auf die Blätter, und sehe, daß alles bestäubt wird. Offenbar übt der Schwefelstaub auf den Meltau durch Bildung von Schwefeldioxyd, einem stechend riechenden Gase, eine vernichtende Wirkung aus, ohne die Pflanzen selbst zu schädigen. Aechter Meltau tritt mit Vorliebe bei Trockenheit auf. Die Operation des Schwefelns muß je nach der Witterung alle 3 bis 4 Wochen wiederholt werden. **Adolf Erb**, Ronsdorf.

— Der Meltau von *Chrysanthemum* ist ein echter, vorläufig *Oidium Chrysanthemi*, Rabenhorst, genannt, welcher Name aber nicht als feststehend angenommen werden darf, so lange die Peritherien (Schlauchkörper) nicht bekannt sind. Die echten Meltaupilze leben oben auf den Blättern und sind somit ohne Unterschied mittels Schwefel zu bekämpfen. Aus Schwefel entwickelt sich bei genügender Sonnenwärme schwefelige Säure, welche pilztötend ist.

Als der beste Schwefel wird feingestoßener Stangenschwefel empfohlen, da er nicht so sehr zum Ballen geneigt ist, wie Schwefelblume. Am besten pulvert man nach Regen oder Tau, aber nur bei schönem, stillem Wetter. An regnerischen Tagen dürfte mit Schwefeln wenig Erfolg erzielt werden und empfiehlt es sich dann, mit Kupfersoda- oder Kupferkalkbrühe zu spritzen. Im verflossenen Sommer habe ich mit Schwefel überhaupt keine, mit Bordelaiser Brühe wohl Erfolge erzielt.

Kupfersodabrühe wird verfertigt durch Lösung von 1 kg Kupfervitriol und $^1/_4$ kg unverwitterter Kupfersoda in 80 l Wasser. Die Kupfersoda wird unter beständigem Rühren dem Kupfervitriol zugefügt. Da in Kupfersodabrühe eine einprozentige Vitriollösung schon genügt, ist sie billiger als Kupferkalkbrühe, da hier mindestens 2 % erforderlich sind. Bordelaiser Brühe, die wie untenstehend zusammengestellt wird, haftet weniger gut auf den Pflanzen und färbt diese blau: In 80 l Wasser löst man 2 kg Kupfervitriol und in einer gleich großen Menge Wasser ebenfalls 2 kg Aetzkalk, wonach beide Lösungen zusammen gegossen werden. Wenn der Kalk unbedingt rein ist, genügt auch 1 kg, aber vorsichtshalber nehme man 2 kg, was der Brühe nicht schadet. Man stelle die Lösungen stets in Holzkübeln oder Tongefäßen her, niemals aber in metallenen Gefäßen, und filtriere sie. Alte Brühe ist nicht mehr zu verwenden, falls nicht in frischem Zustande reichlich Zucker zugefügt war. **P. J. Schenk**, Amsterdam.

Beantwortung der Frage No. 498. Manche meiner *Chrysanthemum* beginnen, ohne trocken zu sein, zu welken, was ist die Ursache dieser Erscheinung?

Das Welken der *Chrysanthemum* kommt nur bei der Topfkultur vor, speziell bei in zu kleinen Töpfen stehenden und mit starkem Dünger allzuhäufig gegossenen Pflanzen. Durch sofortiges Umpflanzen oder auch Auspflanzen kann man noch die besten Pflanzen retten. Hierbei kann man auch sehen, daß die Wurzeln, die feinsten am meisten, schwarzbraun und schlecht sind. *Chrysanthemum* werden aber auch welken und zum Absterben neigen, wenn der Wasserabzug in den Töpfen verstopft ist und dazu noch unvorsichtig gegossen wird. **F. A. Neumann**, Pinkafö (Ungarn).

— Meines Erachtens leiden die *Chrysanthemum* an Wurzelfäule. Diese Pflanzen können nasse, kalte Erde nicht ertragen, weshalb die Töpfe niemals ganz eingesenkt werden dürfen. Im verflossenen nassen Jahre trat Wurzelfäule vielfach auf.

P. J. Schenk, Amsterdam.

Beantwortung der Frage No. 499. Wie wird der Pilz an *Evonymus* am besten bekämpft? Bei meinen Pflanzen, die nicht zu schattig stehen, sind die Blätter vollständig mit weißem Pilz bedeckt.

Der weiße Pilz an *Evonymus* gehört wie der in Frage 497 zu den echten Meltaupilzen, mit dem lateinischen Namen *Microsphaera Evonymi*. Seine wirksamste, den Pflanzen unschädliche Bekämpfung ist einzig im Schwefel zu suchen. Genau auf die Art und Weise wie in Frage 497 ist das möglichst feine Schwefelpulver anzuwenden. Ganz wie mit Kalk überspritzt aussehende Zweige dürfte man besser abschneiden und verbrennen. Fleißiges Ueberspritzen mit Wasser der noch nicht befallenen Pflanzen, oder frühzeitiges Schwefeln, wird diese vor weiterer Ansteckung bewahren. Dieser Meltau tritt übrigens nicht jedes Jahr gleich heftig auf, oft sieht man Jahre lang nichts davon, plötzlich ist er dann wieder da, kann aber auch ebenso plötzlich wieder verschwinden. **Adolf Erb**, Ronsdorf.

— Wenn ich nicht irre, sind die *Evonymus* von einem echten Meltau, *Microsphaera*, befallen und ersuche ich bezüglich der Bekämpfungsmittel die Beantwortung der Frage 497 nachzulesen. Außerdem würde es sich empfehlen, sehr geschädigte Zweige zu entfernen und zu verbrennen. Man achte auf gute Durchführung der Ueberwinterungsräume. **P. J. Schenk**, Amsterdam.

— Ihre Pflanzen werden doch zu schattig stehen, denn in voller Sonne und bei guter Ueberwinterung tritt dieser Pilz nicht auf.

Ich rate Ihnen, die kranken *Evonymus* zu verpflanzen, kräftig zurückzuschneiden, sorgfältig mit Kalkwasser zu waschen ($^1/_2$ kg Aetzkalk in 10 l Wasser) und denselben vom Frühling ab einen guten, sonnigen Standort im Freien zu geben.

F. A. Neumann, Pinkafö (Ungarn).

Neue Frage No. 527. Wie habe ich im Herbst 1907 gepflanzte, dreijährige Buschbäume von Aepfeln, Birnen, Pflaumen und Kirschen zu behandeln, die in diesem Winter hier in Schweden bei —25° C bis ins zweijährige Holz zurückgefroren sind, so daß dasselbe schwarzbraune Färbung zeigt? Das Holz dieser Bäume hat wohl in der Baumschule infolge des fortgesetzten Pinzierens und der vorwiegenden Nässe des vergangenen Sommers nicht die erforderliche Reife erlangt.

Neue Frage No. 528. Wie werden zweijährige, noch im freien Grunde stehende Rosen (Wurzelhalsveredlungen) für die Treiberei im Frühjahr 1909 vorkultiviert und was ist bei dieser zu beachten?

Neue Frage No. 529. Welcher Kollege hat den für *Chrysanthemum* empfohlenen „Papillon"-Dünger erprobt und wie war das Ergebnis?

Neue Frage No. 530. Wie werden die Früchte vom spanischen Pfeffer *(Capsicum annuum)* für den Winter so konserviert, daß sie die Farbe behalten?

Neue Frage No. 531. Wie wird eine Mistbeetanlage für einen Gutsgarten praktisch und billig ausgeführt?

Wir bitten unsere Leser, sich zahlreich an der Beantwortung vorstehender Fragen zu beteiligen. Die zum Abdruck gelangenden Antworten werden genau wie andere Beiträge honoriert.

Pflanzenkunde.

Elektrisches Licht bei Pflanzenkulturen.

Im Anschluß an die diesbezüglichen Mitteilungen auf Seite 224 der „Gartenwelt" möchte ich auf einen Versuch hinweisen, der Mitte der achtziger Jahre des vorigen Jahrhunderts auf der gärtnerischen Versuchsanstalt der Cornell-Universität in Ithaca im Staate New York veranstaltet wurde. Nach Notizen, die ich mir seinerzeit aus Berichten zusammenstellte, handelte es sich um folgendes: Zwiebeln von *Lilium Harrisii* waren Mitte Oktober eingepflanzt und kamen im Dezember in ein durch elektrisches Bogenlicht zu erleuchtendes Gewächshaus. Die Pflanzen wurden in 3 Abteilungen gegliedert, wovon eine dem Licht vollständig, eine andere gar nicht ausgesetzt wurde. Bei der dritten Gruppe wurden die ultravioletten Lichtstrahlen durch Glasscheiben aufgefangen. Vom 1. Januar an brannte das Licht von 5 Uhr abends bis 6 Uhr morgens. Nach 6 Wochen zeigten die belichteten Pflanzen ein geiles Wachstum, während die unbelichteten sich weiter normal entwickelt hatten. Die ersten Blumen öffneten sich an den vollbelichteten Pflanzen, nach 4 Tagen blühten die Pflanzen, welche durch Glasscheiben gegen die ultravioletten Strahlen geschützt waren und erst nach weiteren 9 Tagen öffneten sich die Blumen an den unbelichteten Pflanzen. Die Haltbarkeit der Blumen betrug in der eben genannten Reihenfolge 9 Tage, 9½ Tage und 11 Tage. Ein Erfolg der Belichtung konnte also nachgewiesen werden; allerdings waren die frühzeitigen Blumen etwas weniger schön. Bei den vollbelichteten Pflanzen zeigten sich außerdem auf den Knospen an der dem Lichte zugewendeten Seite bräune Flecke. Diese Flecke fehlten bei den im abgedämpften Lichte erwachsenen Blumen.

Pflanzen aus der unbelichteten Abteilung mit 2 cm langen Knospen entwickelten sich, als sie zu den belichteten gestellt wurden, schneller als jene, welche in der unbelichteten Abteilung verblieben. Sie blühten 7 Tage früher und zeigten ein durchaus normales Aussehen. Bei diesen Versuchspflanzen stellte sich der Erfolg mithin am günstigsten. Bei Tage wurden selbstverständlich alle drei Abteilungen in gleicher Weise wie bei der sonst üblichen Treiberei behandelt.

Bedauerlicher Weise sagen meine Aufzeichnungen nichts über die Kosten, noch geben sie genügenden Anhalt für eine Kostenberechnung. Bei Beurteilung solcher Versuche auf deren Wert für die gärtnerische Praxis darf der Kostenpunkt nicht übersehen werden. So werden meine Mitteilungen lediglich wissenschaftliches Interesse haben, aber sie sind allein darum schon lesenswert. **H. H.**

Eine botanische Absonderlichkeit. Proliferierende Pflanzen sind jedem Gärtner und Pflanzenfreund bekannt, daß aber Samenkörner auf ihrem Fruchtboden zu grünen und keimen anfangen und hier zu blühenden Pflänzchen heranwachsen können, ist wohl den meisten eine interessante und neue Erscheinung. Ich hatte im vorigen Jahre ein Beet mit *Callispsis bicolor nana marmorata* eingefaßt. Nachdem diese Pflanzen schon einen reichlichen Flor entwickelt und schon viel Samen gereift hatten, bemerkte ich, daß an einigen dieser Pflanzen der Samen nicht abfiel, sondern zu grünen anfing, wobei der ganze Fruchtboden wie ein Moospolster aussah, und die jungen Keime je einem jungen Moospflänzchen ähnelten. Diese jungen Triebe gelangten bald zur Blüte, doch hatte jedes Pflänzchen nur eine Blume. Die alten Blütenstiele entwickelten sich kräftiger und bildeten so die Aeste für die neuen Blüten. Diese Pflanzen waren aber sehr empfindlich und erfroren bei den ersten leichten Frösten, während die anderen, bei denen dieser Vorfall sich nicht ereignete, denselben standhielten. Aehnliches kann man im Warmhause bei *Ardisia crenulata* beobachten, deren Samen (Beeren) an der Mutterpflanze auskeimen und je eine kräftige Wurzel entwickeln. **Fr. Lambert Traub**, Rom.

Aus den Vereinen.

Obst- und Gartenbauverein zu Oldenburg. Einen ganz vorzüglich ausgestatteten, 102 Seiten umfassenden Jubiläumsbericht 1858—1908 hat der derzeitige Schriftführer Fr. Oldewage im Auftrage des Vereins zusammengestellt, der auch nach seinem fleißigen Inhalte ganz der Bedeutung des Moments 50jährigen Bestehens würdig ist. Ein wohlgelungenes Bild des hochverdienten Mitbegründers, ehemaligen ersten, jetzigen Ehrenvorsitzenden, des Geh. Oberkammerrats Fr. Bernh. Rüder, geht dem eigentlichen Bericht als Kunstdrucktafel vorauf. Der Bericht selbst enthält einen tadellos ausgearbeiteten, sehr übersichtlichen Auszug aus der Chronik des Vereins; über das verflossene Jahr 1907 wird ausführlich berichtet. Im dem verflossenen Jahre starb, wie bekannt, der erste Vorsitzende Hofgartendirektor Ohrt, der diesen Posten 20 Jahre hindurch mit vollem Erfolge bekleidet hat. Als sein Nachfolger wurde Hofgärtner Immel gewählt. Hervorgehoben sei aus dem Vorjahre noch, daß im Mai wieder eine Verteilung von Fuchsien- und Geraniensteckligen an Schüler zur Weiterpflege veranstaltet wurde. Die Prämiierung erfolgte Ende August und war sehr sinnreich mit der sogen. Blumenfeier verbunden, an der außer Kindern, Lehrern und Angehörigen noch viele Erwachsene aus Stadt und Land teilnahmen. Von 261 verteilten Pflanzen konnten 185 prämiiert werden; 34 Pflanzen fehlten. — Den Schluß des Berichtes bildet ein Mitgliederverzeichnis: Außer dem Ehrenpräsident und dem Vorstand setzt sich der Verein aus 2 Ehrenmitgliedern, 6 korrespondierenden und 196 ordentlichen Mitgliedern, sowie fünf Korporationen zusammen. — Glückauf zum neuen Halbjahrhundert!

Gärtnerisches Unterrichtswesen.

Kgl. Wein-, Obst- und Gartenbauschule Veitshöchheim bei Würzburg. Dem sechsten Jahresbericht über das Schuljahr 1907 08 entnehmen wir an Neuem gegen den vorjährigen Bericht, daß die Schule von 17 Schülern, 3 Hospitanten und 4 Praktikanten (zusammen 24) besucht wurde. Der Lehrkörper ist dem Umfange nach derselbe geblieben. Die Schulnachrichten sind diesmal ergänzt durch einen umfangreichen Bericht über die Tätigkeit des Assistenten (Dr. Gerneck), besonders über die Inbetriebsetzung der Hefereinzuchtstation und über die Bekämpfungsarbeiten gegen tierische und pflanzliche Schädlinge, namentlich gegen Schädlinge des Weinstockes; so ist der Bericht von 48 auf 74 Seiten angewachsen.

Verdiente Fachgenossen.

Die Ehrung eines verdienten Fachmannes.

Eine einfache, aber würdige Feier fand am 9. Februar d. J. in dem Pomologischen Institut in Reutlingen statt, wo dem bekannten Förderer des Obstbaues,

Königl. Oekonomierat Friedrich Lukas,

eine von seinen Freunden und Verehrern gestiftete Ehrengabe durch eine fünfgliedrige Deputation überreicht wurde.

Nachdem Herr Oekonomierat Lukas am 1. April 1907 sein Amt als Geschäftsführer des Deutschen Pomologenvereins, welches er nahezu zwei Jahrzehnte mit Umsicht, Tatkraft und reichem Erfolge bekleidete, freiwillig niedergelegt hatte, wurde in deutschen, Obstbau treibenden Kreisen allenthalben der Wunsch laut, den Mann, der sich nicht nur auf dem Gebiete der Obstsortenkunde und des technischen Obstbaues, sondern auch in zahlreichen grundlegenden literarischen Arbeiten dauernde Verdienste um die Hebung des Obstbaues erworben hat, zu ehren.

Ein engerer Freundeskreis glaubte daher, diesen von nah und fern geäußerten Kundgebungen Rechnung tragen zu sollen, und entschloß sich zur Veröffentlichung eines Aufrufes, in dem den Wünschen der Freunde, Verehrer und Schüler von Lukas in einer Einladung zur Beteiligung an einer Ehrengabe Ausdruck gegeben wurde.

Aus allen Gauen Deutschlands, aus Oesterreich, der Schweiz und anderen Ländern flossen die Gaben als Zeichen der Anerkennung und Dankbarkeit in so reichem Maße, daß dem vortrefflichen Manne nicht nur ein Ehrengeschenk in Form eines Schreibtisches nebst Sessel übergeben, sondern auch noch ein Betrag von 1200 Mark zur Verfügung gestellt werden konnte.

Diese Stiftung führt den Namen „Friedrich Lukas-Stiftung in Reutlingen“ und wird von ihm verwaltet. Die Stiftung soll zur Förderung des Obstbaues dienen und demzufolge sind die Reinerträge des Stiftungskapitals zu Prämien an würdige Schüler des Pomologischen Institutes nach dem freien Ermessen des Herrn Oekonomierates Lukas zu verwenden.

Es ist erfreulich, daß durch diese freundschaftliche Kundgebung dem verehrten Herrn ein Beweis dafür erbracht werden konnte, daß sein Wirken sowohl auf dem Gebiete des praktischen und wissenschaftlichen Obstbaues, wie auch während seiner Amtsdauer als Geschäftsführer des Deutschen Pomologenvereins allerseits gewürdigt wird. **A. Siebert**, Frankfurt a. M., **L. Maurer**, Jena.

Mannigfaltiges.

Kerria japonica. Den meisten Lesern dieser Zeitschrift dürfte wohl der Zierstrauch *Kerria japonica*, der mit dem reinen Gold seiner Blüten uns bereits im zeitigen Frühsommer erfreut, bekannt sein. Heute möchten wir nun eine kleine Geschichte, die sich an ihn knüpft und in seinem Vaterlande weit verbreitet ist, davon erzählen.

Kerria japonica wird vom Japaner (außer yamabuki) mit Vorliebe mi-no nashi genannt, wobei mi Frucht oder Beere bedeutet, no ist der postponierte Genitivartikel der japanischen Sprache und nashi heißt ohne oder nicht. Der Strauch heißt also „ohne Frucht“, da er keine Früchte entwickelt. In der japanischen Sprache findet sich aber auch das Wort mino, das einen Regenmantel aus Reisstrohhalmen bedeutet, wie er vor allem von den Bauern bei der Feldarbeit im Regen getragen, auf japanischen Landschaftsbildern wegen seiner pittoresken Form von Fremden vielfach bewundert wird. Auf einem Wortspiel zwischen mi-no und mino beruht nun die folgende hübsche Erzählung aus dem japanischen Mittelalter, die an Feinheit der Empfindung wenige ihresgleichen haben dürfte.

Onnono Dofu, ein vornehmer Ritter auf der Südwestinsel Kyushu, der sich im Gebirge verirrt hat und vom Regen überrascht wurde, findet endlich ein ärmliches Häuschen, aus dem auf sein Pochen (resp. Händeklatschen) ein schönes Mädchen heraustritt. Auf seine Bitte, ihm wegen des strömenden Regens einen Regenmantel (mino) zu leihen, errötet das Mädchen, da sie nur ungern bekennt, daß ihr Haus so arm sei, daß man nicht einmal einen „mino“ besitze. In ihrer Verlegenheit bricht sie von einer *Kerria japonica* (mi-no nashi)*), die vor dem Hause blüht, einen Zweig und reicht ihn dem Ritter, der, sofort ihren Ideengang auffassend, ihn dankend in Empfang nimmt und sich respektvoll zurückzieht. **Dr. E. Papellier, Kobe (Japan).**

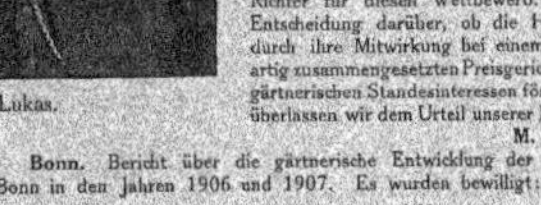

Friedrich Lukas.

Die **„Deutsche Gartenstadtgesellschaft“**, die in der kurzen Zeit ihres Bestehens bereits auf ausgezeichnete Erfolge propagandistischer Art zurückblicken kann und hervorragende Männer aller Berufe und Parteien in ihrer Mitgliederliste vereinigt, will nunmehr einen praktischen Versuch wagen. Sie erläßt soeben einen Aufruf zur Gründung einer Gartenstadt. Die Gartenstadtbewegung will ähnliches tun, was heute die Terraingesellschaften der Vororte mit einer planmäßigen Erschließung von Gelände für Wohn- und Industriezwecke tun. Nur will sie ihr Ziel in gesunderer Form, unter Ausschließung jeder Bodenspekulation verwirklichen, so daß die Vorteile solcher Ansiedelungen dauernd der Gesamtheit der künftigen Bewohnerschaft gesichert sind. Und sie will es endlich in größerem Maßstabe, auf größerer Fläche tun, in der Ueberzeugung, daß dieser größere Maßstab das Aufsuchen billigsten Landes ermöglicht und alle die Nachteile vermeidet, welche isolierte Ansiedelungsexperimente zuweilen gezeitigt haben. Die Gesellschaft wendet sich nun, Mithilfe suchend, an alle Interessenten, d. h. an alle, die aus sozialem Interesse ein solches Unternehmen zu fördern gewillt sind, und namentlich auch an die Vertreter des Gewerbelebens, die eine Verlegung von Betrieben planen. Von Freunden der Gesellschaft sind Geldmittel in Aussicht gestellt unter der Bedingung, daß sich Industrielle zur Uebersiedelung bereit erklären. Es ist an eine Gründung in Norddeutschland gedacht, doch ist ein bestimmtes Gelände noch nicht ins Auge gefaßt. Vielmehr sollen bei der Wahl des Geländes die Wünsche auswanderungsbereiter Industrieller berücksichtigt werden. Für den Fall, daß dieser Aufruf den erhofften Widerhall findet, wird sofort zur Errichtung einer gemeinnützigen Gründungskörperschaft und zur Begründung einer Musteransiedlung geschritten werden. Interessenten seien an die Adresse der Deutschen Gartenstadtgesellschaft (Adolf Otto, Nicolassee-Berlin) verwiesen.

*) mi-no nashi = ohne Frucht, *Kerria japonica*.
mino nashi = kein Regenmantel.

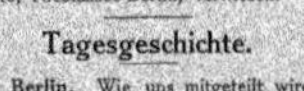

Tagesgeschichte.

Berlin. Wie uns mitgeteilt wird, sind zum Preisgericht für den Wettbewerb „Schillerpark“ noch die Herren F. Zahn, Königlicher Garteninspektor, Dahlem, Landesbaurat Prof. Goecke und Baurat Kayser hinzugezogen worden. Auch in dieser erweiterten Zusammensetzung entspricht das Preisgericht nicht berechtigten gärtnerischen Anforderungen; es gehören ihm jetzt 11 Laienrichter und vier gärtnerische Fachleute an. Wie sich das zum § 4 der „Grundsätze für öffentliche Wettbewerbe auf dem Gebiete der Gartenkunst“ der „Deutschen Gesellschaft für Gartenkunst“ reimt, nach welchem die Mehrheit der Preisrichter „tunlichst“ aus Fachleuten — Personen welche Gartenkunst berufsmäßig ausüben — bestehen soll, erklären wohl die der genannten Gesellschaft angehörigen fachmännischen Richter für diesen Wettbewerb. Die Entscheidung darüber, ob die Herren durch ihre Mitwirkung bei einem derartig zusammengesetzten Preisgericht die gärtnerischen Standesinteressen fördern, überlassen wir dem Urteil unserer Leser.
M. H.

Bonn. Bericht über die gärtnerische Entwicklung der Stadt Bonn in den Jahren 1906 und 1907. Es wurden bewilligt:

1.	Für den Bau eines Geräteschuppens und Unterkunftsräume für die Arbeiter	5000 M
2.	Anlage an der Orgelanderstraße	6000 „
3.	Anlage eines Urnenhains	3000 „
4.	Anlage am Kaiser Wilhelm-Denkmal	4000 „
5.	Anlage an der Drachenfelsstraße	14400 „
6.	Anlage an der Schumannstraße	5600 „
7.	Anlage an der Bachstraße mit Springbrunnen	7200 „
8.	Für den Bau eines Gewächshauses für Dekorationspflanzen	10000 „
9.	Zum Ankauf des Gutes Waldau (27 ha)	100000 „
10.	Zur Aufforstung desselben	6000 „
11.	Zum Ankauf von Wald „Hohenzollernwald“ (30 ha) wurden außerdem von der Bürgerschaft gesammelt	100000 „
12.	Für einen Aufgangsweg zum Venusberg mit Treppen und Felsanlagen	5800 „
		267000 M

	Uebertrag:	267 000 M
13.	Für Umänderung des Baumschulwälchens (12 500 qm) in eine Parkanlage	26 000 „
14.	Zur Vergrößerung des neuen Friedhofes (4 ha)	20 000 „
15.	Für diverse kleinere Anlagen, Straßenpflanzungen usw. rund	8 000 „
	Summa:	321 000 M

G.

Charlottenburg. Das Gelände der ehemaligen „Flora" in der Berliner Straße ist jetzt vollständig bebaut. Die weit über die Grenzen Berlins bekannt gewesene „Flora" war als ein vornehmes Konzertetablissement mit dem mächtigen Palmenhause in den Jahren 1871—74 auf einem alten Gartengrundstück angelegt worden, dessen herrlicher Baumbestand allein eine Sehenswürdigkeit bildete. Vor zehn Jahren begann man mit der baulichen Aufteilung des wertvollen Geländes, die jetzt ihr Ende erreicht hat.

Großenhain. Den Stadtverordneten lag in ihrer letzten Sitzung ein vom Rate genehmigter Plan zu einer Waldanlage auf dem Kupferberge, der sich als hervorstechender Punkt der nächsten Umgebung Großenhains in ganz besonderem Maße dafür eignet, zur Beratung vor. Etwa 55 Acker Land sollen zu diesem Zwecke allmählich angekauft werden. Das ganze Areal soll als Wald angepflanzt werden, zu dem von der Stadt aus schattige Alleen führen sollen. Der Gesamtpreis für das vorläufig in Frage kommende Areal beträgt 27 000 M, dazu kommen etwa 7000 M für Erdbewegung, Anlegung von Wegen, Anpflanzung mit Bäumen usw. und 3000 M für Errichtung eines Parkwärterhäuschens. Das Stadtverordnetenkollegium trat dem Ratsbeschlusse nach lebhafter Debatte mit 15 gegen 3 Stimmen bei und bewilligte die 37 000 M betragenden Kosten des gesamten Unternehmens.

Lichtenberg bei Berlin O. Für die Aufteilung eines 20 ha großen Geländes, in welchem sich ein Park befindet, schreibt die hiesige Gemeinde einen Wettbewerb zur Erlangung eines Bebauungsplanes, eventl. Parkprojektes aus. Für die drei besten Entwürfe sind drei Preise von 750, 500 und 300 Mark ausgesetzt, die man wohl als recht mager bezeichnen kann; außerdem stehen bis zu 300 Mark zum Ankaufe weiterer Entwürfe zur Verfügung. Nach dem Vorbilde, welches die Stadt Berlin bezüglich ihrer Schillerparkkonkurrenz gegeben hat (siehe oben), braucht man sich nicht darüber zu wundern, daß die Lichtenberger überhaupt davon abgesehen haben, gärtnerische Fachleute ins Preisgericht zu berufen. Es besteht aus dem Bürgermeister, zwei Bauräten, einem Architekten und dem Stadtbaumeister und wird noch durch zwei weitere, von der Stadtverordnetenversammlung zu wählende Mitglieder ergänzt. Wer sich für weitere Einzelheiten interessiert, kann sie gegen Einsendung von 3 Mark durch die Plankammer des Bauamtes, Dorfstraße No. 6, Zimmer 37 erhalten. Die Konkurrenzarbeiten müssen am 15. März dieses Jahres, mittags 12 Uhr, an gleicher Stelle abgeliefert, bezw. auf der Post aufgegeben sein. M. H.

Pankow bei Berlin. In ihrer letzten Sitzung hat die Gemeindevertretung für den Ortsteil um den Schloßpark einen neuen Bebauungsplan aufgestellt, der den Bestrebungen des Architekten-Vereins sowie der Behörden Berlins und der benachbarten Kreise, die bauliche Entwicklung Großberlins in gesunde Bahnen zu leiten, in jeder Beziehung Rechnung trägt. Es sind auf dem Gelände vier große Schmuckplätze, von denen einer 5000 Quadratmeter groß wird, vorgesehen worden. Das sich bis zur Prenzlauer Chaussee hinziehende Gelände wird von einer 33 Meter breiten Prachtstraße durchzogen, die außer tiefen Vorgärten und Baumreihen auf den Bürgersteigen auch noch zwei Meter breite Rasenstreifen enthält. Die Hauptstraße, die direkt vom Schloßpark abgeht und für die Zukunft mit besonders lebhaftem Verkehr zu rechnen hat, erhält sogar eine Breite von 37 Metern, wobei in der Mitte eine Straßenbahnlinie mit Baumreihen auf beiden Seiten berücksichtigt ist. Auch die Nebenstraßen, die 24 und 21 Meter breit angelegt werden sollen, erhalten Mittelpromenaden und so tiefe Vorgärten, daß eine übermäßige Bebauung, insbesondere die Herstellung großer Mietskasernen ausgeschlossen ist. Der ganze Schloßpark-Ortsteil des nördlichen Vororts, dessen Erschließung zum kommenden Frühjahr geschehen soll, wird einen villenartige Charakter tragen und den schönsten westlichen Vorortkolonien i keiner Beziehung nachstehen.

Villingen (Baden). Die Stadtgärtnerei wird vom Stadtbauan abgetrennt und zur selbständigen Dienststelle erhoben. Es wir ihr die Unterhaltung der bestehenden Anlagen, Neuherstellung vo Anlagen und die Friedhofsverwaltung übertragen, unter der Leitun des Stadtgärtners Nüßle.

Teterow i. M. Von der hiesigen Stadtverwaltung wird di Anlage eines Stadtparkes beabsichtigt.

Preisausschreiben.

Der Verein zur Beförderung des Gartenbaues in Berlin ver anstaltet einen öffentlichen Wettbewerb zur Erlangung eines Plane zum Gesamtaufbau seiner „Giga" 1909. An Preisen sind 500 300 und 200 M ausgesetzt. Unterlagen sind gegen Einsendun von 1,50 M erhältlich. Da es der genannte Verein für angemesse erachtete, dieses Preisausschreiben zunächst in seinem Vereinsblatt zu veröffentlichen, um dann erst die Fachpresse um Nachdruc dieser Veröffentlichung zu ersuchen, so verzichten wir auf jede weitere Eingehen auf diese Konkurrenz.

Personal-Nachrichten.

Lange, Willy, wird im Auftrage des Ministeriums für Land wirtschaft, Domänen und Forsten an einer naturwissenschaftliche Studienreise durch Südfrankreich, Spanien, Nordafrika nach de Canarischen Inseln teilnehmen, welche auf die Dauer von 6 Woche berechnet ist. Da sich auch hervorragende Gelehrte aller natur wissenschaftlichen Gebiete an der Reise beteiligen, dürfte sie fü den Genannten und dadurch für den Gartenbau recht fruchtba werden. Wir beglückwünschen unseren geschätzten Mitarbeiter z dieser Fahrt, um so mehr, als wir wohl nicht fehlgehen in de Annahme, daß in diesem Reiseauftrag zugleich der Ausdruck de Vertrauens in die Lehrtätigkeit des in letzter Zeit viel umstrittener Autors der „Gartengestaltung der Neuzeit" für denselben liegt. M. H.

Seyffert, Wilhelm, Herzogl. Oberhofgärtner a. D., † 6. Februa im Alter von 81 Jahren. Der Verstorbene, ein tüchtiger, in weite Kreisen bekannter Fachmann, war seit 1856 Mitglied, seit zwe Jahren Ehrenmitglied des Anhaltischen Gartenbauvereins in Dessau. Er führte seit 1864 die Verwaltung des Herzoglichen Schloßgartens zu Zerbst, woselbst er auch unter großer Beteiligung zur letzten Ruhe gebettet wurde; gelegentlich der Feier seines 80. Geburtstages, am 22. Juli 1907, war er zum Oberhofgärtner befördert worden. Seyffert, der nach 43jähriger Dienstzeit, am 1. Oktobe vorigen Jahres, seines hohen Alters halber pensioniert wurde, hat sich also nur kurze Zeit der wohlverdienten Ruhe erfreuen können.

Briefkasten der Redaktion.

G. E., New York. Wenn Sie im nächsten Jahre zur Gartenbauausstellung nach Berlin kommen wollen, dann besteigen Sie dort einen Dampfer der Hapag (Hamburg-Amerikan. Paketfahrt A.-G.) und lassen sich, in Berlin angekommen, mit einer Bedag, d. h. mit einer Droschke der Berliner elektrischen Droschken A.-G. nach der „Giga" fahren, wie der Verein zur Beförderung des Gartenbaues neuerdings höchst geschmack—voll seine Große intern. Gartenbauausstellung nennt. Es steht Ihnen also in Berlin eine Ueberraschung bevor, Sie werden hier die neugebackene Göttin Giga an Stelle der gewiß schon recht bejahrten Blumenjungfrau Flora begrüßen und bewundern können. Hoffentlich kehren Sie dann, an Wissen bereichert, über den großen Teich zurück, damit es Ihnen nicht wie jenem Wanderer geht, von dem der Dichter singt: „Er zog als Gigag über den Rhein und kam als Gigag wieder heim." Möge der „Giga" das große Fiasko ihrer älteren Berliner Schwester „Damuka" (Deutsche Armee-, Marine- und Kolonial-Ausstellung) erspart bleiben. — M. H.

Berlin SW. 11, Hedemannstr. 10. Für die Redaktion verantwortlich Max Hesdörffer. Verlag von Paul Parey. Druck: Anhalt. Buchdr. Gutenberg e. G. m. b. H., Dessau.

Konkurse.

Das Konkursverfahren über das Vergen des **Gärtners und Händlers** lhelm **Proff**, früher in **Bonn**, jetzt **Niederbreisig** wohnhaft, wird nach olgter Abhaltung des Schlusstermins rdurch aufgehoben.

Riesa. Das Konkursverfahren über Vermögen des **Gärtnereibesitzers** rl **Gustav Alfred Büttner in Pausitz**, abers der Firma **Alfred Büttner, nchtplantagen, Baum- u. Rosenulen, Blumenhalle, Pausitz,** wird h Abhaltung des Schlusstermins rdurch aufgehoben.

Pinneberg. In dem Konkursverren über das Vermögen des **Baumulenbesitzers Wilhelm Kahl** in **lstenbek** ist der Ablauf der Anmeldet für die Konkursforderungen auf 19. Februar 1908 verlegt. Der rmin zur Prüfung der angemeldeten rderungen wird verlegt auf den **Februar 1908, vormittags 10 Uhr.** ser Termin ist zugleich bestimmt r Abstimmung über einen vom Geinschuldner gemachten Vorschlag zu em Zwangsvergleiche. Der Zwangsrgleichsvorschlag liegt zur Einsicht r Beteiligten in der Gerichtsschreirei hier offen.

Handelsregister.

Quedlinburg. In unser Handelsgister A wurde am 25. Januar bei r offenen Handelsgesellschaft **Friedr. oemer** in **Quedlinburg** eingetragen: e Gesellschaft ist aufgelöst. Das schäft wird von dem bisherigen Gellschafter Kunst- und Handelsgärtner iedrich Roemer in Quedlinburg unter veränderter Firma fortgesetzt. Der efrau des Kunst- und Handelsgärtners iedrich Roemer, Klara geb. Meyer, selbst ist Prokura erteilt.

Weimar. In Band II Lit. A No. 218 s hiesigen Handelsregisters ist bei der rma **Deutsche Nelkenkulturen Alrt Dorner, Filiale Weimar** als veigniederlassung der gleichnamigen rma in **Tuttlingen** am 13 Januar ngetragen worden: In **Feudenheimannheim** besteht eine Zweigniederssung.

Patente und Musterschutz.

Patent wurde erteilt Klasse 45f.

195620. Blumentopfmanschette aus ehreren Teilen. Wilhelm **Brase,** Friedhshagen, Seestrasse 71. 30. 5. 07. 46555.

195832. Spargelabschneider mit wärts geführtem, unter Federdruck ehendem Messer und einer den Sparl rohrartig umfassenden Hülse. Herann **Bock,** Finkenwalde bei Stettin. . 4. 07. B. 46187.

Zum **Patent** wurde **angemeldet lasse 45f.**

L. 23548. Pflanzenkübel oder -Topf s einem Gemisch von Zement und lanzenfasern. Karl Johann Wilhelm **rau,** Venlo, Holl.; Vertr.: Max Franz, üsseldorf, Graf Adolfstr. 63. 29.11.06.

F. 23932. Fahrbare Vorrichtung m Schneiden von Strauchholz o. dgl. it einer Sägevorrichtung, welche das rauchholz in bestimmten Längen zerhneidet. Hans **von Fehrentheil,** arlottenburg, Kaiser-Friedrichstr. 82. 8. 07.

B. 45738. Verfahren zum Ziehen n Spargel unter Benutzung über die argelschosse gestülpter Rohre aus Ton ler ähnlicher Masse. Felix **Bouyeraateneau,** St. Nazaire-sur-Loire; ertr.: Dr. J. Ephraim, Pat.-Anwalt, erlin SW. 11. 7. 3. 07.

Für Landschaftsgärtner!

500	**Stück Picea excelsa** (Rottannen)	2—2,40 m hoch,	%	150 M
1000	„ „ „ „	1—1,80 m „	%	100 „
3000	„ „ „ „	0,60—1 m „	%	60 „
3000	**Apfel- und Birnen-Hochstämme**, I. Qual.,		%	100 „
3000	„ „ „ **Halbhochstämme**, I. Qual.,		%	80 „
300	**Palmetten**, 3 Etag., Apfel a. Doucin, Birnen a. Quitten,		%	260 „

sehr schön, m. Ballen.

719] **Preislisten gratis und franko.**

Dietterlein'sche Baumschulen, Reutlingen.

Cinerarien, vorger. Knospen, ff. Ware, % 30-35 ℳ, **ff. Dahlienknollen,** % 15 ℳ, **Isolepis,** starke Pfl., % 25 ℳ. **Rud. Renard,** Handelsgärtner, **Crefeld.** [690

Porzellan-Etiketten

mit Schrift, Stück von 5 Pfennig an. Langjährige Garantie. Muster franco. Gärtner erhalten auf Rückseite Firma-Namen gratis. [8

L. Fichtmüller, Volkstedt-Rudolstadt.

Sumpf- u. Wasserpflanzen,
grosse Spezialität,
für Aquarien- u. Teichbepflanzung.
Samen ▪ Pflanzen
empfiehlt [685
Carl Karstädt,
Tzschetzschnow bei Frankfurt a. d. O.

Küchengewürzkräuter
Spezialität.
Viele Sorten [686
Samen ▪ Pflanzen
empfiehlt
Carl Karstädt,
Tzschetzschnow bei Frankfurt a. d. O.

C. Petrick
Gent (Belgien)
empfiehlt für Frühjahrslieferung:

Azaleen mit Knospen in allen Grössen, **Araucarien, Palmen, Dracaenen, Knollen-Begonien, Gloxinien, Lorbeerbäume** zu den billigsten Preisen, sowie allerhand andere Dekorationspflanzen. Kataloge stehen franko zu Diensten. [660

Hochst. Ahorn

und **Ziersträucher** billigst, **Majesty Nelken,** weiss gefl., beste Beeteinfassung, stark, 100 St. 10 ℳ. Immertr. **Himbeeren,** grossfr., 100 St. 6 ℳ.

Otto Ehlert,
Gärtnerei und Baumschule, [702
Fredersdorf, Ostbahn.

Räumungs-Offerte!

Rhod. Catawbiense grandiflorum, 50—60 cm hoch und breit, p. St. ℳ 2.—, % ℳ 190.—, ‰ ℳ 1750.—

Rhod. Catawbiense grandiflorum, 60—70 cm hoch und breit, p. St. ℳ 2.25, % ℳ 215.—, ‰ ℳ 2000.—

Rhod. Catawbiense grandiflorum, 70—80 cm hoch und breit, p. St. ℳ 2.50, % ℳ 240.—, ‰ ℳ 2250.—

Die Pflanzen haben durchschnittlich 15 Knospen, guten Ballen und sind bis unten gut belaubt, also sehr gut geeignet für Anlagen. [621

Rosbergen & Co.,

Hauptgeschäft: **Boskoop** b. **Gouda** (Holland). Filiale: **Mehrhoog** b. **Wesel** (Rheinland).

Ziergehölze **Obstbäume** Koniferen
in grosser Auswahl!!!
Verlangen Sie gratis meinen Katalog.
Ernst Brons, H. B. Warneken's Nchf.
Burgdamm bei Bremen. [718

Für diese Anmeldung ist bei der Prüfung gemäss dem Unionsvertrage vom $\frac{20.\ 3.\ 83}{14.\ 12.\ 00}$ die Priorität auf Grund der Anmeldungen in Frankreich vom 8. 3. 06 und 28. 4. 06 anerkannt.

Gebrauchsmuster-Eintragungen Klasse 45f.

327990. Vorrichtung zur Befestigung des Aufputzes an Kränzen, Girlanden u. dgl. Fritz **Ungelenk,** Erfurt, Weimarischestr. 9. 23. 12. 07. U. 2547.

328097. Mit Luftdurchlasskanälen versehene Haube aus Glas für Hyazinthengläser. Jacob **Mülhens,** Hamburg, Mittelweg 126. 10.12.07. M.25679.

328201. Hufeisenförmig gebogenes Baumband mit in Längsschlitzen beweglicher Verbindungsklammer und Quersteg nebst Stellschraube. Friedrich **Ferber,** Allagen, Kr. Arnsberg i. W. 20. 12. 07. F. 16721.

328559. Kantig gestaltete Botanisiertrommel. Fa. **Felix Lasse,** Leipzig-Plagwitz. 31. 12. 07. L. 18778.

328598. Schenkelverschluss für Rebenscheren u. andere zweischenkelige Werkzeuge. Fa. **Rob. Neuhaus,** Remscheid. 9. 12. 07. N. 7267.

328627. Baumband zum Befestigen der Bäume an den Baumpfahl, aus einem Gurt mit inliegendem Metalldraht. Hans **Pott,** Hamburg, Lübeckerstrasse 39. 6. 1. 08. P. 13215

328784. Baumschutzvorrichtung. Jacob **Keul,** Freiburg i. Br., Münchhofstrasse 12. 27. 12. 07. K. 33050.

329267. Obsthorde mit auf Rollen laufenden Schubkästen. Carl Hermann **Walther,** Reinhardtsgrimma. 25.11.07. W. 23343.

329329. Vorrichtung zur Feuchthaltung von Topfpflanzen bei längerer Abwesenheit. Luise **Ruhbaum,** geb. Wally, Magdeburg, Knochenhauerufer 13. 16. 1. 08. R. 20619.

329344. Obstpflücker mit scherenartig übereinandergreifenden Messern, dessen Scherenbackenteile gleichzeitig als Auffangbehälter für die Frucht ausgebildet sind. Louis **Guillemain,** Onville (Meurthe et Moselle); Vertr. C. Kleyer, Pat.-Anw., Karlsruhe i. B. 10. 10. 07. G. 18020.

329561. Gartenschuh. Jakob **Korth,** Bredeney b. Essen a. Ruhr, Rellinghauserstr. 69. 8. 11. 07. K. 33123.

Neue Kataloge.

W. W. Rawson & Co., Boston. Haupt-Preisverzeichnis für 1908, 159 Seiten, vorzüglich ausgestattet in künstlerischem Umschlag.

Carl Robra, Aschersleben. Samen-Preisliste 1908.

Joh. Schmitz, Hofl., München. Samen- und Pflanzenverzeichnis Frühjahr 1908. Reich illustriert im Umfange von 140 Seiten in originellem Umschlag.

Cayeux & Le Clerc, Paris. Haupt-Preisliste für 1908.

Nicola Welter, Hofl., **Trier-Pallien.** Rosen-Preisliste. Enthaltend die besten Sorten nebst einem Anhang „Neuheiten".

C. Petrick, Gent (Belgien). Preisliste 1908.

Vilmorin-Andrieux & Cie., Paris. Katalog über Chrysanthemen.

Anatole Cordonnier et Fils, Bailleul (Frankreich). Preisliste 1908. Spezialität Chrysanthemen.

Rudolf Graf, Hamburg. Samen-Preisverzeichnis 1908.

Druck der Anhaltischen Buchdruckerei Gutenberg e.G.m.b.H. in Dessau.

Illustrierte Wochenschrift für den gesamten Gartenbau.

Herausgeber: Max Hesdörffer-Berlin.

Erscheint jeden Sonnabend.
Monatlich eine farbige Kunstbeilage.

Bezugsbedingungen:
[D]urch jede Postanstalt bezogen Preis 2.50 M. vierteljährl. In Österreich-Ungarn 3 Kronen. [B]ei direktem Bezug unter Kreuzband: Vierteljährlich 3 M. Im Weltpostverein 3.75 M. Einzelpreis jeder Nummer 25 Pf.

[Be]i ohne Vorbehalt eingehenden Beiträgen bleibt das Recht redaktioneller Änderungen [vo]rbehalten. Die Honorarauszahlung erfolgt am Schlusse jeden Vierteljahrs.

Anzeigenpreise:
Die Einheitszeile oder deren Raum 30 Pf.; auf der ersten und letzten Seite 50 Pf. Bei größeren Anzeigen und Wiederholungen steigender Rabatt. Beilagen nach Übereinkunft. **Anzeigen in der Rubrik Arbeitsmarkt** (angebotene und gesuchte Stellen) kosten für Abonnenten einmalig bis zu 10 Zeilen Raum M. 1.50, weitere Zeilen werden mit je 30 Pf. berechnet.
Erfüllungsort auch für die Zahlung: Berlin.

Adresse für Verlag und Redaktion: Berlin SW. 11, Hedemannstrasse 10.

XII. Jahrgang No. 23.	Verlag von Paul Parey, Berlin SW. 11, Hedemannstr. 10.	7. März 1908.

Illustrierte Wochenschrift für den gesamten Gartenbau.

Jahrgang XII. 7. März 1908. No. 23.

Farne.

Die Platycerien oder Geweihfarne.

Von **A. Fiet**, Inspektor des Botanischen Gartens, Groningen.

(Hierzu vierzehn nach photogr. Aufnahmen für die „Gartenwelt" gefertigte Abbildungen.)

Die weitaus meisten Farne, die wir in unseren Gärten und Gewächshäusern ziehen, gehören zu der Familie der *Polypodiaceae*. Wenn auch noch einige andere Familien der großen Abteilung der Farne eine Anzahl Arten für die Kultur liefern, muß man doch im großen und ganzen sagen, daß die genannte Familie den Hauptanteil hat. Farne, wie *Trichomanes, Hymenophyllum, Gleichenia, Anemia, Lygodium, Osmunda, Todea, Ophioglossum, Botrychium* usw., werden selten in Kultur genommen, man findet sie daher botanische Gärten ausgenommen, wenig oder gar nicht. Ebenso ist es auch mit den Baumfarnen, wie *Alsophila, Dicksonia, Cyathea* und mit *Marattia*, sowie *Angiopteris*. Ganz anders verhält es sich mit den Arten der *Polypodiaceae*, wo man Namen findet, wie *Adiantum, Asplenium, Aspidium, Polypodium, Pteris, Blechnum, Acrostichum, Scolopendrium, Platycerium* usw. Mancher will vielleicht die letztgenannte Gattung auch zu den weniger kultivierten gezählt wissen, und hat damit nicht ganz unrecht, denn man sieht sie selten, höchstens in großen Sammlungen. Wer aber eine größere Kultur von Platycerien hat, wird bemerkt haben, daß es Varietäten gibt, die einer weiteren Verbreitung wert sind, d. h. sowohl als Zimmerpflanzen, wie als Schnittgrünpflanzen verwertet werden können.

Von den Gärtnern sowohl wie vom Publikum wird nach Abwechselung gestrebt, weil der Geschmack immer wechselt und die Mode auch auf diesem Gebiete fortwährend nach Neuheiten sucht; erstens, weil der Gärtner für solche Neuheiten höhere Preise erzielt und zweitens, weil der bemittelte Liebhaber gern etwas kauft, was sich der weniger bemittelte nicht zu leisten vermag. Aus eigener Erfahrung kann ich hier speziell jene Form des *Platycerium* empfehlen, die man unter dem Namen *P. Hillii* kennt. Im Botanischen Garten zu Groningen sind mit dieser Pflanze seinerzeit einige Versuche angestellt worden, die sie als geschätzte Zimmerpflanze erkennen ließen.*) Zu diesem Zwecke wurde eine vierjährige Pflanze genommen, die sich zwei Jahre lang tadellos im Zimmer gehalten hat. Mehrere Schnittgrünzüchter haben sich günstig darüber ausgesprochen, daß die Blätter dieses Geweihfarnes sehr gut in der Binderei zu verwerten sind, besonders bei Verwendung mit großen Blumen, wie Chrysanthemen, Dahlien etc. Früher war man allgemein der Meinung, daß die Kultur der Platycerien Schwierigkeiten verursacht, und daß das Wachstum, was Schnelligkeit betrifft, zu wünschen

Platycerium alcicorne (1 m Höhe, 90 cm Durchmesser).

*) Anmerkung der Redaktion: Auch *P. alcicorne*, von welchem *var. Hillii* abstammt, ist eine vorzügliche Zimmerpflanze. Wir kennen Liebhaber, die diese Art seit Jahren erfolgreich im Zimmer ziehen.

Platycerium alcicorne var. majus.

übrig läßt. Dem ist jedoch nicht so; je besser man nämlich die Pflanzen kennen lernte, desto besser lernte man auch ihre Kultur verstehen. Es ist hier genau so wie in der ganzen Schöpfung; je besser man sie kennen lernt, desto leichter wird man sie begreifen. Die Kultur ist also nicht schwierig, wenn man für die Pflanzen eine ganze Abteilung im Gewächshause zur Verfügung hat, und ihnen geben kann, was sie brauchen, und dies wird man am besten und schnellsten in umfangreichen Kulturen kennen lernen. Eine große Zahl dieser Pflanzen ist leider nicht so schnell zu erreichen, wenn man die gewöhnliche Vermehrung anwendet, d. h. durch Brut, also die ungeschlechtliche Vermehrung. Man kann diese auch nicht bei allen Arten der Geweihfarne vornehmen, z. B. nicht bei *P. grande*, das gar keine jungen Pflanzen bildet. Die Vermehrung dieser Spezies war denn auch bis vor kurzem sehr schwer, und erklärt sich aus diesem Umstande die geringe Verbreitung derselben. Es geht hier ebenso, wie es so oft mit anderen Pflanzen gegangen ist, z. B. mit Fuchsien, Verbenen, Begonien usw.; früher vermehrte man diese durch Stecklinge, also ungeschlechtlich, dann machte sich aber das Bedürfnis geltend, in möglichst kurzer Zeit größere Mengen davon heranzuziehen. Man versuchte es mit der geschlechtlichen Vermehrung und hat damit viel Schönes und Neues geschaffen. Wenn dies nun bei Phanerogamen möglich ist, warum sollte es nicht auch bei den Kryptogamen versucht werden? Geht man einige Dezennien zurück, so sieht man, daß *Pteris, Adiantum* usw. immer durch Teilung, also ungeschlechtlich vermehrt wurden, jedoch ist es

P. alcicorne var. Hillii majus.

heute nichts Neues mehr, daß man Farne in großen Massen durch Ausstreuen der Sporen züchtet. Viele neue und merkwürdige Abarten hat man dieser Vermehrungsweise zu verdanken. Wo ungeschlechtliche Vermehrung möglich war, konnte man die Pflanze durch Teilung verjüngen und auf diese Weise seinen Pflanzenbestand etwas vergrößern, ganz anders wurde es jedoch, wenn es sich um Pflanzen handelte, die sich nicht durch Teilung vermehren lassen, und deren gibt es gerade unter den Farnen viele, z. B. *Asplenium Nidus, Platycerium grande* usw. Die letztgenannten zu vermehren, hatten wir uns im hiesigen Botanischen Garten zur Aufgabe gemacht; wir haben gute Erfolge damit gehabt. Wir haben sowohl von *Asplenium Nidus*, wie von *Platycerium grande* reife Sporen ausgesät und eine große Menge junger, also nicht verjüngter, sondern neuer Pflanzen erhalten. Viele davon sind jetzt durch Tausch über die ganze Erde verbreitet.

P. alcicorne var. Hillii (Höhe ohne Topf 85 cm, Durchm. 1,35 m).

Wir kamen zuerst auf den Gedanken, die Platycerien durch Sporen zu vermehren, als wir von *P. grande* mehrere Exemplare besitzen wollten. Wie dabei verfahren wurde, habe ich in einem Aufsatze niedergelegt, der unter dem Titel „La Multiplication du Platycerium" in der „Revue Horticole", Jahrgang 1899, Seite 209 u. f. erschienen ist. Da wir sahen, daß die Vermehrung gut gelang, wiederholten wir unsere Versuche auch bei anderen Arten; wir haben zahlreiche junge Pflanzen in Kultur gehabt und eine Anzahl davon abgeben können. Die Tatsache, daß *P. Hillii* als Zimmerpflanze und für die Schnittgrünkultur geeignet ist, veranlaßte uns, auch mit dieser Art einen größeren Versuch zu machen, so daß wir in den letzten Jahren eine große Menge junger Pflanzen besaßen, die zum Teil schon abgegeben worden sind.

Einiges über die Kultur der Platycerien im allgemeinen und über die verschiedenen Arten im besonderen mitzuteilen, ist der Zweck dieses Aufsatzes.

Die Platycerien sind epiphytische Farne, die meistens an Baumstämmen in den Tropen wachsen. Sie sind nahe verwandt mit *Acrostichum*, mit denen sie die Unterfamilie

Acrostichae bilden, und haben zweierlei Arten Blätter, die man Nischenblätter und Normalblätter nennt. Die Nischenblätter, auch Mantelblätter, Basalblätter, im Englischen „barren fronds", und bisweilen auch sterile Blätter genannt, sind im eigentlichen Sinne keine gewöhnlichen Blätter, denn mit ihnen umklammert die Pflanze den Teil des Baumes, an dem sie wuchert. In dem Raume zwischen dem Baumstamm und den Blättern sammelt sich Nahrung, wie abgestorbenes Laub und was sonst die Tiere des Waldes dort zu verstecken belieben. Daher kommen auch die Namen Nischenblatt, Mantelblatt und Basalblatt (= Fußblatt). Man findet diese Art Blätter auch bei anderen tropischen epiphytischen Farnen, z. B. bei *Polypodium quercifolium*. Daß man diese Blätter auch sterile Blätter nennt, rührt vielleicht daher, daß niemals Sporen daran zu finden sind. Sie dienen der Pflanze denn auch fast ausschließlich dazu, sich an Bäume usw. festzuklammern und zugleich Nahrung hinter sich zu bergen. Ihr ganzer Bau ist darauf gerichtet; nach unten sind sie dick und mit starken Adern versehen, nach oben dagegen dünn, ja bisweilen vollständig verzweigt. Gewöhnlich sind sie ungestielt, an der Basis herzförmig, mehr oder weniger gewölbt, sie bilden infolgedessen eine oben offene, unten geschlossene Nische, in welcher sich verschiedenartiger Abfall sammelt, der sich mit Wasser bald in Humus verwandelt. Am Fuße dieser Nischenblätter findet man die Wurzeln der Pflanze, welche hier für gutes Gedeihen die nötige Nahrung finden. Man ist daher auch der Ansicht, daß die Blätter weniger dazu bestimmt sind, der Pflanze durch Assimilation zu dienen, sondern vielmehr um Humus zu sammeln und als Wasserspeicher zu fungieren. Diese Funktionen werden auch noch von ihnen ausgeübt, wenn sie bereits abgestorben sind,

Platycerium aethiopicum.

da sie auch in trockenem Zustande noch lange Zeit an der Pflanze bleiben. Ja, noch mehr, wenn die Blattsubstanz verwest ist, bilden die dicken Blattrippen ein Netz, um den Abfall zurückzuhalten. Es ist jedoch nicht zu leugnen, daß auch die Nischenblätter einen Anteil an der Assimilation haben. Sie treten meist in größerer Anzahl auf, bedecken sich gegenseitig und verhindern so das Austrocknen der Substanz, die sie hinter sich bergen. Außerdem beschützen sie die Wurzeln durch Bedecken derselben, sie tragen ferner dazu bei, daß diese immer eine feuchte Nahrung finden. Das Ende der

Platycerium grande, Pflanze mit Nischenblättern, Höhe ohne Topf 85 cm, Durchm. 1,15 m.

Nischenblätter ist gewöhnlich das, daß sie von den Wurzeln der eigenen Pflanze verzehrt werden.

Die Normalblätter, auch Laubblätter oder fertile Blätter genannt, sind die eigentlichen Blätter der Pflanze, die man auch Wedel nennt. Sie wachsen nicht wie die Nischenblätter dem Baume zu, sondern wenden sich von ihm ab. Streng genommen muß man bei den Normalblättern zwei Formen unterscheiden, nämlich die gewöhnlichen Laubblätter und die fertilen Blätter, denn nicht alle Normalblätter sind fertil; letztere werden nur dann hervorgebracht, wenn die Pflanze ein gewisses Alter erreicht hat und die Lebensbedingungen günstig sind. Erstere haben die Bestimmung, der Pflanze durch Assimilation Nährstoffe zuzuführen, letztere dagegen sorgen außerdem für die Sporenbildung. Bisweilen sind diese beiden Arten Blätter in ihrer äußeren Form deutlich von einander verschieden, meistens jedoch gleichgestaltet; bei jüngeren Exemplaren können die fertilen Blätter ganz fehlen.

Die Normalblätter sind meistenteils gestielt und werden später von der Pflanze abgestoßen, was bei den Nischenblättern nicht der Fall ist. Erstere sind durch eine Gliederung mit dem Fuße der Pflanze verbunden, sie bilden in den meisten Fällen nach der Blattspitze zu eigenartige, hirschgeweihförmige Verzweigungen aller Art. Sowohl bei den Nischen-, wie bei den Normalblättern zeigt sich häufig ein filziger Ueberzug, der aus feinen Sternhaaren besteht. Es sei deshalb schon an dieser Stelle darauf hingewiesen, daß die Pflanzen, obwohl sie feuchte Luft dulden, nicht zu viel gespritzt werden dürfen. Durch Bespritzen und etwaiges Berühren schwindet nämlich

P. aethiopicum var. angolense.

der Ueberzug, was das Aussehen der Pflanze schädigt.

Die Sporen bilden große Flächen, entweder am Grunde der ersten oder zweiten Verzweigung, oder an der Spitze derselben, und zwar, wie bei allen Farnen, so auch hier, an der Unterseite der Blätter. Die Art und Weise der Sporenbildung, sowie die verschiedenartigen Verzweigungen, hauptsächlich der Normalblätter, sind die wichtigsten Merkmale zur Unterscheidung der Spezies.

Es gibt ungefähr sechs Hauptspezies und außerdem einige Gartenformen; letztere werden von einigen als Hauptarten, von anderen dagegen als Variationen vom Haupttypus angesehen. So wird z. B. *P. Veitchii* in der „Hand-List of Ferns and Fern Allies, cultivated in the Royal Gardens, Kew (Second Edition)“ auf Seite 111 als „Gardenorigin“ notiert. Carl Christensen nennt in seinem „Index Filicum, Fasciculus VIII, nicht weniger als 13 Arten, doch was er Arten nennt, sind Gartenformen, so z. B. *P. Veitchii*, *P. Hillii* usw.

Platycerium Willinckii (Höhe 1,05 m, Breite 75 cm).

Die geschlechtliche Vermehrung und das dadurch bedingte Heranziehen einer größeren Anzahl von Pflanzen lehrte uns, daß sehr oft ein und dieselbe Sporenmasse verschiedenartige Pflanzen lieferte; so haben wir z. B. von Sporen des *P. Willinckii*, die wir vom Botanischen Garten in Marburg am 29. Januar 1899 erhielten und am 28. Februar 1899 ausstreuten, zwei sehr von einander verschiedene Pflanzen bekommen, wie es die beiden Abbildungen auf dieser Seite näher zeigen. Ferner besitzen wir auch sehr verschiedenartige Formen von *P. Hillii* (Abbildungen Seite 266 Mitte und unten), worunter sich welche mit längeren, schmaleren und solche mit kürzeren, breiteren Normalblättern befinden; diesem Umstande ist u. a. auch der Name *P. Hillii majus* zu verdanken. Es gibt ferner auch ein *P. alcicorne majus* (Abbildung S. 266 oben), das kaum vom oben erwähnten *P. Hillii majus* (Abb. Seite 266 unten) zu unterscheiden ist. Deshalb sind wir sehr mit der Klassifizierung der genannten „Hand-List“ einverstanden, da diese das *P. Hillii* als eine Varietät des *P. alcicorne* ansieht. Natürlich gibt es kleine Abweichungen bei diesen Abarten, aber im wesentlichen stimmen sie mit dem *P. alcicorne* überein. So konnte man auf der letzten Internat. Gartenbauausstellung in Gent (18. bis 26. April 1903) eine Sammlung Platycerien von Jules de Cock, Meirelbeke-Gent, sehen, worunter die Arten *P. magnificum*, *P. majesticum* und *P. pumilum* vorkamen, die nach unserer Ansicht nichts anderes sein konnten als *P. Hillii*, oder besser gesagt *P. alcicorne var. Hillii*. Carl Christensen, der sonst viele Abarten in seinem Index Filicum nennt, erwähnt keinen von diesen drei Namen. Diese drei Abweichungen scheinen also nur deshalb mit besonderen Artennamen versehen worden zu sein, um den Zweck des Ausstellens, nämlich den 1. Preis, zu erreichen; letzteres ist denn auch gelungen. Wir haben uns die drei „Arten“ sofort angeschafft, aber in vier Jahren keinen wesentlichen Unterschied zwischen ihnen und den verschiedenen Formen von *P. Hillii*, die wir schon besaßen, finden können.

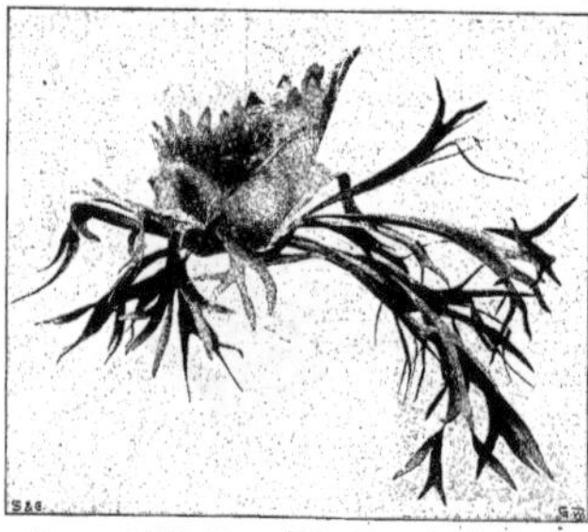

Platycerium Willinckii var. (Höhe 80 cm, Breite 95 cm).

Fassen wir jetzt nochmals kurz das vorstehend geschilderte zusammen, so sind als wichtige Kennzeichen und Eigentümlichkeiten das Geweihartige oder Nichtgeweihartige der Blätter und ferner die Art und Weise der Sporenbildung zu nennen. Nachstehend sollen kurz die charakteristischen Arten beschrieben werden.

1. *P. alcicorne*, Desv. *(P. bifurcatum)*, Abbildung Titelseite; Heimat Australien. Am häufigsten vorkommende Art mit abgerundeten, konvexen, wellenförmig gerandeten Nischenblättern und in Büscheln stehenden Normalblättern, die 40 bis 50 cm Länge erreichen und zwei- bis mehrmals verzweigt sind. Der unverzweigte, stielförmige Teil ist aufrechtstehend, die Lappen sind überhängend, schmal und scharf

endigend, in der Jugend filzig. Die Sporen befinden sich am Ende der Lappen. Bei den jungen, nicht fertilen Pflanzen sind die Normalblätter gewöhnlich ein- oder zweimal verzweigt, bei den fertilen dagegen gewöhnlich mehrmals.

P. alcicorne var. majus, Moore, Abb. Seite 266 oben; Heimat Polynesien. Es ist eine stark wachsende Pflanze mit aufrechten, dicken, lederartigen, dunkelgrünen Normalblättern.

P. alcicorne var. Hillii, Bailey *(P. Hillii*, Moore), Abbildung Seite 266; Heimat Queensland. Es besitzt Normalblätter, deren stielförmiger Teil viel länger und aufrecht ist, und deren Lappen zahlreicher und kompakter sind, während die Abschnitte kürzer und spitzer sind. Der Fuß der Verzweigung ist breiter wie bei der Stammart.

P. alcicorne var. Hillii majus; Abbildung Seite 266 unten, hat einen noch breiteren Verzweigungsfuß.

Weiter könnte man noch hierzu die oben erwähnten *P. magnificum*, *P. majesticum* und *P. pumilum* anführen.

2. *P. grande*, Sm., Abbildung Seite 267; Heimat Nordaustralien, Philippinen und Singapore *(Acrostichum grande*, A. Cunn; *Neuroplatyceros grandis*, Fée; *Platycerium biforme*, Hook, nicht Bl.). Eine nicht so allgemein vorkommende Art, wegen der schweren Kultur, jedoch bei weitem die größte; sie unterscheidet sich von *P. alcicorne* durch die sehr großen Nischenblätter, welche hirschgeweihartig verzweigt sind, was bei *P. alcicorne* nicht der Fall ist; die Lappen der Nischenblätter sind groß, tiefgegabelt, hellgrün und filzig behaart. Die Normalblätter sind ebenfalls sehr groß. Die Sporen bedecken am Fuße der ersten Verzweigung eine große Fläche. Das Fußstück des Normalblattes ist breitkeilig und das Blatt selbst ist weiterhin gabelartig in zwei sehr lange, schmale Lappen verzweigt. Diese Art läßt sich nicht durch Ausläufer vermehren, weshalb man sie auch weniger in Kultur findet.

Links Platycerium madagascariense, rechts P. Veitchii.

3. *P. Wallickii*, Hook, *(Acrostichum alcicorne*, Wall.); Heimat Malaiische Halbinsel. Stimmt in vielen Teilen mit *P. grande* überein. Die Nischenblätter sind tief gelappt, die Normalblätter gelbfilzig behaart, tief zweiteilig mit doppeltgegabelten Hälften, die Sporen finden sich unterhalb der Gabelungen. — Was „Gardeners Chronicle" vom 12. Dezember 1891 auf Seite 699 als *P. Wallickii* abbildete, kann daher nicht diese Art sein.

4. *P. aethiopicum*, Hook. *(P. Stemmaria*, Beauv.), Abbildung Seite 267; Heimat tropisches Afrika. Die Pflanze ist in allen Teilen kleiner als die beiden vorhergehend genannten, die Nischenblätter sind aufrecht, nicht hirschgeweihartig verzweigt, sondern am Rande wellenförmig, und werden bald braun. Die Normalblätter sind dick, plump, zweimal gegabelt und mit kräftigen Hauptrippen versehen. Die Sporen sitzen am Fuße der zweiten Verzweigung. Die Art verlangt viel Wärme.

P. aethiopicum var. angolense, Welw. *(P. angolense*, Welw.), Abbildung Seite 267; Heimat tropisches Afrika, besonders Angola. Die Normalblätter sind nicht verzweigt, sondern abgerundet und mit rosafarbiger Wolle bedeckt. Die Sporenfläche zieht sich an der Abrundung über die ganze Fläche des Blattes.

5. *P. Willinckii*, Moore, Abbildung Seite 268; Heimat Sundainseln. Die Nischenblätter stehen, wie bei *P. grande* in allen Teilen hirschgeweihartig verzweigt, aufrecht. Die Normalblätter sind ebenfalls hirschgeweihartig verzweigt, sie bilden lange, herabhängende Lappen, die wie die Nischenblätter des *P. grande* filzig behaart sind. Die Sporen sitzen wie bei *P. alcicorne* am Ende der Verzweigung. *P. sumbawense*, Christ, in „Engler und Prantl, Die natürlichen Pflanzenfamilien," I. Teil, 4. Abt., S. 339, stimmt in der Beschreibung ganz mit *P. Willinckii* überein.

Platycerium biforme.
(Nach „Flora Javae".)

Aus Sporen von *P. Willinckii*, die wir am 29. Januar 1899 vom Botanischen Garten in Marburg erhielten und am 28. Februar ausstreuten, sind eine große Anzahl Pflanzen hervorgegangen, unter denen drei verschiedenartige zu erkennen sind. Erstens das oben beschriebene *P. Willinckii*, Moore; zweitens das auf Seite 268 abgebildete, dessen Normalblätter nicht so stark herabhängen und weniger filzig sind, mehr dem *P. Hillii* ähnelnd. Auch in den Verzweigungen stimmen sie mehr mit *P. Hillii* überein, und die Nischenblätter werden weniger schnell trocken. Drittens erhielten wir ein Farn, das bis jetzt noch gar keine Nischenblätter gebracht hat; diese Pflanze bietet wenig Schönes und wächst langsam.

6. *P. biforme*, Bl., Abbildung obenstehend; Heimat Malaiische Inseln. Es ist eine sehr charakteristische Art, deren Nischenblätter hirschgeweihartig verzweigt und dick sind. Die Normalblätter sind lang, mehrfach verzweigt und ähneln dem *P. grande;* bei letzterem ist jedoch der Fuß der ersten Verzweigung breit und sporentragend, während dies bei *P. biforme* nicht der Fall ist. Die Sporen befinden sich hier auf einem abgesonderten, meist nierenförmigen Teile des Normalblattes. Wenn irgendwo, dann kann man hier bestätigt finden, daß die Benennung „sterile" und „fertile" Blätter statt Nischen- und Normalblätter nicht immer zutreffend ist, denn hier sind die sogenannten „fertilen" Blätter (Normalblätter) hauptsächlich steril, da der fertile Teil nur auf eine kurze Abzweigung am Fuße des Normalblattes beschränkt ist. Aus diesem Grunde haben wir die Bezeichnung „Nischenblätter" und „Normalblätter" gewählt.

7. *P. madagascariense*, Baker, Abbildung obenstehend; Heimat Madagaskar. Von dieser Art besitzen wir nur eine

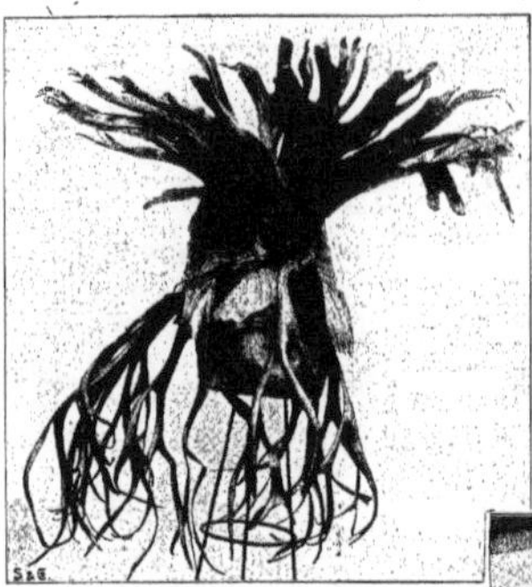

Platycerium grande mit Nischen- und Normalblättern.

kleine Pflanze, können daher nur wenig darüber mitteilen. Nach „Engler und Prantl" Seite 339 würde diese Spezies der *P. angolense* ähnlich sein; dem kann ich jedoch nicht ganz zustimmen.

8. *P. Veitchii*, Hort., Abbildung Seite 269; Gartenform. Die Nischenblätter sowohl wie die Normalblätter sind nur wenig hirschgeweihartig verzweigt; letztere sind aufrecht und filzig behaart.

Engler und Prantl nennen auf Seite 339 ihrer „Natürlichen Pflanzenfamilien" noch das *P. Ellisii*, Bak. und *P. andinum*, Bak.; welche Spezies hiermit gemeint sind, ist uns nicht recht klar.

Durch Tausch bekamen wir einst ein *P. bicorne*, das wir später als *P. aethiopicum* bestimmten; das erstgenannte haben wir in der botanischen Literatur nirgends finden können. In Carl Christensens Werk werden außerdem noch mehrere Arten genannt, die zum Teil als Synonyme angegeben sind. Wir kennen leider die betreffenden Arten nicht und wären deshalb denjenigen Lesern dankbar, die uns in den Besitz derselben (eventuell durch Tausch) bringen könnten.

Obenstehendes sei hier noch in einer kurzen Uebersicht zusammengefaßt, die zugleich als Bestimmungstabelle dienen kann.

I. Nischenblätter nicht verzweigt:
- A) Normalblatt verzweigt;
  - 1. Sporen am Ende der Verzweigung;
    - a) Verzweigung ein- bis zweimal; stielförmiger Teil und Lappen lang und schmal.
      P. alcicorne, Desv. (Abb. Titelseite).
    - b) Verzweigung mehrfach; stielförmiger Teil mit breitem Fuße auslaufend.
      P. Hillii, Moore (Abb. Seite 266).
  - 2. Sporen am Fuße der zweiten Verzweigung.
    P. aethiopicum, Hook. (Abb. S. 267).
- B) Normalblatt nicht verzweigt.
  P. angolense, Welw. (Abb. S. 267).

II. Nischenblätter verzweigt:
- A) Sporen auf abgesondertem Teile.
  P. biforme, Bl. (Abb. S. 269).
- B) Sporen auf nicht abgesondertem Teile:
  - 1. Sporen am Fuße der ersten Verzweigung.
    P. grande, J. Smith (Abb. nebenstehend).
  - 2. Sporen am Fuße der zweiten Verzweigung.
    P. Wallickii, Hook.
  - 3. Sporen am Ende der Verzweigung.
    P. Willinckii, Moore (Abb. S. 268).

P. madagascariense, Baker und *P. Veitchii*, Hort., obwohl in unserem Besitz, konnten wir nicht in obenstehende Liste einreihen, weil unsere Exemplare noch zu wenig entwickelt sind.

Zum Schluß einiges über die Kultur.

Die Platycerien sind epiphytische Pflanzen aus wärmeren Gegenden, mit Ausnahme von *P. alcicorne*, das mit weniger

Blick in ein Gewächshaus mit Platycerien.

Wärme zufrieden ist. Am wärmsten müssen *P. aethiopicum* und *P. angolense* gehalten werden, denn diese sind im Winter am empfindlichsten. Feuchte Luft ist für alle wünschenswert, trockne Luft dagegen ruft Thrips hervor. Also Feuchtigkeit und Wärme sind Hauptbedingung für ein gutes Gedeihen, das Spritzen ist jedoch zu vermeiden, weil dadurch der filzige Ueberzug der Blätter leiden würde. Besonders im Winter ist dies, sowie auch zu starkes Gießen zu unterlassen, weil die Pflanze sich dann in der Ruheperiode befindet. Wenn zu große Wärme — sei es natürliche im Sommer oder künstliche im Winter — es erfordert, den Feuchtigkeitsgehalt der Luft künstlich zu erhöhen, so wird man dies am besten durch Begießen des Fußbodens und der Wände erreichen, ohne direkt die Pflanzen zu treffen. Man tut gut, die Temperatur möglichst auf gleicher Höhe zu halten.

Man kann die Platycerien wegen ihres epiphytischen Charakters auf Baumstämmen, Korkstückchen und dergleichen, aber auch in Töpfen kultivieren. Am besten für Topfkultur geeignet ist wohl *P. Hillii*, das deshalb auch außerordentlich gut als Zimmerpflanze zu verwenden ist. Die Erdmischung muß im Hinblick auf den Standort in der Natur eine sehr leichte sein. Wir nehmen Fasererde, Holzkohle, trocknen (auf den Wiesen eingesammelten) Kuhdung, in Kuhmist getränkte Torfstücke, und endlich breitblättriges Sumpfmoos (Sphagnum), alles gut gemischt. Wenn die Pflanzen im Frühlinge neues Wachstum zeigen, wird etwas von dieser Mischung hinter die ältere n Blätter gefügt, hinter denen sich beim Hochheben die braunen Wurzeln in großer Menge zeigen und gleichsam nach Nahrung rufen. Ich hebe das Wort ältere hervor, weil sich hinter den jüngeren noch keine Wurzeln befinden, und etwaige, dort hingebrachte Nahrung allmählich in Fäulnis übergehen würde, was natürlich die Pflanzen schädigt. Also nur dort, wo sich Wurzeln befinden, bringen wir Nahrung hin, ich betone dies ausdrücklich, da hierin so oft gesündigt wird. Man sieht ja so häufig Pflanzen, die ihr kümmerliches Aussehen einem regelrechten Aushungern zu verdanken haben, denn viele Züchter glauben, daß Epiphyten wenig oder gar keine Nahrung brauchen. Durch dieses regelmäßige Geben von Nahrung und durch die jungen Ausläufer wird natürlich die Pflanzenmasse immer größer, deshalb kann hier auch keine Rede sein vom Umpflanzen, wie es bei anderen Pflanzen gehandhabt wird. Auch beim Gießen wird das Wasser hinter die Nischenblätter gebracht, weil sich hier die Nahrung und Wasser aufnehmenden Teile der Pflanze befinden. Die jungen Pflanzen werden mit einem Ballen der Erdmischung mittels Draht an einen Baumstamm oder an ein Korkstück befestigt.

Die Vermehrung kann, wie schon oben erwähnt, sowohl durch Abtrennen der Brut, wie durch Ausstreuen von Sporen erfolgen, mit Ausnahme von *P. grande*, bei dem nur die letztere Vermehrungsart möglich ist. Das Heranziehen der Platycerien aus Sporen ist nicht so einfach, wie man wohl glauben mag. Nicht etwa, weil die Sporen schwer keimen, sondern weil die Pflänzchen sehr leicht von den sich zahlreich einfindenden anderen Kryptogamen, besonders von Moosen, erdrückt und erstickt werden. Wenn die Sporen unserem Ermessen nach reif sind, nehmen wir ein mit Sporen besetztes Blatt, bezw. nur ein Stück davon, und legen es zwischen weißes, glattes Papier, das wir trocken aufbewahren. Nach Verlauf von einigen Wochen öffnen sich die Sporangien und die Sporen fallen heraus. In diesem Zustande kann man die Sporen beim Ausstreuen besser verteilen; dies ist nicht nur bei Platycerien der Fall, sondern auch bei allen anderen Farnen.

Was nun die Erdmischung betrifft, so nehmen wir feingesiebte, alte Moorerde und feingehacktes Sumpfmoos, welches wir vor dem Gebrauch auskochen, um möglichst alle anderen darin lebenden Sporen zu vernichten. Ferner nehmen wir ebenfalls ausgekochte, ganz reine flache Schüsseln, füllen diese mit genannter Erdmischung und decken über beides sofort eine Glasglocke, um einer Verunreinigung durch andere Organismen vorzubeugen. Die vorher gesammelten und in Papier aufbewahrten Sporen werden jetzt auf die so zubereiteten Schüsseln gestreut, worauf dieselben sogleich wieder mit der Glasglocke bedeckt werden. Die Schüsseln werden warm gestellt, am besten ins Vermehrungshaus, und genügend feucht gehalten, ohne zu viel zu gießen, d. h. man bringt das Wasser nicht auf die betreffende Erde, sondern gießt es auf den Boden unter der Glasglocke, wo es verdampft. Ein Teil des Wasserdampfes steigt in der Glocke empor und hält dadurch Erde und Luft feucht. Das Ausstreuen

Zusammenstellung verschiedenartiger Platycerien.

der Sporen geschieht am besten am Anfang des Jahres, wenn die Gewächshäuser noch gut geheizt werden und die Sonne allmählich anfängt stärker zu scheinen, weil neben künstlicher Wärme auch Sonnenwärme für gutes Gedeihen wünschenswert ist. Bald bedeckt sich die Oberfläche der Erde mit einem grünen Ueberzug und mit der Lupe kann man oft schon kleine Prothallien erkennen. Bekanntlich entwickeln sich an den Prothallien bald Antheridien und Archegonien (männliche und weibliche Geschlechtsteile), die nach der Befruchtung neue Farnpflanzen hervorbringen. Die Pflanzen vorwärts zu bringen, verursacht häufig Schwierigkeiten, die man am besten durch wiederholtes Pikieren beseitigt. Unterläßt man dies, so werden Moose und Flechten, welche sich trotz aller Vorsichtsmaßregeln immer einnisten, die jungen Pflanzen überwuchern. Wenn die jungen Platycerien erst ihre charakteristischen Blätter entwickelt haben, ist die größte Schwierigkeit überwunden, obgleich schnelles Wachstum sich erst nach ein bis zwei Jahren einstellt. Feuchtigkeit und Wärme sind in den ersten zwei Jahren unbedingt nötig; später spielt außerdem Nahrung eine Hauptrolle. Eine ausgewachsene Pflanze stellt an Luftfeuchtigkeit geringere Ansprüche, was wir an einem Exemplare bemerkt haben, das ohne Schaden zwei Jahre lang Zimmerluft ertragen hat.

Eine gesunde, ausgewachsene Pflanze von *Platycerium alcicorne* macht einen guten Eindruck, ein gut ausgewachsenes Exemplar von *P. grande* macht einen noch besseren Eindruck, wirklich imponierend aber ist der Anblick eines ganzen Gewächshauses voller Geweihfarne (Abbildung Seite 270).

Landschaftsgärtnerei.

Einiges zur Pflege des Gartenrasens.

Kunstrasen entspricht erst dann im vollsten Maße allen Anforderungen, wenn er ganz frei von Unkrautpflanzen ist. Leider finden sich aber an vielen Stellen solch ungebetene Gäste nur allzubald ein. Als ein solcher ist der Weißklee nicht der letzte; vielfach sieht man ganze Flächen schönen Rasens damit überzogen, was gerade bei dieser Pflanze mit ihrer reichen Ausläuferbildung rasch vor sich geht. An gewissen Stellen, besonders dort, wo Teppichbeete liegen und ein reiner Rasen Bedingung ist, wirkt aber dieser Klee, *Trifolium repens*, recht störend und ist, wenn überhand genommen, recht mühsam und langweilig zu entfernen. Man kann sich aber zur Entfernung dieses unliebsamen Eindringlings ein recht einfaches und doch sehr praktisches Hülfsmittel in Form eines simplen Werkzeuges leicht selbst herstellen, was sich namentlich in allen Fällen, wo sich dieser Klee schon in ausgedehntem Umfange eingenistet hat, sehr bewährt. In die Zinken eines abgenutzten Holzrechens werden Drahtnägel von solcher Länge eingeschlagen, daß deren Spitzen etwa 1 bis $1^1/_2$ cm aus den Stumpfen der Holzzinken herausragen und ein wenig nach innen neigen. Diese Stumpfen oder Stummel der abgenutzten Rechenzinken dienen den durch sie hindurch geschlagenen Nägeln sozusagen als Halt, damit sie in gleicher Richtung stehen bleiben. Mit diesem einfachen Instrument werden die mit Klee durchsetzten Stellen zu einer Zeit, wo der Boden weder allzutrocken noch allzunaß ist, mit entsprechendem Nachdruck aufgekratzt, quasi gekämmt. Dieser Nagelrechen wirkt zunächst wie die Egge auf der Wiese im zeitigen Frühjahre, er reißt dabei gleichzeitig die Stolonen oder Ausläufer des Klees los, hebt sie hoch, so daß diesen die menschliche Hand nun besser beikommen und die Vorarbeit des Rechens ungleich leichter vollenden kann, weil nun auch der Mutterstock der Kleepflanze leichter entdeckt und entfernt werden kann. Mit Hülfe dieses simplen Werkzeuges kann eine Person in einem Tage eine verhältnismäßig große Fläche bearbeiten und reinigen. Die Arbeit wird, wenn sich übersehene Kleepflanzen wieder zeigen, wiederholt. Außer diesem Klee werden aber auch noch andere störende Pflanzen getroffen, z. B. der sehr lästige Hahnenfuß, *Ranunculus repens*, der sich ebenfalls an gewissen Orten einnistet, und das Gänseblümchen. Bei letzteren beiden muß man allerdings viel mit Ausstechen helfen, weil sie zu fest eingewurzelt sind.

Ebenso bürgert sich an gewissen Stellen als sehr unangenehmer Gast gern Moos im Gartenrasen ein. Von diesem kann man den Rasen durch Ueberstreuen mit Holzasche befreien, deren Wirkung aber erst später, im folgenden Jahre, eintritt, wo dann das Moos nach und nach verschwindet und ein dichter grüner Graswuchs erfolgt. Holzasche ist aber nicht so leicht zu haben, und das Verbrennen von Holzabfällen zur Gewinnung solcher immerhin eine sehr umständliche Sache, aber auch nicht immer und überall zu bewerkstelligen. Rasch, ja unmittelbar, erreicht man aber seinen Zweck, den Rasen von Moos zu befreien, wenn man solche mit Moos überzogene Stellen ebenfalls mit diesem Nagelrechen gründlich bearbeitet, sozusagen auskämmt, worauf man diese Stellen alsbald dünn mit Viehsalz bestreut, oder mit einer Lösung solchen Salzes in Wasser überbraust, es wird sich dann bald ungeahnt schöner grüner Graswuchs einstellen.

Neben der Unterstützung bei Bekämpfung der genannten unliebsamen Eindringlinge in bessere Rasenflächen wirkt aber dieses Aufkratzen und Auskämmen eines älteren Rasens ganz ungemein verbessernd und verjüngend auf die ganze Grasnarbe. Man hat gar keine Ahnung, welche Massen alten Unrates man dabei auskämmt und wie sehr man dem feinen Graswuchs damit zu Hülfe kommt. Es ist auch gleichzeitig vor einer etwa notwendig erscheinenden und beabsichtigten Kopfdüngung des Rasens sehr zu empfehlen; es sollte bei alten Rasenplätzen, welche dicht verfilzt sind, alljährlich im Frühjahre einmal vorgenommen und gründlich ausgeführt werden. Man fürchte sich vor einer Beschädigung des Rasens mit diesem Nagelrechen durchaus nicht. Die Erfahrung hat uns gelehrt, daß man dieses Instrument ohne Furcht anwenden kann. Selbst in Fällen, wo nach der Bearbeitung die Stellen etwas dünner erscheinen, überziehen sie sich sehr bald, zumal bei folgender feuchter Witterung, mit dichtem Graswuchs, wie sie solchen vorher nicht aufzuweisen hatten.

Im vorigen nassen Sommer hat sich an vielen Stellen reichlich Moos im Gartenrasen eingenistet, ein Versuch mit der angegebenen Vertilgungsmethode wird deshalb sicher niemand unbefriedigt lassen.

G. S.

Gemüsebau.

Champignonkultur im Mistbeetkasten. (Hierzu eine Abbildung.) Im allgemeinen kultiviert man ja Champignons nur in Räumen, die von der Außentemperatur möglichst unabhängig gemacht sind, hauptsächlich in Kellereien. Da man nun aber nicht überall Keller zur Verfügung hat, und es meistens recht kostspielig ist, passende Räume zu bauen, so sucht man sich auf andere Weise zu helfen. Im Mistbeetkasten z. B. lassen sich mit einigem Geschick recht gut Champignons ziehen, wie auf Abbildung Seite 273 bewiesen wird.

Für Champignonkulturen eignet sich am besten der Mist von solchen Pferden, die recht viel Körnerfutter bekommen, da in diesem mehr Nährstoffe enthalten sind. Dieser Mist wird am besten zur Hälfte mit sogenanntem „Ständer“ vermischt; das ist Mist, auf dem die Pferde längere Zeit gestanden haben. Dieser enthält mehr strohige Bestandteile, und gerade die einzelnen Strohhalme sind ausgezeichnete Mycelleiter, was man durch Beobachtung leicht feststellen kann. Der Mist wird nun auf 1 bis $1^1/_2$ m hohe Haufen gefahren, womöglich unter einen Schuppen, damit ihn Niederschläge nicht zu sehr durchnässen, und bleibt so 1 bis 2 Wochen liegen. Jetzt heißt es aufpassen, daß er nicht verbrennt. Sobald er sich erhitzt hat, was in 1 bis 2 Wochen der Fall sein wird, muß er umgesetzt werden. Dabei muß möglichst das Untere nach oben und das Innere nach außen kommen, und umgekehrt. Auf diese Weise wird er ungefähr 4 bis 6 Wochen behandelt, bis er sich so weit abgekühlt hat, daß man an der heißesten Stelle noch die Hand hineinhalten kann, ohne sich zu verbrennen; wärmer darf er auf keinen Fall sein. Vor dem Umsetzen muß der Mist auch öfter gegossen werden, wenn er zu trocken sein sollte, am besten mit Jauche. Man hüte sich jedoch zu viel mit einem Male zu gießen, da er sonst ausgelaugt wird, und die Jauche in den Boden einzieht. Durch das öftere Umsetzen wird der „Ständer" auch allmählich kürzer, so daß er nachher besser zu verarbeiten ist. Wenn der Dünger fertig ist, muß er so feucht sein, daß er sich mit der Hand zusammenballen läßt. Jetzt muß er noch mit Lehm vermischt werden, damit er sich nicht mehr so stark erhitzt. Auf 1 Teil Lehm kommen 5 bis 6 Teile Mist.

Hat man nun hohe Kästen zur Verfügung, so packt man in diese zunächst eine dünne Schicht des so zubereiteten Düngers, so daß die Schicht, nachdem sie gut festgetreten, 6 bis 8 cm dick ist. Darauf errichtet man nun die Hügel in einer Höhe und Breite von 30 cm, die auch möglichst fest angedrückt werden. Zwischen den einzelnen Hügeln läßt man einen Raum von 8 bis 10 cm. (Abbildungen derartiger Hügel- bezw. Rückenbeete siehe Jahrgang XI, Seite 553 und 555.) Jetzt wird der Kasten mit Fenstern oder auch mit Brettern gut zugedeckt. Darüber kommt eine Lage Strohdecken, damit der Kasten dunkel ist und die Temperatur immer möglichst gleichmäßig bleibt, 12—15° C. Nach reichlich einer Woche, wenn sich der Mist wieder etwas erwärmt hat, ist es Zeit, die Brut zu legen. Die lockere Brut halte ich für besser als die in Ziegelsteinform gepreßte, harte Brut, weil sie sich besser verteilen läßt, vor allen Dingen auch schneller „spinnt". Nach 2 bis 3 Wochen, wenn das Mycel den Mist gut durchzogen hat, wird Erde aufgebracht. Dazu verwendet man gute Gartenerde, die mit Kalkstaub und Lehm vermischt wird. Mit einer kleinen, geraden Schippe, oder mit den Händen verteilt man die Erde ungefähr 2 cm hoch möglichst gleichmäßig über die Hügel und klopft sie darauf mit kleinen Brettchen gut fest. Die Erde darf nicht zu trocken sein, weil sie sich sonst nicht gut festklopfen läßt, ist sie jedoch zu feucht, so nimmt leicht der Schimmel überhand. Gegossen wird jetzt vorläufig nicht, bis die kleinen Pilze erscheinen, was unter Umständen schon nach einer Woche der Fall sein kann. Nach deren Erscheinen müssen die Beete immer gleichmäßig feucht gehalten werden, dann wird auch die Anlage 2 bis 3 Monate lang mit kurzen Unterbrechungen Pilze liefern.

H. Dohrn, Sanssouci.

Champignonkultur in Mistbeeten. Originalaufnahme für die „Gartenwelt".

Topfpflanzen.

Immergrüne Dekorationspflanzen in Töpfen zur Ausschmückung der Gartenbeete, Stiegenaufgänge, Vorhallen usw. im zeitigen Frühjahre.

Unter den Pflanzenschätzen größerer Gärtnereien oft in Massen, in den Glashäusern kleinerer und Privatgärten in genügender Anzahl vertreten, finden wir mehrere Gattungen und Arten von immergrünen Dekorationspflanzen in Töpfen gezogen, die während der ganzen schönen Jahreszeit entweder im Garten aufgestellt werden und zweckmäßig, sowie möglichst geschmackvoll geordnet, dazu dienen, unschöne Partien dem Anblick zu entziehen, oder Stiegenaufgänge zu dekorieren, eine offene Veranda zu schmücken usw. Sehr häufig wird jedoch von diesen Pflanzen nicht der richtige Gebrauch gemacht, sie werden viel zu wenig ausgenützt. Oft verbleiben sie zu lange im Glashause, bei Blumenfreunden, ohne ein solches, im Keller, in einem dunkeln, schlecht gelüfteten Lokal. Da es sich doch zumeist um Gewächse handelt, denen nur starke und anhaltende Kälte schadet, geringe Fröste, selbst einige Grade unter dem Nullpunkte keinen Schaden zufügen, könnten sie bereits ziemlich frühzeitig ganz in das Freie oder doch in bloß gedeckte und an den Seiten geschützte, sonst aber offene Räume gebracht werden, also zur Verschönerung des Gartens, zu einer Zeit, wo sonst noch alles leblos erscheint, sehr vieles beitragen. Viele Beete des Gartens, auch unmittelbar vor den Fenstern des Wohnhauses gelegene, bleiben, wenn man sie nicht mit sehr frühblühenden Zwiebel- und Knollengewächsen, als *Crocus, Scilla*, Schneeglöckchen, frühen Narzissen usw., oder mit Leberblümchen *(Hepatica triloba)* u. a., die gleich nach der Schneeschmelze zur Blüte kommen, besetzt hat, ganz leer, bis etwa Mitte oder Ende Mai die einjährigen Sommerblumen, dann Pelargonien, Fuchsien usw. ausgepflanzt werden. Gerade auf diese Beete könnten aber mit leichter Mühe immergrüne Dekorationspflanzen mit ihren Töpfen eingesenkt werden und zwar zu einer Zeit, wo an sonstiges Grün im Garten noch nicht zu denken ist; da unter diesen auch zahlreiche Varietäten mit bunter Belaubung vorkommen, so ist in Ermangelung farbenprächtiger Blumen doch für einige Abwechslung gesorgt, das sonst eintönig wirkende Grün wird durch andere Färbungen unterbrochen.

Von den vielen, nicht bloß zu dem früher erwähnten Zwecke der Ausschmückung von Veranden, Wintergärten, zum Dekorieren von Stiegenaufgängen usw., sondern auch recht gut zu der eben angeführten Besetzung leerer Beete des Gartens zu früher Jahreszeit mit Vorteil zu verwendenden Dekorationspflanzen in Töpfen, von denen freilich nicht alle in jedem Garten gezogen werden, seien hier beispielsweise die folgenden genannt: Verschiedene Koniferen, als *Thuya occidentalis* und *Th. orientalis* (auch in mehreren Varietäten vorkommend), *Th. occid. Ellwangeriana, Th. occid. ericoides* u. a., *Cupressus Lawsoniana* und Varietäten, *Juniperus chinensis, J. virginiana, Chamaecyparis obtusa nana, Ch. plumosa, Chamaecyparis nutkaensis, Biota orientalis* u. a., *Taxus fastigiata, Thuyopsis borealis,* die alle hübsch, leicht zu kultivieren und überall gut zu verwenden sind; dann *Aucuba japonica* und *Prunus Laurocerasus* (beide etwas empfindlicher, immerhin aber genügend hart), *Evonymus japonica* in zahlreichen, grün und weiß-, grün und gelbbunten und fast ganz gelbblättrigen Varietäten, alle sehr beliebt und überall anzutreffen, wirkliche Allerweltspflanzen, *Viburnum Tinus (Laurus Tinus)* mit hübschen weißen Blüten, die sehr zeitig erscheinen, *Ilex* in mehreren Varietäten, *Buxus* usw. Die schönen, äußerst dekorativen Palmenlilien *(Yucca)*, als Einzelpflanzen in größeren Exemplaren ganz unschätzbar für Postamente an den Stiegenaufgängen, als Mittelpunkt von Pflanzengruppierungen unübertrefflich, können ebenfalls, da sie ziemlich viel Kälte vertragen, frühzeitig im Garten usw. Verwendung finden, brauchen also nicht, wie man dies mitunter bemerkt, so lange im Glashause oder im Zimmer gehalten zu werden, bis man sie mit den gegen Frost empfindlichen, zärtlicheren Gewächsen hinausschafft.

Späterhin, nach dem Aufhören der Nachtfröste, kann die Aufstellung dieser Dekorationspflanzen, wenn man sie auf den Platz, wo sie über Sommer bis zum Spätherbst verbleiben sollen, gebracht hat, durch eine Anzahl von blühenden Topfpflanzen, die man zwischen und vor die ersteren anbringt, wesentlich verschönert werden, besonders wenn man nicht versäumt, die im Blühen nachlassenden Exemplare durch andere, eben aufblühende, zu ersetzen.

Eug. Jos. Peters, Graz.

Obstbau.

Unterscheidung der Stachelbeeren Früheste Gelbe und Hönings Früheste.

	Strauch:	Blätter:	Beeren:
Früheste Gelbe	Sehr kräftig wachsend, untere Stengelglieder zerstreut stachelborstig	Oberseits dichtflaumig	Klein, selten mittelgroß, am Kelch meist spitz gewölbt
Hönings Früheste	Mittelstark wachsend, Stengelglieder bis zur Hälfte der Zweige ziemlich dicht und lang stachelborstig	Anfänglich zerstreut flaumig, später nahezu verkahlt	Meist mittelgroß, am Kelch rund gewölbt

In bezug auf Reifezeit, Farbe und Geschmack konnte während einer Reihe von Jahren hier kein Unterschied zwischen beiden Sorten festgestellt werden. **L. Maurer**, Jena.

Nachschrift der Redaktion. In der „Deutschen Obstbauzeitung" vom 15. Februar unterzieht auch Herr R. Zorn, Hofheim, beide Sorten einem Vergleich. Er kommt ungefähr zu gleichem Schluß wie Herr Maurer, der uns vorstehende Tabelle schon lange vor der Veröffentlichung der Zornschen Mitteilungen an genannter Stelle übermittelte, also von denselben keine Kenntnis hatte. Herr Z. findet die Früheste Gelbe im Geschmack süßer und stimmt mit Herrn M. darin überein, daß in bezug auf die Reifezeit zwischen beiden Sorten gar kein Unterschied besteht. Zum Rohgenuß ist nach Zorn die Früheste Gelbe die beste, für den Marktverkauf Hönings Früheste besser, da die Früchte etwas größer, aber doch nur mittelgroß sind.

Mannigfaltiges.

Neues über die Blausäure-Bohne. Die aus Südamerika stammende, heute in den meisten Tropengebieten verbreitete Mondbohne *(Phaseolus lunatus)* oder Blausäurebohne kommt unter den verschiedensten Namen vor. Die *Phaseolus amazonicus, Ph. inamoenus, Ph. tonkinensis, Ph. capensis* sind Varitäten der Mondbohne. Die Samen laufen als indische Zwergbohnen (Haricots nains des Indes), Javabohnen (Fèves, Haricots oder Pois de Java), Limabohnen (Haricots de Lima), Sievabohnen (Haricots de Sieva), beide aus Amerika kommend, Pois amers oder Pois d'Achery, auf Mauritius kultiviert, Kratokbohnen (Fèves de Kratok), Kapbohnen, birmanische Bohnen (Fèves de Birmanie). In letzter Zeit hat man die Samen dieser Mondbohne in größerer Menge als Viehfutter nach Europa gebracht. Da nun zahlreiche Vergiftungen von Menschen und Tieren durch diese Bohnen konstatiert worden sind — so wurden in Hannover Ende des Jahres 1906 Rinder, Schweine und Pferde in Menge durch Javabohnen vergiftet —, mögen hier einige nähere Mitteilungen über diese Blausäurebohne auf Grund neuester Untersuchungen von L. Guignard und unabhängig von ihm von Emile Kohn, Abrest, plubliziert in den Compt. rend. 142, am Platze sein.

Das giftige Prinzip der Mondbohne ist, wie schon Dustan und Henry gezeigt haben, ein Glukosid, das Phaseolunatin, welches sich unter der Einwirkung eines dem Emulsin analogen Enzyms in Glukose, Aceton und Blausäure spaltet. Die genannten Autoren haben dieses Glukosid in den aus Mauritius kommenden Pois d'Achery vorgefunden, Guignard entdeckte es auch in anderen Rassen der Mondbohne. Er erhielt die Blausäure durch Destillation der pulverisierten, bei 30 Grad C 24 Stunden lang in Wasser macerierten Bohnen. Am größten war der Blausäuregehalt bei den Javabohnen, bei welchen er auf 100 Gramm Samen 0,102 Gramm Blausäure betrug. Davidson und Stevenson haben von Mauritiusbohnen noch mehr Blausäure, nämlich 0,250 Gramm auf 100 Gramm Bohnen erhalten.

Man hat nachgewiesen, daß Amygdalin, wie es sich bekanntlich in den Samen verschiedener Steinfrüchte von Rosenblütlern vorfindet, ohne Emulsin in den Mund eingeführt, auf pflanzenfressende Säugetiere giftig wirkt, indem der Inhalt des Darmkanals als Vertreter des Emulsin wirkt. Das mag nun auch bei Genuß der Mondbohne stattfinden. Es traten Todesfälle auch dann ein, wenn gekochte Mondbohnen genossen wurden, in welchem Falle ja das Emulsin nach einer bestimmten Zeit durch die Einwirkung der Wärme zerstört wird.

Wirken auf die Blausäure Alkalien und Pikrinsäure ein, so entsteht Isopurpursäure, die sich durch intensiv rote Färbung kennzeichnet. Auf diesem Wege kann man nach Guignard die Anwesenheit der Blausäure leicht erkennen, indem man Löschpapier in eine einprozentige wässerige Pikrinsäurelösung taucht, trocknen läßt, das Papier dann mit einer zehnprozentigen Lösung von Soda tränkt und das so vorbehandelte Papier in das Reagensglas hängt, in welchem man einige Gramm gepulverter Mondbohnen mit Wasser versetzt hat. Bei zwei Gramm Samen, in welchen nur 0,015 Prozent Blausäure enthalten waren, stellte sich die Rötung bei gewöhnlicher Temperatur am nächsten Tage ein.

Durch Zusatz von Salzsäure zum Rückstande erhielt Kohn, Abrest, bei der Destillation der macerierten Mondbohnen eine größere Menge Blausäure, am meisten aus einer hellfarbigen Varietät, nämlich zuerst 1,267 Prozent und nach dem Zusatze von Salzsäure zum Rückstande noch 0,371 Prozent. **Dr. Friedrich Knauer.**

Unter Bezugnahme auf den Artikel in No. 38 des XI. Jahrganges, **Bewegungserscheinungen** bei der *Torenia Fournieri,* möchte ich mitteilen, daß ich schon vor mehreren Jahren diese Erscheinungen an verschiedenen anderen Pflanzen beobachtet habe, wie z. B. an *Mimulus, Martynia,* Bignonien u. dergl. Es liegt die Wahrscheinlichkeit nahe, daß vielleicht alle oder fast alle Pflanzen, deren Griffel gebogene Lappen besitzen, solche Bewegungserscheinungen zeigen. Ich nahm mit ziemlicher Bestimmtheit an, daß solche Bewegungserscheinungen auch mancher Pflanzenforscher, Gärtner oder Blumenfreund bei Ausführung künstlicher Befruchtung schon beobachtet hat, worin ich mich kaum getäuscht haben werde, und schenkte somit dieser Sache keine besondere Aufmerksamkeit.

Fr. Lambert Traub, Rom.

Aus den Vereinen.

Versammlung der Deutschen Dahliengesellschaft in Berlin. Am 23. Februar hielt die Deutsche Dahliengesellschaft ihre erste Jahresversammlung in Berlin ab. Hauptpunkte der Tagesordnung waren Beschlußfassung über die diesjährige Ausstellung, das Neuheitenversuchsfeld im Frankfurter Palmengarten, sowie die Frage der Wertzeugnisse.

Es soll eine Neuheitenausstellung nach Art der Köstritzer Schau in Quedlinburg vom 12.—14. September stattfinden. Wie in früheren Jahren steht es jedem Mitgliede frei, außer Dahlien auch Neuheiten anderer Pflanzen auszustellen. Das in Aussicht genommene Lokal, der Kaiserhof in Quedlinburg, bietet genügend Platz und die Lichtverhältnisse sind günstige. Die Einrichtung des Versuchsfeldes im Frankfurter Palmengarten hat sich als nutzbringend erwiesen, sowohl für die Interessen der Gesellschaft als die der beteiligten Firmen. Es soll in Zukunft daran festgehalten werden, nur benannte Neuheiten in wenigstens drei Pflanzen auf dem Versuchsfelde anzupflanzen. Es wird sich empfehlen, durch Schaffung breiterer Wege das Liebhaberpublikum zu einer eingehenderen Besichtigung auch der in der Mitte des Feldes befindlichen Sorten zu veranlassen. Wie schon im Vorjahre, sind auch Züchtungen nicht deutschen Ursprungs, die als solche, jedoch ohne Nennung des eigentlichen Züchters, deutlich bezeichnet sind, zugelassen. Um für die Beurteilung gleichartiges Material zu gewinnen, sind nur Stecklingspflanzen, nicht Knollen einzusenden.

Der Antrag von Engelhardt, Leipzig, selbst solche Neuheiten, die sich bereits eine gewisse Zeit im Handel befinden, zur Bewertung zuzulassen, findet Anklang. Eine Grenze zu ziehen, hält man nicht für notwendig, da mit Rücksicht auf die mit der Bewertung verknüpften Unkosten eine Firma kaum auf ältere verbreitete Sorten zurückgreifen dürfte.

Nach längerer Aussprache über den Punkt „Wertzeugnisse“ entschließt man sich, auch auf ausländische Züchtungen Wertzeugnisse zu erteilen, da man von dem Standpunkte ausgeht, daß nur die Sorte, nicht aber die Firma damit ausgezeichnet wird. Bei der Anmeldung haben alle Firmen gleiche Rechte, um aber zu vermeiden, daß ein und dieselbe Sorte von zwei Firmen zum Wertzeugnis angemeldet wird, hat die zuerst anmeldende Firma das Vorrecht. Um bei Vergebung der Wertzeugnisse eine breitere Grundlage für die Prüfung zu gewinnen, sollen die deutschen Züchtungen, außer am Orte des Züchters und auf dem Versuchsfelde in Frankfurt a. Main, noch an einer dritten Stelle begutachtet werden. Dieser dritte Ort wird ein Versuchsfeld in der Nähe der Ausstellung des betreffenden Jahres sein. Für das Jahr 1908 stellt Bergmann, Quedlinburg, in der Gärtnerei der Firma Pape & Bergmann das erforderliche Terrain zur Verfügung. Die Kosten der Bewertung am Züchtungsorte und in Frankfurt trägt die anmeldende Firma, dagegen ist die Prüfung am Ausstellungsorte kostenlos. Auf diese Weise wird jede Sorte unter abweichenden klimatischen und örtlichen Verhältnissen geprüft. Den auf Grund dieses Prüfungsmodus erteilten Wertzeugnissen wird eine größere Zuverlässigkeit nicht abzusprechen sein. Zur Feier des 10jährigen Bestehens hat die Gesellschaft einen textlich wie illustrativ reich ausgestatteten und für jeden Dahlienfreund höchst interessanten Jahresbericht herausgegeben. Die noch vorhandenen Exemplare stehen jedem Interessenten zum Preise von M. 1,— zur Verfügung; später eintretende Mitglieder erhalten den Bericht kostenlos. St.

Der **Verband der Handelsgärtner Deutschlands** hielt am 21. und 22. Februar im Königshof zu Berlin seine XXIV. ordentliche Hauptversammlung ab. Wenn auch die Beteiligung eine bessere als im Vorjahre war, so steht sie doch in keinem Verhältnis zu der Mitgliederzahl, welche 5000 überschritten hat. Schuld daran mag wohl hauptsächlich die Jahreszeit sein, die, besonders in diesem ausnahmsweise milden Februar, viele Handelsgärtner veranlaßte, schon jetzt eine intensivere Tätigkeit zu entwickeln. Eine Verlegung der Hauptversammlungen in den Monat August wünschte daher auch neben einem ständigen Wechsel mit den Tagungsorten der Rheinische Landesverband in einem Antrage. Doch die Mehrzahl der Anwesenden hielt immer noch Berlin in der Zeit der „Landwirtschaftlichen Woche“ für den passendsten Ort, zumal es Sitz der Verbandsleitung sei, und so wurde dieser Antrag abgelehnt.

Die Tagesordnung wies nicht weniger als 44 Punkte auf, zu denen noch einige nach Drucklegung eingegangene Anträge kamen, schien also auf den ersten Blick bedenklich umfangreich. Doch sie schmolz wohl zur allgemeinen Zufriedenheit etwas zusammen, erstens durch freiwillige Zurückziehung von fünf Anträgen und zweitens durch Versagung der Dringlichkeit bei einigen zu spät eingetroffenen Anträgen; drittens konnten eine Anzahl nahezu übereinstimmender Anträge gleichzeitig verhandelt werden. Da waren es zuerst gleich sechs Anträge, die sich mit einer Vermehrung resp. Neuregelung der Ausschußmitglieder beschäftigten. Viel für und wider konnte man da hören, sogar als gänzlich überflüssig wurden die Ausschußmitglieder von einer Seite bezeichnet, doch die Allgemeinheit schätzte ihren Wert und ihre Arbeit wohl und stimmte dem Antrage des Ausschusses zu, ihre Zahl von 25 auf 29 zu erhöhen. Drei weitere Anträge wünschten eine Neuregelung bezw. Einführung von Reise- und Tagegeldern für die Mitglieder des Vorstandes und Ausschusses. Auch hier stimmte man dem Vorschlage des Ausschusses zu, der dahin ging, Fahrt II. Klasse und ein Tagegeld von 8 Mark zu gewähren. Zwei Anträge beschäftigten sich mit dem Ausbau des Verbandsorgans, des „Handelsblattes“. Hierzu hatte der Vorstand den Mitgliedern kürzlich eine Nummer mit erweitertem, illustriertem Inhalte zugehen lassen, die jedoch anscheinend wenig Eindruck gemacht hat; wenigstens fiel nicht ein Wort der Anerkennung seitens der Versammlung. Wenn auch der Wille da ist, um etwas Ganzes zu schaffen und sich schließlich auch Stoff findet, so bleibt doch immer der Kostenpunkt ein unüberwindliches Hindernis. Im Haushaltungsplan für 1908 ist zunächst gegen das Vorjahr ein Mehr von 7500 Mark für diese Zwecke eingesetzt, man gesteht aber selbst ein, daß man hierfür nicht durchweg interessanter ausgestattete, illustrierte Nummern schaffen kann, sondern etwa alle zwei bis drei Wochen eine solche. Daß dafür die Gruppenberichte etwas in ihrer Ausdehnung eingeschränkt werden müssen, so daß sie je höchstens den Umfang einer halben Spalte einnehmen dürfen, kann dem „Handelsblatt“ bei der Einförmigkeit dieser Berichte nur von Vorteil sein. Wo im Vorjahre das „Handelsblatt“ mit Hilfe der Inserate und Beilagen noch einen, wenn auch geringen Ueberschuß von ca. 2000 Mark ergab, sollen nach dem neuen Haushaltsplan, der natürlich den günstigsten Fall vorsieht, 7000 Mark zugesetzt werden. Jedenfalls ein höchst ungesundes Verhältnis, an dem auch die wenigen Abonnenten, die im vorigen Jahre, wie aus dem Kassenabschluß ersichtlich, nur 30—40 betrugen, nichts ändern.

Einer der ersten Anträge, der schon verschiedentlich auf der Tagesordnung gestanden hat, strebte nach einem besoldeten Verbandsdirektor. Jedenfalls eine sehr fein klingende Sache, die aber ebenso kostspielig, d. h. zu kostspielig ist. Man war sich auch bald mit dem Ausschuß darüber einig, daß der bisherige Geschäftsführer, Herr Generalsekretär Beckmann, mit seinem Stab der Erledigung der Geschäfte vollauf gewachsen sei. Auch der erwähnte schwere Vorwurf, der seinerzeit einem früheren Vorsitzenden gemacht worden war, daß er mit diesem Posten und den damit verbundenen Reisen geschäftliche Interessen verfolge, konnte den Ausschuß und die Versammlung nicht umstimmen; der Antrag wurde abgelehnt.

Einen sehr heiklen Punkt, der auch in diesem Jahre zum so und so vielten Male auf der Tagesordnung erschienen war, bildete die Rückforderung des Kapitals, das seinerzeit von einzelnen Mitgliedern für den Inseratenteil des Verbandsblattes eingezahlt worden war. Von Jahr zu Jahr hatte man eine Rückzahlung zu umgehen gewusst, zumal der Verband nicht rechtlich, sondern nur moralisch zu solcher verpflichtet ist, und hatte anscheinend gehofft, daß der Zahn der Zeit diesen dunklen Fleck wegfressen würde. Jetzt endlich sah man sich gezwungen, Schritte zu tun, und der Ausschuß beschloß, im nächstjährigen Haushaltplan 25 % als Abschlagszahlung einzustellen, welchem Vorschlage die Versammlung zustimmte. Hoffentlich sehen die hochherzigen Spender ihr Geld noch auf dieser Welt wieder!

Bezüglich der vielfach erörterten Frage eines Zusammenschlusses aller deutschen Handelsgärtner, war man allgemein der Ansicht, daß es schließlich doch einmal dazu kommen müsse, wenn auch jetzt weder die rechte Zeit noch Stimmung dafür vorhanden sei.

Eine ganze Reihe von Anträgen brachte der Geschäftsleitung einen ordentlichen Posten neuer Arbeit ein. Da sollen Spezialausschüsse gebildet werden, um einem weiteren Abbröckeln vorzubeugen, wie es durch den Verband der Baumschulbesitzer geschehen ist, es soll eine Eingabe an die Eisenbahnverwaltung gemacht werden zur Änderung des Frachtentarifs, bezüglich der Verpackungsart bei Weidenkörben, in der Angelegenheit der Grund- und Wertzuwachssteuer soll Material gesammelt werden. Ferner soll die Regierung zu einer Gesetzesvorlage veranlaßt werden, die sich mit der Steuerbefreiung sämtlicher zu Kulturzwecken benutzter Flächen befaßt.

Eine längere Debatte entspann sich wieder über die Konkurrenz der Hof-, Stadt- und Anstaltsgärtnereien, einem Übelstande, dem sehr schwer beizukommen ist und der in den einzelnen Fällen nach den obwaltenden Verhältnissen von den betreffenden Gruppen bekämpft werden muß. Da war es besonders die Gruppe Hannover, die unter Herrn Ramstetter sehr energisch vorgegangen ist und auch Erfolge erzielt hat. Wie bei vielen Angelegenheiten bat auch hier der Vorstand wiederholt um Material.

Ein fernerer Antrag mahnte dem vorzubeugen, daß die Regierung nach Abschluß der Gärtnereistatistik mit schädigenden Gesetzesvorlagen kommen werde. Zur Bearbeitung dieser Angelegenheit wurde eine fünfgliedrige Kommission gewählt und vorgeschlagen, ganz von der Gewerbeordnung abzusehen und sich dem Landeskulturrat anzuschließen, event. ein Sondergesetz für Gärtner zu beantragen.

Aus einer Debatte über die Leichenverbrennung und den Schaden, den sie für die Gärtner in gewissem Grade mit sich bringt, sei erwähnt, daß eine Bestimmung gegen Kranzspenden bei Verbrennung nicht besteht, so daß es wohl vorläufig nur aus Unkenntnis geschieht, wenn das Publikum bei Leichenverbrennungen verschiedentlich von Kranzspenden absehen zu müssen glaubt. Um allen gerecht zu werden, wurde dieser Antrag dem Vorstande als Material überwiesen, der nötigenfalls Schritte unternehmen wird.

Eine Verbindung der Handelsgärtner mit dem Bund der Landwirte zur Ausnutzung gemeinsamer Interessen, z. B. bei Beschaffung der Düngemittel, wird schon lange angestrebt und stand auch diesmal wieder auf der Tagesordnung. Man stimmte der Ansicht zu, sich dem Bund der Landwirte nicht direkt anzuschließen, sondern nur mit ihm Hand in Hand zu gehen und überließ weitere Schritte in dieser Sache dem Vorstande.

Schließlich wurde auch eine Neuwahl des Vorstandes und der Rechnungsprüfer vorgenommen. Herr Max Ziegenbalg wurde unter großer Zustimmung zum ersten Vorsitzenden gewählt, Herr Ernst Kaiser als Beisitzer neu in den Vorstand aufgenommen; die übrigen bisherigen Herren Wilhelm Ernst, als II. Vorsitzender, Victor de Coene, als Schatzmeister, und Theodor Schirbel, als Beisitzer, verblieben im Vorstand.

Die beiden Nachmittage wurden auch in diesem Jahre nach gemeinsamem Essen durch Vorträge ausgefüllt. A. B.

Die diesjährige (IV.) Reichsversammlung ehemaliger Schüler aller Gärtner-Lehranstalten und Gartenbauschulen des Deutschen Reiches fand am 18. Februar in Berlin statt. In den neuen, geschmackvoll ausgestatteten Räumen der Arnim-Hallen sammelten sich von 6 Uhr ab die Jünger Floras, leider wider Erwarten in geringerer Anzahl als im Vorjahre, und gruppierten sich allmählich nach ihrer ehemaligen Zugehörigkeit zu den verschiedenen Lehranstalten an vier langen Tafeln, die mit großen Narzissensträußen geschmückt waren. Der Verband ehemaliger Proskauer führte diesmal als Arbeitsausschuß den Vorsitz unter seinem derzeitigen Leiter Herrn Curt Schuster, welcher den geschäftlichen Teil des Abends gegen ½7 Uhr mit herzlichen Begrüßungsworten eröffnete und sodann Herrn Garteninspektor Petersen zu einem Bericht über das erste Jahr der Tätigkeit der D. K. E. (Delegierten-Kommission ehemaliger Schüler der vier Kgl. Gärtner-Lehranstalten) das Wort erteilte. Diese D. K. E. wurde bekanntlich gelegentlich der vorjährigen Reichsversammlung ins Leben gerufen und ist kein Verein mit Satzungen im eigentlichen Sinne, sondern eine Vereinigung, deren Geschäftsordnung vorschreibt, daß sie nur aus Vertretern der vier Kgl. Gärtnerlehranstalten bestehen kann. Dieser festgelegte Punkt, über den viele Anwesende erst durch Herrn Inspektor Petersen unterrichtet wurden, förderte die verschiedensten Meinungen zutage, und es muß wohl auch wirklich für die Dauer als unhaltbar bezeichnet werden, wenn man sich sagt, daß die D. K. E. den allgemeinen Berufsinteressen dienen soll und nicht nur den Schülern ehemaliger Königlicher Gärtnerlehranstalten, denn es können doch auch schließlich aus einer kleinen, sonst ganz unbedeutenden Lehranstalt Männer hervorgehen, die dazu berufen sind, in dieser D. K. E. segensreich für den gesamten Beruf zu wirken.

Recht bezeichnend war auch die Bemerkung des Geschäftsführers im Laufe der Debatte, daß er sich sehr wundere, unter den Anwesenden auch Vertreter anderer Lehranstalten als der vier königlichen als Teilnehmer am geschäftlichen Teile zu sehen, er habe keine anderen Anstalten aufgefordert. Dazu mußte bemerkt werden, daß ein Ausschluß der Vertreter dieser niederen Lehranstalten aus der in verschiedenen Fachblättern veröffentlichten Einladung nicht hervorgeht; es war vielmehr zu einer „Reichsversammlung der ehemaligen Schüler der Gärtnerlehranstalten Deutschlands“, also ganz allgemein, eingeladen worden.

Jedenfalls zeigte es sich auch an diesem Abend, daß die D. K. E. eigentlich noch nicht das ist, was sie sein soll, eine starke, in sich selbt einige Vertretung der allgemeinen Standesinteressen zur Bekämpfung unlauterer Konkurrenz. Letztere erwächst allerdings auch aus kleinen, privaten Anstalten, die namentlich in letzter Zeit wie Pilze aus der Erde wachsen und das Laienpublikum mit großen Versprechungen blenden, durch billige Preise und schnellste Ausbildung (in 3—4 Monaten zum perfekten Fachmann). Es wurden da verschiedene Beispiele erörtert, schließlich liegt es aber klar auf der Hand, daß so ein flüchtig ausgebildeter Gärtner einem Kollegen mit gediegener Ausbildung und ernstem Streben kaum Konkurrenz machen kann; er wird mit seinen erhasteten Kenntnissen stecken bleiben. Ist er aber ein ausnahmsweise fähiger Kopf, der es verstanden hat, aus diesem forzierten Unterricht durch eigene Weiterbildung Nutzen zu ziehen, nun so kann er unserem Stande nur zum Nutzen sein und zur Ehre gereichen. Das einzige, was man in punkto Privatgärtnerlehranstalten tun könnte, ist Aufklärung des Publikums, das seine Söhne unserem Stande zuzuführen gedenkt.

Nach längerer Pause zur Stärkung, wurde gegen 9 Uhr zum gemütlichen Teil übergegangen. Inzwischen war die Schar auf zirka 120 angewachsen. Der Vorsitzende, Herr Curt Schuster, hielt eine kurze Ansprache, die mit einem dreifachen, kräftig aufgenommenen „Hurra“ auf Kaiser Wilhelm II. schloß und mit „Deutschland, Deutschland über alles“ gewissermaßen zur Fidelitas überleitete.

Aus der Präsenzliste ging hervor, daß von den einzelnen Lehranstalten nachstehende Anzahl „ehemaliger“ anwesend waren: 2 Bautzener, 13 Dahlemer, 5 Dresdener, 18 Geisenheimer, 15 Köstritzer, 20 Proskauer, 7 Wildparker, 2 Reutlinger, 2 Weihenstephaner; außerdem an „aktiven“ 10 Dahlemer und 14 Oranienburger. A. B.

Tagesgeschichte.

Berlin. Am 19. v. M. nahm der Kaiser im Schlosse die Vorträge der Bauabteilung des Offiziersheim „Taunus“ entgegen. Hierbei kamen die eingeforderten Entwürfe über die Terrassen und Parkanlagen zur Vorlage. Zufolge Allerhöchster Entscheidung erhielt die Arbeit der Firma Berz & Schwede (Inh. Chr. O. Berz), Stuttgart, den Vorzug und wurde derselben der Auftrag erteilt.

Preisausschreiben.

Lehe (Bremerlehe). Der hiesige Magistrat erläßt einen Wettbewerb zur Erlangung von Entwürfen für eine Erweiterung der Parkanlagen bei Speckenbüttel. Als Preise sind 1000, 750 und 500 Mark ausgeworfen. Die Unterlagen sind vom Magistrat einzufordern.

Personal-Nachrichten.

Bohr, Albert, aus Grünberg i. Schles., seit einem Jahre in Windhuk (Südwestafrika) als Kaiserl. Obergärtner tätig, ist durch Erlaß des Reichskolonialamtes dortselbst zum Kaiserl. Garteninspektor ernannt worden. Herr Bohr nahm als Feldwebel mit Auszeichnung an den Kämpfen gegen die Aufständigen in Südwestafrika teil.

Eichhorn, Gottlieb, Baumschulenbesitzer in Ludwigsburg, wurde am 25. Februar, dem Geburtstage des Königs Wilhelm II. von Württemberg, das Prädikat als Kgl. Württemb. Hoflieferant verliehen.

Haack, Heinr., städt. Obergärtner in Krefeld, † am 24. Februar im 58. Lebensjahre.

Hartmann, Jean, Großherzogl. luxemburg. Hofgärtner, wurde die Badische kleine goldene Verdienstmedaille verliehen.

Reiter, Johann, Seniorchef der Baumschulenfirma J. Reiter & Söhne, Trier, früher langjähriger Mitinhaber der Firma Lambert & Reiter, ein in weitesten Gartenbaukreisen bekannter und seines biederen Charakters halber hochgeschätzter Fachmann, feierte am 12. Februar das Fest der goldenen Hochzeit.

Richter, Hugo, Berlin-Südende, übernahm die Vertretung der Firma Sander & Söhne, Bruges, für Deutschland, Österreich-Ungarn und Rußland.

Berlin SW. 11, Hedemannstr. 10. Für die Redaktion verantwortlich Max Hesdörffer. Verlag von Paul Parey. Druck: Anhalt. Buchdr. Gutenberg e. G. m. b. H., Dessau.

Konkurse.

Mainz. Das Konkursverfahren über Vermögen der **Georg Kneib** twe, **Handelsgärtnerei** in Laubenm, wird nach rechtskräftiger Begung des Zwangsvergleichs hierch aufgehoben.

Schwarzenbek. Über das Verren des **Handelsgärtners Heinrich** heim **Ludwig Prahm in Wentorf** Reinbek ist am 12. Februar 1908, ags 12 Uhr, das Konkursverfahren fnet. (Verwalter: Bücherrevisor s Pielmut in Wentorf. Erste Gläubigerversammlung den **4. März 1908, vormittags 11½ Uhr.** Allgemeiner Prüfungstermin den **1. April 1908, vormittags 11½ Uhr.** Offener Arrest mit **Anzeigefrist** bis 13. März 1908.

Patente und Musterschutz.

Zum **Patent** wurde **angemeldet Klasse 45f.**

U. 3262. Verfahren und Vorrichtung zur Befestigung des Aufputzes an Kränzen, Girlanden u. dgl. Fritz **Ungelenk,** Erfurt, Weimarischestr. 9. 23. 12. 07.

G. 25438. Vorrichtung zum Abstreifen der Stacheln an Rosen- und anderen Stacheln tragenden Sträuchern mittelst zweier, auf die Fingerspitzen zu steckender Schutzkappen. Karl **Gebhard,** Braunschweig, Altewiekring 11. 29. 8. 07.

Gebrauchsmuster-Eintragungen Klasse 45f.

329916. Kratze zum Entfernen der dem Ungeziefer als Unterschlupf dienenden Borke an Bäumen. **Eduard Klemm,** Niedermülsen bei Mosel i. S. 17. 1. 08. K. 32216.

329997. Ausziehbarer Pflanzenkasten. **Schornstein-Aufsatz- und Blechwaren-Fabrik J. A. John, Akt.-Ges.,** Ilversgehofen b. Erfurt. 20. 1. 08. Sch. 27586.

329998. Entwässerungs- und Lüftungseinrichtung für Pflanzenbehälter jeder Art, als Blumenkübel, -töpfe, -kästen u. dgl., bestehend aus einem perforierten, mit dem Boden des Behälters einen Luftraum einschliessenden Einlegeboden. **Schornstein-Aufsatz- und Blechwaren Fabrik J. A. John, Akt.-Ges.,** Ilversgehofen bei Erfurt. 20. 1. 08. Sch. 27587.

330047. Blumenkorb-Behälter für Blumenarrangements, dessen Wände aus Holzdraht hergestellt sind. **Max Demmler & Co.,** Berlin. 16. 1. 08. D. 13656.

Bevorstehende Ausstellungen.

April 1908.

Gent (Belgien). XVI. internat. Gartenbauausstellung vom 25. April bis 3. Mai 1908.

Mai 1908.

Wien. Reichs-Gartenbauausstellung, von Mai bis Oktober 1908 (geplant).

Juni 1908.

Leipzig. Rosenausstellung vom 27. Juni bis 5. Juli 1908 anlässlich des diesjährigen Kongresses des „Vereins deutscher Rosenfreunde".

Zwickau. Vogtländisch-Erzgebirgische Rosenausstellung. Anlässlich des 25jährigen Bestehens des Vereins Zwickauer Rosenfreunde.

August 1908.

Duisburg. Gartenkunstausstellung 15. August bis 1. Oktober 1908.

September 1908.

Quedlinburg. Neuheitenausstellung der Deutschen Dahlien-Gesellschaft 12.—14. September im Kaiserhof.

Oktober 1908.

Bielefeld. Obstausstellung für Westfalen und Lippe. 18.—19. Oktober.

April 1909.

Berlin. Grosse Internationale Gartenbauausstellung vom 2.—13. April in der Ausstellungshalle am Zoologischen Garten, veranstaltet vom Verein zur Beförderung des Gartenbaues in den Kgl. preuss. Staaten.

Zur jetzigen Aussaat

empfehle Samen von:
Primula obconica „Ronsdorfer Hybriden"
meine in Grösse und Färbung noch unübertroffenen Züchtungen
Primula obc. gigantea (Arendsi, Pax)
hervorragende riesenblumige
Neuheit.
Samen von winterharten Stauden u. feinen Sommerschnittblumen.

G. Arends

Staudengärtnerei u. Samenhandlung
Ronsdorf (Rheinland).
Preisliste steht auf Wunsch kostenfrei zu Diensten. [17

Den wirksamsten Schutz gegen Vögel und Näschereien der Menschen gewähren für Sämereien, jg. Pflanzen, Beeren, Kirschen, Trauben usw. [22

Roh's Schutznetze.

Vorrätig alle Längen und Breiten in 4 und 2½ cm Maschenweite, à Kilo 6 Mark (10—15 Pfg. das □Meter). Zu Versuchen ist jedes gewünschte Quantum zu haben. Prospekte gratis und franko. **G. Roh, Apolda.**

Kieler Baumschule

Friedrich Repenning, Kiel,
empfiehlt in bekannter, bester Ware:
Obstbäume,
Beerenobst,
Alleebäume,
Ziersträucher,
Koniferen u. Thuja zu Hecken,
Rosen, [40
Stauden und Kaktus-Dahlien.
Hauptpreisverzeichnis umsonst und postfrei.

Koniferen

grösseren Posten abzugeben. Ballensicher, von kleinsten bis zu Schaupflanzen in allen Sorten. [206
Wilhelm Behr, Elmshorn,
Baumschul-Versand.

Rosenneuheiten für 1908.

Gebr. Ketten
Rosenschulen
Luxemburg.
Hervorragende neue Tee-Hybride

Lyon-Rose

1 Stück ℳ 1,60, 25 Stück ℳ 35,00,
50 Stück ℳ 60,00, 100 Stück ℳ 100,00. [693
Haupt- und Neuheitenkatalog unberechnet und postfrei zu Diensten.

Räumungs-Offerte!

Rhod. Catawbiense grandiflorum, 50—60 cm hoch und breit,
p. St. ℳ 2.—, % ℳ 190.—, ‰ ℳ 1750.—
Rhod. Catawbiense grandiflorum, 60—70 cm hoch und breit,
p. St. ℳ 2.25, % ℳ 215.—, ‰ ℳ 2000.—
Rhod. Catawbiense grandiflorum, 70—80 cm hoch und breit,
p. St. ℳ 2.50, % ℳ 240.—, ‰ ℳ 2250.—

Die Pflanzen haben durchschnittlich 15 Knospen, guten Ballen und sind bis unten gut belaubt, also sehr gut geeignet für Anlagen. [621

Rosbergen & Co.,

Hauptgeschäft: Boskoop b. Gouda (Holland). Filiale: Mehrhoog b. Wesel (Rheinland).

Motto:
Gutes Handwerkszeug — Halbe Arbeit!

Die Qualität dieser Hippe übertrifft alle meine Erwartungen! Solch handliche gefällige Formen und vorzüglichen Schnitt fand ich noch bei keinem Messer. Kaufen Sie Ihre Werkzeuge nur aus der Fabrik von [645

Oskar Butter, Bautzen 11.

Sie bekommen dieselben in jeder Samen- oder Gerätehandlung oder direkt in der Fabrik. — Kataloge kostenlos.

Anerkennungen wie sie täglich eingehen:

Herrmannseifen (Böhmen). 28. 9. 07. Die Werkzeuge Ihrer Fabrik gefallen allen Kollegen sehr gut, so dass ich nochmals eine Nachbestellung machen muss. (Folgt Bestellung.)
Hochachtungsvoll Karl Holubk, Oberlehrer.

R. VAN DER SCHOOT & SOHN, Gartenbau-Etablissement, **HILLEGOM-HAARLEM** (Holland)
gegründet 1830.
Eigene Kulturen von Blumenzwiebeln und Staudengewächsen umfassend über 125 Hektar
(die grössten Hollands). [34
Kataloge gratis auf Anfrage.

Vor Anschaffung eines Gartenhauses versäumen Sie nicht, sich mit der Neuheit

Richters transportable

Gartenhäuser

bekannt zu machen.
Künstlerische Ausführung.
Katalog gratis.

Jalousie- u. Rollladenfabrik
Grünhainichen No. 27 i. Sa.
Louis Richter. [5

Verlangen Sie Offerte! **Rollschattendecken.** Verlangen Sie Muster!

Winterharte Stauden

Edel-Dahlien
Blüten-Cann
Chor-Nelken
Freiland-Far
Paeonien,
Seerosen,
Clematis u.
Schlingpflan
Koniferen!

Beschreibendes Verzeichnis frei.

Goos & Koenema

Grossh. Hess. Hoflieferant
Nieder-Walluf bei Wiesbad
Stauden-Kulturen und Be
schulen f. Obstbäume, Konif
Rosen und Ziergehölze.

Obstbaum-Karboline
Hochprozentig zum Selbstverdü
Tötet
alle tierischen Schädlinge, R
Blutlaus, Blatt- und Schildl
heilt
Brand, Krebs,
verhindert
Krankheiten und Ansatz von
Schorf, Pilzen,
fördert
das Wachstum der Bäun
Poststück 4 M. franko geg.

Flüssiger Schwe
Hochprozentig zum Selbstverd
Spezialmittel gegen Meltau,
Vorbeugungsmittel vorzügl. b
1 kg 2 M. franko geg. Nach

Tabakextrakt
Hochprozentig zum Selbstverd
Bestes Waschmittel f. Haus
Beseitigung v. Ungeziefer all
1 kg 4 M. franko geg. Nach
Bei Posten bedeutend bil

CHEMISCHE WERKE MÜ
Bezirk Dresden.
Dr. Willy Loebell.

Raupenlei
monatelang klebend, zum
Rüsselkäfer, Spargelfliegen
Postst. 3.75 M, 12 kg Eim
22 kg Eimer 20 M.
Neuheit! **Rüsselkäferfangs**
sehr praktisch! per 100 Me

Baumwac
kaltflüssig, 1 kg Büchse 1,
Emil Böringer, Bonn-Popp

Thüringer Grotte
zur Anlage von Felsenpartie
Grotten, Wasserfällen, Wi
Naturholz-Garten
Pflanzenkübel etc. Preislisten
C. A. Dietrich, Hoflieferant, Clinge

Hierzu eine Beilage von **M. Hi**

Druck der Anhaltischen Buchdruckere

Illustrierte Wochenschrift für den gesamten Gartenbau.

Herausgeber: Max Hesdörffer-Berlin.

Erscheint jeden Sonnabend.
Monatlich eine farbige Kunstbeilage.

Bezugsbedingungen:
h jede Postanstalt bezogen Preis 2.50 M. vierteljährl. In Österreich-Ungarn 3 Kronen. direktem Bezug unter Kreuzband: Vierteljährlich 3 M. Im Weltpostverein 3.75 M.
Einzelpreis jeder Nummer 25 Pf.

hne Vorbehalt eingehenden Beiträgen bleibt das Recht redaktioneller Änderungen halten. Die Honorarauszahlung erfolgt am Schlusse jeden Vierteljahrs.

Anzeigenpreise:
Die Einheitszeile oder deren Raum 30 Pf.; auf der ersten und letzten Seite 50 Pf. Bei grösseren Anzeigen und Wiederholungen steigender Rabatt. Beilagen nach Übereinkunft. **Anzeigen in der Rubrik Arbeitsmarkt** (angebotene und gesuchte Stellen) kosten für Abonnenten einmalig bis zu 10 Zeilen Raum M. 1.50, weitere Zeilen werden mit je 30 Pf. berechnet.
Erfüllungsort auch für die Zahlung: Berlin.

Adresse für Verlag und Redaktion: Berlin SW. 11, Hedemannstrasse 10.

II. Jahrgang No. 24. | Verlag von Paul Parey, Berlin SW. 11, Hedemannstr. 10. | 14. März 1908.

Gebundene Exemplare

der

früheren Jahrgänge (1896–1907)

der Gartenwelt

stehen, soweit der Vorrat reicht, zum Preise von je 12 Mark (erster Jahrgang 8 Mark) zur Verfügung.

Auch einzelne Nummern früherer Jahrgänge (Preis pro Nummer 25 Pfg., pro Quartal 2 M 50 Pfg.) stehen, soweit noch vorrätig, zur Verfügung, deren Bezug wir unseren Abonnenten zur Komplettierung vorhandener, unvollständiger Jahrgänge sehr empfehlen.

Ein komplett gebundener Band der „Gartenwelt" ist von einer so staunenswerten Reichhaltigkeit bei einem so niedrigen Preise, dass es kaum eine schönere Erwerbung für die Bibliothek eines Gärtners oder Gartenfreundes gibt.

Berlin SW. 11, Hedemannstrasse 10. [748

Expedition der „Gartenwelt".

Gegen postfreie Einsendung des Betrages erfolgt die Zusendung postfrei.

Inhalt

r Nummer 24 der „Gartenwelt“.

(Die illustrierten Artikel sind mit einem * versehen.)

Zum 1. April d. J. soll **auf dem städtischen Westfriedhofe** die Stelle eines **Bureau- und Kassenbeamten (Friedhofs-Gärtner)** neu besetzt werden. Die Anstellung erfolgt zunächst probeweise auf ein Jahr. Das Gehalt während dieser Zeit beträgt 1700 M. Die freie Dienstwohnung wird mit 100 M angerechnet. Während des Probejahres wird eine Kündigungsfrist von 4 Wochen vorbehalten.

Nur **mit guten gärtnerischen Kenntnissen** ausgestattete Bewerber, welche im Verkehr mit dem Publikum gewandt sind, wollen ihr Gesuch mit selbstgeschriebenem Lebenslauf und Zeugnissen **sofort** bei uns einreichen.

Magdeburg, den 29. Februar 1908. [768

Der Magistrat der Stadt Magdeburg.

Suche 3-4 jüngere Gehilfen

(auch Ausgelernte), **für Topfpflanzen** in **gute dauernde Stellung.** Gehalt 60 M, Wohnung und Kaffee. [770

Oskar Ebert, Dresden-Kaditz.

'Gärtner-ehranstalt Oranienburg bei Berlin.

ıut der Landwirtschaftskammer ir die Provinz Brandenburg.

Beginn des Sommersemesters am 22. April 1908.

(Späterer Eintritt nach Vereinbarung.) [612

Die Anstalt bietet **Gehilfen** Gelegenheit zur gründlichen oretischen **Ausbildung** auf allen Gebieten der Gärtnerei.

Reichhaltiges Demonstrationsmaterial im Anstaltsgarten und Exionen nach den bequem und mit geringen Kosten zu erreichenden igl. Gärten und den bedeutenden Handelsgärtnereien von Berlin seiner Umgebung. **Kursusdauer 1 Jahr.**

Lehrlinge werden in der Anstaltsgärtnerei **praktisch** ausgebildet.

Billige Pension in der Anstalt. Wenig Bemittelten event. Ersigung. Ausführlicher Bericht und nähere Auskunft kostenfrei durch

Die Direktion.

Suche für sofort und später [703

einige junge, strebsame Gehilfen

(auch Ausgelernte)

für meine Spezial-Topfpflanzenkulturen. Offerten mit Zeugnisabschriften und Gehaltsforderungen bei freier Wohnung sind zu richten an

F. Wolf, Pflanzenkulturen,

Markkleeberg, Bez. Leipzig.

Zum 15. März suche einen tüchtigen, energischen [783

Obergehilfen

für Topfpflanzen, Rosenkulturen und Treiberei, sowie Landschaft, der selbständig arbeiten und disponieren kann. Anfangsgehalt 45—50 M.

Ferner 2 tüchtige Gehilfen

für obige Fächer, einen davon für selbständige Arbeit. Anfangsgehalt 25—35 M bei freier Station. Gefl. Angebote zu richten an

H. Müller, Handelsgärtner, **Bad Kissingen.**

Arbeitsmarkt

ın unsere Leser!

Zum April-Wechsel

inserieren Sie

Stellengesuche und -Angebote

am besten und **vorteilhaftesten** in der

Gartenwelt. [39

:s wird wiederholt um ıchtung gebeten!

ffertbriefe

en nur dann befördert, wenn das dazu beigefügt ist. Dieselben stets in doppeltem Briefumschlag übersenden, von welchem der ere nur die Adresse unserer dition ohne Chiffreangabe tragen während der innere Umschlag allein mit der betreffenden Chiffre ersehen ist.

ir bitten dringend, bei Absendung Offertbriefen diese Vorschrift zu hten. [61

ir Rücksendung von Originalnissen und Photographien übert die Expedition keine Garantie.

Stellen-Angebote.

Gärtnerverein

der Stadt und Provinz Hannover.

Tüchtige Gehilfen, welche in **Hannover** oder Umgegend Stellung suchen, wird solche **kostenlos** nachgewiesen durch **R. Kohlmann,** Obergärtner v. Alten Garten **Linden-H.** [678

Suche sofort oder 15. März einen

tüchtigen Gehilfen

für Landschaft. Gehalt 30 M bei guter, freier Station. Offerten nebst Zeugnisabschriften erbittet [780

Joh. Bierich, Blumen- und Samenhandlung, **Sulzbach a. Saar.**

Ein ordentlicher [775

Gehilfe

für Landschaft und Topfpflanzen usw. für gleich gesucht. Gehalt 35—40 M bei freier Station. Gefl. Offerten nebst Altersangabe erbittet

G. John, Stolberg, Rhld.

Suche zum 15. März einen [761

soliden Gehilfen

für Topfpflanzen, Landschaft und Binderei. Gehalt 30 M pro Monat bei guter freier Station.

Otto Fölster,

Kellinghusen in Holstein.

Suche auf sofort einen jungen

evgl. Gehilfen

für Landschaft u. Topfpflanzen Gehalt 30 bis 35 M und freie Station.

Herm. Löhscheidt Sohn,

Kunst- u. Handelsgärtnerei, [792

Mülheim-Ruhr, Löhstr. 39.

Suche zum 1. oder 15. März fleissigen, sich keiner Arbeit scheuenden

Gehilfen

für Friedhofsgärtnerei. Anfangsgehalt 30 Mark bei freier Station. Stellung dauernd. [729

H. Zandter, Friedhofs-Inspektor, **Weimar.**

---

2 Baumschulgehilfen,

welche durchaus sicher im Veredeln sind, und **einige junge ausgelernte Gehilfen,** welche sich im Baumschulbetrieb ausbilden wollen, zum 1. März gesucht. Angebote mit Zeugnisabschriften und Gehaltsforderung bei guter freier Station an [783

Lohser Obst- und Gehölz-Baumschulen A. Meyer & Comp., Kunzendorf, N.-L.

Suche [765

zum 15. März oder 1. April einen nicht zu jungen,

fleissigen Gehilfen

für einen Privatgarten. Näheres durch **H. Schiffmann, Königswinter a. Rh.**

Suche für sofort oder 1. April einen jungen, fleissigen

Gehilfen

für Topfpflanzen und Landschaft. Gehalt 30 bis 40 Mark bei guter freier Station. Stellung dauernd. [772

Cl. Schulke, Vechta i. Oldenbg.

Suche zum baldigen Eintritt noch

mehrere fleiss. Gehilfen

f. Topfpfl., Landschaft u. Baumschule. Gehalt bei guter freier Station für Gehilfen unter 20 Jahren 25—30 M, über 20 Jahren 30—40 M mon., je nach Leist.

R. Pfleger, Handelsgärtnerei, Hilgen (Rheinland). [771

Tücht. Gehilfe

für Topfpflanzen und Landschaft zum 15. März oder später **in dauernde Stellung** bei freier Station

gesucht. [767

Näheres durch **A. Sauber,** Cassel W.

Suche

einen tüchtigen, strebsamen [730

Gehilfen

für Baum- und Rosenschule, Formobstzucht. Off. mit Gehaltsanspr. bei freier Wohnung an

P. Müller-Platz, Erkelenz, Rheinl.

---

2 Baumschulgehilfen,

selbständig, sicher und gewandt im Schnitt und Veredeln, per 1. März oder später gesucht. Gehalt je nach Leistung 3 bis 4 M pro Tag. Süddeutsche bevorzugt, doch nicht Bedingung. Off. mit Angabe des Alters und bisherigen Tätigkeit sieht entgegen [607

Louis Vogel, Baumschulen, **Dinglingen-Lahr, Baden.**

Per sofort ein

Gehilfe

für gemischte Kulturen in dauernde Stellung gesucht.

Anfangsgehalt 20—25 M bei freier Station. [581

Jacob's Gärtnerei, Neubrandenburg in Mecklenburg.

Verheir. Gartenarbeiter

für Obst- und Gemüsegarten sucht zum 1. März 1908 [708

Gut Zeitlow
bei **Friedeberg,** Neumark.

Suche sofort einen [727

jungen Gehilfen,

20 bis 25 Jahre alt, für Landschaft, Binderei und Friedhof. Gehalt 40 bis 50 ℳ bei freier Station.

Wilh. Brunstein, Bad Sassendorf.

Suche

zum 1. März einen ca. 23 Jahre alten **Gehilfen,** erfahren in Topfpflz.- u. Schnittblumenkulturen, in dauernde Stellung. Gehalt ohne Station wöchentlich 21 ℳ. [699

G. Brinkmann, Kunst- u. Handelsg., **Bremerhaven,** Bürgermeister Smidtstr. 56.

Tüchtiger Gehilfe,

nicht unter 21 Jahren, Anfangsgehalt 60 M nebst freier Wohnung, [782

und ein jüngerer Gehilfe

finden Stellung im

Kgl. Schlossgarten Gross-Sedlitz bei Pirna.

Jung. Gehilfe,

im Gehölzschneiden und in Gruppenbepflanzung nicht ganz unerfahren, etwas Zeichnen erwünscht, [781

kann eintreten.

Zeugnisse und Zeichenproben sind einzusenden an

Herzogl. Hofgartenverwaltung Altenburg, S.-A.
Hofgärtner Theodor Schulze, Schlossberg 1.

I. Gehilfe

für Topfpflanzen und Landschaft, evtl. auch Baumschule, gesucht. Nur zuverlässige, über 21 Jahre alte Bewerber wollen sich melden. Anfangsgehalt bei freier Station monatlich 40 M. [774

J. W. Hellbach, Herzogenrath (Rhld.).

In hies. gross. Gartenbetrieb (Baumschule, Obstanlage etc.) findet [778

Volontär,

auch mit Kontorarbeiten vertraut, zum 1. April Stellung. Kostgeld nach Übereinkunft. **Freih. von Cramm'sche Gartenverwaltung Burgdorf** (Braunschweig).

Jung. Gehilfe

zum 15. März bei guter Bezahlung

gesucht. [764

Carl Pier, Handelsgärtner, **Griesheim - Frankfurt** am Main.

Herrschaftsgärtner,

welcher sich willig allen Arbeiten unterzieht, auch im Servieren bewandert ist, findet dauernde Stellung. Verheiratete Bewerber ohne Kinder bevorzugt. [784

Albert Frank, Metallwarenfabrik, **Beierfeld i. S.**

Einf. Gutsgärtner,

ledig, **sucht für sofort** bei 300 Mark Gehalt, freier Station und Verkaufs-Tantième

Dominium Mettkau, **Kr. Neumarkt.** [789

Stellen-Gesuche

Chiffre-Briefen ist zur Weiterbeförderung eine 10-Pfg.-Marke extra beizufügen.

Gartentechniker,

absolviert Ostern 1908 eine höhere Gärtnerlehranstalt, 12 Jahre beim Fach, erfahren im Planzeichnen, Feldmessen und Nivellieren, **sucht** z. Einarbeitung in d. techn. Praxis anderweit **Stellung.** Gefl. Off. erbeten unter **A. B. 762** an die Geschäftsstelle der Gartenwelt.

Azaleengärtnerei

nebst einigen anderen Artikeln, komplett eingerichtet und ausdehnungsfähig, Jahresproduktion ca. 6—7000 Azaleen, auf längere Jahre **zu verpachten.** Pachtsumme kann in Pflanzen bezahlt werden. Zur Übernahme sind ca. 5—6000 M erforderlich. Das Geschäft würde sich auch für Nichtgärtner, Rentner, eignen.

K. Adams, Handelsgärtnerei, **Detmold.** [776

Korbweidenstecklinge
1000 Stück 4 M., liefert
Wurster Baumschule,
Dingen (Bez. Bremen). [339

Gärtnerei-Verkauf,

Nähe Dresdens, direkt an der Bahn gelegen, etwa 15000 qm gross, Wohnhaus, Schuppen, Gewächshäuser (gerichtliche Taxe 26500 M), günstig für Moorbeetkulturen, ist Umstände wegen billig unter Taxe bei geringer Anzahlung zu verkaufen. Näheres durch **M. Trümpler,** Kunst- u. Landschaftsgärtnerei in **Dresden-Zschertnitz.** [651

Gelegenheitskauf.

Wegen Krankheit bin ich willens, meine seit 25 Jahr. im voll. Betriebe befindl. **Gärtnerei zu verkaufen.** Dieselbe ist bei ganz geringer **Anzahlg.** sofort zu übernehm. u. besteht aus einem 2stöck. Wohnhaus (Mietseink. 600M), 2 Erdhäusern, 100 Frühbeetfenstern, Heissluftmotor, Stallung und einem Arbeitsschuppen. Nähere Ausk. erteilt der Besitzer **Julius Schadewitz, Zschieschen b. Grossenhain in Sachsen.** [749

Gärtnereigrundstück,

Villenkolonie v. Berlin, gr. Umsatz, fest. Hyp., kl. Anzahl., **sofort verkäuflich.** Pfarrer **Haase, Friedenau-Berlin.** [785

☛ **6 Geld-Schränke**

(Gelegenheitskauf), grossartige Arbeit, Mantel aus einem Stück, auch einzeln **spottbillig** abzugeben. [720

Anton Hartmann, Nordhausen, Altendorfstr. 41.

Rebhf. roseok. Itl. Kücken v. rasser. vorz. leg. St., Mrzbr., 14 Tg. a., 70 ₰. Bruteier v. schwer. 2jähr., vorz. leg. Landenten, Dtzd. 3 ℳ. verk. **Frau Büchner, Eilsleben, Bez. Mgdeb.** [747

---

500 Stück 8jährige **kanad. Pappeln,** kräftige Bäume, hat abzugeben [769

Rübenzuckerfabrik Elze, Elze i. H.

Knollenbegonien, neue zweifarbige, 100 St. M 7.60, 10 St. M 1.20 franko bei Einsendung. Nachnahme mehr. [571

Lutz, Dreihäuser-Pfalzburg, Lothr.

Vierblättriger Klee

(Glücksklee)

schöne, üppige Topf- u. Einfassungspflanze, **100 Knollen 3 Mark** franko, grössere Postsendungen billiger.

H. Schönlein, Koseeger bei Körlin a. Persante. [791

Anzeigenschluss: Montag Mittag.

Weinstöcke,

mehrjährig, gut bewurzelt, tragbar, in verschiedenen frühen und mittelfrühen Sorten, mit Namen % ℳ 20. [777

Fr. Gleditsch, Gärtner, **Grünberg i. Schl.**

Nisthöhlen

nur erstklassig und langjährig erprobtes Fabrikat, liefere billigst. Prospekte üb. Nisthöhlen, Winterfütterung, **Schutzringe gegen kletterndes Raubzeug,** D. R. G., gratis.

Volpert Seip
Nisthöhlenfabrik
Wollmar bei **Münchhausen,**
Bezirk Kassel. [394
(Erste und leistungsfähigste Fabrik dieses Ortes.)

Kieler Baumschule

Friedrich Repenning, Kiel,

empfiehlt **in bekannter, bester Ware:**

Obstbäume,
Beerenobst,
Alleebäume,
Ziersträucher,
Koniferen u. Thuja zu Hecken,
Rosen, [40
Stauden und Kaktus-Dahlien.

Hauptpreisverzeichnis umsonst und postfrei.

Frühbeetfenster

verglast, gestrichen, 157 × 94 cm, per Dtzd. 48 M, ohne Glas 25 M, 4 cm stark, mit Windeisen, liefert [755

Pauls Dampftischlerei
Inh.: C. Vogel,
Wiesenburg (Mark).

Grössere Obstplantage zu pachten

evtl. zu kaufen gesucht.

Gefällige Offerten mit Näherem unter **K. P. 766** an die Geschäftsstelle der „Gartenwelt" erbeten.

Verlag von Paul Parey in Berlin SW., Hedemannstrasse 10.

≡ Des Gärtners Beruf ≡ und sein Bildungsgang.

Ein Wort an die Eltern zukünftiger Gärtner und an diese selbst

von

Theodor Lange,

Inspektor der Gärtner-Lehranstalt Oranienburg bei Berlin.

Preis 60 Pf.

Das frisch und anregend geschriebene Büchlein sollte jedem jungen Gärtner in die Hand gelegt werden. [797

Gegen postfreie Einsendung des Betrages erfolgt die Zusendung postfrei.

Illustrierte Wochenschrift für den gesamten Gartenbau.

Jahrgang XII. | 14. März 1908. | No. 24.

Insektenfressende Pflanzen.

Sarracenias.

Von **Bernh. Othmer**, Kgl. Garteninspektor, München.

(Hierzu vier Abbildungen.)

Schon lange vor Darwins Untersuchungen und Veröffentlichungen über insektenfressende Pflanzen, nahmen dieselben ihres merkwürdigen Aussehens wegen die allgemeine Aufmerksamkeit gefangen, nicht zum wenigsten auch die der Pflanzenzüchter. Als erste wurde wohl *S. purpurea* nach Europa eingeführt (etwa 1650), *S. flava* (etwa 1760), dann *S. rubra*, *S. variolaris*, und schließlich *S. Drummondii* (1829). Aber nicht allein durch Einführung aus der Heimat sind verschiedene Arten in die Gärten gekommen, sondern auch durch Züchtung. Als erste entstand *S. Moorei* im botanischen Garten zu Glasnevin; sie wurde von Dr. D. Moore 1874 auf der Ausstellung zu Florenz gezeigt. So haben wir jetzt in den Kulturen etwa 6 Arten und etwa 25 Hybriden. Sarracenien hybridisieren leicht, wie Prof. Macfarlane gelegentlich der III. internationalen Hybridenkonferenz darlegte, es kreuzen sich auch am heimatlichen Standorte die zusammenwachsenden Arten in Mengen. So fand er auch *S. Catesbaei* wild, eine Kreuzung am natürlichen Stammorte zwischen *S. rubra* × *Drummondii*, welche Moore 1874 in Florenz ausstellte. Später folgte in Glasnevin *S. Popei*, nach dem dortigen Forman Pope genannt; vor allem aber auch von Veitch (Obergärtner Court), der 1879 *S. Chelsoni* zur Blüte brachte, 1881 *S. Courtii* *(S. purpurea × psittacina)*, Abbildung untenstehend, sodann 1881 *S. formosa (psittacina × variolaris)* und *S. melanorrhoda (purpurea × Stevensi)*, letzteres schon eine Hybride, 1894 *S. Willisi (S. melanorrhoda × Courtii)*, also die Eigenschaften von 4 Eltern vereinigend.

Die Zugehörigkeit der Sarracenien zur Gruppe der tierfangenden Pflanzen ist bekannt. Sie repräsentieren hier jenen Typus, zu welchem die verwandte Gattung *Darlingtonia* gehört, ebenso die etwas ähnliche *Heliamphora* aus dem Roraimagebiete Guyanas und der australische *Cephalotus*. Es haben die Pflanzen ein büscheliges Wachstum, die Blätter sind ungestielt, einem kurzen Wurzelstocke aufsitzend, in schlanke Schläuche umgewandelt, welche als tierfangendes Organ dienen. In den reichen Gruppen der Arten und Hybriden sind die

Sarracenia Courtii. Vom Verfasser für die „Gartenwelt“ photographisch aufgenommen.

deckelförmigen Lappen einerseits straff aufrechtstehend, als eine Fortsetzung der äußeren Blattmasse, die der anderen Gruppe den Blattrichter überdeckend, so daß keinerlei Regen in die Schläuche fallen kann, aber auch hier ist genug Raum vorhanden, daß die Insekten in die Schläuche eintreten könnten.

Wohl durch die lebhaft gefärbten Schlauchblätter werden die Tiere angelockt, sowie nicht minder durch die am oberen Teile der Innenseite des Schlauchblattes befindliche Drüsenzone, welche Honig absondert. Die Insekten naschen hier, gleiten dann sitzend auf der nächst unteren glatten Zone tiefer hinab, straucheln und fallen in den untersten Teil des Trichters, woselbst sie ihrem Geschick erliegen. Hier wird jenes Sekret abgesondert, welches auf eiweißhaltige Substanzen zersetzend wirkt und die weichen Teile des Tierkörpers auflöst; dieses sich ergebende Sekret wird von der Pflanze aufgenommen. Oberhalb dieser Zone sind starke, spitzige, nach abwärts gekehrte Haare, welche den Tieren ein Wiederhinaufkommen unmöglich machen.

Sarracenia Chelsoni.
Vom Verfasser für die „Gartenwelt" photographisch aufgenommen.

Zu Beginn des Frühjahrs, des Triebs, erscheinen die zu büscheligen Kronen vereinigten Blätter ziemlich gleichmäßig. Einige Arten und Hybriden, besonders *S. Drummondii*, machen im Sommer noch einen zweiten Trieb, der neben den Schlauchblättern, namentlich bei mangelhafter Ernährung, Blätter enthält, welche nur schwertförmig gestaltet sind und lediglich zur Assimilation dienen. Neben den Blättern sind es nicht minder die eigentümlich geformten, an hohen, straffen Stielen haftenden, nickenden Blüten, welche das Interesse an diesen schönen Pflanzen erhöhen; sie erscheinen im Frühjahre, kurz vor Beginn des neuen Blatttriebes. Die 5 Kelchblätter sind etwas gekielt und zurückgeschlagen, die Blumenblätter, meistens dunkler gefärbt, sind nach einwärts gebogen und an den Spitzen zusammenneigend, darunter liegt dann das eigentümlich geformte, breitschirmförmige Pistill, dessen Zipfel, alternierend mit den Lücken der Blumenblätter, herausragen. Die Staubblätter sind oberständig, kurz, unter dem Pistill verborgen. Diese eigentümliche Gestaltung des Pistills hat den Pflanzen im Englischen die Bezeichnung Sattelblume, Saddleflower, eingetragen. Kelch und Blumenblätter fallen nach einigen Tagen des Blühens ab. Der Schirm des Pistills bleibt noch lange erhalten; am Grunde dieses reifen in breitkrugförmigem Fruchtknoten die Samen.

Die Kultur der Sarracenien hat eine Zeitlang ihre Schwierigkeiten gehabt, ganz so wie bei manchen anderen interessanten Pflanzen. Pflegen doch die Menschen gewöhnlich erst auf Umwegen und durch mancherlei Irrtümer hindurch zur Erkenntnis zu kommen. Man muß für die Kultur berücksichtigen, daß die Pflanzen auf den moorigen, torfigen Wiesen der wärmeren Vereinigten Staaten Nordamerikas daheim sind, daß sie also Sumpfpflanzen sind, an den Wurzeln viel Feuchtigkeit haben wollen, jedoch, wie alle Sumpfpflanzen keine stagnierende Nässe, also ungehinderten Abfluß des überflüssigen Wassers, ein lockeres, durchlässiges Erdmaterial, um die Wurzel herum Farnwurzelerde mit scharfem Sande gemischt, viel feuchte Luft und volle Sonne.

Eine moorige Sumpflandschaft unserer Heimat, auf welcher *Drosera* wachsen, sei unser Muster. Um unsere Pflanzen stets besser in der Hand zu behalten, werden wir sie im Topfe kultivieren, und mag man auch dort, wo ein feuchteres Klima herrscht, diese Töpfe in kleinen Gewächshäusern aufstellen, wie man es in England und Belgien, wohl auch Nordwestdeutschland macht. In Mittel- und Süddeutschland, in Gegenden mit Kontinentalklima, kommt man damit jedoch nicht durch. Da muß man seine Zuflucht zu tiefen Kästen, Stein-, Zement- oder auch Holzkästen nehmen. Dort haben die Pflanzen im Sommer kühle und feuchte Luft, sind vor den heißen, austrocknenden Winden geschützt, und Thrips, der ärgste Feind der jungen Schläuche, bleibt fern, weil er sich in dieser Athmosphäre ungemütlich fühlt. Ein häufiges Spritzen, wobei wenig Wasser verbraucht werden soll, ist nötig, die Töpfe selbst sollen dabei nicht zu naß werden. An heißen Tagen läßt man während der wärmeren Tageszeit die Fenster über den Pflanzen zu, um die austrocknende Luft fern zu halten. Wenn die Schläuche noch weich sind, schattiert man, aber nur mäßig, später fast gar nicht, um eine gute Färbung der Blätter zu erzielen. Während der Nacht und des Morgens entfernt man die Fenster, um der Tauwirkung für die Pflanzen teilhaftig zu werden. Gegossen wird nur mit weichem oder Regenwasser; kalkhaltiges hartes Wassers ist den Sarracenien wie allen Moorpflanzen durchaus schädlich. Verpflanzt wird im Frühjahre, etwa zu Beginn des April, vor Austrieb der jungen Blätter. Man wähle relativ kleine, gut gereinigte Töpfe und gebe eine gute Drainage; später wird ein schwacher Guß aufgelösten Kuhdüngers von größtem Nutzen. Gegen den Herbst werden die Schläuche als Pflanzen der gemäßigten Zone an Farbenpracht einbüßen. Um die Pflanzen zur Ueberwinterung vorzubereiten, gebe man weniger Wasser, stelle das Spritzen ganz ein und lasse nur noch den Tau einwirken. Ich pflege auch während des Winters die Pflanzen in den Steinkästen zu belassen, gegen Ende Oktober werden die Töpfe etwas tiefer gestellt und die Kästen auch gelüftet, selbst wenn die Temperatur sich nur einige Grade über den Nullpunkt erhebt. Bei größerer Kälte werden die Kästen über den Fenstern mit Läden und eventuell noch darüber mit Laub bedeckt. Kältegrade von 24° C haben unsere Sarracenien gut überstanden und im folgenden Frühjahre mit dem Austreiben eines kräftigen Satzes junger Schläuche gelohnt.

Andererseits habe ich jedoch vielfach in England, speziell in Glasnevin, Sarracenien mit allerbesten Erfolgen in kleinen Glashäusern gepflegt. Ja selbst im Vorraum des Viktoriahauses, in einem Raume, der keineswegs sonderlich für Pflanzenkultur eingerichtet war, gediehen die Sarracenien lediglich bei Topfkultur in ziemlicher Wärme ausgezeichnet. Schläuche von $^1/_2$ m und mehr Länge sind dort bei einzelnen Arten keine Seltenheiten, die Pflanzen blühen, setzen Samen an etc. Die oben erwähnten ersten Hybriden sind hier entstanden, ohne daß man sich bei der Kultur der Pflanzen allzu sonderliche Mühe gab. Aber — was im so luftfeuchten Irland möglich, das ist es nicht so ohne weiteres im Kontinentalklima Süddeutschlands; da muß man schon, wie oben angegeben, andere Wege gehen. Hohe Grade Luftfeuchtigkeit, viel Licht, mäßige, keinesfalls stagnierende Nässe an den Wurzeln, poröses Erdmaterial und kalkfreies Wasser, das ist, nochmals kurz zusammengefaßt, das einfache Kulturrezept für Sarracenien.

Bei zu trockener Luft werden die Schläuche leicht von Thrips heimgesucht, ebenso siedeln sich auch leicht Schildläuse auf ihnen an.

Die Vermehrung geschieht meist durch Stockteilung, die mit großer Vorsicht auszuführen ist, denn schwache Pflanzen brauchen mehrere Jahre, bis sie wieder zu einigermaßen ansehnlichen Pflanzen herangewachsen sind. Sehr empfehlenswert ist die Aussaat. Die nicht sehr feinen Samen (eigene Anzucht oder Import aus Amerika) werden am besten auf eine Mischung von zerriebenem faserigen Braunschweiger Torf und Sand in flache Tonschalen ausgesät, nur wenig oder gar nicht mit jenem Erdmateriale bedeckt, und über den Schalenrand eine Glasscheibe gelegt. Eine möglichst gleichmäßige, angenehme Feuchtigkeit vorausgesetzt, erfolgt die Keimung bald, jedoch unregelmäßig; erst nach 2 bis 3 Monaten ist gewöhnlich das meiste heraus. Neben den 2 Keimblättern erscheinen meist noch 2 bis 3 kleine schmale, zusammengedrückte Blätter ohne Schlauchanlage, dann aber sind in der Folge schon Schläuche vorhanden.

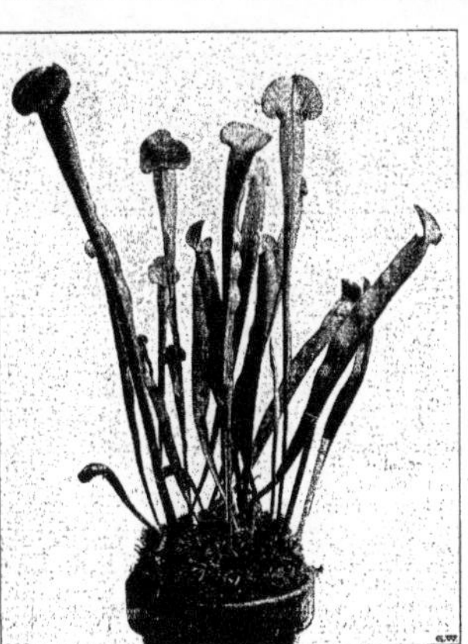

Sarracenia illustrata.
Vom Verfasser für die „Gartenwelt" photographisch aufgenommen.

Nach dem Erscheinen des ersten Laubblattes sollen die jungen Pflänzchen in mit etwas zerriebenem Sphagnum gemischte obengenannte Torfmullerde pikiert werden und so weiter in verschiedenen Zwischenräumen und je nach Bedarf, bis die Pflanzen gegen Ende der ersten Vegetationsperiode wohl genügend erstarkt sind, um einzeln in Töpfchen pikiert zu werden. Je größer sie werden, desto gröberes Erdmaterial ist zu verwenden. Stets ist acht zu geben, daß keine Versäuerung des Bodens eintritt, sonst sind Wurzeln und Pflanzen bald hin. Ich pflege diese jungen Pflanzen nicht in solcher Kühle zu halten, wie die erstarkten alten, sondern halte sie frostfrei, d. h. bei einigen Graden Wärme in einem kleinen Hause. Erst gegen Ende des zweiten oder im dritten Jahre unterliegen sie jener allgemeinen Kultur, die bei einiger Berücksichtigung der Kardinalpunkte leicht und sicher Erfolg verspricht.

Im folgenden mögen die hauptsächlichsten und kulturwürdigsten Arten und Varietäten genannt und kurz beschrieben sein. Es ist aber zu berücksichtigen, daß mancherlei Eigenschaften besonders der Varietäten dem Wechsel sehr unterworfen sind.

I. Gruppe: Schläuche kurz, mehr oder weniger trichterförmig, horizontal ausgebreitet oder nur wenig ansteigend.

1. *S. psittacina*, Mchx. Schläuche kurz, 10 bis 12 cm lang, horizontal oder abwärts ausgebreitet, wenig bauchig, mit stark entwickelten Flügeln, grün, mit zartem roten Adernetz und rotem übergebogenen Helm, der weiß gesprenkelt und gefenstert, wie bei *Darlingtonia*. Blätter lange an der Pflanze dauernd, Blüten rot, an etwa 25 cm langem Schafte, in Kultur weniger blühend und schwächer als die anderen Arten wachsend. Wohl etwas empfindlicher und wärmebedürftig. Heimat: Georgia, Florida, Louisiana.

2. *S. purpurea*, L. Schläuche abwärts gebogen, grün mit dunkelroten Adern, etwa 12 bis 14 cm lang, wenig geflügelt, weitbauchig. Deckel ist aufrecht stehend und nach rückwärts zurückgeschlagen, so daß der Regen in die Schläuche ungehindert eintreten kann. Oberer Schlauchrand breit und stark entwickelt. Blüten an etwa 20 cm langem Schafte, purpurrot. Blätter an der Pflanze lange dauernd. Heimat: Nordöstliche Teile der Vereinigten Staaten bis nach Alabama und Florida. Wohl die härteste Art, im südlichen England winterhart. Soll schon 1640 in die Kulturen eingeführt sein, und wurde (nach Planchon, Flore des Serres) zuerst 1601 von Ch. de l'Ecluse beschrieben.

II. Gruppe: Schläuche aufrecht, schlank.

1. *S. variolaris,* Mchx. Schläuche zart und schmächtig, ca. 18 bis 20 cm hoch, leicht geflügelt, Deckel helmförmig, überhängend. Farbe des Schlauches gelblichweiß mit zartrosa Netzadern. Schläuche sehr lange an der Pflanze haltend, 15—18 cm lang. Blüten zartrosa, Sattel der Narbe grünlich, etwa 3 cm im Durchmesser. In Kultur etwas empfindlicher, schwacher Wachser. Heimat: Carolina, Florida, Alabama.

2. *S. rubra,* Walt. Schläuche mittelgroß, 30 bis 40 cm hoch werdend, sehr schlank, mehr oder weniger schwach geflügelt, grün, in dem oberen Teile nach dem Schlunde zu mit roten Netzadern. Deckel aufrecht, etwas übergeneigt und bei einer Form *(var. acuminata,* A. Dc.) zugespitzt. Blumenblätter dunkelrot, Kelchblätter am Grunde rosenrot.

Sarracenia Williamsi. Vom Verfasser für die „Gartenwelt" photographisch aufgenommen.

Schläuche halten sich bis Ende Dezember an der Pflanze. Verlangt nicht viel Wärme und ist ein guter Wachser.

Eine kleinere Form ist *var. Sweati,* A. Dc. Heimat: Von Mittel- und Süd-Carolina bis nach Georgia.

3. *S. Drummondii,* Croom. Große, starke Art. Schläuche wenig oder gar nicht geflügelt, recht schlank, straff aufrecht, 50 bis 60 cm lang, grün mit dunklen Adern, dazwischen am oberen Teile mit weißen Marmorflecken. Der Deckel des Schlauches ist straff aufgerichtet, am Grunde stark zusammengezogen und nach rückwärts zurückgeschlagen, nach oben hin stark verbreitert, am äußeren Rande geschwellt. Die Schläuche halten lange an der Pflanze. Die Blüten sind dunkelbraunrot, Blütenstiele kürzer oder nicht länger als die Schläuche.

var. alba ist in der Färbung heller.

S. undulata, Decsn., als Art, wohl nur eine Form von *S. Drummondii.* Eine sehr harte, widerstandsfähige und wüchsige Pflanze. Heimat: Florida und Georgia.

4. *S. flava,* L., größte Art mit höchsten Schläuchen. 60 bis 80 cm hoch; schlank, straff aufrecht, mehr oder weniger geflügelt, grün mit heller, gelblichgrüner Färbung an der Spitze der Schläuche. Deckel wie bei der vorigen, am Grunde zusammengezogen, aber in dem mittleren Drittel verbreitert und nach oben hin zugespitzt. Schläuche unterhalb des Randes etwas eingeschnürt. Blätter erscheinen in der Heimat im April und gehen im Oktober ein. Blüten groß, gelb, etwa 5 cm im Durchm., Blütenstiel nicht so lang als der Schlauch.

var. atrosanguinea, Bull. Innere Seite des Deckels und am Rande des Schlauches dunkelblutrot.

var. Catesbaei, Ell., ist identisch mit *S. flava picta,* englischer Gärten, größer als der Typ. Deckel runder und breiter. Blätter halten sich lange frisch. Diese Form soll am meisten Fliegen fangen.

var. ornata, Bull., ist sehr ähnlich; Pflanzen im allgemeinen größer; Färbung und Aderung des oberen Schlauchteiles nicht so intensiv.

var. maxima, Hort., besonders groß und starkwüchsig; aber nur hellgelb gefärbt. Heimat: Südliches Carolina, Florida, Virginia, Louisiana und Alabama.

Von den in den Gärten existierenden und zum Teil oben namhaft gemachten Hybriden seien folgende als die empfehlenswertesten genannt. Es ist dabei noch zu bemerken, daß diese Hybriden im allgemeinen fast besser in den Gartenkulturen sich halten als die Spezies, und möchte ich für denjenigen, der sich nicht auf echte Arten besonders versteift, die Pflege dieser Hybriden sehr empfehlen.

S. Moorei, Hort. *(S. flava* ♀ × *Drummondii* ♂*),* 1868 in Glasnevin befruchtet und 1874 in Florenz ausgestellt. Gestalt *Drummondii,* dem Vater, ähnlich. Blüten ähnlich *flava,* aber mehr rot; wie *Drummondii* im Hochsommer zum zweiten Male treibend. Eine sehr schöne Pflanze, schöner als die Eltern, gut wachsend, genannt nach Dr. David Moore, dem früheren Kurator und Vater des jetzigen Kurators F. W. Moore in Glasnevin.

S. Popei, Hort. *(S. flava* ♀ × *rubra* ♂*),* zwischen beiden Eltern die Mitte haltend, Blüten gelblich mit rosenrot. Schläuche etwa 50 cm hoch; grünlichgelb mit rötlichen Netzadern. Auch in Glasnevin entstanden und nach dem dortigen verdienstvollen langjährigen Obergärtner Pope genannt.

S. Chelsoni, Hort. Durch Veitch im Jahre 1879 erzogen. Kreuzung zwischen *S. purpurea* ♀ × *rubra* ♂ (Abbildung Seite 278), ebenfalls gut die Eigenschaften der Eltern vereinigend. Schläuche jedoch bis 40 cm hoch; dunkelweinrot; Blüten braunrot.

S. Courtii, Hort. Durch Veitch im Jahre 1880 erzogen. Kreuzung zwischen *S. psittacina* ♀ × *purpurea* ♂. Eine niedrige Form mit breitgeflügeltem Schlauche und großem Deckel; wenn jung auf grünlichem Grunde mit dunkelroten Adern, später dunkelbraunrot gefärbt. Der *S. purpurea* sehr nahestehende, prachtvolle und dankbare, wüchsige Art (Abbildung Titelseite).

S. excellens, Hort. *(S. variolaris* ♀ × *Drummondii var. alba* ♂). Hohe, schlanke Schläuche von grünlichgelber Färbung, mit rötlicher Netzaderung nahe dem Schlauche.

Deckel aufrecht, rundlich und stärker dunkelrot geadert und gefärbt.

S. formosa, Hort. *(S. psittacina* ♀ × *variolaris* ♂). Schlauch kurz, schlank trichterförmig, geflügelt. Deckel wie bei den Eltern überfallend, den Insekten zum Eintritt nur wenig Raum lassend, auf grünem Grunde weißlich und rötlich, wie bei *S. variolaris*. Der untere Teil des Schlauches grünlich mit bräunlich rotem Anflug.

S. Stevensi, Hort. *(S. flava* ♀ × *purpurea* ♂). Fast zur selben Zeit als *S. Moorei* entstanden und von Mr. Stevens of Trentham erzogen. Schläuche hoch und schlank, mit tiefroten Längs- und Queradern. Deckel breit, gekraust, karmoisinrot. Blüten bemerkenswert groß, gelblich.

S. illustrata, Hort. Veitch *(S. Catesbaei* ♀ × *Stevensi* ♂). (Abb. S. 279.) Schläuche sehr schlank und hoch, von gelblich-grüner Farbe mit karmoisinroten Längs- und sehr ähnlichen Querstreifen. Deckel aufrecht, herzförmig zugespitzt, grün mit recht dunklen Adern.

S. melanorrhoda, Hort. Veitch *(S. purpurea* ♀ × *Stevensi* ♂). Die Eigenschaften von *S. purpurea* sind im wesentlichen vorwiegend. Schläuche halb niederliegend, stark geflügelt, blutrot mit karmoisinroten Streifen. Deckel aufrecht und gekraust, dunkelkarmoisinrot geadert auf gelblichem Grunde.

S. Williamsi, Hort. Williams *(S. purpurea* ♀ × *flava* ♂). (Abb. Seite 280.) Schläuche ziemlich kurz und unterhalb des oberen Drittels zusammengezogen; ziemlich stark geflügelt; grünlich gefärbt mit karmoisinroten Adern, Flügel etwas dunkler. Deckel aufrecht, breit herznierenförmig, dunkelrot.

S. Swaniana, Hort. *(S. variolaris* ♀ × *S. purpurea* ♂). Schlauch mittelgroß, etwas einwärts gebogen, geflügelt, auf grünlichem Grunde purpurfarbig. Deckel breit herzförmig, mit dichter, karmoisinroter Netzaderung ausgezeichnet, an der Spitze etwas eingeschnitten.

Rosen.

Kalkdüngung der Rosen.

Bei der Pflege der Rosen, besonders in den Liebhabergärten, wird der Düngung mit Kalk zu wenig Wert beigelegt.

Rosen erfordern, wenn sie recht gedeihen sollen, einen in guter Dungkraft stehenden, milden Lehmboden, der reich an Stickstoff, Phosphorsäure, Kali und Kalk ist. Der letztgenannte Dungstoff ist es besonders, dessen die Rose in großer Menge bedarf, um kräftiges Holz und gut ausgebildete Blumen von schöner Färbung hervorzubringen. In den weitaus meisten Fällen ist die Düngung der Rosen eine einseitige, denn in jedem Jahre wird nur Stalldung in Masse untergebracht. Daß bei dieser Methode schließlich ein Zurückgehen der Blühwilligkeit wie auch des Wachstums der ganzen Pflanze eintreten muß, wird jedem einleuchten, der bedenkt, daß Stalldünger wohl die drei zuerst genannten Dungstoffe, niemals aber den so unentbehrlichen Kalk enthält. Der beim Pflanzen der Rosen vorhandene lehmhaltige Boden wird durch die alljährliche Düngung mit Stallmist in einen lockeren Humusboden verwandelt, dessen Gehalt an Kalk durch den Verbrauch seitens der Pflanzen, wenn nicht rechtzeitig ersetzt, ja naturgemäß von Jahr zu Jahr geringer wird. Es empfiehlt sich daher, möglichst früh im Jahre reichlich frischen Kuhdünger — alter hat von seinem Stickstoffgehalt viel verloren — tief unterzugraben. 6 bis 8 Wochen später lasse man die nicht geringe Kalkdüngung folgen. Hierzu eignet sich am besten der an der Luft zu Pulver zerfallene gebrannte Kalk. Bis zu 1 cm hoch wird die Bodenfläche an einem möglichst windstillen Tage mit dem Pulver bestreut und dieses dann gleichmäßig flach untergehackt. Die Kalkdüngung gleichzeitig mit der Stallmistdüngung auszuführen, ist nicht ratsam, denn durch die Kalkzufuhr wird die Zersetzung des Stalldüngers zu sehr beschleunigt. Die im Frühjahre nur langsam treibenden Pflanzen sind in diese Zeit nicht fähig, die wertvollen Dungstoffe so schnell aufzunehmen und sickern die letzteren daher in den Untergrund, wohin die Pflanzenwurzeln nicht gleichmäßig folgen können.

Der Kalk dient nicht nur als Dungmittel, er leistet auch bei der Vertreibung der den Rosen so schädlichen Schmarotzer, Meltau und Rosenrost, bedeutende Hilfe. Die schon von einem geringen Luftzug aufgewirbelten Staubteilchen setzen sich an den Pflanzen fest und töten die in der Entwickelung begriffenen Pilze. Ebenfalls werden durch den Kalk etwa im Boden ruhende Pilzsporen vernichtet.

Nicht allein auf den Wuchs der Pflanzen, sondern auch auf die Färbung der Blumen ist eine Kalkdüngung von Einfluß. Besonders die Farbe der dunkelroten Rosen — *Fisher and Holmes, Horace Vernet, Eugène Fürst* etc. — wird intensiver, während die der gelben — *Niel, Beauté de l'Europe, Gloire de Dijon* u. a. m. — blasser wird. Man soll daher bei den hellfarbenen Rosen die Kalkdüngung nicht so stark wie bei den dunkel gefärbten vornehmen.

Beim Unterbringen des Kalkes hüte man sich davor, etwas von dem Staub in die Augen zu bekommen. Unter Umständen kann, wenn nicht gleich Gegenmittel angewandt, ein schweres Augenleiden die Folge sein; daher soll baldmöglichst ein Arzt zu Rate gezogen werden. Um den Schmerz zu lindern, ist reines Oel — Baumöl — direkt ins Auge zu träufeln oder das letztere mit einem mit Oel durchtränkten sauberen Leinenläppchen auszuwaschen.

H. Steinmatz, Kiel.

Schlingpflanzen.

Polygonum Auberti, species Thibet. Dieses *Polygonum* ist eine der üppigst wachsenden Schlingpflanzen, ähnelt etwas dem *P. Baldschuanicum*, unterscheidet sich aber von ihm durch die reinweißen Blüten und übertrifft es durch den schnelleren und auch üppigeren Wuchs. Die Pflanze ist durchaus winterhart und eignet sich vorzüglich zur raschen Bekleidung von Mauerwänden, Lauben und Pergolas. Bei der Verbreitung dieser sehr empfehlenswerten Schlingpflanze wurde damals geschrieben, daß *P. Auberti* leicht in 2 Jahren eine Fläche von 30 qm bedecken würde. Diese Behauptung ist vollständig zutreffend. *P. Auberti* nimmt mit jedem Boden vorlieb und bietet besonders während der Blüte einen überaus eleganten Anblick. Die Vermehrung erfolgt leicht durch Stecklinge und Ableger. Wenn einmal mehr bekannt, wird dieses *Polygonum* infolge seiner guten Eigenschaften sicher eine große Verbreitung finden. **J. Baum**, Handelsgärtner, Vevey (Schweiz).

Ampelpflanzen.

Campanula isophylla.

Eine der schönsten Ampelpflanzen, die ich kennen gelernt habe, ist *Campanula isophylla*, ein reizendes Gewächs, das leider in den Handelsgärtnereien sehr selten oder gar nicht vorkommt. Stellenweise findet man diese, seit alten Zeiten bekannte Pflanze noch auf Bauerngehöften (auf Rügen, im Taunus und Harz), wo sie mit viel Liebe und Sorgfalt gepflegt wird, dafür auch die Besitzer durch reiches Blühen entschädigt.

Campanula isophylla stammt aus Südeuropa (Italien), wo sie wild zwischen Steingeröll wuchert. Bei uns wird man sie vor Winterkälte schützen müssen. Die saftig grünen Blätter sind glatt und haben Herzform. Aus dem krautigen Stengel kommen im Juni eine Anzahl Triebe, an deren Spitzen in wenigen Wochen die Blüten erscheinen. Man sollte kaum glauben, wie reichblühend diese *Campanula* ist. An manchen Exemplaren zählte ich bis 200 Blüten und Knospen. Die Blütezeit fällt in den Monat Juli. Die Farbe der Blüten ist ein zartes, nach innen dunkler werdendes Blau. Nach dem Abblühen fallen die Blütenstengel ab.

Ueber die Kultur kann ich folgendes berichten: Die Pflanze liebt eine recht sandige, mit etwas Heideerde vermischte gute Mistbeeterde.

Die Vermehrung geschieht durch Abnahme der nach der Blüte erscheinenden, zum Teil schon bewurzelten Ausläufer. Kopfstecklinge, in reinen Sand gesteckt und vor zu großer Nässe geschützt, bewurzeln sich bald. Man kann auch alte Stöcke bequem teilen. Die beste Zeit zur Vermehrung ist das Frühjahr, sowie der Monat August. Die abgenommenen Ableger und die bewurzelten Stecklinge werden in möglichst kleine Töpfe gepflanzt, den Sommer über im halbschattigen Frühbeet bei mäßiger Luft gehalten, und im Herbst ins kalte Haus, möglichst nahe dem Lichte gebracht. Im Frühjahre werden die Pflanzen in größere Töpfe verpflanzt, sie blühen zum Teil noch im selben Jahre. Ich kann nicht genau angeben, welche Zeit zum Verpflanzen der alten Stöcke am geeignetsten ist, da ich diese *Campanula* noch nicht lange genug in Kultur habe. Ich habe einen Teil nach der Blüte verpflanzt, einen Satz jedoch im Frühjahre. Bis jetzt habe ich bei beiden die gleichen Erfolge gehabt. Da dies Gewächs im Sommer namentlich viel Wasser und Nahrung verbraucht, ist vielleicht ein zweimaliges Verpflanzen (nach der Blüte und im Frühjahre) am Platze. Gelegentliche Güsse mit aufgelöstem Guano oder Kuhdünger sind vorteilhaft.

Diese reizende Pflanze hat auch ihre Feinde; Schnecken gehen im Sommer gern an die Blätter, im Winter fressen im Hause die Mäuse ebenfalls die Blätter ab. Man wird, will man nicht Fallen aufstellen, ganz engmaschiges Drahtgeflecht um und über die Töpfe anbringen müssen.

Von dieser Pflanze stammt *Campanula Mayi* ab, die jedoch wesentlich anders geartet ist. Die Blätter sind größer und filzig behaart. Der Wuchs ist ein anderer. *Campanula isophylla* sieht mehr staudenartig aus, während *C. Mayi* gewissermaßen verholzte Triebe bildet. Die Blüte der letzteren ist, wenn auch in Größe und Form nicht verschieden, so doch in der Farbe erheblich dunkler und erscheint erst vier Wochen später, also im August. Ich habe festgestellt, daß *C. isophylla* reichblühender wie *C. Mayi* ist.

Wie anfangs erwähnt, findet man *C. isophylla* in Handelsgärtnereien nur selten, was sehr zu bedauern ist. Die Kultur ist einfach, die Vermehrung nicht so schwierig, so daß es sich lohnen würde, diese Pflanze in die Kulturen aufzunehmen. Während der Blütezeit gewähren die über und über mit Blumen bedeckten Pflanzen einen bezaubernden Anblick; reizend machen sie sich auch in Balkonkästen ausgepflanzt. Mögen diese Zeilen dazu beitragen, dieser schönen Pflanze mehr Beachtung wie bisher zu geben. In England ist sie in vielen Gärtnereien zu finden. Sicher würden vollblühende Töpfe ein gern gekaufter Artikel sein.

Otto Pauls.

Campanula isophylla.
Vom Verfasser für die „Gartenwelt" photogr. aufgenommen.

Eine Prachtpflanze von Lilium auratum.
Im Garten Sr. Excellenz des Herrn Generalleutnant z. D. Schilling von Cannstadt, Baden-Baden, für die „Gartenwelt" photographisch aufgenommen.

Zwiebel- und Knollengewächse.

Lilium auratum. Untenstehende Abbildung zeigt eine Prachtpflanze dieser Goldbandlilie. Die Aufnahme wurde mir in liebenswürdiger Weise von Sr. Excellenz Herrn Generalleutnant z. D. Schilling von Cannstadt, einem hier ansässigen Gartenfreunde, übergeben. Die von mir bezogene Zwiebel der abgebildeten Goldbandlilie wurde von Sr. Excellenz 1906 gepflanzt; sie überwinterte vorzüglich im Freien und erreichte der Blütenschaft auch im vorigen Jahre die stattliche Höhe von 2 m.

Max Vogel, i. Fa. Vogel-Hartweg, Baden-Baden.

Obstbau.

Zu den neueren intensiven Mitteln für Vertilgung der Obstbaumschädlinge gehört unleugbar das **Karbolineum.** Auch in seiner Anwendung gegen Krebs- und Pilzgefahr leistet dasselbe anerkanntermaßen vorzügliche Dienste, so daß, wer dieses Mittel erprobt und angewandt hat, es nicht mehr missen möchte.

Der Bezug des Karbolineums in wasserlöslicher Form, wie solches am besten zur Anwendung kommt, läßt insofern zu wünschen übrig, als hierfür hohe Preise gefordert werden. Um diese Anschaffung wesentlich zu erleichtern, sieht sich der Unterzeichnete veranlaßt, seine vierjährigen Erfahrungen auf diesem Gebiete zum besten der Allgemeinheit zu veröffentlichen.

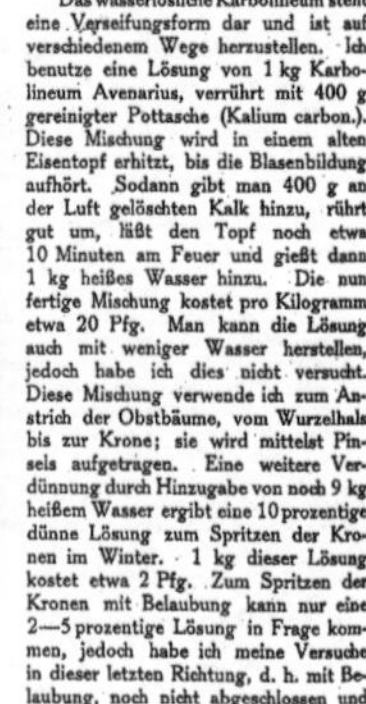

Das wasserlösliche Karbolineum stellt eine Verseifungsform dar und ist auf verschiedenem Wege herzustellen. Ich benutze eine Lösung von 1 kg Karbolineum Avenarius, verrührt mit 400 g gereinigter Pottasche (Kalium carbon.). Diese Mischung wird in einem alten Eisentopf erhitzt, bis die Blasenbildung aufhört. Sodann gibt man 400 g an der Luft gelöschten Kalk hinzu, rührt gut um, läßt den Topf noch etwa 10 Minuten am Feuer und gießt dann 1 kg heißes Wasser hinzu. Die nun fertige Mischung kostet pro Kilogramm etwa 20 Pfg. Man kann die Lösung auch mit weniger Wasser herstellen, jedoch habe ich dies nicht versucht. Diese Mischung verwende ich zum Anstrich der Obstbäume, vom Wurzelhals bis zur Krone; sie wird mittelst Pinsels aufgetragen. Eine weitere Verdünnung durch Hinzugabe von noch 9 kg heißem Wasser ergibt eine 10prozentige dünne Lösung zum Spritzen der Kronen im Winter. 1 kg dieser Lösung kostet etwa 2 Pfg. Zum Spritzen der Kronen mit Belaubung kann nur eine 2—5 prozentige Lösung in Frage kommen, jedoch habe ich meine Versuche in dieser letzten Richtung, d. h. mit Belaubung, noch nicht abgeschlossen und muß daher zur Vorsicht mahnen. Pflaumenbäume habe ich überhaupt nicht behandelt.

Max Junger, Obstplantage „Belle fleur", Bernau i. M.

Nachschrift des Herausgebers. Die Karbolineumfrage ist noch nicht geklärt, es ist in den letzten Jahren durch das Anstreichen der Bäume und auch durch Spritzen manch Unheil angerichtet worden. Zu beachten ist, daß im Handel gegen 40 verschiedene Karbolineumpräparate angeboten werden, unter welchen sich gewiß minderwertige und selbst schädliche befinden. Ich mache z. Z. Versuche mit dem neuen wasserlöslichen Karbolineum von R. Avenarius & Co., Berlin C. 2. Entgegen anderen Ratschlägen, die bis zehnmaliger Winterbespritzung mit 10 prozentiger Lösung das Wort reden, halte ich zweimalige mit 5 prozentiger Lösung für vollkommen ausreichend. Das Bespritzen ist nur bei völlig windstillem, klarem Wetter ausführbar, es darf auch nicht bei Frost vorgenommen werden. Beste Zeit für das zweite Bespritzen ist die erste Märzhälfte. Für die Sommerbespritzung halte ich eine 2—5 prozentige Lösung, wie sie Herr Junger empfiehlt, für viel zu stark und eine $^1/_4$—$^1/_2$ prozentige Lösung für ausreichend. Auf alle Fälle ist Vorsicht, speziell dem Steinobst gegenüber, geboten, auch erscheint es mir fraglich, ob sich Karbolineum auch gegen *Fusicladium* und *Monilia* bewähren wird, also die Kupferkalkbrühe überflüssig macht.

Pflanzenvermehrung.

Stecklingspflanzen von Polygonum baldschuanicum.

In No. 19 dieser Zeitschrift, Seite 222, wird den Bestellern von *Polygonum baldschuanicum* geraten, darauf zu achten, daß sie Sämlingspflanzen erhalten, da Stecklingspflanzen bedeutend langsamer wüchsen. Da diese Behauptung bei den Interessenten die Meinung erwecken könnte, daß sie beim Bezuge von Stecklingspflanzen eine minderwertige Ware bekämen, so möchte ich kurz darauf hinweisen, daß nach den hiesigen zehnjährigen Erfahrungen die ersten Jahrestriebe der Stecklinge bereits 2 m Länge erreichen, und daß im zweiten Jahre reich verzweigte, üppige Pflanzen erzielt werden. Ich glaube also, daß die Wuchskraft der Stecklingspflanzen — richtige Behandlung vorausgesetzt — den weitestgehenden Ansprüchen genügen kann.

L. Späth, Baumschulenweg.

Acineta Humboldtii.

In der Fürstl. Schloßgärtnerei zu Bückeburg für die „Gartenwelt" photographisch aufgenommen.

Orchideen.

Einiges über die Kultur der Stanhopea und Acineta.

Von **Paul Jaletzky**, Fürstl. Schloßgärtner, Bückeburg.

(Hierzu zwei Abbildungen.)

Stanhopea insignis.

In der Fürstl. Schloßgärtnerei zu Bückeburg für die „Gartenwelt" photographisch aufgenommen.

Die meisten Vertreter beider, in der Ueberschrift genannten Orchideengattungen blühen alljährlich, ohne besondere Anforderungen an die Pfleger zu stellen. Es handelt sich hier um Sommerblüher, die am besten in entsprechend großen, aus eichenen Leisten hergestellten Kästen, in Ermanglung dieser auch in durchbrochenen Tonschalen gezogen werden. Man hängt sie mit diesen Gefäßen ziemlich nahe unter dem Glase auf und pflegt sie im Sommer bei einer Durchschnittstemperatur von 18—25 C. Sie gedeihen in jedem Warmhause, in welchem auf feuchte Luft und entsprechende Beschattung gehalten wird. Am meisten wird die Kultur in aus eichenen Leisten hergestellten Kästen gehandhabt; die zur Anfertigung zu verwendenden Leisten sollen 3—5 cm stark sein, und da sie bei Herstellung der Körbe kreuzweise übereinander gelegt werden, entstehen ebenso große Zwischenräume, die den nach unten wachsenden Blütentrieben die Möglichkeit bieten, am Boden und an den Seiten herauszuwachsen. Als Pflanzmaterial verwende ich grobfaserigen Torf zu gleichen Teilen mit gehacktem Sumpfmoos vermischt, wozu ich dann noch etwas Holzkohlenstückchen und strohfreien, trockenen Kuhdünger mische. Damit dieses Gemisch nicht aus den Kästen herausfällt, empfiehlt es sich, vor Beginn des Pflanzens die Zwischenräume zwischen den Leisten mit unzerkleinertem Sumpfmoos auszustopfen. Die Pflanzung selbst wird so ausgeführt, daß der Wurzelstock einige Zentimeter über dem Kasten steht. Man belegt nach dem Pflanzen die Oberfläche mit frischem Sumpfmoos oder mit Selaginella, wodurch ein zu rasches Austrocknen verhindert wird, auch schmückt das wachsende Moos den Kasten.

Bis zum Anwachsen der frisch verpflanzten Orchideen wird das Erdreich nur mäßig feucht gehalten, sonst ist in der Wachstumsperiode reichliches Bewässern anzuraten; auch muß während der Entwicklung der jungen Bulben täglich ein- bis zweimal gespritzt werden. Nach Beendigung des Triebes treten die Pflanzen in die Ruhezeit, wo spärliches Gießen beobachtet werden muß, doch darf das Pflanzmaterial nie so trocken werden, daß Schrumpfen der Bulben eintritt. Allzusehr ausgetrocknete Kästen taucht man in abgestandenes Wasser ein. Mit der Entwicklung der Blütenknospen erreicht die Ruhezeit ihr Ende, und die Zeit nach der Blüte ist die beste Verpflanzzeit. Aeltere Exemplare werden nur alle zwei bis drei Jahre verpflanzt, sie können dabei durch Teilung vermehrt werden. Zur Schnittblumengewinnung kommen die Vertreter beider Gattungen weniger in Betracht; sie sind zur Blütezeit aber hervorragende Schau- und Schmuckpflanzen für Wintergärten. Schöne *Stanhopea* sind: *St. eburnea*, weiß, violett gezeichnet; *St. insignis* (Abb. Seite 283 unten), hellgelb, braunrot getupft; *St. oculata*, rahmfarbig; *St. tigrina*, gelb, dunkelrot getigert. Von den wenigen bekannten Acinetaarten ist wohl die Seite 283 oben abgebildete *A. Humboldtii* aus Columbien die verbreitetste.

Gemüsebau.

Die Kultur verschiedener Gemüsearten unter Glasglocken.

Von O. **Hollmann**, zurzeit Heidenoldendorf-Detmold.

Zur Hebung des Gemüsebaues dürfte in erster Linie wohl die Glasglockenkultur beitragen, und für manchen Gemüsegärtner, der die Art dieser Kultur noch nicht kennt, werden daher die nachstehenden Zeilen nützlich sein. Die Einführung der Glasglocken in unsere Gemüsekulturen könnte dem Markt- und Herrschaftsgärtner großen Nutzen bringen, aber kein Kulturverfahren wird wohl mit mehr Mißtrauen betrachtet als dieses. Hier und da werden wohl einige Glasglocken angeschafft und ausprobiert, dann läßt man sie aber in irgend einem Winkel verstauben, „weil sie nichts sind". Warum sind sie aber nichts? — Weil man sie sich nicht sachgemäß nutzbar zu machen versteht.

Die Kultur unter Glasglocken ist ja bekanntlich ein aus Frankreich, besonders aus der Umgebung von Paris zu uns gedrungenes Verfahren, das im Deutschen Reiche hauptsächlich in Elsaß-Lothringen und Baden zuerst Anklang fand. Diese Kulturmethode kommt für die Gemüsegärtner der Großstädte in Betracht, die darauf bedacht sein müssen, möglichst zeitig den Markt mit ihren Erzeugnissen zu versorgen, um dadurch der Konkurrenz zuvorzukommen. Schon in No. 36 des XI. Jahrganges dieser Zeitschrift wurden die Leser an der Hand einer Abbildung auf diese Kulturmethode kurz hingewiesen.

Vielfach wird behauptet, daß man unter Frühbeeten dieselben Erfolge bei der Ueberwinterung der jungen, im Herbste ausgesäten Salatpflänzchen erziele; dem ist jedoch nicht so, sondern es muß hierbei folgendes berücksichtigt werden: Erstens taut die gefrorene Glasglocke bei Sonnenschein rascher als das Mistbeetfenster auf, dann läuft auch der beim Auftauen im Hohlraum der Glocke sich bildende Schweiß sehr leicht an den steilen Wandungen derselben herunter, kommt also gar nicht oder nur selten zum Tropfen. Bei Frühbeetfenstern dagegen hat das Tropfen das Faulen zarter Pflänzchen zur Folge, wodurch oft großer Schaden entsteht. Das sind Vorteile der Glasglocke, die wohl beachtet werden müssen, denn es gibt in den langen Wintern Tage, an denen die Sonne nicht durchbricht, weshalb die Zeit ihres Scheinens möglichst intensiv ausgenutzt werden muß. Schließlich läßt eine solche Glasglocke auch noch mehr Licht in den von ihr bedeckten Raum, als ein Fenster. Selbstverständlich faßt erstere nicht die Anzahl Pflanzen, die man unter letzterem unterbringen kann; 4 bis 5 Glocken machen ungefähr den Raum eines Frühbeetfensters aus. Es soll hier auch keineswegs gesagt werden, daß man das Frühbeetfenster durch die Glasglocken verdrängen könne. Im Gegenteil; zu den Zwecken, zu denen das Frühbeetfenster verwendet werden kann, kann man die Glasglocken zum Teil nicht benutzen, so hauptsächlich bei Anlage von Mistbeeten etc. Trotzdem aber macht sich die Glocke in einem rationellen, kaufmännisch geleiteten Betriebe das ganze Jahr hindurch bezahlt.

Nachstehend will ich aus eigener Erfahrung schildern, zu welchen Kulturen die Glasglocken die zweckmäßigste Verwendung finden können:

I. Zum Gedeihen einer guten Gemüsekultur kommt in erster Linie auch ein gut gedüngter und in Kultur stehender Boden, mindestens 2. oder 3. Klasse, in Betracht. Zur Frühjahrskultur düngt man den Boden am vorteilhaftesten schon im Herbste, damit die Pflanzen nicht auf den unverrotteten Dünger zu stehen kommen. Will man die Glocke zur Ueberwinterung junger Salatpflanzen benutzen, dann teilt man die gut vorbereiteten Flächen in 1,80 m breite Rabatten ab. Auf einer solchen Rabatte finden genau drei Reihen Glasglocken nebeneinander Platz. Bevor man die Glocken aufstellt, markiert man auf das sauber geharkte Land mit dem unteren Rande einer derselben die Kreise in der Reihenfolge auf der Rabatte, in welcher die Glocken zu stehen kommen sollen. Man kann nun die Pflänzchen so pikieren, daß sie alle von den aufgesetzten Glocken bedeckt werden. Hat man alles so hergerichtet, dann pikiert man die anfangs Oktober ausgesäten Salatpflänzchen nach 14 Tagen in der genannten Weise auf die Rabatten, etwa 50 bis 60 Pflanzen unter eine Glocke. Ist das Wetter günstig, dann stellt man die Glasglocken nicht gleich über die jungen Pflanzen, damit sich dieselben noch etwas abhärten können. Tritt aber Regenwetter ein, wie dies im Oktober recht häufig der Fall ist, so bringt man die Glocken über die Pflanzen, lüftet sie aber tagsüber gut durch kleine, extra für diesen Zweck hergestellte Lufthölzer. Tritt später stärkerer Frost ein, dann kann man die Glocken durch Bedecken mit alten Strohmatten schützen. An ungünstigen Tagen läßt man die Matten ruhig auf den Glocken liegen, damit letztere und die jungen Pflänzchen überhaupt nicht zum Auftauen kommen. Zur Einwinterung streut man zwischen die Glocken ziemlich dick kurzen Pferdedünger, damit die Glockenränder gut verschlossen sind, denn man kann rechnen, daß drei Monate (Dezember, Januar, Februar) nicht gelüftet zu werden braucht, wenn dies auch bei günstigem Wetter vielleicht oft vorteilhaft wäre. Vorzugsweise feinere Salatsorten sollte man auf vorstehend geschilderte Weise überwintern, weil dies viel sicherer als in Mistbeeten ist.

II. Ferner rentiert sich die Kultur unter Glocken, wenn man im Frühjahre die im Herbste gedüngten Beete bezw. Rabatten gräbt und harkt, sie dann in der angegebenen Weise 1,80 m breit abteilt (mit fußbreiten Zwischenwegen), sauber abharkt und mit Karotten besät. Der ausgesäte Samen muß fest eingestampft werden, ähnlich wie beim Grassamen. Hat man diese Arbeit vollendet, dann überstellt man die Rabatten mit Glocken und bepflanzt den Raum unter denselben, indem man eine Glocke um die andere stellt, bis das Beet voll ist. Unter jede Glocke kommen 4 Salatpflanzen; dieselben werden also auf bezw. zwischen die ausgesäten Karottensamen gepflanzt. Wenn nun der Salat abgeerntet ist, bekommen die darunter ausgesäten Karotten wieder Licht und Luft, so daß sie sich sehr gut weiter entwickeln können. Diese Arbeiten können schon Mitte März geschehen, und man kann zu dem Zweck die Salatpflanzen benutzen, die nach dem obengenannten Kulturverfahren überwintert worden sind.

III. Hat man schweren Lehmboden zur Verfügung, dann bereitet man die Rabatte auch in letztgeschilderter Weise vor, sät aber keine Karotten, sondern pflanzt den Salat zu 4 Stück unter eine Glocke und inmitten der 4 Salatpflanzen eine Blumenkohlpflanze. Ist der Salat abgeerntet, dann hat sich der Blumenkohl schon gut entwickelt und füllt den von einer Glocke bedeckten Raum völlig aus. Vielfach kann man nach der Ernte des Salates die Glocken auch schon gänzlich vom Blumenkohl entfernen, da dann die Jahreszeit meistens bis Anfang oder gar Mitte Mai vorgeschritten ist.

IV. kann man die Glasglocken auch bei der Kultur der Frühtomaten verwenden, indem man die Anfang April ausgepflanzten Tomatensämlinge solange unter Glocken hält, bis die Nachtfröste vorüber sind. Bekanntlich sind junge Tomatenpflänzchen sehr empfindlich. Durch das frühe Auspflanzen ist man bei Tomaten ganz bedeutend im Vorteil, denn man erzielt für frühe Früchte auf dem Markte weit höhere Preise als später.

V. zeigt sich die Glocke noch rentabel bei Frühgurken- und Melonenkultur. Besonders die Melone ist in unserem nordischen Klima sehr empfindlich und eignet sich hier eigentlich wenig oder gar nicht zum Anbau im freien Lande, weil sie durch Spätfröste oft sehr geschädigt wird. Durch die Glasglocke ist es aber möglich, der Freilandmelone so lange Schutz angedeihen zu lassen, bis alle Gefahr vorüber ist, wenn nicht eine lang anhaltende Regenperiode eintritt. Man nimmt auch hier 1,80 m breite Rabatten — zu Gurken schweren Boden, der bei Melonen nicht unbedingt nötig ist — und legt je unter die Mitte des von der Glocke eingenommenen Raumes einen Melonenkern. Stehen Gurken- und Melonensämlinge zum Auspflanzen unter die Glasglocken zur Verfügung, dann ist deren Auspflanzen der Aussaat vorzuziehen.

VI. Endlich ist es noch vorteilhaft, wenn man im Herbste noch eine Anzahl Glocken mit Salat bepflanzt (4 Stück unter eine Glocke), um auch dann denselben noch liefern zu können, wenn er im freien Lande schon erfroren ist. Bekanntlich hat alles Gemüse nur dann höheren Wert, wenn es rar wird und nicht von jedermann mehr geliefert werden kann. „Früh" oder „spät", das muß das Grundprinzip eines kaufmännisch wirtschaftenden Gärtners sein; früh, wenn derartige Sachen noch kein Laie der klimatischen Verhältnisse wegen anbauen kann, spät, wenn es ihm die kalte Jahreszeit nicht mehr erlaubt.

Wohl zu bemerken ist aber bei den Kulturen II, III, IV und V, daß ein gutes Lüften bei der oft im Frühjahr heiß brennenden Sonne, die in kurzer Zeit sehr verderblich wirkt, nicht dringend genug empfohlen werden kann, denn auch das Kulturverfahren unter Glasglocken hat wie alles seine Schattenseiten. Gerade im Lüften wird hierbei wohl am meisten gefehlt. Es ist leicht erklärlich, daß die auf den Glaskörper brennenden Sonnenstrahlen bei mangelnder Lüftung den kleinen Luftraum unter den Glocken so erhitzen, daß die darunter stehenden Pflanzen schwer leiden oder gar verbrennen müssen.

Aus den hier angeführten Kulturmethoden ist der Wert der Glasglocke für den Gemüsegärtner ersichtlich, und es dürften diese Zeilen wohl dem weiteren Emporblühen und der Verbreitung dieser Kulturmethode, besonders in Norddeutschland, dienlich sein. Gewiß ist im Hochsommer eine kurze Periode, in der sich die Glocke nicht verzinst, aber das ist auch nur diese kurze Zeit, denn sonst macht sie sich das ganze Jahr hindurch bezahlt, dies bestätigen auch jedem Interessenten gern die Gemüsegärtner der Ruprechtsau bei Strassburg. Die dort ansässigen Gemüsegärtner sind meist Leute, die in Frankreich ihre Ausbildung genossen haben und diese Kulturart von dort mit zu uns brachten.

Betrachtungen über Tomatenzucht.

Von G. Bovenkerk, Langenberg, Rhld.

Die Tomaten, welche sich in Frankreich, aber auch in England großer Wertschätzung erfreuen, werden bei uns in Deutschland noch immer nicht gebührend gewürdigt, wenigstens noch nicht in allen Landesteilen. Wenn man die Tomatenmengen in den Markthallen von Paris sieht, und die Speisekarten in den dortigen Restaurants mustert, so gewinnt man sofort den Eindruck, daß hier die Tomate ein wahres Volksnahrungsmittel und nicht nur eine Delikatesse des besser situierten Bürgers ist. Leider bietet die Tomatenkultur in rauhen Lagen einige Schwierigkeiten, zumal in naßkalten Sommern, wie demjenigen von 1907, wo nur die ersten Früchte der frühen Sorten, spätere Sorten oft aber gar nicht reifen. Man kann sich aber auch in solchen Jahren einen Ertrag sichern, wenn man sich für die Tomatenkultur 120 cm hohe Bretterwände errichtet, oder aus Rietmatten von Westen nach Osten verlaufende Schutzwände herstellt, die 150 cm Abstand von einander haben. An diesen Schutzwänden werden dann die Tomaten spalierartig gezogen, sie lassen sich dann im Frühjahr und Herbst auch leicht gegen Frost schützen; außerdem läßt sich der Raum zwischen den einzelnen Wänden noch durch die Kultur von Erdbeeren und feinen Gemüsen ausnutzen.

Die im März ausgesäten Tomaten werden einmal pikiert und zweimal verpflanzt, zuletzt in 10 cm weite Töpfe und in diesen letzteren reichlich mit Knochenmehl, Guano oder Kuhjauche gedüngt. Nach genügender Abhärtung erfolgt das Auspflanzen gegen Ende Mai, bis zu welcher Zeit sich die Pflanzen kräftig entwickelt haben. Ich belasse den Pflanzen nur die kräftigsten Triebe, welchen je 4 bis 5 Blütentrauben bleiben, die vorhanden sind, wenn die Triebe etwa Meterhöhe erreicht haben. Nun köpfe ich die Pflanzen und entferne auch alle noch erscheinenden Nebentriebe. Bis zur Reife der ersten Früchte muß fleißig flüssige Düngung gegeben werden. Sobald sich die ersten Früchte färben, werden alle Blätter bis auf das oberste entfernt*). Bei diesem Verfahren erziele ich vor Mitte Juli an großfrüchtigen Sorten vollständig reife, etwa 250 gr schwere Früchte. Will man die Tomaten länger als 120 cm werden lassen, so kann man die Triebe schräg an die Spaliere heften.

Tomaten können aber auch den Sommer über in jedem gut zu lüftenden Kalt- und Warmhause dicht unter den Fenstern her gezogen werden; man zieht sie hier, je nachdem es die Raumverhältnisse erlauben, bis zu 3 m Höhe. So unter Glas gezogene Tomaten tragen bei reichlicher Lüftung, Düngung und Bewässerung von Anfang Juni ab bis zum Dezember, wenn die Temperatur auf 10 bis 12 °C gehalten werden kann, den ganzen Winter hindurch. Mehrere Pflanzen, die ich im Weinhause ausgepflanzt hatte, waren im November noch mit Blüten und grünen Früchten bedeckt, die ich, da nicht mehr geheizt werden konnte, fortschneiden mußte. Die großen halbreifen und grünen Früchte, die den Pflanzen verblieben, reiften noch im Dezember. Die letzten, noch nicht ausgereiften wurden kurz vor Weihnachten abgenommen und in einem im Heizkeller stehenden Schrank bei 18 °C aufbewahrt. Sie verfärbten sich vorzüglich und konnten noch bis ausgangs Januar in der Küche Verwendung finden, hätten sich aber auch noch länger gehalten. Eine gute Tomate muß scharlachrot sein, außen glatt, innen fleischig und frei von Hohlräumen. Ich kultiviere die Sorten *Alice Rosevelt, Magnum bonum* und eine dritte, von mir seit Jahren aus mehreren Sorten nachgezogene apfelförmige, die ich Sieger taufte, weil sie stets die ersten reifen Früchte brachte.

Frühe Radieschen. Als erste Frühjahrsfrucht des Bodens erfreut uns das Radieschen. Obwohl es ja meistens unter dem Fenster gezogen wird, so ist es andererseits in den ersten Frühjahrsmonaten auch recht dankbar im freien Lande. Hauptsache ist jedoch dabei, recht lockeren, nahrhaften Boden, am besten kräftige Komposterde zu verwenden. Als Saatstelle muß ein warmes, sonniges Plätzchen ausgesucht werden, denn ein Radieschen sollte möglichst schnell wachsen, um zart zu bleiben. Die Aussaat muß deshalb so früh als möglich, von Februar an, erfolgen. Viel Pflege verlangt das Radieschen sonst nicht, nur Schutz gegen die Erdflöhe. Erstere besteht in der Förderung des Wachstums und dem Feuchthalten der Beete bei trockener Wärme. Zur frühesten Saat eignen sich nur die kleinen, kurzlaubigen Sorten, als *Non plus ultra, Runde Triumph* etc., für spätere Saat, von Ende März an, sind die stärker belaubten Sorten als: *Erfurter Dreienbrunnen* vorzuziehen, weil sie mit den Wurzeln tiefer gehen. S. H.

Fragen und Antworten.

Beantwortung der Frage 501. Was mag wohl die Ursache des Absterbens älterer *Prunus triloba* sein? Anfangs blühen die Bäumchen recht dankbar, nach einigen Jahren gehen dieselben indessen regelmäßig ein.

Dieselben Erfahrungen, wie der Herr Fragesteller, mußte auch ich einst an mehrjährigen *Prunus triloba* machen, doch sobald

*) Anmerkung der Redaktion. Dies will uns nicht zweckmäßig erscheinen, da von einer entblätterten Pflanze schmackhafte Früchte nicht zu erwarten sind.

sich noch Leben darin zeigt, braucht man sie nicht aufzugeben. Ich schnitt gleich, da die starken Zweige noch grün waren, die Kronen bis auf das starke Holz zurück, die Pflanzen wurden täglich ausgiebig gegossen, und das schönste Wachstum begann. Ja, die Pflanzen büßten sogar von ihrer früheren Schönheit nichts ein.

Als Grund für das Absterben können schlechtes Ausreifen des Holzes im Herbst, sowie auch starke Trockenheit im Frühjahre vor der Blüte in Betracht kommen.

Wilh. Titze, Obergärtner, Crangen (Kreis Schlawe).

— Das Absterben der *Prunus triloba* wird an falscher Unterlage liegen. Diese werden auf Mirobolanen veredelt sein, welche von nicht zu langer Lebensdauer, sowie sehr empfindlich gegen Frost sind. Die beste und widerstandsfähigste Unterlage ist *St. Julien.*

Rich. Schneiderheinze, Obergärtner, Leipzig-Eutritzsch.

— Werden die *Prunus triloba*-Bäumchen regelmäßig nach der Blüte zurückgeschnitten (auf 3—4 Augen), das schwache Holz entfernt, so wachsen sie gut und blühen reich. Ich habe 10jährige schwache *Prunus triloba* vorgefunden, sie verjüngt und wieder gesunde Bäumchen erhalten. Auf ältere Bäumchen mag wohl das Verhältnis zu der Unterlage und die Veredelung selbst einwirken.

Ein Abonnent.

Beantwortung der Frage 502. Wie wird das Schwefeln der Freilandrosen am besten ausgeführt? Geschwefelte Rosen sollen sich, weil pilzfrei, im Herbste durch schönen, reichen Flor auszeichnen.

Zum Schwefeln bedient man sich der einfachen, mit Trichter und Blasebalg versehenen Zerstäubungsapparate. Man führt es entweder am Morgen aus, wenn die Blätter noch vom Tau feucht sind, oder nach voraufgegangenem Überbrausen der Rosen, stets aber nur an sonnigen, durchaus windstillen Tagen. Die sich in der Sonne entwickelnde schwefelige Säure zerstört Rost und Meltau, ohne den Rosen selbst Schaden zuzufügen. **M. H.**

Beantwortung der Frage 503. Welches Material eignet sich am besten zum Anlegen eines dauerhaften Tennisplatzes und wie wird dasselbe schichtenweise aufgetragen? Wie werden die Spiellinien schön und scharf markiert und wie sind die genauen Maßverhältnisse derselben?

Um einen guten, dauerhaften Tennisplatz zu erhalten, beachte man folgendes:

Vor allem ist das Terrain, auf welchem der Tennisplatz angelegt werden soll, in trockener Lage zu wählen. Jedenfalls darf sich im Winter kein Grundwasser bilden. Nachdem die Größe des Platzes abgesteckt ist, wird der Fläche das notwendige Gefälle gegeben, so daß das sich durch Niederschläge bildende Wasser nicht auf dem Platze stehen bleibt. Eine Neigung von 0,05 m für die Schmal- und 0,10 m für die Längsseiten genügt für die Abführung des Tagwassers. Angenommen die vier Ecken des Platzes hätten die Bezeichnungen a, b, c, d. a—b und c—d sind die Schmalseiten, a—c und b—d die Längsseiten. Würde man die Ecke „a" mit der Höhe 0,00 bezeichnen, so erhielte „b" die Höhe 0,5 m, „c" die Höhe 0,10 m und „d" die Höhe von 0,15 m.

Der Untergrund wird gut gestampft oder gewalzt. Ist die gewünschte Festigkeit des Bodens erreicht, so überdeckt man die Fläche mit einer Schicht geschlagener Backsteine, wobei die Backsteinstücke eine Größe von ca. 0,06 m haben sollen. Diese Backsteinlage wird überdeckt mit einer Schicht von bindigem Lehm und das Ganze dann gut abgewalzt. Hierbei ist darauf zu achten, daß der Lehm die richtige Feuchtigkeit hat, d. h. er darf nicht an der Walze kleben, darf aber auch nicht zu trocken sein. Ist die Fläche fest genug und weist sie keine Unebenheiten mehr auf, so kommt darauf eine Schicht bestehend aus

1 Teil grober Koksasche,
1 Teil grobem Schwefelkies,
1 Teil Straßenschlick.

Dieser letztere ist der Abraum von Landstraßen, und ist derjenige von Basalt- oder Granitchaussierungen dem vorzuziehen, welcher sich von weicheren Gesteinsarten gebildet hat. Auch diese Lage ist wieder abzuwalzen und beim Walzen ist das Augenmerk auf die geeignete Feuchtigkeit, die das Binden der Mischung — obengenannte Teile sind nämlich gut untereinander zu mengen, bevor sie aufgebracht werden — ermöglicht und fördert, zu richten.

Hierauf kommt als vierte Schicht folgende Mischung:

17 Teile Straßenschlick,
2 Teile Koksasche,
1 Teil Schwefelkies.

Alle drei Teile sind sehr fein zu sieben und sehr gut miteinander zu vermengen. Beim Aufbringen und besonders dem Abwalzen dieser letzteren Schicht ist eine gute Feuchtigkeit das Haupterfordernis, um ein gutes Binden und damit eine gute Festigkeit des Tennisplatzes zu erzielen.

Ist die Fläche zur Genüge gewalzt, so überwirft man sie sehr dünn mit einer Schicht von der letzten Mischung, die aber trocken und vor allem sehr fein gesiebt sein muß.

Der vierten Schicht kann man auch eventuell eine geringe Menge Pferdedung zusetzen, denn es wird dadurch die Elastizität des Platzes erhöht. Dieser Dung muß vollständig strohfrei sein.

Zur schönen und scharfen Markierung der Spiellinien verwende man Wasserglas, untermengt mit Schlemmkreide.

Die genauen Maßverhältnisse sind für die Länge des eigentlichen Spielraumes 24 m, für die Breite 11 m. An den Längsseiten werden auf jeder Seite Streifen von 1,25 m Breite abgeteilt. Die Mitte des Platzes wird durch ein Netz getrennt. Von diesem nach links und rechts bei einer Entfernung von 6,50 m wird eine Spiellinie gezogen, die aber nur 8,50 m lang, ist = Breite des durch die Längsstreifen abgeteilten Platzes. Der ganze Tennisplatz ist mit einem Netze zu umspannen, welches das Fortfliegen der Bälle verhindern soll. Dieses Netz wird 30 m lang und 13 m breit, so daß es von den Längsseiten des Spielplatzes 1 m, von den Breitseiten 3 m entfernt ist.

Georg Blau, städt. Gartentechniker, Bromberg.

— Über Tennisplätze ist namentlich in den Jahren, wo sie in Deutschland Mode wurden, recht viel geschrieben worden. Man hat Tennisplätze, die als Rasenplätze angelegt, ferner solche, die mit Kies und Sand, Asphalt oder Beton befestigt sind. Auf den beiden zuletzt genannten Befestigungsarten fliegen die Bälle wunderbar, aber die Spieler sind Verletzungen bei unglücklichem Fallen, Ausrutschen, eher ausgesetzt, wie bei Sand und Rasen.

Man unterscheidet zwischen Plätzen für zwei und vier Personen. Im letzteren Falle besteht der Tennisplatz aus einem Rechteck von 23,80 m Länge und 11 m Breite. Die innere Einteilung geht aus der Zeichnung, Seite 287 unten, hervor.

Die Linien werden durch Holzlatten gebildet, die mit der Oberfläche des Platzes genau abschneiden müssen. In der Regel werden diese Leisten aus gleichmäßig gearbeiteten fichtenen oder kiefernen Latten hergestellt, die $2^1/_2$ cm breit und 10 cm hoch sind. Um sie sichtbarer zu machen, werden sie von Zeit zu Zeit mit Kalkmilch bestrichen. Die Kalkmilch kann man durch einen kleinen Zusatz von Leinöl haltbarer machen. Bei der Anlage eines Tennisplatzes muß in den meisten Fällen, auch wenn es eine Rasenanlage wird, eine genügende Drainage hergestellt werden, zu welchem Zwecke man den Boden ca. 25 cm aushebt und dann zunächst ein 10 cm hohes Steinbett aus Ziegelsteinabfällen schafft. Der übrige Teil wird bei Rasenanlage mit Erde wieder ausgefüllt, die aber in mehreren Schichten aufzubringen ist, da sonst der Platz leicht uneben werden kann. Jede Schicht ist für sich zu walzen resp. fesztustampfen, damit sich der Boden gleichmäßig setzt. Zum Schlusse wird der Rasen gesät. Bei der Befestigung mit Kies muß die obere Schicht lehmig sein, um sich mit dem Kies gut zu verbinden. Auch muß der Platz nach einer Seite ein Gefäll bekommen, um ihn recht trocken zu erhalten.

Koch, kgl. Institutsgärtner, Hohenheim.

— Zur Anlage eines dauerhaften Tennisplatzes verwendet man am besten als unterste Schicht Packsteine aus Kalkstein, welche in Höhe von 12—15 cm hochkantig aufgestellt werden. Hierüber kommt zur Ausgleichung von Unebenheiten eine Schicht Kleinschlag aus demselben Materiale, etwa in Höhe von 3—5 cm. Nun überzieht man das Ganze mit Straßenschlick, ein vorzügliches Binde-

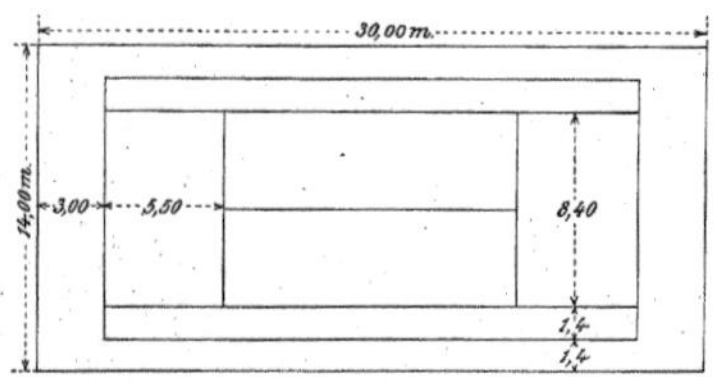

1 : 300

Grundriß zu einem Tennisplatz.

Für die „Gartenwelt" gezeichnet von Stadtgärtner Cepek, Ravensburg.

material, welches wohl überall billig, wenn nicht umsonst, erhältlich ist. Derselbe muß breiartig und möglichst gleichmäßig aufgetragen werden. Hierauf wird der Platz mittelst einer eisernen Handwalze festgewalzt und mit feinem, weißen Kies ganz dünn überzogen.

Zur Auftragung der Zeichnung, deren genaue Maße aus der obenstehenden Skizze deutlich ersichtlich sind, verwendet man am besten heißflüssigen Teer, den man mit einem groben Pinsel aufträgt. Die Zeichnung wird hierdurch deutlich markiert und hält sich lange Zeit in tadellosem Zustande.

Adolf Cepek, Stadtgärtner Ravensburg, (Württemberg).

— In meiner Praxis als Landschaftsgärtner hatte ich schon wiederholt Gelegenheit, Tennisplätze auszuführen, welche sich bei der Benutzung auch als brauchbar erwiesen haben. Die Ausführung kann auf alle mögliche Weise erfolgen, je nach den verfügbaren Geldmitteln.

Als Material zur Anlegung eines Tennisplatzes käme folgendes in Betracht: grobe Steine, hart gebrannte Ziegelsteine, großkörniger Kies, Schlacken, Lehm, Bauschutt, Tuffsteinsand, feinkörniger Kies und Mergel. Zu verwerfen sind als Material Sandstein, leicht gebrannte Ziegelsteine und überhaupt solches, das in nasser Lage schnell zerbröckelt. Das Steinmaterial muß in eine Stärke von 5—6 cm geschlagen werden. Ehe man zum Ausbreiten des Materials schreitet, muß aber erst die Höhe desselben bestimmt werden. Zu diesem Zwecke schlägt man in die vier Ecken des Platzes Pfählchen und nivelliert dieselben mit Hilfe eines Nivellierinstrumentes oder in Ermangelung eines solchen mit der Wasserwage und den Visierkreuzen ein. Um die Arbeit noch zu erleichtern, schlägt man alle 2—3 m im Quadrat Pfählchen. Es ist nämlich von großer Wichtigkeit, daß der Platz horizontal liegt und sich keine Unebenheiten zeigen. Nach dem Nivellieren muß die Erde 20—25 cm tief ausgehoben werden. Ist der Grundboden ein fester, wie z. B. bei festem Lehm, so muß man für gute Entwässerung sorgen. Die Entwässerung wird zweckmäßig so eingerichtet, daß das Querprofil von der Seite nach der Mitte zu fällt und beim Zusammenkommen der Linien in der Mitte eine Rinne gebildet wird, welche bestimmt ist, das Wasser aufzunehmen und weiter zu leiten. Solche Rinnen mache man alle 5 m und sorge dafür, daß dieselben nach einer Seite Gefäll haben. Nachdem nun dies alles vorbereitet ist, kann man zum Ausbreiten des Steinschlages schreiten. Die Steine werden in einer Stärke von 8—10 cm aufgeschüttet und gleichmäßig verteilt. Auf diese Schicht kommt nun eine 5—7 cm starke Lage einer Mischung von Kies mit Sand, welche in die Ritzen und Fugen eingeschlemmt wird. Hierauf wird die Schüttung mit Holzrammen tüchtig eingerammt, ein Walzen mit schwerer Walze ist auch gut, viel besser aber, wenn auch kostspieliger, ist das Einrammen. Die Hauptsache ist, daß reichlich Wasser verwendet wird und die einzelnen Schichten ineinander geschlemmt werden. Über diese Schichten kommt nun die eigentliche Deckschicht. Dazu verwendet man am besten Tuffsteinsand oder Mergel. Der Tuffsteinsand wird durch Zusatz von Wasser und $^1/_3$ Teil Erde zu einem Brei bereitet und dann gleichmäßig über die Schicht aufgetragen und abgewalzt. Lehmbrei mit feinem Kies kann man auch als Überzug verwenden und ist das Resultat auch ein günstiges.

Die dauerhaftesten Tennisplätze sind die von Asphalt und Zementbeton, aber auch die teuersten.

Die Spiellinien werden am besten durch Einsenken von 4—5 cm breiten Dachlatten markiert, welche man zweckmäßig schon vorher einsetzt; sie müssen mit dem Boden ganz genau abschneiden, sonst bleiben die Spieler daran hängen.

Für den Tennisplatz gilt folgende Einrichtung. Rings um den Platz herum in einer Länge von 30 m und Breite von 15 m werden Netze gespannt, um ein Fortfliegen der Bälle zu verhindern. Die Maße des Einzelspielhofs sind aus den Skizzen ersichtlich. Die Latten müssen frisch gestrichen sein. Nebenbei bemerkt, lassen sich Tennisplätze im Winter als Eisbahnen benutzen. Zu diesem Zwecke werden sie etwa 30—40 cm tiefer angelegt und mit Zu- und Ablauf versehen.

Max Groetschel, Landschaftsgärtner, Olten (Schweiz).

Beantwortung der Frage 504. Wer kann mir ein Mittel zur Vertilgung der kleinen, gelben Schädlinge angeben, welche im Herbste an Dahlien und Rosen auftreten?

Aus der Frage ist nicht ersichtlich, um welche Schädlinge es sich handelt. Ein Bespritzen mit $^1/_2$ % Baumkarbolineum oder 2 % Nikotinlösung aus einer Spritze mit Zerstäubungsvorrichtung dürfte den gewünschten Erfolg haben. **M. H.**

Beantwortung der Frage 505. Ich bitte um Angabe eines guten Mittels gegen Mäuse, die hier sehr überhand nehmen und namentlich die Kulturen verschiedenartiger Zwiebelgewächse schwer schädigen.

Durch Auslegen von Phosphorpillen schützt man sich am besten gegen Mäusefraß. Man streut dieselben in die Mäuselöcher und tritt letztere dann fest zu. Beobachtet muß das Land werden, findet man wieder Mäuselöcher, so wird auf dieselbe Weise verfahren, und man wird das Ungeziefer bald los sein.

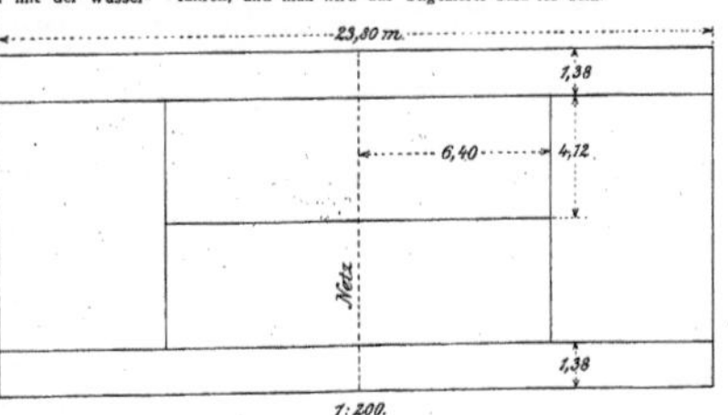

1:200.

Grundriß zu einem Tennisplatz.

Für die „Gartenwelt" gezeichnet vom Kgl. Institutsgärtner Koch, Hohenheim.

Auch Giftweizen leistet sehr gute Dienste, jedoch ist größte Vorsicht geboten, da solche vergifteten Körner allen Tieren, also auch nützlichen Singvögeln und dem Hausgeflügel den Tod bringen.

Wilh. Titze, Crangen (Kr. Schlawe).

— Es ist schon oft beobachtet worden, daß im Herbst bei nassem, nebligen Wetter unter den Mäusen eine Typhusseuche ausbricht. Diese Typhusbazillen sind nun von Professor Loeffler künstlich gezüchtet worden, man kann daher leicht mit Hilfe derselben die verheerende Krankheit künstlich erzeugen und verbreiten, womit man sehr gute Erfolge erzielt. Auch ist das gewöhnliche Mittel, Weizenkörner, mit Strychnin vergiftet, zu empfehlen, desgleichen die Anwendung von Phosphorpillen.

K. Hermann, Gartentechniker, Wilmersdorf.

— Im vergangenen Jahre hatte ich auch sehr unter der Mäuseplage zu leiden. Die verschiedensten Mittel habe ich versucht, aber ohne Erfolg. Schließlich machte ich einen Versuch mit Mäusetyphusbazillen und ich war von der Plage befreit. Vorgenannte Typhusbazillen sind bei dem Bakteriologischen Institut der Landwirtschaftskammer für die Provinz Sachsen in Halle a. d. Saale zu haben. Jeder Sendung ist eine Gebrauchsanweisung beigegeben. Die beste Zeit zur Anwendung dieses Mittels ist der Winter, wenn sich in den Nestern keine junge Brut mehr vorfindet.

L. Müllers, Landschaftsgärtnerei, Breyell (Rhl.).

— Zum Vertilgen der Mäuse werden jedes Jahr mit mehr oder weniger günstigen Resultaten die verschiedensten Mittel empfohlen. Für das freie Land Mäusefallen aufzustellen, würde wohl wenig zweckdienlich sein. Das Auslegen von giftigen Ködern kann sowohl für Menschen wie für Tiere gefährlich werden. In geschlossenem Raume können wohl eher zum Beispiele vergiftete Maiskörner ausliegen, so habe ich mit diesem Mittel in 1½ Tagen einmal 12 Mäuse getötet. Vielfach wird auch Schwefelkohlenstoff zum Vertreiben der Mäuse empfohlen, welcher in die Mäuselöcher geschüttet werden soll. Da Schwefelkohlenstoff bekanntlich schwer ist, zieht er sich in den Löchern nach unten und tötet unweigerlich die sich dort aufhaltenden Mäuse. Aber auch dieses Mittel ist recht gefährlich. Ein besseres Mittel, die Mäuse zu vertilgen, dürfte wohl der Löfflersche Mäusebazillus sein, welcher schon seit einigen Jahren in Hohenheim bei Stuttgart in der Abteilung für Pflanzenschutz hergestellt und in Glasröhrchen zum Preise von 30 Pfg. pro Stück abgegeben wird. Ein Beweis für die Brauchbarkeit dürfte wohl der sein, daß 1907 über 14000 Glasröhrchen abgegeben worden sind. Die Handhabung des Mittels ist selbst für den Laien ungeheuer einfach, da die in dem Glasröhrchen sich befindende Masse in abgekochter Milch zunächst aufgelöst wird. Für den Inhalt einer Glasröhre genügt ein Liter zur Hälfte mit Wasser verdünnte Milch. Nun legt man kleine Brotstückchen in die Milch, die diese aufsaugen. Diese vollgesogenen Brotstückchen legt man dann in die Löcher. Die Wirkung des Bazillus äußert sich bald bei den Mäusen, welche von den Brotstückchen gefressen haben, in einer typhusartigen Erkrankung, welche nach 7 bis 14 Tagen mit dem Tode endigt.

Der Mäusebazillus ist für andere Tiere als Mäuse und für den Menschen unschädlich. Ackermäuse sind weniger empfindlich als die gewöhnlichen Feldmäuse. Den nützlichen Spitzmäusen schadet dieses Mittel überhaupt nichts.

Hoch, Kgl. Institutsgärtner, Hohenheim.

Tagesgeschichte.

Duisburg. Für die gärtnerische Ausgestaltung des Hansaplatzes bewilligte die Stadtverordnetenversammlung 25000 M, für die gärtnerische Ausgestaltung und Erweiterung des Volksgartens 60000 M.

Elberfeld. Die Villa Freytag, ein 23 Morgen großes Terrain, soll als öffentliche Parkanlage erworben werden. Die Stadtverwaltung ist geneigt, die Hälfte der Kaufsumme mit 60000 M zu übernehmen, wenn die andere Hälfte durch Beiträge aus der Bürgerschaft aufgebracht wird. Nun hat sich jetzt eine Versammlung von Vertretern des Verschönerungsvereins und der Bürgervereine einstimmig dahin ausgesprochen, sich an die Bürgerschaft mit der Bitte zu wenden, durch Subskription die Mittel aufzubringen, um dann den neuen Park bei der bevorstehenden dreihundertjährigen Jubelfeier Elberfelds als erste Gabe der Bürgerschaft der Stadt anzubieten. Der Verschönerungsverein hat bereits 10000 M gezeichnet, ferner hat der Südstädtische Bürgerverein 2000 M und der Bürgerverein der Weststadt 1000 M in Aussicht gestellt. Auch sind von Bürgern der Stadt bereits erhebliche Beiträge gezeichnet worden.

Ostrowo. Die Stadtverordneten bewilligten 40000 M für den Ankauf eines 40 Morgen großen Terrains zur Anlage eines Stadtparkes.

Teterow i. M. Wie wir schon in No. 22 berichteten, plant man hier die Anlage eines Stadtparkes dicht vor den Toren des altertümlichsten Teiles der Stadt. Eine mit besonders schönen, alten *Salix alba* bestandene Wiese, malerisch gelegen und von großer Ausdehnung, ist hierzu vorgesehen.

Gleichzeitig geht die sehr rührige Stadtverwaltung daran, einen neuen 8 ha großen Friedhof in modernem landschaftlichem Stile vor dem nach dem Teterower See zu gelegenen Tore anzulegen.

Die Entwürfe zu beiden Anlagen stammen vom Stadtgarteninspektor Hannig in Stettin.

Personal-Nachrichten.

Brehm, Carl, Stadtgärtner in Ludwigshafen am Rhein, dem genialen Schöpfer sämtlicher städtischen Anlagen, von denen besonders hervorzuheben sind der 70 Morgen große prachtvolle Stadtpark und der Jubiläumsplatz mit dem prächtigen Jubiläumsbrunnen, der ganz nach seinem Entwurfe errichtet wurde, erhielt von der Stadtverwaltung Titel und Rang eines Gartenbauinspektors.

Flunker, Aug., seit 62 Jahren Gärtner der Herrschaft Poll in Thure, Reg.-Bez. Bromberg, feierte am 24. v. M. seinen 80. Geburtstag.

Kranz, Georg, früher langjähriger Gärtner im Industrie- und Kulturverein zu Nürnberg, † am 21. v. M. im 81. Lebensjahre.

Lüder, Garteninspektor und Prokurist in Erfurt, erhielt die Kaiserlich Russische silberne Verdienstmedaille am Bande des St. Stanislausordens.

Marquis de Wavrin Villers-au Tertre † am 24. Februar in Gent. Der Verstorbene war einer der bedeutendsten Orchideenliebhaber Europas. Seine in Ronsele bei Gent befindliche Sammlung war besonders reichhaltig an Albinos. Mir war es vergönnt, in seiner Gärtnerei tätig zu sein und erinnere ich mich noch lebhaft, daß er im Kasino in Gent im November-Meeting 1904 eine Gruppe von 25 *Cattleya labiata alba* ausstellte, welche unter Brüdern einen Wert von ebensovielen Tausend Mark hatte. Ein andermal kaufte er 37 *Cattleya Gaskelliana alba* auf einmal. Große Erfolge brachten ihm seine ganz vorzüglichen, selbstgezogenen Hybriden, viele wertvolle Neuheiten stammen von ihm und ungezählte Preise und Diplome von fast allen Ausstellungen und Meetings erkannten seine Verdienste an. Die Orchideenzüchter Europas betrauern in ihm einen kauffreudigen Kunden und liebenswürdigen, humorvollen Menschen.

Robert Bloßfeld.

Mußmann, Schloßgärtner zu Dölkau im Kreise Merseburg, erhielt die Königl. Schwedische silberne Medaille mit der Krone.

Zeininger, Heinrich, städtischer Garteninspektor in Wiesbaden, vordem Obergärtner der Plantage Ahlem, dann städtischer Obergärtner in Hannover, wurde an Stelle des verstorbenen Gartendirektors Trip zum städtischen Gartendirektor in Hannover gewählt. Der Erwählte ist ein Sohn des Handelsgärtners Chr. Zeininger in Homburg v. d. H. Herr Zeininger stand bereits vor der Ausschreibung der Stelle zur engeren Wahl, worauf wir schon vor längerer Zeit hingewiesen hatten. Das Anfangsgehalt beträgt nach neuer Festsetzung 6000 M, während das Höchstgehalt auf 8000 M festgesetzt ist.

Berlin SW. 11, Hedemannstr. 10. Für die Redaktion verantwortlich Max Hesdörffer. Verlag von Paul Parey. Druck: Anhalt. Buchdr. Gutenberg e. G. m. b. H., Dessau.

losenzucht W. Hinner
Lohausen-Düsseldorf.
eueste Rosen für 1908 laut Liste.
este Neuheiten von 1905, 06, 07.
lite-Auswahl älterer Sorten.
Rosen-Hochstämme. Prachtware.
edrigste Preise. Reellste Bedienung.
Garantiert sortenecht.
Verzeichnis franko. [763

Obstbaum-Karbolineum!
Hochprozentig zum Selbstverdünnen.
Tötet
alle tierischen Schädlinge, Raupen, Blutlaus, Blatt- und Schildläuse,
heilt
Brand, Krebs,
verhindert
Krankheiten und Ansatz von Moos, Schorf, Pilzen,
fördert
das Wachstum der Bäume.
Poststück 4 M. franko geg. Nachn.

Flüssiger Schwefel!
Hochprozentig zum Selbstverdünnen.
Spezialmittel gegen **Meltau**, auch als Vorbeugungsmittel vorzügl. bewährt.
1 kg 2 M. franko geg. Nachnahme.

Tabakextrakt!
Hochprozentig zum Selbstverdünnen.
Bestes **Waschmittel** f. Haustiere z. Beseitigung v. Ungeziefer aller Art.
1 kg 4 M. franko geg. Nachnahme.
Bei Posten bedeutend billiger!
CHEMISCHE WERKE MÜGELN,
Bezirk Dresden. [675
Dr. Willy Loebell.

Konkurse.

Arnstadt. Das Konkursverfahren iber das Vermögen des **Kunst- und Iandelsgärtners Otto Müller,** früher a **Arnstadt,** wird nach erfolgter Abaltung des Schlusstermins und Ausschüttung der **Masse** hierdurch aufehoben.

Karlsruhe, Baden. Über das Vernögen des **Kunst- und Handelsärtners Hermann Ruh in Karlsruhe-Beiertheim** wurde am 24. Februar 908, vormittags 11½ Uhr, das Konkursverfahren eröffnet. Konkursvervalter: Herr Rechtsanwalt Dr. Gönner ı Karlsruhe. Anmeldefrist: 15. April 908. Erste Gläubigerversammlung: **Dienstag, den 17. März 1908, vormittags 11 Uhr.** Prüfungstermin: **Dienstag, den 28. April 1908, vormittags 11 Uhr,** vor Gr. Amtsgericht **Karlsruhe,** Akademiestr. 2a, III. Stock, immer 17. Offener Arrest und Aneigefrist: 1. April 1908.

Neuburg, Donau. Das Kgl. Amtsericht Neuburg a. D. hat am 26. Feruar 1908, vormittags 8 Uhr über as Vermögen des **Kunstgärtnereiesitzers Georg Honold in Neuburg . D.** das Konkursverfahren eröffnet. Konkursverwalter: Rechtsanwalt Kiener ı Neuburg a. D. Offener Arrest ist rlassen; Anzeigefrist in dieser Richıng bis 17. März 1908 einschliesslich; nmeldung der Forderungen bis zum 4. März 1908 einschliesslich; Wahlrmin: **5. März 1908, vorm. 9 Uhr;** rüfungstermin: **2. April 1908, vorm. Uhr,** je im Sitzungssaal.

Koniferen und Sträucher
aller Art, erstere **gut Ballen haltend,** empfiehlt in grossen Massen billigst die
Freih. von Hake'sche Gartenverwaltung
Ohr bei Hameln. (779

Viel Geld **ersparen Sie bei Bezug von**
Fensterglas, Rohglas, Glaserdiamanten, Kitt
usw. durch die
Niederlage schles. Tafelglasfabrikate
G. Müssig, **Polkwitz** in Schlesien. [788

Ein Juwel für die Gärtner!
Tunica Saxifraga fl. pl. rosea,
eine **wertvolle** Vervollkommnung der Felsennelke aus den steier. Alpen, ist der **gangbarste Artikel** für Handelsgärtner etc. Mit ihrem **einzigartig zarten, polsterartigen** Grün, auf welchem sich **Legionen prachtvoll gefüllter** Blüten, auf Schleierkraut ähnlicher Beästelung, **von Mai bis Spätherbst in ununterbrochener** Weise entfalten, wird diese Pflanze zum Ideal der **Friedhofs-, Balkon- und Teppichgärtnerei.** Ist ganz anspruchslos an Boden, **immergrün,** vollständig winterhart und bedarf absolut **keiner** besonderen Pflege. Starke Vermehrungspflanzen 1 St. 4 M, 25 St. 60 M, junge Pflanzen 1 St. 85 Pfg., 25 St. 15 M. Beschreib. u. Abbild. gratis.
Josef Pregetter, Gärtner in Weiz (Steiermark). [590

Grosse Auswahl von **Obstbäumen** der bewährtesten Sorten in allen Formen sowie **Beerenobst, Rosen, Ziersträucher, Koniferen, Stauden, Dahlien** etc. in erstklassiger, gesunder, wüchsiger Ware, bietet mein Plantagengut in Niederstrahwalde.
Letzte Auszeichnung: III. Internat. Gartenbau-Ausstellung, Dresden.
5 Preise für Obstbäume, 4 Preise für Rosen.
Preisliste und zahlreiche freiwillige Anerkennungen postfrei.
A. Heintze, Baumschulen, **Herrnhut i. Sa.**
Mitglied des Verbandes deutscher Baumschulenbesitzer. [55

Verlag von Paul Parey in Berlin SW., Hedemannstrasse 10.

Anleitung
zum
Gärtnerischen Planzeichnen.

Von [795

Fritz Encke,
Kgl. Gartenbaudirektor, Lehrer der Gartenkunst an der Kgl. Gärtner-Lehranstalt zu Wildpark

16 Tafeln nebst Text in Folio.

Kartoniert, Preis 8 M.

Der Verfasser, der viele Jahre an der Gärtner-Lehranstalt Wildpark den Unterricht im Planzeichnen und in der Landschaftsgärtnerei erteilte, hat mit dem vorliegenden Werke einen sehr praktischen Leitfaden für die Erlernung der Technik des gärtnerischen Planzeichnens geschaffen. Die klare und übersichtliche Darstellung alles dessen, was zur richtigen Ausübung des Planzeichnens notwendig ist, die kurzen Winke und Ratschläge, die für eine gefällige äussere Ausstattung der Zeichnungen gegeben werden, endlich die eingehende Besprechung der Zeichengeräte und Materialien, sowie die Andeutungen über deren Handhabung dürften höchst willkommen sein. Man wird viel Nützliches und weniger Bekanntes in dem Buche finden; besonders sei auf die Abschnitte über die Bergschattierung durch Bergstriche und in der Tuschmanier, sowie über die saubere Ausstattung der Pläne und nachträgliche Ausmerzung etwaiger Fehler hingewiesen. Die auf etwa 16 Tafeln befindlichen Zeichnungen erwecken das Verlangen in dem Beschauer, die Auswahl der schönen, sauberen Pläne möchte noch eine grössere sein; doch ist, um einen mässigen Preis zu erzielen, nur das Notwendige gegeben worden.

Gegen postfreie Einsendung des Betrages erfolgt die Zusendung postfrei.

Rendsburg. Über das Vermögen des **Kunstgärtners Friedrich Henning Heinrich Thöl in Rendsburg** ist am 26. Februar 1908, nachmittags 5 Uhr, der Konkurs eröffnet worden. Verwalter: Agent Martens in Rendsburg. Anmeldefrist bis zum 1. April 1908. Erste Gläubigerversammlung am **21. März 1908, vormittags 10 Uhr.** Allgemeiner Prüfungstermin am **15. April 1908, vormittags 10 Uhr.** Offener Arrest mit Anzeigepflicht bis zum 8. April 1908.

Wernigerode. Über das Vermögen des **Kunst- und Handelsgärtners Johann Friedrich Wünschenmeyer jun.** in **Wernigerode** ist am 21. Februar 1908, vormittags 11 Uhr, das Konkursverfahren eröffnet. Verwalter: Kaufmann Leberecht Erxleben in Wernigerode. Offener Arrest mit Anzeigepflicht und Frist zur Anmeldung von Konkursforderungen bis zum 25. März 1908. Erste Gläubigerversammlung am **17. März 1908, vormittags 10½ Uhr.** Allgemeiner Prüfungstermin am **7. April 1908, vormittags 10 Uhr.**

Xanten. Über das Vermögen des **Gärtners Peter Dorrenbach in Xanten-Niederbruch** wurde am 19. Februar 1908, nachmittags 5½ Uhr, das Konkursverfahren eröffnet. Konkursverwalter: Privatsekretär Hubert Kück in Xanten. Anmeldefrist bis 1. April 1908. Erste Gläubigerversammlung: **18. März 1908, vormittags 11 Uhr.** Prüfungstermin am **15. April 1908, vormittags 11½ Uhr.** Offener Arrest und Anzeigepflicht bis 25. März 1908.

Patente und Musterschutz.

Zum **Patent** wurde **angemeldet Klasse 45f.**

M. 33609. Verfahren zur Beschleunigung des Ausreifens von Blumenzwiebeln. Jacob **Mülhens,** Hamburg, Mittelweg 126. 11. 11. 07.

Patent wurde **erteilt Klasse 45f.**

196539. Schattendecke. Otto **Wischeropp,** Wanzleben. 22. 2. 07. W. 27256.

196540. Brausemundstück für Giesskannen. Katharina **Müller,** geb. Seith, Stadtlauringen. 9. 3. 07. M. 31797.

Gebrauchsmuster-Eintragungen Klasse 45f.

330415. Blumenspritze mit Luftpumpe und Ventil. Gustav Theo. **Friz,** Fellbach bei Stuttgart. 31. 12. 07. F. 16782.

330467. Mit Versteifungsstäben verbundene Schattendecken aus Fasermaterial. Otto **Wischeropp,** Wanzleben. 21. 2. 07. W. 21931.

Neue Kataloge.

Otto Froebels Erben, Zürich V. Spezialkatalog über Zier- und Alleebäume, Sträucher, Rosen, Koniferen, Obst, Schlingpflanzen.

Société Anonyme Horticole de Mont-St-Amand, vormals **K. J. Kuyk, Gent.** Hauptpreisverzeichnis 1908.

Nonne & Hoepker, Ahrensburg. Hauptkatalog 1908 über Stauden, Dahlien, Topfpflanzen und Baumschulartikel.

Heinrich Junge, Hameln. Beschreibendes Pflanzenverzeichnis über Pflanzenneuheiten, Winterharte Stauden, Wasserpflanzen, Ziergräser, Farne, Dahlien etc. mit kurzen Kulturangaben. 1908.

E. H. Krelage & Sohn, Haarlem. Hauptpreisverzeichnis Frühjahr 1908 über Neuheiten, Knollengewächse und Stauden.

Hierzu eine Beilage von der **Verlagsbuchhandlung Paul Parey** in **Berlin SW 11.**

Druck der Anhaltischen Buchdruckerei Gutenberg e. G. m. b. H. in Dessau.

Illustrierte Wochenschrift für den gesamten Gartenbau.

Herausgeber: Max Hesdörffer-Berlin.

Erscheint jeden Sonnabend.
Monatlich eine farbige Kunstbeilage.

Bezugsbedingungen:
[D]urch jede Postanstalt bezogen Preis 2.50 M. vierteljährl. In Österreich-Ungarn 3 Kronen.
[Be]i direktem Bezug unter Kreuzband: Vierteljährlich 3 M. Im Weltpostverein 3.75 M.
Einzelpreis jeder Nummer 25 Pf.
[Be]i ohne Vorbehalt eingehenden Beiträgen bleibt das Recht redaktioneller Änderungen [vor]behalten. Die Honorarauszahlung erfolgt am Schlusse jeden Vierteljahrs.

Anzeigenpreise:
Die Einheitszeile oder deren Raum 30 Pf., auf der ersten und letzten Seite 50 Pf. Bei grösseren Anzeigen und Wiederholungen steigender Rabatt. Beilagen nach Übereinkunft. Anzeigen in der Rubrik Arbeitsmarkt (angebotene und gesuchte Stellen) kosten für Abonnenten einmalig bis zu 10 Zeilen Raum M. 1.50, weitere Zeilen werden mit je 30 Pf. berechnet.
Erfüllungsort auch für die Zahlung: Berlin.

Adresse für Verlag und Redaktion: Berlin SW. 11, Hedemannstrasse 10.

XII. Jahrgang No. 25. | Verlag von Paul Parey, Berlin SW. 11, Hedemannstr. 10. | 21. März 1908.

Illustrierte Wochenschrift für den gesamten Gartenbau.

Jahrgang XII. 21. März 1908. No. 25.

Neue Pflanzen.

Neue amerikanische Remontantnelken.

Von **Curt Reiter**, Obergärtner, Feuerbach.

(Hierzu vier Abbildungen.)

Die amerikanischen Remontantnelken haben jetzt auch in Deutschland festen Fuß gefaßt. Wo sie bisher erschienen sind, haben sie sich die Gunst des kaufenden Publikums im Sturme erobert. Es ist z. B. in Stuttgart fast unmöglich, französische Nelken zu verkaufen, kein Mensch will sie haben, und doch ist hier die Einfuhr aus Südfrankreich so leicht und bequem. In absehbarer Zeit wird sich diese neue Nelkenklasse, wie in Amerika und England, auch den deutschen Markt erobert haben. Die Schnittblumenzüchter müssen damit rechnen, die alten deutschen und französischen Remontantnelken, die nicht mehr zeitgemäß sind, durch die neue amerikanische Klasse zu ersetzen. Es empfiehlt sich, nur wenige, aber anerkannt vorzügliche Sorten zu kultivieren. Zwei der allerbesten und rentabelsten sind, wie ich bereits in einem früheren Artikel erwähnt habe, *Enchantress*, mattrosa, und *Mr Thomas W. Lawson*, kräftig rosa. Jeder Züchter wird von beiden Sorten voll befriedigt sein. Es sind in den letzten Jahren mehrere Sports von diesen entstanden, und gibt es bereits *White Enchantress* (1907), reinweiß, *Rose Enchantress* (1906), rosa, *Red Lawson*, ziegelrot, *Variegated Lawson*, reinweiß mit roten Streifen, *White Mr Th. W. Lawson*, reinweiß. Diese Sports besitzen die guten Eigenschaften der Stammsorten, sie sind deshalb ebenso empfehlenswert.

Eine der allerbesten Neuzüchtungen überhaupt ist jedoch *Beacon* (1907), feurig scharlachrot, Abb. nebenstehend und Seite 290. In Reichblütigkeit und Blühwilligkeit wird diese Sorte von keiner anderen übertroffen. Ich sah sie im Januar in den Nelkenkulturen von Herm. Stahle, Zuffenhausen, und war erstaunt über den Blütenreichtum und die großen, edel geformten Blumen. Schon die 1906 erschienene scharlachrote *Robert Craig* war eine hervorragende Verbesserung der roten Sorten, sie ist jetzt nach *Beacon* die beste rote Nelke.

Eine weitere ausgezeichnete Neuheit ist *Winsor* (1907), hellrosenrosa (Abb. Seite 290 und 291). In der Form der Blume hat sie Aehnlichkeit mit der *Lawson*, jedoch ist die Farbe heller und zarter. Der Wuchs ist üppig und kräftig, beinahe wie der der *Enchantress*, und ist die Remontierungsfähigkeit eine hervorragend gute. Diese Sorte kann ebenso unbedingt für die Großkultur empfohlen werden.

Von den beliebten reinweißen Sorten sind außer den bereits angeführten noch immer die besten: *White Seedling (Wards weißer Sämling)*, *Lady Bountiful* und *Lieut. Peary*. Auch *White Perfection* ist sehr empfehlenswert.

Die neue amerikanische Remontantnelke Beacon.
Im Januar in den Nelkenkulturen von Herm. Stahle, Zuffenhausen, für die „Gartenwelt" photographisch aufgenommen.

Obstbau.

Körung der Obstbäume.

Von W. Haug, Großh. Landwirtschaftslehrer, Michelstadt (Hessen).

Auf allen Gebieten des Pflanzenbaues ist man bisher systematisch nach den Regeln der Züchtungslehre verfahren und hat durch Zuchtwahl und bessere Ernährung neue einträglichere Sorten zu züchten vermocht und dabei Bedeutendes erreicht. In der Obstbaumzucht ist dies bis jetzt

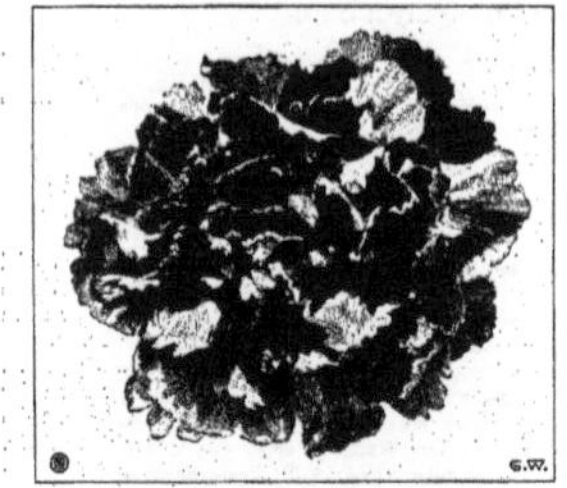

Neue amerikanische Remontantnelke Beacon.
Originalaufnahme für die „Gartenwelt".

nicht in dem Maße geschehen, wie es für die Praxis wünschenswert wäre. Es ist auch begreiflich, warum dies bisher nicht geschah. Während alle anderen Kulturpflanzen in **einem**, spätestens in **zwei** Jahren eine Generation durchleben, es somit möglich ist, innerhalb dieses Zeitraumes die Erfolge der Züchtung zu beobachten und gewonnene Resultate weiter zu benützen, neue Varietäten zu vermehren und innerhalb eines Jahrzehntes zur festen Rasse zu gestalten, so ist dies alles beim Obstbaum auf eine Lebensdauer bis zu 100 Jahren, also über drei menschliche Generationen hinaus, ausgedehnt. Daher beobachtet man bei allen neuen Sorten mehr und mehr das Streben der Züchter, das Leben zu verkürzen, um frühe und starke Tragbarkeit schon in der Jugend zu erzielen. Man kann dies nicht als einen Fortschritt in unserer Obstbaumzucht bezeichnen, denn mit der Frühreife geht auch eine größere Weichlichkeit Hand in Hand.

Die Erscheinung, daß alte, früher außerordentlich wertvolle und einträgliche Sorten, die sich über weite Gebiete verbreiteten, in den Erträgen nachlassen und zuletzt so geringwertig werden, daß man von ihrem weiteren Anbau ganz absehen muß, ist einmal vorhanden und nicht zu beseitigen. So klagt man in neuerer Zeit in Württemberg über das Nachlassen des Boikenapfels, der württembergischen Nationalsorte, die dort in unzähligen Exemplaren angepflanzt ist. Was für ein Schaden muß einem ganzen Lande erwachsen, wenn man nicht in der Lage ist, eine neue, ebenso gute Sorte an deren Stelle zu setzen? Hat man irgend einen Versuch gemacht, bereits vorhandene Sorten so genau auf ihre Leistungsfähigkeit zu prüfen, daß man durch Zahlen beweisen kann, wie dieselben in den meisten Orten eines Landes sich bewähren? Solange dieser Beweis nicht erbracht ist, hat man kein Recht, durch Vereine u. s. f. gewisse Sorten kurzer Hand oder nur auf Empfehlung eines Sachverständigen in ein Sortiment aufzunehmen und allgemein zum Anbau zu empfehlen. Wohl ist zuzugeben, daß man in sorgfältiger Weise durch Sachverständige in allen Teilen des Landes Urteile über eine Sorte einholt und daraufhin weiter beschließt, aber diese Art der Beurteilung kann nicht hineinreichen bis in die entlegenen Dörfer, sie kann sich nicht bis ins einzelne stützen auf das **Baumindividuum**. Ein derartig aufgestelltes Sortiment hat den einen großen Fehler, daß es stets schematisiert und nicht bis ins kleinste auf der Wirklichkeit fußen kann.

Die Beurteilung des Wertes einer Sorte kann nicht von dem Theoretiker allein richtig ausgeführt werden, sondern der letztere muß sich einzig und allein auf die Praxis in der **Landwirtschaft** stützen. Die landwirtschaftliche Praxis urteilt oft ganz anders über den Wert einer Sorte, als etwa eine Obstbaumschule oder ein Musterobstgarten. Außerdem kann das Urteil in zwei dicht nebeneinander liegenden Dörfern verschieden sein, weil eben in Wirklichkeit die etwas veränderten Verhältnisse ihren Einfluß geltend machen.

Wollen wir also Sicherheit in der Sortenfrage erreichen, so bleibt nichts anderes übrig, als zu individualisieren und zwar in weitgehendster Weise.

Wir wissen, daß innerhalb ein und derselben Sorte nicht alle Individuen gleich sind, sondern sogar oft entgegengesetzte

Neue amerikanische Remontantnelke Winsor.
Originalaufnahme für die „Gartenwelt".

Eigenschaften aufweisen. Es gibt sehr einträgliche Bäume der Sorte „Goldparmäne", aber auch das Gegenteil. Mag nun die schlechte Tragbarkeit des Baumes ihren Grund haben, wo es auch sein mag, niemals darf ein solcher Baum als fortpflanzungsfähig bezeichnet oder mit anderen Worten „gekört" werden; er wird also von der Zucht ausgeschlossen. Dieser Ausschluß hätte sich zu beziehen sowohl auf die Entnahme von Edelreisern als auch auf die Verwendung von Samen zur Vermehrung. Es ist gewiß, daß in bezug auf die Zuchtwahl im Obstbau bisher viel versäumt wurde. Darin soll nicht der geringste Vorwurf liegen, denn man hat bisher keine so weit ins einzelne gehende Organisation gehabt, wie sie zur Obstbaumkörung notwendig ist.

Zunächst ein Wort über die Art und Weise der Körung. Das Verfahren ist sehr einfach und weiter nichts, als eine genaue Statistik der Obsterträge unter Berücksichtigung aller äußeren Einflüsse. Es wird ein Körbuch angelegt, in welchem folgende Spalten eingerichtet sind: 1. Bezeichnung des Grundstückes, 2. Fortlaufende Körnummer, 3. Obstart, 4. Sorte, 5. Boden, 6. Lage, 7. Unterkultur, 8. Alter des Baumes, 9. Gesundheitszustand, 10. Pflegezustand, 11. Blütezeit, 12. Reifezeit, 13. Erträge (zunächst für 10 Jahre eingerichtet), 14. Bemerkungen (insbesondere über den Charakter der Witterung).

Durch eine derartige Statistik, welche sich auf das Individuum stützt, wird man außerordentlich wertvolle Aufschlüsse über die Tragbarkeit einzelner Sorten in bestimmten Böden und Lagen erhalten, man wird neue Sorten, sogenannte Lokalsorten, an das Tageslicht bringen und zweifellos dabei manche verborgene Perle finden, man wird weiter genauen Nachweis darüber führen, wie sich die einzelnen Bäume der Winterkälte gegenüber verhalten, wie weit sie Krankheiten erliegen und schließlich wird man auch etwas Genaues über das Alter der Obstbäume im Verhältnis zu den gelieferten Erträgen erfahren. Alles dies sind so wertvolle Ergebnisse, die nicht allein für den Praktiker, sondern ebenso sehr für den Theoretiker, also für die Wissenschaft von höchster Wichtigkeit sein müssen.

Der Nutzen, den die Praxis aus diesem Verfahren ziehen wird, läßt nicht lange auf sich warten, sondern ist sofort da, sobald man geringwertige Sorten umpfropfen will. Durch die statistischen Ermittlungen ist man sehr leicht in der Lage, nicht bloß die Sorte, sondern sogar das Baumindividuum zu bezeichnen, von welchem Edelreiser genommen werden können. Damit ist nicht nur die absolute Sicherheit der Sortenbestimmung verbunden, sondern auch die Gewißheit, die Edelreiser einem nachweisbar gesunden und fruchtbaren Individuum entnommen zu haben. Dadurch erst kann der Obstbau im großen rentabel werden. Durchwandern wir so manche Gegend und prüfen die Obstanlagen im einzelnen, so werden wir bemerken, daß ein hoher Prozentsatz unfruchtbarer oder geringwertiger Sorten und Individuen vorhanden ist. Nur das Körverfahren kann mit Sicherheit diesem Uebelstande in kurzer Zeit wirksam begegnen.

Es liegt nicht in der Macht des Einzelnen, wenn er einmal die großen Vorteile dieses Verfahrens erkannt hat, dasselbe in weiten Kreisen zur Durchführung zu bringen. Es ist dies nur möglich, wenn Obstbauvereine, Landwirtschaftskammern und andere fachliche Behörden und Körperschaften der Frage näher treten und durch eine feste Organisation dieselbe bis ins kleinste durchzuführen suchen. Alsdann wird eben diesen Körperschaften bald der sehr große Vorteil erwachsen, ihren Mitgliedern an der Hand beweiskräftiger Zahlen den sicheren Weg weisen zu können, den sie im Interesse der Hebung des Obstbaues einzuschlagen haben.

Topfpflanzen.

Poinsettia pulcherrima als Topfpflanze.

Von Werner Lieb, Whitestone, New York.

(Hierzu zwei Abbildungen.)

Mit großem Interesse las ich in No. 15 der „Gartenwelt“ den Artikel, in welchem Herr Hesdörffer über die Poinsettienkulturen in der Schnittblumengärtnerei von H. Keyssner, Zossen, berichtete. Ein gewisses Behagen bereitete mir das Lesen des folgenden Satzes: „Man hat es mit Recht aufgegeben, die Poinsettien als verkaufsfähige Topfpflanzen zu erziehen, da sie als solche, wenn man durch Rückschnitt auch nur eine mäßige Verzweigung erzielen will, selbst bei bester Kultur nur Blüten von geringer Größe bringen.“ — Herr Hesdörffer wird mir dies nicht übel nehmen, aber hätte er gewußt, daß die beiden hier wiedergegebenen Photos für die „Gartenwelt“ bereit lagen, so hätte er jenen Satz nicht geschrieben.*) Ich will nun auch nicht länger zögern, und zu den beiden wohlgelungenen Bildern, die am 21. Dezember 1907 in den Kulturen von Pankok & Schumacher, Whitestone, New York, angefertigt wurden, einige erläuternde Worte schreiben,

Die neue amerikanische Remontantnelke Winsor.
Im September, vor Beginn der Blüte, in den Kulturen von Herm. Staehle, Zuffenhausen, für die „Gartenwelt“ photogr. aufgenommen.

Wie die Lilie zu Ostern, so ist hier die Poinsettie zu Weihnachten eine Festblume geworden, und zwar als Topfpflanze. Wer in den Tagen vor dem Feste die Schaufenster der New Yorker Blumengeschäfte sieht, wird von dem intensiven Rot der alles beherrschenden Poinsettien angezogen. Von Schaupflanzen, die den „oberen Vierhundert“ vorbehalten

*) Anmerkung des Herausgebers. Die sehr hübschen Aufnahmen widerlegen meine Ausführungen nicht, da sie keine verzweigten Kulturpflanzen, sondern in Schalen zusammengepflanzte und so verkaufsfähig gemachte, eintriebige Pflanzen zeigen, doch das vom Verfasser geschilderte amerikanische Kulturverfahren erscheint mir sehr beachtenswert.

sind, bis zur Miniaturblüte im 8 cm-Topf, waren Pflanzen in schönster Entwicklung zu sehen. Auch in diesem, sonst für das Geschäftsleben so ungünstigen Winter hat der, welcher gute Poinsettien besaß, nicht über Mangel an Absatz klagen können.

Die Firma Pankok & Schumacher, in deren Kulturen die Aufnahmen angefertigt wurden, kultiviert jährlich etwa 6000 Pflanzen; jeder, der das wiedergegebene Poinsettienhaus in voller Blüte sah, war von deren Vollkommenheit entzückt. Der beste Beweis für die Qualität ist die Tatsache, daß sich am Tage der Aufnahme schon keine unverkaufte Pflanze mehr vorfand.

Schale mit eintriebigen Poinsettia pulcherrima.
In der Handelsgärtnerei von Pankok & Schumacher, New York, für die „Gartenwelt" photogr. aufgenommen.

In kurzen Zügen möge die Kulturmethode, mit der man hier die besten Erfolge gezeitigt hat, folgen; sie wird auf deutsche Verhältnisse ebenfalls Anwendung finden können.

Die Mutterpflanzen werden, nachdem ihre Ruhezeit Ende März beendet ist, aus den Töpfen genommen, ausgeschüttelt und von allen abgestorbenen Teilen befreit. Hierauf pflanzt man sie in möglichst kleine Töpfe und bringt sie in ein temperiertes Haus zum Anwurzeln. Ein recht heller Platz und öfteres Spritzen sind vorteilhaft.

Nach 3 bis 4 Wochen kann man die ersten Stecklinge schneiden. Ohne alle weiteren Umstände werden diese auf ein offenes Vermehrungsbeet gesteckt und in den ersten Tagen mit Papierbogen bedeckt. Wenn sie nicht mehr stark welken, ist zur sicheren Bewurzelung nur viel Sonne und viel Wasser erforderlich. Die meisten Stecklinge werden so im Sommer ohne jede Bodenwärme gesteckt, sie wachsen dabei vorzüglich. Die Mutterpflanzen pflanzt man Ende Mai auf ein gut gedüngtes, sonniges Beet ins Freie; nun erst beginnt die eigentliche Stecklingsproduktion. Die hier gewonnenen Stecklinge sind die besten, sie ergeben stämmige, gesunde Pflanzen. Den ganzen Sommer über kann man nun alle 14 Tage einen Satz Stecklinge schneiden, den letzten Satz in den ersten Tagen des August. Später gewonnene Stecklinge bringen keine brauchbaren Blüten.

Nach dem Einpflanzen werden die bewurzelten Stecklinge in einen Kasten (ohne Bodenwärme) gebracht, in der ersten Zeit aber etwas geschlossen gehalten und schattiert. Sind die Töpfe durchwurzelt, so werden sie auf ein sonniges Beet im Freien eingesenkt und nun nicht anders behandelt, wie etwa Fuchsien oder Geranien, d. h. jeden Abend mit dem Schlauch gegossen. Die letzten Sätze wird man, wenn regnerisches Herbstwetter eintritt, unter Fenstern lassen, aber möglichst abhärten.

Die Stecklinge von Mai—Juli werden im August verpflanzt, es ist vorteilhaft, die Töpfe nicht größer wie 8 cm zu nehmen. Nach dem Verpflanzen kommen sie gleich wieder ins Freie.

Nachdem die letzten Stecklinge geschnitten sind, werden auch die Mutterpflanzen wieder eingetopft, eingesenkt und bis zum Frost im Freien belassen. Nebenbei bemerkt, haben einige Pflanzen, die ich zur Probe stehen ließ, die vier ersten Fröste unbeschädigt überstanden, trotzdem sie mit jungem Laube bedeckt waren.

In der zweiten Hälfte des Monats September schafft man die Poinsettien in die Häuser; es sind jetzt Pflanzen von 6 bis 30 cm Höhe vorhanden, kurz und stämmig, mit üppigem, lederartigem Laube. Zur gleichen Zeit beginnt nun auch das Einpflanzen oder besser „Zusammenpflanzen" in Schalen von 15 bis 40 cm Durchmesser. In die größten Schalen kommen die stärksten Pflanzen, und etwa in die 40 cm-Größe 10 bis 12 Pflanzen, in die niedrigeren Nummern entsprechend weniger, bis zu 3 Pflanzen in die 15 cm-Schalen; in diese pflanzt man die zuletzt gesteckten, noch in den Stecklingstöpfen stehenden Pflanzen.

Die Erdmischung besteht aus $^2/_3$ lehmiger Lauberde und $^1/_3$ halbverrotteter Mistbeeterde; eine Beimischung von etwas Knochenmehl ist anzuraten, jedoch nicht notwendig. Das Zusammenpflanzen geschieht unter größter Schonung des

Wurzelballens, deshalb vermeidet man es auch, beim Verpflanzen größere Töpfe wie 8 cm zu nehmen, da man sonst nicht die genügende Anzahl von Pflanzen in die Pfannen bekommt. Damit die letzteren recht gleichmäßig werden, wählt man für die einzelnen Schalen immer Pflanzen von gleicher Höhe und Stärke.

Die Poinsettien beanspruchen ein ganz helles Haus, in welchem die Temperatur nicht unter 13° C sinken sollte; bei Tage wird so viel Luft wie möglich gegeben. Bei Topfpoinsettien wird neben vollkommenen Brakteen auf die gesunde Belaubung der höchste Wert gelegt; das vorzeitige Vergilben und Abfallen des Laubes ist eine Erscheinung, die den ganzen Kulturerfolg in Frage stellt. Man sucht in solchen Fällen den Mangel durch das Unterpflanzen mit Farnen oder *Asparagus* zu verdecken, doch bietet dies nur einen unvollkommenen Ersatz. Um das auf den Abbildungen ersichtliche kraftstrotzende, dunkelgrüne Laub zu erhalten, muß man mit künstlicher Düngung nachhelfen. Zerriebener Hühnerdung, nach der Durchwurzelung auf die Schalen gestreut, tut gute Dienste.

Ein Aufbinden an dünne Stäbe ist bei den meisten Pfannen unvermeidlich, da sich die einzelnen Pflanzen nie ganz gleichmäßig entwickeln. Des besseren Aussehens halber verwendet man grün gefärbte Stäbe und grünen Bindfaden. Zu Weihnachten sind die Poinsettien in vollster Entwicklung, es ist dies daran erkennbar, daß die männlichen Teile der Blüten abzufallen beginnen.

Die Höhe der Pflanzen schwankt nun zwischen 10 bis 60 cm; Schalen von 20 cm Durchmesser mit 5 Blüten, die auf 20 cm langen Stielen stehen, sind eine sehr beliebte Größe. Der Preis richtet sich nach der Anzahl der Blüten, die bei den kleinen Schalen mit 25 Cents (ca. 1 M), bei den mittleren mit 35 Cents und den großen mit 50 Cents (ca. 2 M) berechnet werden. Miniaturpflanzen in kleinen Töpfen, 10 cm hoch, mit einer Blume von 15 cm Durchmesser, werden ebenfalls gern gekauft.

Die obenstehende Abbildung zeigt das ganze Haus mit den verschiedenen Schalengrößen. Abbildung Seite 292 stellt eine Schale von 35 cm Durchmesser dar, die etwa 60 cm hohe

Gewächshaus mit Poinsettia pulcherrima.
In der Handelsgärtnerei von Paskok & Schumacher, New York, für die „Gartenwelt" photogr. aufgenommen.

Pflanzen mit Blüten von 25 bis 40 cm Durchmesser zeigt. Wenn man bedenkt, daß diese Kultur eine Glasfläche und Heizung nur drei Monate in Anspruch nimmt, so wird man an der Rentabilität nicht zweifeln. Aus diesem Grunde glaube ich auch den deutschen Züchtern, die in der Nähe einer Großstadt Absatzquellen für feine Topfpflanzen haben, diese Kultur empfehlen zu dürfen.

Blumenbindekunst.

Blumenschmuck auf der Tafel des deutschen Heims.

Von Harry Maaß, Stuttgart.

III.*)

(Hierzu elf Abbildungen, nach vom Verfasser für die „Gartenwelt" gefertigten Zeichnungen.)

Monat März! Die ersten warmen Tage haben Wunder gewirkt. Aus dem Schnee recken sich die spitzen Blätter

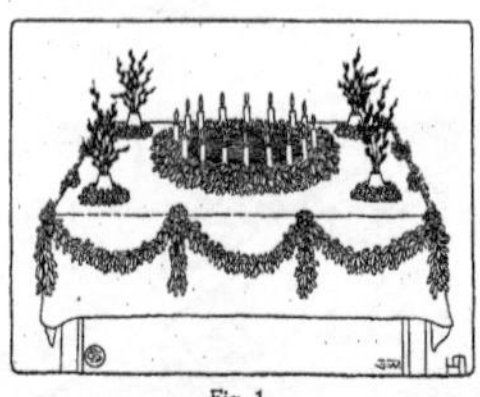

Fig. 1.

der Schneeglöckchen, sie bekommen bereits Blüten. Am sonnigen Ort duften Veilchen, *Eranthis hiemalis* öffnet den gelben Stern, voreilige Bienen heranzulocken, um sich mit ihnen im holden Liebeswerben das kurze Dasein zu versüßen. Die Erle am Bach läßt rötliche Blütenkätzchen an den noch mit schwarzen Fruchtständen behangenen Zweigen flattern, und den Haselblüten entfällt bei jedem Windhauch eine große Wolke gelben Pollenstaubes. Nicht lange mehr, und die Kornelkirsche erstrahlt im reinsten Golde, neben ihr wird eine Weide von Scharen munterer Bienen und Hummeln umschwärmt. — Das ist ein Leben und Weben, die Natur feiert ihr Auferstehungsfest. — Auch in unseren Blumenladen hält ein Stück echt heimatlichen Frühlings seinen Einzug. Wintergrün verschwindet, an seine Stelle tritt die Frühlingsblüte, frisch, jugendlich und voll Lebenssaft.

Merkwürdig, trotzdem im Schaufenster links vom Eingange farbenprächtige *Erica*, Azaleen und *Rhododendron* strahlen, Rosen und Nelken duften, steht doch das Publikum vor diesem Fenster rechts vom Eingange häufiger still und betrachtet die Sprößlinge heimatlicher Erde, die noch vor kurzem vor Eis und Schnee starrten und jetzt, zu Sträußen vereint, oder in Körben und Vasen geschmackvoll angeordnet, ein Lied des deutschen Frühlings singen. O, wie entzückend diese Formen, wie hell diese Akkorde zusammengewirkter Farben, kein Gegensatz, wie dort im Fenster nebenan, wo heimatliche Blüten neben fremdländischen sich entfalten und uns den Frühling vortäuschen. Gewiß, farbenprächtig und bewundernswert in ihrer Eigenart, doch hier offenbart sich ein wirklicher Frühling, das Herz geht einem auf vor Freude über das endlich zur Wahrheit werdende, die Auferstehung.

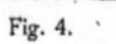

Fig. 2.

Fig. 3.

Einige der Größe unseres Schaufensters entsprechende Tische, rechteckig und rund, sind vorhanden, ein paar einfache Decken, verschieden in ihrem Kolorit, sind auch da, Service und Bestecke nach unserer Auswahl mit allem, was dazu gehört, stellt uns gerne ein gutes Geschäft leihweise zur Verfügung, und nun versuchen wir einmal einen Geburtstagstisch, den Tisch, auf dem die Geschenke dem Geburtstagskinde dargebracht werden, auszuputzen.

Schneeglöckchen, Weidenkätzchen, Veilchen; die Farbe der Tischdecke mattgelb. Skizze 1. Der Geburtstagskuchen wird mit einem Kranz Schneeglöckchen umgeben. In dem Kranze finden die das Alter des Geburtstagskindes bezeichnenden Kerzen, in diesem Falle 16, Aufstellung. An den vier Ecken der Tafel liegen um kleine, mit Weidenkätzchen garnierte Vasen, Märzveilchenkränze, und die Seiten der Decke schmücken Guirlanden aus Schneeglöckchen, deren Befestigungspunkte in Veilchenrosetten auslaufen. Die hellgelbe Tönung der vier Vasen trägt gewiß das ihre zur klangvollen Farbenzusammenstellung der ersten Frühlingsboten bei. Leider kann die Farbenwirkung bei den Abbildungen nicht zur Geltung kommen.

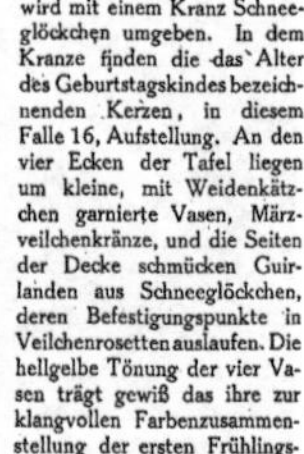

Fig. 4.

Ein zweites Mal bilden Haselkätzchen und die Himmelsschlüssel unserer Wiesen das Material zur Ausschmückung einer Festtafel. Skizze 2. Haselzweige nehmen die Mitte der Tafel ein. In tiefblauen Vasen mit weißem Fuß und Hals und in ebenso gefärbten Bechern, sowie in einer flachen Schale finden Himmelsschlüssel Aufnahme. Hellblaue Leinenbänder verbinden Vasen und Becher, und als Straußblumen eignen sich *Scilla* oder Veilchen. Im Walde blühen seit kurzer Zeit

*) Siehe auch No. 33 und 50 des XI. Jahrganges.

Fig. 5.

Anemonen und die glänzenden gelben Sterne der Feigwurz. Man braucht sie nur zu pflücken und zu ordnen, um sie als pflanzlichen Schmuck auf die Festtafel zu bringen; sicherlich gleichberechtigt mit mancher sinnlosen Papierdekoration. Oder vergeben wir uns etwas, wenn wir diese „gewöhnlichen" Blumen, dieses „Unkraut" zur Tischdekoration verwenden? Ich meine doch nein! Nur etwas mehr Mut und persönliche Eigenart an den Tag gelegt. Ist es nicht etwa einerlei, ob ich mich, um ein Beispiel anzuführen, wenn ich nun einmal gelbe Farbenwirkung erzielen will, der wundervoll gefärbten Blüten der Feigwurz bediene, oder die gelben Blüten irgend einer anderen, künstlich getriebenen Blume verwende? Ersetzen nicht die lebensfrohen Farben der „wilden" Blume die empfindliche, schon beim Erschließen den Keim des Todes in sich tragende Blume der Treibhäuser?

Fig. 6.

Es liegt in den Blumen unserer deutschen Felder, Wälder und Gärten so viel Anmut und Heimlichkeit, daß es mir oft unerklärlich ist, warum dieselben doch so wenig in unseren Geschäften feilgehalten werden. Wie sehr diese „wilden Blumen" vom Publikum verlangt werden, beweisen einerseits die Märkte im Frühjahr, wo Primeln, der Gagelstrauch, das Schaumkraut und viele andere mehr, zu kleinen Büscheln vereinigt, mit wahrem Enthusiasmus gekauft werden, andererseits aber wandert das Volk zur Zeit der Schaumkraut- und Dotterblumenblüte und noch früher, zur Zeit der Weidenblüte, in Scharen auf die Wiesen und kehrt überladen mit diesen Pflanzen heim. Und wer geht im Sommer übers Feld, unbeachtet der unübertrefflichen Wucherblumen weiß und gelb? Wer kann

Fig. 7.

dem Reize eines mit blauen Cyanen durchsetzten Kornfeldes widerstehen, an ihm vorübergehen, ohne ein Sträußchen dieser beiden unzertrennlichen Genossen zu pflücken?

In diesem Falle versuchen wir es einmal mit Anemonen, Feigwurz und Veilchen! Die leuchtendgelbe Farbe der kleinen, zu dünnen Girlanden gebundenen Blüten kontrastiert wohlgefällig mit der tiefvioletten Tönung der Vasen (Skizze 3), in welchen, locker angeordnet, ein Strauß Anemonen Platz findet. Kleinere Vasen enthalten außer dem gelben Kranz ein dichtes Gebinde duftender Märzveilchen.

Erlenzweige mit alten Fruchtständen und rötlichen Blütenbüscheln, dazu Frühjahrsheidekraut in dunkelgelber Vase, geben einen Tafelschmuck von ungeahnter Wirkung (Skizze 4). Auch Schleedornzweige in Verbindung mit Veilchen neben blühenden Johannisbeeren, machen sich gut in cremfarbenen Vasen (Skizze 5), und haben wir blaufarbige Näpfe zur Verfügung, so versuchen wir einmal das eigenartige Mattblau der Perlhyazinthe mit dem Mattgelb der Wiesenprimel zu vereinigen; Immergrünranken beleben es durch freudiges Grün (Skizze 6).

Skizze 7 zeigt eine Osterfrühstückstafel. Die Farbenfreudigkeit der Blume wird hier durch in allen Farben leuchtende Ostereier ersetzt. Nur Buxbaumkränze umgeben die Eierteller, während ein größerer Kranz eine gelbe Vase umgürtet, die einen lockeren Strauß einfacher gelber Narzissen aufnimmt. Das glänzende Grün der Buxbaumkränze wird durch rote Tausendschön nach Angabe der Skizze wirksam unterbrochen.

Wir sind in der Zeit der Vergißmeinnichtblüte. Eine Verlobungstafel soll dekoriert werden. Was eignet sich besser dazu als das zarte Blau dieser Blumen, die in sektschalenartig geformten Gläsern zu kompakten Tuffs geordnet werden. Weinrot gefärbtes Band verbindet die mittlere große Schale mit den kleinen, diese untereinander sind durch Ranken aus Rotdornblüten verbunden (Skizze 8).

Rotdorn und Goldregen (Skizze 9). Vier schwarze zylindrische Vasen sind besteckt mit hängenden gelben Trauben

Fig. 8.

des Goldregens, und um die beiden Torten, sowie auf der in der Mitte des Tisches liegenden grünlichen Decke mit gleichfarbiger Schale, haben Rotdornblüten Platz gefunden. Ein gewiß geschmackvoller Kränzchentisch.

Was liegt näher als zum Pfingstfest, der Zeit der Fliederblüte, die Bowle durch den lieblichen Duft der Fliederblüte zu würzen. Zum vornehmen Violett der Gartenblume gesellen wir die leuchtende Toilette des Heidekindes, des Ginsters, und um den Rand des Anrichtetisches, wo Bowle und Gläser ihres Zweckes harren, liegt ein breiter Kranz lockerer Ginsterblüten, umwunden mit tiefviolettem Bande (Skizze 10).

In Skizze 11 sind Hundsrose, Wucherblume und Kuckuckslichtnelke zum Tafelschmuck vereinigt. Vase und Band sind von stumpfschwarzer Farbe.

Blumentreiberei.

Zum Frühtreiben der Hyazinthen.

Von J. Vreugdenhill, Haarlem.

Der Verfasser des Artikels „Beitrag zur Frühtreiberei der Hyazinthen" in No. 18 der „Gartenwelt" berührt eine für Liebhaber

Fig. 9.

und Berufsgärtner außerordentlich wichtige Frage. Die Treiberei Tausender von Blumenzwiebeln, vor allem von Hyazinthen, ist in dem jetzt zu Ende gegangenen Winter mißglückt. An diesem bedauerlichen Ergebnisse sind sowohl Züchter als Händler unschuldig, denn seine Ursache liegt vor allem in dem nassen und kalten Sommer 1907. Je später eine Blumenzwiebel ausreift, um so ungeeigneter ist sie zur Frühtreiberei, denn jede Zwiebel verlangt ihre bestimmte Ruhezeit. Wie Verfasser des erwähnten Artikels sagt, ist es erwiesen, daß die durch eine Saison in Südfrankreich nachkultivierten holländischen Hyazinthenzwiebeln meistens dortselbst infolge des trockenen und wärmeren Klimas früher reif werden, sich erfolgreicher für die Frühtreiberei verwenden lassen. Neuerdings werden holländische Blumenzwiebeln auch in Südafrika kultiviert. Die Erfahrung hat gelehrt, daß die dort-nachkultivierten Zwiebeln zur Frühtreiberei vorzüglich geeignet sind, wenn ihre Blütenglocken auch etwas kleiner werden; es rührt dies daher, daß die Vegetationszeit für diese Zwiebeln im Klima Südafrikas auf 4 bis 5 Monate zusammenschrumpft, während sie in Holland 7 bis 8 Monate beträgt. Die in Südafrika kultivierten Hyazinthenzwiebeln lassen sich in Europa schon vom Oktober ab zum Blühen bringen, und zwar ohne Einwirkung hoher Temperaturen, weshalb beim Treibverfahren auch an Heizmaterial gespart wird.

Das südafrikanische Klima hat sich des ferneren als geeignet zur Kultur tropischer und subtropischer Zwiebelgewächse, wie *Amaryllis, Nerine, Pancratium* usw. erwiesen, die dort im freien

Fig. 10.

Felde angebaut werden können, und deren Kultur sehr einträglich ist. Für derartige Kulturen sind in Transvaal noch ausgedehnte Ländereien zu billigen Preisen zu erwerben, und zwar nach der mir von der dortigen Regierung gemachten Mitteilung über 200 000 Morgen zum Preise von 20 bis 250 Frank pro Morgen Kulturboden mit Wasserversorgung, während die Pachtpreise 1 bis 15 Frank pro Morgen betragen. Schreiber dieses beabsichtigt noch in diesem Jahre nach Südafrika zu verziehen, um sich dort der Kultur von Treibzwiebeln zu widmen und Obstkulturen, sowie Land- und Handelsgesellschaften zu errichten, oder auch in Kommission zu nehmen.

Gemüsebau.

Die Tomatenkultur in England.

Von Georg Blau, städt. Gartentechniker, Bromberg.

(Hierzu vier Abbildungen).

Noch vor ungefähr 10 bis 15 Jahren war die Tomate als Gemüse resp. ihre Verwendung als Gewürz an die verschiedensten Speisen, besonders Suppen, Fleischgerichte und Saucen in Deutschland fast unbekannt. Trotzdem der Konsum jetzt von Jahr zu Jahr steigt, was man schon daran beobachten kann, daß auch in den kleinsten Gemüseläden Tomaten fast das ganze Jahr hindurch zum Verkauf feilgeboten werden, wird die Tomate in Deutschland doch noch nicht genügend, besonders vom „kleinen Manne", in der Küche verwertet. Es wäre wünschenswert, daß die Ver-

Fig. 11.

wendung der Tomate bei uns ebenso allgemein wird, wie bei unseren westlichen Nachbarn, den Franzosen, und unseren Vettern, den Engländern. Es ist ja nun einmal nicht abzuleugnen, daß diese beiden Nationen einesteils, was Feinschmeckerei anbelangt, vieles vor uns voraus haben, dann aber auch in mancher Kultur uns bei weitem überlegen sind, nicht zuletzt in der Kultur, Anzucht und Verwendung der Tomate. Ihre Kultur geschieht in Frankreich im Großbetriebe im Freien, in England aber in einem derartigen Umfange unter Glas, von dem sich wohl mancher deutsche Gemüsegärtner kaum eine Vorstellung macht, und es fast nicht glaubwürdig erscheint, daß überhaupt ein solcher Konsum dieser Frucht stattfinden kann. Doch hängt dies viel schon damit zusammen, daß selbst im breiten Volke in England die Tomate zu sehr vielen Gerichten verwertet wird, die zum großen Teil aus kompottähnlichen Speisen, Marmeladen etc. bestehen; auch wird sie sehr viel roh gegessen.

Sehr große und ausgedehnte Kulturen im Freien hat man

auch an der Riviera, und ist es besonders der Landstrich zwischen Genua und St. Remo, wo die Anzucht der Tomate zum Export feldmäßig betrieben wird. Hier wird sie an Stangen bis zu einer Höhe von 3 m gezogen, und erwecken derartige Felder den Eindruck großer Stangenbohnenfelder.

In England erfolgt die Kultur fast nur unter Glas, und zwar, wie schon anfangs erwähnt, in sehr ausgedehntem Umfange, meist in der Umgebung und den Vororten der größeren Städte, wie London, Liverpool, Manchester usw. **Hunderte** von Morgen sind dort mit Glas überdeckt; es sind Gärtnereien von 40 bis 50 Morgen Größe bei weitem nicht die größten derartigen Kulturbetriebe. Sehr einfach und leicht ist schon der Bau der diesen Kulturen dienenden Häuser. In der Mehrzahl sind 10 bis 20 Häuser zu einem Ganzen, einem Block, vereinigt. Die Häuser sind dann numeriert, und ebenso haben wieder die Blocks unter sich fortlaufende Nummern. Das einzelne Haus ist gewöhnlich 100 Yards lang und 10 Yards breit (1 Yard = 0,91 m) und bildet ein Satteldach, wobei die innere Firsthöhe ca. 4 bis 5 m beträgt. Die zehn, einen Block bildenden Häuser hängen miteinander zusammen, so daß man unter der ganzen Glasfläche hin- und hergehen kann, denn zwischen den einzelnen Häusern eines Blocks bestehen keine Wände. Wo sich zwei Hausseiten berühren, befindet sich auf der Außenseite ein ca. 40 cm breiter Raum für ein Laufbrett, das Reparaturen usw. ermöglicht. Unter diesem Laufbrett ist eine Rinne vorhanden, welche das Regenwasser auffängt und nach der einen Seite hin in einen Kanal ableitet. Die Häuserblocks sind so angeordnet, daß sie links und rechts des Kanales liegen, und nach dieser Seite hin eine Neigung von ca. $^1/_2$ m haben (Siehe obenstehende Abbildung). An der Verbindungsstelle der Dächer je zweier Häuser führen Tonrohre in den unter der Erde liegenden Kanal. Die Sprossen der Häuser sind aus Pitchpineholz gefertigt und haben untereinander einen Abstand von ca. 50 cm, so daß die einzelnen Glasscheiben, welche nur 40 cm hoch sind, eine ziemliche Breite haben, wodurch wiederum die Häuser an Helle sehr gewinnen. Die Scheiben werden nur in Kitt eingelegt und dann mittels kleiner Drahtstifte befestigt; es fällt ein Verstreichen an den Sprossen mittels Kitt fort, wohl aber werden die Sprossen, wie überhaupt alle Holzteile der Häuser, in gutem Anstrich mit Bleiweis und Firnis gehalten. Ein Decken der Häuser findet nicht statt, und der leichte Aufbau derselben ist nur deshalb möglich, weil sie in den kältesten Monaten leer stehen, denn die Anzucht der Pflanzen geschieht in anderen Häusern. Diese Tomatenhäuser werden von den Firmen, welche den Aufbau als Spezialität betreiben, meist im Akkord ausgeführt, d. h. man rechnet auf dem First entlang für lfd. Fuß (3 Fuß = 1 Yard) ca. 20 M. Die Umfassungsmauer eines Häuserblocks ist ca. 1 m hoch und meistens nur $^1/_2$ Stein stark. In der Umfassungsmauer sind Luftklappen eingebaut (Abbildung nebenstehend). Die Dachkonstruktionen ruhen auf Holzpfosten. Da zu der Tomatenkultur eine reichliche Lüftung erforderlich, so ist diesem Umstande auch bei dem Bau der Häuser Rechnung getragen. Die 2 Meter breiten Luftfenster, die am First angebracht sind, liegen sich wechselseitig gegenüber, wobei die gesamten Breiten der Luftfenster der Länge des Hauses gleichkommen. Zur schnellen und sicheren Regulierung der Lüftung ist eine Vorrichtung derartig vorgesehen, daß durch zwei links und rechts am Kopfende eines jeden Hauses angebrachte Hebel alle auf der Seite des Hebels sich befindenden Luftfenster gleichzeitig reguliert werden können; es können zehn verschiedene Höhen eingestellt werden

Tomatenhäuser einer englischen Gärtnerei.
Originalaufnahme für die „Gartenwelt".

Blick in ein Tomatenhaus einer englischen Gärtnerei.
Originalaufnahme für die „Gartenwelt".

(siehe Abbildungen Seite 299). Die Regelung der Lüftung ist meistens Aufgabe des Obergärtners, da dieselbe bei der Tomatentreiberei eine große Rolle spielt. Schattierung der Häuser findet nicht statt, da die Tomate eine sehr starke Sonnenbestrahlung aushält.

Die Heizkessel, richtiger Heizkörper, sind meist aus doppelten Lagen der in dem Hause liegenden Heizröhren so zusammengesetzt, daß die Feuerung im Innern liegt. Als Feuerungsmaterial wird Koks verbraucht, der für die Großkulturen waggonweise herangeschafft wird. Die Besitzer ausgedehnter Kulturen lassen ihre eigenen Waggons auf der Bahn laufen.

Die eigentliche Kultur der Tomate unter Glas zerfällt in die Kultur in Töpfen und diejenige im freien Grunde. Die erstgenannte Kultur erzeugt frühere Früchte, und da die ersten Tomaten am besten bezahlt werden, so beginnt man auch zuerst mit der Treiberei als Topfkultur. Die ersten Aussaaten zur Anzucht von Pflanzen zur Topfkultur werden bereits im November vorgenommen. Der Samen wird in Schalen oder in kleine Kästen ausgesät. Nachdem die Pflanzen aufgegangen und genügend erstarkt sind, folgt ein Pikieren in Handkästen. Zu bemerken ist noch, daß die Aussaat in Gurkenhäusern erfolgt und auch die pikierten Pflanzen in diesen Häusern bis zu der Zeit verbleiben, wo sie in Töpfe gepflanzt werden. Der Grund hierfür liegt darin, daß die Pflänzchen in den Gurkenhäusern, da diese niedriger sind (siehe Abbildung S. 299 oben; die ersten niedrigen Häuser sind Gurken-, die weiter hinten liegenden und höheren sind Tomatenhäuser. Das Bild zeigt einen kleinen Teil der mächtig ausgedehnten „Glasfelder"), näher ans Licht gebracht werden können, was für ihre Entwicklung von großem Vorteil ist, da die Gurkenhäuser bedeutend kleiner, also auch billiger zu heizen sind. Die Erde zur Aussaat wird einer genauen Durchsicht unterzogen, zur Entfernung etwa vorhandener „wire-worms", d. h. „Drahtwürmer". Diese Made tritt sehr viel in England auf und kann, wenn nicht genügend Sorgfalt durch Aussuchen aus der zu verwendenden Erde angewendet wurde, ganze Kulturen vernichten; sie frißt sich von der Wurzel aus in das Innere des Stengels ein und bohrt sich dann fressend nach der Spitze der Pflanze zu, wodurch dieselbe zugrunde geht. Einen großen Schaden richten auch öfters die Asseln durch Abfressen der jungen Pflanzen an; sie werden mit ausgelegten und ausgehöhlten Mohrrüben gefangen.

Die Erde, welche zur Topfkultur verwendet wird, besteht aus einem Gemisch von lockerer, lehmhaltiger Rasenerde, durchsetzt mit verrottetem Pferdedung. Die Rasenerde wird handhoch von solchen Rasenflächen abgehoben, worauf viel Vieh weidete, und meistens nach Entfernung der noch grünen Rasenteile frisch verwendet. Haben die pikierten Pflanzen genügende Stärke erreicht, so werden sie in Töpfe von 10 cm oberem Durchmesser gepflanzt. Nach guter und genügender Durchwurzelung erfolgt dann das Umpflanzen in Töpfe mit 21 cm oberem Durchmesser, und verbleiben die Pflanzen zur weiteren Kultur in diesen Töpfen. Zu beachten ist besonders bei diesem letzten Umtopfen, daß die zur Verwendung gelangende Erde möglichst grobstückig ist. Die Pflanzen sind so tief wie irgend angängig in die Töpfe einzupflanzen; es schadet absolut nichts, wenn die untersten Blätter mit in die Erde kommen. Sehr notwendig ist es auch, daß die Erde beim letzten Verpflanzen tüchtig festgedrückt wird. Man bedient sich in England hierzu besonderer keulenartiger Verpflanzhölzer. Bei diesem letzten Verpflanzen werden die Töpfe vorläufig nicht bis an den oberen Rand mit Erde angefüllt, sondern es bleibt ein beträchtlicher Raum frei. Die Nachfüllung geschieht erst, nachdem sich die Pflanze bis zu einer gewissen Höhe entwickelt hat, und zwar wird dazu die Erde stark mit Düngersalzen gemischt. Nach der letzten Verpflanzung werden die Töpfe so in den Häusern aufgestellt, wie sie bis zu Ende der Treiberei und dem Abernten der Früchte stehen bleiben. Die Aufstellung erfolgt so, daß durch die Mitte des Hauses ein breiterer Weg führt. Die Töpfe werden derart in Querreihen aufgestellt, daß zwei Reihen Töpfe mit geringem Abstande von einander, dann 1 bis 2 Fuß breiter Zwischenraum und darauf wieder zwei Reihen Töpfe usw. quer durch das ganze Haus folgen. Nach Aufstellung der Töpfe wird in jeden derselben ein ca. 1 m langer Bambusstab gesteckt. Unter dem Dache des Hauses sind Drähte gespannt, je über den zwei zusammengestellten Topfreihen **ein** Draht, ebenfalls querlaufend. Ueber diesen Draht sind nun Schnüre in der Weise gezogen, daß sie mit ihren beiden Enden an den Spitzen der Bambusstäbe zu befestigen sind, wodurch diese etwas nach innen, d. h. zu einander geneigt zu stehen kommen. (Abb. Seite 297 unten.) Dieses hat den Vorteil, ein bequemeres Bewegen in den etwas engen Querwegen zu ermöglichen.

Sobald die Pflanzen ins Wachsen kommen und sich der erste Blütenstand gebildet hat, treibt stets direkt unter diesem ein starker Seitentrieb aus, welchen man der Pflanze beläßt. Alle sonst erscheinenden Triebe werden sofort bei ihrem Erscheinen entfernt. Ein gutes und entsprechendes Befestigen der Pflanze an den Bambusstab unter der durch den Seitentrieb entstandenen Gabelung (des Leit- und Seitentriebes) ist sehr wichtig. Es muß bei Anlegung dieses Bandes, welches mittels Bast geschieht, darauf geachtet werden, daß die Schleife so groß ist, daß sich der noch im Dickenwachstum befindliche Stamm bequem ausbilden kann, ohne daß der Bast einschneidet. Wiederum darf die Befestigung aber auch nicht zu locker bleiben, da sich sonst die mit Früchten beladene Pflanze leicht abdreht. Bringt der belassene Seitentrieb den ersten Blütenstand, so wird er über dem ersten Blatte, welches dem Blütenstande folgt, gekappt. Hiergegen läßt man den Haupttrieb sich bis zu einer Höhe von ca. 2 Meter entwickeln und köpft ihn dann erst, worauf dann alle später in der Spitze erscheinenden Triebe ebenfalls entfernt werden. Sobald die Früchte sich der Reife nähern, werden sogar die großen Blätter bis zur Hälfte fortgeschnitten, damit die Sonnenstrahlen intensiver einwirken können.

Zur Erzielung eines frühen und ertragreichen Blütenansatzes läßt man in England die Pflanzen vor der Blütezeit sozusagen eine Trockenperiode durchmachen, d. h. man gießt nur sehr spärlich, ohne natürlich die Pflanzen leiden zu lassen. Durch dieses Trockenhalten bildet die Pflanze holzigere Triebe aus und neigt, ohne zu viel Blattwerk zu treiben, schneller zum Blütenansatze. Stehen die Tomaten in der vollen Blüte, so erfolgt an sonnigen Tagen die Bestäubung durch ein leichtes Anklopfen an die Pflanzen mit langen Bambusstäben. Durch die hierdurch hervorgerufene Erschütterung erfolgt ein Ausfallen des Blütenstaubes und damit zusammenhängend die Befruchtung. Auch hat dieses Anklopfen noch **den** Zweck, die an dem Fruchtboden sehr gern haften bleibenden Blumenkronen zu entfernen, da nämlich solche Stellen der Früchte, auf welchen die vertrockneten Blumenblätter sitzen geblieben sind, sehr leicht bei der Reife platzen, wodurch die Früchte sehr an Aussehen und Wert verlieren.

Sobald die Pflanzen Früchte angesetzt haben, besteht die nun folgende Arbeit in einem fortwährenden Ausbrechen der erscheinenden Triebe und im reichlichen Bewässern der Pflanzen, sowie Verabreichung von kräftigen Dunggüssen. Diese werden aus künstlichen, speziell für die Tomaten geeigneten Nährsalzen hergestellt. Aber die Zusammensetzungen dieser Salze zu erfahren, ist sehr schwierig, da die Tomatenkultivateure ihre Düngerrezepte als Geschäftsgeheimnis betrachten. Es hängt von der Verabreichung dieser Dunggüsse aber auch ein großer Teil der Vollkommenheit und das gute Aussehen der Früchte ab, außerdem ist die reichliche Bewässerung zu deren guter Ausbildung von großem Vorteil, da die Früchte sehr viel Feuchtigkeit benötigen. Eine reichliche Lüftung ist während dieser Zeit erforderlich, dieselbe trägt viel zum guten Gelingen der Treibkultur bei. Die Temperatur der Häuser läßt man nicht unter 15 bis 20 ° C fallen.

Teilansicht einer englischen Gemüsetreiberei. Die ersten niedrigen Häuser rechts sind Gurkenhäuser, die hohen hinteren Tomatenhäuser. Originalaufnahme für die „Gartenwelt".

Die ersten reifen Früchte werden bereits Mitte Mai geerntet. Diejenigen Früchte, welche zum Marktverkauf gelangen sollen, werden im noch nicht ganz reifen Zustande, d. i., wenn sie einen leichten, roten Anflug zeigen, gepflückt, da sie auf dem Transport noch nachreifen. Die Verpackung geschieht zum größten Teil in runde Körbe. Die Tomatenfrüchte, welche für den Markt bestimmt sind, werden in drei Größen sortiert, wovon die mittlere am gesuchtesten ist und am besten bezahlt wird. $^1/_2$ Kilo Tomaten wird im Anfang mit 1,— Mark bezahlt, der Preis fällt nach und nach bis zu 0,25 Mark.

Die Anzucht im freien Grunde unter Glas beginnt gewöhnlich, nachdem man die Pflanzen, welche zur Kultur in Töpfen bestimmt sind, das erste Mal verpflanzt hat.

Der Boden, in welchen die Pflanzen zur Kultur im freien Grunde ausgesetzt werden, wird immer im dritten Jahre erneuert. Die Erde, welche hierzu verwendet wird, ist dieselbe, wie die zur Topfkultur. Das Erneuern der Erde geschieht, indem man die alte Erde 1 bis $1^1/_2$ Spatenstiche tief aushebt, mit Feldbahnen, die bis an den Ort des Aushubs laufen, fortfährt und auch die frische Erde auf demselben Wege herbeischafft. Im übrigen erfolgt das Anzuchtverfahren und die Kultur der Pflanzen gerade so, wie bei der Topfkultur. Nachdem die Pflanzen in den ersten Töpfen durchwurzelt sind, werden sie in den freien Grund ausgesetzt. Bei dieser Kultur kappt man den ersten Seitentrieb nicht, sondern läßt ihn, ebenso wie den Haupttrieb, hoch wachsen. Alle sonstigen sich zeigenden Triebe werden sofort bei ihrem Erscheinen entfernt. Die Pflanzen, welche in den Töpfen kultiviert wurden, werden, sobald die Hauptmenge der Früchte abgeerntet ist, aus den Töpfen entfernt. Darauf wird der Erdboden, worauf die Töpfe gestanden haben, mittels Grabgabeln gründlich gelockert und dann mit Tomatenpflanzen von neuem besetzt, um so den Platz nochmals auszunutzen. In manchen Betrieben bringt man später in die Tomatenhäuser *Chrysanthemum* zur Weiterkultur. Da, wo die Ausnutzung der Häuser aber nicht auf diese Weise stattfindet, werden die ersten im freien Grunde kultivierten Pflanzen, sobald die Haupternte vorüber, auch entfernt und ein zweiter Satz nach Umarbeitung des Grundes und Durchsetzung mit Dung gepflanzt, wovon die Früchte noch spät im Jahr geerntet werden. Doch läßt man die Pflanzen der zweiten Kulturen nur höchstens 1 Meter hoch werden. Zwischen den im freien Grunde kultivierten Pflanzen wird, sobald diese in lebhaftem Wachstum sind, Schweinedung ausgebreitet. Die Bewässerung wird mit dem Schlauche ausgeführt.

Blick über die Dachflächen von Tomatenhäusern in einer englischen Gärtnerei. Originalaufnahme für die „Gartenwelt".

Schutz für früh ausgesetzte Pflanzen, wie Gurken, Melonen etc., gegen Spätfröste. Von großer Bedeutung für den Gemüsebau ist der frühe Eintritt der Ernte; wer die ersten Erzeugnisse liefert, erzielt die besten Preise. Diese Tatsache im Auge behaltend, ist es ratsam, die Gurken und Melonen recht früh im Mai, bei genügender Bodenwärme schon eher anzupflanzen, da sie den später gesetzten gegenüber einen ganz beachtenswerten Vorsprung gewinnen. Gegen Witterungsunbilden kann man sich mit kleinen Erdwällen um die Pflanze herum helfen, auf welch letztere Glasscheiben gedeckt werden. Zur Herstellung des Walles bediene man sich eines bodenlosen Blumentopfes von ca. 20 bis 25 cm Durchmesser und 15 cm Höhe. Dieser wird nun über die bereits gesetzte Pflanze gestülpt und von allen Seiten wird nunmehr Erde bis in die Höhe des Topfrandes herangezogen. Dieselbe muß recht fest gedrückt werden, damit sie nicht durch stärkeren Regen weggespült wird. Den Topf nimmt man dann fort, um ihn bei der nächsten Pflanze ebenso zu benützen. Mancher wird dies Verfahren für eine zeitraubende Spielerei halten, jedoch läßt sich die Arbeit sehr schnell ausführen. Es lassen sich 200 solcher Schutzwälle in einer Stunde herstellen. Mit einer Scheibe zugedeckt, sind die so geschützten Gurken oder ähnliche Pflanzen selbst gegen die gefürchteten Spätfröste gefeit. **S. H.**

Zeit- und Streitfragen.

Zu dem Artikel **„Was erfordert der Beruf des Gärtners in gesundheitlicher Beziehung?“** möchte ich noch einiges bemerken. Was ich in dem Aufsatze des Herrn Posselt vermißt habe, und was doch gewiß von großer Wichtigkeit, ist eine Antwort auf die Frage, ob der Gärtnerberuf für solche Leute geeignet ist, die einen etwas schwächlichen Körper haben, oder sonst an weniger schweren Krankheiten leiden. Eltern und Aerzte stellen sich wohl meistens unsern Beruf leichter vor, als er in Wirklichkeit ist; sie denken eben, ein Gärtner ist immer in der frischen Luft, also muß doch der Beruf gesund sein. Dabei übersehen sie jedoch meistens, daß ein Gärtner auch alle Unbilden der Witterung zu ertragen hat und, wie Herr Posselt ganz richtig sagt, sehr oft schroffem Temperaturwechsel ausgesetzt ist, hauptsächlich, wenn er in Warmhäusern und Treibereien arbeitet. Ein gesunder Mensch kann das wohl ertragen, er härtet seinen Körper mit der Zeit so ab, daß ihm später nichts mehr Schwierigkeiten macht. Es wird wohl auch niemand bestreiten, daß die Gärtner im allgemeinen sich einer recht guten Gesundheit erfreuen. Anders steht die Sache aber bei einem kränklichen Menschen. Wenn dieser in irgend einer Gärtnerei, mag es nun Baumschule, Topfpflanzengärtnerei oder auch Fruchttreiberei sein, eine Stelle als Lehrling annehmen wollte, wo er, wie jeder andere, alle Arbeiten mitmachen muß, so würde es in den meisten Fällen anstatt besser, schlechter mit ihm werden. Die Sache ist jedoch ganz anders, wenn er zunächst in eine solche Gärtnerei geht, wo man auf ihn Rücksicht nehmen kann. Für ihn ist es doch jedenfalls besser, wenn er in der Gärtnerei leichte Arbeiten verrichtet, als wenn er in Bädern und Sommerfrischen die Zeit totschlägt und nachher, wenn er wieder gesund ist, überhaupt keine Lust mehr zum Arbeiten hat. In jeder Gärtnerei wird es wohl im Sommer draußen an Arbeit nicht fehlen, die auch er wird verrichten können; im Winter kann er dann in kalten oder temperierten Häusern Verwendung finden, wenn er die Luft in den Warmhäusern nicht gut verträgt. Allmählich wird er dann schon seine volle Gesundheit wieder erlangen und noch ein ganz tüchtiger Mensch werden. Daß nun gar Schwerhörigkeit besonders für den Gärtner ein Hindernis sein soll, sehe ich auch nicht ein. Daß sie auch im Gärtnerberuf mit zunehmendem Alter immer deutlicher in Erscheinung tritt, glaube ich gern, da doch das fast immer der Verlauf dieses Uebels ist. Ich möchte noch darauf hinweisen, daß für Augenleidende die Gärtnerei sehr zu empfehlen ist. Der Aufenthalt in der frischen Luft und auch der Umstand, daß die Augen des Gärtners doch gewöhnlich nicht so sehr angestrengt werden, als in den meisten anderen Berufen, wirkt sehr wohltuend auf dieselben ein. Wenigstens ist dies der Fall, wenn die Kurzsichtigkeit durch Ueberanstrengung der Augen entstanden ist, wie ich es an mir selbst erfahren habe.

H. Dohrn, Sanssouci.

Heiteres.

Der erste Gärtner. Der Frau Pastor war es höchst unangenehm, daß ihr Gärtner, ein junger, fleißiger Mann, nicht verheiratet war. Verschiedene Male hatte sie ihm das Glück der Ehe geschildert. „Wissen Sie auch,“ sagte sie eines Tages, „daß der erste Gärtner, der jemals lebte, eine Frau hatte?“ — „Jawohl,“ war die Antwort, „er verlor aber bald seine Stellung durch sie.“ (Flieg. Blätter.)

Tagesgeschichte.

Halberstadt. Die Firma W. Bürger, die am 3. Oktober vorigen Jahres auf ein 50 jähriges, ehrenvolles Bestehen zurückblicken konnte, worüber wir seinerzeit berichteten, hat jetzt einen prächtigen Jubiläumskatalog herausgegeben. Unsere Leser sind hinlänglich über die züchterischen Leistungen der Firma in englischen Pelargonien unterrichtet. Den Entwickelungsgang dieser Züchtungen veranschaulichen sieben dem Kataloge beigegebene Farbentafeln und verschiedene Textabbildungen; es geht aus demselben aber außerdem hervor, daß die Bürgersche Gärtnerei einen sehr vielseitigen Betrieb darstellt, in welchem auch andere Topfpflanzenkulturen, Stauden, Gruppenpflanzen, Baumschule, Landschaftsgärtnerei und namentlich Samenbau eine beachtenswerte Rolle spielen.

Potsdam. Um Platz für die Sämlingsnachzucht zu gewinnen, veranstaltet Herr C. F. Karthaus in Potsdam am 25. d. M. in der Lehrbahn, Neue Königstraße 72, eine große Orchideenauktion. Da die Liebhaberei dieser Pflanzen und auch die Nutzkultur derselben in den letzten Jahren sehr zugenommen hat, dürfte ein guter Absatz zu erwarten sein. Neben den dankbarsten erprobten Massenschnittsorten sollen auch eigene Hybriden in vielen Kreuzungen und, bei rechtzeitigem und gutem Eintreffen, auch ostindische Importen, wie *Dendrobium Wardianum* etc. und *Vanda coerulea*, bester Typ, versteigert werden.

Personal-Nachrichten.

Bandholdt, Obergärtner in Seestermühe, Reg.-Bez. Schleswig, feierte am 1. d. M. sein 40 jähriges Dienstjubiläum.

Berger, Louis, Obergärtner des Oekonomierats Dietrich in Schwaneberg, Provinz Sachsen, feierte am 4. d. M. seinen 80. Geburtstag.

Clemen, E., der älteste Stadtobergärtner in Berlin, bisher Vorsteher des V. Parkreviers, den Treptower Park, den Plänterwald und die Baumschulen umfassend, ist in die durch das Ableben Fintelmanns erledigte städtische Garteninspektorstelle berufen worden.

Dieckmann, H., bisher städtischer Obergärtner in Charlottenburg, wurde von der städtischen Parkdeputation in Berlin die durch die Beförderung Clemens freigewordene Obergärtnerstelle übertragen.

Mark, Peter, Gärtner am Johanniterkrankenhause zu Beirut, erhielt das Allgemeine Ehrenzeichen.

Schumm, Johann, Handelsgärtner in Bamberg, † am 28. v. M. im 77. Lebensjahre.

Sturm, Engelbert, blickte am 1. d. M. auf eine 20 jährige erfolgreiche Tätigkeit als städtischer Garteninspektor in Würzburg zurück.

Berlin SW. 11, Hedemannstr. 10. Für die Redaktion verantwortlich Max Hesdörffer. Verlag von Paul Parey. Druck: Anhalt. Buchdr. Gutenberg e. G. m. b. H., Dessau.

Konkurse.

Auma. Über den Nachlass des am 24. November 1907 verstorbenen **Gärtners Karl August Michel** in **Auma** ist am 4. März 1908, vormittags 11¾ Uhr, das Konkursverfahren eröffnet und der Rechtsanwalt Mentz in Neustadt (Orla) zum Konkursverwalter ernannt. Anmeldefrist bis 25. März 1908. Erste Gläubigerversammlung und Prüfungstermin am **4. April 1908, vormittags 9 Uhr.** Offener Arrest mit Anzeigepflicht bis 25. März 1908.

Schönau, Wiesental. Über den Nachlass des am 30. Dezember 1907 zu **Oberböllen** verstorbenen **Landwirts Reinhard Kiefer** ist am 29. Februar 1908, nachmittags 5 Uhr, das Konkursverfahren eröffnet und der Kaufmann Anton Faller dahier zum Konkursverwalter bestellt. Anmeldefrist bis zum 17. März 1908. Erste Gläubigerversammlung und zugleich Prüfungstermin: **26. März 1908, vormittags 10½ Uhr.** Offener Arrest und Anzeigefrist bis 17. März 1908.

Zwönitz. Über das Vermögen des **Kunst- und Handelsgärtners Kurt Willy Kunze** in **Zwönitz,** Mühlenstrasse 176, ist am 5. März 1908, vormittags ½10 Uhr, das Konkursverfahren eröffnet. Konkursverwalter: Herr Rechtsanwalt Ungethüm hier. Anmeldefrist bis zum 27. März 1908. Wahltermin und Prüfungstermin am **4. April 1908, vormittags 10 Uhr.** Offener Arrest mit Anzeigepflicht bis zum 30. März 1908.

Patente und Musterschutz.

Gebrauchsmuster-Eintragungen Klasse 45f.

330923. Winde zum Ausziehen von Wurzelstöcken mit Schneckenradantrieb. Mathias **Boos,** Mülheim a. Rh., Sedanstr. 14-16. 28. 1. 08. B. 36962.

331134. Zum Aufstellen und Aufhängen eingerichteter Verdunster mit Fuss zur Aufnahme der auswechselbaren Behälter für Flüssigkeiten und für Topfpflanzen. Ad. **Reinbold,** Peine. 18. 12. 07. R. 20457.

331258. Baumschutzständer. Josef **Berg,** Mariaweiler. 6. 12. 07. B. 36417.

Bevorstehende Ausstellungen.

April 1908.

Gent (Belgien). XVI. internat. Gartenbauausstellung vom 25. April bis 3. Mai 1908.

Mai 1908.

Wien. Reichs-Gartenbauausstellung, von Mai bis Oktober 1908 (geplant).

Juni 1908.

Leipzig. Rosenausstellung vom 27. Juni bis 5. Juli 1908 anlässlich des diesjährigen Kongresses des „Vereins deutscher Rosenfreunde".

Zwickau. Vogtländisch-Erzgebirgische Rosenausstellung. Anlässlich des 25jährigen Bestehens des Vereins Zwickauer Rosenfreunde.

August 1908.

Duisburg. Gartenkunstausstellung 15. August bis 1. Oktober 1908.

September 1908.

Quedlinburg. Neuheitenausstellung der Deutschen Dahlien-Gesellschaft. 12.—14. September im Kaiserhof.

Oktober 1908.

Bielefeld. Obstausstellung für Westfalen und Lippe. 13.—19. Oktober.

April 1909.

Berlin. Grosse Internationale Gartenbauausstellung vom 2.—13. April in der Ausstellungshalle am Zoologischen Garten, veranstaltet vom Verein zur Beförderung des Gartenbaues in den Kgl. preuss. Staaten.

Druck der Anhaltischen Buchdruckerei Gutenberg e. G. m. b. H. in Dessau.

Die Abonnenten erhalten mit diesem Heft eine farbige Kunstbeilage.

Die Gartenwelt.

Illustrierte Wochenschrift für den gesamten Gartenbau.

Herausgeber: Max Hesdörffer-Berlin.

Erscheint jeden Sonnabend.
Monatlich eine farbige Kunstbeilage.

Bezugsbedingungen:

[Durc]h jede Postanstalt bezogen Preis 2.50 M. vierteljährl. In Österreich-Ungarn 3 Kronen. [Bei] direktem Bezug unter Kreuzband: Vierteljährlich 3 M. Im Weltpostverein 3.75 M. Einzelpreis jeder Nummer 25 Pf.

[Bei] ohne Vorbehalt eingehenden Beiträgen bleibt das Recht redaktioneller Änderungen [vorbe]halten. Die Honorarauszahlung erfolgt am Schlusse jeden Vierteljahrs.

Anzeigenpreise:

Die Einheitszeile oder deren Raum 30 Pf., auf der ersten und letzten Seite 50 Pf. Bei grösseren Anzeigen und Wiederholungen steigender Rabatt. Beilagen nach Übereinkunft. **Anzeigen in der Rubrik Arbeitsmarkt** (angebotene und gesuchte Stellen) kosten für Abonnenten einmalig bis zu 10 Zeilen Raum M. 1.50, weitere Zeilen werden mit je 30 Pf. berechnet.
Erfüllungsort auch für die Zahlung: Berlin.

Adresse für Verlag und Redaktion: Berlin SW. 11, Hedemannstrasse 10.

XII. Jahrgang No. 26. | Verlag von Paul Parey, Berlin SW. 11, Hedemannstr. 10. | 28. März 1908.

Illustrierte Wochenschrift für den gesamten Gartenbau.

Jahrgang XII. | 28. März 1908. | No. 26.

Stauden.

Feldmäßige Kulturen von Phlox decussata in den Vereinigten Staaten.

Von Richard Rothe in Northeast Harbor, Maine.

(Hierzu zwei Abbildungen.)

Es mögen ungefähr fünf Jahre her sein, daß im Philadelphiaer Florist-Club ein Vortrag über *Phlox decussata* und ihre Zukunft gehalten wurde. Den Vortragenden, einen angehenden Spezialisten, hatten seine damaligen Erfahrungen derart begeistert, daß er für die neueren und neuesten Varietäten, als Blüten- und besonders Gruppenpflanzen, in kurzer Zeit eine so allgemeine Verwendung prophezeien zu können glaubte, daß sie an Bedeutung selbst das Zonalpelargonium noch übertreffen würden. Abgesehen von dem nichts weniger als glücklichen Vergleich, fühlte man unwillkürlich heraus, daß dies wieder einmal einer jener Fälle war, in denen der Enthusiasmus mit einem optimistischen Anfänger durchgeht und ihn in der Rolle des Propheten mit seinen Ausführungen, wenn nicht ins Blaue, so doch weit ab vom Ziele schießen läßt. Damit ist nun aber einer guten Sache schlecht gedient, und um eine solche handelt es sich, wenn *Phlox decussata* und ihre Zukunft in Frage kommt.

Ich muß hier jedenfalls vorausschicken, daß der großen Masse der Amerikaner die Haus- und Villengärten in erster

Phlox decussata-Kulturen der Mount Desert Nurseries in Bar Harbor, Maine. Originalaufnahme für die „Gartenwelt".

Linie auch dem Zwecke der Schnittblumenerzeugung dienen. Blüten und Farben in reicher Fülle, kurz, der freundliche, heitere Charakter werden verlangt. Man legt hier gegenwärtig noch wenig Gewicht auf ästhetisch-künstlerische Probleme, dagegen ist es die Tüchtigkeit des Gärtners als Pflanzenkenner und Kultivateur, die, hoch eingeschätzt, zu ihrem Rechte kommt. Da die Tüchtigkeit dem ästhetischen Geschmack zeitlich vorausgeht und die amerikanische Gartenkunst, soweit von einer solchen überhaupt die Rede sein kann, noch sehr jung ist, folglich der Reife für die Erörterung der höheren theoretischen Formfragen ermangelt, so ist man eben in der glücklichen Lage, den Pflanzen mehr Zeit und Aufmerksamkeit widmen zu können. Eine der ersten Fragen, die an uns Fachleute gestellt werden, ist die: „Was würden Sie für meinen Garten an Blütensträuchern, Perennen und anderen Freilandblumen empfehlen?“ Und diese Frage wird bekanntlich um so wichtiger, je kleiner der Garten und je geringer der verfügbare Raum ist. Feiner veranlagte Kunden wollen wohl auch hie und da harmonische Farbenzusammenstellungen berücksichtigt wissen, alle aber erwarten unbedingt, daß das, was empfohlen und gepflanzt worden ist, nicht nur einfach wächst, sondern sich kräftig entwickelt und reichlich blüht. Man kann hier als Landschaftsgärtner in der Auswahl von Pflanzen nicht vorsichtig genug sein, und man lernt in der Praxis durch Erfahrung sehr bald die nötige Entschiedenheit, um in Fällen, in denen die als selbstverständlich erwarteten hohen Entwickelungsresultate von Anfang an zweifelhaft erscheinen, energisch abzuraten.

Um nun bei den ausdauernden Stauden zu bleiben und im besonderen auf die in den letzten Jahren immer zahlreicher werdenden Phloxvarietäten zurückzukommen, braucht nicht erst weiter hervorgehoben zu werden, daß sie zu den willkommensten Vertretern der winterharten Sommerflorblumen gehören, die je zur Einführung gelangten. Wenn ich mich auch nicht zu dem hohen Grade der Begeisterung aufzuschwingen vermag, der den zu Anfang dieser Abhandlung erwähnten Philadelphiaer Vortrag durchwehte, so steht in den Vereinigten Staaten doch fest, daß es für blumistisch reiche Gartenausstattung überhaupt, sowie für starke Betonung von Farbentönen, sowohl im Rahmen freier landschaftlicher Anlagen, als auch im regelmäßigen Garten, kaum ein wirkungsvoller zu verwendendes Pflanzenmaterial gibt. *Phlox decussata* bleibt in der Belaubung bis in den Herbst hinein ansehnlich. Ihre großen Blütendolden an langen Stielen eignen sich vorzüglich für den Schnitt; abgeblühte Stengel treiben Seitenzweige, die wieder Blumen hervorbringen, was somit die Zeit des Flores verlängert. Dies sind Eigenschaften, die einer Pflanzengattung den Weg zu allgemeinster Verwendung und Beliebtheit ebnen müssen. Die Möglichkeit starker Nachfrage und stetig wachsender Absatzgebiete stand in sicherer Aussicht, deshalb hielt man die Zeit für gekommen, mit der Anzucht von Pflanzen im großen Maßstabe zu beginnen. Den Anfang mit der feldmäßigen Kultur der ausdauernden Phloxe machte in den Vereinigten Staaten meines Wissens die Philadelphiaer Firma Henry A. Dreer. Andere sind ihr gefolgt, und unter diesen anderen nehmen heute die Mount Desert Nurseries, aus deren Hauptgeschäft in Bar Harbor im Staate Maine unsere Abbildungen stammen, einen hervorragenden Platz ein. Bar Harbor ist neben Newport der beliebteste Sommeraufenthalt der mit Glücksgütern am reichsten ausgestatteten Bürger Nordamerikas. Der Besitzer, ein eifriger Pflanzenfreund aus Boston, der nebenbei mit zu den Gesellschaftsklassen gehört, die den Ort als erstklassiges Sommerressort begründeten, huldigt der

Phlox decussata-Kulturen der Mount Desert Nurseries in Bar Harbor, Maine. Originalaufnahme für die „Gartenwelt“.

Ansicht, daß von allen Pflanzen das Beste gerade gut genug für Bar Harbor sei. Dieser Ansicht hat der fachliche und geschäftliche Leiter der Firma, Herr William Miller, seit Jahren tatsächlichen Ausdruck verliehen, und so sind denn unter anderem auch die Phloxfelder der Mount Desert Nurseries, die selbstredend das Neueste und Bewährteste an Sorten enthalten, nach und nach zum Gegenstand der Bewunderung für die allsommerlich hier weilende stattliche Anzahl unserer oberen Vierhundert geworden. Natürlich vereinfacht und verbilligt der hier betriebene Massenanbau, da von der Pferdekraft zum Kultivieren der Erdoberfläche und zur Unterdrückung des Unkrautes ausgiebiger Gebrauch gemacht werden kann, die Anzucht ganz erheblich.

Es ist richtig, daß derartige Schaustellungen immer in erster Linie darauf berechnet sind, Reklame für die sie veranstaltenden Geschäfte zu machen. In der von den kaufkräftigsten Bürgern stark frequentierten gesellschaftlichen Zentrale geht die Wirkung jedoch über diesen Zweck hinaus. Der Eindruck von der entschiedenen Bedeutung der betreffenden Pflanzenart setzt sich im Beschauer überzeugend fest, und von diesem Eindruck profitiert schließlich die große handeltreibende fachgenossenschaftliche Allgemeinheit des Landes. Die Schaustellung repräsentiert gärtnerische Pionierarbeit, deren sich jeder Fachmann neidlos freuen darf.

Rosen.

Die Treibwilligkeit der Polyantharose Apfelblüte.

Von **Oskar Seifert**, Rödelheim-Frankfurt am Main.

(Hierzu eine Abbildung.)

Schon verschiedentlich wurde die ausnahmsweise große Treibwilligkeit von *Apfelblüte* in den Fachblättern erwähnt, und ist es nun der Zweck meiner heutigen Zeilen, einen bildlichen Beweis dafür zu erbringen. Als Sämling von *Mme Norbert Levavasseur*, hat sie alle Eigenschaften derselben mit übernommen, nur dürften Wuchs und Belaubung nicht ganz so robust, ich möchte bald sagen, so grob sein. Leichte Belaubung und graziöser Wuchs verleihen, namentlich den getriebenen Pflanzen, im Verein mit den herrlich rosa gefärbten und prächtig duftenden Blüten einen wirkungsvollen Reiz. Die auf der Aufnahme wiedergegebenen Pflanzen sind vorjährige Sommerveredlungen in Töpfen, in denselben weiter kultiviert und frühzeitig angetrieben. Es war dies versuchsweise geschehen, während ein größerer Posten, 12 Tage später eingestellt, bereits ausgangs Februar kurz vor dem Aufblühen stand; alles Pflanzen im Topf veredelt und im Topf weiter behandelt, also keineswegs kräftige Pflanzen, und doch hatte keine weniger als drei kräftige Blütentriebe.

Getriebene Topfveredlungen der Polyantharose Apfelblüte.
In den Kulturen von W. Cossmann Nachf., Rödelheim, für die „Gartenwelt" photogr. aufgenommen.

Was die Empfänglichkeit für Mehltau anbetrifft, so kann nur gesagt werden, daß neben *Apfelblüte* in gleicher Menge *Aennchen Müller* und *Mme Norbert Levavasseur* getrieben werden, und ist es namentlich *Aennchen Müller*, die trotz dichten Schwefelstaubes sich des Mehltaues nicht erwehren kann, vor allen aber den Nachteil besitzt, daß sie keine schönen Topfpflanzen gibt, da einzelne Triebe bis 50 cm lang werden, bevor sich Knospen zeigen. Die Resultate der Treiberei mit *Apfelblüte* werden noch bedeutend günstiger ausfallen, wenn erst kräftiges Freilandmaterial zum Eintopfen zur Verfügung steht. Daß der Wert dieser neuen Rose schon teilweise erkannt ist, dürfte die Tatsache beweisen, daß sie von amerikanischen Züchtern überaus stark verlangt wird.

Landschaftsgärtnerei.

Felsenanlagen. Die Halde.

Von Obergärtner **Wilhelm Mütze**, Dahlem bei Steglitz.

(Hierzu eine Abbildung.)

Muß es nicht sonderbar erscheinen, Berge, „erhabene Altare des Schöpfers", wie sie Segantini bezeichnet, durch kleine Steinhügel nachbilden zu wollen? Wie arm sind doch manche Menschen, die nicht weiter in ihrem Gedankengange kommen, als daß die Natur dazu da sei, aus ihr ein Spielzeug zu machen. Wenn ein Gartenbesitzer den Wunsch hegt, sich eine Sammlung alpiner Pflanzen anzulegen, muß da unbedingt so ein Trümmerhaufen zusammengeworfen werden, wäre es dann nicht richtiger, ein flaches Steinbeet, langgestreckt mit Mulden und Erhöhungen im Boden anzulegen, sodaß man sie alle nacheinander bequem sehen und erreichen, auch jeder einzelnen Pflanze bequem das Plätzchen anweisen kann, welches sie braucht? Nicht allein dadurch wird gefehlt, daß man einen solchen undefinierbaren Steinhaufen hinsetzt, nein, er wird auch meistens nahe an die beste Stelle des Gartens gesetzt und so das ganze übrige Bild mit hineingezogen in die Lächerlichkeit des Ganzen.

Man hat in diesen Tagen behaupten wollen „so etwas (gemeint sind Felsen) könne man überhaupt nicht darstellen". Diese Äußerung beweist etwa, daß der, welcher sie getan, so etwas nicht kann, sie soll uns aber nicht abhalten, unsere Blicke in der Natur auch dorthin zu lenken, wo starres, kaltes Felsgestein von dem warmen, lebendigen Hauch der Kinder-Floras belebt wird, und wahrlich, gerade dort werden wir vieles finden, das zu dem Edelsten gezählt werden muß, was die Erde trägt.

Wenn der Töpfer seinen Klumpen Ton in die Hände nimmt und seine Drehscheibe in Bewegung setzt, dann sieht er in diesem Klumpen nur das fertige Gefäß und immer nur das Gefäß, und er will, daß diese Masse die Form annehme, die er haben will, er weiß, daß er die Kraft besitzt, das Material so zu formen, und wenn seine sich immer schneller drehende Scheibe endlich still steht, dann steht auch das Gefäß in der Form fertig vor ihm. In diesem Wollen unseres Willens ruht also die Kraft, einmal Erfaßtes, Verstandenes in eigenem Auffassungssinne wiederzugeben.

Die Halde. Vom Verfasser für die „Gartenwelt“ gezeichnet.

Im Vorgebirge, in den Bergen Thüringens, des hessischen Berglandes, in Sachsens lieblichen Bergen, in den Kalkbergen der Mark, wie an den Gestaden der See gibt es Vorbilder genug, würdig, daß ein Meister nach ihnen schaffe. Wie lieblich muß es sein, eine jener kurzgrasigen Halden sich zum Vorbilde zu nehmen, auf denen uns einzelne flache Platten und verwitternde Blöcke daran erinnern, daß hier ein felsiger Boden mit Pflanzenwuchs bedeckt ist, dunkle *Juniperus*, gedrungene *Pinus* haben hier und dort Fuß fassen können, Fichten oder Kiefern, *Pinus Cembra* und *Pinus rotundata* umrahmen das Bild. Wahrlich hier ist ein Feld, auf dem der Gartengestalter seine ganze Kraft betätigen kann. Will er keinen Rasen, nun dann greife er endlich einmal hinein in all den Reichtum, den er solange nicht hat kennen wollen, Heidekräuter in mannigfachen Trupps, *Carlina acaulis*, Felsennelken, *Viscaria*, so viele Primeln, nicht allein die reinen alpinen Arten, nein hier kann er ganze Kolonien *Primula acaulis* und *elatior* in allen Farben aufbeeten lassen, hier können *Crocus* ihre Farbenpracht aus dem dunklen Grün der moosartigen Saxifragen erheben, hier kann das Gold der Narzissen mit dem schneeigen Weiß der *Arabis alpina* in die milde Frühlingsnacht hineinleuchten. Gerade hier, wo das lachende, jubelnde Leben durch das Kalte, Starre, Dunkle unterstützt wird, lassen sich Bilder geben, die zum Herzen sprechen. Hier begrüßt uns *Eranthis hiemalis* aus dem letzten Schnee, wenn die Amsel vom nahen Fichtengipfel ihr erstes Liebeslied flötet, hier entfaltet die Herbstzeitlose ihre blasse Blume „wenn die Schwalben südwärts ziehn“ und wenn *Aster Amellus* uns an den kommenden Winter mahnt.

Hier ist der Platz, wo hunderte Edelweiss sich entwickeln können, wo der dunkle Enzian blüht, wo *Myosotis rupicola* neben den niedrigen, goldgelben Lackbüschen uns ein Bild sonniger, wonniger Fluren der Freiheit zeigen. Aquilegien, Glockenblumen, *Eryngium*, *Viola calcarata* und viele andere, hier gehören sie hin, wenn nur die Kraft in uns sitzt, die gesehene Natur in diesem Bilde widerzuspiegeln. Kein Blumenmeer, ein Stück gesehener Natur in maßvoller, zum Herzen sprechender Wiedergabe.

Wo wäre ein Teppichbeet, das so zum Menschen spricht!? —

Und wie wirds gemacht? Jeder nach der Art, wie er eine Halde gesehen, wie er sie sich denkt.

Nur einige Worte also über die Technik. Ist der Boden gut geformt, sind die größeren Platten und Blöcke (ich hoffe keine Sammlung des verschiedensten Gesteins) und die holzartigen Pflanzen, *Juniperus*, *Pinus*, *Cotoneaster*, hingesetzt, dann wird der Boden einen Fuß hoch mit zerschlagenen alten Ziegelsteinen bedeckt, die Mulden weniger, die Rücken mehr, auch dies wird ein wenig angerammt, doch nicht so, wie ein Gartenweg. Zuletzt kommt zwischen und oben auf diese Schicht die bekannte Mischung nährstoffarme Rasenerde, Heideerde und Sand; eine gute Rasenerde ist die Hauptsache.

Und nun ist es jedem überlassen, durch die Art der Darstellung in der Bepflanzung zu zeigen, ob er die Natur verstehen kann.

Eine seltene Straßenpflanzung.

Von A. Stehr, Altona (Elbe).

(Hierzu drei Abbildungen.)

Wir sind es gewohnt, unsere Straßenbäume je nach ihrem Raumbedürfnis in Reihen zu pflanzen. Es liegt darin eine gute Ordnung, denn der Verkehr erfordert es, und auch die Linien des Straßenbildes laufen mehr oder weniger parallel und erfordern Symmetrie. Die Flottbeker Chaussee in Altona bildet darin eine eigenartige Ausnahme.

Unser Wagner legt in seinen „Meistersingern“ Hans Sachs, dem Altmeister des Deutschtums, die hier ganz angebrachten Worte in den Mund:

„Der Regel Güte daraus man erwägt, daß sie auch 'mal 'ne Ausnahm' verträgt.“

Die Flottbeker Chaussee an der Elbseite ist ein wichtiger Promenadenweg für Fußgänger, die ihn gern zum gemütlichen Spaziergange benutzen, weil er fast stets auf der einen Seite von Parkanlagen mit großen Bäumen begrenzt wird, die im Verein mit den Straßenbäumen bei sommerlicher Hitze Schatten und angenehme Kühlung gewähren. Die Fläche des Fußweges gehörte bis 1892 noch zu den dahinterliegenden Parks, wurde aber dann infolge erhöhten Verkehrs zur Verbreiterung der Straße hinzugezogen und von der Stadt angekauft. Man suchte nun nicht nur die alten, kräftigen Parkbäume zu schonen, sondern erkannte in ihnen sogar den Vorteil, der Straße dadurch ein ganz eigenartiges, interessantes Gepräge geben zu können. Aengstliche Gemüter möchten vielleicht denken: es muß doch unbequem sein, beim Gehen auf jeden Baum achten zu müssen, daß man nicht gegen ihn rennt! Nicht im geringsten! Auf der Elbchaussee sucht man Zerstreuung, man geht langsam, ruht sich auch zuweilen aus, denn es sind zahlreiche Bänke vorhanden. Man hat sich so sehr an diese „Bepflanzung“ gewöhnt, daß man das Absterben irgend eines Baumes sehr bedauern würde. Die Flottbeker Chaussee hat ihren Namen als „Elbchaussee“ deshalb, weil sie, mit der Elbe parallel laufend, häufig interessante Ausblicke nach der Elbe und auf das gegenüberliegende Marschland gestattet.

Malerische Baumpartie von der Flottbeker Chaussee.
Vom Verfasser für die „Gartenwelt“ photogr. aufgenommen.

Gerade infolge des eigenartigen Baumwuchses wirkt die Elbchaussee immer wieder von neuem anziehend; sie bietet mit ihren angrenzenden schönen Parks recht viele malerische Bilder. Diese interessanten Reize liegen in erster Linie aber auch in der Urwüchsigkeit der Straßenbäume. Nicht nur, daß dieselben unregelmäßig stehen, sondern auch die Baumarten sind, wie das ganz erklärlich ist, verschieden, jedoch stehen gleiche Arten öfter zu Gruppen vereint. Diese durch Naturliebe wie zufällig zu ungewöhnlichem Ausdruck gekommene Form der Garten-

Malerische Baumpartien von der Flottbeker Chaussee in Altona a. E. (rechts Winteraufnahme).
Vom Verfasser für die „Gartenwelt“ photographisch aufgenommen.

gestaltung ist denn auch in unserer Stadt versuchsweise für die gärtnerische Ausstattung einer neuen Straße, die von Vorgärten begrenzt wird, vorbildlich geworden. Da bereits größere Bäume verschiedener Arten verwendet wurden, so wird auch hier die angenehme Wirkung eines parkartigen Straßenbildes bald zum Ausdruck kommen.

Besonders interessant ist der Schiffsverkehr der Elbe. Riesige Ozeandampfer fahren täglich ein und aus, und oft dringen die lustigen Weisen der Schiffskapellen deutlich herüber. Auch zahlreiche Schoner, Fischdampfer, majestätische Segelschiffe und, dazu kontrastierend, kleine, winzige Ruder- und Segelboote beleben das Bild. Fischer werfen aus ihren Booten Netze aus, kurz, der Verkehr auf der Elbe ist außerordentlich anziehend.

In nächster Zeit wird ungefähr im Mittelgrunde unserer Bilder eine neue Elbsicht geschaffen. Die Sache wurde von dem Besitzer einer gegenüberliegenden Villa angeregt, der für einen Elbblick über Fahrstraße und Fußweg hinüber, in besonderer Berücksichtigung seiner Veranda, den Betrag von 10 000 M gestiftet hat. Der dazu nötige Bodenabhub beträgt etwa 3000 cbm und wird zweckmäßig auf demselben Grundstücke eingebaut.

Die Aufwendung eines solch hohen Geldbetrages beweist, welchen Wert die Anwohner in einen Blick auf die verkehrsreiche Elbe legen.

Vielleicht könnte man später auch mal einige solch anziehender malerischer Blicke im Druck wiedergeben, da ihre künstlerische Gliederung in Vorder-, Mittel- und Hintergrund, ferner die ästhetische Behandlung seitlicher Baumkulissen in diesen großzügigen landschaftlichen Sichten viele Leser interessieren dürfte.

Teilansicht aus einem 40 m langen, mit Black Alicante und Gros Colman bepflanzten und mit Chrysanthemum besetzten Weinhause in Sanssouci.
Originalaufnahme für die „Gartenwelt".

Obstbau.

Etwas über Weintreiberei.

Von F. Kunert,
Königlicher Hofgärtner, Sanssouci.

(Hierzu zwei Abbildungen.)

Als mir vor 13 Jahren die Leitung des Königlichen Terrassen-Reviers zu Sanssouci übertragen wurde, sollte ich außer den Pflanzenkulturen namentlich der Obsttreiberei und Obstzucht besondere Aufmerksamkeit zuwenden, und da ich bis dahin zumeist in größeren Fruchttreibereien gearbeitet, solche auch jahrelang selbständig geleitet hatte, freute ich mich wirklich, ein in dieser Hinsicht so reiches Arbeitsfeld gefunden zu haben.

Zunächst nahm ich mir vor, die vorhandenen alten Weinhäuser, welche nur kümmerlich wachsende Reben mit meist kleinbeerigen Trauben aufwiesen, neu zu bepflanzen. Trotzdem die Reben erst ungefähr 10 Jahre alt waren, hatte man sie im Schnitt so vernachlässigt und der Boden war durch unrichtige oder übermäßige Düngung derart versauert, daß es geboten erschien, das Vorhaben bald auszuführen. Es wurde also sofort ein Haus vorgenommen, die alte Erde ausgeräumt und das Innere auf 1,50 m ausgeschachtet, desgleichen ein Streifen von 2 m Breite vor dem Hause, welcher mit den Jahren auf $4\frac{1}{2}$ m verbreitert worden ist. Die Hintermauer wurde nur ausgebessert, das, wie bei den Weinhäusern üblich im Bogen errichtete Mauerwerk der Vorderseite dagegen vollständig entfernt und durch schwache Pfeiler in einem Abstande von 2 m ersetzt. Letztere wurden der ganzen Länge des Hauses nach durch eiserne Träger (Eisenbahnschienen) verbunden und darauf ein 4 Steine hohes Mauerwerk angebracht, auf dem dann das Dach zu ruhen kam. Dadurch ist nicht nur erreicht worden, daß die Wurzeln ungehindert nach dem Außen-

Teilansicht aus einem 20 m langen Weinhause in Sanssouci. Originalaufnahme für die „Gartenwelt".

beete gelangen können, sondern die Erde im Hause wird auch gut durchlüftet und trocknet regelmäßig aus. Die Folge ist ein gesundes, kräftiges Wachstum der Reben.

Auch der Erdmischung wurde eine besondere Aufmerksamkeit zugewandt und dazu Rasen, Lehm, Schlamm, Kalkschutt, grober Kompost, Kuhmist, Hornspäne und Knochenreste verwendet. Vor dem Hereinbringen der Erde erhielt der Untergrund eine etwa 40 cm hohe Drainage aus grobem Bauschutt. Das Haus wurde sodann mit einjährigen Topfreben bepflanzt, und diese erreichten, auf 1 Auge zurückgeschnitten, im ersten Jahre eine auffallende Stärke und eine Länge von 5 bis 6 Meter. Sie wurden in dem darauf folgenden Jahre auf 10 bis 12 Augen zurückgeschnitten, trieben regelmäßig aus, brachten eine Menge großer Trauben und befinden sich heute in voller Tragfähigkeit, wie die Aufnahme Seite 307 zeigt.

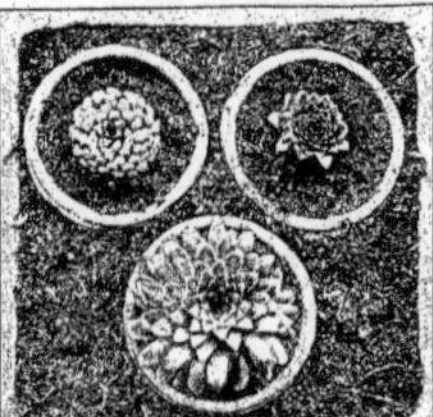

Winterknospen von Pinguicula caudata.

Das Haus ist 20 m lang, 5 m breit, und auch an der Hinterwand in einer Entfernung von 1 m mit Reben bepflanzt. Es brachte im vorigen Jahre mehr als tausend Trauben, wobei ich bemerke, daß eine Menge Trauben ein Gewicht von 1 bis $1^1/_2$ kg und darüber hatten, allerdings auch solche von nur $^1/_4$ kg vorhanden waren. Die größten brachten die Sorten *Gros Colman, Black Alicante* und *Golden Champion.* Letzterer wurde künstlich befruchtet und dadurch ein ganz gleichmäßiger Ansatz erzielt. Außer den genannten sind noch *Black Hamburg, Forsters Seedling* und *Blauer Malvasier* angepflanzt, die den Ruf als reichtragende, nie versagende Sorten mit vollem Recht besitzen. Dem Ausbeeren wird eine besondere Sorgfalt zugewandt. Sobald die Beeren die Größe einer Erbse erreicht haben, wird je nach der Sorte die Hälfte oder auch noch mehr entfernt; bei *Gros Colman* und *Black Alicante* wird man immer mit dem Entfernen von $^2/_3$ der Beeren rechnen müssen, um den übrigen ihre volle Entwicklung zu sichern.

Pinguicula caudata (sterile Pflanze).

Sonst ist die Treiberei der Weinreben so allgemein bekannt, daß sich die Angabe näher beschriebener Treibmethoden hier erübrigt. Wer sich aber besonders dafür interessiert, dem stehe ich mit Rat jederzeit zur Verfügung.

Nach und nach sind nun alle alten Häuser wie vorstehend geschildert angelegt und bepflanzt worden; sie lohnen die aufgewendete Mühe durch reichliche und regelmäßige Erträge.

Abbildung S. 306 zeigt ein 40 m langes Haus, welches ausschließlich mit *Black Alicante* und *Gros Colman,* die zum Verbrauch für die Monate November und Dezember bestimmt sind, bepflanzt ist und gleichzeitig alljährlich zur Aufnahme von *Chrysanthemum* in Töpfen dient. Nachdem das Leben draußen in der Natur im Vergehen begriffen ist, gewähren, wenn man dies Haus betritt, oben die blauen Trauben und die schönen, großen Chrysanthemumblumen darunter einen unerwarteten, entzückenden Anblick.

Insektenfressende Pflanzen.

Pinguicula caudata, Schltdl.

Von B. Othmer, Kgl. Garteninspektor.

(Hierzu sechs vom Verfasser im Botan. Garten zu München für die „Gartenwelt“ gefertigte Abbildungen.)

Eine der niedlichsten Erscheinungen unserer Voralpen und Alpenwiesen sind die Fettkräuter, die Pinguiculaarten, welche neben der veilchenblauen *(P. vulgaris)* auch in der weißen Art *(P. alpina)* mit ihren fetten, gelblich-grünen Blättern uns entgegentreten und sich von dem moorigen Untergrunde oder den Moospolstern, in welche sie sich so recht behaglich hineingesetzt haben, gut abheben.

Sind diese nun für unsere alpinen Anlagen als leicht zu erlangende, hübsche und interessante Kräutlein sehr zu empfehlen, so ist diese Empfehlung angebrachter bei einer subtropischen Art der neuen Welt, bei der in den Sammlungen immer noch seltenen *Pinguicula caudata,* Schltdl., aus Mexiko. Der Wissenschaft ist diese Pflanze seit 1832 bekannt, wurde sie doch in diesem Jahre von Dr. Schlechtendal in der „Linnaea“ beschrieben. Gelegentlich sind Importe herübergekommen und blühten dann. So wurde sie im Jahre 1882 im „Botanical Magazine“ abgebildet, 1890 kultivierte ich sie in Herrenhausen unter Wendland, und vor einigen Jahren führte sie, wenn ich nicht irre, Dr. Purpus aus der Heimat in größeren Mengen wieder ein.

Die Blätter sind verkehrt eiförmig, zu einer Rosette vereint, etwas prall zurückgeschlagen und am Rande etwas nach oben hin eingerollt. Sie sind dicht mit schleimabsondernden Drüsen besetzt, und bieten den angelockten Insekten eine relativ große Aufsitzfläche dar. Die Blüten sind lang gestielt, und die Kelchblätter sind nur klein zu einer kleinlichen, grünen Schale vereint, aus welcher die große, lang gespornte, rötlich violette Blüte recht keck hervortritt. Blütendurchmesser etwa 2 cm; Länge des Spornes fast die gleiche. Blütezeit während des Sommers und Herbstes. Werden die Pflanzen zur Ruhezeit im Winter trocken und kühl gehalten, dann entwickeln sie gleich unseren heimischen *Pinguicula* eigentümliche Winterknospen, wenn

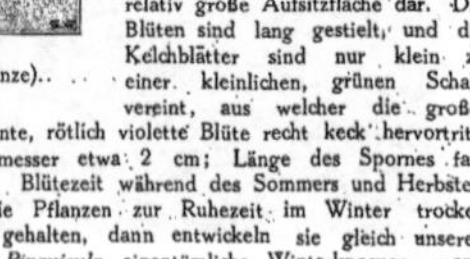

Beilage zur illustrierten Wochenschrift
„Die Gartenwelt".

Alternanthera „Juwel".
Züchtung von W. Pfitzer, Stuttgart.

Pinguicula caudata (die sterile Pflanze von Seite 308 in Blüte).

auch nicht in jener geschlossenen Form wie diese, sondern eine etwas lockere (Abb. S. 308), haben sie ja doch auch unter dem milderen Klima Mexikos nicht jenen Unbilden Widerstand zu leisten, wie bei uns. Sie lebt dort an ähnlichen Orten, wie unsere Arten, auf feuchtem moosigem Grunde halbschattiger Gehölzbestände, in ziemlichen Höhenlagen, so daß für unsere Kulturen die Notwendigkeit daraus hervorgeht, die Pflanzen nicht zu warm zu halten. Jedoch möchte ich dazu aus eigener Erfahrung sagen, daß sich die Pflanze, im Warmhause bei einer Temperatur von 14—16 ° C behandelt, ungemein üppig entwickelt. Dafür ist aber ihre Lebensdauer eine viel kürzere. Unbedingt wichtiger und zuträglicher ist es jedoch, die Pflanzen naturgemäß temperiert zu halten, im Sommer bei 10—14 ° und im Winter bei 6—8 ° C. Bei starker Sonnenbestrahlung hat eine mäßige Beschattung zu erfolgen. Bei dieser Kulturweise erzielt man, wie die Abbildungen zeigen, gesunde Pflanzen mit schön gefärbten Blüten und normalen, am Rande etwas rötlich gefärbten Blättern. Starke, gut genährte Pflanzen pflegen gegen den Herbst hin mehrere Köpfe zu bilden und können auf diese Weise durch Teilung im Frühjahre vermehrt werden. Zu rationellerer Vermehrung kann man auch einzelne Blätter an der Basis abnehmen und sie in einer Mischung von zerhacktem Sumpfmoos und Torfmull oder auf feuchtem *Sphagnum* bei mäßiger Wärme zur Bewurzelung bringen (Abb. nebenstehend); daß einige Vorsicht bei der Bewässerung dann geboten ist, da die halbfleischigen Blätter leicht faulen, dürfte wohl einleuchten. Als Erdmischung ist ein reichlich Sumpfmoos enthaltender Kompost aus Torfmullbrocken und Peat, unter Beimischung von scharfem Quarzsande, bei guter Drainage, am zuträglichsten. Besonders gern haben diese Pflanzen einen Belag frischen Sumpfmooses; dahinein gehen die feinen Wurzeln mit besonderem Behagen. Mit dem Gießen muß man vorsichtig sein. Die *Pinguicula* lieben wohl Feuchtigkeit, aber keine Nässe! Feuchte Luft tut ihnen in der Wachstumsperiode unbedingt not (Sumpfatmosphäre), jedoch soll diese durch Feuchthalten der Umgebung erzielt werden, ein Bespritzen vertragen die Pflanzen nicht. Während der Ruheperiode im Winter, besonders wenn die Pflanzen ihre Winterform gebildet haben, behandle man sie wie kleine Sukkulenten, sie wollen da nur sehr wenig Feuchtigkeit, sie haben dann auch gar keine Wurzeln, und fühlen sich am wohlsten zwischen einigen mäßig vegetierenden Sphagnumköpfen.

Pinguicula caudata. (Blattsteckling.)

Neue Pflanzen.

Alternanthera Juwel (Pfitzer).

(Hierzu die Farbentafel).

Diese sehr üppig wachsende Neuheit erreicht eine Höhe von 8 bis 10 cm. Die leuchtend goldbroncene Färbung der jungen Blätter geht durch lebhaftes Karminrosa in glühendes Karmoisin über und nimmt teilweise eine purpurne bis braune Schattierung an. Die nicht unbedeutende Größe der Blätter trägt dazu bei, dieser mannigfaltigen Farbenpracht besonderen Ausdruck zu verleihen. Es ist dies die schönste, feurigst gefärbte *Alternanthera*, die bis heute im Handel ist, und welche sowohl in ganzen Teppichbeeten, als auch in Einfassungen den grössten Effekt erzielt. Die Bereicherung des Sortiments durch *Alternanthera Juwel* wird da, wo Teppichbeete eine Stätte haben, willkommen sein. Unsere Tafel gibt ein getreues Bild der Farbenpracht dieser Neuheit, durch deren Einführung und Verbreitung sich Herr Pfitzer ein Verdienst erworben hat.

Pinguicula caudata (die gleiche Pflanze später).

Verdiente Fachgenossen.

Ein fünfzigjähriges Gärtnerjubiläum.

(1. April 1858 bis 1. April 1908.)

In der Nummer vom 29. Juli 1905 nahm die „Gartenwelt“ Veranlassung, eines verdienten Fachgenossen, des Herzoglichen Promenadeninspektors **Friedrich Kreiß** in Braunschweig, zu gedenken, und brachte bei dieser Gelegenheit seine Lebensbeschreibung und einen Abriß seiner Tätigkeit. Damals waren es 25 Jahre, daß Herr Kreiß seine Stellung in Braunschweig inne hatte, wo er, aus ungünstigen Verhältnissen heraus, allmählich Werke geschaffen hat, die ihn überdauern und seinen Namen der Nachwelt überliefern werden. Wenn ich heute seiner Person gedenke, so geschieht dies, um einen neuen Zeitabschnitt seines arbeits- und erfolgreichen Wirkens zu erwähnen, seine 50jährige Tätigkeit im gärtnerischen Berufe.

Fünfzig Jahre, eine lange Zeit und, wie wir sagen dürfen, eine ereignisreiche Zeit für den Jubilar! Wie wenigen ist es vergönnt, auf einen solchen Zeitraum beruflicher Wirksamkeit zurückzublicken, wie Herr Kreiß! Und der Mann, der eine so lange Berufstätigkeit hinter sich hat, ist durch eine härtere Schule gegangen, als unsere jüngere Generation. Bei ihrem Vorwärtsstreben mußten die Herren der alten Schule unendlich mehr Schwierigkeiten überwinden, als dies heute der Fall ist. Aber fragen wir uns, sollten es nicht gerade diese, nicht so mühelos zu erwerbende Ausbildung, die schärferen Arbeitsverhältnisse gewesen sein, die nur denjenigen veranlaßten, sich dem Gartenfach zu widmen, der wirkliche Liebe zum Berufe, Freude an der Pflanzenwelt und an den Schöpfungen gärtnerischer Kunst hatte? Ich glaube, diese Frage bejahen zu müssen, denn es gibt für mich kein größeres Vergnügen, als mit solchen Herren zusammen zu sein, die eine wirkliche gärtnerische und universelle Bildung haben, die nicht nur auf ein engeres Gebiet beschränkt sind, sondern sich auch über etwas anderes freuen, was ihrem eigentlichen Arbeitsfelde fernliegt, und die dies auch k ö n n e n, weil sie eben eine umfassende Vorbildung genossen haben.

Friedrich Kreiß.

Es war zuletzt im Januar dieses Jahres, daß ich mit Herrn Kreiß einige Stunden an der Stätte seiner Wirksamkeit verweilte. Wir durchwanderten seine Anlagen, und er wurde nicht müde, auf alles hinzuweisen, was ihn bewegte, seine Schöpfungen durch die von ihm gegebenen Erklärungen zu beleben und seine sach- und fachkundigen Bemerkungen zu machen. Bei dem schlechtesten Wetter ließ er es sich nicht nehmen, mit mir an seine jüngste Schöpfung zu gehen, an den aus den Abfällen der Stadt aufgeführten Berg, der von seiner Höhe einen Blick auf die Promenaden und auf die Stadt mit ihrer Umgebung bieten wird.

Da ist nicht nur eine Freude am Gelingen zu spüren, das Gefühl, der Allgemeinheit dienlich gewesen zu sein, sondern man fühlt auch, daß der ganze Mensch mit dem, was er geschaffen hat, innig verwachsen ist, daß er mit liebevollem Verständnis noch heute die kleinsten Details beobachtet und ihre Entwicklung verfolgt.

Und mit Recht wird ein solches Streben auch gewürdigt. Der Regent von Braunschweig ist ein häufiger Besucher der Anlagen, er läßt sich alles erklären und zeigen, er nimmt lebhaften Anteil an allen Neuerungen, die Herr Kreiß vorbereitet und zur Ausführung vorzuschlagen gedenkt. Und dasselbe ist auch der Fall mit den städtischen Behörden, die wohl wissen, daß alles, was ihnen von seiner Seite unterbreitet wird, das Ergebnis sorgfältiger Ueberlegung und das Produkt reicher Erfahrungen ist. Und daß dieses Verhältnis den Jubilar mit Genugtuung erfüllt, daß es ihn zu erneuter Schaffensfreudigkeit anspornt, glauben wir ihm gerne und freuen uns mit ihm der erzielten Erfolge.

Unser verehrter Jubilar erfreut sich noch einer bewundernswerten körperlichen und geistigen Frische und Rüstigkeit, und wir hoffen, daß er noch recht lange seinem Berufe nachgehen kann, der für ihn eine Quelle der Freude und Befriedigung ist.

Wir wollen aber auch hoffen, daß solch tatkräftige und berufsfreudige Männer, die gediegenes Wissen und umfassende Kenntnisse ihr eigen nennen, wie unser verehrter Herr Kreiß, der gärtnerischen und gartenkünstlerischen Jugend ein leuchtendes Vorbild treuer Pflichterfüllung und ernstesten Strebens sein werden.

August Siebert, Frankfurt a. M.

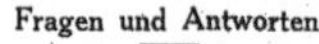

Fragen und Antworten.

Beantwortung der Frage No. 506. Ich beabsichtige eine Obstplantage anzulegem. Ist es geratener, Buschobst oder Pyramiden anzupflanzen? Die Lage ist eine südliche, nach Norden durch große Lindenallee und Gebäude geschützt. Boden ist schwerer Sand- und leichter Lehmboden. Ich bitte um Angabe der besten, ertragreichsten Aepfel-, Birnen- und Pfirsichsorten (Tafelobst), ferner um Angabe der besten Pflanzzeit, bei Buschobst der Pflanzweite, und um Angabe der besten Düngung beim Pflanzen.

— Bei der Anlage einer Obstplantage ist vor allem auf die Bodenbeschaffenheit Rücksicht zu nehmen, und sollte man vor der Ausführung einer größeren Pflanzung sich wohl überlegen, ob die Verhältnisse auch danach angetan sind, daß die Anlage den erwarteten Gewinn abwirft.

Bei dem hier in Frage kommenden Grundstücke scheint es sich um sandigen Lehm- und lehmigen Sandboden zu handeln. Diese Bodenarten sind für Obstpflanzungen wohl passende, wenn sie die nötige Tiefgründigkeit besitzen und der Sandboden nicht zu trocken ist Da der Boden mit Lehm durchsetzt ist, so werden die erforderlichen mineralischen Nährstoffe wohl in ihm

Pinguicula caudata, starke, mehrköpfige Pflanze.

enthalten sein. Eine Untersuchung des Untergrundes ist auch auf alle Fälle anzuraten, da einmal begangene Fehler sich nicht wieder gutmachen lassen.

Handelt es sich um eine größere Obstanlage, so wird dem Buschbaum vor der Pyramide der Vorzug zu geben sein, schon aus dem Grunde, weil Buschbäume bei weitem nicht so viele Pflege erfordern wie Pyramiden, dabei aber bei freier, natürlicher Entwicklung und passender Sortenwahl große Mengen marktfähiges Obst liefern.

Vor der Pflanzung wird das Grundstück am besten 60 cm tief rigolt und hierbei, wenn nötig, eine Bodenverbesserung vorgenommen. Beim Pflanzen selbst ist es ratsam, die Wurzeln mit feuchtem Torfmull zu umgeben, wodurch das Anwachsen und die Wurzelbildung sehr begünstigt wird. Ebenso ist es sehr zu empfehlen, die Baumscheibe mit Torfmull oder mit kurzem Dünger zu belegen, wodurch der Boden gleichmäßig feucht und locker bleibt.

In bezug auf Sortenwahl sei man ja recht vorsichtig und halte sich an solche Sorten, die in der betreffenden Gegend erfahrungsgemäß gut gedeihen und regelmäßige und reiche Ernten liefern. Daß man sich auf nur wenige Sorten beschränkt, braucht wohl nicht besonders betont zu werden. Zur Buschobstkultur eignen sich zudem auch nur solche Sorten, die frühe, reiche und regelmäßige Erträge geben. Abgesehen von einigen Birnsorten, welche auf Wildling veredelt sein müssen, ist immer die schwachwachsende Unterlage zu wählen.

Erfahrungsgemäß eignen sich folgende Sorten zur Buschobstkultur:

Aepfel: *Charlamowsky, Gelber Edelapfel, Jubiläumsapfel, Lord Großvenor, Goldparmäne, Landsberger-Rtte, Baumanns-Rtte, Weißer Klarapfel, Königinapfel, Cox Orangen-Rtte, Transparent von Croncels, Minister von Hammerstein, Schöner von Boskoop, Freiherr von Berlepsch, Lord Suffield.*

Birnen: *Clapps Liebling, Andenken a. d. Kongreß, Dr. Jules Guyot, Williams Christ* (Wildl.), *Clairgeau* (Wildl.), *von Tongre* (Wildl.), *Gute Louise, Napoleons Butterbirne, Pastorenbirne, Regentin.*

Pfirsiche: *Amsden, Große Mignon, Frühe Rivers, Königin der Obstgärten, Weiße Magdalene, Waterloo.*

Ganz besonders zur Buschkultur empfiehlt sich die Sauerkirsche, von welcher die *Große lange Lotkirsche* am reichtragendsten und auch sehr gesucht ist.

Bei der Festsetzung der Entfernungen ist die Beschaffenheit des Bodens auch wieder zu berücksichtigen, da in schwerem, nährstoffreichem Boden die Bäume kräftiger treiben, wie in geringeren Bodenarten, auch ist die Unterlage zu berücksichtigen.

Aepfel, auf Splittapfel veredelt, müssen 4 m Abstand bekommen. Ist im kräftigen Boden ein starkes Wachstum zu erwarten, so nehme man lieber 5 m Entfernung, ebenso ist diese Entfernung bei Birnen, die auf Wildling stehen, anzuraten. Dient die Quitte als Unterlage, so genügen 4 m Abstand.

Bei den hohen Anforderungen, die man an eine Buschobstanlage stellt, muß auch für eine reiche Düngung gesorgt werden. Ratsam ist es, immer die ganze Fläche und nicht jeden Baum für sich zu düngen. Hierzu ist in erster Linie der Stalldünger am Platze, da dieser dem Boden nicht nur die erforderlichen Nährstoffe zuführt, sondern ihn auch an Humus bereichert, ihn dadurch lockert und erwärmt. Außer diesem kommen auch noch Jauche und künstliche Düngemittel in Betracht. Von letzteren sind Thomasphosphatmehl und Kainit im Winter unterzubringen, Chilisalpeter dagegen im Frühjahre oben auf den Boden aufzustreuen.

Sehr wichtig ist es, die Bäume auch in ihrer Entwicklungszeit, namentlich zur Zeit der Blütenbildung zu düngen. Hierzu eignet sich am besten Superphosphat, welches entweder in Wasser aufgelöst oder im trockenen Zustande ausgestreut und untergehackt, in den Monaten Juni und Juli den Bäumen gegeben wird.

Ferner verwendet man zur Düngung und Bodenverbesserung Komposterde und Kalk, letzteren ganz besonders bei Pfirsichen, welche unbedingt Kalk beanspruchen.

In den ersten Jahren nach der Pflanzung können die Zwischenräume durch Erdbeeren und Gemüsekulturen ausgenutzt werden. Auf jeden Fall muß fleißig gehackt werden.

L. Müllers, Breyell (Rhl.).

— Würde für die Obstanlage statt Pyramiden nur Buschobst empfehlen, da erstere, wenn regelmäßig — andernfalls Buschobst — durch den notwendigen regelrechten Fruchtholzschnitt usw. wohl mehr Arbeit bringen, aber dennoch nicht mehr Früchte liefern würde, und die Schönheit der Zweckmäßigkeit weichen muß. Unter Buschobst verstehe ich aber nun keine Krüppel, die an den unteren Astteilen bald kahle Stellen aufweisen und schnell zurückgehen, sondern empfehle hierfür die Verwendung ein- oder zweijähriger, sonst wie Pyramiden gezogener Bäumchen, die auch in den nächsten zwei Jahren zur Bildung eines tragfähigen Gerüstes in den einzelnen Aesten etwas gekürzt, dann später nur von den wirr durcheinander wachsenden Zweigen befreit, d. h. ausgelichtet und deren übermäßig lang wachsende Hauptäste wenig gekürzt werden.

Die Pflanzweite für Buschobst sollte in geschlossener Pflanzung bei Aepfel auf Doucin, Birne auf Quitte oder Wildling (einzelne Sorten), Pfirsich auf St. Julien in genannten Bodenverhältnissen 4 m im Verbande betragen; wird auf Unterkulturen, Erdbeeren, Gemüse, Wert gelegt, so in der Reihe 4 m, die Reihen untereinander 5 m, engere Pflanzung erschwert die spätere Bodenbearbeitung.

Als Pflanzzeit wäre für derartige Verhältnisse der Herbst anzuraten; die Bäume wachsen im Frühjahre flott weiter, ohne eine besondere Störung erkennen zu lassen. Wird es bei den notwendigen Vorbereitungen im Herbste zu spät, so kann bei frostfreiem Wetter und abgetrocknetem Boden bis Mitte März hin gepflanzt werden; irgendwelche Schäden sind nicht zu erwarten.

Zur Düngung und Bodenvorbereitung empfehle für jede Pflanzgrube — 1,00—1,25 m breit, lang und 60 cm tief — 1 kg Thomasmehl, ¼ kg 40 % Kalisalz, 2 kg Düngekalk — besonders Pfirsich —, etwa 3 gute Hände voll durchfeuchtetes Torfmull, dieses in die Nähe der Wurzeln verteilt, und Kompost; die Dünger sind über die ausgehobene Erde zu verteilen und durchzumischen. Nach dem Pflanzen — nicht zu tief — kommt auf die Baumscheibe eine dünne Lage Stallmist als Decke, die den Boden locker und feucht hält, das Anwachsen erleichtert und zugleich düngt.

Als beste Sorten kämen in Betracht:

Aepfel: *Weißer Klarapfel, Transparent von Croncels, Cox Orangen-Rtte, Baumanns-Rtte, Schöner von Boskoop, Parkers Pepping, Lord Großvenor, Landsberger-Rtte.*

Birnen: *Williams Christbirne* (Wildling), *Clapps Liebling, Gute Luise v. Avranches, v. Tongre, Diels Butterbirne, Olivier de Serres.*

Pfirsich: *Alexander, Eiserner Kanzler, Proskauer, Frühe Rivers.*

Da die Angaben über Größe der gedachten Obstanlage, sowie über Absatzmöglichkeiten fehlen, lassen sich bestimmte Sorten nicht nennen, vielmehr sind obige allgemein als die besten zu bezeichnen.

F. Mey, Herford.

(Weitere Antworten folgen.)

Neue Frage No. 532. Was ist die Ursache des Faulens der jungen Zierspargeltriebe? Die Pflanzen stehen mit den Töpfen in Dung eingefüttert, wurden weder zu naß, noch zu trocken gehalten, auch nicht zu stark gedüngt.

Neue Frage No. 533. Welche Bäume sind zur Bepflanzung einer durch magere Sandaufschüttung hergestellten Straße zu empfehlen?

Neue Frage No. 534. Welche Linden leiden nicht an frühem Laubfall im Sommer, und wie kann letzterem bei den alten Lindenbäumen einer Allee, die oft schon im August kahl sind, vorgebeugt werden?

Neue Frage No. 535. Was ist richtiger beim Schneiden der Kugelakazien: Die jungen Triebe an ihrer Basis, also am Astringe, abschneiden, oder ihnen etwa 2 Augen lassen? Ich neige letzterer Ansicht zu.

Neue Frage No. 536. Meine Amaryllishybriden hatten an Blatt- und Blütenstengeln rostbraune Flecke, die Stengel waren zum Teil verkrüppelt und die Blüten schlecht ausgebildet. Es liegt hier ohne Zweifel eine Pilzkrankheit, also Amaryllisrost vor. Wie wird die Bekämpfung erfolgreich durchgeführt? Bestäuben mit gepulverter Schwefelblüte war wirkungslos.

Neue Frage No. 537. Ist es besser, den Dünger im Winter breitzustreuen, oder in Haufen aufs Land zu legen?

Neue Frage No. 538. Wie ist die Zimmerkultur und Vermehrung der *Aralia Sieboldii?*

Neue Frage No. 539. Wie ist der einfachste und richtige Weinschnitt (Freiland)?

Neue Frage No. 540. Wie ist der richtige Stecklingsschnitt bei Stachelbeer- und Johannisbeersträuchern und welches ist die beste Zeit dafür?

Personal-Nachrichten.

Barth, Erwin, der auch zur engeren Wahl um die noch nicht besetzte Gartendirektorstelle in Erfurt stand, wurde vom Senat in Lübeck zum Stadtgärtner erwählt und hat diese Stellung angenommen. Herr Barth war bisher technischer Leiter der landschaftsgärtnerischen Firma Ernst Finken in Köln.

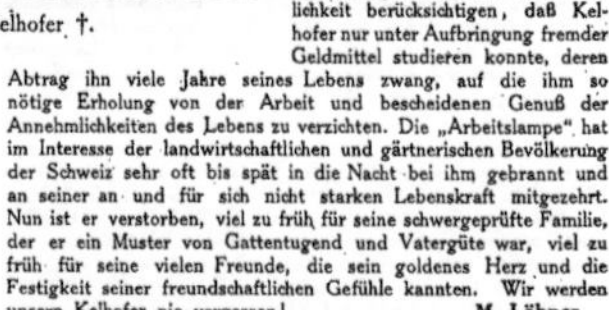

Wilhelm Kelhofer †.

Bock, Anselm, früher Kunst- und Handelsgärtner in Frankfurt am Main, † am 8. März im Alter von 70 Jahren. Der Verstorbene gehörte einer angesehenen Altfrankfurter Gärtnerfamilie an, nahm in früheren Jahren lebhaften Anteil am öffentlichen Leben, bekleidete zahlreiche Ehrenämter und war 12 Jahre Vorstandsmitglied des demokratischen Vereins.

Diekmann, H., der, wie wir im vorigen Hefte berichteten, zum städtischen Obergärtner in Berlin ernannt wurde, ist vom Kuratorium der städtischen Gärtnerfachschule neben dem Unterricht im Planzeichnen, den er schon seither leitete, vom Mai ab auch die Erteilung des Unterrichtes im Feldmessen übertragen worden.

Drehlhorn, W., (ehemaliger Dresdner), seit September 1907 als technischer Hilfsarbeiter bei der Stadtgärtnerei Pforzheim tätig, wurde als Gartentechniker daselbst angestellt.

Herzberg, Wilhelm, bis vor kurzem Inhaber eines der angesehensten Blumengeschäfte im Tiergartenviertel von Berlin, von welchem er sich aus Gesundheitsrücksichten zurückziehen mußte, † am 11. März im 54. Lebensjahre. Der Verstorbene entstammte einer Berliner Gärtnerfamilie; von seinen Brüdern war einer gleichfalls Blumengeschäftsinhaber in Berlin, ein anderer ist Handelsgärtner und bekannter Cyclamenzüchter in Charlottenburg. Der Verstorbene leistete auf dem Gebiete der Dekoration und Binderei Hervorragendes; er war Kgl. Hoflieferant. Die Kaiserin machte vielfach in seinem Laden persönlich ihre Einkäufe, auch gehörten die hervorragendsten Vertreter der Berliner Diplomatie zu seinen Kunden.

Kelhofer, Wilhelm, Lehrer an der Gartenbauschule und Vorstand der chemischen Abteilung an der Versuchsanstalt für Obst-, Wein- und Gartenbau in Wädenswil (Schweiz), † am 7. d. M. im Alter von 46 Jahren. Der Verstorbene hat ein Leben überreicher Arbeit, aber auch reich an Erfolgen hinter sich. Ihm ist es in erster Linie mit zu danken, daß sich die Wädenswiler Anstalt allgemeine Anerkennung in der Schweiz, vorherrschend in landwirtschaftlichen Kreisen, verschaffen konnte. Wir müssen die für die schweizer wie auch süddeutschen Landwirte so überaus wichtige Klärung der Moste (Obstweine), die vorher oft ohne genügenden Erfolg vorgenommen wurde, und damit die Möglichkeit der später mit so großem Vorteile abgehaltenen schweizerischen Mostmärkte als Kelhofers Lebenswerk ansprechen. Auch dem Gartenbau, dem die Gelehrten sonst meist so fern stehen, hat er wahres Interesse entgegengebracht, und seiner Forscher- und Lehrtätigkeit haben wir und im besonderen die schweizer Gärtner vieles zu danken. Kelhofer wies in seinen für die gärtnerische Praxis bestimmten Arbeiten unter anderem auf die Wichtigkeit der Mitverwendung von Zucker bei Herstellung der Bordeauxbrühe zur bessern Haltbarkeit derselben hin, er betätigte sich überhaupt viel an der Untersuchung und Herstellung von Bekämpfungsmitteln gegen pilzliche und tierische Pflanzenfeinde, an der Untersuchung von „Geheimdüngemitteln", und führte Düngungsversuche an Topfpflanzen durch. Seine Untersuchungen hat er in verschiedenen kleinen Originalabhandlungen und in Fachblättern, besonders im „Schweizerischer Gartenbau" und in der „Zeitschrift für Obst- und Weinbau" niedergelegt. Sein „Leitfaden für das chemische Praktikum an landwirtschaftlichen Schulen mit spezieller Berücksichtigung der Obst-, Wein- und Gartenbauschulen", der als der Extrakt seiner Tätigkeit als Lehrer anzusehen ist, ist ein ganz originelles, für jeden gebildeten Gärtner brauchbares kleines Lehrbuch. Als Lehrer ging Kelhofer mit vollem Temperament in den Unterricht und er zeigte Geschick, den Schülern etwas beizubringen. Den großen Apparat, der sonst an unseren Fachschulen in der Chemie, Bodenkunde und Düngerlehre meist zum Nachteile des Unterrichts entfaltet wird, kannte er nicht. Der Schüler merkte, daß Kelhofer mitten drin im praktischen Leben stand. Er war ja auch aus landwirtschaftlichen Kreisen hervorgegangen und besaß die dem Landwirt meist charakteristische Zähigkeit im Aushalten. Man muß bei Beurteilung von Kelhofers Persönlichkeit berücksichtigen, daß Kelhofer nur unter Aufbringung fremder Geldmittel studieren konnte, deren Abtrag ihn viele Jahre seines Lebens zwang, auf die ihm so nötige Erholung von der Arbeit und bescheidenen Genuß der Annehmlichkeiten des Lebens zu verzichten. Die „Arbeitslampe" hat im Interesse der landwirtschaftlichen und gärtnerischen Bevölkerung der Schweiz sehr oft bis spät in die Nacht bei ihm gebrannt und an seiner an und für sich nicht starken Lebenskraft mitgezehrt. Nun ist er verstorben, viel zu früh für seine schwergeprüfte Familie, der er ein Muster von Gattentugend und Vatergüte war, viel zu früh für seine vielen Freunde, die sein goldenes Herz und die Festigkeit seiner freundschaftlichen Gefühle kannten. Wir werden unsern Kelhofer nie vergessen! **M. Löbner.**

Malaisé, Karl, Gärtner zu Rothau, erhielt das Preuß. Allgemeine Ehrenzeichen.

Schmidt, Gutsgärtner in Hanerau (Schleswig-Holstein), feierte am 8. März sein 50 jähriges Dienstjubiläum. Es wurde ihm bei diesem Anlaß vom Amtsvorsteher die Verdienstmedaille überreicht.

Schulze, bisher städtischer Obergärtner in Hannover, der seit dem Tode des Stadtgartendirektors Trip und schon während dessen Krankheit die Geschäfte der Stadtgartenverwaltung geführt hat, ist vom Magistrat der Titel „Städtischer Garteninspektor" verliehen worden.

Berlin SW. 11, Hedemannstr. 10. Für die Redaktion verantwortlich Max Hesdörffer. Verlag von Paul Parey. Druck: Anhalt. Buchdr. Gutenberg e. G. m. b. H., Dessau.

Bevorstehende Ausstellungen.

April 1908.

Gent (Belgien). XVI. internat. Gartenbauausstellung vom 25. April bis 3. Mai 1908.

Mai 1908.

Wien. Reichs-Gartenbauausstellung, von Mai bis Oktober 1908 (geplant).

Juni 1908.

Leipzig. Rosenausstellung vom 27. Juni bis 5. Juli 1908 anlässlich des diesjährigen Kongresses des „Vereins deutscher Rosenfreunde".

Zwickau. Vogtländisch-Erzgebirgische Rosenausstellung. Anlässlich des 25jährigen Bestehens des Vereins Zwickauer Rosenfreunde.

August 1908.

Duisburg. Gartenkunstausstellung 15. August bis 1. Oktober 1908.

September 1908.

Quedlinburg. Neuheitenausstellung der Deutschen Dahlien-Gesellschaft. 12.—14. September im Kaiserhof.

Oktober 1908.

Bielefeld. Obstausstellung für Westfalen und Lippe. 13.—19. Oktober.

April 1909.

Berlin. Grosse Internationale Gartenbauausstellung vom 2.—13. April in der Ausstellungshalle am Zoologischen Garten, veranstaltet vom Verein zur Beförderung des Gartenbaues in den Kgl. preuss. Staaten.

Illustrierte Wochenschrift für den gesamten Gartenbau.

Jahrgang XII. 4. April 1908. No. 27.

Naturkunden. Vom Herausgeber.

(Hierzu vier Abbildungen.)

Es mögen etwa 15 Jahre her sein, als mir ein junger Lehrer, der damals in dem kleinen, etwa 500 Einwohner zählenden Dörfchen Hardenbeck in der Provinz Brandenburg seines Amtes waltete, eine bescheidene Sendung übermittelte, die sofort mein lebhaftes Interesse erregte. Sie bestand aus einer Anzahl noch dilettantenhafter Pflanzenaufnahmen, die,

Küstenseeschwalbe (Sterna macrura). Der Vogel fliegt zum Brüten aufs Nest.

Illustrationsprobe aus „Naturkunden".

vom technischen und vom künstlerischen Standpunkte aus beurteilt, so gut wie alles zu wünschen übrig ließen, aber ebenso interessante, als in der Kultur heikle Gewächse darstellten, südeuropäische Erdorchideen und seltene Zwiebelpflanzen, die der angehende Amateur unter bescheidensten Verhältnissen erfolgreich im Topfe kultiviert hatte. Im Begleitschreiben zu dieser Sendung schilderte mir der Einsender, Georg E. F. Schulz, seine naturfreundlichen Neigungen und Bestrebungen. An diesen ersten brieflichen Verkehr knüpfte sich weitere Korrespondenz an, in deren Verlauf mir Herr Schulz seine Absicht bekannt gab, den Lehrerberuf aufzugeben und sich ganz dem Gartenbau zuzuwenden, wovon ich ihn aber, in einem wohlbegründeten Schreiben, in Rücksicht auf sein gereifteres Alter und die geringen Aussichten, die der Gartenbau den meisten seiner Jünger bietet, abbrachte. Einige Jahre später sollte es sich aber an diesem begeisterten und kenntnisreichen Naturfreunde, dem nichts fremd ist in der Heimat, bewahrheiten, daß auch die naturwissenschaftlichen Liebhabereien, die man gemeinhin brotlose Künste nennt, wenn sie mit Eifer und Sachkenntnis betrieben werden, ihren Anhängern beim späteren Fortkommen praktischen Nutzen stiften können. Als die emporblühende Gemeinde Friedenau bei Berlin für eine ihrer modernen Schulen eine Lehrkraft mit gärtnerischen Kenntnissen suchte, dem zugleich die Leitung der Schulgartenanlagen obliegen sollte, wurde Herr Lehrer Schulz von Hardenbeck nach dort berufen. Seitdem sind wir uns persönlich näher getreten, und Herr Schulz hat unter anderen seine photographischen Fertigkeiten in den Dienst unserer Zeitschrift gestellt; die beiden letzten Jahrgänge der „Gartenwelt" verdanken ihm eine Anzahl hervorragender Naturaufnahmen, u. a. die in den Heften 5 bis 7 dieses Jahrganges veröffentlichten Ansichten aus den pflanzengeographischen Anlagen des neuen Kgl. Botanischen Gartens zu Dahlem, die auch die volle Anerkennung des Geh. Oberregierungsrats Professor Dr. Engler, des Direktors dieses Instituts, gefunden haben. Auf meine Veranlassung hat Herr Schulz auch für den „Deutschen Gartenkalender" den Artikel „Der Gärtner als Photograph" geschrieben, dessen Studium ich jedem empfehlen kann, der in Freilichtaufnahmen Erfolge erzielen will.

Nachdem ich in Vorstehendem die Leser flüchtig mit der Persönlichkeit des Herrn Schulz bekannt gemacht habe, möchte ich ihnen die Bekanntschaft eines einzig in seiner Art dastehenden Werkes desselben vermitteln. Dies Werk, dessen Erscheinen ich mit veranlassen konnte, führt den Titel **„Naturkunden"** *) und erscheint im Verlage von Paul Parey, Berlin, in Einzelheften mit je 20 auf Kunstdruckpapier gedruckten Bildertafeln nebst begleitendem Text in künstlerischen Einbänden nach Entwürfen Karl Wagners. Die ersten vier Hefte liegen vor und können zum Preise von je einer Mark durch jede Buchhandlung bezogen werden. Nur weil man mit einem bedeutenden Absatz dieser Naturdokumente

Breitblättriges Knabenkraut (Orchis latifolia). Illustrationsprobe aus „Naturkunden".

*) Naturkunden. Biologisch erläuterte photographische Aufnahmen frei lebender Tiere und Pflanzen. Von Georg E. F. Schulz. In Heften zu je 1 M. Berlin 1908. Verlag von Paul Parey.

rechnet, konnte der Bezugspreis so bescheiden bemessen werden. Heft 1 umfaßt ausschließlich Vogelaufnahmen, vorzugsweise solche von Strand- und Seevögeln, Heft 2 meist Aufnahmen von Sumpf- und Wasserpflanzen, Heft 3 solche von heimischen Wald- und Wiesenkräutern, Heft 4 Pilze. Die beistehenden Proben aus diesen Lieferungen können, weil nicht auf Kunstdruckpapier reproduziert, nur ein bescheidenes Bild von der Eigenart und dem hohen künstlerischen Wert dieser Naturdokumente bieten. Jeder, dem der oft harte Kampf ums Dasein das Leben noch nicht ganz verbittert, den Sinn für die Natur, die Freude am Leben und Weben ihrer Geschöpfe noch nicht vollständig verkümmert hat, wird

Schmalblättriges Tausendgüldenkraut (Erythraea linariifolia). Blüten „wachend" vorm. 9 Uhr. (Blick schräg von oben!) Illustrationsprobe aus „Naturkunden".

diese neue Erscheinung mit Freuden begrüßen, die Hefte immer und immer wieder zur Hand nehmen, aus diesen Darstellungen Belehrung schöpfen, sich an ihrer Naturtreue, Mannigfaltigkeit und Schönheit erbauen.

Verfasser nennt mit Recht seine photographischen Meisterwerke „Naturkunden"; sie stehen turmhoch über jenen zweifelhaften Abbildungen, mit denen heute in einem Teil unserer Fachpresse, in manchen Familienjournalen, ja selbst in vielen wissenschaftlichen Werken aufgewartet wird. Naturkunden sind es, weil einerseits der Verfasser das intime Leben der Tiere und Pflanzen mit unendlicher, bewundernswerter Geduld belauscht und in seinen charakteristischen Eigenheiten mit Meisterschaft auf die Platte gebracht hat, und weil andererseits seine Bildtafeln getreue Spiegelbilder der photographischen Platten sind, an welchen jede, auch die allergeringste Retouche vermieden wurde. Wir haben auch hier in der „Gartenwelt" stets den Grundsatz des Herrn Schulz vertreten, daß Phototypie und Autotypie unmittelbar nach den photographischen Kopien hergestellt werden müssen, daß der sogenannte Retoucheur, zu deutsch Anstreicher, mit Farbentopf und Pinsel durchaus ferngehalten werden muß, daß also jede Aufnahme, die nicht weitgehenden Anforderungen genügt, von der Reproduktion auszuschließen ist. Die natürliche Photographie verhält sich zu der retouchierten, d. h. bepinselten und auflackierten, wie ein hübsches, schlicht gekleidetes Bauernmädchen, das die natürlichen Körperformen zeigt, zu einer aufgetakelten verrückten Modedame mit hochgeschnürter Brust, zusammengepreßter Lunge, verschobenem Magen und einem Wulst falscher, künstlich zusammengedrehter Haare, die wie ein Heubündel unter dem aufgeblasenen Glockenhute hervorquellen.

Die in den vorliegenden vier Lieferungen veröffentlichten Naturdokumente wurden vor Veröffentlichung vom Verfasser hervorragenden Gelehrten und Künstlern zur Begutachtung vorgelegt, die ihnen ohne Ausnahme das glänzendste Zeugnis ausstellten. Es haben mir im Originale die Anerkennungen von Professor Schillings, dem Verfasser des bekannten Werkes „Mit Blitzlicht und Büchse", von Professor Reichenow vom

Kgl. Museum für Naturkunde, vom Geh. Oberregierungsrat Prof. Dr. Engler, von Professor Dr. L. Heck, dem Direktor des Berliner Zoologischen Gartens, von Prof. Dr. Loubier, Direktorialassistent am Kunstgewerbemuseum in Berlin, und vielen anderen vorgelegen. Herr Geheimrat Engler bat sich die Bilder zum Ausstellen im Kgl. Botanischen Museum aus, und Direktor Heck nahm sofort Veranlassung, Herrn Schulz für die Illustrierung der nächsten Auflage von Brehms Tierleben zu gewinnen, bei welcher die Zeichnungen der ersten Tiermaler durch künstlerische Naturaufnahmen ersetzt werden sollen.

Der Laie ahnt kaum, mit welchen unendlichen Schwierigkeiten namentlich die Aufnahmen scheuer Vögel und anderer Tiere verknüpft sind; eine Aufnahme wie diejenige der Küstenseeschwalbe auf der Titelseite setzt oft vier- bis sechstäge Bemühungen voraus. Der Photograph muß sich zu diesem Zweck eine unauffällig mit Pflanzenwerk verkleidete Hütte, die ihm und seinem Apparat beschränkten Raum bietet, oder Wände von Schilf und Seegras herstellen, diese im Verlauf von mehreren Tagen zur Nachtzeit dem ausgekundschafteten Neste näher und näher bringen, damit solche Deckung dem scheuen Vogel vertraut wird, bis sie schließlich so nahe am Neste steht, daß nach stundenlangem, auch nicht durch das leiseste Geräusch gestörtem Warten der geeignete Moment für die Exposition gekommen ist. Ein kleines Geräusch, eine ungeschickte Bewegung, und alle Mühe war vergeblich!

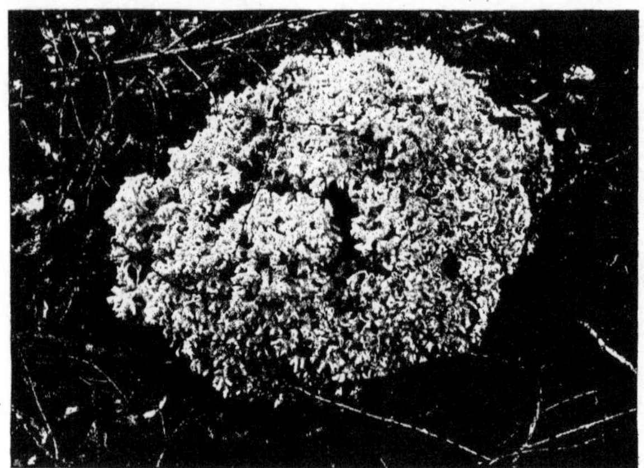

Ziegenbart „Krause Glucke“ (Sparassis ramosa), über 4 kg schwer, 1,17 m Umfang.
Illustrationsprobe aus „Naturkunden“.

Mit den meisterhaften Aufnahmen stehen die beigegebenen Texte des Herrn Schulz auf gleicher Höhe; man schlage nur den ersten, besten Text auf und lese ihn. Man merkt dann sofort, daß hier kein Zunftgelehrter, der seine Weisheit am grünen Tisch zusammengesucht hat, um sie uns in dürren Sätzen auszukramen, sondern ein warmherziger Naturfreund zu uns spricht, der einen großen Teil seines Lebens in Feld und Wald zugebracht, den Stimmen der Natur nachgegangen ist, ihre geheimsten Regungen mit tiefem Verständnis erforscht hat. Die Abbildung auf der Titelseite, die ein Stück des Nistgebietes der Küstenseeschwalbe (Sterna macrura) zeigt, erläutert Verfasser mit folgenden Worten: „Es ist ganz kurzgrasiges Gebiet, das wie geschoren aussieht. Zwischen den Gräsern finden wir noch viel Meerstrandsdreizack *(Triglochin maritima)*, rechts ist ein blühender Stengel zu sehen, dann die ganz niedrige, allerliebste Strandform unserer Grasnelke *(Armeria vulgaris var. maritima)*, und ferner sehen wir noch, wie weiße Flocken auf dem grünen Rasen, die Blüten von Weißklee *(Trifolium repens)* und Erdbeerklee *(Trifolium fragiferum)*. Hin und wieder nun bemerkt man kleine Häufchen von Seegras, die das Hochwasser heraufgespült hat, und gerade neben diesen findet man oft das Nest dieser Seeschwalbe. Auch auf der Abbildung sehen wir das Nest neben einem solchen Seegrashäufchen, es befindet sich hinter dem Vogel, der es durch seine Schwingen verdeckt. Dennoch bin ich gerade stolz auf diese Haltung, wie sieht man doch so deutlich die wunderbare Eleganz des fliegenden Vogels! Freilich habe ich auch gerade diese Urkunde mit vieler Geduld bezahlen müssen. Leider zeichnet sich ja die hellblaue Farbe des Oberkörpers auf der photographischen Platte auch ziemlich hell, fast weiß, wie die Unterseite ab. Um so schöner aber hebt sich die samtschwarze Kappe ab. In diesem schwarzen Feld, aber ganz dicht an der Grenze zum Weißen, liegt auch das dunkle Auge, so daß man es leider nicht sehen kann. Auch der prächtig rote Schnabel kann als solcher nicht bewundert werden; er wird eben bei einer Photographie schwarz erscheinen müssen. Doch wir wollen zufrieden sein mit der schönen fliegenden Stellung, die auch so recht die langen Flügel erkennen läßt, und diesen Vogel als vorzüglichen Flieger kennzeichnet."

Ich habe dieses Bild und die drei nachfolgenden Pflanzenbilder aufs Geratewohl aus den 80 Natururkunden der vorliegenden vier Hefte, von denen jedes für sich ein geschlossenes Ganzes bildet, herausgegriffen; eine Wahl würde hier zur Qual, denn sämtliche Bilder sind von höchster Naturtreue, eigenartig und von künstlerischer Vollendung.

Die Vogelaufnahmen des ersten Heftes der Natururkunden bieten uns prächtige Blicke in das intimste Familienleben hochinteressanter Vögel der Heimat, das in der Regel den Blicken der Alltagsmenschen und nicht nur diesen allein vollkommen entzogen ist. Da tun sich unseren Augen die Gelege verschiedenartiger Seevögel auf, deren prächtig gezeichnete Eier meist in einer flachen Mulde auf dem nackten Boden liegen und so vollständig der Umgebung angepaßt sind, daß schon ein Späherauge dazu gehört, sie in der freien Natur ausfindig zu machen; da sehen wir den brütenden Vogel, wir sehen, wie das Weibchen das Männchen bei der Brut ablöst, wie der Brutvogel die Eier wendet, was zweimal innerhalb 24 Stunden geschieht, wir sehen das eben dem Ei entschlüpfte Nestjunge, wie die Alten die Brut atzen, und andere prächtige Idyllen aus dem Vogelleben, bei deren Anblick das Herz jedes fühlenden Menschen höher schlägt und höher schlagen muß.

Abbildung Seite 314 zeigt uns das breitblättrige Knabenkraut *(Orchis latifolia)*, das seiner gefleckten Blätter halber so häufig mit dem gefleckten Knabenkraut *(O. maculata)* verwechselt wird. Auf dem Bilde sehen wir die Pflanze auf einer ziemlich nassen Wiese zwischen verschiedenen Moosen wachsen. Ganz vorn steht eine vielleicht zweijährige Pflanze mit zwei Blättern, die noch nicht blühbar ist. Bei den anderen haben sich erst die unteren Blüten geöffnet; in voller Blüte sind die Pflanzen noch etwas höher. Auf dem Bilde sehen wir noch rechts einige Blätter der Sumpfdotterblume, in der Mitte einige solche des Bitterklees und an verschiedenen Stellen im Vorder- und Hintergrunde Triebe des Sumpfschachtelhalmes. Dieses Bild ist dem zweiten Hefte entnommen.

Aus dem dritten Hefte bieten wir die Abbildung des schmalblättrigen Tausendgüldenkrautes *(Erythraea linariifolia)*, das salzhaltige Wiesen liebt, deshalb hauptsächlich an der Meeresküste vorkommt. Die abgebildete Pflanze wuchs zwischen Gräsern und Seggen und schien, wie das Bild zeigt, auch die Gemeinschaft mit dem roten Augentrost *(Euphrasia Odontites)* zu lieben. Verfasser schreibt: „Auch wenn ringsum die anderen Pflanzen vom Vieh abgeweidet sind, wird man unser Pflänzchen meist noch gut erhalten finden. Es besitzt, wie auch die verwandten Enziane, in allen Teilen einen bittern Stoff, der den Tieren sicher nicht so heilkräftig erscheint, wie manchen Menschenkindern der „Enzianbitter". Sehr interessant ist nun der Schlaf ihrer Blüten. Die Pflanze vermag sich uns innerhalb 20 Minuten in zweierlei Stadien zu zeigen. Um $^1/_2$9 Uhr vormittags suchte ich sie in ihrem „Heim" auf, und siehe, sie war noch nicht zu sprechen. Fast fand ich die am Nachmittage vorher aufgesuchte Stelle gar nicht wieder, so verändert sah sie aus. Keines der reizenden Sternchen lachte einem entgegen, nur einige zusammengedrehte helle Spitzen erblickte man dort. Kein Zweifel, sie „schliefen" eben noch! Ich rüstete die Camera ab und wollte später wiederkommen, da erblickte ich beim Weggehen, wie einer der Langschläfer halb das Auge geöffnet hatte, und siehe, noch einer und da wieder einer und innerhalb 15 bis 20 Minuten lachten sie mich alle an, wie unser Bild Seite 315 es zeigt. Das Oeffnen ging tatsächlich so schnell, daß man es fast mit den Augen verfolgen konnte. Ich möchte es mit der Schnelligkeit des großen Uhrzeigers vergleichen. Der Anblick dieser reizenden, rosafarbenen Sterne auf grünem Grunde hat wirklich etwas außerordentlich Liebliches. Unsere Gedanken steigen beim Anblick unseres Bildes empor zum nächtlichen Sternhimmel über uns, und fast möchte man auch auf unserer Tafel das „Siebengestirn" und die „Wega" erblicken. — Die geschlossenen Blüten, die hier noch zwischen den Blüten auffallen, sind Knospen, die erst am nächsten Tage oder später erblühen. Leider gehen sie alle sehr früh wieder schlafen. Um 3 Uhr nachmittags hatten sie ihr Tagewerk vollendet und sich zur Ruhe begeben, bis die neue Sonne sie wieder zu neuem Leben weckte."

Lieferung 4 enthält Pilze. Man vergleiche diese wunderbaren, lebensprühenden Natururkunden, charakteristische Pilze der Heimat, diese eigenartigen Karnevalsgestalten des Pflanzenreiches, wie sie uns hier in ihrer natürlichen Umgebung, an den für jede einzelne Art charakteristisch ausgewählten Standorten vorgeführt werden, mit den Abbildungen in den zahlreichen Pilzwerken einschließlich der Farbendruckbilder, und man wird meinem Urteil beistimmen, das ich dahin zusammenfasse, daß diese 20 Natururkunden alles früher Veröffentlichte in den Schatten stellen. Die aus dieser Lieferung gebotene Probe zeigt ein Prachtexemplar des eßbaren Ziegenbartes *(Sparassis ramosa)* im Gewichte von 4 kg und bei einem Umfange von 117 cm.

Es war mir ein Herzensbedürfnis, diese hervorragende Arbeit aus innerster Ueberzeugung zu empfehlen, ihr Worte der Anerkennung mit auf den Weg zu geben. Diese Hefte, die in zwanglosen Zwischenräumen noch vermehrt werden sollen, sind wahre Erbauungsbücher für den Naturfreund im allgemeinen, den Gärtner und Gartenfreund im speziellen, dazu angetan, uns die Tier- und Pflanzenwelt der Heimat näher zu bringen, den Geist zu bilden und das Auge für das Wahre und Schöne zu schärfen; mögen sie Belehrung und Freude an der Natur in weiteste Volksschichten tragen!

Schlingpflanzen.

Physianthus albens. Eine interessante brasilianische Schlingpflanze ist *Physianthus albens*. Diese Pflanze ist mehrjährig, anspruchslos, auch sonst ziemlich widerstandsfähig. Vor zwei Jahren pflanzte ich einen *Physianthus* an die Südseite meines Hauses, wo derselbe, nur durch das vorspringende Dach geschützt, die beiden letzten harten Winter ohne Schaden zu nehmen überstand. Für kältere Gegenden ist es ratsam, junge Pflanzen im Kalthause zu überwintern. *Physianthus albens* macht, wenn einmal gut angewachsen, bis 5 m lange Jahrestriebe, die sich um jeden erreichbaren Gegenstand schlingen. Die Blätter sind lanzettlich, die Oberseite ist blaugrün, die Unterseite grau, mehlig. Die glockenähnlichen Blüten erscheinen überaus zahlreich an den Seitentrieben und haben eine weiße, in rosa übergehende Färbung; sie haben einen sehr durchdringenden, angenehmen Duft. Es ist wirklich eine Pracht, diese Pflanze in ihrem Blütenschmuck zu sehen, und verdient *Physianthus albens* neben anderen bewährten Schlingpflanzen als zierende Abwechselung angepflanzt zu werden. Die Vermehrung erfolgt am schnellsten durch Samen. **J. Baum**, Handelsgärtner, Vevey.

Stauden.

Campanula Mayi winterhart? Ich kann dem in der Nummer 24 der „Gartenwelt" den *C. isophylla* und *C. Mayi* gespendeten Lobe nur zustimmen, möchte aber bezweifeln, daß letztere weniger reichblütig ist. Schließlich kann man doch von einer Pflanze nicht mehr erwarten und verlangen, als daß sie sich während wenigstens dreier Monate des Jahres mit Blumen buchstäblich über und über bedeckt. Das aber tut *C. Mayi* — wie Herr Pauls sehr richtig bemerkt — von August ab, bei mir an einer Stelle, wo eine derartige Pflanze ein wahrer Schatz ist, nämlich an der Innenseite des Pflanzenkastens meiner Loggia, und schmückt mir während der letzten Hälfte des Sommers die öde Kastenwand mit der verschwenderischen Fülle ihrer lieblichen, porzellanblauen Blüten. Kam dann der Herbst und zerstörten die stärkeren Fröste die Blumenpracht, so hatte ich bisher fein säuberlich alle Ueberreste des Pflanzenwuchses entfernt. Diesmal war das aus irgend welchen Gründen unterblieben, und nun sehe ich zu meiner großen Freude jetzt in den ersten Tagen des März ganze Polster junger Triebe hervorbrechen, die mir einen noch stärkeren Flor versprechen. Man sieht, die heilige Ordnung ist nicht immer segensreich, erst Unordnung ließ mich diese Beobachtung machen und ersparte mir noch obendrein eine kleine Ausgabe, da ich mir die schöne Pflanze bisher in jedem Frühjahre neu beschaffen mußte. Man wird einwenden, in diesem Winter beweist Ihre Beobachtung nichts für die Winterhärte. Nun, erstens habe ich die Ueberschrift mit einem dicken Fragezeichen versehen, ich möchte vor allen Dingen zu diesbezüglichen Beobachtungen und Versuchen anregen, und dann hatten wir immerhin einige recht kalte Tage. Mein Balkon liegt direkt nach Osten und absolut frei, die Pflanzen stehen unmittelbar an dem kaum 10 mm starken Kastenrande. So dürfte die Situation eher ungünstiger sein, als etwa auf einer Steinpartie mit etwas trockener Laub- oder Reisigdecke.

Bindseil.

Blütenrispe von Nicotiana silvestris.
Originalaufnahme für die „Gartenwelt".

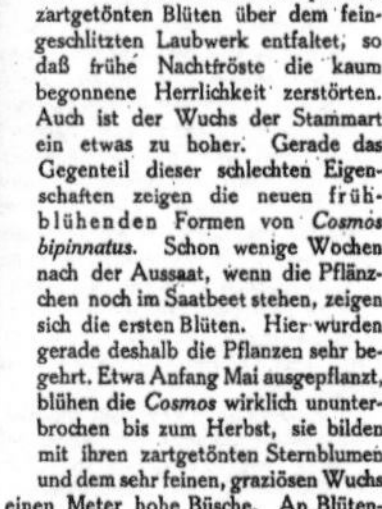

Gruppe von Nicotiana silvestris, eingefaßt mit Ageratum mexicanum, vor einer Kirche in Amsterdam. Originalaufnahme für die „Gartenwelt".

Sommerblumen.

Zur Empfehlung einiger Sommerblumen.

Von **Georg Liebsch**, Kunst- und Handelsgärtner, Chwalkowitz bei Olmütz.

Nicht alle Sommerblumen erfreuen sich der Vorliebe der Blumenliebhaber und Samenzüchter in gleichem Maße, deshalb werden manche weniger vollkommene Pflanzenformen durch Zuchtwahl verbessert, während andere vernachlässigt bleiben. Es ist dies im Interesse der Mannigfaltigkeit zu bedauern, wenn es auch andrerseits erklärlich genug ist, zumal die Kulturformen und Varietäten der bevorzugten Klassen bereits eine sehr große Vollkommenheit und Vielseitigkeit erlangten, so daß das Interesse des „Neuheiten" suchenden Publikums gar nicht mehr so leicht zu gewinnen ist.

Wohl jeder Gärtner, welcher den zarten *Cosmos bipinnatus* (auch *Cosmea bip.* genannt) zur Verwendung brachte, hat es bedauert, daß diese Pflanze meist so spät ihre zartgetönten Blüten über dem feingeschlitzten Laubwerk entfaltet, so daß frühe Nachtfröste die kaum begonnene Herrlichkeit zerstörten. Auch ist der Wuchs der Stammart ein etwas zu hoher. Gerade das Gegenteil dieser schlechten Eigenschaften zeigen die neuen frühblühenden Formen von *Cosmos bipinnatus*. Schon wenige Wochen nach der Aussaat, wenn die Pflänzchen noch im Saatbeet stehen, zeigen sich die ersten Blüten. Hier wurden gerade deshalb die Pflanzen sehr begehrt. Etwa Anfang Mai ausgepflanzt, blühen die *Cosmos* wirklich ununterbrochen bis zum Herbst, sie bilden mit ihren zartgetönten Sternblumen und dem sehr feinen, graziösen Wuchs prächtige, wenig über einen Meter hohe Büsche. An Blütenfarben sind reinweiße, zartrosa bis karminrote Töne vertreten. Abgeschnitten halten sich die Blumen sehr gut und wirken z. B. im Verein mit Rosenblüten besonders hübsch. Ich möchte deshalb den Anbau des *Cosmos* als reizende Florblume empfehlen.

Eine ähnliche Verbesserung durch sorgfältige Zuchtwahl stellt *Althaea hybr. semperflorens* dar, welche alle Eigenschaften der bekannten 2 jährig kultivierten Stock- oder Pappelrosen besitzt, auch mit der Verbesserung, schon wenige Monate nach der Aussaat die kräftigen, hohen Blütenstiele zu entwickeln. Die Behauptung des Züchters (Friedrich Römer, Quedlinburg), daß die Pflanzen bei Märzaussaat ins Mistbeet schon im Juli zu blühen beginnen, hat sich hier als Tatsache erwiesen.

Als Abschluß für Sommerblumenrabatten und zur Erzielung kräftiger Staudeneffekte könnte diese schnell und leicht zu ziehende Sommerblume zumeist an Stelle der zweijährigen Formen Verwendung finden.

Wem an einer eigenartigen, hübsch wirkenden Einfassungspflanze für Blumenbeete und größere Gruppen gelegen ist, der pflanze *Tagetes signatus pumilus*. An Unermüdlichkeit im Blühen wird dieses Samtblümchen von keiner anderen Sommerblume übertroffen. Die Pflanzen bleiben kompakt, etwa 25 cm hoch und breit. Das Laubwerk ist sehr fein geschlitzt und bildet zu der Unmenge von kleinen gelben, orangerot getüpfelten Blüten einen hübschen Untergrund. Jener starke und oft recht unangenehm empfundene Duft der *Tagetes erectus* und *patulus*-Formen ist nicht vorhanden, ebenso artet auch *Tagetes signatus pumilus* nicht so oft in ihre größeren Stammformen zurück. Alles Gründe, um dem zierlichen, unermüdlichen Blüher eine öftere Anwendung zu wünschen.

Reseda Zwergkönig, ein Abkömmling von *Machet*, besitzt im Verhältnis zu dieser bedeutende Vorzüge. Die Pflanzen wachsen außerordentlich gedrungen und sind schon deshalb für Topfkultur sehr geeignet. Durch dicke, kräftige Blütenrispen, mit leuchtend roten Staubbeuteln, wird die ganze Pflanze sehr ansehnlich, sie ist allen mir bekannten Formen überlegen. Ein besonderer Vorzug von *Reseda Zwergkönig* ist das leichte Weiterwachsen nach dem Pikieren in Töpfe, welches infolge der Gedrungenheit und besseren Wurzelbildung dieser Züchtung keinen Ausfall zur Folge hat, und selbst dann nicht, wenn schon größer gewordene Pflänzchen pikiert werden.

Demjenigen Handelsgärtner, welcher im Frühjahre eine große Anzahl blühender Topfpflanzen bereit halten muß, um den dann großen Bedarf an Blumentöpfen zu decken, sei die Kultur der großblumigen *Mimulus hybridus* empfohlen. Gerade hier ist's freilich angebracht, den Samen nur aus allerbester Quelle zu beziehen, um die prächtig gefleckten, großblumigen und doppelblütigen Varietäten echt zu erhalten. Ins lauwarme Mistbeet oder im Hause spätestens Anfang März ausgesät, wachsen die Pflanzen, die man am besten in nahrhafte, schwere Erde umpikiert, sehr schnell heran. Zu zwei oder drei in nicht zu kleine Töpfe mit recht kräftiger, schwerer Erde gepflanzt und reichlich gegossen, erscheinen bald ununterbrochen die hübschen Blüten. Besonders die gefleckten Formen sind sehr beliebt. Zu weitem Transport sind die in Töpfen kultivierten *Mimulus* jedoch nicht geeignet, weil die hohlen Blütenstengel und die sehr wasserhaltigen Blätter leicht Schaden leiden. Ist auch die Kultur der Gauklerblumen nicht imstande, den übrigen allbekannten Topfpflanzen erhebliche Konkurrenz zu machen, so finden doch die merkwürdigen Blüten überall dort Anklang, wo Sinn für etwas Neues und Eigenartiges besteht.

Zu guterletzt sei noch der gefüllten *Scabiosa atropurpurea*-Varietäten Erwähnung getan, welche gutes Material für Sommerblumensträuße liefern. Die hellvioletten und blaßgelben Farbentöne sind wohl meist wegen der Aehnlichkeit mit den in Mitteleuropa wild wachsenden *Scabiosa ochroleuca* und *Knautia arvensis* unbeliebt. Kräftig rosa, leuchtend rote und weiße Farbentöne, besonders aber das eigenartige Schwarzpurpur lassen sich vorteilhaft verwenden. Letztere Blütenfarbe, welche noch durch die weißflimmernden Staubbeutel einen hübschen Kontrast erhält, eignet sich für Grabsträuße und Trauerdekorationen vorzüglich. Für Schnittzwecke ist die hohe (langstielige), großblumige Form am besten, während zum Bepflanzen von Gräbern, wozu ja schwarze

Struthiopteris germanica (1,50 m hoch).
Im Botanischen Garten zu Gießen für die „Gartenwelt" photographisch aufgenommen.

Blumen gern verwendet werden, die niedrige schwarzpurpur blühende Skabiose in erster Linie geeignet ist. Der Wuchs derselben ist sehr gedrungen, etwa 30 cm hoch, und die Unermüdlichkeit im Blühen, sowie die Leichtigkeit der Anzucht entsprechen den höheren *Scabiosa atrapurpurea*-Varietäten.

Nicotiana silvestris. (Hierzu zwei Abbildungen.) Unter den Nicotianen, welche in den letzten Jahren dem Handel übergeben wurden, gehört *Nicotiana silvestris* mit zu den besten; sie ist eine stattliche Pflanze, mit schöner Belaubung und reichem Flor. Die Blumen, welche im Spätsommer sich entfalten, dauern bis zum Eintritt der Nachtfröste und sind von reinweißer Farbe. Auf der beigegebenen Abbildung sieht man die reizende Pflanze in ihrem vollen Schmuck als Gruppenpflanze, umgeben von einem Rande von *Ageratum mexicanum*. Dieses Blumenbeet liegt in einer kleinen Parkanlage der Stadt Amsterdam, vor einer Kirche, auf einem erhöhten Punkte, und wirken die Pflanzen vor dem monumentalen Gebäude geradezu prachtvoll. Die einzelne Blumenrispe ist von einer Verzweigung geschnitten, deshalb kleiner als diejenigen aus dem Kopfe der Pflanze. Die Kultur der *Nicotiana silvestris* bringt keine Schwierigkeiten mit sich; im Frühjahre gesät, topft man die jungen Pflänzchen ein, um sie später auf ein Beet in kräftige Erde auszupflanzen. **P. J. Schenk**, Amsterdam.

Farne.

Struthiopteris germanica, der Straußfarn.

Von **F. Rehnelt**, Großherzoglicher Garteninspektor, Gießen.

(Hierzu eine Abbildung.)

Es hat einmal jemand geäußert, mit demselben Rechte wie *Osmunda regalis* den stolzen Namen Königsfarn trägt, hätte *Struthiopteris germanica* Anspruch auf die Bezeichnung Kaiserfarn. Hätten wir einen Selbstherrscher im Reiche der Botaniker, so müßte man an diese hohe Stelle eine Eingabe richten, damit durch gestrenges Edikt die Einführung dieses Namens erfolgte, eines Namens, der die Pracht dieser Pflanze in einem Worte zum Ausdruck brächte. Da diese Einrichtung aber noch nicht besteht, Pflanzen auch nicht der Namen wegen da sind, wie manche glauben sollen, und schließlich der Name nichts zur Sache tut, so wollen wir ruhig die bescheidene Benennung „Deutscher Straußfarn" weiter gelten lassen, und einige Worte zugunsten dieses schönsten aller Freilandfarne verlieren.

Struthiopteris germanica, Willd., gehört zu den selteneren deutschen Pflanzen. Im südlichen Deutschland fehlt sie fast gänzlich, erscheint aber hin und wieder im Alpengebiet, im nordöstlichen kommt sie zerstreut vor. Erst weiter nach Osten, so beispielsweise um Petersburg, tritt sie vorherrschend auf. Ihre Verbreitung erstreckt sich von da aus östlich durch das ganze nördliche Asien und das östliche Nordamerika. Sie bevorzugt die Nähe des fließenden Wassers, begleitet die Bachläufe durch den lichten Laubwald und den feuchten Erlenbruch hinaus auf die sonnige Wiese. Sie liebt die Geselligkeit; auf zusagenden Plätzen bildet sie Kolonien von unzähligen Exemplaren, denn jede ältere Pflanze sendet seilartige schwarze Ausläufer aus, die 1 bis 2 m von der Mutterpflanze entfernt als junge Pflanzen dem Boden entsteigen. So wandert sie über steiniges Land, selbst über festgetretene Fußwege, bis die Bodenbeschaffenheit oder der Kampf mit anderen Pflanzen dem weiteren Vordringen Halt gebieten. Die schwarzbraunen, aufrechten Strünke werden oft zu kleinen Baumfarnen von 30 bis 35 cm Höhe, 25 bis 30 Jahr alt, ehe sie, von der jüngeren Generation unterdrückt und morsch werden.

Im August machen die feingefiederten, lichtgrünen Wedelschirme den dunklen Fruchtwedeln Raum. Sie senken sich seitlich, verfärben sich und sterben frühzeitig ab. Dieser Umstand wird im Garten, wo man abwelkendes Kraut mitten im Sommer nicht gebrauchen kann, unangenehm empfunden. Die Pflanzen lassen sich jedoch bis in den Herbst hinein grün erhalten, wenn man ihnen den ganzen Sommer hindurch reichlich Wasser gibt, vorausgesetzt, daß die Lage an und für sich schon feucht und schattig ist, denn für trockene Plätze und unter Bäumen, deren Wurzeln jede Feuchtigkeit aufsaugen, eignet sich *Struthiopteris* nicht. Wo man ihr aber einen Platz anweist, wie er ihrer Natur entspricht, feucht, schattig oder halbschattig, in humusreichem Boden, da wächst sie zu imposanter Größe und Schönheit heran. Unser Bild auf Seite 319 gibt leider nicht den rechten Begriff hiervon. Als man das Kind, das als Maßstab links steht, in die älteren Pflanzen, die im Hintergrunde des Bildes sichtbar sind, hineinstellte, war von ihm überhaupt nichts zu sehen, denn die Länge der Wedel betrug bis zu 1,60 m. So steht denn eine junge Generation neben der anderen.

Struthiopteris germanica sollte man gleich hundertweise pflanzen, wenn man den geeigneten Standort hat. Kein Farnkraut unserer Breiten kommt ihr gleich an malerischer Wirkung, Anmut und Ueppigkeit.

Chrysanthemum.

Spätblühende Chrysanthemum für den Massenschnitt.

Von **Curt Reiter**, Obergärtner, Feuerbach.

(Hierzu drei Abbildungen.)

Spätblühende Chrysanthemum. Niveum (im Vordergrunde) und Western King.
Vom Verfasser in der Handelsgärtnerei von Hoflieferant F. Herrmann, Feuerbach, für die „Gartenwelt" photogr. aufgenommen.

Wenn man unter den vielen hundert Sorten von Chrysanthemen, die wir besitzen, näher Umschau hält, wird man finden, daß sich nur eine beschränkte Anzahl für den Massenschnitt eignet. Teilt man diese wenigen Sorten dann noch in früh- und spätblühende ein, so verringert sich diese Anzahl für die jeweiligen Zwecke in einige wenige, wirklich brauchbare Sorten, die dann auch nicht so schnell von der Bildfläche wieder verschwinden, wie eine große Menge der alljährlich auftauchenden Neuheiten, und die dann gewissermaßen zu den eisernen Beständen unter den Chrysanthemen zählen.

Hierher gehören auch die beiden spätblühenden, weißen Sorten *Niveum* und *Western King;* beides schon alte, aber bewährte gute Sorten. *Niveum* ist unter den Chrysanthemen das, was unter den Dahlien die weiße *Perle du parc de la tête d'or* ist, eine ergiebige, stets rentable Sorte, die willig Abnehmer findet. Die Hauptwachstumszeit von *Niveum*

Chrysanthemum niveum.
Vom Verfasser für die „Gartenwelt" photographisch aufgenommen.

fällt in die späten Sommermonate und muß in dieser Zeit für geregeltes Aufbinden Sorge getragen werden. Am besten wird dies erreicht, wenn man über die ausgepflanzten Beete Quadrate von dünnem Bindfaden spannt, was mit dem fortschreitenden Wachstum erneut geschehen muß. Diese Methode ist dem Anheften an Stäben vorzuziehen. Die Blumenstiele bleiben gerade, fallen nicht um, und können jederzeit leicht geschnitten werden. Bei *Western King* wird in den meisten Fällen nur ein einmaliges Spannen der Fäden notwendig sein, da diese Sorte straff und haltbar im Stiel ist und wenig Neigung zum Umfallen zeigt.

Die Kultur für den großblumigen Massenschnitt ist ja die bekannte, daß man jeder Pflanze 3—6 Triebe beläßt, so daß an jedem Triebe nur eine Knospe zur Entwicklung kommt; die erscheinenden Nebentriebe werden ausgebrochen. Man erhält dann schöne, vollkommene Blumen von 10—15 cm Durchmesser. Man kann jedoch bei entsprechender Kultur viel größere Blumen erzielen, besonders *Western King* liefert herrliche Bälle von Schaublumen, die mit einer *Alice von Monaco* erfolgreich in Wettbewerb treten könnten. Auch ist *Western King* unempfindlich gegen Wachstumsstörungen und kann deshalb erfolgreich im Herbst mit Ballen ausgehoben und in die dafür bestimmten Häuser eingeschlagen werden, eine Prozedur, die sich ja bekanntlich nicht viele Sorten ungerächt gefallen lassen. Jedoch muß man von *Western King* genügend Mutterpflanzen zurücklassen, da sie sehr wenig Stecklinge liefert.

Von der beliebten *Niveum* existiert auch der schwefelgelbe Sport *Yellow Niveum*, der dieselben Eigenschaften wie die Stammsorte besitzt. Das Gleiche gilt von *Western King* und seinem Sport *Western King yellow*.

Alles in Allem genommen, sind diese beiden Sorten die besten späten weißen Massenschnittsorten und dürften besonders in Norddeutschland zum Totenfest guten Absatz finden. *Western King* blüht ja von Natur später als *Niveum*, etwa Mitte bis Ende November, um aber auch den Flor der letztgenannten so lange hinziehen zu können, tut man gut, die Pflanzen etwa Mitte Juli nochmals zu köpfen. Bei vielen Sorten wäre dies ja ein großer Fehler, bei *Niveum* aber kann man's ohne Bedenken tun, da ja, wie schon gesagt, das Wachstum in den späten Sommermonaten ein sehr rasches ist.

Um während der ganzen Chrysanthemumsaison gute, weiße Mittelblumen schneiden zu können, genügt es, folgende vier Massenschnittsorten zu kultivieren: *Mlle Lucie Duveau, Souv. de petite amie, Niveum, Western King.*

Fragen und Antworten.

Beantwortung der Frage No. 506. Ich beabsichtige eine Obstplantage anzulegen. Ist es geratener, Buschobst oder Pyramiden anzupflanzen? Die Lage ist eine südliche, nach Norden durch große Lindenallee und Gebäude geschützt. Boden ist schwerer Sand- und leichter Lehmboden. Ich bitte um Angabe der besten, ertragreichsten Aepfel-, Birnen- und Pfirsichsorten (Tafelobst), ferner um Angabe der besten Pflanzzeit, bei Buschobst der Pflanzweite, und um Angabe der besten Düngung beim Pflanzen.

— Die Anfrage läßt deutlich erkennen, daß der Herr Fragesteller die Schwierigkeiten durchaus verkennt. Sorten, welche als absolut beste bezeichnet werden können, gibt es überhaupt nicht. Die in Deutschland zurzeit als beste verbreiteten Apfelsorten sind: *Goldparmäne, Eiserapfel, Große Kasseler Renette, Grüne französische Renette, Kanada Renette, Schöner von Boskoop, Gravensteiner* und ähnliche Sorten mehr. Der Wert der Sorten richtet sich ganz

Chrysanthemum Western King.
Vom Verfasser für die „Gartenwelt" photographisch aufgenommen.

nach den Bodenverhältnissen, aber nicht so sehr nach seinen Nährwerten, welche durch Düngung erhöht werden können, sondern nach den Untergrundverhältnissen und insbesondere nach den Feuchtigkeitsgraden, welche der Boden zeigt. So befriedigt der *Gravensteiner* nur in tiefgründigen, feuchten Böden und versagt in flachgründigen, trockenen. Der *Kaiser Alexander* fault in feuchten Lagen oft am Baume, ist also nur in trockenen Böden dankbar. Die *Große Kasseler Renette* befriedigt nur in Böden von mittlerem Feuchtigkeitsgehalt; sie wird in zu feuchtem Boden krebsig, in zu trockenem wirft sie den jungen Ansatz ab. Von Bedeutung ist besonders für Birnen auch die Lage. Die meisten großfrüchtigen Sorten vertragen keine windige Lage, der Wind schüttelt sie vor der Reife vom Baume; von ihnen sind nur wenige windfest, so z. B. *Boscs Flaschenbirne*.

Der Fragesteller läßt auch nicht erkennen, ob er Früh- oder Spätobst bauen will. Die südliche Lage könnte es ratsam erscheinen lassen, Frühobst zu bauen, aber Frühobst ist Weichobst, welches nach Lage der Verhältnisse und der Transportfähigkeit in die Nähe eines sicheren Absatzortes und an das Vorhandensein guter Transportgelegenheit gebunden ist.

Die Ertragfähigkeit einer Sorte ist von so vielen äußeren Umständen abhängig, daß der Herr Fragesteller nur dann eine gültige Antwort erwarten kann, wenn er in eingehender Weise die örtlichen Verhältnisse bekannt gibt. Dazu würde kaum ein langer Bericht reichen, welcher sich erstrecken müßte auf Klima, spezielle Lage, Bodenverhältnisse nach physikalischer Beschaffenheit und den Nährwert, Kulturtiefe, Feuchtigkeitsverhältnisse, besonders Angaben über den Grundwasserstand zu den verschiedenen Jahreszeiten, Geschmack des Publikums, Absatzverhältnisse, Transportverhältnisse; von allen diesen Gesichtspunkten sind in der Frage nur wenige enthalten. Bezüglich der Pflanzzeiten haben zahlreiche Versuche ergeben, daß der Oktober und der März die günstigsten Monate sind. Es folgen dann November und Februar, endlich Dezember und Januar. Bei schematischer Darstellung würden wir also eine Kurve bekommen, welche Ende Oktober hoch einsetzt, um Neujahr am tiefsten steht und bis Ende März auf die frühere Höhe wieder steigt. Deutlich ausgedrückt heißt das: man pflanze im Herbst oder Frühling. Ueber die Frage, ob Herbst- oder Frühjahrspflanzung, besteht von jeher ein Kampf, der aber ein Streit um des Kaisers Bart ist. In der Praxis kommen die theoretischen Gründe, welche für und wider vorgebracht werden, wenig in Betracht.

Bei Großanlagen wird heutzutage die Bodenbearbeitung durchweg mit dem Rigolpfluge vorgenommen; sie nimmt nur etwa den 8. bis 10. Teil der Kosten des Rigolens mit dem Spaten in Anspruch. In Rücksicht auf die physikalische Beschaffenheit und den Nährstoffgehalt des Bodens ist es nun allerdings ratsam, den frisch bearbeiteten Boden, auch zum Zwecke des Setzens, bis zum Frühjahre in rauher Furcht liegen zu lassen. Andererseits ist es nicht vorteilhaft, die zu pflanzenden Bäume erst im Frühling zu kaufen, denn dann bekommt man die Restbestände aus den Baumschulen, vielleicht überhaupt nicht die gewünschten Sorten, weil diese vergriffen sind. Aber im Herbste zu kaufen, über Winter im Einschlag zu halten und im Frühling zu pflanzen, wäre in der verschiedensten Hinsicht eine Torheit. Es stehen sich also zweierlei Interessen gegenüber; ich habe mir in der Praxis insofern geholfen, daß ich im Herbst kaufte und die erworbenen Stämme in der Baumschule auszeichnen ließ. Dabei wurde die Vereinbarung getroffen, daß die Bäume erst im Frühling zum Ausheben und zum Versand gebracht werden durften. Ich habe mithin aus praktischen Gründen im Herbste den Boden bearbeiten lassen und im Frühling gepflanzt.

Buschobst pflegt man für gewöhnlich auf 4,50 m Reihenentfernung, 3,50 m in den Reihen zu pflanzen. Das sind in der Tat nach meinem Urteil die Mindestabstände. Bei solchem Abstande muß mit intensivem Betrieb gerechnet werden. Die Obsternten sind sehr verschieden und insofern ist der Obstbau mit einem großen Risiko verknüpft. Je mehr die in ihren Erträgen regelmäßigeren Unterfrüchte Raum einnehmen, um so konstanter werden die Einnahmen aus der Pflanzung sein. Ich bin auf Grund vielfacher Erfahrungen zu der Ueberzeugung gekommen, daß die Unterkulturen die wirtschaftliche Basis eines Plantagenbetriebes bilden müssen. Die Pflanzweite der Bäume muß so gewählt werden, daß bei Durchschnittsernten die Unterfrucht die gesamten Betriebskosten aufbringt, der Ertrag aus dem Obstbau also Ueberschuß ist. Diese Aufgabe vermögen aber die Unterkulturen nur dann zu erfüllen, wenn ihr Gedeihen durch genügenden Reihenabstand der Bäume gesichert ist, wenn also die Bäume mehr als 4,50 m Reihenabstand haben. Nach meinen umfassenden Aufzeichnungen tragen die Unterkulturen die Betriebskosten, wenn — normale Verhältnisse zugrunde gelegt — der Reihenabstand 6', bis 7', m beträgt. Je größer der Geldbeutel des Plantagenbesitzers, in um so höherem Maße mag der Obstzüchter intensiven Obstbau treiben, sich also dem Risiko aussetzen.

Und nun zum Schluß die Anfrage wegen Düngung! Eine Düngung, welche für alle Verhältnisse gültig wäre, gibt es überhaupt nicht. Bei der Teuerung unserer Stallmiste ist die Düngung nur dann rationell, wenn zum größten Teil Mineraldünger verbraucht werden. Ganz abgesehen davon, daß das Zumaß der Düngung abhängig ist von der individuellen Beschaffenheit des Baumes, ist die Wahl der Düngemittel von der Bodenbeschaffenheit abhängig. Besteht einseitiger Kalimangel, dann kann dieser durch Kainitzufuhr oder solche von leichtlöslichen hochprozentigen Kalisalzen gedeckt werden. In leichtem, zur Trockenheit neigenden Boden ist die Verwendung von Kainit ratsamer, denn die leichtlöslichen Kalisalze gehen zum größten Teile verloren, weil sie in durchlässigem Boden schnell versickern; der schwere Boden hält sie länger. Kainit ist hygroskopisch, d. h. wasseranziehend. Boden, welcher mit Kainit gedüngt wurde, saugt also Wasser aus der Luft an, was ihn feuchter macht, zugleich aber auch wegen der Kalkbeimengung bindiger und dichter. Aus diesen kurzen Andeutungen geht schon hervor, daß auch die Düngungsfrage nur nach genauer Kenntnis der Verhältnisse und bei der Kenntnis des individuellen Zustandes des einzelnen Baumes zu lösen ist. **A. Janson**, Köstritz.

— Es ist sehr gewagt, einen Rat behufs Anlage einer Obstplantage zu geben, wenn man nicht vorher die Gegend ganz genau kennt. Das Gedeihen der einzelnen Obstarten und -sorten hängt ganz von der Lage, dem Klima, den Bodenverhältnissen usw. ab. Man orientiere sich deshalb zunächst, welche Sorten in der betreffenden Gegend am besten fortkommen, sodann wird man auch mit den Absatzverhältnissen des Obstes und der Unterkultur rechnen müssen. In vom Verkehr abgelegenen Ortschaften wird man z. B. schon auf den Anbau von leicht vergänglichem Obst verzichten müssen. Ist die Anlage in der Nähe einer Großstadt oder Industriegegend, so kommt man in der Regel mit jeder Obstart gelegen. Es gibt einige Obstsorten, die erfahrungsgemäß fast überall fortkommen, aber es können auch Fälle eintreten, daß sie einmal versagen. Je nach Lage, Boden, Klima usw. sind alle gegen Krankheiten und Schädlinge mehr oder minder empfänglich.

Folgende Obstsorten haben sich bis jetzt für den allgemeinen Anbau am besten bewährt und sind auch fast überall anzutreffen: A. Aepfel: *Goldparmäne, Schöner von Boskoop, Baumanns Rtte, Landsberger Rtte, Gelber Edelapfel, Weißer Clarapfel* (früh). B. Birnen: *Dr. Jules Guyot, Williams Christbirne, Clairgeaus Butterbirne* (alle auf Wildl.), *Mad. Verté, Boscs Flaschenbirne, Diels Butterbirne* (auf Quitte). C. Pfirsich (der Reifezeit nach): *Amsden, Früher Alexander, Waterloo, Großer Mignon, Roter und Weißer Magdalenenpfirsich*. Zum Pflanzen von Kernobstbäumen und Pflaumen ist der Herbst zu wählen, Pfirsiche und Aprikosen werden jedoch mit mehr Erfolg im Frühlinge gepflanzt. Vorwiegend Pfirsiche leiden, wenn sie nicht an ganz geschützten Orten stehen, im Winter unter Frost, wachsen auch schlecht an oder trocknen von oben herab ein, wenn sie etwas zu früh ausgegraben sind, das Holz vor der vollständigen Reife entblättert wurde.

Bei der Pflanzung kann man vorteilhaft eine Düngung durch Kompost geben. Bei Steinobst, in kalkarmem Boden auch bei Kernobst, versäume man nicht, die Erde mit gutem Aetzkalk zu vermischen. Als ein vorzügliches Bodenverbesserungsmittel für das Pflanzmaterial sind das Torfmull und die Torfstreu zu nennen.

Dieses Material muß aber gut mit Wasser oder noch besser mit Jauche durchtränkt sein. Besonders in trockenem Boden hat es sich gut bewährt, da es die Feuchtigkeit festhält. Die Wurzelbildung solcher, in Torfpräparate gesetzter Pflanzen ist eine ganz enorme.

Ob man zu einer Anlage Buschobst oder Pyramiden vorziehen soll, ist eine Streitfrage und wird auch vorläufig eine bleiben. Mir sind Buschobstanlagen zu Gesicht gekommen, die recht gute Ernten abwarfen, aber dasselbe kann ich auch von streng gezogenen Formen sagen. Nach meiner Ansicht ist die Buschobstkultur da, wo man es mit sehr starktriebigem Boden zu tun hat und wo man infolgedessen dem Pinzement regelrechter Pyramiden nicht gut nachkommen kann, berechtigt. In weniger triebkräftigem Boden dagegen ist die Pyramide vorzuziehen. Wohl erhält man durch die Buschobstkultur auf ganz schwachwachsenden Unterlagen, z. B. Aepfel auf Paradies, frühe Erträge, aber die Bäume erschöpfen sich auch früh. Gut im Schnitt gehaltene Pyramiden werden nicht nur älter, sondern sie ermöglichen auch eine intensive Ausnutzung des Bodens durch Unterkultur und dann macht eine Anlage mit schön gepflegten Pyramiden immer einen freundlichen Eindruck. Einträgliche Formen sind die Spindelpyramide und die Spindel. Letztere ermöglicht, da sie durch den Schnitt an weiterer Ausdehnung gehindert wird, die Anpflanzung verhältnismäßig vieler Bäume auf einem kleinen Raume. Als Pflanzweite für diese Form rechnet man 2 m im Quadrat; Pyramiden müssen 4 m auseinander stehen und Buschbäume 3,50 m bis 4 m. Wenn der Herr Fragesteller in einer, für Pfirsichkultur günstigen Gegend wohnt, so rate ich ihm bei der angegebenen südlichen Lage des Grundstücks ganz entschieden, diese Obstart nicht fehlen zu lassen, und zwar freistehend als Buschform und an Häuserwänden als Fächerform. Im übrigen möge er sich, wenn es ihm selbst an der nötigen Sachkenntnis fehlt, mit einem erfahrenen Fachmanne in Verbindung setzen, der womöglich mit den lokalen Verhältnissen vertraut ist.

Meyer, Geisenheim.

— Die Vorbedingungen zu einem erfolgreichen Obstbau scheinen nach den Angaben bei dem betreffenden Grundstücke gegeben zu sein. In Sand- und leichtem Lehmboden setzt der Ertrag früh ein, was heutzutage ungemein wichtig ist. Die Bäume werden zwar nicht so alt, wie in erstklassigen nährstoffreichen Böden, aber sie entwickeln sich gut, reifen ihre schöngefärbten Früchte früh und schließen im Herbst zeitig ihren Trieb, sodaß nur ausgereiftes Holz in den Winter geht. Außerdem hat man es in der Hand, den Zeitpunkt des Zurückgehens durch reiche Düngung weit hinauszuschieben.

Für und gegen die Buschobstkultur sind schon Bände geschrieben. Ehemals glaubte man sich goldene Berge, noch dazu ohne viel Zutun, von dieser Form versprechen zu können. Mit dem bisher geübten hochnotpeinlichen Schnitt mußte einmal gebrochen werden, denn hierbei stand der Ertrag in keinem Verhältnis zur aufgewendeten Arbeit. Man verfiel nun ins andere Extrem, pflanzte und ließ wachsen was dazu Lust hatte. Zuerst gab es wohl Früchte, sogar sehr gute Früchte. Bald aber kam der unvermeidliche Rückschlag. Die Bäume wurden größer, ihr Inneres dichter und der Ertrag ging verhältnismäßig zurück. Pflanzliche und tierische Schädlinge erlebten ein goldenes Zeitalter, denn deren Bekämpfung war ungemein erschwert. Da erinnerte man sich, daß der Obstbaum eine ausgesprochene Kulturpflanze ist, die nicht sich selbst überlassen werden darf. Jetzt wurden die Buschbäume nach den Grundsätzen behandelt, die bei zwangslos gezogenen Pyramiden maßgebend sind. Damit war ein gangbarer Mittelweg beschritten. Man hüte sich nun, Buschbäume zu bestellen, da könnte man eventl. ein blaues Wunder erleben. Manche Firmen geben unter dieser Bezeichnung höchst fragwürdige Gestalten ab. Vielmehr ist zu empfehlen, Pyramiden mit einer Serie zu pflanzen, diese vorläufig als zwangslose Pyramiden weiter zu ziehen, wobei namentlich auf lichtstehende Aeste zu achten ist, um sich später hauptsächlich aufs Auslichten, Düngen und sonstige gute Pflege zu beschränken. Der übereifrige Obstzüchter verfällt zuerst wohl stets der Kinderkrankheit des allzu schneidigen Schneidens, bis er sich dann ganz von selbst in seiner temperamentvollen Handhabung des Messers mäßigt. Natürlich können auch einjährige Veredelungen gepflanzt werden, jedem und in jedem Falle möchte ich nicht dazu raten. Wird Buschobstkultur auf diese Weise betrieben, so kann sie empfohlen werden. Ist die Anlage nicht groß, und hat man Zeit und Lust, sich selbst viel mit seinen Bäumen zu beschäftigen, so steht einem rationellen Pyramidenschnitt nichts im Wege.

Bei der Sortenwahl ist zu berücksichtigen, ob die Anlage dem Erwerb dienen soll, oder ob die Früchte den Bedarf für den eigenen Haushalt zu liefern haben. Im ersten Falle müssen die Früchte entweder sehr früh verkaufsfähig sein, oder sehr spät reifen. Mittelsorten ergeben selten entsprechende Preise. Im anderen Falle sollen die Sorten in der Reife aufeinander folgen. Die Sortenzahl ist namentlich bei Erwerbsobstbau aufs äußerste zu beschränken.

Es liegt im Interesse des Züchters, den Bäumen genügend Licht und Luft zukommen zu lassen. Das wird meines Erachtens für Kernobst durch einen allseitigen Abstand von 5—6 m erreicht. Auf den Schnittpunkt der Diagonalen von vier Kernobstbäumen ist mit Vorteil ein Pfirsichbusch zu setzen, der nach Ueberschreiten des Höhepunktes seines Ertrages entfernt werden muß. Als Unterkultur kann Gemüse-, Erdbeer- oder Stachel- und Johannisbeeranbau betrieben werden, solange und soweit das eben mit Gewinn möglich ist.

Beim Pflanzen bringt man zweckmäßig mit Kompost gemischte Erde an die Wurzeln. Darüber kommt dann die bessere Erde aus dem Pflanzloch. Nach dem Antreten legt man eine Schicht Dünger auf und deckt diesen mit dem letzten Rest der Erde zu. Später kommen auch die Albert'schen kombinierten Dünger in Betracht, die gerade auf Sandboden gute Resultate ergeben. Hat man aber genügend Stallmist, so berücksichtige man diesen in erster Linie, zu viel wird man davon kaum geben. Gründüngung als Ergänzung zu den Salzen ist ungemein wertvoll.

Als Pflanzzeit ist der frühe Herbst zu empfehlen. Bekanntlich überwallen die Schnittflächen dann noch teilweise und die Bäume wurzeln auch noch etwas ein. Bei Frühjahrspflanzung in südlicher Lage kann Mangel an Feuchtigkeit eintreten.

Die Frage nach den besten, ertragreichsten Sorten läßt sich nicht klipp und klar beantworten. Ehe man sich für bestimmte Sorten entschließt, sehe man sich die Obstbäume in den Nachbargärten bezüglich Sorte, Gesundheit, Fruchtbarkeit, Unterlage usw. an. Besteht am Orte ein Obstbauverein, so trete man ihm unverzüglich bei. Dort sind Normalsortimente für die betreffende Gegend erhältlich. Ueberhaupt sind vorher auch die scheinbar geringsten Kleinigkeiten zu berücksichtigen; ein Nichtbeachten kann den Erfolg in Frage stellen, im besten Falle ist dann viel Lehrgeld zu zahlen.

Gute Früh-, Mittel- und Spätsorten, bei denen ein Versagen unter den obwaltenden Verhältnissen nicht anzunehmen ist, sind:

Aepfel: *Charlamowsky, Kaiser Alexander, Wintergoldparmäne, Schöner von Boskoop, Baumanns Rtte, Coxs Orangen Rtte. Kanada Rtte.*

Birnen: *Grüne Sommermagdalene, Williams Christbirne, Gute Louise von Avranches, Köstliche von Charneu, Neue Poiteau, Hardenponts Winterbutterbirne, Esperens Bergamotte.*

Pfirsiche: *Amsden, Waterloo, Rivers Früher, Königin der Obstgärten.*

Obergärtner **Wilh. Titze**, Crangen.

Rechtspflege.

Entfernung von Bäumen an der Grenze. Abweichend vom Schöffengericht hatte die Strafkammer zu Stettin den Gärtnereibesitzer R. zu K. wegen Diebstahls zu einer Woche Gefängnis verurteilt. Ein Park der Stadt K. grenzt an das Grundstück des R. Im vorigen Winter ließ R. zehn Bäume im Park, die an der Grenze standen, absägen und auf seinen Hof bringen, wo das Holz zerkleinert wurde. Zu seiner Verteidigung führte R. aus, daß die Bäume auf sein Grundstück hinüber geragt und dieses so beschattet hätten, daß infolgedessen der Ertrag seines Gartenlandes herabgesetzt worden sei; er habe auch irgendwo gelesen, daß Eigentümer die auf ihr Grundstück herrüberragenden Bäume und Zweige absägen und verwerten können. Niemals sei ihm eine diebische Absicht in den Kopf gekommen. Die Strafkammer zu Stettin stellte fest, daß die Bäume auf städtischem Lande gestanden hatten, und führte u. a. aus, § 923 des Bürgerlichen Gesetzbuches, wonach Bäume auf der Grenze den Nachbarn zu gleichen Teilen gehören, finde hier keine Anwendung. R. handelte aber auch bewußt rechtswidrig, offenbar war ihm nach den angestellten Ermittelungen bekannt, daß er die Bäume nicht entfernen durfte; ein zivilrechtlicher Irrtum liege nicht vor. R. habe auch von vornherein die Absicht gehabt, sich das Holz der Bäume anzueignen. Da die Bäume mehr als 10 M wert waren, müsse Diebstahl als vorliegend angesehen werden.

Gegen diese Entscheidung legte R. Revision ein und stellte in Abrede, Diebstahl begangen zu haben. Das Kammergericht hob auch die Vorentscheidung auf und wies die Sache an die Strafkammer zurück, indem u. a. ausgeführt wurde, der Eigentümer dürfe nicht alles für sich beanspruchen, was über seinem Besitztum schwebe, sonst könnte er auch einen Luftballon abschießen, der über sein Grundstück fliegt. Diebstahl sei aber nicht ausreichend festgestellt, eher sei Sachbeschädigung und Unterschlagung anzunehmen.

Bücherschau.

Praktische Anleitung zum rationellen Betriebe des Obstbaues. Von Josef Löschnig. Verlag von A. Hartlebens Verlag, Wien. Preis gebunden 5 Mark.

Wie ein roter Faden ziehen sich zahlreiche störende, das Studium beeinträchtigende Druckfehler durch das vorliegende Buch. Alle neuen Errungenschaften und Fortschritte auf dem Gebiete des Obstbaues und der Schädlingsbekämpfung scheinen am Verfasser vollständig spurlos vorüber gegangen zu sein; der ganze Inhalt des Buches bewegt sich im alten, ausgetretenen Geleise, so daß es wohl besser gewesen wäre, wenn der ersten Auflage dieses Werkes, die vom Landesobstbauverein für Niederösterreich auf eigene Kosten herausgegeben wurde, keine zweite gefolgt wäre. Auch die Illustrierung dieses Buches ist eine höchst mangelhafte; viele der Textabbildungen riechen, wie man zu sagen pflegt, stark nach Gauchers Handbuch der Obstkultur, dessen Abbildungen teils als Vorbilder gedient haben, teils unmittelbar, sogar mit dessen Namenszug, nachgebildet sind. Die meisten der übrigen Bilder lassen gleichfalls vermuten, daß sie nachgezeichnet sind, allerdings nach anderen Quellen; nach der Natur sind nur wenige gefertigt.

Wie derartige Bücher entstehen und zusammengestellt werden, dafür gestatte ich mir noch ein drastisches Beispiel anzuführen. Verfasser führt alle möglichen Schädlinge auf, auch solche von untergeordneter Bedeutung. Die schlimmsten Schädlinge des Kern- und Steinobstes, die in zahlreichen Arten auftretenden Knospenwickler, die schon bald nach dem Austriebe aus überwinterten Eiern hervorkommen, die jungen Blätter zusammenspinnen, Triebspitzen, Blattknospen, Blüten und junge Früchte anfressen, kennt Verfasser nicht. Es rührt dies jedenfalls daher, daß Freiherr von Schilling, Lämmerhirt, Lohrenz, und wie die Verfasser zahlloser Schriften über Obstbaumschädlinge sonst noch heißen mögen, diese an erster Stelle rangierenden Schädlinge zufällig auch in ihren Schriften übersehen haben. **M. H.**

Sternlein. Von Johanna Beckmann. Verlag von M. Warneck, Berlin.

Unter diesem Titel hat unsere langjährige Mitarbeiterin, Fräulein Johanna Beckmann, der unsere Leser so manche prächtige Farbentafel verdanken, ein neues Silhouettenbuch erscheinen lassen. Das Buch enthält die Reproduktionen einer großen Anzahl künstlerisch vollendeter, mit der Schere geschnittener Silhouetten, vorzugsweise Pflanzen darstellend, die sowohl durch ihre künstlerische Ausführung, als durch die große Naturtreue in die Augen springen, und bei der gesamten Kritik höchste Anerkennung gefunden haben. Auch der Text zu diesen Bildern rührt von Fräulein Beckmann her. Die Originale dieser und anderer Silhouetten waren in verschiedenen Städten, u. a. in Berlin, Hamburg, Dresden und München ausgestellt und haben überall für das eigenartige Talent der Verfasserin rühmlich Zeugnis abgelegt. **M. H.**

Tagesgeschichte.

Leipzig. Auch über das abgelaufene Geschäftsjahr 1907 hat die Aktiengesellschaft Leipziger Palmengarten einen Geschäftsbericht herausgegeben, aus dem erfreulicherweise hervorgeht, daß sich trotz ungünstiger Witterungsverhältnisse die Einnahmen wieder gehoben haben. Aus der Gastwirtschaft wurde ein Gewinn von 36 050,06 M erzielt, für Dauerkarten 103 691 M und an Tageseintrittsgeldern 82 727,45 M vereinnahmt. Während die Anzahl der Dauerkarteninhaber gegen das Vorjahr etwas gestiegen war, betrug die der einzeln zahlenden Besucher etwas weniger, nämlich 123 592. Eine Anzahl Schenkungen sind auch im abgelaufenen Jahre wieder eingegangen, namentlich einzelne seltene Pflanzen von Liebhabern.

Schöneberg bei Berlin. Eine neue große Stadtgärtnerei soll hierselbst auf dem städtischen Grundstück im Südostgelände angelegt werden. Für die Anschüttung des neuen Stadtparkgeländes ist u. a. der auf einem Grundstück vorhandene Abschachtungsboden in Aussicht genommen worden, wo zurzeit noch die Stadtgärtnerei untergebracht ist. Aus diesem Grunde muß nun die schon längst geplante Verlegung der Stadtgärtnerei, deren Umfang den immer mehr steigenden Bedürfnissen der Stadt nicht mehr entspricht, so bald wie möglich ausgeführt werden. Die Gesamtkosten sind auf 580 000 Mark veranschlagt worden. — Das Projekt für den neuen Friedhof im Südosten der Stadt, das vom Stadtbaurat Gerlach entworfen wurde, hat der Schöneberger Magistrat angenommen. Nach diesem Projekt soll der 25 Morgen große, parkähnlich angelegte Friedhof um die „Blanke Hölle“ angelegt werden. Die Blanke Hölle, ein kleiner sumpfiger Teich, soll reguliert werden und als Teich erhalten bleiben. In dem Projekt ist auch das lang gewünschte Krematorium mit zwei Urnenhallen vorgesehen.

Personal-Nachrichten.

Bromme, Stadtobergärtner, Köln, wurde zum städtischen Gartendirektor in Erfurt ernannt.

Crusius, Carl, bisher Obergärtner der Villa Zaderahöhe in Plauen i. V., trat am 1. ds. Mts. als technischer Leiter der Firma Alfred Schreck in Syrau bei Plauen ein.

Hantzsch, Curt Richard, früherer Handelsgärtner, Dresden-Plauen, † am 14. März.

Hertel, Kaspar, Handelsgärtner, Bamberg, † am 17. März im 67. Lebensjahre.

Klar, Jos., Hofsamenhändler in Berlin, ein überall beliebter, gern gesehener, an allen gärtnerischen Bestrebungen und Fortschritten regen Anteil nehmender Fachmann, begeht am 7. ds. Mts. sein 50 jähriges Gärtnerjubiläum. Wir wünschen diesem liebenswürdigen, wackeren und noch unermüdlich tätigen Kollegen noch lange Jahre weiterer, erfolgreicher Berufsarbeit.

Krembs, Karl, Hofgärtner, **Diepold, Anton** und **Zimmermann, Xaver,** beide Kgl. bayr. Obergärtner, wurde die Prinzregent Luitpoldmedaille in Bronze verliehen.

Moser, Justine, Kunst- und Handelsgärtnereibesitzerin in Würzburg, wurde der Titel einer Kgl. Bayr. Hoflieferantin verliehen.

Ruhberg, Herm., Landschaftsgärtner, blickte am 3. ds. Mts. auf eine 25 jährige Tätigkeit bei Herrn W. Wendt, Berlin S., Hasenheide, zurück.

Schmidt, Alfred, bisher in der Handelsgärtnerei von Schwabe, Lengenfeld i. V., tätig, wurde vom dortigen Stadtrate als Stadtgärtner vom 1. ds. Mts. ab angestellt.

Berlin SW. 11, Hedemannstr. 10. Für die Redaktion verantwortlich Max Hesdörffer. Verlag von Paul Parey. Druck: Anhalt. Buchdr. Gutenberg e. G. m. b. H., Dessau.

Junge Farne

in besten Handelssorten 50 St. 4 M., 100 St. 7 M., 1000 St. 60 M. — Versand ab April gegen Kasse oder Nachnahme. **Nephrolepis Whitmani, Adiantum Triumph, Blattbegonie Kätchen Schadendorff, Amerikanische Remontantnelken** in erstklass. Sorten, u. sonstige wertvolle Neuheiten. **Frühjahrsliste zu Diensten.** [916

. NEUBERT in Wandsbek bei Hamburg.

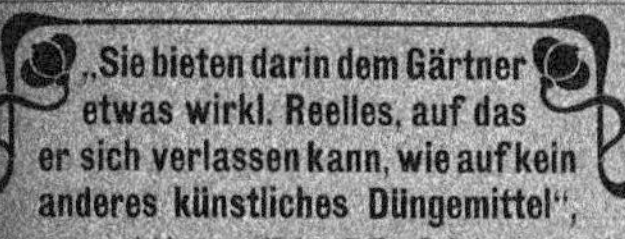

„Sie bieten darin dem Gärtner etwas wirkl. Reelles, auf das er sich verlassen kann, wie auf kein anderes künstliches Düngemittel“,

so schrieb uns am 28./9. v. J. Herr E. G. in A. [892

Die Königliche Schlossgarten-Verwaltung in Rh.: **„Ovisguano, der voriges Jahr so**

großartige Erfolge zeitigte“.

Seine Wirkung (Ovis-Guano I), auch der Topferde beigemischt, übertrifft die des Hornmehls, der Hornspäne etc. um das drei- bis vierfache; **im Gewächshaus als Kopfdünger** angewandt, erstarkt er in kurzer Zeit die rückständigsten Kolonien, während seine Anwendung im Freiland **als Blumen- und Gemüsedünger** nicht allein die Bodenkrume wesentlich verbessert, sondern auch Erträge hervorzubringen vermag, die bislang zu den wenig erreichten gehören.

Das beweisen uns eine lange Reihe anerkennender Zuschriften aus den Kreisen unserer Kundschaft einerseits, andererseits auch die praktische Erfahrung. Gerade die letztere lehrt, **dass die Grundstoffe der Düngung im Gartenbau nicht leicht verflüchtende und durch öfteres Giessen sich im Grunde verlierende Nährsalze, sondern Urstoffe rein animalischer Form in Verbindung mit Kali sein sollen!**

7—8 Proz. Stickstoff, 8—10 Proz. Phosph., 8—10 Proz. Kali.

Auch für alle **Gemüse, Kohlarten, Rüben, Salate, Erdbeeren, Obstbäume etc.** Unübertroffener Dünger für **Rasen und Parkanlagen.**

100 Ko. 20 M. 50 Ko. 10.25 M. 25 Ko. 5.50 M. Postbeutel 2 M.

Niehus & Bittner, Lichtenstein i. Sa.

Chemisch-techn. Werke.

Lieferanten vieler Königl. und städt. Behörden.

iesen-Chor-Nelke „Nelkenkönigin‘

(Schmid).

Die riesig grossen, wunderbaren Blumen von blendendweisser Farbe i edlem, geschlossenem Bau werden von starken Stengeln über dem üppigen latwerk getragen. Die Pflanze ist von kräftigem, robusten Wuchs und llig winterhart. Hervorragendste Neuheit der Gegenwart, übertrifft alles sherige, sowohl als Topfpflanze wie auch zur Freilandkultur für Schnittecke von grösstem Wert. Die langstieligen Blumen sind von äusserster ltbarkeit. — Empfehle kräftige, buschige Pflanzen aus 3zölligen Töpfen.

1 Stück 1.50 M. 10 Stück 12 M. 100 Stück 100 M. [908

Grössere Posten nach brieflicher Vereinbarung.

Schmid (Inh.: Josef Schmid), Nelkenzüchter in Aalen (Württemberg).

HÖNTSCH's Doppel- und Einradhacken

sind für jede Gärtnerei **unentbehrlich.**

Sparen 5—6 Arbeitskräfte!

Zahlreiche Atteste stehen zur Verfügung.

Höntsch's Pflanzenkübel in einfachster wie elegantester Ausführung. (28

Einen **sauber geschnittenen Rasen** erzielt man mit **Höntsch's Rasenmähern.**

Erstklassiges Fabrikat!

Man verlange Spezial-Listen und genaue Angabe des gewünschten Artikels.

HÖNTSCH & Co., Grösstes Spezial-Etablissement für Wintergärten, Gewächshäuser, Heizungsanlagen und Gerätschaften.

DRESDEN-NIEDERSEDLITZ 56, Sa.

Wilhelm Hennis

Orchideen-Import in Hildesheim (Hannover).

Noch vorrätig: **Dendr. Ward. gig., thyrsiflorum, crassinode, Devonianum.**

Frisch eingetroffen:

Dendrobium acuminatum. Neuheit I. Ranges!

Mit aufrechten, 30—40 cm langen, grossbl., roten Blütenständen.

Onc. splendidum, Onc. Cavendishianum, Od. grande, Cattl. Trianae, Vanda coerulea, grossblumigste von allen. [752

Unser Horburger Riesen-Spargel, ($1/_2$ Pfund schwere Pfeifen) übertrifft alle bis jetzt bekannten Spargelsorten. Auf allen beschickten Ausstellungen hat er den ersten Preis erhalten; unter andern: Internationale Ausstellung Dresden 1887 **grosse silberne Medaille;** Jubiläums-Ausstellung Berlin 1897 **grosse silberne Medaille;** Internationale Ausstellung Düsseldorf 1904 **goldene Medaille.** Schöne $1^1/_2$ u. 2jährige Pflanzen und rationelle Anleitung zum Spargelbau offerieren [918

Ph. Obrecht & Cie., Spargelzücht. u. Konserv.-Fabrik in **Horburg i. Elsass.**

Grösste und reichhaltigste Baumschule der Welt

Massen-Aufzucht aller Sorten **Gehölz-Pflanzen u. Coniferen** für Wald-, Park- und Baumschul-Anlagen — **Allee-, Park-, Chaussee-, Zier- und Trauerbäume.**

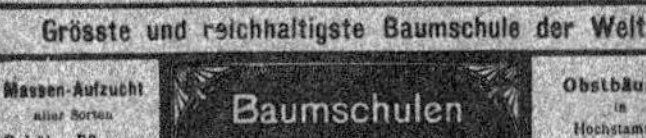

Obstbäume in Hochstamm-, Pyramiden-, Spalier- und Cordon-Form. — **Ziersträucher.** — **Coniferen.** Rosen, Magnolien, Azaleen, Rhododendron, Stauden etc. [84

Kataloge auf Anfrage gratis und franko.

Zur jetzigen Aussaat

empfehle Samen von:
Primula obconica „Ronsdorfer Hybriden“
meine in Grösse und Färbung noch unübertroffenen Züchtungen
Primula obc. gigantea (Arendsi, Pax)
hervorragende riesenblumige
Neuheit.
Samen von winterharten Stauden u. feinen Sommerschnittblumen.

G. Arends
Staudengärtnerei u. Samenhandlung
Ronsdorf (Rheinland).
Preisliste steht auf Wunsch kostenfrei zu Diensten. [17

▪ Blumenstäbe ▪

Holz-Etiketten, Rosen-, Garten- und Baumpfähle etc. liefert in tadellos. Ausführung **Leonh. Sperschneider,** Holzwaren-Fabrik, **Cursdorf,** Thür. Wald. [584
Preisl. zu Diensten. — Tücht. Vertr. gesucht.

Geschäfte aller Art

von [573

▪ Liegenschaften ▪

in grösster Auswahl, besonders in der schönen Bodenseeumgebung angrenzenden Schweiz, Oesterreich und deutscher Seite **vermittelt das Internationale Kommissionsgeschäft von**

G. Heim, Friedrichshafen,
Telephon 60. Seestrasse 21.

Von günstigen Ankauf-, Verkauf-, Pacht-, Verpacht-, Tauschgelegenheiten vorgemerkt und zu vermitteln sind besonders Abteilung der Landesproduktenbranche, **Obst und Obstversand** betr., feines Tafelobst per 1 Zentner 14 M., Waggon 2800 M. Saat- und neue Speisekartoffeln. — Kommissionsweise Absatzverschaffung von Sämereien, Pflanzen und Bäumen, hauptsächlich von Forstpflanzen usw. **hauptsächlich nach obigen Gegenden.**

Zur Frühjahrspflanzung

offeriere in gesunder, kräftiger Ware:
Himbeeren, Werdersche, %₀ 25 M,
Erdbeeren in Sorten %₀ 12 M,
Laxton Noble, Deutsch Evern, König Albert, Aprikose, Lucida perfecta, Kaisers Sämling, [753
Schnittlauch % 3 M,
Buxbaum, 100 m 15 M.

W. Fischer,
Schöneiche bei Guben.

Topfreben

laut Verzeichnis.
G. HAMKENS,
Wandsbek. [274

Moderne Rohrmöbel

für Salon, Teezimmer, Dielen, Garten usw. Ganze Einrichtungen sowie einzelne Möbel nach Zeichnung.

G. Wronker Nachfolg. (O. Seefeldt)
Fabrik u. Musterzimmer BERLIN 169, Oranienstr. 108, Hof ptr.
Abbildungen franko gegen franko Rücksendung. (930

Schläuche

in besonders dauerhaften Spezialausführungen

für **Gartenbesprengung,** sowie alle Zubehörteile, als **Schlauchklemmen, Schlauchverschraubungen, Strahlrohre, Rasensprenger, Schlauchkarren, Rasenmäher** usw., liefern prompt, gut und billig. [907

Illustr. Preislisten kostenlos.

Bestellungen im Werte über M 25,— werden franko ausgeführt.

H. Schubart & Co., Cassel II.

Waggon-Preis brieflich.

Grotten-

Tuffsteine für Gärten- und Winter**gärtendekoration** direkt ab Gruben bill.
Carl Scheide, Greussen i. Th. No. 15.
Grottenbaugeschäft u. -Grubenbetrieb.
Vertreter gesucht. — Illustr. Prospekte frei. — Feinste Empfehl. [920
Einz. Ztr. in Fässern *ℳ* 2

Es ist Ihr eigner Vorteil,

daher fordern Sie **sofort** Prospekte über die

pat. Liliput-Schreibmaschine.

Modell Duplex		**M 48.—**
„	**A**	„ **38.—**
„	**B** Kinder-Schreibmaschine	„ **9.75**

den teuersten Maschinen fast gleichkommend.

Patent-Fussmatten „Panzer“

in jeder Grösse und beliebiger Inschrift aus bestem Stahldraht und Glaskugeln. [856

G. F. Jecht
Vertrieb patentierter Neuheiten
Berlin NW. 87, Levetzowstr. 23.

Wint
Sta
Beschreibendes Verzeichnis frei.
Goos &
Grossh. Hess
Nieder-Wallu
Stauden-Kult
-schulen f. Obs
Rosen und

Be
Ha
kur
Ha
Illu
Ko
Der
auch g
Hermann M
Berlin W. 35/102

---

3 höchste
Sparge
schön und gesund, selben haben übers geliefert, sind viel in **Paris** 3mal, in in **Hamburg** 6 Viele stechen von pflanzen schon nach **Ruhm von B** liebte und einträgl Stangen. 100 St. 1000 St. 10 Mk. **Schneekopf, w** übertrifft an Zarthe alle anderen Sorten und braucht täglich werden, weil die K 100 Stück mit Anwe 12 Mk. empfiehlt geg
H. Wrede
Hoflieferant Sr. Ma

Hor
Bestes und billigst alle gärtne
I. Qual.
100 kg 21 M, 50
Postkolli
II. Qual. (mit
100 kg 18 M, 50
Postkolli
Hornmehl, gar. r
100 kg 24 M, 50 k
Postkolli
Versand ab Magazin
Max Leidl
Zittau

Hierzu eine Beilage der Firma **G. Eberhardt, Hof**

Druck der Anhaltischen Buchdruckerei

Illustrierte Wochenschrift für den gesamten Gartenbau.

Herausgeber: Max Hesdörffer-Berlin.

Erscheint jeden Sonnabend.
Monatlich eine farbige Kunstbeilage.

Bezugsbedingungen:
…ch jede Postanstalt bezogen Preis 2.50 M. vierteljährl. In Österreich-Ungarn 3 Kronen. … direktem Bezug unter Kreuzband: Vierteljährlich 3 M. Im Weltpostverein 3.75 M. Einzelpreis jeder Nummer 26 Pf.

… ohne Vorbehalt eingehenden Beiträgen bleibt das Recht redaktioneller Änderungen …behalten. Die Honorarauszahlung erfolgt am Schlusse jeden Vierteljahrs.

Anzeigenpreise:
Die Einheitszeile oder deren Raum 30 Pf., auf der ersten und letzten Seite 50 Pf. Bei grösseren Anzeigen und Wiederholungen steigender Rabatt. Beilagen nach Übereinkunft. **Anzeigen in der Rubrik Arbeitsmarkt** (angebotene und gesuchte Stellen) kosten für Abonnenten einmalig bis zu 10 Zeilen Raum M. 1.50, weitere Zeilen werden mit je 30 Pf. berechnet.
Erfüllungsort auch für die Zahlung: Berlin.

Adresse für Verlag und Redaktion: Berlin SW. 11, Hedemannstrasse 10.

XII. Jahrgang No. 28. | Verlag von Paul Parey, Berlin SW. 11, Hedemannstr. 10. | 11. April 1908.

Illustrierte Wochenschrift für den gesamten Gartenbau.

Jahrgang XII. | 11. April 1908. | No. 28.

Aus ausländischen Handelsgärtnereien.

Die Handelsgärtnerei von Henry A. Dreer, Philadelphia.

Von E. Reiner, Chicago.

(Hierzu neun Abbildungen.)

Philadelphia, mit einem heutigen Flächeninhalt von 130 amerikanischen Quadratmeilen, ist die älteste Großstadt der

Vereinigten Staaten, geschichtlich durch den amerikanischen Befreiungskrieg bekannt, da alle Verhandlungen der Unabhängigkeitsbewegung in der Stadt der Bruderliebe stattfanden. Die Stadt besitzt heute noch die Freiheitsglocke, mit der dem Volke der Friede mit England und die Unabhängigkeit verkündet wurde. Die heutige Einwohnerzahl beträgt etwa 1 300 000.

Amerika ist das Land der Großzügigkeit. Was der Amerikaner anpackt, bringt er auch mit einer in Europa unbekannten Zähigkeit und Ausdauer zum Abschlusse, selbst wenn die Auslagen sich auf Millionen belaufen. Er kennt nicht das vorsichtige Herumtasten des Europäers, der eine Krone erst dreimal umdreht, bevor er sie ausgibt. Leuchtet dem Amerikaner eine Idee ein, so wird sie einfach ohne Rücksicht auf Geld, Mühe und Zeit ausgeführt. Diese Seite des amerikanischen Charakters zeigt sich überall, in der Weltstadt wie in der Wildnis Arizonas, zeigt sich auf allen Gebieten der Technik und Wissenschaft. Allerdings sieht der Bürger der neuen Welt alle Dinge zuerst von der praktischen Seite an, „Time is Money", und für theoretische Grübeleien ist das Leben zu kurz.

Entstehung des Betriebes.

Ein packendes Beispiel für das Gesagte bietet die Anlage der Dreerschen Gärtnerei in Riverton bei Philadelphia. Es ist unmöglich, einen europäischen Maßstab an dieses Riesen-

Teilansichten aus der Gärtnerei von Henry A. Dreer, Philadelphia (oben aus der Vogelschau).
Vom Verfasser für die „Gartenwelt" photographisch aufgenommen.

Etablissement anzulegen; es wäre außerdem ungerecht, einen Vergleich anzustellen, denn ganz andere Gründe und Motive haben diese Schöpfung beeinflußt. Dort, wo vor 200 Jahren die Delawareindianer den Büffel jagten, wo die braunen Squaws ihren Herren und Gebietern das Feuerwasser servierten, wo Washington die englische Armee in die Flucht schlug, ist heute ein kleines Paradies entstanden, aber ein modernes Paradies, bei dessen Entstehung Natur und Technik Hand in Hand gingen.

Im Jahre 1838 wanderten zwei schlichte deutsche Gärtner, H. Hirt und Heinrich A. Dreer, wie so viele ihrer Landsleute, nach Pennsylvania aus. In der Nähe von Riverton, am Ufer des Delawareflusses, legten sie eine kleine Gärtnerei an, ganz nach dem damals üblichen Muster. Sie genügte für die bescheidenen Ansprüche der damaligen, noch geringen Bevölkerung. Aber inzwischen sind Zahl und Wohlstand der Bewohner in unerhörter Weise gewachsen, und mit ihnen wuchs diese kleine Anlage und entwickelte sich bald zu einer wichtigen Pflegstätte gärtnerischer Kunst. Heute ist sie eine der größten des Landes (Abbildungen Titelseite). Nach Hirts Tode führte Dreer das Geschäft weiter und hinterließ es später seinem Sohn, dem jetzigen Präsidenten des zu einer Aktiengesellschaft umgewandelten Unternehmens.

Freiland-Wasserpflanzenkulturen in der Gärtnerei von Henry A. Dreer, Philadelphia. Im Vordergrunde Victoria Trickeri.
Vom Verfasser für die „Gartenwelt" photographisch aufgenommen.

Lage. Wie überall in Amerika, sind Büros und die Stätten der Produktion getrennt. Erstere befinden sich in Philadelphia, der Metropole des Staates, letztere im nahegelegenen Riverton, wo sich ein Areal von 7500 Quadratkilometer befindet. Wegen mangelnden Höhenpunktes war eine photographische Aufnahme des ganzen Terrains der Gärtnerei aus der Vogelperspektive (Abb. Titelseite) unmöglich. Die zweite Abbildung der Titelseite gibt einen kleinen, und zwar den nördlichsten Teil der Gärtnerei mit dem Hafen wieder.

Klimatische Verhältnisse. Man kann im allgemeinen nicht sagen, daß die klimatischen Verhältnisse hier für den Gärtner günstig sind, da das hiesige kontinentale Klima im Gegensatze zu dem maritimen Klima Westeuropas bedeutende Unterschiede aufweist. Das Wetter wechselt zu schnell, und die Temperaturunterschiede der Jahreszeiten liegen sehr weit auseinander. Im Sommer sind 50 ° C nicht selten, im Winter sinkt die Temperatur zuweilen bis —35 ° C, während die Schwankungen der Temperatur häufig 25 Grade an einem Tage betragen. Es ist ein Triumph von Amerikas Technik, diese großen natürlichen Hindernisse überwunden zu haben. Allerdings hat die neue Welt auch andererseits wieder weniger unter feindlichen Naturerscheinungen, wie Hagel und Schauerregen, zu leiden, und der Boden (Alluvium, größtenteils kieselsäurehaltig) ist für den Gartenbau höchst geeignet.

Gewächshäuser. 100 Gewächshäuser mit 3000 Quadratfuß Glas zeigen in der Fernsicht ein recht interessantes Bild. Alle Häuser stehen mit ihren Satteldächern von Norden nach Süden. Dieselben sind in Reihen von 15—20 ohne Zwischenwände nebeneinander errichtet (Abbildung Titelseite). Ihre Höhe beträgt 6—9 m, und die Fläche einiger Häuser ist eine derartige, daß 800 000 vierzöllige Topfpflanzen in einem Hause auf den Tabletten Platz finden. Ein Beispiel amerikanischer Geschäftspraxis ist die Tatsache, daß alle Häuser, welche durchweg nur aus Holz gebaut, ohne Doppelglas sind. Das Brennmaterial ist hier billig und ausgezeichnet, so daß selbst bei strenger Kälte die Häuser, deren Verglasung ausschließlich an der Grundfläche eine Kittunterlage besitzt (die Verkittung an der Oberfläche des Glases fehlt gänzlich), eine Einfrierung nicht zu befürchten haben. Die Inneneinrichtung dieser Häuser besteht durchgängig aus Eisenkonstruktion. Die Tabletten sind mit Schiefer und gesiebter Asche gedeckt. Die Ventilation, welche im ganzen Hause gleichzeitig durch einen Hebel geöffnet, bezw. geschlossen werden kann, befindet sich an der obersten Stelle der Satteldächer. Für die Dämpfung der Sonnenstrahlen sorgt ein äußerlicher Anstrich, der bei den Warmhäusern im Winter abgewaschen wird. Dieser Anstrich, ein Gemenge von Bleiweiß, Petroleum und einem kleinen Zusatz von Leinöl, stellt sich sehr billig und wird hier allgemein angewandt. Alle Bauten läßt das Etablissement von seinem eigenen Personal errichten, selbst die Baupläne werden vom Direktorium aus entworfen. Sehr zu statten kommt natürlich der Firma die amerikanische Konstruktionsmethode, wonach die einzelnen Baulichkeiten aus wenigen, bereits fertig vorhandenen Bestandteilen in einigen Tagen zusammengesetzt werden können. Zur Mistbeetkultur dienen etwa 800 Fenster.

Kulturen. Die Direktoren haben Spezialkulturen unter sich, von denen es mehrere Hauptgruppen gibt. Die wichtigste ist wohl unstreitig die Kultur der Wasserpflanzen, welche einzig dasteht. Diesen folgen dann die Massenkulturen der Palmen und Farne, deren alljährliche Vermehrung und Versand sich für jede Art bis auf 100 000 beläuft. Weit wichtiger aber als diese großartigen Kulturen in den Häusern sind die gigantischen Anlagen im Freien, wo Perennen für Samenzwecke gezogen werden. Weltberühmt sind die bunten gefüllten Petunien, eine eigene Züchtung und Spezialität der Firma. Erwähnenswert sind noch die Warmhaus- und Alpenpflanzen und die unzähligen Rosenvarietäten, die aber meist aus dem Auslande eingeführt werden.

Wasserpflanzen. Die im Freien betriebenen Kulturen der Wasserpflanzen, besonders der *Victoria Trickeri* und *regia*, bilden den Stolz der Firma. Bevorzugt wird die Züchtung erstgenannter Victoriaabart aus 5 Gründen. Erstens sind ihre Blätter größer, zweitens ist sie weniger empfindlich, drittens blüht sie reicher, viertens begnügt sie sich mit weniger Wärme, und fünftens liefert sie mehr reifen Samen als *V. regia*. Die Kultur der *V. Trickeri* wird folgendermaßen betrieben: Die Samen, welche man vom Herbst bis Januar im Wasser aufbewahrt, werden dann im Warmhause in mit Wasser gefüllte Schalen von 15 bis 20° C gelegt, und diese wieder in Wasser mit gleicher Temperatur gesetzt. Nach einem Monat besitzen die Pflanzen 2—3 Blättchen, worauf sie in kleine Töpfe verpflanzt, und diese abermals in temperiertes Wasser gestellt werden. Sodann erfolgt im April die Auspflanzung ins Freie in eigens dazu hergerichtete Teiche. In diesen Teichen (deren Wasser durch den Gehalt vieler ammoniakhaltiger Bestandteile nicht gerade günstig für die Kultur ist) befinden sich die Pflanzen in großen Kübeln, die eine Mischung gleicher Teile schwerer Erde und verrottetem Kuhdünger enthalten und durch ein aufliegendes Fenster geschlossen werden können. Ist das Wetter schön, so werden die Fenster (über den halb angefüllten Teichen) geöffnet und bleiben nach einer Woche den ganzen Tag entfernt. In drei Wochen sind die Pflanzen so weit abgehärtet, daß die Fenster dauernd entfernt, die Teiche gefüllt werden können. Quer durch die Teiche läuft ein System von Heizungsröhren, um das Wasser in den ersten Tagen erwärmen zu können, was aber nach etwa drei Wochen eingestellt wird. Durch diese eigenartige Methode werden die Pflanzen vollständig abgehärtet und können nachher ihrem eigenen Schicksal ruhig überlassen bleiben. Die Firma versucht es, alle tropischen Wasserpflanzen im Freien zu kultivieren und hat damit bereits bedeutende Erfolge erzielt, wie aus diesem einen Beispiel ersichtlich ist. Für sie gelten die althergebrachten, von Vater auf Sohn vererbten Ideen des Gärtners nur so lange, als sie nicht durch neue und bessere ersetzt werden können; ist eine bessere Methode gefunden, so wird die alte einfach über Bord geworfen. Im Freien gedeiht die *Victoria* großartig. Die ersten Blüten erscheinen schon gegen Mitte Juni, und nach voller Entwickelung haben die Blätter einen Durchmesser von etwa $3^1/_2$ m und mehr; sie können dann ein Gewicht von 60—70 kg tragen. Etwa 35 cm beträgt der Durchmesser der Blüte. Wegen des wundervollen Anblickes, den diese Wasserpflanzen gewähren (Abbildung Seite 326), eilen in der Blütezeit nicht allein Gärtner, sondern auch andere Naturfreunde von allen Orten der näheren und ferneren Umgebung herbei, um das farbenprächtige Schauspiel der Blumen zu bewundern. Die Pflanzen halten sich bis Anfang November, da der Spätherbst hier noch sehr warm ist. Bevor der erste Frost eintritt, werden die Samen abgenommen und im Warmhause in Wassergläsern überwintert. Das Wasser in den Teichen wird sodann abgelassen. Auch die *Nymphaea* ist hier in vielen Sorten sehr stark vertreten. Die harten Nymphaeen, welche bekanntlich festen, lehmigen Boden lieben, bleiben den Winter über in den Teichen. Die Ruhezeit wird benützt, den Boden mit Kuhdünger zu verbessern. Unter den vielen, schönen Sorten derselben sind die schönsten *Nymphaea odorata Caroliniana*, deren grüne, mit roten Streifen versehene Blüten einen Durchmesser von 15 cm erreichen, *tuberosa Richardsoni, pygmaea helvola, hybr. Robinsoniana, sulphurea grandiflora, Leydekeri purpurata, Leydekeri lilacea, Marliacea*. Die weichen Nymphaeen werden im Herbst aus den Töpfen genommen, und deren Knollen im Warmhause in mit Sand gefüllten Töpfen überwintert. Im Frühjahr verpflanzt man die Knollen in Töpfe mit gleicher Erdmischung der *Victoria* und stellt sie in die Teiche. Des Versands halber werden immer eine Anzahl von Knollen einige Zeit zurückgehalten. Nennenswert wären folgende Sorten: *N. hybr. Jubilée, hybr. Geo. Huster, hybr. Frank Trelease, dentata, hybr. Sturtevanti, hybr. O'Marana* u. a. Die *Nelumbium* (Abbildung obenstehend), welche wieder mehr schlammigen Boden lieben, sind hier in solcher Anzahl vertreten, daß sie nicht weniger als 17 große Teiche beanspruchen. Da diese Wasserpflanze ihre Wurzeln weithin ausbreitet, so sind die Teiche mit Holzdielen ausgeschlagen. Nicht selten erreichen die Blüten einen Durchmesser von 30 cm. Die weiß, rot und lila gestreiften Blüten gehören zu den schönsten. Unter den Sorten wären zu nennen: *Nelumbium album striatum, luteum, Pekinensis, pygmaeum album, Shiroman* und viele andere. Zwei

Freiland-Nelumbiumkulturen in der Gärtnerei von Henry A. Dreer, Philadelphia.
Vom Verfasser für die „Gartenwelt" photographisch aufgenommen.

Teilansicht aus einem der großen Palmenhäuser von Henry A. Dreer, Philadelphia.
Vom Verfasser für die „Gartenwelt" photographisch aufgenommen.

Häuser dienen zur Unterkunft der verschiedenen Aquariumpflanzen, worunter bemerkenswert: *Anacharis canadensis gigantea, Cabomba viridifolia, Eichhornia crassipes, Limnobium Spongia, Limnocharis Humboldtii, Salvinia brasiliensis, Vallisneria spiralis gigantea* u. a. Wie gross das allgemeine Interesse des Publikums in Philadelphia an den Dreerschen Wasserpflanzen ist, zeigt sich besonders im Herbst, wenn Tausende von Personen sich vor den großen Blumensalons ansammeln, um die in den Auslagen zur Schau gestellten Riesenblätter der *Victoria Trickeri* zu bewundern. Ein großer Teil der Nymphaeen- und Nelumbienblüten dient zur Tafeldekoration hiesiger Millionäre, für die nicht selten im Sommer über 1000 Blüten täglich geliefert werden. Der Duft dieser Blumen ist auf weite Entfernung hin wahrnehmbar, und der Anblick der Kulturen während der Blütezeit, wenn noch dazu die Sonne die schillernden Blumenblätter beleuchtet, feenhaft. Damit man sich ein Bild der großen Kulturanlagen machen kann, wäre zu erwähnen, daß 30 Teiche ein Areal von 10000 Quadratmetern einnehmen. Die Ufer sind mit *Bambusa aurea* bepflanzt, welche das Klima hier vollständig erträgt und nicht selten eine Höhe von 6 m erreicht. Die Wasserpflanzen besitzen hier zahlreiche Feinde. Die gefährlichsten derselben sind die Moschusratten (canad. Bisamratten), die hier in Menge vorkommen, und für welche Nymphaeenwurzeln große Leckerbissen sind. Man vertilgt diese Nager durch Fallen, in denen sich durchschnittlich 5 bis 6 täglich fangen. Ein anderer Schädling ist die Nelumbiumraupe, die sich in die Stengel der Pflanze bohrt und sie so ausfrißt, daß die Blüten abbrechen. Ein gutes Mittel dagegen ist Helleboruspulver. Den Nymphaeen sind außerdem noch gefährlich die Nymphaeenwürmer, welche die Eigenschaft haben, ein Stück des Blattes abzufressen und dieses auf dem Rücken als Schutzdecke mitzutragen, dabei aber immer weiterfressen, bis das ganze Blatt zerstört ist.

Der Versand der Wasserpflanzen, der alle Weltteile umfaßt, ist folgendermaßen geregelt: Versand der Victoriapflanzen vom Februar bis Mai, in Torfmull und feuchtem Moos; der harten Nymphaeen vom April bis September, der weichen vom September bis April, in gleicher Verpackung wie erstgenannte; der *Nelumbium* vom Mai bis September, eventuell aus den Töpfen das ganze Jahr; derjenige der Aquariumpflanzen zu beliebiger Zeit. Dreers Wasserpflanzen haben erste Preise erhalten, darunter die goldene Medaille auf der St. Louiser Weltausstellung.

Palmen. Die Palmen werden hier in Massen abgesetzt, daher kann die Kultur auch nur in großem Maßstabe betrieben werden. Es ist hier darum direkt unmöglich, die einzelnen Pflanzen so sorgfältig zu ziehen, wie es diese tropischen Gewächse verlangen. Sobald die Pflanzen eine bestimmte Größe erlangt haben, werden sie verkauft. Die Kultur größerer Palmen lohnt sich nicht der Mühe, weil sie billig aus dem Süden bezogen werden können. Nur Ver-

Teilansicht aus den Farnkulturen (pikierte Sämlinge) von Henry A. Dreer, Philadelphia.
Vom Verfasser für die „Gartenwelt" photographisch aufgenommen.

treter aus fünf Gattungen, wie *Areca lutescens* und *rubra; Kentia Belmoreana, Forsteriana, Kirsteniana, Mc. Arthurii, Sanderiana; Latania borbonica, Woodfordii, Phoenix canariensis, reclinata, Roebeleni, rupicola* und *Cocos flexuosa, Weddelliana*, werden hier kultiviert, von jeder Gattung 80 000 Pflanzen jährlich vermehrt und in den großen Palmenkulturhäusern aufgestellt, die nicht weniger als 600 000 vierzöllige Topfpflanzen fassen (Abbildung Seite 328 oben). Mit dem aus Australien und Südamerika bezogenen Palmensamen macht man hier keine Umstände. Derselbe wird unter den Parapets auf den lehmigen Boden des Hauses ausgestreut, daselbst nicht einmal mit Erde zugedeckt, sondern sich selbst überlassen. Nach Erscheinen der ersten Keimblätter werden die Pflänzchen in Kästen in eine Laub- und Heideerdemischung pikiert, in den Häusern bei einer Temperatur von 20° C aufgestellt und sodann nach Bedarf in größere Töpfe verpflanzt, bis sie verkauft werden. Gedüngt werden die Pflanzen alle zwei Wochen mit Blut, das in Pulverform aus den Schlachthäusern geliefert wird (ein 5 Zoll großer Topf auf 6 Liter Wasser). Beim Versetzen der Palmen wird Knochenmehl der Erde beigemengt. Der Versand beläuft sich durchschnittlich auf eine halbe Million großer und eine Million kleiner Palmen das Jahr. Die großen Palmen von 4 bis 6 Meter Höhe werden aus Südamerika, wo die Pflanzen zu Hunderttausenden im Freien gezogen werden, importiert, und stehen hier den Käufern in großen Massen zur Verfügung. Das Ungeziefer wird durch Bespritzen mit einer Lösung vertrieben, die so hergestellt wird, daß 50 Gramm Kupfervitriol und 500 Gramm Nikotin auf 4 Liter kochendes Wasser kommen; diese Mischung wird stark verdünnt.

Farne. Die Farne werden hier ebenfalls in Massenkultur gezogen. Wenn die Sporen reif sind, was man bekanntlich an der schwarzen Färbung derselben erkennt, wird eine gewisse Anzahl Wedel jeder Sorte abgeschnitten und getrocknet, wodurch man das Ausfallen der Sporen erzielt. Die Sporen, welche viermal im Jahre gesät werden, kommen in Schüsseln in feingesiebte Heideerde, in sogenannte Schwitzkästen, die im Warmhause aufgestellt sind. Die Schwitzkästen, deren Innentemperatur 26° C beträgt, bleiben in den ersten Tagen ganz geschlossen, nur wird (um das Tropfen von den Gläsern zu vermeiden) eine Luft von Etikettstärke eingelegt. Sobald die Pflanzen zu keimen beginnen, wird nach und nach mehr gelüftet, um dieselben abzuhärten. Sind sie einmal so weit, daß sie pikiert werden können, so wird dies (um Fäulnis in den Schüsseln zu verhindern) möglichst schnell gemacht. Die in Holzkisten pikierten Pflänzchen werden sodann in ein Warmhaus von 25° C gestellt (Abbildung Seite 328 unten). Aus diesen Kästchen werden die Pflanzen, wenn sie eine gewisse Grösse erreicht haben, in dreizöllige Töpfe verpflanzt und abermals im Hause aufgestellt. Sobald dieselben eingewurzelt sind, werden sie schon teilweise abgegeben, andere dagegen in warme Mistbeete gestellt, sodann noch einmal verpflanzt, so daß sie im Herbst als fertige Pflanzen verkauft werden können. Solche, die als Ampelpflanzen dienen und Riesenexemplare werden sollen, werden im Hause in Grundbeete gepflanzt, dort fleißig durch Auflegen verrotteten Kuhdüngers gedüngt und später bei vollendetem Wachstum in große Töpfe gepflanzt. Ein eigenes und wichtiges praktisches Verfahren dient zur Entfernung des lästigen Unkrautes aus der Erde, das bekanntlich jedem Gärtner ein Dorn im Auge ist. Die zum Anbau, Pikieren oder Versetzen bestimmte Erde kommt in einen großen Kessel, der mit der Dampfheizung der Gewächshäuser in Verbindung steht, eine Stunde lang wird heißer Dampf hindurchgelassen, welcher alle in der Erde befindlichen vegetabilischen, wie tierischen Organismen, Regenwürmer, Larven, Insekten, Pilze und Unkrautkeimlinge vollständig tötet. Die Erde wird darnach getrocknet und kann dann verwendet werden. Ohne dieses Verfahren wäre wohl eine Anzahl Personen beständig nötig, das Unkraut aus den Tausenden von Samenschalen und pikierten Kästchen fortwährend auszujäten. So sieht man dagegen weder einen Regenwurm, noch eine Spur von einem Unkraut. Das einzige ist das Moos, das auch bei diesem Verfahren nicht zu vermeiden ist, aber nicht so üppig auftritt. Die einzigen Schädlinge, die den Farnen gefährlich werden, sind die Schnecken, welche entweder durch Auflegen von Kampferkugeln, oder durch Ausstreuen ungelöschten Kalkes getötet werden. Beide Mittel sind, wie die Erfahrung beweist, für die Pflanze nicht nachteilig. Zum Schluß wäre noch zu erwähnen, daß alljährlich 2000 bis 3000 Stück *Davallia bullata* (Büchsenfarn) aus Tokio importiert werden und hier den besten Absatz in den verschiedensten Formen finden. Die hier in Massen kultivierten Arten sind folgende: *Aspidium Tsussimense, Cyrtomium (Aspidium) Fortunei, Microlepia (Davallia) hispida, Adiantum Fergusoni, Nephrodium hirtipes, Pteris cretica albolineata, Davallia Fijiensis plumosa, Onychium japonicum, Selaginella flabellata, Polystichum coriaceum.* Weiter enthält ein Gewächshaus, das ausschließlich nur ein großes Farnsortiment beherbergt, noch die bekanntesten Spezies.

Perennen. Das mit Perennen bepflanzte Terrain beläuft sich auf 100 Quadratkilometer, und dennoch erfordert der große Bedarf jährlich einen Ankauf neuer Felder. Der hiesige Boden ist verhältnismäßig sehr trocken, die nicht winterharten Pflanzen, welche man größtenteils zur Samengewinnung kultiviert, werden bei Eintritt des ersten Frostes von den Feldern genommen, in frostfreie Hallen eingeschlagen und zeitig im Frühjahre durch Stecklinge oder Teilung vermehrt; bei letzterer Vermehrung wird stets auf eine zurückbleibende Verkaufspflanze gerechnet. Sowohl die zerteilten Pflanzen, als auch die Stecklinge werden in Sand vermehrt und kommen, sobald sie sich bewurzelt haben, in Töpfe, die in leicht temperierten Häusern untergebracht werden. Im Mai werden die Pflanzen ins Freie ausgepflanzt. Der Abstand der Setzpflanzen wird derart gehalten, daß ein Pferd mit der Maschine bequem passieren kann, um die nötigen Arbeiten, wie Jäten, Auflockern usw. zu besorgen (siehe Abb. S. 330 unten, links im Hintergrunde). Die Düngung des Bodens erfolgt zeitig im Frühjahre vor der Beackerung, teilweise durch Straßendünger, ferner mit Flußschlamm. Dieses Düngemittel ist reich an Stickstoff, Kalk und Kieselsäure, es fördert das Wachstum beträchtlich. Die im Freien aushaltenden Pflanzen werden zum Schutze im Winter mit Aesten der hier heimischen und in Massen vorkommenden *Tsuga canadensis* leicht geschützt. Gefährlich wird den Pflanzen hier nur die große Hitze. Trotz der großen Bewässerungsanlagen gehen in manchen Jahren Tausende von Pflanzen infolge der Sonnenglut zugrunde.

Petunien. Obwohl es hier auch herrliche Exemplare einfacher Petunien gibt, bildet die Züchtung der gefülltblühenden Sorten eine Spezialität der Firma. Alljährlich werden Neuheiten durch Kreuzungen erzielt, welche hier mit großer Sorgfalt durchgeführt werden. Im Februar werden die Samen der einfachen Petunien in Kästchen gesät und ins Warmhaus gestellt. Die Keimlinge werden sodann pikiert, nach stärkerer Entwicklung in Töpfe verpflanzt und in

Teilansicht aus den Freilandkulturen von Henry A. Dreer, Philadelphia.
Vom Verfasser für die „Gartenwelt“ photographisch aufgenommen.

einem temperierten Hause aufgestellt. Die Auspflanzung auf die sonnigen Felder erfolgt im Mai. Sobald die Pflanzen zu blühen beginnen, werden sie für Kreuzungszwecke sortiert und mit Etiketten versehen, um das Vermischen zu verhindern und nur reine Sorten zu erzielen. Alle unreinen Sorten werden sofort entfernt. Die gefülltblühenden Petunien werden durch Stecklinge vermehrt und alle auf den Feldern gezogen. Die Kultur dieser Pflanzen wird ausschließlich für Samengewinnung betrieben; Samen der erstklassigen Sorten kommt zum Preise von 2 bis 3 Dollars per 30 Gramm in den Handel. Bemerkenswert wären folgende Sorten: *Petunia Clio P. Achille, P. Faforite, P. Gaiety, P. Minerva, P. Snowball, P. Thalia* und andere Sorten (Abbildung nebenstehend).

Befruchten der Petunienblüten in den Kulturen von Henry A. Dreer, Philadelphia.
Vom Verfasser für die „Gartenwelt“ photographisch aufgenommen.

Moderne technische Einrichtungen.

Heizungsanlagen. Eine Dampf- und eine Heißwasseranlage dienen zur Beheizung der 100 Gewächshäuser. Das dabei gebräuchliche System ist das der Radiatoren, das heißt, der Dampf, bezw. das Heißwasser, läuft durch eine Anzahl von Parallelröhren von 3 Zoll Durchmesser. Zur Heizung werden 15 Kessel (Abbildung Seite 331) mit Dampfexpansion von je 80 Pferdekräften verwendet; der jährliche Kohlenverbrauch beträgt 4000 Tonnen. Die fünf mächtigen Schornsteine, die sich stolz über der Gärtnerei erheben, entwickeln, weil Anthrazit gebrannt wird, nur sehr wenig Rauch. Ein großer Vorteil der ganzen Einrichtung ist die Möglichkeit einer Reparaturvornahme vom Personal selbst; ein zersprungenes Kesselrohr kann in zwei Stunden ohne große Schwierigkeiten ersetzt werden. Das diesbezügliche Patent, welches hier in allen Staatsgärten und anderen Gärten verwendet wird, gehört der Keller Company in Pennsylvania und gibt die besten Heizungen für Gewächshäuser.

Bewässerungsanlagen. Zur Bewässerung in den Gewächshäusern dient. Regenwasser, das in einem Bassin gesammelt wird. Der davon für tropische Pflanzen bestimmte Teil wird natürlich erwärmt. Zahlreiche Hydranten mit Leitungsröhren sind für das Freiland vorgesehen, außerdem sorgt noch eine von einem einfachen Gemüsegärtner C. W. Skinners aus Ohio erfundene Methode, die im Jahre 1903 patentiert wurde, für eine sehr schnelle, durchdringende Berieselung des Bodens. Die Einrichtung ist folgende: Auf den Feldern sind in Abständen von je 4 m kleine Pfähle in Parallelreihen eingeschlagen, welche ein System von Röhren, je 50 Fuß lang und 3 Zoll stark, tragen. Diese Röhren, welche von einem hochgelegenen Reservoir aus gespeist werden, besitzen zahlreiche Oeffnungen mit Spritzknöpfchen. Jede Röhre hat ihren eigenen Regulierungshebel, wodurch der Strahlgang nach Belieben gerichtet werden kann. Die Leistungsfähigkeit dieser Methode kann daraus ermessen werden, daß ein amerikanischer Acker Land (etwa 4047 qm) in 48 Stunden bei 50 Pfund Druck eine Wasserhöhe von 3 Zoll im Regenmesser aufweist, dabei kann ein einziger Arbeiter die ganze Bewässerung von etwa 10 000 qm Ländereien ausführen. Ohne diese Methode wäre ein Anpflanzen von Perennen auf den hiesigen Feldern ganz unmöglich, da die Sonnenglut des Hochsommers nur selten durch Regengüsse gemildert ist. In den heißen Sommermonaten besorgen die Wächter das Bewässerungsgeschäft bei Nacht, so daß am Morgen alles unter Wasser gesetzt ist. Aber auch nach einer anderen Seite zeigt die Einrichtung ihre Zweckmäßigkeit; man verwendet sie, um Blattläuse von Gemüsepflanzen zu vertilgen. Natürlich gebraucht man in diesem Falle nicht reines Wasser, sondern vermengt das Reservoirwasser mit einer Nikotinlösung. Auch bei Frost kann diese Anlage gut verwertet werden, indem man das Wasser erwärmt.

Allgemeines. Wie bereits erwähnt, ist die Gärtnerei eine Aktiengesellschaft, aber alle Aktionäre sind Verwandte und Mitarbeiter unter dem Präsidenten Mr William Dreer. Der leichteren Geschäftshandhabung wegen hat man 7 verschiedene Abteilungen geschaffen, an deren Spitze je ein Manager und ein Vormann (Obergärtner) steht. Jeder Vormann hat 20—30 Gehilfen unter sich, die wieder eine gewisse Anzahl Arbeiter beschäftigen. Weibliches Personal ist nicht vorhanden. Sehr haben außer dem jetzigen Präsidenten zur Blüte des Etablissements der Betriebschef der Gärtnerei, Eisele, und sein Sekretär, Strohlein, beigetragen, die nach amerikanischem Muster von der Pike auf gedient haben. Jedes Jahr begeben sich zwei der Direktoren nach Europa und anderen Weltteilen, um in ständiger Fühlung mit den Bedürfnissen der Gegenwart zu bleiben. Natürlich besitzt die Firma auch andere Reisende, um ihre Produkte dem Publikum in beständiger Erinnerung zu halten. Selbstverständlich wird die Leitung in streng amerikanischer Weise gehandhabt, das heißt, es gibt keine Bevorzugung irgend welcher Art. Wer seine Pflichten erfüllt und Eifer beweist, kommt hier unbedingt vorwärts. Für theoretische Kenntnisse gibt hier kein Mensch einen Heller, wenn sie nicht durch praktische Erfahrungen gedeckt sind. Dabei ist die Behandlung eine menschenwürdige. Der oberste Chef behandelt seine Arbeiter als gleichberechtigte Menschen. Es bleiben niemandem hier die Tore zu den höchsten Stellungen verschlossen; dabei ist das Verhältnis zu einander ein sehr gemütliches und nettes. Wie in allen großen Etablissements Amerikas, verläuft der Betrieb pünktlich wie ein Uhrwerk. Die Arbeitszeit ist nicht lange und nicht zu schwer, aber es wird sowohl von dem Vormann, wie von den Arbeitern verlangt, daß sie auf die Minute zur Stelle sind. Ihre Ankunft und ihr Weggehen wird automatisch festgestellt. Sie müssen auf einen ihrer Nummer entsprechenden laufenden Taster einer Signaluhr drücken, welche die Pünktlichkeit anzeigt. Bei diesen Kontrolluhren wird von einem Uhrwerk eine Trommel mit verschiedenen Abteilungen derart in Umdrehung gesetzt, daß die von dem Arbeiter durch einen Schlitz geworfenen Kontrollmarken je nach Verlauf eines bestimmten Zeitabschnittes in verschiedene Fächer der Trommel fallen. So wird die Verspätung angezeigt. Dadurch wird natürlich unzählige Schreiberei erspart. Der Buchhalter weiß ganz genau durch die markierten Kontrollstreifen, die Freitags jeder Woche behufs der Beendigung der Zahlliste in das Hauptbureau nach Philadelphia eingeschickt werden, wie lange jeder gearbeitet hat, ohne den Mann überhaupt zu kennen, und der Scheck, den der Arbeiter bei der Auszahlung, die jeden Samstag um 4 Uhr stattfindet, bekommt, richtet sich mit seiner Summierung ganz nach seinen Markierstreifen (bzw. seiner Arbeitszeit).

Teilansicht aus dem Kesselhause der Gärtnerei von Henry A. Dreer, Philadelphia.
Vom Verfasser für die „Gartenwelt" photographisch aufgenommen.

Hochinteressant ist das Bild, das sich am Morgen vor Beginn der Arbeitszeit in einem solchen amerikanischen Riesengartenetablissement darbietet. Man könnte fast sagen, alle Menschenrassen sind hier vertreten. Neben dem Kaukasier steht der Chinese, neben dem Neger der Halbblutindianer, neben dem Mestizen der Malaie. Sodann sind auch hier alle Stämme Europas vertreten. Die Höchstzahl dieser nehmen unstreitig die Engländer ein; jedoch findet man hier auch viele Deutsche, Franzosen, Italiener, Polen, Schweden und Griechen usw.; als Oesterreicher war der Verfasser dieses Berichtes der einzige.

Der Export umfaßt alle Weltteile. Die Firma besitzt einen eigenen Hafen am Delawareflusse und ebenso eine Bahnstation. Während täglich etwa 100 Kisten eintreffen, werden unterdessen zehnmal so viel nach allen Richtungen der Windrose ausgesandt. Dabei helfen bei der Verpackung der Sendungen die modernsten Erzeugnisse mit. Erwähnenswert wäre ein eigenartig präpariertes Papier, welches die Pflanzen vor Frost schützt. Eigene Waggons, die speziell für Pflanzentransporte eingerichtet und temperiert sind, erlauben hier den Versand auch bei strenger Kälte. Der Geschäftsumsatz wächst jährlich derart, daß stets neue Ländereien dazu gekauft werden müssen, um den Anforderungen der Kunden zu genügen. Der Kistenversand hat derartigen Umfang angenommen, daß eine eigene Fabrik mit Dampfsägewerk zu deren Fabrikation errichtet ist.

Das erste, was jedem Fachmanne bei Betreten einer hiesigen Gärtnerei auffällt, ist die Verschiedenheit der Werkzeuge gegenüber den europäischen; amerikanische Werkzeuge sind aus besserem Stahl gearbeitet und viel praktischer als europäische. Die Firma kauft nur die teuersten Waren, von dem richtigen Grundsatze ausgehend, daß billiger Schund baldige Erneuerung verlangt und dadurch am teuersten zu stehen kommt. Um Diebstähle oder anderweitiges Verschwinden der Tausende von Werkzeugen seitens des Personals zu verhüten, werden dem einzelnen Arbeiter die verschiedenen, von ihm gebrauchten Werkzeuge nur gegen Abgabe einer oder mehrerer Blechmarken verabfolgt (von denen er fünf Stück gleich beim Eintritt erhält). Jeden Abend, kurz vor Schluß, muß jeder Arbeiter seine Werkzeuge abliefern, wobei er seine Marken wieder zurück erhält. Ein Zeugwärter, der in den Werkzeugshallen die Aufsicht und Kontrolle hat, muß bei den vierteljährlich stattfindenden Inventuren jedes Stück Werkzeug, welches gebucht ist, vorlegen können. Vergißt ein Arbeiter die Rückgabe seines Werkzeuges, so hat er eine Strafe von 5 Cents zu entrichten; die gesamten Strafbeträge werden bei jedem Jahresschluß von Seiten der Firma unter das Personal gleichmäßig verteilt. Ein Beispiel der Kulanz amerikanischer Geschäftsführung ist die Tatsache, daß allen Gartenarbeitern und Gehilfen, die mit Wasser zu tun haben, Anzüge aus einer in Oel und Harz getränkten Leinwand kostenfrei zur Verfügung gestellt werden, um Kleider und Körper vor Nässe schützen zu können.

Arbeitszeit. — Entlohnung. Wie überall hier in großen Betriebsstätten, wird der Lohn wöchentlich bezahlt. Es gibt keine Kündigung; wenn es dem Arbeiter oder Gehilfen nicht mehr paßt, unterläßt er einfach nächsten Montag den Gang ins Geschäft. Verläßt er jedoch mitten in der Woche seine Arbeit, so hat er gesetzlich keinen Anspruch auf Vergütung seiner Tätigkeit. Anderseits aber ist der Arbeitgeber verpflichtet, einem von ihm mitten in der Woche entlassenen Mann den vollen Wochenlohn auszuzahlen. Die Arbeitszeit ist im Sommer und Winter von 7—6 Uhr, mit einer Stunde Mittagspause. Nur das Arbeiterpersonal und die Maschinisten und Heizer versehen den Nachtdienst, während die Gehilfen davon gänzlich befreit sind. Die Regelung des Dienstes erfolgt durch Kontrollgänge mittelst automatischer Uhren. Die Sonntagsruhegesetze sind hier sehr strenge; nur die notwendigsten Arbeiten dürfen vorgenommen werden. Daher besteht das Personal hier an Sonntagen nur aus einem Chef, 15 Gehilfen und 15 Arbeitern, welche die nötigsten Arbeiten verrichten. Die Bezahlung des Personals ist eine weitaus bessere, als in Europa. Jeder ist in der Lage, sich eine Kleinigkeit zu ersparen, obwohl der Lebensunterhalt teurer ist. Die Honorierung eines Vormannes beläuft sich auf 15—20, eines Gehilfen auf 10—15, der Lehrlinge auf 5—7, und der Arbeiter auf 9—12 Dollars für eine Woche.

Samenhandlung. Mitten im Geschäftsviertel Philadelphias befindet sich, wie bereits erwähnt, das Hauptbüro und die große Samenhandlung der Firma. Beim Eintritt in das Geschäftshaus erblickt man eine lange Halle, der Neuzeit entsprechend, den Verkaufssaal. Im ersten Stock befinden sich die Kanzleien und die Versandlokalitäten, im zweiten Stock der Verkauf von Blumen- und Gemüsesamen, im dritten Magazine für Grassamen und Räumlichkeiten zum Samenreinigen. Die Rückseite des ganzen dritten Stockes ist in ein Glashaus umgewandelt und dient als Samenversuchskontrollstation. Aus allen Teilen der Vereinigten Staaten werden Samen an die Firma zur Untersuchung und Prüfung der Keimfähigkeit gesandt, was hier mit den modernsten Untersuchungsinstrumenten durchgeführt wird. Als persönlicher Leiter fungiert der Präsident, welcher mit vier Herren der Gesellschaft das Geschäft führt; ihnen stehen 50 Personen zur Verfügung.

Die Firma Dreer ist eines der ältesten und bekanntesten Geschäftshäuser in Philadelphia.

Der Verfasser erlaubt sich zum Schlusse dieses Berichtes, der Firma Henry A. Dreer seinen besten Dank für das kollegiale Entgegenkommen und die Liebenswürdigkeit auszusprechen, mit der ihm während seiner dreimonatlichen Tätigkeit das Studium bereitwilligst erleichtert wurde.

Obstbau.

Zwei empfehlenswerte Apfelsorten. Gelber Bellefleur und Cox' Orangenrenette. Es sind keine neuen Sorten, doch möchte ich deren Anpflanzung jedem Gartenbesitzer warm empfehlen. Beide Sorten stellen in bezug auf Lage und Boden keine großen Ansprüche, sondern kommen in jedem Garten fort, sind als Busch- und Halbstammform gleich gut und sehr tragbar. *Gelber Bellefleur* ist lange haltbar, die Frucht wird sehr groß und ist von säuerlichem, kalvillartigem Geschmack. Bei *Cox' Orangenrenette* ist die Frucht nur mittelgroß, aber vorzüglich im Geschmack und ebenfalls lange haltbar.

Hermann Ruth, Wismar.

Wasserlösliches Karbolineum. Zum Artikel über Karbolineum in No. 24, Seite 282, teilt uns die Firma B. Lohse & Rothe, Kgl. Hoflieferanten, Dresden, mit, daß der Verfasser im Irrtum sei, wenn er sage, daß das wasserlösliche Karbolineum des Handels viel zu teuer sei und sich sein Verfahren der Selbstanfertigung billiger stelle. „Unser Lohsol z. B." so schreibt uns die gen. Firma, „kostet bei Faßabnahme 40 Pf. per Kilo, ist vollprozentig, also ohne jede Beimischung von Wasser, bedeutend wirksamer, dabei viel einfacher und bequemer im Gebrauch, als die Mischung des Herrn Junger, welche übrigens schon die Hälfte Wasser enthält, mithin auch nur halb so billig als die vollprozentigen Sorten sein kann".

Kakteen und Sukkulenten.

Mamillaria gracilis, Pfeiff. (Abbildung Seite 333.) Das hier abgebildete Exemplar hat einen Durchmesser von 25 cm und eine Höhe von 10 cm. Besonders hervorheben möchte ich, daß seit 10 Jahren weder Topf noch Erde gewechselt wurde, es beweist dies, wie anspruchslos diese interessanten Gewächse sind.

Der Wuchs der *Mamillaria gracilis* ist rasenförmig. Der Körper ist in der ersten Jugend kugelförmig, streckt sich jedoch bald, wird elliptisch und schließlich keulenförmig bis zylindrisch. Er erreicht eine Höhe von 10 cm und einen Durchmesser von 4 bis 5 cm, ist von mattgrüner Farbe, oben gerundet, dann flach, der Scheitel wenig eingesenkt, von weißer Wolle und aufrechten, gelblichen, oben dunkleren Stacheln verdeckt. Die Warzen sind zylindrisch bis schwach keulenförmig, 6 bis 8 mm lang und bis 6 mm dick,

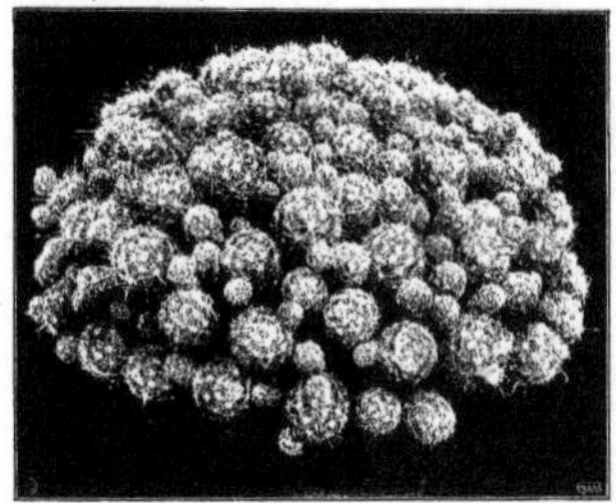

Mamillaria gracilis.

Im Botanischen Garten zu Cambridge (Engl.) für die „Gartenwelt" photogr. aufgenommen.

ziemlich dicht gestellt, an der Spitze etwas gerundet. Die etwas unterhalb der Warzenspitze stehenden Areolen sind rund, 2 mm im Durchmesser, mit kurzem, leicht gekräuseltem, weißem Wollfilze bedeckt. Von den reinweißen, borstenartigen Randstacheln sind bis zu 18 vorhanden, sie sind 5 bis 9 mm lang, horizontal strahlenförmig ausgebreitet. Mittelstacheln bis zu drei, wovon einer, $1^1/_2$ cm lang, gerade vorsteht, während der oder die anderen, am oberen Ende der Areole nach aufwärts gerichtet und bisweilen leicht gekrümmt sind. Die Mittelstacheln sind weiß mit brauner Spitze, später ergrauen alle Stacheln und die Randstacheln legen sich nach rückwärts an den Körper an. Die Axillen sind mit sehr spärlicher Wolle versehen.

Die beinahe 2 cm langen, rosa- bis karminroten Blüten stehen zerstreut.

Mamillaria gracilis bringt massenhaft Kindel hervor, die sich in den Axillen entwickeln. Diese Sprosse werden meist freiwillig abgestoßen, fallen zur Erde; sie wurzeln dort rasch an, wodurch die Rasenbildung und Vermehrung in hohem Maße gefördert wird.

Die Heimat ist Mexiko, wo *M. gracilis* bis zu einer Höhe von 1600 m unter Strauchwerk, in Lauberde oder auf Kalkfelsen getroffen wird. E. Z.

Topfpflanzen.

Begonia semperflorens Deutsche Perle.

(Hierzu eine Abbildung.)

Von Obergärtner **J. Kraus**, Dölitz bei Leipzig.

Aus dem reichen Pflanzenmaterial, welches alljährlich in den Anlagen der „Villa Tannenhof" zur malerischen Ausgestaltung derselben verwendet wird, möchte ich den geschätzten Lesern der „Gartenwelt" eine recht dankbare Pflanze, die allseitige Beachtung und Bevorzugung für die Gartenausschmückung verdient, im Bilde vorführen.

Das Bild zeigt uns *Begonia semperflorens Deutsche Perle*, bis jetzt der Riese unter den Semperflorensbegonien, die bei guter Kultur die Höhe und Breite von 1 m erreicht und mit ihrem rotumsäumten, glänzenden Laube, sowie den in überreicher Fülle erscheinenden reinrosa Blüten, welche den kräftigen Busch vollständig bedecken, einen jeden Beschauer fesselt. Ich verwende diese Begonie in größerer Anzahl in natürlicher Anordnung als Vorpflanzung an Gehölz- und Koniferengruppen, wo dieselbe im Verein mit anderen, besonders weißblühenden Pflanzen eine große Wirkung hervorbringt. Aber ebenso schön ist sie auch als Topfpflanze, die zu jeder Art von Dekoration sich ausgezeichnet verwenden läßt. Ihre Anzucht geschieht am vorteilhaftesten durch Stecklinge, welche sehr leicht wachsen; man erzielt aus denselben bald kräftige Exemplare.

Pflanzenkrankheiten.

Bereitung von Bordeauxbrühe mit Zuckerzusatz.

Bekanntlich wird die Bordeauxbrühe zur Bekämpfung vieler Pflanzenkrankheiten mit bestem Erfolge verwendet. Dem Rosen-, Malven- und Chrysanthemumrost, dem Schorf der Aepfel, der Peronospora des Weinstocks und ähnlichen pilzlichen Schädlingen ist nur mit Bordeauxbrühe oder anderen kupferhaltigen Mitteln beizukommen. Wohl haben wir Kupferpräparate in Pulverform, die wegen ihrer bequemen Anwendung ihre Berechtigung für den Kleingartenbau haben, für den Großbetrieb ist die billigere selbstbereitete Bordeauxbrühe vorzuziehen.

Die Bereitung der Bordeauxbrühe geschieht für gewöhnlich nach

Begonia semperflorens Deutsche Perle.

Im Parke der „Villa Tannenhof", Dölitz bei Leipzig, für die „Gartenwelt" photographisch aufgenommen.

folgender Vorschrift: 2 kg Kupfervitriol werden in einem Holzgefäß in 50 l Wasser aufgelöst, derart, daß man den Vitriol in einen Sack einbindet und diesen in die obere Schicht des Wassers einhängt, worauf er sich selbsttätig nach 2 Stunden völlig gelöst hat. Außerdem löscht man 2 kg gebrannten Kalk und übergießt ihn mit 50 l Wasser. Die entstandene Kalkmilch läßt man am besten $^1/_2$ Stunde lang stehen, während welcher man einige Male umrührt. Darnach werden die 50 l der Kupfervitriollösung langsam unter beständigem Umrühren zu den 50 l Kalkmilch gegossen. Man kann auch umgekehrt verfahren, die Kalkmilch in die Kupfervitriollösung gießen. Letzteres muß aber lebhaft, ebenfalls unter beständigem Umrühren geschehen und ist deshalb weniger zweckmäßig.

Die frische, richtig zubereitete Bordeauxbrühe, aber nur diese, wird in ihrer Wirksamkeit durch kein Kupferpräparat in Pulverform erreicht oder gar übertroffen. Indessen schon nach wenigen Tagen läßt ihre Wirkung infolge nachteiliger Veränderung des Kupferniederschlages sehr zu wünschen übrig, die Brühe verdirbt. In der Praxis sind aber oft andauernder Regen oder andere Ursachen die Veranlassung, die Brühe einige Tage stehen lassen zu müssen. Um nun dem frühzeitigen Verderben unserer Bordeauxbrühe vorzubeugen, setzt man ihr 250 g Zucker zu, der am besten mit dem Kupfervitriol in den Sack gebunden aufgelöst wird; durch den Zuckerzusatz erreicht die Bordeauxbrühe eine fast unbegrenzte Dauer ihrer Haltbarkeit.

Auf diese wichtige Tatsache hat uns Gartenbauer zuerst W. Kelhofer †, Vorstand der chemischen Abteilung an der Versuchsanstalt in Wädenswil (Schweiz) aufmerksam gemacht. Die Wissenschaft arbeitete schon seit längerer Zeit an dem Problem des Zuckerzusatzes zur Bordeauxbrühe, der bald eine größere, bald eine geringere Haftbarkeit der ausgespritzten Flüssigkeit auf dem Blatt bewirken sollte. Dann wurde der überflüssigen Frage näher getreten, ob der so unbedeutende Zuckerzusatz zur Bordeauxbrühe bei Bienenbesuch nicht Vergiftungserscheinungen bewirken möchte. Die Hauptsache aber, daß der Zuckerzusatz eine fast unbegrenzte Haltbarkeit der Brühe bewirkt, übersah die Wissenschaft. Kelhofer hat seine diesbezüglichen Untersuchungen im IX. Jahresberichte der Versuchsstation und Schule für Obst-, Wein- und Gartenbau in Wädenswil niedergelegt. Sie sind aber leider noch nicht genügend in die Praxis eingedrungen, wie wir Gärtner ja überhaupt in der Nutzanwendung wissenschaftlicher Arbeiten beispielsweise gegenüber der Landwirtschaft recht oft hinterherkommen. „Eine im Frühjahr bereitete, in einem Petrolfasse an einem kühlen Orte aufbewahrte Kupferzuckerkalkbrühe," so schrieb Kelhofer 1905 im „Schw. Gartenbau", versieht ihren Zweck den Sommer über in ausgezeichneter Weise, indem sie jedesmal vor dem Gebrauch nur wieder gründlich aufgerührt zu werden braucht, um selbst nach einem halben Jahre noch so ziemlich mit dem gleichen Erfolge zur Bekämpfung von Pflanzenkrankheiten verwendet werden zu können, wie im Anfang."

M. Löbner.

Wasserpflanzen.

Ueber Erde für Seerosen.*)

Wenn wir versuchen, den Seerosen die Vorbedingungen zum Gedeihen ähnlich zu gestalten wie die sind, unter denen sie in der freien Natur wild wachsen, dann müßten wir ihnen eigentlich Teichschlamm geben, wie er dem Weiher entnommen ist, in welchem *Nymphaea alba* und *Nuphar* in großer Ueppigkeit vorkommen. Wird man beim Anblick des übelriechenden Morastes irre und zieht ein Gartenbuch zu Rate, so wird man in den allermeisten Fällen belehrt werden, daß *Nymphaea* und *Nuphar* Teichschlamm verlangen. Die Sache muß also doch wohl stimmen. Und doch glauben wir, daß alle Feinde und Krankheiten dieser Pflanzen zusammen in zehn Jahren nicht so viel Verluste verursacht haben als dieser ehrlich aussehende und vernünftig erscheinende Rat in einem einzigen.

Woher kommt das? Zur Beantwortung dieser Frage müssen wir zunächst die weitere stellen: Was ist eigentlich Teichschlamm? Wir verstehen darunter die in Verwesung begriffene Ablagerung organischer Stoffe, wie sie sich in stehenden und langsam fließenden Gewässern mit der Zeit absetzt. Ein kleiner Teil ist tierischen Ursprungs und düngt, der weitaus größere aber ist pflanzlicher Herkunft, also Humus, der in Zersetzung begriffen, übelriechende Sumpfgase entwickelt und eine Menge von Wasserinsekten und deren Brut, sowie die Dauersporen von Algen enthält. Man wird leicht begreifen, daß es zum mindesten bedenklich ist, eine solche Gesellschaft von Schmarotzern in Kulturbehälter zu bringen, wo sie zur Weiterentwicklung die denkbar günstigsten Verhältnisse vorfindet. Man wird daher Schlamm in frischem und an der Luft nicht genügend abgelagertem Zustande vermeiden und andere humusreiche Erde, welche frei von Schädlingen ist, für geeigneter halten, denn Schlamm ist Humus und im Schlammgrunde wachsen sie doch, wie jeder beobachten kann, der einmal der Sache auf „den Grund" geht. Aber sollte hier nicht eine Täuschung vorliegen? Hierzu ein Beispiel:

Wir haben im Garten einen seit undenklichen Zeiten nicht mehr gereinigten Teich mit fußhoher, schwarzer Schlammschicht. In diesem Teich wachsen zahlreiche weiße Seerosen und einige Nuphar-Arten. Von diesen wurde je ein Wurzelstock vorsichtig ausgehoben und da zeigte sich, daß alle Wurzeln auf dem kürzesten Wege die Schlammschicht durchwuchsen und im Lehm des Untergrundes Fuß gefaßt hatten. Werden neue Pflanzen in mit Steinen beschwerten Körben eingesetzt, so ist das Wachstum solange kümmerlich, bis die Wurzeln den Lehm erreicht haben. Dann erst sind die Seerosen angewachsen und entwickeln reichlich Blätter und Blüten. Dieses Beispiel bezieht sich nur auf winterharte Arten. Daß es bei den tropischen sich ganz ähnlich verhält, zeigt ein weiteres.

Ein hiesiger Handelsgärtner legte einen großen Teich für tropische Seerosen zur Schnittblumengewinnung an, der von den Abwässern einer nahen Dampfziegelei erwärmt wird. Die Beschaffung von humusreicher Erde unterblieb, weil die Zufahrt fehlte. Die Pflanzen kamen daher in den fetten, reinen Lehm. Der Erfolg war alle Erwartungen übertreffend; eine üppigere Entwicklung war überhaupt nicht denkbar. Die Blumen von *Nymphaea zanzibariensis* hatten 24 bis 26 cm Durchmesser. Also auch bei den tropischen Seerosen ist Humuserde wenigstens entbehrlich. Aber es gibt Fälle, wo sie sich als direkt schädlich erweist. Früher wurden häufig die Samen von Nymphaeen in eine Mischung von Laub- und Heideerde mit Zusatz von Lehm und Sand ausgesät und die Oberfläche dann mit grobem Flußsand übersiebt. Die Pflänzchen wuchsen wohl, die Erde aber auch, denn sie begann in dem warmen Wasser zu gähren und ging auf wie ein Kuchenteig. Die zarten Wurzeln fanden in der breiartigen Erde keinen Halt und schwammen nach einiger Zeit auf der Oberfläche des Wassers herum. Seitdem wird zur Aussaat sowohl, wie zur Weiterkultur nur noch lehmige, abgelagerte Rasenerde verwendet, die durch Lehm und Sand noch schwerer gemacht wird. Nachteilig ist Humuserde auch zum Einpflanzen von Knollen und Pflanzen von Seerosen, welche, in Töpfen vorkultiviert, später ausgepflanzt werden sollen. Die leichte, an den unverzweigten, glatten Wurzeln nicht haftende Erde schwimmt beim Auspflanzen im Nu auseinander und man behält dann nur die ausgewaschenen Wurzeln in der Hand, was das Anwachsen erschwert, während Lehmballen fest bleiben.

Wer also Seerosen zu pflanzen hat, dem sei lehmige Rasenerde mit verrottetem Kuhdung empfohlen, oder schwere, kräftige Garten- oder Ackererde, die man ein Jahr vor dem Gebrauch mit Kuhdung durchsetzt hat. Frischer Dünger, namentlich in Form von Hornspänen, sowie ein Zuviel ist zu vermeiden. Wer aber weder alte Rasenerde noch alten Dünger zur Hand hat, der nehme einfach schweren Gartenboden. Lehm von alten Gebäuden ist nur dann zu empfehlen, wenn er nicht durch Kalk verunreinigt ist, denn Kalk vertragen die Nymphaeen schlecht, und nichts sieht unschöner aus, als wenn die glänzenden Blätter eine Kalkkruste haben, die das verdunstende Wasser auf ihnen hinterläßt. Alle die künstlichen Erdmischungen aus Laub-, Heide- oder Moorerde sind gleich dem beliebten Teichschlamm vom Uebel. Bei Beachtung vorstehender Ausführungen dürfte sich die Seerosenkultur überall erfolgreich gestalten.

Rehnelt.

---

*) Dieser Artikel, aus dem „Buch der Nymphaeaceen oder Seerosengewächse von F. Henkel, F. Rehnelt und L. Dittmann," Verlag von Friedr. Henkel in Darmstadt, Preis 5 Mark, erscheint mit Genehmigung des Verlegers.

Zeit- und Streitfragen.

Der Wert des Botanisierens für den angehenden Gärtner.

Von **F. Rebhuhn,** Weinheim.

Die Erfahrungen, welche ich als Gehilfe auf diesem Gebiete gesammelt habe, veranlassen mich zu nachstehenden Ausführungen.

Das Botanisieren und das Anlegen von Herbarien ist in gärtnerischen Kreisen nur wenig verbreitet, auch werden viele Leser der Ansicht sein, daß es sich hierbei wohl nur um einen müßigen Zeitvertreib für Faulenzer, oder um einen Sport für „Anstalter“ handelt. Zu dieser Anschauung bin ich durch Besprechung mit Kollegen und Vorgesetzten über dieses Gebiet gekommen. Die meisten dachten sehr geringschätzend über die Ausnutzung der Mußestunden durch derartige Betätigung. Allerdings kann man durch Botanisieren keine Nebeneinnahmen erzielen, aber auch diejenigen, die darauf angewiesen sind, den Beruf lediglich des Erwerbes halber zu betreiben, sollten doch auch die idealen und ästhetischen Seiten desselben nicht aus den Augen verlieren, denn nur diejenigen, die dem Berufsleben auch solche Seiten abgewinnen können, werden Erfolge und Befriedigung zugleich haben.

Mit dem Botanisieren soll man nicht lediglich bezwecken, eine möglichst große Anzahl verschiedenartiger Pflanzen zusammenzutragen, zu pressen und aus ihnen ein Herbar zusammenzustellen, sondern der Segen des Botanisierens offenbart sich in anderer Weise; es führt uns hinaus an die Quelle des Lebens, zur schaffenden Natur, in Wald und Feld, und dies zu allen Jahreszeiten. Die Natur empfängt uns mit offenen Armen, führt uns als Schüler in ihre Lehrsäle und zeigt uns ihre Lehrmittel, wie sie vollständiger und reichhaltiger nicht gedacht werden können. Wir lernen hier die Pflanzen der Heimat, ihre Lebensbedingungen kennen, und die engere Heimat wird uns dadurch in allen ihren Teilen vertraut; wir lernen die verschiedenen Bodenarten und die Pflanzen, die für sie charakteristisch sind, kennen, und damit die besonderen Ansprüche der letzteren an den Boden, das Klima und an das Zusammenleben; wir sehen, wie manche Pflanzen sich allen Verhältnissen anpassen und mit jeder Bodenbeschaffenheit vorlieb nehmen, während andere ganz spezielle Ansprüche stellen. Beim Bestimmen der gesammelten Pflanzen lernen wir sie in allen ihren Teilen kennen, wir erlangen durch fortgesetzte Uebung auch die Fähigkeit, sie richtig zu beschreiben. Jedem denkenden Gärtner muß es klar werden, wie bedeutungsvoll und vielseitig die Anregungen sind, die uns das sachgemäße Aufsuchen der Gewächse an ihren Standorten, das Sammeln, Bestimmen und Präparieren bringen, gleichviel, ob der sammelnde Gehilfe Landschaftsgärtner, Pflanzenzüchter oder Binder ist. Besonders wichtig ist das Botanisieren bezw. das Studium der freien Natur auch für den Landschaftsgärtner, da er hier die Zusammenstellung und Wirkung der Farben und Formen in Berg und Tal studieren kann und die abwechslungsreichsten malerischen Szenerien kennen lernt, die ihm vorbildlich sein können.

Mancher Leser wird einwenden, daß es ihm an Zeit zum Botanisieren fehle; derartige Einwendungen kann ich aber nicht als stichhaltig ansehen. Um die Natur an der Quelle zu studieren, braucht man keine großen Reisen zu unternehmen, denn unsere nächste Umgebung bietet so viel des Interessanten, daß hier jeder, der Sehen und Suchen will, ein geeignetes Arbeitsfeld findet, zu dessen Beackerung die heute fast überall geregelten Arbeitsverhältnisse genug der freien Stunden bieten. Ich habe im Botanisieren mit bescheidenen Mitteln schöne Erfolge erzielt, begünstigt durch die reichhaltige Flora, die ich hier an der Bergstraße vorfand. Da die Gehilfen nicht an einem Orte bleiben, sondern ihre Stellung wechseln, so lernen sie durch das Botanisieren die verschiedensten Gegenden mit ihrer wechselnden Vegetation kennen, was für den botanisierenden Gärtner ein weiterer Vorteil des planvollen Stellenwechsels ist.

Einsichtige Prinzipale werden gewiß gern auch die Lehrlinge zum Botanisieren anhalten, damit ihnen neben der materiellen auch die ideale Seite unseres Berufes vor Augen geführt und die Lust und Liebe zur Pflanzenwelt, die jeder angehende Gärtner schon mit in die Lehre bringen sollte, erhalten bleibt.

Dem Anfänger auf diesem Gebiete, dem noch alle Erfahrung fehlt, empfehle ich die „Anleitung zum Botanisieren“ von Wünsche.*) Uebung im Bestimmen der Pflanzen läßt sich erlangen, wenn man nach diesem oder einem anderen brauchbaren Buche zunächst solche Pflanzen bestimmt, die man bereits kennt, und sich dann erst an unbekannte Pflanzen heranwagt.

Gemüsebau.

Die Kultur des Meerrettigs.

Der Meerrettig wächst in Mitteleuropa wild, doch wird er in verschiedenen Gegenden in großen Mengen angebaut, so z. B. in Bamberg, Lübbenau und Rastatt. Früher sah man im Herbste Kähne voll schöner Meerrettigstangen bis nach Mainz fahren, doch hat die Anfuhr in den letzten Jahren bedeutend nachgelassen.

Ob der Meerrettig streng im Geschmack ist, kann man beim Durchschneiden der Wurzel erkennen. Reißt die Stange ähnlich wie Weiden, so ist es die beste Ware nicht, denn Meerettig erster Güte bricht leicht beim Anschneiden und ist dick. Wer Meerrettig mit Erfolg bauen will, muß sonnig gelegenes nicht zu schweres Land haben, woselbst leicht Wasser zugeführt werden kann; der notwendige Dung muß auch beschafft werden können, denn ohne Sonne, Wasser und Dung ist der Ertrag trotz allen Fleißes gleich Null. Bei der Kultur kann ein um das andere Jahr dieselbe Stelle wieder bepflanzt werden. In den Zwischenjahren kann man mit Düngung Kohlgewächse oder ohne Dung Zwiebeln oder Karotten anbauen. Gute Düngung und tiefes Spaten ist die erste Aufgabe auf dem Meerrettigfelde. Diese Arbeit wird Anfang April ausgeführt. Darauf wird das Feld mit der Gartenschnur und Karsthacke auf 60 cm breite gewölbte Balken gezogen, auf welche später in Entfernung von 45 cm die Wurzelsetzlinge gesteckt werden. Die Setzlinge sollte man sich aus einer bekannten Kulturgegend von einer reellen Firma schicken lassen und darauf sehen, daß dieselben gesund sind, d. h. keine beschädigten Stellen haben, welche wie Rostflecken aussehen. Die Setzlinge dürfen auch nicht zu klein (25 bis 30 cm lang) und nicht zu schwach (am oberen Ende mindestens 30 mm stark) sein. Diese Setzwurzeln werden von den feinen Nebenwürzelchen mit einem scharfen Messer gesäubert, die Haarwürzelchen aber mit einem Sacktuch abgerieben und so vorbereitet in Erde bis zum Pflanzen eingeschlagen. Hat man selbst Pflanzen, so werden dieselben aus dem vorjährigen Beete mit einem langen Karst herausgegraben. Man legt die Wurzeln 40 cm tief schonend frei, je mehr Sorgfalt angewendet wird, desto mehr unbeschädigte Wurzeln werden wir erhalten. Aber auch die unbrauchbaren Wurzeln müssen wir an die Oberfläche bringen.

Bei der Pflanzung sind am zweckmäßigsten 2 Personen tätig. Die erste Person stellt sich rückwärts über den Balken und sticht in schräger Richtung mit einem 4 cm dicken Pfahl, an dem eine Länge von 30 cm am unteren Ende markiert ist, bis zu diesem Zeichen in die Mitte des Balkens. Die zweite Person steckt den Pfänzling in die schräge Höhle, so daß das obere Ende des Setzlings 2 bis 3 cm unter die Erde kommt, und tritt dann mit dem Fuße die Erde leicht an, damit die Wurzel geschlossen liegt. In dieser Weise arbeiten beide Personen weiter. Nach dem Pflanzen werden die Balken mit der Harke geglättet und auch die Furchen zwischen den Balken werden sauber ausgezogen. Im Juni werden die Kronentriebe bis auf die stärksten ausgebrochen und das Land wird rein und feucht gehalten. Zuviel Wasser kann man dem Meerrettig niemals geben. Vor Eintritt des Frostes sticht man mit einem scharfen Spaten die gepflanzten Stangen derart ab, daß man das untere Ende erreicht. Die jungen Wurzeln, welche vom Ende der Steckwurzel ausgehen, bleiben den Winter über in der Erde, um, wie oben angegeben, im Frühjahre als Pflänzlinge wieder

*) Verlag von Paul Parey, Berlin. Preis gebunden 4 M.

verwendet zu werden. Die im Herbste geernteten Stangen werden, nachdem sie von den Blättern befreit sind, am besten im Keller in reinen, feuchten Flußsand eingeschlagen; hierdurch wird dem Eintrocknen wie dem Faulen vorgebeugt. Daß der Meerrettig als Beilage zum Fleisch dient, braucht wohl nicht erwähnt zu werden. Meerrettig als Hausmittel dürfte weniger bekannt sein, zu diesem Zweck wird roh geriebener Meerrettig in einen Einmachetopf gefüllt, mit gestoßenem Zucker durchsetzt und mit Wein übergossen. Diesen Ansatz stellt man in zugebundene Gefäße acht Tage lang in einen Raum von mäßiger Wärme. Nach dieser Zeit ist der so behandelte Meerrettig gebrauchsfertig und kann als Heilmittel bei Krankheiten der Luftwege verwendet werden. **S. H.**

Hopfenkeime als Gemüse. Im verflossenen Winter hat das Ueberwinterungsgemüse nicht nur im Garten, sondern auch im Einschlag und im Keller stark gelitten, so daß mancher Herrschaftsgärtner, der die Küche mit Gemüse zu versorgen hat, in Verlegenheit sein wird, denn sobald die Auswahl der Gemüse beschränkt ist, wird ja bekanntlich vom Gärtner mit Vorliebe nur das verlangt, was nicht geboten werden kann. Für die gemüsearme Zeit, April und Mai, möchte ich hiermit auf die Hopfenkeime hinweisen, welche meines Wissens nur in einigen Gegenden als Gemüse bekannt sind. In fast allen älteren Gärten ist der Hopfen wild anzutreffen, und wo das nicht der Fall ist, sollte man im Gemüsegarten einige Reihen davon anpflanzen. Der Hopfen treibt im Frühjahre zeitig seine blattlosen Keime. Diese werden abgebrochen sobald sie etwa handlang aus der Erde sind und geben so, wie Spargel zubereitet, ein ganz delikates Gemüse. **A. G. Radde**, Aachen.

Bücherschau.

Mitteilungen der Deutschen Dendrologischen Gesellschaft 1907. Das kürzlich erschienene Heft übertrifft alle seine Vorgänger an Vielseitigkeit des Inhaltes und an Ausstattung. Die diesmalige Farbentafel zeigt *Prunus lusitanica*, Frucht- und Blütenzweig. Eingeleitet wird der Band durch einen Nachruf auf Friedrich I., Großherzog von Baden, der bis zu seinem Tode Schirmherr der Gesellschaft war. Diesem Nachruf ist ein ganzseitiges Bild, den Großherzog im Parke darstellend, als Tafel beigegeben. Vier weitere Tafeln zeigen prächtige Koniferengruppen aus dem Parke des Grafen von Wilamowitz zu Gadow bei Lanz; sie sind dem Artikel des Grafen über die Resultate 35 jähriger Anbauversuche mit ausländischen Gehölzen in Gadow beigegeben. Dem Geschäftsbericht des Grafen Schwerin folgt ein Artikel über die Exoten der Oberförsterei Jägerhof, die im Vorjahre durch die Gesellschaft besichtigt wurden, und daran schließt sich der Bericht Beißners über die Jahresversammlung, dem gleichfalls eine Tafel in Schwarzdruck beigegeben ist. Es folgen nun, wie alljährlich, des gleichen Verfassers Reiseerinnerungen, darauf in zwangloser Reihenfolge eine Fülle dendrologisch hochinteressanter Abhandlungen, teils nach Vorträgen der Jahresversammlung. Ich muß mich darauf beschränken, auf einige der wichtigsten dieser Artikel hinzuweisen. Ueber neue und seltene Gehölze berichten C. Sprenger, Neapel, Alfred Rheder vom Arnold Arboretum, Prof. Fr. Thomas, H. Zabel, Gotha und Beißner, Bonn, der auch, wie in früheren Jahrgängen, wieder interessante Mitteilungen über Koniferen macht. Ueber Nomenklaturfragen haben Zabel und Voss Beiträge beigesteuert. Mit weiteren wichtigen Abhandlungen sind u. a. vertreten Graf Fritz von Schwerin, Professor Dr. Schwappach, Professor Koehne, Professor H. Mayr, der verstorbene John Booth, Forstmeister Rebmann. Für den praktischen Gärtner von Wichtigkeit ist eine Uebersicht über die in Deutschland kultivierten winterharten *Clematis* von Direktor E. Jouin, Plantières bei Metz. Graf Schwerin gibt die Fortsetzung seiner Fragmente zu einem dendrologischen Reisehandbuche, Johannes Rafn, Kopenhagen, Mitteilungen über Forstsamenuntersuchungen in der Saison 1906/07, und aus dem Nachlaß Prof. Dr. E. Pfitzers gelangt eine Bestimmungstabelle für die in Deutschland kultivierten Arundinariaarten zum Abdruck. Eine Fülle kleiner, hochinteressanter Notizen beschließen das Heft, dessen Studium jedem Dendrologen und Gehölzefreund warm empfohlen werden kann. **M. H.**

Aus den Vereinen.

Die **„Deutsche Dendrologische Gesellschaft“** hat den Beginn ihrer diesjährigen Studienreise im Elsaß endgültig auf Sonnabend den 8. August festgesetzt.

Heiteres.

Kunstdünger als Würze. In St. Veit erzählt man sich folgende tatsächliche Begebenheit: Ladet da in Schwarzach kürzlich ein Wirt aus Urpaß für einen Nachbarn zwei Säcke Kochsalz und für einen anderen solche mit Kunstdünger (Kainit) auf, fährt damit gemächlich gegen Goldeggweng, legt dort bei einem Bauern alle vier Säcke in die Tenne und meldet im Bauernhause, daß zwei Säcke mit Kunstdünger hierher gehören, während die anderen zwei von einem noch weiter gegen den Talgrund zu hausenden Bauern geholt würden. Nachdem der letztere von der Ankunft seines Kochsalzes benachrichtigt worden war, schickte er einen geistig minderwertigen Knecht mit einem Ochsengespanne fort, seine Säcke abzuholen. Dieser fragt, beim Hause angekommen, um die Säcke, ladet ohne weitere Umstände zwei von den vieren in der Tenne auf und bringt getreulich den Kainit heim. Die Bäuerin wartete schon hart auf das Salz — in entlegenen Gehöften gehen oft die notwendigsten Gebrauchsartikel vollständig zur Neige — und nimmt den Kunstdünger mit der Bemerkung: „Dös is a gspassigs Salz“, allsogleich als Speisenwürze in Verwendung. Wenn man nun erfährt, daß mit dieser eigenartigen Würze mehrere Tage gekocht wurde, die total verdorbenen Speisen von den Hausbewohnern, wenn auch mit Murren, genossen wurden, so kann wohl mit Recht von einem gesegneten Appetite und einem widerstandsfähigen Verdauungsapparat gesprochen werden. Schließlich machte der Bauer seinem Unwillen doch Luft, indem er dem Salzverschleißer die Nachricht gab, daß er mit dem gesandten „neumodischen“ Salze ganz und gar nicht zufrieden sei und in Zukunft wieder ein „gewöhnliches“ Salz haben wolle. Daraufhin klärte sich endlich die Sache zur Freude, und vielleicht auch zum Heile der Landleute auf.

Personal-Nachrichten.

Barthelme, Emil, Klostergärtner, Kienzheim im Elsaß, wurd[e] durch den Bürgermeister ein ihm vom Kaiserl. Ministerium ver[-] liehenes Ehrendiplom und eine Wanduhr für langjährige treu[e] Dienste überreicht.

Gaude sen., früherer Handelsgärtner in Kulm, feierte an 20. März das Fest der goldenen Hochzeit. Der Jubilar steh[t] im 83. Lebensjahre.

Kanig, Carl, legte wegen Arbeitsüberbürdung das Amt de[s] Vorsitzenden der von ihm begründeten Autographischen Gesell[-] schaft Dahlemer a. H. a. H. nieder.

Oertel, Adolf, langjähriger Obergärtner am Botanischen Garte[n] zu Bonn-Poppelsdorf, wurde die durch das Ableben des bisherige[n] Inhabers Schwan erledigte Inspektorstelle am Botanischen Garte[n] in Halle a. S. übertragen.

Roll, Michael, Handelsgärtner in München, † am 23. Mär[z] im Alter von 76 Jahren.

Schinabeck, kgl. Garteninspektor, beging am 1. ds. Mts. da[s] Jubiläum seiner 25 jährigen Tätigkeit an der kgl. Gartenbauschul[e] Weihenstephan. Sonntag, den 22. März, fand zu Ehren des Jubilar[s] eine von den Beamten der Akademie, den Lehrern und Schüler[n] der Gartenbauschule veranstaltete Feier statt, gelegentlich welche[r] ihm wertvolle Geschenke überreicht wurden.

Storm, Otto, Kunstgärtner in Heiligenstadt, † am 23. Mär[z] im 82. Lebensjahre. Der Verstorbene war ein Bruder des Dichter[s] Theodor Storm. Als dieser in den 60 er Jahren des vorigen Jahr[-] hunderts Kreisrichter in Heiligenstadt war, wo viele seiner Werk[e] entstanden sind, verzog auch der jetzt verstorbene Bruder, mi[t] welchem der letzte von drei Brüdern aus dem Leben schied, na[ch] dort und errichtete eine Kunst- und Handelsgärtnerei. In seine[m] Wesen vom Dichter Storm grundverschieden, glich er ihm in seine[m] Aeußern in auffälliger Weise.

Berlin SW. 11, Hedemannstr. 10. Für die Redaktion verantwortlich Max Hesdörffer. Verlag von Paul Parey. Druck: Anhalt. Buchdr. Gutenberg e. G. m. b. H., Dessau

Hierzu je eine Beilage von **A. Weber & Co., Gartenbau, Wiesbaden,** sowie **Kosmos Gesellschaft der Naturfreunde, Stuttg**

Druck der Anhaltischen Buchdruckerei Gutenberg e. G. m. b. H. in Dessau.

Die Abonnenten erhalten mit diesem Heft eine farbige Kunstbeilage.

Illustrierte Wochenschrift für den gesamten Gartenbau.

Herausgeber: Max Hesdörffer-Berlin.

Erscheint jeden Sonnabend.
Monatlich eine farbige Kunstbeilage.

Bezugsbedingungen:
…ch jede Postanstalt bezogen Preis 2.50 M. vierteljährl. In Österreich-Ungarn 3 Kronen. …direktem Bezug unter Kreuzband: Vierteljährlich 3 M. Im Weltpostverein 3.75 M. Einzelpreis jeder Nummer 25 Pf.
…ohne Vorbehalt eingehenden Beiträgen bleibt das Recht redaktioneller Änderungen …halten. Die Honorarauszahlung erfolgt am Schlusse jeden Vierteljahrs.

Anzeigenpreise:
Die Einheitszeile oder deren Raum 30 Pf.; auf der ersten und letzten Seite 50 Pf. Bei größeren Anzeigen und Wiederholungen steigender Rabatt. Beilagen nach Übereinkunft. **Anzeigen in der Rubrik Arbeitsmarkt** (angebotene und gesuchte Stellen) kosten für Abonnenten einmalig bis zu 10 Zeilen Raum M. 1.50, weitere Zeilen werden mit je 30 Pf. berechnet.
Erfüllungsort auch für die Zahlung: Berlin.

Adresse für Verlag und Redaktion: Berlin SW. 11, Hedemannstrasse 10.

XII. Jahrgang No. 29. | Verlag von Paul Parey, Berlin SW. 11, Hedemannstr. 10. | 18. April 1908.

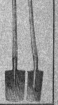

Illustrierte Wochenschrift für den gesamten Gartenbau.

Jahrgang XII. 18. April 1908. No. 29.

Orchideen.

Ueber Orchideenvarietäten und ihre Bewertung.

Von Robert Bloßfeld,

Leiter der C. F. Karthausschen Orchideengärtnerei in Potsdam.

(Hierzu acht Abbildungen.)

Durch die Presse laufen von Zeit zu Zeit Mitteilungen über hohe Preise, welche von einem Liebhaber für eine besonders seltene oder schöne Varietät gezahlt wurden. Der Laie schüttelt meist den Kopf darüber. Daß der Käufer aber eine solche Pflanze oft nur aus nüchternem Geschäftssinne erwirbt und ebenso oft viel Geld damit verdient, ist vielen unbekannt. Es ist in der Tat durch rücksichtslose und gewagte Teilung der Pflanze möglich, in ein paar Jahren mehrere Teilstücke zu erlangen und mit einem ganz erklecklichen Gewinne zu verkaufen. Speziell bei *Odontoglossum crispum*, dessen seltene Varietäten in den letzten Jahren sehr begehrt waren, gehen geschickte Gärtner so weit, daß sie den jungen Trieb in einem ganz bestimmten Wachstumsstadium von der Bulbe trennen und ihn dann sorgfältig zu etablieren versuchen. Die ihrer Sprößlinge beraubten Bulben treiben dann im glücklichsten Falle aus mehreren Reserveaugen aus, von denen dann jedes, wenn der Trieb groß genug ist, wieder eine Pflanze gibt. Sehr oft werden gute Varietäten nur zu Befruchtungszwecken angekauft, es ist dann ein Gewinn erst aus den daraus entstehenden Sämlingen nach mehreren Jahren zu erwarten. Endlich soll es auch Liebhaber geben, welche eine solche Pflanze nur ihrer Schönheit wegen kaufen, um sie zu besitzen, Liebhaber, welche kein Geschäft machen wollen, sondern nur einen Schönheitskultus mit ihren Pflanzen treiben.

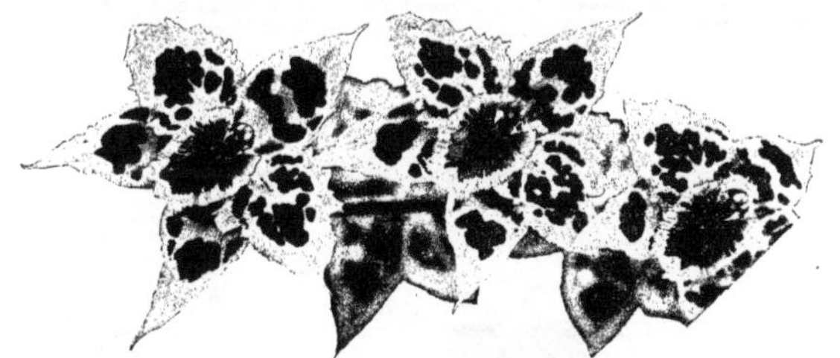

Odontoglossum crispum Karthausi.
In der Orchideengärtnerei von C. F. Karthaus, Potsdam, für die „Gartenwelt" photogr. aufgenommen.

Den Rekord in hohen Preisen halten wohl die weinrot oder braun gefleckten Spielarten des bekannten weißen *Odontoglossum crispum*, für welche die Liebhaber besonders zahlreich sind. Am beliebtesten sind Blumen mit weinroten Flecken; je größer und zusammenhängender dieselben sind, um so höher wird die Spielart bewertet. Neben der Farbe bedingen den Wert eine gute Form und die Größe der Blume. Unter gut geformten Blumen versteht man Blumen, deren Sepalen und Petalen so breit sind, daß sie noch weit übereinander liegen und dadurch der Blume eine runde Form verleihen, welche edel wirkt. Die Abbildung der Titelseite veranschaulicht eine sehr gute Varietät, welche im Etablissement des Herrn C. F. Karthaus in Potsdam gefunden und *Od. crispum Karthausi* (Dict. Icon. des Orchidees pl. 1 s) benannt wurde. Im Verhältnis zu *Od. crispum* kommen bei dem ähnlichen *Od. Pescatorei* gefleckte Varietäten viel seltener vor. Das beste, mir bekannte gefleckte, ist das auf nebenstehender Abb. wiedergegebene *Od. Pescatorei Veitchi,* welches seiner Seltenheit wegen einen ganz enormen Wert hat.

Blüte von Od. Pescatorei Veitchi.
Originalaufnahme für die „Gartenwelt“.

Bei Cattleyen und Laelien gelten je nach der Gattung in bezug auf Form dieselben Regeln, auch ist die Größe der Blumen von erheblichem Einfluß auf den Wert. Die Lippe soll möglichst groß, rund und über der Säule geschlossen sein, und ist, ebenso wie die Petalen, mit Fransen erwünscht. Was die Farbe betrifft, so sind die sogenannten Albinos und die durch besonders dunkle Färbung sich auszeichnenden Varietäten wertvoll. Auch wird durch eine abweichende Färbung einzelner Blumenteile oft schon ein hoher Wert bedingt, z. B. bei der *Cattleya* × *Hardyana Rex,* Abbildung untenstehend, welche einen Wert von mehreren Tausend Mark hat, der durch die fast schwarzpurpur gefärbte Lippe bedingt ist. Die wunderbare *Cattleya Trianae Angelika,* mit ideal geformten, reinweißen Sepalen und Petalen und blauer Lippe, ferner die unvergleichliche *Laelia praestans Queen Alexandra* mit hellblauen Sepalen und Petalen und dunkelblauer Lippe, haben beide auch einen Wert von mehreren Tausend Mark. Vor einigen Wochen blühte hier eine in Europa aus Samen gezogene *Cattleya* × *Hardyana (C. aurea* × *C. Gigas),* welche ganz zart cremefarbene Sepalen und Petalen hatte, während dieselben sonst lila gefärbt sind. Auch diese Varietät hat einen höheren Wert.

Andere von der Norm abweichende und höher bewertete Färbungen haben wir bei *Cattleya Trianae Backhouseana* in den dunklen Spitzen der Petalen, bei *Cattleya Dowiana Rosita* in den dunkelpurpur gefärbten und geaderten Sepalen und Petalen u. a. m. Der Wert der Albinos steht in der Regel im Verhältnis zu der Häufigkeit ihres Vorkommens. Ein Albino soll reinweiße Sepalen und Petalen haben, besonders ist auf die Rückseite der Sepalen zu achten, welche oft einen rosa Schein aufweist, man vergleiche im Zweifel mit reinweißem Schreibpapier; auch die Lippe soll ebenso weiß sein, mit Ausnahme des Schlundes, welcher meist gelb gezeichnet ist. Bei einigen Gattungen kommen auch Albinos mit dunkler Lippe vor, z. B. bei *Cattleya Gigas, Cattleya* × *Hardyana, Cattleya labiata* etc. Je mehr gute Eigenschaften in bezug auf Form, Farbe und Größe eine Varietät in sich vereinigt, desto wertvoller ist sie. Eine Idealblume ist *Cattleya* × *Enid Karthausi* (Abbildung Seite 339), welche vor einigen Wochen hier blühte und als die schönste *Cattleya,* die existiert, von sachverständiger Seite bezeichnet wurde. Diese Varietät dient zu Befruchtungszwecken, ebenso wie *Cattleya Gaskelliana* × *Karthausi,* einer Hybride zwischen *C. Mossiae magnifica* × *C. Gigas,* gute Varietät (Abbildung Seite 340), welche in ihrer Art wohl auch kaum zu übertreffen ist. Man vergleiche die darüber befindliche schöne *C. Gaskelliana alba* in natürl. Größe mit der in etwa halber Größe wiedergegebenen neuen großen Varietät. Die Abbildung Seite 341, unten, zeigt die sehr wertvolle *Cattleya* × *Ella Varietät Potsdam (Cattleya bicolor* × *Cattleya Gigas),* welche ihrer guten Form wegen sehr selten ist. Für die Bewertung einer Hybride sind ganz besonders auch die Eigenschaften der Eltern maßgebend, *Cattleya bicolor* hat z. B. nur ganz schmale Sepalen und Petalen, deshalb werden ihre Sämlinge resp. Hybriden dieselbe Eigenschaft mehr oder weniger ausgeprägt besitzen, aber trotzdem hat doch obige *Cattleya* × *Ella Varietät Potsdam* einen so hohen Wert, weil sie eben in ihrer Form ihre Mitschwestern weit übertrifft. Mit einer guten

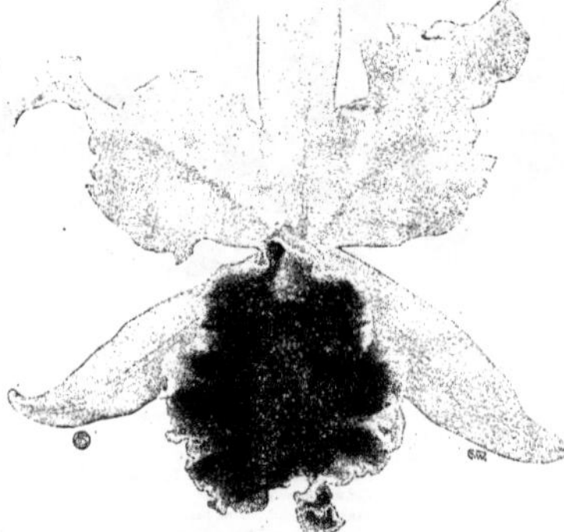

Cattleya × Hardyana Rex ($^{9}/_{10}$ der natürl. Gr.).
In der Orchideengärtnerei von C. F. Karthaus, Potsdam, für die „Gartenwelt“ photogr. aufgenommen.

Cattleya labiata oder *Cattleya Trianae* kann sie aber bei weitem noch nicht konkurrieren, weil diesen eben eine gute Form eigen ist, der *Cattleya* × *Ella* im allgemeinen aber nicht.

Zum Schluß bringe ich in Abb. Seite 341 oben noch eine *Cattleya labiata alba,* welche wohl als Albino einen gewissen Wert hat, ihrer schlechten Form wegen aber zur Hybridisation nicht gut zu gebrauchen ist. Der gewissenhaften Hybridisation wird es durch sorgfältigste Zuchtwahl gelingen, nicht nur neue Farben und Formen, sondern vor allen Dingen schönere Farben und bessere Formen zu züchten, als sie uns die Stammarten bieten, welche doch stets einen größeren Prozentsatz ganz minderwertiger Varietäten mit sich führen. In der Heimat ist die Befruchtung eben eine zufällige; auch ganz schlechte Varietäten tragen Samen und vermehren sich, daher rührt der Ausfall bei den Importen, welcher bei Hybriden von nur guten Eltern nicht besteht. Deshalb gehört auch den Hybriden die Zukunft.

Cattleya × Enid Karthausi, ²/₃ d. nat. Gr.
In der Orchideengärtnerei von C. F. Karthaus, Potsdam, für die „Gartenwelt" photogr. aufgenommen.

Topfpflanzen.

Ueber Cyclamen.

Von **Wilh. Pattloch,**
Frankfurt a. M.

Wer Gelegenheit hat, heute die unseren Markt beherrschenden *Cyclamen* in ihren verschiedensten Formen und Farben in größeren Beständen nebeneinander zu sehen, der wird wirklich verlegen, wenn er einer derselben den Vorzug geben soll. Die kühnsten Hoffnungen der Züchter sind in Erfüllung gegangen, und doch wäre es ungerecht, wollte man die alten Formen, in denen nicht allein wir Gärtner, sondern auch das große Publikum das Ideal der *Cyclamen* verkörpert sehen, mit Verachtung verkümmern lassen. Denn wenn auch die letztjährigen, zum Teil schon in höchster Vollkommenheit dem Handel übergebenen Züchtungen wie *Papilio, Rokoko* und *fimbriatum* in Fach- wie Laienkreisen hohes Interesse erregten, so wird trotzdem die ältere, regelmäßig gebaute, glattrandige Blumenform der *splendens giganteum*-Sorten nach wie vor das Ideal eines Cyclamens bleiben. Durch diese höchst vollendete Blumenform haben sich letztere für immer die Gunst des Publikums erworben, das den Neuzüchtungen etwas skeptisch gegenübersteht; es kann nicht verstehen, wie der Gärtner mit einem Male das Ideal in den verkrüppelten, monströsen Blumen sieht. Man muß unseren urteilsfähigen und kenntnisreichen Blumenfreunden darin wirklich zustimmen und ihnen auch auf diesem Gebiete einen guten Geschmack und gesunden Sinn für das Schöne, Wahre, Gute zusprechen. Wir haben es ja selbst darin unterstützt, indem wir die regelmäßig gebauten Blumen in ihrer Form durch mit Bedacht ausgeführte Befruchtungen immer mehr zu vervollkommnen suchten. Es ist daher gar nicht zu verwundern, wenn die neuen *Papilio*- und *Rokoko-Cyclamen* mit kritischen Blicken abfällig beurteilt werden. Gerade die gebildeteren Kreise bringen, meinen Beobachtungen nach, diesen neuen Formen kein sonderliches Interesse entgegen; sie bevorzugen durch unumwundene Anerkennung die alten Formen.

Wenn auch die *Rokoko-Cyclamen* bisher willige Käufer fanden, so ist dies wohl mehr dem Umstande zuzuschreiben, daß sie das Publikum in den wenigsten Fällen als Cyclamenblumen, sondern eben einfach als Neuheiten ansah. Es scheint mir bald so, als müßten diese Neuzüchtungen, außer den *salmoneum*- und *fimbriatum*-Varietäten, die ja vom ersten Augenblick an schon das Entzücken der Blumenliebhaber hervorriefen, dieselbe Erniedrigung durchmachen, wie seinerzeit das großblumige *Chrysanthemum*.

Angestaunt werden die *Papilio*- und *Rokoko-Cyclamen* eigentlich nur von den mit dem Gebiete der Pflanzenzüchtung gänzlich Unbewanderten und dann natürlich als Weltwunder — als Spielerei der Gärtner; vielen fehlt eben das Verständnis für die Bestrebungen der Fachleute auf diesem Gebiete. Es bedarf noch einiger Zeit, um eine gewisse Vertrautheit, wie sie zwischen dem kaufkräftigen Publikum und den regelmäßig geformten Cyclamenblumen besteht, auch zu den neuen, anders geformten Blumen wachzurufen. Wenn auch die kleinen Bestände der letzteren willige Abnehmer fanden, so ist dies mehr dem Reiz der Neuheit und der Beredsamkeit der Verkäufer als dem Geschmack der Käufer zuzuschreiben.

Betrachtet man die Neuzüchtungen mit den gefransten, eigenartigen Blumenblättern näher, so drängt sich einem die Ueberzeugung auf, daß man es nicht etwa mit einer Verbesserung der alten Klassen, sondern mit einer ganz neuen Klasse zu tun hat, als welche sie die Züchter selbst schon bezeichnen. Diese *Cyclamen* haben in ihrer Form eine vollständige Umwandlung durchgemacht, die sich auch teilweise — ich erwähne nur den robusten Wuchs der *Rokoko-Cyclamen,* der diese von allen anderen Sorten stark unterscheiden läßt — auf die Belaubung erstreckt hat. Daß die Sämlinge

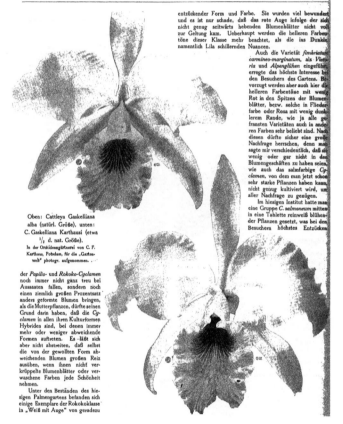

Oben: Cattleya Gaskelliana alba (natürl. Größe), unten: C. Gaskelliana Karthausi (etwa $^1/_2$ d. nat. Größe).
In der Orchideengärtnerei von C. F. Karthaus, Potsdam, für die „Gartenwelt“ photogr. aufgenommen.

der *Papilio-* und *Rokoko-Cyclamen* noch immer nicht ganz treu bei Aussaaten fallen, sondern noch einen ziemlich großen Prozentsatz anders geformte Blumen bringen, als die Mutterpflanzen, dürfte seinen Grund darin haben, daß die *Cyclamen* in allen ihren Kulturformen Hybriden sind, bei denen immer mehr oder weniger abweichende Formen auftreten. Es läßt sich aber nicht abstreiten, daß selbst die von der gewollten Form abweichenden Blumen großen Reiz ausüben, wenn ihnen nicht verkrüppelte Blumenblätter oder verwaschene Farben jede Schönheit nehmen.

Unter den Beständen des hiesigen Palmengartens befanden sich einige Exemplare der Rokokoklasse in „Weiß mit Auge“ von geradezu entzückender Form und Farbe. Sie wurden viel bewundert und es ist nur schade, daß das rote Auge infolge der sich nicht genug seitwärts hebenden Blumenblätter nicht voll zur Geltung kam. Ueberhaupt werden die helleren Farbentöne dieser Klasse mehr beachtet, als die ins Dunkle, namentlich Lila schillernden Nuancen.

Auch die Varietät *fimbriatum carmineo-marginatum*, als *Victoria* und *Alpenglühen* eingeführt, erregte das höchste Interesse bei den Besuchern des Gartens. Bevorzugt werden aber auch hier die helleren Farbentöne mit wenig Rot in den Spitzen der Blumenblätter, bezw. solche in Fliederfarbe oder Rosa mit wenig dunklerem Rande, wie ja alle gefransten Varietäten auch in anderen Farben sehr beliebt sind. Nach diesen dürfte sicher eine große Nachfrage herrschen, denn man sagte mir verschiedentlich, daß sie wenig oder gar nicht in den Blumengeschäften zu haben seien, wie auch das salmfarbige *Cyclamen*, von dem man jetzt schon sehr starke Pflanzen haben kann, nicht genug kultiviert wird, um aller Nachfrage zu genügen.

Im hiesigen Institut hatte man eine Gruppe *C. salmoneum* mitten in eine Tablette reinweiß blühender Pflanzen gesetzt, was bei den Besuchern höchstes Entzücken

Cattleya labiata alba ($^2/_3$ nat. Größe). Schlechte Blütenform.
Originalaufnahme für die „Gartenwelt".

hervorrief, und doch kann man nicht behaupten, daß die Monotonie einer Farbe, wie sie in einem anderen Hause in Rot gezeigt wurde, der Sinfonie gemischter Farben in ihrer Wirkung auf die Beschauer im geringsten nachstand.

Reines, leuchtendes Dunkelrot in der alten Blumenform, ohne Beimischung von Blau, sowie fahles Rosa mit und ohne dunklerem Auge dürften neben reinem Weiß am begehrtesten sein. Weiß mit Auge in reiner Farbe ist ebenfalls sehr beliebt, weniger jedoch dessen Abweichungen in verwaschenem Rosa, die aber in reinen Farbentönen zu Abstufungen sehr gut zu verwenden sind. Fliederfarbene in vollen Tönungen finden immer Anklang, bis auf die gar zu blassen, die im Verblühen begriffen zu sein scheinen; als Schnittblumen mögen sie ja zu bestimmten Zwecken Wert haben.

Zum Schlusse sei noch der gefüllt blühenden Spielarten gedacht, von denen hier sehr schöne Exemplare gezeigt werden konnten; man teilt sie in ganz- und halbgefüllte, sowie bebärtete ein. Ich habe die Ueberzeugung gewonnen, daß das Publikum sich nicht recht für diese Varietäten erwärmen kann. Von einer wirklichen Füllung kann übrigens auch kaum die Rede sein, da die in mehreren Reihen stehenden Blumenblätter meist alle nach oben stehen und nicht die Blume füllen, wie wir solches bei Petunien, Balsaminen usw. gewohnt sind.

Gehölze.

Rhamnus latifolia viridis, Hort.

Von **Karl Räde**, Staatsobergärtner, Budapest.

(Hierzu eine Abbildung.)

Es ist merkwürdig, wie so manches Pflanzenkleinod, wie z. B. unsere auf Seite 342 vorgeführte *Rhamnus latifolia, L'Héritier, var. viridis,* der Gärtnerwelt — ich möchte fast sagen — vollständig unbekannt ist. Ich finde sie auch in keinem der mir zur Verfügung stehenden Kataloge, nur Simon Louis frères offeriert die Stammart *Rh. latifolia, L'Hérit.*, in seinem Preisverzeichnis. Um jeden Irrtum zu vermeiden, sei hiermit erwähnt, daß es sich hier nicht um *Rh. latifolia*, Hort., welch letztere eine Abart von *Rh. Frangula* ist, handelt, sondern um die auf den Azoren und Kanaren heimische, fast immergrüne *L'Héritier*'sche Art.

Rhamnus latifolia viridis ist zwar keine auffallende Schönheit im Sommer, desto bemerkbarer macht sie sich aber im Winter durch ihre volle grüne Belaubung, und in unserem reichhaltigem Arboretum befindet sich außer *Buxus,* Koniferen und den braungewordenen Mahonien keine Pflanze, welche uneingepackt in ihrem sommerlichen Kleide sich uns zeigen würde. Ihre schon erwähnte Heimat läßt zwar den Gedanken auftauchen, daß sie nicht winterhart sei, und als ich diesen Strauch vor etwa 14 Jahren pflanzte, ließ ich ihn einige Winter hindurch einpacken, bis er später durch Zufall uneingepackt blieb und bis tief in den Winter hinein grünte, dann aber bei — 10 °C das Laub langsam abwarf. Diesen Winter jedoch, ich schreibe diese Zeilen Mitte Januar, und wir haben seit Neujahr ständig — 6 bis 16 °C, steht erwähnte *Rhamnus,* wie auch die Abbildung es zeigt, noch immer im schönsten Sommerkleide, nur der glitzernde Reif auf den grünen Blättern und der liegende Schnee verraten neben ihr den Winter.

Unter den vielen mir bekannten Rhamnusarten sind zwar *Rh. grandifolia,* Fish. et Mey. = *Rh. alpina,* Pall., und *Rh. Frangula asplenifolia, Arb. musk.*, im Sommer schöner als *Rh. latifolia,* jedoch, nachdem beide erstere Arten nach erstem Frost das Laub fallen ließen, möchte ich *Rh. latifolia viridis* als die schönste resp. interessanteste ihrer Gattung hinstellen. Allerdings erstrecken sich meine Beobachtungen bei *Rh. latifolia viridis* nur auf diese eine Pflanze, und da bekanntlich eine Schwalbe keinen Sommer macht,

Cattleya × Ella Varietät Potsdam ($^9/_{10}$ d. nat. Gr.).
In der Orchideengärtnerei von C. F. Karthaus, Potsdam, für die „Gartenwelt" photogr. aufgenommen.

wäre es im Interesse der Landschaftsgärtnerei wünschenswert, auch mehrerer Fachleute resp. Beobachter Meinung und Erfahrung darüber zu hören. Ich glaube selbst, daß *Rh. latifolia viridis* keine Pflanze für den kalten Norden ist, aber dies sollte niemanden von deren Anpflanzung in geschützten Lagen abhalten. Die Zahl unserer wintergrünen, oder sagen wir in diesem Falle halbwintergrünen, laubabwerfenden Freilandsträucher ist so klein, daß auch eine einzige dazukommende Art mit Freuden begrüßt werden müßte. Wahrscheinlich steht dieser Strauch bezüglich Winterhärte den Magnolien, *Prunus Laurocerasus schipkaensis*, *Citrus trifoliata*, *Crataegus coccinea* und anderen ähnlichen Gehölzen, die ja bekanntlich nach und nach an die Strenge des Winters gewöhnt werden müssen, gleich. Auf alle Fälle aber müßte dieser *Rhamnus* in südlicheren Gegenden weit mehr Beachtung, zunächst von Seiten der Baumschulen, geschenkt werden.

Rosen.

Frau Alb. Hochstraßer (Wichuraiana), öfterblühende Schlingrosenneuheit für 1908.

Von **Christoph Weigand**, Soden am Taunus.

(Hierzu die Farbentafel.)

Unter den schon zahlreich vorhandenen *Wichuraiana*-Rosen gibt es bereits mehrere Sorten, die im Herbste noch einige Blumen bringen, aber einen zweiten Flor kann man dies nicht nennen, weil die Blumen nur sehr vereinzelt auftreten. Nun ist es aber gelungen, eine solche zu züchten, welche tatsächlich einen zweiten Flor bringt, und das ist meine diesjährige Neuheit *Frau Alb. Hochstraßer*. Nach der ersten Blüte entferne man den Samenansatz und die Rose treibt neue Knospen, welche im September und Oktober noch herrliche Blumen bringen, also zu einer Zeit, wo Schlingrosen sonst vollständig schmucklos sind. Ein älterer Hochstamm brachte im vergangenen Herbste noch ca. 200 Blumen, von deren Schönheit sich der Herausgeber dieser Zeitschrift selbst überzeugen konnte. Auch die Farbentafel ist nach diesen späten Blumen gefertigt. Die Blume ist mittelgroß, gut gefüllt, in der Mitte goldgelb, nach außen allmählich heller werdend, sehr stark duftend. Der Wuchs ist sehr kräftig. Das Laub ist fest und glänzend, saftig dunkelgrün; erst der Frost zerstört es. Der erste Flor ist überaus reich, der zweite naturgemäß geringer. Der verflossene Winter zeigte auch, daß diese Sorte vollständig winterhart ist, denn etwa 20° C schadeten der Pflanze nicht. Auf der Herbstrosenschau, am 28. September 1907 in Mannheim, erhielt *Frau Alb. Hochstraßer* den II. Preis für die beste, noch nicht im Handel befindliche, deutsche Neuheit, welcher von 30 auf 40 M erhöht wurde. Der Verkauf begann in diesem Monat.

Rhamnus latifolia viridis (Winterbild).
Vom Verfasser für die „Gartenwelt" photographisch aufgenommen.

Pflanzendüngung.

Erdbeerdüngung.

Von Landmesser **Brehmer**, Lehrer der Agrikulturchemie an der Handwerker- und Kunstgewerbeschule zu Altona.

(Hierzu zwei Abbildungen.)

Die Erdbeere ist sehr empfänglich für eine sachgemäße, künstliche Zuführung von Nährstoffen, die den Ernteertrag um ein Bedeutendes hebt und den Ernteeintritt um eine beträchtliche Zeit beschleunigt. Ebenso empfindlich ist sie aber gegen eine unrichtige Düngung, mag nun die Unrichtigkeit der Düngung in der Art der Zusammensetzung der Düngesalze bestehen, oder in der Stärke der gegebenen Düngungsmenge. Weil die Erdbeere ein so ausgeprägtes Verhalten zeigt, und weil die Hebung des Ernteertrages und die Beschleunigung des Ernteeintrittes so wertvoll sind, lohnt es sich wohl, genauer durch Versuche festzustellen, welcher Nährstoffe die Erdbeere bedarf und in welchen Mengen. Zur Feststellung dieser Fragen habe ich 1906 und 1907 je einen Versuch an Treiberdbeeren angestellt. Diese sind für einen solchen Versuch geeigneter als Freilandkulturen, weil im Hause der Ernteerfolg nicht von allerlei Zufälligkeiten abhängt, wie Mäuse- und Vogelfraß usw., auch lassen sich bei Topfpflanzen die Erntemengen jeder einzelnen Reihe genauer feststellen als bei Freilandkulturen. Schließlich kann man bei einer Düngung von Topfpflanzen die zuzuführenden Nährstoffmengen genauer regulieren; wenn man die Nährstoffe in Form von Dunggüssen zuführt, weiß man bestimmt, daß alle Nährstoffe von der Pflanze aufgenommen werden. Hat man Freilandkulturen, so bleibt es immer ungewiß, welche Mengen von Nährstoffen zur Entwickelung der Früchte aufgenommen, welche Mengen in

Beilage zur illustrierten Wochenschrift
„Die Gartenwelt".

Weigand 1908).
uraiana-Schlingrose.

erlin.

den Untergrund versickern und welche unaufgenommen im Boden verblieben sind. Die bei Topfkulturen durch die Dunggüsse gefundenen Ergebnisse sind dann allerdings nicht ohne weiteres auf eine Düngung von Freilandkulturen anzuwenden, durch einfache Ueberlegung der veränderten Verhältnisse läßt sich dann aber unschwer die zweckmäßigste Düngungsart für Freilandkulturen bestimmen.

Der 1906 angestellte Düngungsversuch*) hatte eine dreifache Aufgabe. Zunächst sollte er die Empfänglichkeit der Erdbeere für eine künstliche Düngung zeigen, die Hebung des Ernteertrages und die Beschleunigung des Ernteeintrittes durch eine Düngung feststellen, dann sollte er die Empfindlichkeit der Kultur untersuchen und feststellen, wie eine starke Düngung vertragen wird, schließlich sollte er die Frage beantworten, welche Rolle der Kalk in der Ernährung der Pflanze und in der Ausbildung der Früchte spielt, ob daher die in der gärtnerischen Praxis schon vielfach angewandten Albertschen Nährsalze, die keinen Kalk enthalten, ohne weiteren Zusatz schon Höchsterträge geben, oder ob der Kalk der Pflanze noch anderweitig zugeführt werden muß.

Der im Vorjahre angestellte Versuch umfaßte demgemäß 5 Reihen, deren Düngungsart und Ernteerträge kurz folgende waren:

Reihe 1 ungedüngt	gab von 26 Töpfen:	315 g
„ 2 wöchentlich 1 Dungguß mit 1 g PKN in 1 l Wasser .	„ „ „ „	2050 g
„ 3 wie Reihe 2 und Dungguß mit 1 g salpetersaurem Kalk in 1 l Wasser	„ „ „ „	3950 g
„ 4 doppelte Menge wie Reihe 2	„ „ „ „	1410 g
„ 5 doppelte Menge wie Reihe 3	„ „ „ „	1220 g

Der Eintritt der Ernte lag in Reihe 2: 5 Tage, in Reihe 3: 12 Tage früher als in Reihe 1 (ungedüngt). Aus den Erntemengen und Ernteterminen geht deutlich eine Antwort auf die 3 durch den Versuch zu beantwortenden Fragen hervor. Zunächst ist die Empfänglichkeit der Erdbeere für eine künstliche Düngung festgestellt. Ferner geht aus dem Versuch deutlich die Empfindlichkeit der Pflanze gegen zu starke Düngung hervor. Reihe 4 und 5, die einen wöchentlichen Dungguß von 2 g Salz in einem Liter Wasser erhielten, gingen in ihrem Ertrage bedeutend zurück gegen Reihe 2 und 3, die Dunggüsse mit nur 1 g Nährsalz in 1 l Wasser wöchentlich einmal erhielten. Die hohe Bedeutung des Kalks geht deutlich hervor aus dem Ergebnis von Reihe 2 und 3; die fernere Zuführung von Kalk neben den anderen Nährstoffen ergab eine Erhöhung der Erntemengen um beinahe das doppelte!

So sind denn durch diesen Versuch die allgemeinen Fragen über die Ernährung der Erdbeere beantwortet. Der vorjährige Versuch**) hatte nun die Aufgabe, noch einige besondere Ernährungsfragen zu lösen. Zunächst sollte er die Kaliempfindlichkeit der Pflanze feststellen. Prof. Dr. Paul Wagner berichtet in seiner Broschüre „Die Anwendung künstlicher Düngemittel im Obst- und Gemüsebau, in der Blumen- und Gartenkultur"***) über angestellte Erdbeerdüngungsversuche mit dem Albertschen Nährsalz und teilt mit, daß die Erdbeere sich in diesen Versuchen empfindlich gegen eine starke Kalidüngung gezeigt hat. Der angestellte Versuch sollte nun genauer feststellen, wie stark die im Dungguß gegebene Kalimenge sein darf, ferner sollte untersucht werden, wie stark zweckmäßig die zu gebende Stickstoffmenge sein muß, da im Versuch von 1906 in 3 der salpetersaure Kalk außer Kalk noch 12 g Stickstoff enthielt, so war es zweifelhaft, ob der Ernteerfolg der Reihe 3 auf den Kalk allein zurückzuführen ist, oder ob der erhöhten Stickstoffgabe ein größerer Anteil an der Ernteerhöhung zukam.

Demgemäß wurden folgende Reihen mit den verschiedenen Düngungsweisen angesetzt:

Reihe 1 blieb ungedüngt.

„ 2 erhielt wöchentlich einen Dungguß einer Lösung, die in einem Liter Wasser 0,18 g Phosphorsäure, 0,08 g Stickstoff, 0,26 g Kali und 0,18 g Kalk enthielt.

Reihe 3 erhielt in einem wöchentlichen Dungguß:

	0,18 g Phosphors.	0,08 g Stickst.	0,35 g Kali	0,18 g Kalk
„ 4	„ 0,18 „ „	0,15 „ „	0,26 „ „	0,18 „ „
„ 5	„ 0,18 „ „	0,23 „ „	0,26 „ „	0,18 „ „
„ 6	„ 0,18 „ „	0,35 „ „	0,26 „ „	0,18 „ „

Es wurde der Kalk diesmal nicht in Form von salpetersaurem Kalk zugeführt, der sich für die Anwendung in der Praxis schlecht eignet, sondern an Phosphorsäure gebunden, als saurer phosphorsaurer Kalk in Form von Doppelsuper-

Topferdbeeren. Reihe I (ungedüngt).
Mitte April v. J. für die „Gartenwelt" photographisch aufgenommen.

*) Siehe XI. Jahrgang dieser Zeitschrift Seite 78/79.

**) Gärtnerischer Leiter dieses Versuches war wie 1906 Obergärtner E. Hannig, Altona-Ottensen.

***) Soeben unter dem Titel „Die Ernährung gärtnerischer Kulturpflanzen" in fünfter, vollständig neu bearbeiteter Auflage im Verlag von Paul Parey erschienen. Preis 3 Mark.

phosphat. Kali und Stickstoff wurden zusammen in Form von Kalisalpeter gegeben (Marke CSK von Albert). Diese Form des Salpeters hat den Vorzug der größeren Reinheit vor der Form des gewöhnlichen Chilisalpeters, in dem der Stickstoff an Natron gebunden ist. Die in Reihe 2 zugeführten Nährstoffe sind in einer Mischung von Doppelsuperphosphat und Kalisalpeter in gleichen Teilen gegeben. 1 g dieser Mischung enthält die in Reihe 2 gegebenen wöchentlichen Mengen von 0,18 g Phosphorsäure, 0,08 g Stickstoff, 0,26 g Kali und 0,18 g Kalk. Die Erhöhung der Kalimengen und Stickstoffmengen in den Reihen 3—6 wurde durch Hinzufügen von Chlorkali und Chilisalpeter bewirkt.

Das Kulturverfahren war bei diesem Versuche fast dasselbe wie 1906, nur die Temperaturhaltung war in diesem Jahre etwas verändert: im Anfang wurden 12—17° C. gehalten, nachher 17—23° C. Die verwandte Sorte war wieder *Royal Sovereign.*

Bei der Zuführung der Nährstoffe durch Dunggüsse wurde darauf geachtet, daß die Töpfe stets feucht waren, wenn sie einen Dungguß erhielten; gibt man einem trockenen Topf einen Dungguß, so leidet das Wachstum der Pflanze darunter. Ferner erhielt Reihe 1 (ungedüngt) stets auch einen Guß mit klarem Wasser, wenn die übrigen Reihen Dunggüsse erhielten. Die für den Versuch verwandten Pflanzen waren ausgesucht gleichmäßige Exemplare. Jede Reihe umfaßte 40 Töpfe.

Wie sich der Verlauf der Ernte gestaltete, ist aus folgender Tabelle ersichtlich. Voranzuschicken ist noch, daß Reihe 1 (ungedüngt) so außerordentlich hinter den anderen Reihen zurückblieb, daß wir uns entschlossen, die Reihe zu entfernen, um für andere Pflanzen Platz zu schaffen; die Fortführung des Versuchs an dieser Reihe wurde für den Betrieb zu unrentabel. Auch geht ja aus dem vorjährigen Versuche zur Genüge hervor, wie bedeutend die Hebung des Ernteertrages durch eine künstliche Düngung ist. Abb. Seite 343 zeigt Reihe 1 (ungedüngt) am 17. April, wo an Reihe 2 (Kalisalpeter und Doppelsuperphosphat), Abbildung unten, schon die ersten Früchte gepflückt wurden.

Der Verlauf der Ernte der Reihen 2—6 war folgender: Es wurden geerntet von 40 Töpfen:

	Reihe II	Reihe III	Reihe IV	Reihe V	Reihe VI
17. April	225 g	—	—	—	—
22. „	1125 „	45 g	65 g	—	—
28. „	2140 „	80 „	95 „	125 g	—
2. Mai	2105 „	280 „	130 „	20 „	30 g
5. „	2115 „	2500 „	210 „	105 „	80 „
9. „	2110 „	2600 „	240 „	250 „	120 „
12. „	2000 „	1500 „	20 „	160 „	300 „
15. „	50 „	25 „	—	40 „	—
	11870 g	7030 g	760 g	700 g	530 g

Die vorjährige Reihe 3, die eine ebenso starke Kali-, Kalk- und Phosphorsäuredüngung, aber geringere Stickstoffdüngung erhalten hatte, wie die Reihe 3 von 1906 zeigt, gab, von den 40 Töpfen auf die 26 Töpfe des 1. Versuchs umgerechnet, fast genau denselben Ernteerfolg. Schon daraus ist ersichtlich, daß der Erfolg der Reihe 3 von 1906 nur auf dem Kalkgehalt des salpetersauren Kalks beruht und nicht auf seinem Stickstoffgehalt. Noch deutlicher geht dies allerdings aus einem Vergleich mit Reihe IV bis VI des vorjährigen Versuchs hervor, in denen eine stetig steigende Stickstoffgabe gegeben wurde. Aus der Verringerung der Erntemengen der Reihen IV bis VI und der Verspätung des Erntebeginns gegenüber Reihe III geht zur Genüge hervor, daß die in Reihe III gegebene Stickstoffmenge — 0,08 g in 1 l Wasser — dem Bedürfnis der Pflanze völlig entspricht.

Das Verhalten der Pflanze gegenüber dem Kali tritt beim Vergleich der Reihen II — 0,26 g Kali in 1 l Wasser — und Reihe III — 0,35 g Kali in 1 l Wasser — deutlich zu Tage. Der Grad der Kaliempfindlichkeit der Erdbeere dürfte damit festgestellt sein, ein weiteres Herabgehen dürfte nicht dem Nährbedürfnis der Pflanze entsprechen.

Topferdbeeren. Reihe II (wöchentlich ein Dungguß eines Gemisches von je 1 g Doppelsuperphosphat und Kalisalpeter in 1 l Wasser).
Mitte April v. J. für die „Gartenwelt" photogr. aufgenommen.

Damit dürfte denn durch diese beiden Versuche das Nährstoffbedürfnis der Erdbeere festgestellt sein. Dieses durch den Versuch festgestellte Bedürfnis an Nährstoffen deckt sich mit der Verhältniszahl der Nährstoffmengen, die durch chemische Untersuchung in der Trockensubstanz der Erdbeere gefunden ist. Nach Wolffs Aschenanalysen sind in 100 g der Trockensubstanz der Erdbeerfrucht enthalten: 4,83 g Kalk, 4,70 g Phosphorsäure, 7,16 g Kali (Angaben über den Stickstoffgehalt läßt die Art der chemischen Untersuchung durch Einaschen der Substanz nicht zu), d. h. fast genau so viel Kalk als Phosphorsäure, fast genau das Anderthalbfache an Kali. Die Ergebnisse des Versuchs decken sich also genau mit den exakt theoretisch angestellten Ueberlegungen.

Wie sind nun die gefundenen Ergebnisse am zweckmäßigsten in der gärtnerischen Praxis zu verwerten? Bei Treibkulturen in Töpfen ist eine Zuführung der Nährstoffe in Form von Dunggüssen stets das erfolgreichste. Es kommen hierzu natürlich nur reinere (d. h. technisch reine, nicht chemisch reine) Salze in Frage. Der Umstand, daß genau so viel Kalk als Phosphorsäure von der Pflanze benötigt wird, läßt es als das zweckmäßigste erscheinen, beides zusammen in Form von Doppelsuperphosphat zu geben. Kali und Stickstoff gibt man dann am einfachsten in Form von Kalisalpeter*), der beide Nährstoffe im richtigen Mengenverhältnis enthält. Das richtige Mengenverhältnis sämtlicher Nährstoffe erhält man durch Mischung gleicher Teile Doppelsuperphosphat und Kalisalpeter. Der Dungguß, der wöchentlich nur einmal zu geben ist, muß dann 1 g dieser Mischung in 1 l Wasser enthalten. Wie diese Dunglösung am zweckmäßigsten herzustellen ist, wurde Jahrgang XI, Seite 78/79, dargelegt.

Man kann für die Dunggüsse auch ein anderes Düngesalz verwenden. Die Chemischen Werke vorm. H. u. E. Albert in Biebrich haben seit 1907 die Zusammensetzung mancher Salze geändert, u. a. auch die der Marke PKN.; diese enthielt bisher 35 % Kali, jetzt 26 %. Auch der Stickstoff- und Phosphorsäuregehalt des PKN entspricht genau dem Nährbedürfnis der Pflanze. Nur Kalk ist im PKN nicht enthalten; dieser muß also auf andere Weise der Pflanze zugeführt werden. Da dürfte es wohl das bequemste und einfachste sein, den Kalk als kohlensauren Kalk der Topferde gleich von Anfang an zuzusetzen. Da kohlensaurer Kalk im Ueberschuß kaum Schaden anrichten kann, ist eine genaue Angabe der Stärke der Kalkdüngung nicht nötig; es genügt, die etwa 25 cm flach ausgebreitete Erde etwa 2—3 cm dick mit fein gemahlenem (nicht grob gekörntem!), kohlensaurem Kalk zu überstreuen und das Ganze dann gut miteinander zu mischen. Die dann der Pflanze zu gebenden Dunggüsse enthalten in 1 g PKN in 1 l Wasser die übrigen benötigten Nährstoffe.

Es ist zweckmäßig, schon im Herbst, aber erst nach völligem Durchwurzeln, Dunggüsse zu geben, die aber sofort aufzuhören haben, sobald die Vegetation ruht und erst wieder einsetzen dürfen, wenn im Hause die Pflanze zu treiben begonnen hat. Während der Zeit der Blüte sind die Dünggüsse auszusetzen, müssen aber sofort nach dem Abblühen wieder beginnen.

Für die Uebersetzung der Versuchsergebnisse in die Praxis der Freilandkulturen ist folgende Aenderung vorzunehmen. Auch hier wird die Phosphorsäure am besten an den Kalk gebunden gegeben: hat man ein noch nicht bepflanztes Beet zu düngen, so ist Thomasmehl zu diesem Zwecke wohl am besten zu nehmen. 4½—6 kg Thomasmehl (mit 15—17 % zitratlöslicher Phosphorsäure) gibt für 3—4 Jahre einen fast genügenden Kalk- und Phosphorsäuregehalt. Vielleicht kann man im 3. oder 4. Jahre eine kleine Nachdüngung mit 2 kg 18%igem Superphosphat geben. Die Kali- und Stickstoffdüngung erfolgt dann jährlich und zwar am besten in Form von Kalisalpeter, von dem man 1 kg im April, 1 kg nach der Ernte oder später gibt. Die angegebenen Mengen beziehen sich auf 100 qm! Kalisalpeter dürfte als Stickstoffdünger dem Chilisalpeter vorzuziehen sein, da der Chilisalpeter der Reihen III—VI des Jahres 1907 sehr schlecht, der Stickstoff des salpetersauren Kalks 1906 dagegen gut vertragen wurde. (Vielleicht ist die Erdbeere natronempfindlich?) Ist man jedoch genötigt, Chilisalpeter anzuwenden, so möchte ich wie Prof. Dr. Wagner vorschlagen: 1 kg 40%ges Kalisalz im Herbst zusammmen mit Superphosphat zu geben und 2 kg Chilisalpeter im April auszustreuen. Nach der Aberntung wären dann noch einmal 2 kg Chilisalpeter zu geben. Hat man ältere Beete zu düngen, so hat die Stickstoff- und Kalidüngung genau wie oben zu erfolgen; die Phosphorsäuredüngung geschieht dann am besten in Form von 3 kg 18%gem Superphosphat (oder auch 4 kg 15%gem Thomasmehl) im Herbst in jedem Jahre neu. Das Ausstreuen sämtlicher Salze hat vor einem Regen zu erfolgen, damit die Feuchtigkeit die Salze im Boden gut verteilt. Vor allem darf bei der Chilisalpeterdüngung nicht die Sonne die bestreuten Pflanzen bescheinen.

*) Marke CSK von H. & E. Albert in Biebrich.

Fragen und Antworten.

Beantwortung der Frage No. 506. Ich beabsichtige eine Obstplantage anzulegen. Ist es geratener, Buschobst oder Pyramiden anzupflanzen? Die Lage ist eine südliche, nach Norden durch große Lindenallee und Gebäude geschützt. Boden ist schwerer Sand- und leichter Lehmboden. Ich bitte um Angabe der besten, ertragreichsten Apfel-, Birnen- und Pfirsichsorten (Tafelobst), ferner um Angabe der besten Pflanzzeit, bei Buschobst der Pflanzweite und um Angabe der besten Düngung beim Pflanzen.*)

Aus der vorliegenden Frage ist zu entnehmen, daß es sich um intensiven Feinobstbau handelt. Natürlich werden beste Erfolge erstrebt und erwartet, wie fast stets bei ähnlichen Unternehmungen, leider sind Enttäuschungen nicht selten, zum Schaden und Verdruß des Eigentümers. Der Anfang muß gut gemacht werden! Damit ist hier gemeint: der Boden, der die anspruchsvollen Bäume für lange Jahre ernähren soll, muß entsprechend bearbeitet werden. Gerade diese Sache wird gemeinhin zu leicht genommen und doch ist dies das große A des intensiven Obstbaues. Die Gesundheit, Widerstandsfähigkeit und Fruchtbarkeit der Bäume hängt völlig von der Befriedigung der Ernährungsorgane derselben ab. Alles Schneiden, Spritzen usw. der oberirdischen Teile der Bäume sind Mittelchen, die den Endzweck nimmer herbeiführen können wenn in Punkto „Bodenherrichtung" etwas versäumt wurde.

Bei der hier projektierten Anlage besteht der Boden aus sandigem Lehm, ist also für Feinobstbau durchaus günstig. Es ist nicht angegeben, ob der Boden kultiviert war oder ob Weideland resp. Wiese, ebenfalls nicht, ob er reich oder arm an Humus ist. Jedenfalls muß er ca. 60 cm tief rigolt werden, und zwar durch Handarbeit in der Weise, daß nicht die gute Erde nach unten, die schlechte aber nach oben kommt, vielmehr müssen die Schichten mit dem aufgebrachten Dünger innig vermengt werden. Als Düngemittel wären allerlei humusbildende, halb oder ganz verweste Stoffe zu verwenden, wie zersetzter, kurzer Stalldünger, Straßenkehricht, alte Rasenerde, verwestes Laub, Tannennadelspreu und ähnliche Stoffe. An künstlichem Dünger würde ich nur Thomasmehl unter gleichzeitiger Anwendung von feinem Kalk mit unterbringen. Die beste Zeit zur Ausführung dieser Arbeiten ist der Winter, die beste Pflanzzeit in unserem Falle zweifellos der Herbst, also Herbst 1908. Ist das Quartier rigolt, so bleibt es roh liegen bis zum Frühling. Wird es alsdann nochmals mit Stalldünger versorgt und umgegraben, so kann es einen guten Ertrag an Kartoffeln bringen. Oder man sät Lupinen, natürlich ohne Dünger, und pflügt oder gräbt sie unter, wenn sie in voller Blüte sind. Nach der Kartoffelernte wird das Land nochmals umgegraben und ist damit für die Bepflanzung mit Obstbäumen fertig.

Ob es geratener ist, Buschobstbäume oder Pyramiden zu pflanzen? Nun, es empfiehlt sich, beste einjährige Pyramiden zu pflanzen und sie als Büsche wachsen zu lassen, d. h. sie direkt bei der Pflanzung zurückzuschneiden und sie in der Hauptsache hernach in ihrer Eigenart wachsen zu lassen. Auslichten, Stützen, Aufbinden, Abspreitzen ergibt sich später von selbst.

*) Siehe auch Antworten in No. 26 und 27.

Nachdem die jungen Bäume im Herbst gesetzt sind, müssen die Baumscheiben gut handhoch mit altem Dünger belegt werden, damit die Wurzelbildung alsbald vor sich gehen kann und nicht durch Frost gehemmt wird. Selbstverständlich hat dieses Abdecken der Baumscheiben, welches in jedem Herbst wiederholt werden sollte, noch einen anderen Zweck, man kann es mit der Wurst auf dem Butterbrot vergleichen. In den ersten vier bis fünf Jahren können andere Früchte mit Vorteil für den Besitzer und auch für den Boden zwischen den Baumreihen gewonnen werden, vorausgesetzt, immer vorausgesetzt, daß es an entsprechender Düngung nicht fehlt.

Bevor die Sorten festgelegt und die Bäume gekauft werden, empfiehlt es sich, eine allgemeine Einteilung der zukünftigen Plantage vorzunehmen, aus Schönheits- sowohl wie aus Zweckmäßigkeitsgründen. Ein nicht nach allen Regeln der Kunst, sondern vernünftig angelegter und musterhaft unterhaltener Obstgarten kann tatsächlich ein Schönheitsobjekt darstellen, das oft mehr zur Nacheiferung anregt, als es zahlreiche gelehrte Vorträge, gedruckt oder geschrieben, vermögen. So lassen sich die Hauptwege durch senkrechte Kordons zu beiden Seiten ganz bedeutend heben, die Wegekreuzungen durch Bepflanzung des Mittelpunktes (bei zurücktretenden Ecken der Quartiere) mit einer tadellos geformten Birnpyramide verzieren usw. Wird die Sache auf diese Weise zu kostspielig, so können die Quartiere durch angepflanzte Hoch- oder Halbhochstämme begrenzt werden, oder, was mit anderen Worten dasselbe ist, das Terrain wird durch einzelne Reihen hochstämmiger Apfelbäume, die nicht zu sehr ins Holz wachsen, etwa *Baumanns Rtte*, eingeteilt. Diese Baumreihen gewähren auch den niedrigen Buschbäumen nicht unwesentlichen Schutz. Wichtig für den Besitzer und für denjenigen, der mit der späteren Bewirtschaftung der Anlage betraut wird, ist es, die Sache so zu machen, daß die nötigen Mittel zur späteren Unterhaltung verfügbar sind. Es wird bei Neuanlagen aller Art in diesem Punkte viel übersehen. Besser ist es, einfach aber gut anlegen und tadellos unterhalten, als großartig anzulegen und später bei der Unterhaltung beständig engherziger zu werden. Manche Anlage krankt an diesem Fehler.

Einiges Nachdenken und Ueberlegen erfordert die Auswahl der anzupflanzenden Sorten. Besonders warne ich vor der Anzucht zu vieler Birnen, sie sind zu wenig haltbar und zu wenig Wirtschaftsobst. *Amanlis Butterbirne* trägt gut und wächst als Busch sehr stark, ist daher auf 5—6 m Abstand zu setzen, die Frucht ist fein, aber von kurzer Dauer. *Herzogin von Angoulême* (Abstand 4 m), eine der feinsten Birnen überhaupt, verlangt warme Lage und beste Pflege, der Busch geht hoch und muß zusammengehalten werden. *Gute Louise* auf Wildling ist sehr zu empfehlen; Abstand 4 m. *Charles Ernest*, Frucht hochfein und schön, Baum gesund mit gedrungenem, kurzem Fruchtholz, von selbst prächtige Pyramiden bildend, kann auf 3 m gesetzt werden. Als Winterbirne wäre *Esperens Bergamotte*, auf 3 m Abstand gesetzt, zu empfehlen.

Pfirsiche, als Buschbäume gezogen, sind recht rentabel, allerdings bleiben die Früchte in bezug auf Qualität weit hinter denen von Wandspalieren zurück. Man vergesse auch nicht, daß Pfirsiche kein Dauerobst sind. Ferner müssen die Büsche einem systematischen Schnitt unterworfen werden, sollen sie nicht in ein paar Jahren aus Rand und Band gehen, um nachher von unbequemer Höhe und voll dürrer Zweige zu werden. Die Frühsorten, wie *Amsden*, *Alexander* usw., sind keine Tafelfrüchte, wenigstens nicht, wenn sie von Büschen stammen, dagegen sind die meisten Pfirsichsorten mittlerer oder späterer Reifezeit an Qualität bedeutend besser. Die Pfirsichbüsche sollten in der Plantage die höchste und wärmste Lage erhalten.

Die Aepfel wurden in vergangenen Jahren sortimentsweise angepflanzt, heute arbeitet alles darauf hin, bei Neuanlagen sich auf möglichst wenige Sorten zu beschränken, wobei die Gefahr nahe liegt, aus einem Extrem ins andere zu fallen. Es ist durchaus zu befürworten, verschiedene Sorten mit verschiedener Reifezeit zu pflanzen. Als frühester Tafelapfel, für Buschobst geeignet, gilt *Charlamowsky*. Abstand der Bäume in den Reihen 4 m und der Reihen voneinander ebenfalls. Reichtragende, auf dieselbe Entfernung zu setzende Sorten sind ferner: *Ananas Rtte*, *Cox Orangen Rtte*, *Orleans Rtte*, *Königin-Apfel*, *Winter-Goldparmaine*, *Baumanns Rtte*, und, bei Veredelung auf Paradies und allseitigen Abstand der Bäume untereinander von 5—6 m, *Schöner von Boskoop*. Hochfein, aber noch nicht allgemein genügend erprobt, ist *Calvill Großherzog von Baden*.

Diese Auswahl dürfte genügen. Daß mit dieser kleinen Abhandlung die Frage nach allen Richtungen hin genügend erörtert ist, trifft wohl kaum zu. Dem Herrn Fragesteller empfehle angelegentlichst, sich bestehende Anlagen anzusehen.

Obergärtner J. **Hansen**, Hagerhof.

— Ehe eine Beantwortung dieser Frage so erschöpfend stattfinden kann, daß Fragesteller vollkommen orientiert ist, soweit eben eine Laie orientiert sein kann, wären noch eine ganze Anzahl Fragen zu stellen, welche die richtige Angabe noch unwesentlich beeinflussen würden. Es fehlt z. B. vor allen Dingen die Angabe über Größe des Grundstückes, ferner welche Betriebsart die gewünschte ist, ob Unterkulturen betrieben werden sollen, wie die Arbeiterfrage zu lösen ist, Absatzgebiet, Gegend, in der die Anlage gemacht werden soll. Dies ist nur eine kurze Auslese von Unterfragen, deren Beantwortung doch wichtig genug ist, um dem Beantworter ein möglichst klares Bild zu geben. — „Ich beabsichtige eine Obstplantage anzulegen.“ In diesem Plan liegt eine Lebensaufgabe, und wer sich eine solche Aufgabe stellt, sollte stets vorher einen tüchtigen Praktiker und Theoretiker hinzuziehen, ehe er, wie es leider meistens geschieht, ein Sammelsurium von schönen Sorten pflanzt, die dann wohl Früchte bringen, welche aber schwer verwertbar sind, weil ein Zuviel von Sorten. Leider fehlen in der Frage alle Angaben über Größe und gedachte Art des Betriebes, so daß eine eingehende Beantwortung kaum möglich ist. Will Fragesteller intensiven Obstbau treiben, so möchte ich ihm raten Buschobst zu nehmen, ob Buschobst oder Pyramide ist gleichgültig, denn fast alle Pyramiden, die aus Baumschulen kommen, werden Buschobst, weil wohl selten noch jemand auf die Form achtet, sondern Früchte haben will. Es ist aber bei Buschobst nicht gleichgültig, ob als Unterlage Doucin oder Paradies gewählt wird. Da Fragesteller einen sandigen Lehmboden hat, denn so verstehe ich die Angabe schwerer Sand- und leichter Lehmboden, so empfehle ich ihm die Buschbäume auf Paradies zu nehmen. Ganz genau läßt sich aber erst dann ein Rat geben, wenn man das Grundstück gesehen hat und die Bodenbeschaffenheit kennt. Für trockene Lage ist Paradiesunterlage nicht geeignet, da muß Doucin gewählt werden! — Pflanzenweite ist auch bei beiden Unterlagen verschieden. Paradies je nach Sorte 2,50 bis 3,50 Meter, breitwachsende Sorten wie *Schöner von Boskoop*, *Canada Rtte* 3,50 Meter, geschlossen wachsende, wie *Cox Orangen Rtte* und *Ananas Rtte*, 2,50 Meter, auch wohl letztere auf 2 Meter Entfernung. Bei dieser Pflanzweite denke ich mir, daß bei Vergrößerung der Anlage einer um den anderen Busch verpflanzt werden kann! *Doucin* durchgehend auf 4—4,50 Meter. Zu berücksichtigen ist jedoch, ob Unter- und Zwischenkulturen betrieben werden sollen! Ich würde empfehlen, schon der besseren und leichteren Bodenbeackerung wegen, die doch unbedingt nötig ist, ganz von Buschobst abzusehen und Halbstämme auf *Doucin* zu pflanzen mit etwa 1,00—1,25 cm Kronenenhöhe und in Entfernung von je 4 Metern. Bei dieser Pflanzweite kann der Boden stets bearbeitet werden, kann Unterkultur in jeder Art betrieben werden, und vor allen Dingen kann die Bodenbearbeitung, Unterbringung von Gründüngung usw., mit Pflug stattfinden, also mit möglichster Ausschaltung der Handarbeit! Hierbei findet intensive Bepflanzung, verbunden mit intensiver Bewirtschaftung, weitgehendste Berücksichtigung, mithin wird der Ertrag nicht von der Arbeit ganz aufgezehrt! Bei Birnen ist die Pflanzweite auf Quitte eventl. mit Zwischenveredelung bei Sorten, die sich auf Quitte nicht eignen, ebenso wie bei den Aepfeln 4—4½, bei Halbstämmen 4 Meter! Pfirsichbüsche 6 zu 6 Meter. Die Pflanzzeit ist auf die Monate Oktober bis April zu verteilen.

Eine Düngung bei der Pflanzung empfehle ich dem Fragesteller nicht, höchstens ist dem Boden als Vorratsdünger Thomasmehl beizugeben. Jedoch rate ich, die Baumscheibe etwa 10 cm hoch mit verwestem Dung zu bedecken, welcher dann während des darauf folgenden Sommers untergegraben wird. Durch diese Bedeckung mit Dung wird ein tiefes Eindringen des Frostes vermieden, ferner wird der Dung von Schneewasser und Regen ausgelaugt und die Nährstoffe werden langsam den Wurzeln, die doch nicht gleich so aufnahmefähig sind, zugeführt. Der Baum wird sozusagen nach und nach aufgefüttert, wie ein kranker Mensch, der sich erst wieder an eine starke Kost gewöhnen muß. Späterhin hält aber auch diese Dungschicht die Sonnenstrahlen vom Boden fern, so daß der Baum stets einen feuchten Boden hat, die Wurzeln also ihre Tätigkeit unbeeinflußt von Hitze aufnehmen können. Diese Arbeit lohnt sich in jeder Weise, zumal auch das Unkraut von der Baumscheibe fern gehalten wird. Will Fragesteller ein Uebriges tun, so kann er Torfstückchen der Pflanzerde beimischen! Das Wachstum ist dann noch ein viel besseres. Leider kann ich im Rahmen dieser Fragebeantwortung auf weitere Einzelheiten nicht eingehen, stehe aber zu weiterer Auskunft gern zur Verfügung.

Nun zur Sortenfrage! — Diese wichtigste Frage, am wichtigsten insofern, weil sich gemachte Fehler erst nach Jahren zeigen und schwer gut gemacht werden können, kann ohne Angabe über Gegend, Absatzgebiet garnicht beantwortet werden, wenigstens nicht so, daß Fragesteller in allen Fällen das richtige hat. Die Wahl der Sorten ist stets abhängig von Gegend und Absatzgebiet, ob Absatz an Private oder an Händler stattfinden soll, ob Pflanzung für den eigenen Bedarf in erster Linie geschieht. Da einen Rat zu geben, ist sozusagen unmöglich. Ich empfehle dem Fragesteller, wenn Erwerbsobstbau geplant ist, stets die Sorten zuerst zu berücksichtigen, die in seiner Gegend am meisten gebaut werden, denn da hat er dann auch den schnellsten Absatz. Ob Lokalsorten ohne pomologischen Namen, oder andere Sorten, spielt keine Rolle. Die beste Sorte ist stets die, die ich am besten und schnellsten verkaufen kann, die am meisten Geld bringt. Eine Auswahl von guten und ertragreichen Sorten will ich dem Fragesteller geben, rate ihm aber, die Sorten in erster Linie zu wählen, die in seiner Gegend vorzugsweise gebaut werden!

Aepfel: *Lord Grosvenor, Weißer Klarapfel, Charlamowsky, Apfel aus Croncels, Peasgoods Gold Rtte, Cox Orangen Rtte, Parkers grauer Pepping, Adersleber Calvill, Champagner Rtte, Schöner v. Boskoop, Minister Freiherr v. Hammerstein, Gold Rtte Freiherr v. Berlepsch, Ananas Rtte, Goldparmäne, Jacob Lebel, Geflammter w. Cardinal.*

Birnen: *Gute Louise v. Avranches, Clapps Liebling, Juli Dechantsbirne, Dr. Jules Guyot, Williams Christbirne.*

Pfirsiche: *Proskauer Frühpfirsich, Amsden, Alexander* und *President Griepenkerl.* Erstere und letztere Sorte winterhart.

Daß diese Liste Anspruch auf Vollständigkeit nicht machen kann, ebenso, daß nicht alle diese Sorten sich für die Gegend und die Verhältnisse des Fragestellers eignen, wird nicht in Abrede gestellt. Bei Auswahl der Sorten kann auf so allgemein gehaltene Frage nie eine erschöpfende Antwort gegeben werden, nur Anhaltspunkte. Ich bin gern bereit, in jeder Weise erschöpfend mit Fragesteller zu korrespondieren. Es läßt sich dann wesentlich besser ein Rat geben, wenn auch niemals so, als wenn man die Gegend genau kennt, wenn einem das Absatzgebiet bekannt ist. Die Frage umfaßt ja eigentlich den gesamten Obstplantagenbetrieb und kann in dem Rahmen eine Fragebeantwortung kaum erschöpfend beantwortet werden.

Leopold Schnackenberg, Gavardo-Bolina, Prov. di Brescia, Italien.

Beantwortung der Frage No. 507. Welche winterharten und möglichst schönblühenden Rosen eignen sich zur Bildung von Hecken als Einfassung eines durch einen Park von Süden nach Norden führenden, 8 m breiten, viel benutzten Weges? Zu beiden Seiten dieses Weges steht höheres Laubgehölz, vorwiegend Birken. Ostseeklima.

Zu Hecken eignen sich von Rosen fast alle *R. multiflora*, Thbrg., mit Ausnahme der niederen *R. Polyantha,* S. et Z.-Gruppe; darunter besonders *R. Dawsoniana,* Dawson, entstanden aus *R. multiflora* × *General Jacqueminot.* Dann *R. sempervirens,* L., mit ihren Abarten, darunter *Felicité et Perpétue,* Jacq. Alle diese sind Schlingrosen.

Aus der Klasse der *Gallicae* eignet sich *R. centifolia,* L., 0,5 bis 0,75 m, mit ihren vielen Abarten; aus Sekt. *Caninae* die *R. rubiginosa,* L., 1 bis 1,5 m, aus Sekt. *Cinnamomeae: R. rugosa,* Thbrg., 1 bis 1,5 m. Am besten von allen aber ist aus der Sekt. *Pimpinellifolia* die *R. spinosissima,* L., die Weinrose, 0,30 bis beinahe 1 m hoch, die nach dieser Verwendung deshalb schottische Zaunrose, Bibernellrose, *Sweetbrior* heißt.

Am schönsten ist wohl die *R. centifolia,* die aber mindestens 40 cm von der Wegkante entfernt zu pflanzen ist; am sichersten ist *R. spinosissima* mit wohlriechendem Laub, beide freistehend, 40 cm einwärts gepflanzt, während die zuerst erwähnten Schlingrosen eines Zaunes aus Pfählen mit Draht bedürfen; dann ist hier *Turners Crimson Rambler,* rot, und deren weiße Abart die wertvollste. Gartendirektor **Grube** †.

— Zur Bildung von Hecken empfehle ich folgende gänzlich winterharte, aber auch schönblühende Rosen: *Rosa spinosissima* (Schottische Rose); dieselbe wird selten über 1 m hoch, Stengel sehr ästig, kurz und steif, mit dunkelgrünen Blättern. Die Blüten erscheinen sehr zahlreich, sind einfach weiß, mit gelbem oder auch rosa Grunde. Die Blütezeit fällt in den Juni. Geschnitten darf die Rose vor der Blüte, oder besser überhaupt nicht werden, nur verjüngt. Sie wächst in jedem Boden, sogar in schlechtem Sande, verträgt auch große Trockenheit.

Ferner die allbekannte *Rosa rugosa,* welche als Parkrose allgemein bekannt sein dürfte. Der Strauch wird $1^1/_2$ m hoch und noch höher. Die Blüten sind sehr groß, und erscheinen zu zwei bis drei auf kurzen, borstigen Stielen. Die Farbe der Blüten ist dunkelpurpurkarmin, mit hellerer Mitte. Die Belaubung ist schön dicht und frisch bis zum Spätherbst. Manches Jahr blüht diese Rose im Herbst noch einmal. **Wilh. Titze,** Obergärtner, Crangen.

Beantwortung der Frage No. 508. Gibt es ein Verfahren, nach welchem Koniferen für ein Herbarium so gepreßt werden können, daß sie Nadeln und Färbung behalten? Beim gewöhnlichen Pressen verlieren die Vertreter der Gattung *Picea* die Nadeln.

Im Herbarium des Königl. botanischen Gartens zu Kew (England) werden schwer zu trocknende Pflanzen und solche, die leicht ihre Blätter bezw. Nadeln verlieren, folgendermaßen behandelt: Der Stiel um die Blätter bezw. Nadeln wird auf der Unterseite mit einem scharfen Messer leicht geritzt, namentlich in den Blattwinkeln. Sodann wird mit einer feinen Bürste die folgende Lösung leicht aufgetragen: 1 quart denaturierter Spiritus, 1 onze Bichloride of Mercury und 1 onze Carbolic acid. (Achtung, Gift!) Die so behandelten Pflanzenteile trocknen schneller (wichtig namentlich für Sukkulenten), behalten die Blätter und ihre natürliche Farbe. Gleichzeitig werden Schädlinge ferngehalten. **H. Riebe.**

Neue Frage No. 541. In meinen Gewächshäusern habe ich Hunderte von Heuschrecken; dieselben fressen die jungen Adiantumwedel etc. ab. Kann mir einer der Herren Kollegen ein Mittel zur Vertilgung dieser Schädlinge nennen? Räuchern mit Tabak etc. ist nutzlos, das Fangen der Menge und Schnelligkeit der Tiere wegen unausführbar.

Neue Frage No. 542. Wie würde sich das Fortkommen für einen jungen fleißigen Gehilfen (Norddeutschen), welcher außer Deutsch perfekt Englisch und ziemlich fließend Italienisch, auch etwas Russisch spricht, in Italien gestalten? Wann ist dort die günstigste Zeit für Stellenbewerbungen, und auf welche Weise bekommt man am besten und sichersten gute, dauernde Stellung? Fragesteller wäre besonders dankbar für einige diesbezügliche Antworten über die Städte Neapel, Rom oder Florenz.

Neue Frage No. 543. Wie und wann werden Reben auf amerikanische Unterlagen veredelt?

Wir bitten unsere Leser, sich zahlreich an der Beantwortung vorstehender Fragen zu beteiligen. Die zum Abdruck gelangenden Antworten werden genau wie andere Beiträge honoriert.

Mannigfaltiges.

Das Tropfen von den Hängebrettern, welches in den meisten Gärtnereien recht unliebsam empfunden wird und zur möglichsten Verminderung dieser oft recht unentbehrlichen Kulturmittel geführt hat, läßt sich durch einfache Kästchen, die man aus Dachpappe formt, völlig beheben. Die mit flachen Rändern versehenen, durch Draht an den Ecken festgehaltenen Kästchen, in entsprechender Größe nebeneinander auf das Hängebrett gestellt, nehmen wenig Raum für sich in Anspruch. Um den aufzustellenden Pflanzen ein allzuschnelles Austrocknen zu ersparen und die überflüssige Feuchtigkeit aufzunehmen, füllt man die Kästchen mit Torfgrus, Torfmull oder Sand; die Pflanzen gedeihen darin vorzüglich.

Georg Liebsch, Kunst- und Handelsgärtner, Chwalkowitz bei Olmütz.

Zur Pflege der Dorfplätze. Inmitten der Bestrebungen für den Heimatschutz, wie sie in Deutschland jetzt erfreulicherweise hervorgetreten sind, wird von österreichischer Seite im „Deutschen Agrarblatt" eine beachtenswerte Anregung gegeben. Was in den deutsch-österreichischen und vielfach auch in deutschen Dörfern bisher nicht genügend gepflegt worden ist, war der Dorfplatz. Und doch ist er gewissermaßen der Spiegel des Reinheits-, Schönheits- und Fortschrittssinnes der Dorfbewohner und ihrer Selbstverwaltung. Ein gepflegter, mit Anlagen versehener Ortsplatz verleiht jedem Dorfe eine eigenartige Schönheit und besonderen Reiz und weckt in dem fremden Beschauer das Gefühl des Wohnlichen, in den eigenen Bewohnern aber Schönheitssinn und Heimatsliebe. Um die Dorfplätze zu verschönern, schlägt das „Deutsche Agrarblatt" für Oesterreich vor, alle Ortsgemeinden möchten anläßlich des sechzigjährigen Regierungsjubiläums des Kaisers ihre Dorfplätze durch Anlagen verschönen und mehr als bisher pflegen, um den landschaftlichen Eindruck jedes Dorfes zu heben.

Aus den Vereinen.

Seitdem man in den Großstädten und auch in den Zentren der Großindustrie dem Kleingartenbau besondere Beachtung schenkt, ihn im Interesse des Arbeiter- und Mittelstandes nach Möglichkeit zu fördern sucht, sind von einsichtsvollen Berufsgärtnern und Gartenfreunden dem Kleingartenbau dienende Vereine ins Leben gerufen worden. Einer der ältesten und größten dieser Vereine ist der **„Verein zur Förderung des Kleingartenbaues in Frankfurt a. M."**, dessen Mitgliederzahl im Laufe dieses Jahres 600 überschritten hat. Vorsitzender ist Herr Lehrer B. Cronberger, der seit langen Jahren den Schulgärten und dem Kleingartenbau sein lebhaftes Interesse zuwendet. Es liegt uns der IX. Jahresbericht des genannten Vereins vor, der Zeugnis für sein segensreiches Wirken ablegt. Die Mitglieder des Vereins bewirtschaften zurzeit die stattliche Fläche von 5 ha 12 a 15,36 qm. Interessenten sei Einsichtnahme dieses Jahresberichtes warm empfohlen. M. H.

Gärtnerisches Unterrichtswesen.

Die Königliche Gärtnerlehranstalt zu Dahlem bei Steglitz veranstaltet vom 4. bis 9. Mai wieder einen praktisch-theoretischen Lehrgang für Gartenfreunde. Derselbe umfaßt u. a.: Ernährung der Pflanzen, zweckmäßige Düngung, Wurzeltätigkeit und Boden, der Hausgarten, Gemüsebau im Hausgarten, Zimmerpflanzen und Blumen im Hause, Champignonzucht, Obstbaumpflege, Pflanzenkrankheiten. Die einzelnen Lehrgegenstände werden von den ständigen Lehrern des Institutes vertreten. Anmeldungen sind an die Direktion der Königlichen Gärtnerlehranstalt zu Dahlem bei Steglitz-Berlin zu richten. Das Honorar beträgt für Preußen 9 M, für Nichtpreußen 12 M. Die Gärtnerlehranstalt ist Station der elektrischen Straßenbahn, Strecke: Steglitz (Bahnhof) - Grunewald.

Verkehrswesen.

Im Verkehr mit Serbien sind Einschreibebriefsendungen mit Nachnahme bis 1000 Fr., sowie Postaufträge bis 1000 Fr. zugelassen.

Tagesgeschichte.

Berlin. Für die Anlage des Schillerparks, in den die östlich von der Müllerstraße gelegenen „Rehberge" umgewandelt werden sollen, wird jetzt der Dung angefahren, dessen diese unglaublich sandige Gegend in großer Menge bedarf. An der Barfusstraße, die die zukünftige Parkanlage von Westen nach Osten durchschneidet, wird das am Abhange der Rehberge gelegene Akazienwäldchen abgeholzt, da der Baumbestand stark gelitten hat. In der Umgegend des Parkgeländes werden neue Straßen angelegt und zum Teil schon bebaut. Der Termin für die Einlieferung der Konkurrenzarbeiten für diesen Park war am 1. ds. Mts. abgelaufen. Es sind nicht weniger als 85 verschiedene Konkurrenzarbeiten im Gewicht von mehreren Zentnern (!) eingegangen, die nunmehr der Prüfung durch die Preisrichter unterliegen.

Cottbus. Im großen Saale des Hotels „Weißes Roß", hier, veranstaltete der Gartenbauverein einen öffentlichen Lichtbildervortrag. Herr Alfred Schade, hierselbst, sprach über „Cottbus im Blumenschmuck". Der Vortragende brachte in schönen Farben gehaltene Lichtbilder der hervorragendsten Balkon-, Erker- und Verandenausschmückungen; auch vergaß er nicht die Blumenfenster der weniger Bemittelten. Die Aufnahmen stammten aus dem Sommer 1907 und erregten allgemeines Interesse, ebenso wie einige Bilder aus den neueren Wallanlagen und von dem blütenreichen Kaiser-Wilhelmplatz, einem Meisterstück der hiesigen Gartenverwaltung. Zu den guten Beispielen wurden im Bilde auch Gegenbeispiele gegeben. Die Idee, welche Herrn Schade zu Grunde lag, war, den in Frage kommenden Blumenfreuden durch die Bilder Anerkennung zu zollen und weitere Kreise anzuregen, wie dies in anderen Städten durch Prämiierungen versucht und erzielt wird. Eingeleitet wurde die Veranstaltung durch einen Lichtbildervortrag: „Dresden und die Sächsische Schweiz", naturgemäß in engen Grenzen gehalten; diesem folgte als Uebergang zu dem eigentlichen Thema „Vorbildlicher Berliner Pflanzenschmuck", wozu die Herren Landschaftsgärtner Wendt, Berlin und Strenger, Steglitz, Bilder gütigst zur Verfügung gestellt hatten. Der von Anfang bis Ende frei gehaltene Vortrag war vielfach durch Humor gewürzt, und zollte das zahlreich erschienene Publikum reichen Beifall.

Mannheim. Durch die Presse ging vor kurzem das Gerücht, daß die Mannheimer Jubiläumsausstellung des vorigen Jahres mit einem erheblichen Fehlbetrag abschließe, der die Heranziehung der Garantiezeichner erforderlich mache. Diese Nachricht ist völlig unzutreffend. Vielmehr kann nach einer vom Gesamtleiter der Ausstellung, Herrn Bürgermeister Ritter, vorgelegten Abrechnung der ganze auf 2100000 M angewachsene Aufwand des Unternehmens aus den eigenen Einnahmen desselben gedeckt werden. Der Mannheimer Stadtrat hat diese Abrechnung vor kurzem einstimmig genehmigt. Somit findet irgend welche Heranziehung der Garantiezeichner nicht statt.

Radeberg. Die Stadtverordneten beschlossen den Ankauf eines Teils der Abhänge und Wiesen im Hüttertal. Es sollen Wege und gärtnerische Anlagen geschaffen und hierdurch der Anfang zu einer Stadtparkanlage gemacht werden, die sich später durch das ganze Hüttertal erstrecken soll.

Weißenfels a. S. Die hiesige Gärtnerei von Fricke wurde am 28. vor. Mts. von einem Schadenfeuer heimgesucht. Allein der Wert der verbrannten Sämereien wird auf 100000 M geschätzt.

Personal-Nachrichten.

Dobberke, W., langjähriger Obergehilfe im Botanischen Garten zu Darmstadt, übernahm die Obergärtnerstelle im Botanischen Garten zu Poppelsdorf bei Bonn.

Hübner, Otto, Kreisobergärtner in Steglitz, ist in Anerkennung seiner hervorragenden Leistungen auf dem Gebiete des Gartenbaues der Titel „Königlicher Garteninspektor" verliehen worden.

Zwirner, P., bisher Obergärtner bei Graf Henkel von Donnersmark in Katscher, trat als Leiter der Handelsgärtnerei von O. Janorschke in Ziegenhals ein.

Berlin SW. 11, Hedemannstr. 10. Für die Redaktion verantwortlich Max Hesdörffer. Verlag von Paul Parey. Druck: Anhalt. Buchdr. Gutenberg e. G. m. b. H., Dessau.

Liebig's kaltflüssiges Baumwachs

Dose à ½ kg M. 1.—, bei 3 Dosen M. 3,— franco. [1013

Meine & Liebig, Hannover.

Werke über:

Obst-, Wein- und Gartenbau.

Kataloge gratis und franko. [957

W. Aug. Ostern in Geisenheim.

Beste Bezugsquelle für verschiedene Grössen **Frühbeetfensterrahmen** und **Schattendecken.**

Man verwende die **Hercules-Decke.** [134

Selbstth. WASSER FÖRDERUNGS-ANLAGEN aus tief gelegenen QUELLEN baut A. KUNZ K. u. K. HOFLIEFERANT MÄHRISCH-WEISSKIRCHEN. PROSP. GRATIS U. FRANCO. [1000

Ratten-Plage

Ratten und Mäuse werden radikal ausgerottet durch frische Meerzwiebeln mit **unfehlbar sicher wirkender Witterung. Radikalmittel gegen Ratten und Mäuse,** Menschen und Haustieren unschädlich, 1 kg M 1 ab hier, bei 5 kg-Paket M 5 franko. Zahlreiche Anerkennungen. Versand gegen Nachnahme. **J. Alfred Künzelmann,** Dresden-Neustadt 67. 268

Sehr gangbarer Artikel!

Vierblättriger Glücksklee!

Wird in Portionen von 1 ℳ geliefert. 100 Portionen ℳ 70 gegen Nachnahme. 1 Portion Samenknöllchen gibt zwei Blumentöpfe herrlichster Pflanzen.

Adolf Theiss, Darmstadt. [721

Erica Herbacea,

wunderschön als Topfpflanze, zu Einfassungen und Felsonpartien schöne grosse Pflanzen, innerhalb einigen Tagen in voller Blüte, per 100 M 20.—.

Extra starke **Hermosa-Rosen,** per 100 M 17.—. [46

Jacs. Smits Ltd., Hoflieferanten, **Naarden (Holland).**

Die Gartenspritze Pluvius für Fuss- und Handbetrieb (gesetzlich geschützt) die beste und dauerhafteste im Betrieb, für [illegible] und dickflüssige Substanzen. Alle Arten Gartenspritzen, Pumpwerke, Schläuche u. s. w. Man verlange Preislisten mit Gutachten von [1008

Robert Hofmann, Frankfurt a. M.-Oberrad. Bitte bei Bestellungen sich auf dies Blatt z. beziehen.

Koniferen u. Moorbeetpflanzen

speziell [509 grosse Schaupflanzen.

Heinr. Hellemann, Moorende bei Bremen.

Als besten

Blumendünger

empfehle ich [984

Ia. Hornmehl

fein gemahlen, Postkolli 5 kg 2 M franko, bei 50 kg 12 M, bei 100 kg 23 M ab hier. — **Knochenmehl-Angebot** auf Wunsch.

Hugo Guercke in **Sprottau.**

Robert Hofmann

Frankfurt a. M., Oberrad.

Gewächshausbau mit **Centralheizungen** von Strebels Gegenstrom-Gliederkesseln vieler anderer. Massenfabrikation von **Frühbeetfenstern** — Eisen-, Kiefern-, Pitch Pine-Holz in allen Grössen. **Wasserversorgungs-Anlagen** für Güter, Villen, Gärtnereien etc. mit Kraft- u. Handbetrieb. **Garten-Spritzen, Freistell-Baumleitern.** Kataloge u. Referenzen franko.

Bitte sich bei Bestellungen auf dieses Blatt zu beziehen.

G. F. Duve Sohn, Fabrik chemischer Düngemittel, — Osterwieck a. Harz —

Fernsprech-Anschl. No. 3. — Telegr.-Adr.: Düngerfabrik-Osterwieckharz.

Zur Hederich-Vertilgung

empfehle zu billigsten Preisen:

Ia Eisenvitriol in Kristallen [997

und auch fein gemahlen, zwecks rascherer Lösung im Wasser.

Ferner: **Ia 60 % Eisenvitriol-Pulver zum Ausstreuen.**

Von vorstehenden Artikeln halte stets ein grösseres Lager, und erfolgt Lieferung sofort nach Bestellung.

Mannheim: goldene Medaille und zwei Ehrenpreise.

Begonien-Knollen, riesenbl.,

aufrechtst., das Beste, was es gibt. **Einf.: dunkel- u. feurigrot, orange, rosa, weiss, gelb,** I. Gr. ℳ 6.50, II. Gr. ℳ 4.50, III. Gr. ℳ 2.50, Mischung ℳ 6.—, 4.— und 2.—.

Gefüllte, nur riesenbl., mit Rosen- u. Kamellienbau, **rot, rosa, weiss, gelb,** I. Gr. ℳ 8, II. Gr. ℳ 5.50, III. Gr. ℳ 3.50, Misch. ℳ 8, 5 u. 3.

Gefranste, extra schön, **rot, rosa, weiss, gelb,** I. Gr. ℳ 8, II. Gr. ℳ 6, III. Gr. ℳ 4, Mischung ℳ 8, 5 und 3 je 100 St.

Extra-Auslese von gefüllten und gefransten, für Ausstellungen sehr geeignet, je 10 St. ℳ 2.—, 100 St. ℳ 15.—. [358

20 000 grossbl. Canna billig, üb. 100 beste, neue u. neueste Sorten.

Katalog über **Begonien-Knollen und -Samen, Canna Crozy, Pelargonien Zonale, Kaktus-Dahlien, Gloxinien, Chrysanthemum** etc. zu Diensten.

Paul Schmid, Donzdorf, (Württemberg).

Böttger's gesetzlich geschützte

Heissluft-Pumpmaschine

ist und bleibt die beste und billigste Wasserpumpmaschine der Welt für alle Zwecke, wo Wasser herbeizuschaffen oder zu beseitigen ist.

Böttger's Göpelpumpanlage ist das vorzügl. Pumpwerk f. tierischen Antrieb.

Böttger's Handkolbenpumpe „Selecta" ist die leichtest gehende und dauerhafteste Handpumpe und Gartenspritze.

Reflektanten erhalten Kataloge von der **Sächs. Motoren- und Maschinenfabrik**

Otto Böttger, Dresden-A. 28 J.

Zweiggeschäft: **Berlin NO. 18,** Gr. Frankfurterstr. 32

38]

Grösste und reichhaltigste Baumschule der Welt

Massen-Aufzucht aller Sorten **Gehölz-Pflanzen** u. **Coniferen** für Wald-, Park- und Baumschul-Anlagen — **Allee-, Park-, Chaussee-, Zier- und Trauerbäume.**

Baumschulen von Herm. A. Hesse in WEENER a. d. Ems Prov. Hannover

Obstbäume in Hochstamm-, Pyramiden-, Spalier- und Cordon-Form. — **Ziersträucher.** — **Coniferen,** Rosen, Magnolien, Azaleen, Rhododendron, Stauden etc. [64

Kataloge auf Anfrage gratis und franko.

Druck der Anhaltischen Buchdruckerei Gutenberg e. G. m. b. H. in Dessau.

Illustrierte Wochenschrift für den gesamten Gartenbau.

Herausgeber: Max Hesdörffer-Berlin.

Erscheint jeden Sonnabend.
Monatlich eine farbige Kunstbeilage.

Bezugsbedingungen:
[D]urch jede Postanstalt bezogen Preis 2.50 M. vierteljährl. In Österreich-Ungarn 3 Kronen. [Be]i direktem Bezug unter Kreuzband: Vierteljährlich 3 M. Im Weltpostverein 3.75 M. Einzelpreis jeder Nummer 25 Pf.
[Fü]r ohne Vorbehalt eingehenden Beiträgen bleibt das Recht redaktioneller Änderungen [vorb]ehalten. Die Honorarauszahlung erfolgt am Schlusse jeden Vierteljahrs.

Anzeigenpreise:
Die Einheitszeile oder deren Raum 30 Pf.; auf der ersten und letzten Seite 50 Pf. Bei grösseren Anzeigen und Wiederholungen steigender Rabatt. Beilagen nach Übereinkunft. **Anzeigen in der Rubrik Arbeitsmarkt** (angebotene und gesuchte Stellen) kosten für Abonnenten einmalig bis zu 10 Zeilen Raum M. 1.50, weitere Zeilen werden mit je 30 Pf. berechnet.
Erfüllungsort auch für die Zahlung: Berlin.

Adresse für Verlag und Redaktion: Berlin SW. 11, Hedemannstrasse 10.

XII. Jahrgang No. 30. | Verlag von Paul Parey, Berlin SW. 11, Hedemannstr. 10. | 25. April 1908.

Inhalt

der Nummer 30 der „Gartenwelt“.

(Die illustrierten Artikel sind mit einem * versehen.)

An unsere Leser!

Stellengesuche und -Angebote

inserieren Sie

am besten und **vorteilhaftesten** in der

Gartenwelt. [39

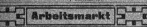

Es wird wiederholt um Beachtung gebeten!

Offertbriefe

werden nur dann befördert, wenn das Porto dazu beigefügt ist. Dieselben sind stets in doppeltem Briefumschlag zu übersenden, von welchem der äussere nur die Adresse unserer Expedition ohne Chiffreangabe tragen darf, während der innere Umschlag nur allein mit der betreffenden Chiffre zu versehen ist.

Wir bitten dringend, bei Absendung von Offertbriefen diese Vorschrift zu beachten. [61

Für Rücksendung von Original-Zeugnissen und Photographien übernimmt die Expedition keine Garantie.

Anzeigen

in der Rubrik „Arbeitsmarkt“ kosten für Abonnenten bei Einsendung der Abonnementsquittung **einmalig** bis zu **zehn Zeilen** Grösse Mk. 1.50; weitere Zeilen werden mit je 30 Pfg. berechnet. [54

Stellen-Angebote

Gärtnerverein

r Stadt und Provinz Hannover. Tüchtige Gehilfen, welche in Hanver oder Umgegend Stellung suchen, d solche kostenlos nachgewiesen rch R. Kohlmann, Obergärtner v. en Garten Linden-H. [678

Suche

jungen, militärfreien, evg., strebsamen

Gehilfen

zur Ausbildung in d. Kultur v. Orchideen für dauernde Stellung. Gute Zeugnisse Bedingung.

Karl Wilh. John, Orchideengärtnerei, **Andernach am Rhein.** [1036

Ein tüchtiger Gehilfe

für sofort in dauernde Stellung

gesucht.

Offerten mit Gehaltsanspr. zu richten an **Mich. Roth,** Handelsgärtnerei, **Kandel** (Pfalz). [1020

Die Stelle des Leiters des städtischen Gartenwesens soll möglichst bald durch einen staatlich geprüften

Obergärtner

neu besetzt werden. Die Anstellung erfolgt nach einjähriger Probezeit als städtischer Beamter. Das Gehalt beträgt 3000 M und steigt alle 3 Jahre um 300 M bis 4800 M.

Bewerber wollen ihre Gesuche mit Zeugnissen und Lebenslauf, der Ausführliches über den Studien- und Bildungsgang enthalten muss, sowie mit selbstgefertigten Entwürfen (keine Schulzeichnungen) **bis zum 10. Mai ds. J.** dem Unterzeichneten einreichen. Persönliche Vorstellung einstweilen nicht erwünscht. [986

Crefeld, den 6. April 1908.

Der Oberbürgermeister.

Suche

jg. Mädchen,

welches Lust hat, die Binderei zu erlernen. Ohne gegenseitige Vergütung. Vollständiger Familienanschluss. [1015

L. Gleitsmann, Genthin.

Gärtner gesucht.

Zur Unterhaltung unseres etwa zwei Morgen grossen Ziergartens wird zum baldigen Antritt **ein durchaus erfahrener tüchtiger Gärtner** gesucht. Mit der Stelle ist eine Dienstwohnung vorhanden.

Bewerber, welche sich durch Zeugnisse über ihre Zuverlässigkeit und Tüchtigkeit, sowie über ihre Fähigkeit, einen grösseren Ziergarten selbständig in musterhafter Pflege zu erhalten, ausweisen können, werden gebeten, sich **zunächst nur schriftlich** unter Beifügung von **Zeugnisabschriften** und Angabe der Gehaltsansprüche bei unserer **Hausverwaltung** zu melden. [1030

Wilhelma in Magdeburg

Allgemeine Versicherungs-Aktien-Gesellschaft.

Junger Kontorist

(gelernter Gärtner bevorzugt) für Versandgärtnerei sofort oder später gesucht. Selb. muss in d. Buchführung perfekt sein, sowie Erfahrung im Verpacken von Pflanzen haben und gelegentlich in der versandschwachen Zeit in der Gärtnerei bei d. bess. Arbeiten mit tätig sein. Es wollen sich nur **tücht., umsichtige** Leute melden. **Der Versand ist bis Novembr. ein riesiger,** spez. nach dem Auslande. **Stellung dauernd, ev. Lebensstellung.** Anfangsgehalt bei fr. **Station monatl. 36 M, nach Leistung gute sofortige Zulage.**

P. Fruth, vorm. Franz Daberkow, Zachan in Pommern.

Fernsprecher No. 5.

NB. Die Stadt **Zachan** liegt 25 Min. v. d. Bahnstat. **Ornow** entfernt, unweit **Stettin.** [976

Bürogehilfe gesucht.

Vergütung 1300 M, steigend alle 3 Jahre um 100 M bis 1700 M. Dienstwohnung wird mit 180 M berechnet. Geeignete Bewerber, die über genügend gärtnerische Kenntnisse verfügen, Gewandtheit im Verkehr mit Publikum besitzen und möglichst schon in ähnlichen Betrieben beschäftigt waren, wollen Lebenslauf und Zeugnisabschriften einsenden an Herrn **Stadtgarteninspektor Hannig, Stettin-Hauptfriedhof.**

Stettin, den 16. April 1908. [1035

Magistrat.

Friedhof- und Anlagen-Deputation.

Wigand.

Gut eingeführtes Geschäft für Gartenarchitektur und Landschaftsgärtnerei (gartentechnisches Büro) sucht

Teilhaber

zwecks Erweiterung seiner geschäftl. Interessensphäre und Ausnutzung einer hochrentabeln gartentechnischen Erfindung. Erforderlich kleineres Kapital (30—40 Mille). Aufträge vorhanden. Das Unternehmen ist geeignet sowohl für gediegene, fachmänn. Kraft wie auch für Liebhaber, wenn auch ohne Fachkenntnis. Interessenten wollen ihre Adressen unter **V. 2239 L.** an **Haasenstein & Vogler, A.-G., Hannover,** senden. Vermittler verbeten. [H. 1018

Stellen-Gesuche.

Obergärtner,

welcher in der modernen Nutz- und Luxusgärtnerei erfahren ist, eine gröss. Anstaltsgärtnerei mit Erfolg und zur grössten Zufriedenheit des Besitzers geleitet hat und dem die besten Zeugnisse zur Seite stehen,

sucht [1023

wegen Verkleinerung der Gärtnerei zum 15. Mai, 1. Juni oder Juli anderen

entsprech. Wirkungskreis

auf gr. Villa- oder Schlossgärtnerei, wo Verheiratung gestattet ist. Gefl. Off. erbeten an Herrn Büro-Vorsteher **Manns, Pankow-Berlin, Mühlenstr. 83.**

Infolge Besitzwechsel

sucht verheirateter Gärtner mit kleiner Familie, welcher in allen Zweigen seines Faches erfahren, zuverl., ehrl. u. fleissig ist, z. 1. Juli od. früher Stell. in gr. Guts- oder Handelsgärtnerei.

Nähere Auskunft erteilt gerne Oberinspektor **Hechler, Ludwigsane bei Beetz.** [1003

Villa Wyandottes

Mustergeflügelfarm in **Otusch** (Posen) gibt ab 0,8 06 **rosk. rebhf. Italiener** a 7 M, unermüdliche Leger. 0,12 **bewährte Winterglucken,** brüten noch mal, legen jetzt, a 2,50 M. Einige ausgesuchte Stämme, a 1,1 07 **weiß. Wyandottes** aus alter Leistungszucht a 14 M. einzel. gute Hähne a 5 M, zu gleichem Preis **weiße ind. Laufenten** u. Erpel. **1,1 07 gelbe Puten.** Erste inländ. Nachzucht Cookscher Originaltiere, am Legen, erstklassige Ausstellungstiere, eine seltene Zierde jedes Anwesens 25 M. Alles per Nachn., auch zur Ansicht. [951

von Spruner, Leutnant a. D.

Neuheit!

Bruteier von echten silberhals. rosenk. Italienern. reine Rasse garantiert, à Dtzd. 4 M. unbefruchtete einmal Ersatz. [1934

Jakob Peitz, Westerwiehe, Kreis Wiedenbrück.

Bruteier — Kücken.

Mech. K., w. Wyand., schw. Min., rebh. u. w. Ital., w. Ram., lachsf. Jav. 15 Stck. 3,00 M, Kück. 8 Tage alt 1,00 M. Gluck. 3.00 M. Lehrer **Groll,** [1019 **Fabbenstedt, Kr. Lübbecke i. W.**

Verkaufe zwei Glucken

mit je 16 weissen Mechelner Kücken. à Glucke für 21 M, Glucke mit 12 gesperberten Mechelner Kücken für 17 M, Glucke mit 15 rebhuhnfarbigen Wyandottes-Kücken für 22 M. Sämtliche Kücken sind 3 Wochen alt. **Eltern höchst prämiiert.** Garantie für reine Rasse und lebende Ankunft. [1031

Chr. Maasjost, Dampfmühle **Kaunitz,** Bez. Minden.

(5—7 l Milch) gibt ab **Otto Wald,** Ziegenzüchterei, **Ufhoven-Langensalza.** [885

Riesenkaninchen!

Verkaufe edelste Zuchttiere; Jungtiere 10 Wochen, von Lothr. R., 1,50 M, Belg. R., franz. Widdern 2,— M, höchstprämiierte Abstammung, schwersten Schlages. [890

Teubner, Jonsdorf bei Zittau.

Ostfriesische Milchschafe u. Lämmer vers. unter Garantie gesunder, fehlerfreier Ankunft. [664
F. Sweers, Warsingsfehn, Ostfriesland.

Zur Nedden & Haedge

Rostock (Meckl.)

Fabrik für verzinkte Drahtgeflechte nebst all. Zubehör. Drahtzäune Stacheldraht Eiserne Pfosten Thore, Thüren Drahtseile.

Koppeldraht, Wildgatter, Draht zum Strohpressen.
Production 6000 □m-Gefl. p. Tag.
Preisliste kostenfrei.

15]

Schnittblumen-Gärtnerei-Verkauf Ia.

Selten günstige gewinnbringende Spezialkulturen, Vorort Berlins, neuesten Systems, für Kapitalfähige, da sehr spekulativ liegend, zu empfehlen. [945

Georg Marquardt, Handelsgärtner, **Zossen-Berlin.**

Anzeigen für die nächste Nummer

bitten wir so abzusenden, dass dieselben spätestens **Montag Mittag** in unseren Händen sind.

Wilhelm Henn

Orchideen-Import

in Hildesheim, Hann[...]

Noch vorrätig: *Dendr. Ward. gig., ... florum, crassinode, Devonianum.*

Frisch eingetroffen:

Dendrobium acuminatum.

Neuheit I. Ranges!

Mit aufrechten, 30—40 cm langen, ... roten Blütenständen. Onc. splendid... Onc. Cavendishianum, Od. grande, ... Trianae, Vanda coerulea, grosse ... von allen.

Bekanntmachung.

Ergebnis des Preisausschreibens für die Einrichtung des Südwestkirchhofes des Berliner Stadtsynodalverbandes zu Stahnsdorf.

Infolge des Preisausschreibens vom 26. August 1907 sind **15 Entwürfe** rechtzeitig eingeliefert worden.

Das Preisgericht hat einstimmig beschlossen, die Preissumme von 12000 M auf

5 Preise

zu verteilen, und die Preise wie folgt zuerkannt:

1. **den ersten Preis von 4500 M**
   dem Entwurf mit dem Kennwort „πάντα ῥεῖ"
   Verfasser **Stadtbauinspektor Nitze in Wilmersdorf u. Stadtobergärtner Thieme in Wilmersdorf,**

2. **den zweiten Preis von 3500 M**
   dem Entwurf mit dem Kennwort „Uebersichtlich"
   Verfasser die **Architekten Jürgensen & Bachmann** in **Charlottenburg** und **Gartenarchitekt Hallervorden** in **Charlottenburg,**

3. **den dritten Preis von 2000 M**
   dem Entwurf mit dem Kennzeichen ∞
   Verfasser **Architekt Korff** in **Laage** und **Gartenarchitekt Hoemann** in **Düsseldorf,**

4. **den einen vierten Preis von 1000 M**
   dem Entwurf mit dem Kennwort „Friede"
   Verfasser **Architekt, Diplom-Ingenieur Ernst Förster** in **Schöneberg,**

5. **den anderen vierten Preis von 1000 M**
   dem Entwurf mit dem Kennwort „Sankt Lukas"
   Verfasser **Architekt Bernoulli** in **Berlin.**

Der Ankauf weiterer Entwürfe ist vom Preisgericht **nicht** in Vorschlag gebracht worden.

Die eingegangenen Entwürfe werden vom **21. April bis 5. Mai 1908** einschliesslich, Wochentags von 11 bis 2 Uhr, Sonntags von 9 bis 11 Uhr in der **früheren Lazarus-Kapelle, Berlin O, Gubener-Ecke Litthauerstrasse** öffentlich ausgestellt.

Die nicht preisgekrönten Entwürfe werden den Herren Verfassern nach diesem Termin zurückgesandt, soweit sie nicht von ihnen selbst abgeholt werden.

Berlin, den 15. April 1908.

Der geschäftsführende Ausschuss der Berliner Stadtsynode.

In Vertretung:

Dr. Crisolli. [1022

Illustrierte Wochenschrift für den gesamten Gartenbau.

Jahrgang XII. 25. April 1908. No. 30.

Gärtnerische Reiseskizzen.

Aus schwäbischen Landen.

Kultur- und Reiseskizzen von Curt Reiter, Feuerbach.

IV.

Bei Wilhelm Pfitzer, Stuttgart.

(Hierzu drei Abbildungen.)

Meine Besuche in den Handelsgärtnereien von Wilhelm Pfitzer sind mir stets lehrreich und interessant. Immer gibt es etwas Neues zu sehen und auch zu hören, und will man sich über eine angepriesene Neuheit gut und schnell durch eigene Anschauung orientieren, kann man es nirgends besser tun, als dort. Liebenswürdig empfangen, wird der Besucher gern umhergeführt und bereitwilligst über dies und jenes Wissenswerte unterrichtet.

Besonders angetan haben mir's die Freilandkulturen des Herrn Pfitzer in Cannstatt, und bin ich manchen Sonntag Vormittag hinausgewandert durch die schöne Natur, welche die Umgegend Stuttgarts mit so verschwenderischen Reizen ausgestattet hat. Hinabsteigend ins liebliche Neckartal, führt der Weg zwischen grünen Weinbergen und ausgedehnten Parkanlagen entlang, die Zeugnis ablegen von alter Kultur und altem Wohlstand dieser bevorzugten Gegend. Dort, in der fruchtbaren Ebene des Neckars, grüßen schon von ferne weite Felder in glühenden, leuchtenden Farben herüber, die Gladiolen-, *Canna*- und *Phlox*-Kulturen der Firma Wilhelm Pfitzer. Eine Musteranlage! Ein kritisches Auge wird vergebens nach einem Unkräutchen am Wege suchen. Gehegt und gepflegt sind sämtliche Kulturen, alle Beete mit verrottetem Pferdedünger bedeckt und alles aufs peinlichste etikettiert. Es ist eine Freude und ein Genuß für den Fachmann, hier umherzuwandern.

Teilansicht der Phlox decussata-Kulturen in der Handelsgärtnerei von Wilh. Pfitzer, Stuttgart.
Originalaufnahme für die „Gartenwelt".

Das meiste Interesse nehmen die großartigen Gladiolenkulturen in Anspruch, die weit über Deutschlands Grenzen hinaus einen Weltruf erlangt haben. Wer die Pfitzerschen Gladiolenfelder gesehen hat, wird den Eindruck sobald nicht wieder vergessen. Es ist schwer, unter den vielen schönen Sorten, den prachtvollen Färbungen die schönsten herauszusuchen, doch will ich's versuchen, aus allen Farbenklassen die hervorragendsten Vertreter zu notieren. In Weiß ist *Weiße Dame*, schneeweiß, eine der schönsten, auch *Eleonore Hahn*, alabasterweiß, zart schwefelgelb gefleckt, besitzt eine feine, ansprechende Färbung. Als Massenschnittsorte scheint mir *Silvretta* sehr wertvoll; in der Farbe rahmweiß, karminrot

Teilansicht aus den Kulturen der Canna-Hybriden in der Handelsgärtnerei von Wilh. Pfitzer, Stuttgart.
Originalaufnahme für die „Gartenwelt".

gefleckt, ist sie eine Verbesserung der bekannten Sorte *Ceres*, jedoch blüht *Silvretta* sehr spät, wenn der Flor der meisten Gladiolen bereits vorüber ist. Unter den gelben Gladiolen ist *Hohenzollern*, sehr frühblühend, für den Blumenschnitt wohl die beste. Die Farbe ist ein ganz reines Schwefelgelb mit kanariengelber Mitte. Beinahe ebenso in der Farbe, nur im Herzen braun gefleckt, ist *Gelber Prinz*, gleichfalls sehr schön für feine Binderei; ebenso *Dora Krais*, schwefelgelb mit dunkelkarminroten Flecken. Ihr ähnlich ist *Frl. Helene Grill*, aus der Klasse der *Gladiolus hybr. Nanceianus*. Ebenfalls sehr beliebt sind die zarten rosa Tönungen; die Sorte *Frl. Johanna Pohl*, herrlich lachsfarben, crêmegelb gefleckt, konkurriert in der Schönheit mit der freiblühenden neuen *Wilhelm Steinhausen* (*Gl. Nanceianus*), lachsrot mit karminblutroten Flecken, während *Frl. Anna Becker*, lieblich centifolienrosa mit weißer Mitte, durch die feine Färbung besticht. Neuartig und von großer Farbenwirkung ist *Neues Jahrhundert*. Die lapageriaförmigen Blumen sind lebhaft rosa, dunkelkarmoisinrosa durchflossen, mit dunkelpurpur gezeichnetem Schlund; mit den auf den Blumenblättern vorhandenen samtig blutroten Flecken von großem, nachhaltigem Effekt.

In blendender Farbenpracht stehen die roten Sorten; besonders ist die noch neue *Mephisto*, kupfrig scharlachrot, von bestechender, leuchtender Schönheit. Brennender in der Farbe ist *Hofgärtner Hanke*, glühend mennigorange, blutrot geflammt, mit gelben Flecken, während die riesenblumige *Hohenneuffen* das schönste reinste Karmin besitzt; für die Binderei eine schätzbare, feine Farbe zur Verarbeitung in großen Arrangements.

Negerfürst ist entschieden die beste dunkelrote. Die samtig braunroten, schwarzgeflammten Blumen stehen an kräftigen, über $^1/_2$ m langen Blütenrispen. Noch etwas dunkler, aber kleinblumiger ist *Direktor von Angyal*. Auch die braunrot gefärbte *Prof. Dinkelacker* ist ihrer eigenartigen Färbung wegen empfehlenswert. Letztere beiden Sorten sind *Gl. Lemoine*'sche Hybriden, ebenso die so schnell beliebt gewordenen blauen und violetten Sorten. Nur darf man sich bei den „blauen" Sorten keine Blumen von der Farbe eines Vergißmeinnichts oder einer Kornblume vorstellen. Die bis jetzt erzielten blauen Töne variieren zwischen dem matten, süßen

Schattenstellagen mit Blütenbegonien in der Handelsgärtnerei von Wilh. Pfitzer, Stuttgart. Originalaufnahme für die „Gartenwelt“.

Lila einer *Cattleya* und dem tiefen Dunkelviolett des Veilchens; und gerade dieses sind die Farben, die von unsern Bindekünstlern am meisten begehrt werden. Die schönste Sorte ist wohl unbestritten *Sarah Vautier*, samtig dunkelblau, eine entzückende Färbung, dabei sehr großblumig. Auch *Baron J. Hulot* ist, wenn auch schon eine ältere, so doch eine der besten dunkelvioletten, während *Dora Widmann* etwas heller im Ton ist, schon durch die weiß eingefaßten dunklen Flecke. Wenn ich nun von den neuesten Sorten noch *Frl. Selma Schumann*, hellcrêmefarbig, *Mont Blanc*, rein alabasterweiß, und *Frau Oberstleutn. Teichmann*, kanariengelb mit grünlichem Fleck, nenne, so hoffe ich einen guten Teil der besten vorhandenen Gladiolussorten herausgegriffen zu haben. Besonders haben mir bei den Pfitzerschen Gladiolen die reinen Farben des sogenannten „Rummels“, die hellen, rosa und roten Mischungen gefallen, bei denen man nirgends schlechte, schmutzige Farbentöne erblicken konnte, wie man sie bei den holländischen Gladiolen so oft vorfindet. Alle Gladiolen zeichneten sich durch Größe und Schönheit der Blumen aus.

Einen großen Raum in den Kulturen nehmen auch die Montbretien für sich in Anspruch. Wenn ich diesen auch keinen großen Wert für die Schnittblumengewinnung zubilligen kann, da sie zu sehr streuen, so sind sie doch für die Gartenausschmückung und ähnliche Zwecke sehr beliebt. Ich beschränke mich hier nur auf zwei Züchtungen Pfitzers, die alle andern im Handel befindlichen Sorten bei weitem übertreffen. Es sind dieses *Germania**) und *Rheingold. Germania*, das Resultat einer Kreuzung zwischen *Crocosmia aurea imperialis* und einiger *Montbretia*-Sorten, hat das üppige Wachstum der *Crocosmia*, macht aber keine jener langen Ausläufer, sondern die Triebe vereinigen sich, wie bei der *Montbretia Etoile de feu*, zu einem Busch. Die großen, zirkelrunden, oft bis 9 cm im Durchmesser haltenden Blumen, die in großer Anzahl an über 1 m hohen, verzweigten Stengeln sitzen, sind leuchtend hellscharlach, orange beleuchtet. *Germania* ist bis jetzt die größte Errungenschaft in Montbretien. Die zweite genannte Neuheit ist noch nicht im Handel, jedoch wird sie wohl den Namen *Rheingold* erhalten. Bei gleichen hervorragenden Eigenschaften wie der vorgenannten, ist die Farbe ein leuchtendes Goldgelb mit mattem, orangefarbenem Schein.

In den großen Cannabeständen (Abb. S. 350), in einem Meer von glühenden, brennenden Farben, fielen mir einige besonders schöne Sorten auf. Sorten mit braunen Blättern: *Stadtrat Heidenreich*, leuchtend zinnober, *Kronprinzessin Cäcilie*, salmfarbig, *Wilhelm Tell*, zitronengelb, gegen die Mitte orange. Mit grünen Blättern: *R. Wallace*, leuchtend kanariengelb, *Frau Marie Nagel*, rahmweiß, die beste weißblühende *Canna*, *Elfe*, chamoisfarben, rosig angehaucht, *Mephisto*, samtig purpurblutrot, eine der dunkelsten *Canna*, *Mad. Marguerite Mühle*,**) lachsrosa mit hellkarminrosa durchschossen, sehr schöne Neuheit, *Goethe*, mattgelb mit orangefarbenem Hauch, *Meteor*, leuchtend mennigzinnober. *Meteor* ist eine der prächtigsten Neuheiten, ihre zu riesigen Sträußen vereinigten Blumen stehen frei und erhaben über dem bläulichgrünen Laubwerk. Die Pflanze ist von stolzer Schönheit und die Blumen von glühender, feuriger Farbe. So groß die Wirkung der brennenden Farben der roten *Canna*, der Salvien, Knollenbegonien, roten Gladiolen an richtiger Stelle und am rechten Ort auch ist, in einem roten Farbengarten, unter ausschließlicher Verwendung derselben, würde das Auge sich von solcher Farbenpracht bald gequält abwenden, und wenn die brütende Sonnenhitze dann auf dem Blütenmeer lagert, würde das Verweilen in solchen Gärten bald aufhören, ein Genuss zu sein.

Wie wohltuend nach diesen Feuerfarben sind dem Auge die reinen blauen und himmelblauen Farben der *Delphinium*-Hybriden, von welchen Pfitzer eine reichhaltige, schöne Sammlung besitzt. So beliebt das schöne *D. Belladonna* seiner herrlichen himmelblauen Farbe wegen ist, möchte ich zu Schnittzwecken doch lieber die langstieligen, reichblütigen Hybriden empfehlen. Auch unter diesen haben wir schon das beliebte Himmelblau, so z. B. bei *M. S. Betanoff* und *Kaiserin Auguste Viktoria*, während *True blue* eine der schönsten leuchtend dunkelblauen ist.

Weiter wandernd, vorbei an großen Feldern mit Sommerblumen, Astern und Verbenen, an Sortimenten von *Tritoma, Ceanothus*, Knollenbegonien (Abbildung Seite 351) und *Helleborus*, gelangen wir zu den ausgedehntesten Kulturen der *Phlox decussata* (Abbildung Titelseite), die ebenfalls einen Hauptbestandteil dieses Betriebes bilden und eine Spezialität des Pfitzerschen Geschäfts sind. Züchtungen Pfitzers, wie *Gruppenkönigin*, fleischfarbig rosa mit karminrotem Auge, und *Georg A. Ströhlein*, glühend scharlachorange mit blutrotem Auge, werden stets einen Ehrenplatz unter den vorhandenen Sorten behaupten; es erregten diese Sorten schon auf der Mannheimer Ausstellung berechtigtes Aufsehen. Herrlich sind auch die Neuheiten *Mme Paul Dutrie*, cattleyafarben mit weißem Hauch, und *Hanny Pfleiderer*, rahmweiß, nach der Mitte in Lachsfarbe übergehend, mit leuchtend karminrotem Auge. Bemerkenswert sind noch *Frau Dr. Kraiss*, lieblich salmrosa, orange beleuchtet, *Redakteur Flammer*, feurig karminviolett, sehr großblumig, *Antonin Mercié*, innen weiß, außen graulila, sehr feine Färbung, *Frl. G. von Lassberg*, schneeweiß, *Flora Hornung*, milchweiß mit rotem Auge, und *Reichsgraf von Hochberg*, amarantpurpur. Von niedrigen Sorten, die nur 25—40 cm hoch werden, seien genannt *Klara Benz*, karminrosa, *Hermine*, reinweiß, *Hermann Fischer*, ziegelrosa mit weißer Mitte, und *Ch. Flahault*, lila mit weißer Mitte.

Phlox decussata kommen an jedem Standort und in jedem Boden gut fort. Zur Entfaltung ihrer vollen Schönheit sollten sie jedoch alle zwei Jahre verpflanzt werden. Sie sind vollkommen winterhart und als dauerhafte und schöne Freilandblüher zur Anpflanzung warm zu empfehlen, besonders da die Blüte beinahe den ganzen Sommer andauert.

Unter den Schlinggewächsen fielen mir besonders große Bestände von *Polygonum baldschuanicum* auf. Diese Schlingpflanze hat sicher große Zukunft. Die Schnellwüchsigkeit ist ungeheuer, da die Pflanze in einem Sommer Triebe von 4—5 m macht. Da *P. baldschuanicum* vollständig winterhart ist, und die glänzend frischgrüne Belaubung fast den ganzen Sommer über von den reizenden weißen Blütenrispen überdeckt wird, so dürfte die Nachfrage nach dieser prächtigen Schlingpflanze bald sehr groß sein, da ihre Verwendbarkeit in Park und Garten eine sehr vielseitige.

Noch viel Schönes und Neues aus den reichhaltigen Kulturen wäre zu erwähnen, jedoch würde die Anführung aller Einzelheiten weit über den Rahmen dieses Berichtes hinausgehen. Mit Befriedigung verläßt man diese Stätte gärtnerischen Fleißes, die in Deutschland und weit darüber hinaus zu hohem Ansehen gelangt ist, ihren guten Ruf immer weiter festigt und erhöht. Hier wird das Dichterwort zur Wahrheit:

„Was du ererbt von deinen Vätern hast,
Erwirb es, um es zu besitzen!“

Obstbau.

Einiges über die Erdbeerkulturen im Vaucluse.

Von Reinhold Zeissig.

(Hierzu sechs vom Verfasser für die „Gartenwelt“ gefertigte Abbildungen.)

Die Erdbeerkulturen haben im letzten Jahrzehnt in einigen Gegenden Frankreichs, insbesondere in der Landschaft Vaucluse, in auffallender Weise an Ausbreitung gewonnen. Während z. B. der Erdbeerexport aus den Orten Avignon, Carpentras, Monteux,

*) Siehe Farbentafel „Gartenwelt“, Jahrgang V, No. 14.
**) Abbildung in No. 1 des laufenden Jahrganges.

Pernes, Aubignan-Loriol, Sarrians und Velleron im Jahre 1888 nach amtlichen Mitteilungen nur 400 475 kg betrug, war er 1905 bereits auf 5 693 210 kg gestiegen und dürfte in den allerletzten Jahren einen noch größeren Umfang angenommen haben. Beträgt doch die Fläche, welche zurzeit in Vaucluse der Erdbeerkultur dient, nach Zacharewicz*) nicht weniger als 850 ha.

Bei diesem Export der Erdbeeren aus dem Vaucluse spielt die Ausfuhr nach Deutschland keineswegs eine untergeordnete Rolle. Im Jahre 1905 betrug diese Ausfuhr (aus Avignon und Carpentras) 82 020 kg, neuerdings aber dürfte sie bedeutend mehr betragen, da die Franzosen alle möglichen Anstrengungen machen, um besonders den Export nach deutschen Märkten zu heben. Agenten sind eifrig tätig, die deutsche Marktlage zu studieren, die besten Absatzgebiete ausfindig zu machen und den Verkauf der Früchte zu vermitteln.

Der Absatz französischer Erdbeeren auf deutschen Märkten zeigt, daß diese letzteren für diese Fruchtgattung noch aufnahmefähig sind, insbesondere, wenn sie zeitig, im Mai bis Juni, auf den Markt gebracht wird. Wenn man dabei bedenkt, wie leicht gerade die Erdbeeren durch einen langen Transport leiden und wenn man in Betracht zieht, daß die Transportkosten aus dem Vaucluse nach den deutschen Märkten keineswegs unbedeutend sind (1 Waggon kostet von Avignon nach Berlin 762,75 Fr.), so fragt es sich sehr wohl, inwieweit nicht unsere heimische Erdbeerkultur noch steigerungsfähig ist. Gibt es doch, insbesondere in Süddeutschland, an der Bergstraße, an den Hängen des Schwarzwaldes, geschützte Lagen genug, welche für eine intensive Erdbeerkultur geeignet erscheinen. Von diesem Standpunkte aus betrachtet, dürften die folgenden Angaben über die französischen Kulturen für den deutschen Züchter vielleicht von Interesse sein.

In erster Linie ist bekanntlich für das Gedeihen einer Erdbeerkultur die Beschaffenheit des Bodens wichtig. Leichter, sandiger Lehmboden gibt die besten Resultate. Ist der Boden zu schwer, zu bündig, so läßt nicht nur der Fruchtansatz zu wünschen übrig, sondern auch die Beschaffenheit und Güte der Früchte. Die Früchte haben dann ein lockeres, weichliches Fleisch mit geringem Aroma. Zacharewicz gibt an, daß in bezug auf Beschaffenheit der Früchte auch der Eisengehalt des Bodens wesentlich ist, indem in eisenschüssigen Böden die Erdbeeren ein festeres Fleisch bekommen und infolgedessen eher zum Versand geeignet sind. So wird z. B. auf den Eisengehalt des Bodens zurückgeführt, daß die Früchte aus der Gegend von Carpentras, Monteux und Sorgues sich besonders gut zum Versand nach Paris, London und Berlin eignen, während die Erfahrung gezeigt hat, daß die Produkte anderer Orte des Vaucluse nur einen Versand nach nahen Märkten vertragen.

Dem Boden müssen ferner die Sorten angepaßt sein. Im Vaucluse wechseln infolgedessen die Sorten je nach der Gegend und den örtlichen Verhältnissen. Sorten, welche an dem einen Orte vortreffliche Früchte geben, lassen häufig an einem anderen sehr zu wünschen übrig. Infolgedessen können auch die Erfahrungen, welche andernorts mit gewissen Sorten gemacht werden, wohl als Leitfaden, nicht aber als Maßstab bei Neuanlagen dienen. Meistens werden bei neuen Plantagen eine Anzahl Sorten probeweise angepflanzt und erst nachdem sich ergeben hat, welche Varietäten dem Boden sich am besten anpassen, erfolgt die definitive Pflanzung.

Infolge dieser Anpassung an Boden und Klima ist auch nicht zu verwundern, wenn französische Sorten bei uns in Deutschland nicht immer die gleiche Güte erreichen, wie in Frankreich. Die im Lande selbst gezüchteten und angebauten Sorten dürften vielmehr häufig viel bessere Resultate geben, als die ausländischen Varietäten. So finden sich auch im Vaucluse vornehmlich Sorten französischen Ursprungs, wie z. B. *L' Héricart (Reine des hâtives), La Marquise, La Miner, Docteur Morère, Docteur Marcelin, La Souveraine, La Grosse Ricarde, La Marguerite Lebreton, Belle Lyonnaise,* während nur zwei ausländische (englische) Sorten angebaut werden, nämlich *Paxton* und *Laxtons Noble.*

*) Zacharewicz, Le fraisier et sa culture, Revue de Viticulture 1907, p. 68.

Nächst der Sortenwahl ist für die Erdbeerkulturen im Vaucluse die Möglichkeit der reichlichen Bewässerung von großer Bedeutung. Zu diesem Zweck sind die meisten Plantagen an das in der Mehrzahl der Gemeinden bestehende, mit Kanälen verbundene Bewässerungsnetz angeschlossen.

Bereits bei Anlage der Plantagen wird auf die Bewässerung durch Anlage von Gräben Rücksicht genommen. Das ganze Terrain wird in Beete von 70 bis 80 cm Breite eingeteilt. Zwischen je zwei Beeten bleibt ein Pfad von 45 bis 50 cm Breite. Diese Pfade dienen nun gleichzeitig als Bewässerungsgräben, indem sie zur Zeit der Bewässerung etwas vertieft werden. Es münden diese dadurch entstehenden flachen Gräben in größere Hauptgräben, welche mittelst Schleusen das Wasser aus einem Kanal aufnehmen. Das Wasser dringt nun zunächst in den Hauptgraben, dann in die Seitengräben, um seitlich in die Beete einzurieseln. Die Schleusenöffnung wird dabei so groß berechnet, daß auf einen Hektar innerhalb etwa 4 Stunden ungefähr 430 cbm Wasser gelangen. Nach Verlauf dieser Zeit wird die Schleuse wieder geschlossen, um nach 3 bis 4 Tagen von neuem auf 4 Stunden geöffnet zu werden. (Abbildung Seite 354.)

Die Anlage und Ueberwachung der Schleusen wie der Kanäle liegt entweder der Gemeinde, oder einer speziellen Bewässerungsgesellschaft ob. Seitens der Wasserabnehmer wird dann jährlich, sei es an die Gemeinde, sei es an die Gesellschaft, eine Abgabe geleistet, deren Höhe sich je nach der Größe des bewässerten Terrains richtet. In Avignon z. B. beträgt diese Abgabe pro ha 44 Fr. oder 35,20 M. Es unterliegt keinem Zweifel, daß diese Berieselungsanlage nicht allein wesentlich zur Förderung der Erdbeerkulturen, sondern auch zum Anbau anderer gärtnerischer Gewächse, von Obst und Gemüse, beigetragen hat, daß die Rentabilität von Grund und Boden dadurch in ganz außerordentlichem Maße gesteigert worden ist. Bemerkt sei noch, daß diese Bewässerungsanlagen gleichzeitig zur Entwässerung dienen, indem bei Regenperioden das überflüssige Wasser aus den Beeten in die Seitengräben tritt und sich in den Hauptgräben sammelt.

Eine weitere Eigentümlichkeit der Erdbeerkulturen im Vaucluse bilden die Windschutzwände. Es sind dies einfache, aus Schilf hergestellte Palisaden von 1 m Höhe, welche in Entfernung von 2 bis 3 m längs der Beete in der Richtung von Ost nach West aufgestellt werden. Es wird dabei in folgender Weise verfahren: Längs der Linie, in welcher die Wand errichtet werden soll, werden in Entfernung von etwa 3 bis 5 m Pfosten eingeschlagen, an diese horizontal zwei Drähte gespannt und hieran wird dann mittelst Fäden das Schilf gebunden. Diese höchst primitiv und einfach hergestellten Wände geben den Kulturen einen nicht unbedeutenden Schutz gegen Nordwinde, ein Schutz, welcher besonders im Frühjahre nicht hoch genug eingeschätzt werden kann. Außerdem findet man noch häufig, daß die Nord-, Ost- und Westgrenzen der Plantagen oder auch einzelner Quartiere der Plantagen durch dichte, 2 bis 3 m hohe Hecken, meist von *Thuya*, gebildet werden, wodurch ein weiterer Windschutz bezweckt wird.

Zum Schutz gegen Frühjahrsfröste werden in einigen Plantagen Strohmatten, in anderen Zelttücher verwandt. Zu diesem Zwecke werden dicht über den Pflanzen längs der Beete zwei Drähte gespannt, auf welchen die Matten resp. die Tücher ausgebreitet werden. Der Nutzen, welcher hierdurch entsteht, kommt besonders bei den nächtlichen Temperaturrückschlägen im April und Mai zu statten. Wenn auch diese Temperaturrückschläge an und für sich den Erdbeerpflanzen keinen direkten Schaden zufügen, so bewirken sie doch meistens eine Hemmung, eine Stockung im Wachstum und dadurch indirekt eine Verzögerung in der Reife der ersten Früchte. Durch rechtzeitig während der Nacht ausgespannte Matten und Tücher kann aber die Wirkung dieser Temperaturrückschläge ganz erheblich gemindert werden. (Abbildung Seite 354.)

Was nun die Behandlung der Kulturen während der Vegetationsperiode anbetrifft, so bietet dieselbe wenig Neues. Es versteht sich von selbst, daß der Boden mehrmals gelockert, von Unkraut frei gehalten wird und daß die Ableger, sei es direkt

Schematische Darstellung des Bewässerungssystems der Erdbeerkulturen.

nach der Ernte, sei es im Herbste, entfernt werden. Wesentlich ist aber vor allem eine häufige und sachgemäße **Düngung**, für die ja die Erdbeeren, wie bekannt, außerordentlich empfänglich sind. Dabei spielen nicht nur Stalldünger, sondern auch die künstlichen Nährsalze eine wesentliche Rolle. Bezüglich der letzteren hat sich vor allem ergeben, daß Phosphorsäure- und Kalidünger von großem Einfluß auf die Ausbildung und Menge der Früchte sind. Künstlicher Stickstoffdünger wird dagegen nicht oder nur in geringen Mengen angewandt, da sich häufig gezeigt hat, daß durch diesen Dünger wohl die Vegetation außerordentlich angeregt wird, aber zum Schaden des Fruchtansatzes und der Ausbildung der Früchte, die danach weich bleiben. In der Gegend von Carpentras wird deshalb meist folgende Zusammensetzung zur Düngung benutzt:

Stalldünger . . .	15 000	kg pro ha
Schwefels. Kali . .	300	„ „ „
Superphosphat . .	600	„ „ „
Gyps	400	„ „ „

Das schwefelsaure Kali, das Superphosphat und der Gyps werden, mit einander vermischt, im November oder Dezember ausgestreut. Hierauf wird der Stalldünger ausgetragen und auf die Beete ausgebreitet, wo er den Winter über liegen bleibt, gleichzeitig Schutz für die Pflanzen gegen den Frost bildend.

Man sagt im Vaucluse, daß die Anwendung der künstlichen Dünger bei den Erdbeerkulturen vor allem ermöglicht, das Maximum des Ertrages, welches gewöhnlich im zweiten Jahre der Kultur eintritt, auch noch im dritten Jahre zu erhalten. Im vierten Jahre läßt die Ernte trotz Düngung meist derart nach, daß die Kultur nicht mehr lohnt, es vielmehr besser ist, den Boden einige Jahre ruhen zu lassen resp. mit anderen Kulturen zu bepflanzen.

Die sorgfältigste Kultur und die schönsten Früchte werden

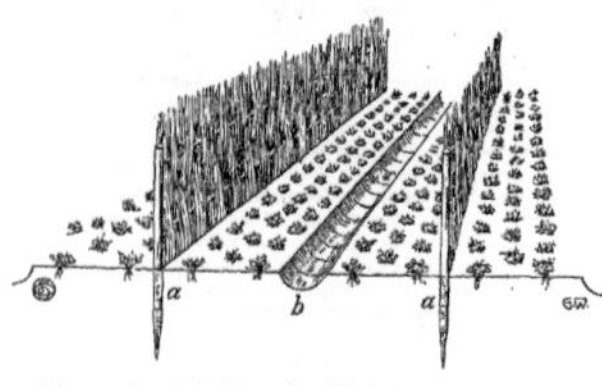

Schematische Darstellung der Windschutzwände in den Erdbeerkulturen.

bekanntlich wertlos, falls die **Ernte**, **Verpackung** und der **Transport** nicht mit der nötigen Sorgfalt erfolgen. Diese Punkte kommen um so mehr in Betracht, wenn es sich um einen weiten Versand handelt. In der Gegend von Avignon verfährt man dabei folgendermaßen: Die Früchte werden des Morgens geerntet. Des Nachmittags erfolgt dann das Sortieren, Verpacken und Expedieren, so daß sämtliche Sendungen noch am Abend zur Bahn kommen. Viel Augenmerk wird darauf gelegt, daß die Früchte sich in den Verpackungen gut präsentieren; es werden deshalb die Früchte schichtenweise so eingelegt, daß die Stiele nach unten kommen.

Zum Versand nach nahen Märkten werden meist Henkelkörbe (Abbildung Seite 355) bis zu 10 kg Inhalt benutzt. Nach weiterhin verwendet man Spankörbchen (Abbildung Seite 355) bis zu $3^1/_2$ kg Inhalt. Diese letzteren sind deckellos, werden vielmehr nur mit Papier überdeckt und dann zu 6 bis 8 zusammen in ein Lattengestell (Abbildung Seite 355) eingesetzt. Für ausgesucht schöne, große Früchte, namentlich für die Erstlingsfrüchte, benutzt man auch Kistchen, in denen die Früchte in Watte eingebettet werden. Doch findet man diese Art der Verpackung nur sehr vereinzelt.

Zum Schluß bleibe nicht unerwähnt, daß die Erdbeerzüchter des Vaucluse zwecks Verkaufes der Früchte, Erschließung neuer Absatzgebiete, Entsendung von Agenten, Zusammenstellung der jeweiligen Marktpreise, sich meist zu Syndikaten, zu Genossenschaften vereint haben. Das Sprichwort „Einigkeit macht stark" kommt auch hier zur Geltung. Indem die Erdbeerzüchter nach außen hin eine Genossenschaft bilden, wird nicht nur der möglichst waggonweise Versand nach den verschiedenen Verkaufsplätzen ermöglicht und dadurch der Versand verbilligt, sondern auch die

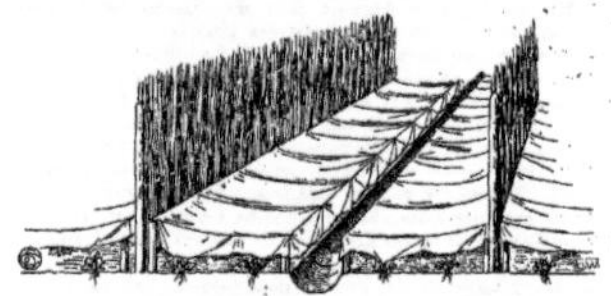

Frostschutz der Erdbeerkulturen durch Ueberspannen von Tüchern.

Reise der Lieferungen mehr als bei Einzelgeschäften verbürgt. Ein Unglück, eine Mißernte, welche den einzelnen trifft und schwer schädigen kann, stört bei der Genossenschaft nicht den Geschäftsgang und die Absendung der regelmäßigen Lieferungen, durch welche der Kundenkreis erhalten bleibt.

So hat neben den vorstehend erwähnten eigenartigen Kulturmaßnahmen wesentlich auch das Syndikatswesen dazu beigetragen, daß die Erdbeerkultur im Vaucluse heutigentags einen recht einträglichen Zweig der Bodenkultur bildet.

Gewürzpflanzen.

Bitterkräuter.

Carl Karstädt, Kulturen medizinischer und technischer Pflanzen und Samen, Tzschetzschnow bei Frankfurt a. d. Oder.

Viele unserer einheimischen, wildwachsenden Pflanzen wurden in früheren Zeiten hauptsächlich zu Heilzwecken verwendet. Besonders waren es die Mönche, die, wohlbewandert in der Kräuterkunde, in den Klostergärten besondere Abteilungen für heilbringende Kräuter hatten. Auch brachten sie aus ihrer Heimat viele ihrer Lieblinge mit und säten sie in der Nähe ihres neuen Wohnortes, des Klosters, an. So sind jedenfalls viele Pflanzen, die wir heute als ursprünglich einheimisch betrachten, von Mönchen angesiedelt worden, z. B. das prächtige Frühlingsadonisröschen *(Adonis vernalis)*, das heute in dem alten Bischofslande Lebus zu Abertausenden die Oderberge zwischen Frankfurt und Küstrin bedeckt und während der Blütezeit den sonst so nüchternen Abhängen einen überaus freundlichen Anstrich gibt.

Gegenwärtig sind viele der alten heilbringenden Kräuter in der Arzneikunde der Vergessenheit anheimgefallen, verdrängt durch Erzeugnisse aus den Tropen, oder durch chemische, billigere Mittel usw. Doch in der Technik werden auch heute noch Millionen einheimischer Pflanzen verarbeitet, und auch die Likörfabrikation braucht nicht unbeträchtliche Mengen einheimischer Kräuter. Bei der Bereitung der verschiedensten Liköre spielen vor allem die Bitterkräuter eine Vorzugsrolle, und will ich heute die wichtigsten hiervon näher aufführen, da diese auch in dem feldmäßigen Gartenbau angebaut werden, auch von Jahr zu Jahr, bei dem großen Bedarf, mehr angebaut werden müssen.

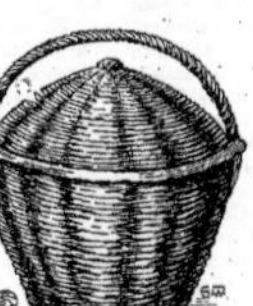

Erdbeerkorb zum nahen Versand.

Man teilt die Bitterkräuter der Uebersichtlichkeit halber in verschiedene Klassen ein: 1. in ergiebigste, 2. in kräftige, 3. in mildere und 4. in aromatische mit schwachem Bittergeschmack. Ich will aus allen Klassen hier nur die wichtigsten auswählen.

Das kräftigste und ergiebigste Bitterkraut ist und bleibt der Wermut oder Absinth *(Artemisia Absinthium)*. Der Wermut wächst in unserer Heimat in den Dorfauen und an Wegen in der Nähe der Dörfer wild, namentlich sieht man in den Dörfern des Warthebruches in den Straßen und Auen Wermut und Stechapfel in Massen. Auch vom Wermut wird nicht mehr der Bedarf von wildwachsenden Pflanzen gedeckt, es lohnt sich deshalb ein Ausbau auf geeignetem Boden. Ein großer Teil der Ernte Deutschlands geht nach Frankreich, da in diesem Lande der Absinth ein beliebtes Getränk ist.

Zu den kräftigen Bitterkräutern gehört das Kardobenediktenkraut *(Cnicus benedictus)*. Dieses einjährige Kraut wird nur angebaut und ist von leichtester Kultur. Ferner gehören Bitterklee oder Dreiblatt *(Menyanthes trifoliata)*, das Eisen- oder Stahlkraut *(Verbena officinalis)*, die verschiedenen Enziane, das Tausendgüldenkraut in diese Klasse. Der Bitterklee und das Tausendgüldenkraut sind Sumpfpflanzen, Enzianwurzeln werden nur in den Alpen gesammelt, während das Eisenkraut mit dem Wermut gemeinsame Standorte hat. Von diesen vier letzteren wird der Bedarf nur von wildwachsenden Pflanzen gedeckt.

Spankörbchen zum weiten Versand.

Mildere Bitterstoffe haben folgende Kräuter: Andorn *(Marrubium vulgare)*, Beifuß *(Artemisia vulgaris)*, Birkenblätter, Ehrenpreis *(Veronica officinalis, V. Chamaedrys* und *V. Teucrium)*, Hopfen *(Humulus Lupulus)*, Löwenzahn *(Leontodon Taraxacum)*, Repontisa *(Oenothera biennis)*, Skabiose *(Knautia arvensis)*, Schafgarbe *(Achillea Millefolium)*, wilde Zichorie *(Cichorium Intybus)* u. a. Angebaut von diesen werden schon: Andorn, Beifuß, Ehrenpreis, Hopfen.

Kräuter mit schwach aromatischem Bittergeschmack sind nachstehende: Eberraute *(Artemisia Abrotanum)*, wird besonders unter dem Namen Poartel in schlesischen Gebirgsdörfern angebaut, Schlehenblüten, Alant *(Inula Helenium)*, Angelika *(Archangelica officinalis)*, Baldrian *(Valeriana officinalis)*, Balsamkraut *(Tanacetum Balsamita)*, Basilikum *(Ocymum basilicum)*, Bibernell *(Pimpinella Saxifraga)*, Pfefferkraut *(Satureja officinalis* und *montana)*, Kalmus *(Acorus Calamus)*, römische Kamillen *(Anthemis nobilis)*, Dill *(Anethum graveolens)*, Dosten *(Origanum vulgare)*, Eberwurz *(Carlina acaulis)*, Krausemünze *(Mentha crispa)*, Kümmel *(Carum)*, Liebstock oder wilder Sellerie *(Levisticum officinalis)*, Majoran *(Origanum Majorana)*, Muskateller Salbei *(Salvia Sclarea)*, Rainfarn oder Mutterkraut *(Tanacetum vulgare)*, Pfefferminze *(Mentha piperita)*, Salbei *(Salvia officinalis* und *pratensis)*, Thymian *(Thymus vulgaris)*, Wachholder *(Juniperus communis)*, Wasserfenchel *(Oenanthe aquatica)*, Arnica *(Arnica vulgaris)*, Brunelle *(Brunella vulgaris* und *grandiflora)*, Zitronenmelisse *(Melissa officinalis)*, Gundermann *(Glechoma hederaceum)*, Hagebutten *(Rosa Canina)*, Johanniskraut *(Hypericum perforatum)*, Ysop *(Hyssopus officinalis)*, Königskerze *(Verbascum Thapsus)*, Petersilie, Poleiminze *(Mentha Pulegium)*, Schwarzkümmel *(Nigella sativa)*.

Aus dieser letzten Klasse werden die meisten Kräuter schon in großen Mengen angebaut, wie z. B. die Pfeffer- und Krauseminze, Salbei, Zitronenmelisse, Ysop, Liebstock und viele andere. Viele von ihnen werden ja auch in unseren Küchen als beliebte aromatische Gewürzkräuter verwertet.

Durch die fortschreitende Urbarmachung vieler, früher brachliegender Ländereien, durch die vorwärtsschreitende Kultur werden vielen Kräutern in der freien Natur ihre Lebensbedingungen entzogen. Sie können daher nicht mehr in genügenden Massen wild gesammelt werden, deshalb muß ihr Anbau erfolgen, obgleich viele Drogisten behaupten, daß die kultivierten Pflanzen nicht das kräftige Aroma der wildwachsenden haben. Wer geeigneten Boden und nicht zu teures Land zur Verfügung hat, kann den Anbau ruhig versuchen, doch muß sich derjenige, der größere Mengen anbauen will, vorher den Absatz sichern. Die Hauptsache ist das gute Trocknen, das Kraut muß möglichst die natürliche Farbe behalten; je natürlicher seine Farbe ist, desto höher sein Wert.

Von den Kräutern wird teils alles, meist aber auch nur einzelne Teile, wie Blätter, Blüten, Wurzeln, Samen, Stengel u. a. verwertet. Ich werde daher, wenn es der verehrlichen Redaktion und den werten Lesern angenehm ist, in späteren Artikeln über die wichtigsten Kräuter und deren Anbau, Trocknung usw. gern mehr berichten, auch bin ich zu jeder gewünschten Auskunft, soweit sie in meiner Macht steht, bereit.

Landschaftsgärtnerei.

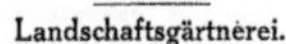

Die Berliner Parkverwaltung im Jahre 1908.

Der Etat der Park- und Gartenverwaltung der Stadt Berlin für das Etatsjahr 1908, d. h. für die Zeit vom 1. April 1908 bis 31. März 1909, ist nunmehr festgestellt und schließt mit einer Einnahme von 166 600 M und einer Ausgabe von 1 442 350 M ab. Gegenüber dem Vorjahre ist die Ausgabe um 83 301 M höher veranschlagt, eine gewiß beträchtliche Summe, die der Stadt Berlin alle Ehre macht. Bei genauer Durchsicht sind einige Neuerungen erwähnenswert. So sind gemäß den bei anderen Spezialetats üblichen Aufstellungen im Parketat die Tagelöhne und die Beschaffung von Kies, Erde, Dung, An- und Abfuhr von Pflanzen, Laub, Unrat usw., Unterhaltung der Bänke, Barrieren usw. getrennt. Für die Tagelöhne des Ordinariums, d. h. also für die Unterhaltung der bestehenden Anlagen sind 90 000 M mehr angesetzt worden, und zwar zur Durchführung der im laufenden Jahre bewilligten Lohnaufbesserung; im ganzen beträgt diese Summe 876 310 M. Eine Unterabteilung zeigt sich als neu und lautet: Diäten und Arbeitgeberbeiträge für 5 diätarisch beschäftigte Gärtner,

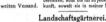

Lattengestell zum Versand der Spankörbchen.

die die Abschlußprüfung einer Gartenbauschule bestanden haben; die Anfangsdiäten betragen 1800 M. Daß man mit der Tagelöhnung an technisch ausgebildete Gärtner brechen will und auch jetzt in Berlin diese Gruppe, wie bereits in anderen Städten, höher bewerten will, ist nur anerkennenswert, daß man aber in der reichshauptstädtischen Gartenverwaltung immer noch nicht den einzig richtigen und passenden Ausdruck „Gartentechniker" wählt, ist bedauerlich. Ebenso betrübend ist es, daß man „Gartenbauschule" schreibt und nicht höhere Gärtnerlehranstalt, denn die Abschlußprüfung einer solchen ist gemeint und nicht die von Schulen, welchen als Vorbildung für die Aufnahme Quinta und Quarta genügt. Man kommt mit diesem Schritte hoffentlich wieder zu dem unter Gustav Meyer aufgestellt gewesenen Grundsatz zurück. Zu damaliger Zeit mußten die sogenannten „etatsmäßigen Gartengehilfen", jetzt „dauernd beschäftigte Gärtner" benannt, die Gärtnerlehranstalt von Potsdam besucht haben. Sie galten gleichzeitig als Obergärtnerkandidaten, wenn sie ihr Obergärtnerexamen abgelegt hatten. Diese Stellen sind im Laufe der drei Jahrzehnte freilich auf 9 erweitert, auf eine bestimmte Vorbildung wird aber nicht mehr geachtet, so daß die Inhaber dieser Stellen auch schwerlich bei Besetzung frei werdender Reviervorsteherstellen in Betracht kommen würden. Ist doch auch bei diesen schon das von Meyer festgelegte Verlangen nach bestandenem Obergärtnerexamen durchbrochen gewesen. Hoffentlich fühlt sich der an der Spitze der Parkdeputation stehende freigeistige und von tiefem Kunstverständnis durchdrungene Bürgermeister bewogen, den Mantel des Zwanges, unter welchem die Reviervorsteher jetzt in künstlerischer Beziehung schmachten, zu lüften und ihnen eine freiere Betätigung zu verschaffen. Die im Etat eingesetzten 6000 M zur Befriedigung des immer mehr hervortretenden Bedürfnisses nach Blumenschmuck dürften zur Verteilung an die Reviere zur selbstständigen Anschaffung von Blumen und Pflanzenschmuck in den öffentlichen Anlagen eine willkommene Gelegenheit bieten. Daß die Gewächshausanlagen schon seit Jahren nicht mehr den Bedarf decken können, liegt nur zu offensichtlich; warum zögert man denn, den städtischen Obergärtnern die Befugnis zu geben, Blumen anzukaufen, und gar nun jetzt, wo Mittel hierfür eingestellt sind. Das Sehnen nach Farbe ist dem Geschmacke der Zeit entsprechend, und daß eine Anlage mit Blütenschmuck einen erhöhten Reiz hat, zeigt in Berlin der Viktoria-Park, wo man mit Geschick und Verständnis besonders den heute so großartig vervollkommneten Staudengewächsen eine dauernde und liebe Stätte geschaffen hat.

Es folgen dann im Etat gesondert die einzelnen Anlagen, und zwar: Parkanlagen, Baumschulen, Schmuckplätze, Baumanpflanzungen in Straßen, Schulen, Krankenhäusern, Wassersturz usw. Für diese zusammen kommen 112 930 M in Betracht. Der Titel IV weist aber außerdem noch für die Anschaffung von Sämereien und Gerätschaften in sämtlichen Anlagen 53 000 M auf.

Für neue Baumanpflanzungen, Raseneinfriedigungen, Schutzgitter, Sitzbänke sind 25 000 M eingesetzt, während für die bauliche Unterhaltung aller vorhandenen Dienstgebäude 5 400 M ausgeworfen sind. Bei Titel V sind die „Verschiedenen Ausgaben" untergebracht, als da sind: Heizmaterial, Geschäfts- und Bürobedürfnisse, Tier- und Vogelschutz, Versicherungen, Mieten für Aufbewahrungsräume usw. Die veranschlagte Summe hierfür beträgt 16 700 M.

Der von der Stadt zur Verbesserung und Verschönerung des Königl. Tiergartens zu leistende Beitrag ist auch in diesem Jahre Jahre wieder auf 50 000 M festgesetzt worden.

Das Ordinarium schließt mit der Ausgabe von 1 139 840 M ab und zeigt gegenüber dem Vorjahre ein Mehr von 127 421 M.

Im Extraordinarium sind 302 510 M bereit gestellt, von diesen fallen als erste Rate 150 000 M auf die Herstellung des Schillerparkes, dessen Inangriffnahme man baldigst beabsichtigt. Die Mittel für diese Parkanlage werden aus der letzten Anleihe, welche die Stadt aufnahm, gedeckt. Es stehen außerdem noch 550 000 M zur Verfügung, die jedoch auf die nächsten Jahre verteilt werden.

Die Anlage eines großen Spielplatzes im Plänterwald erfordert ferner 15 000 M. Der Brunnen-, Leopold- und Sparrplatz — alle im Norden Berlins gelegen — gehen ihrer Vollendung entgegen und sind mit entsprechenden Mitteln bedacht, desgleichen der Platz am Urban um die Melanchthonkirche, für dessen Fertigstellung 11 500 M eingesetzt sind. Für den Falkplatz, dessen Kosten auf 92 000 M veranschlagt sind, wurden 15 000 M für dieses Jahr bewilligt.

Es werden dann ferner genannt: Die Warschauer Straße, die Christianiastraße und die Danziger Straße, welche mit Promenaden versehen sind und längs der Baumreihen sogenannte Schmuckstreifen erhalten sollen. Sie sind größtenteils in musterhafter Ordnung, so daß sich ein Versuch wohl lohnen dürfte. Die Sauberkeit und Eigenheit der Berliner Anlagen steht ohne Frage über denen unserer meisten Vororte und zwar nur infolge der eingehenden und sachgemäßen Pflege in Verbindung mit einer ausreichenden Bewachung. Grade diese Punkte geben aber eine Gewähr, daß auch der Blumenschmuck vom Publikum geachtet und geschont werden wird. Man braucht nicht gleich zu solchen ungeheuren Farbenmassen zu greifen, wie sie die Tauenzienstraße aufweist, die, von weitem beschaut, mit ihren gleichmäßigen Farbenstreifen, die durch nichts in plastischem Sinne unterbrochen sind, einer Farbentafel gleicht, wie man sie in Schaufenstern zu Reklamezwecken ausgehängt sehen kann. In bescheidenem Maßstabe zwischen den Anpflanzungen als längliche Streifen oder runde Gruppen eingebettet, werden sie anziehend wirken und geschmackvolle Bilder geben.

Der Etat führt dann mehrere kleinere Neuanlagen auf, für welche die Summen zwischen 2000 und 7000 M schwanken.

Dem Etat ist ein Verzeichnis der Verwaltung unterstehender Park- und Gartenanlagen, Baumschulen, Schmuckplätze, Straßen und Promenaden, Schulgrundstücke, Krankenhäuser, Feuerwachen, Badeanstalten und Anlagen sonstiger öffentlicher Gebäude angefügt. Die der Parkverwaltung gehörigen Baulichkeiten sind mit 530 675 M, alle anderen Inventarienstücke, Gerätschaften, Utensilien, Maschinen usw. mit 341 026 M gegen Feuersgefahr versichert.

Nicht in dem Parketat vorgesehen sind: Die Gehälter der Beamten, die Kosten für die Unfallversicherung der Arbeiter und die Dienstpensionen, Witwen- und Waisengelder, sowie die Ruhegelder und Hinterbliebenenversorgung für die dauernd beschäftigt gewesenen Personen, die, wenn sie länger als 10 Jahre bei der Stadt tätig waren und bei ihrem Eintritt in städtische Dienste das 50. Lebensjahr nicht überschritten hatten, pensionsberechtigt sind.

Im großen und ganzen bietet der Etat ein erfreuliches Bild, das in der Wirklichkeit aber noch erfreulicher in die Erscheinung treten könnte, wenn man einer freieren Entfaltung der vorhandenen Kräfte stattgeben und damit einem Hängen am Alten vorbeugen würde. A.

Fragen und Antworten.

Beantwortung der Frage No. 509. Ist es meinem Nachbar gestattet, an der Südseite der Grenze meines Gärtnereigrundstückes etwa 8 m hohe Ulmen zu halten, so daß annähernd der Hälfte meines Gartens die Sonne entzogen wird, zumal auch der Garten dieses Nachbars zwei Meter höher als mein Grundstück liegt?

Wenn Ihr Nachbar auf seinem Grundstück 8 Meter hohe Ulmen hält, die Ihr Grundstück beschatten und Ihnen dadurch Schaden zufügen, so werden Sie, meines Erachtens, schwerlich etwas dagegen machen können. Ragen Aeste über die Grenze auf Ihr Grundstück, so können Sie Ihren Nachbar auffordern, die Aeste zu entfernen. Ist dieses, nachdem Sie eine angemessene Frist gesetzt haben, nicht geschehen, so können Sie die Aeste selbst entfernen (§ 910 des Bürgerlichen Gesetzbuches). Ihr Grundstück schädigende Wurzeln können Sie selbst entfernen. Alle innerhalb der Grenzen ihres Nachbars befindlichen Bäume und Sträucher müssen Sie dulden, auch wenn Ihnen dieselben durch Beschatten Ihres Grundstückes Schaden zufügen. Bäume und Sträucher gehören nicht zu den Anlagen, gegen die Sie Einspruch erheben können, wenn mit Sicherheit vorauszusehen ist, daß ihr Bestand eine unzulässige Einwirkung auf Ihr Grundstück zur Folge hat (§ 907 des Bürgerlichen Gesetzbuches). Es bestehen aber neben diesen gesetzlichen Bestimmungen an vielen Orten noch besondere ortspolizeiliche Vorschriften über innezuhaltende Entfernungen von der Grenze beim Pflanzen von Bäumen. Ob eine solche Bestimmung nun in Ihrem Bezirk maßgebend ist, entzieht sich meiner Kenntnis. **Dammann**, Herford.

Beantwortung der Frage No. 511. Ist Koksasche für das freie Land schädlich?

Die Schädlichkeit der Koksasche fürs freie Land möchte ich bezweifeln, im Gegenteil trägt die Koksasche in bindigem und fettem Boden sehr viel zur Lockerung bei. Ich habe die Wahrnehmung gemacht, daß Kartoffeln dort sehr guten Ertag lieferten, wo dem fetten Boden Koksasche beigegeben war.

E. Blau, Ritschenhausen.

— Diese Frage wäre mit nur einem Wort zu beantworten, nämlich mit „Nein"; eine zweite Frage könnte aber neben die erste gestellt werden: Ist Koksasche für das freie Land nützlich? Hierauf wäre „Ja" zu antworten. Wo kann Koksasche nützlich sein? Meines Erachtens nur da, wo der Boden undurchlässig ist, welche schlechte Eigenschaft Koksasche zum größten Teile aufheben kann, falls nicht ausschließlich Staubasche Verwendung findet, sondern auch die kleinen Schlacken mit untergearbeitet werden. Große Schlacken sollte man selbstverständlich aussieben, da sie bei der Bodenbearbeitung nur lästig sind. Auf sandigen Boden bringe man keine Koksasche, sie ist dort wertlos. Koksasche enthält keine ennenswerten Nährstoffe. **P. J. Schenk**, Amsterdam.

— Der wirkliche Nährwert von Koks- und Kohlenasche schwankt nur zwischen 1 bis 2 %. Trotzdem wird diese hin und wieder zur Lockerung schwerer Böden angewandt. Immerhin muß vor einem Allzuviel gewarnt werden, da doch auch schädliche Bestandteile darin enthalten sind. **E. Richlin**, Ronsdorf.

Beantwortung der Frage No. 512. Liegen erfolgreiche Erfahrungen über die Topfkultur der Gladiolen vor?

In einer größeren Herrschaftsgärtnerei kultivierten wir u. a. auch *Gladiolus* als Topfpflanze, aber wenn man die Unkosten der langwierigen Kultur mit dem Erfolg vergleicht, so ergibt sich das unlohnende dieser Kultur, da *Gladiolus* sich weder als Topfpflanze noch als Schnittblume gut bezahlt macht. In Betracht kommen hierfür die niedrigbleibenden *Princeps*- und *Brenchleiensis*-Sorten.

E. Richlin, Ronsdorf.

— Angenommen, der Herr Fragesteller meint *Gladiolus gandavensis* bezw. *Lemoinei Hybr.* In diesem Falle wäre die Topfkultur zur Schnittblumengewinnung zu verwerfen, da sich Gladiolen ja ausgepflanzt üppiger und kräftiger entwickeln; weshalb da zur Topfkultur übergehen, wenn man es billiger und bequemer hat? Etwas anderes ist es, wenn man seine Gladiolen früher oder später in Blüte haben will. Im ersteren Falle kann man wohl Gladiolen in Töpfen vortreiben, um sie dann später auszupflanzen, während man für den späten Flor die in Töpfe eingepflanzten Knollen im Freien eingräbt, um sie dann später, wenn Nachtfröste zu befürchten sind, in die Häuser einräumen zu können. Es könnte sich nun aber auch um die Anzucht zum Topfverkauf handeln. Ich kann diese aber nicht empfehlen, da Gladiolen ja bekanntlich, auch wenn man nur eine Sorte pflanzen würde, zu ungleichmäßig aufblühen, man erhält also selten gute, gleichmäßig erblühte Töpfe. Werden Gladiolen im Topf durchaus gebraucht, so kann man ganz gut solche aus dem freien Lande einpflanzen. So eingepflanzte Gladiolen halten sich recht lange und blühen noch gut auf, falls das Einpflanzen vorsichtig geschieht und reichliches Gießen nicht vernachlässigt wird. Anders ist es mit den *Gladiolus nanus*-Sorten, *Blushing Bride, Peach blossom, Apollo, Ackermanni* und ähnlichen, die im Herbste gepflanzt werden. Im Oktober bis November zu 10 bis 12 Knollen in 14 cm weite Töpfe gelegt und im Februar langsam angetrieben, erhält man im Mai sehr schöne, buschige, reichblühende Topfpflanzen, die gern gekauft werden.

Curt Reiter, Obergärtner, Feuerbach.

— Hier in St. Petersburg und Umgegend werden *Gladiolus* in Töpfen kultiviert und erzielt man dabei nicht schlechtere Resultate, wie bei der Kultur im freien Lande. Im Frühjahre, so spät wie möglich, pflanzt man die Gladiolusknollen in 5 Zoll große Töpfe in kräftige Komposterde, zu welcher 1/3 Rasenerde gemischt wird, und gräbt die Töpfe bis zum Rande reihenweise auf Beete ein. An heißen, sonnigen Tagen werden dieselben beschattet, zu welchem Zweck eine einfache Stellage über den Beeten errichtet wird. Wenn *Gladiolus* auch nicht so bald durch Trockenheit welken, so genügt doch ein einmaliges Austrocknen der Topfpflanzen, um den ganzen Erfolg zu vereiteln. Den Sommer über werden die *Gladiolus* zweimal wöchentlich mit Kuhjauche oder anderem flüssigen Dünger gegossen.

Hier wird gesorgt, daß die *Gladiolus* so spät wie möglich im Herbste blühen, zu welchem Zweck auch die Zwiebeln im Frühjahre so spät wie möglich gepflanzt werden. Im Herbste, wenn schon starke Nachtfröste zu befürchten sind, was bei uns oftmals schon Anfang September vorkommt, werden die Töpfe in Gewächshäuser gebracht, wo die *Gladiolus* leicht und nicht schlechter wie im freien Lande ausgepflanzte aufblühen. Durch Topfkultur erzielt man kräftige, gedrungene Pflanzen, welche nicht nur als Schnittblumen, sondern auch als Topfpflanzen für Blumenkörbe und andere Zusammenstellungen hier viel Verwendung finden.

Gewiß können hier *Gladiolus* auch ausgepflanzt für den Sommerschnitt kultiviert werden. Doch solche *Gladiolus* haben hier wenig Wert und müssen wegen der nassen, kurzen Sommer im Frühjahre in Töpfen vorkultiviert werden. **Karl Kühn**,

Fürstlicher Obergärtner in Lewaschowa bei St. Petersburg.

Beantwortung der Frage No. 513. Woran mag es liegen, daß Sellerie, welcher früher bei mir vorzügliche Knollen brachte, jetzt jedes Jahr schwarz wird und nicht zu verwerten ist? Das Erdreich ist erstklassiger, tiefgründiger Boden. Gedüngt wird mit Kuh- und Pferdemist. Bei meinem Nachbar tritt die gleiche Erscheinung auf, trotzdem wir die Pflanzen aus verschiedenen Orten bezogen.

Daß Ihr Sellerie auf demselben Boden früher vorzügliche Knollen brachte und Sie jetzt stets schwarze Knollen erhalten, wird weniger an den Pflanzen als an der Bodenbeschaffenheit liegen. Wohl ist der Boden durch die Länge der Zeit scheinbar ein besserer geworden, aber die Stoffe sind dem Boden entzogen, bezw. nicht in hinreichenden Mengen vorhanden, welche der Sellerie zur Bildung des weißen Fleisches benötigt. Allem Anschein nach hat Ihr Boden zuviel Stickstoff und Säuren, aber zu wenig Kalk. Machen Sie doch im Frühjahre einen Versuch mit Kalk, bringen Sie auf das mit Sellerie zu bepflanzende Land ungelöschten Staubkalk in 1 bis 2 cm starker Schicht und pflügen oder graben Sie denselben sofort unter, damit er sich erst im Boden aufschließt.

Bei einer mit Kohlpflanzen bebauten Fläche, welche ebenfalls durch lange Jahre hindurch kräftig gedüngt wurde, wollten ebenfalls diese früher mit Erfolg gebauten Pflanzen nicht mehr wachsen, hierauf wurde Kalk gegeben und seitdem werden wieder die schönsten Resultate erzielt. **E. Blau**, Ritschenhausen.

— Obwohl es meistens schwierig ist, auf eine derartige Frage mit Bestimmtheit zu antworten, glaube ich, daß die Möglichkeit nicht ausgeschlossen ist, daß hier derselbe Fall vorliegt, über den im Jahrgang X der „Tydschrift over Plantenziekten" Mitteilung gemacht wird. Es heißt da: Im Spätherbst trat eine Krankheit bei dem Sellerie auf, welche sich dadurch kennzeichnete, daß die Knollen, welche übrigens gut gewachsen waren, braune Flecke bekamen, an welchen Stellen Löcher entstanden. Beim Durchschneiden der Knollen sah man, wie sich die braune Farbe ziemlich tief ins Innere fortsetzte." Der Krankheitserreger war eine noch nicht bestimmte Bakterie. Stimmt diese Beschreibung mit den Beobachtungen des Fragers überein, dann rate ich, einige Jahre keinen Sellerie mehr zu kultivieren. **P. J. Schenk**, Amsterdam.

— Wenn Ihr Sellerie schwarz wird, so ist Ihnen dringend zu raten, die Düngung ein bis zwei Jahre auszusetzen, da es für Sellerie nicht günstig ist, zu fett zu stehen, es würde dann nur eine Latrinedüngung im Juli—August zu geben sein, eventuell könnte der Anbau von Sellerie überhaupt zwei Jahre ausgesetzt werden. Wollen Sie dies aber nicht tun, so ist eine zeitlang künstliche Düngung anzuwenden. Auch ist zu beachten, daß der Sellerie stets feucht, aber nie zu naß stehen soll.

Hans Hartig, Oestrich bei Letmathe.

Beantwortung der Frage No. 514. Welche Treibhausgurke ist die empfehlenswerteste und einträglichste für Großkultur?

Aus einem Versuchsanbau von acht der gangbarsten Treibhausgurken unter gleichmäßiger Behandlung gingen als die lohnendsten Sorten hervor: *Beste von Allen* und *Erfurter Ausstellungsgurke.* Die *Beste von Allen* liefert bis 50 cm lange, dunkelgrüne Früchte und ist der Ertrag ein sehr guter und langanhaltender. Die *Erfurter Ausstellungsgurke* ist etwas robuster im Wuchs, es erscheinen die Gurken zu zwei und drei in jedem Blattwinkel. Die Frucht wird ausgewachsen bis 75 cm lang und über $2^1/_2$ kg schwer, jedoch ist es zwecklos, für Salatzwecke die Gurken so groß werden zu lassen. Eine ebenfalls gern gekaufte, aber alte Sorte ist die *Prescot Wonder,* dieselbe hat eine dunkelgrüne Farbe, festes Fleisch, und eignet sich gleichgut für Häuser und Kästen, eine Verbesserung dieser Sorte ist *Reids 1900.* Der *Besten von Allen* kann in bezug auf Ertrag, was Stückzahl anbelangt, die Sorte *Duc of Edinburg* zur Seite gestellt werden, jedoch ist diese empfindlicher für Witterungseinflüsse und hat ein sehr zartes Fleisch, weshalb sie zum weiten Transport wenig Verwendung finden wird, somit nur als Lokalsorte in Betracht kommt. Die Frucht ist schlank, von heller Farbe und bis 80 cm lang. **E. Blau,** Ritschenhausen.

— In der No. 16, Jahrgang XI der „Gartenwelt" habe ich die beiden Gurkensorten: *Becks Namenlose* und *Becks 1900* eingehend beschrieben, unter Beigabe von zwei Aufnahmen aus der Gärtnerei des Herrn Beck, Zuffenhausen. An diese beiden Sorten kommt keine andere Züchtung heran, was Schnellwüchsigkeit, Tragfähigkeit und schlanke Form der Früchte betrifft. In Württemberg, wo die Gewächshauskultur der Gurken unter Glas in hoher Blüte steht, werden fast nur diese Sorten angebaut und hört man überall nur eine Stimme des Lobes darüber. *Weigelts Beste von Allen* ist ja auch gut, die obengenannten aber sind besser.

Curt Reiter, Obergärtner, Feuerbach.

— Als Treibhausgurke kann ich *Weigelts Beste von Allen* nur empfehlen, denn dieselbe besitzt alle Eigenschaften, welche man an eine gute Treibhausgurke stellt. Die Früchte sind schön glatt und dunkelgrün, sie ist eine Salatgurke ersten Ranges, und leicht abzusetzen. Was Tragbarkeit anbelangt, ist sie bei sachgemäßer Behandlung wohl kaum von einer anderen Sorte zu übertreffen, auch dehnt sich die Ernte sehr lange aus, weil immer neue Ranken erscheinen. Hier begann die Ernte im Vorjahre im März und konnte ich den ganzen Sommer bis September noch von denselben Pflanzen Früchte schneiden. **Wilh. Titze,** Obergärtner, Crangen.

Beantwortung der Frage No. 515. Wann ist die beste Zeit, um Sommerstecklinge von *Chrysanthemum* zur Erzielung eintriebiger Pflanzen zu machen?

Die beste Zeit, Chrysanthemumstecklinge zur Erzielung eintriebiger Pflanzen zu machen, ist der Monat Mai. Von solchen Stecklingen erhält man vorzügliche Schaublumen. Selbstverständlich kann man auch noch im Juni, ja selbst im Juli und August Stecklinge machen, die Pflanzen werden hierbei aber naturgemäß viel niedriger bleiben und sich mehr zum Topfverkauf als zum langstieligen Schnitt eignen. **Curt Reiter,** Obergärtner, Feuerbach.

— Um Sommerstecklinge von *Chrysanthemum* zur Erzielung eintriebiger Pflanzen zu machen, ist zweierlei zu wissen unbedingt nötig, erstens eine genaue Sortenkenntnis und zweitens eine genaue Kenntnis der Wachstumseigentümlichkeiten der einzelnen Sorten. Die beste Zeit zum Stecklingsschneiden ist der April, doch ist der Mai auch noch zulässig. Man sollte dann nur solche Sorten wählen, welche dazu neigen, eine gute Kronenknospe an dem Mitteltrieb auszubilden. Denn gebraucht man solche Sorten, welche ihre Kraft mehr den seitlichen Austrieben zukommen lassen und die Endknospe des Mitteltriebes weniger schnell zur Ausbildung bringen, also die Eigenschaft der guten Endknospenbildung vielmehr auf die seitlichen Triebe übertragen, so wird selbstverständlich die Kronenknospe des Mitteltriebes benachteiligt und die Anzucht der eintriebigen Pflanze würde sich nicht lohnen, da dann in solchen Fällen die Blumen nicht genügende Größe und Vollkommenheit erlangen. Die Stecklinge werden, wie ja wohl bekannt sein dürfte, in einen kalten Kasten gesteckt. Es lassen sich wohl auch noch Stecklinge zu eintriebigen Pflanzen bis Mitte Juli machen, aber die sich daraus entwickelnden Pflanzen bleiben schwächlich und eignen sich wohl besonders nur zur Jardinierenbepflanzung.

Georg Blau, städt. Gartentechniker, Bromberg.

— Zur Erzielung eintriebiger *Chrysanthemum* nimmt man gewöhnlich als Stecklinge die Triebspitzen vom Entstutzen der ersten Sätze zur Schau- und Schnittblumengewinnung Anfang bis Ende Juni, steckt selbige in Stecklingstöpfe in sandige Mistbeeterde und stellt sie in einen Mistbeetkasten, der schon anderen Kulturzwecken gedient hat, also nicht zu warm ist, hält sie bis zur Bewurzelung, die binnen vierzehn Tagen vollständig erfolgt ist, schattig und geschlossen, lüftet nachher reichlich, bis schließlich die Fenster ganz abgenommen werden. Gestutzt wird selbstverständlich, wie schon die Bezeichnung eintriebig sagt, nicht; nur alle erscheinenden Seitentriebe werden ausgebrochen. Sind die Töpfchen genügend durchwurzelt, so muß das erste Verpflanzen vorgenommen werden, und zwar in recht kräftige, nahrhafte Erde, die am besten schon ein Jahr vorher zur Chrysanthemumkultur vorbereitet wurde. Man nimmt dazu 2 Teile Mistbeet- oder Komposterde, einen Teil Rasenerde und etwas Sand. Nach dem Verpflanzen erhalten die Töpfe einen Standort auf einem sonnigen Beete, wo sie bis über die Hälfte eingefüttert werden, um der schädlichen Einwirkung der Sonne auf die Töpfe vorzubeugen. Ein nochmaliges Verpflanzen in größere Töpfe, wobei jede Pflanze einen Stab erhält, dürfte genügen. Auch sind die *Chrysanthemum* für flüssigen Dünger sehr dankbar, nur soll er nicht einseitig angewendet, also gewechselt werden. Die übrige Kultur weicht von der der Schau- und Schnittblumen nicht ab. **Emil Haase,** Obergehilfe, Bonn.

— Die Stecklinge für eintriebige *Chrysanthemum* steckt man Anfang bis Mitte Juni am besten einzeln in kleine Stecklingstöpfe in recht sandige Mistbeeterde. Sie kommen dann auf einen halbwarmen Fuß bei geschlossenem Kasten. Tägliches, mehrmaliges Spritzen und Schattieren, je nach Witterung, befördern die Bewurzelung, so daß nach etwa 3 Wochen die Töpfe durchwurzelt sind. Bis zu diesem Zeitpunkte kann man die Pflanzen nach und nach durch Lüften und weniger Schattieren schon ziemlich abgehärtet haben, so daß nun die Fenster ganz entfernt werden und nur während der heißen Mittagszeit etwas schattiert wird.

Nun werden die Stecklinge in eine recht kräftige Mischung von Mistbeet-, Rasenerde und Sand, wenn möglich unter Beigabe von altem Baulehm in etwa 10 bis 12 cm weite Töpfe gepflanzt. Sie kommen dann an einen recht freien, sonnigen Platz, wo sie nur mäßig eingefüttert werden. Gegossen wird nach Bedarf, doch so, daß die Pflanzen nie welken. Etwa 14 Tage nach dem Verpflanzen kann man durch Düngen nachhelfen. Wir haben mit Vorteil aufgelöste Poudrette und Abortdung benutzt. Man dünge pro Woche lieber öfters und verdünnt. Nach Bedarf erhalten die Pflanzen Stäbe. Die nun schon zahlreich erscheinenden Nebentriebe werden entfernt. Sind die Töpfe genügend durchwurzelt (man warte nicht bis zum Verfilzen der Erdballen), so erfolgt das letzte Verpflanzen. Hierzu wird wieder dieselbe Erdmischung wie beim ersten Verpflanzen genommen, unter Zusetzung von Hornmehl, Poudrette etc. Mit großem Erfolg wurde hierzu auch der Schlamm benutzt, der in den städt. Kläranlagen als Rückstand bleibt. Bedingung ist jedoch, daß derselbe gut abgelagert ist. Wir haben hier bis zum vierten Teil Schlamm ohne Nachteil zugesetzt; darauf gab es prächtiges dunkles Laub und kräftige Stiele. Die Topfweite beträgt je nach Sorte 18 bis 22 cm. 14 Tage nach dem Verpflanzen wird wieder mit dem Düngen begonnen. Der Stamm wird nach Bedarf lose gebunden, die Neben- und Wurzeltriebe entfernt. Von den sich entwickelnden Knospen bleibt selbstredend nur die kräftigste und beste stehen. Bei Eintritt naßkalter Witterung kommen die Pflanzen unter Glas. Da die aufbrechenden Blumen gegen Niederschlag sehr empfindlich sind, muß stets für trockene Luft gesorgt werden. Mit dem Düngen kann solange fortgefahren werden, bis die Knospen auseinander gehen.

Zum Schluß noch eine kleine Liste nach meinen Erfahrungen empfehlenswerter Sorten: *Mme P. Radaelli, Alice Byron, Duchess d'Orleans, F. S. Vallis* (gut binden), *Jean Calvat, Marg. de Mons. Alliance, R. Oberthür, Souv. de Lombey, Berthe Eschenhauer.*

C. Krock, Baden-Baden.

Beantwortung der Frage No. 516. Welches ist die gebräuchlichste und vorteilhafteste Topfweite für das letzte Verpflanzen bei der Kultur von Chrysanthemumschaublumen auf eintriebigen Sommerstecklingen?

Die gebräuchlichste Topfweite für derartige Zwecke sind 16 cm-Töpfe. Bei Chrysanthemen, die Neigung zur Blattfallkrankheit besitzen, wie *Rayonant, Nobel, La Gracieuse, W. Duckham* und ähnlichen, kann man die Töpfe auch noch kleiner nehmen, ebenso bei schwachwüchsigen Sorten, wie etwa *Meerleuchten* und *W. R. Church*. Es ist besser, die Töpfe etwas kleiner zu nehmen und nach der Durchwurzelung mit flüssigem Dünger nachzuhelfen.

Curt Reiter, Obergärtner, Feuerbach.

— Die beste Zeit zur Vermehrung von Chrysanthemumstecklingen zu eintriebigen Blumen ist Mitte bis Ende Juni. Im halbwarmen Kasten werden die Stecklinge bei sachgemäßer Behandlung in 14 Tagen Wurzel schlagen. Durch die späte Vermehrung gibt man der Pflanze Gelegenheit, schnell zu vegetieren, was bei *Chrysanthemum* Bedingung ist; dadurch wird Ihnen auch der sonst nötige große Topf gespart. Letzterer ist bei eintriebigen Pflanzen möglichst zu vermeiden; ich würde raten, die Größe nicht über 5 Zoll zu wählen. **M. Hoepfner,** Potsdam.

— Es läßt sich wohl nicht genau angeben, welche Topfgröße man den *Chrysanthemum* geben soll, da sich dieses doch auch immerhin mit nach den Pflanzen richtet. Im allgemeinen wird eine Topfweite von 6 bis 7 Zoll genügen. Es ist immer besser, gut zu jauchen, als einen zu großen Topf zu geben.

Paul Wiegmann, Delmenhorst.

— Bei der Kultur von Chrysanthemumschaublumen kommt es nicht unwesentlich darauf an, daß das Verhältnis der Topfgröße im richtigen Einklang zur Größe der Pflanze steht, welche in demselben vegetiert. Denn zu große Töpfe lassen die Pflanze zu klein erscheinen, drücken das Ansehen der ganzen Pflanze herab, und die Folge davon ist, daß derartige unansehnlich erscheinende Pflanzen ungern vom Publikum gekauft werden. Wer es versteht und Erfahrung in der Anwendung von künstlichen Düngern besitzt, sollte die Töpfe nicht größer wie 15 bis 17 cm Durchmesser wählen, denn durch Unterstützung und Darreichen von flüssigen künstlichen Düngern kann man in dieser Topfgröße sehr gut ansehnliche Chrysanthemumschaublumen erzielen, die auch stets Anklang beim Publikum finden und sich gut verkaufen, da der Topf in genannter Größe der Pflanze angemessen erscheint. Bei der Anzucht ohne oder mit nur geringer Zugabe von künstlichen Düngern muß der Topf entsprechend größer sein.

Georg Blau, städt. Gartentechniker, Bromberg.

Zeit- und Streitfragen.

Meltau oder Mehltau.

Von **Dr. Laubert,** Steglitz.

In den neueren amtlichen und nichtamtlichen Orthographien findet man, soweit mir bekannt, nur die Schreibweise „Meltau", nicht „Mehltau". Ich für meine Person halte dies aber entschieden für falsch und glaube, daß diejenigen, die die Schreibweise „Meltau" erfunden haben, gar nicht gewußt haben, was im allgemeinen darunter verstanden wird. Wenn man „Meltau" schreibt, so muß man doch dieses „Mel" vom lateinischen mel (= Honig) ableiten. Dann heißt also „Meltau" so viel wie „Honigtau" und unter „Honigtau" versteht man bekanntlich die massenhaft auf Blättern (z. B. beim Ahorn) auftretenden kleinen glänzenden, klebrigen Tröpfchen, die Ausscheidungen von Blattläusen sind (früher vielfach für Ausschwitzungen der Blätter gehalten). Die Bezeichnung „Meltau" für „Honigtau" ist aber ganz u n g e b r ä u c h l i c h und ü b e r f l ü s s i g. Die meist zarten, weißen, spinnwebe-, reif- oder mehlartigen (seltener sammetartig-filzigen) Flecke und Ueberzüge, die sich oft auf der Oberseite der Blätter vieler Pflanzen (z. B. Rose, Chrysanthemum, Erdbeere, Apfelbaum, Erbse, Weinstock, Stachelbeere) zeigen, sind bekanntlich oberflächlich wachsende Schmarotzerpilze aus der Gruppe der Erysipheen. Die Erysipheen heißen auch „echter Mehltau". Meiner Ansicht nach muß man hier „Mehltau" schreiben wegen des mehlähnlichen Aussehens. Irgend eine Beziehung zu mel = Honig läßt sich hier doch gar nicht konstruieren. Außerdem gibt es nun noch die Peronosporeen, im Blatt wachsende Schmarotzerpilze, die vorwiegend auf der Blatt u n t e r seite weiße oder graue flaumartige oder mehlartige Ueberzüge bilden (z. B. beim Weinstock, Salat, Spinat), die meist etwas gröber und lockerer aussehen, als bei den Erysipheen. Die Peronosporeen werden auch „falscher Mehltau" oder „Mehltauschimmel" genannt. Auch in diesem Falle wäre die Schreibweise „Meltau" sinnlos und falsch. (Beiläufig sei daran erinnert, daß der „echte Mehltau" am besten durch wiederholtes Bestäuben mit gepulvertem Schwefel, der „falsche Mehltau" dagegen durch Bespritzen mit Bordeauxbrühe bekämpft wird.)

Gärtnerisches Unterrichtswesen.

Am 26. März fand zu **Bromberg in Posen** in der Fach- und Fortbildungsschule des Obst- und Gartenbauvereins die Prüfung der Lehrlinge statt, welche während des Winterhalbjahres an dem Unterricht teilgenommen hatten. Dieser wurde in der seit einigen Jahren bestehenden Schule von Herrn Gartentechniker B l a u, tätig bei der städtischen Gartenverwaltung, und Herrn K r a u s e, einem Lehrer der Provinzial-Blindenanstalt zu Bromberg, erteilt. Ersterer unterrichtet in den gärtnerischen Fächern, und zwar im Nivellieren, Feldmessen, Planzeichnen, Bodenkunde, Düngerlehre, Pflanzenanatomie und -morphologie und im Obstbau, und Herr Krause in den Elementarfächern. Der Unterricht fand im Winterhalbjahre wöchentlich dreimal, und zwar am Sonntag Vormittag von 11 bis 1 Uhr, Montag und Mittwoch abends von 7 bis 9 Uhr, in einem Raume des Blindenheims statt, welcher oben genanntem Vereine freundlichst von dem Direktorat der Blindenanstalt zur Verfügung gestellt ist. In einem Nebenraume waren die Zeichnungen der Schüler gefällig gruppiert. Es wechselten da Federzeichnungen von Haus- und Villengärten mit Konstruktionen von Brückengeländern etc. in Knüppelholzbau und in Aquarell ausgeführte Pläne. Der ganze zeichnerische Lehrgang war außerdem noch in besonderen Heften dargestellt. Die Arbeiten bewiesen großes Interesse und Fleiß von seiten der Schüler.

Die Fortbildungsschule wird unterhalten von dem Obst- und Gartenbauverein zu Bromberg; die Regierung gibt einen Zuschuß, denn die Schüler erhalten das nötige Zeichen- und Schreibmaterial vollständig frei gestellt. An dem Unterricht sind verpflichtet teilzunehmen alle die Lehrlinge der Mitglieder des Vereins, die noch eine Fortbildungsschule besuchen m ü ß t e n. Aber auch eine Anzahl älterer Lehrlinge und ein Gehilfe besuchten den Unterricht. Trotzdem auch den Gehilfen die Zeichenmaterialien etc. frei gestellt werden, war nur, wie erwähnt, ein Gehilfe neben 14 Lehrlingen Teilnehmer des Unterrichtes. Zu bedauern ist, daß noch viele Handelsgärtner der Fachschule nicht das nötige Interesse entgegen bringen, obgleich die Lehrherren doch auch Vorteile haben, wenn die Lehrlinge und Gehilfen auch etwas theoretische Kenntnisse besitzen.

Im Sommerhalbjahr findet der Unterricht von Anfang Juni bis September nur an den Sonntagen statt und werden dann vor allem Exkursionen unternommen und das Feldmessen und Nivellieren praktisch geübt. Diese Einrichtung und die Erfolge der Fach- und Fortbildungsschule des Obst- und Gartenbauvereins sind um so mehr anzuerkennen, da der „Osten" ja gewöhnlich etwas über die Schulter angesehen wird.

Bei dieser Gelegenheit sei noch erwähnt, daß schon bereits vor mehr als 70 Jahren eine Gärtnerlehranstalt für Bromberg geplant war, und zwar von dem damaligen Verschönerungsverein, der sich auflöste, als die Stadt eine besondere Gartenbauverwaltung gründete. Im März 1836 kam die Angelegenheit zur Besprechung und der

Plan fand grundsätzliche Zustimmung. Das Projekt wurde einem besonderen Kuratorium überwiesen. Nachdem dieses sein Gutachten in zustimmendem Sinne erteilt und der Verein das Projekt endgültig genehmigt hatte, erließ das Kuratorium eine Bekanntmachung, betreffend die Errichtung einer Gärtnerlehranstalt in Bromberg. Darnach sollten die Besucher dieser Anstalt auf einem geregelten Wege die Ausbildung für die niedere Gartenkunst erhalten. Zunächst sollten tüchtige Gartenarbeiter herangebildet werden, wozu ein Kursus von einem Jahre vorgesehen war. In diesem Zeitraume sollten die Besucher mit allen in den Gemüsebau und in die Obstbaumzucht einschlagenden Arbeiten und Handgriffen praktisch vertraut gemacht und im zweiten Jahre die Wirtschaftsgärtnerei durchgenommen werden. Bedingung der Aufnahme war u. a. ein Alter von nicht unter 18 und nicht über 24 Jahren. Der ganze Plan kam leider nicht zur Ausführung und scheiterte an mangelndem Interesse derer, die es vor allem anging. Erst dem Bromberger Garten- und Obstbauverein war es vorbehalten, eine gärtnerische Fach- und Fortbildungsschule ins Leben zu rufen und zu erhalten, und der gute Ausfall der eingangs erwähnten Schlußprüfung berechtigt zu der Erwartung, daß die Schule im Sinne des Fortschrittes der Gartenkultur mit Erfolg auch weiterhin tätig sein wird. x.

Tagesgeschichte.

Berlin. Das Preisausschreiben zur Erlangung von Entwürfen für die Einrichtung des Südwestkirchhofes bei Stahnsdorf hat seine Erledigung gefunden. Die genauen Resultate finden die Leser im Inseratenteile dieser Nummer.

Mülhausen i. E. Der immer noch nicht beigelegte Streik der Gärtner in der Gärtnerei Becker, der seit dem 1. Februar währt, hat, nach den Mitteilungen hiesiger Zeitungen, zu großen Ausschreitungen geführt. Der Firma wurden 75 Quadratmeter Scheiben in einem Gewächshause eingeworfen, außerdem wurden eine größere Anzahl Pflanzen beschädigt. Die Täter, die bei Nacht ihren Unfug betrieben, sind bisher unbekannt.

Riesenburg. Die Erben des kürzlich verstorbenen hiesigen Ehrenbürgers Herrn Kaufmann Wiebe haben der Stadt Riesenburg aus dem Nachlasse ihres Vaters den Betrag von 7500 M. zwecks Anlage eines Stadtparks überwiesen. Der Magistrat beabsichtigt nun, zu diesem Zweck eine Landparzelle von etwa 24 Morgen, in unmittelbarer Nähe der Stadt zwischen der Riesenkircher Chaussee und dem Mühlenteich gelegen, anzukaufen und parkmäßig aufzuforsten.

Aus den Vereinen.

Jahresbericht der Gartenbaugesellschaft zu Frankfurt am Main über deren Tätigkeit im Jahre 1907. Nach diesem Berichte kann die Gesellschaft, deren Vorsitzender Prof. Dr. Möbius ist, wieder auf ein weiteres Jahr erfolgreicher Arbeit zurückblicken. In den Hauptversammlungen wurden sieben Vorträge gehalten, in den Fachausschußsitzungen deren acht, die alle auszugsweise zum Abdruck gelangt sind. Die Zahl der ordentlichen Mitglieder beträgt etwa 400.

Der **Verein zur Beförderung des Gartenbaues in den preußischen Staaten** verschickte kürzlich ein „Vorläufiges Programm für die Große Internationale Gartenbauausstellung vom 2. bis 13. April 1909". Dieses Programm umfaßt 725 Nummern, enthält aber noch keine Angaben über die für die einzelnen Konkurrenzen zur Verfügung stehenden Preise. Den breitesten Raum nehmen Gewächshaus- bezw. Topfpflanzenkulturen mit 622 Programmnummern ein. Das endgültige Programm soll in Kürze erscheinen.

Die **Deutsche Dahlien-Gesellschaft** hat zur Feier ihres zehnjährigen Bestehens einen umfangreichen, reich illustrierten Bericht über ihre Tätigkeit von der Begründung im Jahre 1897 bis einschließlich 1907 herausgegeben. Verfaßt ist dieser Bericht von Curt Engelhardt, dem derzeitigen rührigen Geschäftsführer der Gesellschaft. Der Bericht ist zugleich eine Geschichte der modernen Edeldahlien, die im letzten Jahrzehnt zu großer züchterischer Vollendung gelangt sind. Die zahlreich beigegebenen Abbildungen, die zum Teil einschlägigen Katalogen entnommen wurden, sind nicht alle gleichwertig, doch befinden sich auch nach guten photographischen Aufnahmen hergestellte darunter, die auf doppelseitig bedrucktem Kunstdruckpapier der Broschüre beigegeben sind und so vorzüglich zur Geltung kommen. Von besonderem Interesse ist eine sorgfältig ausgearbeitete Tabelle der von 1897 bis 1907 in Deutschland gezüchteten Dahlien und ihrer Züchter. In dieser Tabelle sind insgesamt 24 Züchter vertreten, darunter einige mit nicht weniger als 30 bis 50 eigenen Züchtungen. Wir wünschen der Gesellschaft erfolgreiches Weiterarbeiten. M. H.

Heiteres.

Nicht ganz so drastisch, aber ebenso gut im Verlauf wie die Kainitwürze in No. 28, Seite 336, dieser Zeitschrift, war ein Vorkommnis in einem Obstbauinstitut der Provinz Sachsen. Ein sonst zuverlässiger Arbeiter sollte 200 Apfelpyramiden mit Thomasmehl düngen. Er erledigte sehr prompt den Auftrag und die Wirkung war ganz hervorragend. Der nicht sofort eingehackte „Dünger" deckte den Boden so vollkommen, daß von Unkraut wenig zu spüren war, denn der Arbeiter hatte statt Thomasmehl 6—8 Zentner — Zement ausgestreut. **Wengenroth,** Kreuznach.

Personal-Nachrichten.

Falkenberg, Julius, Gemeindegärtner in Steglitz bei Berlin, ist zum Obergärtner befördert worden.

Gudermann, Rich., Fürstlich Thurn und Taxis'scher Hofgärtner a. D. in Regensburg, beging am 10. d. Mts. seinen 89. Geburtstag. Herr Gudermann stand 50 Jahre lang in Thurn und Taxis'schen Diensten.

Kalbreyer, G., Besitzer des Flora-Etablissements in Bogota (Columbien), seit einiger Zeit in Hildesheim wohnend, ist zum Columbianischen Konsul ernannt worden.

Pick, Franz, Königl. Hofgärtner in Herrnhausen, feierte am 1. d. Mts. sein 50jähriges Gärtnerjubiläum, was uns leider verspätet mitgeteilt wurde. Dem noch rüstigen und arbeitsfreudigen, überall gern gesehenen Jubilar wurden zahlreiche Ehrungen zuteil; der Provinzial-Gartenbauverein in Hannover, dessen Vorsitzender er ist, ernannte ihn zu seinem Ehrenmitglied.

Terks, Johannes, Hofgärtner auf der Rosenau bei Coburg, wurde das Ritterkreuz II. Klasse des Herzogl. Sächs. Ernestinischen Hausordens verliehen.

Weiß, Stadtobergärtner, der bisher dem 4. Revier der Berliner Parkverwaltung vorstand und im Viktoriapark wohnte, ist die Verwaltung des 1. Reviers übertragen worden, mit welcher auch die Leitung der botanischen Abteilung und der ausgedehnten Gewächshäuser im Humboldthain verbunden ist. An seine Stelle tritt der bisherige Vorsteher des 3. Reviers **O. Schultze.** Die Verwaltung des 3. Reviers ist dem neuernannten Stadtobergärtner **W. Dieckmann** übertragen worden.

Wendt, Hermann, herrschaftlicher Gärtner zu Fürstenflagge im Kreise Naugard, **Schmidt, Friedrich,** Gutsgärtner zu Hanerau im Kreise Rendsburg, und **Bruck, Friedrich,** Gutsgärtner zu Brietzig im Kreise Prenzlau, erhielten das Allgemeine Ehrenzeichen.

Briefkasten der Redaktion.

Unter einer Beantwortung der Frage 506 in No. 27, Seite 323, war versehentlich Wilh. Titze genannt, während W. Tribius, Sülzhain (Südharz) Verfasser dieser Antwort ist.

Berlin SW. 11, Hedemannstr. 10. Für die Redaktion verantwortlich Max Hesdörffer. Verlag von Paul Parey. Druck: Anhalt. Buchdr. Gutenberg e. G. m. b. H., Dessau.

Druck der Anhaltischen Buchdruckerei Gutenberg e.G.m.b.H. in Dessau.

Illustrierte Wochenschrift für den gesamten Gartenbau.

Herausgeber: Max Hesdörffer-Berlin.

Erscheint jeden Sonnabend.
Monatlich eine farbige Kunstbeilage.

Bezugsbedingungen:
[D]urch jede Postanstalt bezogen Preis 2.50 M. vierteljährl. In Österreich-Ungarn 3 Kronen. [B]ei direktem Bezug unter Kreuzband: Vierteljährlich 3 M. Im Weltpostverein 3.75 M. Einzelpreis jeder Nummer 25 Pf.
[...] Ohne Vorbehalt eingehenden Beiträgen bleibt das Recht redaktioneller Änderungen [vor]behalten. Die Honorarauszahlung erfolgt am Schlusse jeden Vierteljahrs.

Anzeigenpreise:
Die Einheitszeile oder deren Raum 30 Pf.; auf der ersten und letzten Seite 50 Pf. Bei grösseren Anzeigen und Wiederholungen steigender Rabatt. Beilagen nach Übereinkunft. **Anzeigen in der Rubrik Arbeitsmarkt** (angebotene und gesuchte Stellen) kosten für Abonnenten einmalig bis zu 10 Zeilen Raum M. 1.50, weitere Zeilen werden mit je 30 Pf. berechnet.
Erfüllungsort auch für die Zahlung: Berlin.

Adresse für Verlag und Redaktion: Berlin SW. 11, Hedemannstrasse 10.

XII. Jahrgang No. 31. | Verlag von Paul Parey, Berlin SW. 11, Hedemannstr. 10. | 2. Mai 1908.

Illustrierte Wochenschrift für den gesamten Gartenbau.

Jahrgang XII. 2. Mai 1908. No. 31.

Stauden.

Sedum spectabile.

Von **Richard Rothe**, Northeast Harbor, Maine, Vereinigte Staaten.

(Hierzu eine Abbildung.)

Weit entfernt von der rauchigen, dunstigen Atmosphäre, die auf Meilen im Umkreise der nordamerikanischen Großstadt immer mehr oder weniger eigen ist, nimmt die Luft über den weiten Waldgebieten des Staates Maine oft schon zeitig im September jene wunderbare, durchsichtige Klarheit an, die auf das baldige Nahen des Herbstes hindeutet. Ab und zu fegt wohl auch bereits ein verfrühter, kalter Nordoststurm, der hier immer von schweren Regengüssen begleitet ist, über unsere klippenreiche Küste hinweg und zerzaust die leichter verderblichen Perennen und Sommerblumen, welche bis zu dieser Zeit ununterbrochen unsere Gärten mit ihrem lebhaften Farbenspiel beleben. Zu den unter gegebenen Verhältnissen widerstandsfähigsten unter den ausdauernden Gewächsen gehört neben den *Tritoma*- und *Montbretia*-Varietäten unstreitig auch *Sedum spectabile*. Von den beträchtlich über die Hundertziffer hinauszählenden Arten und Sorten der Gattung *Sedum* ist die hier angeführte wohl die bekannteste und weitverbreitetste. Was uns jedoch dieses *Sedum* so besonders wertvoll erscheinen läßt, ist seine gute Verwendbarkeit in Felsengärten. Für die hiesige Gegend spricht, nebenbei gesagt, noch dessen Winterhärte mit, vermittelst deren es unseren langen, ausgesprochen nordischen, kalten Winter unter Decke aushält. Außer zur Felsbepflanzung habe ich *Sedum spectabile* auch hier und da an den Ausläufern größerer Staudenanpflanzungen, in geschlossenen Trupps vereinigt, mit guter Wirkung verwendet. Es zählt zu jenen Gewächsen, die sich während des ganzen Sommers eines ansehnlichen, frischen Aussehens erfreuen, und wenn

Sedum spectabile.
In den Mount Desert Nurseries in Northeast Harbor, Maine, für die „Gartenwelt" photogr. aufgenommen.

dann schließlich im September seine großen, dichtgebauten Dolden ihr leuchtendes Rosakarmin zeigen, dann wird es jedem Pflanzenfreunde leicht, seine Augen mit Wohlgefallen auf dieser, in ihren Ansprüchen sehr genügsamen, kleinen Staude ruhen zu lassen. Aus diesem Grunde schien es mir nicht unangebracht, dieselbe wieder einmal in Wort und Bild in empfehlende Erinnerung zu bringen.

Rehmannia angulata.
Im Botanischen Garten zu Gießen für die „Gartenwelt" photogr. aufgen.

Rehmannia angulata, Hemsl., und andere.

(Hierzu zwei Abbildungen.)

Die von dem Russen Liboschitz 1835 aufgestellte Scrophulariaceengattung *Rehmannia* umfaßt gegenwärtig 6 Arten, die sämtlich in Ostasien zu Hause sind. Die zuerst bekannt gewordene, jetzt noch in Kultur befindliche Art ist *R. glutinosa*, Libosch. = *chinensis*, Fisch, (*syn Digitalis glutinosa*, Grtn. = *Gerardia glutinosa*, Bunge). Sie ist eine krautartige Kalthauspflanze von der Tracht einer *Gesneriaceae*, mit kleinen, purpurroten Blüten, die, wie auch die Stengel und Blätter, mit zahlreichen Drüsenhaaren besetzt sind. Sie stammt aus dem Innern Chinas, ward 1835 eingeführt und in „Flore des serres" 1856 auf Tafel 1135 farbig abgebildet. Der Umstand, daß sie dabei als harte Staude beschrieben worden war, mag Enttäuschungen verursacht haben, denn sie hält unsere Winter im Freien nicht aus. Jedenfalls ist sie in den deutschen Gärten so gut wie unbekannt geblieben. Eine zweite Art aus Japan, mit gelben Blüten, beschrieb im Jahre 1874 Maximowicz als *R. lutea* und 1880 eine dritte aus China unter dem Namen *Piasezkii*. Beide sind nicht eingeführt.

1888 fand der englische Reisende Hervey in der chinesischen Provinz Ichang eine *Rehmannia* in Gesellschaft von *Azalea indica*, *Primula obconica* und *Saxifraga sarmentosa* wachsend. Man hielt sie zunächst für eine großblumige Form der alten *glutinosa*. In Kew wurde sie später als neue Art erkannt und 1900 von Dr. Hemsley, dem Vorsteher des Kew Herbars, als *Rehmannia angulata* beschrieben. 1903 durch den Reisenden Wilson bei Veitch eingeführt, fand sie bald Verbreitung. 1905 war sie in England sowohl wie auf der internationalen Ausstellung in Paris in Blüte zu sehen. Zurzeit dürfte sie allgemein verbreitet sein.

Inzwischen waren noch zwei weitere Arten botanisch bekannt geworden, die wir der Vollständigkeit halber nicht übergehen dürfen, nämlich die 1891 beschriebene *R. rupestris*, Hemsl., aus China, und 1895 die von der Insel Formosa stammende *R. Oldhami*, Hemsl. Beide sind unsers Wissens noch nicht in Kultur.

Nach diesem flüchtigen Ueberblick wenden wir uns wieder unserer *Rehmannia angulata* als derjenigen Art zu, welche das meiste Interesse für uns beansprucht.

Die Pflanze ist krautig, ausdauernd. Die gelappten, ungleich gezähnten, dunkelgrünen Blätter bilden eine aufliegende Rosette. Die Blütenstengel bilden eine schmale Pyramide, sie verzweigen sich oben stark und erreichen im Freien eine Höhe von etwa 80 cm. Im Gewächshause werden sie bis 1 m hoch. Die 5 bis 7 cm großen Blüten sind weinrot, am Schlunde meist gelblich, mehr oder weniger dunkel geadert und gezeichnet. Es gibt aber auch einfarbige, deren Blumen etwas kleiner sind (*var. concolor*). Auch die Stellung der Staubfäden erscheint bei diesen etwas abweichend. Ueberhaupt ist die Pflanze in bezug auf Färbung beinahe ebenso veränderlich wie die chilenische *Salpiglossis sinuata*, doch hat man bereits einige besonders schöne Formen soweit fixiert, daß sie in nächster Zeit im Handel erscheinen werden. In der Form haben die Blumen (Abbildung beistehend) eine gewisse Aehnlichkeit mit jenen der bekannten *Incarvillea Delavayi*.

Obwohl *R. angulata* als ausdauernd angesehen werden kann, zieht man sie doch am vorteilhaftesten zweijährig, d. h. man sät die eckigen (worauf der Name *angulata* sich bezieht) und eigentümlich glänzenden Samen im März bis April aus, verpflanzt bis zum Herbst einige Male und überwintert die erstarkten Pflanzen im kalten Kasten oder hellen Kalthause, denn die Pflanze ist bei uns nicht hart, wie die angeführten Begleitpflanzen vermuten lassen, sie erfriert vielmehr schon bei einer Temperatur von 5 bis 6° C. Im Frühjahre an sonniger Stelle in nahrhaften Boden ausgepflanzt, blühen sie von Juni an ohne Unterbrechung bis zum Herbste, wobei die abgeblühten Blumen durch Knospenbildung an den Enden der Zweige fortwährend ersetzt werden. Unser zweites Bild (S. 363) zeigt eine kleine Gruppe am Fuße einer Gewächshausmauer. Nach dem Abblühen geht gewöhnlich ein Teil der Pflanzen ein, andere jedoch bilden seitliche Blattrosetten, wie man dies z. B. bei *Digitalis purpurea* beobachten kann, wenn man die Blütenstengel vor der Samenreife entfernt hat. Diese Blattrosetten kann man zur Ueberwinterung benutzen, Sämlinge blühen aber reicher.

Zur Gartenausschmückung im Freien, zum Besetzen leer stehender Gewächshäuser im Sommer und als hübsche Topfpflanze ist *Rehmannia angulata* eine Neuerscheinung, die in der Flut neuer Pflanzen sobald nicht untergehen dürfte. Wenn es aber gelänge, sie durch Kreuzung mit härteren Arten gegen unsere Winter widerstandsfähig zu machen, oder wenn man sie durch Erziehung frühblühender Rassen zur Kultur als einjährige Pflanzen brauchbar machen könnte, so hätten wir eine Florblume der Zukunft.

Rehnelt.

Aster alpinus, L., var. longipedunculata Goliath.

(Hierzu eine Abbildung.)

Die Alpenaster, der liebliche Schmuck der schweizerischen und tiroler Alpenmatten, gehört zu den schönsten Alpenblumen. Schade nur, daß sie bei der Kultur im Flachlande manches von ihren Reizen einbüßt. Die gelben Scheiben ihrer rötlichblauen oder lila Blüten werden größer und dicker, der Strahl ihrer Randblüten kürzer und auch die Farbe ist nicht mehr von jener entzückenden Reinheit, wie in der Nähe des ewigen Schnees. Verschiedene Formen von ihr, z. B. *Aster himalaicus, sikkimensis,* machen es nicht besser. Eine Ausnahme macht bis jetzt nur die aus den Gebirgen Zentralasiens stammende langstengelige Unterart mit langem, rauhem Blatt, *var. longipedunculata,* Winkl., die hin und wieder auch unter dem Namen *diplostephioides* geht, wenn man sie in steinigem magerem Boden, der vollen Sonne ausgesetzt, kultiviert. Ihre Blüten sind dann von einem so reinen Lila und Goldgelb, daß man sich nicht genug in diesen Farbenzusammenklang vertiefen kann. Sie ist auch deshalb eine wertvolle Pflanze, weil sie ihre Blumen auf 30 bis 40 cm hohen Stielen trägt. Es lag der Gedanke nahe, durch Auslese und geeignete Kultur eine langstielige Schnittblumenstaude aus ihr zu ziehen, aber sobald sie in nahrhaften Gartenboden kam, zeigte sie die Unarten der *alpina*; ein Teil der Sämlinge bekam kurzstrahlige dicke Blüten, ein Teil aber blieb echt, und nach der sechsten Generation war die Auslese von dem erwünschten Erfolge. Was in diesem Frühjahr in den Neuheitenlisten als *Aster alpinus longipedunculata Goliath**) angeboten wird, hat Blumen mit tadellosem Strahlenkranz, kleinem Knopf und Blütenstiele von 60 bis 70 cm Länge, was für Binderei meistens genügen dürfte. Wie die meisten winterharten Stauden, so bringt auch diese erst im zweiten Jahre nach dem Verpflanzen vollkommene Blüten. Die ersten Blumen von Sämlingen, geteilten oder frisch verpflanzten Stücken, erreichen selten die volle Schönheit; erst im darauf folgenden Jahre lassen sie sich beurteilen.

Aster alpinus longipedunculata Goliath blüht wie ihre erste Gartenform sehr reichlich von Mitte Juni an. Sie ist winterhart, leidet aber mitunter bei schneelosem, langandauerndem hartem Frost, weshalb eine leichte Reisigdecke zu empfehlen ist. Vermehrung durch Stockteilung und Aussaat sehr leicht.

Rehnelt.

Landschaftsgärtnerei.

Tennisplätze.**)

Von **Hermann Koenig**, Magdeburg.

(Hierzu eine Abbildung.)

In einem Zeitalter, in welchem der Sport wahre Triumphe feiert, dürfte es angebracht sein, unser Augenmerk mehr denn je auf die Herstellung der Stätten zu richten, auf denen heute alle möglichen Weltmeisterschaften ausgekämpft werden. Es wird nicht immer leicht sein, den Ansprüchen der verschiedenen Sportsleute zu genügen, denn ein meisterhaftes Spiel setzt zum mindesten eine vorzügliche Beschaffenheit des Spielplatzes voraus. Ganz besonders stellt der Tennissport an den mit der Herstellung des Spielplatzes betrauten Techniker hohe Anforderungen. Immerhin kommt es zum Schaden der Auftraggeber noch oft genug vor, daß mit Herstellung desselben, in falsch angebrachter Sparsamkeit, ein Gärtner betraut wird, welcher aus nicht genügender Kenntnis des Spieles, den Tennisplatz nach bestem Wissen und Gewissen, etwa nach Art der Gartenwege, anlegt. Derartige Plätze genügen natürlich kaum für den „Hausbedarf" und schon jede einigermaßen fortgeschrittene höhere Tochter wird bestens dafür danken, sich hier zu produzieren.

Die Herstellung eines fehlerfreien Tennisplatzes ist eine Ver-

Gruppe von Rehmannia angulata.
Im Botanischen Garten zu Gießen für die „Gartenwelt" photogr. aufgenommen.

trauenssache, welche dadurch feste geschäftliche Formen annimmt, daß der Fachmann dem Auftraggeber eine mehrjährige schriftliche Garantie leistet. Selbstverständlich kann dieselbe nur ohne Schaden für den Ausführenden geleistet werden, wenn ihm die Unterhaltung des Platzes durch sein Personal, gegen eine mäßige Summe für die Zeit der Garantieleistung übertragen wird.

Die Maßverhältnisse eines Tennisplatzes sind festliegend und können nicht willkürlich geändert werden. Nachstehende Methoden zur Anlage eines derartigen Platzes dürften, was Güte und Haltbarkeit der Spielplätze anbelangt, als ziemlich gleichwertig zu empfehlen sein. Ein vollständig trockener Untergrund ist für die Herstellung ein Haupterfordernis, sollte derselbe jedoch nicht vorhanden sein, so muß zunächst eine Drainierung des betreffenden Terrains, am besten durch Röhrendrainage, vorgenommen werden. Am vorteilhaftesten geschieht dieselbe längere Zeit vor Anlage des Platzes (vielleicht im Herbste, wenn im Frühjahre mit Herstellung des Platzes begonnen werden soll), damit sich die Gräben genügend setzen können. Ist eine längere Wartezeit nicht angängig, so müssen die Gräben zum mindesten eingestampft werden, da sich sonst nach dem Setzen der Bodenmassen auf dem fertigen Platze Risse oder gar Senkungen unliebsam bemerkbar machen.

*) Neuheit von der Samenfirma Uberto Hillebrand in Pallanza am Lago Maggiore, Italien.

**) Siehe auch die Beantwortungen der Frage No. 503 in No. 24.

Das Planum wird nun peinlich genau hergestellt. Hierauf werden etwa 10 cm hoch festgebrannte Steinkohlenschlacken geschüttet und unter kräftiger Bewässerung festgewalzt; alsdann wird eine etwa 8 cm hohe Schicht Steinschlag in kleinen Stücken mittelst Schottergabeln eingebracht und möglichst gleichmäßig verteilt, wonach nun wieder festgewalzt und schließlich die ganze Fläche mit altem Wegeabzug abgedeckt wird. Hierauf folgt nun ein nochmaliges, kräftiges Wässern und mehrmaliges Walzen der Fläche. Zuletzt wird dann 1 cm hoch ein Brei von feinem Sand und Lehm, welcher ganz fein zerrührt wird und als zähe, teigartige Masse erscheint, aufgetragen und das Ganze nochmals trocken abgewalzt. Der Platz muß nun ganz tadellos, glatt und eben daliegen. Man bringt nun noch eine ganz dünne Schicht feinen Sand auf und walzt hierauf nochmals ohne Bewässerung.

Aster alpinus var. longipetiolata Goliath.
Originalaufnahme für die „Gartenwelt".

Die Herstellungskosten eines derartigen Platzes dürften sich einschließlich aller Arbeiten und Materialien auf etwa 1000 M belaufen. Tennisplätze, welche nach vorstehender Angabe hergestellt wurden, genügen auch den höchstgestellten Ansprüchen; eine dauernde Unterhaltung, wie öfteres Erneuern und Ausbessern der Deckschicht, verteuert diese Plätze mit der Zeit allerdings erheblich. Gewalzt muß nach jedesmaligem Spiel der Tennisplatz immer werden, doch würde dies ohne die erwähnte Kalamität des Nachbesserns wenig kostspielig sein, da das Walzen auch von ungeschultem Personal vorgenommen werden kann.

Bei dem nachstehend beschriebenen Anlageverfahren erhöhen sich zwar die Herstellungskosten um 25 bis 50 %, doch kommen hier die späteren Ausbesserungskosten vollständig in Wegfall, weshalb ich gerade diese Methode sehr empfehlen kann. Die Fläche wird auf Grund eines vorherigen genauen Nivellements eingeebnet und hierauf mit ¹/₄ großen, scharfgebrannten Ziegelsteinen, gleichmäßig schräg auf hohe Kante gesetzt, und unter andauerndem Wässern gewalzt. Ist nun so ein entsprechend festes Packlager entstanden, so bringt man eine gleichmäßige, etwa 5 cm hohe Schicht mürben Ziegelkleinschlags auf und läßt denselben mit Reiserbesen in die Fugen des Packlagers einkehren; darauf wird wieder tüchtig gewässert und gewalzt. Der Platz muß nun als eine glatte Fläche erscheinen und empfiehlt sich jetzt ein nochmaliges genaues Nivellement, damit etwaige Unebenheiten noch ausgeglichen werden. Hierauf wird nun als letzte Schicht eine Mischung von gleichen Teilen Ziegelasche, gemahlenem Ton, Eisenfeilstaub und Basaltstaub zu einem feinen Brei zerrührt und aufgebracht, angestampft und schließlich eingewalzt. Ist der Tennisplatz nun soweit fertig gestellt, so erhält er noch eine Feinschicht von gesiebter Zinkasche und wird nun nochmals trocken abgewalzt. Ein nach diesem Verfahren hergestellter Tennisplatz ist wohl, wie bereits erwähnt, etwas teurer, aber unverwüstlich und erfordert außer dem Walzen keinerlei Pflege.

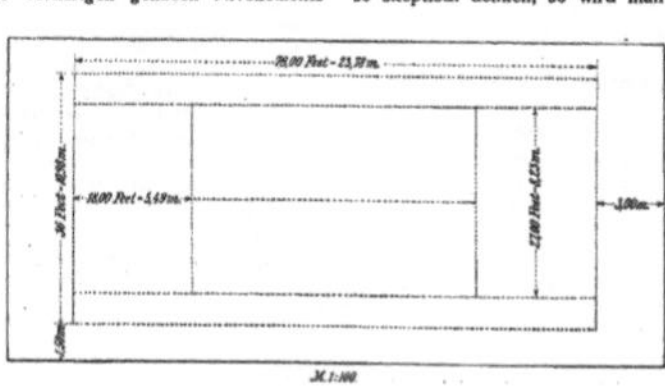

M. 1:100

Tennisplatz.
Vom Verfasser für die „Gartenwelt" gezeichnet.

Um ein sofortiges Ablaufen des Regenwassers zu ermöglichen, gibt man dem Platz gewöhnlich ein Gefälle von 0,10 m nach der Längsseite zu. In beigegebener Skizze sind die deutschen und englischen Maße eingezeichnet, es kann das Spielfeld nach diesem Schema genau auf den Platz übertragen werden. Außerhalb des Spielfeldes ist 3 m für den Rücksprung der Spieler zu reservieren, an den Seiten genügt ein Zwischenraum von 1,50 m bis zur Rasenkante. Die Markierung des Spielfeldes kann verschiedenartig geschehen, doch möchte ich davor warnen, dieselbe durch Holz- oder Blechstreifen oder eingelassene Bordsteine herzustellen, da dies zu dem Material des Spielplatzes immer Fremdkörper sind, die dem Spieler hinderlich werden können. Das bekannteste und beste Verfahren dürfte noch immer sein, die Spiellinien durch Aufstreichen mit aufgelöstem Kalk oder Kreide, unter Zuhilfenahme einer etwa 1 m langen Blechschablone, aufzutragen. Zur Markierung empfiehlt sich eine Mischung von Kalk und Leinöl (auf 100 l Kalkbrühe 5 l Leinöl).

Mag man nun über die verschiedenen Arten des Sports noch so skeptisch denken, so wird man sich doch keinesfalls der Ansicht verschließen können, daß gerade der Tennisplatz ein bedeutsamer Faktor für rationelle Körperkultur ist, da hierbei, wie fast bei keinem anderen Sport, alle Organe des Körpers gekräftigt werden, ohne daß ein Ausarten der Spieler, wie so oft beim Fußballspiel, zu befürchten ist. Es ist mit Freuden zu begrüßen, daß es sich in neuerer Zeit auch viele Stadtverwaltungen angelegen sein lassen, durch Anlage musterhafter Tennisplätze diesen schönen Sport in Deutschland einzubürgern, damit eine ethische Pflicht an der heranwachsenden Jugend erfüllend.

Blütenstand von Crinum Kirkii.
Vom Verfasser im Botanischen Garten zu München für die „Gartenwelt“ photogr. aufgenommen.

Zwiebel- und Knollengewächse.

Crinum Kirkii, Bak., Ostafrika, von Kirk Ende der 70er Jahre aus Zansibar zuerst nach Kew eingesandt, blühte dortselbst 1879 zum ersten Male.

Die Zwiebel ist rundlich braunhäutig, etwa 15 bis 18 cm im Durchmesser, in einen kurzen Hals auslaufend. Die Blätter, in ziemlich gleicher Höhe entspringend, sind sehr lang, fein graziös gewellt mit tiefer Mittelrinne, etwa 10 cm breit und 80 bis 90 cm lang, sehr schlank zugespitzt, die unteren herunterhängenden etwas schlaff. Der straff aufrechte Stengel ist weißlich bereift und etwa $^{3}/_{4}$ Meter hoch, eine Dolde von etwa 6 bis 8 Blüten tragend. Diese sind reinweiß mit hübschen breitrosa Mittelstreifen, so daß auf dem weißen Untergrunde ein sechsstrahliges rosa Kreuz zu liegen scheint; Blütendurchmesser beträgt etwa 12 cm. Die beiden beistehenden Bilder reden wohl für sich selbst und machen eine weitere Beschreibung überflüssig. Wir erhielten diese, nur erst wenig verbreitete Pflanze, von dem bekannten Orchideenliebhaber Herrn Dr. Goldschmidt, Essen, dessen Neffe sie aus Ostafrika sandte, wir haben also eine Pflanze unserer Kolonien vor uns. Da sie dort in feuchten Niederungen wächst, braucht sie viel Wärme und Feuchtigkeit. Ist sie auch nicht wesentlich schöner, wenigstens meiner Ansicht nach, als die weit weniger Wärme beanspruchenden, Seite 67 des laufenden Jahrganges beschriebenen *C. Macowani* und *Moorei*, so ist sie doch eine recht dankbare Pflanze, die sogar aus einer Zwiebel oft gleich zwei Schäfte zugleich treibt; unsere Pflanze blühte innerhalb 5 Monate nach dem Import zweimal. Als Erdmischung für *Crinum* ist eine lehmige Mischung mit viel animalischem Dünger passend. B. Othmer.

Blumentreiberei.

Hydrangea paniculata als Treibpflanze.

Von **Curt Reiter**, Obergärtner, Feuerbach.

(Hierzu zwei Abbildungen.)

Bei richtiger Kultur ist *Hydrangea paniculata* einer unserer rentabelsten Treibsträucher. Hierzu trägt besonders der Umstand bei, daß keine lange Vorkultur erforderlich ist, um die Pflanzen erst zum Treiben vorzubereiten. Wenn man die Liste der besten Treibsträucher durchgeht, wird man finden, daß bei den allermeisten ein fester Topfballen, oder zum mindesten ein guter Wurzelballen notwendig ist, um mit Zuversicht an die Treiberei gehen zu können, so bei Flieder, Schneeball, Glycinen, Goldregen *Malus Scheideckeri*, *Prunus triloba*, Magnolien usw. Anders bei *Hydrangea paniculata;* im Herbste oder im Laufe des Winters in möglichst kleine Töpfe, ohne jeden Erdballen, eingepflanzt, kann man sie ohne Bedenken bereits sehr zeitig antreiben, ohne daß dadurch die Güte der Blumen beeinträchtigt wird. Ja, ich halte dieses Verfahren noch für besser als die Pflanzen im Topf vorzukultivieren. Im Freiland gewachsene Exemplare machen viel kräftigeres Holz und bringen demzufolge stärkere Blütenstiele als im Topf kultivierte, und auf die Treiberei hat hier die Vorkultur, wie gesagt, fast gar keinen Einfluß.

Die im Herbste aus Holland bezogenen *Hydrangea* sind für Treibzwecke die geeignetsten, sie sind jung und wüchsig, mit kräftigen, langen Ruten. Zur Schaupflanzengewinnung muß man natürlich 2 bis 3 Stück in einen Topf pflanzen.

Hydrangea paniculata blüht am jungen Holze und muß tief zurückgeschnitten werden. Der lange Schnitt ist durchaus zu verwerfen, da man hierbei zwar mehr, aber nur kurzgestielte und kleine Blütendolden erhält. Ich schneide kräftige Triebe auf etwa drei, schwächere auf ein bis zwei Augen.

Crinum Kirkii.
Vom Verfasser im Botanischen Garten zu München für die „Gartenwelt“ photogr. aufgenommen.

Das Wachstum während der Treiberei ist ein sehr rasches und sind die Pflanzen für große Luftfeuchtigkeit sehr dankbar. Besonders bei den sehr früh und bei hoher Temperatur getriebenen Hydrangeen ist ein öfteres Spritzen, auch der Wege und Wände des Hauses, unerläßlich. Während dieser raschen Entwickelungszeit sind die Pflanzen äußerst empfindlich gegen Sonnenschein, es muß also unbedingt für ausreichenden Schatten gesorgt werden. Erst nach dem Erscheinen der Knospen, wenn der Trieb anfängt sich zu verholzen, ist ein Abhärten durch Kühlerhalten am Platze. Diese frühe Treiberei kommt jedoch seltener und meistens nur zur Schnittblumengewinnung in Betracht. Für Topfpflanzenkultur ist nur die spätere Treiberei, etwa Februar bis März, geeignet; man hält die Pflanzen dabei möglichst kühl und gewöhnt sie an Luft und Sonne. Ein temperiertes Haus, mit einer Nachttemperatur von etwa 10 bis 12° C, ist am vorteilhaftesten. Beim Gießen der Hydrangeen ist große Vorsicht geboten. So empfänglich sie auch für Luftfeuchtigkeit sind, ebenso heikel sind sie gegen große Bodenfeuchtigkeit und sollen sie unbedingt erst dann gegossen werden, wenn sie auch tatsächlich trocken sind. Sind die Pflanzen in guter Vegetation, so ist ein wöchentlicher Dungguß vorteilhaft, selbstverständlich nur bei gesunden Pflanzen. Solche im Februar bis März angetriebenen Hydrangeen blühen gewöhnlich Mitte Mai bis Juni; sie sind dann sehr gesucht und werden gut bezahlt. Die späte Treiberei ist mit nur sehr wenig Unkosten verknüpft, sie sollte deshalb mehr gehandhabt werden, besonders da die Hydrangeen sonst zu einer Zeit — August — im Freien blühen, zu welcher fast gar kein Absatz dafür vorhanden ist, da die Blumengeschäftsinhaber in dieser schönen, sauren Gurkenzeit ihren Bedarf auf das allernotwendigste einschränken.

Hydrangea paniculata. Getriebene Schaupflanze mit 25 Blütenrispen.
Vom Verfasser für die „Gartenwelt" photogr. aufgenommen.

Pflanzenschädlinge.

Der Baumweißling.

Von **Josef Rubes**, Kniaschpol (Rußland).

Der Baumweißling *(Aporia syn. Pieris crataegi)* tritt in Deutschland und im westlichen Europa überhaupt nur vereinzelt auf, im nordwestlichen Rußland dagegen hat er sich in den letzten Jahren, begünstigt durch die ungemeine Dürre, in bedenklicher Weise vermehrt.

Der Schmetterling ist ähnlich dem des Kohlweißlings, unterscheidet sich aber von diesem durch spitzere Flügel und durch das Fehlen der schwarzen Flecken auf denselben. Die Flügel sind weißlich, schwarz geadert und am Rande schwärzlich bestäubt. Er legt Anfang Juli gelbe Eier in Häufchen auf die Oberseite der Blätter. Die jungen Raupen fressen die Oberhaut ab, wodurch die Blätter gelb werden und verdorren. Als Folge davon fallen die jungen Früchte massenhaft ab. Die wenigen Früchte, die nicht abfallen, bleiben klein und unentwickelt, kurz, die Ernte ist zum großen Teile vernichtet. Außerdem können sich die nächstjährigen Blütenknospen, durch Gelbwerden der Blätter der Nahrung beraubt, ebenfalls nicht entwickeln.

Im September verpuppen sich die kleinen Raupen in den zusammengesponnenen Blättern, die sie vorsorglich mit einem festen, seidenähnlichen Faden an den Zweig befestigt haben. Im Frühjahre erwachen die Raupen, und etwa zur Blütezeit der Bäume beginnt ihr Zerstörungswerk. Die Blätter sich entwickelnder Früchte, die Spitzen der jungen Triebe, kurz alles, was grün ist, wird vernichtet.

Die Gefräßigkeit der Raupen ist erstaunlich. Wenn ein Baum so zugerichtet ist, daß er wie ein Besen aussieht, so siedeln die lieben Gäste auf einen anderen über; die Raupen aus zwei Nestern genügen, um die Krone eines starken Pflaumenbaumes vollständig kahl zu fressen. Die Raupen werden etwas größer als die des Kohlweißlings, die Färbung ist dieselbe. Anfang Juni verpuppen sie sich und nach ungefähr drei Wochen brechen die Schmetterlinge aus der Puppe aus.

Die Bekämpfung des Schädlings geschieht im Winter durch Verbrennen der Raupennester mit der Raupenfackel, oder durch Absammeln und nachheriges Verbrennen. Diese Arbeit ist in großen Kulturen, wie hier in Podolien, wo Gärten von 20 bis 60 ha keine Seltenheit sind, sehr kostspielig und langwierig.

Der Baumweißling bevorzugt Pflaumen, Aprikosen und Aepfel, weniger Birnen; auf Kirschen ist er höchst selten zu finden, verschmäht aber auch *Prunus Padus* nicht. Weißdorn leidet nur wenig unter ihm. Die Schmetterlinge belegen erst die niedrigeren Bäume mit Eiern, dann gehen sie höher und höher.

Gemüsebau.

Etwas über die Stangenbohne.

Unstreitig gehört diese Gemüseart mit zu den am meisten angepflanzten, denn ihre mannigfache Verwendung als Grüngemüse und als Dauerware sichern ihr einen Platz in fast jedem Hausgarten. Zum guten Gedeihen bedarf die Stangenbohne eines sorgfältig und tief durchgearbeiteten Bodens. Eine Düngung mit verrottetem Kompost sagt ihr besser zu, als frischer Mist. In leichten, trockenen Bodenarten sind die verschiedenen Düngersalze, wie Kainit, Ammoniak und Superphosphat von guter Wirkung. Vor allem darf das Land nicht zu spät hergerichtet werden, da sonst der Boden in der Regel nicht die genügende Feuchtigkeit zu einem fröhlichen Gedeihen aufweist, daher auch vielfach die vollständigen

Mißerfolge in regenarmen, heißen Sommern. Am besten pflanzt man Stangenbohnen auf Land, das im Winter auf etwa 40 cm Tiefe rigolt wurde. Auf diese Weise dringt die Winterfeuchtigkeit in die tieferen Erdschichten ein und es wird so eine Vorratskammer für den Sommer geschaffen, welche den Pflanzen ein schönes Gedeihen sichert. Die Bodenbearbeitung hat den weiteren Vorteil, daß im Frühjahre bei der Saat, in einer Zeit, in der man nicht Hände genug hat zur Bewältigung aller notwendigen Arbeiten, nur ein leichtes Durchhacken des Landes nötig ist, daß man also das Bohnenlegen in einem Drittel der sonst verwendeten Zeit bewerkstelligen kann. Eine weitere Verbesserung in der Kultur dürfte vielfach Platz greifen, nämlich die richtige Entfernung der einzelnen Reihen und Sätze von einander. Zu reicher Fruchtbarkeit gehört neben kräftigem Wachstum der Triebe ein gutes Verblühen. Die Bohne ist in der Blüte gegen Nässe empfindlich. In regnerischen Sommern ist die Befruchtung der Blüten eine mangelhafte, wenn dieselben zu lange naß bleiben. Bei engem Stande können die Sonne und die Luft nicht genügend schnell auf alle Teile der Pflanze einwirken, es entsteht dann, namentlich an den unteren Partien, ein Durchfallen der Blüte, wodurch der Ertrag nicht allein geringer wird, sondern sich auch um einige Wochen verspätet. Bei der Anlage von größeren Quartieren ist es daher empfehlenswert, verschiedene Landstreifen durch das ganze Feld mit einer anderen Gemüseart zu bestellen und auf diese Weise dafür Sorge zu tragen, daß Luft und Licht voll ihre günstige Wirkung ausüben können.

S. H.

Rosen.

Einiges über Rosenneuheitenzucht.

Von Rob. Türke, Meißen.

Wenn man Rosenbücher und Rosenkataloge aus alter Zeit studiert, so staunt man über die bescheidene Farbenskala, welche die Gartenrosen, echte Arten, wie *lutea, sulphurea, simplicifolia* u. a., mit ihren lebhaften Grundfarben, die keine Veränderung erfahren haben, ausgenommen, von anno dazumal aufwiesen. Ihre Farben waren meist rot, rosa, fleischrot und weiß, selten gelb. Bedauerlich ist es, daß so viele der farbenschönen echten Arten, die man um die Mitte des vorigen Jahrhunderts in den Gärten fand, bis auf wenige verschwunden sind. Hier und da findet man einmal eine von ihnen auf einem alten, verlassenen Kirchhofe, wo mitunter auch noch herrliche Sorten der *Rosa centifolia* zu sehen sind. In neuerer Zeit macht sich ein lebhafteres Interesse für diese alten Arten bemerkbar, und hat man auch die alte gelbe *R. centifolia* wiedergefunden. Ich besitze sie auch, aber ihre Benennung ist mir nicht recht verständlich, denn sie ist in Wirklichkeit eine echte *R. sulphurea*, die sehr zeitig und reich in der Farbe der *Persian Yellow* blüht. Leider setzen alle Varietäten von *R. sulphurea* und *lutea* keinen Samen an, auch ist ihr Blütenstaub fast vollständig steril, bezw. krank, was Dr. Krügers Messungen ergeben haben. Befruchtungen mit den genannten Arten und ihren Varietäten gelingen deshalb nur selten. Pernet Ducher hat bis jetzt in der Kreuzung dieser Rosen die besten Erfolge erzielt. Er befruchtete die Remontantrose *Antoine Ducher* mit dem Blütenstaub der *Persian Yellow (lutea)*. Aus dieser Kreuzung ging *Soleil d'or* hervor, eine Züchtung, die großes Aufsehen erregte. Der Züchter glaubte mit Hilfe dieser Sorte nun weitere erfolgreiche Kreuzungen durchführen zu können, es zeigte sich aber, daß *Soleil d'or* den denkbar schlechtesten Pollenstaub hat, weshalb die mit ihr vorgenommenen Befruchtungen fast ohne Ausnahmen mißglückten. *Soleil d'or* setzt absolut keinen Samen an, sie ist vollständig steril. Schließlich hatte Pernet Ducher aber doch einen Erfolg zu verzeichnen; er befruchtete die neue Sorte *Melanie Soupert* mit dem Pollen eines Abkömmlings väterlicherseits von *Soleil d'or* und erzielte dadurch die neue Hybride *Lyon Rose*, die merkwürdigerweise ganz den Charakter einer Teehybride hat. Durch derartige Kreuzungen ist es möglich, die prächtigen, aber schwer erreichbaren Farben der *lutea*-Varietäten zu erzielen und damit auch remontierende Sorten in diesen Farben. Selten erzielt man von den direkten Nachkommen einer echten Art durch Kreuzbefruchtung remontierende Sämlinge, aber die aus derartigen Kreuzungen hervorgehenden Nachkommen zeigen sich, weil sie schon Mischblut führen, für weitere Kreuzungen empfänglich. Die *lutea*-Varietäten bewahren sich ihren Habitus nicht so hartnäckig, wie die Abarten der *Rosa rugosa;* sie verlieren ihn meist schon in zweiter Generation, während

Getriebene Hydrangea paniculata.

Vom Verfasser in der Gärtnerei von F. Herrmann, Hofl., Feuerbach, für die „Gartenwelt“ photogr. aufgenommen.

letztere ihn in der dritten Generation noch typisch verkörpern. Erst nach weiteren drei Generationen ist es vielleicht möglich, den *rugosa*-Habitus auszuschalten. Ich befruchte seit etwa 20 Jahren alljährlich verschiedene Rosensorten mit dem Pollen von *bicolor, Persian Yellow* und *Harrisonii*, ohne bis vor zwei Jahren einen hervorragenden Sämling erzielt zu haben. Erst 1906 zeigte sich ein solcher, der Hoffnungen erweckte. Er stammte von *Prinzesse de Bèarne*, befruchtet mit *bicolor*. Die obere Hälfte der Blumenblätter ist hellrot, die untere kapuzinergelb, die Blumen sind groß und gefüllt und die Blütendauer ist lange, da dieser Sämling Remontantcharakter hat. Ich habe diesen Sämling im verflossenen Winter unbedeckt gelassen, um seine Härte zu prüfen; wir hatten im Elbtal bis —23° C. Dieser Sämling zeigt keine Spur *lutea*-Charakter. — Nun noch ein zweites Beispiel. *Conrad Ferdinand Meyer* ist ein Kreuzungsprodukt zwischen *Gloire de Dijon* und *Duc de Rohan*, das wieder mit der *rugosa*-Hybride *Germanica* gekreuzt wurde, die also auch schon Mischblut darstellt. Wer *Conrad Ferdinand Meyer* kennt, wird zugeben, daß trotz des geringen in ihren Adern fließenden Rugosablutes ihre Abstammung von diesem Urtypus unverkennbar zu Tage tritt. Ich habe es mir zur Aufgabe gemacht, zu verfolgen, wie weit diese Beharrlichkeit geht, und besitze bereits vier weitere Generationen.

Es will mir scheinen, daß die Hybriden von *R. rugosa* nur unwillig Samen ansetzen. Wenn man glaubt, durch Inzucht von *Rosa rugosa*-Hybriden neue, wertvolle Sorten züchten zu können, so wird man nur Enttäuschungen erleben. Die aus solcher Inzucht hervorgehenden Sämlinge treiben mehrere Meter hohe Schosse, blühen aber nicht. Mit *Rosa rugosa alba* habe ich auch viele Kreuzungsversuche angestellt, um eine remontierende Sorte mit gleicher noch nicht erreichter reiner Blütenfarbe zu züchten. Daß dies nicht leicht gelingt, sehen wir an *Mme Georges Bruant*, die, so weit ich unterrichtet bin, bis jetzt der einzige Abkömmling von *R. rugosa alba* ist. Wie sehr *R. rugosa alba* dem Atavismus, d. h. Rückschlag, zuneigt, geht daraus hervor, daß bei mir einmal eine Aussaat vom Samen dieser Varietät nur rotblühende Sämlinge ergab; sie waren also wieder zur Stammart zurückgeschlagen. Natürlich fallen oft auch von roten Mutterpflanzen weiße Sämlinge, wie z. B. *Frau Karl Druschki*. Es handelt sich hier um Pflanzen, die weder Alkali noch Kohlensäure produzieren. Alkali veranlaßt die Bildung der gelben Farbe, während rote Blumen dem Vorhandensein von Blumenblau und Hinzutreten von Kohlensäure ihre Entstehung verdanken. Produziert nun eine Pflanze nur wenig Säure, so geht die Blumenfarbe zum Leidwesen des Züchters in Violett über. Erzeugt eine Pflanze weder Alkali noch Kohlensäure, so bleiben die Blumen weiß. Hat sich ein Züchter mit derartigen Eigenheiten nicht vertraut gemacht, so sind ihm Enttäuschungen sicher. Es ist also erforderlich, die Abstammung der Zuchtpflanzen genau zu kennen. *Marquise Litta de Bréteuil* ist eine der schönsten roten Teehybriden, aber die Blüten aller Sämlinge, die ich von ihr erhielt, zeigten violette Farbe. Leider gab der Züchter dieser Sorte ihre Abstammung nicht an. In gleichem Sinne ist auch *Maréchal Niel* ein Rätsel. Es scheint fast, als seien von dieser edlen Rose wertvolle Nachkommen nicht zu erzielen; es sind mit ihr vergebliche Kreuzbefruchtungen ausgeführt worden, auch ein Fall von erfolgreicher Inzucht ist mir nicht bekannt. Alle von anderen Züchtern und auch von mir erzielten Nachkommen dieser Edelrose blieben an Wert weit hinter ihr zurück, wahrscheinlich, weil sie auf Vorfahren zurückschlugen. Mit Sicherheit läßt sich dies freilich nicht feststellen, da die Abstammung der *Maréchal Niel* in Dunkel gehüllt ist und bleibt.

Es gibt noch andere Eliterosen, von welchen gleichfalls noch kein guter Nachkomme zu erzielen war. Ich weise hier auf *Horace Vernet*, eine sehr brauchbare Schnitt- und Treibrose hin, deren Nachkommen stets enttäuschten. Ich verwende sie alle Jahre als Samenträgerin, ohne jemals einen guten Sämling von ihr erlangt zu haben; ihre Nachkommen sind starkwüchsig, aber sie blühen nicht. *Horace Vernet* stammt von *Général Jaqueminot*, also von einer reichblühenden Mutterrose, die ihrerseits wieder von *Gloire des Rosomanes* abstammt. Auch in diesem Falle scheint Atavismus auf frühere Geschlechter vorzuliegen. Aber alle Mißerfolge können einen beharrlichen Züchter nicht entmutigen; man erhofft trotz aller Fehlschläge doch noch einen endlichen Erfolg, und so befruchtet man flott weiter. Wieviel ist nicht schon vergeblich mit *lutea*-Varietäten gekreuzt worden, aber jetzt endlich scheint hier der Weg zum Erfolge offen zu sein, worüber ich vielleicht später berichte.

Fast allen Noisetterosen ist ein starker, halbrankender Wuchs und eine eigenartige, scharfe Bestachelung eigentümlich. Unter sich gekreuzt, liefern sie befriedigende Resultate, kreuzt man sie aber mit Rosen anderer Klassen, so schlägt die Nachzucht meist fehl, nicht einmal mit Teerosen gekreuzt, geben sie hervorragende Sämlinge. Auch *Maréchal Niel* ist eine Noisetterose; von ihr stammen etwa 25 Sämlinge, teils aus Inzucht, teils aus Kreuzbefruchtung hervorgegangen. Der schönste Sämling, den ich erhielt, ging aus einer Befruchtung der *Mme Lombart* mit dem Pollen der *Maréchal Niel* hervor. Dieser Sämling hatte aber keinen edlen Charakter, auch war die Blühwilligkeit nur gering, aber die Blütenfarbe war von unerreichter Schönheit, rein tiefgelb, die Petalen rot umsäumt; *Marie van Houtte* ist ein bleichsüchtiges Ding diesem Sämling gegenüber. *Maréchal Niel* befruchtete sich gar nicht so schwer und habe ich schon zahlreiche Früchte von ihr erzielt. Mit einer einzigen Anthere von *Maréchal Niel* befruchte ich oft zahlreiche andere Blumen. Häufig habe ich *Mme Caroline Testout* mit dem Pollen der *Maréchal Niel* befruchtet und habe damit auch Erfolge erzielt. Remontantrosen mit *Niel* gekreuzt, gaben bessere Erfolge als die umgekehrte Kreuzung. Einen hübschen Erfolg brachte mir eine aus Spielerei ausgeführte Kreuzung. Ich befruchtete die Polyantha *Mignonette* mit dem Pollen der *Maréchal Niel*, also eine Miniaturrose mit einer riesenblumigen. Die Befruchtung ergab eine Schlingrose von ziemlicher Härte mit 2 Meter langen Trieben und mittelgroßen, reinweißen, wunderbar duftenden Blumen, die einzeln, zu 2 bis 3 zusammenstehend, aber auch in Büscheln von 20 Stück zur Entwicklung gelangten und aufgeblüht die Form eines Schneeballs haben. Auch diese Züchtung verleugnet den *Niel*-Charakter nicht.

Eine für den Züchter hochwichtige Rose ist *Lady Mary Fitzwilliam* von *Victor Verdier* (Vaterrose) und *Devoniensis* (Mutterrose) abstammend. In ihren Nachkommen vererbt sie vorzugsweise die Eigenschaften von *Victor Verdier*. *Fitzwilliam* ist nicht ganz beständig, auch nicht in der Farbe; sie überträgt diese Unbeständigkeit auf viele ihrer Nachkommen, die selten von gedrungenem Wuchse sind. Hier einige Beispiele. *Antoine Rivoire* stammt von *Dr. Grill* × *Fitzwilliam*; *Mme Caroline Testout* von *Mme de Tartas* × *Fitzwilliam*; *Richard Wagner* von *Belle Lyonnaise* × *Fitzwilliam*; *Kaiserin Auguste Viktoria* von *Coquette de Lyon* × *Fitzwilliam*; *Belle*

Siebrecht von *Fitzwilliam* × *La France.* Der Züchter hat die Abstammung umgekehrt angegeben; es kann dies aber nicht stimmen, da *La France* notorisch keinen Samen ansetzt, also nicht Mutterrose sein kann.

Nun noch etwas über die Farbenschwäche der *Fitzwilliam.* Ich glaube, Peter Lambert hat nicht geahnt, als er beide Rosen kreuzte, daß er damit ein solches Meisterwerk vollbringen würde, und daß aus den beiden Farben der älteren Rosen eine reinweiße, etwas ins Gelbliche übergehende Sorte, die *Kaiserin Auguste Viktoria* hervorgehen würde. Wären die Mutterrosen konstante Sorten, so würde das Kreuzungsprodukt eine fleischfarbige Rose gewesen sein. Aus einer von mir ausgeführten Befruchtung der *Kaiserin Auguste Viktoria* mit *Luciole* ging die Sorte *Altmärker* hervor, welche die Firma J. C. Schmidt in diesem Jahre in den Handel gibt. Ihre Farbe ist kaum zu beschreiben, so viele Tinten sind vertreten: Tief altgold mit orange und rot an der Blattbasis und einem Stich ins Braune. Die stark gefüllte Blume hält die Farben viele Tage, entgegen anderen, ähnlich gefärbten Sorten, die nur wenige Stunden schön sind. Schon als Knospe ist diese Züchtung tagelang von großer Schönheit. Wo blieb hier die Farbe der Vaterrose, der *Kaiserin Auguste Viktoria?*

Fragen und Antworten.

Beantwortung der Frage No. 517. Ist es empfehlenswert, Maiblumentreibkeime (nicht Eiskeime) für die früheste Treiberei zuvor durch Behandlung in warmem Wasser vorzubereiten und wie wird dies Verfahren gehandhabt?*)

In der Warmwasserbehandlung der Maiblumentreibkeime haben wir ein vorzügliches Kulturhilfsmittel, das wenigstens bei der Treiberei der Maiblumen für den Weihnachtsbedarf überall angewandt werden sollte. Derartig behandelte Keime blühen 5—6 Tage früher, treiben viel gleichmäßiger aus, geben daher in jeder Hinsicht ein besseres Resultat als ungewässerte. Das Verfahren dabei ist sehr einfach. Die zum Treiben bestimmten Treibkeime werden 10—12 Stunden in einem Behälter bei einer möglichst regelmäßigen Wassertemperatur von etwa 35 °C gewässert. Es muß darauf geachtet werden, daß sich das Wasser in diesem Zeitraume nicht zu sehr abkühlt. Nach beendigter Wässerung werden die Keime eingepflanzt und wie gewöhnlich getrieben.

Durch verschiedene Versuche habe ich festgestellt, daß die Qualität der Blumen durch längeres Wässern zurückgeht, während die Blattentwicklung stärker hervortritt. Maiblumen, die ich 24 Stunden im Wasserbade hatte, trieben wunderschön gleichmäßig aus, sodaß fast gar keine Vorblüher auftraten. Die einzelnen Glocken der Blumenstiele waren dann aber bei sehr starker Blattentwicklung lange nicht so vollkommen, als bei denen, die kürzere Zeit gewässert waren. Auch darf die Temperatur des Wassers nie über 38 °C steigen. Obergärtner **Curt Reiter**, Feuerbach.

— Es ist sehr empfehlenswert, die Maiblumentreibkeime zur frühesten Treiberei ganz und gar, bevor man sie zum Treiben ansetzt, 20—24 Stunden in Wasser von $22\frac{1}{2}$—$27\frac{1}{2}$ °C zu legen, wobei das Wasser die Temperatur möglichst gleichmäßig halten soll. Nach dieser Zeit sind die Treibkeime dann sofort zum Treiben anzusetzen. **Georg Blau**, städt. Gartentechniker, Bromberg.

— Das Warmwasserverfahren bei der frühesten Maiblumentreiberei ist sehr zu empfehlen, denn die mit Wasser behandelten Keime blühen 6 Tage früher, die Blumen kommen auch gleichmäßiger.

Die mit Wasser zu behandelnden Keime werden in ein Gefäß fest gepackt, darüber wird Wasser von $32\frac{1}{2}$ °C gegossen und das Ganze gut zugedeckt. Nach etwa 15 Stunden werden die Keime aus dem Wasser genommen, gleich aufgesetzt und bei einer Wärme von 31 °C getrieben. Der Erfolg ist überraschend, doch ist dies Verfahren nur bei der frühesten Treiberei zu empfehlen, denn bei späterer Treiberei wird durch dasselbe die Laubbildung gefördert. **Wilhelm Titze**, Crangen, Kr. Schlawe.

— Um Maiblumen zur Frühtreiberei in warmem Wasser vorzubereiten, packe man die Keime, nachdem man die Wurzeln auf die richtige Länge gekürzt hat, fest in ein Faß oder einen Eimer und umwickle das Gefäß mit Säcken oder alten Decken, damit es die Wärme besser hält. Nun füllt man es mit 35 °C warmem Wasser und stellt es womöglich an einen warmen Ort, wo es gut zugedeckt 12—15 Stunden stehen bleibt, worauf die Keime sogleich gelegt werden müssen. Man macht dies am besten des Abends, um die Keime morgens gleich legen zu können. Bei einer Beetwärme von 28—32 °C konnte ich von am 30. November gelegten Keimen am 16. Dezember schon vollständig entwickelte Blumen schneiden. Ich möchte noch bemerken, daß es keine extra ausgesuchten starken Keime waren, daß aber trotzdem alle gleichmäßig und gut belaubt kamen, so daß von einem Ausfall, wie er bei der Frühtreiberei sonst unvermeidlich ist, keine Rede sein kann. Ich bin mit dem Erfolg sehr zufrieden und kann dieses Verfahren jedem empfehlen, der früh Maiblumen treibt. Dasselbe Verfahren habe ich auch bei Flieder angewandt und ebenfalls gute Erfolge erzielt. **H. Grapentin**, Obergärtner, Greifswald i. Pom.

— Haben die Maiblumen Frost bekommen, was bei frühester Treiberei aber selten der Fall ist, so ist es nicht direkt nötig, dieselben mit warmem Wasser zu behandeln, aber immerhin empfehlenswert. Bekamen die Keime aber keinen Frost, so ist diese Behandlung von größtem Vorteil. Man nehme ein der Menge entsprechendes Gefäß und gieße auf die hineingelegten Keime soviel 35—38 °C warmes Wasser, bis dieselben vollkommen bedeckt sind. Zwecks besserer Warmhaltung packe man das Gefäß in Tücher und stelle es, wo dies angängig, auf den Heizkessel, andernfalls ist ab und zu wärmeres Wasser nachzugießen, um den gewünschten Wärmegrad zu halten. Die Keime bleiben 24 Stunden im Wasser. **Paul Wiegmann**, Delmenhorst.

— Die Vorbereitung der Maiblumentreibkeime in warmem Wasser zur frühesten Treiberei ist ein Verfahren, welches ich schon seit mehreren Jahren und immer mit gutem Erfolge anwende. Ich benütze hierzu einen größeren, wasserdichten Holzbottich, in welchen die Keime in einer der Größe des Gefäßes entsprechenden Anzahl ziemlich fest hineingelegt werden. Hierauf werden die Keime mit Leinwand zugedeckt, genügend beschwert und nun mit auf die Temperatur von 32—35 °C gebrachtem Wasser übergossen. Um ein zu schnelles Abkühlen des Wassers zu verhindern, wird der Bottich mit Decken oder Stroh ordentlich eingehüllt. Nach Verlauf von 16—18 Stunden werden die Keime herausgenommen, sofort ins Treibbeet gebracht und hier bei 35 °C angetrieben. Die so behandelten Keime kommen sehr gleichmäßig und zeichnen sich besonders durch ihre prachtvolle, dunkelgrüne Belaubung aus; die Blumen sind gleichfalls gut ausgebildet und entwickeln sich 6—7 Tage früher als bei nicht behandelten Keimen. Der Erfolg dieses Verfahrens war für mich ein so zufriedenstellender, daß ich jetzt zur frühesten Treiberei (bis Ende Dezember) nur noch ausschließlich mit warmem Wasser behandelte Keime treibe. Während ich bei der früher angewandten Treibmethode fast immer mit einem Ausfall von 15—20 % zu rechnen hatte, verminderte sich dieser bei dem neuen Verfahren auf 8—12 %, ein Erfolg, welcher gewiß nicht gering zu schätzen ist. Für die spätere Treiberei ist dieses Verfahren aber nach meinen Erfahrungen nicht zu empfehlen, da durch dasselbe die Laubentwicklung auf Kosten der Blüten zu sehr gefördert wird und diese dann schwach bleiben. Ebenso ist es nicht ratsam, eine höhere als die angegebene Wassertemperatur (höchstens 35 °C) anzuwenden, da sonst die Wurzeln leicht schwarz werden und faulen, die Blumen sich infolgedessen nur unvollkommen ausbilden und oft ganz stecken bleiben.

E. Frost, Breslau.

Beantwortung der Frage No. 518. Wie wird die Kultur der *Cyclamen pers. giganteum Papilio* und *Rokoko* gehandhabt,

*) Siehe auch Artikel in No. 18: Zur Behandlung der Maiblumentreibkeime in warmem Wasser.

um tadellose, reichblühende Pflanzen aus Samen und Knollen zu erzielen?

Die genannten *Cyclamen* werden nicht anders als die gewöhnlichen *C. persicum* kultiviert. Da die Anzucht aus Samen allgemein bekannt, möchte ich hier nur die Weiterkultur alter Knollen behandeln. Wenn diese für Handelsgärtnereien dank der Intelligenz sachkundiger Kultivateure auch nicht zu empfehlen ist, so ist dieselbe für Herrschaftsgärtner, denen an spätblühenden *Cyclamen* mitunter sehr viel gelegen ist, nicht zu unterschätzen. Schau- und Prachtpflanzen mit hundert und mehr offenen Blumen sind aus Sämlingen in einem Jahre doch so leicht nicht zu ziehen, wie es hier erreicht werden kann.

Bekanntlich treiben die alten Knollen infolge ihrer oberen Verhärtung schlecht oder unregelmäßig aus, welchem Uebelstande durch ein ebenso einfaches wie billiges Verfahren abgeholfen werden kann.

Ich habe in früheren Jahren die Erde nach der Ruhezeit der Knollen mäßig angegossen und die Töpfe umgestülpt, also mit der Knolle nach unten auf einen halbwarmen Mistbeetkasten gesetzt und hier wiederholt angebraust, damit immer recht feuchte Luft im Kasten war. Durch die gleichmäßige Feuchtigkeit und Wärme, welch letztere nicht zum wenigsten auf die verhärtete Oberfläche der Knolle erweichend wirkte, trat die Vegetation derselben in so überraschender Weise zutage, wie ich es mit feucht gehaltenem Moos, das zu gleichem Zwecke auf der Oberfläche der Töpfe ausgebreitet war, nie erzielte.

Nachdem die sich bildenden Blätter in ihrer Entwicklung vorangeschritten, wurden die Knollen wieder dem Lichte zugewandt und anfänglich stark schattiert. Wenn die Blätter und Wurzeln es ratsam erscheinen ließen, wurde zu einem Auspflanzen auf einen warmen Kasten geschritten, wo die Pflanzen in entsprechender Entfernung voneinander weiterkultiviert wurden, welches auf sachgemäßes Schattieren, Lüften, Gießen und Spritzen hinauslief. In geschützten Lagen sollte man nach dem Anwachsen nur schwebende Fenster verwenden, die man durch Unterstellen von Töpfen herstellt, um bei plötzlich eintretenden Winden oder kalten Tagen die Kästen schließen zu können. Fortwährendes Zuströmen frischer Luft verhindert ein Langwerden oder Umfallen der Blätter, was ja bei alten Knollen viel mehr als bei Sämlingen eintritt.

Mitte bis Ende September wurde das Einpflanzen in Töpfe vorgenommen, die ich wegen der sehr reichen Bewurzelung mehr weit als tief wählte. Ich hielt nun die Pflanzen einige Tage geschlossen, um sie nach dem Anwachsen nach und nach an die Luft zu gewöhnen.

Die Blüten so behandelter Pflanzen erscheinen dann in der Regel zu Weihnachten oder später in übergroßer Anzahl; sie füllen manche Lücken, die in jener blumenarmen Zeit in Ermangelung anderer blühender Pflanzen Kopfzerbrechen verursachen.

Wilh. Pattloch, Frankfurt a. Main.

Beantwortung der Frage No. 519. Wie kultiviert man *Hydrangea hortensis Souvenir de Claire*, um die Pflanzen frühzeitig in Blüte zu haben?

Um *Hydrangea hortensis Souvenir de Claire* frühzeitig in Blüte zu haben, nimmt man die Vermehrung im Juni vor. Die Stecklinge werden in Handkästen in recht sandige Laub- und Mistbeeterde gesteckt. Bedingung ist, daß sie gleichmäßig feucht und schattig gehalten werden, denn einmal welk geworden, bilden sie nur schwer Wurzeln. Soll die Vermehrung im Mistbeetkasten oder im Vermehrungshause geschehen, so ist auf rechtzeitiges Beschatten besonders zu achten. Nach ungefähr drei Wochen sind die Stecklinge gut bewurzelt. Nach Bewurzelung werden sie einzeln in kleine Töpfe, in recht nahrhafte Erde gepflanzt, in kalte Mistbeetkästen gestellt und bis zum Einwurzeln feucht und schattig gehalten, alsdann aber bald an volle Sonne und Luft gewöhnt; bei klarem Wetter wird reichlich gegossen. Im August wird die Spitze ausgekniffen, die Pflanzen kommen dann noch gut verzweigt in den Winter. Bei Eintritt des Frostes werden sie ins Kalthaus oder in Mistbeetkästen gestellt und ziemlich trocken und luftig überwintert. Im Frühjahre werden die Hortensien bald wieder an die Luft gewöhnt, und Anfang Mai pflanzt man sie auf gut vorbereitete Gartenbeete aus. Die Beete werden, um das Austrocknen zu verhüten, mit einer Lage von kurzem Dung bedeckt. Im Juni werden die Pflanzen gut eingewurzelt sein, es wird dann ein nochmaliges Stutzen vorgenommen. Die weitere Pflege besteht im Reinhalten der Beete, Gießen und Düngen. Im September werden die Hortensien in gut verrottete Mistbeet- und kräftige Landerde mit reichlich Sand eingepflanzt, alsdann wieder mit den Töpfen auf die inzwischen umgegrabenen Beete bis zur Hälfte eingesenkt, gut angegossen und reichlich gespritzt. Bei dem angegebenen Verfahren wird man recht kräftige Büsche erhalten, die ein sicheres Blühen gewährleisten. Bei Eintritt des Frostes werden die Pflanzen ins Kalthaus oder in einen Mistbeetkasten gebracht und gut gelüftet. Gegossen wird während des Winters sparsam, jedoch muß ein starkes Austrocknen des Ballens verhindert werden, das auf die Knospen nachteilig wirkt. Anfang Januar bezw. etwas früher stellt man die Hortensien bei 10—12° C recht nahe unter Glas auf. Zeigen sich die Knospen, wird die Temperatur etwas erhöht. Auch darf man das Düngen nun nicht vergessen, wofür sich die Pflanzen dankbar zeigen werden.

Souvenir de Claire ist überhaupt ein früher und williger Blüher.

Wilhelm Titze, Crangen.

Mannigfaltiges.

Ueber die Einwirkung von Radium- und Röntgenstrahlen auf Pflanzen hat Max Koernicke weitere Untersuchungen angestellt. Er bestrahlte mit einem sehr aktiven Radiumgemisch Raps und Saubohnen *(Vicia Faba)* in trockenem und gequollenem Zustande 1 bis 3 Tage lang. Die Samen keimten und die Keimlinge entwickelten sich beim Raps gut weiter, während die Bohnenwurzeln nach drei Tagen ihr weiteres Wachstum einstellten. Bei den sich später entwickelnden Keimpflänzchen der Saubohne genügte schon einstündige Bestrahlung mit 5 Milligramm Radium-Baryum, um das Wachstum der Wurzeln zum Stillstande zu bringen. Sie setzten zwar in vielen Fällen später ihr Wachstum wieder fort, der Sproß blieb aber dauernd in seiner Ausbildung zurück. Zerstört wurde die Keimkraft der Samen auch durch eine 14 tägige Bestrahlung nicht. Auch die geotropische Reizbarkeit der Keimwurzeln und Sprosse wurde, so lange noch ein Wachsen der Wurzeln vor sich ging, durch 1 bis 4 tägige Bestrahlung nicht beeinträchtigt. Keimlinge von Saubohnen und Sporangienträger von *Phycomyces nitens* krümmten sich im Dunkelzimmer nach dem Radiumröhrchen hin. Von inneren Vorgängen, wie sie unter dem Einfluß von Radiumstrahlen stattfinden, sei das Auftreten vieler zwei- und mehrkerniger Zellen im Gewebe von Wurzeln, die schon längere Zeit ihr Wachstum eingestellt haben, erwähnt. **Dr. F. K.**

Zeit- und Streitfragen.

Der Obstbau im Deutschen Reichstag.*)

Im Reichshaushaltsetat für das Rechnungsjahr 1908 ist zur Förderung deutschen Obstbaues eine namhafte Summe eingesetzt worden, die man dem Deutschen Pomologen-Verein überwiesen hat. Es ist bei uns in Deutschland viel weniger Sitte als in anderen Staaten, daß große Kulturaufgaben von der Regierung selbst ausgeführt werden, lieber gibt sie erprobten Kräften die Mittel dazu.

In diesem Falle hat das Reichsamt lange gezögert, ehe es tatkräftig zufaßte, dem deutschen Obstbau vorwärts zu helfen. Voriges Jahr erst, als man die rüstige Arbeit des Vereins sah, der den wohlorganisierten Obsterntenachrichtendienst einrichtete, hat es zu klingender Anerkennung Mut gefaßt. So wollen wir hoffen, daß wir im Deutschen Pomologenverein nunmehr die Zentralstelle gewonnen haben, in der alle Fäden zusammenlaufen. Besonders erwünscht scheint auch ein gewisses Unterordnen all der Obstvermittlungsstellen, die überall im Reiche mit oft sehr wenig Er-

*) Wegen Raummangel verspätet.

folg den Obstabsatz zu fördern bemüht sind, denn gerade die Einheit hat uns so sehr gefehlt; die Zersplitterung war Schuld daran, daß wir so langsam vorwärts kommen.

Der Abgeordnete Behrens (Wirtsch. Vereinigung) sprach in der Diskussion über diesen Titel beherzigenswerte Worte. Er führte folgendes aus:

„Unser deutscher Obstbau leidet noch außerordentlich unter den Nachwehen jener Zeit, wo in Deutschland der Liebhaberobstbau und die Sortenspielerei in hohem Ansehen stand. Unterdessen haben Oesterreich, Frankreich, die Schweiz und besonders Amerika ihren Obstbau, den Obsthandel und die Verwertung nach großen Gesichtspunkten entwickelt und sich des deutschen Obstmarktes bemächtigt. Erfreulicherweise ist es mit unserm Obstbau in den letzten Jahren erheblich besser geworden; seitdem die Bundesstaaten und die landwirtschaftlichen Organisationen, z. B. die Landwirtschaftskammern, sich der Pflege des Obstbaues ernstlich annehmen und durch berufsmäßige Obstbaubeamte eine planmäßige, großzügige Reform des Obstbaues vornehmen. Aber es genügt nicht, daß wir einen preußischen, einen hessischen, einen sächsischen und sonstigen bundesstaatlichen Obstbau haben, sondern wir müssen einen deutschen Obstbau schaffen. Für unseren gesamten heimischen Obstbau und vor allen Dingen für den deutschen Obsthandel und die Obstverwertung ist eine Zusammenfassung nach großen Gesichtspunkten, durch eine Arbeitszentrale nötig. Ein leistungsfähiger, möglichst mit Bürokratismus nicht belasteter Mittelpunkt für Obstbau und Obsthandel bietet die Möglichkeit, den Markt für die Erzeugnisse der deutschen Obstzüchter in erhöhtem Maße zu gewinnen und der ausländischen Konkurrenz erfolgreich zu begegnen. Einen solchen Mittelpunkt für Obstbau, Obsthandel und Obstverwertung haben sich die deutschen Obstzüchter und Pomologen im Deutschen Pomologenverein geschaffen".

Der Redner kam dann auf den unreellen Handel mit Obstbäumen zu sprechen und führte aus:

„Da die Obstbäume stets erst immer nach einer gewissen Reihe von Jahren Frucht bringen, muß der Obstzüchter ein erhebliches Kapital und Arbeit aufwenden, ehe diese Auslagen rentieren. Wenn dem Käufer eines jungen Baumes oder Fruchtstrauches ungeeignete oder schlechte Sorten unter falschen Namen vom Verkäufer untergeschoben werden, so ist das für den Käufer ein Verlust, der sich erst nach einer Reihe von Jahren geltend und die Arbeit und Unkosten einer Reihe von Jahren illusorisch macht. Deshalb sind zuverlässige Bezugsquellen für Obstbäume und Obststräucher dringend notwendig. Um nun den Käufer von Obstbäumen zu sichern, petitionierte der „Verband der Handelsgärtner" vor einigen Wochen an das hohe Haus und wünschte, daß Obstbäume und Fruchtsträucher vom Wochenmarktverkehr ausgeschlossen würden. Der Verkehr mit Obstbäumen und Fruchtsträuchern auf den Wochenmärkten spielt sich in der Regel sehr zweifelhaft ab. Die dort zum Verkauf gestellten Bäume und Sträucher sind zum Teil aus dem Auslande zusammengekauft, oftmals sind es die Ausschußbestände ausländischer großer Baumschulen (hört! hört!), oder es sind auch zusammengekaufte Bestände aus irgendwelchen Winkelbaumschulen und ähnlichen zweifelhaften Unternehmungen. Diese werden dann nach Größe und ungefährem Aussehen sortiert und auf dem Markte in Haufen zusammengelegt. Kommt dann ein Bauersmann oder ein anderer Käufer, der einen Baum oder Strauch kaufen will, so verkauft man ihm von demselben Haufen so gut die Goldparmänen, wie auch Bismarckäpfel, Gravensteiner und andere Sorten. Wenn der betreffende Käufer nach Jahren auf Früchte hofft und glaubt, daß er gute Bäume angepflanzt hat und gute Früchte erhalten wird, wird er gewahr, daß er ungeeignete Sorten angepflanzt hat. Außerdem läuft er Gefahr, daß er kranke und im Wurzelvermögen beschädigte Bäume gekauft hat und sofort oder im Laufe der Jahre erheblichen Schaden erleiden wird. Diesem Uebelstand läßt sich nur beikommen, wenn Obstbäume und Fruchtsträucher vom Wochenmarktsverkehr ausgeschlossen werden, und das könnte durch eine entsprechende Aenderung der Gewerbeordnung geschehen, und zwar des § 66.*) Von seiten der bundesstaatlichen Organe werden ja im allgemeinen erhebliche Aufwendungen und Anstrengungen gemacht, um den deutschen Obstbau durch planmäßige Pflege zu heben. Ganz richtig ist es, wenn in den Erläuterungen im Etat Tit. 19 gesagt wird: Wenn es nicht gelingen sollte, in absehbarer Zeit in Deutschland erhebliche Fortschritte in der Verwertung des Obstes zu machen, würden die einzelstaatlichen Aufwendungen volkswirtschaftlich vielfach nutzlos bleiben."

Diese Ausführungen fanden die lebhafte Unterstützung des Abgeordneten Wallenborn (Zentrum), der eine zahlenmäßige Darstellung unserer Obsteinfuhr gab und die verbündeten Regierungen bat, daß auf dem nun einmal betretenen Wege noch weiter fortgeschritten werden möchte.

Die Schlußworte des Abgeordneten Behrens betonen den volkswirtschaftlichen und volksgesundheitlichen Wert des Eintretens der Regierung für den deutschen Obstbau und jeder wird ihm freudig zustimmen, wenn er sagt: „Wir haben alle Ursache, den deutschen Obstbau so zu heben und zu fördern, daß wir den größten Teil des vom deutschen Volke verbrauchten Obstes im Lande selbst bauen können und in der Lage sind, dadurch den deutschen Konsumenten gutes und billiges Obst zu geben, denn Obst ist sicher eines der wertvollsten und gesündesten Nahrungsmittel, das unser Volk zur Verfügung hat." **Carl Kanig.**

Bücherschau.

Allgemeines Gartenbuch von Theodor Lange. I. Ziergarten und Topfblumenkultur. Verlag von Otto Spamer, Leipzig. Preis geb. M 6,50.

Das vorliegende Buch wird auf dem Titelblatt als 4. Auflage bezeichnet. Mir ist bisher neben der ersten nur die sogenannte zweite Auflage bekannt geworden, und diese bestand lediglich aus den Resten der ersten Auflage, mit allen Unrichtigkeiten und Druckfehlern derselben, aber ausgestattet mit einem neuen Titelblatt nebst neuer Jahreszahl. Eine solche, in Buchhändlerkreisen mit Recht verpönte „Titelauflage", ist die vorliegende nicht. Sie stellt eine fleißige Neubearbeitung dar, trotz der vielen Druckfehler und der fast in allen Teilen störend hervortretenden, mangelhaften Interpunktionen des Verfassers. Das Buch ist ausschließlich für Liebhaber bestimmt, und Verfasser versteht es entschieden, populär zu schildern. Aber er setzt vielfach bei seinen Lesern gärtnerische Vorkenntnisse voraus, die man eben in einem derartigen Buche nicht voraussetzen soll, und dementsprechend hilft er sich an vielen Stellen, wo er über eine Pflanze etwas sagen sollte, mit einer Phrase darüber hinweg, wie: „diese Pflanze ist meinen Lesern bekannt", „meine Leser kennen diese Pflanze", und so fort. Auch mit dem Geschlecht der botanischen Namen nimmt es Verfasser vielfach nicht genau; ob Maskulinum, Femininum oder Neutrum, das ist ihm häufig gleich. So schreibt er „die staudige *Mimulus cardinalis*", „das *Cyperus distans*", „dieses *Billbergia*". Meiner persönlichen Ansicht nach muß in einem derartigen Werke die Praxis der Gartenarbeiten eingehender behandelt, die Auswahl der zu empfehlenden Pflanzenarten und -sorten noch etwas mehr eingeschränkt werden; der weitaus größte Teil des starken Bandes beschäftigt sich mit letzteren, die fast überall mit einigen allgemeinen Redensarten abgetan werden, ohne daß der Verfasser eigentliche Beschreibungen der empfohlenen Arten und Sorten gibt. Dabei sind vielfach gerade die neuesten und besten, schon allgemein verbreiteten Züchtungen unberücksichtigt geblieben, so z. B. bei *Clematis* und Schlingrosen. Die schwächste Seite des Buches sind seine Abbildungen; sie setzen sich mit Ausnahme der Gartenpläne, die fast durchweg ohne Maßstab abgedruckt sind, ausschließlich aus zum größten Teil minderwertigen Katalogklischees zusammen. Nach vorgenommenen Stichproben ergaben sich im Register vielfach falsche Seitenangaben. **M. H.**

*) Der angezogene § 66 besagt: „Gegenstände des Wochenmarktverkehrs sind: 2. Fabrikate, deren Erzeugung mit der Land- und Forstwirtschaft, dem Garten- und Obstbau ... in Verbindung steht."

Aus den Vereinen.

Der **Verein Deutscher Gartenkünstler** hält seine diesjährige Hauptversammlung in den Tagen vom 28. bis 30. Juni zur Zeit der Rosenausstellung in Leipzig ab. Außer den Verhandlungen und interessanten Vorträgen sind von dem Lokalkomitee Besichtigungen der städtischen Anlagen und Ausflüge in die nähere und weitere Umgebung geplant. Das ausführliche Programm wird nach Erscheinen und auf Wunsch von der Geschäftsstelle, Berlin SW. 47, übersandt.

Tagesgeschichte.

Dresden. Der Streik der hiesigen Landschaftsgärtner ist, nachdem die Forderungen der Ausständigen in der Hauptsache bewilligt worden sind, für beendet erklärt worden. Die Streikenden haben die Arbeit wieder aufgenommen.

Frankfurt a. M. Frankfurt im Blumenschmuck! Das beabsichtigt der Ausschuß für Balkon- und Fensterschmuck bei der Bürgerschaft unserer Stadt in diesem Jahre, wo hunderttausende Fremde das Deutsche Turnfest besuchen werden, anzuregen und in größerem Maßstabe zu fördern. Jener Ausschuß setzt sich aus Mitgliedern der Gartenbaugesellschaft, der Handelsgärtnerverbindung, des Vereins zur Förderung des Kleingartenbaues, des Verschönerungsvereins und des Verkehrvereins zusammen. Zur erfolgreichen Förderung des Blumenschmuckes an den Häusern soll in diesem Jahre ein großer Wettbewerb unter den hiesigen Einwohnern auf dem genannten Gebiete durchgeführt werden. Zunächst werden teils in den Gartenbauvereinen, teils in den Bezirksvereinen der verschiedenen Stadtteile Propagandavorträge von berufenen Fachleuten zur Durchführung einer wirkungsvollen Ausschmückung der Häuser gehalten. Im Laufe des Sommers beabsichtigt der Ausschuß, die besten Leistungen durch Ehrenurkunden und Preise auszuzeichnen und bittet hierzu um eine umfangreiche Unterstützung der gesamten Bürgerschaft.

Halle a. S. Wie man uns mitteilt, wird der Konkurs des Handelsgärtners Hugo Dienel in Ammendorf weitere Konkurse zur Folge haben; man bringt mit demselben das plötzliche Verschwinden eines bekannten Handelsgärtners aus hiesiger Gegend, der sich auch vielfach literarisch betätigte, unter Hinterlassung einer beträchtlichen Schuldenlast in Verbindung.

Langfuhr bei Danzig. In dem Konkurse des Handelsgärtners Franz Raabe beträgt der Massenbestand 5700 M, die Schuldenlast 52 304 M. Die Gläubiger werden etwa 4 Prozent ihrer Forderungen erhalten.

Rheydt. Zur Anlage eines Stadtwaldes haben verschiedene Bürger wieder insgesamt 22 000 M geschenkt, so daß nunmehr für diesen Zweck 87 000 M aus Schenkungen vorhanden sind.

Personal-Nachrichten.

Berthold, Johannes, seit 17 Jahren als Obergärtner, dann als städtischer Garteninspektor in Leipzig tätig, wurde am 12. April in gemeinsamer Sitzung des Magistrats und der Parkdeputation zu Wiesbaden, dortselbst zum städtischen Garteninspektor gewählt.

Dittrich, Stadtgärtner in Sprottau, † am 10. April nach langem Leiden. Der Verstorbene stand 33 Jahre im Dienste der Stadt.

Friebe, Paul, bisher Büroassistent bei der Verwaltung des Hauptfriedhofes in Stettin, wurde die Stelle eines Bürobeamten auf dem Westfriedhofe in Magdeburg übertragen.

Gierig, Ludwig, wurde als Leiter des Gartentechnischen Büros bei der Verwaltung des Hauptfriedhofes in Stettin etatsmäßig angestellt.

Halbritter, O., bisher städtischer Garteninspektor in Leipzig, wurde die neugeschaffene Garteninspektorstelle in Rixdorf übertragen.

Krütgen, Paul, bekannter Landschaftsgärtner und erfolgreicher Förderer der Gartenkunst, † am 20. April in Halle a. S. Der Verstorbene, am 5. Dezember 1860 zu Gröbers bei Halle a. S. geboren, besuchte von 1882/84 als Eleve die Lehranstalt in Wildpark und war seit 1890 in Halle als Landschaftsgärtner ansässig.

Mußmann, Adolf, Schloßgärtner zu Dölkan im Kreise Merseburg, erhielt das Allgemeine Ehrenzeichen.

Peters, Carl, bisher kommissarisch zum Inspektor am Kgl. Botanischen Garten in Dahlem bei Berlin ernannt, ist laut ministerieller Verordnung vom 7. April 1908 zum etatsmäßigen Königl. Garteninspektor ernannt worden.

Pfaffenzeller, Johann, früher Freih. v. Schrottenberg'scher Schloßgärtner a. D., † am 15. April im 75. Lebensjahre in Thüngsfeld.

Schimmel, Rich., Landschaftsgärtner, Breslau, hat dortselbst einen Blumenbazar eröffnet.

Schwabe, Wilhelm, Landschaftsgärtner in Ober-Peilau, † am 20. April im Alter von 75 Jahren.

Würzburg, Hofgärtner in Köstritz in Thüringen, wurde das silberne bulgarische Verdienstkreuz mit der Krone verliehen.

Briefkasten der Redaktion.

Wir bitten unsere Mitarbeiter und alle die es werden wollen wiederholt, bei allen für den Druck bestimmten Einsendungen die Bogen nur auf einer Seite deutlich und nicht zu dicht zu beschreiben, möglichst auch rechts einen etwa 5 cm breiten freien Rand zu lassen, was uns die etwa notwendig werdende redaktionelle Bearbeitung des Manuskriptes erleichtert. Bei Fragebeantwortungen, deren Einsendung uns stets willkommen ist, muß in gleicher Weise verfahren werden. Bei gleichzeitiger Einsendung mehrerer Antworten ist für jede Antwort ein besonderes Blatt zu verwenden, auch darf die Nummer der Frage, auf welche sich die Antwort bezieht, nicht vergessen werden; ein Abschreiben der Frage selbst erübrigt sich dann. Die Veröffentlichung und Beantwortung fachlicher Fragen erfolgt kostenlos.

Willkommen sind uns Artikel jeder Art aus der gärtnerischen Praxis, wenn möglich unter Beigabe guter scharfer Photographien, die wir nach vorheriger Vereinbarung auch gern auf unsere Kosten anfertigen lassen, und namentlich lehrreiche kürzere Mitteilungen jeder Art aus der gärtnerischen Praxis.

Alle eingehenden Beiträge, auch die kleinsten, werden raschestens geprüft. Wir bestätigen in jedem Falle unseren Mitarbeitern die Annahme der eingeschickten Beiträge und senden für uns ungeeignete stets postfrei zurück. Beifügung von Rückporto ist nicht erforderlich, dagegen müssen wir bitten, schwere Briefe vor der Absendung abzuwiegen und vollständig frei zu machen, da fast täglich Sendungen eingehen, für die Strafporto zu entrichten ist.

Wir wünschen und honorieren nur Originalartikel und ersuchen dringend, uns mit Beiträgen zu verschonen, die zum Vertrieb an mehrere Blätter angefertigt wurden.

Hervorragende, noch nicht im Handel befindliche, Neuheiten sind wir immer gern bereit, unseren Lesern als **farbige Kunstbeilagen** bekannt zu geben und die erheblichen Kosten für Chromolithographie und Druck zu tragen. Wir bitten die in Frage kommenden Züchter sich dieserhalb möglichst frühzeitig mit uns in Verbindung zu setzen, da einerseits die Anfertigung der Lithographie einer solchen Kunstbeilage monatelange Arbeit erfordert, und da sich andererseits immer eine größere Anzahl von Kunstbeilagen in Vorbereitung befindet. Für das laufende Jahr ist unser Bedarf an farbigen Kunstbeilagen vollständig gedeckt, so daß wir nur noch Interesse für jene Neuzüchtungen haben, die im Laufe des nächsten Jahres und noch später dem Handel übergeben werden sollen.

Joh. M., Bremen. Birkensaft (Birkenwasser) geht nach einigen Tagen in Gärung über. Um dies zu verhindern und ihn haltbar zu machen, setze ich $^1/_3$ reinen, nicht denaturierten Sprit, oder auf jeden Liter Birkensaft 100 g absoluten Alkohol zu. Zur Parfümierung verwende ich etwas Eau de Cologne. Dieses Gemisch filtriere ich durch einen mit Fließpapier ausgelegten Glastrichter. Derartig präparierter Birkensaft ist ein vorzügliches Kopfwasser zur Gesunderhaltung des Haarbodens, aber kein Haarwuchsmittel für Kahlköpfe. Zur Gewinnung des Saftes bohre ich in der zweiten Aprilhälfte einige Stämme auf der Südseite 3 bis 5 cm tief an, führe ein Bambusröhrchen in das Bohrloch ein und hänge eine Flasche unter. In 24 Stunden tropft aus solchem Bohrloch 1 bis $1^1/_2$ l Saft aus, wonach es mit Baumwachs geschlossen wird. **M. H.**

Berlin SW. 11, Hedemannstr. 10. Für die Redaktion verantwortlich Max Hesdörffer. Verlag von Paul Parey. Druck: Anhalt. Buchdr. Gutenberg e. G. m. b. H., Dessau.

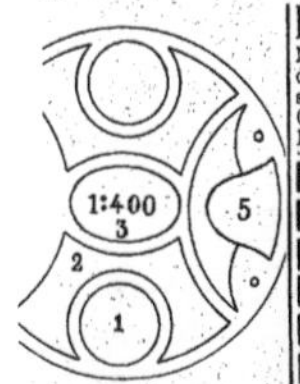

Parterre:
Zinnia elegans fl. pl. „Savoya".
Ageratum mexicanum „Tip Top".
Helenium grandicephalum aurantiacum mit Einfassung von Zwerg-Dahlie „Alma".
Iresine Lindeni.
Begonia semperflorens nana compacta rosea.
Cynerium menstrosum. [1046

P. M. Soer, Architecte paysagiste.
Nymegen (Holland)
empfiehlt sich zur Anfertigung von
würfen und Zeichnungen ornamentaler Blumen- und Teppichbeete
äge für wirkungsvolle Bepflanzung. träge werden rasch und sorgfältig ausgeführt. Mässige Preise.

PAUL HUBER [18

Halle a. Saale.

Waldrosenwildlinge!
n 1 bis 2 Meter Höhe, gut, gesund, wurzelte Stämmchen, % Stück 6 ℳ, ‰ 55 ℳ, freie Emballage,

Buxbaum,
rz, gedrungen, % Meter 10 Mark, ‰ Meter billiger, liefert [225
ärtner **Wilhelm Leygraf,**
nterkahlenhausen 41 Cöln a. Rh.

Nisthöhlen
nur erstklassig und langjährig erprobtes Fabrikat, liefere billigst. Prospekte üb. Nisthöhlen, Winterfütterung, **Schutzringe gegen kletterndes Raubzeug,** D. R. G., gratis.
Volpert Seip
Nisthöhlenfabrik
Wollmar bei **Münchhausen,**
Bezirk Kassel. [394
(…rste und leistungsfähigste Fabrik dieses Ortes.)

HUSUMER BAUMSCHULEN HUSUM (Schlesw.-Holst.) Fernspr. No. 106. Grösste Muster-Obstbaumsch. d. Nordens. **Sehr** abgehärtete, gesunde u. seuchenfr. Bäume. **Preisv. franco** üb. Obst-, Allee-, Zierb., Conif., Strauch., Forst- u. Heckenpfl., Stauden etc. [193

Porzellan-Etiketten
mit Schrift, Stück von 5 Pfennig an. Langjährige Garantie. Muster franco. Gärtner erhalten auf Rückseite Firma-Namen gratis. [8
L. Fichtmüller, Volkstedt-Rudolstadt.

Tabakextrakt

9 % Nikotin.

Altbekannt, erprobt und best bewährt
im In- und Auslande [1059

gegen tierische Pflanzenschädlinge
in 1—2prozentiger Lösung.

4½ kg-Postkanne M 9,90 franko.

Auch für Räucherzwecke in verblüffend einfacher Form,
für Blumen in farbloser Lösung.

Tabakextraktfabrik St. Ludwig, Elsass.

Begonien-Knollen, riesenbl.,
aufrechtst., das Beste, was es gibt. **Einf.: dunkel- u. feurigrot, orange, rosa, weiss, gelb,** I. Gr. ℳ 6.50, II. Gr. ℳ 4.50, III. Gr. ℳ 2.50, Mischung ℳ 6.—, 4.— und 2.—.
Gefüllte, nur riesenbl., mit Rosen- u. Kamellienbau, **rot, rosa, weiss, gelb,** I. Gr. ℳ 8, II. Gr. ℳ 5.50, III. Gr. ℳ 3.50, Misch. ℳ 8, 5 u. 3.
Gefranste, extra schön, **rot, rosa, weiss, gelb,** I. Gr. ℳ 8, II. Gr. ℳ 6, III. Gr. ℳ 4, Mischung ℳ 8, 5 und 3 je 100 St.
Extra-Auslese von gefüllten und gefransten, für Ausstellungen sehr geeignet, je 10 St. ℳ 2.—, 100 St. ℳ 15.—. [358
20000 grossbl. Canna billig, üb. 100 beste, neue u. neueste Sorten
Katalog über **Begonien-Knollen und -Samen, Canna Crozy, Pelargonien Zonale, Kaktus-Dahlien, Gloxinien, Chrysanthemum** etc. zu Diensten
Paul Schmid, Donzdorf, (Württemberg).
Mannheim: goldene Medaille und zwei Ehrenpreise.

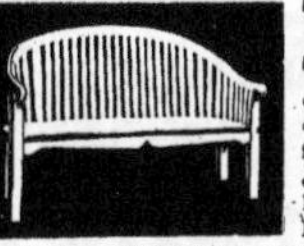

Moderne Garten- u. Verandamöbel
in Holz, Eisen und Rohr. [1053
Mod. Gartenlauben etc.
Spezialgeschäft für Gartenausstattung
Joh. Fuchs, Frankfurt a. M.
Hoflieferant. Oberlindau 17.
Illustrierte Liste gratis und franko.

ABNER & Co., Cöln-Lindenthal, Fabrik Ohligs
Spezialfabrik für Mäher und Gartengeräte, Gartenwalzen, Schlauchwagen, Rasensprenger und Gartenspritzen.
Rasenmäher neuester Systeme.
Neues Modell H. 1907. H. [811
Marke „PERFECTION" D. G.-M.

Im Gebrauche der Kaiserlichen Gärten am Neuen Palais Sanssouci-Charlottenburg, Wilhelmshöhe, Hofburg Wien, Schönbrunn etc. etc., des Palmengartens Frankfurt a. M., der Städte Berlin, Paris, Wien, Brüssel, Bern etc. etc. höchstprämiiert gegen die gesamte Konkurrenz. 1902 Budapest, 1904 Düsseldorf, 1905 Paris, Dresden und Mannheim 1907.

Für Garten-besitzer!
Transportable
Gartenlauben
mit Klappsitzen
in verschiedenen Ausführungen, patentamtlich geschützt, empfiehlt
H. Ebeling
Tischlermeister
Schnarsleben
bei Magdeburg. [981
Preisofferte gratis u. franko.

Hornspäne
Bestes und billigstes Naturdüngemittel für alle gärtnerischen Zwecke.
I. Qual. gar. rein,
100 kg 21 M, 50 kg 11 M, 25 kg 6 M;
Postkolli franko 2,60 M.
II. Qual. (mit Hornabfall vermischt)
100 kg 18 M, 50 kg 9,50 M, 25 kg 5 M;
Postkolli franko 2,20 M.
Hornmehl, gar. rein, 13/16 % Stickstoff,
100 kg 24 M, 50 kg 12,50 M, 25 kg 6,75 M;
Postkolli franko 2,75 M.
Versand ab Magazin Zittau gegen Nachnahme.
Max Leidhold, Königl. Sächs. Hoflieferant,
Zittau 15 in Sachsen. [204

Otto Prüfer & Co. G. m. b. H. [32
Telephon 131
Zeitz, Prov. Sachsen,
Frühbeet- und Gewächshaus-fenster.
Seit Jahrzehnten bestens bewährt.
Vielfach prämiiert.
Gartenglas, Fensterkitt, Diamanten.
Preisliste kostenlos.

Drahtgeflecht, Drahtzäune, Stacheldraht, Koppeldraht, Drahtseile
liefert billigst
C. Klauke,
Müncheberg
bei Berlin. [592

Schattenpflanzen!
Unterholz! Vogelschutz!
Um zu räumen.
5000 Stück Sambucus racemosa, stark. % 12 M, ‰ 100 M. Versand ab Baumschule Ziegenhals. [971
Janorschke in Oberglogau.

Den wirksamsten Schutz gegen Vögel und Näschereien der Menschen gewähren für Sämereien, jg. Pflanzen, Beeren, Kirschen, Trauben usw. [22
Roh's Schutznetze.
Vorrätig alle Längen und Breiten in 4 und 2½ cm Maschenweite, à Kilo 6 Mark (10—15 Pfg. das □Meter). Zu Versuchen ist jedes gewünschte Quantum zu haben. Prospekte gratis und franko. **G. Roh, Apolda.**

Zur jetzigen Aussaat

empfehle Samen von:
Primula obconica „Ronsdorfer Hybriden"
meine in Grösse und Färbung noch unübertroffenen Züchtungen
Primula obc. gigantea (Arendsi, Pax)
hervorragende riesenblumige
Neuheit.
Samen von winterharten Stauden u. feinen Sommerschnittblumen.

G. Arends
Staudengärtnerei u. Samenhandlung
Ronsdorf (Rheinland).
Preisliste steht auf Wunsch kostenfrei zu Diensten. [17

Mit uns. **Champignonbrut!** [827
uns. Champignonernte 1907 pro Anlage: bester Ertrag pro Quadratmeter **20** Pfd.

CH.B&CIE.BR

Herr Obg. Sch. i. K. erntete pro Anlage pro Quadratmeter 19 Pfd. daher best. Aussicht f. Anf. Postk. Brut M 5.—
Charles Bewig & Cie.,
Paris. Champign.- u. Brutzücht. **Braunschweig**

Thüringer Grottensteine
zur Anlage von Felsenpartien, Ruinen, Grotten, Wasserfällen, Wintergärten.
Naturholz - Gartenmöbel,
Pflanzenkübel etc. Preislisten frei. [522
C. A. Dietrich, Hoflieferant. **Clingen b. Greussen**

Areal: 1300 Morgen.

Hauptkatalog

erschienen.

[47]

L. Späth,
Baumschulenweg-Berlin.

Als besten

Blumendünger

empfehle ich [984

Ia. Hornmehl
fein gemahlen. Postkolli 5 kg 2 M franko, bei 50 kg 12 M, bei 100 kg 23 M ab hier. — **Knochenmehl-Angebot** auf Wunsch.
Hugo Guercke in **Sprottau.**

Küchengewürzkräuter
Spezialität.
Viele Sorten [686
Samen ▪ Pflanzen
empfiehlt
Carl Karstädt,
Tzschetzschnow bei Frankfurt a. d. O.

Die Schlingpflanze der Zukunft:

Polygonum Baldschuanicum, weissblühend, ganz winterhart, 12 St. M 5,—; 100 St. M 35,—; extra stark 12 St. M 15,—.

Die schönsten, neuen Canna:

Feuermeer, reichblühend, mennig-feuerrot,	12 St. M 15,—;	100 St. M 100,—
W. Watson, mit auffall. braunrot. Blattwerk,	12 „ „ 12,—;	100 „ „ 80,—
Mad. Marguerite Mühle, prächtig rosa,	1 „ „ 5,—;	12 „ „ 50,—
Meteor, schönste grossblumige rote	1 „ „ 3,50;	12 „ „ 35,—

Goldene Medaille Mannheim 1907. **Pfitzer's riesenbl. Gladiolus gandavensis.** Goldene Medaille Posen 1907.

Weisse Schattierungen	100 St. M 18,—;	1000 St. M 170,—
Gelbe „	100 „ „ 20,—;	1000 „ „ 170,—
Rosa „	100 „ „ 18,—;	1000 „ „ 170,—
Rote „	100 „ „ 18,—;	1000 „ „ 170,—
Helle Farben in weiss, gelb und rosa gemischt	100 „ „ 14,—;	1000 „ „ 120,—

Die besten neuen **Phlox decussata** zu Farben-Gruppen.

Flora Hornung, milchweiss mit karmin Auge	12 St. M 4,50;	100 St. M 30,—
Gruppenkönigin, zart fleischfarbigrosa m. karmin Auge	12 „ „ 6,50;	100 „ „ 50,—
Hanny Pfleiderer, rahmweiss bis lachsfarbig mit karmin Auge	12 „ „ 7,—;	100 „ „ 50,—
Redakteur Flammer, feurig karminviolett . .	12 „ „ 4,50;	100 „ „ 30,—

Pfitzer's riesenblumige Pentstemon
in den verschiedensten Farben . . . . 12 Sorten M 5,—

Ceanothus, hervorragendes Sortiment,
starke Pflanzen . . . . . . 12 Sorten M 5,—; 100 St. in 10 Sorten M 35,—
extra stark in Drahtkörben 1 St. M 1,50 bis 3,—; 12 St. M 15,— bis 30,—
Ceanothus-Kronenbäumchen als Einzelpflanzen 1 St. M 3,—

═══ Rabatt für Handelsgärtner. ═══

Neuester Hauptkatalog auf Verlangen gratis und franko.

Wilhelm Pfitzer, Stuttgart,

Kunst- und Handelsgärtnerei, Samenhandlung. [972

Reizende Gartenmöbel!

Naturbirkenmöbel, Gartenlauben, Pavillons, Brücken usw.
in gediegener, geschmackvoller Arbeit, bei billiger Berechnung, Garnitur: Tisch, 3 Sessel, bereits von 18 Mark an.
14 goldene Medaillen und Ehrenpreise usw. Zuletzt 1907 grosse preuss. Staatsmedaille, internationale Gartenbauausstellung Dresden,
empfiehlt [1057
Bezirks-Anstalt Muldenhütten, Sa.

Fichtenin-Agra

einziges, das ganze Jahr verwendbares **Mittel zur Vertilgung aller Obstbaum- und Pflanzenschädlinge**
als: **Raupen, Blatt-, Blut- und Schildläuse usw.**
Leicht löslich und sowohl zum Bestreichen, als auch zum Spritzen verwendbar.
1 kg genügt auf 100 Liter Wasser. [1005
1 Dose zu 1 kg Mk. 3.—, bei 4 kg franco.
Hauptdepot für Berlin und die Mark Brandenburg:
Handelsgesellschaft „Universal" m. b. H.,
Berlin W. 8, Charlottenstr. 56.

Winterharte
Stauden.

Beschreibendes Verzeichnis frei.

Edel-Dahlien,
Blüten-Canna,
Chor-Nelken,
Freiland-Farne,
Paeonien,
Seerosen,
Clematis u. a.,
Schlingpflanzen
Koniferen!

Goos & Koenemann
Grossh. Hess. Hoflieferanten
Nieder-Walluf bei Wiesbaden
Stauden-Kulturen und Baumschulen f. Obstbäume, Koniferen, Rosen und Ziergehölze.

Kieler Poudrette
langjähr. bewährter organischer
DÜNGER
bester u. billiger für **Blumen, Gemüse, Spargel, Feld** u. Wi...
Drucksachen frei. — Lager an viel. Plätzen
Max Wiede & Co., Bremen

Orchideen
und
sämtl. Kulturmittel
Karl Wilh. John,
Andernach a. Rh.

Berlin N. 113,
Schwedter Strasse an der Ringbahn.
Biesenthal,
Berlin-Stettiner Bahn

Baumschulen

Preisverzeichnis gratis und franko
Obstbäume, ...
Ziergehölze,
...gehölzer, Hecken...
Erdbeeren,
Spargelpflanzen

Zur Nedden & Haedge
Rostock (Meckl.)
Fabrik für verzinkt. Drahtgeflecht nebst all. Geräten, Drahtzäune, Stacheldraht, Eiserne Pfosten, Thore, Thüren, Drahtseile.
15]
Koppeldraht, Wildgatter, Draht zum Strohpressen.
Production 6000 ▯m-Gefl. p. Tag.
Preisliste kostenfrei.

Druck der Anhaltischen Buchdruckerei Gutenberg e. G. m. b. H. in Dessau.

Die Gartenwelt.

Illustrierte Wochenschrift für den gesamten Gartenbau.

Herausgeber: Max Hesdörffer-Berlin.

Erscheint jeden Sonnabend.
Monatlich eine farbige Kunstbeilage.

Bezugsbedingungen:
…rch jede Postanstalt bezogen Preis 2.50 M. vierteljährl. In Österreich-Ungarn 3 Kronen. …i direktem Bezug unter Kreuzband: Vierteljährlich 3 M. Im Weltpostverein 3.75 M. Einzelpreis jeder Nummer 25 Pf.
…n ohne Vorbehalt eingehenden Beiträgen bleibt das Recht redaktioneller Änderungen …rbehalten. Die Honorarauszahlung erfolgt am Schlusse jeden Vierteljahrs.

Anzeigenpreise:
Die Einheitszeile oder deren Raum 30 Pf.; auf der ersten und letzten Seite 50 Pf. Bei grösseren Anzeigen und Wiederholungen steigender Rabatt. Beilagen nach Übereinkunft. **Anzeigen in der Rubrik Arbeitsmarkt** (angebotene und gesuchte Stellen) kosten für Abonnenten einmalig bis zu 10 Zeilen Raum M. 1.50, weitere Zeilen werden mit je 30 Pf. berechnet. Erfüllungsort auch für die Zahlung: Berlin.

Adresse für Verlag und Redaktion: Berlin SW. 11, Hedemannstrasse 10.

XII. Jahrgang No. 32. | Verlag von Paul Parey, Berlin SW. 11, Hedemannstr. 10. | 9. Mai 1908.

Illustrierte Wochenschrift für den gesamten Gartenbau.

Jahrgang XII. 9. Mai 1908. No. 32.

Kultureinrichtungen.

Die neue Gewächshausanlage für Orchideenkultur in der Frhrl. von Fürstenberg'schen Gärtnerei zu Schloß Hugenpoet bei Mintard a. Ruhr.

Von Obergärtner **Josef Bittner**.

(Hierzu sieben Abbildungen.)

Die hiesige, reichhaltige, wie auch wertvolle Orchideensammlung war bisher in für diese Pflanzen ganz ungeeigneten Kulturräumen untergebracht. Vier 2,60 m breite und 2 m hohe Erdhäuser, mit ganz geringer Luftzirkulation, waren die Wohnstätten der schönen Sammlung. Durch ständige Neuanschaffung von Pflanzen wurde infolge Platzmangel dieser Zustand noch unhaltbarer, so daß ein Neubau nicht länger aufzuschieben war.

Nachdem mit einigen Firmen über das Projekt verhandelt worden war, wurde im März vorigen Jahres die Firma Otto Beyrodt, Marienfelde, mit der Ausführung des Baues beauftragt; ausgenommen waren Mauerwerk und Anstrich. Genannte Firma hat ihre Aufgabe zur vollen Zufriedenheit des Bauherrn gelöst, unter Berücksichtigung aller meiner Wünsche, was ich als Kultivateur gern anerkenne.

Da die Anlage für manchen Leser dieser geschätzten Zeitschrift von Interesse sein dürfte, will ich versuchen, dieselbe in Kürze zu beschreiben, soweit das Nähere nicht aus den Zeichnungen und Abbildungen ersichtlich ist.

1. Gewächshausbau. Wie der Grundriß zeigt, führt nur eine Tür aus der Anlage ins Freie. Diese Anordnung ist auf meinen Wunsch, zur besseren Kontrolle des zeitweise in den Häusern beschäftigten Personals, getroffen. Für andere

Teilansicht aus den Frhrl. von Fürstenberg'schen Orchideenkulturen. (Vorn warme, hinten temperierte Abteilung.)
Vom Verfasser für die „Gartenwelt" photographisch aufgenommen.

Kulturen würde diese Bauart unpraktisch sein, infolge des weiten Transports der Pflanzen durch die Häuser, Orchideen bleiben dagegen fast ausschließlich, jahraus, jahrein in demselben Hause.

Der Heizraum steht mit den Gewächshäusern nicht in direkter Verbindung, um das Eindringen der Rauch- und Heizgase zu vermeiden.

Besondere Beachtung verdient die Bauart der Häuser. Die tragenden Bauteile sind vollständig in Eisenkonstruktion ausgeführt. Ueber diesem Eisengerippe sind die Dachsprossen derartig befestigt, daß die Eisenteile mit der Außenluft nicht in Berührung kommen. Dadurch wird verhindert, daß sich Schwitzwasser an den Eisenteilen ansetzt und abtropft. Die aus amerikanischem Pitchpineholz gefertigten Sprossen sind zur Ableitung des Schwitzwassers mit Rinnen versehen. Diese kombinierte Konstruktion ermöglicht leicht ein Auswechseln etwa schadhaft werdender Sprossen durch Ab- und Anschrauben.

Teilansicht aus dem Cattleya-Hause der Frhrl. von Fürstenberg'schen Gärtnerei.
Vom Verfasser für die „Gartenwelt" photographisch aufgenommen.

Die Verglasung ist in $^{6}/_{4}$ rheinischem Glase ausgeführt. Stehwände und Giebelflächen sind mit mattem Glase versehen, damit direkte Sonnenstrahlen den Pflanzen nicht schädlich werden können.

Die Dachflächen sind mit einer mechanischen Schattierungsanlage (Musterschutz 200512) versehen, durch welche es möglich ist, die ganze Seite eines Hauses durch Drehen einer Kurbel mit einem Male schattieren zu können. Auch gegen strenge Kälte bieten diese Schattendecken wesentlichen Schutz.

Die Schattendecken sind von den Glasflächen soweit entfernt, daß die Häuser auch bei herabgelassener Schattierung vollständig gelüftet werden können. Die Lüftung erfolgt durch Klappen, welche am Firste der Häuser angebracht sind. Sämtliche Luftklappen einer Hausseite stehen mit einer Welle derartig in Verbindung, daß dieselben von einem Punkte aus beliebig weit geöffnet und festgestellt werden können. Dieselbe Einrichtung ist auch für die unteren Luftklappen vorgesehen. Diese Klappen sind im Mauerwerk der Frontwände angeordnet, und zwar so, daß die einströmende kalte Luft die Pflanzen nicht unmittelbar berührt, sondern sich zuvor an den Heizrohren erwärmt.

Orchideenhäuser der Frhrl. von Fürstenberg'schen Gärtnerei. (Aufnahme von Ost nach West.)
Vom Verfasser für die „Gartenwelt" photographisch aufgenommen.

2. Heizungsanlage. Dieselbe ist eine Warmwasser-Niederdruckheizung. Für die Wahl dieses Systems war ausschlaggebend, daß den in den Häusern untergebrachten wertvollen Pflanzen eine besonders milde, nicht durch Strahlung schädlich wirkende Wärme zugeführt werde. Die Vorzüge dieses Systems sind wohl auch allgemein anerkannt, sowohl hinsichtlich einfachster Bedienung, als auch größter Betriebssicherheit und Wirtschaftlichkeit. In dem vertieft angelegten Heizraume — dessen Bau uns infolge hohen Grundwasserstandes große Schwierigkeiten verursachte — sind zwei freistehende Gegenstromkessel „System Strebel" auf-

gestellt, welche jedoch nur sehr selten zusammen in Betrieb genommen werden.

Unterhalb der Tabletten und Terrassen, etwa 25 cm über Fußbodenhöhe, sind die nebeneinander liegenden schmiedeeisernen Flanschenheizrohre von 88 mm Durchmesser montiert, die in jedem Hause, in verschiedenen Gruppen, durch Drosselklappen an- und abgestellt werden können. Durch diese Gruppierung der Heizflächen lassen sich die verschiedenen Temperaturen auf das genaueste regeln. Unterhalb der Glasdächer sind in allen Häusern kräftig wirkende Taurohre angebracht, welche ebenfalls mit Drosselklappen versehen sind.

Die Leistungsfähigkeit der Heizung ist derartig berechnet, daß bei einer Außentemperatur von – 20 ° Celsius folgende Mindesttemperaturen erzielt werden: Im Warmhause 18 bis 20 ° C, im temperierten Hause 16 ° C, im Verbindungshause 13 ° C, im Kalthause 9 ° C. Diese verschiedenen Temperaturen sind zur erfolgreichen Kultur der hiesigen artenreichen Sammlung nötig.

Orchideenhäuser der Frhrl. von Fürstenberg'schen Gärtnerei. (Aufnahme von Südwest.)
Vom Verfasser für die „Gartenwelt" photographisch aufgenommen.

Nachdem die Heizung im vergangenen Winter die Probe vorzüglich bestanden hat, bin ich überzeugt, daß die angegebenen Temperaturen auch bei viel strengerer Kälte erzielt werden können. Bei einer Temperatur von — 17 ° C im vorigen Winter erreichten wir die bereits genannten Wärmegrade, wenn das Wasser im Kessel auf 65 ° C erhitzt war. Bei dem hiesigen, verhältnismäßig milden Klima genügen uns meist 50 bis 55 ° C.

3. Verschiedenes. Die Tabletten und Terrassen bestehen aus eisernen Gestellen, die mit schmalen, hochkantigen Pitchpineleisten belegt sind. Dadurch ist die Luftzirkulation zwischen den Pflanzen eine vorzügliche, auch sind derartige Stellagen dauerhaft und sehen stets sauber aus.

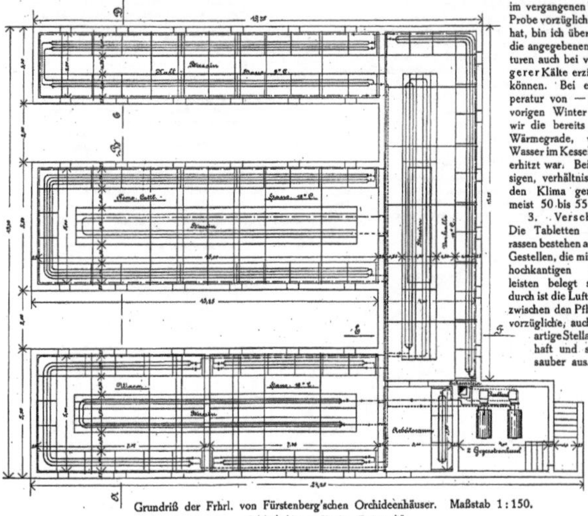

Grundriß der Frhrl. von Fürstenberg'schen Orchideenhäuser. Maßstab 1 : 150.
Originalzeichnung für die „Gartenwelt".

Die auf dem Grundriß ersichtlichen Bassins, in welche das Regenwasser geleitet wird, fassen insgesamt etwa 27 Kubikmeter Wasser. Diese Wassermasse kühlt sich im Winter bei Schneefall nicht sehr stark ab. Alle Bassins sind auf der Sohle durch Tonrohre mit einander verbunden, im Haus E-F des Planes sind Ueberlauf und Abfluß auf der Sohle angebracht.

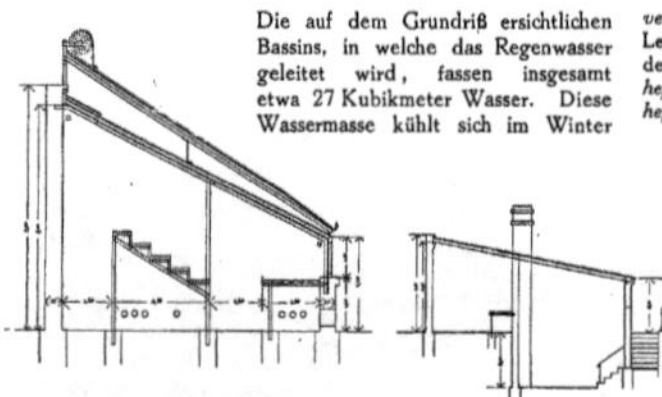

Querschnitt durch die Frhrl. v. Fürstenberg'schen Orchideenhäuser. Einseitiges Haus, Maßstab 1 : 100. Arbeitsraum, Maßstab 1 : 250.

Originalzeichnung für die „Gartenwelt".

Zum Besprengen des Fußbodens, der Wände etc. ist in alle Häuser Wasserleitung gelegt. Die ganze Grundfläche ist mit einer 30 cm hohen Schicht Koksasche aufgefüllt; dieses Material nimmt die Feuchtigkeit leicht auf und verdunstet sie auch leicht, wodurch nach dem Besprengen eine den Pflanzen recht wohltuende Atmosphäre erreicht wird.

Vor dem Hause E-F ist noch nachträglich ein heizbarer Ueberwinterungskasten angelegt worden.

Stauden.

Die ersten Frühlingsblüher.

Von **Rudolf Probst**, Königl. botanischer Garten, Dahlem-Berlin.

Zunächst sind es wohl die Schneeglöckchen in ihren verschiedenen Abarten, die uns das Herannahen des Frühlings anzeigen. Erwähnen möchte ich *Galanthus nivalis*, *G. latifolius* und *Leucojum vernum;* gleichzeitig mit diesen blüht das überall anzutreffende Leberblümchen in tief dunkelblauer Färbung, bekannt unter dem Namen *Hepatica triloba,* führt es jetzt den Namen *Anemone hepatica.* Neben dieser sind noch zwei Varietäten, *Anemone hepatica rosea* und *Anemone hepatica alba,* zu nennen; beide sind gleichfalls von reizender Wirkung. Von frühblühenden Zwiebelgewächsen sind erwähnenswert: *Bulbocodium vernum* mit hellila Blüten, ein Pflänzchen, welches schon aus weiter Ferne durch seine herrlichen, leuchtenden Blüten auffällt und sich durch seine lange währende Blütezeit auszeichnet, und *Narcissus minimus,* ein Zwiebelgewächs mit kleinen, gelben Blütchen; das Pflänzchen selbst bleibt niedrig. Zwei schöne Vertreter der *Crocus* haben wir in *Crocus Malyi* und *C. banaticus.* Bei ersterem sind die Blüten cremeweiß gefärbt, letzterer hat hellblaue Blüten mit dunklen Spitzen. Zu beachten ist auch *Hyacinthus ciliatus,* mit kleinen, traubenähnlichen Blüten. Zu den Liliaceen gehört *Chionodoxa Luciliae,* mit kleinen, blauen, in der Mitte weißen Blüten. Ein herrliches Pflänzchen haben wir in *Iris reticulata.* Dieselbe tritt in die Erscheinung mit büschelförmigen, violetten Blüten; von ihr gibt es auch noch eine blaue Form. *Scilla sibirica* und *S. bifolia* rufen beide eine sehr schöne Wirkung hervor. Ein mit kleinen, weißlich-rosa gefärbten Strahlenblüten versehenes Pflänzchen ist vertreten durch *Merendera sobolifera.* Für alpine Anlagen ist die niedrig bleibende, sich flach über den Boden ausbreitende *Saxifraga oppositifolia* geeignet, mit kleinen, lila gefärbten Blüten. *Saxifraga Burseriana* dringt in die Spalten und Risse der Steine ein und besitzt kleine, weiße Blüten. Eine bekannte, sehr verbreitete Pflanze, *Primula acaulis,* mit zartgelben Blüten, möchte ich nicht unerwähnt lassen. Alle diese angeführten Pflänzchen bedürfen im Winter nur eines leichten Schutzes, am besten verwendet man Tannenreisig. Da alle hier aufgeführten Pflanzen meist nur einen niedrigen Wuchs haben, auch die Blüten nur klein sind, empfiehlt es sich, dieselben nicht einzeln, sondern in kleineren Trupps, unregelmäßig verteilt anzupflanzen. Man erreicht hierdurch eine viel bessere Wirkung.

Ich habe nur wenige der schönsten Frühblüher genannt, man könnte noch eine lange Reihe anführen. Die Monate April und Mai erfreuen uns durch die mannigfaltigste Abwechselung.

Circaea alpina, das Hexenkraut.

Von **M. Geyer**, Obergärtner, Lieser an der Mosel.

(Hierzu eine Abbildung.)

Welche Pflanzen eignen sich für schattige Stellen in den Anlagen? Diese und ähnlich lautende Fragen tauchen immer und immer wieder auf. Die Antwort darauf geben unsere heimischen Wälder.

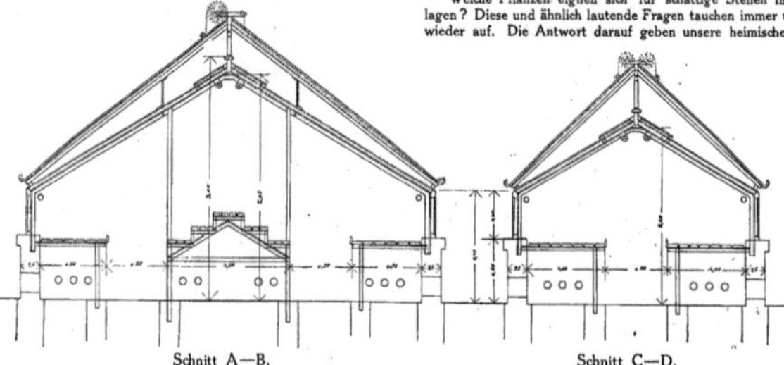

Schnitt A—B. Schnitt C—D.

Querschnitt der Frhrl. von Fürstenberg'schen Orchideenhäuser (Sattelhäuser). Maßstab 1 : 60.

Originalzeichnung für die „Gartenwelt".

Dort findet man im dichtesten Schatten verschiedene Pflanzen, die trefflich gedeihen und sich auch für schattige Stellen unserer Anlagen eignen. Für größere Flächen kommen von den niedrigbleibenden Pflanzen besonders Efeu, *Vinca minor*, *Asarum europaeum* und *Circaea alpina* in Betracht. Im Walde herrscht immer eine gewisse Feuchtigkeit; abgesehen davon, daß die Sonne ihre sengenden Strahlen nicht bis auf den Waldboden senken kann, bildet das abgefallene Laub eine dichte Decke, welche die Feuchtigkeit im Boden hält, auch kommt ja wegen des Unterholzes und der regellosen Stellung der Baumstämme der austrocknende Luftzug nicht durch den Wald. Da in den Anlagen besonders das abgefallene Laub fast stets entfernt werden muß, so ist ein öfteres Bewässern der mit genannten Pflanzen bewachsenen Stellen bei Trockenheit erforderlich.

Efeu und *Vinca* findet man schon öfter verwendet, nicht aber das Hexenkraut *(Circaea alpina)*, trotzdem es in kurzer Zeit die schönsten, dichten und ebenen Polster bildet, sich auch leicht in Menge heranziehen läßt. An feuchten und steinigen Stellen findet man das Hexenkraut oft wild wachsend in unseren Wäldern.

Unter einer hohen *Abies concolor violacea* versuchte ich vergebens den Boden mit Efeu und auch mit *Asarum europaeum* zu bedecken. Beide wollten nicht recht gedeihen. Da machte ich einen Versuch mit dem Hexenkraut, das ich schon an anderen Stellen mit Erfolg gebraucht hatte, und er gelang vollständig. Im zweiten Jahre war der Boden gänzlich mit dem reizenden Kraut bedeckt (Abbildung untenstehend). Nach diesem Erfolge verwendete ich Hexenkraut auch unter anderen Nadelhölzern mit gleich gutem Erfolge.

Da unter den Nadelhölzern infolge der dichten Krone und des feinen Gewürzels fast ständige Trockenheit herrscht, müssen die *Circaea* öfter gegossen werden, was sich übrigens schon mit Rücksicht auf ein gutes Gedeihen der Koniferen von selbst empfiehlt. Im Herbste stirbt das Hexenkraut ab und treibt im Frühjahre in einem größeren Umkreise eine Menge junger Pflänzchen, die ein dichtes, gleichmäßiges, etwa 20 cm hohes Polster bilden. Zur Blütezeit im August ist der Anblick ein doppelt reizender, wenn über die Menge der herzförmigen Blättchen die gar zierlichen Blütenstände zerstreut sind und ein solch leichtes, anmutiges Bild im Schatten hervorzaubern, wie es keiner anderen Schattenpflanze eigen ist. Die kleinen Blüten sind zartrosa. Durch Teilung erfolgt die Vermehrung rasch und leicht. So schön auch durch ihre immergrünen Blätter Efeu, *Vinca* und *Asarum* sind, so versagen sie doch leicht unter Koniferen. An solchen Stellen verwendet man *Circaea*. Außerdem eignet sie sich trefflich für schattige Stellen zwischen Felsen, an Gehölzrändern und unter Gehölzen.

Die Photographie gibt nur ein schwaches Bild dieser reizenden Pflanze, da namentlich der hintere Teil zu tief im Schatten liegt, gegenüber der Belichtung vorn, wo, um die Aufnahme überhaupt zu ermöglichen, die Aeste während des Photographierens auf die Seiten gezogen werden mußten.

Circaea alpina unter einer hohen Abies concolor violacea.
Im Schloßgarten zu Lieser a. d. Mosel für die „Gartenwelt" photogr. aufgenommen.

Da vielleicht mancher Leser in ähnlicher Lage sich befindet, wählte ich zur bildlichen Anschauung gerade diese Bepflanzung aus.

Da das Hexenkraut an ihm zusagenden Stellen sich rasch und fast queckenartig ausbreitet, sollte man es nur an solche Stellen pflanzen, wo es durch seine Ausbreitung nicht lästig fällt. Ein anderer Fehler ist, daß es im Herbste etwas zeitig einzieht.

Empfehlenswerte Myosotis für Topfkultur.

Von Wilh. **Pattloch**, Frankfurt am Main.

Selbst da, wo größere Bestände farbenprächtiger Dekorationspflanzen herangezogen werden, fehlt es mitunter an Material, eine Gruppe stimmungsvoll abzuschließen, bezw. dem Ganzen eine passende Umrahmung zu geben. Fast scheint es, die für solche Zwecke bestens geeigneten neueren Myosotissorten, von denen einige einen hohen Wert als Topfpflanzen besitzen, wären zu wenig bekannt, um hierfür herangezogen zu werden. Vielleicht liegt es auch daran, daß man diesen krautartigen Pflanzen eine längere Blütezeit nicht zutraut, oder ihre kleinen Blumen nicht als vollwertig ansieht. Es läßt sich jedoch nicht abstreiten, daß eine größere Anzahl dieser, während der Blütezeit im prächtigsten Blau prangenden Pflanzen anmutsvoll wirken, sofern ihr Farbenton dem schon vorhandenen in geschickter Weise angegliedert wird.

Nachstehend führe ich zwei Beispiele an, die im hiesigen Palmengarten von den Besuchern anerkennend aufgenommen wurden.

Seit Eröffnung der neuen Schauhäuser findet nächst der Chrysanthemumausstellung auch die der Azaleen in dem großen Wasserpflanzenhause statt, und da dieselben alle mehr oder weniger, der besseren Wirkung halber, stämmig gezogen werden, ist es erforderlich, dem Mittel- wie auch den Seitenbassins, wo die Azaleen auf einer Bretterstellage Aufstellung finden, einen passenden Abschluß zu geben. Hierzu hat sich nun *Myosotis oblongata Albion* mit ihrem herrlichen Blau der Blüten, die, auf leichten Stengeln getragen, sich dem Bau der Azaleen und deren Blütenfarben vorzüglich anpaßten, bestens verwerten lassen.

Ein anderes, farbenfrohes Bild bot eines der Blütenhäuser, wo die äußerst niedrige himmelblaue *Myosotis Liebesstern*, die ja als besonders frühblühend bekannt sein dürfte, einer, nach dem Wege des Hauses zu abfallenden, rot und rosablühenden Cyclamenschaustellung eine wohlgelungene Bordüre gab und sich mit den Blütenfarben und dem Bau der *Cyclamen* sehr gut verband. Diese Pflanzenzusammenstellung wies gleichzeitig auf das Herannahen des Frühlings- und den allmählichen Abschied des in diesem Hause bisher zur Schau gestellten Winterflors hin; sie wurde entsprechend der vorschreitenden Jahreszeit durch andere Frühlingsblüher, wie z. B. *Primula farinosa*, in ihrer Wirkung auf die Beschauer stimmungsvoll gesteigert.

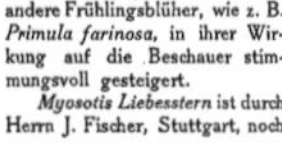

Myosotis Liebesstern ist durch Herrn J. Fischer, Stuttgart, noch bedeutend verbessert worden. Diese Verbesserung wurde auf der Gartenbauausstellung zu Dresden, im Frühjahre 1907, als *Ruth Fischer*, mit größeren und edler geformten Blumen, die das liebliche Himmelblau ganz besonders zur Geltung bringen, zum ersten Male ausgestellt und wohl von allen Fachleuten als Verbesserung der Stammsorte anerkannt.

Zwiebel- und Knollengewächse.

Tulipa Didieri, Jord., var. albiflora.

(Hierzu eine Abbildung.)

Es ist kaum ein Jahrzehnt verflossen, als die langstieligen Tulpen, die erst gegen Mitte Mai zu blühen begannen, unter dem Namen „späte Tulpen" oder „Beyblumen" noch ein verborgenes Dasein führten. Sie waren nicht beliebt, denn sie standen im Wege, wenn die Beete für den Sommer bepflanzt werden sollten. Heute dagegen stehen ihre, in der Farbe allerdings viel reineren und leuchtenderen Schwestern, die Darwin-Tulpen, in hoher Gunst, weil sie gerade zwischen Frühling und Sommer blühen. Was damals ein Fehler war, gilt heutzutage als Vorzug.

Diesem Umschwunge ist es wohl hauptsächlich zuzuschreiben, daß das Interesse auch für andere spätblühende Tulpenarten von Jahr zu Jahr reger wird. Eine solche spätblühende Tulpe, die wegen ihrer Schönheit und der langen Dauer der Blüten weitere Verbreitung verdient, ist die reinweiße Form der *Tulipa Didieri*, welche nebenstehendes Bildchen zeigt.

Tulipa Didieri var. albiflora.
Im Botanischen Garten zu Gießen für die „Gartenwelt" photogr. aufgenommen.

Die typische *Tulipa Didieri*, Jord., wächst bei St. Maurienne in Savoyen, soll außerdem auch in Persien vorkommen, und steht *Tulipa Oculus Solis* und *Gesneriana* verwandtschaftlich nahe. Sie hat eine kleine, hellbraune, schlanke Zwiebel, die Schuppen sind innen an der Spitze etwas behaart, das Laub ist bläulichgrün, die Blüte glockenförmig, groß, rot, am Grunde violettrot, gelb umsäumt, bei Form *albiflora*, wie gesagt, reinweiß. Die Blumen stehen auf 50 bis 60 cm hohen, festen Stielen. Sie erscheinen von Mitte Mai ab und halten sich vereinzelt bis Mitte Juni. Eingeführt wurde *T. Didieri* im Jahre 1882 von James Veitch & Sons in Chelsea bei London. Wann die weiße Form in den Handel gebracht wurde, ist mir nicht bekannt. Wir bezogen sie vor einigen Jahren aus Holland; als Schnittblume dürfte sie von hohem Werte sein.

Rehnelt.

Topfpflanzen.

Begonia phyllomaniaca, Mart.

Von Obergärtner **O. Krauß**, Frankfurt am Main, Palmengarten.

(Hierzu eine Abbildung.)

Unter den Warmhauspflanzen, die im Palmengarten eine Pflegstätte gefunden haben, fällt seit einiger Zeit eine Begonie auf, nicht nur durch den charakteristischen Habitus, sondern auch durch die reichliche Blütenentwicklung, *Begonia phyllomaniaca*. Der Palmengarten erhielt sie als kleine Pflanze aus dem botanischen Garten in Leyden; sie wurde dann im Warmhause 2 auf der Tablette ausgepflanzt, entwickelte sich im Laufe des Sommers zu einem recht kräftigen Busch, wurde im Herbst eingetopft und in ein größeres Haus gestellt, wo sie nun seit Januar in Blüte steht. Die Pflanze ist so schön, daß wohl jeder Besucher ihr einen Blick schenkt; sie sollte eigentlich in keiner Sammlung fehlen.

Begonia phyllomaniaca wurde zuerst nach einem im Botanischen Garten zu München*) befindlichen Exemplar beschrieben, wohin sie etwa 1848 aus einem nicht bekannten Garten in Hamburg gelangte. Nach Martius, der sie in der „Flora brasiliensis" eingehend beschreibt, soll sie in den Gärten häufig sein und aus Brasilien oder Guatemala stammen. Wahrscheinlicher ist das letztere, weil die Arten der Sektion *Gireoudia* in Zentralamerika und Mexiko sehr verbreitet, in Brasilien dagegen nicht heimisch sind. In Engler und Prantl, „Natürliche Pflanzenfamilien", ist sie zusammen mit *Begonia manicata*, *B. imperialis (smaragdina)* und *B. hydrocotilifolia* aufgeführt.

Ob *B. phyllomaniaca* als eigene Art gelten kann, ist nach den wissenschaftlichen Forschungen zweifelhaft. Martius sagt, daß sie zwischen *B. manicata* und *B. incarnata var. papillosa* die Mitte hält, aber mehr nach der ersteren hinneigt. Er meint, daß man es mit einer Hybride oder aber mit einer durch die Kultur veränderten Form zu tun hat. Auch Klotzsch vertritt diese Ansicht und erklärt das Vorkommen der zahlreichen kleinen Blättchen, auf das der Name „*phyllomaniaca*" zurückzuführen ist, damit, daß wegen der infolge der Hybridisation eingetretenen Unfruchtbarkeit die Fortpflanzung auf andere Art, d. h. durch die auf den Stengeln verteilten blattartigen Bulbillen erfolge.

Es ist ja bei den Begonien eine merkwürdige Erscheinung, daß sich viele Arten und Varietäten mit Leichtigkeit aus den, namentlich an isolierten Blatteilen sich bildenden Adventivknospen vermehren lassen. Aehnlich wie sich z. B. an den Blattnerven der *B. Rex*, die man zu diesem Zweck geschnitten steckt oder ganz auf die Unterlage auflegt, junge Sprosse bilden, erscheinen bei *B. phyllomaniaca* Adventivknospen aus Achsenorganen, die sich aber nur dann zu neuen Pflanzen entwickeln, wenn an den isolierten und ausgepflanzten Stengelstücken keine Axillarknospen in der Nähe sind. Unsere Begonie bildet schon im normalen, unverletzten Zustande am Stengel solche Adventivknospen; da aber Duchartre die gleiche Blattbildung am Stengel einer Hybride von *B. lucida* und *B. incarnata* beobachtet hat, so ist anzunehmen, daß auch *B. phyllomaniaca* schon eine etwas anormale Bastardform darstellt. Die Adventivknospen treten hier hauptsächlich an der Basis eigentümlicher, blattartiger Emergenzen des Stengels auf, vielfach sind aber letztere schon selbst als erste Blätter verkümmerter Knospen zu betrachten, wofür der Umstand

*) Eine Abbildung nach einer Aufnahme aus diesem Garten befindet sich in der dritten Auflage des „Handbuches der praktischen Zimmergärtnerei". Verlag von Paul Parey, Berlin.

spricht, daß sie häufig in Zwei- oder Mehrzahl von gemeinschaftlicher Basis entspringen. Es lassen sich übrigens auch an anderen Stellen des Stengels solche Adventivknospen erzielen, die dann aus einer einzigen oder mehreren Oberhautzellen entstehen.

B. phyllomaniaca bildet einen etwa 1 m hohen, verzweigten Strauch. Die Stengel sind an der Basis daumenstark mit rötlichgrüner Oberhaut, die Zweige grün, rötlich gestreift, länglichrund, meist spärlich weißlich behaart, die Blätter schräg herzförmig, eiförmig zugespitzt, ungleichmäßig doppelt gezähnt, haarig gewimpert, 30 cm lang, bei 22 cm Breite, oberseits glänzend grün, unterseits blaßgrün, handnervig. Die Blütenstände entspringen aus den oberen Flügeln der Blätter, sind aufrecht, zwei bis dreimal gegabelt; die männlichen Blüten sind leicht rosa mit 20 bis 24 Staubfäden, die weiblichen Blüten, von derselben Farbe, sind etwas größer; der Blütenstand ist außerordentlich reichblütig. Sehr interessant sind die bereits besprochenen kleinen Blättchen, bezw. jungen Pflänzchen, die sich am Grunde des Stengels bilden und diesem ein eigenartiges, grünschuppiges Aussehen geben.

Aus der beistehenden Abbildung ist ja die gute Wirkung der Pflanze leicht am besten zu ersehen, so daß es unnötig erscheint, weiter darauf hinzuweisen.

Zum Schmucke der Häuser dienen noch zwei weitere Begonien, die gleich mit besprochen werden sollen. Die eine derselben, *B. Limmingii*, ist schon öfter beschrieben, die andere, *B. scandens*, ist wohl seltener. Beide sind als Ampelbezw. Hängepflanzen mit Vorteil zu verwenden; sie sind besonders in der Blüte von guter Wirkung.

B. scandens ist in Südamerika heimisch, wo sie als Kletterstrauch gedeiht; sie wurde 1847 von dort eingeführt. Die Stengel kriechen oder klettern, die Blätter sind eirund zugespitzt, 5 bis 10 cm lang, bei 2 bis 6 cm Breite, glänzend hellgrün, mit blasser Unterseite, die Blüten klein, reinweiß, in mehrfach gegabelten Trugdolden erscheinend. Zur Zeit der Blüte sieht die Pflanze reizend aus, aber auch als grüne Pflanze ist sie durch die frische Farbe der Blätter sehr angenehm.

Kräftiger im Bau und in der Tönung ist *B. Limmingii*, die wohl als Varietät der schönen *B. coccinea* anzusehen ist. Der Wuchs ist üppiger, die Blätter sind größer als bei der vorhergehenden Art, dunkelgrün, die Blüten außen scharlachrot, innen rot und weiß, eine auffallende Farbe, die sich gut von dem dunkeln Blattwerk abhebt.

B. scandens blüht im März, *B. Limmingii* steht Anfang April in voller Blüte. Beide beanspruchen kräftige Erde und wollen flott weiter wachsen; ein Standort im temperierten Hause ist ihnen dienlich.

Begonia phyllomaniaca.
Im Palmengarten zu Frankfurt a. M. für die „Gartenwelt" photographisch aufgenommen.

Gärtnerisches Unterrichtswesen.

Gartenbauunterricht in Holland.

Von **P. J. Schenk**, Amsterdam.

(Hierzu zwei Abbildungen.)

Ueberall, wo von Gärten und Gartenbau die Rede ist, wird man stets des Gartenbaues in den Niederlanden lobend Erwähnung tun, und wer, wie Schreiber dieses, als Fachmann in Deutschland tätig war, den wird es immer angenehm berührt haben, zu hören und zu sehen, welche Achtung der holländische Gartenbau und seine Jünger dort genießen.

Die Ausstellungen in Düsseldorf und Mannheim haben erneut mit dazu beigetragen, den guten Ruf des holländischen

Gartenbaues zu befestigen, und besonders die letztgenannte Ausstellung hat so manche neuen Handelsbeziehungen anknüpfen helfen.

Woher kommt es aber, daß das kleine Holland soviel ausführen kann? Zweifellos sind es der reiche Boden und das günstige Klima, die eine so intensive Kultur zulassen, daß nicht selten zwei bis drei Ernten in einem Jahre von ein und demselben Boden gewonnen werden können. Dadurch wird es möglich, daß die 75 445 Hektar Land, die für Gartenbau in Kultur sind, und von denen 59 Prozent ausschließlich für den Handel produzieren, so viel Früchte liefern, daß nicht allein der eigene Bedarf des Landes vollkommen gedeckt wird, sondern noch eine beträchtliche Menge zur Ausfuhr gelangen kann. Holland führt hauptsächlich Gemüse, besonders aber seine berühmten Blumenzwiebeln aus. Die Kultur der letzteren ist in stetem Aufschwunge begriffen, und obwohl es sich etwas übertrieben anhört, wird dennoch versichert, daß sich der Umsatz dieser Zwiebeln etwa alle fünf Jahre verdoppelt. Aber auch die Erzeugung anderer Artikel steigt von Jahr zu Jahr, wenn auch nicht in dem Maße, wie soeben angegeben. Noch vor etlichen Jahren war der Landbau die Hauptsache und der Gartenbau war als ein Nebenzweig desselben zu betrachten, heute aber tritt letzterer immer mehr in den Vordergrund. Wie die Regierung ihr Interesse früher stets dem Ackerbau entgegenbrachte, so unterstützt sie jetzt ebenso tatkräftig den Gartenbau durch Anstellung von Beamten, Einrichtung von Unterrichtsstätten und durch finanzielle Unterstützung des Elementarunterrichtes im Gartenbau. Vor allem hat aber das rege Vereinswesen viel zur Besserung des Unterrichtswesens und damit zur Hebung des Gartenbaues beigetragen. Bereits im Jahre 1867 hat der „Verein für Land- und Gartenbau“ in der Provinz Limburg Wanderlehrer angestellt und Zeugnisse über Obstbau ausgegeben. Im Jahre 1878 wendete sich die „Niederländische Gartenbaugesellschaft“ (Nederlandsche Maatschappy voor Tuinbouw en Plantkunde) an die Regierung mit dem Ersuchen um eine staatliche Gartenbauschule. Wenn dieser Wunsch auch nicht gleich erfüllt

Gerard-Adriaan van Swieten-Gartenbauschule in Frederiksoord (Holland).

wurde, so war doch die Regierung auf die Notwendigkeit eines solchen Instituts hingewiesen worden. Im Jahre 1895 entstand dann, gelegentlich der Neuorganisation der Landbauschule in Wageningen, eine höhere Gartenbauschule. Die Gartenbaugesellschaft Linnaeus hatte schon im Jahre 1868 bei Amsterdam eine Gartenbauschule errichtet, die aber leider nicht vom Glück begünstigt wurde, und im Jahre 1894, nachdem sie 1882 in die Hände der Stadt Amsterdam übergegangen war, aufgehoben wurde. Jedenfalls ist aber die Arbeit nicht ganz umsonst gewesen, denn mancher tüchtige Fachmann ist aus dieser Schule hervorgegangen. Die Niederländische Gartenbaugesellschaft ging einen Schritt weiter und stellte mit Hilfe der Regierung im Jahre 1900 den ersten ihrer beiden Wanderlehrer an. Im Jahre 1884 war unterdessen die Gerard-Adriaan van Swieten Gartenbauschule in Frederiksoord eröffnet worden; sie war eine Stiftung des verstorbenen Herrn F. H. L. van Swieten, Major a. D., zum Andenken an seinen verstorbenen Sohn Gerard-Adriaan. Auf Abbildung Seite 381 geben wir ein Bild aus dem Garten der Schule, das uns mit dem beistehenden Bilde freundlichst überlassen wurde.

Die holländische Regierung wendete, wie bereits erwähnt, ihre ganze Aufmerksamkeit immer mehr dem Gartenbau zu und zeigte sich überall bereit, die Vereine helfend zu unterstützen, wo es in ihrer Macht lag. Im Jahre 1896 stellte sie ihren ersten Gartenbaulehrer an und errichtete im gleichen Jahre eine Wintergartenbauschule in Naaldwyk (Provinz Südholland), der im folgenden Jahre solche in Aalsmeer (Nordholland) und Tiel (Gelderland) folgten. Im Jahre 1898 entstand eine gleiche Schule in Boskoop (Südholland), wozu jetzt noch eine Schule speziell für das Gebiet der Blumenzwiebelkultur geplant ist.

Wie schon aus den Orten, in denen sich die Schulen befinden, hervorgeht, beschäftigen sie sich hauptsächlich mit den Spezialkulturen der betreffenden Gegenden, so wird in Naaldwyk der größte Wert auf Gemüsezucht gelegt, in Aalsmeer auf Blumenzucht, in Tiel auf Obstbau und in Boskoop auf Baumschulbetrieb; die fünfte Schule wird, wie bereits erwähnt, sich ausschließlich der Blumenzwiebelkultur widmen.

Außer den oben erwähnten Schulen bieten den jungen Gärtnern in Holland 61 Wintergartenbaukurse Gelegenheit zu theoretischer Ausbildung, dazu gesellen sich außerdem noch 21 Sonderkurse. Wie die erstgenannten hauptsächlich für die jüngeren Gärtner bestimmt sind, verfolgen die letzteren Kurse mehr den Zweck, älteren Gärtnern speziellen Unterricht zu erteilen. Von der ersten Gelegenheit machen etwa 1100 Personen Gebrauch, von der letzten 300, im ganzen also eine Zahl, die für sich selbst spricht, wenn man bedenkt, daß die erstgenannten Kurse zweijährig sind, während die Sonderkurse sich alle Winter wiederholen. Diese Kurse werden von Vereinen ins Leben gerufen und von Staat und Gemeinde unterstützt. Die Lehrkräfte setzen sich aus Praktikern und Theoretikern zusammen; im ganzen sind tätig: 56 Praktiker und 54 Schullehrer mit dem Gartenbaudiplom. Zur Erlangung eines solchen Diploms hat die Regierung Kurse für Schullehrer eingerichtet, die mit einer Prüfung abschließen; außerdem bieten der Pomologische Verein und die Abteilung Wageningen der Gartenbaugesellschaft Gelegenheit, in Obstbau- oder Gemüsezucht ein Diplom zu erwerben.

Durch das ganze Unterrichtssystem, das äußerlich wenig einheitlich aussieht, läuft jedoch ein Faden, dessen Ende in den Händen der Regierung liegt und bei der Direktion für Landbau wohlverwahrt ist. Seit 1906 bildet diese Direktion eine selbstständige Unterabteilung des Landwirtschaftsministeriums, so daß die Angelegenheiten des Gartenbaues meist ohne den langen diplomatischen Weg sofort erledigt werden können. Ueber dem Unterricht wacht ein Inspektor, der der Direktion unterstellt ist. Wo man in andern Ländern vielfach nach höheren Gartenbauschulen strebt und den mittleren Unterricht gänzlich in den Händen von Privatpersonen und Vereinen läßt, hat die holländische Regierung ein offenes Auge für weniger hochfliegende Naturen und für bescheidene Verhältnisse, ohne dabei den höheren Unterricht aus dem Auge zu verlieren (Wageningen!). Meinem unmaßgeblichen Erachten nach, wird dadurch „elck wat wils" geboten und ganz im Sinne des in Holland vorherrschenden Kleingrundbesitzes gehandelt.

Teilansicht aus dem Garten der Gerard-Adriaan van Swieten-Gartenbauschule in Frederiksoord (Holland).

Es würde ein leichtes sein, meine Ausführungen durch lange Zahlenreihen und Lehrpläne noch weiter auszubauen, es liegt dies aber nicht in meiner Absicht, ich wollte vielmehr nur ein Bild vom Gartenbauunterricht im kleinen Holland geben, das hierin groß ist trotz seiner Kleinheit.

Fragen und Antworten.

Beantwortung der Frage No. 520. Wie muß *Eucharis amazonica* behandelt werden, damit sie jedes Jahr blüht?

Wenn *Eucharis amazonica* nicht blühen will, ist dies ohne Zweifel darauf zurückzuführen, daß man der Pflanze nicht die nötige Ruhe gewährt, welche ihre Kultur notwendig bedingt. Wenn man diese Bedingung in Betracht zieht, ist die Kultur keine sehr schwierige; sie wird wie folgt gehandhabt:

Im Februar werden die Zwiebeln in eine leichte, durchlässige Erde eingetopft, der alter Kuhmist zugesetzt ist. Ein reichlicher Abzug muß gegeben werden, und ein wenig Holzkohlenpulver unter die Erde gemischt, wird den Pflanzen nur zugute kommen.

Die Brut wird von den großen Zwiebeln entfernt, wenn es sich um alte Kulturpflanzen handelt, und die Zwiebeln dann mit Erde zugedeckt.

Die Töpfe stellt man ins Warmhaus, auf einen warmen Fuß, und unterläßt das Gießen, bis die ersten Blätter sich zeigen. Immerhin soll aber anfangs nur mäßig gegossen werden. Mit dem Spritzen sei man aber nicht sparsam, wodurch auch das Gießen weniger nötig wird. Die sich zeigenden vorzeitigen Blumen werden entfernt, denn sie werden nie schön und groß, sondern schwächen die Pflanze nur.

Mitte Juli bringt man die *Eucharis* in ein temperiertes Haus, wo sie fünf bis sechs Wochen ruhen sollen. Wasser wird in dieser Zeit fast nie gegeben und der Sonne gestattet man freien Zutritt, oder beschattet nur wenig. Nach dieser Ruhezeit werden die Pflanzen wiederum ins Warmhaus gestellt, wie vorhin angegeben gegossen und gespritzt, worauf die Blumen im Winter erscheinen.

Nach der Blütezeit gönnt man den Pflanzen wiederum einige Wochen Ruhe im temperierten Hause. Nach Ablauf dieser Zeit wird die obere Erdkruste entfernt und durch frische, kräftige Erde ersetzt. So wenig wie nur irgend möglich wird *Eucharis* umgepflanzt, wobei man als Ersatz während der Vegetationszeit ab und zu flüssigen Dünger gibt. Zweifelsohne werden die Pflanzen bald wiederum blühen, was man nun ruhig geschehen läßt, wenn nur sofort nach der Blüte eine Ruheperiode folgen kann, welche im September erneut abschließt, wonach die Pflanzen ins Warmhaus zurückgebracht werden.

Eucharis amazonica ist eine dankbare Pflanze, welche die ihr zugewendeten Mühen und Kultursorgen reichlich lohnt. Erstens erscheinen die Blumen hauptsächlich im Winter, wo sie für gutes Geld Abnehmer finden, aber auch im Frühjahre sind die Blumen der zweiten Blüte gesucht. In der englischen Zeitschrift „The Gardeners Chronicle" vom 15. August 1896 fanden wir eine Abbildung einiger blühender Pflanzen, welche zum dritten Male blühten. Zweiundzwanzig *Eucharis* lieferten in einem Jahre rund 1000 Blumen, was die Kultur unbedingt sehr lohnend macht. Die Hauptsache bei der Kultur dieser Pflanze liegt darin, daß ihr zur rechten Zeit die nötige Ruhe nicht vorenthalten wird.

P. J. Schenk, Amsterdam.

— Wo nicht größere Bestände von *Eucharis amazonica* zu Schnittzwecken kultiviert werden, hat man wohl mit deren Kultur in den Grundbeeten der Warmhäuser, in welchen die Zwiebeln ausgepflanzt standen, gebrochen. Man bevorzugt, um die Warmhäuser mit anderen Kulturen besser auszunützen, die Kultur der *Eucharis amazonica* in Töpfen, in denen man die Pflanzen je nach Bedarf mehr oder weniger auseinanderrücken kann. Sie verlangen zu üppigem Wachstum eine, wenn auch geringe, so doch gleichmäßige Bodenwärme. Die Kultur in kleinem Maßstabe wird zweckmäßig in warmen Mistbeetkästen gehandhabt. Will man bis zum Herbst blühbare Topfpflanzen erzielen, so pflanzt man die Zwiebeln in der Ruhezeit, im März-April, unter größter Schonung der Wurzeln und Blätter in mehr weite als tiefe Töpfe und verwendet eine Erdmischung aus $^2/_3$ Laub-, $^1/_3$ Heide- und einer kleineren Gabe Kompost- oder Rasenerde, der man reichlich Sand untermischt. Anfänglich kann man die Töpfe in einem warmen Mistbeetkasten unterbringen, wo sie bei zunehmendem Umfange der Blätter nach Bedarf auseinandergerückt werden. Sobald sich der neue Trieb zeigt, gibt man den Pflanzen reichlich Wasser, hält sie mäßig beschattet und spritzt sehr oft, um Thrips nicht aufkommen zu lassen. Man achte darauf, daß die Pflanzen in plötzlich eintretenden kühlen Witterungsperioden eines warmen Fußes nicht entbehren, sondern gleichmäßig im Wachsen bleiben, ferner daß in heißen Sommern der Luftraum der Kulturkästen nicht zu eng bemessen sein darf, um einem Verbrennen der Blätter, welches ein Stocken im Wachstum nach sich zieht, vorzubeugen. Jede Vegetationsunterbrechung wirkt nachteilig auf den diesjährigen und nächstjährigen Flor.

Sollten die Pflanzen in den verwandten Töpfen die zu ihrer Entwickelung nötige Nahrung nicht finden, so muß man ein Verpflanzen in größere Töpfe vornehmen, doch nicht zu nahe dem Herbste, etwa Mitte Juni bis Mitte Juli, damit die Wurzeln beim Erscheinen der Blütentriebe die neue Erde bis zu den Topfwandungen vollständig durchzogen haben. Sollte sich ein Nahrungsmangel erst später einstellen, so hilft man mit Dunggüssen aus aufgelösten Kuhfladen nach, vor deren Anwendung die Pflanzen erst kräftig durchgegossen werden.

Es ist ratsam, das Erblühen der Pflanzen, welches von Oktober an eintreten dürfte, an einem hellen Platze im Warmhause vor sich gehen zu lassen, weil hier jetzt eine gleichmäßige Temperatur von 15—18 °C leichter zu halten ist, als in den Kästen.

Wo die Kosten für Heizung nicht gescheut werden, ist die Kultur der *Eucharis amazonica* auf Tabletten oder in den Grundbeeten der Warmhäuser sehr zu empfehlen, weil ausgepflanzte Zwiebeln entschieden reicher, bei guter Pflege zweimal im Jahre blühen. Das Auspflanzen nimmt man im Frühjahr oder Herbst vor. Ausgepflanzte *Eucharis* kann man drei bis vier Jahre stehen lassen und braucht nur zur Erneuerung der Erde ein Umpflanzen vorzunehmen, bei welcher Gelegenheit auch eine Vermehrung durch Abnahme von Brutzwiebeln vorgenommen werden kann. Neben gleichmäßiger Bodenwärme von 10—12 °C ist reichliches Spritzen des ganzen Raumes zur Erzielung feuchter Luft unerläßlich. Trockene Luft wirkt immer nachteilig auf die Vegetation und demzufolge auch auf den zu erwartenden Flor.

Nach der Blütezeit gönne man den Zwiebeln eine lange Ruhepause, indem man wenig oder gar nicht gießt und das Heizen so lange einstellt, bis die neue Vegetation einsetzt. Eine sachgemäß eingehaltene Ruhezeit verbürgt einen guten nächstjährigen Flor.

Wilh. Pattloch, Frankfurt a. Main.

— Die *Eucharis* werden leider heute noch viel zu wenig in Kultur genommen, obschon sie durch ihre langen Blumenstiele mit fünf und sechs weißen, herrlich duftenden Blumen in einer blumenarmen Zeit ein wertvolles Bindematerial abgeben. *Eucharis amazonica* blüht zweimal im Jahre, im Mai und im Herbst; sie ist von den *Eucharis*-Arten die wertvollste. Um sie jedoch zur Blüte zu bringen, bedarf es einer guten Kultur. Am wohlsten fühlt sich die *Eucharis* im Warmhause, auf einer Stellage ausgepflanzt. Hier gedeiht sie bei lauer Bodenwärme besser und üppiger, als in Töpfen kultiviert. Man gibt der *Eucharis* eine 20 cm hohe Erdschicht aus 2 Teilen Lauberde, 1 Teil Heideerde, 1 Teil Komposterde, $^1/_4$ Teil Sand, etwas klein geklopfte Holzkohle und weiche Backsteinbrocken. Vor allen Dingen ist darauf zu achten, daß das Beet einen guten Abzug, durch gute Scherbenunterlage hergestellt, hat. Die Entfernung des Beetes vom Glase soll mindestens 60—90 cm betragen.

In den Ruheperioden, im März und August, ist die beste Zeit zum Pflanzen. Die *Eucharis* wachsen gern in Gesellschaft, deshalb soll man auch stets mehrere Zwiebeln zusammenpflanzen und alle sich bildenden Brutzwiebeln daran lassen.*) Die Zwiebeln pflanzt man etwa 6—8 cm tief, unter möglichster Schonung der Wurzeln und Blätter, und drückt sie nur ganz leicht an. Bis zum Austrieb hält man sie mäßig feucht, gibt jedoch bei Beginn des Triebes langsam mehr und mehr Wasser. Ein Trockenwerden schadet den Pflanzen. Die *Eucharis* hält man halbschattig und spritzt öfters, um Thrips und Wollaus nicht aufkommen zu lassen.

Bei der Topfkultur kultiviert man im Winter im Warmhause und im Sommer im warmen Kasten. Auch bei der Topfkultur pflanzt man einige Zwiebeln zusammen und läßt alle Brutzwiebeln, die sich bilden, daran. Ein Verpflanzen bei Topfkultur ist nur dann nötig und zu empfehlen, wenn die *Eucharis* die Oberfläche des Topfes mit den kleinen Zwiebeln bedecken. Eine mäßige Bodenwärme das ganze Jahr hindurch erhält sie im üppigsten Wachstum und in überaus reicher Blühwilligkeit. Die Vermehrung findet durch Abtrennen von Brutzwiebeln beim Verpflanzen statt.

A. Spranger, Schloßgärtner, Pförten, N.-L.

— Um ein regelmäßiges Blühen der *Eucharis amazonica* zu erreichen, ist vor allem erstens eine gute, gehaltreiche, nahrhafte Erde, zweitens die nötige Ruhe nach der Vegetation und drittens beim nächsten Austrieb ein kräftiges Düngen mit Jauche, besonders solcher aus Rinderexkrementen, zu beachten. Was die Erde anbelangt, so ist ein Gemisch aus halbverrotteter Lauberde in noch möglichst groben Stücken, kompostiertem Rindermist, gelagerter Rasenerde und scharfem Sande für die Kulturzwecke der *Eucharis* am güntigsten. Hat man noch alten Baulehm zur Verfügung, so ist dessen Zusatz zu genannter Erdmischung sehr vorteilhaft. Während der Ruheperiode beschränke man das Gießen nur darauf, ein Austrocknen der Zwiebeln zu verhüten. Der Standort der Pflanzen soll sowohl während der Vegetation, wie auch während der Ruheperiode ein möglichst heller sein, doch ist während der letzteren ein etwas kühleres, aber auch luftiges Haus zu wählen. Die Kultur geschieht entweder in Töpfen, wie meist in England, oder indem man die Zwiebeln auf Beete im Warmhause auspflanzt, doch ist die Kultur in Töpfen vorzuziehen, da die Pflanzen beim Ersetzen von neuer Erde nicht so leiden, wie bei der Kultur auf Beeten. Ebenso hat man auch, um ein regelmäßiges Blühen zu

*) Anmerkung der Redaktion. Dies ist nach unseren Erfahrungen einer der wichtigsten Punkte bei der Kultur.

ermöglichen, darauf zu achten, die Zwiebeln möglichst wenig zu teilen, d. h. die Brutzwiebeln lange an den Mutterzwiebeln zu belassen. Die Töpfe sollen auch nicht zu groß sein und sowohl bei der Kultur in Töpfen, als auch im Beete ist auf eine gute Drainage zu achten. **Georg Blau,** städt. Gartentechniker, Bromberg.

Beantwortung der Frage No. 521. *Solanum Pseudo-Capsicum,* wovon hier jährlich 2000 Töpfe kultiviert und unter der Stellage eines 15 °C warmen Hauses überwintert werden, sind in diesem Jahre von einem Pilze befallen, welcher die ganzen Pflanzen bedeckt. Wie heißt dieser Pilz und was ist gegen denselben zu tun?

Der Pilz, der die *Solanum Pseudo-Capsicum* befällt, kann sehr gut der Erreger der bekannten Kartoffelkrankheit sein, *Phytophtora infestans,* de Bary, ein Pilz, der auf fast allen *Solanum* wuchert. Die Blätter der befallenen Pflanze werden bräunlich und schrumpfen; auf der Unterseite zeigt sich ein weißlicher Schimmelrasen.

Bekämpfungsmittel der Krankheit sind: Abschneiden und Verbrennen der befallenen Blätter und Triebe, sowie Spritzen mit Kupferkalk- oder Kupfersodabrühe. **P. J. Schenk,** Amsterdam.

Beantwortung der Frage No. 522. Bei etwa 30 % von *Erica hiemalis,* die Anfang Dezember ins Gewächshaus gebracht wurden, bleiben die Blumen stecken. Wie ist diesem Uebel vorzubeugen?

Der Grund hierfür kann sehr verschieden sein. Sind im Sommer z. B. die Pflanzen öfter versehentlich zu trocken geworden, so rächt sich dies zur Blütezeit durch Steckenbleiben der Blumen. Da es in der Frage ferner heißt, daß die Pflanzen erst Anfang Dezember ins Gewächshaus gebracht wurden, kommt es darauf an, ob sie vordem bei ungenügendem Schutz im Kasten gestanden haben. Ist dies der Fall, haben also die Pflanzen durch zu niedrige Temperatur gelitten, so kann auch dieses der Grund für die mangelhafte Ausbildung der Blüten sein. Auch ein zu schneller Wechsel der Temperatur, also ein Verbringen aus dem kalten Kasten in ein zu warmes Haus, ist als Ursache des Uebels anzunehmen. Ferner möchte ich noch bemerken, daß auch der letzte naßkalte Sommer vielleicht viel mit dazu beitrug, daß sich die Blüten schlecht entwickelten. Es wurde ja auch bei anderen Kulturen, besonders bei Treibkulturen, beobachtet, daß viel Ausfall im verflossenen Winter vorhanden war. **Georg Blau,** Bromberg.

Neue Frage 544. Wie ist die Kultur der buntblättrigen Caladien, um schöne, kräftige Pflanzen in einem Sommer zu erhalten? Wie sollen die Knollen im Winter aufbewahrt werden und wie werden sie ohne Verluste angetrieben?

Neue Frage No. 545. Welcher Kollege ist in der Lage mir brauchbare Ratschläge für die Anlage eines Farnherbars zu geben?

Bücherschau.

Die Ernährung gärtnerischer Kulturpflanzen. (Fünfte Auflage von „Anwendung künstlicher Düngemittel im Obst- und Gemüsebau, in der Blumen- und Gartenkultur".) Von Prof. Dr. Paul Wagner. Preis geb. 3 M. Berlin 1908. Verlag von Paul Parey.

Prof. Wagner, der seit Jahren der Pflanzenernährung besondere Aufmerksamkeit zuwendet und wohl als erster auch die Ernährungsfragen der gärtnerischen Kulturpflanzen erforscht hat, unterzog die vorliegende fünfte Auflage seiner weitverbreiteten Schrift einer gründlichen Neubearbeitung, bei welcher die neuen Ergebnisse exakt durchgeführter Düngungsversuche berücksichtigt wurden. Neu aufgenommen wurden einige Abschnitte, welche die Hauptvorgänge der Pflanzenentwickelung und die außer der Ernährung das Pflanzenleben beeinflussenden Faktoren behandeln. Auf fünfzehn Tafeln werden Ergebnisse künstlicher Düngungsversuche im Bilde vorgeführt. In zahlreichen, klar geschriebenen Kapiteln wird alles behandelt, was der Kultivateur, der seine Kulturpflanzen sachgemäß ernähren will, zu wissen nötig hat. Diese Schrift ist wie keine zweite dazu berufen, der immer noch in weiten gärtnerischen Kreisen über Ernährungsfragen herrschenden Unkenntnis abzuhelfen und wird überall da großen Nutzen stiften, wo ihre Anleitungen Beachtung finden. **M. H.**

Garcke's illustrierte Flora von Deutschland. 20., umgearbeitete Auflage. Herausgegeben von Dr. Franz Niedenzu. Mit etwa 4000 Einzelbildern in 764 Originalabbildungen. Preis in Leinen geb. 5,40 M. Berlin 1908. Verlag von Paul Parey.

Die erste Auflage dieses in mehr als 60 000 Exemplaren verbreiteten musterhaften Taschenbuches erschien 1849 unter dem Titel „Die Flora von Nord- und Mitteldeutschland"; von der 17. Auflage (1895) ab führte das erweiterte Werk den Titel „Flora von Deutschland". Prof. Dr. Friedr. Aug. Garcke, dem am 10. Januar 1904 verstorbenen Verfasser, den auch ich als prächtigen Menschen schätzte, war es vergönnt, 19 Auflagen seines Lieblingswerkes zu bearbeiten; die vorliegende 20. Auflage schmückt sein Portrait, dem sich ein kurzer Lebensabriß anschließt.

Ich kenne und benutze die Garckesche Flora schon seit über 30 Jahren, bin erfreut über die pietätvolle Bearbeitung, welche Dr. Niedenzu der 20. Auflage zuteil werden ließ, und billige es durchaus, daß er das künstliche Linnésche System durch das heute zur Herrschaft gelangte natürliche System ersetzt hat; der gesamte, im speziellen Teile gebotene Stoff ist also nach diesem Systeme geordnet. Trotzdem durch dessen Einführung im ersten Teile der Umfang von 72 auf 20 Seiten verkürzt werden konnte, hat sich der Umfang des ganzen, immer noch handlichen Bandes in Taschenformat von 780 Seiten der 19., auf 837 Seiten bei der 20. Auflage erhöht.

Auch in dieser neuen, nach jeder Hinsicht durchaus auf der Höhe stehenden und unerreichten Bearbeitung ist dieser durch den Verlag vorzüglich ausgestatteten Flora weiteste Verbreitung und eine gute Aufnahme sicher. M. H.

Der Kleingarten, seine Anlage, Einleitung und Bewirtschaftung. Von Max Hesdörffer. Preis 60 Pf., 50 Stück 25 M, 100 Stück 45 M. Berlin 1908. Verlag von Paul Parey.

Diese etwas über vier Druckbogen starke Schrift, zu welcher Prof. Georg Schöbel ein prächtiges Titelbild gezeichnet hat, will dem Schreber- bezw. Kleingärtner und Laubenkolonisten die dringend wünschenswerte Anleitung zur Anlage und Bewirtschaftung der Parzelle geben; ihr Inhalt setzt sich aus über dreißig Kapiteln zusammen und behandelt sowohl Gemüsebau, als auch Obst- und Blumenzucht in leicht verständlicher Sprache, überall den besonderen Bedürfnissen des „kleinen Mannes" Rechnung tragend. „Sie verdankt", so schrieb ich im Vorwort, „ihre Entstehung einer Anregung von Seiten der Abteilung „Arbeitergärteh" des Vaterländischen Frauenvereins, Charlottenburg. Ministerialdirektor Excellenz Dr. Thiel, der mir diese Anregung vermittelte, hat seinem Interesse zur Sache auch in mehrfachen Besprechungen mit mir über Plan und Ausführung der Arbeit Ausdruck gegeben. In der gegenwärtigen Zeit, in welcher, gefördert durch städtische Behörden, Vereine und Großindustrielle, Schrebergärtenanlagen, die sich oft aus Hunderten von Einzelparzellen zusammensetzen, immer zahlreicher werden, vor den Toren der Großstädte Lauben- und Gartenkolonien weite Flächen bedecken, gewinnt auch der Kleingartenbau ständig größere volkswirtschaftliche Bedeutung. Leider bieten aber diese Kleingärten, die Gesundheit und Wohlstand des Arbeiter- und Mittelstandes heben können und sollen, vielfach ein trostloses Bild, weil ihre Bewirtschaftung ohne alles Verständnis betrieben wird. Es wird dabei viel Geld unnütz ausgegeben, viel Zeit für unsachgemäße Arbeiten aufgewendet, und schließlich bleibt auch oft der Ertrag hinter den bescheidensten Erwartungen zurück.

Verfasser, dessen Kulturen inmitten ausgedehnter Gartenkolonien liegen, dem sich also seit Jahren Gelegenheit bietet, Hunderte von Liebhabern bei der Gartenarbeit zu beobachten, weiß, was diesen nottut und war immer gern bereit, in den in Frage kommenden Vereinen durch Vorträge Belehrung zu bieten. Da aber die vorgetragenen Anleitungen nicht dauernd im Gedächtnis bleiben, und da andererseits die meisten Kleingärtner die Ausgabe auch nur weniger Mark für ein Gartenbuch scheuen, und leichter zehn- und zwanzigfache Beträge für nutzlose Anschaffungen und zielloses Wirtschaften im Garten vergeuden, glaubte Verfasser mit vorliegendem kleinen Schriftchen der guten Sache einen Dienst zu leisten. Er hofft, daß die gegebenen, auf langjähriger Praxis fußenden Anleitungen den Kleingartenbau in weiten Kreisen so fördern mögen, daß alle, die nach der Berufsarbeit des Tages im

Garten Erholung suchen, die eigene Scholle mit Nutzen bebauen können und dadurch dauernd lieb gewinnen".

Die Schrift sei besonders den Behörden, Großindustriellen und Gartenbauvereinen, welche dem Kleingartenbau Förderung angedeihen lassen, zur Anschaffung und Verteilung an die Interessenten empfohlen.

M. H.

Mannigfaltiges.

Kleingärten. In Siegen hat die städtische Armenverwaltung für ihre Pfleglinge im Jahre 1906 auf dem Giersberge 33 Familiengärten eingerichtet. Diese Einrichtung hat sich durchaus bewährt. Die Pächter haben auf die Anlegung und Pflege der Gärten sowie auf die Errichtung schöner Lauben viel Liebe und Sorgfalt verwendet und Mustergültiges geschaffen. Aus Mitteln des Verschönerungs- und des Armenunterstützungsvereins konnten 1907 11 Preise von 5—30 M, zusammen 115 M, für Lauben und 8 Preise von 5—25 M, zusammen 95 M, für Gartenpflege zuerkannt werden. Die Armenverwaltung richtet gegenwärtig für andere Stadtteile noch 31 Gärten ein, sodaß sich ein Gesamtbestand von 64 Gärten ergibt. — Die Stadtgemeinde Hainichen (Sa.) erwarb ein größeres Areal zur Errichtung kleiner Pachtgärten. Der Gemeinderat bewilligte für die Einrichtungsarbeiten 1800 M. — In Dresden-Friedrichstadt errichtete die Gruppe Friedrichstadt des Evangelischen Arbeitervereins auf einem Areal von 15000 qm 121 Gärtchen von mindestens je 100 qm Bodenfläche. Es wurden sofort nach Fertigstellung 110 Gärtchen vermietet. — Die „Patriotische Gesellschaft" in Hamburg hat im Vorjahre auf ihr vom Staate überwiesenen zwei Flächen von 9590 qm und 8845 qm 39 Einzelgärten eingerichtet, die zum Preise von jährlich 6—9 Pfg. für den Quadratmeter und 56 solche, die zum Preise von jährlich 3 Pfg. für den Quadratmeter vermietet waren. Da die Nachfrage von Beamten, Kaufleuten, Handwerkern und Arbeitern größer als der Vorrat war, so ist eine wesentliche Ausdehnung dieser Gärten von der Gesellschaftsdirektion in die Wege geleitet.

Vogelschutz. Einen praktischen Schritt in der für die Land- und Forstwirtschaft so wichtigen Vogelschutzfrage hat jetzt die Stadt Heiligenstadt getan, indem sie ein Gelände zur Anlage von Vogelschutzgehölzen bestimmt hat. Es dürfte wohl überall Oedstellen geben, wo solche Gehölze angelegt werden können, so daß hoffentlich diesem guten Beispiel von recht vielen Orten gefolgt wird.

Matolin, ein bewährter Schattenanstrich. Vor einigen Jahren wurde von mir in einer Zeitschrift die Frage nach einem passenden Schattenanstrich veröffentlicht, leider befriedigten mich die Antworten nur wenig. Auch eine in einer französischen Zeitschrift von England aus empfohlene Wasserfarbe namens „Helios" bewährte sich nicht; sie war sehr teuer und lief bei starkem Platzregen ab. Da sah ich kürzlich zufällig einen Maurer eine Wasserfarbe für den Anstrich einer Wand zurecht machen, und ließ mir von demselben einige Glasscheiben mit dieser Mischung bestreichen. Sie bewährte sich ausgezeichnet, denn sie haftet gut und selbst starke Regengüsse vermögen ihr nur ganz geringen Abbruch zu tun. Diese Farbe führt hier den Namen „Matolin" und ist in allen Nuancen zu haben; am geeignetsten ist wohl eine grünliche. Im Herbst läßt sie sich bequem mit Wasser und Bürste abreiben. Matolin ist also meinen Erfahrungen nach der beste Schattenanstrich und verhältnismässig billig.

Wilhelm Fries, Cappellen bei Antwerpen.

Bevorstehende Ausstellungen.

Deutsche Rosenausstellung im Leipziger Palmengarten. Vom 27. Juni bis 5. Juli 1908 wird im Leipziger Palmengarten eine große Rosenausstellung stattfinden. Diese Rosenausstellung, mit der auch eine Bindekunstausstellung verbunden werden soll, wird vom Leipziger Gärtnerverein aus Anlaß des in Leipzig tagenden 23. Kongresses des „Vereins Deutscher Rosenfreunde" veranstaltet; es sind zu diesem Zwecke etwa 15000 □m freies Land von Palmengarten zur Verfügung gestellt worden. Die Beteiligung de bekanntesten Rosenzüchter Deutschlands ist bereits gesichert, un die großen Ausstellungsflächen sind schon jetzt mit den schönste Rosen in künstlerischer Anordnung bepflanzt.

Heiteres.

In einer kleinen Garnison sind die Vizefeldwebel der Reserv zu einer Uebung eingezogen und nehmen auf Regimentsbefehl an Offiziersessen im Kasino teil. Während sie dort an einen Ende der Tafel zusammensitzen, entspinnt sich zwischen zwe Offizieren am anderen Ende folgendes Gespräch: „Sagen Sie mal Kamerad, was ist eigentlich der Vize, der Ihrer Kompagnie zugeteilt ist, in seinem Zivilberuf?" „Der nennt sich Gartenarchitekt." „Jartenarchitekt? Womit beschäftigt sich denn so'n Mann?" „E hat zuletzt einen landschaftlichen Friedhof angelegt." „Ach so Jewissermaßen besserer Totenjräber!" (Jugend.)

Tagesgeschichte.

Paris. Die Zahl der ausständigen Gärtnergehilfen im Seine-Departement hat beträchtlich zugenommen. In einigen Ortschafter haben die Streikenden Baumpflanzungen und Blumengärten verwüstet. Da mehrere für die Pariser Markthallen bestimmte Blumenladungen von ihnen angegriffen wurden, ordnete die Behörde an, daß den Blumenwagen bis auf weiteres Gendarmeriebegleitung beigegeben werde.

Wirsitz. Die Stadtgemeinde legt einen Stadtpark an, in welchem auch die Vergnügungen der deutschen Vereine stattfinden sollen.

Personal-Nachrichten.

Bandhold, Andreas, Gutsgärtner zu Seestermühle im Kreis Pinneberg, erhielt das Allgemeine Ehrenzeichen.

Habermalz, Michael, Gärtnereibesitzer in Erfurt, † am 29. v. M im 80. Lebensjahre.

Hanauer, Jean, früher Obergärtner in Darmstadt, wurde vo Fürsten Christian Ernst zu Stolberg-Wernigerode als Hofgärtne angestellt und mit der Leitung der Gartenverwaltung in Wernigerod betraut.

Riemann, Gärtner im Tiergarten zu Berlin, wurde vom Finanz ministerium der Titel Gartenmeister verliehen.

Schunk, Henry, seit längerer Zeit bei der städtischen Garten verwaltung in Wiesbaden tätig, wurde dortselbst als Gartentechnike angestellt.

Steinringer, Heinr., seit längerer Zeit bei der städtische Gartenverwaltung in Wiesbaden tätig, wurde dortselbst zum Obe gärtner befördert.

Briefkasten der Redaktion.

H. B. 3. Wir raten Ihnen, sich an den „Deutschen Gärtne Verein", London W. C., 13 Upper St. Martins Lane, Trafalg Square, zu wenden, der Ihnen wohl die gewünschte Stelle London vermitteln, bezw. Ihnen dazu behilflich sein wird.

Gr., Emden. Das im Deutschen Reiche gebräuchliche Flächenm ist dem Dezimalsystem zufolge der □m. 100 □m = 1 A 10000 □m = 1 Hektar. Im nichtamtlichen Verkehr werden Grun flächen noch häufig nach dem alten Maße, also nach □ Ruten u Morgen berechnet. Eine □ Rute = 14,185 □m, ein preußisch Morgen = 2553 □m.

J. R., Kr. (Rußl.). *Dispora caucasica* ist ein Bazillus, d durch Symboise mit anderen niederen Pilzen eine mit der Mil säuregärung gleichzeitig verlaufende alkoholische Gärung v ursacht, deren Produkt der Kefir ist. Soweit uns bekannt, wu *Dispora caucasica* bisher nur in gärender Milch nachgewiesen.

Berlin SW. 11, Hedemannstr. 10. Für die Redaktion verantwortlich Max Hesdörffer. Verlag von Paul Parey. Druck: Anhalt. Buchdr. Gutenberg e. G. m. b. H., Dessa

e Bücher

udium, Unterhaltung, Belehrung) neuesten Auflagen gegen

bequemste

onatl. Zahlungen

ohne Preiserhöhung — Kataloge gratis u. frei.

rl Block, Buchhandlg. Breslau 75.

Vertreter gesucht. [1097]

!Ein Juwel für die Gärtner!

Tunica Saxifraga fl. pl. rosea,

eine **wertvolle** Vervollkommnung der Felsennelke aus den steier. Alpen, ist der **gangbarste Artikel** für Handelsgärtner etc. Mit ihrem **einzigartig zarten, polsterartigen** Grün, auf welchem sich **Legionen prachtvoll gefüllter** Blüten, auf Schleierkraut ähnlicher Beästelung, **von Mai bis Spätherbst in ununterbrochener** Weise entfalten, wird diese Pflanze zum Ideal der **Friedhofs-, Balkon- und Teppichgärtnerei.** Ist ganz anspruchslos im Boden, **immergrün,** vollständig winterhart und bedarf absolut **keiner** besonderen Pflege. Kräftige, im Sommer blühende Pflanzen 1 St. 85 Pfg., 25 St. 15 M. Sehr starke Vermehrungspflanzen Preise brieflich. Beschreib. u. Abbild. gratis. [1099

Josef Pregetter, Gärtner, Weiz (Steiermark).

PAUL HUBER [18

Formobst- Baumschule

Halle a. Saale.

Waldrosenwildlinge!

von 1 bis 2 Meter Höhe, gut, gesund, bewurzelte Stämmchen, % Stück 6 M, ‰ 55 M, freie Emballage,

Buxbaum,

kurz, gedrungen, % Meter 10 Mark, ‰ Meter billiger, liefert [225

Gärtner **Wilhelm Leygraf,** **Unterkahlenhausen 41 Cöln** a. Rh.

brüder Bagnasco

Blumengärtner

enua (Italien).

Postfach 278.

ür die Frühlings-Saison zu en billigsten Tagespreisen mpfehlen nur erste Ware:

Nelken, Calla,

ielrosen, Ulrich Brunner,

Seerosen, Iris

und andere schöne altbare Rosen etc.

ische Cycaswedel, Chamaerops humilis, tadelse Ware, billigst. [1095

Weiche Schattendecken sind die stärksten und auf die Dauer billigsten?

Das sind die

HERCULES

mit den **Schnallengliederketten aus verzinktem Bandeisen.** Grösste Zugfestigkeit. Dieselben liefert

Ed. Zimmermann, Altona/Elbe

Spezialfabrik für Gewächshäuser, Wintergärten, Veranden und 135] **Frühbeetfenster etc.** Etabliert 1870.

Hornspäne

Bestes und billigstes Naturdüngemittel für alle gärtnerischen Zwecke.

I. Qual. gar. rein,
100 kg 21 M, 50 kg 11 M, 25 kg 6 M;
Postkolli franko 2,60 M.
II. Qual. (mit Hornabfall vermischt)
100 kg 18 M, 50 kg 9,50 M, 25 kg 5 M;
Postkolli franko 2,20 M.
Hornmehl, gar. rein, 13/16% Stickstoff,
100 kg 24 M, 50 kg 12,50 M, 25 kg 6,75 M;
Postkolli franko 2,75 M.

Versand ab Magazin Zittau gegen Nachnahme.

Max Leidhold, Königl. Sächs. Hoflieferant, **Zittau 15** in Sachsen. [204

Knollen-Begonien-Sämlinge,

zweimal verpflanzte starke Pflanzen, einf. dkl.- und feurigrot, orange, rosa, weiss, gelb % 3,50 M, Misch. % 3 M.
Gefüllte mit Rosen- und Kamellienbau, geben 80—90 Proz. bestgefüllte, rot, rosa, weiss, gelb % 4,50 M, Mischung % 4 M.
Gefranste, extra rot, rosa, weiss, gelb % 4 M, Mischung % 3,50 M.
Gloxinien-Sämlinge hybr. grandifl. Kaiser Wilhelm II., Kaiser Friedrich, erecta crassifolia % 3 M, Mischung % 2,50 M.
Begonien semperflorens, extrastark, zweimal verpflanzt, **atropurpurea, Vernon, gracilis, gracilis albida** % 2,20 M, ‰ 20 M, **Anna Regina, gracilis Feuerball, Teppichkönigin, gracilis luminosa** % 2,80 M, ‰ 20 M
empfiehlt in bekannter starker Ware und nur prima I. Qualität [858

Paul Schmid, Donzdorf (Württemberg).

Thüringer Grottensteine

zur Anlage von Felsenpartien, Ruinen, Grotten, Wasserfällen, Wintergärten.

Naturholz-Gartenmöbel,

Pflanzenkübel etc. Preislisten frei. [522

C. A. Dietrich, Hoflieferant, **Clingen b. Greussen.**

utsche und Holländische

Torfstreu.

Torfstreufabriken
von Mensbier-Wolff & Co.,
Bremen. [1070

ABNER & Co., Cöln-Lindenthal Fabrik Ohligs

Spezialfabrik für Mäher und Gartengeräte, Gartenwalzen, Schlauchwagen, Rasensprenger und Gartenspritzen.

Rasenmäher neuester Systeme.

Neues Modell H. 1907. H. [811

Marke „PERFECTION" D. G.-M.

Im Gebrauche der Kaiserlichen Gärten am Neuen Palais Sanssouci-Charlottenburg, Wilhelmshöhe, Hofburg Wien, Schönbrunn etc. etc., des Palmengartens Frankfurt a. M., der Städte Berlin, Paris, Wien, Brüssel, Bern etc. etc. höchstprämiiert gegen die gesamte Konkurrenz. 1902 Budapest, 1904 Düsseldorf, 1905 Paris, Dresden und Mannheim 1907.

Küchengewürzkräuter

Spezialität.
Viele Sorten [686
Samen ■ Pflanzen
empfiehlt
Carl Karstädt,
Tzschetzschnow bei Frankfurt a. d. O.

Samen-Beutel
in allen Größen mit und ohne Druck empfehlen
Fr. Traunecker's Nachfolger
Zuffenhausen. [1065]

50 Prozent

sparen Sie,

wenn Sie zum **Verpacken** aller Arten Pflanzen, zum **Schattieren** usw. einmal gebrauchte

Packleinewand

verwenden. Ueberall eingeführt. Offerte gern zu Diensten. [1069

Heyno Nitzsche,
Markranstädt.

Azalea mollis, [1086

voll mit Knospen besetzt, empfiehlt in starken Pflanzen und besten Farben: 10 Stück 9 bis 14 M, 100 Stück 80 bis 125 M.

Burg b. Hoyerswerda. **J. Kmetsch.**

Wer kein wurmstichig. Obst

bauen will, dem empfehle ich jetzt meine

Leim-Insektenfanggürtel

anzulegen. Ein Probestück, 4 m lang, 50 Pf., 1 Rolle, 25 m lang, 2,— M, 4 Rollen, ein Postpaket, 7 M 50 Pf. versendet gegen vorherige Einsendung des Betrages oder gegen Nachnahme [1082

Arthur Förster, Zeitz, Albrechtstr. 1.

Druck der Anhaltischen Buchdruckerei Gutenberg e.G.m.b.H. in Dess

Die Abonnenten erhalten mit diesem Heft eine farbige Kunstbeilage.

Illustrierte Wochenschrift für den gesamten Gartenbau.

Herausgeber: Max Hesdörffer-Berlin.

Erscheint jeden Sonnabend.
Monatlich eine farbige Kunstbeilage.

Bezugsbedingungen:
[Dur]ch jede Postanstalt bezogen Preis 2.50 M. vierteljährl. In Österreich-Ungarn 3 Kronen. [Be]i direktem Bezug unter Kreuzband: Vierteljährlich 3 M. Im Weltpostverein 3.75 M. Einzelpreis jeder Nummer 25 Pf.

[Bei] ohne Vorbehalt eingehenden Beiträgen bleibt das Recht redaktioneller Änderungen [vor]behalten. Die Honorarauszahlung erfolgt am Schlusse jeden Vierteljahrs.

Anzeigenpreise:
Die Einheitszeile oder deren Raum 30 Pf.; auf der ersten und letzten Seite 50 Pf. Bei grösseren Anzeigen und Wiederholungen steigender Rabatt. Beilagen nach Übereinkunft. **Anzeigen in der Rubrik Arbeitsmarkt** (angebotene und gesuchte Stellen) kosten für Abonnenten einmalig bis zu 10 Zeilen Raum M. 1.50, weitere Zeilen werden mit je 30 Pf. berechnet. Erfüllungsort auch für die Zahlung: Berlin.

Adresse für Verlag und Redaktion: Berlin SW. 11, Hedemannstrasse 10.

XII. Jahrgang No. 33. | Verlag von Paul Parey, Berlin SW. 11, Hedemannstr. 10. | 16. Mai 1908.

Einstimmig!

wurde meine Gewächshausanlage der

Jubiläumsausstellung Mannheim 1907

bestehend aus 2 Nizzahäusern, grossem Palmenhaus, 2 Kulturhäusern, Viktoria-Regia-Haus usw. nebst Warmwasserheizung mit 2 grossen Strebel-Original-Gegenstrom-Glieder-Kesseln, im Konkurrenzbewerb **unter besonderer Anerkennung der Vorzüge meines Systems,** meiner Lüftungseinrichtungen, meiner Oberheizung usw. nach einer **bis in das Kleinste gehenden Prüfung** seitens der massgebenden **Sachverständigen,** von der

Stadt Mannheim

für **Mark 40 000** angekauft.

Oscar R. Mehlhorn

Renommierteste Spezialfabrik für Gewächshausbau und Heizungsanlagen

Schweinsburg (Pleisse), Sachsen.

[31

Illustrierte Wochenschrift für den gesamten Gartenbau.

Jahrgang XII. 16. Mai 1908. No. 33.

Landschaftsgärtnerei.

Skizzenwettbewerb zur Erlangung von Entwürfen für die Einrichtung des Südwestkirchhofes bei Stahnsdorf-Berlin.

Vom Herausgeber.

Das am 26. August 1907 veröffentlichte Preisausschreiben des geschäftsführenden Ausschusses der Berliner Stadtsynode stellt sowohl in Rücksicht auf die Größe des für die Stahnsdorfer Friedhofsanlage vorgesehenen Terrains, das rund 110 ha umfaßt, als auch im Hinblick auf die ausgeworfenen Preise im Gesamtbetrage von 12000 Mark den bedeutsamsten bisher erlassenen Wettbewerb zur Erlangung von Friedhofsprojekten dar. Wenn trotzdem die Beteiligung verhältnismäßig gering war — es wurden rechtzeitig insgesamt nur 15 Konkurrenzarbeiten eingeliefert —, so mag dies einerseits mit verursacht sein durch die für Gartenkünstler außerordentlich ungünstige Zusammensetzung des Preisgerichtes, das unter 9 Richtern nur zwei gärtnerische Fachleute aufwies, andererseits durch die nebenherlaufende große Konkurrenz für den Hamburger Stadtpark, mit einem ersten Preise von 10000 Mark und Preisen in einer Gesamthöhe von 20000 Mark, wozu noch 4500 Mark zum Ankauf nicht prämiierter Projekte kommen, und durch das Schillerpark-Preisausschreiben in Berlin, mit Preisen von 10000 Mark. Der Termin für die Einlieferung der Projekte zum letztgenannten Preisausschreiben war am 1. April abgelaufen; es sollen 85 Konkurrenzarbeiten rechtzeitig und etwa 15 weitere noch nachträglich eingegangen sein. Es beweist dies, daß Projekte von Parkanlagen der weitaus größten Zahl der Gartenkünstler viel näher als Friedhofsprojekte liegen, weil eben die Ausarbeitung letzterer spezielle Kenntnisse im Friedhofs- und Beerdigungswesen voraussetzt, die sich in den meisten Fällen nur derjenige aneignen kann, der in einer großen Friedhofsverwaltung tätig gewesen ist.

Wie das Programm richtig ausführte, fiel die Lösung der für Stahnsdorf gestellten Aufgabe teils in das Gebiet der Baukunst, teils in dasjenige der Gartenkunst. Es war deshalb wünschenswert, daß sich Architekten und Gartenkünstler zur Lösung der Aufgabe vereinigten. Ergebnisse einer derartigen Vereinigung sind auch die mit den drei ersten Preisen gekrönten Projekte. Nach den Bestimmungen des Preisausschreibens konnte auf einstimmigen Beschluß des Preisgerichtes die Gesamtsumme von 12000 Mark, die ursprünglich für drei Preise vorgesehen war, auch anderweit, jedoch auf nicht mehr als fünf Preise verteilt werden. Eine Verteilung auf fünf Preise hat nun stattgefunden, so daß ein Drittel der eingegangenen Projekte ausgezeichnet wurde. Hierdurch

Kapellen für je drei Gemeinden zum Entwurfe von Nitze und Thieme.
Originalaufnahmen für die „Gartenwelt".

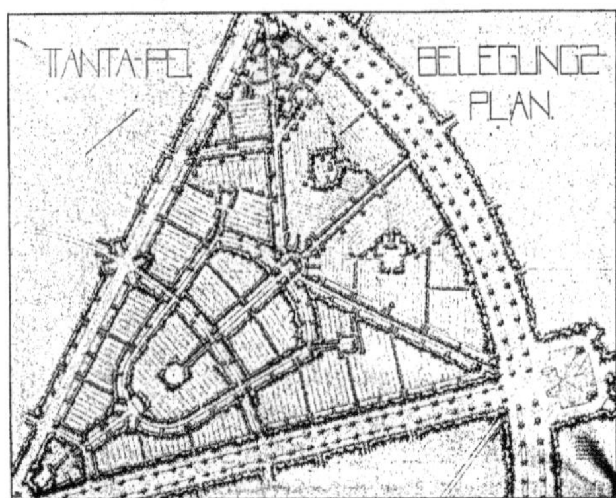

Maßstab 1 : 2000. Originalaufnahme für die „Gartenwelt“.

boten sich den Bewerbern außerordentlich günstige Aussichten, wie sie bisher kaum jemals bei öffentlichen Konkurrenzen vorlagen. Bemerkenswert ist der Umstand, daß die beiden mit je einem 4. Preise ausgezeichneten Projekte von Architekten ohne Hinzuziehung von Gartenkünstlern entworfen wurden; sie stehen aber auch meiner Ueberzeugung nach erheblich hinter den drei übrigen preisgekrönten Arbeiten zurück.

Im Programm war gefordert worden, daß die Anlage einfach aber würdig sei, daß auf eine weitgehende Verwendung des Geländes zu Grabstellen Bedacht genommen werden müsse und daß ferner der Eindruck eines öffentlichen Parkes zu vermeiden sei. Des ferneren sollte im Entwurf darauf Rücksicht genommen werden, daß die Anlage, dem Beerdigungsbedürfnis folgend, erst im Verlaufe von Jahrzehnten stückweise der Vollendung entgegenzuführen ist.

Es fehlt uns hier an Raum, auf weitere Einzelheiten des sehr ausführlich und sachgemäß bearbeiteten Programms einzugehen; es erübrigt sich dies auch.

Wir hatten die Absicht, die mit erstem, zweitem und drittem Preise prämiierten Projekte unseren Lesern vorzuführen. Von der Veröffentlichung der beiden mit vierten Preisen ausgezeichneten Projekte, die ohne gärtnerische Mitarbeit zustande gekommen sind, glaubten wir, da sie kein besonderes gärtnerisches Interesse bieten, und auch in Rücksicht auf den anderweit zur Veröffentlichung bereit liegenden reichen Stoff absehen zu können. Der geschäftsführende Ausschuß der Berliner Stadtsynode gestattete uns bereitwilligst die photographische Aufnahme und Veröffentlichung der in Frage kommenden Projekte, machte aber zur Bedingung, daß auch die Verfasser derselben mit der Veröffentlichung ihrer Arbeiten einverstanden seien. Dieses Einverständnis wurde uns von den Verfassern der mit dem ersten und dritten Preise prämiierten Projekte bereitwilligst erklärt, während es von den Verfassern des mit dem zweiten Preise ausgezeichneten Projektes nicht ohne weiteres zu erlangen war, weshalb wir selbstverständlich von der Veröffentlichung dieses Entwurfes absehen.

Trotz der eigenartigen Zusammensetzung des Preisgerichtes stehen wir nicht an, zu erklären, daß der mit dem ersten Preise ausgezeichnete Entwurf des Stadtbauinspektors Nitze und des Stadtobergärtners Thieme, beide in Wilmersdorf bei Berlin, auch nach unserer Ansicht die weitaus beste unter den 15 eingelaufenen Konkurrenzarbeiten ist und allen zu stellenden Anforderungen entspricht; er wird zweifellos zur Ausführung gelangen. Die Klarheit und Uebersichtlichkeit dieses Projektes besticht auf den ersten Blick. Auch das mit dem dritten Preise prämiierte Projekt ist im Kerne gut, nach den Grenzen hin läßt die Anlage aber die wünschenswerte Uebersichtlichkeit vermissen. Wahrhaft meisterhaft sind die diesem Projekte beigegebenen, in Tuschmanier ausgeführten zahlreichen Schaubilder. Leider gebot es der beschränkte zur Verfügung stehende Raum, es bei der Wiedergabe einiger weniger bewenden zu lassen. Unter den übrigen Projekten befanden sich neben besseren und mittelmäßigen auch durchaus minderwertige Arbeiten von Verfassern, die da glauben, wenn sie mit dem Zirkel einige Kreise und Bretzeln schlagen, eine große Aufgabe gelöst zu haben.

Erläuterungsbericht zum Entwurf „πάντα ῥεῖ“ *).

Mit dem ersten Preise ausgezeichnet.

Verfasser Stadtbauinspektor **Nitze** und Stadtobergärtner **Thieme**, beide in Wilmersdorf bei Berlin.

(Hierzu sechs Abbildungen.)

Fern von dem Lärm der Großstadt, in stiller märkischer Heide, werden wir unsere Toten bestatten. Erst nach einer Eisenbahnfahrt werden die Leidtragenden die Stätte erreichen, an der sie die Erinnerung an ihre Verblichenen andachtsvoll pflegen können. Schon die räumliche Entfernung, die andere Umgebung gibt dem dem Gewühl der Straßen entronnenen Großstädter eine andere Stimmung, und dieses Gefühl der andachtsvollen Stille soll gehoben werden durch den Charakter, den die Verfasser diesem Entwurfe gegeben haben. Es schien

*) Alles fließt, alles ist Bewegung, bezw. Leben, kein Stillstand.

Kirche zum Entwurfe von Nitze und Thieme.
Originalaufnahme für die „Gartenwelt".

daher auch angebracht, in das tiefe Grün helle, ländlich wirkende Bauwerke zu setzen, welche sich mit freundlichem Rot und Weiß wirkungsvoll von dem dunklen Hintergrunde abheben, und in ihrem Gepräge an das gemütvolle Wesen unserer Großväter und Urgroßväter anklingen.

Nach zurückgelegter Eisenbahnfahrt verlassen wir den Bahnhof auf breiter, baumbeschatteter Straße. Hinter uns wird diese durch ein Geleis überschritten, auf welchem der zu nächtlicher Stunde eintreffende Leichentransport in den Eisenbahnwagen ohne Umladung zum Leichenhause erfolgt. Die Ueberführung kann unter Benutzung eines Schienenweges mit 4 m Gefälle leicht durch Pferdekraft ermöglicht werden. Im Anschluß an das Bahnhofsgebäude sind Erholungsräume für die Leidtragenden vorgesehen. An der linken Seite der Straße sehen wir in Schuppen, welche in geschlossenem Zuge einen Block umgeben, die Auslagen der Steinmetzen, welche die kleineren Nacharbeiten, wie Einhauen der Schriften, in dem dem Publikum nicht sichtbaren Kerne des Baublocks vornehmen. Für bequemen Transport der mit der Bahn eintreffenden Werkstücke von einem besonderen Gütergeleis ist gesorgt. An den Dienstwohnhäusern für die oberen Friedhofsbeamten vorbei, gelangen wir an einen geräumigen Platz, welcher sich durch Kolonaden nach dem Friedhofe hin öffnet. Auf diesem sind die Läden für den Verkauf von Blumen untergebracht, gleichzeitig dem praktischen Bedürfnis und dem belebenden Schmucke dienend.

Gegenüber dem Haupteingange, gegen diesen aber an Masse zurücktretend, sehen wir das Verwaltungsgebäude. Mit Rücksicht auf den zu bestimmten Zeiten besonders großen Verkehr sind Vorräume und Flure in stattlicher Abmessung gewählt. Die Geschäftsräume sind durch Oberlicht reichlich erhellt; die Schalter sind so angeordnet, daß eine Kreuzung des Verkehrs vermieden wird, da das Publikum durch das linke Portal eintritt und durch das rechte wieder ausgeht. Für die während dieser Zeit wartenden Angehörigen sind Bänke in der gedeckten seitlichen Vorhalle vorgesehen.

Rechts von uns liegt das Direktorwohnhaus. Das Arbeitszimmer des Direktors übersieht den Vorplatz zum Kirchhof, während die übrigen Räume, dem gleichmäßig wehmütigen Anblick abgekehrt, nach der gesunderen Sonnenseite liegen. Im Hintergrunde gruppieren sich, mit Einzelgärten umgeben, die Wohnhäuser für die Unterbeamten. Um den Friedhofseingang von dem in seinen Nebenerscheinungen unschönen Anblick der wartenden Gefährte frei zu halten, ist der Warteplatz für die Fuhrwerke hinter das Verwaltungsgebäude gelegt. Wir gelangen zu ihm auf den seitlich von diesem hinführenden Fußwegen. Dieser Halteplatz wird von den Wagen auf den rechts vom Verwaltungsgebäude liegenden Wegen erreicht; sie verlassen ihn wieder ohne Kreuzung des Verkehrs auf den links abführenden Straßen.

Wirtschaftsgebäude zum Entwurfe von Nitze und Thieme.
Originalaufnahme für die „Gartenwelt".

Wir treten in den Friedhof ein: Rechts und links zweigt gabelförmig der mit Linden (*Tilia euchlora*) bepflanzte, das Gelände in fast seiner ganzen Größe durchschneidende Umführungsweg ab. Zwei hohe Obelisken zeigen

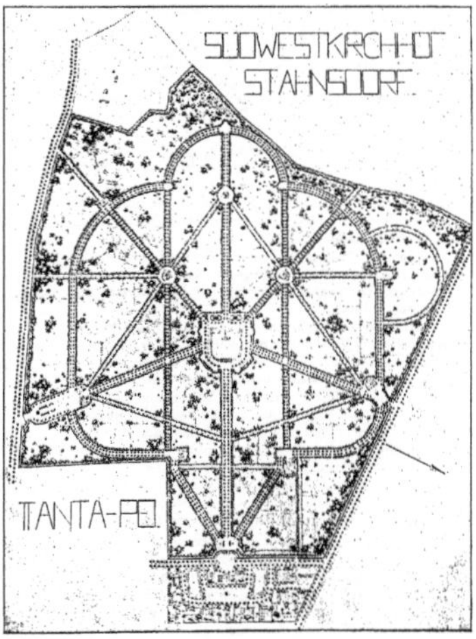

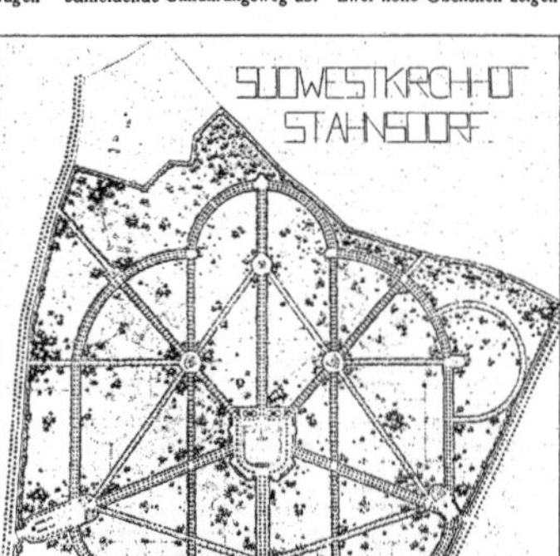

Mit dem ersten Preise ausgezeichneter Entwurf von Nitze und Thieme.
Maßstab etwa 1 : 12000. Originalaufnahme für die „Gartenwelt".

dem des Weges Unsicheren den Ausgang an. Vor uns führt die breite, mit breitästigen Platanen *(Platanus occidentalis)* bestandene Fahrstraße zur Kirche, als Bauwerk höchsten Wertes in das Herz des Geländes gelegt, deren hochragender Glockenturm, sichtbar auf allen Hauptwegen, den Mittelpunkt der Anlage weithin anzeigt. In der Annahme, daß diese Kirche zweifachen Zwecken dient, dem sonntäglichen Gottesdienst und der Abhaltung von Trauerfeiern größten Stiles, ist die Ausbildung dieses Baues erfolgt. Um für die zahlreichen stehenden Teilnehmer eine Uebersicht zum Altar und zum Geistlichen zu ermöglichen, ist das Querhaus, das durch den Weg des Sarges nicht betroffen wird, zur Aufnahme des größeren Teiles der Trauernden großräumig ausgebildet und mit steigenden übersichtlichen Estraden versehen worden. Zur bequemen Erreichung dieses Hauptteiles der Plätze sind, abgesehen von den Eingängen im Querhause selbst, die seitlichen Gänge vorgesehen, so daß sie bequem zu erreichen sind, ohne daß die später Kommenden sich durch die bereits Anwesenden durchdrängen müssen. Zur Steigerung der ernsten monumentalen Wirkung ist die Kirche umgeben von einem Säulengange, welcher sie abschließt gegen den übrigen Friedhof und doch wieder mit ihm verbindet, durch die über das niedrige Dach nickenden Wipfel. Die Ruhe soll dadurch erhöht werden, daß dieser Innenhof ganz frei gehalten ist von zerstreuenden Pflanzungen, so daß nur die großzügigen Konturen der ferneren Bäume zur Wirkung kommen. Seitlich des Querschiffs, abgelegen vom Verkehr des großen Zuges, sind zwei große Wasserbecken angeordnet, von Gängen umgeben, in denen sich die Masse der Kirche spiegelt, und welche in ihrer stillen Abgeschiedenheit bestimmt sind für die, welche sich ihrer Trauer unbeachtet hingeben wollen in diesen Tränenhöfen.

Von der Kirche führen strahlenförmig fünf weitere in verschiedener Breite und Bepflanzung gehaltene Alleen in die übrigen Teile des Friedhofes. Bei einer derartigen Gestaltung ist die Orientierung, auf welche in Anbetracht der Größe des Gesamtkomplexes der größte Wert gelegt werden mußte, denkbar leicht.

Für die von Stahnsdorf oder Babelsberg kommenden Besucher sind zwei weitere Eingänge von der Potsdamer Chaussee und der Potsdamer Straße mit Pförtnerraum und Aborten angeordnet.

Bei dem ersteren öffnet sich uns über einem mit ruhigen Blumenrabatten in Verbindung mit einem stillen Wasserbassin ausgestatteten Vorplatz der Ausblick auf die für vier Gemeinden vorgesehene Kapelle, beschirmt von dem dort noch vorhandenen alten Kiefernbestande. Die offen gehaltene Durchfahrt führt das Auge weiter auf die bereits besprochene Kirche. Bei dem nördlichen Eingange bietet sich der Ausblick auf einen exachsial gelegenen Vorplatz, gebildet durch die Kreuzung des Hauptumführungsweges mit dem zur Kirche führenden Radialwege, welcher ebenfalls mit Platanen *(Platanus occidentalis)* bestellt ist. Durch die seitliche Lage der Kapelle soll ein besonders malerischer Reiz hervorgerufen werden.

Alle übrigen Fahrwege verbinden ungezwungen die Hauptzufahrtswege mit dem Umführungswege. Die Bepflanzung soll aus Silberlinden *(Tilia tomentosa)* bestehen.

In gleicher Weise, sich fernhaltend von der Regellosigkeit eines landschaftlich angelegten Friedhofes, wie vor dem ermüdenden Schema einförmig aneinander gereihter, schier endloser Gräberfelder, ist versucht worden, die Komplexe der einzelnen Gemeinden zu gliedern, ohne die Uebersichtlichkeit zu gefährden.

Eine reichliche, nicht heckenartig zu haltende Pflanzung schließt die Gräbergärten der einzelnen Gemeinden ein. Die Reihengräber sind in Doppelreihen angelegt, bei welchen die Gräber, mit den Kopfseiten zusammenliegend, durch einen 60 cm breiten Pflanzstreifen getrennt sind, auf welchem Koniferen, Flieder, Rosen, kurz nicht zu hoch werdende Gehölze durch das Publikum angepflanzt werden sollen. Etwaige Lücken können durch die Friedhofsverwaltung leicht und ohne erhebliche Unkosten nachgepflanzt werden.

In angemessenen Entfernungen sind die Grabfelder durch eine 1 m breite Pflanzung unterbrochen, zur Erzielung eines gartenmäßigen Eindrucks. Es ist wünschenswert, den vorhandenen Waldbestand nach Möglichkeit zu erhalten. Dieser gibt im Zusammenklang mit der vom Publikum und der Verwaltung vorgenommenen Pflanzung — in den meisten Fällen wohl auch Koniferen — in kurzer Zeit das von den Verfassern erstrebte hainartige Pflanzungsbild.

Die Wahl- und Gitterstellen liegen an den großen Haupt- und Nebenfußwegen. Alle Fahrstraßen sind frei von Gräbern, um den Angehörigen die Möglichkeit zu geben, ungestört von dem großen Wagenverkehr bei ihren Toten zu verweilen.

An besonderen Punkten sind in teils regelmäßiger, teils freier Anordnung Erbbegräbnisse vorgesehen. An passenden Stellen eingestreute plätschernde Brunnen mit Ruheplätzen und Unterstandshallen unterbrechen in schlichter Weise die sonst in erhabener Ruhe gehaltenen Grabgärten.

Die gesamte Hauptpflanzung ist nach Möglichkeit aus den Vegetationsbildern unserer märkischen Waldung zusammengesetzt. Auf die Erhaltung des im Norden und Westen vorhandenen alten Kiefernbestandes ist im Entwurfe besondere Rücksicht genommen, da hier Erbbegräbnisse in größerer Anzahl angelegt sind. Zwischen der durch eine Weißdornhecke gebildeten Umzäunung und dem Beerdigungsgebiet ist eine 4 m breite Fahrstraße als Oekonomieweg vorgesehen.

Die für die Anlage der Wege und Plätze erforderliche Bodenbewegung beträgt etwa 5400 cbm. Die Größe der Beerdigungsflächen schwankt zwischen 4,4 und 5,3 ha.

In angemessener Weise sind die sieben Kapellen für die 2 bis 4 Gemeinden, entsprechend der Lage des Beerdigungsblockes, an Fahrstraßen verteilt, so daß für eine gute Verbindung zu den Kapellen und mit dem Leichenhause gesorgt ist. In den Kapellen ist für Gesangsbegleitung eine kleine Sängerbühne neben den erforderlichen Räumen vorgesehen.

Das Leichenhaus ist unweit des Bahnhofs an den großen Umgangsweg gelegt, damit der Sargtransport bequem von statten gehen kann. Um diesen Bau nicht zu stark in die Erscheinung treten zu lassen, ist er dreigeschossig angelegt, von denen das eine aus Sparsamkeitsrücksichten unter Terrain liegt. Der Verkehr mit den Särgen innerhalb des Gebäudes wird durch einen Fahrstuhl vermittelt und durch Schienen und Drehscheiben erleichtert. Durch breite Schiebetüren sind die Sargkammern von dem hellen Mittelflur zugänglich. Für die Anlage einer besonderen Kühlvorrichtung ist gesorgt. Der Grundriß ist so gestaltet, daß nur der Haupteingang am Wege liegt, während die übrigen Teile durch Pflanzung verborgen bleiben.

Der Wasserturm liegt auf dem Rückgratswege des Geländes, in der Nähe der Gärtnerei, und ist durch seine Lage geeignet, die Orientierung der Kirchhofsbesucher zu unterstützen.

Der Kostenanschlag, die gesamten Gebäude- und Gartenanlagen betreffend, schließt mit einem Aufwande von rund 2 310 000 Mark ab.

Erläuterungsbericht zum Entwurf ∞.

Mit dem dritten Preise ausgezeichnet.

Verfasser Architekt **Korff** in Laage und Gartenarchitekt **Hoemann**, Düsseldorf.

(Hierzu sieben Abbildungen.)

Allgemeines.

In den Hauptachsen der ganzen Friedhofsanlage liegend, bildet die Kirche allgemeine Orientierung. Linksseitig, vom Bahnhofe kommend, sind die Leichenhallen mit Geleisanschluß, rechtsseitig, genau symmetrisch, ein Wohnhaus für drei Pförtner und einen Leichenwärter, sowie auf der Friedhofsseite eine Kapelle mit drei

Schaubilder zum Entwurfe von Korff und Hoemann.
Originalaufnahmen für die „Gartenwelt".

Trauerräumen und dem nötigen Unterbringungsraum für acht Erwachsene und sieben Kinder angegliedert. Diese beiderseitigen Bauten, mit der Kirche durch niedrige Säulenhallen verbunden, bilden somit einen Hof, der dem Publikum als geschützter Aufenthalt und zugleich als Haupteingang dient. Mit Rücksicht auf die Kosten sind die Höhenentwicklungen aller Baumassen möglichst beschränkt, anderseits sollte durch breit gelagerte Massen der friedliche Eindruck eines Gottesgartens erhöht werden.

Auf der Hauptachse liegen ferner das Verwaltungsgebäude und der Bahnhof. Der große Raum zwischen Kirche und Verwaltungsgebäude soll als Schmuckplatz, eingefaßt durch hohe Bäume, ausgebildet werden, und dürfte die Darüberhinwegführung des sogen. Heuweges kaum empfunden werden. Als Baumaterial aller Gebäude ist roter Handstrichstein mit Putzflächen angenommen.

Die Kirche.

Als einfaches Langhaus, mit beiderseitigen, dreiteiligen, niedrigen Anbauten gedacht, bietet sie bequem 606 Sitzpläze im Hauptschiff, während mehr als 1000 Stehplätze in den Anbauten sowie unterhalb der Orgelempore vorhanden sind.

Um ein bequemes Formieren eines Trauerzuges zu gewährleisten, ist der Hauptgang zu 3,80 m Breite angenommen. Die Seitenschiffe können drei nebeneinanderliegende Windfangtüranlagen erhalten, und liegen diese Eingänge geschützt unter einem Vorhallendach (offene Wandelhalle der Höfe).

Die Sakristei, 28 qm groß, ist durch einen Wandelgang von der Südseite zu erreichen, woselbst Pförtnerloge, Waschraum und Abort untergebracht sind.

Der Sargtransport erfolgt durch die Säulenhalle, von der Leichenhalle her, auf geradem Wege.

Zwei Treppentürmchen am Glockenturm nehmen unten die Toiletten für das Publikum auf, und geht die eine Treppe direkt auf die Orgelempore, während die zweite, über die Bälgekammer der Orgel hinweg, in den Hauptturm führt.

Sollte eine Zentralheizung verlangt werden, so könnte der Heizkeller unterhalb des Altarplatzes angelegt werden, anderseits würde es aber empfehlenswert sein, eine zentrale Fernheizanlage vom Verwaltungsgebäude, oder aber vom hinteren Flügelbau der Leichenhallen aus, auszuführen. Da die Kohlenanfuhr durch Gleisanschluß für letzteren Bauteil bequem liegt, dürfte eine Zentralisierung mit der Kühl- und Lüftungsanlage praktisch und ökonomisch sein.

Die Leichenhalle.

Hier ist das Saal- und Zellensystem vereinigt und zwar derart, daß die Kinderleichenhalle und solche der Erwachsenen getrennt von einander liegen und durch ein zwölf Zellen enthaltendes Längshaus mit einander verbunden sind. Diesem Verbindungshause ist, nach einem Wirtschaftshofe zu, wiederum ein Flügelbau angegliedert, welcher die Räume für Aerzte, Obduktionen, Leichenwärter usw. aufnimmt. Auch bei größerem Andrange soll dieser Bau durch Einfügung einer weiteren Leichenhalle den Leichentransport von der Bahn zur Halle, und andererseits von der Halle zu den Friedhofskapellen besser regulieren.

Das Verbindungshaus ist dreischiffig, mit überhöhtem Mittelschiff, geteilt, und ermöglicht es, daß das Publikum ungestört die aufgebahrten Särge, sowohl in allen Einzelzellen, als auch in den Sälen selbst, von der Haupteingangsseite aus besuchen kann.

Ein 3,60 m breiter Gang für das Bedienungspersonal steht unmittelbar mit der Verladerampe im Mittelflügel in Verbindung. Der Wirtschaftshof ist allseitig durch Mauern vom eigentlichen Friedhofe abgeschlossen.

Den Leichenhallen selbst sind ringsherum nicht allzuhohe Hallengänge vorgelagert, so daß es der Sonne unmöglich wird, die Ringwände im Sommer zu erwärmen. Für Beleuchtung und Lüftung

sorgen hoch an den Saal- bezw. Zellendecken sitzende Fensteröffnungen in reichem Maße, und wird letztere noch durch eine künstliche, vereinigte Saug- und Drucklüftung unterstützt. Da im Winter die Temperatur nicht unter — 6 Grad C sinken möchte, dürfte eine Beheizung, wie bereits oben gesagt wurde, zweckmäßig sein, und ist zu diesem Zwecke der Flügelbau auf dem Wirtschaftshofe völlig unterkellert. Hier sind auch die Kältemaschinen, nach dem Ammoniakkompressionssystem, aufgestellt, so daß auch diese wichtige maschinelle Anlage zentral zu den ganzen Leichenhallen gelegen ist, ohne daß letztere selbst (für die Maschinenanlage) unterkellert sind.

Die Kapellen.

Für die nahegelegenen Beerdigungsblöcke 4, 5 und 7 ist die dreiteilige Kapelle bei der Kirchenanlage vorgesehen. Als Warteraum ließe sich hier wohl sehr gut die geschlossene Wandelhalle benützen, indessen besitzt die Kapelle ringsum schon geschützte Wandelgänge, so daß der hinter den Leichenaufbahrungsräumen sich durch die Symmetrie ergebende zweite Gang der Kosten wegen in Fortfall kommen konnte. Im Plan ist dieser Raum als offener Schuppen angegeben; es dürfte hier ein zweiter Wirtschaftshof in Verbindung mit den Wohnungen der Pförtner sehr angebracht sein.

Eine zweiteilige Kapelle ist für die Blöcke 9 und 10 vorgesehen. Hier ist Bedacht auf Trennung beider Trauerräume genommen, um eine eventl. gegenseitige Störung zu verhindern. Ein Warteraum ist in dieser kreuzförmigen Anlage dazwischen geschoben, und hat man es auf schlichte Formgebung abgesehen, um mehr durch Umrißlinien und Dachformen zu wirken.

Für vier gekuppelte Blöcke ist eine allseitig freistehende Kapelle vorgesehen. Vier achteckig gestaltete Kapellen gruppieren sich

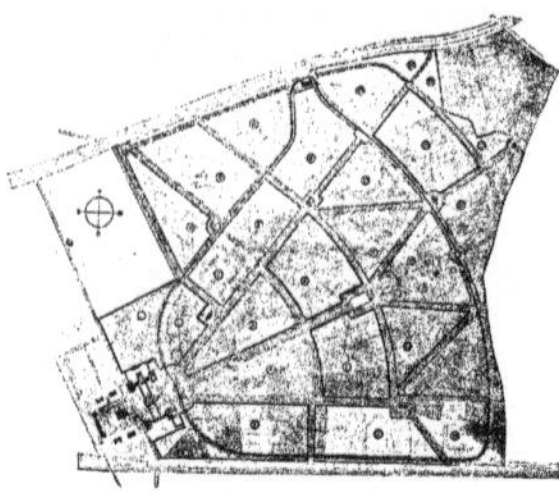

Blockeinteilung zum Entwurfe von Korff und Hoemann.
Maßstab etwa 1 : 20 000. Originalaufnahme für die „Gartenwelt".

um ein erhöhtes Mittelschiff, welches die Leichen des Tagedienstes aufnimmt. Mit einem weithin leuchtenden Giebel liegt die Kapelle quer zur Richtung des Hauptweges.

Der Wasserturm.

Auf der Höhenkurve 39°, also fast 10 m tiefer stehend als der höchste Punkt im ganzen Gelände, entwickelt der Turm bis zum Bassinboden eine Höhe von 30 m. Er ist in Lolateisenbeton erbaut gedacht, und sind die unteren Strebepfeiler durch eine einfache Dachkonstruktion umkleidet, so daß ein dadurch entstehender Schuppen für die Gärtnereizwecke gute Verwendung finden dürfte.

Die Spindel der mitten im Turm stehenden Treppe ist offen, so daß die Druck- und Abflußrohre frei hindurchgehen können. Das Bassin faßt 75 cbm und ist gleichfalls in Beton konstruiert. Die Kosten dieses Turmes dürften 17 M pro cbm umbauten Raumes kaum überschreiten.

Das Verwaltungsgebäude.

Dem vom Bahnhofe kommenden und gehenden Publikum gleich bequem gelegen, steht das Gebäude frei auf dem Platze zwischen Kirche und Bahnhof. Man betritt das Haus von der Kirchenseite und gelangt direkt in eine geräumige Halle, die 100 Personen bequem Unterkunft bietet.

Rechts beim Eintritt liegt die Pförtnerloge, dahinter seine abgeschlossene Wohnung, von außen besonders zugänglich. Links sind die Toiletten für Damen und Herren untergebracht. Geradeaus befinden sich, in einer Reihe fortlaufend, je 2 m breite Schalter, die sowohl auf der Hallenseite, als auch auf der Beamtenseite durch Oberlicht ausgiebig erleuchtet sind. Links davon gelangt man durch ein Vorzimmer in das Zimmer des Direktors, von dort direkt oder durch Verbindungsgang zum Sekretär. Rechts gegenüber ist die Kasse mit Tresor und Verbindungsgang zu allen Arbeitsräumen gelegen. Der große Arbeitsraum umfaßt 244 qm und ist von allen vier Seiten gut beleuchtet. Am Lichthof inmitten des Hauses liegt im Kellergeschoß die Zentralheizung, mit der Pförtnerwohnung durch Treppe in Verbindung stehend.

Auch bei diesem Gebäude ist die Höhenentwicklung der Baumassen möglichst beschränkt, zu denen der Kirche und Leichenhallen fein abzuwägen versucht.

Das Wohnhaus des Direktors.

Etwas zurückspringend im Garten gelegen, soll auch dieses einen behaglichen, mehr landhausmäßigen Eindruck — gleich wie bei allen übrigen Wohnhäusern — hinterlassen. Um etwa 90 cm herausgehoben, enthält es im Erdgeschoß eine längliche Halle mit Treppenanlage; rechts gelangt man direkt in das Herrenzimmer, dahinter durch einen Gang in das große Elternschlafzimmer (Südostseite) mit anstoßendem Kinderzimmer, Bad, Klosett. Links von der Halle betritt man zuerst das Wohnzimmer, mit dem Salon durch Schiebetür verbunden. Dahinter, mit der Küche im Keller durch Aufzug und Schutztreppe verbunden, liegt das geräumige Eßzimmer mit vorgelagerter Loggia.

Im Dachgeschoß befinden sich dann noch 2 große Fremdenzimmer, Mädchenkammer und Vorratsräume und Trockenboden, während im Keller die nötigen Wirtschaftsräume die Hälfte der Grundfläche einnehmen.

Durch äußerlich vorgelegte Erkerbauten möchte dieses Direktorwohnhaus etwas von den übrigen Wohngebäuden hervorgehober werden.

Wohnhaus für drei Pförtner und einen Leichenwärter.

Dasselbe ist rechtsseitig an der Kirchenbauanlage bequem untergebracht, und zwar ergibt sich eine abgeschlossene Wohnung mit je eigenem Korridor, bestehend aus 2 Stuben, Kammer, Küche usw. Die Bauart der gegenüberliegenden, gleichartig gestalteten Leichenhalle läßt den Innenbau zu derartigen Wohnzwecken sehr wohl zu, ohne in Verschwendung von Fläche und Höhe zu verfallen.

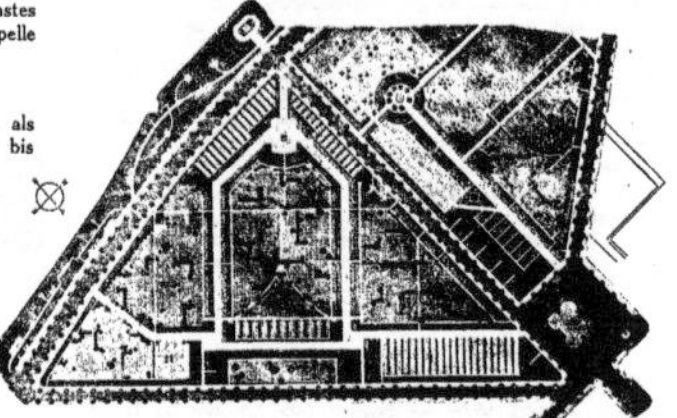

Belegungsplan zum Entwurfe von Korff und Hoemann.
Maßstab etwa 1 : 3500. Originalaufnahme für die „Gartenwelt".

Wohnhaus für einen Aufseher und drei verheiratete Gehilfen.

In jedem Geschoß sind 2 Wohnungen untergebracht, und dürfte eine Grundfläche von rund 100 qm für eine Gehilfenwohnung als reichlich bemessen gelten.

Gärtnerische Anlagen.

Der Verfasser bemühte sich, den Entwurf so sorgfältig durchzuarbeiten, daß die Pläne und Perspektiven sich selbst klar und deutlich erläutern, also hier nur ein kurzer Hinweis auf einige Einzelheiten vonnöten ist.

Es sei gestattet in Kürze zu erklären, inwieweit die Programmforderungen erfüllt sind und zwar zunächst die rein praktische Zweckforderung und dann inwieweit künstlerische Gesichtspunkte die Zweckformen zu verschönern suchen.

Das wesentlichste Moment für die Dispositionseinteilung ist der Umstand, daß sich **der ganze Verkehr**, von der großen Gebäudegruppe aus, die Bahnhof, Verwaltungsgebäude, Leichenhalle und Kirche umfaßt, entwickelt und entwickeln muß. Da ist nun zunächst der Kirchturm, der in der Achse der drei Hauptwege liegt, der beste und schönste Wegweiser.

Man soll von der Gebäudegruppe aus über den Kirchenplatz, der hinreichend Raum zur Entwicklung und Aufstellung selbst großer Leichenzüge bietet, leicht und ohne Umweg zu jedem Gemeindefriedhof gelangen, und umgekehrt von jedem Friedhof leicht und

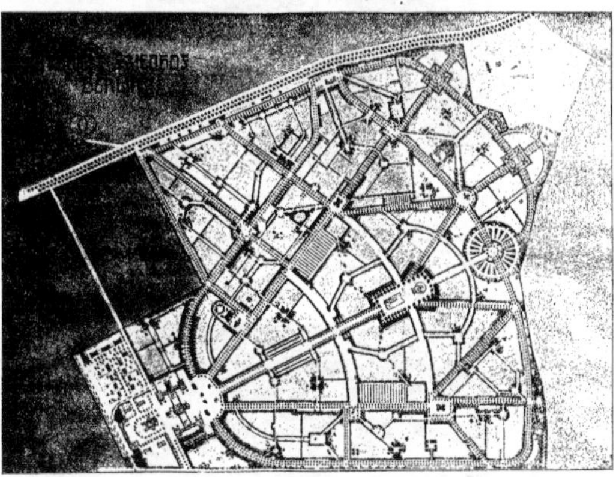

Mit dem dritten Preise ausgezeichneter Entwurf von Korff und Hoemann. Maßstab etwa 1 : 10000.
Originalaufnahme für die „Gartenwelt".

sicher, ohne Irrweg, wieder dorthin zurückfinden. Ist dies der Fall? Die klare Antwort gibt der Plan (am besten die Blockeinteilung Seite 390).

Die anderen Zugangsstellen, welche etwas reichlicher als im Programm (4 statt 2) vorgesehen sind, erscheinen nebensächlich, können auch ohne jede Dispositionsänderung auf zwei reduziert werden.

Der Entwurf soll 21 Einzelfriedhöfe von durchschnittlich 5 ha Größe enthalten. Auch diese Forderung ist gelöst. Wenn einzelne Friedhöfe etwas größer oder kleiner sind, so erscheint mir dieser Umstand im Hinblick auf die verschiedene Kopfzahl der Einzelgemeinden eher gut wie fehlerhaft. Daß trotz dieser Parzellierung der Friedhof ein einheitlich disponiertes Ganzes ist, beweist wieder am besten der Plan.

Das Programm fordert möglichst weitgehende Verwertung. Daß auch diese Forderung voll erfüllt ist, zeigt der Belegungsplan S. 390. Inwieweit die Heckenpflanzung zwischen den Gräbern erwünscht ist, ebenso wie die Erhaltung und Pflanzung von Einzelbäumen und Baumgruppen, hängt ganz vom Willen und Ermessen und vor allem von den Mitteln der Gemeinden ab. Absolut nötig ist diese Pflanzung vom praktischen Standpunkte aus nicht, vom künstlerischen Standpunkte aus können diese Pflanzungen nur erwünscht, ja manchmal direkt notwendig sein.

Vom Standpunkte einer weitgehenden Verwertung aus sind an der Potsdamerstraße und -chaussee anstatt der vorhandenen Heckeneinfriedigungen Mauereinfriedigungen vorgesehen. Erfahrungsgemäß sind diese Mauern sehr geeignet und gesucht zur Unterbringung von Kaufgräbern und Erbgrüften, und macht sich deren Errichtung sehr bald und gut bezahlt. Uebrigens kann der Mauerbau ja später erfolgen.

Große Erdbewegungen sind grundsätzlich vermieden und nur da durchgeführt, wo es sich darum handelt, die Hauptwegetracen durch das Gelände zu ziehen. Die großen Hauptalleen weichen den Höhen oder Tiefen nicht aus, sondern überwinden sie. Daß das Einschneiden (ebenso wie das Aufhöhen) in ein Terrain durchaus nicht häßlich aussieht, zeigt die Perspektive Birkenallee. Wo solche Einschnitte oder Aufhöhungen vorkommen, sind die Niveauvermittlungen, also Böschungen, stets in einem Pflanzungsgürtel ausgeführt, fallen also kaum störend ins Auge. Die Kurvenwege folgen dagegen dem Terrain.

Das Blockinnere aber bleibt völlig im alten Niveauzustande. Reihengräber, Wahlstellen und Erbgruften liegen in den Gemeindeblocks. Nur in der Nähe der Kapelle No. 1 liegt ein kleiner Ehrenfriedhof für besonders verdienstvolle Männer. Dieser Ehrenfriedhof ist keinem Gemeindeblock zugeteilt.

Daß der Gottesacker leicht in einzelnen Bauabschnitten ausgeführt werden kann, zeigt wiederum am besten das Studium des Planes.

Der Umfahrweg ist ebenfalls auf den Entwürfen klar erkennbar, er kann evtl. an den Blocks 9, 10, 11 auch an der südöstlichen Seite vorbeigeleitet werden.

Für Bewässerung ist überall durch Anbringung einfacher, jedoch ornamental wirkender Brunnen Rechnung getragen. Die Stückzahl kann bei ausreichenden Mitteln noch vermehrt werden. Die Hauptleitungsrohre müssen selbstverständlich überall den Hauptwegen folgen; von ihnen kann nach Bedarf in die Nebenwege des Blockinneren eine Abzweigung geleitet werden.

Die Lage der Kapellen ist überall so gewählt, daß sie zwischen den zugehörigen Einzelfriedhöfen liegen. Auch ist die Wegeführung nach dem Blockinneren stets auf den Zugang von den Kapellen eingerichtet. Die einzige Ausnahme macht Kapelle 1, welche anfangs auf dem Brunnenplatz zwischen Block 5 und 6 projektiert, nachher aus architektonisch-künstlerischen Gründen der Gebäudegruppe an der Kirche angegliedert wurde.

Abortanlagen sind überall an den Eingängen und Kapellen vorgesehen.

Der Eindruck eines öffentlichen Parkes soll vermieden werden. Auch diese Bedingung dürfte erfüllt sein, überall sieht man, daß man sich auf einem Friedhofe befindet. Es wurde nicht versucht, von den Hauptwegen aus den Blick auf Gräber, seien es nun Armengräber oder Erbgruften, konsequent zu hemmen, fast überall sieht man Gräber, allerdings in solcher Anordnung, daß das Grab bezw. Grabfeld vorteilhaft zur Geltung kommt.

Ueber die Beleuchtung ist wohl wenig zu sagen. Ich denke mir dieselbe mittels Bogenlampen in den Hauptwegezügen. Diese Einrichtungen sind überall mit Leichtigkeit zu treffen, und hat das Einzeichnen der Lichtträger wohl nur auf einem definitivem Plane Zweck.

Diese bisher erläuterten Zweckformen sollen aber in ein auch künstlerisch befriedigendes Gewand gebracht werden. Daß dies der Fall, zeigt wieder am besten der Plan. Wie Einzelgruften geplant und gedacht sind, zeigt obenstehendes Schaubild. Insbesondere achte man darauf, wie vielgestaltig sich die Erbgruften anordnen lassen, an Hauptwegen, an Seitenwegen, ganz oder teilweise umrahmt, als points de vue eines anderen Weges, dann wieder versteckt, bald in landschaftlich wilder Umgebung, bald unter Rosenlauben an der Friedhofsmauer usw. Aehnlich sind die Wahlstellen angeordnet, doch haben sie meist nur Hintergrundpflanzung, aber keine Seitenstaffage.

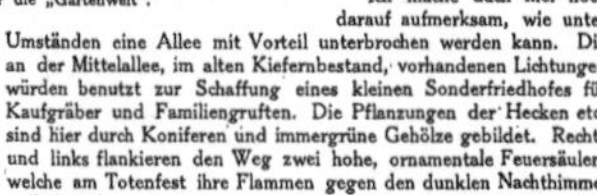

Schaubilder zum Entwurf von Korff und Hoemann.
Originalaufnahmen für die „Gartenwelt".

Ganz besonderer Wert aber wurde auf die Behandlung der Massenquartiere gelegt. Die großen, monoton trostlosen Grabfelder der Armen sind hier nirgends zu finden, überall ist das Gesichtsfeld begrenzt, so daß allerorts kleine, lauschige Winkel entstehen. Daß dies geht und ohne große Raumverschwendung, bei voller Klarheit und Uebersichtlichkeit für die Registrierung durchzuführen ist, zeigt der Belegungsplan Seite 390. Grabstellen, welche Pflanzung tragen, werden ebenfalls mit registriert und als Busch- oder Baumgräber bezeichnet. Erstere können im Notfalle mit zu Beerdigungszwecken gebraucht werden, während die Baumgräber stets unbelegt bleiben sollten. Häufig wurde zwischen zwei Gräberreihen, die mit den Kopfenden zusammenstoßen, ein schmaler Pflanzungsstreifen eingeschoben.

Ein Kinderquartier von besonderem Reiz (evtl. Kinderkaufgräber): Unter kleinen *Polyantha*-Rosen schlafen die jungen Menschen ihren langen Schlaf. Ein einfacher Laubgang, mit Rosen überdeckt, umgibt das Quartier, das in trautem, stillem Frieden da ruht. Dies Thema ließe sich in ähnlicher Auffassung vielfach variieren, etwa *Clematis*-Laubgang und auf den Gräbern *Viola cornuta*, oder Fliederhecken um ein buntes Staudenquartier. Im letzteren Falle muß dieser Gartenteil jedoch räumlich beschränkt sein, damit die intime Wirkung nicht verloren geht.

Damit wären wir bei der Pflanzung. Ich denke dieselbe möglichst einfach, ruhig und einheitlich zu halten. Der märkische Kiefernwald, jedoch hainartig gelockert, soll auch für später überall vorherrschen, und in den Kiefernwald wird dann vorsichtig und taktvoll das andere Pflanzenmaterial eingebaut.

So denke ich mir die beiden Hauptdiagonalwege mit weißen Birken bepflanzt, den Mittelweg zieren Roteichen, welche dort noch gut gedeihen. Auf den anderen Wegen denke ich mir vielleicht einmal Pyramideneichen oder Buchen und Ahorn, oder gar Espen, die Waldfreundin der Kiefer, mit ihren prächtigen, grüngrauen Stämmen, kurz überall Bäume, die mit der Kiefer zusammenstimmen. Alles soll auf einen Grundton abgestimmt sein. Hier und da vorsichtig angewandte Kontrastwirkungen sollen den Ton und die besondere Art des ganzen Pflanzencharakters noch stärker und reiner erscheinen lassen. Die Hecken sind teilweise Wildhecken, aus Hainbuchen, Birken, Schlehdorn, Wildrosen, Ebereschen, Espen und ähnlichen Pflanzen in natürlichem Durcheinander, ein andermal sind sie streng stilisiert, z. B. die Eiben- oder Buxushecken um einen Brunnenplatz, oder die Linden- und Hainbuchenhecken als Rückwand einer Gräberreihe, oder wieder zwar einheitlich im Material, aber freiwachsend erzogen als Flieder-, Rotdorn- oder Rosenhecke.

Ich zeige auf der Grundrißskizze und in dieser Beschreibung, wie es gemacht werden könnte, es sind nur Ideenskizzen; wie es nachher im Einzelfalle gemacht wird, muß an Ort und Stelle von Fall zu Fall entschieden werden.

Ich mache auch hier noch darauf aufmerksam, wie unter Umständen eine Allee mit Vorteil unterbrochen werden kann. Die an der Mittelallee, im alten Kiefernbestand, vorhandenen Lichtungen würden benutzt zur Schaffung eines kleinen Sonderfriedhofes für Kaufgräber und Familiengruften. Die Pflanzungen der Hecken etc. sind hier durch Koniferen und immergrüne Gehölze gebildet. Rechts und links flankieren den Weg zwei hohe, ornamentale Feuersäulen, welche am Totenfest ihre Flammen gegen den dunklen Nachthimmel auflodern lassen.

Der Hauptweg mündet auf ein großes, monumentales Kreuz (Abbildung Seite 389), das auf einer Terrasse unter Benutzung eines natürlichen Hügels errichtet wurde. Die Terrasse kann evtl. auch zur Unterbringung von Erbgruften unterkellert werden.

Beilage zur illustrierten Wochensch[rift]
„Die Gartenwelt".

Neue rosa Federnelke „Delicata".
Einführung von
Otto Mann, Leipzig—Eutritzsch.

Lith. u. Druck der Art. Anstalt Emil Hochdanz Stuttgart.

Verlag von Paul Parey in B[erlin]

Vor dem Hochkreuz liegt ein mächtiges, steinumsäumtes Becken mit einem Kranz dunkler Blutbuchen umrahmt. Wie Kreuz und Becken in ihrer Wirkung gedacht sind, zeigt das Schaubild Seite 389.

Und nun achte man darauf, wie die Wege bei aller Zweckmäßigkeit fast stets auf ein dekoratives Endziel mit guter Bildwirkung ausmünden, bald ist es eine Kapelle, bald ein dekoratives Grabmal, bald ein Brunnen, bald eine Bankanlage.

Es bieten sich also für die einzelnen Wege stets prägnante, charakteristische Merkmale, welche selbstverständlich die Orientierung sehr erleichtern. Freilich ist es notwendig oder doch sehr erwünscht, daß solch hervorragende Stellen nur durch künstlerisch hochstehende Denkmäler geziert werden; für diese Fälle also müßte die Bauerlaubnis von einem sachverständigen Gutachten abhängig gemacht werden.

Noch auf eines möchte zum Schlusse ausdrücklich hingewiesen sein: Ueberall waren die Verfasser bemüht, das Ganze zu einer geschlossenen künstlerischen Einheit zusammenzufügen. Die Gebäude, Parzellen, Grabdenkmäler, Brunnen und Pflanzungen, alles soll in ruhiger, einfacher, geschlossener Harmonie zusammengehen in diesem großen, weiten Gottesgarten, der in feierlicher, weihevoller Schönheit Frieden und Ruhe spenden soll den Toten, so den Lebenden.

Flächennachweis.

Die Gesamtgröße des Terrains beträgt 1 160 000 qm. Davon entfallen auf:

1. Baulichkeiten	17 000 qm
2. Gepflasterter Umfahrtsweg . . .	11 725 „
3. Fahrwege	119 075 „
4. Fußwege	183 000 „
5. Gärtnerische Anlagen, Grabstellen und Grabfelder	829 200 „
Summa:	1 160 000 qm

I. Erdarbeiten.

1. Zur Planierung der Hauptfahrstraßen ist eine Bodenbewegung von ca. 58 000 cbm erforderlich: ca. 58 000 cbm Erde zu bewegen und bis 300 m weit zu verkarren	à 0,40	23 200 M
2. Für die Planierung der Wege innerhalb der Beerdigungsblocks ist eine Bodenbewegung von ca. 10 500 cbm erforderlich: ca. 10 500 cbm Erde zu bewegen .	à 0,40	4 200 „
	Sa.	27 400 M

II. Wegebau.

1. 2931,25 × 4,00 qm = 11 725 qm gepflasterten Umfahrtsweg herzustellen	à 14,00	164 150 M
2. 119 075 qm Fahrwege herzustellen .	à 4,00	476 300 „
3. 183 000 qm Fußwege herzustellen . .	à 1,00	183 000 „
	Sa.	823 450 M

III. Gärtnerische Arbeiten.

1 829 200 qm gärtnerische Anlagen und Grabstellen herzurichten	à 0,50	914 600 M
	Sa.	914 600 M

IV. Insgemein.

Für Bauleitung, Schaffung von Arbeiteraufenthaltsorten, Beschaffung von Geräten etc.		40 000 M
	Sa.	40 000 M

Zusammenstellung.

I.	Erdarbeiten	27 400 M
II.	Wegebau	823 450 „
III.	Gärtnerische Arbeiten	914 600 „
IV.	Insgemein	40 000 „
	Sa.	1 805 450 M

Die Gesamtsumme der gärtnerischen Arbeiten beträgt also **1 805 450 Mark.**

Stauden.

Die neuen Federnelken Delicata und Gloriosa.

Von **Curt Engelhardt** in Leipzig-Eutritzsch.

(Hierzu die Farbentafel.)

Wenn der Flor der heimischen Remontantnelken aufhört und die zarten Nelken der Riviera nicht mehr den Blumenmarkt überfüllen, treten die Federnelken in die Lücke, die bis zum Beginn der Blüte von Chor- und Landnelken, sowie der so schnell beliebt gewordenen Chabaudnelken entsteht.

Federnelken lassen sich ebensowenig wie die im Winter blühenden Nelken treiben, wohl aber läßt sich die natürliche Blütezeit im freien Lande durch übergebaute Kästen um einige Wochen verfrühen, zumal wenn die liebe Sonne, der wichtigste Faktor für einen schönen Nelkenflor, dabei tüchtig mithilft. Die Reihe der weißen Federnelken ist lang genug: *Diamant, Marktkönigin, Her Majesty, Mrs Sinkins, Klara, Die Braut, Bridesmaid, Schneeball, La reine* etc.; von farbigen Sorten sind, abgesehen von der gewöhnlichen, kleinblumigen, rosa gefüllt blühenden Federnelke, noch *Rose de Mai, Cattleya, Early Blush, La France, Sophie Ragionieri, Excelsior, Roter Vorbote* die bekanntesten. Fast jede dieser farbigen Sorten hat einen oder mehrere Mängel; entweder die Blumen sind zu klein, die Farbe nicht rein und schön, sie platzen zu stark, blühen zu wenig, oder die Stiele sind kurz und schwach, so daß die Blumen (wie z. B. bei der aus England eingeführten *Excelsior*) die Erde berühren.

Alle diese Nachteile fallen bei den neuesten farbigen Federnelken *Delicata* und *Gloriosa* fort, die von einem Gärtner in einer sächsischen Bergstadt gezüchtet wurden und durch die Firma Otto Mann, Leipzig-Eutritzsch, in diesem Jahre in den Handel gebracht werden. Wenn ich behaupte, diese beiden Neuheiten stellen das Herrlichste der farbigen Federnelken dar, so weiß ich sehr wohl, damit nicht zu viel zu sagen, und viele Fachleute, die einige Blumen davon erhielten, teilen meine Ansicht. *Delicata* und *Gloriosa* entstammen einer Kreuzbefruchtung von *Diamant* und *Rose de Mai* und wurden aus über 30 verschiedenen Sämlingen als die beiden schönsten ausgesucht. Die Blumen vereinigen hohe Schönheit der Farbe mit einer für Federnelken auffallenden Größe, schöner Form und außergewöhnlicher Länge und Stärke der Stiele, welche die Blumen in schönster Weise zur Schau tragen. Beiden Sorten darf man eine schnelle Eroberung des Marktes voraussagen; sie werden sich wegen ihres großen Wertes auch dauernd behaupten.

Delicata hat eine ganz aparte, bei Federnelken noch nicht vorhandene Färbung, ein zartes, seidenartiges Cattleyenlila, im Grunde der Blumen und in der Mitte einen hellcremefarbenen Ton zeigend, dabei ohne jede Spur einer Zone. Die 6 bis 7 cm großen, stark gewölbten Blumen stehen aufrecht und meist einzeln auf etwa 30 bis 35 cm langen, festen Stielen und eignet sich diese Nelke nicht nur großartig für den Schnitt und Topfverkauf, sondern des reichen Flores wegen auch für Gruppen, im Freien Anfang Juni blühend. Die Blumen sind dicht gefüllt, angenehm duftend; sie zeigen in den fast ganzrandigen Petalen das Diamantblut, weit aufgeblüht platzen sie, halten aber infolge der außerordentlich guten Füllung die Petalen gut zusammen.

Gloriosa ist die früheste und großblumigere der beiden Neuheiten, blüht Ende Mai im Freien, doch dürfte sich der Flor bei Kultur unter Glas wesentlich verfrühen lassen. Die

Blumen sind außergewöhnlich groß, gut gefüllt und geformt; sie tragen sich in prächtiger Haltung auf festen, 30 bis 35 cm langen, verästelten Stielen, und neigen bei starker Fransung der Petalen fast gar nicht zum Platzen, wodurch sich diese Neuheit sehr wertvoll macht. Die Farbe der Blumen ist ein ganz reines Lilarosa, ohne jede Zonung und Beimischung einer anderen Farbe, keineswegs ins Blaue spielend, wie es bei diesem delikaten Farbenton sonst oft vorkommt. *Gloriosa* ist ebenfalls sehr reichblühend, und werden sich beide Einführungen bei allen Schnittblumenzüchtern und Bindekünstlern unentbehrlich machen.

Bei der dieser Nummer beigegebenen Farbentafel hat der Maler die Form der Nelken vortrefflich zum Ausdruck gebracht. Der Farbenton ist leider durch zu stark aufgesetzte Schatten zu sehr ins Blaue geraten, während der hohe Reiz der Neuheiten gerade in dem überaus zarten, reinen lila Ton liegt. Die links auf der Tafel stehende große Blume stellt ungefähr die Form und Größe von *Gloriosa* dar, deren Blumen nicht so hoch gewölbt sind, als bei der anderen Neuheit.

Ausstellungsberichte.

Streiflichter von der Genter Ausstellung.

Von Obergärtner **Robert Bloßfeld**, Potsdam.

Schon auf der Hinreise wiesen zahlreiche Giebelreklamen auf die Floralies Gantoises hin. In Brüssel, auf dem Place de Brouckère, wurde das Ereignis in wirkungsvoller Lichtreklame Fremden und Einheimischen in Erinnerung gebracht, kein Wunder war es schließlich, unter Berücksichtigung des Volkscharakters, daß man davon sprach. So saß ich in Brüssel beim Mittagessen mit einigen jungen Leuten zusammen, welche ganz begeistert von den großartigen Vorbereitungen sprachen, vom Empfange des Königs, von der Comédie Française, welche von dem Gärtnerverein „Avenir horticole" zu einem Gastspiele in Gent engagiert war etc. In Gent fesselte schon die wundervoll mit Blattpflanzen und blühenden Azaleen, *Amaryllis* etc. dekorierte große Bahnhofshalle, der Willkommengruß der Gärtnerstadt. In der Ausstellung selbst wimmelte es wie in einem Ameisenhaufen, kein Mensch hatte Zeit, alle waren noch eifrigst mit der Aufstellung ihrer Gruppen beschäftigt. Ich ging deshalb ins Hotel, wo ich an den Zimmerpreisen merkte, daß eine Riesenausstellung im Gange war. Der Freitag war der Tag der Preisrichter, ich benutzte ihn zu einigen geschäftlichen Besuchen, überall aber auf Ausländer treffend. Am Sonnabend früh, dem Eröffnungstage, war ganz Gent auf den Beinen, alle Straßen waren beflaggt, überall sprach man von der Ausstellung, sogar Extrablätter waren gedruckt. In den Straßen traf ich überall Bekannte, der Weg nach dem Kasino, dem Ausstellungslokale, bildete eine endlose Korsofahrt der zur Eröffnungsfeier Geladenen, links und rechts stand die Volksmenge in dichten Mauern. Auf dem Place du comte de flandre, vor dem Bahnhofe, hatten die zur Eskorte des Königs bestimmten Schwadronen nebst Musikkapellen Aufstellung genommen; zahlreiche Schutzleute in Gala sorgten für Ordnung. Kurz nach 9 Uhr kam der König mit seinem Gefolge an, langsam fuhr der imposante Zug durch die Stadt nach dem Kasino zu, ab und zu von einem „vive le roi" begrüßt. Der König liebt neben der holden Weiblichkeit ganz besonders auch die Blumen und vor allem die Orchideen, von welchen er eine stattliche Anzahl in Laeken besitzt. So verweilte er etwa drei Stunden in der Ausstellung, viel länger, als in Aussicht genommen war. Dann ging es in langsamem Zuge wieder zum Bahnhofe zurück, während dessen öffnete die Ausstellung ihre Tore dem Publikum. Trotz des Eintrittspreises von 10 Frcs. für den ersten Tag, herrschte doch bald, besonders in der Orchideenausstellung, ein beängstigendes Gedränge, was vermieden werden konnte, wenn man die Besucher ordnungsgemäß geleitet hätte.

Auch in der Halle der Warmhauspflanzen wäre eine energische Direktion der Besucher sehr am Platze gewesen, umsomehr, als hier die Wege ziemlich schmal waren.

Man hörte nur eine Stimme des Lobes über die wohlgelungene Ausstellung. Vielfach hörte man aber, besonders von Deutschen, daß man bei uns in Deutschland mit solchem Material in dekorativer Hinsicht etwas ganz anderes geschaffen hätte. Es mag etwas Wahres daran sein, aber audiatur et altera pars. Ich glaube kaum, daß es sich ein Gärtner gefallen ließe, wenn er mit so vorzüglichen Pflanzen, wie sie in Gent ausgestellt waren, dekorative Gruppen aufstellen sollte, bei welchen doch die einzelne Pflanze zugunsten des Ganzen mehr in den Hintergrund tritt. Jeder Kultivateur würde, wenn er solche Pflanzen hätte, dieselben am liebsten einzeln stellen, damit jede die ihr auch wirklich gebührende Beachtung fände. Was die Genter Ausstellungsleitung in bezug auf Dekoration bei den Ausstellern erreichen konnte, hat sie sicher erreicht, und schließlich stellt doch jeder nur aus, um seine Produkte so vorteilhaft als möglich vor Augen zu führen. Ferner mangelte es auch ganz merklich an Platz, sodaß man zu der nächsten Ausstellung der Société Royale d'Agriculture et de Botanique de Gand im Jahre 1913 wohl nach einem anderen Lokale Umschau halten muß.

Obstbau.

Prämiierung von Obstanlagen in der Provinz Sachsen.

Bei Befürwortung des Ausschusses für die Förderung des Obst-, Wein- und Gartenbaues, hat der Vorstand der Landwirtschaftskammer für die Provinz Sachsen neue Grundsätze für die Prämiierung von Obstanlagen aufgestellt. Der Vorstand ging dabei von folgenden Erwägungen aus:

1. Die tatsächlichen und langjährigen Leistungen eines Obstzüchters lassen sich in seinen Obstanlagen weit besser als auf Obstausstellungen beurteilen. — 2. Die Anerkennung ist wertvoll beim Absatz der Obsternte, insbesondere bei Anknüpfung neuer Geschäftsverbindungen. — 3. Belehrungen über untergelaufene Fehler und über Aufbesserungsmöglichkeiten können von den Sachverständigen, welche die Anlagen besichtigen, an Ort und Stelle gegeben werden. — 4. Eine preisgekrönte Anlage wird in vielen Fällen ein Muster für benachbarte Obstzüchter sein.

Vorbedingungen für die Prämiierung sind folgende: Zur Prämiierung können geschlossene und andere Pflanzungen, ohne Rücksicht auf Unterkultur, Zusammensetzung des Bestandes, Größe der Anlage und Art des Obstvertriebes, angemeldet werden, sofern die Anlage mindestens 6 Jahre alt ist. Die Anmeldungen haben von einem Verein auszugehen, der der Landwirtschaftskammer angeschlossen ist, und müssen unter Beachtung der von der Landwirtschaftskammer aufgestellten allgemeinen Grundsätze für die Gewährung von Beihülfen eingereicht werden.

Die Landwirtschaftskammer bestimmt einen der Preisrichter und trägt die Unkosten für seine Entsendung. Die zugesprochenen Preise gelangen erst nach Prüfung des Preisrichterbeschlusses durch die Landwirtschaftskammer zur Verteilung. Durch die Anmeldung der Obstanlage zur Prämiierung verpflichtet sich der Inhaber der Pflanzung, bei Nennung der erhaltenen Auszeichnungen auf Briefbogen, Preislisten, in Anzeigen und bei ähnlichen Anpreisungen stets das Jahr anzugeben, in welchem ihm die Auszeichnung zuerkannt wurde.

Die Prüfung wird am besten zu einer Zeit vorgenommen, in der sich die Entwickelung und die Sortenechtheit der Früchte beurteilen läßt. Der Besitzer der Plantage oder sein Stellvertreter muß zur Auskunfterteilung während der Besichtigung anwesend sein.

Als Preise werden von der Landwirtschaftskammer in der Regel Diplome, Medaillen und nach Maßgabe der verfügbaren Mittel auch Geldpreise verliehen; in besonderen Ausnahmefällen wird jedoch auch eine Staatsmedaille erbeten werden.

Die Preisrichter machen ihre Bemerkungen nach folgender, auf dem Punktierverfahren beruhenden Anleitung für das Preisrichten:

a) Zuschnitt des Betriebs auf den Marktobstbau einschl. Sortenwahl	Höchstzahl	der	Punkte	20
b) Pflanzenabstand	„	„	„	10
c) Pflegezustand der Bäume	„	„	„	10
d) Gesundheitszustand der Bäume . . .	„	„	„	5
e) Art des Ernteabsatzes	„	„	„	10
f) Zweckmäßige Art der Bodenbearbeitung und der Wahl der Unterkulturen . .	„	„	„	5
Möglichste Höchstzahl der Punkte insgesamt				60

Dieses Verfahren bietet den Vorteil, daß die ausschlaggebenden Punkte entsprechend schwer ins Gewicht fallen, daß auf Grund der Aufzeichnungen jederzeit nachgewiesen werden kann, wo die Fehler und Vorzüge der Plantage liegen, und daß ein genauer Vergleich auch mit räumlich weit getrennten Plantagen möglich ist. — Es muß den Preisrichtern jedoch überlassen bleiben, gegebenenfalls neben den angegebenen auch andere Punkte, deren Wert zahlenmäßig nicht ausgedrückt werden kann, in Betracht zu ziehen. So wird es bei sonst gleichen Leistungen z. B. anzuerkennen sein, wenn der Baumbesitzer durch die Anlage der Pflanzung ein Muster für weitere Kreise geschaffen hat, wenn er eine Gemarkung, in der bisher kein Obstbau getrieben wurde, für diese Kultur erschlossen hat, wenn er Beobachtungen über Krankheiten, Ernteerträgnisse usw. regelmäßig gebucht oder in sonst einer Art an der sorgfältigen Arbeit zur Klärung wichtiger Obstbaufragen mitgeholfen hat. Auch ist die Stellung des Obstbaues zu dem Hauptbetrieb und zu dem Besitz des Plantagenbesitzers in Betracht zu ziehen.

Aus den Vereinen.

Vor der, für eine Aprilsitzung gewiß stattlichen Zahl von 57 Mitgliedern und zahlreichen Gästen sprach am Montag, den 13. April, im **Verein Deutscher Gartenkünstler** Herr Regierungsbaumeister Heimann über das bevorstehende Preisausschreiben zur Erlangung eines einheitlichen Bebauungsplanes für Groß-Berlin. Nach allen Erfahrungen, so führte der Redner aus, müsse man annehmen, daß Berlin in 30 Jahren die Einwohnerzahl des heutigen London erreicht, wenn nicht überschritten haben wird. Da sei es denn die höchste Zeit, diese gewaltige Entwickelung in einheitliche Bahnen zu lenken, schon um durch wohldurchdachte Verkehrsmöglichkeiten die sich ergebenden Riesenentfernungen zwischen Wohn- und Arbeitsstätten so zu überbrücken, daß die Zeit von und zur Wohnung ein wirtschaftlich zulässiges Maß nicht überschreite. Daß dabei die hygienischen und last not least die künstlerischen Gesichtspunkte die weitgehendste Beachtung erforderten, sei außer Frage. Berlin sei in vieler Beziehung viel schlechter daran wie andere Großstädte; während heute sein Weichbild fast voll bebaut sei und alle Maßnahmen, die dem obigen Zwecke dienen sollen, nur in langwierigen Verhandlungen mit den oft widerstrebenden Vorortgemeinden durchzusetzen sind, konnte sich Wien z. B. auf eigenem Grund und Boden seine prachtvolle Ringstraße vorsehen und sich mit verhältnismäßig geringen Mitteln, im gewaltigen Bogen auf die breite Donau als Sehne gestützt, einen Wald- und Wiesengürtel schaffen, der dauernd von der Bebauung ausgeschlossen ist. Zudem verhindert das dicht an die Stadt herantretende Gebirge, der Wiener Wald, nach dieser Seite jedes weitere Fortschreiten der Bebauung. Von etwas ähnlichem könne bei Berlin keine Rede sein, die Zeiten, wo für Berlin noch größere Terrains zu erschwinglichen Preisen zu haben waren, sind unwiederbringlich vorbei. Allerdings, da hoffentlich das System der Rieselung noch nicht das letzte Wort von Chemie und Technik in bezug auf Beseitigung der Abfallstoffe sein dürfte, sei zu erwarten, daß in Zukunft die verhältnismäßig billig erstandenen Rieselfelder noch einmal für andere Zwecke frei würden. Heute kämen in der Nähe Berlins, als von der Bebauung frei zu halten, der dem Fiskus gehörige Grunewald in Betracht, welcher trotz des vielfach erhobenen Geschreis über die verschiedenen Anschnitte, die er erdulden mußte, noch ein ansehnliches und unschätzbares Kapital an Großstadtlunge darstellt, sodann der bedeutende Spandauer Stadtforst im Westen und jener der Stadt Köpenik im Osten. Diese durch leistungsfähige Schnellbahnen dem Großstädter zugänglich zu machen, sei eine der Aufgaben des vorliegenden Ausschreibens. Wie weit es gelingen wird, den prämiierten Entwurf zur Ausführung zu bringen, etwa durch einen zu bildenden Zweckverband der beinahe 200 in Betracht kommenden Gemeinden, müsse die Zukunft lehren. Es sei wohl anzunehmen, daß so, wie die Entwickelung bis heute vor sich gegangen, wo neben Berlin eine Anzahl großer Städte sich gebildet hat, eher zum Ziele zu kommen sein werde, als wenn es durch zeitige Aufsaugung der nahe gelegenen, etwa Charlottenburg, Schöneberg, Rixdorf usw., als Riesenkörper einer großen Anzahl von ganz kleinen Gemeinden allein gegenüberstände.

Zu den Bedingungen des Preisausschreibens übergehend, wies der Herr Vortragende darauf hin, daß bei dem Riesenumfange des in Betracht kommenden Terrains naturgemäß nicht von einer ins Einzelne gehenden Durcharbeitung die Rede sein könne, diese wird vielmehr nur für eine vorgeschriebene Fläche von 2 ha gefordert. Auch so bleibe die Arbeit immer noch eine so große, daß nur eine mit großen Mitteln (Geld, Büroräumen und auch mit durchgebildetem Personal) arbeitende Persönlichkeit an dieselbe herantreten kann. Dagegen ist es jedem frei gestellt, sich besonders zusagende Sonderaufgaben herauszuwählen. Für uns kämen da in Frage: Durchbildung von breiten Straßenzügen, Plätzen, besonders auch Spielplätzen, Parks, See- und Flußufer usw. Es stehen zum Ankauf solcher Lösungen selbstgewählter Aufgaben 30 000 M zur Verfügung, so daß deren Inangriffnahme wohl anzuraten ist.

In der Diskussion, an der sich besonders die Herren Direktor Vogeler, Hermes und Weiß beteiligten, trat zum Teil eine recht erfreuliche Uebereinstimmung in gewissen Grundanschauungen zutage; so bezüglich der Vorgartenfrage, der Verurteilung des Baumwuchses in Vorgärten, daß die durchgehenden großen Verkehrsstraßen mehr oder weniger von Baum- und Pflanzenanlagen frei zu halten sind, dagegen aus breiten Seitenstraßen oft und viel freundliches Grün und heiterer Blumenschmuck, den geschäftlich Hastenden beruhigend und zur Ruhe ladend, wirken solle. Leider mußten wir bedauernd feststellen, daß nur ein Gartenkünstler als Preisrichter in Aussicht genommen sei. Konnte man auch dem Herrn Vortragenden darin Recht geben, daß bei einem so großen Preisgericht von 20 Mitgliedern wohl zwei, auch drei Gartenkünstler ebenso gut überstimmt werden könnten wie einer, so bleibt die Tatsache schon deshalb bedauerlich, weil bekanntlich zwei stets mehr sehen wie einer.

Dem Herrn Vortragenden fühlen wir uns aber zu großem Dank für seine eingehenden Ausführungen verpflichtet; Versammlung und Vorsitzender haben denselben schon zum Ausdruck gebracht, er sei hiermit auch an dieser Stelle ausgesprochen.

Der Schriftführer konnte sodann den Grundplan eines Platzes, des Davis square in Chicago, nach „Le Jardin“ vergrößert, vorführen. Bemerkenswert an demselben ist zunächst sein Umfang. Durch das Aussparen zweier langer rechteckiger Baublocks ist ein Quadrat entstanden, welches über dreimal die Größe des Berliner Dönhoffplatzes hat. Ohne Rücksicht auf den Wagenverkehr der einmündenden Straßen ist nur ein Fußgängerweg quer über den Platz gelegt, und an drei Seiten des Quadrates ziehen sich innerhalb Baum- und Strauchpflanzungen, welche das Innere des Platzes gegen den Einblick von der Straße decken, gerade, schattige Promenadenwege entlang. Die gesamte eine Hälfte des Platzes nimmt der große Ballspielplatz ein, während sich auf der anderen Hälfte das geräumige Restaurations- und Versammlungszwecken dienende Fieldhouse mit Garten, Front nach dem Ballspielplatz, befindet. Auf der anderen Front nach der Straße befindet sich ein offenes Schwimmbassin, der übrig bleibende Raum ist westlich eingenommen von einem Hippodrom, der den Wettläufen der Jugend dient, der innere Teil, ausgestattet mit allerlei Turngeräten, und östlich von einem Platze, der für Frauen mit den ganz kleinen Kindern reserviert und mit einer Schutzhalle versehen ist, und schließlich einem Raume, der zum Spielen und Buddeln im Sande für die etwas älteren dient.

Nach kurzem Hinweis auf den Hamburger Wettbewerb seitens des Vorsitzenden, nahm Herr Cuno Becker das Wort zu seinem Vortrage: „Reisebilder aus Italien". In schwungvollen Worten und eleganter Rede führte uns Herr Becker durch die Schönheiten Oberitaliens bis nach Nizza. In der Hoffnung, dieser interessanten Reiseschilderung, die von einer prächtigen Sammlung von Photographien unterstützt war, bald in der „Gartenwelt" zu begegnen, können wir hier verzichten, näher darauf einzugehen; auch diesen Redner lohnte der laute Dank der Versammlung.

Am Montag, den 11. Mai, ist ein Nachmittagsausflug nach Potsdam mit abendlicher Versammlung daselbst geplant; wenn nun auch dieser Termin gerade in die allerdrängendste Arbeitszeit des Landschaftsgärtners fällt, so haben wir doch Hoffnung, den Tag so interessant zu gestalten, daß wir wohl wieder auf recht starke Beteiligung hoffen können. B.

Im **Verein zur Beförderung des Gartenbaues** nahmen am 30. April drei Redner Stellung zu der immer dringlicher in den Vordergrund des öffentlichen Interesses tretenden Freibadidee. Und wenn auch weder der Generalsekretär Herr S. Braun zu dem Thema „Alte und neue Zeit", noch Herr Prof. Dr. med. Hermann Strauß, Berlin, über die hygienische Bedeutung der Freibäder wesentlich Neues zur Propagierung des Gedankens vortragen konnten, so ist es dem Verein sicher nicht zum Schaden, wenn er über die engsten Fachgrenzen seinen Blick hinausrichtet und teilnimmt an den Fragen, die das Interesse der Allgemeinheit erregen. Und einen beredteren Vorkämpfer wie Herrn Braun konnte das Freibad Wannsee wohl kaum finden; wenn es in der Versammlung wirklich noch Jemanden gab, der vermutet hatte, daß dort draußen an den Ufern der blauen Havel irgend etwas Schamverletzendes vor sich gehe, der dürfte durch die Fülle reizender Genrebilder — photographische Momentaufnahmen, die Herrn Braun von den verschiedensten Seiten bereitwilligst zur Verfügung gestellt worden waren und die er in Lichtbildern vorführte — eines besseren belehrt worden sein. Die Mahnung des zweiten Redners, der kurz und knapp die hygienischen Vorteile des Luft- und Wasserbades entwickelt hatte, nun nicht etwa nach dem beliebten Rezept „Viel hilft viel" an die Sache des Badens und der Abhärtung heranzutreten und durch Uebertreibung sich schweren Erkältungen und, namentlich für schwächliche Personen zu beachten, Anfällen von Herzschwäche auszusetzen, dürfte recht sehr am Platze sein.

Einen ungleich schwierigeren Stand hatte Herr Kgl. Garteninspektor F. Zahn mit seinem Thema „Die Anlage eines Freibadparkes". Man wird ohne weiteres dem Redner zugeben müssen, daß die Anforderungen, die an die Schöpfertätigkeit des Gärtners hier zu stellen sind, sich erst aus den Erfahrungen des Gebrauches ableiten lassen werden. Um so mehr mußte man sich wundern, daß Herr Zahn sich hatte verleiten lassen, einige ganz ins Einzelne gehende Vorschläge zu machen. Man wird ihm zustimmen, wenn er den häßlichen Drahtzaun der Einfriedigung mit hübschen Schlingern bekleiden, oder durch eine Deckpflanzung verbergen, daß er die ländlich einfachen Baulichkeiten mit grünem und blühendem Pflanzenwuchs ausstatten und umgeben will. Und wenn er in die Sandhänge des Kiefernforstes durch blühende Heide und Ginster eine belebende Nuance hineinbringen möchte, so wird man wohl nichts dagegen haben. So ist es auch wohl möglich, daß sich die Notwendigkeit ergeben wird, für Spiele, die andere gefährden können (Gerwerfen führte der Redner an), gesonderte Plätze zu schaffen. Damit aber wäre ich mit der Zustimmung so ziemlich fertig. Was soll die Allee, die sich durch den ganzen Badestrand hinziehen soll? Eine Lästerallee, für promenierendes gaffendes und stichelndes Publikum? Das soll doch gerade fern gehalten werden! Abgesehen davon, daß jede Alleepflanzung vor dem alten, hier am Rande glücklicherweise ziemlich urwüchsigen, Kiefernforste entsetzlich stilwidrig wirken müßte. Was sagt denn der Hygieniker zu diesem Vorschlag? Herr Zahn pflanzt nämlich noch viel mehr Schattenbäume als nur diese Allee! Und das im Wasser-, Luft- und Lichtbade!? Mir scheint gerade der offene Sandstrand das vorzügliche an dem Wannseebade zu sein, ihn sollte man nicht zerstören. Wenn ein Bedürfnis nach Schattenbäumen sich ergibt, so würden dem einige, möglichst zwanglos hingestreute Gruppen von Bäumen — Birken, Ulmen, Pappeln — am besten genügen und in verhältnismäßig kurzer Zeit sich dem Landschaftsbilde einfügen. Am verfehltesten aber scheint mir der weitere Vorschlag, an von der erwähnten Allee ausgehenden Seitenwegen, mit Hilfe von allerlei Pflanzung und Hecken, Aus- und Ankleidekojen zu schaffen. Gerade in der heutigen Offenheit und Uebersichtlichkeit des Platzes liegt, wenn ich so sagen darf, das Moralische der ganzen Veranstaltung. Schafft Winkelchen und Eckchen, Seufzerlauben, die dem spähenwollenden Auge doch nichts verbergen, und ihr öffnet der Unsittlichkeit Tür und Tor, und gefährdet damit den ganzen guten Gedanken. Hier scheint mir Herr Zahn sich vollständig im Unklaren darüber geblieben zu sein, wo Zweck und Möglichkeit der gärtnerischen Betätigung ihre Grenze haben müssen.

Wie schon eingangs zugestanden, ein solches Vergreifen in Zweck und Mittel ist bei der Neuheit der ganzen Idee kaum verwunderlich, es wird da noch lange nicht das letzte Wort gesprochen sein. Bedauerlich aber ist es, daß es im Verein zur Beförderung des Gartenbaues jetzt Mode zu werden scheint, die Besprechung solcher Vorträge auszuschließen. Damit macht sich der Vorstand des Vereins und, bei der Bedeutung des Vereins, der ganze Beruf verantwortlich für die vom Vortragenden entwickelte Idee, die, wie ich in diesem Falle glaube, dargelegt zu haben, weit davon entfernt ist, von allen oder auch nur von vielen Berufsgenossen geteilt zu werden. **Bindseil.**

Heiteres.

Herr **Robert Müller**, Grunewald, teilt uns, angeregt durch die im letzten Hefte veröffentlichte heitere Unterredung in einem Offizierskasino, nachstehende, nicht minder amüsante Begebenheit mit: Als der verstorbene geniale Gartenkünstler Ed. Hoppe, Zehlendorf, s. Z. bei einem Berliner Garderegiment eintrat, um sein Jahr abzudienen, fragte ihn der Hauptmann: „Was sind Sie im Zivilberuf?" „Gartenkünstler" lautete die Antwort. „Aha", sagte der Hauptmann, indem er verständnisvoll lächelte, „ich weiß schon," und ahmte dabei mit den Händen die Bewegung des — Kartenmischens nach!

Tagesgeschichte.

Bonn. Die hiesige Stadtverwaltung hat zur Vergrößerung des Kaiserparkes einen größeren Waldkomplex für etwa 56 000 M angekauft.

Achileion (Korfu). Gelegentlich seiner Anwesenheit hierselbst berief Kaiser Wilhelm unseren langjährigen Mitarbeiter C. Sprenger, Neapel, zu einer gemeinschaftlichen Besichtigung des Schloßparkes und zu einer Beratung über dessen Ausgestaltung.

Personal-Nachrichten.

Arlt, Georg, kgl. Hofgärtner in Wachwitz bei Dresden, † am 25. April. Der Verstorbene war Begründer des Bezirksobstbauvereins Oberes Elbtal, der jetzt 300 Mitglieder zählt, leitete ihn viele Jahre lang und gehörte ihm zuletzt als Ehrenmitglied an.

Heymann, städt. Obergärtner in Duisburg, wurde dortselbst zum Stadtgarteninspektor befördert.

Sieger, Jean, Landschaftsgärtner, bittet uns bekannt zu geben, daß er sein Büro nach Halle a. S. verlegt hat.

Berlin SW. 11, Hedemannstr. 10. Für die Redaktion verantwortlich Max Hesdörffer. Verlag von Paul Parey. Druck: Anhalt. Buchdr. Gutenberg e. G. m. b. H., Dessau.

Freiburg, Breisgau. Nr. 4089. Konkursverfahren über das Ver- gen des **Gärtners Ludwig Noe, hier,** de nach Abhaltung des Schluss- mins am 13. April 1908 durch Ge- tsbeschluss aufgehoben.

Hamburg. Das Konkursverfahren r das Vermögen der **Kunst- und ndelsgärtnerin Bertha Helene lphine Hermine geb. Hennings, Ernst Leopold Preiss Witwe,** in ma **Ernst Preiss,** wurde am 22. April 8 nach erfolgter Abhaltung des lusstermins hierdurch aufgehoben.

Oeynhausen, Bad. Ueber das Ver- gen des **Kunstgärtners Karl Schnei- in Gohfeld** Nr. 39 wurde am 4. April 8, mittags 12 Uhr, das Konkurs- fahren eröffnet. Justizrat Ley in nhausen wurde zum Konkursver- **ter** ernannt. Offener Arrest mit zeigepflicht bis 15. Mai 1908. For- ungsanmeldefrist bis 15. Mai 1908. ubigerversamlung am **27. April 1908, mittags 9½ Uhr.** Prüfungstermin **29. Mai 1908, vormittags 10 Uhr.**

Tondern. Ueber das Vermögen des **ndelsgärtners Georg Jertrum** in **dern** wurde am 15. April 1908, mittags 11 Uhr, das Konkursver- ren eröffnet. Konkursverwalter: ufmann Jes Petersen in Tondern. te Gläubigerversammlung im Amts- icht: den **6. Mai 1908, vormittags Uhr.** Offener Arrest mit Anzeige- t an den Verwalter bis zum 6. Mai 8. Konkursforderungen sind bis zum Mai 1908 bei dem Gerichte anzu- lden. Prüfungstermin im Amts- icht: den **22. Mai 1908, vormittags Uhr.**

Weissenfels. Ueber das Vermögen **Handelsgärtners Gustav Fricke,** abers der Firma **H. G. Trenk- nn Nachfg. in Weissenfels,** Merse- gerstrasse No. 93, ist am 23. April 8, nachmittags 5½ Uhr, von dem iglichen Amtsgericht zu Weissen- das Konkursverfahren eröffnet. walter: Rechtsanwalt Sprenger in issenfels. Frist zur Anmeldung der nkursforderungen bis 29. Mai 1908. te Gläubigerversammlung am **15. Mai 8, vormittags 11 Uhr.** Prüfungs- min am **12. Juni 1908, vormittags Uhr.** Offener Arrest mit Anzeige- cht bis 6. Mai 1908.

Neue Kataloge.

ssgärtnerei Henkel, Darmstadt. Haupt-Freiland-Katalog 1908, über Rosen, Baumschulartikel und Stauden.

edrich Adolph Haage junior, Er- urt. Haupt-Preisverzeichnis 1908.

s & Koenemann, Nieder-Walluf. rühjahrs-Ergänzungs-Liste 1908.

G. Radde, Aachen. Gartenbau- eschäft. Sehr vornehm ausgestat- tes, reich illustriertes Schriftchen ber Ausführung von Parks, Haus- ärten und öffentliche Anlagen.

atente und Musterschutz.

Gebrauchsmuster-Eintragungen asse 45f.

334073. Buschhackmaschine mit issäge. **Schleswig-holsteinische dwirtschaftliche Hauptgenossen- aft e. G. m. b. H.,** Kiel. 14. 2. 08. . 27837.

334244. Aus Metall hergestellter menkasten, der im Boden und in Seitenwänden mit Vorspringen oder pen versehen ist, in denen Löcher eordnet sind. Emil **Rumor,** Char- enburg, Spandauerstr. 15. 5. 3. 08. 20951.

332671. Gewächs- und Reklame- lder. Martin **Becker,** Berlin, Inva- nstrasse 111. 10. 1. 08. B. 36418.

335335. Pflanzenhalter. Wilhelm Gilles, Trier. 18. 2. 08. G. 18756.

335350. Blumentopf, dessen Wandungen nach unten über den Boden hinaus in Form eines Untersatzes verlängert sind. Eugen **Becker,** Ohligs. 3. 3. 08. B. 37377.

335532. Selbsttätige Handspritze mit Einrichtung zum Bestäuben von Bäumen, hohen Gesträuchen u. dgl., sowie zum Desinfizieren und Anstreichen. Adam **Platz,** Ludwigshafen a. Rh., Schanzstr. 49. 18. 3. 08. P. 13534.

335738. Hakenförmig gebogenes Befestigungseisen für die Traglatten von Mistbeetfenstern. Wilhelm **Tittelfitz,** Hausen b. Frankfurt a. M. 23. 3. 08. T. 9299.

335739. Drehbarer Profilschneider für Zierbäume mit in beliebig gestaltetem Profilrahmen zwangläufig geführter Handschere. Max **Richter,** Gr.-Lichterfelde-Ost, Boothstrasse 1. 23. 3. 08. R. 21045.

336216. Spannvorrichtung. Ernst **Wiedemann,** Schöneberg bei Berlin, Sedanstr. 44. 25. 3. 08. W. 24388.

336224. Laubengang. Martin **Becker,** Berlin, Invalidenstr. 111. 7. 12. 07. B. 36421.

336279. Baumversetzer. Johannes **Baur,** Reutlingen. 24. 3. 08. B. 37660.

336390. Glockenförmige Bewässerungsröhre mit seitlichen schräg verlaufenden Ausflussöffnungen. Otto **Kurz,** Neu-Ulm. 26. 3. 08. K. 33986.

336396. Dachförmige Bewässerungsröhre mit durch abnehmbaren Deckel verschliessbarem Eingussstutzen. Otto **Kurz,** Neu-Ulm. 27. 3. 08. K. 34002.

336418. Einfüllsieb für Pflanzenspritzen. Christian Friedr. **Holder,** Metzingen, Württ. 24. 3. 08. H. 36568.

336419. Ausflussstutzen an Pflanzenspritzen u. dgl. Christian Friedr. **Holder,** Metzingen, Württ. 24. 3. 08. H. 36567.

336473. Steinerner Wasserbehälter für Gärtnereibetriebe. Eduard **Sauer,** Stetzsch b. Dresden. 17. 3. 08. S. 16964.

336580. In der Form sich dem Körper bequem anschliessender Obstpflückkorb mit einzuhakendem Trageriemen. Peter **Vutz,** Vluyn, Kr. Mörs. 2. 3. 08. V. 6289.

336676. Einschlagbarer Weinbergpfahl mit Verankerung gegen Herausziehen. Johann **Jacob,** Dürkheim i. Pf. 31. 3. 08. J. 7927.

336889. Blumentopfuntersatz mit der Höhe des Topfes entsprechendem Rumpf. Hermann **Spange,** Lübbenerstr. 29, u. Robert **Miltzow,** Schreinerstr. 55, Berlin. 28. 3. 08. M. 26603.

337419. Schwimmer für Blumenvasen als Auflager für die Blumenstiele. Josef **Hinnüber,** Duisburg, Ludgeristr. 11. 15. 2. 08. H. 36079.

Patent wurde erteilt Klasse 45f.

197775. Vorrichtung zum Auf- und Ablegen von Schutz- und Schattendecken auf die Dächer von Gewächshäusern o. dgl. mit einer auf einem Schienengleis laufenden Welle. Oscar R. **Mehlhorn,** Schweinsburg, Pleisse. 21. 4. 07. M. 32101.

Zum **Patent** wurde **angemeldet Klasse 45f.**

K. 35510. Giesskanne mit beweglichem Tragbügel. **F. Klostermann & Co.,** Berlin. 22. 8. 07.

St. 12382. Vorrichtung zum Bewässern von Pflanzen, bestehend aus einem oberen Einguss- und einem unteren in die Erde zu steckenden siebartig durchlöcherten Rohr. Paul **Strich,** Wilmersdorf-Berlin, Pragerstr. 16. 11. 9. 07.

Illustrierte Wochenschrift für den gesamten Gartenbau.

Jahrgang XII. 23. Mai 1908. No. 34.

Gehölze.

Riesengruppen seltener Koniferen und Gehölze im Schwetzinger Schloßgarten.

Von Hch. Beuß.

(Hierzu vier Abbildungen.)

Viele unserer besseren Laub- und Nadelhölzer, ja die meisten kommen erst dann so recht zur vollen Geltung, wenn man sie in großen, mächtigen Exemplaren, teils einzeln, teils zu einander passend gruppiert, antrifft. So befinden sich hier im Arboretum des Großherzoglichen Schloßgartens viele seltene Bäume in ansehnlichen Exemplaren, von welchen ich einige besonders schöne und alte den Lesern der „Gartenwelt“ im Bilde vorführen möchte. Die Aufnahmen selbst sind hier leider, mit Rücksicht auf das Alter der ganzen Anlage und der verhältnismäßig engen Pflanzung, mit einigen Schwierigkeiten verknüpft, deshalb war es mir nur möglich, die nachstehend abgebildeten Bäume zu wählen.

Die beistehende Abbildung zeigt eine mächtige, sonst ziemlich selten anzutreffende *Cladrastis (Virgilia) lutea*, welche sich in vollem Blütenschmuck vor einem dunklen Koniferen- und Gehölzhintergrund vorteilhaft abhebt. Die schön groß und weiß, im Juni in hängenden Trauben blühende Virgilie stammt aus Nordamerika und verlangt in der Jugend etwas Schutz, welcher ihr im hiesigen milden Klima geboten ist, was zu ihrer riesigen Entwickelung beitrug. Der Baum wird, wie auch die auf den beiden folgenden Bildern dargestellten, etwa 100 Jahre alt sein.

Abbildung Seite 398 zeigt in der Mitte eine riesige *Sophora japonica*, links *Pterocarya caucasica* und rechts *Taxodium distichum*, welche, am Weiherrande gepflanzt, von dem gegenüberliegenden Ufer einen großartigen Eindruck machen. Weniger die Blüte, als die Belaubung gestaltet besonders die beiden erstgenannten recht wirkungsvoll, auch verleiht das zierliche Grün des *Taxodium* der Riesenbaumgruppe eine gute Abwechslung. Leider kommt die *Sophora*, welche auch im Winter durch das glänzendgrüne junge Holz sehr hervortritt, auf dieser Abbildung nicht so zur Geltung, wie es wünschenswert wäre, da sie durch die Nachbarbäume beschattet wird.

Abb. Seite 399 links zeigt ein Prachtexemplar der spanischen Weißtanne, *Abies Pinsapo*, in Höhe von etwa 17 m, deren Stamm trotz ihres Alters bis auf den Boden mit schönen, gesunden Zweigen bekleidet ist. Sie dürfte etwa 100 Jahre zählen, denn der neben ihr stehende, bereits 71 Jahre im Schloßgarten beschäftigte, 90 jährige Arbeiter wußte sich noch recht gut zu erinnern, daß bei seinem Eintritt unter Gartendirektor Zeyher, 1833, diese Tanne, am Orangeriegebäude stehend, schon ein stattliches Exemplar war. Rechts auf

Cladrastis (Virgilia) lutea.
Im Schloßgarten zu Schwetzingen für die „Gartenwelt“ photogr. aufgen.

demselben Bilde, sowie im Hintergrunde erheben sich noch höhere *Pinus Laricio*, links steht eine sehr schöne *Picea orientalis*.

Auf Abb. Seite 399 rechts erkennt man sofort in ihrer vollen Schönheit die cephalonische Weißtanne, *Abies cephalonica*, welche sich ganz vortrefflich zur Einzelpflanzung eignet. Die Tanne, welche nicht jedem Winter gewachsen ist und nicht in allen Gegenden gut fort kommt, leicht an den jungen Trieben leidet, hat hier so recht die günstigsten Verhältnisse gefunden und sich ungestört entwickelt. Die mächtige Höhe dieser Tanne ist nach dem Bilde leicht abzuschätzen.

Von links nach rechts: Pterocarya caucasia, Sophora japonica, Taxodium distichum.

Im Schloßgarten zu Schwetzingen für die „Gartenwelt" photogr. aufgen.

Topfpflanzen.

Agapanthus umbellatus und Vallota purpurea. — Ob es wahr ist, daß, wie man oft sagt, die dümmsten Bauern die größten Kartoffeln haben? — Ich weiß es nicht, aber d a s weiß ich ganz bestimmt, daß man bei Laien zuweilen wahre Prachtstücke von gewissen Pflanzen findet, an deren Erscheinung durchaus nicht etwa die Intelligenz ihrer Besitzer schuld ist, die aber von Fachleuten als Schaustücke ihrer Art anerkannt werden müssen. So erging es Schreiber dieses im vorigen Hochsommer, beim Anblick einiger großer Töpfe mit oben genannten beiden Pflanzenarten, in einem kleinen Hausgärtchen. Die *Agapanthus* — welche in der Tat auch schöne Kübelpflanzen sind — mit je 17 bis 19 Blütenschäften in einem Topfe, alle zugleich in schönen, lockeren, glänzend hellblauen Dolden blühend, imponierten ebenso wie die Büsche, welche die *Vallota* mit ihren 11 bis 15 Blütenschäften, jeder mit 3 bis 4 Blumen, in ihren Töpfen bildeten. Wie bei den *Agapanthus* die Wurzeln, welche die Töpfe schließlich zersprengen, so drängten sich bei den *Vallota* die Zwiebeln, groß und klein, alte und Brutzwiebeln, daß man sich fragte, woher noch diese Pflanzen Nahrung und Kraft zu ihrer höchsten Leistung, als welche man doch das Hervorbringen so vieler Blütenschäfte bezeichnen muß, nehmen. Es ist ja bekannt, das gewisse Pflanzen, zu welchen auch die alten *Agapanthus* gehören, bei magerer Nahrung reicher blühen als bei kräftiger Kultur, aber in diesem Falle, wo beide Pflanzenarten das elendeste Dasein fristeten, schüttelt man bei solcher Blütenfülle am Ende doch den Kopf. Mit der großen Menge bei beiden Arten herrlicher Blumen, welche sich in beiden Fällen trotz des sonst lockeren Aufbaues der ganzen Stücke mehrfach berührten, bildeten diese Töpfe, wie gesagt, wahre Schaustücke, für deren Aufstellung während ihrer immerhin ausgedehnten Blütezeit kein Privatgärtner um geeignete Plätze in Verlegenheit kommen dürfte. Aber auch bei Innendekorationen verschiedener Art, wie z. B. bei Trauungen und anderen Festlichkeiten, würde die Wirkung eine großartige sein. Aber man hat solche Schmucktöpfe eben nicht, denn kaum dürfte ein Gärtner ein Dutzend Vallotazwiebeln in einen so großen Topf legen. Niemand konnte hier sagen, wie lange sich beide Pflanzenarten schon in ihren Töpfen befanden. Hierbei erinnerte ich mich eines anderen Laien, der eine *Clivia miniata (Imantophyllum)* als Riesenpflanze mit allen ihren Nebentrieben in einem Kübel besaß und sich für dieses Schaustück mit 15 bis 18 Blütenschäften alljährlich auf der Ausstellung einen Preis holte. — Eine andere, für Zimmerkultur am Fenster so recht geschaffene Pflanze ist die reizende *Campanula fragilis*, die man ebenfalls in ihrer höchsten Vollkommenheit wohl nur bei Laien findet. Entweder herabhängend, oder an kleinen Spalierchen aufgebunden, sieht man diese schöne Pflanze meistens nur bei Leuten, die sich die Anschaffung kostbarer Pflanzen nicht leisten können. Aber auch sonst hat sie jeder Blumenfreund herzlich gern, wenn sie ihm begegnet. Leider ist für Gärtner die Entwickelung der Pflanze eine zu langsame für größere Kultur; auch muß die ausgebildete Pflanze ihrer „Zerbrechlichkeit" wegen, worauf schon ihre Benennung *fragilis* hindeutet, etwas vorsichtiger behandelt werden. Man dürfte diese *Campanula* in Gärtnereien und Blumengeschäften höchst selten finden, an Absatz würde es ihr aber gewiß nirgends fehlen, denn man hat sie gleich lieb, sobald man sie sieht. G. S.

Orchideen.

Die blattwerfenden Calanthen.

Diese Sektion unterscheidet sich von der immergrünen für uns Gärtner bedeutend, hauptsächlich aber in der Behandlung während der Ruhezeit. Zu dieser Zeit werfen diese Calanthen ihr Laub. In Hinsicht auf den leicht erzielbaren Flor, die große Wirkung der Blüten und ihre vielseitige Verwendbarkeit, ist die blattwerfende Sektion von hervorragendem Werte. Ihr Formenkreis ist heute ein reicher, der sich aus nur wenigen Arten aber umsomehr Varietäten und Züchtungen zusammensetzt. Die Arten gehören den folgenden Gattungen an: *Calanthidium (C. labrosum), Limatodes (L. rosea), Preptanthe (P. Regnieri, vestita, rubens).*

Die Varietäten sind wie folgt verteilt:

P. Regnieri	*P. vestita*
var. fausta,	*var. gigantea,*
var. Sanderiana,	*var. igneo-oculata,*
var. Stevensii,	*var. oculata-gigantea,*
var. Turneri,	*var. luteo-oculata,*
var. „ forma nivalis,	*var. rubro-oculata.*
var. Williamsii.	*P. rubens var. alba.*

Das Ergebnis der vielen Kreuzungen, die namentlich in den letzten Jahren unter den Arten mit Benutzung der Varietäten und Bastarde vollzogen sind, bilden die nachstehenden Hybriden, die überall unter dem Gattungsnamen *Calanthe* geführt werden.

C. × *albata* (C. × *Novelty*) — *veratrifolia* × *Cooksonii*
C. × *Alexandri* — *vestita* × *Veitchii*
C. × *atrorubens* — *Wm. Murray* × *Oakwood Ruby*
C. × *Aurora* — *Regnieri* × *rosea*
C. × *Barberiana* (C. × *casta*) — *Turneri nivalis* × *vestita*
C. × *Baron Schroeder*
C. × *bella* — *Turneri* × *Veitchii*
C. × *Bryan* — *rubro-oculata* × *Williamsii*
C. × *burfordiensis* (C. × *Sandhurstiana*) — *rosea* × *rubro-oculata*

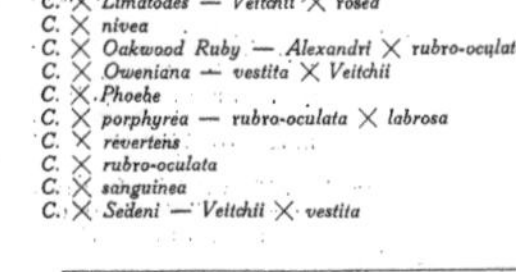
C. × *Limatodes* — *Veitchii* × *rosea*
C. × *nivea*
C. × *Oakwood Ruby* — *Alexandri* × *rubro-oculata*
C. × *Oweniana* — *vestita* × *Veitchii*
C. × *Phoebe*
C. × *porphyrea* — *rubro-oculata* × *labrosa*
C. × *revertens*
C. × *rubro-oculata*
C. × *sanguinea*
C. × *Sedeni* — *Veitchii* × *vestita*

Abies Pinsapo.

Abies cephalonica.

Im Schloßgarten zu Schwetzingen für die „Gartenwelt" photographisch aufgenommen.

C. × *Clive*
C. × *Cooksonii* — *Veitchii* × *vestita*
C. × *Cornelius Vanderbilt* — *rubro-oculata* × *Veitchii*
C. × *Eclipse* — *Sanderiana* × *veratrifolia*
C. × *excellens* — *vestita* × *Regnieri*
C. × *Eyermannii* — *vestita* × *Veitchii*
C. × *Florenz* — *bella* × *Veitchii*
C. × *gigas* — *gigantea* × *Sanderiana*
C. × *Hallii* — *vestita* × *Veitchii*
C. × *Harold*
C. × *Harrisii* — *Turneri* × *Veitchii*
C. × *jucunda*
C. × *Kenneth*
C. × *labrosior*
C. × *lentiginosa* — *labrosa* × *Veitchii*
C. × „ *forma carminata* und *rosea*

C. × *Sibyl*
C. × *splendens*
C. × *triumphans* — *rubro-oculata* × ?
C. × *Veitchii* — *rosea* × *vestita*
C. × „ *forma alba* und *versicolor*
C. × *Victoria* — *Regina*
C. × *William Murray*
C. × *Wylamensis.*

Die Bastarde C. × *albata* und C. × *Eclipse* sind für Züchter von ganz besonderem Interesse. Eine ihrer Eltern gehört nämlich der immergrünen Sektion an, es ist die bekannte *C. veratrifolia.* Diese Kreuzung glückte erst nach vielen vergeblichen Versuchen, jetzt bildet sie den Uebergang zwischen den äußerlich sehr verschiedenen zwei Gruppen und stellt ihre Zusammengehörigkeit dadurch fest. *Calanthe (Preptanthe) vestita* ist schon seit 1826 bekannt, als Dr. Wallich sie in der Landschaft Tenasserim auffand. Sie wurde aber erst 1850 eingeführt und dieses Verdienst gebührt Thomas Lobb, der gleichzeitig mit Dr. Krane, jedoch unabhängig von diesem, die ersten lebenden Pflanzen nach Exeter sandte. Unter beiden Importen befand sich die Varietät *Turneri*. Bald darauf fand auch Lobb in derselben Gegend *C. rosea*. Sie gedeihen vorzugsweise um Moulmein herum, wo sie in wundervoller Mannigfaltigkeit an den Abhängen der Kalkstein- und Kreidehügel bei Trenkla vorkommen.

Dominy fand Gefallen an den schönen Farben dieser zwei Arten und versuchte die Kreuzung derselben, die ihm bekanntlich glückte. Es war die erste Kreuzung zwischen zwei Orchideengattungen; sie blühte 1856 und wurde von Lindley *C.* × *Veitchii* genannt. Mit dieser farbigen Hybride ging noch eine reinweiße Form aus der Kreuzung hervor, *C.* × *Veitchii alba*, die im Gegensatz zu ihrer Schwester immer selten geblieben ist. Unter Zuhilfenahme der Form *Turneri* entstand *C.* × *Harrisii* und *C.* × *bella*. Andere im Veitchschen Etablissement gewonnene Züchtungen, die aber erst später in die Erscheinung traten, als *C. Regnieri* mit ihren Varietäten eingeführt war und die zum größten Teile den Bemühungen Sedens zu danken sind, wären ohne die zur immergrünen Gruppe gehörenden *C.* × *gigas*, *C.* × *Sedeni* und *C.* × *lentiginosa*.

Die anderen zwei Arten sind neueren Datums. *C. Regnieri* wurde um 1880 von dem Pariser Regnier, der seinen Sport mit dem Kopfe bezahlen mußte, in Cochinchina aufgefunden und eingeführt. *C. rubens* stammt von den Langkawiinseln, wurde dort von Curtis entdeckt und von Ridley im „Gardeners Chronicle" 1890 zuerst beschrieben. Identisch mit dieser, ist die von Rolfe 1892 benannte *C. vestita Fournieri*.

Die Varietäten dieser zwei Arten sind wohl alle kostbar zu nennen. Einen großen Einfluß auf die Bildung des bestehenden Formenkreises übten vor allem *Turneri* und die schönäugigen Abarten von *vestita* aus. Die letzteren ergaben zweifellos die wertvollsten Farbenspiele. Besonders war es Cookson, der sich diese Einführungen zunutze machte; seine geradezu glänzenden Leistungen stehen von allen obenan. Aber auch noch andere, wie Sir Trevor Lawrence und Sander, haben bleibendes geschaffen. Der Habitus ist bei den vielen Züchtungen recht verschieden und manche, darunter einige der allerschönsten, zeichnen sich durch besonders heikles und schwächliches Wachstum aus. Die Mehrzahl aber ist von kräftiger Gestaltung und bei einigem Verständnis leicht erfolgreich zu kultivieren. Hierher gehören *C.* × *Bryan*, *C.* × *William Murray*, *C.* × *Cooksoni*, *C.* × *splendens* und *C.* × *Harold*. Von den kleinbleibenden Sorten mögen *C.* × *Alexandri*, *C.* × *Clive*, *C.* × *Kenneth*, *C.* × *Oakwood Ruby*, *C.* × *Phoebe*, *C.* × *rubro-maculata*, *C.* × *Sibyl* und *C.* × *triumphans* genannt sein.

Es ist selbstverständlich, daß durch das Einfügen der hybriden Formen ein ununterbrochener, mehrere Monate währender Flor geschaffen wird, der teils auf die spätblühenden *Regnieri* und *Turneri* zurückzuführen ist. Und diese Blüte wird dadurch bedeutungsvoll, daß sie sich gerade auf die trüben Wintermonate erstreckt, wenn Blumen doppelt bewertet werden.

E. B. B.

Coelia Baueriana.

Vom Verfasser im Botanischen Garten zu München für die „Gartenwelt" photographisch aufgenommen.

Coelia Baueriana, Ldl., eine alte Pflanze unserer Glashäuser, ist eine schon 1790 eingeführte, sehr dankbar wachsende Orchidee aus Mexiko, mit starken, rundlichen Scheinknollen und festen, leicht überhängenden, langzugespitzten, zu dreien oder vieren vereinigten Blättern. Die Blüten sind in dichten Rispen vereinigt, einzeln etwas unscheinbar, von weißlicher Farbe, gestützt von schlanken, jedoch etwas hinfälligen Brakteen. Die Menge, in welcher diese Blüten erscheinen, sie ähneln Maiblumen, und ihr zarter Duft rechtfertigen die Kultur dieser Pflanze in den Sammlungen. Unsere nebenstehende Abbildung zeigt wohl, daß diese *Coelia* schön sein kann.

Weit wertvoller ist allerdings *C. macrostachya* mit kräftigerem Wuchse und längeren, steif aufrechten Rispen rosenroter Blüten. Blütezeit beider im Hochsommer.

In der Gartenkultur wünschen diese Pflanzen eine mäßige Wärme, ziemlich viel Sonne und ein gehaltreiches, jedoch gut durchlässiges, lockeres Erdmaterial, ebenso nicht zu wenig Wasser. Eine Ruhezeit befördert den Blütenansatz, jedoch sollen die Blätter nicht abgeworfen werden. Stehen die Pflanzen zu kalt und feucht, dann erscheinen leicht die auch an anderen mexikanischen Orchideen besonders häufig auftretenden schwarzen Flecken. **B. Othmer.**

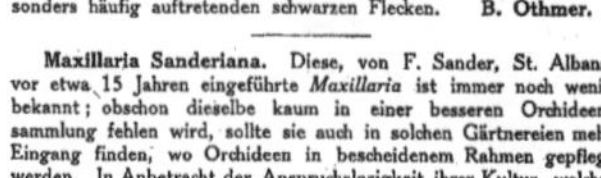

Maxillaria Sanderiana. Diese, von F. Sander, St. Albans, vor etwa 15 Jahren eingeführte *Maxillaria* ist immer noch wenig bekannt; obschon dieselbe kaum in einer besseren Orchideensammlung fehlen wird, sollte sie auch in solchen Gärtnereien mehr Eingang finden, wo Orchideen in bescheidenem Rahmen gepflegt werden. In Anbetracht der Anspruchslosigkeit ihrer Kultur, welche, da die Pflanzen ähnlich den Stanhopeen in Körben unter dem

Glasdache größerer Gewächshäuser und Wintergärten aufgehängt werden, wenig Arbeit und Mühe erfordert, dürfte Herrschaftsgärtnern, denen passende Räumlichkeiten zur Verfügung stehen, die prächtige Pflanze bestens zu empfehlen sein. *Maxillaria Sanderiana* ist in Blüte eine großartige Erscheinung; die großen, elfenbeinweißen, im Zentrum purpurroten Blumen erscheinen gleich den Stanhopeen an der Basis der Triebe, sich nach unten neigend, und haben im Vergleich zu diesen eine bedeutend längere Blütezeit. Ihr Flor fällt in den Monat April, wo die Natur im Freien noch nicht überreichlich viel bietet und durch die launische Witterung den Liebhaber öfter in die Glashäuser verbannt.

Th. Schweizer, Zürich V.

Stauden.

Mertensia. Diese boretschartigen Pflanzen, benannt zu Ehren des deutschen Botanikers Karl Mertens (1764—1831), gehören zu den schönsten winterharten Gewächsen. Reizend und mannigfaltig sind die Zeichnungen der Blumen, vom tiefsten Veilchenblau zum hellen Azur, Purpurrot und Weiß. Gleich großblumigen Vergißmeinnicht blühen manche Arten den ganzen Sommer hindurch, bis zum Eintritt des Frostes. Die Kultur ist ganz einfach, denn die Pflanzen befinden sich in jedem Boden wohl, jedoch gedeihen sie in leichter, mit etwas Heide vermengter Erde am besten. Die folgenden Arten sind die bewährtesten und sollten in keinem Garten fehlen:

M. alpina, eine niedrige, kaum 15 cm erreichende Spezies mit Rispen klarer, blauer Blumen und blaugrünen Blättern; für Einfassungen sehr lieblich.

M. echioides, eine andere, niedrige Art vom Himalayagebirge. Wohl eine der schönsten mit tiefblauen Blumen, welche sich durch ein hellgelbes Auge besonders kennzeichnen.

M. elongata, eine neue Einführung vom Himalayagebirge, von 20 bis 25 cm Höhe, mit langschäftigen, dunkelgrünen Blättern. Trägt hängende Blütentrauben mit enzianblauen Blumen.

M. lanceolata, etwas höher als die vorhergehenden. Hellblaue Blumen an hängenden Rispen mit zarten Stielen.

M. oblongifolia, Höhe 15 bis 20 cm. Blumen himmelblau.

M. paniculata, eine 30 bis 35 cm hohe Spezies, mit tief veilchenblauen Blumen, übergehend zu Purpurrot.

M. primuloides, vom Himalayagebirge, ähnelt *M. echioides*, nur etwas niedriger und die Blumen von zarterem Blau.

M. pulmonarioides (syn. *virginica)*, 25 bis 35 cm hoch, trägt während des Sommers hängende, archenförmige Blütentrauben mit tiefblauen Blumen und bläulichgrüne Blätter.

M. sibirica, eine zierliche, 60 bis 70 cm hohe Art mit mehreren Abarten. Eine der schönsten und besten ist *M. sib. ciliata*, sie erzeugt lieblich blaue Blumen an beugenden Rispen, in Blüte während des ganzen Sommers, ferner *M. sib. alba*, mit herrlichen Blumen, die einzige weißblühende dieser Gattung. P. Hanschitz, Chester.

Pflanzendekoration.

Zur Balkonausschmückung.

Zur Bepflanzung der Balkonkästen liefern uns gewiß die vielerlei Pelargonien, Fuchsien, Heliotrop, Petunien, *Tropaeolum* usw. ein reichhaltiges Material. Aber es gibt auch Fälle, in welchen uns eine andere Pflanzenart recht willkommen ist, die, weniger wuchernd, in gewissen Grenzen bleibt und dabei doch eine passende und feine Zierde bildet. Das ist z. B. der Fall bei kleinen Balkons mit feinem Geländer oder solchen, an welchen sich nur schmale Kästen anbringen lassen. Eine solche Pflanze hat man in der wenig bekannten staudenartigen Kalthausampelpflanze *Convolvulus mauritanicus*, die man aus Samen heranzieht und im zweiten Jahre zu genanntem Zwecke verwendet. Die über die Kästen herabhängenden, zur Blütezeit mit ihren schönen, eigenartig schiefer- oder mattblauen, mäßig großen, windenartigen Blumen bedeckten Pflanzen bilden für solche kleine Balkons, Fenster oder sonst welche Gesimse in freier Lage eine originelle, feine Zierde und sind etwas apartes oder, wie man sagt „einmal etwas anderes". Das Wachstum der, auch kleinblätterigen, Pflanze ist kein so robustes wie das der einjährigen *Convolvulus tricolor* im freien Lande.

Eigentlich sollte man dieser, direkt an den Gebäuden angebrachten Ausschmückung mit Blumen auch schon zur Frühjahrszeit, wenn die Bepflanzung für den Sommer noch nicht stattfinden kann,

Maxillaria Sanderiana.
Originalaufnahme für die „Gartenwelt".

seine Aufmerksamkeit zuwenden, wie es doch wohl bei den meisten oder doch bei sehr vielen Blumengruppen der Vorgärten in der Stadt geschieht. Wie man diese Gruppen oder Teppichbeetanlagen mit einem Frühlingsschmuck, sei es durch Blumenzwiebeln oder andere Frühjahrsblüher, bedenkt, sollte es mit den Balkons, Fenstern usw., welche man für den Sommer mit möglichst reichem Blumenschmuck versieht, auch geschehen. Man sollte auch hier und ganz besonders in den Fällen, wo keine Vorgärten vorhanden sind, eine zweimalige Bepflanzung innehalten. Die Balkons, Loggien und Fenstergesimse, besonders in den Straßenzügen und Plätzen der Stadtteile ohne Vorgärten, würden in einem solchen Frühlingsschmucke nicht minder freundlich und wirkungsvoll aus dem Einerlei des Farbentones der Gebäude hervortreten, als während der Sommerszeit, wo sie so prächtig wirken. Allerdings kann man für diesen Zeitabschnitt von etwa 6 Wochen, welcher mit dem Frühlingsschmuck ausgefüllt werden soll, nicht jene ausgebreitete Fülle des Schmuckes verlangen, wie sie der Hochsommer bringt. Aber zu dieser Zeit, der Zeit des allgemeinen Werdens und der Entwickelung in der Natur, spannt man ja auch die Ansprüche noch nicht so hoch. Und wenn die genannten Vorsprünge an den Gebäuden, mit freundlichen, farbigen Streifen umrahmt, sich abheben, die durch noch vorkommende Nachtfröste nicht geschädigt werden, so wird man das gewiß allgemein angenehm empfinden.

Was endlich den Kostenpunkt anlangt, so dürfte dieser in den meisten Fällen, da man ja hierbei nicht nötig hat, etwa eine Blumenzwiebelanlage zu machen, kaum nennenswert und bei nur einigem guten Willen wohl kaum ein Hindernis sein. Mit einigen hundert Stiefmütterchen oder Tausendschönchen kann man schon viel machen. Eine Umrahmung des Balkons, z. B. mit zwei Reihen Pensées, blau und weiß oder blau und gelb, oder mit *Bellis*, rosa und weiß, würde nicht sehr viele Pflanzen benötigen und dürfte sicher recht angenehm wirken. Es würden sich, wie bei anderen Angelegenheiten ja auch, nachdem ein Anfang gemacht und die Lokalpresse, die ja alles bespricht, davon Notiz genommen und darauf hingewiesen hätte, sicher mehr und mehr Nachahmer finden. G. S.

Odontoglossum-Hybriden von Ch. Vuylsteke, Loochristi, auf der Ausstellung in Gent.
Originalaufnahme für die „Gartenwelt".

Ausstellungsberichte.

Die Orchideen auf der Gartenbauausstellung in Gent.

Von Obergärtner **Robert Bloßfeld**, Potsdam.

(Hierzu drei Abbildungen.)

Die Orchideenausstellung war so reichhaltig und auch so erstklassig, daß man wohl sagen kann, daß noch nie eine gleich bedeutende Orchideenausstellung auf dem Kontinente stattgefunden hat. Wer von den drei Hauptausstellern, dem Major Holford, Westonbirt, England, Firmin Lambeau, Brüssel, und Ch. Vuylsteke, Loochristi bei Gent, die beste oder schönste Gruppe ausgestellt hatte, das läßt sich schwer sagen. Fangen wir bei Major Holford's Gruppe an, welche von Sander wunderbar aufgebaut war. Es muß ein Spaß gewesen sein, mit solchem Material zu dekorieren. Da waren im Hintergrunde *Odontoglossum crispum*-Varietäten mit 1—1½ m langen, verzweigten Rispen, *Od. Pescatorei* mit einer fabelhaften Blütenmenge, *Od. Edwardi* mit seinen violetten Rispen, dazwischen einige leuchtendgelbe Hybriden von *Laelia cinnabarina*, mehr nach vorn zu standen ganz vorzügliche *Odontoglossum*, Cattleyen, Laelien, Laelio-Cattleyen, Cypripedien etc. Ein riesiges *Cymbidium Lowianum* mit 30 Rispen stand in der Mitte, davor eine *Cattleya Mendelii Holfords var.* mit ganz fabelhaften Riesenblumen. Daneben stand die schöne weiße *Cattleya* × *Duesseldorfii* (*C. intermedia alba* × *C. Mossiae Wagneri*). In der ganzen Gruppe waren die verschiedensten Hybriden der charakteristischen *Brassavola Digbyana* verteilt, so fiel mir besonders eine *Brasso-Cattleya Imperatrice de Russie* (*C. Mendelii* × *Brassavola Digbyana*) mit handtellergroßer, schön gefranster Lippe auf, ferner eine Hybride zwischen *Cattleya granulosa Schofieldiana* × *Br. Digbyana*, mit der gefransten Geigenlippe, welche leuchtend grüne Sepalen und Petalen hatte. Eine Schaupflanze von *Cattleya Mendelii* fiel durch die Größe, Form und Farbe der zehn Blumen vorteilhaft auf. Auch einige recht wertvolle Neuheiten sah ich, so *L.-Cattl. Zoroaster* mit leuchtend gelben Sepalen und Petalen und tief dunkler Lippe, welche von einem weißen Rande umsäumt war. Die Blume war etwa so groß wie eine gute *Cattleya Trianae*. Es ist eine Doppelhybride zwischen *L. purpurata* × *Cattl. Mossiae* = *L.-C. Canhamiana* und *Laelia cinnabarina* × *L. purpurata* = *L. Latona*. Eine andere wunderschöne Neuheit ist *L.-C. Lustra*, groß, gut geformt, mit schöner, dunkler Lippe. *Lustra* ist eine Hybride zwischen *L. purpurata* × *Cattl. Gigas* = *L.-C. calistoglossa* × *Cattleya speciosissima*. Bei beiden Hybriden ist eine bedeutende Verbesserung der Eltern festzustellen. *L.-C. Zoroaster* sowohl wie *L.-C. Lustra* werden sicher bald populär werden, wie sie es verdienen. Wer hätte es der alten *Laelia cinnabarina*

Orchideen von Firmin Lambeau, Brüssel, ganz links im Hintergrunde Gruppe von Maurice Verdonck, Gentbrügge, auf der Ausstellung in Gent. Originalaufnahme für die „Gartenwelt“.

wohl angesehen, daß soviel Rasse in ihr steckt. Eine weiße *Cattl. speciosissima* von bester Form fand auch viele Bewunderer wie so vieles andere; jedenfalls beglückwünsche ich Major Holford zu seiner Sammlung.

Firmin Lambeau, le roi des orchidées, wie ihn die begeisterten Belgier nennen, trug für seine schöne und mannigfaltige Gruppe den Preis des Königs davon. Ich kann leider nur das allerwichtigste anführen. Ich fange mit einigen Doppelhybriden an, welche für den Handel hoffentlich bald die Rollen spielen, die sie wert sind. Für etwas exquisit feines halte ich *L.-C. Peetersi, (C. Gigas imperialis* × *C. Gigas* × *Brassavola Digbyana* = *Brasso-Cattl. Mad. Maron).* In Form steht sie *Cattleya Gigas* gleich, in Größe auch, die Lippe ist größer und herrlich gefranst, der Schlund schön leuchtend gelb. Ebenso schön ist *L.-C. Princesse Elisabeth (C. Mendelii* × *Brassavola Digb.* = *Brasso-Cattleya Imperatrice de Russie* × *Cattl. Mossiae*). Die Blume ist noch größer als eine gewöhnliche *Cattleya Mossiae*, schön gefranst, das Erbteil der

Orchideen des Majors Holford, Westonbird (England) auf der Ausstellung in Gent. Originalaufnahme für die „Gartenwelt“.

Brassavola. Immer mehr werden doch die Hybriden durch sorgfältige Zuchtwahl verbessert, und werden wir in absehbarer Zeit zum Schnitt wohl viele Hybriden an Stelle der Importen verwenden. Lambeau hatte ferner noch die schöne, an eine weiße *Cattleya aurea* erinnernde *Cattleya*-Hybride *Suzanna Hye de Crom* ausgestellt, herrliche *Miltonia Bleuana, Miltonia vexillaria gigantea* in Schaupflanzen mit 10 Rispen, die herrliche *C. Schroederae Praetii*, einige *C. Schroederae alba, C. intermedia alba* mit 20 Blumen, einige recht schöne *L.-C. Dominiana (Laelia purp.* × *C. aurea)*, einige seltene *Cypripedium* und einige sehr wertvolle *Odontoglossum*-Hybriden, so das als die beste existierende Od.-Hybride bezeichnete *Od. Ardentissimum var. Lambeauae*, ferner *Od. Lambeauianum var. La Perle, var. Helleputianum, var. Deputé Bergerem*, alle fast ganz braun. Ferner war auch eine Pflanze des berühmten *Od. crispum Madouxianum* ausgestellt, weiter eine schöne Pflanze mit 11 Rispen von *Mesospinidium (Cochlioda) vulcanica*, sowie viele herrliche Sachen mehr. Ich frage mich immer, wenn ich von bedeutenden ausländischen Blumenliebhabern höre, warum haben wir deren in Deutschland so wenig? Ist es dem Deutschen mit seinem tiefen Gemüte nicht möglich, eine solch' edle Liebhaberei zu treiben? Denn eine edlere, vornehmere und reinere Liebhaberei als die Blumenliebhaberei gibt es nicht. Wieviel deutsche Liebhaber gibt es, die solche Summen für Blumen ausgeben, wie die englischen oder belgischen? Ein bedeutender englischer Fachmann sagte mir, als ich mit ihm darüber sprach: „Sie schlafen noch in Deutschland", und er hat nicht so unrecht. Das ganze Ausland blickt mit Erwartung schon seit Jahren auf uns, wenn wir wohl anfangen werden, das Schönste an Blumen zu bevorzugen. —

Eine majestätische Gruppe hatte Ch. Vuylsteke, Loochristi, gebracht; ca. 120 Pflanzen von *Odontoglossum*-Hybriden in allen möglichen Schattierungen. Man sah, daß alle Züchtungen zielbewußt vorgenommen waren, alle Blumen hatten nämlich braune oder weinrote Flecken, oft war die ganze Blume braun, nur mit einem schmalen weißen oder gelben Rande umsäumt. Diese braunen oder weinroten Flecken bedingen ihrer Seltenheit wegen den Wert der *Odontoglossum crispum*, seitdem sich aber diese Flecken in den Nachkommen so mühelos, oft sogar noch schärfer, vererben, sind die fabelhaften Preise bis zur Höhe von 40000 Mk. auf vernünftigerer Basis angelangt, obgleich man immer noch mit dreigenullten Ziffern rechnet. Es wurde das Gerücht verbreitet, daß für die Ausstellungspflanzen von Vuylsteke einige Angebote von £ 12000 vorlagen, welche aber nicht angenommen worden seien. Na, Herr Vuylsteke hat es ja auch nicht nötig. Jedenfalls ist ihm die allergrößte Anerkennung für seine einzig dastehenden Züchtungen zu zollen.

De Dietrich, ein Liebhaber aus Brüssel, hatte eine schöne gemischte Gruppe ausgestellt, in welcher sich viele „stars" befanden, ebenso E. Praet, Handelsgärtner in Amandsberg, der eine herrliche große Gruppe ausstellte. Charlesworth & Co., Heaton (England), zeigten eine Neuheit, *Odondiota Keighleyensis*, eine Kreuzung zwischen *Od. cirrhosum* × *Cochlioda Noëtzliana*, ferner verschiedene andere gute Varietäten. Peeters, St. Gilles, hatte einige ganz wunderbare *Odontoglossum* gebracht, die viel Beachtung fanden. Ganz ausgezeichnet hatte auch M. Graire, Amiens, mit seinen zwölf *Odontoglossum*-Hybriden ausgestellt, ich nenne nur das interessante *Od. crispum Orange-Queen* und *Odontioda Devosiana (Od. Edwardi* × *Cochlioda Noëtzliana)*. Th. Pauwels, Meirelbeke, brachte eine Gruppe blühender *Cattleya Lawrenceana* aus, ferner einige riesige Schaupflanzen von *C. Trianae, C. Mendelii* und *C. Schroederae.* Maurice Verdonck, Gentbrügge, hatte eine sehr interessante Gruppe indischer, und eine andere Gruppe südamerikanischer Orchideen gebracht, sehr gut war ferner die Gruppe *Cypripedium* von Janssen & Putzeys in Merxem, welche mit dem ersten Preise prämiiert wurde. — Noch viele recht schöne Pflanzen wären erwähnenswert, so die famos kultivierten *Anoectochilus* von Ed. Pynaert van Geert, Gent.

Ich schließe meinen skizzenhaften Bericht mit dem Wunsche, daß die deutschen Liebhaber sich in ebenso großzügiger Weise an der nächsten Ausstellung in Berlin, im Frühjahr 1909, beteiligen mögen, wie es die ausländischen Liebhaber jetzt in Gent taten. Die ausländischen Liebhaber haben zwar ein vorzügliches Pflanzenmaterial, ihre Sammlungen sind auch teilweise schon ziemlich alt, aber, verhehlen wir es nicht, es wird ein wenig viel mit hochtönenden Varietätennamen gewirtschaftet, fast jede Varietät hat noch einen Kosenamen, den ihr meist der Liebhaber nach seinem persönlichen Empfinden beilegt, und das macht uns weniger impulsive Naturen leicht kopfscheu. Nicht jede *Cattleya „Blue King"* ist blau, nicht jede „Perfecta" ist vollkommen, nicht jede „Queen" ist königlich. Namen sind oft nur „Schall und Rauch".

XVI. Internationale Gartenbauausstellung zu Gent.

Von Ernest Richlin, Ronsdorf.

Am Samstag, den 26. April, wurde diese Ausstellung, mit der zugleich die Feier des hundertjährigen Bestehens der Société d'horticulture et d'agriculture de Gand verbunden war, in Gegenwart des Königs Leopold der Belgier eröffnet. Trotzdem die Ausstellung international sein sollte, hatten sich, wie immer, nur wenige ausländische Konkurrenten eingefunden, namentlich fehlte Deutschland in Azaleen und *Rhododendron* gänzlich. Aber die Belgier, speziell die Genter, haben gezeigt, daß sie nicht aufs Ausland angewiesen sind, und war das Gebotene auch ein Beweis ihres Könnens, denn jeder Besucher wird mit mir darin übereinstimmen, daß die Ausstellung glänzender und besuchter war denn je.

Das Ganze konnte man in vier Hauptabteilungen einteilen: 1. Palmen und Dekorationspflanzen, 2. Blütenpflanzen, 3. Orchideen, Schnittblumen und Wissenschaft, 4. Freilandpflanzen und technische Hilfsmittel.

In der Palmenhalle waren besonders Gruppen von imposanten Palmen als Schaupflanzen von Bernhard Spae und Desmet frères, beide Gent, hervorragend. Van Houtte père und Flandria, Brügge, nebst anderen brachten neben Palmen auch wieder die alten Paradepflanzen, die seit der letzten Ausstellung nur etwas größer geworden sind. Immerhin war manch schönes Exemplar darunter, das Beachtung verdiente, auch manche neuere und seltenere Schaupflanze, als da sind: *Phyllotaenium Lindenii, Dracaena Sanderiana*, der neue bunte *Asparagus Sprengeri variegatus, Libotium Schidei, Hoya carnosa variegata* u. a. K. J. Knyk, Ed. Pynaert und andere hatten schöne Farngruppen in Schaupflanzen ausgestellt, so z. B. *Nephrolepis bostoniensis, Asplenium biforme*, ein neuer, feinlaubiger Farn, ferner *Pteris cretica crispa*, wunderschön als Schaupflanze, auch schöne *Selaginella* und *Lycopodium.* Ed. Delaruy brachte herrliche Caladien, auch die bunten Dracaenen von L. J. Draps-Dom, Brüssel, möchte ich nicht vergessen. Herrlich waren auch die *An-*

thurium von Arthur de Smet, mit weißen und auch eines mit rosa Blüten.

Eine Glanzleistung waren die Azaleen und *Rhododendron* von Sander und Söhne, Brügge; das Auge wurde förmlich geblendet beim Anblick dieser Blütenpolster. Neues wurde wenig darin gebracht, doch haben wir ja so viele tadellose alte Sorten, daß kaum noch zu verbessern ist. Besonders gefiel *Azalea amoena*, die mit ihren zwar kleinen aber schön violettroten Blüten förmlich übersät ist. Herrlich dufteten die von Koster, Boskoop, ausgestellten *Azalea elegantissima odorata*, mit reinweißen Blüten, ferner sind des gleichen Ausstellers neue *Azalea mollis-chinensis* lobend zu erwähnen. Aehnlich wie voriges Jahr in Dresden, hatte man auch vor gemaltem landschaftlichen Hintergrunde einerseits Neuholländer, anderseits Azaleen, *Rhododendron* und Hortensien gruppiert. Im Mittelgrunde waren von Vilmorin-Andrieux & Co. und F. Ferard, beide Paris, Gruppenpflanzen, als da sind: Calceolarien, *Cheiranthus*, Cinerarien, riesenblumige *Bellis perennis* mit Blüten von 10 cm Durchmesser, sowie Aurikeln aufgestellt. Als niedliche Einfassungspflanze lernte ich die kleine, weißblühende *Androsace coronopifolia* kennen.

Zu beiden Seiten des Haupteingangs der Azaleenhalle hatten Ker & Sohn, Liverpool, ihre neuesten *Amaryllis*-Hybriden aufgestellt, die, was Färbung anbelangt, unübertroffen waren. Beachtenswert war eine reinweiße Sorte, bei der nur der grüne Schlund noch etwas störend wirkte. Ein schönes Sortiment Araucarien hatte Hartmann, Mont St. Amand, ausgestellt, worunter *A. Cunninghami corneliensis* am meisten auffiel. François Nagel, Antwerpen, war mit einem Pelargoniensortiment vertreten, dessen Sorten fast alle der Reformatorklasse angehörten. Von den übrigen Schnittblumen, als da sind *Cyclamen*, *Primula obconica* u. a., war bloß minderwertiges Zeug vertreten; alle Achtung verdiente aber *Chrysanthemum indicum Mme Gustave Henry*, reinweiß, das in eintriebigen Pflanzen in tadelloser Kultur gezeigt wurde.

Von neuen Fliedersämlingen erregte die Sorte *Lucie Baltet* allgemeine Aufmerksamkeit, denn mit ihren herrlich cremegelben Blüten sticht sie merklich gegen die andern ab.

Eine schöne Dekorationspflanze des Warmhauses ist *Medinilla magnifica*, die mit ihren rosigen, hängenden Blütentrauben an Flieder erinnert und wundernett aussieht.

Wundervolles sah man besonders im Orchideensaale; den Anblick der riesigen Sortimentsgruppe des Majors Holford, Westonbirt (England), Abb. Seite 403, wird wohl so leicht keiner vergessen. So manche Perle war darunter, es ist aber bedauerlich, daß diese Prachtpflanzen durch Staub und Lufttrockenheit so leiden mußten. Vor dieser Gruppe hatte Sander seine diesjährigen zwölf Neuheiten gruppiert, die zwar keine Schlager, aber doch recht beachtenswerte Verbesserungen sind. Den Königspreis erhielt Firmin Lambeau für seine reichhaltige Sammlung von *Laelia*-, *Cattleya*- und *Odontoglossum*-Sämlingen u. a. m. Herrlich waren auch die *Odontoglossum*-Hybriden von Charles Vuylsteke, Loochristi, die wohl das vollendetste in dieser Gattung sind, aber schon seit Jahren auf Ausstellungen vorgeführt werden. Hier waren auch schöne Bindereien und Dekorationen zu sehen, nur schade, daß die herrlichen Orchideen so elend zugrunde gehen mußten.

Amerikanische Remontantnelken in den bekannten Sorten zeigte Engelmann, Saffron (England), darunter auch *White Enchantress*, *Superior* u. a. Hier hatten auch F. Fischer, Stuttgart, seine *Myosotis Ruth Fischer* und J. C. Schmidt, Erfurt, Gloxinien und *Cyclamen persicum* ausgestellt; diese beiden waren neben Carl Römer, Coswig (Sachsen), mit *Ardisia crenulata* und Hofgartendirektor L. Graebner, Karlsruhe i. B., mit *Yucca Karlsruhensis* vertreten, die einzigen deutschen Aussteller. Zu erwähnen ist noch eine sehr interessante Sammlung neuer und seltener Pflanzen von Maurice de Vilmorin, speziell Gehölze.

In einem neuen Mustergewächshaus zeigte Franz de Laet, Contich, seine Kakteen und Sukkulenten als einziger Aussteller dieser interessanten Pflanzen, in nur schönen und seltenen Exemplaren. Eine riesige *Euphorbia splendens* verdient mit ihren roten Blüten besonders hervorgehoben zu werden. Auch *Cereus giganteus*, *Echinocactus*, *Phyllocactus* und andere Gattungen waren in schönen Exemplaren vertreten.

H. Correvon, Genf, hatte ein auserlesenes Sortiment Topfalpinen eingeschickt; von anderen Stauden war wenig bemerkenswertes zu sehen, außer der neueren *Gerbera Jamesonii*, deren leuchtend rote Blüten einer Marguerite ähnlich sind und sich auf 50 cm hohen Stielen sehr gut zum Schnitt eignen.

An Geräten und Kultureinrichtungen war kein nennenswerter Fortschritt zu verzeichnen, wohl sah man aber, wie gewöhnlich, einige Spielereien.

Zu Anfang der Woche lockte herrliches Wetter Tausende und Abertausende Besucher an, und trotz des hohen Eintrittspreises, erster Tag 10 Fr., zweiter Tag 5 Fr., war die Ausstellung meist überfüllt, so daß ihr finanzielles Ergebnis befriedigen dürfte.

Kultureinrichtungen.

Aus der Praxis für die Praxis.

Von Handelsgärtner **Louis Pohlig**, Coburg.

(Hierzu eine Abbildung.)

In Nummer 28 dieser geschätzten Zeitschrift wurde von sachkundiger Seite ein in hohem Maße fesselnder Aufsatz über den praktischen Betrieb einer amerikanischen Handelsgärtnerei veröffentlicht.

Der Herr Verfasser skizzierte eingangs seines Artikels kurz und treffend das amerikanische Arbeits- und Geschäftsverfahren und den ihm innewohnenden Grundsatz: „Time is Money" (Zeit ist Geld).

Obgleich an dieser Stelle nicht der uns Deutschen eigentümlichen blinden Nachbetung ausländischer Einrichtungen das Wort geredet werden soll, so ist doch andererseits nicht zu verkennen, daß der deutsche Handelsgärtner manches von seinen amerikanischen Kollegen lernen könnte, indem er das Gute und Nachahmenswerte nach Möglichkeit auf seine heimischen Verhältnisse überträgt.

Umständlichkeit in der Arbeit und billige, daher oft erneuerungsbedürftige Arbeitsgeräte kennt der amerikanische Handelsgärtner nicht.

An Obengesagtes anknüpfend, sei es mir gestattet, dem Leserkreise der „Gartenwelt" ein von mir konstruiertes neues Gartengerät vorzuführen, das, aus unseren gärtnerischen Be-

In eine Tragbahre zu verwandelnder Verpflanztisch (D. R. G. M. Sch. 287 251).

triebsverhältnissen hervorgegangen und für unsere Verhältnisse bestimmt, geeignet erscheint, das gewinnbringende „Time is Money“ des Amerikaners auch diesseits der „großen Pfütze“ zur Tat werden zu lassen.

Das Gerät besteht aus einer in einen Verpflanztisch umwandelbaren Gartentragbahre; es erhielt unter No. 287 251 gesetzlichen Musterschutz.

Wie die Abbildungen Seite 405 zeigen, sind zwei wichtige Gartengeräte, welche viel und täglich in jeder Gärtnerei gebraucht werden, in einem Gerät vereint. Die eigenartige Konstruktion ermöglicht es, im Augenblick aus einer fest und dauerhaft gearbeiteten Gartentrage einen ganz feststehenden Verpflanztisch herzustellen. Der große Vorteil der Zeit- bezw. Geldersparnis ist ohne weiteres wohl jedem Fachmanne einleuchtend. Im kleinsten Vorhause, in engen Gewächshäusern und an jedem Ort im Garten, wo Pflanzen eingetopft werden sollen, kann sofort aus der Trage, auf der sich bereits Erde und Töpfe befinden, durch einfaches Anheben des Tragkastens ein äußerst stabiler Verpflanztisch hergestellt werden. Die zerschnittenen und durch tadellos arbeitende Scharniere wieder verbundenen Tragarme verwandeln sich in die Beine des Verpflanztisches. Die in rechtwinkliger Stellung einspringenden viertelkreisförmigen Stahlfedern verleihen dem Gestell absolut sicheren Halt (siehe Abbildung). Eine unter dem Tragkasten während des Tragens eingeschobene Platte wird nach Aufstellung des Tisches auf die in der Mitte der Tragarme befindlichen eisernen Fußständer aufgelegt und kann zur Aufnahme von Bast, Töpfen u. dergl. benutzt werden.

Es bedarf wohl keiner besonderen Erwähnung, daß das zur Verwendung gelangende Material nur erstklassig ist. Der manchem vielleicht etwas hoch erscheinende Preis von 25 Mark wird aber durch die von Fachkreisen allgemein anerkannte solide Herstellung, große Dauerhaftigkeit, Widerstandsfähigkeit und ungemein vielseitige und zeitkürzende Arbeitsleistung überreichlich aufgewogen.

Bereits befinden sich eine ganze Anzahl dieser Tragen sowohl in Handels- als auch in Privatbetrieben in Gebrauch und bewähren sich in der Praxis, wie aus verschiedenen schriftlich freiwillig erteilten Anerkennungen hervorgeht.

Der Verband der Handelsgärtner Deutschlands ließ sich auf Antrag des Verfassers durch eine dreigliedrige Kommission das neue Gerät im praktischen Gebrauch vorführen und erteilte am 15. August 1907 eine Wertzeugnisurkunde. Der Verfasser ist gern bereit, Interessenten jede nähere gewünschte Auskunft zu geben.

Möge das einem praktischen Bedürfnis entsprungene neue Gartengerät sich in der deutschen Gärtnerwelt viele Freunde erwerben.

Mannigfaltiges.

Niederländischer Handel mit Blumenzwiebeln im Jahre 1907.

Die Einfuhr von Blumenzwiebeln und Blumenzwiebelgewächsen zum Verbrauch nach den Niederlanden betrug im Jahre 1907 und den beiden vorhergehenden Jahren:

Aus:	1905	1906 Menge in kg	1907
Großbritannien	288 000	349 100	546 800
Deutschland und Oesterreich .	35 000	36 900	48 000
Frankreich, Belgien, Italien, Spanien, Portugal u. Griechenland	330 100	372 000	446 200
der Türkei	29 200	14 400	2 900
Skandinavien und Dänemark .	400	500	700
Rußland	600	1 800	700
Japan	1 900	24 600	21 200
den Ver. Staaten von Amerika	109 100	169 100	205 000
den übrigen Ländern . . .	—	2 100	100
Insgesamt . .	794 300	970 500	1 271 600

Die Ausfuhr aus den Niederlanden stellte sich in denselben Jahren wie folgt:

Aus:	1905	1906 Menge in kg	1907
Großbritannien	4 607 100	4 784 600	6 341 000
Deutschland und Oesterreich .	3 290 700	3 184 300	3 967 600
Skandinavien und Dänemark .	878 000	833 100	1 048 800
Rußland	257 600	264 900	360 500
Frankreich, Belgien, Italien, Spanien, Portugal, Griechenland und der Türkei	608 200	501 900	717 700
den Ver. Staaten von Amerika	2 006 200	2 317 700	2 824 600
den übrigen Ländern . . .	6 900	13 500	17 200
Insgesamt . .	11 654 700	11 900 000	15 277 400

Die Ziffern der Einfuhr für das Jahr 1907 weisen eine Zunahme von 301 100 kg oder rund 31 v. H. auf, während die Ausfuhr um 3 377 400 kg oder rund 28 v. H. gestiegen ist.

Seit dem Jahre 1897, über welches zum ersten Male statistische Mitteilungen veröffentlicht worden sind, hat sich die Einfuhr, die in dem genannten Jahre 348 399 kg betrug, ungefähr verdreifacht, während die Ausfuhr, die sich damals auf nur 5 701 798 kg stellte, ungefähr 2½ mal zugenommen hat.

Fragen und Antworten.

Beantwortung der Frage No. 523. Wie werden Gartenwege praktisch mit Eisenreifen eingefaßt? Wie erfolgt die Befestigung der die Reifen am Boden festhaltenden Haken?

Die Einfassung der Gartenwege mit Eisenreifen geschieht am besten durch Verwendung von etwa 6 cm breitem und ½ cm starkem Bandeisen. Die Befestigung in dem Erdboden erfolgt durch Annieten von etwa 30 bis 40 cm langen und etwa 3 cm breiten Eisenstäben an das Bandeisen und dann Einschlagen der am unteren Ende angespitzten Eisenstäbe in den Erdboden. Die Entfernung zwischen diesen Eisenstäben richtet sich ganz nach der Krümmung der Wege, da bei starken Kurven öfter eine Befestigung des Bandeisens in dem Erdboden stattfinden muß. Um ein fortlaufendes Ganzes zu erhalten, erfolgt die Verbindung der Bandeisenenden mit einander entwender durch Aufnieten eines Verbindungsstückes, so daß dasselbe auf beiden zu verbindenden Enden weit genug aufliegt, damit die Vernietung erfolgen kann, oder auch, was noch praktischer und einfacher ist, es werden die beiden gegeneinander stoßenden Bandeisenenden mit ungefähr ½ bis 1 cm Abstand voneinander durch einen etwa 4 bis 5 cm breiten und am unteren Ende angespitzten Eisenstab derartig befestigt, daß das obere Ende des Stabes in Form eines Hakens umgeschlagen wird, und zwar so, daß dadurch die beiden Bandeisenenden gleichzeitig niedergehakt werden. Der Eisenstab ist natürlich in den Erdboden einzuschlagen. Das Legen des Bandeisens ist, wenn es sauber gemacht wird und man nicht das geeignete Werkzeug zur Verfügung hat, nicht so leicht. Auch sind Stellen, die sich nachträglich lockern, durch Einfügen von Eisenstäben zu befestigen. Am vorteilhaftesten ist es jedenfalls, derartige Arbeiten an einen Schlosser in Akkord zu vergeben, wobei man gewöhnlich für das Anliefern und Legen des Bandeisens pro laufenden Meter 1.00 M bis 1.20 M zahlt.

Georg Blau, städtischer Gartentechniker, Bromberg.

— Für die in Frage kommende Wegeeinfassung verwendet man am besten verzinktes Bandeisen, welches 4 cm hoch und 4 mm dick ist. An der dem Wege entgegengesetzten Seite werden Stützen möglichst von demselben Bandeisen, von 25 cm Länge, bei einer Entfernung von 2,50 m so angenietet, daß das Bandeisen an der oberen Kante 1 cm frei bleibt. So vorbereitet, kann dann das Bandeisen mit leichter Mühe jeder gewünschten Wegeform angepaßt werden. Man treibt die Stützen mit dem Bandeisen, nachdem selbiges sorgfältig ausgerichtet ist, so tief in die Wege- resp. Rasenkante hinein, daß 3 cm frei bleiben und 1 cm noch in den Kies resp. Sand des Weges gebettet wird. Auf diese

Weise hergerichtete Wegeeinfassungen haben nicht nur den Vorteil, daß sie äußerst praktisch und dauerhaft, sondern durch die scharfe Wegebegrenzung auch angenehm in ihrer Wirkung sind. Außerdem kann dieses Bandeisen noch Verwendung finden bei Einfassungen von Rabatten, Teppichbeeten und auf Rasenflächen, ganz besonders da, wo man nicht alle Jahre die Linien etc. erneuern möchte; wenn dieselben mit Bandeisen versehen, ist ein Verwischen ausgeschlossen. Das Befestigen des Bandeisens durch Haken, die in die Erde gesteckt und über das Bandeisen gehakt werden, hat den Nachteil, daß sich die Haken leicht lockern, außerdem wird die obere Kante nie so glatt, weil durch die Haken unterbrochen. Bei Einfassung von Rasenflächen kommt noch in Betracht, daß durch das Hervorstehen der Haken leicht die Messer der Rasenmäher ruiniert werden.

Gust. Glaulitz, Köln.

— Im Kgl. Großen Garten zu Dresden wird seit Jahren eine eiserne Wegeeinfassung verwendet, welche allen Anforderungen genügt. Die Wegekanten werden mit einem etwa 6 mm starken und etwa 4 cm hohen Bandeisen eingefaßt. Die einzelnen Stücke dieses Eisens sind etwa 6 m lang. An diese Stücke werden in Abständen von ungefähr 1 m aus demselben Bandeisen gefertigte Füße genietet. Die Füße sind etwa 30 cm lang und können, damit sie in den Erdboden besser eindringen, unten zugespitzt werden. Vor dem Legen werden die Eisenschienen gemennigt und mit einer dunklen „Durabo"-Oelfarbe gestrichen. Beim Legen der Kanten wird folgendermaßen verfahren: Zuerst werden die Wegränder genau mit Pflöcken abgesteckt, sodann die Schienen daran gelegt und den Kanten entsprechend auf einem Ambos kalt gebogen. Nun werden die Schienen an die Kante gestellt und mit ihren Füßen fest in den Erdboden getrieben, wobei mit einer Wasserwage genau die Höhe der beiden Wegekanten festgestellt wird. Bei etwaigen Vertiefungen an den Wegrändern wird durch Unterlegen von Steinen ein späteres Senken der Eisenschienen verhütet. Die einzelnen Kantenstücke dürfen nicht scharf aneinanderstoßen, sondern es muß ein geringer Zwischenraum zwischen den Schienen bleiben, damit sich das Eisen im Sommer ausdehnen und bei Regen das Wasser schneller abfließen kann. Zum Legen der Schienen sollen nur intelligente Arbeiter verwendet werden, auch ist es von großem Vorteil, wenn einer der Leute mit Schlosserarbeiten vertraut ist, denn das Biegen- und Zurichten der Eisenschienen kann nur im Freien an Ort und Stelle vorgenommen werden. Es genügen zwei Leute zum Legen der Schienen; sie können täglich etwa 100 bis 120 laufende Meter Wegekanten fertigstellen.

G. Kniese, Koburg.

— Ich nehme an, daß es sich bei der fraglichen Einfassung nur um Rasenkanten handelt, bei welchen dem Bandeisen entschieden der Vorzug vor allem anderen Material zu geben ist. Das Bandeisen und die erforderlichen Befestigungshaken sind in jeder größeren Eisenhandlung in großen Paketen zu haben; die Preise sind schwankend. Für kleinere Anlagen, wo die Wege nicht über einen Meter breit sind, genügt 7 bis 8 cm, bei größeren Rasenflächen mit entsprechend breiteren Wegen ist 8 bis 10 cm breites, bis 3 mm dickes Bandeisen zu empfehlen, für die Stützen oder Haken 3 bis 4 cm breites, 3 mm starkes, bei einer Länge von 25 bis 30 cm. Das Bandeisen wird in ganzer Länge aufgerollt, die etwa vorhandenen Knickstellen werden auf einem untergelegten Träger- oder Schienenstück gestreckt und darnach wird mit einer sog. Patentfarbe gestrichen. Diese Patentfarbe ist eine mit Oel gemengte Graphitfarbe*); sie gibt den dunklen Metallton, läßt sich gut streichen und ist ebenso rostschützend, wie die häßlich rote Mennigfarbe, die noch eines zweiten Deckstriches bedarf, wogegen die Patentfarbe direkt deckt. Ich empfehle jedoch, um das Trocknen zu beschleunigen, etwas Sikkativ beizumischen. Nachdem die eine Seite gestrichen und trocken ist, kann schon tags darauf auch die andere Seite bepinselt werden. Alsdann stanzt man die zum Befestigen der Füße erforderlichen Löcher 2 bis 3 cm vom Rande entfernt, auf 1½ bis 2 m je ein Loch (wenn starke Wegkurven zu beschreiben sind, entsprechend enger). Für diese Löcher genügen 5 bis 6 mm. Ist nun diese Vorarbeit erledigt, so wird die Rasenkante glatt abgestochen und die langen Eisenstreifen an dieselbe gestellt, dann erst schlägt man die Befestigungsstützen so tief in die Erde ein, daß eine Niete von der Rasenseite aus durch Bandeisen und Stützen gesteckt werden kann. Wo zwei Bandeisenstreifen zusammengesetzt werden, ist ein Bolzen mit Mutterschraube vorzuziehen, im übrigen genügen Nieten vollauf. Wenn nun keine Beulen mehr auszuklopfen sind und alles gerichtet ist, wird das ganze Bandeisen samt den Stützen bis zur Hälfte seiner Breite (also 4 bis 5 cm) in die Erde getrieben, in der Art wie der Küfer die Faßreifen aufzieht; man faßt in der einen Hand ein Stück hartes Holz, in der anderen den Hammer und indem man an dem Bandeisenstreifen auf und ab geht, wird die ganze Länge eingeschlagen. Sollte sich nun hier oder da nach der Wegseite eine Beule bilden (was bei bewegtem Terrain leicht vorkommt), so wird mit einem Holzpfählchen oder mit einem Stein nachgeholfen, nach der Rasenseite wird der Stampfer benutzt. Auf diese Weise wird das Bandeisen ohne sichtbare, beim Mähen hinderliche Klammern etc. befestigt, die Rasenkante ist nur 4 bis 5 cm hoch und macht immer einen sauberen, soliden Eindruck.

R. Schnell, Stiftsgärtner, Honnef am Rhein.

*) „Ferubron" von der Farbenfabrik Ernst Gartzke, Berlin SO. 33.

— Zum Schutze der Wegekanten resp. zur Abgrenzung der Rasenflächen oder Blumenbeete verwendet man mit bestem Erfolg 60 × 6 mm starkes Flacheisen, welches in geeigneten Abständen von etwa 1 bis 1½ m an 25 cm lange, 30 × 6 mm starke Flacheisenstäbe genietet wird, deren unteres Ende zum Einschlagen in den Boden angespitzt ist. Zur Verbindung zweier Flacheisenenden fertigt man einen Haken aus diesem selbst in der Länge der Stäbe, dessen oberes Ende soweit umgebogen wird, wie das als Kante dienende Flacheisen hoch ist, um beide Enden gut zu fassen. In leichten Böden wäre es wohl angebracht, 30 bis 40 cm lange Flacheisenstäbe zu verwenden, wenn auch nur ein um den anderen, damit die Einfassung mehr an Halt gewinnt.

Wilh. Pattloch, Frankfurt am Main.

— Zu Wegeeinfassungen verwendet man hier sogenanntes Bandeisen, welches eine Breite von 5 cm und eine dementsprechende Stärke hat; die Länge kann eine beliebige sein. An den Enden der Eisen, sowie in Abständen von etwa 1 m sind Haken gut anzunieten, die dem ganzen einen festen Halt geben sollen. Diese Haken müssen mindestens 20 bis 25 cm lang sein. Um nun diese Wegeeinfassung gut und dauernd zu befestigen, müssen zunächst die Rasenkanten sauber abgestochen werden, dann werden vermittels eines Erdmeißels an den betreffenden Stellen Löcher gemacht, die Bandeisen eingesetzt und bis zur Rasenkantenhöhe eingeschlagen. Um den Haken einen festen Halt zu geben, sind dieselben ordentlich mit Steinen zu befestigen. Sehr zu empfehlen ist es, die Bandeisen vor dem Gebrauch mit einer dunklen Farbe zu streichen, um einem allzufrühen Rosten vorzubeugen.

Rich. Melchior, Pillnitz.

Aus den Vereinen.

Der **Verein Deutscher Gartenkünstler** veranstaltete am 11. d. M. seinen ersten Sommerausflug nach Potsdam, der vom herrlichsten Wetter begünstigt war. Es hatten sich gegen 3½ Uhr vor dem Bahnhofe in Potsdam 25 Teilnehmer eingefunden, die hier von Stadtrat O. Wernick und Stadtgärtner Kölle empfangen und durch großzügige Straßenanlagen mit in neurer Zeit geschaffenen boulevardartigen Pflanzungen geleitet wurden, die im schönsten Frühlingsschmucke prangten. Störend wirkt in einem Straßenzuge ein umpflanzter großer Kinderspielplatz, der die Einheitlichkeit der ganzen Pflanzung und der Straße in ungünstiger Weise beeinflußt. Nach Besichtigung der wohlgepflegten und sauber gehaltenen städtischen Neuanlagen, die Potsdam das Gepräge einer vornehmen Gartenstadt verleihen, wurde unter Führung des Hofgärtners Kunert und des Obergärtners Potente ein Rundgang durch die Anlagen von Sanssouci angetreten. Entzückende Frühlingsstimmung lag über den malerischen, musterhaft unterhaltenen Parkpartien; überall leuchteten aus dem jugendfrischen Grün die herrlichen Gehölzblüten hervor, und die Rasenflächen waren stellenweise mit dem rosigen Blütenschnee des Wiesenschaumkrautes *(Cardamine pratensis)* überschüttet. Wahre Prachtpflanzen von Magnolien standen in voller Blüte, und die in verschiedenen Teilen des Parkes reichlich vorhandenen Blumengruppen zeigten einen üppigen Tulpen- und Penséeflor. Einer eingehenden Besichtigung wurden die Gewächshäuser und die Fruchttreiberei des unter Kunerts Leitung stehenden Terrassenreviers gewürdigt. Ueber die hier gesehenen musterhaften Kulturen herrschte unter allen Teilnehmern nur eine Stimme der Anerkennung. Auch die große von Herrn Kunert angelegte Obstplantage, in welcher prächtige Buschbäume vorherrschen, wurde auf vielseitigen Wunsch in den Rundgang mit einbezogen, von wo aus dann die Wanderung durch die Anlagen zwischen Belvedere und Orangeriegebäude fortgesetzt und die einen reichen und gesunden Pflanzenbestand aufweisende Orangerie besichtigt wurde. Nach Einnahme des Kaffees, bildete die Besichtigung des gleichfalls in jeder Hinsicht sehenswerten Marlygartens mit seinen imposanten Baumgruppen, unter Führung des Hofgärtners Rosenberg, den Schluß der Partie, woran sich ein gemeinschaftliches Abendessen im Hotel Königsberg anschloß. M. H.

Tagesgeschichte.

Berlin. Ein gemeinsamer Volkspark für Rixdorf, Britz, Treptow und Tempelhof soll auf forstfiskalischem, von den Gemeinden zu erwerbendem Gelände der Königsheide ins Leben gerufen werden. Jeder Vorort soll einen Teil des zusammenhängenden Terrains ankaufen und nach einem einheitlichen Plane parkartig ausgestalten. Die Grundzüge dieses Projektes wurden in einer Konferenz von Vorortsvertretern, die unter dem Vorsitze des Polizeipräsidenten von Glasenapp in Rixdorf tagte, festgelegt. Die Ausführung des Projektes ist so gedacht, daß jede Gemeinde anteilig ein größeres Terrain erwirbt, und soll dann die Gesamtfläche nach einem einheitlichen Plane parkartig ausgestaltet werden.

Bernkastel. Laut Beschluß des Kreistages soll hierselbst ein Gebäude errichtet werden, das neben den Zwecken der Sparkasse auch der Abhaltung der Wein- und Obstbaukurse dienen soll. Die Gesamtkosten sind auf 141 000 M veranschlagt.

Görlitz. Zur Errichtung einer größeren Laubenkolonie (Schrebergärten), links von der Bunzlauerstraße, soll nach einem Antrage des Magistrats aus dem Grundstücksreservefonds eine Summe bis zur Höhe von 16 000 M bewilligt werden. Es haben sich schon jetzt gegen 50 Pächter notieren lassen. Den jährlichen Pachtzins hat der Magistrat auf 16 M für jede einzelne Gartenstelle festgesetzt; für eine von der Stadtgemeinde errichtete Gartenlaube im Preise von durchschnittlich 100 M hat der Pächter einen jährlichen Mietszins in Höhe von 10 M zu zahlen und zwar 10 Jahre lang, erst dann steht ihm die unentgeltliche Benutzung der Laube zu.

Rostock. Für die Anlage eines neuen Tiergartens in den Barnstorfer Anlagen ist ein Areal von etwa vier Hektar in der Nähe des Jägergehöftes ausgewählt worden. Zu den Einrichtungskosten sind bereits 20 000 M städtischerseits bewilligt worden; eine Nachtragsforderung von etwa 25 000 M hat die Bürgervertretung zunächst einem Komitee zur Prüfung überwiesen. An der Ausführung des Planes ist jedoch nicht mehr zu zweifeln.

Weißenfels a. S. In No. 29 berichteten wir über das große Schadenfeuer, welches die Gärtnerei und Samenhandlung von Gustav Fricke heimgesucht hat. Der hierdurch entstandene Feuerschaden beläuft sich auf etwa 140 000 M. Herr Fricke, der mit 95 000 M versichert war, war jetzt infolge des Brandes gezwungen, den Konkurs anzumelden, da er im Drange der Geschäfte die Versicherungspolize zu erneuern vergaß, die zwei Tage vor Ausbruch des Feuers abgelaufen war, und die Gesellschaft deshalb die Auszahlung der Versicherungsprämie verweigert. Es sind uns weitere ähnliche Fälle bekannt, und kann nicht dringend genug auf rechtzeitige Erneuerung der Polize hingewiesen werden. Eine kulante Gesellschaft würde in einem Falle, wie dem vorliegenden, die Auszahlung der Prämie wohl kaum verweigert haben.

Personal-Nachrichten.

Beuß, Heinr., langjähriger Mitarbeiter der „Gartenwelt", gab seine Stellung als Obergärtner im Schloßgarten zu Schwetzingen auf, um als Obergärtner die Leitung der Besitzung „Waldfriede" in Stolberg (Rheinland) zu übernehmen.

Burkart, Garteningenieur in Homburg v. d. H., wurde die goldene Medaille des Kgl. Siamesischen Weißen Elefantenordens verliehen.

Alfred Unger, Yokohama.

Engemann, Gustav, seit über 30 Jahren als Gehilfe in der Handelsgärtnerei von Emil Wendler, Neusalza, tätig, wurde das tragbare sächs. silberne Ehrenzeichen für Treue in der Arbeit verliehen.

Goerth, Obergärtner am Königlichen Pomologischen Institut zu Proskau, wurde der Titel Garteninspektor verliehen.

Hiersemann, Karl, pensionierter Schloßgärtner, jetzt in Jauer lebend, feierte am 8. ds. Mts. mit seiner Gattin das diamantene (60 jährige) Ehejubiläum. Der Jubilar ist 86, seine Gattin 89 Jahre alt.

Kürzenhäuser, Obergärtner der Marksschen Gärtnerei in Kötzschenbroda, feierte am 1. d. M. das Jubiläum seiner 30 jährigen Tätigkeit bei dieser Firma.

Laufenberg, Leonhard, erster Gartengehilfe beim Kgl. Schlosse in Brühl, erhielt das preuß. Allgemeine Ehrenzeichen.

Reimers, Theodor, Inspektor der Donner'schen Gärtnerei in Neumühlen bei Hamburg, ein bekannter, tüchtiger Fachmann, begeht am 7. Juni das Jubiläum seiner 50 jährigen Tätigkeit als Leiter dieses Betriebes, den er aus den kleinsten Anfängen zu einer der sehenswertesten, an seltenen Pflanzenschätzen reichen Privatgärtnerei Deutschlands emporgehoben hat.

Unger, Alfred, Königlich Preußischer Hoflieferant, bisher Inhaber der Firma L. Boehmer & Co., Yokohama (Japan), geschätzter Mitarbeiter der „Gartenwelt", hat seine Firma an die ihm seit langem geschäftlich nahestehenden Inhaber der Firma Henry Lee, New York, verkauft, die sie unter der bisherigen Firma in unveränderter Weise weiterführen. Nach zwanzigjährigem Aufenthalt in Japan, wird Herr Unger mit seiner Familie nunmehr in die deutsche Heimat zurückkehren, seinen Wohnsitz vorläufig in Bad Sachsa am Südharz nehmen und als Vertreter der Firmen L. Boehmer & Co., Yokohama, und Henry Lee, New York, für Europa tätig sein. Herr Unger, der vor 20 Jahren als Mitarbeiter in die Firma L. Boehmer, Yokohama eintrat, später deren Teilhaber wurde und sie nach dem Ausscheiden Boehmers auf alleinige Rechnung übernahm, hat sie zu einem Etablissement von Weltruf emporgebracht. Die Firma L. Boehmer & Co. konnte im vorigen Jahre die Feier ihres fünfundzwanzigjährigen Bestehens festlich begehen; wir brachten damals ein Gruppenbild der Festteilnehmer mit Herrn Unger (Jahrg. XI, S. 599) und bieten unseren Lesern beistehend noch das Portrait desselben, das er dem Herausgeber dieser Zeitschrift kurz vor seiner Abreise aus Japan übersandte.

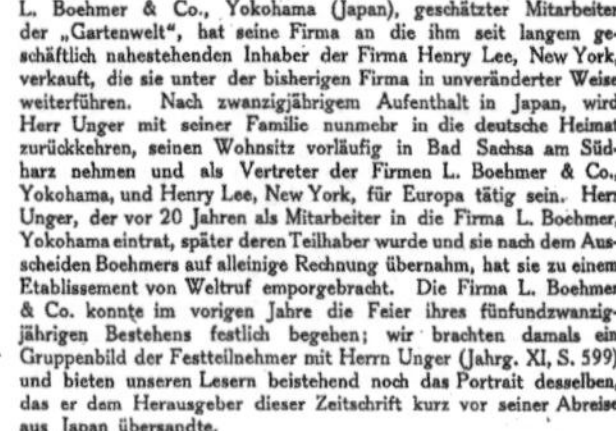

Berlin SW. 11, Hedemannstr. 10. Für die Redaktion verantwortlich Max Hesdörffer. Verlag von Paul Parey. Druck: Anhalt. Buchdr. Gutenberg e. G. m. b. H., Dessau.

Prima alte

ichenlauberde!!

este, was es gibt, à Ztr. 1,25 M
Sack franko Station hier der Teuto-
r Waldbahn. Waggonweise Lie-
g sehr billig. Ständiger Lieferant
Gärtnereien. Empf. und Proben
frei zu Diensten. [1150

.Woelfer, Handelsgärtner,
Gütersloh.

Champignon-Brut, ●●

d. Beste, was existiert, bes. präpariert; Garantie für d. Erfolg, wenn Beete nach meinel Anweisung angelegt und behandelt werden. Postkorb 5 M., 25 kg. 25 M. **Fr. Grunewald,** Baumschule, **Zossen.** [80

---

iringer Grottensteine

Anlage von **Grotten, Ruinen,**
ergärten, Felsenpartien, Wasser-
, Böschungen. Gärtner erhalten
t. — Vertr. ges. — Preislisten,
n u. Referenzen gratis u. franko.
Zimmermann, Hoflieferant,
Greussen i. Thür. [553

/ald-Farn

artige Dekorationspflanzen
den Garten, kräftige Knollen,
Wedel, 100 St. 10 M. [868
sch nehme Samen und Pflanzen.
Chr. Becker, Gärtnerei,
Dillweissenstein.

Wirklich prima
fstreu und Torfmull.

à Ztr. 2.10 M inkl. Sack } frei Waggon
à Ztr. 2.— M „ „ } ab hier.
Säcke werd. m. 50 ₰ pro St. franko zurück-
nen. Waggonweise unter Gehaltsgarantie
ockensubstanz bei sehr billiger Fracht-
m Tagespreis. **Georg Bachfeld, Felsberg,**
assel, Torfstreuagentur seit 1891. [1143

.H. Pann,

Baumschule, [1139
Borstel bei **Hamburg.**

ciadopitys verticillata,
is 3 m Höhe im Preise v. 8 bis 25 M.

Schlingpflanzen

r schnellen Bekleidung von
uben, Veranden, Balkons
. Sehr üppig wachsend:
Cobaea scandens,
ropaeolum peregrinum,
yclanthera explodens
1 St. 40 ₰, 10 St. 3.50 M.
Cajophora lateritia,
Calampelis scaber,
aurandia alle Farben gem.
1 St. 30 ₰, 10 St. 2.80 M.
pf. p. Kasse oder Nachnahme
op. Gleitsmann, Genthin.
[1116

Lavagebilde wetterfest, wirkungsvoll, leicht, billig, eignen sich für jede Gartendekoration, bewirken in Gewächshäusern, Wintergärten stets feuchtwarme Luft.

Zahlreiche Referenzen.

J. Meurin, Tuffsteingrubenbesitzer, **Andernach a. Rh.**
[669

Verlag von Paul Parey in Berlin SW., Hedemannstraße 10.

Handbuch der Frucht- und Gemüsetreiberei.

Vollständige Anleitung, um Ananas, Erdbeeren, Wein, Pfirsiche, Aprikosen usw., sowie alle besseren Gemüse zu jeder Jahreszeit mit gutem Erfolg zu treiben.

Aus der Praxis für die Praxis bearbeitet

von **W. Hampel,**

Königl. Gartenbau-Direktor zu Koppitz in Schlesien.

Zweite, neubearbeitete Auflage.

Mit 48 Textabbildungen. Gebunden, Preis 7 M.

Der Luxemburger „Obstbaufreund" sagt in einer längeren Besprechung des Buches: Geschrieben in der denkbar einfachsten, auch für unbelesene Laien oder Gärtnergehilfen leicht verständlichen und doch stets anheimelnden Sprache, wirkt das Werk wie kein anderes seiner Art anregend und verführerisch. Nach einem flüchtigen Einblick in die Geschichte der Treiberei, deren geographische Verbreitung und wirtschaftlichen Wert gedenkt der Verfasser in seinem Vorwort kurz der neuesten Fortschritte in der Konstruktion der Treibhäuser und Heizungsapparate, sowie auch verschiedener Neuzüchtungen für die Treiberei sich speziell eignender früh reifender Obstsorten. Mit Hinweis auf die glänzenden Ergebnisse seiner nahezu fünfzigjährigen praktischen unermüdeten Tätigkeit betont er mit Recht die für den Fruchtansatz grosse Bedeutung der Erhöhung der Wärme während der Blütezeit, sowie die Notwendigkeit einer relativen Ruhepause während der Steinbildung usw. Endlich, und wie schon betont, beruhen alle in dem Buche beschriebenen Treibmethoden auf des Autors eigener Erfahrung, ein Umstand, der uns volle Garantie bietet für den streng rechtschaffenen Sinn, der das ganze Werk durchzieht. Altes, sofern es gut war, ist beibehalten, und von dem Neueren und Neuesten — worunter manches Selbstentdeckte — nur Selbsterprobtes empfohlen worden. [1148

Gegen postfreie Einsendung des Betrages erfolgt die Zusendung postfrei.

Neuheit!

Bellis per. grdfl. Fürstin Marie zu Stolberg-Wernigerode.

Ausgezeichnet mit dem **Wertzeugnis** des Verbandes der Handelsgärtner Deutschlands.

Blumen gefüllt, zartrosa,
reizende, **sehr begehrte** Schnittblume, treibfähig.

Herrliche Frühlingsstaude für den Garten.

Empfehle, so lange Vorrat reicht, junge Pflanzen, blühend und mit Knospen, **10 Stück 8 M netto** gegen Nachnahme. Nur durch Teilung zu vermehren, trägt keinen Samen. [1122

Frdr. Wünschenmeyer sen., Wernigerode a. Harz.

Azalea mollis, [1086

voll mit Knospen besetzt, empfiehlt in starken Pflanzen und besten Farben: 10 Stück 9 bis 14 M, 100 Stück 80 bis 125 M.

Burg b. Hoyerswerda. **J. Kmetsch.**

Wilhelm Hennis

Orchideen-Import in Hildesheim, Hann.

Frische Importe sehr schöner Pfl.: **Onc. Rogersi, Onc. sarcodes, Onc. ornithorhynchum, Catti. Harrisoniae, Catti. citrina, Laelia autumnalis, Od. Rossi maj., Od. grande, Lyc. Skinneri, Lyc. aromatica, Lyc. Deppei.** [752

Noch vorrätig: **Vanda coerulea.**

Dendr. acuminatum neu.

Preisliste auf Anfrage.

	% M
Aspidium Fil. mas	8
Asplenium Trichomanes	10
Athyrium Fil. fem.	8
Blechnum spicant	8
Polypodium vulgare	8
Pteris aquilina	5
Scolopendrium vulgare	8
„ **vulg. undulatum**	50
„ „ **spilkeanum**	50
Polystichium angulare proliferum	15
Onoclea sensibilis	15
Hepatica triloba, kultiviert	10
Gentiana acaulis, starke Pflanz. mit vielen Knospen	22
Ceontopodium sibiricum, bess. wie alpinum	20
Clematis, grossbl. Hybriden, vorj. Veredlungen aus 4zöll. Töpfen	40

[1101

Louis Wolf, Seesen a. Harz.

Konkurse.

Gleiwitz. Über das Vermögen des **Kunst- und Handelsgärtners Carl Wenzel** aus Gleiwitz, Neue-Weltstr. 27, ist am 11. Mai 1908, nachmittags 12½ Uhr, Konkurs eröffnet. Konkursverwalter: Kaufmann J. Rund jun. zu Gleiwitz. Offener Arrest mit Anzeigefrist bis zum 3. Juni 1908. Anmeldefrist bis zum 22. Juni 1908. Erste Gläubigerversammlung am **10. Juni 1908, vormittags 11 Uhr.** In diesem Termin soll auch Beschluss gefasst werden über den Verkauf der Blumenbestände im Ganzen. Allgemeiner Prüfungstermin am **1. Juli 1908, vormittags 11 Uhr,** Zimmer No. 28.

Patente und Musterschutz.

Gebrauchsmuster-Eintragungen Klasse 45 f.

337 853. Rebenverpflanzkörbchen aus Drahtgeflecht mit viereckigen Maschen. C. A. **Piacenza,** Neumagen a. Mosel. 16. 3. 08. P. 13526.

337 919. Pflanzenspritze mit schräg liegendem Kesselboden. Christian Friedr. **Holder,** Metzingen, Württ. 9. 4. 08. H. 36743.

337 957. Orangen- und Rebenzange. **Ferdinand Bauerschmidt & Co.,** Steinbach-Hallenberg. 1. 4. 08. B. 37744.

338 040. Schlaufenartiger Obstpflücker mit Pflückhaken und Stofftrichter. Alfred **Kröner,** Lahr i. B. 2. 4. 08. K. 34091.

338 058. Obstbaumschützer gegen Sturm und Beschädigung durch Vögel. Bernhard **Mey,** Reinbek-Wentorf. 6. 4. 08. M. 26685.

338 238. Lösbarer ringförmiger Baumhalter mit angebogener Pfahlschelle. Franz Gustav **Wollner,** Plauen i. V., Dobenaustr. 30/32. 9. 4. 08. W. 24501.

338 239. Lösbarer, ringförmiger, federnder Baumhalter. Franz Gustav **Wollner,** Plauen i. V., Dobenaustrasse 30/32. 9. 4. 08. W. 24502.

Hierzu eine Beilage der Firma **Gustav Röder G. m. b. H. Langenhagen bei Hannover.**

Druck der Anhaltischen Buchdruckerei Gutenberg e. G. m. b. H. in Dessau.

Illustrierte Wochenschrift für den gesamten Gartenbau.

Herausgeber: Max Hesdörffer-Berlin.

Erscheint jeden Sonnabend.
Monatlich eine farbige Kunstbeilage.

Bezugsbedingungen:
…h jede Postanstalt bezogen Preis 2.50 M. vierteljährl. In Österreich-Ungarn 3 Kronen.
…rektem Bezug unter Kreuzband: Vierteljährlich 3 M. Im Weltpostverein 3.75 M.
Einzelpreis jeder Nummer 25 Pf.
…hne Vorbehalt eingehenden Beiträgen bleibt das Recht redaktioneller Änderungen …halten. Die Honorarauszahlung erfolgt am Schlusse jeden Vierteljahrs.

Anzeigenpreise:
Die Einheitszeile oder deren Raum 30 Pf.; auf der ersten und letzten Seite 50 Pf. Bei größeren Anzeigen und Wiederholungen steigender Rabatt. Beilagen nach Übereinkunft. **Anzeigen in der Rubrik Arbeitsmarkt** (angebotene und gesuchte Stellen) kosten für Abonnenten einmalig bis zu 10 Zeilen Raum M. 1.50, weitere Zeilen werden mit je 30 Pf. berechnet.
Erfüllungsort auch für die Zahlung: Berlin.

Adresse für Verlag und Redaktion: Berlin SW. 11, Hedemannstrasse 10.

…II. Jahrgang No. 35. | Verlag von Paul Parey, Berlin SW. 11, Hedemannstr. 10. | 30. Mai 1908.

Illustrierte Wochenschrift für den gesamten Gartenbau.

Jahrgang XII. 30. Mai 1908. No. 35.

Stauden.

Schöne Blatt- und Blütenstauden.

Von Bernh. Othmer, kgl. Garteninspektor, München.

(Hierzu sechs Abbildungen.)

Die Verwendung der Stauden als Vorpflanzung vor Gehölzgruppen und ebenso als Einzelpflanzen auf dem Rasen hat in den letzten Jahren beträchtlich zugenommen. Man mußte sich eigentlich wundern, daß man sich ehedem dieses herrlichen, leichtwachsenden und widerstandsfähigen Materials so wenig bediente. Es mag wohl Schuld daran gewesen sein, daß einerseits in Handelsgärtnereien wenig davon zu finden war und in den botanischen und ähnlichen Gärten das Material in dem systematischen Teile, gemäß der natürlichen Verwandtschaft wohl genau zusammengepflanzt war, aber dabei so dicht, daß die Schönheit des einzelnen Individuums nicht recht zur Geltung kam. Ist auch schon vieles in dieser Beziehung anders geworden, so bleibt doch noch die Erinnerung an so manche schöne Erscheinung, sei es nun Blatt- oder Blütenstaude, oder auch beides vereint, übrig, und nach dieser Richtung hin möchten die folgenden Zeilen aufgefaßt werden.

Zu bemerken ist, daß die Stauden zwar ausdauernde, mehrjährige Pflanzen sind, einer alljährlichen neuen Anzucht also nicht bedürfen, aber doch ist es nicht geraten, diese Exemplare allzu alt werden zu lassen. Will man wahre Freude an ihnen erleben, so soll man im Anzuchtgarten eine stete Nachzucht haben, um immer jüngeres, d. h. 2-3 jähriges Material verwenden zu können. Die Lebensenergie vieler läßt im 4. oder 5. Jahre schon wesentlich nach. Es hat darum keinen Wert, sich damit herum zu quälen, also heraus damit und an ihre Stelle jüngere. Sodann ist bei den größeren Formen und ganz besonders noch bei den durch Blätter zierenden zu berücksichtigen, daß sie in ungemein kurzer Zeit ihren Leib aufbauen müssen; aus dem Nichts können auch die Stauden dies nicht leisten, darum dürfen bei ihnen Nährstoffe im Boden nicht fehlen, und Wasser dazu, um diese zu lösen und zur Assimilation hinaufzuschaffen. Aus diesem Grunde ist es auch notwendig, für Staudenkulturen guten, nahrhaften Boden zu haben, und wo er nicht vorhanden, solchen durch entsprechende Verbesserung zu schaffen. Auch ist es insbesondere durchaus unrichtig, Stauden, mit Ausnahme jener mit sehr tiefgehenden, fleischigen Wurzeln, eine Reihe von Jahren an ihrem Standorte zu belassen und sich höchstens auf die Reinigungsarbeiten zu beschränken. Viel zweckmäßiger ist es, die Stauden alle 2—3 Jahre herauszunehmen, den Boden, in dem sie gewachsen, gut zu rigolen und zu düngen, und die Pflanzen wieder

Telekia speciosa.

Im Botanischen Garten zu München vom Verfasser für die „Gartenwelt" photographisch aufgenommen.

Chrysanthemum macrophyllum.
Im Botanischen Garten zu München vom Verfasser für die „Gartenwelt" photographisch aufgenommen.

wenig verzweigten Sträußen. Blütezeit Hochsommer, gegen den Herbst hin. Anzucht aus Samen.

Ein anderer Körbchenblüher ist *Chrysanthemum macrophyllum*, Waldst. et Kit., etwa meterhoch werdend und in dichten Büschen sich ausbreitend. An der Spitze der Zweige zeigen sich große, der Schafgarbe ähnliche Blüten. Die Blätter sind fiederig geteilt, wodurch die Massen eine gewisse Leichtigkeit bekommen. Blütezeit Juli-August; Vermehrung durch Teilung oder Anzucht aus Samen.

Centaurea macrocephala, Puschk., ist eine fast meterhohe, stattliche Vertreterin ihrer Gattung, mit auf straffen Stengeln einzelstehenden, großen, goldgelben Blumen. Die bräunlichen, trockenhäutigen Kelchblätter sind schuppenartig gestaltet, dicht dachziegelig angeordnet, am Rande fein versplissen. Die rauhen, verkehrt lanzettlichen Blätter umkleiden die Stengel in spiraliger Anordnung bis zum Grunde hinab. Anzucht aus Samen oder Vermehrung durch Teilung. Blütezeit Juli—August. Heimat in den Tiefländern des Kaukasus.

Centranthus ruber, D. C., der rote Baldrian Mittel- und Südeuropas, ist bei uns vollkommen winterhart und sehr empfehlenswert für Einfassung von Gehölzpartien, sowie für gemischte Staudengruppen. Über und über sind die Pflanzen während des Hochsommers mit vielfach zweiteiligen, reich-

hineinzusetzen, wobei man die buschigwachsenden Arten durch Teilung verjüngt, d. h. nur diejenigen Teile wieder pflanzt, welche eine höhere Lebensenergie haben. Das führt zu der Frage, wann dieses zu geschehen hat, also zu welcher Jahreszeit man Stauden pflanzen soll. Jedenfalls in der Zeit der Ruhe, also im Herbst, nach Beendigung des Sommertriebes, und im Frühjahre, vor Beginn desselben. Sodann aber auch zeitige Frühjahrsblüher im Herbste, spätere Herbstblüher im Frühjahre; auch empfindlichere Arten sind im Frühjahre zu pflanzen. Nach Möglichkeit pflanze man im Herbst so zeitig, daß die Pflanzen noch anwurzeln können, oder man decke mit kurzem, halbverrottetem Mist bezw. Deckreisig, so daß der Frost sie nicht allzusehr hebt.

Telekia speciosa, Baumg., aus dem südlichen Europa, ist seit langem (Mitte des 18. Jahrhunderts) in den Gärten eingeführt. Wie die Abb. (Titelseite) zeigt, eine Erscheinung, vorzüglich geeignet für Einzelstellung auf Rasen und als Vorpflanzung vor größere Gruppen. Die Pflanze erreicht eine Höhe von reichlich $1^{1}/_{2}$ m. Die herzförmigen, sitzenden Blätter sind bei reichlich 12 cm Breite etwa 20 cm lang und länger. Die gelben Körbchenblüten stehen in straff aufrechten,

Heracleum Mantegazzianum.
Im Botanischen Garten zu München vom Verfasser für die „Gartenwelt" photographisch aufgenommen.

Molopospermum cicutarium.
Im Botanischen Garten zu München vom Verfasser für die „Gartenwelt" photographisch aufgenommen.

blütigen Sträußen kleiner, schön karmoisinroter Blüten bedeckt; die glatten, blaugrünen Stengel und Blätter kennzeichnen dazu die Pflanze als etwas besonders Schönes. Man kennt verschiedene dunklere und hellere Formen, sowie auch eine, freilich etwas zärtlichere, weißblütige Varietät. Für die Naturbinderei gibt es kaum einen feineren Werkstoff. Die *Centranthus* gedeihen gut auch in sandigem Boden. Sie verlangen eher etwas mehr trocknen als nassen Standort, wie sie zudem volle Sonne zum Gedeihen unbedingt nötig haben.

Einige verwandte Arten, *C. Calcitrapa* und *C. macrosiphon*, sind einjährig und weniger schön, *C. ruber* ist, wie erwähnt, mehrjährig, doch sollten ältere Pflanzen nach einigen Jahren stets durch jüngere, wüchsigere ersetzt werden.

Im Jahrgang VII, Seite 357, wies ich bereits auf die prächtigen Erscheinungen der Bärenklau, die Heracleumarten, hin und sagte, welch brillantes, malerisches Material wir in ihnen hätten, um den größeren oder den „wilden" Garten, sowie den Park mit ihnen auszugestalten. Jene Notiz in Erinnerung bringend, möchte ich heute eine neuere, weit größere und prächtigere Art nennen, *Heracleum Mantegazzianum*. Die Art wurde erst im Jahre 1897 durch Sommier und Levier in Abchasien (Kaukasus) in Höhen zwischen 900—1800 m entdeckt und durch H. Correvons Kulturen in die Gärten eingeführt. Die Pflanze gehört wohl zu den größten staudigen Gewächsen, erreichen doch die Hauptstengel eine Höhe von $2^1/_2$ und mehr Metern, bei etwa 8—9 cm im Durchmesser, etwa $^1/_2$ m oberhalb des Erdbodens gemessen. Der Blattstiel ist etwa $^1/_2$ m lang, die Blattbreite 2jähriger, gutgepflegter Pflanzen etwa $^3/_4$ m, die einzelnen Hauptsegmente derselben fast $^1/_2$ m breit. Die Farbe der Blätter ist hellgrün oder gelblichgrün, ebenso die Grundfarbe der Stengel. Letztere sind jedoch mit braunroten Tupfen oder Streifen besonders an den sonnig gestellten Teilen geschmückt. Passend zu den Größenverhältnissen der Blätter sind auch die der doldigen Blütenstengel. Hauptdolden von 40 bis 50 cm im Durchmesser sind etwas gewöhnliches, die einzelnen Blütchen messen jedoch nur etwa 4—5 mm im Durchmesser; im Verhältnis sind die sekundären Dolden etwas kleiner. Die Blütenfarbe ist ein schönes, reines Weiß. Innerhalb dreier Jahre erreicht die Pflanze Blühstärke, dann hat sie den Höhepunkt ihrer Entwicklung erlangt und stirbt ab, wenn auch ihres perennierenden Charakters wegen aus dem Wurzelstock jüngere Sprosse austreiben, die wohl auch wieder sehr mächtig werden können, jedoch nie ganz den üppigen Charakter der jüngeren Schönheit erreichen. Samennachzucht wird uns sehr leicht gemacht; es ist dies die weniger gute Eigenschaft der Pflanze, da überall im Garten, in dem sie gepflegt wird, der natürlich ausgestreute Samen aufgeht. Jedoch kann man dem vorbeugen. Stärkere Stöcke lassen sich der rübenartigen, tiefgehenden Wurzel wegen schwierig verpflanzen, man besorge dies darum schon im ersten Jahre. Daß diese

Polygonum Weyrichii.
Im Botanischen Garten zu München vom Verfasser für die „Gartenwelt" photographisch aufgenommen.

ungemein stark wachsenden Pflanzen auch viel des Düngers gebrauchen, das ist wohl jedem Pflanzenpfleger einleuchtend. Viel Dünger sollte man untergraben, ferner mit Dunggüssen während der Wuchsperiode des öfteren nachhelfen; dann erzielt mau Exemplare von 3 m Höhe, die das Erstaunen eines jeden Pflanzenliebhabers wachrufen. Dazu die wunderbar schönen, zerteilten Blätter. Viele Besucher unseres Münchener Gartens erfreuten sich an der Seite 410 abgebildeten Pflanze. Viele fragten nach Bezugsquellen, um der höchst malerischen Pflanze im eigenen Garten einen Platz zu gewähren, denn sie verdient es, wo es an Raum dazu nicht mangelt.

In einem gewissen Gegensatze zu dieser mächtigen Doldengestalt steht das feingefiederte schöne *Molopospermum cicutarium*, D. C., eine etwa meterhohe Pflanze aus den Vorgebirgen Mittel- und Südeuropas. Wie die Abbildung Seite 411 zeigt, sind die Blätter breit ausgebreitet und einem Farnkraut ähnlich fein zerteilt, von glänzend dunkelgrüner Färbung und fester Beschaffenheit. Aus ihrer Mitte erhebt sich ein Schaft mit gelblichgrünen, unscheinbaren Blumen. Die Pflanze eignet sich vornehmlich zur Einzelstellung, jedoch nicht auf dem Schmuckrasen, sondern im Felsengarten des Liebhabers, wo sie ihre tiefgehenden, fleischigen Wurzeln zwischen die Steine hindurchgehen lassen kann. Eine Mischung beständig etwas feuchter Lehm- und Moorerde ist ihr am zusagendsten. Der Standort sei ein halbschattiger. Die Anzucht geschieht durch Samen, der aber, wie bei anderen Umbelliferen, lange Zeit bis zur Keimung liegt.

So reich die Mannigfaltigkeit blühwilliger Stauden ist, so eng begrenzt ist die Zahl derer, welche die Blütenmenge im Schatten großer Bäume entfalten, somit zur wirkungsvollen Unterpflanzung dieser dienen können. Eine solche ist das bei uns heimische *Symphytum tuberosum*, L. Die kräftigen, fleischigen Wurzelstöcke kriechen in nur geringer Tiefe unter der Oberfläche hin; zeitig im Frühjahre schon treiben dann die fast fußhohen Stengel heraus, bekleidet mit länglich eiförmigen, behaarten Blättern. An der Spitze der Stengel erscheinen schon Anfang Mai die 5—10 blütigen Rispen, mit nickenden, schlanken, hellgelben Trichterblüten. Freilich dauert dafür die Schönheit des Laubes, wie bei vielen Frühlingspflanzen, nicht bis in den Herbst, aber man hat es ja gar leicht in der Hand, durch Mischpflanzung dies auszugleichen. Die Anzucht oder die Vermehrung erfolgt durch Samen oder durch Teilung der Stöcke. Dies *Symphytum* liebt wie seine Verwandten einen etwas feuchten, lehmigen Boden.

Mit besonderer Freude werden stets im zeitigen Frühjahre die ersten Blüher begrüßt. *Euphorbia epithymoides*, Jaq., ist zwar eine schon lange bekannte Art des südöstlichen Europas, als Zierpflanze jedoch meines Wissens noch nicht oder nur sehr selten verwendet. Sehr mit Unrecht, denn etwas Schöneres als diesen dichten Teppich zitronengelber Blüten kann ich mir kaum denken. Die etwa 20 cm hohen Stiele stehen dichtbüschelig zusammen, die gelben Blüten werden gestützt von breiten, schalenförmig gestellten, hochgelb gefärbten Brakteen, welche, wie bei den meisten Wolfsmilcharten, die unscheinbaren Blüten zu ergänzen scheinen. Die in ihrem unteren Teile mit breiteren Blättern bekleideten Blütenstengel sterben gegen den Sommer hin ab, Triebe mit feinen, schmalen Blättern treten an ihre Stelle. Die Pflanze verlangt einen durchlässigen Boden und einen völlig hellen, sonnigen Standort. Ein häufiges Verpflanzen ist ihr nicht zuträglich, sie entwickelt sich am besten, wenn sie mehrere Jahre an demselben Standorte verbleibt.

Die großen Knöterich (*Polygonum*)-Arten sind bekannt als den Sträuchern gleiche, mächtig wuchernde Gewächse, die alles in ihren Bann zwingen. Von den mittelgroßen Arten ist es besonders das neuere *Polygonum Weyrichii*, F. Schmidt, welches ich zur Vorpflanzung von Gehölzgruppen empfehlen möchte. Die Pflanze wird etwa 1 m hoch, die lang zugespitzten, abwechselnd gestellten Blätter sind bei etwa 5 cm Breite 18 cm lang, oberseits mattgrün, unterseits weißlichfilzig. Die kleinen, weißlichen Blütchen stehen in verzweigten Rispchen am Grunde der oberen Blätter, an etwa 5 cm langem Stiel. Bei gutgenährten Pflanzen vereinigen sich viele dieser zu einem großen Strauße, in ähnlicher Weise wie bei den Spiraeen, und so zeigt sich im August eine solche Knöterichstaude wie übersät mit zarten, weißen Blütchen. *P. Weyrichii* ist nicht ganz so starkwüchsig wie die nahen Verwandten aus der *Cuspidatum*-Verwandtschaft. Es fehlen ihm darum auch jene so unangenehm machenden, ungemein starken Ausläuferbildungen. Immerhin ist es starkwachsend und braucht infolgedessen auch ein sehr nahrhaftes Erdreich, nicht minder soll das Wasser fehlen. Besonders geeignet ist die Pflanze zur Vorpflanzung von Gehölzgruppen an feuchten Plätzen.

Eine besondere Ausgestaltung und Auswahl der Pflanzenarten und Formen erfordert die Bepflanzung und Umrahmung der Ufer der Wasserflächen und Wasserläufe; in einem besondern Artikel hoffe ich demnächst (das Einverständnis des Herrn Herausgebers vorausgesetzt) noch darauf zurückzukommen*), ist doch hier ganz besonders der Platz für gelegentlich im Garten anzubringende fremdländische Gestalten mit üppigen, breiten Blättern, umsomehr, als diese Formen die Ergebnisse von Verhältnissen sind, in denen große Mengen von Feuchtigkeit, Wärme und Licht zu Erziehung solcher Gestalten zusammenwirken.

Den Übergang von den einheimischen, breitblättrigen Baumformen in der Wassernähe können und sollen dann im Charakter noch ähnliche, aber doch schon andere, breitere, süd- oder ostländische vermitteln. Ich erinnere an Platanen, Juglandaceen, Catalpen oder Paulownien. Hiermit in Verbindung zu bringende Stauden bietet uns die Gattung *Gunnera*, und zwar in der empfindlicheren *G. manicata*, Lind., und der härteren, aber ebenso schönen *G. scabra*, R. et P., (syn. *G. chilensis*, Lam.).

Die Abbildung Seite 413 überhebt mich eingehender Beschreibung, umsomehr, als diese Pflanze ja nicht unbekannt ist. Die Blattstiele erreichen etwa $1^1/_2$ m Länge, die Blätter selbst einen Durchmesser von mehr denn $1^1/_2$ m. Die Faltung und unregelmäßige Randung dieser enormen Blattmassen bewirkt eine solche Bewegung und Gestaltung derselben, daß das Ganze bei aller enormen Größe zwar massig und imposant, aber keineswegs steif wirkt. Die Blüten der *Gunnera* sind unscheinbar, sie sind in walzenförmigen Ständen zusammengedrängt und diese wiederum wirtelig zu einer großen, zapfenähnlichen Infloreszenz angeordnet, etwa $^1/_2$ m hoch bei $^1/_4$ oder $^1/_5$ m im Durchmesser. Würde man die Entwicklung dieser Inflorescenzen durch Ausschneiden hintenan halten, so würden sicher die Blätter noch mächtiger werden, jedoch auch ohne diese Operation können wir durch tüchtige Wassergaben, besser noch durch feuchten Standort und durch reichliches Düngen mit aufgelöstem Dung zu guten Resultaten gelangen.

*) Anmerkung des Herausgebers: Ich bitte darum.

Die Stämme sind fleischig, kurz, niederliegend, knollig verdickt, bei kräftigen Exemplaren wie ein starker Mannesschenkel. Als chilenische Pflanze ist die *Gunnera* in unserm Klima, besonders milde Gegenden ausgenommen, nicht ohne weiteres hart. Wir hier im rauhen Oberbayern müssen die Pflanze am Boden mit Laub decken, und später, nachdem die ersten Fröste im Herbste die Blätter zerstört haben, für den Winter einen doppelwandigen Holzkasten herumbauen. Die Zwischenräume dieser Holzwände werden mit Laub ausgefüllt, der Kasten mit Läden und mit Laub bedeckt, wenn die Kälte stärker wird. Besondere Obacht ist zu geben, daß die dicken, fleischigen Stämme nicht stocken und faulen, und ist aus diesem Grunde bei Eintritt milderer Witterung fleißig zu lüften. Bei diesen Maßregeln aber erhält man zweifellos die Pflanzen gesund. Im Frühjahre hält man zweckmäßig den Austrieb der Pflanzen etwas zurück, um ja nach Freilegung der Pflanze die verzärtelten jungen Blätter durch etwa eintretende Nachtfröste nicht leiden zu lassen. Bei steigender Wärme, wenn dann Wasser und Nährstoffe nicht fehlen, geht das Wachstum nicht minder rasch vor sich, wie bei der *Victoria regia* im warmen Aquarium, und wie diese ist sie ein rechtes Bild größter pflanzlicher Üppigkeit. Gegen den Herbst halte ich die Pflanze trockener, damit sie in den fleischigen Geweben nicht viel Wasser aufspeichert, um sie so besser durch den Winter zu bringen. Die Anzucht der Pflanze gelingt unschwer aus Samen; auch durch Teilung der Stöcke gelingt die Vermehrung leicht. Ein gut durchlässiger, moorig-lehmiger Boden ist Bedingung für gutes Gedeihen, daneben ein freier, luftiger Standort.

Gunnera scabra (chilensis).

Im Botanischen Garten zu München vom Verfasser für die „Gartenwelt" photographisch aufgenommen.

Gemüsebau.

Weinbeckscher Rhabarber.

Die deutsche Handelsgärtnerei ist heute nicht auf Rosen gebettet, und wenn nicht alle Anzeichen trügen, werden ihr die nächsten Jahre noch weniger günstige Zeiten schaffen. Da gilt es alle Kräfte anzustrengen, leistungsfähig zu bleiben und es noch mehr zu werden. Für manchen Betrieb ist eine größere Vereinfachung nötig, um an Kulturunkosten zu sparen und damit die Reineinnahmen zu vergrößern. Gar vieles können wir auch noch von der Landwirtschaft lernen. Deutsche Wissenschaft hat hier den Erfolg zu verzeichnen, daß die Ernteerträge seit den letzten Jahrzehnten, vorherrschend durch rationelle Düngung, verdoppelt worden sind. Auch die Rassenzucht spielt in der Landwirtschaft eine außerordentlich wichtige Rolle. Der Gartenbau schenkt derselben aber meines Erachtens nicht immer die nötige Aufmerksamkeit, oder doch nur nach zu einseitiger Richtung hin, besonders in der Blumenkultur. Rationeller in dieser Beziehung arbeitet der Gemüsebau. Da spielt Auswahl der richtigen Sorte eine große Rolle. Ich wills mit einem Beispiel begründen.

Rhabarber rechnet man allerorts noch zu den lohnenderen Kulturen. Man baut mit Vorliebe den Viktoriarhabarber an, der wohl auch für leichten, mehr sandigen Boden die beste Sorte ist. Für schwere Böden können aber andere Sorten den Vorzug verdienen. Während meines Aufenthaltes in der Schweiz lernte ich eine dortige Lokalsorte kennen, den in Küsnacht am Zürichsee erzogenen Weinbeckschen Rhabarber. Ich habe im „Landwirtschaftlichen Jahrbuch der Schweiz" Heft 7/1907 meine Ernteerträge mit dieser Sorte eingehend niedergelegt. Von einer im Frühjahre 1904 bei kräftigem, gutgedüngtem, etwas feuchtem Lehmboden auf 1,5 m allseitige Entfernung gepflanzten Anlage erntete ich im Jahre 1906 vom 27. April bis 30. Mai — aus besonderem Grunde mußte die Ernte 1906 schon Ende Mai aufhören — vom Viktoriarhabarber per Pflanze 4,282 kg, vom Weinbeckschen aber 8,245 kg, im Jahre 1907 vom 3. Mai bis 15. Juni vom Viktoriarhabarber 9,073 kg, vom Weinbeckschen 15,275 kg per Pflanze im Durchschnitt. Die Ueberlegenheit des Weinbeckschen Rhabarbers gegenüber dem bekannten Viktoriarhabarber springt sofort ins Auge, und sie veranlaßt mich, durch die „Gartenwelt" weitere Kreise auf diese Sorte aufmerksam zu machen. Ob sie sich anderenorts als in der nördlichen Schweiz bewähren wird, muß natürlich erst ausprobiert werden. Die Sorte macht sehr dicke und lange rötliche Stiele. 1907 ergab der Durchschnitt der Stiele ein Gewicht von 271 g gegenüber 141 g beim Viktoriarhabarber, einzelne Stiele erreichten ein Gewicht von über 1 kg. Nur früh ist die Sorte nicht, der Ertrag setzt bei ihr um 8 Tage später als beim Viktoriarhabarber ein, so daß unter Verhältnissen, wo der Weinbecksche Rhabarber sich bewährt und vor dem Viktoriarhabarber entschiedenen Vorzug verdient, immerhin eine beschränkte Kultur des Viktoriarhabarbers seiner frühzeitigeren Erntefähigkeit wegen erwünscht erscheint.

Ich habe in diesem Frühjahre an unserer pflanzenphysiologischen Versuchsstation im Botanischen Garten zu Dresden den Weinbeckschen Rhabarber mit in Probeanpflanzung genommen und verweise im übrigen Interessenten an Gemüsegärtner J. Weinbeck in Küsnacht (Zürich), der die Sorte, vom November bis Mitte Mai abgebbar, zu 3 Fr. per Stück anbietet.

M. Löbner,

Gewürzkräuter.

Liebstock oder Liebstöckel, auch fälschlich wilder Sellerie genannt, *Levisticum officinale*, ist ein stark aromatisches Gewürzkraut aus der großen Familie der Doldenblütler oder Umbelliferen, die uns viele nützliche Pflanzen, welche uns als wichtige Nahrungsmittel dienen, wie die Mohrrüben, den Sellerie, die Petersilie u. a., teils viele heilbringende Kräuter, wie Angelika, Fenchel, Meisterwurz, liefert, zum anderen Teile aber auch Giftpflanzen unter ihren vielen Arten birgt, wie den gefleckten und den gefürchteten Wasserschierling, aus denen aber auch wiederum heilbringende Medikamente bereitet werden. Zahlreiche Arten dieser großen Familie dienen nun besonders dazu, unsere Speisen und Getränke durch ihr würziges Aroma geschmackvoller und bekömmlicher zu machen, wie z. B. Kümmel, Anis, Dill, Petersilie, Kerbel und viele andere.

Ein leider viel zu wenig bekanntes Gewürzkraut aus dieser Gruppe ist der Liebstock. Wie schon der in der Ueberschrift erwähnte, im Volksmunde mancher Gegenden fälschlich gebräuchliche Name besagt, hat das ganze Kraut dieser Pflanze, von der Wurzel bis zum Samen einen stark sellerieartigen Geruch und Geschmack, es kann daher als Ersatz für den Sellerie dienen, wenn dieser zu manchen Zeiten knapp ist. Da der Liebstock in allen Verhältnissen und Bodenarten leicht gedeiht und vollständig winterhart ist, auch ruhig lange Jahre auf einer Stelle verbleiben kann, so bietet der Anbau dieser Pflanze dem Liebhaber von aromatischen Kräuterbrühsuppen und anderen Speisen Gelegenheit, zu allen Zeiten, wo Knollensellerie knapp ist, den Speisen den pikanten Selleriegeschmack geben zu können.

Schon ganz zeitig im Frühjahre treiben die Blätter hervor und können von dieser Zeit an, bis zum Spätsommer, als Suppengrün verwendet werden, auch als Würze zum Schweinebraten u. a. dienen. Im Winter kann man mit Vorteil die Samen zu gleichem Zweck verwerten und werden viele der Leser, sobald sie es nur probiert haben, diese pikante Würze nicht mehr missen wollen.

Auf ein gut besetztes Kräuterbeet gehören darum auch einige Stauden Liebstöckel. Es bietet ein solches, mit den verschiedensten Kräutern besetztes Beet dem Gartenbesitzer und Liebhaber vollständigen und besseren Ersatz für Maggi- und alle anderen im Handel mit großer Reklame angepriesenen, zweifelhaften Speisezutaten.

Pandanus Veitchii in der Handelsgärtnerei von Pankok & Schumacher, New-York.
Originalaufnahme für die „Gartenwelt".

Außer als aromatisches Gewürzkraut wird der Liebstöckel in der Likörfabrikation und in der Medizin verwendet. Wurzeln und Samen enthalten ein ätherisches Oel, Balsamharz, Alphaharz, Zucker und andere Bestandteile. **Carl Karstädt**, Samenkulturen,
Tzschetzschnow bei Frankfurt an der Oder.

Topfpflanzen.

Pandanus Veitchii.

Von **Werner Lieb**, Whitestone, N.-Y.

(Hierzu eine Abbildung.)

Unter den zu Handelszwecken kultivierten Warmhauspflanzen nehmen die *Pandanus*-Arten eine hervorragende Stellung ein, und unter ihnen wieder ist *Pandanus Veitchii* unbestritten die schönste. Bei günstigen Wachstumsbedingungen erreicht diese Pflanze in kurzer Zeit eine erstaunliche Größe. So sind z. B. die auf der Abbildung sichtbaren Pflanzen noch nicht 8 Monate alte Stecklinge. Die dekorative Wirkung großer Pflanzen ist unvergleichlich, dabei hält sich *P. Veitchii* in Wohnräumen recht gut. Diese Pflanze ist hier immer begehrt und wird viel gezogen. Da manche Geschäfte ihren Stecklingsbedarf nicht decken können, führt man aus Florida Stecklinge ein, die dort von im Freien ausgepflanzten Mutterpflanzen geschnitten werden. Die an älteren Pflanzen in Menge erscheinenden Seitentriebe wurzeln im warmen Vermehrungsbeet leicht. Eine kräftige, lehmige Erde behagt den *Pandanus*, daneben gleichmäßige Wärme, feuchte Luft, im Sommer viel frische Luft und Sonne. Im Winter sei man vorsichtig im Spritzen; zu viel Feuchtigkeit von oben begünstigt das Auftreten von braunen Blattflecken und der Herzfäule. Auch in Deutschland sollte man dieser herrlichen Blattpflanze, die trotz ihrer Buntblättrigkeit härter als *P. utilis* und andere Arten ist, wieder mehr Beachtung schenken, da schöne Exemplare gern gekauft werden.

Zur Blaufärbung der Hortensien. Ueber die Erfolge in der Blaufärbung der Hortensien hat mein Amtsvorgänger, Herr Oberinspektor Fr. Ledien, Dahlem, an verschiedenen Orten geschrieben. Danach ist die beste Blaufärbung durch Düngung mit Ammoniakalaun, in der chemischen Fabrik von Theodor Schuchardt, Görlitz, zum Preise von 55 Pfennigen pro Kilogramm erhältlich, zu erzielen, der den Hortensien wöchentlich zweimal, etwa 10 Wochen vor Beginn der Blüte anfangend, und in 3 promilliger Lösung (3 g auf 1 l Wasser), gegeben wird. Da in der Praxis aber oft Neigung vorhanden ist, das Salz nicht auf flüssigem Wege zu geben, sondern lieber der Pflanzerde beim Eintopfen der Hortensien im August beizusetzen, ließ Oberinspektor Ledien noch vor seinem Wegzug von Dresden unsern Hortensien an der pflanzenphysiologischen Versuchsstation im Botanischen Garten Alaunsalz unter die Pflanzerde geben. Es wurde ein Quantum von 15 bezw. 30 g pro 1 Liter Erde verabreicht. Letztes Quantum erwies sich als zu stark, die mit 15 g gedüngten Hortensien aber zeigten in der Treiberei bei üppigster Blattentwickelung und Blütendoldenbildung eine prächtige Blaufärbung, so daß von einem Beisetzen des Alaunsalzes zur Pflanzerde nicht abgeraten werden kann. Ob das Beisetzen des Salzes zur Pflanzerde oder Verabreichen in flüssiger Form die bequemere und bessere Methode für die Praxis darstellt, wird wohl in jedem Einzelfalle von der Praxis selbst an Ort und Stelle entschieden werden müssen. Darauf muß aber nachdrücklich hingewiesen werden, daß das Ammonikalaunsalz, wie andere Salze auch, z. B. schwefelsaures Ammonik, Kalisalz, wenigstens eine Woche vor Gebrauch der Pflanzerde und in feingepulverter Form beigesetzt werden muß, damit es sich gleichmäßig verteilt, anderenfalls treten leicht Schädigungen der Wurzeln ein. **M. Löbner.**

Trachelospermum crocostomum als Wandbekleidung.
Im Botanischen Garten zu Kew bei London für die „Gartenwelt" photographisch aufgenommen.

Gehölze.

Gehölze für Wandbekleidungen.

Von H. Riebe, Châtenay-Paris.

(Hierzu eine Abbildung.)

Während meines Aufenthaltes in England, speziell in Kew Gardens, fand ich Gelegenheit, eine Reihe teils schöner, teils interessanter Gewächse zum Zwecke der Bekleidung von Mauern etc. kennen zu lernen. Eine Mauer oder sonst eine Wand im Garten, vielleicht wo eine solche unerläßlicher Weise den Park begrenzen muß, ist stets ein Uebel im Auge des feinfühlenden Landschaftsgärtners und Naturfreundes. Doch die Natur selbst gibt uns immer wieder Beweise, daß eine solche Mauer anstatt ein Hindernis im Garten zu sein, ein Gegenstand der Schönheit werden kann. Die Natur wirkt oft Wunder mit ihren selbstgesäten Sämlingen, die oft an den trockensten und fast unmöglichen Plätzen einer alten Mauer keimen, wachsen und nicht selten zu großer Schönheit gedeihen. Zu diesen zählen viele Vertreter unserer einheimischen, wilden Flora, wie z. B. Mauerpfeffer, Fetthenne, die Glockenblumen, gewisse Farne, und wie sie alle heißen mögen. Mit geschickt versteckter Hand kann da der Gärtner oft nachhelfen und ihnen durch Zuführung von ein wenig passender Erdkrume den schweren Kampf ums Dasein erleichtern, was sie dann durch um so schöneres und üppigeres Wachstum lohnen. In England, wo die Vorliebe für solche Mauerpflanzen eine ausgeprägte ist, habe ich oft eigens für solche Zwecke konstruierte Mauern gesehen, bei welchen zwischen den Fugen oder auch in größeren Plätzen Raum für steiniges Erdreich oder Kompost gelassen war. In der Tat ist der Anblick einer solchen Mauer, z. B. mit künstlich angesiedelten *Campanula pyramidalis* in voller Blüte, ein entzückender.

Jedoch über diese, gewiß interessante Art der Mauergärtnerei eingehend zu berichten, würde den Rahmen meiner heutigen Arbeit überschreiten. Meine Absicht besteht darin, den werten Lesern eine Reihe klimmender oder klimmend gezogener Gewächse, die sich vorzüglich zum Bekleiden von Mauern etc. eignen, vorzuführen.

Die sonst allgemein bekannte und beliebte *Prunus triloba* spalierartig an der Wand gezogen zu sehen, dürfte selbst für manchen Gärtner neu sein. Namentlich zur Zeit der Blüte gewährt sie einen prächtigen Anblick. Die Behandlung ist im Grunde dieselbe, wie als Busch oder Hochstamm gezogen. Jährlich wird sofort nach der Blüte kurz zurückgeschnitten, wobei gleichzeitig das trockene Holz entfernt wird, um einen kräftigen, blühbaren Trieb für das kommende Frühjahr zu erzielen. Nur die Leittriebe werden angeheftet. — Das *Trachelospermum crocostomum* (Abb. Seite 415) ist ein immergrüner, starkwachsender, klimmender Strauch. Derselbe ist bereits seit vielen Jahren in Kew in Kultur, jedoch kann seine Heimat nicht mit Bestimmtheit festgestellt werden. Allem Anschein nach stammt er aus China. Ursprünglich ging er unter dem Namen *Trachelospermum jasminoides (Rhynchospermum jasm.)*, welches jedoch eine andere, in China und Japan heimische Pflanze ist. Ein am temperierten Hause zu Kew gezogenes Exemplar beweist deutlich den Unterschied. Der reiche Saft des *Trachelospermum crocostomum* ist von milchweißer, klebriger Beschaffenheit. Dieser wertvolle, sehr zierende Kletterstrauch ist in England vollkommen winterhart.

Das bekannte *Jasminum nudiflorum* eignet sich besonders für unsere Zwecke und ist um so wertvoller, weil es in den Wintermonaten seine weithin leuchtenden, goldgelben Blüten entfaltet.*) Es ist ein schnellwachsender Kletterstrauch, der in China und Japan seine Heimat hat. Eine andere, beachtenswerte Spezies ist das aus dem subtropischen Himalaja stammende *Jasminum humile*. Ebenfalls besonders im Winter und zeitigen Frühjahr zierend sind die nachbenannten, zur Mauerbekleidung geeigneten Pflanzen. *Chaenomeles (Cydonia) chinensis*, entwickelt namentlich in milden Wintern schon stark ihre Knospen, auch schon hier und da eine Blüte. *Calycanthus (Chimonanthus) fragrans* und *Calycanthus fr. grandiflora* von Japan entfalten schöne, gelbe, wohlriechende Blüten im Dezember. Zu gleicher Zeit erscheinen auch die Blüten der *Corylopsis Griffithii*, die aus niederen Lagen des Himalaja stammt.

Colletia cruciata und *Ribes speciosum* bringen noch frische Triebe, wenn unsere einheimischen Bäume und Sträucher schon das Laub geworfen haben. Die erste ist ein von Uruguay stammender, interessanter Strauch, der scharfe, ziemlich lange, genau in Kreuzform stehende Stacheln besitzt. *Ribes speciosum* hat Aehnlichkeit mit *R. alpinum*, ist jedoch stärker im Wuchse; seine Heimat ist Kalifornien. — *Plagianthus pulchellus* stammt von Australien und ist ebenfalls immergrün. — Zu diesen Immergrünen zählen noch die folgenden: *Sophora viciifolia*, ein interessanter, chinesischer Strauch; *Sophora tetraptera* und *S. tetraptera microphylla*, beide von Neu-Seeland; *Escallonia montana* und *E. viscosa*, in Chile heimisch, sind ebenso schätzenswert, desgleichen ist *Escallonia montevidensis* ein wertvoller, immergrüner Strauch für unsere Zwecke. Von Chile haben wir eine ganze Reihe derartiger Gewächse, die härter sind, als man in der Regel anzunehmen geneigt ist. *Aristotelia Macqui* und *Azara dentata* gehören mit zu den schönsten und interessantesten unter ihnen. *Hydrangea altissima* vom Himalaja und *H. petiolaris* von Japan sind starkwachsende Pflanzen und besonders dort anzuwenden, wo es gilt, große Flächen zu bekleiden. *Lycium apus* vom Kap der guten Hoffnung und *Lycium chinense var. carnosum* sind ziemlich widerstandsfähig, ebenso *Akebia lobata* von Japan, *Cornus capitata* von Nordindien und China, *Piptanthus nepalensis* vom Himalaja und *Vitex Agnus-castus* vom Mittelmeer. *Piptanthus nepalensis* wurde 1901 nach Kew eingeführt. *Liquidambar formosana*, in China und Japan einheimisch, beginnt erst im Dezember seine Blätter zu verfärben. *Viburnum macrocephalum* ist, wenn mit seinen zahlreichen, großen Blütenbällen beladen, ein äußerst schätzenswerter, chinesischer Strauch, sowohl als solcher, wie auch als Spalier an der Wand gezogen; seine Blüten sind von 5- bis 6 wöchentlicher Dauer. — *Exochorda grandiflora*, *Cercis chinensis* und *Xanthoceras sorbifolia* sind wohl allgemein bekannt, ebenso die mit ihren zahlreichen, unheimlichen Widerhaken versehene *Caesalpinia japonica* und die überall mit Recht beliebte *Pyracantha coccinea pauciflora*. Bei dieser empfiehlt es sich, wenn die zahlreichen, hochroten Beeren reif sind, ein feines Maschennetz überzuwerfen, um sie so vor den Vögeln zu schützen; die kleine Mühe wird reich belohnt. Eine willkommene Abwechselung bieten *Amygdalus orientalis* mit sehr zierenden, silbrigen Blättern und Stamm; *Plagianthus Lyalli* von Neu-Seeland und *Kadsura chinensis var. variegata*; letztere ein wertvoller, immergrüner Strauch mit schönem Laubwerk, ähnlich den Blättern eines bunten *Elaeagnus*. — Die von Japan stammende Kakipflaume *Diospyros Kaki* verlangt eine etwas geschützte, südliche Mauer, um ihre schönen, tomatenfarbigen Früchte zu färben.

*) Die hier und nachfolgend genannten Blütezeiten beziehen sich auf Kew bei London.

Mannigfaltiges.

Die Kieler städtischen Pachtgärten.

Von Rechnungsrat H. Brandt in Kiel.

Kiel ist im großen deutschen Vaterlande und weit über die Grenzpfähle hinaus hauptsächlich als Marinestadt bekannt. Der Ort verdankt seinen rapiden Aufschwung, seine Umwandlung von einer Mittelstadt zu einer Großstadt, der Schöpfung und dem Ausbau der deutschen Kriegsmarine, bezw. der Einrichtung und späteren Erweiterung der Marinestation. Die Stadt zählte 1864 ungefähr 19000, jetzt hat sie rund 180000 Einwohner. Naturgemäß entwickelt sich der Verkehr überwiegend an der Hafenseite und auf dem Hafen selbst; hier bieten sich dem Fremden die meisten Sehenswürdigkeiten. Die Stadt besitzt aber auf ihrer Westseite noch eine ihr eigentümliche Einrichtung, ein Unikum: die sich in großem Halbkreise um den Ort hinziehenden Pachtgärten.

Wohl sieht man in der Altstadt und in den neueren Stadtteilen eine Reihe größerer und kleinerer, gut gepflegter Hausgärten, auch kleine Vorgärten finden sich in großer Zahl, aber die Pachtgärten überwiegen an Zahl und Areal ganz bedeutend — ihre Zahl beträgt weit über 5000. Sie teilen sich in solche, welche auf städtischem Grund und Boden liegen und in solche, die sich im Eigentum von Privatleuten, von Kirchen usw. befinden. Hier sollen die erstgenannten Gärten, deren Zahl sich zurzeit auf nicht weniger als 3569 stellt, Gegenstand der Besprechung sein.

Die Bodenpolitik der Stadtverwaltung hat stets darauf hingezielt, die der Stadt in früheren Zeiten überlieferten Ländereien dem Ort zu erhalten und weiteren Grundbesitz dem städtischen Weichbilde einzuverleiben. Den ersten sicheren Nachweis über den Ländereibesitz der Stadt liefert eine im Staatsarchiv der Königlichen Regierung in Schleswig vorhandene Urkunde vom Jahre 1259, durch welche die Grafen Johann und Gerhard ihre „kultivierten und unkultivierten Landstrecken zwischen den Weiden der Stadt und dem fluvius Kyl“ den Bürgern übertragen. Damals reichte der Wald bis dicht an die Stadt heran. Verschiedentlich gelangten an die Stadt Anträge auf Aufteilung der Liegenschaften, zuerst 1758, dann 1780, 1792 und 1834. Mit weitsichtigem Blick lehnte die Stadtbehörde aber jedesmal solche Anträge ab. Zu Anfang des vorigen Jahrhunderts umfaßten die städtischen Ländereien 1012 Tonnen; sie wurden als Weide- oder Ackerland verpachtet.

Mit der Verpachtung von Land zum Gartenbau machte die Stadt um 1820 den Anfang. Auf Anregung des Statthalters, Landgrafen Karl von Hessen, wurden 1830 sogenannte Armengärten nach Schleswiger Muster angelegt und von 1832 ab an 59 weniger bemittelte Familien für den äußerst geringen Preis von 15 Pfg. für die Quadratrute — rd. 21 qm — verpachtet. Die Einrichtung weiterer derartiger Gärten erfolgte 1837; diese kamen ebenfalls an bedürftige Leute für einen geringen Preis zur Verpachtung. Von diesen kleinen Anfängen ausgehend, hat die Anlage städtischer Gärten nach und nach einen bedeutenden Umfang angenommen. Sechs Jahre später besaß die Stadt schon 287 Gärten. Inzwischen hatte sich die Art der Verpachtung sehr geändert: die Gärten hatten den Charakter von Armengärten völlig eingebüßt und gelangten öffentlich zum Aufgebot. Die Zahl der Gärten stellte sich 1869 auf 492, 1875 auf 708, 1880 auf 765, 1885 auf 1200, 1890 auf 1500, 1895 auf 2221 und 1900 auf 2380. Nach dem letzten Verwaltungsbericht der Stadt — für die Rechnungsjahre 1901 bis 1906 —, dem wir überhaupt verschiedene Daten verdanken, betrug die Zahl der Gärten am 1. April 1901 2518 (rd. 120 ha), Anfang April 1906 3079 (rd. 148 ha), hat also in diesen 5 Jahren um 561 (28 ha) zugenommen; 43 ar mußten für einen städtischen Pflanzgarten abgegeben werden. Das jetzt zu gärtnerischen Zwecken vorhandene Land nimmt einschließlich der Zuwege eine Fläche von 175 ha ein. Die Größe der einzelnen Gärten stellt sich durchweg auf 420 qm (20 Quadratruten); es gibt aber Gartengrundstücke, welche über 600 qm messen und wieder solche, meistens an Scheiden gelegene, deren Größe das Regelmaß nicht erreicht. Obgleich in jedem Jahre Koppeln zu neuen Gärten ausgelegt werden, hat die Nachfrage nicht immer befriedigt werden können. Infolgedessen erreichen die Pachtpreise sowohl für die neu ausgelegten, als auch für die aus der Pacht tretenden Gärten eine früher nicht gekannte Höhe. Bei der diesjährigen Verpachtung war der Andrang der Pachtliebhaber so groß, daß die Jahrespacht für neu ausgelegte, 420 qm große Gärten zwischen 19 und 32,50 M schwankte und für ältere Gärten über 40 M betrug. (Verpachtet wurden 144 alte und 142 neue Gärten.) Und doch bedingt die schnelle Ausdehnung der Stadt bezw. die sich gar oft wiederholende Auslegung von Gartenland für Straßenzüge, daß Gärten oft nach kurzer Pachtzeit gekündigt werden und daß neue Gärten in immer weiterer Entfernung vom Orte ausgelegt werden müssen. Es ist früher nicht selten vorgekommen, daß ein Garten 30 Jahre und länger in einer Hand verblieb; solche Fälle bilden nachgerade Ausnahmen. Während sich der Gesamtpachtertrag 1843 auf nur 1278 M und 1869 auf nur 6618 M stellte, belief sich die Pacht 1875 auf 10529 M, 1880 auf 13860 M, 1885 auf 21811, 1890 auf 28710 M, 1895 auf 43158 M, 1900 auf 54862 M und 1905 auf 58300 M; für das laufende Jahr April 1908/09 hat in den städtischen Etat eine Pachteinnahme von mehr als 67000 M eingestellt werden können, während die Pacht für die zu landwirtschaftlichem Betriebe bestimmten städtischen Aecker und Weiden auf nur rund 50000 M veranschlagt worden ist. Bei Zugrundelegung der Pachtverträge für 1905 unter Einrechnung der Wege, Wälle usw., ergibt sich als durchschnittlicher Pachtpreis der Gärten für 1 ha der Betrag von 402 M.

Die Pachtgärten stehen unter Verwaltung der städtischen Feld- und Forstkommission. Die spezielle Aufsicht über die Gärten und die städtischen Weiden nebst Forstländereien führt ein Feldinspektor (bis 1907 fungierte der langjährige, verdienstvolle Felddirektor Christiani), dem 1 Feldvogt, 1 Forstwärter und 4 Feldhüter unterstellt waren.*) Die Verpachtung geschieht durch die genannte Kommission, in der Regel jedes Jahr in den Monaten Januar und Februar, vom 1. März ab. Das Pachtverhältnis wird auf unbestimmte Zeit mit sechsmonatiger, vor dem 1. Oktober zum 1. März des nächsten Jahres zu beschaffender Kündigung abgeschlossen, doch sind die Pächter auf Verlangen der Stadt zur sofortigen Rücklieferung verpflichtet, wenn die städtischen Kollegien den Verkauf oder die Benutzung zu öffentlichen Zwecken beschließen. Sie erhalten, wenn die Rückgabe in der Zeit vom 1. März bis 1. November stattfindet, entsprechenden Erlaß der Jahrespacht und Entschädigung für Aufwendungen. Wiederverpachtung oder Ueberlassung von Gärten an andere ist bei Strafe sofortiger Gartenentziehung unter Festsetzung einer Konventionalstrafe in Höhe der einjährigen Pachtsumme verboten, aber bei dem Tode des Mannes geht die Pacht stillschweigend auf die Witwe über. Die Stadt legt die Einfriedigung der Gärten — meistens aus Weißdornhecken — an, die Pächter müssen aber für Unterhaltung derselben sorgen und die zu den Parzellen führenden, durchweg rund 4 Meter breiten, mit Schlacken befestigten Wege reinhalten. Alle Hecken sind alljährlich im Monat Juli zu beschneiden. Die Erbauung von Gartenhäusern, Lauben usw., sowie die Anbringung einer Eingangspforte bleibt Sache des Pächters; wirklich hübsche Gartenhäuser mit Lauben wechseln mit einfachen, roh gezimmerten Holzhütten ab. Die einmal gepflanzten Bäume und Gesträuche dürfen ohne Genehmigung der Feld- und Forstkommission weder während der Pachtzeit, noch nachher weggenommen werden. Wohngebäude dürfen auf den Pachtgrundstücken nur nach Genehmigung der genannten Kommission und der städtischen Polizeibehörde aufgeführt werden. Im Jahre 1903 wohnten in Gartenbuden noch 75 Familien mit 395 Köpfen; nach dem oben genannten Verwaltungsbericht haben nur noch 4 Familien mit 35 Köpfen eine Gartenwohnung. Das Halten von Schweinen und der Handel mit Bier und Spirituosen in den Gärten ist streng untersagt, wogegen Tauben und Hühner gehalten werden können; es wird von dieser Befugnis vielfach Gebrauch gemacht. Die Jahrespacht ist je zur Hälfte am 1. Mai und 1. Juli, von nicht in Kiel wohnenden Pächtern im voraus — bis zum 15. März — zu entrichten. Wenn ein Pächter seinen Garten nicht gehörig in Ordnung hält oder Früchte anderer Pächter sich widerrechtlich aneignet, kann das Pachtverhältnis zu jeder Zeit gelöst werden.

Man findet in den Gärten fast überall die gewöhnlichen Gemüse, Kartoffeln usw. angebaut, Obstbäume aller Art, Stachel-, Johannisbeer- und Himbeersträucher, ferner vielfach prächtigen Blumenflor, Erdbeeranpflanzungen usw.; der Erlös aus dem Verkaufe von Beeren des Hollunderstrauchs *(Sambucus nigra)* reicht bisweilen zur Deckung der ganzen Jahrespacht hin. Der Boden besteht der Lage Kiels, im Hügelland, der Ostküste entsprechend,**) meist aus schwerem und sandigem Lehm und ist durchweg recht fruchtbar; in den

---

*) Für die Beaufsichtigung, Unterhaltung usw. der öffentlichen Parkanlagen, der Schmuckplätze, Alleen usw. besteht eine besondere Stadtgärtnerei, die von einem städtischen Garteninspektor geleitet wird.

**) In Schleswig-Holstein streichen von Süden nach Norden drei verschiedene Landstreifen: den Osten bildet die Fortsetzung des uralisch-baltischen Höhenzuges; an ihn schließt sich der unfruchtbare Heiderücken und an diesen wieder auf der Westseite die Marsch.

Niederungen tritt auch mooriges Land auf. Gedüngt wird vorwiegend mit Pferdemist und Kuhmist; doch sieht man nicht selten künstlichen Dünger auf das Land bringen, wie auch durch Kalk eine Aufschließung des Bodens erstrebt wird. Mit der Befriedigung des Wasserbedarfs hapert es recht oft, denn die Pächter sind auf das Traufwasser der Gartenhäuser, auf selbst gegrabene Brunnen und auf einzelne Wasserlöcher, die früher als Viehtränken benutzt wurden, angewiesen. Pflanzmaterial an Bäumen, Sträuchern usw. bieten die großen, in und bei Kiel gelegenen Baumschulen und Gärtnereien, sowie der unter der bewährten Leitung des Obstwanderlehrers Lesser stehende Provinzial-Obstmuttergarten hierselbst. Im Jahre 1897 wurden den Pächtern junge Obstbäume aus der städtischen Forstbaumschule*) zum Preise von 50 Pfg. für das Stück zur Verfügung gestellt. Im nahen Hasseldieksdamm wird eine Rosenkultur in großem Maßstabe betrieben.

Ein Teil der Pächter hat den Gartenpächterverein für Kiel gebildet, welcher hauptsächlich den Zweck verfolgt, Diebstähle und Freveleien in den Gärten zu verhüten, der aber auch in seinen Versammlungen lehrreiche, der Gartenkultur entsprechende Vorträge halten läßt, den gemeinschaftlichen Einkauf von Sämereien vermittelt und Ausstellungen von Gartenprodukten veranstaltet. Kiel ist ferner Sitz des Gartenbauvereins in Schleswig-Holstein und des Schleswig-Holsteinischen Zentralvereins für Obst- und Gartenbau, e. V. Ersterer veranstaltet im Winter monatliche Zusammenkünfte seiner Mitglieder, im Sommer gemeinschaftliche Ausflüge, gibt auch ein Monatsblatt heraus, das Vereinsblatt des Schleswig-Holsteinischen Zentralvereins für Obst- und Gartenbau. Die Monatsversammlungen zeichnen sich durch gediegene Vorträge über alle Zweige des Obst- und Gartenbaues aus; mit ihnen ist regelmäßig eine Ausstellung und Verlosung von Pflanzen verbunden. In Kiel bestehen auch zwei Gärtnervereine.

Kiel kann sich rühmen, die erste deutsche Stadt zu sein, welche umfangreiche Ländereien zu Pachtgärten ausgelegt hat, zu Gärten, mit denen sich weder die später in Leipzig, Wiesbaden usw. entstandenen Schrebergärten, noch die sogenannten Laubenkolonien in Berlin messen können; es nähert sich in gewisser Weise dem Ideal einer Gartenstadt. Abgesehen von dem Ertrage, den die Pächter bei richtiger Bewirtschaftung der Gärten erzielen, bietet der Aufenthalt der Familien im Freien eminente Vorteile in hygienischer Beziehung. Ruß, Rauch usw. dringen von der Stadt in geringem Maße hierher, weil die Winde meist von der Westseite, dem freien Lande, über die Gartenanlagen streichen — die herrschende Windrichtung ist hier diejenige aus S. 83° W. — und so frische, erquickende Luft herbeiführen. Wie segensreich die ganze Einrichtung wirkt, kann man recht deutlich bei einem Gang durch die Anlagen gewahren. Hier sieht man die Pächter frohen Muts die Gärten bestellen; man erblickt sie im Kreise ihrer Familie, auf eigener Scholle genußreiche Stunden in Gottes freier Natur verbringend; hier wird gesungen, dort schaukeln sich Kinder usw., aus allen Gesichtern leuchtet die Freude am Besitz und an den Ergebnissen des Schaffens. Last not least hält der Gartenbetrieb manchen Pächter von der Teilnahme an gesundheitswidrigen Vergnügungen ab und hält ihn fest im friedlichen Familienkreise. Das Gewoge der Großstadt dringt wenig in die ländliche Ruhe; nur wenn die Torpedofahrzeuge im Hafen ihre Pfeifen schrill ertönen lassen, oder wenn aus den ehernen Schlünden der großen Linienschiffe und Kreuzer Salutschüsse herüber donnern und in den nahen Gehölzen ihr Echo finden, kommt der Charakter der Marinestadt zur Geltung.

*) Später als solche eingegangen; jetzt Park.

Fragen und Antworten.

Beantwortung der Frage No. 524. Wie ist die Kultur der *Nertera depressa*, um reich mit Beeren besetzte Pflanzen zu erzielen?

Um an *Nertera depressa* reichlich Beeren zu erlangen, ist weiter nichts zu tun, als die Pflanzen während der Blütezeit gut zu lüften und sonnig zu stellen. Ob die *Nertera* nun in einem Kasten stehen, oder im Hause bleiben, ist gleich, wenn nur die genannten Bedingungen erfüllt werden. Daß man über blühende Pflanzen kein Wasser gießen soll, versteht sich von selbst.

P. J. Schenk, Amsterdam.

— Die möglichst schon im August oder September durch Teilung der alten Stöcke vermehrten *Nertera depressa* werden in einem Kalthause recht nahe dem Glase durchwintert und Mitte März bis Mitte April des nächsten Jahres, je nachdem es das Wetter erlaubt und Platz dafür vorhanden ist, in einem lauwarmen Kasten recht nahe dem Glase aufgestellt, wo sie dann bald die ganze Fläche des Topfes begrünen. Man verwende zu ihrer Kultur eine nicht zu stickstoffreiche, recht sandige Lauberde, damit das Laubwerk die im April zahlreich erscheinenden Blüten nicht überwuchert. Während der Blütezeit lüfte man so viel wie möglich, um den Fruchtansatz zu fördern, doch ist beim Gießen darauf zu achten, daß die winzigen Blütchen nicht mit Wasser benetzt werden, was in den meisten Fällen ein Befruchten, sofern dieses nicht schon vorher stattfand, ausschließt. Je vorsichtiger das Gießen gehandhabt wird, um so reicher werden die Früchte erscheinen. Gegen allzustarke Sonnenstrahlen schützt man die Pflanzen durch mäßiges Schattieren und sorge auch, daß dieselben nie trocken stehen. Nach dem Fruchtansatz gewöhnt man die Pflanzen allmählich ganz an die freie Luft und schattiert nur während der heißen Mittagszeit, damit die Beeren die ihnen eigene orangerote Färbung annehmen. In der Entwicklungszeit der Früchte darf man mit dem Wasser nicht sparen; ein Ueberbrausen der ganzen Pflanze ist dann zum freudigen Gedeihen sehr dienlich.

Wilh. Pattloch, Frankfurt a. Main.

— Im August und September werden die Pflanzen geteilt und in sandige, leichte Erde, in 8 cm weite Töpfe gepflanzt. Man stellt die Pflanzen alsdann bis zum Einräumen in ein Mistbeet dicht unter Glas und hält dieselben halbschattig. Den Winter über stehen sie am besten dicht unter Glas im Kalthause, und sind nun nur mäßig feucht zu halten. Von Mitte Februar ab gibt man, wenn es die Witterung gestattet, reichlich Luft, und hält die *Nertera* von da ab gleichmäßig feucht. Mitte bis Ende März bringt man die Pflanzen auf einen lauwarmen Kasten, nahe unter Glas, und lüftet während der dann eintretenden Blüte reichlich. Hält man die Pflanzen während der Blütezeit warm und geschlossen, so überwuchert das Laub die vielleicht schon angesetzten Beeren, welche unter dem Laube alsdann nicht zur Geltung kommen, sich nun auch nicht färben, während die vorhandenen Blütchen abgestoßen werden.

Eine Hauptsache bei der ganzen Kultur ist das recht sorgfältige und genaue Gießen während der Blüte. Es soll möglichst nur am Morgen ausgeführt werden und dann nur mit Vorsicht, damit die Blätter und Blüten nicht naß werden. Je weniger die Pflanzen oben benetzt werden, desto mehr Früchte werden sie ansetzen. Regelmäßiges Feuchthalten, Schutz gegen sengende Sonne und reichliches Lüften sind die Hauptbedingungen zur Erzielung schöner, dichter Polster, mit überaus reichem, über dem Laube stehendem Fruchtansatze. Nach dem Fruchtansatze nimmt man die Fenster herunter, schattiert während den heißen Mittagsstunden, und spritzt leicht gegen Abend und am Morgen.

A. Spranger, gräfl. Schloßgärtner, Pförten.

— Um recht schöne, reich mit Beeren besetzte Pflanzen von *Netera depressa* zu erhalten, verfahre man auf folgende Art und Weise. Anfang August bis Mitte September teile man die alten Mutterpflanzen und pflanze dieselben in recht sandige Moorerde, in 6 bis 8 cm weite Töpfe. Hierauf stelle man sie in einen Mistbeetkasten, wo sie im Halbschatten und feucht zu halten sind; während des Winter bringe man die Töpfe in ein Kalthaus, auf eine Hängebrücke, dem Glase so nahe wie möglich. Während der Wintermonate halte man sie luftig und mäßig feucht, von Mitte Februar ab sind sie dagegen gleichmäßig feucht und auch luftiger zu halten. Von Mitte März bis mit Mitte April kultiviere man *Nertera* auf einem noch lauwarmen Kasten, welcher ziemlich hoch sein muß, so nahe wie möglich unter Glas. Während der nun eintretenden Blüte muß tüchtig gelüftet werden, auch gieße man nun nur des Morgens, damit die Belaubung so schnell wie möglich trocken wird. Beim Begießen vermeide man es, die Blätter sowie auch die Blüten zu befeuchten, denn je weniger dieselben befeuchtet werden, um so reicher wird der Fruchtansatz sein. Werden *Nertera* hingegen während der Blütezeit zu warm und geschlossen gehalten, so überwachsen die Blättchen die Früchte, letztere bleiben unter denselben verborgen und färben sich nicht. Hauptbedingungen sind demnach ein gleichmäßiges Feuchthalten, ein reichliches Lüften, sowie ein ziemlich dichter Schatten gegen die brennenden Sonnenstrahlen, um schöne Pflanzen zu gewinnen, bei denen die Früchte frei über den Blättern stehen. Ist der Fruchtansatz gesichert, so werden die Fenster herunter genommen, nur in den heißen Mittagsstunden wird nun noch schattiert, und an schönen und warmen Tagen früh und abends gehörig überbraust. **Rich. Melchior,** Pillnitz.

Beantwortung der Frage No. 525. In einer Anlage steht zur Beschattung eines Sitzplatzes eine starke holländische Linde, die alljährlich schon im Juli-August die Blätter abwirft. Wie ist diesem Uebel vorzubeugen?

Vermutlich hat die Linde zu wenig Nahrung und steht in sterilem Boden, daher das zu schnelle Abschließen der Vegetation. Helfen könnte vorsichtiges Freilegen der Wurzeln und Ausfüllen mit gutem Mutterboden, dann noch reichliches Gießen und zeitweiser Dungguß. Es kommt darauf an, den Baum möglichst früh in kräftige Vegetation zu bringen, dann wird die Belaubung länger anhalten. Hofgärtner **Theodor Schulze,** Altenburg.

— Linden werfen das Laub naturgemäß schon früh, hauptsächlich im trockenen Sommer, will man nun dem Uebel vorbeugen, so empfiehlt es sich, im Laufe des Sommers den Baum reichlich zu bewässern. Viel hängt auch von den Bodenverhältnissen ab; steht der Baum auf hungrigem, sandigem oder steinigem Boden, so empfiehlt sich gelegentlicher Dungguß.

A. Zerbe, Obergärtner, Miltitz.

— „Phosphorsäure beschleunigt die Reife, Stickstoff verlangsamt sie," so heißt es in der Düngerlehre. In dem vorliegenden Falle ist eine langanhaltende Stickstoffdüngung geboten, denn aus Mangel an Stickstoffzufuhr stellen die Blätter ihre Tätigkeit vorzeitig ein und zwingen das Holz zu früherer Reife. In diesem Zustande können die Blätter natürlich pilzlichen Krankheiten, sogar Sonnenbrand, nicht widerstehen und werden scheinbar das Opfer des einen oder des anderen äußeren Einflusses. Ich empfehle, um den Baum herum, bis zur Kronentraufe, Löcher zu bohren, außerdem im Winter eine Baumscheibe anzulegen und durch diese den Wurzeln flüssigen Stickstoff zuzuführen. Freilich ist dies jährlich mehrmals und so lange zu wiederholen, bis die Linde im Besitze einer wohlgenährten und widerstandsfähigen Belaubung ist.

Ag. Radde, Aachen.

— Des öfteren kann man beobachten, daß Laubhölzer zur ungewöhnlichen Zeit die Vegetationsperiode abschließen und das Laub fallen lassen. Unter normalen Verhältnissen ist es der Mangel an Bodenfeuchtigkeit, der den vorzeitigen Vegetationsabschluß bedingt. Naturgemäß leiden schattenspendende Bäume, die auf großen Sitzplätzen angepflanzt sind, am meisten hierunter. Andere Ursachen des frühen Laubfalles sind Nahrungsmangel und die Festigkeit der Erdoberfläche, die nur eine ganz ungenügende Durchlüftung der Erdkrume gestattet. Nur selten tropft das Regenwasser durch die dichtbelaubte Krone, um den Wurzeln die notwendigste Feuchtigkeit zuzuführen. Es kommt noch der große Uebelstand hinzu, daß die Sitzplätze befestigt sind und infolgedessen das Regenwasser schnell ableiten, ehe der feste und trockene Boden die Feuchtigkeit aufnehmen kann. Hier sind die Bäume auf die Feuchtigkeit angewiesen, die außerhalb der Baumkronen zur Erde fällt und von dieser aufgenommen wird. Je humusreicher die Erde ist, um so leichter und um so reichlicher wird sie die Feuchtigkeit aufnehmen. Sind die Verhältnisse sonst noch günstig genug, so wird auf diese Art dem Boden genügend Feuchtigkeit zugeführt und erhalten. Trifft dies aber nicht zu, so werden die Wurzeln mit Abnahme der Feuchtigkeit auch den gestellten Anforderungen immer weniger entsprechen können, während Luft und Sonne dem Laube große Wassermengen entziehen. Die Tätigkeit der Wurzeln hängt mit der Tätigkeit der Blätter eng zusammen, und um sich nun vor Erschöpfung zu bewahren, wird die Zirkulation an der Basis des Blattstieles ganz unterbrochen. Ein vorzeitiger Vegetationsabschluß ist die Folge, das Laub fällt!

Um nun die Vegetationszeit wieder auf die ursprüngliche Dauer heraufzusetzen, ist vor allen Dingen für Wasser, sodann für Nährstoff und Luftzufuhr zu sorgen. Zu diesem Zwecke werden vor Beginn der Vegetation im Kreise dort, wo man die Saugwurzeln vermutet, mit einem Erdbohrer von möglichst großem Durchmesser Löcher in einer gegenseitigen Entfernung von 1 bis $1\frac{1}{2}$ Meter und etwa 50 cm bis 1 Meter tief, je nach dem Humusgehalt, in den Boden geführt. Stellt man noch einen derartigen Ring von solchen Röhren innerhalb des ersten Ringes her, 1 Meter von diesem entfernt, so wird auch dies sich lohnen. Hat man nun die Röhren hergestellt, so gibt man in jede 175 Gramm einer Düngesalzmischung, bestehend aus 35 Prozent 40prozentigem Kalidüngesalz, Thomasschlacke (45 Prozent), (16—17prozentige wasserlösliche Phosphorsäure oder Nienburger Präzipitat), Chilisalpeter (20 Prozent), und füllt hierauf die Röhren mit Wasser. Oefteres Nachfüllen wird nicht notwendig sein, da die Winterfeuchtigkeit im Boden noch gebunden ist. Um nun die Röhren immer zum späteren Bewässern offen zu haben und gleichzeitig dem Boden Luft zuzuführen, füllt man sie mit körniger Asche. Dadurch erleidet der Sitzplatz keine wesentliche Einbuße und man kann je nach Bedarf leicht bewässern. Hin und wieder setzt man mit gutem Erfolge kleine Gaben Chilisalpeter oder schwefelsaures Ammoniak dem Gießwasser zu. Zu beachten ist jedoch, daß man mit Abnahme der Vegetationsperiode mit der Stickstoffdüngung aufhört, auch mit der Bewässerung nachläßt, um einer günstigen Ausreifung des Holzes nicht entgegen zu wirken. **S. Kremser,** Magdeburg-N.

Aus den Vereinen.

Der **Verein Deutscher Gartenkünstler** brachte kürzlich sein mit dem 1. April dieses Jahres abgeschlossenes Mitgliederverzeichnis in einem vornehm ausgestatteten Hefte zu Versendung. Die einzelnen Blätter sind mit hübsch ausgeführten, perforierten Ansichtskarten und weiteren Karten für die Anmeldung neuer Mitglieder durchschossen. Trotz der kurzen Zeit seines Bestehens, zählte der rührige Verein am 1. April bereits 286 ordentliche und 25 außerordentliche Mitglieder. Mit diesem Mitgliederverzeichnis gelangte zugleich das vorläufige Programm für die am 29. und 30. Juni in Leipzig stattfindende Hauptversammlung, die interessante Tage verspricht, sowie ein neuer Entwurf zu den Vereinssatzungen, zur Versendung.

Niederländischer Verein für Blumenzwiebelkultur. Die Ausschüsse für Narzissen und verschiedene Knollengewächse haben in der Sitzung vom 22. April nachverzeichnete Wertzeugnisse zuerkannt: Erstklassige Wertzeugnisse: *Narcissus General Baden Powell,* eine tiefgelbe Trompetennarzisse; *Narcissus Sulphur Beauty,* mit weißen Petalen und hellschwefelgelber Trompete; *Narcissus bicolor Dick,* mit weißen Petalen und gelber Trompete; *Astilbe Queen Alexandra* und *Astilbe Peach Blossom,* zwei rosafarbige Sorten, reichblühend und sehr geeignet zum Treiben. Verdienstwertzeugnisse: *Narcissus J. H. Krelage,* eine sehr frühe, reichblühende Trompetennarzisse, mit hellgelben Petalen und reingelber Trompete; *Narcissus Mr van Noort,* eine Kreuzung zwischen *Emperor* und *Golden Spur,* großblumig mit weitgeöffneter Trompete und hellgelben Petalen; *Narcissus Sir Henry Campbell Bannerman,* mit tiefgelber Trompete und gelben Petalen, welche ziemlich spitz sind; *Narcissus bicolor Giant,* mit schöner, weitgeöffneter Trompete und rahmweißen Petalen, eine kräftige großblumige Sorte; *Narcissus bicolor Miss Ellen Terry,* mit hellgelber Trompete und weißen Petalen; *Narcissus Snow Queen,* weiße Trompetennarzisse mit zierlichen Petaleu; *Narcissus Tom,* mit gelben Petalen und dunkelgelber Trompete, eine großblumige Sorte. Außerdem wurden eine Anzahl Wertzeugnisse für gute Kultur sowie eine goldene Medaille für verschiedene andere Einsendungen zuerkannt.

Gärtnerisches Unterrichtswesen.

Zu der mit staatlicher Genehmigung im Königreich Sachsen neu eingeführten **Obergärtnerprüfung** hatten sich 5 ehemalige Schüler der **sächsischen Gartenbauschule, Laubegast-Dresden,** gemeldet und sämtlich die Prüfung in der Abteilung „Gartenkunst" gewählt. Es waren dies die Herren:

F. Kuhn, Techniker bei der städtischen Gartenverwaltung, Frankfurt am Main;
L. Kniese, Garteningenieur, Coburg;
W. Winkelmann, Techniker bei der städtischen Friedhofsverwaltung, Stettin;
R. Bärwald, städtischer Gartentechniker bei der Stadtgartenverwaltung, Chemnitz;
Fr. Oppermann, Gartentechniker, Dresden.

Auf Grund des Ergebnisses der Entwürfe und schriftlichen Leistungen und der am 11. Mai in Laubegast stattgefundenen mündlichen Prüfung, wurde allen 5 Kandidaten das Diplom als „geprüfter Obergärtner" zugestanden, zweien sogar mit dem Prädikat „sehr gut". Das kgl. Ministerium des Innern hatte als Regierungskommissar Herrn Geheimrat Professor Dr. Drude bestellt. Die Prüfungskommission bestand aus 7 Kuratoriumsmitgliedern, dem Direktor der Schule und den prüfenden Lehrern.

Außer auf Gartenkunst und Gartentechnik erstreckte sich die Prüfung auf alles das, was dem Leiter einer größeren Gartenverwaltung inbezug auf Pflanzenkulturen, Obst- und Gemüsebau, Gewächshausbau, Versicherungswesen etc. zu wissen nötig ist.

Als Hauptaufgaben hatten die Kandidaten Entwürfe zu ausgedehnten Park- und Gartenanlagen zu fertigen und sie durch je einen Haupt-, Arbeits- und Bepflanzungsplan, durch Sonderzeichnungen von regelmäßigen Partien, Schmuckanlagen, Gartenarchitekturen und Kostenberechnungen, die Darstellung des Terrains durch Profile und Höhenkurven zu erläutern. Das Gesamtergebnis der Prüfung war überaus erfreulich und lieferte den Nachweis, daß die sächsischen geprüften Obergärtner für die Besetzung leitender Stellen bei Staats- und städtischen Gartenverwaltungen voll befähigt sind, mit den bei anderen höheren Lehranstalten geprüften Obergärtnern erfolgreich in Wettbewerb treten zu können.

Die Königliche Gärtner-Lehranstalt zu Dahlem bei Steglitz-Berlin veranstaltet im August 2 Unterrichtskurse für Obst- und Gemüseverwertung, in denen Interessenten Gelegenheit finden, ihre Kenntnisse auf diesem Gebiete zu vertiefen und Fortschritte kennen zu lernen. In Rücksicht auf die Verschiedenartigkeit der Interessen bei Damen und Herren ist die Neuerung eingeführt, gesonderte Kurse abzuhalten.

Vom 3. bis 8. August d. J. wird für Obstzüchter und Obstbauinteressenten die Verwertung der Ernten theoretisch wie praktisch gelehrt. Besonders wird die Ernte, Sortierung, Verpackung usw. berücksichtigt werden. In dem 2. Kursus, vom 10. bis 15. August d. J., wird die Verwertung von Obst und Gemüse im Haushalt theoretisch wie praktisch behandelt werden.

Anmeldungen sind an die Direktion der Anstalt einzureichen. Das Unterrichtshonorar beträgt für Preußen 9 Mark, für Nichtpreußen 12 Mark.

Tagesgeschichte.

Halle a. S. In der 12. Vertreterversammlung der Obst- und Gartenbauvereine der Provinz Sachsen, die am 13. Mai stattfand, wurde mitgeteilt, daß dem Verbande jetzt 11 249 Mitglieder angehören. Für die Ausbildung von Baumwärtern sind 1300 M ausgeworfen worden. Obstbaulehrer Schindler sprach über den Obstbau in Tirol, das jährlich gegen 300 000 Zentner Obst auf den Markt werfe, und über denjenigen in Steiermark. Professor Stormer berichtete über die Organisation des Pflanzenschutzes.

Lehe bei Bremen. Beim Wettbewerb zur Erlangung von Entwürfen für die Erweiterung der Parkanlagen bei Speckenbüttel wurden folgende Preise zuerkannt:

I. Preis: (1000 M) Viktor Goebel, Wien, für das Projekt „Maß und Ziel".
II. Preis: (750 M) J. P. Großmann, Leipzig, für das Projekt „Wahr und klar".
III. Preis: (500 M) M. Reinhardt, Düsseldorf, für das Projekt „Gelingts, dann klingts".

Zum Ankauf wurden die Entwürfe „Trab, Trab" von Gebr. Röthe, Bonn, und „So" von G. Gerstadt, Frankfurt am Main, empfohlen.

Handelsgebrauch im Samenhandel. Auf Ersuchen eines Gerichts wurde folgender Handelsgebrauch festgestellt: Es ist handelsüblich, daß Handelsgärtner und Samenzüchter bei unrichtiger Lieferung von Samen für den Schaden über den Betrag des Kaufpreises hinaus nicht haften.

Personal-Nachrichten.

Adler Ernst, Obergärtner des Zoologischen Gartens in Leipzig, beging am 15. ds. Mts. das Jubiläum seiner 25 jährigen Tätigkeit in dieser Stellung.

Basner, Eduard, Kunstgärtner, Hohensalza, erhielt das preuß. Allgemeine Ehrenzeichen.

Clemen, Emil, städtischer Garteninspektor in Berlin, ist zum Sachverständigen in Reblausangelegenheiten für Berlin und Umgegend ernannt worden.

Edelsbrunner, Karl, Obergärtner in der k. k. Burg zu Graz, blickt am 1. Juni auf eine dreißigjährige Tätigkeit als Leiter der Kulturen dieser Besitzung zurück.

Heiler, J., königlicher Oekonomierat und Stadtgartendirektor, München, wurde der St. Michaelsorden IV. Kl. und **Rothmund, A.,** Stadtgarteninspektor, München, das Verdienstkreuz des St. Michaelsordens, anläßlich der Eröffnung des neuen ständigen Ausstellungsparkes und der Ausstellung München 1908 verliehen.

Niedan, Fürstl. Obergärtner in Gera, Reuß jüng. Linie, wurde vom Fürsten von Bulgarien das silberne Verdienstkreuz des National-Zivilverdienstordens verliehen.

Voigt, Fürstl. Hofgärtner in Gera, Reuß jüngere Linie, wurde vom Herzog von Sachsen-Koburg-Gotha das silberne Verdienstkreuz und vom Fürsten von Bulgarien das Ritterkreuz des National-Verdienstordens verliehen.

Briefkasten der Redaktion.

Stadtgärtner H. B., Andernach. Die uns freundlichst gegebene Anregung für den Jahrgang 1909 (37ster) des „Deutschen Garten-Kalenders" wollen wir berücksichtigen. Die fragliche Tabelle soll erweitert werden. Wir sind zurzeit mit der Bearbeitung des neuen Jahrganges beschäftigt, und nehmen von allen denjenigen, denen der Kalender ein zuverlässiges und unentbehrliches Taschenbuch geworden ist, Anregungen und Beiträge für den nächsten Jahrgang dankbar entgegen.

K. B., Lübeck-R. Mit der gewünschten genauen Angabe von Spezialwerken über Dahlienkultur können wir Ihnen leider nicht dienen. Wer Dahlien kultivieren will, für den dürften die Kulturangaben der allgemeinen Gartenbücher vollkommen ausreichen. Nach Spezialwerken über Dahlien, Reseda, Sellerie und Kopfsalat etc. besteht keinerlei Bedürfnis.

Gl., Potsdam. Bei der sogen. Privatgärtnervereinigung gibt es „nur" acht Mitgliedersorten. Die ABCD-Mitglieder zahlen 40 Pf. pro Woche (M 20,80 pro Jahr). Weiter nennen die Statuten A-, AB-, AC-, ABC-, ACD-, AE- und AK-Mitglieder. Wenn Sie diese, wohl aus dem Zeitalter des Chinesen Konfutse, bei uns Confucius genannt (etwa 500 Jahre vor Chr.), stammende Einteilung kopfscheu macht so können wir Ihnen nicht helfen. Unserer unmaßgeblichen Meinung nach sind die ABC-Mitglieder die interessantesten; sie werden wohl mit dem zurückgelegten sechsten Lebensjahre aufgenommen.

Berlin SW. 11, Hedemannstr. 10. Für die Redaktion verantwortlich Max Hesdörffer. Verlag von Paul Parey. Druck: Anhalt. Buchdr. Gutenberg e. G. m. b. H., Dessau.

Anzeigen
die nächste Nummer
wir so abzusenden, dass dieselben
testens Montag Mittag
in unseren Händen sind.

vorstehende Ausstellungen.

Juni 1908.

zig. Rosenausstellung vom 27. Juni is 5. Juli 1908 anlässlich des diesihrigen Kongresses des „Vereins eutscher Rosenfreunde“.

kau. Vogtländisch-Erzgebirgische osenausstellung. Anlässlich des 5jährigen Bestehens des Vereins wickauer Rosenfreunde.

August 1908.

burg. Gartenkunstausstellung 5. August bis 1. Oktober 1908.

ohann. Gartenbauausstellung vom . Aug. bis 14. Sept. im St. Johanner lksgarten.

September 1908.

llinburg. Neuheitenausstellung der eutschen Dahlien-Gesellschaft. 2.—14. September im Kaiserhof.

Oktober 1908.

feld. Obstausstellung für Westden und Lippe. 13.—19. Oktober

eldorf. Obstausstellung vom 28. is 31. Oktober 1908 in der städt. onhalle, veranstaltet von der Landirtschaftskammer für die Rheinrovinz.

April 1909.

in. Grosse Internationale Gartenuausstellung vom 2.—13. April der Ausstellungshalle am Zoogischen Garten, veranstaltet vom erein zur Beförderung des Gartenues in den Kgl. preuss. Staaten.

Konkurse.

rna, Bez. Leipzig. Ueber das ögen des **Handelsgärtners Carl Auerbach in Borna,** am breiten , wurde am 18. Mai 1908, nachgs 5 Uhr, das Konkursverfahren net. Konkursverwalter: Herr tsanwalt Wachter in Borna. Anfrist bis zum 8. Juni 1908. Wahln am **5. Juni 1908, vormittags Uhr.** Prüfungstermin am **26. Juni vormittags 9 Uhr.** Offener t mit Anzeigepflicht bis zum ni 1908.

anzig. In dem Konkursverfahren das Vermögen des **Gärtnereibesitzers und Kaufmanns Franz Raabe,** wohnhaft in **Danzig-Langfuhr,** Hauptstrasse 12, alleinigen Inhabers der Firma **Franz Raabe, Oliva,** ist zur Prüfung der nachträglich angemeldeten Forderungen Termin auf den **16. Juni 1908, vormittags 11½ Uhr,** vor dem Königlichen Amtsgericht hierselbst, Pfefferstadt 33/35, Hofgebäude, Zimmer No. 50, anberaumt.

Olbernhau. Ueber das Vermögen der **Gärtnerei- und Blumengeschäftsinhaberin Maria Rosa verehelichte Eimecke, geb. Goldmann,** in **Olbernhau** wurde am 15. Mai 1908, nachmittags ¼5 Uhr, das Konkursverfahren eröffnet. Konkursverwalter: Herr Rechtsanwalt, Justizrat Gessing hier. Anmeldefrist bis zum 10. Juni 1908. Wahltermin am **27. Mai 1908, vormittags ¾11 Uhr.** Prüfungstermin am **24. Juni 1908, vormittags 10 Uhr.** Offener Arrest mit Anzeigepflicht bis zum 10. Juni 1908.

Posen. Ueber das Vermögen des **Gärtnereibesitzers Adolf Kraft** in **Posen,** Schillingstrasse 52, ist am 16. Mai 1908, vormittags 10,50 Uhr, das Konkursverfahren eröffnet worden. Verwalter: Kaufmann Adolf Breunig in Posen. Offener Arrest mit Anzeigesowie Anmeldefrist bis zum 3. Juni 1908. Erste Gläubigerversammlung und Prüfungstermin am **13. Juni 1908, vormittags 10½ Uhr,** im Zimmer 6 des Amtsgerichtsgebäudes, Wronkerplatz No. 3.

Neue Kataloge.

Sluis & Groot, Enkhuizen (Holland). Engros-Offerte von Gemüse- und Blumensamen für Herbstaussaat und zum Frühtreiben etc.

Patente und Musterschutz.

Zum **Patent** wurde **angemeldet Klasse 45f.**

E. 13085. Steinunterlage mit Wasserablauf für Hopfensäulen. Ludwig **Eder,** Reichertshausen, Post Attenkirchen. 10. 12. 07.

M. 32310. Verfahren zum Sammeln von Blütenstaub. Eugène **Moulié,** Jacksonville, Florida, V. St. A.; Vertr.: Ed. Franke & Georg Hirschfeld, Pat.-Anwälte, Berlin SW. 68. 22. 5. 07.

Für die Ansprüche 1 und 2 dieser Anmeldung ist bei der Prüfung gemäss dem Unionsvertrag vom $\frac{20.\ 3.\ 83}{14.\ 12.\ 00}$ die Priorität auf Grund der Anmeldung in den Vereinigten Staaten von Amerika vom 12. 6. 06 anerkannt.

Patent wurde **erteilt Klasse 45f.**

198885. Verfahren und Vorrichtung zur Befestigung des Aufputzes an Kränzen, Girlanden u. dergl. Fritz **Ungelenk,** Erfurt, Weimarischestr. 9. 24. 12. 07. U. 3262.

198967. Vorrichtung zum Abstreifen der Stacheln von Rosen- und anderen Stacheln tragenden Sträuchern mittels zweier auf die Fingerspitzen zu steckender Schutzkappen. Karl **Gebhard,** Braunschweig, Altewiekring 11. 30. 8. 07. G. 25438.

199118. Verfahren zur Beschleunigung des Ausreifens von Blumenzwiebeln. Jacob **Mülhens,** Hamburg, Mittelweg 126. 12. 11. 07. M. 33609.

Gebrauchsmuster-Eintragungen Klasse 45f.

338312. Ein Rohr zur permanenten Bewässerung von Bäumen ohne Aufgraben des Erdreiches, welches gleichzeitig als Baumstütze dient. Ulrich **Hoffmann,** Charlottenburg, Windscheidstrasse 24/25. 9. 3. 08. H. 36396.

Illustrierte Wochenschrift für den gesamten Gartenbau.

Jahrgang XII. 6. Juni 1908. No. 36.

Aus deutschen Gärten.

Carl Hagenbecks Tierpark in Hamburg.

Von **A. Stehr**, Altona (Elbe).

(Mit fünf, von Herrn Hagenbeck für die „Gartenwelt" freundlichst zur Verfügung gestellten Photographien aus dem Atelier Schaul-Hamburg.)

Schon im Altertum findet man ein gewisses Sehnen und ein Streben in der Kulturmenschheit nach einem freiheitlichen Lustgarten, der im Sinne alttestamentarischer Auffassung eine Menge verschiedener Tiergattungen in sich vereinigt. Die Griechen hatten ihr „Paradeisos" weniger für zoologische Zwecke, als vielmehr, um sich darin Jagdvergnügen auf bequemere Weise zu verschaffen. Zum Studium der Zoologie besitzt jetzt ziemlich jede Großstadt einen ganz volkstümlichen zoologischen Garten; besonders den fremdländischen Tierarten wird ein großes Interesse entgegengebracht. Der neuzeitliche Drang des Deutschen nach einer ungezwungenen Natürlichkeit, seine Liebe für Pflanzen und Tiere, läßt ihm die noch so häufig anzutreffenden massiven Gitterkäfige, die kolossal starken Elefantengehege usw., als eine den Genuss der Betrachtung unschön herabsetzende Vorrichtung erscheinen. Man möchte den fremdländischen Tieren bei möglichster Freiheit die Heimat ersetzen und zwar in so künstlerischer Anordnung und zweckmässiger Form, daß der Beschauer sich eine Vorstellung der wirklichen Heimat machen kann, ja sogar schließlich in eine Illusion darüber versetzt wird. Es bilden dann die vorgeführten Tiergattungen eine belebende Staffage und lassen das ganze Vegetationsbild einheitlich und urwüchsig erscheinen. Daß das Wohlbefinden der Tiere selbst unter solchen Umständen ein besseres ist, bedarf wohl kaum der Erwähnung. Hagenbecks Tierpark und die Handelsmenagerie in Stellingen bei Hamburg bilden in dieser Hinsicht eine so eigenartige, klassische Erscheinung, daß es mir speziell für gärtnerische Kreise sehr erwünscht erscheint, einige Szenerien aus dieser, nach eigenen Entwürfen und Ideen des Besitzers ins Leben gerufenen Anlage bildlich vorzuführen, weil ja vielfach die Unterhaltung der Gartenanlagen in zoologischen Gärten in die Regie der Landschaftsgärtnerei gehört, außerdem aber schon das allgemeine Interesse auf eine solche neuartige, lehrreiche Schöpfung gerichtet ist. Selbstverständlich ist es nicht möglich, eine hinreichende Übersicht über die Vielseitigkeit des Gartens zu geben, zumal beständig auf eine Vergrößerung des schon jetzt umfangreichen Grundstückes Bedacht genommen wird.

Partie aus Carl Hagenbecks Tierpark.

Elefanten beim Transport von Felsen in Carl Hagenbecks Tierpark.

Die Flora der verschiedenen, dargestellten Erdteile steht mit den Tieren der gleichen Heimat möglichst im Einklang, auch die aufgestellten Kunstwerke charakterisieren den Kulturgrad der Menschheit, die in der Heimat des dargestellten Erdteiles anzutreffen ist.

Bevor wir den Garten betreten, bildet schon das prächtige Eingangstor, welches sinnbildlich die verschiedenen Erdteile darstellt, eine Vorbereitung, denn es kennzeichnet die Großzügigkeit der eigenartigen Schöpfung. Nach wenigen Schritten begegnen uns, zwischen dem Publikum wandelnd, mächtige, zahme Elefanten, auf deren Nacken je ein Indier in Originalkostüm mit Turban sitzt und dem klugen, friedlichen Tier den Weg bezeichnet. Der Elefant spielt überhaupt in diesem Garten eine bedeutende Rolle. Er ist sogar beinahe „selbstständiger Gartenkünstler", denn mit seiner ungeheueren Körperkraft vermag er Steinblöcke und große Findlinge zu bewegen, und wälzt sie auch genau an die Stelle, wo der leitende gartenkünstlerische Genius sie zur Darstellung einer Idee verwerten will. Von der riesigen Körperkraft des Elefanten macht man sich einen ungefähren Begriff, wenn man beobachtet, wie dieser stattliche Kulturpionier bei Terraingestaltungen mit verblüffender Ruhe und Leichtigkeit eine große Anzahl Erdloris auf Schienen bergauf zieht. Überhaupt wird die Leistungsfähigkeit des Elefanten dort zu vielseitigster Nutzanwendung gebraucht; er ist eine sehr leistungsfähige Arbeitskraft.

Löwen- und Tigerschlucht in Carl Hagenbecks Tierpark.

Besondere Beachtung verdienen die Felsenbauten, die dem Garten ein imposantes Gepräge geben. Sie dienen einer ganzen Reihe von Tiergattungen als Wohnung, selbst mächtige Geier horsten in den Spitzen. Auch gewährt es einen allerliebsten Anblick, wenn man Wildschafe und Steinböcke, sowie sonstiges Edelwild der Hochgebirge, auf den Felsen umherspringen und -klettern sieht. Mit besonderer Vorliebe gehen diese Tierchen auf die höchste Spitze und schauen von da in die Ferne, für die Zuschauer unten dann bei Abendbeleuchtung recht niedliche Silhouetten abgebend. Die Felsenbildungen entstammen künstlerischer Fantasie. In ihrem konstruktiven Bau sind sie künstlich. Man baute im Monierbausystem starke Holzgerüste und überzog sie dann mit einem Geflecht von Eisendraht, welches von außen und innen mit einem Zementbewurf versehen wurde. Hernach wurde die Zementmasse modelliert und von Künstlerhand bemalt. Der Aufbau der Felsen ist so einfach und doch so fest, daß ohne Zweifel, insbesondere bei der eigenen Erhärtung des Zements, auf eine sehr dauerhafte Festigkeit geschlossen werden darf. Alle großen Felspartien sind in dieser Weise entstanden, und es wurde dadurch der umständliche Transport und die schwierige Beschaffung großer Gesteinsmassen entbehrlich gemacht.

Eine besondere Anziehungskraft übt die Löwenschlucht aus. Es wird hier zum ersten Male eine Löwen- und Tigergruppe veranschaulicht, die vom Publikum statt eines Käfiggitters nur durch einen acht Meter breiten und fünf Meter tiefen Graben getrennt ist. Es ist dadurch ein afrikanisches Landschaftsbild in zwangloser Weise möglich gemacht, bei welchem Dattelpalmen, Agaven, Dracaenen und andere Tropenpflanzen den Vordergrund bilden. Vereinzelte Agaven wachsen oberhalb und seitlich der Schlucht.

Als Gegenstück zur Löwenschlucht könnte das Eismeerpanorama gelten. Nordischer Pflanzenwuchs umgibt hier ein Felsengebilde, auf welchem Eisbären, Renntiere, Seehunde, seltsame Pinguine, Möven u. a. Tiere als interessante, lebende Staffage wohnen. Originell ist die täuschende Nachbildung von starken Eisschollen mit langen Eiszapfen. Die künstlerische Wirkung dieses Bildes ist selbstverständlich im Winter am größten, wenn der Schnee und die kalte Jahreszeit die Täuschung noch erhöhen. Auch hier bildet ein Graben mit hohem Ufer eine unauffällige, aber sichere Grenze.

Partie aus Carl Hagenbecks Tierpark.

Auch der japanische Gartenteil ist erwähnenswert. Eine große, bronzene Buddhastatue thront unter dem Schatten großer Sophoren (*S. japonica*). Eine ganze Reihe japanischer Kunstwerke sind aufgestellt. Der ganze Pflanzenwuchs, so weit er nicht schon vorhanden war, wird vorzugsweise aus japanischen Bäumen und Sträuchern gebildet. Auf den Inseln laufen farbenprächtige Fasanen umher, welche die Aufmerksamkeit auf sich ziehen. Ein abenteuerlich geformtes indisches Boot schwimmt auf dem Wasser eines ausgedehnten Teiches, der aus einem Wasserlauf mit frischem Wasser versehen wird.

Der Paradiesidee ist noch besonders Ausdruck gegeben worden, indem die oben erwähnte Löwenschlucht den Hintergrund, ein umfangreiches Heufressergehege den Mittelgrund, ein Teich für Wasservögel den Vordergrund eines einheitlichen Bildes abgeben. Es erweckt dann die Täuschung, als ob zahlreiche Tiere, die sich im Leben sonst ausschließen, in friedlichem Beieinander zusammenleben. Von den umfangreichen Restaurationsräumen aus kann man dieses Paradiesbild bequem genießen. Ganz originell ist der „Wurstelprater“, eine populäre Erfrischungsquelle für die beim großen Rundgang ermüdeten Zuschauer. Eine interessant angelegte Rutschbahn, die durch Schluchten und Felsen führt, übt außerdem auf Alt und Jung eine große Anziehungskraft aus.

Eismeerpanorama in Carl Hagenbecks Tierpark.

Sicherlich werden im Laufe der Zeit noch eine ganze Reihe von Einrichtungen und Anlagen entstehen, die denselben frischen, künstlerischen Zug erkennen lassen, der schon den vorhandenen Garten durchzieht. Der große indische Elefant „Jumbo“ ist schon fleißig damit beschäftigt, umfangreiche gärtnerische Neuanlagen vorzubereiten, er besorgt einstweilen die Erdarbeiten dazu.

Es sei auch erwähnt, daß Einbürgerungsversuche und Tierdressuren dort vorgenommen werden, ferner geben auch Rassezüchtungen und -kreuzungen dem Garten eine wissenschaftliche Bedeutung. Die wissenschaftliche Leitung des Tierparks liegt in den Händen des bewährten Zoologen Dr. Alexander Sokolowsky.

Pflanzenschädlinge.

Die Miniermade (Phytomiza geniculata).

Von **Wilh. Pattloch,** Frankfurt am Main.

Vorwiegend in den Frühjahrsmonaten März, April, Mai macht sich in den verschiedensten krautartigen Kulturen, wie *Anthemis frutescens* und deren Varietäten, *Cineraria hybr., Calceolaria hybr.* und anderen, ein Schädling, die sogenannte Miniermade, bemerkbar, deren Zerstörungswerk von höchst nachteiliger Folge für die ganze Kultur werden kann. Es ist die Larve einer kleinen, etwa $1^1/_2$ mm langen, schwarzen Fliege mit grauer Punktierung — *Phytomiza geniculata* — mit der wir hier zu tun haben; sie hat das Aussehen einer kleinen Made. Man erkennt ihre Gegenwart an schmalen, gelblichen, an der Blattoberfläche bemerkbaren Streifen in mehr oder weniger gewundenen Linien, die nicht allein das Laub der Pflanzen verunzieren, so daß dieselben schon hierdurch unverkäuflich werden, sondern, was noch weit schlimmer ist, die davon befallenen Blätter sterben durch die Zerstörung des Blattgewebes bald ganz ab, in vielen Fällen auch die Pflanze selbst.

Die schmutzig gelb gefärbte Larve erreicht eine Länge von $1^1/_2$ mm und ist auf der Unterseite der Blätter sehr gut sichtbar. Ich fand Anfang April ds. Js. an einzelnen Blättern von *Cineraria hybr.* bis zu 15 Stück dieses Schädlings, teils als Larve, teils schon als Puppe. Der Kokon der letzteren ist von dunkelbrauner, fast schwarzer Farbe und ovaler Form; ihm entschlüpft im Sommer, meist im August, die Fliege, deren Nachkommen sich im nächsten Frühjahre wieder als Larven unliebsam bemerkbar machen.

In Frankreich ist die *Phytomiza* in mehreren Gegenden auch auf *Chrysanthemum indicum* beobachtet worden und mit dem bekannten Reblausvertilgungsmittel Schwefelkohlenstoff, einer öligen, an der Luft leicht verdunstenden, äußerst feuergefährlichen Flüssigkeit, die vermittels eines feinen Zerstäubers auf die Blätter gespritzt wird und den Pflanzen nicht schadet, erfolgreich bekämpft worden. Alle anderen insektentötenden Mittel, wie in Wasser aufgelöstes Nikotin, Schmierseife und Schwefelblüte, haben sich als erfolglos erwiesen, so daß zur Bekämpfung dieses Schädlings neben dem erwähnten Schwefelkohlenstoff nur das Wegfangen der Fliegen an Sommerabenden mittels Insektenfanglampen, deren Schirm man mit Fliegenleim bestreicht, welcher die Insekten festhält, in Frage kommt.

Bei *Chrysanthemum indicum* habe ich selbst, wo ich auch Gelegenheit hatte, Umschau gehalten, aber die *Phytomiza* noch nicht gefunden; das erklärt wohl der Umstand, daß es dieser Pflanzengattung, die doch meist rationell kultiviert wird, weniger an reichlicher Nahrung gebricht, denn ich beobachtete, daß hauptsächlich schlecht genährte Pflanzen der oben angeführten Gattungen von diesem Schädling befallen werden. Mithin dürfte eine reichliche Nahrungszufuhr bei den von der *Phytomiza* gern aufgesuchten Pflanzen ein gutes Mittel zur Bekämpfung des genannten Schädlings sein, wie ja auch alle gutgenährten Pflanzen weniger durch Krankheiten und schädliche Insekten zu leiden haben. Nie sollte man die von der *Phytomiza* befallenen Pflanzenteile auf den Kompost werfen, weil hier die Larven sich weiter entwickeln würden, sondern durch Verbrennen der Weiterverbreitung entgegen wirken.

Landschaftsgärtnerei.

Die Verwendung und Gruppierung von Nadelhölzern auf kleinem Raume.

(Aus dem Englischen von **L. Kniese,** Coburg.)

(Hierzu eine Zeichnung.)

In der Zeitung „The Circle“ fand ich eine kurze Abhandlung über dieses Thema, die ich interessant genug für eine freie Wiedergabe in der „Gartenwelt“ hielt. Obgleich sie einer nichtgärtnerischen Zeitung entnommen ist, bietet sie mit der kleinen Planskizze zusammen einen Blick auf die Anordnung in kleinen amerikanischen Hausgärten. Unter Weglassung der Einleitung, welche die Pflanzzeit der Nadelhölzer behandelt, will ich gleich auf das eigentliche Thema eingehen.

Die Nadelhölzer tragen so viel zur Schönheit eines Platzes bei, mag dieser groß oder klein sein, daß ihre im Vergleich zum Laubholz seltenere Anwendung in Vorstadtgärten zu beklagen ist. Sie zeigen eine solche Verschiedenheit in Gestalt, Größe und Farbe, daß sie für alle Verhältnisse passen, und bei geeigneter Anordnung sind sie ebenso wirkungsvoll wie Blütensträucher, oft sogar praktischer. Wenn auch ihr Preis höher als der von Laubgehölzen ist, so wird dies doch durch die dauernde Schönheit im Winter und Sommer ausgeglichen. Außerdem sind keine anderen Gehölze so geeignet, irgend welche unschönen Stellen im Garten zu verbergen. Hierzu kommt noch der rein ökonomische Wert der Nadelhölzer als Schutz gegen rauhe Winde, was in diesen ausgesetzten Lagen nicht hoch genug angerechnet werden kann.

Als hauptsächlichste Formen unterscheiden wir bei den Nadelhölzern die Pyramiden-, Säulen- und Kugelform. Zu diesen Formen kommt noch die große Mannigfaltigkeit der Farben, welche vom tiefsten Schwarzgrün bis zum hellsten Weißblau wechseln und noch Schattierungen in Gelb, Bronze und Purpur als Gegensätze aufweisen.

Die Säulen- und Pyramidenformen kommen naturgemäß in den Hintergrund einer Pflanzung zu stehen, während die niedrigeren Kugelformen den Mittelgrund einnehmen und die ganz niedrigen Arten den Vordergrund bilden sollen. Es ist selbstverständlich, daß diese Anordnung nicht streng eingehalten werden kann, sie soll nur als eine Allgemeinregel gelten.

Die beigegebene Planskizze dient dazu, fünf verschiedene Arten der Anwendung von Nadelhölzern auf beschränktem Raume zu veranschaulichen. Die Laubholzpflanzung ist ebenfalls eingezeichnet, aber nicht im Einzelnen aufgeführt.

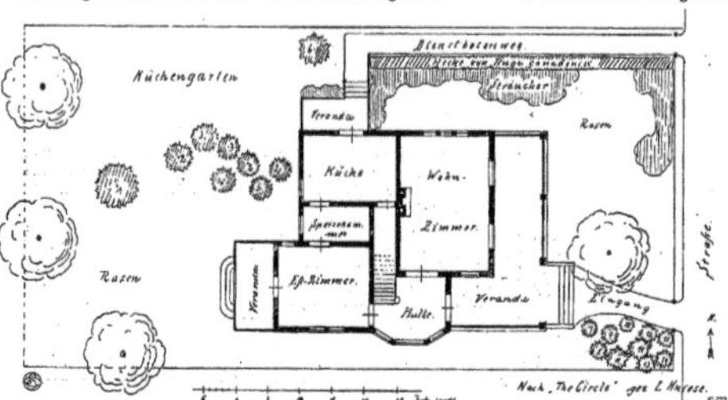

Plan zu einem Hausgarten mit reichlicher Verwendung von Koniferen.
Nach einem amerikanischen Original vom Verfasser für die „Gartenwelt" gezeichnet.

Auf der Vorderseite, beim Haupteingange, befindet sich die erste Gruppe. Sie ist zusammengesetzt aus mehreren kleinen Nadelholzarten und so angeordnet, daß sie gleichmäßig anziehend von der Straße, vom Eingangswege und von der Vorhalle aus wirkt. Die Anordnung ist so, daß größere Arten von kleineren umpflanzt sind, hierdurch wird von jeder Seite aus die Wirkung einer unregelmäßigen Pflanzung erzielt, die wiederum durch Farben- und Formenkontraste gesteigert wird. Dicht an der Grenze des Grundstückes stehen Lebensbäume.

Als Einzelgehölz ist eine Latschenkiefer dieser Pflanzung vorgesetzt, um den Rand der Gruppe aufzulösen und so einem steifen Aussehen vorzubeugen. Zu dieser Pflanzung sind folgende Nadelhölzer verwendet worden:

No. 7. *Pinus montana*, Mill.,
No. 8. *Chamaecyparis pisifera filifera aurea*,
No. 9. *Thuya occid. ericoides*,
No. 10. *Chamaecyparis obtusa gracilis*,
No. 11. *Thuya occidentalis*,
No. 12. *Juniperus communis suecica*,
No. 13. *Biota orientalis elegantissima*,
No. 14. *Chamaecyparis obtusa nana*,
No. 15. *Chamaecyparis obtusa nana aurea*.

Auf der anderen Seite des Rasenplatzes ist das zweite Beispiel der Verwendung von Nadelhölzern, eine Hecke von Hemlockstannen, *Tsuga canadensis*. Diese Hecke dient einem dreifachen Zweck. Erstens verbirgt sie den hinter ihr vorbeiführenden Dienstbotenweg dem Blick vom Wohnhause und von der Veranda, zweitens bildet sie einen Windschutz für die längs ihrer Südseite gepflanzten Blütensträucher, drittens gibt sie eben diesen Sträuchern während der Blüte einen dichten, grünen Hintergrund. Eine solche Hecke verträgt den Schnitt sehr gut. Man kann ihr jede beliebige Form geben, doch ist es ratsam, sie so zu ziehen, daß sie am Grunde am breitesten ist und nach oben zu schmaler wird. Ganz oben sollte sie flach dachartig gehalten sein, da sie in dieser Gestalt den Schneedruck am besten ertragen kann und nicht so leicht auseinandergedrückt wird, als wenn sie oben ganz flach geschnitten ist,

Am Ende des Dienstbotenwegs steht eine Blaufichte, *Picea pungens glauca* (No. 6), lediglich, um den Küchengarten dem Blick von der Straße her zu verbergen. Jedes andere Nadelholz würde auch demselben Zweck dienen, aber sie ist noch aus einem anderen Grunde an diese Stelle gesetzt. Durch die blaue Farbe dieser Varietät wird im Beschauer eine Vorstellung von Entfernung hervorgerufen und er dadurch über die Länge dieses Weges und damit über die Größe des Grundstückes getäuscht, wie es ja überhaupt wünschenswert ist, kleine Plätze größer erscheinen zu lassen, als sie wirklich sind.

Im hinteren Teile des Gartens stehen Nadelhölzer, welche den Küchengarten vom Rasenplatze trennen. Hierzu sind andere Arten und Formen als im vorderen Teile verwendet; diese lassen sich, da sie größer sind, leichter in eine mehr natürlich wirkende Gruppierung bringen. Auch sie würden für Blütensträucher einen geeigneten Hintergrund abgeben, auch bilden sie zugleich einen sehr wirkungsvollen Schutz für das Haus gegen Nordwestwinde. Nach dem Plane sind hier angepflanzt:

No. 2. *Abies pectinata*, Weißtanne,
No. 3. *Picea alba, Lk.*, Weißfichte,
No. 4. *Thuya occidentalis Wareana*,
No. 5. *Thuya occidentalis*, Lebensbaum.

Die einzelne Weymouthskiefer (No. 1) bildet mit den drei Laubbäumen eine natürliche Gruppe. Diese vier größeren Bäume sollen einmal als Schutz für den ganzen Garten dienen und dann auch eine bessere landschaftliche Wirkung hervorrufen. Wenn es auch nicht immer ratsam ist, derartig hochwachsende Gehölze auf so beschränktem Raume zu verwenden, so gibt es aber doch Möglichkeiten, wo es erlaubt ist, ohne das Ganze zu beeinträchtigen. Dies wird da möglich sein, wo die Grenzen offen gehalten sind und von Rasenflächen gebildet werden, wie es auch im Plane angenommen ist.

Auf den Rest des Artikels, welcher von der Ausführung der Pflanzung handelt, brauche ich nicht weiter einzugehen. Ich möchte hier zum Schluß noch anfügen, daß eine Anpflanzung von Nadelhölzern allein bisweilen doch etwas ermüdend wirkt. Es muß auch bei derartigen kleinen Gärten erst recht für Abwechselung gesorgt werden. Wir haben unter unseren immergrünen Laubgehölzen eine solche Fülle von Formen und Farben, daß wir durch eine Beimischung solcher Gehölze derartige Nadelholzpflanzungen bedeutend reicher gestalten können. Ich möchte hier nur auf die Verwendung der winterharten *Rhododendron* hinweisen, welche in Verbindung mit Nadelhölz jedem Garten etwas Gediegenes, ja Vornehmes, verleihen.

Tennisplätze. Zur Frage der Anlage der Tennisplätze, die in der „Gartenwelt" in letzter Zeit mehrfach behandelt wurde (siehe No. 24 und 31), schreibt uns Herr Gartenbaudirektor Philipp Siesmayer, in Firma Gebr. Siesmayer, Frankfurt a. M.: „Da meine Firma eine sehr stattliche Zahl solcher Plätze in den bekannten Badeorten, woselbst die großen Offiziers- und internationalen Wettspiele stattfinden, geschaffen hat, so möchte ich hiermit auf einen Umstand, der nicht übersehen werden darf, aufmerksam machen. Der Auslauf (Rücksprung) ist mit 3 m viel zu gering bemessen; es müssen mindestens 5, besser aber 6 bis 7 m sein. Auch der Abstand an den Längsseiten genügt mit $1^1/_2$ m nicht, es sind etwa $2^1/_2$ m erforderlich."

Gehölze.

Xanthoceras sorbifolia, Bunge.

(Hierzu eine Abbildung.)

Die feingefiederte, elegante Belaubung, sowie die Schönheit der reinweißen, am Grunde kupferroten Blüten, die in großen Sträußen den Strauch im Mai förmlich überdecken, sind Eigenschaften, welche es schwer verständlich erscheinen lassen, daß man diesen vollkommen winterharten Blütenstrauch nicht häufiger angepflanzt findet. Auch die großen Früchte, welche das Aussehen eines grünen, hochgebauten Apfels haben, wird der Pflanzenfreund als interessante Zugabe schätzen. Das nebenstehend abgebildete, in voller Blüte photographierte Exemplar, brachte hiervon 1906 einige fünfzig Stück, mit ausgebildeten, glänzend braunen Samen. Das letzte Jahr hat es keine gegeben, weil wir im Mai Spätfröste hatten, die den Blüten schadeten.

Xanthoceras sorbifolia (eschenblättriges Gelbhorn) gehört zu den Sapindaceen, ist also mit unsern Roßkastanien verwandt. Sie wurde Ende der sechziger Jahre des verflossenen Jahrhunderts aus der chinesischen Mongolei nach Frankreich eingeführt. Vor etwa 20 Jahren wurde sie vielfach zum Treiben empfohlen. Sie bildet mittelhohe, stark verzweigte Sträucher mit langgestielten, fünf- bis sieben- und achtjochigen Blättern. Trotz leichter Vermehrung aus Samen, und obgleich die Pflanzen schon als 5- bis 6jährige Sämlinge blühen, ist dieser Prachtstrauch, wie gesagt, immer noch recht selten in unsern Anlagen und Gärten zu finden. Rehnelt.

Palmen.

Calamus ciliaris.

Von **Herm. A. Sandhack**, Mehlem a. Rh.

(Hierzu eine Abbildung.)

Diese Palme ist eine allerliebste Erscheinung und eine große Zierde für jedes bessere Warmhaus, sie kann als junge Pflanze, 1—3 Jahre alt, denn nur als solche ist sie wirklich schön, sehr gut zur Tafeldekoration verwendet werden.

Freilich ist *C. ciliaris* nicht so elegant als *Cocos Weddelliana* gebaut, aber es ist ein eigentümlicher Reiz, der dieser kleinen Palme innewohnt. Leider sieht man sie so selten in Kultur, aber wo sie nur in guten Exemplaren gezeigt wird, findet sie bei Fachleuten und Laien ungeteilten Beifall. Welche Anziehungskraft die Palme besitzt, habe ich besonders auf der Mannheimer Ausstellung erfahren; ein Exemplar, das ich dort in meiner Gruppe hatte, mußte ich bereits am zweiten Tage fortnehmen, weil sonst nichts davon übrig geblieben wäre! *C. ciliaris* verlangt eine recht warme und feuchte Temperatur; in trockner Luft wird sie leicht von roter Spinne befallen. Die Vermehrung geschieht durch Abtrennen der Seitenschoße, die aus den Blattwinkeln treiben und leicht Wurzel machen, in der Weise wie bei Pandanusarten, *Kentia Sanderiana* u. a.

Xanthoceras sorbifolia.
Im Botanischen Garten zu Gießen für die „Gartenwelt" photographisch aufgenommen.

Kultureinrichtungen.

Künstliche Bewässerungsanlage im Parke der Donnersmarckhütte, Oberschlesische Eisen- und Kohlenwerke A.-G., Zabrze.

Von **Andreas Ulbrich**, Obergärtner.

(Hierzu ein Plan.)

Obwohl schon viel über künstliche Bewässerungsanlagen geschrieben worden ist, so dürfte doch die nachbeschriebene Anlage für manchen Leser dieser geschätzten Zeitschrift von Interesse sein. In den über 30 Morgen großen, öffentlichen Parkanlagen der Donnersmarckhütte (eines der größten industriellen Werke Oberschlesiens), mit deren Leitung ich seit $2^1/_2$ Jahren betraut bin, befindet sich auch ein großer, rund 3300 qm umfassender Spiel- und Konzertplatz, auf dem im Sommer die üblichen Feste und Freikonzerte für die Belegschaften und das Publikum der Umgegend abgehalten werden. Auf diesem Platze, dessen Untergrund vorwiegend aus sterilen Boden- und Gesteinsmasssen gebildet wird, stehen 66 bisher prächtig entwickelte Schattenbäume (*Acer dasycarpum*), welche, entweder dem damaligen Bedürfnis entsprechend, recht bald Schatten zu erhalten, oder aber in der bei Baumpflanzungen schon so häufig gerügten Kurzsichtigkeit nur in einer Entfernung von 5 Metern gepflanzt worden sind. Die Bäume sind ca. 25—30 Jahre alt und haben bereits stattliche Kronen entwickelt, wie ja *Acer dasycarpum* überhaupt in jeder Form für den oberschlesischen Gärtner eines der wertvollsten Gehölze darstellt. Man hat es, vielleicht aus Mitleid mit einem Baum, oder aus einem andern Grunde, vor 10 Jahren unterlassen, jeden zweiten Baum auf genanntem Platze zu entfernen oder zu verpflanzen. Bei Beobachtung dieser Maßregel müßte der Bestand heute ein herrlicher sein. Kurz, die Kronen wurden immer größer, der Raum von Baum zu Baum immer enger. Eine natürliche Folge davon war, daß auch im Boden ein erheblicher Nahrungsmangel eintrat, umsomehr, als derselbe schon bei der Pflanzung sehr mager gewesen sein muß. Die Bäume fingen an zu kränkeln und standen schon im Juni fast gänzlich entlaubt da. Herr Garteninspektor Kynast, Gleiwitz, hatte, von der Generaldirektion schon vor mehreren Jahren um Rat befragt, bereits eine künstliche Bewässerung und Nahrungszufuhr empfohlen. Ein solches Bewässerungssystem auszuführen, wurde eine meiner ersten Aufgaben hierorts. Eine Springbrunnenanlage, nördlich des Platzes gelegen, war dazu ausersehen, das Röhrensystem zu speisen. Ein auf der Skizze bei A angegebener Sinkkasten erhielt das direkte Abflusswasser des Springbrunnens durch eine Tonrohrleitung. An dem Sinkkasten sind nach den beiden Längsseiten des Platzes weitere Tonrohrleitungen von 10 cm lichter Weite als Hauptleitungsstränge angeschlossen, sie führen zwischen den beiden Baumreihen um den ganzen Platz herum. Da dieselben vollständig horizontal liegen müssen, um eine gleichmäßige Verteilung des Wassers zu erzielen, der Platz aber nach Süd-Osten erheblich geneigt ist, so mußten die beiden Stränge, wie aus dem Schnitt durch den Sinkkasten ersichtlich ist, in zwei verschiedenen Höhen angelegt werden. Die Differenz beträgt ca. 40 cm. Beide Hauptstränge liegen durchschnittlich 30 cm unter der Erdoberfläche. Zwischen je zwei Bäumen sind Tonkreuzstücke (C) eingelegt, an welche sich Drainröhren (A bis B) anschließen, welche in eine Schlackenschicht von 30 × 20 cm Stärke eingebettet sind; an den Stellen, wo Wagen über die Hauptleitung fahren müssen, sind die Tonrohre durch eiserne ersetzt. Zu beiden Seiten der Baumreihen sind ebenfalls Schlackenschichten entlang geführt, um das im Drainstrang noch nicht versickerte Wasser weiterzuleiten und es überall den Baumwurzeln zuzuführen. Vor dem Orchester vereinigen sich die Hauptstränge wieder in einem Sinkkasten, welcher lediglich der Kontrolle dient. Der Springbrunnen ist während der warmen Jahreszeit ununterbrochen in Tätigkeit und führt der Leitung immer frisches Wasser zu, welchem, da das Bassin aus bestimmten Gründen keine Fische enthält, von Zeit zu Zeit künstliche Düngemittel zugesetzt werden.

Calamus ciliaris (Text Seite 425).
Vom Verfasser für die „Gartenwelt“ photogr. aufgenommen.

Das Bewässerungssystem ist jetzt zwei Jahre im Betrieb und arbeitet tadellos. Die Bäume erhalten genügende Feuchtigkeit und auch Nahrung, was dieselben durch einen kräftigeren Trieb und gesundes, bis in den Herbst andauerndes Laub reichlich danken. Ein weiterer Vorteil der Anlage ist schließlich noch, daß unter den Bäumen, wo Tische und Bänke aufgestellt sind, jede Staubentwickelung vermieden wird, so daß sich ein Sprengen vollständig erübrigt. Die Kosten betrugen pro lfd. Meter Hauptleitung einschließlich der Nebenstränge und Schlackenbettung etwa 10 M., so daß die Gesamtkosten etwa 2000 M. betragen würden, wenn sämtliches Material gekauft werden müßte.

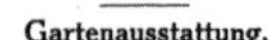

Gartenausstattung.

Springbrunnenanlage mit Motorbetrieb.

Von **H. Siemann**, Gartenbaulehrer, Wittstock.

(Hierzu zwei, vom Verfasser für die „Gartenwelt“ gezeichn. Abbildungen.)

Das Wasser spielt schon von altersher in der Landschaftsgärtnerei eine bedeutende Rolle, und zwar nicht nur im praktischen, unersetzlichen Gebrauche, sondern auch in idealer Anwendung, entweder als natürliche, bisweilen nachgeahmte Quelle, als Bach, Wasserfall, Teich, See usw., oder als künstlicher Springbrunnen. Da nun derartige künstliche Anlagen und namentlich deren Unterhaltung sehr viel Geld kosten, so hat sich

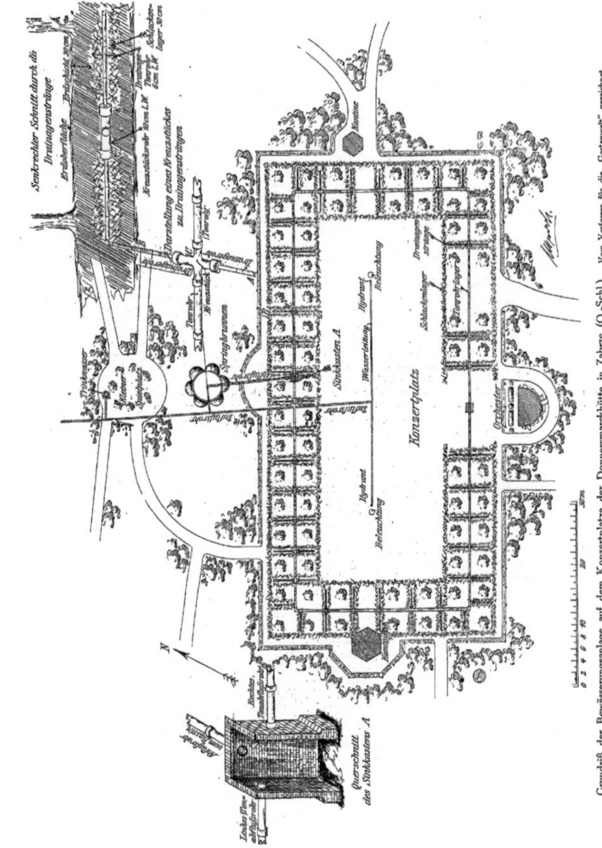

Grundriß der Bewässerungsanlage auf dem Konzertplatze der Donnersmarckhütte in Zabrze (O.-Schl.). Von Verfasser für die „Gartenwelt" gezeichnet.

manche Verwaltung und mancher Parkbesitzer bisher nicht entschließen können, die vorhandenen Park- oder Gartenanlagen mit derartigen Wasserkünsten zu verschönern. Sollte z. B. ein Springbrunnen in den Sommermonaten von morgens 7 Uhr bis abends 9 Uhr laufen, so war dies bisher zu kostspielig, da eine Unmenge Wasser unnütz verbraucht wurde, denn, wenn man das Wasser bei einer solchen Anlage nicht voll spielen läßt, verliert die Sache doch ihren Reiz, erfüllt also ihren Zweck nicht vollständig, als dekorativer Kunstgegenstand in einer gärtnerischen Anlage mitzuwirken. Um diesem Uebelstande abzuhelfen, ist man in neuerer Zeit dazu übergegangen, Springbrunnen mit Motorbetrieb zu bauen*), die das verbrauchte Wasser aus dem Bassin immer wieder aufsaugen und von neuem verarbeiten, so daß es sich also in einem ständigen Kreisläufe befindet. Dadurch wird natürlich der Verbrauch an Wasser auf ein Minimum reduziert, denn das Bassin braucht bei Inbetriebsetzung nur einmal gefüllt zu werden. An der Hand zweier Zeichnungen will ich in folgendem die Konstruktion einer solchen Anlage schildern. Es liegt klar auf der Hand, daß sich die Anlagekosten für einen derartigen, mit Motor betriebenen Springbrunnen viel höher stellen, als wie bei den bisher üblichen, die unmittelbar an eine Wasserleitung mit genügendem Druck angeschlossen sind, aber trotzdem lohnt sich eine solche Anlage, wie schon verschiedentlich praktisch nachgewiesen wurde. Unter einem Teil des Springbrunnenbeckens befindet sich ein kellerartig ausgemauerter Raum, in welchem ein Motor nebst Pumpe untergebracht ist. Der Motor kann mit Petroleum, Benzin oder Elektrizität gespeist werden, also so die mit ihm in Verbindung stehende Saug- und Druckpumpe in Bewegung setzen. In das Becken endet das Saugrohr und das Entwässerungsrohr, die beide mit Schutzkörben versehen sind, um zu vermeiden, daß Schmutz hineinkommt. Nachdem das Becken gefüllt ist, setzt man den Motor in Betrieb, der nun beginnt, das Wasser aus dem Becken aufzusaugen und es wieder empordrückt, wie gesagt, in ununterbrochenem Kreislaufe. Nur wenig Wasser wird durch Verdunstung verbraucht; dies zeigt ein Wassermesser an.

Der Raum, in dem sich die Pumpanlage befindet, kann, wie oben angegeben, direkt unter dem Springbrunnenbecken liegen, er kann aber auch weit davon entfernt sein, wie dies z. B. im Landesausstellungspark in Berlin der Fall ist. Dort befinden sich Motor und Pumpe etwa 100 m vom Springbrunnen entfernt. Jeder Besucher freut sich über die gewaltige Wassersäule, welche abends noch in herrlichen Farben erleuchtet wird. Auch die Stadt Charlottenburg hat in ihren herrlichen Anlagen und Plätzen solche Springbrunnen aufzuweisen, und es gereicht ihr zum Verdienste und zur Zierde, daß sie immer neue Mittel für gartenkünstlerische Anlagen aufwendet.

*) Siehe auch Jahrgang XI, Seite 200, Artikel „Die Wasserversorgung von Fontainen, Kunstbrunnen, Wasserfällen etc."

Topfpflanzen.

Begonia Rex, als Gruppenpflanze für das Freiland. In einer früheren Stellung hatte ich Gelegenheit, die schönen Rexbegonien als Gruppenpflanzen für das Freiland verwenden zu können. In der Nähe einer Blattpflanzengruppe wurden diese Begonien in mehreren Exemplaren, abgesondert von derselben, auf eine $^1/_2$ Meter im Durchmesser große Gruppe ausgepflanzt. Die Anlage des Beetes erfolgte in folgender Weise: Zunächst wurde die Gruppe tief ausgehoben, um so viel frischen Dünger aufnehmen zu können, daß den Begonien eine angenehme, nicht zu hohe Bodenwärme geboten werden konnte. Hierauf wurde, nachdem der Dünger genügend eingetreten, eine Erdmischung von 2 Teilen Mistbeeterde, sowie je einem Teil Heide- und Moorerde nebst dem nötigen Sand aufgebracht. Die Begonien, welche schon im voraus im Kasten genügend an Luft und Sonne gewöhnt worden waren, wurden in diese Mischung ausgepflanzt. Die Pflanzen wuchsen, trotzdem sie den Unbilden der Witterung nun vollständig ausgesetzt waren, ganz munter weiter und erlangten eine hohe Vollkommenheit. Die Blätter erreichten eine Länge von 25 bis 30 cm, waren ganz dunkelgrün, ziemlich steif und spröde, aber der Silberrand trat nicht so hervor wie bei den im Gewächshause kultivierten, sondern blieb matter. Zu erwähnen ist noch, daß der Standort fast rings herum von Bäumen umgeben war, so daß die Morgensonne zum Teil gebrochen, die Mittagssonne gar nicht, die Abendsonne hingegen etwas mehr einwirken konnte, auch standen sie gegen Winde geschützt.

Rich. Melchior, Pillnitz.

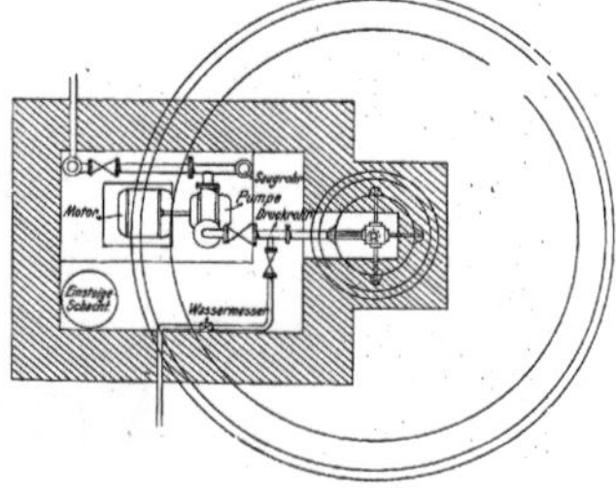

Schlingpflanzen.

Cucurbita ovifera.

Von **Paul Bräuer**, Handelsgärtner, San Remo (Italien).

(Hierzu eine Abbildung.)

Diese einjährige Schlingpflanze gehört wegen ihrer originellen, eierähnlichen Früchte zu den interessantesten Erscheinungen der Pflanzenwelt, sie eignet sich ganz besonders für Bekleidung von sonnig gelegenen Lauben, Veranden, Mauern und Balkons.

Da sich die Pflanze bei guter Pflege sehr schnell emporschlingt, so erscheinen schon Anfang Juli zahlreiche männliche und weibliche Blüten, von welchen die letzteren bereits am Tage nach dem Erblühen Früchte ansetzen, die in der Zeit von zwei bis drei Wochen bis zur Größe eines stattlichen Hühnereies auswachsen.

Da die Früchte nicht nur die eigenartige und täuschende Form, sondern auch die reinweiße Farbe von Hühnereiern haben, so gewährt eine solche Eierlaube oder Veranda von *Cucurbita ovifera* im Hochsommer einen reizvollen Anblick.

Dieser Schmuck ist auch von langer Dauer, da sich erstens die Früchte lange an der Pflanze halten und erst Ende September, bezw. Anfang Oktober glatt vom Stiele ablösen, sich aber zweitens auch noch jahrelang im trockenen Zimmer aufheben lassen.

Die den Hühnereiern zum Verwechseln ähnlich sehenden und zu Ostern als höchst originelle Ostereier dienenden Früchte enthalten 20 bis 30 Samenkerne, die man Ende Mai, bezw. Anfang Juni zu je 2 Stück in kleine Töpfe legt, sodann, nachdem sie 4 bis 5 Blätter haben, an einen warmen und gut mit Kompost und nahrhafter Erde vorbereiteten Platz auspflanzt. Während der Wachstumsperiode ist es nötig, wöchentlich einen Dungguß, am besten von 20 bis 30 Gramm Chilisalpeter auf 10 Liter Wasser gelöst, zu geben. Auch andere stickstoffhaltige Dungstoffe können mit Vorteil Verwendung finden.

Cucurbita ovifera, eine neue, einjährige Schlingpflanze.
Nach einer Aufnahme aus der Handelsgärtnerei von Paul Bräuer, San Remo (Italien), für die „Gartenwelt" gefertigt.

Narcissus chinensis.
Originalaufnahme für die „Gartenwelt".

Zwiebel- und Knollengewächse.

Narcissus chinensis, chinesische Narzisse.

Von **Alfred Unger**, Königl. Preußischer Hoflieferant und früherer Inhaber der Firma L. Boehmer & Co. in Yokohama.

(Hierzu eine Abbildung.)

Diese Feenlilie, wie man dieselbe früher in Deutschland zu nennen pflegte, stammt aus Südchina und ist eine der beliebtesten Blumen der Chinesen, welche dieselben zu chinesisch Neujahr (dem 4. Februar) in großen Mengen kultivieren und in Blüte haben. Die außerordentlich einfache Kultur, der überaus reiche Blütenstand, der köstliche Geruch der Blüten und endlich der billige Preis der Zwiebeln berechtigen sie noch zu einer besseren Stellung bei uns in Europa, wie dies jetzt der Fall zu sein scheint, und denke ich mir, daß der Grund zu der nur beschränkten Aufnahme in der ungenügenden Kenntnis der Kultur zu suchen ist.

Zweck dieser Zeilen soll also sein, diese schöne Pflanze und deren einfache Kultur dem großen Publikum durch diese vielgelesene Zeitschrift nochmals bekannt zu machen.

Man nehme eine flache Schale (einen Suppenteller in Ermangelung etwas besseren), lege große Kieselsteine in dieselbe und fülle dann die Schale mit Wasser, so daß die Steine von diesem bedeckt sind. In diese Schale, zwischen die Steine und durch dieselben befestigt, lege man die Zwiebeln, je nach der Größe der Schale, eine bis zehn und mehr. Da es bei uns im Winter zu kalt wird, um sie im Freien aufzustellen, wie dies in Japan und China der Fall ist, wenigstens bei Sonnenschein, so wähle man im gärtnerischen Betriebe ein Kalthaus und stelle die Schalen d i c h t u n t e r G l a s. Im Privathause genügt aber ein Platz am Fenster bez. am Doppelfenster; nach nur wenigen Wochen wird man durch die herrlichen Blüten erfreut. Ich habe den ganzen Winter über Schalen dieser Blumen in meiner Wohnung in höchster Vollkommenheit gehabt, und um den Lesern der ‚Gartenwelt' diese auch bildlich zu zeigen, ließ ich die beifolgende Photographie machen. Die Zwiebeln können im Herbste von den meisten Samen- und Blumenzwiebelhandlungen für billiges Geld bezogen werden, oder man wende sich wegen Bezugsquellen an den Verfasser dieses Artikels, der vom Juli ab in Bad Sachsa am Südharz wohnt.

Farne.

Nephrolepis magnifica, der Straußenfederfarn. Neuheit für 1909.

Von **Alfred Poetsch,** Boston, Mass., Nord-Amerika.

(Hierzu eine Abbildung.)

Allgemein geschätzt werden seit etwa 10 bis 12 Jahren die *Nephrolepis exaltata bostoniensis*-Spielarten. Wohl selten wurde eine Farnneuheit so schnell von der Gärtnerwelt aller Länder beachtet und in solchen Mengen in Kultur aufgenommen, als das von mir vor etwa 3 Jahren in Europa eingeführte *N. Whitmani.* Mit *N. Whitmani* ergab sich das Vorspiel einer neuen Nephrolepisklasse, Straußenfederfarne, die in der Züchtung *N. magnifica* in höchster Vollendung verwirklicht sind. Ein jeder Wedel, gleich welcher Größe, gleicht, wenn ausgewachsen, einer Straußenfeder. Als recht anspruchslose, schnellwachsende Kulturpflanze, in jeder Größe fertige Handelsware, für mannigfaltige Zwecke sich eignend, stets gesucht und gut bezahlt, wird der Straußenfederfarn, *N. magnifica,* von den besten Farnspezialisten unserer Zeit als sehr wertvoll erachtet. Der elegante, gefällige Wedelbau und Wuchs der Pflanze macht den Straußenfederfarn zum Handelsfarn der Zukunft.

Als Topfpflanze, für Jardinieren, für Schnittzwecke als Bindegrün, zur Tafeldekoration usw. liefert der neue Straußenfederfarn begehrtes Material, da elegant erscheinend und längere Zeit frisch bleibend. Durch letztere Eigenschaft liefert *N. magnifica* ein Bindegrün, das den Transport gut aushält. Leicht gepreßte Wedel werden auch Verwendung finden, da sie große Dauerhaftigkeit mit noch gefälligem Aussehen vereinen.

Wie aus der Abbildung ersichtlich, besitzt *N. magnifica* einen robusten, eleganten Wuchs, und da stets gut verkäuflich, bezeichnete ein Farnspezialist den Straußenfederfarn als „Brot- und Butterfarn für jedermann". Diese Neuheit übertrifft

Nephrolepis magnifica.
Nach einer photographischen Aufnahme für die „Gartenwelt" gefertigt.

N. Amerpohli und *todeoides;* erstere ist nicht konstant, wächst langsam, letztere beansprucht besondere Kultur und gebraucht längere Zeit, um fertige Ware zu ergeben.

Von dem berühmten Farnspezialisten H. Barrows erwarb ich gleich der *N. Whitmani* den neuen Straußenfederfarn zum Alleinvertrieb für Europa, 6 Monate bevor er in Nordamerika verbreitet wird. Seit etwa 2½ Jahren wird der Straußenfederfarn beobachtet; ein jeder, der ihn gesehen hat, prophezeit ihm eine große Zukunft. Die ersten Pflanzen werden diesen Sommer auf Ausstellungen vorgeführt.

Die abgebildete Pflanze ist 3 bis 4 Monate alt. Die Kultur ist äußerst einfach und billig. Auf 6 bis 8 Zoll tiefen, gut drainierte Stellagen in Rasen- und Lauberde ausgepflanzt, gedeihen die Ausläufer bei einer Temperatur von 16 bis 18 °C zu abgebildeter Größe. Es ist darauf zu achten, daß der Straußenfederfarn nicht zu schattig kultiviert wird, ein Fehler, den ich auf meinem letztjährigen Besuch in Deutschland bezüglich der Nephrolepiskulturen beobachtete. 4 bis 5 Wochen vor dem beabsichtigten Verkaufe können die Pflanzen eingetopft werden.

Mit diesem Straußenfederfarn übergebe ich der Gartenwelt Europas einen der beachtenswertesten Handelsfarne der Zukunft.

Fragen und Antworten.

Beantwortung der Frage No. 526. Was pflanze ich an die Böschung eines auf einen steilen Hügel führenden Serpentinenweges an, um das Herunterrutschen der leichten, stark sandhaltigen Erde auf den Weg zu verhindern?

Für die Befestigung einer solchen steilen Böschung braucht man vor allen Dingen Pflanzen, die ein reichverzweigtes, tiefgehendes Wurzelsystem besitzen und durch diese Eigenschaft die Erde festhalten. Die Strombauverwaltungen verwenden hierzu bekanntlich die gemeine Queke, *Triticum repens,* und verschiedene Weiden. Sollte der Fragesteller diese nicht gern in seinem Garten wünschen, so würde ich *Evonymus radicans, Vinca minor* oder *Festuca Crinum ursi,* für schattige Stellen hingegen *Asarum europaeum* oder *Aira flexuosa* empfehlen. Alle diese angeführten Pflanzen haben ziemlich viel Wurzeln, bilden auch dichte Polster, sie tragen auch dadurch dazu bei, das Herunterrutschen der Erde zu verhindern.

Ernst Richlin, Ronsdorf.

— Zur Befestigung steiler Böschungen und Hügel liefert das *Pyrethrum Tchihatchewii* ein ganz vorzügliches, billiges Pflanzmaterial. Dasselbe bewuchert schnellstens heiße und trockene Lagen; es ist rasenbildend, mit Schafgarbe ähnlicher Belaubung. Die Blüte ist einfach, weiß, einer Kamille gleichend; wirkt dieselbe störend, so empfiehlt sich deren bequeme Entfernung durch Abmähen. Im Park oder landschaftlichen Garten gönne ich aber gern auch diesem bescheidenen Blümchen seine Entfaltung.

Um der steilen Fläche den Ausdruck reizvoller Abwechslung zu geben, siedle man, einzeln und truppweise zwischen zutage tretenden Felsenkörpern verstreut, noch folgende Stauden an, welche ebenfalls die trockene Lage vertragen: *Iris pumila*-Hybriden, in Sorten *hybr. citrea, eburnea, excelsa* und *florida,* gelb und cremeweiß, *I. pumila hybr. compacta, formosa* und *cyanea,* in verschieden blauen Tönungen, die letztere bei Flächenbepflanzung von prächtiger Wirkung. Ferner *Papaver nudicaule* und *P. alpinum, Achillea Ptarmica, A. mongolica, Arabis alpina compacta, Aster alp. superbus, Aubrietia,* Edeldisteln, Fingerhut, *Helianthemum,* die Felsennelke *(Tunica Saxifraga fl. pl. rosea), Solidago aspera,* 80 cm hoch, *S. Shortii,* 150 cm hoch, *Silene alpestris, Veronica alpina.* Die Auswahl unter den genannten Stauden ist also eine reichhaltige. Massenanwendung erhöht die Wirkung. Auch verschiedene Felsengehölze passen sich der fraglichen Lage gut an, z. B. *Berberis Thunbergii* mit prächtiger Unterfärbung, *Evonymus nana, Spiraea bullata, Cytisus scoparius Andreanus, Philadelphus microphyllus, Hippophaë rhamnoides, Lonicera rupicola syringantha, Cotoneaster pyrac. Lalandi, Cytisus purpureus, C. leucantheus microphyllus* u. a. mehr. **Emil Chasté,**

Techn. Büro und Beirat für Gartengestaltung, Berlin-Wilmersdorf.

— Um das Herunterrutschen der leichten Erde auf den Weg zu verhindern, würde es sich empfehlen, die Böschung felsenartig mit Bruchsteinen zu befestigen und mit Waldfarnen, *Juniperus Sabina* (Sadebaum), *Iris florentina,* blau, *Iris florentina alba,* weiß, zu bepflanzen. Als Zwischenpflanzung würde ich folgende moosartige Pflanzen empfehlen: *Saxifraga moschata,* weißblühend, *S. moschata rubra,* rotblühend. Wenn diese Pflanzen dicht gepflanzt werden, so bilden sie in kurzer Zeit einen festen Teppich, doch sind dieselben bis zur Anwurzelung feucht zu halten. Eine bedeutend billigere Bepflanzung würde mit Fetthenne, auch Mauerpfeffer genaunt, einer rasenartigen Pflanze, zu erzielen sein. Davon wären folgende Sorten zu empfehlen: *Sedum Lydium aureum, S. Lydium glaucum, S. micranthum* und *S. sexangulare,* doch würde letztere Bepflanzung nicht von gleicher Wirkung sein.

A. Zerbe, Obergärtner, Miltitz.

— Für steile Böschungen mit leichter Erde ist *Symphoricarpus racemosus,* die bekannte Schneebeere, die eine Höhe von etwa 2 m erreicht, einer der empfehlenswertesten Sträucher. Es ist dies ein Strauch, der seine Ausläufer im Boden nach allen Richtungen sendet, und mit seinen vielen Faserwurzeln die Erde gut zusammenhält. Pflege verlangt er so gut wie keine, gedeiht auf der Sonnen- und Schattenseite und ist gegen Kälte unempfindlich. Er treibt auch im dichten Graswuchs überall gut aus, ein Vorzug, den andere Sträucher nicht in dem Maße aufweisen können. Die Kosten für eine Bepflanzung mit *Symphoricarpus* sind nicht groß. Man verwendet am besten junge Ausläufertriebe, ältere Pflanzen teilt man in kleine Stücke; es genügt, wenn einige kleine Wurzeln an jedem Teil verbleiben, selbst Abschnitte von Wurzelausläufern treiben leicht aus. Bei jungen Pflanzen bilden sich schon im ersten Jahre neue Seitentriebe. Pflanzt man in einem Abstande von $1 \frac{1}{2}$ m, so ist die ganze Fläche in zwei bis drei Jahren vollständig durchwuchert.

Andere Pflanzen, die in derartigen Verhältnissen auch gut wuchern, sind: Himbeeren, die in sonniger Lage einen guten Ertrag geben, *Ribes aureum* treibt besonders in leichter, sandhaltiger Erde sehr viele Wurzelausläufer; zur Pflanzung verwende man ganz junge Seitentriebe, und decke möglichst viele Augen mit Erde, aus denen sich wiederum Wurzelausläufer bilden, ferner *Rhus glabra,* die in der Herbstfärbung sehr schön ist. Die letztgenannten Pflanzen treiben allerdings weniger gut, wenn sich starker Graswuchs gebildet hat. Die genannten Gehölze geben auch eine schöne gemischte Pflanzung. Andere empfehlenswerte Sträucher, die jedoch nicht so viele Wurzelausläufer bilden, wären die gemeine Haselnuß, Berberitzen, Hartriegel, besonders *Cornus sanguinea* und *Ligustrum.* Fr. **Roll,** Obergärtner, Château d'Oex.

Beantwortung der Frage No. 527. Wie habe ich im Herbst 1907 gepflanzte, dreijährige Buschbäume von Aepfeln, Birnen, Pflaumen und Kirschen zu behandeln, die im letzten Winter hier in Schweden bei —25° C bis ins zweijährige Holz zurückgefroren sind, so daß dasselbe schwarzbraune Färbung zeigt? Das Holz dieser Bäume hat wohl in der Baumschule infolge des fortgesetzten Pinzierens und der vorwiegenden Nässe des vergangenen Sommers nicht die erforderliche Reife erlangt.

Beim Kernobst wird sich, nach dem Rückschnitt bis zum gesunden Holze, wieder genügend Trieb zeigen, um bei sachgemäßem Auslichten und Rückschnitt im folgenden Jahre wieder tragbare Bäume zu erzielen. Beim Steinobst ist es aber sehr leicht möglich, daß Gummifluß eintritt und ist dann im darauffolgenden Jahre Nachpflanzung anzuraten.

Theodor Schulze, Hofgärtner, Altenburg.

— Lassen Sie die Bäume so stehen, bis sie getrieben haben, dann schneiden Sie das Erfrorene über dem kräftigsten Trieb zurück und verstreichen den Schnitt mit Baumwachs. Wir hatten hier in Rumänien im Vorjahre den nämlichen Fall und ich erzielte bei diesem Vorgehen die schönsten Erfolge. Würden hier solche Photographien nicht so teuer sein, so würde ich Ihnen einige dieser Bäume im Bilde vorführen. **Joh. Divoky,** Focsani.

Zeit- und Streitfragen.

Nochmals die Anforderungen des Gärtnerberufes an die Gesundheit.

Bereits zweimal war an dieser Stelle hiervon die Rede. Ein „Fachmann" verdammt mit aller Energie die Anschauungen eines anderen; man sollte kaum glauben, daß solche Meinungsverschiedenheiten zwischen Männern desselben Berufes vorkommen könnten. Obgleich ich den Ausführungen des Verfassers des letzten Artikels im allgemeinen beistimmen muß, so möchte ich dennoch einigen etwas seltsam anmutenden Behauptungen im Interesse der Allgemeinheit entgegentreten, sonst könnten diese Abhandlungen einen Laien zu unliebsamen Irrtümern führen. Zunächst von der Schwerhörigkeit. Ich bin nicht Arzt und will mir daher kein Urteil darüber anmaßen, inwiefern einzelne Arbeiten, wie sie in unserem Berufe vorkommen, oben genannte Erkrankung der Gehörorgane schädlich zu beeinflussen imstande wären. Es dürfte jedoch allgemein bekannt sein, daß Körperstellungen, die einen Blutandrang nach dem Kopfe zur Folge haben, fast ausnahmslos der Gesundheit und dem Allgemeinbefinden, wenn auch nicht immer schädlich, so doch aber sicherlich nicht förderlich sind. Das gilt für jeden gesunden Menschen. Die Ueberlegung, die sich daraus für den Fall einer Erkrankung einzelner Organe des Kopfes ergibt, ist wahrlich nicht schwierig. Herr Posselt spricht übrigens doch ausdrücklich von „jungen Leuten"; wie kann Herr Dohrn seine gegenseitige Meinung da am „Alter" begründen!

Was nun das Kapitel „Kurzsichtigkeit" betrifft, so bin ich zufällig in der Lage, gerade das Gegenteil von dem, was Herr Dohrn darüber sagt, feststellen zu können. Ich bin ebenfalls kurzsichtig, habe aber, seitdem ich mich dem Gärtnerberufe zuwandte, auch nicht die geringste Besserung konstatieren können. Um nicht einen Widerspruch wachzurufen, und um meinen Beweis lückenlos zu gestalten, füge ich hinzu, daß mein Leiden seinen Ursprung in der Schule hatte, auch hervorgerufen durch Ueberanstrengung der Augen. Mit den eben geäußerten Bemerkungen über diesen Punkt, will ich selbstverständlich nicht gesagt haben, daß der Aufenthalt im Freien das Auge ungünstig beeinflusse, aber ich glaube nicht fehl zu gehen, wenn ich zu der Annahme gelange, daß die auffällige Besserung des Augenleidens des Herrn Dohrn zu den Ausnahmen gehört. Soviel mir bekannt ist, ist die Kurzsichtigkeit auch nur selten heilbar, und eine Krankheit, die, wenn man nichts dagegen tut, sich fortschreitend entwickelt. Bekannt dürfte es sein, daß schroffer Temperaturwechsel und Zugluft jedem Auge sehr schädlich sein können, um wieviel mehr daher von Natur aus schwachen oder kranken Augen. Man kann nicht einen einzelnen Fall gleich zur Regel machen und sollte ihn nicht gleich verallgemeinern. Veranlassung, mich mit meiner persönlichen Erfahrung an die Oeffentlichkeit zu wenden, gab mir lediglich die Einseitigkeit der scheinbar „langjährigen Erfahrungen" des Herrn Dohrn. **G. W. Kroehn**, Potsdam.

Gemüsebau.

Melonenzucht. Die Ausnützung zweier, von Ende Mai ab freiwerdender Mistbeetkästen veranlaßte mich, anlehnend an die Erfahrung aus meiner Gehilfenzeit zu München, wieder Melonen zu kultivieren. In kurzer Zeit — also in drei Monaten — gute Erfolge zu erzielen, hat manchmal, je nach Wetter und je nach Sorten, seine Schwierigkeiten, doch habe ich die besten Resultate noch immer mit den großfrüchtigen Formen gehabt. Erst war es die Kantaloupmelone *Konsul Schiller*, dann aber die *Berliner Netzmelone*, welche ich vorzog, letztere besonders auch der dünnen Schale wegen. Neben ein paar kleineren Früchten erwuchsen doch stets eine Reihe 8 bis 9 kg schwerer Exemplare; vergangenes Jahr sogar eine Melone im Gewicht von 12 kg. Das Fleisch war köstlich, saftig, süß und ausgereift. 200 vollständig keimfähige Samen hiervon stelle ich den verehrl. Lesern dieser Mitteilung kostenfrei zur Verfügung, da ich selbst doch keine weitere Verwendung hierfür habe. Ebenso habe ich noch ein größeres Quantum Samen von 8 bis 9 kg schweren Früchten zur etwaigen Abgabe. Ein Teil der Pflanzen wird aber wohl immer etwas Kreuzbefruchtung (mit *Konsul Schiller*) zeigen. Garteninspektor **Schelle**, Tübingen.

Bevorstehende Ausstellungen.

Rosenausstellung zu Leipzig, veranstaltet vom „Leipziger Gärtnerverein" anläßlich des Kongresses des „Vereins Deutscher Rosenfreunde" in der Zeit vom 27. Juni bis 5. Juli d. J. Infolge der außerordentlich günstigen Witterung haben sich die Rosenpflanzungen im Freien recht gut entwickelt; es sind auffallend wenig Verluste zu verzeichnen, nur die im Herbst von einer Firma vorgenommenen, umfangreichen Pflanzungen haben infolge der im Januar auftretenden starken Fröste ohne Schneedecke den Verlust verschiedener empfindlicher Sorten ergeben. Die Rosarien sind im südwestlichen Teil der räumlich ausgedehnten Anlage des Palmengartens untergebracht, hierbei haben die vorhandenen Gehölzgruppen die Einteilungsgrenzen vorgeschrieben. Die Vorarbeiten und die Leitung der Anlage war in guten Händen, denn auch hierbei hat sich wiederum die Einteilung und Anlage der Rosarien nach den Plänen des bekannten hiesigen Landschaftsgärtners Otto Moosdorf jun. auf das beste bewährt. Der tiefgründige, lehmige Boden eignet sich vortrefflich, und der Austrieb wurde durch die reiche Bodenfeuchtigkeit begünstigt. Leider haben zwei bekannte Firmen, wohl infolge des vorzüglichen Geschäftsganges der Rosenbranche, ihre Anmeldungen zurückgezogen, doch läßt es sich schon heute ersehen, daß die vorhandenen und zunächst vorgesehenen Flächen, da fortwährend noch Anmeldungen von Topfrosen eintreffen, kaum zureichen, sondern viele Gruppen auf dem sich angliedernden Terrain untergebracht werden müssen. Hervorzuheben ist noch, daß eine ganze Reihe bewährter Neuheiten der letzten Jahre auf dieser Ausstellung in großen Mengen gezeigt wird, so daß eine Beurteilung wohl möglich sein wird. Außerdem verdient noch darauf hingewiesen zu werden, daß in der Beschaffenheit der ausgepflanzten Rosen diese Ausstellung jedenfalls hinter keiner der früheren großen Ausstellungen zurückstehen wird, wenn auch die Rosarien nicht die großen Ausdehnungen besitzen, wie wir das in Düsseldorf uud Mannheim kennen gelernt haben. — Außerordentlich zahlreich verspricht ferner die Abteilung für abgeschnittene Blumen beschickt zu werden. Hierfür steht das Orangeriehaus des Palmengartens, welches vorteilhaft ausgeschmückt werden soll, zur Verfügung, und wird, da es vollständig abgeschlossen ist, einen vorzüglichen Schutz gewähren; auch die Beleuchtung dieses Raumes läßt nichts zu wünschen übrig. Für die Bindekunstausstellung liegen noch wenig Anmeldungen vor, und da die Leipziger maßgebenden Firmen sehr zurückhaltend sind, läßt sich fast erwarten, daß auswärtige Firmen besser vertreten sind, als die hiesigen Geschäfte. Wohl mag das auf die ungünstige Zeit dieser Sommerausstellung zurückzuführen sein, doch wäre es aufrichtig zu bedauern, wenn die Bindekunst, zumal diese Abteilung ein wichtiger Anziehungspunkt für jeden Besucher in einer Weltstadt, wie Leipzig ist, nicht entsprechend hervortreten würde. Von Seiten der Einwohnerschaft Leipzigs und der Umgebung ist ein reger Besuch der Ausstellung zu erwarten, zumal bekanntlich Leipzig viele Tausend sogenannte Schrebergärten zählt und der Umfang dieser Anlagen wohl von keiner anderen Stadt Deutschlands erreicht oder übertroffen wird. Dazu kommt noch, daß der Leipziger Palmengarten der gesellschaftliche Mittelpunkt der vornehmen Welt ist, der auch von auswärtigen Besuchern Leipzigs mit Vorliebe besichtigt wird.

Tagesgeschichte.

Berlin. Das Preisgericht für die Entwürfe zum Schillerpark hat am 26. vor. Mts. unter Vorsitz des Oberbürgermeisters Kirschner in der bekanntgegebenen Zusammensetzung seine Arbeit beendet. Den ersten Preis (5000 M) erhielt Garteningenieur Friedrich Bauer, Magdeburg (Kennwort: „Freude, schöner Götterfunken"). Die beiden nächsten Arbeiten wurden als gleichwertig anerkannt und je 2500 M dem von Gartentechniker Willy Petznick und Techniker Johann Schneider in Essen (Kennwort: „Feierabend") geschaffenen Entwurf, sowie der gemeinsamen Arbeit von Gartentechniker Paul Tilsner und Fr. Kolonbeck in Düsseldorf zuerkannt (Kennwort: „Los vom alten Schema"). Die im Festsaale des Rathauses (Eingang Königstraße) aufgestellten Entwürfe sind vom 29. Mai bis 11. Juni von 9 bis 3 Uhr, Sonntags von 10 bis 2 Uhr, der öffentlichen Besichtigung freigegeben.

Weißenfels a. S. In der ersten Gläubigerversammlung der in Konkurs befindlichen Samen-Engrosfirma und Großgärtnerei H. G. Trenkmann Nachf. (Gustav Fricke) in Weißenfels, teilte der Konkursverwalter mit, daß 108 085 M Aktiven vorhanden sind, denen aber 293 546 M Passiven gegenüberstehen. Die von der Stettiner Feuerversicherungsgesellschaft verweigerte Versicherungssumme von 77 000 M soll eingeklagt werden. Von etwa 30 000 M Außenständen sind nur etwa 5000 bis 10 000 M einziehbar. Gelangt die Versicherungssumme zur Auszahlung, dann haben die Gläubiger 40 Prozent, im andern Falle etwa 10 Prozent zu erwarten. Der Gärtnereibetrieb wird vorerst weitergeführt. Fricke will einen Vergleich mit 15 Prozent herbeiführen.

Personal-Nachrichten.

Braun, Georg, Frankfurt am Main-Sachsenhausen, Senior der Sachsenhäuser Gärtner, feierte am 23. Mai seinen 85. Geburtstag. Braun entstammt einer schon seit Jahrhunderten in Sachsenhausen ansässigen Gärtnerfamilie. Der alte Herr ist trotz seines Alters noch recht rüstig, er trinkt noch täglich im Kreise seiner Freunde seinen Apfelwein. Er und sein um einige Jahre jüngerer Bruder, Wilhelm Braun, sind noch die einzig lebenden Mitglieder des Musikkorps der Weißbüsche ehemaliger Frankfurter Stadtwehr.

Hebenstreit, Rudolf, und **Molzen, Nicolaus,** beide bisher Gartentechniker bei der städtischen Gartenverwaltung in Leipzig, wurden dortselbst zu städtischen Garteninspektoren ernannt. Ersterem ist der zweite Inspektionsbezirk, letzterem das Büro der Gartendirektion und die Verwaltung der umfangreichen Stadtgärtnerei in Reudnitz übertragen worden.

Karolewski, Joh., Obergärtner in Wannsee, feierte am 1. d. M. das Jubiläum seiner 30 jährigen Tätigkeit auf der Besitzung der Familie Wild.

Pape, Wilh., früherer Herrschaftsgärtner, Sudenburg, beging mit seiner Gattin am 21. Mai die diamantene Hochzeit. Der Jubilar ist 90, seine Gattin 80 Jahre alt; beiden wurde ein kaiserl. Gnadengeschenk überreicht.

Berlin SW. 11, Hedemannstr. 10. Für die Redaktion verantwortlich Max Hesdörffer. Verlag von Paul Parey. Druck: Anhalt. Buchdr. Gutenberg e. G. m. b. H., Dessau.

Die Gartenwelt.

Illustrierte Wochenschrift für den gesamten Gartenbau.

Jahrgang XII. | 13. Juni 1908. | No. 37.

Stauden.

Campanulas und ihre Verwendungen im Garten.

Von **Richard Rothe** in Northeast Harbor, Maine.

(Hierzu vier Abbildungen.)

Als einen der größten Vorzüge unseres Berufes im heutigen Zeitalter der Maschine und der fabrikmäßigen Massenproduktion, sind die demselben innewohnenden, unbegrenzten Möglichkeiten für Betätigung individueller Denkkraft, Berechnung und Schaffens zu nennen. Welchen Lebensinhalt gewährt Handfertigkeit im Bedienen des mechanisch hin und her sausenden Räderwerkes gegenüber der Arbeit im Garten, mit seinem Werden und Vergehen? Ich brauche mich nicht weiter über dieses Thema zu ergehen, das Verhältnisse berührt, die jeder Gärtner, der es mit Lust und Liebe ist, bewußt oder unbewußt angenehm empfindet. Erfreulicherweise steht die Beständigkeit dieser Verhältnisse auch für die Zukunft nicht in Frage, im Gegenteil, je weiter wir fortschreiten, desto geistig anregender gestaltet sich unser Stand. Wie hat z. B. die zunehmende Bedeutung der ausdauernden, blühenden Staudengewächse für den Garten diese Möglichkeit wieder erweitert. Es bedarf heute zur Beweisführung fachlichen Könnens keineswegs mehr immer grosser Gewächshausanlagen, oder ausgedehnter Terrassen mit künstlerischen Blumenparterren. Auch der bescheidenste Herrschaftsgärtner hat gegenwärtig Gelegenheit, sofern er sich für Stauden interessiert, auf beschränktem Raume nicht nur seine Kenntnisse als Kultivateur zu zeigen, sondern auch, nachdem er sich Formen- und Farbensinn angeeignet hat, in der Zusammenstellung seiner Pflanzungen sich als Kleinkünstler hervor zu tun. So beachtenswert und erfreulich nun auch die letztere Möglichkeit ist, so habe ich doch bis jetzt aus meiner praktischen Berufstätigkeit heraus die Ueberzeugung gewonnen, daß die gründliche Kenntnis der Pflanze und ihrer zum freudigen Gedeihen nötigen Kulturerfordernisse für meinen gärtnerischen Erfolg unendlich wesentlicher war als alles Lustwandeln im Reiche heutiger gartenkünstlerischer Ideen. Deshalb soll auch heute nur der Zweck dieser Zeilen sein, die Aufmerksamkeit auf eine Pflanzengattung zu lenken.

Zu jenen Staudengewächsen, die gegenwärtig die größte Beachtung beanspruchen, gehören die *Campanula*. In Nordamerika, und hier wieder im Nordosten, mit seinem dem deutschen ähnlichen Klima, fehlen sie in keinem besseren

Campanula persicifolia grandiflora alba.

In der Mount Desert Nursery, Northeast Harbor, Maine, für die „Gartenwelt" photographisch aufgenommen.

Garten. Ihre große Beliebtheit beruht in ihrem ausgesprochen hohen gärtnerischen Zierwert am geeigneten Standorte und ihrer guten Verwendbarkeit für Schnittzwecke. In dieser Hinsicht stehen die *Campanula persicifolia*-Varietäten obenan. Dem Reize ihrer, an langen, straffen Stengeln getragenen, großen Glockenblumen, im reinsten Blau und Weiß, kann kein Garten- und Pflanzenfreund widerstehen. Die Dauer ihrer Blüte erstreckt sich vom zeitigen Juli bis spät in den August hinein. Während dieser Zeit liefern kräftige, gut gepflegte Pflanzen ein äußerst wirkungsvolles und haltbares Material zum Füllen der Blumenvasen im Hause. Die beiden Sorten *Campanula persicifolia grandiflora alba* (Abb. Titelseite) und *coerulea* erfreuen sich der weitesten Verbreitung

Campanula persicifolia var. Moerheimi.

In der Mount Desert Nursery, Northeast Harbor, Maine, für die „Gartenwelt" photographisch aufgenommen.

und werden gegenüber ihren gefüllten Abarten zumeist bevorzugt. Dahingegen gefällt aber die neue, reinweiße, gefüllte *Campanula persicifolia Moerheimi* (Abb. obenstehend) allgemein. Ihre Reichblütigkeit und der Alabasterglanz ihrer wohlgeformten Blumen wirken geradezu bestechend. Wer diese Varietät bei mir in Blüte sah, kaufte sie und räumt ihr ohne weiteres den verdienten bevorzugten Platz im Garten ein. Wie ich aus kürzlich eingetroffenen Katalogen ersehe, wird *Campanula persicifolia Moerheimi* auch von deutschen Staudenzüchtern angeboten; sie sollte in keinem deutschen Garten fehlen.

Obzwar ich die zweijährigen Campanulaarten als in der alten Heimat für allgemein bekannt gelten lassen darf, kann ich doch nicht umhin, ihnen hier noch einige empfehlende Worte zu widmen. *Campanula Medium* (Abb. Seite 435) ist, wenn mit Sorgfalt kultiviert, eine Blütenpflanze, mit der sich geradezu wunderbare Wirkungen im Garten erzielen lassen. Sie paßt auch sehr gut, truppweise gepflanzt, auf das Staudenbeet am Gehölzrande der natürlichen Anlage. Ihre reinen Farben in Weiß, Rosa, Hellavendelblau und Violett sind bestrickend und machen die $2^1/_2$ bis 3 Fuß langen, dicht mit Blumen und Knospen besetzten Stengel zu einer erstklassigen Zierde für Vasen. Ihrer Haltbarkeit wegen ist die Nachfrage nach Schnittblumen der „*Canterbury Bells*" und ihrer doppelkronigen Abart *Campanula calycanthema* hier eine äußerst rege. Beide Formen sind auf unserer Abbildung, Seite 435, vertreten. Meine deutschen Fachgenossen sollten auf diese Art Pflanzen mehr Gewicht legen und denselben die zu ihrem kräftigen Gedeihen und reichen Flor nötige Pflege und Aufmerksamkeit zukommen lassen. Es wäre dies eine Aufgabe, die sich für den Handelsgärtner bezahlt machen und dem Herrschaftsgärtner vermehrte Anerkennung seiner beruflichen Fähigkeiten eintragen dürfte.

Man sät den Samen der *Campanula* am besten schon im April, spätestens im Mai, in kalte Kästen aus und pikiert die aufgegangenen Sämlinge zur kräftigeren, gleichmäßigeren Entwicklung einmal, um sie schließlich im Juni, im freien Lande ausgepflanzt, in Kultur zu nehmen. Man beachte im Spätherbst, daß die Erdoberfläche erst hart friert, ehe man die für Winterschutz nötige Laubdecke auflegt.

Campanula Medium und *calycanthema* lassen sich im zweiten Frühjahre als starke Büsche leicht verpflanzen. Auch mit dem langsamen Antreiben im Oktober eingetopfter Pflanzen, kann man im zweiten Jahre gute Erfolge erzielen und die Blüte um zwei Monate verfrühen. Daselbe gilt, in bezug auf Kultur und Verwendbarkeit, für die ebenfalls genugsam bekannte, aber beträchtlich höher wachsende *Campanula pyramidalis*; sie ist gleichfalls zweijährig, blüht hellviolett, in einer Abart reinweiß, wird auch hin und wieder als Topfpflanze gezogen und als solche gern gekauft.

Mit flüchtiger Erwähnung der niedrigen, ausdauernden Sorten *Campanula carpathica* (Abb. S. 436) und der *Campanula glomerata*-Varietäten will ich meine Betrachtungen schließen.

Bellis perennis grandiflora Fürstin Marie zu Stolberg-Wernigerode.

(Hierzu eine Abbildung.)

Der Handelsgärtner Friedrich Wünschenmeyer sen., Wernigerode am Harz, übermittelte uns am 10. Mai Blüten seiner in der Ueberschrift genannten Züchtung. Die *Bellis*, den Liebhabern als Tausendschönchen bekannt, deren Gartenformen Abkömmlinge des lästigen Rasenunkrautes sind, ist im Verlaufe der letzten Jahrzehnte gärtnerisch bedeutend vervollkommnet worden. Unter den neueren Züchtungen befinden sich Sorten, deren Blüten 6 cm und mehr Durchmesser erreichen. Der ersten riesenblumigen Züchtung, welche die Firma Lambert & Söhne in Trier unter dem Namen *Die Braut* in den Handel gegeben hat, sind viele andere gefolgt, die zum Teil steril sind, also nur auf künstlichem Wege, durch Teilung, vermehrt werden können. *Die Braut* ist wohl heute noch die beste, reinweiß blühende, riesenblumige Sorte. In Heft 1 des laufenden Jahrganges machten wir die Leser mit der leuchtend rot blühenden Neuheit *Ruhm von Frankfurt* bekannt, deren Blüten 5 bis 6 cm Durchmesser erreichen. Mit dieser Sorte hat *Fürstin Marie zu Stolberg-Wernigerode* eine gewisse Aehnlichkeit; auch bei ihr sind die einzelnen Blütchen geröhrt, die ganze Korbblüte ist aber etwas kleiner, bis 4 und $4\frac{1}{2}$ cm im Durchmesser. Die Farbe dieser Neuheit ist ein wunderbares, zartes Rosa, das sie auch als Bindeblume vorzüglich geeignet macht. Aber auch für Frühlingsbeete ist diese Sorte vorzüglich geeignet, da die Blumen von großer Leuchtkraft sind und von starken, 15 bis 20 cm langen Stielen getragen werden. Die Haltbarkeit der Blüten ist eine erstaunliche. Die mir von Herrn Wünschenmeyer am 10. Mai übermittelten Blüten zeigten, in einem Glase Wasser stehend, am 22. Mai noch volle Frische und unveränderte Farbenschönheit. Diese Züchtung ist wohl die erste großblumige in zartem Rosa. Der Verband der Handelsgärtner Deutschlands erkannte ihr das Wertzeugnis zu. Die abgeschnittenen Blüten wurden bisher von ersten Firmen deutscher Großstädte gern gekauft und im Winter mit 2 M, im März mit 1,50 M und später mit 1 M pro 100 bezahlt. Am gesuchtesten sind Blüten der Durchschnittsgröße. Wir glauben, daß sich diese Züchtung bald für Landschaftsgärtnerei und Schnittblumenkultur viele Freunde erwerben wird.

Wie *Viola tricolor*, so hat sich auch *Bellis perennis* aus einem unscheinbaren Unkraute in den neuen Züchtungen zu einer ansehnlichen Schmuckpflanze entwickelt, die unseren Frühlingsbeeten Glanz und Farbenfreudigkeit gibt.

M. H.

Campanula Medium.

In der Mount Desert Nursery, Northeast Harbor, Maine, für die „Gartenwelt" photographisch aufgenommen.

Schlingpflanzen.

Apios tuberosa, eine empfehlenswerte Schlingpflanze.

Von Rich. Melchior, Pillnitz.

Nicht selten wird an den Gärtner die Frage gestellt, welche Schlingpflanzen zur Bekleidung von Gitterwerk, Säulen, Festons usw. zu empfehlen seien. Ich möchte hier auf eine Schlingpflanze aufmerksam machen, welche für diesen Zweck in ganz ausgezeichneter Weise geeignet ist, aber leider zu wenig angewendet wird. Außer der allgemeinen Verwendung der Schlingpflanzen in der Ziergärtnerei, sind sie auch deshalb sehr gesucht, weil sie auf den kleinsten Raum angepflanzt werden können und, an Mauern und Veranden richtig verwendet, kleine Räumlichkeiten so ausschmücken helfen, daß sie in gewissem Sinne als Gartenersatz dienen können. Die Auswahl von perennierenden, schönblühenden Schlinggewächsen ist aber keine sehr große, namentlich nicht an solchen mit duftenden Blumen. Allen Anforderungen, die man nur an derartige Pflanzen stellen kann, entspricht die *Apios tuberosa*, eine aus Nordamerika stammende Art, die zwar schon lange hier eingeführt ist, aber leider nur sehr geringe Verbreitung gefunden hat. Ihre Kultur ist mühelos; sie gedeiht in jedem lockeren Boden und an jedem Standort, wenn sie auch eine frische, moorige Heideerde und Halbschatten vorzieht und unter solchen Verhältnissen besonders üppig gedeiht. Sie erträgt strengste Winter, ohne jeden Schutz, und hat das Gute, sich an Gitterwerk und dergleichen selbst anzuklammern. Ihre knollenartigen Wurzeln, welche sich an federförmigen Fortsätzen bilden, sind eßbar und schmackhaft. Die traubenförmig gestellten, veilchenartig duftenden Blüten sind schön, bräunlichfleischrot und erscheinen im August. Der Blütenflor ist von ziemlicher Dauer. Die Blättchen sind unpaarig gefiedert, glatt, eirund lanzettlich.

Campanula carpathica.
In der Mount Desert Nursery, Northeast Harbor, Maine, für die „Gartenwelt" photographisch aufgenommen.

Zwischen diesen erscheinen die lieblich duftenden, winkelständigen Blütentrauben in großen Mengen. *Apios tuberosa* rankt 4—5 m hoch.

Obstbau.

Einiges über kalifornische Obstkultur.

Von Fr. Freiberg, Obergärtner und Obstbaulehrer.

Nachstehende Erfahrungen habe ich während einer fast zweijährigen Tätigkeit auf einer größeren Obstplantage, die nach kalifornischem Muster eingerichtet wurde, im Staate Chihuahua in Nordmexiko gesammelt. Die klimatischen, sowie die Bodenverhältnisse sind denen von Upperkalifornien sehr ähnlich.

Fragen wir uns zunächst, ob das Klima dieser Länder im allgemeinen dem Obstbau günstiger als unseres ist, so müssen wir dies unbedingt bejahen und zwar aus folgenden Gründen:

1. Die Temperaturschwankungen sind in diesen Ländern geringer; Spätfröste kommen in der Blütezeit selten vor.

2. Es regnet nur im Spätsommer oder Winter, also zu Zeiten, wo das Obst den meisten Regen gebrauchen kann. Die Blüte kann nie verregnen. Die trockene Luft in der Hauptvegetationszeit schützt die Bäume vor vielen Pilzkrankheiten, denen sie bei uns ausgesetzt sind.

3. In der Hauptwachstumszeit des Baumes ist der Himmel meist wolkenlos, die Luft ist mit wenig Feuchtigkeit geschwängert, so daß die direkten Sonnenstrahlen ununterbrochen auf Holz und Früchte einwirken können. Die Folgen sind gut ausgereiftes Holz, reichliches Fruchtholz trotz starken Holztriebes und große, schön gefärbte Früchte.

Wie wichtig die direkten Sonnenstrahlen sind, zeigt uns ja der Weinstock in den Tropen, dessen Trauben trotz der hohen Wärme sauer bleiben, auch weiß jeder Treibgärtner, wie besonders die jungen Früchte bei längerer Abwesenheit der Sonnenstrahlen bald verkrüppeln, mag er auch die Temperatur des Hauses noch so erhöhen. Einen Nachteil haben freilich die scharfen Sonnenstrahlen des Sommers, indem die jungen Bäumchen leicht verbrennen; namentlich leidet der Apfelbaum sehr darunter. Man schützt deshalb die Bäumchen vielfach durch sogenannte Tree Protektor (Baumschützer), auch sorgt man durch einen zweckentsprechenden Schnitt dafür, daß die Blätter bald das Stämmchen beschatten, trotzdem gehen viele tausend Apfelbäume jährlich am Sonnenbrande zugrunde. Der Boden ist meist sandig, aber sehr nahrhaft, und größtenteils durch Flüsse angeschwemmt, so daß er mehrere Fuß tief fast gleich fruchtbar ist. Diesem Umstande ist es auch zu verdanken, daß noch heute in den meisten Plantagen nicht gedüngt zu werden braucht. Die Bearbeitung des Bodens ist eine leichte.

Der Hochstamm ist ein überwundener Standpunkt, man pflanzt ausschließlich niederes Obst, und zwar meist einjährige Veredlungen, zum Teil pflanzt man sogar erst im frühen Sommer veredelte Bäumchen im darauf folgenden Herbst in die Plantage.

Dieselben Vorteile, die das Buschobst für Amerika gebracht hat, bietet es auch für Deutschland, und solange wir nicht das Buschobst als Hauptform für unsere Plantagen erwählen, werden wir auch nicht mit den Amerikanern in Wettbewerb treten können. Die Hauptvorteile, die dasselbe bietet, sind:

1. Es trägt früh.

2. Es erspart viel Arbeit beim Schneiden, Pflücken, Ausdünnen, Spritzen etc.

3. Es trägt regelmäßiger, die Früchte werden größer und schöner, da der Saft nicht erst den hohen Stamm emporsteigen muß.

4. Es ist gesünder, da der Stamm oftmals am ersten erkrankt, auch ist es weniger den Stürmen ausgesetzt.

Ueber den Schnitt des Obstes in Kalifornien ist in Deutschland noch viel Irrtum verbreitet, deshalb möchte ich hier etwas näher darauf eingehen. Die in Kalifornien am meisten verbreitete Form des Buschobstes ist die Vasen- oder

Kesselform; jedoch nicht die aus Frankreich stammende streng regelmäßige Form, sondern eine aus rein praktischen Gesichtspunkten hervorgegangene Form. Der Schnitt ist höchst einfach. Nachdem die einjährigen Veredlungen gepflanzt sind, werden sie auf etwa 50 bis 60 cm zurückgeschnitten. Von den im Laufe des Sommers austreibenden Trieben läßt man meist vier als Leittriebe stehen, alle übrigen werden auf 5 bis 6 cm zurückgeschnitten; sie dienen hauptsächlich zur Beschattung des Stämmchens. Den untersten Leitzweig läßt man etwa 25 cm, den obersten 50 cm über der Erde. Alle Nebenzweige der Leittriebe werden pinziert. Im nächsten Winter werden die Haupttriebe auf 25 bis 30 cm ihrer Länge zurückgeschnitten. Im darauffolgenden Sommer läßt man an jedem der vier Hauptzweige zwei Triebe wachsen, die im nächsten Winter wieder auf etwa $^1/_3$ ihrer Länge zurückgeschnitten werden. Von den Nebenzweigen läßt man einen Teil als Fruchtholz, den anderen schneidet man ganz aus. An jedem der acht Haupttriebe läßt man im zweiten Jahre wieder je zwei Triebe gehen, so daß man im dritten Jahre 16 Triebe hat. Damit ist die Form beendet. In den folgenden Jahren wird nur gründlich ausgedünnt. Natürlich soll dies nur eine schematische Darstellung sein, auch hier weicht der Schnitt etwas ab, je nach Art und Sorte des Obstbaumes. Der Hauptgegensatz zu unserer Pyramidenform besteht eben darin, daß, während wir alle Leitzweige um einen Hauptmittelstamm gruppieren, man dort einen solchen gänzlich vermeidet und 16 gleich starke Leitzweige erzieht. Man rühmt dieser Kesselform einen früheren Fruchtansatz nach, ferner ist sie luftiger und läßt sich leichter bearbeiten, da sie nicht so hoch wird als die Pyramide, überhaupt hat sie alle guten Eigenschaften des Buschobstes in verstärktem Maße. Bemerken möchte ich, daß jetzt alle Aepfel und Birnen für Handelszwecke nur noch auf Wildlinge veredelt werden.

An der Königl. Gärtnerlehranstalt zu Dahlem bei Steglitz wurden versuchsweise einige Baumreihen in dieser Form gezogen. Die jetzt 4 bis 5 jährigen Bäume haben schon einen recht guten Ertrag gegeben, so daß diese Form auch für Deutschland wohl geeignet zu sein scheint.

Im allgemeinen beschränkt sich der Schnitt der Obstbäume in Kalifornien nur auf die Form. Auf Fruchtholz wird wenig Rücksicht genommen, höchstens daß man etwas ausdünnt, um ein Uebertragen der Bäume zu vermeiden. Natürlich können wir dieses nicht nachahmen, da die Obstbäume in unserem Klima viel weniger und auch später zum Fruchtansatz geneigt sind als in dem warmen Klima Kaliforniens.

Vor dem Pflanzen wird das Land sehr tief gepflügt, dann werden die Pflanzstellen mit Stäben abgesteckt. Die verbreitetste Pflanzungsform ist die Quadratform. Man pflanzt in neuerer Zeit viel weiter als früher, Aepfel etwa 8 bis 10 m, Birnen 7 bis 8 m, Pflaumen 7 m, Pfirsiche 6 m im Quadrat. Hat man alles abgesteckt, so nimmt man eine 1 bis 2 m lange Latte (Baumpflanzer), welche genau in der Mitte und an ihren beiden Enden einen Einschnitt hat. Den Einschnitt in der Mitte

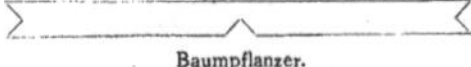

Baumpflanzer.

legt man nun genau um den Pfahl, der die Pflanzstelle bezeichnet und steckt in die beiden Einschnitte an den Enden je ein Stäbchen. Nun legt man die Latte beiseite, nimmt den Pfahl hinweg und wirft das Pflanzloch aus. Ist dies geschehen, legt man die Latte wieder wie vorher zwischen die beiden Stäbchen, hält das Bäumchen in den mittleren Einschnitt und pflanzt es so. Auf diese Weise behält man den Baum genau in der Richtung, außerdem hat man gleich eine Kontrolle, daß der Baum nicht zu hoch und nicht zu tief gepflanzt wird.

Sehr großes Gewicht legt man auf das Pflügen und Kultivieren der Plantagen. Gewöhnlich wird die ganze Plantage im Herbste gepflügt und von Frühjahr bis Herbst geht ununterbrochen der Kultivator, von dem man ausgezeichnete Systeme hat. Es ist in der Tat erstaunlich, den Wachstumsunterschied bei kultivierten und unkultivierten Pflanzen zu beobachten. Durch das Kultivieren erhält man dem Boden die Feuchtigkeit, was ja in der langen, trocknen Sommerszeit so wichtig ist, außerdem zwingt man die Wurzeln zu einem tieferen Eindringen in die Erde; in den oberen Schichten würden sie zu stark unter der brennenden Sonnenhitze leiden, namentlich ist dies beim Apfelbaum der Fall, außerdem ist ja der Zutritt der Luft zu den Wurzeln für das Gedeihen der Pflanzen sehr förderlich.

Bellis perennis grandiflora Fürstin Marie zu Stolberg-Wernigerode.
Originalaufnahme für die „Gartenwelt“.

Größter Wert wird auch auf das Ausdünnen der Früchte gelegt; obwohl es der teuren Handarbeit wegen sehr viel Geld kostet, ist man doch zu der Einsicht gekommen, daß die gesamten Früchte eines übervollhängenden Baumes, da sie natürlicherweise klein bleiben, viel weniger Ertrag bringen als $^1/_2$ bis $^1/_3$ der Früchte, wenn sie wohl ausgebildet und ansehnlich sind, außerdem wird durch das Ausdünnen die Kraft des Baumes für das nächste Jahr gespart. Wie viele von unseren Bäumen tragen nur alle zwei Jahre, da sie jedesmal ein Jahr notwendig zur Erholung brauchen und ein Jahr für sich selbst anstatt für den Obstzüchter zu arbeiten haben. Wie schon einmal erwähnt, ist man von dem Veredlen auf Zwergunterlage wie *Paradies, Doucin* und *Quitte* für den Handel gänzlich abgekommen, da die auf Wildling veredelten Bäume gesünder und widerstandsfähiger sind. Durch die Kesselform erzielt man auch bei den Wildlingveredlungen frühes Tragen und geringe Höhe.

Die in Kalifornien am meisten angebauten Sorten sind die folgenden:

Aepfel: *Gelber Bellefleur, Gravensteiner, Rhode Island Greening, Ben Davis, Roter Astrachan, Esopus Spitzenburg, Weiße Winter-Parmaine.*

Birnen: *Bartlett* ist die verbreitetste Birnensorte, sie beherrscht einige Monate den gesamten Markt. *Seckel, Winter Nelis, Clairgeau, Herzogin von Angoulême.*

Pfirsich: *Frühe Alexander, Early Crawford, Forster, Elberta, Hules Early, Late Crawford, Amsden, Briggs May.*

Aprikosen: *Blenheim, Hemskirke, New Castle, Moorpark, Royal.*

Pflaumen: *Burbank, Columbia, Washington, Yellow Eggs, Wickson, Italienische Pflaume.*

Aus dem Formobstgarten Sr. Excell. des Grafen Erdödy zu Vas-Vörösvár.

Von Obergärtner A. Jelinek.

(Hierzu fünf Abbildungen.)

Einer der interessantesten Teile der Schloßgartenanlagen in Vas-Vörösvár ist der Formobstgarten, aus welchem wir in beistehenden Abbildungen verschiedene Teilansichten bieten, im Mai vorigen Jahres zur Blütezeit gefertigt und von Ihrer Excellenz der Frau Gräfin Erdödy der „Gartenwelt" gütigst zur Verfügung gestellt. Es ist nicht meine Absicht, mich hier über die Formobstkultur im allgemeinen auszulassen, da hierüber nicht nur an dieser Stelle im Laufe der Jahre vieles veröffentlicht worden ist, sondern auch eine ganze Reihe guter Lehrbücher existieren, die sich teils vorzugsweise, teils ausschließlich mit diesem immerhin interessanten Zweige des Obstbaues befassen, und auch dem Anfänger belehrend an die Hand gehen.

Der hiesige Formobstgarten ist noch jüngeren Datums; die ersten Pflanzungen zu demselben wurden vor acht Jahren, weitere vor sechs Jahren ausgeführt. In bezug auf seine Ausdehnung und die Menge der zur Anpflanzung gelangten Bäume — es sind deren rund 7000 Stück — dürfte dieser Garten mit zu den größten Anlagen dieser Art auf herrschaftlichen Besitzungen zählen. Diese Anlage genießt, dank des Interesses, welches ihr Seine Excellenz der Graf Erdödy entgegenbringt, sorgfältigste Behandlung, und der Aufenthalt unter den prächtigen Bäumen zur Blütezeit bildet für jeden Natur- und Gartenfreund hohen Genuß.

Es wird in dieser Anlage, wie dies auch die Abbildungen erkennen lassen, keine Formenspielerei im landläufigen Sinne betrieben, denn es wurden bei den Anpflanzungen in erster Linie die praktischen Formen berücksichtigt, so die Pyramiden, Verrier-Palmetten, die längs der Hauptwege angepflanzt sind, der senkrechte und der schräge Kordon, sowie die einfache und doppelte U-Form.

Die durch die gerade Wegeführung gebildeten Quartiere sind zum Teil mit regelrecht gezogenen Birnpyramiden und mit Apfelbuschbäumen bepflanzt. Die zahlreichen Neben- bezw. Innenwege sind mit ein- und zweiarmigen, wagerechten Apfelkordons eingefaßt. Wie Abbildung Seite 439 zeigt, befindet sich in diesem Formobstgarten auch ein ausgedehnter Bienenstand; es wird durch die hier betriebene Bienenzucht die Befruchtung der Blüten in wesentlicher Weise gefördert.

Ich beabsichtige im Laufe des Sommers eine Anzahl der interessantesten Bäume dieser Anlage mit vollem Fruchtbehange aufnehmen zu lassen, um sie den Lesern der „Gartenwelt" vorzuführen. Vielleicht wird dann in manchem der Wunsch geweckt, sich auch einen solchen, wenn auch weit kleineren Formobstgarten zu schaffen, der zu einer Quelle jahrelanger Freuden und Erträgnisse werden kann.

Intensive Bodenverbesserung für Obstbau.

Von Carl Richter, Guben.

Bis zu welchem Grade die Kulturfähigkeit eines Bodens gesteigert werden kann, lehrt ein interessanter Versuch, den mein Vetter mit Erfolg durchführte. Am Neißeufer unserer Feldmark liegt die Dubrau, ein Schwemmland aus Sand und Lehm, auf dem ursprünglich kaum ein anspruchsloser Sauerkirschbaum kümmerlich gedieh. 12 Morgen dieses sehr geringwertigen Bodens wurden in sechs nicht allzuweit auseinander liegenden Parzellen angekauft, um zu versuchen, ob es möglich sei, auf solch hoffnungslosem Sande mit Erfolg Obstbau zu betreiben. Der Versuch ist vollständig gelungen. Die Qualität des aufgekauften Bodens wird durch den Kaufpreis genügend beleuchtet; die 12 Morgen kosteten 5500 M, also der Morgen etwa 450 M, der qm — 0,18 M. Daß man dafür, noch zumal in einer Stadt mit intensivem Obst- und Gemüsebau, nicht viel verlangen kann, liegt auf der Hand. Heute, nach 10 arbeitsreichen Jahren, nachdem der Boden gründlich verbessert, ja geradezu umgestaltet worden ist, kostet dieselbe Fläche mit teilweiser Drahtzauneinfriedigung und 1200 Obstbäumen das Vierfache, also 22000 M, pro Morgen 1800 M, pro qm 0,72 M.

Es liegt auf der Hand, daß bei einem so außergewöhnlich geringen Boden auch die Aufwendungen außergewöhnliche sein mußten, sollte das gesteckte Ziel erreicht werden. In dem zurückliegenden Jahrzehnt erhielt der Boden u. a. 1000 Fuhren Mergel, 7000 Ztr. Kuhdung, 5000 Ztr. Kompost und Muttererde, 14000 Zentner Klärschlamm, 2000 Ztr. Schweinedung, 400 Ztr. Aetzkalk, 400 Ztr. künstlichen Dünger: Kainit, Thomasmehl und Chilisalpeter. Sämtliche Parzellen erhielten Anschluß an die städtische Wasserleitung. Die beiden größten Parzellen wurden eingefriedigt und zum plantagenmäßigen Obstbau bestimmt, während die vier anderen nur je eine Obstbaummittelreihe tragen, im übrigen aber mit Kartoffeln und Buschbohnen bebaut sind. In der Baumreihe sind meistens neben den Halbstämmen noch Beerensträucher angepflanzt. Die beiden plantagenmäßig bebauten Flächen tragen fast durchweg Buschobstbäume der edelsten Tafelsorten in Aepfeln, Birnen und Pfirsichen. Sie liefern hervorragend schönes Obst in reichlichen Ernten und haben wiederholt die Bewunderung der Fachleute erregt. Auf einigen baumfreien Stellen werden pro Jahr noch etwa 50 Ztr. Spargel bester Qualität geerntet. Als Unterfrüchte sind Erdbeeren und Buschbohnen vorhanden.

Die Rentabilität der Anlage stellt sich wie folgt: **Kapitalwert** des Grundstücks nach jetziger Taxe 22000 M; jährlicher Arbeits-

Beilage zur illustrierten Wochenschrift
„Die Gartenwelt".

Begonia Rex „Käthchen Schadendorff."
Züchtung von
Heinr. Schadendorff, Wedel i. Holst.

Lith. u. Druck der Art. Anstalt Emil Hochdanz Stuttgart.

Verlag von Paul Parey in Berlin

lohn 1200 M, Düngung pro Jahr 1000 M, zusammen an Ausgabe 2200 M; Ernteeinnahme 4000 M; mithin jährlicher Reinertrag 1800 M = 8 Prozent Verzinsung. Eine gleich gute Rente dürfte bei von Natur gutem Boden, der aber dafür wesentlich teurer ist, selten sein.

Es konnte nicht ausbleiben, daß ein so schlagendes Beispiel, wie toter Sand vorteilhaft zur Kultur gebracht werden kann, und ein so gutes Vorbild erwünschte Früchte tragen. Manch' Dubraubesitzer ist schon nachahmend in gleicher Weise tätig gewesen, und der Wert des dortigen Bodens steigt sichtlich. Und selbst Landwirte, denen der Plantagenobstbau zu zeitraubend ist, haben wenigstens die Mittelreihe gern angenommen und ernten mit Freuden die Aepfel, Birnen und Hauspflaumen als willkommene Zugabe zu den Feldfrüchten.

(Deutsche Landw. Presse, Verlag von Paul Parey, Berlin.)

Topfpflanzen.

Begonia Rex Käthchen Schadendorff.

(Hierzu die Farbentafel und eine Abbildung.)

Vom Herausgeber.

Diese Begonie war erstmals als Neuheit auf der vorjährigen Mannheimer Ausstellung zu sehen und wurde sowohl dort, als auch in der Gärtnerei des Züchters von Fachleuten günstig beurteilt. Ich wurde im Vorjahre von Herrn Woldemar Neubert, Inhaber der Firma E. Neubert, Wandsbek, auf diese Neuheit aufmerksam gemacht, welche genannte Firma im gegenwärtigen Frühling dem Handel übergeben hat, da sich der Züchter, Heinrich Schadendorff, Wedel in Holstein, mit Pflanzenversand nicht befassen möchte. Herr Schadendorff war so liebenswürdig, mir im Vorjahre eine Prachtpflanze dieser Züchtung zur Verfügung zu stellen, des ferneren auch eine in seiner Gärtnerei gefertigte Aufnahme; nach ersterer ist unsere Tafel, nach letzterer das Textbild, welches den gedrungenen, dichten Wuchs der Züchtung vorzüglich zum Ausdruck bringt, gefertigt. Die Malerin versuchte es anfangs, die ganze Pflanze auf die Tafel zu bringen, was nicht möglich war, weshalb die Tafel in der vorliegenden Art gefertigt wurde; sie zeigt ein ausgewachsenes Blatt, ein kleines Blatt von einem Seitentriebe und einen Blütentrieb. Sind auch die Blüten, wie bei allen Rex-Begonien, so auch hier nebensächlicher Natur, so erscheinen sie doch gerade bei dieser Züchtung gegen den Herbst hin in reicher Fülle; sie sind groß, zart rosa gefärbt und im Spätherbst zu blumenarmer Zeit nicht ohne Schnittwert.

Für den Gräfl. Erdödy'schen Obstgarten angelegte Bienenzucht mit 25 Mobilstöcken.

Rechts im Vordergrunde Obergärtner Jelinek als Bienenvater.
Originalaufnahme für die „Gartenwelt".

Blick von der Mitte des Gräfl. Erdödy'schen Formobstgartens auf den von senkrechten Birnkordons gebildeten Laubengang. Originalaufnahme für die „Gartenwelt".

Herr Schadendorff befaßt sich hauptsächlich mit der Kultur von *Cyclamen, Primula obconica, Begonia Gloire de Lorraine* und mit Rosentreiberei. Um die im Sommer teilweise leerstehenden Häuser besser ausnutzen zu können, hat er auch die Kultur von Rex-Begonien aufgenommen, die ich selbst früher durch Jahre während des Sommers in leerstehenden Kalthäusern, auf Tabletten ausgepflanzt, mit bestem Erfolge kultiviert habe. Die meisten der verbreiteten Begoniensorten erwiesen sich aber im Hinblick auf das vorwiegend feuchte Sommerwetter Holsteins nicht widerstandsfähig genug. Herr Schadendorff hat nun verschiedene Kreuzungsversuche zur Erzielung einer schön gefärbten, starkwüchsigen, reich verzweigten und widerstandsfähigen Sorte vorgenommen. Unter 160 auf diese Weise erzielten Sämlingen zeichnete sich einer vom Anfang an ganz besonders aus. Der Züchter nahm ihn weiter in Kultur und benannte ihn päter zu Ehren seiner Gattin *Käthchen Schadendorff*. Da verschiedene Befruchtungen mit schnell und buschig wachsenden Sorten vorgenommen wurden, so ist Herr Schadendorff, wie er mir mitteilte, nicht in der Lage, sichere Angabe über die Eltern dieser Züchtung zu machen.

Begonia Rex Käthchen Schadendorff.
Nach einer vom Züchter zur Verfügung gestellten Aufnahme für die „Gartenwelt" gefertigt.

Unsere vorzüglich gelungene, durchaus naturgetreue Farbentafel überhebt mich einer genauen Beschreibung der Blattfärbung und Zeichnung, die sich überhaupt nicht gut mit Worten wiedergeben läßt. Wie die Tafel zeigt, sind die Blätter im Zentrum samtig-braun. An diese Farbe schließt sich leuchtendes Rot, das an den Blattadern entlang in den silbrigen Rand übergeht, um welchen sich wieder eine dunkelrote Bordüre schließt.

Mit Verrierpalmetten bepflanzter Hauptweg im Gräfl. Erdödy'schen Formobstgarten. Im Hintergrunde die Obergärtnerwohnung. Originalaufnahme für die „Gartenwelt".

Käthchen Schadendorff ist sehr wüchsig und unempfindlich gegen Krankheiten. Die durch Blattvermehrung gewonnene Nachzucht entwickelt gleich 6 bis 10 Triebe, wodurch schnell reichverzweigte Pflanzen erzielt werden, die sich in früher Jugend gut zur Jardinierenbepflanzung, später zum Verkauf als Topfpflanzen eignen. Vorzüglich ist diese Züchtung auch zum Blattschnitt geeignet, zumal in neuerer Zeit hübsch gefärbte und haltbare Rex-Begonienblätter wieder bevorzugt und insbesondere im Winter von Kranzbindern gern gekauft werden.

Boehmeria argentea. Wenn irgend eine Pflanze dazu bestimmt ist, der Nebenbuhler unseres alten, beliebten

Gummibaumes, *Ficus elastica*, zu sein, so ist es die *Boehmeria argentea*, eine sehr alte aber schöne Blattpflanze. In der Tat kann diese aus Amerika stammende Blattpflanze mancher neueren würdig zur Seite gestellt werden. Das Kolorit der *Boehmeria* ist silberfarbig und der Beiname *argentea* daher bezeichnend. Im großen und ganzen hat die *Boehmeria argentea* sehr viel Aehnlichkeit mit der *Ficus elastica*; ihre Blätter erreichen bei guter Kultur eine Länge von 30 bis 40 cm. Die Ränder der Blätter sind kurzzähnig und die Blattsubstanz maigrün. Von den rotbraun behaarten Stielen zieht sich eine lebhaft grüne Mittelrippe, welche fast bis zur Blattspitze geht. Nach jeder Seite hin laufen fünf Seitenrippen aus, die das dazwischen liegende Blattnetz fast gleichmäßig in silberschimmernde Felder teilen. Was nun die Kultur der *Boehmeria* anbelangt, so ist dieselbe gleich der *Ficus elastica*, sie weicht nur dadurch ab, daß man die *Boehmeria* von Ende Mai bis September an geschützter Stelle im Freien auspflanzen kann. *Boehmeria argentea* verlangt eine leichte Erdmischung und gute Drainage, während der Wachstumsperiode eine reichliche Bewässerung, dann auch zuweilen einen leichten Dungguß. Bei der Topfkultur gebe man nicht zu kleine Töpfe, weil sonst die Blätter klein und unscheinbar werden. Im Gewächshause kultiviert, verlangt *Boehmeria* eine Temperatur von 15 bis 20 °C, sowie eine feuchte Luft. **R. Melchior**, Pillnitz.

Pflanzenschädlinge.

Feldmäuse als Obstbaumschädlinge. In No. 5 der „Proskauer Obstbau-Zeitung" berichtet Obergehilfe Kunert über eine Mäuseplage, die im verflossenen Winter im dortigen Institute herrschte. Die Feldmäuse haben dort die Obstbäume, speziell Pfirsiche und Apfelbäume, und unter diesen wieder in erster Linie die Spalierpfirsiche, die mit Stroh und Reisig verpackt waren, derart angenagt, daß selbst 6—8jährige Bäume zugrunde gerichtet wurden. Eine im Freien ausgepflanzte Feige ist von den Nagern vollständig entrindet worden, und bei 4—6jährigen Apfelbuschbäumen wurde nicht nur die Rinde oberhalb der Erde, sondern auch fingerdicke Wurzeln abgenagt. Es sei bemerkt, daß in Proskau die Wühlmaus, bekanntlich eine Wasserratte, nicht vorkommt; es wurden mit Sicherheit als Uebeltäter die gewöhnlichen Feldmäuse festgestellt.

Ich habe bereits in der „Gartenwelt", Jahrgang XI, Seite 380 über ähnliche Schäden auf meiner Plantage berichtet, die dort im Winter 1906/07 durch Feldmäuse verursacht worden sind. Die Mäuse haben, so weit sie reichen konnten, die Rinde am Wurzelhalse abgefressen und auch noch das Holz angenagt, ebenso die starken Wurzeln am Wurzelhalse durchgefressen. Trotzdem ich die Wunden sachgemäß nachgeschnitten, und mit Baumwachs behandelt habe, sind fast sämtliche angenagten Bäume teils im Sommer 1907, teils in diesem Frühjahre eingegangen. Am meisten haben die wagerechten Kordons gelitten, aber auch einige 6 bis 7jährige Buschbäume sind zugrunde gegangen. Haus- und Wanderratten, aber auch Wühlmäuse, die auf meinem Grundstück nie vollständig zu vertilgen sind, haben bei mir bisher keinen sichtbaren Schaden gestiftet, während in benachbarten Gärten von Wühlmäusen die Wurzeln der Bäume vielfach derart abgenagt worden sind, daß man 6—8jährige Buschbäume wie Stöcke aus dem Boden ziehen konnte. Ich habe jetzt gegen Ratten und Wühlmäuse mit durchschlagendem Erfolg „Ratin" (Rattentyphusbazillen) angewendet. Von 16 ausgelegten Brocken wurden 15 von Ratten und Wühlmäusen angenommen und, erstere dadurch ganz, letztere teilweise ausgerottet. Ich werde nun noch ein zweites Mal „Ratin" in die frisch aufgeworfenen Wühlmausgänge auslegen und später an dieser Stelle über den Erfolg berichten. **M. H.**

Fragen und Antworten.

Beantwortung der Frage No. 528. Wie werden zweijährige, noch im freien Grunde stehende Rosen (Wurzelhalsveredlungen) für die Treiberei im Frühjahr vorkultiviert und was ist bei dieser zu beachten?

Pflanzen Sie die Rosen im Frühjahre in entsprechend große Töpfe in gute, nahrhafte Erde ($^1/_3$ gelber Lehm, $^1/_3$ Mistbeeterde und $^1/_3$ Sand). Sodann senken Sie die Töpfe im freien Grunde in voller Sonne ein. Die ganze Pflege besteht im Gießen nach Bedarf, sowie an heißen Tagen abends im Bespritzen.

Wollen Sie ein übriges tun, so bespritzen Sie die Rosen monatlich einmal mit 1prozentiger Bordelaiserbrühe, um dem Auftreten von Mehltau vorzubeugen. Anfang August sind stark durchwurzelte Pflanzen nochmals zu verpflanzen, jedoch ohne den Ballen zu zerstören, damit sie noch vor dem Winter gut einwurzeln, denn nur gut eingewurzelte Rosen versprechen Erfolg bei der Treiberei.

Hierauf stellen Sie die Pflanzen im Freien in voller Sonne auf, ohne sie jedoch einzusenken, und halten sie möglichst trocken, damit das Holz die erforderliche Reife erlangt.

Mit schrägen Birnkordons bepflanzter Weg im Gräfl. Erdödy'schen Formobstgarten. Originalaufnahme für die „Gartenwelt".

Bei Eintritt stärkerer Fröste sind die Rosen gut zu decken, am besten füttert man die Töpfe in Mistbeetkästen in Sand oder leichte Erde ein und bedeckt sie oben etwa eine Spanne hoch mit Laub oder strohigem Mist, so daß man sie nach Bedarf zur Treiberei nehmen kann.

Stellt man die Rosen zum Treiben auf, so schneidet man alle einjährigen Zweige auf die zwei kräftigsten Augen zurück, damit man schöne Blumen auf langen Stielen erzielt. In der Treiberei sind die Pflanzen möglichst nahe am Glase aufzustellen. Man vermeide große Temperaturschwankungen, beginne mit 10° C und halte das Haus solange dunkel, bis die Augen ausgebrochen sind. Allmählich gewöhne man die Pflanzen ans Licht und erhöhe die Temperatur auf 18° C, um auf dieser Höhe zu verbleiben.

Steht Kuhdung zur Verfügung, so kann man mit Vorteil einmal wöchentlich jauchen. Jedenfalls ist aber ein- bis zweimal wöchentlich zu räuchern, um das Auftreten der Blattläuse zu verhindern.

Joh. Divoky, Focsani.

— Bei einer Kultur von Topfrosen zwecks Treibens im Frühjahre, ist es am besten, die noch im Frühjahr im Lande stehenden Rosen sofort herauszunehmen, und sogleich mit dem Einpflanzen zu beginnen. Die Pflanzen müssen vorher auf drei bis fünf Augen zurückgeschnitten (bei Teerosen nur die stärkeren Triebe), die Schnittwunden gut mit Baumwachs verstrichen werden. Ebenso müssen die verwundeten und die Endspitzen der Wurzeln gekürzt und glatt geschnitten werden. Zum Einpflanzen nehme man eine kräftige, lehmige und gut durchlässige Komposterde. Töpfe nimmt man für gewöhnlich bei einjährigem Material vier- bis fünfzöllig, bei zweijährigem, wenn nötig, etwas größer, doch dürfen sie nicht zu groß sein. Die Wurzeln drehe man gut in den Topf hinein und pflanze fest mit Verpflanzholz. Dann stellt man die Töpfe in einen kalten Kasten und gießt sie bei sonnigem Wetter tüchtig durch. Man hält sie nun gleichmäßig feucht und spritzt die Pflanzen bei trocknem Wetter morgens und abends leicht; bei Schnee und Frostwetter deckt man sie mit Fenstern oder Brettern zu. Nachdem die Rosen frische Wurzeln gemacht haben und auszutreiben beginnen, senkt man die Töpfe auf sonnige Beete bis zum Rande ein. Den Sommer über gießt man fleißig, düngt und schwefelt die Pflanzen öfter und tut überhaupt alles, um einen kräftigen, gesunden Trieb zu erlangen.

Gegen Ende August gießt man weniger und nimmt die Töpfe Anfang September aus der Erde heraus, zwecks stärkeren Austrocknens, um einen baldigen Triebabschluß zu erreichen. Neu erscheinende Knospen werden entfernt. Sollte nasses Wetter eintreten, so legt man die Töpfe um und wintert sie später ein. Im Dezember kann man schon mit dem Treiben beginnen.

C. Winterfeld, Jena.

Verrierpalmetten (Birne „Andenken an den Kongreß“) im Gräfl. Erdödy'schen Formobstgarten.
Originalaufnahme für die „Gartenwelt“.

— Die Rosen sind in nährstoffreiche Komposterde, die mit Düngererde und Hornspänen gemischt ist, zu pflanzen. Im Sommer ist reichlich zu gießen und regelmäßig fleißig zu düngen. Im August, September, je nach dem Ausreifen des Holzes, ist das Gießen einzustellen und sind die Töpfe umzulegen und nach den ersten Frösten in einem trockenen Schuppen unterzubringen.

Im Januar oder Februar darauf sind die Rosen zu verpflanzen oder nachzufüllen, der Abzug nachzusehen, und vor allem sind Wurzelhals und Stammteile gründlich abzubürsten und zu reinigen. Ebenfalls gleichzeitig hat ein, je nach Sorte, mäßiges Schneiden nach dem Auslichten stattzufinden.

Nun können die Rosen in die Treiberei kommen und bei erst mäßiger Temperatur, die allmählich gesteigert wird, getrieben werden. Helle Häuser, vorsichtiges Lüften, wenn der Trieb sich regt, Absuchen der Wickler und stets mäßig feuchte Wärme sind zum Gelingen Bedingung. Zur Vorbeugung gegen Mehltau sind die Heizrohre mit Schwefelblüte zu bestreuen.

Theodor Schulze, Herzogl. Hofgärtner, Altenburg.

— Ich nehme an, daß Sie Rosen in Töpfen treiben wollen. Hierzu ist eine Vorbereitung erforderlich. Einen besonderen Vorzug erzielt man bei Rosen, wenn das Einpflanzen im Herbst bezw. Winter (November, Dezember) geschieht, doch kann die Pflanzung auch im Frühjahre, Februar, März, geschehen. Nachdem die Rosen ihrem Standort entnommen sind, werden die beschädigten Wurzeln geschnitten, die schwachen Triebe entfernt, die übrigen auf drei bis vier Augen so geschnitten, daß das oberste Auge nach außen steht. Das Einpflanzen erfordert große Sorgfalt; man nehme nicht zu große Töpfe, wenn möglich ziehe man tiefe Töpfe vor und verpflanze in eine Erdmischung von 2 Teilen Rasenerde, 2 Teilen Dungerde, 1 Teil scharfem Sand und etwas altem Lehm. Die Wurzeln werden mit der linken Hand, nachdem der Topf fertig mit Abzug dasteht, zusammengefaßt und die Rose wird nun unter leichtem Druck und leichtem Drehen der Wurzeln eingepflanzt. Die frisch gepflanzten Rosen kommen in einen Kasten unter Glas, bis die Neubildung der Wurzeln durch die sich regenden Augen erkennbar wird. Wenn keine Fröste mehr zu befürchten sind, werden die Töpfe im Freien auf Beete eingesenkt, und das ganze Beet mit kurzem Mist, Kuhdung oder verrottetem Pferdedung, bedeckt.

Reichliche Bewässerung und, wenn sie durchgewurzelt, alle 14 Tage kräftiger Dungguß ist jetzt die Hauptsache, damit die Rose mindestens 5 kräftige Triebe entwickelt. Alle schwachen Triebe entferne man sogleich. Die Knospen müssen nach Möglichkeit entfernt werden, will man aber nicht gerne auf alle Rosenblumen verzichten, so schneide man die Blumen nur kurzstielig. Durch tiefes Abschneiden würde die Pflanze neues Holz treiben, das die Reife nicht mehr erlangt. Ende September, wenn der Trieb beendet, beginnt die Ruhezeit, indem das Gießen eingestellt, die Rosen überdacht oder aus dem Beet genommen und umgelegt werden. Die Trockenheit darf nicht so weit gehen, daß die Rinde einschrumpft. Bevor die Rosen zum Treiben aufgesetzt werden, müssen sie möglichst einige Grade Frost bekommen haben, wodurch die Treiberei schneller und leichter von statten geht. Die Triebe werden zuvor gestutzt. Beginnt das Treiben früh, so schneidet man ganz wenig, bei späterer Treiberei schneidet man auf 7 bis 8 Augen zurück, die 7 bis 8 stärksten Triebe werden kreisförmig verteilt. Je nach der Zeit, fange man mit 8° C an und steige bis 15° C; zeigen die Knospen Farbe, gehe man mit der Temperatur 4° C zurück. Man stelle die Rosen möglichst nahe am Glase auf, sorge für gute, feuchte Luft, und spritze täglich öfter. Zeigen sich die Knospen, so höre man auf zu spritzen. Alle 8 Tage eine Jauchedüngung, Latrinen- oder Rindermist mit etwas Blut oder Ofenruß, wird guten Erfolg bringen. **Hoepfner**, Potsdam.

— Um zweijährige Wurzelhalsveredlungen aus dem freien Grunde mit gutem Erfolge für die nächstjährige Treiberei verwenden zu können, müssen dieselben, bevor sie noch zu treiben anfangen, in entsprechend große Töpfe gepflanzt und stark zurückgeschnitten werden, um gesunde, kräftige Triebe zu erlangen. Am besten pflanzt man die Rosen in lehmige Rasenerde, welche mit $^1/_3$ verrottetem Dünger vermischt ist, senkt die Töpfe, welche einstweilen in einen kalten Kasten gestellt werden, im Mai ins freie Land auf Beete ein und düngt sie im Sommer des öfteren. Ich ziehe stark verdünnten Abortdünger jedem anderen vor, und sorge für gleichmäßige Feuchtigkeit. Bei großer Trockenheit ist 1- bis 2maliges Spritzen sehr angezeigt. Gegen den Herbst läßt man langsam mit dem Gießen nach, nimmt die Sorten, die sich für Frühtreiberei im Dezember-Januar besonders eignen, im September aus der Erde und legt sie um, damit sie durch Entziehung der Feuchtigkeit gezwungen werden, den Trieb zu beenden. Vor Eintritt stärkerer Fröste stellt man die Rosen in Kästen und bringt später nach Bedarf Satz um Satz in die Häuser, bei einer Anfangstemperatur von 4 bis 8° C. Außer kräftigem Zurückschneiden, um langstielige Rosen zu bekommen, und Auffüllen mit frischer Erde, ist für mäßige Topffeuchtigkeit bis zum Erscheinen der Knospen zu sorgen, wonach dann reichlich zu gießen ist, auch gibt man bei fortschreitender Entwickelung nun wöchentlich 2 bis 3 Dunggüsse. Ferner ist auch für genügend Luftfeuchtigkeit durch mehrmaliges Bespritzen bei Sonnenschein zu sorgen, sowie für entsprechende Lüftung, doch muß man ein besonderes Augenmerk darauf haben, daß keine Zugluft vorhanden ist, also stets auf der dem Winde entgegengesetzten Seite lüften. Die Temperatur wird nach und nach bis auf 12—14° C gesteigert. Höhere Heizwärme wirkt schädlich auf die Qualität der Blumen. Bei zu großer Sonnenwärme ist ein leichtes Schattieren sehr empfehlenswert. Abgetriebene Rosen pflanzt man am besten wieder auf 1 bis 2 Jahre ins freie Land, bevor man sie erneut zur Treiberei verwendet. **J. O.**, Salzburg.

Beantwortung der Frage No. 530. Wie werden die Früchte vom spanischen Pfeffer *(Capsicum annuum)* für den Winter so konserviert, daß sie die Farbe behalten?

Die Früchte vom spanischen Pfeffer behalten sehr gut ihre Farbe, wenn sie in reifem Zustande gepflückt und in Büscheln an einem trockenen Ort aufgehängt werden. Gas soll man in dem betreffenden Raume nicht brennen, da die Farbe der Früchte durch die sich entwickelnden Verbrennungsgase verblassen könnte.

Beantwortung der Frage No. 531. Wie wird eine Mistbeetanlage für einen Gutsgarten praktisch und billig ausgeführt?

Eine Mistbeetanlage wird unbedingt am praktischsten und billigsten angelegt, wenn auf einem geeigneten Platze die Erde, der Größe des Kastens entsprechend, in größerer oder geringerer Tiefe ausgehoben wird. Die Wände dieser Grube werden schräg einwärts abgestochen und das Kastengestell über derselben aufgestellt. Selbstverständlich soll der Kasten derart beschaffen sein, daß er sich nicht verschieben kann, was mit vier Erdpfählen erreicht werden kann. Derartige Kasten sind billig, überall zu verwenden und deshalb praktisch. **P. J. Schenk**, Amsterdam.

— Der geeignetste Ort für eine Mistbeetanlage ist eine nach Süden offene, etwas geneigte und nach Norden durch Gebäude oder Mauern geschützte Lage. Ferner ist es sehr zweckmäßig, die Kästen in der Nähe der Wohnung, beziehungsweise der Arbeitsräume anzulegen, um sie besser im Auge zu behalten und die vielerlei Besorgungen zur rechten Zeit ausführen zu können. Auch die Wasserverhältnisse, ebenso eine geringere Bodenqualität können berücksichtigt werden. Die Mistbeetanlage selbst wird auf verschiedene Art hergestellt.

1. Bei einer größeren Anlage warmer Kästen durch Ausheben von Boden einer größeren Fläche, die man mit Dünger füllt und die Kästen darauf setzt, oder durch Anlage einer Anzahl einzeln auszuhebender und hölzerner Mistbeetlagen. Ersteres Verfahren gewährleistet jedoch den geringsten Wärmeverlust. Sehr praktisch sind außerdem noch betonierte Mistbeete, welche mit Dünger oder Laub gefüllt werden; hierauf setzt man dann die Kästen. Zwischen Holz- und Zementwand muß ein kleiner Zwischenraum sein, den man mit Lohe oder Torfmull ausfüllt. Solche Mistbeete sind etwas kostspielig, geben aber der ganzen Anlage ein sehr sauberes Aussehen. Sollte der Untergrund zu feucht sein, so unterläßt man das Ausheben von Boden.

2. Für kalte Lagen nimmt man entweder gemauerte, oder aus Beton hergestellte, mehr oder weniger tiefe Kästen, die sehr praktisch für Ueberwinterung von Gemüse usw. sind, und auch solche, die aus starken Kiefernholzbrettern hergestellt sind. In neuerer Zeit werden auch Mistbeetkästen aus Holzzement hergestellt; sie sind ebenfalls sehr praktisch, dauerhaft und leicht zusammen zu stellen. Im Preise sind diese letzteren etwa um das Doppelte teurer als hölzerne Kästen, dafür ist aber auch ein Faulen ausgeschlossen. Auch als warme Kästen sind sie zu gebrauchen, da sie die Wärme besser als Steinkästen halten.

Vier 25 bis 35 mm starke Bretter von weichem Holz, ganz unbearbeitet, in jeder Ecke einen vierkantigen Pfahl ohne Fuß, 6 Nägel an jede Ecke, geben den besten und billigsten Kasten für warme Lagen. Die Neigung sollte nicht unter 10 cm betragen.

Jedenfalls sind die teueren Anlagen für die längere Dauer doch die billigsten und zu gleicher Zeit auch die praktischsten.

C. Winterfeld, bot. Garten, Jena.

Beantwortung der Frage No. 532. Was ist die Ursache des Faulens der jungen Zierspargeltriebe? Die Pflanzen stehen mit den Töpfen in Dung eingefüttert, wurden weder zu naß, noch zu trocken gehalten, auch nicht zu stark gedüngt.

Die jungen Triebe von Zierspargeln werden leicht spitzenfaul, wenn die Lufttemperatur zu niedrig und feucht ist. Dies kommt ganz besonders vor, wenn die Pflanzen im zeitigen Frühjahre in warm angelegten Kästen getrieben werden, bei denen der Luftraum nicht geheizt wird. Die jungen Triebe schießen infolge der Erdwärme rasch hervor und sind deshalb sehr zart. Tritt nun ungünstige, feuchtkalte Witterung ein, so wird die Luft im Kasten zu sehr abgekühlt; da bei solcher Witterung auch nicht gelüftet werden kann, so bildet sich ein feuchtkalter Niederschlag im Kasten, der die weichen Triebe zum Faulen bringt. Wenn die Witterung es irgendwie erlaubt, soll darum etwas gelüftet werden, damit die Feuchtigkeit verdunstet; wenn geheizt werden kann, soll man damit nachhelfen und ebenfalls etwas lüften. **Fr. Roll**, Château d'Oex, Schweiz.

— Es ist schwer zu beurteilen, wodurch die Fäulnis der jungen Zierspargeltriebe entsteht, wenn Sie die Pflanzen, wie Sie schreiben, richtig behandelt haben. Vielleicht haben Sie die Pflanzen zu früh und auf zu warmen Kasten gebracht, in welchem sich noch der Dunst von sich erhitzendem Dung stark bildete, und denselben nicht genügend durch Lüften abziehen lassen. Oder es stehen die Pflanzen zu nahe auf der Packung, wodurch die Wurzeln verbrannt sind. **Georg Blau**, städt. Gartentechniker, Bromberg.

Bevorstehende Ausstellungen.

Jubiläums-Blumenausstellung 1909 in München. Der Ausschuß der Bayerischen Gartenbaugesellschaft beschloß in seiner letzten Sitzung einstimmig, anläßlich des 50jährigen Bestehens der Bayerischen Gartenbaugesellschaft eine große Frühjahrsblumenausstellung in der Zeit vom 24. April bis 3. Mai 1909 in den vom Stadtmagistrat München gütigst überlassenen Prinz Ludwigs-Hallen auf der Theresienhöhe zu veranstalten. Die künstlerische Anordnung dieser Ausstellung hat auf Ansuchen der Vorstandschaft Herr Stadtgartendirektor Heiler übernommen und wurde ein Komitee eingesetzt, welches mit der Ausarbeitung des Programms sofort begonnen hat.

Aus den Vereinen.

Niederländischer Verein für Blumenzwiebelkultur. Der Ausschuß für Narzissen hat in den Sitzungen vom 4. und 11. Mai nachverzeichnete Wertzeugnisse zuerkannt: Erstklassige Wertzeugnisse: *Narcissus Alaska,* mit weitgeöffneter Trompete von dunkelgelber Farbe mit dunkelgelben Petaleu; *Narcissus van Waverens Giant,* Riesenblume mit dunkelgelber Trompete und blaß schwefelgelben Petalen; *Narcissus John Pope,* mit tiefgelber Trompete und reingelben Petalen; *Narcissus Président Wentholt,* mit weitgeöffneter, tiefgelber Trompete und gelben Petalen; *Narcissus Robert Sydenham,* eine starkwachsende Sorte mit tiefgelber Trompete und blaßgelben Petalen; *Narcissus incomparabilis Winnifred,* mit breitem, elegantem Becher und weißen Petalen. Verdienstwertzeugnisse: *Narcissus Harry Veitch,* eine hellgelbe Trompetennarzisse in der Art von *Emperor,* jedoch größer; *Narcissus Cornelia,* eine einfarbige gelbe Trompetennarzisse; *Narcissus Theba,* eine tiefgelbe Trompetennarzisse von schöner Form und Haltung; *Narcissus White Pioneer,* mit reinweißer Trompete und schmalen, röhrenförmigen Petalen; *Narcissus incomparabilis Louise,* mit reinweißen Petalen und zitronenfarbigem Becher, eine hängende Blume von mittlerer Größe; *Narcissus incomparabilis cristata,* mit kammförmiger Krone von gelber Farbe und rahmweißen Petalen; *Narcissus poeticus Blanca,* mit reinweißen, sehr schönen, runden Blumen; *Narcissus poeticus Glory of Lisse,* eine schöne, runde Blume mit geradem, großem Becher; *Narcissus poeticus Verdi,* mit großer Krone, mit tieforangen, breiten Rändern. Außerdem wurde eine goldene und eine Vermeil-Medaille Kollektionen von Narzissen zuerkannt.

Tagesgeschichte.

Aschersleben. Nach verschiedenen Berichten hat die Aktiengesellschaft für Samenzucht Gustav Jaensch, hierselbst, in dem am 31. Mai abgelaufenen Geschäftsjahre erneut so ungünstig gearbeitet, daß eine Dividende nicht zur Verteilung gelangt. Die Aktien dieser Gesellschaft gelangten 1905 zum Kurse von 112½ % an der Berliner Börse zur Einführung, nachdem im Geschäftsjahre 1904 8 % Dividende verteilt werden konnten. Im Jahre 05/06 ging die Dividende auf 4 % zurück und im darauffolgenden Jahre schloß die Bilanz mit einem Verluste von 55 539 M, der sich durch Heranziehung des Reservefonds auf 26 272 M ermäßigte. Die Aktien haben inzwischen einen Kurssturz von etwa 60 % erfahren.

Geestemünde. Der hiesige Bürgerpark ist in diesem Jahre um weitere 50 Morgen vergrößert worden, so daß bis jetzt insgesamt 150 Morgen bepflanzt sind. Die Anlagen wurden unter Leitung des Gartendirektors Hoff in Harburg ausgeführt.

Hannover. Durch die hiesigen Tagesblätter ging eine Mitteilung, nach welcher der Ausschuß zur Errichtung eines Denkmals für den verstorbenen Stadtgartendirektor Trip den Beschluß gefaßt habe, das Andenken desselben durch eine Ruhebank im Maschpark zu ehren und, falls dann von den gesammelten Geldern noch etwas übrig bleibe, auf dem Grabe Trips einen Findling als Denkmal zu errichten. Wir und jedenfalls auch die übrigen Zeichner von Beiträgen zum Tripdenkmal haben bisher vom Ausschuß eine Abrechnung nicht erhalten, doch sollen dem Vernehmen nach etwa 10 000 M gezeichnet sein. Da sämtliche Zeichner die Beträge für ein Tripdenkmal gezeichnet haben, von welchem von Anfang an ausdrücklich die Rede war, und nicht für eine Sitzbank, so ist es wohl berechtigt, die Frage aufzuwerfen, wo der Ausschuß das Recht herleitet, über die gesammelten Gelder eigenmächtig in ganz anderer Weise zu verfügen.

Kottbus. Aus der hiesigen Einwohnerschaft heraus ist der Wunsch laut geworden, dem Schöpfer des nahegelegenen Branitzer Parkes, dem Fürsten Hermann Pückler, der bekanntlich ein ganz kurioser, allen erdenklichen Schrullen nachhängender Sonderling, daneben aber auch, worauf es hier besonders ankommt, ein Gartenkünstler von großer Genialität war, in hiesiger Stadt ein Denkmal zu errichten. Vom Kottbuser Haus- und Grundbesitzerverein ist dieser Gedanke aufgenommen und in die Wege geleitet worden. In einer von diesem Verein veranstalteten öffentlichen Versammlung ist ein Ausschuß gewählt worden, der inzwischen einen Grundstock von 3000 Mark aufgebracht hat. An der Spitze dieses Ausschusses steht Herr Rentier Albert Keilbart.

— Die hiesige Stadt hat auf einem Terrain in der Nähe des Nordfriedhofes für die Stadtgärtnerei eine umfangreiche, moderne Gewächshausanlage mitt einem Kostenaufwande von 58 000 Mark errichten lassen, die Ausgang Mai in Betrieb genommen wurde. Die mit Glas bedeckte Fläche beträgt über 700 qm.

Krefeld. Ein 70 Morgen großes, für das Wasserwerk bestimmtes Grundstück am Kriegerdenkmal soll, laut Beschluß der Stadtverordnetenversammlung, mit gärtnerischen Anlagen versehen werden.

Mannheim. In der Sitzung des Bürgerausschusses wurden zur Bestreitung der Kosten für die Verlegung der hiesigen Stadtgärtnerei 146 000 M mit einer Verwendungsfrist von 10 Jahren bewilligt.

Soden am Taunus. Der hiesige bekannte Nelkenzüchter Arthur Moll, dessen Kulturen wir in No. 6, Jahrgang XI, in Wort und Bild schilderten, sandte dem Kaiser gelegentlich dessen Anwesenheit in Wiesbaden am 15. v. M. einen aus 100 Remontantnelken gebundenen Strauß und erhielt hierauf nachstehendes Telegramm: „Seine Majestät der Kaiser haben die gestern übersandten prachtvollen Nelken gern entgegengenommen und äußerten, kaum noch gleich schöne und hervorragende gesehen zu haben."

Sonderburg. Der Kaiser hat das Terrain um das Düppeler Denkmal selbst ankaufen lassen, um es wegen der großen Grundstücksspekulation vor dem Bebauen zu schützen. Die angekaufte Fläche soll durch Promenaden und Anlagen verschönert werden.

Trier. Die Bestrebungen des Vereins für Blumenpflege durch Schulkinder und Schrebergärten haben in diesem Jahre einen hervorragenden Erfolg aufzuweisen. Wohl an 500—600 Fenster und Balkonkästen prangen in herrlichem Blumenschmuck, der die zahlreichen fremden Besucher mit einem farbenprächtigen Bilde begrüßt. Auch die Stadt hat alle geeigneten Stellen am Rathause und Kaufhause mit Fensterblumenkästen geschmückt. Die Häuser am Kornmarktplatz tragen ziemlich einheitlichen Schmuck.

Personal-Nachrichten.

Grill, Stadtgartendirektor und Oekonomierat in Landshut, ist aus Anlaß des vierzigjährigen Jubiläums der Baumwärterkurse im städt. Hofgarten dortselbst der Titel eines Kgl. Landesökonomierats verliehen worden, während ihm vom Bürgermeister Hofrat Marschal im Namen des Kreisausschusses ein goldener Pokal überreicht wurde.

Massias, Stadtgärtner in Hagen (Westf.), wurde als solcher endgültig angestellt.

Müller, Max, Kgl. Oberhofgärtner in Aschaffenburg-Schönthal, † am 30. v. Mts. im 67. Lebensjahre. Er war in weiten Kreisen bekannt und seines offenen Charakters halber beliebt, hatte die Feldzüge von 1866 und 1870/71, letzteren als Offizier, mitgemacht und war vor seiner Versetzung nach Aschaffenburg in München in den Wintergärten König Ludwigs II. tätig.

Pfeffer, Geh. Hofrat Dr. Wilh., ordentlicher Professor der Botanik und Direktor des Botanischen Gartens in Leipzig, ist zum stimmberechtigten Mitgliede des Ordens Pour le merite für Wissenschaften und Küuste gewählt worden.

Singer, Otto, bisher bei der Kruppschen Gartenverwaltung, Hügel bei Essen, wurde vom 1. Juli ab zum Garteninspektor des jüdischen Friedhofes in Breslau-Cosel ernannt.

Wahlsdorf, O., früherer Handelsgärtner, dann durch lange Jahre Inhaber der bekannten Berliner Samenhandlung E. Boese & Co., die von seinem ältesten Sohne fortgeführt wird, † am 3. d. Mts. Der Verstorbene, ein Fachmann vom alten Schlage, der auf ein arbeitsreiches Leben zurückblicken konnte, und ein biederer Charakter, mit welchem ich gern und oft über gärtnerische Fragen plauderte, erfreute sich überall höchster Wertschätzung. M. H.

Wittig, Schloßgärtner in Stauchitz, wurde die sächsische Friedrich August-Medaille in Silber verliehen.

Berlin SW. 11, Hedemannstr. 10. Für die Redaktion verantwortlich Max Hesdörffer. Verlag von Paul Parey. Druck: Anhalt. Buchdr. Gutenberg e. G. m. b. H., Dessau.

Handelsregister.

Eberswalde. In unserm Handelsregister A ist unter No. 320 die Firma **...erswalder Obstplantagen- und ...rtenbaubetrieb Wilhelm Haerecke,** ...gründet im Jahre 1874 mit dem ...ze **hierselbst,** und als ihr Inhaber ...Gärtnereibesitzer Wilhelm Haerecke ...r eingetragen worden. Dem Gärtner ...tz Haerecke hier ist Prokura erteilt.

Pinneberg. In das Handelsregister A ist folgendes eingetragen worden: Unter No. 69 Offene Handelsgesellschaft **Beckmann & Tietjen** in **Krupunder bei Halstenbek.** Gesellschafter: Baumschulenbesitzer Helmuth Heinrich Ludwig Friedrich Beckmann in Halstenbek und Baumschulenbesitzer Tietjen in Krupunder. Die Gesellschaft hat am 1. April 1908 begonnen, zur Vertretung der Gesellschaft **ist** jeder Gesellschafter ermächtigt.

Konkurse.

Halberstadt. Das Konkursverfahren über das Vermögen des **Blumengeschäftsinhabers und Gärtners Richard Ebert** in **Halberstadt** wird nach erfolgter Abhaltung des Schlusstermins hierdurch aufgehoben.

Kiel. Ueber das Vermögen des **Gärtners Max Gätje in Schönkirchen,** Schönbergerstr 47, wurde am 25. Mai 1908, vormittags 11¾ Uhr, das Konkursverfahren eröffnet. Konkursverwalter ist der Kaufmann H. Hundertmark in Kiel-Gaarden, Karlstal 2. **Offener Arrest** mit Anzeigefrist bis 25. Juni 1908. Anmeldefrist bis 20. Juni 1908. Termin zur Wahl eines anderen Verwalters und allgemeiner Prüfungstermin den **29. Juni 1908, vormittags 11 Uhr.**

Neue Kataloge.

Peter Lambert, Trier. Neueste Rosen für Frühjahr 1908.

Patente und Musterschutz.

Gebrauchsmuster-Eintragungen Klasse 45f.

339181. Mit konischem Bund versehenes Handgerät zur Herstellung von Pflanzlöchern. Gustav Reinhold **Senf,** Hohendorf b. Lucka, S.-A. 20. 2. 08. S. 16805.

339373. Giesskanne in herzförmiger Bauart mit regulierbarem Wasserausfluss. Rudolph **Bünz** und Johann Jacob **Schlichting,** Marne, Holstein. 25. 4. 08. B. 38050.

339374. Baumrindenreiniger aus federndem, und kantig gehaltenem Stahldraht. Rudolph **Bünz** und Johann Jacob **Schlichting,** Marne, Holstein. 25. 4. 08. B. 38051.

339740. Baumsäge mit im Querschnitt keilförmigem Sägeblatt. Fa. **Daniel Kremendahl,** Cronenberg. 28. 4. 08. K. 34326.

339741. Brausekopf mit auswechselbaren, radial geschlitzten Mundstücken. Ludwig **Boehm,** Geisselstrasse 87, und Ernst **Strauss,** Vogelsangerstrasse 56, Cöln-Ehrenfeld. 29. 4. 08. B. 38098.

339768. Düngungseinrichtung für Obstgärten u. dgl. aus Tonröhren mit durchlochten Wandungen. Claus **Mohr,** Stuttgart, Obere Heusteige 36. 24. 9. 07. M. 25129.

340355. Fahrbare Sägevorrichtung zum Fällen von Baumstämmen. Johann **Bachmeier,** Landshut, Niederbayern. 8. 5. 08. B. 38222.

340413. Metallener Stengelhalter für Pflanzen aus einem Stück. Heinrich Adolf **Hülsenberg,** Freiberg i. Sa. 15. 4. 08. H. 36830.

Zum **Patent** wurde **angemeldet Klasse 45f.**

F. 23612. Gewächshaus, Frühbeet o. dgl. Walter **Friedrich,** Zehlendorf bei Berlin. 5. 6. 07.

P. 20217. Bindemaschine zur Herstellung von Girlanden, Kränzen u. dgl. Carl **Peltzer,** Cöln, Hahnenstrasse 45. 15. 7. 07.

Die Gartenwelt.

Illustrierte Wochenschrift für den gesamten Gartenbau.

Jahrgang XII. 20. Juni 1908. No. 38.

Stauden.

Alte und neue schöne Alpenpflanzen.

Von **Bernh. Othmer**, Kgl. Garteninspektor, München.

I.

(Hierzu fünf Abbildungen.)

Das Geschlecht der Glockenblumen, der *Campanula*, enthält bekanntlich ungemein viel gärtnerisch Wertvolles in großen und kleinen Formen, und dabei Passendes für die verschiedensten Verwendungsarten. Von den echten Glockenblumen möchte ich für die Zwecke des Alpengartens zunächst die neuere aus dem Kaukasus stammende *Campanula mirabilis*, Alboff, nennen, eine ungemein feine und aparte Erscheinung, mit schönen, verhältnismäßig großen, bläulichmilchweißen Blumen. Die ganze Pflanze ist kahl, die Wurzeln sind kurz, fleischig, bei etwa 6 cm Länge reichlich $1^1/_2$ cm breit im oberen Drittel. Die Wurzelblätter sind verlängert eiförmig, rosettenartig angeordnet, bei jungen Pflanzen dem Boden anliegend. Die Stengel sind fest, sehr verzweigt; sie tragen ziemlich tief unregelmäßig gekerbte Blätter von fester, fleischig ledriger Beschaffenheit. Die unteren Stengelblätter sind umgekehrt eirund, etwas zugespitzt, die Masse des Blattstieles in den Stengel verlaufend, die oberen kleineren, herzförmigen dagegen fast sitzend. Jeder der vielgeteilten Zweige trägt 7—10 kurzgestielte Blüten, in der Form denen von *Campanula Medium* nicht unähnlich, aber wesentlich fester, etwas seidig glänzend, weiß mit blaßbläulicher Schattierung.

Die Pflanze wurde Mitte der neunziger Jahre von Alboff in Achasien in einer Höhe von 2100 m an Kalkfelsen gefunden, ist selbst in den kältesten Gegenden von Deutschland absolut hart. Leider ist diese *Campanula* nicht mehrjährig, sondern dauert nur 2 Jahre. Nach der Blüte reift sie die Samen (Samenansatz reichlich) und geht ein. Man muß sich also immer neue Nachzucht sichern. Die sich reich verzweigende Pflanze verankert sich mit ihren fleischigen Wurzeln tief zwischen dem Felsgestein; ihre sich sehr verästelnden Zweige breitet sie in voller Sonne über jenes. Der eigenartigen Erscheinung sollte man umsomehr einige Aufmerksamkeit zuwenden, als sie auch in der Heimat selten sein soll.

Campanula mirabilis.
Vom Verfasser im Botanischen Garten zu München für die „Gartenwelt" photographisch aufgenommen.

C. Waldsteiniana, Roem. et Schult., ist eine schon ältere, länger bekannte Art, die aber selten angetroffen wird, jedoch in sonniger Lage zwischen Steinen höchst dankbar ist. Die Stengel sind etwa 15—18 cm hoch. Sie stehen in gedrängten Büschen und sind mit lanzettlichen, langzugespitzten und grobgekerbten Blättern bekleidet. An den Spitzen jeden Zweiges sitzen die schlankröhrigen Blüten (einzelne Blüte $1^1/_2$ cm lang und etwa $^1/_2$ cm breit), etwa 5—8 an jedem Stengel, nickend, gestützt von kleinen Blättchen. Das Laub weist ein bräunlich schattiertes Grün auf. Die Blüten sind von eigenartiger, violettbräunlicher Farbe. Blütezeit August bis September. Anzucht und Vermehrung durch Samen oder Teilung der Stöcke.

G. turbinata, Schott., ist eine Bekannte, die sich selbst auf der Alpenanlage aussät und in Felsenlöchern und -ritzen Platz nimmt. Je nach dem Standort, ob sie reichlich Nahrung hat oder wenig, ob sie in der Sonne oder mehr im Schatten ein Plätzchen gefunden hat, ändert sie ihre äußere Gestalt,

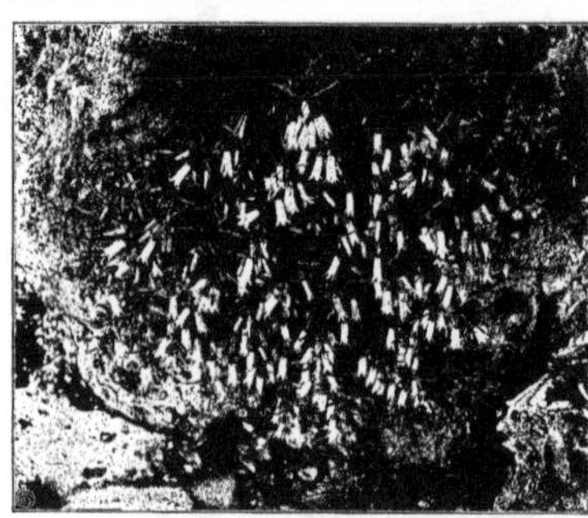

Campanula Waldsteiniana.
Vom Verfasser im Botanischen Garten zu München für die „Gartenwelt" photogr. aufgen.

bleibt kleiner und gedrungener oder wird größer und schlanker. Sie gehört zu *C. carpatica,* welcher sie vielfach nur als Varietät nebst anderen angegliedert ist. Die Stengel stehen auch bei dieser Art in dichten Tuffs zusammen, die Blätter sind gestielt, herzförmig zugespitzt, den Stengel in locker gestellter, spiraliger Anordnung umgebend. An der Spitze der Stengel steht im Gegensatz zu den vorigen nur eine violettbläuliche Blume, dafür aber größer, etwa 2—$2^{1}/_{2}$ cm im Durchmesser, die Corolla schalenförmig ausgebreitet und aufrechtstehend; stark entwickelt ist das Pistill mit der dreiteiligen Narbe. Sehr schön ist auch die reinweiße Form.

Hübscher und zierlicher ist die *var. pelviformis* mit blaßbläulichen, kleineren, etwas nickenden Blüten und auch niedrigen Stengeln, *var. Hendersonii* ist pyramidenförmig, weniger ausgebreitet wachsend und weniger gut aus Samen sich entwickelnd.

Alle drei sind Felsenpflanzen und verlangen zum Gedeihen einen recht sonnigen Standort.

Campanula barbata, L., ist im Gegensatze zu den vorigen Artgenossen eine Wiesenpflanze und gehört infolgedessen nicht auf den trockneren Felsenstandort, sondern auf die tiefgründigere Alpenwiese mit moorig lehmigem, etwas feuchterem Untergrund, jedoch ebenfalls in volle Sonne. Die Pflanze ist zweijährig, nach der Blütezeit im zweiten Jahre reift sie ihre Samen und geht ein. Alljährliche Nachzucht aus Samen ist darum nötig. Die Samen säe man bald nach der Reife in ein sandiges Gemisch von Moor- und Lehmerde aus, pikiere bald nach Erstarkung der Sämlinge in Schalen und pflanze die Sämlinge im darauffolgenden Jahre gleich an Ort und Stelle. Die ganze Pflanze ist behaart. Die Blätter sind oval, fast ganz rund, die unteren rosettenartig zusammengedrängt, die Stengel etwa 25 cm hoch und in einseitig gewendeter Rispe im oberen Teile mit ca. 8—10 hellblauen Blumen garniert. Die Farbe der Blüten ist ein lichtes Blau, im Schlunde verziert mit hellen, weißlichblauen, kurzen Härchen. Besonders schön ist die weißblühende Varietät. Die Heimat der *C. barbata* sind die hochgelegenen Wiesen der Alpen, wo sie, so z. B. auf der Seiser Alpe, in großen Mengen auftritt.

Nah verwandt den Glockenblumen und im Blütenbau ihnen gleich, sind die *Edraianthus,* ganz und gar angepaßt für einen felsigen, sonnigen Standort. Die Pfahlwurzel dieser starren, viel verzweigten Polsterpflanzen trägt viel Zweige mit sehr schmalen, linearischen, etwas behaarten Blättchen und verankert sich am liebsten in sehr engen Felslöchern oder -ritzen. Am meisten sagt ihnen ein Platz an ziemlich senkrecht geneigter Wand an der Süd- oder Ostseite zu; sie wollen volle Sonnenwirkung genießen. An der Spitze der kurzen, etwa nur 6—8 cm langen Zweiglein, die dem Gesteine anliegen und sich dann in die Höhe richten, befinden sich die Köpfchen von 4—5 zusammengedrängten, rötlich-violetten Glockenblumen, aus denen das weißliche Pistill herausragt.

Campanula turbinata.
Vom Verfasser im Botanischen Garten zu München für die „Gartenwelt" photographisch aufgenommen.

Campanula barbata.
Vom Verfasser im Botanischen Garten zu München für die „Gartenwelt" photographisch aufgenommen.

Die häufigsten, einander sehr ähnlichen Arten sind *E. caricinus*, Schott, *E. tenuifolius*, DC., *E. Kitaibelii*, DC., und die kleinere *E. pumilio*, DC., mit einzelstehenden Blüten (Abbildung untenstehend).

Die Pflanzen sind im südlichen Europa zuhause. Sie verlangen infolgedessen einen Winterschutz mit Tannen- oder Fichtenreisern, auch einen völlig sonnigen Standort. Die Anzucht und Vermehrung geschieht am besten aus Samen. Die kleinen Sämlinge müssen bald in kleinste Töpfchen pikiert werden und mit ihren Ballen dann in Felsritzen oder schmale, tiefe Felslöcher eingepflanzt werden. Die Wurzeln sind mit ein wenig sandiglehmiger Erde zu umgeben, die Oberfläche dieser aber mit Steinchen so zu bedecken, daß die Erde vom Regen nicht herausgewaschen und von der Sonne nicht allzusehr ausgetrocknet werden kann. Ist es doch das Hauptkulturrezept dieser schwierigen Formen, dafür Sorge zu tragen, ihnen in den Tiefen eine gewisse Feuchtigkeit zukommen zu lassen, andererseits ihnen auch den größtmöglichsten Genuß von Licht und Wärme zu verschaffen. (Ein zweiter Artikel folgt.)

Edraianthus pumilio.
Vom Verfasser im Botanischen Garten zu München für die „Gartenwelt" photographisch aufgenommen.

Einige neuere Stauden.

Von **Paul Hanschitz**, Chester.

Campanula hybrida Fergusonii ist eine Hybride zwischen *C. carpatica* und *C. pyramidalis alba*. Sie zeigt alle guten Eigenschaften von *C. pyramidalis*, den gleichen, aufrechten, aber gedrungeneren Wuchs. Die Blumen sind groß, hellblau, die Blütenstiele 55 bis 56 cm lang. Für Topfpflanzenkultur, wie auch für Blumengruppen ist diese Hybride von hohem Wert, und dürfte sich deshalb bald allgemeiner Beliebtheit erfreuen.

Gypsophila paniculata fl. pl. Die Stammart dieser Schleier- oder Seidenblume ist ja allgemein bekannt, nicht aber die gefüllte Form. Bei dieser Züchtung ist durch die Füllung der Blüte die Blütengröße wesentlich gesteigert worden. Außerdem zeigen ihre Blüten ein weit reineres Weiß, als diejenigen der Stammart; auch ist die Blütezeit von längerer Dauer. Diese Züchtung ist als Schnitt- und Dekorationsstaude von hohem Wert.

Veronica canescens. Freunde der Miniaturpflanzen werden diese aus Neuseeland eingeführte Neuheit sicher mit Freude begrüßen. Sie ist die niedrigste Vertreterin der Gattung *Veronica* und bildet mit ihren kleinen, etwas behaarten Blättern, welche auf 3 bis 4 cm langen Trieben sitzen und sich jeder Bodenbewegung anschließen, dichte Teppiche. Im Verhältnis zu dieser Miniaturpflanze sind die blaßlillafarbigen Blüten verhältnismäßig groß. Es scheint, als seien sie zur Hervorrufung einer Täuschung über den Pflanzenteppich gestreut worden. In sandigem Boden zeigt *Veronica canescens* vorzügliches Gedeihen.

Pflanzendüngung.

Die Düngung der Gartenfrüchte mit schwefelsaurem Ammoniak.

Von **August Schlewen**, Handelsgärtner in Wiedenbrück.

Der Versuch wurde auf einem $1\frac{1}{2}$ Morgen großen Grundstück ausgeführt. Da es mir sehr darum zu tun war, recht bald Gemüse aller Art und Obst sicher zu erzielen, so entschloß ich mich, neben natürlichem Dünger als Stickstoffdüngemittel das schwefelsaure Ammoniak zu verwenden.

Günstige Erfolge, die ich im vorigen Jahre durch eine Düngung mit schwefelsaurem Ammoniak bei meinen Erdbeeren zu verzeichnen hatte, veranlassen mich, einiges über meine Düngungsmethode mitzuteilen: Der Boden ist ein mittelkräftiger Gartenboden, der Garten selbst gegen kalte Winde einigermaßen geschützt. Abgesehen davon, daß ich einmal durch genügende Düngemittel größere und schönere Früchte erzielen wollte, lag mir auch im besonderen daran, die Reifezeit früher, wie es sonst der Fall ist, herbeizuführen, weil frühe Erdbeeren stets bedeutend höher im Preise stehen. Durch das von mir angewandte schwefelsaure Ammoniak ist mir dies auch vollständig gelungen.

Auf einer Fläche von etwa 300 qm (Düngung mit Superphosphat und schwefelsaurem Ammoniak) war der Ertrag 160 kg (M 192, à kg M 1,20); ohne Ammoniak, nur mit Jauche und Pferdemist gedüngt, pro 300 qm: 124 kg (M 148,80, à kg M 1,20); durch Ammoniakdüngung wurde also ein Mehrertrag von M 43,20 erzielt. Auch die Ausbildung der Früchte war nach der Ammoniakdüngung eine überaus vollkommene. In mehreren Fällen genügten für $\frac{1}{2}$ kg 15 Früchte! Außer *Laxtons Noble* kultiviere ich noch *König Albert, Jucunda (Walluf)* und *Lucida perfecta*, anerkannt gute Sorten.

Die Düngung gebe ich im Frühjahr; Superphosphat und Ammoniak werden gleichmäßig ausgestreut und leicht eingehackt.

Für eine Fläche von 5 a Größe sind erforderlich: 15 kg 40prozentiges Kalisalz, 10 kg Superphosphat und 15 kg schwefelsaures Ammoniak.

Des weiteren versäume ich natürlich nicht, neben der Düngung für regelmäßige Lockerung des Bodens und für Entfernung des Unkrautes zu sorgen.

Außer bei Erdbeeren machte ich auch Versuche bei Gemüsen, auf einer Fläche von 25 a. Die Düngung bestand aus: 15 kg 40prozentigem Kalisalz, 20 kg Superphosphat, 20 kg schwefelsaurem Ammoniak.

Wirsing trieb Köpfe, wovon der schwerste 11 $^1/_2$ kg wog. Dabei waren die Blätter sehr zart und von feinem Geschmack. Zur Aussaat waren *Eisenkopf* und *Vertus* gelangt.

Die gleiche Düngung habe ich ebenfalls mit bestem Erfolge bei allen Kohlarten angewendet, zum Beispiel bei krausem Grünkohl, ferner bei Salat, Radieschen, Karotten usw. Die Pflanzen wuchsen sehr schnell und hatten ein äußerst zartes und saftiges Fleisch. Von Selleriepflanzen *Hamburger Markt* versagte keine einzige, alle gaben Knollen von bedeutender Größe und sehr zartem Gefüge.

Auch die Düngung der Gurkenbeete mit schwefelsaurem Ammoniak kann nicht genug empfohlen werden; die erzielten Resultate im vorigen Sommer sind bei der damaligen bekannten Knappheit an Gurken äußerst günstig gewesen; von *Goliath* bekam ich tadellose Früchte bis zu 80 cm Länge, nicht vereinzelt, sondern eine große Anzahl, auch Kürbisse entwickelten sich vorzüglich.

Was nun die Leguminosen, Erbsen, Bohnen usw. betrifft, so kann ich auch für diese eine Düngung mit schwefelsaurem Ammoniak sehr empfehlen. Ohne noch weitere Düngungsversuche mit schwefelsaurem Ammoniak im einzelnen näher zu schildern, gebe ich mein Urteil dahin ab, daß eine Düngung mit schwefelsaurem Ammoniak, an richtiger Stelle mit entsprechenden Mengen ausgeführt, äußerst lohnend ist und Arbeit und Ausgaben reichlich bezahlt macht; ich kann diese also Kollegen und Landwirten wärmstens empfehlen.

In diesem Jahre werde ich nach Möglichkeit weitere umfassendere Versuche mit schwefelsaurem Ammoniak anstellen.

Topfpflanzen.

Begonia corallina Luzerna, eine empfehlenswerte Neuheit unter den strauchartigen Begonien.

Von **H. Hangstein**, Frankfurt a. M., Palmengarten.

(Hierzu zwei Abbildungen.)

Es dürfte wohl kaum möglich sein, daß man unter den strauchartigen Begonien noch etwas besseres als die *Begonia hybr. Luzerna* erwarten könnte, denn diese Neuheit stellt die anderen Sorten alle in den Schatten. Diese Züchtung hat es im vollen Maße verdient, daß man ihr Lobpreisungen zuteil werden läßt, denn sie ist in ihrem herrlichen Blütenschmucke unerreicht und nimmt jedes Auge gefangen. Nicht minder wird ihre entzückende Schönheit hier im Palmengarten bewundert, wo sie nicht selten die Besucher in Staunen versetzt. Was nun noch mehr über diese Begonie zu sagen ist, kann ein jeder von den verehrten Lesern dieser geschätzten Zeitschrift sich selber sagen, wenn er die beigegebenen Abbildungen der Pflanze und Blüte betrachtet. Die hier abgebildete Pflanze ist zwei Jahre alt und, wie zu ersehen, als Spalierpflanze unter dem Glasdache eines Warmhauses gezogen.

Soviel mir bekannt, ist die *Begonia hybrida Luzerna* in Luzern (Schweiz) gezüchtet, und im Jahre 1907 von Herrn W. Pfitzer, Stuttgart, in den Handel gebracht worden*). Daß es mir nun vergönnt war, diese Begonie schon ein Jahr früher kennen zu lernen, habe ich einem Herrn aus Luzern zu verdanken, welcher mir eine Pflanze überließ. Diese Begonie ist starkwachsend und strauchartig, ihre Blätter erreichen eine Länge von 30 bis 35 cm, eine Breite von 14 bis 16 cm. Die Oberseite des Blattes ist dunkelgrün und mit silbergrauen Punkten geziert, die Unterseite blutrot. Die enormen Blütendolden erreichen einen Durchmesser von 20 bis 25 cm und tragen nicht selten bis hundert einzelne Blüten, welche anmutig leuchtendrosa gefärbt sind.

Die Vermehrung geschieht im Monat Januar oder Februar durch Stecklinge, welche sich bei einer Temperatur von 25—30° C rasch bewurzeln. Eine lockere, humusreiche Erde sagt dieser Begonie am besten zu, auch lohnt sie wiederholte Dunggüsse durch dankbares Blühen, denn ihre Blühfähigkeit ist unerschöpflich. Sehr zu begrüßen wäre es, wenn diese Zeilen die weitgehenste Verbreitung der *Begonia hybr. Luzerna* fördern würden.

*) Anmerkung der Redaktion: Die Ersteinführung erfolgte, wie auch aus nachstehendem Artikel hervorgeht, bereits 1903.

Begonia corallina Luzerna.

Von **Rich. Stavenhagen**, Rellingen.

Wenn ich im Interesse der Verbreitung dieser noch wenig bekannten Begonie das Wort nehme, geschieht dies aus zweifachem Grunde. Die Pflanze verdient allgemeine Empfehlung, überdies beweist die Geschichte der Verbreitung dieser Sorte, daß häufig der Züchter die Eigenschaften einer Neuheit noch nicht in vollem Umfange kennt, wenn er sein Produkt in den Handel bringt. *Begonia corallina Luzerna* wurde von dem Privatgärtner Wettstein in Luzern gezogen und erstmals im Herbst 1903 durch Chr. Lorenz, Erfurt, in den Handel gebracht. Wie in mehrfachen ähnlichen Fällen, war der Absatz der Neuheit nach England verhältnismäßig besser wie nach Deutschland. Ich habe den Eindruck, daß *Luzerna* selbst noch heute kaum bekannt ist und war daher angenehm überrascht, als ich, erst im September und dann nochmals im April, genannte Begonie in den neuen Schauhäusern des Frankfurter Palmengartens als Schmuck eines Warmhauses verwendet fand. Die Sorte zeigte sich hier in einer mir bisher unbekannten Eigenschaft, nämlich als Kletterpflanze. Die zwei einander ähnlichen Sorten *Duchess of Portland* und *Luzerna* waren hier am Glasdach emporgezogen, und beide bildeten einen vornehmen Schmuck dieser an Schönheiten so überaus reichen Gewächshausabteilungen. Zweifellos ist aber *Luzerna* die schönere von beiden.

Im Jahre 1903 fiel mir die Aufgabe zu, die Neuheit für die Angebote der Firma Chr. Lorenz zu beschreiben; ich verfaßte die Katalogbeschreibungen für den deutschen und den englischen Katalog, und zwar nach den Angaben des Züchters, wie auch auf Grund eigener Beobachtung an einer ziemlich großen Zahl junger und einiger älterer Pflanzen. Ich erachtete schon damals die Neuheit für nicht minder wertvoll als die *Begonia corallina Mme Charrat*, eine der Stammeltern von *Luzerna*, die schon über 15 Jahre im Handel ist und sich auch erst in den letzten Jahren etwas mehr verbreitet hat.

Wie gesagt, trotz beigegebener farbiger Abbildung und eingehender sachlicher Beschreibung verhielt sich wenigstens die deutsche Kundschaft der Neuheit gegenüber ablehnend und der Absatz war ziemlich lau. Vielleicht war die Farbentafel nicht geschmeichelt genug, auch die Beschreibung etwas zu bescheiden. Jedenfalls bedarf es bei dem besseren englischen Publikum einer aufdringlichen Reklame nicht. Es ist sogar wahrscheinlich, daß wir *Luzerna* eines Tages unter englischem Namen in Deutschland wiedersehen. Hat doch auch die weit bescheidenere *Duchess of Portland* den Weg über den Kanal gefunden.

Ich muß indes selbst zugeben, daß man 1903 an dem Pflanzenbestande der Neuheit, wie ihn die verbreitende Firma vom Züchter übernommen hatte, noch nicht in vollem Umfange zu erkennen vermochte, was für Eigenschaften in der Sorte steckten. Allerdings wurde bereits damals die enorme Größe der Blütentrauben hervorgehoben. Mancher mochte es als Uebertreibung auffassen, wenn es in der Beschreibung hieß, daß an der Originalpflanze eine solche Traube 65 Einzelblüten zählte. Zu der enormen Wuchskraft und Ueppigkeit der Belaubung, wie wir sie jetzt im Palmengarten bewundern, ließ vielleicht die starke Vermehrung die Neuheit anfangs nicht kommen.

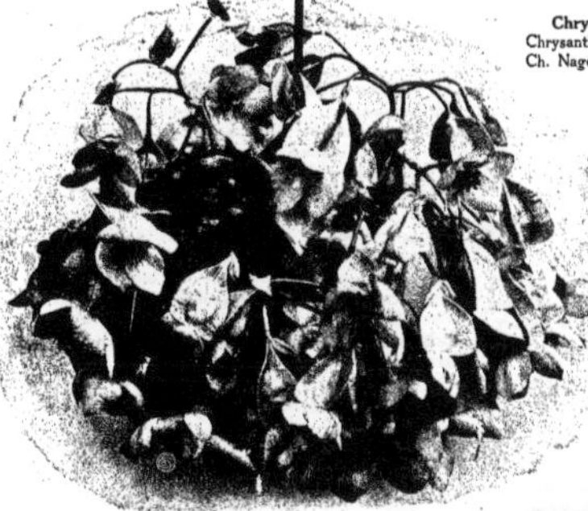

Blütenstand der Begonia corallina Luzerna.
Im Palmengarten zu Frankfurt a. M. für die „Gartenwelt“ photographisch aufgenommen.

Nach dieser Abschweifung möchte ich kurz die Pflanze beschreiben. Für den, der *Begonia Mme Charrat* kennt, wird man *Luzerna* am besten als riesenblumige, üppig belaubte *Mme Charrat* beschreiben. Tatsächlich soll sie aus einer Kreuzung genannter Sorte mit *Begonia Richardsoni* hervorgegangen sein. Wir haben es also mit einer strauchartigen Begonie vom Typus der alten *B. corallina* zu tun, deren Habitus je nach der Behandlung bald buschig, bald halbrankend ist. Die weiblichen Blüten bilden den Hauptschmuck der Pflanze. Nur ganz vereinzelt erscheinen auch männliche Blüten, die kleine, weniger auffallende Sträuße bilden. Das von leuchtend Scharlachrot bis Bronzerot spielende Kolorit der Blüten erscheint besonders lebhaft an den großen Fruchtknoten und ist um so intensiver, je mehr bei der Kultur das Sonnenlicht Zutritt hat. Im Halbschatten und in den sonnenarmen Herbstmonaten geht das Scharlachrot oft in Mattpurpurrot oder Rosa über. Die Blätter erreichen an ausgepflanzten Exemplaren 30 bis 40 cm Länge und übertreffen in den elegant gezackten Umrissen und durch die silberweiße Punktierung die Stammsorte *Mme Charrat* an Schönheit. Die Sorte ist ein guter Sommer- und Herbstblüher, bei guter Kultur und unter günstigen Verhältnissen ist sie aber fast als immerblühend zu bezeichnen. Wie viele andere strauchartige Begonien ist auch *Luzerna* eine gute Zimmerpflanze und gegen trockene Luft unempfindlich nach den Erfahrungen, die damit in Frankfurt gemacht wurden scheint indes die hohe, feuchte Wärme eines nicht allzu schattigen Warmhauses das richtige Element für diese Begonie zu sein. Damit ist nicht gesagt, daß die Verwendung auf den Schmuck der Warmhäuser beschränkt bleiben solle; vollkommene Kulturpflanzen erzielt man bei allen strauchartigen Begonien gleichen Wachstumscharakters nur bei einer sorgfältigen Kultur unter Glas und Anwendung höherer Wärmegrade; bei richtiger Abhärtung ist aber die fertige Pflanze in jedem nicht zu sehr der Zugluft ausgesetzten Raume von annähernd Zimmertemperatur gut zu verwenden.

Nach den Angaben der Firma Chr. Lorenz, Erfurt, soll sich *Luzerna* auch im Freien verwenden lassen. Bei *Mme Charrat* ist dies nicht der Fall, ich stehe daher dieser Bemerkung etwas skeptisch gegenüber. Im übrigen kann ich jedem Handels- und Herrschaftsgärtner zu einem Versuch mit *Luzerna* raten.

Chrysanthemum indicum Lady Smith. Auf einer vorjährigen Chrysanthemumausstellung fiel mir dies als Neuheit von der Firma Ch. Nagel ausgestellte *Chrysanthemum* besonders auf. Es ist ein einfachblühendes, kleinblumiges *Chrysanthemum*, welches dem *Pyrethrum roseum* sehr ähnelt. Ich halte diese hellrote Züchtung für sehr wertvoll zur Ausschmückung von Blumentischen etc.; auch als Schnittblume für kleine Sträuße, Ballgarnituren etc. ist sie wie geschaffen, zumal sie des Abends bei Beleuchtung vorzüglich wirkt. **Wilhelm Fries**, Cappellen bei Antwerpen.

Kultureinrichtungen.

Vorzüge und Nachteile der Rohglasbedachung.

Von **Georg Liebsch**, Kunst- und Handelsgärtner, Chwalkowitz bei Olmütz.

(Hierzu eine Abbildung.)

Von den vielen Vorzügen, welche das Rohglas als Bedachung für Gewächshäuser bietet, die hier nicht mehr besonders erwähnt zu werden brauchen, möchte ich einen hervorheben. Für denjenigen selbständigen Gärtner, welcher

Begonia corallina Luzerna.
Im Palmengarten zu Frankfurt a. M. für die „Gartenwelt“ photographisch aufgenommen.

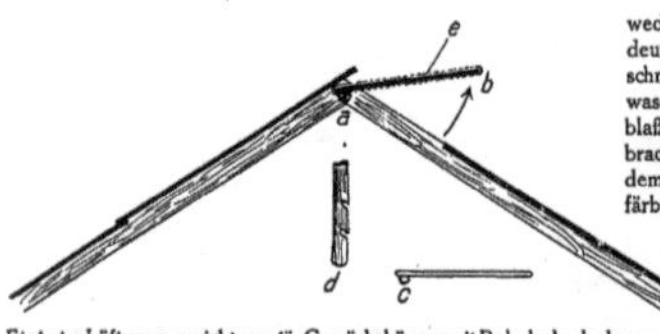

Einfache Lüftungsvorrichtung für Gewächshäuser mit Rohglasbedachung.
a = Drehpunkt der Lüftungsscheibe und Querschnitt des Eisendrahtes.
a—b = Lüftungsscheibe. c = Oese im Eisenband. d = Luftholz.
e (----) = Eisenband.

es aus mancherlei Gründen vorzieht, ohne große Zuhilfenahme von Handwerkern oder Spezialisten seine Gewächshäuser zu bauen — es gibt deren eine große Menge — ist das Rohglas ein sehr geeignetes Material. Mit verhältnismäßig wenig Holzsprossen, die auch infolge der Festigkeit des Rohglases nicht allzustark zu sein brauchen, ist die Unterlage für die Glasscheiben hergestellt. Weil die Breite des Rohglases meist 50 cm beträgt und die Länge am vorteilhaftesten, wenn es die Größe des zu erbauenden Hauses gestattet, auf 1 m zu berechnen wäre, geht das Verglasen schnell und leicht vonstatten. Um das Licht voll auszunützen, und die Herstellung eines Dachfirstes aus anderem Material zu erübrigen, genügt es vollkommen, die Scheiben dort ohne jede weitere Bindung zusammenstoßen zu lassen. Das Eindringen von Regen wird dadurch verhindert, daß die obere Scheibe etwa 2 cm überragt. Gleichzeitig wird hierdurch die Anbringung einfacher Lüftungsvorrichtungen ermöglicht, wie dies die obenstehende Skizze veranschaulichen soll. Die als Lüftungsklappen zu verwendenden Scheiben dürften bei vorgenannter Breite jedoch nicht über 40 cm lang sein, um nicht zu schwer zu werden. Für diese Größe genügt es vollkommen, wenn zwei mittelstarke, gut vernickelte Eisenbänder fest um die Scheibe gelegt werden, mit etwas Abstand von den Rändern rechts und links. Dort, wo bei a der Zeichnung die Drehung der Scheibe um einen starken Eisendraht zu erfolgen hat, welcher in die seitlichen Sprossen in richtiger Höhe eingelassen wird, sind in das Eisenband zwei runde Ösen anzubringen. Das geschieht am besten durch Einbiegen und Rundhämmern desselben, und, der Haltbarkeit halber, aus einem Stück (c). Die Lüftungsscheibe ist auf diese Weise bequem und schnell hergestellt; sie wird durch ein entsprechend eingeschnittenes Luftholz (d) oder gebogenen starken Draht beliebig gestellt und festgehalten, wozu die darunter liegende Scheibe ausreichenden Halt bietet. Die einfache und billige Herstellung solcher Lüftungsscheiben ist für Rohglasbauten da, wo verhältnismäßig viel gelüftet wird, wichtig. Im allgemeinen dürfte es genügen, wenn jede zweite Giebelscheibe als Lüftungsklappe eingerichtet wird, und zwar abwechselnd auf den beiden Giebelseiten.

Diesen, zugunsten der Einfachheit und Zweckmäßigkeit der Rohglasbedachung sprechenden Vorteilen, steht nach meiner Erfahrung ein nicht unerheblicher Nachteil gegenüber. Ich konnte während der Monate November bis Februar hindurch beobachten, daß manche Pflanzen, hauptsächlich aber *Primula obconica*, ihre Blütenfarben unter Rohglas weniger gut ausbildeten, wie unter gewöhnlichem Glase. Dies trat bei Auswechslung der Pflanzen unter sonst gleichen Bedingungen sehr deutlich zutage. Alle rosa Farbentöne von *P. obconica* wurden schmutzig fleischfarben, rotgefärbte Blumen zeigten ein verwaschenes Blaßviolett, die hübschen hellblauen Formen wurden blaß und unansehnlich. Alle unter gewöhnliches Glas gebrachten Pflanzen, selbst wenn sie weiter als vorher von demselben entfernt standen, entwickelten sofort lebhaft gefärbte Blüten, welche den Unterschied mit den vorher erblühten, die ihre blasse Farbe beibehielten, sehr deutlich zeigten. Auf die gesunde und lebhaft grüne Blattfärbung, sowie auf die Erzielung eines kräftigen, gedrungenen Wuchses wirkte das gebrochene Rohglaslicht sehr günstig ein, wie die sehr lichtliebenden Zonal-, Efeu- und englischen Pelargonien beweisen. Gewiß wäre eine weitere Klärung dieser immerhin wichtigen Lichtfrage innerhalb des Leserkreises der „Gartenwelt“ sehr erwünscht.

Landschaftsgärtnerei.

Der Wettbewerb zu Lehe.

Von Stadtobergärtner **Weiss**, Berlin.

(Hierzu drei Pläne.)

Wenn man von Bremen mit der Eisenbahn nach Geestemünde fährt, den dortigen Bahnhof verläßt und die Straßenbahn besteigt, um nach Lehe zu kommen, fährt man über eine halbe Stunde durch endlos lange und eintönige Straßen und über mehrere Brücken. Hierbei werden drei Ortschaften — außer den beiden genannten noch Bremerhaven, wohl die wichtigste — durchquert, ohne daß man die Grenzen gewahr wird. Lehe hat sich, infolge der geplanten Vergrößerungen der Hafenanlagen zu Bremerhaven, vom Strande der Weser abdrängen lassen. Es mußte daher naturgemäß seine Erweiterung im Binnenlande betreiben. Einer rastlos und emsig zunehmenden Bebauung geht die Stadtverwaltung weise voraus und erweitert in neuzeitlicher Gestaltungsart den in dem Vororte Speckenbüttel, welcher der Stadt eingemeindet ist, befindlichen Park.

In dem alten Teile, welcher einen prächtigen Baumbestand aufweist, liegt eine Erfrischungsstätte, das sogenannte Parkhaus, das ein sehr beliebter Erholungsort der Leher Einwohner ist. Vor einigen Jahren hat man diese Anlage vergrößert, hat geradlinige Wege angelegt und die Flächen baumschulartig mit Gehölz bepflanzt. Hier steht dem Schöpfer der zukünftigen Parkanlage ein geradezu ideales Pflanzenmaterial zur Verfügung.

Im Anschlusse an diesen Pflanzenbestand erstreckt sich in westlicher Richtung eine 30 ha große Fläche, die teils Ackerland, zum größeren Teil aber eine Bruchlandschaft ist. Das Gelände fällt nach Nordwesten zu allmählich ab. Es wird umgrenzt im Norden von einigen Privatgrundstücken, der Eisenbahn und der Feldmark Langen. Letztere, mit Bäumen und Gehölzen bestanden, gibt der Landschaft einen prächtigen Hintergrund. Im Westen liegt die Feldmark Imsum, während im Süden sich ein für offene Bauweise bestimmtes Gelände anschließt. Im nordöstlichen Teil liegt die Rennbahn für Flachrennen, welche in ihrer Mitte auf dem Rasen gleichzeitig als Wiesenplatz für Bewegungsspiele dienen soll. Die sachgemäße und verkehrstechnisch richtige Aufschließung dieser Rennbahn, und die zweckmäßige und praktische Anordnung des neuen Parkhauses, d. h. der Restauration in dem neuen Teile, waren wohl die wichtigsten Punkte in dem Wettbewerbe.

Ein großer Teil der Bewerber — es waren 44 Entwürfe eingegangen — hatte den Fehler begangen, das Parkhaus mit seiner Aussicht nach Westen zu legen. Am Nachmittage — der Verkehr zu anderen Zeiten kommt hier kaum in Betracht — ist der Besucher dadurch gezwungen, seine Blicke in die untergehende Sonne zu richten. Es ist dieses eine große Unannehmlichkeit, die auf jeden Fall vermieden werden muß. Anderseits mußte auch berücksichtigt werden, daß das neue Parkhaus nicht zu nahe dem alten zu liegen käme.

Die Auffassung des Schießstandes war eine sehr geteilte. Der eine brachte ihn in Zusammenhang mit dem im südwestlichen Teile gelegenen Pulvermagazin und nahm mehrere Scheibenstände bis zu 200 m Länge an. Ein anderer wieder dachte an einen Schießstand, wie ihn die Vergnügungslokale oder Jahrmärkte zeitigen. In Wirklichkeit handelt es sich um eine Schießgelegenheit für den dortigen Schützenverein, dem zwei Scheiben auf vielleicht 80 m Entfernung genügen.

Die Bruchlandschaft mit ihrem saftigen Wiesengrün und dem eigenartigen Gehölzbestande ist von besonderem Reiz, und sollte Veranlassung geben, diesem entzückenden Landschaftsbilde bei der Herstellung eine besondere Berücksichtigung einzuräumen. Die vorgeschriebene Teichanlage dürfte ihr gutes Teil beitragen.

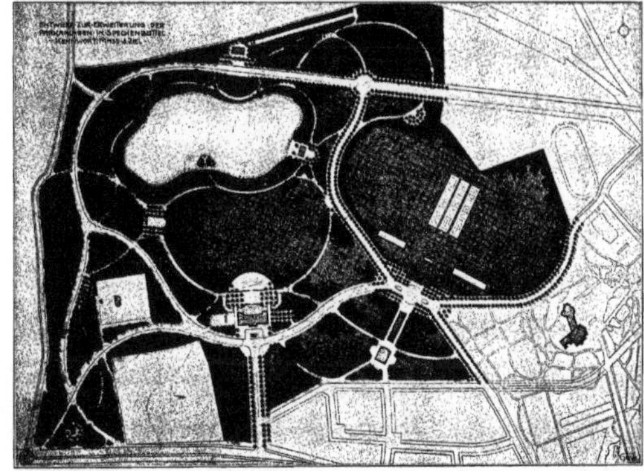

„Maß und Ziel." Mit dem ersten Preise ausgezeichneter Entwurf zur Erweiterung der Parkanlagen bei Speckenbüttel (Lehe). Verfasser Gartenarchitekt Viktor Goebel, Wien. Maßstab etwa 1:9000.
Originalaufnahme für die „Gartenwelt".

Nachdem das Preisgericht, bestehend aus dem Bürgermeister, dem Bürgerkollegiumsvorsteher, dem Mitgliede der Pflanzungskommission, dem Stadtbaumeister und den drei Sachverständigen (Heicke aus Frankfurt am Main, Singer aus Kissingen und Weiß aus Berlin), das Gelände an Ort und Stelle eingehend besichtigt und insbesondere die Verkehrswege von dem Bahnhofe und von der Stadt aus nach der Rennbahn in den Kreis der Betrachtungen gezogen hatte, wurden die im großen Sitzungssaale des Rathauses aufgestellten Arbeiten seitens der Fachmänner einer Anschauung unterworfen.

Bei dem nächsten Rundgange, der unter Beteiligung des Gesamtpreisgerichtes stattfand, wurden 25 Entwürfe als ungeeignet befunden.

Arbeiten mit dem Motto: „Der Eine betrachts, usw.", „Teichrose", „Wasserkante", „Natur" glichen mehr oder minder einem mit klarem Verständnisse projektierten Irrgarten und konnten trotz der teilweise mitgelieferten und teils auch gut ausgeführten Nebenzeichnungen nicht ernst genommen werden. Beim Beschauen dieser Entwürfe, zu welchen auch noch „Hain" mit seinen ganz vorzüglichen perspektivischen Bildern gezählt werden muß, wurde man unwillkürlich zum Nachdenken angeregt. Wenn man nicht einmal so fest die Kunst beherrscht, ein Gelände sachgemäß und zweckentsprechend aufzuschließen und dem Verkehr zu öffnen, also Grund- und Lageplan nicht bewältigen kann, sind alle Perspektiven und sonstige Nebenzeichnungen unnötige Staffage, die im allerhöchsten Falle den Zweck haben können, den Laien zu bestechen. Aber selbst diesem stoßen leicht Zweifel auf — wie auch hier —, ob die zweierlei Arbeiten, der Lageplan und die Bilder, das Machwerk ein und desselben Mannes sind.

Doch nun wieder zum Preisgericht.

Am anderen Morgen nahmen die drei Sachverständigen abermals eine eingehende Prüfung vor und lehnten weitere 10 Arbeiten aus Zweckmäßigkeitsgründen ab. Die übrig bleibenden neun Entwürfe wurden dem ganzen Preisrichterkollegium für die engere Wahl empfohlen. Den Sachverständigen lag nunmehr die Pflicht ob, bei der Besprechung dieser Entwürfe einleitend ihre persönliche Anschauung und Beurteilung zum Vortrag zu bringen. Da die Vertreter des

Gemeindekollegiums die Möglichkeit als nicht ausgeschlossen hinstellten, daß zwei weitere Entwürfe angekauft werden könnten, sah sich das Preisgericht veranlaßt, nochmals eine Sichtung vorzunehmen und weitere vier Entwürfe auszuscheiden.

Nunmehr erfolgte die Abstimmung. Es erhielt der Entwurf „Maß und Ziel“ einstimmig den ersten Preis (1000 M); „Wahr und klar“ mit 4 gegen 3 Stimmen den zweiten Preis (750 M) und „Gelingts, dann klingts“ den dritten Preis (500 M). Die beiden anderen Arbeiten „Trab, Trab“ und „So“ erhielten eine lobende Anerkennung und wurden zum Ankaufe empfohlen. Die Briefumschläge wurden eröffnet, das Protokoll aufgesetzt, verlesen und unterschrieben. Damit war die Tätigkeit der Preisrichter beendet. —

Es sei mir gestattet, im folgenden meine eigene Anschauung und Beurteilung, die sich manchmal mit den beiden anderen Sachverständigen, manchmal auch nur mit dem einen, manchmal mit dem anderen derselben deckte, wiederzugeben.

Der mit dem ersten Preise gekrönte Entwurf „Maß und Ziel“ vom Gartenarchitekten Viktor Goebel in Wien ist unstreitig die beste Lösung. Das Gelände wird in einfacher, übersichtlicher und praktischer Weise aufgeschlossen. Die einheitliche und ruhige Gestaltung der Wasserfläche ist der vorhandenen Bruchlandschaft genau angepaßt. In verkehrstechnischer Hinsicht ist die Aufschließung der Rennbahn eine ausgezeichnete. Die Betonung der Achsen zur Rennbahn und zum Parkhause ist ebenso praktisch, wie glücklich. Desgleichen ist die Lage des Parkhauses die denkbar zweckmäßigste in bezug auf das Landschaftsbild mit dem Ausblick nach Norden, als auch unter Berücksichtigung der bequemen Zugänglichkeit vom Villengelände aus. Im nördlichen Teile bietet die Waldschänke ebenfalls Gelegenheit für eine Rast. Die Anordnung des Schießstandes ist richtig und zutreffend. Nicht minder zweckmäßig ist die Anordnung des Fahrweges, der eine Durchquerung des ganzen Parkes gestattet, ohne sich auf Kosten der Fußgänger hervorzudrängen. Diesen stehen eine Anzahl von Wegen zur Verfügung, die in geschickter Weise dem Fahrverkehr abgewendet sind. Eine Kreuzung beider Wegearten ist hier und da natürlich nicht zu vermeiden, da neben den Zwecken der Erholung auch möglichst auf eine schnelle und gute Verbindung Bedacht genommen werden mußte.

„Wahr und klar“, Verfasser Gartenarchitekt J. P. Großmann in Leipzig und Dresden. Die Zufahrt von Bahnhof Speckenbüttel nach der Rennbahn und nach dem in der nordwestlichen Ecke vorgesehenen Parkhause ist genial, wenngleich die fehlende Fortsetzung des Fahrweges durch den Park hindurch, wie sie der vorige Entwurf aufweist, als ein Mangel bezeichnet werden muß. Die regelmäßige, unter Bezugnahme auf die Längenausdehnung als zu schmal angeordnete Wasserpartie kann sich angesichts der sich unmittelbar anschließenden natürlichen, in ihrer Natürlichkeit sehr gut gelungenen Teichszenerie schwerlich dem Landschaftsbilde harmonisch einfügen. Sie hat etwas gesuchtes und kann auch nur durch starke Hervorhebung von Architektur ihre Begründung erhalten. Die Anordnung des Wasserturmes und die Betonung dieses Teiles durch strenge und wuchtige

„Wahr und Klar.“ Mit dem zweiten Preise ausgezeichneter Entwurf zur Erweiterung der Parkanlagen bei Speckenbüttel (Lehe). Verfasser Gartenarchitekt J. P. Großmann, Leipzig. Maßstab etwa 1 : 9000.
Originalaufnahme für die „Gartenwelt“.

Linien in der Ausgestaltung als Zufahrtswege für die Rennbahn und für das Parkhaus ist großartig und war ausschlaggebend für die Preiszuerkennung. Weniger Gefallen fanden, freilich mit Ausnahme, und zwar mit der Begründung, daß es eben einmal etwas anderes ist, die Wege mit den gänzlich unbegründeten knickartigen Brechungen. Der Verfasser sagt freilich in seiner Erläuterung „Jede Wegekrümmung ist durch die sich hierdurch ergebende Aenderung der Blickrichtung auf einen Zielpunkt begründet". Er fährt dann fort und sagt: „Die Bilder entwickeln sich stets vor dem Spaziergänger und nicht rechtwinklig oder seitlich, wie bisher meist üblich." Nun, diese Anschauung mag theoretisch wunderbar schön sein und für den Spaziergänger, der allein und außerhalb der Verkehrszeit dort zu wandeln in der Lage ist, zutreffen. An den Nachmittagsstunden, wo der Verkehr schon ein regerer ist, wird dieses aber hinfällig.

Wenn Verfasser ferner in der sonst üblichen Kurvenzeichnung eine Maniertheit erblickt, so kann und muß man dies auch von den von ihm beliebten und oft sehr gewagten Knicks sagen. Die nicht genügende Ausreifung erweist sich als Methode, kann daher nicht ansprechen. Ich will aber wünschen, daß diese Gestaltungsweise einer klärenden Zeit entgegen gehe und sich etwas gutes entspinnen möge, wie dieses beispielsweise schon bei dem Bauerschen Entwurfe zum Schillerpark in Berlin mit Freuden festzustellen ist.

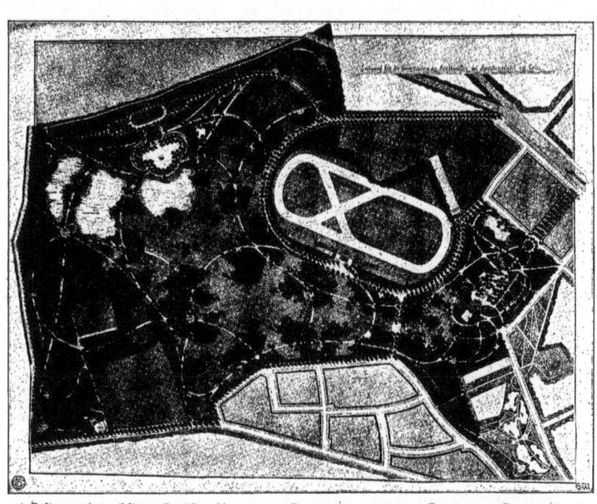

„Gelingts dann klingts." Mit dem dritten Preise ausgezeichneter Entwurf zur Erweiterung der Parkanlagen bei Speckenbüttel (Lehe). Verfasser Gartenarchitekt M. Reinhardt, Düsseldorf.
Maßstab etwa 1 : 9000. Originalaufnahme für die „Gartenwelt".

„Gelingts dann klingts." Verfasser ist der Gartenarchitekt M. Reinhardt in Düsseldorf. Die Zufahrt zur Rennbahn und die Durchführung der Fahrstraße nach der nordwestlichen Ecke des Parkes in den vorhandenen Feldweg, dessen Ausbau als Straße wohl zu gewärtigen sein dürfte; ist als gelungen zu bezeichnen. Auch die Anordnung des Parkhauses mit dem Fernblick nach Süden, über die weiten Rasenflächen hinweg, ist eine ausgezeichnete.

Daß sich der Bau des Hauses an der gedachten Stelle in der moorigen Lage schwieriger als auf höher gelegenen Stellen gestaltet, konnte ein Hinderungsgrund für die Preiserteilung nicht sein. Die Wegeverteilung ist eine geschickte und ausreichende, leider sind die Linien oftmals zu sehr geschwungen. Auch schien die Bepflanzung viel zu umfangreich zu sein; ein bischen weniger wäre jedenfalls vorteilhafter gewesen. Die Anordnung des Wasserturms, seine Verbindung mit der Rennbahn und die Zufahrt zu dieser, ist eine gute und geschickte Lösung. Allgemeines Mißfallen hat die zu sehr zerrissene Teichform erregt.

Der Entwurf „Trab Trab", Verfasser Gebr. Röthe, Bonn (zum Ankauf empfohlen), führt die Fahrstraße vom Bahnhofe Speckenbüttel nach dem Rennplatze und läßt sie dann in einer flachen, eleganten Kurve, freilich ohne Berücksichtigung der Höhengestaltung des Geländes in der südwestlichen Ecke des Parkes, in die Wurster Straße münden. Von der Tribüne aus, die in der Mitte der Rennbahn an der Längsseite liegt, ist eine regelmäßige Partie vorgesehen, die zum Abschluß den Aussichtsturm hat. Das Parkhaus liegt westlich der Rennbahn. Der Teich ist an der tiefsten Stelle vorgesehen, seine Ränder sind ein wenig sehr geschwungen. Die Zufahrt zur Rennbahn von der Straße aus, die zwischen dem alten Park und dem Villenbebauungsgelände sich hinzieht, war gar nicht berücksichtigt. Da an dieser Stelle von Lehe aus einst die Hauptzufahrt sein wird, so muß der Fehler als ein großer Mangel empfunden werden.

Der Entwurf „So", Verfasser G. Gerstadt, Frankfurt am Main (zum Ankauf empfohlen), hat eine ganz abweichende Lösung. Er will nicht den Rasenplatz inmitten der Rennbahn zu Spielzwecken ausgenützt haben, sondern legt dafür mitten im Gelände, wo man bei den anderen Entwürfen über freie Wiesen hinwegschaut, einen ausgedehnten und großzügig gedachten regelmäßigen Platz an, dessen Längsseiten von starken Baumreihen betont werden. Hieran schließt sich in südwestlicher Richtung eine streng regelmäßige, beinahe viereckige, mit Böschungen vorgesehene Teichanlage an, die hier in einer reizvollen Bruchlandschaft nicht am Platze sein dürfte. Die Zufahrt zur Rennbahn, bei dem alten Parkhause vorüber, nimmt viel zu wenig Rücksicht auf den daselbst befindlichen alten Baumbestand.

Sehr beachtenswerte Lösungen fanden sich dann noch bei einigen anderen Entwürfen, so hatte „Bürgerpark" die Restauration in gleicher Weise wie bei der mit dem ersten Preise ausgezeichneten Arbeit angeordnet. Die vom Parkhause aus auf das Villengelände zuführende Straße ist aber hier nicht auf eine Durchgangsstraße geführt, was unbedingt als Fehler angesehen werden muß. Die Wege sind viel zu reichlich und in ihren kreisartigen Kurven viel zu geschwungen.

Bei dem Entwurf „?" ist die Zufahrt zur Rennbahn und unter Benutzung des sich an der östlichen Grenze des Villengeländes hinziehenden Parkweges als die beste Verbindung von Lehe aus außerordentlich glücklich gewählt. Die Anordnung der Restauration, nordwestlich der Rennbahn, mit einer Aussicht auf eine mit Koniferen bepflanzte Böschung, ist dagegen sehr zu bemängeln. Der Aussichtsturm in seinem Uebergewicht als Bauwerk gegenüber dem Baumbestande verlangt eine stärkere Betonung durch eine regelmäßige Platzanlage mit breiten Promenaden. Eine von anderen Entwürfen abweichende Auffassung zeigt der in der südwestlichen Ecke vorgesehene Zugang, welcher in seiner Regelmäßigkeit nicht übel zu nennen war.

„Dem Bürger." Die gute Anordnung der Fahrstraße zur Rennbahn berücksichtigt nicht genügend die Aufschließung des Parkgeländes. Die Wege sind zu schematisch angelegt, oft auch ohne Begründung in starken Kurven geleitet. Die Ansichten der Preisrichter über diesen Plan waren von Anfang an geteilt, während ein Teil ihn gleich ablehnte, hielt ein anderer Teil die Vorzüge einer eingehenden Erwägung wert.

Der Entwurf „Der Erholung und dem Sport" sieht den seiner Form nach annehmbaren Teich nicht an der tiefsten Stelle vor, sondern setzt an diese das Parkhaus und läßt es ohne Zufahrt. Auch der Schießstand war vollständig falsch aufgefaßt. Der notwendigen Aufteilung des Geländes dürfte auch nicht genügend Rechnung getragen worden sein, wenn anderseits die große Flächenwirkung dem Zweck entspricht.

Der Entwurf „Eekboom" weist eine großzügige Anordnung auf. Ein Fahrweg führt vom Bahnhofe aus durch den Park in das Villenviertel. Eine Abzweigung im Norden schließt die Rennbahn ein. Die Wege zeigen zu stark geschwungene Linien, auch läßt die Bepflanzung durch zu viele Einzelstellungen die nötige Ruhe vermissen.

Genannt seien noch die Entwürfe: „Volkswohl" mit praktischer Zufahrt und guter Anordnung des Aussichtsturmes, ferner „Natur" (mit zwei Nebenzeichnungen), welcher bei Ausschließung der den Verkehr nicht berücksichtigenden Zufahrtstraße die Aufteilung des gesamten Parkgeländes in ziemlich gelungener Weise vorsieht. Auch „Am See" weist eine zutreffende Anordnung der Wegezüge und harmonische Verteilung der Bepflanzung auf.

Wenn ich zum Schlusse nun noch die Arbeiten „Große Flächen" und „Erholungstätte" erwähne, ist alles das aufgeführt, was für eine Fachbeurteilung in Frage kommen konnte. Daß bei den Wettbewerben neben Gutem auch Schlechtes gezeitigt wird, ist eine Erscheinung, die sich auf allen Kunstgebieten offenbart. Die Zeit der Hochflut von Preisausschreiben auf dem Gebiete der Gartenkunst, in der wir jetzt leben, muß selbstverständlich auch viel Minderwertiges gebären.

Der Stadt Lehe aber, die in so sachgemäßer und zielbewußter Weise den idealen Kampf mit ihren beiden Schwesterstädten Bremerhaven und Geestemünde aufnimmt, wollen wir wünschen, daß sie auch bei der Ausführung dieser Anlage in ernstwollender Weise vorgeht. Hierzu muß eine Kraft gewonnen werden, welche die Aufgabe beherrscht und ausgebildeter Gartenkünstler ist. Dann wird Lehe um eine Siegespalme reicher sein, und Geestemünde mit seinem bis jetzt noch wenig erfreulichen Park um ein bedeutendes schlagen. Der Welt und unserem Berufe wird dann auch der gute Zweck eines Wettbewerbes vor Augen geführt.

Umschau in der englischen Fachpresse.

Brassica-Kreuzungen. — Melacosoma lusitanicum, ein neuer Narzissenschädling. — Anormale Blütenbildung bei Odontoglossum crispum. — Neue und bemerkenswerte Pflanzen. — Sonderheft über englische Gärten.

Die englischen Fachblätter besprechen eingehend einen von A. W. Sutton in der Linnean Society gehaltenen und mit Lichtbildern reich ausgestatteten Vortrag über *Brassica*-Kreuzungen. Suttons Resultate sind besonders für den Samenbau wichtig, sie liefern aber auch der Wissenschaft wertvolle Beiträge und geben gleichzeitig dem Gemüsebau neue Züchtungen. Veranlassung zu diesen Versuchen gab eine, in einer landwirtschaftlichen Zeitung aufgestellte, mit den Erfahrungen des Samenzüchters aber nicht im Einklang stehende Behauptung, nach welcher eine Kreuzung auf natürlichem Wege unter den verschiedenartigen Pflanzen der *Brassica*, einschließlich einiger der wichtigsten Kulturpflanzen unmöglich sein sollte. Mit anderen Worten: Samenträger solcher Pflanzen könnten ohne Gefahr einer Kreuzbestäubung dicht nebeneinander aufwachsen. Sutton hat diese Frage gelöst und jene Arten festgestellt, welche man nebeneinander kultivieren darf; dadurch wurden aber auch solche erkannt, die durch fremden Pollen leicht nachteilig beeinflußt werden. In Betracht kommen hier außer der eigentlichen Kohlart *(B. oleracea)* die nahe verwandten *B. Rapa*, *B. campestris* und *B. Napus*, die sich bis zu einem bestimmten Grade gegenseitig befruchten. Raps zur Seite von Rüben kann die Samenbildung der letzteren derartig beeinflussen, daß wenige oder gar keine Rüben unter dem Nachwuchse erscheinen. — Die zahllosen Gemüseformen wurden durch Bastarde zwischen Rosen-, Wirsing- und anderen Kohlarten bereichert, deren Entstehung man hohe Bedeutung beimißt, weil Größe und Gewicht bezw. Nährwert gesteigert sind. Interessenten mögen auf die ausführliche Schilderung im „Gardeners Chronicle" (25. Januar 1908) verwiesen sein. —

Den Narzissenkulturen des südlichen Frankreichs wird durch das verheerende Auftreten einer Larve erheblicher Schaden zugefügt. Die in Mitleidenschaft gezogenen Arten gehören zu den Schnittsorten, wie *N. Tazetta fl. pl.*, *N. aureus* und *N. papyraceus*. Das Tierchen ist im zentralen Frankreich häufig und kommt als Käfer im Anfang Mai allgemein auf den Blüten verschiedener Kompositen vor, besonders auf *Urospermum Dalechampsii*, die oftmals gänzlich von ihm bedeckt sind. Prof. Valéry Mayet von der „Ecole National d'Agriculture" in Montpellier hat sich der Sache angenommen und die Larve als die des Käfers Malacosoma lusitanicum aus der Familie der *Chrysomelidae* festgestellt. Man vermutet, daß die bisher unbekannte Larve ihre Zeit in den Zwiebeln von *Muscari comosum* verbringt, im frühen April in sie eindringt und Anfang Mai aus ihnen entschlüpft. —

Im „Gardeners Chronicle" berührt ein Mitarbeiter, durch einige Beispiele veranlaßt, wieder die Frage, inwiefern ein hoher Kulturzustand bei Pflanzen die Neigung zu anormaler Blütenbildung begünstigt." Es handelt sich in diesem Falle um *Odontoglossum crispum*, die sich in hervorragender, außergewöhnlich üppiger Verfassung befinden und kräftige Blütenstände tragen. Die Blüten selbst zeigen aber in den einzelnen Teilen eine abnorme Ausbildung, so finden sich z. B. auf vergrößerter Säule die Säulenflügel von petaloidem Charakter und auf gemeinsamem Blütenstiele 2 Blüten zusammengedrängt. Ueberschüssige Kraft soll sich auf diese Weise einen Ausweg suchen. —

Von neuen und bemerkenswerten Pflanzen mögen die folgenden hervorgehoben sein. *Romneya trichocalyx*, eine abgetrennte Art von der ebenso schönen wie schwerwüchsigen *R. Coulteri*, die von Miß A. Eastmann auf Grund des behaarten Kelches, zierlicheren Baues und reicherer Belaubung als Spezies benannt und beschrieben wurde. In der Kultur zeichnet sich diese Pflanze durch eine größere Widerstandsfähigkeit aus, auch ihre Reichblütigkeit macht sie für Gartenzwecke wertvoller. Die Vermehrung geschieht durch Samen, wie auch durch Stecklinge, die man im Herbst von jungen, ausgereiften Trieben wählt und in feuchter, sandiger Erde unter einer Glasglocke zur Bewurzelung bringt. *R. Coulteri* wurzelt schwerer, sie läßt sich aber durch Teilstücke der fleischigen Wurzeln vervielfältigen. Gut bildlich dargestellt finden wir neben dieser im „Gardeners Chronicle" eine mexikanische Komposite, *Montanoa mollissima*, mit großen und schön doppelt gefiederten Blättern. Sie besitzt schöne, 8 cm große, weiße Blüten, die aber auch als gelbfarbig in Beschreibungen angeführt wurden. Eine vorteilhafte Verwendung der Pflanze ist ihre Unterbringung zwischen subtropischen Pflanzen im Freien. Im übrigen kultiviert man sie wie *Chrysanthemum* und gibt ihr im Winter einen Platz im Kalthause. Ein Wertzeugnis I. Klasse erhielt *Odontoglossum* × *Macnabianum*, eine Kreuzung zwischen *O. Harryanum* und *Wilckeanum albens*. Sie ist eine hervorragende Hybride in Größe, Form und Farbe und in der Sektion ein auffälliger Fortschritt. —

Für Gartenkunst ist ein Sonderheft des „Studio" erwähnenswert, das sich ausschließlich mit englischen Gärten der südlichen und westlichen Provinzen beschäftigt. Dieser anziehende Band ist zum Preise von 5 und 7 sh 6 d erhältlich. Er ist herausgegeben von Charles Hoeme, hat ein Format von $30 \times 21^1/_2$ cm und enthält Illustrationen der schönsten Teile aus den berühmtesten Gärten. Wir finden einen kurzen Rückblick auf die Geschichte und Entwickelung der Gartenkunst und Angaben über die Grundzüge der Gartengestaltung. Von den erläuterten Illustrationen sind 8 farbig und 128 schwarzweiß. Unter diesen zeigen eine ganze Anzahl Schlösser und Gartenarchitekturen. E. B. B.

Fragen und Antworten.

Beantwortung der Frage No. 533. Welche Bäume sind zur Bepflanzung einer durch magere Sandaufschüttung hergestellten Straße zu empfehlen?

In magerem Sandboden gedeihen die Robinien (Akazien) von allen Straßenbäumen am besten. Es kommen hierbei folgende Arten in Betracht: *Robinia Pseudacacia*, die in Deutschland an vielen Orten verwildert wächst und sehr stattliche Bäume gibt: *Robinia viscosa*, die Klebeakazie, die ebenfalls vollständig winterhart ist, ihr Laub bis in den Herbst hinein behält und reichlich blüht; *Robinia Bessoniana* und *R. Pseudac. umbraculifera (latifolia)*, die ebenfalls schöne Bäume geben; *Robinia Pseudac. inermis* und *R. hispida* bilden keine so starken Bäume; die *Robinia hispida* ist jedoch prachtvoll in der Blüte. Um eine schöne Belaubung zu erhalten, sollen die Robinien jedes zweite Jahr stark zurückgeschnitten werden. In den Zwischenjahren beschränkt sich der Schnitt auf das Auslichten der zu dicht stehenden Zweige.

F. Roll, Château d'Oex, Schweiz.

— Für derartige Straßen kommen in erster Linie die verschiedenen Akazien in Betracht, dann die Birke. Doch gibt es hier auch sehr alte Schwarzpappeln in großer Menge, welche oft einen Stammdurchmesser von einem Meter haben, gemessen einen Meter über dem Erdboden, und in einem mageren Sande stehen. Auch die Kiefer vegetiert noch in reinem Sande, nur würde sie sich wohl zur Bepflanzung von Straßen nicht eignen.

Georg Blau, städt. Gartentechniker, Bromberg.

Beantwortung der Frage No. 534. Welche Linden leiden nicht an frühem Laubfall im Sommer, und wie kann letzterem bei den alten Lindenbäumen einer Allee, die oft schon im August kahl sind, vorgebeugt werden?

Die zur Anpflanzung einer Allee am besten geeignete Linde ist unstreitig *Tilia rubra euchlora (dasystyla)*, die Krimlinde. Dieselbe bildet schöne, gleichmäßige Stämme, hat einen üppigen Wuchs, die Blätter halten länger am Baume als bei den Sommerlinden und werden nicht so viel vom Ungeziefer heimgesucht. Der frühe Laubfall hat seinen Grund meist in zu großer Trockenheit, besonders wenn die Bäume in der Nähe von Häusern stehen, wo die Sonnenstrahlen stark zurückgeworfen werden. Es hilft dagegen ein mehrmaliges, starkes Gießen und ein Bespritzen der Baumkronen mit Wasser. Durch anhaltende, trockene Luft wird auch das Auftreten der roten Spinne begünstigt, welche in kurzer Zeit die Blätter vernichtet. In verkehrsreichen Straßen, wo ein Bespritzen der Kronen nicht möglich ist, ersetze man die Bäume durch *Tilia rubra euchlora* oder andere weniger empfindliche Alleebäume.

Paul Hartmann, Obergärtner.

— Die Verschönerung der Städte durch Schmuckplätze, Volksgärten usw. hat sich schon lange Zeit durch Anpflanzung von Bäumen, durch Rasenanlagen und Blumenrabatten auf die Straßen ausgedehnt, wobei zunächst die breiteren Straßen berücksichtigt wurden. Auch der Verein Deutscher Gartenkünstler nahm sich vor vielen Jahren der Bepflanzung der Straßen durch Bäume an. Mit der Zeit stellte sich dann heraus, daß doch manche Bäume von dem Anpflanzen in den Straßen der Städte besser ganz ausgeschieden würden, wozu auch einige Lindenarten zu rechnen sind.

Die bekanntesten Linden sind die großblättrige und die kleinblättrige, die man recht häufig angepflanzt sieht. Leider haben sie nicht das gehalten, was man sich von ihnen versprochen hat. Besonders erstere zeichnet sich durch einen frühen Laubabfall unangenehm aus. Nicht nur verursacht das Entfernen der abgefallenen Blätter von den Straßen viele Kosten, sie lassen in uns eine melancholische Stimmung aufkommen, die uns zu früh auf die Vergänglichkeit des Erdenlebens hinweist. Die kleinblättrige Linde läßt allerdings ihre Blätter etwas länger sitzen; sie blüht 14 Tage später als die großblättrige Linde, was den Bienen besonders zugute kommt. Da die kleinblättrige Linde häufig von Ungeziefer befallen wird, langsam wächst und schlechte Kronen bildet, sollte man sie aber so wenig wie möglich verwenden. Die Krimlinde, *Tilia rubra euchlora*, die uns im Frühjahre nach dem Austrieb durch die saftig grünen Blätter erfreut, läßt schon im August, September ihre Blätter fallen. Als empfehlenswerteste Linde ist *Tilia tomentosa*, die ungarische Silberlinde zu nennen. Sie besitzt nicht nur eine schöne Krone, sie gilt auch bei den Bienenzüchtern als recht ertragreich, so daß man ganz gut auf die zuerst genannten Linden verzichten könnte. Das Laub, welches auf der Oberseite dunkel blaugrün, auf der Unterseite silbrig weiß erscheint, hält sich bis zum Eintritt des Frostes, oft bis in den November hinein. Auch *Tilia vulgaris (intermedia)*, die eine schöne, regelmäßige, pyramidenförmige Krone bildet, behält das Laub bis zum Oktober.

Koch, Institutsgärtner, Hohenheim.

— Eine Linde, die ihr Laub bis in den Herbst schön grün und gesund erhält, ist *Tilia grandifolia (platyphyllos)*, auch ergibt dieselbe vorzügliche Alleebäume, die man an manchen Orten mit Vorliebe angepflanzt findet. **Wilh. Titze**, Crangen.

— Weniger wie die meisten anderen Arten leidet *Tilia euchlora* (Krimlinde) am frühen Laubfall und ist überhaupt als beste Linde zur Bepflanzung von Straßen und Alleen geeignet. Sie ist fast unempfindlich gegen Trockenheit, rote Spinne, durch ihre glatte Blattoberfläche auch gegen Ruß. Auch *Tilia parvifolia* (kleinblättrige Linde) hält ihre Blätter länger als die meisten der großblättrigen Lindenarten. Das frühe Kahlwerden der Lindenallee hat wohl seinen Hauptgrund in dem zu leichten Boden. Hiergegen kann nur tüchtiges Bewässern nützen. Oder es muß rings um jeden Baum der Boden ziemlich tief und breit, der Stärke des Baumes entsprechend, ausgehoben und durch schwereren, mehr Feuchtigkeit haltenden Boden ersetzt werden. Es kann dieses Mittel nur für einzelne Bäume in Anwendung kommen, da es für ganze Alleen zu große Kosten verursachen würde.

Georg Blau, städt. Gartentechniker, Bromberg.

Beantwortung der Frage No. 535. Was ist richtiger beim Schneiden der Kugelakazien: Die jungen Triebe an ihrer Basis, also am Astringe, abschneiden, oder ihnen etwa 2 Augen zu lassen? Ich neige letzterer Ansicht zu.

Beim Schneiden der Kugelakazien ziehe ich den Zapfenschnitt auf zwei Augen vor, es bleiben also zwei Augen der jungen Triebe stehen. Die Zapfen müssen so an den Aesten verteilt sein, daß die aus ihnen hervorsproßenden zwei Haupttriebe eine schöne Krone bilden, da bei diesem Schnitt an den Stammästen weniger Triebe entstehen. Von den zwei Trieben, die sich am Zapfen bilden, wird im folgenden Jahre stets der obere mit dem Teil des Zapfens glatt über dem unteren abgeschnitten; der untere Trieb wird wieder auf zwei Augen geschnitten. Dieser Schnitt wird alljährlich in der gleichen Weise ausgeführt, wenn nicht die Form der Krone eine Aenderung verlangt. Die aus den Aesten hervorwachsenden jungen Triebe werden glatt abgeschnitten, soweit sie nicht zur Kronenbildung nötig sind. **F. Roll**, Château d'Oese, Schweiz

— Der Schnitt der Kugelakazien ist recht einfach, muß jedoch mit einiger Vorsicht geschehen. Daß große Sorgfalt nötig ist, sieht man an den unendlich vielen verschnittenen Kugelakazien. Sie bilden einen ordentlichen Wulst am Stamme, was sehr schlecht aussieht. Bei den alten Bäumen soll man, was den richtigen Schnitt anbelangt, die jungen Triebe ganz bis auf die alten Aeste zurücknehmen. Man schneidet also auf Astring. Im Februar, März, je nachdem die Zeit vorhanden ist, wird der Schnitt vorgenommen. Im entlaubten Zustande sieht überhaupt ein solcher geschnittener Baum nicht vorteilhaft aus; die schönen, kugeligen Kronen im Sommer entschädigen uns aber vollständig. Bei den ganz jungen Kronen schneidet man alles, was sich kreuzt, ab, sieht nebenbei auf gute Form, kürzt die jungen Triebe, welche die Krone zu bilden haben, etwas ein, damit sie sich kräftig entwickeln können. Würde man bei den Kronen von den jungen Trieben etwas stehen lassen, also nicht auf Astring schneiden, so würde an jedem Aste mit der Zeit ein klobiger, dicker Wulst entstehen, was selbst im Sommer die Laubblätter kaum verdecken können. **Koch**, K. Institutsgärtner.

— Unter Kugelakazien versteht man allgemein die *Robinia Pseudacacia Bessoniana*, die von Natur aus einen gedrungenen, kugelförmigen Wuchs hat, daher ein Schneiden von vornherein überflüssig macht. Ich möchte sagen, die ganze Schneiderei bei derartigen Kugelbäumen, die sich von Natur aus kugelig formen, ist nicht nur eine gedankenlose Spielerei, sondern auch ein ganz überflüssiger, gewaltsamer Eingriff in das natürliche Wachstum der Pflanze. Ich hatte während meiner langjährigen Tätigkeit schon öfter Gelegenheit, Kollegen und Laien für das Nichtschneiden solcher Bäume zu gewinnen und alle diese Herren sind schon nach kurzer Zeit meiner Auffassung vollständig beigetreten und schneiden heute nur fort, wo es unbedingt verlangt wird.

Es ist doch ohne Zweifel ein natürlich geformter Baum viel schöner als ein solcher, der alle Jahre zurecht gestutzt wird und kaum während einiger Monate eine einigermaßen vollkommene Figur und Form zeigt. Ich möchte dem Herrn Fragesteller raten, seine Kugelakazien mal einige Jahre nicht zu schneiden; ich bin überzeugt, daß er dann an den natürlich geformten Kugelbäumen seine Freude haben und nur selten etwas mit der Schere nachhelfen wird, um etwa vorhandenes trockenes oder zu dicht stehendes altes Holz zu entfernen und die ansprechende, natürliche Schirmform der Krone zu erhalten. **E. Eipper.**

— Ich halte es für richtiger, bei dem Beschneiden der Kugelakazien zwei Augen stehen zu lassen.

Georg Blau, städt. Gartentechniker, Bromberg.

Neue Frage No. 546. Ich will mein Grundstück mit einer Hecke umgeben. Was eignet sich hierzu außer Weißdorn am besten, um schnell eine dichte Pflanzung zu erhalten? Ist die schottische Zaunrose hierzu geeignet und woher ist diese in Massen zu beziehen? Es handelt sich um etwa 400 laufende Meter.

Neue Frage No. 547. Welches sind die üblichen Maße für die im Freien zu verwendenden Glasglocken, was kosten diese und woher sind sie zu beziehen?

Neue Frage No. 548. Welches ist der beste und praktischste Erdbeerhalter?

Neue Frage No. 549. Hat sogenannter Kalkstaub, wie er in den Kalkwerken zu haben ist, Wert für Gartenland, und wann ist derselbe unterzubringen?

Neue Frage No. 550. Welche Erdbeersorten sind die einträglichsten zum Anbau auf schwerem Lehmboden (Marschboden)? Der Boden ist rigolt, locker und gut gedüngt. Die Früchte werden größtenteils am Platze verkauft.

Bücherschau.

Geflügelzucht in den Vororten. Von Direktor Dr. Blancke, Fredersdorf bei Berlin. Mit fünf Rassetafeln, einer Tafel nach Photographie und 25 Abbildungen im Text. Berlin 1908. Verlag von Baedeker & Moeller. Preis 3 Mark.

Die vorliegende Schrift ist als dritter Band der Vorort-Bibliothek erschienen. Der mir seit Jahren befreundete Verfasser, dessen Versuchsanstalt für Geflügelzucht sich in der Nachbarschaft meiner Plantage befindet, so daß wir öfter Veranlassung nehmen können, unsere Erfahrungen gegenseitig auszutauschen, ist seit Jahrzehnten als hervorragender Rassekenner und -züchter in den weitesten Kreisen bekannt; er hat in der vorliegenden Schrift in gedrängter Form das zusammengefaßt, was der Gartenstadt- oder Vorortbewohner wissen muß, um die Geflügelzucht für den eigenen Haushalt lohnend und zu einer angenehmen Beschäftigung zu gestalten. Die für diese Verhältnisse in Frage kommenden Rassen werden in Wort und Bild vorgeführt, ihre besonderen Nutzeigenschaften hervorgehoben und praktische, erprobte Anweisungen zur Ausführung der verschiedenen Betriebsweisen, zur Brut und Aufzucht, zur Fütterung, Einrichtung der Stallungen, Behandlung in Krankheitsfällen usw. erteilt. Anfänger in der Geflügelzucht dürfen den erprobten Ratschlägen des Verfassers vertrauensvoll folgen.

M. H.

Personal-Nachrichten.

Kickheben, Alb., Potsdam-Wildpark, wurde die Verwaltung des Parkes und der Gärtnerei der Kgl. Villa Jugendheim übertragen.

Briefkasten der Redaktion.

C-s, Hamburg. Ein „Streumittel" zum Vertreiben der Katzen, die Ihnen allnächtlich in Ihrem Garten viel Aerger und Schaden bereiten, gibt es nicht. Wir empfehlen Ihnen das Abfangen der nächtlich umherstrolchenden, jedenfalls herrenlosen Katzen mit Kastenfallen, die Sie sich nach den im „Praktischen Taschenbuch für Gartenfreunde" (Preis 2,50 M, Verlag von Paul Parey) gegebenen Abbildungen und Beschreibungen selbst herstellen können. Als Köder dient getrocknetes Baldriankraut oder etwas Baldrianöl.

K. W., Grefrath bei Krefeld. Eine buntblättrige Remontantrose wurde vor etwa 15 Jahren von W. Duesberg, Nieder-Walluf, als *R. hybr. foliis tricoloribus* in den Handel gegeben, scheint aber wieder aus den Kulturen verschwunden zu sein. Buntblättrige Rosensporte treten öfter auf, sind aber wenig beständig und auch ohne besonderen Handelswert, da die Rose in erster Linie Blütenpflanze ist.

St. Die Obstbauzeitschrift „Pomologie française" ist uns nicht bekannt. Vielleicht kann einer unserer Leser Auskunft hierüber und über etwaige in englischer Sprache erscheinende Obstbauzeitschriften erteilen, die wir Ihnen übermitteln würden.

Berlin SW. 11, Hedemannstr. 10. Für die Redaktion verantwortlich Max Hesdörffer. Verlag von Paul Parey. Druck: Anhalt. Buchdr. Gutenberg e. G. m. b. H., Dessau.

Bevorstehende Ausstellungen.

Juni 1908.

eipzig. Rosenausstellung vom 27. Juni bis 5. Juli 1908 anlässlich des diesjährigen Kongresses des „Vereins deutscher Rosenfreunde".

wickau. Vogtländisch-Erzgebirgische Rosenausstellung. Anlässlich des 25 jährigen Bestehens des Vereins Zwickauer Rosenfreunde.

August 1908.

uisburg. Gartenkunstausstellung 15. August bis 1. Oktober 1908.

t. Johann. Gartenbauausstellung vom 29. Aug. bis 14. Sept. im St. Johanner Volksgarten.

September 1908.

essau. Jubiläumsgartenbauausstellung des Vereins selbständiger Gärtner von Dessau und Umgegend, vom 18.—20. September.

uedlinburg. Neuheitenausstellung der Deutschen Dahlien - Gesellschaft. 12.—14. September im Kaiserhof.

Oktober 1908.

ielefeld. Obstausstellung für Westfalen und Lippe. 13.—19. Oktober

üsseldorf. Obstausstellung vom 28. bis 31. Oktober 1908 in der städt. Tonhalle, veranstaltet von der Landwirtschaftskammer für die Rheinprovinz.

April 1909.

erlin. Grosse Internationale Gartenbauausstellung vom 2.—13. April in der Ausstellungshalle am Zoologischen Garten, veranstaltet vom Verein zur Beförderung des Gartenbaues in den Kgl. preuss. Staaten.

Neue Kataloge.

Philipp Geduldig, Pannescheide bei Aachen. Rosen-Neuheiten 1908.

Konkurse.

Würzburg. Mit diesgerichtlichem Beschluss vom 26. Mai 1908 wurde das Konkursverfahren über das Vermögen des **Baumschulbesitzers Roman Fassnacht** in **Estenfeld** als durch Schlussverteilung beendet aufgehoben.

Patente und Musterschutz.

Patent wurde erteilt Klasse 45f.

199771. Vorrichtung zur selbsttätigen Formgebung von Spalierobst. Otto **Sturm,** Erfurt, Löberstrasse 11. 29. 10. 07. St. 12495.

Gebrauchsmuster - Eintragungen Klasse 45f.

340744. Lösbarer einschenkliger Baumhalter zum Geradehalten gebogener Bäumchen. Franz Gustav **Wollner,** Plauen i. V., Dobenaustrasse 30/32. 9. 4. 08. W. 24503.

340755. Kerbsäge mit doppeltem Rücken, welcher beim Abschneiden eines Baumstammes ein Klemmen desselben verhindert. Aug. **Meinardus,** Neuenbrok, Oldenburg. 25. 4. 08. M. 26840.

340756. Baumband aus gelochten Blechstreifen mit Ledereinlage. August **Böhmer,** Reichenau i. S. 27. 4. 08. B. 38064.

340791. Rasen- und Gartensprenger. Friedrich August Clemens **Linke,** Dresden, Markgrafenstrasse 10. 5. 5. 08. L. 19442.

340987. Lösbarer, gabelförmiger Baumhalter. Franz Gustav **Wollner,** Plauen i. V., Dobenaustrasse 30/32. 9. 4. 08. W. 24500.

340988. Lösbarer, gabelförmiger Baumhalter. Franz Gustav **Wollner,** Plauen i. V., Dobenaustrasse 30/32. 9. 4. 08. W. 24744.

340989. Lösbarer, gabelförmiger Baumhalter. Franz Gustav **Wollner,** Plauen i. V., Dobenaustrasse 30/32. 9. 4. 08. W. 24745.

341159. Seitlich aufklappbarer Pflanzenkübel. **Schornstein-Aufsatz- und Blechwaren-Fabrik J. A. John, Akt.-Ges.,** Ilversgehofen bei Erfurt. 9. 5. 08. Sch. 28637.

341229. Blumenbecher zum Gräberschmuck aus Zinkblech. Eugen **Tanner,** Lörrach. 21. 3. 08. T. 9290.

Illustrierte Wochenschrift für den gesamten Gartenbau.

Jahrgang XII. | 27. Juni 1908. | No. 39.

Obstbau.

Der weiße Klarapfel.

Von **E. Eipper**, gepr. Obergärtner, Wangen in Baden.

(Hierzu drei Abbildungen.)

Dieser vorzügliche Apfel ist noch lange nicht in dem Maße bekannt und verbreitet, wie er es durch seine guten Eigenschaften verdient. Er ist der am frühesten reifende Apfel und übertrifft die zwar schön gefärbten aber fade und süßlich schmeckenden australischen Aepfel, die um diese Zeit noch auf unseren Märkten und in den Delikatessengeschäften für teures Geld gehandelt werden.

Besonders dort, wo Industrie und Handel stark entwickelt oder in der Nähe sind, und wo die Verkehrsmittel einen raschen Versand ermöglichen, sollte er zu Tausenden angepflanzt werden. Die geeignetsten Formen sind der Hoch-, Halbhoch- und Niederstamm, letzterer nur für ganz gute Böden, auf Doucin veredelt, alle andern auf Wildling, weil dann lebensfähiger, dabei fast ebenso reich tragend wie auf Doucin. Der Baum wächst aufrecht, pyramidenförmig, ist gesund, widerstandsfähig und setzt sehr willig Blütenknospen und Früchte an. Als Busch trägt er schon als dreijähriges Bäumchen schöne, gut ausgebildete Früchte, welche er alle zur vollkommenen Ausbildung bringt. (Abbildung beistehend.) Auch zum Umveredeln älterer Bäume eignet er sich sehr gut, und bringt schon im dritten Jahre nach der Veredlung nennenswerte Erträge. (Abbildung Seite 458.)

Dreijähriger Buschbaum des weißen Klarapfels.
Originalaufnahme für die „Gartenwelt".

Der Apfel ist mittelgroß, meist hoch gebaut, manchmal rundlich; auch gerippte oder mit Kanten versehene Früchte sind anzutreffen. Die Schale ist weißgrün, in der Reife weiß bis gelblich, glatt, etwas fettig, das Fleisch mürbe, saftig, angenehm weinsäuerlich. Reifezeit Mitte bis Ende Juli, hier am Bodensee vom 20. bis 26. Juli. Die Frucht muß gepflückt werden, sobald sie sich heller zu färben beginnt (Abb. Seite 458), lieber 1 bis 2 Tage zu früh, als einige Stunden zu spät. Färbt sich der Apfel am Baume bereits weiß, dann ist es schon in einigen Tagen mit der Herrlichkeit vorbei, und der sonst so schöne Apfel ist mehlig und trocken. Wird er dagegen zur rechten Zeit gepflückt, so hält er sich leicht etwa 14 Tage, und diese Zeit genügt, um ihn abzusetzen, zumal wenn der Züchter sich beizeiten seine Abnehmer gesichert hat. —

Der weiße Klarapfel bedeutet für den deutschen Obstzüchter eine Goldquelle, die noch lange nicht rationell genug ausgebeutet wird.

Orchideen.

Zur Kultur der Odontoglossum.

Von Obergärtner **Gerh. Bovenkerk**, Langenberg.

Die Kultur der *Odontoglossum crispum*, die eine ganz hervorragende Schnittblume liefern und auch als blühende Topfpflanzen prächtige Schaustücke sind, wird bei uns in Deutschland noch nicht in wünschenswerter Weise gehandhabt. In anderen Ländern sind diese Orchideen hervorragende Modeblumen, um deren Verbesserung sich namentlich Ch. Vuylsteke große Verdienste erworben hat. Die „Gartenwelt" brachte jüngst die Abbildung seiner Gruppe auf der letzten Genter Ausstellung, die 115 Pflanzen in den wundervollsten Züchtungen enthielt, und so recht anschaulich zeigte, was durch Hybridisation aus dieser Pflanze zu machen ist.

Bei uns in Deutschland findet man *Odontoglossum* nur selten in hervorragender Kultur. Erst jüngst klagte mir der Leiter einer berühmten Orchideensammlung, daß er mit den Vertretern dieser Gattung seine Not habe. Ich habe in der Odontoglossumkultur in den letzten Jahren bemerkenswerte Erfolge erzielt, weshalb ich meine Erfahrungen hier bekannt geben möchte. Die mich besuchenden Kollegen waren stets erstaunt über die vorzügliche Beschaffenheit meiner Pflanzen und geneigt, dieselbe auf die schattige Lage des Hauses zurückzuführen. Ich selbst war anfangs der gleichen Meinung, bis ich durch fortgesetzte Beobachtung eines besseren belehrt wurde.

Durch das hiesige Odontoglossumhaus führt unter der Erde ein Rohrstrang nach dem Champignonkeller. Wenn die Heizung im Odontoglossumhause geschlossen ist, so gibt die zum Champignonkeller führende Rohrleitung immer noch Wärme ab, was ein starkes Verdunsten der Bodenfeuchtigkeit zur Folge hat. Dadurch bilden sich auf den Odontoglossumpflanzen Niederschläge, wie sie etwa starker Nachttau im Freien verursacht; wo diese Niederschläge am stärksten auftraten, wuchsen auch die *Odontoglossum* am besten. Diese Beobachtung habe ich mir zunutze gemacht, und seit über zwei Jahren allmorgendlich Wasser auf die Heizrohre gegossen, bis alle Blätter der Pflanzen einen starken Niederschlag zeigten. Dieses Verfahren bekam nun den Orchideen sehr gut, nicht aber ein fortwährendes Verdampfen von Wasser durch ständiges

Weißer Klarapfel ($^7/_8$ der natürlichen Größe). Originalaufnahme für die „Gartenwelt".

Aelterer Halbstamm, vor drei Jahren mit weißem Klarapfel umveredelt. Originalaufnahme für die „Gartenwelt".

Aufstellen flacher, mit Wasser gefüllter Gefäße auf die Heizrohre, welches nachteilig auf die Blütenbildung einwirkte.

Alles in allem ist die Kultur des *Odontoglossum crispum* sehr leicht. Als Pflanzmaterial nehme ich in der Regel grobe Lauberde, mit gehacktem Sphagnum vermischt, der etwas scharfer Sand zugesetzt wird. Die Töpfe werden im Herbst und Frühling mit frischen Sphagnumspitzen versehen, gleichviel ob sie frisch verpflanzt waren oder nicht. Versuchsweise habe ich auch statt der Lauberde Torfmull verwendet, und zwar mit bestem Erfolge. Im Frühling 1907 in Torfmull und Sphagnum verpflanzte *Odontoglossum* brachten im verflossenen Frühling doppelt so starke Bulben und beträchtlich größere Blütenrispen als im Jahre zuvor. Die beste Zeit zum Verpflanzen ist von Ende März bis Anfang September, wenn die jungen Triebe etwa 10 cm lang sind; es bilden sich dann bald neue Wurzeln. Von Anfang Oktober bis Ende März wird nur sehr wenig gegossen, aber allmorgendlich das Aufgießen der Rohre vorgenommen. Die dadurch hervorgerufenen Wasserdämpfe ermöglichen es den Sphagnumspitzen, auf den Töpfen die Feuchtigkeit aufzusaugen; es bekommt dies den Pflanzen vorteilhaft und die

Blumen von Epidendrum polybulbon luteo-album (nat. Gr.).
Vom Verfasser für die „Gartenwelt" photogr. aufgen.

Moosdecke wächst weiter. Die notwendige Beschattung von Ende März bis Ende September biete ich durch Kalken der Fenster. Die Wintertemperatur halte ich auf 10 bis 12° C in der Nacht, auf 12½ bis 15° C am Tage; Sommertemperatur 2° höher.

Von Anfang April bis Ende September werden die *Odontoglossum*, wenn die Temperatur im Hause ohne Heizung 23 bis 24° C beträgt, täglich dreimal leicht überspritzt und etwa trockene Töpfe vorsichtig einzeln gegossen. Bei geringerer Temperatur wird nur durch das Aufgießen der Rohre am Morgen für Luftfeuchtigkeit gesorgt. Daneben sind Wege und Wände während des ganzen Jahres feucht zu halten. Meine Pflanzen stehen auf umgestülpten Töpfen, die ihrerseits wieder in flachen, mit Wasser gefüllten Schalen stehen. Zur Bekämpfung der Schnecken und Kellerasseln bringe ich einige Kröten auf die Stellagen, bereite ihnen geeignete Schlupfwinkel und säe zwischen die Wasserschüsseln *Adiantum* als Schneckenköder. Gegen Thrips, rote Spinne und Blattläuse wende ich Richard's Räucherpatent an, durch welches diese Orchideen keinen Schaden lieden. Mit *Odontoglossum* im selben Hause kultiviere ich mit gleichem Erfolge *Ada, Coelogyne, Cymbidium, Oncidium, Phajus, Sobralia,* harte *Laelia, Lycaste* und *Zygopetalum.*

Coelogyne cristata. Mehreren Anfragen bezüglich der Kultur dieser prächtigen Orchidee Folge leistend, möchte ich für alle Interessenten und Leser der „Gartenwelt" die nach meiner Meinung wichtigsten Punkte angeben. Bei mir werden die Coelogynen gleich nach der Blüte mit frischem Sphagnum, Torfstückchen, Lauberde mit etwas Holzkohle versehen. Die Temperatur von 12½ bis 18° C ist für die Pflanzen die geeignetste. Ein öfteres Spritzen darf natürlich nicht vergessen werden. Die Pflanzen lieben, wie die meisten ihrer Art, einen sonnigen Standort. Man hüte sich vor zu häufigem Verpflanzen. Was ich bei dieser Art der Behandlung erzielt habe, zeigt die untenstehende Abbildung, welche eine meiner überreich blühenden Pflanzen darstellt. Den Wert der Blüten kann wohl der Herrschaftsgärtner am besten, besonders bei Dekoration einer Tafel, schätzen. **Wilh. Nahlop,** Kgl. Garteninspektor, Schloß Britz.

Epidendrum polybulbon, Sw.

Von **Emil Miethe,** Villa Brandt, Zürich.

(Hierzu eine Abbildung.)

Diese niedrig bleibende Spezies der vielgestaltigen Gattung *Epidendrum* sei besonders für solche Sammlungen empfohlen, in welchen sogen. „botanische" Orchideen geschätzt werden. Außerordentlich anspruchslos in der Kultur, bringt die Pflanze regelmäßig ihre schöngefärbten Blüten in reicher Anzahl zur Entfaltung. *Epidendrum polybulbon* ist in Mexiko und Westindien heimisch. Ueberraschend ist das schnelle Wachstum dieser Spezies; eine eigentliche Ruhezeit tritt, wenigstens bei kultivierten Exemplaren, nie ein. Die dünnen Rhizome, auf denen in Abständen von 2 cm die Bulben stehen, verzweigen sich schnell nach allen Seiten, so daß ein kleines Pflänzchen in einigen Jahren zu einem ansehnlichen, dichten Busch heranwächst. Die Bulben werden nur 2 cm hoch und tragen an ihrer Spitze zwei dunkelgrüne, 3—4 cm lange, 1—1½ cm breite Blätter. Die leuchtenden Blüten erscheinen im Januar bis Februar einzeln an kurzen Stielen zwischen den Blättern und schmücken einige Wochen hindurch die Pflanze.

Coelogyne cristata.
Im Schloßgarten zu Britz für die „Gartenwelt" photographisch aufgenommen.

Bei der als typisch geltenden Spezies sind die Sepalen und Petalen gelb mit einem braunen Längsbande, bei der auf Seite 461 abgebildeten *var. luteo-album* hellgelb mit nur wenig brauner Zeichnung am Grunde der Blumenblätter. Die verhältnismäßig große Lippe ist reinweiß, etwas kraus gerandet und mit einer Längsfalte versehen.

Epidendrum polybulbon liebt einen hellen Platz des temperierten Hauses. Der Wachstumsweise entsprechend, wähle man flache Schalen oder Körbe und als Pflanzmaterial $^1/_3$ Peat und $^2/_3$ lebendes Sphagnum mit reichlicher Scherbenunterlage. Wenn der Kompost gleichmäßig feucht gehalten und die Pflanzen im Sommer reichlich gespritzt werden, gedeihen dieselben freudig ohne besondere Pflege. Ein nötig werdendes Verpflanzen oder Teilen größerer Exemplare läßt sich ohne Nachteil für das Wachstum den ganzen Sommer hindurch ausführen.

Stauden.

Alte und neue schöne Alpenpflanzen.

Von Bernh. Othmer, Kgl. Garteninspektor, München.

II.

(Hierzu drei Abbildungen.)

Ebenfalls im südöstlichen Europa zuhause (Balkangebirge) und in der Behandlung fast dieselben Kulturansprüche der im ersten Artikel besprochenen Glockenblume machend, ist die zu den Plumbagineen gehörige Gattung *Acantholimon*. Obenstehende Abbildung zeigt *A. androsaceum*, Boiss., untenstehende eine Gruppe verschiedener Arten an Felsen klebend, darunter neben *A. androsaceum* die sehr ähnliche *A. venustum*, Boiss., und *A. glumaceum*, Boiss. Auch die *Acantholimon* tragen ganz den Charakter der Polsterpflanzen, eine lange, tief verankerte

Acantholimon androsaceum.
Vom Verfasser im Botan. Garten zu München für die „Gartenwelt" photogr. aufgen.

Hauptwurzel und, reichlich sich verzweigend, einen polsterförmigen oberen Teil mit immergrünen, sehr schmalen, stachelspitzigen Blättern, trocknen Klimaten angepaßt. Die kleinen, rosenroten, etwas trockenhäutigen Blüten erscheinen in der Mitte des Sommers; sie sitzen zu mehreren vereint an kurzen, verzweigten Stielen, welche über die Blattwirteln des Polsters herausragen.

A. androsaceum, Boiss., ist die gedrungenste und am dichtesten gebaute Form mit hellrosenroten Blüten. Die am leichtesten wachsenden Arten *glumaceum* und *venustum* sind höher und lockerer gestellte Formen; die erstere mit dunkelgrünen Blättern und hellroten Blüten, die letztere mit mehr blaugrünen Blättern und dunkelroten Blüten; ihr Wachstum ist wesentlich langsamer, sie kann aber als die schönste gelten. *A. acerosum*, Boiss., aus Kleinasien, erinnert in der Blattfärbung und Gestaltung an *Dianthus caesius*, die Blätter sind sehr starr und stachelspitzig, die Blüten stehen an ziemlich langen (15 cm) Stielen und sind von rosenroter Farbe.

So interessante und eigenartige Pflanzen die *Acantholimon* sind und so begehrenswert auch besonders die größeren Stücke für den Alpengarten erscheinen, so selten sieht man sie jedoch. Es hat das vornehmlich seinen Grund in ihrem langsamen Wachstum und ihrer etwas schwierigen Vermehrung. Samen setzen die *Acantholimon* selten an. Am ehesten vermehrt man sie deshalb durch Stecklinge, die man zu Beginn

Acantholimon-Gruppe. Vom Verfasser im Botan. Garten zu München für die „Gartenwelt" photogr. aufgen.

des Herbstes im kalten Kasten unter Glas, in kleine Töpfchen, in etwas moorige Mischung von sandigem Lehm macht. Sind auch feuchte Luft und Beschattung zum Anwachsen not, so liegt doch die Schwierigkeit darin, nicht zu viel von diesen zu geben, da sonst die nur der Trockenheit angepaßten Zweige leicht stocken. Sind bis gegen das Frühjahr hin die Stecklinge bewurzelt — am zweckmäßigten hat man sie gleich in ganz kleine Töpfchen gesteckt, um mit Ballen auspflanzen zu können —, dann setzt man die Pflanzen an einen sonnigen, nach Süden oder Südosten gelegenen Platz, in kleine Felsritzen oder in Löcher, welche in die Felsen gemeißelt wurden. Man gebe mit etwas Moorerde gemischten Sand um die Wurzeln herum, drücke fest an und sorge durch darübergelegte Steinchen, daß Erde und Wurzeln nicht herausgespült werden. Ganz wie bei den *Edraianthus* angegeben, wollen auch die *Acantholimon* einen Platz an stark geneigtem oder senkrechtem Felsen; ihre Polster wollen im rechten Winkel von den Sonnenstrahlen getroffen werden, wie sie im Winter auch ohne Schneedecke bleiben wollen und nur durch einige lockere, darübergehängte Fichten- oder Tannenäste vor dem häufigen Wechsel des Auftauens und Gefrierens geschützt zu werden brauchen. Jedoch gedeihen die Pflanzen auch bei Topfkultur, sofern man recht lange und enge, wohl drainierte Töpfe verwendet und sonnigen Standort gibt.

Recht wenige sind der Pflanzen, welche uns im Hochsommer oder Herbst auf der Alpenanlage noch mit Blüten erfreuen, dankbarst begrüßen wir jede spätblühende Art.

Der kleine, halbstrauchige *Thymus heterotrichos*, Griseb., vom Berge Athos, ist einer jener Herbstblüher und unschwer überall zu halten, vorausgesetzt, daß er einen sonnigen Standort mit einem durchlässigen Boden zur Verfügung hat. Die beistehende Abbildung überhebt mich wohl eingehender Beschreibung. Die ganze Pflanze ist etwa 25 cm hoch, vom faserigen Wurzelstocke treten die mit weichem Flaum bekleideten Zweige dicht gedrängt aufsteigend aus. Die Blättchen sind linealisch-lanzettlich, wirtelich angeordnet, etwa 1—1½ cm lang und 2—3 mm breit. In den Achseln der Blätter sitzen die kleinen, weißlichen, mit gelber Strichzeichnung im Schlunde gezierten Blütchen. Die Vermehrung gelingt sehr leicht durch Stecklinge. (Ein dritter Artikel folgt.)

Landschaftsgärtnerei.

Berliner Schillerparkwettbewerb.

Friedlich beieinander, als hätte der Spruch des Preisgerichts jede Rivalität ausgeglichen, hängen im Festsaal des Berliner Rathauses die hundertundfünf Entwürfe. Wenige Tage nur, und namenlos, wenig gekannt und gewertet, versinkt wieder alles, was bis vor kurzem noch das Denken und Dichten, Hoffen und Zweifeln so vieler ausmachte. Selbst die drei, deren Namen heute in flüchtigem Ruhme erklingen, auch sie werden sich bis zu einem gewissen Grade bescheiden müssen, denn schon unkt eine bekannte Berliner Tageszeitung: „daß voraussichtlich keiner dieser Entwürfe zur Ausführung gelangen wird“. Doch das ist nicht das Schlimmste, — ein gütiges Geschick möge sie und uns vor ihm bewahren — man höre weiter: „Es wird daran gedacht, das Beste und Passendste jedem Entwurfe zu entnehmen und unter Hinzufügung selbständiger (!) Ideen ein Projekt aufzustellen, das den Beifall der Berliner Bevölkerung finden wird.“ Das klingt so selbstverständlich, als ob es sich hier um die Anfertigung eines Ragouts handle, das man zusammenhackt und am Schluß mit „Universalsauce“ anrührt. Nun, hoffentlich wird der Berliner Bevölkerung bei diesem Gedanken so übel, daß sie für den so geplanten Mischmasch bestens dankt.

Thymus heterotrichos.
Vom Verfasser im Botan. Garten zu München für die „Gartenwelt“ photographisch aufgenommen.

Ueber den Wert von Wettbewerben, besonders in der Gartenkunst, kann man sehr geteilter Meinung sein. Ein Hauptübelstand liegt aber wohl in der Art, wie man das Resultat solcher Wettbewerbe nutzbar macht, indem man — ganz abgesehen von der eben gekennzeichneten Flickarbeit, wenn wirklich einmal ein ausgezeichneter Entwurf für die Ausführung bestimmt wird, meist dann den Künstler von seinem Werke trennt und die Ausführung in andere Hände gibt. Damit aber ist dem, der ehrlich und ernsthaft an der Arbeit war, die Gelegenheit genommen, das zu vollenden, was ihm im Geiste vorschwebte, und von dem der Entwurf, selbst mit allen Hilfsmitteln, immer nur eine ganz embryonische Darstellung geben kann. Ein Blick auf Bauers Entwurf und Schaubilder zeigt klar, daß dieser Schillerpark nur von Bauer selbst ausgeführt werden kann, wenn über der formalen Wiedergabe nicht der Inhalt verloren gehen soll. Und woran soll schließlich ein Künstler sich erziehen, wenn ihm nicht so der Prüfstein in die Hand gegeben wird für Wert und Möglichkeit dessen, was er im Geiste ersann?

Schaubilder zum Entwurfe „Freude, schöner Götterfunken".
Originalaufnahme für die „Gartenwelt".

Andrerseits aber wird durch die eben gerügten Verhältnisse das Verantwortlichkeitsgefühl der am Wettbewerb Mitarbeitenden mehr und mehr herabgemindert. In dem Bewußtsein, daß so ein Entwurf doch kaum, jedenfalls nicht in der geplanten Form zur Ausführung kommt, ist man „genial" bis zum äußersten. Im Erläuterungsbericht hält man sich bei heiklen Punkten möglichst in Andeutungen, eine Methode, die sich neuerdings auch auf den zeichnerischen Teil zu übertragen scheint. Nur nichts Bestimmtes sagen!

Hier leistet ein Hinweis auf die Ausführung stets die besten Dienste; man läßt bei dieser Gelegenheit noch so zart durchblicken, daß allerdings dazu Kräfte in der geeigneten Qualität für heute leider noch schwer zu finden sein dürften. Ich aber glaube, es wäre so manchem in Wettbewerben ausgezeichneten Gartengestalter sehr heilsam, wenn er mit der Ausführung einmal das auslöffeln müßte, was er mit seinem Entwurf eingebrockt hat.

Noch eine unangenehme Begleiterscheinung solcher Wettbewerbe möchte ich erwähnen, da sie gerade diesmal stärker in die Erscheinung tritt. Die Erfolge einzelner selbständiger Naturen, die sich eigene Wege suchten und fanden, haben andere veranlaßt, es ihnen nachzutun; nicht aber etwa im selbständigen Denken, nein — man kopierte sie zum Teil einfach in ihren Aeußerlichkeiten und vergaß dabei, daß, wenn zwei dasselbe tun, es noch lange nicht dasselbe ist.

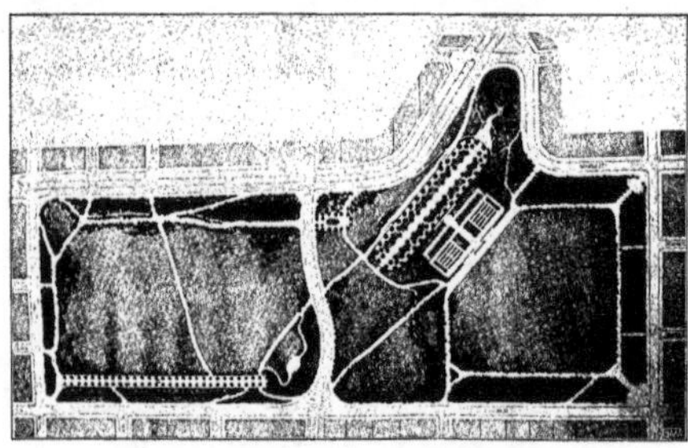

„Freude, schöner Götterfunken." Mit dem ersten Preise ausgezeichneter Entwurf von Gartenarchitekt Fr. Bauer, Magdeburg. Maßstab etwa 1:7000.
Originalaufnahme für die „Gartenwelt".

So sehen wir neben einem echten Bauer noch verschiedene „Bäuerlein", die in ihrem Wahne, so von dem gefürchteten „Schema" los zu kommen, nicht merkten, daß das, was bei Bauer ein künstlerisches Glaubensbekenntnis ist, für sie zu neuem „Schema" führt. „Wie er sich räuspert, wie er spuckt, das habt ihr ihm glücklich abgeguckt; aber" . . . das andere? Nein! das steckt tiefer! — Auch „Großmännlein" sind in verschiedenen Abtönungen vorhanden, zum Teil in so waschechtem Kittel, daß man zuerst von drei Entwürfen Großmanns sprach.

Vielleicht handelt es sich aber bei diesen unliebsamen Erscheinungen auch um Dinge, deren Begründung in einem anderen bedenk-

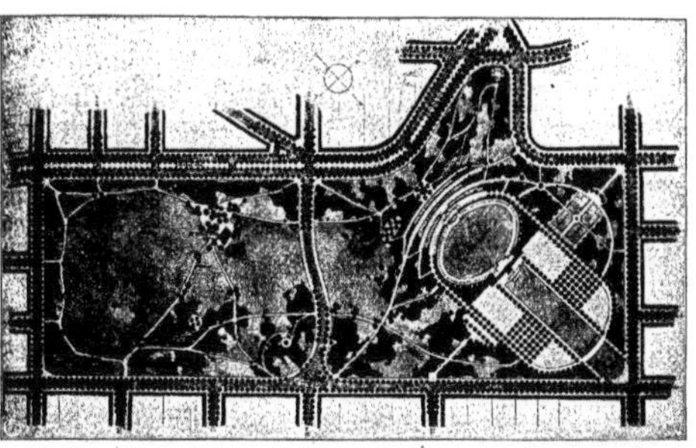

„Los vom alten Schema.“ Mit einem zweiten Preise ausgezeichneter Entwurf von Gartenarchitekt Paul Tilsner und Fr. Holoubeck, Düsseldorf. Maßstab etwa 1 : 7000.

Originalaufnahme für die „Gartenwelt“.

lichen Fehler unserer letztjährigen Wettbewerbe zu suchen ist. Das Urteil eines Preisgerichts wird naturgemäß je nach dessen Zusammensetzung sehr verschieden ausfallen, und das hat sein Gutes. Es muß aber, beim besten Willen objektiv zu sein, ohne Zweifel zu Einseitigkeiten führen, wenn vorwiegend ein bestimmter Kreis, oder gar die gleichen Persönlichkeiten, von Wettbewerb zu Wettbewerb im Preisgericht ausschlaggebend sind. So etwas erzeugt Strebertum, ganz abgesehen von anderen bösen Dingen, die mindestens den Schein für sich haben. Auch die Anonymität der Verfasser ist so für den Eingeweihten längst zur Komödie geworden. —

Für heute mögen diese, durch den Wettbewerb angeregten Betrachtungen genügen, da auf Einzelheiten einzugehen weder Zeit noch Raum gestatten. Erwähnt sei noch, daß sich unter den eingesandten Arbeiten so manches Gute und Rechtgute befindet, das eine Auszeichnung verdient und auch wohl erzielt haben würde, wenn das Preisgericht nicht in schwer verständlicher Auffassung einer sich z. T. nur in bestimmten Aeußerlichkeiten erschöpfenden Richtung den Vorzug gegeben hätte. — Ich schließe mit dem Wunsche, daß es Bauer, dessen starkes Talent hier einen wohl zu gönnenden und verdienten Erfolg errang, doch noch glücken möge, das zu vollenden, was sein Entwurf verspricht, der bei aller Eigenart doch echte Gartenkunst geblieben ist und in seinen Schaubildern so urdeutsch anheimelt, als sei in ihnen etwas von Ludwig Richters Geist lebendig geworden.

Ulrich.

Erläuterungsbericht zum Entwurfe „Freude, schöner Götterfunken“.

Mit dem ersten Preise ausgezeichnet.

Verfasser Gartenarchitekt Fr. Bauer, Magdeburg.

(Hierzu ein Plan und vier Schaubilder.)

Ein Schillerpark für Berlin! Tönt nicht aus diesen Worten zunächst etwas wie schwer vereinbarer Gegensatz? — Was man beim Klange des ersten Wortes empfindet, weist fast unentziehbar auf die grün durchzogenen, gartenreichen Dichterwohnstätten Weimar und Jena. Man sieht stille Gänge im Grün alter Bäume vor sich, wo der Stadtbewohner seine sonntägliche Erholung und Erbauung sucht und findet, und wo der Fremde andachtsvoll sich der Weihe der Oertlichkeit

„Feierabend 2.“ Mit einem zweiten Preise ausgezeichneter Entwurf von Gartentechniker Willy Petznik und Techniker Johann Schneider, Essen. Maßstab etwa 1 : 7000.

Originalaufnahme für die „Gartenwelt“.

hinzugeben und sich ungestört in die vergangenen Zeiten des Erdenwandels großer Dichter und Denker zurückzuversetzen vermag. — Aber auch wenn man vom Bestehenden, Gewordenen, durch Alter und Ueberlieferung Geheiligten absieht, und eine bewußte und zielmäßige Neugründung mit dem bedeutsamen Titelnamen ins Auge faßt, erweckt die zur Schöpfung auserwählte Oertlichkeit fürs erste Befremden und Zweifel. In Berlin N., auf scharf ausgeschnittenem, der unbezwinglich wuchernden Großstadt mühsam abgerungenem, von Häuserblöcken umgebenem Sandgelände! Es gehört wahrlich Wagemut und selbstbewußte Kraft dazu, an solcher Stelle ein gärtnerisches Werk schon vor seiner Inangriffnahme mit diesem hochgeschätzten Namen zu verbinden, damit also ein Programm aufzustellen und eine große Verantwortung der Zukunft gegenüber zu übernehmen.

Möge die große Absicht trotz so schwieriger und ungünstiger Vorbedingungen gelingen und dem Entstehen, der Entwicklung eines dem teuren Dichternamen würdigen Menschen- und Naturwerkes eine zielsichere Grundlage bereitet werden.

Mit vorliegendem Entwurfe sei ein Beitrag zur Lösung dieser Aufgabe eingereicht. Dieser Schillerpark sei vor allem der so nötigen körperlichen und seelischen Erholung des Großstadtmenschen gewidmet, er gebe Gelegenheit zu Spaziergängen im frischen Grün, zum Spiel, zur sportlichen Betätigung, zum Genusse der häufig entbehrten Natur, er biete aber auch dem danach Verlangenden die Möglichkeit ernster Beschaulichkeit, stiller Feierlichkeit und zuletzt, und nicht als geringstes, volle Freude an erlesener pflanzlicher Pracht und Schönheit. So ergeben sich für die Lösung der Aufgabe vier Hauptserfordernisse, die harmonisch in Verbindung zu setzen wären. Es sind zunächst nötig große, grünumschlossene Spiel- und Festwiesenflächen, dann ausgiebige Spaziergänge in diesem Grün, sodann scheint ein dem erhabenen Dichter geweihter, dem großen Verkehr nicht so leicht zugänglicher Platz angemessen, endlich in Verbindung damit ein städtischer, köstlich ausgestatteter Blumen- und Zierstrauchgarten.

Die Größe der im Programm geforderten Spiel- und Festwiesen ergibt ganz von selbst schon die Grundzüge für die Verteilung und die räumliche Gliederung der Rasen- und Pflanzungsflächen. Zwei große Wiesen nehmen denn auch den Hauptflächenraum der beiden von der Barfußstraße durchschnittenen Parkseiten ein, auf dem nördlichen Teile die fast 6 ha große Bürgerwiese, und auf dem südlichen Teile die mehr wie $3^1/_2$ ha große Schülerwiese, deren horizontale Lage die gewünschte Eisbahnanlage ermöglicht. Bei der ersteren stößt infolge des sehr welligen Geländes die zur Benutzbarkeit nötige Ebnung des Bodens auf einige Schwierigkeiten, insbesondere ist der nordwestliche Sandbuckel sehr störend und seine teilweise Entfernung recht wünschenswert. Er ist im Entwurf trotz mancher Bedenken doch stark zurückgesetzt worden, was zwar eine kostspielige Arbeit bedeutet, doch wahrscheinlich unerläßlich ist für das Zustandekommen einer großen, leidlich ebenen und übersichtlichen Fläche. Er würde auch unangenehm den besonders schönen Ueberblick über den Platz, den man (zu jeder Tageszeit und bei jedem Beleuchtungsverhältnis) von dem Eckhügel an der Barfußstraße aus genießen kann, vereiteln. Von diesem Hügel ab, gleichlaufend mit der Straße 30, zieht sich eine mit vier Baumreihen bepflanzte große Wandelallee, die zur freien Pflanzenanordnung der anderen Seiten einen wirksamen Gegensatz bildet und bei festlichen Anlässen eine Rolle spielen kann. Zur Abhaltung von Militärkonzerten ist sie jedenfalls sehr geeignet. Ihre Zugänglichkeit von der Schöningstraße und der Ofener Straße ist infolge der Tieflage der Straßen etwas schwierig; im Entwurf sind hier schräg geführte Böschungswege vorgesehen worden. Empfehlenswerter wäre es allerdings, durch gerade geführte Treppenanlagen die Höhenunterschiede zu überwinden. Die anderen Parkwege ziehen sich in zwangloser Weise und den Verkehrszwecken angepaßter Richtung und Breite am Rande der die Wiesen umgebenden Pflanzungen hin. Bei den heute üblichen Grundsätzen der Parkgestaltung, mit der zu starken Betonung des gärtnerisch Gepflegten und Gemeisterten, ist es schwer, praktische Vorschläge zur völligen Vermeidung eines so häufig angetroffenen, offensichtlich naturwidrigen Eindrucks der Anpflanzungen zu geben. Hier können begreiflicher Weise nur allmählich Aenderungen in den Grundsätzen und Besserungen im Wirken eintreten. Jedenfalls ist aber heute schon — und der wirkliche Gebrauch und das Betreten der großen Wiesen führen eigentlich dazu — das peinlich gartenmäßige, wie es die meisten städtischen Parkanlagen aufweisen, das sicherlich überflüssig und dem verfolgten Zwecke natürlicher Schönheit durchaus nicht dienlich ist, nach Möglichkeit zu vermeiden. Wenn man Landschaft haben will, ist diese „Nachlässigkeit" gegenüber dem Streben der Natur, sich zur Geltung zu bringen, durchaus am Platze und gut zu rechtfertigen. Man sollte die oft überflüssige und falsch angebrachte Peinlichkeit und übermäßige Pflege einschränken und nicht so strenge auf die Tadellosigkeit der Rasenkanten und die genaue Parallelität der Wegeränder achten, sondern ungezwungen und naiv solche Anlage ohne jegliche Uebertreibungen ausführen, nur dem Mißbrauch Schranken setzen, niemals aber dem natürlich berechtigten, vernunftgemäßen Gebrauch. Von diesem Gesichtspunkte aus sind die im Grundplan angegebenen Wege nur in ihrem allgemeinen Verlaufe als maßgebend anzusehen, nicht aber als genau bestimmt und vorgeschrieben in ihrem, dem Verkehr, den Bodenverhältnissen oder örtlichem Abschluß entsprechenden Krümmungen. Die Pflanzung soll im wesentlichen Haincharakter in bald lockerer, bald dichterer Form aufweisen, und zusammenhängende Bestände mit reichlichem Unterholz, besonders an den Straßenseiten bilden. Strauchgruppen sollen meistens die Hauptrichtung der je — örtlichen Großpflanzung wie des Verkehrs aufnehmen, und als Material alle deutsche Arten bei sparsamster und sorgsam zu prüfender Verwendung fremdartiger Gehölze aufweisen. Die Ausführung der Pflanzung soll nur im Hinblick auf einen guten, sachgemäßen Eindruck in der Zukunft getroffen werden, ohne jede sonst so oft waltende Rücksicht auf einen baldigen Effekt, ein Umstand, der stets verhängnisvoll wirken muß. Man wähle auch lieber jüngeres Pflanzungsmaterial, das reichere Entwicklungsmöglichkeit und Standortsanpassungsfähigkeit in sich trägt, als wie ordnungsmäßige Baumschulerzeugnisse, die den Stempel ihrer Herkunft oft lebenslang an sich tragen.

Das über Wege- und Pflanzanlage soeben Gesagte gilt auch für den südlichen Teil des Parkes. Hier haben die Besonderheit der Bodengestaltung einerseits, die eingangs erwähnten Gestaltungsabsichten andererseits, die Veranlassung zur Bildung von tektonisch gefaßten Gartenterrassen gegeben. Der große Doppelhügel soll in der durchschnittlichen äußeren Höhe 44 und bei einer inneren Bodenhöhe von 48 mit Futtermauern aus Bruchsteinen oder gutem Backsteinmaterial gefaßt, und damit denkmalsmäßig gesteigert werden. Seine Hochebene soll ein sechsreihiger Kastanienhain krönen. Welche Wirkung eine derartige Anlage auszuüben vermag, ist in den beigegebenen bildlichen Darstellungen zu zeigen mehrfach versucht worden. Dieser „Schillerhain“ mit prächtigen Ausblicken nach verschiedenen Richtungen soll den, dem Dichter besonders geweihten Teil des Parkes darstellen. Ein feierlicher Ernst und stimmungsvolle Ruhe werden einst in den grünen Hallen dieser Höhe herrschen, einen „Tempelbau“ wird die Natur im Laufe der Jahrzehnte hier entstehen lassen, eine wunderbar geeignete Oertlichkeit zur Abhaltung von Feierlichkeiten, die dem Andenken des geliebten Dichters geweiht sind. Ein Schillerdenkmal einzig in seiner Art! Nach Süden lagern sich dieser Höhe Gartenterrassen an, deren Blumenpracht von schattigem Standort oben gut zu überschauen und zu genießen ist. Hier ist nun die Gelegenheit, in einer für die Entwicklung der Ziersträucher und Blumen äußerst günstigen Weise, diese in köstlicher Fassung und Auswahl dem nach Gartenfreuden dürstenden Großstadtbewohner vorzuführen und zum vollen Genusse darzubieten. Man scheue die Kosten nicht, hier endlich einmal einen wirklichen städtischen Blumengarten anzulegen. Die städtischen Anlagen, die man meist zu sehen bekommt, stellen häufig ein unangenehmes Zwitterding zwischen Landschaft und Garten dar, sie sind weder das Eine noch das Andere. Hier ist nun nach der Sachlage eine für den Gartengestalter recht dankbare Gelegenheit, sich im besten Sinne gärtnerisch zu betätigen. Möge sie nicht unbenutzt vorübergehen. Die Kosten dürfen nicht gescheut werden. Man spare lieber anderwärts. Es wäre tatsächlich besser, man pflanzte unter teilweiser Vermeidung der Bodenverbesserung Kieferstreifen mit Robinien- und Birkenunterbrechungen, als daß man auf eine derartige gärtnerische Aufschließung der Höhe und ihres Südhanges Verzicht leistete. Daß man von den verschiedenen Terrassen aus einen großartigen (durch den Südsonnenstand allerdings zeitweilig beschränkten) Ueberblick auf die Schülerwiese und winterlich auf die Eisbahn hat, ist ja ohne weiteres einleuchtend.

Außer den verlangten großen Spielwiesen ist reichlich für Kinderspielplätze Sorge zu tragen, besonders in der Umgebung der „Schillerhöhe“ ergeben sich hierzu recht geeignete kleinere Wiesenteile und Haine. So wäre z. B. am Ostteil auf dem Sattel zwischen den Höhen am dort bezeichneten Mauerbrunnen mit Trögen eine zur Spielbetätigung größerer wie kleinerer Kinder passende Gelegenheit. Das Spiel mit dem Wasser ist ein Bedürfnis und eine Wonne für jedes Kind; hier ist diesem Verlangen in bester Weise entgegengekommen. Dort kann auch streckenweise der natürliche Sandboden zum Spiel der Kinder erhalten bleiben. Auch für andere Stellen wäre das vorzuschlagen, außerdem müßten primitive, robuste Turngerätschaften an solchen Stellen errichtet werden, Barrieren, Rundlauf, Kletterstangen, niedere Tische und Bänke zum Sandspielen und Springen. Und was schadet's schließlich, wenn der Park in seinen „Nutzungsteilen“ keinen so „wohlgepflegten“ Eindruck macht, wenn er nur seinen vornehmsten Zwecken gerecht wird und den gesundheitlichen und lebensdrängenden Bedürfnissen der Großstadtbewohner, Alt und Jung zugute kommt und seinen „Besitzern“ Freude bereitet. —

Hervorzuheben wäre noch die Gestaltung des östlichen Hügels an der Straße 37. Dieser soll beinahe ausschließlich mit Fliederbüschen bepflanzt werden, im Blütemonat die ganze Pracht unseres beliebtesten Gartenstrauches in ungehemmter Entwicklung zeigen. Die Anpflanzung soll mit besonderer Sorgfalt und Feinheit der Behandlung erfolgen und mehr eine stellenweise gedrängte Einzelpflanzung wie dichte anfängliche Gruppierung darstellen. Später könnte dann ganz zwanglos ein Ruheplatz dort oben geschaffen werden, mit einem Blick durch blütenschwere Zweige auf die frühlingsfreudige Kinderschar zu Füßen der ernsten Mauer, die von blühenden Kastanienbäumen überragt wird. Ueberhaupt wolle man — dem hastigen Zeitdrange folgend — nicht Alles gleich fertig haben, sondern baue so ein großes Werk nach und nach, der Pflanzenentwicklung entsprechend, aus. Man lasse ein derartiges Werk, welches das Beste erst unseren Nachkommen geben kann, allmählich reifen und lenke es feinfühlig, aber mit sicherer Hand zum Höhepunkt einstiger Schönheit hin. —

Für die im Programm noch geforderten Geräte-, Kleidungs- und Waschräume ist der Treppenunterbau der vorderen Terrasse als geeignet vorzuschlagen. Die Uhr wäre zweckmäßiger Weise in der Mitte der großen Futtermauer zwischen den Treppen in einem kleinen Gehäuseanbau anzubringen; sie wird hier vom ganzen Platz aus gut gesehen. Die Erfrischungshalle endlich ist auf die nördliche Seite der Schillerhöhe, nahe der Barfußstraße gelegt worden, als wohl einzig passenden Platz mitten zwischen den beiden großen Spielplätzen.

Daß sich zur Aufstellung von Ruhebänken reichlich Gelegenheit bietet, ist wohl ohne weiteres klar. Im Plane mit so kleinem Maßstabe sind sie schlecht deutlich zu machen. Die Anbringung von einigen Standbildern und Brunnen auf den Gartenterrassen würde dieser Oertlichkeit noch bedeutend erhöhten Reiz verleihen. — Zu erwähnen wäre auch noch der Umstand, daß die Längsachse der obersten Terrasse und der Mittelgang des Kastanienhaines fast direkt auf den Hügel an der Barfußstraße weist. Hier wäre ohnedies der gewiesene Platz für irgend eine gartenhausähnliche Baulichkeit, wenn sich der Wunsch nach der Schaffung eines solchen Obdaches auf der platzbeherrschenden Höhe zeigt.

Erläuterungsbericht zum Entwurfe „Los vom alten Schema“.

Mit einem zweiten Preise ausgezeichnet.

Verfasser

Gartentechniker **Paul Tilsner** und **Fr. Holoubeck**, Düsseldorf.

(Hierzu ein Plan Seite 463.)

Das Projekt macht unter Beachtung des Programms „der freien körperlichen Bewegung“, „der Erholung“, „dem Spiel“ etc. breiter Volksmassen die weitgehendsten Konzessionen. Verfasser würde eine Lösung im „Volksgartencharakter“ oder gar im Charakter einer Schmuckplatzanlage für den Norden Berlins als verfehlt betrachten. Die breite Volksmasse wird es zum weitaus größten Teil nicht als eine Erholung betrachten, wenn sie von schönen Kurvenwegen zwischen Einfriedigungsgittern durch ein fragwürdiges Stück Naturnachahmung geführt wird, welches darin besteht, daß eine lange Rasenbahn mit kurzgeschorenem Grün, umsäumt von ängstlich dicht gehaltenem Gebüsch betrachtet oder vielmehr bewundert werden kann. Weit mehr ist wenigstens dem Auge schon bei einer reicheren Ausstattung von Parkanlagen durch Blumen gedient.

Der Handwerker, der Arbeiter etc., aus denen sich der größte Teil der Bewohner des Stadtviertels zusammensetzt, wird sich erst wohl und frei fühlen, wenn er nicht nur sehen kann, sondern sich auch unbehelligt frei im Grünen ergehen, ein kleines Stück Natur unbeschränkt nach seinem freien Gefühl hier genießen kann. Von diesem Standpunkte aus betrachtet, ist die projektierte Bürgerwiese zu beurteilen. Die gesamte Nordwesthälfte des Parkes zwischen Barfußstraße und Straße 86a bedarf kaum einer nennenswerten Veränderung des vorhandenen Niveaus. Die vorhandenen Terrainunebenheiten können durch Planierungsarbeiten nicht noch natürlicher gestaltet werden. Bei den Wegeführungen ist in erster Linie den vorhandenen Verkehrsrichtungen über den Platz Rechnung getragen, sodann sind dieselben dem Terrain und auch der Bepflanzung angepaßt. Das vielfach noch übliche schematische Kurvensystem der Wege ist absichtlich vermieden worden; auch die Wegebreite benötigt nicht einer ängstlich bürokratisch vorgeschriebenen Gleichheit von so und so viel Metern. Die Wegeränder sollten nicht eine scharf abgestochene Rasenkante aufweisen, wie es bei regelmäßigen, vornehm wirken sollenden Schmuckanlagen erforderlich ist. Man hat deshalb nicht zu befürchten, daß dadurch die Anlagen einen unordentlichen, schlecht gepflegten Charakter zeigen; das beweist z. B. der Klettenbergpark in Köln.

Die Bürgerwiese wird von einem Umgangswege begrenzt. Die Rasen- und Pflanzungsstreifen zwischen diesem Umgangswege und den angrenzenden Straßen würden, um dem Platz dennoch einen sauberen Eindruck zu verschaffen, vom Betreten durch das Publikum auszuschließen sein. Hier würde man, wie auch in den anderen Teilen des Parkes, dem Rasen eine Menge der bekannten, einheimischen Wiesenblumen beimengen.

Man wird Haine von Birken, Akazien, amerikanischen Eichen, Hainbuchen, Ulmen, Linden, Kastanien usw. mit dem dazu passenden Unterholz anpflanzen; man wird dafür sorgen, daß zwischen den verschiedenen charakteristischen Pflanzungen ein Uebergang geschaffen wird; man wird auch Waldblumen, Farne, Gräser usw. zu berücksichtigen haben. Kurz: Aus den geschilderten Andeutungen wird sich der Fachmann das Stimmungsbild bilden, welches dem Verfasser des Projektes vorschwebte.

Der Schülerspielplatz hat eine regelmäßig gegliederte Anordnung erfahren. Der Teil, auf welchem die Eisbahn projektiert ist, liegt 1 m tiefer. Der Projektierung dieses Teiles liegt die Idee eines „Amphitheaters" zugrunde. Das Oval ist mit einer 75 cm hoch über das Terrain ragenden Mauer umgeben (die Arena), darüber hinaus ragen seitlich die hohen Alleebäume, nach dem Hügel hin eine regelmäßige Terrassenanlage mit Stützmauern und Böschungen, welch letztere mit bunten Centifolienrosen, *Rosa Wichuraiana, rugosa* usw. dicht bepflanzt gedacht ist, so daß man den Eindruck eines terrassierten Rosenhanges bekommt. Auf den breiten Terrassenwegen kann das Auge des Publikums größeren Schülerspielen bequem folgen. Nach Süden hin bekommt dieser Teil einen Abschluß durch das Uhrhaus mit seitlich angegliederten Unterstandshallen. Genanntes Uhrhaus ist zweistöckig gedacht. Unten ist Raum für die Unterbringung der Geräte usw.

Oestlich des Schülerspielplatzes ist ein Rosengarten projektiert; streng regelmäßg angeordnet, seitlich durch kulissenartig für die Aufstellung von Bänken angeordnete Hecken von der übrigen Wildnis vollkommen abgeschlossen. Eine Statue, Schillerdenkmal, würde zur Verschönerung dieses Teiles wesentlich beitragen. An der Straße 37 überwindet man den Hügel durch eine in der betreffenden Perspektive erläuterte Treppe.

Die Barfußstraße durchschneidet nach den gegebenen Unterlagen das Terrain des Parkes durchschnittlich 2 m tief. Verfasser sieht nicht ein, warum diese Straße, welche hier nur für leichtes Fuhrwerk bestimmt ist, sich nicht weit mehr dem vorhandenen Terrain anpassen könnte, wie im Projekte vorgeschlagen wurde.

Der Kostenanschlag schließt mit einer Summe von 660000 M.

Erläuterungsbericht zum Entwurfe „Feierabend 2".

Mit einem zweiten Preise ausgezeichnet.

Von Gartentechniker

Willy **Petznick** und Techniker **Johann Schneider**, Essen.

(Hierzu ein Plan Seite 463.)

Allgemeines.

Die Lage des zum Parke bestimmten Geländes im Norden Berlins, in einem Netz von eintönig erscheinenden und wenig befriedigenden Straßenzügen, umsäumt von fünfstöckigen Mietskasernen, ist keineswegs als eine günstige zu bezeichnen. Das Terrain selbst mit seinen mannigfaltigen Bodenerhebungen gibt jedoch die Möglichkeit, auch in diesem Häusermeer wirkungsvolle Naturbilder entwickeln zu können.

Für die allgemeine Gestaltung waren folgende Gesichtspunkte maßgebend:

Der Park kommt inmitten eines dichtbevölkerten Wohnviertels zu liegen. Er dient also weniger repräsentativen Zwecken, wie die meisten gärtnerischen Anlagen der Reichshauptstadt, sondern soll, wie bereits im Programm angedeutet ist, im vollsten Sinne eine Erholungs- und Tummelstätte der Bürger werden. Große Sport- und Festwiesen sind das Kennzeichnende eines derartigen Volksparkes. Die ganze übrige Gestaltung des Parkes, in bezug auf die Anordnung der Anpflanzungen, Wiesenflächen und Wegeführung, muß sich dem unterordnen, und soll nach Möglichkeit den Charakter unserer deutschen Heimatlandschaft tragen.

Spielplätze.

Diesen Erwägungen folgend, mußte bei vorliegendem Entwurf zuerst die Lage des etwa $3^1/_2$ ha großen Rasenspielplatzes für Schülerspiele festgelegt werden. Der Platz soll im südlichen Teile des Geländes gelegen sein und eine möglichst horizontale Lage haben. Die Anordnung dieses Platzes mit der Längsrichtung von Süden nach Norden kann wohl als eine praktische bezeichnet werden. Der Spielplatz ist auf Höhe 37 in horizontaler Lage vorgesehen; vom Haupteingange gelangt man auf breiten Wegen zu demselben. Im Wege sind auf etwa $1^1/_2$ m breiten Rasenstreifen Alleen von Pyramidenpappeln vorgesehen, welche dem Platze einen wirkungsvollen Abschluß verleihen dürften. Den Wegen entlang sind regelmäßig geschnittene Hecken aus Hainbuchen gedacht. Die den Platz umschließenden, 8 m breiten und von Kastanien beschatteten Wege überwinden bis zu dem im Norden des Platzes angeordneten Gebäude eine Steigung von etwa 3 m, so daß das Gebäude mit der vorgelagerten großen Kiesfläche eine dominierende Stellung über den gesamten Sportplatz erhält. Das in ausreichend großen Dimensionen geplante Gebäude dient zur Aufnahme von Erfrischungshallen, es enthält ferner Umkleide- und Geräteräume etc. Im Mittelbau ist die im Programm vorgeschriebene Uhr angebracht. Die Höhendifferenz zwischen Wegen und Sportplatz ist als einfache, mit Rasen gedeckte Böschung gedacht. Nur die Nordseite erhält eine Futtermauer aus Cyclopenmauerwerk. Eine etwa 20 m breite Freitreppe verbindet den Sportplatz mit dem Gebäude. Der gesamte Platz ist durch einen etwa 10 m breiten, in landschaftlicher Weise anzupflanzenden Gürtel in sich abgeschlossen. Zahlreiche Sprenghähne ermöglichen eine schnelle Berieselung des Platzes und geben die Möglichkeit, denselben im Winter zur Eisbahn umzugestalten.

Bürgerwiese.

Für Anlegung der Bürgerwiese konnte nur noch der nördlichste Teil des gesamten Geländes in Frage kommen, weil die vorhandenen Höhenrücken nach Möglichkeit geschont werden sollen. Dem Terrain, das hier, von kleineren Unebenheiten abgesehen, eine leichte Steigung nach Süden zeigt, ist durch geringe Erdarbeiten, die vorwiegend aus Anfüllung der kleineren Vertiefungen mit dem vorhandenen Hausmüll bestehen, eine ziemlich gleichmäßige Steigung verliehen. Auf der Höhe steht die in einfachen Formen gehaltene Erfrischungshalle. Sprenghähne sind in der Wiese in hinreichender Menge verteilt, so daß die Wiese nach starker Benutzung durch Berieselung bald wieder zu einem frischen, saftigen Grün gelangt.

Wege.

Nachdem so die Hauptsammelpunkte des Verkehrs festgelegt waren, ergab sich die Führung der Hauptwege hieraus im wesentlichen. Dieselben sollen in kurzer, zweckentsprechender Weise die Hauptanziehungspunkte verbinden. Die Führung der Wege muß sich, wie schon im Vorhergehenden gesagt ist, wie alle anderen Anordnungen unserer Heimatlandschaft anlehnen, sie ist ohne Rücksicht auf Schönheitskurven zielbewußt durchgeführt. Auf die Erzielung von scharfgestochenen Rasenkanten ist, von den Wegen in der Umgebung der Sportwiese abgesehen, vollständig Verzicht zu leisten, denn in der Natur gibt es keine scharfen Kanten und Ecken. Die Hauptwege, welche einen Rundgang durch das gesamte Gelände bilden, sind in einer Breite von 4 m vorgesehen, sie berühren die Hauptpunkte des Parkes. Alle übrigen Wege erhielten ihrem Zwecke entsprechende Breiten. Den Verlauf der Pfade und Steige planmäßig festzulegen, wäre verfrüht. Dieselben müssen dem allgemeinen Bedürfnisse entsprechend festgelegt und leicht befestigt werden. Eine Breite von 1,5 bis 2 m dürfte in den meisten Fällen ausreichend sein.

Eingänge.

Eingänge sind in genügender Anzahl in der verschiedensten Weise angeordnet. Auf die Ausgestaltung der einzelnen Eingänge ist bei den Bepflanzungsangaben näher eingegangen.

Bepflanzung.

Aus dem über die allgemeine Gestaltung vorher Gesagten erhellt nun ohne weiteres, daß vor allem die Pflanzung dazu bestimmt ist, dem ganzen Parke ein charakteristisches Gepräge zu verleihen. Sie muß einen ins Auge fallenden natürlichen Charakter tragen, den Charakter unserer echten Heimatlandschaft. Es müssen unsere heimischen Gehölze in ihrem natürlichen Vorkommen zur Verwendung gelangen, unter Berücksichtigung des Standortes, ihrer Lebensbedingungen und ihres Zusammenlebens. Jede in Baumschulen gezogene Gartenform ist zu verwerfen. Eine Pflanzung in dem angedeuteten Sinne wird sicherlich für Berlin von eigenartiger Wirkung sein, will Berlin doch nicht etwas Alltägliches haben, sondern einen Park, der auch dem Andenken unseres größten deutschen Dichters gewidmet sein soll. Der Park soll und muß also alle schönen Motive, welche durch das Zusammenwirken von Wald und Wiesen in der freien Landschaft zu finden sind, zeigen. Die Grenzpflanzung um die Bürgerwiese ist in einer Breite von durchschnittlich 25 m vorgesehen. Hier wird es unsere Aufgabe sein, alle schnellwachsenden Gehölze gemischt zu verwenden, z. B. Buchen *(Fagus silvatica)*, Birken *(Betula alba)*, Feldahorn *(Acer campestre)*, Pappeln *(Populus pyramidalis)*, Akazien *(Robinia Pseud-Acacia)*, Ulmen *(Ulmus campestris, Ulmus effusa)*, Fichten *(Picea excelsa)*, Kiefern *(Pinus silvestris, Pinus austriaca)*, Lärche *(Larix europaea)* etc., mit Unterholz von Hainbuchen *(Carpinus Betulus)*, Stechhülse *(Ilex Aquifolium)*, Faulbaum *(Rhamnus Frangula)*, Holunder *(Sambucus nigra)*, Rainweide *(Ligustrum vulgare)*, etc. etc. Ein ins Einzelne gehender Bepflanzungsplan kann hierfür nicht aufgestellt werden. Es wird aus diesem Grunde ein Hinzuziehen von künstlerischen Kräften notwendig sein, um die reine Naturschönheit zur vollen Geltung zu bringen. Die verschiedenen abwechselungsreichen Motive, wie sie uns der Naturwald vor Augen führt, müssen hier möglichst natürlich wirkend zum Ausdruck gebracht werden. Ein besonderes Augenmerk ist auf die weit in die Wiese ragenden Vorsprünge zu richten, deren Konturen in geschickter Weise anzuordnen wiederum Sache des Ausführenden ist. Im Gegensatz zu dem gruppenweisen Vorspringen hoher Bäume mit säulenartigen Schäften, ist ein zu malerischer Entwickelung des Behanges freigestelltes Baumexemplar von überraschender Wirkung. Es ist von Zeit zu Zeit dafür Sorge zu tragen, daß in diesen dichten, waldartigen Anpflanzungen ästhetisch minderwertige Exemplare geschlagen werden, damit Luft und Licht in genügendem Maße eindringen können. Auch die von Pfaden aufgeschlossenen Waldwiesen müssen mit allen Reizen dieses schönen Motives ausgestattet werden. Die Hauptkuppe der dünenartigen Bodenerhebungen ist, soweit es sich ermöglichen ließe, zu erhalten. Hier soll die Kieferngenossenschaft vorherrschen, da dieser Standort den Lebensbedingungen der Kiefer am meisten entspricht, die Kiefer auch charakteristisch für die Umgegend Berlins ist. Auch hier muß vor allem der waldartige Eindruck zur Geltung kommen, es muß die Auswahl der Gehölze nach physiologischen Grundsätzen erfolgen. Aus weiter Entfernung gesehen, bietet der mit Kiefern bewaldete Höhenrücken einen befriedigenden Abschluß, dessen Silhouette durch die auf dem Aussichtspunkte B angeordneten Pyramidenpappeln noch gesteigert wird. Die Abhänge dieses Nadelwaldes sollen nach den Grenzen zu als üppige Wildnis behandelt werden. Hier finden wir die verschiedensten Ginsterarten, *Rubus, Potentilla, Rosa rugosa* etc. Die den Kiefernwald aufschließenden Wege und Pfade sind teilweise als Hohlwege einzubauen. Die steilsten Böschungen sind in natürlicher Weise mit dem Material der örtlichen Formation abzustützen und mit Gestrüpp zu überwuchern. Vom Aussichtspunkte B führt ein gerader Weg zum Schillergarten. Der Schillergarten ist als ein in sich abgeschlossenes Ganzes zu betrachten; er besteht aus einer regelmäßigen Rasenfläche, die von etwa 1 m erhöht liegenden Laubengängen aus Hainbuchen umschlossen wird. Zahlreiche eingeschnittene Fensteröffnungen gestatten vom Laubengange aus einen Blick auf die vertiefte Rasenfläche, in deren Mitte, vom mächtigen Blätterdach der Schillerlinden beschattet, Steintisch und Bänke Aufstellung gefunden haben. Die vier Ecken der Hainbuchengänge werden von kreisförmigen Platzanlagen gebildet, die von Pyramidenpappeln umsäumt sind.

Die Eingänge sind durch die Bepflanzung in mannigfaltiger Weise ausgestattet. Der beträchtliche Höhenunterschied zwischen Anlage und Straße ist bei dem Zugang von Straße 37 zu einem Treppenaufgang mit Ballustraden ausgestaltet. Die mächtigen Kronen zweier Silberpappeln, auf der Höhe angeordnet, werden für das Straßenbild von packender Wirkung sein. Der Abhang muß hier, um mit den neuen Straßenhöhen in Einklang zu kommen, zum Teil abgetragen werden; er soll mit Alpenrosen *(Rhododendron)* bepflanzt sein, die zur Zeit der Blüte auf dem in das Straßennetz hineinragenden Hügel von großer Wirkung sein werden. Der Eingang zum Park an der Barfußstraße ist als lichter Birkenhain gedacht. Bänke laden die Passanten der vorbeiführenden Straßen zur Ruhe ein. Der von hier aus mit der Straße parallel laufende Weg ist mit Birken in ungleichmäßigen Abständen zu bepflanzen. Ein lauschiger Ruheplatz ist gegenüberliegend am Parkeingang vorgesehen. Neben einem einfachen Brunnenbecken ist eine Bank von Stein aufgestellt, alles beschattet, gleichsam beschirmt von der mächtigen, zartgefiederten *Robinia*. Der hier bis dicht an die Straße herantretende Hügel ist in seiner natürlichen Form belassen und nur mit wenig Pflanzung versehen. Er soll als blumiger Hang behandelt werden und wird für das Straßenbild gewiß von großem Reiz sein. Auf seiner Kuppe befindet sich ein durch Pfade zu erreichender und von einer weitausladenden Eiche beschatteter Sitzplatz. Am Eingang zur Bürgerwiese ist ein einfaches Wärterhäuschen vorzusehen. Das dahinter liegende größere Beet soll mit Stauden der verschiedensten Arten bepflanzt werden, es wird mit dem Kranz von Ebereschen *(Sorbus aucuparia)* von vorzüglicher Wirkung sein. Der Kostenanschlag schließt mit einer Gesamtsumme von 450000 M.

Bücherschau.

Düngungsversuche mit schwefelsaurem Ammoniak, Superphosphat und 40prozentigem Kalidüngesalz im Gartenbau. Von E. Pfyffer von Altishofen. Köstritz 1907. Preis 1 Mark.

Die praktische Teppichgärtnerei (La mosaïculture pratique). Von Albert Maumené. Paris, Librairie Horticole. Preis 4 fr. 75 c.

Die Obst- und Beerenweinbereitung. Von A. Bohnenstengel. Leipzig und Stargard i. P., W. Prange, Verlagsbuchhandlung.

Gemüse- und Obstbau im Hamburgischen Landgebiet. Von Dr. C. Brick. Hamburg 1907.

Mehr Obst. Von Dr. L. Diemer. Verlag von C. Heinrich, Dresden. Preis 50 Pf.

Gemüse und Obst als Nahrungs- und Heilmittel. Von Dr. Arnold Braß. Berlin 1907. Deutsche Landbuchhandlung. Preis 10 Pf.

Syllabus der Pflanzenfamilien. Von Dr. Adolf Engler. Berlin 1907. Verlag von Gebr. Borntraeger. Preis kart. M 4,40.

Das Wetter und seine Bedeutung für das praktische Leben. Von Carl Kassner. Leipzig 1908. Verlag von Quelle & Meyer. Preis geb. 1,25 M.

Morphologie, Anatomie und Physiologie der Pflanzen. Von Prof. Dr. W. Migula. (Sammlung Göschen, Leipzig.) Preis geb. —,80 M.

Digitalis, das große Herzmittel, als Heilpflanze. Von Ad. Alf. Michaelis. Heidenheim 1907. Verlag von Adolf Härlen. Preis M 1,20.

Rechte und Pflichten des Obstzüchters beim Obsthandel. Von H. Scriba. Halle, Buchdruckerei Otto Thiele. Preis 30 Pf., 20 Stück 5,— M.

Die Marmeladenfabrikation nach englischem Verfahren. Von Conrad Rapp. Magdeburg und Wien. Schallehn & Wollbrück. Preis M 4,50.

Mensch und Garten. Von F. Steinemann. Stargard i. P. 1907. Prange'sche Verlagsbuchhandlung. Preis 50 Pf.

Der Obstbau in England. Von Dr. Skalweit. Berlin 1907. Deutsche Landwirtschaftsgesellschaft. (Kommissionsverlag Paul Parey.) Preis 2 M.

Die Pflanzen und Fische des Süßwasser-Aquariums. Von Henkel, Baum und Stansch. Darmstadt 1907. Friedrich Henkel. Preis M 1,50.

Neue Erfahrungen über die Düngung mit Stickstoffkalk. Von Dr. M. P. Neumann. Magdeburg. Carl Friese, Hofbuchdruckerei.

Befruchtung und Vererbung im Pflanzenreiche. Von Prof. Dr. Gießenhagen. Leipzig 1907. Quelle & Meyer. Preis geb. M 1,25.

Gärten von M. Läuger auf der Ausstellung zu Mannheim. Verlagsanstalt Bruckmann, München. Preis M 1,50.

Die Verwertung des Obstes und der Gemüse im bürgerlichen Haushalte. Von J. Kindshoven, Bamberg. Preis 1 M.

Benraths Führer durch den Friedhof in Ohlsdorf. Hamburg 1907. Verlag von Johannes Kriebel. Preis 1 M.

Der Kampf zwischen Mensch und Tier. Von K. Eckstein. Aus Natur und Geisteswelt. Leipzig 1907. Verlag von B. G. Teubner. Preis geb. 1,25 M.

Immerwährender Garten-Kalender für den Gartenbesitzer und Landmann. Von Fr. Heinzelmann. Aarau 1908. Verlag von Emil Wirz. Preis 1 M.

Aus den Vereinen.

Der Bund **Deutscher Baumschulenbesitzer** hält am 2. und 3. Juli im Saale der Erholungsgesellschaft in Eisenach (Karthäuserstraße 39) seine diesjährige Tagung ab. Für den ersten der beiden Tage ist eine Vorstandssitzung anberaumt, für den zweiten Tag harrt eine äußerst reiche Tagesordnung der Erledigung, zu der jeder deutsche Baumschulenbesitzer willkommen ist. Außer den üblichen Berichterstattungen und Wahlen, sowie drei besonderen Anträgen, möchten wir hier nur die angemeldeten Referate anführen, die so recht zeigen, welche große und schöne Aufgaben sich die junge Vereinigung gestellt hat, deren Lösung nur durch ein einmütiges, machtvolles Vorgehen erfolgen kann. Die Referate lauten: Allgemeine Geschäftslage, Mindestpreise für Private, Engrospreise, Sonderpreise, Vorräte und Bedarf. — Erschließung neuer Absatzgebiete. — Einheitliche Qualitätsbezeichnungen. — Handelsgebräuche und einheitliche Verkaufsbedingungen. — Rechnungswesen und Buchführung. — Gewähr und Ersatzpflicht für Sortenechtheit und gutes Anwachsen. — Dauerhafte Etikettierung und einheitliche Numerierung der Normalsortimente. — Prinzip der offenen Tür. — Ausschaltung der Konkurrenz der Kreis-, Kommunal-, Provinzial- und Lehrerbaumschulen. — Schutzzollangelegenheiten. — Eisenbahntarifangelegenheiten. — Verhütung gegenseitiger Preisdrückerei.

Die Gruppe Westfalen-Ost und Lippe des deutschen Handelsgärtner-Verbandes beschloß in der letzten, recht stark besuchten Versammlung, im Anschluß an einen vom Geschäftsführer des Bundes der Landwirte für Westfalen gehaltenen Vortrag, eine Genossenschaft für den Einkauf gärtnerischer Bedarfsartikel mit dem Sitze in Bielefeld zu gründen. Zum provisorischen Beitritt meldeten sich bereits 60 Handelsgärtner und Baumschulbesitzer aus Bielefeld, Herford, Gütersloh, Minden, Bünde, Detmold, Lemgo, Oeynhausen usw. Die Genossenschaft schließt sich der genossenschaftlichen Zentralkasse und dem Revisionsverbande des Bundes der Landwirte an.

Bevorstehende Ausstellungen.

Dessau. Der Verein selbständiger Gärtner beschloß aus Anlaß seines 25 jährigen Bestehens hier vom 18. bis 20. September ds. Js. eine Gartenbauausstellung zu veranstalten.

Oranienburg. Der hiesige Gartenbau- und Bienenzuchtverein beabsichtigt gemeinsam mit der „Ortsgruppe des Verbandes der Handelsgärtner Deutschlands" am 19. und 20. September eine lokale Gartenbauausstellung zu veranstalten.

Gärtnerisches Unterrichtswesen.

Ein **Technikum für Obst- und Plantagenbau** ist mit einer Ausbildungszeit von 4 bis 5 Monaten als Reformschule in Stargard (Mecklenburg) gegründet worden. Leiter dieses Instituts ist Herr R. Lorentz, vordem Gartenbaulehrer in Köstritz.

Verkehrswesen.

Einfuhr von Pflanzen und sonstigen Gegenständen des Gartenbaues. Laut Bekanntmachung des Reichskanzlers vom 27. Mai ds. Js. darf die Einfuhr aller zur Kategorie der Rebe nicht gehörigen Pflänzlinge, Sträucher und sonstigen Vegetabilien, welche aus Pflanzschulen, Gärten oder Gewächshäusern stammen, über die Grenzen des Reichs fortan auch über das Königlich Preußische Zollamt I Stettin, Hansabrücke, erfolgen. Die dem Königlich Preußischen Hauptzollamte Stettin Auslandsverkehr bisher zustehende Befugnis zur Pflanzenabfertigung ist fortgefallen.

Mannigfaltiges.

Die Landwirtschaftskammer für die Provinz Brandenburg hat zur Erleichterung des An- und Verkaufes von Obst wiederum eine **Obstvermittelungsstelle** eingerichtet. Die Tätigkeit dieser Vermittelungsstelle besteht darin, den märkischen Obstzüchtern und den Konsumenten nach jeder Richtung hin Gelegenheit zu geben, in geschäftliche Verbindung miteinander zu treten. Zu diesem Zwecke werden in der Zeit von Anfang Juni bis 15. September allen Interessenten auf Verlangen Nachfrage- oder Angebotlisten kostenlos übersandt. Hierdurch werden einerseits den Obstzüchtern die Käufer und andererseits den Obstkäufern die Obstzüchter bekannt. Außerdem ist aus den Listen ersichtlich, welche Obstarten und in welchen Mengen diese angeboten oder angekauft werden. Alle Anfragen usw. sind zu richten an die Obstvermittelungsstelle der Landwirtschaftskammer für die Provinz Brandenburg (Geschäftsführer Grobben) Berlin NW. 40, Kronprinzenufer 5-6.

Tagesgeschichte.

Nürnberg. Die hiesige Stadtgemeinde erwarb 46 ha Reichswaldterrain für 216 700 M zur Anlage eines neuen Friedhofes.

Personal-Nachrichten.

Daugull, Friedr., Kunst- und Handelsgärtner in Dorpat, feierte am 10. ds. Mts. seinen 75. Geburtstag und zugleich die 50 jährige Wiederkehr des Tages, an welchem er die von seinem verstorbenen Vater 1822 gegründete Handelsgärtnerei für eigene Rechnung übernahm. Aus diesem Anlasse errichtete der Jubilar eine Stiftung, deren Zweck es ist, aus Dorpat stammenden Kindern die Erlangung einer deutschen Bildung zu erleichtern.

Berlin SW. 11, Hedemannstr. 10. Für die Redaktion verantwortlich Max Hesdörffer. Verlag von Paul Parey. Druck: Anhalt. Buchdr. Gutenberg e. G. m. b. H., Dessau.

Bevorstehende Ausstellungen.

Juni 1908.

Leipzig. Rosenausstellung vom 27. Juni bis 5. Juli 1908 anlässlich des diesjährigen Kongresses des „Vereins deutscher Rosenfreunde".

Zwickau. Vogtländisch-Erzgebirgische Rosenausstellung. Anlässlich des 25jährigen Bestehens des Vereins Zwickauer Rosenfreunde.

August 1908.

Duisburg. Gartenkunstausstellung 15. August bis 1. Oktober 1908.

St. Johann. Gartenbauausstellung vom 29. Aug. bis 14. Sept. im St. Johanner Volksgarten.

September 1908.

Dessau. Jubiläumsgartenbauausstellung des Vereins selbständiger Gärtner von Dessau und Umgegend, vom 18.—20. September.

Quedlinburg. Neuheitenausstellung der Deutschen Dahlien-Gesellschaft. 12.—14. September im Kaiserhof.

Oktober 1908.

Bielefeld. Obstausstellung für Westfalen und Lippe. 13.—19. Oktober.

Düsseldorf. Obstausstellung vom 28. bis 31. Oktober 1908 in der städt. Tonhalle, veranstaltet von der Landwirtschaftskammer für die Rheinprovinz.

April 1909.

Berlin. Grosse Internationale Gartenbauausstellung vom 2.—13. April in der Ausstellungshalle am Zoologischen Garten, veranstaltet vom Verein zur Beförderung des Gartenbaues in den Kgl. preuss. Staaten.

München. Jubiläumsblumenausstellung der Bayerischen Gartenbau-Gesellschaft vom 24. April bis 3. Mai.

Druck der Anhaltischen Buchdruckerei Gutenberg e. G. m. b. H. in Dessau.

Illustrierte Wochenschrift für den gesamten Gartenbau.

Herausgeber: Max Hesdörffer-Berlin.

Erscheint jeden Sonnabend.
Monatlich eine farbige Kunstbeilage.

Bezugsbedingungen:
h jede Postanstalt bezogen Preis 2.50 M. vierteljährl. In Österreich-Ungarn 3 Kronen. irektem Bezug unter Kreuzband: Vierteljährlich 3 M. Im Weltpostverein 3.75 M. Einzelpreis jeder Nummer 25 Pf.
hne Vorbehalt eingehenden Beiträgen bleibt das Recht redaktioneller Änderungen halten. Die Honorarauszahlung erfolgt am Schlusse jedes Vierteljahrs.

Anzeigenpreise:
Die Einheitszeile oder deren Raum 30 Pf.; auf der ersten und letzten Seite 50 Pf. Bei grösseren Anzeigen und Wiederholungen steigender Rabatt. Beilagen nach Übereinkunft. **Anzeigen in der Rubrik Arbeitsmarkt** (angebotene und gesuchte Stellen) kosten für Abonnenten einmalig bis zu 10 Zeilen Raum M. 1.50, weitere Zeilen werden mit je 30 Pf. berechnet. Erfüllungsort auch für die Zahlung: Berlin.

Adresse für Verlag und Redaktion: Berlin SW. 11, Hedemannstrasse 10.

XII. Jahrgang No. 40. | Verlag von Paul Parey, Berlin SW. 11. Hedemannstr. 10. | 4. Juli 1908.

Illustrierte Wochenschrift für den gesamten Gartenbau.

Jahrgang XII. 4. Juli 1908. No. 40.

Stauden.

Alte und neue schöne Alpenpflanzen.

Von **Bernh. Othmer**, Kgl. Garteninspektor, München.

III.

(Hierzu sechs Abbildungen.)

Dianthus Requienii, Godr. et Gren., Abbildung beistehend, ist eine starkwachsende, dichte Rasen bildende Pflanze mit einfachen, grasähnlichen, blaugrünen Blättern, die fein zugespitzt sind. Die Blüten stehen einzeln an etwa 25 cm hohen Stengeln, selten an im oberen Drittel verzweigtem Stengel zu zweien oder dreien. Sie sind zart weißlich-rosenrot, die Blumenblätter sind unregelmäßig ziemlich tief gezähnt und gekerbt, der Kelch ist schlank, walzenförmig. Es ist eine recht leicht wachsende, hübsche und dankbar blühende Nelke mit zartem Duft; die *Dianthus caesius* und *deltoides* sind ihr sehr nahestehend. Ihre Heimat sind die Zentral- und Ostpyrenäen. Die Vermehrung gelingt durch Stockteilung sehr leicht.

Sehr zahlreich sind bekanntlich die Vertreter der Steinbrech-*(Saxifraga-)*Sippe unter den Alpenpflanzen. Von ihnen sind besonders zierlich und hübsch jene Arten, deren halbfleischige Blattrosetten an den Blatträndern fein gekerbt und mit winzigen Kalkkristallen inkrustiert sind. Zwei dieser seien heute im Bilde vorgeführt und häufiger Verwendung empfohlen. Zunächst die schon länger bekannte *Saxifraga porophylla*, Boiss, Abbildung Seite 470. Die kleinen Rosetten sind hier rasenartig dicht gestellt, die Blätter dieser länglich-lanzettlich zugespitzt, etwas ausgebreitet und zurückgeschlagen, mit kleinen Kalkdrüsen besetzt. Die aus der Mitte der erstarkten Rosetten entspringenden Stengel der Infloreszenzen sind straff aufrecht, mit kleinen Blättern garniert, sowie vollständig mit rötlich-violetten Drüsen dicht besetzt; die Blüten sind klein, dicht, fast schopfig gedrängt und von einer ganz eigentümlich dunkel rötlichvioletten Färbung.

Ein wahres Juwel unter den Alpenpflanzen ist *Saxifraga Grisebachi*, Deg. et Dörfl., gefunden in einer Höhe von 4—5000 Fuß in Albanien und Mazedonien (Abbildung Seite 470), eine neuere, erst 1903 bekannt gewordene Art. Diese letztere ist robuster und durch lebhaftere Farben gegen vorige ausgezeichnet. Die Kalkstreifen des Blattrandes sind auf den blaugrünen Rosetten sehr stark ausgeprägt; am schönsten ist die Pflanze, wenn sich die Knospe im Innern als dunkel ponceauroter Knopf zeigt. Der Blütenstengel streckt sich allmählich und bedeckt sich dann am Rande mit schönen, hellbehaarten, ebenso gefärbten Deckblättern; in kurzer Traube sitzen dann die nickenden, roten Blütchen. Im knospenden Zustande ist die eigenartige Pflanze am schönsten, die Blüten bedeuten nicht viel; die gedrängten, noch nicht entfalteten Deckblätter mit ihrer wundervollen Farbe lassen die Pflanze als etwas ganz besonderes unter den alpinen Saxifragen auffallen. Nach der Blüte stirbt jene Rosette, welche die Inflorescenz hervorbrachte, ab, dafür erstehen am Grunde mehrere junge, welche man zur Vermehrung benützen sollte.

Dianthus Requienii.

Vom Verfasser im Botan. Garten zu München für die „Gartenwelt" photogr. aufgen.

Beide Saxifragen wachsen nicht allzuschwierig, gebören aber doch nicht zu jenen, welche ohne besondere Pflege gedeihen. Gemäß des Vorkommens an exponierten Lagen der sonnigen Berge des südöstlichen Europas, beanspruchen sie einen recht sonnigen Standort und einen etwas kalkhaltigen, durchlässigen Boden.

Eine kleinere, mehr reduzierte Form der Ostalpen, die in dichten Polstern in sonnigen Felsritzen oder auch im Geröll sich ansiedelt, ist *Saxifraga Burseriana*, L. (Abb. untenstehend und S. 471), bekannt durch silbrig-graue Belaubung und verhältnismäßig große, weiße Blüten in denen kräftige Staubfäden mit großen, gelben Antheren stehen. Die Knospen sind leuchtend korallenrot und sitzen noch kurzgestielt dem Polster auf. Es sind fast die ersten Blüten, welche im Frühjahr nach der Schneeschmelze auf der Anlage erscheinen. Die Pflanze wächst leicht und gut, wenn sie einen sonnigen Standort hat, am schönsten in einer Felsritze, auf gut durchlässigem Boden, am vorteilhaftesten moorig-lehmig mit Beimischung von Kalkgeröll; sie ist eine kalkholde Pflanze. Auch als Topfpflanze ist sie ungemein zierlich und recht dankbar, wie Abb. Seite 471 zeigt. Vermehrung durch Teilung (Zerreißen) der Stöcke.

Saxifraga Griesebachi.
Vom Verfasser im Botan. Garten zu München für die „Gartenwelt" photogr. aufgenommen.

Eine ungemein schöne und außerordentlich leicht wachsende Steinbrechart ist die viel größere, S. 471 abgebildete *Saxifraga Cotyledon*, L. Schon ihr weiter Verbreitungsbezirk — sie ist in den Bergen Lapplands und Norwegens ebenso heimisch als in den Alpen, Pyrenäen und Karpathen — beweist ihre außerordentliche Anpassungsfähigkeit. Zudem ist sie keine ausgesprochene Felsenpflanze, sondern gedeiht auch auf der Wiese, in gewöhnlicher, guter Gartenerde; sowohl ein halbsonniger, als auch ein schattiger, ja sogar ein vollsonniger Platz ist ihr recht, wenn sie auch an letzterem nicht ganz so üppig gedeiht. Ihre Schönheit kommt jedoch nur voll zur Geltung, wenn sie aus einer steilen Felswand herauszuwachsen scheint, also in einer Felsritze angebracht ist. Hier wirken schon die noch nicht blühenden Rosetten. An zwei- bis dreijährigen Rosetten, deren Blätter spatelförmig und weißgerandet sind, erhebt sich aus der Mitte eine, bei gutgenährten Pflanzen bis 60 cm hohe, viel verzweigte Rispe mit über 100 hübschen, weißen Blütchen. Dieselbe macht die Pflanze zu einer der schönsten des ganzen Geschlechts, zu einem ganz hervorragenden Schmuck der Anlage. Die Rosette, welche jene Menge von Blüten produzierte, stirbt freilich ab, dafür bilden sich aber am Grunde mehrere Sprossen, welche man abnehmen und als Stecklinge vermehren kann, um auf diese Weise sich seinen Nachwuchs zu sichern. Ebenso leicht, allerdings langwieriger, ist die Anzucht aus Samen. In der norwegischen Heimat bieten die herrlichen, weißen Rispen einen vielbegehrten Schmuck der Bräute; was in Deutschland die Myrte, das ist der Braut im hohen Norwegen *Saxifraga Cotyledon*.

Saxifraga porophylla.
Vom Verfasser im Botan. Garten zu München für die „Gartenwelt" photogr. aufgenommen.

(Ein Schlußartikel folgt in No. 42.)

Zum Lebensalter der Stauden.

„Man soll im Staudenanzuchtgarten immer Nachzucht haben, um immer jüngeres, d. h. zwei- bis dreijähriges Material verwenden zu können", so schrieb Garteninspektor Othmer in No. 35 dieser Zeitschrift. „Die Lebensenergie vieler Stauden läßt im vierten oder fünften Jahre wesentlich nach . . ., also heraus damit und an ihre Stelle jüngere!"

Ja wohl „heraus damit", aber an ihre Stelle die geteilten alten Pflanzen. Darauf kommt es doch an. Die ganze wachsende Freude, auch der Laienwelt, am Staudenreich beruht darauf, daß der Sachverhalt eben doch ein anderer ist, als er im obengenannten Artikel erscheinen muß, daß nämlich der Gartenfreund auch ohne „Nach-

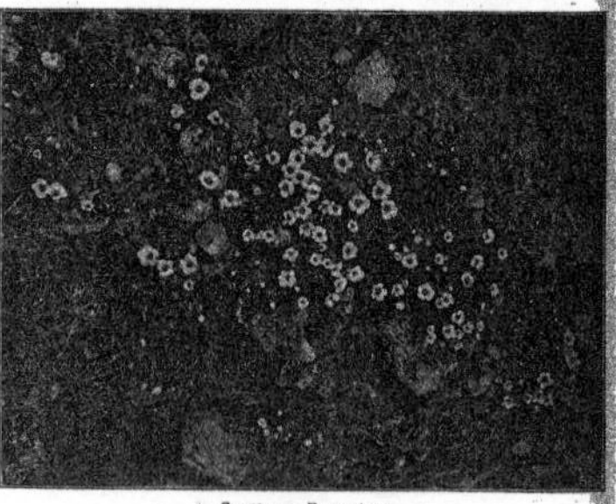

Saxifraga Burseriana.
Vom Verfasser im Botan. Garten zu München für die „Gartenwelt" photogr. aufge

zucht" jüngeren Materials seine Stauden mittelst Teilung oder durch Umpflanzen, bei vollster, üppigster Gesundheit dauernd erhalten kann. Auch schon sehr reichliche Düngung ausgezehrter Staudenbeete von oben her hat einen sehr befriedigenden Erfolg.

Die Verbreitung der Kenntnis dieses köstlichen und ungeheuer wichtigen Sachverhaltes sollte man nicht durch mißdeutbare oder allzu kursorische Bemerkungen stören.

Saxifraga Burseriana (Topfpflanze).
Vom Verfasser im Botan. Garten zu München für die „Gartenwelt" photographisch aufgenommen.

Je länger ich mit Stauden zu tun habe, desto stärker wird mein Eindruck der wunderbaren Dauerkräfte, welche dieser Pflanzengruppe innewohnen. Staudenfreunden sende ich auf Wunsch das Resultat einer Umfrage über: „Beobachtete Lebensdauer winterharter Blütenstauden". Erst kürzlich hörte ich von einer nachweisbar mehr als 30 jährigen Leberblümchenkante, die bei seltener Teilung „ohne Anzucht jüngeren Materials" sich alljährlich zu großer Pracht entwickelt. 200 Blüten an achtjährigen Pflanzen zählte ich in diesem Frühling. Verwöhnt sind die Pflanzen hier im Westender Sand bei Düngung mit Straßenkehricht nicht.

Von einem Schlechterwerden einer edlen, gesteigerten Staudensorte, die immer nur „künstlich", d. h. vegetativ vermehrt wurde, habe ich bisher noch nichts vernommen.

Saat ergibt bei **wichtigsten Sorten** meist nicht die erwartete Qualität.

Was soll z. B. junge Nachzucht bei *Spiraea*, *Paeonia* in Edelsorten, *King of Delphinium*, Königsgoldrute, *Funkia*, Farnen, Edelsorten von *Trollius, Aster, Pyrethrum?* Sie alle lassen sich durch Bodenauffrischung und mäßige Teilung der alten Pflanzen für immer in schönster Entwicklung erhalten.

Karl Foerster,
Staudenkulturen, Westend.

Nachschrift der Redaktion. Unserem Grundsatze getreu, auch abweichende Ansichten zur Geltung gelangen zu lassen, geben wir gern vorstehenden Ausführungen Raum, ohne uns indessen in allen Punkten mit denselben einverstanden zu erklären. Wir halten im Gegensatz zum Verfasser vorstehender Mitteilungen die Ausführungen des Herrn Othmer für korrekte. Wenn eine alte, den Boden stark auszehrende Staude herausgenommen wird, um durch ein jüngeres, lebenskräftigeres Exemplar ersetzt zu werden, so ist es für den Gartenbesitzer, der gleich im ersten Jahre vollen Erfolg sehen will, entschieden besser, er hat eine junge, im Anzuchtsgarten vorkultivierte Pflanze für diese Zwecke in Bereitschaft, als die Hälfte vom alten Wurzelstock zu pflanzen. Ganz abgesehen davon, wird es auch in einigen Fällen empfehlenswert sein, an Stelle der fortgesetzten künstlichen Vermehrung durch Teilung, in entsprechenden Zwischenräumen auch einmal die natürliche Anzucht anzuwenden, wo sie ausführbar ist.

M. H.

Papaver nudicaule ist sowohl als Schnittblume, als auch zur Ausschmückung von Beeten geeignet. Die neuen, von Georg Arends, Ronsdorf, gezüchteten Farben und der lange andauernde Flor erwerben diesem *Papaver* immer mehr Freunde. Leider lassen sich die im Jahre vorher gesäten Pflanzen, die ziemlich gut durchwintern, im Frühjahre nicht verpflanzen. Sie wachsen wohl an, aber blühen nicht.*) Deshalb pflanze ich nun die *Papaver* im Sommer in große Stecklingstöpfe, in lehmige, mit etwas Sand vermischte, nicht zu fette Rasenerde. Mit beginnendem Winter stelle ich die Töpfe in einen kalten Kasten, recht nahe unter Glas. Zeitig im Frühjahre kann man dann die Pflanzen mit Topfballen auspflanzen, worauf sie sich bald kräftig entwickeln und einen langandauernden Flor bringen.

Gerh. Bovenkerk, Langenberg.

Gewürzkräuter.

Valeriana officinalis, der gebräuchliche Baldrian.

Von **Carl Karstädt,** Tzschetzschnow bei Frankfurt a. O.

(Hierzu eine Abbildung.)

Der gebräuchliche Baldrian, eine einheimische, in der Ebene meist an Bächen, im Gebirge aber auch an trockenen, steinigen Orten wachsende Staude, wird seit uralten Zeiten als beruhigendes Mittel in der Heilkunde angewendet. Noch heute, wo viele der in alter Zeit beliebten Heilpflanzen längst vergessen und ab-

Saxifraga Cotyledon.
Vom Verfasser im Botan. Garten zu München für die „Gartenwelt" photogr. aufgen.

*) **Anmerkung des Herausgebers.** Ich säe *Papaver nudicaule* im Oktober-November und verpflanze die im zeitigen Frühling keimenden Sämlinge im April. Sie vertragen dieses Verpflanzen sehr gut und liefern regelmäßig reichen Flor. *P. nudicaule* kann auch als einjährige Pflanze — bei sehr früher Aussaat — kultiviert werden.

getan sind, spielt der Baldrian eine große Rolle. Seine Produkte, welche alle aus der Wurzel, weniger aus dem ganzen Kraute gewonnen werden, sind Baldrianwasser, Baldrianextrakt, Baldrianöl, Baldriantinktur, und die getrockneten Wurzeln als *Radix Valerianae*. Die stark kampferartig riechenden Wurzeln enthalten ein ätherisches Oel, einen Extraktivstoff (Baldrianstoff), Baldriansäure, Harz, Salze und einige andere, weniger bedeutende Stoffe. Die Wurzeln müssen im Schatten, an luftigen Orten getrocknet werden. Sie sind zuerst weiß, dunkeln aber bald nach, wie auch sämtliche übrigen Produkte dieser Pflanze rasch nachdunkeln. Die getrockneten Wurzeln müssen in luftdichten Blechgefäßen aufbewahrt werden, da ihre heilbringenden Stoffe leicht verflüchtigen. Außer in der Heilkunde werden die Wurzeln auch noch bei der Zubereitung einiger Bitterliköre verwendet. Für den Gebrauch im Handel werden die Wurzeln der an trockenen oder gebirgigen Orten wachsenden Pflanzen vorgezogen, da diese besonders kräftig sind.

Der Baldrian, diese so überaus wichtige Heilpflanze, ist aber auch eine vortreffliche, hübsche und dekorative Staude, die jedem Garten zur Zierde gereicht, besonders wenn mehrere zusammen vereint als Ganzes wirken. Die Stauden treiben zahlreiche, 1 bis $1\frac{1}{2}$ m hohe Blütenrispen, welche aus vielen kleinen, weißlichen oder rosa Blüten zusammengesetzt sind. Die starken, hohlen Stengel sind von unten bis oben mit unpaarig gefiederten, gegenständigen Blättern besetzt. Der ganzen Pflanze haftet der schon oben erwähnte, aber nicht unangenehme Geruch an, den man bei schwülwarmem oder windigem Wetter schon von weitem wahrnimmt. Der Geruch des Baldrians wird von unseren Hauskatzen sehr geliebt, wie ja auch allgemein bekannt ist, daß diese durch Baldrianöl anzulocken und dann leicht zu fangen sind. Wie auf beistehender Abbildung zu sehen ist, ergeben abgeschnittene Baldrianrispen einen wirkungsvollen, modernen Vasenschmuck, wie ich auch diese, im Verein mit anderen abgeschnittenen Blüten meiner einheimischen Lieblinge, zu langstieligen Sträußen gern verwende. Besonders hübsch macht sich ein Strauß, bestehend aus den Blüten von *Spiraea Ulmaria* und *Filipendula*, *Veronica longifolia*, *Lysimachia vulgaris* oder *Senecio Jacobaea* mit Baldrianrispen, die hier schleierkrautähnlich wirken. Ich verwende alles von einheimischen Blumen, was sich nur verwenden läßt, habe auch eine schöne Kundschaft dafür, besonders unter den Damen Frankfurts. Wenn ich noch so viel abgeschnittene Blumen auf den Markt bringe, ich werde sie immer zu guten Preisen los, da ich stets etwas Besonderes, Apartes biete. Mein Garten ist daher auch schon ein richtiger botanischer Garten, in dem einheimische Pflanzen verschiedenster Arten einträchtig beieinander blühen und gedeihen.

Baldrian (Valeriana officinalis).
Originalaufnahme für die „Gartenwelt“.

Bei dieser Gelegenheit möchte ich noch einen Spaß erwähnen, den ich vor einigen Jahren hatte. Ein Regierungsbeamter aus der benachbarten Stadt, ein großer Blumenfreund, besieht sich von Zeit zu Zeit meinen Garten, um, wie er sagt, mal wieder etwas Besonderes zu sehen, aber ohne zu wissen, daß viele Gewächse einheimische sind. Da hatte ich einmal im Vorgarten des Hauses eine Gruppe mit unserer hübschen Spierstaude, *Spiraea Filipendula*, gepflanzt, die im Sommer tadellos blühte. Nachdem der Blumenfreund lange mit Wohlwollen diese hübsche Gruppe betrachtet hatte, sagte er im Tone vollster Ueberzeugung: „Woher beziehen Sie bloß die schönen Pflanzen alle, diese hier stammen doch gewiß aus China oder Japan!“

Nach dieser kleinen Abschweifung möchte ich kurz noch etwas über die Kultur des Baldrians berichten. Der Baldrian ist durchaus nicht wählerisch in bezug auf Boden und Kultur. Ich habe ihn mit Erfolg sowohl auf leichtem, sandigem, als auch in gutem Lehmboden gezogen, in schattiger und sonniger Lage. Die Anzucht erfolgt leicht durch Aussaat, die fernere Vermehrung durch Teilung. Nachdem im Herbst das alte Kraut samt der Hauptwurzel abgestorben ist, bilden eine Unmenge kleiner Wurzelstöcke, welche so lange mit der Hauptwurzel durch Ausläufer in Verbindung gestanden haben, neue Pflanzen, welche im Frühjahr öfter weitab von dem alten Standort erscheinen. Auch die Samen, welche mit einer Federkrone versehen sind, fliegen weit umher und tragen bei dieser Gelegenheit zu einer großen Ausbreitung dieser wichtigen Pflanze bei. — Zum Schlusse möchte ich noch davon abraten, heimische Pflanzen an den Orten ihres Vorkommens auszugraben und in den Garten zu verpflanzen, da sie unter den veränderten Verhältnissen nur schwer weiter wachsen.

Zwiebel- und Knollengewächse.

Tulipa Greigii. Der Tulpenflor ist vorüber, und mancher wird an dieser oder jener Sorte besonderen Gefallen gefunden haben. Ich möchte hier auf *Tulipa Greigii* hinweisen. Sie ist von so edler, seltener Form und von so bestechender Farbe, daß sie in Gruppen oder auch vereinzelt auf Rasenflächen stets vornehm wirkt. Die Blume, welche bis 10 cm Größe erreicht und auf 30 bis 40 cm hohem Stiel getragen wird, gleicht in der Form einem Becher. Die drei inneren Blumenblätter sind oben abgerundet, nach außen gerichtet, und liegen fest aneinander; die äußeren Blumenblätter sind ein wenig kürzer und etwas spitz. Die Blütenfarbe ist ein leuchtendes Scharlach; im Innern sind die Petalen am Grunde schwarz, gelb umrahmt. Bei längerem Hinsehen wird das Auge durch die intensive Farbe fast geblendet. Die Blätter sind graugrün, mit mehr oder weniger langer, rotbrauner Strichzeichnung. Diese *Tulipa* hat die Eigentümlichkeit, alljährlich unterhalb der alten Zwiebel eine neue zu bilden und keine Brut anzusetzen, weshalb die Anzucht aus Samen erfolgen muß. Turkestan ist die Heimat derselben. **Rich. Schneiderheinze**, Leipzig.

Gemüsebau.

Rote Rüben. In einigen Gegenden Deutschlands ist es üblich, die rote Salatrübe, auch „rote Beete“ genannt, erst auszusäen und dann zu verpflanzen. Doch haben verschiedene Versuche ergeben, daß es vorteilhafter ist, zur allgemein üblichen Methode, an Ort und Stelle zu säen, zurückzukehren. Für Gärten und Lagen mit trockenem Boden bietet die Aussaat an Ort und Stelle die meisten Vorteile. Ich bringe die Saat Mitte April in die Erde, auf 15 cm Entfernung je 3 bis 4 Samenkörner in 30 cm von einander entfernte Reihen. Im Sommer werden jene Pflanzen, welche hellrotes Kraut haben, entfernt und das Beet wird dann öfters behackt. Am besten sind die langen schwarzdunklen Sorten. Die „lange Neger“, eine Züchtung der letzteren Jahre, hat sich recht gut bewährt. **S.**

Obstbau.

Das Schneiden der Obstbäume nach „Pekrunscher Methode“ und deren Erfolge, zugleich eine Erwiderung auf den Artikel: „Einiges über Obstbaumschnitt und -pflege“ in No. 22 der „Gartenwelt“.

Von R. **Dießner**, Probstheida.

(Hierzu drei Abbildungen.)

In der berechtigten Annahme, daß auch regelmäßig geschnittene Obstbäume ihrem Besitzer nicht nur Freude bereiten, sondern auch den erhofften Gewinn bringen, möchte ich zu obengenanntem Artikel einiges bemerken.

Erst wenige Jahre sind vergangen, seit der „Pekrunsche Schnitt“, namentlich in Sachsen und besonders im Elbtal, sich Eingang verschaffte. Aber dank dieser Methode haben unzählige Obstzüchter eingesehen, daß man nur bei einem wirklich „rationellen“ Schnitt auf regelmäßige Obsternten rechnen kann. Diese Methode, auf „Gaucherscher“ Grundlage aufgebaut, gibt dem damit Vertrauten das Recht, zu behaupten, einzig und allein das richtige in dieser Beziehung getroffen zu haben.

Auf Grund meiner 18jährigen Praxis im Obstbau, in welcher Zeit ich viele Schnittmethoden kennen lernte, habe ich gefunden, daß man bei sachgemäßer Anwendung des „Pekrunschen Schnittes“ nicht nur auf ein gesundes und kraftstrotzendes Aussehen der Bäume hoffen darf, sondern wahre Musterexemplare erziehen kann, welche, vom Schönheitsstandpunkt aus betrachtet, den sogenannten Buschbäumen gegenüber schon eine Bevorzugung verdienen. Auch der Fruchtansatz wird und das ist die Hauptsache, bei diesem Schnitt voll und ganz gefördert. Es sollte nicht versäumt werden, den „Grün- oder Sommerschnitt“ bei allen Obstbäumen anzuwenden. Immer nur fleißig pinzieren, dann werden die satirischen Worte des Verfassers: „Das Messer ist der beste Dung!“ zur vollen Wahrheit.

Ganz abgesehen von auf Zwergunterlagen veredelten Bäumen bezw. Formen, bei welchen ja das Wachstum von Grund auf ein schwächeres ist, weshalb nicht so forsch geschnitten zu werden braucht, ist es bei Halb- und Hochstämmen, sowie auf Wildlinge veredelten Pyramiden unbedingt nötig, den „Grün- oder Sommerschnitt“ möglichst zeitgerecht und ordentlich auszuführen. Denn, wie allgemein bekannt sein dürfte, ist dieser Schnitt der wichtigste Faktor, um Fruchtansatz bezw. um Blütenknospen zu erhalten, während der „Winterschnitt“ mehr zur Formvollendung und zum weiteren Aufbau des Baumes dient.

Zur Veranschaulichung meiner Angaben habe ich drei Abbildungen beigefügt, aus welchen zu ersehen ist, daß auch regelmäßig alle Jahre geschnittene Bäume Fruchtholz ansetzen, ja weit mehr in dieser Beziehung leisten, als solche, welche sich selbst überlassen sind.

Die veranschaulichten Exemplare wurden 1903 und 1904 als zweijährige Pyramiden gepflanzt und nach „Pekrunscher Methode“ alle Jahre regelrecht geschnitten.

Der Erfolg war ein durchgreifender. Hatten die Bäumchen schon in den ersten Jahren eine Anzahl gut ausgebildeter Früchte, so konnte im vorigen Jahre bei sämtlichen Bäumen ein recht nennenswerter Ertrag, bei einzelnen ein solcher bis zu 75 kg verzeichnet werden.

Sogar 1903 gepflanzte Hochstämme von Arten wie: *Forellenbirne, Neue Poiteau, Josephine von Mecheln, Esperens Herrenbirne* und *von Cludius-Herbstapfel*, von denen man gewöhnt ist, erst als ältere Bäume Ertrag zu sehen, blühten und trugen zum Teil reichlich.

Bewunderung erregten auf Wildlinge veredelte *Six Butterbirne, Clairgeaus Butterbirne* und *Gellerts Butterbirne*, nicht allein ihrer schönen, ausgewachsenen Früchte, als vielmehr des so frühzeitig eingesetzten Ertrages wegen.

Noch möchte ich einen alten „Trotzkopf“, welcher nicht so leicht tragen mag, den *Gelben Bellefleur* erwähnen. Dieser, einer unserer „Spätträger“, von dem man immer behauptete, er trüge nur am langen Holze, wurde schon mehrere Jahre hindurch nach „Pekrunscher Schnittmethode“ gezwungen, am kurzen Holze Früchte zu tragen.

Um nun diese Methode richtig ausführen zu können, ist es unerläßlich, für die Heranbildung eines korrekten Baum-

Six Butterbirne auf Wildling, 1904 gepflanzt, nach „Pekrunscher Methode“ geschnitten, dahinter Buschbaum „Ostheimer Weichsel“.
Originalaufnahme für die „Gartenwelt“

Parkers grauer Pepping, 1903 gepflanzt, nach „Pekrunscher Methode" geschnitten. Originalaufnahme für die „Gartenwelt".

gerüstes Sorge zu tragen. Ein Hochstamm oder eine Pyramide soll klar und deutlich den Stamm, die Stammverlängerung und in bestimmter Höhe die erste Leitzweigserie, bestehend aus 5 Zweigen und den an diesen sitzenden Fruchtzweigen, erkennen lassen.

Der weitere Aufbau des Baumes geschieht in der Weise, daß in Abständen von 30 cm, bei Halb- und Hochstämmen 40 cm, eine neue Serie angeschnitten wird, welche von je wiederum 5 Leitzweigen, die in 5 verschiedene Richtungen zeigen müssen, gebildet wird, und so fort. Diese Leitzweige sollen gleich lang und gleich stark sein; es soll sich das Fruchtholz gleichmäßig rund, girlandenartig um die Leitzweige verteilen. Das so sitzende Fruchtholz wird auf Fingerlänge zurückgeschnitten, und die Leitzweige werden entsprechend, etwa auf ein Drittel ihres Jahrestriebes, gekürzt. Das ist alles!

Eine derartig aufgebaute Krone hat unzählige Vorteile. Ein Entfernen starker Aeste ist nie nötig, denn es können sich keine solchen kreuzen. Das Fruchtholz gedeiht sowohl innerhalb als auch außerhalb der Krone. Die Baumkrone kann nie durch starke Winde belästigt werden. Das Brechen von Aesten ist nicht zu befürchten, weil wir nur wenige, aber starke Leitzweige haben. Die Arbeiten in der Baumkrone sind bequem auszuführen, weil wir leicht mit der Leiter bis ins Innere derselben gelangen können. Ein Baum mit regelmäßig gezogener Krone sieht zu guterletzt unbedingt schön aus. Auf alle Fälle kann man sicher sein, daß derjenige, welcher nach „Pekrunscher Methode" arbeitet, viel eher zum Ziele kommt und von seinen Bäumen, ohne besondere kostspielige Ausgaben für Behandlung, einen größeren Gewinn hat. Ein Sichselbstüberlassen der Bäume ist grundfalsch.

Nachschrift des Herausgebers. Ich habe den vorstehenden Ausführungen gern Raum gewährt, muß aber gestehen, daß mich Verfasser von der Notwendigkeit eines regelmäßigen Sommerschnittes nicht überzeugt hat. Verfasser hat die Ausführungen des Herrn Obergärtner Mütze in Nr. 22 in keiner Weise widerlegt. Von einem „Pekrunschen Schnitt" kann überhaupt keine Rede sein; Pekrun ist nicht der Mann, der einen Gaucher verbessern kann. Er verdankt sein gärtnerisches Wissen in der Hauptsache dem fortgesetzten Studium des Gaucherschen Handbuches der Obstkultur, dessen Verfasser, was Formobstkultur betrifft, von keinem Nachtreter auch nur annähernd erreicht wird. Daß sich auch bei raffinierter Kunstschneiderei Fruchtholzansatz, unter Umständen sogar sehr reichlicher, erzielen läßt, ist niemals bestritten worden. Es muß aber eine Grenze zwischen Liebhaber- und Nutzobstbau gezogen werden. Wo die Kunstschneiderei betrieben wird, die fortgesetzt teure Arbeitskräfte erfordert, da kann auch bei Erzielung feinsten Tafelobstes von einer wirklichen Nutzkultur keine Rede sein. Dem naturgemässen Obstbau allein gehört die Zukunft, und bei diesem Obstbau, mag es sich um Buschbäume, Halb- oder Hochstämme handeln, führt man einen regelmäßigen Winterschnitt nur so lange aus, bis dem Baume ein gleichmäßig verteiltes Astgerüst als Grundlage gegeben ist. Für die Folge werden die Bäume keineswegs vernachlässigt, wie man durchaus glauben machen will, aber der Sommerschnitt fällt nach wie vor fort und der Winterschnitt wird auf das allernotwendigste beschränkt, d. h., auf das Auslichten zu dichter Partieen, auf die Verhinderung von Gabelbildungen und Astkreuzungen, ferner auf das Entfernen zu tief gehender Aeste. Wie fast sämtliche schönblühende Ziersträucher unserer Anlagen bei Beobachtung einer gleichen Schnittmethode einen unvergleichlichen Flor entfalten, so auch unsere Obstbäume, die nicht schön sind in künstlich aufgezwungenen Formen, sondern in freier, natürlicher Entfaltung. Zahlreiche vergleichende Versuchskulturen in meinen eigenen Pflanzungen, auf dem Versuchsfelde der Biologischen Anstalt zu Dahlem, das unter Leitung des Obergärtners Mütze steht, und an anderen Orten, so auch in Sanssouci bei Potsdam, in den etwa 20 Morgen umfassenden Pflanzungen des Kaisers, haben den Beweis geliefert, daß auf eingefriedigten Plantagen dem richtig gezogenen Buschobstbaume die Krone gebührt.

Bacheliers Butterbirne, 1903 gepflanzt und nach „Pekrunscher Methode“ geschnitten. Originalaufnahme für die „Gartenwelt“.

Ich stelle heute den Abbildungen der nach sogenannter „Pekrunscher Methode“ geschnittenen Bäume des Verfassers nur die Abbildung einer Teilansicht eines Quartiers mit *Gelbem Bellefleur*, in diesem Jahre zu Beginn der Blütezeit in meiner Plantage aufgenommen, entgegen. Verfasser nennt im vorstehenden Artikel diesen Apfel einen alten Trotzkopf, der so leicht nicht tragen will, den er aber durch Pekrunsche Schnittmethode zum Tragen gezwungen hat. Da muß es doch interessant sein, zu sehen, daß meine *Gelben Bellefleur* nicht durch Zwangsschnitt zum Tragen gezwungen werden müssen, sondern, auf ursprünglich minderwertigem Kiesboden stehend und ohne künstliche Bewässerung, jährlich reiche Erträge bis 550 gr schwerer Aepfel bringen, die den besten weißen Winterkalvillen nicht nachstehen. Die abgebildeten Bäume sind bisher nur in allervorsichtigster Weise ausgelichtet, niemals aber im landläufigen Sinne beschnitten worden. Es sind 15 Stück von durchweg etwa 3 Meter Durchmesser bei $2\,^1/_2$ Meter Höhe.

Teilansicht eines Quartiers mit Gelbem Bellefleur. 1904 als zweijährige Veredelungen auf Doucin gepflanzt, nur nach der Pflanzung regelrecht geschnitten, dann nur noch sehr mäßig ausgelichtet. Durchmesser der einzelnen Büsche je etwa 3 m.
Zu Beginn der diesjährigen Blüte in der Plantage des Herausgebers für die „Gartenwelt“ photogr. aufgenommen.

Abfall des jungen Fruchtansatzes.

Von A. Janson.

Oft macht man die üble Erfahrung, daß der mehr oder minder vorgeschrittene Ansatz der Obstbäume plötzlich abfällt. Natürlich ist dies höchst ärgerlich, zumal wenn die Blüte gut verlaufen und der Baum so zu den schönsten Hoffnungen Veranlassung gibt. Als Anlaß eines solchen Früchteabfalles geben viele Leute Wasser- oder Nahrungsmangel an. Andere, die auf diesem Gebiete nicht bewandert, nicht selten auch Fachleute, behaupten, das Abfallen sei eine Folge ungenügender Befruchtung. Wie wir sehen werden, haben die ersteren häufig nicht so unrecht, letztere aber lehren mit ihrer Ansicht eine ganz falsche Auffassung des Befruchtungsvorganges. Es gibt keine „unvollkommene“ Befruchtung; entweder wird die Samenknospe befruchtet, dann ist die Frucht unter allen Umständen lebensfähig, oder die Samenknospe wird nicht befruchtet, dann kann der Baum die Früchte nicht zur Entwickelung bringen*).

*) Ich sehe hier von der Jungfernfrüchtigkeit ab, die als Eigenschaft nur erst bei verhältnismäßig wenigen Sorten festgestellt ist.

Allerdings täuscht der Augenschein über die strengen Grenzen zwischen beide Möglichkeiten hinweg. Das Bestreben der Fruchtfleischbildung ist in viele unserer Edelsorten so hinein gezüchtet, daß sie auch ohne erfolgte Befruchtung den Ansatz bis zu einer gewissen Größe ausbilden. Die Pflanze besinnt sich aber dann darauf, daß nicht die Fruchtfleischbildung, sondern die Samenerzeugung der Endzweck ihres Daseins ist. Die in der Entwickelung befindlichen, samenlosen Früchte läßt sie fallen, und dann wendet sie ihre ganze Kraft ungeteilt den gesamten Früchten zu. In solchen Fällen kann es allerdings scheinen, als sei eine Befruchtung wohl erfolgt, aber in einer ungenügenden Weise, tatsächlich ist aber die Befruchtung überhaupt nicht erfolgt. Ueber die Befruchtungshindernisse will ich mich an dieser Stelle nicht auslassen, denn erstens ist die Zeit der Blüte vorbei, und zweitens würde ich meine Ausführungen dadurch in die Länge ziehen. Andeuten will ich nur, daß oft mancherlei Ursachen die unterbliebene Befruchtung erklären könnten. So können z. B. kalte, nasse Witterung, übermäßig heißes Wetter und Trockenheit während der Blüte, Mißbildung der Geschlechtsorgane und viele andere Umstände, Insektenschäden und Krankheiten nicht zu vergessen, die Befruchtung hindern.

Daß eine gewisse mangelhafte Befruchtung unmöglich sei, soll mit obigem nicht gesagt sein. Man weiß, daß die sogenannte Fremdbestäubung in den meisten Fällen der Eigenbestäubung vorzuziehen ist, da letztere zur sogenannten Inzucht führt. Dadurch wird aber weder die Ausbildung des Samens noch der Frucht behindert, nur die Schwächen an der Keimdauer und Keimenergie und die Entnervung und Kränklichkeit der Nachkommenschaft sind Folgen der Inzucht. Während so eine ungenügende Befruchtung nicht vorliegen kann, kann Entbehrung zur Zeit der Fruchtentwickelung allerdings den Abfall veranlassen. Durch Wasser- oder Nahrungsmangel tritt eine solche Erschwerung der Existenz nur dann ein, wenn eins von beiden oder gar beide in hochgradigem Maße und für längere Zeit fehlen. In dieser Beziehung ist Wassermangel viel gefährlicher als Nahrungsmangel. Der Baum sucht dann zunächst den Verbrauch einzuschränken, wenn eine solche Not an ihn herantritt. Das Wachstum der Früchte bleibt in solchem Falle stehen, jedoch schreitet das Laubwachstum fast ungestört weiter. In demselben Verhältnis, wie der Baum treibt und den Strom seiner Baustoffe von den Früchten ablenkt, wendet er seine Baukraft in verstärktem Maße den Wurzeln zu, diese breiten sich dann schnell aus und suchen eifrig nach Nahrung und Wasser. Höchst selten wirft der Baum etwas vom Ansatz ab, wenn nur Nahrungsmangel vorliegt. Im Gegenteil, jedes lebende Wesen hat einen Trieb in sich, für seine Erhaltung zu sorgen, und dieser Trieb macht sich besonders dann geltend, wenn dem Baum angedeutet wird, daß sein Leben gefährdet ist, entweder durch Not, Krankheit, Alter usw. Der Baum ist in solchen Zeiten der Not dann doppelt eifrig bestrebt, seine Art fortzupflanzen und erzeugt deshalb Samen; er bemüht sich nach Kräften, den Ansatz zu halten, aber nicht der Früchte wegen, sondern ob des darin enthaltenen Samens. Deshalb bringt in höchst seltenen Fällen Hunger den Ansatz zum Abfallen, aber an der Fruchtfleischausbildung spart der Baum zugunsten der für sein Leben wichtigeren Organe, so daß Hunger nicht die Zahl der Früchte, wohl aber ihre Größe verringert. Daß Wassermangel in dieser Beziehung viel gefährlicher ist, habe ich schon angedeutet. Jedem wird meine Behauptung einleuchten, wenn man bedenkt, daß beim Mangel an Wasser, in welchem gelöst die Nährstoffe allein aufnehmbar sind, notwendigerweise auch Nahrungsmangel besteht. Die Nährstoffe sind allerdings da, aber es fehlt der Stoff, welcher das Bodenkapital „flüssig" in doppelter Beziehung des Wortes macht. Der Wassermangel bringt aber außerdem direkte Gefahren für den Baum mit sich, diese sind so außerordentlich, daß der im übrigen ungeschwächte Baum viel eher geneigt ist, einen Teil des Früchteüberflusses abzugeben. In innigem Zusammenhange mit Trockenheit des Bodens steht außerordentliche Hitze, da der Himmel dann wolkenlos zu sein pflegt. Die Erwärmung des Laubes, welche bereits in verhältnismäßig geringem Maße zu seiner Tötung führt, wird gewöhnlich durch Verdunstung von Wasser, welches aus den Blättern abgegeben wird, vermieden. Durch Verdunstung wird bekanntlich Kälte erzeugt. Fehlt es nun dem Baume an Wasser, so wird die Verdunstung herabgesetzt und das Laub erhitzt sich bis zum Absterben. Dann tritt derjenige Vorgang ein, den man mit Verbrennen bezeichnet. Dieser Gefahr arbeitet der Baum energisch entgegen, indem er noch nach Möglichkeit die bestrahlten Flächen verkleinert. Er wirft nicht nur einen Teil der Früchte ab, sondern bei manchen Obstarten faltet er sogar das Laub mehr oder weniger zusammen, damit die Verdunstungsfläche verkleinert wird. Wenn also der Nahrungsmangel das Abwerfen der Früchte nicht eigentlich hervorruft, kann es doch der Wassermangel häufig bewirken. Wie es aber auch sein möge, ob Mangel auf der einen oder der anderen Seite ist, so ist es in solchen Fällen immer nötig, den Mangel zu beheben. Im Verlauf dieser Abhandlung wird man nicht nur sehen, auf welche Art die Düngung und Wässerung allgemein wirkt, sondern auch, in welcher Art und Weise die einzelnen Hauptnährstoffe auf das Wachstum des Baumes Einfluß haben.

Das Abfallen des Ansatzes aber ist häufig genug die Folge eines tieferliegenden Umstandes. Bei solchen Sorten, hauptsächlich aber bei den Winterbirnen, welche sehr spät reifen, bemerkt man, daß diese besonders zum Abstoßen der jungen Früchte neigen. In solchen Fällen ist weder Mangel am Nährstoffgehalt des Bodens, noch Wassermangel schuld. Diese auffällige Erscheinung erklärt sich wie folgt: Der Baum hat bei der reichen Fruchtbarkeit unserer Edelsorten vollauf mit der Ausbildung der Früchte zu tun. An die Ausbildung des eigenen Körpers kann er erst denken, wenn ihn die Frucht verlassen hat, jetzt kann er erst dem Holze die nötige Reife geben, welche zur Ueberstehung der Winterfröste nötig ist, und schließlich jene Menge von Reservevorräten sammeln, die nötig sind, um den Frühjahrsaustrieb des Baumes zu besorgen. Da viele Früchte erst spät reifen, oft den Baum im Oktober erst verlassen, so bleibt demselben nur eine kurze Zeit für diese wichtigen Aufgaben. In dem Gefühl, daß sie nicht reicht, verlängert er zwar die sommerliche Vegetationszeit bis tief in den Spätherbst hinein, jedoch ohne dadurch viel zu erreichen, da durch den Mangel an Wärme die Arbeit des Laubes gehemmt wird. Durch diese Verzögerung erreicht der Baum oft genug nur dies, daß sein unausgereiftes, noch im Trieb befindliches Holz vom ersten Winterfrost überrascht und getötet wird. Wenn der Winter ungewöhnlich zeitig eintritt, dann ist die gesammelte Menge der Reservenährstoffe zu gering. Die Reservenährstoffe sind bekanntlich dazu bestimmt, den Austrieb des Baumes im Frühjahre zu besorgen und auch den jungen Ansatz so lange zu ernähren, bis die durch die Wurzeln neu zugeführten

Nährstoffe imstande sind, die Weiterbildung der Früchte zu übernehmen. Wenn der Nährstoffvorrat gering ist, wie das ja bei den Spätsorten aus besagten Gründen in ungünstigen Jahren der Fall, dann genügt er wohl zur Bewirkung des Austriebes, aber er reicht nicht aus, um den Fruchtansatz zu erhalten und weiter zu bilden. Da die geringen Reservestoffvorräte den Austrieb zudem mit einem gewissen Mangel an Energie durchführen, so erlangt der Baum erst mit erheblicher Verspätung die Fähigkeit, die Weiterbildung der Früchte zu übernehmen, und so werden diese aus Mangel an verfügbarer Nahrung abgestoßen.

Während der sogenannten Steinbildung ist das Abstoßen der Früchte beim Steinobst von besonderer Wichtigkeit. Bei Pfirsich und Aprikosen wird dieses Abstoßen hauptsächlich bemerkt. Nahrungsmangel liegt aber auch hier vor, indessen nicht allseitiger, sondern nur ein solcher eines Hauptnährstoffes, nämlich der Phosphorsäure. Der Obstbaum ist im allgemeinen nicht sehr phosphorsäurebedürftig, bei weitem mehr Phosphorsäure verbraucht eine große Anzahl unserer landwirtschaftlichen Kulturpflanzen, aber den größten Bedarf daran haben unter den Obstbäumen die Steinobstbäume. Man kann sogar sagen, daß die darauf bezüglichen Ansprüche in dem gleichen Maße wachsen, wie die Sorte edel und der Kern der Obstgattung größer ist. Das größte Phosphorsäurebedürfnis haben daher die Pfirsiche und Aprikosen, nach diesen kommen die Pflaumen. Die Ansprüche sind aber innerhalb dieser Gattungen um so höher, je edler die Sorte ist. Da die großsamigen Steinobstarten einer beträchtlichen Menge Phosphorsäure bedürfen, so ist es leicht erklärlich, daß der Phosphorsäuregehalt bei längerem Stande der Bäume auf demselben Platze längst erschöpft ist, wenn der Gehalt des Bodens an den übrigen Nährstoffen noch für lange Jahre reicht. Der Same ist der phosphorsäurereichste Teil eines Steinobstbaumes und zumeist auch aller Pflanzen. Ist der Phosphorsäuregehalt gering, so kann der Same nicht ausgebildet werden, und da er, wie schon mehrmals gesagt, die Seele der Frucht ist, ohne welche diese keine Daseinsberechtigung hat, so stößt sie der Baum als unnützes Glied einfach ab. Auf Phosphorsäuremangel muß immer geschlossen werden, wenn sich diese Art des Früchteabfallens zeigt, und diese Annahme wird bestärkt, wenn einzelne Aeste ohne äußerliche Ursache plötzlich bis an den Hauptstamm absterben. Von vielen Obstzüchtern wird diese Erscheinung für eine spezielle Eigenschaft der Bäume gehalten. Sie fassen dieselbe gar nicht als eine Krankheit auf, da das Absterben so außerordentlich allgemein ist. Es wird dadurch nicht nur die Ernte geschädigt, sondern dem Formobstzüchter werden auch die schönsten Formen zuschanden gemacht. Daß in der Tat Phosphorsäuremangel die Ursache dieser Erscheinung ist, geht daraus hervor, daß sie niemals da auftritt, wo regelmäßig gedüngt wird, und sie verschwindet sofort, wenn man einen Phosphorsäuredünger anwendet. Nach meiner Erfahrung hat sich Superphosphat am besten bewährt. Zum Schluß bleibt nur noch einiges über die Hauptnährstoffe zu sagen; für die Erhaltung des jungen Ansatzes und dessen Ausbildung zur Erntereife sind sie von ganz besonderem Einfluß. Daß allerdings nicht oft Hunger im allgemeinen Sinne das Abfallen der jungen Früchte bewirkt, sondern viel eher der Hunger nach einem bestimmten Nährstoffe, habe ich ja schon oben erwähnt.

Meine Ausführungen erfolgten an Hand eines Beispiels von Phosphorsäuremangel bei Steinobst. Wie beim Steinobst die Phosphorsäure in den Vordergrund tritt, so ist beim Kernobst der Stickstoff der maßgebende Faktor. Daß dieser Nährstoff die Mengenerzeugung der Gewebe begünstigt, ist ja bekannt. Ueberall, in allen Teilen reizt der Stickstoff den Baum zur Vermehrung der Gewebe und dadurch zum Ausbau des Körpers. Es liegt ganz nahe, daß von dieser ausbauenden Tätigkeit der Gewebe der Fruchtansatz nicht ausgeschlossen sein kann. Beim Vorhandensein einer ausgiebigen Menge Stickstoff vergrößert sich in der Tat die Frucht ganz besonders. Große Früchte erzielt man immer durch Stickstoffdüngung, und aus dieser Tatsache erklärt sich der Wert, welchen die Obstzüchter der stickstoffreichen Mistjauche dann besonders zuerkennen, wenn sie zur Zeit des jungen Ansatzes verabreicht wird. Diese Jauche trägt infolge ihrer Eigenschaft zum Ausbau der Früchte bei und hilft dem Ansatz über das schwierige Jugendstadium hinweg. Außerdem nützt sie dadurch, daß sie die Menge des ernährenden Laubes vermehrt und daneben ein bedeutendes Quantum des in dieser Zeit so notwendigen Wassers heranführt. Es gelingt ebenso sicher mit einer kräftigen Stickstoffdüngung, durch eine reichliche Wassergabe unterstützt, wie man das bezüglich der Phosphorsäure beim Steinobst sehen konnte, den Ansatz beim Kernobst zu halten. Obgleich Jauche in dieser Beziehung besonders günstig ist, so erreicht man auch die gleiche Wirkung durch Anwendung von Chilisalpeter oder schwefelsaurem Ammoniak, wenn im Bedarfsfalle das notwendige Wasser zur Stelle geschafft werden kann. Man darf nur nicht glauben, daß mit dieser einseitigen Düngung alles getan ist, was zur Erlangung einer guten Ernte notwendig ist. Mit Phosphorsäure- oder Stickstoffdüngung (je nach den Obstarten) gelingt es allerdings, den Ansatz zu halten, doch wird die Ernte nur dann in jeder Hinsicht zufriedenstellend, wenn in entsprechendem Maße die jeweils fehlenden anderen beiden Nährstoffe (bei Steinobst Stickstoff und Kali, bei Kernobst Phosphorsäure und Kali) gereicht werden. Denn das Kernobst setzt in den nächsten Jahren ohne Phosphorsäure nicht an und bringt unedel schmeckende, saure Früchte, und diese bleiben ohne Kali wiederum ohne Aroma und Zucker. Dem Abfallen der Früchte ist im großen und ganzen durch zielbewußte Düngung ebenso leicht wie sicher abzuhelfen. Als Schwierigkeit bleibt nur das Verhindern des Abwerfens bei Spätsorten, welche infolge ungenügender Ruhezeit keine Reservestoffe sammeln können. Man hilft hier in vielen Fällen mit einer Phosphorsäuredüngung durch das schnellwirkende Superphosphat im Hochsommer.

Diese Art der Beeinflussung des Baumlebens scheint den obigen Ausführungen entgegenzustehen, aber sie *scheint* es auch nur. Den zum Abfall neigenden Fruchtbehang soll die Superphosphatdüngung nicht halten, sondern sie soll einen zeitigeren Vegetationsabschluß herbeiführen. Wie die Anwendung des Stickstoffes im Spätjahre die Ernte und den Eintritt der Vegetationsruhe verzögert, so verfrüht sie die Phosphorsäure. Für den Baum gewinnt man dadurch einige Wochen, welche dem Sammeln der Reservestoffvorräte gewidmet werden können. Ein besonders energischer Austrieb im Frühjahre ist die Folge dieses Vorgehens, infolgedessen kann das Laub die Ernährung anfangs zeitiger übernehmen, dann aber auch eine bessere Förderung des Ansatzes aus den Reservemitteln. Diesen Anfang durch Stickstoffdüngung zu fördern, steht weiterhin nichts im Wege, nur soll die reifebeschleunigende Phosphorsäuredüngung im Hochsommer nicht vergessen werden. Nach meiner Ansicht ist das Ausbleiben des Ansatzes in jedem zweiten Jahre, wie man es bei den vielen Spätsorten findet, nichts anderes als die Folgewirkung einer zu knapp bemessenen Ausruhezeit zwischen Ernte und Winterbeginn. Wenn jedoch diese angegebenen Mittel nicht anschlagen sollten, d. h. sollte der Baum trotz ihrer mit mehr oder weniger Regelmäßigkeit den Fruchtansatz abwerfen, dann ist die in Betracht kommende Sorte eine höhere Wärmemenge gewöhnt, d. h. einen längeren Sommer, als das Klima und die in Frage stehende Lage ihn bieten kann. Unter diesen Umständen trägt der Baum viele Frostschäden davon, die erzeugten Früchte werden nur notreif und sind von geringer Güte, rübenartig, wie der Pomologe sagt. In der Regel ist dann das einzige, durchschlagende Abhilfsmittel die Umveredlung.

Gehölze.

Nochmals Linden als Straßenbäume.

In Nummer 38 der „Gartenwelt" habe ich mit Interesse einige Antworten auf die Frage 534 „Welche Linden leiden nicht an frühem Laubabfall im Sommer?" gelesen; weil ich aber nicht ganz mit den darin geäußerten Ansichten übereinstimme, gestatte ich mir, meine auf Erfahrung beruhende Meinung ebenfalls mitzuteilen, um den Fragesteller eventl. dadurch vor einer späteren Enttäuschung zu bewahren. Jedenfalls hat der Fragesteller mit der Anpflanzung von Linden schon schlechte Erfahrungen gemacht, sonst würde er die Frage nicht gestellt haben, und es ist nicht ausgeschlossen, daß *Tilia euchlora* mit darunter ist. Hier in der Gegend wenigstens, hat sie sich als Baum für städtische Straßen nicht besser bewährt, als wie die meisten anderen Lindenarten, ja, sie ist eine der schlechtesten mit gewesen, dadurch, daß sie sehr früh von Ungeziefer befallen und angegriffen wurde und der Sonnenwirkung nur geringen Widerstand entgegen setzte, so daß sie frühzeitig die Blätter verlor. Seit Jahren werden seitens der Stadt Düsseldorf keine *Tilia euchlora* mehr angepflanzt, sondern dieselben, wo es angängig ist, beseitigt und durch andere Baumarten ersetzt. Die einzige Linde, die noch als brauchbar für Straßen angesehen wird, ist die auch von Herrn Koch in Hohenheim genannte *Tilia tomentosa*. Alle Lindenarten können meines Erachtens zu Straßenpflanzungen nur bedingungsweise empfohlen werden. **H.**, Düsseldorf.

Verdiente Fachgenossen.

Garteninspektor F. Katzer.

Zum Jubiläum seiner 50jährigen Tätigkeit beim Großfürsten Konstantin Nicolajewitsch in Pawlowsk (Rußland).

Eine jener freundschaftlichen Beziehungen, die sich an meinen Aufenthalt in Rußland knüpfen, gibt mir heute ganz besonderen Anlaß, die Feder in die Hand zu nehmen.

In Pawlowsk, einer kleinen Stadt im Kreise Zarskoje-Selo, Gouvernement Petersburg, wo im Jahre 1780 von Paul I. ein kaiserliches Lustschloß inmitten schöner Umgebung erbaut worden ist, war es unserem hochverehrten Freunde, dem Garteninspektor F. Katzer vergönnt, am 2. Juni auf eine 70jährige Berufstätigkeit und eine 50jährige Wirksamkeit in seiner jetzigen Stellung zurückzublicken.

Es sei mir gestattet, über dieses seltene Ereignis und den Lebensgang dieses hervorragenden, allseits hochgeachteten Gärtnerveteranen den Lesern der „Gartenwelt" einige Daten mitzuteilen.

Franz Philipp Katzer wurde 1823 in der östlichsten Stadt Böhmens als Sohn eines Wirtschaftsbeamten geboren; ursprünglich für das Forstfach bestimmt, wurde er nach vollendeter Schulzeit zu schwach befunden und in ein nahes Kloster zum Privatunterricht gegeben. Der dortige Frater Hortulanus war ein großer Blumenfreund und zog den jungen Katzer in der schulfreien Zeit gerne zu den Gartengeschäften heran. So erwachten sein Sinn und seine Lust zur Gärtnerei, und mit 16 Jahren, am 1. Juni 1838, wurde er in die neu angelegte Schloßgärtnerei des Grafen Kinsky in Kostelitz als Lehrling aufgenommen. Er arbeitete später als Gehilfe in der Gärtnerei des Fürsten Kinsky und wurde dann in dem von Schott geleiteten Kaiserl. Hofgarten in Schönbrunn bei Wien beschäftigt, wo er volle 5 Jahre verblieb. Im Herbst 1849 verließ er Schönbrunn und trat in die Fürstl. Lichtensteinsche Gärtnerei in Eisgrub ein, um auch in der Landschaftsgärtnerei einige Erfahrungen zu sammeln. Nach einjährigem Aufenthalt ging er nach Berlin, wo er von Hofgartendirektor Lenné aufgenommen und auf der Pfaueninsel bei Hofgärtner G. A. Fintelmann untergebracht wurde.

Nach 2½jähriger Tätigkeit auf der Pfaueninsel kam Katzer als Hilfsgärtner nach Schloß Schaumburg a. d. Lahn und von da aus im Mai des Jahres 1858 als Hofgärtner nach Pawlowsk, der Besitzung des Großfürsten Konstantin Nicolajewitsch. Er wurde 1866 zum Garteninspektor ernannt und mit der Oberleitung über den herrlichen Park betraut.

Auf Einzelheiten aus dem Wirkungskreise Katzers kann ich hier nicht eingehen, ich will nur erwähnen, daß neben den vorzüglichen Landschaftsbildern die großartigen Pflanzenkulturen in den Gewächshäusern, ferner die Frucht- sowie Gemüsetreibereien unsere ganze Hochachtung herausforderten. Welche Fülle von Erfahrung tat sich hier vor unseren Augen auf, und mit welcher Begeisterung wurden uns die Verhältnisse von den Herren Katzer sen. und jun. erklärt.

Ein großes Gewicht wird bekanntlich in Rußland auf die Dekorationsgärtnerei gelegt, und hierin leisten namentlich alle kaiserlichen Gärten außerordentliches, so auch der Garten in Pawlowsk. Zu einer besonderen Liebhaberei hat sich Herr Katzer die Chamaedoreengattung erkoren. Mit seinen Befruchtungen hat er viel Glück gehabt und manche schöne und brauchbare Form ist ihm zu danken. Dank seiner Liebenswürdigkeit erfreut sich auch der Palmengarten in Frankfurt a. M. mancher schönen Spielart Katzerscher Züchtung.

Kehren wir zum 2. Juni zurück. Reiche Ehrungen wurden dem verdienten Fachgenossen zuteil. Schon in aller Frühe brachten ihm die Untergebenen nach russischer Sitte Salz und Brot. Um 10 Uhr überreichte der Chef der Strelnaer Hofgärtnerei und Gartenbauschule eine Adresse mit Unterschriften der Lehrer, Gärtner und Zöglinge. Später erschien der Hofchef mit allen Beamten, der Geistlichkeit und Polizei — etwa 30 Personen — und überbrachte eine mit Silber und Gold verzierte Schreibmappe mit schmeichelhafter Adresse. Um 4 Uhr beglückwünschten Se. Kaiserliche Hoheit der Großfürst und die Frau Großfürstin mit allen erlauchten Kindern den Jubilar und überreichten ihre Porträts in reichverzierten Rahmen. Die Frau Großfürstin Mutter Alexandra Josephowna übersandte eine prachtvolle Uhr mit Widmung und angebrachtem Miniaturporträt. Daß eine große Anzahl Telegramme von Gartenbau- und anderen Gesellschaften eingegangen und Freunde und Kollegen allerlei Ehrungen erwiesen haben, bekundete herzliche Liebe und Achtung für den Gefeierten, der nur auf das lebhafteste bedauerte, alle in sich fühlende Dankbarkeit nicht mehr entsprechend abtragen zu können. Das ist aber auch in diesem Sinne nicht notwendig, wurde doch zunächst ihm die Dankbarkeit für seine langjährig geleisteten Dienste, die er nach jeder Richtung treulich geübt hat, dargebracht. Trotz seiner 85 Jahre ist der Jubilar noch immer geistig und körperlich rüstig und mit der Leitung der ihm unterstellten Gärtnerei betraut, worin er von seinem Sohne unterstützt wird. Möge ihm noch manches Jahr in erfolgreicher Wirksamkeit beschieden sein! Dazu ein herzliches Glückauf auch von seinen deutschen Freunden.

Aug. Siebert, Frankfurt a. M.

Tagesgeschichte.

Falkenstein im Taunus. In No. 23. berichteten wir unter Tagesgeschichte Berlin, daß die eingeforderten Entwürfe für die Terrassen und Parkanlagen des Offiziersgenesungsheims zu Falkenstein Seiner Majestät vorgelegt worden seien und daß der Auftrag zur Ausführung dieser Arbeiten einer Stuttgarter Firma übertragen worden sei. Inzwischen ist in dieser Angelegenheit anderer Beschluß gefaßt worden. Man hat die Ausführung der Arbeiten der

Firma Gebrüder Siesmayer, Frankfurt am Main, übertragen, welche dieselben am 22. Juni in Angriff nahm.

Hamburg. Auf Grund des Preisausschreibens zur Erlangung von Entwürfen für den Hamburger Stadtpark waren bis zum 18. Juni 74 Konkurrenzarbeiten eingegangen, zu denen vielleicht noch einige weitere kommen, da alle Arbeiten, die vor dem 15. Juni mittags 12 Uhr auf der Post aufgegeben sind, zur Konkurrenz zugelassen werden.

Leipzig. Die am 27. Juni eröffnete Rosenausstellung des hiesigen Gärtnervereins ist vorzugsweise von sächsischen Rosenzüchtern reich beschickt. Umfangreiche, 15 000 Quadratmeter bedeckende Rosenpflanzungen fügen sich dem südlichen Teile des Palmengartens vorzüglich ein. Die Bindereiabteilung enthält geschmackvolle Arbeiten, die Abteilung abgeschnittener Rosen ist nur mäßig beschickt, doch fallen hier hervorragende Neuzüchtungen auf. Der Besuch war am ersten Tage ein nur sehr mäßiger. Ausführlicher Bericht folgt. M. H.

Magdeburg. Am 17. Juni wurden die neuen städtischen Anlagen auf dem Rotenhorn dem öffentlichen Verkehr übergeben. Es handelt sich um umfangreiche Anlagen zwischen dem Schützenhause und dem Seilerweg, für welche sich die Gesamtkosten auf rund 260000 Mark belaufen. Der Eröffnung ging eine Besichtigung durch die Parkdeputation voraus. Nach Besichtigung des großen Fest- und Spielplatzes, der mit seinen umfangreichen, im saftigsten Grün sich zeigenden Rasenflächen, mit seinen weitläufigen, auf Massenverkehr berechneten Wegeanlagen für Fahr- und Promenadenverkehr, mit seinen sich gut entwickelnden Baumanlagen, mit der großen, den Abschluß bildenden Pergola und den gärtnerisch reich mit blühendem Gesträuch ausgestatteten, nach dem Adolf Mittag-See zu führenden Böschungen als eine großzügige Anlage bezeichnet werden darf, wandte sich die Deputation der Marieninsel zu, die durch Brückenanlagen mit dem Festlande verbunden ist, einem Parkidyll, das mit seinen gärtnerisch vollendet ausgebildeten Gruppen und mit seinen Ausblicken auf den weiten See, die angrenzenden Anlagen und den Dom jeden Naturfreund entzücken muß. Hier erstattete Herr Gartendirektor Lincke dem Vorsitzenden der Gartendeputation Herrn Bürgermeister Reimarus die amtliche Meldung, daß er sich des Auftrages, der ihm seitens der städtischen Behörde geworden, durch Vollendung der ihm gestellten Aufgabe entledigt habe und nunmehr die Freigabe der gesamten Neuanlagen für den öffentlichen Verkehr erbitte. Der Vorsitzende der Gartendeputation stellte die Fertigstellung des Projektes mit Ausnahme der noch auszuführenden Beleuchtungsanlage fest und erklärte die Freigabe der Anlagen für den Verkehr. In seiner nun folgenden Ansprache hob der Vorsitzende der Parkdeputation hervor, daß der Zeitpunkt noch nicht gekommen, zu dem man sagen könne, daß die gesamte Rotehornanlage vollendet sei. Die Vollendung ist erst dann möglich, wenn, wie nunmehr mit Bestimmtheit zu erwarten sei, das große militärfiskalische Gelände in jener Gegend in städtisches Eigentum übergegangen ist. Redner sprach dann weiterhin Herrn Gartendirektor Lincke, dem Stadtobergärtner Lange, sowie den beiden Gartentechnikern Kuhk und Koenig seinen Dank und seine Anerkennung für ihre Mitarbeit bei Ausführung der Anlagen aus. Herrn Adolf Mittag, dessen hochherzige Stiftung die Neuanlage ermöglichte, wurde vom Redner im Auftrage der Kgl. Staatsregierung der Kronenorden vierter Klasse überreicht. Herr Mittag übergab Herrn Gartendirektor Lincke eine goldene Uhr mit Widmung, mit der Bitte, diese als Zeichen seiner Freundschaft und besonderen Dankbarkeit für Erfüllung aller seiner Wünsche bei der gärtnerischen Ausgestaltung der Seeufer sowie der Marieninsel anzunehmen.

F. Katzer.

Posen. Mit der Anlage des über 30 Morgen großen neuen Stadtparkes wird im kommenden Herbst begonnen.

Aus den Vereinen.

Die **Deutsche Dendrologische Gesellschaft** hat dieser Tage das Programm zur 17. Jahresversammlung, die vom 8. bis 13. August in Colmar stattfindet, zur Versendung gebracht. Das Programm ist vom Vorsitzenden Grafen Fritz von Schwerin in Wendisch-Wilmersdorf (Post Ludwigsfelde in der Mark) in bekannter, mustergültiger Weise abgefaßt worden. Für die ganze Zeit der Tagung sind in demselben über alle Stunden Bestimmungen getroffen, die, wie die Erfahrungen lehrten, streng eingehalten werden. Sechs dem Programme beigegebene Postkarten ermöglichen es den Teilnehmer, Wohnung, Mittagessen usw. vorauszubestellen. Während in früheren Jahren Damen an den Ausflügen teilnehmen konnten, aber keine besondere Rücksichtnahme zu beanspruchen hatten, heißt es seit vorigem Jahre in der Einleitung: „An den Ausflügen nehmen nur Herren teil". Es ist besser so, da die meisten Damen den oft nicht unerheblichen Anstrengungen nicht gewachsen sind. Die Teilnehmer treffen sich am 7. August abends in Straßburg, welcher Stadt der 8. gewidmet ist. Wie immer, finden Vorträge an den drei ersten Tagen neben Ausflügen statt. Der 11. August ist der Vogesentour gewidmet, der 12. Gebweiler, Ollweiler, Pulversheim und Bollweiler, der letzte Tag Freiburg und Badenweiler. Die Ausflüge der drei ersten Tage sind von vorwiegend forstlichem Interesse.

Da die stets vorzüglich geleiteten dendrologischen Jahresversammlungen mit ihren Vorträgen und Ausflügen von hohem botanischem und gärtnerischem Interesse sind, und da zwischen den bis 200 Teilnehmern stets ein vom Vorsitzenden in liebevoller Weise gefördertes, durchaus ungezwungenes und herzlich-kameradschaftliches Verhältnis herrscht, so wird auch der diesjährigen Tagung eine große Beteiligung zweifellos sicher sein. M. H.

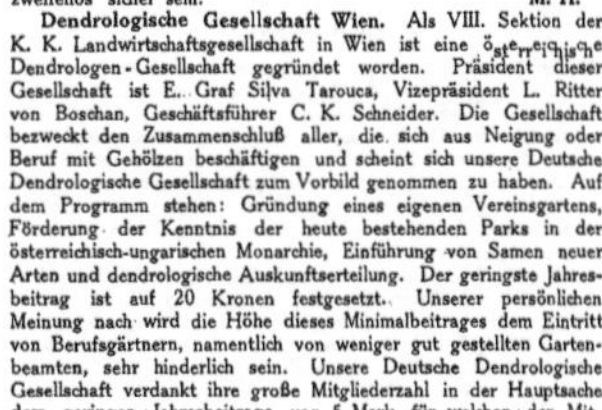

Dendrologische Gesellschaft Wien. Als VIII. Sektion der K. K. Landwirtschaftsgesellschaft in Wien ist eine österreichische Dendrologen-Gesellschaft gegründet worden. Präsident dieser Gesellschaft ist E. Graf Silva Tarouca, Vizepräsident L. Ritter von Boschan, Geschäftsführer C. K. Schneider. Die Gesellschaft bezweckt den Zusammenschluß aller, die sich aus Neigung oder Beruf mit Gehölzen beschäftigen und scheint sich unsere Deutsche Dendrologische Gesellschaft zum Vorbild genommen zu haben. Auf dem Programm stehen: Gründung eines eigenen Vereinsgartens, Förderung der Kenntnis der heute bestehenden Parks in der österreichisch-ungarischen Monarchie, Einführung von Samen neuer Arten und dendrologische Auskunftserteilung. Der geringste Jahresbeitrag ist auf 20 Kronen festgesetzt. Unserer persönlichen Meinung nach wird die Höhe dieses Minimalbeitrages dem Eintritt von Berufsgärtnern, namentlich von weniger gut gestellten Gartenbeamten, sehr hinderlich sein. Unsere Deutsche Dendrologische Gesellschaft verdankt ihre große Mitgliederzahl in der Hauptsache dem geringen Jahresbeitrage von 5 Mark, für welchen den Mitgliedern, von den sonstigen schwerwiegenden Vergünstigungen abgesehen, noch jährlich ein gehaltreiches dendrologisches Jahrbuch geboten wird. M. H.

Verein zur Beförderung des Gartenbaues. Aus Anlaß seiner nächstjährigen internationalen Gartenbauausstellung erläßt der Verein ein öffentliches Preisausschreiben für eine kurze, in gutem Deutsch geschriebene, den praktischen Bedürfnissen entsprechende Schrift über gärtnerische Pflanzenzüchtung. Die Preisschrift darf höchstens 120 Druckseiten im Format der „Gartenflora" umfassen; sie soll dem Gärtner, der selbstzüchterisch tätig sein oder die Entstehung der wichtigsten Sorten verstehen will, als Nachschlagebuch dienen, ihm also Anleitung für die Züchtung und Erhaltung neuer Sorten, nicht aber für die einfache Vermehrung von Pflanzen bieten. Sie soll enthalten: Im 1. Teil: Die allgemeinen botanischen Grundlagen für die Pflanzenzüchtung. Eine Uebersicht der hauptsächlichsten in Frage kommenden Züchtungsverfahren mit besonderer Anwendung auf die gärtnerische Blumen-, Obst- und Gemüsezucht. Ein kurzer Hinweis auf die landwirtschaftliche Pflanzenzüchtung erscheint angebracht. Im 2. Teil sind die in der Blumenzucht angewandten Züchtungsverfahren bei den gärtnerisch wichtigsten Arten und Pflanzenfamilien zu schildern, möglichst mit einer Anzahl von Sorten, welche auf einem oder dem anderen Wege (Bastardierung, Pfropfhybridisation, spontane Variation und Mutation, sowie Formentrennung) erzielt sind. Im 3. Teil wären die züchterischen Erfolge für die einzelnen Obst-, Gehölz- und Gemüsearten zu schildern, ebenso die angewandten Verfahren für die einzelnen Gruppen zu nennen. Die Beigabe guter Abbildungen außerhalb der 120 Seiten Text ist erwünscht.

Die Preisarbeiten sind mit einem Kennwort zu versehen. In einem versiegelten Briefumschlag mit dem gleichen Kennwort ist Name und Adresse des Verfassers anzugeben. Die Arbeiten sind bis zum 1. Februar 1909, abends 6 Uhr, an das Generalsekretariat des Vereins zur Beförderung des Gartenbaues, Berlin N., Invalidenstraße 42, einzuliefern. An Preisen werden ausgesetzt: Ein erster Preis von 750 M. und zwei Trostpreise im Gesamtwerte von 250 M. Sämtliche 3 prämiierte Arbeiten werden Eigentum des Vereins zur Beförderung des Gartenbaues.

Das Preisgericht besteht aus dem Redaktionsausschuß des Vereins mit einer Stimme und nachstehenden Herren, welche ihre Mitwirkung gütigst in Aussicht gestellt haben: 1. Herr Professor Dr. Edler, Jena, 2. Herr Dr. Paul Hillmann, Geschäftsführer der Saatzuchtabteilung der „Deutschen Landwirtschaftsgesellschaft", Berlin, 3. Herr Geh. Regierungsrat Prof. Dr. L. Wittmack, Berlin.

Allgemeiner Niederländischer Gartenbauverband, Schriftführer R. P. Bonthuis, Haag. In einer zu Utrecht abgehaltenen Versammlung, auf der alle größeren gärtnerischen Vereine der Niederlande vertreten waren, wurde der Allgemeine Niederländische Gartenbauverband gegründet. Bis jetzt sind diesem Verbande 49 Vereine mit insgesamt 18000 Mitgliedern aller Zweige des Gartenbaues beigetreten.

Bücherschau.

Meyers immerwährender Gartenkalender. Praktische Anleitung, die in allen Monaten des Jahres in dem Landschafts-, Blumen-, Gemüse-, Obst- und Hopfengarten, in der Reb- und Baumschule, der Blumen-, Gemüse- und Fruchttreiberei, in Gewächshäusern und Treibkästen, in der Orangerie, Obstorangerie, der Samen-, Obstbaum- und Gehölzzucht etc. vorkommenden Arbeiten und Verrichtungen rechtzeitig auszuführen. Vierte, vollständig neu bearbeitete Auflage. Verlag von Paul Parey, Berlin SW. Preis geb. Mk. 2.50.

Die kürzlich erschienene vierte Auflage dieses beliebten Handbuches hat eine sorgfältige, allen gärtnerischen Fortschritten und Errungenschaften Rechnung tragende Neubearbeitung erfahren. In dieser Neubearbeitung ist Meyers immerwährender Gartenkalender ein unentbehrliches Nachschlagebuch für jeden Handels- und Herrschaftsgärtner und Gehilfen geworden, das man von Monat zu Monat zur Hand nimmt, um den betreffenden Abschnitt sorgfältig durchzustudieren. Man ist dann stets über alle auf den verschiedensten Gebieten der Gärtnerei auszuführenden Arbeiten rechtzeitig unterrichtet und der Gefahr überhoben, die so wichtigen Vermehrungs-, Pflanzarbeiten und andere zu übersehen, die dann späterhin nicht mehr nachzuholen sind, was nicht selten Aergernis und empfindliche Verluste zur Folge hat. M. H.

Neue Fragen.

Neue Frage No. 551. Können Hecken von *Taxus baccata* und *Carpinus Betulus* während des Sommers öfters geschnitten werden, ohne Schaden zu leiden? Ich befürchte, durch wiederholtes Beschneiden im Laufe des Sommers leiden solche Hecken bald an Erschöpfung, da sie durch den Schnitt immer wieder zum Treiben angeregt werden. Nach meiner Ansicht sollte der Schnitt der Hecken erst ausgeführt werden, wenn das Holz hart und ausgereift ist.

Neue Frage No. 552. Ist im dichten Schatten von Bäumen ein schöner, dauernder Rasen zu erzielen? Welche Grassamensorten verwendet man dazu?

Neue Frage No. 553. Wie werden auf rotfarbigen Aepfeln verschiedene Schattenbilder hervorgerufen und wann wird das ausgeführt?

Neue Frage No. 554. Ist Rohglas zur Treiberei von ausgepflanzten Rosen in Kästen mit Erfolg zu verwenden? Liegen weitere Ergebnisse in der Verwendung von Rohglas vor, und zu welchen Kulturen eignet sich dasselbe am besten?

Neue Frage No. 555. Welche Landschaftsgärtnereien Deutschlands sind für einen jungen Gartentechniker, der eine höhere Fachlehranstalt absolvierte, am geeignetsten zur gründlichen Ausbildung in der Landschaftsgärtnerei?

Neue Frage No. 556. Gibt es ein Mittel, um *Potamogeton compressus*, L. und *crispus*, welche einen Teich derart durchwuchert haben, daß ein Baden darin kaum mehr möglich ist, zu vertilgen? Der Teich hat moorigen Untergrund, etwas Zufluß und etwas Abfluß.

Neue Frage No. 557. Seit vorigem Herbst tritt in meinen Myrtenbeständen der Pilz *Fusariella cladosporioides* auf. Derselbe befällt die Blätter unterseits und ruft auf der Oberseite gelbe, später ins bräunliche übergehende Flecke hervor, welche das Abfallen derselben verursachen; die Unterseite zeigt vielfach einen modrigen Belag. Womit bekämpft man diesen Pilz erfolgreich? Einprozentige Kupfersodabrühe hat sich als wirkungslos erwiesen.

Wir bitten unsere Leser, sich zahlreich an der Beantwortung vorstehender Fragen zu beteiligen. Die zum Abdruck gelangenden Antworten werden genau wie andere Beiträge honoriert.

Personal-Nachrichten.

Beck, Garteninspektor beim Kriegsministerium in Berlin, erhielt die Verdienstmedaille des Königlich Württembergischen Friedrichsordens.

Bouché, Obergartendirektor, Hofrat, **Bertram,** Gartenbaudirektor, beide in Dresden, sowie **Seidel,** Handelsgärtner in Grüngräbchen, erhielten die Krone zum Ritterkreuz I. Klasse vom Albrechtsorden.

Ebert, Obergärtner im Reichskanzlerpalais in Berlin, erhielt die Königlich Bayerische silberne Verdienstmedaille, sowie die Fürstlich Bulgarische bronzene Verdienstmedaille mit der Krone.

Kickheben, Alb., wurde die Verwaltung der Kgl. Villa Ingenheim zu Potsdam (nicht Jugenheim wie in No. 38 gemeldet), übertragen.

Lincke, Ernst, Gärtnereibesitzer, Wolfswinkel (Schles.), erhielt anläßlich des goldenen Jubiläums des älteren evangelischen Männer- und Jünglingsvereins zu Breslau den Kronenorden vierter Klasse.

Rein, Hermann, bisher Wanderlehrgärtner des Provinzialverbandes schlesischer Gartenbauvereine und Obergärtner im Kgl. pomolog. Institut in Proskau, ist von der Landwirtschaftskammer für die Provinz Schlesien als Obstbauinspektor mit dem Wohnsitze in Breslau angestellt worden.

Berlin SW. 11, Hedemannstr. 10. Für die Redaktion verantwortlich Max Hesdörffer. Verlag von Paul Parey. Druck: Anhalt. Buchdr. Gutenberg e. G. m. b. H., Dessau.

nkurse.

Das Konkursverfahren
ögen der **Kunst- und
rscheleute Johann** und
chholz in Kronach wird
l sich ergeben hat, dass
:en des Verfahrens ent-
sse nicht vorhanden ist
Das Kgl. Amtsgericht

über das Vermögen der
**tzerin Anna Königs-
hut,** Rennweg 21a, am
nachmittags 5 Uhr. den
et. Provisorischer Kon-
: Rechtsanwalt Josef
andshut. Offener Arrest
ist bis 10. Juli 1908 ist
Anmeldung der Konkurs-
st eine Frist bis 10. Juli
zt. Zur Beschlussfassung
l eines anderen Verwal-
Bestellung eines Gläu-
ses und die in den §§ 132
r Konkursordnung be-
agen, ferner zur Prüfung
eten Konkursforderungen
**Mittwoch, den 15. Juli
tags 8 Uhr,** im Sitzungs-
gl. Amtsgerichts dahier

Ueber das Vermögen der
**lerin verwitweten Klara
eb. Krakowczik,** in Lieg-
rgerstrasse 31, ist am
8, vormittags 11¾ Uhr,
ertahren eröffnet worden.
aufmann Alfred Hotop in
fener Arrest mit Anzeige-
efrist bis zum 21. Juli
e Gläubigerversammlung,
sung darüber, ob das Ge-
Warenlager der Gemein-
im ganzen veräussert
und Prüfungstermin den
908, vormittags 10 Uhr,
31.

Das Konkursverfahren über
en des **Gärtnereibesitzers
t in Posen** wird wegen
ıer den Kosten des Ver-
tsprechenden Masse ein-

g. Das Konkursverfahren
ermögen des **Kunst- und
tners Karl Ernst Alfred
Radeberg** wird nach Ab-
Schlusstermins hierdurch
da der im Termine vom
)8 angenommene Zwangs-
chtskräftig bestätigt ist.

rg. In dem Konkursver-
das Vermögen des **Kunst-
riedrich Thöl in Rends-**
ur Abnahme der Schluss-
s Verwalters, zur Erhebung
dungen gegen das Schluss-
der bei der Verteilung zu
genden Forderungen der
in auf den **8. Juli 1908,
9¾ Uhr,** vor dem König-
gericht hierselbst bestimmt.

und Musterschutz.

atent wurde **angemeldet**

'**771.** Blumenbinde - Ma-
Herstellung von Kränzen,
. dgl. Michael **Schmidt,**
17. 5. 07.

chsmuster - Eintragungen

697. Baumhalter, dessen
ıd Pfahl zu legender Blech-
ıen schnallenartigen Ver-
t, während ein eingetrenn-
es Streifens als Haltevor-
r eine Zwischenlage dient.
lix, Forsthaus Hahnenhorst
7. 1. 08. M. 25976.

Ein Juwel für die Gärtner! Tunica Saxifraga fl. pl. rosea.

eine wertvolle Vervollkommnung der Felsennelke aus den steier. Alpen, ist der gangbarste Artikel für Handelsgärtner etc. Mit ihrem einzigartig zart., polsterartigen Grün, auf welchem sich Legionen prachtvoll gefüllter Blüten, auf Schleierkraut ähnl. Beästelung, vom Mai bis Spätherbst in ununterbrochener Weise entfalten, wird diese Pflanze zum Ideal der Friedhofs-, Balkon- und Teppichgärtnerei. Ist ganz anspruchslos an Boden, immergrün, vollständig winterhart u. bedarf absolut keiner besonderen Pflege.

Kräftige, im Sommer blühende Pflanzen, 1 St. 85 Pfg., 25 St. 15 M.

Sehr starke Vermehrungspflanzen. (Preise brieflich. Beschreibung und Abbildung gratis. Versand den ganzen Sommer. **Josef Pregetter** Gärtner in Weiz (Steiermark). [1295

Verlag von Paul Parey in Berlin SW., Hedemannstrasse 10.

Die

Obst- und Traubenzucht

an Mauern, Häuserwänden und im Garten.

Für Unterricht und Praxis bearbeitet

von

Rudolph Goethe,

Kgl. Landesökonomierat, Direktor der Kgl. Lehranstalt für Obst-, Wein- und Gartenbau in Geisenheim a. Rh.

Mit 19 Tafeln und 182 Textabbildungen.

Ein Band in Groß-Lexikonformat. Gebunden, Preis 9 M.

Mit diesem Werke hat der Verfasser allen denen, die sich für die Anzucht von Obst und Trauben an Spalieren und Formbäumen interessieren, die Arbeit langer Jahre übergeben, in der Hoffnung, dieser ebenso nützlichen als schönen Art des Obstbaues neue Freunde zu erwerben. [1303

Gegen postfreie Einsendung des Betrages erfolgt die Zusendung postfrei.

[90

E. F. Thiers, Dresden-Striesen.

Projekte und Kostenanschläge gratis. ✻ Kulanteste Zahlungsbedingungen.

Fabrik für Gewächshausbau und Heizungsanlagen.

No. 341867. Pflanzenschild aus Zinkguss. Paul **Langner,** Zwickau, Schlachthofstr. 20, und Emil **Heinze,** Zwickau-Pölbitz. 8. 5. 08. L. 19454.

No. 342393. Beeteinfassungskörper aus Glas. Max **Gühne,** Grünroda bei Niederstriegis. 9. 5. 08. G. 19344.

No. 342415. Grabvase. Oswald **Beyer,** Leipzig, Grassistr. 28. 16. 5. 08. B. 38339.

Buchenlaub
Ruskus
Adlerfarnwedel
Pinien

liefert billigst

Fritz Klein I.,
Burbach, Westf. [1269

Hochst. Topfrosen

vorjährige Okulanten, mit kleinen Kronen, in besten Sorten, nur nach meiner Wahl 10 St. 12 M., 100 St. 100 M. [1297

Emerich König
Rosenschule
Kötzschenbroda bei Dresden.

Tabakslauge
gegen Blutläuse etc.

Zur Vertilgung allen Ungeziefers an Pflanzen dient am besten, einfachsten, mit sicherem Erfolge in kurzer Zeit unsere **Kentucki-Tabakslauge.** In vielen Gärtnereien schon seit Jahren eingeführt. Preis pro Liter 30 Pfg., exklusive, ab hier, gegen Kasse.

Bender & Co., Kautabak-Fabrik,
Magdeburg-Neustadt. [1296

Mit uns. **Champignonbrut!** [827
uns. Champignonernte 1907 pro Anlage: bester Ertrag pro Quadratmeter **20** Pfd.

CH.B&CIE.BR

Herr Obg. Sch. i. K. erntete pro Anlage pro Quadratmeter 19 Pfd.
daher best. Aussicht f. Anf. Postk. Brut M 5.—
Charles Bewig & Cie.,
Paris. Champign.- u. Brutzücht. **Braunschweig.**

Den wirksamsten Schutz gegen Vögel und Näschereien der Menschen gewähren für Sämereien, jg. Pflanzen, Beeren, Kirschen, Trauben usw. [22

Roh's Schutznetze.

Vorrätig alle Längen und Breiten in 4 und 2½ cm Maschenweite, à Kilo 6 Mark (10—15 Pfg. das □Meter). Zu Versuchen ist jedes gewünschte Quantum zu haben. Prospekte gratis und franko. **G. Roh, Apolda.**

Thüringer Grottensteine

zur Anlage von Felsenpartien, Ruinen, Grotten, Wasserfällen, Wintergärten.

Naturholz - Gartenmöbel,

Pflanzenkübel etc. Preislisten frei. [522
C. A. Dietrich, Hoflieferant, **Clingen b. Greussen.**

Hierzu je eine Beilage von **Oskar R. Mehlhorn, Schweinsburg a. Pleisse,** sowie von der **Verlagsbuchhandlung Paul Parey** in **Berlin SW 11,** Hedemannstrasse 10.

Druck der Anhaltischen Buchdruckerei Gutenberg e. G. m. b. H. in Dessau.

Die Abonnenten erhalten mit diesem Heft eine farbige Kunstbeilage.

Die Gartenwelt.

Illustrierte Wochenschrift für den gesamten Gartenbau.

Herausgeber: Max Hesdörffer-Berlin.

Erscheint jeden Sonnabend.
Monatlich eine farbige Kunstbeilage.

Bezugsbedingungen:
rch jede Postanstalt bezogen Preis 2.50 M. vierteljährl. In Österreich-Ungarn 3 Kronen. direktem Bezug unter Kreuzband: Vierteljährlich 3 M. Im Weltpostverein 3.75 M. Einzelpreis jeder Nummer 25 Pf.
ohne Vorbehalt eingehenden Beiträgen bleibt das Recht redaktioneller Änderungen behalten. Die Honorarauszahlung erfolgt am Schlusse jeden Vierteljahrs.

Anzeigenpreise:
Die Einheitszeile oder deren Raum 30 Pf.; auf der ersten und letzten Seite 50 Pf. Bei grösseren Anzeigen und Wiederholungen steigender Rabatt. Beilagen nach Übereinkunft. Anzeigen in der Rubrik Arbeitsmarkt (angebotene und gesuchte Stellen) kosten für Abonnenten einmalig bis zu 10 Zeilen Raum M. 1.50, weitere Zeilen werden mit je 30 Pf. berechnet.
Erfüllungsort auch für die Zahlung: Berlin.

Adresse für Verlag und Redaktion: Berlin SW. 11, Hedemannstrasse 10.

XII. Jahrgang No. 41. | Verlag von Paul Parey, Berlin SW. 11, Hedemannstr. 10. | 11. Juli 1908.

Illustrierte Wochenschrift für den gesamten Gartenbau.

Jahrgang XII. 11. Juli 1908. No. 41.

Topfpflanzen.

Englische Pelargonien.

Von **Curt Reiter**, Obergärtner, Feuerbach.

(Hierzu sechs, vom Verfasser in der Handelsgärtnerei von Carl Faiss, Feuerbach, für die „Gartenwelt" gefertigte Aufnahmen.)

Die Vorliebe für englische Pelargonien, diese herrlichen Florpflanzen des Frühjahrs und Sommers, zieht immer weitere Kreise. Unsere bekannten deutschen Züchter sind unermüdlich bestrebt, die Rasse immer mehr zu verbessern, und schöne Resultate, wie sie sich vor 15 Jahren noch niemand hat träumen lassen, sind schon erreicht. Wir haben unter den englischen Pelargonien rein durchgezüchtete, gedrungen und kräftig wachsende Sorten, die im Frühjahre mit ihrer Farbenpracht und ihrer Blütenfülle geeignet sind, den beliebten Azaleen ernstlich Konkurrenz zu machen. Deutschland kann auf diesem Gebiete den Ruhm für sich in Anspruch nehmen, bahnbrechend vorgegangen zu sein und bedeutendes in der Durchzüchtung der sogenannten englischen Pelargonien geleistet zu haben. Die Engländer haben mit dieser, von ihnen aus Südafrika eingeführten Pelargonie nie etwas Rechtes anzufangen gewußt, und selbst heutigen Tages noch können die besten englischen Neuzüchtungen keinen Vergleich mit unseren deutschen Zuchtergebnissen aushalten.

Mit den hochwachsenden Stammformen, mit dem afrikanischen Blut tüchtig aufgeräumt zu haben, ist das Verdienst von Wilhelm Bürger, Halberstadt. Er hat als erster die geschlossene, gedrungene Rasse gezüchtet und hat große Erfolge darin aufzuweisen. Typisch für die Bürgersche Rasse ist die beistehend abgebildete *Konsul Lauteren*, olivenrot mit dunkler Zeichnung. Die in sich abgeschlossene Form und die Größe der Blütendolden sind bezeichnend für Bürgers Züchtungen. *Konsul Lauteren* ist auch ein erklärter Liebling des Publikums, da diese Sorte überall gern gekauft wird. Sehr gute Züchtungen Bürgers sind ferner auch *Ballkönigin*, zart rosa, gut remontierend; *Martha Bürger*, reines Brillantrosa mit samtig dunkelbraunen Flecken; *Die Braut*, reinweiß, halb gefüllt; *Schön Illa*, lachsrosa, und andere.

War das Ideal Bürgers die niedrige, gedrungene Rasse, so strebte **Carl Faiss**, Feuerbach, bei seinen Züchtungen danach, halbhohe, raschwachsende Sorten zu erzielen, die dennoch des geschlossenen Wuchses nicht entbehrten. Besonderer Wert wurde auch auf frühzeitigen Eintritt der Blüte und gute Remontierungsfähigkeit gelegt. Kurz gesagt, Faiss legte Wert darauf, eine Rasse zu züchten, die durch ihre guten Eigenschaften besonders für den Marktgärtner und demzufolge auch für das breitere Publikum geeignet und wertvoll war. Dadurch, daß er die Bürgersche Rasse in dieser Hinsicht weiter ausbaute, erhielt er schnellwüchsige Sorten, die ihren gedrungenen Bau trotzdem nie verleugneten. Es erübrigt sich wohl, auf die Beschreibung dieser Sorten näher einzugehen, da ihrer bereits mehrfach in dieser geschätzten Zeitschrift Erwähnung getan ist. Ich will nur einige Aufnahmen aus der Gärtnerei des Herrn Faiss für sich sprechen lassen,

Englische Pelargonie Konsul Lauteren (Bürgersche Züchtung).

Englische Pelargonie Hofgarteninspektor Ehmann.

die am besten den tadellosen Wuchs und die ungeheure Reichblütigkeit veranschaulichen.

Ostergruß, feurig amarantrot mit fünf regelmäßigen, großen, schwarzen Flecken, ist ein sehr großer Erfolg der Faiss'schen Züchtungskunst. Nicht allein, daß es die bei weitem frühblühendste aller englischen Pelargonien ist, der Hauptwert dieser Sorte liegt meiner Ansicht nach in ihrer hervorragenden Remontierungsfähigkeit, die sie zu erfolgreicher Gruppenbepflanzung geeignet macht. Noch im September vorigen Jahres machte ich von einer solchen Gruppe auf der Mannheimer Ausstellung eine Aufnahme für die „Gartenwelt", die auch die Reichblütigkeit in dieser, für englische Pelargonien sonst ungünstigen Jahreszeit veranschaulicht.

Auch *Hofgarteninspektor Ehmann* ist ein Liebling des Publikums, das von der kontrastreichen Färbung der Blumen, fleischfarben mit großen, kastanienbraunen Flecken auf den Oberblättern, entzückt ist.

Deutscher Ruhm ist eine der wertvollsten Neuzüchtungen der letzten Jahre. Grundfarbe zart cattleyenlila mit zwei großen, purpurroten Flecken.

Frl. Amalie Fischer, atlasrosa mit braunen Flecken, ist ebenfalls eine sehr gute Neuheit der letzten Jahre, während *Hermann Brugger*, lachsrot, eine der besten Züchtungen Carl Neubronners, Neu-Ulm, ist.

Die Kultur der englischen Pelargonien ist nicht so schwierig, wie es manchmal angenommen wird. Licht und Luft, im Winter nicht zu hohe Temperatur, sind Hauptbedingungen. Wenn es auch oft empfohlen wird, bei englischen Pelargonien die Ruhezeit nach der Blüte mit Gewalt durch Trockenheit oder gar durch Umlegen der Töpfe herbeizuführen, so halte ich dieses für verfehlt; man soll einer Pflanze nie ohne triftigen Grund auf solche Art und Weise Gewalt antun, es wird dadurch nur eine vorzeitige Degeneration herbeigeführt. Man lasse seine englischen Pelargonien ruhig weiter wachsen, wie sie mögen. Die Pflanzen zeigen dem Züchter durch ihren Wasserverbrauch ganz genau an, wenn sie ruhebedürftig sind. Die beste Vermehrungszeit ist der August. Die Stecklinge entnimmt man möglichst von solchen Mutterpflanzen, die in Töpfen kultiviert sind. Nur so erhält man kerniges, zuverlässiges Steckholz. Im freien Grunde ausgepflanzte Pelargonien wachsen zu massig und sind hiervon gewonnene Stecklinge im Winter leicht der Fäulnisgefahr ausgesetzt. Ist die Vermehrung solcher ausgepflanzter Exemplare nicht zu umgehen, so halte man die Pflanzen eine Zeitlang vor der beabsichtigten Vermehrung so trocken wie möglich, um das massige Wachstum möglichst einzuschränken.

Bei der Vermehrung steckt man die gewonnenen Stecklinge direkt in kleine Töpfe und senkt diese auf ein halbwarmes Beet ein, am besten in Torfmull. Die Temperatur soll etwa 18 bis 22 ° C betragen. Die jungen Pflanzen werden bei öfterem Spritzen anfänglich schattig und geschlossen gehalten. Nach der Bewurzelung beginne man bald mit der Abhärtung und gewöhne die Stecklinge an reichliche Luft und an Licht. Der Standort im Winter soll nicht zu weit vom Glase entfernt sein; man füttert auch hier die Pflanzen am besten in Torfmull ein. Im Winter stockt das Wachstum der englischen Pelargonien, man darf es dann nicht durch höhere Temperatur künstlich anregen, die Pflanzen sind vielmehr kühl und luftig

Englische Pelargonie Ostergruß.

zu halten. Im Februar zeigen die jungen Pflanzen durch die einsetzende Vegetation an, daß sie in Kultur genommen sein wollen, es hat daher das Verpflanzen zu erfolgen, auch können sie jetzt etwas mehr Wasser erhalten, sowie nach erfolgter Durchwurzelung einen wöchentlichen Dungguß, der einer üppigen Entwickelung sehr dienlich ist. Die Behandlung bleibt nun bis zur Blüte dieselbe, reichliche Nahrungszufuhr und noch reichlichere Lüftung. Besondere Aufmerksamkeit ist auf das Vertilgen von Ungeziefer, besonders der Blattläuse, die englische Pelargonien gern aufsuchen, zu richten. Verdampfen von Aphitoxin ist von ganz sicherer Wirkung. Vor und während der Blüte sind die Pflanzen zu schattieren.

Eine allein seligmachende Erdmischung anzugeben, will ich mir ersparen; als Verehrer einer guten Rasenerde halte ich diese nebst einem Zusatz von Lauberde und reichlich Sand als sehr geeignet für die Kultur der Pelargonien. Es wären dieses die hauptsächlichsten Fingerzeige für eine erfolgreiche Kultur. Es ist wünschenswert, daß diese schönen Frühjahrs- und Sommerblüher in den weitesten Kreisen Verbreitung und Liebe finden. Es sind unter den englischen Pelargonien so viel prachtvolle Farben und Farbenabstufungen vertreten, wie selten bei einer Pflanze, und diese Pelargonie wird dadurch zu einer unserer allerbesten Frühjahrsflorpflanzen.

Englische Pelargonie Deutscher Ruhm.

Etwas über Oleander. Der Oleander ist wohl die am meisten verbreitete Kübelpflanze und wegen seines oft überreichen Blütenschmucks sehr beliebt. Nicht selten wird man aber gefragt, warum so manche Oleander nicht blühen. Die Oleander bedürfen zur Entfaltung eines dankbaren Blütenflors dreierlei: viel Sonne, viel Wasser, viel Nahrung. Zur schönsten Entwicklung kommt die Oleanderblüte eigentlich nur im Glashause, da Regen und Tau der Blüte mehr oder weniger schädlich sind. Doch geht es auch ohne Glas, besonders in heißen Sommern. Immer ist für den Oleander der sonnigste und wärmste Stand im Garten nötig. Die Kübel gegen eine sonnige Wand zu stellen, ist nicht ratsam; ganz freier Platz sagt dieser Pflanze mehr zu. Im Sommer fühlt sich der Oleander am wohlsten, wenn die Wurzeln viel Nahrung und Wasser haben, der obere Teil aber viel Sonne, also Licht und Wärme hat.

So sind die Verhältnisse in seinem Vaterlande, und wenn diesen Bedürfnissen hier Rechnung getragen wird, dann blühen die Bäume überreichlich. Das Gießwasser muß an der Sonne vorgewärmt sein und es muß so reichlich angewendet werden, daß es unten zum Kübel heraustropft, weshalb eine gute Drainage unbedingt erforderlich ist. Allwöchentlich ist ein Düngerguß nötig; aufgelöster Hühner- oder Taubendung leisten hierzu sehr gute Dienste. Oefteres Verpflanzen beeinträchtigt die Blüte. S.

Gemüsebau.

Neue Spinatsorten. Unter einer Anzahl neuer oder mir noch nicht bekannter Gemüsesorten, die ich in letzter Zeit erprobte, ist mir der Spinat *Triumph* vorteilhaft aufgefallen. *Triumph* gehört zur Rasse der Spinate mit großen, auffallend dunkelgrünen und dem Boden aufliegenden Blättern, unter denen als beste Sorte bisher *Victoria* galt. Man könnte daher den Spinat *Triumph* als einen besonders rein gezüchteten, verbesserten Victoriaspinat beschreiben. Er schießt noch später in Samen als *Victoria* und eignet sich daher besonders für Sommeraussaaten. In einer Lage, die allen in dieser Gegend besonders heftigen Winden ausgesetzt ist, und mit rohem, erst neu in Kultur genommenem Boden, war *Triumph* diejenige Sorte, die sich sowohl bei Frühjahrsaussaat, als auch bei einer im Juni vorgenommenen Folgesaat am besten entwickelte und am längsten vorhielt. Ertragreicher und schnellwüchsiger ist der in Frankreich

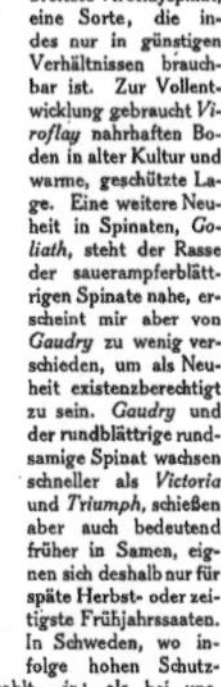

mehr als bei uns verbreitete Viroflayspinat, eine Sorte, die indes nur in günstigen Verhältnissen brauchbar ist. Zur Vollentwicklung gebraucht *Viroflay* nahrhaften Boden in alter Kultur und warme, geschützte Lage. Eine weitere Neuheit in Spinaten, *Goliath*, steht der Rasse der sauerampferblättrigen Spinate nahe, erscheint mir aber von *Gaudry* zu wenig verschieden, um als Neuheit existenzberechtigt zu sein. *Gaudry* und der rundblättrige rundsamige Spinat wachsen schneller als *Victoria* und *Triumph*, schießen aber auch bedeutend früher in Samen, eignen sich deshalb nur für späte Herbst- oder zeitigste Frühjahrssaaten. In Schweden, wo infolge hohen Schutzzolles alles Frühgemüse weit besser bezahlt wird als bei uns, wird auch viel Spinat in Kästen getrieben. Hierfür benutzt man die schnellwachsenden rundblättrigen Sorten wie *Gaudry* und *Viroflay;* auch die amerikanische, kraus- oder wirsingblättrige Sorte *Bloomsdale* hat sich als Treibsorte bewährt. Ein Gericht Spinat für eine kleine Familie kostet auf den Märkten schwedischer Großstädte im Frühjahre zwei Kronen, also zwei Mark, ein Preis, der das Treiben unter Glas sehr wohl lohnt. R. Stavenhagen.

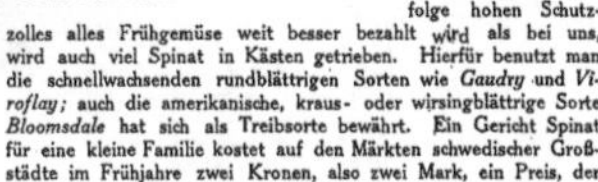

Wasserpflanzen.

Azolla filiculoides, Lam. (syn. *A. magellanica,* Willd.) ist ein sogenannter Wasserfarn, der zur Familie der Salviniaceen gehört und in Kalifornien heimisch ist. Um 1890 herum kam die Pflanze, wie mir Herr Garteninspektor Rettig mitteilte, durch Prof. Stahl, Jena, aus Bordeaux nach dem Jenenser Botanischen Garten, von wo aus sie ihren Siegeszug durch Deutschland antrat. Die Pflänzchen sehen kleinen Selaginellen ähnlich; sie schwimmen an der Oberfläche des Wassers.

A. filiculoides wird meistens mit der anderen Art, *A. caroliniana,* verwechselt, die älterer Einführung ist. *A. filiculoides* hat ihrer leichteren Ueberwinterung und größeren Wüchsigkeit halber die *A. caroliniana* fast ganz verdrängt. Aeußerlich stehen sich die beiden Arten sehr nahe, nur hat *filiculoides* größere Blätter. Beide Arten sind im tropischen Amerika heimisch. Letztere soll nach Berichten von Garteninspektor Kittel, Düsseldorf, ihrer großen Verbreitung wegen in den Gräben der Umgebung von Boskoop eine wahre Plage sein, sie ist dort winterhart, was auch im Breslauer Botanischen Garten beobachtet wurde. Ebenso berichtet A. Rehder (Gartenflora 93), daß *A. filiculoides* winterhart sei. Auch in hiesiger Stadtgärtnerei hat sich diese Art als winterhart gezeigt. Sie wurde vor zwei Jahren in wenigen Exemplaren auf dem Oberteich ausgesetzt, die Sporangien überdauerten hier den Winter, und im Sommer vergangenen Jahres vermehrte sich die Pflanze in riesiger Menge. Innerhalb 3 Monaten hatten die Pflänzchen eine Fläche von nahezu 1 ha überzogen; sie nahmen gegen Herbst hin eine lebhaft rote Färbung an, so daß die Fläche einen schönen, eigenartigen Anblick gewährte. Daher bietet *Azolla* auf größeren und kleineren Teichen, zwischen kleinen Wasserpflanzen im Landschaftsbilde eine interessante Erscheinung.

Bei Eintritt des Frostes muß nun die Pflanze in unserem Klima eingehen, was ja gerade kein Nachteil ist, da eine Ueberwucherung der Wasserfläche zu befürchten wäre. Vor dem Absterben jedoch werden in der Verzweigung der Blättchen Sporangien gebildet, die dann abfallen und auf dem Grunde des Wassers, in der frostfreien Wasserzone, überwintern. Die Pflanzen bilden gegen Herbst hin größere Polster, heben sich förmlich aus dem Wasser, die Blätter werden größer, haben ein krauses Aussehen, und in diesem Stadium findet man neben den großen männlichen Microsporen die kleinen weiblichen Macrosporangien.

Im Frühjahre, sobald sich das Wasser genügend erwärmt hat, treiben die Macrosporen aus, und von diesen wenigen beginnt wieder die große Vermehrung. Im Gegensatz hierzu soll *A. caroliniana* noch niemals bei uns fruchtend beobachtet worden sein.

Im allgemeinen sind *Azolla* in unseren Gärten nicht häufig, da sie meist in kleinen Gefäßen, womöglich noch unter Glas gehalten, nicht zur vollen Entwickelung gelangen können. Moorige Sümpfe und Gewässer scheinen besonders günstig für die Entwickelung zu sein. Wo diese natürlichen Lebensbedingungen fehlen, wird die Pflanze auch nicht fruchten. Die Ueberwinterung ist sodann schwierig, oft erfolglos. L. Butz, Königsberg i. Pr.

Englische Pelargonien. Oben: Frl. Amalie Fischer, unten: Hermann Brugger (Neubronnersche Züchtung).

Blumentreiberei.

Etwas von der Treiberei der Maiblumeneiskeime. In den letzten Jahren sind die Preise für Maiblumen von Eiskeimen dermaßen zurückgegangen, daß die Treiberei derselben wirklich keinen hohen Gewinn mehr bringt, im Kleinen betrieben, wohl kaum noch lohnt. Doch ebenso, wie man sich bei der Frühtreiberei vor Weihnachten die Warmwasserbehandlung zunutze gemacht hat, gibt es auch bei der Treiberei der Eiskeime ein Verfahren, das einen großen Vorteil bietet, den meisten Gärtnern aber noch unbekannt ist. Bekanntlich sind die Maiblumen am schönsten, wenn das Laub noch nicht überhand nimmt, also von Weihnachten bis Mitte Januar, späterhin entzieht das viele Laub der Blume den größten Teil der im Keime enthaltenen Kraft. Gerade nun bei den Eiskeimen erscheint das Laub in übermäßiger Fülle. Die Blume steht in diesem Walde von Blättern zu gedrückt, wird lang und schwachstielig und läßt schon oft bei der Verarbeitung den Kopf hängen. Diesem Uebel ist folgendermaßen vorzubeugen. Nachdem die Keime so lang getrieben sind, daß die Blume sich vom Blatt trennt, also ungefähr 10 bis 12 Tage nach dem Einpflanzen, schneidet man die Blätter, so tief man sie fassen kann, ab, was am besten mit einer spitzen Schere geschieht. Der Blume kommt nun die ganze, im Keim enthaltene Kraft zugute, außerdem steht sie frei und erhält dadurch einen recht kräftigen, harten Stiel. Die abgeschnittenen Blätter stellt man aufrecht in irdene Schalen mit ein wenig Wasser, und entwickeln sich dieselben genau wie auf dem Keime weiter. Die Arbeit des Blätterausschneidens, die bei einigem Geschick sehr schnell von statten geht, lohnt sich auf jeden Fall, da auch nicht so starke Keime (2. Qualität) dadurch noch recht ansehnliche Blumen bringen.

H. Dietz, Schloßgärtnerei, Machern.

Rosen.

Rugosa- und Persian Yellow-Hybriden.

Von O. Jacobs.

In seinen interessanten Ausführungen über Rosenneuheiten in No. 31 der „Gartenwelt“, schreibt Herr Rob. Türke: „Leider setzen alle Varietäten von *Rosa sulphurea* und *lutea* keinen Samen an, auch ist ihr Blütenstaub fast vollständig steril bezw. krank, was

Dr. Krügers Messungen ergeben haben". Meine eigenen Erfahrungen, die ich nach dieser Richtung hin in den letzten 10 Jahren sammelte, lauten besonders in betreff des letzten Punktes etwas anders.

Persian Yellow setzte einmal in meinem Garten durch Selbstbestäubung 2 Samenkapseln an, die einige Samenkörner enthielten. *Jaune bicolor* sah ich vor langen Jahren einmal als farbenprächtigen Blütenstrauch; alle Versuche aber, die Rose selbst zu erlangen, schlugen bisher fehl, da mir mehrmals, auch von großen Rosenspezialisten, statt ihrer immer wieder *Persian Yellow* geliefert wurde, womit ich selber reichlich versorgt war. Auch im letzten Herbst kamen wieder mehrere Sträucher zur Anpflanzung, die bisher nun als *Jaune bicolor* geführt werden; mögen es endlich die echten sein. Dann besitze ich eine *R. lutea*, die man hier in alten Gärten häufiger findet, wovon mir aber der Name bisher unbekannt ist. Die Blume ist ein wenig kleiner, die Füllung etwas leichter als bei *Persian Yellow*, die Färbung mehr schwefelgelb. Diese *R. lutea* bringt bei trockener Blütezeit fast immer mehrere Kapseln, die reife Samen enthalten.

Nach meinen langjährigen Erfahrungen muß *Persian Yellow* mehr wie jede andere Rose recht trockene, warme Witterung zur Blütezeit haben, wenn sie guten Blütenstaub liefern soll. Ist diese Bedingung vorhanden, dann liefert sie ebenso reichlich Pollen wie manche andere Rose. Es gab Jahre bei mir, wo der Boden mehrerer Glasschalen gelb bedeckt war mit Blütenstaub der *Persian Yellow*. Tritt dagegen irgendwie feuchtes, trübes Wetter ein, so werden schon nach kurzer Zeit die Staubbeutel grau und verwelken, so daß überhaupt kein Blütenstaub zu haben ist.

Meine praktischen Erfahrungen stimmen also in diesem Punkte nicht mit Dr. Krügers wissenschaftlichen Untersuchungen überein, ich rate deshalb jedem Züchter, in trockenen Sommern den Blütenstaub von *Persian Yellow* zu benutzen. Nicht alle, aber genug Remontanten und Teehybriden gehen Verbindungen mit *Persian Yellow* ein, besonders leicht bei mir *Oscar Cordel* und *Schneerose*. Die Samenkörner, die aus diesen Kreuzungen erzielt wurden, keimten nicht schlechter und nicht besser wie bei anderen Arten. Daß aber die gewonnenen Sämlinge meinen Erwartungen entsprechen, kann ich nicht behaupten. Die Nachkommen sind zwar alle winterhart, aber sie halten sich bei *Oscar Cordel* in Rosa, bei *Schneerose* in Weiß, mit leichter gelber Färbung. Auch meine *Großherzogin Alexandra* läßt sich mit *Persian Yellow* kreuzen und setzt dann große Kapseln mit weniger Samen an. Aus dieser Vereinigung ging ein Sämling hervor, der im Wuchs und in der Belaubung an die Mutter erinnert, während die Blume, grünlich-rahmgelb gefärbt, ganz den Anschein erweckt, als wäre sie aus Wachs hergestellt; sie ist auch lange haltbar und der Strauch winterhart. Daneben stehen Pflanzen eines Schwestersämlings, der höheren Wuchs hat, aber nur fast einfache, hellgelbe Blumen mit rötlichen Staubfäden bringt. Beide Sämlinge remontieren sehr gut.

Verschiedene gute, dunkelrote Remontanten gingen leicht Verbindungen mit *Persian Yellow* ein, aber wenig brauchbares entstand, die meisten Nachkommen wanderten auf den Scheiterhaufen. Nur ein einziger Sämling ging aus diesen Versuchen hervor, der ganz den Charakter des Vaters zeigt, aber bisher noch keine Blume brachte.

Von den *Rugosa*-Varietäten benutzte ich zu Kreuzungen in den letzten Jahren nur die beste derselben, *Conrad Ferdinand Meyer*. Die Blume ist bei trockener Witterung leicht zu befruchten und entwickelt schon im September vollständig ausgereifte Samenkapseln, die aber immer nur wenig Samen enthalten. Auch die Keimfähigkeit der Samen ist bei dieser Mutterrose recht befriedigend. Die Sämlinge fallen meist so mannigfaltig aus, wie bei kaum einer anderen Sorte. Ich habe darunter Zwerge, die sich, selbst auf *R. canina* veredelt, kaum 15 cm erheben, während andere mit riesigem Wuchse in einem Sommer fast 3 m hoch gehen. Winterhart sind alle, aber die Abstammung kann man nicht erkennen, sondern die Sämlinge erscheinen als völlig fremde Gestalten, kein einziger erinnert an die Mutter. Ein ganz anderes Resultat ergab sich dagegen, als ich die wertvolle Teehybride *Caroline Testout* mit *C. F. Meyer* kreuzte. Bei diesen Sämlingen konnte man durchweg erkennen, welche Vaterrose benutzt war. Die Blumen der meisten dieser Züchtungen befriedigten aber wenig.

Recht weitgehend sind dagegen meine Versuche mit *Persian Yellow* als Vaterrose, und kann ich besonders hier nicht beipflichten, daß der Blütenstaub dieser *R. lutea* „fast vollständig steril bezw. krank ist".

Ueber die Kreuzungen mit *Soleil d'or* kann man wohl noch nicht viel sagen, dazu sind die Versuche noch zu jung, doch stimme ich Herrn Türke vollkommen bei, daß diese prächtige Farbenrose wohl niemals eine Samenkapsel bringen wird. Bei mir scheiterten wenigstens bis dahin alle Versuche daran, daß auch bei ganz trockener Witterung die Kelche in Fäulnis übergingen. Nicht eben schwer ist es aber, von *Soleil d'or* guten Blütenstaub zu erhalten. Zwar sind in der einzelnen Blume nicht so zahlreiche Staubfäden wie bei *Persian Yellow*, aber doch so viele, daß man aus vielen Blumen genügend Vorrat sammeln kann. Allerdings spielt auch bei dieser Rose nach meiner kurzen Erfahrung die trockene Witterung wieder die wichtigste Rolle. Anscheinend sind auch recht wenig Samenträger vorhanden, die mit *Soleil d'or* in Verbindung treten, doch sind auch hier die Erfahrungen für ein abschließendes Urteil noch zu gering. *C. Testout* ließ sich hier nicht mit *Soleil d'or* kreuzen, während ich aus einer anderen Vereinigung mehrere Sämlinge habe, die im ersten Jahre nicht blühten, aber die Abstammung von väterlicher Seite klar erkennen lassen.

Im ganzen ist ja die Kreuzung winterharter Rosen ein Gebiet, das bisher am wenigsten bearbeitet ist. Anscheinend ist auch gerade bei diesen mühevollen Versuchen recht wenig Erfolg zu verzeichnen. Trotzdem aber muß ein Züchter auch diesen Weg beschreiten, denn daß auch hier Edelsteine zu finden sind, haben uns Dr. Müller mit *C. F. Meyer* und Pernet-Ducher mit *Soleil d'or* bewiesen.

Pflanzenschädlinge.

Gegen den Maulwurf in Mistbeeten. Der Maulwurf, welcher trotz seiner sonst vorwiegenden Nützlichkeit in den Mistbeeten oft empfindlichen Schaden durch seine Wühlerei anrichtet, läßt sich sehr leicht durch folgendes erprobtes Mittel von denselben fernhalten. Alle Glasabfälle, die es ja in jeder Gärtnerei genügend gibt, sowie Rosen- und sonstige mit Stacheln und Dornen besetzte Zweige dienen dazu. Vor dem Packen der Mistbeete werden besonders an jenen Stellen, wo der Maulwurf einzudringen pflegt, namentlich unter den Kastenbrettern, die Glasscherben in die Erde gesteckt, je dichter desto besser. Die vorhandenen Dornenzweige legt man ebenfalls an den unteren Rändern der Kastenwände entlang und drückt sie nach Möglichkeit fest. Ist dies einigermaßen sorgfältig geschehen, so wird es kein Maulwurf wagen, die für ihn und seine empfindlichen Grabwerkzeuge gefährlichen Palisaden zu durchbrechen. Um nicht bei dem späteren Ausheben des Packungsmaterials die lästigen Glassplitter mit herauszuziehen, empfiehlt es sich, das Glas so tief wie möglich und besonders unter die Kastenbretter zu stecken. Dieses Vorbeugungsmittel ist einfacher und erfolgreicher in seiner Anwendung, wie das oft geübte Verjagen durch stinkende Stoffe, welche nie lange wirken, es ist auch weniger grausam wie das Wegfangen mit Fallen, das sowieso in der lockeren Mistbeeterde recht selten gelingt. **Georg Liebsch,** Kunst- und Handelsgärtnerei, Chwalkowitz bei Olmütz.

Wühlmäuse. Die Wühlmaus, bekanntlich eine Wasserratte, die überall da in Gärten auftritt, wo stehendes oder fliessendes Wasser in der Nähe ist, soll nach einer Mitteilung der „Deutschen Obstbauzeitung" mit schwarzen Johannisbeeren umpflanzte Quartiere meiden, nach einer früheren Mitteilung von Handelsgärtner Oertel in der „Gartenwelt" nach Kalidüngung das Feld geräumt haben. Bei mir sind die Wühlmäuse weder nach Kalidüngung verschwunden, noch haben sie sich durch schwarze Johannisbeersträucher stören lassen. Vernichtung dieser Schädlinge habe ich jetzt durch Anwendung eines besonderen flüssigen Wühlmaus-Ratins erzielt. In die Flüssigkeit wird trockenes Weißbrot eingebrockt, bis sie aufgesaugt ist. Die Brocken werden in ein Folioblatt Zeitungspapier eingehüllt, das außen mit Fett oder Butter bestrichen wurde, und abends in die frisch aufgeworfenen, zuvor vorsichtig freigelegten Gänge gelegt. Der Erfolg ist ein durchschlagender.

M. H.

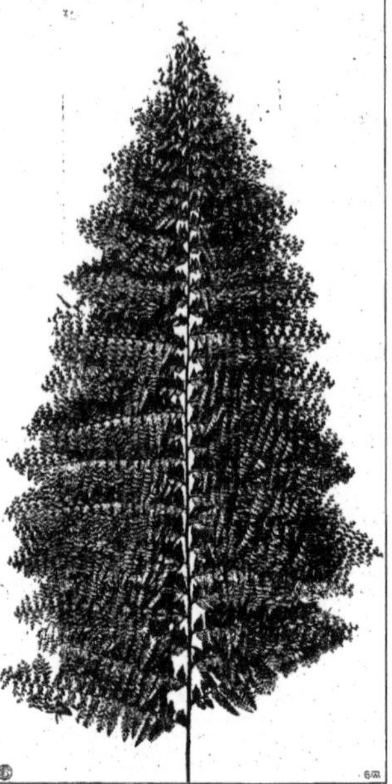

Wedel von Nephrolepis Whitmani (Vorderseite).
Originalaufnahme für die „Gartenwelt".

Farne.

Nephrolepis Whitmani.

Von H. Baum, Universitätsgärtner, Rostock i. M.

(Hierzu die Farbentafel und drei Abbildungen.)

In der „Gartenwelt" ist meines Wissens nocht nicht auf diese außerordentlich schöne Farnvarietät hingewiesen worden. Dieser Farn ist hauptsächlich dadurch wertvoll, daß er sowohl im Warm- wie im temperierten Hause schnell und kräftig wächst, sich leicht durch Ausläufer vermehrt, und sich durch einen äußerst zierlichen und lockeren Wuchs auszeichnet. Die einzelnen Wedel sind sehr fein gefiedert, erscheinen aber wegen der übereinander liegenden Fiedern trotzdem ziemlich dicht und sind als Bindegrün darum sehr brauchbar, weil sich selbst abgeschnittene Wedel, ohne in Wasser gestellt zu werden, tagelang frisch halten. An den bei mir gepflegten Pflanzen zeigte es sich, daß diese Varietät durchaus konstant bleibt. Es ist nicht ein einziges Mal vorgekommen, daß sich eine Ausartung der Wedel, wie dies bei den anderen *Nephrolepis*-Varietäten so häufig der Fall ist, zeigte. Sporen wird *Nephrolepis Whitmani* wohl kaum entwickeln, dafür bilden sich aber viele Ausläufer, die in einem Warmhause bei entsprechender Behandlung viel junge Nachzucht ergeben. Wird dieses prächtige Farnkraut genügend abgehärtet, so ist es auch als Zimmerpflanze vorzüglich zu verwenden, kann daher jedem Liebhaber und Fachmann als eines der schönsten empfohlen werden.

Nephrolepis Whitmani ist noch nicht lange im Handel. Zum ersten Male sah ich sie im September 1906 bei de Smet frères in Gent, wo es mir durch die lichtgrünen, zierlichen Wedel und den schönen Wuchs sofort auffiel. Als ich einige Wochen später hier mit Herrn Neubert, dem bekannten Farnspezialisten, darüber sprach und ihm von dem dort gesehenen Farn erzählte, bestätigte er mir, daß dies eine der schönsten und dankbarsten Farnneuheiten sei, die bisher in den Handel kamen. Herr Neubert hatte die Güte, mir ein kleines Pflänzchen zu verehren, welches sich nach einem halben Jahre zu der abgebildeten Pflanze entwickelte.

Neue Pflanzen.

Nelke Sonnenschein.

(Hierzu die Farbentafel und eine Abbildung.)

Neben Wedeln der herrlichen *Nephrolepis Whitemani* zeigt unsere heutige Farbentafel einige Blütenstiele mit Blüten der winter-

ilage zur illustrierten Wochenschrift
„Die Gartenwelt“.
anthus Caryophyllus „Sonnenschein“ und
Nephrolepis Whitmani.
Einführungen von
E. Neubert, Wandsbek.

Nephrolepis Whitmani (junge Pflanze).
Originalaufnahme für die „Gartenwelt".

harten Nelke *Sonnenschein* in natürlicher Größe, die Textabbildung Seite 488 einige langstielig geschnittene Blütentriebe in starker Verkleinerung. Die Nelke *Sonnenschein* ist eine Einführung der bekannten Firma E. Neubert in Wandsbek, welche wohl eine Lücke in unseren Schnittblumenkulturen ausfüllt, wenn auch winterharte, gelbblühende Nelken seit langem bekannt sind. Ich erinnere hier nur an die ausgangs der achtziger Jahre des vorigen Jahrhunderts durch Ernst Benary, Erfurt, in den Handel gebrachte Nelke *Germania* mit prächtig gelben Riesenblüten. Diese Züchtung, die anfangs großes Aufsehen erregte, hat sich indessen nicht zu behaupten vermocht, da sie zu undankbar blüht. In *Sonnenschein* haben wir nun eine dankbar blühende, winterharte Schnittnelke mit prächtig gelb gefärbten Blüten erhalten, deren Farnenton auf der Tafel vorzüglich getroffen ist. Die Blüten sind kleiner wie bei *Germania*, etwa von mittlerer Größe, werden aber von kräftigen, nicht gleich umfallenden Stielen getragen und platzen nicht. Die durchschnittliche Länge der Blütenstiele beträgt 60 bis 70 cm; die Blütezeit fällt in den Hochsommer, gewöhnlich Ende Juli; die Vermehrung erfolgt wie bei *Germania* und den Topfchornelken durch Senker nach der Blüte, die bei guter Kultur im nächsten Jahre zahlreiche Blütentriebe entfalten. Wie der ungenannte Züchter angibt, hat diese Nelke in den letzten acht Jahren im Norden die zum Teil strengen Winter ohne Schaden zu nehmen im Freien ausgehalten. M. H.

Ausstellungsberichte.

Die Rosenausstellung des Leipziger Gärtnervereins.

Vom Herausgeber.

Gelegentlich des diesjährigen 23. Kongresses des Vereins Deutscher Rosenfreunde, hatte es der Leipziger Gärtnerverein unternommen, im Südteile des dortigen Palmengartens vom 27. Juni bis 5. Juli eine Rosenausstellung zu veranstalten, mit welcher zugleich eine Ausstellung abgeschnittener Rosensortimente und eine Rosenbindekunstausstellung verbunden war. Wie alle Gartenbauausstellungen in neuerer Zeit, mögen sie sich nennen, wie sie wollen, so hatte auch diese einen vorwiegend lokalen Charakter. Die Abteilung für Rosenpflanzen im Freilande hatte nach dem Kataloge insgesamt 17 Aussteller aufzuweisen. Die Hauptaussteller waren sämtlich im Königreich Sachsen, vorzugsweise in der Umgebung von Leipzig und Dresden ansässig, die Einsendungen von anderen Landesteilen waren von geringerer Bedeutung. Der Entwurf zu den Rosengärten im südlichen Teile des Palmengartens, denen weite Rasenflächen eine gefällige Grundlage und die in prächtiger Entwicklung stehenden malerischen Gehölzgruppen einen natürlichen Rahmen gaben, rührte von dem Leipziger Landschaftsgärtner Mossdorf jun. her. Bei den einzelnen Rosarien, die sich in zwangloser Folge aneinander reihten, und deren Mittelpunkt ein in sehr ansprechender neuer Holzbauweise errichteter Pavillon bildete, bewegten sich nach Entwurf und Bepflanzung in der üblichen Bahn, was ja erklärlich ist, da sich malerische Wirkungen, wie sie romantisch bewachsene Laubengänge, Rosenlauben und Spaliere ergeben, nur da erzielen lassen

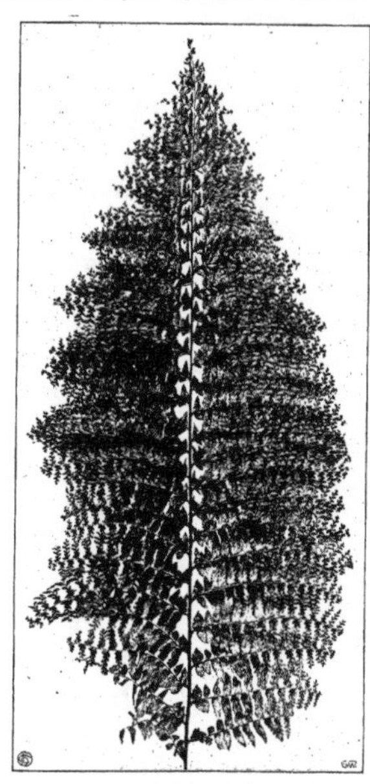

Wedel von Nephrolepis Whitmani (Rückseite).
Originalaufnahme für die „Gartenwelt".

würden, wo man den Züchtern für die Vorkultur das Ausstellungsgelände mindestens schon zwei Jahre vor Eröffnung der Ausstellung zur Verfügung stellen könnte. Das ist bisher weder möglich gewesen, noch wird es in unserer raschlebigen Zeit voraussichtlich für die Folge möglich sein. Die umfangreichen Anpflanzungen erfolgten erst im Frühling dieses Jahres; das sah man den Rosen fast allenthalben an. Der Flor war fast durchweg ein ungleichmäßiger. Manche Gruppen, so eine solche mit vorjährigen Veredlungen auf das schlafende Auge und verschiedene Gruppen sonst hervorragender Neuheiten, versagten im Flor fast vollständig, trotzdem ließen die Pflanzungen in ihrer Gesamtheit eine ihnen zuteil gewordene vorzügliche Behandlung erkennen. Sie waren durchweg pilz- und ungezieferfrei, auch sah man ihnen weder die voraufgegangene andauernde Trockenperiode, noch die Folgen des Hagelwetters vom Mai an, das auch in Sachsen stellenweise furchtbar gewütet hat. Im Leipziger Botanischen Garten sind noch heute siebartig durchlöcherte Glasdächer und zerschlagene Pflanzen Zeugen dieses Unwetters.

Fast alle Gruppen dieser Rosenschau legten beredtes Zeugnis ab für die Bevorzugung, deren sich jetzt und voraussichtlich noch auf lange Zeit hinaus in erster Linie die modernen Teehybridrosen erfreuen. Gegen die Angehörigen dieser Klasse traten die Vertreter aller übrigen Klassen zurück, aus denen nur noch Polyantha- und Bengalrosen in nennenswerter Zahl vertreten waren. Auffällig ist die Vernachlässigung der Remontanten, von welchen man hier und dort einmal eine *General Jacqueminot* und *Prince Camille de Rohan* sah. Die früher so beliebte Teerose *Gloire de Dijon* fand ich in einem Exemplar, einige andere alte Teerosen traten häufiger auf und die früher beliebteste Monatsrose *Hermosa* war nur in einigen Stücken vertreten.

Die umfangreichsten Einsendungen rührten von V. Teschendorff, vorm. Bernh. Hähnel, Cossebaude-Dresden, her. Sie füllten gleich am Eingang zur Rosenausstellung zwei Rosarien, von denen eines ausschließlich mit der neuen Polyantharose *Mme Norbert Levavasseur* bepflanzt war. Sie umgaben als Wurzelhalsveredlungen bordürenartig ein länglich-viereckiges Rasenstück und mit diesen Rosenbordüren parallel liefen dahintergepflanzte Halbstämme der gleichen Sorte. Das andere Rosar dieser Firma enthielt 300 Hochstämme in 100 der besten Sorten, einige Gruppen der in der feurigen Farbe einzigartigen Bengalrose *Gruß an Teplitz* und vor den Hochstammgruppen wieder Bordüren mit Wurzelhalsveredlungen von *Mme Caroline Testout*. Wie im Vorjahre in der Augustaanlage der Mannheimer Ausstellung, so konnte man auch hier wieder sehen, wie die Hauptwirkung immer von Massenpflanzungen einer Sorte ausgeht, die weit mehr wirken als ein zusammengepflanztes Gemisch der verschiedenartigsten Sorten. Hier und überall litt aber die Wirkung durch die zu weite Pflanzweise der Wurzelhalsveredlungen, die gewiß da angebracht ist, wo man eine Gruppe in der Absicht anpflanzt, sie jahrelang zu belassen, aber nicht da, wo es sich um Ausstellungsgruppen handelt, die schon wenige Monate nach der Anpflanzung Vollwirkung erzielen sollen. In diesem herrlichen Rosar wollte mir das quadratische Brunnenbassin mit der Quellennymphe aus Kunstkalkstein, von einem Leipziger Bildhauer wenig plastisch ausgehauen, gar nicht gefallen. Auch die Vasen aus gleichem Kunststein in anderen Teilen der Ausstellung waren nicht am rechten Platz, wie man überhaupt gut daran tun würde, die sogenannte Talmikunst von unseren Gartenbauausstellungen fern zu halten.

Blütentriebe der neuen gelben Nelke Sonnenschein.
In der Handelsgärtnerei von E. Neubert, Wandsbek, für die „Gartenwelt" photographisch aufgenommen.

Die Rosenpflanzungen von Fr. Max Voigt, Rosenschulen in Kotzschbar-Zwenkau, stellten entschieden die beste Kulturleistung auf der ganzen Ausstellung dar. Die Pflanzen dieses Ausstellers überragten an Schönheit und Reichblütigkeit, alles in allem genommen, alle übrigen, nur ganz wenige Stämme hatten versagt. Bei dem weitaus überwiegenden Teile zeigte jeder Trieb eine wohlentwickelte Knospe oder tadellose Blüte. Abgesehen von der Verwendung vorzüglicher Sämlingsstämme, die ja die Waldwildlinge in unserer Zeit völlig verdrängt haben, führe ich die gute Verfassung der Pflanzen dieses Ausstellers auf dessen für frisch gepflanzte Rosen praktische Schnittmethode zurück. Jede Krone ließ erkennen, daß alles schwache Holz vollständig ausgeschnitten, das starke Holz aber durchweg auf zwei Augen zurückgeschnitten war. Bei solch kurzem Schnitt bringt die frisch gepflanzte Rose aus jedem ihr belassenen Auge einen kräftigen, blühbaren Trieb. Andere Aussteller hatten vielfach auf vier bis fünf Augen geschnitten, doch erwies sich dieser lange Schnitt selbst für starktriebige Rosen als unvorteilhaft, nur die oberen Augen trieben in diesem Falle aus, aber so schwach, daß sich die meisten Triebe nicht blühbar erwiesen. Die Mittelgruppen des Voigtschen Rosars enthielten 300 Hochstammrosen in 100 Sorten, die aber trotz guter Beschaffenheit der Kronen, wie überall, wo bunt durcheinander gepflanzt wird, nicht recht zur Geltung kamen. Abgesehen davon, gelangen die Blüten auf hohen Stämmen auch nie zu voller Wirkung, nur da, wo man, wie dies bei Halbstämmen der Fall, von oben auf Krone und Blüten herabsieht, kann die Edelrose in ihrer vollen Schönheit wirken. Dies war der Fall bei den 300 halbstämmigen Rosen Voigts, die sortenweise in acht Sorten aufgepflanzt waren und die Bewunderung aller Ausstellungsbesucher herausforderten. Auch die niedrigen Rosen dieses Ausstellers ließen tadellose Kultur erkennen. Hauptsorten waren: *Mme Caroline Testout*, die überhaupt die ganze Ausstellung beherrschte, *Mme Jules Grolez*, eine zweite Hauptsorte, *Rote Captain Christy*, *Mme Ravary*, *Pharisäer*, *Frau Karl Druschki*, *Gruß an Teplitz* und die prächtige *Liberty*, die sich, wohl in Rücksicht auf die vorangegangene lange regenlose Zeit, in edler Vollendung und prächtigem Farbenfeuer zeigte, während sie bekanntlich als Freilandrose bei vorwiegend feuchter Witterung vollständig versagt.

Vorzüglich waren auch die Leistungen in Hoch- und Halbstämmen, sowie niederen Rosen von W. Beschnidt, Kotzschbar-Zwenkau. Peter Lambert, Trier, hatte sich an zahlreichen Konkurrenzen beteiligt, da er aber nicht in der Lage war, die Anpflanzungen unter seiner Leitung ausführen zu lassen, so waren die einzelnen Gruppen in einer äußerst nachlässigen, jeder Sachkenntnis baren Weise zusammengepflanzt worden, so daß die gesunden und wüchsigen Pflanzen nicht zur Geltung gelangen konnten. Eine hochstämmige Polyanthagruppe konnte als Schulbeispiel dafür dienen, wie derartige Gruppen nicht bepflanzt werden sollen. Topfrosen waren in ganz vorzüglicher Verfassung von Karl Richter, Leipzig-Lindenau, eingeschickt worden, während Louis Richter, ebenda, u. a. verschiedene Neuheiten zeigte, so die rosafarbige *Maman Levavasseur*, ferner *Crimson Rambler non plus ultra*, die vorwiegend Polyanthacharakter zeigt, deren Blütenfarbe aber sehr bald in den nicht beliebten bläulichen Ton der verblühenden *Reine Marie Henriette* übergeht. Eine weitere Gruppe war mit der prächtigen Lyonrose bepflanzt. Wasem & Lobermeyer, Ahlem bei Hannover, führten für das Kalisyndikat Düngungsversuche an Topfrosen vor, und zwar an den Sorten *Crimson Rambler*, *Mme Caroline Testout*, *Ulrich Brunner fils* und *Frau Karl Druschki*. Jede Sorte war in drei Gruppen vertreten: ungedüngt, Volldüngung ohne Kali und Volldüngung mit Kali, letztere zeigten natürlich beste Entwicklung.

... Auf weitere Einzelheiten einzugehen, ist mir nicht möglich, weil die Bezeichnung der Gruppen mit den Ausstellernamen vielfach eine mangelhafte war, und weil ich mit dem stark in Anspruch genommenen Raum dieser Zeitschrift rechnen muß. Ich gebe nachstehend nur noch jene Sorten bekannt, die durch Reichblütigkeit, Formenschönheit und Farbenzauber sich in erster Linie auszeichneten. Es waren dies: 1. Teehybriden *Mme Caroline Testout*, *Mme Jules Grolez*, *Liberty*, *Mme Jenny Guillemont*, gelb, edle Form, *Pharisäer*, *Mme Ravaru*, *Betty*, kupferrosa mit gelb, *Jacobs Perle*, *Prince de Bulgari*, fleischfarbigrosa, *Cheshut hybrid*, *Gustav Grünerwald*, *Gruß an Teplitz*, *Max Hesdörffer*, *Beauty of Stapelford*; 2. Remontanten: *Rote Captain Christy*, *Frau Karl Druschki*; 3. *R. lutea*: Lyonrose.

Abgeschnittene Rosensortimente.

Für die Ausstellung dieser Sortimente und der Bindereiarbeiten war das geräumige Orangeriegebäude des Palmengartens hergerichtet worden. Durch Ausspannen von grauer Leinwand hatte man das Oberlicht gedämpft, durch Aufgießen der Wege eine angenehm feuchtkühle Luft erzeugt, Bindereien und Schnittblumen hielten sich deshalb hier ganz vorzüglich, so daß sie noch am zweiten Tage gut beurteilt werden konnten, während im Vorjahre in Mannheim schon alles wenige Stunden nach der Eröffnung geliefert war. Im Gegensatz zur Pflanzenausstellung war der Charakter der Schnittblumenschau kein lokaler, in bezug auf die Zahl der Aussteller und Größe der einzelnen Einsendungen blieb sie aber beträchtlich hinter den Schnittblumenausstellungen früherer Jahre zurück. Die Hauptaussteller großer Sortimente waren Peter Lambert, Trier, Rosar des Vereins deutscher Rosenfreunde, Sangerhausen, Carl Schmid, Rosenschulen, Köstritz, und Rosenverein „Hohenstein-Ernstthal". Die unbedingt interessanteste und reichhaltigste Sammlung von Rosen aus allen Klassen hatte Peter Lambert gebracht. Diese Sammlung traf erst geraume Zeit nach der Ausstellungseröffnung ein, aber in vorzüglicher Verfassung, die Blumen machten den Eindruck frisch geschnittener, man sah ihnen nicht an, daß sie eine weite Bahnfahrt bei großer Hitze zurückgelegt hatten. In seltener Vollständigkeit waren die Polyantharosen vertreten, die sich gegenwärtig so großer Vorliebe erfreuen und noch so viele Züchtungsmöglichkeiten bieten, des ferneren auch die besten Neuheiten der letzten Jahre. Das Vereinsrosar in Sangerhausen hatte vorzugsweise Wild-, Centifolien-, *rugosa*- und Rosen anderer Klassen gebracht; Carl Schmid Teehybriden und Remontantrosen in durchweg tadellosen Blüten. Der Rosenverein Hohenstein-Ernstthal zeigte 50 Sorten, bemerkenswert durch die Anordnung der Blüten, für die ein eigener, schräg gestellter Ausstellungstisch hergestellt war, der in regelmäßigen Abständen in Reihen angeordnete, gleichfalls schräg gestellte Löcher nach Art von Astringlöchern aufwies, durch welche die kleinen, mit Rosen gefüllten, röhrenförmigen Vasen hindurchgesteckt waren. In dieser Anordnung kamen die Blüten vorzüglich zur Geltung, nur die Vasenröhren selbst, die Birkenrinde imitierten, konnte ich nicht gerade geschmackvoll finden.

Das größte Interesse in dieser Schnittblumenabteilung erweckten die Neuheiten. Hauptausstellerin war hier die Firma J. C. Schmidt, Erfurt, deren Neuzüchtungen mit wenigen Ausnahmen dem früheren Obergärtner Hermann Kiese, der jetzt unter der Firma H. Kiese & Co. in Vieselbach bei Erfurt eine eigene Rosengärtnerei betreibt, zu verdanken sind; er mußte sich in Leipzig noch darauf beschränken, abgeschnittene Blumen neuer Sorten anderer Züchter, wie die *Lyonrose (R. lutea)*, die Teehybriden *Kronprinzessin Cäcilie* und *Friedrichsruh* vorzuführen. Von den Neuheiten der Firma

J. C. Schmidt ist in erster Linie die Teehybride *Otto von Bismarck* zu nennen, eine Züchtung, die den 3000 Markpreis des „Praktischen Ratgebers“ erhielt, was man übrigens in dem Organ der Firma J. C. Schmidt, dem sogenannten „Führer“, als man dort die Rose in Wort und Bild vorführte, zufällig zu erwähnen vergaß, wahrscheinlich deshalb, weil die Bezeichnung 3000 Markrose Reklame genug ist, und weil der gestiftete Preis, den die Firma übrigens in loyaler Weise ihrem Obergärtner als Züchter überließ, von einem Konkurrenzblatte stammte. Es handelt sich bei *Otto von Bismarck* um eine wirklich schöne, keineswegs aber um eine eigenartige Rose. Diese Züchtung ist ein Gegenstück zu *Mme Caroline Testout*, in der Farbe fast vollständig mit ihr übereinstimmend. In der Form kann man *Otto von Bismarck* vielleicht den Vorzug von *Testout* geben, doch ist das private Geschmacksache. Von Duft, welcher der *Testout* leider so gut wie vollständig fehlt, ist bei *Otto von Bismarck* auch nur wenig die Rede. Mangelhafter oder fehlender Duft, wie bei *Baronne de Rothschild, Testout, Druschki* und jetzt bei *Otto von Bismarck* beeinträchtigen den Wert einer sonst hervorragenden Rose in wesentlicher Weise. Jeder, dem man eine Rose in die Hand gibt, führt sie faßt unbewußt zunächst zur Nase und ist enttäuscht, wenn sie hier versagt. Schon aus diesem Grunde kann ich weder in *Testout* noch in *Otto von Bismarck* einen vollen Ersatz für die wohl in der Knospe schwerere, aber durch edelsten Duft ausgezeichnete *La France* finden. Letztere war übrigens in einigen prächtigen, vollblühenden Exemplaren vorhanden, die zeigten, daß die La Francekrankheit noch nicht überall verderblich auftritt. Aparter als *Otto von Bismarck* finde ich die von J. C. Schmidt eingeführte, von Türke gezüchtete *Friedrichsruh*. Sehr feinduftend, feuerrot, elegant im Erblühen, voll aufgeblüht, tellerförmig und dichtgefüllt. Vielversprechend sind ferner die Teehybriden *Papa Gärtner*, rosenfarbig, halbgefüllt, Petalen der erblühenden Knospe nach außen zurückgeschlagen, *Mama Gärtner*, lachsfarbig, im Erblühen becherförmig, *Altmärker* (Türke), cochenillerot, die Polyantha *Aennchen Müller* und die schon von Mannheim her bekannte pfirsichfarbige Schlingrose *Tausendschön*. O. Jacobs, Weitendorf, dessen Rosenneuheiten draußen im Rosar während der Ausstellungstage in der Blüte vollständig versagten, zeigte in abgeschnittenen Blumen vier anscheinend ganz hervorragende Neuheiten. Die beste schien mir *Herzogin Marie Antoinette*, Teehybride, von *Frau Lilla Rautenstrauch* stammend. So weit abgeschnittene Blüten ein Urteil zulassen, das man meiner Ansicht nach bei ihnen nur unter Vorbehalt geben kann, denn erst auf dem Strauche läßt sich eine Neuzüchtung beurteilen, scheint diese Rose ein Gegenstück zu *Maréchal Nil* zu sein; die Blüten sind sehr stattlich, prächtig gelb, dicht gefüllt, hängend, tulpenförmig im Erblühen. *Frau Nicola Welter*, gleichfalls eine Teehybride, ein Sämling von *Kaiserin Auguste Viktoria*, ist großblumig, im Erblühen walzenförmig, hellgelb. Zwei weitere Züchtungen dieses Ausstellers, gleichfalls Teehybriden, trugen die Nummern 129 und 220. Erstere aus einer Kreuzung von *Kaiserin* mit *Undine* hervorgegangen, ist mittelgroß, prächtig als erblühende Knospe, tiefgelb, Rückseite der äußeren Petalen rot getuscht, letztere gleichfalls mittelgroß, tiefrot und gut gefüllt. Hoyer & Klemm, Dresden-Gruna, zeigten die neue Monatsrose *Leuchtfeuer*, die sich noch nicht im Handel befindet. Es ist anscheinend eine prächtige Züchtung vom feurigsten Rot, ein würdiges Gegenstück zu *Gruß an Teplitz*, diese beste und beliebteste Bengalhybride der Gegenwart vielleicht noch an Leuchtkraft übertreffend. Ueber die abgeschnittenen Blüten einer noch Unbenannten, aus einer *Polyantha* × *Wichuraiana*-Kreuzung hervorgegangen, der gleichen Aussteller, läßt sich noch kein Urteil abgeben. Die Neuheit *Charlotte Klemm (Alfred Colomb* × *Cramoisi superieur)*, eine Türk'sche Züchtung, befindet sich bereits einige Zeit im Handel; sie ist eine Bengalrose, die die früher so beliebte *Cramoisi superieur* an feurigem Rot der Blütenfarbe und auch sonst wesentlich übertrifft. Von H. Engelbrecht, Elmshorn, war ein Sport von *Kaiserin Auguste Viktoria* ausgestellt, der durch seine Triebkraft imponierte. So weit man nach abgeschnittenen Blumen urteilen kann, bei denen man nie weiß, wieviel Prozent der Triebkraft und Blütengröße vorzüglicher Bodenbeschaffenheit oder Mastkultur zuzuschreiben sind, scheint dieser Sport jene Wüchsigkeit zu besitzen, die *Kaiserin Auguste Viktoria* leider abgeht. Erwähnt sei schließlich noch die kleine Schnittrosenkollektion von Viktor Teschendorff, Cossebaude-Dresden. Unter den hier vertretenen neueren Sorten anderer Züchter war Teehybride *Général Mc Arthur* (1901) die auffallendste; sie ist ähnlich der *Liberty*, in Farbe und Form aber schöner, und ähnlich der von diesem Aussteller gleichfalls gezeigten *Richmond* (Hill & Co. 1906), die gleichfalls das feurige Rot der *Liberty* zeigt. *Général Mc Arthur* scheint mir die schönste Sorte in diesem einzigartigen, samtig tiefroten Farbenschlage zu sein. Schön waren auch die Blüten dieses Ausstellers der Jacobsschen Züchtung *Farbenkönigin*, die durch ihr eigenartiges Farbenspiel besticht. Die im Freien ausgepflanzten Rosen dieser Sorte hatten in der Blüte fast vollständig versagt.

Die Bindereiabteilung krankte an der allen Rosenbindereiausstellungen eigenen Krankheit der Einseitigkeit. Es ist bedauerlich, daß man den Bindekünstlern auf allen diesen Ausstellungen immer noch die ausschließliche Verwendung von Rosenblüten vorschreibt. Man sollte etwas liberaler sein und nur verlangen, daß Rosen in den Schaustücken vorherrschen, dann würde jene Eintönigkeit vermieden, die auch in Leipzig diese Abteilung kennzeichnete. Im übrigen waren sehr schöne Trauerarbeiten, Rosenkörbe und drahtlose Sträuße vorhanden, namentlich aber prächtige Tafeldekorationen. Die Blüten von *Testout* und *Druschki* herrschten vor. Die Beteiligung war mäßig für eine Stadt wie Leipzig.

In der gewerblichen Abteilung erregte ein transportables Glashaus von Böttger & Eschenhorn, Groß-Lichterfelde, allgemeine Beachtung fachmännischer Kreise. Die Firma hat ein sehr einfaches Verbindungsstück aus verzinktem Eisenblech konstruiert, das es ermöglicht, aus Mistbeetfenstern über Freilandkulturen in wenigen Minuten ein Gewächshaus zu errichten. Die Stehfenster werden aus zwei Reihen nebeneinander gestellter, etwas schräg nach innen geneigter Mistbeetfenster gebildet, das Dach durch zwei weitere Reihen darüber gestellter gleicher Fenster. Die Verbindungsstücke sind außerordentlich sinnreich gebaut, so daß der mit ihrer Hilfe zusammengestellte Glasbau keiner Balken, Träger oder sonstiger Stützen bedarf.

Der Besuch der Ausstellung war am Eröffnungstage sehr mäßig. Die vornehme Welt Leipzigs scheint für ihren Palmengarten nicht viel übrig zu haben. Am zweiten Tage, einem Sonntag, füllte das sogenannte Sonntagspublikum den Garten. Am dritten Tage ließ der Besuch wieder viel zu wünschen übrig. Ich glaube kaum, daß der Leipziger Palmengarten eine nennenswerte Zukunft hat. Außer dem bescheidenen Palmenhause mit gut kultivierten Palmen und dem kleinen

Blumenparterre bietet er, von den Nachmittagskonzerten abgesehen, den Besuchern nichts besonderes. Die Gehölzpflanzungen befinden sich in guter Verfassung, aber die Rasenflächen sind, wohl aus Mangel an Betriebsmitteln, schlecht gepflegt. Das Bedürfnis nach einem derartigen Institut ist sicher in keiner Stadt geringer, als gerade in Leipzig, mit seinen einzig in ihrer Art dastehenden herrlichen öffentlichen Parks, von welchen der im Innern der Stadt gelegene König Albert-Park mit weiten, musterhaft gepflegten Rasenbahnen und stellenweise reichem Blumenschmuck in erster Linie genannt sei. Die neuen, großzügigen Anlagen an dem im Entstehen begriffenen Völkerschlachtdenkmal konnten wir, d. h. die Mitglieder des „Vereins Deutscher Gartenkünstler", unter Führung ihres Schöpfers, des Gartendirektors Carl Hampel, besichtigen. In Leipzig liegen die Verhältnisse umgekehrt wie in Frankfurt am Main. Letzteres bietet in bezug auf öffentliche Anlagen weit weniger als ersteres, deshalb vereinigt sich alles Interesse der besten Gesellschaftskreise auf den Palmengarten, der, getragen von der Gunst der Bürgerschaft und bevorzugt vom reisenden Publikum, jährlich steigende Einnahmen erzielt, die seine Ausgestaltung zu einem in Deutschland einzig dastehenden Musterinstitut ermöglichten, während Leipzig gewaltige Aufwendungen für seine Gartenanlagen macht. Gelegentlich der Eröffnung der Ausstellung hob Oberbürgermeister Dr. Dittrich hervor, daß Magistrat und Bürgerschaft stets einig seien, wenn es sich um die Bewilligung von Summen für diesen Zweck handelt.

Von der Anfertigung von Aufnahmen habe ich abgesehen, da man sonderbarer Weise den Palmengarten in Leipzig ohne Erlaubnisschein auch mit einer kleinen Momentkamera nicht betreten darf. Es fehlte mir an Zeit und Lust, zur Erlangung der Photographieerlaubnis von Pontius zu Pilatus zu laufen. Im Frankfurter Palmengarten kann jeder Besucher ohne weiteres nach Herzenslust photographieren, man weiß eben in der Direktion, daß die dort gefertigten Aufnahmen, die von Hand zu Hand gehen, eine Reklame für dieses Musterinstitut sind, wie man sie sich besser gar nicht wünschen kann. Auch hierin könnten die Herrn vom Leipziger Palmengarten sich das Frankfurter Musterinstitut als Vorbild dienen lassen.

Mannigfaltiges.

Ein Zeichen der Zeit. In London besteht unter dem Patronat der Comtesse von Malmesbury und der Lady Hamilton eine weibliche Gartenbaugesellschaft, die auf festen Vertrag Gärten, Balkone, Fensterblumen, Blumentische, Gewächshäuser, Terrassenschmuck usw. in regelmäßige Pflege nimmt. Die Frauen, die diese Gesellschaft bilden, gehen tagtäglich umher und halten die ihnen zugewiesenen Gärten oder sonstigen Pflanzstätten in Ordnung, erneuern die Blumen nach Bedarf, kurz, verrichten sämtliche Gärtnerarbeiten durchaus selbständig. Nur für die schweren und groben Arbeiten, die ja nicht täglich an jeder Stelle vorkommen, findet sich ein Arbeitsmann, der im Dienst der Gesellschaft steht, zu ihrer Unterstützung ein. Das Abonnement ist für die Kunden billig, deren große Zahl macht indes die Unternehmung zu einer recht gewinnbringenden und sichert der einzelnen Teilnehmerin einen auskömmlichen Lebensunterhalt. In dem Garten der Gesellschaft werden auch erkrankte Gewächse aller Arten in Pflege genommen, ebenso finden während der Reisen ihrer Besitzer alle Balkon- und Zimmerpflanzen daselbst eine zuverlässige Pension. Alle Bestellungen auf Dekorationen oder Schnittblumen werden ausgeführt, so daß der ganze Betrieb einer vollständigen Handelsgärtnerei ähnlich sieht. **Paul Schmidt,** London S. E.

Ueber die Dauer der Mutationsperiode bei der Nachtkerze Oenothera Lamarckiana. In seinem vor 5 Jahren erschienenen Werke: „Die Mutationstheorie-Versuche und Beobachtungen über die Entstehung von Arten im Pflanzenreiche" hat Hugo de Vries unter anderem seine Beobachtungen an *Oenothera Lamarckiana* und ihre mutable Periode veröffentlicht. Er begann seine Versuche im Jahre 1886 auf dem Felde von Hilversum bei Amsterdam. Diese Nachtkerze zeigte eine starke Vermehrungsfähigkeit und Variation in fast allen ihren Organen. Ihre Eigenschaften fluktuierten in auffallender Weise. Auch traten reichlich monströse Bildungen, partielle Mutationen auf. Daraufhin vermutete de Vries, daß er es hier mit einer Pflanze zu tun habe, welche sich in einer „mutablen Periode" befindet. Es traten auch einzelne schmalblättrige, nur Rosetten von Wurzelblättern bildende, schwächliche und bald wieder zu Grunde gehende Pflänzchen auf. Und auf demselben Felde von Hilversum fand de Vries zwei neue, gut charakterisierte, später als samenbeständig erkannte Formen *Oenothera laevifolia* und *brevistylus* auf. Aber erst durch die Aussaat im Garten von den im Freien eingesammelten Samen kam de Vries nach mehreren Kulturen zur Entscheidung in dieser Frage. Schon die erste Kultur brachte eine stark und fast in jeder Hinsicht abweichende, bisher unbekannte Form, die *Oenothera lata.* Aus Samen von Pflanzen, die er im Herbst 1886 als Rosetten von Wurzelblättern von ihrem wilden Fundorte mitgebracht hatte, erhielt er *Oenothera lata* und neben dieser Form *Oenothera nanella,* beide in mehreren Exemplaren. Als er dann 1889 wiederum Samen einsammelte und in größerem Maßstabe aussäte, erhielt Vries wieder diese beiden Formen, daneben aber noch eine dritte, bis dahin unbekannte, *Oenothera rubrinervis.* Später (1894) fand er die beiden Formen *lata* und *nanella* auch auf dem Felde.

Diese und andere neuen Formen, die de Vries von *Oenothera* in weiteren Kulturen erhielt, Arten, nicht Varietäten, wurden auch in anderen botanischen Gärten, welchen de Vries seine Samen zugesandt hat, festgestellt. Besonders sorgfältig sind diese Mutanten im Botanischen Garten von New York beobachtet worden; sie stimmten völlig mit den in Amsterdam beobachteten überein.

Jetzt ist de Vries auch der Frage nähergetreten, ob die Mutabilität der *Oenothera Lamarckiana* auf dem Beobachtungsfelde entstanden ist oder schon vorher in den Samen vorhanden war. Er berichtet über seine diesbezüglichen Untersuchungen in den „Berichten der deutschen botanischen Gesellschaft" (23. Band). Er hatte schon vor mehreren Jahren aus Paris und Erfurt Samen bezogen und gefunden, daß die in erster und zweiter Generation erhaltenen Pflanzen ebenfalls Erscheinungen der Mutation zeigten und dieselben Formen, wie sie auf dem Felde bei Hilversum und in den Gartenkulturen aufgetreten sind, brachten. Es kann also die Mutationsperiode nicht erst auf jenem Felde, auf welchem etwa im Jahre 1875 die *Oenothera Lamarckiana* sich zu verbreiten begonnen hat, ihren Anfang genommen haben. Da die großen Gärtnereien diese Pflanze ziemlich gleichzeitig in Europa eingeführt haben, so dürften alle heute in unseren Gärten kultivierten Exemplare der *Oenothera Lamarckiana* von den Samen stammen, welche etwa um das Jahr 1860 aus Texas nach Europa gebracht worden sind, und muß also die jetzige Mutationsperiode dieser Pflanze um diese Zeit oder schon früher begonnen haben. *O. Lamarckiana* dürfte im südlichen Teile der Vereinigten Staaten zu Hause sein. Wird es gelungen sein, sie in ihrer Heimat wieder wild zu sammeln, so wird man dann auch untersuchen können, ob sie schon im wilden Zustande mutiert. **Dr. Friedrich Knauer.**

Zeit- und Streitfragen.

Importierte Schönheiten oder Bastarde?

Von **Robert Bloßfeld,** Potsdam.

In No. 24 von „Möllers Deutsche Gärtnerzeitung" berichtet Herr Oberinspektor Ledien, Dahlem, über die Orchideen auf der

Genter Ausstellung. Ich weiß nicht, wie Herr Ledien die Behauptung aufstellen konnte, daß die Hälfte der von Vuylsteke ausgestellten *Odontoglossum* „importierte Schönheiten" seien, da doch unter Fachleuten auch nicht der leiseste Zweifel darüber bestand, daß alle von Vuylsteke gezeigten *Odontoglossum* von ihm aus Samen gezüchtet waren, wie es auch in der Tat der Fall ist, denn keine einzige Pflanze war importiert. Von reinen *Odontoglossum*-Varietäten nenne ich nur: *Beauté célesté, Lucine, Pheïodone, Memoria battle of Waterloo, Favorita, Sapho, Gladiateur, Royal perfect* und endlich das fast ganz braune *Adonis*. Damit ist wohl auch die weitere Behauptung Herrn Lediens hinfällig, daß das Rezept zur Erzielung feinster Varietäten noch nicht gefunden sei, nachdem Vuylsteke so viele „gezüchtete Schönheiten" ausstellte. Auch Linden zeigte im Vorjahre gezüchtete *Od. crispum*-Varietäten, wie *Roi d'Angleterre, Reine d'Angleterre* und, wenn ich mich recht besinne, *Roi de Belgique* usw., von denen er die ersten Pflanzen zu ganz respektablen Summen verkaufte. Bei anhaltendem Angebot war schließlich keine Nachfrage mehr vorhanden, und so wird es immer bleiben. Seltenheiten werden allerdings immer wertvoll sein. Da aber die guten *Odontoglossum*-Varietäten jetzt schon nicht mehr selten genannt werden können, weil jeder Züchter deren züchtet resp. gezüchtet hat, so wird sich vielleicht ein anderer Maßstab für die Wertbemessung herausbilden, oder die früher gezahlten Preise werden der Vergangenheit angehören und „die Besitzer seltener Varietäten und Hybriden" müssen sich mit zwar immer noch sehr lohnenden, aber wesentlich niedrigeren Preisen zufrieden geben. Es wird dann mancher in den sauren Apfel beißen müssen, teuer erworbenes billig abzugeben, und gar manchen wird es arg mitnehmen.

Blumenspenden bei Feuerbestattungen. Zu dieser Frage, welche die Gemüter in gärtnerischen Kreisen mehrfach erregt hat, schreibt uns der „Verein für Feuerbestattung" in Berlin, dem der Herausgeber dieser Zeitschrift seit etwa 15 Jahren angehört, folgendes: „Wir gestatten uns, Ihnen mitzuteilen, daß es in der Tat ein Irrtum ist, der aber zumeist wohl nur von den Gärtnern selbst gehegt wird, anzunehmen, daß Blumenspenden bei Feuerbestattungen verbeten werden. Im Publikum ist uns diese Annahme nur äußerst selten begegnet und natürlich in jedem Falle berichtigt worden. Wenn sich bei Todesanzeigen, welche die Feuerbestattung erkennen lassen, der Zusatz findet „Kranzspenden verbeten", so beruht das in fast allen Fällen auf einer Bestimmung des Verstorbenen oder seiner Angehörigen, die Prunk vermeiden wollen. Immerhin ist es vielleicht für die Leser der „Gartenwelt" und sonstige Interessenten von Wert, dahin aufgeklärt zu werden, daß Blumenschmuck bei Feuerbestattungen nicht nur nicht verbeten, sondern sogar gern gesehen ist. Wird doch häufig die Kapelle des Krematoriums mit Pflanzenschmuck versehen. In einigen Krematorien, z. B. Hamburg, ist das ganz allgemein die Regel; im Krematorium von Mainz stehen Schalen mit Blumen bereit, die von den Leidtragenden anstatt der sonst üblichen drei Hände voll Erde dem Sarge, wenn er durch die Versenkung verschwindet, nachgeworfen werden. Alle Kränze usw., die dem Verstorbenen gespendet werden, werden mit dem Sarge ins Krematorium gebracht, dienen während der Trauerfeier zur Dekoration und werden später ebenfalls verbrannt".

Aus den Vereinen.

Verein Deutscher Rosenfreunde. Der 23. Kongreß wurde am 28. Juni im Palmengarten zu Leipzig abgehalten und vom ersten Vorsitzenden Herrn Gartendirektor Ries, Karlsruhe, eröffnet. Aus dem geschäftlichen Teil ging u. a. hervor, daß die Mitgliederzahl auf 1896 gestiegen ist und das Vereinsvermögen 4770 M beträgt; die Mitgliederbeiträge wurden auf M 4,50 resp. M 5,— erhöht. Sämtliche ausscheidenden Vorstandsmitglieder wurden einstimmig wiedergewählt. Als nächster Kongreßort wurde Sangerhausen bestimmt. In der öffentlichen Sitzung sprach Herr Robert Türke, Meißen, über „Mögliche oder unmögliche Erfolge in bezug auf Farben bei der Sämlingszucht", ferner Herr Hermann Kiese, Vieselbach, „Ueber den Umschwung von Rosenzucht und -handel". Ueber die Frage der Mindest-Engros- und Mindest-Privatpreise wurde eine vorläufige Verständigung erzielt, die noch der Nachprüfung bedarf. Endlich wurde über die Verwaltung und Ausnutzung des Vereins-Rosars in Sangerhausen berichtet.

Tagesgeschichte.

Berlin. Axel Fintelmann-Ehrung. Wie bereits bekannt gegeben, hatte der engere Ausschuß beschlossen, den Entwurf des Herrn Gartenarchitekt A. Winkelmann, Stettin, zur Ausführung zu bringen. Herr Bildhauer A. Mante, der dem Verewigten persönlich nahe stand, hat das Modell des Portrait-Reliefs hergestellt und die Bearbeitung des Denksteines nach gedachtem Entwurf geleitet und künstlerisch überwacht. Nachdem nunmehr der Bescheid des Magistrats eingegangen ist, demzufolge dem Antrage auf Umbettung und Uebernahme des Denkmals in städtische Unterhaltung nicht stattgegeben werden kann, ist die Einweihung des Gedenksteines auf den 27. September d. J. in Aussicht genommen, an welchem Tage der Verstorbene das 60. Lebensjahr vollendet hätte.

Duisburg. In geheimer Stadtverordnetensitzung wurde für den Betriebsfonds der hiesigen Gartenbauausstellung eine weitere Rate von 2000 M einstimmig bewilligt. Nunmehr sind aus städtischen Mitteln für das Unternehmen im ganzen 10 800 M bereitgestellt. Der Leitung der Ausstellung stehen augenblicklich durch die städtischen Bewilligungen, durch Zeichnungen von Privaten und hier ansässigen Firmen etwa 47 000 M zur Verfügung.

Offenbach. In der letzten Stadtverordnetensitzung wurde die starke Zunahme der Ausgaben für öffentliche Gartenanlagen besprochen. Früher habe man nicht den dritten Teil für diese Zwecke gebraucht, jetzt würden 64 000 M verlangt. Sehr richtig wurde demgegenüber bemerkt, daß früher für öffentliche Anlagen fast gar nichts geschehen sei; das müsse jetzt nachgeholt werden. An den Anlagen, den „Lungen einer Stadt", sollte, zumal in einer Fabrikstadt wie Offenbach, nicht gespart werden.

Personal-Nachrichten.

Kierski, Rudolf, städtischer Garten- und Friedhofsdirektor in Potsdam, feierte am 1. d. M. das 25jährige Jubiläum seiner Tätigkeit als Inspektor der beiden Friedhöfe Potsdams. Kierski, im Jahre 1849 in Berlin geboren, besuchte daselbst das Luisenstädtische Gymnasium bis Obersekunda, machte in den Jahren 1866—1868 in der Kgl. Gärtnerei zu Niederschönhausen bei Berlin seine praktische Lehrzeit durch, und ging dann zur weiteren Ausbildung an die Kgl. Gärtnerlehranstalt nach Wildpark (jetzt Dahlem). Nach dem Kriegsjahre 1870 war er in der Laucheschen Baumschule in Potsdam tätig. 1872—1873 arbeitete er unter Gartendirektor Meyer im Humboldthain zu Berlin und folgte 1874 einem Rufe des Fürsten von Migrellen nach dem Kaukasus, 1875 einem solchen nach Bad Ems, sowie 1876 nach Mehlem. Vom Jahre 1877 zu 1878 avancierte er zum Obergärtner und war 1879—1880 an der Gartenbauschule in Mödling bei Wien lehramtlich tätig. Von 1880 bis 1883 war er in leitender Stellung als Kreisobergärtner für die Ostpriegnitz. Am 1. Juli 1883 erfolgte seine Berufung in seine jetzige Stellung nach Potsdam, woselbst er nach 20jähriger Tätigkeit, vor fünf Jahren, in Anerkennung seiner hervorragenden Leistungen zum städtischen Garten- und Friedhofsdirektor ernannt wurde. Während dieser Zeit hat er unendlich vieles und schönes geschaffen; zu einer Aufzählung alles dessen würde der beschränkte Raum unserer Spalten nicht ausreichen. Wir schließen uns den vielen Wünschen, die dem Jubilar von allen Seiten zugegangen sind, herzlich an. Möge ihm ein weiteres Vierteljahrhundert segensreicher Berufstätigkeit vergönnt sein, zur Ehre und zum Wohle unseres Standes und der Stadt Potsdam!

Berlin SW. 11, Hedemannstr. 10. Für die Redaktion verantwortlich Max Hesdörffer. Verlag von Paul Parey. Druck: Anhalt. Buchdr. Gutenberg e. G. m. b. H., Dessau.

…eu eingetretenen Abonnenten

stehen gebundene Exemplare der

früheren Jahrgänge (1896–1907)

der Gartenwelt

…weit der Vorrat reicht, zum Preise von je 12 Mark (erster Jahrgang 8 Mark) zur Verfügung.

Ein komplett gebundener Band der „Gartenwelt" ist von einer staunenswerten Reichhaltigkeit bei einem so niedrigen Preise, …ss es kaum eine schönere Erwerbung für die Bibliothek eines …rtners oder Gartenfreundes gibt.

Die Vorräte sind keine grossen mehr, so dass man eventl. Beschaffung …d bewirken wolle.

Berlin SW. 11, Hedemannstrasse 10. [1144

Expedition der „Gartenwelt".

…egen postfreie Einsendung des Betrages erfolgt die Zusendung postfrei.

Begonie Gloire de Lorraine,

durchaus Erfolg versprechende, wüchsige Stecklinge aus absolut pilzfreien Kulturen ab 1. Juni **jedes Quantum sofort lieferbar.** 100 St. 12 M, 1000 St. 110 M, Kulturanleit. auf Wunsch unberechnet.

Simon Dentler in Nürnberg.

Bei Verwendung meines Stecklings ist die Lorraine-Kultur einfach und gewinnbringend, was mir fast alle Abnehmer wiederholt bestätigen.

Besehen Sie bitte auch die photogr. Abbild. meiner Lorraine-Häuser in Möller's Deutscher Gärtner-Zeitung, Jahrgang 1907, No. 5. [1191

…nollen-Begonien-Sämlinge,

…eimal verpflanzte starke Pflanzen, einf. dkl.- und feurigrot, orange, rosa, weiss, gelb % 3,50 M, Misch. % 3 M.
…füllte mit Rosen- und Kamellienbau, geben 80—90 Proz. bestgefüllte, rot, rosa, weiss, gelb % 4,50 M, Mischung % 4 M.
…franste, extra rot, rosa, weiss, gelb % 4 M, Mischung % 3,50 M.
…loxinien-Sämlinge hybr. grandifl. Kaiser Wilhelm II., Kaiser Friedrich, **erecta crassifolia** % 3 M, Mischung % 2,50 M.
…pfiehlt in bekannter starker Ware und nur prima I. Qualität [358

Paul Schmid, Donzdorf (Württemberg).

…erlag von Paul Parey in Berlin SW., Hedemannstrasse 10.

Der Zwergobstbaum und seine Pflege.

Anleitung für Gartenfreunde und Obstzüchter

von [1147

Max Loebner,

Obergärtner an der Schule für Obst-, Wein- und Gartenbau in Wädensweil.

Mit 43 Textabbildungen. Gebunden, Preis 3 M. 50 Pf.

Das Buch setzt mit dem Moment ein, wo der junge Baum aus der …mschule in die Hand des Gartenbesitzers und Obstzüchters übergeht. Wie …nn richtig zu schneiden und weiter zu formieren ist, wie wir ihn pflanzen, …gen, pflegen, vor Krankheit bewahren müssen, damit wir edle und reichlich …chte ernten können, sind die Hauptkapitel des Buches.

…gen postfreie Einsendung des Betrages erfolgt die Zusendung postfrei.

2 Taxus hybernica,

Prachtexemplare,

4 Meter hoch,

sucht [1315

A. Brandt, Berlin, Katzlerstr. 9.

Buchenlaub Ruskus Adlerfarnwedel Pinien

liefert billigst

Fritz Klein I.,

Burbach, Westf. [1269

Porzellan-Etiketten

mit Schrift, Stück von 5 Pfennig an. Langjährige Garantie. Muster franco. Gärtner erhalten auf Rückseite Firma-Namen gratis. [8

L. Fichtmüller, Volkstedt-Rudolstadt.

Geruchfreie Holzwolle

b. z. f. Seidenholzwolle empfiehlt [1175

Lochmühle, Wernigerode.

Den wirksamsten Schutz gegen Vögel und Näschereien der Menschen gewähren für Sämereien, jg. Pflanzen, Beeren, Kirschen, Trauben usw. [22

Roh's Schutznetze.

Vorrätig alle Längen und Breiten in 4 und 2½ cm Maschenweite, à Kilo 6 Mark (10—15 Pfg. das □Meter). Zu Versuchen ist jedes gewünschte Quantum zu haben. Prospekte gratis und franko. **G. Roh, Apolda.**

Ungeheuer

wichtig für Kranke und Leidende!

Trockenklosetts

vielfach prämiiert,
Kälte, Zug und Geruch abhaltend, auf jeden Abort sofort anzubringen, von 15 Mark an franko jeder Bahnstation.

Ansichtssendung ohne Kaufzwang.

Preisliste gratis.

Paul Stange, Dresden 1,

Postschliessfach. [1293

Gartenglas

beste u. kräftigste Qualität, rheinische Marke VRWT sowie **Rohglas,** 4 bis 6 mm stark u. **Ia. Glaserkitt** liefern billigst

Adolf Schell & Otto Vittali

G. m. b. H. [1279

Offenburg in Baden.

Ia. Torfmull,

Ballen von ca. 100 bis 130 kg à M 3,60 per % kg Orig.-Gewicht, ab Lager Mannheim Nachnahme, Leinenverpackung 75 Pfg. Zuschlag. [835

Valentin Knieriem, Mannheim.

Verlag von Paul Parey in Berlin SW., Hedemannstrasse 10.

Soeben erschien:

August Garcke's Illustrierte Flora von Deutschland.

Zum Gebrauch auf Exkursionen und zum Selbstunterricht.

Zwanzigste, neubearbeitete Auflage [748

herausgegeben von

Dr. Franz Niedenzu.

Mit etwa 4000 Einzelbildern in 764 Originalabbildungen.

Ueber 800 Seiten. *Geb., Preis 5 M 40 Pf.*

Die soeben erschienene 20. Auflage der so rühmlichst bekannten Garcke'schen Flora hat insofern eine wesentliche Umgestaltung erfahren, als zum ersten Male das „natürliche Pflanzensystem" zur Anwendung gekommen ist. Das Buch mit seinem im Verhältnis zu der reichhaltigen Illustrierung beispiellos billigen Preis gehört in die Hand jedes Gärtners und Pflanzenfreundes.

Gegen postfreie Einsendung des Betrages erfolgt die Zusendung postfrei.

Dem grössten Teil der heutigen Auflage liegt ein Prospekt der Firma **Weigelt & Co., Erfurt,** bei, ferner der Gesamtauflage eine Beilage der **Verlagsbuchhandlung Paul Parey, Berlin SW. 11.**

Druck der Anhaltischen Buchdruckerei Gutenberg e. G. m. b. H. in Dessau.

Illustrierte Wochenschrift für den gesamten Gartenbau.

Herausgeber: Max Hesdörffer-Berlin.

Erscheint jeden Sonnabend.
Monatlich eine farbige Kunstbeilage.

Bezugsbedingungen:
ch jede **Postanstalt bezogen** Preis 2.50 M. vierteljährl. In Österreich-Ungarn 3 Kronen. direktem **Bezug unter Kreuzband**: Vierteljährlich 3 M. Im Weltpostverein 3.75 M. Einzelpreis jeder Nummer 25 Pf.

ohne Vorbehalt eingehenden Beiträgen bleibt das Recht redaktioneller Änderungen behalten. Die Honorarauszahlung erfolgt am Schlusse jeden Vierteljahrs.

Anzeigenpreise:
Die Einheitszeile oder deren Raum 30 Pf.; auf der ersten und letzten Seite 50 Pf. Bei grösseren Anzeigen und Wiederholungen steigender Rabatt. Beilagen nach Übereinkunft. **Anzeigen in der Rubrik Arbeitsmarkt** (angebotene und gesuchte Stellen) kosten für Abonnenten einmalig bis zu 10 Zeilen Raum M. 1.50, weitere Zeilen werden mit je 30 Pf. berechnet. Erfüllungsort auch für die Zahlung: Berlin.

Adresse für Verlag und Redaktion: Berlin SW. 11, Hedemannstrasse 10.

XII. Jahrgang No. 42. | Verlag von Paul Parey, Berlin SW. 11, Hedemannstr. 10. | 18. Juli 1908.

Illustrierte Wochenschrift für den gesamten Gartenbau.

Jahrgang XII. 18. Juli 1908. No. 42.

Stauden.

Alte und neue schöne Alpenpflanzen.

Von **Bernh. Othmer**, Kgl. Garteninspektor, München.

IV. (Schluß).

(Hierzu fünf Abbildungen.)

Eine sehr eigenartige hochalpine Pflanze ist *Androsace helvetica*, Gaud., eine Polsterpflanze par excellence (Abbildung untenstehend). Die ungemein kurzen Einzeltriebe sind oft nur wenige Millimeter lang; an ihnen sind die paarweise gegenständigen, mit weißlichen Filzhaaren bekleideten Blätter so dicht angeordnet, daß sie an der Spitze zusammengedrängt erscheinen. Von den tief in den Felsspalten verankerten Pfahlwurzeln gehen die vielfach verzweigten Blätter so dicht aneinander aus, daß die einzelnen Triebe sehr zusammengedrängt sitzen und schließlich 15 bis 20 cm im Durchmesser haltende, halbkugelige Blattpolster zustande kommen. Infolge der Dichtigkeit, mit welcher die Triebe nebeneinander gelagert sind, ersticken die früheren Blättchen in den unteren Partien, und so erweckt es den Anschein, als ob das Lebende auf mumifizierten unteren Teilen aufsitze. Die Blüten sitzen im Herzen eines jeden Triebchens fast ungestielt; sie sind breiter als diese Triebe und bedecken, da sie in großer Menge zu erscheinen pflegen, oft ganz und gar das Polsterchen. Die Abbildung zeigt in fast natürlicher Größe ein mittelgroßes, mit Blüten bedecktes Polster. Bedenkt man, daß der Jahreszuwachs nur ein minimaler ist, um etwa 2 oder 3 mm, dann wird man glauben, daß Pflanzen von 30 bis 40 Jahren Alter nichts ungewöhnliches sind. Auf den ersten Blick erscheint es schon einleuchtend, daß die Art ungemein gut den sonnigen, trocknen und höchst exponierten Standorten in engen Felsenritzen angepaßt ist. Will man sie in den Kulturen halten, dann ist es natürlich notwendig, auf diese Ansprüche Rücksicht zu nehmen, denn nur in solchen oder sehr ähnlichen Fällen kann sie gehalten werden. Zu viel Boden und Nässe, sowie ein Mangel an Sonnenlicht würde sie bald töten, man pflanze sie darum an halbgeneigte Stellen in schmale Ritzen und umgebe die tiefgehende Wurzel mit Gesteinsbrocken. Die Anzucht der Pflanzen aus Stecklingen hat ihre Schwierigkeiten, gibt aber die einzige Möglichkeit für Vervielfältigung. Samen setzt die Pflanze außerordentlich selten oder wenig an, weshalb man meist auf gesammelte Exemplare angewiesen ist, von denen man nur kleine oder mittelgroße auswählen und nur dort entnehmen sollte, wo ein wenig lockeres, brüchiges Gestein gestattet, die tiefgehende Wurzel unbeschädigt herauszubekommen. In der Topfkultur sind nur schmale, tiefe Töpfe zu verwenden; dieselben sind mit Gesteinsbrocken neben weniger mooriger, sandiger, lehmiger Erde zu füllen. Auf die Oberfläche des Topfes werden einige kleine Felsstücke gelegt, damit die Polster sich zwischen denselben herausquetschen können.

In weit tiefer liegenden Gebieten, vielfach aber auch in Felsgestein, und dieses ganz überziehend, sind die Sonnenröschen, die *Helianthemum*, zumeist Vertreter einer südlicheren, mehr Sonnenlicht liebenden Flora, zuhause. Holzig und ausdauernd sind ihre Stengel, schmal und hart ihre Blätter, relativ groß ihre Blüten. Diese zeigen eine große Empfindlichkeit für die Sonnen- und Lichtverhältnisse; bei hellem Sonnenschein sind die Blüten weit offen; sie drehen sich nach dem Stande des Tagesgestirns. Bei trübem, regnerischem Wetter

Androsace helvetica.

Vom Verfasser im Botanischen Garten zu München für die „Gartenwelt“ photographisch aufgenommen.

sind die Blüten geschlossen und die Knospen hängend. Bei vielen von ihnen, so z. B. dem unten erwähnten und abgebildeten *H. pilosum* haben die Blüten nur eine recht kurze Lebensdauer; früh gegen 9 Uhr öffnen sie sich, um nachmittags gegen 3 Uhr schon abzufallen. Aber viel Knospen sitzen an dem rispigen Blütenstengel, die sich, sonniges Wetter vorausgesetzt, nach und nach an den folgenden Tagen öffnen.

Die bekannteste ist *H. vulgare*, Gaertn. *(syn. H. Chamaecistus*, L.), mit gelben Blumen, verbreitet von den sonnigen Heiden der Ebene bis zu 2250 m in den Alpen hinauf. Es existieren groß- und kleinblumige, gelbliche und auch weißliche oder kupferig rotblühende Varietäten.

H. polifolium, Pers. *(syn. H. apenninum*, Lam.), hat weiße, in der Mitte gelblich getupfte Blüten und dicht behaarte Blätter. Es hat viele Varietäten und diente mit einigen anderen vorzugsweise zur Erzeugung wertvoller Gartenhybriden.

Helianthemum vulgare (Chamaecistus), oben und H. apenninum, unten.
Vom Verfasser im Botanischen Garten zu München für die „Gartenwelt" photographisch aufgenommen.

H. pilosum, Benth., ist wohl das schönste Sonnenröschen. Die jungen, verkehrt eiförmigen Blätter sind beiderseitig filzig behaart, die älteren nur unterseits. „Die schönen, rosenroten, bis 3 cm im Durchmesser haltenden Blüten mit dottergelben Staubgefässen, stehen in reichblütigen (bei der *var. racemosum* 12 bis 15-blütigen) Wickeln. Die Heimat dieser Art sind die zentralen und östlichen Pyrenäen.

Obwohl alle *Helianthemum*-Arten lediglich Felsenpflanzen sind, so gedeihen sie doch sehr gut als Einfassungspflanzen in sandigem Boden, besonders kommen hierfür die gefülltblütigen Varietäten und die großblumigen Gartenhybriden in Betracht. Die Eigenart der echten Spezies dagegen kommt am besten auf der geneigten Felspartie zur Geltung, sie vertragen hier auch recht gut Kalkwasser und Kalkgestein, manchen von ihnen sagt dies sogar besonders zu. Sehr ratsam ist es, auf wüchsiges, junges Material zu halten und alle paar Jahre die älteren, weniger blühwilligen Pflanzen durch jüngere zu ersetzen, was um so leichter ist, als Stecklinge, in sandiger Erde und bis zur Bewurzelung etwas geschlossen gehalten, recht leicht wachsen.

Helianthemum pilosum.
Vom Verfasser im Botanischen Garten zu München für die „Gartenwelt" photographisch aufgenommen.

Senecio incanus, L., Abbildung Seite 495, ist eine in ihrer äußeren Gestalt auf den ersten Blick kaum alpinen Charakter vermuten lassende Pflanze, die der in den Zeiten der Teppich- und Blattpflanzenbeete so verbreiteten *Cineraria maritima* gar nicht so unähnlich sieht, schon der weiß-filzigen, fiederig ausgebuchteten Blätter wegen. Aber sie ist eine hoch beheimatete, westlich alpine Art, die nur in Höhen von 2000 bis 3400 m vorkommt. Hier ist sie jedoch keine Felsenpflanze, sondern als echter Humusbewohner in Mulden mit mooriger Erde verbreitet, in Gesellschaft von *Rhododendron, Vaccinium uliginosum, Azalea procumbens, Empetrum nigrum, Homogyne alpina, Gentiana excisa, Potentilla aurea, Salix herbacea, Silene acaulis* und, wie diese, absolut kalkfeindlich. Die Blüten sind zu orangeroten Köpfchen in gabeligen Blütenstutzen vereint; Blütezeit Hochsommer. Die Pflanze wächst nicht allzu schwierig und läßt sich durch Stecklinge, weit zweckmäßiger aber durch Samen vermehren. Als Standort wünscht sie ein sonniges Plätzchen.

Adenostyles alpina, L., diese kräftige, breitblättrige Staude, Abbildung Seite 495, gehört auf die nährstoffreiche, feuchte Alpenwiese, in lehmigen Boden; nur dort entwickelt sie sich zu voller Schönheit und wirkt in hohem Grade schmuckvoll. Ihre breiten, stumpf-herzförmigen und fein handförmigen, vertieft geaderten, blaugrünen Blätter von etwa 18 bis 20 cm Breitendurchmesser sind etwa 30 bis 40 cm lang gestielt und bedecken ringsum in ziemlicher Fläche den Boden, wenig oder gar nichts unter sich aufkommen lassend; darum ist die Pflanze isoliert zu stellen. Aus der Mitte des Stockes heraus treten dann die höheren, fast 1 ½ m hohen Stengel, welche ziemlich nahe der Spitze vielfach verzweigt sind, und die blaßrötlich-violetten Blütenköpfchen fast schopfig zusammengedrängt tragen. Die Blütezeit ist etwa Anfang bis Mitte Juli. Die Anzucht und Vermehrung erfolgt unschwer aus Samen.

Die Baummalve.

Es ist vollkommen gerechtfertigt, und jeder Freund des Schönen wird uns darin beipflichten, wenn man von Zeit zu Zeit auch der alten, nicht durch den Reiz der Neuheit unser Urteil beeinflussenden Zierpflanzen gedenkt, auf sie aufmerksam macht und die Wiederaufnahme ihrer Kultur befürwortet. Es geschieht dies zwar öfters und von vielen Seiten her, doch immer noch nicht in dem Maße, wie es wohl sein könnte, denn bei der Ueberfütterung mit dem

Adenostyles alpina.
Vom Verfasser im Botanischen Garten zu München für die „Gartenwelt" photographisch aufgenommen.

aus allen Weltteilen unseren Gärten neu zugeführten Material, ferner mit den durch künstliche Befruchtung und geeignete Auslese in der Heimat gewonnenen Neuheiten, die jedes Jahr einen beträchtlichen Raum in den Verzeichnissen der Handelsgärtnereien einnehmen, ist es gut, auch das wertvolle, in der Kultur sich bewährende Alte nicht gänzlich zu vergessen.

Zu diesen alten, jedoch gewiß guten, früher häufiger in den Gärten anzutreffenden, jetzt aber ganz verschollenen Gewächsen gehört auch die mit Recht so benannte Baummalve *(Lavatera arborea)*, die sowohl als Einzelpflanze für Rasenplätze, als auch für Gruppen von vortrefflicher Wirkung ist. Zur Heimat hat die Baummalve den Süden unseres Erdteils, Italien und Spanien, sie kommt jedoch auch auf den Kanarischen Inseln und in Nordafrika vor. Ihr unten ganz holziger, ziemlich starker Stamm erreicht eine Höhe von 2 bis 3, sogar bis zu 4 m, bei welcher Höhe sie wirklich einem ganz stattlichem Baume mit reichverzweigter Krone gleicht und ihrer Benennung vollkommen entspricht. Neben den in einem guten Erdreich, in günstiger Lage, eine ansehnliche Größe erreichenden, siebeneckigen, etwas filzigen Blättern erscheinen nur mittelgroße, purpurrote Blüten von der bekannten Form der gewöhnlichen einjährigen und ausdauernden Malven, der als hübsches Sommergewächs in vielen Gärten gezogenen *Lavatera trimestris* und anderer. Obschon die einzelnen Blüten nur von kurzer Dauer sind, erstreckt sich die Blütezeit doch durch den ganzen Sommer, vom Juni an bis in den Herbst hinein, da sich stets neue Knospen bilden und zur Entfaltung gelangen.

Durch eine zeitige Aussaat des bald keimenden Samens im warmen Mistbeete oder in kleine Töpfe, die man anfänglich im Warmhause hält, gelangt man in kurzer Zeit zu hübschen Pflanzen, die schnell heranwachsen, zuerst in kleine, dann nach Bedarf in größere Töpfe, in nicht zu leichte, recht nahrhafte Erde gesetzt und im ersten Jahre im Topfe gelassen werden. Nach erfolgter Ueberwinterung im Kalthause, bei ausgiebiger Lüftung und nur sehr mäßiger Befeuchtung, werden die bis dahin schon recht stark gewordenen Exemplare der Baummalve, sobald keine Nachtfröste mehr zu befürchten, also nach Mitte oder gegen Ende Mai, im Freien ausgepflanzt.

Die weitere Behandlung während der Sommerszeit ist eine sehr einfache und leicht auszuführende, da diese Pflanze außer ausgiebigem Begießen bei anhaltender Trockenheit und gelegentlichem Anbinden an eine nicht zu schwache Stütze sonst keine weitere Sorgfalt beansprucht, um in kurzer Zeit reichlich ihre großen, sie sehr zierenden Blätter und die, wenn auch nicht durch besondere Größe hervorragenden, immerhin jedoch ganz hübschen Blüten zu entwickeln. Noch üppiger wird das Wachstum, noch größer werden Blätter und auch Blüten und noch zahlreicher werden beide, wenn man diese Malve, selbstverständlich nur bei regnerischer Witterung, mit einer je nach Bedarf größeren oder geringeren Gabe eines flüssigen Düngers versieht.

Durch üppigen Wuchs, reichliches Hervorbringen großer, schön ausgestalteter Blätter und hübscher Blüten, die ganze schöne Jahreszeit hindurch, hat die Baummalve ihrem Zweck, zur Ausschmückung des Gartens einen guten Teil beizutragen, auf das beste entsprochen. Sie im Herbst wieder einzupflanzen und nochmals zu überwintern, lohnt sich nicht bei der Leichtigkeit, mit der man sich stets mit jungen Exemplaren versehen kann, und ist es deshalb vorzuziehen, sie auf ihrem Standorte zu belassen und schließlich dem Froste preiszugeben.

Als eine wirklich prächtige Blattpflanze, als Einzelpflanze von sehr schmuckvoller Wirkung, kann die auf den bei guter Pflege zu bedeutender Größe sich ausbildenden Blättern reichlich und sehr auffallend mit großen weißen Flecken gezierte, buntblättrige Varietät *L. arborea variegata* bezeichnet werden. Die Anzucht und weitere Pflege dieser Varietät ist ganz die gleiche wie bei der Stammart, aus der sie hervorgegangen. Dieser Varietät war schon im Jahrgang VIII, Seite 521 dieser Zeitschrift, ein Artikel gewidmet. Es wurde dort auf ihre große Widerstandsfähigkeit gegen Stürme an der Ostseeküste und ihre Unverwüstlichkeit überhaupt hingewiesen. P.

Senecio incanus.
Vom Verfasser im Botanischen Garten zu München für die „Gartenwelt" photographisch aufgenommen.

Solidago aspera.

Von M. Geyer, Obergärtner, Lieser an der Mosel.

(Hierzu eine Abbildung.)

Als anspruchslose, winterharte Dekorations- und Schnittpflanzen sind die *Solidago* oder Goldruten genügend bekannt und geschätzt. Wenigstens kann man das von *Solidago canadensis* behaupten. Anders jedoch ist es mit *S. aspera*, die, obwohl unstreitig die schönste Art, noch nicht genügend bekannt zu sein scheint. Gewöhnlich findet man nämlich nur *Solidago canadensis* angepflanzt, obwohl *Solidago aspera* in ihrer Wirkung, sowohl als Schnittblume, wie auch als Dekorationsstaude, bei weitem schöner ist. *Solidago aspera* ist vollständig winterhart und gedeiht wie alle Solidagoarten auch noch auf minder gutem, trockenem Boden. In nahrhaftem, gleichmäßig feuchtem Erdreich wird sie selbstverständlich in allen Teilen vollkommener. Sie bildet einen bis 2 m hohen Busch. Auf jedem Stengel bildet sich ein mächtiger, aber äußerst eleganter Blütenschopf, der reich verzweigt und mit einer Unmenge kleiner, goldgelber Blütenrispen beladen ist. Die Blütenstände erreichen bis 75 cm Länge bei gleicher Breite und neigen sich auf den dünnen, schlanken Stengeln nach außen, ein elegantes, dekoratives Aussehen bietend. In Größe und Zierlichkeit der Blütenbüsche kommt keine andere Solidagoart dieser gleich. Ich möchte sie als die schönste, gelbe Dekorationsstaude bezeichnen, deren Blumenbüsche trotz ihrer riesigen Größe eine solche Feinheit haben, wie sie kaum eine andere mir bekannte Staude besitzt. Auch zum Schnitt ist sie gut, denn mit einigen abgeschnittenen Stengeln hat man bald die größte Vase gefüllt. Die Blütezeit, welche ziemlich lange dauert, fällt in die Monate August bis September. Die Vermehrung geschieht am besten durch Teilung. Wie alle derartigen Stauden, sollte sie nicht länger als 3 bis 4 Jahre auf derselben Stelle bleiben; alsdann teilt man sie und gibt den Teilstücken andere Standorte. Läßt man sie länger stehen, dann verlieren sie immer mehr an Ueppigkeit und Schönheit. In jeder größeren Staudenanpflanzung sollte *Solidago aspera* vertreten sein.

Solidago aspera.
Im Schloßgarten zu Lieser a. d. Mosel für die „Gartenwelt" photographisch aufgenommen.

Rosen.

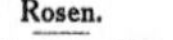

Der Schnitt der Rosen.

Bald nachdem man im Frühjahre die Rosen von der Winterdecke befreit hat, schneidet man dieselben. Sehr umfangreiche, starke Kronen kann man zur leichteren Ueberwinterung auch im Herbst schon etwas lichten und kürzen. Eine einheitliche Regel über das Schneiden der Rosen läßt sich nicht aufstellen.

Im allgemeinen dürfte folgendes gelten: Man lichte jede Krone zunächst aus, d. h. nehme zu dicht stehende und nach innen wachsende Triebe ganz fort, entferne abgestorbenes und beschädigtes, sowie dünnes, schwaches Holz, welches doch keine Blütentriebe liefert und schneide starkwachsende Rosen, gleichviel ob Hochstamm- oder Buschrosen und ob Remontant-, Tee-, Teehybrid- oder Noisetterosen, lang, auf 6 bis 8 Augen, schwachwachsende dagegen kurz, auf 3 bis 4 Augen. Starkwachsende Sorten blühen am reichlichsten, wenn man die Spitze der starken, einjährigen Triebe nur ein wenig einkürzt und das schwache und unreife Holz aus der Krone entfernt.

Um in diesem Falle das Austreiben sämtlicher Augen des wenig eingekürzten Triebes zu erreichen und damit einen reichen Blütenflor zu erzielen, tut man gut, die Triebe bei hochstämmigen Rosen bogenförmig mittels Bastfäden nach unten zu binden, oder, wenn als Buschrose verwendet, die langgeschnittenen Triebe in gefügiger Form niederzuhaken oder niederzubinden. Nach Verlauf der ersten Blüte schneidet man die einzelnen Triebe, die uns die Blüten geliefert haben, bis auf ein kräftig ausgebildetes, nach auswärts stehendes Auge zurück, um so einen reichen zweiten Flor und gute, kräftige Triebe für das nächste Jahr zu erhalten.

Man achte beim Schnitt der Rosen auch weiterhin darauf, daß die Krone eine gefällige Form erhält und schneide die einzelnen Triebe so zurück, daß das letzte Auge des zurückgeschnittenen Triebes möglichst nach außen gerichtet ist. Dieser letzte Punkt ist deshalb zu beachten, um einen gewissermaßen gleichmäßigen Ausbau der Krone zu erreichen und möglichst zu verhindern, daß die sich bildenden Triebe nach innen wachsen und sich gegenseitig Licht und Luft wegnehmen. Rosen, die im Laufe der Zeit unschön und lückenhaft in der Krone geworden sind und sich mehr oder weniger erschöpft haben, bedürfen einer gründlichen Verjüngung, indem man dieselben tief, bis ins alte Holz zurückschneidet. Bei den Kletterrosen beschränke man sich beim Schnitt auf das Entfernen des dürren, schadhaften und zu dicht stehenden Holzes und schneide, soweit dieses erforderlich, die einzelnen Triebe bald kürzer, bald länger zurück.

S.

Orchideen.

Cypripedium Elliottianum, O. Brien. Die Sippe der Cypripedien ist außerordentlich reichhaltig, es ist deshalb ein Vergnügen für den Blumenfreund, die Abwechslung zu beobachten, welche in dieser Gattung herrscht. Wenn auch das Grundprinzip des Baues der Blüte keinen großen Schwankungen unterworfen ist, so sind doch die Variationen in der Gestaltung der Kelch- und Blumenblätter ungemein vielseitig, besonders was die Zeichnung und Färbung betrifft. Eine auffallende Erscheinung ist *Cypripedium Elliottianum*, das auf den Philippinen heimisch ist und demgemäß zu den in der warmen Abteilung zu kultivierenden Arten gehört. Die Blätter sind dunkelgrün, kräftig und bis zu 30 cm lang, bei 5 cm Breite; aus ihnen erhebt sich der bei der abgebildeten Pflanze 35 cm hohe

Blütenschaft, der eine dunkelrote Farbe zeigt und mit großen Deckblättern versehen ist. Die Kelchblätter sind spitz-eiförmig, elfenbeinweiß mit dunkelroten Längsstreifen, die seitlichen Blumenblätter schmal, hängend, etwa 10 cm lang, gewimpert, weiß, im Grunde karmin gefleckt, nach der Spitze karmin gestreift, die Lippe lang, pantoffelförmig, elfenbeinweiß, schmutzig rosa geadert und getuscht. Unsere Pflanze zeigt zwei Blütenstiele, der höhere hat drei, der niedere zwei Blumen; dieselben halten sich längere Zeit.

Beim Niederschreiben dieser Zeilen war ich nach dem Studium der einschlägigen Literatur im Zweifel, ob die Art nicht etwa als *C. Rothschildianum*, das auf Neu-Guinea heimisch ist, anzusprechen sei; ich glaube aber doch, daß der Name *C. Elliottianum* für die abgebildete Pflanze der richtige ist, wenn auch für die erstere Art Januar bis März als Blütezeit angegeben wird. C. Krauß.

Ausstellungsberichte.

Ausstellungsbetrachtungen.

Von Emil Chasté.

Die Gartenbauausstellungen der letzten Jahre sind zu Dauerausstellungen durch ihre zeitliche und räumliche Ausdehnung geworden, auch haben sie sich durch die angewandte Kunst in ihrem Aussehen gegen früher sehr verändert.

Während einst der Wettbewerb auf dem Gebiete der Pflanzenkultur, also die Schönheit der Einzelpflanze, Triumphe feierte, bildet heute eine gewisse Anhäufung von Pflanzen in ihrer Gesamtwirkung nur das Mittel zum Zweck, die Blumen sind Dekorationsmaterial, die Kulissen zur Szenerie geworden, je mehr die Baukunst, Architektur und Malerei sich durch mehr oder weniger berufene Künstler bei Gartenbauausstellungen betätigte.

Die Pflanzenausstellungen sind Gartenbaukunstausstellungen geworden; für die ausübende Gartenkunst ist das zu begrüßen! —

Die große internationale Ausstellung 1887 zu Hamburg stand noch unter dem Einflusse der Pflanzenkultur, Düsseldorf 1902, als Gewerbe- und Kunstgewerbeausstellung, zeigte bereits Andeutungen auf bevorstehenden Wandel, die große Kunst- und Gartenbauausstellung Düsseldorf 1904 beschleunigte die Umwälzung der Ideen.

Es folgten Darmstadt und Mannheim.

Die erstgenannte Stadt hat mit ihren Ausstellungen, gefördert durch den Kunstsinn und die Opferfreudigkeit des Großherzogs Ernst Ludwig von Hessen, inzwischen den verschiedenen Künsten, auch der Gartenkunst, Gelegenheit gegeben, sich mit neuen Richtungen, mit neuen Zielen zu äußern, und wir Gärtner müssen nolens volens anerkennen, daß Darmstadt, welches mit den Anfängen seiner Künstlerkolonie, mit der dem Auge absonderlich erscheinenden Ausführung der Bauten, die Kritik aller Schöngeister herausforderte, mit der Gartenbauausstellung zum Nachdenken Veranlassung gegeben, mit seiner diesjährigen Landesausstellung aber den Beweis erbringt, daß dort echte und rechte Kunst inzwischen zu hoher Blüte gelangt und zu wohltuendem Ebenmaße sich geläutert und emporgerungen hat!

Der Leser wird in diesen Zeilen fragend suchen, von welcher Kunst ich zu erzählen willens bin, ob denn nicht in einem Fachblatte nur von der Gartenkunst gesprochen werden soll! Nein, wir sind heute im Zeitalter des Autos und des Luftschiffes darauf angewiesen, nicht allein das eine Steckenpferd zu reiten, denn die Amateure sind auf allen Gebieten rührig, und was der eine oder der andere aus persönlicher Neigung oder als Sport betreibt, kann plötzlich die Absicht beruflicher Ausübung in ihm zeitigen.

Und darauf hat ein jeder Mensch ein Anrecht, auch der Kunstgewerbler darf sich auf dem Gebiete der Gartenkunst betätigen, er kann aus Neigung dieselbe beruflich ausüben, er kann Gartenkünstler werden, wenn er sich das „Können" durch die Praxis, wie der Bildhauer, der Maler, erworben hat. Doch dazu werden sich wohl selten Künstler verstehen, denn sie würden mit der Verwirklichung ihres Ideenganges immer wieder an ihrer Unkenntnis der Lebensbedingungen der Pflanzen scheitern!

Cypripedium Elliottianum.

Im Palmengarten zu Frankfurt a. M. für die „Gartenwelt" photographisch aufgenommen.

Aber die Künste vermögen Hand in Hand zu gehen, auch in diesem Falle, wenn die Kunstgewerbler, mögen sie Architekten, Maler oder Titulatur-Professoren sein, wenn sie die künstlerische Begabung des beruflich bewährten Gartenfachmannes anerkennen, nicht mehr die Neigung zeigen, denselben ohne weiteres „abzusägen", sobald er genügend aus der Schule seiner Kunst geplaudert.

Noch immer hat sich dieses „Kaltstellen" des beruflichen Fachmannes bitter gerächt, am meisten auf einer verflossenen Ausstellung.

Da vermochte man wohl zu „ahnen", was der Künstler Vornehmes, Edles und Schönes gewollt, wie aber seine ganze angewandte Kunst versagte, als die Blumen in den Gärten, als die umgrünten Mauern, die im Geiste wie im Märchen aus 1000 und eine Nacht erdachten Farbenwunder ausblieben.

Doch zurück zur Darmstädter Ausstellung. Die Elektrische bringt uns bis kurz vor die Mathildenhöhe der Künstlerkolonie. Hübsche Landhäuser begleiten uns zum Vorplatze, von weitem grüßen die Goldkuppeln der russisch-griechischen Kapelle, davor ein ruhig, ohne Blumenschmuck gehaltenes Rasenparterre mit Kugelbuxus, seitlich ein prächtiger Hain von Blutbuchen.

Gegenüber, unauffällig, das in edlen Formen gehaltene Eingangsportal. Ein schattenspendender Platanenhain dient dem Wirtschaftsbetriebe, und vor uns erhebt sich, gestützt durch hohe Terrassenmauern, das hohe Gebäude mit dem „Hochzeitsturm". Ersteres beherbergte zurzeit die ausgestellten Gemälde, sämtlich Werke von nur in Hessen beheimateten Malern, der Turm ist ein weit über die Lande sichtbares Zeichen der Liebe und Anhänglichkeit des Hessenvolkes zu seinem Landesfürsten, ein von der Stadt Darmstadt zu dessen Wiedervermählung gestiftetes Denkmal.

Vornehme Einfachheit zeichnet alle Bauten der Ausstellung aus. — Prof. Olbrich zeigt sich hier als vornehmer Baukünstler.

Dem Gartenfachmanne imponieren besonders Olbrichs Terrassen mit ihren kühnen, steilen Rasenböschungen. Diese Anlagen sind durch den städtischen Garteninspektor Stapel tadellos ausgeführt. Der dekorative Pflanzenschmuck der einzelnen Hallen, durch Oberhofgarteninspektor Dittmann ausgeführt, paßt sich diesen in vornehmer Weise an.

Vor dem Gebäude für angewandte Kunst ziehen sich vorgartenartig niedrige Mauern entlang, eine Anlage von Henkel, Darmstadt, sehr zierend in der einfachen Auffassung ihrer Bepflanzung mit rosa Monatsrosen und gleichfarbigen Efeugeranien.

Wo sich auch Henkel bisher auf Ausstellungen betätigte, mußte die Eigenartigkeit seiner gartenkünstlerischen Leistungen anerkannt werden, so auch auf dieser Ausstellung, wenngleich seine früheren Arbeiten räumlich ausgedehnter waren. Seine Farbengärten der früheren Ausstellung am Platze, nicht minder die vorjährige Anlage in Mannheim, werden noch in vieler Erinnerung sein.

Durch den oben angeführten Vorgarten betreten wir das Gebäude für angewandte Kunst; doch bleiben wir bei dem gärtnerisch Interessanten, denn die Pracht der Innenräume und deren kunstgewerblichen Inhalt zu beschreiben, würde an dieser Stelle zu weit führen.

Eine keramische Vorhalle, deren Plastik in gelber Tönung gehalten, umschließt einen Gartenhof, bepflanzt mit roten und weißen Geranien. Die Kunstvasen zwischen den Säulen sind mit rotlaubigem japanischem Ahorn bestellt. Das Ganze, ebenfalls von Henkel mit Blumen ausgestattet, ergibt eine angenehm wirkende Stimmung.

Außerhalb dieser Halle befindet sich, seitwärts an eine Mauer angelehnt, eine Aufstellung von Grabstätten mit Gedenksteinen, doch hatten wir das Empfinden, als ob hier kaum etwas Besonderes auf dem Gebiete der Friedhofskunst geleistet ist; das so notwendige Zusammenarbeiten zwischen Künstler und Gärtner wird vollständig vermißt. Auch Bildhauer sollten erkennen, daß der dekorative Pflanzenschmuck der Gräber ein nicht zu unterschätzendes, würdiges Ausdrucksmittel ihrer Kunst ist!

Einige Landhäuser und sechs Arbeiterwohnhäuser, eingerahmt von einfachen, lieblichen Haus- und Nutzgärten, bilden eine Sehenswürdigkeit der Ausstellung. Die Bestrebungen auf diesem Gebiete sind so eng verknüpft mit unserem gartenkünstlerischen Wollen, daß wir auch an dieser Stelle anerkennen, was Darmstadt in echter Kunst hier angestrebt und geleistet. Die Einrichtungen dieser Wohnungen sind so echt, so gediegen, so frei von aller Talmikunst und Nachahmung des Luxus auf diesem Gebiete, so echt auch die Gärtchen und die Innenräume. Alles atmet Liebe und Treue zum eignen Heim, hier möchte man leben und glücklich sein! —

Stuttgart, die Perle des Schwabenlandes, auch es hat seine Ausstellung. Warm und mollig im Tal geborgen, ist diese Stadt, begünstigt durch ein südliches Klima, ein Dorado für reichen Blumenschmuck. Die Ausstellung, Bauausstellung genannt, befindet sich auf einem Nachbargelände des bekannten Stadtgartens und schließt diesen in sich ein.

Unter der bewährten Leitung des Garteninspektors Ehmann stehend, ist der Stadtgarten zu Stuttgart ein Blumenteppich geworden, der beinahe ein Zuviel des Schönen auf beschränktem Raume bietet. Aber die Blumenfülle ist in Stuttgart ein ästhetisches Bedürfnis, wo ein Wilhelm Pfitzer und andere alljährlich Neues und Schönes züchten, eine Kolonie von Gartenkünstlern den steilen Felsabhängen liebliche Bijougärtchen abringt und Hofgarteninspektor Ehmann sen. durch seine vielen Blumenbeete an den französischen Gartenstil längst vergangener Zeiten erinnert.

Die dortige Bauausstellung war, wie alle ihre Schwestern, bei der Eröffnung noch nicht fertig, es roch noch zu sehr nach Maler und Schreiner, aber die Gärtchen, welche zum Teil die Gebäude umgaben und an welchen bekannte Gartenkünstler, wie Karl Lutz, Grotz und, wenn ich nicht irre, auch Lilienfein ihre Kunst in so emsigem Fleiße ausübten, versprechen sehr nett zu werden. — —

München! — Wer diesen Sommer auf Kunstreisen geht, versäume nicht auch die Hauptstadt Bayerns seinem Rundreisehefte einzuverleiben, denn auch diese bietet mit ihrer kunstgewerblichen Ausstellung dem Gartenkünstler viel Schönes. Droben auf der Höhe, hinter dem die Theresienwiese beherrschenden Bavariamonument, ist diese Ausstellung geschaffen worden. In kurzer Zeit, zum großen Teil erst in diesem Frühjahre, wurde hier eine erhebliche Arbeit geleistet.

Der städtische Gartendirektor Oekonomierat Heiler ist uns als emsig schaffender Gartenkünstler eine längst bekannte und markante Erscheinung; was hat er im Laufe der Jahre aus Münchens Anlagen gemacht, was hat er allein auf dem Gebiete des Verpflanzens alter Bäume geleistet! — Was ist in kurzer Frist aus dem wilden Gehölz hinter dem Bavariamonument geworden, wie unauffällig lehnt sich dieses Gelände an die Ausstellung an und fügt sich den Bauten des künstlerischen Oberleiters der Ausstellung, des Architekten von Seidl ein, der auch als Gartenästhetiker bekannt. Heilers Meisterstück besteht zunächst in der Anlage vor dem Hauptrestaurant mit seinen Terrassen, vor welchem eine Allee von alten, starken *Acer Schwedleri* sich ausbreitet, je 8 stattliche Exemplare auf jeder Seite mit einem Stammumfange von etwa 50 bis 60 cm. Und diese Bäume sollen erst in diesem Frühjahre mit Ballen hierher verpflanzt worden sein! Frei stehen sie da, ohne Verankerung durch Drähte, als wären sie seit vielen Jahren hier bodenständig!

Eine Terrassenanlage unterbricht die Mitte dieser Allee, und genießen die auf derselben Sitzenden einen schönen Ausblick auf die Wasserkünste der Springbrunnen. Sehr gut ist die Idee von Seidl's, das ganze Bild mit dem Bassin im Hintergrunde durch ein feines, grün gestrichenes Gitter abzuschließen und demselben dadurch eine räumliche Begrenzung, einen Rahmen zu geben. Nur erscheint mir gerade deshalb der das Bassin umgebende figürliche Schmuck, bestehend aus in hellem Sandstein ausgeführten Kentauren oder wie diese auf Büffeln reitenden vorsintflutlichen Ungeheuer und Götter heißen mögen, zu gewaltig und riesig. Vielleicht wird die Patina der Zeit diese Auffassung mildern.

Flott angelegt, wirkt auch ein sich abstufender Laubengang in hell gehaltener Holzausführung; leider stört dort sehr das bizarre der dazwischen aufgestellten Figuren in majolikaartiger Glasurausführung, die um diese Jahreszeit unpassend, weil zu sehr an den Münchener Karneval erinnernd. —

Heilers Anlagen fügen sich natürlich der Ausstellungsbaukunst ein, und wenn man das begriffen, dann muß man sich sagen, so ist es recht, es konnte gar nicht anders sein!

August Buchner sen. hat vor dem Künstlertheater die Architektur desselben sehr durch riesige, seiner Baumschule vom Bodensee entnommene *Cupressus Lawsoniana* gehoben und dieser Kunststätte dadurch Stimmung gegeben. Buchner jun., ferner Möhl & Schnitzlein schufen hübsche Vorgärten zu einzelnen Baulichkeiten. —

Nun steht uns noch die Gartenbaukunstausstellung zu Duisburg bevor, welche unter der künstlerischen Leitung von Prof. Peter Behrens und der gartentechnischen des Gartoningenieurs Wagler steht. —

Die Frühjahrsausstellung der „Société Nationale d'Horticulture de France“ in Paris.

Von **Otto Hollmann**, Paris-Vitry.

(Hierzu vier Abbildungen).

Auch im verflossenen Frühjahre wurde in der alten, schönen Seinestadt in den großen Gewächshäusern am Cours-la-Reine vom 22. bis 29. Mai von der „Société Nationale d'Horticulture de France“ eine Gartenbauausstellung veranstaltet, und es ist wohl mit Recht zu bewundern, wie es die französischen Handelsgärtner und Baumschulenbesitzer verstehen, den Pflanzenfreunden ihre Erzeugnisse in geschmackvoller Weise vor Augen zu führen.

Die Ausstellung wurde vom Präsidenten Fallières unter Führung des Professors Vacherot, dem Leiter der Pariser Anlagen und Ausstellungen, eröffnet. Sie bot während ihrer Dauer allen Besuchern ein herrliches Bild, denn es hatten sich alle Aussteller die denkbar größte Mühe gegeben, um zur Vollendung dieses schönen Werkes beizutragen. Am Eingange hatten zu beiden Seiten die Firmen Croux et fils, Chatenay, und Namblot, Bruneau-Bourg-la-Reine, sehr exakt gezogene Formobstbäume ausgestellt, wie sie für den Liebhaberobstbau nicht besser gezogen werden können. Beim Eintritt in die großen Gewächshäuser erblickt man zuerst in einer großen Rundung die vom Rosenzüchter Lévêque, Ivry, ausgestellten Rosen, die nach Farben angeordnet waren. Außer der Firma Lévêque hatte die Firma H. Defresne, Vitry sur Seine, ein recht reichhaltiges Rosensortiment ausgestellt, welchem von den Besuchern viel Beachtung geschenkt wurde.

Den Glanzpunkt der ganzen Ausstellung bildeten die außer Wettbewerb ausgestellten Gruppen der Firma Vilmorin, Andrieux & Co., Paris. Diese Firma hatte, wie die Abbildung Seite 500 zeigt, eine landschaftliche Anlage mit getriebenem Sommerflor geschaffen; alles nur denkbare von Sommerblumen war vertreten. Im Hintergrunde der Abbildung sehen wir links und rechts zwei schöne, große Vasen mit *Eremurus Elwesii* aufgestellt. Die Baumschulen von Croux & Söhne, Chatenay-Paris und Moser, Versailles, hatten recht reichhaltige Sortimente von *Rhododendron* und *Azalea pontica* ausgestellt. Hervorragend ist das wunderbare *Rhododendron Robert Croux*, dunkelrot. Die ausgestellten *Rhododendron* ließen sämtlich vorzügliche Kultur erkennen. Ein Amateur, R. Lebaudy, Bougival, hatte im Mittelpunkte des Ausstellungsgeländes eine Gruppe *Begonia Gloire de Lorraine* (Abbildung Seite 500) von ganz außerordentlicher Schönheit und Größe ausgestellt, ferner ein schönes Sortiment bunter *Caladium* und eine Gruppe Hortensien (blau- und rosablühend) mit sehr großen Blumen.

Das sehr geschmackvoll angelegte Bassin war von der Firma Lagrange, Oullins (Rhône), mit verschiedenen Arten von *Nymphaea* bepflanzt (Abb. Seite 502). Ein großartiges *Nepenthes*-Sortiment zeigte die Firma J. Chantrier frères, Mortefontaine (Abb. Seite 502), auf welches sich die Aufmerksamkeit aller lenkte. Mit japanischen Zwergpflanzen war Fonteneau, Paris, vertreten.

Die Abteilung „Orchideen“ war zwar nicht sehr umfangreich, aber trotzdem ziemlich gut beschickt. So hatten die Firmen G. Lesueur, Saint-Cloud (Seine) und Maron, Brunoy, recht schöne Sortimente gebracht. Sehr beachtenswert war auch die Lathyrusabteilung. Ein englisches Geschäft zeigte in derselben ein prachtvolles Sortiment. Hervorragend schöne Sorten waren: *Frank Dolby, Henry Eckford, La Duchesse, La Reine, Le Marquis, Lord Nelson* und *St. Georges*.

Unter den Pflanzenneuheiten ragte eine Kreuzung zwischen *Rhododendron* × *Azalea* der Firma Croux & Söhne hervor, deren Belaubung sich kaum von jener der *Azalea pontica* unterscheidet, während die hellgelbe Blüte Rhododendroncharakter trägt. Seine vielgenannte *Lyonrose* führte G. Lévêque, Ivry-Paris, vor. Diese lachsfarbige Züchtung ist sehr hübsch in der Knospe, erblüht aber flatterig. Unter den neuen Pelargonien zeichneten sich aus: *Mme Chamin* von E. Poirier, Versailles; *Ville de Garches* von P. Féron, Garches; *Bagada* von A. Charment, Monplaisir-Lyon; *Pelargonium grandiflorum Mme Fallières* von Barillet fils, Tours. Hervorragend schön waren auch die neuen Petunien *Veillet rose* von Bruant, Poitier, und die neue *Clematis Mme Houry* der Firma Houry, Orleans.

Die Abteilung „Obstbau“ war mit getriebenen Pfirsichen und zurückgehaltenem Wein, hauptsächlich von der Firma A. Cordonnier, Bailleul, recht gut beschickt. Von den Pfirsichen sind zu nennen: *Amsden, Pêche française, Pricoce de Hol, Early Rivers* und die neue Sorte *Cardinal* mit gefleckter Fruchtschale. Außer diesen waren von anderen kleinen Firmen noch getriebene Kirschen, Reineclauden u. a. ausgestellt.

Seltene Schaustücke bildeten zwei große Champignonanlagen, die man in einer dunklen Halle angelegt hatte. Die Beete lieferten während der Ausstellungstage sehr gute Erträge, welche von den Besuchern gern gekauft wurden. Wie auf der Genter Ausstellung, so hatte auch hier die Firma Lacharme, Paris, die Abteilung Bindekunst mit einer sehr schönen Tafeldekoration von Orchideen und rosa Hortensien bedacht. Außerdem waren noch verschiedene Arrangements von Orchideen und Blüten der wundervollen Schlingrose *Dorothy Perkins* von genanntem Geschäfte ausgestellt.

Zeit- und Streitfragen.

Zum Dortmunder Wettbewerb.*)

Von Fr. Pätz, Düsseldorf.

Dieser Artikel war ursprünglich als Gegenschrift zu den von Engelhardtschen Gedanken für die „Gartenkunst“ bestimmt, wurde aber trotz wiederholter Bemühungen meinerseits mit der Begründung, daß man der Dortmunder Sache, weil nur von lokalem Interesse, nicht soviel Raum opfern könne, von der Schriftleitung jenes Blattes abgewiesen. Wenn nun diese Begründung schon an sich ihr Bedenkliches hat, so ist der Fall doch auch noch nach einer anderen Seite hin interessant und beachtenswert. Oberflächlich betrachtet, hat die Schriftleitung Grund und Recht dazu, sich bei Abweisung solcher Arbeiten auf etwaigen Raummangel zu berufen. Es gibt aber noch eine andere Seite der Sache und das ist die: Falls die Schriftleitung die Verantwortung auf sich nimmt, eine einseitige Behandlung einer Streitfrage in ihrem Blatte zu veröffentlichen, so erwächst ihr daraus auch die Verpflichtung, den unabwendbaren Folgerungen gerecht zu werden. Scheinbar hat man nun auch diesem genügt. Ordnungsmäßig lagen noch vor dem 14. Juni der Schädlich'sche und auch mein Artikel der Schriftleitung vor. Für jedes vornehme Blatt wäre es selbstverständlich gewesen,

*) Anmerkung der Redaktion. Wir haben dem Wunsche des Verfassers, den nachstehenden Ausführungen Raum zu geben, gern entsprochen, wie die „Gartenwelt“ überhaupt ohne Rücksicht auf sogenannten Raummangel sachlicher Kritik jederzeit ihre Spalten öffnet.

Blick in eine Halle der Pariser Frühjahrsausstellung. Im Mittelgrunde Begonia Gloire de Lorraine von R. Lebaudy. Originalaufnahme für die „Gartenwelt“.

den rein sachlich gehaltenen Artikel dem mehr persönlichen vorzuziehen, mindestens aber, sollten sie beide gebracht werden, dem letzteren die persönlichen Spitzen zu nehmen. Ueberraschender Weise tat man aber gerade das Gegenteil. Und das ist tief zu beklagen! Einmal der arg gefährdeten vornehmen Tendenz wegen, die für ein Blatt für Gartenkunst Selbstverständlichkeit sein sollte, zweitens im Interesse der beiden Parteien, dann vor allem aber der Sache selbst wegen. Der Schädlich'sche Artikel erschien. Und wie er erschien, machte er es möglich, ihn in der Weise — wenn auch jetzt mit einem gewissen Recht — abzufertigen, wie es in No. 6, Jahrgang X, der „Gartenkunst“ geschah. So konnte das selbst wirklich Gute seiner Entgegnung, wenn auch in minder glücklicher Form vorgetragen, mit allem anderm zusammen in einen Topf geworfen und gemeinhin als zahlreiche Unterschiebungen gebrandmarkt werden. Und was erreichte man für die Sache? Hat man jetzt Klarheit über die Lösung ähnlicher Platzfragen, wie der Nordmarkt zu Dortmund sie ergab? Hat man wirklich gelernt an dieser Arbeit? Täten wir nicht besser daran, solchen Fragen bis zur letztmöglichen Folgerung auf den Grund zu gehen, als sie unbedenklich den Reibereien zweier Personen zu opfern? Bedeuten diese Fragen denn tatsächlich so erbärmlich wenig für uns? Ja, gelernt haben wir an dieser Sache wenigstens etwas, aber man erspare mir auszusprechen, was!

In No. 4, Jg. X, der „Gartenkunst“ veröffentlichte von Engelhardt seine Gedanken über den Dortmunder Wettbewerb*) und kommt an der Hand dreier Konkurrenzprojekte zu dem lehrreichen Resultat, daß es bei der Lösung einer solchen Aufgabe stets oberstes Gesetz sei, sich zunächst über den Zweck der Anlage klar zu werden und aus diesem Resultat, als dem wesentlichsten Inhalt der Sache,

*) Siehe die preisgekrönten Projekte in „Gartenwelt“ No. 8 dieses Jahrganges.

Gesamtansicht der landschaftlichen Anlage mit getriebenem Sommerflor von Vilmorin, Andrieux & Co. auf der Frühjahrsausstellung in Paris. Originalaufnahme für die „Gartenwelt“.

ihre Form zu entwickeln. An sich ist dies ja nun nichts Neues mehr; es ist ein altes Entwickelungsgesetz, was gerade von den Modernen jüngst allerorts gepredigt wurde. Wir haben aber allen Grund für solche, selbst schon alte Lehren, wenn sie uns an kaum verklungenen Ereignissen wieder klar zum Bewußtsein gebracht werden, rückhaltslos unsere Dankbarkeit zu bezeugen. Und bis dahin, wo seine Ausführungen sich auf diese alte Lehre beziehen, können wir sie bedingungslos unterschreiben. Denn für die Entwickelung dieser Lehre selbst ist es an sich gleichgültig, ob der als Ausgangspunkt festgelegte Begriff vom Zweck der Sache den tatsächlichen Verhältnissen entspricht. Nötig ist nur, wie von Engelhardt dies auch tut, daß dieser Zweck begrifflich klar und unzweideutig ausgesprochen ist. Soll aber mit diesem festgelegten Begriff vom Zweck der Sache an den mehr oder weniger auf der Basis der tatsächlichen Verhältnisse aufgebauten Konkurrenzarbeiten eine Kritik geübt werden, so ist erste Bedingung, daß auch dieser Begriff vom Zweck als logische Konsequenz aus den tatsächlichen Verhältnissen sich ergab. Engelhardt sagt: „großzügige Aufteilung“, „zweckmäßige Eingliederung größerer Spielplätze“, „Isolierung schmückender Anlagenteile“, „zweckentsprechende Einfachheit“ sind die für die Gestaltung des Platzes ausschlaggebenden Faktoren. Großzügige Aufteilung und zweckentsprechende Einfachheit können wir als selbstverständliche Voraussetzungen für jede öffentliche Anlage und damit für diesen Fall weniger bedeutungsvoll von vornherein zurücksetzen; sie geben der Anlage durch sich selbst noch kein eigentlich typisches Gesicht, als höchstens, wenn man will, etwas wie Oeffentlichkeit. Als Programm bleibt dann: Eingliederung größerer Spielplätze und Isolierung schmückender Anlagenteile, von dem ihm nach dem ganzen Inhalt seiner weiteren Ausführungen die Spielplätze offenbar die Hauptsache sind. Diese also sind das wesentliche, das typische der Anlage, also an erster Stelle für sie formgebend. So behauptet von Engelhardt, aus seinem Empfinden heraus, doch ohne zu beweisen. Er sagt freilich: „für die umwohnende Jugend aus ärmeren Bevölkerungsklassen“. Damit ist schließlich wohl das Vorhandensein dieser konstatiert, aber noch lange nicht bewiesen, daß diese Jugend auch jene Spielplätze nötig hat.

Untersuchen wir die Sache einmal näher. Der Nordmarkt liegt in einem stark bevölkerten Stadtteile Dortmunds, der fast ausschließlich Wohnzwecken dient. Dieser Umstand setzt schon von vornherein eine sehr zahlreiche Kinderschar als dort vorhanden voraus, mit der gerechnet werden muß. Aber wohl nur etwa $^1/_3$ bis $^2/_3$ dieser gesamten Kinderschar, nämlich die Kleinen und Allerkleinsten, kommen als Spielende für den Nordmarkt in Betracht. Die Uebrigen, die reifere Jugend, wird sich nie oder nur ganz selten auf solchen Plätzen aufhalten. Sie ziehen in kleineren Gruppen oder scharenweise vor die Tore der Stadt, zu den Sportplätzen, auf die Wiesen und Felder, in den Wald hinein. Ihnen bleibt auf einem engeren Spielplatze, wie ihn doch der Nordmarkt nur geben könnte, längst nicht mehr genügend Spielraum für ihren Experimentiertrieb, es ist ihnen z. B. eine verwahrloste Baustelle oder ein eingefallener Schuppen usw. für ihre Jungenstreiche zehnmal lieber als solcher Spielplatz. Diese Tatsache brauche ich nicht zu beweisen; jeder, der wirklich Junge war, wird mir dies bestätigen. Für die Kleinen aber ist doch durch die den Platz umschließende dreireihige Allee genug gesorgt. Wenn ich annehme, daß auf 100 qm etwa 10 solcher Kinder spielen können, so sind das bei etwa 7500 qm Allee schon 750 Kinder. Es scheint mir das doch zur ganzen Platzgröße ein angemessenes Verhältnis. Es ließe sich ja hier einwenden, daß eine Benutzung der Allee zu Kinderspielzwecken verkehrshinderlich sein könne; ich bitte aber, demgegenüber zu bedenken, daß die Hauptspielzeiten der Kinder mit den Hauptverkehrszeiten nicht zusammenfallen, diese sich vielmehr gegenseitig ablösen. Und wenn hierdurch erreicht würde, daß die breite Allee ständig mehr oder weniger durch Menschen belebt ist, so ist das sicher doch auch ein ästhetisches Moment, das wohl der Beachtung wert ist; eine breite Allee ohne Menschen hat im allgemeinen ihren Zweck verfehlt.

Auf Grund dieser Untersuchungen kommen wir zu dem Resultat, daß die Eingliederung größerer Spielplätze für den Nordmarkt in Dortmund durch die örtlichen Verhältnisse nicht diktiert wird. Bestätigt wird die Richtigkeit dieses Resultats durch das Programm des Wettbewerbes selbst, welches mit keinem Wort einen Spielplatz erwähnt, dann aber auch durch die prämiierten Entwürfe, von denen keiner, obwohl von den verschiedensten Auffassungen, einen Spielplatz enthält. Es scheinen demnach auch wohl die Dortmunder ihre Verhältnisse ganz gut zu kennen.

Wenn man nun selbst annähme, daß durch dieses Tatsachenmaterial schließlich nur bewiesen wäre, daß die Spielplätze nicht unbedingt nötig sind, man sie aber doch bringen möchte, weil man nichts besseres bringen zu können glaubt, so würde diesem doch noch ein sehr schwerwiegender Gestaltungsfaktor entgegenstehen, nämlich die Anforderungen des Wohnviertels selbst, als Ganzes genommen, und nicht, wie von Engelhardt anzunehmen scheint, der Kinderschar desselben allein. Der geschäftigen Hausfrau, dem von der Tagesarbeit ermüdeten Manne gehört dieser Platz zuerst. Haben beide den Garten vor der Tür oder in nächster Nähe, so können sie trotz ihrer ununterbrochenen Beschäftigung einige Stunden „im Grünen“ sich aufhalten, sei es in den Nachmittagsstunden oder für den Mann auch nur des Abends. Dieses sind keine schönen Worte, es ist eine auf gewissenhafter Beobachtung beruhende Erfahrung. Ich war durch die mir übertragene Ausführung einiger öffentlicher Gemeindegärten im Kohlenrevier gezwungen, längere Zeit mitten unter diesen Leuten zu leben, die solche Anlagen benutzen, und habe unzählige Male gesehen, wie allabendlich die in der Nähe des Gartens wohnenden Leute in buntfarbigsten Filzpantoffeln, mit der langen Pfeife bewaffnet, wohl noch den liebsten ihrer zahlreichen Sprößlinge an der Hand, zufrieden „ihrem“ Garten entgegenqualmten, nach kurzem Spaziergange auf einer Bank sich niederließen und dann munter bis spät in den Abend hinein mit einander plauderten. Bedeutet dieses alles nichts für die Gestaltung eines so großen Platzes, wie der Nordmarkt es ist, inmitten eines Häusermeeres? Sollen wir alles nur ein paar raufenden Bengels opfern, die so wie so, wenn sie noch von echtem Schlage sind, auf solch einen Paradeplatz pfeifen, und sollen wir deshalb verständpislos an der weit bedeutenderen Aufgabe des Platzes, zur Wohlfahrt der Bürger zu dienen, vorübergehen? Haben wir in den Squares von London nicht schon lebendige Beweise, daß sich auch nach dieser Richtung hin noch sehr viel tun läßt? Müssen wir immer wieder zur flachsten Monotonie in unserer Gartengestaltung herabsinken, der die umgebenden Mietskasernen mit ihren verzerrten Larven behaglich zugrinsen? Wir haben keinen Grund, diesen Larven Konzessionen zu machen. Das Mietshaus bleibt, aber sein jetziges Gesicht wird mit der Zeit ein anständiges werden. Umsomehr Vertrauen dürfen wir zur Entwickelung seiner Bewohner haben. Auch diese werden, wenn ihnen einmal wirkliche Schönheit in der Gartengestaltung gezeigt wird, vor ihr Achtung und zu ihr Liebe bekommen. Aber ists denn ein Wunder, wenn diese Leute unberührt und stumm an den meisten unserer Gartenplätze vorübergehen, aus denen ihnen doch nur Flachheit und trostlose Leere entgegen gähnt? Und warum gestaltete man so? Der Platz lag im Wohnviertel der ärmeren Bevölkerungsklassen, und diese Leute sind zu roh, als daß man ihnen mehr geben dürfte, nämlich — als diese Trostlosigkeit. Ein solcher Schluß ist unrichtig und führt in letzter Konsequenz zur Hölle. So erzieht man keine Achtung und Liebe zu dem Schönen. Und das von dem Gartengestalter oft so pathetisch verkündete Wort von der ethischen Bedeutung seiner Werke wird in diesem Lichte zur lächerlichsten Karikatur. Ich glaube, wenn wir einmal allen Ernstes uns bemühten, diesen Fragen tiefer und tiefer auf den Grund zu gehen, so würden wir vieles besser machen können; aber unser größter Feind ist hier, wie überall, die Oberflächlichkeit.

Ich möchte meine Betrachtungen nicht schließen, ohne auch auf die von Engelhardt's Ausführungen beigegebenen Projekte kurz eingegangen zu sein. Im allgemeinen teile ich die Ansicht von Engelhardts, daß der erste Entwurf für den gegebenen Zweck etwas zu pathetisch, der zweite vielleicht etwas zu viel Hausgarten sein könnte. Die goldene Mitte zwischen beiden dürfte wohl das

Nepenthes von J. Chantrier frères, Mortefontaine, auf der Pariser Frühjahrsausstellung.
Originalaufnahme für die „Gartenwelt".

Richtige treffen. Aber daß mit dem Oldemeyerschen Entwurf der große Wurf gelungen sein soll, möchte ich doch sehr in Frage stellen. Es hat immer sein Bedenkliches, einen Entwurf als den besten von allen zu bezeichnen. Solch ein kühner Ausspruch zwingt immer dazu, sich die Sache einmal näher zu betrachten. Tun wir dies also.

Von dem im Vorhergegangenen klargestellten Programme aus ist wohl über diesen Entwurf nicht zu diskutieren. Es bliebe dann noch übrig, ihn einmal von dem von Engelhardtschen Programme aus zu betrachten.

Das Dortmunder Programm fordert ausdrücklich Berücksichtigung des Verkehrs in der Längsachse des Platzes. von Engelhardt erkennt diese Forderung seinen Ausführungen nach auch an. Oldemeyer hat sie nicht berücksichtigt. Ich bin nicht so bitter, die Möglichkeit eines Durchganges schräg über den Spielplatz hinweg auf einem der Längswege über 21 Stufen als solchen anzusehen; er würde wegen Behinderung der Spielenden und Gefährdung der Passanten schon zweckwidrig sein. Ferner ist die erhöhte Lagerung des Spielplatzes anfechtbar. Beim Ballspiel wird das Zurückholen des Balles durch diese Erhöhung unnötig erschwert. Zweckmäßig ist, einen solchen Platz tiefer als das umschliessende Terrain zu legen und ihn für das Zurückspringen bezw. -rollen des Balles mit sanft ansteigenden Böschungen zu umgeben; das Gegenteil ist zweckwidrig. Auch hinabführende Treppen sollte man vermeiden, da im Feuer des Spiels zu leicht ein unglücklicher Seitensprung getan werden kann, der den Spieler gefährlich zu Falle brächte.

Die architektonischen Sitzplätze zu beiden Seiten des Häuschens sind durch ihre direkt südliche Lage fast den ganzen Tag der Sonne ausgesetzt. Die Sonnenstrahlen würden infolge ihres schrägen Einfalles durch die Pergola von den Bänken nicht ferngehalten. Dieser Umstand ist, da es die einzigen innerhalb der Anlage angeordneten Sitzplätze sind, sowie überhaupt das gänzliche Fehlen weiterer Sitzgelegenheiten zu beanstanden.

Die auffallende Betonung des Wegezuges in der Querachse des Platzes ist ungerechtfertigt. Ein Verkehr in dieser Richtung ist überhaupt nicht vorhanden, da als einzige die sich totlaufende Schuchtermannstraße in die Längsseiten des Platzes einmündet. Wozu also die trichterartigen Ansätze an dem Querwege? Wäre ein auffallend starker Menschenstrom zu erwarten, der sich allmählich in die anschließenden Wege ableitete, so ergäbe der Zweck diese Form, so aber erscheint sie inhaltslos. Sie aber als Spielplätze anzusehen, kann doch wohl der sich dort kreuzenden Wegezüge halber nicht ernst genommen werden; es wäre dann eben diese Wegeführung zweckwidrig.

Ein Rundgang innerhalb des Platzes, der nicht unbedingt zur Benutzung der Treppen nötigt, ist nicht berücksichtigt, es sei denn, daß man sich damit begnügte, auf dem Querwege oder auf den tiefer gelegenen Längswegen hin und her zu pendeln. Sich für diesen Rundgang auf die umgebenden Alleen zu beschränken, erscheint mir sehr dürftig, da man dort doch wohl kaum, trotz der vorgesehenen Rasenstreifen, das Gefühl des Aufdiestraßegesetztseins los würde. Ob die Vermeidung eines solchen Rundganges für eine öffentliche Anlage das zweckmäßigste ist, gestatte ich mir zu bezweifeln. Die Rasenstreifen werden übrigens bei der von von Engelhardt angenommenen Kinderüberflutung kaum mit einer längeren als vierwöchentlichen Lebensdauer rechnen dürfen. Und sollte, entgegen dieser Annahme, dieses allzufrühe Ende nicht eintreten; so werden ihnen die sich schließenden Baumkronen der dreireihigen Allee schon mit der Zeit den Garaus machen.

Wie steht es nun mit dem Pflanzenschmuck? Es sind im ganzen 16 kleine Pflanzen, 1 Blumenbeet, 1 Pflanzstreifen längs der Pergola und eine Anzahl Hecken vorgesehen. Ich will, um nicht in einen üblen Geruch zu kommen, direkt vorausschicken, daß ich keineswegs den Wert oder Unwert einer Anlage nach der Zahl des dort verwendeten Pflanzenmaterials abschätze. Aber für einen Stadtplatz, inmitten des Häusermeeres einer Industriestadt wie Dortmund, scheint mir doch — soll das geflügelte Wort von der Lunge der Städte nicht zur faden Phrase werden — aus hygienischen Gründen die Verwendung möglichst vieler Pflanzen sehr angebracht. Kulturelle und ästhetische Bedenken bestehen doch. auch nicht, weshalb fehlen also die Pflanzen?

Aber etwas sehr bedenklich scheint mir, eine derartig kalt

Teilansicht des Nymphaeenbassins von Lagrange, Oullins, auf der Pariser Frühjahrsausstellung. Originalaufnahme für die „Gartenwelt".

repräsentative Rasenfläche in einem Arbeiterviertel anzubringen. Diese Rasenfläche, wie sie hier angewandt wird, ist ein Ausdrucksmittel einer mehr aristokratischen Gartengestaltung, wie sie vor Schlössern und Palästen anzuwenden wäre, zu dem Milieu des Arbeiters aber scheint sie mir nicht zu passen. Der Unterschied, wie er in der Architektur zwischen Palast und Hütte markant sich ausprägt, scheint mir doch auch für die Gartengestaltung nicht ganz bedeutungslos zu sein.

Ob all diese Bedenken gegen den Oldemeyerschen Entwurf sich trotzdem noch durch einen Zweck rechtfertigen lassen, auf Grund dessen er nach wie vor als der beste von allen zu bezeichnen wäre, möchte ich der objektiven Beurteilung des Lesers überlassen.

Obstbau.

Nochmals die Stachelbeere Hönings Früheste.

In No. 23 der „Gartenwelt" stellen Sie unter anderen auch Betrachtungen über die von mir gezüchtete und dem Handel übergebene Stachelbeersorte *Hönings Früheste* an, wobei Herr Maurer, Jena, als Einsender des betreffenden Artikels, die Behauptung aufstellt, es bestehe zwischen den Sorten *Hönings Früheste* und *Früheste Gelbe* gar kein Unterschied in der Reifezeit. Als Gegenbeweis gestatte ich mir, Ihnen anbei eine Probesendung zu überweisen, wobei ich noch bemerke, daß die betreffenden Früchte nicht etwa ausgesuchte, sondern Durchschnittsfrüchte sind, so wie sie ab hier zum Versand gelangen.*) Infolge der bisher sehr ungünstigen, bezw. nassen und trüben Jahreszeit hat sich die Reife bereits gegen das Vorjahr um 4 Tage verzögert, ein Beweis, daß die *Hönings Früheste* ihren Namen mit Recht trägt, denn *Früheste Gelbe* ist jetzt noch nicht reif. Bei mir fängt *Früheste Gelbe* jetzt an, Farbe zu zeigen, bis zur Reife hat sie aber mindestens noch 8 Tage nötig, dabei ist der Behang bei weitem nicht der von *Hönings Früheste.* Ich meine, dies genügt doch vollkommen, um einzusehen, daß der *Hönings Frühesten* der Vorteil der frühen Reife, selbst der *Frühesten Gelben* gegenüber nicht abzusprechen ist. Wenn man, wie ich z. B., den Obstbau und speziell den Beerenobstbau zum Zwecke des Erwerbs betreibt, so weiß wohl ein Jeder, der damit zu tun hat, welcher pekuniäre Vorteil einem durch eine, wenn auch nur um etwa 8 bis 10 Tage früher reifende Beerensorte entsteht, Bedingung ist natürlich, daß man große Mengen zur Verfügung hat, bei kleinen Ernten dürfte der Mehrverdienst kaum ins Gewicht fallen. Ich pflücke in meinen Plantagen täglich etwa 35 Zentner, ich habe auch schon 40 Zentner pro Tag gepflückt und wenn ich da also nur 8 bis 10 Tage lang das Durchschnittsquantum pflücke und bekomme dafür en gros M 28—22 statt M 15—8 per 50 kg für die zur gewöhnlichen Zeit reifenden, so bedarf es wohl keiner weiteren Betonung, daß der Unterschied ein recht bedeutender und keineswegs zu unterschätzender ist. Alle die Herren, die *Hönings Früheste* bei mir zur Erntezeit gesehen haben — erst kürzlich waren zwei Obstbausachverständige, die für den Deutschen Pomologenverein eine Studienreise unternahmen, hier — waren des Lobes voll, sowohl über die frühe Reife, als auch den kolossalen Behang und trotzdem üppigen Wuchs. Ich stelle Ihnen anheim, diese Zeilen in Ihrer geschätzten Zeitschrift zu veröffentlichen, besonders lieb wäre es mir noch, wenn sich alle die, welche noch an dem hier Gesagten irgend welchen Zweifel hegen sollten, von der Wahrheit durch einen Besuch in meinen Plantagen überzeugen möchten, sie sind mir alle herzlich willkommen.

Julius Hönings, Neuß.

*) Anmerkung des Herausgebers. Die schönen Früchte, reichlich mittelgroß und, soweit ich mich erinnere, entschieden größer als die im Vorjahre in Mannheim gezeigten der gleichen Sorte, waren am 24. Juni vom Einsender zur Post gegeben worden. Bei mir reiften die ersten Früchte von *Hönings Früheste* am 1. Juli, ziemlich gleichzeitig auch *Früheste Gelbe*, die aber auf wärmerem Standort steht, während *Früheste von Neuwied*, gleichfalls auf warmem Standort stehend, reichlich 12 Tage später reif wurde.

Gemüsebau.

Sommerrettich Genetzter Sedan. Mit den Samen anderer Gemüseneuheiten erhielt ich durch die Firma J. Lambert & Söhne in Trier auch diesen neuen Rettich, der sich in meinem Sandboden trotz kolossaler Dürre vorzüglich bewährt hat. Die Rübe erreicht 20 selbst 25 cm Länge, sie läuft in eine Hauptwurzel aus, die mindestens 75 cm in den Boden eindringt; ich habe vergeblich versucht, sie vollständig bloßzulegen. Der stattliche Rettich sieht durch seine feine, schwarzweiß genetzte Haut außerordentlich appetitlich aus, er ist sehr schmackhaft, ohne unangenehme beißende Schärfe zu besitzen. Typisch für diese Sorte ist das im Verhältnis zur Rübe äußert reduzierte Laub. Die Blätter bilden eine kleine dem Boden ganz flach aufliegende Rosette, was ich noch bei keiner anderen Sorte beobachtet habe. Jeder, der die Sorte bei mir sah, war über diese eigenartige Belaubung, sowie über die Schönheit der Rüben und deren ansprechende Zeichnung erstaunt. Ich glaube annehmen zu dürfen, daß sich dieser Rettich auch für Aussaaten im Hochsommer eignet und empfehle seinen versuchsweisen Anbau.

M. H.

Mannigfaltiges.

Ein interessantes Bekämpfungsmittel gegen die Raupenplage wendet man in der Grafschaft Cambridge (England) an, wo der größte Teil der Gegend in diesem Jahre unter derselben leidet. Es wird daselbst sehr viel Obstbau getrieben, der eine Haupterwerbsquelle der dortigen Bevölkerung bildet. Trotz des unfreundlichen Frühlings hatten die Bäume gut angesetzt und versprachen einen reichen Ertrag. Diese Hoffnungen sind durch die Raupen zum größten Teil vernichtet worden. Zu Hunderttausenden bedecken sie tagsüber die Bäume, die schon aller Blätter entblößt sind, wie im tiefsten Winter. Des Nachts kriechen die Raupen auf große Haufen zusammen. Die Farmer vertilgen das zählebige Gewürm, indem sie nach Einbruch der Nacht mit ihren Gewehren in die Raupenhaufen hineinschießen; die Ladung besteht nur aus Pulver und Papierstöpseln. Tausende von Raupen sind auf diese Weise schon getötet worden. Leider sind auch noch durch ein kürzliches Unwetter die Ernteaussichten fast vollständig vernichtet worden, wenn auch damit gleichzeitig das Ungeziefer verschwand. Ein deutscher Raupenfackelfabrikant würde unzweifelhaft an erwähntem Platze sehr gute Geschäfte gemacht haben!

Paul Schmidt, London S. E.

Die Verwendung von Schilfrohr und Dachpappe als Deckungsmaterial. Wie oft hörte ich schon von einem Kollegen, dem ich die häufigere Verwendung von Schilfrohr *(Phragmites communis)*, welches in der Nähe sehr billig zu haben war, als Deckmaterial empfahl, daß es dazu nichts tauge; es halte nicht so warm wie Stroh, es sei viel zu schwer und viel zu brüchig. Allerdings haben jene Vorwürfe ihre volle Berechtigung, sobald das Schilfrohr in der früher meist verwendeten Stärke eines Fingers benützt wird. Um wirklich geeignetes, zum Decken von Mistbeeten bezw. Gewächshäusern vorzügliches Rohr zu erhalten, muß es im Frühjahr einmal geschnitten werden. Hier tun das zum Teil die Bauern, welche die saftigen jungen Sprosse, wenn sie etwa einen Meter lang sind, als Viehfutter verwenden. Solche Pflanzen treiben nach dem Schneiden bedeutend mehr aber viel schwächere Stengel, die hübsch gerade, sehr elastisch und fest sind, meist aber die Höhe von 2 m nicht viel überschreiten. Aus diesem Rohr lassen sich dann in der Herstellungsart der Strohmattten mit gut geöltem Bindfaden sehr gute Deckmatten binden. An Handlichkeit, Sauberkeit und Haltbarkeit stehen solche Decken denen von Stroh nicht nach. Auch ist ihr Wärmeschutz durchaus nicht geringer, als der der Strohdecken. Ein viel leichteres und schnelleres Trocknen fällt als besonderer Vorteil in die Wage, und dort wo Schilfrohr leicht und viel zu haben ist, die verhältnismäßig große Billigkeit dieser Decken. In regnerischen, kalten Sommern steigt der Preis für gutes Stroh gewöhnlich sehr hoch, wie auch die Holzpreise bedeutend gestiegen sind. Deshalb erlaube ich mir, auf das Schilfrohr als teilweisen wohlfeilen Ersatz für Strohmatten und Deckbretter hinzuweisen. Auch die Dachpappe bietet, wenigstens zum Decken von Gewächshäusern, mancherlei Vorteile. Auf leichte, aber feste Rahmen genagelt, lassen sich damit größere Flächen schnell decken. Nur an Stelle der bedeutend dauerhafteren Mistbeetdeckladen genügt solch einfache Dachpappen-Rahmen-Deckung nicht auf die Dauer. In diesem Falle ist die von beiden Seiten fortwährenden Beschädigungen ausgesetzte Dachpappe zu spröde und brüchig.

Georg Liebsch, Kunst- u. Handelsgärtner, Chwalkowitz b. Olmütz.

Tagesgeschichte.

Hamburg. Das Preisgericht für den öffentlichen **Ideenwettbewerb zur Erlangung von Entwürfen für den Stadtpark in Hamburg** trat am 4. und 5. d. M. zusammen. **Das Resultat** ist folgendes: Ein 1. Preis wurde nicht zuerkannt, dafür drei 2. Preise à 6000 M, und drei 3. Preise à 4000 M. Außerdem wurden drei Arbeiten zum Ankauf für je 1500 M empfohlen, eine weitere Arbeit erhielt eine lobende Erwähnung.

Zweite Preise erhielten: 1. Gebr. Röthe, Gartenarchitekten und Architekt Willy Bungarten, Bonn a. Rh.; 2. Herm. Foeth, Gartenarchitekt, P. Recht und P. Bachmann, Architekten, Köln a. Rh.; 3. Paul Freye, Gartenarchitekt in Charlottenburg, und Architekten Herm & Reuter, Steglitz.

Dritte Preise erhielten: 4. Carl Schwede, Gartenarchitekt, und Architekt Franz Roeckle, Stuttgart; 5. Martin Mayer, R. Elkart und O. Wilkening, Hamburg; 6. J. P. Großmann, Garteningenieur, Dresden-Leipzig.

Zum Ankauf empfohlen wurden: G. Kuphaldt, Stadtgartendirektor, und Architekt Edgar Friesendorff, Riga; 8. W. Petschow, Hamburg; 9. Professor Max Läuger, Karlsruhe.

Eine lobende **Erwähnung** wurde der Arbeit von Baumeister Göbel, Hamburg, zuteil.

Hierzu möchten wir kurz bemerken, daß die gärtnerischen Arbeiten durchweg den Ausschlag gegeben haben. Nicht recht verständlich ist es, wie den Arbeiten zu 6 und besonders 9 Preise zuerkannt werden konnten. Diese Arbeiten entsprechen mit ihren regelmäßigen Lösungen weder dem Geiste des Ausschreibens noch dem des deutschen Volkes, auch passen sie nicht in ein so ausgezeichnet bewegtes Terrain, indem nur unter gewaltsamer Beseitigung dieser Bewegung sich regelmäßige Linien ausführen lassen. Bei der Größe des Areals von etwa 750 Morgen wirken diese geraden Anordnungen langweilig und ermüdend. **C. H.**

Wurzen. Zur Vergrößerung des Stadtparkes beschloß das Stadtverordnetenkollegium den Ankauf eines angrenzenden Feldgrundstückes von 13720 Quadratmeter Flächeninhalt zum Preise von 25000 M.

Verkehrswesen.

Bekanntmachung, betreffend die Einfuhr von Pflanzen und sonstigen Gegenständen des Gartenbaues. Auf Grund der Vorschrift im § 4 Ziffer 1 der Verordnung, betreffend das Verbot der Einfuhr und der Ausfuhr von Pflanzen und sonstigen Gegenständen des Wein- und Gartenbaues, vom 4. Juli 1883 (Reichsgesetzbl. S. 153) bestimme ich: Die Einfuhr aller zur Kategorie der Rebe nicht gehörigen Pflänzlinge, Sträucher und sonstigen Vegetabilien, welche aus Pflanzschulen, Gärten oder Gewächshäusern der an der internationalen Reblauskonvention beteiligten Staaten stammen, darf fortan auch über das Großherzoglich luxemburgische Nebenzollamt I Kleinbettingen erfolgen, wenn die Sendungen mit vorschriftsmäßigen Begleitpapieren — vergleiche § 4 Ziffer 3 der vorgenannten Verordnung — versehen sind.

Berlin, den 25. Juni 1908.

Der Reichskanzler. Im Auftrage: von Jonquières.

Personal-Nachrichten.

Goerth, Kgl. Garteninspektor am Pomologischen Institut zu Proskau, wird am 1. August die bisher von Herrn Fox, einem Engländer, innegehabte Stelle als Gartendirektor des Fürsten Henkel von Donnersmarck in Neudeck, O.-Schles., übernehmen.

Gotter, Max, Vertreter der Baumschulen von Friedr. Grunewald, Zossen, eröffnete in Groß-Lichterfelde-Ost eine Samen- und Blumenzwiebelhandlung. Geschäftsräume ab 1. Oktober daselbst, Lankwitzerstraße 1.

Meyer, Alfred, erhielt die Assistentenstelle für Obstbau in Geisenheim.

Müller, O., Universitätsgärtner in Straßburg i. E., ist zum Kgl. Garteninspektor ernannt worden.

Tetzner, Rudolf, ehem. Geisenheimer, bisher Assistent für Obstbau an der Königl. Lehranstalt für Wein-, Obst- und Gartenbau zu Geisenheim, wurde zum Geschäftsführer des Deutschen Pomologenvereins mit dem Sitz in Eisenach ernannt.

Briefkasten der Redaktion.

Wir bitten unsere Mitarbeiter und alle die es werden wollen wiederholt, bei allen für den Druck bestimmten Einsendungen die Bogen nur auf einer Seite deutlich und nicht zu dicht zu beschreiben, möglichst auch rechts einen etwa 5 cm breiten freien Rand zu lassen, was uns die etwa notwendig werdende redaktionelle Bearbeitung des Manuskriptes erleichtert. Bei Fragebeantwortungen, deren Einsendung uns stets willkommen ist, muß in gleicher Weise verfahren werden. **Bei gleichzeitiger Einsendung mehrerer Antworten ist für jede Antwort ein besonderes Blatt zu verwenden, auch darf die Nummer der Frage, auf welche sich die Antwort bezieht, nicht vergessen werden;** ein Abschreiben der Frage selbst erübrigt sich dann. Die Veröffentlichung und Beantwortung fachlicher Fragen erfolgt kostenlos.

Willkommen sind uns Artikel jeder Art aus der gärtnerischen Praxis, wenn möglich unter Beigabe guter, scharfer Photographien, die wir nach vorheriger Vereinbarung auch gern auf unsere Kosten anfertigen lassen, ferner lehrreiche kürzere Mitteilungen jeder Art aus dem Gesamtgebiet des Gartenbaues. Wir bitten unsere Mitarbeiter, Fremdwörter tunlichst zu umgehen; ihre häufige Anwendung ist nur ein Zeichen von Halbbildung. Unsere deutsche Muttersprache ist so wortreich, daß Anleihen bei fremden Sprachen durchaus überflüssig sind.

Alle eingehenden Beiträge, auch die kleinsten, werden raschestens geprüft. Wir bestätigen in jedem Falle unseren Mitarbeitern die Annahme der eingeschickten Beiträge, mit Ausnahme der Fragebeantwortungen, und senden für uns ungeeignete stets postfrei zurück. Beifügung von Rückporto ist nicht erforderlich, dagegen müssen wir bitten, schwere Briefe vor der Absendung abzuwiegen und vollständig frei zu machen, da fast täglich Sendungen eingehen, für die Strafporto zu entrichten ist.

Wir wünschen und honorieren nur Originalartikel, ersuchen deshalb dringend, uns mit Beiträgen zu verschonen, die zum Vertrieb an mehrere Blätter angefertigt wurden.

Hervorragende, noch nicht im Handel befindliche Neuheiten sind wir immer gern bereit, unseren Lesern als **farbige Kunstbeilagen** bekannt zu geben und die erheblichen Kosten für Chromolithographie und Druck zu tragen. Wir bitten die in Frage kommenden Züchter, sich dieserhalb möglichst frühzeitig mit uns in Verbindung zu setzen, da einerseits die Anfertigung der Lithographie einer solchen Kunstbeilage monatelange Arbeit erfordert, und da sich andererseits immer eine größere Anzahl von Kunstbeilagen in Vorbereitung befindet. Zurzeit ist unser Bedarf an farbigen Kunstbeilagen bis zum Hochsommer 1909 vollständig gedeckt, so daß wir nur noch Interesse für jene Neuzüchtungen haben, die vom Herbst n. J. ab und noch später dem Handel übergeben werden sollen.

Berlin SW. 11, Hedemannstr. 10. Für die Redaktion verantwortlich Max Hesdörffer. Verlag von Paul Parey. Druck: Anhalt. Buchdr. Gutenberg e. G. m. b. H., Dessau

BERLIN SW., HEDEMANNSTRASSE 10.

ampels Gartenbuch für Jedermann.

leitung zur praktischen Ausübung aller Zweige der Gärtnerei.

Aus der Praxis für die Praxis.

Dritte, vermehrte und verbesserte Auflage,

herausgegeben von

F. Kunert,

Kgl. Hofgärtner zu Sanssouci-Potsdam. [1257

Mit 198 in den Text gedruckten Abbildungen. ***Gebunden, Preis 6 Mark.***

Das Hampelsche Buch, das 472 Seiten mit 198 Abbildungen umfasst, ist bei seinem niedrigen Preis wirklich das geworden, sein Titel sagt, nämlich ein „Gartenbuch für Jedermann". Hampel selbst ist tot, aber sein Buch lebt fort, ist in vielen end Exemplaren unter den Gärtnern und Gartenbesitzern verbreitet, denen es ein geschätzter Berater geworden ist. Mit grosser ıde ist es zu begrüssen, dass das Buch nach dem Tode seines ursprünglichen hochverdienten Urhebers in seinem neuen Bearbeiter, Kgl. Hofgärtner F. Kunert zu Sanssouci-Potsdam, einen Mann gefunden hat, der, von durchaus praktischem Sinne beseelt, seinen f so vollkommen beherrscht, dass es ihm möglich gewesen ist, nur das Beste vom Guten zu bringen, indem er ohne langatmige einandersetzungen die Quintessenz seiner Erfahrungen bietet. Damit wird das gesteckte Ziel erreicht: Hampels Gartenbuch ist Buch aus der Praxis für die Praxis. — Der Inhalt zerfällt in drei Hauptabschnitte. Der erste Abschnitt behandelt die age und Kultur des Gemüsegartens, geht dann zur Auswahl der bewährtesten Gemüse- und Küchenkräuter über und gibt für es eine Kulturanweisung. — Der zweite Abschnitt behandelt den Obstbau in Gärten, Alleen und auf dem Felde, schildert gehend die ganze Technik der Obstkultur, wie Pflanzung, Düngung, Veredelung, um sich dann zu den einzelnen Obstarten zu wenden. t besonderer Freude wird der Praktiker die mit grosser Sorgfalt bearbeitete „Auswahl bester Sorten" begrüssen, die ihm manchen rtvollen Fingerzeig geben dürfte. — Am ausführlichsten wird der dritte Abschnitt, der Park- und Ziergarten, behandelt, wobei n Bearbeiter ja in seiner Eigenschaft als Kgl. Hofgärtner zu Sanssousi eine Erfahrung zur Seite steht, wie sie besser kaum gedacht rden kann. Er schildert die Anlage und Bepflanzung des Park- und Ziergartens, die lebenden Zäune und Hecken, Rasenplätze, Ziersäucher, Solitärbäume und -Sträucher, Koniferen, Rosen und die bunte Fülle des Blumenflors. Möge Hampels „Gartenbuch für dermann" noch vielen ein vertrauter Freund und Ratgeber werden.

Die schönsten Stauden

für die

Schnittblumen- und Gartenkultur.

48 Blumentafeln, nach der Natur aquarelliert und in Farbendruck ausgeführt

von **Walter Müller** in Gera.

Herausgegeben und mit begleitendem Text versehen

von **Max Hesdörffer,**

Herausgeber der „Gartenwelt",

Ernst Köhler und **Reinh. Rudel.**

Gebunden in Prachtband, Preis 12 M.

Die schönblühenden Stauden werden immer mehr die Lieblingsblumen des Gartenbesitzers und Blumenfreundes; sie spielen im ɾtenbau der Gegenwart eine wichtige Rolle, sowohl in der Landschaftsgärtnerei wie im Blumengarten und in der Blumenbinderei.

Dem Mangel eines guten Werkes über diese wichtigen gärtnerischen Pflanzen wird durch dieses Werk abgeholfen, das alle für Gartendekoration und Binderei besonders geeigneten Stauden in naturwahrer Darstellung vor Augen führt und ihre Kultur und Verɔdung in dem begleitenden Text schildert.

Gegen postfreie Einsendung des Betrages erfolgt die Zusendung postfrei.

Ausschmückung von Gärten u. Parks, Grotten, Felspartien und Teichen.

Winterharte Freilandfarne und Eriken.

Bewährte Edel-Dahlien.

Spezialität: Samen und Sämlinge von

Primula obconica „Ronsdorfer Hybriden".

Samen von Stauden und Sommerschnittblumen. [17

Preislisten auf Anfrage.

Georg Arends

Staudengärtnerei

Ronsdorf (Rhld.).

Wilhelm Hennis

Orchideen-Import in Hildesheim, Hann.

empfing frischen Import

Cattleya Gaskelliana

und erwartet demnächst Import von

Cattleya gigas.

Diese beiden Cattleyen sind **als Sommerblüher, Juni—September, unentbehrlich.** — Verlangen Sie Preisliste über kultivierte Orchideen. [752

Tonkinstäbe

Raffiabast, Kokosstricke, Muscheln, Russ. Bastmatten, Zierkorkholz, Birkenrinde,

billigste Offerte umgehend. [93

Carl Pfützner, Import, Bergedorf 3 (Hamburg).

Alle Anzeigen

über

Bauten für den Gärtnereibetrieb

über **Sämereien, Pflanzen, Bäume und Sträucher,** sowie über **alle gärtnerischen Handwerkszeuge und Bedarfsartikel** finden durch den

Deutschen Garten-Kalender

36. Jahrgang 1909

herausgegeben von *Max Hesdörffer*

beste und weiteste Verbreitung.

Anzeigenpreise: die ganze Seite 30 Mark, die halbe Seite 17 Mark.

Grösse der Druckfläche der ganzen Seite: $13^1/_2$ cm hoch, 8 cm breit.

Aufträge nimmt entgegen die

Verlagsbuchhandlung Paul Parey, Berlin SW. 11

Hedemannstrasse 10. [1300

Begonie Gloire de Lorraine,

durchaus Erfolg versprechende, wüchsige Stecklinge aus absolut pilzfreien Kulturen ab 1. Juni **jedes Quantum sofort lieferbar.** 100 St. 12 M, 1000 St. 110 M. Kulturanleit. auf Wunsch unberechnet.

Simon Dentler in Nürnberg.

Bei Verwendung meines Stecklinge ist die Lorraine-Kultur einfach und gewinnbringend, was mir fast alle Abnehmer wiederholt bestätigen.

Besehen Sie bitte auch die photogr. Abbild. meiner Lorraine-Häuser in Möller's Deutscher Gärtner-Zeitung, Jahrgang 1907, No. 5. [1101

Chinesische Paeonien!

Die beste Pflanzzeit ist im Herbst!

Die neue beschreibende Paeonienliste unserer reichen Sorten-Auswahl wird auf Anfrage frei gesandt! [9

Goos & Koenemann

Grossh. Hess. Hoflieferanten

Nieder-Walluf bei Wiesbaden

Staudenkulturen und **Baumschulen** für Obstbäume, Koniferen, Rosen und Ziergehölze.

Koniferen u. Moorbeetpflanze

speziell [1509

grosse Schaupflanzen.

Heinr. Hellemann,

Moorende bei Bremen.

Massen-Anzucht!

Junge Asparagus.

Asparagus pl. nanus m. Topfball. a. 7-8 cm Töpf. % 20 M, ‰ 180 M.

Asparagus Sprengeri m. Topfball. a. 7-8 cm Töpf. % 10 M, ‰ 70 M.

Sämlinge aus Samenschalen!

Pl. nanus % 10 M, ‰ 80 M.

Sprengeri % 2 M, ‰ 18 M.

Ernst Köke [1118

vorm. L. Oeding Ww.,

Elmshorn, Holst.

Thüringer Grottenstein

zur Anlage von **Grotten,** Ruinen, **Wintergärten, Felsenpartien,** Wasserfällen, **Böschungen.** Gärtner erhalten Rabatt. — Vertr. ges. — Preisliste, Skizzen u. Referenzen gratis u. frank.

Otto Zimmermann, Hoflieferant

Greussen i. Thür. [55

Berlin N. 113,

Schwedter Strasse an der Ringbahn.

Biesenthal,

Berlin-Stettiner Bahn

H. Lorberg, Baumschulen

Preisverzeichnis gratis und franko über: Obstbäume, Alleebäume, Ziergehölze, Nadelhölzer, Heckenpflanzen, Erdbeeren, Rosen, Spargelpflanzen. [11

Hierzu eine Beilage von **Oskar R. Mehlhorn, Schweinsburg,** Pleisse.

Druck der Anhaltischen Buchdruckerei Gutenberg e. G. m. b. H. in Dessau.

Illustrierte Wochenschrift für den gesamten Gartenbau.

Herausgeber: Max Hesdörffer-Berlin.

Erscheint jeden Sonnabend.
Monatlich eine farbige Kunstbeilage.

Bezugsbedingungen:
..ch jede Postanstalt bezogen Preis 2.50 M. vierteljährl. In Österreich-Ungarn 3 Kronen. .. direktem Bezug unter Kreuzband: Vierteljährlich 3 M. Im Weltpostverein 3.75 M. Einzelpreis jeder Nummer 25 Pf.
..ohne Vorbehalt eingehenden Beiträgen bleibt das Recht redaktioneller Änderungen ..halten. Die Honorarauszahlung erfolgt am Schlusse jeden Vierteljahrs.

Anzeigenpreise:
Die Einheitszeile oder deren Raum 30 Pf.; auf der ersten und letzten Seite 50 Pf. Bei grösseren Anzeigen und Wiederholungen steigender Rabatt. Beilagen nach Übereinkunft. **Anzeigen in der Rubrik Arbeitsmarkt** (angebotene und gesuchte Stellen) kosten für Abonnenten einmalig bis zu 10 Zeilen Raum M. 1.50, weitere Zeilen werden mit je 30 Pf. berechnet.
Erfüllungsort auch für die Zahlung: Berlin.

Adresse für Verlag und Redaktion: Berlin SW. 11, Hedemannstrasse 10.

XII. Jahrgang No. 43.	Verlag von Paul Parey, Berlin SW. 11, Hedemannstr. 10.	25. Juli 1908.

Die Gartenwelt.

Illustrierte Wochenschrift für den gesamten Gartenbau.

Jahrgang XII. 25. Juli 1908. No. 43.

Gärtnerisches Unterrichtswesen.

Die Gartenbauschule des Gartenbauverbandes für das Königreich Sachsen, E. G., zu Laubegast bei Dresden.

Von L. Kniese, gepr. Obergärtner, Coburg.

(Hierzu zwei Abbildungen und ein Plan.)

Im Juli des vergangenen Jahres wurde die Gartenbauschule des Gartenbauverbandes für das Königreich Sachsen von Dresden nach Laubegast verlegt. Hand in Hand mit dieser Verlegung ging eine Erweiterung und teilweise Umgestaltung des Unterrichts.

Im Jahre 1902 wurde die Schule gegründet, nachdem man den ursprünglichen Plan, eine Akademie für Gartenkunst ins Leben zu rufen, hatte aufgeben müssen. Entgegen den Gepflogenheiten an anderen Gärtnerlehranstalten, wurde an der Dresdener Schule überhaupt kein praktischer Unterricht in den Lehrplan aufgenommen. Und sogar jetzt, wo mit der Anstalt ein größerer Garten verbunden ist, werden die Schüler zu dessen Instandhaltung nicht herangezogen. Die hierdurch gewonnene Zeit kommt dem theoretischen Unterrichte zugute, ohne daß die Verbindung mit der Praxis etwa ganz abgeschnitten wäre. Während man früher nur unter Führung der Lehrer Exkursionen nach den Gärtnereien der Umgebung Dresdens unternahm, stehen jetzt den Schülern die zahlreichen Gärtnereien Laubegasts jederzeit offen, so daß sie auch ohne Begleitung des Lehrers sich durch eigene Anschauung unterrichten können. Dadurch, daß der praktische Unterricht aus dem Lehrplan ausgeschaltet ist, hat die Anstalt einen ganz neuen Weg beschritten, ein Unternehmen, das vom besten Erfolge begleitet war.

Wenn eine Lehranstalt ihren Zweck ganz erfüllen soll, muß sie mit der Zeit fortschreiten. Diesem Bedürfnis konnte sich auch die Dresdener Schule nicht verschließen. Bei der Gründung der Schule hatte man im Lehrplan das Hauptgewicht auf die eigentlichen Gartenbaufächer legen müssen, es machte sich aber unter den Schülern mit der Zeit eine starke Neigung zur Gartenkunst (Landschaftsgärtnerei) geltend. Ungefähr die Hälfte der Schüler, welche die Schule verlassen haben, hat sich diesem Zweige zugewandt. Die Schulleitung trug diesem Umstande Rechnung und vermehrte den Unterricht in Gartenkunst unter Erhebung dieses Faches zu einem Hauptfache. Es dürfte aber sehr zu begrüßen sein, wenn der Zudrang zu diesem Zweige der Gärtnerei zugunsten des Gartenbaues etwas nachlassen würde. In den größeren Gärtnereien werden gut und besonders kaufmännisch vorgebildete junge Leute gebraucht und in Stellungen verwendet, welche mindestens ebenso gut sind, als solche in gartentechnischen Betrieben.

Eine durchgreifende Aenderung erfuhr der Lehrplan bei der Verlegung der Schule nach Laubegast. Außer dem schon bestehenden zweijährigen allgemeinem Lehrgange wurde noch ein besonderer von einjähriger Dauer eingerichtet. Es soll dadurch jungen Gärtnern, welche nicht zwei Jahre auf ihre Ausbildung an einer Gartenbauschule verwenden können, Gelegenheit gegeben werden, sich in kurzer Zeit die notwendigen Kenntnisse anzueignen. Die Ausbildung in diesem Lehrgange

Schulgebäude, von der Elbe aus gesehen.

Originalaufnahme für die „Gartenwelt“.

erfolgt in den Gartenbaufächern und in den kaufmännischen Wissenschaften. Dieser einjährige Lehrgang ist in sich abgeschlossen und ermöglicht ebenfalls nach erfolgreichem Besuch ein Abgangsexamen.

Auch im zweijährigen Lehrgange haben Veränderungen stattgefunden. Durch den Besuch der Gartenbauschule soll auch das allgemeine Wissen, das der junge Gärtner sich schon vorher erworben haben soll, befestigt werden, es sollen darin Lücken ausgefüllt werden. Vor allen Dingen aber soll ein Ueberblick über die einzelnen Zweige des Berufes und der Hilfswissenschaften gegeben werden. Diesem Zweck wird nunmehr die Schule in bester Weise gerecht. An neuen Lehrfächern sind noch hinzugetreten: Arbeiterversicherung, Volkswirtschaftslehre, Handelsgeographie und Handelsgeschichte, ferner allgemeine Geschichte in großen Umrissen mit Betonung ihres Einflusses auf die Kultur. Freilich mußten mit der Verlegung nach Laubegast die meisten früheren Lehrer scheiden, doch haben die Herren der Bürgerschule in Laubegast in bereitwilligster Weise ihre Kräfte in den Dienst der Gartenbauschule gestellt, so daß auch in dieser Beziehung keine Stockung im Unterricht eintrat.

Endlich ist auch vom Königl. Ministerium der Schule das Recht verliehen worden, eine Obergärtnerprüfung zu veranstalten. Diese Prüfung kann vier Jahre nach Abgang von der Schule abgelegt werden, und zwar 1. in gärtnerischer Pflanzenzucht (von jedem Prüfling abzulegen), außerdem noch nach Wahl 2. in Obst- und Gemüsebau, 3. in Landschaftsgärtnerei und 4. in botanischer und Versuchsgärtnerei. Dies Jahr haben die ersten Prüfungen vor einem königl. Kommissar stattgefunden; sie wurden von allen Prüflingen bestanden.

Schulgebäude, vom Garten aus gesehen.
Originalaufnahme für die „Gartenwelt".

Die durchgreifende innere Umgestaltung machte eine Verlegung der Anstalt aus den engen Räumen der Hassestraße in Dresden-Striesen notwendig. In dem Grundstück „Minnahof" in Laubegast, welches Herr Rittergutsbesitzer R. Seidel, Grüngräbchen, der Schule zur Verfügung gestellt hatte, fand man den geeigneten Platz. Das Schulgrundstück liegt in nächster Nähe der Elbe, vor Staub und Straßenlärm geschützt. Im Erdgeschoß befindet sich ein geräumiger Speisesaal mit großer Terrasse, von welcher man einen herrlichen Blick über die Elbe nach den gegenüberliegenden Höhenzügen und nach der Sächsischen Schweiz hat. Daran schließt sich das Gesellschafts- und Musikzimmer, wo sich die Schüler in ihrer freien Zeit nach Belieben aufhalten können. Ferner sind im Erdgeschoß noch das chemische Laboratorium und die sämtlichen Wirtschaftsräumlichkeiten untergebracht.

Im ersten Obergeschoß liegen der Zeichensaal, zwei große helle Lehrzimmer, das Konferenzzimmer, sowie das Arbeitszimmer des Direktors. Dadurch, daß jetzt der Zeichensaal von den Lehrzimmern getrennt liegt, ist es den Schülern leichter gemacht, in der Anstalt selbst die Zeichnungen, die ja oft großen Platz beanspruchen, herzustellen.

Im zweiten Obergeschoß befinden sich die Wohnung des Inspektors und die Schlafräume der Pensionäre. Den Schülern ist es freigestellt, in der Schule zu wohnen oder nicht. Die Vorteile aber, die in der Benutzung des Pensionats liegen, sind so in die Augen fallend, daß der größere Teil der jungen Leute sehr gern die Gelegenheit dort zu wohnen ergriffen hat. Die Räumlichkeiten sind luftig und hell, und, wenn auch ohne großen Luxus, so doch gut und zweckentsprechend ausgestattet. Die Anstaltsküche ist vorzüglich und wird auch öfters von Gästen in Anspruch genommen. Auch können ehemalige Dresdener, soweit der Platz vorhanden ist, bei einer Durchreise in der Schule Wohnung und Beköstigung erhalten. Neben diesen materiellen Vorzügen eines Pensionats gibt es aber noch einen idealen Vorzug, den man nicht unterschätzen soll. Solche Pensionate sind die Quellen von Freundschaften, die für das Leben geschlossen werden; der Wert solcher Freundschaften tritt allerdings oftmals erst im späteren Leben zutage.

Das zur Schule gehörige Nebengebäude enthält ebenfalls große Räumlichkeiten, die bei einer Erweiterung zu Schulzwecken verwendet werden können. Außer dem Turn- und Spielplatz dient der Garten den Schülern zur Erholung. Er besteht seit längerer Zeit und bietet mit seinen schon älteren Bäumen hübsche, schattige Spaziergänge.

Die beigegebenen Aufnahmen, sowie der kleine Uebersichtsplan veranschaulichen besser als Worte die äußere Einrichtung der Anstalt; daß die innere Ausgestaltung dementsprechend ist, habe ich schon vorher dargetan.

Die Gartenbauschule in Laubegast ist den Kinderschuhen entwachsen, möge sie nunmehr auf sicherem Grund kraftvoll aufblühen und reiche Früchte bringen, zum Wohle nicht nur allein des sächsischen, sondern auch des gesamten deutschen Gartenbaues!

Koniferen.

Taxus baccata als Unterholz. Dieser Eibenbaum gilt im allgemeinen als ein etwas düster dreinschauender Geselle, den man nicht überall und in größerer Anzahl in den Anlagen verwenden mag. Bis zu einem gewissen Grade mag ja auch wohl diese Abneigung ihre Berechtigung haben, denn nicht jeder Platz ist zu seiner Aufnahme geeignet. In der Nähe der Wohngebäude — wo man sie vielerorts als „Wintergrün" anzupflanzen pflegt — wirkt die *Taxus* allerdings nichts weniger wie freundlich und belebend;

ebenso ist sie, in steifgeschorenen Formen auf Schmuckplätzen untergebracht, von recht monotoner Wirkung. Man hat für alle diese Zwecke doch noch andere Nadelhölzer zur Auswahl. Man sollte *Taxus baccata* viel mehr als es geschieht als Unterholz verwenden, wozu sie sich infolge ihrer Anspruchslosigkeit ganz besonders eignet. Daß es ihr an letzterer Eigenschaft nicht mangelt, ersehen wir zur Genüge an jenem „alten Knaben“ auf unserem beistehenden Bilde, welcher eine ganz beträchtliche Stärke (etwa 15 cm Durchmesser, in 1 m Höhe über dem Boden gemessen) aufweist und mit dem alten Baumbestande — also im dichten Schatten — ohne besondere Pflege aufgewachsen ist. In den größeren, regelmäßig gehaltenen Partien des altehrwürdigen Schwetzinger Schloßparkes treffen wir die *Taxus baccata* häufiger als Unterholz an, wodurch diese unten oft schon recht kahlen Gruppen sehr gewinnen. In diesen dichten Baumbeständen, wie solche vielfach unsere heutigen, älteren Parkanlagen aufweisen, kommt diese Pflanzenart als Unterholz in erster Linie zur Geltung; wo alle andern immergrünen Gehölze (selbst *Buxus*) und auch unsere verschiedenen laubabwerfenden Unterhölzer mit der Zeit verkümmern, merkt man der *Taxus* offensichtlich keine „schlechten Zeiten“ an. Bei Neuanlagen sollte man dies mehr in Betracht ziehen und in diesem Sinne die *Taxus baccata* entsprechend verwenden. Obergärtner **Beuß,** Stolberg (Rhl.).

Taxus als Unterholz.
Im Hofgarten zu Schwetzingen für die „Gartenwelt“ photogr. aufgenommen.

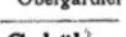

Gehölze.

Sanddorn (Hyppophaë rhamnoides). Einer der genügsamsten und widerstandsfähigsten Sträucher ist *Hyppophaë rhamnoides.* Dieselbe wächst überall dort, wo andere Sträucher kaum fortkommen oder nur kümmerlich gedeihen, sei es an steilen, trocknen Böschungen, wo scharfe Ost- und Nordwinde fegen, sei es in reinem Dünensand, auf den oft in 6 bis 8 Wochen kein Tropfen Regen fällt, während ihn im Herbste und Winter die Ostsee überschwemmt und einen bedeutenden Salzgehalt zurückläßt.

Ich hatte früher Gelegenheit, größere Anpflanzungen in dem Badeorte Boltenhagen auszuführen und wurden zu diesen Kuranlagen neben *Populus, Salix, Betula, Syringa* ein großer Teil obiger Pflanzenart verwendet. *Hyppophaë rhamnoides* ist ein hübscher Strauch mit zierlicher, silberblättriger Belaubung, von etwas breitem, kugeligem Wuchse. Im Herbste haben die weiblichen Pflanzen orangerote Beeren.

Der Strauch kommt in Norddeutschland häufig wild wachsend vor, namentlich am Ostseestrande ist er zu Hause. Auf der Strecke von Wismar bis Travemünde, am Meere entlang, begegnet man ihm an hohen Ufern, wo fast kaum andere Vegetation anzutreffen ist, in einer Ueppigkeit, daß man staunen muß. Auch in anderen Gegenden am Ostseestrande, wie auf der Insel Poel und in den Badeorten Brunshaupten und Heiligendamm habe ich diesen Strauch wild wachsend angetroffen. Vielleicht haben die Vögel zu jener Verbreitung durch Verschleppung der Beeren beigetragen.

Hermann Ruth, Wismar.

Landschaftsgärtnerei.

Gruppenpflanzen und Pflanzengruppierung.

Von **Rich. Stavenhagen,** Rellingen.

I.

In den Nummern 2 und 46 des vorigen Jahrganges der „Gartenwelt“ brachte Obergärtner Geier in Lieser an der Mosel Aufsätze über Gartenausschmückung, die aus zwei Gründen mein besonderes Interesse erregten. Es wird darin einer natürlichen, ungezwungenen Gruppierung der Blattpflanzen und Blütengewächse das Wort geredet und außerdem auf eine Anzahl wertvoller Pflanzen hingewiesen, die geeignet sind, etwas Abwechslung in das alltägliche Einerlei unseres heutigen Gartenschmuckmaterials zu bringen. Derartige Aufsätze wirken bei der heutigen schöngeistigen Richtung in der Gartenkunst, wo über dem Philosophieren oft die Wirklichkeit vergessen wird, geradezu erfrischend. Den Kampf der Parteien in der Gartenkunst, der nun schon einige Jahre tobt, habe ich von Anfang an mit gespannter Aufmerksamkeit verfolgt. Es ist schwer, zu dieser Frage mit kurzen Worten Stellung zu nehmen. Ich vertrete hier einen ähnlichen Stand-

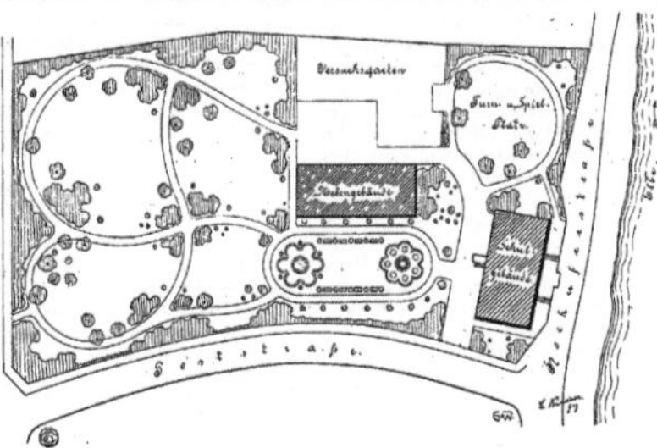

Lageplan der Gartenbauschule des Gartenbauverbandes für das Königreich Sachsen.
Vom Verfasser für die „Gartenwelt“ gezeichnet.

punkt, wie ihn Garteninspektor Günther in Bonn in No. 43 des vorigen Jahrganges treffend kennzeichnete. Oft mußte ich mir sagen, daß hier ein viel zu großer Apparat zur Lösung von verhältnismäßig recht einfachen Aufgaben aufgewendet wird. Die Gartenkunst ist eine Raumkunst und keine Flächenkunst, und ihren Hauptwerkstoff stellt die Pflanze dar. Schon eine einzelne schöne Pflanze oder eine lockere Gruppe weniger, aber ausgewählter Exemplare kann eine gefällige Wirkung hervorrufen. Schön kann aber nur eine gesunde, normal entwickelte Pflanze sein, welche Entwickelung wieder durch freien Stand und Verwendung unter passenden örtlichen Verhältnissen bedingt wird. Ob dabei der Gartengrundriß ein streng geometrischer oder ein ungezwungener, natürlicher ist, bleibt eine Frage von untergeordneter Bedeutung. Auch die Tatsache, daß der Schönheitsbegriff je nach Erziehung, Nationalität und Moderichtung wechselt, wird diesen Leitsatz der Pflanzenverwendung nicht erschüttern. Es gibt gerade in der Gartenkunst genug Gebiete, wo sich verschiedene Anschauungen zusammenfinden, denn schon die Natur sorgt dafür, daß im Garten sich nicht eine zu weitgehende Willkür breit macht. Die Schönheit der Einzelpflanze bleibt stets eine Grundbedingung der Schönheit des Ganzen, denn die Pflanze selbst und nicht die Anordnung der Wege und die Formen der Beet- und Rasenflächen bilden den wesentlichen Bestandteil des Gartens.

Ich möchte diesen Grundsatz nicht nur auf die Anordnung der Blumen- und Blattpflanzenbeete, sondern auch auf die Gruppierung der Gehölze beziehen. Man bringt heute viel zu allgemein die geschlossene Pflanzweise, ohne Rücksicht auf die Einzelentwickelung der Gehölze, in Anwendung. Gleichviel, ob Gehölze, Stauden, Sommerblumen oder empfindliche exotische Gewächse zur Verwendung gelangen, wird man bei Befolgung der hier entwickelten Grundsätze, d. h. steter Rücksichtnahme auf die spätere Entwickelung der Einzelpflanze, selten Mißerfolge in der Gartenausschmückung zu verzeichnen haben.

Die Anschauung des Herrn Geier, „daß den regelmäßigen Beeten etwas Steifes, Gezwungenes anhafte“, trifft somit nur dann zu, wenn die Bepflanzung in der althergebrachten gedrängten Weise erfolgt. Selbst bei Beeten mit regelmäßigen Umrissen, sei es nun Kreis, Oval, Rechteck oder eine andere kompliziertere Form, ist eine ungezwungene, natürliche Gruppierung sehr wohl durchführbar, wenn die zu bepflanzende Fläche in ihrer Ausdehnung nicht im Mißverhältnis zu den Wachstumsverhältnissen der verwendeten Pflanzen steht. Die Pflanzen sind nur derart zu ordnen, daß jedes einzelne Exemplar sich nach allen Seiten frei zu entwickeln vermag. Man suche nicht immer nur durch die Verwendung großer Massen, sondern auch durch die Schönheit der Details und deren geschmackvolle Anordnung zu wirken. Die Praxis des Herrn Geier, die höhere der verwendeten Pflanzenarten durch Unterpflanzung niederer Gewächse zur Geltung zu bringen, wird freilich bei dieser Art der Pflanzung zur Notwendigkeit. Nur selten werden die Pflanzen beim Aussetzen im Frühjahre in der Entwickelung soweit vorgeschritten sein, daß eine Unterpflanzung, d. h. ein Fond niederer Gewächse, entbehrlich ist.

Bei niederen Blütenpflanzen, wie den Pelargonien, den Begonien etc., ist die gedrängte Pflanzung durchaus angebracht, ebenso bei den Teppichbeeten, denen ich die Berechtigung in passender Umgebung durchaus nicht abspreche. Aber „eines schickt sich nicht für alles“, es darf kein Schema einreißen.

Als Unterpflanzung benutzt man zweckmäßig frühzeitig in Flor tretende Blütenpflanzen oder niedere, farbige Gewächse, damit die Gruppe bereits von Anfang an gefällig wirkt. Die Pflanzenart, welche die eigentliche Hauptbepflanzung bildet, wird dann in genügend weiten Abständen auf der Fläche verteilt, so daß selbst nach erlangter Vollentwickelung jedes einzelne Exemplar nach den Seiten Spielraum behält. Der Verwendung verschiedener Pflanzenarten steht hierbei nichts im Wege. Allerdings ist vor allzu weitgehender Mischung und Zersplitterung zu warnen. So sehr ich der Mannigfaltigkeit das Wort rede, so erscheint mir doch jede Mannigfaltigkeit auf engbegrenztem Raume bedenklich. Vorbedingung für diese Art der Pflanzenverwendung bleibt aber stets die Kenntnis der Lebensbedingungen des Materials, also das Vertrautsein mit den Ansprüchen an Boden und Lage der zu verwendenden Pflanzen. Man sollte also nicht ausgesprochen lichtbedürftige Pflanzen, die nur in voller Sonne ihre Schönheit erlangen, wie es z. B. *Leucophyta Browni* ist, als Schmuck halbschattiger Plätze empfehlen, wie dies auf Seite 143 dieses Jahrganges geschah. Wenn man sich nicht nur auf Gruppenpflanzen im engeren Sinne des Wortes beschränkt, sondern auch unter den Stauden, den winterharten Gehölzen und Halbsträuchern und wiederum unter den Bewohnern der Gewächshäuser Umschau hält, mangelt es wahrlich nicht an geeignetem Material für die verschiedensten örtlichen Verhältnisse.

Der Hauptzweck dieses Artikels ist der, zu den von Obergärtner Geier gegebenen Anregungen einige weitere Beispiele hinzuzufügen. Ich werde dabei auch einige Pflanzenarten nennen, die entweder Schatten lieben oder doch Schatten ertragen. Ich hätte als Ueberschrift auch die Worte: „Seltene Gruppenpflanzen“ wählen können. Man denkt indes bei dem Worte „selten“ unwillkürlich an „botanische Seltenheiten“, die schwierig zu behandeln oder langsam zu vermehren sind, an denen also der Nichtbotaniker meist wenig Freude erlebt. Dies ist jedoch bei den von mir genannten Pflanzen keineswegs zutreffend. Einige davon sind nur deshalb selten geworden, weil aus der Vorliebe für Blütenpflanzen bei der steten Vervollkommnung der Pelargonien, *Canna*, Heliotrop etc. sich eine gewisse Schablone der Gartenausschmückung entwickelt hat. Das eine schließt aber das andere nicht aus. Gerade in Verbindung mit Blumen in lebhaften Farben wirken die hier empfohlenen Gewächse, bei denen es sich meist um Blattpflanzen von höherem Wuchse handelt, am vorteilhaftesten.

(Ein Schlußartikel folgt in No. 45.)

Erica melanthera alba.

Von **Werner Lieb**, Whitestone, N.-Y.

(Hierzu eine Abbildung.)

Erica melanthera alba — unter diesem Namen wird dieses Heidekraut hier gezogen — ist ein sehr empfehlenswerter Weihnachtsblüher. Die unzähligen weißen Glöckchen, einzeln zwar klein und unscheinbar, verleihen der Pflanze durch ihre Fülle einen großen Reiz. Als kleine Pflanze zum Füllen von Körbchen, wie als große, 2—3 m hohe Schaupflanze, ist sie gleich schön. Die Kultur ist äußerst einfach, man verwendet hier, wo diese *Erica* in größeren Mengen gezogen wird, eine mit $1/3$ lehmiger Landerde und etwas Sand versetzte Moorerde. Der Zusatz von etwas verrottetem Torfdung leistet recht gute Dienste, die Pflanzen vertragen Dünger sehr gut und danken dafür durch dunkle Belaubung und freudiges Wachstum. Nachdem die Pflanzen im Sommer im Freien standen, bringt man sie im

September ins Kalthaus, dort stehen sie zu Weihnachten in Blüte. Ich erinnere mich nicht, diese schöne *Erica* in Deutschland gesehen zu haben, nehme aber an, daß sie als wertvolle Bereicherung der Weihnachtsblüher Beifall finden wird.

Gemüsebau.

Vorkultur unter Glasglocken.

Von **Julius Buchholz**, Obergärtner in Bockstadt.

(Hierzu eine Abbildung.)

In den rosigsten Farben hat Herr Hollmann in No. 24 der „Gartenwelt" die Glasglockenkultur geschildert. Er beklagt das Mißtrauen der deutschen Gärtner zur Glasglocke, sowie deren Unfähigkeit zu ihrer Nutzbarmachung.

Als langjähriger Treibgärtner, speziell feiner Gemüsearten, kann ich nicht umhin, die Glockenkultur von einer weniger rosigen Seite zu beleuchten. Die hiesigen Versuche wurden mit einigen hundert Glocken ausgeführt. Ihre Nutzbarmachung sollte sich nicht auf Salat und Karotten erstrecken (für diese Gemüsearten gibt es kein billigeres und einfacheres Treibverfahren als dasjenige im Mistbeet), nein, hier im kalten Klima handelt es sich besonders darum, empfindlichen, feineren Gemüsen eine gute Vorkultur zu bieten. Versuchsweise wurden Limabohnen, Squahs, Zuckermais, Artischocken, Tomaten und Wassermelonen unter Glocken behandelt. Abgesehen davon, daß jede Glocke 3 Mark kostet, ist die damit verbundene Arbeit eine beträchtliche. Das peinlichste Lüften, das umständliche Ueberbrausen der Pflanzen, das Entfernen der Glocken bei erquickendem Regen und die oft erst herzustellende Räumlichkeit für die Aufbewahrung der Glocken erschweren dieses Verfahren. Tomaten, Mais und Artischocken vergeilten durch die obere Hitze in den Glocken und erstere beiden litten durch einen späteren Nachtreif derartig, daß sie zugrunde gingen. Im Freien kultivierte Tomaten und Zuckermais überstanden den Nachtreif ohne schweren Schaden.

Als nützlich zeigten sich in diesem Jahre die Glocken gegen die Erdflöhe; Blumenkohl, Bohnen und Gurken wurden nicht angegriffen. Trotz dieses Erfolges kann ich aber dem

Erica melanthera alba in den Kulturen von Pankok & Schumacher, New-York.
Originalaufnahme für die „Gartenwelt".

deutschen Handelsgärtner nur raten, es bei seinen Mistbeeten bewenden zu lassen, denn die Erzielung reichen Verdienstes aus der Glockenkultur darf er sich nimmer träumen lassen. Es wäre wohl wünschenswert, wenn ein weiterer Meinungsaustausch über Wert und Nutzen der Glasglocken in der deutschen Gartenkultur veröffentlicht würde.

Obstbau.

Meine Erfahrungen mit Obstbaumkarbolineum.

(Eine Warnung.)

Vom Herausgeber.

Seit mehreren Jahren wird für sogenannte Baumschutz- bezw. Karbolineummittel in einer gewissen Liebhaberpresse eine beispiellos dastehende Reklame gemacht. Diese Reklame setzte ein mit dem Empfehlen des Anstriches von Obstbaumstämmen mit reinem oder nur wenig verdünntem Karbolineum. Nachdem mit dieser Karbolineumpinselei in vielen Kulturen ein gar nicht wieder gut zu machender Schaden gestiftet worden war, ging man zur Empfehlung des sogenannten Obstbaumkarbolineums als Spritzmittel über. Im Anfang lag den Karbolineumenthusiasten die wenig beneidenswerte Arbeit ob, das Karbolineum unter Verwendung von Schmierseife in der bekannten Art zu kneten, um es schließlich, nachdem sie sich gründlich besudelt und auf Tage hinaus mit einem unangenehmen Krankenhausgeruch behaftet hatten, der oft kaum wieder aus den Kleidern herauszubringen war, wasserlöslich zu machen. Inzwischen ist diese Kneterei überflüssig geworden, nachdem es zahlreichen Karbolineumfabrikanten, jedem auf seine eigene, womöglich noch gesetzlich geschützte Art, gelungen war, ein wasserlösliches Präparat herzustellen und in den Handel zu bringen. Diese Präparate sind in der Tat vorzüglich wasserlöslich; man hat nur nötig, sie in's Wasser zu gießen, mit dem sie sich vermischen und eine milchweiße Flüssigkeit ergeben. Der Hauptagitator für die Anwendung dieses wässerlöslichen Karbolineums als Spritzmittel ist der bekannte Bankier Arthur Pekrun in Dresden, der nicht müde wird, in einem von kleinen Liebhabern gelesenen Blatte der Karbolisierung unserer Obstkulturen das Wort zu reden. Wenn man diesem Herrn glauben darf, so besitzen wir in dem wasserlöslichen Karbolineum ein Universalmittel gegen alle Pilzkrankheiten, einschließlich *Fusicladium* und gegen alle tierischen Obstbaumschädlinge: Graue Blutlaus, Blutlaus, Knospenwickler, Ringelspinner, und allem was drum und dran hängt. Kurz und gut, nach Pekrun muß das wasserlösliche Karbolineum eine Allerweltstinktur sein, dazu berufen, den Beginn eines neuen Zeitalters für die Obstkultur zu kennzeichnen. Die Bäume werden gespritzt, nochmals gespritzt und wieder gespritzt, und zwar im Winter nicht weniger als zehnmal, jedesmal mit 10prozentiger Lösung, im Sommer von zwei zu zwei Wochen mit Lösungen von $^1/_2$ bis 1 Prozent, und keine Pilzkeime, keine Schädlinge, welcher Art sie auch seien, können sich für die Folge ansiedeln. Der Herr Bankier hat Versuche mit drei verschiedenen Karbolineummarken gemacht, die nach seinen Angaben alle ganz ähnlich und von gleich guter Wirkung sind. —

Im Laufe der Jahre bot sich mir Gelegenheit, in Liebhabergärten viel durch die Karbolineumpinselei angestiftetes Elend zu beobachten. Erst in diesem Frühjahre wurde ich von einem Gartenbesitzer, der für Pekrun schwärmte, um Besichtigung der Obstbäume in seinem 1 ha großen Garten, in einem östlichen Berliner Vorort gelegen, gebeten; es war gegen Ende März. Unter den Baumbeständen fiel mir sofort eine Anzahl Birnstämme mit ursprünglich glatter, tadelloser Rinde auf, die durchaus frei von Moos, Rissen und Flechten war. Die Stämme dieser Bäume hatte der Gute nach berühmtem Muster mit Karbolineum gestrichen, und zwar mit einem jener drei Fabrikate, die nach Pekrun sehr ähnlich und von gleich guter Wirkung sein sollen. Die gute Wirkung äußerte sich aber in sehr drastischer Weise; in großen Fetzen hatte sich die Rinde von den Stämmen abgeblättert und diese vollständig abgetötet. Das Karbolineum war durch Rinde, Bast und Splint in das gesunde Kernholz eingedrungen. Die Wurzeln und die nicht angepinselten Kronen zeigten sich noch gesund. Inzwischen sind die Bäume selbstverständlich eingegangen. Es mag dem unglücklichen Besitzer ein schwacher Trost sein, daß er, ohne es zu wollen, das Stammholz mit Karbolineum in ähnlicher Weise, wie es bei den Eisenbahnschwellen üblich, präpariert und gegen Fäulnis widerstandsfähig gemacht hat; es hatten sich die vordem tragbaren Birnstämme in „Nutz- und Bauholz" verwandelt. Der hier vorgetragene Fall ist nur einer von vielen, die mir in den letzten Jahren begegneten, und immer waren die Hineingefallenen mit Recht geneigt, jene zu verwünschen, die ihnen in Wort oder Schrift die Karbolineumkur angeraten hatten.

Daß das Karbolineum nicht in allen Fällen gleichen Schaden stiftet, daß es sich in vielen Fällen, namentlich da, wo es sich um alte, mit dicken Schichten abgestorbener und rissiger Rinde bedeckte Stämme handelt, die das Eindringen der Giftbrühe in die lebenden Gewebe verhindert, weniger oder nicht schädlich zeigt, während in anderen Fällen, alles was mit ihm in Berührung kommt zugrunde geht, dürfte bekannt sein.

Den Pekrunschen und Bettenschen Veröffentlichungen habe ich von Anfang an keinerlei Bedeutung beigemessen, und ebenso hat man es mit ihnen, wie ich weiß, an zuständigen Stellen gehalten. Die Veröffentlichungen beider haben auch

Kulturen unter Glasglocken. Originalaufnahme für die „Gartenwelt".

Ananasrenetten als Buschbäume.
In der Plantage des Herausgebers für die „Gartenwelt" photogr. aufgenommen.

nicht allzuviel Schaden gestiftet, weil sie nur von wenigen, meist kleinen Liebhabern gelesen wurden, die wohl größtenteils nur einige Bäume oder Bäumchen ihr eigen nennen. Allerdings ist auch von den Kreisen dieser Liebhaber manches Gejammer über die Verluste ausgegangen, die sie durch Verwendung des Karbolineums erlitten hatten.

Nachdem nun das wasserlösliche Karbolineum aufgekommen war, wurde dessen Anwendung wieder von Pekrun mit allem Nachdruck empfohlen. Nach Pekrunscher Anweisung soll im Anfang im Winter etwa 10 mal mit 10prozentiger Lösung gespritzt werden, die gerade noch so dünnflüssig ist, daß sie mit den gebräuchlichen Spritzen verteilt werden kann, im Sommer dann mit $^1/_2$ bis 1proz. Lösung in vierzehntägigen Zwischenräumen. Diese Spritzereien sollen nicht nur das Aufkommen irgend welcher Pilzkrankheiten verhindern, sondern auch alle Schädlinge schon in der Entwickelung abtöten. Nachdem auch von verschiedenen anderen Seiten diese Spritzereien empfohlen worden sind, gelangte ich selbst schließlich zu der Vermutung, daß an der Sache etwas Brauchbares sein müsse. Von dieser Annahme bin ich, wie ich offen und ehrlich gestehen will, inzwischen gründlich kuriert worden. Ich stehe deshalb nicht an, auf Grund meiner Erfahrungen vor Anwendung von Karbolineum in jeder Form und in jeder Verdünnung zu warnen! Karbolineum ist ein ganz gefährliches Gift für höhere Pflanzen, niederen Schmarotzerpilzen und schädlichen Insekten dagegen tut es nach meinen Beobachtungen kaum nennenswerten Abbruch. Mit Erfolg angewendet wurden Karbolineumpinseleien bisher nur beim Auftreten der Blutlaus, allenfalls noch bei Schildläusen. Wenn man die Blut- und Schildlausherde mit nicht zu stark verdünnter Lösung unter Verwendung eines harten Pinsels gründlich einpinselt, so werden sie abgetötet; man setzt sich damit aber auch der Gefahr aus, die behandelten Bäume in schwerer Weise zu schädigen, unter Umständen sogar vollständig zu ruinieren. Soll man sich nun wirklich dieser Gefahr aussetzen, wenn es zahlreiche andere Bekämpfungsmittel gibt, deren Anwendung, wenn auch nicht weniger umständlich, so doch für die Pflanzen durchaus ungefährlich ist?

Für meine Versuche mit wasserlöslichem Karbolineum habe ich mir, weil mir die Syphoniaspritze, welche ich besaß, dafür wenig zweckmäßig schien, eine sogenannte Ceresspritze mit Bambusspritzrohr der Technischen Verkaufsgenossenschaft in Duisburg kommen lassen. Diese Spritze hat sich vorzüglich bewährt, aber das Spritzen mit verdünntem Karbolineum ist trotz alledem eine außerordentlich unangenehme und mühevolle Arbeit, nicht nur wegen des peinlichen Geruches, welchen es hinterläßt, der es für den Spritzenden, wenn er sich nicht nach der Beendigung der Arbeit vollkommen umkleiden und baden kann, ratsam erscheinen läßt, in den nächsten 48 Stunden jede menschliche Gesellschaft zu meiden, sondern die Lösung greift auch die Gummiringe, welche zur Verdichtung der verschiedenen Verschraubungen absolut notwendig sind, derart an, daß sie meist auch nicht für eine Spritzenfüllung vorhalten; abgesehen davon, bedarf auch der Gummischlauch, an welchem das Bambusrohr anzuschrauben ist, in kürzerer Frist bereits der Erneuerung.

Für meine Spritzversuche habe ich mir eines jener

Gravensteiner als Buschbäume.
In der Plantage des Herausgebers für die „Gartenwelt" photographisch aufgenommen.

wasserlöslichen Karbolineumpräparate verschrieben, die von Pekrun als zuverlässig und durchaus gut besonders empfohlen worden sind. Die Fabrik hier namhaft zu machen und zu schädigen, liegt nicht in meiner Absicht, da ich die bösen Folgen verschiedenartiger Karbolineumpräparate gesehen habe und Karbolineum, gleichviel aus welcher Fabrik es stammt, für ein böses Pflanzengift halte. Interessant war es mir nur, festzustellen, daß der Fabrikant des von mir verwendeten Fabrikates weit weniger zuversichtlich als Herr Pekrun selbst war; er schickte mir den für die bestellte Kanne per Postanweisung eingezahlten Betrag von 16 M mit dem Bemerken zurück, daß er vorläufig noch nicht in der Lage sei, dafür Garantie zu übernehmen, daß schädliche Wirkung auf die Pflanzen durch Verwendung seines Fabrikates ausgeschlossen sind, und daß er mir deshalb das gelieferte Quantum zu Versuchszwecken kostenlos zur Verfügung stellen wolle. Die Firma schrieb mir im Dezember 1907 u. a. wörtlich: „...., so müssen wir dabei betonen, daß wir noch nicht in der Lage sind, das neue, von unparteiischer Seite so warm empfohlene Fabrikat mit unserer vollen Verantwortung zu decken, ehe unsere Erfahrungen sich auf einen längeren Zeitraum erstreckt haben." Wie berechtigt diese Vorsicht des Fabrikanten war, zeigten mir die Wirkungen seines Mittels. Hätte sich der Fabrikant nicht von vornherein in der geschilderten Weise gedeckt, so würde ich ihn jetzt, nachdem ich die Folgen klar vor Augen sehe, zweifellos regreßpflichtig gemacht haben.

Ich habe das wasserlösliche Karbolineum in der denkbar vorsichtigsten Weise angewendet. Statt der nach Pekrun im Winter zehnmal auszuführenden Bespritzungen mit je 10prozentiger Lösung, habe ich mich auf zweimalige Winterbespritzungen, erstmals mit 6prozentiger und dann mit 5prozentiger Lösung beschränkt, und diese Bespritzungen ganz nach Vorschrift bei schnee- und frostfreiem Wetter zur Ausführung gebracht. Den beiden Winterbespritzungen ließ ich dann in den ersten Apriltagen noch eine dritte Bespritzung mit nur einprozentiger Lösung folgen. Ich bemerke dazu, daß ich die Versuchsbäume teils persönlich gespritzt habe, teils unter meiner Aufsicht spritzen ließ, und daß ich die Karbolineumverdünnung in allen Fällen selbst herstellte. Um ganz deutlich zu sein, sei bemerkt, daß zur Herstellung der einprozentigen Lösung auf 50 Liter Wasser $^1/_2$ Liter Karbolineum gegeben wurde. Während bis Anfang April schädliche Anzeichen der Winterbespritzungen nicht zutage traten, zeigten die behandelten Bäume bald nach der letzten einprozentigen Bespritzung, trotzdem sich gleich nach deren Beendigung strömender Regen einstellte, Anzeichen schwerer Erkrankung. Zur Zeit dieser letzten Bespritzung waren sämtliche bespritzten Pflanzen noch absolut unbelaubt, da die Vegetation in diesem Frühjahre ungewöhnlich weit zurück blieb. Nur bei dem Frühapfel *Charlamowsky* hatten sich die Schuppenhüllen der Blüten- und Holzknospen schon ein wenig auseinandergeschoben und gelockert. Und was war das Ergebnis der Bespritzung? Ueberall an den bespritzten Bäumen mußte ich mehr oder weniger schwere Schäden feststellen; ein Teil des Blütenansatzes ging an allen bespritzten Bäumen im ersten Knospenstadium zugrunde, während ein anderer Teil der behandelten Bäume überhaupt nicht mehr fähig war auszutreiben, sondern, wie ich bei Bloßlegung des Wurzelwerkes feststellte, bei vollständig gesundem Wurzelsystem zum Absterben kam. Einige Bäume, die anfangs als vollständig verloren galten, brachten während der andauernden Regenperiode im vorgeschrittenen Frühling noch einige junge Triebe aus Reserveaugen, sind aber derartig heruntergekommen, daß sie zum Herbst entfernt werden müssen. Merkwürdig ist es, daß die in tieferen, feuchteren Lagen meiner Plantage stehenden Bäume, von dem Verbrennen zahlreicher Blütenknospen abgesehen, nur wenig gelitten haben, während die in der höheren und dementsprechend trockneren Lage stehenden und deshalb schwachtriebigeren Pflanzen am meisten mitgenommen worden sind. Die ersten der sich entwickelnden Blätter der angegriffenen Bäume waren krankhaft, die Blattränder zeigten sich brandig, die Blätter wurden bald trocken, fleckig und fielen ab. Vollständig zugrunde gingen von den behandelten Bäumen etwa fünfzehn Stämme, während die übrigen mehr oder minder schwer gelitten haben. Völlig abgestorben sind drei *Muskatrenetten*, eine Anzahl *Charlamowsky*, Pflaumenbäume und ganz besonders wagerechte Kordons in trockener Lage. Ich bemerke, daß die benutzte Spritze die Flüssigkeit in feinster, nebelartiger Zerstäubung abgibt, in einer Zerstäubung, die so fein ist, daß der leiseste Lufthauch den Karbolineumstaub auf 10 bis 15 m Entfernung fortträgt.

Schöner von Boskoop als Buschbaum.
In der Plantage des Herausgebers für die „Gartenwelt" photographisch aufgenommen.

Bespritzt habe ich jene Obstgattungen, die viel durch Knospenwickler zu leiden haben, also Aepfel, Birnen, Pflaumen, Himbeeren, Stachelbeeren, Johannisbeeren, außerdem Rosen, ferner einige von der grauen Blattlaus befallene Bäume, die mit deren Wintereiern bedeckt waren. An Beerenobst sind im Gegensatz zum Stein- und Kernobst nicht die geringsten Schäden zutage getreten, bei den unberechenbaren Wirkungen des Karbolineums ist aber nicht ausgeschlossen, daß sich auch bei diesem an anderer Stelle Schäden ergeben können. Bei den Rosen, die nur einmal anfangs April mit einprozentiger Lösung bespritzt wurden, verfärbte sich sofort nach der Bespritzung die Rinde in auffälliger Weise; sie wurde schwarzfleckig, ähnlich wie bei von der Schwarzfleckenkrankheit befallenen Sträuchern, nur daß hier gleichmäßig verteilt über die ganze Rinde eine intensive, scheckige Zeichnung entstand, die mich sofort über die schädliche Wirkung der Bespritzung klar werden ließ. Meine Befürchtungen haben sich als berechtigt erwiesen. Wohl sind die behandelten Rosen, es waren die Sorten *Conrad Ferdinand Meyer* und *Frau Karl Druschki* in kraftstrotzenden, älteren Exemplaren, nicht völlig eingegangen, aber ganze Astetagen sind abgestorben, und erst Ende Mai begannen vereinzelte Augen auszutreiben; die wenigen erschienenen jungen Triebe trugen am 20. Juni noch die ersten Blütenknospen.

Pariser Rambour(Canada)-Renetten als Buschbäume.
In der Plantage des Herausgebers für die „Gartenwelt" photographisch aufgenommen.

Und welches sind nun gegenüber diesen Schädigungen die Vorteile, die man der Karbolineumbespritzung zuschreiben könnte? Die *Monilia* ist nicht nur bei mir, sondern auch bei einem Bekannten, der wiederholt mit 10 prozentiger Lösung gespritzt hatte, genau so stark als in den Vorjahren aufgetreten und hat namentlich an den Apfelbäumen die Blüten geschädigt; daneben mußte ich früher als in anderen Jahren die ersten Spuren von *Fusicladium* auf den kleinen Aepfeln feststellen und dies ganz besonders bei jenen *Charlamowsky*, die am schwersten durch „Karbolineum gelitten hatten. Ich habe des weiteren festgestellt, daß Karbolineumlösungen in spritzfähiger Beschaffenheit und staubförmig verteilt gegen die schlimmsten Schädlinge der Obstbäume absolut wirkungslos sind. Von der Tatsache ausgehend, daß die Knospenwickler, die wenigstens hier in der Provinz Brandenburg die denkbar schlimmsten Schädlinge, namentlich der Apfelbäume, sind, ihre Eier schon im Sommer einzeln an die Augen der jungen Triebe ablegen, an denen sie überwintern, wollte ich feststellen, ob die Karbolineumbespritzung imstande ist, diese Eier abzutöten. Um dies ganz sicher festzustellen, habe ich einige Bäume so nachdrücklich mit der Lösung bespritzt, daß das Spritzwasser an den Zweigen zusammen lief. Ich habe diese Bäume von vornherein als „Versuchskaninchen" betrachtet, und sie sind natürlich auch dieser Bespritzung zum Opfer gefallen, aber — die Brut der Knospenwickler ist lebensfähig geblieben! Ich habe Ende April in den durch das Karbolineum glasig gewordenen und vollständig abgestorbenen Knospenanlagen überall lebende Räupchen der Knospenwickler festgestellt. Es sind denn auch in diesem Jahre, ich weiß nicht, soll ich sagen trotz oder dank der Bespritzung, die Knospenwickler in verderblicherer Weise als je zuvor aufgetreten; wir haben sie in vieltägiger Arbeit zu Tausenden und Abertausenden bis zum Juli abgesucht und vernichtet. Aber auch gegen andere tierische Schädlinge war die Karbolineumbespritzung absolut wirkungslos. Den Eiern der tüchtig in $^1/_2$ prozentige Karbolineumlösung getauchten Eierringe des Ringelspinners entschlüpften im warmen Zimmer alle Raupen. Auch mit der Pinzette gefaßte und gründlich in $^1/_2$ prozentige Karbolineumlösung getauchte Raupen sind kreuzfidel geblieben. Die Raupen der Kupferglucke, des Blausiebs und aller übrigen Schädlinge haben sich den Karbolineumbädern gegenüber ziemlich widerstandsfähig erwiesen, ebenso die Wintereier der grauen Blattlaus, die meiner Ansicht nach an Verderblichkeit die Blutlaus überragt. In hochprozentige Lösungen getaucht, gingen dagegen Wicklerraupen aller Arten, alle behaarten Raupen, Puppen der Kupferglucke, Gartenlaub- und Junikäfer nach wenig Minuten zugrunde, während eine nur bis zum Kopf eingetauchte Raupe des Blausiebs noch nach Stunden lebte. Es sei noch bemerkt, daß sich auch an dem bespritzten Beerenobst und den Rosen Wickler, Läuse und sonstige Schädlinge zur gewohnten Zeit in gleich großer Zahl wie bei den unbespritzten Bäumen eingestellt haben.

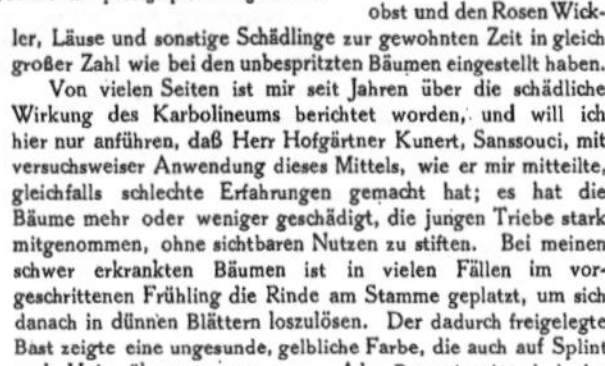

Von vielen Seiten ist mir seit Jahren über die schädliche Wirkung des Karbolineums berichtet worden, und will ich hier nur anführen, daß Herr Hofgärtner Kunert, Sanssouci, mit versuchsweiser Anwendung dieses Mittels, wie er mir mitteilte, gleichfalls schlechte Erfahrungen gemacht hat; es hat die Bäume mehr oder weniger geschädigt, die jungen Triebe stark mitgenommen, ohne sichtbaren Nutzen zu stiften. Bei meinen schwer erkrankten Bäumen ist in vielen Fällen im vorgeschrittenen Frühling die Rinde am Stamme geplatzt, um sich danach in dünnen Blättern loszulösen. Der dadurch freigelegte Bast zeigte eine ungesunde, gelbliche Farbe, die auch auf Splint und Holz übergegangen war. Als Beweismittel habe ich die durch die Karbolineumversuche getöteten und schwer geschädigten Bäume auf der Plantage belassen, um jedermann, der sich dafür interessiert, die Wirkungen der Bespritzungen vor Augen führen zu können. Mir persönlich genügen die von mir angestellten Versuche, da ich nicht annehmen kann, daß die bei mir vorkommenden grauen u. a. Blattläuse, Knospenwickler, Ringelspinner und Schmarotzerpilze anders geartet sind wie anderwärts. Ich habe inzwischen wieder die erprobten Bespritzungen mit Kupferkalk-Arsenbrühe, an deren Stelle auch Kupfersoda mit Arsenzusatz treten kann, aufgenommen.

In der Bordeau- oder Kupferkalkbrühe habe ich zwar auch kein direktes Bekämpfungsmittel gegen *Monilia, Fusicladium,* falschen Mehltau, Kräuselkrankheit, Rost und andere pilzliche Schmarotzer gefunden, wohl aber ein vorzügliches Vorbeugungsmittel gegen diese Krankheiten, *Monilia* ausgenommen, das, erstmals im zeitigen Frühling vor dem Austreiben der Bäume, dann vor und unter Umständen noch zwei- bis dreimal nach der Blüte angewendet, nie seine Wirkung verfehlt. Die tierischen Schädlinge scheinen freilich auch gegen Kupfer, Arsen, Schweinfurter Grün und andere Gifte vollständig oder fast vollständig immun zu sein. Aber Tatsache bleibt doch, daß die Urheber der Obstmaden, die Apfelwickler, von denen man, nebenbei bemerkt, nicht weiß, was ihnen diese unpassende Bezeichnung eingetragen hat, die Früchte an den mit Bordeaubrühe unter Zusatz von Arsen bespritzten Bäumen zur Ablage ihrer Eier meiden. Bekanntlich legen die Schmetterlinge im Sommer an jede Frucht ein Ei ab. Die diesen Eiern entschlüpfenden Räupchen irren zwei bis drei Tage auf der Frucht umher, um sie dann an irgend einer Stelle anzubohren, sie madig bezw. wurmstichig zu machen, also zu entwerten. Seit drei Jahren wende ich die Bespritzung mit Bordeaubrühe, bezw. Kupfersoda unter Zusatz von Arsen, auf je 1 Liter Wasser 1 gr. Arsen, einmal nach der Blüte und dann nochmals 3 bis 4 Wochen später, an, und seit dieser Zeit gehören wurmstichige Früchte bei mir zu den größten Seltenheiten.

Die Knospenwickler stört weder Kupfer noch Arsen; nachdem sie die zusammengesponnenen jungen Blattriebe, Blätter, Blütenknospen und Blüten ausgefressen haben, verbinden sie, wo sich die Möglichkeit bietet, durch Fäden ein Laubblatt mit der werdenden Frucht und nagen auch diese gründlich an, was im übrigen auch Juni- und Gartenlaubkäfer und, wie ich zweifelfrei festgestellt habe, auch die Saatschnellkäfer tun. Fast alle angefressenen Früchte fallen vorzeitig. Die genannten Käfer meiden aber nach Möglichkeit die bespritzten Früchte. Bei Apfelbäumen ist es von größter Wichtigkeit, die erste Bespritzung mit Arsenlösung zwei Wochen nach der Blüte vorzunehmen. Im Gegensatz zu Birnen, bei welchen die Kelche sternförmig ausgebreitet bleiben, heben sich bei Aepfeln die anfangs über den Fruchtboden zurückgeschlagenen Kelchzipfel nach erfolgter Befruchtung höher und höher, um sich schließlich über der werdenden Frucht zusammenzuschließen. Nur wenige Sorten, wie z. B. die Ananasrenette, machen mitunter eine Ausnahme. Bevor sich die Kelchzipfel nun in der geschilderten Weise zusammengeschlossen haben, muß die erste Bespritzung erfolgen, weil es nachher nicht mehr möglich ist, den Fruchtboden, auf welchen das Ei mit Vorliebe gelegt wird, durch die Spritzflüssigkeit zu präparieren. An Stelle des gefährlichen weißen Arseniks können auch arsensaueres Blei, Londoner Purpur und Schweinfurter Grün verwendet werden. Nach meinen Erfahrungen genügt ein Gramm dieses Giftes auf 1 Liter Flüssigkeit vollkommen. Eine Dosis von zwei bis drei Gramm, wie sie in Frankreich verwendet werden soll, halte ich für viel zu hoch; sie scheint auch das Laubwerk der Bäume zu schädigen. Durch zu hochprozentige Brühe können Pfirsiche und gewisse Apfelsorten, namentlich *Charlamowsky* geschädigt werden. Will man besonders vorsichtig sein, so bespritze man Sommerobst nur einmal gleich nach der Blüte. Jedenfalls steht so viel fest, daß bei spät reifenden Sorten durch die Bespritzung der menschlichen Gesundheit auch nicht der allergeringste Nachteil entstehen kann; dazu ist einerseits das zur Anwendung gelangende Arsen viel zu gering, so daß es als Gift weit weniger als Kupfer in Frage kommt, dessen Anwendung in sämtlichen Weinbergen obligatorisch ist, andererseits ist Arsen bis zur Reife der Früchte längst vom Regen abgewaschen. Abgesehen davon, pflegt man das Winterobst nur geschält zu genießen. Im Vorjahre wurde bei mir durch Versehen des betreffenden Arbeiters ein Kirschbaum der Sorte *Früheste der Mark* noch wenige Tage vor der Reife der Früchte mit Kupferkalk-Arsen gespritzt; diese Früchte, die ich hängen ließ, sind bis auf die letzte von den in der Nachbarschaft nistenden Staren gemaust worden, die sich auch nach dieser Mahlzeit noch ebenso munter und fidel als bisher gebärdeten. Ein ähnlicher Fall passierte etwas später in der Biologischen Reichsanstalt zu Dahlem, wo sich die Spatzen und Stare durch die angebrachten Warnungstafeln, die sie wahrscheinlich nicht lesen konnten, nicht von der Plünderung der angeblich vergifteten Kirschbäume abhalten ließen; auch dort sind dem gefiederten Gesindel die reichlichen Mahlzeiten gut bekommen.

Als vorzügliches Mittel gegen den Apfelwickler kann neben der oben beregten Arsenbespritzung noch zur Flugzeit des Schmetterlings, im Juni und Juli, in kleinen Gärten, wo Wasserleitung mit entsprechendem Druck zur Verfügung steht, das häufige gründliche Ausspritzen der Baumkronen empfohlen werden. Dieses Verfahren hat ein Berliner Liebhaber, Oskar Cordel, festgestellt und erprobt. Durch das Bespritzen mit dem Schlauch werden die vom Schmetterling an die Früchte abgelegten Eier und die frischgeschlüpften Räupchen abgewaschen und zu Boden gespült, wo sie verkommen.

Dafür, daß niedere Tiere gegen Gifte, die höher organisierten Geschöpfen den Tod bringen, oft vollständig unempfindlich sind, möchte ich noch ein Beispiel anführen. Im Juni 1905 waren meine Stachelbeer- und Johannisbeersträucher vollständig von den Raupen der Stachelbeer- und Johannisbeerspanner bedeckt. In meiner Ratlosigkeit füllte ich eine blasebalgartige Spritze mit Kupferkalk-Arsenpulver und blies dieses in reichster Weise über die vom Tau der Nacht noch benäßten Sträucher, welche der Giftstaub vollständig bedeckte. Aber auch diese Bestäubung hat den Raupen nicht im geringsten mitgespielt; sie lagen nach wie vor ihrem Fraß ob und haben die Sträucher so vollständig kahl gefressen, sodaß ich dieselben herausnehmen und verbrennen mußte.

Als ich mich im verflossenen Winter mit dem Vertreter meines Karbolineumlieferanten unterhielt, sagte ich ihm: „Wenn dieses Spritzmittel tatsächlich die Eigenschaften hat, die ihm von Herrn Bankier Pekrun zugeschrieben werden, dann beginnt ein neues Zeitalter für den deutschen Obstbau." Leider ist es nun mit diesem neuen Zeitalter nichts, und da das Karbolineum wohl den Bäumen schadet, nicht aber den

Wintereiern der grauen Blattlaus und den Knospenwicklern, von anderen Schädlingen und von Schmarotzerpilzen ganz zu schweigen, so müssen wir nach wie vor einen mühevollen Kampf gegen die Feinde des Obstbaues führen. Nur den Eiern der obengenannten Schädlinge könnte man mit einem Spritzmittel beikommen, nicht aber den grauen Blattläusen und Raupen. Erstere sind nicht nur durch ihren wachsartigen Ueberzug, sondern auch unter den durch ihre verderbliche Tätigkeit nach unten zusammengerollten und gekräuselten Blättern gegen Spritzmittel vollständig geschützt. Genau so verhält es sich mit allen Knospenwicklern, da diese die Blätter an den Zweigspitzen und die Blütenknospen am Fruchtholz zusammenspinnen und dadurch ihre Schlupfwinkel jedem Spritzmittel verschließen. Die Raupen der Knospenwickler gehören zu den verderblichsten Schädlingen des Kern-, Stein- und Beerenobstes.

Karbolineum ist kein Spritzmittel für Obstbäume und kein Anstrichmittel für die Stämme lebender Bäume, dabei bleibe ich auch trotz Prof. Hiltner, der neuerdings für dasselbe eintrat, sondern nur ein Konservierungsmittel für totes, trockenes Holz. Die Eisenbahnschwellen der Kgl. Preußischen und Hessischen Staatsbahnen werden mit Karbolineum präpariert, und hier ist es am Platze, nicht aber am lebenden Holze. Als vor etwa drei Jahrzehnten das Karbolineum als Holzpräparat aufkam, wurde es in manchen Gärtnereien als Konservierungsmittel für Mistbeetkasten und Gewächshausstellagen angewendet. Die Spalten der Fachpresse aus damaliger Zeit hallen wider von dem Wehklagen jener Handelsgärtner, die Karbolineum in der bezeichneten Weise als Holzkonservierungsmittel verwendeten. Die Ausdünstungen des Anstriches genügten, um alle Kulturen in den betr. Häusern und Mistbeeten vollständig zu vernichten. Es blieb damals nichts anderes übrig, als die gestrichenen Kästen und Hölzer so rasch als möglich aus dem Bereiche der gärtnerischen Kulturen zu entfernen. Ob man mit dem Karbolineum als Obstbaumanstrich- und Spritzmittel zum Segen des deutschen Obstbaumes sobald als möglich in ähnlicher Weise verfahren wird, mag die Zeit lehren.

Die vier in den Text eingestreuten Bildchen aus meiner Obstplantage stehen mit meinen vorstehenden Ausführungen in keinem direkten Zusammenhange. Auf keinen Fall sollen sie zeigen, wie mit Karbolineum bespritzte Bäume zur Blütezeit aussehen. Die Bilder, die das zeigen würden, hätten ein ganz anderes Gesicht. Die abgebildeten Bäume stellen Pflanzen dar, die nicht nur nicht mit Karbolineum behandelt, sondern auch nicht nach „Pekrunscher Methode“ geschnitten worden sind, zeigen also, wie naturgemäß behandelte siebenjährige Apfelbuschbäume zur Blütezeit aussehen, die ohne alle Kunstschneiderei und ohne Grünschnitt reiche Ernte gewährleisten.

Pflanzenschädlinge.

Gegen Erdflöhe! Daß der Kalkstaub, gegen Abend ausgestreut, das beste Mittel zur Vertilgung der Schnecken ist, dürfte wohl so ziemlich allgemein bekannt sein. Das gleiche Mittel wende ich des Morgens an trockenen Tagen gegen Erdflöhe an. Ich fülle etwas Kalk in einen groben Leinenbeutel, welchen ich an eine ein bis zwei Meter lange Stange binde und schüttle nun den Beutel über den Kohlanpflanzungen. Sofort verlassen die Erdflöhe, vertrieben durch den lästigen Kalkstaub, ihren Sitz und fliegen fort. Das Mittel muß nach jedem Regen erneuert werden; auch die Kohlmade tritt bei dessen Anwendung viel weniger häufig auf.

G. Bovenkerk, Langenberg.

Heiteres.

Unter der Spitzmarke **„Schwarze und blaue Rosen“** macht zurzeit ein recht konfuser Artikel die Runde durch die Tageszeitungen, der, wie aller gärtnerischer Kohl zur Saurengurkenzeit, auch von Blättern wie dem „Berliner Tageblatt“, das sich bekanntlich zu den führenden Tageszeitungen zählt, behaglich wiedergekaut wird. Da wird uns die Neuigkeit aufgetischt, daß die Rose trotz *Chrysanthemum* und Orchideen noch immer die Königin der Blumen sei, daß es aber trotz aller Anstrengungen, die von den Rosariern (eine herrliche neue Wortbildung, wohl eine Verbesserung von Rosist, Blumist und sonstigem Mist!) gemacht worden sind, noch nicht gelungen sei, eine blaue Rose zu züchten. Aber schwarze Rosen sind gezüchtet, die man auf der Ausstellung der englischen Rosengesellschaft in den botanischen Gärten zu Kew bei London sehen konnte. Im „Breslauer Generalanzeiger“ hieß es bezüglich solcher schwarzen Rose: „Sie ist völlig schwarz, aber — von einem außerordentlich dunklen Karmin“. Wie sagt doch Bürger im „Abt von St. Gallen“? „Der Mann, der das Wenn und das Aber erdacht, hat gewiß aus Häckerling Gold schon gemacht“. Das „Berliner Tageblatt“ erzählt seiner gläubigen Lesergemeinde von der fast ganz schwarzen Rose, dem Resultat mehrjähriger Anstrengungen und Bemühungen, und spricht dann weiter von mehreren Arten (!) der schwarzen Rose, in einem Nachsatze die Botschaft hinzufügend: „ihre Farbe ist nicht ein ausgesprochenes Schwarz, sondern ein außerordentlich tiefes Karmoisinrot mit bronzefarbigen oder braunen Schattentönen“. Trotz dieses hinkenden Nachsatzes sind derlei Rosen, wenn man dem „Berliner Tageblatt“ glauben darf, natürlich nicht billig. Der Preis für die Mutterpflanze einer neuen Rosenart (!) schwankt nach dem „Berliner Tageblatt“ zwischen 10 000 und 20 000 M. Wenn die Herren Lambert, Kiese, Jacobs und Türke von diesen Summen hören, wird ihnen sicher das Wasser im Munde zusammenlaufen. Zufällig fliegt mir gerade ein Schreiben eines ersten deutschen Rosenzüchters auf den Tisch, in welchem mir u. a. mitgeteilt wird, daß eine unserer bekanntesten Rosenfirmen dem Züchter einer prächtigen neuen Schlingrose für deren Alleinverkaufsrecht ganze 50 Mark geboten habe, die gleiche Riesensumme für einen gelb blühenden Sport der berühmten *Frau Karl Druschki!* Daraus mag man sehen, wie weit die Phantasie übereifriger Lokalreporter von der Wirklichkeit abweicht. Die Phantasie ist eben das einzige Rüstzeug dieser Leute, die über alles mit gleicher Sachkenntnis berichten, mag es eine Rosenausstellung, ein Hundewettrennen, ein Preisschießen oder ein Wettfliegen sein. Den Garteningenieuren und Botanikern des „Berliner Tageblattes“ empfehle ich, sich vom ersten besten Gemeindeschullehrer erst einmal den Unterschied zwischen Pflanzenarten und Gartensorten erklären zu lassen und dann dem staunenden Publikum mit weiteren gärtnerischen Enthüllungen aufzuwarten; wir werden von denselben in der gleichen Rubrik auch weiterhin gern Notiz nehmen. „Spaß muß sein“, sagt der Berliner.

M. H.

Auf einem Pathologenkongreß, der vor kurzem in Paris stattgefunden hat, wurden über die psychologischen Wirkungen der verschiedenen Gemüse ganz merkwürdige und interessante Beobachtungen gemacht, deren Mitteilung sicherlich auch den einen oder anderen Gartenweltleser interessieren dürfte. Einer der anwesenden Gelehrten — die betr. Zeitung verschweigt leider dessen Namen — soll nämlich auf dem genannten Gebiete seit einigen Jahren die eingehendsten Studien und Experimente gemacht haben und zu den folgenden, wissenschaftlichen Resultaten gekommen sein. Er stellt u. a. fest, daß z. B. der reiche Genuß von Kartoffeln Kühle, Ueberlegungsfähigkeit, Objektivität und Selbstbeherrschung erzeuge, gelbe Rüben dagegen ein glänzendes Mittel gegen Jähzorn und seine Begleiterscheinungen, sowie außerdem gegen Eifersucht, Melancholie und Rachsucht seien. Vom Spinat behauptet derselbe, daß er anfeuert, Energie und Initiative verleiht, während der Genuß von französischen Bohnen für die Entwickelung künstlerischer Ideen und poetischen Empfindens sehr förderlich sei. Doch soll es auch Gemüse schädlicher Natur geben, so z. B. die grünen Erbsen, die zur Frivolität und Koketterie verleiten; noch nachteiliger sollen Weißkohl und Blumenkohl wirken, indem sie nämlich, in großen Mengen genossen, langsam aber sicher Stupidität und Idiotie herbeiführen. Als Königin der Gemüse nennt er schließlich weiße und grüne Bohnen, da sie Gehirn erzeugen, die Nerven beleben und intelligenzanregend wirken; er beruft sich dabei auf Größen wie Carlyle, Gambetta, Ibsen und Disraeli, die starke Bohnenesser gewesen sind. Obwohl diese neue Gemüsetheorie, die übrigens eines komischen Beigeschmacks nicht entbehrt, bei manchem Gemüsefreund und -züchter teils verlockende, teils beunruhigende Gefühle erwecken dürfte, so zweifelt der „Temps" — eine der ersten französischen Tageszeitungen — doch ganz entschieden an der Zuverlässigkeit obiger Beobachtungen, indem er am Schluß bemerkt, daß der betr. französische Gelehrte entweder den Genuß von grünen Bohnen vernachlässigt oder aber denjenigen von Kohl übertrieben habe. **Paul Schmidt**, z. Z. London SE.

Nachschrift des Herausgebers. Ich halte die Zweifel an den oben geschilderten Forschungsergebnissen des ungenannten französischen Gelehrten für durchaus unbegründet, dagegen die Ergebnisse für lückenhaft. Da ein Redakteur bekanntlich über kolossal viel freie Zeit verfügt, habe ich auf gleichem Gebiete, teilweise durch Verwendung von Versuchskaninchen und Meerschweinchen, weitergeforscht und festgestellt, daß der fortdauernde Genuß von Stangenbohnen Steifheit in den Gelenken erzeugt, daß der Genuß von Sauerkohl den verknöchertsten Pessimisten in einen lachenden Optimisten verwandelt, und daß schließlich Kohlrüben, aber nur in Verbindung mit Schweinebauch, durch einige Wochen konsequent gegessen, Analphabeten, Idioten oder Wasserköpfe in hervorragende Zunftgelehrte verwandele. Ich bin der Ueberzeugung, daß diese Tatsachen, für deren Richtigkeit ich einstehe, nicht nur dem Kohl-, Rüben- und Bohnenbau, sondern auch der Schweinezucht bisher ungeahnte Zukunftsaussichten eröffnen.

Ein heiterer Beitrag zum Kapitel Kranzspenden. Aus Celle wird folgendes Geschichtchen berichtet: Ein recht sparsamer Bauer aus der Südheide ging dieser Tage zur Beerdigung eines verstorbenen Freundes in der Nachbargemeinde. Am Arm trug er einen Kranz von künstlichen Blumen, der als letztes Zeichen treuer Liebe aufs Grab gelegt werden sollte. Als er später seinen heimischen Penaten zuwankte, trug er den Kranz wieder am Arm; er hatte ihn nach dem Leichenschmaus wieder vom Kirchhofe geholt. Als man ihn fragte, warum er das getan hätte, sagte er: „Düsse Kranz holt sich und ick kann'r noch veele Frünne mit begraben." (Dieser Kranz hält sich, und ich kann noch viele Freunde damit begraben.)

Mannigfaltiges.

Der Elektromotor zur Wasserförderung findet neuerdings ausgedehnte Verwendung in landwirtschaftlichen und Gärtnereibetrieben, ferner zur Wasserversorgung in Landhäusern, Kuranstalten, kurz überall, wo die Entnahme des Gebrauchswassers aus einem Brunnen, Teich oder Fluß stattfindet. Ist elektrischer Strom vorhanden, sei es durch Anschluß an ein Elektrizitätswerk oder an eine private elektrische Anlage, so bietet die Verwendung eines Elektromotors zum Pumpenantrieb das bequemste und betriebssicherste Mittel. In Erkenntnis der großen Vorteile und der weitgehenden Verwendbarkeit elektrischer Pumpen haben die Siemens-Schuckertwerke, Berlin, diesem Gebiete ganz besondere Aufmerksamkeit gewidmet und eine Reihe von Spezialkonstruktionen geschaffen, die sich in der Praxis aufs vorzüglichste bewährt und wegen ihrer Einfachheit und Bequemlichkeit großen Anklang gefunden haben. Eine genaue Beschreibung dieser Pumpen finden unsere Leser in der Beilage zu unserer heutigen Nummer.

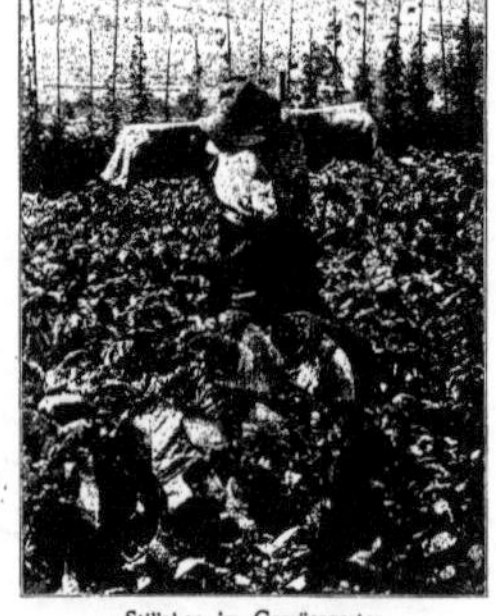

Stilleben im Gemüsegarten.
Von E. J. Peters, Graz, für die „Gartenwelt" photogr. aufgen.

Ein moderner „Kunstgärtner". Ein Besitzer in Croischwitz, Kr. Schweidnitz, hatte einen nahen Verwandten auf dem dortigen Friedhofe beerdigt und wollte die Grabstätte durch einen Gärtner geschmackvoll bepflanzen lassen. Es meldete sich auch einer, der bereit war, den Auftrag zu übernehmen und zur Zufriedenheit auszuführen. Er wurde angenommen, erhielt einen Vorschuß und machte sich an die Arbeit. Am folgenden Tage führte er dann seinen Auftraggeber an die Grabstätte, die bereits vollständig bepflanzt war und ganz vorzüglich aussah. Der Herr gab seiner Befriedigung über die schnell und hübsch ausgeführte Arbeit Ausdruck und zahlte die nicht unerheblichen Kosten. Als er dann am andern Tage nochmals das Grab besuchte, wie erschrocken war er da! Die schönen Pflanzen lagen welk am Boden. Die nähere Untersuchung ergab, daß alles ohne Wurzeln war, die ganze Bepflanzung bestand aus abgeschnittenen Stengeln, die kunstgerecht in die Erde gebohrt waren. Das schlimmste an der Sache ist aber, daß dieser „Gärtner" die Stengel auf andern Gräbern geschnitten hatte! Der Polizei gelang es, den modernen „Kunstgärtner" aufzufinden, der sich demnächst vor dem Gericht zu verantworten hat. Dieser Jünger der Gartenkunst ist natürlich kein gelernter Gärtner, sondern einer, der alles verstehen will. **A. Scheithauer**, Breslau.

Bücherschau.

Praktische Anleitung zum Schriftverkehr für Schule und Leben. Neuwied und Leipzig 1908. Heusers Verlag. Preis kart. 1,50 M.

Im Gegensatz zu speziellen, für gärtnerische Zwecke geschriebenen Büchern dieser Art hat das vorliegende Schriftchen einen außerordentlich vielseitigen Inhalt. Von der Geschäftskorrespondenz abgesehen, belehrt es über den Verkehr mit der Presse, über Telegramme, Rechnungswesen, Geschäftsverträge, Uebertragung von Forderungen, Sicherheitsleistungen, Wechselrecht, Vollmachten, Kauf, Tausch, Miete, Dienst-, Lehr- und Frachtverträge, Testamente, Eingaben an Behörden, über den Verkehr mit hochgestellten Persönlichkeiten usf. Die gegebenen Briefmuster, Beispiele und Anleitungen sind durchweg musterhaft. Die Einführung dieser Schrift kann ich für gärtnerische Lehranstalten wärmstens empfehlen, auch wird ihr Studium allen jenen Gärtnern, die mit mangelhafter Schulbildung ins Leben treten, von großem Nutzen sein. **M. H.**

Personal-Nachrichten.

Egelriede, Fritz, und Heerwagen, L., wurden von der Parkdeputation zu städtischen Obergärtnern in Charlottenburg ernannt.

Gürtler, Karl, Besitzer der Großgärtnerei in Miskolcz, Ungarn, wurde zum k. k. Hoflieferanten ernannt.

Steinmetz, Fritz, Gartentechniker, Wiesbaden, † am 7. d. M. im Alter von 29 Jahren.

Tittel, F. A., übernahm die landschaftsgärtnerische Praxis des Hoflieferanten Paul Lorenz, Zwickau.

Berlin SW. 11, Hedemannstr. 10. Für die Redaktion verantwortlich Max Hesdörffer. Verlag von Paul Parey. Druck: Anhalt. Buchdr. Gutenberg e. G. m. b. H., Dessau.

Empfohlen vom
Deutschen Pomologen-Verein
Die
beste und deshalb billigste
Obst-Verpackung
bilden unsere seit langen Jahren erprobten
Postversand-Kisten und -Körbe
aus Holzstoff
(Original-„May-Kisten“).
Mannheim 1907
Höchste Auszeichnung
Preisliste O. kostenfrei
Muster gegen Nachnahme
Drahtnachrichten: May-Grosswalditz-Bober
Fernsprecher: Amt Bunzlau No. 50
Alleinige Fabrikanten:
May & Sohn
Gross-Walditz bei Bunzlau.
[1402
Empfohlen von
sieben Landwirtschaftskammern
Die einzige hygienisch vollkommene in Anlage und Betrieb billigste
Heizung für das Einfamilienhaus
ist die Frischluft-Ventilations-Heizung
Schwarzhaupt Spiecker & Co. Nachf. G.m.b.H. Frankfurt a. M.
Gewächshäuser
in Eisen und Holz.
Zentral-Heizungen
für Wohn- und Betriebsgebäude etc.
Wintergärten zu den billigsten Preisen. [1389
Käding in Schwiebus,
Hoflieferant Sr. Majestät des Kaisers und Königs.
hbeetfenster, 156×94, verglast etc., p. Dtz. M 54—58 ab Schwiebus.
nster-Rahmen ohne Beschlag und Glas, per Dtzd. M 27—28.
tenglas pro Kiste, 200 □Fuss, M 30—34, Glaser-Diamanten unter
antie per Stück M 6—12. Filiale: Rixdorf-Berlin.
Draht-Pflanz-Körbchen
aus verzinktem Drahte
Kein Blumentopf erforderlich
Kein Wurzel-Einklammern
Bestens bewährt und im Gebrauche der Städt. Verwaltungen: Berlin,
Frankfurt a. M., Bonn, M.-Gladbach und Heidelberg etc.
Zum Verpflanzen f. junge Staudenpflanzungen u. geteilte Stauden etc.
Abner & Co. G. m. b. H., Cöln-Lindental,
Rasenmäher-Fabrik in Ohligs. [1390
Buschmyrten
(Königsberger), Ia. Pflanzen, tadellose Ware, per % ℳ 20, 22 und 25, empfiehlt per Nachnahme [1395
Münchenbernsdorf (Thüringen) C. A. Blau.
Versand ab 20. August. Aufträge nehme jetzt schon entgegen.
Porzellan-Etiketten
mit Schrift, Stück von 5 Pfennig an. Langjährige Garantie. Muster franco. Gärtner erhalten auf Rückseite Firma-Namen gratis. [8
L. Fichtmüller, Volkstedt-Rudolstadt.
Geruchfreie Holzwolle
b. z. f. Seidenholzwolle empfiehlt [1175
Lochmühle, Wernigerode.
Ovis Guano
Seine Wirkung (Ovis-Guano I), der Topferde beigem., übertr. die d. Hornm., d. Hornsp. usw. um d. 3- b. 4fache, im Gewächsh. als Kopfdünger angew., erstarkt er in kurzer Zeit die rückständ. Kolonien, während s. Anwendung im Freiland als Blumen- und Gemüsedünger nicht allein die Bodenkrume wesentl. verbessert, sondern auch Erträge hervorzubringen vermag, die bislang zu den wenig erreichten gehören. Preise: I. 7—8 % Stickstoff, 8—10 % Phosphor, 8—10 % Kali f. alle Gemüse, Kohlarten, Rüben, Salat, Erdbeeren usw. Wirksamer Dünger für Obstbau, Rasen, Gartenbau. 50 kg 10 M, Postpaket 2 M. Wir bitten Prospekt und Gebrauchsanweisung einzufordern. Niehus & Bittner, Lichtenstein in Sachsen, Chemisch-technische Werke. [1391
Grösste und reichhaltigste Baumschule der Welt.
Massen-Aufzucht aller Sorten Gehölz-Pflanzen u. Coniferen für Wald-, Park- und Baumschul Anlagen
Allee-, Park-, Chaussee-, Zier- und Trauerbäume.
Baumschulen von
Herm. A. Hesse
in
WEENER a. d. Ems
Prov. Hannover.
Obstbäume in Hochstamm-, Pyramiden-, Spalier- und Cordon-Form.
Ziersträucher.
Coniferen.
Rosen, Magnolien, Azaleen, Rhododendron, Stauden etc. 554
Kataloge auf Anfrage gratis und franko.

Bekanntmachung.

Das Preisgericht für den unter deutschen Künstlern ausgeschriebenen öffentlichen Ideen-Wettbewerb zur Erlangung von **Entwürfen für einen Stadtpark in Hamburg** hat einen ersten Preis nicht verteilt und denselben in je einen 2. und einen 3. Preis aufgelöst.

Folgende Entwürfe wurden ausgezeichnet bezw. zum Ankauf empfohlen:

Kennwort: **„Elbau"** Ein 2. Preis, Verfasser: Architekten **P. Recht** und **P. Bachmann**, Gartenarchitekt **Herm. Foeth in Köln.**

„ **„Aap"** Ein 2. Preis, Verfasser Gartenarchitekten **Gebr. Röthe, Bonn,** und Architekt **W. Bungarten, Bonn.**

„ **„Suum cuique"** Ein 2. Preis, Verfasser: Gartenarchitekt **Paul Freye, Charlottenburg,** und Architekten **Herm & Reuter, Steglitz.**

„ **„Typ"** Ein 3. Preis, Verfasser: Garteningenieur **J. P. Grossmann, Dresden-Leipzig.**

„ **„Geest"** Ein 3. Preis, Verfasser: Baumeister **Martin Mayer, Hamburg,** unter Mitarbeit von **R. Elkart und O. Wilkening, Hamburg.**

„ **„Freiluft"** Ein 3. Preis, Verfasser: Architekt **Franz Roeckle** und Gartenarchitekt **Carl Schwede, Stuttgart.**

Zum Ankauf empfohlen worden:

Kennwort: **„Hamburgs Bürgern"** Stadtgartendirektor **G. Kuphaldt, Riga,** und Architekt **Edgar Friesendorff, Riga.**

„ **„Der Vaterstadt"** **W. Petschow, Hamburg.**

Kennzeichen: **„Ein Pfau"** Professor **Max Läuger, Karlsruhe.**

Eine ehrende Anerkennung wurde zuteil dem Entwurfe:

Kennwort: **„Zipp"** Verfasser: Baumeister **Göbel, Hamburg.**

Hamburg, Juli 1908.

Das Zentralbüro des Ingenieurwesens der Baudeputation. [1380

Hierzu eine Beilage der **Siemens-Schuckertwerke G. m. b. H., Berlin SW. 11,** Askanisc…

Druck der Anhaltischen Buchdruckerei Gutenberg e.G.m.b.H. in Dessau.

Illustrierte Wochenschrift für den gesamten Gartenbau.

Herausgeber: Max Hesdörffer-Berlin.

Erscheint jeden Sonnabend.
Monatlich eine farbige Kunstbeilage.

Bezugsbedingungen:
...ch jede Postanstalt bezogen Preis 2,50 M. vierteljährl. In Österreich-Ungarn 3 Kronen.
... direktem Bezug unter Kreuzband: Vierteljährlich 3 M. Im Weltpostverein 3,75 M.
Einzelpreis jeder Nummer 25 Pf.
... ohne Vorbehalt eingehenden Beiträgen bleibt das Recht redaktioneller Änderungen ...behalten. Die Honorarauszahlung erfolgt am Schlusse jeden Vierteljahrs.

Anzeigenpreise:
Die Einheitszeile oder deren Raum 30 Pf.; auf der ersten und letzten Seite 50 Pf. Bei grösseren Anzeigen und Wiederholungen steigender Rabatt. Beilagen nach Übereinkunft.
Anzeigen in der Rubrik Arbeitsmarkt (angebotene und gesuchte Stellen) kosten für Abonnenten einmalig bis zu 10 Zeilen Raum M. 1.50, weitere Zeilen werden mit je 30 Pf. berechnet. Erfüllungsort auch für die Zahlung: Berlin.

Adresse für Verlag und Redaktion: Berlin SW. 11, Hedemannstrasse 10.

XII. Jahrgang No. 44. | Verlag von Paul Parey, Berlin SW. 11, Hedemannstr. 10. | 1. August 1908.

Die Gartenwelt

Illustrierte Wochenschrift für den gesamten Gartenbau.

Jahrgang XII. | 1. August 1908. | No. 44.

Neue Pflanzen.

Cineraria stellata (polyantha) hybr. multiflora.

Von **P. Eyb**, Obergärtner, Schloß Au (Zürichsee).

(Hierzu zwei Abbildungen.)

Zu den beliebtesten Frühjahrsblumen gehören immer noch die Cinerarien, und das mit Recht, belohnen sie doch die Pflege des Kultivateurs durch reiches Blühen und schöne Farben in hohem Maße.

Wenn nun *C. hybrida* von Handels- und Privatgärtnern gleich geschätzt wurde, so war dies bei *C. stellata (polyantha)* nicht der Fall. Durch ihren hohen Wuchs eignete sie sich wohl zur Ausschmückung von Wintergärten und dergleichen, während sie für den Handelsgärtner nur als Schnittblume in Betracht kam. Ihr hober Bau, vielen zwar sehr willkommen, stand andererseits ihrer Verbreitung auch hindernd im Wege, denn sehr viele Gärtner, die von den zierlichen Blumen mit den reinen Farben begeistert waren, hatten vor der Blütezeit keinen geeigneten Platz, um die hohen Pflanzen unterzubringen. Auch mir ging es so, ich strebte deshalb danach, die Sorte niedriger zu bekommen.

Das Bestreben der Cinerarienzüchter ging, wie es scheint, bis jetzt dahin, neben möglichst grossen Dolden auch recht große Einzelblüten zu erhalten, ja es scheint das letztere fast der Hauptzweck gewesen zu sein. Die Züchter haben es ja in dieser Hinsicht weit gebracht, denn ich habe auch schon Blüten von 11 cm Durchmesser gesehen. Ich persönlich kann mich dafür nicht begeistern, weil doch bei Cinerarien die Dolde nur als Ganzes in Betracht kommt; aus dem Grunde achtete ich auch darauf, die einzelnen Blüten nur wenig zu vergrößern, die Dolde aber geschlossener und größer zu bekommen. Nachem ich vor sechs Jahren *C. stellata* und *C. hybr. grandiflora* nebeneinander im Freien stehen hatte, erhielt ich das nächste Jahr unter den Sämlingen schon ziemlich niedere Pflanzen, die auch später in Größe und Farbe der Blumen ungefähr die Mitte zwischen beiden hielten; die Insekten hatten in diesem Falle gekreuzt, später besorgte ich diese Arbeit selbst. Jedes Jahr vermehrte sich nun die Zahl der niedrig

Gruppe von Cineraria stellata hybr. multiflora.

In der Gärtnerei des Schlosses Au für die „Gartenwelt" photographisch aufgenommen.

wachsenden Pflanzen, so daß ich dieses Jahr 85 bis 90 % niedrige erhielt.

Die Höhe der Pflanzen bewegt sich selbst bei früher Aussaat und guter Kultur innerhalb 30 bis 70 cm, gegenüber der alten *C. stellata* gewiß ein Fortschritt. Ich will letzterer damit nicht das Todesurteil sprechen, das wäre Unsinn, die Gärten haben Platz genug für alle Formen, *C. hybr. grandiflora* mit inbegriffen, aber der Gärtner hat nun größere Auswahl, für besimmte Zwecke kann er Passendes wählen.

Aber nicht bloß in Größe der Blumen und Höhe der Pflanzen unterscheidet sich die neue Rasse von *C. hybr. grandiflora* sowohl, als auch von *C. stellata*, sondern auch durch ihren guten Bau und die Menge ihrer Blüten. Die Pflanzen verzweigen sich vom Grunde an, d. h. die seitlichen Blütentriebe erscheinen schon knapp über der Erde und gehen straff in die Höhe, so eine weitverzweigte, mehr oder weniger gewölbte und geschlossene Dolde bildend. Die beigegebenen Abbildungen zeigen dies in bester Weise. Es befanden sich unter den auf dem Gruppenbilde der Titelseite dargestellten Pflanzen nur sechs Stück unter 50 cm Doldendurchmesser.

Schaupflanze von Cineraria stellata hybr. multiflora.
In der Gärtnerei des Schlosses Au für die „Gartenwelt" photographisch aufgenommen.

Die einzeln dargestellte Pflanze hatte vom Topfrande an eine Höhe von 40 cm, die Dolde war 56 cm breit und bestand aus 480 Einzelblüten. An einem 60 cm hohen und breiten Samenträger zählte ich sogar 743 abgeblühte Blumen, ohne etwa 50 verspätete aus Wurzeltrieben; gewiß ein Beweis für reiches Blühen. Im Durchschnitt tragen die Pflanzen 400 bis 600 Blüten, und diese Reichblütigkeit ist ein wesentlicher Vorteil gegenüber der *C. hybr. grandiflora*, der meine Züchtung in Farbenwirkung mindestens gleichkommt, ihr aber in der Dauer der Blütezeit entschieden überlegen ist. Sind bei *C. hybr. grandiflora* nur die zehn mittleren Blumen verblüht, so entsteht ein ordentliches Loch, und da die Zahl ihrer Einzelblüten bedeutend geringer als bei der neuen Sorte ist, so fällt sie rascher der Vergänglichkeit anheim, als ihre klein- aber vielblumigere jüngere Schwester. Außer Reinweiß und Kupferfarben sind alle sonst bei Cinerarien auftretenden Farben vorhanden, aber nur in einfarbigen Blüten, also ohne Ringzeichnung, jedoch wirken die Farben dadurch nur reiner und intensiver.

Nun noch einige Worte über die Kultur der *Cineraria stellata*, denn bei schlechter Pflege wird auch diese Rasse keine Schaupflanzen bringen. Will man kräftige Pflanzen, so geschieht die Aussaat am besten Anfang bis Mitte oder auch noch Ende Juli und zwar sowohl in Kistchen, wie ins Mistbeet oder auf eine mit mäßig feinem Sande oder Koksasche belegte Tablette. Wenn stets mässige Feuchtigkeit herrscht, wird der Samen überall gut keimen; mit der letzteren Aussaatart hatte ich sehr guten Erfolg. Die Sämlinge werden nach 8 bis 14 Tagen pikiert und nahe dem Glase etwas schattig aufgestellt. Sind sie dann wieder zusammengewachsen, so pflanzt man sie ins Mistbeet oder gleich in Töpfchen. Im ersteren Falle wird Ende September eingepflanzt, die in Töpfchen stehenden versetzt man noch ein oder mehrere Male. Spritzen und Schattieren ist bei sonnigem Wetter notwendig, sonst sind gleich rote Spinnen oder Thrips da. Gut ist es, wenn die Pflanzen ordentlich durchwurzelt in den Winter kommen, d. h. nicht zu spät verpflanzt werden. Im Winter beschränkt sich die Pflege auf wenn möglich tägliches Aufdecken der Kästen und Absuchen nach Schnecken und Raupen, sowie auf recht mäßiges Gießen.

Im Frühjahre werden die Pflanzen nochmals verpflanzt und immer weiter auseinandergerückt, auch hilft man später mit Nährsalzgüssen nach.

Die zu verwendende Erde kann aus Kompost-, Mistbeet- oder Lauberde bestehen, vielleicht mit etwas Zusatz von Rasenerde. Bei sonst guter Pflege spielt die Erde meiner Ansicht nach keine große Rolle. Hauptsache bleibt, daß sie nahrhaft ist.

Topfpflanzen.

Die Vermehrung der Primula fl. pl. compacta. Um diese allenthalben sehr geschätzte, gefüllte Primel reichlich vermehren zu können, ist folgendes Verfahren zu empfehlen. Im Juni werden die alten überwinterten Pflanzen, welche jetzt meistens 3 bis 5 Triebe haben, nach Entfernung des Ballens bis zur Hälfte, auf ein leer gewordenes Mistbeet ausgepflanzt, und zwar nicht tiefer als sie im Topfe gestanden haben. Nun häufelt man die einzelnen Pflanzen mit leichter, sandiger, sogenannter Primelerde bis in die unteren, grünen Blätter hügelförmig an. Gut ist es, der Erde noch ein Quantum kurzen Mooses zuzusetzen. Die Behandlung ist nun die denkbar einfachste und erfordert wenig Aufmerksamkeit. Mäßig gießen, spritzen, bei heißem, sonnigem Wetter stark schattieren und ein wenig lüften, dagegen bei bedecktem Himmel, des Abends und bei ruhigen Nächten ordentlich lüften. Bei dieser Behandlung bewurzeln sich die einzelnen Triebe nach 6 bis 8 Wochen. Jetzt nimmt man die Pflanzen aus der Erde, teilt sie und pflanzt die bewurzelten Triebe in entsprechend große Töpfe. Es empfiehlt sich, nicht gleich zu große Töpfe zu nehmen und lieber nach der Durchwurzelung noch einmal zu verpflanzen.

R. Adam, Langen.

Landschaftsgärtnerei.

Der Hamburger Stadtparkwettbewerb.

Von A. Stehr, Altona.

Nach den Erfahrungen des Stahnsdorfer Wettbewerbes wurden verschiedentlich Bedenken laut, ob der Ideenwettbewerb für den Hamburger Stadtpark bei der Schwierigkeit eines gemeinsamen Arbeitens und einer etwa unterschiedlichen Befähigung von Garten- und Baukünstler ein ausreichendes Resultat bringen würde. Hamburg kann mit dem Erfolge zufrieden sein, die Erwartungen sind immerhin erfüllt, denn es lag ein umfangreiches, sorgfältig bearbeitetes Material vor.

Schaubild zum Entwurfe „Elbau".
Von Hofphotograph M. Creutz, Hamburg, für die „Gartenwelt" photogr. aufgenommen.

Es waren 66 Entwürfe eingegangen, unter denen sich hervorragend künstlerische Arbeiten befanden, doch wurde von der Verteilung eines ersten Preises abgesehen, weil wohl kein Entwurf allen Anforderungen genügte.

Schaubild zum Entwurfe „Elbau".
Von Hofphotograph M. Creutz, Hamburg, für die „Gartenwelt" photogr. aufgenommen.

Die Hauptbaulichkeiten halten sich vornehmlich in Barockformen und treffen damit den augenblicklich in Hamburg bevorzugten Stil. Maßgebend für die Beurteilung der Geländeaufteilung war in erster Linie eine zweckmäßige Achsenführung, welche die beiden Hauptbaulichkeiten, den Wasserturm und das Hauptrestaurant, zur Geltung bringen mußte.

Der mit einem 2. Preise ausgezeichnete Entwurf, Motto „Elbau" (Verfasser: Architekten P. Recht und P. Bachmann, und Gartenarchitekt Herm. Foeth, Köln), bringt das Hauptrestaurant in der Nähe der Haltestelle Borgweg an der durchgehenden Straßenverbindung und im Zentralpunkte zweier Hauptachsen, von denen die eine auf den Wasserturm führt, während die andere auf das am Wasser gelegene Kaffeehaus gerichtet ist.

Ebenfalls mit einem 2. Preise gekrönt wurde der Entwurf mit dem Motto „Aap" (Verfasser: Gartenarchitekten Gebr.

Schaubild zum Entwurfe „Elbau".
Von Hofphotograph M. Creutz, Hamburg, für die „Gartenwelt" photographisch aufgenommen.

Röthe und Architekt W. Bungarten, Bonn). In diesem Entwurfe liegt das Hauptrestaurant an der Südwestecke des Parkes; es trägt einem von der Haltestelle Flurstraße und den dort einmündenden Straßen sich hereinziehenden Verkehr Rechnung. Große landschaftliche Sichten über eine ausgedehnte Teichfläche, auf die gegenüberliegende, sanft steigende Anhöhe mit dem Wasserturm als Krönung, bilden den Hauptvorzug des Projektes.

Der Entwurf des Gartenarchitekten Paul Freye, Charlottenburg, zusammen mit den Architekten Herm & Reuter, Steglitz, (Motto „Suum cuique") ordnet den Wasserturm ähnlich wie der Entwurf „Elbau". Den Hauptvorzug des Projektes bildet die zentrale Lage des Hauptrestaurants und des durch Terrassen damit verbundenen Kaffeehauses, sowie die Achse auf den Wasserturm. Malerisch abgeschlossene große Spielplätze sind vorgesehen.

Der von dem Garteningenieur J. P. Großmann, Dresden, unter dem Motto „Typ" eingereichte und mit einem 3. Preise ausgezeichnete Entwurf zog in vieler Hinsicht die Aufmerksamkeit auf sich. Der Entwurf zeigt eine vom Wasserturm auf das Hauptrestaurant, das auf einer Insel belegen ist, führende große Achse. Ferner läuft im rechten Winkel dazu eine andere große Achse ebenfalls auf das Hauptrestaurant, das durch eine große Einfahrtsbrücke mit der Ring- und Flurstraße verbunden ist.

Der mit einem 3. Preise ausgezeichnete Entwurf des Architekten Franz Roeckle und des Gartenarchitekten C. Schwede, Stuttgart, legt das Hauptrestaurant nahe dem Borgweg. Eine große Achse, die spätere Kaskaden ermöglicht, führt auf den Wassertum, während eine andere größere Achsenanlage bis an den Teich führt. Hier liegt das Kaffeehaus auf einer Insel des Teiches.

Schaubild z. Entwurfe „Elbau".
Von Hofphotograph M. Creutz, Hamburg, für die „Gartenwelt" photogr. aufgenommen.

Auch der von dem Baumeister Martin Mayer, Hamburg, in Verbindung mit Reg.-

Baumeister R. Elkart und dem Architekten O. Wilkening eingelieferte Entwurf (3. Preis) fällt auf durch eine große Achsenführung, die durch den Wasserturm gekrönt wird und weite, schöne Ausblicke in die Ferne bietet.

Schließlich darf auch der angekaufte Entwurf des Professors Läuger, Karlsruhe, nicht unerwähnt bleiben. Professor Läuger, der seine Arbeit durch große Perspektiven erläutert, will durch streng regelmäßige Aufteilung des Geländes den Hamburgern eine, durch die Kunst veredelten Naturgenuß bietende Anlage vorschlagen. In der Rubrik „Tagesgeschichte" der No. 42 ist aber bereits darauf hingewiesen, daß sowohl der Entwurf „Typ" wie auch dieser Entwurf nicht dem Empfinden der Hamburger Bevölkerung entsprechen würden, und auch eine regelmäßige Aufteilung sich der Natur des Geländes nicht anpassen kann.

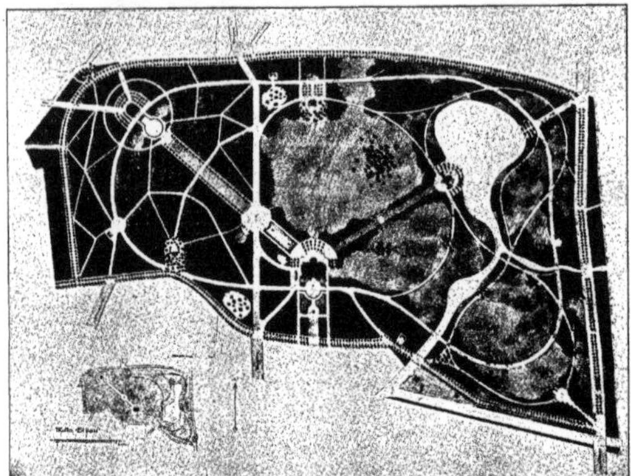

„Elbau." Mit einem zweiten Preise ausgezeichneter Entwurf der Architekten P. Recht und P. Bachmann und des Gartenarchitekten Herm. Foeth, Köln. Maßstab etwa 1 : 14000.

Originalaufnahme für die „Gartenwelt".

Erläuterungsbericht zum Entwurfe „Elbau".

Mit einem zweiten Preise ausgezeichnet.

Verfasser Architekten **P. Recht** und **P. Bachmann** und Gartenarchitekt **Herm. Foeth**, Köln.

(Hierzu ein Plan und die vier Schaubilder Seite 519.)

Von dem Bestreben ausgehend, dem großen Park einen Mittelpunkt zu schaffen, wurde das Hauptrestaurant nahezu in die Mitte der südlichen Längsausdehnung des Parkes gelegt, und zwar so, daß eine bequeme Zufahrt von allen Richtungen der Stadt her möglich wurde. Von diesem Knotenpunkt des Parkes aus ziehen sich zwei Achsen schräg durch den Park, nordwestlich in gerader Richtung auf den Wasserturm, der, einen schönen Abschluß bildend, auf der Höhe tront, und nordöstlich zieht sich die Achse seewärts nach dem Kaffee, welches dieser einen angenehmen Abschluß gibt. Umgekehrt hat der Beschauer, von beiden Endpunkten aus gesehen, den schönsten Blick auf das inmitten liegende Hauptrestaurant. Diesem wurde naturgemäß bei der Bearbeitung der Baulichkeiten die größte Aufmerksamkeit zugewendet, und ist es im Grundriß und Aufriß als eine klassische Arbeit zu bezeichnen. Es braucht des Näheren nicht darauf eingegangen zu werden, da der Grundriß in klarer, übersichtlicher Erscheinung vorliegt. Das Kaffee, welches wie alle übrigen Gebäude einen geschlossenen Grundriß zeigt, stellt sich in seiner Architektur dem Hauptrestaurant zur Seite. In den einfachen Wirtschaften wurde naturgemäß ländliche Architektur angestrebt. Der Park läßt sich bei dieser Anlage interessant gestalten und wird eines großen Zuges nicht ermangeln; dies bringen die Perspektiven (Seite 519) in charakteristischer Weise zum Ausdruck.

Vom Hauptrestaurant ausgehend, ist in der Bepflanzung folgendes zu bemerken: Auf den das Hauptrestaurant umgebenden Terrassen sind Platanen vorgesehen. Der vor dem Hauptrestaurant tiefer liegende Garten ist als Rosarium gedacht, der an die Ringstraße anschließende Teil ist mit beiderseitigen breiten Fliedergruppen projektiert. Die von den Terrassen ausgehenden Achsen sind in den anschließenden Teilen nordwestlich mit Stauden, nordöstlich mit roten Blumen bepflanzt. Für die Umgebung des Kaffees sind Linden, an geeigneten Punkten einige Pappeln vorgesehen. Die ländliche Wirtschaft ist inmitten Birken gedacht; der ihr vorlagernde Garten mit Rotbuchen. Die Baumgruppe auf der Festwiese zwischen ländlicher Wirtschaft und Kaffee wird als Buchenhain mit einer Koniferenvorpflanzung eine angenehme Abwechselung bieten. Die Milchwirtschaft befindet sich in einem Kiefernhain. Viereckig beschnittene Linden bilden die Umgebung des Wasserturmes. Die auf ihn führende Allee wird durch Platanen geschaffen. Die Ringstraße ist abwechselnd mit Laubbaumsorten bepflanzt. Alle breiten Wege sind mit Reit- und Radfahrwegen versehen. Die Rasenflächen A und B sind als Spielplätze zu benutzen. Um den Lastverkehr auf dem Wasser abzuleiten, wurde der Kanal der Grenze des Parkes entlang verlegt. Die Variante zeigt, wie man die eine Achse mit dem Kaffee rechtwinklig zum Hauptrestaurant in günstiger Weise verlegen könnte. Kosten der Anlage: 3 490 000 M.

„Aap." Mit einem zweiten Preise ausgezeichneter Entwurf der Gartenarchitekten Gebr. Röthe und des Architekten W. Bungarten, Bonn. Maßstab etwa 1:14000. Originalaufnahme für die „Gartenwelt".

Erläuterungsbericht zum Entwurfe „Aap".

Mit einem zweiten Preise ausgezeichnet.

Verfasser. Gartenarchitekten

Gebr. Röthe und Architekt **W. Bungarten,** Bonn.

(Hierzu ein Plan.)

Die in den Unterlagen eingezeichneten Hauptverkehrsstraßen wurden in vorliegendem Projekt beibehalten und durchgeführt. Hierdurch war die Lage der Hauptverkehrsknotenpunkte gegeben. Durch die Niederungen im östlichen Teile des Geländes bestimmte sich die Lage des Teiches, und hierdurch auch — was die Autoren allerdings nicht für durchaus nötig erachten — die Lage des Hauptrestaurants. Somit war auch die architektonische Ausgestaltung des Parkeinganges im Südosten bedingt. Von dem Restaurationsplatz, der sich in drei Terrassen gliedert, liegt dem Besucher der Blick auf die Hauptpunkte des Parkes frei.

Vom Hauptrestaurant aus zieht sich durch das Parkgelände eine 21 m breite Promenadenstraße, die Fahr-, Reit- und Radfahrweg in sich vereinigt. Die Bepflanzung dieses Promenadenweges besteht aus Ulmen und Ahorn. Auf dieser Parkstraße nordwärts schreitend, gelangt man zum Kaffee, das von der verlegten Flurstraße einen bequemen Zugang erhält. Gegenüber dem Kaffee, auf die Mittelachse desselben aufgebaut, liegt ein Wirtschaftshof mit Parkwärterwohnung. Die Bepflanzung des Restaurationsplatzes am Kaffee bilden Platanen, während die Deckung der Gebäude nach der Flurstraße in Mischwald mit vorwiegend Pappeln besteht. Vom Kaffeehause westwärts schreitend, gelangen wir, die große Spielwiese zur Linken liegen lassend, nach der ländlichen Wirtschaft, die am Treffpunkte des Borgweges und der Parkringstraße plaziert ist. Während der Restaurationsgarten, nach der Hinterseite des Hauses mit Linden bestanden, interessante Ausblicke nach dem Teich und den Volkswiesen gestattet, ist der nach der Parkringstraße vorgelagerte Vorgarten mit perennierenden Stauden nach ländlicher Art ausgestattet. Der hierbei liegende Wirtschaftshof erhält außer Schuppen und Remise wiederum eine Parkwärterwohnung. Verfolgen wir den Promenadenweg westwärts weiter, so erblicken wir, aus dem Walde austretend, nach Ueberschreiten des Borgweges und der verlängerten Maria-Luisenstraße den Wasserturm, von mächtigen Kastanien kreisförmig umgeben. In der nordwestlichen Ecke des Geländes mündet unser Weg in die Parkringstraße, der wir südwärts folgen. Der Treffpunkt der Busse- und Ulmenstraße ist wiederum architektonisch ausgebildet. Die Grundstücke hinter den Gebäuden an der Ulmenallee sind als Grundstücke für Sommerwohnungen, die event. in Erbpacht gegeben werden können, vorgesehen. Wieder in unsere innere Parkstraße waldwärts einbiegend, berühren wir die Milchwirtschaft, von deren Rückseite wir über eine Waldlichtung hinweg den Wasserturm erblicken, wenn auch nicht direkt von dem besprochenen Punkte aus.

Von der Milchwirtschaft aus auf gewohntem Wege weiterschreitend, fallen uns nach Norden zu die Tennisplätze und Volkswiesen ins Auge, deren Peripherie folgend, wir bei dem Goldbeckkanal in die Parkringstraße einmünden. Dieser Treffpunkt ist wiederum als Eingang architektonisch ausgebildet. Parallel dem Goldbeckkanal schreitend, erreichen wir über einen Kinderspielplatz hinweg wiederum die Flurstraße. Innerhalb des eben verlassenen Wegezuges durchzieht ein 10 m breiter Promenadenweg das Gelände, ohne den Spaziergänger auf Fahrwege zu nötigen.

An der Parkringstraße liegen außer den bereits erwähnten Baulichkeiten noch: 1. beim Goldbeckkanal ein Wirtschaftshof mit Bootschuppen, Werft und Bootreparaturwerkstätten, außerdem

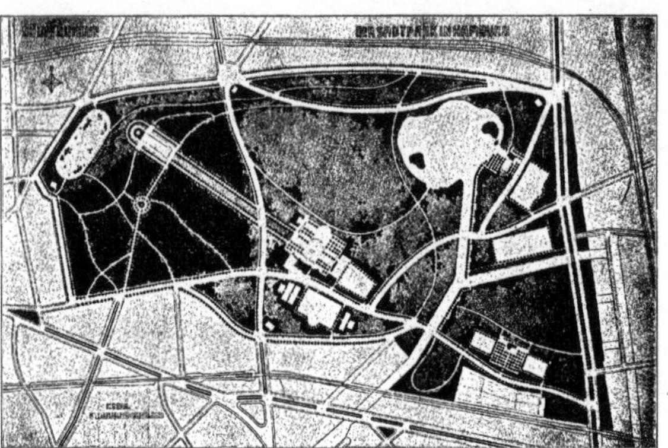

„Suum cuique." Mit einem zweiten Preise ausgezeichneter Entwurf des Gartenarchitekten Paul Freye, Charlottenburg, und der Architekten Herm & Reuter, Steglitz. Maßstab etwa 1:14000.
Originalaufnahme für die „Gartenwelt".

Wohnung für Parkwärter, Schuppen und Remise; 2. die Gärtnerei, die in der Nähe der südlichen Haltestelle am Borgweg gelegen ist; 3. in der südwestlichen Ecke der Sprunggarten. Die Ueberwasser des Wasserturmes sammeln sich in einem Wasserbecken vor den Kaskaden und werden von dort in einem offenen Wassergraben zu Tal geführt. Bei den Tennisplätzen am Borgweg speist der Wasserlauf in dem alten Ulmenrechteck einen architektonisch ausgebildeten Laufbrunnen. Kosten 3350000 M.

Auszug aus dem Erläuterungsbericht zum Entwurfe „Suum cuique".

Mit einem zweiten Preise ausgezeichnet.

Verfasser Gartenarchitekt **Paul Freye**, Charlottenburg, und Architekten **Herm & Reuter**, Steglitz.

(Hierzu ein Plan.)

Der Erläuterungsbericht enthält folgende Gesichtspunkte:

Entsprechend dem Motto liegen sowohl rein ideale, dann aber auch rein praktische Gesichtspunkte zugrunde. Es soll allen alles und dabei jedem das Seine gegeben werden. Die verschiedenen Vorschriften erforderten eine Aufteilung des gesamten Geländes, „die, zunächst von rein praktischen Gesichtspunkten ausgehend, durch die Wirkung des Einzelnen im Gesamtbilde und durch das Hineintragen künstlerischer Motive ein organisches Ganzes ergab, in dem allem Genüge geleistet wurde". Die Parkringstraße ist 33 m breit und zeigt eine charakteristische Trennung der Reitwege von den Fußwegen durch einen 3 m breiten Rasenstreifen. In gleicher Weise sind auch andere Hauptwege, die Reitwege führen, angeordnet. Die Lager- und Stapelplätze längs des Kanals für Lastfahrzeuge sollen durch kräftige Pflanzungen gegen die verlegte Flurstraße abgeschlossen werden. Die Gärtnerei liegt an der Bahn, nahe der Flurstraße, und „es soll die der Straße zugekehrte Gärtnerwohnung ein kleines Architekturmotiv in die Landschaft bringen." Die Fahrwege sind auf das Notwendigste beschränkt, ebenso sollen auch Fußwege nur sparsam angelegt werden und nur wichtige Verbindungen bewirken, sowie auch im Winter den Park zugänglich machen. Am Kanal entlang führen große, 10 m breite Alleen mit Ruheplätzen, die eine Aussicht auf die Landschaft bieten.

Restaurant und Kaffeehaus liegen zusammen, so daß der Musikpavillon beiden zugute kommt. Hauptgebäude mit den Terrassen ist in achsiale Verbindung mit dem Wasserturm gebracht. Auch vom Turme aus gesehen, wird diese Achse sich als eine hervorragend schöne Perspektive darbieten. Die Milchwirtschaft liegt nahe der Gärtnerei an der Flurstraßenhaltestelle. Sowohl bei der Milchwirtschaft, wie auch beim Hauptrestaurant sind Tummel- und Spielplätze vorgesehen. Die großen Spielwiesen vor dem Hauptrestaurant werden dem Gast ein interessantes, malerisches Bild bieten.

Die hainartig gedachte Pflanzung auf den Wiesen soll den Bürgern Schatten bringen, und es soll eine Flächenwirkung durch Zusammenhang der Flächen erhöht werden. Ein Sprunggarten befindet sich an passender Stelle hinter dem Wasserturm. Der Radfahrerverkehr soll im Interesse der übrigen Parkbesucher aus dem inneren Park ausgeschaltet werden, ihm soll nur die Ringstraße freigegeben sein, und man verweist ihn auf die weitere Flur und Feld, wo bei weniger großer Eile die Schönheit der Natur ihm eine Bewunderung abnötigen könnte. Die Hauptgebäude halten sich im Barockstil, die Nebengebäude zeigen ländliche Typen. Kosten der Anlage: 3 409 585 M.

Pflanzendekoration.

Vasendekoration. *Erythrina Crista-galli* und *Clematis Jackmanni*, beide Pflanzen geben zur Blütezeit, neben der wertvollen Dekoration für den Garten, auch ein prächtiges, apartes Material für Vasendekoration in größerem Maßstabe. Je nach Größe der Vase eine genügende Anzahl entsprechend langer, mit ihren korallenroten Blüten reich besetzter Stengel der *Erythrina* als aufstrebendes, zusammen mit reichblütigen Ranken der *Clematis Jackmanni* mit ihrem bekannten Dunkelblau, als herabhängendes Material verwendet, geben zusammen hinsichtlich Form sowohl wie Farbe ein sozusagen herausforderndes Schmuckstück. Mit Vorteil steckt man noch — wenn man darüber verfügt — zwischen die Erythrinen einige, wenn möglich darüber hinausragende Stengel von *Asparagus tenuissimus* oder, in Ermangelung deren, auch gewöhnliches, frischgrünes Spargelkraut. Will man endlich dem Arrangement drei lebhaft kontrastierende Farben geben, so fügt man zwischen die Clematisranken einige ebensolche des zierlichen gelben *Tropaeolum peregrinum (canariense)* ein, welches sich dazu ganz vortrefflich eignet. Nebenbei bemerkt, hält sich letzteres im Wasser oder feuchten Sande im Zimmer als Dekoration für allerhand Gefäße außergewöhnlich lange frisch und schön. Wer über genannte Pflanzen verfügt, wird bei vorkommenden Gelegenheiten mit diesem Arrangement gewiß Anerkennung finden. G. S.

Pflanzenschädlinge.

Ueber einen bisher in Deutschland noch nicht beobachteten Schädling der Gartenerdbeere.*)

(Arbeiten der pflanzenpathologischen Versuchsstation in Geisenheim am Rhein.)

Von Dr. **H. Morstatt**, Geisenheim a. Rh.

(Hierzu sechs Abbildungen.)

Auf den Erdbeerquartieren der Königl. Lehranstalt wird seit Sommer 1906 eine Krankheit der Erdbeerblätter beobachtet, welche bisher noch nicht bekannt war. Da sie im Jahre 1907 wieder aufgetreten ist und durch ihre Verbreitung eine erhebliche Schädigung des ganzen Wachstums der Erdbeerpflanzen verursachte, wurden die Pflanzen eingehend untersucht, um den Grund der Beschädigung festzustellen und womöglich eine Bekämpfung der Krankheit ausfindig machen zu können.

Das Krankheitsbild ließ von Anfang an auf eine Milbe als Schädling schließen, da es Aehnlichkeiten mit den Phytoptus- wie mit den Tetranychus-Wirkungen aufweist. Bei der Untersuchung wurde denn auch gefunden, daß es in der Tat von einer solchen verursacht wird. An älteren Blättern, die am deutlichsten in ihrem Aussehen verändert sind, ist sie nicht mehr oder nur ausnahmsweise noch vorhanden, die jungen Teile der Pflanzen sind aber dicht von ihr besiedelt. Die Milbe gehört zu den Tarsonemiden; sie wurde von H. Zimmermann seit 1900 in Mährisch-Eisgrub, ebenfalls an Gartenerdbeeren, beobachtet und 1905 als *Tarsonemus fragariae* beschrieben. Außerdem ist sie (nach Reh, im Handbuch der Pflanzenkrankheiten) von E. Reuter schon seit 1892 in Finnland an Gartenerdbeeren, sowie an Pelargonienblüten und Begoniasprossen in Gewächshäusern gefunden worden. Nach Zimmermann geht sie auch auf *Capsella* über. Aus Deutschland liegt noch keine Beobachtung des *Tarsonemus fragariae* vor. Unserer Station wurde er im August 1907 auch aus Niederlahnstein eingesandt.

Von der Milbe Tarsonemus fragariae befallene Erdbeerpflanze.

Die Krankheit zeigt sich in einer Kräuselung und Verkrümmung der Blätter; zugleich bleiben die befallenen Pflanzen im Wachstum zurück. Die Deformationen älterer Blätter, das eigentlich Auffällige an den kranken Pflanzen, sind jedoch erst eine Folgeerscheinung, da die Milbe nur auf ganz jungen und weichhäutigen Teilen lebt. An diesen kann man in den gebräunten Saugstellen die direkte Einwirkung des Schädlings erkennen. Die jungen Blättchen, sowohl der Mutterpflanze, als auch der Ausläufer, sehen verkümmert aus und entfalten sich erst viel später als an gesunden Pflanzen. Sie sind blaßgrün bis gelblich gefärbt und auffallend stark behaart. Werden sie älter und größer und gelangen sie dann zur Entfaltung, so ist ihre Fläche stark gerunzelt und gewellt, es entstehen zwischen den Blattnerven emporgehobene und vertiefte Stellen von 2—4 mm Durchmesser. Solche Blätter sind dann trockener und härter als die gesunden; vielfach vertrocknen sie schließlich ganz und sterben ab. Manche sterben

*) Der „Deutschen Landwirtschaftlichen Presse", Verlag von Paul Parey, Berlin, mit besonderer Genehmigung des Verfassers entnommen.

sogar schon vor der Entfaltung der Blattfiedern ab. Später erholt sich die Pflanze wieder, um dann im nächsten Jahre erneut dieselbe Erscheinung zu zeigen. Wenn alle Enwickelungsstadien gleichzeitig vorhanden sind, so findet man beide Geschlechter sowie Larven und Eier des *Tarsonemus fragariae* beisammen vor. Die Männchen sind, wie die nachstehende Abbildung zeigt, von den Weibchen sehr verschieden, sie sind etwa 165 μ lang und 90 μ breit (nach Zimmermann 190—200 × 90—100 μ). Das vierte Beinpaar ist an das Hinterleibsende gerückt und nach hinten gerichtet; es ist

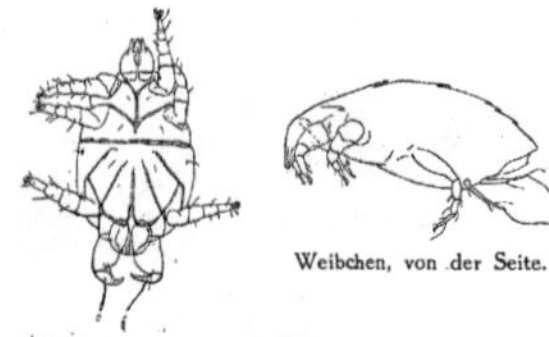

Männchen, von unten. Weibchen, von der Seite.

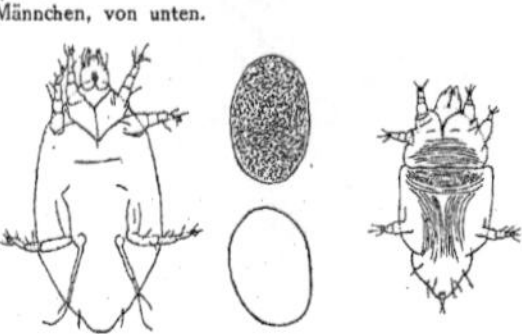

Weibchen, von unten. Eier. Larve.

Tarsonemus fragariae, ein neuer Schädling der Gartenerdbeere.

sehr breit und endet mit einer großen Klaue. Bei beiden Geschlechtern dient dieses Paar nicht zur Fortbewegung, sondern bleibt nach hinten gerichtet und wird bloß mitgeschleppt.

Die Weibchen sind 100—120 μ breit und 220—250 μ lang und von abgeflacht eiförmiger Gestalt. Der Hinterleib zeigt auf dem Rücken fünf übereinander liegende Hautfalten. Das vierte Beinpaar ist nur dreigliedrig und sehr dünn, es endet in einer kurzen und einer sehr langen Borste.

Männchen und Weibchen sind bräunlich gefärbt und spärlich behaart. Die Eier sind ungefähr 105—115 μ lang und 64 bis 78 μ breit, sie sehen weiß aus, d. h. sie sind farblos. Ihre Gestalt ist eiförmig bis elliptisch. Ihr Inhalt ist teils noch undifferenziert plasmatisch, teils sieht man die Entwickelung der Larve darin vor sich gehen. Die Eihaut ist dünn und glatt, mattglänzend.

Die ebenfalls farblosen und weichhäutigen Larven sind ungefähr 200 μ lang bei 100 μ Breite und sehr spärlich behaart. Sie besitzen nur drei kurze Beipaare, wovon zwei vorn stehen, das dritte liegt weiter hinten am Körper. An der Hinterleibsspitze sind zwei deutliche Borstenhaare seitlich der Afteröffnung. Zwischen Kopfbruststück und Hinterleib befindet sich eine Einschnürung; die Bauchseite des Tieres weist deutliche Spuren einer feinen, zahlreichen Ringelung auf.

Trotz ihrer geringen Größe lassen sich bei einiger Uebung an geeigneten Stellen diese Milben schon mit bloßem Auge erkennen; sie erinnern dabei, da sie mattglänzend sind, an ein Wassertröpfchen oder Quarzkörnchen. Unter einer guten Lupe kann man Larven und Milben durch ihre verschiedene Färbung deutlich unterscheiden und ihre Bewegungen verfolgen.

Das Vorkommen der Milbe auf den Erdbeerpflanzen beschränkt sich auf die jungen, noch stark wachsenden und deshalb zarten grünen Teile. An den älteren Blättern und Stengeln ist offenbar die Oberhaut zu fest und die Behaarung zu spärlich, um der Milbe günstige Lebensbedingungen zu gewähren, dagegen sind die jüngsten Knospenteile durch ihre vollständig geschlossene und lange Behaarung vor den Angriffen der Milbe geschützt.

Somit finden wir sie am besten in den jungen Blättern, deren Entfaltung, wie erwähnt, durch sie verzögert wird. Dort lebt sie sowohl in den Falten der glatten Innenseite, besonders am Grunde der Blattfiedern in der Gegend der Mittelrippe, und auf der Außenseite zwischen den langen Haaren. Ein weiterer, von der Milbe bevorzugter Platz liegt am Grunde der Blattstiele, welcher durch die Nebenblätter verbreitert ist. Diese Stelle ist fast unbehaart, besteht aber aus zartem Gewebe und ist durch das dichte Anschließen der Blattstiele vor äußeren Einflüssen vollständig geschützt. Zieht man eine solche Blattscheide vorsichtig ab, so erkennt man schon mit bloßem Auge einen weißlichen Belag daran, der meist aus den jungen Larven und sehr vielen Eiern besteht. Ein solcher Fleck von beispielsweise 1½ mm Durchmesser enthält oft über 100 Eier. Ebenso verhält es sich mit den Ausläufern der Erdbeerpflanze. Sie treten bekanntlich aus einer Blattachsel hervor. Dabei wird die Knospe von den Milben besiedelt; durch das Zwischenwachstum des Stengels wird sie nun weiter geschoben. Wo dann am Stengel die Rotfärbung aufhört und die grünen Teile der Ausläuferspitze beginnen, finden wir auch wieder die Milbe vor. Auf Querschnitten durch solche Ausläuferknospen zeigen sich die Milbe und ihre Eier an allen ihr zugänglichen Stellen, also wo Spalten zwischen den einzelnen Blättern auftreten oder außen die Behaarung weniger dicht ist.

Im Hochsommer, zu Beginn der Untersuchung, wurden zahlreiche Larven und Eier neben einer geringeren Zahl von Weibchen gefunden. Soweit bis jetzt ermittelt werden konnte, findet im Larvenstadium mindestens eine Häutung statt, und erst aus der zweiten geht dann das geschlechtsreife Tier hervor. Erst im Herbst traten auch Männchen auf, die jedoch nach einigen Wochen wieder verschwanden, und von Ende November an waren nur noch weibliche Tiere vorhanden. Diese Beobachtungen stimmen mit den folgenden Angaben Zimmermanns über die Zeit des Auftretens der verschiedenen Stadien überein (l. c.): „Im Frühjahre, an den ersten sich entwickelnden Blättern, finden sich nur erwachsene Weibchen, gegen Ende April meist auch schon abgelegte Eier. Vom Mai bis Juli oder August sind neben erwachsenen Weibchen Eier und Larven in den verschiedensten Entwickelungsstufen anzutreffen; Eier und Larven in relativ größter Zahl. Männchen treten erst im August und da anfangs nur sehr vereinzelt auf. Im September nimmt die Anzahl der Larven und Eier zusehends ab und vermindert sich immer mehr, wenn auch noch im Oktober immer vereinzelte angetroffen werden. Dafür herrschen im Herbst erwachsene Geschlechtstiere vor, am meisten Weibchen, doch ist im September die Zahl der Männchen eine relativ große, die größte im ganzen Jahre. Im November und den folgenden Monaten bleiben nur erwachsene Weibchen übrig, die überwintern. Eine Ueberwinterung der anderen Altersstufen und der Männchen findet nicht statt.“

Von Interesse ist eine Beobachtung, die im September gemacht wurde, nachdem vorher wiederholt starke Niederschläge gefallen waren. Damals zeigten sich an den befallenen Pflanzen in der Umgebung der Achse, welche ja einer Durchtränkung mit Wasser stark ausgesetzt ist, nur sehr wenige von den Milben. Sie waren dagegen zahlreicher als sonst an relativ großen Blättern. Zugleich fanden sich viele abgestorbene Tiere und die noch lebenden hatten sich fast alle in die tiefe Falte der Blattmittelrippe verkrochen. Außen in den Haaren der Blattunterseite waren nur einige Larven und die überall verteilten Eier vorhanden. Diese Beobachtung gibt einen Hinweis für die Erklärung der wechselnden Stärke, in der die Tarsonemuskrankheit der Erdbeerpflanzen auftritt. Denn die Krankheitserscheinungen sind nicht nur allgemein in einzelnen Jahren stärker oder schwächer als in anderen, sie wechseln auch innerhalb einer Vegetationsperiode. Allerdings ist dabei zu beachten, daß die starken Veränderungen an den Blättern erst nachträglich, wenn diese groß geworden sind, auftreten. Es ist aber bekannt, daß die Milben im allgemeinen gegen Nässe sehr empfindlich sind und in heißen Jahren sich am meisten bemerkbar machen. So scheint auch hier die Vermehrung der vorliegenden Art und ihrer Schädlichkeit mit der Witterung zusammenzuhängen.

Ueber die Weiterverbreitung des *Tarsonemus fragariae* kann nur gesagt werden, daß sie mit der Vermehrung der Erdbeerpflanzen durch Ausläufer zusammenhängt. Da diese Milben in der Hauptsache an den ganz jungen, zarten Blattgebilden sitzen, befallen sie natürlich in erster Linie auch die Knospen der Ausläufer und werden mit deren Weiterwachsen innerhalb eines Beetes, sowie bei der Nachzucht und dem Versand verbreitet.

Deshalb ist zur Fernhaltung der Krankheit von Erdbeerquartieren sorgfältige Untersuchung und Beobachtung neu bezogener Pflanzen erforderlich, damit befallene Pflanzen gleich vernichtet werden können, ehe die Milbe Gelegenheit hat, von diesen aus auf die noch gesunden überzugehen.

Obwohl diese Krankheit erst im Jahre 1906 hier eingeschleppt wurde, ist doch schon ein Unterschied in der Stärke des Befalls bei den einzelnen Erdbeersorten zu erkennen. Am meisten werden davon zwei Sorten geschädigt, *Laxtons Noble* und *Souvereign*, die übrigen sind weniger befallen, und eine, *Lucida perfecta*, ist bisher ganz frei davon geblieben.

Zur Bekämpfung des *Tarsonemus fragariae* hat Zimmermann verschiedene Versuche angestellt, die alle entweder nur einen Teil der Milben abtöteten oder aber zugleich die Pflanzen empfindlich beschädigten. Zimmermann wandte auch unter anderem Räucherungen mit Tabak und Einwirkung von Schwefelkohlenstoff- oder Formalindämpfen an; auch diese erwiesen sich als unwirksam oder den Pflanzen schädlich. Als einziges durchgreifendes Bekämpfungsverfahren bleibt somit bisher nur übrig, alle befallenen Pflanzen frühzeitig aus den Beeten zu entfernen und zu vernichten.

Trotz der Erfolglosigkeit der genannten Bekämpfungsversuche halten wir aber doch die Möglichkeit nicht für ausgeschlossen, daß es gelingt, die Vermehrung der Erdbeermilbe soweit einzuschränken, daß die Pflanzungen im Wachstum und Ertrag nur ganz unerheblich geschädigt werden können. Wenn nämlich die Beobachtung richtig ist, daß feuchte Witterung das periodische Nachlassen der Krankheitserscheinungen bedingt, so muß dies auch durch künstliche Bewässserung, insbesondere im Frühjahre und bei anhaltender Trockenheit, erreicht werden können. Anderseits sind Milben, nach Erfahrungen von Prof. Ludwig (Die Milbenplagen der Wohnungen. Leipzig, G. B. Teubner, 1905), sehr empfindlich gegen Ammoniak. Man könnte deshalb versuchen, durch Begießen mit stark verdünnten Ammoniaklösungen die Wirkung von Nässe und Ammoniak zu vereinigen. Die näheren Bedingungen eines solchen Verfahrens müssen natürlich erst durch Versuche ermittelt werden.

Fragen und Antworten.

Beantwortung der Frage No. 537. Ist es besser, den Dünger im Winter breitzustreuen oder in Haufen aufs Land zu legen?

Die am meisten in gärtnerischen Betrieben verwendeten Stalldünger sind der Pferde- und der Rinderdünger. Der Pferdedünger wird zu den hitzigen Düngerarten gerechnet. Er geht sehr rasch in Zersetzung über, wobei er große Wärme entwickelt, deshalb verwendet man ihn gern bei schweren Bodenarten. Wegen seiner großen Wärmeentwicklung wird er ferner zum Packen der Mitsbeete benutzt. Der Rinderdünger zeichnet sich dadurch aus, daß er sich langsam zersetzt und recht lange die Feuchtigkeit hält. Aus diesem Grunde verwendet man ihn beim Umgraben leichterer, sandiger und wärmerer Bodenarten. Bei frisch gepflanzten Bäumen etc., die sehr empfindlich sind, trägt das Bedecken der Baumscheiben mit kurzem Rinderdung zum guten Anwachsen wesentlich bei. Ferner wissen wir weiter noch, daß man von Rinderdung einen guten Dungguß herstellen kann; auf 100 l Wasser kommen ca. 30 ko Rinderdung. Auch bei manchen Topfkulturen leistet der Rinderdung zum Ausschmieren der Töpfe gute Dienste. Der Taubendünger, der mit zu den Stalldüngern gehört, wird ab und zu in der Gärtnerei verwertet; er ist sehr wertvoll, ist aber in größeren Mengen gewöhnlich nicht zu haben. Da er recht kräftig wirkt, muß man die richtige Lösung, auf 100 l Wasser 5 ko Taubendung, anwenden, um nicht das Gegenteil von der zu erwartenden Wirkung zu erzielen.

Vielfach wird nun der Dünger, bevor er zur Verwendung in den Garten oder auf die Felder kommt, falsch behandelt. Der Stalldünger enthält den recht wertvollen Ammoniak, der aber sehr leicht entweicht, wenn der Dünger auf der Dungstätte liegt oder im Garten auf Haufen aufgesetzt wird; die Folge ist, daß der Dünger schließlich in sich zusammenfällt und vollständig wertlos wird. Um den Ammoniak im Dünger festzuhalten, hatte man früher den Dünger mit Gips oder Kainit eingestreut, mit der Zeit hat sich aber herausgestellt, daß es vorteilhafter ist, um den wertvollen Ammoniak zu binden, zunächst den Dünger ordentlich festzutreten, ihn gleichzeitig aber auch recht feucht zu halten, wobei man Wasser, noch besser aber Jauche verwendet. Durch Ueberdecken des Düngers mit einer Schicht Erde läßt sich dann der Ammoniak noch vorteilhafter festhalten.

Im Herbste, wenn die Früchte geerntet sind, wird das Land für das kommende Jahr fertig gestellt. Hierbei sucht man den Boden durch Dünger, wo es erforderlich ist, zu verbessern. Der Dünger, der wie oben beschrieben behandelt worden ist, wird auf den Feldern ausgebreitet und beim Umgraben untergebracht. Im andern Falle, wenn man hierzu im Herbste nicht die notwendige Zeit findet, ist es besser, den Dünger auf Haufen zu setzen und mit einer Erdschicht zu umgeben, um auf diese Weise den Ammoniak zu binden. **Koch**, Institutsgärtner, Hohenheim.

— Den Dünger den Winter über in Haufen auf dem Lande liegen zu lassen, ist auf keinen Fall ratsam. Durch Regen und Schnee werden die Nährstoffe ausgelaugt und auf der Stelle, wo der Haufen gerade liegt, dem Boden zugeführt. Hat der Düngerhaufen einige Monate so gelegen, so ist er ziemlich wertlos geworden, es ist lediglich ein Häufchen Humus ührig geblieben. Kann der Dünger vor Beginn des Winters nicht untergegraben oder untergepflügt werden, so ist es entschieden vorteilhafter, wenn er ausgebreitet auf dem Lande liegen bleibt; dadurch wird das ganze Land gleichmäßig mit den ausgelaugten Nährstoffen durchsetzt. Die Erfahrung hat gelehrt, daß solche Länder, die den Winter über mit Dünger belegt waren, im darauffolgenden Sommer viel besser die Feuchtigkeit hielten und die Kulturen auf denselben infolgedessen besseres Wachstum zeigten. **L. Müllers**, Breyell.

— Es ist auf jeden Fall richtiger, den Dünger sofort nach dem Aufbringen auf das Land breitzustreuen und nicht erst Wochen lang oder gar den Winter über auf Haufen liegen zu lassen, denn durch das Regen- und Schneewasser werden die Dunghaufen von ihren Nährstoffen ausgelaugt und diese, soweit sie sich nicht verflüchtigen, werden dann nur auf der einen Stelle, wo der Haufen lagerte, in den Boden gelangen. Wird der Dung dann im Frühjahre auseinander gestreut, so ist er zur Düngung fast vollständig wertlos. Am besten ist es, den Dung breit zu streuen und flach unter die Erdoberfläche zu bringen. Dann werden die leichtflüchtigen Ammoniakbestandteile des Düngers gebunden und verbleiben im Boden. **Georg Blau**, städt. Gartentechniker, Bromberg.

— Soll der Stallmist seine volle Wirkungskraft zur Geltung bringen, so darf er während des Winters weder ausgestreut auf dem Lande, noch in kleinen Häufchen liegen bleiben. Am einfachsten und vorteilhaftesten ist das Untergraben, damit er sich im Boden zersetzt und im nächsten Frühjahre sofort seine Wirkung entfaltet. Lassen wir den Dünger auf kleinen Häufchen liegen, so wird ein sehr großer Teil der Nährstoffe verschwinden, entweder durch das Regenwasser ausgelaugt, oder in die Luft entweichen. Ganz besonders ist es der Stickstoff, welcher in Form von freiem Stickstoff, sowie in Verbindung mit Wasserstoff als Ammoniak entweicht. Auch die zur Bodenlockerung und Aufschließung der

Mitglieder des Vereins Deutscher Gartenkünstler in Leipzig.

Im Hintergrunde das im Bau begriffene Völkerschlachtdenkmal. Von E. Bindseil für die „Gartenwelt“ photogr. aufgenommen.

Der wohlgenährte Herr links mit dem Panamahut und der weißen Weste ist Emil Beterams von der Firma Jacob Beterams Söhne, Geldern, ein stets fideles Haus. Neben diesem steht mit übereinander gelegten Händen Hofsamenhändler Joseph Klar, Berlin, daneben mit weißer Weste und schwarzer Krawatte Landschaftsgärtner A. Menzel, Breslau, neben welchem Baumschulbesitzer Timm, Elmshorn, sitzt. Den wärmsten und schönsten Sitzplatz zwischen zwei weißgekleideten Damen, in der Mitte des Bildes, nimmt der derzeitige Vorsitzende, Gartenbaudirektor Stämmler, Liegnitz, ein. Weiter nach rechts, den steifen Filzhut in der linken Hand haltend, steht — klein an Körper, aber oho! — Freund Peter Lambert, der weitbekannte Trierer Rosenzüchter. Der große Herr hinter diesem, mit der weißen Weste und dem weißen Hute, ist Hofrat und Obergartendirektor Bouché, Dresden, neben welchem sich Gartenbaudirektor Hampel, Leipzig, ein vielbeschäftigter Fachmann befindet, dessen Zeit so knapp bemessen war, daß er nicht einmal während der Dauer der Aufnahme stillstehen konnte, weshalb seine Gesichtszüge stark verwischt auf die Platte kamen.

Bodennährstoffe nötige Kohlensäure verflüchtigt zum großen Teil. Der Dünger wird durch fortwährende Wasserverdunstung trocken und damit werden auch die mineralischen Nährstoffe für die Pflanzenwurzeln schwer aufnehmbar gemacht. Auf einem Felde, wo der Stallmist längere Zeit auf Häufchen aufgesetzt war, kann man später an den betreffenden Stellen immer ein stärkeres Wachstum der Pflanzen erkennen, was einen ungleichmäßigen Stand verursacht, auf Saatbeeten oder Rasen geradezu schlecht aussieht. Wer den Dünger ausgebreitet liegen läßt, verliert nicht so viel Nährstoffe, als der, welcher ihn auf Haufen setzt, da die Extraktstoffe, durch den Regen ausgelaugt, direkt vom Boden aufgenommen werden können. Aber dennoch gehen große Mengen Stickstoff, Ammoniak, Kohlensäure und Wasser verloren, die in die freie Luft nach oben entweichen. In bezug auf die Einwirkung des Frostes auf das Land und die damit verbundenen physikalischen Verbesserungen des Bodens, wäre es ein grober Fehler, diese lockernde Tätigkeit der Natur künstlich durch Ueberdecken von Dünger zu behindern. Man sollte dies im Gegenteil durch Umgraben im Herbst, Liegenlassen in rauher Scholle und somit Vergrößerung der Bodenoberfläche zu fördern suchen.

Wem jedoch im Herbst die Zeit fehlt, sein Land rechtzeitig zu graben und damit den Dünger unterzubringen, der setze den Stallmist schichtenweise auf große Haufen. Damit der Verwesung und Verflüchtigung von Nährstoffen möglichst vorgebeugt wird, ist ein festes Antreten jeder Schicht, sowie ein Uebergießen mit Wasser oder besser Jauche anzuraten, wodurch der Zutritt der Luft gehindert wird.

Um das leicht flüchtige Ammoniak zu binden, streut man sogenannte Bindemittel aus, die zugleich den Nährwert des Stallmistes erhöhen. Solche Bindemittel kennen wir in Superphosphatgips und Kainit. Letzterer ist aber nur für leichte, kaliarme Böden zu empfehlen, da Kainit imstande ist, schwere, nasse Böden zu verkrusten. Neben den angeführten Vorteilen dieser Bindemittel — Erhaltung des Ammoniaks, Erhöhung der Nährstoffe —, besitzen sie noch eine sehr hygroskopische Eigenschaft, d. h. sie ziehen begierig Wasser aus der Luft an und erhalten somit die Feuchtigkeit im Düngerhaufen, auch töten sie die Verwesungsbakterien. — Meyer, Geisenheim.

Aus der Fachpresse.

In No. 14 vom 15. Juli des „Schweizerischen Gartenbaues“, unseres Wissens der einzigen deutschen gärtnerischen Fachzeitschrift der Schweiz, gibt Herr Ølbrich an erster Stelle bekannt, daß er die vor zwei Jahren übernommene Redaktion niederlegt. Das im 16. Jahrg. erscheinende, in den letzten Jahren ständig zurückgegangene Blatt, das bisher weder leben noch sterben konnte, soll für die Folge aus Sparsamkeitsrücksichten auf eine Schriftleitung verzichten, damit die jährlichen Defizite verschwinden. Er führt in seinem Klageliede aus, daß die Abonnentenzahl der deutschen Fachzeitschriften 20—30 Mal größer, die Inserate derselben 20—30 Mal umfangreicher seien, was, soweit die „Gartenwelt“ in Frage kommt, seine Richtigkeit hat. Wenn Herr Ølbrich aber dann weiterhin sagt, daß die Mitarbeiter der deutschen gärtnerischen Fachzeitschriften häufig gar nicht honoriert werden, und daß die meisten Klischees nicht Redaktion und Verlag, sondern jene Geschäftsinhaber bezahlen, für die sie eigentlich Nutzen bringen, so muß ich, so weit die „Gartenwelt“ in Frage kommt, gegen solche Unterstellung entschieden Protest einlegen. Herr Ølbrich war selbst durch Jahre hindurch Mitarbeiter der „Gartenwelt“ und hat natürlich auch seine Beiträge regelmäßig honoriert erhalten. Vom Erscheinen der ersten Nummer des ersten Jahrganges ab, hat die „Gartenwelt“ mit alleiniger Ausnahme der wenigen Artikel jener Handelsgärtner, die über eigene Neuheiten, eigene Kulturen, bezw. im eigenen Geschäftsinteresse berichteten, nicht nur alle Beiträge honoriert, sondern auch niemals eine Farbentafel und Textillustration auf Kosten anderer anfertigen lassen. Verleger, die nicht in der Lage sind, in gleicher Weise die vollständige Unabhängigkeit ihrer Zeitschrift zu wahren, sollten dem Beispiel Ølbrichs folgen und schleunigst einpacken. Es ist nichts verloren, wenn die inhaltlosen, ihre Spalten mit minderwertigen, zusammengeborgten Klischees füllenden Fachblätter von der Bildfläche verschwinden.

M. H.

Aus den Vereinen.

Die Hauptversammlung des Vereins deutscher Gartenkünstler fand am 29. und 30. Juni ds. Js. im Anschluß an den Kongreß der Rosenfreunde und die Rosenausstellung in Leipzig statt. Wie üblich, vereinigte schon am Vorabend ein gemütliches Beisammensein die Gartenkünstler und Rosenfreunde im Hotel Sachsenhof. Freuen wir uns dieser glücklichen Harmonie. Mögen alle Vertreter von Sonderinteressen innerhalb unseres schönen und so vielseitigen Berufes stets dessen eingedenk sein, daß „getrennt marschieren, aber vereint schlagen“ der Grundsatz gewesen, der in dem großen Ringen zum Siege führte. Auch in unserem Berufe wird seine Befolgung nicht schaden.

Vorher hatte schon eine Sitzung des Verwaltungsrates stattgefunden, in der noch die letzten Richtlinien für die Verhandlungen der Hauptversammlungen festgelegt wurden. Diese selbst genehmigte ohne Debatte die Geschäftsführung des Vorstandes, Verwaltungsbericht, Kassenbericht und den Voranschlag für 1909. Dagegen wurde nach eingehender Durchsprechung des neuen Satzungsentwurfs die Beschlußfassung hierüber bis zur nächsten Hauptversammlung ausgesetzt und eine Kommission zur Durcharbeitung der Satzungen erwählt. Trotz einiger Meinungsverschiedenheiten zeigt sich gerade in Hauptpunkten, die für die Weiterentwickelung des Vereins von Wichtigkeit, ein wohltuendes Bestreben, den Gedanken des Andersdenkenden zu folgen. So gewinnt die Bildung von Gruppen mit den ihnen nach dem Vorschlage des Satzungsentwurfs eingeräumten Befugnissen immer mehr an Zustimmung, ebenso der Gedanke, den Vorsitz in regelmäßigen Zwischenräumen und nach dem Domizil wechseln zu lassen. Nach diesem Beschlusse mußten die Wahlen auf Grund der alten Satzungen vorgenommen werden; es wurden die ausscheidenden Vorstandsmitglieder Stämmler, Bindseil, Wendt durch Zuruf wiedergewählt, ebenso der Kassenausschuß.

Landschaftsbild von der Pleiße bei Dölitz-Leipzig.
Von E. Bindseil für die „Gartenwelt“ photogr. aufgenommen.

Es folgten hochinteressante Vorträge des Herrn Gartendirektor Hampel „Über die Gartenkunst und ihre neuzeitlichen Bestrebungen“ und des Herrn Peter Lambert über „Die Ausschmückung der Gärten mit harten Rosen (Ziersträuchern) und Verschönerung von Bergabhängen, Verwendung der Rosen als Hecken“ usw., die noch im Druck erscheinen sollen.

Villa „Am Fluß“ in Wandlitz. Von E. Bindseil für die „Gartenwelt“ photogr. aufgenommen.

Davon zeitigte der erstere eine ziemlich lebhafte Debatte, da aus der Versammlung heraus das Resultat des Schillerpark-Wettbewerbes erwähnt wurde. Die Versammlung beauftragte den Vorstand, die zutage getretene Auffassung dem Berliner Magistrat zu unterbreiten, eine Aufgabe, der sich der Vorstand in umfassender Weise zu unterziehen gedenkt. Nach einem fröhlich und glücklich ohne Toast verlaufenen Festessen, brachen etwa 60 Teilnehmer nach dem Park am Völkerschlachtdenkmal auf, dessen ausgedehnte und großzügige Anlagen das lebhafteste Interesse erregten. Der Napoleonsstein bezeichnet die Stelle, an welcher der Eroberer in der letzten Nacht der großen Völkerschlacht, bei einer leider nicht mehr existierenden (der Tabaks-)Mühle weilend, als er sich der Einsicht nicht mehr verschließen konnte, daß das Ende, die Niederlage, unvermeidlich, seine Dispositionen für den Rückzug traf. Im Restaurant Napoleonsstein befindet sich die Stätte, an welcher die verbündeten siegreichen Monarchen die Huldigung der Stadtvertreter entgegennahmen. Um diese historischen Stätten gruppieren sich heute Baum und Strauch in reicher Abwechselung und bewahren sie, hoffentlich für ewige Zeiten, vor Vernichtung und Entweihung durch eine rücksichtslose Bauspekulation. Unweit von diesen, organisch mit dem Park und dem Straßennetz verbunden, erhebt sich der Neubau des Völkerschlachtdenkmals mit imponierender Wucht. Es dürfte nach seiner Vollendung, die voraussichtlich im Jubeljahre der Völkerschlacht erfolgen wird, eines der schönsten und bedeutendsten Bauwerke Deutschlands sein. Durch den Bauleitenden wurden dem Verein die Entstehungsgeschichte und an Hand von Zeichnungen die bauliche Struktur und die künftige Gestalt des Riesenbaues erläutert, ebenso durften wir das Bauwerk in allen Teilen besichtigen. Unser Bild zeigt es im Hintergrunde und läßt ahnen, welche Bedeutung es nach der Vollendung, die es auf die doppelte der jetzigen Höhe bringen soll, für die Landschaft gewinnen wird. Es folgte die Besichtigung des Südfriedhofes. Wir waren zu einer Rosenausstellung gekommen und hatten im Palmengarten eine reiche Fülle an Rosen und Schönes zu sehen bekommen, solche Blütenmassen aber, solche Duftwellen, wie sie uns auf diesem Friedhofe, an diesem herrlichen Juniabend entgegentraten, waren einfach überwältigend und werden uns unvergeßlich bleiben. Durch die Verwaltung des Südfriedhofes gelangte an die Teilnehmer eine große Anzahl von Grundplänen zur Verteilung, die einen Ueberblick über die Gesamtanlagen ermöglichten. Ihr und Herrn Garteninspektor Mönch für die freundliche Führung verbindlichsten Dank.

Der Vormittag des Schlußtages war der Besichtigung städtischer Anlagen gewidmet. Nach vorzüglichem und gemütlichem Mittagessen, ging es per Stoßkahn auf der Pleiße nach Connewitz. Welche Ueberraschung für viele der Teilnehmer, hier unerwartet die schönste Spreewaldlandschaft zu finden! Im prächtigen, gemischten Laubwalde windet sich der Fluß dahin, glitzernde Lichter läßt der strahlende Hochsommernachmittag bald voll auf die Wasserfäche fallen, bald stehlen sich nur vereinzelte Strahlenbüschel durch die Bäume, bald reflektiert das Wasser sie in hastigem Spiel auf die Laubmassen am Flußufer. Bote beleben den Fluß, meist sind es Studenten, die spazieren rudern, und in verständnisvoller Rückerinnerung vergangener Zeiten summte bald das Lied von der filia hospitalis aus unserem Kahn heraus. So kommen wir nach Connewitz. Nach kurzer Rast geht es zu Fuß nach Dölitz weiter, durch Wiesengrund am Bachesrand entlang. Auf reizende Villen und in deren wohlgepflegte Gärten fällt unser Blick. Aber mehr noch fast fesseln uns die lieblichen Bilder, die sich ungewollt aus dem Zusammenstimmen von Baum und Bach ergeben haben. Eines davon gelang uns auf der photographischen Platte festzuhalten und Seite 527 zu reproduzieren. Noch ein kurzes, gemütliches Beisammensein beim Glase Bier hier in Dölitz und auf dem Bahnhofe in Leipzig, dann folgte die Trennung mit herzlichem Abschiedswort und Dank an alle die Herren, die so unentwegt sich in diesen Tagen uns gewidmet hatten. Dank auch an dieser Stelle Herrn Direktor Hampel, den Herren Garteninspektoren Fölkel, Hebenstreit, Molzen und Herrn Gartentechniker Schwarz auszusprechen, ist uns Herzensbedürfnis. **Bindseil.**

Am 19. Juni veranstaltete der **Verein deutscher Gartenkünstler** einen Ausflug nach Neufinkenkrug zur Besichtigung der Sonderausstellung der „Woche". Bekanntlich veranstaltete dieses Unternehmen im vergangenen Jahre einen Wettbewerb zur Erlangung von Entwürfen für Sommer- und Ferienhäuser. Die von einem Preisgericht als die besten befundenen wurden in zwei Sonderheften vereinigt. Sodann wurden Modelle nach den besten Entwürfen hergestellt und im Berliner Kunstgewerbemuseum und auch an vielen anderen Orten Deutschlands ausgestellt. Schließlich ging man an die Ausführung in natura und so entstanden in den etwas sehr entfernten Berliner Vororten Wandlitz und Finkenkrug im ganzen 20 Villen, die nun unter der Firma einer Sonderausstellung der „Woche" der Oeffentlichkeit auf mehrere Wochen zugänglich gemacht wurden.

Der Erfolg ist zunächst der, daß sämtliche Häuser in kürzester Zeit verkauft waren. Wenn man das ansprechende Aeußere (siehe die Abbildung auf Seite 527) ins Auge faßt, kann man sich dessen nicht wundern; denn wenn auch nach der ganzen Entstehungsweise eine einheitliche Durchbildung, ein Villenort aus einem Guß, keineswegs, weder in Finkenkrug noch in Wandlitz, geschaffen ist, so entbehren die Einzelobjekte nicht eines hohen Reizes in ihrem Aeußeren, und auch die Anordnung der Räume und ihre Ausstattung atmen wohliges Behagen. Ob sich dieses Behagen bei dauernder Benutzung erhalten wird, ist eine andere Frage, die erst nach einigen Jahren eine ehrlich und objektiv beantwortete Rundfrage bei den Besitzern erledigen könnte.

Die „Woche" hat sich in diesem Jahre ja nun auch mit einem Ausschreiben und einem Sonderhefte der Hausgärten angenommen. Es war daher wohl die Vermutung nicht von der Hand zu weisen, daß in Wandlitz und Finkenkrug Gärten entstehen würden, die Geist von dem modernen Reformgeist in der Gartenkunst zeigen würden. Und gewiß, wir finden Hecken dort, wo wir ihren Zweck nicht begreifen und Mauern, die engherzig den Blick in den Hintergarten sperren und einen Vordergarten um so mehr an die Straße verweisen, als Haupteffekt aber den schon kümmerlich zugemessenen Gartenraum recht überflüssiger Weise zerstückeln. Im großen und ganzen aber zeigen diese Gärten eine traurige Tatsache, die auch sonst nur zu häufig in die Erscheinung tritt, daß nämlich von vornherein, d. h. bei Beginn des ganzen Projektes, die richtige Disposition über die Mittel nicht getroffen worden ist. Das Haus steht fertig, leidlich oder gut ausgestattet, das Geld ist verbraucht, zur Herstellung des Gartens muß auf die dürftigen Mittel gegriffen werden, die der Architekt übrig gelassen hat oder die der Bauherr, der durch Ueberschreiten der veranschlagten Bausumme längst verärgert, nur noch mißmutig bewilligt. Da entstehen denn nun Gärten, an denen weder der Schöpfer, noch der Besitzer, noch der Freund der Gartenkunst seine Freude haben kann. **Bindseil.**

Heiteres.

Unter der Rubrik **„Kleinigkeiten"** erzählt die „Wiener Allgemeine Gärtner-Zeitung" ihren Lesern, daß das Glashaus der Königin von Holland im Schloßpark zu Laeken (!) einen Rauminhalt von 45000 Kubikmetern hat. Da Laeken nicht in Holland, sondern in Belgien, nahe bei Brüssel liegt und bisher die Sommerresidenz des Königs Leopold war, so nehmen wir an, daß unsere Wiener Kollegin entweder in der Geographie sehr schlecht beschlagen ist, oder aber, was näher liegt, daß der steinalte, indessen immer noch furchtbar verliebte König Leopold der jugendfrischen und hübschen Königin Wilhelmina von Holland Schloß Laeken zum Geschenk gemacht hat.

Da König Leopold unermeßliche Reichtümer besitzt, die ihm selbst das Verschenken des Kongostaates gestatten, so dürfte er schon im nächsten Jahre eine neue Sommerresidenz beziehen, die er sich, vielleicht der Abwechselung halber und zur Festigung freundnachbarlicher Beziehungen, im Haag errichtet, während Königin Wilhelmina ihre Sommerresidenz vom Haag nach Laeken bei Brüssel verlegen dürfte. Hoffentlich wissen die Leser der „Wiener Allgemeinen Gärtnerzeitung" jetzt, was „Kleinigkeiten" sind. **M. H.**

Verkehrswesen.

Im Verkehr zwischen Deutschland und Rußland können Pakete vom 1. August ab mit Nachnahme bis 800 M belastet werden.

Personal-Nachrichten.

Eggers, Joh., Baumschulen und Samenhandlung, Heiligenbruch, Bez. Bremen, erwarb die H. Elferschen Forstbaumschulen bei Achim.

Heiler, Friedr., Handelsgärtnerei in Kempten (Freudental), Algäu, feierte am 18. Juli das seltene Jubiläum ihres 75 jährigen Bestehens. Die Gärtnerei wurde vom Großvater des jetzigen Besitzers gegründet. Aus der anfangs kleinen Gemüsegärtnerei entwickelte sich, dank der Umsicht und Regsamkeit der Besitzer, das Geschäft zu seiner heutigen großen Ausdehnung. Mit berechtigter Genugtuung kann Herr Heiler auf die Vergangenheit seines Geschäftes zurückblicken. Aus Anlaß dieses Jubiläums fand eine kleine Feier statt, wobei die Angestellten von ihrem Prinzipale bewirtet wurden. Im Namen des Gesamtpersonals überreichte der Obergärtner Adolf Gebers dem Prinzipal einen prächtigen Zinnkrug mit entsprechender Widmung. Die kleine Feier, die sich zu einem echten Familienfeste gestaltete, legte aufs neue Zeugnis ab von dem guten Einvernehmen zwischen Prinzipal und Gehilfen, das schon von jeher in diesem Geschäft bestanden und zu dessen Entwicklung wesentlich mit beigetragen hat.

Kalchhauser, Georg, bisher Hofgärtneradjunkt in Miramar, wurde zum Hofgärtner ernannt.

Karsten, Dr. Hermann, früherer Professor der Botanik an der Berliner Universität, † am 13. Juli im 91. Lebensjahre.

Ledien, Oberinspektor des Botanischen Gartens zu Dahlem, ist durch Erlaß des Oberpräsidenten der Provinz Brandenburg zum amtlichen Sachverständigen in Reblausangelegenheiten zur Vornahme von Besichtigungen und Abgabe von Erklärungen bei der Pflanzenausfuhr ernannt worden.

Lehmann, Karl, Schloßgärtner zu Burgscheidungen im Kreise Querfurt, erhielt das Allgemeine Ehrenzeichen.

Berlin SW. 11, Hedemannstr. 10. Für die Redaktion verantwortlich Max Hesdörffer. Verlag von Paul Parey. Druck: Anhalt. Buchdr. Gutenberg e. G. m. b. H., Dessau.

Konkurse.

Rendsburg. Das Konkursverfahren ...r das Vermögen des **Kunstgärtners** ...iedrich Henning Heinrich Thöl in ...ndsburg wird nach erfolgter Ab...tung des Schlusstermins hierdurch ...gehoben.

Traben-Trarbach. Das Konkurs...fahren über das Vermögen des ...rtners **Louis Bauer jr.** in **Traben-...rbach, i. M.** wird nach erfolgter ...haltung des Schlusstermins hierdurch ...gehoben.

...atente und Musterschutz.

Zum **Patent** wurde **angemeldet** ...usse 45f.

R. 25664. Vorrichtung zum Ge...erichten von Bäumen. Andreas ...**ekewoldt,** Gunsleben, Kr. Oschers...n. 4. 1. 08.

Gebrauchsmuster - Eintragungen ...usse 45f.

343352. Grabstrausshalter mit her...nehmbarem, nach Einsetzen aber ...stehendem Gefäss, welches mit ...t senkrecht in die Erde gesteckt ...d. Paul **Dietsch,** Leipzig, Neu...rkt 16. 13. 5. 08. D. 14258.

343408. Blumenkastenhalter, be...hend aus einem Träger, zwei Streben ...i einer Befestigungsöse. Elisabeth ...**ollmeyer,** Halle a. S., Weidenplan ... 1. 6. 08. Sch. 28857.

343637. Befestigungseinrichtungen ...füllen für Reb- oder Gartenscheren. ... **Carl Mesenheller,** Remscheid. ...3. 08. M. 27172.

343649. Mit Schere zum Ab...neiden der zu pflückenden Früchte ...sehener Obstpflücker. Waldemar ...**rtsch,** Lauenburg in Pommern. ...3. 08. B. 38532.

343859. Sprengeinrichtung mit ...rirdisch verlegten Sprengrohren mit ...engköpfen. **Martin Hiller,** Grune...d, Herthastrasse 5. 26. 5. 08. ...37319.

343861. Gerät zum Einsenken von ...mentöpfen verschiedener Grösse in ... Erdboden. Otto **Kesselburg,** Vier..., 27. 5. 08. K. 34687.

344032. Baumsäge. Otto **Rudner,** ...ensburg. 15. 6. 08. R. 21611.

Neue Kataloge.

...V. Beisenbusch, Dorsten. Aeltestes ...pezialgeschäft in Haarlemer Blumen...wiebeln. Hauptkatalog und Spezial...fferte. Eigene Kulturen in Holland.

...van der Schoot & Sohn, Hillegom-...Haarlem. Hauptkatalog über Hyacinthen, Tulpen, Narzissen, Crocus etc.

...lumenzwiebel-Exporthaus Huis ter ...uin, A. G., Nordwyk-Haarlem. ...auptkatalog über Haarlemer Blumen...wiebeln.

Bevorstehende Ausstellungen.

August 1908.

Duisburg. Gartenkunstausstellung 1. August bis 1. Oktober 1908.

St. Johann. Gartenbauausstellung vom 29. Aug. bis 14. Sept. im St. Johanner Volksgarten.

September 1908.

Dessau. Jubiläumsgartenbauausstellung des Vereins selbständiger Gärtner von Dessau und Umgegend, vom 18.—20. September.

Quedlinburg. Neuheitenausstellung der Deutschen Dahlien-Gesellschaft. 12.—14. September im Kaiserhof.

Schaffhausen. Sechste Gartenbauausstellung vom 11.—20. September, veranstaltet vom kant. Gartenbau-Verein.

Oktober 1908.

Bielefeld. Obstausstellung für Westfalen und Lippe. 13.—19. Oktober

Düsseldorf. Obstausstellung vom 28. bis 31. Oktober 1908 in der städt. Tonhalle, veranstaltet von der Landwirtschaftskammer für die Rheinprovinz.

Nürnberg. Bayerische Landesobstausstellung vom 10.—19. Oktober. Veranstaltet vom Landesverbande bayerischer Obstbauvereine.

April 1909.

Berlin. Grosse Internationale Gartenbauausstellung vom 2.—13. April in der Ausstellungshalle am Zoologischen Garten, veranstaltet vom Verein zur Beförderung des Gartenbaues in den Kgl. preuss. Staaten.

München. Jubiläumsblumenausstellung der Bayerischen Gartenbau-Gesellschaft vom 24. April bis 3. Mai.

Druck der Anhaltischen Buchdruckerei Gutenberg e. G. m. b. H. in Dess

. Illustrierte Wochenschrift für den gesamten Gartenbau.

Herausgeber: Max Hesdörffer-Berlin.

Erscheint jeden Sonnabend.
Monatlich eine farbige Kunstbeilage.

Bezugsbedingungen:
…h jede Postanstalt bezogen Preis 2.50 M. vierteljährl. In Österreich-Ungarn 3 Kronen. …direktem Bezug unter Kreuzband: Vierteljährlich 3 M. Im Weltpostverein 3.75 M. Einzelpreis jeder Nummer 25 Pf.
…hne Vorbehalt eingehenden Beiträgen bleibt das Recht redaktioneller Änderungen …halten. Die Honorarauszahlung erfolgt am Schlusse jeden Vierteljahrs.

Anzeigenpreise:
Die Einheitszeile oder deren Raum 30 Pf.; auf der ersten und letzten Seite 50 Pf. Bei grösseren Anzeigen und Wiederholungen steigender Rabatt. Beilagen nach Übereinkunft. Anzeigen in der Rubrik Arbeitsmarkt (angebotene und gesuchte Stellen) kosten für Abonnenten einmalig bis zu 10 Zeilen Raum M. 1.50, weitere Zeilen werden mit je 20 Pf. berechnet.
Erfüllungsort auch für die Zahlung: Berlin.

Adresse für Verlag und Redaktion: Berlin SW. 11, Hedemannstrasse 10.

XII. Jahrgang No. 45. | Verlag von Paul Parey, Berlin SW. 11, Hedemannstr. 10. | 8. August 1908.

Illustrierte Wochenschrift für den gesamten Gartenbau.

Jahrgang XII. 8. August 1908. No. 45.

Landschaftsgärtnerei.

Felsenanlagen. Bachmotive.

Von Obergärtner **Wilhelm Mütze**, Dahlem bei Steglitz.

(Hierzu vier Abbildungen.)

Es gibt gar viele Möglichkeiten, lebenswahre Bilder von Vegetationstypen im Garten zu schaffen. Wer sie aus dem Material schafft, welches die Natur selbst in diesen Genossenschaften bietet, wird natürlich auch die Standortsverhältnisse genau studieren müssen. Solche Gestaltungen, wenn sie naturwahr erscheinen sollen, sind am schwierigsten herzustellen und zu erhalten; ob sie vom künstlerischen Standpunkte die schönsten sind, muß dahingestellt bleiben. Der Natur stehen andere Mittel zur Verfügung; wir greifen ja zunächst nur störend in ihr präzises Arbeiten ein, um das ihr Abgelauschte nach bestem Können wiederzugeben.

Das Wasser spielt im felsigen Gelände eine bedeutende Rolle. Wir können es uns eigentlich nur munter dahinplätschernd oder mächtig über Gesteinsblöcke daherrauschend denken. Für den Künstler wird es in dieser Form am anziehendsten und packendsten sein, der Pflanzenfreund wird mit Vorliebe jene Stellen aufsuchen, an denen es langsam, oft kaum merklich zu Tale sickert. Solch ein Bachbett, das nur im Winter und Frühling oder nach heftigen Regengüssen größere Wassermengen führt, sonst aber nur feucht schimmert und vielleicht einige kleine Tümpel aufweist, ist ein Fundort der seltensten und schönsten Pflanzen.

Gar anmutige Bilder wird der Wanderer schauen, der einem solchen Bachlaufe folgt. Hier finden sich gar verschiedenartige Pflanzen, denn die Wassermengen im Herbst usw. haben viele Samen, Pflanzenteile und Stöcke mitgebracht. Alle diese entwickeln sich natürlich nur dort, wo die Verhältnisse ihnen zusagen, wir finden deshalb eine Reihe Genossenschaften in abwechslungsreichem Nebeneinander.

Teil des Bachlaufes im Hausgarten.

Originalaufnahme für die „Gartenwelt".

Von diesen Gedanken habe ich mich leiten lassen, als ich die Hälfte meines Hausgartens für Alpenpflanzenkulturen einrichtete. Ein nur angedeuteter Bachlauf berührt Kalkschichtungen, die im Verlauf viele Standortsmöglichkeiten bieten. Die Abbildung Seite 531 zeigt einen Einschnitt in die Schichtung. Hier sickert ebenfalls Wasser heraus, die Schichtungen sind deshalb gelockert, zum Teil verschoben und in feuchtes Geröll übergehend. Moosartige Saxifragen, an halbtrockenen Stellen *Campanula garganica, Saxifraga Cotyledon, Arabis procurrens,* ganz unten in einem vertieften *Sphagnum*-Rasen *Saxifraga aquatica*, alles prächtig gedeihend. *Silene acaulis* bildet zwischen angeschwemmten Gesteinsbrocken herrliche Polster. Doch mit den letzten beiden Pflanzen bin ich bereits aus den Kalkschichten auf die Sohle des Bachlaufes geraten. Einige Kalksteinplatten sind hierhin gefallen, Gesteinsbrokken, rund geschliffen, zum Teil halb verdeckt oder kleine Geschiebe bildend, liegen umher. *Carex*-Büschel finden sich hier und dort zwischen den üppig gedeihenden Moospolstern. Moospolster, welche als Packmaterial für Pyrenäenpflanzen (Originale von dort) dienten, haben sich hier prächtig entwickelt. *Leucobryum vulgare, Dicranum, Orthohichum* und andere heimische Moose gedeihen üppig. Hier blüht und fühlt sich recht wohl die zierliche *Gentiana pyrenaica* neben großen Rasen der *Gentiana excisa, Sweertia perennis, Parnassia palustris,* nebenan an bemoosten Felsen *Pinguicula alpina, Asplenium fontanum.* Auch eine Reihe Primeln entwickeln kräftige Stöcke. Es würde zu weit führen, sie alle zu nennen, die hier friedlich nebeneinander gedeihen.

Die untenstehende Abbildung zeigt auf der anderen Seite des Bachlaufes einen Kiesauswurf. Im Vordergrunde blühen *Myosotis rupicola, Lychnis alpina*, Saxifragen u. a.

Angrenzend findet sich eine Moostrift mit Steinblöcken und Brocken (Abb. unten). Vertiefte Mulden bilden herrliche Standorte. Zwischen den zarten Moospflänzchen lugen die tiefblauen Blumen

Vegetation im Kiesauswurf.
Im Vordergrunde Myosotis rupicola.
Originalaufnahme für die „Gartenwelt".

der *Gentiana verna* hervor, dazwischen stehen *Trifolium alpinum*, Potentillen, Ranunkeln aus den Pyrenäen und Alpen, kleine zierliche Gräser und anderes aus dem Rasen, die ich aus dem Gebirge bezog. Auch *Gentiana alpina* fühlt sich zwischen den Moosen recht heimisch. Kleine Eriken stehen truppweise umher, *Primula viscosa* bilden ganze Rasen.

An Gräsern verwende ich nur *Festuca glauca, Agrostis alpina* und *rupestris*, ferner hin und wieder *Juncus alpinus, tenuis* und verschiedene *Carex* und *Luzula nivea.* Die Samen schneide ich vor der Reife ab.

Dunkle Koniferen umrahmen in der Hauptsache das Bild, Wildrosen und deren Ersatzpflanzen stehen in freier Entfaltung dazwischen. Viel Schönes und Anziehendes kann man so auf verhältnismäßig kleinem Raume schaffen, von Anfang März bis zum Herbst will das Blühen nicht enden, in immer neuem Wechsel zeigt sich der Blütenflor.

Namentlich im zeitigen Frühjahre, wenn die Primeln blühen, die gelben *Draba*-Arten neben dem herrlichen Blau der *Aubrietia Eyrii* stehen und vieles andere mit dem zarten ersten Grün erblüht, wenn die kleinen Moosfrüchte einen rosigen Schleier über meine Moostrift legen, ist das Bild ein anziehendes. Jetzt blühen die Rosen, die Iris, das Edelweiß, Alpennelken, Cerastien, viele Saxifragen, Achilleen, *Alsine, Aster alpinus* und *Ramondia* lugt zwischen moosüberzogenen Felshängen hervor.

So machen wir Menschen uns ein Bild dessen, das wir im Herzen tragen, wir bieten eine gastliche Stätte unseren Lieblingen, die uns oft mehr erzählen als Menschen es vermögen.

Auf wie lange? Solange eine liebende Hand sie schützt, ihnen hilft in dem Kampfe, auf den die umherstehenden Tieflandpflanzen schon so lüstern. Wie im Leben!

„Nur deine Schöpfungen zerstört die Zeit;
Im Reiche Gottes wechselt nur die Form!"

Gruppenpflanzen und Pflanzengruppierung.

Von Rich. Stavenhagen, Rellingen.

II.

In dem Artikel von Obergärtner Geyer wurde bereits *Gymnothrix latifolia* kurz erwähnt. Sowohl die höher und kräftiger wachsende *Gymnothrix latifolia*, wie die im Wuchs etwas niedere und zierlichere *G. japonica* gehören zu den schönsten Blattpflanzen aus der Familie der Gräser, die wohl verdienen, daß man sie der jüngeren Gärtnergeneration dann und wann ins Gedächtnis ruft. Die *Gymnothrix* haben in Blatt und Wachstumscharakter etwas Aehnlichkeit mit dem winterharten Ziergras *Erianthus Ravennae*, sind aber zierlicher und im Wuchs üppiger. Sie besitzen überdies den Vorzug, sich leicht und schnell heranziehen zu lassen. Sämlinge bilden im ersten Sommer schon ganz ansehnliche Büsche, aber erst bei Verwendung kühl überwinterter Rhizome erzielt man Prachtpflanzen, die selbst als Einzelpflanzen imposant

Moostrift am Bachrande. Gentiana verna in einer Mulde.
Im Vordergrunde Myosotis rupicola.
Originalaufnahme für die „Gartenwelt".

wirken. Sie sind des weiteren vorzüglich geeignet, um in größeren gemischten Gruppen die Hauptpunkte zu markieren und passen gut zu großblättrigen *Canna* oder zu *Musa Ensete.* Für eine Massenverwendung eignet sich die Pflanze weniger oder wenigstens nur in sehr großen Gärten. Die Rhizome werden etwa in gleicher Weise wie *Canna*, nur kühler, überwintert.

Das alte, bekannte buntblättrige *Abutilon Thompsoni* eignet sich dagegen wieder vorzüglich zur truppweisen Verwendung oder zur Bildung lockerer Gruppen in dem oben angedeuteten Sinne. Man wird hier als Unterpflanzung niedrige Gewächse mit blauen oder violetten Blüten oder solche mit lebhaft gefärbter Belaubung wählen. Stecklingspflanzen erreichen bereits im ersten Jahre eine ansehnliche Stärke und bilden üppig belaubte Pflanzen von ausgesprochen pyramidenförmigem Bau und über einen Meter Höhe. Bei älteren Pflanzen kommt es darauf an, diese pyramidenförmige Tracht zu erhalten und das Kahlwerden an den unteren Partien durch Ueberwinterung in geeigneten Räumen zu verhindern. Solche ältere Pflanzen beanspruchen also bei der Ueberwinterung viel Raum, der ihnen nicht in allen Gärtnereien gewährt werden kann. Das Entspitzen ist bei jungen Exemplaren ganz zu unterlassen; der Rückschnitt älterer Pflanzen sollte ebenfalls nur dann geschehen, wenn der Wurzelballen dabei intakt bleibt, also ein Verpflanzen zur gleichen Zeit nicht stattfindet.

In gleicher Weise wie *Abutilon* wird man auch jüngere Sämlingspflanzen der bekannten Zimmerakazie, *Acacia lophantha*, zu Gruppen verwenden. Hier bedarf das stumpfe Grün der zierlichen Fiederblätter wieder eines freundlich wirkenden Untergrundes. Eine der neueren niederen *Begonia semperflorens*-Sorten in einer hellen, jedoch nicht aufdringlichen Farbe, z. B. *Dornröschen* oder *Globe mauve*, wäre hier sehr am Platze. Vorbedingung für eine freudige Entwicklung der *Acacia lophantha* ist indes eine warme, sonnige Lage und eine lockere, durchlässige Erde. Eine Beimischung von Heideerde ist nicht unbedingt notwendig. Am besten wird man zweijährige Sämlinge verwenden; die Pflanzen sind in jeder Kulturperiode einmal zu entspitzen; bei guter Kultur und Bewässerung bauen sie sich dann von selbst genügend buschig.

Kalkschichtungen mit Einschnitt, aus welchem Wasser hervorquillt.
Originalaufnahme für die „Gartenwelt".

Als in der Wirkung und ganzen äußeren Erscheinung in mancher Beziehung ähnlich wäre *Grevillea robusta* zu nennen, die aber noch seltener als die bisher genannten Pflanzen zur Gartenausschmückung verwendet wird. Das gefiederte Blatt zeigt eine noch schönere Form von architektonischer Regelmäßigkeit und ein helleres, an den jungen Trieben bräunlich getöntes Grün. Für die Schönheit der Pflanze ist die Erhaltung des Mitteltriebes Bedingung, ein Entspitzen also unter keinen Umständen vorteilhaft. Die Grevilleen lieben ebenfalls eine lockere, jedoch nahrhafte Erde, gedeihen aber sowohl in voller Sonne wie an halbschattigen Plätzen. Bei Verwendung in schattigen Lagen würde ich grüne oder bunte Tradescantien als Fond vorschlagen; in voller Sonne ist die Auswahl der für Unterpflanzung geeigneten Gewächse größer. Uebrigens ist das Kolorit der Blätter in sonnigen Lagen lebhafter und der Bronzeschimmer der jüngsten Blätter tritt deutlicher hervor. Auch bei *Grevillea robusta* wird man mindestens zweijährige Sämlinge zum Auspflanzen verwenden, die sich bei frühzeitigem Einpflanzen im Herbste und Ueberwinterung in einem luftigen, hellen Kalthause noch mehrere Male zum Auspflanzen benutzen lassen.

Obwohl seit etwa 20 Jahren eingeführt, dürfte *Polygonum lanigerum* für die Mehrzahl der Gärtner eine Neuheit sein. Dieses *Polygonum* wird in Erfurter Katalogen als Staude geführt. Die Winterhärte ist wohl noch nicht endgültig erprobt, aber auch nicht von Belang, denn unter Glas herangezogene Sämlinge erreichen bereits im ersten Sommer eine ansehnliche Höhe. Die Vermehrung aus Stecklingen ist auch bei diesem *Polygonum* nur im Notfalle anzuwenden, denn Sämlinge sind weit wüchsiger und in der ganzen Erscheinung üppiger. Ich lernte die Pflanze zum ersten Male vor einer Reihe von Jahren im Dresdener botanischen Garten kennen; im Handel ist sie zurzeit, außer von den Firmen Ernst Benary und Haage & Schmidt, wohl kaum erhältlich. Die schönsten Exemplare davon sah ich im Stadtgarten zu Stuttgart. Es handelte sich hier um Sämlinge von Februaraussaat, die bis zum September etwa 2 m hohe Büsche gebildet hatten. Die Blumen sollen blaßrosa sein und in Trauben stehen, erscheinen aber erst an älteren Pflanzen und sind, wie bei der Mehrzahl der Polygonumarten, nicht besonders ansehnlich. Die Hauptzierde dieser Knöterichart ist das metallisch glänzende, silberweiß behaarte Blatt, dessen Behaarung bei üppig gewachsenen Pflanzen nicht so intensiv hervortritt, daß der Zierwert dadurch beeinträchtigt wird. Wenn man sich den Wurzelstock und die Stengelbasis älterer Pflanzen genauer ansieht, wird man unschwer eine Aehnlichkeit mit anderen staudenartigen *Polygonum*, zum Beispiel *P. cuspidatum*, leicht entdecken. Im übrigen weicht diese Art in Blatt und Tracht von den allgemeiner bekannten Polygonumarten erheblich ab; in der Dämmerung könnte man eine größere Pflanze mit *Arundo Donax* verwechseln. Der robuste Wuchs und die malerische, aber unregelmäßige Tracht der Pflanze verbieten von selbst deren Verwendung zu geschlossenen Gruppen, dagegen ist dieses *Polygonum* als Einzelpflanze frei auf Rasen oder in Trupps zu drei bis fünf von prächtiger Wirkung, vornehmlich, wenn ein dunkler Hintergrund vorhanden ist.

Mit den Wigandien komme ich wieder zu Blattpflanzen von regelmäßiger Tracht, aber mit üppigen, wirkungsvollen Formen, die an Schönheit recht wohl mit *Nicotiana colossea* verglichen werden können. Anzucht und Behandlung machen kaum mehr Umstände, als bei genannter riesenblättriger Tabakart. Die Wigandien sind aber in ihrer ganzen Erscheinung edler und gefälliger als *Nicotiana colossea*, es erscheint darum die Vernachlässigung der ersteren nicht gerechtfertigt. Die in Kultur befindlichen Arten von *Wigandia*, *W. caracasana*,

W. imperialis und *W. Vigieri*, weichen in ihren Merkmalen und Ziereigenschaften nicht wesentlich von einander ab; weniger auffallend in der äußeren Erscheinung ist die nach Art der Urticaceen mit Brennhaaren ausgestattete *Wigandia urens*, die sich botanisch von *W. caracasana* (syn. *W. macrophylla*) nicht wesentlich unterscheidet. Die rauhfilzige Behaarung finden wir bei allen Arten, für *W. Vigieri* ist das etwas kleinere, silbrig glänzende und rötlich geaderte Blatt charakteristisch. Ueberall dort, wo man *Nicotiana colossea* oder *Solanum robustum* zum Auspflanzen benutzt, wird man abwechslungshalber auch die Wigandien verwenden können. Wesentlich bleibt nur eine gute Vorbehandlung dieser Art von Blattpflanzen, die meist in zu kleinen, ungenügend abgehärteten Exemplaren ausgesetzt werden. Auf diese sorgfältigere Vorkultur habe ich in meinem kürzlich erschienenen Werke „Blütenpflanzen und Blattgewächse für Gartenausschmückung" bei allen Blattpflanzen von gleichen Ansprüchen hingewiesen, z. B. bei den zahlreichen Solanumarten, den *Uhdea, Verbesina, Ferdinanda* etc. Diese Vorkultur besteht darin, den jungen Steckling oder Sämling in flottem Wachstum zu erhalten, rechtzeitig aus den Stecklingstöpfen in größere Gefäße zu versetzen und, anstatt im Gewächshause, in Kästen unter Anwendung gelinder Bodenwärme weiter zu pflegen. Nach einiger Abhärtung hat man dann in den ersten Tagen des Juni kräftige Exemplare zum Auspflanzen. In Norddeutschland sind die Nächte im Mai selten warm genug, um noch in diesem Monat an das Auspflanzen denken zu können.

In einem späteren Artikel hoffe ich eine weitere Reihe ähnlicher Blattpflanzen zu behandeln, u. a. *Melianthus major, Senecio Ghiesbreghtii, Begonia ricinifolia* etc.

Stauden.

Leucanthemum uliginosum (Pyrethrum uliginosum).

Von Obergärtner **M. Geyer**, Lieser an der Mosel.

(Hierzu eine Abbildung.)

Die weißblühenden Stauden sind sowohl zum Schnitt wie auch zur Ausstattung von Anlagen stets sehr begehrt. Unter diesen weißen Blumen stehen besonders auch die sogenannten Margueriten in der Gunst des Publikums. Gewöhnlich wird jede Blume, die Aehnlichkeit mit *Chrysanthemum frutescens*, der echten Marguerite hat, von der großen Masse einfach Marguerite genannt.

Obwohl nun *Leucanthemum uliginosum* auch zu diesen Margueriten gehört, kann man doch nicht sagen, daß man ihr oft in den Anlagen begegnen würde. Eine etwas größere Verbreitung haben die zahlreichen Varietäten ihrer nahen Verwandten, des *Chrysanthemum maximum*, gefunden, von denen die eine oder andere wohl in jeder Gärtnerei zu finden sein dürfte. Die letzten Jahre brachten uns denn auch sehr viele *Chrysanthemum maximum*-Neuheiten, von denen verschiedene einander zum Verwechseln ähnlich sind.

Unter den im August—September blühenden Stauden ist *Leucanthemum uliginosum* eine der schönsten. An dekorativer Wirkung kommt ihr keine andere Staude gleich. Aus weiter Ferne leuchten die schönen, großen, reinweißen Blumen, die in Masse erscheinen. Dazu kommt ein schöner, straffer, aufrechter Wuchs der aus dem Wurzelstock erscheinenden zahlreichen Triebe, die stolz und aufrecht, ohne daß ein Binden notwendig wäre, die oben sich reichverzweigenden Blumenstiele tragen. Vom Frühjahre bis zum Herbst ist dies *Chrysanthemum* ein schöner, von unten bis oben beblätterter Busch. Die Triebe sind vollständig mit den langen, schmalen Blättern besetzt. Die Höhe beträgt, je nachdem die Pflanze mehr oder minder frei steht und je nach der Beschaffenheit des Bodens, 1,20 bis 2 Meter.

Unter den schönen und empfehlenswerten Herbstastern gibt es zwar auch einige, die im September ihre weißen Blumen entfalten, dieselben stehen in ihrer Wirkung jedoch lange nicht dem *Leucanthemum* gleich, da ihre Blumen bedeutend kleiner sind und kaum das schöne, reine Weiß der erstgenannten haben.

Die Pflanze ist winterhart und breitet sich durch den kriechenden Wurzelstock rasch aus. Durch Teilung desselben geschieht die Vermehrung ebenso rasch als einfach und reichlich. Wie alle wüchsigen Stauden, verlangt *L. uliginosum* kräftiges Erdreich und bei Trockenheit Bewässerung. Wenn es mehrere Jahre auf einem Standorte war, sollte es verpflanzt werden, anderfalls wird die Pflanze, da die zahlreichen Wurzeln das in der Nähe befindliche Erdreich ausgesogen haben, kleiner und schwächer im Wuchs, wie auch die Blumen sowohl an Schönheit, als auch an Zahl nachlassen.

Die Verwendung in den Anlagen kann eine recht vielseitige sein. Ich habe *L. uliginosum* hier sowohl als Einzelpflanze, wie auch an Gehölzrändern und in Verbindung mit andern Stauden angepflanzt, und stets hat es mich durch seine Wirkung, seine Schönheit und durch dankbares Blühen vollauf befriedigt, wie ich es auch als Schnittblume sehr schätze.

Zum Lebensalter der Stauden.

Von **Emil Chasté.**

Die Meinungsäußerungen der Herren Karl Foerster und Garteninspektor Othmer in No. 35 und 40 der „Gartenwelt", betreffend das Lebensalter der Stauden, stehen sich gar nicht so entgegen, als es den Anschein hat. Das Thema ist zu interessant und wichtig, um weiter unbesprochen zu bleiben. Beide Herren sind große Staudenliebhaber. Der Erstgenannte ist erfreulicherweise nicht allein Geschäftsmann, sondern auch Verehrer der schönen Einzelpflanze, und Othmer erfreut uns Leser als Wissenschaftler und Pflanzenfreund zugleich häufig mit seinen anregenden Staudenbeschreibungen und photographischen Aufnahmen. Ich gestehe beiden Herren die Berechtigung ihrer Ansichten zu.

Karl Foerster fühlt sich mit dem „heraus damit" in seinem ästhetischen Gefühl gekränkt, eine Kränkung hat aber B. Othmer mit seinem der Praxis entnommenen Ausdruck gar nicht beabsichtigt.

Ich will den Versuch machen, mit einigen Beispielen beiden Herren gerecht zu werden. Herr Othmer sagt in No. 35 dieser Zeitschrift: „Die Lebensenergie vieler Stauden läßt im 4. oder 5. Jahre schon wesentlich nach!" — Warum? Weil nach abgeschlossener Wachstums- und Blüteperiode nichts geschieht, weil man sie in den Anlagen verhungern und verdursten läßt, anstatt das umgebende Erdreich aufzulockern, zu düngen und dadurch Wurzeln wie Herztrieb für den nächstjährigen Wuchs und Flor zu kräftigen. Die Rasenflächen werden täglich gespritzt, warum legt man nicht stundenlang den Schlauch in die Staudenpartieen und läßt das Wasser laufen?

„Perennen" erschöpfen sich um so weniger, je mehr dieselben Gesellschaftspflanzen in dem Sinne sind, als sie nicht Einzelpflanzen bleiben, sondern durch fortwährendes „Weiterlaufen" ihres Wurzelstockes bestrebt sind neue Wesen zu erzeugen, und bei der Mehrzahl der Stauden erreicht erst das Original nach Jahren durch die immerwährende ungeschlechtliche Neuerzeugung seine volle Schönheit; wir bewundern es dann in Selbsttäuschung als „Einzelschönheit", so z. B. bei *Aconitum, Delphinium, Campanula persicifolia, Paeonia chinensis, Phlox decussata, Cimicifuga (syn. Actaea)*, *Funkia*, *Hemerocallis*, *Rudbeckia*, *Scabiosa*, bei allen Spiraeen und Astilben, *Hepatica* u. a. mehr.

Manche Stauden verlieren wiederum durch dieses „Weiterlaufen“ der Wurzeltriebe, weil sie sich dadurch von dem in der Anlage angewiesenen Platze entfernen, als „Gruppe“ an Schönheit, wie *Papaver orientale*, *Polygonum* und Herbstastern, *Helianthus* usw. Bei anderen, wie *Iris*, japanischen Anemonen, kriechenden Frühlingsphloxen und *Campanula*, Nelken und *Stachys lanata*, wird die Stammpflanze unansehnlich und kahl, auch stirbt dieselbe oft ab, während ihre Ausläufer zu neuem Leben ergrüuen. Andere laufen mit ihren Verzweigungen über den Erdboden und sind bestrebt, durch eigenes Bewurzeln der Stammpflanze entweder neue Nahrung zuzuführen oder Brut zu erzeugen, z. B. alle kriechenden *Veronica*, *Saxifraga*, *Sempervivum*, *Spergula*, *Aubrietia*, *Arenaria* usw.

Bei den Stauden des Waldes wird dieses Bestreben durch Humus bildenden Laubfall unterstützt, so bei *Vinca*, Veilchen, Waldmeister, Maiblumen, während man im Garten der *Heuchera sanguinea* bei älteren Pflanzen den über die Erde laufenden Wurzelstock mit nährendem Kompost bedecken muß, will man nicht die „Entartung“, d. h. das Hungrigwerden erleben, in welcher Verfassung die Blütenstengel immer kleiner und kraftloser werden.

Zeitweise Stauden aus Samen zu erzeugen, wie die Nachschrift des Herausgebers dieser Zeitschrift empfiehlt, hat wohl seine gewisse Berechtigung, denn durch sorgfältige, oft mühevolle künstliche Befruchtung haben wir neue Formen, neue Farben bekommen, durch welche dem Blumenbinder und Landschaftsgärtner so prächtiger Werkstoff geboten wurde. Aber Stauden aus Samen zu ziehen, sollten nur diejenigen Fachleute unternehmen, welche sich über deren Verwendungsart im klaren sind und auch den Samen einer zuverlässigen Bezugsquelle entnehmen. Die Staudenkunde ist eine nur in langjähriger Beobachtung zu erlernende, praktische Wissenschaft. Die Verwendung der Stauden im Park und Garten wird von vielen versucht, die ideale, der Natur abgelauschte Wirkung damit von wenigen erreicht. In regelmäßigen, durch gerade Linien geteilten Anlagen schon vor langen Jahren sehr beliebt, sind die Stauden auch in neuerer Zeit mit diesen Gärten wieder „Mode“ geworden. Ob es ratsam ist, eine Staude, welche ein gewisses Alter erreicht hat, durch eine junge zu ersetzen, kommt auf den Einzelfall an. Ich selbst vereinige bereits bei der Neuanpflanzung von Stauden mehrere Exemplare ein und derselben Art und Farbe zu einer Pflanze als „Mutter“ und lasse von derselben einige Einzelpflanzen ausgehen. Eine so zusammengesetzte Pflanze baut sich stets besser auf, als jede alte Einzelpflanze.

Für den Landschaftsgärtner sind die Stauden ein Farbenmaterial von idealem Werte; sie klug und weise zu verwenden, ist eine Kunst, ihr „Werden und Vergehen“ eine Quelle der Freude und Erbauung.

Leucanthemum uliginosum im Schloßgarten zu Lieser a. d. Mosel.
Originalaufnahme für die „Gartenwelt“.

Gehölze.

Die zierliche Deutzie, Deutzia gracilis.

Von Eug. Jos. Peters, zurzeit Pernegg an der Mur.

(Hierzu eine Abbildung.)

Dieser unseren Garten zur Frühlingszeit und zu Anfang des Sommers sehr zierende, niedere und buschige Strauch erhielt im Volksmunde wegen der freilich nur bedingungsweisen Aehnlichkeit seiner ebenfalls reinweißen, kleinen Blumen mit Maiglöckchen, die ihn, wenn er gut gezogen wird, derart bedecken, daß fast kein Zweig, kein Blättchen sichtbar bleibt, alles nur eine Blütenmasse darstellt, den Beinamen Maiblumenstrauch. Wohl ein jeder, der einen solchen Strauch mit seiner Ueberfülle an Blumen betrachtet — er kommt in den meisten Gärten vor und ist durchaus keine Seltenheit — muß diesen Beinamen als sehr zutreffend bezeichnen.

Vor mehr als 50 Jahren aus seiner Heimat, dem chinesischen Reiche und aus Japan nach Europa gebracht, war dieser Strauch — dem Botaniker und Gärtner als *Deutzia gracilis*, die zierliche Deutzie bekannt — anfangs und noch einige Zeit hindurch so selten und wurde so hoch geschätzt, daß kleine Exemplare, wie sie das Treibhaus lieferte, mit 25 Franken und darüber bezahlt wurden. Da man jedoch bald erkannte, daß die Deutzie sehr leicht fortzubringen sei, unsere Winterkälte im Freien vollkommen aushält und noch dazu mit leichter Mühe und sehr reichlich und schnell vermehrt werden kann, wurde sie schon nach wenigen Jahren so allgemein, daß sie jetzt fast in jedem Garten zu finden ist. Ueberall und an jeder Stelle füllt sie ihren Platz bestens aus. Wenn man sie gar nicht pflegt, sie vollständig ihrem natürlichen Wachstum überläßt, bringt sie eine große Menge der lieblichen Blüten, und das sogar schon an noch ganz kleinen Exemplaren. Als Zierpflanze des Hausgartens, buschig gezogen, einzeln oder zur Einfassung größerer Gesträuchpartien verwendet, oder zu einem 1 bis $1\frac{1}{2}$ Meter hohen Kronenbäumchen — auf welche Weise die zierlichen Blümchen, unserem Auge näher gebracht, unser Wohlgefallen noch mehr erregen — herangebildet, im Blumentopfe, der jedoch etwas geräumig sein muß, gehalten, dann zur Dekoration des Zimmerfensters, eines Blumenständers oder eines Balkons verwendet, mit leichter Mühe, bei nur mäßiger Wärme in einem geheizten Raume auch sehr bald und zu früher Jahreszeit, selbst mitten im Winter zum Blühen gebracht, kurz bei jeder Art und Weise der Kultur, macht die zierliche Deutzie dem ihr beigelegten Namen Ehre. Sie kann jedem Blumen- und Gartenfreunde, der sie noch nicht im Besitz haben sollte, nur bestens empfohlen werden. Die Abbildung Seite 534 stellt eine Einzelpflanze einer solchen Deutzie dar, die, wenn der Standort eine Ausbreitung nach allen Seiten zuläßt, einen so außerordentlichen Umfang erreicht und dann, wie man sieht, eine wirkliche Unmasse von Blüten hervorbringt.

Malus floribunda, ein schönblühender Zierstrauch. Zu denjenigen schönblühenden Gehölzen, die wir leider noch zu wenig in unseren Gärten angepflanzt finden, die aber verdienen, wiederholt empfohlen zu werden, gehört unstreitbar der Zierapfel *Malus floribunda*. Die Abbildung Seite 535 zeigt ein Exemplar desselben in jenem Stadium der Entwicklung und jenem, der Pflanze eigenen Blütenflor, der wahre Bewunderung erregen muß. Der graziöse, hängende Aufbau der Gezweige und der feine, abgestimmte Farbenton der Blüten verleihen der Pflanze einen eigentümlichen Reiz.

Theo Nußbaum, Gartentechniker, Niederbreisig.

Prachtstrauch von Deutzia gracilis. Vom Verfasser für die „Gartenwelt“ photogr. aufgenommen.

Rhus typhina, Torn., v. filicina, Spreng. Wir haben es hier mit einer wunderschönen Form des Hirschhornsumachs zu tun, den mir mein Freund Professor R. Demcker aus New York vor Jahren unter einem langen Namen sandte. Diese Form ist aber so schön, so durchaus abweichend auch von der alten Varietät *laciniata*, daß ich nicht umhin konnte, dieselbe besonders zu benennen und zu beschreiben. Wuchs, Laubfärbung, Blütenstand und Früchte sind im ganzen dem Typus und der Varietät gleich, nur bildet diese *filicina* gedrungenere, niedrigere Büsche als der Typus und trägt vermöge des herrlichen Laubes einen durchaus verschiedenen Charakter! Die Blätter sind etwa 70 cm lang oder länger, je nach Boden und Standort, doppelt fiederspaltig, mit unterseits grau-weiß gefärbten, tiefgebuchteten, oft geschlitzten oder nur scharf unregelmäßig gezähnten Blättchen, die sich im Spätherbst golden und scharlach färben. Da diese Fiederchen herabwallen und übereinander sich bewegen, gleicht das edle Laub dem mancher edlen Farnkräuter, z. B. dem mancher *Nephrolepis* aus dem tropischen Amerika, die neuerdings so viel kultiviert werden. Die Kultur des ausgezeichneten Strauches oder kleinen Baumes ist dieselbe der bekannten typischen Art. Er liebt aber viel Sonne und freien Standort. Am besten wird man ihn frei in Trupps im Rasen und auf Grasplätzen anpflanzen, auch wohl in großen Felsenpartien oder längs der Wasserläufe verwenden. Er treibt in einem Sommer bis zwei Meter hohe Wurzelschößlinge und ist so jung eine gar malerische Pflanze, die neue Abwechslung bringt. Leider ist die Vermehrung einstweilen noch gering, doch sollte diese Form allgemeine Verbreitung finden.

C. Sprenger.

Orchideen.

Dendrobium nobile var. Victory.

Von Wilh. Pattloch, Frankfurt a. M.

(Hierzu eine Abbildung.)

Es erübrigt sich wohl, hervorzuheben, daß die artenreiche Gattung *Dendrobium* zu den reich- und dankbarblühendsten Orchideen zu zählen ist und im Schmucke ihrer eigenartig geformten, jedem Auge auffallenden Färbung der Blüten, die sich an den blattlosen Stengeln entwickeln, uns ihre Heimat als ein Reich der Träume erscheinen läßt.

Das schon der typischen Form von *Dendrobium nobile* entgegengebrachte Interesse dürfte sich durch die für die Kultur sehr wertvolle Neueinführung des *Dendrobium nobile var. Victory* neu beleben, indem hier ein ausgesprochenes, lebhaft leuchtendes Dunkelkarminrot der Blumen an Stelle des blassen Violetts der Stammart tritt. Diese Varietät bringt außerdem viel größere und edler geformte Blumen, wodurch das herrliche Karminrot in dunkelster Tönung auf weißem Grunde in der Lippe und in den Spitzen der Blumenblätter besser zur eltung kommt. Auch der Bau ist von der typischen Form so grundverschieden, daß man meint, eine neue Art vor sich zu haben; er kennzeichnet sich durch kürzere, dafür aber bedeutend stärker werdende Bulben.

Die Abbildung Seite 535 zeigt ein Exemplar aus der Sammlung des hiesigen Palmengartens, das nebst anderen aus einem Import der Firma Georg Hartmann, Niederhöchstadt im Taunus, erworben wurde und sehr gut die Eigenart des Wuchses sowie auch das reiche Blühen erkennen läßt.

Topfpflanzen.

Begonia Gloire de Lorraine.

Von Wilh. Fränzke, Schloß Steinach.

Diese Begonie verdient wegen ihrer schönen Blüte überall kultiviert zu werden. Das Publikum allerdings klagt darüber, daß sie sich zum Zimmerschmuck wenig eignen will, d. h. nicht haltbar sei, was wahrscheinlich darauf zurückzuführen ist, daß die Pflanzen während der Kultur nicht genügend abgehärtet worden sind, dazu kommt noch die unregelmäßige Temperatur im Zimmer, sowie die nachlässige Behandlung, namentlich bei der Bewässerung. Bei solchen Mißständen muß auch die härteste Pflanze zugrunde gehen. Um diese Klagen zu beseitigen, sollte jeder Züchter und Verkäufer seine Kunden über die Behandlung der Pflanzen im Zimmer genau aufklären; gerade die *Begonia Gloire de Lorraine* verlangt besonders sorgfältige Pflege. Wer sie schon kultiviert hat, wird dies aus Erfahrung wissen.

Die Kultur ganz genau zu beschreiben würde schon eine kleine Broschüre erfordern. Der eine kultiviert *Begonia Gloire de Lorraine* mit Leichtigkeit und bringt großartige Exemplare in den Handel, ein anderer wieder erzielt nur minderwertige Pflanzen. Es liegt dies teils an der Erdmischung, teils auch an der ganzen Behandlung. Ich habe *Begonia Gloire de Lorraine* einmal auf einem Vermehrungsbeete in ganz frische Lauberde ausgepflanzt gesehen, wobei die obere Schicht mit Moos überwachsen war. Der betreffende Handelsgärtner klagte darüber, daß die Pflanzen keine Stecklinge geben wollten, dabei war es schon Ende Mai, wo man sonst mit der Vermehrung, wenn irgend möglich, bereits begonnen hat.

Im Palmengarten zu Frankfurt a. M. für die „Gartenwelt" photgr. aufgen.

Wer schöne Stecklinge erhalten will, wähle schon im Herbst die Mutterpflanzen aus, suche dazu die in Form und Farbe schönsten Blüher heraus und schneide im November sämtliche Blüten ab. Dann bringt man die Pflanzen in ein Haus, mit einer Temperatur von 10 bis 12° C, aber ohne jegliche Bodenwärme. Mit Beginn des neuen Wachstums soll die Temperatur im Hause steigen; auch muß für feuchte Luft gesorgt werden. Ende Februar oder Anfang März werden die Mutterpflanzen verpflanzt, die alte Erde wird dabei von den Wurzeln gründlich abgeschüttelt. Die Wurzeln selbst schneidet man etwas zurück und pflanzt in möglichst kleine Töpfe in eine Erdmischung von $^1/_3$ guter Heideerde und $^2/_3$ alter, lockerer Lauberde, gemischt mit genügend Sand. Hierauf bringt man die Pflanzen in ein Warmhaus oder in einen lauwarmen, abgedampften Kasten. In der ersten Zeit nach dem Verpflanzen werden die Pflanzen geschlossen gehalten, bei sonnigem Wetter schattiert und nach der Bewurzelung, je nach Witterung,

Malus floribunda. Originalaufnahme für die „Gartenwelt".

gelüftet. Man sollte schon von vornherein darauf achten, nicht allzusehr geschlossen zu kultivieren, denn nur gesunde und kräftige Stecklinge bilden die Grundlage für gedrungene, wüchsige Pflanzen.

Die Stecklinge können in ein Vermehrungsbeet, in einen Kasten oder auch einzeln in kleine Töpfe gesteckt werden. Die Erde zur Bewurzelung soll aus $^2/_3$ Sand und $^1/_3$ Heideerde bestehen; auch Torf mit Sand kann man mit gutem Erfolge verwenden. Zur Bewurzelung genügt in allen Fällen eine Bodenwärme von 15 bis 20° C. Nach etwa 3 bis 4 Wochen werden die Stecklinge bewurzelt sein und können in Stecklingstöpfe, in eine Mischung von $^2/_3$ Heide-, $^1/_3$ Lauberde und Sand, gepflanzt werden. Ein übermäßiges Angießen ist bei frisch eingepflanzten Stecklingen zu vermeiden, jedoch ist ein öfteres Ueberbrausen vorteilhaft, so daß die Erde in den Töpfen nach und nach von der Feuchtigkeit durchzogen wird.

Die Töpfe kommen jetzt auf einen Kasten, der schon gut abgedampft und nicht zu heiß ist. In die 3 bis 5 cm hohe Sandschicht werden dieselben nicht eingesenkt, sondern nur etwas eingedrückt, damit sie feststehen und so die Luft ungehindert zwischen den Töpfen hindurchstreichen kann. Anfangs wird bei sonnigem Wetter nur schwach, später aber, wenn das Wachstum der Pflanzen zunimmt, auf der der Windrichtung entgegengesetzten Seite höher gelüftet und stets schattiert. Zum Schattieren sollte nur Leinwand gebraucht werden. Um genügend feuchte Luft im Kasten zu halten, muß täglich drei- bis viermal gespritzt werden, doch ist das letzte Spritzen rechtzeitig am Tage vorzunehmen, damit die Pflanzen vor Sonnenuntergang noch abtrocknen können, um das Faulen der Blätter und das Auftreten von Pilzen zu verhindern. Auch die Wege um die Kästen sind bei heißer Witterung am Tage öfter zu gießen.

Sind die Pflanzen genügend durchwurzelt, so findet ein Verpflanzen in größere Töpfe statt. Für einen guten Wasserabzug muß Sorge getragen werden. Die *Begonia Gloire de Lorraine* liebt wohl nach dem Verpflanzen einen warmen Fuß, man hüte sich aber, die frisch umgepflanzten Töpfe auf einen zu heißen, noch nicht abgedampften Kasten zu bringen. Bei dem letzten Verpflanzen, das Ende Juli bis Anfang August geschehen sollte, ist kein warmer Kasten mehr nötig, es kann jetzt auch $^1/_3$ Mistbeeterde zur Anwendung kommen. In warmen Sommernächten können auch die Fenster abgenommen werden, jedoch sind Regen und überflüssige Nässe von den Pflanzen fernzuhalten. Auch ein öfteres Düngen mit aufgelöstem, verdünntem Kuhdünger ist den Pflanzen sehr vorteilhaft. Ein schöner, von Oktober bis Januar dauernder Blütenschmuck lohnt bei solcher Kultur Mühe und Arbeit reichlich.

Brunfelsien. Die *Brunfelsia*, auch *Franciscea* genannt, ist eine der schönsten Warmhauspflanzen aus der Familie der *Scrophulariaceae*, die ich je gesehen, und doch wird sie so wenig kultiviert, sah ich sie doch, mit Ausnahme einiger Privatgärten, in schöner Kultur nur bei O. Fröbels Erben, Zürich, sodaß ein paar Zeilen wohl angebracht sind, welche auf diese schöne Pflanze hinweisen.

Die Kultur der Brunfelsien ist nicht schwierig und, wenn richtig durchgeführt, auch durchaus lohnend. Als Erdmischung verwende man zwei Teile belgischer Heideerde, zwei Teile Moorerde, vermischt mit dem nötigen Sande. Moorerde von Sphagnummooren ist nicht zu empfehlen, statt solcher verwendet man besser humose Walderde. Diese Pflanzen verlangen einen hellen Platz im Warmhause und genügend Luftfeuchtigkeit, sie sind deshalb, je nach Bedarf, leicht zu überbrausen. Mit dem Gießen muß man vorsichtig sein, auch ist gute Topfdrainage absolutes Erfordernis. Sind Niederschläge zu erwarten, so schütze man die Pflanzen davor, falls sie in Blüte sind, da Feuchtigkeit den äußerst feinen Blumen sehr schadet, ebenso muß man die Pflanzen vor direktem Sonnenlicht schützen, welches sie besonders im Sommer nicht vertragen, dagegen ist im Winter ein Schattieren nicht nötig. Hat man junge Brunfelsien zur Verfügung, die man gern schnell zu starken Pflanzen heranziehen möchte, so legt man einen warmen Kasten an, auf welchen man die oben bezeichnete Erdmischung bringt und die Brunfelsien auspflanzt, doch verwende man einen tiefen Kasten, damit die Pflanzen immer noch etwa 30 cm vom Glase entfernt stehen. Die Fenster bestreicht man mit Kalk; sie werden bei Sonnenschein auch noch mit Schattenrahmen bedeckt. Gelüftet wird nur wenig, erst gegen den Herbst mehr, dagegen häufig gespritzt. Die Pflanzen werden ein- bis zweimal gestutzt und alle erscheinenden Blüten bis zum Eintopfen entfernt. Das Eintopfen soll frühzeitig, vor Eintritt der kühleren Tage, erfolgen. Die eingetopften Pflanzen kommen gleich ins Warmhaus, wo sie bis zum Einwurzeln geschlossen gehalten und je nach Bedarf fleißig gespritzt werden, es zeigen sich dann bald die zarten Blüten.

Man kann sagen, die Brunfelsien blühen das ganze Jahr, denn fortwährend wird man wohl einige Blumen finden. Die Hauptblütezeit fällt in die Zeit vom Januar bis zum Herbst, doch kann man sie durch die Kultur auch verlegen. Die Blütenfarbe ist ein schönes Dunkellila bis Hellila, aber es kommen auch rötliche Töne vor. Wo kurzstielige Blumen verarbeitet werden können, liefert *Brunfelsia* ein äußerst feines Bindematerial. An Sorten sind zu nennen: *Hopeana, macrophylla, magnifica* und *pauciflora*, welche alle recht schön sind.

Mögen diese Zeilen dazu dienen, die Aufmerksamkeit auf diese schöne Pflanze zu lenken, damit sie wieder den Platz einnimmt, der ihr gebührt. R. Fischer, St. Gallen.

Zeit- und Streitfragen.

Nochmals Linden als Straßenbäume in der Großstadt.

Von R. Korte,

Gemeindeobergärtner und staatlich geprüfter Obergärtner, Friedenau.

Zu recht interessanten Beobachtungen gibt uns der bis jetzt trockene und heiße Sommer in bezug auf unsere Straßenbäume Veranlassung. Es unterliegt keinem Zweifel, daß auf dem Gebiete der Straßenbepflanzung noch manches der Klärung bedarf. So ein Straßenbaum in der Großstadt, in einer asphaltierten Straße, in einem mit großen Granitfliesen belegten Bürgersteig stehend, dabei fortwährend dem aufwirbelnden Staub und der ausströmenden Hitze ausgesetzt, führt eigentlich ein wirklich sehr bedauernswertes Dasein. Daß so ein Baum, der es gewohnt ist, sowohl mit den Blättern, wie auch mit den Wurzeln zu atmen, sich nicht derart entwickeln kann, wie ein im freien Grund und Boden stehender, unterliegt wohl keinem Zweifel. Und trotz der größten Mühe gelingt es oft den Gartenverwaltungen nicht, eine nur einigermaßen grüne Straße zu bekommen. Ganz besonders interessant ist es nun, einmal zu beobachten, welche Wirkung die Trockenheit und Hitze auf den unstreitig beliebtesten unserer Straßenbäume — die Linde — ausübt. Manche Lindenstraßen prangen im schönsten grünen Schmucke ihrer Blätter, sind gesund und schön, blühen reich und erfreuen jeden Vorübergehenden. Wieder andere, auch mit Linden bepflanzte Straßen dagegen, die vielleicht dieselben für das Wachstum der Bäume notwendigen Vorbedingungen haben, sehen geradezu traurig aus, sind zur Hälfte braun, und mahnen schon jetzt, wo alle sonstigen Bäume in herrlichster Entwickelung stehen, an den noch weit entfernten Herbst.

Derartige Straßen, in denen bereits jetzt überall das trockene Laub umherliegt, tragen nicht dazu bei, unser Stadtbild zu verschönern. Wo aber mag der Grund liegen? wird wohl mancher fragen. Und meist wird die Antwort lauten: An der schlechten Pflege der Bäume, und der betreffenden Park- oder Gartenverwaltung werden dann leicht Vorwürfe gemacht. Das ist nun aber nicht richtig. Wie wohl nicht allgemein bekannt sein dürfte, haben wir eine große Anzahl Lindenarten und Abarten, von denen sich natürlich nur wieder bestimmte zur Anpflanzung in den Straßen der Stadt eignen. Es ist ja erfreulich zu sehen, wie heute bei den meisten städtischen Verwaltungen ein gesundes Bestreben vorherrscht, bei Aufstellung von Bebauungsplänen und bei der Anlage von neuen Straßen für Grünanlagen und für Anpflanzung von Bäumen Sorge zu tragen. Die meisten Städte haben ja auch eine selbständige, oft mit reichen Mitteln versehene Garten- oder Parkverwaltung, an deren Spitze dann ein akademisch gebildeter und geschulter Fachmann steht, der für die richtige Auswahl der Baumarten Sorge trägt, denn hier heißt es mit Sorgfalt prüfen und schon auf Jahre, ja auf Jahrzehnte voraus denken. In Straßen mit Vorgärten wird man gern schwächer wachsende Bäume nehmen und in breiten, großen Straßen, die womöglich noch eine Mittelpromenade haben, wird wieder eine ganz andere Baumart zu wählen sein.

Zu den beliebtesten und, wie schon oben gesagt, zu den unstreitig schönsten Bäumen gehört die Linde. Wenn es sich einmal darum handelt, eine Straße neu zu bepflanzen, und es kommt die Frage: Was für eine Baumart wollen wir nehmen? Ich wette, dann heißt es in 90 von 100 Fällen: Wir pflanzen Linden. Ob es nun empfehlenswert ist, immer wieder dieselben Bäume anzupflanzen oder nur abwechselnd Linden und Rüster, darüber will ich mich heute nicht auslassen. Ich möchte hier nur noch über die Lindenarten berichten, die sich in den Straßen der Stadt am besten bewährt haben und die zur Anpflanzung wirklich zu empfehlen sind. Die Linde, die sich jetzt in vielen Straßen der Großstädte dadurch so sehr unliebsam bemerkbar macht, daß sie bereits halb kahl und fast ganz braun aussieht, die das Straßenbild auf diese Weise zu einem wirklich häßlichen macht, ist die sogenannte großblättrige Sommerlinde *(Tilia grandiflora, syn. platyphyllos)*, der überhaupt ungeeignetste Baum zur Anpflanzung in der Stadt. Die Vegetationsperiode dieser Sommerlinde ist verhältnismäßig kurz, selbst in ganz nassen und kalten Sommern hält sie das Laub nicht länger wie bis Ende August. Zu dieser, schon nicht angenehmen Eigenschaft kommt hinzu, daß gerade diese Art in heißen Sommern sehr leicht von der sogenannten roten Spinne befallen wird, einer kleinen Milbenart, die in Unmengen auftritt, sich auf der Unterseite der Blätter festsetzt und in ganz kurzer Zeit bewirkt, daß das Laub braun wird, worauf es der Baum wie im Spätherbst abstößt. Diese Linde sollte überhaupt nicht mehr in Städten angepflanzt werden; sie ist kein Stadtbaum, sieht häßlich aus und bringt uns nur Ungeziefer, gegen das wir vollständig machtlos sind, das sogar von den Linden auf Blumenanlagen und andere Bäume übergeht und so sein Zerstörungswerk immer weiter fortsetzt. Der trockene Juni dieses Jahres bewirkte, daß die Bäume trotz sorgfältigster Pflege Mitte Juli braun wurden und das Laub fallen ließen.

Etwas besser ist die Krimlinde *(Tilia rubra euchlora*, syn. *dasystyla*; sie hat schön glänzendes, dunkelgrünes Laub und etwas hängenden Wuchs. Noch vor einigen Jahren glaubte man in Fachkreisen, in dieser Linde das Ideal des Straßenbaumes gefunden zu haben. Doch ist sie sehr empfänglich für den gefährlichen Pilz unserer Bäume *(Nectria)* und wird auch von der roten Spinne befallen, so daß sie sich doch nicht so bewährt hat, wie man anfangs annahm. Besser noch ist die kleinblättrige Linde *(Tilia parvifolia)*, die bis spät in den Herbst grün bleibt und wohl nur ihres etwas langsamen Wuchses wegen nicht angepflanzt wird.

Zwei Lindenarten aber haben sich als ganz vortrefflich geeignet bewährt; beide sind unempfänglich für die rote Spinne und auch sonst gut wachsende Bäume mit schöner, großer Belaubung. Sie sind als die einzig geeigneten zu Straßenpflanzungen zu empfehlenden Arten zu nennen. *Tilia vulgaris*, syn. *intermedia*, die Zwischenlinde, und *Tilia tomentosa*, die ungarische Silberlinde. In diesen beiden Arten haben wir Bäume, die unter allen Verhältnissen und bei einigermaßen sachgemäßer Behandlung und Pflege gedeihen, uns auch bis spät in den Herbst hinein durch ihre saftige, große Belaubung und ihr kräftiges Wachstum erfreuen, so daß die Anpflanzung dieser beiden immer und überall da, wo Linden angepflanzt werden sollen, empfohlen werden kann.

Gärtner und Baumeister.

Was mag wohl die Ursache sein, daß gerade der Gärtner, mit wenigen Ausnahmen, in bezug auf Bewertung seiner Person und Leistungen eine so ausgesprochene Ausnahmestellung in der menschlichen Gesellschaft einnimmt?

Man braucht bei diesem vielbehandelten, unerquicklichen Thema, wie nachstehender Fall beweist, gar nicht an die große Armee der Jünger Floras zu denken, die bezüglich Vielseitigkeit neben ihrer Berufstätigkeit, sei es als Stütze der Hausfrau oder sonstwie, jeden Verwandlungskünstler der Variétébühne weit hinter sich in den Schatten stellen, um später auf dem Jahrmarkte des Lebens resp. am Strande des Lebensmeeres herumgeworfen zu werden wie herrenloses Strandgut. Auch wer über Gartenbau und Gartenkunst einer idealeren Anschauung huldigt, kann Momente erleben, welche ihm den Beweis einer geringschätzigen, ja herabwürdigenden Beurteilung seiner Leistungen, seines Berufes überhaupt, liefern. Und dieser wird sich darunter sicher weit mehr gekränkt fühlen als sein so vielseitig verwandlungsfähiger Kollege.

Als Beispiel von der Bewertung fachmännischer Leistungen — in diesem Falle auf dem Gebiete der bildenden Gartenkunst, der Landschaftsgärtnerei — kann wohl folgende Tatsache neueren Datums dienen: Eine ältere, sehr reiche Dame, die sich in bester Lage eine Villa bauen ließ, wollte nun auch einen entsprechend schönen Garten um diese angelegt haben. Dem Landschaftsgärtner, der die Dame in ihren früheren Mietverhältnissen mit Kleinigkeiten bedient hatte, wurde ein vom Baumeister entworfener und hergestellter Plan hierzu vorgelegt. Die in diesem Entwurfe ausgedrückten Ideen befriedigten aber die Dame durchaus nicht, und das war sehr erklärlich. Einige an den Wegkreuzungen in Nadelspitzenform auslaufende Rasenplätze mit einigen flüchtig eingezeichneten Ringeln, von welchen sie nicht wußte, ob sie Bäume oder Sträucher bedeuten sollten, waren der Dame völlig unverständlich. Sie hatte ganz andere Vorstellungen und Wünsche für die Umgebung ihres Hauses in der Zukunft. Der nach dem Entwurfe des Baumeisters ausgeführte Garten wäre allerdings ein solcher geworden, um welchen es (nach C. K. Schneider) angebracht gewesen wäre, eine hohe und solide Mauer zu ziehen, über welche höchstens einige Spitzen von Efeu und wildem Wein herausragen und in dem Vorbeigehenden Ahnungen und Bilder von einem innerhalb dieser Mauer sich befindenden Garten aufsteigen lassen, mit welchen er sich dann „beglückt" seines Weges trollt. Es wurden dem Landschaftsgärtner ganz andere Wünsche ausgesprochen. Bunt, lebhaft bunt, besonders in nächster Umgebung der Villa, sollte der Garten werden. Rosen, Blumengruppen, Teppichbeete, Arabesken, Festons aus *Clematis* und anderen blühenden Schlingpflanzen wurden gewünscht und eine ihr verständliche und ausführliche Zeichnung dazu sollte der Dame vorgelegt werden. Vom betreffenden Landschaftsgärtner wurde die gewünschte Zeichnung hergestellt, welche der Auftraggeberin volles Verständnis und Zustimmung fand. Nach einigen Tagen, als die Arbeit in Angriff genommen werden sollte und die Rede auf die Zeichnung kam, wurde dem Gärtner bedeutet, diese sei noch in des Baumeisters Händen. Der Baumeister machte dem Gärtner, als er um seine Zeichnung bat, nicht ohne gewisse Geringschätzung, ja Verächtlichkeit die Bemerkung: „Sie wollen es wohl besser wissen?!"

Betrachtungen hierzu, wer von beiden, ob der Gärtner oder der Baumeister, „es besser wissen" mag, sind gewiß überflüssig. Die Frage aber ist wohl erlaubt und am Platze, was der Herr Baumeister im Falle solcher Beurteilung seiner architektonischen Entwürfe und Bauzeichnungen seitens des Gärtners sagen würde!

G. S.

Fragen und Antworten.

Beantwortung der Frage No. 538. Wie ist die Zimmerkultur und Vermehrung der *Aralia Sieboldii?*

Die Vermehrung der *Aralia Sieboldii* für Zimmerkultur geschieht am besten durch Stecklinge. Hierzu kann in erster Linie die Spitze einer etwa zu lang und geil aufgewachsenen *Aralia* dienen. Es kann aber auch der ganze Stamm in Stücke zerschnitten werden, welche auch ebenso leicht Wurzeln bilden, besonders wenn sie etwas warmen Stand haben und in leichte, poröse Erde gelegt wurden. Diese zerschnittenen Stammstückchen brauchen nur den Ansatz zu einem Auge zu haben. Die *Aralia Sieboldii* verlangt eine Erdmischung von nahrhafter Lauberde, Wiesenerde, Sand und wenn möglich etwas Zusatz von altem Baulehm. Eine gleichmäßige Feuchtigkeit ist ebenso wichtig wie ein luftiger, freier Standort. Im Sommer in eine nahrhafte Erde halbschattig ausgepflanzt und öfter gespritzt, zeigen die Pflanzen eine üppige Entwicklung und tief sattgrüne Belaubung. Im Winter genügt ein 6 bis 8 Grad warmer, aber luftiger und freier Raum, die Pflanzen in ihrer Schönheit zu erhalten.

Georg Blau, städtischer Gartentechniker, Bromberg.

— Die Vermehrung der *Aralia Sieboldii* geschieht bei geringem Bedarf am besten im Frühjahre durch Abschneiden einiger starker Wurzeln von älteren Pflanzen, die man in 4 bis 5 cm lange Stückchen zerlegt und etwa 1 cm tief in ein Gefäß mit sandiger Komposterde bringt. Dieses stellt man an einen gleichmäßig warmen Ort und hält die Erde mäßig feucht; nach einigen Wochen erscheinen dann die jungen Pflänzchen. Bei größerem Bedarf zieht man sie durch Aussaat heran, bei welcher das vorher Gesagte entsprechende Anwendung findet. Sind die Pflänzchen etwas erstarkt, so pflanzt man sie mitsamt den Wurzelstückchen einzeln in einen kleinen Topf. Bei Zimmerkultur stellt man sie dann an ein helles Fenster und schützt sie gegen zu starke Sonne. Haben die Pflänzchen sich hier gut entwickelt, so pflanzt man sie in größere Töpfe um, und zwar in Mistbeeterde mit etwas Lehm, Sand und feinen Hornspänen vermischt. Spätestens im Monat August kann man die Pflanzen bei Bedürfnis noch einmal in einen größeren Topf umsetzen. Zuviel Wärme liebt die *Aralia Sieboldii* nicht, darum stellt man die Pflanze im Winter an einen kühlen, hellen Ort (Hausflur, Keller, wenn nicht zu dunkel, genügen auch); etwas Frost schadet ihr kaum. Ist man gezwungen, sie im geheizten Zimmer zu behalten, so gebe man ihr den kühlsten und hellsten Platz. Gegossen wird nur mäßig, jedoch auch nicht zu wenig, da sonst die Blätter leicht gelb und schwarz werden. Im Frühjahre fängt sie wieder an zu treiben und gebraucht dann ziemlich viel Wasser. Durch Düngen mit Nährsalz oder Jauche bekommt sie eine schöne dunkle Farbe und üppigen Wuchs. In der wärmeren Jahreszeit ins Freie, in halbschattiger Lage, aufgestellt, entwickelt sie sich am schönsten und kommt leicht zum Blühen. Das Umpflanzen ist nur alle ein bis zwei Jahre im Frühjahre notwendig. Auch verlangt die *Aralia* nur einen mäßig großen Topf; von Ungeziefer wird sie nur selten befallen. **C. Winterfeld,** Jena.

— *Aralia Sieboldii* ist eine sehr dankbare Zimmerblattpflanze und auch als ältere Pflanze leicht zu behandeln. Die Vermehrung geschieht bei der gewöhnlichen, grünblättrigen Art meistens durch Samen, seltener durch Stecklinge. Die bunten Abarten kann man nur echt durch Stecklinge vermehren, die am Grunde der Pflanze meistens reichlich erscheinen. Da jedoch die Vermehrung, hauptsächlich die durch Stecklinge, ziemlich viel Bodenwärme verlangt, und die jungen Pflanzen auch etwas empfindlich sind, ist es vorteilhafter, wenn man sich diese in einer guten Handelsgärtnerei kauft. Am besten ist es nun, wenn Aralien im Sommer an einer etwas schattigen Stelle ausgepflanzt werden, dann entwickeln sie sich viel üppiger als bei der Topfkultur. Der Boden muß dann kräftig und humusreich sein, eventuell ist er zu verbessern. Im Herbste werden die Pflanzen in entsprechend große Töpfe gepflanzt, möglichst mit Ballen. Das hat so zeitig zu geschehen, daß der Topf noch gut durchwurzelt wird, andernfalls würden die Pflanzen im Winter die untersten Blätter verlieren, wie man es leider so häufig sieht. Ueberwintert werden sie im Kalthause, oder auch, wenn ein solches nicht zur Verfügung ist, im ungeheizten Zimmer. Es kommt weniger darauf an, daß die Pflanzen hell stehen, als vielmehr, daß sie kalt überwintert werden. Wenn man Aralien auch im Sommer in Töpfen kultivieren will, so muß öfter durch Dunggüsse nachgeholfen werden. Als Erde verwendet man in der Jugend Lauberde, später diese mit Rasen- oder Mistbeeterde zu gleichen Teilen, vermischt mit etwas Lehm. **H. Dohrn,** Sanssouci.

— Die Vermehrung der *Aralia Sieboldii* erfolgt am besten aus Samen. Die Aussaat geschieht im zeitigen Frühjahre in eine Mischung von gleichen Teilen Lauberde, Sägespäne und Sand. Während der Keimperiode halte man die Saat gleichmäßig feucht und warm. Was die Behandlung der Aralien im Zimmer anbelangt, so verlangen sie vor allem im Winter einen hellen Standort, bei einer Temperatur von 6 bis 10° C, desgleichen halte man die Pflanzen im Winter mäßig feucht. Mit Eintritt des Frühjahrs beginnen dieselben von neuem zu treiben, deswegen ist es von großem Nutzen, sie nun, falls nötig, zu verpflanzen. Hierzu verwendet man eine Erdmischung von gleichen Teilen Mist- und Lauberde, mit etwas Rasenerde und dem nötigen Sand. Während des Sommers gebe man reichlich Wasser. Von großem Nutzen ist es für die Aralien, wenn dieselben während der Sommermonate im Freien stehen können. **Rich. Melchior,** Pillnitz.

— Mit der Anzucht der *Aralia Sieboldii* im Zimmer hat nicht jeder Pflanzenfreund Glück, und besonders in ungünstig gelegenen Räumen sollte man davon Abstand nehmen und lieber vom Gärtner junge Pflänzchen zur Weiterkultur erstehen, deren Behandlung nicht schwierig sein wird. Die Aussaat soll etwas warm gehalten werden.

Zur Aussaat, die am besten schon im Februar erfolgt, ist sandige Lauberde am geeignetsten, mit welcher die Samen auch nur schwach bedeckt werden. Später gibt man Laub- und Mistbeeterde und größeren Exemplaren entsprechend kräftigeres Material. Im allgemeinen ist die Behandlung eine sehr leichte, da diese Aralie bei genügendem Gießen und hellem Stande willig und dankbar gedeiht. Es empfiehlt sich sogar, sie im Sommer im Garten auszupflanzen, nur ist auf zeitiges Eintopfen (August etwa) Wert zu legen, damit noch vor Winter ein genügendes Einwurzeln erfolgt. Ich habe die Aralien am besten bei einer Temperatur von 8 bis 10° C durch den Winter gebracht. **Beuß.**

Neue Frage No 558. Auf Java ansässig, scheint es mir der geographischen Lage wegen vorteilhaft, Orchideen im großen aus Samen heranzuziehen. Ich möchte gern wissen, wie ich zu verfahren habe. Mein Wohnsitz liegt 400 Meter über dem Meere. Es herrscht hier eine mittlere Feuchtigkeit und eine Durchschnittstemperatur von 20 bis 28° C. Für die erste Lebensperiode der Orchideen kann ich Glasüberdachungen bauen, die an den Seiten offen bleiben sollen. Ist solche Kultur lohnend? Arbeitskräfte sind hier sehr billig. Wo kann ich Orchideensamen beziehen und wie lange bleibt derselbe keimfähig? Wie wäre die Kultur im hiesigen Klima zu handhaben, wie weit müssen die Pflanzen zum Export kultiviert sein, und welche Gattungen und Arten bieten die beste Absatzmöglichkeit? Die Pflanzen würden 1½ bis 2 Monate unterwegs sein. Wie hat die zweckmäßigste Verpackung zu erfolgen? Welche Preise werden für so kultivierte Pflanzen im Durchschnitt bezahlt? Welches Orchideenwerk ist dem Praktiker in erster Linie zu empfehlen? Ich bin Holländer aber auch der deutschen Sprache mächtig.

Neue Frage No. 559. Welcher Leser kann mir ein Buch zum Selbsterlernen des Planzeichnens empfehlen? Ist die Anleitung zum Planzeichnen von Fritz Encke hierzu geeignet?

Neue Frage No. 560. Gibt es ein Werk, welches die Vermehrung von Koniferen und Ziergehölzen behandelt, und welches ist das beste Werk zum Studium der Dendrologie?

Neue Frage No. 561. Welche Erdmischung ist für Topferdbeeren zur Frühtreiberei zu empfehlen? Sind einjährige, im freien Grunde vorkultivierte oder im Juni—Juli in Töpfe abgesenkte Ausläufer zum Treiben vorzuziehen?

Neue Frage No. 562. Wann pflückt man Weißdornfrüchte, wie bereitet man dieselben zur Aussaat vor und wann ist die beste Saatzeit?

Neue Frage No. 563. Junge Triebe sonst gesunder, teils im Schatten, teils in voller Sonne stehender Koniferen werden braun. Was mag die Ursache sein?

Neue Frage No. 564. Wie ist es zu erklären, daß sich im Frühjahre ins freie Land gepflanzte Freesien-Knollen im Boden weiter entwickeln, aber nicht austreiben. Im vorigen Sommer standen die Freesien im Mistbeet und haben hier gut geblüht.

Neue Frage No. 565. Welche Blütensträucher eignen sich am besten für den Vorgarten?

Neue Frage No. 566. Welches sind die wichtigsten Gartenbauschulen in Oesterreich und welche Aufnahmebedingungen sind vorgeschrieben?

Neue Frage No. 567. Welche Fachzeitschrift behandelt ausschließlich oder doch vorwiegend den Gemüsebau?

Neue Frage No. 568. Welche Kulturmethode empfiehlt sich bei Buschrosen, um kräftige Stöcke mit schönen, gesunden Blüten zu erhalten?

Neue Frage No. 569. Welche Rosensorten sind bezüglich ihrer Widerstandskraft gegen Kälte und Blattkrankheiten empfehlenswert?

Neue Frage No. 570. Welche Kennzeichen haben die sogenannten Kaisernelken und Prachtnelken? Wodurch unterscheiden sie sich von Malmaisonnelken?

Neue Frage No. 571. Sind *Eryngium bromeliaefolium* und *agavifolium* winterhart, oder müssen sie gedeckt, bezw. im Kalthause überwintert werden, ebenso *Chamaepeuce diacantha?*

Neue Frage No. 572. Gibt es ein Werk, das die Konservierung und Präparation von Pflanzen und Blumen behandelt? Ich meine nicht das Trocknen als Herbarmaterial.

Neue Frage No. 573. Was ist die Ursache, daß meine gut ausgebildeten halbreifen und reifen Weintrauben pilzartige braune Flecken bekommen, die sich sehr schnell ausbreiten. Gleichzeitig ist auch in dem Wachstum der Reben eine Stockung eingetreten. Die Trauben werden trotzdem gut reif und sehr süß. Bemerkenswert ist, daß nur die Sorte *Forsters Seedling* von diesem Pilze befallen wird, wogegen die dazwischenstehenden Sorten *Black Hamburg* und *Groß Colman* rein bleiben.

Neue Frage No. 574. Darf man schwächliche, 1—3 triebige Topf-*Chrysanthemum* Anfang Juli noch stutzen?

Wir bitten unsere Leser, sich zahlreich an der Beantwortung vorstehender Fragen zu beteiligen. Die zum Abdruck gelangenden Antworten werden genau wie andere Beiträge honoriert.

Bei gleichzeitiger Einsendung mehrerer Antworten ist für jede ein besonderes, nur einseitig zu beschreibendes Blatt zu verwenden.

Tagesgeschichte.

Dresden. Dresdens Ruf als Gartenstadt ist weltbekannt; derselbe gründet sich jedoch nicht nur auf die hervorragenden königlichen Anlagen, auf die großen Gärtnereien der Umgebung usw., sondern auch auf die städtischen Schöpfungen, die besonders in den letzten Jahren an Umfang und Schönheit ihrer Ausgestaltung bedeutend gewonnen haben. Die städtische Gartenverwaltung ist bestrebt, die öffentlichen Anlagen und Plätze in vorbildlicher Weise immer mehr und mehr auszugestalten und hat bei den umfangreichen Neuanlagen der letzten Jahre besonders der Rose mehr Beachtung geschenkt. Dies gilt hauptsächlich von den neuen Anlagen, die sich vor dem Landgerichtsgebäude am Münchener Platz ausdehnen. Hier heben sich aus dem saftiggrünen Rasen lange Linien der überaus dankbaren Polyantharose *Mme Norbert Levavasseur* hervor. Links und rechts sind Beete von Pelargonien und Levkojen, sowie kleine Fuchsienbeete angelegt, die vorteilhaft aus dem ganzen Bilde heraustreten. Die vier Ecken der beiden großen Anlagen sind mit Strauchwerk und Ruhebänken versehen worden und bilden ein überaus reizvolles und farbenprächtiges Bild. Der in der Nähe liegende Platz 7 an der Nürnberger Straße ist ebenfalls neu angepflanzt worden und zeigt sich in diesem Sommer zum ersten Male in seinem neuen Gewande. Vier leuchtendrote Pelargonienbeete und vier Beete mit Cannapflanzen fallen dem Besucher sofort durch ihre schöne Farbenwirkung auf. Der Mittelgang des Platzes ist mit *Prunus triloba* bepflanzt worden und dürfte besonders im Frühjahre einen wunderhübschen Anblick gewähren. — Mit einem Kostenaufwande von rund 30 000 M ist der Dürerplatz in den letzten Jahren zu einem Schmuckplatze ersten Ranges umgestaltet worden. Bei der großen Ausdehnung des Platzes — er ist doppelt so groß wie der Altmarkt — war die Anlegung von geschmackvollen Anpflanzungen und Blumenrabatten recht schwierig. Die Mitte des Platzes schmückt eine stattliche Palmengruppe, die links und rechts von großen Blumenparterres begrenzt wird. Außerdem haben eine Anzahl Agaven und Araukarien hier Aufstellung gefunden, deren eigenartige Formen seltsam von der bunten Pracht und dem saftgrünen Rasen abstechen. Der Liebhaber findet ein überaus reiches Sortiment vieler bekannter Neuheiten auf dem Gebiete der Rosenkultur, die in prächtigen Exemplaren vertreten sind. Die Rasenplätze, die an den Ecken mit üppig gedeihenden Baum- und Strauchanpflanzungen, sowie Ruhebänken versehen sind, enthalten auch zwei abseits vom Verkehr liegende Spielplätze.

Frankfurt a. M. Der Ausschuß für Balkon- und Fensterschmuck hat die erste Besichtigung der zum Wettbewerbe angemeldeten Blumenschmückungen durch eine Kommission Sachverständiger, der auch Laien zugeteilt waren, vornehmen lassen. Das Ergebnis dieser Besichtigung war über Erwarten befriedigend. Es sind viele prächtige Ausschmückungen in allen Stadtteilen vorhanden. Es wurde beschlossen, zur späteren Festlegung in Wort und Bild die schönsten und eigenartigsten Schmückungen im besten Stande ihrer Entwicklung photographisch aufnehmen zu lassen. Bei dieser Gelegenheit wurde auch des herrlichen Blumenschmucks gedacht, dessen sich in diesem Jahre unsere öffentlichen Gebäude, namentlich das Schauspielhaus, Opernhaus, die Festhalle und das Römerhöfchen zu erfreuen haben.

Geisenheim. Die Errichtung eines Museums für Wein-, Obst- und Gartenbau in den unteren Räumen der von dem verstorbenen Freiherrn Eduard von Lade dem Staate vermachten Villa „Monrepos" ist nunmehr vom Landwirtschaftsminister verfügt und der Oberlehrer Löckermann mit der Organisation und Verwaltung desselben beauftragt worden.

Hamburg. Der vor kurzem in Bonn verstorbene Sir Dietrich Brandis, der 30 Jahre lang in Vorderindien lebte, hat wertvolle botanische Sammlungen aus diesem Lande hinterlassen, die seine Witwe den hiesigen Botanischen Staatsinstituten zum Kauf angeboten. Die Bedeutung dieser Sammlungen, insbesondere der wertvollen indischen Herbarien, ist in einem Berichte des Direktors der Botanischen Staatsinstitute dargelegt, in dem weiter ausgeführt ist, inwiefern diese Sammlungen eine Lücke der hier bereits vorhandenen botanischen Erzeugnisse überseeischer Länder ausfüllen, und ein wichtiges Arbeitsmaterial für die praktische Tätigkeit der Institute, sowie auch für die Lehrtätigkeit des Kolonialinstituts bilden. Die Sektion für die wissenschaftlichen Anstalten hat daher den Ankauf der Sammlungen, deren auf 15 000 M festgesetzter Preis von ihr als angemessen bezeichnet ist, mit dem Hinzufügen beantragt, daß, wenn der Ankauf hier nicht alsbald erfolge, die wertvollen Sammlungen, bezüglich deren auch bereits Verhandlungen mit zwei ausländischen Instituten schwebten, für Deutschland unwiderbringlich verloren sein würden. Der Senat beantragt demgemäß den Ankauf.

Markneukirchen. Die städtischen Kollegien haben beschlossen, den im sogen. Poetenwalde gelegenen, 7 Hektar 43,2 Ar großen Waldbesitz des Herrn Otto Wild zum Preise von 8600 M für die Stadt anzukaufen. Das Wildsche Grundstück grenzt unmittelbar an die bereits im Besitze der Stadt befindlichen Waldungen bezw. an die Diakonatwaldungen an. Es soll nicht forstwirtschaftlich benutzt werden, sondern als Parkanlage Verwendung finden; damit werden die vom Gebirgsverein im Poetenwalde geschaffenen, von der Einwohnerschaft gern besuchten Anlagen in wünschenswerter Weise ergänzt.

Minden i. Hann. Die Stadtverordnetenversammlung beschloß in geheimer Sitzung dem Magistratsantrage gemäß den Ankauf der Besitzung des Gärtners Kypke für 60 000 Mark. Die über 5 Morgen große Besitzung soll zu Zwecken der Friedhofs- und Parkverwaltung Verwendung finden.

Rheydt. Zur Anlage eines Stadtwaldes, wofür etwa 90 000 M aus der Bürgerschaft geschenkt worden sind, war von der hiesigen Verwaltung ein zum Teil auf dem Banne von Rheindahlen gelegenes Gelände ausersehen worden. Der Kreistag des Kreises Gladbach lehnte das Ausscheiden dieses Geländes aus dem Kreisgebiete und Zuteilung an den Stadtkreis Rheydt ab. Infolge einer Immediateingabe an den König ist nunmehr durch königliche Verordnung die Abtrennung bezw. Zuteilung an Rheydt bestimmt worden. Damit ist die Anlage gesichert.

Rom. Auch hier regt sich, angeregt durch die den Städtebau betreffenden Verhandlungen des achten internationalen Architektenkonkresses zu Wien, der Gedanke, einen grünen Gürtel um die ewige Stadt zu schaffen, und zwar nach dem typischen Vorbilde des Projektes „Ein Volksring für Wien" des Baurats Faßbender.

Zoppot. Im Wettbewerb um die hiesigen Kuranlagen ist ein erster Preis nicht zur Verteilung gelangt. Zweite Preise von je 6000 M errangen Heinrich Bergtholdt, München, in Gemeinschaft mit Adolf Herberger, Nürnberg, sowie Ernst Brand in Trier. Dritte Preise von je 3000 M erhielten die Berliner Architekten Ludwig Antz in Gemeinschaft mit Hugo Knau, sowie Prof. Bruno Möhring. Zwei Entwürfe wurden angekauft.

Zürich. Hier ist eine Gartenstadtgenossenschaft für den Bau von Quartieren mit Ein- und Zweifamilienhäusern gegründet worden, die der Spekulation gänzlich entzogen bleiben sollen.

Gärtnerisches Unterrichtswesen.

Obergärtnerprüfungen sind jetzt an allen höheren staatlichen Gärtnerlehranstalten im Deutschen Reiche eingeführt. Nach der Gartenbauschule in Dresden erhielt auch die Kgl. Gartenbauschule zu Weihenstephan vom Kgl. Bayerischen Staatsministerium des Innern die Genehmigung zur Abhaltung staatlicher Obergärtnerprüfungen, wovon uns Herr Garteninspektor Schinabeck freundlichst in Kenntnis gesetzt hat. Aus dem uns übermittelten Korrekturabzug der genehmigten Prüfungsordnung geht hervor, daß in Weihenstephan zur Prüfung nur Absolventen dieser Anstalt zugelassen werden, die im Abgangszeugnis die Durchschnittsnote 1 oder 2 erhielten. Nach dem Abgang von der Anstalt ist der Nachweis einer vierjährigen weiteren praktischen Tätigkeit zu erbringen und außerdem ein amtliches Leumundszeugnis für tadellose Führung. Die Prüfung setzt sich wie bei anderen Anstalten aus einer mündlichen und einer schriftlichen zusammen und kann für Obstbau, für gärtnerische Pflanzenkulturen, einschließlich Gemüsebau und für Landschaftsgärtnerei, auch für mehrere dieser Gebiete zugleich abgelegt werden. Für Anfertigung der schriftlichen Arbeiten wird 5 Monate Zeit gelassen. Die Prüfungsgebühr beträgt 30 Mark und ist an die Direktion der Kgl. Akademie zu Weihenstephan zu zahlen. Der neue Jahrgang des „Deutschen Gartenkalenders" wird sämtliche Prüfungsordnungen der höheren staatlichen Gärtnerlehranstalten im Wortlaut veröffentlichen. Die Vereinigung ehemaliger Absolventen der Anstalt begrüßt diese für sie ungemein wichtige Neuerung mit lebhafter Freude und sieht sich veranlaßt, zunächst dem kgl. Staatsministerium, sowie Herrn Stadtgartendirektor Heiler, München, der sich um das Zustandekommen der staatlichen Obergärtnerprüfung großes Verdienst erworben, an dieser Stelle den verbindlichsten Dank auszusprechen. **M. H.**

Aus den Vereinen.

Die Gartenbauvereine Schlesiens bilden unter sich durch freiwilligen Zutritt den **Provinzialverband Schlesischer Gartenbauvereine**, dessen Aufgabe es ist, die allgemeinen Interessen der schlesischen Gärtnerei nach allen Richtungen zu vertreten. Im Jahre 1885 mit 11 Vereinen begründet, kann der Provinzialverband somit auf eine 23jährige segensreiche Tätigkeit zurückblicken. Sein Wachsen und Gedeihen wird deutlich dadurch illustriert, daß derselbe vor kurzem den fünfzigsten Verein, nämlich den Obst- und Gartenbauverein zu Kotzenau (Vorsitzender Herr Obergärtner Krafft daselbst) unter die Zahl seiner Mitglieder aufgenommen hat. Der Provinzialverband zählt zurzeit mit seinen 50 Vereinen gegen 4000 Mitglieder. Der derzeitige Vorstand besteht aus 15 Mitgliedern. Von diesen gehören schon seit der Gründung dem Vorstande an: Herr Landschaftsgärtner J. Schütze, Breslau, welcher das Amt des stellvertretenden Vorsitzenden inne hat, und Herr Kgl. Gartenbaudirektor Goeschke, Proskau, welcher nun schon 23 Jahre das Amt des Geschäftsführers verwaltet.

Bücherschau.

Die Kultur der Erdbeeren im Freien und unter Glas. Von Gust. Ad. Langer, Gartenbaulehrer in Oranienburg. Leipzig 1908. Verlag von Hugo Voigt. Preis kart. M 1,—.

Die Spezialisierung der Gartenbauliteratur greift mehr und mehr um sich, und es scheint fast, als wenn die früheren gehaltreichen, große Gebiete umfassenden Werke mehr und mehr durch kleine, billige Einzelbroschüren verdrängt werden sollten. Es will mir scheinen, daß dies nicht im Interesse des Gartenbaues liegt. Es gibt kaum eine einfachere Kultur, als die der Erdbeere, aber trotzdem gibt es bereits verschiedene Spezialschriften über dieselbe; vom klassischen Buche des alten Goeschke bis zu dem uns heute vorliegenden, das nur knapp 40 Textseiten umfaßt. Auf diesem beschränkten Raume wird aber alles mitgeteilt, was in bezug auf Kultur, Treiberei und Sortenauswahl zu wissen notwendig ist. Die besten Sorten sind tabellarisch zusammengestellt, die abgebildete *Royal Sovereign* fehlt aber in der Tabelle und im Texte. Von besonderem Interesse ist das kleine Kapitel über Düngung und Bodenbearbeitung. **M. H.**

Mannigfaltiges.

Ewige Kränze! Das in No. 43 der „Gartenwelt" geschilderte Bäuerlein mit seinem für vielfache Verwendung berechneten künstlichen Kranze steht gar nicht so vereinzelt da, wie es den Anschein haben könnte. Seit meinem Hiersein in Oesterreich lernte ich jene Art von Grabschmückung für hiesige Verhältnisse als Regel kennen. Besonders zu Allerheiligen (1. November) kann man beobachten, wie Hunderte von Friedhofsbesuchern alljährlich mit denselben Kunstkränzen hinauspilgern, um die Gräber zu schmücken! Da ruhen nun die so geschmacklos aus Blech, Leinwand, Pappe und sonstigem Material zusammengefügten Gewinde friedlich zwischen den frischen, zarten Blumenspenden, als drastische Zeugen zweier verschiedener Gefühlswelten. Aber auch hier beginnt eine derbe Komik zu wirken, sobald Regenschauer oder Schneeflocken den „Kunstwerken" mit Aufweichungs- und Verrostungsgefahr drohen. Geflügelten Schrittes, per Straßenbahn, Fahrrad oder Fiaker, eilt dann alles was Kränze hat hinaus, dieselben zu retten. Weil manche Kränze riesige Größenverhältnisse haben, sind oft zwei Personen zu deren Transport notwendig, und bieten die mit Kränzen vollbehängten Menschen aller Altersstufen wirklich rührende Bilder einer unverändert gleichbleibenden „Pietät"! Daheim, oder von fremden kunstgeübten Händen, werden dann die Kränze wieder aufgefrischt, um erneuter Verwendung zu harren.

Georg Liebsch, Handelsgärtner, Chwalkowitz bei Olmütz.

Personal-Nachrichten.

Dücke, Friedrich, Kunst- und Handelsgärtner, Gemeinderat der k. k. Residenzstadt Wien, Verwaltungsrat der k. k. Gartenbaugesellschaft, Ehrenmitglied und Präsident des Allgemeinen österreichischen Gärtnerverbandes etc., † am 28. v. M. im 62. Lebensjahre.

Genz, Johann, Gutsgärtner zu Nettelbeck im Kreise Ostprignitz, erhielt das Allgemeine Ehrenzeichen.

Heth, Hofgärtner, Veitshöchheim, wurde als Nachfolger des verstorbenen Oberhofgärtners Miller nach Schöntal bei Aschaffenburg berufen.

Berlin SW. 11, Hedemannstr. 10. Für die Redaktion verantwortlich Max Hesdörffer. Verlag von Paul Parey. Druck: Anhalt. Buchdr. Gutenberg e. G. m. b. H., Dessau.

Kastenfalle „Triumph".

Beste und einfachste Kastenfalle der Welt.
No. 40a III für Marder, Iltis, Wiesel, Katze etc. Preis **M 16.—**
Kastenfalle No. 40 IV neueste Konstruktion f. Katzen **M 8.—**.
1434 **herumwildernde Katzen in sechs Monaten** fing der Berliner Tierschutzverein. — Als vorzügliche **Wieselfalle** empfehlen wir unsere kleinste Kastenfalle 40. V. — Preis nur **M. 3.—**, 2 Stück 1 Postpaket. Illustr. Preiskurant mit Fanganleitungen nach **Staats. v. Wacquant-Geozelles** gratis. [1219
Haynauer Raubtierfallen-Fabrik **E. Grell & Co., Haynau i. Schl.**

Grotten- **Tuffsteine** für Gärten- und Wintergärtendekoration direkt ab Gruben bill. **Carl Scheide, Greussen i. Th. No. 15.** Grottenbaugeschäft u. -Grubenbetrieb. Vertreter gesucht. — Illustr. Prospekte frei. — Feinste Empfehl. [1454

Zu kaufen gesucht zum Herbst 1908 oder Frühjahr 1909 [1452

einige Hundert

Quercus rubra-Hochstämme.

Gefällige Angebote mit Preis und Angabe der Stammstärke erbittet die

Stadtgärtnerei Basel (Schweiz).

Geraer Kunstanstalt Ernst Günther

Fernspr. 184. **Gera, Reuss** Gegr. 1889

Spezial-Institut für gärtnerische Abbildungen

...ert **Plakate, Katalogumschläge** und sonstige **farbige Abbildungen** ... **Samen- und Pflanzengeschäfte** in nur künstlerischer Ausführung. Die ...u nötigen Original-Entwürfe werden nach der Natur oder sonstigen Unterlagen im eigenen Atelier hergestellt. [1876

...tungsfähigste Bezugsquelle für **Samendüten** mit reizenden farbigen Abbildungen

Muster und Preise bitte zu verlangen.

Baumschule „Terra Nova" Aalsmeer (Holland)

Anzucht von geschnittenen Formen von

Buxus und Taxus.

Treibsträucher

in Töpfen kultiviert,

Maiblumen-Treibkeime, Magnolien, Schlingpflanzen, Ilex, Buxus, Laurus

und andere immergrüne Gehölze.

Rhododendron, Azaleen und Koniferen.

Buxus sempervirens.

Grosse Vorräte — Ia. Qualität.

Katalog auf Verlangen gratis. [1447

Künstliche Blumen und Blätter

für Gärtner, Bukett- und Kranzbindereien, als **Rosen, Lilien, Narzissen, Nelken, Kamelien, Maiblumen, Flieder, Myrtenblüten etc. Künstliche Blätter in allen Preislagen. Künstliche Blätterkränze in prachtvollen Mustern.** Von M 3,— bis M 80,— per Dutzend. **Gold- und Silber-Myrtenkränze mit Buketts** von M 1,50 bis M 6,— per Stück. Sämtliche Artikel zur Papierblumen-Fabrikation empfiehlt [1437

Emil Viebach, Fabrik künstlicher Blumen und Blätter, **Sebnitz i. Sachsen.**

Ein Juwel für die Gärtner! Tunica Saxifraga fl. pl. rosea,

eine wertvolle Vervollkommnung der Felsennelke aus den steier. Alpen, ist der gangbarste Artikel für Handelsgärtner etc. Mit ihrem einzigartig zart., polsterartigen Grün, auf welchem sich Legionen prachtvoll gefüllter Blüten, auf Schleierkraut ähnl. Beistelung, vom Mai bis Spätherbst in ununterbrochener Weise entfalten, wird diese Pflanze zum Ideal der Friedhofs-, Balkon- und Teppichgärtnerei, ist ganz anspruchslos an Boden, immergrün, vollständig winterhart u. bedarf absolut keiner besonderen Pflege. Kräftige, im Sommer blühende Pflanzen, 1 St. 85 Pfg., 25 St. 15 M. Sehr starke Vermehrungspflanzen. Preise brieflich. Beschreibung und Abbildung gratis. Versand den ganzen Sommer. **Josef Pregetter,** Gärtner in Weiz (Steiermark). [1456

Gut Adolphshof bei Hämelerwald, Obstbaumschule.

[1450

Beste Hochstämme, Halbstämme, Buschbäume

in erprobten Sorten zu billigen Preisen.

Grösste und reichhaltigste Baumschule der Welt

Massen-Aufzucht aller Sorten **Gehölz-Pflanzen u. Coniferen** für **Wald-, Park- und Baumschul Anlagen** — **Allee-, Park-, Chaussee-, Zier- und Trauerbäume.**

Baumschulen von **Herm. A. Hesse** in **WEENER a. d. Ems** Prov. Hannover

Obstbäume in Hochstamm-, Pyramiden-, Spalier- und Cordon-Form. — **Ziersträucher.** — **Coniferen.** Rosen, Magnolien, Azaleen, Rhododendron, Stauden etc. 554

Kataloge auf Anfrage gratis und franko.

Illustrierte Wochenschrift für den gesamten Gartenbau.

Jahrgang XII. | 15. August 1908. | No. 46.

Gärtnerische Reiseskizzen.

Amami Oshima, die Heimat der Cycas revoluta und des Lilium longiflorum.

Von Alfred Unger,
früher Inhaber der Firma L. Boehmer & Co., Yokohama (Japan).

(Hierzu fünf vom Verfasser für die „Gartenwelt“ gefertigte Aufnahmen.)

Eine für die Gärtnerwelt sehr interessante Insel, welche seit etwa 20 Jahren im gärtnerischen Betriebe eine große Rolle spielt, obwohl dies den wenigsten Gärtnern selbst bekannt sein dürfte, ist die Insel Amami Oshima. Dieselbe liegt zwischen dem 25. und 29. Breitengrade und gehört zur Liukiu-Inselgruppe, im Kagoshima Ken (Provinz Kagoshima). Die Liukiu-Inselgruppe dehnt sich vom südlichsten Punkte der japanischen Hauptinsel Kiushiu bis nach Formosa aus und bildet zwischen diesen gewissermaßen eine Inselkette. Die meisten dieser Inseln sind vulkanischen Ursprungs und erheben sich zu hohen Bergen, welche auf der Insel Tokunoshima, etwas südlich von Amami Oshima gelegen, eine Höhe von 6000 Fuß erreichen. Letztere Insel ist auch sehr gebirgig und hat, begünstigt durch ihre Lage zwischen der tropischen und gemäßigten Zone, eine recht interessante Flora. Palmen, Bananen, *Pandanus*, Cycadeen, Baumfarne, immergrüne Bäume, Sträucher und Schlingpflanzen, Lycopodien, Moose, alles ist in großem Reichtum vertreten und gedeiht vorzüglich, durch Niederschläge begünstigt.

Als Kulturpflanze spielt die Süßkartoffel (Batate), *Convolvulus Batatas*, die erste Rolle, da sie das Hauptnahrungsmittel der Einwohner bildet, ferner werden Reis *(Oryza sativa)* und *Caladium esculentum* usw. gezüchtet. Zuckerrohr wird auch viel angebaut; es wird dort gepreßt und findet im rohen ungereinigten Zustande einen guten Markt in Osaka, dem Handelszentrum Japans.

Zum Meere abfallender Bergabhang auf Amami Oshima mit wildwachsenden Cycas revoluta und Lilium longiflorum. (Die großen weißen Punkte sind Lilienblüten.)

Die interessantesten Pflanzen aber für die Gärtnerwelt sind die *Cycas revoluta*. Dieselben sind überall angepflanzt, teils an Bergabhängen, teils in den Tälern, meist in den Feldern als Einzäunung verwendet, doch unterliegt es wohl keinem Zweifel, daß sie hier heimisch sind und früher wild wuchsen. Sowohl die Samen als auch die Stämme selbst bildeten und bilden auch heute noch für die Eingeborenen ein Nahrungsmittel, sie sind jedoch erst durch die Zivilisation des Westens eine gute Einnahmequelle der Insulaner geworden. Als die Mode in Deutschland aufkam, die Cycaswedel als Sargschmuck zu verwenden, war es der unternehmende Herr Albert Wagner aus Leipzig-Gohlis (damals auch Cycas-Wagner genannt), welcher diese Insel vor nunmehr etwa 22 bis 23 Jahren selbst besuchte und die Cycasstämme nach Europa ausführte. Die Firma J. C. Schmidt in Erfurt, welche für diesen Artikel auch großes Interesse zeigte und denselben von Herrn Louis Boehmer, Yokohama, bezog, veranlaßte mich vor nunmehr 19 Jahren nach Japan zu reisen, als Angestellter des Herrn Louis Boehmer, mit der Spezialaufgabe, mich um den Versand der Cycasstämme zu bemühen. Im Winter des Jahres 1889 besuchte ich dann diese Insel Oshima zum ersten Male; es folgten noch drei weitere Besuche in den darauf folgenden Jahren, während welcher ich jedesmal große Sendungen solcher Cycasstämme an Schmidt, Erfurt, ausführte. Obgleich die Preise der Stämme in jenen Jahren in Deutschland durch die großen Sendungen sehr gefallen waren, so waren doch die Wedel von den in

Gewächshäusern kultivierten Stämmen noch viel zu teuer, um sie dem Publikum zuzuführen. Deshalb kam man auf die Idee, die Wedel dort, d. h. auf Oshima, zu schneiden, zu trocknen, zu pressen und nach Deutschland auszuführen. Hier färbte man sie wieder grün, sodaß sie frischen Wedeln sehr ähnlich wurden; sie fanden, dadurch sehr verbilligt, einen großen Absatz, sowohl in Deutschland, als auch in allen anderen Ländern, wohin sie von den deutschen Fabriken ausgeführt wurden. Der Höhepunkt des Versands dieser getrockneten und gebleichten Cycaswedel aber wurde erreicht, als die deutsche Regierung vor drei Jahren einen Einfuhrzoll von

Kulturen von Lilium longiflorum var. formosum auf Amami Oshima. Knospen und Blüten sind entfernt, um größere Zwiebeln zu erzielen.

250 Mark auf 100 kg dieser Ware legte. Natürlich war es dann für alle in dieser Industrie interessierten Personen von großer Wichtigkeit, vor dem Inkrafttreten des Zolles so viel Wedel als irgend möglich nach Deutschland einzuführen, und es entwickelte sich derzeit eine rastlose Tätigkeit auf der sonst so stillen Insel im Pacific-Ozean. Einzelne Leute verdienten auf diese Weise kleine Vermögen, denn da sich die verschiedenen europäischen Exporteure überboten, um die Ware zu bekommen, so machten sich dies die japanischen Händler zunutze. Die Preise stiegen bis über 300 % der sonst üblichen Höhe; die natürliche Folge davon war, daß Unmengen (viele Millionen) Wedel tatsächlich noch vor dem Inkrafttreten des hohen Zolls in Deutschland eintrafen, sodaß der Bedarf für diesen Artikel auch noch für einige Jahre voll gedeckt ist.

Die Einwohner von Oshima aber, welche geglaubt hatten, diese Hast und das Ueberbieten der verschiedenen Exporteure könne noch lange so fort gehen (da sie von dem Zoll in Deutschland nichts wußten), fanden plötzlich, daß der Handel mit einem Male aufhörte. Die großen Schuppen und die für den Versand nötigen Einrichtungen, wie Pressen usw., stehen nun schon seit zwei Jahren unbenutzt und es wird wohl auch noch einige Zeit dauern, bis sich der Handel mit diesem Artikel wieder langsam gehoben hat. —

Inzwischen hat aber die gütige Natur für eine neue Einnahmequelle der Insulaner gesorgt; es sind dies Lilienzwiebeln, *Lilium longiflorum*, japanisch „Teppo Yuri“; Teppo = Gewehr (der langen röhrenartigen Blüte wegen), Yuri = Zwiebel. Der Versand dieser Zwiebeln, welche in Europa und Amerika in großen Mengen in Gewächshäusern kultiviert und ihrer schönen, reinweißen, wohlriechenden Blüten wegen in Amerika namentlich während der Osterzeit in vielen Millionen abgesetzt werden, ist von Jahr zu Jahr gestiegen und hat sich zu einer großen Industrie entwickelt, sowohl hier in Japan, als auch in Bermuda und auf den Azoreninseln. Der Versand von *Lilium longiflorum* aus Japan allein wird sich auf etwa 4 bis 5 Millionen Zwiebeln pro Jahr belaufen, welche hier in der Nähe von Yokohama und in der Provinz Saitama gezüchtet werden.

Wir unterscheiden, kultivieren und exportieren davon drei Abarten:

1. *Lilium longiflorum eximium.*
2. „ „ *multiflorum.*
3. „ „ *giganteum.*

Durch Ueberkultur und nicht genügende Vorsicht hat sich aber bei den ersten zwei Typen eine Krankheit entwickelt, welche den Züchtern, d. h. den deutschen Gärtnern viel Aerger, Geldverlust und Sorge verursachte, da sie durch diese Krankheit oft bis zu 50 % der in Kultur genommenen Zwiebeln verloren, bezw. nicht zur Blüte brachten, sodaß wir Exporteure natürlich auch viele Klagen und Verluste hatten. Seit Jahren waren wir infolgedessen bemüht, Aenderung zu schaffen, indem wir in neuen Gegenden Kulturen einführten. Da aber die Krankheit in den Pflanzzwiebeln steckte, so zeigten sich stets Mißerfolge, bis endlich die Regierung sowohl als auch Privatleute auf den Gedanken kamen, in der

wirklichen Heimat dieser Zwiebeln, wo dieselben wild in den Bergen wachsen, die Pflanzzwiebeln zu sammeln, um dieselben in benachbarten Gegenden auf gutem Boden zu kultivieren. Ich kann gleich vorausschicken, daß der Erfolg mit diesen Lilienkulturen ein hervorragender ist. Im vergangenen Jahre wurden die ersten Versuchskisten, etwa 300 bis 400, nach Amerika und Europa gesandt und die Erfolge, welche die Kultivateure damit erzielten, waren so gute, daß heute schon eine sehr große Nachfrage danach ist. Um aber auch absolut sicher über die Qualität zu sein und mich über die angebauten Mengen persönlich zu unterrichten, habe ich der Insel Oshima nach 14 jähriger Abwesenheit unlängst wieder einen Besuch abgestattet; ich habe bei der Gelegenheit die diesen Zeilen beigegebenen Photographien aufgenommen, welche für sich selbst sprechen und entschieden für viele Leser dieser Zeitschrift von Interesse sein werden.

Ich möchte nun noch bemerken, daß dadurch, daß die Insel Oshima etwa 800 englische Meilen südlich von Yokohama liegt, die Zwiebeln dort bei weitem früher reifen als hier, und daß dieser Typus, der in die Handelswelt als *Lilium longiflorum formosum* eingeführt ist, infolgedessen auch einen Monat früher versandfähig wird, womit die Schwierigkeit, die Zwiebel zu Ostern in Blüte zu haben, ganz beseitigt ist. Es ist also der Gärtnerwelt hierdurch ein sehr bedeutender neuer Handelsartikel geschaffen, wodurch hoffentlich auch die Kultur in Europa einen größeren Umfang annehmen wird.

Der Verfasser, Zwiebeln des Lilium longiflorum var. formosum prüfend.

Landschaftsgärtnerei.

Der moderne Architekturgarten und seine Beziehungen zum Hause.

Von **Julius Müller**, Steglitz.

Seit einigen zwanzig Jahren vollzieht sich in der Gartenkunst eine Bewegung, die es sich im wesentlichen zum Ziele setzt, den alten klassischen Gartengedanken mit dem modernen biologischen, wie wir ihn einleitend skizzieren wollen, zu verbinden. Der klassische Gartengedanke war aus der engen Verbindung der Architektur mit dem Garten entstanden. Aus dem Gartenhof des ägyptischen Tempels, aus dem Tusculum des Plinius, aus den Gärten der italienischen Renaissance, späterhin aus den französischen und holländischen Gärten sehen wir, wie Haus und Garten, Schloß und Schloßgarten im Grundriß und im räumlichen Aufbau als ein Gesamtorganismus zum Ausdruck kommt.

Wenn es uns auch auf Grund des Studiums des Tuckermannschen Werkes über die Gärten der italienischen Renaissance erscheinen will, daß die Pflanze in ihrem physiognomisch-charakteristischen Ausdruck bei der Gestaltung des Kompositionsprinzipes hervorragend beteiligt war, so können wir doch unsere moderne Aufgabe als einzigartig in der Geschichte und in ihrer Bedeutung kennzeichnen, weil hier zum erstenmale zwei vollständig ausgebildete Gestaltungsprinzipien, das architektonische und das landschaftliche, zu einer gegenseitigen Durchdringung gelangen sollen. Diese Durchdringung wollen wir aber nicht im Sinne der Meyerschen Schule verstanden wissen, lediglich als formelle, als eine Verbindung gerader und kurvierter Grundrißlinien. Sie soll eine rein künstlerische mit geistigen Inhaltswerten sein, wobei auf Kosten der einheitlichen Bildwirkung des regelmäßig-architektonischen Gartens das biologische Moment eingeführt wird, das durch die Betonung alles organisch werdenden in der Pflanzenwelt und die dadurch erleichterte Vermittlung naturwissenschaftlicher Erkenntnisse dem deutschen Garten einen tieferen geistigen Inhalt zu schaffen berufen ist. Seitdem Ruskin, für die Gartenkunst im besonderen Morris, Morel, Latham, Forbes u. a. für ihr Vaterland die Schönheiten der italienischen Renaissancegärten erschlossen, haben wir ein Beispiel eines modernen, künstlerischen Gartens, und zwar in englischem Sinne. Wenn uns die Schönheiten dieser Gärten, die in der Verbindung von architektonischen mit pflanzlichen Motiven bestehen, auch hinreißen mögen, für uns gibt es eine Anknüpfung an alte Formen unter Verwendung des heimatlichen Gartenformenschatzes, wie wir ihn sowohl im alten deutschen Garten, im Klostergarten, im deutschen Renaissancegarten (Fugger-Augsburg, Heidelberg, Schwind-Frankfurt a. M.) besitzen, der aber leider noch nicht gehoben ist. Soviel über das Stilistische des modernen, künstlerischen Gartens.

Seine Beziehung zum Hause wird festgelegt durch die Lage, die Größe und den Stil desselben. Goethe sagt: Ein Haus soll eine Gegend zieren und wird von ihr geziert, ins Praktische übersetzt: Haus und Garten sind eins. Zu einer ästhetisch befriedigenden Verbindung des Hauses mit dem Garten, zu einer künstlerischen Verwendung des Wassers, der Pflanzen, können wir im Formenschatz der alten Gärten prächtige Vorbilder finden. Die Terrasse, der Laubengang, der Gartenhof, der Springbrunnen, die Laube, der Wandbrunnen, die Hecke, die Sitzbank, der Hausbaum mit der Rundbank — wahrlich Motive genug, die bei ihrer richtigen Verwendung den eigentlichen Stimmungsgehalt des Gartens, nämlich den der Heimlichkeit, der Verschwiegenheit und Ruhe auszulösen vermögen. Im modernen Architekturgarten werden aber die Pflanzen selbst eine wichtigere Rolle spielen, wie in den Architekturgärten älterer Zeit. Wir werden mit feinem Takt untersuchen müssen, inwieweit wir ein räumliches Prinzip in der künstlerischen Verwendung bestimmter Pflanzentypen walten lassen dürfen, ferner inwie-

In Töpfen getriebene, auf Amami Oshima kultivierte Lilium longiflorum var. formosum.

weit wir auf der andern Seite ein freies Wachsen der Pflanzen befördern müssen. Der moderne Mensch will die Pflanzen in ihrer Entwicklung betrachten, er will viele Typen, die zu einem frohen Gedeihen auf ihre Genossen in der Natur besonders angewiesen sind, nur mit diesen vereinigen.

Oft werden die praktischen Forderungen, die an den Garten gestellt werden, die Kunstform schaffen. So kann der Nutzgarten, der Obstgarten, der Wasserpflanzengarten künstlerische Behandlung erfahren. So wird in dem einen Falle die Notwendigkeit reichen Schatten zu erzeugen, den Grundgedanken der Gestaltung bestimmen, während im andern Falle offene, sonnige Plätze erwünscht sind. Bei der Mannigfaltigkeit der Motive, die den verschiedenen nationalen Künsten entnommen sind, liegt die Gefahr ihrer falschen Verwendung vor. Ein Hausgartenmotiv darf nicht im Schloßgarten wiederkehren, eine monumentale Architektur soll nicht im Landschaftsgarten stehen. Der Zusammenschluß von Haus und Garten wird durch Terrassen oder durch die Möglichkeit, aus dem Speisezimmer in den Garten, und zwar auf den Rasen treten zu können, erreicht. Der Deanerygarden und der Garten der Miß Jekyll in England geben uns gute Beispiele dafür. Bei einer Baugeländehöhe, die unter Straßenhöhe liegt, lassen sich entweder reizvolle Brückenmotive verwerten oder es läßt sich durch Ausschüttung eine Terrassierung des ganzen Geländes erreichen. Die Verwendung des Bauaushubes am rechten Platze kann mit wenig Mitteln reiche Abwechslung in das Gartenbild bringen.

Die letzten Jahre zeigen uns, daß auf den angedeuteten Wegen tüchtig fortgeschritten wird. Hoffen wir, daß sich immer mehr Gartenkünstler an der Wiedergeburt unserer Kunst im modernen Sinne beteiligen.

Vogelschutz.

Der Vogelfang in Italien und sein Einfluß auf die heimische Vogelwelt! *)

Für die allgemein beobachtete Tatsache, daß die Mehrzahl unserer heimischen Kleinvögel in ständiger Abnahme begriffen ist, hat man vielfach die Erklärung geben wollen, daß der Betrieb unserer heutigen Land- und Forstwirtschaft zu einseitig sei, um den von der Vogelwelt gestellten mannigfaltigen Ansprüchen gerecht zu werden. Das Verschwinden der Vögel sei daher eine naturgemäße Folge unserer Wirtschaftsweise und nicht zu vermeiden. Demgegenüber muß darauf hingewiesen werden, daß es verhältnismäßig einfach ist, manche Vogelarten in reicher Zahl bei uns anzusiedeln, sofern wir ihnen nur die zur Erledigung ihres Brutgeschäftes nötigen Bedingungen schaffen. Allerdings sind das meist solche Vögel, welche während des ganzen Jahres bei uns bleiben und deshalb höchstens denjenigen Gefahren ausgesetzt sind, die sie hier bedrohen, dafür aber auch dauernd sich unseres Schutzes erfreuen. Bei denjenigen jedoch, welche uns im Herbste verlassen, haben bisher alle vogelschützerischen Maßnahmen, ihren Rückgang aufzuhalten, versagt, weshalb man annehmen muß, daß er auf Einflüssen beruht, die wir nicht zu ändern vermögen.

Bekanntlich herrscht in den meisten an das Mittelmeer grenzenden Ländern der Brauch, die Zugvögel im Herbste und Frühjahre in Netzen zu fangen, und es entsteht die Frage, ob diese Massenvertilgung imstande ist, sich in den Brutgebieten dieser Vögel in ihren Folgen bemerkbar zu machen. Es seien deshalb in den folgenden Zeilen die wichtigsten Fangmethoden geschildert, wie sie in dem uns am nächsten liegenden Lande, in Italien, zur Erbeutung von Kleinvögeln angewendet werden. Wir werden daraus einen Einblick in die Gefahren gewinnen, die, ganz abgesehen von denen, welche an und für sich mit einer so weiten, nach Tausenden von Kilometern zu bemessenden Reise verbunden sind, den Zugvögeln allein durch den Menschen bereitet werden, und wir werden daraus erkennen, wo der Hebel für einen unserer heimischen Vogelwelt zu gewährenden Schutz angesetzt werden muß.

Da die jagdlichen Verhältnisse in Italien im allgemeinen ziemlich kümmerlich sind, der Italiener aber sich durch eine große Jagdleidenschaft auszeichnet, so ist es natürlich, daß er diese in der Erlegung von Kleinvögeln zu befriedigen sucht, was er um so leichter kann, als die Jagdausübung nicht an Grund und Boden gebunden ist, sondern jedermann, der sich im Besitz eines Jagdscheines befindet, freisteht. So sehen wir denn namentlich im Herbste, wenn der Durchzug der Wandervögel beginnt, Jung und Alt mit der Flinte ebenso eifrig und ernsthaft Jagd auf Kleinvögel machen, wie man etwa bei uns der Hühnerjagd obliegt. Bisweilen vereinigen sich zahlreiche Jäger zu großen Streifen, wobei dann natürlich auf jeden Vogel geschossen wird, der in den Bereich der Gewehre kommt, und da die Italiener in der Handhabung der Schußwaffen ziemliche Fertigkeit besitzen, ist die Beute oft nicht gering.

Es kann nicht geleugnet werden, daß wir es hier mit einer tief eingewurzelten Volkssitte zu tun haben, deren Betätigung nicht ohne weiteres zu beseitigen ist, und die Königlich Italienische Regierung hat vermutlich ihre guten Gründe, in dieser Beziehung keine Aenderung eintreten zu lassen. Denn der Jagdbetrieb in der dort geübten Form bildet gewissermaßen ein Ventil für manche unedlen Instinkte des Volkes, die, wenn sie sich in jener Weise nicht Luft machen könnten, vielleicht in anderer, politisch gefährlicher Art zum Ausdruck kommen würden. So viel Hunderttausende von Kleinvögeln aber auch in Italien jährlich geschossen werden mögen, so spielt das doch keine Rolle im Hinblick auf die gewaltigen Scharen, die sich dort im Herbste einfinden, und wir haben keine Veranlassung, den uns befreundeten Bewohnern jener schönen Länder das Vergnügen und den kleinen, aus der Jagd sich ergebenden materiellen Gewinn zu mißgönnen.

Anders aber verhält es sich mit dem Massenfang der Vögel durch Netze, der sich weder durch einen Hinweis auf den Volkscharakter noch sonstwie begründen und rechtfertigen läßt. Denn zur Ausübung dieser Fangart gehört ein gewisses Vermögen; sie ist also nur den bemittelten Klassen möglich und kann schon aus diesem Grunde nicht als „Volkssitte" bezeichnet werden. Für ihre Beibehaltung sprechen deshalb nicht politische Gründe, ihre Beseitigung aber würde für uns von größter Wichtigkeit sein, da in den Netzen alljährlich viele Millionen von Kleinvögeln ihr Leben lassen müssen.

Die beiden hauptsächlich in Betracht kommenden Anlagen sind die Copertoi (Decknetze) und die Roccoli, auf welche im folgenden näher eingegangen werden soll.

Die Copertoi oder Vogelherde entsprechen vollkommen jenen Einrichtungen, die bei uns früher zum Fang von Kleinvögeln im Gebrauch waren. Ein solcher Herd besteht aus zwei je 15—20 m langen und etwa 2 m breiten an der Erde liegenden Netzen, zwischen denen sich ein freier, den eigentlichen Fangplatz bildender Raum befindet. Dieser hat etwa die Breite eines Netzes, so daß er, wenn beide Netze durch eine Zugvorrichtung zum Zusammenschlagen gebracht sind, von ihnen fast doppelt bedeckt ist. Die Netze sind aus feinstem Garn gewebt und kosten je nach ihrer Länge bis 80 Lire; die ganze Anlage eines einfachen Vogelherdes erfordert einen Aufwand von gegen 200 Lire, ohne die Anschaffung der oft sehr kostspieligen Lockvögel, die dazu dienen, die den Vogelherd überfliegenden Wandervögel durch ihren Gesang oder ihr Flattern anzulocken. Um sie während der herbstlichen Fangzeit zum Singen zu veranlassen, werden sie geblendet, indem man ihnen im Frühjahr erst das eine, 14 Tage danach das andere Auge mit einem glühenden Draht ausbrennt und, wenn sie diese Operation überstanden haben, sie in einen kühlen Keller bringt, wo man, um eine künstliche Mauser herbeizuführen, sie fast voll-

*) Flugblatt No. 4 des „Deutschen Vereins zum Schutze der Vogelwelt. E. V." Berlin, Verlag von Paul Parey. Einzelpreis 10 Pfg. 50 Exemplare 4 M. 100 Exemplare 6 M. 500 Exemplare 25 M usw.

ständig rupft, hin und wieder auch noch mit Wasser übergießt. Kommen sie dann im Herbst ins Freie, so glauben sie, daß der Frühling da sei und beginnen zu singen. Natürlich erliegt ein großer Teil der Vögel diesen Martern, die überlebenden haben dann aber einen um so höheren Wert, denn ihr Gesang ist das wirksamste Lockmittel für ihre vorüberfliegenden Artgenossen. Für gut singende Lerchen wird z. B. der Preis von 40 bis 50 Lire anstandslos bezahlt. Diese Lockvögel, unter denen man vorzugsweise Stieglitze, Hänflinge, Grünlinge, Finken, Sperlinge, Ammern, Rotkehlchen, Braunellen, Drosseln, Bachstelzen, Lerchen und Zeisige findet, hängen einzeln in kleinen Bauerchen in dem Gezweige der in der Nähe der Copertoi stehenden Bäume; die aber, die nur durch ihr Flattern die Wandervögel anlocken sollen, bindet man gewöhnlich mit einem Bein an eine in der Mitte des Fangplatzes an der Erde befindliche Vorrichtung aus starkem Draht, durch die sie in die Höhe geschleudert werden können, so daß es aus der Entfernung aussieht, als flatterten sie über dem Boden umher. Wenn das eine Bein gebrochen oder ausgerenkt ist, so wird das andere an den Draht gebunden, und der Vogel muß sich in dieser schauderhaften Weise weiter quälen, bis er verendet oder bis der Abend dem Fang ein Ende bereitet. Hierzu werden, da es ja auf den Gesang nicht ankommt, meist frisch gefangene Vögel benutzt. Um in größerer Entfernung vorüberfliegende Vögel heranzulocken, bedient sich der in einer kleinen Hütte, in der sich auch die Zugvorrichtung für die Netze befindet, verborgene Fänger kleiner, verschieden abgestimmter Lockpfeifen, deren schriller Ton außerordentlich weit zu hören ist. — Oft gehen von einer Hütte drei Copertoi strahlenförmig aus, die gleichzeitig fängisch gestellt sind und von einem Fänger bedient werden. Sie befinden sich stets an kahlen Hängen, welche die Vögel auf ihrem Wege von einem Buschwalde zum anderen überfliegen müssen, und haben je nach ihrer mehr oder weniger bevorzugten Lage einen sehr verschiedenen Wert. Im Durchschnitt werden im Herbst in einer solchen Anlage 3—4000 Vögel erbeutet, und wenn man bedenkt, daß allein um Luino herum sich gegen 30 solcher Copertoi befinden und in ganz Oberitalien an jedem irgendwie geeigneten Platze diese Fangplätze vorhanden sind, so wird man sich einen Begriff von der ungeheuren Menge von Vögeln machen können, die dieser Fangmethode zum Opfer fallen.

Noch bedeutend einträglicher als der Vogelherd ist aber der Roccolo, dessen Anlage freilich auch viel kostspieliger ist, da sie erst nach einer Reihe von Jahren in Betrieb genommen werden kann. Sie besteht im wesentlichen aus einer doppelten, etwa 3 m hohen Weißbuchenhecke, die einen länglich rechteckigen oder ovalen Raum umschließt, an dessen einer Schmalseite das Haus des Fängers steht. In der doppelten Hecke, die einen etwa 1 m breiten Gang bildet, sind einander gegenüberliegende große Fenster ausgeschnitten, zwischen denen die Netze dergestalt aufgespannt sind, daß sie an der Innenwand der äußeren Fensterreihe hängen. Der von der Hecke eingeschlossene, 200 und mehr Quadratmeter große Platz ist mit Bäumen bepflanzt, deren Kronen in der Heckenhöhe gekappt sind, so daß oben nur eine ganz lichte Belaubung vorhanden ist. Werden die auf diese Bäume einfallenden Vögel erschreckt, so fliegen sie nach unten, suchen durch die Fenster der Hecke ins Freie zu gelangen und fangen sich in den Netzen. Letztere bestehen aus drei Lagen, einem äußeren und einem inneren festgespannten Netze von solcher Maschenweite, daß selbst Vögel von Drosselgröße bequem hindurch fliegen können, und einem mittleren engmaschigen Netz, das zum Fange dient. Fliegen die Vögel dagegen, so nehmen sie es durch die Maschen des äußeren Netzes mit hindurch, und es bildet sich nun ein kleiner Sack, in dem sie fest hängen bleiben. Das Häuschen des Fängers ist so hoch, daß das oberste Stockwerk über die gekappten Bäume des Mittelplatzes hinwegsieht. Dort oben sitzt der Beobachter, durch einen schmalen Schlitz in der Wand Umschau nach herbeifliegenden Vögeln haltend. Haben sich solche, durch den Gesang der in den Bäumen hängenden Lockvögel herbeigezogen, daselbst niedergelassen, so wirft er durch eine in der Wand befindliche Luke den Roccolo, einen zwei Fuß langen Griff, an dessen einem Ende sich eine Art von Flügelpaar aus Flechtwerk befindet, hoch in die Luft; die Vögel, die in dem Gerät einen Falken zu erblicken meinen, stürzen erschreckt nach unten, um durch die Fenster zu entweichen, und bleiben in den Netzen hängen. Ist ein guter Fangtag, und sind bald andere Vögel zu erwarten, so werden die gefangenen bloß totgedrückt, andernfalls aber gleich aus den Netzen gelöst.

Auch die Roccoli sind, wie die Copertoi, von verschiedener Größe; die mittelgroßen haben ein jährliches Ergebnis von rund 4000 Vögeln, es gibt aber auch solche, die einen täglichen Durchschnittsfang von 2000 Vögeln erzielen. Ihre Zahl übertrifft die der Kopertoi bedeutend, so daß die dadurch gefangenen Vögel sich allein in Oberitalien auf viele Millionen belaufen müssen.

Der Raum verbietet es, auf die sonst noch in Italien üblichen Fangmethoden einzugehen, wir können auch von einer Beschreibung um so eher Abstand nehmen, als sie viel weniger verheerend wirken, wie die beiden soeben geschilderten Arten des Netzfanges, die in den Bestand der Wandervögel so große Lücken reißen, daß wir uns nicht wundern dürfen, wenn unsere Schutzbestrebungen mehr oder weniger unwirksam bleiben. In dieser Beziehung muß also Wandel geschaffen werden. Wie oben ausgeführt wurde, können wir dem Italiener ohne weiteres das Recht zugestehen, Kleinvögel zu schießen, wo er ihrer habhaft werden kann, und wir verstehen auch, daß die Königlich Italienische Regierung an diesem Zustande festhält, der aus sozialpolitischen Gründen eine Aenderung nicht wohl zuläßt. Bezüglich des Massenfanges in den Copertoi und Roccoli liegen aber die Verhältnisse anders; hier handelt es sich nicht um tief eingewurzelte und in allen Bevölkerungsschichten betriebene Gebräuche, sondern um einen der vermögenden Volksklasse vorbehaltenen und ihr Gewinn bringenden Sport, der mit den sozialen Zuständen des Landes nicht das geringste zu tun hat, da er weder die Einkünfte des armen Teiles des Volkes hebt, noch sich aus den natürlichen Instinkten des Menschen irgendwie erklären und entschuldigen läßt; dazu kommt, daß dieser Massenfang auch ohne eine wesentliche Aenderung der bestehenden Gesetze, lediglich auf administrativem Wege beseitigt werden könnte.

Da aber aus naheliegenden Gründen nicht erwartet werden darf, daß die Regierung irgend eines Landes einen Druck auf die Königlich Italienische Regierung nach der Richtung hin unternehmen werde, den Massenfang der Kleinvögel in Netzen abzuschaffen, so muß unser Bestreben darauf gerichtet sein, einflußreiche Männer in Italien dafür zu gewinnen, daß aus dortigen Kreisen die Anregung erfolgt, versuchsweise auf vielleicht 6 Jahre die Benutzung der Kopertoi und Roccoli zu verbieten, um festzustellen, ob dadurch eine stärkere Vermehrung der Vögel bei uns erreicht wird. Ist dies, wie zu hoffen ist, der Fall, und wird so der Beweis geliefert, daß durch dieses geringe Entgegenkommen uns große Vorteile in ethischer und materieller Beziehung erwachsen, so wird auch die Königlich Italienische Regierung sich wohl bereitfinden lassen, ein Verhältnis beizubehalten, bei dem ihr Land selbst Gewinn haben muß, und das sehr wohl geeignet ist, zwei politisch befreundete Völker auch innerlich einander näher zu bringen.

Topfpflanzen.

Einige baumbewohnende Bärlappe.

Von **W. Dobberke**, Obergärtner im Kgl. bot. Garten, Bonn.

(Hierzu vier Abbildungen.)

Die Gattung *Lycopodium*, welche in ungefähr 100 Arten und Formen auf beiden Erdhälften angetroffen wird, findet man äußerst selten in Kultur. Wo dies der Fall ist, begegnen wir meistens nur den einheimischen Arten, wie *L. alpinum*, *L. annotinum*, *L. clavatum*, *L. complanatum* und *L. Selago*. In den Gewächshäusern einiger botanischer Gärten werden bisweilen noch einige fremde Vertreter der Gattung, wie *L. Hippuris*, *L. laxum* und *L. Phlegmaria* kultiviert. Diese sind bereits Bewohner der Tropen und schließen sich den Epiphyten an.

Dem unermüdlichen Sammeleifer des Herrn C. A. Purpus verdanken wir nun weitere Einführungen, die im Botanischen Garten zu Darmstadt seit zwei Jahren kultiviert werden. Dieselben hat Herr Purpus in der Umgegend von Zacuapan gesammelt, wo sie in Gemeinschaft mit kletternden Kakteen, Tillandsien und anderen Epiphyten wachsen.

Mr J. G. Baker, Herausgeber des Handbuches „Fe,n Allies“ vereinigt sämtliche Lycopodien zu vier Untergattungen, die er wiederum in mehrere Gruppen zerlegt. Die meisten *Lycopodiaceae* sind als Erdbewohner bekannt. Sie wachsen an schattigen, mehr oder weniger feuchten Orten, bisweilen sogar in ausgesprochenen Sümpfen. Erst in den Subtropen und eigentlichen Tropen treten diese krautartigen Gewächse als baumbewohnende Pflanzen auf. Als letztere bilden sie die Gruppen von *L. Phlegmaria* und *L. taxifolium*. Erstere Gruppe umfaßt Arten mit aufrechten und mehr oder weniger hängenden Stämmchen, die bereits auf der Basis sich dichotomisch teilen. Die Fruchtkörper, Sporangien, sitzen am Grunde besonderer Deckblätter, die in Form und Größe von den spitzen oder stumpfen Blättern wesentlich abweichen. Ungefähr 20 Arten. Letztere Gruppe vereinigt wiederum epiphytisch lebende Arten mit aufrechten oder hängenden Stämmchen, die erst oberhalb der Basis sich dichotomisch verzweigen. Die Sporangien befinden sich in den Achseln kürzerer oder längerer Blätter, welche am Stengel bald locker, bald dichter verteilt sind und nicht durch anders gestaltete Deckblätter geschützt werden. Diese Gruppe zählt ungefähr 22 Arten.

Lycopodium dichotomum, Jacq. (Abb. unten). Gabelästiger Bärlapp. Zierliche, gutwachsende Spezies mit anfangs aufrechten, später leicht hängenden Stengeln, die eine Länge von 30 cm erreichen und dichte Büschel bilden. Die mehrfach gegabelten Stengel sind hellgrün gefärbt und ziemlich dicht mit Blättern besetzt. Blätter äußerst zart im Bau, saftiggrün, linearisch, fein zugespitzt, ganzrandig, 20 mm lang; auf der Oberseite treten zwei Längsfurchen deutlich hervor. Die Fruchtkörper sitzen in den Blattachseln oberhalb der jüngeren Zweigspitzen; sie sind nierenförmig gestaltet und im ausgewachsenen Zustande bräunlich gefärbt. Als Heimat kommt das tropische Amerika in Betracht. Der Verbreitungsbezirk erstreckt sich von Mexiko bis Südbrasilien, woselbst diese Art noch in einer Höhe von 3300 m angetroffen wird.

Lycopodium mandiocanum, Raddi (Abb. nebenstehend). Die zierlichen Stämmchen sind zu Büscheln vereinigt, oberhalb der Basis gegabelt, aufrechtwachsend, später mehr oder weniger hängend. Blätter 25 bis 30 mm lang, ganzrandig, linearisch geformt, fein zugespitzt, am Grunde karminrot gefärbt, auf der Oberseite mit zwei deutlichen Längsfurchen versehen. Fruchtkörper sind gegenwärtig noch nicht sichtbar. Ursprünglich, wie der Name vermuten läßt, eine brasilianische Art, scheint sie heute im ganzen tropischen Amerika vorzukommen. In Kultur sich befindende Pflanzen sind durch Herrn C. A. Purpus in Zacuapan gesammelt worden. Mr. J. G. Baker erwähnt dieses interessante *Lycopodium* als Form von *L. dichotomum*, Jacq., doch unterscheidet es sich durch die längeren, am Grunde karminroten Blätter wesentlich von dem vorigen Bärlapp, zumal diese Spezies auch schwachwüchsiger ist.

Lycopodium dichotomum.

Lycopodium taxifolium, Sw., eibenblättriger Bärlapp (Abb. oben), eine hübsche Art mit hängenden Stengeln, die eine Länge von 40 bis 60 cm erreichen. Jüngere Stengel sind hellgrün, ältere strohgelb gefärbt, schwach gefurcht und mehrmals gegabelt. Die Blätter liegen den Stengeln ziemlich dicht an und zeigen am Grunde eine leichte Drehung nach rechts. Sie sind linearisch-lanzettlich gestaltet, zugespitzt, ganzrandig, saftiggrün, 15 mm lang, 2 mm breit und mit einer Mittelrippe versehen. Sporangien sind nierenförmig gestaltet, goldgelb gefärbt Im tropischen Amerika bis zu einer Erhebung von 3000 m beheimatet.

Oben Lycopodium taxifolium,
unten L. mandiocanum.

Lycopodium passerinoides, H. B. et K. (Abb. S. 547 unten), mit aufrechten, später nur leicht hängenden Stengeln, welche hellgrün gefärbt, mehrfach gegabelt und in einander zu Büscheln verwachsen sind. Die Blätter sind 20 mm lang, 2 mm breit, lanzettlich-linearisch geformt, zugespitzt, ganzrandig und lassen die Mittelrippe erkennen. Die jüngeren Blätter stehen vom Stengel sparrig ab; ältere sind am Grunde bisweilen leicht gedreht und ziemlich dicht am Stengel verteilt. Fruchtkörper befinden sich noch erst in der Entwickelung. Auch diese Spezies ist im tropischen Amerika heimisch. *L. passerinoides* steht *L. taxifolium* sehr nahe, so daß diese Art bisher als Form desselben beschrieben worden ist, jedoch treten im Habitus, sowie in der Gestalt und Anordnung der Blätter scharfe Unterschiede hervor.

Lycopodium linifolium, L., kleinblättriger Bärlapp (Abb. S. 547), bildet mehr oder weniger starke Büsche mit hängenden, sehr dünnen Stengeln. Dieselben erreichen bis 1 m Länge, sind mattgrün gefärbt, gekantet und nur locker mit Blättern besetzt. Blätter am Grunde leicht gedreht, 15 bis 20 mm lang, 1 mm breit, hellgrün gefärbt, linearisch geformt, fein zugespitzt, ganzrandig. Die Mittel-

Iris anglica-Varietäten.

Verlag von Paul P

rippe tritt deutlich hervor. Die bräunlichen, nierenförmigen Fruchtkörper sitzen in den Achseln der Blätter; sie sind fast am ganzen Stengel zu finden. Der Verbreitungsbezirk erstreckt sich von Mexiko bis Südbrasilien, woselbst diese Art bis zu 3000 m hinaufsteigt.

Die Kultur der vorstehend beschriebenen Arten verursacht keine großen Schwierigkeiten. Als Kulturraum muß das Warmhaus gewählt werden. Es sagt den Pflanzen ein heller, vor greller Besonnung geschützter Platz am besten zu. Die hängenden Arten, wie *L. taxifolium* und *linifolium* bindet man am vorteilhaftesten an Rindenstücke, dagegen pflanzt man die aufrechtwachsenden Arten, wie *L. dichotomum, mandiocanum* und *passerinoides* am besten in kleine Orchideenkörbchen, die überall an einem feuchten Platze leicht untergebracht werden können. Das Pflanzmaterial kann aus Torfbrocken, grobfaserigem Peat und sauberem Sphagnum bestehen. Ferner gebe man den Körbchen einen guten Abzug, welcher durch Hinzufügen grober Holzkohlenstückchen erzielt wird. Wie den meisten Epiphyten, gereicht auch den Lycopodien hügelige Pflanzweise zum Vorteil.

Obgleich die Pflanzen einen hohen Grad von Luftfeuchtigkeit verlangen, verhüte man den Eintritt anhaltender Nässe, da die saftigen Stengel große Neigung zum Abstocken zeigen. Gewöhnlich genügt ein zwei- bis dreimaliges Spritzen mit Regenwasser an heißen Sommertagen. Die Vermehrung erfolgt durch Stecklinge oder Absenker. Letztere Art der ungeschlechtlichen Fortpflanzung empfiehlt sich namentlich dort, wo bereits an den jüngeren Zweigspitzen die Bildung von Luftwurzeln auftritt. Unter den angegebenen Kulturbedingungen tritt dieser Fall keineswegs selten ein.

Lycopodium linifolium.

Zwiebel- und Knollengewächse.

Iris anglica.

(Hierzu die Farbentafel und eine Abbildung auf S. 549.)

Die sogenannten englischen *Iris* unserer Gärten stammen wie die spanischen aus den Pyrenäen und verdanken ihren ungenauen Namen wahrscheinlich dem Umstande, daß sie über England nach den holländischen Gärten gekommen sind, von wo aus sie sich wieder über Europa verbreitet haben. De L'Obel gibt in seinem Kräuterbuch (1581) eine sehr genaue Abbildung dieser *Iris*, ist aber scheinbar nicht mit sich selbst im reinen. Eine *Iris*, meint er, sei sie sicher nicht, denn Blatt und Zwiebel seien ganz verschieden von denen der Iris, welche er kenne; eine Lilie oder Gladiole, wie andere glaubten, sei sie auch nicht, also meint De L'Obel, würde sie wohl die Hyazinthe der Dichter sein, wie dieselbe in der Mythologie beschrieben wird. Er nennt sie daher „die Hyazinthe oder Schwertlilie der Dichter, in England wachsend".

Die englische *Iris*, deren Typus *Iris xiphioides* ist, ist mit der spanischen *Iris Xiphium* nahe verwandt, unterscheidet sich jedoch durch größere Zwiebeln, ein kräftigeres Laub, größere, breitere Blumen, die 14 Tage später als die der spanischen *Iris* blühen und sich durch ebenso reichhaltige Farbenpracht auszeichnen. Tatsächlich lassen sich die Gartenformen der englischen *Iris* alle auf folgende Farben zurückführen: Dunkelblau, purpurrot, lila oder hellblau, schneeweiß mit purpurroten oder lila Flecken auf weißem Grunde. Sonderbarerweise fehlt eine reingelbe englische *Iris* bis jetzt ganz, trotzdem bei jeder Sorte ein gelber Streifen oder Flecken auf den unteren Blumenblättern vorkommt. Um so erstaunlicher ist dies, da bei der so nahe verwandten spanischen *Iris* gelbe Varietäten keineswegs selten sind, während wiederholte Versuche erfolglos blieben, durch Kreuzung der beiden Rassen eine gelbe *Iris xiphoides* hervorzubringen.

Die englischen *Iris* unserer Gärten sind aus Samen entstanden und im Laufe der Jahre bedeutend verbessert worden.

Die Textabbildung auf Seite 549, nach einer Zeichnung unserer Blumenmalerin Johanna Beckmann gefertigt, zeigt Blüten aus den Kulturen von J. W. Beisenbusch, Dorsten in Westfalen, der sich seit Jahren durch die Verbreitung interessanter Zwiegelgewächse große Verdienste erworben hat und dessen reichhaltige Sortimente auf den Ausstellungen der letzten Jahre, vorzugsweise 1904 in Düsseldorf und 1907 in Mannheim, allseitige Bewunderung und Anerkennung gefunden haben. Sicher stehen diese *Iris* den schönsten japanischen *Iris Kaempferi* an Formenschönheit und Farbenpracht nicht nach; man kann sie mit gleichem Recht, wie unsere *Iris germanica*-Varietäten, die Orchideen des freien Landes nennen. Die englischen *Iris* sind aber nicht Stauden wie die beiden vorgenannten, sondern Zwiebel- bezw. Knollenpflanzen, die eine ausgesprochene Ruheperiode durchmachen, während der die Knollen vollständig trocken aufbewahrt werden müssen, wie dies auch bei *Iris hispanica* u. a. der Fall ist. Für die Gartenausschmückung sind die englischen *Iris* ihrer späten Blütezeit halber von hohem Werte. Sie beginnen erst mit Blühen, wenn die Gartensorten von *Iris germanica* und *Iris hispanica* verblüht sind. Ihre Blüte fällt in die zweite Hälfte des Juni. In erster Linie sind die englischen *Iris* als Gartenausstattungspflanzen zu empfehlen, als Schnittblumen sind sie dagegen trotz ihrer grösseren Schönheit, der Zartheit und Empfindlichkeit der Blüten halber, nicht mit *Iris germanica* und *hispanica* auf eine Stufe zu stellen.

Die beste Pflanzzeit sind die ersten Oktobertage. Diese *Iris* gedeiht in jedem leichten Gartenboden. Man kann sie zugleich mit Darwintulpen auf ein und dasselbe Beet pflanzen; wenn letztere nach Mitte Mai verblüht sind,

Lycopodium passerinoides.

schneidet man sie dicht über dem Boden ab, worauf dann die englischen *Iris* zur Entfaltung gelangen, um der gleichen Gruppe einen zweiten, hervorragenden Blumenschmuck zu geben.

Obstbau.

Grundzüge des Obstbaumschnittes.

Von Arthur Janson.

Ich verharre auf dem Standpunkte: Derjenige Schnitt ist der beste, der mit dem geringsten Arbeitsaufwande die größten Ernten bringt, oder besser gesagt, bei dem nach Abzug der Kosten des Schneidens usw. der höchste Reingewinn verbleibt.

Von diesem Standpunkte aus bin ich gegen den Formobstschnitt. Ich habe oft genug an Hand genauer Aufzeichnungen nachgerechnet, ob der Formobstbau lohnt. Schon die kostspielige Anlage, die doch durch Abschreibungen von dem Bruttoertrag der Ernte mit der Zeit abgezogen werden muß, macht die Aussichten auf gewinnbringenden Betrieb zunichte. Der grundsätzliche Fehler, in den die Verteidiger des Formobstbaues verfallen, liegt darin, daß sie nur die jährlichen Betriebskosten abzüglich verrechnen, aber das Anlagekapital als à fond perdu gezahlt betrachten. Da die Ernte erfahrungsgemäß die Betriebskosten eben tragen kann, selten diesen gegenüber einen Reinertrag bringt, geht das Anlagekapital ganz oder fast zinsenlos verloren.

Diese Aufzeichnungen, zu denen ich durch die „Annahme“ (!!) des Herrn R. Dießner (siehe „Gartenwelt“ Jahrg. XII, No. 40, Seite 473, einleitende 4 Zeilen) veranlaßt wurde, „daß auch regelmäßig geschnittene Obstbäume ihrem Besitzer — — — — den erhofften Gewinn bringen“, sollen sich aber mit anderem befassen.

Nachdem Gaucher, Pekrun und andere dickleibige Bücher über Baumschnitt geschrieben haben, erscheint es lächerlich, daß ich in dem Rahmen eines kurzen Aufsatzes die „Grundzüge des Baumschnittes“ behandeln will. Ich schicke voraus, daß ich mich ausschließlich dem Schnitt auf Fruchtbarkeit älterer Bäume widmen werde. Der Baumschulschnitt zur Erziehung eines kräftigen, Lasten zu tragen fähigen Kronengerüstes soll außer Betracht bleiben.

Ich beschäftige mich zunächst mit dem oft so warm empfohlenen Grünschnitt. Wilhelm Busch, der ein ebenso großer Philosoph wie Humorist, Satyriker und Zeichner war, sagt von den Hühnern:

Jedes legt noch schnell ein Ei,
Und dann kommt der Tod herbei!

Er spielt dabei auf die alte Erfahrung an, daß der Trieb zur Erhaltung der Art der stärkste aller Instinkte ist. Danach kommt erst der Selbsterhaltungstrieb des Einzelwesens. Das gilt nicht nur vom Menschen und Tiere, sondern ebensosehr vom Obstbaume und überhaupt von jeder Pflanze. Hochgradig kranke Obstbäume blühen vor ihrem Tode noch einige Jahre besonders reich, setzen auch reich an, aber der Ansatz bleibt klein, nur der Samen entwickelt sich normal, ja oft zu ungewöhnlicher Stärke, ein Zeichen, daß es dem Baume auf die Samen-, nicht auf die Fruchtfleischbildung ankommt. Dabei fehlt der Laubtrieb ganz oder doch fast ganz. Der Baum gibt sein letztes, seine ersparten, im Holze aufgespeicherten Reservestoffe her, um die Erhaltung der Art zu sichern oder doch zu fördern. Hagelschlag, Krebs, Raupenfraß, Hasenfraß, das Ringeln und Verpflanzen usw., alles dies führt zur Fruchtholzbildung. Das ist eine alte gärtnerische Erfahrung! Und warum? Weil der Verlust des Laubes durch Hagel und Raupenfraß, das Abschneiden der Nährstoff- und Wasserzufuhr durch Krebserkrankungen, Hasenfraß, Verpflanzen, Ringeln usw. eine Lebensgefahr für den Baum bedeutet und ihn in seinem Triebe zur Erhaltung der Art zwingt, alles zur Fruchtbildung vorzubereiten, Angstfrüchte zu erzeugen. Ist der Grünschnitt etwas anderes, als wenn durch Hagel ein großer Teil des Laubes vernichtet wird? Ist die Wirkung des Raupenfraßes nicht gleich jener des pinzierenden Messers?

Wer sich in der Botanik auskennt, weiß, daß das wichtigste aller Organe des Baumes das Blatt, in seiner Vielheit das Laub ist. Das Laub vereinigt in sich die Tätigkeit des Magens, des Darmes, der Niere, der Leber, der Lunge, der Blase des Menschen, und teilweise sogar des Herzens. Das Blatt atmet, scheidet aus, nimmt Nährstoffe auf, wandelt die Rohnährstoffe in Baustoffe um, die zum Ausbau des Pflanzenkörpers und seiner Ernährung dienen und trägt das seinige bei, die Säftezirkulation in der Pflanze zu fördern und zu unterhalten. Ist es da nicht erklärlich, wenn dem Baume Angst ist um sein Leben, wenn beim Sommerschnitt eine bedeutende Menge Blätter, dieses weitaus wichtigsten Organes, genommen werden?

Ich sagte, daß das Laub der Magen und Darm des Baumes ist, weil das Blatt das Laboratorium ist, in welchem die Nährstoffe gebrauchsfertig bereitet werden. Das Laub ist also der produktive, der baustofferzeugende Faktor im Leben des Baumes. Ihm steht gegenüber der Verbrauch der Baustoffe; der vornehmste Vertreter des Verbrauches ist die Frucht. Also: Wo viele Früchte von besonderer Größe, da größter Verbrauch, wo wenig kleine Früchte, da ist geringer Verbrauch.

In einem geordneten Haushalte halten Einnahmen und Ausgaben einander die Wage, ja die Einnahmen sollten sogar die Ausgaben ein wenig überwiegen, so daß für schlechte Jahre zurückgelegt werden kann. Dafür heißt es haushalten. Auch der Baum ist ein Haushalt, welcher des Gleichgewichtes bei Einnahme und Ausgabe bedarf. Ueberwiegt die Einnahme, geht der Verbrauch zurück, dann sammelt sich das Kapital an und wuchert, wuchert wie der „durchgehende“ Baum, denn überschüssiges Saftkapital, übermäßige Kraft des Triebes bringt die Augen nach Bedarf zum Austriebe, erzeugt neues Laub, vermehrte Gelegenheit zur Baustoffbereitung. Ueberwiegt aber der Verbrauch, ist der Trieb ungenügend, fehlt es also an Laub, dann stößt der Baum einen Teil der Früchte ab oder er behält sie, kann sie aber nur bis zu geringer Größe ausbilden, denn bei einem wenig leistungsfähigen Magen kommt auch der Mensch „auf den Hund“.

Nun liest man bei den meisten Autoren über Baumschnitt, und Herr Dießner bestätigt uns das auf Seite 473: „Immer nur fleißig pinzieren!“

Wenn ich aber in meiner Einfalt nun auch jenen Baum dem Grünschnitt unterwerfe, der gut treibt und gut trägt, bei dem Nährstoffverbrauch und -erzeugung im idealen Verhältnisse stehen, was dann? Nach meiner Berechnung bleibt dann wohl nichts anderes übrig, als daß der Baum im Jahre des Sommerschnitts seinen Behang schlechter ausbildet als ohne den Sommerschnitt, daß er in dem nachfolgenden viel Fruchtholz gebildet hat, reich blüht, beim günstigen Verlauf der Blüte auch gut ansetzt, aber wegen des geschwächten Laubtriebes für die Ernährung des reicheren Ansatzes nicht soviel Kräfte (Laub) besitzt, um den Behang auszubilden. Dieser fällt in entsprechender Menge ab oder bleibt unansehnlich. Wo bleibt da der Nutzen des Pinzierens?

Die wunde Stelle, der Mangel der Schnittmethoden Gauchers, Pekruns usw. liegt darin, daß sie glauben, die reiche Ernte werde allein durch eine überreiche Blüte bedingt. Von der Blüte bis zur Ernte aber ist es noch weit, und gar zu oft macht man die Erfahrung, daß reichblühende Bäume Mißernten brachten, weil infolge des ewigen Pinzierens der Trieb, die Lauberzeugung, die Nährstoffverarbeitung gehemmt worden ist und die Früchte abfielen.

Ernten zu erzielen, nicht Blütenreichtum, ist die Kunst des wirklichen Gärtners!

Es soll zugegeben werden, daß ohne volle Blüte keine volle Ernte möglich ist. Aber daraus die Notwendigkeit des Grünschnittes herleiten zu wollen, ist ein Unding. Warum die unendliche Mühe, warum die Kosten des Sommerschnittes, wenn billigere, mindestens ebenso wirksame Mittel zur Erzwingung der Fruchtholzbildung bereit stehen. Warum die Schwächung des Triebes nicht durch Verpflanzen, Abstechen der Wurzeln, Ringeln der einzelnen Aeste usw. erzielen, zumal solche Mittel, natürlich nur da, wo sie notwendig sind (bei durchtreibenden Bäumen, die kein Fruchtholz bilden, bei denen die Lauberzeugung die Fruchtholzbildung überwiegt), sich in der Anwendung sehr billig stellen.

Also es hilft wirklich nichts, verehrter Herr Dießner, Sie müssen mit mir zum Schlusse kommen, daß das Pinzement, der Sommerschnitt, ein Zopf ist, der uns noch aus der Zeit der Gärtnerquacksalber übrig blieb. Seien Sie ein Mann und schneiden Sie ihn weg; Sie tun ein gutes Werk damit!

Fragen und Antworten.

Beantwortung der Frage No. 539. Wie ist der einfachste und richtige Weinschnitt (Freiland)?

Die zwei hauptsächlichsten Formen des Rebschnittes bei Freilandreben sind der Zapfen- und der Bogenschnitt. Beim Zapfenschnitt werden vier Zapfen auf zwei Augen geschnitten, aus denen sich Fruchtreben bilden; die aus dem Stamme ausbrechenden schwachen Triebe werden ausgebrochen. Die vier Zapfen sollen soviel als möglich in gleicher Höhe stehen, damit sie gleichmäßig austreiben. Die Stammhöhe der Rebe beträgt beim Zapfenschnitt nicht mehr als 30 bis 40 cm. Wenn die Zapfen regelmäßig gebildet sind, so wird im folgenden Jahre stets der obere Trieb mit dem Zapfenteil glatt über dem unteren Triebe abgeschnitten; der untere Trieb wird auf zwei Augen geschnitten. Auf diese Art hat man immer vier Zapfen mit zwei Augen. Mehr als vier Zapfen sollen nicht gelassen werden. Beim Bogenschnitt werden alle Triebe abgeschnitten, mit Ausnahme der zwei kräftigsten mit gut entwickeltem Holze. Diese zwei Triebe werden auf etwa 8 bis 10 Augen geschnitten und derart an dem Pfahl befestigt, daß sie einen Bogen bilden. Durch die Krümmung wird ein gleichmäßigeres Austreiben der Augen bezweckt; sonst würden sich die oberen Triebe am stärksten entwickeln. Die Triebe, die keine Blüten ansetzen, werden später ausgebrochen. Im folgenden Jahre werden die alten Bogen weggeschnitten und aus den zwei stärksten jungen Trieben werden wieder zwei Bogen gebildet. In Deutschland ist der Bogenschnitt vorherrschend, in Frankreich der Zapfenschnitt. Die Reben sollen ziemlich frühzeitig im Frühjahre geschnitten werden, da sie sonst viel Saft verlieren, „weinen".

Fr. Roll, Château d'Oex, Schweiz.

— Von den verschiedenen Schnittmethoden, die beim Weinstock üblich sind, ist meiner Ansicht nach der Zapfenschnitt am einfachsten und leichtesten ausführbar. Dabei bleibt das Holz dicht am Stocke und ist leicht zu regeln und anzubinden, sodaß die Früchte und Blätter dem vollen Sonnenlichte ganz ausgesetzt sind und letztere infolgedessen auch lebhaft assimilieren können. Die Früchte sind nahe am Stamme und je näher die Frucht am Stamme ist, um so vollkommener ist ihre Entwickelung. Auch ist die Bekämpfung von Krankheiten und Schädlingen leichter auszuführen, weil man den ganzen Stock eben besser unter Aufsicht hat, als wenn das Holz zu dicht steht.

Die Anzucht derartiger Rebspaliere, die sich sowohl zur Bekleidung von Mauern, wie auch für Laubengänge und freistehende Gestelle eignen und in Abständen von 1 m zu pflanzen sind, ist

Prachtsorten englischer Iris (Iris anglica).

Von Johanna Beckmann für die „Gartenwelt" nach der Natur gezeichnet.

folgende: Im ersten Jahre nach der Pflanzung läßt man den Stock wachsen wie er will, im zweiten Jahre entfernt man alle Triebe bis auf den kräftigsten und schneidet diesen auf ein Auge zurück, um daraus eine kräftige Rebe zu bekommen. Diese wird an eine senkrecht angebrachte Latte angebunden, wobei darauf zu achten ist, daß die Augen immer seitwärts zu stehen kommen, was leicht geschehen kann, da sich der junge Trieb ohne Mühe drehen läßt. Ende Juli bis August kappt man über dem 8. bis 10. Blatte und schneidet die Geize auf zwei Blätter zurück. Im dritten Jahre wird die Rebe auf 4 bis 5 Augen zurückgeschnitten. Der sich nun aus dem obersten Auge bildende Trieb wird wieder senkrecht angebunden, während die übrigen Triebe im halben rechten Winkel nach oben angeheftet werden. Sollten sich aus einem Auge mehrere Triebe bilden, so sind alle bis auf den bestentwickelten auszubrechen. Um die untenstehenden Augen zu kräftigen, werden alle Triebe wieder im Juli-August auf dieselbe Länge zurückgeschnitten wie im Jahre vorher. Ebenso sind die Geize auf zwei Blätter zu entspitzen. Letzteres geschieht deshalb, weil die Geize selbst nicht in der Lage sind, die für ihren Lebensunterhalt nötigen Stoffe herzustellen, sondern auf Kosten des Stockes leben und den Augen die für die Blütenbildung erforderliche Nahrung nehmen. Durch das Entspitzen werden die Blätter zur vollkommenen Ausbildung gebracht und sie können jetzt nicht nur selbst ihre Nährstoffe herstellen, sondern auch noch welche an den Stock abgeben; aus Schmarotzern sind also tätige Mitarbeiter geworden.

Im nun folgenden Jahre schneidet man den Leittrieb, wenn er sich kräftig entwickelt hat, auf 5 bis 6 Augen, ist er aber schwach geblieben, so kürzt man ihn auf zwei Augen ein, um dadurch ein besonders kräftiges Austreiben zu veranlassen. Die Seitentriebe werden unter allen Umständen stets auf zwei Augen zurückgeschnitten, um daraus zwei kräftige Triebe zu bekommen. Alle Sorten, welche kurzen Zapfenschnitt vertragen, bringen auf diesen beiden Trieben immer genug Früchte. Man lasse sich nicht durch die Ansicht verleiten, bei einem längeren Schnitte auf drei Augen könnten mehr Trauben erzielt werden. Gar bald wird man die Erfahrung machen, daß nur zwei Augen und meistens die nach außen gerichteten austreiben; dadurch, wenn in den nächsten Jahren auch auf drei Augen geschnitten wird, bekommt man mit der Zeit einen zu langen Zapfen, der nur Unordnung in dem Spaliere anrichtet. Im dritten Jahre kann man mit Bestimmtheit auf den ersten Ertrag rechnen. Die Sommerbehandlung ist wie vorher (Ausbrechen der überflüssigen Triebe, anheften, geizen, kappen, Seitentriebe zwei Blätter über der obersten Traube). Um recht vollkommene Früchte zu bekommen, empfiehlt es sich, die zu dichten Trauben auszubeeren. Dieses wird vorgenommen, wenn die einzelnen Beeren erbsengroß geworden sind, und zwar kann ein Drittel derselben mit einer spitzen Scheere ausgeschnitten werden. Die stehenbleibenden Beeren gewinnen dadurch bedeutend an Größe, sodaß ein Verlust an Gewicht nicht stattfindet. Beginnen die Beeren weich zu werden, so sind sie durch Umhüllung mit Traubensäckchen gegen die Angriffe der Vögel, Wespen und Fliegen zu schützen.

Schnitt des Rebstockes und Erfolg des Rückschnittes.
Von L. Müllers für die „Gartenwelt" gezeichnet.

Im nächsten Jahre ist der Schnitt der Verlängerung wieder in derselben Weise auszuführen wie vorher. Bei den Seitentrieben wird der oberste entfernt und der unterste auf zwei Augen zurückgeschnitten, woraus sich dann wieder zwei Triebe bilden, die in derselben Weise behandelt werden wie vorher. Dieser Schnitt wiederholt sich von Jahr zu Jahr in derselben Weise, wodurch man erreicht, daß der Stock in seiner ganzen Länge mit Fruchtholz gleichmäßig bekleidet ist, und daß dieses immer nahe am Stamme bleibt. Da nun aber nicht alle Sorten diesen kurzen Schnitt vertragen, an den Zapfen keine oder nicht genügend Früchte bringen, so muß bei solchen Sorten neben dem Zapfenschnitt auch der Bogenschnitt in Anwendung gebracht werden. Die Behandlung solcher Stöcke ist bis zu dem Zeitpunkte, wo der erste Zapfenschnitt ausgeführt wird, dieselbe. Im darauffolgenden Jahre schneidet man den obenstehenden Trieb auf 4 bis 5 Augen und bindet ihn in einem leichten Bogen abwärts an, während der unten stehende Trieb auf zwei Augen geschnitten wird, woraus dann wieder zwei Triebe entstehen, die im kommenden Jahre dieselbe Behandlung erfahren wie vorher, indem der obere zur Bogrebe benutzt, der untere auf Zapfen geschnitten und die alte Bogrebe ganz entfernt wird. Um das Kahlwerden der unteren Teile eines Rebspalieres im zunehmenden Alter zu verhüten, läßt man an solchen Stellen aus schlafenden Augen sich bildende Triebe stehen, um mit diesen die Lücken auszufüllen.

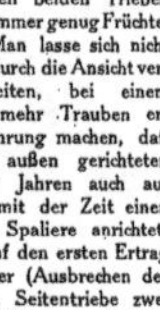

Zapfenschnitt.
Die punktierten Linien lassen den Austrieb im folgenden Jahre erkennen.
Von L. Müllers für die „Gartenwelt" gezeichnet.

Bogrebe mit Zapfen.
Von L. Müllers für die „Gartenwelt" gezeichnet.

Ebenso wird es nötig sein, bei zu lang werdenden Zapfen einen aus dem alten Holze kommenden Trieb nicht auszubrechen, sondern stehen zu lassen und diesen auf Zapfen zu schneiden, indem der darüberstehende alte Teil ganz entfernt wird. Ist der so erhaltene Trieb schwach, so schneidet man ihn nicht auf zwei, sondern auf ein Auge zurück.

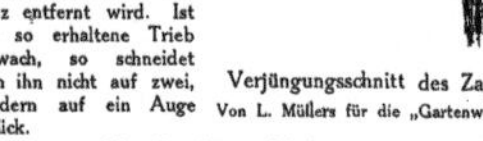

Verjüngungsschnitt des Zapfens.
Von L. Müllers für die „Gartenwelt" gez.

Sorten, welche den kurzen Schnitt vertragen, sind: *Früher Malinger, Früher Burgunder, Blauer Muskateller, Grüne Seidentraube, Weißer Gutedel, Muskatgutedel.* Bogenschnitt beanspruchen: *Madeleine Angévine, Madeleine royal, Gelbe Seidentraube, Blauer Portugieser, Weißer Muskateller, Früher roter Malvasier.*

L. Müllers, Breyell.

— Sollte der Fragesteller den Weinschnitt der weinbergsartig gepflanzten Reben meinen, so kann man ohne Kenntnis der Sorte, Lage, Klima, sowie des Zweckes, welchem die Trauben dienen sollen (Rohgenuß oder Kelterei, Quantitäts- oder Qualitätsansprüche), keine Antwort erteilen, da dann der Schnitt den gegebenen Verhältnissen angepaßt werden muß. Jedes weinbautreibende Gebiet hat eine andere Schnittmethode, die für die betreffenden Lokalverhältnisse als die richtigste erscheint. Da nun in Weinbaugebieten die sich dort bewährte Schnittart in der Regel allgemein bekannt ist, so kann wohl angenommen werden, daß mit der gegebenen Frage der Rebspalierschnitt gemeint ist.

Der einfachste Schnitt der Rebspaliere ist der Zapfenschnitt bei der Kordonerziehung. Handelt es sich um die Bekleidung einer

Wand, so wird man sich vor der Bepflanzung einen Plan zurecht denken, wie die senkrechten Kordons zu verteilen sind, damit erstens die Wand gleichmäßig bedeckt wird, zweitens die Ausführung des Schnittes nicht erschwert wird. Senkrechte Kordons sollen in einer Entfernung von mindestens 70 bis 80 cm stehen. Vor allem ist darauf zu achten, daß die Bekleidung der Wand nicht zu sehr übereilt wird; die äußeren Triebe müssen stets zurückgehalten werden, damit am Stamme immer junges Holz bleibt. Zur besseren Verständigung sei im folgenden kurz die Anzucht des Rebkordons erläutert.

Die einjährigen Reben werden im ersten Jahre nach der Pflanzung auf zwei Augen zurückgeschnitten. Die aus diesen Augen hervorkommenden Triebe müssen sofort, nachdem sie eine gewisse Länge erreicht haben, aufgeheftet werden, um die Bildung von Geiztrieben zu vermeiden resp. einzuschränken; alles übrige aus dem Stock hervorkommende junge Holz bricht man aus. Im folgenden Frühjahre bleibt der stärkste der sich aus den Augen gebildeten Triebe zur Anzucht des Kordons stehen, wird jedoch auf etwa 6 bis 8 Augen zurückgeschnitten. Der schwächste fällt ganz fort. Im Laufe des Sommers werden aus der zurückgeschnittenen und angehefteten Rebe neue Sprossen hervorkommen. Diese sind aber nicht alle beizubehalten. Alles was aus den Augen bis zur Höhe von 40 cm über dem Boden hervorkommt, wird ausgebrochen. Ebenso wird der schwächste von zwei aus einer Basis sich bildenden Trieben ausgebrochen. Sollte jedoch einer von diesen Gescheine besitzen, so fällt der unfruchtbare Sproß fort. Alle stehenbleibenden Reben werden im Winkel von 45° schräg nach oben aufgebunden. Nach Beendigung der Blüte beginnt das Entspitzen. Die Triebe, welche Gescheine aufweisen, werden zwei Blätter über der letzten Blütenrispe entspitzt. Unfruchtbares Holz kommt auf 6 bis 8 Blätter zurück. Von den Geiztrieben darf stets nur ein Blatt stehen bleiben. Vor Monat August braucht mit der Verlängerung weiter nichts zu geschehen als das Anheften, erst wenn sie sich genug gekräftigt hat und die Bildung starker Geiztriebe nicht mehr zu befürchten ist, schneidet man sie auf 1,50 m bis 2 m zurück. Sofern im ersten Jahre nach der Pflanzung schon kräftige Reben vorhanden sind, werden diese in der eben beschriebenen Weise behandelt, brauchen also nicht mehr auf zwei Augen zurückgeschnitten zu werden.

Im folgenden Frühjahre beginnt der eigentliche Kordonschnitt. Die Verlängerung darf nie mehr wie 4 bis 5 Augen haben; es richtet sich ihre Länge nach der Ausbildung ihrer unteren Augen und dem Austriebe des Vorjahres. Sieht man, daß die Augen gleichmäßig von unten herauf ausgetrieben waren, so kann dasselbe auch im kommenden Jahre erwartet werden, man schneidet länger, im umgekehrten Falle kürzer. Alle Seitentriebe kommen auf zwei Augen (Zapfen) zurück. Im Laufe des Sommers erfolgt wieder das Anheften der aus diesen Augen hervorkommenden Sprosse, das Entspitzen, Ausbrechen usw. wie im Vorjahre, auch die Behandlung der Verlängerung bleibt die gleiche. Nun wird man sich merken, welche Sorten bei dieser Schnittmethode gut und welche schlecht tragen, wobei allerdings wegen der Jugend der Stöcke sehr hohe Anforderungen noch nicht gestellt werden dürfen. Gut tragende Sorten schneidet man im nächsten Frühjahre wieder auf zwei, so dicht als möglich am Stamme stehende, gesunde Augen zurück (Zapfen), die Verlängerung wieder nach dem Erfolge des Vorjahres. Die Sommerbehandlung bleibt wieder dieselbe. An schlecht tragenden Sorten läßt man außer dem Zapfen eine sog. Bogrebe stehen, d. h. der aus dem obersten Auge des vorjährigen Zapfens entstandene Trieb wird auf 5 bis 7 Augen geschnitten und im Bogen an das Gestell geheftet. Den Trieb, welchen das unterste Auge geliefert hat, schneidet man auf Zapfen, also zwei Augen; dieser bildet das Ersatzholz, jener das Tragholz.

Wir wünschen nun, daß die Bogrebe nur fruchtbare Triebe macht, welche angeheftet und nach der Blüte zwei Augen über dem letzten Gescheine entspitzt werden. Der Ersatztrieb, sofern er keine Blüten aufweist, wird in der bekannten Weise auf 6 bis 8 Blätter zurückgeschnitten, hat er Gescheine, so gleicht seine Behandlung derjenigen der Bogrebentriebe. Liefert die Bogrebe keine Gescheine, so ist sie überflüssig und wird entfernt, die aus ihr sich bildenden unfruchtbaren Schosse brechen wir aus, sofern diese vereinzelt stehen. Auch bei dieser Behandlung ist alles überflüssige Holz, also Bodentriebe usw. auszubrechen, Geiztrieben bleibt nur ein Blatt, die Verlängerung wird aufgebunden und im August zurückgeschnitten. Nachdem die Bogrebe ihre Schuldigkeit getan, also getragen hat, ist sie entbehrlich und muß im folgenden Frühjahre einer neuen Platz machen. Die aus dem Zapfen gekommenen Triebe werden wieder auf Zapfen und Bogrebe angeschnitten. Das unterste Holz liefert mit zwei Augen den Ersatz, das oberste die Tragfläche. Oft kommt es vor, daß am Zapfen nur ein Knoten durchgetrieben ist. Dann muß man auf die Bogrebe verzichten, oder es wird etwas Holz aufgesetzt, d. h. die alte Bogrebe schneidet man nicht ganz, sondern nur bis auf ihren untersten Trieb, und diesen auf zwei Augen zurück. Niemals darf dem Stock zu viel zugemutet werden, lieber auf eine Bogrebe verzichten, als zu viel Tragholz stehen lassen. Dies richtet sich jedoch ganz nach dem Gesundheitszustande und dem Alter der Pflanze. Junge, gesunde Stöcke können mehr leisten als alte, kranke.

Bei der Bepflanzung von Häuserwänden wird öfters ein Rebschenkel als wagerechter Kordon behandelt werden müssen, um die ganze Wandfläche unter Freilassen der Fenster zu bekleiden. Diese wagerechten Kordons schneidet man ebenso wie die senkrechten, nur werden die Triebe nicht nach zwei Seiten, also hier nach oben und unten aufgeheftet, sondern nur nach oben.

Tafeltraubensorten, welche auf Zapfen geschnitten gute Erträge liefern, sind folgende: *Weißer Gutedel, Madeleine royal, Früher Burgunder, Früher Malinger*. Bessere Erträge am Bogenschnitt liefern die Sorten: *Blauer Trollinger, Madeleine Angévine, Gelbe Seidentraube, Blauer Portugieser*. **Meyer**, Geisenheim.

Bevorstehende Ausstellungen.

Bonn. Gelegentlich der Generalversammlung des landwirtschaftlichen Vereins für die Rheinprovinz, der in diesem Jahre auf ein 75 jähriges Bestehen zurückblickt, wird hierselbst vom 19. bis 22. September eine große landwirtschaftliche Ausstellung veranstaltet, die auch mit einer Abteilung für Gartenbau verbunden ist.

Budapest. Auf Anordnung des Ackerbauministers findet vom 18. bis 24. August in den Lokalitäten der Budapester königlich ungarischen Lehranstalt für Hortikultur eine Melonen- und Pfirsichausstellung statt.

Duisburg. Regierungspräsident Schreiber in Düsseldorf hat der Einladung des Gesamtvorstandes, zusammen mit dem Oberbürgermeister Geh.-Rat Lehr den Ehrenvorsitz der in der Zeit vom 1. August bis 12. Oktober d. J. hier stattfindenden Gartenbau-Ausstellung zu übernehmen, entsprochen. Bekanntlich hat der Oberpräsident Freiherr von Schorlemer-Lieser die Freundlichkeit gehabt, das Protektorat anzunehmen.

Hildburghausen. Der hiesige Obst- und Gartenbauverein, sowie der landwirtschaftliche Verein für den Amtsgerichtsbezirk Hildburghausen beabsichtigen, am 24. und 25. Oktober d. J. eine Obst- und Gartenbauausstellung, sowie Saatgutausstellung zu veranstalten. Für Ende August ist eine Blumenausstellung des Gartenbauvereins geplant.

Reichenberg in Böhmen. Der Obst- und Gartenbauverein für Nordböhmen veranstaltet in der Zeit vom 24. bis 27. Oktober d. J. in Reichenberg unter dem Protektorate Sr. Excellenz des Grafen Franz Clam-Gallas eine Ausstellung von Obst- und Gartenerzeugnissen, von Dauerobst und -gemüse, Geräten für Obst- und Gartenbau und einschlägige Literatur.

Wiesbaden. Für 1909 ist hierselbst eine Ausstellung für Handwerk und Gewerbe, Kunst und Gartenbau geplant. Die Gartenbauhalle, in welcher gärtnerische Sonderausstellungen stattfinden sollen, befindet sich an der Mainzer Straße, die Geschäftsstelle Nicolasstraße 21. Von letzterer ist ein übersichtlicher Lageplan im Maßstab von 1 : 1000 zu beziehen, der über die Größenverhältnisse der geplanten Bauten und Gartenanlagen unterrichtet.

Zwickau. Die Gruppe Oberes Erzgebirge des Verbandes deutscher Handelsgärtner und die Zwickauer Gartenbaugesellschaft veranstalten am 6. und 7. September d. J. hier eine große Herbstpflanzenschau und -ausstellung aller gärtnerischen Erzeugnisse und Bedarfsartikel.

Kongresse, Versammlungen.

Großer Kongreß ehemaliger Schüler der Königlichen Gärtnerlehranstalt Geisenheim a. Rh. vom 26. bis 28. September ds. Js. zu Geisenheim. Die Vereinigung ehemaliger Geisenheimer, welcher 450 Mitglieder angehören, veranstaltet ein Fest der Wiederschau alter Freunde und Berufsgenossen, das gleichzeitig eine Huldigung und Kundgebung der hier Ausgebildeten für ihre gemeinsame Bildungsstätte sein soll. Alle ehemaligen Besucher der Anstalt, sowie die ehemaligen Lehrer und Beamten nebst ihren Damen werden hiermit ganz ergebenst eingeladen. Teilnehmerkarten zu 5 M pro Person, welche zur Teilnahme an sämtlichen Veranstaltungen des Kongresses berechtigen, beliebe man recht bald bei dem Vorsitzenden des Festausschusses, Herrn Paul Buhl, Unna i. W., zu bestellen. Wohnungen werden durch das Ortskomitee, Anstaltsgärtner Meyer, Geisenheim, nachgewiesen.

Mannigfaltiges.

Die wirtschaftliche Bedeutung des Versicherungswesens. Schaut man zurück auf die letzten vier Jahrzehnte der deutschen Wirtschaftsgeschichte, so wird man sich staunend eines Fortschrittes bewußt, der vorher unerhört erschien und höchstens in dem „Lande der unbegrenzten Möglichkeiten“ denkbar war. Daß es sich hierbei aber im ganzen nicht um eine ungesunde Treibhauskultur handelt, sondern um ein ungestümes Emporquellen vorher lange unterbundener Säfte, scheint sich aus der Stetigkeit des Wachstums wie aus manchen Sondererscheinungen zu ergeben. Besonders erfreulich ist hier die Entwickelung des Versicherungswesens, und zwar nicht nur der öffentlichen Zwangsversicherung, sondern auch der privaten. Dient doch das Versicherungswesen in seinen verschiedenen Zweigen, wie Feuer-, Lebens-, Unfall-, Haftpflicht-, Hagel-Versicherung usw., in ganz einziger Weise dazu, in die Einzelwirtschaft wie in die gesamte Volkswirtschaft ein Element der Beständigkeit, der Solidität, kurz der Sicherung einzufügen. Greifen wir als vorbildlich eine der größten deutschen privaten Versicherungsunternehmungen, den Allgemeinen Deutschen Versicherungs-Verein in Stuttgart heraus, der im Jahre 1875 gegründet wurde und der die Lebens-, Unfall- und Haftpflicht-Versicherung betreibt, und werfen einen Blick auf seine Entwicklung in den letzten 16 Jahren. Die Zahl seiner Versicherungen wuchs in diesem Zeitraum von 74065 auf 724669, die Gesamtjahresprämie von 1696825 Mark auf 22327139 Mark. In der Lebensversicherung stieg die Zahl der Versicherungen von 28118 auf 103420, die versicherte Summe von $11^1/_2$ Millionen auf 120 Millionen Mark, in der Unfallversicherung die Policenzahl von 23889 auf 119011 und die Prämieneinnahme von $^1/_2$ Million auf $4^1/_2$ Millionen, in der Haftpflichtversicherung von 22058 auf 502258 und von 667000 auf $13^1/_2$ Millionen Mark. P.

Die Gartenstadt Hellerau bei Dresden. Kürzlich ist von der Sächsischen II. Kammer die Verlängerung der elektrischen Bahn bis zu dem Gartenstadtgelände genehmigt worden. Damit sind die letzten Schwierigkeiten beseitigt, die der Inangriffnahme des Gartenstadtprojektes entgegenstanden. Hinter dem ganzen Unternehmen stehen die „Deutschen Werkstätten für Handwerkskunst“, die ihren ganzen Betrieb hinausverlegen wollen. Ein Gelände von 150 Hektar ist bereits gesichert. Auf Grund des mustergiltigen Bebauungsplanes, der von dem bekannten Architekten Riemerschmidt entworfen ist, sollen hier neben den Werkstätten Kleinwohnungsviertel und in den landschaftlich reizvollsten Partien Landhausviertel entstehen. Kein Haus soll gebaut werden, das nicht zuvor von der Künstlerkommission genehmigt worden ist, und durch Anwendung des Erbbaurechts, des Wiederkaufsrechts u. dergl., soll jede Spekulation auf dem Gelände ausgeschlossen werden. Das ganze Unternehmen wird durch eine gemeinnützige Gesellschaft m. b. H. geleitet, an der vor allem die „Deutschen Werkstätten“ finanziell beteiligt sind. So wird hier durch das vorbildliche Vorgehen eines Fabrikbetriebes eine Musteransiedlung entstehen, die die Beachtung aller volkswirtschaftlich, hygienisch und künstlerisch interessierten Kreise verdient und hoffentlich in den Kreisen der Industriellen Nachahmung finden wird.

Obsternte in Böhmen. Die Aussichten der diesjährigen Obsternte in dem Elbtalgebiete in Böhmen sind nicht günstig. Die Bäume haben in der Blüte durch ungünstiges Wetter gelitten, schädliche Insekten und Hagelschlag sind aufgetreten. Die Apfelernte hat indessen bessere Aussichten als im Vorjahre Birnen, ausgenommen Solaner, die hier besonders gebaut werden, versprechen Mittelernte. Der Ertrag der Kirschen war geringer als im Vorjahre, Aprikosen und Pflaumen werden eine Mittelernte haben. Das Strauchobst verspricht eine bessere Ernte.

Tagesgeschichte.

Borgsdorf (Kreis Niederbarnim). Durch das Unwetter vom 19. Juli ist die neue große Spezialgärtnerei von Kurt Moll in schwerer Weise betroffen worden. Der angerichtete Gesamtschaden beträgt 50000 M.

Ohligs (Rheinland). Die Stadtverordneten bewilligten 2500 M für die Anfertigung eines Entwurfes für einen geplanten Stadtgarten im Lochbachtale. Die Ausführung dieses Stadtgartens ist bereits fest beschlossen und sind die gesamten Herstellungskosten auf 35000 M veranschlagt.

Wien. Die schon vor mehreren Jahren beantragte Anlage eines großen Parks in der Umgebung des Wasserturms im X. Bezirke geht jetzt ihrer Verwirklichung entgegen. Zurzeit werden die Einzelprojekte für diese Anlage ausgearbeitet.

Personal-Nachrichten.

Brandt, Frau Ida, eine begeisterte Pflanzenliebhaberin, aus deren reichhaltiger Orchideensammlung wir in letzter Zeit wiederholt Beiträge mit Abbildungen aus der Feder ihres Obergärtners E. Miethe bringen konnten, † am 28. Juli in Zürich. Frau Brandt, eine geborene Engländerin, siedelte mit 18 Jahren nach Rußland über und erst in späteren Jahren nahm sie mit ihrem Gemahl, den sie nur einige Wochen überlebte — er starb am 4. Juli —, dauernden Wohnsitz in Zürich, auf dem herrlich gelegenen Gute Villa Brandt. Im Jahre 1894 erwarb sie die ansehnliche Orchideensammlung von Konsul Kienast in Zürich und vergrößerte den Bestand stets mit feinem Verständnis bis zu ihrem Ableben. Gegenwärtig besteht die Sammlung aus etwa 700 Spezies, Varietäten und Hybriden, und vorwiegend schönblühenden, sogen. botanischen Orchideen, die im Handel selten erhältlich sind. Einige Orchideen wurden ihr zu Ehren benannt, so *Cypripedium Frau Ida Brandt, Dendrobium Phalaenopsis Brandtiae, Dendrobium Brandtiae, Catasetum Brandtiae.* Leider haben auch hier, wie dies so oft der Fall ist, die Erben weder Zeit noch Interesse daran, die Sammlung fortbestehen zu lassen; die ganze Sammlung soll sofort verkauft werden. Es wird dies unserem treuen Mitarbeiter, Herrn Obergärtner Emil Miethe, schwer genug werden, sich von seinen Lieblingen zu trennen, die er $6^1/_2$ Jahre gepflegt hat und mit denen er schöne Erfolge erzielte; hart ist es aber auch für ihn, daß er nun seine Stelle verliert.

Holzenburg, August, Gärtner zu Neuruppin, erhielt das Allgemeine Ehrenzeichen.

Welter, Nicola, Rosenzüchter in Trier, wurde vom Herzog von Koburg und Gotha und Herzog von Albany zum Hoflieferanten ernannt.

Berlin SW. 11, Hedemannstr. 10. Für die Redaktion verantwortlich Max Hesdörffer. Verlag von Paul Parey. Druck: Anhalt. Buchdr. Gutenberg e. G. m. b. H., Dessau.

von Paul Parey in Berlin SW., Hedemannstrasse 10.

;chmidlins Gartenbuch.

Praktische Anleitung zur Anlage und Bestellung von Haus- und Wirtschafts-Gärten nebst Beschreibung und Kulturanweisung der hierzu tauglichsten Bäume, Sträucher, Blumen und Nutzpflanzen.

Vierte Auflage, vollständig neubearbeitet von

Th. Nietner, Königlicher Hofgärtner in Potsdam und **Th. Rümpler,** Gen.-Sekr. des Gartenbauvereins in Erfurt.

Mit 751 Textabbildungen und 9 farbigen Gartenplänen. Neuer Abdruck. Gebunden, Preis 10 M.

Schmidlins berühmtes Gartenbuch ist wohl das umendste und bei hervorragender Ausstattung mit 751 Textilern und 9 farbigen Gartenplänen im Verhältnis billigste irk seiner Art. In vielen Tausenden von Exemplaren bereits breitet, wird es auch weiterhin vielen Tausenden ein stets erlässiger Ratgeber sein, dessen Besitz einen jeden mit nugtuung erfüllen wird. Das Werk sei j e d e m Gärtner und tenfreund empfohlen. [1308

;en postfreie Einsendung des Betrages erfolgt die Zusendung postfrei.

Bei Bestellungen bitten wir auf die „Gartenwelt“ Bezug zu nehmen.

Verlag von Paul Parey in Berlin SW., Hedemannstrasse 10.

Gärtnerische Veredelungskunst

mit besonderer Berücksichtigung der Obstbaumzucht.

Von **Oscar Teichert,**

weiland Inspektor an der Kgl. Landes-Baumschule und Lehrer an der Kgl. Gärtner-Lehranstalt zu Potsdam.

Dritte Auflage,

neubearbeitet von **A. Fintelmann,**

städt. Garteninspektor in Berlin.

Mit 33 Textabbildungen. Gebunden, Preis 2 M. 50 Pf.

Das Buch enthält keine bloße handwerksmäßige Anleitung über das „Wie“ der Veredelungskunst, sondern neben einer Darlegung der praktischen Handgriffe gleichzeitig eine klare, allgemeinverständliche Belehrung über das „Warum“ auf wissenschaftlicher anatomisch-physiologischer Grundlage. [1503

Gegen postfreie Einsendung des Betrages erfolgt die Zusendung postfrei.

Erdbeerpflanzen!

Meine Noble und Sieger brachten mir dieses Jahr im Durchschnitt pro Morgen reichlich 50 Zentner Früchte; kräftige Pflanzen obiger Sorten % 1 M, %₀ 7 M. **R. v. Döbeltitz, Monatserdbeere** zum gl. Preise. [1510

Carl Haase,
Erdbeergrosskulturen, Reichenau bei Zittau in Sachsen.

Sehr starke Allee-, Zier- u. Parkbäume

mehrmals verpflanzt, hat abzugeben [1512

Gartenverwalt. Evenburg-Leer.

Erdbeersetzlinge

Laxtons Noble per 100 Stück 3 M verkaufe gegen Nachnahme. [1515

Nicolaus Blankenhorn,
Niederweiler in Baden.

H. Schächterle

Obst - Zier - Gehölz-
Baumschulen
Stuttgart-Cannstatt
Spezialität: Formbäume. [1520

Buxbaum!

beste kurze und feinstielige grüne Ware. Grösster Vorrat. Langjährige Spezialität, 100 m 8 M, 500 m 38 M, 1000 m 70 M, Postkolli 1,50 M, empf. per Nachnahme [1516

Wilhelm Huckels,
Wald bei Solingen,
Lieferant kgl., fürstl. u. städt. Behörden.

Primula obconica grandiflora

Starke Pflanzen in den besten Sorten % 3 ℳ.

Beg. Gloire de Lorraine

Stecklinge % 8 ℳ, Topfballen % 15 ℳ empfiehlt [1494

L. Müller, Nienburg a. Weser.

Erdbeer-Pflanzen!

Offeriere grossen Posten von nur einjährigen Pflanzen, gut bewurz. und sortenrein: **Laxtons Noble, König Albert, Gartendirektor Koch** % 80 ₰, %₀ 6 ℳ, **Sieger** % 70 ₰, %₀ 6 ℳ, %₀₀ 50 ℳ gegen Kasse oder Nachnahme [1493

Herm. Weyland, Gärtnerei,
Göhren, Bezirk Leipzig.

H. C. MEHNE

Samenzucht und Samenhandlung
Aschersleben, Prov. Sachsen.
Gegründet 1829.
Eigene grosse Kulturen von bestem Gemüse- und Blumen-Samen.
Preislisten auf Wunsch umsonst.
Lieferant [1509
vieler Königlicher Gärten und Stadtverwaltungen.

Verlag von Paul Parey in Berlin SW., Hedemannstrasse 10.

Die Alpen-Pflanzen

in der Gartenkultur der Tiefländer.

Ein Leitfaden für Gärtner und Gartenfreunde

von [1507

Erich Wocke,
Obergärtner des botanischen Gartens in Zürich.

Mit 22 Textabbildungen und 4 Tafeln. Gebunden, Preis 6 M.

Ein aus der Praxis heraus geschriebenes Buch, das eben deshalb dem Blumenfreunde, der es unternimmt, die lieblichen Kinder der Hochalpen in der Ebene um sich zu versammeln, von grösstem Werte sein wird. Der Verfasser hat sich eingehend mit der Alpinen-Kultur befasst und konnte daher vom ersten Grundbau der Felsenunterlage bis zur Behandlung der einzelnen Pflanzen die zuverlässigsten Ratschläge erteilen. Sein Buch beginnt mit einleitenden Kapiteln über die Lebensbedingungen der Alpenpflanzen, um dann, nach genauer Darlegung der Abweichungen derselben von den Pflanzen der Ebene nach Erscheinung, Lebensweise und Ansprüchen an den Boden, zur Schilderung der Garten-Kultur überzugehen. Ein ausführliches Verzeichnis der in Pflege befindlichen schöneren Arten, mit kurzer Andeutung der für jede Art erforderlichen Bodenmischung und Feuchtigkeit, ihres Lichtbedürfnisses usw. macht den Beschluss des höchst brauchbaren Werkes. Die Tafeln und Textabbildungen bieten zahlreiche Darstellungen wirklich ausgeführter Alpen-Anlagen in englischen und deutschen Gärten, sowie Entwürfe zu solchen.
(Prometheus.)

Gegen postfreie Einsendung des Betrages erfolgt die Zusendung postfrei.

Tabak-Extrakt

Radikaler Insektentöter der Pflanzen und Tiere.

Proben und Prospekte gratis.

Alleinige Spezialfabrik Deutschlands
Tabakextraktfabrik
St. Ludwig V. [1511

Torfmull

u. Streu ... allertrockenste und beste Q... liefert ... billig [1...
H. Stapel, Torfmullvers., Hameln

Thüringer Grottenstein

zur Anlage von **Grotten, Ruinen, Wintergärten, Felsenpartien, Wasserfällen, Böschungen.** Gärtner erhalten Rabatt. — Vertr. ges. — Preisliste, Skizzen u. Referenzen gratis u. franko.
Otto Zimmermann, Hoflieferant
Greussen i. Thür. [5...

Gebirgs-Edelweiss

gepresst No. I: per 1000 Stück 8 ...
„ No. II: per 1000 Stück 4 ...
„ No. III: per 1000 St. 1,60 ...
„ No. IV: per 1000 Stück 1 ...

Gepresste Waldfarn und Mo...

per 1000 St. Waldfarn, breit . . 3...
per 1000 St. Waldfarn, schmal . . 5...
per 1000 St. Waldmoos, grün . . 3...
per 1000 St Arika etc. . . . . . 6...
liefert [14...

Thomas Trink...
Alpenblumen-Export,
St. Johann im Pongau (Salzbu...

Obstbaum-karbolineum

leicht wasserlöslich, in höchster Konzentration. [1047
bestes Insektenvernichtungsmittel
empfiehlt jedes Quantum billigst
Richard Hartmann,
Leipzig 75 b.

Brauchen Si...

Blumenstäbe, Rosen- und Gartenpfähle, ...häng- und Beisteocketiketten, Palmen-... Kranzkisten, Baumkübel, Spalierlatten e... so wenden Sie sich gefl. an den H... warenfabrikanten [14...
Wilh. Abendroth, Gräfenroda i. T...
Billige Preise! — Katalog umson...

Fensterglas!

4/4—6/4—8/4 stark, für Mistbe... Gewächshäuser etc. liefert billigst
Glasfabrik Uhlingen,
Pommern. [1...

Treibrose der Zukunft:

„Minister Darányi",
Hoflieferant
Gürtler Karoly,
Grossgärtnerei [152...
in Miskolcz (Ungarn).

Konkurse.

Berlin. In dem Konkursverfahren über das Vermögen der **Berlin-Werneuchener Gartenbau-Gesellschaft mit beschränkter Haftung zu Berlin,** Köthenerstrasse 1, ist zur Abnahme der Schlussrechnung des Verwalters und zur Erhebung von Einwendungen gegen das Schlussverzeichnis der bei der Verteilung zu berücksichtigenden Forderungen sowie zur Anhörung der Gläubiger über die Erstattung der Auslagen und die Gewährung einer Vergütung an die Mitglieder des Gläubigerausschusses der Schlusstermin auf den **20. August 1908, vormittags 11 Uhr,** vor dem Königlichen Amtsgericht Berlin-Mitte, Neue Friedrichstr. 13/14, III. Stockwerk, Zimmer 102/104 bestimmt.

Mannheim. Das Konkursverfahren über den Nachlass des **Jaques Weiss, Blumenhändlers in Mannheim,** wurde durch Gerichtsbeschluss vom 30. Juli 1908 nach Vornahme der Schlussverteilung aufgehoben.

Ravensburg. Das Konkursverfahren über das Vermögen des ledigen **Gärtners Gustav Spamann** in **Ravensburg** ist nach erfolgter Abhaltung des Schlusstermins aufgehoben worden.

Salzuflen. Ueber das Vermögen des **Gemüsehändlers und Gärtners August Koch,** No. 79 in **Biemsen,** ist am 4. August 1908, mittags 12 Uhr, das Konkursverfahren eröffnet. Der Prozessagent Griess in Salzuflen ist zum Konkursverwalter ernannt. Konkursforderungen sind bis zum **14.** September 1908 bei dem Gerichte anzumelden. Offener Arrest mit Anzeigefrist bis 4. September 1908. Erste Gläubigerversammlung und Prüfungstermin am **22. September 1908, vormittags 10 Uhr.**

Patente und Musterschutz.

Gebrauchsmuster - Eintragungen Klasse 45f.

344943. Bewässerungseinrichtung mit achsial verdrehbaren Sprengrohren. Martin **Hiller,** Grunewald, Herthastrasse 4. 16. 6. 08. H. 37504.

345069. Giesskanne mit eingebauter Spritzvorrichtung. **Fischer & Gutmann,** Nürnberg. 23. 6. 08. F. 17757.

345428. Kulturkasten, transportabel und verlängert. Franz **Grans** und Fritz **Kühl,** Demmin. 15. 6. 08. G. 19580.

345445. Um einen Zapfen pendelnde mit Verstäubern ausgerüstete Verstäuberleitung. Christian Friedrich **Holder,** Metzingen, Württ. 22. 6. 08. H. 37590.

345446. Um einen Zapfen pendeluder Verstäuber. Christian Friedrich **Holder,** Metzingen, Württ. 22. 6. 08. H. 37591.

345636. Blumentopfhalter. Donat **Bayerlein,** Würzburg, Bahnhofstr. 14. 2. 7. 08. B. 38799.

Neue Kataloge.

Peter van Velsen & Söhne, Overveen bei Haarlem. Gartenbauetablissement „Houtvaart“. Preisverzeichnis über Haarlemer Blumenzwiebeln.

Willy Müller, Nocera Inferiore (Italien). Preisverzeichnis über Zwiebel- und Knollengewächse. Juli 1908.

Diese moderne, praktische Musteranlage

Filial-Büros: Berlin, Breslau, Mannheim, Wien.

Vertreter für Ungarn: Rogler & Hoszner, Budapest 56.

nach **Mehlhorns Reformsystem** mit **Mehlhorns Oberheizung** und **Mehlhorns patentierten Zentrallüftungen** einschl. gesamten **Zementunterbau, Stellagenabdeckungen** usw. wurde erbaut 1908 für den **Nordfriedhof der Stadt Cottbus.**

Oskar R. Mehlhorn, Schweinsburg (Pleisse) Sa.

Renommierteste Spezialfabrik f. Gewächshausbau, Wintergärten u. Heizungsanlagen.

Auf sämtlichen beschickten Ausstellungen nur mit **allerhöchsten Preisen** prämiiert.

Königl. Sächs., Königl. Preuss., K. K. Oesterreichische Staats- und viele andere goldene Medaillen.

Man verlange: Prospekt I. **Mehlhorns Original-Reformfenster.**

Prospekt II. **Mehlhorns Sammlung eigens entworfener oder ausgeführter Gewächshäuser und Heizungsanlagen** (nebst textlicher Erläuterung über Mehlhorns Reformsystem im Gewächshausbau und Mehlhorns Reform-Oberheizsystem) Preis Mark 3,—. Bei Auftragerteilung kostenlos.

Prospekt III. **Mehlhorns Broschüre über Rohglas im Gärtnereibetriebe.**

Prospekt IV. **Strebel-Original-Gegenstrom-Gliederkessel.**

Kataloge und Vertreterbesuche bereitwilligst.

Illustrierte Wochenschrift für den gesamten Gartenbau.

Jahrgang XII. 22. August 1908. No. 47.

Aus deutschen Handelsgärtnereien.

Plauderei über englische (Odier-) Pelargonien, Pelargonium peltatum und zonale.

Von Stadtobergärtner **Ruf**, Heidelberg.

(Hierzu fünf Abbildungen.)

Was heute tun? dachte ich an einem verregneten Sonntage. Ich entschloß mich zur Besichtigung der Gärtnerei von Ludwig Dörsam, Hoflieferant, Heidelberg-Neuenheim. Trotzdem zurzeit — im Juni —, wie überall, so auch hier, die Bestände teilweise fast geräumt waren, war der Gang sehr lohnend und lehrreich. Neben wirklich gesunden und großblumigen Gloxinien, prächtigen Hortensien und reichen Flor versprechenden hochstämmigen und niederen Fuchsien in großer Zahl, fesselten mich hauptsächlich die gerade in vollem Flor stehenden Odierpelargonien und *Pelargonium peltatum*. Es war eine Lust und Augenweide, in diese blühenden Erdholzhäuser, wenn ich nicht irre, acht an der Zahl, hineinzusehen, die von einfachster Bauart sind (siehe Abbildungen beistehend und S. 554), mit ihren seitlich an den Wegen massenhaft von Algen usw. überzogenen Erdbankbeeten, auf welchen vor Gesundheit strotzende Pflanzen in überreichem Blütenflor standen. Vor noch nicht allzulanger Zeit waren die Odierpelargonien wegen ihrer Empfindlichkeit gegen Pilze und jegliche Witterungsunbill noch die Schmerzenskinder so gar mancher Gärtnerei; betrachten wir aber unsere heutigen, von Bürger, Faiss und anderen gezüchteten Sorten, so finden wir von alledem fast keine Spur mehr; zudem ist die Blühwilligkeit und Gedrungenheit der Pflanzen auf einer Höhe angelangt, die Bewunderung erwecken muß.

Die untenstehende Abbildung, mit dem Züchter inmitten seiner Pfleglinge, zeigt ein Haus mit Odierpelargonien. Vorn rechts *Bürgermeister Ritter*, nach Aussage des Züchters L. Dörsam gleich *Ostergruß**) remontierend und für Gruppen geeignet, jedoch etwas heller im Ton, mit weißem Schlund und größer in der Blüte wie diese; vorn links *Fräulein Elise Zietsch*, eigene Züchtung, reichblühend, weiß gezeichnet.

*) Wer im letzten Jahre *Ostergruß* in Mannheim in Blüte sah, wird sich gefragt haben: Wird sie das halten, was sie hier verspricht? Wenn ja, dann wird sie bald viel verwendet werden.

Ludwig Dörsam in einem seiner Häuser mit englischen Pelargonien. Vorn rechts Bürgermeister Ritter, links Fräulein Elise Zietsch. Originalaufnahme für die „Gartenwelt“.

Die untenstehende Abbildung zeigt ein zweites Haus mit Odierpelargonien, eigene Züchtungen Dörsams. Vorn links sehen wir *Schneeball*, gedrungen, großdoldig und großblumig, dahinter eine noch nicht benannte Züchtung, beim ersten Anblick an ein Stiefmütterchen erinnernd, etwas kleinblumiger, indessen reichblühend und eigenartig, vorn rechts verschiedene Sämlinge.

Von einer Aufzählung aller Sorten will ich absehen, sondern nur noch einige hervorheben: *Deutscher Ruhm* (Faiss), zartrosa mit zwei dunklen Augen, sofort hervortretend aus den Sorten; *Großherzog Friedrich von Baden* (Dörsam), große, leuchtendrote Blumen, kräftiger Wuchs; *Magda Bürger*, zartfleischfarbigrosa mit zwei dunkelsamtroten Punkten.

Versäumen möchte ich es nicht, noch darauf hinzuweisen, daß von den abgebildeten Mutterpflanzen täglich Blumen zur Binderei geschnitten wurden; wenn sie nur etwas haltbarer wären, lieferten sie mit ihren zarten Farbentönen wirklich ein dankbares Material.

Neben den englischen fesselten mich hauptsächlich die *Pelargonium peltatum*, von denen ich nachstehende hervorheben möchte: *Mme Crousse*, unsere alte rosa Sorte; *Rheinland*, hochrot, großartige Wirkung als Balkonpflanze; *Alice Crousse*, der vorgenannten fast gleich, etwas heller; *Rose de belles*, rosa, vielleicht zu zart in der Farbe, für Balkon; *Leopard*, rosa mit rot und weiß gestrichelt und getuschtem Grunde, eigenartig schöne Topfpflanze; *Prinzessin Viktoria*, mattrosalila, heller wie *Rose des belles*. *Pelargonium peltatum* sind zurzeit die beliebtesten Pflanzen zur Balkonausschmückung.

Und nun die *Pelargonium zonale*, die sich ja selbst empfehlen. Das Rot der alles beherrschenden *Meteor* ist fast zu feurig, man wird der Farbe überdrüssig werden; deshalb möchte ich auf einige neuere und ältere Sorten aufmerksam machen: *Balkonkönig* (Dörsam), orangescharlach, wie der Name sagt, die beste Pelargonie für Balkon (Abbildung Seite 555); *Ludwig Dörsam* (Dörsam), reinrosa, weißes Auge, gedrungener Wuchs (Abbildung Seite 555); *Perkeo* (Dörsam), leuchtend rot, gedrungen, gute Gruppensorte (Abbildung Seite 555); *Wunderkind*, lachsfarben, verlangt gegen Mittagssonne geschützte Lage, prächtig in Farbe und Wirkung; *Reformator*, feurig ziegelrot, eigenartige Farbe; *W. Prestinari* (Dörsam), feurig rosa, gedrungener Wuchs, reichblühend.

Zum Schluß möchte ich noch unseren Fuchsien als Gruppenpflanzen im Halbschatten und für Balkons an Nordseiten ein Wort reden. Sehr gut wirken u. a.: *Perle, Charming, Cupido, Lord Beaconsfild, Beauty of Exeter, Ballet Girl, Andenken an H. Henkel, Gartendirektor Ries* und *Garteninspektor Keerl*.

Hoffend, daß ich manchem der Kollegen mit vorstehenden Ausführungen einen Dienst erwiesen habe, behalte ich mir vor, auf die Fuchsien nochmals zurückzukommen.

Topfpflanzen.

Ueber die Kultur der englischen Pelargonien.

Von Obergärtner **Jean Wentz**, Speyer.

(Hierzu zwei Abbildungen Seite 557.)

Die englischen Pelargonien gehören unstreitig zu den bevorzugtesten Topfpflanzen und finden daher überall Eingang. Wenn auch in diesem Artikel schon vieles geleistet wird, so treffen wir allerwärts noch Orte an, wo die englischen Pelargonien sparsam vertreten sind. Wohl keine unserer modernen Blütenpflanzen wird jemals die so beliebten englischen Pelargonien verdrängen. Ein Quartier von mehreren Tausend dieser Pflanzen, in schöner Ueppigkeit und Mannigfaltigkeit, verfehlt zur Blütezeit auch auf das verwöhnteste Publikum seine Anziehungskraft nicht. Deshalb werden auch unsere lieb gewonnenen englischen Pelargonien nie an Wert verlieren, vorausgesetzt, daß auch die Bedingungen eines richtigen Kulturverfahrens erfüllt werden. Nachstehend möchte ich meine Erfahrungen über eine erfolgreiche Kultur bekannt geben.

Vor allen Dingen setze man sich in den Besitz eines schönen Sortiments guter und gangbarer Marktsorten, die von reellen Firmen zu beziehen sind. Der geeignetste Zeitpunkt zur Vermehrung der englischen Pelargonien ist ungefähr Mitte

Haus mit englischen Pelargonien eigener Züchtung Ludwig Dörsams. Links im Vordergrunde Schneeball. Originalaufnahme für die „Gartenwelt".

August, wenn das Holz die nötige Reife besitzt. Zuerst bereitet man einen Kasten zur Aufnahme der Stecklinge vor. Man wähle einen solchen, der mit altem Mist angelegt ist und bringe auf denselben reichlich mit Sand vermischte Laub- oder Mistbeeterde, dann nach Einebnung des Beetes noch eine 1 cm hohe Schicht scharfen Flußsand, welcher glatt angedrückt wird. Den Kasten selbst lege man ziemlich hoch an, damit die Gipfel der Stecklinge unmittelbar unter das Glas kommen. Hat man seine Sortimentspflanzen in musterhafte Ordnung gebracht, so beginne man nach der laufenden Nummer mit dem Herunterschneiden der Stecklinge; sie werden 8 bis 10 cm lang geschnitten. Man beachte bei Ausführung des Schnittes, daß die Stecklinge möglichst mit Blattring versehen sind, da solche am vorzüglichsten und schönsten gedeihen. Viele Sorten erzeugen an und für sich schon eine reiche Verzweigung und liefern eine wünschenswerte Auswahl von Stecklingen. Nach Beendigung des Schneidens einer Sorte werden die Stecklinge in das vorher gut angefeuchtete Beet in Reihen getopft. Von diesem Zeitpunkte an erstreckt sich die beständige Aufmerksamkeit auf richtige Pflege des Kastens. Die Stecklinge muß man stets in straffer Stellung antreffen. Morgens zwischen 8 und 9 Uhr wird der Kasten gewissenhaft nachgesehen; sind trockene Stellen vorhanden, so nehme man ein gründliches Begießen mit der Brause vor. Ein weiteres Spritzen ist nicht mehr notwendig, dagegen ist ein öfteres Besprengen der Wege um den Kasten bei heißer Witterung sehr zu empfehlen. Dieses Verfahren verschafft den Stecklingen eine angenehme Kühle. In den ersten Tagen ist der Kasten gespannt zu halten. Von 9 Uhr ab wird bei Sonnenschein mit Packleinen oder Rohrschattendecken schattiert, am besten mit letzteren. Der Schatten darf nicht zu dicht sein, damit noch Licht und Wärme genügend eindringen können. Am Nachmittage wird der Schatten wieder zeitig entfernt. Nach einigen Tagen geht die Callusbildung vor sich. Ist dies der Fall, so wird mit dem Beschatten etwas nachgelassen, vorausgesetzt, daß sich die Stecklinge in tadelloser Haltung befinden. Man gebe dafür auf wenige Stunden fingerbreit Luft und trage Sorge, daß die Stecklinge stets einen mäßig feuchten Boden haben. Nach 3 bis 4 Wochen haben die meisten Stecklinge Wurzeln gebildet und nun beanspruchen unsere Pfleglinge reichliche Luft, sowie gänzliche Entfernung des Schattens. An angenehmen Tagen — bei bedecktem Himmel —, hebe man die Fenster auf einige Stunden ab und setze die Pflanzen vollständig der freien Luft aus, damit sie recht widerstandsfähig werden.

Zonalpelargonie Ludwig Dörsam.
Originalaufnahme für die „Gartenwelt".

Zonalpelargonie Balkonkönig.
Originalaufnahme für die „Gartenwelt".

Luft ist bei unseren englischen Pelargonien die Hauptlebensbedingung. Nachdem die Stecklinge 5 bis 6 Wochen im Vermehrungskasten gestanden haben und genügend Zeit hatten, Wurzelbällchen zu bilden, wird mit dem Einpflanzen derselben begonnen. Man verwende dabei eine reichlich mit Flußsand vermischte Lauberde. Bei dem Herausnehmen der bewurzelten Stecklinge gehe man rücksichtsvoll unter Schonung des Wurzelvermögens und der Bällchen zu Werke. Die Stecklinge danken dies dann durch ein freudiges Anwachsen und eine schöne Entwickelung. Man wähle keine zu großen Töpfe, meist den Stecklingstopf; bei kräftigeren Pflanzen nehme man etwas größere Töpfe. Nach dem Einpflanzen werden die englischen Pelargonien wieder in Kästen gebracht und eingefüttert. Sie beanspruchen keine Bodenwärme, da sie bei der herbstlichen Jahreszeit ohne solche noch recht gut anwachsen. Man versehe die Kästen mit Fenstern und halte sie in den ersten Tagen gespannt. Bei starkem Sonnenschein wird bis zur Durchwurzelung etwas schattiert. Alsdann gewöhne man sie wieder an Licht und Luft.

Zonalpelargonie Perkeo.
Originalaufnahme für die „Gartenwelt".

Mit diesen Kästen nehmen die englischen Pelargonien vorlieb, solange die Witterungsverhältnisse es gestatten. Tagsüber, wenn keine Regengüsse zu befrüchten sind, können die Fenster ganz abgenommen werden.

Allmählich rückt aber die Zeit heran, Vorbereitungen zum Unterbringen in gute Winterquartiere zu treffen. Hierzu bedarf es sonniger und luftiger Häuser. Am besten bewähren sich Häuser mit Sparren und abnehmbaren Fenstern, da dieselben jederzeit den Pflanzen eine gute Luftzirkulation bieten. Ebenso ist eine Oberheizung erforderlich, um jedem Niederschlage entgegentreten zu können. In einem solchen Hause, in welchem ich meine englischen Pelargonien unterbrachte, befinden sich rechts und links 22 m lange, 3,10 m breite Tabletten mit Backsteinplattenbelag, ziemlich dicht unter dem Glasdache. 5000 Pflanzen überwinterten prächtig in diesem Hause. Sind die Häuser in Ordnung, die Tabletten mit einer dünnen Schicht Sand oder auch mit Koksasche belegt, so wird mit dem Einräumen begonnen. Vorerst mustert man die Stecklinge nochmals und kürzt etwa zu lang werdende auf 5 bis 6 Augen. Diese treiben im Laufe des Winters langsam aus und so entstehen bis zur Verpflanzzeit schöne, kurze, gedrungene Pflanzen.

Ist die Unterbringung der Stecklingspflanzen bewerkstelligt, so sorge man während der Wintermonate stets für Luftzuführung; man benütze hierzu alle günstigen Tage mit mildem Wetter. Sobald sich die Außentemperatur über Null hält, wird gelüftet. Man ziehe jedes zweite Fenster herab, Zugluft ist zu vermeiden. Keine Pflanze ist bei geschlossener Luft empfänglicher für Läuse als die englische Pelargonie. Die Temperatur im Hause halte man zwischen + 5 bis $6^1/_2$ ° C. Auf ein gewissenhaftes Begießen lege man Gewicht. Man gieße womöglich die trockenen Töpfe einzeln heraus, wobei das Laubwerk mit der einen Hand zurückgehalten wird, um dasselbe möglichst wenig zu benässen.

Die auf solche Art und Weise behandelten Pflanzen berechtigen im Frühjahre zu den besten Hoffnungen. Anfang Januar werden die im Spätjahre noch nicht entspitzten Stecklingspflanzen durchgesehen und das Entspitzen derselben vorgenommen. Mit Ablauf des erwähnten Monats oder mit Beginn des Februars ist es Zeit, das Verpflanzen vorzunehmen, da sich bereits unter den Pflanzen eine lebhafte Vegetation bemerkbar macht, es denselben in den kleinen Töpfen auch an der nötigen Nahrung mangelt, um weiter leben zu können. Nachdem man Erde, Dünger und Sand zurecht gemischt hat, gehe man an das Anlegen der Kästen mit frischem Pferdedünger. Man packe dieselben so hoch, als es für die Pflanzen nötig ist und versehe die Kästen gleichzeitig mit Umschlägen. Ist diese Arbeit geschehen, so kann mit dem Umpflanzen der Pelargonien begonnen werden.

Die Erdmischung besteht aus 2 Teilen Lauberde, 1 Teil Mistbeeterde, 1 Teil Rasenerde und $^1/_8$ scharfem Flußsand; die Erde wird durch ein gröberes Drahtgeflecht geworfen. Als Zutat nehme man eine gehörige Portion fein geriebenen Taubendünger. Durch die Verfilzung der Bällchen werden sich ballentrockene Pflanzen vorfinden, die in ein bereitstehendes Gefäß mit Wasser gestellt werden, damit die Bällchen Feuchtigkeit aufnehmen. Die Pelargonien sind mit unversehrtem Ballen möglichst locker zu verpflanzen, um eine rasche Entwickelung ohne jede Störung zu erzielen. Nach Abdunstung der Kästen und Erwärmung der Erde, bringe man die Pflanzen darauf, senke sie ein und lasse dabei nicht außer acht, daß sie von unten nicht zu viel Wärme bekommen, um ein Verbrennen der Wurzeln zu verhüten. Des Abends werden die Kästen gedeckt, je nach den Witterungsverhältnissen; es ist jede Stunde unbezahlbar, die gestattet, den Pflanzen Licht und Luft zuzuführen. Dadurch erhält man eine reine, gesunde und kernhafte Ware. Sind die Pelargonien kräftiger geworden, so empfiehlt es sich, mit Eintritt wärmerer Jahreszeit, — vorausgesetzt, daß kein Frost mehr zu befürchten ist —, auch über Nacht eine Spalte Luft zu lassen, doch rolle man die Decken vorsichtshalber über das aufgestellte Luftholz herab. Ist starker Frost zu erwarten, so wird selbstverständlich die Luft wieder weggenommen, da die Pflanzen gegen Kälte sehr empfindlich sind. Nach einigen Tagen werden beim Austopfen der Pflanzen die neuen Wurzeln sichtbar sein. Nun macht es Vergnügen, die englischen Pelargonien zu üppigen Exemplaren heranwachsen zu sehen. Im Verlaufe von 5 bis 6 Wochen wird ein weiteres Verpflanzen nötig; man wähle die Erdmischung wie oben angegeben, aber in gröberem Zustande, nur mit den Händen zerrieben, und nehme alsdann Töpfe im Verhältnis zur Größe der einzelnen Pflanzen. In angemessener Entfernung stelle man dieselben in die durch Aufsatz erhöhten Kästen. Ein Neuanlegen mit Dünger ist nicht mehr nötig, hat man aber genügend Mist zur Verfügung, so ist es auch kein Nachteil, die Kästen wieder aufzufrischen, um die Pflanzen rascher zur Durchwurzelung zu bringen. Auch hier versäume man ein regelmäßiges Begießen nicht und lasse die Pflanzen nie schlaff werden. Wirkt die Sonne kräftig genug, so wird in den heißen Mittagsstunden etwas Halbschatten gelegt, den man frühzeitig wieder entfernt. Gegen Ende April bis Anfang Mai hat man bei solcher Kultur schöne, tadellose Verkaufsware erzielt. Bei guter Durchwurzelung empfiehlt es sich, den Pflanzen alle 8 Tage einen Dungguß von aufgelösten Kuhfladen zu geben.

Ehe man mit dem Verkauf beginnt, stellt man die Sortimentspflanzen zusammen, die das Stecklingsmaterial für das laufende Jahr liefern sollen. Um gesunde, kräftige, ausgereifte Stecklinge zu bekommen, möchte ich nur zur Topfkultur raten. Wohl habe ich auch schon Sortimentspflanzen ausgepflanzt gehabt, aber dabei die Erfahrung gemacht, daß die von diesen Pflanzen gewonnenen Stecklinge wegen ihrer Vollsaftigkeit leicht faulen. In den wärmeren Monaten werden die englischen Pelargonien in geeignete Häuser oder frei in die Kästen gestellt, die mit einer Lattenstellage versehen werden, dazu eingerichtet, etwas Schatten geben zu können, sowie bei Unwetter Fenster aufzulegen.

Zur Bekämpfung der Läuse werden die bekannten Räuchermittel angewendet, am besten Haubolds Räucherapparat. Als weiteres Mittel zur Bekämpfung gegen die Läuse, das ohne jeden Schaden der englischen Pelargonien angewendet werden kann, diene folgendes Rezept: 500 g Quassiaspäne werden in 10 l Wasser 24 Stunden lang aufgeweicht, sodann tüchtig gekocht und abgeseiht, ferner 2 kg Schmierseife auch in 10 l Wasser aufgelöst, dann beides zusammengegossen. Es kommen dann zu je 1 l Mischung 3 l Wasser. Nach Abkühlung der Brühe tauche man die Pflanzen darin ein, lege sie einige Minuten um, ziehe sie durch frisches Wasser und alle Läuse werden vernichtet sein.

Aus unserem Sortimente, das zurzeit aus 80 Sorten besteht, möchte ich einige gute, gangbare und empfehlenswerte Sorten anführen: *Direktor Zink, Obergärtner Wauer, Perle von Wien, Crispiflora, Zittavia, Valonte nationale, Käthe Bürger, R. Zimmermann, Hedwig, Johanna, Hofgärtner Lebl, Frau Baronin v. Kraus, Andenken an Moskau, G. A. Hoffmann, Mama Revers, Paulchen Dorn, Schöne von Szegedin, Frau Dr. Wolf, Perle von London, Schneewittchen, Freund Lehning, Andenken an Wildpark, Frau Dr. Steiner.*

In Hochstammform selten kultivierte Pflanzen.

Während meiner Tätigkeit bei der Firma G. Ernst, Stuttgart, lernte ich u. a. das hochstämmige Veilchen kennen, das allerdings schon unsern Großvätern recht gut bekannt war.

Wenn wir auch als Deutsche gewöhnt sind, das Veilchen als Symbol der Bescheidenheit zu betrachten und es demgemäß stets an einem entsprechenden Standorte suchen werden, so ist es doch auch wegen seiner lieblichen Eigenschaften im Volke eine der begehrtesten Blumen geworden. In welcher Form dann eine solche Blume den Weg ihrer Bestimmung nimmt, ist fast nebensächlich und deshalb wird auch das Veilchen als Hochstamm beim Gärtner ein origineller, wenn auch kein Massenartikel sein. Aus diesem Grunde hat auch der Gärtner das Recht, auf neue, schöne Formen zu sinnen, und sollte er selbst einen Findling der Vergessenheit wieder entreißen!

Verkaufspflanzen englischer Pelargonien aus der Gärtnerei von C. F. Velten, Speyer a. Rh.
Originalaufnahme für die „Gartenwelt".

Früher pflegte man mit Vorliebe gefüllte Veilchensorten zu Hochstämmen zu erziehen. Die beiden Sorten, die heute am meisten dazu verwendet werden und sich am besten eignen, sind *Princeß de Galles* und *Californica.*

Zu günstiger Zeit setzt man recht kräftige Pflanzen in Töpfe, bindet den stärksten Trieb an einen schwachen Stab auf und stutzt ihn in der beabsichtigten Höhe. Später ist recht oft zu stutzen, damit die Krone regelmäßig und gedrungen wird. Ebenfalls sind öfters die Triebe, die oberhalb der Erde erscheinen, zu unterdrücken. Ueberwintert werden die Pflanzen am besten in tiefen, gedeckten Kästen, um später in mäßig warmem Hause vorzeitig zur Blüte gebracht zu werden. Es sei noch bemerkt, daß allzu hohe Stämme unschön wirken; die Stammhöhe sollte 35—45 cm nicht übersteigen.

Kulturen englischer Pelargonien in der Gärtnerei von C. F. Velten, Speyer a. Rh.
Originalaufnahme für die „Gartenwelt".

Schöne Kronenbäumchen liefert die *Cuphea platycentra,* die auch als Gruppenpflanze einen hohen Wert besitzt. Ihre kleinen, langröhrigen Blüten kommen bei als Kronenbäumchen gezogenen, 30 bis 40 cm hohen Pflanzen zu prächtiger Wirkung. Heliotrophochstämmchen sind keine Seltenheit mehr, ebenso sind Fuchsienstämme im Markthandel etwas alltägliches, wohingegen sie als Schaustücke in Parks nur vereinzelt angetroffen werden. Eine Gruppe von meterhohen Pflanzen ist von anmutiger Wirkung.

Alle *Abutilon,* ferner *Plumbago capensis* kommen in ihrem zierlichen Flor auch als Hochstämme recht prächtig zur Geltung. *Abutilon*, auf starkwachsende Sorten in Meterhöhe veredelt, werden während des Sommers mitsamt dem Topfe eingegraben, wodurch es ihnen möglich ist, über den Topfrand hinaus Wurzeln zu bilden und so während der Blütezeit ein üppiges Wachstum zu entfalten.

Einen geradezu entzückenden Anblick gewähren auch *Ceanothus*-Hochstämme. Zu diesem Zwecke lassen sich nur starkwüchsige Sorten wie *C. azureus* und *Gloire de Versailles* verwenden. Man suche Pflanzen mit starkem Leittriebe aus und bilde durch Aufputzen und Aufbinden Stämme von 1—1,50 m Höhe. Durch öfteres Stutzen bildet sich eine lockere Krone mit fingerstarkem Stamme, deren leichte, herabhängende Rispen im Sommer einen unvergleichlich schönen Anblick gewähren. Hochstämme aus schwachwachsenden Sorten zu ziehen, wäre vielleicht durch Veredlung zu erreichen. Während des Winters sind die Stämme wie hochstämmige Rosen niederzulegen und gut abzudecken.

Einer unserer herrlichsten Frühjahrsblüher, die *Chaenomeles (Cydonia) japonica*, eignet sich ebenfalls ganz vorzüglich zum Hochstamm. Die oft meterhohen Erdschößlinge älterer Büsche werden sorgfältig herausgestochen und aufgepflanzt. Schon im zweiten Jahre kann man blühende Krönchen haben, deren weithin leuchtende Blütenzweige gerade bei dieser Art, besonders wenn sie als Einzelpflanze Verwendung findet, von hohem Schmuckwerte sind.

Würde der Gärtner auf dem so unendlich vielseitigen Gebiete seines Schaffens noch weiter Umschau halten, so würde er sicher so manchen fast vergessenen Liebling im neuen, geschmackvollen Gewande, sei es als Zimmerpflanze oder im Garten, dem Herzen des blumenliebenden Menschen näher bringen können.

Erich Maurer, Baumschulenweg-Berlin.

Pflanzenschädlinge.

Die Schädlichkeit des Eichhörnchens.

Von **Heinr. Beuß**, Stolberg.

Schon früher wurde an dieser Stelle das Eichkätzchen erwähnt und ihm ein Lob als Mäusejäger gespendet. Ich möchte nun nicht versäumen, einiges über das Leben und Treiben desselben in den Anlagen mitzuteilen, was dazu beitragen soll, daß der Nützlichkeit dieses sonst so lieben Tieres nicht allzu große Bedeutung beigelegt wird.

So possierlich und interessant dem Spaziergänger auch die Eichhörnchen in unseren Anlagen erscheinen mögen, so wird der Fachmann nach einigem Beobachten doch wenig erbaut sein von der Tätigkeit derselben. Eine Ueberhandnahme dieser Tiere in größeren Parks rächt sich oft sehr, und in kleinen Anlagen vermögen schon wenige solcher Gäste allerhand Unheil zu stiften. Die schädigende Tätigkeit besteht neben dem Ausplündern der Vogelnester, ganz besonders im Zerstören der Bäume, was ich auch im Schloßgarten zu Schwetzingen genügend beobachtete. Besonders Nadelhölzer (und nicht immer die minderwertigsten Sorten) werden von den Eichhörnchen in manchen Jahren sehr heimgesucht. Unter den hohen Tannen und Kiefern — es sind seltene Exemplare darunter —, liegen oft im Sommer wie gesät die jungen Spitzen, die mit Vorliebe abgenagt werden. Man sieht hieraus, wie groß die Schädlichkeit dieser Tiere werden kann, deshalb ist man gezwungen, fortwährend Jagd auf dieselben zu machen, da ein Ueberhandnehmen unbedingt verhindert werden muß. In Schwetzingen sind in einem Frühjahre über 100 Eichhörnchen geschossen worden, was bei einer Parkausdehnung von 75 ha mit bedeutendem Nadelholzbestande nicht verwundern darf, zumal die angrenzenden Waldungen stets für „Nachschüb" sorgen. Diese flinken Tierchen verschmähen auch einen Abstecher in die neben dem Schloßgarten liegenden Baumschulen nicht, woselbst sie sich am Schalenobst gütlich tun. Die Eigenschaft als Mäusejäger kann wohl nur ganz nebensächlich in Betracht kommen, so daß man eigentlich von einem Nutzen wenig oder gar nicht reden kann; der Schaden ist entschieden größer.

Das Eichkätzchen dürfte somit wohl auch zu den „nützlichen Schädlingen" zu zählen sein, von welchen ich früher bereits einige in der „Gartenwelt" erwähnt habe.

Rosen.

White Killarney rose.

Neuester amerikanischer Rosensport.

Von **Alfred Poetsch**, Boston.

(Hierzu eine Abbildung.)

Vor etwa $1\frac{1}{2}$ Jahren brachte die jetzt hier so sehr beliebte irländische Rose *Killarney* den weißen Sport hervor. Infolge der für die Treiberei begehrten Farbe und der gewünschten Eigenschaften als Treibrose, wird hierzulande der weißen *Killarney* besondere Zukunft zugesprochen, ja anerkannte Rosengärtner behaupten, daß dieser Sport eine Rivalin der alten Treibrose *The Bride* ist. *The Bride* wird hier nebst *The Bridesmaid* in Unmengen getrieben, da leicht treibend und fortgesetzt willig blühend. Die bessere Füllung, der Bau der Blume und der feine Rosenduft versprechen der weißen *Killarney* im Vergleich zu der *The Bride* größere Verbreitung. Die halbgefüllten Blumen der *Killarney* sind, wenn offen, mit den sichtbaren gelben Staubgefäßen der Blüte von hohem Schmuckwert.

Auch in Deutschland, glaube ich, wird sich *Killarney* demzufolge als Treibrose und Freilandrose, wenn bekannt, recht bald Liebhaber erwerben.

Rosen für die Treiberei sollen, soweit Beobachtungen und Erfahrung hier gelehrt haben, auf *Manettii*-Unterlage veredelt sein, da *Manettii* nur kurze Ruheperiode beansprucht, eher und leichter treibt, und, was wichtig für Treibrosen, viel Faserwurzeln bidet. Importierte Rosen auf *Canina*-Unterlage gelangten nach gegebener Ruheperiode im Vergleich zu den unter gleicher Behandlung auf *Manettii*-Unterlagen, trotz hellen Sonnenscheins, volle 10 bis 12 Tage später zur Blüte. Millionen bleistiftstarker *Manettii*-Unterlagen werden jährlich nach hier hauptsächlich aus Irland importiert. Ein Versuch, wie erwähnt, dürfte vielleicht der deutschen Rosentreiberei von Nutzen sein. Die *White Killarney rose* kommt im Frühjahre 1909 in den Handel.

Die neue deutsche Rosenzüchtung Leuchtfeuer. Die Firma Herm. Kiese & Co., Vieselbach-Erfurt, übergibt diesen Herbst die neue Rose *Leuchtfeuer* dem Handel. Eine Bengalhybride, entstanden aus *Gruß an Teplitz* × *Cramoisi superieur*, zeigt *Leuchtfeuer* die feurige Farbe der erstgenannten und deren dunkle Belaubung, erreicht aber nur eine Höhe von etwa 40 bis 45 cm. Sie bleibt also viel niedriger und wird demzufolge für den Marktgärtner eine gute Frühjahrstopfrose werden. Von ganz hervorragendem Werte erscheint mir diese Züchtung als Farbensorte für den Landschaftsgärtner. In reinen Farbenkonturen oder in Verbindung mit der Rose *Frau Karl Druschki* und mit *Phlox decussata Rheingau**) oder anderen weißblühenden Stauden, ergibt diese Pflanzweise liebliche Bilder für den intimen Hausgarten. Für Fernwirkung in großen Anlagen berechnet, ist *Leuchtfeuer* die wirkungsvollste Farbensorte unter allen Rosen!

Emil Chasté,
techn. Büro und Beirat für Gartenanlagen, Wilmersdorf-Berlin.

Pflanzenkunde.

Einiges über die wichtigsten Baum- und Wurzelschwämme.

Von **Adolf Erb**.

Im Herbste trifft man auf dem humushaltigen Waldboden, an besonders günstigen Stellen, Schwämme oder Pilze oft haufenweise an, und der uneingeweihte Laie wundert sich ganz besonders über deren schnelles Wachstum, denn ein einziger warmer Regen kann sie von heute auf morgen zum Hervor-

*) Siehe Farbentafel in No. 35 des XI. Jahrganges, 1907.

brechen bringen. Die meisten dieser Schwämme sind gestielt und tragen einen Hut, deshalb werden sie Hutpilze oder Hutschwämme genannt. Beim ausgewachsenen Schwamm ist oft noch am Stiel der sogenannte Ring wahrnehmbar; er ist ein Ueberbleibsel des zerrissenen Schleiers, der den Hut deckte. Durch das Wachstum des Schwammes zerreißt der Hut den Schleier, und es bildet sich am Stiel durch den zurückbleibenden Teil der schon erwähnte Ring. Stiel und Hut werden aus zahlreichen Myceliumfäden gebildet, die innig miteinander verbunden und verflochten sind. Im humosen Waldboden läuft der Stiel am Fuße in zahlreiche Pilzfäden aus, deren Aufgabe darin besteht, die für den Schwamm notwendige Nahrung aus dem Humusboden aufzunehmen. Die meisten dieser Waldbodenschwämme leben saprophytisch, d. h. sie nehmen Nahrung aus toter pflanzlicher und tierischer Substanz. Ihr Mycelium lebt das ganze Jahr in der Walderde; im Herbst tritt dasselbe ans Tageslicht und bildet einen sogenannten Fruchtkörper, eben den Schwamm. Die Schwämme sind teils genießbar, aber die meisten sind, wenn auch nicht gerade sehr giftig, so doch ungenießbar.

Unter den saprophytisch lebenden Schwämmen gibt es auch noch eine große Menge solcher, die parasitisch leben. Diese parasitisch lebenden Schwämme haben schon viel Unheil gestiftet. Da finden wir solche, die sich an den Wurzeln der Bäume, und andere, die sich mit Vorliebe am Stamm und an den Aesten derselben ansiedeln. Einer der gefährlichsten und deshalb auch gefürchtetsten Wurzelschwämme ist der Hallimasch, *Agaricus melleus*; er befällt ebenso wie *Agraricus squarrosus* neben Laub- und Nadelbäumen unserer Wälder vorzugsweise Birnen, aber auch Aepfel und Kirschen. Bei *A. melleus* ist die Oberfläche des Hutes hellbraun, etwas dunkler in der Mitte, mit dunkelbraunen haarigen Schuppen besetzt, der Stiel fleischig, massiv, blaß. Meistens findet man eine ganze Menge von Fruchtkörpern in allen Größen beisammen, am Fuße der Bäume oder an den Wurzeln derselben ganze Klumpen bildend. *Agaricus melleus* verursacht den Erdkrebs. Der Pilz lebt in der Rinde der Wurzeln oder der unteren Stammteile. Entfernt man die befallene Rinde, so sieht man das schneeweiße Mycelium in Form von Häuten und Lappen. Von der befallenen Wurzel aus gehen oft ganze Myceliumstränge, sogenannte Rhizomorphen, und diese schreiten dann zur bestimmten Zeit zur Hutbildung. Die Rhizomorphen umklammern auch hier und da die Wurzeln, dringen in dieselben ein und töten sie ab. Das Mycelium kann aber auch in den Stamm hineinwachsen, wo es im Laufe der Zeit das Holz zersetzt; der befallene Baum stirbt dann früher oder später ab, und der Besitzer des Baumes kann sich die Ursache nicht erklären.

Diesem Hallimasch sollte energischer auf den Leib gerückt werden, als es bis jetzt der Fall ist. Wüßten unsere Landwirte und Obstzüchter, wie schädlich dieser Schwamm ist, wie viele Tausend keimfähige Sporen unter einem einzigen Hute vorhanden sind, so würden sie nicht die ganze Gesellschaft unter ihren Bäumen ruhig weiterwachsen lassen. Aus lauter Unkenntnis ist hier schon viel Schaden entstanden.

Wenn sich im Walde an einigen Stellen besonders viele dieser Schwämme befinden, so hebt man mit Erfolg um diese Stellen herum einen 30 bis 40 cm tiefen Graben aus, einen sogenannten Isoliergraben; dadurch wird ein weiteres Ausbreiten durch die Rhizomorphen verhindert. Stark angesteckte Bäume sollten gefällt und verbrannt werden, aber an derselben Stelle sollte man nicht wieder einen neuen Baum in die gleiche Erde pflanzen. Wo in einer Gegend diese Schwämme vorkommen, ist darauf zu achten, daß Verwundungen von Stamm, Wurzeln und Aesten nach Möglichkeit verhindert werden. Sämtliche Fruchtkörper zerstört man vor der Reife, denn leichter ist es, vorzubeugen, als zu heilen. Auch die abfallende kranke Rinde ist zu sammeln und zu verbrennen.

White Killarney rose. Nach einer photogr. Aufnahme für die „Gartenwelt" gefertigt.

Häufig ist auch eine zweite Art von *Agaricus* anzutreffen, *Agaricus squarrosus*, der sperrige Hallimasch. Dieser unterscheidet sich vom ersteren durch seine mehr ockergelbe Farbe, durch zahlreichere Schuppen auf dem Hut und durch den faserigen, dünnen Ring.

Neben der Gattung *Agaricus* enthält auch die Gattung *Polyporus*, Löcherschwamm, einige recht gefährliche Gesellen.

Einer der wichtigsten Löcherschwämme ist der sogenannte schwefelgelbe Löcherschwamm, *Polyporus sulphureus*. Hauptsächlich an den Stämmen von Birn- und Kirschbäumen vorkommend, erscheinen seine Fruchtkörper schon im Sommer an denselben; diese sind jedoch nicht gestielt, sondern sitzend. Gewöhnlich sieht man mehrere verschieden große, halbkreisförmige Hüte übereinander aus dem Stamme herauswachsen. Auf der Oberseite sind sie rotgelb, auf der Unterseite dagegen schwefelgelb. Ihr Mycelium lebt im Innern der Stämme und es zersetzt das Holz derselben unter starker Rotfärbung (Erklärung der Rotfäule). Durch die zunehmende Zersetzung wird das Holz leichter, trockener; es läßt sich schließlich wie mürber Torf zerreiben.

Neben diesem *P. sulphureus* existieren noch etliche andere, auch zur Klasse der *Polyporus* gehörend, die sich hauptsächlich nur in Farbe und Größe voneinander unterscheiden. Einer, der besonders auf Zwetschenbäumen vorkommt und dort die sogenannte Weißfäule verursacht, ist der falsche Feuerschwamm, *Polyporus igniarius*. Dieser ist auf der porösen Unterseite samtartig rotbraun, auf der Oberseite mehr hellbraun gefärbt. Bemerkenswert ist noch ein ganz kleiner Löcherschwamm, der häufig auf Kirsch- und Zwetschenbäumen anzutreffen ist und dort gewöhnlich zu mehreren übereinander steht. Als sogenannter haariger Porenpilz, *Polyporus hirsutus*, ist seine Oberseite kurz behaart, von mehr grauer Farbe. Auch bei der Bekämpfung aller dieser Polyporusarten spielt die Vorbeugung eine größere Rolle als die Heilung, denn alle haben das gemeinsam, daß sie nur durch Wunden und Verletzungen eindringen können.

Es sollte Pflicht eines jeden Gärtners und Obstzüchters sein, sobald sich irgendwo, und sei es auch auf totem Holze, ein solcher Pilz bemerkbar macht, denselben sofort unschädlich zu machen, und nicht gleichgültig das Zeug wachsen zu lassen. Aber alle sollten das tun, denn von einem einzigen reifen Pilze werden durch den Wind die Sporen fortgetragen; es können dadurch Bäume in weiter Entfernung angesteckt werden.

Mannigfaltiges.

Eine Pflanzenfreundin auf Fürstenthron.

Nicht allzuhäufig trifft man Liebe und Verständnis für die Naturwissenschaften bei Frauen an, besonders nicht für die Botanik. Ist dies in unserer realen, schnellebenden Zeit nicht zu verwundern, so war es doch auch nicht viel anders in früheren Zeiten, wo die philosophischen und künstlerischen Interessen oder die Rücksichten auf die Etikette und das Althergebrachte im Vordergrunde standen. Gern nannte man eine Frau, die über das gewöhnliche Maß des Alltäglichen hinausging, einen Schöngeist oder noch weniger galant einen Blaustrumpf; dieses harte Urteil in Verbindung mit dem strengen Festhalten an Sitte und Gebrauch hat wohl manche schlummernde Empfänglichkeit und Verständnis für die Naturwissenschaften unterdrückt. Um so mehr verdient eine Ausnahme hiervon, eine Frau auf Fürstenthron, unsere Bewunderung, die, sich über Rücksichten hinwegsetzend, es zu Hervorragendem in der Kenntnis der Pflanzenwelt gebracht hat, die, eine Zeitgenossin des großen Linné, von diesem selbst sehr geschätzt und gewürdigt wurde. Von ihr, der Markgräfin Karoline Luise von Baden-Durlach, einiges zu erfahren, dürfte selbst in unserer jetzigen Zeit noch Interesse erwecken, um so mehr, als selbst in ihrem Lande wenig genug von ihr bekannt ist.

Karoline Luise, Landgräfin von Hessen-Darmstadt, verheiratete sich im Jahre 1751 mit dem Markgrafen Karl Friedrich von Baden, dem späteren Großherzog. Schon als Kind beschäftigte sie sich viel mit Naturwissenschaften, besonders mit Botanik; bei großem ausgesprochenem Zeichentalente waren Pflanzen ihre liebsten Vorbilder, und selbst aus hinterlassenen Zeichnungen aus ihrer Jugendzeit ist der scharfe Blick zu erkennen, mit dem sie die Eigenheit der Art auffaßte; ihr wissenschaftlicher Nachlaß beträgt 153 Bände. In Karlsruhe erwartete sie eine reiche Fülle der Belehrung, und die Eindrücke, die sie da bekam, regten ihre Liebe zur Pflanzenwelt gewaltig an, denn in ihrem Gemahl fand sie einen für das Schöne und Edle, besonders aber für die Natur gleich begeisterten Partner. Die Gärten der kleinen, noch jungen Residenz zählten nach damaligen Begriffen mit zu den schönsten und reichhaltigsten, die existierten. Obwohl beeinflußt von der herrschenden Tulpomanie, waren doch auch in den Gewächshäusern und in den ausgedehnten Außengärten viele seltene Gewächse, die Markgraf Karl Friedrich durch seine Beziehungen mit den bedeutendsten Botanikern, aber auch durch Einführungen seines Hofgärtners Thran, den er in überseeische Länder geschickt hatte, erhielt. Die mächtigen *Liriodendron, Pinus Strobus, Gymnocladus canadensis, Liquidambar styraciflua, Gingko*, amerikanische Eichen und dergleichen im Karlsruher Schloßgarten zeugen noch von jener Zeit.

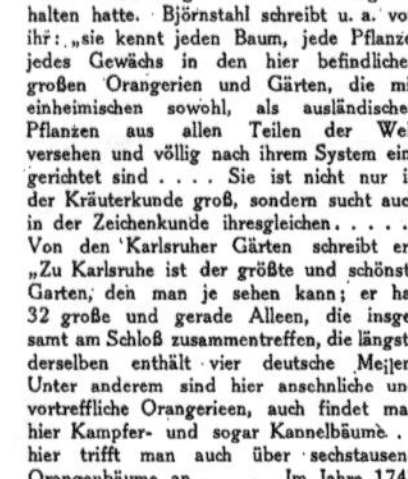

Markgräfin Karoline Luise von Baden, geb. Landgräfin v. Hessen-Darmstadt.

Markgräfin Karoline Luise vertiefte sich immer mehr in die ihr liebe Botanik, sie korrespondierte mit allen damals hervorragenden Gelehrten, besonders glühend aber verehrte sie ihren Lehrmeister Linné, der durch seinen Landsmann Björnstahl, welcher am badischen Hofe weilte, und in begeisterter Schilderung von der außergewöhnlichen Begabung und den Kenntnissen der Markgräfin und ihrer Hochachtung zu ihm Mitteilung erhalten hatte. Björnstahl schreibt u. a. von ihr: „sie kennt jeden Baum, jede Pflanze, jedes Gewächs in den hier befindlichen großen Orangerien und Gärten, die mit einheimischen sowohl, als ausländischen Pflanzen aus allen Teilen der Welt versehen und völlig nach ihrem System eingerichtet sind . . . . Sie ist nicht nur in der Kräuterkunde groß, sondern sucht auch in der Zeichenkunde ihresgleichen . . . . .“ Von den Karlsruher Gärten schreibt er: „Zu Karlsruhe ist der größte und schönste Garten, den man je sehen kann; er hat 32 große und gerade Alleen, die insgesamt am Schloß zusammentreffen, die längste derselben enthält vier deutsche Meilen. Unter anderem sind hier ansehnliche und vortreffliche Orangerieen, auch findet man hier Kampfer- und sogar Kannelbäume . . hier trifft man auch über sechstausend Orangenbäume an . . . . . Im Jahre 1747 ist ein Verzeichnis der Kräuter gedruckt worden . . . . es werden darin 3000 Arten Kräuter gezählt“.

Björnstahl berichtet Linné auch von dem großen Projekt, das die Markgräfin beabsichtigte und wozu sie die einleitenden Schritte bereits getan hatte. Sie wollte ein Werk herausgeben, das die sämtlichen in damaliger Zeit bekannten Pflanzen (etwa 10 000) abgebildet, von Künstlerhand auf Kupferplatten gestochen, bringen sollte; es sollte auf „jede Platte nur ein Gewächs mit dessen daneben gesetzten Staubwegen und Staubgefäßen zu stehen kommen“. Sie wollte dadurch ein Sammelwerk schaffen, das unter dem Namen: „Icones specierum plantarum Linnaei equitis“ für die Ausbreitung und Vervollkommnung der Naturgeschichte unschätzbar, für den Liebhaber der Pflanzen äußerst wünschenswürdig und für Deutschland und unser Jahrhundert die größte Ehre sein würde.“ Das Werk war in Kleinfolio gedacht, unten sollte der Name und die Klasse stehen und ein Hinweis auf die „species plantarum“ von Linné, in der die betreffende Pflanze beschrieben war. In dem Kupferstecher-Brüderpaar Gauthier Dagoty aus Paris fand sie geeignete Künstler, der eine traf 1773 in Karlsruhe ein und machte sich sofort an die Arbeit; er erhielt für das Stechen einer jeden Pflanze $1\frac{1}{2}$ Louisd'or, für seine Auslagen für jede Platte 6 Livres, es sollten sich „die Herstellungskosten bei einer Pflanze für Gravierung, Kupferplatte, Druck und Papier insgesamt auf 74 Livres“ stellen, das Gesamtwerk auf 740000 Livres. Die Markgräfin bestritt vorerst die Kosten aus ihrer Schatulle, hoffte aber dieselben durch Subskription auf das Gesamtwerk wieder herein zu bekommen. Als Linné durch den obengenannten Björnstahl von der glühenden Begeisterung der Markgräfin für ihn, von ihren Kenntnissen und besonders von diesem Riesenunternehmen erfuhr, war er in hohem Grade überrascht und freudig dadurch berührt. Er schreibt u. a.: „Quelle fut ma surprise, quand vous me décrivez des miracles qui n'out jamais existé a mundo condito ou après que le monde a été créé et que je doutais s'ils pourront jamais exister qu'un régnant et encore moins une princesse auront du courage de pousser la science de l'histoire naturelle au plus haut degré avec une peine si inouïe et avec une dépense si incomparable. Une si grande entreprise est encore inconnue aux botaniciens, que chaque jeune homme devait savoir aussi bien que le nom et les actions d'Alexandre le Grand . . . ., le nom de Caroline Louise devrait pour cela être écrit en lettres d'or sur une couronne suspendue au dessus de la table de tout botanicien . . . cette princesse incomparable, qui n'a jamais eu, ni aura jamais sa semblable“ . . . . Seiner Bewunderung für die Markgräfin gab Linné noch dadurch besonderen Ausdruck, daß er eine im Jahre 1775 neu entdeckte Pflanze ihr zu Ehren *Louisia Carolinea* (später *Carolinea princeps)* nannte.

Inzwischen nahmen die Arbeiten für das Lieblingswerk der Markgräfin ihren Fortgang. Als eine Anzahl Platten gestochen waren, ging man auch daran, das Publikum von dem Unternehmen zu „avertieren“ und Subskribenten zu sammeln, denn es sollte nur auf dem „Subskriptionswege“ beziehbar sein. Da sie selbst nicht genannt sein wollte, figurierte der Kupferstecher Gautier Dagoty als Herausgeber. Die Markgräfin hoffte auf rege Beteiligung und weitgehendes Entgegenkommen, besonders bei den gelehrten Instituten und bei Höfen, sie fand sich aber bitter getäuscht, ihrem Unternehmen stellten sich schwierige Hindernisse, auch manche Gegner in den Weg, die Zahl der Subskribenten blieb sehr gering. 147 Pflanzen waren gestochen, da traten auch Zwistigkeiten zwischen den Brüdern Gautier ein, sie kehrten wieder nach Paris zurück. Die Markgräfin, welche bisher große Geldopfer gebracht hatte, entschloß sich dann auf Anraten, von dem undurchführbaren Plane, die sämtlichen bekannten Pflanzen in Kupfer stechen zu lassen, abzusehen und statt dessen von jeder Gattung nur eine Art in Oktavform abzubilden, die Gesamtzahl der Arten hätte etwa 1200 betragen, welche in sechs Lieferungen à 50 Blatt in etwa 4 Jahren zu dem bescheidenen Preise von 120 bis 180 Livres erschienen wären. Die Gesamtherstellungskosten hätten etwa 43200 Livres betragen. Man bemühte sich eifrig, Abonnenten im Auslande zu sammeln, besonders hoffte man auf Holland und England, auch waren Verleger bezw. Verlagsgeschäfte gewonnen, doch blieb die Zahl der Abonnenten gering, einige schützten Geldmangel vor, andere bemäkelten das wenig gute Papier, von wissenschaftlicher Seite wurde mit Recht gesagt, ein Werk, das von jeder Gattung nur eine willkürlich herausgegriffene Art in der Abbildung zeige, habe keinen großen Wert. 250 Tafeln waren fertig, die nicht unbedeutenden Kosten hierfür waren bezahlt, als die Markgräfin ihr Lieblingswerk an der Ungunst der Verhältnisse scheitern sah, und endlich „bien malgré moi et avec mille regrets“ ihr Vorhaben aufgab.

Aus jener interessanten Zeit bezw. etwas früher stammen auch 20 große Folianten, enthaltend in herrlichen kolorierten, handgemalten Abbildungen einen großen Teil der 5000 Tulpensorten, welche der Vorfahr Karl Friedrichs in Karlsruhe züchtete; er ließ diese Bilder durch dafür angestellte Maler und Malerinnen anfertigen. Diese Sammlung, heute noch im Generallandesarchiv aufbewahrt, ist wohl sehr interessant und künstlerisch wertvoll, für die Wissenschaft ist sie aber von keiner großen Bedeutung. Bewundernd aber werden wir das Interesse und das Verständnis anerkennen, das an diesem kleinen Hofe, abweichend von der Strömung damaliger Zeit, eine Fürstin der Pflanzenwelt entgegenbrachte. **Graebener.**

Ausstellungsberichte.

Eine Sonderausstellung von Lathyrus odoratus.

Von **Paul Schmidt**, z. Z. London S. E.

Am 24. Juli fand in der „Horticultural Hall“, im Zentrum Londons, mittags von 2 bis 7 Uhr die „VIII. Sweet Pea Show“ statt; es ist dies eine der vielen Sonderausstellungen — deren sind etwa 40 im Jahre —, welche die „Royal Horticultural Society“ veranstaltet, von denen jedoch die „Temple Show“, Ende Mai, die erste Stelle einnehmen dürfte. Durch freundliche Zustellung einer Freikarte seitens meines Chefs, der Mitglied obiger Gesellschaft ist, war es mir möglich, die beiden obenerwähnten Ausstellungen zu besuchen, doch will ich heute nur meine Eindrücke von der erstgenannten *Lathyrus odoratus*-Schau in einigen Worten schildern.

Daß die wohlriechenden Wicken, ähnlich wie die Orchideen und Nelken, zu den bevorzugten Lieblingsblumen des englischen Publikums gehören, beweist einmal schon eine derartige Ausstellung an sich zur Genüge, dann aber in noch größerem Maße die häufige Verwendung dieser Blumen, teils zum Anstecken, teils als Ampel-, Schling- oder Heckenpflanze in Park und Garten. So ist es z. B. nichts Außergewöhnliches, Droschken-, Auto- und Straßenbahnführer, ja sogar Briefträger und Eisenbahnschaffner mit einer Blume im Knopfloche zu sehen, ganz abgesehen davon, daß die männliche und weibliche Jugend hier überhaupt nie ohne Blumen ausgeht. Doch dies nur nebenbei; ich werde in nächster Zeit einmal eingehender auf die große Blumenliebhaberei der Engländer an Hand einiger Abbildungen zu sprechen kommen.

Beim Besuch der Ausstellung fiel mir zunächst unwillkürlich der hohe Eintrittspreis auf; er betrug pro Person $2^1/_2$ sh. (= $2^1/_2$ M); auf der „Temple Show“ sogar 10 sh. am ersten Tage, was ein deutlicher Beweis für das große Interesse der Engländer für alles ist, was mit dem Gartenbau zusammenhängt. Kennzeichnend für alle hiesigen Ausstellungen ist auch deren einfache Aufmachung. Schon außerhalb vermißte ich jegliche Anpreisung, Dekoration usw.; es ist das eine dem Engländer auch auf anderen Gebieten eigene, ohne Zweifel gut angebrachte und nachahmenswerte Sparsamkeit, die jedenfalls nicht minder dazu beigetragen hat, ihm, dem von Natur aus gewiegten Geschäftsmanne, in bezug auf den Welthandel eine der ersten Stellen zu erobern. Dieselbe Einfachheit erstreckte sich auch auf die inneren Räumlichkeiten der Halle, doch verschwand sie hier mehr oder weniger unter dem überwältigenden Eindruck, der in allen erdenklichen Farben ausgestellten und vorteilhaft angeordneten Schnittblumen und Bindereien. In der Tat, ein reizender Anblick!

Beim Eingange, wo jeder Besucher einen ausführlichen Katalog kostenlos erhielt, wurde das Auge gleich auf einen in der Mitte des Raumes stehenden Pavillon gelenkt, dessen ganzes Holzmaterial mit den verschiedensten Farben der *Lathyrus* unter sorgfältiger Berücksichtigung des Farbenspieles leicht bekleidet und mit *Asparagus*, *Medeola* und *Gypsophyla* geschmackvoll garniert war. Dasselbe kann von den beiden Laubengängen rechts und links gesagt werden, die, ausschließlich mit *Lathyrus* geschmückt, dem Gesamtbilde ein vornehmes Gepräge verliehen. Die große Menge der Schnittblumen selbst war in allerlei Wassergefäßen untergebracht und sortenweise auf langen Tischen angeordnet, deren Belag größtenteils aus weißen Tüchern bestand.

Was nun die Leistungen der verschiedenen Firmen selbst anbelangt, so sah man hervorragende Varietäten und Neuheiten bei den Spezialfirmen Eckford, Carter, Cannell, Clark, King, Baker, Dobbie, Webb u. a. Die einzelnen Sorten jedoch alle hier aufzuzählen, würde zu weit führen. Immerhin möchte ich nicht versäumen, einige der besten Neuheiten zu erwähnen, von denen, nebenbei bemerkt, jedes Samenkorn jetzt noch etwa 15 bis 20 Pfg. kostet. Vor allem verdient die *White Countess Spencer* mit ihren großen, reinweißen, gefransten Blumen volle Anerkennung; außerordentlich gut gefielen mir ferner: *Lord Nelson*, tiefdunkellila; *Miß Willmott*, feurigrosa; *Helen Pierce*)*, hellblau mit dunkel-

*) Siehe Farbentafel in No. 15 dieses Jahrganges.

blauen Adern; *Constance Oliver*, hellrosa, gefranst, großblumig; *Helen Lewis*, karminrot, sehr großblumig; *St. George*, feuriglachsrot; *Amerika*, weiß, gefranst mit roten Adern; *Prince Olaf*, hell mit dunkelblau; *Chrissie Unwin*, hellscharlachrot; *Paradies Ivory*, cremefarbig; *Rosie Adamies*, violett mit lila; *Henry Eckford*, orangerot; *Phenomenal*, zarthellblau mit dunklem Rand; *Dora Breadmore*, cremefarbig, großblumig; *Clarks Ducheß*, tieflachsrot; *Glorie of Paris*, rosigscharlach; *Grenadier*, brillantscharlach; *Princeß Victoria* und *Sunrise*, beide leuchtendrosa; *Miß E. King*, rosakarmin, gewellt; *Ella Dyke*, fein weiß, gewellt; *Clara Curtis*, gelb, gewellt; *Mrs T. Baker*, bronzegelb; *Mrs Foster*, lavendelblau mit leichtem Mattrosa; *Miß Doris*, großblumig, feurigrosa; *Duke of Westminster*, rosaviolett u. a. m.

Sämtliche genannten Sorten sind erstklassig, preisgekrönt und zeichnen sich nicht nur durch die prächtige Farbenreinheit, sondern auch durch Größe der Blumen aus, welch letztere meist zu drei bis vier an straffen, langen Stielen sitzen, daher für die Binderei von unschätzbarem Werte sind. Einige noch unbenannte Sämlinge, deren Grundfarbe das jetzt so moderne Lila ist, zeigte die Firma Gilbert and Son.

Schließlich erübrigt sich nur noch die Binderei und Dekoration zu streifen. Zum ersten Male hatte ich Gelegenheit, die englische Binderei näher zu beobachten. Es waren allerliebste Phantasiezusammenstellungen, runde und einseitige, lose Sträuße, sowie geschmackvolle Tafeldekorationen vertreten, meist in einer Farbe gehalten. Ganz besonders gefiel mir die aparte Farbenharmonie, die bei der Verwendung des erforderlichen Schnittgrüns wirklich vorteilhaft berücksichtigt wurde und in der Tat einen feinen kunstsinnigen Geschmack verriet. Diese Leistungen stammten merkwürdigerweise nur aus Privathänden, während die obengenannten Firmen mit ihren Neuheiten je eine Gruppe Anstecksträußchen zur Schau brachten, die mir aber ihrer plumpen Anordnung wegen absolut nicht gefallen konnten. Wie ganz anders sehen doch unsere gefälligen, zierlichen Ansteckssträußchen aus! An Bedarfsartikeln aller Art für Binderei etc. fehlte es natürlich auch nicht; so entdeckte ich u. a. ein leichtes rundliches Gestell aus feinem Draht, in dessen unregelmäßig angebrachte Ringe man die einzelnen Blumen zu einem Strauße zusammensteckte, deren Stiele unten in einem kleinen, flachen Gefäß gleichmäßig zusammenkommen, welch letzteres dann in das für die Aufnahme der Blumen bestimmte Wassergefäß gestellt wird und bei Bedarf jederzeit entfernt werden kann; also ein Vorteil der lockeren Blumenanordnung und des bequemen Wasserwechsels. Im Uebrigen aber legte die ganze Ausstellung, deren Besuch trotz des sehr heißen Nachmittags ein äußerst reger war, ein glänzendes Zeugnis von dem unermüdlichen Eifer und dem regen Fortschritte der englischen Gärtner ab, die bekanntlich auch auf anderen Gebieten des Gartenbaues eine hervorragende Stellung in Europa behaupten können.

Die Gartenbauausstellung in Duisburg.

Vom Herausgeber.

Zu den schönsten Nachtfahrten gehören diejenigen von Berlin über Hannover durch das rhein.-westf. Industriegebiet. Wer eine solche Nachtfahrt von Beckum über Hamm, Dortmund, Langendreer, Bochum, Steele, Essen, Mülheim (Ruhr) bis Duisburg einmal mit offenen Augen zurückgelegt hat, die gewaltigen, geisterhaft auftauchenden und wieder verschwindenden Feuersäulen der Hochöfen auf das Gemüt einwirken ließ, wessen Augen bewundernd über die Riesenbetriebe des Kohlenbergbaues und der Eisenindustrie mit ihren Tausenden von himmelanstrebenden Schloten schweiften, dem werden die hier empfangenen Eindrücke von deutschem Streben und deutschem Unternehmungsgeist in dauernder Erinnerung bleiben.

Als ich am frühen Morgen in Duisburg den Zug verlassen und mich durch ein kühles Bad vom Kohlenstaub gereinigt hatte, zeigte sich mir die Welt in lebensfrischen Farben. Duisburg ist eine der freundlicheren Industriestädte mit hübschen Anlagen, niedlichen Wohnhäusern und prächtigen Gärten.

Wie in Oberschlesien, dem anderen Zentrum der Eisenindustrie und des Kohlenbergbaues, so sind auch hier die Nachbarstädte durch ein Netz elektrischer Straßenbahnen mit einander verbunden. Mit einer solchen Bahn, die, an herrlichen, oft inmitten alter Parks liegenden Villen vorüber, in etwa einstündiger Fahrt nach Düsseldorf führt, erreicht man in wenigen Minuten das Ausstellungsgelände mit dem Parkhause Grunewald. Dem Fremden ist und bleibt es rätselhaft, was dieser Gegend, von welcher man nicht behaupten kann, daß man vor lauter Bäumen den Wald nicht sehen könne, solche Bezeichnung eingetragen hat.

Die ausgedehnten Ausstellungsanlagen sind auf völlig baumloser Fläche angelegt, welche in zwei Teile, einen tiefliegenden und einen hochgelegenen zerfallen, die ein breiter, mehrfach überbrückter Bachlauf trennt.

Dem Mannheimer Vorbilde folgend, haben sich die guten Duisburger nicht etwa einen der hervorragenden rheinisch-westf. Gartenkünstler, sondern den Professor Behrens verschrieben, unter dessen Leitung die gärtnerischen Anlagen zur Ausführung gelangten. Dies Verfahren ist um so verwunderlicher, als es sich hier um eine Veranstaltung zweier Berufsvereine, des Vereins selbständiger Gärtner in Duisburg und des Gartenbauvereins für Ruhr und Rhein in Duisburg-Ruhrort handelt. Die Ausstellung war ursprünglich für die Zeit vom 15. August bis 12. Oktober festgesetzt, wurde aber schließlich in völlig unfertiger Verfassung bereits am 1. d. M. eröffnet. In allen Teilen des Geländes tobten am 4. d. M. noch Tischler und Zimmerleute, welchen die Hauptleistung an dieser Veranstaltung zufällt, denn Holzarchitektur ist natürlich Trumpf, die Gärtner kommen erst in zweiter Linie, ihre Pflanzen sind nur Staffage. Wenn man in Duisburg einem Kunstprofessor Gelegenheit bieten wollte, seine gärtnerische Unfähigkeit in unanfechtbarer Weise zu bekunden, so ist dies glänzend erreicht worden.

Das Hauptgelände liegt vom Eingange aus links am erwähnten Bache und wird durch eine Längsachse in zwei Teile zerlegt, die wieder in Einzelgärten zerfallen. Diese Gärten, als deren Aussteller fast durchweg wenig bekannte Duisburger Landschafts- und Friedhofsgärtner figurieren, bieten absolut nichts, sie bleiben sogar in jeder Beziehung weit hinter ihren Mannheimer Vorbildern zurück, an welche sich manche Anklänge finden, so verschiedene länglich-viereckige Wasserbassins als Ersatz der Gartenteiche, Laubengänge, darunter einer aus Knüppelholz, während der Aufbau eines anderen mit spanischem Rohr und Tonkinstäben abgedeckten eine romanische Säulenfassade vorzutäuschen scheint. Ein gewisses Interesse bietet lediglich eine kleine, botanische Anlage. Bildwerke sind nur spärlich und nur in Fabrikware vertreten. Den gewaltigen Elch der Mannheimer Ausstellung ersetzt hier ein dürstender Edelhirsch (Sechsender) mit ganz unmöglichem, jedenfalls aber hochmodernem Geweih. Der ganzen Gestaltung des Geländes fehlt jede Einheitlichkeit, es mutet unsagbar kahl und öde an; aufdringlich treten überall zwischen den dürftigen Baumkronen die grellweiß gestrichenen Holzarchitekturen hervor. Etwa im Zentrum des Geländes steht der Hauptbau, ein kurioses Gartenhaus, dessen schmächtigen Unterbau ein riesiges, spitzwinkeliges, mit knallroten Ziegeln abgedecktes Satteldach buchstäblich erdrückt, während eine „gewaltige", in ganz naturwidriger Weise angepinselte Felsenanlage den Abschluß bildet. Bei näherem Zusehen findet man, daß diese Felsenberge aus einem mit Packleinen überspannten Holzgerüst bestehen und im Inneren das Hauptrestaurant enthalten. Bemerkenwertes an Stauden, Laub- und Nadelhölzern ist nicht vorhanden, die Blumenbeete zeigen ganz unmögliche, jeder Farbenharmonie Hohn sprechende Zusammenstellungen, einige derselben können nur als bepflanzte Erdhaufen bezeichnet werden, während die Obstgärten mit meist fehlerhaften Pyramiden und Spalieren bepflanzt sind.

Ueberschreiten wir den Bach, so gelangen wir in den zweiten Teil des Geländes, der den riesigen Vergnügungspark enthält. Eine steile Böschung und ein schmaler Geländestreifen mit einigen Gewächshäusern sind hier noch gärtnerisch verwertet. Große quadratische Beete inmitten des Rasens, teils bepflanzt mit schlechten Astern, teils in dichter Reihensaat mit *Tropaeoleum*, Mohn u. a. bestellt und von Ackerschachtelhalm durchwuchert, scheinen anzudeuten, daß hier, wenn alles klappt, zum Herbste ein sogen. Farbengarten entstehen soll. Auch ein stufenförmig angelegtes Fuchsienturmbeet befindet sich hier als Anklang an ähnliche Erdhaufen der Mannheimer Ausstellung.

Die hier obenstehenden Gewächshäuser, auch die weiteren am Haupteingange gelegenen, enthalten Handelspflanzen, die sich weder durch Seltenheit, noch durch gute Kultur auszeichnen, so Fuchsien, Pelargonien, Lobelien, Begonien, Farne, darunter *Nephrolepis Piersoni* mit zahlreichen, in die Stammart zurückgeschlagenen Wedeln, *Asparagus*, schlechte Anthurien, sowie Bromeliaceen, die sicher direkt aus Belgien kamen.

Eine sogenannte Sonderausstellung befand sich im Parkhause und in einem angrenzenden Zelte. Den größten Teil des Parkhauses füllten die sehr guten Palmen und Araukarien von Jac. Beterams Söhne, Geldern. Hier sahen wir auch eine Gruppe der herrlichen, neuen *Astilbe Arendsii* von Georg Arends, Ronsdorf, auf welche Neuheit wir später in Wort und Bild zurückkommen. Was sonst noch von Topfpflanzen vorhanden, war nicht erwähnenswert und teils belgischen Ursprungs.

H. Henkel, Darmstadt, hat ein großes, heizbares Bassin mit fremdländischen Wasserpflanzen bepflanzt, die aber noch sehr weit zurück sind.

Alles in allem bietet diese Ausstellung gärtnerisch herzlich wenig, sie ist eine künstlerisch vollständig verunglückte Lokalveranstaltung in großem Maßstabe, von welcher sich erste Firmen mit ganz vereinzelten Ausnahmen fern gehalten haben. Durch Heranziehung tüchtiger Landschaftsgärtner hätte sich mit Gehölzen und Stauden Herrliches schaffen lassen.

Wer sich am Fiasko eines Allkünstlers erbauen will, wer sehen will, wie eine Ausstellung nicht gemacht werden soll, der fahre nach Duisburg, er wird sicher auf seine Rechnung kommen.

Bücherschau.

Pflanzenzüchtung. Von Hugo de Vries, Professor der Botanik an der Universität Amsterdam. Unter Mitwirkung des Verfassers nach der zweiten, verbesserten Originalauflage übersetzt von Alexander Steffen. Mit 113 Textabbildungen. Berlin 1908. Verlag von Paul Parey. Preis geheftet 8 M.

Ueber die Forschungen des Professors Hugo de Vries auf dem Gebiete der Pflanzenzüchtung, namentlich über seine Mutationstheorie, nach welcher die Eigenschaften der Organismen aus scharf voneinander unterschiedenen Einheiten aufgebaut sind, zwischen welchen es keine Uebergänge gibt, ist auch in deutschen Zeitschriften schon häufig berichtet worden. Diese Mutationstheorie, die gegenüber der Selektionstheorie viel für sich hat, umfaßt außer der Lehre von der Entstehung der Arten auch diejenige von der Entstehung der Bastarde. Wenn auch die vorliegende, vorzüglich übersetzte und einheitlich illustrierte Schrift in erster Linie für landwirtschaftliche Kreise berechnet ist, da sie sich sehr eingehend über Getreide- und Maiszüchtung verbreitet, so wird ihr Studium doch auch dem gebildeten Gärtner, namentlich dem Neuheitenzüchter, nützlich sein. Von besonderem Interesse für die gärtnerische Praxis ist in diesem Buche der Abschnitt über den, meiner unmaßgeblichen Ansicht nach, übrigens von de Vries stark überschätzten sogen. „Pflanzenzauberer" Luther Burbank, dessen Züchtungen fast ohne Ausnahme für unsere deutschen Verhältnisse gar keinen oder doch nur geringen Wert besitzen. De Vries hat Burbank, den eine ihm durch die Carnegiestiftung auf 10 Jahre bewilligte Beihilfe von jährlich 10000 Dollar in den Stand setzt, ganz seinen Züchtungsversuchen zu leben, 1906 in Santa Rosa persönlich aufgesucht; er gibt eine eingehende Schilderung des Lebens und Strebens dieser interessanten Persönlichkeit und seiner Zuchtmethoden. Dieser Abschnitt nimmt allein 165 Seiten von den 298 Textseiten des Buches ein, das sich aus folgenden Hauptabschnitten zusammensetzt: I. Entwicklung und Mutation; II. Die Entdeckung der elementaren Arten landwirtschaftlicher Pflanzen durch Hjalmar Nilson; III. Ueber Maiszüchtung; IV. Die Gewinnung gärtnerischer Neuheiten durch Luther Burbank; V. Die Verbindung (Assoziation) von Merkmalen in der Pflanzenzüchtung; VI. Die geogr. Verteilung der Pflanzen. **M. H.**

Deutsches Vogelbuch. Von Dr. Kurt Floericke. Stuttgart, Kosmos, Gesellschaft der Naturkunde. Lieferung 1 bis 6 à 80 Pf.

An die wissenschaftliche Einteilung in Ordnungen, Familien und Gattungen schließen sich Abhandlungen über die wirtschaftliche Bedeutung der Vögel, die, nebenbei bemerkt, namentlich soweit der Nutzen der Singvögel für Landwirtschaft und Gartenbau in Frage kommt, vielfach überschätzt wird. Sehr dankenwerte Kapitel sind jene über Vogelschutz unter Zugrundelegung der von Berlepschschen Methode und über Vogelliebhaberei, welch letzteres in kurzen Zügen über Haltung, Zucht und Krankheiten Aufschlüsse gibt, woran sich Abschnitte über Bau und Eigenschaften des Vogels, die Wanderungen der Vögel, Anleitungen zu ornithologischen Beobachtungen und eine Uebersicht der wichtigsten Literatur schließen. Der spezielle Teil, der durch eine Abhandlung über Sängerköniginnen eingeleitet wird, bringt dann in systematischer Anordnung die Beschreibung der deutschen Vogelarten in knapper Form mit Angaben über Gelege und Verbreitung. Der Verfasser ist in Fachkreisen als hervorragender Ornithologe bekannt, ich lasse es aber dahingestellt, ob das Erscheinen eines derartigen neuen Buches einem Bedürfnisse Rechnung trägt. Was Floericke bieten kann, ist in der Hauptsache in anderen Werken bereits niedergelegt. Der Schwerpunkt dieser Schrift liegt in den farbigen Kunstblättern, von welchen jedes vier Vogelarten, und zwar da, wo die Geschlechter wesentlich verschieden, in beiden Geschlechtern zur Darstellung bringt. Ich kann in diesen Kunstbeilagen eine besondere Leistung nicht erblicken; Bilder ähnlicher Qualität und gleichen Formats sind schon vor Jahren durch den deutschen Lehrerverein für Naturkunde in Stuttgart verbreitet worden und reichen nicht entfernt an die Kunstblätter des von dem verstorbenen Ornithologen Dr. Karl Ruß unter dem Titel „Die Vögel der Heimat" herausgegebenen Prachtwerkes heran. Auch an anderen ganz vorzüglichen ornithologischen Werken, die dem Gärtner, welcher der Vogelwelt Interesse entgegenbringt, wärmstens empfohlen werden können, besteht kein Mangel. Es sei hier nur auf den ornithologischen Teil von „Brehms Tierleben" und auf das meisterhaft geschriebene Buch von Lackowitz „Bilder aus dem Vogelleben Norddeutschlands und seiner Nachbarländer" hingewiesen, dessen Lektüre jedermann, mag er Vogelliebhaber sein oder nicht, einen hohen Genuß bereitet.

Die Einzelbilder der Tafeln des vorliegenden Werkes haben eine verblüffende Aehnlichkeit mit den farbigen Reklamebildern der Liebigs Fleischextraktkompagnie und der Stollwerkschen Schokoladenfabrik und sind, wenn ich nicht sehr irre, schon früher von irgend einem Fabrikunternehmen als Reklamebildchen verbreitet worden. **M. H.**

Ueber die Grundlagen technischer und gesetzlicher Maßnahmen gegen Rauchschäden. Von Prof. Dr. H. Wislicenus. Heft 1 der „Sammlung von Abhandlungen über Abgase und Rauchschäden". Berlin 1908. Verlag von Paul Parey. Preis 1,20 M.

Diese Schrift ist für jene Handelsgärtner von Interesse, deren Kulturen durch die nächste Nähe größerer Fabrikbetriebe, bezw. durch die den Schloten derselben entweichenden giftigen Gase schwer zu leiden haben, was vielfach langwierige Prozesse zur Folge hat. Verfasser erläutert, daß zur Abwehr dieser Schäden wenig, zur Verhütung an der Rauchquelle dagegen aber noch sehr viel geschehen kann, und daß deshalb künftig die hygienische Aufgabe des Fabrikschornsteines, d. h. die Abfallbeseitigung gegenüber der rein technischen der Luftbeschaffenheit gepflegt werden müsse. „Die letzte Entscheidung," so sagt der Verfasser im Vorwort, „ob auf dieser Grundlage die Abgasschäden völlig oder im wesentlichen verhütet werden, wird natürlich nicht vom Urteil des einzelnen Sachverständigen, sondern nur von der Erfahrung in der Praxis zu erwarten sein." **M. H.**

Im Verlage von Gustav Schmidt, Berlin W. 10, sind kürzlich zwei neue photographische Lehrbücher erschienen. Hiervon bildet **Die Autochrom-Photographie** und die verwandten Dreifarbenraster-Verfahren von Dr. Ernst König, Preis geh. 1,20 M, den 23. Band der „Photographischen Bibliothek". Wichtig für jeden Amateurphotographen ist die zweite, in handlichem Taschenformat in Leinen gebundene Schrift **Photographische Belichtungstabelle Helios** von

P. Eichmann. Preis 2,50 M. Zum Gelingen photographischer Aufnahmen ist bekanntlich die Dauer der Belichtung von höchster Wichtigkeit. Das vorliegende Schriftchen berücksichtigt sämtliche bei der Belichtung maßgebende Faktoren und ermöglicht es dem Liebhaberphotographen, für jede Art des Objektivs, jede Art der Aufnahme und für jede Witterung und Zeit im Jahre die notwendige Belichtungsdauer nach sinnreich ausgearbeiteten Tabellen festzustellen.

M. H.

Aus den Vereinen.

Verein Deutscher Gartenkünstler. Ausflug zur Besichtigung der C. Schultzeschen Baumschule in Zehlendorf. Am 13. Juli unternommen, fiel dieser Ausflug in die Zeit des Urlaubs und der Reisen; da ist es denn kein Wunder, wenn die Beteiligung zu wünschen übrig ließ, trotz der angenehm überraschenden Einladungskarte, die gewiß ein gutes Zeichen war. Nur eine verhältnismäßig kleine Schar hatte sich im Garten der Villa Schultze eingefunden und wurde von der Familie des Besitzers in liebenswürdiger Weise willkommen geheißen. Leider konnte, wie hier gleich erwähnt sei, der Inhaber der Firma, Herr C. Schultze, nicht anwesend sein, und nur im Auftrage übermittelte Grüße und ein Telegramm — beides wurde erwidert — legten in sympathischer Weise Zeugnis ab von dem regen Interesse und der freundlichen Anteilnahme, die beide Parteien verbinden. In einem gemeinsamen Rundgange wurden unter Führung der Herren Schultze sen. und Obergärtner Boschann die ausgedehnten Baumschulanlagen der Firma besichtigt. Der Gesamteindruck war ein ganz vorzüglicher. Wohltuend berührt zunächst die ungemeine Sauberkeit, dann nimmt der Inhalt einzelner Abteile das fachmännische Interesse in Anspruch. Neben Alleebäumen der verschiedensten Sorten, zum Teil in recht starker Ware, sind es besonders die bedeutenden und prächtigen Koniferenbestände — eine Spezialität dieses Etablissements —, die wieder und wieder den Blick auf sich lenkten; ein wertvolles, im einzelnen oft kostbares Material, das in den vielbewunderten *Chamaecyparis Lawsoniana Alumii* wohl für Deutschland einzig sein dürfte. Anerkennung und Dank trug dieser Rundgang der Firma und ihren Vertretern von seiten des Vereins ein; beides sei auch hier noch einmal zum Ausdruck gebracht.

Im Garten der Villa schloß sich dann wieder der Ring und in frohmütiger Laune blieb man zusammen bis zum gemeinsamen Aufbruch in abendlicher Stunde. Nicht einer fehlte! — Wie das kam? Ueber der ganzen, im edelsten Sinne gastfreundlichen Aufnahme schwebte vom ersten Moment der Begrüßung bis zum letzten Händedruck ein gewisses Etwas, das zu verbreiten nur einzelnen Bevorzugten vergönnt ist, dann aber zu dem Köstlichsten gehört, was gesellschaftliches Beisammensein bieten kann, und dafür gebührt den Damen des Hauses im besonderen unser Dank. **F. Ulrich.**

Pomona, Verband ehemaliger Oranienburger Gartenbauschüler, veranstaltet seine VI. Haupt- und Jahresversammlung in Düsseldorf am 30. August, nachmittags 3 Uhr, im Restaurant „Rheinhof", Benrather Straße. Alle Ehemaligen und Freunde sind herzlich willkommen. Näheres durch die Geschäftsstelle, Berlin O. 27, Wallnertheaterstraße 3.

Der **Gärtnerverein Rosa, Augsburg,** feiert am 5. September sein 25jähriges Stiftungsfest, wozu er alle ehemaligen Mitglieder, Freunde und Bekannte herzlich einladet. Nach Angabe ihrer Adresse wird denselben das Programm zugesandt.

Tagesgeschichte.

Borgholzhausen. Das kleine Moor, welches in früheren Zeiten zum Rotten des Flachses benutzt wurde, soll als Stadtgarten im Laufe der Jahre zur Zierde des Ortes angelegt werden. Besonders malerisch wird der Teich wirken, mit dem eine Badeanstalt zweckmäßig verbunden werden kann.

Göppingen. Der Gemeinderat beschloß zur parkartigen Anlegung des vor kurzer Zeit in städtisches Eigentum übergegangenen früheren Staatswaldes „Oberholz" die Stuttgarter Gartenarchitekten Berz & Schwede als Sachverständige heranzuziehen.

Ohrdruf. Auf dem Gelände, das als Lager für den Truppenübungsplatz eingerichtet wird, soll ein Park angelegt werden, der unweit der Stadt, nördlich der Arnstädter Straße, zu liegen kommt. Es ist hierzu ein ziemlich umfangreicher Grundstückskomplex in Aussicht genommen, der mit Laubbäumen bepflanzt werden soll.

Sulzbach (Kr. Saarbrücken). In der letzten Gemeinderatssitzung wurde eine Erweiterung des Friedhofes in Altenwald beschlossen. Die in Frage kommenden Ländereien sollen vom Forstfiskus durch Tausch gegen anderes Gemeindeland erworben werden.

Rixdorf. Hier wird eine neue Laubenkolonie auf städtischem Gebiete angelegt. Der Magistrat will zu diesem Zwecke sein Grundstück zwischen der Hermann- und der Fontanestraße parzellieren. Die etwa 15 Geviertruten großen Teilstücke sollen Rixdorfer Bürgerfamilien zur Anlegung von Gärten für 5 M überlassen werden.

Personal-Nachrichten.

Kittel, Georg, Friedhofsinspektor in Düsseldorf, feierte am 18. d. M. sein 25jähr. Jubiläum als Leiter der Düsseldorfer Friedhöfe.

Nach Verlassen des Gymnasiums trat Kittel im Jahre 1867 bei Schiebler & Sohn in Celle in die Lehre und besuchte nach Beendigung seiner Lehrzeit im Jahre 1870 das Kgl. Pomologische Institut zu Proskau. Durch Ausbruch des Krieges wurde er aus seinen Studien herausgerissen und machte den Feldzug als Einjährig-Freiwilliger des 75. Infanterie-Regiments mit. Mit dem Ende des Krieges wurde er mit der Befähigung zum Reserveoffizier entlassen und ging wieder nach Proskau, um seine Studien fortzusetzen und im Jahre 1873 abzuschließen. In diesem Jahre ging er zu van Geert nach Gent in Stellung und trat im Herbst desselben Jahres zur Bereicherung seiner Kenntnisse eine Reise durch Holland und Belgien an, die er schließlich bis nach England ausdehnte. In England war er vorübergehend tätig bei Th. Ware, Tottenham bei London, später bei Waterer in Knaphill-Surrey und schließlich bei F. Fraser in Walthamston. Im Jahre 1875 nach Deutschland zurückgekehrt, konnte er im Kgl. Treibrevier zu Sanssouci bei Potsdam arbeiten und später eine Stellung als Gehilfe für Orchideenkultur im Kgl. Botanischen Garten zu Berlin annehmen. Im Frühjahre 1877 trat er bei Domänenpächter Schaum in Büdingen in dessen seinerzeit sehr umfangreiche Baumschulen als Leiter ein und folgte im Herbst desselben Jahres einem Rufe nach Erfurt, wo er als Obergärtner zunächst bei J. C. Schmidt, und später bei Haage & Schmidt tätig war. Seit dem 1. Juli 1880 wirkte er als Obergärtner und Lehrer an der Gartenbauschule der „Flora" in Köln. Am 18. August 1883 verließ er diese Stellung, um einem Rufe nach Düsseldorf als Leiter der Friedhöfe zu folgen, und legte daselbst zunächst den jetzigen Nordfriedhof an. Während seiner 25jährigen Tätigkeit wurden nicht allein Verschönerungen der vorhandenen Anlagen nach seinen Ideen vorgenommen, sondern auch Neuanlagen und Erweiterungen von ihm mustergültig ausgeführt. Ueberhaupt erfuhr das ganze Beerdigungswesen in Düsseldorf durch ihn durchgreifende Verbesserungen, die vielen anderen Friedhofsverwaltungen zum Vorbilde wurden. — Möge es dem Jubilar vergönnt sein, noch lange Jahre segensreich weiter zu wirken!

Ohrt, Carl, Direktor des Bürgerparkes in Bremen, ein bekannter, hervorragend befähigter Fachmann, † am 12. d. M. im 56. Lebensjahre an einem Herzschlage.

Olbrich, Prof. Josef, † am 8. d. M. in Darmstadt im 40. Lebensjahre. Der Verstorbene, ein hervorragend begabter Architekt, der sich besonderer Gunst des Großherzogs Ernst Ludwig erfreute, hat sich auch als Gartenkünstler zu betätigen versucht und ist durch seine vielumstrittenen Farbengärten weiteren gärtnerischen Kreisen bekannt geworden.

Rimann, Carl, bisher Obergärtner der Besitzung Waldfried bei Frankfurt a. M., wurde zum 1. September als Kgl. Obergärtner und Gartenbaulehrer an das Kgl. Pomologische Institut zu Proskau (O.-Schl.) berufen.

Tams, Adolf, Gutsgärtner zu Stubbe im Kreise Eckernförde, erhielt das Allgemeine Ehrenzeichen.

Berlin SW. 11, Hedemannstr. 10. Für die Redaktion verantwortlich Max Hesdörffer. Verlag von Paul Parey. Druck: Anhalt. Buchdr. Gutenberg e. G. m. b. H., Dessau.

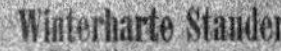

Winterharte Stauden

zur Schnittblumengewinnung, zur Ausschmückung von Gärten und Parks, Grotten, Felspartien und Teichen.

Winterharte Freilandfarne und Eriken.

Bewährte Edel-Dahlien.

Spezialität: Samen und Sämlinge von

Primula obconica „Ronsdorfer Hybriden“.

Samen von Stauden und Sommerschnittblumen. [17

Preislisten auf Anfrage.

Georg Arends

Staudengärtnerei

Ronsdorf (Rhld.).

Nur einmal machen Sie einen Versuch und überzeugen Sie sich, dass meine [1176

Farmer-Zigarre

zu 14 M, 18 M und 25 M pro 1000 Stück, elegant verpackt, ca. 9 cm lang, wirklich gut und billig ist. Um meine Leistungsfähigkeit noch weiter überzeugend zu beweisen und mir zu meinen vielen Kunden noch mehr treue Freunde zu erwerben, versende ich zur Probe

300 Farmer in drei Sorten sowie **50 verschiedene gute Fabrikate** für nur zusammen **7.50 Mark** per Nachnahme.

Garantie: Rücknahme oder Umtausch, daher beste Gelegenheit zum billigen Einkauf und kostenlosen Versuch. Bitte zu bestellen bei

P. Pokora, Zigarrenfabrik,
Neustadt, Westpreussen, No. 238 B.

Paeonia sinensis!

Chinesische Paeonien!

Die beste Pflanzzeit ist im Herbst!

Die neue beschreibende Paeonienliste unserer reichen Sorten-Auswahl wird auf Anfrage frei gesandt! [8

Goos & Koenemann

Grossh. Hess. Hoflieferanten

Nieder-Walluf bei Wiesbaden

Staudenkulturen und **Baumschulen** für Obstbäume, Koniferen, Rosen und Ziergehölze.

Rosenzucht W. Hinner

Lohausen-Düsseldorf.

Neueste Rosen für 1908 laut Liste.
Beste Neuheiten von 1905, 06, 07.
Elite-Auswahl älterer Sorten.
Rosen-Hochstämme. Prachtware.
Niedrigste Preise. Reellste Bedienung.
Garantiert sortenecht.
Verzeichnis franko. [763

J. MALICK & COMP.

Eisenkonstruktionen und Wasserheizungen.

Begründet 1867. Aeltestes Geschäft der Branche.

Spezialitäten:

Wintergärten, Gewächshäuser in Holz und Eisen, Veranden, Dach-Konstruktionen, Gitter, Fenster u. dgl. Warmwasserheizungen, Bewässerungs-Anlagen für Park und Garten.

Grösstes Lager Berlins in freistehenden Gliederkesseln.

Katalog und Kostenanschläge zu Diensten. [1194

BERLIN O. 34, Rigaerstrasse No. 98.
Tel.-Amt VII 2613.

Clyvien

fein dunkelgrün, [15
3jährig per % 25 M, %₀ 220 M
2 „ „ % 15 „ %₀ 120 „

Selaginella

1jährig % 15 M, %₀ 120 M.

Otto Schalk, Heddernheim bei Frankfurt am Main.

C. L. Klissing Sohn
Barth (Prov. Pommern).

Caladien mit bunten Blättern. Die Sammlung enthält über 350 Sorten, einschliessend Neuheiten für 1908. 10 bis 25 Sorten im Doppelbrief (Kästchen) zu verschicken zu Mark 7,50 und 15 Mark und teurer. Feine Sorten à Sorte von Mark 1 bis Mark 5. Beschreibende Liste umsonst und postfrei. Versand nach allen Ländern.

Victoria-Regia-Haus des Königlichen Berggartens in Herrenhausen, wurde im Jahre 1906 von uns erbaut und mit Heizung, die von einem Gegenstromgliederkessel betätigt wird, ausgerüstet.

Gustav Röder

G. m. b. H.

Langenhagen vor Hannover. [49

Moderne Gewächshausbauten
Zentralheizung aller Systeme.

Stets grosses Lager an Kesseln und Frühbeetfenstern.

Gegründet 1876.

Auf allen Ausstellungen prämiiert. Letzte Auszeichnung goldene Medaille Jubiläums-Ausstellung Cassel 1907.

Feinste Referenzen.

Fernsprecher 1276.

Telegramm-Adresse: Röder Langenhagen.

Vertreter für Rheinland und Westfalen: **Leo Seegers, Dortmund, Altestrasse 31.**

Druck der Anhaltischen Buchdruckerei Gutenberg e. G. m. b. H. in Dessau.

Illustrierte Wochenschrift für den gesamten Gartenbau.

Herausgeber: Max Hesdörffer-Berlin.

Erscheint jeden Sonnabend.
Monatlich eine farbige Kunstbeilage.

Bezugsbedingungen:
Durch jede Postanstalt bezogen Preis 2.50 M. vierteljährl. In Österreich-Ungarn 3 Kronen. Bei direktem Bezug unter Kreuzband: Vierteljährlich 3 M. Im Weltpostverein 3.75 M. Einzelpreis jeder Nummer 25 Pf.

Bei ohne Vorbehalt eingehenden Beiträgen bleibt das Recht redaktioneller Änderungen vorbehalten. Die Honorarauszahlung erfolgt am Schlusse jeden Vierteljahrs.

Anzeigenpreise:
Die Einheitszeile oder deren Raum 30 Pf.; auf der ersten und letzten Seite 50 Pf. Bei grösseren Anzeigen und Wiederholungen steigender Rabatt. Beilagen nach Übereinkunft. **Anzeigen in der Rubrik Arbeitsmarkt** (angebotene und gesuchte Stellen) kosten für Abonnenten einmalig bis zu 10 Zeilen Raum M. 1.50, weitere Zeilen werden mit je 30 Pf. berechnet. Erfüllungsort auch für die Zahlung: Berlin.

Adresse für Verlag und Redaktion: Berlin SW. 11, Hedemannstrasse 10.

XII. Jahrgang No. 48.	Verlag von Paul Parey, Berlin SW. 11, Hedemannstr. 10.	29. August 1908.

Illustrierte Wochenschrift für den gesamten Gartenbau.

Jahrgang XII. 29. August 1908. No. 48.

Pflanzendüngung.

Düngungsfragen.

Bericht über den Erfolg einer Reihe von Düngungsversuchen bei Freiland-Gemüsekulturen.

Von **Brehmer**, Altona.

(Hierzu elf für die „Gartenwelt" gefertigte Abbildungen.)

Im Sommer 1907 stellte ich zur Beantwortung einer Reihe von Düngungsfragen auf dem von der Handwerker- und Kunstgewerbeschule zu Altona eingerichteten Versuchsfelde einige Düngungsversuche an. Sie hatten den Zweck, den Düngewert einiger künstlicher Dünger und des Stallmistes festzustellen und eine Reihe von theoretischen Grundsätzen praktisch zu erhärten. Zunächst sollte die durch eine Stallmistdüngung zu erreichende Ertragssteigerung gegenüber ungedüngten Parzellen festgestellt werden, dann sollte erprobt werden, wie stark der Ertrag einer Stallmistdüngung durch die Beigabe von Kalk erhöht werden kann, ferner, wie sich die Wirkung einer Düngung mit wasserlöslichen, künstlichen Düngern wie Chilisalpeter, Superphosphat und 40prozentigem Kalisalz zur Wirkung des Stallmistes stellt, und schließlich sollte festzustellen versucht werden, ob die reineren Albertschen konzentrierten Nährsalze noch einen höheren Ertrag erzielen können.

Reihe 4. Krupbohnen. Reihe 5.

Krupbohnen.
Reihe 1. Reihe 2. Reihe 3.

Die Anordnung des Versuchs war folgende:

Reihe 1 blieb ungedüngt
„ 2 erhielt eine Stallmistdüngung
„ 3 „ „ „ und eine Kalkdüngung in Stärke von 30 kg feingemahlenem, kohlensaurem Kalk per 100 qm
„ 4 30 kg kohlensauren Kalk, 4 „ 40 proz. Kalidüngesalz, 3½ kg 18 proz. Superphosphat, 4 kg Chilisalpeter } pro 100 qm
„ 5 erhielt 30 kg kohlensauren Kalk und 5 „ Alberts Nährsalz W G.

Zu den einzelnen Reihen ist folgendes zu bemerken:

Für die Stallmistparzellen (Reihe 2) wurde Pferdemist verwendet, bei dem Torfstreu als Streumaterial gedient hatte. Nach Dr. Otto*) enthalten

*) Grundzüge der Agrikulturchemie.

	Stickstoff	Kali	Kalk	Phosphorsäure
Frischer Pferdekot mit Streu:	0,58%	0,53%	0,21%	0,28%
„ Rinderkot „ „ :	0,34%	0,40%	0,31%	0,16%

Stallmist enthält also alle Nährstoffe, welche die Pflanzen zu ihrer Ernährung nötig haben und zwar ungefähr in dem Mengenverhältnis, wie es dem Nährstoffbedürfnis der meisten Kulturpflanzen entspricht. Allerdings ist die Form, in welcher der Stallmist die Nährstoffe enthält, nicht dem Aufnahmevermögen der Pflanzen entsprechend. Das Kali ist allerdings zum großen Teil in wasserlöslicher Form in ihm enthalten, die Phosphorsäure und der Stickstoff dagegen sind zunächst in unlöslicher Form vorhanden. Erst langsam nehmen diese beiden Nährstoffe durch chemische Umsetzungen im Boden, zum Teil unter Mitwirkung von Bakterien, eine Form an, wie sie dem Aufnahmevermögen der Pflanzenwurzeln entspricht. Will man daher eine schnelle Wirkung durch eine Düngung bei schnellwachsenden Kulturen erzielen und beabsichtigt man nur eine Zuführung von Nährstoffen durch die Düngung,

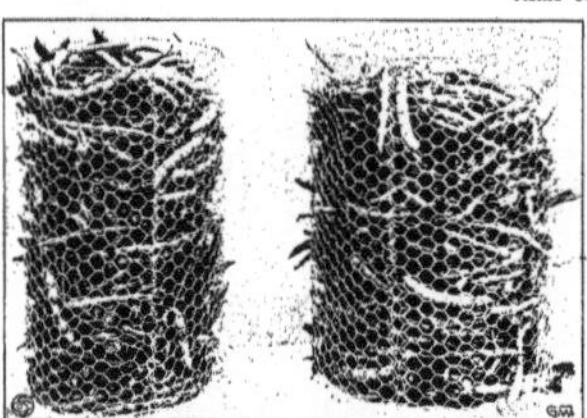

Reihe 4. Schneidebohnen. Reihe 5.

so ist, zumal eine Stallmistdüngung einen bedeutenderen Kostenaufwand erfordert, eine Düngung mit Stallmist nicht die zweckmäßigste. Es darf allerdings nie außer acht gelassen werden, daß eine Stallmist- (oder auch eine Grün-)Düngung überall da am Platze ist, wo auch eine physikalische Verbesserung des Bodens erzielt werden soll. Zur besseren Bindung der Sandböden und zur Lockerung der schweren Lehm- und Tonböden ist Stallmist unerläßlich; kann man auch zwischen Streumaterial wählen, so ist Stallmist mit Torfstreu für Sandböden, mit Stroh als Streumaterial für Lehmböden, stets das angebrachteste und kaum durch eine künstliche Düngung zu ersetzen.

Hat man nun einen mittelleichten Boden zu düngen, bei dem man auch zur Verbesserung seiner physikalischen Beschaffenheit Stallmist verwenden will, und will man eine schnellere Wirkung erzielen, so kann man die schnellere Umsetzung der unlöslichen Nährstoffbestandteile des Stallmistes durch eine gleichzeitige Kalkdüngung erreichen (Reihe 3). Die Umsetzung der unlöslichen Nährstoffe, besonders der stickstoffhaltigen organischen Stoffe, geht unter dem Einflusse kleinster Lebewesen in Gestalt von Bakterien vor sich, und es hat sich gezeigt, daß hierfür die Gegenwart von kohlensaurem Kalk von großer Wichtigkeit ist. Dabei setzt sich der organische Stickstoff

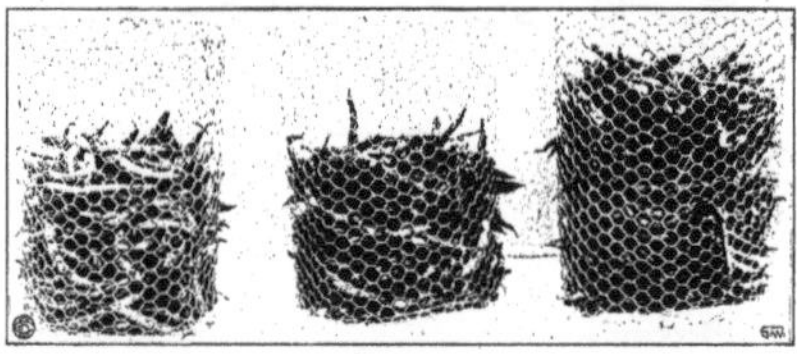

Reihe 1. Schneidebohnen. Reihe 2. Reihe 3.

in Ammoniak und schließlich in Salpeter um, und dieser bezw. der entstehende Kalksalpeter ist gerade die aufnehmbare Form des Stickstoffes, die bei Anwesenheit von Kalk schneller im Boden entsteht, als ohne diesen. Durch diese schnellere Umsetzung unlöslicher Nährstoffe in lösliche muß also die Wirkung der Stallmistdüngung gehoben werden.

Bei guten humosen Böden (Gartenböden) wird eine Düngung mit künstlichen Düngemitteln, welche die Nährstoffe in wasserlößlicher Form enthalten, stets einer Stallmistdüngung vorzuziehen sein. Vor allem ist dabei zu beachten, daß die Düngung sämtliche Nährstoffe zuführt, welche die Kultur benötigt. Nur langsam wachsende Kulturen, etwa Obstkulturen, kann man anweisen, den einen oder anderen Nährstoff, an dem der Boden reich ist, sich aus diesem zu entnehmen; bei schnell wachsenden Kulturen wirkt

Petersilienwurzeln. Reihe 1—5. (Von links nach rechts.)

der in der Düngung gegebene wasserlösliche Nährstoff stets intensiver als eine noch so große Menge Nährstoff mineralischer oder organischer Natur, den der Boden enthält. Die gangbarsten Arten der künstlichen Stickstoff-, Phosphorsäure-, Kali- und Kalkdünger sind wohl der Chilisalpeter, das Superphosphat, das 40prozentige Kalidüngesalz und kohlensaurer Kalk. Bei den 3 ersten versäume man nie, sich beim Einkauf den Gehalt an Nährstoffen garantieren zu lassen, um sich gegen minderwertiges Material und Schaden zu schützen. Bei Einkauf des kohlensauren Kalkes achte man darauf, daß der Kalk möglichst fein gemahlen ist; grob gemahlener Kalk wirkt langsamer, allerdings auch länger. Bei der Wahl des Kalidüngers ist zu beachten, daß Kainit eine weit größere Menge Nebenbestandteile enthält — meist Chlornatrium —, als das 40prozentige Kalidüngesalz. Chlornatrium ist den Pflanzen nicht gerade zuträglich, verkrustet auch leicht einen zur Verkrustung neigenden Boden und entführt eine ganz bedeutende Menge des im Boden enthaltenen Kalkes in den Untergrund. Im allgemeinen ist das 40prozentige Kalidüngesalz dem Kainit vorzuziehen, wendet man trotzdem Kainit an, so ist er möglichst schon im Herbst aufs Land zu bringen, sodaß während des Winters die schädlichen Nebenbestandteile in den Untergrund gewaschen werden können. Auch ist bei seiner Anwendung die Kalkdüngung zu verstärken. Das 40prozentige Kalisalz wird im allgemeinen im Frühjahre mit dem Superphosphat und der ersten Chilisalpetergabe beim Zurechtmachen der Beete gegeben. Bei der Superphosphatdüngung hat man darauf zu achten, daß zwischen ihr und der Kalkdüngung ein Zeitraum von mindestens 2 bis 3 Wochen liegen muß. Ist dieser Zeitraum kürzer, oder fehlt er ganz, so geht ein großer Teil der wasserlöslichen Phosphorsäure

Porree. Reihe 3—5. (Von links nach rechts.)

für die Kultur verloren, da sie sich dann mit dem Kalk zu einem unlöslichen Phosphat verbindet. Die Kalkdüngung erfolgt bei Sand- und Humusböden am besten in Form von fein gemahlenem, kohlensaurem Kalk im zeitigen Frühjahre. Aetzkalk hat für Humus- und Sandböden eine zu stark aufschließende Wirkung, er ist nur für schwere Ton- und Lehmböden am Platze. Eine Düngung mit Aetzkalk hätte im Herbste zu erfolgen. Für Böden, die als Uebergangsstufe von schweren zu leichten anzusehen sind, ist die Anwendung von „präpariertem Kalkdünger“ angebracht, der in drei Sorten von den Lüneburger Düngekalkwerken hergestellt wird; er besteht aus einer Mischung von Aetzkalk und kohlensaurem Kalk*). Der Chilisalpeter wird am besten in zwei Gaben gegeben; die erste Hälfte (2 kg pro 100 qm) wird mit dem Kalisalz und Superphosphat zusammen beim Zurechtmachen der Beete gegeben, die zweite Hälfte nach dem Auflaufen als Kopfdünger (Reihe 4).

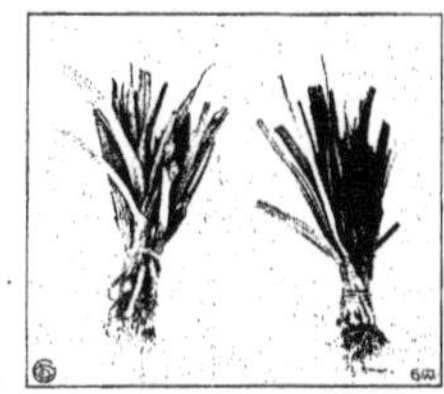

Reihe 1. Porree. Reihe 2.

Die hohen Erträge, die durch eine Düngung mit wasserlöslichen künstlichen Düngemitteln, wie den obengenannten, erreicht werden, lassen sich noch übertreffen. Wie schon erwähnt, enthält das Kainit in sehr hohem Maße, das 40prozentige Kalisalz allerdings schon in geringen Beimengungen Stoffe, die dem Wachstum der Kulturen nicht gerade zuträglich sind. Dieselben Nebenbestandteile (Chlornatrium) sind im Chilisalpeter vorhanden. Führt man jedes Jahr diese Dünger zu, so wirkt diese Zufuhr mindestens mit den Jahren auf die physikalische Bodenbeschaffenheit ein und macht die Böden krustig, auch werden sie so mit Chlornatrium gesättigt, daß eine Schädigung des gesamten Pflanzenwachstums eintritt. Im ersten Jahre wird die schädliche Wirkung dieser Nebenbestandteile allerdings noch nicht in hohem Maße bemerkbar sein. Ebenfalls bedenklich werden kann der Gehalt des Superphosphates an Schwefelsäure, doch käme diese Gefahr wohl nur für empfindliche Kulturen in Frage. Gänzlich frei von diesen schädlichen Nebenbestandteilen sind nun die konzentrierten Nährsalze der Chemischen Werke vorm. H. & E. Albert in Biebrich. Infolge ihres Freiseins von schädlichen Stoffen müssen sie daher, auch wenn sie jedes Jahr angewendet werden, stets die höchsten Ernteerträge erzielen. Im ersten Jahre macht sich die Ueberlegenheit gegenüber den nicht konzentrierten Salzen noch nicht so stark bemerkbar, da die schädlichen Nebenbestandteile der gewöhnlichen Handelsdünger erst bei häufiger Anwendung auf demselben Boden nachteilig wirken. Da die Albertschen Salze keinen Kalk enthalten, muß eine Kalkdüngung vorhergehen.

---

*) Präp. Kalkdünger I enthält 50% Aetzkalk, 50% kohlens. Kalk.
„ „ II „ 33⅓% „ 66⅔% „ „
„ „ III „ 20% „ 80% „ „

Die Anordnung der Versuchsreihen ist oben angegeben. Jedes Beet umfaßt 4 qm. Es ist klar, daß bei dieser geringen Größe der einzelnen Parzellen kleine zufällige Fehler, wie schlechtes Auflaufen der Saat, an einzelnen Stellen Mäusefraß u. a. m., den Erfolg schon entstellen können; in den meisten Fällen konnten jedoch solche Einflüsse sofort festgestellt werden. Die Parzellen, deren Ernteergebnis durch derartige zufällige Ursachen getrübt ist, sind im folgenden als solche bemerkt.

Die Ernteergebnisse waren folgende (von je 4 qm):

	Reihe 1	2	3	4	5
	ungedüngt	Stallmist	Stallmist + Kalk	kohlens. Kalk, Chilisalpeter, 40prozent. Kalisalz, Superphosphat	kohlens. Kalk, WG.
Kopfsalat	900 g	800 g	1350 g	2650 g	1980 g
				(schlecht aufgelaufen!)	
Spinat	2 kg	3 kg	8,5 kg	10,7 kg	11,8 kg
Krupbohnen (Krummschnabel)	5 l	7 l	9 l	13 l	14 l
Folgeerbsen (Verbess. Schnabelerbsen)	1610 g	2550 g	2850 g	4620 g	4620 g
Schneidebohnen (allerläng. Schwert-)	4 l	3 l	6 l	10 l	13 l
Wurzelpetersilie (große glatte Bardowiker)	1,6 kg	4,0 kg	5,7 kg	6,1 kg	8,2 kg
Porree	80 g	80 g	150 g	160 g	280 g
Zwiebeln (Zittauer Riesen)	0,5 kg	0,6 kg	3 kg	4 kg	2 kg
					(schlecht aufgelaufen!)
Wirsing (8 Köpfe) (früh. grün. krauser)	3750 g	4850 g	4950 g	9000 g	11600 g
Weißkohl, 15 Köpfe (Hamburger Markt)	10300 g	17500 g	20900 g	24500 g	28000 g
Rotkohl (7 Köpfe) (Hamburger Markt)	2100 g	3300 g	3900 g	7400 g	7500 g

Der Boden des Versuchsfeldes besteht aus sandigem, humosem Lehm, der Wassergehalt ist ein normaler. Auf den Parzellen der Reihen 4 und 5 scheint die Düngung mit Kalisalzen auch auf die Feuchtigkeitsverhältnisse des Bodens günstig eingewirkt zu haben, infolge der wasseranziehenden Kraft der Kalisalze hatte der Boden dieser beiden Reihen auch bei

Reihe 1. Zwiebeln. Reihe 2.

anhaltender Trockenheit nicht so unter Dürre zu leiden wie die übrigen Reihen. Wäre der Sommer etwas trockener verlaufen, wäre diese Wirkung der Kalisalze wohl noch deutlicher hervorgetreten.

Der Erfolg der verschiedenen Düngungen entspricht den oben angestellten Betrachtungen. Auf humosen Böden, bei denen Stallmist zur Verbesserung der physikalischen Bodenbeschaffenheit nicht mehr gegeben zu werden braucht, ist Stallmist wegen seiner langsamen Zersetzung im Boden für schnellwachsende Kulturen nicht das zweckmäßigste. Will man ihn anwenden, so ist die Zersetzung durch eine Kalkdüngung zu beschleunigen. Düngemittel, welche die Nährstoffe in wasserlöslicher Form enthalten, sind für Humusböden die zweckmäßigsten. Infolge ihres gänzlichen Freiseins von schädlichen Stoffen sind hierbei die reinen konzentrierten Pflanzennährsalze der Chemischen Werke vorm. H. & E. Albert den weniger reinen Fabrikaten wie dem Chilisalpeter, Superphosphat und 40prozentigem Kalisalz vorzuziehen.

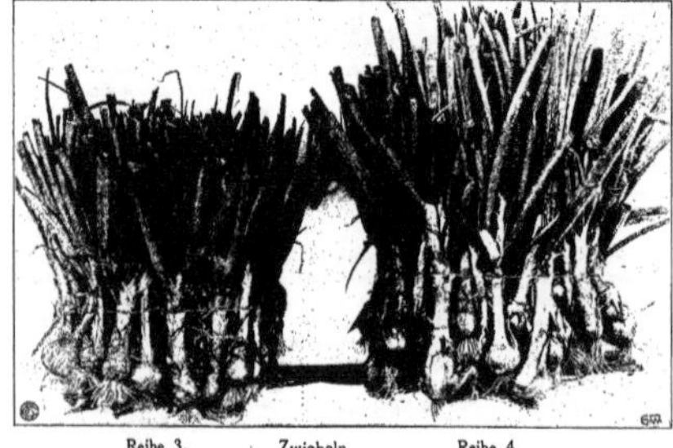

Reihe 3. Zwiebeln. Reihe 4.

Obstbau.

Ueber das Veredeln der Reben auf amerikanische Unterlagen.*)

Von **H. Kowalk**, Rebenveredlungsvogt, Geisenheim a. Rh.

Das Veredeln der Rebsorten der Art *Vitis vinifera* untereinander ist bekannt, besonders in den südlicheren Ländern

*) Zugleich Beantwortung der Frage 543: Wie und wann werden Reben auf amerikanische Unterlage veredelt?

Europas, nur wurde es verhältnismäßig selten in Anwendung gebracht, meistens nur dann, wenn es sich um das Ersetzen falscher Stöcke oder um Aenderung eines ganzen Satzes in einem Weinberge handelte. Auch zur Erprobung einer neuen oder in einer Gegend noch nicht bekannten Sorte kam es manchmal zur Ausführung.

Eine andere, weit größere Bedeutung erlangte das Veredelungsverfahren erst durch die Einschleppung der Reblaus nach Europa. Einiges hierüber vorauszuschicken, dürfte wohl zum besseren Verständnis des Nachfolgenden angebracht sein.

Die Reblaus *(Phylloxera vastatrix)* ist höchstwahrscheinlich anfangs der fünfziger Jahre des vorigen Jahrhunderts von Amerika nach Europa eingeschleppt worden. Um die damalige Zeit zeigte sich in Frankreich der echte Mehltau *(Oïdium Tuckeri)* und da man fand, daß amerikanische Reben dieser Krankheit besser zu widerstehen vermochten, führte man solche aus Amerika in Frankreich ein, aber mit diesen Reben jedenfalls auch die Reblaus. 1874 wurde das Insekt zuerst in Deutschland beobachtet. Da die Reblaus zu ihrer Entwicklung Wärme gebraucht, ist ihre Verbreitung bei uns infolge der ungünstigen klimatischen Verhältnisse eine nicht so schnelle, wie in den südlicheren Ländern. Als einzige Nährpflanze dieses Insektes kommt die Rebe in Betracht. Von ihr befallene Stöcke bleiben auffällig im Wachstum zurück, setzen nur wenig Früchte an, und die Blätter beginnen mit der Zeit vom Rande aus einzutrocknen und später abzufallen.

Zur Bekämpfung dieses tierischen Feindes der Rebe wandte man in Frankreich verschiedene Maßnahmen an. Als erste das sogenannte Vernichtungsverfahren, welches in dem Aushauen und Verbrennen befallener Stöcke und dem Desinfizieren des Bodens mit Schwefelkohlenstoff oder Petroleum bestand. Da hierbei jedoch auch die Reben vernichtet wurden, versuchte man auf andere Art und Weise die Reblaus zu unterdrücken. Man setzte befallene Weingärten 6 Wochen lang 30 cm unter Wasser. Aber auch dieses Verfahren hatte, da nur Grundstücke in ebener Lage in Betracht kamen, für die Allgemeinheit keinen Wert.

Weiter hatte man bemerkt, daß die natürliche Verbreitung der Reblaus in Sandböden verhindert wurde. Da aber Sand sehr arm an Nährstoffen und eine Stalldüngung daher eine notwendige Folge ist, werden diese Böden mit der Zeit auch wieder humoser, und der beabsichtigte Zweck, die Verbreitung der Reblaus zu verhindern, geht damit verloren.

Eine weitere Maßnahme ist das Kulturalverfahren, bei welchem auf den qm 24—30 g Schwefelkohlenstoff in den Boden gespritzt werden. Aber auch dieses Verfahren hat für unsere Verhältnisse wenig Bedeutung, da es ziemlich kostspielig ist und nur in Böden mit mittlerer Bindigkeit Anwendung finden kann.

Wirsing.
Reihe 1. Reihe 2. Reihe 3.

Neben all diesen Maßnahmen versuchte man es auch mit der Anpflanzung reblauswiderstandsfähiger Reben, denn man hatte gefunden, daß die amerikanischen Reben zwar auch von der Reblaus befallen wurden, aber lange nicht so unter den Folgen zu leiden hatten, wie die europäischen Reben. Werden die jungen Wurzeln der Europäerreben von der Reblaus angestochen, so entstehen an diesen Stellen kleine Knötchen, sog. Nodositäten, welche im Herbst oder Winter absterben. An älteren Wurzeln werden narbenartige, später aufplatzende Höcker hervorgerufen, die den Namen Tuberositäten führen. Alle befallene Stellen werden von Bakterien aufgesucht und von diesen später in Fäulnis übergeführt. Die amerikanischen Reben vermögen dagegen diese Wunden eher auszuheilen, wahrscheinlich infolge ihrer Eigenschaft, große Mengen Korkmasse um diese Stellen zu bilden. Nun haben die amerikanischen Reben aber einen Nachteil, der darin besteht, daß der aus ihrem Produkt hergestellte Wein infolge seines eigentümlichen fuchsigen Geschmackes der deutschen Zunge nicht zusagt. Man kam deshalb auf den Gedanken, die besten europäischen Rebsorten mit amerikanischen Reben zu kreuzen, um so vielleicht unveredelt ein genießbares Produkt zu erhalten. Gleichzeitig lag das Bestreben vor, durch das Viniferablut diese neuen Hybriden unseren Böden mehr anzupassen. Aber auch diese Reben geben keinen besonders guten Wein und zudem ist die Reblausbeständigkeit durch diese Bestrebungen stets gefährdet.

Reihe 4. Wirsing. Reihe 5.

Das einzige Mittel, trotz des Vorhandenseins der Reblaus Weinbau betreiben zu können, besteht heute nur noch in dem Veredeln der Europäer- auf Amerikanerreben. Allerdings darf nicht verschwiegen werden, daß in dieser Beziehung noch mit großen Schwierigkeiten zu kämpfen ist, denn nicht alle amerikanischen Reben sind zur Veredlung geeignet. Bis jetzt sind allein über 25 000 Kreuzungen gezüchtet, von welchen vielleicht noch nicht 100 für unsere Verhältnisse zu gebrauchen sind. Da ist es denn Aufgabe der staatlichen Rebenveredlungsstationen, brauchbares Material aus diesem Wirrwarr von Sorten herauszusuchen und auf nachfolgend angegebene Anforderungen hin zu prüfen.

Die amerikanische Rebe muß, soll sie zur Veredlung tauglich sein, überhaupt erst in unserem Klima und Boden wachsen, sodann eine gute Veredlungs- und Vermehrungsfähigkeit besitzen. Dazu kommt ihr Verhalten gegen Kalkböden, denn nicht alle Sorten kommen gleich gut in diesen Böden vorwärts. Zum Glück sind heute, Dank des energischen Vorgehens der preußischen Regierung, eine ganze Anzahl solcher brauchbaren Sorten bekannt. Es kommen nach den, in den verschiedenen staatlichen Versuchsanstalten angestellten Beobachtungen nur die Arten *Vitis riparia*, *Vitis rupestris*, *Vitis Berlandieri* nebst ihren Kreuzungen für unsere Verhältnisse in Betracht. Reinrassige Amerikanerreben verwendet man selten, weil diese den an sie gestellten Anforderungen nicht immer genügen.

Die zur Veredlung benutzten amerikanischen Unterlagsreben werden in sogenannten Schnittweingärten herangezogen, die meistenteils mit einer Rebschule verbunden sind. Entweder läßt man die Reben ohne jegliche Unterstützung wachsen, oder man heftet sie an 4 bis 5 Meter lange Pfähle bezw. Drahtanlagen. Die laufenden Arbeiten bei der Heranziehung dieser Reben bestehen in Lockerung des Bodens, Anheften der Triebe, Einkürzen der Geiztriebe auf ein Blatt, zur besseren Entwicklung der Loden, und dem Gipfeln, d. h. der Fortnahme der oberen Triebteile, die nicht mehr zur Ausreife gelangen. Gewöhnlich wird letztere Arbeit im Monat September ausgeführt. Der Schnitt des Unterlagholzes erfolgt in den Monaten Januar bis Februar, zu einer Zeit, wo andere Arbeiten nicht so drängen. Nur wo Frost zu befürchten ist, unter welchem die Rupestrissorten am ersten leiden, wird der Schnitt bereits im Spätherbst vorgenommen. Die Stöcke behalten drei bis vier Zapfen mit je zwei Augen, und die beim Schnitt fortgenommenen Triebe werden auf 50 bis 60 cm Länge geschnitten, von Ranken und Geiztrieben befreit und, zu 50 oder 100 Stück gebündelt, in mit guten Lüftungsvorrichtungen versehenen Kellerräumen untergebracht und dort in Sand eingeschlagen. Auch die Edelreiser werden am vorteilhaftesten bereits im Spätherbst von guten tragbaren Stöcken geschnitten. Haben die Stöcke nicht unter Frost gelitten, so kann das im Herbst geschnittene Holz immer noch fortgeworfen und dafür frisches geschnitten werden. Nur schneide man nicht zu spät, wenn die Reben vielleicht schon ausgetrieben haben.

Zur Veredlung ist nicht alles Holz geeignet, wie es vom Stocke geschnitten wird; bis zu drei Jahre alte Pflanzen liefern noch kein veredlungsfähiges Holz. Erst vom vierten Jahre ab können die Triebe, von unten an gerechnet etwa bis zur halben Länge, zur Veredlung benutzt werden. Alles andere wird zur Bewurzelung in die Rebschule eingelegt und dann im darauffolgenden Jahre veredelt oder als Pflanzmaterial verwendet.

Als Veredlungsmethode kam in Deutschland in den letzten Jahren fast ausschließlich die englische Kopulation (Kopulation mit Zungenschnitt) bei Blind- und Wurzelreben zur Anwendung. Wenigstens hat man mit dieser Methode bis jetzt die besten Erfolge bei uns erzielt.

Bei der Blindrebenveredlung werden die Edelreiser sowie die gut ausgereiften Unterlagen einige Tage vor der Veredlung in Wasser gestellt. Der Schnitt läßt sich dann bedeutend leichter ausführen, auch ist die Lebensfähigkeit der Edelreiser besser zu erkennen. Die Unterlagen werden auf 50 cm Länge zugeschnitten und alle an diesen vorhandenen Augen geblendet, um ein Austreiben zu verhüten. In der Nähe des oberen Knotens wird sodann das mit einem Auge zur Verwendung kommende Edelreis mittelst der englischen Kopulationsschnitte aufgesetzt. Nach Fertigstellung werden die Veredlungen nicht verbunden, sondern in eine Kiste von 70 cm Höhe, 60 cm Länge und 40 cm Breite eingeschichtet. An ein bestimmtes Maß ist man nicht gebunden, doch haben sich diese Kisten für die Transportierung als äußerst zweckdienlich erwiesen. Um das Einschichten besser vornehmen zu können, legt man die Kiste ohne Deckel auf die Seite und nimmt die nach oben gerichtete Seitenwand heraus. Als Einschichtungsmaterial bedient man sich des Wiesenmooses oder des feinen Torfmulles und der Holzkohle. Der Torfmull muß abgekocht zur Verwendung kommen, weil seine Humussäure schädlich auf die Pflanzenteile einwirkt. Die Holzkohle soll die Schimmelbildung verhüten und die Feuchtigkeit regeln. Gewöhnlich vermischt man $^1/_3$ haselnußgroße Holzkohle mit $^2/_3$ Torfmull, bringt auf die nach unten liegende Wand der Kiste eine handstarke Schicht von diesem Material und hierauf eine Reihe Veredlungen. So wechselt eine Schicht Material mit einer Reihe Veredlungen, bis die Kiste gefüllt ist und die vorher entfernte Seitenwand wieder aufgenagelt werden kann. Es ist noch darauf zu achten, daß das Einschichtungsmaterial nur bis an die Veredlungsstellen gepackt wird. Nach Aufrichten der Kiste werden drei bis vier Kannen Wasser über die Veredlungen verteilt und diese hiernach mit einer dünnen Schicht Holzkohlenpulver bedeckt. Diese Bewässerung genügt vollständig während der Treibperiode. Die so fertig gestellte Kiste wird sodann in einem Treibraum bei reichlicher Lüftung einer Temperatur von 25 °C ausgesetzt, welche Wärme solange beibehalten wird, bis die Veredlungsstellen vollständig vernarbt sind, d. h. bis sich ringsum genügend Callus gebildet hat. Nicht das Austreiben der Edelaugen, sondern lediglich die vollständige Umgebung der Schnittflächen mit Wundmasse ist als der richtige Zeitpunkt zur Abhärtung anzusehen. Während des Vortreibens muß das Treibhaus in den ersten Tagen dunkel gehalten werden. Mit der dann später wachsenden Lichtzuführung muß auch die Luftfeuchtigkeit erhöht werden. Sämtliche Wände und Wege, sowie die Veredlungen selbst sind täglich mehrere Male zu bespritzen. Die aus den Edelaugen erscheinenden Triebchen sind durch geeignete Schattierung sorgfältig vor dem Verbrennen durch die Sonne zu schützen. Sind die Veredlungen so gut verwachsen und an die Temperatur im Freien gewöhnt, so kann bei günstiger Witterung mit dem Einschulen im Freien begonnen werden. Im anderen Falle wartet man gutes Wetter ab und stellt die Kisten aus dem Treibhause ins Freie.

Das Einschulungsland wird am besten im Herbst vor dem Einschulen auf 40 bis 50 cm umgesetzt, so daß die nährstoffreiche Bodenkrume immer noch für die Wurzeln in erreichbarer Tiefe liegt. Um die Sommerarbeiten gut ausführen zu können, ist es ratsam, die Reihenentfernung nicht unter 80 cm zu wählen. Das Einschulen der Reben erfolgt in Abständen von 10 cm in Gräben derart, daß die Veredlungsstelle etwas über der Erdoberfläche zu stehen kommt. Damit die Reben beim Einstellen nicht gleich wieder umfallen, empfiehlt es sich, die Seitenwände der Gräben etwas schräge abzustecken. An jedes Fußende der Reben wird etwas Kompost oder durchfeuchtetes Torfmull gegeben und die Erde nach Zufüllung des Grabens bis zur Hälfte gut eingeschlemmt. Die Edelreiser werden zum Schluß mit guter Gartenerde oder noch besser mit Torfmull 10 cm hoch abgedeckt.

Die Behandlung im Sommer besteht in der Hauptsache in der Bekämpfung oder besser gesagt in der Vorbeugung von Krankheiten, denn gerade diese jungen Pflänzchen werden am ersten von der *Peronospora* und dem *Oïdium* befallen. Alle 14 Tage einmal mit der Bordelaiser Brühe zu spritzen und einmal zu schwefeln ist hier anzuraten. Ferner ist der Boden unkrautfrei zu halten und darauf zu achten, daß die Edelreiswurzeln unterdrückt werden, da sonst eine Verwachsung mit der Unterlage fraglich wird. Die Veredlungen werden zu diesem Zwecke aufgeräumt und nach Entfernung der Edelreiswurzeln wieder angehäufelt. Erst nach August bleiben die Veredlungsstellen vollständig frei in der Luft bis zum Eintritt des Winters stehen und werden dann, ist keine Einschlagsgelegenheit vorhanden, zum Schutze gegen Frost wieder angehäufelt.

Wurzelreben, also Blindreben, die zur Bewurzelung eingelegt wurden, werden nicht vorgetrieben, sondern gleich nach der Veredlung ins Freie eingeschält. Sodann müssen diese bewurzelten Reben kurz vor der Veredlung herausgenommen und nicht vor Ende April veredelt werden. Sämtliche Wurzeln an der Unterlage werden bis auf die untersten entfernt und letztere etwas eingekürzt. Ein weiterer Unterschied bei dieser Veredlung gegenüber der Blindrebenveredlung besteht in der Anwendung des Korkverbandes, der sich bisher als der beste erwiesen hat, auch schon wegen seines guten Haltens angewendet werden sollte. Eine gute Bezugsquelle für diese Korken, welche durchbohrt und gespalten geliefert werden, ist die Korkfabrik Wm. Merkel in Raschau (Thür.). Die Korkstücke werden mittelst einer eigens konstruierten festen Zange um die Veredlungsstelle gedrückt und an drei Stellen mit feinem Draht fest verbunden. Beim Anlegen des Verbandes ist nur darauf zu achten, daß sich die Veredlungsschnitte nicht verschieben, da sonst ein Verwachsen ausgeschlossen ist. Die weiteren Arbeiten sind dieselben wie bei den Blindreben, nur ist es bei der Korkveredlung nötig, den Kork Ende August zu lösen, damit die Veredlungsstelle bis zum Herbst noch verholzen kann.

Neben diesen beiden Methoden ist noch eine dritte und zwar die einfachste von den bis jetzt besprochenen, die Blind- und Wurzelrebenveredlung mit Bastverband zu erwähnen. Diese ist sogar der Korkveredlung vorzuziehen. Bei letzterer vernarben die Veredlungsstellen wohl rund herum vollständig, sind aber bis zum Eintritt des Winters zu wenig verholzt.

Die Veredlung mit Bastverband kann bereits Ende März vorgenommen werden. Auch hier werden die zu veredelnden Unterlagsreben und Edelreiser mehrere Tage vor dem Gebrauch ns Wasser gestellt. Der Bastverband ist möglichst lückenhaft anzulegen, denn jeder luftdicht abschließende Verband ist für die Rebenveredlung vom Uebel. Das Einschulen erfolgt in kalte Kästen, deren Erde im Winter vor dem Einfrieren durch Decken mit Laub geschützt wurde. Als geeignetste Pflanzweite ist ein Reihenabstand von 10 cm und in den Reihen ein Pflanzenabstand von 5 cm zu empfehlen. Sollen die Veredlungen in diesen Kästen jedoch bis zum nächsten Frühjahre kultiviert werden, so ist der Reihenabstand etwas weiter zu nehmen. Beginnen die jungen Veredlungen auszutreiben, so ist auch bei diesen Kästen für geeignete Schattierung zu sorgen. Am besten hat sich ein Bestreichen der Mistbeetfenster mit Kalkmilch bewährt. Ebenfalls ist für reichliche Lüftung zu sorgen, bis die Fenster ganz herunter genommen und die Reben nach den bei der Blindrebenveredlung mit Vortreibmethode angegebenen Abständen ins Freie eingeschult werden können.

Diese letztere Methode verdient den Vorzug gegenüber den anderen Veredlungsarten, auch ist sie bedeutend billiger. Es fällt hier das Heizungsmaterial und die umständliche Ueberwachung im Treibraume fort. Ferner ist der Bastverband lange nicht so kostspielig als der Korkverband. Ein weiterer, nicht zu unterschätzender Vorteil ist der, daß die Reben in diesen Kästen infolge der günstigen Kulturvorrichtungen recht gedrungen bleiben.

Ergeben die in den nächsten Jahren mit dieser Methode noch näher auszuführenden Versuche an der hiesigen Rebenveredlungsstation ebenfalls so günstige Anwachsprozente wie in diesem Jahre (70 Prozent), so wäre diese Methode derjenigen des Vortreibens vorzuziehen.

Zum Schlusse sei noch auf die Herausnahme der Veredlungen aufmerksam gemacht. Nur wirklich gut verwachsene, die sich drehen und biegen lassen, sind zur Anpflanzung geeignet. Die Veredlungsstelle darf nicht zu tief unter die Erdoberfläche kommen, denn auch in den ersten Jahren nach der Pflanzung neigt das Edelreis noch zur Wurzelbildung. Diese Wurzeln müssen selbstverständlich entfernt werden, weil sonst die Unterlage allmählich zurückgehen würde. Vielleicht veranlassen vorstehende Ausführungen manchen Leser, sich auf diesem Gebiete zu versuchen.

Schlingflanzen.

Bryonopsis laciniosa (erythrocarpa) gehört mit zu denjenigen Schlingpflanzen, welche allerdings nicht durch schöne Blumen, um so mehr jedoch durch wunderschöne Früchte ausgezeichnet sind, die in großen Mengen zwischen dem graziösen Blattwerk erscheinen. Sie haben die Größe einer Kirsche und sind von glänzend roter Farbe, durch weiße Flecken geziert. Das Wachstum ist in nahrhafter Erde ein sehr üppiges. Die Triebe erreichen eine Länge von zwei bis drei Meter; sie lassen sich nach Belieben leiten und sind von oben bis unten mit Früchten behangen. Das Erscheinen der Früchte stellt sich ziemlich früh ein, und der Fruchtansatz dauert an, bis die Pflanze vom Frost zerstört wird. Die Anzucht erfolgt durch Samen, wie bei allen einjährigen Sommerblumen. Sind die Sämlinge herangewachsen, so pflanzt man sie in Töpfe und kultiviert sie so lange in denselben, bis keine Fröste mehr zu befürchten sind, worauf in der zweiten Maihälfte das Auspflanzen mit Ballen an recht sonnigen Standort erfolgt.

Rich. Melchior, Pillnitz.

Ananaspflanzung bei Singapore. Originalaufnahme für die „Gartenwelt".

Mannigfaltiges.

Belladonna.

Ein Phantasie- und Charakterbild aus der Pflanzenwelt.

An dunklen, schattigen Orten, besonders in Bergwäldern wildwachsend, erhebt sich in stolzer, doch wahrhaft unheimlicher Schönheit die Giftpflanze *Belladonna*. Herrlich und zierlich geformt in allen ihren Teilen, Blättern, Blüten und den nur zu verlockenden Beeren, vermag sie dennoch, selbst dem Unkundigen unwillkürliches Grauen einzuflößen, und nur der Arglose oder Leichtsinnige wird sich ihr unvorsichtig nahen.

Die ganze Pflanze, die Blätter, Blüten, vornehmlich aber die Wurzeln und die Beeren, bergen einen furchtbaren, qualvoll tötenden Giftstoff. Tournefort hat ihr daher den Namen *Furiosa* — die Wütende — beigelegt, und Linné benannte sie *Atropa Belladonna*. Als jene geheimnisvolle Tochter der Nacht, Atropos, tritt sie uns also entgegen, als jene Parze, welche den, von der einen vorbereiteten und von der zweiten gesponnenen Faden des Lebens unerbittlich durchschneidet — unerbittlich, unabwendbar. In der Tat, die Bezeichnungen, welche die beiden gelehrten Botaniker ihr gegeben haben, verdient unsere *Belladonna* im vollsten Maße — nach den Einwirkungen nämlich, die sie auf den menschlichen Organismus auszuüben vermag.

Ueberaus heftig giftig und narkotisch wirken bereits geringe Mengen ihrer Substanz. Die Betäubung durch dieselbe an und für sich erscheint garnicht unangenehm; sie ist von wunderlichen Vorstellungen und Träumen begleitet. In anderen Fällen und besonders nach dem Genusse größerer Portionen, ist ihre Wirkung schauderhaft, dabei aber, je nach der Körperkraft, mannigfach verschieden. Heftige Lachkrämpfe erschüttern stundenlang den Körper, oder fast nicht minder entsetzliches krampfhaftes Weinen, eine wirklich fabelhaft erscheinende Schwatzsucht tritt ein, aber auch plötzlicher Verlust der Stimme. Johnston erzählt von einem Schneider, dessen Zustand nach dem Genusse von *Belladonna* vollständig dem eines Nachtwandlers glich. Er war für alle äußeren Eindrücke völlig unempfindlich; sprachlos und mit geschlossenen Augen saß er da, während er doch alle Verrichtungen seines Geschäfts mit großer Emsigkeit besorgte und dabei fortwährend seine Lippen bewegte, als sei er in der lebhaftesten Unterhaltung begriffen. Dies währte volle fünfzehn Stunden.

Eine merkwürdige Eigentümlichkeit des Belladonnagiftes ist seine Einwirkung auf den Augapfel des Menschen; es dehnt die Pupille desselben in so bedeutender Weise aus, daß Doppelt- oder Verkehrtsehen und andere derartige sonderbare Wahrnehmungen eintreten. Dieserhalb benutzt man mit großem Erfolge eine Auflösung von Belladonnawurzelextrakt zur Erweiterung der Pupille bei Staroperationen oder anderweitigen Augenkuren. Aber auch außerdem wird die *Belladonna* vielfach als Arzneimittel gebraucht. Eben ihrer gewaltsamen oder betäubenden Einwirkung auf verschiedene Teile des menschlichen Körpers wegen, vermag man kleine Gaben von ihr als äußerst kräftige Heilmittel anzuwenden. In der Apotheke werden Pulver, Extrakte, Tinkturen usw. aus ihren Blättern und Wurzeln bereitet und bei heftigen, besonders krampfhaften Anfällen, ja sogar gegen Epilepsie und Wahnsinn verordnet.

Uebrigens besteht der eigentlich so heftig wirkende Stoff in dem Alkaloïd der *Belladonna*, welches man Atropin genannt hat. Es gibt bekanntlich eine große Anzahl von Pflanzenalkaloïden, unter denen sich die geschätztesten und wichtigsten Arzneimittel und die furchtbarsten Gifte zugleich befinden. Wir dürfen nur an das Chinin, Morphium, Strichnin, Nikotin und Coniin denken. Unter ihnen allen ist das Atropin an und für sich von der geringsten Bedeutung; die gesetzliche Arzneimittellehre hat es nicht in den Arzneimittelschatz eingeführt, weil man die Belladonnawurzeln und Blätter lieber als das aus ihnen hergestellte Alkaloïd anwendet.

Auch eine geschichtliche Bedeutung hat die *Belladonna* durch ihr Gift erhalten. König Sweno von Norwegen war mit dem von ihm geführten Dänenheere in Schottland eingefallen, und hatte die Bewohner niedergeworfen und unterjocht. Die Schotten mußten für die rohen Sieger Speisen und Getränke herbeischaffen — und unter die letzteren mischten sie den Saft von Belladonnabeeren. Als dann nach dem Genusse die dänischen Krieger betäubt am Boden lagen, da fielen die arglistigen Schotten über sie her und richteten ein solches Blutbad unter ihnen an, daß nur eine geringe Anzahl mit dem ebenfalls betäubten Könige auf ein einziges Schiff flüchten und in diesem Norwegen erreichen konnte.

Der traurigen Vergiftungen wegen, die durch die Beere der *Belladonna* noch immer häufig genug bei Kindern und Unwissenden vorkommen, nennt sie der Volksmund Tollkirsche — und sie ist dies in voller Wirklichkeit: eine schöne, glänzende, kirschenartige Frucht, deren Genuß einen Zustand hervorbringt, der in den Augen des gewöhnlichen Mannes dem der Tollheit oder tierischen Betrunkenheit durchaus ähnlich erscheinen muß. Und hieran schließt sich auch ihre poetische Deutsamkeit als Blume, zu welcher ich mich jetzt wenden möchte.

Aus der Jugend schönen Tagen liegt eine Erinnerung mir im Sinn. Auf fernen Höhen schaute ich das Bild der schönsten Frau. Ihr reiches Gewand wallte im Winde, und ihre langen Locken fielen auf die Schultern nieder. So schreitet sie dahin, vergeblich verfolgt von der Neugierde des Knaben, sie bleibt ihm fern, so fern.

Erst der Jüngling darf ihr nahen. Er erst vermag den wundervollen Kontrast der rabenschwarzen Locken mit dem alabasterweißen Nacken, der köstlichen Purpurlippen mit den schneeigen Perlenzähnen, der stolzen, königlichen Haltung mit der anmutigen, zarten Weiblichkeit, den wunderlieblichen Widerspruch und doch die wundervolle Harmonie ihres ganzen Wesens zu schauen, er erst darf des Busens geheimnisvolles Wogen ahnen. Ihm tritt sie nah und fern zugleich, hoch und hehr, und doch so süß und schmachtend entgegen; ihm naht sie hold und lieblich — und doch so unbegreiflich, unerklärlich, ein Rätsel über alle Rätsel:

„Du bist so tief, so unergründlich,
Und wie ein Rätsel deutungsvoll,
Bald weich und mild, bald unempfindlich,
Bewegt von Liebe oder Groll.

Du bist so wild in deinem Feuer,
So stürmisch, sonder Rast und Ruh',
Und doch ist keine, keine treuer,
Und keine züchtiger als du.

Du bist so fromm wie eine Taube,
Und doch dabei so schlangenklug,
Das schönste Rätsel, wie ich glaube,
Das je die dunkle Erde trug."

Darum aber ist's ja auch kein Wunder, daß er — der den furchtbarsten Gefahren mit Ruhe und Verachtung entgegentreten kann — nimmer den Mut findet, dem Mädchen offen zu nahen und seine Gefühle ihr zu gestehen:

„Errötend folgt er ihren Spuren,
Und ist von ihrem Gruß beglückt —".

Doch nicht lange währt dieser „zarten Sehnsucht, süßen Hoffens" wonneselige Zeit. Nur zu bald wird die Pforte des Paradieses geschlossen; die reine, gleichsam heilige Liebe des edlen Jünglingsherzens, sie muß der glühenden, verheerenden Leidenschaft weichen, und diese reift ihn schnell zum Manne — ach, nur zu bald zum Greise.

Hat er erst einmal von dem rosenbekränzten Becher der Liebe gekostet, so gibt es kein „Zurück" mehr für ihn; rettungslos geht er dem Verderben entgegen. Mit zitternder Gier stürzt er das feurige Getränk hinunter — maßlos in ungeheuer tobender Leidenschaft. Und ach, der rosenbekränzte Becher wird ihm zur scheußlichen Giftquelle; — er kann ihm ja nimmer wonnige, wohltuende Erlabung bieten; in rasendem Taumel stürzt er ihn in Unheil und Verderben; ein verzehrendes Feuer durchrinnt seine Adern.

Wehe ihm! — er hat seine erste, heilige Jünglingsliebe an ein verworfenes Geschöpf verloren. Ja, wehe ihm nun dreifach, wenn er jetzt nicht moralischen Halt, innere Würde oder den Schutz eines treuen Mutterherzens sein Eigen nennen darf! Mit nur zu argen Banden ist er an die Unselige gefesselt, immer verführerischer tritt sie ihm entgegen, immer unwiderstehlicher strahlen ihm ihre Blicke, durch ihr zauberisches Lächeln zwingt sie ihn zurückzudenken an vergangene Zeiten und — er kann ihr nicht widerstehen, er muß ihr gehorchen. Und immer gieriger, immer leidenschaftlicher stürzt er den schäumenden Trank hinab — den Trank, den er selbst längst als das scheußlichste Gift erkennen mußte, — der ihn widerstands- und machtlos in den Staub wirft, zum elenden Sklaven der falschen, schlechten — doch dämonisch schönen *Belladonna* gemacht.

Das ist die Symbolik dieser Giftpflanze. Sie gehört der Familie der Nachtschattengewächse — *Solanaceae* — an, jenem geheimnisvollen, fast wunderbar erscheinenden Kreise, der in seinen Reihen eine Anzahl der furchtbarsten aller Pflanzengifte, der heilkräftigsten aller Arzneien, das wichtigste der nicht notwendigen und doch unentbehrlichsten Genußmittel und das unersetzlichste der Nahrungsmittel zugleich birgt: *Belladonna,* Bilsenkraut, Stechapfel, Schierling, Tabak und Kartoffel — das sind die wichtigsten Vertreter dieser Pflanzenfamilie.

Und nun zum Schluß: Warum nennt man dies scheußliche Giftgewächs *Belladonna?* Was gibt uns das Recht dazu, diese Pflanze als Sinnbild einer Frau zu gebrauchen, einer stolzen, schönen Frau? Lange konnte ich die Lösung des rätselvollen Namens nicht finden, und keine der vielen Quellen, die ich durchforscht, wußte mir Aufschluß darüber zu geben. Endlich habe ich's; die Italienerinnen brauchen den Saft der Tollkirschenbeeren — zur Schminke. Welch wundersames Mysterium! Die schönsten Frauen Italiens verwandeln sich durch das Giftblut dieser Pflanze — selbst in dämonische Belladonnen. **Eugen Berndt.**

Ananaspflanzung bei Singapore, Straits Settlements. (Hierzu eine Abbildung). Ich erinnere mich, daß in meiner Jugend die Kultur der Ananas eine große Rolle in den deutschen Gärtnereien, namentlich in den Privatgärtnereien, spielte, die eine große Spezialität aus der Kultur dieser Pflanzen machten. Ich nehme an, daß dies jetzt kaum noch so sein wird, denn mit den verbesserten Dampfschiffverbindungen und Kühlraumeinrichtungen wird es ja ein leichtes, diese Früchte in gutem Zustande auf die europäischen Märkte zu bringen; außerdem werden dieselben auch in großen Mengen in präserviertem Zustande in Blechbüchsen nach Europa geliefert. Deshalb ist die Ananas heutzutage nicht mehr die seltene Delikatesse, die sie vor 25 Jahren war. Ananas werden überall in den Tropen kultiviert; Kuba, Portoriko, Jamaika versorgen wohl die Hauptmärkte von Amerika und Europa mit frischen Früchten, während die Straits Settlements und namentlich Singapore große Mengen in Büchsen exportieren.

Die Abbildung Seite 571 zeigt den Lesern der „Gartenwelt" eine Ananaspflanzung in der Nähe von Singapore. Diese Pflanzungen werden meist von Chinesen kultiviert, welche überhaupt die hauptsächlichsten Arbeiter in dem indischen Archipel sind. Die Singapore-Ananas sind besonders geschätzt ihres vorzüglichen Aromas und ihrer saftreichen Eigenschaften wegen.

Alfred Unger, früher Inhaber der Firma **L. Boehmer & Co.**, Jokohama, Japan.

Fragen und Antworten.

Beantwortung der Frage No. 540. Wie ist der richtige Stecklingsschnitt bei Stachelbeer- und Johannisbeersträuchern und welches ist die beste Zeit dafür?

Für den besten Stecklingsschnitt bei Stachel- und Johannisbeeren erachte ich denjenigen von einjährigen Gehölzstecklingen. Man schneide das Holz, das heißt die zu Stecklingen bestimmten Reiser, früh, bevor der Saft wieder in die Mutterpflanzen tritt, und wähle mittelstarke, einjährige Triebe. Die unteren Enden hiervon sind am besten zu verwenden, da sie die am vollkommensten ausgebildeten Augen besitzen und in dem unteren Ende die meisten Reservestoffe, die zur neuen Callus- resp. Wurzelbildung unbedingt nötig sind, aufgespeichert wurden. Diejenigen Reiser, bei welchen die Augen sehr dicht stehen, sind die besten zur Verwendung als Stecklinge. Man schneide die Stecklinge ungefähr 15 bis 30 cm lang, was sich ganz nach den mehr oder weniger großen Zwischenräumen der Augen richtet. Der Schnitt wird mit einem scharfen Messer, nicht mit der Schere, möglichst dicht unter dem zu unterst sitzenden Auge ausgeführt, ohne dies jedoch zu verletzen. Dann tauche man die Stecklinge mit ihrem unteren Ende in einen Lehmbrei, dem Kuhdung beigemengt ist, und schlage sie hierauf in einem kühlen, frostfreien Raume in sandige Erde ein. Zum Frühjahre werden die Stecklinge vor dem Stecken längere Zeit in ein Gefäß mit Wasser gestellt, um sich voll zu saugen. Das Stecken erfolgt dann schräg in Reihen von 15 bis 20 cm Abstand, auf Beete mit gut durchgearbeiteter Erde. Daß die Beete vom Unkraut rein zu halten siud, versteht sich von selbst, auch sind sie bei anhaltend trockenem Wetter tüchtig zu gießen; um ein Austrocknen möglichst zu verhindern, belegt man sie mit kurzem Dung.

Außer Stecklingsvermehrung ist aber auch die Vermehrung durch Ableger vorteilhaft anzuwenden. Hierzu werden an dazu geeigneten Mutterpflanzen Zweige niedergehakt, dabei etwas an der Biegungsstelle angebrochen oder angeschnitten, und diese Stelle dann mit Komposterde gut bedeckt. Im Laufe des Sommers bilden sich Wurzeln und der Zweig kann im Herbste oder Frühjahre von der Mutterpflanze abgeschnitten und als fertige Pflanze behandelt werden.

Georg Blau, städtischer Gartentechniker, Bromberg.

— Stachel- und Johannisbeerstecklinge werden genau so geschnitten wie Gehölzstecklinge, d. h. man schneidet die einjährigen Triebe in ungefähr 15 bis 20 cm lange Stücke; die untere, in die Erde kommende Schnittfläche soll sich dicht unter einem Auge befinden. Die günstigste Zeit zum Stecklingsschnitt ist im August. Es werden die etwa noch fest sitzenden Blätter entfernt, die Stecklinge wie oben angeführt geschnitten, in Bündel gebunden und tief in Erde eingeschlagen. Die Schnittstellen bilden bis zum Frühjahre reichlich Callus, viele sogar schon Wurzeln. Ende Februar oder Anfang März, sobald das Wetter günstig ist, werden die Stecklinge dann einzeln so tief auf gut gelockerte Beete in etwa 10 cm Abstand gesteckt, daß nur ein bis zwei Augen aus der Erde hervorsehen. Diejenigen Stecklinge, welche schon Wurzeln gebildet haben, müssen mit dem Pflanzholz gepflanzt werden: So behandelte Stecklinge werden fast durchweg wachsen, nur muß bei anhaltender Trockenheit einigemale gegossen werden.

Paul Hartmann, Detmold.

— Die geeignetste Zeit zum Schneiden der Stachel- und Johannisbeerstecklinge sind die Monate Februar und März, wozu jedoch nur gut ausgereiftes Holz zu verwenden ist. Man schneidet auf sechs bis acht Augen. Die geschnittenen Stecklinge werden zusammengebündelt im Keller oder Mistbeetkasten in Sand eingeschlagen. Mitte bis Ende April werden sie auf gut gegrabene, sandige und humusreiche Beete gesteckt. Die Stecklingsreihen erhalten 10 bis 15 cm, die Stecklinge innerhalb der Reihen 20 cm Abstand. Hierauf bedecke man die Beete mit Lehm, welcher das Land locker, rein und feucht hält. Steht kein Lehm zur Verfügung, so decke man die Stecklingsbeete mit Tannenreisig ab und überbrause sie bei anhaltend trockenem Wetter.

Rich. Melchior, Pillnitz.

— Stecklinge von Stachel- und Johannisbeersträuchern werden im Januar geschnitten, und wird dazu das vorjährige Holz benutzt, welches man ungefähr 25 cm lang schneidet. Alsdann werden dieselben an einem frostfreien Orte eingeschlagen, wo sie bis zum Frühjahre verbleiben. Im zeitigen Frühjahre werden die Beete, auf die das Steckholz gesteckt werden soll, gut umgegraben. Nun werden die Stecklinge nochmals dicht unter einem Auge glatt geschnitten und schräg in die Beete gesteckt, so daß etwa zwei Augen über der Erdoberfläche sichtbar bleiben. Ist die Erde der Beete locker und leicht, so ist auch die Bewurzelung vorzüglich. Auch die Vermehrung durch Absenker wendet man viel an, da dies Verfahren das sicherste ist. **Wilhelm Titze**, Crangen.

— Die beste Zeit zum Stecklingsschnitt ist Ende Januar und der Februar. Das zu frühe Schneiden taugt nichts, da dann die Stecklinge im Einschlag gewöhnlich schon Callus gebildet haben, der bei dem Ausstecken leicht verletzt wird und dann viele Stecklinge, zumal bei den Stachelbeeren, längere Zeit kränkeln oder zugrunde gehen. Mit dem Ausstecken beginne man so früh als möglich, da ja bekanntlich diese Beerensträucher sehr früh treiben. Der Schnitt erfolgt auf 5 bis 6 Augen. Man nehme nur gut ausgereiftes, einjähriges Holz. An sonnigen, trockenen Tagen überspritzt man die Stecklingsbeete. **C. Winterfeld**, Jena.

— Stachelbeerstecklinge werden geschnitten, sobald die Früchte abgeerntet sind. Man verwendet dazu kräftige Triebe von demselben Sommer, die in Stücke von ungefähr 15 bis 20 cm Länge geschnitten werden, so daß jeder Steckling 6 bis 8 Augen hat. Die untere Schnittfläche befindet sich direkt unter einem Blatt. Der oberste Teil des Triebes ist meistens nicht zu gebrauchen, weil er nicht genügend ausgereift ist. Die Blätter schneidet man bis auf die 2 bis 3 obersten ab und pflanzt die Stecklinge auf sandige Beete aus, und zwar so, daß nur die zwei obersten Augen über der Erde bleiben. Die Beete sind bei Sonnenschein etwas zu schattieren, auch muß bei Trockenheit entsprechend gegossen werden. Der Abstand der Reihen beträgt 20 cm, der Stecklinge in den Reihen 8 bis 10 cm. Bis zum Herbste haben sich dann meist schon reichlich Wurzeln gebildet.

Die Vermehrung der Johannisbeersträucher geschieht im Juli durch Absenker, aber auch durch Stecklinge.

H. Dohrn, Sanssouci bei Potsdam.

Beantwortung der Frage No. 541. In meinen Gewächshäusern habe ich Hunderte von Heuschrecken; dieselben fressen die jungen Adiantumwedel etc. ab. Kann mir einer der Kollegen ein Mittel zur Vertilgung dieser Schädlinge nennen? Räuchern mit Tabak etc. ist nutzlos, das Fangen der Menge und Schnelligkeit der Tiere wegen unausführbar.

Der Herr Fragesteller meint mit den Heuschrecken jedenfalls die japanische Höhlenheuschrecke (Distremmena marmorata). Die Tiere halten sich gern an recht warmen und trockenen Orten auf. Distremmena marmorata ist vor ungefähr 16 Jahren in Hamburg eingeschleppt worden, konnte aber nie in lebenden Exemplaren dem Hamburger Museum zugeführt werden. Voriges Jahr machten sich die Tiere auch bei Herrn Keitel, Hamburg, bemerkbar. Durch Zufall fanden wir in einem umgestürzten Blumentopf auf dem Palmenbeete eine Menge Heuschrecken. Dieselben wurden sofort dem Hamburger Museum übergeben. Es wurde uns vom Leiter des Museums der Rat erteilt, die Tiere mit Arsenik zu vergiften. Die Tiere sind mehr Fleischfresser als Pflanzenfresser; sie fressen auch ihre toten Kameraden. Wir nahmen deshalb fein gewiegtes Fleisch und vermengten es mit Gift, konnten aber zu keinem befriedigenden Resultate kommen. Das einfachste und sicherste Mittel, worauf ich verfiel, ist folgendes: Stellen Sie jeden Abend in den Wegen der Häuser Blumentöpfe auf, natürlich verkehrt und so, daß die Tiere von unten bequem hereinschlüpfen können. Morgens nehmen Sie eine runde Glasscheibe, dann drehen Sie den Topf um und bedecken ihn schnell mit derselben. Die Heuschrecken springen am liebsten abends in der Dunkelheit umher und verkriechen sich gegen Morgen unter die aufgestellten Töpfe. Die in den Töpfen sich aufhaltenden Tiere betäuben Sie mit Aether und verbrennen sie. Auch müssen Sie ins Palmenbeet oder an anderen geeigneten Stellen Töpfe umgestülpt eingraben und einige Wochen stehen lassen. Sie werden dann jedenfalls, wenn Sie nachsehen, eine größere Anzahl Heuschrecken darin finden. Die Tiere werden aber jedenfalls im Sommer verschwinden, um erst im Herbste mit der beginnenden Heizperiode wieder aufzutreten. Ganz ausrotten lassen sich die Tiere jedenfalls nicht. **Otto Berger**, Hamburg.

Nachschrift der Redaktion. Ueber den fraglichen Schädling haben wir in früheren Jahren mehrfach berichtet, u. a. in Jahrgang VI, Seite 293 und 459; an erstgenannter Stelle ist auch eine Abbildung gegeben. Die Ansicht, daß diese vor etwa 16 Jahren wahrscheinlich mit Orchideenimporten eingeführte Heuschreckenart ein ausschließlich fleischfressendes Insekt sei, ist irrig. Sie stellt mit großem Eifer auch zarten Pflanzen nach, so den Sämlingen von Begonien, *Cyclamen*, Sommerblumen und feinen Warmhauspflanzen. Wir würden empfehlen, von unserer gemeinen Erdkröte so viele als möglich in die vom genannten Schädling heimgesuchten Gewächshäuser auszusetzen, in temperierte Häuser auch Grasfrösche, die bald mit diesem Gesindel aufräumen dürften.

Neue Frage No. 575. Bis zu welcher Höhe darf ich auf mein Grundstück ragende Zweige abschneiden? Es handelt sich um große Kastanien, welche von allen Seiten Luft und Licht wegnehmen. Muß der Eigentümer eine eventuelle Besteigung der Bäume erlauben? Der Eigentümer will die Bäume nicht selbst schneiden lassen, verweigert mir aber auch die Einwilligung dazu.

Neue Frage No. 576. Welches ist die beste Tomate fürs freie Land, und welche für Kultur unter Glas zu größeren Kulturen?

Neue Frage No. 577. Wie werden Rosenstecklinge am besten gemacht, und welches ist das erfolgreichste Verfahren?

Neue Frage No. 578. Welche wintergrüne Schlinggewächse eignen sich, außer Efeu, für ein Spalier in einer Glasveranda?

Bücherschau.

Bericht der Kgl. Gärtnerlehranstalt zu **Dahlem für das Jahr 1906/07.**

Dieser, uns durch die Direktion übermittelte Jahresbericht, in gr. 8°, auf Kunstdruckpapier gedruckt, umfaßt 262 Textseiten; er hat diesmal einen reicheren und interessanteren Inhalt als seine Vorgänger. Einen breiten Raum nehmen wieder, wenn ich mich so ausdrücken darf, die Familienangelegenheiten der Anstalt ein. Hieran schließen sich die Berichte über die Tätigkeit der technischen Betriebe, von welchen ich als interessant die Abschnitte über die Kultur des Topfobstes, über die Spalierobstzucht und die Champignonzucht hervorhebe. Dann folgen die Berichte über das Versuchswesen. In diesem Abschnitte hat namentlich Dr. Julius Koch hochinteressante, für die Konservenfabrikation wertvolle Versuche veröffentlicht. Wir begegnen hier auch einem Berichte des Direktors Echtermeyer über die Bodenheizung nach dem Verfahren des Professors Dr. H. Mehner, mit welchem wir uns vor längerer Zeit in der „Gartenwelt" mehrfach beschäftigten. Für den Gartenbau im allgemeinen ist diese Bodenheizung meiner Ueberzeugung nach nur von recht geringer Bedeutung, da sie nutzbringend nur da zur Anwendung gebracht werden kann, wo der Abdampf von Fabrikbetrieben für dieselbe kostenlos zur Verfügung steht. Den Schluß des Berichtes bilden Gedächtnisreden für den verstorbenen Berliner Garteninspektor Axel Fintelmann vom Kuratorium der Anstalt und für Professor Dr. Carl Müller vom Lehrerkollegium der Anstalt, welchen die Porträts beider Entschlafenen beigefügt sind. Der Bericht ist mit einer großen Zahl prächtiger Textbilder ausgestattet und enthält außerdem den Grundplan der Anstalt. **M. H.**

Geschäftskorrespondenz und Buchführung für Gärtner. Von Max Jubisch. 5. Auflage, vollständig neu bearbeitet unter Mitwirkung von Richard Stavenhagen. Leipzig 1908. Verlag von Hugo Voigt. Preis geh. 1,80 M.

Haupt- und Nebentitel sagen zur Genüge, was in dieser Schrift zu finden ist. Das nebensächlichste und der Kritik am wenigsten standhaltende in derselben ist meiner Ueberzeugung nach die Geschäftskorrespondenz. Neben dem sogenannten Juristendeutsch gibt es auch ein kaum weniger verrufenes Kaufmannsdeutsch, das hier seine Triumphe feiert. Die trockene, hölzerne Korrespondenz im Geschäftsverkehr sollte möglichst verschwinden und einem anregenderen Briefwechsel, der dabei nicht zeitraubender zu sein braucht, Platz machen. Eine ebenso traurige Rolle wie der liebestolle Jüngling, der sich zum Briefwechsel mit seiner Dulcinea eines Liebesbriefstellers bedienen muß, damit seine Liebesbeteuerungen verständlich und nicht zu grob ausfallen, spielt im Leben der Gehilfe, der zu einer Stellenbewerbung nach einem Schema sucht, bezw. der Handelsgärtner, der sich vor Abfassung eines Geschäftsbriefes oder eines Zeugnisses erst in einem Briefsteller Belehrung holen muß. Die Vorlagen, die hier gegeben werden, sind nichts weniger als klassisch, wenn man auch Seitenstücken im praktischen Leben häufig begegnet. Ich bedaure den Chef, der seinem abgehenden Obergärtner nach mehr als zweijähriger erfolgreicher Tätigkeit ein Zeugnis, wie das auf Seite 24 und 25 abgedruckte, ausstellt, den Fachlehrer, der auf eine ausgeschriebene Lehrerstelle eine so nichtssagende, inhaltlose Bewerbung, wie die auf Seite 120 abgedruckte, einreicht; er darf in 99 von 100 Fällen sicher sein, daß seine Bewerbung unbeachtet beiseite gelegt wird. Da aber die Briefformulare trotz des Titels nur einen nebensächlichen Inhalt der vorliegenden Schrift bilden, die, abgesehen von Buchführung und Wechselrecht, eine Fülle wertvollen Materials für den Geschäftsverkehr beibringt, sei sie hiermit angehenden Gehilfen und jenen, leider nicht seltenen Handelsgärtnern, denen kaufmännische Kenntnisse völlig abgehen, zur Beachtung empfohlen. Ein besseres Papier an Stelle des gelbfahlen Holzpapiers hätte dem Schriftchen nichts schaden können. **M. H.**

Das Terrarium. Ein Handbuch der häuslichen Reptilien- und Amphibienpflege nebst Anleitung zum Bestimmen der Terrarientiere. Von Dr. Paul Krefft, Berlin. Verlag von Fritz Pfennigstorff.

Von diesem Werke sind uns bis jetzt 22 Lieferungen zugegangen. Ich kann es nur als Standardwerk der Terrarienpflege bezeichnen, das in seinem zoologischen Teile auch berechtigten wissenschaftlichen Anforderungen voll entspricht. Da die Terrarienliebhaberei namentlich unter der heranwachsenden Jugend viele Verehrer hat, und die Einrichtung und sachgemäße Bepflanzung von Terrarien in das gärtnerische Gebiet fällt, so empfehle ich die Anschaffung für Handelsgärtner in den Groß- und Mittelstädten, die Neigung haben, ihren Kundenkreis durch Einrichtung und Verkauf derartiger Naturanstalten zu erweitern. **M. H.**

Die Alpenflora. 130 Abbildungen in Farben nach der Natur gemalt. Graz 1908. Selbstverlag des Verfassers C. J. Oehninger. Preis in farbigem Leinenband 4,30 M.

Der Schwerpunkt dieser Schrift liegt in den farbigen Abbildungen auf zusammen 24 Tafeln. Diese Bilder sind nach Vorlagen von Baron Fritz Hauser im Dreifarbendruckverfahren ausgeführt. Auf künstlerische Vollendung wollen diese Tafeln jedenfalls keinen Anspruch machen, große Naturtreue ist ihnen dagegen nicht abzusprechen. Das handliche Buch berücksichtigt in erster Linie die Flora der Ostalpen und ermöglicht es dem Laien, der mit Bestimmungstabellen nichts anzufangen weiß, auf seinen Wanderungen in den Alpen die Namen der aufgefundenen wichtigeren Pflanzen unter Zuhilfenahme von Bild und Text festzustellen. **M. H.**

Tagesgeschichte.

Dortmund. Die Gemüseeinfuhr aus Holland wächst von Jahr zu Jahr. In diesem Jahre hat sie einen ganz bedeutenden Umfang erreicht. Der weitaus größte Teil der auf den Wochenmärkten der großen Städte Essen, Bochum, Gelsenkirchen, Dortmund, Mülheim und Duisburg zum Verkauf kommenden frischen Gemüse kommt aus Holland. Dem Gemüsebau im Rheinland und Westfalen ist dadurch ein sehr großer Wettbewerb entstanden, mit dem namentlich die Gemüsezüchter in der Umgegend von Düsseldorf sehr stark zu rechnen haben. Die starke Einfuhr hat, wie dem Märkischen Sprecher geschrieben wird, nicht etwa ihre Ursache in einer bessern Eigenschaft der Gemüse oder in niedrigen Preisen, sondern in dem Umstande, daß die Erzeugung des rheinisch-westfälischen Gemüsebaues immer hinter dem stark wachsenden Bedarf zurückbleibt. Angesichts dieser Tatsache will es scheinen, als ob die Gemüsezucht in den beiden westlichen Provinzen noch lange nicht die Bedeutung erlangt habe, die sie mit Rücksicht auf den großen einheimischen Bedarf eigentlich erlangt haben sollte. Insbesondere gilt dies von dem Gemüsebau in der fruchtbaren Gegend des Hellwegs, wo man dem sich immer weniger lohnenden Körnerbau noch eine viel zu große Bedeutung beimißt.

Essen. Auch die Königliche Eisenbahndirektion sorgt jetzt allmählich für Verschönerungsanlagen auf ihren Bahnhöfen. Um nun bezüglich der Blumenbeschaffung zu sparen, läßt die Eisenbahndirektion Essen in unmittelberer Nähe des Stadtwaldes hierselbst, wo sie noch größere Landkomplexe ihr eigen nennt, mehrere Treibhäuser errichten. Zwei dieser Treibhäuser werden augenblicklich schon nahe dem Bahnhofe Rellinghausen, in der Nähe des „Grünen Waldes", erbaut. Sie sollen im nächsten Frühjahre in Benutzung genommen werden.

— Die Wohnungsverwaltung der Firma Krupp ließ in den letzten Tagen in über 200 Fällen an ihre Mieter in den Kolonien Alfredshof, Baumhof, Friedrichshof und Cronenberg Anerkennungsprämien bis zur Höhe von 10 Mark für Blumenschmuck vor den Fenstern und auf den Balkonen, sowie für sorgfältige Pflege der Gärtchen verteilen. Dies Vorgehen ist zur Nachahmung zu empfehlen.

Reichenberg (Böhmen). In der letzten Ausschußsitzung der niederösterreichischen Handelsgärtner-Verbindung berichtete Obmann Degenfeld über die bei der diesjährigen Hauptversammlung angeregte Errichtung eines Gartenbau-Inspektorates im Ackerbauministerium. (Ein solches wurde bereits vor kurzer Zeit in Belgien errichtet.) Daselbe soll, wie das Weinbau-Inspektorat für die weinbautreibende Bevölkerung Oesterreichs wirkt, in ähnlicher Weise zur Hebung des heimischen Gartenbaues und der besteuerten Betriebe der Handelsgärtner beitragen. Die staatliche Förderung der gärtnerischen Interessen befinde sich anderen Staaten gegenüber im Rückstande und es wäre Sache des zu schaffenden Inspektorates, seine Tätigkeit dem Aufblühen des Gärtnerstandes in Oesterreich in hervorragender Weise zu widmen. Für die Durchführung der zur Erreichung dieser Wohlfahrtseinrichtung erforderlichen Vorarbeiten wurde ein siebengliedriges Komitee gewählt.

Zitzschewig. Der idillisch an den sanft ansteigenden, waldigen Höhen der Lößnitz gelegene Ort mit Post, zwischen Kötzschenbroda und Coswig, nahe Dresden, hat in seiner herrlichen Lage einen besonders geeigneten Boden für Spargel- und Erdbeerplantagen, Pfirsich- und Weinkulturen. Zur Bewässerung ist eine ausreichende und gute Wasserleitung vorhanden. In diesem Jahre kamen aus den Lößnitzortschaften etwa 80 000 Kilogramm Erdbeeren zum Versand. Der Lößnitzer Spargel hat sich durch seine Güte einen ersten Platz auf dem Markte errungen und die diversen Obstsorten erreichen in dem ausgebreiteten geschützten Gartengelände eine Frühreife und vorzügliche Qualität. Die Weinkulturen an den Lößnitzbergen sind von alters her hochgeschätzt. Die Bodenpreise sind zur Zeit sehr mäßig. Der kürzlich fertiggestellte Ortsplan ist von dem Gemeindevorstand in Zitzschewig, Bezirk Dresden, gegen Vergütung der Selbstkosten zu beziehen. — Der Bahnhof an den Linien Dresden-Leipzig und Dresden-Berlin ermöglicht eine schnelle Verbindung nach allen Richtungen. In der Nähe des Ortes befindet sich an der Elbe eine Dampfschiffhaltestelle.

Aus den Vereinen.

Der **Verband der Handelsgärtner Deutschlands** konnte am 13. ds. Mts. auf ein 25 jähriges Bestehen zurückblicken. Zur Zeit der Gründung, im Jahre 1884, betrug der Mitgliedsbeitrag 3 M pro Jahr und die Mitgliederzahl am Schlusse des ersten Jahres 362; am Schlusse des fünften Geschäftsjahres war sie auf etwas über 1000 gestiegen, während sie jetzt 5600 beträgt, eine immer noch recht bescheidene Zahl im Verhältnis zu den handelsgärtnerischen Betrieben Deutschlands. Die letzte Nummer des Verbandsorgans bringt die vollständige Geschichte des Verbandes mit den Portraits jener Männer, die von der Gründung bis zum heutigen Tage seine Geschicke geleitet haben.

Verband ehem. Elisabethiner in Mödling. Die Gründungsfeier dieses Verbandes findet am 6. und 7. September in Mödling bei Wien statt und verspricht das uns vorliegende Programm den Teilnehmern genußreiche Tage.

Bevorstehende Ausstellungen.

Bremen. Handelspflanzenausstellung der Vereinigung bremischer Handelsgärtner vom 18. bis 20. September im Parkgarten zu Bremen. Anmeldungen bis zum 10. September zu richten an J. F. Bauer, Bremen, Friedhofstraße 34.

Heiteres.

Für den Berliner Tiergarten, der Eigentum des Fiskus ist, zu dessen Unterhaltung aber der Magistrat der Reichshauptstadt alljährlich die nette Summe von 50 000 M beiträgt, ist kürzlich eine, echten Polizeigeist aushauchende Verkehrsordnung erlassen worden, die in den Kreisen der Bevölkerung lebhaften Unwillen erregt hat. Für den „Kladderadatsch“ war dieses Vorkommnis willkommene Veranlassung, auch seinerseits eine Tiergartenverkehrsordnung zu veröffentlichen, die wir unseren Lesern nicht vorenthalten wollen. Sie lautet: „§ 1. Diejenigen Untertanen, die den Königlichen Tiergarten in Berlin zu besuchen beabsichtigen, haben vorher eine polizeiliche Erlaubniskarte zu lösen. § 2. Konservative Untertanen können eine solche Erlaubniskarte für das ganze Jahr erhalten; andere Besuchslustige haben für jeden Besuch eine besondere Karte zu lösen. § 3. Die p. t. Besucher haben sich in dem Königlichen Tiergarten immer rechts zu halten, was ihnen auch für ihre politische Haltung zu empfehlen ist. § 4. An Sonn- und gesetzlichen Feiertagen bleibt der Königliche Tiergarten geschlossen. § 5. Das Singen, Sprechen, Husten und Niesen im Königlichen Tiergarten ist verboten. § 6. Stöcke und Schirme sind vor dem Betreten des Königlichen Tiergartens in der Garderobe abzugeben. Bei plötzlich eintretendem Regen werden die nächsten Polizeibureaus den Besuchern in den Arrestzellen trockene Unterkunft gewähren. § 7. Das übermäßige Einatmen der Königlichen Tiergartenluft ist verboten. § 8. Sobald ein Mitglied der königlichen Familie den Tiergarten betritt, ist der letztere von den Untertanen sofort zu räumen“. Hierzu erfahren wir, daß diese interessante Verkehrsordnung neuerdings durch die §§ 9 und 10 ergänzt worden ist. Nach § 9 werden den Automobilen für die Folge auch die Promenadenwege freigegeben. Die Fußgänger sind verpflichtet, rechtzeitig auszuweichen, da der Fiskus keinerlei Ersatz für zerbrochene Knochen leistet. § 10 verbietet den Vegetariern beiderlei Geschlechts das Betreten des Tiergartens, wodurch dem Abfressen der Ziersträucher vorgebeugt werden soll.

M. H.

Personal-Nachrichten.

Groot, S., ältester Sohn des gleichnamigen Mitinhabers der Firma Sluis & Groot, Samenzüchter, Enkhuizen (Holland), ist als Teilhaber in diese Firma eingetreten.

Holfelder, Peter, bisher Obergärtner und Fachlehrer an der Kgl. Gartenbauschule zu Weihenstephan, wurde als Garteningenieur bei den Neuanlagen des Kgl. botanischen Gartens in München angestellt.

Maurer, Alb., bisher Obergärtner im Königl. Hofgarten zu Würzburg, wurde ab 1. August zum Kgl. Hofgärtner im Kgl. Hofgarten Veitshöchheim bei Würzburg befördert.

Neubert, Emil, der Begründer der Firma E. Neubert, Wandsbek bei Hamburg, feierte am 14. ds. das Fest der goldenen Hochzeit. Neubert brachte die Firma E. Neubert, Wandsbek, aus kleinen Verhältnissen zu einer Achtung gebietenden Stellung unter den ersten deutschen Gärtnereien und übertrug 1895 die Leitung derselben seinem Sohne Woldemar Neubert, der das Geschäft zur Weltfirma ausbaute, auch das in Hamburg befindliche Blumengeschäft weiterführte. Frau Neubert sen. entstammt der Familie Harmsen, einer in früheren Jahren weitbekannten Baumschulenbesitzerfamilie in Wandsbek.

Das Fest wurde in würdigster Weise gefeiert, zahlreiche Gratulanten eilten aus Nah und Fern herbei, um dem Jubelpaare Glückwünsche darzubringen. Der Garten bei der Villa Günterstraße hatte Herr Woldemar Neubert in einen Frühlingsgarten umgewandelt; es blühten dort Hyazinthen, *Azalea mollis*, Flieder, *Rhododendron*, Maiblumen, welche Erzeugnisse ein glänzendes Zeugnis für die praktische Anwendung des Gefrierverfahrens bei Frühlingsblumen ablegten.

Olbrich, Josef †. „Wenn man etwas verloren hat — kennt man erst seinen Wert!“ — Nur wenige Wochen sind vergangen, seit es mir in No. 42 der „Gartenwelt“ vergönnt war, des geistigen und praktischen Schaffens eines Mannes zu gedenken, der nun in der Blüte der Jahre, mitten aus einer schaffensfreudigen Tätigkeit, allzufrüh zum ewigen Schlafe abgerufen wurde.

Weil wir in manchem und vielem ihm als Gegner gegenüber standen, gerade darum geziemt es sich für uns, seiner zu gedenken, da der Tod ihm die nimmermüden Augen zugedrückt! Ein Memento mori für alle Ueberlebenden, nicht zum mindesten für die im Bruderzwist lebenden Patentinhaber unseres Berufes.

Josef Olbrich ist eine „Persönlichkeit“ gewesen, welche energisch eigene Wege ging, die uns unbequem wurden, als der Architekt es gewagt, der Gartenkunst neue Ziele vorzuschreiben.

Aber Dank wollen wir den Manen dieses Mannes zollen für alle Anregung, berufliche wie künstlerische, welche uns seine Gegnerschaft gebracht!

Emil Chasté.

Rülcker, Karl, Kunst- und Handelsgärtner, Kgl. Hoflieferant in Dresden-Strehlen, † am 13. ds. Mts. infolge eines Gehirnschlages im 69. Lebensjahre.

Schreiber, Rudolf, bisher Obergärtner der Handelsgärtnerei Pfaff in Würzburg, wurde als Obergärtner und Fachlehrer bei der Kgl. Gartenbauschule zu Weihenstephan angestellt.

Briefkasten der Redaktion.

Wir bitten unsere Mitarbeiter und alle die es werden wollen wiederholt, bei allen für den Druck bestimmten Einsendungen die Bogen nur auf einer Seite deutlich und nicht zu dicht zu beschreiben, möglich auch rechts einen etwa 5 cm breiten freien Rand zu lassen, was uns eine etwa notwendig werdende redaktionelle Bearbeitung des Manuskriptes erleichtert. Bei Fragebeantwortungen, deren Einsendung uns stets willkommen ist, muß in gleicher Weise verfahren werden. **Bei gleichzeitiger Einsendung mehrerer Antworten ist für jede Antwort ein besonderes Blatt zu verwenden, auch darf die Nummer der Frage, auf welche sich die Antwort bezieht, nicht vergessen werden;** ein Abschreiben der Frage selbst erübrigt sich dann. Die Veröffentlichung und Beantwortung fachlicher Fragen erfolgt kostenlos.

Willkommen sind uns Artikel jeder Art aus der gärtnerischen Praxis, wenn möglich unter Beigabe guter, scharfer Photographien, die wir nach vorheriger Vereinbarung auch gern auf unsere Kosten anfertigen lassen, ferner lehrreiche kürzere Mitteilungen jeder Art aus dem Gesamtgebiet des Gartenbaues. Wir bitten unsere Mitarbeiter, Fremdwörter tunlichst zu umgehen; ihre häufige Anwendung ist nur ein Zeichen von Halbbildung. Unsere deutsche Muttersprache ist so wortreich, daß Anleihen bei fremden Sprachen durchaus überflüssig sind.

Alle eingehenden Beiträge, auch die kleinsten, werden raschestens geprüft. Wir bestätigen in jedem Falle unseren Mitarbeitern die Annahme der eingeschickten Beiträge, mit Ausnahme der Fragebeantwortungen, und senden für uns ungeeignete stets postfrei zurück. Beifügung von Rückporto ist nicht erforderlich, dagegen müssen wir bitten, schwere Briefe vor der Absendung abzuwiegen und vollständig frei zu machen, da fast täglich Sendungen eingehen, für die Strafporto zu entrichten ist.

Wir wünschen und honorieren nur Originalartikel, ersuchen deshalb dringend, uns mit Beiträgen zu verschonen, die zum Vertrieb an mehrere Blätter angefertigt wurden.

Hervorragende, noch nicht im Handel befindliche Neuheiten sind wir immer gern bereit, unseren Lesern als **farbige Kunstbeilagen** bekannt zu geben und die erheblichen Kosten für Chromolithographie und Druck zu tragen. Wir bitten die in Frage kommenden Züchter, sich dieserhalb möglichst frühzeitig mit uns in Verbindung zu setzen, da einerseits die Anfertigung der Lithographie einer solchen Kunstbeilage monatelange Arbeit erfordert, und da sich andererseits immer eine größere Anzahl von Kunstbeilagen in Vorbereitung befindet. Zurzeit ist unser Bedarf an farbigen Kunstbeilagen bis zum Sommer 1909 vollständig gedeckt, so daß wir nur noch Interesse für jene Neuzüchtungen haben, die vom Herbst n. J. ab und noch später dem Handel übergeben werden sollen.

Berlin SW. 11, Hedemannstr. 10. Für die Redaktion verantwortlich Max Hesdörffer. Verlag von Paul Parey. Druck: Anhalt. Buchdr. Gutenberg e. G. m. b. H., Dessau.

Mit uns. **Champignonbrut!** [827

uns. Champignonernte 1907 pro Anlage:

bester Ertrag pro Quadratmeter **20** Pfd.

Herr Obg. Sch. i. K. erntete pro Anlage pro Quadratmeter 19 Pfd.

daher best. Aussicht f. Anf. Postk. Brut M 5.—

Charles Bewig & Cie.,

Paris. Champign.- u. Brutzücht. **Braunschweig.**

Brauchen Sie

Blumenstäbe, Rosen- und Gartenpfähle, Anhäng- und Beisteckeetiketten, Palmen- und Kranzkisten, Baumkübel, Spalierlatten, Holzkranzreifen etc., so wenden Sie sich gefl. an den Holzwarenfabrikanten [1423

Wilh. Abendroth, Gräfenroda i. Th.

Billige Preise! — Katalog umsonst!

Pikierte Erdbeerpflanzen

in besten Sorten, als: **L. Noble, Sieger, D. Evern, K. Albert,** sehr gut bewurzelt und sortenecht pro % 1 M, ‰ 8 M. **Hohenzollern,** sehr spät, leuchtend rot und sehr gross pro % 1,50 M offeriert in freier Packung

L. Wöpke, Obstplantage,

Beucha i. Sa. [1612

Genossenschaftsregister.

Bamberg. Eintrag ins Genossenschaftsregister betr. **„Obstbaumzucht- und Verkaufsgenossenschaft Effeltrich und Umgebung, eingetragene Genossenschaft mit beschränkter Haftpflicht“** in **Effeltrich.** Michael Kotz und Andreas Stark sind aus dem Vorstande ausgeschieden und für sie bestellt die Oekonomen und Baumzüchter Georg Pfistner, Hs. No. 83, und Johann Wisheckel, Hs. Nr. 42, in Effeltrich.

Lindlar. Zu No. 19 des Genossenschaftsregisters, betr. die **Bergische Obstverwertungsgenossenschaft Lindlar e. G. m. b. H. zu Hartegasse (Rhld.)** ist am 7. August 1908 eingetragen worden: „Der Gärtner Waldemar Hamm ist aus dem Vorstande ausgeschieden; an seine Stelle ist getreten der Lehrer Josef Diefenthal aus Unterfeld.“

Konkurse.

Frankfurt, Main. Ueber den Nachlass des hier am 30. Oktober 1906 verstorbenen **Kunstgärtners Heinr. Karl Clauer** ist am 7. August, vormittag $11\frac{1}{4}$ Uhr das Konkursverfahren eröffnet worden. Der Rechtsanwalt Dr. Fromm hier, Zeil 1a, ist zum Konkursverwalter ernannt worden. Arrest mit Anzeigefrist bis 18. August 1908. Frist zur Anmeldung der Forderungen bis zum 31. August 1908. Bei schriftlicher Anmeldung Vorlage in doppelter Ausfertigung dringend empfohlen. Erste Gläubigerversammlung **Freitag, den 21. August 1908, vormittags $11\frac{1}{2}$ Uhr,** allgemeiner Prüfungstermin **Dienstag, den 8. September 1908, vormittags 11 Uhr,** hier, Seilerstrasse 19 a, 1. Stock, Zimmer 10.

Zellerfeld. Das Konkursverfahren über den Nachlass des **Gärtnereibesitzers Bernhard Glawe in Clausthal** wird nach erfolgter Abhaltung des Schlusstermins hierdurch aufgehoben.

Patente und Musterschutz.

Gebrauchsmuster - Eintragungen Klasse 45 f.

No. 346 354. Eiserner Baumpfahl. Robert **Kleeberg,** Radebeul b. Dresden. 11. 3. 08. K. 34 049.

Ausgeführt für die Städtische Parkdirektion in Liegnitz.

Gustav Bild Fabrikgeschäft

(Inhaber: Hermann Bild)

Brieg, Bez. Breslau.

Gegründet 1839.

Spezialfabrik für **Gewächshäuser solidester Ausführung** mit Pitchpine- u. Lärchenholzsprossen auf Eisen-Tragkonstruktion. Sicher funktionierende **First- u. Sockellüftung** mit Zentral-Antrieb. **Zweckentspr. Inneneinrichtungen. Spritzwasserleitung. Schattendecken.**

Bewährte moderne Zentralheizungen

mit Oberleitung und Gegenstrom-Gliederkessel. [87

Frühbeetfenster * Spaliere * Drahtzäune * Eisenkonstruktionen.

Kataloge, Projektzeichnungen und Kostenanschläge gern zu Diensten.

Garantiert gut und billig liefert forstwirtschaftliche

Samen und Pflanzen

die Firma **Joseph Henrich, Darmstadt.**

Lieferant hoher Regierungen, Forstverwaltungen, Genossenschaften usw.

Preisliste franko. [1514

Alle Anzeigen

über

Bauten für den Gärtnereibetrieb

über **Sämereien, Pflanzen, Bäume und Sträucher,** sowie über **alle gärtnerischen Handwerkszeuge** :: :: **und Bedarfsartikel** finden durch den :: ::

Deutschen Garten-Kalender

36. Jahrgang 1909

herausgegeben von *Max Hesdörffer*

beste und weiteste Verbreitung.

Anzeigenpreise: die ganze Seite 30 Mark, die halbe Seite 17 Mark.

Grösse der Druckfläche der ganzen Seite: $13\frac{1}{2}$ cm hoch, 8 cm breit.

Aufträge nimmt entgegen die

Verlagsbuchhandlung Paul Parey, Berlin SW. 11

Hedemannstrasse 10. [1306

Obst-Gestelle mit auswechselbaren Gitterhorden, auch zur Aufbewahrung von Flaschen, Gemüse, Kuchen, Eiern usw.

Nr.	1	2	4	5
mit	4	6	6	9 Horden
	60×50	60×50	100×50	100×50 cm
Preis	9.—	12.—	15.—	20.— M

Verhütet Fäulnis!

Einzig richtige Aufbewahrung. Bequemstes Sortieren! Beste Uebersicht.

Ausführung: Sauber, solid, zweckmässig, mit verzinkten dauerhaften Horden.

Obst-Schränke, auch als Wein- oder Speiseschränke zu benutzen, mit Gazewänden und verschliessbar. **Natur gestr.** 106 cm hoch m. 6 Horden 60×50 cm **Nr. 6.** Gewicht ca. 22 kg M 22.—. 150 cm hoch m. 9 Horden 60×50 cm **Nr. 7.** Gewicht ca. 31 kg M 30.—.

Haus und- Küchengeräte

Wagen und Karren, 2- und 4rädrig, für Haus u. Geschäft, bis 15 Ztr. Tragkraft.

Reich illustr. Preisl. No. 22 gratis.

Feinste Anerkennungen über ausgeführte Lieferungen.

Holzwarenfabrik FLEMMING

Globenstein No. 22, Post Rittersgrün, Sa.

Grossbetrieb mit eigenem Gleisanschluss. [H. 1589

Raupenleim-Bandpapier,

beste, wetterfest präparierte Ware:

per 10 Rollen, jede 40 Meter lang, 10 Zentimeter breit, Mark 7,50,

per 5 Rollen, jede 40 Meter lang, 10 Zentimeter breit, Mark 4,—

portofrei nach jeder deutschen u. österreichischen Poststation gegen Vorauszahlung oder Nachnahme geliefert, offerieren [1609

Benrath & Franck,

Gelbe Mühle, Düren (Rheinland).

40000 Erica

gracilis, von Anf. Sept. an blüh., % M 30-80, **hiemalis, flammea, pers. alba, Wilmoreana, mediterranea, cupressina,** % M 50—150. Günstigste Bezugsquelle für Engroshändler. Versand gegen Kasse oder Nachn., mir bekannten Firmen Ziel. [1618

W. Wilshaus, Hamm i. W.

Koniferen u. Moorbeetpflanzen

speziell [509

grosse Schaupflanzen.

Heinr. Hellemann,

Moorende bei Bremen.

Rival-Pelargonien,

unbew. Steckl. % M 3,—, **Cardinal,** Neuheit 1907, % M 5,—, **Crassula coccinea, unbew.,** per % M 5,—, **Paeonia offic. rosea** 10 St. M 2,50, **Iris Mad. Chéreau** per % M 5,— offeriert gegen Nachnahme [1598

C. Schmeisser, Molmeck b. Hettstedt.

Orchideen-Erde,

Polypodium-Fasererde und

1592] Sphagnum empf. in I. Qualität

Joh. Wilh. Ringen,

Oberdollendorf am Rhein.

Preisliste und Proben postfrei.

Winterharte Stauden

zur Schnittblumengewinnung, zur Ausschmückung von Gärten und Parks, Grotten, Felspartien und Teichen.

Winterharte Freilandfarne und Eriken.

Bewährte Edel-Dahlien.

Spezialität: Samen und Sämlinge von **Primula obconica „Ronsdorfer Hybriden".**

Samen von Stauden und Sommerschnittblumen. [17

Preislisten auf Anfrage.

Georg Arends
Staudengärtnerei
Ronsdorf (Rhld.).

Kastenfalle „Triumph".

Beste und einfachste Kastenfalle der Welt.
No. 40a III für Marder, Iltis, Wiesel, Katze etc. Preis M 16.—
Kastenfalle No. 40 IV neueste Konstruktion f. Katzen M 8.—.
1434 **herumwildernde Katzen in sechs Monaten** fing der Berliner Tierschutzverein. — Als vorzügliche **Wieselfalle** empfehlen wir unsere kleinste Kastenfalle 40. V. — Preis nur M. 3.—, 2 Stück 1 Postpaket. Illustr. Preiskurant mit Fanganleitungen nach Staats. v. Wacquant-Geozelles gratis. [1219
Haynauer Raubtierfallen-Fabrik **E. Grell & Co.,** Haynau i. Schl.

Geraer Kunstanstalt Ernst Günther
Fernspr. 184. **Gera, Reuss** Gegr. 1889
Spezial-Institut für gärtnerische Abbildungen
liefert **Plakate, Katalogumschläge** und sonstige **farbige Abbildungen** für **Samen- und Pflanzengeschäfte** in nur künstlerischer Ausführung. Die dazu nötigen Original-Entwürfe werden nach der Natur oder sonstigen Unterlagen im eigenen Atelier hergestellt. [1376
Leistungsfähigste Bezugsquelle für **Samendüten** mit reizenden farbigen Abbildungen
Muster und Preise bitte zu verlangen.

In **7 Nächten 5 Katzen** fing ich in meiner [1599
Kastenfalle.
No. I für Katzen und Marder M 6.50.
No. II für Wiesel etc. . . . M 4.50.
Ernst Vollmann, Kierspe i. W.

Paeonia sinensis! Chinesische Paeonien!

Die beste Pflanzzeit ist im Herbst!

Die neue beschreibende Paeonien-liste unserer reichen Sorten-Auswahl wird auf Anfrage frei gesandt! [9

Goos & Koenemann
Grossh. Hess. Hoflieferanten
Nieder-Walluf bei Wiesbaden
Staudenkulturen und **Baumschulen** für Obstbäume, Koniferen, Rosen und Ziergehölze.

Vor Anschaffung eines Gartenhauses versäumen Sie nicht, sich mit der Neuheit:

Richters transportable Gartenhäuser

bekannt zu machen.

Künstlerische Ausführung.
Katalog gratis.

Jalousie- u. Rollladenfabrik
Grünhainichen No. 27 i. Sa.
Louis Richter. [5

Verlangen Sie Offerte! **Rollschattendecken.** Verlangen Sie Muster!

Südländische Hyacinthen

(Holländisch-Französ.)

— Eigener Kultur —
zum sicheren Treiben für November-Dezember. **Gertrude, Moreno, L'Innocence, Baron v. Thuyll, Grandeur à merveille, Johann, Marie, Regulus** und noch verschiedene and. Sorten sofort abgebbar.
I. Grösse ℳ 25—30 per %
Miniatur ℳ 12—15 per %
Die Ware ist in diesem Jahre ganz besonders schön.
Kulturanweisung wird jeder Sendung beigefügt.

Fritz Hufeld,
Samen-u. Blumenzwiebelhdlg.
Darmstadt. [1596

Gartenbau-Ausstellung Duisburg 1908.

1. August bis 12. Oktober.

Wöchentlich wechselnde
Sonderausstellungen von Pflanzen, Schnittblumen und Binderei
nach besonderem Programm.

Zugelassen zur Ausstellung sind sämtliche Gärtner und Gartenliebhaber der Rheinlande und Westfalen. [1411

Nähere Auskunft erteilt die
Geschäftsstelle Duisburg, Parkhaus Grunewald, Telephon 508,
von der auch kostenlos Programms und Anmeldebogen zu beziehen sind.

Der Vorstand.

Blumenzwiebelkatalo[g]
Baumschulkatalog
sind erschienen. [47]

L. Späth,
Baumschulenweg-Berlin.

Druck der Anhaltischen Buchdruckerei Gutenberg e. G. m. b. H. in Dessau

Die Gartenwelt.

Illustrierte Wochenschrift für den gesamten Gartenbau.

Herausgeber: Max Hesdörffer-Berlin.

Erscheint jeden Sonnabend.

Monatlich eine farbige Kunstbeilage.

Bezugsbedingungen:

[D]urch jede Postanstalt bezogen Preis 2.50 M. vierteljährl. In Österreich-Ungarn 3 Kronen. [B]ei direktem Bezug unter Kreuzband: Vierteljährlich 3 M. Im Weltpostverein 3.75 M. Einzelpreis jeder Nummer 25 Pf.

[B]ei ohne Vorbehalt eingehenden Beiträgen bleibt das Recht redaktioneller Änderungen [v]orbehalten. Die Honorarauszahlung erfolgt am Schlusse jeden Vierteljahrs.

Anzeigenpreise:

Die Einheitszeile oder deren Raum 30 Pf.; auf der ersten und letzten Seite 50 Pf. Bei grösseren Anzeigen und Wiederholungen steigender Rabatt. Beilagen nach Übereinkunft. **Anzeigen in der Rubrik Arbeitsmarkt** (angebotene und gesuchte Stellen) kosten für Abonnenten einmalig bis zu 10 Zeilen Raum M. 1.50, weitere Zeilen werden mit je 30 Pf. berechnet.

Erfüllungsort auch für die Zahlung: Berlin.

Adresse für Verlag und Redaktion: Berlin SW. 11, Hedemannstrasse 10.

XII. Jahrgang No. 49. | Verlag von Paul Parey, Berlin SW. 11, Hedemannstr. 10. | 5. September 1908.

Illustrierte Wochenschrift für den gesamten Gartenbau.

Jahrgang XII. 5. September 1908. No. 49.

Landschaftsgärtnerei.

Aus alten Gärten.

Von **Hermann Koenig**, Magdeburg.

(Hierzu vier Abbildungen nach Kohlezeichnungen des Verfassers.)

Bauten sind Dokumente einer Zeit, — und wenn im allgemeinen anzunehmen ist, daß bei den Wohn- und Geschäftsbauten hin und wieder der Schönheitssinn zugunsten des Geschäftssinnes zurücktreten mußte, so kann dieser Einwand bei den Gartenbauten nicht geltend gemacht werden, weshalb sich gerade in den Gartenhäuschen und Pavillons die Geschmacksrichtung einer lange entschwundenen Zeit klar und unverfälscht widerspiegelt. Besondere Schätze sind aus einer Epoche frohen, unbekümmerten Lebensgenusses und einfacher Beschaulichkeit, der sogenannten Biedermeierzeit, erhalten geblieben. Doch auch schon viel früher sind Gartenbauten entstanden, welche uns heute noch als Beispiel einer ebenso künstlerisch vollendeten als zweckmäßigen Bauform dienen können. Würde z. B. der nebenstehend abgebildete Wasserpavillon nicht ein prächtiges Vorbild für einen etwa im See des Magdeburger Stadtparkes zu errichtenden Pavillon abgeben? Der betreffende Pavillon wurde im Jahre 1670 von Mönchen des Cisterzienser-Klosters Grüssau in Schlesien unter dem Abt Bernhardus Rosa (1660—1696) inmitten eines Forellenteiches im Grüssauer Walde errichtet und diente den Mönchen des ungefähr eine Stunde entfernten Klosters zum Sommeraufenthalte. Zu jener Zeit wurde auch in der Chronik die noch heute übliche Bezeichnung für den Pavillon und die in der Nähe desselben befindliche Restauration „Lustort Bethlehem“ zum erstenmal erwähnt. Der Pavillon ist von achteckiger Form, vollständig aus Holz und wird von Pfählen getragen, welche auf einem Rahmen stehen, der auf dem Grunde des Teiches lagert. Das Innere des Pavillons ist mit wertvollen Wandmalereien des berühmten schlesischen Malers Willmann (1629—1700) ausgestattet und stellt Begebenheiten aus der Heiligen Schrift dar. Von Interesse dürfte noch sein, daß der Teich keinen Zufluß erhält, das Wasser quillt vielmehr von unten aus der Erde und behält selbst zur heißen Jahreszeit eine sehr kalte Temperatur. Die Angabe der Chronik, daß die in dem Teiche lebenden Forellen erblinden, wurde in neuerer Zeit durch Versuche in dieser Richtung bestätigt.

Leider sind uns Gartenbauten aus einer soweit zurück-

Wasserpavillon des Cisterzienser-Klosters Grüssau in Schlesien. Vom Verfasser für die „Gartenwelt“ gez.

liegenden Epoche in den wenigsten Fällen erhalten geblieben, doch lassen auch noch die vielen, besonders in katholischen Gegenden befindlichen Betkapellen an den Kreuzwegstationen erkennen, daß die alten Mönche es verstanden haben, das Zweckmäßige mit dem Schönen zu verbinden.

Die untenstehende Abbildung veranschaulicht uns eine vor etwa 100 Jahren sehr beliebte Manier, das Gartenhaus in die Mauer einzubauen, auf diese Weise ein den Garten beherrschendes Bauwerk schaffend; in vielen Fällen finden wir es mit dem Eingang durch einen geraden, von Blumenrabatten begleiteten Weg verbunden. Die Abbildung zeigt das Gartenhaus von der Straße aus gesehen, um auch die durch rankendes Grün prächtig belebte Mauer im Bilde festzuhalten. Es befindet sich bei Wertheim am Main.

Gartenhaus im Park bei Wertheim am Main. Vom Verfasser für die „Gartenwelt" gezeichnet.

Ein Gartenhäuschen von ganz eigenem Reize fand ich in Neustadt an der Saale (Abb. S. 579 oben), es steht auf der höchsten Stelle im Garten und ragt über die Gartenmauer hinaus. Das Gartenhaus und seine Umgebung befinden sich heute leider in sehr vernachlässigtem Zustande, und nur die Ueberreste lassen noch erkennen, daß hier einstmals eine ohne Zweifel sehr reizvolle Gartenschöpfung bestand.

Abb. S. 579 unten dagegen zeigt noch eine leidlich gut erhaltene Anlage in Neuhaldensleben bei Magdeburg. Auch hier finden wir das Gartenhaus in Verbindung mit der Gartenmauer, was in diesem Falle noch dadurch eine besondere Berechtigung erhält, als sich hier dem Auge ein reizvoller Blick über weite Wiesenflächen und einen stillen, baumbestandenen Bachlauf eröffnet. Es ist dies ein Gartenbild, wie man es, gottlob, noch des öfteren in unserm lieben Vaterlande findet, einfach und schlicht in seinem Ausdruck und doch poesieumwoben, ein Garten, wie wir ihn auch heute wieder brauchen, um uns in seinen Gängen, ausruhend von des Tages Mühen, in behaglicher Daseinsfreudigkeit wiederzufinden. Es sei ferne von mir, dem Garten der „Modernsten" mit seinen vielen Architekturen und plastischem Schmuck das Wort reden zu wollen, denn der Hausgarten soll doch eben wieder mehr Heimlichkeit und Behaglichkeit atmen, zwei Dinge, welche sich durch Verwendung von Stein und Marmor und wenig Pflanzen nicht erreichen lassen. Und warum finden wir in unserem Hausgarten heute so selten mehr die farbige Glaskugel? Sollte sie nicht bis zu einem gewissen Grade den lebenden Springstrahl des Wassers ersetzen können, da doch die Anlage eines Springbrunnens in vielen Fällen nicht möglich ist?

Sommerblumen.

Schizanthus.

Von Wilhelm Fries, Cappellen-Irishof, Belgien.

Häufig steht derjenige Gärtner, welcher für Zimmerschmuck zu sorgen hat, vor der Frage, was nehmen, um etwas Neues und Abwechselndes zu bringen. Die *Schizanthus* lassen sich für Dekorationszwecke sehr gut verwenden; die Blumen halten sich in Vasen sehr lange frisch, wie auch der Wert der Topfpflanze für Dekorationszwecke ein ungemein hoher ist. Die Farbenpracht der verschiedenen Sorten ist von einem großen Reiz. Man kann diese Pflanzen fast das ganze Jahr hindurch blühend haben, der größte Wert ist denselben aber in den Monaten April und Mai beizumessen. Die Kultur ist eine sehr einfache. Um in genannten Monaten blühende Pflanzen zu haben, wird die letzte Aussaat Anfang September gemacht, die Pflänzchen werden, nachdem sie stark genug sind, in Töpfe gepflanzt, über dem dritten Blatt gestutzt, und, so lange es die Witterung gestattet, im kalten Kasten behandelt. Während des Winters lieben dieselben einen hellen Standort im Kalthause, auch ist ein mehrmaliges Verpflanzen und Stutzen erforderlich; letzteres hat, je nachdem man ein früheres oder späteres Blühen wünscht, zum letztenmal von Anfang März bis Ende April zu erfolgen. Ich stutze zum Beispiel ungefähr vom März ab meine Pflanzen alle 14 Tage, und zwar jedes mal 20 bis 25 Töpfe — nicht mehr. Dadurch erziele ich von Ende April bis in den Juni hinein eine ununterbrochene Auswahl blühender Pflanzen. Bei der Kultur ist zu beachten, daß die *Schizanthus* so hoch als möglich zu pflanzen sind, denn stehen sie zu tief, so kommt es vor, daß sie vor der Blüte plötzlich absterben. Der Wurzelhals verträgt keine anhaltende Feuchtigkeit, auch nehme man keine zu fette Erde.

Gartenhäuschen in Neustadt an der Saale. Vom Verfasser für die „Gartenwelt" gezeichnet.

Mir leisten diese schönen Varietäten hier auf der Besitzung Irishof unschätzbare Dienste zur Ausschmückung der Salons, Bepflanzung von Blumenkörben und als Schnittblumen für Vasensträuße. Ich kultiviere alle im Handel befindlichen Sorten. Es ist zu wünschen, daß sich diese schöne Pflanze auch als Handelspflanze einbürgert.

Gehölze.

Die Prinzeneichen im Herzogl. Schloßgarten zu Altenburg, S.-A.

Von Hofgärtner Th. Schulze, Altenburg.

(Hierzu zwei Abbildungen.)

Zu den ältesten noch sichtbaren Zeichen von der Benützung des jetzigen Herzogl. Schloßgartens zu Altenburg, S.-A., schon vor der Zeit der eigentlichen Einrichtung zum Garten in seinen vielfachen Stilwandlungen, dürften die 1455, der Sage nach von der Kurfürstin Margarete gepflanzten Prinzeneichen gehören. Dieselben wurden zur Erinnerung an die glückliche Rettung der Prinzen Ernst und Albert (die Kunz von Kauffungen geraubt) gepflanzt. Jahrhunderte überdauerten die majestätischen Bäume, die heute noch nach mehr als 450 Jahren ihre Aeste kraftvoll ausbreiten, nachdem viele Generationen zu ihnen aufgeblickt. Ein Wahrzeichen deutscher Kraft und Stärke.

In unserer raschlebigen Zeit, die nur zu oft durch ihr Hasten und Drängen und die angespanntesten Anforderungen des Berufes dem menschlichen Leben zu rasch ein Ziel setzt, nehmen wir uns nicht oft die Zeit, daran zu denken, welche ungeheure Kraftfülle in solchen Baumriesen steckt. Wir haben hier noch ältere Eichen, welche schon manchem Sturm, manchem Wetter widerstanden und so manche Generation menschlichen Schaffens überlebten. Doch auch für sie, die so oft im Sturm erprobten, kommt schließlich die Zeit des Verfalles, und lediglich um Unfälle zu verhüten, muß man sich entschließen, die alten Riesenstämme zu entfernen, um stete Gefahr abzuwenden und nicht Menschenleben durch abbrechende Aeste oder Zusammenbruch des Stammes zu gefährden.

So stürzte unlängst erst ein wahrer Riesenast einer etwa 500 jährigen Eiche hier zu Boden, zum Glück in der Nacht;

Gartenhaus in Neuhaldensleben bei Magdeburg. Vom Verfasser für die „Gartenwelt" gezeichnet.

mit Donnerkrachen prasselte der schon längst beobachtete kranke Teil herunter. Die Wunde wurde selbstverständlich glatt geschnitten, geteert und so weiterer Fäulnis Einhalt getan.

Bei einer unserer altehrwürdigen Prinzeneichen, die auch Jahrhunderte überdauerten, war nun vor vielen Jahrzehnten ein Hauptast abgeworfen worden, leider aber die Behandlung der in etwa 15 bis 16 m Höhe befindlichen Wundstelle nicht erfolgt, und dies Versäumnis hätte diesem Riesen bald verderblich werden können. Dies mußte nun unter allen Umständen verhindert werden, um auch diesen Baum späteren Generationen zu erhalten.

So wurde der Baum von unten bis oben geöffnet, an der einen Seite etwa 40 cm weit aufgeschnitten, alles faule Holz im Stamm herausgestemmt bis 1 m unter der Erde, alle Schwammbildung herausgemeißelt, dann die Höhlung Stück für Stück aufwärts heiß geteert und im Innern eine Trägersäule von 13 m Länge eingefügt, hierauf stückweise Stampfbeton nachgefüllt und die offene Stelle wieder mit Rinde verkleidet. So entstand innen gewissermaßen eine Plombe von Zementbeton mit Trägerstütze, die dem Baume nach menschlichem Ermessen noch hundert Jahre Lebensdauer sichern dürfte. Da der ausgefüllte Baum bedeutendes Uebergewicht der Krone nach einer Seite zeigte, war auch in etwa 16 m Höhe noch ein mehrfaches Zusammenhängen mit Eisenstangen und Ringschellen nötig, wozu 287 kg Eisen verwendet werden mußten.

Der Stammumfang der Prinzeneichen beträgt in Brusthöhe 4,80 und 5,50 m, die Höhe etwa 30 m. Die beiden gegenüberstehenden Abbildungen zeigen beide Eichen im Gerüst und nach dem Austrieb nach der Ausfüllung.

Schlingpflanzen.

Warmhausschlinger.

Von **Hans Heitmar**, Baron Alfons von Rothschildsche Gärten, Hohe Warte-Wien.

In Nachstehendem will ich einige prächtige Warmhausschlingpflanzen, welche seit Jahren in den hiesigen Warmhäusern kultiviert werden, kurz beschreiben, indem ich die Hoffnung hege, daß diese Zeilen dazu beitragen werden, den schönen Schlingern neue Verehrer zuzuführen.

Da ist zunächst *Allamanda nobilis*, nach dem holländischen Professor Fr. Allamanda zu Leyden benannt; sie gehört zur Familie der *Apocynaceae*, Hundsgiftgewächse. Ihre Heimat ist in Südamerika, am Rio Branco. Blüten prachtvoll gelb und größer als bei allen bekannten Arten, auch dankbar im Blühen mit langer Blütezeit. Diese Liane verlangt feuchte, frische Luft, viel Wärme und viel Sonnenschein; sie darf nur mäßig, fast gar nicht beschattet werden; je mehr Sonne sie bekommt, desto besser ist es. Sie verlangt ein kräftiges Erdmaterial, man tut gut, sie im Warmhause in den freien Grund auszupflanzen, wo sie jahrelang stehen bleiben kann. Vermehrung durch Ableger, auch durch Stecklinge, wozu man gut ausgereifte, 10 cm lange Zweige nimmt.

Clerodendron Thomsonae (Balfourii), Thomsons Losbaum, aus der Familie der *Verbenaceae*, Eisenkrautgewächse, stammt aus dem Westen Afrikas. Die Kultur dieser prächtigen Pflanze ist äußerst einfach. Die Vermehrung geschieht meist durch Stecklinge, wozu man möglichst halbreife, etwas verholzte, dicht am Stamme abgeschnittene Sprosse verwendet. Hat man ältere Pflanzen, so pflanzt man sie einfach im Warmhause in den freien Grund aus, zieht sie unter dem Glase entlang, oder bekleidet Pfeiler oder Wände mit den Ranken. Auch in Kugelform gezogene *Clerodendron* sind schmuckvoll. In großen Töpfen lassen sich schöne Schaupflanzen erzielen, die, falls die Erde nicht versauert, mehrere Jahre unverpflanzt stehen können. Die Ernährung dieser älteren Topf- und Kübelpflanzen geschieht zweckmäßig durch Auflegen von verrottetem Dünger und durch gelegentliche Dunggüsse. Dieses *Clerodendron* verlangt kräftiges Erdmaterial, etwa ein Gemisch von Mistbeet-, Rasen-, Torf- oder abgelagerter Moorerde mit reichlich Sand. Die Anzucht erfolgt auch durch Samen; Anbauzeit im Frühling bei Bodenwärme. Die Keimung erfolgt nach etwa acht Wochen. Die Keimkraft des Samens währt meist nur ein Jahr. Diese Pflanze macht eine vollständige Ruheperiode durch, deren Beginn gewöhnlich in den Herbst fällt. Man gießt zu Beginn derselben nur spärlich, damit das Laub fällt. Zur Erzielung einer reichen Blüte ist die Einhaltung dieser Ruheperiode unbedingt erforderlich. In den hiesigen Warmhäusern wird der herrliche Clerodendronflor in den Monaten Mai und Juni, zu welcher Zeit die Gärten geöffnet sind, vom Publikum allgemein bewundert.

Hexacentris mysorensis, aus der Familie der *Acanthaceae*, ist gleichfalls ein prächtiger Warmhausschlinger, aus Ostindien stammend. Auch diese Pflanze wird durch Stecklinge und aus Samen vermehrt und entwickelt sich am üppigsten, wenn sie später in den freien Grund ausgepflanzt wird. Es ist eine kräftige Erde zu geben, im Sommer öfters zu spritzen, dabei reichlich zu bewässern und zu lüften.

Aristolochia gigas grandiflora, aus der Familie der *Aristolochiaceae*, in Guatemala und auf den Antillen heimisch, ist eine enorm wüchsige Liane, die durch ihre eigenartigen Riesenblüten fesselt. Diese entspringen einzeln aus den Blattachseln und erreichen bei 40 cm Breite eine Länge von etwa 35 cm. Die Blumenkrone ziert eine schwanzartige Verlängerung von oft 60 cm Länge. Die Färbung der Blumenkrone ist lila mit rotbraunen Flecken, der Schlund dunkelbraun, die Schlundhöhle schwarz behaart. Ihres riesigen Wachstums halber verlangt diese Pflanze nährstoffreiche Erde, zur Triebzeit öftere Dunggüsse und im Sommer Sonne und Luft. Stecklinge wachsen leicht.

Begonia corallina, die Stammutter der jüngst in No. 38 der „Gartenwelt" eingehend geschilderten und abgebildeten *Luzerna*, eignet sich gleichfalls gut zur Bekleidung der Glasflächen in Warmhäusern, ohne besondere Anforderungen an die Kultur zu stellen.

Schnittblumen.

Amerikanische Nelkenkulturen bei A. Beck, Zuffenhausen.

Von **Curt Reiter**, Obergärtner, Feuerbach.

(Hierzu Abbildung Seite 582.)

Die starke Entwicklung der Gärtnerei in den letzten Jahrzehnten und die hohen Anforderungen, die in bezug auf Güte und Vollkommenheit der gärtnerischen Erzeugnisse an den Kultivateur gestellt wurden, machten es notwendig, daß sich die einzelnen gärtnerischen Zweige spezialisierten, um mit geringerem Kostenaufwande vorzügliche Kulturergebnisse zu erzielen. So entstanden die Schnittblumengärtnereien, aus denen in der Hauptsache die Blumengeschäftsinhaber ihren Bedarf deckten. Jedoch auch dieses genügt heute schon nicht mehr. Die einzelnen Schnittblumengärtnereien sind bestrebt, ihre oft umfangreichen Kulturen der verschiedensten Pflanzenarten dadurch zu vereinfachen, daß nur wenige der gangbarsten und begehrtesten Schnittblumen in einem Betriebe gezogen werden, dafür aber in größeren Mengen und hervorragender Qualität. Unsere heutige Abbildung Seite 582 zeigt ein Gewächshaus aus solchem Betriebe, und zwar amerikanische Nelken von A. Beck, Zuffenhausen. Herr Beck, durch seine vorzüglichen Gurkenkulturen und Züchtungen weithin bestens bekannt, betrieb außerdem die Kultur der französischen Remontantnelken als Spezialität in größerem Maßstabe. Als die amerikanischen Nelken sich auch in Deutschland Eingang verschafften und durch ihre hervorragenden Eigenschaften die

Gärtnerische Reiseskizzen.

Die diesjährige Studienreise der Deutschen Dendrologischen Gesellschaft.

Vom Herausgeber.

I. Von Berlin nach Straßburg.

Wer einmal an einer Studienreise dieser Gesellschaft teilgenommen hat, der wird, wenn ihm dies nicht zwingende Verhältnisse zur Unmöglichkeit machen, Jahr für Jahr als Stammgast erscheinen; es sind in der Hauptsache immer und immer wieder die alten bekannten Gesichter, denen man auf den Jahresversammlungen begegnet, Jahr für Jahr ergänzt durch eine stattliche Zahl von Neulingen, die sich auf diesen interessanten Kreuz- und Querfahrten rasch ebenso zu Haus fühlen, wie die alten Mitglieder.

Die diesjährige Tagung in Straßburg und Colmar gab mir Veranlassung, einige Tage vor Beginn abzureisen, um zunächst die Ausstellung in Duisburg zu besuchen, über welche ich bereits in No. 47 berichtete, und dann auf der zu durchfahrenden Strecke bei einigen alten, lieben Bekannten vorzusprechen. Von Duisburg fuhr ich am 4. August nach Elberfeld und Barmen. Es waren

französischen Sorten überall, wo sie bekannt wurden, verdrängten, folgte auch Herr Beck dem Zuge der Zeit, verwarf die nicht mehr zeitgemäßen alten französischen Sorten und richtete seine Häuser für die Kultur der amerikanischen Nelken ein.

Die vorhandenen Nelkenhäuser umfaßten einen Flächeninhalt von 20 × 40, also rund 800 Quadratmeter. Da die langstieligen, hochwachsenden amerikanischen Nelken eine ganz andere Bauart bedingten, als die niedrigen französischen Sorten, wurde der ganze Oberbau der drei nebeneinander liegenden Sattelhäuser entsprechend erhöht. Auf den verstärkten Umfassungsmauern sind Stehfenster mit Lüftungsvorrichtung vorhanden. Im übrigen ruhen die erhöhten, alten Satteldächer jetzt auf einem eisernen Unterbau, der auf der Abbildung klar ersichtlich ist. Es wurde so ein großer Luftraum geschaffen, der für die Kultur der amerikanischen Nelken sehr vorteilhaft ist. Geheizt wird die ganze Anlage durch einen Universal-Gliederkessel, an welchem 1600 Meter Heizungsrohre angeschlossen sind; er entspricht den oft hohen Ansprüchen, die an ihn gestellt werden, vollkommen. Der schädliche Niederschlag wird durch teilweise Oberheizung vereitelt und für reichliche Lüftung ist durch ein umfangreiches Zentrallüftungssystem Sorge getragen. Die Nelken in diesen Häusern sind in einer Anzahl von 10000 Stück auf Stellagen ausgepflanzt.

In Kultur sind nur wenige, aber vorzügliche Sorten, wie: *Enchantress*, *Lawson*, *White Lawson*, *Robert Craig*, *Beacon*, *White Perfection*, *Harlowarden*.

Prinzeneichen im Herzoglichen Schloßgarten zu Altenburg, S.-A. Oben Baum mit Gerüst zur Anbringung der Trägerstütze und Plombe aus Zementbeton. Originalaufnahmen für die „Gartenwelt".

gerade zwanzig Jahre verflossen, seitdem ich in Barmen in der damaligen Handelsgärtnerei von Heinrich Nols als Obergärtner tätig war, und die vollständige Umwandlung des Betriebes mitmachte. Seitdem hatte ich Barmen nicht wieder betreten. Herr Nols ist seit Jahren tot, seine Gärtnerei längst ein Opfer der Bauspekulation geworden, und als Rest der ehemaligen Herrlichkeit ist nur noch das in andere Hände übergegangene und an anderer Stelle weitergeführte Blumengeschäft übrig geblieben. Damals, als die Nolssche Gärtnerei von dem ehemaligen Pachtgrundstück nach dem eigenen Gelände verlegt würde, sprachen zwei blutjunge, noch schüchterne Kollegen bei mir vor, die die Absicht hatten, das Pachtgrundstück zur Gründung einer eigenen Existenz zu übernehmen. Es waren die Herren Arends und Pfeifer die sich bald danach in dem nahe gelegenen Ronsdorf seßhaft machten, die bekannte Staudengärtnerei gründeten, sich aber vor einigen Jahren trennten, um als gute Nachbarn, jeder für eigene Rechnung, weiter zu arbeiten. Georg Arends übernahm die Staudenkulturen, Ernst Pfeifer das Topfpflanzengeschäft.

Ich machte in Barmen Station, um einen schon oft versprochenen Besuch bei Arends auszuführen, seine Kulturen zu besichtigen, und mich persönlich von dem riesigen Aufschwung, den die Schwesterstädte Elberfeld-Barmen in zwei Jahrzehnten genommen, zu überzeugen. Ein beredtes Wahrzeichen dieses Aufschwunges ist die Schwebebahn, deren kühn geschwungene, schwere Viadukte sich über dem schwarzen Wasser der Wupper wölben. Nach Ronsdorf führt eine elektrische Bergbahn durch ein malerisch schönes Gelände.

Ronsdorf, ein Städtchen von etwa 15000 Einwohnern, liegt, weitläufig gebaut, inmitten des bergisch-märkischen Hügellandes. Von der Haltestelle der Bergbahn gelangt man nach kurzer Fußwanderung zur Gärtnerei des Herrn Arends, die wie selten ein derartiger Betrieb durch eine prächtige, weite Ausblicke ins bergische Land mit Remscheid und vielen malerisch eingestreuten Ortschaften bietende Lage ausgezeichnet ist. Neben dem im Landhausstile erbauten Wohnhause hat Herr Arends ein großes Alpinum angelegt, das reiche Schätze alpiner und subalpiner Pflanzen in hoher Kultur enthält. Die eigentlichen gärtnerischen Kulturen bedecken einen beträchtlichen Flächenraum, der neuerdings durch Zukauf eines angrenzenden Geländes um acht weitere preußische Morgen vermehrt werden soll. Alle Staudenarten und Hybriden, die der umfangreiche Katalog des Inhabers aufführt, werden hier in sachgemäßer Weise kultiviert, empfindlichere in einem großen Mistbeetquartier herangezogen. Von besonderem Interesse waren die neuen, von Arends gezüchteten Astilben, von welchen beträchtliche Vorräte vorhanden sind, die gerade im letzten Blütenstadium standen. *Astilbe Arendsi*, so heißt die neue Züchtung, ist hervorgegangen aus Kreuzungen von *Astilbe japonica compacta*, *Queen Alexandra*, *astilboides floribunda* und anderen mit *Astilbe Davidi*. Die mannigfaltigen Formen von *A. Arendsi* erinnern alle mehr oder weniger an *A. Davidi*, deren Blütenschäfte 120 bis 180 cm hoch werden. Ihre Blüten haben eine leuchtende lilarosa Farbe. Unter den Arendsschen Hybriden gibt es gedrungen und hoch wachsende Variationen. Die Farbe der Blütensträuße ist lilarosa, mitunter in Violett übergehend, gelblichweiß und weiß. Es handelt sich um ganz eigenartige, schwer zu beschreibende Farbentöne, wie man sie sonst nur selten und ausnahmsweise im Pflanzenreiche findet. Die Farben erinnern in mancher Hinsicht an diejenigen der *Celosia Tompsoni magnifica*, und man ist versucht, die äußerst eleganten, Tausende von Blütchen tragenden Rispen mit künstlich gefärbten Pampaswedeln zu vergleichen. Alle Farbensorten entstanden aus Kreuzungen von 1906. Herr Arends arbeitet auf die Erzielung blauer Blütenrispen hin und glaubt Aussicht zu haben, sie zu erreichen. Von schönblühenden Stauden fand ich noch in vollem Flor die schöne, von Arends gezüchtete *Coreopsis lanceolata oculata*, abgebildet und beschrieben auf Seite 22 des X. Jahrganges, die herrlich blau blühende *Viola cornuta G. Werming*, die niedliche neuere *Tunica saxifraga fl. pl.* (siehe Gartenwelt, XII Jahrg., No. 14) und ein selten schönes *Phlox decussata*-Sortiment, in welchem besonders die prächtige reinweiße Sorte *Fräulein von Laßburg* hervorragte. Auch Ronsdorf war von einem furchtbaren Hagelunwetter heimgesucht worden; der Hagel hatte den Staudenphlox fast die gesamte Belaubung heruntergeschlagen und u. a. auch die Blätter der Seerosen vielfach durchlöchert. Letztere werden bei Arends in großen Bütten kultiviert. Für diese Kultur, für große Aquarien und kleinere Gartenbassins ist die seinerzeit von Haage & Schmidt eingeführte gelbblühende *Nymphaea pygmea helvola* die empfehlenswerteste; sie ist jedenfalls unter

Kulturen amerikanischer Nelken in der Gärtnerei von A. Beck, Zuffenhausen.
Vom Verfasser für die „Gartenwelt" photographisch aufgenommen.

den zierlicheren Arten die reichblühendste; ihre prächtigen Blüten bedeckten fast vollständig den Wasserspiegel. Bei Arends werden auch viele botanisch interessante Stauden kultiviert. Von diesen blühten gerade die reizende *Campanula soldanellae flora* und zwei prächtige winterharte Pantoffelblumen, *Calceolaria polyhriza* und *plantaginea*, deren Blüten lebhaft an diejenigen der *C. rugosa* erinnern.

Hochinteressant sind die Kulturen von Freilandfarnen und Moorpflanzen. In Schattenstellagen sind große Bestände herrlicher Freilandfarne vorhanden, die alle durch Aussaat gewonnen werden. Ueber dieses Sortiment, das Landschaftsgärtnern empfohlen sei, gibt der Arendssche Katalog Auskunft. *Scolopendrium vulgare digitato-cristatum*, die prächtige hahnenkammartig gekrauste Form unserer Hirschzunge, war in vielen Tausenden aus einer Aussaat hervorgegangenen Exemplaren vorhanden. Moorpflanzen und Heidekräuter werden in dem schweren Lehmboden mit großem Erfolg kultiviert; man bedeckt die Beete vor der Anpflanzung reichlich mit Torfmull, welches beim Graben untergebracht wird, den Boden lockert und feucht erhält. Man kann die Erikas einfach mit den Händen herausreißen; sie halten in dieser Erde trotzdem ganz gewaltige Ballen, die vor dem Versand erheblich verkleinert werden müssen. Alles, was an winterharten Heidekräutern in den Gärten bekannt ist, wird hier im großen kultiviert, vor allem die zahlreichen Varietäten der heimischen. *Calluna vulgaris*, die herrliche *Erica carnea* und ihre weiße Varietät, *E. cinerea* und Varietät *coccinea*, *E. ciliaris* und Varietät *alba*, *Menziesia polifolia* und Abarten, sowie andere. Auch Moorpflanzen sind in zahlreichen Arten und in üppiger Kultur vorhanden. *Rhododendron ferrugineum* zeigen den Kronenbau und die üppige Entwickelung bestkultivierter indischer Azaleen, alpine Daphnen, *Kalmia*, *Rhodora* u. a.; alle bekunden sorgfältige und sachkundige Pflege.

Eine besondere Spezialität des Arendsschen Betriebes bilden die Kulturen der verbesserten *Primula obconica grandiflora* (Arends Ronsdorfer Hybriden). Fast alle Gewächshäuser beherbergten große Massen von Mutterpflanzen, die hier zur Samengewinnung kultiviert werden. Die einfach blühenden Sorten gefallen mir entschieden besser als die halb und ganz gefüllten; letztere würden vielleicht vor zwei Jahrzehnten, als die gefüllten chinesischen Primeln noch in der Drahtbinderei umfangreiche Verwendung fanden, großen Absatz gefunden haben. Im Laufe der Jahre sind aus diesen großblumigen Ronsdorfer Hybriden zahlreiche durch Wuchs, namentlich aber durch Blütenfarbe und Größe unterschiedene Sorten gezüchtet worden, die von hier aus auch als Sämlinge vom Mai ab in umfangreicher Weise zum Versand gelangen. Durch besondere Großblumigkeit zeichnen sich die *gigantea*-Varietäten aus, hervorgegangen aus einer Kreuzung von *Primula obconica grandiflora* mit *Primula megaseaefolia*.

Am Abend des 4. August fuhr ich von Elberfeld nach Köln und von da am nächsten Tage mit der elektrischen Rheinuferbahn nach Bonn, zur Besichtigung der Wesselschen Obstkulturen (Obergärtner Otto Wagner). Leider traf ich Herrn Wagner nicht an, doch konnte ich die Kulturen eingehend besichtigen. Abgesehen von den Spalierkulturen des weißen Winterkalvills sind hier die sorgfältig gepflegten Buschobstkulturen von hohem Interesse, die genau wie meine eigenen gehandhabt werden, nur die Pflanzung ist hier eine wesentlich gedrängtere, sodaß über kurz oder lang die Hälfte der Bäume herausgenommen werden muß. Der Fruchtansatz war ein vorzüglicher und der überflüssige Ansatz in der Weise entfernt worden, daß die Früchte einzeln und gleichmäßig verteilt hingen. Besonders schöne Früchte waren in Papierbeutel (sac de France), aus Zeitungspapier gefertigt, gehüllt, ein Verfahren, das sich für Liebhaberobstzüchter empfiehlt. *Ananasrenette*, *Wintergoldparmaine*, *Canadarenette* und *Schöner von Boskoop* zeichneten sich u. a. besonders aus. Im Vorübergehen besuchte ich noch den unter Beißners technischer Leitung stehenden Botanischen Garten, der sich in allen Teilen in prächtiger Verfassung zeigte.

Nach Köln zurückgekehrt, setzte ich am nächsten Morgen mit der Eisenbahn die Fahrt nach Trier fort, wo ich bei strömendem Regen eintraf, der auch am folgenden Tage noch mein ständiger Begleiter war, so daß ich mich auf die Besichtigung der Kulturen von J. Lambert & Söhne und der Baumschulen von Peter Lambert beschränken mußte.

An Trier knüpfen sich für mich angenehme Erinnerungen. Dort war ich in den Jahren 1888—1891 als Obergärtner der Firma J. Lambert & Söhne tätig, die inzwischen ständig an Bedeutung gewonnen hat. Der Etat für Löhne und Gehälter erreicht heute fast die Höhe des früheren gesamten Umsatzes, letzterer ist etwa um das siebenfache gestiegen. Der gärtnerische Betrieb verteilt sich nunmehr auf drei Grundstücke, die je unter der Leitung eines Obergärtners stehen. Das an drei Straßen gelegene Stammgrundstück im Stadtinnern ist etwa $2^1/_2$ preuß. Morgen groß, es dient in der Hauptsache Glashauskulturen, des ferneren ist auf demselben das Samenversandgeschäft untergebracht. Ueberall herrscht musterhafte Sauberkeit. In den Gewächshäusern wird alles kultiviert, was sich an Topfpflanzen für das Stadtgeschäft und den Versand eignet. Von besonderem Interesse war mir ein Import kleiner, junger Cycasstämme, die alle prächtig getrieben hatten. Derartig kleine Stämme haben gewiss als Liebhaberpflanzen noch eine Zukunft, während das früher weit verbreitete Treiben stärkerer Stämme zum Wedelschnitt kaum noch lohnend ist; die massenhaft eingeführten präparierten und gefärbten Cycaswedel haben das Geschäft verdorben. Auch die zweite Gärtnerei, gleichfalls innerhalb der Stadt, nahe dem Römertor (Porta nigra) gelegen, dient vorzugsweise der Topfpflanzenkultur. Hier befinden sich namentlich umfangreiche Cyclamenkulturen. Die dritte Gärtnerei, der sogenannte Paulinusgarten, neuerdings durch Zukauf erweitert, bedeckt jetzt eine Grundfläche von 17 Morgen. In diesem Garten werden die Schnittblumenkulturen betrieben, zu welchen auch ein prächtiges Dahliensortiment gehört, ferner die Rosentreiberei und die Versuchskulturen des Samengeschäftes. Alle im Samenkatalog geführten Gemüsesorten werden hier auf ihre Echtheit und ihren Handelswert geprüft. In den Blumenkulturen fiel ein Feld einer neuen, noch unbenannten Petunie auf, mit prächtigen, violett gefärbten Blüten, die im Karlsruher Stadtgarten entstand und von Herrn Gartendirektor Ries der Firma zum Vertrieb überlassen wurde.

Für das Stadtgeschäft besitzt die Firma am Markt ein großes modernes Geschäftshaus, in dessen unteren Räumen sich Samenhandlung und Blumengeschäft befinden. Das letztere erzielt allein einen jährlichen Umsatz, wie ihn sonst nur bevorzugte Großstadtgeschäfte aufzuweisen haben. Schon von weitem fällt dies Geschäftshaus durch den reichen, bis in die obersten Etagen keinem Fenster fehlenden Blumenschmuck auf, vorzugsweise gebildet durch die vorerwähnte violettblaue Petunie. Einen ähnlich reichen Blütenschmuck ziert auch das Geschäfts- und Wohnhaus der Stammgärtnerei. Ueberhaupt ist „Trier im Blumenschmuck" eine Sehenswürdigkeit ersten Ranges. Dem guten Beispiele und den von den Herren Lambert gegebenen

Anregungen sind die Bewohner der alten Römerstadt fast ausnahmslos gefolgt; überall schmückt reicher Blumenflor die Fassaden, er fehlt selbst an den bescheidensten Wohnungen der Hinterhäuser nicht. Viel verwendet sah ich die prächtige hängende *Lobelia Hamburgia*. Die Opferfreudigkeit eines reichen Trierer Bürgers, des Konsuls Rautenstrauch, ermöglichte die Herstellung einer illustrierten Broschüre über Fenster- und Balkonschmuck, die an alle jene, die dafür Interesse zeigten, kostenlos verteilt wurde. Für das nächste Jahr wird der Druck einer ähnlichen Broschüre geplant, zu deren Illustrierung ausschließlich photographische Aufnahmen blumengeschmückter Fenster und Balkone der Stadt Trier Verwendung finden sollen.

Auch die Blumenpflege durch Schulkinder wird in Trier in dankenswerter Weise gefördert. Am Tage vor meiner Ankunft war im Kasino die Ausstellung der den Kindern im Frühling zur Pflege übergebenen Zimmerpflanzen unter großer Beteiligung der Bevölkerung eröffnet worden. Ich konnte mit Herrn Nicola Lambert dieser Ausstellung noch einen Besuch abstatten. Die Pflanzen waren nach Schulen und Schulklassen geordnet und wurden klassenweise prämiiert. Die ersten Preise bestanden in Sparkassenbüchern über 10 und 5 M, von einem Wohltäter gespendet. Die Bücher sind bis zum 18. Lebenjahre der damit beglückten Kinder gesperrt. Als weitere Preise wurden Diplome zuerkannt. Die Kinder hatten mehrere hundert Töpfe zur Ausstellung gebracht, die sich fast durchweg in guter, zum Teil in vorzüglicher Verfassung befanden. Von *Impatiens Sultani*, *Malva capensis*, *Sparmannia africana*, *Coleus*, Fuchsien und Pelargonien waren wahre Prachtexemplare vorhanden, die sich die Kinder teilweise zur geeigneten Zeit ohne fremde Hilfe verpflanzt hatten.

Die Baumschulkulturen von Peter Lambert bedecken zurzeit eine Fläche von 80 preußischen Morgen. Hier nehmen die Rosen die erste Stelle ein. Die Besichtigung der Kulturen unter freundlicher Führung des Besitzers war des strömenden Regens halber in dem aufgeweichten Lehmboden mit einigen Schwierigkeiten verknüpft. Von besonderem Interesse waren mir die neuen, remontierenden Schlingrosen, als deren erste sich die riesige, einseitswendige Rispen weißer Blüten entfaltende Sorte *Trier* bereits im Handel befindet. Die Sortimentspflanzen dieser Züchtung standen gerade in ihrem zweiten Flor. Die Schlingrose *Trier* scheint mir auch für die Schnittblumenkultur von Wichtigkeit zu sein, ihre langgeschnittenen Rispen geben ein prächtiges Material für Vasenfüllungen. Diese Sorte rankt nicht sehr stark, sie eignet sich deshalb zur Bekleidung von Zäunen, 2 m hoher Spaliere, Säulen und kleinerer Lauben. Eine sehr hübsche Zwergbengalrose, die bereits an der Alster bei Hamburg in 150 Stück angepflanzt ist, kommt im nächsten Jahre unter dem Namen *Alsterufer* in den Handel. Eine Zukunftsrose ersten Ranges dürften wir in einer gelben *Druschki* erhalten, hervorgegangen aus einer Kreuzung von *Frau Karl Druschki* mit *Friedrich Harms*. Ich sah diese Neuheit, von der erst wenige Exemplare vorhanden sind, nicht in Blüte. Ein amerikanischer Züchter, der sie in Trier blühend sah, bot, wie mir Herr Peter Lambert, der glückliche Züchter, mitteilte, für das Alleinverkaufsrecht 10000 M. Unter den Wildrosen gefiel mir sehr die von Vilmorin eingeführte *Rosa sericea var. pteracantha*, welcher eine kräftige prächtig rot gefärbte Bestachelung hohen Schmuck verleiht.

Am 7. August trat ich nachmittags von Trier die Weiterfahrt nach Straßburg an. Die Bahn führt anfangs zwischen rebenbedeckten Höhen durch das gesegnete Weingebiet der Saar, an das sich dann bei Dillingen und Saarlouis das Industriegebiet schließt, in dessen Mittelpunkt man sich in St. Johann-Saarbrücken befindet, welche Orte sich äußerlich kaum von den schwarzgeräucherten Zentren des rheinisch-westfälischen Industriegebietes unterscheiden. Am späten Abend erreichte ich Straßburg, von wo aus am kommenden Morgen die erste Dendrologenfahrt unternommen wurde.

(Fortsetzung folgt.)

Zeit- und Streitfragen.

Beitrag zum Wettbewerb „Schillerpark Berlin“.

Von **Hartrath**, Stadtgartendirektor, M.-Gladbach.

Vor mir liegen die drei prämiierten Projekte.*) Ich erwähne zunächst die Beschaffenheit der Lage des Geländes, welches rings von breiten Straßen umgeben ist, an die hohe Mietsgebäude anschließen werden; durchschnitten wird dasselbe von der direktem Verkehr dienenden Barfußstraße.

Das Gelände links von der Barfußstraße, ein durch die Baublocks bestimmtes Rechteck, mußte meines Erachtens zur regelmäßigen Erschließung bestimmen, während unter den prämiierten Projekten keines Bezug auf die vorhandenen Straßen und Baublocks nimmt. Bei allen lehnt sich die Landschaft mit Pfaden und Pflanzung bis gegen die Straßen, während das geschlossen rechteckige Gebäudemassiv der Straßen, selbst bei dichtester Umpflanzung, auch für die Folge sichtbar bleiben wird. Es tritt der Begriff Volkswiese hinzu, worunter man eine in sich abgeschlossene Wiese zu verstehen hat, die sich in praktischer Beziehung nur empfehlen kann, wenn nicht auch die engere oder weitere Parkumgebung durch das immerwährende Betreten in Mitleidenschaft gezogen werden soll. Wo fängt also der Begriff Volkswiese an, und wo hört er auf? Englische Verhältnisse kommen für uns selbstverständlich nicht in Betracht. Pflanzungen, Wiesen, Pfade bilden schließlich nur eine Volkswiese, während die Ordnung, die stets auch in Anlagen auf den Menschen bestimmend wirkt, unter solchen Verhältnissen mißachtet wird.

Eine solche Anlage ist meiner Ansicht nach unbrauchbar, da sie das Gegenteil von dem bewirkt, was wir im Volksleben beabsichtigen. Früher schuf man Volkswiesen in ungebundener Gestalt und bei mächtigen Terrainausdehnungen in der Landschaft, heute dagegen ist man mit Recht bestrebt, sich dem erzieherischen Momente zuzuwenden, und das insbesondere im dicht umschlossenen Bauviertel. In hervorragendem Maße wird die Ordnung durch regelmäßige Aufteilung mit scharfer Zeichnung, durch Hecken, Alleen, Mauern solcher Volkswiesen bestimmt, und die engeren oder weiteren Park- oder Garteneinrichtungen geschont. Das Wohl und Wehe der öffentlichen Anlagen einer Stadt in dieser Beziehung zu beurteilen, dafür halte ich nur den mit praktischen Erfahrungen ausgerüsteten Fachmann für tonangebend. Ich erachte daher die Zusammenstellung des Preisgerichts für diesen Wettbewerb, das zum allergrößten Teil aus Nichtfachleuten bestand, nicht für einwandfrei, sonst hätte man auf die für eine Stadt wie Berlin unbedingt praktischere Seite der Geländeeinrichtung dieses Teiles der Anlage kommen müssen. Es bleibt nur noch zu erwähnen, ob die gedachte regelmäßige Volkswiese unter gegebenen Terrainverhältnissen durchführbar war? Ich beantworte diese Frage mit einem entschiedenen Ja.

*) Siehe Gartenwelt No. 39 dieses Jahrgangs.

In dem Preisprojekt I ist der Höhenrücken beseitigt, weswegen sich das Preisgericht mit Ausführung größerer Erdarbeiten einverstanden erklärte, so daß auch diese Auffassung die Frage der Möglichkeit regelmäßiger Darstellung begünstigt.

Das Bestreben, die freie Natur zur Geltung zu bringen und durch Pfade dieses zu bekräftigen, will ich nicht bemängeln, obschon das Verfahren, Pfade in ungleicher Breite durchzuführen, nach meiner Ansicht zu weit führen kann. So lange wir nicht mit einschneidenden Kulturwerten kollidieren, mag das Verlangen, die Natur in ihrer zügellosen Ungebundenheit zu genießen, am Platze sein, — aber Halt vor „Uebermaß".

Das Gelände rechts der Barfußstraße fordert in seiner hügeligen Beschaffenheit und Lage zur landschaftlichen Ausgestaltung heraus, hier stimme auch ich dem Passus der Bestimmungen zur Erhaltung der sog. Rehberge bei.

Das Bauersche Projekt gibt diese Berge entgegen der Bestimmung einer Terrassenanlage preis, wodurch die Höhen stark beschnitten werden. Ich bezweifle sehr, ob es der Gartenverwaltung Berlins gelingen würde, diese zu hervorragend landschaftlicher Ausgestaltung geradezu gegebenen Höhen ohne weiteres zu beseitigen. Hier handelt es sich um die Erhaltung, Ergänzung und Benutzung vorhandener Natur und sie zur Schönheit zu vollenden.

Der Jugendspielplatz ist eine Einrichtung ähnlich jener der Volkswiese und mußte wie diese regelmäßig und möglichst abgeschlossen eingerichtet werden, denn hier gilt es die erzieherische Wirkung der heranwachsenden Jugend: „Sie soll auch hier die Grenzen ihres Tuns erkennen!" In zwei der prämiierten Projekte ist diesem Gedanken in erfreulicher Weise Rechnung getragen worden.

Schließlich sei noch auf ein wesentliches Moment dieser Anlage, deren Gliederung im Großen wie im Einzelnen, hingewiesen. Eine solche Anlage muß meines Erachtens allen Volksschichten dienlich sein, weshalb reichste Gliederung in allen Teilen zu berücksichtigen ist. Schließen sich, wie in den drei Projekten, der Volkswiese und dem Jugendspielplatze nur große Szenerien landschaftlicher Partien an, und fehlt den Projekten das anheimelnde, geschlossene Bild von Einzelgärten, die für solch ausgedehnten Distrikt, der Abwechslung wegen, erforderlich sind, so können solche Projekte als vollwertig nicht erachtet werden.

Ein einzelner Terrassengarten hilft über die Einfachheit solchen Parkgeländes nicht hinweg, hier ist mannigfaltigere Ausgestaltung im Sinne des Großstadtcharakters wahrlich geboten, kurz eine Gliederung im Einzelnen wie im Großen, welche über die vielfach alberne Einfachheit eines Parkes hinweghilft.

Die prämiierten Projekte sind mir in ihrer Gliederung zu einfach und oberflächlich, als daß sie einem Schillerpark heutiger Zeit Ehre machen könnten. Darum: „ os vom alten Schema!"

Fragen und Antworten.

Beantwortung der Frage No. 542. Wie würde sich das Fortkommen für einen jungen fleißigen Gehilfen (Norddeutschen), welcher außer Deutsch perfekt Englisch und ziemlich fließend Italienisch, auch etwas Russisch spricht, in Italien gestalten? Wann ist dort die günstigste Zeit für Stellenbewerbungen, und auf welche Weise bekommt man am besten und sichersten gute, dauernde Stellung? Fragesteller wäre besonders dankbar für einige diesbezügliche Antworten über die Städte Neapel, Rom oder Florenz.

Sprachkenntnisse (Englisch, Französisch und etwas Russisch) versprechen allein noch kein sicheres Fortkommen in Italien. Italien ist und bleibt vorläufig ein armes Land, das auch seine Gärtner schlecht genug bezahlt. Wann dort die günstigste Zeit für Stellenbewerbungen ist, wird stets eine offene Frage bleiben. Eine gute, dauernde Gehilfenstellung dürfte für einen Norddeutschen überhaupt sehr schwer oder gar nicht zu erlangen sein, da es in Italien ebensoviele stellungslose Gärtner gibt als in Deutschland. Doch ließe sich vielleicht ein Ausweg finden, nämlich in Gestalt einer Uebergangsstation. So ist eine Stellung für eine Saison, also für 1/3 bis 1/2 Jahr, immer noch leichter zu finden, als eine feste Stellung. Empfehlenswert erscheint es mir, als Hotelgärtner anzufangen, und zwar in der französischen oder italienischen Riviera, oder am Genfer See (Lausanne, Vevey, Montreux, Territet). Die Hotelgärtner werden durchschnittlich ganz leidlich bezahlt, gut verpflegt und haben eine verhältnismäßig selbständige Stellung. Darauf bezügliche Anfragen würden stets bereitwillig und korrekt beantworten: Hotelier Weber, Hyères (Rivière Française), Hotel Continental, Lausanne, Hotel Terminus (de la gâre), Hotel Rigi Vandois, Glion sur Montreux.

Boit, Hamburg.

Beantwortung der Frage No. 543. Wie und wann werden Reben auf amerikanische Unterlagen veredelt?*)

Ich handhabe das Veredeln von europäischen Reben auf amerikanische Unterlagen auf der hiesigen Modellfarm der amerikanischen Mission in folgender Weise: Mitte März, wenn die Rebe noch schläft, schneide ich meine amerikanischen Weinstöcke über dem Boden ab. An regnerischen Tagen, oder des Abends nach dem Dunkelwerden geht das Veredeln vor sich. Alle Reiser der amerikanischen Rebe, die bleistiftdick und stärker sind, werden so zerschnitten, daß jedes Stück zwei oder drei Augen hat. Dünnere Reiser werden ebenfalls auf je drei Augen zurechtgeschnitten, sie dienen als Stecklinge für Mutterpflanzen; zum Veredeln sind sie nicht zu gebrauchen. Bei allen muß man genau darauf achten, daß der Basisschnitt direkt unter dem unteren Auge, und zwar (dem Auge gegenüber) etwas schräg ausgeführt wird. Hat man die für das Veredeln bestimmten bleistiftstarken und stärkeren Reiser fertig, so werden etwas über dem oberen (zweiten oder dritten) Auge die möglichst in der Stärke mit der Unterlage harmonierenden Reiser der europäischen Sorten aufkopuliert, und zwar in derselben Weise, wie man es bei einer Aprikose machen würde. Sind die Edelreiser schwächer als die Unterlage, so pfropft man besser, und zwar in der allereinfachsten Weise, indem man das Unterlagereis etwas über dem zweiten resp. dritten Auge spaltet, das Edelreis schärft und in den Spalt hineinschiebt; Bedingung ist, daß an der einen Seite Bast und Bast von Unterlage und Edelreis gut zusammenpassen. Man pfropft gerade so, wie man es mit einem Apfelbaum macht. Die Veredelungsstelle wird, damit die Veredelung sich nicht verschieben kann, mit recht dünnem Bindfaden umwickelt; recht fest, aber nur einige Male, so daß die Feuchtigkeit bequem an die Schnittflächen gelangen kann. Dies ist recht genau zu beachten, es muß sich hier an der Veredelungsstelle Callus entwickeln können; das Binden dient, wie gesagt, nur zum Zusammenhalten. Die fertigen Veredelungen werden zu je 20 zusammengebündelt, und die Bündel legt man in ein warmes Mistbeetfenster.

Auf diese Weise bringt man in kurzer Zeit einen ganzen Haufen von Veredelungen fertig, und das Angenehmste ist, daß man die Abendstunden und Tage mit schlechter Witterung dazu benutzen kann. Man kann diese Arbeit ganz gut im Zimmer vornehmen, nur muß man darauf achten, daß man diejenigen Teile, die man nicht bald braucht, etwas kühl aufbewahrt; die Veredelungen müssen an jedem Tage, soviel fertig sind, ins Mistbeet gelegt werden.

Das Mistbeet muß recht schön warm sein, doch darf es nicht über 30° C haben. Ueber den Mist bringt man eine etwa 20 cm hohe Schicht von guter, gesiebter Komposterde, mit recht viel Sand durchmischt. Wie weit die Oberfläche vom Glase entfernt ist, ist

*) Siehe auch Artikel Seite 568 der No. 48 dieses Jahrganges.

einerlei, doch dürften 10 cm das beste Maß sein. In diese Erdschicht bettet man die Bündel so hinein, daß sie direkt nebeneinander, und mit dem unteren Teile (der Basis der amerikanischen Unterlage) etwas tiefer als mit dem oberen (dem Kopfe des europäischen Edelreises) liegen. Die Bündel müssen vollständig mit Erde bedeckt sein. Jetzt legt man Fenster auf und hat weiter nichts daran zu tun, als gut feucht zu halten, allerdings nicht übermäßig naß. Die Sonne läßt man ungeniert hineinscheinen, schattiert wird nicht; auch stellt man in der ersten Zeit nur sehr wenig Luft, wenn die Augen austreiben, etwas mehr. Später, wenn die Triebe größer sind, werden am Tage bei schönem Wetter die Fenster abgenommen. Nach etwa 4 bis 5 Wochen haben die Veredelungen Wurzeln. Etwas später, wenn die Witterung es erlaubt, kann man sie auspflanzen. Man muß dann darauf achten, daß man alle Wurzeln, die aus dem Callus der Veredelungsstelle und aus dem europäischen Edelreise kommen, entfernt, nur die Wurzeln der amerikanischen Unterlage bleiben. Ebenso müssen alle aus der amerikanischen Unterlage kommenden Triebe sorgfältig entfernt werden.

In bezug auf die Anpflanzung bemerke ich noch, daß der Boden tief rigolt sein muß, je tiefer, desto besser, da die Wurzeln der amerikanischen Reben tief nach unten gehen. Ich hatte im verflossenen Frühjahre einen durchschlagenden Erfolg, fast alle Veredelungen sind geraten. **Herm. Kaven**, Saloniki (Türkei).

— Veredelte amerikanische Reben in guter Beschaffenheit waren bis vor einigen Jahren für Massenanpflanzung immer noch kostspielig, weil der Prozentsatz für angewachsene Veredelungen sowohl bei der Kopulation der Schnittreben, als auch bei der Grünveredelung gering genug ausfiel. Erst die neuere Methode des Antreibens der Kopulationen in geheizten Räumen brachte mehr und billigere Rebenveredelungen auf den Markt.

In der Praxis hat es sich gezeigt, daß das Edelreis der Reben in der Vegetation der amerikanischen Unterlage immer voraus ist (vielleicht weil die Unterlage tiefer in der Erde ist als das Edelreis und daher kühler steht). Die Veredelung ging immer nach einem schwachen Austreiben bald wieder ein, bevor sich Callus zwischen ihr und Unterlage gebildet hatte, die Unterlage hatte sich bis dahin überhaupt nicht gerührt. Es wuchsen kaum 20 Prozent der Veredelungen. Durch das Antreiben in geheizten Räumen wurden Edelreis und Unterlage gleichzeitig in Vegetation gebracht, und durch die feuchtwarme Temperatur wird rasche Callusbildung, sogar Wurzelbildung veranlaßt.

Nach dieser kurzen Einleitung nun zum eigentlichen Thema:

Die im Herbste geschnittenen oder bezogenen „Amerikaner" werden frostfrei in Sand überwintert und im Frühjahre, zu Beginn der Veredelung, auf Stücke von 30 bis 35 cm Länge mit einem Auge an der Basis geschnitten. Die Veredelung ist Kopulation mit Zungenschnitt; die Schnitte sollen nicht zu lang ausgeführt werden. Verbunden oder verstrichen wird nicht; die Zunge gibt genügend Halt. Die beste Zeit zum Beginne der Veredelung ist Anfang bis Mitte März. Das Antreiben der Reben dauert 15 bis 20 Tage, d. h. nach diesem Zeitraume kommen die Veredelungen mindestens mit Callus (Unterlagen haben häufig schon Würzelchen) in die Rebschule ins Freie. Damit das Veredeln flott von der Hand geht, werden Unterlagen und Edelreiser genau nach der Stärke sortiert. Zum Aufnehmen der veredelten Reben in den Treibraum fertigt man sich Kisten aus Brettern von 60 cm Höhe, 60 cm Breite und 80 bis 100 cm Länge an, deren Wände durchlöchert sind. Der obere Boden sowie eine der Längswände bleiben fürs erste beweglich. Von der geöffneten Längswand 10 cm in die Kiste hinein, wird rund herum ein Kreidestrich gemacht. Nachdem man durch diese offene Seitenwand auf den Boden der Kiste eine 5 cm starke Schicht Moos, Steine oder Erde gebracht hat, gibt man darauf eine Schicht veredelte Reben, mit der Veredelungsstelle genau am Kreidestrich, damit alle Veredlungen auf einer Höhe sind. Auf diese Schicht Reben kommt eine Schicht gepulverter Holzkohle, die vorher mit Wasser vermengt wurde, darauf wieder eine Schicht Reben, wieder Holzkohlen und so fort bis die Kiste voll ist. Gleichzeitig gibt man an alle Wände der Kiste eine Lage Moos zwischen Kistenwand und Inhalt. Oben mit der Packung angekommen, kommt auch hier eine Schicht Moos und darauf der Deckel. Jetzt ist noch die offene Seitenwand mit zwei Nägeln zu schließen und die Kiste so zu stellen, daß diese Seite mit den Veredelungen nach oben kommt. Von dem Kistenboden mit der Basis der Unterlagen, 35 cm nach oben, d. h. gegen die Veredelungen, wird außen um die Kisten herum ebenfalls ein Kreidestrich angebracht. Bis hierher ist die Kiste in das Lauwarmwasserbad zu versenken, damit die Veredelungsstellen dabei nicht mit ins Wasser kommen. Diese so von Moos umgebenen Reben bilden in der Kiste jetzt eine feste Masse, nur oben über den Veredelungen ist kein Moos.

Gleich beim Einbringen dieser Kisten in den geheizten Raum werden dieselben eine Minute in ein Warmwasserbad bis zum Kreidestrich eingetaucht. Die Temperatur des Wassers soll um zwei Grade höher als die Lufttemperatur des Raumes sein, welche in den ersten fünf Tagen 25 bis 28° C beträgt. Nach weiteren fünf Tagen gibt man ein zweites solches Bad und erhöht die Lufttemperatur auf 30 bis 35° C. In abermals fünf Tagen wird die mit zwei Nägeln befestigte Wand über den Veredelungen weggenommen und die Veredelungen werden nun auf Callus untersucht. Sind sie von Callus umgeben, oder gar auch schon Würzelchen an den Unterlagen, wird die Temperatur des Raumes langsam so verringert, daß in sechs bis acht Tagen die Freilandtemperatur erreicht ist, worauf die Reben am besten an einem nicht zu windigen, mehr trüben Tage in die Rebschule ins Freie kommen. In den Graben werden sie dicht aneinandergepflanzt. Die Reihen sollen 80 bis 100 cm Abstand haben. Ueber den Pflanzreihen wird die Erde dachförmig gehäufelt. Im Juli, wenn die Edeltriebe die Erde längst durchbrochen haben, ja schon ziemlich hart sind, nimmt man die Erde vorsichtig bis unter die Veredelung weg, um alle Wurzeln, die sich an der Veredelung gebildet haben, zu entfernen, da sonst die Veredelung mit diesen Wurzeln auf eigene Faust sich entwickelt und die Unterlage verkümmert. Dieses Reinigen der Edelrebe von Wurzeln muß selbst noch am endgültigen Pflanzort 3 bis 4 Jahre lang jährlich ausgeführt werden, worauf sich weiterhin an der Edelrebe wohl keine Wurzeln mehr bilden. Die in der Kiste aus den Augen der Unterlagen sich entwickelnden Triebe werden beim Pflanzen in die Rebschule natürlich alle ausgebrochen.

Grünveredelung. Ich übergehe die verschiedenen Versuche bei der Grünveredelung, die ich durch 22 Jahre mit angesehen habe, wie das Schützen mit in Oel getränkten Papierdüten usw., und gehe gleich zum heutigen praktisch bewährten Verfahren über.

Die Unterlage ist hier eine grüne, krautartige Rebe eines mindestens schon im zweiten Jahre am Platze stehenden amerikanischen Stockes. Diese oft mehrjährige Mutterpflanze wird im Herbste fast bis zum Boden zurückgeschnitten und alle sich im Frühjahre daraus entwickelnden Reben, welche stark genug sind, ungefähr in der zweiten Hälfte des Mai im krautartigen Zustande mit ebenfalls krautartigen Edelreben kopuliert. Der Verband aus Baumwollfäden — Gummifäden haben sich nicht bewährt — wird, sobald er einschneidet, entfernt. Die Verwachsung geschieht in 48 Stunden. Der richtige Teil der Veredelungsstelle an der Unterlage ist dort, wo das Mark dieser Rebe beginnt, sich weiß zu färben, also nicht grün (zu weich), aber auch nicht schon weiß (zu hart) ist; dasselbe gilt vom Edelreise. Im Herbste werden diese veredelten Reben wie Ableger behufs selbständiger Bewurzelung vergraben, um im nächsten Herbste als bewurzelte Veredelungen ausgenommen und an Ort und Stelle gepflanzt zu werden. Die Grünveredelung wird mit größtem Erfolge an warmen, sonnigen Tagen ausgeführt, und wachsen bei geübten Veredlern (hier häufig durch Mädchen ausgeführt) 90 % an.

Heinrich Pfneisl, Handelsgärtner in Focsani, Rumänien.

— Die Veredelung kann holz- oder krautartig geschehen, jedoch wendet man am vorteilhaftesten die krautartige Veredelung an, weil hierbei die Verwachsung eine sicherere ist. Die Zeit, in welcher die krautartige Veredelung stattfindet, richtet sich nach der Gegend und dem damit verbundenen früheren oder späteren Austriebe; gewöhnlich ist Mitte Mai bis Ende Juni die geeignete

Zeit. Bei Anwendung dieser Veredlungsart ist vor allem darauf zu achten, daß sowohl an der Unterlage wie auch an dem Edelreis das Mark noch nicht luftführend ist. Die Veredlung kann entweder an Ort und Stelle in dem Weinberge erfolgen, besser jedoch ist die Veredlung in der Rebschule vorzunehmen. Der krautartige Trieb wird ungefähr 30 cm über dem Erdboden veredelt. Im Herbste nehme man dann die veredelte Rebe heraus und schlage sie frostsicher ein. Anwendbare Methoden sind: Erstens Pfropfen in den Spalt, wobei die Unterlage dicht unter einem Knoten gerade abgeschnitten und bis in den nächsten Knoten gespalten wird. Dann erfolgt das Einsetzen des keilförmig zugeschnittenen Edelreises. Als zweite, sehr viel angewendete Methode kommt das Kopulieren in Betracht. Hierbei wird die Unterlage so durch den Knoten geschnitten, daß der Stumpf der Ranke stehen bleibt. Das Edelreis ist dann so zu schneiden, daß das Auge, der Geiz und der Blattstielstumpf verbleiben. Hierauf ist das Edelreis anzulegen und das Ganze zu verbinden. Das Edelreis soll nur ein, höchstens zwei Augen besitzen. Drittens kann angewendet werden das Pfropfen hinter die Rinde. Diese Methode hat den Vorteil, daß sie noch stattfinden kann, wenn das Mark der Unterlage schon luftführend ist. Als Verbandmaterial verwendet man vorteilhaft Baumwollfäden oder auch Kautschukstreifen.

Es käme dann noch die holzartige Veredlung in Frage, wobei Hand- und Standortveredlung zu unterscheiden ist. Die erstere wird am meisten angewendet. Die Veredlung geschieht im März, in wärmeren, südlichen Gegenden auch schon entsprechend früher. Die Unterlage kann bis zu vier Augen besitzen, bei sehr weiten Zwischenräumen der Augen auch nur 2 bis 3 Augen. Die Edelreiser sind möglichst vor Eintritt strenger Kälte zu schneiden, zu bündeln und in Sand einzuschlagen. Als weitere Veredlungsmethode kommt das englische Kopulieren in Anwendung. Die Länge der Edelreiser beträgt 2 Augen. Als Verbandmaterial dient mittels Kupfervitriol imprägnierter Bindfaden und kann eventuell ein Verstreichen mit Baumwachs erfolgen.

Bei der Standortverdlung sind die amerikanischen Unterlagen stets oberhalb der Erde zu veredeln. Die Veredlung kann sowohl in altes Holz erfolgen und ist dann das Spaltpfropfen in Anwendung zu bringen, wobei auf ein gutes Verstreichen mit Baumwachs zu achten ist. Oder auch, man veredelt in junge einjährige Triebe mit Verwendung des englischen Kopulierens und Anwendung des Korkverbandes.

In Frankreich ist größtenteils die Handveredlung unter Anwendung des Kopulierens mit Gegenzungen gebräuchlich. Die veredelten Reben werden dann erst in die Rebschule gepflanzt und im zweiten Jahre erfolgt dann das Auspflanzen an den Ort, wo die Rebe zum Ertrag stehen bleibt.

Georg Blau, städtischer Gartentechniker, Bromberg.

Neue Frage No. 579. Kennt jemand ein Mittel gegen Mehltau auf Cinerarien?

Neue Frage No. 580. Welches Mittel hilft gegen die rote Spinne bei Efeu?

Neue Frage No. 581. Wie kommt es, daß meine Seerosen *(Nymphaea)* meistens gleich nach dem Schneiden zusammenklappen, um nicht wieder aufzublühen? Ich habe schon alles mögliche versucht, ohne Erfolg.

Tagesgeschichte.

Berlin. Der Plan zur Umgestaltung des Wilhelmplatzes, wie er nach den Angaben des verstorbenen Gartendirektors Geitner aufgestellt worden ist, hat dem Vernehmen nach die Billigung des Kaisers gefunden, so daß die behördliche Genehmigung zur Ausführung der Regulierungsarbeiten unmittelbar bevorsteht. Danach wird die Mitte des Platzes ein gartenkünstlerisch ausgeschmücktes Rundell einnehmen, um welches die beiden jetzt auf den Platz einmündenden Straßen, Voß- und Mohrenstraße, im Bogen herumgeführt werden, so daß dadurch ein neuer Verkehrsweg vom Westen nach dem Osten geschaffen werden wird. Die Denkmäler des Fürsten Leopold von Dessau und des Reitergenerals v. Ziethen erhalten ihre alten Plätze in der Achse der beiden Straßen. Hinter dem „alten Dessauer", aber in einer respektvollen Entfernung von etwa 12 Meter, wird sich der Portalaufbau des Untergrundbahnhofs erheben. Mit der Wiederaufstellung der beiden Denkmäler wird unmittelbar nach der Regulierung des Platzes begonnen werden.

— Ein neuer städtischer Schulgarten für Blumenzucht ist bei Treptow geplant. Bekanntlich werden den Schulen als Material für den botanischen Unterricht Pflanzen geliefert, für deren Aufzucht drei Anlagen bestehen, und zwar im Humboldthain, in der Reinickendorfer Straße bei der Seestraße und in der Nähe der Behmstraße auf dem Gesundbrunnen. Die fortschreitende Bebauung hat das Gelände an den beiden Straßen so wertvoll gemacht, daß die Stadt wenig wirtschaftlich zu handeln glaubt, wenn sie diese Terrains noch weiter zur Aufzucht von Blumen vorbehalten würde. Bereits in den jetzigen Etat hatte die Schulverwaltung daher 50000 Mark einstellen wollen als erste Rate für einen in der Müllerstraße anzulegenden Blumenzuchtgarten. Der Magistrat strich jedoch diesen Posten, nachdem die Grundeigentumsdeputation auch dieses Gelände für zu wertvoll erklärt hatte. Jetzt ist nun ein umfangreiches Gelände bei Treptow für den Schulgarten in Aussicht genommen.

Bremen. Am 15. August fand hier die Beisetzung des Parkdirektors C. Ohrt auf dem Waller Friedhofe statt. Vom Vorstande und Ausschusse des Bürgerparkvereins waren der Vorsitzende F. E. Schütte, sodann u. a. Bürgermeister Dr. Marcus und die Senatoren Dr. Barhkausen und Dr. Nebelthau erschienen. Ferner nahmen an der Trauerfeier außer den Verwandten und Bekannten des Verstorbenen u. a. der Meister vom Stuhl der Loge „Friedrich Wilhelm zur Eintracht", Prof. Dr. Seedorf, und der Vorsitzende des Gartenbauvereins F. Reck jr. teil. Pastor Bock sprach die Gedächtnisrede. Viele Kranz- und Blumenspenden bezeugten die große Beliebtheit des Dahingeschiedenen.

Dahlem. Am 17. und 18. Juli d. J. haben an der Königl. Gärtner-Lehranstalt folgende Herren die staatliche Obergärtnerprüfung bestanden: Städt. Garteninspektor N. Molzen zu Leipzig, die städt. Obergärtner F. Egelriede zu Charlottenburg und H. Mühlhausen zu Bonn, ferner die Gartentechniker F. Ichon zu Hannover, C. Gaedt zu Kiel, M. Kaiser zu Osnabrück, E. Krüger zu Erbenheim, P. Heim zu Frankfurt a. M., A. Stehr zu Altona, J. Pouch zu Halle a. S., J. Schwartz zu Leipzig, Th. Steltner zu Hannover, R. Fischer zu Berlin, W. Strunk zu Bonn und C. Stein zu Babelsberg.

— Dem Gartentechniker Herrn Stein aus Kl.-Glienicke, der die diesjährige Obergärtnerprüfung an der Königlichen Gärtnerlehranstalt zu Dahlem bei Steglitz im „Obstbau" mit dem Prädikat „sehr gut" bestanden hat, wurde seitens des Kuratoriums der Anstalt aus dem Jubiläumsfonds ein Reisestipendium von 500 M bewilligt, um ihm Gelegenheit zu geben, den internationalen Obsthandel an den Hauptplätzen Berlin, Brüssel, Paris, Marseille, Genua, Triest, Budapest, Wien, Prag, Dresden aus eigener Anschauung kennen zu lernen und seine Erfahrungen in einem Reisebericht für die Anstalt niederzulegen.

Emmerich. Auf die wiederholten Anregungen der Königl. Regierung haben die hiesigen Schulvorstände beschlossen, bei der Stadtverordnetenversammlung den Antrag zu stellen, auf dem Gelände der städtischen Obst- und Gemüseplantage einen Schulgarten von 5000 qm Fläche einzurichten. In diesem Garten sollen neben den wichtigsten offizinellen Pflanzen biologische Gruppen nebst den wichtigsten Pflanzengemeinschaften untergebracht werden. Außerdem sollen von der Stadtgärtnerei die im botanischen Unterricht an den hiesigen Schulen benötigten seltenen Pflanzen herangezogen und den Schülern zur Verfügung gestellt werden. Für die wichtigsten, empfindlicheren Exoten steht ein 3 m hohes, 5 m breites und 20 m langes mit 3 Abteilungen versehenes Gewächshaus bereit. Es soll in ihm auch eine Sammlung Kolonial- und sonstiger tropischer Nutzpflanzen untergebracht werden.

Neben Schaffung dieser, auch schon in anderen Städten getroffenen Einrichtung haben sowohl sämtliche hiesige Schulleiter wie sämtliche hiesige Schulvorstände der Anregung des Bürgermeisters entsprechend beschlossen, auch noch fakultativen Unterricht im Obst- und Gartenbau für die ersten Klassen der hiesigen Volksschulen an den schulfreien Nachmittagen einzuführen. Der Unterricht soll in einem eigens für diesen Zweck hergerichteten Lehrzimmer in einem unmittelbar an den Schulgarten anstoßenden städtischen Gebäude in der Weise erteilt werden, daß 15 Vorträge in anschaulicher, den Kindern leicht verständlicher Weise unter Beibringung eines reichen Demonstrationsmaterials gehalten werden. Am Schlusse jeder Stunde wird ein kleines Diktat gegeben, in dem in einigen Sätzen die Hauptpunkte des Vorgetragenen nochmals zusammengefaßt werden. Nach dem Vortrage werden die Kinder eine Stunde im Garten unter Leitung des Obergärtners und der Gärtnergehilfen und unter Aufsicht eines Lehrers beschäftigt, um die im Unterricht durchgenommenen Arbeiten praktisch auszuführen. Zu diesem Zwecke steht jedem Kinde ein Beet von 5 m Länge und 2 m Breite (10 qm) zur Verfügung, das unter Leitung von Gärtnern bestellt und bearbeitet wird. Jedem Kinde werden während des Sommerhalbjahres somit 15 theoretische und 15 praktische Unterrichtsstunden erteilt. Sofern sich die Kinder noch in den übrigen Tagen auf ihren Beeten zu schaffen machen wollen, ist die Stunde von 6 bis 7 Uhr abends festgesetzt, desgl. für die Ferienzeit. Die Aufsicht führt in diesem Falle ein Gärtnergehilfe. Die erforderlichen Mittel sind in dem dem Kollegium vorgelegten Etat vorgesehen.

Die Verteilung der Vorträge ist so vorgenommen, daß die besprochenen Arbeiten auch gleichzeitig im Freien praktisch ausgeführt werden können, und zwar von der ersten Entwickelung der zu besprechenden Pflanzen bis zu ihrer Reife. Bei den Knaben wird mehr Wert auf die Anzucht und Pflege und bei den Mädchen mehr Wert auf die Verwertung der Ernte gelegt. Die Themen sind für beide gleichlautend belassen und der Inhalt der Vorträge wird je nach dem Bedürfnis und der Aufnahmefähigkeit der Kinder eingerichtet. Am Schluß des Semesters wird eine kleine Schlußfeier veranstaltet, verbunden mit einer Ausstellung der selbstgezogenen Blumen, Früchte und Topfpflanzen. Letztere werden gleich zu Anfang des Sommerhalbjahres verteilt und von der Stadtgärtnerei frei geliefert. Für regelmäßigen Besuch ist eine Verteilung von Obstbäumen als Prämie gedacht.

Durch diesen fakultativen Unterricht wird der ordentliche Unterricht in keiner Weise beeinträchtigt. Die Leitung und Erteilung des Unterrichtes liegt in den Händen des Stadtgärtners Fueß.

Die Einführung dieses Unterrichtes im Obst-, Gemüse- und Gartenbau ist für die hiesige Bevölkerung von der größten sozialen Bedeutung und wird namentlich der Jugend für ihr ganzes späteres Leben von größtem Vorteile sein.

Die Kgl. Regierung hat die Einrichtung und Unterhaltung des Schulgartens mit Befriedigung begrüßt und die Stadtverordnetenversammlung genehmigte in ihrer Sitzung am 14. August die Anlagekosten in der Höhe von 4000 M.

Kiew. Nach einem Berichte des hiesigen k. u. k. Konsulats beabsichtigt man im Februar 1909 (während der Kontraktenmesse) eine Samenausstellung zu veranstalten. Dieselbe wird von der Kiewer Technischen Gesellschaft organisiert. Es gelangen zur Ausstellung: Getreidesamen aller Gattungen, Baum- und Sträuchersamen, Oelsamen, Gemüsesamen, Futterpflanzensamen, künstliche Düngemittel, Präparate für Analysen von Samen; landwirtschaftliche Literatur etc.

Magdeburg. Es wird beabsichtigt, die Schrebergärtenanlage in den Kiehnebergen und an der Olvenstedter Chaussee zu erweitern, was einen Kostenaufwand von 28977 M verursachen wird.

Bevorstehende Ausstellungen.

Ausstellungsverschiebung der Deutschen Dahliengesellschaft. Durch die ungünstige Witterung im Juli und August ist der Dahlienflor überall sehr beeinflußt worden und hat sich die Deutsche Dahliengesellschaft deshalb genötigt gesehen, ihre ursprünglich für den 12. bis 14. September angesetzt gewesene Neuheitenschau zu verschieben. Die Neuheitenschau (Ausstellung von Dahlienneuheiten, Florblumen- und Pflanzenneuheiten) findet nun vom 19. bis 21. September im Casinoetablissement in Quedlinburg statt und hält die Dahliengesellschaft am 19. September abends ihre II. Jahresversammlung im Ausstellungslokal ab. Dahlienfreunde sind herzlich willkommen.

Aus den Vereinen.

Niederländischer Verein für Blumenzwiebelkultur. Nachverzeichnete Wertzeugnisse wurden in den letzten Sitzungen des Ausschusses für verschiedene Knollengewächse zuerkannt. Erstklassige Wertzeugnisse: Frühblühende *Gladiolus Gordon,* lila mit weißem Fleck; eine 1906 aus Samen gezogene Varietät, welche noch nicht im Handel ist. Frühblühende *Gladiolus Innovation,* hellrosa mit weißen Flecken; eine 1905 aus Samen gezogene Varietät, welche noch nicht im Handel ist. *Iris hispanica Flora,* weiß mit lila. *Iris hispanica Königin Wilhelmina,* reinweiß und tiefgelb, eine besonders frühblühende Varietät. *Ixia Lady Helen Vincent,* 1903 aus Samen gezogen. Die für Ixias ganz neue Farbe ist blaßrosa fleischfarbig. *Richardia Gloire de Hillegom,* ein 1903 in den Handel gebrachter Sämling, kanariengelb, am Grunde tief purpur; die Blätter sind weiß gefleckt. *Richardia Mrs Roosevelt,* hell schwefelgelb; eine aus Amerika stammende Varietät, 1905 in den Handel gebracht. Verdienstwertzeugnisse: *Anomatheca cruenta alba,* ein reinweißer Sämling dieses hübschen Knollengewächses, blühte zum ersten Male 1906 und wurde noch nicht in den Handel gebracht. *Anemone Comtesse de Renille,* eine schön violettfarbige, gefülltblühende Varietät. *Anemone White Lady,* eine schöne, gefülltblühende, weiße Varietät. Frühblühende *Gladiolus Catharina,* weiß und wenig gefleckt, ein Sämling von 1906, welcher noch nicht im Handel ist. Frühblühende *Gladiolus Lady Howard,* weiß mit lila, 1906 aus Samen gezogen und noch nicht im Handel. *Iris hispanica Lothair,* hellblau und lila. *Lilium biligulosum The Sultan,* ein bräunlich rotfarbiger Sämling, welcher 1902 in den Handel kam.

Mannigfaltiges.

Obsternte in der Schweiz. Das niederösterreichische Landes-Obstbau-Inspektorat machte kürzlich Mitteilung über die Aussichten für die diesjährige Obsternte und bemerkte bezüglich der Schweiz, daß die Wetterkatastrophe am 23. Mai die Ernteaussichten derart verringert habe, daß von einer Ausfuhr in diesem Jahre kaum die Rede sein werde. Dazu wird aus Bern geschrieben, daß die pessimistische Meldung nicht zutreffe, daß vielmehr die Ernte ausgezeichnet sei und man auf eine bedeutende Ausfuhr rechne.

Distelstecher. Unter diesem Namen hat die Firma S. Kunde & Sohn, Dresden-A., ein sehr einfach konstruiertes Stechinstrument dem Handel übergeben, dessen Anwendung sich überall da empfiehlt, wo Disteln als lästige Unkräuter auftreten. Es wird in zwei Größen, mit einem und mit zwei Zähnen, gefertigt, und ist durch vier Schrauben an einem Holzstiel mit Griff befestigt. Die Zähne sind nach oben gebogen und etwas spiralig gedreht. Das Instrument wird bei der herauszuholenden Distelpflanze in den Boden gestoßen; die Zähne fassen nach einer Drehung beim Herausziehen die Wurzel, und die ganze Pflanze wird an die Oberfläche gebracht. **M. H.**

Personal-Nachrichten.

Göricke, Rudolf, Kunstgärtner, **Krüger, Karl,** Gärtnergehilfe, beide in Wörlitz, sowie **Schumann, Willy,** Gärtnergehilfe und **Rumpf, August,** Obergehilfe, beide in Dessau, wurden unter Ernennung zum „Obergärtner" angestellt.

Menkel, Johannes, Friedhofsinspektor zu Kassel-Bettenhausen, erhielt das Allgemeine Ehrenzeichen.

Schleisener, Gottfried, Gärtnereibesitzer in Dessau, wurde anläßlich des Geburtstages des Herzogs das Prädikat „Hoflieferant" verliehen.

Umlauft, Anton, Hofgartendirektor in Wien, wurde in die sechste Rangklasse der Hofbeamten eingereiht.

Berlin SW. 11, Hedemannstr. 10. Für die Redaktion verantwortlich Max Hesdörffer. Verlag von Paul Parey. Druck: Anhalt. Buchdr. Gutenberg e. G. m. b. H., Dessau.

Neue Kataloge.

James Veitch & Sons, Ltd., Chelsea. Catalogue of Bulbs 1908.
E. Neubert, Wandsbek. Preisverzeichnis Herbst 1908 — Frühjahr 1909.
Otto Putz, Erfurt. Preisverzeichnis über Haarlemer und verschiedene andere Blumenzwiebeln, sowie Erdbeeren, Beerenobst etc. Nachtrag zum Hauptverzeichnis. Herbst 1908.
Haage & Schmidt, Erfurt. Verzeichnis von Blumenzwiebeln und Knollengewächsen, Samen und Pflanzen für Herbst 1908.
H. Jungclaussen, Frankfurt a. O. Ill. Preisverzeichnis über Blumenzwiebeln und Erdbeerpflanzen.
G. Wilhelm Depken, Oberneuland-Rockwinkel bei Bremen. Hauptkatalog.
A. Metz & Co., Berlin. Hauptverzeichnis über Sommer- und Herbstsaaten 1908.
Julius Monhaupt Nachf., Breslau. Preisverzeichnis Herbst 1908.

Bevorstehende Ausstellungen.

August 1908.

Duisburg. Gartenkunstausstellung 1. August bis 12. Oktober 1908.
St. Johann. Gartenbauausstellung vom 29. Aug. bis 14. Sept. im St. Johanner Volksgarten.

September 1908.

Bonn. Grosse landwirtschaftliche Ausstellung, Abteilung für Gartenbau, vom 19.—22. September.
Bremen. Handelspflanzen-Ausstellung der Vereinigung bremischer Handelsgärtner vom 18.—20. September im Parkgarten zu Bremen.
Dessau. Jubiläumsgartenbauausstellung des Vereins selbständiger Gärtner von Dessau und Umgegend, vom 18.—20. September.
Quedlinburg. Neuheitenausstellung der Deutschen Dahlien-Gesellschaft. 19.—21. September im Kaiserhof.
Schaffhausen. Sechste Gartenbauausstellung vom 11.—20. Sept. veranstaltet vom kant. Gartenbauverein.
Zwickau. Herbstpflanzenschau und -Ausstellung aller gärtnerischen Erzeugnisse und Bedarfsartikel vom 6.—7. September.

Oktober 1908.

Bielefeld. Obstausstellung für Westfalen und Lippe. 13.—19. Oktober
Düsseldorf. Obstausstellung vom 28. bis 31. Oktober 1908 in der städt. Tonhalle, veranstaltet von der Landwirtschaftskammer für die Rheinprovinz.
Hildburghausen. Obst- und Gartenbauausstellung, sowie Saatgutausstellung vom 24.—25. Oktober.
Nürnberg. Bayerische Landesobstausstellung vom 10.—19. Oktober. Veranstaltet vom Landesverbande bayerischer Obstbauvereine.

April 1909.

Berlin. Grosse Internationale Gartenbauausstellung vom 2.—13. April in der Ausstellungshalle am Zoologischen Garten, veranstaltet vom Verein zur Beförderung des Gartenbaues in den Kgl. preuss. Staaten.
München. Jubiläumsblumenausstellung der Bayerischen Gartenbau-Gesellschaft vom 24. April bis 3. Mai.

Die Gartenwelt.

Illustrierte Wochenschrift für den gesamten Gartenbau.

Herausgeber: Max Hesdörffer-Berlin.

Erscheint jeden Sonnabend.
Monatlich eine farbige Kunstbeilage.

Bezugsbedingungen:
…ch jede Postanstalt bezogen Preis 2.50 M. vierteljährl. In Österreich-Ungarn 3 Kronen. …direktem Bezug unter Kreuzband: Vierteljährlich 3 M. Im Weltpostverein 3.75 M. Einzelpreis jeder Nummer 25 Pf.
…ohne Vorbehalt eingehenden Beiträgen bleibt das Recht redaktioneller Änderungen …behalten. Die Honorarauszahlung erfolgt am Schlusse jeden Vierteljahrs.

Anzeigenpreise:
Die Einheitszeile oder deren Raum 30 Pf., auf der ersten und letzten Seite 50 Pf. Bei grösseren Anzeigen und Wiederholungen steigender Rabatt. Beilagen nach Übereinkunft. **Anzeigen in der Rubrik Arbeitsmarkt** (angebotene und gesuchte Stellen) kosten für Abonnenten einmalig bis zu 10 Zeilen Raum M. 1.50, weitere Zeilen werden mit je 30 Pf. berechnet.
Erfüllungsort auch für die Zahlung: Berlin.

Adresse für Verlag und Redaktion: Berlin SW. 11, Hedemannstrasse 10.

XII. Jahrgang No. 50. | Verlag von Paul Parey, Berlin SW. 11, Hedemannstr. 10. | 12. September 1908.

Illustrierte Wochenschrift für den gesamten Gartenbau.

Jahrgang XII. | 12. September 1908. | No. 50.

Gärtnerische Reiseskizzen.

Die diesjährige Studienreise der Deutschen Dendrologischen Gesellschaft.

Vom Herausgeber.

Hierzu dreizehn vom Verfasser für die „Gartenwelt" gefertigte Aufnahmen.

II. Straßburg.

Am Sonnabend, den 8. August, früh 7 Uhr stand Graf Schwerin, an Körpergröße alle überragend, die Signaltrompete, mit der die Säumigen zusammengeblasen werden, in der Hand, zur Seite der stattlichen Wagenreihe auf dem Bahnhofsplatze in Straßburg und musterte seine Getreuen. Es waren vorerst gegen 80 Teilnehmer erschienen, deren Zahl sich im weiteren Verlaufe auf über 150 erhöhte. Die größere Zahl der Teilnehmer bestand aus den alten Stammgästen, die es sich Jahr für Jahr nicht nehmen lassen, mitzumachen, aber auch viele Neulinge waren da, darunter zwei Vertreter der Berliner Großindustrie und Hochfinanz, die Brüder Borsig, Direktor Merck von der Hamburg-Amerika-Linie, Prof. Dr. Dingler von der Forstl. Hochschule, Aschaffenburg, und andere. Der noch nicht gegründete Verein der Gärtnereikommerzienräte — es fehlt zur Gründung noch der nötige Dritte im Bunde — war durch Baumschulenbesitzer Hesse, Weener, vertreten. Vom Auslande waren, wie immer, die Holländer zahlreich erschienen, England durch einen Dubliner Professor und Japan durch Hongo, einen höheren Forstbeamten, beteiligt, der durch seine große Jugend den Beweis dafür erbrachte, daß die höhere Forstkarriere im fernen Osten aussichtsreicher als

Die Dendrologen im Parke des Grafen v. Bussier in Schoppenweier i. E.

1. R. Barthels, Barmen; 2. Forstrendant Thiele, Loburg; 3. Fabrikbes. Seidel, Nordhausen; 4. Stadtgartendirektor Linne, Essen; 5. Gutsbes. Goverts, Eichenhof (Kreis Teltow); 6. Gartenarchitekt Begas, Elberfeld; 7. Kgl. Garteninspektor Hübner, Steglitz; 8. Stadtgarteninspektor Ehlinger, Colmar; 9. (?); 10. Hofgärtner Herre, Wörlitz; 11. Baumschulenbes. Sievers, Halstenbek; 12. Redakteur Steffen, Frankfurt a. O.; 13. St. Olbrich, Zürich; 14. Freih. Hans v. Berlepsch, Kassel; 15. Garteninspektor Beißner, Bonn; 16. Kötter, Darmstadt; 17. Blumenzwiebelzüchter Krelage, Haarlem; 18. Obergärtner Stumpp, Worms; 19. Prof. Dr. Höfker, Dortmund; 20. Stadtgarteninspektor Kirchner, Dessau; 21. Garteninspektor Schelle, Tübingen; 22. Obergärtner Imhoff, Schoppenweier; 23. Gutsbes. Guépratte, Köln; 24. Graf Fritz v. Schwerin, Wendisch-Wilmersdorf; 25. Forstmeister Rebmann, Straßburg i. E.; 26. Hongo, Japan; 27. Direktor Hein, Weinheim; 28. Prof. Dr. Koehne, Friedenau; 29. Rittergutsbes. v. Wühlisch, Lieskau (Lausitz); 30. Gartenbauinspektor Heins, Bremen; 31. Garteninspektor Widmaier, Hamburg; 32. Garteninspektor Fiet, Groningen. Rechts neben 10 Gutsbes. Jastrzembski, Choiniki (Rußland), links hinter 18 Baumschulenbes. Depken, Bremen, zwischen 18 u. 19 Rittergutsbes. Bartels, Klokow bei Perleberg, rechts neben 20 Baumschulenbes. Hermansen, Halstenbek, rechts davon (Strohhut auf der Brust) Dr. Rehe, Köln, hinter 29 u. 30 Rittergutsbes. Seydel, Gosda, Landkreis Kottbus, rechts hinter diesem Hofgartendirektor Graebener, Karlsruhe, links neben 22 Justizrat Abt, Colmar, rechts neben 22 Kommerzienrat Ernst Borsig, Berlin-Tegel, links neben 26 Baumschulenbesitzer Luyken, Siegen.

bei uns zu Lande ist, wo man Großvater werden kann, bevor die Beförderung vom Forstassessor zum Oberförster stattfindet. Auch Herr Alfred Unger, korresp. Mitglied der Gesellschaft, der nach zwanzigjährigem Aufenthalte in Japan kürzlich dauernd in die Heimat zurückgekehrt ist, machte die Reise mit.

Mit dem Glockenschlage sieben setzte sich die Wagenkarawane bei leichtem Regen programmgemäß in Bewegung. Das Ziel war der Rheinwald, ein ausgedehnter, von gut gehaltenen Fahrstraßen durchzogener, in der Rheinebene gelegener städtischer Forst, in welchem die Quartiere Fasanengarten, Oberjägerhof, Breitlach und Hundshof unter der liebenswürdigen Führung des städtischen Forstmeisters Rebmann, dessen von allem Jägerlatein freien Erläuterungen jedermann gerne lauschte, besichtigt wurden. Für diese Tour waren fünf Stunden angesetzt. Die Wagenfahrt wurde häufig durch kürzere oder längere Fußwanderungen unterbrochen, welche der Besichtigung der einzelnen Quartiere galten. Der ausgedehnte Forst ist in früheren Jahren augenscheinlich nicht in rationeller Weise bewirtschaftet worden. Zu Beginn der Fahrt herrschte Fichtenbestand vor, dann gemischter Laubholzbestand, oft mit Ulmen, Platanen, Linden, Birken, Silberpappeln und Weiden durchsetzt. Auffallend ist allenthalben das üppige Unterholz, aus allen möglichen Gehölzen, wie Haseln, Erlen, Liguster, stellenweise auch Berberitzen und in feuchten Lagen vorzugsweise aus Weiden bestehend. Oft tritt ausgesprochener Waldparkcharakter in die Erscheinung. Auf weiten Strecken ist das Unterholz von solcher Dichtigkeit, daß das Eindringen zur Unmöglichkeit wird. An vielen Stellen und dann über größere Flächen tritt *Clematis Vitalba* charakteristisch und in kolossaler Ueppigkeit auf (Abbildung oben).

Die Dendrologen im Rheinwald (Revier Hundshof) bei Straßburg i. E.
Im Hintergrunde mit Clematis Vitalba überwuchertes Gehölz.
1. Garteninspektor Müller; 2. Prof. Dr. Koehne; 3. Graf Fritz von Schwerin; 4. Forstmeister Rebmann; 5. Garteninspektor Beißner; 6. Gartenbauinspektor Heins; 7. Baumschulenbesitzer Sievers; 8, Dir. Hein; 9. Garteninspektor Fiet; 10. Parkinspektor Lauche.

Ihre Zweige verstricken und ersticken das Unterholz, steigen an den Stämmen der Laubbäume empor und umspinnen vielfach selbst Kronen von erheblichem Umfange. Diese elegante heimische Waldrebe, die sich hier und dort noch im Schmucke ihrer weißen Blüten zeigte, ist von prächtiger Urwüchsigkeit, von malerischer Schönheit als Baumwürger, und im Anblick der von ihr überwucherten Gebiete versteht man erst den wahren Sinn der Bezeichnung Hexenzwirn, die ihr der Volksmund treffend beigelegt hat. Im Verlaufe der Wanderung wurde der sogenannte kleine Rhein von allen Teilnehmern zugleich auf einer von einem Pionierkommando erbauten, fliegenden Brücke durchquert.

Der Rheinwald beherbergt einige interessante alte Baumveteranen, unter welchen besonders einige *Quercus pedunculata* von etwa 25 m Höhe, 180 Jahre alt, bemerkenswert sind. Von besonderem Interesse sind die durch Forstmeister Rebmann vorgenommenen Aufforstungen. In den verschiedenen Teilen des Forstes wurden rationelle Anpflanzungen von *Quercus, Fagus* und *Juglans nigra*, der schwarzen Walnuß, ausgeführt. Recht umfangreich sind die Pflanzungen der letztgenannten Baumgattung, die ein außerordentlich hartes und wertvolles Nutzholz liefert, daneben auch im höheren Alter von malerischer Schönheit ist. Vor Anpflanzung wurde das Unterholz so weit ausgehauen, als dies zur gedeihlichen Entwickelung der Kulturen notwendig erschien, was verblieb, dient als Schutzpflanzung. Die ältesten dieser *Juglans nigra*-Pflanzungen sind vierzehnjährig, die meisten ein- bis sechsjährig. Auch *Carya alba* sind in diesem Alter in etwa 170 Stück unter Schutzbestand angepflanzt. Es handelt sich durchweg um Reihenpflanzungen. Der Boden an den Pflanzstellen wurde stellenweise mittelst Spiralbohrer gelockert. Die älteren *Juglans* sind fast alle mit primitiven, aus dem Unterholz geschnittenen Pfählen versehen. Die schwache Entwickelung der Stämme ließ trotz der Schutzpflanzung ein Anpfählen wünschenswert erscheinen. Leider versteht man es in den Forsten noch nicht, hochstämmige Bäume in sachgemäßer Weise heranzuziehen. Jeder Ausschlag an den in der Entwickelung begriffenen Stämmen ist dem Forstbeamten ein Greuel, er zieht vom Leder und haut mit dem Hirschfänger unbarmherzig alle Seitenaustriebe herunter. Durch diese vorzeitige Entfernung der Seitentriebe wird der Stamm seiner Ernährungsorgane beraubt, er bleibt infolgedessen dünn und spillrig, und ist in dieser Verfassung nicht fähig, die sich kräftig entwickelnde Krone zu tragen. Einige Kenntnisse im Baumschulenbetrieb könnten auch den höheren Forstbeamten nichts schaden. Der heranwachsende Stamm muß in seiner ganzen Länge mit Seitenaustrieben dicht besetzt sein, die unten weniger, nach oben allmählich mehr verkürzt werden, und erst nach einigen Jahren, wenn die Stammstärke im richtigen Verhältnis zur Kronenstärke steht, nach und nach vollständig zu entfernen sind. Nur so erzielt man kräftige

Pterocaria caucasica im Botanischen Garten zu Straßburg i. E.

Stämme, die nur selten und ausnahmsweise eines Pfahles bedürfen. An einigen Stellen sind auch *Juglans regia* und *cinerea*, Sitkafichten, Nordmannstannen und andere exotische Gehölze in bescheidenem Umfange angepflanzt, die exotischen Laubhölzer gelegentlich abwechselnd mit Buchen und Kiefern. Dem gärtnerischen Fachmanne fällt die außerordentlich dichte Pflanzung auf, denn für *Juglans* beträgt der Abstand von Stamm zu Stamm oft nur 1 bis $1^1/_2$ m; er ist später durch Herausschlagen der zu dicht stehenden Stämme zur Gewinnung von Stangenholz entsprechend zu erweitern.

Auf der Rückfahrt vom Rheinwald zur Stadt, wurde auf dem Contadesplatz kurze Station gemacht. Von 1793 bis 1806 war dieser ausgedehnte Platz Gemüse- und Kartoffelfeld, von da bis 1811 versah man ihn mit gärtnerischen Anlagen, die sich noch heute in ihrer ursprünglichen Verfassung befinden. Die ganze ausgedehnte Fläche ist fast ausschließlich mit starken Laubholzbäumen bepflanzt und mit einfachen Rasenanlagen ohne Unterholz und ohne Blumenschmuck versehen. Die stärksten Bäume sind 70 Jahre alt und älter. Von ihnen sind hervorzuheben Prachtexemplare von *Platanus acerifolia*; die ältesten mit 4,4 m Stammumfang, 40 bis 45 m hoch, sind etwa hundertjährig. Hervorzuheben sind ferner etwa siebzigjährige Tulpenbäume, *Juglans nigra*, bis zu 2,30 m Stammumfang, *Liriodendron Tulipifera*, *Acer dasycarpum*, Blutbuchen, *Gymnocladus dioîca*, *Ginkgo biloba* und andere.

Der Nachmittag war zunächst der Besichtigung des Botanischen Gartens und dann des Orangeriegartens gewidmet. Am Eingange des Botanischen Gartens erwarteten uns der Direktor, Professor Dr. Jost, und Garteninspektor Müller. In einer humoristischen Anwandlung, die ihm häufig kommt, überreichte Graf Schwerin Professor Jost das gedruckte Verzeichnis der interessanten Bäume des Gartens, damit der Herr Professor nachsehen könne, wie sie heißen, und Prof. Jost nahm es lächelnd entgegen. Der Garten, für dessen Besichtigung nur 45 Minuten zur Verfügung standen, so daß es nicht möglich war, auch nur einen flüchtigen Blick in die Gewächshäuser zu werfen, befindet sich in vorzüglicher Verfassung und ist eine auch vom landschaftsgärtnerischen Standpunkte aus bemerkenswerte Anlage. Das Arboretum ist reich an prächtigen Bäumen und Sträuchern. Gleich am Eingange steht ein stolzes Exemplar von *Pterocaria caucasica* (Abbildung nebenstehend). Die ältesten vorhandenen Gehölze stehen im Alter von 20 bis 30 Jahren. Zu nennen sind von ihnen *Maclura aurantiaca*, *Xanthoxylon americanum*; sehr stark mit Früchten besetzt, *Paliurus australis*, dicht bedeckt mit dem eigentümlichen Fruchtbehang, ein weiblicher Baum von *Gymnocladus dioîca*, *Robinia Pseudacacia monophylla*, *Carya oliviformis*, *Zelkowa Keaki* und anderen. Auf dem Moorbeete blühte *Lyonia calyculata*, deren weiße Blütenähren prächtig duften, und eine Gewächshauswand bekleidete die durch prächtiges, fein gesägtes und ausgeschnittenes Blattwerk ausgezeichnete *Ampelopsis aconitifolia*. Unter den zahlreichen Koniferen ragten einige schöne Exemplare von *Taxodium distichum pendulum* hervor. Garteninspektor Müller hat auf einer Rasenfläche unter alten Bäumen einen vorbildlichen Bienenstand errichtet, dessen fleißige Völker nicht nur die Blüten befruchten, sondern auch reichlich Honig sammeln. Die interessante, im Elsaß in hoher Blüte stehende Bienenzucht sollte sich immer mehr als gärtnerischer Nebenbetrieb einbürgern.

Kaum hatten wir diesen Garten verlassen, so näherte sich auch schon programmgemäß der für die Dendrologen reservierte, aus drei aneinander gekoppelten Wagen der elektrischen Straßenbahn bestehende Zug, der uns in den Orangeriepark führte, an dessen Eingang uns der alte, jetzt pensionierte Stadtgarteninspektor Kunze erwartete, um die Führung zu übernehmen. Rechts vom Eingange dieses Parkes befindet sich eine prächtige Platanenallee, deren Kronen leider durch

Denkmal des napoleonischen Generals Rapp in Colmar. Das innere Ziergitter ist mit Maurandia Barclayana überwachsen.

früher gehandhabtes Kappen, das übrigens in Süd- und Westdeutschland allgemein gebräuchlich ist, an malerischer Urwüchsigkeit eingebüßt haben. Der Orangeriepark ist heute ein in sorgfältiger Weise unterhaltener städtischer Volkspark mit guten, breiten Promenadenwegen und wohlgepflegten Rasenplätzen. Vor dem malerisch schönen Orangeriegebäude dehnt sich ein großes Blumenparterre aus, wie überhaupt seine nähere Umgebung durch reichen Blütenschmuck bevorzugt ist. Teppichbeete treten zurück, die Hauptwirkung wird durch Blumengruppen hervorgerufen. Die Rosenstämme sind mit Festons von *Maurandia* verbunden, aus vielen Blumenbeeten erheben sich prächtige Hochstämme von *Ceanothus, Hydrangea paniculata, Plumbago capensis*, Heliotrop und Fuchsien. Die malerische Gesamtwirkung wird erhöht durch *Nicotiana colossea* fol. var., schönblumige *Canna, Musa* und Ziergräser, wie *Eulalia* und *Pennisetum Rueppellianum*. In den Gehölzgruppen blühten tiefrote *Hibiscus syriacus*. Ein alter Baumstamm ist ganz von *Tecoma* überwuchert, die ihre feurig roten Blütenröhren in reicher Fülle zeigte. Von hervorragend malerischer Wirkung ist eine Gruppe alter *Picea excelsa*, deren Stämme vollständig mit Efeu überwachsen sind. Die ältesten Laubbäume sind etwa siebzigjährig; davon sind zu erwähnen eine *Sophora japonica*, deren gewaltige Krone ganz in Blütenschnee gehüllt war, *Liriodendron Tulipifera*, 24 m hoch, Blutbuchen von gleicher Höhe, *Juglans nigra*, 30 m hoch, *Gymnocladus dioica*, 25 m hoch, mit reichem Fruchtbehang, *Catalpa Kaempferi, Paulownia imperialis, Magnolia acuminata* u. a. Manche Teile halten gartenkünstlerischer Kritik nicht Stand. Der wundeste Punkt der ganzen Anlage ist wohl die zerstückelte Teichpartie mit dem Felsenaufbau aus Tuffsteinen.

Denkmal des Admirals Bruat im Stadtgarten zu Colmar.

Riesenexemplar von Cedrus Libani (80 jährig, 35 m hoch) im Parke von Leo Schlumberger, Gebweiler.

III. Barr.

Am Sonntag, den 9. August, wurde kurz vor 8 Uhr die Bahnfahrt von Straßburg nach Barr in reservierten Wagen angetreten. Wie immer auf unseren Kreuz- und Querfahrten, waren diese reservierten Wagen zuvor gründlich mit Lysol gereinigt worden, dessen scharfer Duft nicht gerade zur Stärkung der Nerven beitrug. Am Bahnhof des freundlichen Städtchens standen Wagen bereit, die uns bis zum Fuße des Odilienberges, die steile Straße hinauf beförderten. Es war ein heißer Tag, und die schweren elsasser Gäule hatten furchtbar an den zum Teil recht „gewichtigen" Dendrologen zu schleppen, so daß viele der Teilnehmer schon auf halbem Wege, vom Mitleid für die dampfenden und schwitzenden Tiere ergriffen, die Wagen verließen, um auf Schusters Rappen die Höhe emporzuklimmen. An die Wagenfahrt schloß sich eine dreistündige Fußwanderung durch die städtischen Forsten, unter Führung des Forstmeisters Rebmann, der vor seiner Berufung nach Straßburg hier ein Feld für erfolgreiche Tätigkeit fand. Es war eine prächtige Wanderung über wohlgepflegte Wege im kühlen Waldesschatten. Der Weg führte zunächst durch einen Pflanzgarten auf eine Blöße, auf welcher eine Gruppe von Forstmeister Rebmann 1871 angepflanzter exotischer Nadelhölzer steht. Im Forst selbst sind, abgesehen von prächtigen Weißtannenbeständen, von exotischen Koniferen vereinzelt vorhanden: Douglasien, Nordmannstannen, Wellingtonien, Hemlockstannen, Weymouthskiefern u. a. Von besonderem Interesse sind zwei Horste, vor 26 Jahren mit *Carya tomentosa* und *alba* bepflanzt, in einer Höhe von 360 m über dem Meere. Der eine dieser Horste ist ausschließlich mit *Carya tomentosa* bepflanzt, 7 bis 11 m hoch, Stammumfang 10 bis 50 cm. Im zweiten Horst wurden die *Carya alba* abwechselnd mit Buchen gepflanzt, immer drei Reihen der einen Art wechselnd mit drei Reihen der anderen. Die stärksten *Carya alba* haben 14 cm Stammdurchmesser, 1 m vom Boden gemessen. In anderen Teilen des Waldes stehen Gruppen dreißigjähriger Douglas- und Balsamtannen, auch ein größerer *Castanea vesca*-Niederwald, vor 11 Jahren angepflanzt und jetzt stark genug, um brauchbare Rebpfähle zu liefern, ist vorhanden. Nach Besichtigung dieser Kulturen ging es per Wagen in raschem Tempo auf gleichem Wege, an gut gepflegten Weinbergen vorüber, durch das saubere, in einer Talmulde liegende Städtchen, an dessen Fenstern besonders die holde Weiblichkeit neugierig nach den numerierten Dendrologen ausschaute, so daß sich unser Interesse zwischen dieser einerseits, sowie den Weingärten, schwer beladenen Obstbäumen und den Bienenständen andererseits, teilte. Die meisten schienen mir aber mehr nach den Augen der Mädels zu schauen, die in ihrer schmucken elsasser Tracht, die gewaltige schwarze Seidenbandschleife in dem züchtig gescheitelten

Sequoia gigantea (20 m hoch)
im Parke von Adolf Schlumberger, Gebweiler.

„bodenständigen" Haar, gleichfalls zu besten Hoffnungen berechtigten. Im „Gasthof zum schwarzen Bock" würzten wir uns das einfache Mal durch einen guten Tropfen „Gänsebrönnel" einem sogenannten Gewürztraminer, der aber nicht, wie das in der fröhlichen Pfalz gelegentlich geschieht, durch einen Aufguß von Essig über Gewürznelken, Lorbeerblätter, Zimmt und Dextrosezucker, sondern aus leibhaftigen Weintrauben gewonnen wird; er übertrifft sogar die Gewächse von Crossen, Bomst und Grüneberg. Nachdem wir dem Essen, dem Wein und den uns bedienenden Damen des Hauses gut zugesprochen hatten, wurde die Rückfahrt nach Colmar angetreten. Die Bahn von Barr nach Colmar führt durch gesegnetes oberelsässisches Weingebiet. Der Weinbau wird hier nicht nur an den Berghängen, sondern auch in der Ebene in großem Umfange betrieben. Etwa $^1/_3$ der gesamten Weinproduktion des Reiches entfällt auf das Elsaß. Bei Schlettstadt tritt die durch Kaiser Wilhelm neu aufgebaute Hohkönigsburg, einen steilen Berggipfel krönend, malerisch in die Erscheinung.

IV. Schoppenweier.

Für Montag, den 10. August, war den Teilnehmern im Programm empfohlen worden, in den Frühstunden die Colmarer Baumschulen der Gebrüder Kürssner zu besichtigen. Zu meiner Beschämung muß ich gestehen, daß ich an diesem blauen Montag nicht zu den Frühaufstehern gehörte; das Barrer „Gänsebrönnel", vielleicht mehr noch der furchtbar saure „Sylvaner No. II", von der hohen elsasser Berglage, der die Fähigkeit besitzen soll, Löcher in den Strümpfen zusammen zu ziehen, hatten es mir so angetan, daß ich es vorzog, die müden Glieder etwas länger auf der weichen Bettmatratze zu strecken. Die Stunden von 9 bis 12 Uhr gehörten wieder den Vorträgen. Um 12 Uhr wurde das gemeinsame Mittagessen im Konzertsaal eingenommen, um 1,40 Uhr dann die kurze Fahrt von Colmar nach Bennweier angetreten.

Die kleinen Fahrten im Elsaß waren immer von hohem Interesse, da sie wechselnde landschaftliche Bilder von hervorragendem Reiz auf die gewaltigen Vogesen und den Schwarzwald boten, uns auch Kunde gaben von dem hohen Stande der Landwirtschaft, des Weinbaues, der Obstkultur und schließlich noch der Bienenzucht, die man hier weit mehr als in anderen Landesteilen zu würdigen versteht. Fast allenthalben in den Obstgärten zeigte sich das Kern- und Steinobst reichlich mit köstlichen Früchten beladen, auch der Stand der Reben war vielversprechend; nur hier und da hatte sich einmal die *Peronospora viticola* in nicht gespritzten Weinbergen in bedenklicher Weise ausgebreitet.

Vom Bahnhofe des kleinen Ortes Bennweier ging es in kurzem Marsch nach dem Park von Schoppenweier des Grafen von Bussier (Obergärtner Imhoff). Es war ein schwüler Sommertag, die Sonne senkte ihre heißen Strahlen hernieder und im Parke selbst schienen die zu Milliarden vorhandenen Stechmücken ihr Sommerfest, vielleicht auch ihren Kasinoball abzuhalten. Zu letzterer Ansicht brachte mich das Vorherrschen der holden Mückenweiblichkeit, von welcher ausschließlich die unerwünschten Stiche ausgehen, da ja bekanntlich auf Bällen das ewig Weibliche vorzuherrschen pflegt. Auf alle Fälle

Cedrus Libani glauca und Libani
im Parke von Adolf Schlumberger, Gebweiler.

hatten die Mücken einen besseren Tag als die Dendrologen, die ihr Blut zum Markte tragen mußten. Die flachen Weiher — der Name des Ortes ist wohl auf diese und auf den guten, nicht gewässerten Schoppen, den man in jener Gegend bekommen kann, zurückzuführen — sind, weil nur mit wenigen Fischen bevölkert, ideale Mückenbrutstätten; es könnte aber das Uebel durch das Einbringen einiger tausend Setzkarpfen rasch und nachdrücklich bekämpft werden. Vom

Pseudotsuga Douglassii (35 m hoch), davor Abies Pinsapo im Parke von Adolf Schlumberger, Gebweiler.

Eingange des Parkes zur Villa, die zurzeit jedenfalls in Rücksicht auf die oben erwähnte blutlüsterne Bevölkerung unbewohnt war, läuft eine alte Platanenallee. Der ausgedehnte Park ist im landschaftlichen Stile angelegt und in sorgfältigster Weise gepflegt. Prächtige Gehölzegruppen bilden den Rahmen für weite Rasenflächen, belebt durch herrliche Solitärpflanzen und landschaftlich schön durchgebildete Teichpartien. Störend ist ein Teppichbeet in landschaftlicher Umgebung. Auf Blumenbeete und ihre Bepflanzung in nächster Umgebung der Villa wird anscheinend wenig Wert gelegt; solcher Schmuck könnte auch inmitten der prächtigen Baumgestalten kaum zur Geltung kommen. Stauden finden hier und auch in den übrigen besuchten Anlagen keine nennenswerte Verwendung. Die stattlichsten Bäume des Parkes sind zwischen 30 und 50 Jahre alt. Bemerkenswert ist eine Allee fünfzigjähriger *Ailantus glandulosa* von 30 Meter Höhe. Von interessanten Laubbäumen seien genannt: Riesenexemplare von *Sophora japonica*, zurzeit unserer Anwesenheit völlig mit Blüten überschüttet, *Liriodendron Tulipifera, Ulmus campestris umbraculifera, Catalpa speciosa, Quercus rubra*, eine elfstämmige *Aesculus Hippocastanum*, wahrscheinlich entstanden durch das Aufkeimen von elf Sämlingen an der gleichen Stelle, *Fagus silvatica pendula, Gleditschia triacanthos* u. a. Unter den Koniferen nimmt wohl, was Größe und Schönheit anbetrifft, ein *Taxodium distichum*, dicht am Teichufer stehend, etwa 40 Jahre alt und 20 Meter hoch, die erste Stelle ein. Dieses Exemplar zeigte in reicher Weise die charakteristischen knieförmigen, trieb- und blattlosen Wurzelauswüchse, welche weithin dem Boden entsprossen. Es sind des ferneren vorhanden ein Prachtexemplar von *Sequoia gigantea*, fünfzigjährig, 18 m hoch, *Chamaecyparis pisifera* und *Lawsoniana, Abies Nordmanniana* und *concolor, Cedrus Libani, Juniperus virginiana*, ein prächtiges weibliches Exemplar von *Ginkgo biloba*, und ein Riesenbusch von *Juniperus Sabina*. *Cedrus Deodara* habe ich weder hier noch in einem anderen elsässischen Parke entdecken können. Als prächtige, durch ihre schön gestalteten großen Blätter zierende Schlingpflanze sei noch *Hedera colchica* erwähnt, die einige schlanke, astlose Stämme von *Ailanthus glandulosa* bis in die Krone hinein bekleidet, was einen prächtigen Stammeffekt ergibt.

V. Colmar.

Um 3,50 nachmittags waren wir nach Colmar zurückgekehrt, wo zunächst im Café Marsfeld am Stadtgarten der Kaffee eingenommen wurde, worauf dann die Besichtigung der Colmarer städtischen Anlagen unter der sachkundigen Führung des Garteninspektors Ehlinger erfolgte. Ist Colmar auch nur eine Mittelstadt mit etwa 42000 Einwohnern, von welchen das Militär einen erheblichen Bruchteil ausmacht, so können sich seine öffentlichen Anlagen doch mit denjenigen so mancher Großstadt messen. Mit alleiniger Ausnahme der Anlage am Marsfeld, deren Mittelpunkt das auf Seite 592 abgebildete Brunnendenkmal des französichen Admirals Bruat, eines geborenen Colmarers, bildet, von welchem aus sich die gerade geführten Parkwege strahlenförmig verteilen, sind alle städtischen Anlagen Schöpfungen des seit 15 Jahren in Colmar tätigen Garteninspektors Ehlinger. An die Anlagen des Marsfeldes schließt sich ein kahler, unbepflanzter Platz, in dessen Mitte das wohl künstlerisch wertvollste Bildwerk der Stadt Aufstellung gefunden hat, das Denkmal des Generals Rapp, des Siegers der Schlacht bei Danzig (Abb. Seite 591, unten). Hinter der massiven Gittereinfassung befindet sich ein feingeschmiedetes Spalierquadrat in tadelloser Weise mit Maurandien

Hochstamm von Hydrangea paniculata grandiflora auf dem Friedhofe in Freiburg i. B.
Links Garteninspektor Müller, Straßburg, rechts Garteninspektor Fiet, Groningen.

bekleidet, den Untergrund bildet eine teppichartige Beetpflanzung. Den alten, in Colmar geborenen französischen Handegen mit dem echt deutschen Namen, hat der Künstler in trefflicher Auffassung als Draufgänger dargestellt. Die neuen, von Inspektor Ehlinger entworfenen und ausgeführten Anlagen beginnen bei dem 1906 fertiggestellten Monumentalbau des Oberlandesgerichtes, der ganz in grüne Wiesen und Blumenpflanzungen gebettet erscheint, umgeben weiterhin den gewaltigen monumentalen Wasserturm mit der dicht daneben gelegenen Dienstwohnung des Inspektors, die halb unter Edeldahlien verschwindet, um dann rechtwinklig abzubiegen. Auf der Höhe einer bewegten Parkpartie steht das Denkmal des Bildhauers Bartholdi, weiterhin dann, inmitten eines besonderen, regelmäßig angelegten Blumengartens, dasjenige des sitzend dargestellten berühmten Physikers Hirn. Ueber diese prächtigen, sich dem Gelände und der Umgebung vorzüglich anpassenden Anlagen mit ausgedehnten bewegten Rasenpartien, ist eine wahrhaft verschwenderische Blütenfülle ausgeschüttet. Ihr Schöpfer hat es verstanden, elegante Ziergräser und schöne dekorative Stauden als Einzelpflanzen und als malerische Vorpflanzungen vor Gehölzegruppen in geradezu vorbildlicher Weise zu verwenden. Diese Verwendung ließ nur wenig Raum für Blumenbeete übrig, die nur da in die Erscheinung treten, wo sie auch am rechten Platze sind. Von eigenartig schöner Wirkung waren zwei Gruppen, bepflanzt mit *Alternanthera aurea nana*, mit einzeln eingestreuten *Lobelia Erinus Kaiser Wilhelm*, die sich als leuchtende Augen, in gleichmäßigen Abständen über den gelben Untergrund verteilt, wirkungsvoll abhoben.

Mit Hydrangea scandens berankter Catalpastamm im Parke der Villa Wohlgemuth, Freiburg i. B.

Bei Bepflanzung dieser Neuanlagen wurden vorzugsweise bessere Laub- und Nadelhölzer berücksichtigt, die sich dank sorgfältigster Pflege an vielen Stellen zu Prachtexemplaren entwickelt haben. Die Anlagen am Oberlandesgericht bergen ein prächtiges Rosarium, hinter welchem sich eine von einer Mauer begrenzte Rasenfläche hinzieht, welche einer an Pfählen hochgezogenen Kollektion Schlingrosen, aus den besten Sorten, einschließlich neuer Züchtungen bestehend, Raum bietet.

Interessante Riesenbäume sind in der älteren Anlage auf dem Marsfelde zahlreich vorhanden. Hier stehen verschiedene *Celtis occidentalis* und *Gleditschia triacanthos* von 75 Jahren, auch viele andere interessante Laub- und Nadelbäume im Alter von 20 bis 50 Jahren. Eine eigentümliche Blumenvase bildet ein 1869 im Niederwald ausgegrabener, mit der Wurzelkrone nach oben aufgestellter Stumpf einer vierhundertjährigen Eiche, Stammumfang 7½ Meter.

Von besonderem Interesse für den praktischen Landschaftsgärtner ist die Art und Weise, wie in Colmar nicht nur die Parkwege, sondern auch die Bürgersteige in manchen weniger belebten, mit Straßenbäumen bepflanzten Vorstadtstraßen angelegt werden. Die in sonst üblicher Weise mit dem erforderlichen Packmaterial hergerichteten, mit einer Kiesschicht überzogenen und festgewalzten Wege erhalten einen leichten Teerüberzug, über welchen dann erneut eine dünne Kiesschicht verteilt wird. Auf derartig hergestellten Wegen geht man elastisch wie auf Gummi, das Regenwasser läuft leicht und vollständig ab und die Ansiedelung von Unkraut ist unmöglich. Herr Garteninspektor Ehlinger nahm Veranlassung, uns einen ganz eigenartigen, gerade in Tätigkeit befindlichen Rasensprenger vorzuführen, System Zeyssolf, Fabrikant Is. Idohner, Münster i. E. Bei diesem Sprenger wird das Spritzrohr des Schlauches so an einem Radapparat befestigt, daß der Strahl ein innen, nach Art der Mühlenräder aber mit mehreren, verschiedenen Zackenreihen ausgestattetes Rad trifft. Durch den Wasserstrahl wird dieses Rad in Drehung versetzt, es läuft dann im Kreise herum, infolgedessen wird der Wasserstrahl kreisförmig herumgeschleudert, so daß eine kreisrunde Fläche, deren Größe je nach Einstellung des Rades verschieden ist, gleichzeitig bewässert werden kann. Dieser Apparat ist nur in großen Parkanlagen anwendbar.

Partie aus dem Kurparke in Badenweiler.

Eine besondere Ueberraschung wurde allen Dendrologen zuteil, als uns Stadtgarteninspektor Ehlinger zum Schluß noch in die nahebei, in der Jurastraße befindliche Stadtgärtnerei führte, in welcher das gesamte Blumenmaterial für den Schmuck der Anlagen und Straßenpflanzungen herangezogen wird. In diesen Kulturen herrschte bis in das entfernteste Winkelchen hinein eine geradezu musterhafte Sauberkeit, die so manchem ähnlichen Betriebe als Vorbild dienen könnte. Das rechtwinklige Gärtnereigelände ist nicht nur mit einem rebenumgrünten Zaune eingefriedigt, sondern auch der Länge nach von prächtigen, vor Gesundheit strotzenden und reich behangenen hochstämmigen Rebenspalieren durchzogen, die, ohne den Kulturbeeten Luft und Sonne zu nehmen, die Einteilung der Quartiere dauernd festlegend, dem ganzen Gärtnereibetriebe etwas Anheimelndes geben und nicht gering zu veranschlagende Erträge abwerfen.

Während Straßburg im Verlaufe von fast vier Jahrzehnten, wie es den Anschein hat, wieder gut deutsch geworden ist, — französische Firmenschilder findet man dort wohl seltener als z. B. in Berlin —, ist man in Colmar und im Oberelsaß überhaupt zum Teil noch französisch gesinnt; französische Vornamen sind dort noch gang und gäbe, eine in französischer Sprache gedruckte Tageszeitung scheint ziemlich verbreitet zu sein, und die ärmere Bevölkerung spricht so eine Art Esperanto oder Volapük, d. h. eine undefinierbare Mischung von deutsch und französisch, die der Fremde ebenso wenig versteht, wie der eingeborene Arbeiter das Hochdeutsch. Colmar ist reich an alten, interessanten Bauwerken und besitzt ein einzig in seiner Art dastehendes Volksbad mit prächtigem Schwimmbassin. Weniger erbaut war ich von einer anderen Spezialität, einem 99 Pfennigbazar, in welchem jedes Stück, was es auch sei, ausgerechnet genau 99 Pfennige kostet. Wenn dieser Bazar schon lange besteht bezw. wenn er sich lange halten kann, so würde dies auf die Intelligenz der Bewohner dieser schönen Stadt kein günstiges Licht werfen.

VI. Vogesentour.

Der 11. August war ein Hauptschlager für diejenigen, die noch über frisches Blut, über gesunde Knochen verfügen und deren Pedalen nicht durch Hühneraugen unnötig beschwert sind. Vogesentour! stand auf dem Programm. Nach Beendigung der Vorträge, wurde gegen 12 Uhr die Bahnfahrt nach Münster angetreten, von wo aus dann mittels Bergbahn die Weiterfahrt zur Schlucht erfolgte. Der Betrieb dieser elektrischen Bergbahn geht nach Art der Harzer Bergbahnen vonstatten; der Motorwagen schiebt die Wagen vor sich her, und an steilen Berglehnen treten die Zahnräder in Tätigkeit. Auf dieser Fahrt erschlossen sich uns gewaltige Gebirgspanoramen von alpinem Charakter. Bis etwa 1000 m ü. d. M. sind die Bergkegel mit gesunden, kräftigen Laub- und Nadelbäumen bestanden; unendlichen Blütenbändern gleich, zogen sich bis zur Schlucht zu beiden Seiten der Geleise in voller Blüte stehende *Digitalis purpurea* hin, die hier durch das intensive Rot der Blütenglocken auffallen. Stellenweise treten gewaltige Felsbildungen in die Erscheinung. Bei 800 Meter über dem Meere beginnen phantastische Flechtenbildungen an dem Geäst der Fichten immer zahlreicher aufzutreten, bei 900 Meter Höhe treten neben den Nadelhölzern noch geschlossene Buchenbestände auf und bei 1000 Meter Höhe blühten noch *Digitalis*, Heide und Glockenblumen. Die Schlucht ist von malerischer Schönheit durch phantastische Gesteinsbildungen. Hier oben, dicht beim Wirtshause, in welchem der Kaffee eingenommen wurde, stehen die französischen Grenzpfähle. Die Dendrologen, die zum Teil auch schon längst vom Ansichtskartenfieber ergriffen wurden, stürmten zunächst die Kartenverkaufsstelle, um sich die günstige Gelegenheit, für doppeltes Porto eine größere Zahl mit französischen Marken beklebter Ansichtskarten in die geliebte Heimat zu senden, nicht entgehen zu lassen. Nur wenige zogen es vor, ihren Kaffee in Ruhe zu schlürfen. Mit diesen weißen Raben beabsichtigte ich, um einem dringenden Bedürfnisse abzuhelfen, einen Verein der Sammler von Postkarten ohne Ansichten zu gründen.

Von der Schlucht ging es nach kurzer Rast mit der französischen elektrischen Trambahn nach dem Hohneck, einem kahlen Berggipfel, 1366 Meter über dem Meere gelegen. Vereinzelt blühte hier oben *Anemone sylvestris* im spärlichen Moose und Grase. Auch auf dieser einsamen Höhe befindet sich in einer Bretterbude ein Wirtshaus, dessen Spezialität nicht etwa Bratwürste, sondern Ansichtskarten sind. Von hier oben genießt man einen prächtigen Rundblick über die Hochvogesen, auf Rheinebene, Schwarzwald, Schweizeralpen und französisches Gebiet; am Nordhang eines Bergrückens lag noch Winterschnee. Nach kurzer Umschau begann die Fußwanderung unter Führung des Oberforstmeisters Kahl. Im Programm wurde sie den guten Fußgängern empfohlen, dann hieß es weiterhin, „ältere und bequemere Herren, die nicht mitgehen wollen, fahren um 4,52 direkt von der Schlucht nach Colmar". Graf Schwerin, der allbeliebte Präsident der Gesellschaft, der wohl im Vorjahre bei Vorbereitung der Jahresversammlung die Freuden dieser Gebirgstour bereits genügend durchgekostet hatte, zog es, dem Grundsatze getreu, daß Vorsicht der bessere Teil der Tapferkeit ist, vor, sich zu den älteren und bequemeren Herren zu schlagen und mit diesen wohlgemut gen Colmar zurückzudampfen. Es folgten fünf Stunden angestrengter Wanderung bergab und bergauf, durch dick und dünn, zunächst durchs baumlose Hochgebirge mit spärlicher Vegetation und Ausblick auf die

Partie aus dem Kurparke in Badenweiler.

Gebirgsseen Longmer und Retournmer, dann über Hänge, bewachsen mit wilden Johannisbeeren, deren Früchte noch grün waren, und stellenweise mit interessanten subalpinen Gewächsen. Nach angestrengter Wanderung erreichten wir ein baumloses Hochplateau mit Sennhütte. Vom Durst gequält, stürmten wir den Stall des „Freien Schweizers“, wollte sagen, Kuhknechtes. Nur wenigen Glücklichen gelang es, ein Glas des unschuldigen Stoffes zu erlangen und die Kehle damit anzufeuchten, denn rasch war der geringe Vorrat erschöpft, und die schönen rot- und weißgefleckten Bewohnerinnen dieses Bergidylls weideten, ach so fern, auf grüner Alm. Von hier gings nach Metzeral, wo die zurzeit fast wasserleere Stauweiheranlage Schießrodried besichtigt und weiter auf vorwiegend aufsteigenden, steilen, mit spitzen Steinen befestigten Saumpfaden und über Felsentreppen vielfach hart an gähnenden, mit gewaltigen Massen imposanter Felsen bedeckten, steilen Geröllhalden und Moränen vorüber zum sogenannten ersten Spitzkopf, einer grandiosen Felsenkuppe, die mit knorrigen Wettertannen bestanden ist, deren einseitige Kronenbildung die herrschende Windrichtung vorschreibt. Weiter führte uns der beschwerliche Weg am noch mächtigeren und höheren zweiten Spitzkopf, an wildromantischen Felsenhängen vorüber, durch den Gemeindewald Metzeral und den Staatswald Herrenberg nach dem Orte Metzeral zurück, wo im Gasthofe der Frau Böhmer Wwe., die aber nicht aus Yokohama stammt, der schlaffe Leib Erfrischung fand. Nachdem sich hier nach und nach auch die letzten lendenlahmen Teilnehmer eingefunden hatten, wurde kurz vor 8 Uhr die Rückfahrt nach Colmar angetreten. Die Leistung, die wir an diesem Nachmittage vollbracht hatten, war, wie man zu sagen pflegt, nicht von schlechten Eltern, und obwohl auf der bewegten Strecke so mancher über einen spitzen Zacken oder gar über seine eigenen Beine stolperte, war doch diese Vogesentour ohne Knochenschäden vonstatten gegangen, nur ein gebrochener Schirm blieb auf der Strecke.

VII. Gebweiler, Ollweiler, Pulversheim, Bollweiler.

Am 12. August wurde vor 9 Uhr die Fahrt nach Gebweiler über Bollweiler angetreten. Gebweiler ist ein prächtig an den Vogesen und am Eingange in das sogenannte Blumental gelegenes, über 13 000 Einwohner zählendes Städtchen, das namentlich durch seine Woll- und Baumwollwebereien einen großen Aufschwung genommen hat. Als Hauptgründer dieser Webereien gelten die hier und in den Nachbarorten ansässigen Angehörigen der Familie Schlumberger, die auch Besitzer prächtiger Parkanlagen, teils auch von Forsten und Weinbergen sind. Die erste Besichtigung galt dem Parke Leo Schlumbergers. Die ziemlich ausgedehnte mit gartenkünstlerischem Verständnis ausgeführte Anlage scheint neuerdings nur noch notdürftig unterhalten zu werden, denn sie befand sich in wenig gepflegter Verfassung, die Villa war unbewohnt. Letztere ist teilweise mit interessanten Lianen bewachsen, darunter *Polygonum Baldschuanicum*, das in vollem Flore stand. An der Hinterfront der Villa befindet sich ein hübsches Rosarium. Einige der alten Pinusstämme sind mit *Hedera colchica* überwachsen. Dendrologisch interessant ist der Park in erster Linie durch prächtige Koniferen, die teils einzeln, teils in lockeren Gruppen zusammenstehen. Das stärkste Exemplar derselben ist die Seite 592 unten abgebildete 80jährige, 35 m hohe *Cederus Libani* mit etwa $3^1/_{10}$ m Stammumfang, ein zweites starkes Exemplar ist 30 m hoch und 75 Jahre alt, andere hübsche Artgenossen sind 35jährig, das gleiche Alter hat eine 15 m hohe *Sequoia gigantea*. Bemerkenswert sind weiter eine herrliche *Picea Morinda*, etwa 20 m hoch und 60jährig, sowie 30jährige *Pinus Cembra* und *P. pungens glauca*. Ein 45jähriges *Taxodium distichum* ist 20 m hoch, Stammumfang $3^2/_{10}$ m. Die Alterspräsidentin der Laubhölzer dieses Parkes ist eine 80—100jährige *Diospyros virginiana* von 18 m Höhe. Eine 46jährige *Sophora japonica* weist 30 m Höhe auf. Vorhanden sind des ferneren prächtige Exemplare von *Ilex Aquifolium*, *Cedrela chinensis*, *Fagus silvatica atropurpurea*, *Catalpa bignonioides*, *Magnolia Yulan* u. a.

Von hier ging es zum Parke Adolf Schlumbergers, der im Gegensatz zum vorgenannten auf den ersten Blick sorgfältige Pflege erkennen läßt. Es handelt sich hier um eine großzügige, musterhafte Anlage mit weiten Rasenbahnen, deren Hauptschmuck wieder in erster Linie großartig entwickelte, kraftstrotzende Koniferen bilden. Von ihnen sind besonders erwähnenswert: Ein wahres Prachtexemplar von *Pseudotsuga Douglasii*, 35 m hoch und etwa 30 Jahre alt (Abb. S. 594 oben), *Cedrus Libani*, 50jährig, und zwei dicht beieinander stehende 35—40jährige *C. Libani* und *form. glauca* (Abb. S. 593 unten), eine 42jährige, 20 m hohe *Sequoia gigantea* (Abb. S. 593 oben), weiter *Chamaecyparis nutkaensis* und *Lawsoniana*, die beide auch in den weiterhin besuchten Parks in ähnlichen Prachtexemplaren wiederkehrten und durch ihren eleganten Bau, der bei erstgenannter leichter und lockerer, bei letzterer gedrungener, sowie durch ihr bei dieser helleres, bei jener dunkles Grün auch zusammenstehend von malerischer Wirkung sind. In prächtigen, bis 45jährigen Schaupflanzen konnten wir hier weiter bewundern: *Abies Pinsapo*, *Nordmanniana*, *cilicica*, *Thuya gigantea*, *Libocedrus decurrens*, sowie *Pinus Cembra*, *Pinea* und *contorta*. Von Laubbäumen war *Quercus macrocarpa* mit korkbedeckten Aesten von besonderem Interesse.

Von hier aus führte uns der Weg zum Senior der Familie, dem Wirklichen Geheimen Rat Exzellenz Dr. Joh. von Schlumberger. Der neunzigjährige, noch rüstige Herr ließ es sich nicht nehmen, die Erschienenen durch seine kleine, sauber gepflegte Anlage, die ein wahres Schatzkästlein ist, zu führen. Vom Hofraum, den eine blühende *Sophora japonica pendula* und ein mit Jasmin und *Clematis paniculata* beranktes Gitter schmückte, von dem der köstliche Duft der blendend weißen Clematisblüten herüberwehte, führt eine Pforte in den Garten. Beim Eintritt fällt zunächst eine 75jährige männliche *Ginkgo biloba* von hängendem Wuchs auf, zu welcher sich noch ein 75jähriges, 15 m hohes weibliches Exemplar als Gegensstück gesellt, und eine dicht dabei stehende 90jährige *Quercus Cerris* mit riesiger, halbkugeliger Krone. Neben dieser steht eine 70jährige *Cedrus Libani*, 25 m hoch, mit hängenden Aesten, trotz der erfrorenen Spitze noch malerisch schön, mit etwa 20 m Kronendurchmesser. Eine 40jährige *Taxus baccata fastigiata* präsentiert sich als tadellose, 5 m hohe Säule. Weiterhin sind zu erwähnen: *Araucaria Cunninghamii*, etwa 6 m hoch, 75jährig, *Abies cephalonica*, 24 m hoch, 60jährig, und zwei 50jährige *Pinus Cembra*, sowie eine schöne *Cunninghamia chinensis*. Den Garten schmückt ferner eine kleine Alpenpflanzenanlage, in welcher alles sorgfältig etikettiert war, eine Sommerblumenrabatte, und ein dreiteiliges Gewächshaus mit hübschem Pflanzenbestand. Nach Beendigung des Rundganges gruppierten sich die Dendrologen auf Wunsch des Grafen Schwerin vor der Hinterfront der Villa zu photographischer Aufnahme. Exzellenz v. Schlumberger sträubte sich in übergroßer Bescheidenheit mit Händen und Füßen gegen seine Mitaufnahme, bis es schließlich der unwiderstehlichen Liebenswürdigkeit des Grafen unter Anwendung sanfter Gewalt gelang, den alten, gütigen Herrn zu beruhigen. Leider ist mir diese Aufnahme mißraten da ich „stillgestanden“ zu kommandieren vergaß.

Schräg gegenüber dieser Besitzung liegt der mäßig große, gleichfalls gut gepflegte Garten von Alfred Bourcart. Eine kleine, malerische Teichpartie, in welche ein stark fließender Bach einmündet, belebt diese Anlage, die im übrigen von mehreren 80jährigen 40 m hohen *Platanus acerifolia* mit $3^1/_2$ m Stammumfang beherrscht wird. Dicht am Eingange steht eine *Fagus silvatica atropurpurea* von 35 m Höhe, etwa 60—70jährig; ein 80jähriges Prachtexemplar von *Juglans nigra* hat 30 m Höhe, drei 75jährige *Tilia* sind je 22 m hoch. Unter den Koniferen ragt eine *Pinus excelsa*, 20 m hoch und sehr breit gewachsen, etwa 60jährig, hervor.

Die andauernden Fußmärsche und das ständige Bewundern der herrlichen Pflanzenbestände in den besuchten Parks veranlassten schließlich, daß die Dendrologenmagen bedenklich zu knurren anfingen, weshalb Kehrt gemacht und in die „Goldene Kanone“ einmarschiert wurde. Was uns dort erwartete, stand schon schwarz auf weiß auf dem dendrologischen Handzettel, der am Vormittage verteilt worden war. Graf Schwerin hatte, einer heitern Laune folgend, die Tischkarte dem dendrologischen Orientierungszettel in folgender Weise einreihen lassen:

	Umfang m	Höhe m	Alter Jahre	Bemerkungen
Reisschleim-Suppe	—,50	—,25	—	1,50 M trocken
Rindfleisch mit Gemüse .	—,80	—,20	5	
Schweinebraten, Salat . .	1,20	—,35	3	
Fruchttorte	—,80	—,04	—	

Bald füllte eine hungrige Schar, aus ca. 150 Mann und einem vereinsamten Weiblein bestehend, den weiten Speisesaal und der be—rühmte saure „Kitterle“ half wacker mit, die Reis- (nicht Reichs-)schleimsuppe herunterspülen. Nach beendigter Mahlzeit harrte draußen eine stattliche Wagenzahl, welche die neu gekräftigten Teilnehmer in reichlich halbstündiger Fahrt, an dem Parke Emil de Barys, in welchem als Schaustück eine 9 m hohe *Araucaria imbricata* steht, und an prächtigen Weinpflanzungen vorüber, zum Parke von Amandus Gros-Schlumberger in Ollweiler brachte. Auch dieser gut gepflegte Park enthält dendrologische Raritäten ersten Ranges. Die schönste und stärkste Konifere der Anlage ist eine 180jährige *Cedrus Libani glauca*, deren mehrfach geteilte Krone eine bedeutende Fläche beschattet. Der Baum ist 25 m hoch, sein Stammumfang beträgt $2^8/_{10}$ m. Prachtvoll ist ferner eine *Picea Morinda*, eine 70jährige *Pinus austriaca*, eine 60jährige *P. Laricio corsicana*. Die Seniorin der Laubbäume ist eine 200jährige *Quercus pedunculata*, mit über 4 m Stammumfang, welcher sich eine 180-jährige *Tilia grandifolia* anschließt. Ein zweites Exemplar ist 150 Jahre alt, gleich alt sind verschiedene Ulmen und eine 40 m hohe *Platanus occidentalis*, neben welcher noch eine 80jährige, in ihrem reichen Blütenschmuck malerisch schöne *Sophora japonica* hervorgehoben sei. Die schwache Seite dieser Besitzung ist der Obstgarten, in welchem gerade einige Gehilfen durch Ausführung des Sommerschnittes mit weiterer Verstümmelung der zu Krüppeln verschnittenen Bäume beschäftigt waren.

Nach Besichtigung der Herrlichkeiten im Park ließ es sich Herr Gros-Schlumberger nicht nehmen, die immer furchtbar durstigen Dendrologen in seiner Villa zu empfangen und hier mit einem Sekte eigenen Wachstums zu bewirten, der, wie man zu sagen pflegt, nicht ohne war, weshalb ihm auch tapfer zugesprochen wurde. Nach herzlicher Verabschiedung vom freundlichen Gastgeber, wurden erneut die draußen harrenden Wagen bestiegen und in flotter, einstündiger Fahrt ging es nach Pulversheim, wo wir im Gasthause des Herrn Keller Station und Kaffeepause machten. Die Gartenanlage dieses Gasthofes ist ohne jede landschaftsgärtnerische Bedeutung, aber dendrologisch interessant durch einige prächtige Koniferen und exotische Laubhölzer, die hier teils vor etwa 50 Jahren vom jetzt 74jährigen Inhaber der Firma Em. Napoleon Baumann in Bollweiler angepflanzt wurden. Leider ist die Anlage derartig voll gepflanzt, daß kaum einer der Prachtbäume zur Geltung kommt, weshalb sich auch jede photographische Aufnahme als absolut unmöglich erwies. Als wunderbares Schaustück ist in erster Linie eine 48jährige *Tsuga canadensis* von 17 Meter Höhe zu nennen; sie ist das weitaus schönste Exemplar dieser Art, das ich je zu sehen bekommen habe. Außerdem enthält die Anlage noch eine ganze Anzahl herrlicher Laub- und Nadelhölzer, die hier alle aufzuführen unmöglich ist.

Nach Einnahme des Kaffees wurden die Wagen erneut bestiegen, um uns zu den Forsten des Herrn Julius Schlumberger zu führen, die sowohl an Nachwuchs, als auch an altem Bestande eine reiche Fülle exotischer Quercusarten und prächtige Standbäume von *Juglans nigra* und *tomentosa* beherbergen. Das Durchschnittsalter der alten Standbäume beträgt 60 bis 70 Jahre.

Von hier aus brachten uns die Wagen nach Bollweiler, wo zunächst die Gartenanlage von Louis Gay besichtigt wurde. In dieser Anlage, die ganz den Charakter eines alten Bauerngartens trägt, stehen einige interessante, 80 bis 90jährige Laub- und Nadelbäume, die der Vater des jetzigen Inhabers der Firma Baumann (Aug. Napoleon B., geb. am 1. August 1804, † am 12. Juli 1884) gepflanzt hat. Dicht an einer primitiven Brücke, die einen Bachlauf überbrückt, steht ein Riesenexemplar von *Taxodium distichum*, von unbekanntem Alter, mit fast $3^1/_2$ Meter Stammumfang, das leider acht Tage vor unserer Anwesenheit in einem orkanartigen Sturm den größten Teil der gewaltigen Krone eingebüßt hatte. Ein zweites, 90jähriges Exemplar der gleichen Art ist 35 Meter hoch und hat fast 3 Meter Stammumfang. Zu erwähnen sind noch *Pinus Laricio austriaca*, *Gymnocladus dioica*, *Fagus silvatica atropurpurea*, alle 90jährig und eine 80jährige *Quercus rubra*.

Die Baumschulen der Firma Baumann befassen sich in neuerer Zeit fast ausschließlich nur noch mit der Anzucht von Obstgehölzen und wurden nicht besichtigt. Die mitten im Orte gelegene Handelsgärtnerei ist ein Lokalgeschäft, das wohl nur noch dem Bedarf der eingesessenen Bevölkerung Rechnung trägt. Zum letztenmale wurde dieser Betrieb vor etwa zwei Jahrzehnten in weiteren Kreisen genannt, als *Begonia Baumannii*, die erste wohlriechende Begonie, deren Knollen Herr Baumann von einem Freunde aus Bolivien erhalten hatte, in den Handel kam. Man glaubte damals, daß diese Neueinführung einen ähnlichen Umschwung in der Begonienkultur wie seinerzeit die Einführung der *Begonia Martiana* und *Froebelii* hervorrufen würde, als Stammutter einer neuen Klasse wohlriechender Begonien, doch haben sich diese Erwartungen nicht erfüllt.

Der leidende Herr Baumann sen. begrüßte die von seinem Sohne geführten Erschienenen sitzend, von der Veranda seines Wohnhauses aus, vor welcher auf großen Tischen seine Bibliothek ausgelegt war. Sie enthält, da seit Jahrzehnten nicht mehr ergänzt, in der Hauptsache nur alte deutsche, englische und französische Werke, teils dendrolog., pomolog. und sonstigen Inhalts, die, weil durchweg veraltet, nur noch ein historisches Interesse beanspruchen können. (Ein Schlußartikel folgt.)

Aus den Vereinen.

Bericht über die Vorträge auf der 17. Jahresversammlung der Deutschen Dendrologischen Gesellschaft zu Colmar i. E.

Erster Tag der Verhandlung.

Der Vorsitzende der D. D. G., Graf Fritz von Schwerin, eröffnete am Sonntag, den 9. August, die etwa 140 Personen starke Versammlung und gab sofort dem Herrn Bezirkspräsidenten v. Puttkammer das Wort, welcher die D. D. G. — zugleich im Namen der kaiserlichen Forstverwaltung — herzlich willkommen hieß, erhoffend, daß auf dem uralten Kulturboden der Reichslande, mit seinem Reichtum an Bäumen, den herrlich bewaldeten Vogesen, der Gesellschaft viel Sehenswertes geboten werde, damit eine rege Wechselbeziehung zwischen diesem Lande und der D. D. G. entstehen möge, den Verein infolgedessen veranlassend, recht bald wieder zu kommen. Der Vorsitzende dankte in beredter Weise und glaubt, daß das Reichsland, als das Land der Kraft an Menschen und Vegetation, mit seinen Geistesheroen und seiner wunderbaren Entwicklung der Vegetation, der Gesellschaft viel Belehrendes bieten werde.

Hierauf machte Garteninspektor Beißner, Bonn, als erster Redner „Mitteilungen über Koniferen", wobei zuerst neue, auf Formosa entdeckte (in „Gardeners Chronicle", März 1908 beschriebene) Nadelhölzer besprochen wurden, und zwar: *Pinus Mastersiana* (ähnlich *P. Armandii)*, durch große Zapfen und rückgebogene Zapfenschuppen sich auszeichnend, *Pinus morrisonicola* (fälschlich *maritima)*, mit ebenfalls rückgeschlagenen Zapfenschuppen, *Tsuga formosana*, einerseits der *Ts. Siboldii*, andererseits der *Ts. diversifolia* ähnlich, ferner *Chamaecyparis (obtusa?) formosana; Juniperus morrisonicola*, noch unsicher, vielleicht Form von *J. chinensis;* dann eine wertvolle Neuheit: *Cunninghamia Konishii*, bei 2330 m vorkommend, sich von *C. chinensis* besonders durch beiderseits vorhandene Spaltöffnungen der Blätter auszeichnend; *Keteleeria formosana*, ähnlich *K. Davidiana*. Ferner erwähnte der Redner *Abies maroccana*, welche er geneigt ist, als Form der *Ab. numidica* zu betrachten; *Picea excelsa albo-spicata*, Hesse, eine weißspitzig austreibende Fichte, sehr sonnenhart und erst spät in ein helles Grün übergehend; *Picea Schrenkiana globosa*, Schelle, kleinwüchsig, rundlicher Bau, langzweigig, vielgipfelig; *Picea morindoides*, Rehder, hat sich als die *Picea spinulosa* herausgestellt, die schon früher besprochen worden ist. Eine von einem Botaniker der Schweiz eingesandte *Araucaria excelsa* mit tiefhängenden Aesten, entpuppte sich als die schlecht kultivierte Stammform (ein Vorkommnis, das bei Zimmerkultur stets zu beobachten ist). *Taxodium imbricarium* anerkennt Redner nicht als eigene Art, sondern nur als Form des *T. distichum*. Was von *Taxodium heterophyllum* in Deutschland kultiviert wird, ist alles falsch und wohl stets *distich. pendulum*. *Chamaecyparis pisifera filifera flava*, Schelle, ist eine besonders schwefelgelbe, lang hängende, hübsche Form. *Cupressus arizonica*, mit grüner, bis stahlgrauer Färbung, erzeugte in Deutschland (Weinklima) schon Samen; ihrer weitesten Verbreitung sind also die Wege frei. *Juniperus fragrans* hat sich, wie schon früher erörtert, als eine Form des *J. occidentalis* erwiesen; ferner ist auch *J. Burkii* eine Form der ebengenannten Art.

Nach kurzer Besprechung verschiedener Vereinsangelegenheiten, darunter auch jener, daß als Versammlungsort für 1909 Kottbus erwählt wurde, ergriff Gartendirektor Graebener, Karlsruhe, das Wort, um über „An- und Aufzucht der Gehölze im Privatgarten" eine reiche Auswahl Erfahrungsgrundsätze aus genanntem Gebiete zu geben, von der Beschaffenheit des Bodens, des Wassers, der Behandlung des Samens, der Keimlinge an, bis zur Vermehrung durch Pflanzenteile und zur Gehölzveredelung usw. Es muß hier auf die nächstjährigen „Mitteilungen der Deutschen Dendrologischen Gesellschaft" hingewiesen werden, da der Vortrag für den Rahmen dieses Referats zu groß ist.

Als dritter Redner besprach Garteninspektor Schelle, Tübingen, zuerst eine größere Reihe teils seltener, teils bis jetzt nicht als winterhart betrachteter Pflanzen, welche in Tübingen anhaltende Kälte von —24 °C unbeschädigt ausgehalten haben; er empfahl auch *Cedrela chinensis* als harten, schönen, ungezieferfreien Alleebaum, beschrieb mehrere neue winterharte Gehölze, um sodann zur Frage der „Einbürgerung der Pflanzen" überzugehen. Wir müssen uns versagen, das Thema hier ebenfalls zu besprechen, es sollen nur die Hauptpunkte angeführt werden. Eingebürgert ist eine Pflanzenart nur dann, wenn sie auf ihrem neuen Standorte nicht nur regelrecht gedeiht, blüht und fruktifiziert, die Kältegrade und sonstige Unbilden des Winters erträgt, sondern auch, wenn aus ihrer natürlichen, selbständigen Aussaat wieder neue, fruktifizierende Pflanzen entstanden sind. Gerade die Ansprüche des Keimlings sind für die Verbreitung und Einbürgerung einer Pflanzenart weit wichtiger, als die Ansprüche erwachsender Pflanzen. Klima und Winterkälte der neuen Heimat müssen mindestens analog jenen der alten Heimat sein und kann eine Wanderung der Pflanzen — die Erfahrungen wurzeln fast durchweg auf staudenartigen, selten verholzenden Gewächsen — nur von der kälteren zur wärmeren Region stattfinden, niemals umgekehrt. Da die Pflanze selbst im Laufe der Jahrtausende die Eigenschaften — also auch die größerer Winterhärte in der früheren Heimat — ihrer Vorfahren beibehält, allerdings nur in einem bestimmten Prozentsatz der jetzigen Nachfolger, so werden wir immer wieder auf scheinbar härtere Exemplare treffen. Mittelst dieser Exemplare aber wieder härtere Exemplare züchten zu wollen und diese dann in immer kälteren Gegenden einzubürgern, ist absolut unmöglich, denn die Eigenschaft der Mutterpflanze ist meist nicht direkt erblich, und wenn, dann nur in wenig Individuen, nie werden wir die Pflanzen aber veranlassen können, im Winter mehr Kältegrade auszuhalten, als ihre Voreltern in der Stammheimat auszuhalten hatten! Alle diesbezüglichen Versuche mittelst Ansaat werden mißglücken, so daß wohl die Vermehrung harter Exemplare nur auf vegetativem Wege etwas Erfolg verspricht.

Redner besprach hierauf noch unter Vorführung eines 3 m im Umfange haltenden sogenannten „Hexenbesens" — auf einer *Pinus silvestris* erwachsen — die Entstehung und das Wesen dieses Baumschädlings, eines Pilzes: *Accidium elatinum*, welcher diese Zweigwucherungen erzeugt. Zum Schluß erklärte Redner noch einen bis jetzt unbekannten Vorgang bei der Blüte bezw. der Schließung des jungen Zapfens der Fichten. (Schluß folgt.)

Nachruf.

Bürgerparkdirektor Carl Ohrt †, Bremen.

Carl Ohrt wurde 1852 zu Sültkühlen, Kreis Pinneberg, als Sohn des Oberförsters Joh. Carl Fr. Ohrt geboren; er besuchte das Gymnasium zu Rendsburg. Seine Lehrzeit absolvierte er bei dem Hofgärtner Klett in Schwerin, danach trat er als Gehilfe bei seinem Vetter, dem verstorbenen Hofgartendirektor Ohrt in Oldenburg i. Gr. ein. Vom 1. April 1873 bis 24. März 1875 besuchte der Verstorbene die Königl. Gärtnerlehranstalt in Wildpark-Potsdam, die er mit dem Gartenkünstler-Abgangszeugnis verließ. Am 2. April 1875 trat Ohrt unter Ed. Hoppe in die Bürgerparkverwaltung ein, danach arbeitete er unter Benques Leitung in derselben Verwaltung. Am 11. März 1884 ernannte ihn der Bürgerparkverein zum Direktor des Bürgerparks. Die Anlagen des Bürgerparkvereins, Bürgerpark und Bürgerwald, zusammen 136 ha, die aus freiwilligen Beiträgen Bremer Bürger entstanden sind und aus solchen unterhalten werden (Kostenaufwand bis Ende 1907 4312836 M), hat Ohrt in Benques

Sinne weiter ausgebaut. Sein eigenes Werk ist die Anlage des an den Bürgerwald anschließenden, von dem Vorsitzenden des Bürgerparkvereins, Franz Schütte, gestifteten Stadtwaldes von 65 ha Flächeninhalt, der einen Kostenaufwand von 250 000 M erforderte. Außerdem übte Ohrt eine vielseitige Privattätigkeit bei der Anlegung von Gärten aus, u. a. war ihm die Anlage des von Franz E. Schütte gestifteten botanischen Gartens übertragen. Am 12. August starb Carl Ohrt am Herzschlage, viel zu früh für seine Gattin, seine beiden Kinder und seine zahlreichen Freunde.

Tagesgeschichte.

Zur **Gartenbauausstellung Duisburg.** In No. 47 dieser Zeitschrift habe ich eine kurze Kritik über diese Ausstellung veröffentlicht, mit welcher ich eigentlich dem durchaus zerfahrenen Unternehmen noch zu viel Ehre antat. Von allen urteilsfähigen Fachleuten, welche die Duisburger Ausstellung besuchten, darunter auch von einem der Hauptaussteller, dem einzigen, der wirklich etwas geleistet hat, wird meine Kritik als durchaus berechtigt anerkannt, nicht aber von den guten Duisburgern. Letztere lassen sich durch Lobhudeleien der Lokalreporter, die durch keinerlei Sachkenntnis getrübt sind, über das tatsächlich vollkommene Fiasko dieses Unternehmens hinwegtäuschen. Nur einer außer mir, Lehrer Kempkes in Duisburg, hat den Mut gehabt, seinen Mitbürgern über ihre Ausstellung die Wahrheit zu sagen. Neuerdings, am 24. August, brachte auch die Rhein.-Westfälische Zeitung einen Bericht, der wenigsten jenen, die zwischen den Zeilen zu lesen verstehen, sagt, wie es mit diesem Jahrmarktsunternehmen bestellt ist, auch ein Bericht des Organes des Deutschen (nationalen) Gärtnerverbandes in No. 17 vom 1. d. M. übt scharfe Kritik an dieser Ausstellung. Es heißt dort am Schlusse: „Der Name Gartenbauausstellung ist ein Mißbrauch für dieses Unternehmen, ein neuer Beweis des Ausstellungsunwesens. Eine Gartenbauausstellung, wie sie nicht sein soll, eine Blamage für alle, die solche Veranstaltungen mit ihrem Namen decken". Es ist freilich oft bitter, die ungeschminkte Wahrheit zu hören, und um eine durchaus sachliche Kritik abzuschwächen, greifen dann diejenigen, die sich getroffen fühlen, zu dem unschönen Mittel, den unbequemen Kritiker, wenn auch wider besseres Wissen, der Oeffentlichkeit gegenüber als Nichtfachmann hinzustellen. Zu diesem Mittel hat Herr Steinhauer, Handelsgärtner am Friedhof in Duisburg, in einem Vortrage auf dem zweiten Familienabend der Ausstellung, am 27. vorigen Monats, Zuflucht genommen und mir die Mahnung zugerufen: „Schuster bleib bei deinen Leisten". Zu seiner Beruhigung mag es Herrn Steinhauer hier gesagt sein, daß ich, der angebliche Nichtfachmann, seit 1879 mitten in der gärtnerischen Praxis stehe und unter anderen in musterhaften Betrieben als leitender Obergärtner tätig gewesen bin, es also in bezug auf Fachwissenschaft, von sonstiger Wissenschaft ganz zu schweigen, jederzeit mit ihm aufnehme. Im Hinblick auf die Duisburger Ausstellung wäre Herrn Steinhauer noch zu sagen, daß er gut daran täte, statt anderen zu raten, sich selbst raten zu lassen. Möge er, um sich nicht weiter zu blamieren, bei seiner Beschäftigung auf dem Duisburger Friedhofe bleiben. **M. H.**

Bürgerparkdirektor Carl Ohrt †.

Bremen. An Stelle des verstorbenen Direktors Ohrt hat dessen langjähriger Freund, der Gartenbauingenieur G. Karich, hierselbst, die Geschäfte der Bürgerparkverwaltung provisorisch übernommen. In der letzten Sitzung des Bürgerparkvereins widmete der Vorsitzende F. E. Schütte dem verstorbenen Direktor, der am 11. März 1909 sein 25jähriges Jubiläum als Bürgerparkdirektor hätte feiern können, einen ehrenden Nachruf, in welchem er dessen Pflichttreue und sein stets gutes Einvernehmen mit seinen Untergebenen hervorhob. Die Stelle soll öffentlich ausgeschrieben und ab 1. Januar mit einem 30—35jährigen Fachmanne besetzt werden; sie ist nicht pensionsberechtigt. Anfangsgehalt 5000 M und freie Dienstwohnung, steigend in zwei Alterszulagen auf 6000 M.

Harburg. In der am 24. August abgehaltenen Generalversammlung der Bürgervereine wurde mitgeteilt, daß die in Aussicht genommene Gründung eines Bürgerparks in ein sehr günstiges Stadium getreten sei, die Sache müsse vorläufig noch vertraulich bleiben. — Dem Obst- und Gartenbauverein wurde eine namhafte Summe zur Prämiierung von Balkons und Vorgärten bewilligt.

M.-Gladbach. Am 20. August fand die erste Prämiierung der in den verschiedenen, sehr ausgedehnten Arbeiterkolonien der hiesigen Aktienbaugesellschaft befindlichen Gärten etc. statt. Es waren ziemlich viele Meldungen eingelaufen, und so ward den Herren Preisrichtern ihr Amt an diesem, noch dazu sehr warmen Tage ein recht mühevolles, jedoch insofern dankenswert, als die Leistungen die Erwartungen übertrafen.

Man pflegt die Gärten naturgemäß zum größten Teil rationell mit Gemüse und Obst zu bestellen, andererseits wurde auf die Ausstattung derselben mit Blumen sehr großer Wert gelegt, auch waren die Fensterkasten reich geschmückt, so daß man mit dem Resultat dieses ersten, an Erfolgen reichen Wettbewerbes sehr zufrieden sein durfte. Die verschiedenen, weit verzweigten Kolonien wurden einzeln besonders bewertet, und für eine jede vier höhere Geldpreise gestiftet. Ich erachte diese Einrichtung als eine ganz besonders segensreiche und erhoffe dadurch für die Folge auch in Arbeiterkreisen den Sinn für die Natur und für das Schöne mehr zu wecken. Neben diesem Wettbewerb sollen im Winter Vorträge und Unterweisungen zur Einrichtung, Kultur und Unterhaltung solcher Gärten folgen, so daß den Leuten Gelegenheit zu größerer Teilnahme an diesen erzieherisch wirkenden Veranstaltungen geboten wird.

Hartrach, Stadtgartendirektor.

Paris. Auch hier beschäftigt man sich gegenwärtig sehr eifrig mit dem Plane, die ganze Riesenstadt rundum mit einem Park- und Gartengürtel zu umgeben. Wahrscheinlich wird die Entscheidung über den Aufbau und die Gestaltung dieses Parkgürtels in ziemlich naher Zukunft fallen, da die Auflassung der „enceinte fortifiée" der Stadt Paris eine Gelegenheit bietet, wie sie zum zweiten Male kaum wiederkehren wird. Die Regierung hat dies ganze, als Befestigung preiszugebende Gebiet der Stadt für den Preis von 64 Mill. Fr. angeboten, aber der Stadtrat hat das Angebot abgewiesen, weil er ein weiteres Entgegenkommen des Staates erwartet.

Personal-Nachrichten.

Arnold, Anstaltsgärtner in Hagenau, erhielt das Allgemeine Ehrenzeichen.

Gläser, Fritz, Gärtnergehilfe in Braunschweig, wurde vom Herzog-Regent die Rettungsmedaille verliehen.

Guder, Wilhelm, Baumschulenbesitzer, Breslau-Carlowitz, † am 22. August im 66. Lebensjahre. Der Verstorbene war eine in gärtnerischen Kreisen überall bekannte und beliebte Persönlichkeit.

Herold, R., bisher Obergärtner der Staudenkulturen von Georg Arends, Ronsdorf, tritt am 1. Oktober als Chef der Freilandkulturen in das Gartenbauamt der Stadt Zürich ein.

Pluntke, Gustav, Dominialobergärtner zu Puditsch im Kreise Trebnitz, erhielt das Allgemeine Ehrenzeichen.

Berlin SW. 11, Hedemannstr. 10. Für die Redaktion verantwortlich Max Hesdörffer. Verlag von Paul Parey. Druck: Anhalt. Buchdr. Gutenberg e. G. m. b. H., Dessau.

Efeustecklinge,

grossblättrig und kräftig, Kopfsteckl. %₀ M 3 empfiehlt gegen Nachnahme **Joh. Weise, Sommerfeld,** Bez. Frankfurt (Oder). [1697

Haarlemer ■ ■ ■ ■ Blumenzwiebeln

— frei ins Haus. —

Spezialkulturen von Hyazinthen, Tulpen, Narzissen etc. in unübertroffener Schönheit, prämiiert mit den höchsten Preisen auf den bedeutendsten Gartenbauausstellungen wie Paris, Düsseldorf, Gent, Antwerpen etc.

Reklame-Postpaket, enthaltend 75 Hyazinthen in verschiedenen Prachtsorten, besonders geeign. z. Zimmerkultur od. z. Auspflanzen in Beete, sende ich **frei ins Haus** geg. Einsend. von Mark 7.— [1562

Neuester, reich illustr. Katalog mit Beschreibung und Kulturanweisung von über mehr wie 3000 Zwiebel- u. Knollengewächsen **gratis und franko** bei

George van der Veld,
LISSE bei HAARLEM (Holland).

Konkurse.

Garmisch. Ueber das Vermögen es **Kaufmanns und Gärtners Karl** chock **in Garmisch** wurde am 1. September 1908, nachmittags 3 Uhr 45 Minuten, der Konkurs eröffnet. Konkursverwalter: Rechtsanwalt Hirschberger n Garmisch. Offener Arrest erlassen. Anmeldefrist bis zum 18. September 1908. Wahl- und allgemeiner Prüfungstermin: **Mittwoch, den 30. September 1908, nachmittags 4 Uhr.**

Hamburg. Das Konkursverfahren über das Nachlassvermögen des am 0. Juni 1907 in **Ohlsdorf** verstorbenen **Handelsgärtners Rudolph Andreas Friedrich Schlichting** wird nach erfolgter Abhaltung des Schlusstermins hierdurch aufgehoben.

Patente und Musterschutz.

Gebrauchsmuster - Eintragungen Klasse 45f.

No. 347 744. Blumenkasten mit doppelten Wandungen zur Erzielung eines Luftraumes zwischen demselben. Franz Joseph **Heine,** Pforzheim, Edisonstrasse 4. 10 7. 08. H. 37789.

No. 347822. Aus einer mit Spannhebel versehenen Kette bestehende Baumfäll-Vorrichtung. **Gebr. Reschke, G. m. b. H.,** Rastenburg, Ostpreussen. 8. 3. 08. R. 28 086.

No. 347854. Beeteinfassungsbügel aus gedrehtem, kantigen Schmiedeeisen mit Schutzblech. Carl **Sendowski,** Petershagen a. d. Ostbahn. 1. 7. 08. . 17315.

Neue Kataloge.

Nicola Welter, Trier-Pallien, Hoflieferant, Rosenzüchter. Umfangreiches Preisverzeichnis gediegener alter, neuer und neuester Rosen.

Pape & Bergmann, Quedlinburg. Herbstkatalog über Blumenzwiebeln, Knollengewächse, Samen, Pflanzen etc.

. Boese & Co., Berlin C. 25. Preisverzeichnis Haarlemer Blumenzwiebeln, Samenpreisliste u. Preisverzeichnis über Obstbäume, Rosen, Zier-Gehölze etc.

. J. Grullemans & Söhne, Lisse, Holland. Hauptverzeichnis über Blumenzwiebeln.

SCHWEFEL

ist ein gutes [1570

Vorbeugungs- u. Vertilgungsmittel

verschiedener Pflanzenkrankheiten, insbesondere der **Mehltauarten.**

Auskunft über sachgemässe Anwendung erteilt

Agrikultur-Abteilung der Schwefel-Produzenten.

Hamburg, Ferdinandstrasse 29.

Tel.-Adr.: Agrikultur. Tel.-Amt II, 3614.

Verlag von Paul Parey in Berlin SW., Hedemannstrasse 10.

Praktisches Handbuch der

industriellen Obst- und Gemüseverwertung.

Von **R. Herrmann,**

Direktor des Wein- und Obstgutes Liebfrauenthal bei Worms, vorm. Konservefabrik-Direktor.

Mit 96 Textabbildungen. Preis 3 M.

Das besondere Verdienst des vorliegenden kleinen Buches ist es, nicht bloss die Obst- und Gemüse-Trocknungsmethoden zu lehren, sondern den gesamten fabrikmässigen Betrieb. Es gibt auch die nötigen Risse, wie das Ganze zweckmässig baulich anzuordnen ist, wie Maschinenraum, Kandierraum, Kelterraum, Obst- und Gemüsebereitungsräume, Dörraum, Dünsterei, Klempnerei usw. usw. für sich und zueinander eingerichtet sein müssen. Ein ausserordentlich praktisches Buch. [1707

Gegen postfreie Einsendung des Betrages erfolgt die Zusendung postfrei.

Chr. Lorenz, Hoflieferant, Erfurt

gegründet 1834.

Import von Haarlemer Blumenzwiebeln.

Knollengewächse, Stauden, Ziersträucher, Rosen, Obstbäume, Beerensträucher, Erdbeeren, Herbstaussaaten.

Katalog gratis und franko. [1602

Echt! Erdbeerneuheit **Echt!**

„Königin Luise!“

Gut bewurzelte Pflanzen 10 St. 2,50 M, 25 St. 4 M, 50 St. 6 M, 100 St. 10 M, 1000 St. 95 M gegen Nachnahme. — Für Sortenechtheit Garantie. Mutterpflanzen direkt vom Züchter (Goeschke) bezogen. [1701

Otto Schnieber, Trebnitz i. Schl.

Erdbeerpflanzen

pikierte, kräftige Ware mit schöner Bewurzelung in Sorten Laxtons, Jucunda und Sieger, hat in grossen Massen abzugeben

Obstplantage u. Beerenobstkulturen Baumschule
Wilhelm de Joncheere
Cleve a. Niederrhein. [1554

200 Zentner Manschettenpapier,

nur schöne Farben, 76×50 cm grosse Bogen in **rosa, rot, gelb, creme, lila, maigrün, erika** etc., 25 Buch = 600 Bog. = 1 Postkolli nur ℳ 3,45, **Immortellen,** Bund 46 ₰, **Kapblumen,** 1 kg ℳ 5,25, **Statice,** 1 kg ℳ 1,50, **präpariertes Buchenlaub,** Postkolli ℳ 4, **Kreppapier,** 10 Rollen 50 ₰, **weisses Seidenpapier,** Buch 10 ₰, **Myrtenblüten** in Gold und Silber, Gros ℳ 1,—. [1557

Herm. Hesse,
Dresden, Scheffelstrasse 6—11.

Bevorstehende Ausstellungen.

August 1908.

Duisburg. Gartenkunstausstellung. 1. August bis 12. Oktober 1908.

St. Johann. Gartenbauausstellung vom 29. Aug. bis 14. Sept. im St. Johanner Volksgarten.

September 1908.

Bonn. Grosse landwirtschaftliche Ausstellung, Abteilung für Gartenbau, vom 19.—22. September.

Bremen. Handelspflanzen-Ausstellung der Vereinigung bremischer Handelsgärtner vom 18.—20. September im Parkgarten zu Bremen.

Dessau. Jubiläumsgartenbauausstellung des Vereins selbständiger Gärtner von Dessau und Umgegend, vom 18.—20. September.

Quedlinburg. Neuheitenausstellung der Deutschen Dahlien-Gesellschaft. 19.—21. September im Kaiserhof.

Schaffhausen. Sechste Gartenbauausstellung vom 11.—20. Sept. veranstaltet vom kant. Gartenbauverein.

Zwickau. Herbstpflanzenschau und Ausstellung aller gärtnerischen Erzeugnisse und Bedarfsartikel vom 6.—7. September.

Oktober 1908.

Bielefeld. Obstausstellung für Westfalen und Lippe. 13.—19. Oktober

Düsseldorf. Obstausstellung vom 28. bis 31. Oktober 1908 in der städt. Tonhalle, veranstaltet von der Landwirtschaftskammer für die Rheinprovinz.

Hildburghausen. Obst- und Gartenbauausstellung, sowie Saatgutausstellung vom 24.—25. Oktober.

Nürnberg. Bayerische Landesobstausstellung vom 10.—19. Oktober. Veranstaltet vom Landesverbande bayerischer Obstbauvereine.

April 1909.

Berlin. Grosse Internationale Gartenbauausstellung vom 2.—13. April in der Ausstellungshalle am Zoologischen Garten, veranstaltet vom Verein zur Beförderung des Gartenbaues in den Kgl. preuss. Staaten.

München. Jubiläumsblumenausstellung der Bayerischen Gartenbau-Gesellschaft vom 24. April bis 3. Mai.

Illustrierte Wochenschrift für den gesamten Gartenbau.

Jahrgang XII. 19. September 1908. No. 51.

Aus deutschen Gärten.

Park Schönfeld zu Kassel.

Von Stadtgarteninspektor J. Engeln, Kassel.

(Hierzu acht Abbildungen.)

Nicht viele deutsche Städte gibt es, die sich mit der herrlichen Umgebung Kassels messen können. Mag man hinausgehen zu welchem Tore man will, überall trifft man auf den Höhen prächtige Wälder und im Tale ausgedehnte alte Alleen. Da ist im Süden die Söhre, im Osten der Kaufunger Wald mit dem hessischen Bergriesen, dem Meißner, im Norden der Reinhardswald und im Westen der Habichtswald mit dem Kleinod „Wilhelmshöhe“. Durch das ausgedehnte Tal zieht die Fulda dahin, die sich im Süden durch die Söhre, im Norden durch die Wolfsanger Waldungen hindurchwindet.

Aber auch innerhalb der Stadtgrenze findet man ausgedehnte Parkanlagen. Im Osten das etwa 100 Morgen große Eichwäldchen, im Südosten die 600 Morgen große Anlage aus der Rokokozeit, die Aue genannt, im Norden das 70 Morgen große Stadtwäldchen, im Westen der Schloßpark Wilhelmshöhe und im Süden die letzte Errungenschaft der Stadt, der Park Schönfeld.

Der seit Jahrzehnten in Vergessenheit geratene und verwahrloste Park Schönfeld schließt sich unmittelbar an die Frankfurter Straße. Es ist daher ein unstreitbares Verdienst der städtischen Körperschaften, daß die Stadt das hübsche Anwesen vor kaum zwei Jahren kaufte, um es dauernd der Nachwelt zu erhalten. Der Park hat seinen Namen nach dem hessischen General von Schönfeld.

Gegen das Jahr 1780 erhielt der General von Schönfeld als Gnadengeschenk für seine hervorragenden Verdienste vom Landgrafen Friedrich II. von Hessen einen großen Garten. Er baute sich die beiden jetzt noch stehenden Flügel des Schlößchens, die später durch den Mittelbau verbunden wurden, und nannte die Besitzung nach seinem Namen „Schönfeld“.

Mehrere Jahre später ging die Anlage auf den Landgrafen Wilhelm IX., den späteren Kurfürsten Wilhelm I., über. Dieser überwies das Schlößchen dem Kasseler Tabaksfabrikanten Thorbecke, der es aber bald an den in Kassel ansässigen, aus Holland stammenden Major van der Hoop verkaufte. Dieser erwarb sich besondere Verdienste um die weitere Ausgestaltung der Anlage. Er bevorzugte die freie landschaftliche Auffassung, wie sie im englischen Gartenstil zum Ausdruck kommt. Der nächste Eigentümer war wiederum ein Holländer, der Baron de Schmeed, der zwar die Zahl der Gebäude vergrößerte, aber die Besitzung bald dem Bankier Brentano verkaufte. Mittlerweile waren aber die welterschütternden Ereignisse von 1809 vor sich gegangen; das Kurfürstentum Hessen hatte über Nacht aufgehört zu bestehen und König

Blick vom Schlößchen über den unteren Teich nach der Söhre.
Originalaufnahme für die „Gartenwelt“.

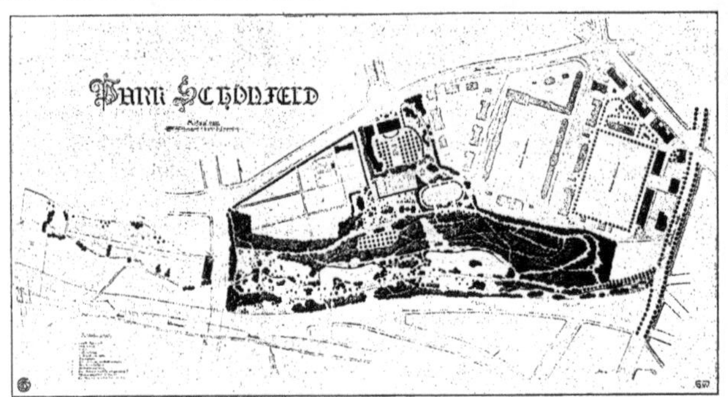

Entwurf zum Park „Schönfeld" in Kassel. (Grundplan.) Von Garteninspektor J. Engeln.
Originalaufnahme für die „Gartenwelt".

„Lustik" regierte in Kassel. Jetzt sollten auch für das stille, einsame Schlößchen „Schönfeld" Tage des höchsten Glanzes und rauschender Feste kommen, da König Jérôme es erwarb, dem die weltentlegene Einsamkeit des Schlößchens gerade passend erschien, um hier seinen besonderen Vergnügungen nachzugehen. Von manch' lauschigem Schäferstündchen könnten Schönfelds Räume und Laubengänge erzählen! Dann wieder gab es Tage, an denen der Park von lebhaftem und höfischem Treiben widerhallte. Jérôme hielt kostspielige Gartenfeste ab, um seine geheimen Sorgen für den Fortbestand

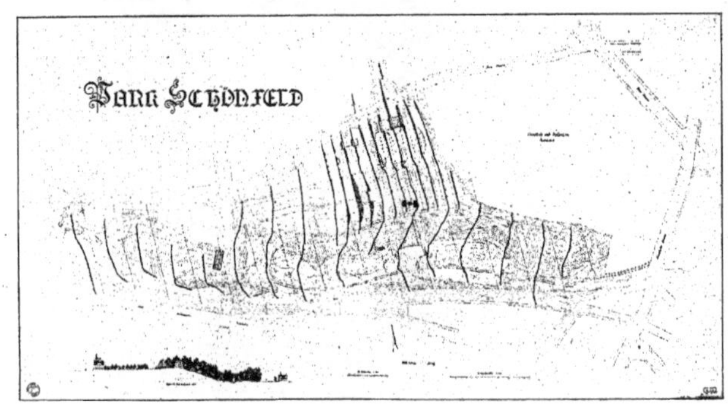

Entwurf zum Park „Schönfeld" in Kassel. (Höhenplan.) Originalaufnahme für die „Gartenwelt".

seines Reiches zu betäuben. Durch ein außergewöhnlich prächtiges Gartenfest mit glänzenden Illuminationen wurde z. B. der 22. August 1812, der Jahrestag der Vermählung des Königspaares, in Schönfeld begangen. Seine Kosten sollen sich auf 10 000 Thaler belaufen haben.

Selbstverständlich konnte dem prachtliebenden König der Park in seinem alten Zustande nicht genügen, er hatte ihn

Blick über den oberen Teich auf den alten Bärenzwinger (links im Hintergrunde).
Originalaufnahme für die „Gartenwelt".

vielmehr durch den Ankauf angrenzender Ländereien erweitern und nach einem einheitlichen Plane durch Hofgärtner Sennholz umgestalten lassen.

Im Oktober 1813 hatte die westfälische Herrlichkeit ihr Ende erreicht und für Schönfeld kamen stille Zeiten. 1821 schenkte es Kurfürst Wilhelm II. von Hessen seiner Gemahlin Auguste als Aufenthaltsort für die Sommermonate und nannte das Schloß nach ihr „Augustenruhe".

Nach dem Tode der Kurfürstin gelangte die Besitzung an die Herzogin von Sachsen-Meiningen und später an das hessische Kurfürstenhaus zurück, in dessen Besitz sie nunmehr verblieb.

Die schönste Zeit für Schönfeld in gärtnerischer Beziehung fiel in die Jahre 1854 bis 1864, wo Franz Vetter, der spätere preußische Hofgartendirektor, Hofgärtner auf Schönfeld war. Ihm ist es zu danken, daß damals die Besitzung wieder instand gesetzt und auch in späteren Jahren sorgsam gepflegt wurde.

Nach Vetters Zeiten ging es wieder bergab und auch die Einrichtung in einen zoologischen Garten brachte keine Besserung. Einige leerstehende Käfige erinnern noch an die Zwecke, denen der Park damals dienen mußte. Bald lag Schönfeld wieder einsam und verlassen da.

Jetzt hat die Stadt Kassel den Park Schönfeld angekauft und mich vor die Aufgabe gestellt, einen den Bedürfnissen der Neuzeit entsprechenden Volkspark aus demselben herzurichten. Mit dem Park sollen gleichzeitig die neuen Schießstände für den Kasseler Schützenverein verbunden werden. Die Stadt hat zu diesem Zwecke eine über 300 Meter lange, etwa 17 preußische Morgen große Wiesenniederung im Westen des Parkes angekauft.

Nachdem meine Entwürfe (Abbildungen gegenüberstehend) gut geheißen waren, konnte Mitte Juni 1907 mit den Arbeiten begonnen werden. Es war ein schwerer Anfang, um den verwahrlosten Park mit seinen schlammigen Teichen wieder in schöne Landschaftsbilder umzugestalten, und so mancher Arbeiter hat der unangenehmen Arbeit den Rücken gekehrt. Nachdem aber die erste Krisis überstanden und sich Bild auf Bild aneinanderreihte, wurde das Verständnis bei Publikum und allen Mitarbeitern wach, und heute ist es eine Lust, den Arbeiten zu folgen.

Das Gelände ist sehr bewegt. Es fällt von Norden nach Süden, wie aus dem Höhenplan ersichtlich ist, über 30 Meter steil ab. Hierdurch ist es leicht möglich, von der oberen Fläche Fernblicke in die nahen Berge und ins Fuldatal über die Waldpartie des Parkes hinweg zu eröffnen.

Die Hauptausdehnung des mit der Kulturfläche und dem Gelände für die Schießstände etwa 100 Morgen großen Parkes erstreckt sich von Osten nach Westen. Da auch hier die Terrainunterschiede nicht unbedeutend sind, so war es möglich, den Zuflußgraben und die Teichentwässerungen zu malerischen Wasserfällen umzubauen (Abb. unten und S. 604). Der Wald besteht in der Hauptsache aus Eichen und Rotbuchen, aber es finden sich auch eine große Anzahl von Kastanien, Ahorn, Birken, Pappeln, letztere von über 5 Meter Stammumfang, und an den Teichpartien Trauerweiden und Eschen. Den ganzen Wald durchzieht ein lieblicher Waldblumenteppich. Die Axt

Wasserfall am Bärenzwinger. Originalaufnahme für die „Gartenwelt".

hat, allerdings unter Schonung der besseren Bäume, ein tüchtiges Stück Arbeit leisten müssen.

Zum Park führen zwei Haupteingänge. Der erste von der Frankfurterstraße (Osten), der zweite von der Schönfelder Allee bezw. Bosestraße (Norden). Von der Frankfurterstraße führt ein 5 Meter breiter Fahrweg, neben welchem ein erhöhter Randsteinfußweg bis zu dem ersten unteren Teiche angelegt ist. Von hier teilt sich der Fußweg nach verschiedenen Richtungen, um bald in das Dickicht der herrlichen Baumriesen zu führen, bald über Naturholzbrücken die ruhige, klare Wasser- und Wiesenfläche oder die Wasserfälle zu zeigen. Soweit es möglich war, sind auch Sitzplätze mit Bänken eingebaut, die zum stillen Beschauen der Parkpartien (Abb. S. 606) oder zu einer Fernsicht in die Umgebung einladen. Der Fahrweg selbst zieht sich von Osten nach Westen an den Teichen entlang, neigt sich dann nach Norden, um auf die Höhe des Schlößchens und den Restaurationsgarten zu führen. Hier kann man entweder nach der Schönfelder Allee oder nach Osten an der Durchsicht ins Fuldatal vorbei (Abbildung Titelseite), die Serpentine herunter, wieder nach der Frankfurterstraße den Park verlassen.

Der untere Teil und die Teichpartien sind nahezu fertiggestellt, zum Teil sind auch die Wege auf halber Höhe befestigt. Später wird reichlich für Spielgelegenheit gesorgt werden.

Durch Eröffnung einer Restauration, vorläufig im alten Schlößchen, ist für das leibliche Wohl der Besucher reichlich Sorge getragen. Mit besonderer Vorliebe halten jetzt die Vereine der Stadt Kassel ihre Festlichkeiten auf der Höhe des Parkes ab.

Wasserfall (Entwässerung des oberen Teiches).
Originalaufnahme für die „Gartenwelt".

So ist denn Kassel um eine Errungenschaft reicher, Schönfelds längst verblichene Erinnerungen werden wieder lebendig, und unter den alten Bäumen beginnt wieder das alte, fröhliche und lustige Treiben wie einst auf den höfischen Festen zu den Zeiten des Königs „Lustik".

Topfpflanzen.

Gazania splendens. Beim Durchblättern eines meiner Tagebücher aus weit zurückliegender Zeit stieß ich auf manche alte Pflanze, die man jetzt nur noch in botanischen Sammlungen findet. Eine solche Pflanze ist die *Gazania splendens*, ein Korbblütler. Sie ist, wie die übrigen Arten ihrer Gattung, ein in Südafrika heimisches, staudenartiges Gewächs, und unter den verschiedenen Arten ihrer Gattung die empfehlenswerteste zur Gartenkultur. Die Gazanien sind Kalthauspflanzen, die sich am besten bei einer Durchschnittstemperatur von 4 bis 6 ° C überwintern lassen. Sobald sich im Frühjahre der neue Trieb regt, wird das Verpflanzen ausgeführt. Man gibt eine mit Sand vermischte, fette Mistbeeterde und sorgt für guten Wasserabzug in den Töpfen. Die Vermehrung erfolgt leicht durch Stecklinge im Frühling und Sommer, die sicher wurzeln, bald einzeln in Töpfe gepflanzt werden können und keine besondere Behandlung erfordern.

Gazania splendens ist eine Gartenform von *G. rigens*; die Blüten sind bei ihr größer als bei der Stammart, sie haben bei guter Kultur einen Durchmesser von 10 bis 12 cm. Die Strahlenblüten sind feurig orangerot, am Grunde schwarzbraun, die Blütenscheibe ist orangefarbig. Diese Gazanie gehört zu den dankbarsten Blütenpflanzen, da sie ihren Flor unermüdlich bis in den tiefen Herbst hinein entfaltet. In Töpfen gezogen, sind die Gazanien hübsche Balkon- und Fensterblumen, ausgepflanzt vorzügliche Einfassungspflanzen für Gruppen und Rabatten, auch zur Ausschmückung von Felspartien, selbst zur Bepflanzung von Balkonkästen, Ampeln und Vasen sind sie geeignet. Dabei sind diese Pflanzen so anspruchslos, daß sie auch noch in etwas beschatteten Lagen dankbar blühen, sich auch gegen große Trockenheit widerstandsfähig erweisen. Voller Sonne ausgesetzten Standorten ist der Vorzug zu geben, da sich die Blüten nur in der Sonne öffnen.

Rich. Melchior, Pillnitz.

Landschaftsgärtnerei.

Vortrag über die Gartenkunst und ihre neuzeitlichen Bestrebungen.

Von **Carl Hampel**, städt. Gartendirektor in Leipzig.

Gehalten auf der diesjährigen Hauptversammlung des Vereins deutscher Gartenkünstler in Leipzig.

Werfen wir einen Blick zurück auf die Zeit, da die heutige Bewegung in der Gartenkunst einsetzte, und fragen wir nach den Gründen, die sie veranlaßte, so begegnen wir der Ansicht, daß die Gartenkunst um 100 Jahre in ihrem Wirken zurück sei; sie sei veraltet und deshalb ein energisches Einschreiten zu ihrer Aufbesserung notwendig, um sie aus ihrer Rückständigkeit zu erlösen. So wollen es die einen, die anderen dagegen meinen: die Gartenkunst sei mit ihren Werken der heutigen Zeit weit voraus. Dazwischen stehen diejenigen, die für eine Weiterentwickelung auf ruhiger Bahn sind.

Um 100 Jahre soll die Gartenkunst zurück sein! Wie ist das nur möglich! Hat doch die Gartenkunst in Deutschland erst seit den zwanziger Jahren des letzten Jahrhunderts sich überhaupt zu einer eignen Kunst durchgerungen, denn alles das, was Deutschland vordem an Gärten hatte, waren nur Nachahmungen fremder Gärten. Aber sie soll auch veraltet sein! Da muß man doch fragen: kann eine Kunst überhaupt veralten? Eine Frage, die doch gewiß nur mit einem „Nein" zu beantworten ist, denn wäre es anders, stände es um die Kunst im allgemeinen schlecht, und die hinter uns liegenden Kunstepochen hätten alle Bedeutung für die Jetztzeit verloren.

Wir sehen auf allen Kunstgebieten, vornehmlich in der Baukunst, der Bildhauerkunst und der Malkunst — besonders in der ersteren und letzteren — Bestrebungen, die darauf gerichtet waren, und es noch sind, diese Künste in andere Bahnen zu lenken, d. h. sie unseren heutigen Verhältnissen und Anschauungen mehr anzupassen, also Werke zu schaffen, die das heutige Empfinden, den heutigen Geist im Volke verkörpern sollen. Niemals aber hörte man hierbei von einer veralteten Kunst reden, die deshalb eine Aenderung erfordere, vielmehr davon, daß unsere Zeit andere Aufgaben zu erfüllen habe, Aufgaben, die unserem heutigen Fühlen und Denken gerecht werden. Wie schwierig ein solches Beginnen aber ist, allein auf dem Wege des Suchens und Tastens dahin zu gelangen, das haben diese Künste wohl selber zur Genüge empfunden. Wie weit und ob überhaupt diese Bemühungen, den gehegten Hoffnungen und Erwartungen entsprechend, in Erfüllung gegangen sind, das zu untersuchen soll hier nicht unsere Aufgabe sein. Es soll mit dieser Anziehung nur der Gegensatz gezeigt werden, der zwischen der Auffassung dieser Künste zu den Aufgaben der Gegenwart, gegenüber der Auffassung der Gartenkunst zu den ihrigen liegt.

Während also alle anderen Künste mit ihrem Suchen dem heutigen Zeitgeist sich anzupassen bemühen und darin das Richtige treffen möchten, glaubt die Gartenkunst auf eine weit zurückliegende Zeit zurückgreifen und deren Anschauungen im Garten der Jetztzeit aufdrängen und ihm anpassen zu sollen, wie sich dies in dem sogen. Biedermeierstil zu erkennen gibt. Sie müssen, wie es so schön heißt, hier anknüpfen, weil die damalige Zeit den Garten hier verlassen habe und dadurch in falsche Bahnen geraten sei. Daß es zu der Zeit noch keinen eigenen deutschen Garten gab, kümmert die Neuerer nicht. Der Garten soll sich also nicht dem Volksempfinden anpassen, es soll vielmehr mit diesem Garten der Neuerer dem Volke etwas aufgezwungen werden, wozu ihm das Empfinden fehlt. Es soll an die Stelle des bisherigen, dem Volke geistesverwandten Garten, einfach etwas anderes treten.

Um eine Kunst, also auch die Gartenkunst, recht verstehen zu können, müssen wir ihre Geschichte, ihre Entwickelung und den Geist, aus dem sie geboren worden ist, kennen, nur dann vermögen wir ein ungetrübtes und befähigtes Urteil darüber zu gewinnen. Damit erst werden wir in den Stand gesetzt, Arbeiten zu schaffen, die gefallen, Gärten, die von jedermann gern besucht werden.

Die Gartenkunst zeigt uns drei große Gruppen von Gärten mit sehr charakteristischen Unterschieden. Es sind dies:

1. der orientalische, der römische und italienische und der französische Garten;
2. der japanische und der holländische Garten;
3. der chinesische und der englische Garten, denen sich später der deutsche und amerikanische Garten zugesellten.

Uns interessieren von diesen Gärten am meisten die der Gruppen 1 und 3. Die orientalischen Gärten, wie wir solche zu verstehen haben, gehören längst nur noch der Geschichte an, ebenso der römische Garten, während der italienische und der französische Garten uns noch als Denkmäler hochentwickelter Gartenkunst erhalten sind. Der orientalische Garten interessiert uns deswegen lebhaft, weil er dem alten Römer für seinen Garten die Grundlage gab. Bald jedoch sahen wir den Römer seine eigenen Wege wandeln und sich einen Garten schaffen, der uns noch heute unter dem Namen der italienische bekannt ist. Und wie der alte Römer im orientalischen Garten die Anregungen für den eigenen fand, so der Franzose im italienischen, den er denn auch zunächst nachahmte. Dieser Garten aber konnte dem Franzosen, seinem ganzen Empfinden nach, nicht genügen.

So war es denn Lenôtre, der, nachdem er Italien bereist, den italienischen Garten an Ort und Stelle studiert hatte, sich klar wurde, wie ein Garten beschaffen sein müsse, der dem französischen Volke gefalle, das heißt französischen Geist atme. Und so schuf er denn, zurückgekehrt nach Frankreich, den uns allen bekannten großartigen Garten zu Versailles. Obgleich beide Gärten, also der italienische und der französische, regelmäßig sind, sind sie ihrer Einrichtung und Auffassung nach doch grundverschieden von einander. Während im italienischen Garten die Lust am Garten selber es ist, die uns darin begegnet, gibt der französische Garten nur den Rahmen her für eine gefall- und genußsüchtige Gesellschaft, die sich darin amüsieren und ausleben wollte. Dieser Rahmen aber legt andererseits Zeugnis ab von einer außerordentlich künstlerischen Bedeutung, bis in alle kleinsten Teile des Gartens. Der japanische und der holländische Garten sind sich treu geblieben in ihrer Einrichtung und das seit ihrer Entstehung bis auf den heutigen Tag — mit all ihren kleinlichen und zierlichen Abmessungen; nichts von Größe zeigen diese Gärten. Es spricht sich darin ein Abgeschlossensein aus, wie wir es ähnlich in keinem anderen Garten je gefunden haben. Die gelegentlichen Nachbildungen im japanischen Garten sind ohne Bedeutung und fast immer ohne Naturwahrheit. Der japanische Garten hat nie einem Volke als Vorbild bei der Anlage und Schaffung seines eigenen Gartens gedient; dasselbe gilt vom holländischen Garten. Der letztere hat im französischen sein Vorbild gefunden und ist hier und da nachgebildet worden.

Ganz anders der chinesische Garten! Er hat sein Vorbild in den Naturschöpfungen, die er in der besten Weise nachzuahmen und im einzelnen zu erhöhter künstlerischer Wirkung zu bringen verstanden hat. Hieran hat sich bis auf den heutigen Tag nichts geändert. Und demnach sind alle Beschreibungen, die man darüber liest, voll des Lobes über die Wirkung, die der Besuch eines solchen Gartens auf den Beschauer hervorzubringen vermag. Nicht ganz so selbständig ist der englische Garten entstanden. Ihm fehlt auch der Bilder-, also Szenenreichtum des chinesischen Gartens, aber dennoch hat er seine Anregung in diesem gefunden. Es ist dem Engländer dabei wie dem Franzosen ergangen; nachdem er eine kurze Zeit in der Nachahmung fremder Gärten, besonders des französischen, sich gefallen hatte, dann aber den chinesischen Garten mit der darin enthaltenen freien Natur kennen lernte, warf er alles Erkünstelte und Fremde über Bord und schuf sich seinen eigenen Garten, den es noch heute besitzt und den wir in Deutschland unter dem Namen „englischer Garten" kennen. Mit dieser Bezeichnung hören wir in Deutschland auch gewöhnlich unseren eigenen Garten nennen, was grundfalsch ist, da beide wesentlich von einander verschieden sind, wie allen wohl bekannt sein dürfte. In den Vorbildern und Grundanschauungen über die Gestaltung des englischen Gartens, wie sie sich in den Schriften und Werken Reptons spiegelt, liegt auch heute noch die Grundlage für alle Gärten, die England sich schafft.

Was aber finden wir zu diesen Zeiten in Deutschland? Nachahmungen im italienischen, auch einige im holländischen Stil. Besonders aber wurde Deutschland vom französischen Garten beherrscht, und das noch bis in den Anfang des vergangenen Jahrhunderts hinein. Alle Nachahmungen danach blieben indessen hinter ihrem Vorbilde zurück, kamen zum Teil auch nicht zu voller Ausführung, wegen der hohen Mittel, die Anlage und Unterhaltung forderten. Durch die Bewegung in England aufmerksam gemacht, fand auch dieser Garten bereitwilligen Eingang bei uns, zunächst bei der Umwandlung bestehender regelmäßiger Gärten, wodurch nicht selten die sonderbarsten Gebilde entstanden. Die großen amerikanischen Parks geben treffliche Beispiele natürlicher Anlagen. In ihnen finden wir — gleich den chinesischen —, was die Natur bietet in bester Weise und Form ausgebaut, so daß diese Anlagen als Teile wirklicher Natur erscheinen.

Verbindungsgraben zwischen dem oberen und dem unteren Teiche.
Originalaufnahme für die „Gartenwelt".

Was lehren uns nun alle diese Gärten und welche Nutzanwendung ergibt sich für unseren Garten daraus?

Die Gärten weisen auf eine große Beständigkeit hin, wie z. B. der japanische und holländische Garten, ebenso auch der chinesische Garten; auch ein großes künstlerisches Wollen und Können drückt sich da aus, wie wir dies z. B. im römisch-italienischen und französischen Garten, aber auch im chinesischen und in den amerikanischen Gärten finden. Mit dem Lustgarten verbindet sich das Nützliche im italienischen Garten und das gibt diesem Garten eine gewisse innere Uebereinstimmung mit unserem Empfinden. Diesem gegenüber ist der orientalische Garten in der Hauptsache Nützlichkeitsgarten gewesen, während der französische ganz Lustgarten war und nur dem Vergnügen diente. Der letztere mußte deshalb auch mit den Trägern jener Epoche zusammenfallen. Dabei hat es wohl kaum einen Garten gegeben, der sich einer breiteren Nachbildung rühmen kann, wie gerade dieser. Es hat aber auch kein Garten einen so offenkundigen und klaren Nachweis geführt, wie eng ein Garten mit dem Volke verbunden ist und, soll er diesem gefallen, auch aus der Volksseele heraus, aus dem Volksempfinden geboren sein muß. Und da dieses Verständnis für den französischen Garten in Deutschland fehlte und man ihn ohne Prüfung nachahmte, mußten auch alle Nachbildungen gegen das Urbild zurückbleiben, weil eben das deutsche Volk nicht das französische, besonders das zur Zeit Ludwigs XIV. war.

Der chinesische Garten lehrt uns noch besonders, daß man sehr wohl die freie Natur zum Vorbilde nehmen kann und — will man natürlich arbeiten — auch muß. Das Gleiche sehen wir in den amerikanischen Parks, deren sonstige Einrichtungen sich eng den amerikanischen Bedürfnissen anpassen. Demgegenüber wollen die heutigen Bestrebungen glauben machen, daß dies nicht richtig sei, zeigen aber damit nur, wie Unrecht sie haben und wie wenig sie sich in die Sache der Gartenkunst und ihr Wirken hineinzuleben verstehen. Ein treffendes und gutes Beispiel für die Nachahmung der Natur liefert uns der Wasserfall im Vikteriapark zu Berlin, der dem Hackerfall in Schlesien nachgebildet ist. Also, wohin wir unsern Blick auch richten mögen, überall wird uns mit zwingender Notwendigkeit nachgewiesen, daß die Gärten stets aus den Bedürfnissen der betreffenden Völker heraus entstanden sind.

Ein interessantes Bild ist es, das sich da vor unseren Augen aufrollt, aber auch mit der Mahnung an uns zum eingehenden Studium herantritt, das nötig ist, wollen wir die Gartenkunst recht verstehen und ausüben. Wie notwendig dieses Studium ist, lehrt uns ja auch unser eigener Garten. Wohl noch nie hat sich in einer Kunst soviel Unempfinden mit den natürlichen Erfordernissen derselben gezeigt, als das im deutschen Garten zurzeit der Fall ist. Wäre es anders, hätte hier niemals eine Bewegung einsetzen können, die bei ihren Ausführungen einfach auf frühere Zeiten zurückgreift und in der Kopie dieser, wie überhaupt in der Kopie ihr Heil und ihre Hilfe für unsere Zeit sucht.

Vergessen ist, wie Fürst Pückler, Muskau, der ähnlich Lenôtre sich zunächst im Auslande umsah, England, Frankreich, Italien und den Orient bereiste, dort Studien machte, und zurückgekehrt ans Werk ging, um in den Parks zu Muskau und Branitz uns Vorbilder zu geben, mit denen er dem deutschen Volke seinen eignen Garten schuf und zeigte, wie er beschaffen sein müsse, um unserem Empfinden

Blick über den unteren Teich vom Einfahrtswege aus.
Originalaufnahme für die „Gartenwelt".

voll zu entsprechen. So sind diese Gärten Werke echt deutscher Gartenkunst geworden, die noch heute unverändert ihre einstige Anziehungskraft besitzen. Dieser Garten nun hat sich beständig und beharrlich weiter entwickelt. Damit ist es denn noch kein Jahrhundert her, daß Deutschland endlich diesen, seinen eigenen Garten bekam, und schon soll er veraltet, rückständig sein und was der Dinge mehr sind.

Den Ländern, die lange vor Deutschland ihre eigenen Gärten besessen haben und sie noch heute in unveränderter Form besitzen, sind die neuen Bestrebungen recht, sie für Deutschlands Garten als Vorbild und zur Nachahmung hinzustellen. Als ein solches Vorbild wird besonders auf den englischen Garten hingewiesen. Ein trauriges Zeichen für Deutschland! und ein Beweis dafür, daß es in Deutschland noch möglich ist, das eigene Wertvolle nicht zu erkennen und zu würdigen, dafür aber das Fremde ohne weiteres vorzuziehen. Das aber nachzumachen haben wir nicht nötig, wir sollten mit Eifer bemüht sein, diese Strömung zu verhindern. Nur Umschau halten im lieben deutschen Vaterlande, die Volksseele, das Volksempfinden, den Volkscharakter studieren, dann haben wir, was wir zum deutschen Garten und seiner Fortentwickelung gebrauchen; alles Abweichen davon wird uns zum Uebel in der Gartenkunst. Leider müssen wir sehen, daß, angesteckt durch die Bestrebungen auf anderen Kunstgebieten, Gartenkünstler mit den Allkünstlern sich zusammenfanden, um nicht nur die Rückständigkeit im deutschen Garten, sondern auch sein Veraltetsein zu finden. Hierdurch suchen sie nach Hilfe, mit welcher die sog. Mängel beseitigt und der Garten zu neuem Leben erweckt werden könnte.

Die Rückständigkeit und das Veraltetsein möchten sie damit begründen, daß jetzt ein Garten wie der andere aussehe, daher nur Schablonenhaftigkeit darin herrsche. Die Errungenschaften in der Gehölzkunde sollen nicht Beachtung genug gefunden haben, daher die Gärten arm an Gehölzen sind. Die Einfriedigungen werden aus Eisen hergestellt, das nicht zum Garten paßt, und was der Dinge mehr sind.

Die Mittel und Wege, mit denen sie diesen Mängeln abhelfen und wieder einen sogen. ordentlichen Garten schaffen wollen, sind: Die kleinen Gärten dürfen nur regelmäßig eingerichtet werden, ebenso ist der Regelmäßigkeit auch in den größten Parks der Vorzug zu geben, unbekümmert um Terrainformationen; die Unregelmäßigkeit darin ist möglichst zu beseitigen. Die Anwendung von verschiedenartigen Gehölzen, die nach diesen Künstlern so sehr vernachlässigt sein soll, muß gefördert werden. Möglichst viel Heckenwerk ist zu verwenden. Die Gehölze sind in alle möglichen und unmöglichen Formen zu bringen. Einfriedigungen sollen nur noch aus Holz oder Mauerwerk, oder beides miteinander verbunden, hergestellt werden. Architektonische Bänke nach alten Vorbildern, Laubengänge aus rechteckig behauenen Kreuzhölzern u. dergl. m. sollen diesen Gärten eine Bereicherung geben. Ferner sind noch Farbengärten und Szenenbildungen anzustreben. Dazu werden als Vorbilder empfohlen die Gärten auf den letzten Ausstellungen, Literatur in Wort und Bild, das Ergebnis von Ausschreibungen, die englischen Gärten.

Wer als Laie über all diese Dinge liest oder davon hört, der muß in der Tat zu der Ansicht kommen, daß es um unsere deutsche Gartenkunst arg bestellt ist und Abhilfe daher dringend notwendig sei. Wer dagegen sich die Mühe gibt, mit Verständnis sich die Dinge anzusehen und dabei versucht, in die Gartenkunst tiefer einzudringen, wird all diesen vermeintlichen Uebeln und Forderungen gegenüber nur ein Kopfschütteln und eine gründliche Abwehr haben. Sind die Forderungen doch geeignet, dem Deutschen seinen Garten zu verleiden. Um das zu verhüten, ist es Pflicht des ausübenden Gartenkünstlers, diesen Bestrebungen entgegenzutreten; sie sind auf ein vernünftiges Maß einzudämmen. Sehr sonderbar mutet es an, zu sehen, daß diese sogenannte neue Richtung zu ihren eigenen Ideen kein rechtes künstlerisches Selbstvertrauen hat, was sich offenbart in dem Ausdruck „Gartengestaltung“, ein Wort, das zu nichts verpflichtet, weil eben alles darunter verstanden werden und sich verbergen kann.

Keiner der anderen Künste würde es einfallen ein Gleiches zu tun, also etwa für Baukunst — Baugestaltung, für Bildhauerkunst — Bildhauergestaltung, für Malkunst — Malgestaltung usw. zu setzen. Die Ausübenden sind sich ihrer Kunst bewußt und werden die Bezeichnung dafür niemals aufgeben.

Angesichts solcher Vorbilder muß man sich fragen: weshalb tut es die Gartenkunst? Wieviel Kunstsinn und Verständnis erfordert nicht das angefangene, aber erst spät sich vollendende Bild. Hierin liegt eine Schwierigkeit, mit der keine der anderen Künste zu rechnen hat. Sie alle stellen sofort ein fertiges Kunstwerk hin, darin liegt ein nicht zu unterschätzender Vorteil. Die Gartenkunst dagegen muß an ihren Werken unablässig feilen uud arbeiten, bis sie nach jahrzehntelanger, mühevoller Arbeit endlich fertig sind. Und da scheut man sich, für solche Werke den rechten Namen zu gebrauchen!

(Schluß folgt.)

Myosotis Ruth Fischer. Myosotis Liebesstern.

In der Handelsgärtnerei von Hoflieferant Julius Fischer, Stuttgart, vom Verfasser für die „Gartenwelt“ photogr. aufgen.

Neue Pflanzen.

Myosotis Ruth Fischer.

Von Obergärtner Curt Reiter, Feuerbach.

(Hierzu die Farbentafel und eine Abbildung.)

Unser bestes Topfvergißmeinnicht war bis jetzt *Myosotis Liebesstern*. In Frühzeitigkeit und Reichblütigkeit, bei gedrungenem, geschlossenem Wuchse, wurde es für diese Zwecke von keiner anderen Sorte übertroffen, und wo überall Vergißmeinnicht verlangt werden, hatte diese Sorte dieselbe Bedeutung für Topfverkauf und Jardinierenbepflanzung, wie *Myosotis oblongata* für den Blumenschnitt. In der Gärtnerei von Julius Fischer, Hoflieferant, Stuttgart, ist nun aus dieser *Myosotis Liebesstern* eine hochwertige Neuheit entstanden, die eine ganz bedeutende Verbesserung der alten Sorte darstellt. *Myosotis Ruth Fischer*, so heißt diese Neuheit, besitzt denselben Bau und dieselben guten Eigenschaften wie *Liebesstern*, ist jedoch in allen Teilen robuster und größer. Besonders die prächtig himmelblauen Blumen sind von unerreichter Größe und Schönheit. Die Einzelblume hat gewöhnlich etwa 1 cm Durchmesser, eine Größe, wie man sie unter den großblumigen *Myosotis* nicht wieder findet. Die beigegebene Tafel und Abbildung zeigen besser wie jede Beschreibung den Unterschied zwischen *Ruth Fischer* und *Liebesstern*.

Myosotis Ruth Fischer kommt sehr treu aus Samen (90 %), und halte ich die Aussaat für die beste Vermehrungsart. Bei den aus Stecklingen gezogenen Pflanzen haben die Blätter sowohl von *Liebesstern*, als auch von *Ruth Fischer* die Eigenschaft, sich in den heißen Sommermonaten zu rollen, bis das Wachstum in den kühleren August- und Septembermonaten wieder kräftiger einsetzt. Alles in allem genommen, ist *Myosotis Ruth Fischer* eine äußerst wertvolle Neuheit, die bald für alle Zwecke, als Topfpflanze sowohl wie auch zur Gartenausschmückung verlangt werden wird; besonders da sie auch ebenso widerstandsfähig gegen hohe Kältegrade ist, als die alte *Myosotis Liebesstern*, die bei mir im vorigen Winter über — 20 °C ohne jede Deckung gut überstanden hat. In der Gärtnerei des Herrn J. Fischer sah ich *Myosotis Ruth Fischer*, die nur durch eine ganz leichte Reisigdecke gegen starken Frost geschützt waren, aber vorzüglich durch den Winter gekommen sind. Für den hohen Wert dieser Neuheit spricht auch besonders der Umstand, daß *Myosotis Ruth Fischer* auf allen beschickten Ausstellungen mit den höchsten Preisen ausgezeichnet wurde; so 1907 in Dresden mit dem I. Preise, in Mannheim mit einem Ehrenpreise. In Berlin erhielt *M. Ruth Fischer* die große silberne Medaille des Vereins zur Beförderung des Gartenbaues in den Königl. Preuß. Staaten, auf der Internationalen Ausstellung in Gent die silberne Medaille, auch wurde dieser Neuheit das Wertzeugnis des Verbandes der Handelsgärtner Deutschlands erteilt.

Gärtnerische Reiseskizzen.

Die diesjährige Studienreise der Deutschen Dendrologischen Gesellschaft.

Vom Herausgeber.

VIII. Freiburg i. Br., Badenweiler.

Von Bollweiler wurde am späten Abend die Rückfahrt nach Colmar angetreten, von dort aus am kommenden Vormittag bei strömendem Regen die Weiterfahrt nach Freiburg i. Br., wo uns am Bahnhofe der städtische Garteninspektor Schmöger und Garteninspektor Eibel vom Botanischen Garten erwarteten. Die erste Besichtigung galt dem neuen Friedhofe, dessen monumentale Kapelle mit prächtigen Koniferen umpflanzt ist. Vor dem Hauptportale der Kapelle liegt eine wohlgepflegte Blumenanlage, deren Hauptschmuck vollblühende Hochstämme der *Hydrangea paniculata grandiflora* (Abb. S. 594 der No. 50) bilden. Der noch nicht belegte, mit Teichpartie geschmückte Teil ist landschaftlich gehalten. Die Grabstätten weisen manche vorbildlichen monumentalen Denkmäler auf, sind aber leider in den meisten Fällen ohne alles gärtnerische Verständnis bepflanzt. Von hier aus ging es durch einen zweiten, alten Friedhof mit altertümlicher Kapelle, in deren Vorhalle auf mit Versen versehenen Wandbildern das Erdenwallen des Menschen dargestellt ist, und durch die Stadtgärtnerei, deren prächtige Chrysanthemumkulturen im Vorübergehen auffielen, zum nebenan liegenden Botanischen Garten, dessen recht interessantes Arboretum die eingehende Besichtigung lohnte.

Der Park der Villa Wohlgemuth, der dann besichtigt wurde, ist eine etwa 6 badische Morgen große, am Fuße einer kleinen Anhöhe gelegene Anlage, die, vom Standpunkte des Landschaftsgärtners aus betrachtet, als durchaus verfehlt bezeichnet werden muß. Durch die vorwiegende Anpflanzung von Koniferen trägt sie einen düsteren Charakter. Man glaubt einen Friedhof zu betreten, bis sich nach einigen Schritten ein schöner Ausblick auf die hoch gelegene Villa eröffnet. Es ist dies aber die einzige Perspektive, die der Park bietet. Beim Weiterschreiten folgt eine Koniferengruppe auf die andere, so daß sich dem Auge stets nur ein eng begrenztes Bild eröffnet. Aus diesem Grunde sind auch photographische Aufnahmen unmöglich gewesen. Nur an einer Stelle konnte ich einen prächtigen, mit der seltenen *Hydrangea scandens* bewachsenen Catalpastamm auf die Platte bringen (Abbildung Seite 595 der No. 50). Die durchweg 20- bis 30jährigen Koniferen dieser Anlage sind ohne Ausnahme Schaustücke allerersten Ranges, wie man sie schöner wohl schwerlich an anderer Stelle auf deutschem Boden findet. Von diesem Gesichtspunkte aus betrachtet, ist der Wohlgemuthsche Park als Naturdenkmal anzusehen, und jeder Pflanzenfreund wird es deshalb bedauern, daß seine Tage gezählt sind. Das Grundstück ist zu 6 Mark pro Quadratfuß, insgesamt für 1 Million Mark verkauft worden, um der Bauspekulation zum Opfer zu fallen. War es wirklich der Stadt Freiburg nicht möglich, dies Kleinod zu retten und nach entsprechender Umgestaltung unter möglichster Schonung der vorhandenen Schaupflanzen der Bevölkerung als öffentliche Anlage zugänglich zu machen? Von Prachtkoniferen dieser Anlage seien genannt: *Cedrus atlantica glauca, Biota orientalis aurea* und *B. o. lutea, Chamaecyparis nutkaënsis, obtusa glauca, pisifera filifera, Picea sitchensis, speciosa, nigra pendula, excelsa nana aurea, excelsa vinimalis, Pinus Parryana, Laricio monspeliensis, Cryptomeria japonica, Sciadopitys verticillata,* verschiedene *Thuya* u. a.

In raschem Tempo wurde noch der Stadtgarten aufgesucht und durcheilt. Es handelt sich hier ebenso wie beim Stadtgarten im nahen Karlsruhe um eine vollständig eingefriedigte Anlage mit Restaurationsbetrieb, Musikpavillon und bescheidenem Tierbestand, die nur gegen ein Eintrittsgeld von 20 Pfennigen zugänglich ist. Der Park enthält ausgedehnte Blumenanlagen, ein hübsches Rosarium, in welchem auch noch gute alte Sorten ihren Platz behaupten, und wohlgepflegte Rasenbahnen. Im Restaurant dieses Parkes wurde das gemeinschaftliche Mittag-

Beilage zur illustrierten Wochenschrift „Die Gartenwelt".

Myosotis Ruth Fischer, unten links Zweig der Stammsorte Liebesstern. Züchtung von Hoflieferant JULIUS FISCHER, STUTTGART.

essen eingenommen und danach die Weiterfahrt nach Müllheim und von hier, durch prächtiges Gelände mit vereinzelten schönen Gärten und riesigen Nußbäumen auf dem Felde, an mit amerikanischen Reben umsponnenen Landhäusern vorüber, die Fahrt mit einer Kleinbahn nach Badenweiler fortgesetzt. Die ausgedehnten Kuranlagen dieses bekannten und beliebten Badeortes enthalten eine Fülle der interessantesten Gehölze in denkbar bester Entwicklung (Abbildungen Seite 595 und 596 der No 50 zeigen Partien aus dieser Anlage). Man findet hier prächtige Zedern, Wellingtonien, *Abies* in den schönsten Arten, riesige *Chamaecyparis;* von Laubbäumen *Ailantus glandulosa, Quercus* in seltenen, teils auch empfindlichen und deshalb kränkelnden Arten, Magnolien und andere. Eine besondere Sehenswürdigkeit dieser Anlage, durch welche Hofgartendirektor Graebener die Führung übernommen hatte, bilden die alten Römerbäder, die durch Ueberdachung vor Verwitterung geschützt sind. Welch Kontrast liegt zwischen diesen gemauerten Badelöchern der alten Römer, zu welchen Trier interessante Gegenstücke besitzt, und dem modernen Badehause mit seinem Komfort, den Einzelbädern, dem Gesellschaftsbade mit elegantem Bassin und den Schwitzbadabteilungen, bei deren Durcheilen uns der Schweiß aus allen Poren trat! Der großherzogliche Palaisgarten, dem der letzte Besuch galt, ist eine einfache Anlage, die nur in ihrem vorderen Teile einige hübsche, interessante Koniferen aufweist, unter welchen je eine sehr schöne Wellingtonie und *Chamaecyparis Lawsoniana* hervorzuheben sind. In einem gegenüber liegenden, ganz kleinen Vorgarten steht noch eine besonders schöne Wellingtonie, wie ein Wahrzeichen, mit ihren unteren Aesten die ganze Gartenfläche bedeckend.

IX. Auf der Heimreise.

Mit Badenweiler hatte die Jahresversammlung der Deutschen Dendrologischen Gesellschaft ihr Ende erreicht. Die Teilnehmerzahl war an diesem letzten Tage, wie immer, wesentlich zusammengeschrumpft. Dem einen fehlt es an Zeit, weshalb er so zeitig als möglich wieder nach Hause will, einen zweiten veranlaßt ein parfümiertes Briefchen der süßen Frau zur Fahnenflucht, die sich, allein sitzend, zu Hause vor Räubern, Mördern und Mäusen fürchtet, und deshalb dem Gatten schreibt, daß sie die Sehnsucht nach ihm fast verzehrt, während die Gedanken eines dritten schon seit mehreren Tagen in Zürich, Luzern oder Lugano weilten. Das Programm gibt ja alljährlich Anweisungen zur Weiterfahrt, diesmal waren es die Hohkönigsburg, der Schwarzwald und die Schweiz, die so manchen lockten.

Nachdem diejenigen, die bis zuletzt treu zur Dendrologenfahne gehalten, im Pavillon des Kurrestaurants den Kaffee eingenommen, und der nahe gelegenen, halb verfallenen Burg noch eine flüchtige Visite abgestattet hatten, ging es abwärts zur Bimmelbahn, die in bezug auf Schnelligkeit auch noch in der Umgebung von Berlin einige Kolleginnen besitzt, deren berühmteste die sogen. „faule Pauline" (Nauen-Paulinenaue) ist. Nach gemütlicher Fahrt kamen wir wieder nach Müllheim, von wo aus die Zerstreuung der Teilnehmer nach allen Himmelsrichtungen vor sich gehen sollte. Da aber bis zum Abgang der nächsten Züge noch reichlich Zeit verblieb, führte Graf Schwerin, der sich überall auskennt, die letzten seiner Getreuen zu einer abseits der Bahn, ganz im Grünen versteckt gelegenen Weinkneipe, in welcher sich uns die Pforten zur „guten Stube" öffneten. Bald standen die badischen Literflaschen, mit „Kutscher", einem sauren Safte der markgräfler Reben (Schattenseite) gefüllt, auf den langgestreckten Tischen, und Graf Schwerin, „unser Fritz", entlockte einem seitwärts stehenden, verstimmten Instrumente die fröhlichen Weisen des von ihm nach der Melodie „Wer hat dich, du schöner Wald, aufgebaut so hoch da droben" gedichteten und „vertonten" Dendrologenliedes — oder sollte es ein anderes gewesen sein? —, das uns den herben Tropfen würzte.

Nur zu schnell nahte die Stunde des Abschiedes, die allen schwer wurde, hatten wir doch wieder lehrreiche, durch keinen Mißton getrübte Tage in echter Kameradschaftlichkeit verlebt! Bald befand ich mich mit einigen Genossen auf der Heimfahrt. Um 2 Uhr nachts kam ich mit Hofgärtner Herre aus Dessau, jetzt in Wörlitz, der mir schließlich als letzter Reisegesellschafter blieb, totmüde in Heidelberg an, wo ich Freund Herre zum nächsten, mir bekannten Hotel führte. Bald lagen wir friedlich nebeneinander in den Federn. Nachdem ich dem müden Wandergefährten noch vorgeflunkert, daß wir uns in dem gar nicht vorhandenen Hotel „Zum alten Dessauer" befänden — in Wirklichkeit war es der „Bayrische Hof" —, umfing ihn rasch, von Träumen an die liebe Heimat umgaukelt, der Schlaf des Gerechten. Am nächsten Morgen erwartete mich bei Freund Massias im Botanischen Garten das Schreckgespenst meiner Reisen, eine Korrektursendung aus Berlin, die mir den Besuch des Schlosses und anderer Sehenswürdigkeiten unmöglich machte, und am Abend traf ich wieder mit Freund Herre in Frankfurt a. M. zusammen.

Der nächste Tag galt zunächst der Besichtigung des Palmengartens, der sich, wie immer, in allen seinen Teilen in vorzüglicher Verfassung zeigte. Das große Blumenparterre am Eingange hat eine vollständige Neugestaltung erfahren, in welcher es von wahrhaft prächtiger Wirkung ist. Das Hauptteppichbeet an der Terrasse vor dem Restaurationsgebäude zeigt im Mittelfelde zu Ehren des XI. Turnfestes das Wahrzeichen der deutschen Turnerschaft. Die neuen Schauhäuser bilden jetzt einen Hauptanziehungspunkt dieses großartigen Institutes. Es dürfte kaum jemals in Deutschland eine Gartenbauausstellung stattgefunden haben, die einen solchen Reichtum an herrlichen Warmhauspflanzen der verschiedensten Gattungen aufzuweisen hatte, wie diese Kulturhäuser. Jede Pflanze, die hier gezeigt wird, ist eine Kultur- und Schaupflanze allerersten Ranges. Die reiche Orchideensammlung befindet sich in prächtiger Verfassung, Palmen, bunte *Croton,* bunte Dracaenen, Riesenpflanzen der *Begonia Rex,* Kakteen und andere Fettgewächse, sowie Blütenpflanzen aller Art, sind wohl nirgends in gleicher Schönheit und Ueppigkeit zu finden. Ganz besondere Anerkennung verdienen auch die Leistungen auf dem Gebiete der Wasserpflanzenkultur. Das große Bassin des neuen Wasserpflanzenhauses wird von der *Victoria regia* beherrscht, neben welcher aber auch die wundervollen tropischen *Nymphaea* zur Geltung gelangen. Hier sah ich zum ersten Male die echte, erst neuerdings durch die Firma Henkel, Darmstadt, eingeführte *N. gigantea,* Hook, im Schmucke ihrer lilafarbigen Riesenblüten, die an Größe kaum hinter jenen der *Victoria regia* zurückstehen, sie an Schönheit erreichen, wenn nicht übertreffen. Im prächtigsten Blütenschmucke prangten ferner *N. dentata magnifica* und die riesenblütige rote *N. O'Mariana.* Unter dem Glasdache wuchern in vorzüglicher Entwickelung die ansprechenden Luffakürbisse, deren gewaltige, grauweiße Früchte durch dünne Kokosfaserstricke sorgfältig befestigt sind. Der Kultur kleinerer, untergetauchter Wasserpflanzen und der Schaustellung fremdländischer Zierfische dienen besondere hier aufgestellte Aquarien.

Neben diesen Schauhäusern und dem großen Palmenhause bieten die Kulturhäuser im neuen Anzuchtgarten und dieser selbst mit seinen Mistbeet- und Freilandkulturen viel des Interessanten. Vorbildlich sind im Anzuchtgarten die mit gemischtem Sommerflor bepflanzten Rabatten, deren unerschöpfliche Blütenfülle erst mit Eintritt des Winters ihr Ende erreicht. Ein Rabattenstück und ein sich diesem anschließender Beetkomplex sind mit den von den Mitgliedern der Deutschen Dahliengesellschaft gelieferten neuen Dahliensorten bepflanzt. Dieses Dahlienversuchsfeld zeigt nicht die Ausdehnung des vorjährigen. Alle ausgepflanzten Neuheiten sind sorgfältig etikettiert, außerdem sind die Einsendungen einer jeden Firma mit großem Firmenschild versehen. Gelegentlich meiner Anwesenheit waren alle Dahlien in der Entwicklung noch sehr zurück, die Edeldahlien ließen sich deshalb noch nicht beurteilen. Reich vertreten sind diesmal einfache, päeonienblütige und Halskrausen-Dahlien; erstere von Heinemann, Erfurt, päonienblütige von Pfitzer, Stuttgart, Halskrausen-Dahlien von Goos & Koenemann, Niederwalluf. Curt Engelhardt, der Geschäftsführer der Deutschen Dahliengesellschaft, produziert sich hier erstmals als Züchter einer einfach blühenden, breitpetaligen, feuerroten Sorte, die er zu Ehren der gleichnamigen Operette „Lustige Witwe“ nennt, womit er wohl zeigen will, daß auch eine lustige Witwe gelegentlich einmal feuerrot werden kann.

Dicht hinter dem Palmengarten, an der Myliusstraße, auf der sogenannten Ginnheimer Höhe, hat der Botanische Garten der Senckenbergischen Stiftung auf einem langgestreckten, etwas schmalen Terrain ein neues Unterkommen gefunden. Hier steht, dem Haupteingange gegenüber, die dreihundertjährige *Taxus baccata*, die im Vorjahre, von zwei Dampfstraßenwalzen gezogen, die dreiwöchige Reise von der Senckenbergstraße nach dem neuen Garten zurücklegen mußte (siehe Gartenwelt Jahrgang XI, No. 37). Ein großes, gußeisernes Schild macht die Besucher des Gartens mit den Lebensschicksalen der „alten Dame“ bekannt, die im übrigen noch furchtbar verärgert dreinschaut. Einige größere Aeste sind gerade an der Seite, an welcher sie die Krone am wenigsten entbehren kann, im Absterben begriffen, und der neue Trieb ist außerordentlich ärmlich und schwindsüchtig ausgefallen. Es will mir noch fraglich erscheinen, ob sich der Baum vollständig von den Strapazen des Umzuges, der etwa 30000 Mark kostete, erholen wird. Auch eine große Zahl anderer, mittelstarker und schwächerer Laub- und Nadelhölzer sind aus dem alten Garten nach dem neuen überführt worden. Sie sind aber zum weitaus größten Teil entweder ganz abgestorben oder im Absterben begriffen, welch ungünstiges Ergebnis sicher durch den diesjährigen trockenen Sommer beeinflußt wurde. Bei der Anpflanzung junger Nadelhölzer verfiel man hier leider wieder in den alten Fehler zu dichter Pflanzung; die jungen Pflanzungen stehen fast durchweg so enge, daß sich schon nach 6 bis 8 Jahren ein Weiterpflanzen als absolute Notwendigkeit erweisen wird, will man Bäume, nicht Stangenholz züchten. So ist eine *Abies Nordmanniana*, deren untere Astetagen bei normaler Entwicklung nach 20 Jahren eine Bodenfläche von mindestens 25 Meter Durchmesser decken, nur in $1^1/_2$ Meter Abstand vom Wege gepflanzt, andere Koniferen stehen ihr in gleich geringem Abstande dicht zur Seite.

An der Kopfseite des Gartens liegt noch eine unberührte, größere Baustelle, die jedenfalls für die Gewächshäuser bestimmt ist.

Aus den Vereinen.

Bericht über die Vorträge auf der 17. Jahresversammlung der Deutschen Dendrologischen Gesellschaft zu Colmar i. E.

Zweiter Tag der Verhandlung.

Nachdem Assessor Jaegler (Beigeordneter für die Stadt Colmar) als Vertreter der Stadt die D. D. G. mit den herzlichsten Ausdrücken in Colmars Mauern willkommen geheißen, und dessen Wünsche vom Grafen von Schwerin ebenso erwidert worden waren, unter Dank für das liebenswürdige Entgegenkommen der Einwohner Colmars, der Beflaggung der Stadt, Dekorationen usw., und nachdem die Stadtverwaltung ihrem Antrage gemäß selbst als Mitglied in die D. D. G. aufgenommen worden war, erörterte der Vorsitzende verschiedene geschäftliche Punkte und dergleichen. Stand der Mitgliederzahl: 1740! Verlesung der Depeschen und Briefe zur Versammlung, darunter auch jene von der Oesterreichischen Dendrologischen Gesellschaft und dergleichen mehr.

Für ihre Verdienste in dendrologischer Hinsicht erhielten Professor Koehne, Friedenau-Berlin, das Ritterkreuz I. Klasse von Seiner Hoheit dem Herzog von Sachsen-Meinigen, sowie Garteninspektor Beißner, Poppelsdorf-Bonn a. Rh. (dessen Werk: Handbuch der Nadelholzkunde in 2. Auflage dicht bevorsteht) das Ritterkreuz II. Klasse des Sachsen-Ernestinischen Hausordens und wurden solche vom Vorsitzenden unter herzlichen Glüchwünschen den angenehm Ueberraschten überreicht.

Als erster Redner des Tages sprach Gutsbesitzer H. Forster, Klingenburg (Bayern), über „Erfahrungen mit ausländischen Bäumen in einem süddeutschen Reviere“, als im Anschluß an ähnliche, in früheren Jahren bekannt gegebene Erfahrungen eines 25jährigen Zeitraumes bezw. Betriebes, speziell mit *Pseudotsuga Douglasii, Pinus Banksiana, Abies concolor* und *var. lasiocarpa, Abies grandis, Pinus Strobus, Picea alba, Chamaecyparis Lawsoniana, Thuya gigantea, Tsuga Mertensiana, Larix leptolepis* und *sibirica, Abies Nordmanniana, Cryptomeria japonica, Abies Veitchii var. sachalinensis, Abies balsamea* usw., welche Mitteilungen teils zu neueren Anregungen, teils Ergänzungen anderweitiger Erfahrungen vorzüglichen Anlaß gaben.

Einen gleich interessanten Vortrag hielt hierauf Garteningenieur St. Olbrich, Zürich, über „Allee- und Straßenbäume und ihre Verwendung“. Redner behandelte zuerst den kulturellen und hygienischen Wert der Baumpflanzungen in Städten, die Schwierigkeiten der Anpflanzung und besonders Erhaltung der Bäume unter meist ungünstigen Verhältnissen, wie solche besonders in großen Städten ja so mancherlei sind, um hierauf in kurzen Ausführungen das zu Alleen etc. verwendete Baummaterial in Aegypten, Italien, Oesterreich, speziell Küstenland, in Frankreich, England, Ungarn, Schweiz und Deutschland zu besprechen, welche Ausführungen eine lebhafte Erörterung des Gehörten hervorriefen, unter Mitteilungen sonstiger Erfahrungen aus Nordamerika, Japan usw. Im Anschluß hieran besprach noch Gartendirektor Graebener, Karlsruhe, an mitgebrachtem, lebendem Material eine große Anzahl in Badens günstig wirkendem Klima prächtig entwickelter, seltener Gehölze.

Garteninspektor Beißner, Poppelsdorf, brachte hierauf noch einige „Kleine Mitteilungen über neuere Laubgehölze“, worin er hauptsächlich neue *Exochorda*-Formen, ferner die schöne, empfehlenswerte *Paeonia arborea lutea superba* (von Lemoine-Nancy) besprach, um hierauf die Berichte der Französischen Dendrologischen Gesellschaft über eine Reihe älterer und neuerer Gehölze einer Betrachtung zu unterziehen, worauf er noch die Bestrebungen besonders der Amerikaner, neuere Bezeichnungen der Gehölze einzuführen, geißelte.

Dritter Tag der Verhandlung.

War der vorhergegangene Vortrag des Herrn Olbrich der Allee- und Straßenpflanzung in ihrer Gesamtheit gewidmet, so behandelte der heutige Vortrag des Garteninspektors und Kreisobergärtners

O. Hübner, Steglitz, „Beobachtungen an den Straßenbäumen der Kreischausseen des Kreises Teltow“ die Erfahrungen in einem enger begrenzten Bezirke. Hier kam nun der Praktiker direkt auf seine Rechnung, denn der Redner behandelte alle Vorzüge und Nachteile der Anpflanzungen in den dortigen Boden- und Klimaverhältnissen. Besprochen wurden Arten von *Acer, Ulmus, Fraxinus, Aesculus, Quercus, Tilia, Robinia, Gleditschia, Populus, Alnus, Sorbus, Betula, Platanus, Pterocarya, Juglans, Fagus, Corylus, Phellodendron, Crataegus, Prunus, Castenea, Pinus* und *Juniperus*. Auch dieser Vortrag veranlaßte eine lebhafte Erörterung unter den Anwesenden.

Nachdem noch Freiherr von Berlepsch, Kassel, die Mitglieder der Gesellschaft ersucht hatte, ihm ihre Erfolge und Mißerfolge in der Vogelpflege freilebender, nützlicher Vögel mitzuteilen, zwecks Berichtes an das preußische, landwirtschaftliche Ministerium, und nachdem an Stelle eines ausgefallenen Vortrages Herr Alb. Hochstraßer, Cronberg im Taunus, einen solchen über „Koniferen des Balkan“, verbunden mit einer reichen Ausstellung diesbezüglicher Koniferenzweige usw., gehalten, nahm noch Graf von Schwerin das Wort, um seine Erfahrungen über „Das Gedeihen einiger Koniferen“, besonders über *Pinus Bankseana, rigida, ponderosa* und *Peuce* (besser *Peoce*), ferner über *Picea Glehnii, Omorica, sitkaënsis, Pseudotsuga Douglasii, Tsuga diversifolia* und *Sieboldii, Abies concolor, nobilis, magnifica, Nordmanniana, Taxus baccata* (deren giftige Eigenschaft für Hasen, nicht aber für Rehe, verschiedenerseits betont wurde), und dann noch über *Larix leptolepis, Kurilensis* und *occidentalis*, mitzuteilen.

Damit war die Reihe der Vorträge erschöpft, welche mit den sich anschließenden Erörterungen, die sich bei den Ausflügen oft noch des weiteren ausdehnten, aufs neue zeigten, wie Wissenschaft und Praxis eng vereint mit einander arbeiten können, eine immer zum Vorteil der anderen, ein Vorkommnis, das sich leider noch selten findet, aber zur sachgemäßen Entwickelung aller der Menschheit nützlichen Angelegenheiten unbedingt notwendig ist.

Deutsche Dendrologische Gesellschaft. Für die Jahresversammlung 1909 in Kottbus wird folgendes geplant: Erster Tag: Vorträge und Besuch des Parkes von Branitz (Fürst Pückler). Zweiter Tag (Sonntag): Spreewaldtour. Besuch des Parkes zu Lübbenau (Graf Lynar) und Stadtpark in Kottbus. Dritter Tag: Vorträge und Besuch von Park und Forst zu Pförten (Graf Brühl). Vierter Tag: Vorträge und Besuch von Park und Forst zu Kromlau (Graf Egloffstein). Fünfter Tag: Park von Muskau (Graf Arnim). Sechster Tag: Tagestour. Park zu Alt-Döbern und Wald von Chrausdorf (Graf Witzleben), sowie Fossilien-(Taxodien-)Wald bei Senftenberg (Grube Ilse), Anlagen zu Gosda (Rittmeister Seydel) und Park zu Jessen (v. Dirksen).

Graf Fritz von Schwerin ist, wie er uns mitteilte, nach der diesjährigen Jahresversammlung noch über Nancy—Luxemburg—Trier gefahren und hat schon die Tagung für 1910 vorbereitet. Zur Auswahl stehen: 1. Frankfurt a. M. mit Cronberg und Homburg, 2. Metz mit Nancy, 3. Trier mit Echternach, Luxemburg und Mettlach.

Nachstehender **Aufruf** ging uns mit dem Ersuchen um Abdruck zu: **„An die Mitglieder aller auf nationalem Boden stehender Gärtner-Verbände und -Vereine Deutschlands.** Zwei wichtige bevorstehende gesetzgeberische Maßnahmen sind es, die gegenwärtig zur Erörterung stehen, woran die Gärtner in weitestem Maße interessiert sind. Die Bewegung zur „Schaffung einer staatlichen Pensions- und Hinterbliebenen-Versicherung für die Privatangestellten Deutschlands“ ist durch die zweite Denkschrift des Reichsamtes des Innern in ein neues Stadium gerückt. An dieser Frage sind weite Kreise der Gärtner insofern beteiligt, als sie in Privatbetrieben aller Art und als Betriebspersonal in der gewerblichen Gärtnerei angestellt sind. Die Frage, „wer ist Privatangestellter“, ist noch nicht gelöst. Aufgabe der Gärtnereiangestellten ist es, die Vorteile dieser kommenden Versicherung für sich und ihre Berufskollegen zu erringen.

Im engsten Zusammenhange damit steht die „Regelung der Rechtsfrage im Gärtnerberuf“, die seit einem Jahre wiederum lebhaft in der Fachpresse erörtert wird. Durch die an die Kommission des Reichstages, die mit der Bearbeitung der Regierungsvorlage betr. „Abänderung der Gewerbeordnung“ betraut ist, gestellten Anträge der beteiligten Organisationen ist eine baldige Regelung der arbeitsrechtlichen Verhältnisse im Gärtnerberufe als wahrscheinlich zu erwarten.

Die hierzu von den Organisationen gestellten Anträge sind keineswegs einheitliche. Die Wünsche der Arbeitgeber wie auch der beiden Richtungen der Arbeitnehmer gehen wesentlich auseinander. Der weitaus größte Teil der arbeitnehmenden Gärtner hat bis heute überhaupt noch keine Stellung zu diesen wichtigen Standesfragen genommen. Das sind diejenigen Berufskollegen, die noch keiner Berufsorganisation angehören.

Aufgabe der Kollegenschaft selbst ist es, weiteste Kreise derselben zu einheitlichem Zusammenwirken in diesen für die gesellschaftliche und rechtliche Hebung unseres Gesamtberufes wichtigen Fragen, woran alle beteiligt sind, zu sammeln.

Alle nationalgesinnten Gärtner werden zur einmütigen Mitarbeit auf den Plan gerufen. Sonntag, den 27. September 1908, findet in Hannover eine Konferenz aller auf nationalem Boden stehenden Gärtner-Verbände und -Vereine statt.

Die Konferenz soll uns ein Bild geben über die weitgehende Bedeutung der zur Erörterung stehenden Standesfragen und u. a. folgende Themen behandeln:

1. Die Bewegung der deutschen Privatangestellten zur Schaffung einer Pensions- und Hinterbliebenen-Versicherung und ihre Bedeutung für die Gärtnereiangestellten. Referent: Geschäftsführer des Deutsch-nationalen Handlungsgehilfen-Verbandes Otto Thiel, Hannover. Korreferent: Privatgärtner Kollege Strohdach, Gelsenkirchen.
2. Die Rechtsverhältnisse der Gärtner in der Kommission des Reichstages, und welche Aufgaben erwachsen daraus der nationalgesinnten Gärtnerschaft? Referent: Kollege Kabisch, Essen-Ruhr.

Es liegt im Interesse der Veranstaltung, daß diese Konferenz möglichst zahlreich beschickt wird. Wir laden daher alle Gärtnervereine ein, die mit uns auf nationalem Boden stehen, Vertreter zu entsenden. Gleichzeitig mit dieser Einladung ergeht eine besondere Einladung an die uns bekannten Vereine.

Es haben nur solche Vereine in dieser Konferenz Sitz und Stimme, die auf Grund unserer Einladung die vorherige Anmeldung ihrer Vertreter bewirkten. Die Anzahl der zu entsendenden Vertreter steht den einzelnen Vereinen frei. Sollte namentliche Abstimmung beantragt werden, so ist die Zahl der vertretenen Stimmen entscheidend.

Alle teilnehmenden Vereine werden ersucht, die Zahl und die Adressen der zu entsendenden Vertreter, sowie die Zahl der von ihnen vertretenen Mitglieder möglichst umgehend, spätestens jedoch bis zum 20. September 1908, an die Hauptgeschäftsstelle des Deutschen (nationalen) Gärtnerverbandes, Essen-Ruhr, Emilienstr. 52, mitteilen zu wollen. Dahin sind auch alle weiteren Korrespondenzen zu richten.“

Bücherschau.

Die wichtigsten Baumarten unserer städtischen Gartenanlagen. Aachen 1908.

Unter diesem Titel hat, einer Anregung des Oberbürgermeisters der Stadt Aachen folgend, der dortige städtische Gartendirektor Weßberge eine Schrift verfaßt, in welcher in alphabetischer Reihenfolge zunächst alle Laubbäume, dann auch alle Nadelbäume, die in den öffentlichen Anlagen der Stadt Aachen angepflanzt sind, in einer dem Laien verständlichen Weise beschrieben werden. Diese Schrift verfolgt den löblichen Zweck, die Bewohner der Stadt mit den zu deren Verschönerung angepflanzten Baumarten vertraut zu machen. Dies wird wesentlich erleichtert durch beigegebene Tafeln, auf welchen die Blätter der in Frage kommenden Laubhölzer und Zweige der Nadelhölzer dargestellt sind. Die Bilder der Laubblätter sind vom städtischen Obergärtner Heukemes angefertigte Naturdrucke, die den Vorteil unbedingter Naturtreue besitzen. Die Schrift enthält außerdem nach Aufnahmen gefertigte Abbildungen hervorragender Partien der Anlagen, einen großen Plan der Stadt Aachen, in welchem sämtliche öffentliche Parks und Schmuckplätze durch Farbendruck hervorgehoben sind, und einen zweiten Plan mit dem sogenannten dendrologischen Garten, in welchem die einzelnen Abteilungen dieser reichhaltigen, musterhaften Pflanzungen durch Nummern bezeichnet sind. Möge das dankenswerte Beispiel, das die Stadt Aachen durch die Herausgabe dieser Schrift gegeben, seitens anderer städtischer Behörden Nachahmung finden. **M. H.**

Bevorstehende Ausstellungen.

Budapest. Obst- und Traubenausstellung. Unter dem Protektorate des ungarischen Landwirtschaftsministers von Darányi wird am 27. ds. Mts. eine mit Obstmarkt verbundene Obst- und Traubenausstellung eröffnet. Der Zweck dieser Ausstellung ist nicht nur die Herstellung einer engeren Verbindung zwischen Züchter und Käufer, sondern sie soll auch die Bestimmung der Obstsorten der einzelnen Bezirke ermöglichen. Ausstellungsfähig sind frisches und gedörrtes Obst, sowie Tafeltrauben. Programme sind vom Sekretariat, Budapest IV, zu beziehen. Der Zeitpunkt für die Veranstaltung dieser Ausstellung ist recht günstig gewählt, da das gegenwärtige Jahr für Ungarn eine außerordentlich reiche Obsternte verspricht. Zur Erleichterung des Absatzes dient diese Ausstellung zugleich als Obstmarkt. Die günstige Gelegenheit, schönes Obst anzukaufen, dürfte wohl auch deutsche Liebhaber und Händler zum Besuche der Ausstellung veranlassen. **Rupprecht.**

Deutsche Dahliengesellschaft, Sitz Leipzig. Programm für die zwölfte Ausstellung (Neuheitenschau) am 19., 20. und 21. d. M. in Quedlinburg. 19. September, 11 Uhr: Eröffnung der Schau im Casino; 5 Uhr: Zweite Jahresversammlung. Tagesordnung: Diskussion über die Neuheitenschau. Vortrag des Herrn Trenkner über den Einfluß der Stickstoffdüngung mit Salpeterstickstoff bei Gartenkulturen, insbesondere bei Dahlien. Bericht des Geschäftsführers über den Stand des Versuchsfeldes. Vorschläge über den Ort und die Art der nächstjährigen Ausstellung. Vorstandswahl für 1909. Antrag Engelhardt, den Jahresbeitrag für Nichtgärtner herabzusetzen. Verschiedenes. 20. September, 9½ Uhr: Besichtigung der von den Mitgliedern in der Gärtnerei von Pape & Bergmann zum Versuch ausgepflanzten Dahlienneuheiten. Der Nachmittag bleibt zur Besichtigung gärtnerischer Kulturen in Quedlinburg frei. 21. September: Fahrt nach Thale (Bodetal, Roßtrappe) und nach Blankenburg. Die Abfahrtszeiten werden auf der Ausstellung am Schwarzen Brett bekannt gegeben.

Tagesgeschichte.

Axel Fintelmann-Ehrung. Am Sonntag, den 27. September, dem Geburtstage des Verstorbenen, findet mittags 12½ Uhr auf dem städtischen Zentralfriedhofe in Friedrichsfelde die feierliche Enthüllung des von Gartenarchitekt Winkelmann-Stettin entworfenen Denksteins statt. Die Weiherede hält Archidiakonus Egidi.

Nürnberg. Hier wurde die Gründung einer Genossenschaft mit beschränkter Haftung zur Schaffung einer Gartenstadt vollzogen. Der Vorsitzende ist Redakteur Schlegel. Der Baugrund ist gesichert.

Wien. Montag, den 21. d. M., 10 Uhr vormittags und 3 Uhr nachmittags findet im Sonnenuhrhause zu Schönbrunn eine Auktion von Orchideen aus den k. k. Hofgärten statt. Sowohl die k. k. Hofgartenverwaltung zu Schönbrunn wie die Direktion des Dorotheums versenden auf Verlangen kostenfrei die Pflanzenverzeichnisse an Reflektanten und erteilen auch alle gewünschten Auskünfte.

Gärtnerisches Unterrichtswesen.

Der Studienplan für das Winterhalbjahr 1908/09 an der Königlichen Gärtner-Lehranstalt zu Dahlem bei Steglitz-Berlin (früher Wildpark) enthält folgende Vorlesungen: Direktor Th. Echtermeyer: Allgemeiner Obstbau, Spalierzucht, Obstsortenkenntnis, Obstverwertung und Vorführungen im Obstbau, Entwerfen von Obstanlagen, Gehölzzucht. Abteilungsvorsteher Zahn: Grundlagen der Gartenkunst, Entwerfen von Anlagen, Feldmessen und Nivellieren und technisches Zeichnen, Planzeichnen, Gartentechnik. Abteilungsvorsteher Willy Lange: Handelspflanzenkulturen, Grundlagen des Pflanzenbaues, Ausschmückung und Bindekunst nebst Vorführungen im Pflanzenbau. Pflanzenphysiognomie und Photographie, landschaftliche Naturkunde und Geschichte der Gartenkunst, Handelsstauden und Blumenzucht, Betriebslehre und Verwaltungskunde. Oberlehrer Heine: Physik und Meteorologie, Mathematik, Chemie, Zoologie. Abteilungsvorsteher Dr. Höstermann: Botanik und Pflanzenkrankheiten. Zeichenlehrer Kießling: Feldmessen, Nivellieren und technisches Zeichnen, Freihandzeichnen, Projektionszeichnen. Dr. Kochs: Obstverwertung. Prof. Dr. Auhagen: Volkswirtschaftslehre. Kustus am Königl. Botan. Garten Dr. Graebner: Pflanzenkunde, Gehölzkunde. Geschäftsführer für Obstbau der Landwirtschaftskammer Grobben: Obstbaumzucht, Obstbaumpflege. Königl. Hofgärtner Meermann: Obst- und Weintreiberei, Mistbeete, Gemüsetreiberei. Architekt Menzel: Gewächshausbau. Hauptmann d. R. Müller: Bienenzucht. Obergärtner am Königl. Botanischen Garten Peters: Gewächshauskulturen, Pflanzenbau (wissenschaftliche Kulturen). Kunstmaler Schnee: Malen. Regierungsbaumeister Stahn: Architektur und Gartenkunst. Geh. Reg.-Rat Prof. Dr. Wittmack: Samenkunde.

Geisenheim a. Rh. Kgl. Lehranstalt für Wein-, Obst- und Gartenbau. Die Aufnahmen für das Schuljahr 1909/10 erfolgen am 15. März 1909. Statuten und Lehrpläne versendet das Sekretariat der Lehranstalt auf Ansuchen kostenfrei. Auskunft über den Eintritt und den Studiengang erteilt Prof. Dr. Wortmann, Geh. Regierungsrat.

Personal-Nachrichten.

Grimm, Karl, Handelsgärtner in Roda (S.-A.), wurde vom Herzog von Altenburg zum Hoflieferanten ernannt.

Höhne, August, Schloßgärtner, in Netzschkau (Kgr. Sachsen), beging am 1. Sept. sein 25jähriges Dienstjubiläum, aus welchem Anlasse er durch die Schloßherrin Frida von Schönburg-Glauchau in Gusow, in Anerkennung seiner Dienstleistungen, zum Schloßverwalter ernannt wurde, auch wurden ihm wertvolle Geschenke zuteil.

Schlösser, A. Anton. Am 25. August verstarb zu Köln nach längerem Leiden der Baumschulenbesitzer Anton Schlösser im Alter von 63 Jahren. Der Verstorbene war zu Köln am 22. Januar 1845 geboren und erlernte auf dem väterlichen Besitztum die Gärtnerei, wandte sich aber schon frühzeitig mit besonderer Vorliebe dem Obstbau zu. In den 70er Jahren des vorigen Jahrhunderts übernahm er käuflich das große Gelände des Subbelrather Hofes zu Köln-Ehrenfeld, woselbst er ausgedehnte Obstbaumschulen, Erdbeer- und Gemüseplantagen anlegte, die er im Laufe der Jahre auf über 100 Morgen erweiterte. Besonders um den rheinischen Obstbau hat der Verstorbene sich große Verdienste erworben, er stand mit den bedeutendsten Pomologen des In- und Auslandes in regem fachlichen Verkehr, in seinen Baumschulen werden alljährlich alle neuen Obstsorten, besonders die französischen, zum Ausprobieren angepflanzt, um das Gute zu erhalten und Nichtbewährtes auszuschalten. Alle gemeinnützigen Bestrebungen auf dem Gebiete des Obst- und Gartenbaues fanden in dem Heimgegangenen einen eifrigen Förderer, die Fachkollegen schätzten sein reiches Wissen und seine stete Hilfsbereitschaft in allen Fällen, wo es galt, das Interesse des Gartenbaues wahrzunehmen. Ehre seinem Andenken! **J.**

Briefkasten der Redaktion.

Der auf der Titelseite der No. 49 abgebildete Wasserpavillon ist durch ein Versehen im Texte als „Vorbild für einen etwa im See des Magdeburger Stadtparkes zu errichtenden Pavillon“ bezeichnet worden. Die betreffende Manuskriptstelle lautete: „Würde z. B. der abgebildete Wasserpavillon nicht ein prächtiges Vorbild für einen etwa auf dem See unseres heutigen Stadtparkes zu errichtenden Pavillon abgeben?“

Berlin SW. 11, Hedemannstr. 10. Für die Redaktion verantwortlich Max Hesdörffer. Verlag von Paul Parey. Druck: Anhalt. Buchdr. Gutenberg e. G. m. b. H., Dessau.

Illustrierte Wochenschrift für den gesamten Gartenbau.

Jahrgang XII. | 26. September 1908. | No. 52.

An unsere Leser!

Um den Jahrgang unserer Zeitschrift künftig mit dem Kalenderjahre laufen zu lassen, haben wir uns, einer Anregung aus unserem Leserkreise folgend, entschlossen, den gegenwärtigen (zwölften) Jahrgang der „Gartenwelt" nicht wie sonst mit dem September, sondern erst mit Schluß des Kalenderjahres zu beenden. Somit wird der zwölfte Jahrgang ausnahmsweise fünf Quartale umfassen. Der neue (dreizehnte) Jahrgang beginnt und endet mit dem Kalenderjahre 1909.

Verlag und Redaktion der „Gartenwelt".

Blumenbindekunst.

Blumenschmuck auf der Tafel des deutschen Heimes!

Von **Harry Maaß**, Stuttgart.

IV.*)

(Hierzu zehn Abbildungen, nach vom Verfasser für die „Gartenwelt" gefertigten Zeichnungen.)

Dem üppigen, lebensvollen Sommer, der mit seiner treibenden Kraft den schönsten Blumenflor der Erde entlockte, ist der Herbst gefolgt, der Herbst mit seinen kalten und dichten Morgennebeln und seinen kürzeren, aber lichtvollen, klaren Tagen.

Die Erde ist ermüdet, sie hat ihre Kraft willig dem Sommer gespendet, aber noch immer gibt sie, was sie an Blüten zu geben vermag. Auf den Stoppelfeldern, dem Tummelplatz der Rebhühner und Wachteln, blüht der blaue Rittersporn, gelbes Kreuzkraut und azurblaue Glockenblumen teilen ihr Dasein mit einer Schar kleinblumiger und dürftiger Stauden. Gruppierungen dieser Spätlinge vermögen auch jetzt noch unseren Tafeln einen lieblichen Schmuck zu verleihen; allein ihre Lebenszeit ist nur kurz. Vereinzelt findet man noch blaue Cyanen, Veilchen und die weißen, zierlichen Dolden der Möhre. Die Ausbeute des Sammelnden wird immer geringer und endlich reicht sie zu unseren Zwecken nicht mehr aus. Doch wir brauchen nicht zu sorgen; der Herbst bietet uns einen anderen, köstlichen Schmuck, so eigenartig und reizvoll, daß wir um die entschwundene Blütenpracht nicht zu trauern brauchen.

Am Ligusterstrauche prangen die aufrechtstehenden, dunkelblauen Trauben seiner Früchte, die Gesträuche der Heckenrosen sind beladen mit gleißend purpurroten Hagebutten, die Kronen der Ebereschenbäume leuchten schon von ferne

*) Siehe auch Jahrg. XI, No. 33 u. 50, u. Jahrg. XII, No. 25.

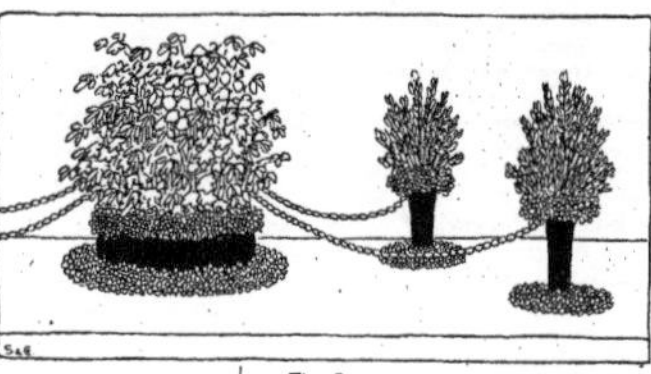

Fig. 2.

Fig. 1.

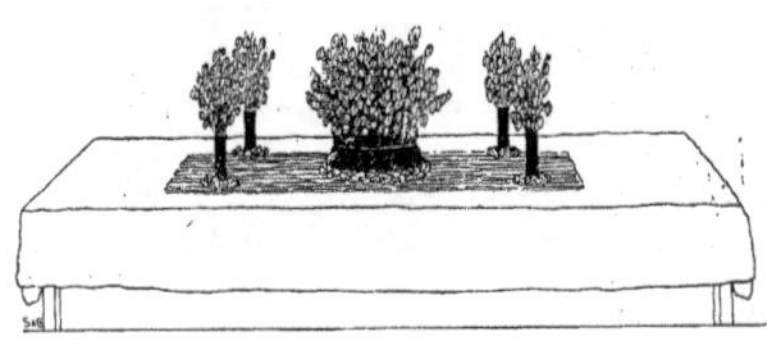

Fig. 3.

im Schmucke ihrer feuerroten Beerendolden, den Leckerbissen der Drosseln und anderer Vögel. An den Zweigen des Eichenbaumes hängen die klassischen Formen der Eicheln, und das Schlehgesträuch beugt sich unter der Fülle seiner schwarzblauen Pfläumchen. Zierliche, leuchtendrote Beerenrispchen schmücken die Berberitze, und aus dem dunklen Nadelgewand der Eibe schimmern verstohlen rote Früchte hervor.

Wer sich die Mühe geben will, diese Gaben des Herbstes zu sammeln und geschmackvoll zu gruppieren, der wird sich eines Tafelschmuckes zu erfreuen haben, der in seiner reizvollen Eigenart seinesgleichen sucht.

Aber nicht diese Früchte allein dürfen verwendet werden. Ihre Wirkung zu heben, bietet uns der herbstliche Wald sein jetzt wundervoll gefärbtes Laub. Die Blätter des Ahorns leuchten in allen Abstufungen vom hellsten Gelb bis zum brennendsten Rot. Vom weichen Hellbraun bis zum satten Dunkelbraun der samtenen Schwingen der Wiesenfalter färben sich die Eichen, und die Buchen sind mit siennafarbenen Tinten übergossen. Am Waldrande leuchtet der Spindelbaum mit rosenroten Früchten und braunroten Blättern, der Schneeball im Garten legt sein blaurotes Herbstgewand an und versucht zu wetteifern mit einer Anzahl amerikanischer Eichen, dem Amberbaum und dem Blütenhartriegel. Neben goldgelben Birken, Lärchen und Rosenbüschen fällt das noch prächtig grüne Blatt der Syringe und des breitblättrigen Ligusters auf. Ein zartes Hellblau liefert uns die Stranddistel oder ihre ja fast in jedem Garten kultivierte Schwester *Eryngium amethystinum*.

Neben diesen farbigen Beeren und Blättern aber prangt bis zum Eintritt der Nachtfröste die artenreiche Gattung der Herbstastern in unseren Gärten von weiß durch hellblau und dunkelblau zu violett. Wir sehen, daß wir auch im Herbste bei der Ausführung eines Tafelschmuckes, der ein echt deutsches Gepräge und echt künstlerische Eigenart in sich birgt, mit keinerlei Schwierigkeiten zu kämpfen haben.

Der wilde Wein an der Gartenlaube, am Hausgiebel und am Zaune bietet uns ein prächtiges, karmoisinrot gefärbtes Rankwerk. Dieses Rot harmoniert mit glänzendem Dunkelgrün. Eine so gefärbte Schale haben wir bereits in unseren Vorräten. Feuchter Sand sorgt dafür, daß die locker in denselben gesteckten Weinranken nicht umfallen. Diese Schale nimmt den Mittelpunkt des Tisches ein und wird mit gleichgefärbten Bechern umstellt und durch dunkelgrünes Seidenband mit diesen verbunden. Brennendrote Ebereschenbeeren, die fest zusammengefügt sind, füllen die Becher, und das Ganze umgibt eine aus buntestem Laub- und Beerenwerk festgewundene Girlande (Skizze 1).

Fig. 4.

Die grünen Gefäße lassen sich auch durch glänzend-schwarze ersetzen, die vielleicht, besonders in hellen Räumen, noch vorteilhafter wirken.

In Skizze 2 ist eine Anordnung in schwarzen Gefäßen getroffen. Schale und Vasen sind am Fuße mit roten Kränzen der Ebereschenbeeren umgeben und auch der Rand dieser Gefäße schließt mit einem solchen Kranze ab. Während die mittlere Schale buntes Herbstlaub aufnimmt, sind die Becher mit den dauergrünen Zweigen des breitblättrigen Ligusterstrauches besteckt. Gelbrote Hagebutten werden zu Ketten vereinigt und fallen in gefälligen Bogen vom Mittelpunkte nach den vier Vasen. Die orangeroten Kelche der Lampionpflanzen wollen mit ultramarinblauen Farben zusammengebracht sein, wenn sie eine ganz aparte Wirkung erzielen sollen.

Skizze 3 zeigt ein Arrangement, welches trotz seiner Einfachheit gewiß außerordentlich gut aussieht. Auf mattgrüner Decke sind die Gefäße mit den Frucht-

Fig. 5.

stielen angeordnet. Eng aneinander gelegte Einzelkelche zu Füßen der Gefäße heben die kleine Disharmonie der blauen und mattgrünen Farbe auf.

Skizze 4 soll zeigen, daß man auch die Trauben und Blätter unseres Weines zu besonderen Gelegenheiten sehr passend verwenden kann. Es ist selbstverständlich, daß wir zu diesem Zwecke nur die kleineren Blätter verwenden werden, da zu große Blätter leicht zu schwerfällig wirken würden. Wir haben es in der Hand, entweder in dunklen Räumen die gelben Trauben, oder umgekehrt die blauen Trauben vorherrschen zu lassen.

Bei der nächsten Abbildung (Skizze 5) sind wieder einmal die leuchtenden Beeren der Eberesche zur Verwendung gelangt. Diesmal aber sind sie zu dicken, halbrunden Kissen vereinigt und mit einem weißseidenen Schal behangen. Den Fuß der dunkelgrünen Schale umgürtet ein Kranz aus den rosenroten Pfaffenhütchen des europäischen Spindelbaumes. Eine Girlande aus gleichen Fruchtgebilden umgibt eine grüne Decke, auf welcher eine dritte Schale postiert wird, die mit Obst gefüllt ist und eine dunkelgrüne Vase in ihrer Mitte beherbergt. Die Vase und der Rand der Fruchtschale erhalten mit zierlichen Früchten behangene Zweiglein der Berberitze.

Die gelbe Farbe ist bei einer Festtafel (Skizze 6) die Beherrscherin. Zum Hellgelb der Herbstaster paßt das warme Blau der Vasen. Gelb sind die Blätter, mit denen der Rand der Fruchtschale belegt ist, und die gelbe Farbe der Girlande, wie der Kränze, wird durch blaue Beeren des Ligusters unterbrochen.

Fig. 7.

Den unvergleichlich schönen Blütenhartriegel mit seinen karminroten, bis ins Blaurot spielenden, nach unten geneigten Blättern wollen wir einmal für die Ausgestaltung eines Gabentisches für das Geburtstagskind ausersehen. Skizze 7 zeigt uns einen solchen Tisch, auf dessen Mitte der Geburtstagskuchen steht, umringt mit einem Kranz aus purpurroten Hagebutten. In dem Kranze stehen eine Anzahl Lichter, je nach Alter des Geburtstagskindes, die zurzeit der Bescherung, und zur Geburtstagsneige in flimmerndem Glanze erstrahlen und einen großen Teil zur feierlichen Wirkung des Arrangements beitragen. In hohen, schwarzglänzenden Vasen stehen die lockeren Sträuße des Blütenhartriegels. Der äußere Rand des Tisches erhält eine Girlande aus ebendemselben Blätterwerk, und die Füße der Vasen umgürten wiederum Kränze aus Hagebutten. Weißes Seidenband fällt von Vase zu Vase.

Fig. 6.

Für kleinere, runde Tische empfiehlt sich die in Skizze 8 veranschaulichte Art der Dekoration. Zwei halbkreisartig gespannte Bügel aus Weiden oder Draht sind in diesem Falle mit den verschiedenfarbigsten Blättern, Beeren und Früchten bebunden. Den Kranz bildet ein Gebinde aus glänzend grünen Binsen, die dort, wo die Bügel den Tisch berühren, mit roten Früchten umwunden sind. In der Mitte der auf diese Weise entstandenen Krone kann eine Fruchtschale, oder der so mit Recht beliebte Baumkuchen Platz finden. Auch für Weinkühler wäre in diesem Falle der Platz wie geschaffen.

Ganz aus Beeren besteht der nächste, in Skizze 9 wiedergegebene Schmuck einer runden Tafel. Von der mittleren großen Vase, in der die verschiedenartigsten, mit Früchten behangenen Zweige Aufnahme finden, fallen Ketten aus Mehlbeeren und endigen an kleinen Gefäßen, die wiederum mit verschiedensten Zweigen besteckt und mit Kränzen aus Mehlbeeren umringt sind.

Für die Ausschmückung einer Tafel (Skizze 10) mit hellblauer Kaffeedecke empfiehlt sich die Gattung der Mannstreu *(Eryngium); Eryngium amethystinum* ist wohl die bekannteste und schönste Vertreterin dieser sogenannten Edeldisteln. Ihre amethystblauen Zweige mit den Fruchtständen schmücken lange, hellgelbe Vasen, die mit dunkelblauen Töpfen durch schwarze Bänder verbunden werden. Die Basis der Anordnung bilden gelbe Herbstastern, die mit der blauen Decke sehr wirksam in Kontrast treten, und wiederum die blauen *Eryngium* bestens zur Geltung bringen.

Herbstlaub und Herbstfrüchte sind für den Gärtner besonders in den letzten Jahren ein sehr beliebter Handelsartikel, der vom Publikum äußert begehrt ist. Es dürfte sich daher empfehlen, das Schaufenster einmal mit einer Festtafel im Herbstschmuck zu besetzen. Wo leuchtende Beeren fehlen, helfen wir mit bunten Bändern nach. Nur recht farbenfreudig gewirtschaftet, aber harmonisch! Keine Überladung, keine Unruhe in der Disposition. In der Einfachheit liegt auch hier der Schwerpunkt vornehmer Wirkung!

Landschaftsgärtnerei.

Vortrag über die Gartenkunst und ihre neuzeitlichen Bestrebungen.

Von **Carl Hampel**,
städtischer Gartendirektor in Leipzig.

Gehalten auf der diesjährigen Hauptversammlung des Vereins deutscher Gartenkünstler in Leipzig.

(Schluß.)

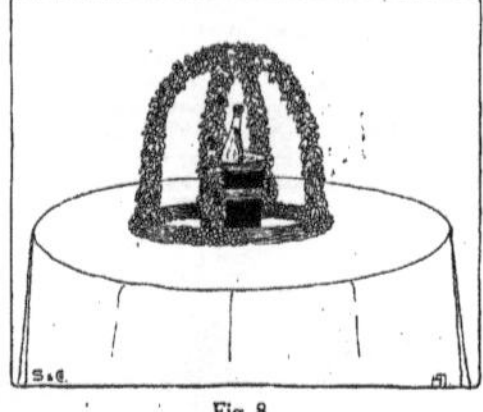

Fig. 8.

Fig. 9.

Fig. 10.

Die Gärten bei der Villa, dem Landhause, beim Hause in der Stadt, sollen regelmäßig sein und die erweiterte Wohnung bilden. Die letzte Anschauung ist eine ganz alte. Wenn sie heute als etwas ganz Besonderes aufgestellt wird, so beweist das nur, daß die neueren Bestrebungen mit der Literatur in der Gartenkunst und ihren Forderungen wenig oder gar nicht vertraut sind. In weitestem Umfange ist dieser Forderung der französische Garten nachgekommen. Im englischen, wie auch im deutschen Garten sucht man die erweiterte Wohnung, wie sie im Garten gefunden werden soll, nicht ausschließlich in der Regelmäßigkeit. Diese Gärten verlangen nur, daß der Garten sich dem Gebäude regelmäßig angliedere. Dazu eine Laube, ein Pavillon, ein regelmäßiges Plätzchen in der Nähe zum behaglichen Niederlassen oder Ausruhen angeordnet, werden dieser Forderung im vollsten Sinne gerecht.

Zur Begründung der Regelmäßigkeit im Garten wird auch auf die neueren englischen Gärten hingewiesen, wie schon gesagt, und sie als nachahmungswerte Beispiele empfohlen. England hat von jeher regelmäßige Gärten in den kleineren Terrains besessen, es kann darin also nichts Neues gefunden werden. Es läßt der englische Park sogar im Pleasureground die Einrichtung der verschiedensten regelmäßigen Gärten zu und macht damit diese Anlagen interessant. Dasselbe sehen wir auch im deutschen Garten und haben z. B. im Schloßgarten zu Babelsberg ein treffliches Beispiel dafür. Und die deutsche Gartenkunst, d. h. die sogenannte veraltete, lehrt klar und bündig, daß der Garten sich den Forderungen des Grundrisses, der Gliederung und Architektur, der reichen, oder weniger reichen Ausstattung, der Bescheidenheit und Einfachheit des Gebäudes, sowie den Bedürfnissen des Besitzers anzupassen habe. Darin aber muß eine Weitsichtigkeit gefunden werden, welche die Gartenkunst vor jeder und aller Veraltung schützt und dem Garten ein Sichanpassen an die jeweiligen Forderungen einer Zeit durchaus sichert. Wer dies beachtet, und bei jeder neuen Aufgabe, die ihm wird, sich auch gegenwärtig hält, wird immer ein Bild schaffen, das befriedigt und das nie zur Schablonenhaftigkeit werden kann. Die Vertreter der sogenannten neuen Richtung kümmern sich hierum natürlich nicht. Uebrigens geht es der Gartenkunst hierin genau so wie der Baukunst.

Wenn die letztere für all das Unkünstlerische verantwortlich gemacht werden sollte, das da täglich neu entsteht und in den vielen Straßen sich aneinander reiht, dann wäre es mit der Baukunst schlecht bestellt. Auch wie hier, muß man in der Gartenkunst die Spreu von dem Weizen zu sondern wissen und darf das Kind nicht mit dem Bade ausschütten, indem man alles in einen Topf wirft.

Auch in anderer Weise ist es mit den Neuerungen schlecht bestellt. Wie kann z. B. eine Garteneinrichtung, die unseren Voreltern gefiel und ihrer einfachen Lebensweise, ihren einfachen Gewohnheiten und bescheidenen Bedürfnissen, ihren einfachen Bauten sich anpaßte — einfach kopiert und unseren anders gestalteten Bauwerken, anders gearteten Gewohnheiten, der größeren Wohlhabenheit aufgezwungen werden, wie wir dies vorbildlich z. B. auf den Ausstellungen zu Düsseldorf, Darmstadt und Mannheim sahen, an vielen anderen Orten sehen können, und in der neueren Literatur besiegelt finden.

Daneben liegt in der hierin zu findenden falschen Beurteilung über die erforderlichen Verhältnisse in unserem Garten eine Unwahrheit, die uns den Garten fremd macht. Und deshalb paßt ein solcher Garten nicht zum deutschen, nicht in unsere Zeit, mit ihren so anders gearteten Bedürfnissen. Aber nicht nur den kleinen Garten wollen diese Neuerer regelmäßig einrichten, nein, es sollen auch die großen und größten Parks so eingerichtet werden. Daß dem Deutschen diese Linien langweilig sind, weil sie seinem Empfinden so ganz widersprechen, kümmert diese Gartenverbesserer nicht. Im Städtebau ist man bestrebt, das langweilige Bild, das die gerade, regelmäßige Einteilung schaffte, durch krumme, in angenehmer Kurvenform geführte Linien zu ersetzen, im Park, der freie Natur atmen soll, bemüht man sich, die schönheitlichen Kurven durch strenge gerade Linien zu ersetzen. Die Neuerer haben eben aus dem französischen Garten und auch aus den Gärten bei den übrigen

Völkern nichts gelernt und kümmern sich dazu nicht um das Volksgefühl. Im übrigen wird das Neue vornehmlich gefunden in der Aufteilung und Zerstücklung der Flächen, Anpflanzung von Gehölzen und Nadelhölzern ohne Rücksicht auf ihre Ausbreitung auf Räume, welche die Unmöglichkeit für ihre Entwicklung geben; es kommt nur darauf an, zu pflanzen; dazu Heckenwerk zum Ueberdruß. Mit all diesen Einrichtungen wird eine Unruhe in den Garten hineingetragen, die nie zu einer rechten Befriedigung führen kann. Und doch ist die einfachste Forderung auch an den kleinsten Garten, daß er uns Befriedigung und Wohlbehagen bringe, das kann aber nur erreicht werden, wenn das Gesamtbild Harmonie und Ruhe atmet. Beide aber können wiederum nur gewonnen werden durch Vermeidung zu großer Zerstücklung, dafür Zusammenhang in den Flächen, Ruhe in den Grundlinien und einer Gruppierung und allgemeinen Anordnung in Pflanzungen, die bei aller Mannigfaltigkeit das Gesamtbild nicht aus den Augen verliert. Und was wird in der Anpflanzung nicht alles geleistet! In dieser Beziehung sind wohl die Gärten auf den Ausstellungen noch in aller Gedächtnis. Es wird in die Gärten ein Gehölzmaterial hineingesetzt, das gar nicht hinein gehört, es werden Linien geschaffen, die ohne Begründung bleiben. Das Vegetationsmaterial wird zurechtgestutzt, nur damit es in den Garten hineinpaßt. Damit wird dem natürlichen Wuchs und Charakter Gewalt angetan und das Material in Formen gebracht, die nur Unnatur zeigen. Was man früher vor etwa 25 bis 30 Jahren verspottete und aus dem deutschen Garten verbannte, das holt man heute als eine Errungenschaft hinein. Man vergißt das lebende Material und rechnet nicht mit seiner Weiterentwickelung. Hat sich daraus doch in gewissen Kreisen die Ansicht Bahn gebrochen, eine Kenntnis des Gehölzmaterials sei gar nicht nötig, das Material wird dem jeweiligen Zweck entsprechend gefügig zurecht gemacht. Also das, was in den anderen Künsten zu den Hauptgrundlagen gehört, nämlich eine gründliche Materialkenntnis, verleugnen die Neuerer in der Gartenkunst. Vor einiger Zeit las ich einen Artikel, worin der Verfasser seine Freude darüber ausdrückte, daß man sich in den neueren Gärten auch bemühe, die schönen Gehölze und Pflanzen, die wir besitzen, endlich zur Anwendung zu bringen. Ich hatte das Gefühl, daß der Schreiber des Artikels sich niemals in den Gärten umgesehen haben könne, sonst könnte er eine solche Behauptung nicht aufstellen; kann ihm doch gerade das Gegenteil nachgewiesen werden. Die neueren Gärten mit all ihrer Regelmäßigkeit, ihren Ecken und Winkeln lassen die Verwendung von all dem verschiedenen Material gar nicht zu.

Die Anpflanzung und Verwendung des bekannten Pflanzenmaterials ist eine uralte, man gebe sich nur die Mühe, daraufhin einmal die älteren und ältesten Parks zu studieren. Dies gilt sowohl von dem Laubholz-, Nadelholz-, wie Staudengewächsmaterial. Es auch in ausgedehnterer Weise in die kleineren Gärten eingeführt zu haben, ist ein Verdienst der siebenziger Jahre des vorigen Jahrhunderts, zu welchem Zwecke man die Unregelmäßigkeit auch in diese Gartenanlage einführte. Und man kann dieses Pflanzenmaterial auch gar nicht anders zur rechten und guten Anschauung bringen. Liegt doch gar kein Grund dazu vor, die unregelmäßige Linie aus diesen Gärten zu verbannen, wie es die Neuerer wollen. Ja es erfordert eine solche Komposition häufig mehr Nachdenken und künstlerisches Können als einige mit Reisschiene, Dreieck und Zirkel zusammengestellte Linien. Weshalb aber diese Unregelmäßigkeit nicht statthaft sein soll, darüber sind die Beweise bisher noch ausgeblieben. Unter solchen Umständen kann es auch nicht befremden, daß die Konkurrenz, die von der Zeitschrift „Die Woche“ veranlaßt und in ihren besseren Arbeiten zur Veröffentlichung gelangte, so wenig Befriedigung gebracht hat, konnte doch mit Recht etwas besseres erwartet werden. Verwundert hat es auch, daß die Zeichnungen zu den gartenarchitektonischen Gegenständen so kläglich ausgefallen sind. Man hat das Gefühl, schlecht nachgeahmte Kopien vor sich zu haben. Sie wichen von dem, was man bisher allgemein zu sehen bekommen hat, nicht ab. Auf diesem Gebiete hat das Genie die Erfinder bisher noch gänzlich im Stich gelassen.

Derjenige, der Grundrisse zu lesen versteht und sich daraus das Bild für die zukünftige Anlage vergegenwärtigen kann, wird durch die den Arbeiten beigegebenen Bildchen in seinem Urteil weder belehrt, beeinflußt, noch zu einer besseren Auffassung überzeugt. Es ist ein Uebel bei all unseren Konkurrenzen, daß die Bildchen über die Schwächen der Grundzeichnungen hinweghelfen sollen und es leider auch tun.

Eins aber zeigen die Arbeiten in der „Woche“ ganz präzise, daß nämlich die Neuerungen bereits jetzt schon in eine ganz einseitige Manie und Ideenarmut hineingeraten sind, die den Anlagen den Stempel der Schablonenhaftigkeit in vollkommenster Weise aufzwingen. Wem das aber hier noch nicht klar genug ist, der sehe daraufhin nur die Lösungen zum Schillerpark in Berlin an. Noch nirgends bisher ist das Schablonenhafte so lebhaft und beweiskräftig in die Erscheinung getreten wie gerade hier. Und dabei sind die Vertreter der neueren Richtung doch erst im Anfange ihrer Bestrebungen.

Bei der inneren Einrichtung der neueren Gärten sind starke, oft lochartige Vertiefungen eine sehr charakteristische Beigabe. Diese Vertiefungen werden bis zu 1 m auch wohl mehr angelegt. Mitunter stehen auf dem Grunde Blumen, nicht selten finden sich Wasserbassins vor. Ich sah ein solches und hatte das Gefühl, daß es, wenn einige Stufen in die Böschung gelegt wären, für ein römisches Land angesprochen werden könnte. Was soll eigentlich in dieser Vertiefung das Wasser mit seinem stumm daliegenden feuchten Element? Ein Wasserspiegel befriedigt nur dann, wenn er Bewegung zeigt. Zu alledem gesellt sich die unnötige Verkleinerung der Fläche für das Auge. Denn bei dieser Tiefe sieht man nur die vereinigten gegenüberliegenden Böschungsflächen. Diese Verschiebung bedingt das verkleinerte Bild. Kommt nun gar noch ein Wasserstrahl aus solch einem Locbe heraus, ist die Wirkung vollends unbefriedigend.

Die sogenannten Farbengärten auf der Darmstädter Ausstellung, von denen seinerzeit soviel Aufhebens gemacht worden ist, bildeten im Grunde genommen ganz etwas altes, nur erreichten sie ihre alten Vorbilder nicht. In einer Farbe hielt man schon früher nicht nur kleine Blumengruppen, sondern auch ausgedehnte Blumenarrangements. Ich erinnere dabei an die Bepflanzung der Blumenanlage vor dem Neuen Palais in Potsdam mit nur gelben Blütenpflanzen. Es geschah dies zu Ende der sechziger oder Anfang der siebenziger Jahre des vorigen Jahrhunderts. Diese Bepflanzung fand wegen der ermüdenden Langweiligkeit, die sich darin offenbarte, gar keinen Beifall und ist, wenn ich nicht irre, auch nie wiederholt worden. Auch an anderen Orten sind ähnliche Versuche gemacht worden, aber ohne tiefer Wurzel zu fassen. Wenn nun aber hierbei noch Zusammenstellungen von *Heliotropium, Ageratum, Lobelia* und blau blühenden Hortensien zur Bildung eines kleinen Gartens gemacht werden, dann kann man sich nur davon abwenden. Das Auge verlangt etwas Harmonisches; das sollte bedacht werden. Wenn da aber gemeint wird, daß die Verwendung der Blume ein Verdienst der Neuzeit ist, so irrt man damit. Es ist dies vielmehr eine alte Gewohnheit, denn wir finden sie zu allen Zeiten. Wenn sie jetzt mehr auffällt, so liegt dies lediglich daran, daß die Städte jetzt diesen Schmuck mehr üben als früher. Aber etwas neues kann daran nicht gefunden werden.

Auch die Stimmungsbilder spielen zurzeit wieder einmal eine große Rolle, wie etwa zur Zeit von Skells. Was soll ein Garten da nicht alles für Bilder bringen! Hier eine Bachsche Fuge, dort eine Bethoyensche Sonate und was der Spielereien mehr sind. Ganze Bücher sind darüber geschrieben worden, wozu man kleine, durch das Alter gebildete Szenen als mustergültig hinstellt, ohne zu bedenken, daß Alter und Umgebung hierbei eine große Rolle spielen. Ich habe immer gefunden, daß die Andeutungen, die der Philosoph Hirschfeld hierüber gegeben hat, noch die besten sind. Dem Engländer Watelet kann man nur beipflichten, daß der Park das Romantische darstellen solle, nicht aber soll man sich in dichterische Szenen verlieren.

Bei all diesen Bildungen spielt nicht allein das individuelle Empfinden eine große Rolle, sondern auch andere Umstände sprechen dabei mit. Welch eine Veränderung im Ausdruck erleidet nicht eine Szene unter bedecktem Himmel, gegenüber dem klaren und hellen. Wie sieht das Bild an einem taufrischen Morgen gegenüber der Mittagszeit aus, wenn die Sonnenglut darauf lagert und ihre Strahlen es wie in einen leichten Staubmantel gehüllt erscheinen lassen. Anders sieht das Bild bei klarem Abendhimmel, oder wenn die Abendnebel sich darüber lagern, aus. Ganz aber wird vergessen, daß der Charakter sich ändert und ändern muß, wie es das Wachstum der Pflanzungen bedingt. Daß sich gewisse Szenen aus bestimmtem Material herstellen lassen, ist gewiß, nie aber sollte dies zu Spielereien ausarten.

Szenenbildungen, die ein allgemeines Empfinden wachrufen, finden sich im Buchenhain, in einem Trupp Pyramidenpappeln, der im Gegensatz zu seiner Umgebung steht; in der Linde mit ihrem mehr weichen Charakter oder der Eiche, die uns den Ausdruck von Kraft, aber auch Trotz abnötigt.

Gewiß hat eine jede Zeit das Recht, bestimmte Forderungen zu stellen und auch die Gartenkunst kann sich diesen nicht verschließen. Sie hat aber auch die Pflicht mehr denn alle anderen Künste zu prüfen und zu wägen, da die Vollendung ihrer Werke späteren Zeiten zufällt. Daher gilt auch heute noch die Ansicht Reptons: Man solle nicht dem Drange der Neuzeit ohne Prüfung folgen, was wohl für den Augenblick ein Vergnügen gewähren mag, für den Künstler aber eine gefahrvolle Klippe bildet, weil sie ihn leicht zu den absonderlichsten Formen führt, die, einmal gesehen, ihre Bewunderung verlieren.

Wenn ferner eine Kunst überhaupt nicht stille stehen darf, so gilt dies ganz besonders von der Gartenkunst, deren Werke dem Wechsel unterworfen sind. Die größte Schwäche der Gartenkunst aber ist, wenn sie die richtige Bahn verläßt und sich dem Einflusse der Mode willenlos hingibt, wie es zurzeit leider geschieht.

Deshalb bleibt auch zu wünschen, daß das Ergebnis des Wettbewerbes für den geplanten Schillerpark in Berlin niemals zur Ausführung gelangen möge, daß die städtischen Körperschaften vielmehr ein neues Projekt aufstellen möchten, das vom Geiste echt deutschen Volksempfindens getragen sei, damit sie der Berliner Bevölkerung einen Park geben werden, in dem sich jedermann behaglich und wohl fühlen könne, was aber mit den preisgekrönten Arbeiten niemals zu erreichen ist.

Und so schließe ich denn meinen Vortrag mit dem Wunsche, daß die heutige Bewegung in der Gartenkunst recht bald in richtige Bahnen einlenken und zu einem guten Ausgange im Sinne echter und rechter deutscher Gartenkunst führen möge!

Obstbau.

Etwas vom Fallen und Abnehmen des Obstes in Privatgärten.

Obschon alle Geschehnisse ringsum sich als Ursache und Wirkung offenbaren, werden doch diese Tatsachen nur zu häufig nicht in der erforderlichen Weise untersucht und gewürdigt, weshalb uns, als natürliche Folge, auf allen Gebieten massenhafte Vorteile allerverschiedenster Art entgehen, welche als ebenso verschiedene Verluste an Gütern des Lebens und der Gesundheit das Verlustkonto der Menschheit füllen.

Nicht etwa im geringsten Maße findet man dieses Außerachtlassen von Ursache und Wirkung auch bei dem Bestreben, der Erde Fruchtbarkeit der Menschheit zunutze zu machen, was man bei eingehenderer Untersuchung bald herausfindet.

So werden wir auch bei dem, wenn auch noch so geringen Obstbau in den Einzelfällen im Haus- oder Privatgarten, zunächst in bezug auf das frühzeitige Fallen der Früchte — abgesehen von wurmigen oder madigen Exemplaren — bei einiger Untersuchung der Umstände Ursache und Wirkung bald konstatieren können, denn es fallen auch sonst ganz gesunde Früchte vielfach vor der Zeit ab.

Das Abfallen solcher Früchte tritt bekanntlich zur Zeit der Hauptausbildung derselben — September-Oktober — am häufigsten auf und ist die gewöhnliche Veranlassung zum unzeitigen Abnehmen der ganzen Ernte des betreffenden Baumes, was aber, um vollkommen ausgebildete und wirklich reife, d. h. baumreife Früchte zu haben, soweit als möglich hinausgeschoben werden sollte. Erst wenn die Baumfrüchte ihre wirkliche Ausbildung und vollkommene Samenreife erreicht haben, lernt man ihren wahren Wert bezüglich Qualität in Geschmack und Saft, als auch Haltbarkeit kennen und beurteilen, auch die Sorten in dieser Beziehung unterscheiden, was bei halbreif abgenommenen, auf dem Lager nachgereiften saft- und würzelosen Früchten unmöglich ist.

„Wir müssen die Birnen abnehmen, denn sie fallen und wir bekommen sonst gar keine," sagt man bereits in der ersten Hälfte des Septembers und nimmt edle Sorten ab, welche Ende Oktober oder Anfang November abgenommen werden sollten. Man wird ja in den Privatgärten — ganz abgesehen von den Obstgärten der Bauern — meist edle Früchte in oft spät zur vollen Ausbildung gelangenden Sorten antreffen.

Was ist nun die Folge eines zu frühen Abnehmens? Die Früchte, besonders Birnen, schrumpfen auf dem Lager oft fast auf die Hälfte ihrer Größe, welche sie beim Abnehmen hatten, zusammen und werden nichts weiter als saft- und geschmackloses Kochobst, während sie in Wirklichkeit edle und haltbare Tafelfrüchte werden wollten, hätte man sie ausreifen lassen und die Bäume während dieser Zeit mehrmals gründlich bewässert. So aber ist man zur wirklichen Erntezeit mit seinen Früchten bereits fertig. Daß die abgefallenen Früchte bereits schwarze Kerne aufwiesen, war noch kein endgültiges Zeichen einer vollkommenen Reife, sondern vielmehr ein Zeichen der Notreife, einer Ermattung des Baumes, was uns die Untersuchung der Umstände beweist, welche hierzu die Ursachen waren. Die schwarzen Kerne täuschten und verführten zu einem Trugschluß — sie waren eben nur die Wirkung jener Ursachen.

Die geschrumpften, zu Kochobst gewordenen Früchte bilden aber noch den günstigeren Fall. In vielen Fällen findet man die zu früh abgenommenen, nein, abgebrochenen Früchte — denn oft müssen sie tatsächlich gewaltsam abgebrochen werden — in der Aschengrube oder auf dem Abraumhaufen verfault wieder. Die Natur hatte sich umsonst bemüht.

Forschen wir also zunächst den Ursachen nach, welche ein so frühes Abfallen halb ausgebildeter, spät reifender Früchte veranlaßten. Sehen wir uns die Umgebung so manches Obstbaumes in Privatgärten an, so finden wir 7 bis 8 Schritt entfernt z. B. eine mächtige Platane, welche einen ungemein weiten Umkreis über dem Erdboden sowohl wie in demselben beherrscht, woselbst sie jedwede Feuchtigkeit aufsaugt und oben dem Niederschlag an Tau und Regen wehrt. Nach einer anderen Seite besorgt eine riesige Eiche dasselbe und drehen wir uns weiter, so besorgen eine Linde und ein Ahorn dieses Geschäft. Graben wir ein Loch in solcher Gegend in die Erde, so werden wir zu der erwähnten Zeit — September-Oktober — auch nach sonst feuchten Sommern, eine unbeschreibliche Trockenheit des Bodens finden, namentlich auf leichten Bodenarten. Nach Eintritt trockener Herbstwitterung ist die etwa vorhandene Bodenfeuchtigkeit rasch verschwunden. Aus einem solchen pulvertrockenen Erdboden soll nun der Obstbaum in dieser wichtigen Zeit die große Summe von Kraft, deren er zu seiner größten Arbeitsleistung im Jahre bedarf, herbeiholen. Das ist er aber als schwächster unter der ganzen rivalisierenden Gesellschaft nicht imstande, und darum ist er gezwungen, einen Teil seiner Arbeit wenigstens unfertig fallen zu lassen, was den oberflächlich urteilenden Laien zu dem Trugschlusse verführt, es sei Zeit, die Früchte abzunehmen. Man muß die Tätigkeit des Baumes um diese Jahreszeit als eine dreifache betrachten. Erstens will die Belaubung erhalten sein, welche, wie man sieht, an den Obstbäumen noch festhaftet, wenn viele andere Gehölze die ihrige schon abgeworfen haben; zweitens beanspruchen die Früchte zu ihrer jetzt stattfindenden stärksten Anschwellung und Zuckerbildung das höchste Maß von Feuchtigkeit, und drittens findet zur gleichen Zeit die Ausbildung der Fruchtaugen oder Knospen für das kommende Jahr statt. Es ist klar, daß der Baum zu so hoher Kraftleistung auch des nötigen Fonds an Kräften benötigt. Bleibt ihm dieser versagt, so muß eben etwas eintreten, wie es das frühe Abfallen der Früchte ist: Ursache und Wirkung.

Die vorhin geschilderte Nachbarschaft, welche dem Obstbaume in den Privatgärten eine so überaus gewaltige Konkurrenz macht, ist ja nicht überall in diesem Maße vorhanden und ist damit sein schwierigster Standpunkt gezeichnet; aber auch ohne diese werden wir in den meisten Fällen, zumal auf leichten Bodenarten, bei trockenem Herbst, den Boden, in welchem die Obstbäume stehen, auch in günstigeren Lagen, viel zu trocken für die Bedürfnisse des Baumes finden.

Wer also gut ausgereiftes, vollsaftiges und haltbares Obst von seinen wenigen Bäumen ernten will, der schenke ihnen zur rechten Zeit, zur Zeit der Ausbildung der Früchte, auch eine besondere Aufmerksamkeit durch Zuführung der notwendigen, durchdringenden Feuchtigkeit. Ich behaupte sogar, daß diese Zeit — der September — gleichzeitig die beste Zeit zur Düngung der Obstbäume ist, denn unzweifelhaft kommt eine Kräftezufuhr um diese Zeit dem Baume so zugute, wie zu keiner anderen Jahreszeit; hat man aber mit dieser Feuchtigkeitszuführung zu lange gewartet und ist der Baum schon so ermattet, daß bereits ein starkes Abfallen der Früchte stattfindet, so wird man auch dieses kaum mehr verhindern können. Aber auch in diesem Falle nehme man noch nicht die Früchte alle ab, denn die, welche auch nach später begonnener Bewässerung am Baume bleiben, werden immer noch ungleich besser werden, als die zu früh abgenommenen. Und am Ende wird man zugeben müssen, daß z. B. 100 Stück schöne, vollsaftige Tafelbirnen oder Aepfel im März und April doch ungleich mehr wert sind, als ein Haufen geschrumpfter, saft- und geschmackloser oder bereits verfaulter Früchte auf dem Abraumhaufen im Oktober.

Wir haben im vorigen Herbste den schlagenden Beweis der Richtigkeit obiger Behauptungen erlebt. Auf Verlangen, welchem, wie so oft, nicht zu widersprechen war, mußten Napoleons Butterbirnen in dem oben gekennzeichneten, halb ausgebildeten Zustande abgenommen werden. Ein kleiner Baum, gut mit Früchten besetzt, aber an sehr trockener Stelle, blieb von der zu frühen Beraubung verschont und durfte die entsprechende Behandlung genießen, bis am 7. November, nach Eintritt der ersten Fröste, die nun herrlich ausgebildeten, glattschaligen, großen Früchte abgenommen wurden. Keine derselben war abgefallen. Ein Vergleich dieser, am 7. November abgenommenen Birnen mit denjenigen vom 16. September ergab ein trauriges Bild. So mag es wohl nicht allzuselten vorkommen, daß man die in seinem Garten stehenden Obstsorten zwar dem Namen der Sorte nach kennt, aber von deren wirklicher Qualität keine richtige Vorstellung hat.

Leider würdigt man nur zu oft den wohlgemeinten Rat eines praktischen, erfahrenen Mannes keiner Beachtung, zumal wenn der Mann ein titelloser Mensch ist, der nur die einfache, langweilige Schule des Lebens genoß. Aber wenn es in der Zeitung steht — — ja, Bauer, dann ist es ganz was anderes! G. S.

Mannigfaltiges.

Indianersommer.

Von **Werner Lieb**, Whitestone, Long Island, N. Y.

(Hierzu zwei Abbildungen.)

Eines der Vollbilder in Kerners berühmtem „Pflanzenleben" hat mich immer in besonderem Maße gefesselt. „Herbst am Erie-See" ist es unterschrieben. Aus dem bläulich-grünen Geäste einer Gruppe von Nadelhölzern leuchten im Purpurglanze die Ranken des wilden Weins; am Ufer entlang breitet sich ein Dickicht aus Sumach im strahlenden Herbstgewande.

Gewiß mag der „Indianersommer" im Gebiete der großen Seen besonders farbenprächtige Bilder schaffen, mag, unterstützt durch den mehr ursprünglichen Charakter der Landschaft, stärker auf den Menschen wirken als anderswo. Aber auch hier auf Long Island, in unmittelbarer Nähe der Großstadt, ja noch innerhalb des riesigen Groß-New York, bietet er uns seine Schönheiten dar. Für die Urbevölkerung des Landes brachte diese Jahreszeit, Mitte September beginnend, in Wäldern und Seen jagdbares Getier in Hülle und Fülle. Daher kommt der Name „Indianersommer", den man noch hören wird, wenn längst der letzte Indianer zu den ewigen Jagdgründen eingegangen sein wird.

Partie aus einem nordamerikanischen Sumpfwalde mit Quercus palustris.
Vom Verfasser für die „Gartenwelt" photographisch aufgenommen.

Noch vor den ersten Frösten beginnen die Rhusarten ihr Blättergewand zu färben. Den Hirschkolbensumach, *Rhus typhina*, sieht man meist in größeren Trupps; er besiedelt die Waldränder, Wegraine und Bahndämme, und durch die Massenwirkung wird die Schönheit dieses Strauches nur verstärkt. Mit Gelb beginnend, steigern sich die Farbentöne, durchlaufen alle Nuancen des Rot bis zum tiefsten Schwarzrot, „ein Vorspiel zu der großen Farbensymphonie des amerikanischen Herbstes": *Rhus Toxicodendron*, der „giftige Epheu" der Amerikaner, spendet braunrote und kupferfarbige Töne. Als echter Vagabund treibt er sich überall umher, windet sich dicht am Boden hin durchs Gestrüpp, schwingt sich an Baumstämmen zur Höhe, und überwuchert kahle Steinmauern.

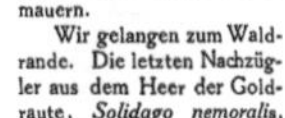

Wir gelangen zum Waldrande. Die letzten Nachzügler aus dem Heer der Goldraute, *Solidago nemoralis*, nur noch ein paar Tropfen aus dem Blumenmeere, das noch vor kurzem hier alles goldgelb überflutete, drängen sich an schattigen Stellen aus dem Brombeergerank. Zierliche Astern blühen noch am Wegrande, *Aster Tradescantii* und *ericoides* mit ihren niedlichen, weißen Blüten, anspruchslos im dürren, steinigen Boden wurzelnd; *Aster laevis* und *patens*, größer und kräftiger, mit blauen und rötlichen Blüten.

Cornus florida erfreute uns hier im Frühling, mit Blütenschnee überstreut; nun hat sie ihr Herbstgewand angelegt. Und wahrlich, nicht minder schön ist sie in ihrer mattpurpurnen, zuweilen in violett übergehenden Färbung. Aber ihr erwachsen in den Eichen überlegene Rivalen, die sich einander an Pracht und Farbenglanz überbieten. *Quercus coccinea* ist die schönste, dann folgen *Quercus rubra* und *Quercus palustris*, die hier vorherrscht. Ein herrlicher Baum ist die Sumpfeiche (Abbildung nebenstehend und Seite 619), sowohl im Mischwald als auch besonders wenn sie frei steht. Eine auffallende Erscheinung bildet *Liquidambar styraciflua*, die sich in sonniger Lage sehr schön färbt. *Juglans nigra* und *Carya* sind fast ihres Blätterschmuckes beraubt, ihr gelbes Laub bedeckt den Waldboden. Durch Smilaxgewirr und meterhohe Farne bahnen wir uns den Weg zum Rande des Sumpfes.

Sümpfe bilden eine Eigenart der Landschaft Long Islands. Sie liegen teils als Salzwassersümpfe unmittelbar am Sund, und haben dann eine spärliche Vegetation, vielfach finden wir aber auch an höhergelegenen Stellen der großen Insel Sumpfgebiete. Ganz unmerklich geht oft die Waldlandschaft in Sumpflandschaft über. Birkengebüsch wagt sich am weitesten in den moorigen Boden, *Eupatorium purpureum* und *E. perfoliatum* blühen hier noch, doch die weiten, mit *Carex* und Rohrkolben bestandenen Strecken geben der Landschaft einen düsteren Ton. Aus dem Einerlei der Gräser ragt nur hier und da eine Gruppe von *Clethra alnifolia*.

Wieder wenden wir uns zum Waldrande. Doch was ist dies? Gleich einem brennenden Busch, leuchtendrot, flammt ein Ahorn — *Acer rubrum* — vor uns auf. Ein herrlicher Anblick wartet unser auf der Spitze des nahen Hügels. Im Rahmen des wilden Weins, der dem fahlen Gelb eines mächtigen Tulpenbaumes Scharlachtöne beimengt und seine langen Triebe gleich bunten Bändern von den Zweigen wehen läßt, bietet sich dem entzückten Auge die weite Fläche des Long Island-Sund im Glanze der Oktobersonne.

Partie aus einem nordamerikanischen Sumpfwalde mit Quercus palustris.
Vom Verfasser für die „Gartenwelt" photographisch aufgenommen.

Fragen und Antworten.

Beantwortung der Frage 544. Wie ist die Kultur der buntblättrigen Caladien, um schöne, kräftige Pflanzen in einem Sommer zu erhalten? Wie sollen die Knollen im Winter aufbewahrt werden und wie werden sie ohne Verluste angetrieben?

Vielfach wird noch heute in handelsgärtnerischen Kreisen die Behauptung aufgestellt, buntblättrige Caladien seien nicht zu Handelspflanzen geeignet, vor allem seien sie zu weich, ließen im Ladengeschäft bald die Blätter hängen und beim Verkauf derselben setze man sich der Gefahr aus, die Kundschaft zu verlieren. Diese Ansicht ist unbedingt eine irrige. Abgesehen von sehr empfindlichen Sorten, wie solche z. B. *Rio de Janeiro* ist, behaupte ich, daß sich unsere buntblätterigen Caladien nach guter Entwickelung derartig abhärten lassen, daß alle Klagen verstummen müssen. Die Abhärtung muß natürlich sachgemäß und allmählich erfolgen.

Ich habe mit folgendem Kulturverfahren stets gute Erfolge gehabt: Die Knöllchen werden vom Februar ab bis März, je nachdem man früher oder später Pflanzen haben will und Vermehrung wünscht, sauber abgeputzt und einige Tage auf das Vermehrungsbeet gelegt, damit sie etwas angeregt werden. Zum Einpflanzen benütze man ein Gemisch von Heide- und Lauberde mit etwas Sand, Torfmull und zerkleinerter Holzkohle. Die Töpfe sind so klein wie möglich zu wählen und die Knöllchen je nach Stärke 1 bis 2 cm mit Erde zu bedecken. Die Töpfchen senke man möglichst in einen Schwitzkasten im Vermehrungsbeete ein und setze sie einer Durchschnittstemperatur von etwa 30—32° C aus, wie auch je nach Bedürfnis ein einmaliges oder öfteres leichtes Ueberbrausen mit warmem Wasser durchzuführen ist. Haben die Wurzeln die Töpfchen einigermaßen durchzogen, so verpflanze man in wenig größere Töpfe. Es ist besser, öfters verpflanzen, als die Töpfe zu groß zu nehmen! Das Pflanzen soll recht locker geschehen und ist die Erde mit fortschreitender Entwicklung kräftiger (Laub- oder Mistbeeterde) und ganz grob zu nehmen. Ich verwende mit Vorliebe für Caladien die beim Durchsieben zurückgebliebene Erde, der ich vom zweiten Verpflanzen ab getrockneten, zerbröckelten Kuhdünger beimische. Ausgiebige Bewässerung darf man nicht versäumen, die sich natürlich bei jeder einzelnen Pflanze nach deren Wachstumsfreudigkeit richtet. Die Pflanzen selbst dürfen nach Entwicklung der Blätter nicht mehr gespritzt werden, die nötige Luftfeuchtigkeit ist durch Bespritzen der Wände und Wege zu erzeugen. Oefteres Weiterrücken, damit die Pflanzen nicht vergeilen, darf nicht versäumt werden. Schattiert wird nur wenig, gelüftet bis zur vollständigen Entwicklung ebenfalls nur wenig, dann aber beginnt die allmähliche Abhärtung.

Sobald die Caladien die ersten gelben Blätter zeigen, was je nach Beginn der Kultur, früher oder später (September bis Oktober), der Fall ist, gieße man weniger. Abgestorbene Blätter entferne man zeitig genug, damit sie keine Fäulnis erregen, und halte die Pflanzen im übrigen sonnig und ziemlich luftig. Die Ueberwinterung muß warm und ziemlich trocken erfolgen; ein guter Platz ist unter dem Vermehrungsbeete, wo die Töpfe gegen Tropfenfall umgelegt werden, oder man stellt sie im Warmhause auf ein Hängebrett. In beiden Fällen ist öfteres Nachsehen angebracht. Man kann die Knöllchen auch, nachdem die Pflanzen abgestorben sind, aus der Erde nehmen und in Kistchen mit Torfmull oder Sand einschlagen.

C. Crusius, Syrau.

— Um schöne Pflanzen von Caladien zu erzielen, pflanzt man die Knollen, die vorher sauber geputzt, bezw. auch geteilt worden sind, im März in Töpfe, in eine Mischung von Heide-, Laub- und kräftige Mistbeeterde mit Sand. Für guten Wasserabzug muß gesorgt werden. Anfangs werden die Caladien mäßig, später reichlicher gegossen. Beschattet wird nur wenig, um eine recht schöne Färbung der Blätter zu erlangen, was die Hauptsache ist. Es ist eine feuchte Luft im Hause zu erhalten. Sind die Pflanzen ausgewachsen, muß das Gießen wieder vorsichtiger gehandhabt werden. Bevor die Caladien zur Verwendung kommen, müssen sie abgehärtet werden, auch sind sie bei den verschiedenen Dekorationen, wozu sich die Caladien vortrefflich eignen, gegen Zugluft zu schützen. Das Gießen wird, sobald sich die Farbe der Blätter verliert, mehr und mehr eingeschränkt und schließlich ganz eingestellt. Sind die Blätter abgestorben, dann stellt man die Töpfe an einen trockenen Platz, doch muß die Temperatur in dem Raume mindestens 12 ° C betragen, um die Knollen vor dem Verderben zu schützen. Die Knollen den Winter über in den Töpfen zu belassen, rate ich nicht, da sie in diesen oft verderben. Das beste ist, die Knollen den Winter über in ganz trockenen Sand zu legen und vor Feuchtigkeit und Tropfenfall zu schützen. Die Ruhezeit soll wenigstens drei Monate betragen.

Wilh. Titze, Crangen.

— Die Kultur dieser Knollen macht im Verhältnis zur Schönheit der Pflanzen nicht viel Mühe; sie sind anspruchsloser als vielfach angenommen wird. Ich möchte nachstehend erörtern, wie die Caladien im hiesigen Botanischen Garten zu größter Schönheit und Ueppigkeit gebracht werden: Die Knollen pflanzt man im März in möglichst kleine Töpfe. Sollte eine Knolle faulige Stellen besitzen, worauf man sehr achten muß, so entfernt man diese mit scharfem Messer, bestreut die Wunde mit Holzkohlenstaub und legt die so behandelte Knolle mehrere Tage an einen trockenen, warmen Ort. Die beste Erdmischung besteht aus grober Heide-, Kompost- und Misterde zu gleichen Teilen, nebst reichlich grobem Sand und zerkleinerter Holzkohle. Man stellt die Töpfe in ein Warmbeet, gießt mäßig, ganz im Anfang nur selten, und nach kurzer Zeit bildet sich das erste Blatt. Haben sich die Pflanzen in den kleinen Töpfen gut entwickelt, so werden sie von Zeit zu Zeit in größere Töpfe, in noch kräftigere Erde umgepflanzt. Die Töpfe müssen guten Wasserabzug haben. Die Pflanzen verlangen während des Wachstums ein reiches und gleichmäßiges Gießen. Sehr warme, gleichmäßig feuchte Luft und gelegentliche flüssige Düngung befördern ein üppiges Gedeihen. Die Caladien vertragen viel Licht, doch ist ein Schattieren gegen brennende Sonne notwendig. In einem tiefen, warmen Kasten, dicht unter dem Glase, bei geschlossener Luft, entwickeln sie sich je nach der Größe der Knolle in einem Sommer zu wahren Prachtpflanzen. Ein Bespritzen der Blätter vermeide man. Ein Decken der Fenster ist in kühlen Nächten notwendig. Beginnen die Blätter im Herbste zu gilben, so stellt man das Gießen allmählich ein und bringt die Töpfe an einen trockenen Ort ins temperierte Haus. Kommen die Knollen gut ausgereift und abgetrocknet in die Ruheperiode, so sind Verfaulen oder sonstige Schädigungen fast ganz ausgeschlossen.

C. Winterfeld, Jena.

Beantwortung der Frage No. 545. Welcher Kollege ist in der Lage, mir brauchbare Ratschläge für die Anlage eines Farnherbars zu geben?

Bei Anlage eines Farnherbars muß zunächst unterschieden werden, ob dasselbe wissenschaftlichen oder praktischen Zwecken dienen soll.

Das wissenschaftliche Farnherbar hat nur dann Wert, wenn es gute, brauchbare Präparate enthält. Besonders müssen die Teile der Pflanzen gut erhalten sein, welche für Einteilung und Bestimmung der Farne wesentlich sind, wie Wurzelstock, Blattstiel, Spreite, Fiederchen, Sporenbehälterhäufchen, Schleier, Spreihaare etc. Die Farne müssen daher in einem Stadium gepresst werden, in dem alle diese Teile entwickelt sind; die fruchtbaren Wedel dürfen nicht ihre volle Reife erreicht haben, da sonst die Sporenbehälterhäufchen sehr leicht ab- oder ausfallen. Die beste Zeit ist, wenn sich die Schleierchen eben öffnen. Zum Pressen benutzt man ein gut geleimtes Zeitungs- oder gebrauchtes Schreibpapier, nicht Löschpapier. Letzteres absorbiert wohl die Feuchtigkeit gut, trocknet aber schlecht, hält die Presse feucht, und die Luft kann zu wenig zirkulieren. In Löschpapier gepresste Farne bekommen daher ein ausgesaugtes, unscheinbares Aussehen; höchstens nehme man dasselbe für die ersten drei bis vier Tage, wenn die Pflanzen noch die volle Feuchtigkeit besitzen. Presse und Papier müssen gleiches Format haben. Es ist empfehlenswert, dieses Format nicht zu groß zu nehmen, zumal die meisten Pflanzen sowieso geteilt werden müssen. Das beste Format ist 26 × 40. Die Einrichtung eines solchen Herbars muß billig, sauber und praktisch sein. Ich habe mir für mein Herbar bedrucktes Zeitungspapier im Format von 40 × 52 schneiden lassen, welches einmal zusammengelegt das gewünschte Format von 26 × 40 ergibt. Jede Spezies kommt in einen solchen Bogen, alle eine Pflanzenfamilie enthaltenden Bogen zwischen zwei Aktendeckel, deren oberer ein Etikett mit entsprechender Aufschrift enthält. Die einzelnen Mappen werden dann natürlich nach einem bestimmten System geordnet, so daß man mit Hilfe eines nebenher zu führenden Registers die gewünschte Pflanze schnell finden kann. Zur Aufbewahrung der Mappen läßt man sich passende Schutzkartons anfertigen.

Das praktische Farnherbar gestaltet sich wesentlich einfacher. Hierbei kommt es darauf an, die Farne in der Verfassung festzuhalten, in der sie ihren Wert als Schnitt-, Dekorations- oder immergrüne Freilandfarne zeigen. Deshalb braucht dasselbe auch nicht nach Familien und Gattungen geordnet zu werden, man kann es vielmehr ganz nach eigenem Geschmack anordnen. Ein nebenher laufendes Register kann auch hier wieder ein schnelles Auffinden erleichtern.

Allgemein empfiehlt es sich noch, jedem Blatt einen Zettel beizulegen, auf welchem Gattung, Spezies, Familie, Fundort, Fundzeit und sonstige wesentliche Bemerkungen verzeichnet werden. Das erhöht den Wert eines Herbars wesentlich.

Im übrigen bin ich jederzeit bereit, über diesbezügliche Fragen gern direkte Auskunft zu erteilen. **F. Rebhuhn**, Weinheim.

Beantwortung der Frage No. 546. Ich will mein Grundstück mit einer Hecke umgeben. Was eignet sich hierzu außer Weißdorn am besten, um schnell eine dichte Pflanzung zu erhalten? Ist die schottische Zaunrose hierzu geeignet und woher ist diese in Massen zu beziehen? Es handelt sich um etwa 400 laufende Meter.

Die schottische Zaunrose, auch Weinrose genannt *(R. rubiginosa)*, nebst ihren Hybriden in gelb, rosa, purpurrot und zweifarbig, eignet sich sehr gut für eine Heckenanlage von mittlerer Höhe. Die Rose wird bis 2 Meter hoch und ist reich mit Stacheln versehen. Die Blätter duften stark und die Blüten ähneln denen der Hundsrose; sie sind blaßrosa und erscheinen im Juni—Juli. Am besten dienen zur Pflanzung 2—3 jährige Sämlinge, deren man für 400 Meter bei 40 cm Pflanzweite etwa 100 Stück gebraucht. Es empfiehlt sich, einen kleinen Teil mehr zu beziehen, um nötige Ersatzpflanzung ausführen zu können. Ebenso wertvoll wie die Weinrose ist die *Rosa rugosa*, deren dichte Bewehrung und schnelles, gedrungenes Wachstum viel für sich haben. Durch große, purpurrote bezw. weiße Blüten, die von Mai an erscheinen, zeichnet sie sich besonders aus, und sind ihre Früchte die besten zum Einmachen, doch wird sie nicht ganz so hoch und gedeiht auch nicht in jedem Boden. Eine Rosenhecke, so schön sie auch ist, nimmt in späteren

Jahren sehr viel Raum fort und wird oft lästig durch ihren breiten Wuchs, oft auch durch die vielen Wurzelschosse. Will man die Blüten nicht missen, so darf nur mäßig geschnitten werden. Eine hohe, gute, dichte Hecke bilden dann ferner noch die Weißbuche *(Carpinus Betulus)*, die Kornelkirsche *(Cornus mas)*, deren Früchte genießbar sind, die gewöhnliche Rotbuche *(Fagus silvatica)*, und der Feldahorn *(Acer campestre)*. Wichtig ist bei den vier letzteren, daß sie vom zweiten Jahre an regelmäßig unter Schnitt gehalten werden. Für immergrüne, schnellwüchsige hohe Hecken eignen sich dann noch der Lebensbaum *(Thuya occidentalis)*, die Rotfichte *(Picea excelsa)* und die Eibe *(Taxus baccata)*. **C. Winterfeld.**

— Für Hecken um ein Grundstück würde ich Weiß- und Rotdorn nicht verwenden, da diese Sträucher für Ungeziefer, Raupen und Blattläuse, wahre Brutstätten bilden und nur mit größter Mühe davon sauber zu halten sind. Dadurch bildet eine solche Hecke auch eine Gefahr für andere Pflanzen. Wer eine Weißdornhecke anlegt, soll später die Mühe nicht scheuen, dieselbe von Ungeziefer frei zu halten. Die schottische Zaunrose leidet auch durch Ungeziefer, wenn auch nicht in demselben Maße. Abgesehen davon, halte ich sie für Hecken, die eine feste, geschlossene Einfriedigung um ein Grundstück bilden sollen, deshalb für nicht geeignet, weil sie, um diesen Zweck zu erfüllen, ziemlich breit gehalten werden muß.

Zu Hecken, die eine Einfriedigung sein sollen, würde ich dagegen die Weißbuche, *Carpinus Betulus*, und die gewöhnliche Waldbuche, *Fagus silvatica*, empfehlen. Beide sind ziemlich raschwüchsig, schließen also rasch zusammen, leiden nicht viel von Ungeziefer und können in jeder beliebigen Breite und Höhe gehalten werden. Eine gut geschnittene Buchenhecke ist mit ihrer dichten Belaubung eine herrliche Einfassung für ein Grundstück. Weißbuchen sollen nur als junge, zwei- bis dreijährige Pflanzen verwendet werden, da ältere Pflanzen nicht so leicht anwachsen. Neben Buchen ist auch die Kornelkirsche, *Cornus mas*, zu empfehlen. Wenn es eine Dornenhecke sein soll, so würde ich die *Gleditschia triacanthos* empfehlen.

Fr. Roll, Château d'Oex, Schweiz.

— Trotz der verschiedenen Mängel, die einer Hecke anhaften, sind doch auch wieder ihre Vorzüge nicht zu verachten. Wo eine Hecke ihren Zweck erfüllt, sollte sie auch angepflanzt werden. Als geeignetes Material kämen folgende Gehölze in Betracht: *Prunus Myrobalana*, sehr schnell wachsend und dichte Hecken bildend, *Prunus Mahaleb*, *Robinia Pseudacacia*, noch schneller wachsend als erstgenannte, vorzügliche Schutzpflanze, *Carpinus Betulus*, ebenfalls dicht und nicht von untenauf kahl werdend, *Ligustrum vulgare*, schnellwüchsig, und *Tilia grandifolia platyphyllos*, jedoch eignet sich auch die in der Frage erwähnte schottische Zaunrose *Rosa rubiginosa* sehr gut dazu; sie ist raschwüchsig und bildet eine undurchdringliche Hecke, erfreut obendrein auch noch durch ihren herrlichen Blütenflor.

G. Deistel, städt. Baumschulengärtner, Königsberg i. Pr.

— Um schnell eine dichte Hecke zu erreichen, ist die schottische Zaunrose, *Rosa rubiginosa*, einerseits ihres straffen, dichten Wuchses und andererseits durch ihren angenehmen weinartigen Geruch, der besonders an feuchtwarmen Tagen weithin bemerkbar ist, sehr zu empfehlen. Sie ist fast in jeder besseren Baumschule zu haben. Vor einigen Jahren pflanzte ich eine 195 Meter lange Hecke mit botanischen Wildrosen der verschiedenen Arten, die heute sehr effektvoll aussieht und nebenbei nicht teurer als andere gebräuchliche Hecken wurde, weil sie, auf ungefähr 80 cm Weite gepflanzt, bald reichlich dicht wurde.

Eine leider selten vertretene, flott wachsende Heckenpflanze ist *Ligustrum ovalifolium*, das den ganzen Winter grün bleibt.

Wilh. Jäck, Bremen.

— Als beste Einfassung für Ihr Grundstück sind zu nennen: 1. *Rosa rugosa Conrad Ferd. Meyer*, oder 2. *Rosa rugosa calocarpa*, 3. *R. rugosa Roseraie de l'Hay*, 4. gewöhnliche *Rugosa rosea* und *alba* gemischt; auch können No. 1, No. 3 und *Rugosa Mme G. Bruant* gemischt gepflanzt werden. Die Hecke läßt sich auf 50 bis 70 cm Breite halten, ist sehr dicht und überaus schön, dabei je nach der Sorte nutzbringend. Die Lord Penzanceschen Zaunrosen-Hybriden bilden auch sehr schöne, feste, beliebig hohe Hecken in großer Farbenpracht. Die gewöhnliche Zaunrose ist im Laube etwas zu dünn. **P. Lambert**, Trier.

— Als Heckenpflanzen zur Einfriedigung eines Grundstückes kommen außer *Crataegus oxyac.* (Weißdorn) in Betracht: *Carpinus Betulus, Corylus Avellana, Cornus mas, Gleditschia triacanthos, Quercus pedunculata, Ulmus campestris;* ferner von immergrünen Pflanzen: *Abies pectinata, Taxus baccata, Thuya occidentalis, Tsuga canadensis, Juniperus communis.* Werden die Hecken niedrig gewünscht, so können am besten folgende Straucherarten verwendet werden: *Cornus alba* und *C. sanguinea, Berberis vulgaris, Cotoneaster coccinea, Chaenomeles (Cydonia) jap.* und *Cydonia vulgaris, Ligustrum vulg.* und *ovalifolium, Lycium europ.* und *L. chinense, Rhamnus, Rosa canina, rugosa, rubiginosa* und *Evonymus europaeus.*

Die schottische Zaunrose eignet sich sehr gut zur Heckenpflanzung, da sie nicht allein vollständig winterhart ist, sondern auch gleichzeitig durch ihre Blumen und Früchte zierend wirkt. Zur Anlage einer Hecke von 400 lfdn. Metern würde man die nötigen Pflanzen wohl in jeder größeren Baumschule in Deutschland, sonst aber auf alle Fälle aus jeder großen holländischen Baumschule beziehen können.

Georg Blau, städt. Gartentechniker, Bromberg.

Beantwortung der Frage No. 547. Welches sind die üblichen Maße für die im Freien zu verwendenden Glasglocken, was kosten diese und woher sind sie zu beziehen?*)

Die für die Glasglocken üblichen Maße sind 50 cm innere Breite und 60 cm innere Höhe. Ob man die Glasglocken zu einem geringen, d. h. der Verwendung entsprechenden Preise, in einer deutschen Glasfabrik erhalten kann, ist wohl fraglich, da in Deutschland die Verwendung der Glasglocken immer noch wenig gebräuchlich ist. Aber in Frankreich, wo die Glasglocken in sehr großen Mengen im Gebrauch sind, sind dieselben zu etwa 50 Pfg. das Stück zu erhalten. **Georg Blau**, städt. Gartentechniker, Bromberg.

Beantwortung der Frage No. 548. Welches ist der beste und praktischste Erdbeerhalter?

Holzwolle! — Erdbeerhalter verteuern die Anlage und erfordern viel Arbeit. Holzwolle in flacher Schicht zwischen den Pflanzen über den Boden gebreitet, ist das beste Vorbeugungsmittel gegen Anfaulen und Verschmutzen der Früchte. Sie nimmt zwar nach Niederschlägen sehr gern Feuchtigkeit auf, verliert diese jedoch bei geringer Luftbewegung rasch. **E. M.**

— Einen billigen und dauerhaften Erdbeerhalter kann man sich auf einfache Weise herstellen. Man schneidet doppelten, verzinkten Eisendraht in 30 cm lange Stücke und biegt sie in entsprechende Form. Derartige Erdbeerhalter sind in der Erdbeertreiberei in Sanssouci im Gebrauche und haben sich dort gut bewährt. **H. Dohrn**, Lichtenberg-Berlin.

— Dem Fragesteller möchte ich empfehlen, überhaupt keine Erdbeerhalter anzuschaffen, und zwar aus folgenden Gründen: Diese Halter sind im Verhältnis zu anderen Mitteln viel zu teuer und zu unpraktisch. Das Aufstellen derselben ist eine zeitraubende Arbeit und erfordert eine fortwährende Kontrolle. Ist der Ring zu groß, dann fallen immer wieder die kürzeren Stengel mit Früchten durch und liegen auf der Erde; ist er zu enge, dann werden Blätter und Früchte zu sehr zusammengepreßt, beschatten sich gegenseitig und hindern sich in Wachstum. Das beste Deckmaterial, um die Erdbeeren vor Schmutz zu schützen, ist unstreitig recht strohiger Mist, welcher gleich nach, oder noch vor der Blüte um die Pflanzen gelegt wird. Der Dung wird durch Regen ausgewaschen und das bleibende Stroh bildet ein sauberes Lager. Wem dieser Dünger nicht reinlich genug erscheint, der kann nicht zu kurz geschnittenen Häcksel nehmen, welcher sich gut um die Pflanzen legen läßt, und nach Regen und Gießen schnell abtrocknet. Ein weiteres billiges Mittel ist Holzwolle. Diese muß jedoch etwas fest auf die Erde gelegt werden, damit sich die Beeren nicht darin verfangen. Auch

*) Siehe auch Artikel „Vorkultur unter Glasglocken" von Obergärtner Buchholz in No. 43 ds. Jahrganges; auch gelangt demnächst ein weiterer Artikel mit Angabe von französischer Bezugsquelle und Preis zum Abdruck.

Torfmull wird viel verwendet, ist jedoch nicht so empfehlenswert als die erstgenannten Mittel. Als ein einfaches Deckmaterial werden in einigen Gegenden Frankreichs, z. B. St. Génier, das ausgejätete Unkraut und die abgestorbenen Blätter benutzt. Alle diese Mittel aber halte ich für praktischer und billiger als Erdbeerhalter. Letztere sind nur für kleine Ziergärten zu empfehlen, deren Besitzer die nötige Zeit haben. **A. Reimann,** Obergärtner, Schmalenbeck.

Neue Frage No. 582. Welches ist das beste Mittel zur Vertilgung der Engerlinge in Erdbeerkulturen?

Neue Frage No. 583. Welches billige Gartenbuch mit Ratschlägen zur Anlage eines Hausgartens (in deutscher oder englischer Sprache abgefaßt) ist einem bei Shanghai ansässigen Liebhaber zu empfehlen?

Neue Frage No. 584. Welche gärtnerischen Erzeugnisse werden hauptsächlich von Deutschland nach Amerika und welche von Amerika nach Deutschland exportiert?

Neue Frage No. 585. Ist es vorteilhaft, die Fliedersorten *Marie Legraye* und *Charles X.* durch Stecklinge statt durch Veredelung zu vermehren? Eignen sich die beim Schneiden der Fliederquartiere abfallenden Ruten zu Stecklingen?

Neue Frage No. 586. Mit welchem Mittel kann man „Reflorit" von den Händen entfernen?

Neue Frage No. 587. Hat einer der Herren Kollegen Erfahrungen gesammelt mit der Schutzdecke von Bernhard, Leitmeritz, einen besseren Ersatz für Strohdecken?

Neue Frage No. 588. Wie ist Schnitt und Behandlung der Reben unter Glas?

Neue Frage No. 589. Wo sind künstliche Springbrunnen und Fontänen zu erhalten?

Wir bitten unsere Leser, sich zahlreich an der Beantwortung vorstehender Fragen zu beteiligen. Die zum Abdruck gelangenden Antworten werden genau wie andere Beiträge honoriert.

Bei gleichzeitiger Einsendung mehrerer Antworten ist für jede ein besonderes, nur einseitig zu beschreibendes Blatt zu verwenden.

Bücherschau.

Der Friedhof und seine Kunst. Von Georg Hannig, Städt. Garteninspektor in Stettin. Berlin 1908. Verlag von Gebrüder Borntraeger. Preis geb. 14 Mark.

„Kein Lehrbuch, sondern eine Kritikschrift" will der Verfasser mit seinem Buche bieten, das er in einem Untertitel „Zeitgemäße Betrachtungen über die Ausgestaltung unserer Friedhöfe" nennt. Damit ist Zweck und Inhalt gekennzeichnet, und was der stattliche Band verspricht, das hält er auch. Eine Persönlichkeit von ernstem, ehrlichem Wollen und Können spricht aus dem Ganzen, ein Praktiker, der sein Urteil in langjähriger Beobachtung und Erfahrung geschult und auf Studienreisen vielseitig weitergebildet hat. Gern folgt man seinen klaren Gedankengängen, die an der heutigen Unkultur unserer Friedhöfe oft in so derber Weise Kritik üben, daß selbst die bodenständigste Gedankenlosigkeit wohl oder übel wird in sich gehen müssen. Aber diese Kritik bleibt nirgends unfruchtbar, denn aus ihr heraus sucht der Verfasser überall Wege zum Besseren zu deuten und Wandel zu schaffen. Ein umfassendes Material guter Abbildungen unterstützt dies Bestreben und kommt meist in Beispiel und Gegenbeispiel zur Verwendung. Besonders der erste Teil des Buches „Die allgemeine Anlage", in dem Hannig alles bespricht, was in letzter Zeit geplant und unternommen wurde, um eine Neugestaltung des Friedhofes herbeizuführen, wird manchem die Augen öffnen und viel Gutes stiften; aber auch im einzelnen manchen Widerspruch erfahren, nicht zuletzt bei denen, die in gleichem Streben an des Verfassers Seite schreiten. Das ist aber ganz natürlich, denn gerade der Friedhof ist im Kampf der Meinungen noch ein heiß umstrittenes Gebiet und nur so, im gewissenhaften Prüfen jedes Für und Wider, kann das Rechte gefunden werden; Hannig selbst aber wäre gewiß der letzte, der darüber nicht Freude empfände. Das ist ja doch gerade der Zweck seines Buches: Nicht Dogmen will er aufstellen, sondern fördern und an berufener Stelle zu seinem Teil an der hohen und schönen Arbeit beitragen, die unserer Zeit vorbehalten scheint.

Eingehende Beachtung und Beifall verdienen auch die Abschnitte über „Einfriedigungen" und „Grabmonumente" und das Kapitel „Bänke und Kleinwerk". Gerade hierin wird noch Unglaubliches geleistet, was um so unangenehmer auffällt, als das heutige Friedhofsbild von ihm bestimmt wird. Hannig führt in einer Reihe bis auf eins glücklich gewählter Beispiele gute Grabmalkunst vor und erörtert dann die Gesichtspunkte, unter denen Grab, Einfriedigung und Denkmal in künstlerischem Sinne gestaltet und zur Einheit verbunden werden können. Ebenso eingehend ist die Bepflanzung der Grabstelle behandelt, und damit etwas, was dem Friedhofspraktiker manchen Kopfschmerz bereitet. Das Publikum mit der Vielheit seiner Geschmacksrichtungen durchkreuzt hier nur zu oft die besten Absichten zum Schaden einer guten Gesamtwirkung. Vorzügliche Abbildungen illustrieren auch hier die treffenden Ausführungen, bei denen mir nur die Freude am Pflanzlichen etwas zu stark betont scheint im Verhältnis zu dem, was doch wohl stets beim Besuch eines Grabes den Grundton unseres Empfindens bilden wird. —

Lag für alles bisher Besprochene schon eine ganze Reihe guter Erfahrungen vor und ließ sich nutzbar machen, so galt es für den letzten Abschnitt, der des Verfassers Ansichten über „Urnenhaine und Urnenhallen" enthält, Neuland zu bearbeiten. Hannig hat dem Feuerbestattungswesen, das heute mehr und mehr an Bedeutung gewinnt, von jeher seine Aufmerksamkeit gewidmet und die Beisetzungsfrage auch für diesen Fall eingehend studiert. So ist denn in Wort und Bild alles zusammengestellt, was vom Bestehenden für sie von Wichtigkeit sein könnte und mit richtigem Empfinden beurteilt und besprochen; das sichert dem Buche unser Interesse bis zur letzten Zeile.

Wohl keimt beim Lesen des öfteren der Wunsch auf, der Verfasser möchte hier und dort etwas mehr von der Höhe ästhetischer Betrachtung herabgestiegen sein, aber das lag nicht im Rahmen seiner Absicht, und auch so ist „Der Friedhof und seine Kunst" eine Neuerscheinung von ungemeinem Wert, deren Studium nicht zu umgehen ist, will man sich ernstlich mit der Frage neuzeitlicher Friedhofsgestaltung beschäftigen. Und nicht nur das, sondern auch auf die Gartenkunst im allgemeinen läßt der Gedankeninhalt sich nutzbringend übertragen, und damit wächst das Buch über seinen Sonderzweck hinaus. Möge ihm ein voller Erfolg beschieden sein!

F. Ulrich.

Mannigfaltiges.

Taxus baccata. In No. 43 dieser Zeitschrift wurde über die guten Eigenschaften der *Taxus baccata* berichtet. Hierzu möchte ich noch auf den Wert der *Taxus* als Schutz für die Singvögel, welche die Parkanlagen auch im Winter nicht verlassen, hinweisen. Besonders bei Schneefall bietet das schirmartige Dach der Taxussträucher einen sicheren Ort für die kleinen Sänger. Eine Parkanlage mit älteren Baumbeständen, in welcher man den guten Zustand der *Taxus* als Unterholz beobachten kann, ist der Herzogliche Schloßpark zu Gotha. Aber nicht nur als Unterholz, sondern auch als schön entwickelte Gruppenpflanzen sehen wir die *Taxus* dort. An der Treppe zur Museumsterrasse stehen dort prächtige Pflanzen, an welchen die zur entsprechenden Zeit reichlich vorhandenen roten Fruchtbecher einen leuchtenden Schmuck bilden. Auch sonst hat der Herzogliche Park zu Gotha manche schöne Koniferen aufzuweisen, unter welchen sich auch stammbildende *Taxus* und hochgewachsene *Juniperus virginiana* befinden. **E. Posselt,** Düsseldorf.

Tagesgeschichte.

Berlin. Eine Engrosmarkthalle für den Obst- und Gemüsehandel wird, wie schon lange geplant, nun doch in Moabit auf dem von der Paulstraße, dem Packhof, der Spree und der Straße Alt-Moabit umgebenen Gelände errichtet werden. Das Gelände ist $6^1/_2$ ha groß und hat Bahn- und Wasserverbindung. Die Zentralmarkthalle im Zentrum Berlins wird in Zukunft nur noch dem Hauptverkehr mit Geflügel, Fischen usw. dienen, da auch der Fleischgroßhandel verlegt wird und zwar nach dem Osten in die Nähe des Vieh- und Schlachthofes; letztere Anlage ist bereits in Angriff genommen.

Brünn. Am 8. September fand in Brünn der erste mährische Handelsgärtnertag statt, welcher zu wichtigen Fragen des Berufes Stellung nahm. Es wurde beschlossen, alle Schritte zu unternehmen, um die Einordnung der mährischen und österreichisch-schlesischen Handelsgärtner in je eine Gewerbegenossenschaft zu erreichen und so alle die dringenden Fragen unseres Standes zu lösen. Eine erfolgreichere Begegnung der durch die staatlichen, städtischen und privaten Gärtnereibetriebe hervorgerufenen Konkurrenz, sowie eine Regelung des Lehrlingswesens soll gleichfalls in energischer Weise erfolgen. Alle Beschlüsse und Resolutionen wurden seitens der zahlreich erschienenen Kollegen einstimmig gefaßt.

Clausthal. Eine große Erweiterung des Parkes des Genesungshauses Schwarzenbach bei Clausthal wird in diesem Herbst stattfinden. Die Anstalt hat etwa 67 Morgen an den alten Park grenzender Wiesen angekauft und läßt dieses ganze große Terrain umzäunen und in Parkanlagen umwandeln.

Dessau. An die hiesige städtische Fortbildungsschule soll vom 15. Oktober ab eine Gärtnerfachschule angegliedert werden.

Dresden. Die Stadtgemeinde Dresden hat kürzlich eine 38 ha große Fläche des Hochwaldes im Dresdener Staatsforstrevier an der Moritzburger Landstraße in der Nähe des „Wilden Mannes" auf 15 Jahre gepachtet, um sie als öffentlichen Waldpark zu benutzen.

Duisburg. Im Anschluß an die Obst- und Gemüseausstellung der Landwirtschaftskammer der Rheinprovinz, hierselbst, veranstaltet der Verband rheinischer Baumschulbesitzer vom 3. bis 12. Oktober eine gemeinschaftliche Ausstellung von Baumschulprodukten. Es soll durch diese Ausstellung eine Uebersicht rheinischer Baumschulerzeugnisse geschaffen werden, wobei gezeigt werden soll, wie einheitliche Qualitäten, einheitliche Bezeichnung, einheitliche Preise, einheitliche Sortengarantie und sonstige einheitliche Bedingungen für Käufer und Verkäufer gleich günstige Wirkungen schaffen. Die Veranstaltung soll nach außen hin den Zusammenschluß gegenüber dem Handelsgärtner, dem Landschaftsgärtner und Privatleuten dokumentieren. Ebenso soll sie den, die Ausstellung der Landwirtschaftskammer besuchenden Vereinen und Genossenschaften, den Vertretern der Kammer, der Provinzalverbände und der Regierung ein einheitliches geschlossenes Bild vorführen.

Bei dieser Ausstellung ist jedem Verbandsmitgliede, ob größerer oder kleinerer Züchter, Gelegenheit gegeben, seine Waren in solcher Qualität auszustellen, wie er sie in bestimmter, größerer Anzahl abgeben kann. Es soll nur „Handelsware" zur Ausstellung kommen, wie sie an den Besteller auch geliefert werden kann. Es wird durch diese Ausstellung gegenüber den Behörden der Nachweis geführt werden, daß die Leistungsfähigkeit der gewerbsmäßigen, rheinischen Baumschulenbesitzer eine solche ist, daß alle Subventionierung von bisher aus öffentlichen Mitteln unterhaltenen Baumschulen als überflüssig erscheint und die noch bestehenden wenigen Provinzial-, Kreis- und Lehrerbaumschulen nach und nach ausverkauft werden.

Da die Landwirtschaftskammer nicht nur die Interessen des Obstbaues, sondern auch die des Gartenbaues vertritt, so sind auch andere Baumschulerzeugnisse, wie: Ziergehölze, Koniferen, Rosen usw., sowie bei Formbäumen andere Sorten als die von der Kammer empfohlenen zugelassen und gewünscht, und mit all diesem soll der Nachweis geführt werden, daß der Gartenbau für seinen Bedarf genügende Vorräte bester Qualitäten in rheinischen Baumschulen vorfindet. —

Zu meiner Notiz auf Seite 600 der No. 50 in der Rubrik „Tagesgeschichte" sendet Herr Steinhauer folgende Berichtigung: „Es ist unwahr, daß ich Herrn Hesdörffer als Nichtfachmann bezeichnet habe." Hierzu ist zu bemerken, daß nach dem meines Wissens bisher unwiderrufenen Berichte des Duisburger Generalanzeigers mir Herr Steinhauer in seinem Referate die Mahnung zugerufen haben soll „Schuster bleib bei deinen Leisten", und daß die Redaktion der genannten Tageszeitung in einer Einleitung, die sie einer von mir eingeschickten Berichtigung voraussetzte, nochmals besonders hervorhob, daß ich in der fraglichen Versammlung ihrem Vertreter gegenüber ausdrücklich als Nichtfachmann bezeichnet worden sei. Wenn ich nun trotz alledem obenstehender Steinhauerschen Berichtigung Raum gebe, so geschieht dies nicht der Klageandrohung des Herrn Steinhauer zuliebe, — derartige Drohungen lassen mich durchaus kalt —, sondern nur, um einmal zu zeigen, in welcher Weise heutzutage berichtigt wird. Der Duisburger Generalanzeiger wäre der richtige Ort für die Berichtigung des Herrn Steinhauer gewesen. So lange an dieser Stelle nicht berichtigt ist, besteht für mich zu einer Berichtigung weder gesetzliche noch moralische Verpflichtung. M. H.

Groß-Lichterfelde. Für die Parkanlagen der Gemeinde am Teltow-Kanal sind bereits 34000 M bewilligt worden, darüber hinaus sind aber schon 6000 M verbraucht. Für letztere Summe wurde vom Gemeindevorstand Indemnität nachgesucht und außerdem um Bewilligung von noch 24000 M gebeten, da die Arbeiten in mäßigem Tempo fortgesetzt werden sollen, und zwar, im Interesse der Arbeiter, nach Möglichkeit auch während des Winters.

Magdeburg. Mit Zustimmung der Stadtverordneten richtet der Magistrat ausgedehnte neue Schrebergartenanlagen ein. In der Neustadt werden im Norden der jetzt schon bestehenden Anlage in den Kiebnebergen 74 Gärten von 190 bis 200 Quadratmetern Größe vom 1. November d. J. an auf zunächst 4 Jahre verpachtet und zwar zum Jahrespachtpreise von 7 Pfg. für das Quadratmeter, wobei die Bezahlung der Bewässerungsanlage mit einbegriffen ist. An der Olvenstedter Chaussee werden die bisherigen Schrebergärten neu eingezäunt, und 34 Gärten von durchschnittlich 460 Quadratmeter Größe neu angelegt. Die Verpachtung erfolgt hier für alle Gärten zum Preise von 8 Pfg. für das Quadratmeter, und zwar vom 1. November d. J. ab auf unbestimmte Zeit, doch so, daß der Magistrat in den ersten 4 Jahren nicht kündigen darf.

Personal-Nachrichten.

Haage, Joh. Christian, Gärtnereibesitzer in Erfurt, † am 12. d. M. im noch nicht vollendeten 65. Lebensjahre.

Mühle, Wilhelm, Kunst- und Handelsgärtner in Temesvár, ein Bahnbrecher der österreich-ungarischen Handelsgärtnerei, † 15. d. M. nach langem Leiden im 63. Lebensjahre.

Petras, wurde die durch den Tod des bisherigen Inhabers erledigte Stadtgärtnerstelle in Sprottau übertragen.

Schlumberger, Exzellenz Dr. Johann von, † am 12. d. M. im 90. Lebensjahre in Gebweiler i. E. Der Verstorbene sah genau einen Monat vor seinem Tode, am 12. August, die Mitglieder der Deutschen Dendrologischen Gesellschaft in seiner musterhaft gepflegten, seltene dendrologische Schätze bergenden Gartenanlage und machte damals selbst den Führer (siehe Reisebericht „Gartenwelt" No. 50 Seite 597). Dr. von Schlumberger war früher einer der größten Industriellen der Reichslande, stand fast 30 Jahre lang bis 1903 an der Spitze des Landesausschusses derselben und hat auf diesem verantwortungsvollen Posten außerordentlich segensreich gewirkt; in Rücksicht auf diese Verdienste wurde er in den erblichen Adelsstand erhoben und anläßlich seiner diamantenen Hochzeit durch ein herzliches Handschreiben des Kaisers ausgezeichnet.

Briefkasten der Redaktion.

Herr Forstmeister Rebmann Straßburg, teilt mir zu meinem Bericht in No. 50 mit, daß bei ihm das Abhauen der Seitentriebe an jungen Stämmen verboten sei und in seinem Reviere nicht vorkomme, und daß nur Doppelgipfel entfernt werden. Die rasch wachsenden Walnußsämlinge entwickelten manchmal keine Seitentriebe, was mich wohl getäuscht habe. Die spillrige Beschaffenheit der *Juglans nigra*-Bestände im Rheinwalde mag auch der allzustarken Beschattung durch das Unterholz zuzuschreiben sein. Im Forste des Herrn Julius Schlumberger beobachtete ich, wie ein Oberforstmeister mit dem Hirschfänger alle Seitenaustriebe der jungen *Juglans*-Stämme herunterschlug. M. H.

Berlin SW. 11, Hedemannstr. 10. Für die Redaktion verantwortlich Max Hesdörffer. Verlag von Paul Parey. Druck: Anhalt. Buchdr. Gutenberg e. G. m. b. H., Dessau.

Winterharte Stauden

zur Schnittblumengewinnung, zur Ausschmückung von Gärten und Parks, Grotten, Felspartien und Teichen.

Winterharte Freilandfarne und Eriken.

Bewährte Edel-Dahlien.

Spezialität: Samen und Sämlinge von

Primula obconica „Ronsdorfer Hybriden".

Samen von Stauden und Sommerschnittblumen. [17

Preislisten auf Anfrage.

Georg Arends

Staudengärtnerei

Ronsdorf (Rhld.).

Grosskulturen von Rhododendron in winterharten und weicheren, gangbarsten Sorten, :: :: :: ::

Fliedern und anderen in Topf kultivierten Pflanzen zum Treiben,

Azaleen, Koniferen, Buxus, Aucuben, Magnolien usw.

Billigste und sicherste Bezugsquelle! Zum Besuche wird freundl. eingeladen. Kataloge (deutsche, engl. u. amerikan. Ausgaben) frei auf gefl. Anfrage.

Jacs. Smits Ltd., Naarden, Holland. [46

Versäumen Sie nicht, auf Ihren Reisen meine

Spezialkulturen von Koniferen

zu besichtigen! Grosse Vorräte in **Handelsware** und **Schaupflanzen.** Es kommt nur tadellose volle Ware mit festen Lehmballen zum Versand. **(Mannheim 1907 für Koniferen höchste Auszeichnung — gr. silb. preuss. Staatsmedaille!)** **Preislisten gratis.** [1561

T. Boehm, Obercassel bei Bonn.

Massenkulturen von Alleebäumen, Rosen, Formobst.

Stauden- und Baumschul-Kulturen!

In allen einschlägigen Artikeln:

Vom Guten das Beste!

Unter anderem grosse Bestände der feinsten Auswahl in:

Paeonia sinensis, Paeonia arborea, Clematis.

Reichhaltiges Verzeichnis mit Beschreibungen und Abbildungen frei!

Goos & Koenemann

Grossh. Hess. Hoflieferanten

Nieder-Walluf bei Wiesbaden

Staudenkulturen und **Baumschulen** [9

für Obstbäume, Koniferen, Rosen und Ziergehölze.

Larix leptolepis

Prachtpflanzen mit Lehmballen ca. 140—300 cm hoch. Vorrat 3000 per Stück 0,80—1,20 Mk. [1

Coniferenschule Münster

Victoria-Regia-Haus des Königlichen Berggartens in Herrenhausen, wurde im Jahre 1906 von uns erbaut und mit Heizung, die von einem Gegenstromgliederkessel betätigt wird, ausgerüstet.

Gustav Röder

G. m. b. H.

Langenhagen

vor Hannover.

[49

Moderne :: Gewächshausbauten :: Zentralheizung aller Systeme.

Stets grosses Lager an Kesseln und Frühbeetfenstern.

Gegründet 1876.

Auf allen Ausstellungen prämiert. Letzte Auszeichnung goldene Medaille Jubiläums-Ausstellung Cassel 1907.

● **Feinste Referenzen.** ●

Fernsprecher 1278.

Telegramm-Adresse:

RöderLangenhagen.

Vertreter für Rheinland und Westfalen: Leo Seegers, Dortmund, Altestrasse 31.

Druck der Anhaltischen Buchdruckerei Gutenberg e. G. m. b. H. in Dessau.

Die Gartenwelt

Illustrierte Wochenschrift für den gesamten Gartenbau.

Herausgeber: Max Hesdörffer-Berlin.

Erscheint jeden Sonnabend.
Monatlich eine farbige Kunstbeilage.

Bezugsbedingungen:
[D]urch jede Postanstalt bezogen Preis 2.50 M. vierteljährl. In Österreich-Ungarn 3 Kronen. [Bei] direktem Bezug unter Kreuzband: Vierteljährlich 3 M. Im Weltpostverein 3.75 M. Einzelpreis jeder Nummer 25 Pf.
[Von] ohne Vorbehalt eingehenden Beiträgen bleibt das Recht redaktioneller Änderungen [vor]behalten. Die Honorarauszahlung erfolgt am Schlusse jeden Vierteljahrs.

Anzeigenpreise:
Die Einheitszeile oder deren Raum 30 Pf., auf der ersten und letzten Seite 50 Pf. Bei grösseren Anzeigen und Wiederholungen steigender Rabatt. Beilagen nach Übereinkunft. **Anzeigen in der Rubrik Arbeitsmarkt** (angebotene und gesuchte Stellen) kosten für Abonnenten einmalig bis zu 10 Zeilen Raum M. 1.50, weitere Zeilen werden mit je 20 Pf. berechnet. Erfüllungsort auch für die Zahlung: Berlin.

Adresse für Verlag und Redaktion: Berlin SW. 11, Hedemannstrasse 10.

XII. Jahrgang No. 53 | Verlag von Paul Parey, Berlin SW. 11, Hedemannstr. 10. | 3. Oktober 1908.

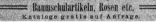

Illustrierte Wochenschrift für den gesamten Gartenbau.

Jahrgang XII. | 3. Oktober 1908. | No. 53.

Zwiebel- und Knollengewächse.

Die Amaryllis oder Rittersterne.*) (Hippeastrum, Herbert.)

Von H. Nehrling.

I.

Arten und Varietäten.

Die *Amaryllis* oder Rittersterne sind schon seit meinen Jugendjahren meine bevorzugten Lieblingsblumen, die weder von Lilien noch Rosen, selbst nicht von den von mir einst in großer Anzahl kultivierten prächtigen Orchideen in den Hintergrund gedrängt werden konnten. Der Name *Amaryllis* hat für mein Ohr immer einen bezaubernden Wohlklang, ist voller Poesie, erinnert mich an Blumenjuwele von ganz eigenartiger, vornehmer Schönheit und feenhafter Pracht. Diese Zwiebelgewächse gehören zu den Aristokraten der Pflanzenwelt, wie die Lilien der gemäßigten Zone, nur sind sie noch feuriger, noch mehr in die Augen fallend, noch blütenreicher. Sie ersetzen jene in den Tropen Amerikas, wo sie in zahlreichen Arten vorkommen, in den Wäldern sowohl als auf freiem Terrain, und selbst an den Gebirgsabhängen der Anden und des Orgelgebirges. Ein dichtbepflanztes Beet von *Amaryllis* ist während der Blütezeit von so wunderbarer Schönheit, übertrifft an Pracht alle mir bekannten Blumen so unendlich, daß ich es kaum begreifen kann, wie diese Juwele der Pflanzenwelt in neuerer Zeit von Blumen minderwerter Güte verdrängt werden konnten. Wenn wir diese edelgeformten Blumen in ihrer vollen Schönheit anschauen, dann erscheint uns die Welt noch einmal so schön, die Zukunft hoffnungsreicher, das Leben poesievoller und idealer.

H. Nehrling.

Ich werde nie den Eindruck vergessen, den die ersten *Amaryllis* auf mich machten. Es war an einem wunderschönen Apriltage des Jahres 1879, als ich ziellos, nur die mir fremde halbtropische Gartenvegetation betrachtend, in der idyllisch gelegenen Stadt Houston in Texas umherwanderte. In den Gärten blühten die Gardenien und hauchten ihren köstlichen Wohlgeruch aus. Die Pracht der Teerosen, die Blütenfülle der herrlichen *Gloire de Dijon, Maréchal Niel, Lamarque, Chromatella* und anderer Kletterrosen an den breiten Veranden der Häuser war für mich, da ich erst kürzlich das rauhe Klima Chicagos verlassen hatte, fast überwältigend. Ich konnte mich kaum satt sehen an den großblumigen Magnolien *(Magnolia grandiflora)*, die in stolzer Schönheit die Gärten sowohl wie die romantischen Ufer der Buffalo-Bayou schmückten. Der

*) Anmerkung der Redaktion. Diese Abhandlung unseres geschätzten Mitarbeiters, dessen frühere Veröffentlichungen in der „Gartenwelt“ die Anerkennung weitester Kreise gefunden haben — es sei hier nur an seine prächtige Abhandlung über Caladien in No. 14, 22 und 23 des XI. Jahrganges erinnert —, erscheint in drei Teilen, illustriert durch eine Farbentafel und zahlreiche prächtige Textbilder, und dürfte wohl die interessanteste, vollständigste Monographie und Kulturbeschreibung sein, die bisher über *Amaryllis* veröffentlicht worden ist.

Gesang der Spottdrossel erschallte aus allen Gärten und rote Kardinäle huschten zirpend durch die dichten, immergrünen Loquatsbäume *(Eriobotrya japonica)*, die Myrtendickichte und das Gewirr der Banksia- und Cherokeerosen. Nonpareils zwitscherten in den Orangenbäumen und Gartenoriole jubelten im überhängenden Gezweig der japanischen Ligusterbäume und zwischen den Girlanden des von den Bäumen herabhängenden spanischen Mooses *(Dendropogon usneoides*, Raf.). Während ich so halb träumend, halb in freudiger Begeisterung dahinwanderte, sah ich plötzlich in der Ferne, in einem großen, schönen Garten, lange, glühendrote Streifen von so wunderbarer Schönheit, daß ich meine Schritte unwillkürlich beschleunigte. Bald hatte ich die Stelle erreicht, und nun bot sich mir ein Bild, so feenhaft, so idyllisch schön, so eindrucksvoll, wie es sich auch die regste Phantasie nicht schöner ausmalen kann. Das niedrige Haus stand im Hintergrunde, umgeben von Magnolien und anderen immergrünen Bäumen. An der breiten, die ganze Länge des Hauses einnehmenden Veranda blühten Rosen und Jasmin, und an beiden Seiten des breiten, nach dem Hause zu führenden Weges fanden sich breite Rabatten mit großen, schönen, trompetenförmigen Blumen, die im Glanze der südlichen Sonne wie mit Goldstaub überstreut glitzerten und leuchteten. Es waren nicht Hunderte, nein, Tausende von Blüten, die sich etwa zwei Fuß hoch über die noch etwas kurzen, aber in dichten Massen sich vorfindenden, riemenförmigen Blätter erhoben. Die Blüten zeigten auf jedem Blumenblatte einen breiten, weißen Streifen und hauchten einen sehr lieblichen, aromatischen Duft aus. Junge Palmen, *Cycas revoluta*, Pampasgras und Gardenien, nebst Teerosen fanden sich in hübschen Gruppen neben den roten Blütenmassen und erhöhten, im Verein mit dem grünen, kurzen Rasen die Pracht ganz bedeutend. Der Boden war eben, feucht und schwarz, sehr reich und humushaltig. Ich fand diese schöne Blume dann noch in vielen Gärten, teils einzeln, in dichten Gruppen oder massenweise auf runden Beeten und Rabatten, nirgends aber fand ich eine so schöne Anordnung als die soeben beschriebene. Dieser erste Anblick machte einen tiefen und nachhaltigen Eindruck auf mich. Keine Blume erschien mir so schön, so entzückend, so vornehm als diese, welche man hier allgemein als rote oder Paradies-Lilie bezeichnete, die ich aber sofort als Johnsons Amaryllis *(Hippeastrum Johnsonii)* erkannte, die erste Hybride, welche überhaupt gezogen worden ist. Sie ist eine alte Gartenblume des Südens unseres Landes, vom mexikanischen Golf nördlich bis nach Memphis (Tennessee) und Raleigh in Nord-Carolina. Jedenfalls wurde sie in der Sklavenzeit von den reichen Pflanzern aus England mitgebracht und verbreitete sich dann langsam weiter über den ganzen Süden. Ich muß sagen, daß mich keine Blume, weder vorher noch nachher, so begeistert hat, wie diese schöne *Amaryllis*. Ich habe später viel farbenprächtigere, glanzvollere und formvollendetere *Amaryllis* gepflegt und selbst gezüchtet, aber dieser alte Liebling aus der schönsten Zeit meines Lebens ist noch heute meine ganz besondere Freude, wird noch heute mit besonderer Lust gepflegt und vermehrt.

Sobald ich in Houston seßhaft geworden war, schaffte ich *Hippeastrum Johnsonii* an und setzte es in meinem Garten aus. Ich fand es später als bevorzugte Gartenblume auch in New Orleans und im ganzen südlichen Louisiana, besonders häufig in Mobile und Tallahassee, in Macon und Savannah und in Charleston (Süd-Carolina). Nur selten findet man noch *H. atrosanguineum* und *H. Ackermannii*, beides alte Hybriden, die schon seit vielen Jahren in den Gärten der alten Pflanzer in Louisiana, vielleicht auch anderorts gepflegt werden. Etwas später fand ich auch die beiden Arten *H. reginae* und *H. vittatum*, aber nur vereinzelt und bei besonderen Liebhabern. Meine *Amaryllis Johnsonii*-Zwiebeln wuchsen so schnell und so kräftig, daß ich in wenigen Jahren große, aus vielen Zwiebeln bestehende Exemplare hatte, die 10 bis 20 Blütenstengel trieben und einen wahrhaft imposanten Anblick gewährten. Die Pracht dieser Blüten, deren aromatischer Duft und ihre leichte Kultur erzeugten bei mir das Verlangen, noch mehrere dieser Blumenjuwele zu besitzen. Ich lenkte meine Aufmerksamkeit zunächst auf die Arten und Varietäten, und dann auf die älteren und später auf die neueren Hybriden, begann auch bald selbst Kreuzungsversuche, und habe seit 1890 Tausende von Hybriden gezogen. Da alle Amaryllisarten der Kultur wert sind, heute aber durch die neuen, allerdings unvergleichlich schönen englischen Züchtungen in den Hintergrund gedrängt sind, so möchte ich durch diese Zeilen auch dazu anregen, daß ersteren wiederum mehr Aufmerksamkeit geschenkt werde.

Hippeastrum vittatum, Herb., war einer meiner ersten Pfleglinge. Von den Anden Perus stammend, wurde diese *Amaryllis* im Jahre 1769 eingeführt. Vermehrung und Kultur sind leicht, und darum verbreitete sich diese Art bald über ganz Europa. Obgleich nicht so schön und farbenprächtig als die meisten von ihr gezogenen Hybriden, ist sie doch sehr schön und der Kultur wert, da man von ihr im Laufe der Zeit vielblumige Exemplare ziehen kann. Die ziemlich langröhrigen Trompetenblumen sind verhältnismäßig klein, mit schmalen, spitzen, sehr gewellten Blumenblättern. Die Grundfarbe ist ein mehr oder weniger reines Weiß mit zwei roten Streifen auf jedem Blumenblatte; im Grunde des Trichters ist die Blüte grün, auch ist sie etwas wohlriechend. Der etwa 1½ bis 2 Fuß hohe Blütenschaft ist gewöhnlich mit 4 oder 5 Blumen gekrönt. Von dieser Art stammen die meisten *Amaryllis* des Handels ab. Es gibt unter den Hybriden ganz prachtvolle Sorten in allen Farbennuancen, vom tiefsten Rot und dem zartesten Gelb bis zum reinsten Weiß, und die Mischlinge, d. h. die durch Zuchtwahl aus den Hybriden entstandenen Formen, sind noch schöner. Am berühmtesten sind vielleicht die von Eugène Souchet und von James Kelway & Co. gezüchteten Formen dieser Art. Eine schöne Abbildung findet sich in Burys „Hexandria", Tafel 32 und 40.

H. Harrisonii, Lindley (Bot. Reg., Tafel 988), gilt als Varietät der vorigen Art, oder auch als Hybride zwischen *H. vittatum* und *H. solandriflorum*, doch ist es für den Amaryllisfreund von ungleich höherem Werte als *H. vittatum*, weil es viel schöner, farbenprächtiger, üppiger und großblumiger. Die Blüten sind groß, reinweiß mit zwei schönen, roten Streifen auf jedem Blumenblatte und sehr wohlriechend. Jeder Stengel ist gewöhnlich bei guter Kultur fast einen Meter hoch und trägt 5 bis 6 der herrlichen Blüten, die sich, kühl und schattig gestellt, fast zwei Wochen gut halten. Diese schöne *Amaryllis* sollte nicht verloren gehen, sondern wieder mehr gepflegt werden. Sie wurde von William Harrison, dem Entdecker von *H. aulicum* und vieler Orchideen, im Orgelgebirge in Brasilien aufgefunden und nach ihm benannt.

H. equestre, Herbert (Abbildungen Hort. Schoen. T. 63; Bot. Mag. T. 305), Barbadoslilie, Feuer- und Orangelilie,

Feueramaryllis u. s. f. Diese Art bildet den Typus des von Herbert gebildeten Genus *Hippeastrum* (Ritterstern). Sie trägt gewöhnlich nur zwei, überaus leuchtende, herrliche Blüten an einem Stengel, doch gibt es auch Lokalrassen mit vier Blüten. Keine *Amaryllis* wird in den Gärten der Tropen mehr kultiviert als diese, keine ist weiter verbreitet. Man findet sie kultiviert und verwildert in Florida und Mexiko, doch sind als ihre eigentliche Heimat Westindien, Guiana, Venezuela, südlich bis Brasilien und Chile anzusehen. Selbst die Indianer Guianas pflanzen sie in die Nähe ihrer Hütten. Sie findet sich verwildert in Indien und auf Ceylon, und F. W. Burbidge*) fand sie sogar auf Labuan und Borneo. In Texas hatte ich diese *Amaryllis* nie gesehen. Als ich im April des Jahres 1886 Florida besuchte, fand ich sie in fast allen Gärten von Jacksonville bis nach Orlando. Der erste Anblick dieser herrlichen, leuchtenden Blume wird mir unvergeßlich bleiben. Bei einem Ausfluge durch den Wald (damals war, mit Ausnahme einiger weniger kleiner Klärungen, die mit Orangenbäumen bepflanzt waren, alles Wald) nach dem großen Apopkasee, sah ich plölzlich vor mir durch die Bäume des flachen Kiefernwaldes herrliche, feurigrote Blumenmassen schimmern. Ich konnte mir zunächst gar nicht denken was es sein konnte. Waren es Flammenblumen *(Phlox Drummondii)* oder mir noch unbekannte Tropenkinder? Ich dachte hier in der Wildnis gar nicht an *Amaryllis*. Als ich die Blüten näher betrachtete, sah ich, daß es *H. equestre* war. Die großen, langen Beete bildeten eine grüne Blättermasse und darüber standen die Tausende leuchtender, orangeroter Blüten mit gelblichweißem Schlunde. *Crinum* standen in großer Anzahl im Hintergrunde und an den Seiten und blühten ebenfalls. Ich war sprachlos vor Staunen und Begeisterung. Damals reifte in mir der Entschluß, Florida zu meiner Heimat zu machen, und die schönen *Amaryllis* und *Crinum* nach Herzenslust zu pflegen und zu vermehren.

Das Heim H. Nehrlings in Florida. Originalaufnahme für die „Gartenwelt".

H. Nehrling unter seinen Alocasien. Originalaufnahme für die „Gartenwelt".

Diese *Amaryllis* gedeihen im scheinbar ärmsten Sande überaus üppig, und oft findet man sie mitten im Walde in der Nähe verlassener Hütten, doch sind sie für eine kleine Düngergabe sehr dankbar. Ich habe sie jetzt rings um meine Wohnung angepflanzt, wo Palmen, *Cycas revoluta*, *Dioon edule*, *Zamia floridana*, *Z. furfuracea*, *Magnolia fuscata* und *Gardenia florida*, dichte Massen von *Alpinia nutans* und mächtige Exemplare von *Crinum amabile*, *C. asiaticum* u. a. den Hintergrund bilden. Hier ziehen sie sich in langen Streifen — etwa 30 m lang — dahin und bilden zur Blütezeit einen feenhaften Anblick. Sogar noch im November bildet das freudig grüne, üppige Blattwerk dieser dichten Massen einen hervorragenden Schmuck des Gartens.

Diese Art variiert ganz bedeutend. Die hier kultivierte Form ist *H. equestre major* (Bot. Reg. T. 234; Bury, Hexand. T. 41), die sich durch große Blüten und einen gelblichweißen Stern im Grunde der Röhre auszeichnet. Die typische Art hat kleine Blüten mit einem hellgrünen Stern. *H. equestre ignescens* ist eine Lokalrasse mit leuchtend scharlachroten Blüten. *H. e. Roezli*, Regel (Gartenflora 1874, 290, T. 809), wurde von A. Roezl in den Anden Bolivias entdeckt. Es hat kleinere und viel hellere Blumen als die Art. *H. pyrochroum*, Lemaire (Ill. Hort. T. 420), und *H. spathaceum*, Sims (Bot. Mag. T. 2315), scheinen ebenfalls Varietäten von *H. equestre* zu sein. Von England aus wurde ersteres vor etwa fünfzehn Jahren viel verbreitet. Es ist im Wuchs voll-

*) Siehe dessen „Gardens of the Sun", p. 120.

ständig vom Typus verschieden, hat viel kräftigere Blätter und scharlachrote Blüten mit grünlichem Sterne; es ist auch viel leichter zu pflegen. So leicht sich nämlich die eigentliche Art und deren Hauptvarietät in Florida vermehrt und so üppig sie auch wächst, so schwierig ist ihre Topfkultur. Frisch gepflanzte Zwiebeln blühen im ersten Jahre gut, aber im Winter gehen sie regelmäßig ein, wenn man sie trocken hält; hält man sie feucht, so faulen sie. Die wenigen Zwiebeln, die man rettet, sind gewöhnlich so schwach, daß man sie selten wieder zu einem üppigen Wachstum bringen kann.

In der „Gartenflora" (Jahrgang 44, 1895) beschreibt Dr. L. Wittmack eine noch schönere Varietät, die er *H. equestre var. Wolteri* nennt, und auf Tafel 1418 ist dieselbe sehr naturgetreu abgebildet. Sie ist leuchtend tief orange-scharlach. Der bekannte Orchideenspezialist, Herr Paul Wolter in Magdeburg, erhielt sie aus Port Limon in Costa Rica, wo sie wild vorkommt.

In Marie Sybille Merians „Surinam" findet sich auf Taf. 22 ein *Hippeastrum* abgebildet, das Herbert *H. barbatum* nennt. Die Blüten sind weiß, doch scheint diese *Amaryllis* nie eingeführt worden zu sein. Die Heimat ist Surinam. Man nimmt an, daß es ebenfalls eine Varietät von *H. equestre* ist.

(Fortsetzung folgt.)

Topfpflanzen.

Warmhauskulturen der Handelsgärtnerei von C. F. Bause, Morland Nursery, South Norwood, London S. E.

Von Paul Schmidt, London.

(Hierzu zehn Abbildungen.)

Die Warmhauskulturen der in der Ueberschrift genannten Firma verdienen es wohl, einmal in der „Gartenwelt" in Wort und Bild behandelt zu werden, zumal es sich hier um Pflanzen handelt, die der deutsche Handelsgärtner, wenige Ausnahmen abgerechnet, gewöhnt ist, aus dem Auslande zu beziehen, und deren Kultur oft nur in bevorzugten Privatgärtnereien gehandhabt wird.

Die Gärtnerei von C. F. Bause, der übrigens ein Deutscher ist, dient ausschließlich besseren Warmhauskulturen; sie besteht aus 18 Sattelhäusern, von denen ein Teil auf nebenstehendem Bilde sichtbar ist. Trotzdem die Bauart sämtlicher Häuser einfach und praktisch ist, weisen sie doch vorteilhafte Einrichtungen auf. Hervorzuheben sind die Sammelbassins für Regenwasser, welches seiner Weichheit und seines hohen Stickstoffgehaltes halber für alle Kulturen ausschließlich als Spritz- und Gießwasser verwendet wird.

Teilansicht der Gewächshäuser der Firma C. F. Bause, London S. E.
Vom Verfasser für die „Gartenwelt" photographisch aufgenommen.

Die hauptsächlichsten Spezialkulturen sind: *Croton (Codiaeum)*, *Nepenthes*, Caladien, Alocasien, Maranthen, bunte Dracaenen, Dieffenbachien, Heliconien, Aralien, *Pandanus*, sowie *Cocos*, Geonomen und Kentien. Die Hauptkultur bilden die *Croton*, von denen etwa 120 Sorten vertreten sind. Es werden alljährlich Tausende von Verkaufspflanzen herangezogen. Besonderen Wert legt man bei der Anzucht derselben auf schöne, gut garnierte und gleichmäßige Pflanzen, denen aber nur ein Haupttrieb belassen wird, während man, wie ich während meiner Studienreise beobachten konnte, in Belgien, Holland und Frankreich mehr auf buschige Verzweigung derselben sieht.

Von den vielen Crotonsorten seien einige, durch ihr prächtiges Farbenspiel empfehlenswerte, angeführt: *Reidii, Thompsonii, B. Comte, Flamingo, Hookerianus, Mortii, Queen Victoria, Baron Ad. v. Rothschild.* Von den gekräuselten Sorten verdienen folgende ganz besonders hervorgehoben zu werden: *caudatus tortilis, Prince of Wales, Prinzeß of Wales, elegantissima, Chelsonii, Golden Ring, His Majesty, Warrenii, Golden Chain, Golden Bracelet* und *Lucy*, die hier von Liebhabern sehr geschätzt werden.

Abb. Seite 629 unten zeigt einen Blick in eines der Crotonhäuser, im Vordergrunde die Sorten: *Tompsonii, caudatus tortilis, Prince of Wales* und *Flamingo*, während Abbildung Seite 629 oben ein Prachtexemplar der altbewährten Sorte *Warrenii* darstellt, welche sich durch bezauberndes Farbenspiel, sowie die leichte, gebogene Form der gekräuselten Blätter auszeichnet, sich daher zu Dekorationen usw. vorzüglich eignet. Daß Herr Bause auch der Verbesserung und Vervollkommnung der einzelnen Sorten mit peinlichster Sorgfalt und anerkennenswertem Erfolge Rechnung trägt, beweist die kleine Gruppe gekräuselter *Croton*, Abb. Seite 631 oben. Die drei Pflanzen in der vordersten Reihe sind noch unbenannte Neuzüchtungen Bauses. Das Farbenspiel der letzteren macht einen überraschenden Eindruck, indem es vom hellsten Gelb bis zum dunkelsten Rot in den verschiedenen Abweichungen wechselt, während andererseits das gedrungene Wachstum — eine besonders wichtige Eigenschaft bei *Croton* — der Pflanze ein sehr dekoratives Aussehen verleiht, Vorzüge, die diesen Neuheiten ohne Zweifel bald einen großen Liebhaberkreis erobern dürften.

Eine weitere Spezialkultur bilden die bunten Dracaenen, von denen sich etwa 70 Sorten in allen möglichen Farben und Formen vorfinden. Die lieblichen Farbenwirkungen dieser Sorten und ihr besonderer Wert als Tafelschmuck oder zur Einzelstellung im Rasen eines Wintergartens sind allgemein bekannt. Abb. S. 631 unten bietet einen Blick in eines der Dracaenenhäuser, mit den Sorten *John Luther, His Majesty, elegantissima, Victoria, Sanderiana, Frederici, Bausei* etc. im Vordergrunde, während Abbildung S. 632 oben die noch neuere *Dracaena (Aletris) Victoria* zeigt, die auf der Abbildung zwar wenig Unterschied von der *Aletris Lindeni* erkennen läßt, in Wirklichkeit aber doch ganz anders aussieht. So ist die *Victoria* gelbgrün, während *Lindeni* weißgrün ist; dann besitzt *Victoria* den besonderen, nicht zu unterschätzenden Vorteil, daß ihre alten Blätter bunt bleiben, was bei *Lindeni* nicht zutrifft. Der verstorbene Herr C. F. Bause hat sich durch seine vielen prächtigen Neuzüchtungen von *Dracaena* (*Eldorado, Imperatrice, Aurora, Mikado* u. a.) ein großes Verdienst erworben, wie er auch durch Züchtung der ersten goldblättrigen Caladien (*Golden Queen, Princess Royal, Prince of Wales, Princess Beatrice, Princess Teck*) in allen gärtnerischen Kreisen des In- und Auslandes bekannt wurde.

Eine Spezialität der Firma Bause sind auch die in etwa 100 Sorten vertretenen Caladien, die der Pflanzen und auch der Knollen wegen, welche zum Verkauf bestimmt sind, gezogen werden.

Abb. Seite 632 unten bietet einen Blick in eines der Caladienhäuser, mit einigen Neuzüchtungen, *Mrs Luther, Silver Queen, Leonard Bause* u. a., im Vordergrunde. Darüber hängen einige *Nepenthes*, die ebenfalls in grosser Anzahl in einem Sortiment von etwa 50 Sorten vorhanden sind; der mit Kannen und den prächtigen Blättern auf S. 633 oben abgebildete Sämling ist neben den anderen neuen, wie *excelsa, Ruby* und *Stella*, eine der hervorragendsten letzten Neuzüchtungen der Firma Bause.

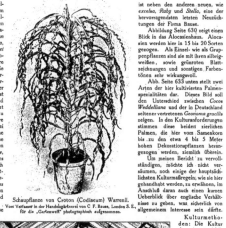

Schaupflanze von Croton (Codiaeum) Warrenii.
Vom Verfasser in der Handelsgärtnerei von C. F. Bause, London S. E., für die „Gartenwelt" photographisch aufgenommen.

Abbildung Seite 630 zeigt einen Blick in das Alocasienhaus. Alocasien werden hier in 15 bis 20 Sorten gezogen. Als Einzel- wie als Gruppenpflanzen sind sie mit ihren silbrigweißen, sowie grünroten Blattzeichnungen und sonstigen Farbentönen sehr wirkungsvoll.

Abb. Seite 633 unten stellt zwei Arten der hier kultivierten Palmenspezialitäten dar. Dieses Bild soll den Unterschied zwischen *Cocos Weddelliana* und der in Deutschland seltener vertretenen *Geonoma gracilis* zeigen. In den Kulturanforderungen stimmen diese beiden zierlichen Palmen, die hier vom Samenkorn bis zu den etwa 4 bis 5 Meter hohen Dekorationspflanzen herangezogen werden, ziemlich überein.

Um meinen Bericht zu vervollständigen, möchte ich nicht versäumen, noch einige der hauptsächlichsten Kulturmaßregeln, wie sie hier gehandhabt werden, zu erwähnen, im Anschluß daran auch einen kurzen Ueberblick über englische Verhältnisse zu geben, was sicherlich von allgemeinem Interesse sein dürfte.

Blick in ein Crotonhaus der Firma C. F. Bause, London S. E.
Vom Verfasser für die „Gartenwelt" photographisch aufgenommen.

Kulturmethoden: Die Kultur der oben geschilderten Warmhauspflanzen weicht nicht viel von der allgemein üblichen ab, aber es wird hier eine schwere Erdmischung für fast sämtliche genannten Pflanzen, mit Ausnahme der *Nepenthes*, verwendet. Sehr viel Wert wird ferner auf ein gründliches Spritzen gelegt. Des öfteren erhalten sämtliche Kulturen einen flüssigen Dünger, der abwechselnd aus aufgelöstem Kuhmist oder Guano u. a. besteht. Eine ganz besondere Sorgfalt wird ferner auf die Bekämpfung der Schädlinge (Rote

Spinne, Thrips und Schildläuse) verwendet. Um dem Auftreten dieser Schädlinge vorzubeugen, wird hier mehrere Male im Monat mit Tabak und X-All geräuchert; auch werden des öfteren die Pflanzen selbst mit flüssigem, verdünntem X-All teils gewaschen, teils gespritzt. Ein anderes, billiges und empfehlenswertes Mittel ist Rußwasser, das man, stark verdünnt, täglich in den heißen Monaten zum Spritzen gebraucht. Es verbreitet zwar vorübergehend einen widerlichen Geruch, hält die Pflanzen aber dauernd rein.

Gegen die allzustarke Einwirkung der Sonne sind die meisten Häuser mit einem Kalkanstrich versehen, den man im Frühling erst ganz leicht aufbringt und mit dem Höhersteigen der Sonne nach und nach verstärkt. Selbstverständlich werden die Häuser mit *Croton*, Caladien und bunten Dracaenen etc. nur in den heißen Mittagsstunden mit dünner Schattenleinwand belegt, da ja bekanntlich die Blattfärbung dieser Pflanzen nur bei voller Sonne eine vollkommene werden kann.

Eine Ausnahme in dieser Hinsicht scheint aber die *Alpinia Sanderae*, jene herrliche, der *Zingiber* ähnliche Warmhauspflanze, in hiesiger Gärtnerei zu machen, indem sie im schattierten Zustande bunt wurde, in voller Sonne aber anfing grün zu werden.

Die Heizung besteht aus sieben großen Kesseln, worunter sich ein Strebelkessel befindet, der den Anforderungen in jeder Beziehung gerecht wird. Leider war mir wegen der getrennten Lage der Kessel eine Gesamtaufnahme unmöglich.

Teilansicht aus einem der Alocasienhäuser der Firma C. F. Bause, London S. E.
Vom Verfasser für die „Gartenwelt" photographisch aufgenommen.

Versand: Die meisten Erzeugnisse der Firma C. F. Bause werden ins Ausland, vorwiegend nach Deutschland, Belgien und Frankreich, ausgeführt; ein großer Teil wird ferner in der Markthalle des Coventgarden (berühmtester und größter Pflanzen- und Blumenmarkt Londons) abgesetzt; daselbst findet in den Frühjahrsmonaten jeden Tag, von der Zeit der Reisesaison an jedoch nur alle zwei Tage, Markt statt, der schon sehr früh am Tage beginnt und um 9 Uhr vormittags, ähnlich wie in Brüssel und Paris, beendet ist. Ein ständiger Verkäufer der Firma erledigt daselbst alle größeren und kleineren Aufträge. Es beziehen auch verschiedene große Ausstellungsfirmen in England selbst während des ganzen Jahres bald größere, bald kleinere Posten, je nach Bedarf.

Allgemeines: Die Firma C. F. Bause ist deutschen Ursprungs und steht seit vielen Jahren unter der umsichtigen Leitung des Schwiegersohnes, Herrn J. Luther (Württemberger), der es durch seinen unermüdlichen Fleiß verstanden hat, das Geschäft zu einem der bekanntesten auf dem Gebiete der Warmhauskulturen in England empor zu bringen, ganz abgesehen davon, daß es andererseits nicht minder das Geschäftsprinzip der Firma: „Tadellose Ware und pünktliche Bedienung" ist, das ihr den guten Ruf, den sie nicht nur hier in England, sondern seit einem Jahrzehnt auch im Auslande genießt, erworben hat. Auch das Personal setzt sich vorwiegend aus Deutschen zusammen, die teils der Sprache, teils der weiteren Ausbildung wegen einen Abstecher über den großen Kanal gewagt haben. Wohl dem, der das Glück hatte, in eine deutsche Firma zu kommen, da sich ihm hier die Möglichkeit bietet, sich so rasch als möglich in die Sprach- und Arbeitsverhältnisse einzuleben, ganz abgesehen von den anderen Vorteilen einer derartigen Übergangsstellung.

Die Arbeitszeit dauert von morgens 6 bis abends 6 Uhr, mit allerdings nur zwei Pausen, um 8 und 1 Uhr; Sonnabends wird jedoch, wie allgemein hier üblich, früher Feierabend gemacht, da der Engländer dem Vergnügen mehr den Sonnabendnachmittag, der Ruhe den Sonntag widmet, daher im Lande der Sonntagsruhe, wo zum Beispiel Sonntags nur ein Drittel der Alltagszüge verkehren, auch der Sonntagsdienst stets extra bezahlt wird. Zum Schlusse möchte ich nicht versäumen, jedem Leser, besonders den Herren Privatgärtnern, einen gelegentlichen Besuch der Firma C. F. Bause warm zu empfehlen. Die Verbindung mit London ist sehr günstig und kann South Norwood, übrigens eines der vornehmsten Villenviertel, nahe beim weltberühmten Kristall-Palast, von London-Bridge- oder von Victoria-Station aus in je 40 Minuten Bahnfahrt erreicht werden.

Rosen.

Neue Rosen.

Von O. Jacobs, Weitendorf.

Unter den Tausenden von Edelrosen finden sich eine Reihe so hervorragender Sorten, daß sie allgemein geschätzt werden und deswegen als wirklich volkstümliche gelten können. Wo immer Rosen gepflanzt und gepflegt werden, wird man auch *La France, Souvenir de la Malmaison, Maréchal Niel* und andere Veteranen finden. Eine gleiche Verbreitung fanden

Kaiserin, Testout, Frau K. Druschki und andere; auch *Friedrich Harms, Max Hesdörffer, C. F. Meyer* und *Großherzogin Alexandra* finden in jüngster Zeit vielen Beifall.

Der Verein deutscher Rosenfreunde hat unter den Tausenden von Sorten etwa 300 der besten bekannt gegeben, und wenn man aus dieser Zahl seine Auswahl macht, wird man sicher befriedigt sein.

Die große Zahl unserer Edelrosen wird fortwährend stark vermehrt, da im Durchschnitt jährlich gegen 100 Neuheiten erscheinen. Auf jeden wahren Rosenfreund, ob Gärtner oder Liebhaber, üben Neuheiten einen besonderen Reiz aus, da man in den meisten Fällen Schönheiten erwartet, die alle vorhandenen überragen. Gewöhnlich werden die meisten Neuheiten im ersten Jahre noch wenig befriedigen, weil die schwachen Pflanzen noch nicht imstande sind, vollkommene Blumen hervorzubringen; dagegen sieht man im zweiten Jahre meistens schon ziemlich sicher, was eine neue Rose bietet. Hat man seine Erwartungen besonders hoch gespannt, so werden häufig arge Enttäuschungen eintreten. Wenn ich auch glaube, daß die meisten Züchter ihren Neuheiten getreue, zutreffende Beschreibungen mit auf den Weg geben, so finden sich auch solche, die ihren neuen Rosen Eigenschaften beilegen, die man niemals auffinden wird.

Gruppe gekräuselter Crotonvarietäten.
Vom Verfasser in der Handelsgärtnerei von C. F. Bause, London S. E., für die „Gartenwelt" photographisch aufgenommen.

Unter den Neuheiten von 1907 erhielt ich eine Teehybride *Souvenir de Mme Ernest Oudin*, von der es in der Beschreibung hieß: „weiß mit hellblau nuanciert". Ich habe jedoch kaum einen weißen, einen hellblauen Farbenton überhaupt nicht an der Blume finden können, sondern finde die Farbe als schmutzig-rosa richtiger benannt, Eine Remontantrose, *Henry Irving*, in der Beschreibung mit den herrlichsten Eigenschaften bedacht, entpuppte sich bei mir als eine minderwertige Schlingrose, ebenso bei dem Verkäufer der Neuheit. Zur Beruhigung aller Rosenfreunde kann man jedoch sagen, daß solche Reinfälle, wie die eben von mir erlebten, zu den Seltenheiten zählen. Die meisten Neuheiten werden den Beschreibungen entsprechen, und man wird befriedigt sein, wenn sie auch nicht allemal schon vorhandene Sorten übertreffen.

Unter den neuen Polyantharosen gefiel mir besonders *Aennchen Müller*, auffallend durch die glänzende, dunkel korallrosa Färbung der großen, aufrechten Rispen, die den ganzen Sommer hindurch in reicher Folge erscheinen. Im Wuchs ist diese Neuheit der bekannten *Mme Norbert Levavasseur* ähnlich, jedoch wird sie etwas höher. *Rösel Dach* wird jedenfalls ihre Freunde finden. Diese neue *Polyantha* hat niedrigen, gleichmäßigen Wuchs. Die Blumen erscheinen in lockeren, aufrechten Trauben über dem Laube, und die einzelne, dicht gefüllte Blüte ist lebhaft kirschrosa, nach außen heller berandet.

Ob die allerneueste *Polyantha Gruß an Aachen* wirklich eine vielblumige Rose ist, kann ich nicht entscheiden, da bei mir bisher an mehreren Pflanzen alle Blumen einzeln kamen. Aber selbst wenn diese Neuheit nicht vielblumig wäre, würde sie doch durch ihre Größe, Form und reine Farbe gefallen. Die Knospe ist lebhaft gelblichrosa gefärbt und geht beim Oeffnen in hellere Farben über; sie ist in jedem Stadium schön und recht haltbar.

Teilansicht aus einem Dracaenenhause der Firma C. F. Bause, London S. E.
Vom Verfasser für die „Gartenwelt" photographisch aufgenommen.

Unter den Teehybriden ist *Ecarlate* durch leuchtend scharlachrote Farbe und reiches Blühen auffallend. Die Blume ist leider nur halbgefüllt und wenig schön gebaut, trotzdem aber mag diese Neuheit als Gruppenrose Bedeutung erlangen. Auch *Warrior* ist leider wenig gefüllt, aber als Knospenrose und halb geöffnet sehr schön in der blutroten Färbung. Besser gefüllt ist *Triumph*, welche dunkelkarminrote Farbe, guten Wuchs und breites Laub hat. Als eine der besten Neuheiten erwies sich bei mir *William Shean*. Die Pflanze hat kräftigen Wuchs und trägt auf starken Stielen sehr große Blumen, die hier 15 cm Durchmesser hielten. Trotz der enormen Größe ist die Blume schön hoch gebaut und besitzt große Haltbarkeit. Die Farbe ist ein sehr reines, leuchtendes Rosa. Ein wahres Chamäleon scheint *Altmärker* zu sein. Die ersten Blumen glichen der Teerose *Undine*, dann erschienen auch reingelbe, und wieder andere zeigten Ockerfarbe mit granatrot. Die mittelgroßen Blumen sind gut gebaut und gefüllt. Der Wuchs der Pflanze scheint nicht sehr kräftig zu sein.

Unter den roten Teehybriden von 1908 gefiel mir zunächst recht gut *Karl Rosineck*. Die Pflanze zeigt kräftigen, buschigen Wuchs und blüht dankbar. Die lange Knospe entwickelt sich zu einer großen Blume von feuriger, leuchtend karminroter Farbe, die lange haltbar ist. Ueberhaupt besitzt diese Neuheit viele Eigenschaften, die von Gärtnern und Liebhabern geschätzt werden.

Die neue gelbgrüne Dracaena (Aletris) Victoria.
Vom Verfasser in der Handelsgärtnerei von C. F. Bause, London S. E., für die „Gartenwelt" photographisch aufgenommen.

Zu den wertvollsten Neuheiten dieses Jahres zählt jedoch *Friedrichsruh*, die alle roten Teehybriden durch ihre reine, dunkel blutrote Farbe übertrifft. Die Blume ist groß, geöffnet von breiter Form, und duftet köstlich. Der Wuchs ist gedrungen und das breite, schöne Laub blieb ganz gesund.

Eigenartig in ihrer ganzen Erscheinung ist die *Lyon-Rose*. Der Strauch ist wüchsig, die kräftigen Zweige sind leicht gebogen und mit großen Stacheln besetzt. Das üppige Laub ist rötlich und dunkelgrün gefärbt. Die Knospen erscheinen meistens einzeln, zuweilen stehen auch 2 bis 3 auf einem Triebe; sie sind rundlich und korallrot, am Grunde chromgelb gefärbt. Die offene Blume ist sehr groß, nicht stark gefüllt und von reicher Färbung, worin korallrot und chromgelb hervortreten. Die Rose duftet angenehm und ist ein reicher Blüher.

Eine prächtige gelbe Teehybride ist noch *Mrs Aron Ward*. Die Pflanze hat kräftigen, gedrungenen Wuchs und gesundes Laub. Die große Blume erinnert in der Farbe sehr an *Mme Ravary*, ist aber stärker gefüllt. Die neue Kapuzinerhybride *Les Rosati* hat zwar eine schöne, leuchtendrot und gelb gefärbte Blume von mittlerer Größe, ist aber leider nur schwachwüchsig und wird aus diesem Grunde wohl weniger zur Geltung gelangen.

Zu den allerbesten Errungenschaften der beiden letzten Jahre aber rechnet man unstreitig *Nova Zembla*, ein weißer Sport der allbekannten und hochgeschätzten *C. F. Meyer*. Die Pflanze gleicht der Stammsorte in allen Stücken, nur die Farbe der Blumen ist weiß. Zuweilen sind die sich öffnenden Blüten leicht lachsrosa überhaucht, gehen aber bald in reines Weiß über, manche erscheinen sogar in der blendend weißen Farbe der *Druschki*. Ueber den hohen Wert, den diese ganz winterharte Neuheit namentlich für den Landschaftsgärtner hat, braucht man keine weiteren Worte zu verlieren; es scheint mir deshalb sicher, daß sie als Parkrose große Verbreitung erlangen wird.

Teilansicht aus einem der Caladienhäuser der Firma C. F. Bause, London S. E.
Vom Verfasser für die „Gartenwelt" photographisch aufgenommen.

Wasserpflanzen.

Die in Nummer 41 der „Gartenwelt" erwähnte *Azolla caroliniana*, Willd., stammt aus Amerika, wurde schon vor vielen Jahren im hiesigen Gewächshause kultiviert und eines Tages im Sommer in den sogenannten langen See bei Hohenheim geworfen. Hier hat sie sich dermaßen vermehrt, daß im Sommer die ganze Fläche wie mit einem grünen Teppich überzogen erscheint. Im Herbst verschwindet sie, um im Frühjahre, trotz 20 bis 25° C Kälte im Winter, wieder auf der Oberfläche zu erscheinen.

Koch, Hohenheim.

Stauden.

Romneya Coulteri kann als eine der schönsten Stauden betrachtet werden, die das Schicksal des Vergessenseins mit so vielen alten Stauden teilte. *Romneya Coulteri,* auch kalifornischer Baummohn genannt, treibt bis meterhohe, holzige Triebe, die jedoch im Winter wieder absterben; die Pflanze treibt dann im Frühling aus dem Wurzelstock von neuem aus. Schon die Belaubung an und für sich ist schön, da die Blätter blaugrün und zierlich eingeschnitten sind. Die Blüten sind ziemlich groß, etwa 10 cm im Durchmesser, weiß, glänzend, und im Zentrum durch einen Büschel gelber Staubfäden geziert, die einen angenehmen Kontrast hervorrufen. Die Blüten erscheinen ziemlich zahlreich am Ende der Triebe und besitzen einen angenehmen Duft; der Flor dauert den ganzen Sommer über. Die Kultur ist einfach. Die Pflanze verlangt eine sonnige Lage, sowie einen gut durchlässigen Boden; sie gedeiht sowohl im Moorboden, als auch in schwerem Gartenboden, wenn derselbe nur durchlässig ist. *Romneya Coulteri* kann auch in Töpfen kultiviert werden, nur wird sie dann nicht so üppig; in jedem Falle aber verlangt sie guten Winterschutz. Die Vermehrung geschieht am besten durch Wurzelstücke von 2 bis 5 cm Länge. Dieselben werden flach in Kästen oder Töpfe ausgelegt und etwa 2 cm hoch mit sandiger Erde bedeckt. In 3 bis 4 Wochen werden diese Wurzelschnittlinge im Vermehrungsbeet genügend ausgetrieben haben, man nimmt sie dann heraus und härtet sie bis zum Auspflanzen allmählich ab. Da die Pflanze durch Blätter und Blüten von großer Wirkung ist, wird sie sich bald neue Freunde erwerben, wenn sie erst mehr bekannt, zumal ja ihre Kultur äußerst einfach ist.

K. Fischer, Freiburg i. Br.

Nepenthessämling, letzte Neuheit von C. F. Bause.

Vom Verfasser in der Handelsgärtnerei von C. F. Bause, London S. E., für die „Gartenwelt" photogr. aufgen.

Iris anglica. In Nummer 46 der „Gartenwelt" wurde über *Iris anglica* folgendes geschrieben: „Die englischen *Iris* sind aber nicht Stauden wie die beiden vorgenannten *(Iris Kaempferi* und *Iris germanica),* sondern Zwiebel- bezw. Knollenpflanzen, die eine ausgesprochene Ruheperiode durchmachen, während der die Knollen vollständig trokken aufbewahrt werden müssen". Wir haben hier oben in Eibenstock im Erzgebirge, bei einer Höhe von 640 m, eine mittlere Temperatur von + 6½°. Schneefrei sind nur Juni, Juli, August. Auf September kommen 1 Tag, auf März 14 bis 18 Tage und Mai 2 bis 4 Tage mit Schneefall. Wir hatten z. B. im Vorjahre vom 1. bis 3. Mai starken Schneefall, und in der Nacht vom 20. zum 21. Juli sind Tomaten und Buschbohnen vom Frost stark mitgenommen worden. Bei solchen schlechten Witterungsverhältnissen haben wir schon das dritte Jahr *Iris anglica* im freien Lande, im Herbste nur dünn mit Fichtenreisig gedeckt. Es haben sich trotzdem jedes Jahr mehr Blumen entwickelt.

Karl Richter, Eibenstock i. Erzgeb.

Geonoma gracilis und Cocos Weddelliana.

Vom Verfasser in der Handelsgärtnerei von C. F. Bause, London S. E., für die „Gartenwelt" photographisch aufgenommen.

Anchusa italica var. Dropmore. Bei der Suche nach neuen Pflanzen werden unsere alten, schönblühenden Stauden oftmals übersehen; sie verschwinden dann für einige Zeit, um später von neuem, vielleicht in einer besseren Varietät aufzutauchen und dann wieder allgemeines Interesse zu erregen.

Dieses gilt auch für *Anchusa italica var. Dropmore,* die ruhig als eine unserer schönsten Stauden bezeichnet werden kann, denn sie entfaltet auf langen, kräftigen Stielen ihre rispenartig angeordneten, schön gentianblauen Blüten in der Zeit vom April bis zum Hochsommer, vereinzelte Blüten sogar bis in den Herbst hinein. Die Pflanze bietet bei einer Höhe von 40 bis 80 cm einen prächtigen Anblick dar und ihre Kultur ist durchaus nicht schwierig. Sie verlangt eine möglichst trockene, sonnige Lage und schweren, oder ziemlich schweren Boden, gedeiht allerdings auch in leichteren Böden gut, doch verlangt sie stets einen sonnigen Standort zum Blühen. Bei einer Decke von Laub und Tannenreisig ist *A. italica* winterhart, kann also lange an ihrem Standort bleiben, wenn der Boden im Winter durchlässig ist, denn einen nassen Standort kann sie nicht vertragen; man nehme sie in diesem Falle lieber heraus und schlage sie den Winter über im Kasten ein, was ohne Schaden geschehen kann. Die Vermehrung geschieht durch Samen, besser durch Wurzelstücke. Man schneidet die Wurzeln im Herbst beim Herausnehmen der Pflanze in etwa 5 bis 10 cm lange Stücke und schlägt diese senkrecht in Töpfe, Kästen oder in den freien Grund ein; sie überwintern im kalten Kasten. Beim Einschlagen der Wurzeln achte man darauf, daß stets die ursprüngliche Lage der Wurzel eingehalten wird, also der obere Teil nach oben kommt, ferner, daß der obere Rand des Wurzelstückes frei bleibt, also nicht ganz bedeckt wird. Bei den meisten Wurzelstücken werden dann im Frühjahre am Rande der Schnittstellen mehr oder minder ausgebildete Knospen vorhanden sein. Man pflanze nun diese Stücke, sowie auch solche, welche noch keine Knospen haben, aber noch gut sind, in entsprechendem Abstande; sie werden dann zum Teil noch in demselben Jahre blühen.

Die Verwendung dieser Staude als Gruppenpflanze ist eine sehr vielseitige. Demjenigen, der einmal eine Gruppe dieser Stauden im Flor gesehen hat, wird dieser Anblick unvergeßlich bleiben.

K. Fischer, Freiburg i. Br.

Mannigfaltiges.

Polyporus caudicinus, Schwefel-Parling. Der liebenswürdigen Vermittlung des Herrn Rittergutsbesitzer H. Bartels, Klokow bei Perleberg, verdanken wir die untenstehende, nach einer photographischen Aufnahme von Theodor Graefe, Perleberg, gefertigte Abbildung.

Der interessante Pilz hat sich auf einem Ambosblock aus Eichenholz in der früheren Edelmannschen Maschinenfabrik zu Perleberg entwickelt und wurde von Edm. Michael, Auerbach im Vogtl., bestimmt. Bei oberflächlicher Betrachtung gleicht dieser Pilz einem großen Kohlkopfe; er ist 30 cm hoch, 40 cm breit, von chromgelber Farbe, und an den Rändern kaffeebraun.

Obstbau.

„Schnittmethode".

Die Ausführungen über Schnittmethoden in Nummer 40 der „Gartenwelt" veranlassen mich auf Grund meiner im Obstbau gesammelten Erfahrungen einiges zu erwidern. Duelle auf diesem Gebiete sind absolut keine Seltenheit, sie nehmen zurzeit sogar sehr überhand.

Spricht man von der Anwendung des Obstbaumschnittes, so muß man auch gleich hinterdrein setzen, ob es sich um Erwerbsobstbau oder um einen Nebenbetrieb handelt. In beiden Betrieben halte ich den Sommerschnitt, wenn ausführbar, für unentbehrlich, und zwar nicht nur den einmaligen Schnitt, sondern um gute Erfolge zu erzielen, muß man den ganzen Sommer hindurch schneiden. Nur fragt es sich, ob man auch Zeit und Leute genug zur Verfügung hat und ob der Geldbeutel groß genug ist, um der ungeheuren Arbeit Herr zu werden. Wohl in den seltensten Fällen wird man dies einhalten können, weswegen man gezwungen ist, nur notdürftig den Grünschnitt auszuführen, und zwar halte ich den August für die geeignetste Zeit, denn der Augusttrieb ist nicht mehr so stark, daß sich die Augen noch einmal zu Holztrieben entwickeln, wohl können sie sich aber noch genügend kräftigen.

Regelmäßig pinzierte Bäume werden sich aber stets durch gute Fruchtholzbekleidung, strotzende Gesundheit und durch reiche Erträge auszeichnen. Die Früchte an diesen Bäumen werden auch viel größer, was ja erklärlich ist, denn all der viele Saft, der unnötig in die Holzteile geht, die im August doch fortgeschnitten werden, ist für den Baum als verloren zu betrachten. Von einer „Obstbaumschnittmethode" kann unter tüchtigen Fachleuten keine Rede sein. Es gibt nur einen richtigen Obstbaumschnitt und zwar baut dieser seine Grundsätze auf ganz natürliche Regeln. Das ist es auch, weswegen Gaucher so große Erfolge zu verzeichnen hat.

In der genannten Nummer handelte es sich namentlich um den *Gelben Bellefleur*, der ein sehr später Träger ist und auch anders behandelt sein will als die meisten anderen Apfelsorten. Da letzterer mit Vorliebe am langen Holze seine Früchte bildet, pinziere ich diesen etwas später und auch ein wenig länger, ebenso verfahre ich mit *Cox Orangenrenette*. Den Winterschnitt betrachte ich nur als Formschnitt. Am Fruchtholze ist er fast gänzlich zu entbehren, denn er ist nur ein Holzerzeuger.

P. F.

Nachschrift des Herausgebers. Mit Veröffentlichung vorstehender Ausführungen ist die Schnittfrage vorläufig für uns erledigt. Ich brauche wohl kaum zu erklären, daß ich persönlich nicht auf dem Standpunkte des Verfassers stehe, sondern den Ausführungen des Herrn A. Janson in No. 46 vollinhaltlich beipflichte. Es scheint mir höchste Zeit zu sein, daß man nun auch auf den höheren Lehranstalten, soweit es noch nicht geschehen, endlich dem naturgemäßen Obstbau die ihm gebührende Stellung einräumt.

Polyporus caudicinus, Schwefel-Parling, auf einem Ambosblock wachsend.
Von Photograph Theodor Graefe, Perleberg, für die „Gartenwelt" photogr. aufgen.

Fragen und Antworten.

Beantwortung der Frage No. 549. Hat sogenannter Kalkstaub, wie er in den Kalkwerken zu haben ist, Wert für Gartenland, und wann ist derselbe unterzubringen?

Staubkalk ist nur in der Nähe von Kalkwerken für Gartenland von Wert. Denselben auf weite Entfernungen zu verfrachten, lohnt schon deshalb nicht, weil seine Anwendung im Vergleiche zu den übrigen Düngekalken in zu großen Mengen erfolgen muß, um dieselbe Wirkung zu erreichen, wie sie letztere haben. Unterzubringen ist aller Düngekalk stets in der Zeit von November bis April.

Wilh. Jäck, Bremen.

— Der sogenannte Kalkstaub, wie man ihn aus Kalkwerken meistens sehr billig erhalten kann und zwar oft so billig, daß der Transport teurer ist wie der Kalkstaub selbst, ist für Düngungszwecke sehr gut zu gebrauchen. Es wird nun von verschiedenen Kalkwerken ein „Kalkmehl" (Kalkstaub) in den Handel gebracht, welches aus den Ascheabfällen, die beim Brennen des Kalkes im Ofen entstehen, hergestellt wird. Dieser Kalkstaub kann, so wie man ihn aus den Werken bezieht, direkt verwendet und ausgestreut werden. Ist der Kalkstaub aber der Rest von gebrannten Kalksteinen, also Abfall, und ist dieser Kalkstaub durchsetzt mit mehr oder weniger dicken Kalksteinstücken, so muß er erst vorbereitet werden, bevor man ihn ausstreuen kann. Zu diesem Zwecke wird der Kalkstaub auf kleine Haufen gesetzt, diese werden leicht mit Grassoden oder Erde bedeckt und bleiben etwa 14 Tage bis drei Wochen liegen. Bis zu dieser Zeit ist dann aus den Kalksteinstücken ein mehlartiger Staub geworden, der nur ausgestreut wird. Das Zerfallen der Kalksteinbrocken wird bei nassem Wetter sehr beschleunigt, doch kann man es auch bei anhaltendem trockenem Wetter durch leichtes Ueberspritzen oder Ueberbrausen der Haufen beschleunigen. Die Verwendung des Kalkes kann sowohl im Herbste als auch im Frühjahre erfolgen, jedoch ist der Kalk sofort nach dem Ausstreuen unterzubringen.

Georg Blau, städtischer Gartentechniker, Bromberg.

— Um diese Frage gewissenhaft zu beantworten, müßte man eine Probe der betreffenden Erde haben, um sie auf ihren Kalkgehalt hin zu untersuchen. Fragesteller kann dieses mit Leichtigkeit auch selbst folgendermaßen tun: Einer x-beliebigen Stelle des Gartens wird ein Spaten voll Boden entnommen und dann langsam etwas Salzsäure darüber geträufelt; braust der Boden heftig auf, so enthält er genug Kalk, tut er dies wenig oder gar nicht, so ist eine Kalkdüngung unbedingt nötig. Auch das Kalkbedürfnis der Pflanzen ist sehr verschieden; so stellen z. B. alle Kleearten, Bohnen, Erbsen, von Bäumen Eichen und Buchen, ebenso Rosen, hohe Anforderungen an den Kalkgehalt des Bodens. Genügsam dagegen sind: die Halmgewächse, ferner Kiefern und Fichten. Der Boden kann mit Nährstoffen noch so reich versehen sein, fehlt nur einer, so kommen die anderen nicht zur vollen Wirkung.

Mit Kalkstaub ist jedenfalls der Abfallkalk aus den Kalkbrennereien gemeint, welcher aus einem Gemenge von gebranntem, gelöschtem und kohlensaurem Kalk besteht und ätzende Eigenschaften hat. Infolge seiner feinen Struktur läßt sich dieser Kalk gut verteilen und im Boden unterbringen.

A. Reimann, Obergärtner, Schmalenbeck.

Beantwortung der Frage No. 550. Welche Erdbeersorten sind die einträglichsten zum Anbau auf schwerem Lehmboden (Marschboden)? Der Boden ist rigolt, locker und gut gedüngt. Die Früchte werden größtenteils am Platze verkauft.

Wirklich ertragreiche Erdbeersorten haben sich hier auf sehr schwerem Lehmboden, dem allerdings ein Teil Straßenmull beigegeben war, bewährt: *Jucunda, Sieger, Deutsch-Evern, Laxtons Noble, König Albert, Sharpless* und *Wunder von Cöthen.* Letztere ist eigentlich nichts weiter, als eine Verbesserung der *Erfurter Roten;* sie ist eine vorzügliche Versand- und Einmachefrucht. Auf demselben Boden erweisen sich undankbar: *La Productive, Mme Mesle, Belle Alliance, St. Joseph, Heinr. Möller, Meteor, Riese von Vierlanden* u. a. m. **Wilh. Jäck**, Bremen.

— Einträgliche Sorten für schweren Lehmboden und geeignet für den Verkauf in frischem Zustande sind folgende: *Laxtons Noble,* Früchte sind gleichmäßig rund und von lebhafter, roter Färbung, im Geschmack nicht ersten Ranges; *Royal Sovereingn,* reift etwas später, ist auch nicht so reichtragend als *Noble,* Früchte sind aber größer und von edlem, aromatischem Geschmack; *Sharpless* ist sehr widerstandsfähig und reichtragend, Frucht groß und leuchtend rot gefärbt, festes Fleisch. Empfehlenswert und frühreifender als die angeführten sind noch: *May Queen* und *Deutsch-Evern,* beide für Massenanbau geeignet. **G. Deistel**,
städtischer Baumschulgärtner, Königsberg i. Pr.

— Wenn der Lehmboden gut vorbereitet ist, dürfte er sich für Erdbeeren eignen; zu beachten ist, daß sich die Erdbeeren in schwereren Böden im allgemeinen etwas langsamer entwickeln, dafür aber ausdauernder sind als dies in Sandböden der Fall ist. Nach meinen Erfahrungen dürften sich für die geschilderten Verhältnisse folgende Sorten eignen: *Jucunda, Laxtons Noble, Leitstern, Royal Sovereingn, Louis Gauthier, Lucida perfecta.* Neben den Standquartieren sollte ein Versuchsquartier angelegt werden, um neue Sorten auf ihre Brauchbarkeit zu prüfen. **E. Eipper.**

— Da die Erdbeerkultur zum großen Teil von der Bodenbeschaffenheit, sowie den klimatischen Verhältnissen abhängt, ist es schwer, Sorten zu empfehlen. Deshalb ist es besser, Versuche mit guten Sorten anzustellen, und die besten, die sich für die örtlichen Verhältnisse eignen, auszuwählen. Da Fragesteller schweren Boden hat, empfehle ich nachstehende Sorten: *Laxtons Noble* und *König Albert von Sachsen;* dieselben sind hinreichend als sehr gute Sorten bekannt und halten auch den Winter ohne Deckung aus. *Sieger* bewährt sich auf schwerem Boden auch gut und reift einige Tage früher als *Laxtons Noble. Riese von Vierlanden,* eine noch neuere Züchtung, liefert auf feuchtem Boden sehr große Früchte von köstlichem Geschmack. Da die Früchte zum Versand kommen, empfehle ich besonders *Kaisers Sämling,* welche Sorte reichlich große, hellrot gefärbte Früchte von feinem Aroma liefert, auch sind die Pflanzen sehr widerstandsfähig. Als remontierende Sorte ist *St. Joseph* zu empfehlen, wenn auch die Früchte an Geschmack und Haltbarkeit zu wünschen übrig lassen, so gleicht sich das durch die frühe Reifezeit und außerordentliche Fruchtbarkeit wieder aus. Im August setzt die Ernte nochmals ein, diese Sorte liefert also bis zum Spätherbst Früchte. **Wilh. Titze**, Crangen.

Neue Pflanzen.

Veilchenblaue Petunien. Daß Herr Stadtgartendirektor Rieß die Karlsruher Petunie der Firma Lambert & Söhne in Trier zur Samenzucht übergeben, im Reisebericht des Herausgebers der „Gartenwelt" in No. 49 zu lesen, war mir eine große Freude, denn diese Petunie verdient es, als ein besonderes Farbenmittel für Gartenanlagen und als Balkonpflanze verbreitet zu werden. Wer Karlsruhe in den letzten Jahren besuchte, und wer kehrt nicht gern wieder ein in die badische Residenz, mit ihrem reichen Blumenschmuck in den öffentlichen Anlagen und im schönen Stadtgarten, dem mußte am dortigen Rathause der in seiner Einfachheit so aparte Fensterschmuck mit der vorgenannten Petunie unbedingt auffallen. Das bestätigt auch die Nachfrage nach Samen von vielen Seiten bei mir. Für Fassaden im stumpfen Grau, oder im rötlichen Tone des Mainsandsteins, ist dieses Veilchenblau besonders geeignet. In diesem Frühjahre überließ mir Herr Gartendirektor Rieß freundlichst etwas Samen dieser Petunie. Die daraus erzogenen Pflanzen zierten diesen Sommer die Platzanlagen eines Berliner Vorortes. Auch auf meinem Balkon, der dem Wind und Wetter preisgegeben, hat mir diese veilchenblaue Petunie viel Freude gemacht, und blühte dieselbe bis zum Oktober weiter. Es empfiehlt sich, eine Frühjahrs- und eine Sommeraussaat zu machen.

Emil Chasté, Wilmersdorf-Berlin.

Bevorstehende Ausstellungen.

Große internationale Gartenbauausstellung des Vereins zur Beförderung des Gartenbaues in der Ausstellungshalle am Zoologischen Garten **zu Berlin,** vom 2. bis 13. April 1909.

Das endgültige Programm ist kürzlich erschienen; es umfaßt insgesamt 26 Abteilungen mit 673 verschiedenen Konkurrenzen. Zur Verteilung gelangen Staatspreise, Ehren- und Geldpreise, sowie Vereinsmedaillen. Anmeldungen „zur Verfügung der Preisrichter" sind ausgeschlossen. Bei der außerordentlichen Reichhaltigkeit der Preisaufgaben über alle Gebiete des Gartenbaues, ist die Beteiligung jedem Berufs- und Liebhaberzüchter leicht gemacht. Die vorzüglichen Belichtungsverhältnisse in dem neuen, im romanischen Stiele erbauten Ausstellungspalast bürgen dafür, daß jede Einsendung zur Geltung gelangt, und die vorzügliche Lage der Halle, im feinsten Westen Groß-Berlins, sichert der Ausstellung einen reichen Zustrom von Interessenten. Es ist zu hoffen und zu wünschen, daß diese Veranstaltung ein vorzügliches Bild der gegenwärtigen hohen Leistungsfähigkeit des deutschen und des internationalen Gartenbaues bieten wird. Der Schluß der Anmeldungen ist auf den 1. März 1909 festgesetzt, doch behält sich der Ausstellungsvorstand bei allzureichlichem Eingang von Anmeldungen vor, die Annahme von Anmeldungen schon früher zu schließen. Frühzeitige Anmeldung scheint deshalb, in erster Linie für Baumschulartikel, geboten, für welch letztere überhaupt nur ein sehr beschränkter Raum zur Verfügung steht.

Obst- und Gartenbauausstellung des Obstbauvereins Mehlsack (Ostpr.). Der genannte Verein hat beschlossen, in der Zeit vom 6. bis 12. Oktober im alten Schloß zu Mehlsack eine Ausstellung zu veranstalten. Das soeben zur Ausgabe gelangte Programm ist durch die Geschäftsstelle des Vereins zu beziehen.

Jubiläumsausstellung in Haarlem 1910. Der Niederländische Verein für Blumenzwiebelkultur plant anläßlich seines fünfzigjährigen Bestehens eine große Blumenausstellung.

Bekanntlich hat der Verein bis jetzt alle 5 Jahre Ausstellungen von frühgetriebenen Zwiebel- und Knollengewächsen im Monat März organisiert. Die letzte Ausstellung dieser Art wurde in Haarlem im März 1905 abgehalten, und obgleich die Qualität der Einsendungen allgemein anerkannt wurde, zeigte doch die sehr beschränkte Teilnahme, daß eine derartige Ausstellung nicht mehr den Anforderungen der Neuzeit entsprach. Schon damals waren alle Besucher und namentlich die ausländischen Preisrichter einstimmig der Meinung, daß künftig eine Ausstellung von im Freien ausgepflanzten Blumenzwiebeln zur natürlichen Blütezeit im freien Lande unbedingt vorzuziehen sei. Die letzte Generalversammlung des Vereins hat jetzt beschlossen, die nächste Ausstellung von Anfang April ab bis Mitte Mai im Jubiläumsjahre 1910 abzuhalten. Die Stadtverordnetenversammlung hat den bedeutenden ökonomischen Wert der Blumenzwiebelzucht anerkannt und durch kostenfreie Ueberlassung einer der schönsten Partieen im berühmten Haarlemer Stadtparke die geplante Ausstellung gefördert. Alljährlich zieht die Blütezeit der Hyazinthen und Tulpen sehr zahlreiche Besucher heran, nicht nur Gärtner und Händler, welche die Kulturen und die Züchter zu kontrolieren wünschen, sondern auch Vergnügungsreisende, welche alle immer unvergeßliche Eindrücke von der einzigen Schönheit der im ersten Frühling in voller Blütenpracht prangenden Kulturen mitbringen. Die geplante Ausstellung wird zweifelsohne ein wahres Blumenfest sein und Fachleute und Liebhaber aus aller Herren Länder werden sich während der Dauer der Ausstellung in Haarlem einfinden.

Der Verein für Blumenzwiebelkultur ist gewiß berechtigt, das Jubiläum seines 50jährigen Bestehens in glänzender Weise zu feiern. Als der Verein 1860 gegründet wurde, zählte er nur 150 Mitglieder, jetzt aber ist er zu einer mächtigen Organisation emporgestiegen, welche in 37 lokale Abteilungen zerfällt und deren Mitgliederzahl 2800 beträgt.

Aus den Vereinen.

Bund deutscher Baumschulenbesitzer. Der Bund, der trotz der kurzen Zeit seines Bestehens bereits eine außerordentlich segensreiche Tätigkeit entfaltet hat, an der sich so mancher der älteren handelsgärtnerischen Verbände ein Beispiel nehmen könnte, versendet soeben in Broschürenform einen sehr sorgfältig ausgearbeiteten, eingehenden Bericht über seine zweite allgemeine Tagung in Eisenach. Diesem Berichte, dessen Studium wir den Baumschulinteressenten bestens empfehlen können, ist ein Verzeichnis der Bundesmitglieder, nach Provinzen geordnet, beigefügt. Vorsitzender des Bundes ist Herr Hubert Müller, Langsuhr bei Trier, Geschäftsführer Herr M. Wimmer, in Firma Paul Hauber, Tolkewitz bei Dresden.

Personal-Nachrichten.

Ehrhardt, Richard, Hofgärtner und Schloßverwalter in der Eremitage zu Bayreuth, wurde das Verdienstkreuz des Herzogl. Sächsisch-Ernestinischen Hausordens verliehen.

Briefkasten der Redaktion.

Die Firma Maison Ch. Mohn, Lyon, teilt uns, leider sehr verspätet, mit, daß das in No. 42 Seite 502 abgebildete Nymphaeenbassin auf der Pariser Frühjahrsausstellung nicht, wie uns unser Berichterstatter versehentlich mitteilte, von Lagrange, Oullins, sondern von ihr ausgestellt worden sei, was wir hierdurch gern richtig stellen.

Ferner teilen wir in Erledigung vielfacher Anfragen mit, daß der Fabrikant des im Reisebericht des Herausgebers in No. 50, Seite 595, erwähnten neuen Rasensprengers „System Zeyssolff", die Firma J. & J. Johner, Münster i. E. ist. — Der unter dem Gruppenbilde der Dendrologen auf der Titelseite der No. 50 mit einem ? versehene Teilnehmer (9) ist, wie uns Garteninspektor Fiet, Groningen mitteilt, Fabrikbesitzer Blydenstein, Enschede (Holland).

Preisausschreiben der „Gartenwelt".

Von dem Bestreben geleitet, die „Gartenwelt" andauernd so interessant als möglich zu gestalten, damit sie sowohl textlich, als auch in bezug auf die bildliche Ausstattung weitgehendsten Anforderungen genügt, haben wir uns entschlossen, unserem ausgedehnten Leserkreise durch ein Preisausschreiben erneut Anregung zu zweckdienlicher Mitarbeit zu geben.

Zur Erlangung möglichst kurz gefaßter, nicht mehr Text als etwa ein bis zwei Druckspalten der „Gartenwelt" umfassender Abhandlungen **über neue, zeitgemäße oder nutzbringende gärtnerische Kulturen, einschließlich Freilandkulturen und Wintertreiberei,** wenn möglich mit guten, für die Reproduktion geeigneten Aufnahmen, setzen wir hiermit

400 Mark

aus, die **in 10 Preisen** zur Verteilung gelangen. Erster Preis 100 M, zweiter Preis 80 M, drei dritte Preise von je 40 M = 120 M, fünf weitere Preise von je 20 M = 100 M, in Summa 400 M. Falls Photographien beigegeben werden sollen, können dieselben entweder Einzelpflanzen, ganze Kulturen oder bemerkenswerte Kultureinrichtungen darstellen.

Mit diesem Preisausschreiben wenden wir uns ausschließlich an gärtnerische Praktiker. Es liegt uns in erster Linie daran, Beiträge über vorbildliche, lohnende und neue, aber in der Praxis erprobte Kulturverfahren zu erhalten. Bei Beurteilung der eingereichten Arbeiten kommen also stilistische Leistungen nicht in Frage, die Schriftstücke müssen aber gut lesbar sein, wir unterziehen uns dann, wenn erforderlich, gern der Mühe, sie für den Druck zu bearbeiten.

Alle sich auf dieses Preisausschreiben beziehenden Einsendungen müssen so beschaffen sein, daß der Einsender äußerlich nicht kenntlich ist. Jede Einsendung ist mit einem Kennwort zu versehen und ihr ein mit gleichem Kennwort versehener, verschlossener Briefumschlag beizufügen, in welchem Name und Adresse des Einsenders enthalten sind. Schlußtermin für alle Einsendungen ist der 15. Januar 1909. Das Ergebnis dieses Preisausschreibens wird Mitte Februar 1909 bekannt gemacht. Die Redaktion behält es sich vor, nicht prämiierte, aber zur Veröffentlichung in der „Gartenwelt" geeignete Einsendungen gegen entsprechendes Honorar zu erwerben.

Wir bitten alle Freunde und Gönner der „Gartenwelt", unsere Bestrebungen durch zahlreiche Beteiligung an diesem Preisausschreiben zu fördern.

Redaktion der Gartenwelt.

Berlin SW. 11, Hedemannstr. 10. Für die Redaktion verantwortlich Max Hesdörffer. Verlag von Paul Parey. Druck: Anhalt. Buchdr. Gutenberg e. G. m. b. H., Dessau.

gusta-Veilchenblumen 1000 Stck. 2,50 M.

Zum Eintopfen empfehle:
ugusta-Veilchen, blühend, starke Büsche voller Knospen, % 3,50 M,
hrysanthemum, schön garn., in ca. 90 guten Sorten gemischt, als: **Grunerwald, Sol. d'Octobre, Pins, Neonin, Davis, Sybaris, Hanisch, Western King, Byron, Radaelli, Kotte** usw. % 20 M.
eiland-Farn % 3,50, 4,50 5,50 M.
ntersalatpflanzen Hansen ‰ 1,80 M.
ermann Möller, Handelsgärtner, **Witzenhausen.** [1836

osenwildlinge!

000 Stück, auch in Posten, starke xemplare mit guten Wurzeln, in Höhe n 180—260 cm ‰ 100 M, gegen asse versendet [1834

Josef Müller,
Spezialität von Rosenwildlingen,
taffelstein b. Lichtenfels, Oberfrank.

Wilhelm Hennis

Orchideen-Importgeschäft
in **Hildesheim** (Hannover)
t eigene Sammler in Ostindien und idamerika. Man verlange Preisliste ber **kultivierte** und **importierte Orchideen.** [1840

ur Herbstpflanzung:

irschen-, Aepfel-, Birnen-, Pflaumen-äume, 2—2,20 m Stammhöhe, 6 bis ½ cm Stammumfang, beste Sorten, rima Ware, zu billigsten Preisen.

Alleebäume, [1821
—9 cm Umfang, bis 2,30 m hoch: **horn** 45 M, **Eschen** 50 M, **Kastanien** 0 M, **Linden** 70 M pr. %, gibt ab
. Fickert, Baumschulenbesitzer, **rotzel b. Kaltenbrunn, Kr. Schweidnitz.**

a. Veilchentreib-Büsche

harlotte und **Augusta,** kräftig, pinnefrei, mit vielen Knospen zum intopfen % 4,50 M, ‰ 40 M, mpfiehlt per Nachnahme
E. Helfer, Veilchenkulturen,
benhain bei **Waltershausen** i. Thür.
Versand nach allen Ländern.
Preisliste gratis.

Horden, Gestelle und Schränke
zum Aufbewahren von **Obst**
empfiehlt **sehr billig**
C. Drebenstedt, Holzwarenfabrik,
Osterburg, Pr. Sachsen.
Preisliste umsonst. [M. 1817

Koniferen

in grosser Auswahl,
winterharte Sorten,
empfiehlt [1832
Gustav Kunze
Altenburg (S.-A.)
Bismarckstrasse 36.

Versäumen Sie nicht, auf Ihren Reisen meine

Spezialkulturen von Koniferen

zu besichtigen! Grosse Vorräte in **Handelsware** und **Schaupflanzen.** Es kommt nur tadellose volle Ware mit festen Lehmballen zum Versand. **(Mannheim 1907 für Koniferen höchste Auszeichnung — gr. silb. preuss. Staatsmedaille!)** ☛ **Preislisten gratis.** [1561

T. Boehm, Obercassel bei Bonn.
☛ **Massenkulturen von Alleebäumen, Rosen, Formobst.** ☚

ALU-Pflanzenschilder. Als anerkannt **wetterfest** sind die zu Millionen verbreiteten **ALU-Pflanzenschilder.**
Verlangen Sie gratis die neue Preisliste E No. 14. [1480
Nie **grünspanend,** noch **rostend** sind die **billigsten** **ALU-Schaufenstergestelle,**
deshalb die passendsten für Blumengeschäfte.
Man verlange Preisliste D No. 114 von der
ALU-miniumwarenfabrik „Ambos", G. m. b. H., Dresden-A. 14.

☛ Nie wiederkehrendes Angebot. ☚

Präp. Cycas-Wedel und Palmen-Blätter,
sowie **gebundene Palmen.** **Cycas-Wedel** [1014

100 Stück ca.	20/30	30/40	40/50	50/60	60/70	70/80	80/90	90/100
M	6	8	10	12	16	17	20	24

Palmen-Blätter sehr billig.
Thüringer Palmenfabrik, Altenburg, S.-A., Kotteritzerstrasse 62.

Ansichtssendungen

sämtl. **Bücher, Gartenwerkzeuge, Reisszeuge, Pinsel, Wasserfarben, Photogr. Platten** und **Papiere** — nur I. Fabrikate, liefert prompt per Nachnahme. Behaltenes bei 10 Mark **portofrei,** unter 10 Mark **halbes** Porto.
Für Nichtbehaltenes folgt Betrag postwendend.
Möglichste Angabe von **Titel, Verfasser** und **Verleger** erbeten.
Schenkelsche Buchhandlung, Proskau O. S.
Verlag-Angebote erwünscht.

Jetzt beste Pflanzzeit!

Tolchicum autumnalis, Herbstzeitlose, blüht ohne Erde und Wasser	100 St.	5,— M,	10 St.	0,75 M
Glalanthus nivalis, Gartenschneeglöckchen	100 „	2,— „		
Gladiolus communis, Waldgladiolen			10 „	1,50 „
Leucojum vernum, Waldschneeglöckchen	100 „	1,— „		
Lilium candidum, weisse Lilie	100 „	8,— „	10 „	1,— „
„ **bulbifrum,** Feuerlilie	100 „	18,— „	10 „	2,— „
„ **escelsum,** gelbe Isabelienlilie			10 „	8,— „
„ **Martagon,** Türkenbundlilie	100 „	8,— „	10 „	1,— „
Erdorchideen, 10 St. in 10 Sorten empfiehlt			10 „	1,50 „

Aug. Hartmann, Kranichfeld bei Erfurt.
Erstes Versandgeschäft am Platze. [1839
Grossh. Badischer und Herzogl. S.-Meiningischer Hoflieferant.

Sortenechte gesunde Ware in
Obsthochstämmen, Zwergobstbäumen,
Beerenobststämmen,
Rosen, Koniferen, Clematis
usw.
Durchaus erstklassige Ware bei normalen Preisen.
☛ **Kataloge frei.** ☚ [108
R. Grüllich, Nieder-Walluf a. Rh.

Anzeigen für die nächste Nummer bitten wir so abzusenden, dass dieselben spätestens Montag Mittag in unseren Händen sind.

Der Haushalt-Milchentrahmer
Baltic
ist die zweckentspr. **Milchreinigungs- und Entrahmungs-Maschine** der Gegenwart für jedermann, d. tägl. 1 bis 12 l Milch produz. oder verbraucht (spez. geeignet für Ziegen oder 1 mittlere Kuh).
Das Ideal des ländlichen Pfarrers, Lehrers, Beamten und Privaten. Stundenleistung 35 Liter. Preis Mk. 40,— ab Berlin inkl. Verp. Zu verw. f. täglich 1 bis 12 l Milch.
Probelieferung! Garantie!
Günstigste Zahlungsbedingungen!
Deutsche Baltic-Separator-Zentrale
Walter Frick, Wilmersdorf-Berlin,
Ringbahnstrasse 260. [2

Leimringe

anlegen!

Mein **Raupenleim** bleibt Monate lang klebfähig.
4 kg M 3,75; 12 kg Eimer M 11,—; 22 kg Eimer M 20,—. [570
Präp. Pergamentrollen 50 m lang, 12 cm breit M 1,20, 17 cm breit M 1,60.
Emil Böringer, Bonn-Poppelsdorf.

Harte Park-Rosen.

Grosse Vorräte in schönen
Polyanthasorten,
Gruppensorten,
Kletterrosen, [1699
Hecken- und Wildrosen,
Hoch- u. Halbstammrosen.
Koniferen und Ziersträucher, verpfl. Solitair- u. Alleebäume.
Peter Lambert, Trier.

100 Dutzend

künstl. Blumen in 32 verschiedenen Sorten, wie: **Rosen, Flieder, Lilien, Nelken, Hyazinthen, Maiblumen** etc., passend zur Kranz- und Bukettbinderei, liefert für [1704

nur 12 Mark

einschliesslich Verpackung und Porto
Mahn's Blumenfabrik,
Neckarsteinach, Hessen.
Empfehle gleichzeitig
Laub-, Palm- u. Perlkränze.

Lafayette

leuchtend samtig-scharlach,
prachtvolle, gefüllte Topf- und Gruppen-**Begonie,**
Vermehrungsknollen 10 St. 5 M, 100 St. 45 M, [1535
starke Knollen 10 St. 4 M, 100 St. 35 M, empfiehlt unter Garantie für Echtheit per Kasse od. Nachn. evtl. 3 Mon. Ziel
Ag. Heym,
Schleusingen, Bez. Erfurt.

Ziersträucher für Garten- u. Parkanlagen

starke Ware, in den besten Sorten, bis über 2 m Höhe, 100 Stück 16—30 K., 1000 Stück 140—250 K.

Alleebäume, als: **Ahorn, Kastanien, Ulmen, Eschen, Platanus** etc., 100 Stück 80—300 K.

Halbbäume, 1.80—3.50 m hoch, in ca. 15 Sorten per 100 Stück 60—120 K.

Obstbäume aller Art, **Rosen** in den besten Sorten, aller Klassen.

Massenvorräte in

Fichten, Schwarzföhren, Lärchen, Rosa canina, in allen Stärken.

Preisverzeichnis auf Verlangen gratis.

Freundorfer Baumschulen F. Praskač

Freundorf bei Tulln, P. Judenau, N.-Ö. [1685

Verlag von Paul Parey in Berlin SW., Hedemannstrasse 10.

Anleitung

für die

Wert- und Rentabilitätsberechnung der Obstkulturen

auf neuer Grundlage.

Von

Prof. Dr. Christ und **E. Junge,**

Oberlehrer — Obergärtner und Obstbaulehrer

an der Königl. Lehranstalt für Wein-, Obst- und Gartenbau zu Geisenheim a. Rh.

Kartoniert, Preis 2 Mark 80 Pf.

Das Studium des vorliegenden Buches wird jedem Obstzüchter von Nutzen sein. Bei Neupflanzungen z. B. wird sicherlich mit grösserer Überlegung vorgegangen werden, und die Baumbesitzer werden auf eine sachgemässere Pflege der Bäume erhöhtes Gewicht legen, wenn sie auf Grund der Ausführungen erkennen, wie sehr der Wert der Obstbäume, die Rentabilität der Obstkultur von dem zielbewussten Vorgehen des einzelnen abhängt. [1825

Gegen postfreie Einsendung des Betrages erfolgt die Zusendung postfrei.

Grösste und reichhaltigste Baumschule der Welt.

Massen-Aufzucht aller Sorten **Gehölz-Pflanzen** u. **Coniferen** für **Wald-, Park- und Baumschul Anlagen** — **Allee-, Park-, Chaussee-, Zier- und Trauerbäume.**

Baumschulen von Herm. A. Hesse in WEENER a. d. Ems

Prov. Hannover.

Obstbäume in **Hochstamm-, Pyramiden-, Spalier- und Cordon-Form.** — **Ziersträucher.** — **Coniferen. Rosen, Magnolien, Azaleen, Rhododendron, Stauden** etc. 554

Kataloge auf Anfrage gratis und franko.

Chr. Lorenz, Hoflieferant, Erfur

gegründet 1834.

Import von Haarlemer Blumenzwiebeln

Knollengewächse, Stauden, Ziersträucher, Rosen, Obstbäume, Beerensträucher, Erdbeeren, Herbstaussaaten

Katalog gratis und franko. [16

Unser Hauptkatalog

über

Haarlemer Blumenzwiebeln

mit vielen Illustrationen und Kulturanweisungen ist **soeben erschiene** und wird auf Anfrage gern **kostenfrei** zugesandt. [132

Besonders interessant für Privatgärtner, Stadt- und Hofgärtnereien.

Blumenzwiebel-Exporthaus Huis ter Dui

(Direktor Wilhelm Tappenbeck)

Noordwijk bei Haarlem (Holland).

Garantiert bester Erfolg!

Obstbaumkarbolineum „Brunonia

in unübertroffener Qualität

mit Wasser schneeweiss emulgierend,

unterdrückt den Beginn und das Umsichgreifen der vielen verderbl Krankheiten an Bäumen, Sträuchern, Blumen, Stauden, Spargeln und früchten durch Heilung der Krebswunden und absolute Vertilgung alle fährlichen Insekten, aller tierischen Schädlinge und pilzartigen Schma an Obstbäumen und Pflanzen.

Fässer von ca. 200 kg ℳ 21.—, Blechkannen von 25 und 50 kg ℳ per 100 kg netto exklusive. Postkannen von 5 kg brutto ℳ 2.25, ink ab Braunschweig gegen Nachnahme.

Gebrauchsanweisungen gratis!

Vor minderwertigen Marken wird gewarnt!

Teerproduktenfabrik Baese & Meyer, Braunschw

Albert Wagner in Leipzig-Gohli

empfiehlt [179

Phoenix canariensis,

dies Jahr besonders schön . . .	à 1.50, 2, 3, 4, 5, 6, 8, 10 ℳ
sehr starke Pflanzen	„ 15, 20, 25, 40, 50—100 ℳ.
extra grosse Phoenix	„ 125—250 ℳ.
Latania borbonica	„ 1—150, 2, 3, 4—6—10 ℳ.
Cocos Weddelliana, einz. Pflanzen	„ 0.50, 0.75, 1.00 ℳ.
„ „ mehrere in einem Topfe	„ 1.00, 1.25 und 1.50 ℳ.

Aspidistra (Plectoginen) grüne und gestreifte, noch grosser Vorra

Lorbeerbäume und Araukarien in allen Grössen billigs

Haarlemer Blumenzwiebeln.

Auch dieses Jahr habe ich wieder einige Waggonladungen Blume zwiebeln bei den ersten und zuverlässigsten Züchtern Hollands persö lich eingekauft. Dieselben sind bereits eingetroffen und lade ich z Besichtigung meines reichhaltigen Lagers ganz ergebenst ein.

Spezial-Offerte steht auf Wunsch zu Diensten.

Ferd. Reiber, Spezialgeschäft f. Blumenzwiebeln.

Zwickau in Sachsen. [1(

Patente und Musterschutz.

Patent wurde erteilt in **Klasse 45f.**

202601. Verfahren zum Sammeln [...]n Blütenstaub. Eugène **Moulié**, [...]cksonville, Florida, V. St. A.; Vertr.: [...]duard Franke & G. Hirschfeld, Pat.-[...]nwälte, Berlin SW. 68. 23. 5. 07. [...]. 32310.

Für die Ansprüche 1 und 2 dieser [A]nmeldung ist bei der Prüfung gemäss [de]m Unionsvertrage vom $\frac{20.\ 3.\ 83}{14.\ 12.\ 00}$ [de]r Anmeldung in den Vereinigten [St]aaten von Amerika vom 16. 6. 06 [an]erkannt.

202602. Bindemaschine zum Her[st]ellen von Girlanden, Kränzen u. dgl. [Ka]rl **Peltzer**, Cöln, Hahnenstrasse 45. [2]6. 7. 07. P. 20217.

202603. Steinunterlage mit Was[se]rablauf für Hopfensäulen. Ludwig [...]**der**, Reichertshausen, Post Atten[ki]rchen. 11. 12. 07. E. 13085.

Gebrauchsmuster - Eintragungen [K]lasse 45f.

349049. Blumentopfuntersetzer. [F]ranz **Wilker**, Quedlinburg. 17. 7. 08. [W]. 25151.

349287. Apparat zum Ordnen lang[st]ieliger Blumen, Zweige oder Ranken [i]n einem Strauss. Josef **Dressel**, Hof [i.] S. 11. 7. 08. D. 14533.

349302. Aus gebrannter Tonerde [h]ergestelltes Etikett für Gewächse usw. mit eingeprägter Schrift. Friedrich **Klucken** und Hermann **Perpeet**, Mülheim a. Ruhr-Speldorf. 8. 8. 08. K. 35461.

349447. Haken mit Schraubenschaft für Blumenhalter, Baumstützen u. dgl. Wilhelm **Wegescheid**, Oerlinghausen, Lippe. 25. 6. 08. W. 25011.

349471. Fuss für Baumpfähle aus Drainrohr mit Zement ausgefüttert, enthaltend Wasserabflussöffnung, Hohlraum für Baumpfahl und eingegossene Winkeleisen zum Anbinden des Pfahles, am oberen Ende verstärkt durch Drahtumwicklung und Zementkappe. **Gebr. Timmermann**, Lippstadt. 23. 7. 08. T. 9646.

349479. Giesskanne mit an der Befestigsstelle doppelwandigem Ausgussrohre. **Lauterbacher Blechwarenfabrik und Verzinkungs-Anstalt G. m. b. H.**, Lauterbach, Hessen. 29. 7. 08. L. 19923.

349651. Blumenhalter mit Stock zum Einstecken in die Erde. Ernst **Jahn**, Leipzig, Mühlstr. 34. 30. 7. 08. J. 8207.

349992. Balkon-Blumenkasten. R. G. **Eckardt**, Altona, Am Brunnenhof 25. 24. 6. 08. E. 11406.

Konkurse.

Ellwürden. Ueber das Vermögen des **Arbeiters und Gärtners Gerhard Ahlers** zu **Seefeld** ist am 11. September 1908, mittags 12 Uhr 20 Min. das Konkursverfahren eröffnet. Verwalter: Auktionator H. von Nethen in Seefeld. Erste Gläubigerversammlung am **6. Oktober 1908, vormittags 9½ Uhr.** Prüfungstermin am **17. November 1908, vormittags 9½ Uhr.** Offener Arrest mit Anzeigefrist sowie Anmeldefrist bis 6. Oktober 1908.

Halle, Saale. In dem Konkursverfahren über das Vermögen des **Gärtnereibesitzers Karl Hugo Dienel** in **Ammendorf** ist zur Prüfung der nachträglich angemeldeten Forderungen Termin auf den **13. Oktober 1908, vormittags 11½ Uhr,** vor dem Kgl. Amtsgericht in Halle a. S., Poststr. 13 bis 17, Erdgeschoss links, Südflügel, Zimmer No. 45 anberaumt.

Magdeburg. Das Konkursverfahren über das Vermögen des **Handelsgärtners Karl Rasch**, früher in **Barleben**, jetzt in **Wiesbaden**, wird nach erfolgter Schlussverteilung hierdurch aufgehoben.

Plauen, Vogtl. Das Konkursverfahren über das Vermögen des **Kunst- und Handelsgärtners Theodor Karl Wilhelm Christoph Westphal**, in Firma **Th. Westphal**, in **Plauen** wird nach Abhaltung des Schlusstermins hierdurch aufgehoben.

Neue Kataloge.

Carl Görms, Rosenschulen, **Potsdam-Bornim.** Preisliste 1908—09.

Goos & Koenemann, Nieder-Walluf. Das Buch über Stauden, Obstbäume, Ziersträucher und Koniferen. Herbst 1908 — Frühjahr 1909.

Georg Arends, Ronsdorf. Hauptverzeichnis über winterharte Stauden und Florblumen. Herbst 1908 — Frühjahr 1909.

Heinrich Maurer, Inh. L. Maurer, Grossherzogl. Garteninspektor, **Jena.** Preisverzeichnis über Beeren- und Schalenobstbäume.

Nicola Welter, Rosenzüchter, **Trier-Pallien.** Hauptpreisliste 1908/09.

Haage & Schmidt, Erfurt. Verzeichnis der Neuheiten für 1909.

Soupert & Notting, Luxemburg (Grossh). Rosenverzeichnis 1908/09.

Hierzu eine Beilage von **Hochstetter & Vischer,** Papier- und Schreibwaren en gros, **Stuttgart.**

Druck der Anhaltischen Buchdruckerei Gutenberg e. G. m. b. H. in Dessau.

Die Abonnenten erhalten mit diesem Heft eine farbige Kunstbeilage.

Die Gartenwelt.

Illustrierte Wochenschrift für den gesamten Gartenbau.

Herausgeber: Max Hesdörffer-Berlin.

Erscheint jeden Sonnabend.
Monatlich eine farbige Kunstbeilage.

Bezugsbedingungen:
…ch jede Postanstalt bezogen Preis 2.50 M. vierteljährl. In Österreich-Ungarn 3 Kronen. …direktem Bezug unter Kreuzband: Vierteljährlich 3 M. Im Weltpostverein 3.75 M. Einzelpreis jeder Nummer 25 Pf.
…ohne Vorbehalt eingehenden Beiträgen bleibt das Recht redaktioneller Änderungen …halten. Die Honorarauszahlung erfolgt am Schlusse jeden Vierteljahrs.

Anzeigenpreise:
Die Einheitszeile oder deren Raum 30 Pf.; auf der ersten und letzten Seite 50 Pf. Bei grösseren Anzeigen und Wiederholungen steigender Rabatt. Beilagen nach Übereinkunft. **Anzeigen in der Rubrik Arbeitsmarkt** (angebotene und gesuchte Stellen) kosten für Abonnenten einmalig bis zu 10 Zeilen Raum M. 1.50, weitere Zeilen werden mit je 30 Pf. berechnet. Erfüllungsort auch für die Zahlung: Berlin.

Adresse für Verlag und Redaktion: Berlin SW. 11, Hedemannstrasse 10.

XII. Jahrgang No. 54. | Verlag von Paul Parey, Berlin SW. 11, Hedemannstr. 10. | 10. Oktober 1908.

Illustrierte Wochenschrift für den gesamten Gartenbau.

Jahrgang XII. 10. Oktober 1908. No. 54.

Stauden.

Astilbe Arendsi.

Von **Georg Arends,** Staudenkulturen, Ronsdorf.

(Hierzu zwei Abbildungen.)

Es mögen etwa 15 Jahre her sein, daß die heute noch allbeliebte *Astilbe japonica multiflora compacta* anfing, der bis dahin fast ausschließlich kultivierten und zu Treibzwecken benutzten *Astilbe (Spiraea) japonica* den Rang streitig zu machen. Die viel dichteren, volleren Rispen waren weit schöner als die zwar auch schönen, aber zu dünnen, der Stammart. Schon damals, als ich vergleichsweise beide Sorten nebeneinander antrieb, versuchte ich die Zierlichkeit der einen mit den dichter gefüllten größeren Blumen der anderen zu vereinigen. Der Versuch gelang vollkommen. Einige Jahre später hatte ich ein paar Beete mit Sämlingen, die im Aufbau der Dolden an Schönheit und Größe der einzelnen Blütchen die älteren weit übertrafen. Da jedoch kurz nachher von Holland aus neue Sorten in den Handel kamen, die ähnlichen Kreuzungen zu entstammen schienen, verfolgte ich meine Züchtungen nicht weiter, damit nicht etwa ein Zuviel von einander ähnlichen Sorten in den Handel käme. Die beiden holländischen Sorten *Gladstone* und *Washington* sind mittlerweile allgemein bekannt und beliebt geworden, während man von den anderen, zu gleicher Zeit herausgebrachten, wenig mehr hört.

Astilbe Arendsi.
In den Staudenkulturen von Georg Arends, Ronsdorf, für die „Gartenwelt" photographisch aufgenommen.

Bei allen diesen Astilben war jedoch nur die weiße Farbe vertreten. Eine kleine Abwechslung brachten die von Lemoine in Nancy gezüchteten *Lemoinei*-Hybriden von *Astilbe Thunbergi* mit anderen Arten, welche wenigstens teilweise einen zartrosa Ton zeigten. Da erhielt ich von England die echte *Astilbe chinensis*, eine spätblühende Art mit hübschen, rein hellrosafarbigen Blütenrispen. Die Versuche, diese schöne rosa Farbe auch auf die Treibspiräen zu übertragen, gelangen vollkommen. In den Jahren 1902 bis 1904 blühten bei mir große Mengen der prächtigsten Hybriden mit mehr oder minder lockeren Rispen und zartrosa bis leuchtendrosa Blüten. Die Färbung übertraf bei weitem diejenige der zur Kreuzung benutzten Stammart *Astilbe chinensis*. Meine gesamten damaligen Vorräte gingen in den Besitz der Firma Gt. van Waveren & Kruyff in Sassenheim, Holland, über, welche zwei der besten Varietäten unter den Namen *Astilbe Queen Alexandra* und *Peach blossom* in den Handel brachte. Nach allen bisherigen Versuchen und Erfahrungen sind diese beiden Sorten, von denen *Peach blossom* zartrosa, *Queen Alexandra* leuchtendrosa ist, ganz vorzüglich zur mittelfrühen und späten Treiberei geeignet, und werden gewiß in einigen Jahren Gemeingut aller sein, die sich irgendwie mit der Kultur von Treibspiräen befassen.

In Freilandastilben hatte mittlerweile Lemoine in Nancy erfolgreich weitergearbeitet und in seiner *Nuée rose* eine hübsche, spätblühende rosafarbige Sorte gebracht. Seine Kreuzungen der *Lemoinei*-Hybriden mit *chinensis* ergaben eigentümlicherweise weniger schöne und leuchtende Farben als die von *japonica compacta* mit *chinensis*.

Eine neue Anregung sollte die Astilbenzüchtung durch die von Veitch aus China eingeführte prächtige *Astilbe Davidi* erhalten. Die üppig wachsenden Pflanzen dieser Art bringen im Juli—August 1,20 bis 1,50 Meter hohe Stiele mit reich verzweigten, schmal aufrecht stehenden Blütenrispen von leuchtend lilarosa bis purpur Farbe. Leider blühte bei mir von einem Dutzend im Jahre der Einführung bezogenen Pflanzen im ersten Jahre keine einzige. Einen um so reicheren Flor hatte ich im nächsten Jahre und holte das Versäumte insofern nach, als ich Kreuzungen mit all den vielen mir zur Verfügung stehenden Astilben-Arten, -Varietäten und -Hybriden durchführte. Die Sämlinge entwickelten sich kräftig und lieferten im zweiten Jahre einen außerordentlich reichen Flor von solcher Mannigfaltigkeit und in einer solch glücklichen Vereinigung der guten Eigenschaften der Eltern, daß man tatsächlich nicht wußte, was man als das Beste auswählen sollte.

Am frühesten zur Blüte gelangten die Hybriden von *Astilbe Davidi* mit *astilboides*-Varietäten. Dieselben haben alle lockere, federige Rispen in hell- bis dunkellilarosa Färbungen, dabei das kräftige, in der Jugend etwas bräunlich gefärbte Laub der *astilboides*. Zu dieser Abteilung gehört auch die Sorte *Ceres*, die in diesem Sommer in London mit einem Wertzeugnis ausgezeichnet wurde.

Die nächsten im Aufblühen (Anfang bis Mitte August) sind die Hybriden von *Astilbe japonica compacta* mit *Davidi*. Das Laub ist wie bei *japonica* glänzend saftiggrün, nur größer und kräftiger; die in dichten, aufrechten Rispen stehenden Blütchen sind sehr klein, perlenartig, von weißer, crêmefarbiger bis zartlachsrosa Farbe. Die Haltbarkeit der Blütenrispen dieser Sorte ist eine außerordentlich große. Die hierher gehörende Sorte *Rosa Perle* erhielt gleichfalls in London ein Wertzeugnis.

Die größte Mannigfaltigkeit in Farbe und Form zeigten die Hybriden der dritten Klasse, der *Queen Alexandra* und *Peach blossom* mit *Davidi*. Die reichverzweigten Blütenrispen sind teils federig, teils geperlt, teils die perlenartigen Blütchen in kleinen Knäulchen zusammengestellt. Die Färbungen variieren von hellila, fast bläulich, durch lilarosa bis purpurrot, andererseits von weiß durch lachsrosa bis karmin.

Zugleich mit den Hybriden dieser dritten Klasse blühen die der vierten Gruppe, die Kreuzungen von *Thunbergi major* mit *Davidi*. Dieselben werden 1,20 bis 1,50 Meter hoch; sie haben reichverzweigte, federige, reinweiße oder zartrosa Blütenrispen.

Alle die Hybriden belegte ich mit dem Sammelnamen *Astilbe Arendsi*, unter dem sie auch in diesem Herbst zum ersten Male in den Handel kommen werden. Einzelne Namensorten sind erst in einigen Jahren genügend vermehrt und abgebbar.

Die zuletzt blühenden unter meinen *Davidi*-Hybriden sind die durch Kreuzung mit *chinensis* entstandenen, die sich nach meinen bisherigen Beobachtungen mit den von Herrn Lemoine in Nancy im vorigen Jahre gebrachten drei Neuzüchtungen decken.

Ausdrücklich bemerkt sei noch, daß alle *Astilbe Arendsi*-Varietäten zum Treiben **nicht** geeignet sind. Dadurch, daß sie in einer sonst ziemlich blumenarmen Zeit blühen, bieten sie jedoch in ihrer Mannigfaltigkeit eine wertvolle Abwechslung sowohl für den Blumenschnitt, als auch für die Gartenausschmückung. Sie lassen sich in voller Blüte auch ganz gut mit Ballen ausheben, in Töpfe setzen und zu Dekorationen aller Art verwenden, wie es die beigegebenen Abbildungen bestens zeigen. Die Blütentriebe des nebenstehenden Bildes hatten vor der Aufnahme die Reise nach Berlin überstanden und waren auf dem Wege zum Photographen etwas welk geworden.

Vase mit Blütentrieben von Astilbe Arendsi. Originalaufnahme für die „Gartenwelt“.

Englische Narzissensorten. 1. Firebrand, 2. Peach, 3. Magog, 4. White Lady, 5. Sirius, 6. Cresset.

Topfpflanzen.

Gebirgshängenelken.

Von Fritz Glaab, Handelsgärtner, Bad Reichenhall.

(Hierzu drei Abbildungen.)

In jahrelanger Arbeit habe ich ein Sortiment der echten Gebirgshängenelken herausgezüchtet. Die Gebirgshängenelken sind ursprünglich aus Kreuzungen zwischen *Dianthus alpinus*, der Alpen- oder Felsennelke, *D. chinensis*, *imperialis* und Remontantnelken hervorgegangen. Mein Sortiment findet lebhafte Anerkennung bei Liebhabern und Fachgenossen, da diese Nelken mit ihren verschiedenfarbigen Blüten und durch die elegante Hängetracht von hervorragender, ganz eigenartiger Wirkung sind. Die großen, gut geformten Blumen, unter welchen man alle bei sonstigen Nelken vorkommenden Farben findet, erscheinen in Massen an bis meterlangen, elegant herabhängenden Trieben, sie erfreuen das Auge eines jeden Beschauers. Diese Nelken sind hervorragende Schmuckpflanzen für Felsenbeete im Garten, ganz besonders aber für Fensterbrett und Blumenkästen. Den malerischen Wert dieser Hängenelken, die auch als Schnittblumen für Vasendekoration wertvoll sind, veranschaulichen unsere Bilder in trefflicher Weise.

Die Kultur dieser Nelken ist recht einfach; sie sind hart und lassen sich unter leichter Decke aus Tannenzweigen im Freien gut durch den Winter bringen. Topfpflanzen überwintert man an hellem Standort, bei einer Durchschnittstemperatur von 4 bis 6 ° C; Vermehrung erfolgt durch Stecklinge. Im Frühling verpflanzt man in recht kräftige Erde, der Ziegelsteinmehl zugesetzt wird, und bietet recht viel Luft und Licht.

Da die Balkonausschmückung allenthalben Jahr für Jahr an Bedeutung gewinnt, so dürfte auch die Gebirgshängenelke als ganz eigenartige, hervorragende Balkonpflanze, die eine aparte Abwechslung in das bisher gebräuchliche Pflanzmaterial bringt, sicher eine gute Zukunft haben.

Gemüsebau.

Teltower Rübchengrün als Spinatgemüse. Auf leichtem, moorigem Boden hält sich der Spinat über Winter nicht. Ich habe fast alle Jahre gesät, wenn jedoch das Frühjahr kam, sah man nichts mehr von den Pflanzen. Vor vier oder fünf Jahren säte ich zum erstenmale Teltower Rübchen aus. Die geernteten Rübchen waren wohl schön von Gestalt, aber nicht gut von Geschmack. Ich wollte sie herausreißen und auf den Komposthaufen werfen, da sie nicht zu genießen waren, ein Schneetreiben vereitelte aber mein Vorhaben. Das Frühjahr kam, und ich hatte meine „Teltower" längst vergessen. Der Spinat war während des Winters den Weg alles Irdischen gegangen und ich sollte und mußte Spinat schaffen. Da sah ich, daß meine Teltower Rübchen junges Grün getrieben hatten, schnitt eine Portion davon ab, ließ es wie Spinat zubereiten, und siehe da, ein vorzüglicher Ersatz für den empfindlichen Spinat war gefunden! Seit der Zeit säe ich jedes Jahr 5 bis 6 Beete Teltower Rübchen an. An wärmeren Tagen, im Januar oder Februar, lasse ich bei offenem Boden das alte Grün abmachen und den Boden mit guter Erde frisch überstreuen. Auf ein Beet stelle ich einen Mistbeetkasten und lege Fenster auf. Durch die Einwirkung der Sonne fangen die Rübchen an zu treiben, und dieses junge Grün ersetzt mir den Spinat vollständig; ich kann es kaum in genügender Menge liefern. Die Aussaat der Rübchen wird Anfang August vorgenommen.

A. Spranger, Schloßgärtner, Pfoerten.

Gebirgshängenelke.

In der Handelsgärtnerei von Fritz Glaab, Bad Reichenhall, für die „Gartenwelt" photographisch aufgenommen.

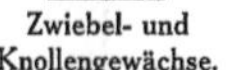

Zwiebel- und Knollengewächse.

Neue englische Narzissen.

Von Gg. Wüst, fürstl. Schloßgärtner, Seyfriedsberg.

(Hierzu die Farbentafel.)

Im fürstlich Oettingen-Wallersteinschen Schloßgarten zu Seyfriedsberg (Bayern) befinden sich unter vielen anderen Narzissensorten, welche auf Rasenplätze, vor Gehölzgruppen oder zwischen Bäume gepflanzt sind und im Frühjahre ein herrliches Bild geben, auch 48 neue Sorten, welche bis jetzt meist noch nicht im Handel sind. Dieselben sind ein Geschenk der berühmten, englischen Botanikerin, der vielgenannten Miß Ellen Willmott, aus deren Gärten in Great Warley in Essex (England) sie stammen.

Nachstehend seien diese Sorten aufgeführt und kurz beschrieben.

Ariadne, in jeder Beziehung eine große Verbesserung der alten *Leedsii*-Spielart *Princeß of Wales*, mit gutem, weißem Blütenkelche und sehr schön ausgebreiteter, blaß zitronenfarbiger Krone.

Artemis, eine der frühblühenden Formen von *N.*

Vase mit Blüten der Gebirgshängenelke.

In der Handelsgärtnerei von Fritz Glaab, Bad Reichenhall, für die „Gartenwelt“ photogr. aufgen.

incomparabilis, schöne, breite, perlweiße Blütenkelchränder, zarte, gut ausgebreitete Krone.

Beauty, Blüte gelb, mit hellorange Rand, starke, widerstandsfähige Pflanze.

Bianca, eine der schönsten, bis jetzt bekannten *Leedsii*-Sorten. Sehr große, schöne Form, rein und auffallend in der Farbe, starker, fester, weißer Kelch. Blüte kugelförmig, hellgelb, mit deutlich gezeichnetem, grünem Auge.

Cernuus oder *Tortuosus*, sehr elegante, weiße Narzisse.

Citron, große, auserlesene, kräftige *Leedsii*, Blume ungefähr in der Größe der *Ducheß of Westminster*, aber graziöser, mit weniger spitzen Staubfäden. Blütenkelch rein weiß, Krone lang und schön, grünlich zitronengelb an der Basis, obere Hälfte und Ränder reich crêmefarben.

Counteß of Desmond, eine frühe *Ajax*. Blütenkelch sanft primelgelb, Krone etwas dunkler im Ton. Blüht reichlich und kann mit Vorteil in den Rasen gepflanzt werden. Wird wild wachsend in Irland gefunden.

Counteß Grey, weißer Blütenkelch, in der Art ihrer Verwandten *Empreß*, lange, schwefelgelbe Krone.

Cresset (s. Tafel), symmetrische Blume, von guter Substanz, groß; runder, gelber Blütenkelch, weit ausgebreitete, wohlentwickelte Krone.

Crown Prince, eine der allerbesten Sorten, zierlich, spät blühend, weißer, rot gefleckter Kelch.

Ducheß of Westminster, großer, weißer Blütenkelch. Die lange, kanariengelbe Krone, beim ersten Erblühen orange gerändert, wird später rein weiß.

Edward Hart, sattgelbe Form von *N. incomparabilis*.

Firebrand (siehe Tafel), schöne *Burbidgei*, von besonderer Größe und Stärke. Blütenkelch etwas sternförmig, milchweiß im Ton und von starker Substanz. Schöne Krone, von prachtvoll intensivem und lebhaftem Rot. Sehr auffallende Blume.

Genoa, sehr schöne, weiße Blume.

Golden Bell, zierlich geneigte Blume, sehr große, tiefgelbe Krone, mit weit ausgebreitetem Rande. Große Blütenkelchsegmente von blassem Gelb und leicht gedreht.

Golden Phoenix, große, doppelte, rosa gemusterte Blumen, gelb mit orange geränderter Krone.

Gwyther, gelb mit orange gefleckter Krone.

Hogarth, eine sattgelbe, mehr merkwürdige als schöne *N. incomparabilis*. Gefaltete, große und ausgebreitete Krone. Blütenkelch gedreht und zart.

Lulworth, Blume von seltener Schönheit. Höchst wahrscheinlich ein zufälliger Sämling, in einem Garten in Lulworth gefunden. Blütenkelchsegmente breit, voll und leicht hängend. Zuerst blaß schwefelgelb, dann reinweiß. Die Krone ist lebhaft rot gestreift.

Magog (siehe Tafel), eine große, reichlich blühende *N. incomparabilis*. Blütenkelch schwefelgelb, Krone groß und eine Nuance dunkler.

Marvel, eine Form von *N. poëticus*. Blütenkelch weiß, Krone mit safrangelb gerändert. Eine schmale Auftreibung, ungefähr 3 cm lang, erscheint einige Wochen vor der Blume und daraus wächst langsam die Blüte.

Mr Tompson, rein weiße *Ajax*. Blüte groß und schön gekräuselt, früh und reich blühend.

Mrs Vincent, schöne, vollkommene weiße Blume, spät blühend.

Moschatus, von Haworth beschrieben. Rein schneeweiße *Ajax* aus Spanien. Schwer zu ziehen, wie viele der wilden Arten, doch kann sie auf kühlem, feuchtem Boden im Halbschatten gut gedeihen.

Orange Phoenix (Double incomp.), doppelte, rosa gestreifte Blumen mit orangeroter Krone.

Peach (siehe Tafel), eine graziöse *Leedsii*, Blütenkelch reinweiß, Krone lang und gerade, schön pfirsichfarben.

Phyllis, zweifarbige *N. incomparabilis*, groß und von schöner Form, Blütenkelch reinweiß, gerade, kanariengelbe, leicht ausgebreitete Krone.

Poëticus of Gardens, die schöne, spätblühende *Pheasants Eye*.

Poëticus praecox grandiflorus, fein geformte Blume im Stil der späteren *N. recurvus*, aber mit viel weniger zurückgebogenen Segmenten.

Prince Teck, spät blühende, zweifarbige *N. incomparabilis*. Breiter, milchweißer Blütenkelch, Krone groß und weit ausgebreitet.

Princeß Ida, weiße *Ajax*, früh blühend und hübsch, aber sehr zart. Blütenkelch dünn, Krone beim Erblühen mit zartem Gelb gerändert.

Princeß Mary, sehr vornehme, verfeinerte Blume mit breiten, elfenbeinfarbigen Blütenkelchsegmenten und orangegefleckter, weit ausgebreiteter Krone.

Princeß of Wales, eine schillernd reinweiße *Leedsii*. Blütenkelch klein und sternförmig, Krone groß und gekräuselt. Sollte jeder Sammlung einverleibt werden, nicht nur wegen ihrer Schönheit, sondern auch, weil es keine zweite Sorte gibt, die ihr gleicht.

Rev. C. Digby, eine *Johnstoni*. Groß, hoch und widerstandsfähig, von gutem Bau, mit reinweißem Blütenkelch; die trompetenförmige Krone lang und gerade, mit etwas gebogenem Rand.

Sea Bird. Sehr großblumig; die vollen, weißen Segmente sind gewellt. Die Krone tief, von reinem Gelb, mit dunkeler Scheide, blaßgrüne Färbung an der Basis der Segmente, mit sehr bemerkenswertem, dunkelgrünem Auge.

Sea Gull, wahrscheinlich *Burbidgei*. Schönes Gegenstück zu *Albatroß* und aus derselben Samenkapsel hervorgegangen. Unterscheidet sich von *Albatroß* durch einen viel blasseren Rand von orangegelber Farbe in der Krone.

Siddington, späte *Barrii*, mit mäßig breitem, blaßgelbem Kelche, stellenweise tiefer gelb, in der Art der *N. incomparabilis*.

Silver Bar, eine blasse *Ajax*. Blütenkelch deutlich mit Silber gestreift. Krone schwefelgelb.

Sirius (siehe Tafel), frühblühende, große, schöne, rot gekrönte *N. incomparabilis*. Kelch milchweiß, mit langen Segmenten, Krone lang, ziemlich gerade und leuchtendorangerot.

Snowdrop, schöne, reinweiße, hübsch fallende Blume, groß und sehr verfeinert. Horizontal ausstrahlender Blütenkelch, lange, röhrenförmige Krone.

Topaz, weißer Blütenkelch, lange Krone von leuchtendem Orangerot.

Una, große *Leedsii*. Blütenkelch milchweiß, Krone lang und gerade von heller, gelblicher Aprikosenfarbe. Wächst gut und treibt viele Blüten.

Viscounteß, eine kleine, leuchtend primelgelbe *Ajax*, mit eng gedrehtem Kelch und etwas duftend; sie wurde auf einem Felde in Irland gefunden.

Viscounteß Falmouth. Schöne, besondere Blume. Mittelding zwischen *Leedsii* und *Ajax*. Erblühend kanariengelb, wird allmählich weiß. Wächst kräftig und treibt zahlreiche, blaugrüne Blätter.

Water-witch. Blüte lang, zierlich fallend, weiße Blütenkelchsegmente, schöne, weiße Krone. Eine verbesserte *Leedsii elegans*.

White Lady (siehe Tafel). Breiter, weißer, schön geformter Blütenkelch, hübsch gekräuselte Krone. Verbesserte *Katherine Spurrell*.

William Wilks, eine gut geformte *Backhousei*, mit dicht dachziegelförmig übereinandergelegtem, primelgelbem Blütenkelch. Die trompetenförmige Krone orangegelb mit gekräuseltem Rand. Blüht spärlich und ist blattreich.

Die Amaryllis oder Rittersterne. (Hippeastrum, Herbert.)

Von H. Nehrling.

I.

Arten und Varietäten. (Fortsetzung.)

Auf Kuba und anderen westindischen Inseln und in den Gärten Floridas findet man auch eine gefüllte *Amaryllis*, *H. Alberti*, Lemaire (Ill. Hort., T. 498). Durch die Güte eines Freundes in Havana (Cuba), des Herrn F. L. Cervantes, erhielt ich die Seite 642 wiedergegebene Photographie von *H. Alberti*, der gefüllten *Amaryllis*, die dort allgemein „Fareo de doble flor" genannt wird. Baker nimmt in seinem „Handbook of Amaryllidaea" an, daß es eine Abart von *H. reginae* sei, doch habe ich gefunden, daß es *H. equestre* im Wuchs und im ganzen Verhalten ähnlich ist. Ich habe *H. equestre* vielfach zu meinen Kreuzungen benutzt und mit dessen Blütenstaub namentlich *Empreß of India* befruchtet. Eine ganze Anzahl farbenprächtiger, orangeroter und ins Gelbliche ziehender Mischlinge waren das Resultat. Eine Sorte mit über 10 Zoll breiten, kurzröhrigen Blumen von feurig orangeroter Farbe mit gelbem Stern nannte ich *Montezuma*, eine zweite mit viel hellerem Orangerot *Ben Hur*. Beide treiben meterhohe Schäfte mit 4 bis 6 Blumen. Sehr selten gelingt es, von *H. equestre* hier in Florida Samen zu erlangen. Ich habe hunderte sowohl mit dem eigenen als auch mit fremdem Pollen befruchtet, aber nur einmal reifte eine Kapsel einige Samen.

H. reginae, Herb. (Bot. Mag., T. 453; Bury, Hexand., T. 24), ist eine der farbenprächtigsten *Amaryllis* und leicht zu ziehen. Es wird angegeben, daß es in Mexiko, Westindien und von da südlich bis Brasilien vorkommt, doch konnte ich es bisher nirgends in diesen Ländern auftreiben, so sehr ich es mir auch angelegen sein ließ, es zu erlangen.

Gebirgshängenelke als Felsenpflanze.
In der Handelsgärtnerei von Fritz Glaab, Bad Reichenhall, für die „Gartenwelt" photographisch aufgenommen.

Immer erhielt ich entweder *H. Johnsonii* oder *H. equestre.* Welwitsch fand diese Art oder eine Abart in den Urwäldern der Prince Island in Afrika, in einer Meereshöhe von 3500 Fuß. Diese *Amaryllis* wurde im Jahre 1728 eingeführt und sie blühte zuerst am 1. März, dem Geburtstage der Königin Caroline, Gemahlin Georgs II., weshalb sie Dr. James Douglas *Lilium reginae* nannte. Man findet sie noch heute vielfach in Kultur, doch vermehrt sie sich nur langsam durch Nebenzwiebeln. Die Blätter sind lang, dunkelgrün, am unteren Ende schmaler als in der Mitte, rinnenförmig, und bei guter Kultur mit einem weißlichen Reif bedeckt, oft auch ganz braun angehaucht, und von Gesundheit strotzend. Die starken Blütenstengel, von denen gewöhnlich zwei gleichzeitig erscheinen, sind 25 bis 30 Zoll hoch und tragen in der Regel vier leuchtend kirschrote Blumen mit einem grünlichweißen Stern in der Mitte. *H. pronum,* K. Koch, aus Venezuela und *H. stenopetalum,* A. Dietr., aus Peru, scheinen entweder Lokalrassen dieser Art oder identisch mit ihr zu sein.

Die folgenden Hybriden stehen *H. reginae* sehr nahe, stammen auch von ihm ab: *H. Johnsonii,* dessen ich bereits eingangs ausführlich gedacht, *H. Gravinae,* Melazzo, eine sehr schöne italienische Hybride, mit glühend roten, weiß gebänderten Blumen und *H. spectabile* (Lodd. Bot. Cob., T. 159).

H. psittacinum, Herb. (Bot. Reg., T. 199; Bury, Hexand., T. 23), aus Südbrasilien stammend, wo es im tiefen Humus schattiger Wälder massenweise wächst, ist nicht eine der schönsten, aber eine der eigenartigsten *Amaryllis* und eine der Stammformen unserer modernen großblumigen Hybriden. Man hat gerade von dieser Art die wunderbarsten und auffallendsten Farbenzusammenstellungen erhalten. Sie wurde im Jahre 1814 in die Kultur eingeführt. Die Zwiebel ist groß, aus ihr entwickeln sich starkwachsende, blaugrüne Blätter und mächtig entwickelte Blütenstengel, von denen jeder gewöhnlich 2—4 Blumen trägt. Diese sind weit geöffnet und zeigen eine grünlichweiße, tief rot gestrichelte und gestreifte Grundfarbe und rot geränderte Blumenblätter. Louis van Houtte benutzte sie und *H. aulicum* vornehmlich zu seinen Züchtungen, und besonders erzielte de Graff in Leiden großartige Erfolge; sehr viel schöne und hervorragende Hybriden zog er von *H. psittacinum.* Durch Kreuzung dieser Art mit einer eigenen schönen Hybride, *H. Gravianum,* zog er eine der allerschönsten und wichtigsten modernen *Amaryllis,* nämlich *Empreß of India.* Auch hier in Amerika haben Amaryllisfreunde ganz prachtvolle Hybriden von dieser Art gezogen. Die Kultur dieser *Amaryllis* ist nicht leicht. Sie verlangt im Winter Wärme und will trocken gehalten sein. Ich habe sie im warmen Gewächshause kultiviert und nie staubtrocken werden lassen.

Hippeastrum Alberti, die gefüllte Amaryllis.
Originalaufnahme für die „Gartenwelt".

Alle die bisher beschriebenen *Amaryllis* ziehen im Winter ihre Blätter ein, *H. equestre* und *H. reginae* bleiben aber hier in Florida in sehr milden Wintern stets grün. Kultiviert man sie in Töpfen, so müssen sie im Winter trocken gehalten werden. Sobald sich der Blütenschaft an der Seite zeigt und die Knospe die Zwiebel verlassen hat, gießt man ein wenig. Ich fand es stets vorteilhafter, den Topf einige Minuten in lauwarmes Wasser zu setzen. Ist der Blütenschaft im üppigen Wachstum, so kann man reichlicher gießen, wenn sich die Blätter zu entwickeln beginnen, dann gibt man viel Wasser. Man sehe darauf, daß stets der Abzug im Topfe in guter Verfassung ist. Es werden immer viel mehr *Amaryllis* durch zu viel als durch zu wenig Feuchtigkeit verderben.

H. aulicum, Herb. (Bot. Mag., T. 3311; Bury, Hexand., T. 19; Bot. Reg., T. 144), ist eine üppig und stark wachsende, immergrüne *Amaryllis,* welche von William Harrison im Orgelgebirge in Brasilien entdeckt und im Jahre 1819 in die Kultur eingeführt wurde. In ihrer Heimat wächst sie zahlreich im weichen Humus der Wälder, besonders an Gebirgshalden. Die sehr breiten, schönen, rinnenförmigen Blätter erreichen fast einen Meter Länge, und ebenso hoch wird auch der stets nur zwei Blumen tragende Blütenschaft. Sie blüht hier zur Weihnachtszeit im Freien, ihr Flor wird aber häufig durch plötzlich eintretende Fröste zerstört. Die Form der Blüten ist sehr unregelmäßig und nicht das Ideal eines Floristen. Das Auge des Künstlers urteilt jedoch anders; es findet die Blüte charakteristisch, malerisch schön. Die Blumenröhre ist kurz und die Grundfarbe ein tiefes Rot, in der Mitte grün. In der Sonne leuchten die Blüten, als seien sie mit Goldstaub bedeckt. Ich habe diese Art gelegentlich zweimal jährlich in Blüte gehabt. Sie gedeiht in Florida nicht in voller Sonne, sondern muß halbschattig gehalten werden. Man unterscheidet auch von *H. aulicum* eine Anzahl guter Lokalrassen. Die schönste von allen diesen ist *H. aulicum platypetalum,* Herb. (Bot. Reg. 12, 1038), mit sehr breiten, glühend roten Blumenblättern. Sie wird noch vielfach in den Katalogen der Gärtner angeboten, dagegen ist *H. aulicum stenopetalum* (Bot. Reg., T. 444), mit schmalen Blumenblättern, schwer zu erlangen. Auch *H. Heuserianum,* Karsten (Flor. Columb., Taf. 102), scheint hierher zu gehören. Am dankbarsten von allen Varietäten, am leichtesten blühend und am schnellsten sich vermehrend, ist *H. aulicum robustum,* Dietr. *(Amaryllis Tettaui), Am. Rougieri,* Carriere (Rev. Hort. 1882, 312 mit Farbentafel), welche im Jahre 1848 von dem bekannten Dr. Blumenau aus der deutsch-brasilianischen Kolonie Santa Catharina nach Deutschland gesandt wurde. Sie gelangte auch an den Handelsgärtner A. Topf in Erfurt, der sie zu Ehren des damaligen Präsidenten des Erfurter Gartenbauvereins, Herrn von Tettau, *Amaryllis Tettaui* nannte, unter welchem Namen sie selbst hier in Amerika noch vielfach kultiviert wird*). Diese *Amaryllis* wächst ungemein üppig und treibt ziemlich viele, kräftige Nebenzwiebeln, die so stark wachsen, daß sie oft den Topf sprengen. Auch ohne Blüten sind diese *Amaryllis* prachtvolle Pflanzen, da die schönen, üppigen, glänzendgrünen Blätter sehr ins Auge fallen und zieren. Bei *H. Rougieri*, das übrigens aus Bahia stammt, sind die Blätter kürzer und breiter, unterseits mehr oder weniger dicht rötlich gefleckt. Zwischen den Blüten beider kann ich jedoch nicht den geringsten Unterschied finden.

Ich pflanze alle diese *Amaryllis* der Aulicumrasse ins Freie, halbschattig, und in ein Gemisch von alter Laub- und Baumerde, gut verrottetem Kuhdünger und faulen Holzstücken. Hier und da erhalten sie etwas Knochenmehl. Sie gedeihen hier sehr üppig und vermehren sich verhältnismäßig schnell. Pellionien *(Pellionia Daveauana* und *P. pulchra)*, auch kleine Araceen wie *Curmeria Wallisii, Aglaonema costatum* und *A. marantaefolium*, niedrig wachsende Maranten und Caladien bedecken den Boden dieser Beete so dicht, daß man einen herrlichen bunten Teppich vor sich zu haben glaubt.

H. stylosum, Herb. (Bot. Mag., T. 2278; Bury, Hexand., T. 33; Bot. Reg., T. 719), *Amarullis maranensis*, Gawl., und *A. staminea*, Seub., sind Synonyme. Diese schöne, aber ungemein weichliche *Amaryllis* stammt aus Guyana und von den Ufern des Amazonenstromes. Sie trägt eine Dolde von 3 bis 8 Blumen, von schöner, fleischroter Farbe mit einem Anfluge ins Lachsrote. Sie verlangt viel Wärme und muß auch im Winter sehr warm und trocken stehen. Ich habe diese Art nur einmal besessen und in Blüte gehabt. Herr H. Pfitzer, der frühere Obergärtner des „Weißen Hauses" in Washington, hatte mehrere Zwiebeln aus Honolulu, Hawaii, erhalten, und zwar unter der Bezeichnung *Amaryllis honoluluensis*. Ich zweifele nicht, daß auch diese Art hier, wo Caladien und Maranten ungemein üppig im Freien gedeihen, sich als vollständig ausdauernd erweisen wird. Es ist mir nicht gelungen, sie wieder zu erlangen. Pflanzensammler, welche in der Heimat dieser *Amarullis* tätig sind, sollten sie wieder in größerer Anzahl einführen.

H. solandriflorum, Herb., (Bot. Mag., T. 2573 und 3771; Lodd. Bot. Cob., T. 1200), eine im nördlichen Südamerika und auf den kleinen Antillen häufig vorkommende Art, zeichnet sich durch eine sehr lange Blumenröhre (9 bis 10 Zoll lang) aus. Die Farbe der Blume ist ein wenig auffallendes Grünlichweiß. Die Form der Blume erinnert sehr an *Lilium longiflorum*. Appun berichtet in seinem hochinteressanten Werke „Unter den Tropen", daß er sie häufig in Venezuela an den trockenen Südwestabhängen der Küsten-Anden gefunden habe, wo sie während der Regenzeit diesen einen freundlichen Anblick verlieh. Man nennt sie dort Lirio (Lilie). In der Kultur erreichen die Blätter eine Länge von 30 Zoll, der Schaft wird einen Meter hoch und trägt 4 bis 6 sehr lange, wenig geöffnete, aber köstlich duftende Blüten. Sie verliert ihre Blätter im Spätherbste und muß im Winter sehr warm und ganz trocken gehalten werden.

*) Anmerkung der Redaktion: Wird als *A. Tettaui* auch in Berlin viel als Schnittblume gezogen. Abb. Jahrg. VI, Seite 218.

Im September des Jahres 1895 erhielt ich von dem verstorbenen Dr. A. Ernst aus Caracas ein Dutzend Zwiebeln der Varietät *H. solandriflorum striatum*, Herb. (Bot. Mag. 52, T. 2573), der einzigen Art, die in jener Gegend wild angetroffen wird. Dr. Ernst, den ich als Kommissar der Regierung von Venezuela auf der kolumbischen Weltausstellung im Jahre 1893 in Chicago kennen und schätzen lernte, erzählte mir damals, daß diese Varietät sehr häufig auf den heißen, zeitweise sehr trockenen und grasreichen Ebenen gefunden werde, wo sie den vollen Strahlen der tropischen Sonne und einer sehr trockenen Periode ausgesetzt sei. Sobald die ersten Regen fallen, kommt der Blumenschaft, etwas später auch die Blätter, zum Vorschein, und die ganze Grasebene biete dann einen entzückenden Anblick, der Duft sei fast überwältigend. Die Zwiebeln trieben im Frühling des Jahres 1896 kräftige Blätter und blühten auch fast alle, aber die Blumen unterschieden sich von der gewöhnlichen Art nur durch mehr oder weniger zahlreiche rote Striche auf den Blumenblättern. Die Pflanzen gingen mir im folgenden Winter alle ein, da das Gewächshaus nicht die nötige hohe Temperatur hatte.

Die schönste Lokalrasse ist jedoch die in Costa Rica häufig kultivierte *H. solandriflorum conspicuum*, Herb. (Gartenflora, T. 949 und 956). Obwohl schon früher bekannt, wurde sie erst in größerer Anzahl in der Mitte der siebenziger Jahre des vorigen Jahrhunders durch die Weltfirma Haage & Schmidt eingeführt. Diese erhielt sie von einem in San José, der Hauptstadt Costa Ricas, ansässigen deutschen Gärtner. Im Jahre 1896 erhielt ich etwa 100 große, schöne Zwiebeln von dem bekannten Pflanzensammler Herrn Carl Werckle, der sie mir aus San José zusandte. Es ist eine imposante *Amaryllis*, mit üppigen, an der Spitze gerundeten, nicht zugespitzten, weißlich bereiften, breiten Blättern, die bis 30 Zoll Länge erreichen. Der Schaft ist über einen Meter hoch und trägt 6 bis 8 herrlich gefärbte, schön geöffnete und köstlich duftende Blüten. Die Grundfarbe derselben variiert zwischen Weiß und Rosenrot, und jedes Blumenblatt ist mehr oder weniger tiefrot gestreift und gestrichelt. Herr G. W. Uhink, der ehemalige Obergärtner bei Haage & Schmidt, schrieb sehr schön wie folgt: „Man kann mit vollem Recht sagen, daß unter allen *Amaryllis* keine auch nur annähernd einen so imposanten Anblick gewährt, als wie diese Form. Die wuchtige Entwicklung des zu ansehnlicher Höhe heranwachsenden Blütenschaftes, die große Zahl, meistens 6 bis 8, der herrlichen, großen Blumen und deren Wohlgeruch, dann die kräftige Belaubung — alles dies macht diese *Amaryllis*, die zudem noch im Winter blüht, für Gewächshäuser und Zimmer zu einer Zierpflanze ersten Ranges."

Ich habe oft 30 bis 40 Exemplare in meinem Gewächshause in Milwaukee in Blüte gehabt, aber sie verloren ganz bedeutend neben den großblumigen, noch imposanteren und noch stärker wachsenden modernen Hybriden. Hier in Florida gedeiht sie sehr gut im Freien, blüht auch alljährlich, treibt aber nur selten Nebenzwiebeln. Der Boden scheint ihr etwas zu leicht zu sein, denn in ihrer Heimat findet sie sich und gedeiht am besten in einem schweren Lehmboden. Ich habe diese schöne Abart sehr viel zu meinen Kreuzungen benutzt und Hunderte von Hybriden gezogen, namentlich zwischen ihr und den von Veitch gezogenen *Enchantress, Madonna, Meteor* und *Milton* — alles weißgrundige Formen — und umgekehrt. Die ersten Hybriden waren sehr farbenschön, aber zu langröhrig. Erst die dritte und vierte Generation zeigte eine vollkommene Form und große, offene, kurzröhrige

Blumen, die meist sehr intensiv wohlriechend sind. Ich glaube, daß sich der Duft der meisten wohlriechenden *Amaryllis* von *H. solandriflorum* herleiten läßt. Zu viel Wasser schadet den Zwiebeln selbst in der Wachstumsperiode, und im Winter kann ein einmaliges Gießen oder ein kalter Wasserstrahl sie sofort zum Faulen bringen. (Fortsetzung folgt.)

Kultureinrichtungen.

Patent-Fensterverbinder.

(Hierzu drei Abbildungen.)

Auf der Rosenausstellung des Leipziger Gärtnervereins, welche in die Zeit vom 27. Juni bis zum 5. Juli fiel, erregte ein eigentümliches Gewächshaus mit Stehfenstern und Satteldach, aber ohne Tür und ohne Seitenwände, von der Firma

Mit Patent-Fensterverbindern zusammengesetztes Gewächshaus. Rechts oben: Seitenansicht, rechts unten: Vorderansicht.
Originalzeichnungen für die „Gartenwelt".

Böttger & Eschenborn, Groß-Lichterfelde-Ost bei Berlin, ausgestellt, die Aufmerksamkeit der fachmännischen Besucher. In meinem Berichte über die Ausstellung in No. 41 dieses Jahrganges habe ich dieser Schaustellung gedacht. Bei näherer Besichtigung des Baues konnte man feststellen, daß das ganze Gewächshaus ohne

Verwendung irgend welcher Tragbalken und ohne massive Seitenwände aus aneinander gereihten Mistbeetfenstern zusammengestellt war. Diese einfache, mühelose und doch durchaus sturmsichere Zusammensetzung hölzerner Mistbeetfenster zu einem Glashause ermöglichen die von der genannten Firma ersonnenen und ihr patentierten „Fensterverbinder". Diese Fensterverbinder sind aus schwerem, stark verzinktem Eisenblech hergestellt und so konstruiert, daß sie beiderseits die Rahmen von je zwei hölzernen Mistbeetfenstern fest zusammen zu fassen vermögen. Mit einem solchen Fensterverbinder, der, nebenbei bemerkt, nur $1^{1}/_{2}$ Mark kostet, verbindet man bei Aufstellung eines Glashauses zugleich zwei Steh- und zwei Dachfenster. Diese Fensterverbinder sind vorrätig für Mistbeetfenster mit 40, 45 und 50 mm Rahmenstärke. Wenn bei Zusammensetzung eines Hauses mit diesen Fensterverbindern die seitlichen Mistbeetfenster hoch gestellt werden, so beträgt die Höhe des Hauses $2^{1}/_{2}$ Meter, die Breite $3^{1}/_{2}$ Meter. Die Stehfenster können aber auch statt hochkantig flachkantig gestellt werden, die Höhe des Hauses wird dann entsprechend niedriger. Bei einem mit Patent-Fensterverbindern zusammengesetzten Hause liegen die Dachfenster im Winkel von 130 Grad.

Von großem praktischen Werte sind die Patent-Fensterverbinder für Schnittblumenkulturen im Spätherbst, wenn es sich darum handelt, noch reichen Flor versprechende Kulturen von Rosen, Edeldahlien, *Lathyrus*, Staudenastern, Anemonen, Tritomen u. a. vor übermäßiger Nässe und gegen Fröste zu schützen. Dann errichtet man mit Hilfe dieser Patent-Fensterverbinder über diesen Kulturen mit verfügbaren Mistbeetfenstern ein Glashaus, dessen offene Schmalseiten mit Packleinen oder Bastmatten verwahrt werden. Auch der Herrschaftsgärtner kann sich in gleicher Weise den Herbstflor noch für einige Zeit sichern, daneben auch die Trauben an Spalieren und Tomaten unter diesem Schutz zum Nachreifen bringen. Um die unteren Rahmen der seitlichen Stehfenster gegen Nässe und Fäulnis zu schützen, empfiehlt es sich, sie nicht direkt auf den Boden, sondern auf untergelegte Balken oder Bretter zu stellen, die wohl vorteilhaft mit einer Rille versehen werden, breit genug, um die Fensterrahmen zu fassen.

Wahrscheinlich werden sich die Patent-Fensterverbinder auch im Frühjahre bei Erdbeerkulturen nützlich erweisen und bei Frühgemüsekulturen die Stelle der Glasglocken vertreten können.

Will man derartige Kulturen unter Glas stellen, so läßt man die Seitenfenster wegfallen und errichtet über den betreffenden Kulturen durch gegeneinander gestellte, oben mit den Verbindern zusammengehaltene Fenster ein Satteldach. Selbstverständlich ist die Verwendung dieser Fensterverbinder nur da angebracht und nutzbringend, wo die notwendigen Mistbeetfenster reichlich zur Verfügung stehen, was bei vielen Betrieben im Herbst, aber nur bei wenigen im Frühling der Fall sein dürfte. **M. H.**

Ausstellungsberichte.

Die Neuheitenschau der Deutschen Dahlien-Gesellschaft in Quedlinburg vom 19. bis 21. September.

Von **Curt Engelhardt**, Leipzig.

Der diesjährige Sommer mit vorherrschend kühler Witterung war der Entwicklung der Dahlien im allgemeinen nicht günstig, deshalb versprach ich mir keineswegs viel von der Neuheitenschau, die von der Deutschen Dahlien-Gesellschaft vom 19. bis 21. September in Quedlinburg veranstaltet wurde.

Um so angenehmer war die Ueberraschung, als ich am Abend vor der Eröffnung das Ausstellungslokal betrat und viele emsige Hände mit der Aufstellung der farbenprächtigen Herbstkinder beschäftigt sah, unter denen ich schon bei flüchtiger Musterung viel Neues und Schönes fand. Das prächtige Herbstwetter hatte eine große Anzahl von Fachleuten und Liebhabern nach Quedlinburg gelockt; es hielt sich an allen drei Ausstellungstagen und dürfte die Gesellschaft bei dem regen Besuch trotz des mäßigen Eintrittsgeldes einen finanziell befriedigenden Abschluß zu verzeichnen haben.

Klein, aber fein — das war die Devise, unter welcher die Neuheitenschau segelte, und wer nach Quedlinburg gereist war, um die neuesten Errungenschaften auf dem Gebiete der Dahlienzucht zu sehen, dürfte vollbefriedigt heimgekehrt sein. Die englischen Neuheiten hatten uns in diesem Jahre fast gänzlich im Stich gelassen, deshalb brachten die Züchter meistens nur deutsche, eigene Neuheiten. Die Beteiligung war eine sehr gute. Die beiden großen, vom Tageslicht leidlich begünstigten Säle des „Casino" waren vollständig gefüllt und zwar waren in dem größeren Saal vorzugsweise abgeschnittene Dahlien und Florblumen untergebracht, während der kleinere Saal die Topfpflanzen etc. enthielt.

Betrachtet man nun die vorhandenen großen Dahliensortimente, so müßte man zu dem Schluß kommen, daß wenigstens in der Klasse der Edeldahlien kaum noch gute Neuheiten auftauchen können. Diese Ansicht wäre aber eine irrige und noch irriger ist die Meinung verschiedener „Anti-Dahliker", daß die Dahlienzucht schon auf der höchsten Entwicklungsstufe stehe und Neues, Besseres überhaupt nicht mehr kommen kann. Ein Besuch der Quedlinburger Schau würde sie eines Besseren belehrt haben, denn nicht nur in der Klasse der Edeldahlien fanden sich auffallende Neuheiten, sondern auch riesenblumige und paeonienblütige Dahlien hatten erhebliche Verbesserungen erfahren und auch ganz neue Formen tauchten am Dahlienhimmel auf. Bei den Edeldahlien ist das Bestreben der Züchter neben Erzielung neuer Farbentöne besonders auf frühen, reichen Flor und lange, straffe Blütenstiele gerichtet, und wir dürfen mit Stolz behaupten, daß wir namentlich in letzterer Hinsicht unseren englischen und französischen Rivalen bedeutend überlegen sind.

In erster Linie fahndet man auf einer Neuheitenschau nach sogenannten Schlagern (der Franzose hat dafür das schöne Wort „Clou"), und ich darf wohl behaupten, daß unter den ausgestellten neuesten Dahlien solche Schlager zu finden waren, wenn schon sie nicht so ins Auge fallen, als vor 10 und mehr Jahren eine *Hohenzollern*, *Kriemhilde* und andere damals neidisch oder mit ehrfurchtsvollem Staunen betrachtete Neuheiten. Die Sortimente sind inzwischen unendlich gewachsen, die Ansprüche ganz andere geworden und auch der Geschmack ist wandelbar. Vor 10 Jahren würde man riesenblumige oder paeonienblütige Dahlien kaum beachtet haben, ein *Riesen-Edelweiß*, die heute den Liebhaber und Blumenkünstler in Extase versetzt, hätte überhaupt vor den gestrengen Augen der Dahlienleute keine Gnade gefunden. Heute steht man auf dem Standpunkte, daß nicht allein die Edeldahlie bindewertig und dekorativ ist, man räumt auch den anderen Formen schon einen ziemlich umfangreichen Platz ein, namentlich in der Landschaftsgärtnerei, wo die Riesendahlien zweifellos am Platze sind. Die Hauptsache ist und bleibt natürlich, das Publikum nur mit reichblühenden, die Blumen auf starken Stielen über dem Laubwerk tragenden Sorten bekannt zu machen und alle schlecht gestielten Sorten der „Bimmel-Bammel-Klasse" unnachsichtlich auszumerzen.

Bei einem Rundgang durch die Ausstellung treten wir zunächst an eine Musterkollektion von Bindewerken, mit welchen Mathilde Ebert, Quedlinburg, die ganze, der Bühne gegenüberliegende Wandseite einnahm und der Dahlie als Bindeblume zu einem herrlichen Erfolge verhalf. Die Ausstellerin hatte es meisterhaft verstanden, die Dahlie in den verschiedenartigsten künstlerischen Blumenarrangements vorzuführen, wodurch der große Saal ein feines Gepräge erhielt. Die Deutsche Dahlien-Gesellschaft wußte diese Glanzleistung durch außerordentliche Verleihung der großen silbernen Ehren-Medaille der Gesellschaft genügend zu würdigen, eine Auszeichnung, die im Programm eigentlich nicht vorgesehen, aber in jeder Weise berechtigt war.

Von den Quedlinburger Firmen stehen Pape & Bergmann als Dahlienspezialisten einzig da, und brachte diese Firma neben einer Auswahl erprobter, älterer Sorten auch verschiedene recht gute Neuheiten, teilweise sogar Schlager, wie z. B. *Glück auf*, deren Wert als kolossal reichblühende, niedrige Edeldahlie man am besten in dem Dahlienfelde genannter Firma bemessen konnte. *Bergmanns Silber* verbindet eine schöne, elfenbeinweiße Farbe mit edler Form. Weiterhin halte ich noch für wertvoll: *Melpomene*, tiefrosa, ihre zarter gefärbte Schwester *Sylphide* (beide Sportbildungen von *Aphrodite*, deshalb nicht ganz konstant), *Schwefelblüte*, zartgelb, *Rosa Diamant*, eine im Farbenton lebhaftere und ansprechendere *Frau Hermine Marx* und *Kronprinzessin Cäcilie* von hochedler, langstrahliger Form und elfenbeinweißer, wie es schien empfindlicher Farbe. Unter den ausgestellten unbenannten Neuheiten gefiel mir eine der englischen *Gazelle* ähnelnde besonders; die Farbenkomposition war bei Pape & Bergmanns Sorte aber noch schöner.

Fast eine ganze Tafel in der Länge des Saales nahmen die Kollektionen von Otto Mann, Leipzig-Eutritzsch, ein, der jetzt neben anderen Einführungen auch die besten Züchtungen von W. Tölkhaus, Broxten, in Vertrieb genommen hat, welche dem Beschauer sofort auffielen. *Dornröschen*, lachsrosig, in weiße Spitzen verlaufend, ist von bestrickendem Farbenreiz; *Erecta*, dunkelpurpurrot, trägt die Blume in idealer Haltung und bedeutet der langen, straffen Stiele wegen eine hervorragende Errungenschaft auf dem Gebiete der Edeldahlienzucht. *Othello*, ebenfalls ausgezeichnet gestielt, erinnert im Farbenton an die alte *Empress of Austria* (schwärzlichdunkelrot); die Blume ist sehr gut gefüllt, trägt sich schön und ist von ungemeiner Haltbarkeit. *Vulkan*, mennigscharlach, in der Art von *Alt-Heidelberg*, ist ein Massenblüher und hat sich im Quedlinburger Versuchsfeld als eine der besten Gruppensorten gezeigt. *Harmonie* dürfte hauptsächlich als Schnittsorte in Betracht kommen; sie ist aurorafarben, Mitte heller getönt, auf dünnem, festem Stiel die leicht gebaute Blume tragend. *Undine*, fliederfarben mit weißer Mitte, ferner *Goldregen* mit sehr edlen, reingelben Blumen, wird in der Reihe gelber Schnitt- und Gruppensorten sehr willkommen sein. *Tugend*, eine erst 1910 zur Einführung kommende, reinweiße, äußerst feingestrahlte Edeldahlie, konnte als Verbesserung von *Fairy* gelten; der Stiel ist viel besser und hatte ich kürzlich Gelegenheit, im Tölkhausschen Garten den reichen Flor dieser Neuheit bewundern zu können. Die in großen Sträußen in durchlaufender Reihe aufgestellten Riesendahlien unterbrachen die Edeldahlien in angenehmer Weise, sie zeigten den hohen Wert dieser Rasse als Vasenmaterial. Neben den bekannten Pfitzerschen und holländischen Einführungen zeigte Otto Mann die von ihm eingeführte *Riesen-Edelweiß* und *Philadelphia,* durch die langen Stiele und edlen Blütensterne dem Fachmann, noch mehr aber dem Bindekünstler auffallend. Es sind dies die beiden ersten Vertreter einer neuen Riesen-Edelstern-Dahlien genannten Rasse, mit riesigen, halbgefüllten, feingedrehten Blumen, abgeschnitten von weit vornehmerer Wirkung als die schweren Riesenblumen mit runden Blumenblättern in geschlossener Scheibe. Die *Lustige Witwe,* eine blendendrote, großblumige, enorm reichblühende einfache Dahlie, ist besonders bei künstlichem Licht von auffallender Wirkung und zeigt ein Feuer, wie es eben nur eine „Lustige Witwe" am Abend sprühen läßt. Im Frankfurter Dahlienversuchsfelde stand diese Neuheit schon Ende Juni in vollem Flor, und entwickeln abgeschnittene Blumen, ins Wasser gestellt, einen auffallenden, honigartigen Duft.

Unter den an Otto Manns Aufstellung angegliederten Tölkhausschen Sämlingen waren reizende zweifarbige, jedenfalls aus der Serpentinaklasse hervorgegangene Blumen zu finden, die größtenteils noch unbenannt sind und auf ihre Farbenbeständigkeit geprüft werden sollen. *Kleinod,* im Grunde rehfarben mit gelb vermischt, Spitzen hell verlaufend, scheint ein Massenblüher zu sein und gefiel allgemein. Von anderen Neuheiten fielen noch auf: *Farbenkönigin,* ein Gemisch von Lachsrot und Rosa, Spitzen ähnlich *Dainty* gelb getupft; *Götterfunke,* sehr große, hochedle Blume in der Farbe von *Erbprinzessin Reuß.* Von den noch zu prüfenden unbenannten Sämlingen gefiel mir noch eine festgestielte Hybriddahlie in der zarten Farbe der *Grace Darling*-Rose, eine große, volle, chromgelbe Edeldahlie auf starkem Stiel, und eine amethystfarbene, gelb gespitzte Blume der gleichen Klasse.

Goos & Koenemann, Nieder-Walluf, brachten neben den schon im Vorjahre in Mannheim ausgestellten neuen Halskrausen-Sterndahlien *Lichtblick* und *Rheinkrone* eine auffallend große, entsprechend gut gestielte Edeldahlie *Nerthus,* karmin mit amethystfarbenem Ueberguß. Im Rheingau scheinen sich die englischen Dahlien heuer heimischer als anderwärts zu fühlen; sie dankten dies durch einen früheren Flor, und konnten uns Goos & Koenemann mit einer Reihe guter englischer Neuheiten bekannt machen. *Harold Peerman* fällt durch die große, feinstrahlige, leuchtend gelbe Blume auf. *Delicatissima* ist die zarteste in fleischfarbenem, fast weißem Ton, während *Dorothy* und *Spanish Prince,* rosa mit gelblich vermischt, zu den besten Neuheiten zu rechnen sind.

Neuerdings ist Ernst Benary, Erfurt, in den Kreis der Dahlienzüchter getreten. Seine neue dunkelrote Edeldahlie *Ruhm von Erfurt* ist ausgezeichnet gestielt und reiht sich der Mannschen *Erecta* würdig an. Bei den Benaryschen Riesendahlien, die größtenteils nach Tonkünstlern wie *Franz Liszt, Sebastian Bach* etc. benannt sind, imponierte mir der schöne, starke Stiel und die reine Mitte der Blumen. *Delice* gefiel mir ganz besonders durch das schöne Kolorit, ein lebhaftes Rosa, wie es *Pink Pearl* eigen ist.

Auch Heinrich Junge, Hameln, erscheint zum ersten Male mit eigenen Züchtungen der riesenblumigen Rasse, dabei recht hübsche, ansprechende, zarte Färbungen. Sehr wertvoll erschien mir *Carla Gerbracht,* in Farbe und Form einer *Paeonia Moutan* gleichend, und *Annchen Junge,* dunkelrosa, nur wollten mir die fast durchweg gewählten Personennamen gar nicht in den Sinn. Es ist wohl hübsch und anerkennenswert, liebe Bekannte oder gute Kunden durch Benennung neuer Sorten zu ehren, wie dies in England Mode ist, zur Nachahmung möchte ich es jedoch nicht empfehlen. Eine englische Firma hatte vor einigen Jahren eine neue Dahlie nach einem russischen Blumenliebhaber benannt; der rast jetzt zur Blütezeit in seinem Auto durch ganz Deutschland und sucht in allen Sortimenten nach seinem Patenkind, ohne es bisher gefunden zu haben. Bei ihm ist augenscheinlich Zeit nicht Geld.

Die Neuheiten von Nonne & Hoepker, Ahrensburg, waren in eine ziemlich mangelhafte Beleuchtung gekommen, deshalb gelangte verschiedenes Wertvolle nicht zur richtigen Geltung. Für mich war besonders eine ganz neue Form, einem geröhrten *Chrysanthemum* gleichend, höchst interessant, und war der Name *Ueberraschung* sehr treffend. Als Schaublumen sind *Primadonna,* hellrosa mit elfenbeinweißer Mitte, und *Wolfgang von Goethe* in auroralachsfarbenem Ton hervorragend; man sollte überhaupt mehr auf Erzielung großer Blumen hinarbeiten, die stets gern gekauft werden. *Ideal* hat einen überaus warmen, hellbernsteinfarbenen Ton und verbindet damit eine schöne, feinstrahlige Form. *Sieger,* dunkelrot, besitzt wohl einen auffallend starken Stiel, zeigt in der Blume allein aber nichts Neues. *Illuminator* ähnelt der Mannschen *Vulcan* und kann, wenn reichblühend, eine gute Schmucksorte werden. In gelben Tönen zeigte die genannte Firma *Genoveva, Triumphator* und die Zwergsorten *Zwergsonne* und *Goldperle,* die man aber nur nach ihren Eigenschaften an der Pflanze bewerten kann. Bei einer mit ausgestellten Zwergsorte *Blauer Zwerg* ist der Wunsch wohl der Vater des Gedankens gewesen, denn vom Blau war die Färbung noch weit entfernt. Immerhin mag die kleine violettpurpurne Blume an der Pflanze hübsch wirken; Zwergedeldahlien dieser Farbe besitzen wir noch nicht. Nonne & Hoepker lassen sich auch die Wiedereinführung der zierlichen Pompondahlien sehr angelegen sein und sind die eigenen Züchtungen *Rosa Perle* und *Modekind,* tieflila, wertvolle Bereicherungen dieser hübschen Klasse, die auch von Halbentz & Engelmann, Zerbst, in einem größeren Sortimente ausgestellt wurde. Man soll über dem vielen Neuen auch das gute Alte nicht vergessen!

Auch Carl Ansorge, Klein-Flottbek, war mit seinen Neuheiten in ein schlechtes Licht gekommen; ich bedaure dies sehr, da wieder wahre Perlen darunter waren. Von seinen Riesendahlien erregte *Nanna,* gelblich weiß mit lila bemalt, einer riesigen *Cosmea* gleichend, meine besondere Aufmerksamkeit. Von neuen paeonienblütigen Sorten sind nicht minder schön *Marie Müller,* dunkelrot, *Weißer Schwan* (leider die dritte dieses Namens), *Paeonie,* lachsrosa, der Baumpaeonie *Elisabethae* sehr ähnlich. *Türkenbund,* dunkelrot mit gelben Spitzen, und *Sonnenblume,* eine *Kleopatra* mit leicht gedrehten Blumenblättern, bilden den Schluß dieser prächtigen Sammlung.

Bei den Zwergdahlien zeigt Ansorge immer noch den Meister. War auch seine vor zwei Jahren eingeführte *Alma* ein Fehlgriff, so dürften *Amanda,* rosa mit weißer Mitte, *Perkeo* und *Carl Kotte,* im hellbernsteinfarbenen Ton, und *Bläuling,* lila mit weißer Mitte, die wertvolle Klasse der Zwergdahlien würdig ergänzen.

Die Züchtungen von G. Bornemann, Blankenburg am Harz, zeichnen sich weniger durch feingedrehte Petalen aus; die Blumenblätter sind im Zentrum breit auslaufend und bilden eine stoffliche, sehr haltbare Blume, die gewöhnlich gut gestielt ist. Sein *Fortschritt,* dunkelrot, fiel mir schon im Versuchsfelde im Frankfurter Palmengarten auf; die außerordentlich große Blume sitzt wagerecht auf dem langen, steifen Stiel. Von seinen anderen Neuheiten fielen mir ins Auge: *Otto Henschel,* kanariengelb, *Pikfein,* chamois, Mitte gelblich, *Freudenfeuer,* leuchtend rot, *Abundantia,* magentaviolett. *Strahlenglanz* und *Lilly Siesmayer* gehören in die von Bornemann sehr bevorzugte bernsteinfarbene Gruppe. Am schönsten kommt dieser Farbenton bei der älteren *Master Carl* zur Geltung, die ich letzten Sommer bei Schwiglewski, Karow, aufstöberte und die ich weitester Verbreitung für wert erachte.

W. Knopf, Roßdorf-Genthin, hatte sich redlich bemüht, die guten Eigenschaften seiner *Poesie* ins beste Licht zu rücken, war damit aber an die unrechte Saalseite geraten. Der kunstvoll aufgebaute Baldachin warf zu viel Schatten auf die in großer Menge ausgestellten Blumen und verwischte den Farbenton. Nach der ausgestellten Blumenmenge zu urteilen, scheint *Poesie* sehr dankbar zu blühen; auf langem, steifem Stiele sitzt die mittelgroße, feingestrahlte Blume, deren Farbenton an *Ducheß of Hamilton* (zart gelb mit rosa Ueberguß) erinnert.

Daß auch eine kleine Aufstellung anziehend wirken kann, bewies Ed. Craß, Mariendorf-Berlin, mit seiner *Weißen Dame,* die mir im schneeigen Weiß, der ausgezeichneten Füllung und Form noch besser als *Bergmanns Silber* gefiel. Ich sah *Weiße Dame* kürzlich im Frankfurter Versuchsfelde, wo sie unter den wenigen dort blühenden Edeldahlien durch reichen Flor sehr vorteilhaft hervortrat. Ein noch unbenannter rein lilafarbener Sport von *Serpentina,* bescheiden im Hintergrunde stehend, dürfte eine große

Zukunft haben. Von anderen kleinen Einsendungen seien noch die Sämlinge von Karl Schöne, Leipzig-Volkmarsdorf, erwähnt, dabei eine tief schwarze, bläulich behauchte Blume und eine steifstielige, große Blume in der Farbe von *Reliable.*

Köhler & Rudel, Windischleuba, zeigten einige abgeschnittene Blumen einer nur 20 cm hoch sein sollenden einfachen Dahlie, der bekannten *Helvetia* genau gleichend. Hoffentlich ändern sich die Eigenschaften dieser Sorte nicht so schnell wie ihr Name, denn erst führte sie den stolzen Namen *König Christian von Dänemark,* später segelte sie unter *Danebrog.*

Einen kleineren Bericht über die neuen Pflanzen und Florblumen der Quedlinburger Schau werde ich folgen lassen.

Nachruf.

Wilhelm Mühle sen. †.

Ungarns Gartenbau betrauert einen seiner größten Männer. Wilhelm Mühle sen., einer der bekanntesten und geachtetsten Handelsgärtner Ungarns, ist nicht mehr. Der unerbittliche Tod hat ihn am 15. September ds. Js. mit jäher Hand dahingerafft, und nicht nur seine nächsten Angehörigen, sondern die ganze Fachwelt Ungarns und der angrenzenden Länder betrauert in ihm einen Vater, Gönner, Förderer und Bahnbrecher heimischer Gartenkultur.

Wilhelm Mühle sen. †.

Wilhelm Mühle, geb. am 21. September 1845 in Kulm bei Karbitz in Böhmen, erlernte die Gärtnerei in der gräfl. Westphalenschen Schloßgärtnerei in Kulm, war sodann mehrere Jahre als Orchideenkultivateur und Obergehilfe in Tetschen an der Elbe in der gräfl. Thun-Hohensteinschen Gärtnerei, und mehrere Jahre in Deutschland tätig. Im Jahre 1866 kam er nach Temesvár in Ungarn als Obergärtner der Niemetzschen Handelsgärtnerei, ehelichte daselbst 1869 die Tochter des Hauses, Josefine, und wurde Teilhaber der Firma Niemetz, machte sich aber im Jahre 1875 selbständig.

Mühle begann mit geringen Mitteln, aber mit desto größerem Fleiße und unentwegter Ausdauer, ließ keine Kulturen unversucht, zog bereits vor 30 Jahren Hyazinthen in Südungarn mit bestem Erfolge, dann Palmen, Rosen, Sämereien usw. Er war ein Vorbild für Ungarns Gärtner und ein Pionier für den südungarischen Gartenbau. Im In- und Auslande allgemein bekannt, geschätzt und beliebt, war er Jury-Mitglied unzähliger Ausstellungen aller Herren Länder. 1891 erhielt er das goldene Verdienstkreuz mit der Krone. Als Mann von Geist und Humor, der sich in allen Lebenslagen auskannte, war Mühle, ohne Ausnahme des Standes, von jedermann gleich geachtet, und sein Wort fand Anklang bei den führenden Männern der Zeit. Seinen Untergebenen gegenüber war er immer ein zwar strenger aber stets gerechter und liebevoller Prinzipal.

Ein schwerer Schlag für ihn war der frühzeitige Tod seines hoffnungsvollen jüngeren Sohnes W. Mühle jun., eines fleißigen Mitarbeiters der „Gartenwelt", der, von seinen vieljährigen Reisen aus Amerika, Asien und Afrika heimkehrend, infolge ausgestandener Strapazen bald darauf starb.*)

Mühles ältester Sohn, Árpád, der, dank guter Schule und seiner vortrefflichen, in den westeuropäischen Staaten sich angeeigneten gärtnerischen Bildung, seines Vaters Etablissement der Neuzeit entsprechend umgebaut und erweitert hat und nun auch das Samengeschäft übernimmt, wird sicherlich nichts unversucht lassen, um dem Namen Mühle den ihm unter den Gärtnern gebührenden Platz zu erhalten.

Rd.

*) Siehe Nachruf Jahrgang VI, Seite 131.

Tagesgeschichte.

Dessau. Mit einer ganz neuen Art von Schrebergärten hat im vorigen Jahre die staatliche Forstverwaltung einen Versuch gemacht, der sehr befriedigend ausgefallen ist. Die Gärten liegen nicht, wie sonst, auf Ackerstücken unmittelbar bei der Stadt, sondern eine halbe Stunde entfernt in der Braunschen Lache inmitten einer großen, mit Gebüsch bestandenen Wiesenfläche, und tragen einen mehr parkartigen Charakter, weil sie außer guten Obstbäumen auch Gebüschgruppen enthalten. Natürlich haben die einzelnen Gärten eine entsprechende Größe erhalten. Den Pächtern ist vorgeschrieben, daß nur die Hälfte umgegraben und für den Gemüsebau benutzt werden darf, während die andere Hälfte als Wiese liegen bleiben muß. Dies hat seinen Grund darin, daß bei Hochwasser der Mulde die Gärten überschwemmt werden können und Abschwemmungen verhütet werden müssen. Infolge der guten Erfahrungen schließt die Forstverwaltung jetzt eine weitere große Fläche ihrer Obstplantagen in der Braunschen Lache für diesen Zweck auf.

Diez an der Lahn. Die hiesige bekannte große Kunst- und Handelsgärtnerei C. Oser & Co., G. m. b. H., ging durch Kauf in den Besitz des Herrn Roosen, des seitherigen technischen Leiters der genannten Gärtnerei, über. Herr Roosen wird das Geschäft mit seinen 3 Söhnen unter der Firma Gebrüder Roosen weiterführen.

Dirschau (Westpr.). Die Stadt erhielt ein Geschenk von 360 000 M. Die Summe soll Verwendung finden für eine Volksbadeanstalt, für Erweiterung des Stadtparkes und eine Erfrischungshalle daselbst.

Köln. In Verfolg erneuter Vorstellungen von Schnittblumenzüchtern und Händlern hat die Handelskammer die Frage der Versteigerungen ausländischer Schnittblumen in Köln und des Straßenhandels mit Blumen einer erneuten Prüfung unterzogen. Sie verbleibt jedoch bei ihrer Ansicht, daß ein Verbot solcher Versteigerungen nicht gerechtfertigt sein würde und daß der Straßenhandel mit Blumen, auch während der spätern Abendstunden und in den Wirtschaften, nicht unterbunden werden dürfte, unter der Voraussetzung ordnungsmäßiger Handhabung der Versteigerungen und der Ausscheidung ungeeigneter Leute aus dem Straßenhandel.

Mülheim an der Ruhr. Mit Ausführung der Arbeiten zur Anlage einer Wald- und Gartenstadt im Broich-Spieldorfer Walde ist nunmehr begonnen worden. Die Zugangsstraßen werden 30 m breit angelegt.

Neumünster in Holstein. Ein lebhaftes Interesse herrscht hier für Schrebergärten. Nachdem erst im Frühjahre von der Stadt die Mittel zur Errichtung einer großen Anzahl derartiger Gärten bereitgestellt wurden, hat sich nun ein Konsortium gebildet, das Ländereien ankauft und derartige Gärten anlegt.

Rosenberg. Einen wichtigen Beschluß faßte die hiesige Stadtverordnetenversammlung. Einstimmig trat sie der Vorlage des Magistrats bei, nach der die Stadt das unmittelbar hinter dem städtischen Schlachthause an der Brunauer Chaussee gelegene, über 40 Morgen große Stück Ackerland für 19 000 Mark von Herrn Brauereibesitzer Sandmann käuflich erwirbt. Das Land soll in kleinen Parzellen zu möglichst billigem Preise an Arbeiter, kleine Handwerker und Beamte behufs Einrichtung von Laubenkolonien verpachtet werden. Für den Morgen soll die Pacht nicht mehr als 20 M betragen. Ein etwaiger Ausfall wird auf die Stadtkasse übernommen.

Axel Fintelmann-Ehrung. Unter außerordentlich starker Beteiligung aus allen Kreisen des Berufes, aus der zahlreichen Schar der Freunde und seitens der städtischen Behörden, fand am Sonntag, den 27. September, dem 60. Geburtstage des Verstorbenen, die feierliche Enthüllung des Axel Fintelmann-Denksteins auf dem Berliner städtischen Zentralfriedhofe in Friedrichsfelde statt. Nach dem Gesang des Liedes „Selig sind die Toten, die in dem Herrn sterben" durch den Kirchenchor von Robert Tietz, ergriff Archidiakonus C. Egidi das Wort. Noch einmal zog das Lebensbild des verstorbenen Freundes an uns vorbei. Ernst und schlicht, wie es Axel Fintelmann im Leben gewesen, schilderte der Geistliche sein Wirken für seine Familie, für die deutsche Gartenkunst und den Gesamtgartenbau, dann fiel die Hülle. Die nebenstehende Abbildung überhebt uns einer Beschreibung. Das Urteil aller Anwesenden aber war darin einig, daß hier durch das liebebewußte Zusammenwirken aller Beteiligten etwas Mustergültiges geschaffen wurde. Mit Stolz und Freude erfüllt es uns, daß es ein Berufsgenosse, Herr Gartenarchitekt A. Winkelmann, Stettin, war, der den Entwurf für den Denkstein geliefert hat. Herr Bildhauer Mante, Schmargendorf, hatte mit unendlicher Liebe und Sorgfalt das Porträtrelief durchgearbeitet und der Steinmetz, Herr Macher, Westend-Berlin, hatte den Stein im Sinne des Entwurfes hergestellt. Daß es sich Herr W. Wendt — unser lieber Wendt — nicht nehmen ließ, das Ganze in würdiger Weise gärtnerisch zu schmücken, war für jeden, der ihn kennt, selbstverständlich. Ihnen allen sei hiermit der verbindlichste Dank des Ausschusses ausgesprochen; aber auch den Firmen L. Späth und Jac. Beterams Söhne, welche die nötigen Gehölze gratis geliefert haben.

Zahlreiche Kränze wurden nunmehr am Denkmal niedergelegt, dann sprach, nach dem Liede „Sei getreu bis in den Tod", der Sohn des Verstorbenen namens der Familie Dankesworte und übernahm das Denkmal in die Pflege der Familie. Der Schlußgesang „Wo findet die Seele die Heimat, die Ruh" endete die schöne Feier, die bei allen Beteiligten einen unauslöschlichen Eindruck hinterlassen wird. Die Inschrift des Denksteins lautet: Axel Fintelmann. Dem Förderer der Gartenkunst. Von seinen Freunden und Verehrern. B.

Der am 27. v. M. auf dem Berliner Zentralfriedhof enthüllte Axel Fintelmann-Denkstein.

Von E. Bindseil für die „Gartenwelt" photographisch aufgenommen.

Mannigfaltiges.

Eine eigenartige Wirkung des elektrischen Lichtes bemerke ich seit einigen Tagen an *Kochia trichophylla*. Auf der Balustrade der Einfassungsmauer eines erhöhten Ziergärtchens hinter dem Karlsruher Schloß stehen in Abständen von 4 m große eiserne Zierurnen, in welche ich dieses Jahr je eine *Kochia* setzte, um den Rand herum Efeugeranien; beides machte sich sehr schön, besonders sind die *Kochia* mächtige Pflanzen geworden, welche jetzt in ihrer roten Herbstfärbung wirklich von großartiger Wirkung sind. Außerhalb des Gärtchens, etwa 1 m vom Mäuerchen entfernt, stehen Laternen, in welchen die ganze Nacht hindurch 50kerzige Metallfadenlampen brennen. Nun zeigte es sich, daß die $2^1/_2$ m von der Lichtquelle entfernten *Kochia*-Pflanzen ziemlich viel länger und breiter geworden sind, als jene, welche nicht im Lichtkreis einer Laterne sich befinden, und während diese in total roter Farbe erstrahlen, sind die von dem Lichte beschienenen Seiten der bei den Laternen sich befindlichen Pflanzen noch schön grün, die Schattenseite aber, wie bei den anderen Pflanzen, rot. Wo zufällig eine *Kochia* von dem Lichte etwa 4 m entfernt ist, hat die Pflanze zögernd und mit etwas grün gemischt, die rote Farbe angenommen. Die Einwirkung des Lichtes auf das Größenwachstum, wie auf die Herbstfärbung tritt also hier ganz deutlich hervor. **Graebener.**

Die Samenhandlung E. Boese & Co., Berlin, Landsbergerstraße, veranstaltete Ende vorigen Monats auf dem Hofe ihres Geschäftsgrundstückes, der schon an und für sich durch prächtigen Pflanzenschmuck eine Sehenswürdigkeit ist, eine **Schau abgeschnittener Dahlien** in 200 prächtigen neuen und neueren Sorten, die viel bewundert wurde. Die Blüten waren teils langstielig geschnitten und in Gläsern angeordnet, teils auf Moosunterlage in hübschen Teppichbeeten arrangiert worden. Den Mittelpunkt bildete ein riesiger, blumengeschmückter Obelisk.

Bevorstehende Ausstellungen.

Jubiläums-Blumenausstellung der Bayerischen Gartenbau-Gesellschaft. Die Ausstellung findet im Frühjahre 1909 in München in der Prinz Ludwig-Halle auf der Theresienhöhe statt. Unter den verfügbaren Staats- und Ehrenpreisen seien erwähnt: Der Prinzregentenpreis vom Prinzregenten Luitpold, ferner je ein Staatspreis von 300 M vom Ministerium des Innern, vom Ministerium für Kirchen und Schulangelegenheiten und vom Ministerium des Königlichen Hauses. Es sind ferner eine ganze Anzahl von Ehrenpreisen von Behörden, sowie Privatpersonen gestiftet worden.

Personalnachrichten.

Karius, Wilhelm, Rentier, früher Handelsgärtner in Dessau, erhielt die silberne Verdienstmedaille des Herzoglichen Hausordens Albrechts des Bären.

Berlin SW. 11, Hedemannstr. 10. Für die Redaktion verantwortlich Max Hesdörffer. Verlag von Paul Parey. Druck: Anhalt. Buchdr. Gutenberg e. G. m. b. H., Dessau.

Illustrierte Wochenschrift für den gesamten Gartenbau.

Jahrgang XII. | 17. Oktober 1908. | No. 55.

Topfpflanzen.

Hedychium.

Von **B. Othmer,** Kgl. Garteninspektor, München.

(Hierzu vier Abbildungen.)

Schöne, leicht wachsende, fast strauchartige Kräuter liefert uns die Gattung *Hedychium*. Alle *Hedychium* sind recht starke Wachser und verlangen als solche reichlich Raum in den Gefäßen und ebenso gehaltreiche Erde in denselben. Eine Mischung lockeren Wiesenlehms und etwas Lauberde, sowie verrotteten Düngers mit Sand ist ihnen am zuträglichsten. Ihre volle Schönheit erreichen sie jedoch erst dann, wenn sie in dem freien Grunde auf entsprechend hergestelltem Beete (im Freien mit etwas Bodenwärme) ausgepflanzt sind. Man kann besonders *H. Gardnerianum* und *flavum*, wohl auch *H. coccineum* während der Sommermonate in wärmeren Lagen im Freien, im Halbschatten unter Bäumen zur Vervollständigung subtropischer Gruppen anwenden, wenngleich man dann meistens auf Entwickelung der prächtigen, stark duftenden Blütenstände verzichten muß, denn zur Entfaltung dieser ist doch unbedingt die bedeutendere Wärme eines Glashauses nötig. Nach der Blütenentwickelung, die je nach der mehr oder minder starken Wärme in den vorhergehenden Monaten etwas früher oder später gegen das Ende des Sommers eintritt, soll man die Pflanzen etwas zur Ruhe kommen lassen; man kann sie unbeschadet bei einer Temperatur von 10 bis 12 °C überwintern, muß dann aber auch mit den Wassergaben entsprechend sparsamer sein. Eine Ausnahme macht hier nur *H. coronarium*, das als Pflanze des tropischen Tieflandes mehr Wärme und Feuchtigkeit braucht. Das Verpflanzen geschehe im Frühjahre vor Beginn des Triebes; es soll unter ziemlicher Schonung der Wurzeln vor sich gehen. Die Triebe, welche im Vorjahre Blütenstände brachten, kann man abschneiden und entfernen, um den jüngeren Platz zu machen, denn die Blütenstände schließen den Trieb ab, ein Weiterwachsen findet hier also nicht mehr statt. Um die Vegetation anzuregen, gebe man nach dem Verpflanzen etwas höhere Wärme; man steigere diese und das Quantum der Wassergaben um so mehr, als Wurzel und Triebbildung vorangehen. Später sollen dann noch öftere Dunggüsse ein üppiges Wachstum fördern. Allzuviel „gespannte" Luft ist den *Hedychium* als Pflanzen aus Höhenlagen nicht dienlich, nur *H. coronarium* macht da eine Ausnahme.

Beim Verpflanzen im Frühjahre kann man auf die Vermehrung, welche durch Stockteilung erfolgt, Rücksicht nehmen; man zerschneidet das niederliegende Rhizomstück und läßt, je nachdem, ein, zwei oder mehr Triebe daran stehen, berück-

Blütenstand von Hedychium Gardnerianum.
Im Botanischen Garten zu München vom Verfasser für die „Gartenwelt" photogr. aufgenommen.

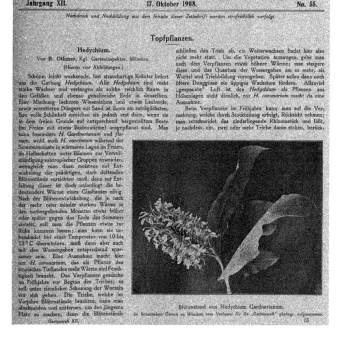

sichtigend, daß auch eine entsprechende Menge Wurzeln an jenen bleibt.

Die verbreitetste Art, von der man ein Exemplar wohl in vielen herrschaftlichen Gärten findet, ist *H. Gardnerianum*, Rosc. (Abb. Titelseite und nebenstehend). Diese Pflanze ist bekannt. An etwa $1^1/_2$ m hohem Stengel stehen die ovalen, zugespitzten Blätter wie bei allen anderen Arten zweizeilig und abwechselnd. Die schönen, gelben Blüten mit den rötlichen, weit herausragenden Staubfäden, stehen endständig an den Trieben in lockeren, rundlichen Sträußen. Beheimatet ist die Pflanze in den Provinzen Nepal und Sikkim, sowie in den Khasiabergen, wo sie in Höhen von 1300 bis 2500 m vorkommt.

Ihr recht nahe steht *H. flavescens*, Carey (syn. *H. flavum*, Bot. Mag.), mit reichlich meterhohem Stengel und lanzettlichen, in feiner Spitze auslaufenden, unterseits reich behaarten Blättern. Die Blüten stehen ebenfalls in lockerer Rispe an der Spitze der Zweige, sind jedoch langröhriger und gespreitzter, die Staubfäden sind hellgelb, die Staubbeutel weiß. Diese Art ist in den Tälern Sylhets (Bengalen) zu Hause. Trotzdem gilt sie als eine der härtesten Arten und soll in einigen Landstrichen Englands winterhart sein.

Hedychium coccineum, Hamilt. (Abbildung S. 651), ähnelt im schlanken Aufbau der Pflanze und in der gespreitzten Blüte der vorigen, aber die Blütenfarbe ist hellrot mit etwas mehr Dunkel im Innern. Staubfäden und Staubbeutel auch rot. Variiert mit schmalen und längeren Blättern, sowie mit hellerer oder dunklerer Blütenfarbe. Im östlichen und zentralen Himalaja, sowie in den Khasiabergen zu Hause, in Höhen von 2500-2800 m.

H. coronarium, Koenig (Abbildung Seite 651), ist ein isolierter Typ, mit kurzer, weniger und größer blütiger Rispe. Einzelne Blüten reinweiß mit nur gelbem Lippenfleck. Die Staubfäden sind lang und ebenfalls reinweiß mit gelben Beuteln. Die Blätter schmal eirund, lang zugespitzt. Im südlichen Himalaja wild, sonst überall in den Tropen der alten und auch der neuen Welt kultiviert. Sehr beliebt ist diese Art bei den Indierinnen; diese braunen Schönen tragen die Blüten gern im glänzend schwarzen Haar und „sollen die Blume gelegentlich benutzen, um einem jungen Manne ihrer Bekanntschaft die Unbeständigkeit seiner Liebe vorzuwerfen.

Hedychium Gardnerianum.
Im Botanischen Garten zu München vom Verfasser für die „Gartenwelt" photographisch aufgenommen.

Begonia semperflorens luminosa.

Von Wilh. Pattloch, Frankfurt a. M.

Zu den zur Ausschmückung unserer Gärten bekannten Blütenpflanzen stellen die verschiedenen Varietäten der *Begonia semperflorens* wertvolle Vertreter, die sowohl in der lebhaften Färbung der Blumen, als auch der des Laubes von Jahr zu Jahr Verbesserungen erfahren haben.

Ueberall dort, wo Material zur Teppich- und Gruppenbepflanzung herangezogen wird, trifft man einige Prachtvarietäten dieser Begonien an, die sich vereint mit anderen Blüten- oder Blattpflanzen auf die mannigfachste Art wirkungsvoll verwenden lassen. Selbst ohne Zuhilfenahme anderer Pflanzengattungen kann man mit ihnen, infolge des unterschiedlichen Laubes und der Blütenfarbe der einzelnen Züchtungen, farbenfrohe Blumenbilder schaffen, die ganz besonders durch die gelbblättrige *Begonia semperflorens compacta nana rosea foliis aureis*, mit rot umsäumtem Rande des Laubes und hellroten Blumen, und *Begonia semperfl. comp. nana alba fol. aureis*, mit fast weißen Blumen, in ihrer Wirkung keiner anderen Gruppenpflanze nachstehen. Ja, ich möchte behaupten, daß gerade eine Pflanzengattung, wie z. B. diese immerblühende Begonie, wenn dieselbe in ihren verschiedenen Formen und Farben geschmackvoll zu einer Gruppe vereinigt wird, sich bei Fachleuten wie auch bei Blumenliebhabern ungleich größerer Beachtung erfreut, als ein mitunter ohne jedes feinere Empfinden aus verschiedenen Gattungen bunt zusammengepflanztes Beet.

Bei Varietäten gleichen Höhenwuchses ist es mitunter erforderlich, um die Konturen von einander abzuheben und Formen und Farben der Pflanzen in ihrer vollen Schönheit zu zeigen, den Erdboden, in den sie gepflanzt werden sollen, je nach Bedarf zu erhöhen oder zu vertiefen, um Leben und Bewegung in die Gruppe zu bringen.

Unter den Neuzüchtungen der *Begonia semperflorens*-Klasse ist es besonders *Begonia semperfl. luminosa*, die aus der Reihe ihrer Schwestern durch ihre herrliche, glänzendrote Blattfärbung auffallend hervorleuchtet. Der Beiname *luminosa* bezieht sich nicht nur auf ihr schöngefärbtes Blatt, sondern in erhöhtem Maße auf die Blume, denn ein schöneres Feurigdunkelscharlach, gehoben von einem prachtvollen rotbraunen Laubwerk, ist in dieser Begonienklasse nicht wieder zu finden, so daß *luminosa* als eine der farbenprächtigsten Züchtungen der letzten Jahre gelten dürfte.

Begonia semperflorens luminosa fällt ziemlich treu aus Samen, ihre Anzucht bereitet deshalb, wie bei allen anderen Sorten dieser Klasse, keine Schwierigkeiten. Die Sämlinge bleiben gedrungen und verzweigen sich sehr gut, was von alten Pflanzen, die im Topfe kultiviert wurden, nicht gesagt werden kann; letztere nehmen bei der Weiterkultur einen strauchartigen, dürftigen Bau an. Junge Pflanzen dagegen werden sich immer, sei es nun allein oder vereint mit anderen Blütenpflanzen, durch die ihnen eigene Färbung der Blumen und des Laubes, nicht zum wenigsten aber auch durch die gleichmäßige Höhe und Breite, als dankbar blühende und zu Farbeneffekten wertvolle Gruppenpflanzen bewähren.

In dem rühmlichst bekannten Blumenparterre des hiesigen Palmengartens hat man im verflossenen Sommer eine große ovale Gruppe, die gleich am Haupteingange gelegen ist und zu welcher viele hundert Pflanzen benötigt wurden, mit dieser Sorte, die vom Rasen anfänglich durch eine mehrreihige Einfassung von *Pyrethrum parth. selaginoides*, später durch die oben angeführte *Begonia semperflorens comp. nana rosea foliis aureis* abgegrenzt war, besetzt; sie war bei Tage und auch abends bei elektrischer Beleuchtung von wahrhaft prächtiger Wirkung, wie solche durch andere Blütenpflanzen nicht besser hätte erreicht werden können.

Hedychium coronarium.
Im Botanischen Garten zu München vom Verfasser für die „Gartenwelt" photogr. aufgen.

Schon im Frühjahre war es interessant zu beobachten, wie die Blicke aller hier durchreisenden Fachleute mit Wohlgefallen auf dieser, noch in den Anzuchtsbeeten, inmitten vieler anderer Varietäten stehenden Begonie ruhten, der hier gleich vom ersten Jahre ihres Erscheinens an hohe Beachtung geschenkt wurde.

Hedychium coccineum.
Im Botanischen Garten zu München vom Verfasser für die „Gartenwelt" photogr. aufgen.

Gemüsebau.

Die Limabohne, ein feines Gemüse.

Von Julius Buchholz, Obergärtner in Bockstadt.

(Hierzu eine Abbildung.)

Die Limabohne ist in deutschen Gärtnereien nur wenig bekannt, und ich erinnere mich nicht, je eine Kulturbeschreibung dieser Bohnensorte gelesen zu haben. Da aber in vielen Herrschaftsgärtnereien nicht stets die Unkosten mit den erzielten Erträgnissen im Einklang stehen, sondern es vielmehr oft nur darauf ankommt, etwas seltenes und fremdartiges zu bieten, so will ich die Kultur der Limabohnen hiermit bekannt geben.

Verschiedener Art waren die Versuche, welche ich mit dieser Bohne anstellte. Zunächst möchte ich betonen, daß die Limabohne im Freien, sei es auch die geschützteste und wärmste Lage Deutschlands, nicht ertragfähig wird. Diese Bohne kann nur mit Erfolg im Mistbeet gezogen werden; ihre Wurzeln verlangen einen lauwarmen Untergrund.

Ende März bereitet man einen Mistbeetkasten, dem man eine reichliche Laubpackung beifügt. Die Erde muß möglichst sandig sein, sie kann aber auch aus gewöhnlicher, sandiger Landerde bestehen. Ich lasse das Erdreich nur 10 cm hoch auftragen. Auf ein Fenster rechnet man nur 8 Büsche, da sich diese Bohnen sehr ausbreiten; ein zu dichter Stand würde später Fäulnis hervorrufen. Zunächst zeichnet man unter jedem Fenster acht Kreise. In jeden Kreis werden 7 Bohnen in etwa 7 cm Abstand gesteckt. Nach 6 bis 8 Tagen sind die Bohnen aufgelaufen, und ein behutsames Entfernen der fleischigen Schalenreste darf nun nicht versäumt werden. Nach weiteren 14 Tagen erhalten die Bohnen die erste, wenn auch nur schwache Behäuflung, in Form einer Erdauffüllung. Die Erdauffüllungen werden später noch ein- bis zweimal wiederholt. An warmen Tagen wird reichlich gelüftet, auch das Auflockern der Erde und Darbietungen von schwachen Dunggüssen sollten nie versäumt werden. Anfang August können die voll ausgebildeten Schoten geerntet werden. In einer Schote sitzen gewöhnlich nur 1 bis 2 Kerne. Bei einiger Uebung wird man es bald erkennen, welche Schoten pflückreif, bezw. welche Kerne reif genug sind, um das feinste und delikateste Gemüse abzugeben. Ungeziefer oder Pilzkrankheiten habe ich an diesen Bohnen noch niemals gefunden. Ein allabendliches Bedecken der Fenster wird selbst in den Sommermonaten streng durchgeführt.

Zwiebel- und Knollengewächse.

Die Amaryllis oder Rittersterne. (Hippeastrum, Herbert.)

Von H. Nehrling.

I.

Arten und Varietäten.

(Schluß des ersten Teiles.)

H. ambiguum, Herb. (Bot. Mag., T. 3542), wurde zu Herberts Zeit aus Lima eingeführt und als gute Art beschrieben, wird aber von Baker als eine Hybride zwischen *H. solandriflorum* und *H. vittatum* angesehen. Eine schöne Hybride zwischen ersterer Art und *Johnsonii* wurde *H. picta* genannt (Bury, Hexand., T. 46, und eine andere H. Harrisoni, Hid., T. 21).

H. reticulatum, Herb. (Bot. Mag., T. 657 und T. 2475; Gartenflora 1889, T. 1297), ist in der Kultur selten; es ist mir noch nie gelungen, sie zu erhalten. Sie wurde im Jahre 1777 eingeführt und stammt von den Ufern der Botafogo-Bai, nahe der Ortschaft Sao Domingos. Dagegen ist die Varietät *H. reticulatum striatifolium*, Herb. (Bot. Mag., T. 2513; Bot. Reg., T. 719; Bury, Hexand., T. 48), häufig in der Kultur und ein bevorzugter Liebling aller Amaryllisfreunde. Es ist schöner als die eigentliche Art und ist vielfach als Pollenpflanze in der Amarylliszucht verwendet worden. Große Schaupflanzen, aus einer ganzen Anzahl Zwiebeln bestehend, sind durchaus nicht selten in den Sammlungen. Die Zwiebeln sind verhältnismäßig klein, kurzhalsig, rund, und die Blätter, welche am oberen Ende breiter als an der Basis sind, haben einen reinweißen Mittelstreif. Die Blüten sind sehr schön violettrosa, mit dunkelroten Adern genetzt. Die Samen unterscheiden sich ganz bedeutend von denen anderer Rittersterne; sie sind fleischig, und eine Kapsel enthält deren immer nur wenige. In dieser Beziehung nähert es sich der eigentlichen Amaryllis (*A. Belladonna)* Südafrikas. Die Blütezeit fällt in die Herbstmonate September bis Weihnachten, doch hat man diese Art oft schon im August in Blüte. Sie muß im Sommer feucht und warm gehalten werden, im Winter aber kühler stehen. Trotzdem die Blätter nicht einziehen, darf in der Ruhezeit nur sehr wenig gegossen werden und nur dann, wenn diese anfangen schlaff zu werden. Sie hat durch ihren Blütenstaub eine ganze Anzahl prachtvoller herbstblühender Hybriden geliefert, die sich alle durch schöne, weißgestreifte Blätter auszeichnen. B. S. Williams in London zog eine ganze Anzahl, von welchen die durch diese Art und die Mischform *Defiance* entstandenen drei Sorten, *Mrs Garfield*, *Mrs Wm. Lee* und *Comte de Germiny*, die bekanntesten und besten sind. Die Firma James Veitch & Sons zog *Autumn Beauty*, *Autumn Charm* u. a. von *H. Leopoldii* und dieser Art. Sir Chas. Strickland zog vor einigen Jahren von *H. Ackermannii pulcherrimum*, welches er mit dem Blütenstaub von *H. reticulatum* befruchtete, die schöne Form *Hildenley*. Im vorigen Jahrgange von „The Gardeners Chronicle" (Bd. 41, p. 392, 424) wird eine neue Hybride, welche Frau Anna R. Jay ausstellte und welche den Namen *Mrs Carl Jay* trägt, beschrieben und abgebildet. Das Exemplar trug 26 Blumen und mancher Stengel hatte deren 6 bis 7. Dies ist eine Prachtpflanze ersten Ranges. Diese schönen, herbstblühenden *Amaryllis* sollten wieder mehr in Kultur genommen werden. Es sind poetisch-schöne, vornehme Erscheinungen, so recht für den Blumenfreund geschaffen.

Limabohne.
Originalaufnahme für die „Gartenwelt".

H. procerum, Lemaire (Ill. Hort. XI, T. 408, Flora de Serres, T. 2077—8), *Amaryllis Rayneri*, Hook. (Bot. Mag., T. 5883), will ich hier nur kurz erwähnen. Es wächst bei Petropolis in Brasilien auf Felsen in voller Sonne und wurde zuerst von Binot gesammelt und nach Europa geschickt. Die Zwiebel ist sehr lang, stammartig, und die zweizeiligen Blätter, welche eine Länge von zwei bis drei Fuß erreichen, sind braun gesäumt. Die 4 bis 12 Blumen zeigen eine eigenartige, violettblaue Färbung. Es ist mir nie gelungen, diese schöne *Amaryllis* länger als einige Jahre am Leben zu erhalten, und hier in Florida habe ich ihre Kultur noch nicht im Freien versucht. Alle Kreuzungsversuche schlugen fehl, doch ist wohl kaum daran zu zweifeln, daß sich unter günstigen Verhältnissen Hybriden zwischen ihr und andern Arten und Mischformen erzielen lassen.

H. rutilum, Herb. (Bot. Reg., T. 23, Lodd. Bot. Cab., T. 1449). Eine prachtvolle Art mit vielen Varietäten, welche alle in Süd-Brasilien heimisch sind, wo sie im feuchten Humus des schattigen Waldes überaus üppig gedeihen und sogar mit Araceen und Farnkräutern alte am Boden liegende Baumstämme bedecken. Die Färbung variiert in den verschiedenen Lokalrassen von hellem Lachsrot, Safran, Gelb und Rosenrot bis zum feurigsten Orangerot und tiefsten Scharlach. Alle haben die Eigenschaft, sogenannte blinde Nebenzwiebeln in Menge zu bilden. Diese haben das Aussehen kleiner Gladiolusknöllchen und liegen oft jahrelang im Boden, ehe sie zu treiben beginnen. Die typische Art wächst sehr stark, hat leuchtend karminrote Blüten mit einem grünen Stern. Der Schaft trägt gewöhnlich 2 bis 4 Blumen. Prof. Adolph Hempel, ein in Campinas (Brasilien) lebender, tüchtiger deutsch-amerikanischer Naturforscher, sandte mir vor einigen Jahren Samen verschiedener dieser *Amaryllis*, welche er in der Nähe von Sao Paulo gesammelt hatte. Er schreibt: „Diese Pflanzen wachsen im Urwalde, an feuchten, dunklen Plätzen, sehr oft auf alten, am Boden liegenden Baumstämmen und Stumpfen. Ich würde Ihnen einige Zwiebeln geschickt haben, doch sind dieselben sehr groß und schwer." Diese Art wurde 1810 in die Kultur eingeführt.

H. rutilum fulgidum, Herb. (Bot. Reg., T. 226; Bury, Hexand., T. 26), ist die bekannteste Abart und findet sich häufig in Kultur, wenigstens hierzulande. Es ist ebenso verbreitet als *H. Johnsonii* (Abbildung nebenstehend) und findet sich namentlich auf dem Lande häufig als Zimmerpflanze, blüht bei der einfachsten Kultur willig und alljährlich, und vermehrt sich schnell durch kleine Nebenzwiebeln, die sich zahlreich um die alten Knollen bilden und sich leicht loslösen lassen. Ich habe gelegentlich Exemplare mit 8 bis 10 Blütenschäften gesehen; der Anblick ist dann ein ganz herrlicher. Blütezeit gewöhnlich im April, oft auch noch einmal im Sommer. Die Blumen sind hellorangerot, oft lachsrot angehaucht, mit einem gelblichgrünen Stern. Man sieht diese *Amaryllis* nie in den Gärtnereien, sondern nur bei Blumenfreunden, wo die kleinen Nebenzwiebeln von Hand zu Hand wandern. *H. miniata*, Sims (Bot. Mag., T. 1943; Bury Hexand., T. 35), ferner *H. brasiliensis*, Tratt., und *H. subbarbatum*, Herb. (Bot. Mag., T. 2475), sind dieser Form alle sehr ähnlich. Ferner gehören hierher die Varietäten Herberts: *H. bulbulosum*, *unguiculatum*, *Simsianum* und *aquestriforme*. Das letztere in meiner Sammlung erinnert sehr an *H. equestre*.

Hippeastrum Johnsonii als Zimmerpflanze.
Originalaufnahme für die „Gartenwelt".

H. rutilum crocatum, Herb. (Bot. Reg., T. 38), ist sehr robust, hat aber kleinere, safranfarbige Blüten, während *H. rutilum citrinum*, Baker (*Amaryllis crocata*, Bury, Hexand., T. 16), leuchtend gelbe Blumen hat.

H. rutilum acuminatum, Roem. (Bot. Reg., T. 534 und 1188), ist identisch mit Herberts *H. pulverulentum* (Bot. Mag., T. 2273; Bury, Hexand., T. 45; Lodd. Bot. Cab., T. 484). Die Blumen sind matt rosarot und die Segmente sehr zugespitzt.

H. Martianum, *H. bahiense*, Roem., und *H. glaucescens*, Herb., scheinen ebenfalls Varietäten dieser Art zu sein.

Sie alle sind leicht zu ziehen und sollten der Blumenliebhaberei wieder mehr zugänglich gemacht werden. Da man weiß, daß sie im weichen Humusboden und an halbschattigen Oertlichkeiten in ihrer Heimat gefunden werden, muß man die Kultur darnach einrichten. Herberts Sammler fand *H. pulverulentum* in solcher Erde mit meterhohen Schäften und ebensolangen Blättern, und *H. equestriforme* fand sich versteckt in einem Gewirr von *Cereus* und *Pitcairnia*, welches von einem Felsen gelöst worden war.

H. calyptratum, Herb. (Bot. Reg., T. 164; Lodd. Bot. Cab., T. 864), auch als *Amaryllis fulvovirens*, Schott, bekannt, zeichnet sich durch mattgelbe, grüngeaderte Blumen aus, von denen gewöhnlich 2 bis 3 auf einem etwa 2 Fuß hohen Stengel getragen werden. Diese Art hat sehr große Zwiebeln, wächst auf alten Baumstämmen und selbst epiphytisch auf Bäumen, zwischen Orchideen, Bromeliaceen und Farnen. Herbert zog sie mit Erfolg in einem mit Moos angefüllten Topfe. Von allen Rittersternen ist diese Art mit am schwersten zu erlangen, obwohl sie in ihrer Heimat Brasilien häufig ist, von wo aus sie im Jahre 1816 nach Europa eingeführt wurde.

Bis zum Jahre 1867 hatte man die vorstehend beschriebenen Rittersterne mit einander nach allen Richtungen hin gekreuzt und ebenso die daraus hervorgegangenen Hybriden. van Houtte hatte von *H. aulicum*, *H. psittacinum* und *H. vittatum* herrliche Sorten gezüchtet, und die Holländer hatten besonders letzteres in den Bereich ihrer Tätigkeit gezogen. Da erschienen plötzlich in der Gartenwelt zwei wunderschöne, neue Arten mit breiten, gerundeten Blumenblättern und kurzer Röhre, mit ganz entzückend schönen, ganz neuen Farbenzusammenstellungen. Sie erregten ungeheures Aufsehen und wurden bald die Stammformen einer ganz neuen, formvollendeten Rasse von *Amaryllis*. Im Jahre 1866 bereiste der Sammler Pearce im Auftrage der Firma James Veitch & Sons die Anden Perus, um nach neuen Pflanzen, besonders Orchideen, Umschau zu halten. Er besuchte ganz neue Gebiete, die vor ihm noch kein Europäer betreten hatte. Poeppig hatte dort einst jahrelang gesammelt und botanisiert und vieles Neue und Schöne entdeckt, und andere Forscher waren ihm gefolgt, aber Pearce war es vorbehalten, durch die Entdeckung zweier neuer, farbenprächtiger *Amaryllis* Unsterblichkeit zu erringen. So wie die Namen eines Gustav Wallis, Roezl, Hartweg und Lehmann, Kalbrayer, Linden, André und Seemann, Scherzer, Wendland, Harrison, Commerson u. a. in unvergänglichen Lettern in die Annalen der Pflanzenkunde und Pflanzenkultur eingetragen sind, so auch der Name Pearce. Die Pflanzen-

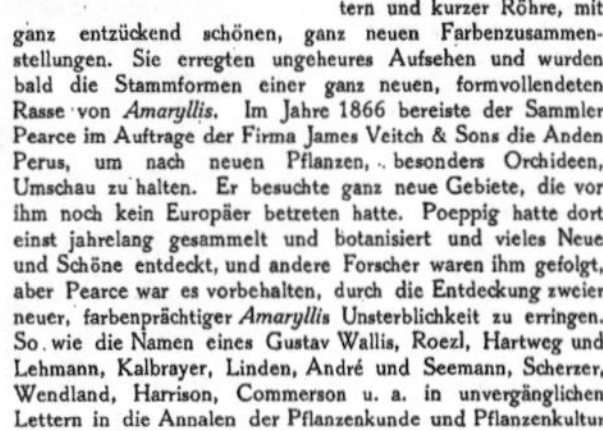

liebhaberei gewinnt erst dann das rechte Interesse und hat den rechten Wert, wenn wir etwas wissen von der Geschichte unserer Pfleglinge, deren Heimat, dem Klima, wo sie gedeihen, und welche Pflanzen ihre nächsten Nachbarn und Genossen sind, wenn wir auch die Namen derer kennen, die sie gesammelt, wenn wir uns die Mühsale und Entsagungen, die ungeheueren Strapazen in pfadloser Wildnis und die oft lebensgefährlichen Exkursionen in Gebiete tropischer Urwälder, die vordem oft noch keines Europäers Fuß betreten, vergegenwärtigen. Der gebildete Pflanzenfreund und Blumenzüchter, der hiervon Kenntnis hat, sieht seine Pfleglinge mit ganz anderen Augen an als der ungebildete; er gewinnt unendlich mehr Genuß und Freude aus ihnen als jener, und die ideale Seite der Pflanzenkultur kann nur bei ihm so recht zur Entwicklung und Geltung kommen.

Hippeastrum pardinum, Dombrain, die gefleckte *Amaryllis* (Abb. unten), wurde von Pearce in den Anden Perus entdeckt und im Jahre 1866 an die Firma James Veitch & Sons in London gesandt, wo sie im Jahre 1867 zur Blüte gelangte. Sie war so charakteristisch, so schön, daß sie großes Aufsehen bei allen Blumenfreuden und nachhaltige Freude bei allen Amaryllisliebhabern erzeugte. Sie weicht in der Form und in der Farbe ihrer weit geöffneten Blüten sehr von allen bisher bekannten *Amaryllis* ab. Die Blumenblätter zeichneten sich durch große Breite und fast gleichmäßige Größe aus; ihre Grundfarbe war ein hübsches, dicht rot geflecktes Rahmweiß. Die Röhre der Blume war kurz und letztere weit geöffnet. Andere hatten eine grünlich gelbe Grundfarbe und waren dicht rot gefleckt. Noch andere zeigten neben den Flecken rote Striche und rote Spitzen, wichen also nicht unerheblich vom Typus ab. Eine ganze Anzahl Farbentafeln erschienen im Laufe der Zeit, die alle von der typischen Form, wie sie auf Tafel 564 und 565 des „Botanical Magazine" abgebildet ist, mehr oder weniger abweichen. Man halte im Auge, daß diese Farbentafel die einzig richtige Darstellung der von Pearce entdeckten und eingeführten Art ist. Eine schöne Form mit breiten Blumenblättern und schöner, grünlich gelber, dicht mit roten Flecken gezeichneter Grundfarbe wurde in „Flore des Serres" (T. 633) abgebildet. Es ist gegenwärtig sehr schwierig, wenn nicht unmöglich, die eigentliche Art, wie sie zuerst eingeführt und abgebildet wurde, zu erlangen, ich habe auch die in „Flore des Serres" dargestellte Form nie erlangen können. Wie es scheint, sind die meisten gegenwärtig in Kultur befindlichen *H. pardinum*-Formen der von Dazanvilliers in Rennes im Jahre 1875 aus Peru eingeführten und von André in der „Revue Horticole" (1882) unter dem Namen *H. pardinum tricolor* beschriebenen ähnlich oder mit ihr identisch. Diese hat viel schmalere Blumenblätter mit breiten, roten Spitzen. Die Grundfarbe ist weißlich oder grünlichweiß und von der Mitte bis zum Grunde ist die Blume rot gefleckt. Die Urform ist neuerdings nicht wieder gesammelt worden, man kennt auch nicht genau die Oertlichkeit, wo sie Pearce entdeckte.

Hippeastrum pardinum.
Originalaufnahme für die „Gartenwelt".

Die Art und alle ihre Varietäten sind nicht besonders kräftig im Wachstum und erfordern eine sorgfältige Pflege. Bei guter Behandlung werden die Blätter aber 2 Fuß lang und in der Mitte 2 Zoll breit. Jeder Stengel trägt nur immer zwei Blumen. Sämlinge kommen in zwei Jahren zur Blüte. Die Firma James Veitch & Sons zog von *H. pardinum* sofort neue Hybriden, von denen die allerersten, *Brilliant* und *Chelsoni*, sich durch eine tiefrote Färbung und vollkommene Form auszeichneten, zugleich aber auch sehr zart und weichlich waren. Eine schöne Form, ganz weiß, mit roten Flecken ziemlich dicht gesprenkelt, mit breiten Blumenblättern, zog neuerdings der als langjähriger Amaryllisfreund bekannte Dr. E. Bonavia. Diese Hybride ist in „The Gardeners Chronicle" (Bd. 41, p. 268) unter dem Namen *Queen of Spots* sehr schön abgebildet. Eine zweite, rosarote Hybride, welche sehr dicht dunkelrot gefleckt ist und *Spotted Orfeo* genannt wurde, übersandte mir der vorgenannte Züchter zur Weiterkultur.

H. Leopoldi, Dombrain, Leopolds Amaryllis, die schönste und interessanteste aller Amaryllisarten, die zweite von Pearce im Incalande entdeckte neue Art, blühte zuerst in der Handelsgärtnerei von James Veitch & Sons im Jahre 1869. Die Farbentafel 475 und 476 im „Floral Magazine" gibt ein korrektes Bild dieser herrlichen Art; alle anderen, die davon abweichen, sind falsch. Hatte schon die vorige Art ungeheures Aufsehen erregt, so glaubte man jetzt ein Bild aus dem Märchenlande vor sich zu haben. Die Blüten, immer nur zwei an einem

Stengel, waren so verschieden von allen anderen *Amaryllis*, so ideal schön, so eigenartig vornehm, von so vollkommener Form, daß man wohl die Begeisterung begreifen kann, die damals herrschte, als die Art zuerst blühte. Es ist sehr unwahrscheinlich, daß die typische Art noch heute in Kultur ist, wenigstens habe ich sie nie erlangen können, und die genaue Oertlichkeit, wo sie Pearce fand, ist nicht bekannt. Die Zwiebel wird 2 bis 3 Zoll dick und treibt 2 Fuß lange, üppige, grüne Blätter und oft zwei Blumenstengel zu gleicher Zeit. Die Blumen sind kurzröhrig, sehr groß und weit geöffnet. Die Blumenblätter sind sehr breit, aber schön gerundet, von gleichmäßiger Größe und Breite und von vollkommener Form. Von dieser Art hauptsächlich und von *Empress of India*, *Ackermannii* und *Ackermannii pulcherrima* stammen unsere modernen, idealschönen, formvollendeten großblumigen *Amaryllis* ab. Die Färbung verteilt sich in folgender Weise: Die Spitzen der Blumenblätter sind sehr breit, auffallend weiß, die Mitte ist tiefrot und das Innere der Röhre, der Stern, ist ebenfalls weiß, mit einem leichten Anfluge ins Grünliche. Von hieraus läuft auf jedem Blumenblatte ein kurzer, weißer Streifen in die rote Farbe. Alle Zwiebeln, welche ich im Laufe der Zeit erhielt, blühten immer etwas abweichend vom Typus, namentlich fehlte ihnen gewöhnlich der kurze, schmale, ins Rot des Zentrums laufende weiße Streifen. Es waren dies Sämlinge, welche der verstorbene B. S. Williams durch Befruchtung der Art mit dem eigenen

Crinum Hildebrandtii.
(Seit 20 Jahren im Zimmer gepflegte Pflanze.)
Originalaufnahme für die „Gartenwelt".

Riesenblumige Calla.
In der Handelsgärtnerei von R. Lehmann, Weißensee, für die „Gartenwelt" photographisch aufgenommen.

Blütenstaub erlangt hatte und von denen er mir mehrere zusandte. Die Firma James Veitch & Sons hat die Art schon längst verloren, aber erst, nachdem sie eine große Anzahl noch viel schönerer, oft der Art sehr nahestehender Hybriden *(Royal Standard*, *John Heal* u. a.) gezogen hatte. Im „The Garden" (Bd. 7, p. 346) wurden die herrliche, sehr an *H. Leopoldi* gemahnende Hybride *H. Hendersoni*, und im „Floral Magazine" (New Series, T. 117) *H. Hendersoni coccinea* abgebildet. Die meisten der alten, an *H. Leopoldi* erinnernden Formen sind im Laufe der Zeit jedoch wieder aus der Kultur verschwunden, weil sie einerseits sich nur sehr langsam oder gar nicht durch Nebenzwiebeln vermehrten, und weil sie andererseits allgemein von schwächlicher Konstitution waren. *H. John Heal* ist eine der schönsten, vielleicht die schönste *Amaryllis*, die ich je besessen. Ich habe sie dreimal importiert und in Blüte gehabt, aber immer wieder verloren. Glücklicherweise gibt es unter den neueren Hybriden von James Veitch & Sons, Robert P. Ker & Sons und Major G. L. Holford eine große Anzahl sehr kräftig wachsender Mischlinge, die mehr oder weniger auf die Stammform zurückschlagen und oft den Farben der eigentlichen *H. Leopoldi* sehr nahe kommen. Eine neue Aera in der Amarylliskultur und -liebhaberei fing mit der Einführung der letzten beiden Arten an. Es wäre wünschenswert, daß die ursprünglichen Arten nicht verloren gehen, sondern wieder in größerer Anzahl aus Peru, dem Lande der Incas, eingeführt werden möchten. Dort finden sich wahrscheinlich auch noch ganz neue Abarten beider und möglicherweise auch noch neue Arten. Peru ist auch die Heimat von *H. miniatum*, Herb., und der *H. reginae* nahestehenden *H. stenopetalum*, Dietr., und im angrenzenden Bolivia kommen *H. scopuflorum*, Baker, und *H. Mandoni*, Baker, vor, welche sämtlich noch nicht der Kultur zugänglich gemacht worden sind. Orchideenimportgeschäfte, wie z. B. Paul Wolter in Magdeburg und Wilhelm Hennis in Hildesheim, die ihre eigenen Sammler in den Tropen Amerikas haben, sollten diese auf die wildwachsenden *Amaryllis* aufmerksam machen und sie sammeln lassen. An Absatz würde es wohl nicht fehlen.

Beitrag zur Kultur der Tropaeolum azureum und tricolorum*).

Von **Rich. Melchior**, Pillnitz.

Die beiden oben genannten Kapuzinerkressen, deren Vaterland Chile ist, gehören zu den zierlichsten und reichblühendsten Vertretern der Gattung *Tropaeolum*. Die Blüten der erstgenannten sind von einer, bei dieser Gattung fast einzig dastehenden, rein azurblauen Farbe, die der letzeren scharlach, gelb und tiefblau. Beide haben etwas ganz eigentümlich Bizarres an sich. Es entwickelt sich nämlich bei denselben aus der Knolle ein Trieb von nur Zwirnfadendicke, welcher sich sehr häufig weiter oben zu der 2 bis 3 fachen Stärke verdickt und nach allen Seiten hin eine Masse Zweige treibt, welche mit Hunderten von Blumen überstreut sind und sehr schön aus dem zierlichen, sechs- bis siebenteiligen Blattwerk hervorlugen. Für gewöhnlich zieht man dieselben an Spalieren oder sonstigen Formen, unter welchen sich die Schirmform besonders gut ausnimmt.

Was nun die Kultur dieser *Tropaeolum* anbelangt, so ist dieselbe ziemlich einfach. Ende August oder Anfang September pflanzt man die bis dahin im Ruhestand befindlichen Knollen in frische Erde um. Hierzu verwendet man eine recht sandige Heideerde mit etwas gut verrotteter Lauberde. Man verfährt hierbei in folgender Weise: In zweizöllige Töpfe sind die Knollen so einzulegen, daß der Topf nur $^3/_4$ mit Erde angefüllt ist und die Knolle noch $^1/_4$ aus der Erde hervorsieht. Vor der Pflanzung wird der Boden aus dem Topfe herausgeschlagen. Jeder mit einer Knolle bepflanzte Topf wird in einen zweiten, 4 bis 5 zölligen Topf, welcher mit gutem Wasserabzug versehen und mit gleicher Erdmischung angefüllt ist, eingesenkt und im Anfang sehr mäßig feucht gehalten. Hat sich nun der Trieb ungefähr 2 bis 3 Zoll hoch entwickelt, so fülle man das kleine Töpfchen behutsam mit gleicher Erdmischung bis zum Topfrande an, lege Moos darüber, damit die Knollen bedeckt sind, was einen doppelten Vorteil hat, indem erstens der Trieb nicht so leicht abbricht, und zweitens die Knollen nicht zu sehr verholzen, wodurch das Austreiben im nächsten Jahre nur erschwert würde. Was den Standort anbelangt, so muß derselbe luftig und sonnig sein, um die Triebe zu kräftigen und von der Spinne rein zu halten. Im weiteren hat man darauf zu achten, daß sich die jungen Triebe nicht in einander verwickeln. Aus diesem Grunde müssen dieselben stets sorgfältig und behutsam angeheftet werden. Bei einer guten Kultur entfaltet sich der Blütenflor in den Monaten März bis Mai, also in einer blütenarmen Zeit, weswegen diese Kultur sehr zu empfehlen ist. Nach der Blüte lasse man die Knollen nach und nach einziehen, wonach sie bis zu Beginn der neuen Vegetation trocken aufzubewahren sind.

Eine riesenblumige Calla, welche vergangenen Sommer in der Handelsgärtnerei von R. Lehmann, Weißensee bei Berlin, zur Blüte gelangte, zeigt unser Bild Seite 655. Es handelt sich um eine Topfpflanze, in einem Topfe von 24 cm Durchmesser stehend, die mit dem Topf gemessen eine Höhe von 115 cm hatte. Von den beiden ersten Blütenstielen erreichte einer 140, der andere 150 cm Höhe. Die Laubblätter waren bei 23 cm Breite 43 cm lang. Die größte Blüte, auf unserem Bilde sichtbar, hatte 25 cm Durchmesser und 75 cm Umfang, gewiß eine beachtenswerte Größe. Der ersten Blüte folgten nach und nach noch 14 weitere. Herr Lehmann schreibt uns, daß er schon seit Jahren *Calla aethiopica* aus Samen zieht, den er durch Befruchtung der großblütigsten, viele Blütenstiele bringenden Mutterpflanzen gewinnt. Die *Calla*, von der die abgebildeten Blüten stammen, ist dreijährig; sie fiel schon früher durch ihren gedrungenen Wuchs und die Blütengröße auf. Weitere Beobachtungen müssen ergeben, ob es sich hier um eine wertvolle Neuzüchtung handelt, da im allgemeinen bei *Calla* Blütengröße und Blütenreichtum viel weniger auf Eigenschaften gewisser Sorten als auf vorzügliche Kultur zurückzuführen sind.

*) Abbildungen siehe Jahrgang VI, Seite 277, 364.

Crinum Hildebrandtii. Als prächtige Blüher aus der Familie der amaryllisartigen Pflanzen sind die *Crinum* längst bekannt; wir haben ihrer in der „Gartenwelt" im Laufe der Jahre vielfach in Wort und Bild gedacht. Große Verdienste um die Züchtung hybrider Gartenformen hat sich unser langjähriger Mitarbeiter C. Sprenger in Neapel erworben, dessen *Cr. Victoriae* wir in Jahrgang XI, No. 47 als Tafel brachten. Trotzdem nicht alle Arten, wie vielfach angenommen wird, Warmhauspflanzen sind, manche Arten, wie *C. Powellii* (abgebildet und beschrieben Jahrgang III, No. 31), sogar im freien Lande ausdauern, ist man fast durchweg geneigt, diese Gewächse für empfindlich zu halten. Man findet sie nur selten in Handelsgärtnereien, etwas häufiger in Privatgärten.

Daß gewisse *Crinum* ausdauernde und dankbare Zimmerpflanzen sind, beweist die Abbildung Seite 655. Das Bild zeigt eine im Besitze der Frau Oberroßarzt Groß, Posen, befindliche Topfpflanze von *Crinum Hildebrandtii*, welche von dieser Liebhaberin bereits seit 20 Jahren im Zimmer gepflegt wird. Aus einer Brutzwiebel dieses Exemplares hat die Tochter der genannten Dame, Frau Zahlmeister Winterfeldt, Friedenau, sich gleichfalls eine prächtige, blühbare Pflanze herangezogen, von welcher ich selbst wieder eine Brutzwiebel erhielt. Das Exemplar der Frau Winterfeldt hat sich in diesem Jahre sogar zu zwei Blütentrieben aufgeschwungen; der erste Trieb mit reicher Blütendolde entfaltete sich Anfang August, der zweite, schwächere, Mitte September. Beide Pflanzen wurden auf Ausstellungen gezeigt und als vorzügliche Leistungen in der Zimmergärtnerei ausgezeichnet. *C. Hildebrandtii* blüht reinweiß, seine Heimat ist das tropische Afrika, wo es 1875 von Dr. Hildebrandt auf der Johannainsel in etwa 1000 m Höhe im Gebirge entdeckt wurde.

M. H.

Zeit- und Streitfragen.

Nochmals über Glasglocken.

Von **Otto Hollmann**, Paris-Vitry.

Es lag mir fern, in meinem, in Nummer 24 dieses Jahrganges veröffentlichten Artikel über die Kultur verschiedener Gemüsearten unter Glasglocken, diese Kulturart einseitig in rosigen Farben zu schildern, wie dies Herr Buchholz in seiner in No. 43 veröffentlichten Abhandlung behauptet. Ich habe in meinen Ausführungen auch die Schattenseiten berücksichtigt, die Herr Buchholz so sehr in den Vordergrund stellt. Herr Buchholz gibt den Kaufpreis für die Glocken mit 3 Mark an. Die Firma J. & G. Couvreur, La Villette-Paris, 12 Quai de la Marne, gibt Glasglocken (36 × 41 cm) fertig verpackt frei Bahnhof pro 100 Stück für 96 Franken ab. Für große Fernsendungen werden die Glocken in besondere Kisten verpackt, in welchem Falle sich der Preis für je 25 Stück um 5 Franken höher stellt. Zu diesem Kaufpreis und den Frachtspesen ist noch der Zoll hinzu zu rechnen; er beträgt nach Mitteilungen des französischen Finanzministeriums für je 100 kg ungeschliffenen und unbemalten Glases $3^3/_4$ Franken. Alles in allem stellen sich also die Anschaffungskosten noch nicht auf die Hälfte des von Herrn Buchholz angegebenen Betrages.

Bezüglich der Kultur feiner Gemüsearten unter Glasglocken bemerke ich nur, ohne erneut auf die in Frage kommenden Kulturarten zurückzukommen, daß man in und um Paris auch nicht die kleinste Gemüsegärtnerei antrifft, in welcher sich nicht wenigstens einige 100 Glasglocken im Gebrauch befinden. Wenn die hiesigen Gemüsegärtner nicht von der Verwendbarkeit und dem Wert der Glasglocken überzeugt wären, hätten sie solche sicher nicht im Gebrauch. Diese Leute liegen meist schon seit Generationen der Gemüsekultur ob, und sind vielfach infolge rationeller Verwendung der Glasglocken zu Wohlstand gelangt. Dabei ist zu bemerken, daß das Klima hier noch günstiger als das deutsche Durchschnittsklima ist, die Glasglocken deshalb hier noch viel eher als in Deutschland entbehrt werden könnten. Es ist ein Genuß, in den Monaten Juni bis August durch die hiesigen Gemüsegärtnereien einen Rundgang zu machen, um zu sehen, welch staunenswertes Geschick der französische Gemüsezüchter in der sachgemäßen Verwendung dieses Hilfsmittels an den Tag legt.

Pflanzenkrankheiten.

Ein verheerender Schädlingspilz der Sommerastern *(Callistephus)* ging kürzlich Herrn Dr. A. Naumann, Dresden, dem Leiter des Pflanzenschutzdienstes für den Gartenbau des Königreiches Sachsen zu. Ein solcher ist, wie auch aus der „Gartenwelt" ersichtlich, seit mehreren Jahren an der pflanzenphysiologischen Versuchsstation für Gartenbau im Kgl. Botanischen Garten zu Dresden eingerichtet worden. Das äußere Krankheitsbild ist kurz folgendes: Stellenweise sind die Pflanzen in den Kulturen abgestorben und stehen wie vom Frost vernichtet. Die noch weniger geschädigten Pflanzen beginnen zunächst am Wurzelhals braun zu werden. Oft hier und da ein Blatt grün lassend, schreitet die Bräunung bis zu den Hüllblättern der Knospe und Blüte fort, die oft nur einseitig vertrocknet sind. Spalten wir den Stengel der so geschädigten Pflanze am Wurzelhalse, so finden wir das Holz grünlich-schwärzlich verfärbt, und das Mark zerstört, den an seine Stelle getretenen Hohlraum mit dessen braunen Resten erfüllt. Halten wir ein Stück eines längs gespaltenen Stengels in einer Glasschale zwischen Fließpapier feucht, so belehrt uns ein nach einigen Tagen üppig daraus ersprießender Schimmelpilz, daß wir es mit einer Pilzkrankheit zu tun haben, worauf obiger äußerer Befund noch keineswegs deutete. Das Mikroskop verschafft uns dann volle Gewißheit. Am Wurzelhalse, wo die Krankheit augenscheinlich beginnt, indem der Pilz die Narben der abgefallenen Grundblätter als Eingangspforten benützt, zeigen sich Holz, Rinde und Mark dicht von Pilzfäden (Mycel) erfüllt; im Holze sind oft ganze Gefäßröhren davon verstopft, das Mark ist bei fortgeschrittener Schädigung fast völlig dadurch zerstört. Zum Aufwärtssteigen in der Pflanze benutzt der Pilz den Weichbast in der Rinde. Indem so die nahrungsführenden Leitungswege der Pflanze funktionsunfähig gemacht sind (aufwärtsleitende Gefäßröhren im Holzteil, abwärts leitende Siebröhren im Weichbast), erklärt der mikroskopische Befund hinreichend das Bild der schweren Schädigung. An den Stengeln abgestorbener Pflanzen bemerkt man nun ferner auf der Rinde kleine, gelbliche Knötchen, die sich unter dem Mikroskop als dichtes Fadenbüschel erweisen, das Tausende von sichelförmig gekrümmten Sporen trägt, die bei völliger Reife mehrfach gekammt sind. Diese Sporenform belehrt uns, daß wir es mit einem **Fadenpilz**, *Fusarium*, zu tun haben, einer Pilzgattung, die früher für ziemlich harmlos gehalten wurde, von der man aber in jüngerer Zeit weiß, daß sie aus recht schlimmen Pflanzenschädigern besteht. So tritt eine Art auf Erbsen, eine andere auf Kartoffeln, eine dritte auf Tomaten verheerend auf, und aus Frankreich ist eine solche auf Nelken bekannt geworden. Außer der beschriebenen Sporenform tritt eine kleinere, spindelförmige, nur schwach gekrümmte, an kurzen Mycelästen seitlich abgeschnürt, auf. Wintersporen (Chlamydosporen), wie dieselben bei der Fusariumkrankheit der Erbsen festgestellt worden sind, wurden von dem eingangs genannten Untersucher der Krankheit nicht aufgefunden. Derselbe hält es als sehr wahrscheinlich, daß ein Teil der massenhaft erzeugten sichelförmigen, gekammerten Sporen am Boden den Winter überdauert, bezeichnet es aber als sicher, daß in den abgestorbenen Resten das Mycel überwintert. Er empfiehlt folgende Maßnahmen der Bekämpfung:

1. Sorgfältiges Entfernen und Verbrennen der befallenen Pflanzen.
2. Entfernen und Verbrennen der nach dem Schnitt im Herbste zurückbleibenden Stoppelreste.
3. Wechseln mit dem Kulturlande.
4. Beitzen der Samen mit $^1/_2$ % Kupfervitriollösung und endlich
5. Desinfektion des verseuchten Bodens mit einer Schwefelkohlenstoff-Harzemulsion, pro qm 30 cbcm Schwefelkohlenstoff bis zur Sättigung, darin pulvrisiertes Colophonium gelöst und dann mit Wasser auf 2 l gebracht.

Anschließend möchte ich bemerken, daß ich 1 und 2 für die wichtigsten Maßnahmen halte, da sie der Krankheit vorbeugen (2) oder sie im Keime ersticken (1), denn umfangreichere Verseuchungen mit 5 zu behandeln, erfordert nicht unerhebliche Kosten, zumal die Desinfektion zweimal, im Herbste und im Mai, vorgenommen werden soll. Sehr wichtig ist das Wechseln mit dem Kulturlande, das sich ja wegen des kräftigen Nahrungsbedürfnisses der Astern schon an sich empfiehlt, und zwar so, daß mehrere Jahre, nicht nur ein Jahr Pause zwischen 2 Asternkulturen auf demselben Lande liegen. Das von den Phytopathologen mit Recht so viel empfohlene Verbrennen getöteter Pflanzen und ihrer Stumpfe (nicht Kompostieren derselben!), ist bei nassem Wetter eine schwierige Maßnahme, die ohne ein größeres Quantum teuren Erdöls oder Beigabe trockenen Brennmaterials nicht möglich ist, innerhalb oder in nächster Nähe der Städte bei größeren Quanten, der bedeutenden Rauchentwickelung wegen, überdies noch auf Schwierigkeiten stößt. Wünschenswert wären Versuche, inwieweit etwa ein Einbringen in Gruben mit ungelöschtem Kalk das Verbrennen ersetzen könne und die Krankheitskeime abtöte, damit der Kalk dann unbedenklich als Düngung verwendet werden könne.

Es ist fast gewiß, daß der vorstehend beschriebene Asternschädling, früher wahrscheinlich in Amerika beobachtet und seit 1905 in Deutschland bemerkt, bereits eine weitere Ausdehnung genommen hat, und es ist dringend erwünscht, diese festzustellen, zum Schutze unserer Asternkulturen, die der Pilz schwer zu gefährden im Stande ist. Herr Dr. A. Naumann, Kgl. Botanischer Garten zu Dresden, Stübelallee 2, bittet daher um entsprechende Notizen resp. Einsendungen kranker Pflanzen. Ueber den Ort der Herkunft dieser Sendungen wird bekanntlich Verschwiegenheit bewahrt.

Johannes Hartmann, Dresden.

Ausstellungsberichte.

Die Neuheitenschau der Deutschen Dahlien-Gesellschaft in Quedlinburg vom 19. bis 21. September.

Von **Curt Engelhardt**, Leipzig.

II.

Die Deutsche Dahlien-Gesellschaft steht nicht auf dem Standpunkte, daß auf ihren Ausstellungen nur einzig und allein der Dahlie gehuldigt werden darf, auch andere Florblumen und Pflanzenneuheiten sind zugelassen, die als hübsche Umrahmung der Dahlienausstellungen gelten und eine angenehme Abwechselung in die Eintönigkeit der Dahlien bringen.

Bei der Quedlinburger Schau hatte man auf regere Beteiligung der großen Samenfirmen gerechnet, doch sah man davon fast gar nichts; vielleicht war die Jahreszeit zur Ausstellung derartiger Sachen schon zu weit vorgeschritten, oder sollten die an und für sich schon recht umfangreichen Sortimente der Astern, *Antirrhinum*, Hedwigs-Nelken, Godetien, Petunien, Phloxe usw. in diesem Jahre nicht wieder um einige andersfarbige oder in Wuchse abweichende Sorten bereichert worden sein?

Martin Grashoff, Quedlinburg, zeigte eine Anzahl von bester Kultur zeugender Topfpflanzen seiner vor etwa fünf Jahren eingeführten Waldersee- und Apolloastern*), die sich im Wuchse so

*) Abbildungen und Beschreibungen siehe Gartenwelt, Jahrg. VI, Seite 49 und 116 (mit Farbentafel) und Jahrgang VII, Seite 7.

gleichen wie ein Ei dem andern, weshalb die verschiedene Benennung unverständlich erscheint. Seine neue Walderseeaster, rosa, dürfte sehr begehrt werden, vielleicht mehr noch als die früher eingeführte rosa mit weiß, welche sich allgemeiner Beliebtheit erfreut.

Da ich nun gerade bei den Astern bin, möchte ich einige weitere Asterneuheiten mit erwähnen. Schön ist die durch David Sachs, Quedlinburg, zur Einführung kommende *Sada Yacco*, eine volle, mittelgroße Blume in der Art der Viktoriaastern in ansprechendem, zartfleischfarbenem Ton.

Ernst Benary, Erfurt, brachte seine neue weiße Herkulesaster, in der leicht gelockten Blumenform einer Hohenzollernaster ähnelnd, nur flacher gebaut, riesengroß und vorzüglich gefüllt. Der neuen Straußenfederaster *Pluto* konnte ich weniger Geschmack abgewinnen; der braunrote Farbenton ist nicht beliebt und von Straußenfederform ließen die Blumen nichts erkennen. Die genannte Firma zeigte auch einige Zweige ihrer im nächsten Frühjahre als Samenneuheit zur Einführung kommenden riesenblumigen Abutilonhybriden, die in der Blumengröße sofort auffielen und durch reichen Knospenansatz auf einen lange anhaltenden Flor hinweisen.

Von ausdauernden Pflanzen des freien Landes war im Gegensatz zu früheren Ausstellungen der Deutschen Dahlien-Gesellschaft wenig Neues zur Schau gestellt. Heinrich Junge, Hameln, brachte einige seiner neuesten Züchtungen von Herbstastern. Als schönste fiel die zierliche *Rosalinde* mit kleinen, reinrosa Blütchen und auffallend goldgelber Scheibe ins Auge, zu der *Undine* in hellblau ein hübsches Gegenstück ist. *Abendröte* ist wohl großblumiger als *Rosalinde*, zeigt aber in der Blumenmitte nicht das reine Goldgelb. Weitere Schönheiten sind *Proserpina*, mittelblau, mit eleganten langen Blütenzweigen, *Herbstelfe*, porzellanblau, großblumig, und *Acroclinium*, zartrosa, in Blütenform und Farbe den offenen Blumen dieser bekannten Sommerblume sehr ähnelnd. Die so lange erstrebte Herbstaster mit gefüllten Blumen ist den deutschen Züchtern leider nicht vorbehalten gewesen; diese Aufsehen erregende Neuheit wird als *Beauty of Colwall* (hellblau) von England aus angepriesen und werden wir sie nächstes Jahr auch in Deutschland kennen lernen.

Daiker & Otto, Langenweddingen, wiesen an einer größeren Anzahl reichblühender Pflanzen auf den hohen Wert der von Georg Arends, Ronsdorf, aus England eingeführten *Viola cornuta Gustav Wermig* hin. Als „Sommerveilchen" bezeichnet, gleicht die Farbe den Veilchen und wird diese Sorte für Schnittzwecke sehr begehrt sein, zumal sie einen starken penseeartigen Duft aufweist.

Da der Harz als Heimat des neuen Askaniaveilchens („mit der Plombe") gilt, durfte diese Neuheit in Quedlinburg nicht fehlen. Gebr. Ebert, Quedlinburg, versuchten an einigen Topfpflanzen den hohen Wert des Askaniaveilchens gegenüber einem noch nicht blühenden, angeblich von anderer Seite umgetauften *Baronne de Rothschild*-Veilchen zu zeigen. Es ist nicht schön, wenn Konkurrenzreibereien in einer Ausstellung zum Austrag gebracht werden, zumal die Zukunft in diese mystische Affäre Licht bringen soll.

Von Zonalpelargonien hatten sowohl Daiker & Otto, Langenweddingen, wie G. Bornemann, Blankenburg am Harz, abgeschnittene Dolden ausgestellt. Augenscheinlich enthielten beide Sortimente recht schöne, großblumige Züchtungen, deren Wert man aber nur nach ihrer Reichblütigkeit, Wetterbeständigkeit und anderen Eigenschaften an der Pflanze feststellen kann. Ich möchte bei dieser Gelegenheit nicht verfehlen, auf die prächtige Gruppenpelargonie *Bornemanns Beste* aufmerksam zu machen, von der ich bei einem Besuch der Bornemannschen Gärtnerei eine große Gruppe in reichem Flor fand. Der glückliche Züchter beabsichtigt diese überaus wertvolle Neuheit in Jahresfrist dem Handel zu übergeben. *Bornemanns Beste* hat gedrungenen, verzweigten Wuchs und prangte Ende September in einer unbeschreiblichen Blütenfülle; die großen, kräftig gestielten Dolden fallen schon von ferne durch die lebhafte kurz mit „Generalstabrot" bezeichnete Farbe auf. Die vor zwei Jahren von Bornemann eingeführten traubenblütigen Fuchsien*) *Thalia, Coralle, Göttingen, Traudchen Bonstedt* erwarben sich mit der Fülle von hängenden Blütentrauben neue Liebhaber. *Pentas carnea**), von demselben Aussteller wieder in die Kulturen eingeführt, bildet hübsche Topfpflanzen; die Blumen sind sehr haltbar und als Schnittblumen begehrt.

Die ganze Mitte des kleinen Saales nahmen die von bester Kultur zeugenden Rexbegonien von H. Wehrenpfennig und Gebr. Teupel, beide in Quedlinburg, ein. In der großen Sammlung von H. Wehrenpfennig fanden sich wahre Prachtexemplare, fast durchgängig neuere, prächtig gefärbte Sorten vom Typus der *Louise Closon* mit vorwiegend rötlichen, teils auch silbrig glänzenden Blättern, sowie Diademahybriden mit mehr strauchigem Wuchs und hübsch gezackten Blättern. *Venus, Non plus ultra, His Majesty, Lusatia, Meteor, Oskar Schmeiß* und die kleinblättrige *Perle von Ohorn* gefielen mir besonders. Schön waren sie aber alle, und man konnte sich an der Farbenpracht dieser Blattpflanzen nicht satt sehen. H. Wehrenpfennig stellte auch die neue Semperflorensbegonie *Gloire de Chateleine* aus, die einen hübschen Abschluß seiner umfangreichen Ausstellung bildete. Mit den großen, rosenroten Blütchen machte sie den Eindruck einer *Gloire de Lorraine* und dürfte als Topf- und Gruppenpflanze eine Zukunft haben. Der hübsche weißbunte *Cyperus natalensis* wird ein brauchbares Material für Jardinièrenbepflanzung abgegeben; die ausgestellten Pflanzen waren etwa 20 cm hoch und gleichen kleinen *Pandanus Veitchi*.

Gebr. Teupel, Quedlinburg, zeigten neben den schon erwähnten prächtigen Rexbegonien einige frühblühende *Chrysanthemum* in schönen Kulturpflanzen. Obgleich ich mir nicht anmaßen kann, Chrysanthemumkenner zu sein, habe ich diese Kinder des Spätherbstes doch sehr lieb und gefielen mir die natürlich gezogenen, mittelgroßen Blumen in ihrer Reichblütigkeit besser als die nach allen Regeln der Kunst kultivierten riesenblumigen Schaublumen. *La Parisienne*, weiß, *Champ d'or*, goldgelb, *Kitty*, lilarosa, *Schneeteppich*, reinweiß und besonders reichblühend, *Bijou*, fleischfarbigrosa, waren unübertrefflich. Das von Gebr. Teupel im letzten Frühjahre eingeführte *Heliotropium Frau G. von Poschinger* wurde bereits in einem Sonderartikel dieser Zeitschrift genügend gewürdigt**). Ein zweites, vorläufig noch unbenanntes *Heliotropium* derselben Firma, mit dunkelblauen Riesendolden auf üppigen, breitlaubigen Pflanzen, verdient weiteste Verbreitung.

Zum Schluß sei auch noch der gewiß sehr lehrreichen, durch sorgfältig ausgeführte Abbildungen unterstützten wissenschaftlichen Abteilung gedacht, die Berthold Trenkner, Quedlinburg, als Leiter der Versuchsanlagen vorführte, um die Vorteile und Erfolge bei Anwendung künstlicher Düngung, speziell mit Salpeterstickstoff, zu zeigen. In diese Wissenschaft wollte ich mich vorläufig nicht vertiefen, weil der schöne Herbsttag ins Freie lockte und Herr Trenkner uns in Aussicht gestellt hatte, an Stelle seines leider ausgefallenen Vortrages gelegentlich des programmmäßigen Ausfluges ins Bodetal einige Aufklärungen hierüber zu geben. Jedenfalls wurde er aber schließlich durch eine „Volldüngung" daheim aufgehalten, denn wir mußten die Fahrt ins Bodetal leider ohne Führer antreten.

Fragen und Antworten.

Beantwortung der Frage No. 551. Können Hecken von *Taxus baccata* und *Carpinus Betulus* während des Sommers öfters geschnitten werden, ohne Schaden zu leiden? Ich befürchte, durch wiederholtes Beschneiden im Laufe des Sommers leiden solche Hecken bald an Erschöpfung, da sie durch den Schnitt immer wieder zum Treiben angeregt werden. Nach meiner Ansicht sollte der Schnitt der Hecken erst ausgeführt werden, wenn das Holz hart und ausgereift ist.

— Hecken von *Taxus baccata* schneidet man am besten gegen Ausgang des Winters, also im März. *Carpinus Betulus*-Hecken

*) Siehe Farbentafel und Text Gartenwelt Jahrg. X, Seite 239.

*) Siehe Abbildung und Beschreibung Gartenwelt Jahrgang X, Seite 378 und 612.

**) Siehe Seite 236 dieses Jahrganges.

muß man unbedingt im Sommer schneiden, wenn man auf strenge Form Wert legt, wie dies ja meist der Fall sein wird. Der Schnitt hat dann um Johanni herum zu geschehen, wenn die Triebe etwas härter geworden sind. Es ist acht zu geben, daß nicht in altes Holz geschnitten wird, sondern ein Rest des letztjährigen Triebes stehen bleibt. Alsdann ist eine Erschöpfung der Pflanzen nicht zu befürchten. In regnerischen Sommern empfiehlt es sich, den Schnitt im Spätsommer noch einmal zu wiederholen.

Hannig, Stettin.

— Der Schnitt bei *Taxus baccata* als Hecke wird am besten in den Monaten Oktober bis November oder April bis Mai ausgeführt. Man kann jedoch bei frisch gepflanzten *Taxus* den Schnitt zwecks Formenschönheit auch gleich nach der Pflanzung, bei genügender Beschattung mit Schattenleinwand, vornehmen. Der Schnitt bei *Carpinus Betulus* ins alte Holz wird zur Hecken- oder sonstigen Form am besten im Januar bis März ausgeführt. Sommerschnitt ist auch nicht von Nachteil, wenn er sich auf den jungen Trieb beschränkt. **E. Kaltenbach**, Obergärtner, Gut Hornbruch.

— Hecken von *Carpinus Betulus* und *Taxus baccata* können sehr gut mehrmals während des Sommers geschnitten werden, ohne Schaden zu leiden. Ich schneide schon mehrere Jahre diese Hecken dreimal im Sommer, Mitte Juni, Juli und August, und halte sie in einer Breite von 40 bis 50 cm. Beim letzten Augustschnitt schneide ich sie oben nicht mehr zurück; die wenigen Triebe, die sich dort noch bilden, werden dann im Frühjahre abgeschnitten. Von Erschöpfung ist bei diesem Schnitte keine Rede; der Austrieb ist vielmehr viel regelmäßiger, da alle Augen sich gleichmäßig ausbilden können, während bei nur einmaligem Sommerschnitte sich nur die Augen gut entwickeln, die an den starken Trieben sind. Bei mehrmaligem Sommerschnitt bilden sich auch weniger Lücken in diesen Hecken; sie sind den ganzen Sommer hindurch gleich schön. Daß keine Erschöpfung eintritt (vorausgesetzt, daß der Boden nicht zu nährstoffarm ist), zeigen die vielen *Taxus baccata*, die in Figuren geschnitten und oft schon sehr alt sind, obwohl fortwährend daran geschnitten wird. Bei *Carpinus Betulus* wird die Hecke im August deshalb oben nicht mehr geschnitten, um ein nochmaliges Austreiben der Augen an den Seitenwänden zu verhindern. Dieser letzte obere Trieb ist jedoch nicht mehr so stark, als daß er die Schönheit der Hecke beeinträchtigen könnte. Im Frühjahre werden diese oberen Triebe abgeschnitten.

Fr. Roll, Château d'Oex, Schweiz.

— *Taxus baccata*-Hecken schneidet man am besten im Frühjahre kurz vor dem Austrieb, weil sie zu dieser Zeit, wenn es die Form benötigen sollte, sehr gut einen kräftigen Schnitt ins alte Holz ertragen. Im Sommer dagegen darf nur einmal, und zwar sobald der erste Austrieb gereift ist, geschnitten werden. Laubholzhecken wie *Carpinus Betulus*, *Crataegus*, *Liguster* und dergleichen kann man ohne Gefahr jährlich dreimal schneiden. Allerdings setze ich sowohl bei Laub- als bei Nadelholzhecken eine gute Pflege voraus. In trockenen Perioden macht sich ein gründliches Bewässern nötig, im Winter gelegentliche Düngung, denn, wenn die Hecke als Zierde dienen soll, muß sie auch ein gutes Grün zeigen. **Wilh. Jäck**, Obergärtner, Bremen.

— Sowohl Hecken von *Taxus baccata*, wie auch solche von *Carpinus Betulus* können mehrere Male im Laufe eines Jahres geschnitten werden. Gewöhnlich erfolgt ein Schnitt im Spätherbste resp. Winter und einmal im Sommer nach Abschluß des ersten Triebes. Um dichte Hecken zu bekommen, ist es unbedingt erforderlich, die langen Ruten und Zweige herabzubiegen und in die Hecke zu verflechten.

Georg Blau, städtischer Gartentechniker, Bromberg.

— Diese Frage wurde bei uns genau durchberaten und wollen wir mit folgender Antwort dienen. *Taxus*-Hecken sollten nur einmal in den Monaten Juli bis August, sobald die ersten Triebe ausgereift (abgehärtet) sind, geschnitten werden. Die *Taxus* werden dann noch ein wenig austreiben, doch verleihen die jungen Spitzen den Hecken nur einen schönen, reizvollen Anblick. *Carpinus Betulus*-Hecken oder -Lauben schneide man im Winter und einmal im Sommer, sobald die Triebe verhärtet sind. Oefteres Schneiden dieser Hecken im Sommer kann nie von Vorteil sein, da doch bekanntlich das junge Holz immer erst ausreifen muß und durch fortgesetzten Schnitt immer wieder zum neuen Austreiben angeregt wird, wodurch die Pflanzen geschwächt werden.

Gärtnerverein für Steglitz und Umgegend.

— Gewöhnlich werden Zierhecken nur einmal im Sommer und einmal im Winter geschnitten. Der Sommerschnitt ist erforderlich, wenn die architektonische Form gewahrt bleiben soll. Der Winterschnitt soll die Hecke formen und Lücken ausfüllen. Während der Sommerschnitt gewöhnlich Ende Mai bis Anfang Juni bei regnerischem Wetter vorgenommen wird, geschieht der Winterschnitt im Februar. Es ist jedoch nicht ratsam, bei strenger Kälte zu schneiden. Eine Hecke von *Morus alba*, die den botanischen Garten Hohenheims umgibt und der Seidenraupenkultur wegen einst angepflanzt worden ist, wird nur im Februar beschnitten. Sie sieht allerdings im Sommer etwas recht wild aus. Nadelholzhecken werden erst nach Erhärtung und Vollendung der jungen Triebe im August geschnitten. **Koch**, Institutsgärtner, Hohenheim.

— Das Beschneiden von Hainbuchenhecken nimmt man am besten zweimal im Jahre vor, und zwar nach dem ersten fertigen Austrieb und nach dem Johannistrieb. Bei Taxushecken wird sich der erste Schnitt, welcher nach dem Erhärten des jungen Triebes vorgenommen werden soll, als einziger empfehlen. Es ist gerade bei diesem Kapitel vielleicht recht angebracht, auf eine Nachlässigkeit aufmerksam zu machen, die nur zu oft geübt wird und welche zur Folge hat, daß unschöne, leere Stellen in der Hecke auftreten. Bevor man den Schnitt der Hecke ausführt, soll man, wenigstens einmal im Jahre, am besten im Frühjahre, die Hecke auf ihre Lücken hin untersuchen und, wo solche vorhanden sind, die nächsten Zweige und sonst dem Schnitt verfallenden Jungtriebe in die Lücke hineinbinden und dann erst den Schnitt beginnen. Diese, die Lücke nun deckenden Triebe werden nunmehr von der Heckenschere verschont und werden durch ihre späteren Seitentriebe die Lücke ganz ausfüllen. Ein gleiches Verfahren empfiehlt sich bei einer neu angelegten Hecke. Nicht alles, was herauswächst, sinnlos herunterschneiden, sondern vorher möglichst viel Triebe in die Lücken, in die Hecke hineinbinden und die ersten Jahre möglichst wenig schneiden. Die größere Mühe wird sich dadurch belohnen, daß die Hecke dichter, üppiger wird und rascher ihrem Zwecke entgegenwächst. **C. Rimann.**

Bücherschau.

Hausgärten. Skizzen und Entwürfe aus dem Wettbewerb der „Woche". Berlin 1908. Verlag von August Scherl.

Mit der Herausgabe dieser Skizzen und Entwürfe fand ein zurzeit vielbesprochener Wettbewerb seinen Abschluß. Vorgeschichte, Erledigung und auch Nachklänge waren bei ihm so bezeichnend für die gegenwärtigen Vorgänge in der Gartenkunst, daß sein Ergebnis schon allein aus diesem Grunde von Interesse ist; aber auch rein an sich genommen verdient es unsere Aufmerksamkeit. Eine sinnvolle Neugestaltung des Hausgartens und seiner Kunst wollte man durch gute Beispiele herbeiführen. Das dürfte aber auf dem Wege idealer Wettbewerbe, die nicht über den Entwurf hinauskommen, kaum erreichbar sein; denn gerade das, was dem Hausgarten seinen eigentlichen Reiz und Wert gibt, kann dabei nicht veranschaulicht werden, das bedarf der Wirklichkeit. Und außerdem: Eine Lösung gewinnt nur dann Wert, wenn sie nicht nur die Oertlichkeit berücksichtigt, sondern vor allem auch eine glückliche Einpassung in die besonderen Wünsche und Bedürfnisse des Auftraggebers darstellt. Von alledem verraten die bis zum äußersten knappen Berichte nichts. Dazu tritt die entschieden unklare, oft falsche Auffassung von Wesen und Bedeutung des Gartens, unter der eine ganze Reihe von Entwürfen leidet; sie stehen in ihrer Inhaltlosigkeit keineswegs viel höher als jene Vielgeschmähten der vergangenen Epoche. „Erweiterte Wohnung", dazu der neugebackene „Gartenarchitekt", sind eben Begriffe, die zwar gut zueinander passen, im übrigen aber nur verwirren. Und eine natürliche Folge: Statt Gärten „baut" man „grüne Wohnungen"!

Gewiß sollen Haus und Garten in Beziehung stehen, sich ergänzen und im Begriff des menschlichen Heims zur Einheit werden; demgemäß soll auch der Garten in gewissem Sinne wohnlich sein, d. h. in vollem Maße die Annehmlichkeiten des Aufenthaltes im Freien ermöglichen und Gelegenheit zum beschaulichen Genießen seines Inhaltes bieten; den Kern seines Wesens aber bildet eine weit wichtigere Aufgabe: Er ist gewissermaßen ein Bindeglied, ein Mittler zwischen Mensch und Natur. In ihm treten uns die geheimnisvollen Vorgänge ihres Werdens und Vergehens in der unendlichen Mannigfalt und Schönheit des Pflanzenlebens entgegen, regen zur Beobachtung an und führen so zur Vertiefung unserer selbst. Unsere Liebe zur Natur, einmal geweckt, findet im Hausgarten eine Pflegstätte, er wird zu einer unerschöpflichen Quelle tiefinnerlichen Genießens und Beglücktseins. Ist das nicht gerade in unserer heutigen Zeit eine Mission von unschätzbarem Werte, die nicht unter einem falschen Leitgedanken verkümmert werden darf? Gärten soll man schaffen, nicht erweiterte Wohnungen! Und wenn man im vorliegenden Buche glaubt, vor „Höhendunst“ warnen zu müssen, so möchte ich ergänzend bemerken: Nicht nur der „Höhendunst“ ist gefährlich, sondern auch jener kalte Lichterglanz, der in Stunden der Dämmerung magisch über Sümpfen lockt.

Die Frage, ob der Hausgarten regelmäßig zu gestalten sei, oder ob in ihm auch Eindrücke aus der freien Natur durch das Mittel unseres persönlichen Empfindens zum Kunstwerk werden können, scheidet zunächst gänzlich aus. Je nach Verhältnissen wird das eine oder andere das Rechte sein, und vor Geschmacklosigkeiten kann, hier wie dort, nur künstlerischer Takt bewahren.

Nach diesen Erörterungen wird es klar sein, daß man bei der ganzen Anlage des vorliegenden Wettbewerbes kaum über eine rein äußerliche und formale Lösung der gestellten Aufgabe hinauskommen konnte. Als solche betrachtet, zeigt das Ergebnis eine Reihe guter und beachtenswerter Arbeiten; andere wiederum stehen stark unter dem Leitgedanken der „erweiterten Wohnung“, oder tragen den Stempel repräsentativer Aeußerlichkeit an sich. Hervorzuheben ist Bauers Entwurf. Willig ist bei ihm die Zeichenfeder den Gedanken gefolgt und gibt ihnen scheinbar restlos Ausdruck. Helle Gartenfreude lacht uns aus allen Winkeln entgegen und bildet hier bei aller Wohnlichkeit den Wesenskern. Nur die Kastanien machen mir Sorge.

Die zweite Abteilung des Wettbewerbes betrifft Gartenteile und Ausstattungsstücke, wobei man, mangels genügender Einsendungen, gezwungen war, auf Teile von nicht ausgezeichneten Entwürfen der ersten Gruppe zurückzugreifen. Gerade diese Zusammenstellung, wie überhaupt die vielen Einzelzeichnungen zu den Entwürfen, enthalten viele und gute Anregungen und bilden das eigentlich Wertvolle des Bandes, wenn auch manches dabei nur auf bildlicher Wirkung beruht. Zwei von ihnen, die auf Seite 90 und 91 befindlichen Skizzen „Zufahrtsweg mit Vorplatz“ und „Sitzplatz mit Spalierabschluß“ lehnen sich so eng an zwei, unter den Namen der Architekten Runge und Scotland in der „Architektonischen Rundschau“ 1907, Heft 1, veröffentlichte Entwürfe an, daß sie in bildlicher Gruppierung und auch gedanklich eins sind. —

Wenn so die „Hausgärten“ auch nur bedingungsweise das sein können, was die Veranstalter des Wettbewerbes von ihnen erhofften, und mancher im wohlverständlichen Optimismus auch erreicht sieht, so bedeuten sie doch für die Gartengestaltung, die heute so energisch nach einem Ausgleich zwischen Alt und Neu ringt, wiederum einen guten Schritt vorwärts auf dem Wege der Erkenntnis. Ihr Studium sei deshalb jedem angelegentlichst empfohlen, dem das Wohl und Wehe des Hausgartens am Herzen liegt.

F. Ulrich.

Einträgliche Geflügelzucht. Ein kleines Lehrbuch für jeden Nutzgeflügelzüchter und Geflügelfreund. Von Karl Friedrich Fechner, ord. Landwirtschaftslehrer in Dahme (Mark). Berlin 1908, Verlag von Paul Parey. Preis 60 Pfg., 50 Exemplare 25 M, 100 Exemplare 45 M.

Dieses Schriftchen ist für jene bestimmt, die sich der Nutzgeflügelzucht in kleinerem Umfange zum Nebenerwerb, wie sie auch für gärtnerische Betriebe in Frage kommt, annehmen wollen. Alles was hierzu notwendig ist, behandelt Verfasser in kurzen Kapiteln, auch die künstliche Brut und die wirtschaftlich empfehlenswertesten Rassen des Wassergeflügels, der Hühner und Tauben. M. H.

Aus den Vereinen.

Die zweite Jahresversammlung der Deutschen Dahlien-Gesellschaft wurde am 19. September im Ausstellungsetablissement „Casino“ in Quedlinburg abgehalten. Der I. Vorsitzende, Herr Bornemann, eröffnete die sehr zahlreich besuchte Versammlung mit einer eingehenden Besprechung der Neuheitenschau. Erfreulicherweise ist zu konstatieren, daß die deutschen Züchtungen die Ueberhand über die englischen haben, auch in Form und Farbe hinter diesen nicht zurückstehen. Es treten über den Wert der ausgestellten Neuheiten und älteren Sorten die gegenteiligsten Ansichten zutage, man ist sich jedoch darüber einig, daß sich der volle Wert einer Sorte nur an den Pflanzen selbst beurteilen läßt, obgleich auch hier Unterschiede im Boden, Klima usw. wesentlich verschiedene Resultate zeitigen können. Ferner herrscht nur eine Ansicht darüber, daß trotz der ungeahnten züchterischen Erfolge, besonders im letzten Jahrzehnt, auf welche die deutschen Dahlienzüchter mit Stolz zurückblicken dürfen, noch ständige Verbesserungen möglich seien. Als Ideal müsse der Züchter namentlich reiches, freies Blühen auf kräftigen, die Blumen horizontal tragenden Stielen und Haltbarkeit der Blume neben Verbesserungen in Form und Farbe vor Augen haben. Auch gäbe es in einigen Farbgebieten, z. B. in den zarten lila Tönen und in dunkelrot, noch zu wenig vollbefriedigende Sorten.

Der von Herrn Trenkner, Quedlinburg, angekündigte Vortrag über den Einfluß der Stickstoffdüngung mit Salpeterstickstoff bei Gartenkulturen, inbesondere bei Dahlien, soll in einer der nächsten Versammlungen gehalten werden.

Ueber den Stand des Dahlienversuchsfeldes im Palmengarten zu Frankfurt berichtete der Geschäftsführer, Herr Engelhardt, daß die Beteiligung in diesem, dem zweiten Jahre, eine sehr rege sei. Es seien gegen 70 Sorten ausgepflanzt, die Blüte sei jedoch wenig zufriedenstellend. Die Edelschmuckdahlien, Riesenedelsterndahlien und Riesendahlien seien reichblühend, während die Edeldahlien vollständig versagt hätten. Näheres darüber wird der im Januar erscheinende Jahresbericht der Gesellschaft enthalten. Da das Frankfurter Versuchsfeld von sehr vielen Fremden besichtigt wird, erachtet es Engelhardt zwecks früherem und reicherem Blühen für angebracht, nur Knollen auszupflanzen. Man ist zwar sehr geteilter Ansicht, ob Stecklingspflanzen oder Knollen früher blühen, der Antrag Engelhardt wird jedoch nach längerer Besprechung angenommen.

Den nächstjährigen Ausstellungsort zu bestimmen, wird dem Vorstand überlassen und sollen dabei, wenn angängig, Dresden, Halle oder Leipzig berücksichtigt werden. Die Vorstandswahl ergibt mit Ausnahme von Weißig, der eine Wiederwahl als Schriftführer ablehnt, die Neuwahl des bisherigen Vorstandes. Als Schriftführer wird Junge, Hameln, gewählt. Beisitzer werden Ansorge, Klein-Flottbek, Engelmann, Zerbst und Stavenhagen, Rellingen.

Ein weiterer Antrag, den Beitrag für Dahlienliebhaber (Nichtgärtner) herabzusetzen, wird zurückgezogen, während der Vorschlag von Böhme, Potsdam, den Dahlienliebhabern jährlich 1—2 Dahlien gratis zu liefern, dem Vorstand zur weiteren Beschlußfassung überwiesen wird. **R. Weißig,** Großenhain.

Personal-Nachrichten.

Anläßlich des Besuches des Königs von Spanien in München erhielten **Schall, Heinr.,** Kgl. Hofgarteninspektor in München, das Ritterkreuz des Ordens Isabellas der Katholischen, **Rausch, Konrad,** Kgl. Hofgärtner und **Schabesberger, Georg,** Kgl. Obergärtner, beide in München, sowie **Teubner, Karl,** Königl. Obergärtner in Nymphenburg, das Silberkreuz des gleichen Ordens.

Berlin SW. 11, Hedemannstr. 10. Für die Redaktion verantwortlich Max Hesdörffer. Verlag von Paul Parey. Druck: Anhalt. Buchdr. Gutenberg e. G. m. b. H., Dessau.

…ranzkartons
mit Holzleisten ●
sowie [1878
…men- und Versandkartons
…r Art liefert auch nach auswärts billigst
… Ernst Holter, Köln,
…sprecher 8091. — Bismarckstr. 60.

Otto Mann,
Leipzig-Eutritzsch.
…amenhandlung
und
Spezialgeschäft für Blumen-zwiebeln, Knollengewächse und Stauden. [19
Preislisten kostenlos.

…ttenbau Spezialgeschäft :: : T. A. Borchmann,
…enau, Rembrandtstr. 13, gegr. 1892.
…en, Felsenbauten, Wintergärten,
…anlag., Wasserfälle, Springbrunnen
…ottensteine versch. Arten in Waggonldg.
…rube u. ab Lager Friedenau. [1451

Neuzeitliche Garten-gestaltung!

Bei **Umänderung** oder **…euanlage** von **Gärten …der Art** wende man sich nur …n ein **renommiertes Spezialgeschäft**, will man nicht …rge Enttäuschung erfahren. …ntwürfe und Kostenanschläge …illigst, bei Auftragerteilung oder …ieferung des Pflanzenmaterials **…ostenlos.** Ausführung ganzer …nlagen in jeder Grösse. Rat …allen Gartenfragen. [1781

…ebenstorf & Co.
Erfurt
…üro für Landschaftsgärtnerei und Gartenarchitektur.

euheit!

Azalea ledifolia

var. van Noordtiana (Wittmach)

winterharte indische Azalea.

Wertzeugnis: **Boskoop, Amsterdam,** V. z. B. d. G. **Berlin, Gent.**

Preis pro 100 Stück Mark 150 bis 200.

P. van Noordt & Söhne
Boskoop (Holland). [1882

[1805]

Herbst-Preis-Liste 1908 über echte Haarlemer Blumen-Zwiebeln
Samen, Obstbäume, Rosen u. Geräte etc. in Elite-Qualitäten versenden gratis u. franko
E. Boese & Co.
Berlin C. 25
Gegründet 1864

Bevorstehende Ausstellungen.

Oktober 1908.

Bielefeld. Obstausstellung für Westfalen und Lippe. 13.—19. Oktober

Düsseldorf. Obstausstellung vom 28. bis 31. Oktober 1908 in der städt. Tonhalle, veranstaltet von der Landwirtschaftskammer für die Rheinprovinz.

Hildburghausen. Obst- und Gartenbauausstellung, sowie Saatgutausstellung vom 24.—25. Oktober.

Nürnberg. Bayerische Landesobstausstellung vom 10.—19. Oktober. Veranstaltet vom Landesverbande bayerischer Obstbauvereine.

Ed. Zimmermann,
Altona (Elbe).
Gegründet 1870.
Höchste Auszeichnungen. Feinste Referenzen.

Spezialfabrik [1850
für Wintergärten, Gewächshäuser, Veranden, Pavillons, Frühbeetfenster, Schattendecken „Herkules", Bänke u. Tische für Gärten u. Parks.

Bürgersche grossbl. Pelargonien.

Anerkannt bestes der sogenannten Englischen Pelargonien.

Leichte Kultur, kräftiger Wuchs, üppige Belaubung, andauernder Blütenreichtum, reichstes, feinstes Farbenspiel. Junge, vollbelaubte Stecklingspflanzen mit festen Topfballen **1 Sortiment 100 Stück meiner neueren und neuesten remontierenden Sorten für Gruppen, Balkone, Fensterkästen 60 bis 75 M.**

1 Sortiment 100 St. in neueren und bewährtesten älteren Sorten 30 bis 50 M.
1 Sortiment 100 St. in 20 bis 25 vorzüglichen dankbarsten Marktsorten 25 M.
100 St. Mischung in reichstem Farbenspiel und leicht wachsenden Sorten 12 bis 15 M.

Ausführliche Beschreibungen mit bunten Abbildungen in meinem Kataloge.

Grosse Vorräte von **Palmen, Kalt-** und **Warmhaus-,** sowohl in **Topf-** wie in **grossen Dekorations-Pflanzen** zu billigsten Preisen.

W. Bürger, Halberstadt.
[1209

Hierzu je eine B

Illustrierte Wochenschrift für den gesamten Gartenbau.

Herausgeber: Max Hesdörffer-Berlin.

Erscheint jeden Sonnabend.
Monatlich eine farbige Kunstbeilage.

Bezugsbedingungen:
…rch jede Postanstalt bezogen Preis 2.50 M. vierteljährl. In Österreich-Ungarn 3 Kronen. …direktem Bezug unter Kreuzband: Vierteljährlich 3 M. Im Weltpostverein 3.75 M. Einzelpreis jeder Nummer 25 Pf.
…ohne Vorbehalt eingesandten Beiträgen steht das Recht redaktioneller Änderungen …behalten. Die Honoraranzahlung erfolgt am Schlusse jeden Vierteljahrs.

Anzeigenpreise:
Die Einheitszeile oder deren Raum 30 Pf.; auf der ersten und letzten Seite 50 Pf. Bei grösseren Anzeigen und Wiederholungen steigender Rabatt. Beilagen nach Übereinkunft. **Anzeigen in der Rubrik Arbeitsmarkt** (angebotene und gesuchte Stellen) kosten für Abonnenten einmalig bis zu 10 Zeilen Raum M. 1.50, weitere Zeilen werden mit je 30 Pf. berechnet.
Erfüllungsort auch für die Zahlung: Berlin.

Adresse für Verlag und Redaktion: Berlin SW. 11, Hedemannstrasse 10.

XII. Jahrgang No. 56. | Verlag von Paul Parey, Berlin SW. 11, Hedemannstr. 10. | 24. Oktober 1908.

Diese moderne, praktische Musteranlage

Filial-Büros: **Berlin, Breslau, Mannheim, Wien.**

Vertreter für Ungarn: **Rogler & Rosner, Budapest 56.**

nach **Mehlhorns Reformsystem** mit **Mehlhorns Oberheizung** und **Mehlhorns patentierten Zentrallüftungen** einschl. gesamten **Zementunterbau, Stellagenabdeckungen** usw. wurde erbaut 1908 für den **Nordfriedhof der Stadt Cottbus.**

Oskar R. Mehlhorn, Schweinsburg (Pleisse) Sa.

Renommierteste Spezialfabrik f. Gewächshausbau, Wintergärten u. Heizungsanlagen.

Auf sämtlichen beschickten Ausstellungen nur mit **allerhöchsten Preisen** prämiiert.

Königl. Sächs., Königl. Preuss., K. K. Oesterreichische Staats- und viele andere goldene Medaillen.

Man verlange: Prospekt I. **Mehlhorns Original-Reformfenster.**
Prospekt II. **Mehlhorns Sammlung eigens entworfener oder ausgeführter Gewächshäuser und Heizungsanlagen** (nebst textlicher Erläuterung über Mehlhorns Reformsystem im Gewächshausbau und Mehlhorns Reform-Oberheizsystem). Preis Mark 3,—. Bei Auftragerteilung kostenlos.
Prospekt III. **Mehlhorns Broschüre über Rohglas im Gärtnereibetriebe.**
Prospekt IV. **Strebel-Original-Gegenstrom-Gliederkessel.**

◆◆◆◆◆◆ Kataloge und Vertreterbesuche bereitwilligst. ◆◆◆◆◆◆

[31

Illustrierte Wochenschrift für den gesamten Gartenbau.

Jahrgang XII. 24. Oktober 1908. No. 56.

Blumentreiberei.

Gladiolus nanus.

Von Curt Reiter, Obergärtner, Feuerbach.

(Hierzu eine Abbildung.)

Die alten *Gladiolus Colvillei alba* und *rosea*, die auch zu den *Gl. nanus* zählen, sind wohl allgemein bekannt. Weniger dürfte dies mit den neueren Sorten der Fall sein, die fast ausnahmslos hohen Bindewert besitzen und sich von den erstgenannten älteren Sorten vorteilhaft durch größere Blumen und längere Rispen, sowie durch größere Mannigfaltigkeit der Farben auszeichnen.

Herr Fritz Hufeld, Darmstadt, der stets das neueste und beste in Zwiebel- und Knollengewächsen besitzt, machte mich vor einigen Jahren auf die Schönheit nachstehend beschriebener *Gladiolus nanus* aufmerksam, und sind mir diese seither lieb und wert geworden. Die Blütezeit fällt bei mäßigem Antreiben in die Monate April-Mai, also in eine Zeit, in welcher die Sendungen aus Südfrankreich schon stark nachlassen, aber noch rege Tätigkeit in den Blumengeschäften herrscht, gute Schnittblumen deshalb immer gesucht sind.

Die bekannteste der neueren *Gladiolus nanus* dürfte wohl *Blushing Bride* sein, die in ihrer rahmweißen Farbe mit den feurig-karminrosa Flecken auf den unteren Petalen ganz reizend aussieht. Das Gleiche läßt sich von *Peach Blossom* sagen; jedoch will mir hier die Bezeichnung „Pfirsichblüte" nicht ganz zutreffend scheinen, vielmehr ist die Farbe ein reines, rosiges Lachsfarben von großer Schönheit. Die herrlichste Bindefarbe besitzt jedoch *Sappho*, ein ganz mattes Lila mit dunklerer Zeichnung, ohne jenen rosa Farbenton, den wir gewöhnlich als cattleyenfarbig bezeichnen. Unter den roten Sorten haben wir drei Vertreter: *Crimson Queen*, leuchtend scharlach mit hellila Herz, *Apollon*, orange mit karminroten Flecken und *Ackermannii*, dunkelorange.

Es dürften dies wohl die besten bis jetzt vorhandenen Sorten unter den *Gladiolus nanus* sein. Die Blumen stehen gewöhnlich zu 5 bis 10 an einer Rispe, sind groß und weit geöffnet und es blühen stets mehrere gleichzeitig an den schlanken, drahtartigen Blumenstielen, ohne daß die unteren zu raschem Verblühen Neigung zeigen.

Die Kultur ist einfach und kann auf verschiedene Weise gehandhabt werden. Das Einpflanzen der Knollen geschieht immer im Herbst, Oktober-November, in Kisten oder Töpfe, mit welchen sie wie Hyazinthen eingegraben werden können. Im Januar bringt man sie zum langsamen Antreiben ins Haus, bei einer Temperatur von 13—15° C, nicht wärmer. Ich ziehe es jedoch vor, die bepflanzten Kisten direkt ins Kalthaus unter die Stellage zu stellen, wo sie bis zum Zeit-

Neuere Sorten von Gladiolus nanus.
Vom Verfasser für die „Gartenwelt" photographisch aufgenommen.

punkte des langsamen Antreibens bleiben können. Man hat hier die Pflanzen jederzeit im Auge und sind sie daher nicht der Gefahr ausgesetzt, eventuell zu lang zu werden.

Gute Erfolge hat man beim Auspflanzen der Knollen auf Stellagen oder auch direkt auf Erdbeete in Kalthäusern. Durch die steigende Sonnenwärme im Frühjahre vollzieht sich dann das langsame Treiben von selbst und blühen solche *Gladiolus* von Anfang Mai an. Im Herbst kann man diese Stellagenbeete ruhig zum Einräumen von *Cyclamen* und dergleichen benutzen, da die *Gladiolus* dann noch nicht durchgetrieben haben.

Auf gleiche Weise lassen sich die Gladiolen ausgepflanzt in Mistbeetkästen behandeln. Freilich müssen sie hier gegen Frostgefahr und große Nässe geschützt werden, da sie, wie alle Gladiolen, empfindlich dagegen sind.

Die Hauptfrage, ob diese Gladiolen auch einträglich sind, kann ich nur bejahen, da erstens die Knollen nicht teuer sind, etwa 22 Mark pro Tausend, und dann erscheinen die Blütenstiele fast immer zu mehreren aus einer Knolle. Die Blumen finden gern Abnehmer, es sind deshalb die Vorbedingungen einer guten Schnittblume erfüllt.

Vom Aetherisieren des Flieders.

Von K. Fischer, Freiburg i. Br.

(Hierzu eine Abbildung.)

Das Aetherverfahren zum Frühtreiben des Flieders ist ja seit mehreren Jahren in der Praxis erprobt. Bisher wurde es nur in der Nachruhe des Flieders angewendet, doch läßt es sich unter gewissen Voraussetzungen auch bereits in der Vorruhe mit Erfolg anwenden.

Durch mehrjährige Versuche habe ich festgestellt, daß selbst der Handelsgärtner in der Vorruhe ätherisierten Flieder mit Erfolg treiben kann, wenn zu so früher Zeit Nachfrage und Bedarf für blühenden Flieder vorhanden ist.

Freilich kann man nur dann erfolgreich mit ätherisiertem Flieder arbeiten, wenn man die Treibbarkeit der verschiedenen zur Verfügung stehenden Sorten kennt, also weiß, ob sie zur Frühtreiberei überhaupt geeignet sind. In seiner bekannten Schrift, „Das Aetherverfahren beim Frühtreiben unter spezieller Berücksichtigung der Fliedertreiberei", stellt W. Johannsen eine Skala der verschiedenen Ruhephasen für die Fliedersorte *Charles X.* auf, die nach meinen Erfahrungen für vorbereiteten Flieder dieser Sorte in normalen Jahren zutrifft. Für Marlyflieder, der bedeutend früher ist, und für *Marie Legray* u. a. treten natürlich entsprechende Verschiebungen ein. Man kann aber nicht schablonisieren, denn es werden die Ruhephasen nicht nur durch den Charakter der betreffenden Sorten, sondern auch durch andere Faktoren beeinflußt, so u. a. auch durch die Beschaffenheit der Erde. Die Skala Johannsens bezieht sich nur auf vorbereiteten Flieder von leichterem Boden; da in schwerem Boden der Flieder später ausreift, so verschieben sich die Ruhephasen etwas, ebenso auch in nassen Jahren, was berücksichtigt werden muß.

Aetherisierter Treibflieder Marie Legray.
Am 13. September d. J. für die „Gartenwelt" photogr. aufgenommen.

Vom Treiben ätherisierten Flieders aus dem freien Grunde in der Vorruhe möchte ich abraten, da das Ergebnis unsicher ist. Bei vorbereitetem, im Topfe kultiviertem Flieder dagegen hat man es in der Hand, das Ausreifen zur gewünschten Zeit fördern zu können.

Die von Johannsen in seiner Schrift angegebenen Aetherdosen können als Normaldosen für Flieder von leichtem Boden gelten; unter abweichenden Verhältnissen sind diese freilich Aenderungen unterworfen. Im allerersten Stadium der Vorruhe können die Normaldosen gegeben werden, je mehr sich aber die Vorruhe der Mittelruhe nähert, um so mehr müssen die Dosen verstärkt werden. In der Mittelruhe ist ein Treiben selbst nach Anwendung der stärksten Aetherdosen zwecklos, da dann nur ein bis zwei kümmerliche Dolden zur Entwicklung gelangen. Als stärkste Aetherdosen in der Vorruhe bei Flieder auf leichtem Boden können für *Marie Legray* 43 gr gelten, für *Charles X.* 55 gr, für *Andenken an Späth* 58 gr pro Hektoliter Luftraum. Bei Flieder aus schwerem Boden betragen die höchsten Dosen für die genannten drei Sorten 52, 62 und 64 gr pro Hektoliter Luftraum. Nimmt man von vornherein die richtige Dosis, so genügt einmaliges Aetherisieren vollkommen.

Auch in diesem Jahre führte ich wieder einen Versuch in der Vorruhe mit Flieder aus schwerem Boden aus, um zu beweisen, daß Flieder aus solchem sich mittelst des Aetherverfahrens ebenso gut als Flieder aus leichtem Boden zum Treiben eignet. Da in hiesiger Gegend kein vorbereiteter Flieder aus schwerem Boden zu haben ist, so ließ ich mir solchen von O. Froebels Erben, Zürich, kommen. Die Pflanzen, die auf dem Transport etwas gelitten hatten, wurden am 6. August mit 50 gr Aether pro Hektoliter Luftraum ätherisiert. Die Sorte *Marie Legray* verblieb 48 Stunden im Aetherraum und kam darauf am 8. August abends zum Treiben ins Vermehrungshaus. Die Temperatur betrug hier während des Treibens 17—23 ° C, stieg aber an sonnigen Tagen zeitweise bis auf 28 ° C. Im übrigen war die Behandlung die bei der Treiberei übliche; der Treibraum wurde nicht verdunkelt. Die Blüte begann am 5. September, von welchem Zeitpunkt an die Pflanze kühler gestellt wurde. Die photographische Aufnahme erfolgte am 13. September. Bemerkenswert ist die üppige Entfaltung der Holztriebe, welche man nur einschränken sollte, wenn es sich darum handelt, etwa zurückgebliebene Blütenknospen noch zum Austreiben zu veranlassen. Bei der abgebildeten Versuchspflanze kamen alle Blütenknospen, mit Ausnahme einer einzigen, zur Entwicklung.

Es dürfte interessieren, die Erfolge des Aetherverfahrens in der Vorruhe mit den durch Eisflieder erzielten zu vergleichen. Für das Aetherisieren sprechen zunächst die weit geringeren Kosten. Freilich ist dem Aetherisieren mit Eintritt der Mittelruhe eine Grenze gezogen, es lassen sich von dieser Zeit ab nur mit Eisflieder Erfolge erzielen. Nun gibt Johannsen auf Grund des Berichtes der Dresdener Versuchsanstalt die Möglichkeit zu, die Mittelruhe auszuschalten, indem man den Flieder in der Vorruhe ätherisiert, danach drei bis vier Wochen kühl stellt und dann erst das Treiben in Angriff nimmt. Diesbezügliche Versuche habe ich noch nicht angestellt, auch ist mir nicht bekannt, ob sie von anderer Seite mit Erfolg durchgeführt sind, somit bleibt die Ausschließlichkeit in der Verwendung des Eisflieders für diese Zeit noch bestehen.

Rosen.

Neue Teehybridrose Frau Nicola Welter.
Originalaufnahme für die „Gartenwelt“.

Neue Teehybridrose Frau Nicola Welter. Diese hervorragende, von unserem Mitarbeiter O. Jacobs gezüchtete Neuheit gelangt jetzt durch Nicola Welter, Trier, in den Handel. Sie ist eine Kreuzung von *Kaiserin Auguste Viktoria* × *Sunset.* Die Farbe der erblühenden Knospe ist ledergelb, grünlich schattiert, der aufblühenden Blume orange mit safrangelb. Die Knospe ist langgestreckt, die Blume prächtig in der Form, gut gefüllt und angenehm duftend. Eine kräftig wachsende, dunkelgrün belaubte, gut remontierende und herbstblühende Neuheit.

Gemüsebau.

Kultur selten angebauter Gemüsearten.

Von A. Spranger, Schloßgärtner, Pfoerten.

Zu den selten angebauten Gemüsearten, die so manchem Gärtner nicht bekannt sind, gehören Spargelsalat, Meerkohl, Kardy und vielerorts auch die Artischocken. Aber auch diese Gemüse, der Meerkohl ausgeschlossen, lohnen den Anbau besser als manche bekanntere Gemüsearten, da sie vom feinen Publikum verlangt und als Raritäten gut bezahlt werden.

Der Spargelsalat bildet keine Köpfe, sondern treibt einen beblätterten Stengel, der je nach Kultur und Bodenart 50 bis 80 und selbt 100 cm lang wird. Die erste Aussaat erfolgt mit den Frühsaaten ins handwarme Mistbeet. Weitere Aussaaten werden je nach Bedarf bis Ausgang Juni in zwei- bis vierwöchigen Zwischenräumen gemacht. Nach Johanni sind Aussaaten nicht mehr lohnend. Der Spargelsalat der Frühsaat kann schon zeitig ins freie Land ausgepflanzt werden, da ihm, sobald er angewurzelt ist, auch ein leichter Frost nichts mehr anhaben kann. Er verlangt gut gedüngte Beete, reichliche Bewässerung und wird in 30 cm Abstand gepflanzt. Sobald der Stengel in die Höhe geht, gibt man einen Dungguß, dann aber nicht mehr, da anderenfalls die Stengel bitter werden und selbst Jauchegeschmack annehmen. Sind die Stengel 40 bis 50 cm hoch, so kann mit der Ernte begonnen werden; wenn die Blüten erscheinen, werden sie holzig und ungenießbar. Die geschälten Stengel, die allein genossen werden, geben nach Johanni, wenn es mit dem Spargelstechen vorüber ist, ein feines, spargelartiges Gemüse, das genau wie Spargel zubereitet und serviert wird.

Ein feines Gemüse ist auch der Meerkohl, dessen geringe Verbreitung wohl eine Folge seiner etwas langweiligen Anzucht sein dürfte. Er wird im Frühling in kleine Stecklingtöpfchen gesät, die in einen lauwarmen Kasten kommen, der nach dem Auflaufen der Samen reichlich gelüftet werden muß. Mit Eintritt günstiger Witterung erfolgt das Auspflanzen. Ich pflanze sehr zeitig aus und schütze bei Eintritt von Spätfrösten durch umgestülpte Blumentöpfe. Bei dieser Vorkultur entwickeln sich die Pflanzen besser und schneller als an Ort und Stelle gesäte. Der Abstand von Pflanze zu Pflanze soll einen Meter betragen. Im ersten, zweiten und, wenn die Pflanzen schwach geblieben sind, im dritten Jahre, sind sie in guter Kultur zu halten, also öfter zu behacken, gut zu düngen und reichlich zu bewässern. Die Stengel sind nur in gebleichtem und getriebenem Zustande genießbar. Ende Januar oder Anfang Februar, sobald der Boden offen ist, wird über jede Pflanze ein Drainagerohr gesetzt und danach in einem Abstande von 50 cm von der Pflanze der Boden kreisförmig einen Spatenstich tief ausgehoben. In diesen Graben kommt nun eine Packung von frischem Pferdemist oder nicht zu nassem Laub, eine gleiche Packung auch um das Drainagerohr. Mist und Laub erwärmen sich und die Wärme regt den Meerkohl zum Treiben an. Durch den Abschluß des Lichtes im Rohre bleichen die Stengel; sie werden geerntet, sobald sie eine Länge von 40 bis 45 cm erreicht haben. Während der vorbesprochene Spargelsalat dem Spargel folgt, gehen ihm die gebleichten Stengel des Meerkohls voraus; sie werden von Feinschmeckern als Delikatesse geschätzt.

Auch der Kardy liefert ein spargelartiges Gemüse. Seine Kultur ist einfach, da er Anfang Mai direkt ins freie Land gesät wird. In allseitigem Abstande von 75 cm legt man je drei Samenkörner in tiefgründigen, gut gedüngten Boden. Gehen zwei oder drei Sämlinge neben einander auf, so bleibt nur der stärkste davon. Jauchedüngung verträgt der Kardy während des Sommers nicht. Er wird durch diese Düngung leicht bitter, auch befördert sie die Blütenbildung, wodurch er holzig wird. Auch Kardy genießt man nur in gebleichtem Zustande. Das Bleichen erfolgt von Anfang September an durch Zusammenbinden der Blätter. Die zusammengebundenen Stauden werden mit Stroh umhüllt. Im Spätherbst werden die Pflanzen ausgehoben und in einen frostfreien, luftigen Keller eingeschlagen. Hier werden die noch nicht gebleichten Pflanzen nach Bedarf gebleicht. In geheizten Kellern eingeschlagene Kardy werden bitter. Richtig eingeschlagene Kardy halten sich bis zum Frühjahre, man muß sie aber im Auge behalten und faulende Blattstiele rechtzeitig entfernen.

Eine Verwandte des Kardy ist die Artischocke. Ende Januar oder Anfang Februar werden ihre Samen in Schalen oder Töpfe gesät und in die Vermehrung oder auf ein Hängebrett ins Warmhaus gebracht. Die Sämlinge pflanzt man einzeln in kleine Töpfe und bringt sie auf einen halbwarmen Kasten. Nach erfolgter Durchwurzelung wird Verpflanzen in 12 cm weite Töpfe vorgenommen, die man wieder in einen Kasten bringt. Bei dieser Vorkultur entwickeln sich die Artischocken schnell, so daß sie im Mai als kräftige Stauden ausgepflanzt werden können, die bald Blütenköpfe bringen. Es empfiehlt sich, die Kultur früher Sorten, die unter allen Umständen im ersten Jahre Ertrag bringen, und von deren Ueberwinterung man häufig absieht. Auch von späten Sorten erzielt man häufig im ersten Jahre gute Erträge, wenn man die Sämlinge, nachdem sie zwei Blätter gebildet, dicht über den Samenlappen abschneidet und als Stecklinge behandelt, die sich rasch bewurzeln. Die Artischocken verlangen im Sommer viel Wasser und reichlich Jauchedüngung. Es empfiehlt sich stets bei Regenwetter zu jauchen; man erhält dann sehr große Blütenköpfe. Die Pflanzreihen für Artischocken müssen $1^1/_2$ m Abstand haben und innerhalb der Reihen muß der Abstand von Pflanze zu Pflanze mindestens 1 m betragen. Will man die Pflanzen überwintern, so bedeckt man sie mit Eintritt frostiger Witterung mit Laub oder behäuft sie mit Erde. Sicherer fährt man noch, wenn man die Stauden im Spätherbst aushebt, um sie in einen frostfrei zu haltenden tiefen Mistbeetkasten einzuschlagen. Hier kann man sie im kommenden Frühjahre zunächst antreiben, denn sie können vor dem Auspflanzen schon recht große Blätter haben. Die so überwinterten Pflanzen bringen schon sehr zeitig Blütenköpfe. Im Frühling können die Artischockenbeete durch Zwischenkultur von Salat und Kohlrabi besser ausgenutzt werden. Die beste mir bekannte großköpfige Sorte ist die *Große Grüne von Laon*.

Obstbau.

Gubener Obst- und Gemüsebau.

Von Carl Richter, Guben.

In einem landschaftlich reizvollen Tale am Zusammenflusse von Neiße und Lubst ruht die Gartenstadt Guben eingebettet, die ihre Arme liebevoll um die Lubst- und Neißeberge schlingt, auf denen im Wandel der Zeit die Rebe, jahrhundertelang dominierend, durch einen rationell betriebenen Obstbau ersetzt wurde, neben welchem neuerdings die Frühgemüsekultur einen immer breiteren Raum einnimmt, um möglicherweise dermaleinst die Oberhand zu gewinnen.

Die gesegneten Gubener Berge, auf denen die ehemaligen Winzer nunmehr als Obst- und Gemüsegärtner intensiv ihrem Lebensberufe obliegen, steigen bis zu 80 Meter aus dem Tale der Neiße empor, 120 Meter über dem Meeresspiegel, und weisen nur zum kleinen Teile wirklich guten Boden auf. Vorherrschend ist der Sand in allen Schattierungen. Er beansprucht kräftige Düngung und nicht zu spärliche atmosphärische Niederschläge, hat aber den Vorteil leichter Bodenbearbeitung. Unter der dunkleren Humusschicht folgen weißer und gelber Sand, sodann vielfach Lehm, und in den tiefsten Schichten die Braunkohle, deren Abbau früher durch drei bis sieben Bergwerke erfolgte, während jetzt nur noch ein solches im Betriebe ist. Als landwirtschaftlich wichtiger Faktor ist die Lehmschicht anzusehen, weil sie das Niederschlagswasser aufspeichert und für die tiefwurzelnden Gewächse nutzbar macht. Der Berieselung kommt die seit Jahren bestehende städtische Wasserleitung sehr zu statten, die ihr Netz bis in die Bergviertel ausdehnt. Spargel-, Gurken- und Kohlfelder können nur bei bester Düngung gedeihen. Den Dung liefert die eigene Viehhaltung (Rindvieh) der Züchter, die Industrie des 37 000 Einwohner zählenden Ortes (Tuchfabrikation, Hutfabrikation; jährlich 600 000 Dtzd. Hüte, größte Leistungsfähigkeit unter allen Städten Deutschlands), und die Klärstation der städtischen Schwemmkanalisation; außerdem werden Streu, tierischer und künstlicher Dünger von auswärts bezogen.

Die Berge sind von einem meist regellosen Walde von Obstbäumen bedeckt. Nur zum Teil, namentlich auf geringem Boden oder auf vorzugsweise dem Feldbau dienenden Flächen, beschränkt man die Baumpflanzung auf eine einzige Mittelreihe jeder Parzelle. Selbst auf dem geringsten Boden pflegt die anspruchslose Sauerkirsche noch zu gedeihen. Seit 1897 ist die Stadtgemeinde durch Anlage einer 200 Morgen großen Obstplantage auf einem ehemaligen Exerzierplatze in die Reihe der Obstproduzenten eingetreten. Es wurden hier über 4700 Obstbäume — sieben Sorten Aepfel, sieben Sorten Birnen und die Hauspflaume (Zwetsche) — in Reihen, teils feldmäßig, teils plantagenmäßig, angepflanzt. Die Anlage, zurzeit noch finanzielle Opfer fordernd und dem Zwischenanbau von Feldfrüchten dienend, soll demnächst sowohl vorbildlich wirken, als auch eine befriedigende Rente abwerfen. Im Jahre 1900 zählte man 113 000 Obstbäume innerhalb des ganzen Stadtgebietes.

Die Zahl der vorhandenen Obstsorten ist sehr groß. Als Gubener Spezialsorten führt der Handel den Gubener *Warraschk* (Apfel) und *Gubens Ehre* (Kirsche). Für Kirschen existieren viele Lokalnamen: *Küppers* (zeitigste, geldbringende Kirsche mäßiger Qualität), *Schreckens, Grolls, Fromms, Bernsteiner* usw. Auf Edelsorten wird hoher Wert gelegt, ein Bestreben, das namentlich in Birnen achtunggebietende Erfolge gezeitigt hat. Sogar alte Bäume, die den Anforderungen nicht mehr genügen, müssen sich wiederholtes Umpfropfen gefallen lassen. Der im Jahre 1850 als Fortsetzung der Königlich Preußischen Obstbaugesellschaft gegründete Gartenbauverein, jetzt geleitet vom Lehrer Knabe, zählte 1880 in Guben 121 Apfel-, 134 Birnen- und 73 Pflaumensorten. Hoch- und Halbstämme sind vorherrschend; doch fehlt auch Busch- und Formobst keineswegs.

Im guten Obstjahre 1881 berechnete man die Eisenbahnausfuhr auf 44 000 Zentner Obst, den Wagentransport nach den Nachbarstädten auf 4000 Zentner, die Verwendung zu Obstwein, Saft und Dörrobst auf 12 000 Zentner, den eigenen Verbrauch der Einheimischen auf 4000 Zentner, zusammen 64 000 Zentner. Dem Absatze des Obstes kommt u. a. die Fruchtweinbereitung zu statten. Die hiesige bedeutende Firma Poetko verarbeitet allein jährlich durchschnittlich bis zu 20 000 Zentner Preßäpfel, die etwa 700 000 Liter Wein geben; sie kann nur etwa den vierten Teil ihres Bedarfs an Preßobst am Orte selbst decken, zumal noch weitere 10 000 Zentner Aepfel auf den übrigen Obstpressen verbraucht werden. Neuerdings ist der Apfelweinbereitung die kompliziertere Herstellung alkoholfreien Apfelsaftes zur Seite getreten.

Die geschützte Lage, ein auffallend mildes Klima und sonstige günstige Verhältnisse kommen auch dem Gemüsebau zugute, der in der Hauptsache Frühgemüsebau ist. Salat, Gurken, Kohl und ähnliche hier in Massen gebaute Gemüse verlangen sonnige, baumfreie Stellen. Wo sie nicht sind, werden sie geschaffen, selbst auf Kosten des Obstbaues, wenns nicht anders geht. Bohnen und Kartoffeln lassen sich auch als Unterfrüchte ziehen. Der mühevolle Gemüsebau nimmt alle im elterlichen Betriebe geschulten Arbeitskräfte vielseitig in Anspruch, insbesondere, da man den Schwerpunkt der Zucht auf zeitige und zeitigste Ernten legt. Schon mitten im Winter werden die zwanzig, dreißig bis hundert Frühbeete in Stand gesetzt und Salat, Kohl usw. eingesät. Die Gurken läßt man in nassen Lappen auf dem warmen Ofen ankeimen, legt sie in Blumentöpfe und stellt sie dann ins Frühbeet, wo sie sich zu kräftigen Pflanzen entwickeln. Im Frühjahre lassen sich solche Pflanzen mit vollen, verwurzelten Erdballen leicht ohne Störung ins freie Land umsetzen, wo sie freilich, falls man es in zweckmäßiger, weiterer Beschützung einmal versieht, einem einzigen Nachtfroste zum Opfer fallen können, der alle Mühe mit einem Schlage vernichtet.

Als erstes Gemüse erscheint neben dem Rhabarber, der weniger bedeutend ist, der Salat auf dem Markte, der zu Anfang pro Schock mit 2,50 M bezahlt wird, um zuletzt bis auf 0,30 M herabzugehen. Die Gesamtproduktion wird auf 50 000 Schock pro Jahr geschätzt. Während die Beete von den Salatköpfen allmählich geräumt werden, breitet sich die schon in den Mittelreihen darauf stehende Gurke mehr und mehr aus. Das rasche Wachstum, die bequeme Ernte und der glatte Absatz machen die Gurke zu einer sehr dankbaren Frucht. Den Gesamtertrag glauben wir mit etwa 1 Million Stück annähernd zu treffen. Nicht minder wichtig wie die Zucht des Gemüses an sich, ist die Aufmerksamkeit bei der Ernte, namentlich die stete Beobachtung der Konjunktur. Gegen zwanzig Obst- und Gemüsehändler vermitteln den Absatz nach außerhalb. Was zeitig ist, bringt Geld. Bloße 24 Stunden haben oft erhebliche Preisrückgänge im Gefolge. Heute grüne Bohnen pro $^1/_2$ kg 20 Pfennige, morgen vielleicht 15 oder gar 10 Pfennige, wenige Tage später 8, 5, zuletzt 3 Pfennige. Wer eine Tagesernte von einem Zentner hat, kann also je nachdem 20 M bis herunter zu 3 M dafür lösen. Allerdings bleibt schließlich ein tröstender Ausweg; wenn grüne Bohnen nicht mehr leidlich annehmbar bezahlt werden, so läßt man sie eben reif werden; im Winter werden ja auch Bohnen gegessen.

Auf dem wichtigen Gebiete der Schädlingsbekämpfung wird auch hier manches getan und ebenso viel unterlassen, letzteres namentlich deshalb, weil man, vom Frostspanner abgesehen, den meist kleinen Feinden gegenüber fast machtlos ist und sogar die umständlichen, teuren Spritzungen mit Kupferkalkbrühe oder dem modernen Karbolineum versagen oder wenigstens nur teilweise Erfolge zeigen. Ein billiges, bequem anwendbares Allheilmittel gegen Blütenstecher, Kirschfliegen, Raupen und Maden aller Art soll bekanntlich erst noch gefunden werden.

Aus deutschen Gärten.

Schloß und Park Rosenau bei Coburg.

Von **Max Pohlig**, Coburg.

(Hierzu fünf Abbildungen.)

Einer der Hauptausflugspunkte im Sommer ist für alle, die zu ihrer Erholung das herrliche Thüringer- und Frankenland aufsuchen, das reizend gelegene Schloß Rosenau mit seinen schönen Parkanlagen und der sehr sehenswerten Gärtnerei. Von der schmucken thüringischen Residenz Coburg aus ist es am bequemsten zu erreichen.

Zweck meiner Ausführungen soll es sein, jene Thüringen durchreisenden Fachgenossen, die Natur- und Pflanzenfreunde zugleich sind, zu veranlassen, der herrlichen Rosenau einen Tag ihres Reiseprogrammes zu widmen.

Wer je diese großzügige Landschaft durchwanderte, wenn die Morgensonne Millionen blitzender Goldfunken über den weiten, noch taufeuchten Wiesenteppich streute, wer je zur Zeit der Nelkenblüte deren Farbenreichtum bewunderte, wem das Rauschen und Raunen ehrwürdiger Baumveteranen ein Lied kündete von eines Fürstenhauses Lust und Leid, der wird, unvergeßlicher Eindrücke voll, in die Heimat zurückkehren.

Eine kurze Bahnfahrt von Coburg nach Oeslau! Der freundliche Industrieort liegt bald hinter uns.

In schöngeschwungenen Bogen führt ein gutgehaltener Fußweg, dem Laufe des geschwätzig murmelnden Itzflusses folgend, in etwa 20 Minuten nach dem Parke. Mit jeder Wegbiegung werden neue landschaftliche Schönheiten sichtbar, bietet doch schon der vielgestaltige, baumumsäumte Lauf des Flusses dem Naturfreunde und Naturbeobachter eine Fülle herrlicher Motive. Allenthalben offenbart sich der Genius echter und wahrer Kunst, die in ihrer idealsten Vollendung ja nur treueste Nachahmung der Natur ist: Die Aufgabe, dem Mittelgebirgscharakter, den die Gegend bietet, eine Parkanlage harmonisch und wirkungsvoll einzufügen, ist hier auf das glücklichste gelöst worden.

Bald blinken und grüßen gar freundlich von sanfter Anhöhe die hellen, mit gotischem Maßwerke reichgezierten Fensteraugen von Schloß Rosenau durch das Grün hundertjähriger Bäume hernieder zu Tale. Von einem reichblühenden Rosenparterre umrahmt, das blühende Rosenfestons überragen, mutet es uns an wie das verwunschene Dornröschenparadies aus seliger Kindermärchenzeit. Eigenartig schön hebt sich das stets leichtbewegte, zierliche Blattwerk einer prachtvollen *Populus alba* von der starren Architektur des Schloßgiebels ab. (Siehe Abbildung Seite 666 oben.)

Schloß Rosenau ist der Witwensitz der Herzogin Marie von Sachsen-Coburg und Gotha; als Geburtsstätte des Prinzen Albert von Coburg, des Prinzgemahls der verstorbenen Königin Viktoria von England, hat es auch die letztgenannte Herrscherin mit ihrem hohen Gemahl oft beherbergt. Herzogin Marie ist eine sehr große Blumenfreundin; den ausgedehnten Schnittblumenkulturen gilt deshalb zunächst unser Besuch.

Bald weist uns der Duft blühender Nelken und Wicken, der, von weicher Sommerluft getragen, berauschend süß einherzieht, den Weg nach der Gärtnerei. Im Sommer werden hier hauptsächlich Nelken, Rosen, Wicken, Dahlien und später Chrysanthemen, Maiblumen, Freesien usw. herangezogen. Es würde zu weit führen, wollte ich versuchen, eine auch nur gedrängte Uebersicht aller hier in Kultur befindlicher Pflanzen zu geben. Aus der Fülle und Reichhaltigkeit der Pflanzensammlungen hebe ich deshalb nur das Erwähnungswerteste hervor.

Die Bewunderung und das Entzücken der zahlreichen Besucher erregen stets die vollendet schönen Knollenbegonien, die in allen Farbenabstufungen vertreten sind (siehe Abb. Seite 666 unten). Ich sah einfache Blüten von der gewiß erstaunlichen Größe von 17 cm, gefüllte von 14 cm Durchmesser waren durchaus keine Seltenheit. Im Hintergrunde dieses Begonienschauhauses war eine Gruppe *Lilium auratum* aufgestellt, die infolge des etwas entfernten Standortes auf dem Bilde leider nicht in ihrer vollen Schönheit zur Geltung kommt. Die am weitesten geöffneten Blüten hatten einen Durchmesser von 23 cm. Außer *Lilium auratum* werden *Lilium longiflorum Takusima* und verschiedene *Lilium lancifolium*-Varitäten getrieben.

In einem anderen Schauhause wirkten prächtig dekorativ gut gebaute Pflanzen der prachtvoll rosafarbigen *Hydrangea Otaksa monstrosa*. Hier sieht man sie mit gutem Erfolge viel in Gruppen verwendet, da sie auch in der Fernwirkung — was bei der großen räumlichen Ausdehnung der Gärtnerei besonders wichtig ist — sehr gut zur Geltung kommen.

Das Interesse des Pflanzenkenners fesseln ferner einige gutentwickelte insektenfressende Pflanzen, so die Venusfliegenfalle *(Dionaea muscipula)* und der rundblättrige Sonnentau *(Drosera rotundifolia)*. Letztere Pflanze ist in der Umgebung des benachbarten Neustadt ziemlich häufig wild anzutreffen.

Vor den Schauhäusern breitet sich ein schöngepflegter Rasen aus; üppige Solitärpflanzen und einige ganz prächtig blühende Exemplare der neuen Schlingrose *Tausendschön* gereichen ihm zur ganz besonderen Zierde.

Auffallend ist die große Anzahl der Topf-*Chrysanthemum*. Es werden hier außer 14 großen Beeten Freilandpflanzen etwa 7000 *Chrysanthemum* in Töpfen kultiviert. Alle Pflanzen lassen in der Größe und dunkelgrünen Belaubung die ausgezeichnete, ihnen zuteil werdende Pflege erkennen. In der Tat führt auch die Zeit der Chrysanthemumblüte Liebhaber und Fachleute oft von weither nach dem einsamen Rosenau. In den Herbstausstellungen des rührigen Coburger Gartenbauvereins bilden seit vielen Jahren die blühenden, großblumigen *Chrysanthemum* einen Hauptanziehungspunkt dieser Veranstaltungen.

Wicken sind in zwei großen Quartieren in bester, nicht zu umfangreicher Sortenwahl vertreten. Durch Reinheit und Eigenart des Farbentones, sowie Größe und Schönheit der Blumen zeichnen sich vor allen andern folgende, höchst empfehlenswerte Sorten aus: *Countess Spencer, Queen Alexandra, Henry Eckford, Dorothy Eckford, Helen Lewis, Lady Grisel Hamilton*. Selbstverständlich sind auch Rosen in den besten Schnittsorten und in sehr großen Beständen vorhanden.

Nächst Wicken und Rosen sind die Nelken die bevorzugten Lieblinge der Frau Herzogin Marie. Es ist das unvergängliche Verdienst des seit dem 1. Oktober vorigen Jahres in den wohlverdienten Ruhestand getretenen Oberhofgärtners Terks, das Nelkensortiment in Rosenau durch planmäßige Sämlingskultur zu einem erstaunlich reichhaltigen gemacht zu haben. Man denke sich ein

Feld in allen Farbentönen schimmernder prachtvoller Chornelken — ungefähr 12000 Stück — vom dunkelsten sammetigen Rot bis zum reinsten atlasschimmernden Weiß. Hervorgehoben wegen der prachtvoll variierenden Farbentöne seien die silbrigstahlblauen und fleischfarbigrosa Sorten. Es ist hier üblich, je drei Pflanzen zusammenzupflanzen. Das Nelkenquartier erhält jedes Jahr einen andern Standort, damit der im übrigen gerade für diese Kultur sehr geeignete Boden nicht nelkenmüde wird. Für jeden Kenner ist es eine herrliche Augenweide, die üppigen, vor Kraft und Gesundheit strotzenden Pflanzen mit ihren prachtvoll ausgebildeten großen Blumen und ihrem überreichen Knospenansatz zu bewundern. Beiläufig sei bemerkt, daß hier etwa 250 streng nach Farben geordnete Sorten eigener Züchtung vorhanden sind.

Leider war es mir nicht möglich, das blühende Nelkenquartier auf die photographische Platte zu bannen, denn als ich ein zweites Mal eigens zu diesem Zwecke wiederkam, hatte das anhaltend schlechte Wetter dem Nelkenflor ein betrübliches Ende bereitet.

Was geschieht nun mit diesen Tausenden und Abertausenden von Blumen? Die besten finden natürlich zum Tafel- und Zimmerschmuck der hohen Herrschaften Verwendung. Gilt es aber, Tränen zu trocknen, Not zu lindern, Kranken und Leidenden mit Rat und Tat zu helfen, dann haben alle diese lieblichen Kinder Floras eine ideale, schöne Aufgabe zu erfüllen. In den von der gütigen, warmherzigen Fürstin veranstalteten Blumenbasaren, die alljährlich in Coburg stattfinden, prangen sie und die Herzogin Marie versteht es, aus blühenden Rosen Brot und Wein für die Armen zu zaubern. Ein modernes Rosenwunder — doch anderer Art —, wenn auch mit gleichem Endzweck, wie die jedem Thüringer wohlbekannte, tiefpoetische Sage von dem Rosenwunder der Heiligen Elisabeth. Doch zu unserem Thema zurück!

Schloß Rosenau. Originalaufnahme für die „Gartenwelt".

Gewächshaus mit Knollenbegonien in der Gärtnerei des Schlosses Rosenau. Originalaufnahme für die „Gartenwelt".

Jetzt geht es unter liebenswürdiger Führung des Herrn Schloßgärtners Wiener hinaus in den im goldigen Schimmer der Julisonne daliegenden Park. Es sei an dieser Stelle dem genannten Herrn für die bereitwillige Auskunfterteilung herzlicher Dank gezollt.

Bald stehen wir vor dem schlicht anheimelnden Kavalierhause, vor dessen Fenstern uns die trefflich gelungene Büste Herzog Alfreds daran gemahnt, daß dieser Fürst in diesem Hause am 30. Juli 1900 die Augen schloß zum Todesschlafe. Traulich umranken es Kapuzinerkresse, Waldreben und Pfeifenstrauch, und der Efeu der Erinnerung schlingt sein grünes Band um die jedem Coburger geweihte Stätte (s. Abb. S. 667 unten).

Ebenso wie dies Häuschen — ein Hort des Friedens — ist der unweit gelegene schilfumsäumte Weiher, mit seiner schönen Spiegelung des Baumschlags und den beiden hellen Birkenhäuschen an seinen Ufern eine der stimmungsvollsten Szenerien des Parkes (siehe Abbildung Seite 667 oben).

Durch lauschige Parkwege uns rückwärts wendend, steigen wir nach kurzer Wanderung die sanfte Anhöhe zum Schlosse hinan. Am Fuße dieser Anhöhe fesselt den Naturfreund und den Dendrologen ein etwa 80 Jahre altes Exemplar von *Liriodendron Tulipifera* (Tulpenbaum).

Das Schloß selbst war im Mittelalter eine befestigte Burg. Die Wallanlagen sind in höchst geschickter Weise zu einem wohlgepflegten, farbenprächtigen Blumenparterre umgestaltet worden (siehe Abbildung Seite 668). In pietätvoller Weise ist hier oben alles so erhalten worden, wie es zu Lebzeiten Herzog Alfreds war. Was gärtnerische Kunst ersann, ist hier in feinsinniger Weise verwertet. Besonders schön wirken die Arabesken und die Gruppen ausgepflanzter Knollenbegonien, Fuchsien und englischer Pelargonien. Stimmungsvoll fügt sich ein alter, träumerisch plätschernder Springbrunnen dieser Sommeridylle ein. Ueber die graue Steinbalustrade, über welche rosa Peltatum-Pelargonien nicken, schauen friedvoll die Thüringer Waldberge herüber.

Manch herrliche Besitzung nennt Herzogin Marie ihr eigen, sei es im farbenprächtigen Süden oder an tiefgrünen Seen, in denen schneeige Alpenketten sich widerspiegeln. Aber wenn des Jahres schönste Zeit herannaht, dann kehrt sie doch auf Rosenau, ihren Lieblingsaufenthalt, zurück.

Köstlich ist aber auch ein Blick im Abendscheine vom hohen Altane auf die friedvolle Landschaft, wenn die rotgoldenen Strahlen der scheidenden Sonne die grauen Trümmer der gegenüberliegenden Ruine Lauterburg mit dem Hauche der Poesie umkleiden! Ein ernst malerisches Memento mori! Wie ein Gruß der Vergangenheit in die lachende, blühende Gegenwart hinein. Dort wohnten auch einst stolze Geschlechter, doch die Spuren ihres Erdendaseins sind verweht wie welkes Laub.

Möge Fürstengunst und Volkesliebe Rosenau, das schimmernde Kleinod unserer geliebten Heimatscholle, treulich umhegen bis in fernste Zeiten!

Umschau in der englischen Fachpresse.

Abstammungslehre. — Londoner Gartenbaugesellschaft. — Ausstellung von Gummi und Kautschuk. — Schulgärten Englands. — Encephalartos Woodii. — Leptospermum scoparium. — Myosotidium nobile. — Vermehrungsmethode von Sciadopitis verticillata. — Neue Paeonien. — Neue englische Fachwerke.

Am 1. Juli waren es 50 Jahre, als Charles Darwin und Alfred Russell Wallace ihre ersten Mitteilungen über die von ihnen begründete Abstammungslehre der Linnean Society in London unterbreiteten. Aus Anlaß dieses denkwürdigen und für die Wissenschaft bedeutsamen Tages, veranstaltete die Gesellschaft eine Feier, zu der besondere Einladungen ergangen waren und verschiedene deutsche Gelehrte Ehrungen empfingen. Mehrere Redner, die zum Teil eng mit Darwin befreundet waren, wiesen in ihren Ansprachen auf die begleitenden Umstände und Vorgänge in der Entstehung und dem Ausbau der Lehre hin. Dies war besonders bei Sir Joseph Hooker der Fall, einem intimen Freunde Darwins, der schon in frühester Zeit einen sehr regen Briefwechsel mit ihm unterhielt. Dr. Wallace, der Mitbegründer der Lehre, bildete aber den Mittelpunkt der Gesellschaft; er wurde auch durch die einzige in Gold geprägte, mit den Bildnissen Darwins und der eigenen Person geschmückte Jubiläumsmedaille besonders geehrt. Er führte seinen Anteil an der Theorie auf eine plötzliche Eingebung zurück und hob hervor, daß seine einleitende Abfassung des Gedankens in einer Woche geschrieben und heimgesandt war. (Wallace hielt sich um diese Zeit im Malayischen Archipel auf, wo er etwa 8 Jahre als Naturforscher tätig war.) Ohne von einander zu wissen, sammelte Darwin sein Material zur Begründung seiner Lehre geduldig 20 Jahre lang. So kam es, daß beide Gelehrten denselben Gedanken wohl zu gleicher Zeit aussprachen, der eine ihn aber schon vor vielen Jahren erkannt hatte. Im Verlaufe dieser Gedenkfeier wurde die obengenannte Medaille in Silber außer an Hooker, noch an die Professoren Haeckel, Weißmann, Straßburger, Francis Galton und Sir Ray Lankaster verliehen. —

Kavalierhaus im Parke des Schlosses Rosenau.
Originalaufnahme für die „Gartenwelt".

Teichpartie im Parke des Schlosses Rosenau.
Originalaufnahme für die „Gartenwelt".

Nach einem kurzen Bericht erfreut sich die Londoner Gartenbaugesellschaft einer fortschreitenden Entwickelung. Danach ist die Mitgliederzahl der Gesellschaft schon auf über 10000 gestiegen. Im vergangenen Jahre traten 500 neue hinzu. Die Einnahmen betrugen 904 Pfd. Sterling. Es wurden 29 Ausstellungen veranstaltet, die an 35 Tagen dem Publikum zugänglich waren. —

In diesen Tagen findet im Olympia in London eine internationale Ausstellung von Gummi und Kautschuk, unter Angliederung der Erzeugnisse und verwandter Zweige statt. In der botanischen Abteilung finden Gummi und Kautschuk liefernde Pflanzen besondere Berücksichtigung, ganz gleich, ob ihre Produkte zurzeit hohen oder geringen Handelswert besitzen. Auch andere tropische Pflanzen werden zugelassen. Die Anordnung geschieht bei den Nutzpflanzen nach ihrer Verwendung. Die Leitung dieser Abteilung haben die Herren Alexander und Whyte übernommen. Das Unternehmen hat bei Pflanzern und Fabrikanten großen Beifall gefunden, auch wird es von den Behörden Kautschuk liefernder Länder unterstützt und gefördert. Neben der Veranschaulichung der verschiedenen Methoden der Kautschukgewinnung werden Vorträge noch erheblich zur Orientierung über die Verwendungsweisen des Materials beitragen. —

Die heute in stattlicher Anzahl vorhandenen Schulgärten Englands dienen bekanntlich ganz anderen Zwecken und sind ganz anderer Art wie in Deutschland. Benutzen wir sie ausschließlich zum wissenschaftlichen Unterricht in den Schulen, indem in ihnen Pflanzen für den botanischen Unterricht herangezogen werden, so kennt der Engländer nur die praktische Ausnutzung, sehr zum Vorteile des Gartenbaues. Knaben und in Irland auch Mädchen empfangen in diesen Gärten Unterricht in der Bearbeitung des Bodens, in der Anzucht und Behandlung von Gemüsen, Obstbäumen und Florblumen. Zu diesem Zwecke sind die Gärten in kleine Flächen aufgeteilt. Die Ernte bleibt in den meisten Fällen dem kleinen Gärtner, stellenweise wird aber auch ein geringes Entgeld dafür erhoben. Auch Ausstellungen der Erzeugnisse werden veranstaltet, die Schülern und Lehrern Anregungen und neue Ideen bieten. In dem letztjährigen Bericht von Jamaika, wo diese Gärten ebenfalls schon eingerichtet sind, weist man selbst auf die angeeignete Geschicklichkeit der Schüler hin und hebt hervor, wie sich richtiges Erkennen und eine gute Beobachtung durch diese Beschäftigung bei den Kleinen erzielen läßt. Die Lehrer sind entweder Fachleute oder Liebhaber. Unterstützt werden diese Einrichtungen teilweise vom Staate, in der Hauptsache aber fallen die Kosten der Gemeinde zur Last. Beide sind sich eines guten Erfolges bewußt und sorgen für neue Anlagen und Vergrößerung der bestehenden. Treten die Kinder später auch nur in ganz geringer Anzahl zum Gartenbau über, so läßt sich doch die gewaltige Unterstützung des Gartenbaues sofort erkennen, wenn man bedenkt, wie dadurch die Liebe zum Garten geweckt und somit auch der Kreis der Liebhaber vergrößert wird. Man schätzt die Zahl der an diesem Unterricht teilnehmenden Knaben auf über 17000. —

Einige beachtenswerte Pflanzennotizen finden wir im „Gardeners Chronicle". Ueber *Encephalartos Woodii*, der in Gent von Sander & Söhne ausgestellt war, erfahren wir, daß er von dem Direktor des Natal Botan. Garden zuerst gefunden wurde. Medley Wood machte unter schwierigen Verhältnissen 1895 eine botanische Exkursion nach dem Zululande und entdeckte, als seine Begleiter rasteten, das einzige Exemplar, welches bisher gefunden worden ist. Es war männlich und bestand aus vier starken Stämmen, von denen der eine über 18 Fuß Höhe hatte. Trotz eifrigen Suchens fand man weitere Vertreter dieser Art nicht mehr, wohl aber stieß man dabei auf *E. brachyphyllus*. Wylie, der Kurator desselben Gartens, sammelte später Sprößlinge und verpflanzte sie nach Natal.

Blumenparterre des Schlosses Rosenau.
Originalaufnahme für die „Gartenwelt".

Von *Leptospermum scoparium* melden mehrere Mitarbeiter das Auftauchen verschiedener Formen. Die weißblütige Stammart neigt in ihrer Heimat, wo sie ungeheure Flächen bedeckt, zur Variation und tritt sogar stellenweise unkrautartig auf. Eine vor wenigen Jahren gefundene rosablühende Form hat sich in der Kultur konstant erhalten; man hat sie *L. Chapmannii* genannt. Sie kommt auch aus Samen echt. Vor einiger Zeit fand man eine andere Form, eine einzelne Pflanze mit blutroten Blüten, die in den Achseln stehen und nicht endständig sind. Der Habitus ist schlanker; sie führt den Namen *L. Nichollii*. —

Eine kulturwürdige Staude ist das Neuseeländische Vergißmeinnicht, *Myosotidium nobile*, das in Cornwall mit bestem Erfolge im Freien gepflegt und überwintert wird. Die Pflanzen gedeihen dort üppig, erreichen eine Höhe von 3 Fuß, und bringen Dutzende von verzweigten Blütentrieben in einer Größe von $2^1/_2 \times 1^1/_2$ Fuß. Die Blüten sind blau und 1 cm groß; das Blatt ist glänzend, es erinnert in seiner Form an *Rheum*. Viel Bewunderer fanden zur Zeit drei Pflanzen auf der Temple Show. *M. nobile* ist eine Strandpflanze, ein Umstand, auf den viel Rücksicht in der Kultur genommen wird. —

Ueber die beste Vermehrungsmethode von *Sciadopitys verticillata* gehen die Ansichten sehr auseinander. Die erste befürwortet Veredelung, die zweite die Anzucht aus Samen, die dritte durch Stecklinge. Die Samen keimen schwer, die jungen Pflänzchen erfordern in der Aufzucht viel Sorgfalt. Veredelte Pflanzen sollen dagegen leicht wachsen und in vier Monaten so groß wie dreijährige Sämlinge sein. Die Veredelung ist im März vorzunehmen, zum Umwickeln bediene man sich in Oel getauchter Baumwollfäden. Die jungen Pflänzchen verlangen eine Temperatur von 17 bis 20° C. Nach genügendem Abhärten sollen die Pflanzen im Juli soweit sein, um ins Freie gepflanzt werden zu können. Die Anzucht aus Samen (in J. Rafus Katalog mit 1,50 pr. 100 Korn angeboten) soll die lästige Entwickelung von Wurzelschößlingen verhüten, die sich bei veredelten Pflanzen einstellt, sobald sie einige Jahre alt sind. Zur Vermehrung aus Stecklingen bringt man die Pflanzen im Januar in hohe Wärme. Die leicht wurzelnden Triebe werden gesteckt, sobald sie die erforderliche Größe erreicht haben. —

Die Hoffnungen, die man gelegentlich der Einführung von *Paeonia lutea* aussprach, nämlich, daß die Pflanze durch geschickte Hände eines Hybridiseurs den Grundstock zu einem neuen Formenkreis geben könnte, scheinen sich zu verwirklichen. Louis Henry, der schon die *Paeonia Mme Louis Henry* züchtete, ist mit einer zweiten hervorgetreten. Sie heißt *Souvenir de Maxime Cornu* und ist offenbar eine Verbesserung der vorhergehenden; sie ist gut gefüllt und gegen 18 cm groß. Die Farbe ist ein mattes Kanariengelb; die Spitzen und mitunter auch die Basis der Blumenblätter zeigen einen karminfarbigen Anflug. In einem Privatbriefe, der in „Gardn. Chron." veröffentlicht ist, spricht M. Lemoine über eine ähnliche, von ihm früher gezüchtete Hybride, die der Henryschen an Güte nicht nachsteht. Hoffentlich finden diese schönen Blüher zu ihrer schnellen Verbreitung einen tüchtigen Vermehrer. Außer diesen sind zwei neue Einführungen zur Blüte gelangt. Die erste, *P. Mloskoxwitschii* gehört zu einer im Kaukasus beheimateten Gruppe, wie auch *P. Wittmanniana* und *P. macrophylla*, die alle verwandt und vielleicht nichts weiter als Formen von *P. corallina* sind. Diese Art kommt von Lagodeckhi, aus dem östlichen Teil des zentralen Kaukasus. *P. Wittmanniana* stammt aus Adsharia, im Bassin des Tshorokflusses, südlich von Batum. Nach Watson ist *P. Mloskoxwitschii* die schönste aller gelbblühenden Päonien. Auch die Belaubung weicht durch einen bläulichen Anflug und rot gezeichnete Adern und Nerven vorteilhaft von anderen Arten ab. Gleich der vorhergenannten ist auch die zweite *P. lutea superba* in „Gardeners Chronicle" bildlich dargestellt. Lemoine erhielt sie mit anderen Formen vom Jardin des Plantes; unter diesen Formen ist sie die schönste. Die Blüte ist größer als beim Typ, auch hat sie einen karminfarbigen Grund. —

Von den besprochenen Werken sind es besonders zwei, die Beachtung verdienen. Das eine dieser Werke wird bei Gartenkünstlern großes Interesse erwecken; es ist eine Wiedergabe eines Teiles der vielen Reptonschen Schriften, die heute im Buchhandel nur noch sehr selten zu haben sind: „The Art of Landscape Gardening von Humphry Repton", neu herausgegeben von John Nolen, im Verlage von Houghton, Mifflin & Co., Boston und New-York, und in London bei Archibald Constable & Co., Ltd. Diese Ausgabe enthält zwei der vier 1838 von Loudon zusammengefaßten Bände und vereinigt in sich „Theory und Practice of Landscape Gardening" (1803) und „Reptons Sketchs und Hints on Landscape Gardening" (1794). Hinzugefügt sind Illustrationen, die uns Bilder von Reptonschen Schöpfungen nach 100 Jahren vor Augen führen. Das zweite Buch „The Trees of Great Britain und Ireland" von Henry John Elwes und Augustine Henry, eigener Verlag, besteht aus einem wissenschaftlichen und einem praktischen Teil. Der erstere, von Dr. Henry, bringt die erforderlichen Beschreibungen der Gattungen und Arten und gibt Aufschluß über Verwandtschaft und Verbreitung. Elwes hat sich vom praktischen Gesichtspunkte aus leiten lassen und interessiert die Landschaftsgärtnerei daher mehr. Er bespricht die Einführung von Bäumen, ihr Verhalten in der Kultur unter verschiedenartigen Bedingungen und Klimaten. Er gibt Erläuterungen über den Nutzwert der einzelnen Holzarten und bespricht ihre Krankheiten; von einer Reihe seltener Exemplare, die durch Schönheit und Größe bekannt sind, finden wir selbst die Geschichte gegeben, soweit dies möglich war, auch Notizen über Form, Höhe und Umfang des Stammes. Das Werk besitzt in beiden Teilen hervorragende Abbildungen. E. B. B.

Fragen und Antworten.

Beantwortung der Frage No. 552. Ist im dichten Schatten von Bäumen ein schöner, dauernder Rasen zu erzielen? Welche Grassamensorten verwendet man dazu?

Im dichten Schatten wird es immer etwas schwer halten, einen dauernden Rasen zu erzielen, obwohl es einige Grasarten gibt, welche, wenn die Lage nicht zu ungünstig ist, im Schatten aushalten, doch wird es immer nötig sein, alljährlich etwas nachzusäen. Als gute Schattengrasmischung empfehle ich: $^2/_5$ *Cynosurus cristatus*, $^1/_5$ *Festuca duriuscula*, $^2/_5$ *Poa nemoralis*. Zum Säen an schattigen Stellen ist die beste Zeit Oktober bis November und Nachsaat im Sommer. Im Herbste unter Bäumen oder an schattigen Stellen angesäte Rasenflächen sind viel haltbarer als im Frühjahre angesäte.

R. Petersohn.

— In schattiger Lage verwendet man folgende Grassorten: *Alopecurus pratensis*, ein hohes Gras für nasse Böden, schattenliebend und ausdauernd, zu verwenden als Park- und Nutzrasen; *Dactylis glomerata*, ein hohes Gras für gute Böden, auch in schattiger Lage schnellwüchsig und ausdauernd, für Luxus-, Park- und Nutzrasen; *Festuca heterophylla*, ein niedriges Gras für frische Böden, in schattiger Lage wachsend und ausdauernd; *Poa trivialis*, mittelhohes Gras für feuchte, schattige Lage, ausdauernd, für Luxus- und Parkrasen, und *Poa nemoralis*, mittelhoch für feuchte Lage, schattenliebend und ausdauernd.

Wo jedoch der Rasen nicht aufkommt, können ihn auch rasenbildende Pflanzen vertreten, so folgende Arten: *Hedera Helix*, *Vinca minor*, *Hepatica triloba*, *Convallaria majalis*, *Myosotis palustris* und *silvestris*. In trockener Lage und nicht zu schwerem Boden ist die Anpflanzung von *Spergula pilifera* zu empfehlen, sie ersetzt in idealster Weise den Teppichrasen.

Karl Richter, Eibenstock in Sachsen.

— Wie den Druck hoher Bäume nur eine geringe Anzahl von Koniferen und Laubhölzern, letztere unter Verzicht auf Blüten, ertragen, so gedeihen im Halbschatten von Bäumen nur wenige Gräser, wie *Poa nemoralis*, L., Hainrispengras, ferner *Agrostis stolonifera*, E. Mayer. Im tiefen Schatten ersetzt man den Rasen durch *Hedera Helix*, L., Efeu, *Vinca minor*. L., Kleines Immergrün, oder durch Moos. Das Moos wird in Tafeln gestochen, flach aufgelegt und nur leicht mit der Hand angedrückt. Beim Transporte wie beim Legen des Mooses muß man aufpassen, daß keine Erde darauf kommt, da es sonst abstirbt. In dem berühmten Badeorte Wildbad ist in den Kuranlagen als Ersatz des Rasens *Aspidium Filix mas*, Swartz, Wurmfarn, genommen, was sehr gut aussieht und mit dem schnell hingleitenden Gebirgsbach einen allerliebsten Anblick gewährt. Sind die Flächen nur klein, dürfte auch *Selaginella Krausseana* Ersatz für Rasen bieten.

Koch, Institutsgärtner, Hohenheim.

— Für gewöhnlichen Gartenboden verwendet man zu gleichen Teilen: *Festuca tenuifolia*, *Poa nemoralis*, *Phleum pratense*, *Agrostis stolonifera* und *Ag. capillaris*. Es sind dies die dauerhaftesten Gräser für schattige Lagen, die jedoch bei trockener Witterung reichlich besprengt werden müssen. Für ziemlich feuchte, schattige Lagen sind *Bromus giganteus* und *Festuca silvatica* zu nennen. Für kleine Flächen, wo obige Mischung dennoch im Spätsommer versagen sollte, möchte ich das kleine Blattpflänzchen *Verbascum europaeum* empfehlen, das selbst unter Kastanien und Eichen noch gedeiht und als reizende Abwechslung untergebracht werden kann.

Wilh. Jäck, Obergärtner, Bremen.

— Im dichten Schatten von Bäumen ist es unmöglich, einen dauernden Rasen zu erzielen, weil es nur eine ganz beschränkte Zahl von Pflanzen gibt, die im dichten Schatten noch gedeihen, unsere Gräser aber nicht zu diesen Pflanzen gehören, sondern Licht und Luft benötigen. *Poa nemoralis* im Verein mit *Festuca gigantea*, *Lolium perenne* und *Cynosurus cristatus* im Verhältnis von $30 \times 10 \times 40 \times 20$ geben im Halbschatten noch einigermaßen gute Begrünung, doch wird auch hier öfteres Nachbauen notwendig werden. Wir müssen uns an den Stellen unter Bäumen, wo wir normalen Dauerrasen nicht mehr erzielen können, darauf beschränken, einen Rasenersatz durch eine oder mehrere andere Pflanzen zu geben. Ich nenne hier vor allen Dingen *Asarum europaeum*, *Vinca minor*, die Maiblume, *Viola odorata*, die Epimediumarten und *Myosotis palustris*. Efeu hält auch dichtesten Schatten aus, ist aber wegen seiner Rankenbildung nicht überall zu empfehlen und stets eine Brutstätte für Schnecken. Wo man Kosten und Mühe nicht scheut, kann man während des Sommers eine sehr schattige Fläche mit *Ophiopogon japonicus* oder *Selaginella apoda minor* oder *Selaginella arborea* begrünen. Bei ersterem werden Ende April die Grundsprosse ziemlich dicht gelegt, die beiden letzteren Mitte Mai in kleinen Büscheln gepflanzt, die bald zu einem schönen, grünen Rasenteppich zusammenwachsen, der eines Schnittes nicht bedarf. **C. Rimann.**

— Als Rasen für schattige Lagen empfehle ich folgende Mischung zu gleichen Teilen herzustellen: *Agrostis vulgaris*, *Festuca duriuscula*, *Poa pratensis* und *Poa nemoralis*. Der Graswuchs unter dichtem Schatten wird aber immer ein spärlicher sein, ich möchte raten, lieber schattenliebende Stauden anzupflanzen, welche kahle Stellen dauernd grün erhalten. Hierzu eignen sich: *Asarum europaeum*, mit dunkelgrünen, efeuähnlichen Blättern, überzieht bald größere Flächen; *Cardamine trifolia*, Schattenpflanze, mit kleeblattförmigen Blättern und reinweißen, im Frühjahre erscheinenden Blüten; *Hepatica angulosa*, das Leberblümchen. Habe damit größere Flächen im Schatten bepflanzt und bewährte es sich vorzüglich, die bepflanzte Fläche ist zur Blütezeit von hervorragender Wirkung. *Convallaria majalis*, die Maiblume, haben wir zwischen Gehölzgruppen angepflanzt; sie eignet sich dazu vortrefflich. Ueberall ist dieselbe jedoch nicht anzubringen, weil die Blätter im Herbst ziemlich früh gelb werden. *Vinca minor*, Immergrün, läßt sich als Schattenpflanze gleichfalls sehr gut verwenden. **Wilhelm Titze**, Crangen.

— Unter einer dichten Belaubung von Bäumen ist ein schöner, dauerhafter Rasen nicht zu erzielen, selbst nicht bei Verwendung von Schattengräsern. Zwar spielt die Beschaffenheit des Bodens dabei auch eine große Rolle, denn in Lehmboden, womöglich mit einer gleichmäßigen Untergrundsfeuchtigheit, hält sich eine Rasendecke immerhin länger wie in magerem Sande oder gar kiesigem und steinigem Erdreich. Derartige, stark beschattete Flächen leiden sehr viel durch Moosbildungen, welche die Graspflanzen meistens bald zugrunde richten. Man kann den Rasen durch Verabreichen von Kali- oder Kainitdüngungen unterstützen, welche gleichzeitig das Moos vernichten. Diese Düngungen sind am besten im Winter auf den Schnee zu geben. Im kommenden Frühjahre sind dann die Rasenflächen gut auszuharken und schadet ein Wundkratzen absolut nichts. Der Kalidüngung kann auch noch Thomasschlacke zugesetzt werden, und zwar in dem Verhältnis von drei Teilen Kali und zwei Teilen Thomasschlacke. Für schattige Lagen sind folgende Mischungen von Grassamen am geeignetsten: *Agrostis stolonifera*, E. Mayr, und *Poa nemoralis*, L. Auch *Brachypodium silvaticum*, R., und *Milium effusum*, L., eignen sich für schattige Lagen; ferner ist *Poa nemoralis* auch ohne Beimischung einer anderen Grassamenart als einigermaßen aushaltend für schattige Lagen zu betrachten. Dieser Grasart Klee beizumengen, ist nur für ganz trockene Lagen zu empfehlen, da derselbe sonst ausbleicht. Am vorteilhaftesten ist es aber, im tiefen Schatten von hohen Bäumen den Rasen durch andere Pflanzen zu ersetzen, wie z. B. durch Efeu, *Vinca minor*, Farne, europäische Haselwurz *(Asarum)*, Veilchen und auch durch Moos. Zu diesem letzteren Zwecke sticht man Tafeln, legt dieselben flach aus und drückt sie nur leicht mit der Hand an.

Georg Blau, städt. Gartentechniker, Bromberg.

Pflanzenschädlinge.

Noch etwas vom Maulwurf.

In der No. 41 der „Gartenwelt" wurde von einem Herrn empfohlen, den Maulwurf aus Mistbeetkästen durch Einbetten von Glas und Dornen unter die Kastenwände fernzuhalten. Ich habe schwere Bedenken gegen dieses Mittel. Wohl jeder Gärtnersmann hegt einen unüberwindlichen Haß gegen Dornen und Glassplitter jeder Art, die sich im Erdreich vorfinden. Und nun soll man diese Erreger so manchen Aergernisses und so mancher schmerzhaften Wunde noch künstlich „pflanzen"? Trotz der peinlichsten Vorschrift würde die Mistbeeterde bald mit Splittern durchsetzt sein. Und dieses Mittel sollte humaner sein als das Wegfangen in Fallen? Trotzdem ich keine rohen Gefühlsnerven besitze, so ist es mir doch ganz schnuppe, ob ich den Maulwurf in der Falle fange, oder auf andere Weise totschlage. Bei der vorgeschlagenen Bekämpfungsmethode würde sich der Maulwurf an den Glassplittern verwunden und langsam krepieren. Sollte dieses besonders human sein? Da weiß ich noch ein anderes Mittel. Wo der Maulwurf aus Mistbeetkästen absolut fern gehalten werden soll, nagele man an der unteren Kastenwand ein engmaschiges, verzinktes Drahtgeflecht fest. Diese dünnen Maschinengeflechte sind ja so billig, daß sie schon fast gar nichts mehr kosten. In solche Kästen kommt dann sicher kein Maulwurf hinein. Ich selbst fange schon lange keine Maulwürfe mehr in Fallen, sondern immer nur lebend in Blumentöpfen, die in einer Größe von mindestens 16 cm unter den Hauptgängen eingegraben werden, dergestalt, daß der betreffende Gang gerade über dem Topfrand unterbrochen wird. Das Ganze wird dann mit einem Brettchen zugedeckt und mit unfehlbarer Sicherheit plumpst der Maulwurf auf seinen Raubzügen in den Topf.

Vor Jahren sah ich bei Paris in einer Gemüsetreiberei ein anderes, originelles Mittel. Es war eine alte Tonne in die Erde eingegraben, aus deren hohler Mitte sich eine Stange erhob. Oben an dieser Stange war eine kleine Windmühle angebracht, wie wir sie uns als Jungens oft aus dünnen Brettchen angefertigt haben. Bei dem Drehen ratterte es dann unheimlich in der alten Tonne, und der Maulwurf soll durch dieses Geräusch auf weite Entfernung hin vertrieben werden. Ich habe es später auch versucht, aber ob meine Maulwürfe starknerviger waren als ihre französischen Genossen, ich weiß es nicht. Jedenfalls wühlten sie nach kurzer Zeit mit der größten Frechheit rund um die ratternde Tonne herum.

Reiter.

Pflanzenkrankheiten.

Der Mehltau der Reben. Gelegentlich meines letzten Aufenthaltes in Deutschland wurde mir mitgeteilt, daß der Mehltau und andere Krankheiten dort fürchterlich gehaust haben. Im Elsaß sind die Reben größtenteils entblättert, die Früchte schwarz geworden und abgefallen*). In Lothringen steht es nicht anders. Die Winzer sind infolge der andauernd schlechten Weinernten so entmutigt, daß sie daran denken, die Reben durch Erdbeerpflanzen zu ersetzen, in der Annahme, sich dadurch eine zwar geringere, dafür aber sichere Einnahmequelle zu schaffen. Ob sie recht haben bei dem stetigen Sinken der Preise? Aber nicht allein in Deutschland hat ungünstige Witterung solch großen Schaden angerichtet, auch Frankreich wurde teilweise heimgesucht. Deutlich zeigt dies ein Brief des Bürgermeisters Dr. Grangé von Ay an die weitverbreitete Pariser Zeitung „Le Matin", veröffentlicht am 8. September d. J. Er lautet in der Uebersetzung folgendermaßen:

Ay, den 3. September.

Zweifelsohne ist Ihnen bekannt, daß jedes Jahr zur Zeit der Weinernte in der Champagne (Ende September, anfangs Oktober) aus allen Gegenden des Nordens und des Südens und noch viel weiter her Tausende von Arbeitern zur Weinlese herbeieilen und so mit ihrer Familie Geld gewinnen, wenn die stille Zeit der Landwirtschaft gekommen ist oder gewisse Gewerbebetriebe feiern. Nun, dieses Jahr ist die Weinernte in der Champagne durch den Mehltau vollständig vernichtet, ohne daß irgend ein Winzer dieser Geisel entgangen wäre. So wird die Ernte, welche im Frühling im Mittel 50 bis 55 hl auf den Hektar versprach, kaum mehr als 1 hl bringen. Ich möchte Ihnen hiermit sagen, daß die Winzer der Champagne infolge des traurigen Standes der Reben die Lese selbst ausführen können und jede fremde Hilfeleistung vollständig überflüssig ist. Deshalb habe ich gedacht, daß die weite Verbreitung Ihres Blattes dazu dienen könnte, die in der Champagne nicht ansässigen Weinerntearbeiter abzuhalten, wie gewöhnlich ihre Dörfer zu verlassen, denn hier würden sie Zeit und Geld verlieren. Der Bürgermeister von Ay, Dr. Grangé.

Man sieht also, daß nicht allein die deutschen Winzer die einzigen „Leidtragenden" sind. Daß aber die Winzer nicht ganz frei von Schuld zu sprechen sind, das beweist mir ein Beispiel von Magny bei Metz. Dort erzählten mir nämlich die Arbeiter der Baumschulen Simon-Louis frères, daß ihre Weinberge verschont geblieben seien, während andere im Umkreise der Krankheit zum Opfer gefallen sind. Und warum dies? Sie hatten zur rechten Zeit geschwefelt, zur rechten Zeit mit Bordelaiser Brühe gespritzt.

H. Sterz, Paris.

Zeit- und Streitfragen.

Geld.

Der amerikanische Multimillionär und Wohltäter Andrew Carnegie sagt an einer Stelle seines Buches „Das Evangelium des Reichtums," daß die meisten Unternehmungen aus Mangel an Kapital zugrunde gehen. In unserer Zeit des wirtschaftlichen Zusammenschlusses, der Ringe und Trusts, ist in der Tat auf allen Gebieten nur durch reichliche Mittel etwas vorwärts zu bringen. Daß Können und Glück auch noch dazu gehören, ist selbstverständlich.

Geld richtig anzulegen, ist eine besondere Kunst, die man vor allen Dingen vom Kaufmann verlangt. Der Kaufmann beherrscht ja auch das ganze Wirtschaftsleben, ist sogar in unsere Regierungen eingedrungen, weil man einsah, daß es wie bisher nicht weiter gehen durfte. Der Kaufmann verwertet die Waren, gleichviel wie sie heißen. Er ist Organisator und Händler. Von der Praxis des jeweiligen Berufs braucht er nur so viel zu verstehen, als dies zum Handeln notwendig ist.

Er kann deshalb den wirklichen Fachmann nicht entbehren. Ein für diese Zeit klassisches Beispiel sind die vielen Werkstätten für Kunsthandwerk, oder etwa die Allgemeine Elektrizitätsgesellschaft, die alle ihre Produktion unter die künstlerische Leitung irgend eines bekannten Mannes gestellt haben. Sie haben die

*) Anmerkung des Herausgebers. In den von mir kürzlich im Elsaß besuchten Gebieten war der Stand der Reben durchweg gut.

Richtigkeit des Wortes erkannt, daß ein gediegenes Unternehmen zwei Köpfe braucht: den Fachmann (oder Künstler) und den Kaufmann. Denn der Absatz der Erzeugnisse hat mit der Produktion gar nichts zu tun.

Es gibt gewiß begabte Männer, die den Kaufmann und den Fachmann in sich vereinigen, aber das sind Ausnahmen. In gärtnerischen Betrieben ist es nur zu sehr Sitte, daß zwei Fachleute sich in einer Firma vereinigen. Warum das? Der gärtnerische Fachmann soll sich so viele berufliche Angestellte halten, als das Geschäft es fordert, aber er soll die einzige leitende Instanz bleiben. Als Kompagnon nehme er lieber einen Kaufmann, der ihm in seine gärtnerische Arbeit nicht hinein redet. Auf solche Weise ist dann eine straffe Organisation möglich. Der Kaufmann sorgt für das Budget, für die Reklame und für alle sonstigen Geldangelegenheiten. Der Gärtner lebt seinem Berufe. Es ist nicht umsonst so gehalten, daß alle großen Unternehmungen einen technischen und einen kaufmännischen Direktor haben.

Man schätzt auch den Wert der Reklame in Gärtnerkreisen viel zu wenig. Nicht weil man eines Morgens plötzlich irgendwo die Anpreisung einer Firma sieht, wird man ihr Freund, sondern wenn man Tag für Tag ihre Ankündigungen lesen muß. Die Reklame soll wie ein Feuerschein wirken, den man im geistigen Auge nicht los werden kann, wenn er auch längst erloschen ist. Hierzu ist natürlich wieder Geld nötig. Aber bei Neugründungen wird hierfür erfahrungsgemäß fast immer viel zu wenig angesetzt. Unsere bekanntesten großen Häuser geben Jahr aus, Jahr ein Unsummen für Reklame aus, obwohl der Gedanke nahe liegt, daß jedes Kind sie kenne. Das Publikum ist träge, es will zu jedem Kaufe extra eingeladen sein. Das besorgt heute die Reklame, wie es auf den Jahrmärkten der Marktschreier tat. Der Reklamechef unserer großen Häuser ist ein Gebieter, dem sich selbst die Geschäftsführung beugt.

Und noch eins: Wir sind heute gegen vielerlei Mittel, unsere Aufmerksamkeit zu erregen, abgestumpft. Das Tosen und Hasten unserer Zeit verlangt natürlich andere Reklame, als sie noch vor 10 Jahren üblich war. Die vornehme Zurückhaltung ist selten noch angebracht, leider. Sehr beachtenswerte Beiträge zu dem Kapitel „Reklame" gibt Max Hesdörffer in einem klar geschriebenen Artikel „Wie erweitert der Gärtner durch geeignete Reklame sein Absatzgebiet", der im „Deutschen Gartenkalender 1909" erschienen ist.

Daß jedes Geschäft auf sehr solider Finanzbasis stehen muß, geht auch daraus hervor, daß der Erfolg die Quelle des Unterganges sein kann. Das Unternehmen ist z. B. durch geschickte Reklame in die Höhe gebracht. Die Bestellungen laufen in großer Menge ein. Da heißt es produzieren! Ist nicht genügend Geld da, kann das Erforderliche nicht geleistet werden, das Publikum sagt dann, es sei dort ein Bummelbetrieb, wartet nicht und geht zu einem andern.

Und wieviel Geduld und — Geld dazu gehört, warten zu müssen auf Bestellungen, wenn — wie jetzt — die Marktlage des Geldverkehrs darniederliegt, wenn niemand baut, niemand einen Garten anlegt, das wird mancher selbständige Gärtner seufzend bestätigen.

Die wirtschaftliche Abhängigkeit vom Kapital ist niemals so arg in die Erscheinung getreten, als in unserer Zeit. Sie ist auch nicht zu ändern; nicht durch Gesetze, nicht durch Steuern, denn sie ist eine folgerichtige Entwicklung.

Darum soll nur der sich auf eigene Füße stellen, der ein mutiger, zäher Charakter ist und der über ein angemessenes Kapital verfügt. Daß man natürlich besser mit fremdem Gelde wirtschaftet, wenn man es zu guten Bedingungen bekommt, braucht nicht erst ausgeführt zu werden.

Und neben dem Gelde — den Kaufmann! **Carl Kanig.**

Die **Gefahren übereifriger Schädlingsbekämpfung** werden durch das Vorgehen der Agrikulturbotanischen Anstalt, bezw. der Kgl. Bayerischen Regierung gegen einen bayerischen Baumschulenbesitzer wieder einmal in das hellste Licht gerückt. Wie in blindwütiger Reblausbekämpfung ganze Weinberge der Vernichtung anheimfielen, so scheint man jetzt, vorläufig glücklicherweise nur in Bayern, im Kampfe gegen den seit 1905 bei uns eingeschleppten amerikanischen Stachelbeermehltau, trotzdem er mit Schwefelleber bezw. Schwefelkaliumbrühe zu bekämpfen ist, die Baumschulen und ihre unglücklichen Besitzer ruinieren zu wollen. Der Besitzer einer der größten bayerischen, musterhaft geleiteten Baumschulen, die mir aus eigener Anschauung bekannt ist, dessen Namen ich aber in seinem eigenen Interesse hier nicht nennen will, schreibt mir etwa folgendes: „Im August dieses Jahres wurde der amerikanische Stachelbeermehltau in zweien meiner mit hochstämmigen Stachelbeeren bepflanzten Quartiere von der Agrikulturbotanischen Anstalt in München festgestellt. Es wurde mir mitgeteilt, daß die Kgl. Bayerische Regierung ebenso, wie bei den durch die Reblaus verseuchten Weinpflanzungen, die befallenen Pflanzen vernichte und den Besitzer entschädige. Es wurde mir ein Revers zur Unterschrift vorgelegt, in dem ich mich verpflichten mußte, bis zur Freigabe meiner Baumschule weder Stachelbeerreiser noch -Pflanzen zu verkaufen. In Rücksicht auf die in Aussicht gestellte Entschädigung und in der Befürchtung, daß gegen meine Firma eine öffentliche Bekanntmachung erlassen werden könnte, falls ich nicht unterschreibe, leistete ich die Unterschrift, nachdem mir versichert worden war, daß meine Firma nicht veröffentlicht würde. Trotzdem erschien einige Tage später in allen bayerischen Amtsblättern eine Veröffentlichung und Warnung, in welcher meine Baumschule als verseucht erklärt wurde. Durch diese Veröffentlichung ist meinem Betriebe eine ungeheure Schädigung zugefügt worden. Da die befallenen Pflanzen sämtlich vernichtet sind, ersuchte ich die Behörde um Entschädigung und um Freigabe meiner Baumschule. Auf diese Eingabe wurde mir mitgeteilt, daß aus Mangel an einer gesetzlichen Grundlage Schadenersatz nicht geleistet werden könne, aber auch die Sperre wurde nicht aufgehoben, sondern noch verschärft, denn nach neuerer Verfügung dürfen auch Johannisbeeren nicht aus gärtnerischen Betrieben verkauft werden, in denen der amerikanische Stachelbeermehltau festgestellt ist. Durch diese Sperre erwächst mir in diesem und in den nächsten Jahren ein Schaden von je etwa 24 000 Mark, so daß ich unter Umständen in zwei bis drei Jahren ruiniert sein kann." —

Diese Art der Schädlingsbekämpfung unter behördlicher Bevormundung erinnert stark an die Maßnahmen gegen die San José-Schildlaus seligen Andenkens. Es ist höchste Zeit, daß die maßgebenden gärtnerischen Körperschaften, in erster Linie der rührige Bund der Baumschulenbesitzer, alles aufbieten, um das Eigentum und den Ruf der deutschen Baumschulenbesitzer gegen derartige schwere Schädigungen zu schützen. **M. H.**

Gärtnerisches Unterrichtswesen.

Die diesjährige staatliche **Obergärtnerprüfung an der Kgl. Gärtnerlehranstalt zu Proskau** wurde am 5. und 6. Oktober von folgenden Herren abgelegt: 1. Diedler, Stadtgärtner in Glogau; 2. Tronecke, Gartenbaulehrer in Oranienburg; 3. Hensel, städtischer Gartentechniker, Schöneberg-Berlin; 4. Karge, städtischer Gartentechniker, Görlitz; 5. Kittel, städtischer Obergärtner, Düsseldorf; 6. Kloß, städtischer Gartentechniker, Berlin; 7. Müller, Schloßgärtner, Wittgenstein; 8. Nitsche, Obergärtner, Laband, O.-Schl.; 9. Petznick, städtischer Gartentechniker, Essen; 10. Rasper, Kreisobergärtner, Guhrau; 11. Reifegerste, städtischer Gartentechniker, Berlin; 12. Leupelt, Gartenarchitekt, Chicago, U. S. A.; 13. Ulbrich, Obergärtner und Gartenbaulehrer, Zabrze, O.-Schl. Den Nachweis der Lehrbefähigung legten die Herren Müller, Rasper und Ulbrich ab.

Die **Städtische Fachschule für Gärtner** in Berlin begann ihr Winterhalbjahr 1908/09 am 12. Oktober. Der Unterricht findet Montags, Dienstags, Mittwochs und Freitags abends von 7 bis 9 Uhr und Sonntags vormittags von 9 bis 12 Uhr, im Schulhause, Hinter der Garnisonkirche 2, statt und erstreckt sich auf Rechnen, Deutsch, Botanik, Obst- und Gemüsebau, Pflanzenkulturen, Chemie und Düngerlehre, Buchführung und Zeichnen. Der Unterricht in Botanik und Chemie findet mit Ausnahme der ersten Stunde in der Königlichen landwirtschaftlichen Hochschule, Invalidenstraße 42 (Eingang von der Rückseite), statt. Am Schlusse erhalten die Schüler ein Zeugnis. Für die besten Leistungen werden besondere Anerkennungsdiplome verliehen. Anmeldungen nimmt Rektor Rasack, Hinter der Garnisonkirche 2, entgegen.

Aus den Vereinen.

Eine Konferenz der nationalen Gärtnervereine Deutschlands, bei der 40 Ortsvereine vertreten waren, fand am 27. September in Hannover statt. In einer Resolution beauftragte die Versammlung den Hauptvorstand des Deutschen Gärtnerverbandes, auch fernerhin im Hauptausschuß der deutschen Privatangestelltenverbände die Interessen der Gärtner zu wahren und die Arbeiten auf Schaffung einer Pensions- und Hinterbliebenen-Versicherung im Interesse der Gärtner, speziell der Privatgärtner, zu fördern. Ferner erklärte man die Regelung der Rechtsfrage der Gärtner durch die dem Reichstage vorliegende Novelle zur Gewerbeordnung (Titel 7) für unaufschiebbar und stellte sich ganz auf den Boden der vom Reichstagsabgeordneten Behrens in der 26. Kommission in dieser Angelegenheit gestellten Anträge. Endlich wurde durch Bildung eines „Ausschusses der nationalen Gärtnervereine Deutschlands" diese Konferenz zu einer dauernden Einrichtung gemacht.

Bücherschau.

Bericht der Königl. Lehranstalt für Wein-, Obst- und Gartenbau zu Geisenheim a. Rh. für das Etatsjahr 1907. Erstattet vom Direktor Prof. Dr. Julius Wortmann, Geh. Reg.-Rat. Mit 87 Textabb. Berlin 1908. Verlag von Paul Parey. Preis 5 M.

Der vorliegende Jahresbericht bildet einen stattlichen, 465 Textseiten umfassenden Band, der rühmliches Zeugnis ablegt für die ernste, erfolgreiche Arbeit dieses, als musterhaft anerkannten Lehrinstitutes.

Dem ersten Teil (Schulnachrichten) entnehmen wir, daß im Berichtjahre insgesamt 115 Personen in der Anstalt Belehrung suchten. Die Berichte über die Tätigkeit der technischen Betriebe und wissenschaftl. Institute und der Rebveredlungsstation enthalten eine Fülle interessanter Mitteilungen und Abhandlungen, u. a. solche über Obstbau, Gurkentreiberei, lohnende Spargelkultur, Prüfungsergebnisse neuer Geräte für die Gemüseverwertung, Referate über die Mannheimer Spezialausstellungen und die Beteiligung der Anstalt an denselben, einen prächtigen Bericht über Bienenzucht, Berichte über erfolgreich durchgeführte Topfpflanzenkulturen, über Treiberei (Rosenfrühtreiberei nach besonderem Verfahren, wobei die Treibrosen in den ersten 8 bis 10 Tagen dunkel gehalten werden, Maiblumentreiberei unter Anwendung der Warmbadmethode), Prüfung neuer Pflanzen, welche u. a. die Minderwertigkeit zahlreicher sogenannter neuer *Begonia semperflorens*-Sorten und der unter dem höchst geschmacklosen Namen *Erbschleicher* eingeführten Edeldahlie ergaben usw.

An der Anstalt ist seit einigen Jahren auch Unterricht in der Bindekunst eingeführt, der, wie einige abgebildete, von den Schülern ausgeführte Arbeiten vermuten lassen, in guten Händen liegt. Im Abschnitt über Obsttreiberei wird die Vermehrung der Tomaten durch Stecklinge im September empfohlen, die, bei 7½—10° C. überwintert, zur Frühtreiberei vom Februar ab sehr geeignet sein sollen. Den größten Teil des Berichtes nehmen die Veröffentlichungen der wissenschaftl. Institute ein, auf die näher einzugehen es hier leider an Raum fehlt. Das Studium dieses Jahrbuches sei allen gebildeten Fachgenossen warm empfohlen. M. H.

Schelle, E., Die winterharten Nadelhölzer Mitteleuropas. Stuttgart 1909. Verlag von Eugen Ulmer. Preis in Leinen gebunden 8 Mark.

Verfasser, ein in dendrologischen Kreisen bestens bekannter Fachmann, beabsichtigte ursprünglich das 1882 erschienene Buch Hochstätters „Die Koniferen oder Nadelhölzer, welche in Mitteleuropa winterhart sind" neu zu bearbeiten, entschloß sich aber, nachdem diese Bearbeitung schon weit vorgeschritten war, dieselbe aufzugeben und das vorliegende neue Buch für die Praxis zu schreiben. Das Buch ist als willkommene Ergänzung des 1891 erschienenen vorzüglichen „Handbuchs der Nadelholzkunde" von Beißner, das in Kürze in neuer Auflage erscheinen wird, anzusehen. Schelle, der gemeinsam mit Beißner und Zabel auch das „Handbuch der Laubholzbenennung" bearbeitet hat, schloß sich in vorliegender Schrift vollständig der von Beißner aufgestellten einheitlichen Koniferenbenennung an, die ja auch längst alle maßgebenden deutschen Baumschulen angenommen haben. Bei aller Gründlichkeit und Wissenschaftlichkeit, war Schelle doch bestrebt, in diesem Buche ein brauchbares Handbuch für die ständig zunehmende Koniferenliebhaberei zu schaffen. Alle Arten und Formen, die für das deutsche Klima in Frage kommen, sind beschrieben, die wichtigsten durch vorzügliche Habitusbilder und durch Abbildungen von Zweigen und Zapfen nach Aufnahmen veranschaulicht, welche Bilder durch botanische Detailzeichnungen vielfach ergänzt werden. Der praktischen Belehrung des Liebhabers tragen besondere Kapitel über Pflanzzeit, Bodenbeschaffenheit, Standort, Empfindlichkeit gegen Rauch und Staub, Pflanzung, Pflege, Schnitt, Schädlingsbekämpfung und Vermehrung Rechnung. M. H.

Tagesgeschichte.

Budapest. Am 4. d. M. wurde die Landesobst- und Traubenausstellung geschlossen. Alle hervorragenden Züchter waren beteiligt, und die ganze Veranstaltung verlief in musterhafter Weise. Dieser Ausstellung folgte ein Obstmarkt, an welchem sich die Bevölkerung in reger Weise beteiligte, wie sich auch zahlreiche Käufer aus dem Auslande einstellten, so daß die reich aufgestapelten herrlichen Früchte flotten Absatz zu guten Preisen fanden.

Mannigfaltiges.

Vom Palmenhause im alten Botanischen Garten zu Berlin. Vor fünfzig Jahren, im September des Jahres 1858, herrschte in Berlin eine nicht geringe Sensation. Von weit her kamen Leute, um das am 1. September vollendete große Palmenhaus im königlich Botanischen Garten zu betrachten. „Ueber den neuen Crystallpalast der königlichen Friedenspflanzen" berichtete damals die „Spenersche Zeitung" in zwei Spalten. Danach sind zum Bau des Palmenhauses und zur Vergrößerung des Botanischen Gartens von einem Schöneberger Bauer 18 Magdeburger Morgen Laud erworben worden und im April 1858 wurde zwischen der Staatsbehörde und dem Maschinenbaumeister und Eisengießereibesitzer Wöhlert der Vertrag über die Lieferung der Eisenkonstruktion und überhaupt die ganze Herstellung unterzeichnet. Nachdem im Herbste und Winter 1857 und im zeitigen Frühjahre 1858 die Grundmauern fertig gestellt worden waren, begann man im April mit der Errichtung des Hauses in Eisen und Glas. In vier Monaten war das Werk vollbracht. Der Mittelbau war 70 Fuß hoch und 55 Fuß lang; die beiden Seitenflügel waren ebenso lang, aber 20 Fuß niedriger, so daß das ganze Gebäude, das der jetzigen Generation wohl noch bekannt sein dürfte, 170 Fuß lang war. Der Maschinenbaumeister Wöhlert feierte die Fertigstellung des Werkes mit einer Festlichkeit im „Schwarzen Adler" zu Schöneberg, zu welcher die Ingenieure und Werkmeister seiner Fabrik und viele geladene Gäste, u. a. auch Regierungsrat Nietz, erschienen waren. Die Arbeiter, welche an dem Bau beteiligt gewesen, erhielten Geldgeschenke. Dem Palmenhause war es nicht vergönnt, ein halbes Jahrhundert Dienste zu leisten. Was damals als ein Weltwunder galt, ist heute hundertfach überflügelt und so konnte auch die Größe des Palmenhauses keine 50 Jahre ausreichen.

Badermann, Rummelsburg-Berlin.

Personal-Nachrichten.

Deistel, Hans, bisher Gouvernementsgärtner in Buëa, Kamerun, wurde vom Kolonialamt zum Kaiserlichen Gouvernementsobergärtner ernannt.

Ott, Theodor, langjähriger Gartentechniker der Firma Hömann, Gartenarchitekt, Düsseldorf, hat seine Stellung aufgegeben und sich in Aachen als Gartenarchitekt niedergelassen.

Schmidt, Paul, Kunst- und Landschaftsgärtner in Rosenthal bei Breslau, † am 10. d. M. im 76. Lebensjahre.

Berlin SW. 11, Hedemannstr. 10. Für die Redaktion verantwortlich Max Hesdörffer. Verlag von Paul Parey. Druck: Anhalt. Buchdr. Gutenberg e. G. m. b. H., Dessau.

Handelsregister.

Pfeddersheim. Richard Heimann, ner, und Erwin Lukaschik, Gärtner, e in **Pfeddersheim,** betreiben dat seit 1. Oktober 1908 in offener delsgesellschaft ein Handelsgeschäft r der Firma **R. Heimann & Co.** egebener Geschäftszweig: Handelsrei und Baumschule.)

tente und Musterschutz.

Gebrauchsmuster - Eintragungen se 45f.

No. 351 908. Baumhalter mit drehgelagerter Schelle. **Fr. Kolster,** rholz - Scharmbeck. 2. 9. 1908. 5731.

No. 351 916. Rodeapparat, bestehend iner ein Rodeseil aufwickelnden, einer Lokomobile in Verbindung achten Windetrommel. **Leo Barski,** Josefshöh, Kreis Rosenberg, . 5. 9. 08. B. 39 539.

Neue Kataloge.

Dahs, Reuter & Co., Jüngsfeld-Oberpleis. Haupt-Preisverzeichnis über Baumschulartikel 1908/09.

Sluis & Groot, Enkhuizen (Niederland). Preisverzeichnis über Gemüse-, Blumen- und Feldsamen. Oktober 1908.

Wilh. Pfitzer, Stuttgart. Preisverzeichnis über Rosen und holländische Blumenzwiebeln. Herbst 1908. Neuheiten von Samen, Knollen und Pflanzen. 1908/09.

O. Poscharsky, Laubegast bei Dresden. Haupt-Preisverzeichnis über Baumschulartikel.

Árpád Mühle, Temesvár. Rosen-Katalog 1909.

H. Lorberg, Berlin und Biesenthal. Haupt-Preisverzeichnis über Baumschulartikel 1908/09.

W. Knopf, Rossdorf-Genthin. Preisverzeichnis über Rosen, Dahlien, Chrysanthemen, Nelken und Veilchen.

Wilhelm Mühle, Temesvár. Herbst-Preisverzeichnis 1908.

Otto Katzenstein & Co., Atlanta. Engros-Preisverzeichnis über Koniferen- und Gehölzesamen, Stauden und Blumenzwiebeln.

M. Herb, Neapel. Neuheitenliste 1909.

Josef Koschwanez, Miltenberg. Auszug aus dem Hauptkatalog, Preisübersicht, Herbst 1908.

J. Lambert & Söhne, Trier. Eigene Züchtungen oder Einführungen der letzten Jahre sowie für 1909. Damit gelangte auch die bereits in No. 53, Seite 635, ds. Jahrg. der „Gartenwelt" beschriebene neue Petunie unter dem Namen Petunia hybrida grandiflora „Veilchenblau" in den Handel.

F. C. Heinemann, Erfurt. Neuheitenliste für 1908/1909.

Genossenschaftsregister.

Auf Blatt 52 des Genossenschaftsregisters wurde am 25. September 1908 die Genossenschaft unter der Firma **„Einkaufsgenossenschaft für Gärtnereien, eingetragene Genossenschaft mit beschränkter Haftpflicht"** mit dem Sitze in **Chemnitz** eingetragen und folgendes verlautbart: Das am 14. September 1908 festgesetzte Statut befindet sich in Urschrift bei den Registerakten. Gegenstand des Unternehmens ist der Einkauf gärtnerischer Bedarfsartikel im grossen und die Abgabe derselben an die Mitglieder. Die Haftsumme eines jeden Genossen beträgt fünfhundert Mark. Die Genossenschaft wird durch zwei Mitglieder des Vorstandes in der Weise vertreten, dass sie der Firma der Genossenschaft ihre Namensunterschrift hinzufügen. Die von der Genossenschaft ausgehenden Bekanntmachungen sind in den „Genossenschaftlichen Mitteilungen des Verbandes der landwirtschaftlichen Genossenschaften im Königreiche Sachsen" zu veröffentlichen. Alle Bekanntmachungen erfolgen in der Form, dass sie mit der Genossenschaftsfirma und dem Namen zweier Vorstandsmitglieder oder, sofern die Bekanntmachung vom Aufsichtsrat ausgeht, mit dem Namen des Vorsitzenden des Aufsichtsrates unterzeichnet werden. Zu Mitgliedern des Vorstandes sind bestellt: Der Gärtnereibesitzer Otto Dehne, der Blumenhändler Ernst Werner, der Gärtnereibesitzer Oskar Knoch und der Gärtnereibesitzer Julius Klingsporn, sämtlich in Chemnitz. Die Einsicht der Liste der Genossen ist während der Dienststunden des Gerichts jedem gestattet.

Wegen Räumung

einer Gutsbaumschule zu jedem annehmbaren Preis.

5000 **Tilia holl.**, 1,50 bis 2,50 m stark, buschig.
5000 **Eschen**, 1,50 m.
200000 **Roteichen**, 1/2 bis 1 m.
5000 **Akazien**, Hälfte schon Alleebäume. Starke Erlen, Eichen, Ulmen.
10000 **Apfelwildlinge**, 1,50 bis 2 m.
6000 3jähr. Veredl. **Apfel-Büsche** in Cassler, Landsberger, Stettiner, Gold-Parmäne etc.

Gefl. Preisangeb. erb. **M. Kockel, Wittichenau**, Bez. Liegnitz. [1927

ff. Koniferen

offeriert in vielen Sorten, tadellos garniert mit festen Ballen, zu billigsten Engros-Preisen. Besichtigungen erwünscht. [1911

A. Köhler, Dresden, Reickerstr.

Spezial-Offerte!

Holländische Blumenzwiebeln.

Hyazinthen.	Mark per Stück	Mark per 100
Mit Namen in Farben für Töpfe	0,15	10,—
Mit Namen in Farben für Beete oder Schalen	0,13	7,50
Mit Namen in Farben, gem.	0,10	5,—
Tulpen mit Namen für Töpfe	0,10	4,—
mit Namen für Beete oder Schalen	0,08	3,—
gemischt	0,06	1,50

	Mark per Stück	Mark per 100
Crocus, gemischt	—	0,90
Narzissen, gemischt	0,03	1,—
Anemonen, gemischt	0,02	0,90
Ranunkeln, gemischt	0,02	0,80
Iris Anglica	0,04	2,—
„ **Hispanica**	0,02	0,80
Gladiolen, gemischt	0,04	1,80

Alle anderen Sorten laut Preisverzeichnis. [1763

P. de Jong, Hillegom-Haarlem, Holland.

Bürgersche grossbl. Pelargonien.

Anerkannt bestes der sogenannten Englischen Pelargonien.

Leichte Kultur, kräftiger Wuchs, üppige Belaubung, andauernder Blütenreichtum, reichstes, feinstes Farbenspiel. Junge, vollbelaubte Stecklingspflanzen mit festen Topfballen **1 Sortiment 100 Stück meiner neueren und neuesten remontierenden Sorten für Gruppen, Balkone, Fensterkästen 60 bis 75 M.**

1 Sortiment 100 St. in neueren und bewährtesten älteren Sorten 30 bis 50 M.
1 Sortiment 100 St. in 20 bis 25 vorzüglichen dankbarsten Marktsorten 25 M.
100 St. Mischung in reichstem Farbenspiel und leicht wachsenden Sorten 12 bis 15 M.

Ausführliche Beschreibungen mit bunten Abbildungen in meinem Kataloge.

Grosse Vorräte von **Palmen, Kalt-** und **Warmhaus-**, sowohl in Topf- wie in grossen **Dekorations-Pflanzen** zu billigsten Preisen.

W. Bürger, Halberstadt.

[1209

Druck der Anhaltischen Buchdruckerei Gutenberg e. G. m. b. H. in Dessau

Illustrierte Wochenschrift für den gesamten Gartenbau.

Herausgeber: Max Hesdörffer-Berlin.

Erscheint jeden Sonnabend.
Monatlich eine farbige Kunstbeilage.

Bezugsbedingungen:
ede Postanstalt bezogen Preis 2.50 M. vierteljährl. In Österreich-Ungarn 3 Kronen.
ktem Bezug unter Kreuzband: Vierteljährlich 3 M. Im Weltpostverein 3.75 M.
Einzelpreis jeder Nummer 25 Pf.

Vorbehalt eingehenden Beiträgen bleibt das Recht redaktioneller Änderungen
ten. Die Honorarauszahlung erfolgt am Schlusse jeden Vierteljahrs.

Anzeigenpreise:
Die Einheitszeile oder deren Raum 30 Pf.; auf der ersten und letzten Seite 50 Pf. Bei grösseren Anzeigen und Wiederholungen steigender Rabatt. Beilagen nach Übereinkunft. **Anzeigen in der Rubrik Arbeitsmarkt** (angebotene und gesuchte Stellen) kosten für Abonnenten einmalig bis zu 10 Zeilen Raum M. 1.50, weitere Zeilen werden mit je 30 Pf. berechnet.
Erfüllungsort auch für die Zahlung: Berlin.

Adresse für Verlag und Redaktion: Berlin SW. 11, Hedemannstrasse 10.

l. Jahrgang No. 57. | Verlag von Paul Parey, Berlin SW. 11, Hedemannstr. 10. | 31. Oktober 1908.

Oscar R. Mehlhorn

erste und renommierteste Fabrik

für

Reform-Gewächshaus- und Reform-Oberheizanlagen ::

Schweinsburg (Pleisse)

Station Schweinsburg-Culten der Linie Leipzig-Hof

empfiehlt zur Saison in **rühmlichst bekannter guter Qualität** ihre

Original-Reformfenster

für Frühbeete und Gewächshäuser.

Mehlhorns Original-Reformfenster ist das älteste und meistverbreitetste Fenster ohne **Zapfen** und **Scheren** und in seiner praktischen Verwendbarkeit von keinem anderen Fenster übertroffen.

Man verlange die Broschüre: **I Mehlhorns Reformfenster** kostenfrei.

Gewöhnliche Frühbeetfenster

in jeder gewünschten Ausführungsart zu billigen Preisen.

Strebels Original-Gegenstrom-Gliederkessel

mit **neuen seitlichen Reinigungsklappen**, in seinen Vorzügen von **keinem anderen Kessel** erreicht.

Kulante und prompte Bedienung. Prospekte gratis und franko.

[31]

Zur Saison bedeutendes Lager in Fenstern aller gangbaren Masse.

Strebelkessel mit neuen seitlichen Reinigungsklappen in allen Grössen vorrätig.

Die Gartenwelt.

Illustrierte Wochenschrift für den gesamten Gartenbau.

Jahrgang XII. | 31. Oktober 1908. | No. 57.

Zwiebel- und Knollengewächse.

Die Amaryllis oder Rittersterne. (Hippeastrum, Herbert.)

Von **H. Nehrling.**

II.

Hybriden.

(Hierzu vier Abbildungen.)

Die *Amaryllis* sind ohne Zweifel die edelsten und farbenprächtigsten aller Zwiebelgewächse. Unter den Blütenpflanzen gibt es wohl kaum einen herrlicheren Anblick, als ein Amaryllisbeet in einem tropischen oder subtropischen Garten, und ein großes Gewächshaus, welches mit den modernen, großblumigen *Amaryllis* angefüllt ist, übertrifft an Pracht selbst die Schaustellungen der kostbarsten Orchideen. Die vornehmen, stolzen Trompetenblumen in ihrer Formvollendung und ihrem Farbenglanze vom reinsten Weiß bis zum glühendsten Zinnoberrot machen einen tiefen, bleibenden Eindruck und erzeugen eine nachhaltige Begeisterung. Wer einmal ein Amaryllisliebhaber geworden ist, bleibt es Zeit seines Lebens. Er weilt stundenlang unter seinen Pfleglingen, versunken im Anblick ihrer Pracht; sie halten ihn in ihrem Zauberbann und lassen ihn nicht wieder los. Er kann nie genug dieser Blumenjuwele bekommen und zieht neue Sorten durch Kreuzung, welche beständig sein Interesse erhöhen und seine Begeisterung durch ihre neuen Farben und Formen wach halten.

Ich habe in der ersten Abteilung dieser Arbeit absichtlich die Zeit der Einführung der meisten Arten aus den Tropen Amerikas angegeben. Daraus ist ersichtlich, daß die Rittersterne Blumen der neuen Zeit sind. Die Kultur und die Zuchtwahl derselben datieren kaum hundert Jahre zurück. Die imposante Schönheit dieser Tropenkinder konnte nicht verfehlen, Begeisterung zu erregen und die Aufmerksamkeit der Liebhaber auf sich zu lenken. Die Nachfrage wurde bald sehr groß, und der Bedarf wurde zunächst durch zahlreiche Einführungen aus Amerika gedeckt. Aber sehr bald fing man an, die Pflanzen durch Samen zu vermehren und die verschiedenen Arten zu kreuzen.

Im Jahre 1810 erschien die erste Hybride in Blüte. Ein englischer Uhrmacher namens Johnson hatte die beiden Arten *Hippeastrum vittatum* und *H. reginae* gekreuzt, und die noch heute so beliebte und aromatisch duftende Form *H. Johnsonii* erzeugt, eine *Amaryllis*, die noch jetzt bekannter und verbreiteter ist, als irgend eine andere; sie zählt in unseren Südstaaten zu den beliebtesten und wertvollsten Gartenblumen. Jedenfalls gibt es keine *Amaryllis*, die als Topfpflanze in Dorf und Stadt und auf dem Lande so allgemein verbreitet ist. Ganz ähnlich, nur etwas kleiner und ohne Duft, ist die ebenfalls von *H. reginae* abstammende Hybride *H. Gravinae*, die wahrscheinlich italienischen Ursprungs ist und von Melazzo benannt wurde. Sie hat einen anderen Habitus als die vorige und vermehrt sich gut und schnell durch Nebenzwiebeln. In gutem Boden wachsen die Blätter so üppig, daß sie ganz dunkelrot angehaucht erscheinen, besonders von der Basis bis etwa zur Mitte. Hier in Florida bildet sie bald dichte Massen, und ist zur Blütezeit von wunderbarer Schönheit. Aehnlich ist auch *H. spectabilis*, ebenfalls von *H. reginae* stammend; ich

H. Nehrlings Amaryllishybriden. Zweite Generation. Blumen noch nicht vollkommen in der Form.

Originalaufnahme für die „Gartenwelt".

kenne sie aber aus eigener Anschauung nicht, da ich sie nie erlangen konnte.

Unter den ersten Amaryllissammlungen war die von Griffin in South Lambeth zu Anfang des vorigen Jahrhunderts eine der wichtigsten, da sie sehr reich an Arten war. Zu Ehren dieses Mannes benannte Ker die schöne brasilianische Amaryllideengattung *Griffinia*.

Wir kommen nun in die Zeitperiode des Hon. und Rev. William Herbert (gewöhnlich Dean Herbert genannt), des berühmten Botanikers und Amarylliszüchters, der das Studium der Amaryllideen zu seiner Lebensaufgabe gemacht. Noch heute gilt dessen im Jahre 1837 erschienenes Werk „Amaryllidaceae" für den Fachmann sowohl, als auch für den Amaryllisfreund als Fundgrube des Wissens. Der gelehrte geistliche Herr befaßte sich auch im ausgedehntesten Maßstabe mit der Kultur und Hybridisation der Amaryllideen, besonders auch der Rittersterne, von denen 31 verschiedene Hybriden in seinem Werke namentlich aufgeführt werden. Er kreuzte nach allen Richtungen hin zunächst die Arten, dann wieder die Hybriden unter sich und selbst die Arten mit dem eigenen Blütenstaube. Die Ergebnisse seiner Forschungen auf diesem hochinteressanten Gebiete waren in jener vordarwinischen Zeit, da man die Natur nur unvollkommen verstand und erforschte, so merkwürdig und epochemachend, daß dem guten Kirchenmanne gar manche Anfeindungen zuteil wurden.

Herbert zog auch Samen von *Amaryllis Belladonna*, der schönen, südafrikanischen Belladonnalilie, deren köstlich duftende Blüten eine so überraschende Aehnlichkeit mit den amerikanischen Arten aufweisen. Er fand, daß sich die Samen von *A. Belladonna* wesentlich von jenen der amerikanischen unterscheiden. Sie waren dick und fleischig und reiften nur vereinzelt, wie die der *Crinum*- und *Clivia*-Arten, während die amerikanischen *Amaryllis* schwarze, sehr leichte und sehr zahlreiche Samen in einer Kapsel trugen. Er entdeckte noch andere Unterschiede. *Amaryllis Belladonna* ließ sich nicht mit den amerikanischen Arten kreuzen. Die Blütenschäfte waren bei ersterer solid und schwer, bei letzteren hohl, die Blätter zeigten auffallende Unterschiede und die Zwiebel eine ganz andere Konstruktion. Linné hatte den schönen, poetischen Namen nach der von Virgil besungenen mytischen Nymphe Amaryllis der südafrikanischen Belladonnalilie gegeben, der einzigen Art dieser Gattung. Herbert beließ daher, der Regel der Priorität folgend, dieser den Namen und schuf für die Amerikaner ein neues Genus, das er *Hippeastrum* oder Ritterstern nannte. Die Botaniker versagten ihm zunächst ihre Anerkennung vollständig, und erst in neuerer Zeit, lange nach Herberts Tode, fand derselbe allgemeinen Anklang. Für die Wissenschaft ist dieser Name, wie fast alle die von Herbert geschaffenen Genera, unerläßlich, dagegen liegt die Sache für den Liebhaber und Gärtner wesentlich anders. Der Name *Amaryllis* ist im Laufe der Zeit zum volkstümlichen geworden, wie Lilie und *Iris*, so daß er im allgemeinen Sprachgebrauch beibehalten wurde und wohl nie durch den weniger schönen und weniger klangvollen Namen Ritterstern ersetzt werden wird. Mit Ausnahme der *A. Belladonna* gehören alle *Amaryllis* der Gärten der Gattung *Hippeastrum* an.

Bereits zu Herberts Zeiten wurden eine große Anzahl der Amaryllisarten, als auch der Hybriden abgebildet. Prachtvolle Farbentafeln erschienen im „Botanical Magazine", im „Botanical Register", in „Sweets British Flower Garden" (sehr viele!), in Burys „Hexandria" usw. Es würde hier zu weit führen, wenn ich versuchen wollte, selbst nur kurz auf die Kreuzungsversuche jener Zeit und auf deren Erfolge einzugehen. Ich kann nur in wenigen Worten die wichtigsten und teilweise bis auf unsere Zeit gekommenen Hybriden und Mischformen nennen.

Im Jahre 1835 wurde von Garaway & Co. in Bristol die prachtvolle Hybride *H. Ackermannii* von *H. aulicum platypetalum* gezogen, welche mit dem Blütenstaube von *H. psittacinum* befruchtet worden war. Diese herrliche *Amaryllis*, die z. B. in Dublin, Irland, noch heute massenweise im Freien gezogen wird, kam im Jahre 1839 zur Blüte und war ein sehr wichtiger Markstein des Fortschrittes in der Züchtung des Ideals der Blumengärtner. Die Blüten waren groß und sehr offen, die Blumenblätter breit, zugespitzt und etwas gewellt. Im Grunde der Röhre zeigte sich ein tiefes Grün, welches bis etwa zur Mitte in ein fast

James Veitch & Sons großblumige Amaryllishybriden. Originalaufnahme für die „Gartenwelt".

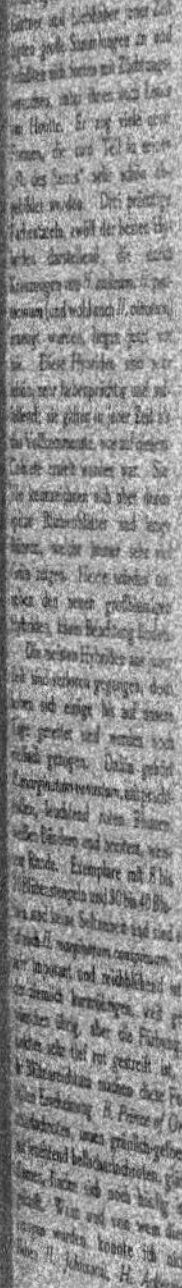

reines Weiß überging. Das übrige der Blume war ein glühendes Scharlach, welches mit tiefem Karmin geadert war, und jedes Blumenblatt zeigte ein breites, weißes Band. Die Basis aller Segmente war tief rotbraun. Im Jahre 1850 stellte dieselbe Firma eine ähnliche, aber noch viel schönere Hybride, *H. Ackermannii pulcherrimum*, aus, welche ebenfalls von *H. aulicum* abstammte und mit dem Blütenstaube von *II. Johnsonii* befruchtet worden war. Diese beiden Hybriden sind neben *H. Johnsonii* die ersten Glieder der Kette, welche unsere modernen *Amaryllis* mit den ursprünglichen Arten verbindet. Diese drei werden in alten Gärten noch heute mit Vorliebe gezogen. Garaways Züchtungen gaben der Amaryllisliebhaberei einen ungeahnten Aufschwung. Viele Gärtner und Liebhaber jener Zeit legten große Sammlungen an und befaßten sich fortan mit Züchtungsversuchen, unter ihnen auch Louis van Houtte. Er zog viele neue Formen, die zum Teil in seiner „Fl. des Serres“ sehr schön abgebildet wurden. Drei prächtige Farbentafeln, zwölf der besten Hybriden darstellend, die durch Kreuzungen von *H. aulicum*, *H. psittacinum* (und wohl auch *H. vittatum*) erzeugt wurden, liegen jetzt vor mir. Diese Hybriden sind sehr schön, sehr farbenprächtig und auffallend; sie galten in jener Zeit als das Vollkommenste, was auf diesem Gebirte erzielt worden war. Sie alle kennzeichnen sich aber durch spitze Blumenblätter und lange Röhren, welche immer sehr viel Grün zeigen. Heute würden sie, neben den neuen großblumigen Hybriden, kaum Beachtung finden.

Die meisten Hybriden aus jener Zeit sind verloren gegangen, doch haben sich einige bis auf unsere Tage gerettet und werden noch vielfach gezogen. Dahin gehört *H. marginatum venustum*, mit prachtvollen, leuchtend roten Blumen, weißen Bändern und breitem, weissem Rande. Exemplare mit 8 bis 10 Blütenstengeln und 30 bis 40 Blumen sind keine Seltenheit und sind entzückend schön. Aehnlich ist auch *H. marginatum conspicuum*. Von auffallender Schönheit, sehr imposant und reichblühend ist *H. Defiance*. Die Form der ziemlich kurzröhrigen, weit geöffneten Blumen läßt zu wünschen übrig, aber die Färbung, ein hübsches Rosaweiß, welches sehr tief rot gestreift ist, ihr kräftiger Wuchs und ihr Blütenreichtum machen diese Form zu einer überaus wertvollen Erscheinung. *H. Prince of Orange*, mit schönen, orangescharlachroten, innen grünlich-gelben Blüten und *H. Cleopatra*, mit leuchtend hellscharlachroten, glänzend tief karmin geaderten Blumen, finden sich noch häufig in Kultur und werden gern gekauft. Wann und von wem diese volkstümlichen *Amaryllis* gezogen wurden, konnte ich nicht in Erfahrung bringen. Neben *H. Johnsonii*, *H. Ackermannii* und *H. Ackermannii*

Veitchs Amaryllishybride Hermita, lachsrot mit grünlichweißem Zentrum (vollkommene Blütenform).
Originalaufnahme für die „Gartenwelt“.

pulcherrimum gehören sie in meiner Sammlung zu den dankbarsten Hybriden, die ich um keinen Preis missen möchte. Sie vermehren sich ziemlich schnell und blühen alljährlich sehr reich. Der Blütenschaft von *H. Defiance* erreicht in gutem Boden eine Höhe von einem Meter und darüber.

Van Houtte's schönste Hybriden wurden bald durch die von Boelens & Sohn und von van Eeden übertroffen. Letzterer war der Züchter der einst berühmten, jetzt aber wohl verschwundenen Formen *H. Count Cavour* und *H. Fidelio*. Der berühmteste aller Amarylliszüchter ist jedenfalls de Graaff in Leiden. Die Firma de Graaff befaßt sich schon seit mehr als hundert Jahren mit der Kultur dieser Pflanzen. Zunächst wurden *H. vittatum*, *H. fulgidum* und *II. crocatum* aufs ausgiebigste gekreuzt. Man erzielte sehr farbenprächtige, aber kleine Blumen. Im Jahre 1862 begann der jüngere de Graaff seine Amaryllissammlung zu vergrößern und zu verbessern, indem er nicht nur *U. psittacinum* und andere Arten anschaffte, sondern auch die besten Hybriden aufkaufte und zu seinen Züchtungen verwendete. Aus der Zeit des älteren de Graaff fand sich eine besonders farbenprächtige Hybride vor, die *H. Graveanum* genannt worden war. Diese benutzte Herr S. A. de Graaff und erzog von ihr und *U. psittacinum*, eine der allerwichtigsten und wertvollsten aller *Amaryllis*, nämlich *U. Empress of India*, mit glühend roten, weißgebänderten, sehr großen Blumen, mit sehr breiten und gerundeten Blumenblättern. Diese bildet einen weiteren Markstein in der Amarylliskultur. Sie wurde der Ausgangspunkt aller der großblumigen, farbenprächtigen, schön geformten *Amaryllis*, die man heute noch vielfach als die *Empress of India*-Rasse bezeichnet, im Gegensatz zu der *H. vittatum*-Rasse. Im Anfang der neunziger Jahre erhielt ich von de Graaff eine Sammlung von 24 ganz wunderbar schönen, benannten Hybriden dieser Rasse, die noch heute ihren Platz neben den besten neuesten Sorten behaupten.

In England waren es namentlich Rev. Thomas Staniforth, Miß Willis, die Firma E. G. Henderson, Thomas Speed in Chatsworth, und besonders R. S. Holford in Westonbirt, welche die Amarylliszucht aufs eifrigste betrieben. Der Sohn des letzteren, Major G. L. Holford, besitzt heute die schönste und reichhaltigste Amaryllissammlung der Welt; sie besteht fast ausschließlich aus eigenen Züchtungen.

Als die wichtigsten Hybriden hätten wir also *II. Johnsonii*, *II. Ackermannii*, *H. Ackermannii pulcherrimum* und *H. Empress of India*.

Nun tritt eine ganz neue Aera in der Geschichte der Amarylliskultur ein. Ich habe dem Leser schon die von

Plaerce in den Anden Perus. im Jahre 1866 entdeckten zwei neuen, von allen älteren gänzlich verschiedenen Arten vorgeführt, *H. pardinum* und *H. Leopoldi*. Vergleicht man diese beiden *Amaryllis* mit den schon früher bekannten, so wird man finden, daß die langröhrige Art *H. solandriflorum* das eine Extrem und die kurzröhrige Art *H. Leopoldi* das andere Extrem verkörpert. Vor der Einführung dieser neuen Arten zeichneten sich selbst die besten Hybriden durch mehr oder weniger schmale, zugespitzte Blumenblätter aus, von welchen das unterste immer unvollkommen, oder im besten Falle unsymmetrisch war. Eine weitere Unvollkommenheit zeigte sich in dem fast immer sehr auffallenden Grün im Innern der Blumenröhre und in der langen Röhre selbst.

Die Firma James Veitch & Sons, welche *H. pardinum* und *H. Leopoldi* einführte, machte sofort den ausgiebigsten Gebrauch von den neuen Ankömmlingen. Schon 1867 begann Seden, dem damals die Amaryllissammlung unterstellt war, den Blütenstaub von *H. pardinum* auf die besten Formen zu übertragen und umgekehrt. Er zog zwei ganz prachtvolle Hybriden von letzterer Art — *Chelsoni* und *Brilliant* — mit weitgeöffneten, kurzröhrigen Blumen, gerundeten Blumenblättern und prächtigen Farben. Diese beiden und alle übrigen derartigen Hybriden hatten aber eine sehr schwache Konstitution. Man fand im allgemeinen die Versuche mit *H. pardinum* nicht zufriedenstellend und benutzte deshalb die kräftiger wachsende Art *H. Leopoldi*, welche man mit den besten Hybriden kreuzte, und umgekehrt. Die Resultate waren von vornherein großartig; auffallend große, kurzröhrige, formvollendete Blüten, aber leider immer nur zwei an einem Stengel, während das Ziel vier bis sechs waren. Keine andere Art hat einen solchen Einfluß auf die Nachkommenschaft gehabt als *H. Leopoldi*; es ist hauptsächlich entweder der Stammvater oder die Stammmutter unserer modernen, großblumigen *Amaryllis*.

Veitchs Amaryllishybride Eglamor, eine typische Hybride.
Nach einem englischen Original für die „Gartenwelt“ gefertigt.

„Unsere ersten Kreuzungsversuche mit *H. Leopoldi*," schreibt Herr Harry Veitch, „waren von vornherein sehr ermutigend, denn obgleich wir fanden, was schon Dean Herbert vor mehr als einem halben Jahrhundert gesagt hatte, daß, wenn man eine bestimmte Art mit einer Hybride kreuzt, oder eine bestimmte Hybride mit einer Art die daraus resultierende Nachkommenschaft sich nicht nur sehr ähnlich sieht, sondern viele der Nachkommen der Art sogar so nahe stehen, daß sie faktisch dasselbe sind oder doch nur unerheblich von ihr abweichen, so wurden wir doch in den Stand gesetzt, mehrere unterschiedene Formen auszuwählen, welche eine markante Verbesserung ihren Stammeltern gegenüber aufwiesen (in der Breite der Blumenblätter, Blütendauer, Größe und Symmetrie der Blumen), während sie gleichzeitig die Haupteigenschaften von *H. Leopoldi* beibehielten." Wie ich schon erwähnte, tragen Blütenstengel von *H. Leopoldi* nur immer je zwei Blumen, und diese Eigenschaft vererbte sich zunächst auf die Nachkommenschaft, während viele ältere Hybriden deren vier bis sechs tragen. Das nächste Ziel war nun darauf gerichtet, nicht nur die gewonnenen Prachtblumen in ihrer Vollendung festzuhalten, sondern auch vier bis sechs Blumen an jedem Stengel zu erreichen. Um dies zu erzielen, kreuzte man de Graaffs herrliche *Empress of India* mit *H. Leopoldi* und dessen besten Formen, und zwar mit ausgezeichnetem Erfolge. Man erzielte Riesenblumen von zehn bis zwölf Zoll Durchmesser, überaus reicher Farbenzusammenstellung und großer Formvollendung, mit vier- bis sechsblumigen Blütenschäften. John Heal, dem schon seit Jahren die Amaryllissammlung der Firma James Veitch & Sons unterstellt ist, zog bald viele Tausende dieser Rasse, und jedes Jahr zeigte bedeutende Verbesserungen. Die schönsten Formen wurden benannt und viele, sehr viele derselben von der Royal Horticultural Society mit Auszeichnungen bedacht

Vergleicht man diese neuen Mischlinge mit den alten Arten, so finden wir, daß letztere einen Durchmesser von $2^1/_2$ bis 5 Zoll und 3 bis 4 Zoll lange Röhren haben (bei *H. solandriflorum* 7 bis 8 Zoll lang), und Blumenblätter von $^3/_4$ bis $1^1/_4$ Zoll Breite, während die Hybriden und Mischlinge der neuen Zeit 8 bis fast 12 Zoll im Durchmesser halten und fast ohne Röhren sind. Die Blumenblätter haben einen Durchmesser von $3^1/_2$ bis 4 Zoll, und ihre Form erinnert mehr an eine *Ipomoea* als an eine Lilie. Bei den Arten finden wir verschiedenes Rot, besonders Scharlach vorherrschend, dann Weiß und Grünlichweiß mit tief karminroten Adern, Streifen, Strichen und Flecken und Grün in der Mitte der Röhre. In den Hybriden haben wir eine ununterbrochene Farbenreihe vom tiefsten, dunkelsten Karminrot, reinem Scharlach und Zinnober, leuchtendem Orangerot bis zum glänzendsten und mattesten Gelb, Rahmweiß, Rosaweiß und Schneeweiß mit Streifen, Strichen und Aderungen aller dieser Farben. Man hat schon in der Mitte der neunziger Jahre geglaubt, den Höhepunkt in der Hybridisation der *Amaryllis*, das vollkommenste, was zu erlangen sei, das Ideal, erreicht zu haben. Herr Harry Veitch nannte daher im Jahre 1897 eine besonders schöne *Amaryllis Ideala*, doch auch diese ist längst durch neue Formen übertroffen worden, wie einst dessen *Climax* von den neuen Sorten übertroffen wurde. Jedes Jahr, bis auf den heutigen Tag, hat uns neue, schönere, formvollendetere Sorten gebracht, und es ist nicht abzusehen, wann dies enden wird.

Es ist ungeheuer schwer, eine Auswahl aus den Hunderten von schönen, benannten Formen zu geben. Ich halte die folgenden für die schönsten:

Star of India, glühend dunkelrot, mit breiten, weißen Bändern; sehr üppig.

Serapis, lachsrot, weiß gestreift.

Averunicus, orangerot, jedes Blumenblatt weiß gesäumt.

Creon, untere Segmente lachsrot, die oberen rot geadert.

Ideala, rahmweiß mit orangescharlachroten Flecken, besonders nach dem Innern zu.

Eclipse, sehr stark wachsend, die Ränder der Blumenblätter rot geadert, Grundfarbe weiß.

Mrs Bilney, weiß und rot gefleckt.

Major Wilson, orange-scharlach, grüner Stern; Blumen 10 Zoll im Durchmesser.

Mephisto, lachsrosa.

Calphurnia, herrliches Rosa, weißer Stern.

Doanes, intensives Zinnoberrot mit weißem Rande.

Syren, reines, schönes Rosa, große Blumen.

Gorgeous, sehr große Blüten, reines Karminrot.

Ignacite, milchweiß, sehr mattgrün im Zentrum, rot gefiedert.

Hildago, imposante Blume, orangerot, karmin schattiert.

Seraph, leuchtend lachsrosa, weißer Stern und Strahlen.

Norma, ein eigentümliches Rosa und Weiß.

Lyso, bunte Blume, weiß und rot, grün geadert.

Cecilia, mattweiß, im Grunde rosascharlach.

John Ruskin, eine Riesenblume, orangescharlach mit weißen Bändern.

Kineton, hellrot, mit weißem Stern.

The Vigil, weiß, rot gestreift.

Smollet, scharlachrot, tiefer rot im Zentrum.

Clonia, weiß, rot geadert.

Francisca, riesige Sorte, ganz rot, leuchtend.

Topaz, orangerot, reinweiß gesäumt und gestreift.

Arona, gelb (mehr ein Cliviengelb).

Acadia, schwefelfarbig, leicht rot angeflogen und geadert.

Leoni, reinweiß, Spitzen der Blumenblätter orangerot.

Mrs Montefiore, große, weiße, leicht rot gestrichelte Blumen.

Enchantress, eine alte, nicht vollkommene, aber sehr üppig wachsende Sorte, rosaweiß, karmin gestreift, sehr wohlriechend.

Agneta, orangerot, mit weißen Rändern.

Fucinus, rahmgelb, schön rot gefleckt.

Telemus, weißer Grund, lachsrot geadert.

Pinzoon, ideale Form, tief scharlachrot.

Dulas, rosa, im Innern tief rot; kleine aber feine Blume.

Ronda, weißer Grundton, wenig rot.

Ich habe diese nur angeführt, weil ich sie, mit Ausnahme von *Ideala*, kenne und pflege. Sie alle sind sehr schön und eigenartig, werden aber wohl durch die neuesten Sorten bereits in den Hintergrund gedrängt sein. (Schluß folgt in No. 59).

Stauden.

Iris sibirica (Abb. Seite 678). Eine der schönsten *Iris* zu Schnittzwecken ist unstreitig *Iris sibirica*. Die Pflanze besticht von vornherein durch ihren eleganten Bau und die schlanken, etwa 80 cm hohen Blütenstiele, die in großen Mengen erscheinen. Die Blumen stehen meistens zu 3 bis 5 an den festen, drahtartigen Stengeln und sind entweder reinweiß oder blau gefärbt, mit starker Aderung auf den unteren Petalen und mit gelbem „Bart". Die Blütezeit im Freien fällt nach den *Iris germanica*, jedoch lassen sich die Pflanzen leicht und sicher treiben, und haben wir die Blumen stets mit am besten von allen Treibstauden verwenden können; der langen, schlanken Stiele wegen besonders zu Vasenfüllungen, zu welchen Zwecken man auch das elegante, schilfähnliche Laub bestens gebrauchen kann. Die Blumen halten sich, knospig geschnitten, im Wasser tagelang frisch und blühen nacheinander vollständig auf. Zu Freilandschnittzwecken sowohl, wie zum Treiben ist *Iris sibirica* eine der besten *Iris*, die wir haben.

Obergärtner **Curt Reiter**, Feuerbach.

Rosen.

Polyantharose Apfelblüte und Mrs Wm H. Cutbush.

Von **Josef Weixlbaumer jun.**, St. Florian.

In No. 26 des XI. Jahrganges der „Gartenwelt" wurde die Polyantharose *Apfelblüte* als Gegenstück der so beliebten *Mme Norbert Levavasseur* geschildert. Herr Pattloch, Frankfurt a. M., beschrieb die vielen, guten Eigenschaften beider Sorten und führte die Firma Kohlmannslehner, Britz bei Berlin, an, welche die neue Sorte Apfelblüte in den Handel brachte. Als großer Rosenfreund bestellte ich mir die so sehr gepriesene Neuheit sogleich bei der genannten Firma. Die zarten Pflänzchen (Grünveredlungen) kamen frisch und gesund an, erhielten sogleich ein bevorzugtes Plätzchen im Garten, auch wurde ihnen eine ganz besondere Pflege zuteil. Mit großer Spannung wurde die erste Blume erwartet, doch war ich von deren Schönheit sehr enttäuscht. Trotzdem ließ ich mir die weitere Mühe nicht verdrießen, da man ja meist von den ersten Blüten nicht viel erwarten kann, und vermehrte *Apfelblüte* sogleich durch Wurzelhalsokulation, im Winter durch Grünveredlungen. Die Veredlungen setzten alle gute Blüten an, wie dies auch die Abbildung von Herrn Oskar Seifert, Rödelheim, in No. 26 dieses Jahrganges, zeigt. An den Blüten war aber nichts besonders schönes zu finden. Die Sorte wurde als mehltaufrei geschildert, aber dem ist nicht so, denn sie war bei mir ganz weiß davon, während danebenstehende andere Sorten pilzfrei blieben. Einzelne Blüten sind ja ganz schön, aber wo bleibt die frische Farbe, die einer reinen Apfelblüte gleichen soll? Bis jetzt habe ich noch keine gefunden, die man dieser ebenbürtig zur Seite stellen kann. Dagegen will ich die von Soupert & Notting, Luxemburg, in den Handel gebrachte *Mrs Wm H. Cutbush (Levavasseur)* mit ihren schönen, prächtigen Blütendolden und ihrer frischgrünen Belaubung der *Mme Norbert Levavasseur* ebenbürtig zur Seite stellen. Ein guter Ruf geht ihr voraus, jedem Rosenfreunde kann sie nur bestens empfohlen werden; er wird gewiß seine Freude daran haben.

Schnittblumenkultur.

Aus südfranzösischen Kulturen.

Von H. Riebe, Arnswalde.

Obwohl schon oft in der deutschen Fachpresse, so auch in der „Gartenwelt", über Kulturen an der französischen Riviera berichtet wurde, so dürften doch immer wieder neugesammelte Erfahrungen und Eindrücke aus jenem Gebiete von Interesse sein, um so mehr, als auch die Produkte jener in hoher Kultur stehenden und zu gewissen Zeiten den europäischen Markt beherrschenden Stätten französischen Gartenbaues stetigen Wandlungen des Fortschrittes und der Mode unterworfen sind. Während einer mehrmonatigen praktischen Tätigkeit in den Pflanzungen von Antibes war es mir vergönnt, eine Anzahl der größeren Etablissements und Privatgärtnereien in den Küstengegenden von Monaco bis Cannes und darüber hinaus persönlich kennen zu lernen. Es sei mir daher gestattet, einige kurz gefaßte Daten und Aufzeichnungen an dieser Stelle wiederzugeben.

Die östlich des Flusses Var liegende Seite der Riviera dürfte als die im Winter am wärmsten gelegene zu bezeichnen sein. Hier sind es die mächtigen Felsen der Alpes maritimes, die bis dicht an die Küste herantreten und so dieser einen natürlichen Schutz gewähren. Doch schon unfern Nizza wenden sich diese Gebirgszüge, deren höchste Gipfel mit ewigem Schnee gekrönt sind, nordwärts. Sie geben niederen Gebirgszügen Raum, die sich hinter Cannes in ein fruchtbares Hügelland verlaufen, das teilweise ganz ebenen Charakter annimmt. Hier sind es hauptsächlich, wie bei Hyères und Toulon, intensiv betriebene Kulturen von Veilchen, Anemonen und zahlreichen Zwiebelblühern, mit welchen im Winter unsere nordischen Märkte überschwemmt werden.

Die wertvollsten Pflanzungen und somit die größten gärtnerischen Betriebe der französischen Riviera, sowohl handelsgärtnerischer, wie auch privater Art, finden wir in dem niederen Küstengebirge zwischen Nizza und Cannes. Da der Boden hier größtenteils aus einer sehr alten Lagerung von Porphyr und Gneis besteht, ferner die Wintertemperatur nachts nie so tief sinkt, daß man sich nicht mehr mit leichter Schutzdecke des Frostes erwehren könnte, so sind gerade hier die Vorbedingungen für eine erfolgreiche Kultur gewisser Pflanzenarten die denkbar günstigsten.

In erster Linie sind es die Nelken, welche in Massen angebaut werden und zum Versand kommen. Selbst kleine und mittlere Landwirte befassen sich in zahlreichen Fällen nebenbei mit Nelkenkulturen. Dieser Umstand trägt denn auch nicht selten dazu bei, die Marktpreise für Nelkenblumen gewaltig zu drükken, was oft den handelsgärtnerischen Betrieben empfindlichen Schaden und Aerger verursacht, namentlich jenen, die ihren Umsatz teils auch auf den dortigen Blumenmärkten erzielen, also weniger in direktem Verkehr mit den nördlichen Städten stehen. Am besten fährt zu solchen Zeiten noch der Kommissionär, der dann billig kauft, seinerseits aber darnach trachtet, die Preise bei seiner Kundschaft im Norden möglichst auf der Höhe zu halten. Die höchsten Preise für Nelken sowohl, als auch für sämtliche Schnittblumen und für Schnittgrün werden natürlich in den Wintermonaten erzielt, namentlich um Weihnachten, wie denn überhaupt zu der im Norden blütenarmen Jahreszeit an der Riviera alles was grünt und blüht zum Versand gelangt, vorausgesetzt natürlich, daß die betreffenden Blumen die weite Reise im dichtgepackten Rohrkorbe gut überstehen, bezw. sich von derselben leicht wieder erholen. Von diesem Umstande hängt denn auch in erster Linie die Brauchbarkeit einer neu in jene Kulturen aufzunehmenden Schnittblume ab. Wie überall, so verspricht auch auf dem französischen Schnittblumenmarkte eine gute, brauchbare Neuheit stets sicheren und lohnenden Absatz. Darum fahnden auch viele, geschäftsgewandte Züchter dort im Süden stetig nach dergleichen Neuheiten. Zu diesem Zwecke bedienen sich die meisten führenden Gärtnereien nicht selten unserer deutschen Fachpresse. So war es seinerzeit Herr B. Carriat, Antibes, der mit Kennerblick — nachdem das Fehlen einer brauchbaren, weißen Treibrose sich fühlbar gemacht — in *Frau Karl Druschki* ein solche erkannte. Er nahm dieselbe als erster an der französischen Riviera im Jahre 1901 in Kultur und zwar gleich in größerer Menge. Herr Carriat fand denn auch seine Erwartungen noch bei weitem übertroffen und hat, namentlich in den ersten Jahren, mit dieser prächtigen, gutreisenden weißen Rose, besonders in Rußland, enorme Preise erzielt. Heute ist sie an der Riviera überall anzutreffen und als die beste weiße Treibrose geschätzt, zumal sie auch den dortigen trockenen, heißen Sommer gut übersteht, nur ist sie auch dort empfindlich gegen Mehltau; durch regelmäßiges Schwefeln kann man jedoch auch dieser Plage Herr werden.

Iris sibirica.
Vom Verfasser für die „Gartenwelt" photographisch aufgenommen.

In den letzteren Jahren wurden auch die mit Recht so beliebten *Gerbera* in die Schnittblumenkulturen aufgenommen; sie bewähren sich im Versande vorzüglich und erzielen meist gute Preise. Neuerdings sind es nun besonders Mr Lynchs neue Hybriden der alten *Jamesonii*, die auch dort im Süden Beachtung finden. Sie sind jedoch jetzt noch selten anzutreffen, und ich wüßte außer Herrn Adnet, Cap d'Antibes, noch niemanden, der sie bereits in grösserer Menge zu Handelszwecken angepflanzt hätte.

Zur kommenden Saison verspricht sich Herr Jules Durand, Antibes, großes von seiner, von Pfitzer in Stuttgart bezognen blauen Marguerite der „Ecklonis", *Dimorphotheca Ecklonis*. Herr Durand dürfte vielleicht der erste glückliche (?) Besitzer der blauen Marguerite an der Riviera sein und hat dieselbe gleich in größerer Menge angepflanzt. Ich selbst hatte das Vergnügen, Herrn Durand die jungen Pflanzen aus Samen heranzuziehen und sie bis zu meiner Abreise in Kultur zu haben. Nach dem Auspflanzen ins Freie hatten wir einen schweren Stand, sie am Leben zu erhalten, denn die sengende Sonne und die heißen Winde spielten den auf Terrassen, an steiniger Berglehne stehenden jungen Dingern arg mit. Ich habe oft noch abends spät, bei taghellem Mondschein, mit dem Schlauche gestanden, um ihnen das lebenspendende Naß zu geben, während zu meinen Füßen das weite Meer wie flüssiges Silber schimmerte. Doch da es uns glücklicherweise an Wasser nicht fehlte, so hatten unsere *Dimorphótheca* gar bald festen Fuß gefaßt, konnten, da sie bereits zu blühen begannen, auch kräftig heruntergestutzt werden und waren, als ich abreiste, schon wieder ganz ansehnliche Büsche geworden, die eine reiche Ernte versprachen. Einige von den wunderschönen, mattblauen Blüten zeigten, in Wasser gestellt, eine gute Haltbarkeit; auch schlossen sie sich gegen Abend, so daß alle Aussicht auf eine gute Reiseblume vorhanden ist. Zur Zeit der regelmäßig eintretenden Oktoberregen werden leichte Gerippe über diesen Pflanzen errichtet und Fenster darüber gebracht, ein Teil soll auch nur mit Rohrdecken geschützt werden. Ich sehe nun in der kommenden Saison den Berichten des Herrn Durand über den Erfolg dieser ganz neuen Kultur mit Spannung entgegen.

Daß auch selbst die besten Schnittblumen der Riviera gar oft der stetig wechselnden Mode unterworfen sind, beweist der Umstand, daß die bislang noch so gern gekaufte und wirklich schöne, großblumige Remontantnelke *Großherzogin Olga* jetzt kaum noch einen annehmbaren Preis erzielt, deshalb sehr bald aus jenen Kulturen verschwunden sein wird, um andersfarbigen, neuen Züchtungen das Feld zu räumen.

Es ist überhaupt nicht so leicht, wie oft angenommen wird, Schnittblumenzüchter im Süden, „wo alles wild wächst", zu sein. Sind auch die klimatischen und Bodenverhältnisse für viele Kulturpflanzen die allergünstigsten, so hat doch auch der dortige Gärtner oft einen mindestens ebenso schwierigen Stand wie sein Kollege des Nordens. Nehmen wir z. B. die Kultur der Nelke. Vermehrung und Anzucht derselben bereiteten weiter keine Schwierigkeit, denn die zu Tausenden im Kasten unter Glas gemachten Stecklinge wachsen bei einiger Aufmerksamkeit willig. Ins freie Land pikiert, entwickeln sie sich bei genügend Feuchtigkeit und Dungguß zu kräftigen Pflänzchen, doch wenn sie dann auf den großen, oft mächtig langen Beeten, die zum Winter, mit Gerippen und Fenstern versehen, die „Treibhäuser" werden sollen, ausgepflanzt sind, beginnt die eigentliche Kulturarbeit und Sorge des Gärtners. Die Sonne ist nun von Tag zu Tag höher gekommen und strahlt mit zunehmender Kraft von früh bis spät vom ewig azurblauen Himmel; die heißen, trockenen Südwinde und der von Nordwesten wehende, orkanartige Mistral lösen einander ab und tragen dazu bei, das Land binnen ganz kurzer Zeit vollkommen auszutrocknen. Da heißt es denn aufpassen und Wasser herbei! Die Verzögerung beim Bewässern eines Kulturlandes von einem Tage, ja nur wenigen Stunden, oder ein zu langes Gießen des Morgens, wenn die Sonne bereits zu sengen beginnt, sind Umstände, die empfindlichen Schaden verursachen können. Dies immerwährende Bewässern bedingt, zumal in jenem eigenartig roten, bindigen Boden, ein fortgesetztes Hacken und Lockern. Dies nimmt erst dann ein Ende, wenn im Juli alles mit halbverrottetem Pferdedung abgedeckt ist. Es wird nun nicht mehr gegossen, aber desto mehr und durchdringend gespritzt. In den größeren Betrieben, wo die Morgen- und Abendstunden für die Arbeit des Gießens nicht ausreichen, werden die Nächte zu Hilfe genommen. Sehr praktische Acetylen-Gaslampen dienen dann als kraftvolle Scheinwerfer. Natürlich bleiben auch hier im schönen Süden die Pflanzen nicht von lästigen Krankheiten und Ungeziefer, wie Thrips, rote Spinne etc. verschont, so daß auch Kupferkalkbrühe mit Arseniklösungen etc. fleißig in Anwendung kommen müssen. Regelmäßige Dunggüsse, namentlich in der ersten Periode des Wachstums, sind unerläßlich. Systematisch wird dies in der noch jungen und teilweise erst im Entstehen begriffenen Schnittblumengärtnerei des bereits vorerwähnten Herrn J. Durand durchgeführt. Das Ganze wird großzügig angelegt, und auf der höchsten Stelle des Betriebs, wo sich das mächtige, von dem Wasserwerk gespeiste Wasserbassin befindet, hat Herr Durand ein solches in kleinerem Maßstabe errichtet, welches zur Zubereitung des flüssigen Düngers dient. Getrocknetes Blut, gemahlenes Fleisch und auch Hühnerdung werden hier zur Auflösung gebracht und mit den nötigen Zusätzen, je nach Bedarf, Chili, Superphosphat, Ammoniak etc., versehen. Das Bassin kann nun mit der Leitung verbunden werden, und mittels Schläuchen wird der flüssige Dünger den Pflanzen zugeführt. Diese einfache und praktische Vorrichtung bietet natürlich einen ungeheuren Vorteil gegenüber dem mühsamen und zeitraubenden Jauchen mit der Kanne. Sind dann die Pflanzen bei solcher Kultur und durch häufiges Entspitzen schließlich zu kräftigen, schieferblauen Büschen herangewachsen, so werden sie mit je 4 Stöcken versehen und mit Bindegarn umsponnen; in diesem Geviert sollen sich dann die zukünftigen Blüten aufrecht erhalten. Das Schlimmste dürfte nun überstanden sein. Naht dann der Oktober und mit ihm die Regenperiode, so sieht man eines Tages überall an den Bergeshängen und im Tale Glas schimmern; zu Hunderten sind die „Gewächshäuser" wie aus dem Boden gezaubert. Es rührten sich viele flinke Hände, und binnen ganz kurzer Zeit waren die Gerippe errichtet, die bereitliegenden Fenster darüber gebracht — die „Treibhäuser" fertig.

Im Topf unter Schattenvorrichtung gezogene, großblumige Nelken, mit oft bis 1 ½ m langen Stielen, erzielen enorme Preise und werden z. B. von der Firma Carriat viel nach dem Norden, selbst nach Rußland ausgeführt. Ein Teil der besten Sorten in genanntem Geschäft und namentlich die Mutterpflanzen im Sortimente werden auf Gypsophyllawurzeln veredelt und auf diese Weise widerstandsfähiger gegen das heiße Klima gemacht. So veredelte Pflanzen können sehr naß gehalten werden, es geht selten eine verloren. Ganz prächtige, eigene Züchtungen bringt Herr Carriat fast jährlich hervor, die jedoch seltener in den Handel kommen, sondern meist nur unter Nummern im eigenen Geschäft zu Schnittzwecken kultiviert werden. Verwundert hat es mich, daß die „Amerikaner", die doch nicht nur in England, sondern auch schon in Deutschland vielerorts sich die Gunst des Publikums erobert haben, an der Riviera noch wenig bekannt sind sondern erst hier und da versucht werden.

Nächst den Nelken umfassen die Rosen einen großen Teil der südfranzösischen Kulturen. Zum Treiben angebaut fand ich außer der bereits genannten *Frau Karl Druschki* noch vorherrschend *Ulrich Brunner fils*, *Kaiserin*, *Prés. Carnot* und einige andere, alles Sorten mit besonderen Eigenschaften für Anzucht, Treiberei und Versand im Süden. Sämtliche im freien Grunde stehenden Rosen sind auf *Rosa indica major* veredelt, da diese Unterlage die geeignetste für jene klimatischen und Bodenverhältnisse ist. Sie wird durch Samen, vorwiegend aber durch Steckholz vermehrt, aufgeschult und von Mai ab über der Erde veredelt. Wir haben jedes Quartier 8 Tage vor der Veredlung bewässert und lösten sie dann gut. Auch nach der Veredlung muß wieder reichlich Wasser gegeben werden. Im folgenden Frühjahre werden die bereits kräftig entwickelten Triebe stark zurückgeschnitten und die jungen Pflanzen auf Beete gebracht, die, gleich jenen der Nelken, in der Regel bei 6 m Breite eine Länge von bis zu 60 m haben. In der Mitte dieser Beete bleibt ein etwa 50 cm breiter Weg. Nach ungefähr zweijähriger Kultur kann die Treiberei beginnen.

Ein anderes Verfahren im Vermehren der Rosen, das auch häufig auf der italienischen Seite der Riviera in Anwendung kommt, besteht darin, daß man direkt auf die 1 bis 2 m langen Triebe der Mutterpflanze, der *Rosa indica major*, in Abständen von ungefähr 20 cm die Edelaugen setzt, allerdings erst im August. Sind dann bis Oktober die Augen gut angewachsen, so wird das Steckholz mit den bereits zum Austreiben fertigen Okulanten geschnitten und gesteckt, und zwar so, daß über jedem Edelauge ein wildes zum Ziehen stehen bleibt, das erst dann entfernt wird, wenn das Edelauge ausgetrieben hat. Auf diese Weise gewinnt man ein Jahr; die Pflanzen sind jedoch etwas schwächer. Die noch im Frühsommer erblühenden Rosen gelangen nicht immer zum Versand. Es wird nun hauptsächlich darauf hingewirkt, kräftiges Holz zur Treibsaison zu erzielen. Die bei guter Kultur nach der ersten und während der zweiten Blüte hervorgebrachten starken, oft bis $1^1/_2$ m langen Triebe haben fast immer als Endknospe eine Blütenknospe. Diese gelangt in der Regel nicht mehr zum Erblühen, da das Gießen bereits eingestellt wird. Bei der nun folgenden Trockenheit tritt die Pflanze in den Ruhestand, „Sommerschlaf“ könnte man es nennen. Erst die herbstliche Regenzeit, der zweite Frühling des Südens, regt auch die Rosen wieder zur Vegetation an. Jene vorhin erwähnten, steckengebliebenen Knospen entwickeln sich nun noch (namentlich bei *Ulrich Brunner fils)* tadellos und liefern, langstielig geschnitten, bereits eine wertvolle Ware für den ersten Versand. Die eigentliche Treiberei beginnt jedoch erst nach dem kurzen Rückschnitt. Als Heizung für die nun mit Glas überdeckten „serres“ (Beete) hat man meist eine einfache Leitung einer Warmwasserheizung in Anwendung. Ein kleiner Kessel genügt in den meisten Fällen für 3 bis 4 Häuser. Zuerst wird nur morgens und abends geheizt, nach Weihnachten dann auch nachts, je nach Witterung. Im übrigen tut die Hauptarbeit am Tage die Sonne. Ein trüber Tag an der Riviera kann sofort eine Stockung im Rosenversand hervorbringen.

Eine Kultur, die mich ebenfalls interessierte, war die der reizenden *Solanum ciliatum macrocarpum*. Die fruchtbehangenen Zweige werden in Massen nach Gewicht verkauft und versandt. Sie sind in der Tat ein äußerst zierendes, sehr haltbares, trockenes Dekorationsmaterial für den Winter. Als Schnittgrün für bessere Binderei werden *Medeola, Asparagus* und *Ruscus* unter Schattenstellagen kultiviert. Diese Schattengerüste sind mit den sehr haltbaren Zweigen von *Erica arborea* gedeckt, welche in Mengen in den Wäldern der Seealpen vorkommt und, zur Blütezeit einen wunderhübschen Anblick gewährt. Die Zweige dieser baumhohen Heide werden auch viel zu Schattierungszwecken an die Baumschulen im übrigen Frankreich gesandt. — Poinsettien unter Glas zieht in großem Maßstabe die Firma Cinquin, Antibes; auch ein Besuch dieser Kulturen ist lohnend.

Einen großen Bestand des südfranzösischen Gartenbaues machen auch die Gurken, Melonen und Erdbeeren aus. Namentlich letztere werden in Mengen unter Fenstern getrieben. Die Erstlinge erzielen sehr gute Preise. Man hat nicht einmal nötig, sie erst nach Paris, Berlin oder London zu schicken, da gerade zur rechten Zeit Nizza und Cannes, wie der Ausländer sagt, „voll von Königen und Fürsten“ sind. Die großen Hotels zahlen willig 20 bis 40 fr. per kg. Die gegenwärtig am meisten bevorzugte Sorte ist *Docteur Morère*. Die Firma Nigond, Antibes, hat allein 3000 Fenster dieser Sorte unter Glas. Im Sommer nehmen Melonen, Paprika und Eierpflanzen den Platz der Erdbeeren ein. Die Frühgurken brachten in diesem Jahre eine Mißernte, es wurden selbst noch für erbärmliche, krumme Früchte gute Preise gezahlt. Gurken sind zur Zeit des Fremdenverkehrs stets sehr in Nachfrage. Bekanntlich sind ja auch die Engländer und Amerikaner, welche die Riviera zahlreich besuchen, ausgesprochene Gurkenesser. Daß noch niemand dort auf den Gedanken kam, Gurken nach englischer Weise in Häusern zu treiben, hat mich verwundert. Ein Versuch sollte immerhin gemacht werden, er dürfte besten Erfolg haben.

Auch ein Besuch anderer gärtnerischer Betriebe, wie z. B. der Samenkulturen der Weltfirma Vilmorin, Andrieux & Co. auf dem Kap, Streifzüge durch die mit großer Sorgfalt gepflegten öffentlichen Anlagen und Privatgärten in Cannes und Nizza, durch die weitbekannten Gärten der Villa Eilenroc auf dem felsigen Kap von Antibes, den weltberühmten Kasinogarten in Monte-Carlo und die kleine, hohe, meerumrauschte Felsenresidenz des Fürsten von Monaco auf Condamine, mit ihrer reichen Sukkulentensammlung, machen einen, wenn auch kurzen Aufenthalt an der franz. Riviera für jeden Gärtner lohnend und interessant. Zahlreiche unserer Landsleute sind an der Riviera geblieben, haben es dort zu Ansehen und Besitz gebracht. Ich will nur als Beispiel den mir persönlich befreundeten Herrn Adolf Flunker nennen, der in früheren Jahren auch ein eifriger Mitarbeiter der „Gartenwelt“ gewesen ist, jetzt in Antibes ein aufblühendes Exportgeschäft besitzt, aber seiner gesteigerten geschäftlichen Sorgen halber nicht mehr für unsere „Gartenwelt“ zur Feder greifen kann; selbst das Rechnungschreiben — immerhin eine sehr lohnende „schriftstellerische“ Tätigkeit — besorgt seine junge Frau, die er sich aus den Töchtern der alten Heimat ausgewählt hat.

Blumenbindekunst.

Hansens Blumenhalter.
Originalaufnahme für die „Gartenwelt“.

Hansens Blumenhalter. In seinem Berichte über die Sonderausstellung von *Lathyrus odoratus* in London, wies unser Mitarbeiter Paul Schmidt in No. 47 ds. Jahrganges auf ein dort vorgeführtes, rundliches Gestell aus Draht hin, in dessen unregelmäßig angebrachte Ringe die langstielig geschnittenen Blumen zu einem Strauße so zusammengesteckt waren, daß die Stielenden unten in einem kleinen, mit Wasser gefüllten Gefäß zusammen kamen, und daß diese Vorrichtung die Vorteile der lockeren Blumenordnung und des bequemen Wasserwechsels vereinigte.

Als mir jüngst Baumschulenbesitzer Julius Hansen, Pinneberg in Holstein, seinen gesetzlich geschützten Blumenhalter (Abbildung nebenstehend) vorführte, dachte ich an die oben erwähnte Schilderung in Schmidts Bericht; es stellte sich heraus, daß der Blumenhalter der Londoner Ausstellung der Hansensche war. Auch der neue Jahresbericht der Königl. Lehranstalt zu Geisenheim widmet diesem Blumenhalter einen kleinen Artikel. Es heißt dort u. a.: „Hier in Gebrauch genommen, hat sich die Brauchbarkeit dieses Blumenhalters durchaus bestätigt, wenn zu seiner Verwendung genügend weite Blumenvasen oder andere Behälter zur Verfügung stehen, in welchen sich der Blumenhalter unterbringen läßt.

Die Vorzüge des Halters bestehen darin: Erstens, daß sich das Dekorationsmaterial an Blumen und Blättern sehr gefällig, locker und leicht ausstecken läßt; zweitens, daß man mit wenig Material große Behälter füllen kann, und drittens, daß die zum Ausstecken verwendeten Pflanzenteile in der gegebenen Stellung bleiben und sich nicht auseinander drücken.“

Dieser Blumenhalter wird in sechs verschiedenen Größen, rund und oval, angefertigt. Er besteht aus vier bis sechs Drahtstäben mit je mehreren Ringen, die in einen schweren, muldenförmig ausgehöhlten Bleifuß montiert sind. Die Blumen werden durch die Ringe so in den Halter gesteckt, daß die Stielenden bis zum muldenförmig ausgehöhlten Fuße herabreichen, also im Wasser stehen, nachdem die Höhlung mit solchem gefüllt, resp. der ganze Apparat in ein Gefäß (Vase, Schale oder Jardinière) mit Wasser gestellt ist. Als Zimmerschmuckstück und zur Schaufensterdekoration in Blumengeschäften dürfte sich dieser Halter bald einbürgern. M. H.

Blumentreiberei.

Wissenschaftliche Versuche über die Warmbadmethode bei Treibpflanzen

sind in dem pflanzenphysiologischen Institut der Prager Universität von Professor Dr. Hans Molisch angestellt worden. Dieses Verfahren zum Treiben von Pflanzen wird in Deutschland an vielen Orten schon praktisch verwertet. Da die Versuche der Gärtner nur auf einen praktischen Erfolg hinzielen, ist das Treiben mit warmem Wasser zum Gegenstand einer wissenschaftlichen Untersuchung gemacht worden und wurden 19 Versuche mit Warmwasser und Warmluft angestellt, von denen die meisten gelangen. Die Resultate dürften der gesamten Gärtnerwelt von großem Nutzen sein, da sie für die Anwendung des Verfahrens einen gewissen Anhalt zu geben im Stande sind.

Lange bevor sich die Wissenschaft der Sache eifriger annahm, hatten die Gärtner auf Grund ihrer Erfahrungen gelernt, durch Gefrierenlassen und langsamen Wasserentzug die Ruheperioden abzukürzen oder zu verschieben, durch künstliche Auslese und durch geschickte Kreuzung frühblühende Rassen und sogenannte Treibsorten heranzuzüchten. Hermann Müller, Thurgau, hat gelehrt, wie man bei eben geernteten Kartoffeln dadurch, daß man sie einige Zeit bei niedriger Temperatur knapp über dem Eispunkte hält, die Ruhepause sozusagen auslöschen kann, so daß sie dann gleich zu treiben beginnen, und Johannsen hat gezeigt, daß man durch 24- bis 48-stündige Behandlung gewissen Pflanzen (Flieder, Weiden etc.) mit Aetherdampf die Ruheperiode abzukürzen und so verschiedene Gewächse zu ganz ungewohnten Zeiten zu treiben vermag. In neuerer Zeit hat auch Bos Versuche gemacht, durch Einwirkung galvanischer Ströme auf gewisse Pflanzen die Ruheperioden zu verändern.

Forsythia.
Der linke Zweig steht 12 Tage nach dem Bade in voller Blüte, der rechte Kontrollzweig hat zu dieser Zeit noch geschlossene Blüten.

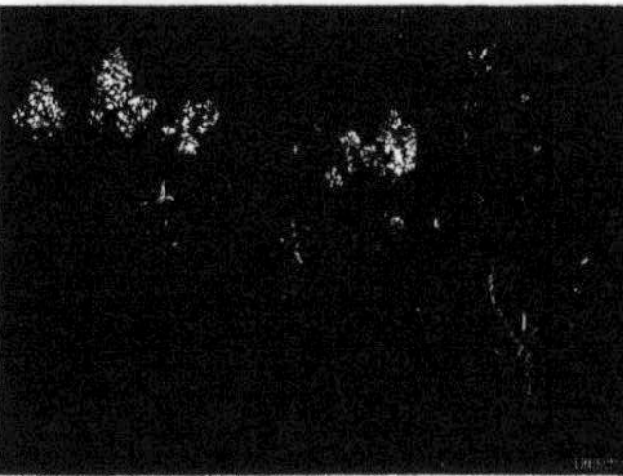

Treibflieder. Das Exemplar links blüht 40 Tage nach dem Bade, während das ungebadete rechts noch nicht treibt.

Zum ersten Male dürfte die Warmwassermethode in Rußland bei der Firma Daugull in Dorpat zur Anwendung gekommen sein. Wenigstens berichtet Ph. Paulig, daß er dort zum ersten Male gesehen habe, wie man *Convallaria*-Keime, die für Frühtreiberei bestimmt waren, durch 12 bis 16 Stunden im Wasser von 35 °C liegen ließ, um sie dann in der Treiberei in gewöhnlicher Weise bei 30 bis 32 °C zu treiben. Im Anschluß an dieses Verfahren machte Hoffmann Versuche mit Flieder. Er tauchte am 13. November Fliederstöcke mit den Kronen in ein Wasserbassin, das durch Heizrohre auf einer Temperatur von 26 bis 31,2 °C gehalten wurde. Die gebadeten Knospen waren bei weiterer Kultur im finsteren Raume von 25 bis 30 °C Temperatur schon nach 4 bis 5 Tagen so weit ausgetrieben, wie man dies erst in der Regel Ende Dezember gewöhnt ist. Die Treibsorte *Charles X.* stand, wenn in der angedeuteten Weise behandelt, schon am 1. Dezember in Blüte. Obergarteninspektor Ledien hat auch bei der Sorte *Marie Legraye* durch zehnstündiges Eintauchen in Wasser von 30 °C sehr gute Erfolge erzielt.

Die Methode besteht im wesentlichen darin, daß man die eingetopften und für die Treiberei vorbereiteten Fliedersträucher durch mehrere Stunden (zehn bis fünfzehn) mit der Krone in warmes Wasser von 30 bis 36 °C eintaucht, so daß der Blumentopf mit dem Wurzelballen in die Luft ragt, und nachher wie andere zu treibende Stöcke behandelt. Die zu treibenden Pflanzen kommen dann nach dem Bade in einen

Treibkeller oder einen finsteren Kasten, dessen Luft mit Wasserdampf gesättigt ist und eine Temperatur von etwa 25 ° C aufweist. Nach ungefähr zwei bis drei Wochen stellt man die Pflanzen, deren Blütenrispen und Laubknospen sich inzwischen ansehnlich entwickelt haben, in das Gewächshaus ans Licht, wo sie ergrünen und ihre Blüten in ihrer natürlichen Farbe entwickeln. Treibsorten von Flieder, die etwa Mitte November der Warmwassermethode unterworfen und dann getrieben wurden, gelangten knapp vor Weihnachten zur Blüte, und zwar unter den geschilderten Verhältnissen durchschnittlich um zehn Tage früher als nicht so behandelte.

Forsythia. Die beiden gebadeten Zweigenden rechts blühen, die beiden ungebadeten links blühen noch nicht.

Die wissenschaftlichen Versuche, neunzehn an der Zahl, wurden mit Zweigen zahlreicher Holzgewächse gemacht, einzelne auch mit bewurzelten Topfpflanzen *(Syringa* und *Azalea)* und mit *Convallaria*-Keimen ausgeführt. Die Zweige wurden in einer Länge von 20 bis 60 Zentimetern von Sträuchern und Bäumen, die sich im Versuchsgarten des pflanzenphysiologischen Instituts der Prager Universität befanden, abgeschnitten und gleich darauf durch verschieden lange Zeit, gewöhnlich aber durch neun Stunden, in warmes Wasser von verschiedener Temperatur (25 bis 40 ° C), zumeist von 30 ° C ganz untergetaucht. Hierauf wurden die Zweige aus dem Warmbad herausgenommen, mit ihrer Basis in Wassergläser gestellt und dann in einem Warmhause, dessen Temperatur in der Regel zwischen 15 und 18 ° C schwankte, weiter kultiviert. Anfangs wurden die Zweige mit Zinnstürzen überdeckt, also finster kultiviert. Da man jedoch bemerkte, daß bei Finsternis die Unterschiede zwischen den gebadeten und nichtgebadeten Pflanzen weniger scharf wurden, so stellte man bei den späteren Experimenten die Zweige nach dem Bade ans Licht. Dadurch tritt der Einfluß des Warmwasserverfahrens viel schärfer hervor. Das Warmbad beeinflußt nicht alle ruhenden Zweigarten. Auf manche wirkt es gar nicht, auf manche mäßig, auf viele ausgezeichnet; auf manche wirkt es zur Zeit der tiefen Knospenruhe nicht, später aber sehr gut. Auch eignet sich nicht für alle Gewächse die gleiche Temperatur. Für die meisten gibt eine Temperatur von 30 ° C vorzügliche Resultate, für gewisse bleibt eine solche Temperatur wirkungslos und erst eine Temperatur von 35 bis 40 ° C wirkt treibend. Noch höhere Temperaturen schädigen im allgemeinen. Nach dem Warmbade die Zweige im Thermostaten des Laboratoriums weiter zu ziehen, hat sich nicht bewährt, weil die Luft selbst in einem gut durchlüfteten Thermostaten Spuren von Leuchtgas und anderen Verunreinigungen enthält, die auf das Wachstum störend einwirken. Als Warmbad wurde für kleinere Zweige ein großes, mit Flußwasser gefülltes Glasgefäß, das sich im Thermostaten befand, benutzt, für größere Zweige ein kubisches Warmhausbassin von 1 m Höhe, das durch Röhren einer Warmwasserheizung des Gewächshauses leicht auf der gewünschten Temperatur erhalten werden konnte.

Fünfzehn Versuche wurden mit der Warmwassermethode gemacht, weitere vier unter Anwendung von trockener, feuchter und dunstgesättigter Luft. Die Resultate dieser Versuche sind in nachfolgenden Sätzen zusammengefaßt: Werden Zweige oder bewurzelte Stöcke verschiedener Holzgewächse zur Zeit ihrer Ruheperiode in Wasser von etwa 30 bis 40 ° C Wärme untergetaucht (die bewurzelten Pflanzen nur mit der Krone), dann mehrere Stunden (9 bis 12) darin belassen und hiernach bei mäßiger Temperatur weiter kultiviert, so wird hierdurch in vielen Fällen die Ruheperiode abgekürzt und das Austreiben der Knospen in hohem Grade beschleunigt. Diese Methode wird als Warmwassermethode bezeichnet. Zur richtigen Zeit angewendet, gibt dieses Verfahren bei *Corylus Avellana, Syringa vulgaris, Forsythia suspensa, Cornus alba, Ribes Grossularia, Larix decidua, Rhamnus Frangula, Aesculus Hippocastanum,* Salixarten, *Fraxinus excelsior* und anderen Pflanzen ausgezeichnete Resultate. Das Gelingen solcher Versuche hängt, abgesehen von der Natur der Pflanze und der Jahreszeit, unter anderem von folgenden Umständen ab:

1. Von der Dauer des Bades. Im allgemeinen genügt eine sechs- bis zwölfstündige Dauer. Ueber zwölf Stunden hinauszugehen, empfiehlt sich gewöhnlich nicht, da die untergetauchten Zweige bei der hohen Temperatur ein großes Sauerstoffbedürfnis haben, der Sauerstoffzufluß aber im Wasser sehr gehemmt ist. Unter diesen Verhältnissen erscheint die normale Atmung behindert, ja es kann sogar intramolekulare Atmung und, wenn diese zu lange dauert, eine Schädigung oder ein Absterben der Knospen eintreten. Ein in mehrstündigen Intervallen durchgeführtes zwei- oder gar dreimaliges Bad bietet gegenüber einem einmaligen Bade entweder keine Vorteile, oder eine Schädigung, oder eine so geringe Förderung, daß daraus für die Praxis nie Vorteile erwachsen.

Haselstrauch (Corylus Avellana). Rechte Hälfte gebadet, linke nicht. 6 Tage nach dem Bade steht die gebadete Hälfte in Blüte, die andere erscheint unverändert.

2. Von der Temperatur des Warmbades. Es eignet sich nicht für alle untersuchten Gewächse dieselbe Temperatur des Warmbades. Während zum Beispiel bei *Corylus Avellana*, *Forsythia suspensa*, *Ribes Grossularia* und *Syringa vulgaris* ein Bad von 30° C sehr stark fördernd auf das Austreiben wirkt, ist für *Cornus alba*, *Rhamnus Frangula* und *Betula alba* ein Bad von 35 bis 40° C notwendig oder für gewisse Pflanzen entschieden besser (*Aesculus Hippocastanum*). Es existiert gewiß für jedes Gewächs eine optimale Temperatur des Warmbades, die von Fall zu Fall ausprobiert werden muß.

3. Von der Tiefe der Ruheperiode. Das Warmbad beeinflußt die Ruheperiode gewisser Gewächse schon unmittelbar nach dem herbstlichen Laubfalle, bei anderen erst später. So treiben gebadete *Aesculus*- und *Fraxinus*-Zweige im Vorherbst nicht, im Dezember und Januar aber schon sehr gut. Je mehr die Ruheperiode sich ihrem Ende nähert, desto geringer sind dann die Unterschiede im Treiben der gebadeten und ungebadeten Pflanzen.

Das Bad wirkt ganz lokal, d. h. nur die untergetauchten Knospen treiben früher. Man kann sich davon leicht und sicher überzeugen, wenn man bei einem Zweigsystem nur die rechte oder linke Hälfte badet (siehe Abb. S. 682). Es zeigen sich dann nur die gebadeten Zweige im Treiben gefördert. Fliederstöcke, bei denen im November nur die Hälfte der Krone dem Warmbad ausgesetzt wurde, und die dann bei mäßiger Wärme im Lichte getrieben wurden, boten einen eigenartigen Anblick. Die gebadete Hälfte erscheint nach einiger Zeit in voller Blüte und bietet ein Bild des Frühlings, während die nicht gebadete Hälfte desselben Stockes zur gleichen Zeit noch häufig in Ruhe verharrt. Der Einfluß des Bades wird also nicht auf benachbarte ungebadete Teile übertragen. Die Einwirkung des Bades bleibt, wenn die gebadeten Zweige oder Pflanzen nicht gleich angetrieben, sondern wieder an ihren natürlichen Standort ins Freie gestellt werden, wo sie der Temperatur des Herbstes oder des Winters ausgesetzt sind, verborgen. Gebadete Zweige von *Corylus* und *Forsythia*, die drei bis fünf Wochen im Freien standen, verhalten sich dann im Warmhause genau so wie solche Zweige, die unmittelbar nach dem Bade warm gestellt werden.

Das Warmwasserverfahren bewährte sich auch beim Treiben der Maiblumen. Keime dieser Pflanzen, die durch $16^1/_2$ Stunden einem Warmbad von 31° C unterworfen wurden, brachten ihre Blätter und Blütentrauben rascher und gleichmäßiger hervor.

Ein feuchtes, mehrstündiges Luftbad von höherer Temperatur übt bei vielen Pflanzen auf das Treiben einen ähnlichen Einfluß, wie ein ebenso temperiertes Wasserbad. In manchen Fällen war das feuchte Luftbad noch vorteilhafter. Es ist daher wohl in erster Linie die höhere Temperatur, die in den Knospen jene Veränderung hervorruft, die zum früheren Austreiben führt. Doch ist diese Ansicht vorläufig noch mit einem gewissen Vorbehalt aufzunehmen, da die Experimente über die Ersetzbarkeit des Wasserbades durch das Luftbad noch nicht abgeschlossen sind. Gewiß aber ist es, daß das Warmbadverfahren in vielen Fällen für die Treiberei dasselbe leistet oder vielleicht noch besseres, wie das Aetherverfahren. Außerdem dürfte es in der Praxis das letztere bald verdrängen, da es einfacher, billiger und gefahrloser ist.

Badermann, Rummelsburg.

Aus den Vereinen.

Verein Deutscher Gartenkünstler. Sitzung vom 12. Oktober d. J. Es berichtete zunächst der Vorsitzende über verschiedene Eingänge von einer nicht genannt sein wollenden Seite für die Bibliothek. Darunter befinden sich ältere, zum Teil selten gewordene Werke, wie: Les parcs et les jardins, par André Lefèvre, Paris 1867, der Park von Abazzia, seine Bäume und Gesträuche, von Carl Schubert, Wien 1894 u. a., so daß sich diese Gabe als eine Bereicherung unserer Bibliothek darstellt. Dem Geber sei auch an dieser Stelle der verbindlichste Dank ausgesprochen. Sodann verlas Herr Bernhardt eine Besprechung des Herrn Hesdörffer über das neu erschienene Buch: „Schelle, Die winterharten Nadelhölzer Mitteleuropas" (siehe No. 56, Seite 672). Danach hielt der städtische Gartentechniker W. Passarge einen Vortrag über „Aesthetische Betrachtungen über Deutschlands Waldbäume". Herr Passarge hatte das heikle Thema mit Lebhaftigkeit ergriffen, die Darstellung wendete sich so unmittelbar an den Hörer, daß wir diesen Vortrag wohl als einen ästhetischen Genuß bezeichnen können.

Schon vorher hatte der Schriftführer die Namen der neu angemeldeten Mitglieder bekannt gegeben. Wenn auch die Anmeldungen gegen den Schluß des Jahres stets nachlassen, so haben wir doch die große Freude, die Zahl 350 jetzt erreicht zu sehen. Da auch für das Jahr 1909 schon Anmeldungen vorliegen, so scheint die fortschreitende Entwickelung des Vereins, zumal seine finanziellen Grundlagen kerngesunde sind, auch für die Zukunft gesichert.

Es folgte die Besprechung über „Die künstlerische Ausbildung des Gartenarchitekten". Dieses Thema war auf der Hauptversammlung der Deutschen Gesellschaft für Gartenkunst in einem Bericht einer Kommission, der die Herren Stadtgartendirektor, Kgl. Gartenbaudirektor Enke, Gartenarchitekt Hömann, angehörten, von Herrn Stadtgartendirektor Frh. von Engelhardt behandelt worden und führte zu einer Resolution, die in nachstehender, von dem unterzeichneten Schriftführer aufgestellten Gegenresolution hier mitgeteilt wird:

Die Versammlung Berliner Mitglieder des Vereins Deutscher Gartenkünstler, am 12. Oktober 1908 in den Räumen des Klubs der Landwirte zu Berlin tagend, bedauert auf das lebhafteste und einstimmig den Beschluß der Deutschen Gesellschaft für Gartenkunst vom 28. Juli 1908, wie er nachfolgend im Wortlaut angeführt ist:

> „an maßgebender Stelle zu beantragen: An den Kunstgewerbeschulen besondere Gartenkunstklassen einzurichten, damit dadurch Stätten geschaffen werden zur künstlerischen Ausbildung des Gartenarchitekten, zu engerer Beziehung zwischen Gartenkunst und den übrigen Künsten."

Genannte Versammlung des Vereins Deutscher Gartenkünstler würde in der Ausführung dieses Beschlusses eine schwere Schädigung der deutschen Gartenkunst erblicken. Alle Wahrscheinlichkeit spricht dafür, daß diese Gartenkunstklassen an Kunstgewerbeschulen, und damit die Gartenkunst selbst, von Leuten überschwemmt würden, die keine oder doch nur ungenügende gärtnerische Vorbildung besitzen. Eine gediegene, praktische und theoretische Vorbildung aber wird für den Gartenkünstler im Laufe seiner Entwickelung von größter Bedeutung. Nur sie kann den Blick für die in der Gartenkunst liegenden besonderen Werte und die Bedingungen, aus denen sie hervorgehen müssen, öffnen und vor Mißgriffen bewahren, wie sie unzweifelhaft, als eine Folge ungenügender Sachkenntnis und einseitiger Ueberschätzung eines rein äußerlichen Formalismus seitens der Allkünstler, sich schon heute ergeben.

Ferner erwachse aus der beabsichtigten Neuordnung dem gewissenhaften Gartenkünstler, der bereits eine Reihe von Jahren seiner Ausbildung gewidmet hat, ein neuer Aufwand von Zeit und Kosten, der vermieden werden kann.

Deshalb bitten wir, im Gegensatz zu der Deutschen Gesellschaft für Gartenkunst: „Den Lehrplan der bestehenden Gärtnerlehranstalten auf dem Gebiete „Gartenkunst" mehr und mehr zu erweitern, unter Heranziehung von

Lehrkräften aus den verschiedensten Kunstgebieten". Es würde damit dem Wunsche nach engeren Beziehungen zwischen der Gartenkunst und den übrigen Künsten zweckentsprechender genügt werden, und den Künstlern, die so in engere Beziehungen zu unseren Gärtnerlehranstalten treten, würde ein Einblick in deren ernste Arbeit nur gut tun und ihnen die oft noch fehlende Achtung vor diesem Beruf und seiner Betätigung geben.

Wir bitten ferner: „bei dem gegenwärtig so starken Andrang die Aufnahmebedingungen der Gärtnerlehranstalten — Schul- und fachliche Vorbildung betreffend — in keinem Falle herabzusetzen, sondern sie eher zu verschärfen. Denn nur eine gediegene Vorbildung ermöglicht es dem Gartenkünstler, sich auf einer höheren Gärtnerlehranstalt das Maß von Kenntnissen zu erwerben, dessen er dringend bedarf, um gleichwertig neben anderen Künstlern, und besonders neben dem Architekten, die Aufgaben zu bewältigen, die ihm mit der Entwickelung unserer Zeit im Kulturleben unseres Volkes erwachsen sind.

Der unterzeichnete Schriftführer suchte dem Gedankengange, der zu diesem Beschluß geführt hatte, nachzugehen. Er wies die Unrichtigkeit der Behauptung nach, daß nur ein kleiner Teil der Schulen unserer Gärtnerlehranstalten sich der Gartenkunst widmen, fand, daß die ganze Beweisführung der Schlüssigkeit entbehrt und sah eine besonders große Gefahr darin, daß voraussichtlich Leute ohne jede gärtnerische Vorbildung nach kurzem Besuch der Gartenkunstklassen einer Kunstschule als gleichberechtigt, wohl auch als mehr berechtigt vom Publikum und den Behörden angesehen werden möchten. Er motiviert sodann die Schlußsätze seiner Resolution. Im gleichen Sinne sprachen sich die Herren Weiß und Hermes aus, ebenso Herr Kgl. Garteninspektor Willy Lange. Er begrüße die vorliegende Gegenresolution lebhaft als Ausdruck des Vertrauens zu den gärtnerischen Lehranstalten. Die Ausbildung des Gartenarchitekten auf die Kunstschulen zu verlegen, bedeute einen Schritt nach rückwärts, wenn man die Höhe der Schule nach der verlangten Vorbildung einschätzt. Die für die Kunstschulen verlangte allgemeine Vorbildung sei geringer als die, welche von den Kgl. Gärtnerlehranstalten gefordert wird. Daher ja der sogenannte Künstlerparagraph bei Erlangung des Zeugnisses zum einjährigen Dienst. Was könnten denn die Schüler auf einer Kunstschule an Fähigkeiten erwerben? Doch nur in erster Linie die größere Geschicklichkeit in der zeichnerischen Darstellung. Er warnt vor der Ueberschätzung des Zeichnens für den Gartenkünstler und legt den größeren Wert auf eine harmonische Durchbildung der Hörer, auf die Erweckung des Verständnisses für die Umwelt in bezug auf Laien und Kunst. In dieser Beziehung werde in Dahlem alles getan, um auf die Bildungsmöglichkeiten der Reichshauptstadt hinzuweisen. Gegenwärtig seien die Hörer in Dahlem an der Grenze ihrer Aufnahmefähigkeit angelangt. Vielleicht aber gelinge es doch noch, kurze Vortragszyklen, dem Wunsche des zweiten Teiles unserer Resolution entsprechend, einzuführen. Dieser Gedanke sei bereits im Rahmen persönlichen Meinungsaustausches angeregt.

Ein Jammer sei es, daß der Stand der Gärtner im allgemeinen und der Gartenkünstler im besonderen sich nicht zum einseitigen Ziel der Förderung von Berufsinteressen aufschwingen könne. So würden in diesem Falle durch Resolution und Gegenresolution die Behörden vor allem doch wieder den Eindruck gewinnen, daß in Zwiespalt die Berufsgenossen selbst nicht wüßten, was sie wollten. Hierdurch wird die Entwickelung der Lehranstalten nur gehemmt. Er könne nach seiner Kenntnis der Dinge versichern, daß die Lehranstalten selbst fortwährend an der Weiterbildung arbeiteten. Hierzu sei Ruhe von außen nötig und Vertrauen. Er empfehle die Gegenresolution zur Annahme im Sinne einer Vertrauenskundgebung des Vereins Deutscher Gartenkünstler für die Kgl. Gärtnerlehranstalten.

Die vorgeschlagene Resolution fand darauf einstimmig Annahme.

In der dieser Sitzung vorhergehenden Vorstandssitzung waren außer der Behandlung allgemeiner Vereinsangelegenheiten in eine litterarische Kommission die Herren Willy Lange, F. Ulrich und E. H. Hermes gewählt und die Wahl von diesen Herren angenommen worden. Es wird die Aufgabe der Kommission sein, nicht nur die Fach- sondern die gesamte Presse und die spontanen Erscheinungen zu durchforschen, auf das für uns Wichtige hinzuweisen, zum Ankauf für unsere Bücherei zu empfehlen und in die Fach- und Tagespresse mit unseren Anschauungen und Ideen einzudringen. Wir bitten unsere Mitglieder, diese Kommission nun nicht als eine in sich streng abgeschlossene Bürgerschaft zu betrachten; Mitglied derselben ist jeder, der etwas zu dem Thema zu sagen hat. Möge sich ein recht lebhafter Ideenaustausch und eine recht kräftige Gesamtarbeit aus dieser neuen Einrichtung unseres Vereins entwickeln. Alle bezüglichen Zuschriften bitten wir an Herrn E. H. Hermes, Zehlendorf, zu richten. **Bindseil.**

Tagesgeschichte.

Achilleion (Corfu). Wie wir bereits früher mitteilten, ist unser langjähriger Mitarbeiter Herr Cav. C. Sprenger, Vomero-Neapel, vom deutschen Kaiser mit der Umgestaltung der Parkanlagen des Achilleion betraut worden. Herr Sprenger, der sich zu diesem Zwecke bereits seit geraumer Zeit auf Corfu aufhält, und trotz seiner 62 Jahre eifrig dem Studium der neugriechischen Sprache obliegt, teilte uns mit, daß auch dort eine große Dürre herrscht, infolgederen auch das Wasser des Bohrbrunnens ausgeblieben ist. Trotzdem sind alle großen, im Juni und Juli verpflanzten Palmen vorzüglich angewachsen, so auch die großen Washingtonien, von welchen keine ausgeblieben sei. Zurzeit werden die Terrassen für den Aprilflor bepflanzt.

Chemnitz. Die Stadtverordneten bewilligten nahezu 4 Millionen Mark für Grundstücksankäufe zur Vergrößerung des Stadtparkes am Chemnitzflusse.

Itzehoe. Eine Kommission, die aus dem Stadtverordnetenvorsteher, einigen städtischen Beamten und Mitgliedern des Verschönerungs- und des Verkehrsvereins bestand, beschloß, an die städtischen Kollegien das Gesuch zu richten, für Anlage eines Stadtparkes bei der Freudentaler Tongrube eine jährliche Beihilfe von 500 M zu bewilligen.

Pyritz. In der letzten Sitzung der Stadtverordneten beschäftigte man sich u. a. mit der Frage der Anlegung eines Stadtparkes. Ein Frl. Karpe hat hierfür ein Legat von 5000 M gestiftet. Als Sachverständiger sprach sich Herr Garteninspektor Schulz, Stettin, für die Anlegung eines solchen Parkes auf dem Gelände vom alten Friedhofe nach dem Pulverschuppen aus und begründete das Projekt. Nach seinem Gutachten soll dem Ganzen der Charakter einer Wiesenanlage gegeben werden, durchsetzt mit Baumgruppen, Sträuchern und durchzogen von Promenadenwegen. Ferner soll die Anlage einen etwa 1 Morgen großen, $1^1/_2$ Meter tiefen Teich erhalten. Die Gesamtfläche würde 29 900 Quadratmeter betragen, der Kostenaufwand sich auf 8600 M belaufen.

Tilsit. Hier will man das große Gelände, das die Stadt draußen in Splitter erworben hat, zu einem parkartig ausgebauten Kirchhof verwenden. Die Vorarbeiten dazu sind schon ausgeführt.

Werdau. Der Steinpöhlwald soll nach und nach in einen Stadtpark umgewandelt werden. Die angrenzenden Wiesengrundstücke, die nur schwer zu verpachten sind, sollen deshalb allmählich mit Laubholz aufgeforstet werden.

Wilmersdorf-Berlin. Mit den Vorbereitungen zur Schaffung des Wilmersdorfer Seeparkes, dessen späterer Anschluß an den Stadtpark von Schöneberg geplant wird, ist bereits begonnen worden. Für den westlichen Teil an der Ringbahn, der auch den Mittelpunkt der Kanalisationsanlagen enthalten soll, sowie für die Südgrenze des Seeparkes sind die Fluchtlinien festgelegt.

Personal-Nachrichten.

Janson, Arthur, Obstbauinspektor und Lehrer der höheren Gärtnerlehranstalt zu Köstritz, ein langjähriger Mitarbeiter der „Gartenwelt", dessen Abhandlungen über Obstbau stets weitgehendem Interesse begegnen, wurde vom Großherzogl. Ministerium zu Weimar nach Zustimmung der phil. Fakultät und des Universitätssenats beauftragt, an der Universität Jena Vorlesungen über Plantagenobstbau und Feldgemüsebau für die Studierenden der Landwirtschaft abzuhalten.

Berlin SW. 11, Hedemannstr. 10. Für die Redaktion verantwortlich Max Hesdörffer. Verlag von Paul Parey. Druck: Anhalt. Buchdr. Gutenberg e. G. m. b. H., Dessau.

Estragon,

ıter deutscher, ff. aromatischer, ırke I, %/0 ℳ 10,—, Stärke II %/0 5,50, bei %/0 Stück Verpackung frei, pfiehlt **Theod. Brock,** [1935 **Köln-Ehrenfeld,** Geisselstrasse.

Asparagus

plum. nanus, [1908 ıftig und gesund, mit Topfballen 8 und 20 M, ‰ 70 und 180 M.

Asparagus Sprengeri, ırk, mit Topfballen % 8 M, ‰ 70 M.

Walter Hoff, Gärtnerei **Arwedshof,** **opfgarten,** Bezirk Leipzig.

Künstliche

lumen und Blätter

ur Bukett- und Kranzbinderei vie Hut- und Hochzeitsblumen, ıkorations- und Füllungsblumen, ınstliche Blätterkränze, Kapımen, Seemoos, Muscheln usw. pfiehlt [1904

Emil Viebach, ırik künstlicher Blumen und Blätter, **Sebnitz i. Sa.**

rosskulturen von Rhododendron in winterharten und weicheren, gangbarsten Sorten, :: :: :: ::

Fliedern und anderen in Topf kultivierten Pflanzen zum Treiben,

Azaleen, Koniferen, Buxus, Aucuben, Magnolien usw.

ligste und sicherste Bezugsquelle! n Besuche wird freundl. eingeladen. taloge (deutsche, engl. u. amerikan. sgaben) frei auf gefl. Anfrage.

cs. Smits Ltd., Naarden, Holland. [46

tachelbeer-Hochst.

% 60 ℳ,
esstämme, grosser Vorrat % 10 ℳ
xbaum . . . . . . 100 m 10 „
rke Mahonienstraücher % 15 „
ıblumentreibkeime . . ‰ 20 „
rsträucher . . . . . . % 25 „
ustrum billigst.
St. Myrtentöpfe, schöne Verkaufsvare, à 0,50 ℳ, empfiehlt [1879

Pusch, Royn, Kr. Liegnitz

nken Sie an die Verjung der Frostspanner!

Raupenleim bleibt Monate lang klebfähig.
M 3,75; 12 kg Eimer M 11,—; 22 kg Eimer M 20,—. [570

p. Pergamentrollen 50 m lang, m breit M 1,20, 17 cm breit M 1.60.

Böringer, Bonn-Poppelsdorf.

Interessieren Sie sich für

Obstbäume, Koniferen, Alleebäume, Ziergehölze, Rosen etc.

so verlangen Sie kostenfreie Zusendung des neuen Kataloges, reich illustriert mit photographischen Pflanzenaufnahmen.

Dahs, Reuter & Co.

Jüngsfelder Baumschulen

— 250 Morgen —

Post Oberpleis, Bezirk Köln. [1940

[Man nehme Bezug auf diese Zeitung.

Obstbäume-Spezialitäten.

Wer Bedarf an schönen, gut formierten und sortenechten Bäumen hat, wende sich vertrauensvoll an die Obstbaumschule

Emanuel Otto, Nürtingen a. N.

Preis- u. Sortenverzeichnis steht gerne zu Diensten. [1920]

Jetzt beste Pflanzzeit!

Tolchicum autumnalis, Herbstzeitlose, blüht ohne Erde und Wasser . . . . . 100 St. 5,— M, 10 St. 0,75 M
Galanthus nivalis, Gartenschneeglöckchen . 100 „ 2,— „
Gladiolus communis, Waldgladiolen . . . 10 „ 1,50 „
Leneojum vernum, Waldschneeglöckchen . 100 „ 1,— „
Lilium candidum, weisse Lilie . . . . . 100 „ 8,— „ 10 „ 1,— „
„ **bulbifrum,** Feuerlilie . . . . . . 100 „ 18,— „ 10 „ 2,— „
„ **escelsum,** gelbe Isabelienlilie . . . 10 „ 8,— „
„ **Martagon,** Türkenbundlilie . . . . 100 „ 8,— „ 10 „ 1,— „
Erdorchideen, 10 St. in 10 Sorten empfiehlt 10 „ 1,50 „

Aug. Hartmann, Kranichfeld bei Erfurt.

Erstes Versandgeschäft am Platze. [1839

Grossh. Badischer und Herzogl. S.-Meiningischer Hoflieferant.

Bis 200 Frostspanner an einem Stamm

wurden gefangen mit

„Ermisch's Raupenleim".

An langer Klebedauer, Güte und Billigkeit unerreicht.

Vom Kgl. Preuss. Landwirtschafts-Ministerium usw. empfohlen.

Preise: in Originalfässern v. ca. 125—200 kg M 27.— p. 100 kg. netto inkl. Fass. in Fässern v. 50 25 12½ kg netto zu M 15.—, 8.—, 4.50 per Fass. u. Büchsen v. 5 2½ 1 kg netto M 2.75, 1.60, 0.60 p. B.

Zur Vernichtung aller Obstbaumschädlinge, Verhütung von Baumkrankheiten, Wildschäden usw. ist

Ermisch's Obstbaum-Karbolineum „Tuv"

(Deutsches Reichspatent)

von unschätzbarem Wert und seit langen Jahren mit grösstem Erfolg verwendet. Von Behörden und Fachleuten glänzend empfohlen.

Marke A zum Streichen, Marke B wasserlösl. zum Spritzen.

Preise: in Originalfässern v. 150—200 kg M 20.— p. 100 kg netto inkl. Fass. in Blechflaschen v. brutto 50 25 10 5 kg M 14.—, 7.50, 3.50, 2.— p. Flasche.

Bei grösseren Bestellungen Rabatt. — Prospekte kostenlos.

Heinrich Ermisch, Chemische Fabrik, **Burg** bei Magdeburg.

— Wiederverkäufer gesucht. — [1891

Baumschulen

Oscar Heymann
Carlowitz-Breslau 12.
Grosse Vorräte. Billige Preise. [1912
Preisliste gratis.

Rot-Tannengrün

zum Decken empfiehlt für Oktober-November, waggonweise [1837
K. Stähling, Osterode a. Harz.

Wilhelm Hennis

Orchideen-Importgeschäft in **Hildesheim** (Hannover) hat eigene Sammler in Ostindien und Südamerika. Man verlange Preisliste über **kultivierte** und **importierte Orchideen.** [1840

Harte Park-Rosen.

Grosse Vorräte in schönen
Polyanthasorten,
Gruppensorten,
Kletterrosen, [1699
Hecken- und Wildrosen,
Hoch- u. Halbstammrosen.

Koniferen und Ziersträucher, verpfl. Solitair- u. Alleebäume.

Peter Lambert, Trier.

Geruchfreie Holzwolle

b. z. f. Seidenholzwolle empfiehlt [1175 **Lochmühle, Wernigerode.**

Rheinisches Gartenglas,

anerkannt kräftigstes Fabrikat, daher zu **Frühbeet- u. Gewächshausfenstern besonders geeignet** und bevorzugt, liefert in allen gangbaren Maßen, ferner **Rohglas** glatt u. gerippt, sowie **Ia. Glaserkitt,** garantiert schwerspatfrei, und bestschneidende **Glaserdiamanten** billigst. [1893

Würzburger Glas- und Holzmanufaktur N. Stern, Würzburg.

Buchenlaub,

Postkolli
rotbraun M 4,—
herbstlich, gelb, rot, grün . „ 4,50
Ruskus rot, lila, braun u. grün „ 4,—
gelb, hochrot, orange etc. . „ 6,—
Adlerfarnwedel rotbraun . „ 2,75
Island-Moos, hochfein weiss „ 6,—
Pinien, sortiert, pr. ‰ M 16, Postkolli . . . . „ 2,50
Silberdisteln, % M 1,25, gelb-orange . . . . . . „ 2,—
Magnolienblätter, braun präp. „ 4,—
Ital. Eichenzweige, rot präp. „ 4,—
Cycas, je 100 Meter . . . „ 23,—

Grossisten bitte Offerte einzuholen.

Fritz Klein I., Burbach i. W.
Fabrik präpar. Artikel. [1420

lein reichhaltiger **Hauptkatalog** iit Beschreibung u. Abbildung über

Winterharte Stauden

ar Schnittblumengewinnung, zur usschmückung von Gärten und arks, Grotten, Felspartien u. Teichen

Vinterharte Freilandfarne und Eriken, lpenpflanzen ▪ Edel-Dahlien

und als Spezialität: [17

Primula obconica „Ronsdorfer Hybriden"

seiner in Grösse und Färbung noch unbertroffenen Züchtungen, wird auf Verlangen **kostenlos** übersandt.

Georg Arends

Staudengärtnerei und Samenhandlung, **Ronsdorf** (Rhld.).

Samen-Vorzugspreise

für Samenhändler!

Busch- u. Stangenbohnen, Erbsen, versch. Sorten, **Gurken, Melonen, Kürbis,** auch Speisekürbis ohne Ranken, **Radies, Rettig, Salat,** fast alle Sorten, **Spinat de Virofl., Tomaten, Dill, Lathyrus, Reseda odorata grandifl. amel., Reseda Machet, Machet Rubin, Coriander, Fenchel, Bolog, Cinnia eleg. flore plena** etc. liefere sortenecht und hochkeimend unter Garantie. Preise auf gefl. Anfragen. [1959

Ernst Lange sen., Quedlinburg.

Stauden- und Baumschul Kulturen!

In allen einschlägigen Artikeln:

Vom Guten das Beste!

Unter anderem grosse Bestände d feinsten Auswahl in:

Paeonia sinensis, Paeonia arborea, Clematis.

Reichhaltiges Verzeichnis mit Beschreibungen und Abbildungen frei

Goos & Koenemann

Grossh. Hess. Hoflieferanten

Nieder-Walluf bei Wiesbaden

Staudenkulturen und **Baumschulen** für Obstbäume, Koniferen, Rosen und Ziergehölze.

Ilexbeeren,

25 Pfennige per Gross, in schöner haltbarer rot leuchtender Ausführung an Drahtstiel, 12—15 cm gross, empf. für Kranzbinderei etc. **Uhlig & Bach, Dresden-A. 1, Marienstr. 16.** [1968

Rosenzucht W. Hinner

Lohausen-Düsseldorf.

Neueste Rosen für 1908 laut Liste.

Beste Neuheiten von 1905, 06, 07.

Elite-Auswahl älterer Sorten.

Rosen-Hochstämme. Prachtware.

Niedrigste Preise. Reellste Bedienung.

Garantiert sortenecht.

Verzeichnis franko. [763

Noch nicht dagewesen!

1000 St. Kranzblumen inklusive 200 Wachsrosen

10 Mark exklusive Porto.

Garantie: Zurücknahme.

Topfhüllen, doppelte, gefranste u. gerollte, ff. Farben 100 St. 5, 6, 7 u. 10 M. Probesendung 5 M.

Bertha Schumann, [1907 Callnberg-Lichtenstein i. Sa.

Areal: 1300 Morgen.

Blumenzwiebelkatalog

Baumschulkatalog ∴

sind erschienen.

[47]

L. Späth,

Baumschulenweg-Berlin.

Wald-Farn

grossartige Dekorationspflanzen für jeden Garten, kräftige Knollen, 8—10 Wedel, 100 St. 10 M. [868

In Tausch nehme Samen und Pflanzen.

Chr. Becker, Gärtnerei, **Dillweissenstein.**

Poenickes

Schrägspali[e]

(D. R. G. M. 312 649), bestes und billigstes Spaliersystem der G[egen]wart. Vielfach empfohlen, siehe auch „[...]meister" Nr. 37 vom 18. 9. 08. Prima **Li[...] Hochstämme** in allen Stärken und Preisl[agen]. Unser umfangreiches, belehrendes Wer[k] **„Der Gartenfreund in Stadt und La[nd]"** enthalt. Abhandlungen über Obstbäume [jeder] Art, Ziergehölze, **Alleebäume,** sämtl. G[arten]bedarfsartikel usw. unberechnet und po[rtofrei].

Ed. Poenicke & Co. m. b. H., Baums[chulen] **Delitzsch Nr. 83.**

ANTISUAL

ein Radikalmittel gegen die Blutlaus.

Behördlich empfohlen!

Totsicher wirkend! — Spottbillig! — Einfach in der Anwendung!

Radikal vernichtet wird die Blutlaus nur durch Anwendung unseres ges. gesch. „Antisual", eines Präparates, dessen Herstellung auf Grund jahrelanger Beobachtungen und Erfahrungen erfolgt. Die Gutachten von ersten Autoritäten auf dem Gebiete des Obstbaues beweisen zur Genüge, dass wir mit unserem **„Antisual"** dem Obstbaumzüchter ein Mittel an die Hand geben, durch das er mit **Sicherheit** von der überaus lästigen Plage der Blutlaus **auf die Dauer** befreit wird.

Welchen Schaden bringt die Blutlaus?

Laut statistischen Nachweisen wurden in den letzten Jahren Millionen Hektare Obstkulturen durch die Blutlaus gänzlich vernichtet.

Diese erschreckenden Zahlen sprechen deutlich genug! Zieht man diesen Schaden in Betracht und stellt demselben die minimalen Kosten für die Anwendung unseres „Antisual" gegenüber, so wird **selbst der sparsamste Rechner** zugeben müssen, **dass er billiger seinen Besitzstand nicht erhalten kann.**

Wie kann man sich dagegen schützen?

Nur durch **„ANTISUAL"!**

Was kostet die Anwendung?

Bei seiner hervorragenden und geradezu verblüffenden Wirkung besi[tzt] unser „Antisual" noch den Vorzug der grössten Billigkeit. Mit dem Inhalt eine[r] Flasche (ca. 1 Liter) kann man ungefähr 12 Obstbäume **gänzlich** von der Blut[-]lausplage befreien; **es kostet somit die Erhaltung eines wertvolle[n] Baumes nur ungefähr 30 Pfennig.**

Kein Mittel der Welt hat solche Vorzüge:

Antisual kann zu jeder Jahreszeit angewendet werden, aber auch zu jeder Tageszeit, z. B. bei grellstem Sonnenlicht.
Antisual schadet den Bäumen selbst nicht im geringsten; man kann damit junge Triebe, Blätter und Früchte ohne Nachteil benetzen.
Antisual hat nicht den geringsten schädlichen Einfluss auf das Wachstum der Bäume oder den Geschmack der Früchte.
Antisual tötet nicht nur die damit berührten Blutläuse, es vernichtet auch Blutlausherde im Umkreise von 15—30 cm von der damit benetzten Baumstelle aus — also a[n] Stellen, die man sonst nicht beobachten oder treffen könnte.
Antisual beseitigt die Blutlaus nicht nur auf Wochen, die benetzten Stellen sind dauernd dagegen geschützt.
Antisual ist deshalb das billigste Mittel — es ist im Gebrauch billiger als alle anderen bisher bekannten Mittel, denn 1. braucht man es nur alle Jahre einmal anzuwende[n] und 2. verbreitet sich dies ölhaltige Mittel so auf der Rinde des Baumes, dass man mit wenig Flüssigkeit weite Stellen benetzen kann.
Antisual ist völlig geruchlos, sauber anzuwenden und wirkt nicht ätzend auf die menschliche Haut. [19[...]
Antisual erweist sich also als ein unfehlbares, angenehm und leicht anzuwendendes Radikalmittel gegen die Blutlaus.

Nachfolgend einige Gutachten:

Nun las ich von Ihrem „Antisual" und entschloss mich, einen letzten Versuch zu machen. Zunächst war ich überrascht durch die geringe Menge der verbrauchten Flüssigkeit; das dünnflüssige Oel breitet sich nach allen Seiten aus. Erfolg: Bis heute, d. i. nach etwa 8 Wochen, hat sich **noch nicht die leiseste Spur von Blutlaus wieder entdecken lassen.**

Ich werde Ihr „Antisual" gern empfehlen und wünsche ihm und Ihnen seine weiteste Verbreitung.

Cöthen (Anhalt), den 8. Sept. 1908. (gez.) **Prof. Tietz.**

Ich habe alles versucht, um Herr über dieses Ottergezücht zu werden; es gelang wohl zum grössten Teil, aber mit Schädigung für die Bäume im grünen Zustand. Mit Ihrem „Antisual" bin ich **sehr zufrieden; dem Wachstum, den Blättern, Knospen und Früchten war auch nicht der geringste Nachteil geworden.**

Hanau, den 19. Sept. 1908. (gez.) **Dr. Eisenach,** Geheimrat.

Auf Ihr Schreiben vom 27. Juli dieses Jahres teile[n] wir ergebenst mit, dass wir in unserer neuesten Bekann[t]machung wieder auf **„Antisual"** hingewiesen haben.

Da von hiesigen Besitzern mit den erhaltene[n] Proben **gute Erfolge** erzielt worden sind, haben wir die[s] auch der **Königlichen Amtshauptmannschaft Dresden Altstadt** angezeigt.

Reick, am 1. August 1908.

(gez.) **Der Gemeindevorstand.**

PREISE: Verpackung wird nicht berechnet. Porto extra.

1 Glasflasche, ca. 1 Liter Inhalt	M	3.75
1 Blechkanister, $2^1/_2$ „ „	„	8.25
1 Blechkanister, 5 Liter Inhalt	M	15.50
1 „ 10 „ „	„	28.—

„AGRARIA" Fabrik landw. Artikel, chem. Grosslaboratorium und Fabrik (unter Leitung staatl. geprüfter Apotheker).

Zentrale: Dresden-A. 16, Wintergartenstr. 74 I.

Druck der Anhaltischen Buchdruckerei Gutenberg e. G. m. b. H. in Dessau.

Illustrierte Wochenschrift für den gesamten Gartenbau.

Herausgeber: Max Hesdörffer-Berlin.

Erscheint jeden Sonnabend.
Monatlich eine farbige Kunstbeilage.

Bezugsbedingungen:
Jede Postanstalt bezogen Preis 2.50 M. vierteljährl. In Österreich-Ungarn 3 Kronen. [Di]rektem Bezug unter Kreuzband: Vierteljährlich 3 M. Im Weltpostverein 3.75 M. Einzelpreis jeder Nummer 25 Pf.

[Oh]ne Vorbehalt eingehenden Beiträgen bleibt das Recht redaktioneller Änderungen [vorbeh]alten. Die Honorarauszahlung erfolgt am Schlusse jeden Vierteljahrs.

Anzeigenpreise:
Die Einheitszeile oder deren Raum 30 Pf.; auf der ersten und letzten Seite 50 Pf. Bei grösseren Anzeigen und Wiederholungen steigender Rabatt. Beilagen nach Übereinkunft. **Anzeigen in der Rubrik Arbeitsmarkt** (angebotene und gesuchte Stellen) kosten für Abonnenten einmalig bis zu 10 Zeilen Raum M. 1.50, weitere Zeilen werden mit je 30 Pf. berechnet.
Erfüllungsort auch für die Zahlung: Berlin.

Adresse für Verlag und Redaktion: Berlin SW. 11, Hedemannstrasse 10.

II. Jahrgang No. 58. | Verlag von Paul Parey, Berlin SW. 11, Hedemannstr. 10. | 7. November 1908.

Oscar R. Mehlhorn
erste und renommierteste Fabrik
für
Reform-Gewächshaus- und
Reform-Oberheizanlagen ::
Schweinsburg (Pleisse)
Station Schweinsburg-Culten
der Linie Leipzig-Hof
empfiehlt zur Saison in rühmlichst bekannter prima Qualität ihre
Original-Reformfenster
für Frühbeete und Gewächshäuser.
Mehlhorns Original-Reformfenster ist das älteste und meistverbreitetste Fenster ohne Zapfen und Scheren und in seiner praktischen Verwendbarkeit von keinem anderen Fenster erreicht.
Man verlange die Broschüre: I Mehlhorns Reformfenster kostenfrei.
Gewöhnliche Frühbeetfenster
in jeder gewünschten Ausführungsart zu billigen Preisen.
Strebels Original-Gegenstrom-Gliederkessel
mit neuen seitlichen Reinigungsklappen, in seinen Vorzügen von keinem anderen Kessel erreicht.
Kulante und prompte Bedienung. Prospekte gratis und franko.
Zur Saison bedeutendes Lager in Fenstern aller gangbaren Masse.
Strebelkessel mit neuen seitlichen Reinigungsklappen in allen Grössen vorrätig.
[31

Die Gartenwelt.

Illustrierte Wochenschrift für den gesamten Gartenbau.

Jahrgang XII. 7. November 1908. No. 58.

Topfpflanzen.

Meine neuen Acalyphahybriden.

Von **Herm. A. Sandhack,** Obergärtner, Mehlem a. Rh.

(Hierzu sechs Abbildungen.)

Als die beiden Sanderschen Einführungen *Acalypha Sanderiana* *) und *A. Godseffiana* in den Handel kamen, wurde bald von verschiedenen Fachleuten des In- und Auslandes darauf hingewiesen, daß diese beiden Neuheiten auch dankbare Objekte zum Hybridisieren sein dürften. Herr Garteninspektor Rettig schrieb 1899, gelegentlich einer Besprechung der *A. Sanderiana*, wörtlich auf Seite 287 des III. Jahrganges der „Gartenwelt": „— — zweifellos wird sie *(A. Sanderiana)* — wenn es nicht schon geschehen ist — bald zur Kreuzung, namentlich mit den buntblättrigen Arten der Gattung, benutzt werden, welche sicher eine Anzahl brauchbarer Neuzüchtungen ergeben dürfte."

Seitdem sind über neun Jahre verflossen, ohne daß wir von Hybriden dieser beiden Acalyphen gehört haben; freilich haben sich verschiedene Fachleute mit diesbezüglichen Versuchen beschäftigt, aber nach vielen Mißerfolgen die Sache wieder aufgegeben.

Auch ich habe jahrelang resultatlos an diesem Problem gearbeitet. Speziell bot die Keimung der gewonnenen Samen größere Schwierigkeiten als die Samengewinnung. Letztere war insofern wieder mit Schwierigkeiten verbunden, als *A. Sanderiana* nur als Samenträger in Betracht kommt, weil wir hiervon nur weibliche Pflanzen haben, deren Blüten nur unter gewissen Bedingungen eine Befruchtung annehmen.

Im Sommer 1907 hatte ich die Freude und Genugtuung, meine ersten Sämlinge von *A. Sanderiana* und *A. Godseffiana* zu erzielen. Schon einige Monate nach der Keimung ließen

Gruppe der neuen Sandhackschen Acalyphahybriden. Unten A. Godseffiana, oben A. Sanderiana, die beiden Eltern.

Vom Verfasser für die „Gartenwelt" photographisch aufgenommen.

*) I. D. Hooker hat vor Jahren nachgewiesen, daß *A. Sanderiana*, N. E. Brown, bereits vor Zeiten *A. hispida*, Burm., getauft sei. In gärtnerischen Kreisen wird diese Pflanze trotzdem weiterhin unter dem Namen *A. Sanderiana* gehen, denn Sander hat die ersten lebenden Pflanzen dieser Art eingeführt und der Gartenkultur zugänglich gemacht.

einzelne Sämlinge erkennen, daß Blatt und Wuchs von den Eltern verschieden waren. Die meisten Sämlinge trugen in den Blattwinkeln die kleinen Aehren der einfachen weiblichen Blüten (Kelchblättchen) — das hatten sie vom Papa! Aber das war es nicht, was ich ersehnte, ich wollte die gefüllten, an $^1/_2$ m langen Aehren sitzenden Blüten von der Mama — und sie kamen auch! Mit dem Frühlinge dieses Jahres begann in den Blattwinkeln ein Knospen und Treiben; erst schüchtern und klein kamen die noch zart grün gefärbten rechten Blüten, bald größer werdend, begannen sie sich auch zum Teil zu färben. Merkwürdigerweise fehlte das satte Rot von *A. Sanderiana* ganz, hier ein zartes Rosa, dort eine in Orange gehende Resedafarbe, andere weißlichgrün schimmernd, bis zum zarten Maigrün.

Jetzt nun, wo die Pflanzen in vollkommener Entwicklung dastehen, habe ich die würdigsten und schönsten auserwählt und benannt, während die weniger guten, nicht mit markanten Unterschieden versehenen, nicht an die Öffentlichkeit kommen werden, denn ich erachte es als nicht wünschenswert, neue Hybriden einzuführen, die sich dermaßen ähnlich sind, daß man die Unterschiede erst mit der Lupe suchen muß.

Acalypha Camphauseniana (etwa $^1/_8$ nat. Gr.).
Vom Verfasser für die „Gartenwelt" photographisch aufgenommen.

Ich hoffe, daß meine Hybriden sich dereinst in allen besseren Kulturen einbürgern werden, um vielen Gärtnern und Liebhabern Freude zu bereiten, zumal ihre Kultur die gleich einfache der *A. Sanderiana* ist. Freilich sind die Meinungen über Dankbarkeit und Kulturwürdigkeit der *A. Sanderiana* in Fachkreisen noch sehr geteilt — doch darüber, falls Herr Hesdörffer einverstanden ist, ein andermal mehr *), denn es handelt sich hier nur um die Hybriden, die ich nachstehend kurz beschreiben will.

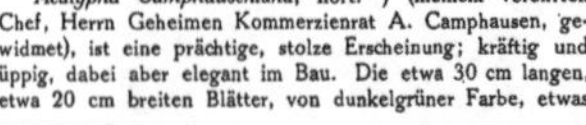

Acalypha Camphauseniana, hort.**) (meinem verehrten Chef, Herrn Geheimen Kommerzienrat A. Camphausen, gewidmet), ist eine prächtige, stolze Erscheinung; kräftig und üppig, dabei aber elegant im Bau. Die etwa 30 cm langen, etwa 20 cm breiten Blätter, von dunkelgrüner Farbe, etwas heller geadert, sind von einem schmalen, crêmefarbenem Rande umsäumt. Den Hauptschmuck dieser Hybride aber bilden die zahlreich herabhängenden, fast $^1/_2$ Meter langen, dicht gefüllten Blütenähren, die, wenn zart und jung, grünlichweiß sind. Werden die Blumen älter, so nehmen sie einen bald in Rosa, bald in Orange spielenden Grundton an; bei künstlichem Lichte erscheinen die Blumen wie mit Rauhreif bedeckte Eiszapfen.

Es ist im allgemeinen sehr schwer, die Farben der Blüten meiner Acalyphahybriden treffend zu beschreiben. Herr Hesdörffer hat von *A. Camphauseniana* eine ganz vorzüglich gelungene Farbentafel anfertigen lassen, die aber erst im aufe des kommenden Frühlings der „Gartenwelt" beigegeben werden kann. Vorläufig mag die nebenstehende Abbildung den verehrten Lesern wenigstens den Wuchs und Charakter der Pflanze vor Augen führen. Erwähnen will ich noch, daß *A. Champhauseniana* sowohl männliche als auch weibliche Blüten trägt.

Acalypha Beissneriana, hort. (nach Herrn Kgl. Garteninspektor L. Beissner benannt), Abb. S. 687, ist im Gegensatze zu A. *Camphauseniana* von gedrungenem, massivem Bau. Ihre Blätter sind groß, aber kurz, auffallend hell geadert und weißlich gerändert. Die Blüten, 18 bis 22 cm lang, quellen oft zu drei bis vier aus einer Blattachse hervor. Die Farbe der Blumen wechselt vom grünlichen Weiß bis zu Rosa, einige haben karminrote Spitzen oder Flecken. Ueberhaupt scheint diese Hybride zur Monstrosität zu neigen; oft kommen Blütenähren mit zwei oder drei Spitzen hervor, wie auf der Abbildung auf dem untern großen Blatte deutlich sichtbar. *A. Beissneriana* scheint sehr widerstandsfähig zu sein, und werden Versuche uns zeigen müssen, ob sie sich fürs freie Land eignet.

Acalypha Johniana, hort. (Herrn K. W. John, Orchideenzüchter in Andernach a. Rh., gewidmet). Diese flott wachsende, dankbar blühende Hybride ähnelt in den Blüten etwas *A. Camphauseniana*, die Blätter sind aber etwas kleiner und ganz grün, ohne Rand; auch neigt die Pflanze mehr zu freiwilliger Verzweigung. Blüten nur weiblich, in beiderlei Form.

Acalypha Hesdoerfferiana, hort., Abb. S. 688 (dem verehrten Herausgeber der „Gartenwelt" gewidmet). Eine ganz aparte Erscheinung und merkwürdiges Kreuzungsresultat. Die Pflanze bietet ein Rätsel, wie das so oft bei Hybriden der Fall ist, sie gleicht keiner der beiden Eltern. Der Wuchs ist sehr

*) Ich bitte darum. M. H.

**) Vollständig *Acalypha hybrida Camphauseniana*, da aber in gärtnerischen Kreisen mit Recht auf kurze Benennungen Wert gelegt wird, mag die besondere Betonung des Hybridencharakters bei den einzelnen Züchtungen fortbleiben.

elegant, die Blätter sind nicht groß, sogar klein zu nennen, schmal, leicht, lang gestielt und eigentümlich behaart, auch die Stiele. *A. Hesdoerfferiana* verzweigt sich willig, und beginnt schon als einige Monate alte Stecklingspflanze eine Masse einfacher und gefüllter Blüten zu treiben. Natürlich spielen die dicht gefüllten Blütenähren die Hauptrolle. Die Farbe derselben ist ein apartes Maigrün; bei älteren Blüten geht diese Farbe etwas ins Gelbliche über, was auf dem dunkelgrünen Laube sehr anmutig wirkt. Die Blütenähren sind kleiner (8 bis 12 cm) als bei den andern Hybriden, aber nichtsdestoweniger wirkungsvoll, weil sie frei aus dem Laube hervortreten.

Acalypha Wagneriana, hort., Abbildung Seite 689 (nach Herrn Obergärtner O. Wagner in Bonn benannt), ähnelt am meisten in Laub und Farbe den Blüten der *A. Johniana*, jedoch zeigen die Blätter ab und zu eine schmale, weiße Umrandung. Die Blütenschwänze erreichen oft eine Länge von über 1/2 Meter. Die abgebildete Pflanze ist bedeutend jünger als die andern Hybriden und steht noch in verhältnismäßig kleinem Topfe. Bei stärkeren Pflanzen werden die Blütenähren, wie ich annehme, noch länger. Leider scheint *A. Wagneriana* nicht zu freiwilliger Verzweigung zu neigen.

Acalypha Sandhackiana, hort., Abb. S. 690 (meinem lieben Bruder und Lehrmeister, Obergärtner C. Sandhack, Wandsbek-Hamburg, gewidmet), ist wie *A. Beissneriana*, von gedrungenem Wuchse, die Blätter sind etwas kleiner und länglich, schön crêmefarbig umrandet, die zahlreichen Blüten etwa 15 bis 20 cm lang und schön rosa gefärbt, wodurch die Pflanze sehr anmutig wirkt. Erhöht wird der Wert dieser Neuheit noch dadurch, daß schon kleine Stecklingspflanzen von 12-15 cm Höhe oft 15—20 Blüten tragen!

Es wird mancher der verehrten Leser die Frage bezüglich Kultur und Verwendbarkeit der vorstehend beschriebenen Acalyphahybriden aufwerfen. Ich halte es für verfrüht, mich schon jetzt erschöpfend hierüber zu äußern, dazu ist die Zeit noch zu kurz; erwähnen will ich vorläufig, daß die hier abgebildeten Pflanzen mit *Adiantum* und temperierten Orchideen zusammen kultiviert wurden und darauf einige Wochen im Kalthause mit Pelargonien und *Coleus* zusammen standen. Zwei von den Hybriden stehen seit sechs Wochen als Dekorationspflanzen in der Villa, in einem ziemlich dunklen Korridor, wo sie sich bisher tadellos gehalten haben.

Acalypha Beissneriana (etwa 1/8 nat. Gr.).
Vom Verfasser für die „Gartenwelt" photographisch aufgenommen.

Pflanzenkrankheiten.

Der Tod der Stachelbeeren (Sphaerotheca mors uvae, der amerikanische Mehltau des Stachelbeerstrauches).

Von **Bruno Fritsche**,
Obergärtner der Obstbauschutzvereinigung in Groß-Lichterfelde.

Im Jahre 1905 lenkte der verstorbene Direktor der Kaiserlichen Biologischen Anstalt zu Dahlem, Geh. Regierungsrat Dr. Rud. Aderhold, durch Herausgabe eines Flugblattes die Aufmerksamkeit auf den schlimmsten Feind der Stachelbeeren, den Stachelbeermehltau *(Sphaerotheca mors uvae)*.

Im Jahre 1907 erschien dieses Flugblatt schon in der dritten Auflage, ein Zeichen dafür, welch hohe Bedeutung diesem schnell umsichgreifenden Pilz in Fachkreisen beigelegt wird, da er für unsere Beerenobstkultur sehr verderblich werden kann. Wie die Cholera unter Menschen aufzuräumen vermag, so tut es der amerikanische Mehltau unter den Stachelbeeren.

Von Amerika aus hat er über Irland und Rußland nach Deutschland seinen Einzug gehalten. Nach Deutschland ist er höchstwahrscheinlich von Rußland verschleppt, denn 1905 fand ihn der Geh. Regierungsrat Dr. Aderhold in Labischin, Provinz Posen. Von dort verbreitete er sich nach Ost- und Westpreußen, Pommern, Mecklenburg, Schleswig-Holstein. In diesem Sommer sind ferner verschiedene Fälle aus der Provinz Brandenburg bekannt geworden, und in der letzten Zeit wurde das Auftreten des Pilzes auch in der Umgegend von Berlin, Perleberg, Wittstock und Oranienburg mit Sicherheit festgestellt.

Will der Gartenbesitzer auch ferner Früchte von seinen Stachelbeeren ernten, so heißt es jetzt auf der Hut sein, denn durch geeignete Maßnahmen kann man glücklicherweise dem Pilzbefall vorbeugen. Es ist daher wohl am Platze, einiges über das Leben dieses Parasiten hier bekannt zu geben.

Unsere Stachelbeeren werden bekanntlich schon seit langer Zeit gegen Ende des Sommers mehr oder weniger von einem Mehltau, dem europäischen, befallen, der die Blätter des Strauches mit seinen Pilzfäden überzieht und bisweilen auch vorzeitigen Laubabfall im Gefolge hat. Der sich jetzt zugesellende amerikanische Mehltau des Stachelbeerstrauches ist jedoch ein viel schlimmerer Feind; er begnügt sich nicht allein mit den Blättern, sondern befällt auch die Früchte und Triebe, und vernichtet dieselben. Beide Mehltaue beziehen die von ihnen heimgesuchten Pflanzenteile mit einem feinen weißen, mehligen Ueberzug, derjenige des amerikanischen ist jedoch bald kastanienbraun gefärbt und daher von dem nicht so gefährlichen europäischen leicht zu unterscheiden. Es werden diese braunen Polster viel dicker, sie lassen sich fetzenartig von den Unterlagen abheben. Befallene Blätter werden krüppelhaft, Triebspitzen verkümmern, befallene Früchte platzen auf oder faulen vor der Reife; sie sind ungenießbar. Selbst wenn man sie in unreifem Zustande zu Kompott verarbeiten wollte, schmecken sie bitter oder wie angebrannt, sind daher völlig wertlos geworden. Seine kolossal schnelle Verbreitung verdankt der Pilz seiner leichten Vermehrung, wofür die vom Geh. Regierungsrat Aderhold beobachtete Tatsache spricht, nach welcher der Pilz im Jahre 1904 in einem Orte in der Nähe von Labischin an 2 bis 3 Sträuchern auftrat, und im Jahre darauf keinen einzigen Strauch jener Anlage verschonte. Aehnliche Beobachtungen hat man neuerdings in Ostpreußen usw. gemacht.

Acalypha Hesdoerfferiana (etwa $^{1}/_{7}$ nat. Gr.),
Vom Verfasser für die „Gartenwelt" photographisch aufgenommen.

Diese schnelle und weite Verbreitung verdankt der Pilz seinen in großen Mengen gebildeten Sommersporen, die sofort keimen und auf geeigneter Unterlage neue Pilzpflänzchen hervorbringen, das heißt jenen erwähnten weißen Ueberzug, der wiederum jene Sporen in Massen erzeugt. Außer den Sommersporen werden noch dunkle, dem bloßen Auge als kleine, schwarze Pünktchen erscheinende Kapseln, die Wintersporen, erzeugt, welche die Uebertragung von einem Jahre auf das andere bewirken.

In Amerika kommt der Pilz nicht nur auf Stachelbeeren, sondern auch auf Johannisbeeren vor; auch in Deutschland hat man ihn vereinzelt auf Johannisbeeren gefunden. Wenn er letzteren nun bisher nicht allzugroßen Schaden zugefügt hat, so bedeutet seine Verbreitung doch den sicheren Tod unserer Stachelbeeren, deshalb ist es die Pflicht eines jeden Gartenbesitzers, energisch gegen den Schädling vorzugehen.

Was sollen wir zur Bekämpfung und Verhütung tun?

Ueberall da, wo wir befallene Zweige und Sträucher finden, müssen wir die erkrankten Teile abschneiden und verbrennen. Ferner müssen wir die Sträucher durch Bespritzen mit Schwefelkaliumbrühe vor der weiteren Infektion schützen. Diese Brühe wird durch Auflösen von 30 bis 40 Gramm Schwefelkalium (Schwefelleber) in 10 Liter Wasser hergestellt und ist ohne weiteres zum Gebrauch fertig. Mit dem Bespritzen soll in Gärten, wo der Mehltau sich gezeigt hat, schon vor Beginn des Austriebes eingesetzt werden; es ist während der Vegetation in Abständen von 14 Tagen bis 3—4 Wochen, je nach der Witterung, mehrmals zu wiederholen.

Bei der großen Bedeutung, die der Pilz für die heimische Stachelbeerkultur hat, sollte kein Gartenbesitzer versäumen, seine Stachelbeeren von Zeit zu Zeit untersuchen und spritzen zu lassen. Auch im vorliegenden Falle empfiehlt es sich, die Flüssigkeit in möglichst feiner Verteilung zu verspritzen, da sie dann um so besser an den Pflanzenteilen haftet. Die bekannten Holder- und Syphoniaspritzapparate leisten uns hierbei vortreffliche Dienste.

Sind Sträucher gänzlich vom Pilze befallen, so ist das Ausroden und Verbrennen derselben ratsam. Mit dem Anbau von Stachelbeeren an gleicher Stelle sollte man vorsichtshalber drei Jahre warten, um einem Neubefall einigermaßen vorzubeugen. Baumschulen sollten niemals vom Pilz befallene Pflanzen in den Handel bringen. Mögen diese wenigen Worte zu einer allgemeinen und nutzbringenden Bekämpfung des Stachelbeertodes beitragen.

Obstbau.

Ueber das Subventionswesen im Obstbau.

Von A. Janson.

Vor einiger Zeit veröffentlichte das „Landwirtschaftliche Ministerialblatt für Preußen" wiederum jene Grundsätze, welche für die Vergebung von Beihilfen im Obstbau befolgt werden sollen, vom Landwirtschaftsministerium selbst befolgt werden und auch den Landwirtschaftskammern und anderen Behörden zur Befolgung streng vorgeschrieben sind. Da diese Grundsätze, welche auszugsweise unmittelbar folgen, auch die Grundsätze der meisten nichtpreußischen Regierungen sind, so gelten meine Ausführungen fast durchweg nicht nur für Preußen, sondern mit geringen Abweichungen für ganz Deutschland.

1. Staatsbeihilfen können nur zur Anlage solcher Pflanzungen gewährt werden, die geeignet erscheinen, als Muster und belehrendes Beispiel für weitere Kreise zu dienen. Die Unterstützung ist vor der Inangriffnahme zu beantragen.

2. Beihilfen sollen in der Regel nur an Gemeinden, Kreise oder Korporationen, nicht aber an Einzelpersonen vergeben werden.

3. Ausnahmen werden nur bei solchen Einzelpersonen gemacht, welche die volle Gewähr bieten, daß sie eine wirklich vorbildliche Anlage schaffen.

4. Die Staatsbeihilfen sollen $^2/_3$ des Wertes des zu verwendenden Pflanzenmaterials nicht überschreiten und werden nur für die Beschaffung der Bäume, nicht aber für die Anlagekosten oder für Beschaffung des Grundstücks bewilligt. Die Beihilfe darf nicht mehr als 1 M. für den Baum betragen.

5. Die Bewilligung der Beihilfe ist an ein Sachverständigenurteil gebunden.

6. Die zuständigen Organe der Landwirtschaftskammern sind bei der Vorbereitung aller Anträge gutachtlich zu hören. Gegebenenfalls haben diese Organe Projekte für derartig zu unterstützende Pflanzungen aufzustellen.

7. Anträge, welche die Bepflanzung besonders gut für den Obstbau geeigneter Bezirke betreffen, werden namentlich dann auf Berücksichtigung rechnen können, wenn die antragstellenden Körperschaften sich in angemessenem Umfange an der Aufbringung der Mittel beteiligen.

8. Es darf nur gutes, sortenechtes, aus heimischen Baumschulen bezogenes Pflanzmaterial verwendet werden. Die Sortenzahl ist zu beschränken und sind die Sorten der Normalsortimente zu berücksichtigen. Abweichungen hiervon sind zu begründen und bedürfen besonderer Genehmigung.

9. Die Empfänger der Beihilfen haben sich zu verpflichten, daß sie die Pflanzung durch Sachverständige ausführen lassen, für sachkundige Pflege und für etwa notwendige Nachpflanzungen auf eigene Kosten sorgen. Bei nicht sachgemäßer Unterhaltung und bei wiederholter Weigerung, Mängeln abzuhelfen, sollen sie den Beihilfebetrag zurückerstatten.

So zweckmäßig diese Bestimmungen dem mit der Sachlage nicht Vertrauten auf den ersten Blick erscheinen mögen, so geben sie doch zu manchen Anständen Anlaß. Diese Anstände finden sich allerdings erst beim tieferen Eindringen in die von den zuständigen Verwaltungsbehörden geübte Praxis.

Es soll gern anerkannt werden, daß die Regierungen heute vielmehr für den Obstbau tun, als noch vor 10 Jahren und dafür wissen wir ihnen wärmsten Dank. Ich habe aber unlängst auch ausgeführt, daß andere landwirtschaftliche Betriebszweige, welche keinen größeren Prozentsatz als der Obstbau zum Nationalvermögen stellen, um das Vielfache wirksamer unterstützt werden, als dieser. Und wenn ich manches bemängele, so ist das nicht um zu querulieren, sondern um das Augenmerk auf offenbare Mißstände zu lenken. Nach dem Gewissen sind alle wirklichen Freunde des deutschen Obstbaues zu solcher Kritik verpflichtet, und berechtigt sind sie dazu als steuerzahlende Staatsbürger.

Ich habe vor einigen Jahren darauf hingewiesen, daß mit der ungeheuren Vermehrung unseres Obstbaumbestandes die Vermehrung der Absatzgelegenheit, die Obstverwertung, nicht gleichen Schritt gehalten hat, und ich habe neulich ausgeführt, wie wenig im Grunde genommen der Staat für die Förderung der Obstverwertung tut. Sorgt er doch nicht einmal, im Besitze des Eisenbahnmonopols, für ausreichende Transportgelegenheit. In welchem Maße auch vom Staate die Obsterzeugung gegenüber der Obstverwertung bevorzugt wird, geht aus einem Studium der Etats der verschiedenen Landwirtschaftskammern deutlich hervor. Es gibt unter ihnen solche, welche für Neuanpflanzungen mehr als das zwanzigfache der Summe zur Förderung des Obsthandels bewilligen. Wie ich weiter unten ausführen werde, vergrößert sich dieses Übergewicht in der Begünstigung der Obsterzeugung dadurch, daß der Beihilfebetrag nur einen geringen Bruchteil jener Summe darstellt, welche in Wahrheit für die Vermehrung der Obstpflanzungen aufgewendet wurde.

Acalypha Wagneriana (etwa $^1/_8$ nat. Gr.).
Vom Verfasser für die „Gartenwelt" photographisch aufgenommen.

Die Staatsbeihilfen sollen nach Absatz 4 der Bestimmungen pro Baum nur $^2/_3$ des Wertes desselben im Ankauf betragen. Es werden also etwa 80 bis 90 Pf. pro Baum bezahlt. Da aber ein guter Pflänzling gewöhnlich nur für 1,25 bis 1,50 M. käuflich ist, wozu dann noch die Transportkosten kommen, so entfallen also zu Lasten des Pflanzers für den anzukaufenden Baum allerdings nur etwa 60 Pf. Auf den ersten Blick scheint mithin die Beihilfe eine ganz außerordentliche Unterstützung zu gewähren, in Wirklichkeit aber legt sie dem Beihilfeempfänger Lasten auf, welche in gar keinen Verhältnissen stehen. Jeder Sachkundige weiß, daß bei sorgfältiger Ausführung der Pflanzarbeiten der Baum auf mindestens 3 M. und höher zu stehen kommt. Ich rechne nur das Ausheben der Pflanzgrube mit einer Mark, Pfahl, Baumband mit 50 Pf. an. Dann ist noch immer nichts gerechnet für das Abstecken der Baumreihen, Anfuhr guter Pflanzerde, für Drainagearbeiten, für das Aufstellen der Pfähle, das Pflanzen und Einschlämmen usw. Kurz 3 M. sind ein geringer Satz. Ich rechne ferner für die Pflege im ersten Jahre noch 40 Pf. Dann kostet die Pfanzung pro Baum im ersten Jahre allein das Fünffache des Beihilfebetrages. Vor dem 6. bis 10. Jahre aber wird ein Hochstamm nicht soweit tragbar, daß er den Bodenzins und die Pflegekosten bezahlt. Acht Jahre zugrunde gelegt, erwachsen pro Baum also bis zum Eintritt der Tragbarkeit an baren Auslagen etwa 2 M. pro Jahr. Die tatsächlichen Aufwendungen betragen also rund 20 M. Da die Beihilfen zumeist 50 bis 100 M. betragen, wofür also etwa 80 Bäume gepflanzt werden müssen, erwachsen dem Empfänger von 60 M. Beihilfe etwa 1600 M. Kosten. Das pflegt gewöhnlich zu Anfang nicht überlegt zu werden, die Folgen aber bleiben nicht aus.

Wie aus den „Grundsätzen" hervorgeht, wird Einzelpersonen nur in ganz seltenen Ausnahmefällen Subvention gewährt. In den weitaus meisten Fällen handelt es sich um Obstbauvereine, welche bei durchschnittlich 20 bis 30 Mitgliedern mit einem Jahresetat von etwa 50 M. arbeiten. Auf solche leistungsschwachen Schultern wird also eine Schuld von rund 1600 M. gelegt, eine Schuld, die kaum verzinst, in keinem Falle aber getilgt werden kann. In der Tat wird auf die Dauer die Gewährung einer solchen Beihilfe von ärmeren Vereinen als Last empfunden, und die Verschuldung vieler derselben wurde lediglich durch eine solche Subvention herbeigeführt. Aber verhältnismäßig selten tritt der Obstbauverein selbst als Pflanzer auf; er macht vielmehr von der Erlaubnis Gebrauch, die mit Unterstützung beschafften Bäume unter seine Mitglieder zu verteilen.

In diesem letzteren Falle aber fehlt der Regierung und ihren Beamten jede Handhabe, ihre Absichten unter Punkt 9 der Grundsätze zur Durchführung zu bringen. Die Kontrolle durch den Sachverständigen der Behörde ist dann eine alberne, wertlose Formalität.

Die Folge dieser Verworrenheit ist denn auch die, daß die Mehrzahl der subventionierten Bäume vernachlässigt wird. Nicht jede Regierung, nicht jeder maßgebende Beamte hat den Mut wie das königl. Oberamt in Württemberg, welches einzelne Ortsvorsteher in 25 M. Strafe nahm, weil sie nicht dafür sorgten, daß den Bäumen in der Gemarkung die nötige Pflege und Düngung zuteil wurden. Es heißt in dieser Verfügung, welche auf Grund des § 24, Abs. 2 des Verwaltungsediktes erlassen wurde, u. a.: „Der Gemeinderat muß dafür sorgen, daß die Obstbäume richtig gepflegt werden, andernfalls er bestraft wird.“

Acalypha Sandhackiana (etwa $^1/_8$ nat. Gr.).
Vom Verfasser für die „Gartenwelt“ photographisch aufgenommen.

Dies hat natürlich in erster Linie auf die Bäume im Gemeindebesitz Bezug. Gemeinden, welche zum Anpflanzen Subvention erhalten haben, würden einer solchen Vorschrift natürlich doppelt unterliegen. Es fehlt aber auch bei sehr vielen subventionierenden Behörden überhaupt die Lust, die Kontrolle zu üben. In welcher Verfassung manche der Pflanzungen sind, welche mit Staatsmitteln eingerichtet wurden, kann man sich daher wohl vorstellen. In den meisten Fällen treten unsere Obstbauvereine den unter behördlicher Initiative stehenden Landes- und Provinzialobstbauverbänden nur deshalb bei, um an den dadurch erworbenen Vergünstigungen teilzunehmen. Sie fressen das Geld und schimpfen im übrigen auf den Staat und seine Organe, welche sich für die paar lumpigen Groschen auch noch in die Vereinsangelegenheiten einmischen wollen.

Während man den Beihilfen zu genannten Zwecken doch immer noch einen Wert zuerkennen muß, sind die vielen Subventionen zur Beschaffung von Modellfrüchten aus Wachs durchweg ohne jeden praktischen Wert. Abgesehen davon, daß diese Wachsfrüchte selten genügend naturgetreu sind, um sich an ihnen Sortenkenntnisse zu erwerben und nach ihnen Sorten bestimmen zu können, dienen sie den Vereinen nur selten mit ihren wirklichen Zwecken. Jeder Wanderlehrer kann mir bestätigen, daß die Wachsfrüchte bei irgend einem Vorstandsmitgliede aufbewahrt werden und nur selten, meistens nur bei Gelegenheit von Ausstellungen, das Tageslicht erblicken. Nach der Ankunft der Wachsfrüchte werden sie ein- oder zweimal in Versammlungen angestaunt und wandern dann in irgend einen verschwiegenen Winkel. Sie sind in Wahrheit ein Spielzeug und werden infolgedessen behandelt, wie Kinderspielzeug gewöhnlich behandelt wird.

Nicht viel besser geht es, ich fasse hier besonders norddeutsche Verhältnisse ins Auge, mit den Obstverwertungsgeräten. Die Begeisterung für die häusliche Obstverwertung ist im ersten Augenblick mächtig, besonders weil man durch den Zuschuß die Geräte halb als Geschenk erhält. Es stellen sich aber sofort Schwierigkeiten bei der Verwendung ein, mit denen die Unerfahrenen nicht gerechnet haben, man hat Mißerfolge, die Begeisterung verfliegt nach wenigen Wochen, und von da ab stehen die teueren Apparate auf irgend einem Heuboden, wo sie die Motten und der Rost fressen.

Es soll nicht geleugnet werden, daß es auch viele Ausnahmen gibt; doch können diese Ausnahmen mich nicht dazu bewegen, von der Behauptung abzugehen, daß bei der Vergebung von Beihilfen besonders in Norddeutschland viel sparsamer verfahren werden muß, daß man zum wenigstens nicht kritiklos die Gelder überall hingibt, wo sie gewünscht werden, sondern daß gerade in Sachen der Obstverwertungsgeräte sorgfältig die besondere Sachlage eines jeden Falles geprüft wird. Ich lege Gewicht auf das Wort „kritiklos“, denn soweit meine Erfahrung reicht, werden nicht überall bei der Vergebung von Beihilfen Bedürftigkeit der Empfänger und Zweckmäßigkeit der geplanten Verwendung in erster Linie berücksichtigt, sondern es wird dabei nach dem Rezept verfahren: Es soll sich niemand beklagen können, daß er weniger reich bedacht ist. Von den Landwirtschaftskammern wird bei dieser Gelegenheit zugleich etwas Agrarpolitik getrieben. In politischen Sachen ist es sicher vorteilhafter, die breite Masse zu Dank verpflichtet zu haben, als eine geringe Zahl, die eine erhöhte Beihilfe vielleicht besser verwertet hätte.

Eine gleiche Vorsicht ist auch bezüglich der lokalen Obstausstellungen zu beachten. Ohne zu verkennen, daß diese eine wertvolle Propaganda auf dem Lande bilden, ohne aber auch zu verkennen, daß sie manche Mängel im Gefolge haben, soll hier nur darauf hingewiesen werden, daß die Kostenvoranschläge für solche Ausstellungen meistens überschritten werden, und daß die veranstaltenden Vereine häufig derart verschulden, daß ihre fernereArbeit auf Jahre hinaus stillgelegt ist. Es wird meistens die Gepflogenheit geübt, jedem beantragenden Verein nach Maßgabe der Mittel eine Ausstellungsunterstützung zu bewilligen. Dadurch werden die Mittel zersplittert und der einzelne Verein bekommt nur ein Trinkgeld. Da ein jeder Geld bekommt, ist der Anreiz zur Abhaltung von Ausstellungen groß. Dadurch, daß mit der Zahl der Beihilfen gespart, die Höhe des einzelnen Betrages erhöht wird, könnte viel zur Gesundung des Lokalausstellungswesens getan werden.

Es geht aus meinen Ausführungen hauptsächlich hervor, daß am rechten Platze gespart, für wichtige Verwendungszwecke immer noch Geld flüssig gemacht werden könnte. Leider führt die Verwendung der Gelder für die geschilderten, mehr oder weniger wertlosen Zwecke zur Beeinträchtigung solcher, welche dem Obstbau wirklich nützen und seinem Gedeihen zur Zeit unbedingt notwendig sind. Ich erinnere nur an den ungeheuren Segen, welchen eine vermehrte Verwendung von Geld zu folgenden Zwecken haben würde: Prämiierung mustergültig gepflegter Obstanlagen, Ausbau des Obstvermittlungswesens und der Berichte über Preisnotierungen usw., Abhaltung von Ernte-, Sortierungs-, und Obstverpackungskursen, Ausbau des Baumwärterwesens, Belebung der Tätigkeit unserer Obstbauvereine, welche sich gegenwärtig auf einem toten Punkte befinden, Vermehrung der Vortragskurse für Obstbau, wie sie zur Zeit alljährlich einmal der deutsche Pomologenverein abhält, kurz es gibt so viele Unternehmungen zum wirklichen Nutzen des Obstbaues, welche zu ihrer Durchführung nur auf Mittel warten, daß man zu ihren Gunsten auf die oben erwähnten Beihilfen ganz verzichten soll. Nach einem oberflächlichen Überschlag würden dadurch allein die 13 preußischen Landwirtschaftskammern jährlich etwa 10000 M. sparen; und schon mit dieser verhältnismäßig kleinen Summe, die jetzt so gut wie weggeworfen ist, könnte viel Gutes geschaffen werden.

Aus deutschen Gärten.

Aus der Hofgärtnerei Sanssouci bei Potsdam.

In Großberlin und seiner weitesten Umgebung ist sicher kein zweiter gärtnerischer Betrieb aufzufinden, der zu jeder Zeit im Jahre so viel des Interessanten und Sehenswerten bietet, als die unter Kunerts Leitung stehende Hofgärtnerei in Sanssouci bei Potsdam, das sogenannte Terrassenrevier. Ueber die großartigen, einzig in ihrer Art dastehenden Weintreibereien dieses Betriebes und die damit in Verbindung stehenden Chrysanthemumkulturen hat Herr Hofgärtner Kunert selbst in Nummer 26 dieses Jahrganges berichtet; wir verweisen auch auf die dort veröffentlichten Abbildungen. Einige der Glashausreben zeigten in der zweiten Oktoberhälfte noch einen reichen Behang der herrlichsten blauen Trauben, die nun auf der Hochzeitsfeier des Prinzen August Wilhelm ihre Bestimmung gefunden haben dürften. Die einseitigen Weinhäuser sind nun wieder vollständig mit den herrlichen Chrysanthemen gefüllt, die mit fortschreitender Entwickelung der Knospen durch Entblättern der Reben nach und nach der vollen Sonne ausgesetzt werden. Auch im Freien fand ich noch prächtige Chrysanthemumbestände, teils eintriebige Pflanzen aus Sommerstecklingen, teils vorzügliche Hochstämme, die trotz der anhaltenden trockenen Witterung tadellose, durchaus pilzfreie Belaubung zeigten. Schönere Schaublumen, wie sie hier in Sanssouci gezogen werden, dürften kaum an anderer Stelle aufzutreiben sein.

Das Revier des Herrn Kunert umfaßt neben den Obsttreibereien, Buschobstkulturen und zahlreichen Schmuckanlagen, die Jahr für Jahr ein großes, verschiedenartiges Pflanzenmaterial erfordern, auch die umfangreichen Topfkulturen. Jeder Fachmann weiß, wie schwierig es ist, in letzteren da Hervorragendes zu leisten, wo nicht die eine oder andere Pflanze als Spezialität, sondern alles und von jedem etwas kultiviert werden muß. Um so höher sind die Erfolge anzuschlagen, die hier erzielt werden. Die großen Bestände herrlicher *Cyclamen*, die zum Teil noch in den Mistbeeten stehen, können sich ruhig neben den besten Kulturen der ersten deutschen Spezialisten sehen lassen. Was ich sah, waren durchweg prachtvolle Schaupflanzen mit schön gezeichneten Blättern, überreichem Knospenansatz und herrlichen, in Größe, Form und Farbe auf der Höhe stehenden Blumen. Die großen Bestände schönblühender *Canna* waren rechtzeitig aus den Freilandbeeten mit Ballen herausgenommen und in einem großen Kalthause ausgepflanzt worden, wo sie, begünstigt durch den fortdauernd sonnigen Himmel, in unveränderter Pracht weiter blühten. Ebenso verhielten sich die zahlreichen Sorten der Semperflorensbegonien, unter welchen sich eine eigene großblumige, rosafarbige Züchtung des Herrn Kunert befindet, die sich an Blütenfülle ruhig mit der *Begonia Gloire de Lorraine* messen konnte und hoffentlich dem Handel nicht vorenthalten bleibt. Auch die letztgenannte Begonie ist mit ihren verschiedenen Variationen einschließlich der weißblühenden *Caledonia* in wundervollen Schaupflanzen vorhanden. Hunderte feurigroter *Salvia*, aus Sommerstecklingen gezogen, bildeten mit ihren Blüten, in Mistbeeten stehend, ein wahres Feuermeer. Es sind ferner größere Kulturen von *Poinsettia pulcherrima* vorhanden, aber nicht nur in den bei uns üblichen langbeinigen, eintriebigen Pflanzen von 1½ und mehr Meter Höhe, sondern auch in kurztriebigen, aus Sommerstecklingen hervorgegangen, die Herr Kunert nach den in No. 25 der „Gartenwelt“ von Werner Lieb in Wort und Bild geschilderten, bei Pankok & Schumacher in Whitestone gehandhabten amerikanischen Kulturverfahren gezogen hat. In den Warmhäusern erregten *Nepenthes*, Schaupflanzen von unvergleichlicher Schönheit, überreich mit prächtig gefärbten Kannen geschmückt, eine reiche Sammlung prachtvoll ausgefärbter bunter Cordylinen, großartige Schaupflanzen von *Adiantum*, kraftstrotzende Orchideen, darunter vollblühende *Odontoglossum grande*, und eine wahre Riesenschaupflanze von *Asparagus Sprengeri*, die hoffentlich die nächstjährige Berliner Gartenbauausstellung schmücken wird, meine Bewunderung.

Auf den Freilandquartieren herrschte noch eine Blütenfülle, wie man sie sich üppiger im Hochsommer nicht wünschen kann. Mit dem Feuerrot der *Salvia Feuerball* wetteiferten die prächtigen Staudenastern und die mit Blüten geradezu überschütteten Edeldahlien. Unter den letzteren fiel mir besonders die rosafarbige Sorte *Königin Luise* auf, die ihre edlen Blüten in vorzüglicher Haltung auf straffen, drahtartigen Stielen trägt. Das viel umstrittene neue Veilchen *Askania* (mit der Plombe) war in einem kalten Kasten ausgepflanzt und entwickelte große, formen- und farbenschöne Blüten auf langen, kräftigen Stielen. Neuen Veilchensorten gegenüber ist bekanntlich Vorsicht am Platze, da an ihnen außer dem Namen oft nichts Neues, und die Berichte der „glücklichen“ Züchter, soweit sie sich auf Kreuzbefruchtungen beziehen, ausnahmslos in das Fabelreich zu verweisen sind: Herr Hofgärtner Kunert ist aber der Ansicht, daß wir in *Askania* tatsächlich eine wertvolle Neuheit erhalten haben; *Princesse de Galles*, wovon sich ein großer Bestand unweit der *Askania* befand, war vollständig blütenlos.

Bevor ich nach Sanssouci ging, hatte ich erst der Orchideengärtnerei von Karthaus einen Besuch abgestattet. Auch diese Gärtnerei ist ein außerordentlich sehenswerter, von unserm Mitarbeiter, Obergärtner Bloßfeld, musterhaft geleiteter Spezialbetrieb, in welchem auch die Hybridisation mit Sachkenntnis und Umsicht gehandhabt wird. Ein großer Bestand pikierter Sämlinge berechtigte zu den besten Hoffnungen. M. H.

Gemüsebau.

Drei einträgliche Kulturen. Während meiner Tätigkeit in der Umgebung von Paris hatte ich Gelegenheit, drei Pflanzen kennen zu lernen, deren Kultur in Frankreich erst kürzlich und in Deutschland meines Wissens überhaupt noch nicht aufgekommen ist. Alle drei finden nur in der verfeinerten Kochkunst Verwendung. Es sind dies der Zuckermais, *Zea Mays* oder *Mays sucré*, die Lampionpflanze von Peru, *Physalis edulis*, und der knollenbildende Kerbel, Cerfeuil tubereux *(Chaerophyllum bulbosum)*.

Vom Zuckermais findet der noch nicht ganz reife Kolben Verwendung. Dieser Mais wird besonders in Amerika in großen Mengen angebaut und liebt einen nicht zu schweren Kulturboden. Um möglichst frühzeitig ernten zu können, stecke man Mitte März je drei Samenkörner in kleine Töpfe von 8 bis 10 cm, die man in ein temperiertes Haus stellt. Man härtet die Pflanzen ab und pflanzt sie etwa Mitte Mai in gut vorbereiteten Boden aus, in einem Abstande von etwa 35 cm. Man kann auch Ende April ins freie Land säen, doch ist dann die Ernte nicht so gesichert.

Die zweite Pflanze, *Physalis edulis*, liefert in brauner Hülle rote Früchte von der Größe einer Mirabelle. Man pflückt die Früchte mit Stiel, sobald die Hülle sich zu bräunen anfängt und trocken wird. Sie werden zu je Hundert verpackt und mit bis zu 5 fr bezahlt. Hauptabnehmer sind die Hotels, die sie den Tomaten vorziehen, und die Konditoren, die sie zur Verzierung von Torten anwenden. Man kann zu gleichem Zwecke die Früchte von *Physalis Alkekengi* nach dem Bericht von L. Clause, Samenhändler in Paris, heranziehen, doch erreicht diese Frucht lange nicht die Größe jener von *Physalis edulis*. Nebenbei möchte ich erwähnen, daß *Ph. edulis* einjährig, während *Ph. Alkekengi* eine Staude ist. Anfangs April sät man in flache Samenschalen und vereinzelt später in ein lauwarmes Mistbeet. Es muß reichlich Luft gegeben werden, um ein Vergeilen zu verhüten. Das Auspflanzen erfolgt Mitte Mai im allseitigen Abstande von 50 cm, in gutbearbeitetes Land, das im Vorjahre gedüngt wurde. Sobald die Pflanzen eine Höhe von etwa 1 m erreicht haben, stutzt man sie auf etwa 80 cm; dies muß unbedingt geschehen, um ein früheres Reifen der Früchte herbeizuführen.

Als dritter im Bunde reiht sich der knollenbildende Kerbel an. Seine Knollen schmecken frisch etwa wie Nuß. Sie finden in der Küche teilweise Verwendung wie Teltowerrübchen, teilweise zur Bereitung von Pürees, als besserer Kartoffelersatz. Das Pfund wird in den Zentralhallen von Paris mit 80 Cents bezahlt. Die Aussaat des stratifizierten Samens erfolgt etwa Mitte März. Im Herbst, vor Eintritt der ersten Fröste, erntet man die Knollen; die großen verkauft man, die kleinen verwendet man zur nächstjährigen Pflanzung. Die Aufbewahrung erfolgt in Sand oder in einem nicht zu trocknen Keller, um ein Einschrumpfen zu verhüten.

H. Sterz, Paris.

Gärtnerische Reiseskizzen.

Kaukasisches.

I.

Während ich jetzt im Auftrage der neuen Dendrologischen Gesellschaft in Wien den Kaukasus und einige Teile Transkaukasiens bereise, habe ich allerdings wenig Gelegenheit, gärtnerisch wichtige Beobachtungen zu machen; immerhin sieht man dies und das, was auch die Leser der „Gartenwelt" interessieren wird. Ueber meine dendrologischen Sammlungen und Befunde will ich später an anderer Stelle berichten. Hier mögen einige flüchtige Skizzen folgen, die vor allem Gartenanlagen betreffen.

Die erste Stadt, welche ich genauer besichtigen konnte, war Baku. Sie genießt als Zentrum der Naphthagewinnung einen Weltruf und liegt heiß und sonnig am schwach ansteigenden Gestade des kaspischen Meeres. Als ich in den ersten Septembertagen dort anlangte, waren Bäume und Kräuter im höchsten Stadium sommerlicher Dürre. Selbst solch unverwüstliche Bewohner trockenheißer Gebiete, wie *Paliurus australis (aculeatus)* zeigten sich von der Sonnenglut und Trockenheit mitgenommen.

Als ich die Stadt durchstreifte, stieß ich mit einem Male auch auf einen eingefriedigten Komplex, der von unzähligen Wegen regellos durchschnitten wurde, welche staubtrockene Flächen einfaßten, auf denen kümmerliche Reste einer Vegetation sich kund taten. Es war der Stadtgarten, belebt von den verschiedenartigsten Typen des Orients, deren malerische Kostüme und eigenartiges Gebahren die Aufmerksamkeit des Beschauers bei weitem mehr anzogen, als die spärlich belaubten Bäume, welche ziemlich vergeblich Schatten zu spenden versuchten. Es waren meist *Albizzia*, Oleander, Ulmen, *Celtis australis*, *Magnolia grandiflora*, Robinien und Eschen. Von Blumen keine Spur mehr. Auch die ganze Umgebung der Stadt ist kahl, braun und verbrannt. Wer Blumen sehen will, muß im April—Mai kommen, denn selbst in Tiflis ist die Vegetation im September eine sehr geringe; wenn aber gegen Ende Oktober die ersten Herbstregen eintreten, so lebt sie allerdings ein wenig wieder auf. Ich fand in dem Stadtgarten, dem sogenannten Alexandergarten, der an einem Hange liegt und durch breite Wege in regelmässige Stücke zerschnitten wird, in der Hauptsache Rosen, Petunien, *Ageratum*, Balsaminen, *Tagetes*, Dahlien, Canna, *Antirrhinum* und strauchige *Hibiscus*. Die Beetbepflanzungen sind nicht eben sorgfältig gehalten und die mit mehrfachem Stacheldraht umzäunten Flächen machen einen ziemlich trostlosen Eindruck. Von älteren Bäumen finden sich *Ulmus campestris* und *montana*, *Acer campestre*, *Tilia*, *Platanus orientalis* und *acerifolia*, *Koelreutera*, *Fraxinus excelsior* und *oxycarpa*, *Celtis glabrata (caucasica)*, *Albizzia* und natürlich *Robinia*, die hier nirgends fehlt und sich immermehr ausbreitet, was übrigens auch *Ailantus* tut.

Dazwischen stehen *Laurocerasus*, *Evonymus japonica*, *Thuja*, *Cupressus*, *Cryptomeria*, *Philadelphus*, *Acer Negundo* u. a.

Eine kleine Fontäne fehlt nicht, aber alles macht lange nicht den netten Eindruck, wie der Stadtgarten (Trek) in Wladikawkas, diesem ciskaukasischen russischen Städtchen, das sich allerdings sonst nicht mit Tiflis messen kann.

Aber gerade die Beobachtungen, die ich in Wladikawkas machte, waren mir wieder sehr lehrreich. Sie zeigten mir, daß es in erster Linie bei jeder öffentlichen Anlage darauf ankommt, die verschiedenartigsten Orte für Unterhaltung und Betätigung der Besucher zu schaffen. Im Trek gab es Plätze für Turnen, Tennis, Schaukel und sonstige Spiele, einen Weiher zum Gondeln, Promenaden mit Musikpavillons usw. Und das Volk belebt alles und vergnügte sich in so ruhiger Art, daß es eine Freude war, zuzusehen. Daneben war auch für Schmuck, Schatten usw. gesorgt, auch das Bestreben zum Ausdruck gebracht, das zu schaffen, was man „Anlage" nennt. Aber diese minder glücklichen Versuche übersah man gern, da die hübsche Verteilung und Ausnutzung der Spiel-, Turn- und anderen Plätze zeigte, daß die Besucher ganz zufrieden mit dem waren, was geboten wurde. Das Schmücken, d. h. künstlerisch Seinwollen, sollte bei solchen kleinen, mit wenig Mitteln zu unterhaltenden Anlagen immer erst in zweiter Linie kommen. Bei uns bekommt ja leider Gottes die kleinste Anlage gern einen großartigen Anstrich und man vergißt dabei, den wirklichen Bedürfnissen Rechnung zu tragen. Je einfacher, desto besser, nämlich dort, wo weder Mittel noch Fähigkeiten ein Mehr erlauben.

Doch zurück nach Tiflis.

Wer den Namen dieser Stadt hört, denkt unwillkürlich an Blumenpracht und Rosenduft. Dann darf er aber im Herbst nicht hierher kommen; da präsentiert sich die Stadt in einem Rahmen kahler, trockener Höhenzüge und zeigt wenig von den hübschen Gärten, die vielen Häusern zugehören. Viel anmutiger ist um diese Zeit Kutaïs, das auch sonst als Stadtbild stark mit Tiflis rivalisieren kann. Ich bedauerte es sehr, daß ich nach den sonnigen Wochen im Hochgebirge im Regen in die Metropole Imeretiens einziehen mußte und kein Sonnenblick die Farbenpracht des Stadtbildes zu hellem Aufleuchten brachte. Da ich schon Wochen unterwegs war und nach den einsamen Zeiten im Sattel, fern von aller Kultur, ein wenig Sehnsucht nach westeuropäischer Behaglichkeit empfand, so verließ ich, nicht leichten Herzens, das schöne Kutaïs schneller, als ich es gewollt hatte, und eilte ins Hauptquartier nach Tiflis zurück, ohne geprüft zu haben, ob die Sonne am Ufer des Rion herrlichere Blumen und Sträucher hervorlockt, als in Grusien.

Ich möchte diese eiligen Zeilen nicht schließen, ohne des Botanischen Gartens in Tiflis zu gedenken, in dem ich mit Herrn Konservator Fomin und meinem getreuen Reisebegleiter, Herrn König, anregende Stunden verlebte. Dieser Garten liegt so malerisch, wie kaum ein anderer, und ich würde seine pittoresken Partien gern im Bilde festgehalten haben, wenn nicht eben um die Zeit meiner Anwesenheit die Vegetation im tiefen Sommerschlafe gelegen hätte. So malerisch das Ganze jetzt schon wirkt, so muß es doch im April vor allem ganz herrlich da sein, wenn all die Bäume und Stauden blühen und neu ergrünen, an denen der Garten so reich ist. Vom Garten, speziell vom Museum aus, hat man einen prächtigen Fernblick weithin über die im Tale der Kura sich hinziehende Stadt bis zum Hochgebirge, aus dem bei günstigem Wetter das Haupt des Kasbek emporragt.

C. K. S.

Fragen und Antworten.

Beantwortung der Frage No. 553. Wie werden auf rotfarbigen Aepfeln verschiedene Schattenbilder hervorgerufen und wann wird das ausgeführt?

Um beliebige Figuren, Namen oder Buchstaben auf der Schale der Frucht hervorzurufen, nimmt man entsprechende Schablonen aus sehr dünnem Kupferblech oder Papier und befestigt diese durch Gummiringe auf der Frucht oder klebt sie darauf. Die dem Lichte ausgesetzten Teile werden sich dunkel färben, während die durch das Papier oder Kupferblech verdeckten Teile eine hellere Färbung annehmen. Am besten eignen sich hierzu schon von Natur aus rote Früchte und geschieht die Ausführung 4 bis 8 Wochen, bevor die Früchte gepflückt werden. Bei Pfirsichen genügen für diesen Versuch 3 bis 4 Wochen. Auf demselben Verfahren beruht ein pflanzenphysiologischer Versuch, daß dort, wo Licht einwirkt, Assimilation stattfindet, nämlich Stärke gebildet wird, während an den bedeckten Stellen keine Assimilation vor sich geht. Hat man z. B. ein Blatt der Tabakspflanze dazu genommen, mit Stanniol, in das man gewisse Zeichen einschneidet, umwickelt und dem Lichte ausgesetzt, so muß man danach das Blatt in kochendes Wasser legen und den grünen Farbstoff durch Alkohol ausziehen. Das jetzt farblose Blatt bringt man in eine Jodlösung und die Zeichen, die dem Lichte ausgesetzt waren, werden sich tiefblau bis schwarz färben, da Stärke hier vorhanden ist, also Assimilation stattgefunden hat. **Koch**, Institutsgärtner, Hohenheim.

— Um auf rotwangigen Aepfeln Figuren, Bildnisse etc. hervorzubringen, ist es nur notwendig, sobald die Früchte ausgewachsen sind und Farbe annehmen, auf der Sonnenseite des Apfels ein Negativ der Figur aufzulegen und mit witterungsbeständigem Klebestoff auf der Frucht zu befestigen. Auch das Material, aus welchem das Negativ hergestellt ist — meist Papier — muß einigermaßen wetterbeständig sein. Will man eine Photographie auf den Apfel übertragen, etwa ein Portrait oder dergleichen, so stellt man sich davon ein sogenanntes Hautnegativ her, klebt dies angefeuchtet auf die Frucht und beschattet, bis das Hautnegativ trocken geworden ist. Erst dann setzt man es den Sonnenstrahlen aus. Um ein Abwaschen oder Verwaschen zu verhüten, wird es vorteilhaft sein, wenn man die Frucht durch eine große Glasscheibe schützt. Dennoch ist es zur intensiven Färbung gut, die Frucht ab und zu mit Wasser zu benetzen; einfaches Eintauchen bei Sonnenschein ist am besten. Um recht gute Resultate zu erzielen, wählt man zu diesem Zweck solche Aepfel, die sich gleichmäßig röten, also keine gefleckten oder gestreiften wie *Charlamowsky* oder Goldparmaine. Glaubt man, daß die Zeichnung fertig ist, was man auf den freien Stellen des Apfels aus dessen Röte vermuten kann, so wird das Papier oder Negativ mit Wasser, Glycerin oder Alkohol abgewaschen; die Figur oder das Portrait bleibt nun sichtbar und unzerstörbar, solange die Frucht sich hält. **C. Rimann.**

Beantwortung der Frage No. 554. Ist Rohglas zur Treiberei von ausgepflanzten Rosen in Kästen mit Erfolg zu verwenden? Liegen weitere Ergebnisse in der Verwendung von Rohglas vor, und zu welchen Kulturen eignet sich dasselbe am besten?

Rohglas zur Treiberei von ausgepflanzten Rosen in Kästen ist durchaus zu empfehlen, ebenso für alle anderen gärtnerischen Kulturen. Ich verstehe aber darunter das glatte, bezw. gewolkte Rohglas, das gerippte ist weniger geeignet, da sich in den Rillen der Schmutz zu sehr festsetzt und schlecht wieder entfernen läßt. Die Vorzüge des Rohglases sind dem gewöhnlichen Gartenglase gegenüber ganz bedeutend. Die Dicke des Glases ermöglicht es, die Scheiben bedeutend größer zu nehmen, am vorteilhaftesten 0,50 × 2,00 mtr. Das Haus wird dadurch erstens viel dichter abgeschlossen und dann bürgt die Stärke des Glases auch dafür, daß das Haus nicht zu schnell abkühlt; mit andern Worten: Mit Rohglas abgedeckte Häuser sind wärmer als andere. Weiter werden die direkten Sonnenstrahlen durch das Rohglas gebrochen; es findet in den Häusern ein angenehmer Ausgleich von Licht und Schatten statt, der für das Gedeihen der Pflanzen von großem Vorteil ist. Ein Verbrennen der Pflanzen bei plötzlich eintretendem Sonnenschein ist durch die Strahlenbrechung ausgeschlossen. Freilich ist die Wärmeentwicklung der Sonne unter Rohglas bedeutend größer, es muß daher für ausreichend Luft und Schatten gesorgt werden. Wenn die Pflanzen auch nie durch direkte Sonnenbestrahlung leiden können, so ist es jedoch nicht ausgeschlossen, daß sie bei nicht genügender Lüftung durch zu hohe Innentemperatur verbrennen können. Es wird oft der Einwand erhoben, bei trübem Wetter wäre es zu dunkel unter Rohglas. Ganz das Gegenteil ist der Fall; gerade durch die Brechung der Lichtstrahlen erscheint das Innere eines mit Rohglas gedeckten Hauses heller als es selbst im Freien ist. Schmutzansammlungen am Glase finden nicht statt, wenn man die glatte Seite nach außen nimmt. Ich habe Häuser mit Rohglasbedachung, die nie gereinigt wird, schon eine Reihe von Jahren, und noch ist das Glas so sauber, als wenns eben aus der Kiste genommen wäre. Bei dem gewöhnlichen Gartenglase hingegen setzt sich unter dem Ueberlag der kleinen Scheiben eine Menge Schmutz fest, der das Haus arg zu verdunklen imstande ist. Ich habe seit Jahren Rohglas für meine Kulturen und kann nur günstige Wirkungen des Glases auf die Pflanzen feststellen. Bei der Treiberei von Azaleen und *Rhododendron* scheint es mir zwar, als ob die Farbe nicht so intensiv wäre als unter gewöhnlichem Glase, auch bei *Lilium lancifolium* glaube ich gleiches zu bemerken, jedoch ist das nicht von sehr großer Bedeutung, den großen, andern Vorteilen des Rohglases gegenüber. Bei der Treiberei der Rosen habe ich von einem Mattwerden der Färbung nichts bemerkt; *Testout* z. B. waren so feurig in der Farbe, wie man sie besser nicht wünschen kann.

Hier in Süddeutschland wird Rohglas ungemein viel in gärtnerischen Kulturen zur vollsten Zufriedenheit verwendet. Nelken, Chrysanthemen, *Cyclamen*, Begonien, Farne, alle gedeihen sie vorzüglich unter Rohglas; ich verwende nur ungern noch hin und wieder das gewöhnliche Glas.

Rohglas ist etwas teurer im Preise; wenn ich nicht irre, kostet es jetzt ungefähr Mk. 2,20 pr. □ mtr. Im Sommer 1908 trat plötzlich ein großer Preisrückgang für Rohglas ein, freilich nur für ganz kurze Zeit, und hat man da seinen Bedarf für Mk. 1,60 pr. □ mtr. decken können. Der Preis ist jedoch nur scheinbar für Rohglas teurer. Wegen der Größe der einzelnen Scheiben braucht man wieder weniger Sprossen, die Arbeit des Einglasens geht bedeutend schneller von statten und die Bruchgefahr ist eine wesentlich geringere.

Alles in Allem ist Rohglas für alle gärtnerischen Kulturen sehr anzuempfehlen. Obergärtner **Curt Reiter**, Feuerbach.

— Treibversuche speziell von Rosen unter Rohglasbedachung sind mir nicht bekannt, doch möchte ich ein Gelingen nicht bezweifeln, infolge der Erfahrungen, die ich in einer früheren Stelle, bei anderweitigen Kulturen machen konnte. Dort wurde in einem größeren, neu mit geripptem Rohglas bedeckten Sattelhause Weintreiberei betrieben und damit im Februar bis März begonnen. Was nun das Wachstum darin anbelangt, so war dieses ein vorzügliches. Die ausgepflanzten Weinsorten, wie *Alicante*, *Black Hamburgh* etc., reiften sehr leicht und waren von bestem Geschmacke, trotzdem das Haus von Westen nach Osten gebaut war. Auch Tomaten, welche dazwischen eintriebig gezogen wurden, trugen sehr reich und kamen leicht zu bester Entwickelung, ebenso ergaben die Unterkulturen von Bohnen und Blumenkohl während des Frühjahrs bis zum Sommer beste Erfolge. Versuche mit Salat mißglückten. Zum Herbst wurde dann der ganze Raum mit *Chrysanthemum* besetzt und brachten diese es daselbst zur höchsten Blüte und Schönheit. Diese Nebenkulturen konnten natürlich nur in den ersten Jahren stattfinden, da die Entwickelung des Weines später solche nicht mehr gestattete; nur *Medeola asparagoides* gedieh noch prächtig bis zur Höhe von 3 m. Ich würde darum nicht anstehen, den Gebrauch des Rohglases auch zu anderen Kulturen zu empfehlen. **C. Winterfeld**, Jena.

Neue Frage No. 590. Wie färbt man am besten Bast?

Neue Frage No. 591. Wie und zu welcher Zeit werden die Maiskolben eingemacht?

Neue Frage No. 592. Wie heißt der weiße Schimmel der *Cineraria hybrida*, wodurch entsteht er, und wie bekämpft man ihn am besten?

Verkehrswesen.

Beförderung frischer Blumen aus Südfrankreich. Kürzlich richtete die Kgl. Eisenbahndirektion in Berlin folgende Zuschrift an die Handelskammer:

„Aus Südfrankreich und Italien werden in den Monaten November bis April frische Blumen in erheblichem Umfange in

Berlin eingeführt, die als beschleunigtes Eilgut aufgeliefert und wegen ihrer leichten Verderblichkeit auf den Eisenbahnen besonders schnell, zum Teil sogar mit D-Zügen befördert werden.

Bei Erörterung der Frage, ob die Benutzung von D-Zügen, durch die letztere in unerwünschter Weise belastet werden, tatsächlich erforderlich sei, ist auch zur Sprache gekommen, daß durch Gewährung derartiger Begünstigungen für ausländische Produkte die einheimische Blumenzucht ungünstig beeinflußt werde.

Nach unseren Feststellungen sind die Händler der Ansicht, daß es den einheimischen Blumenzüchtern nicht möglich sein würde, den Bedarf an Blumen während der Wintermonate zu decken. Die Blumenzüchter dagegen behaupten, daß der Bedarf wohl durch die Inlandproduktion gedeckt werden könne, besonders wenn die Preise durch Einschränkung der Einfuhr erhöht, und es den Züchtern dadurch ermöglicht werde, ihre Anlagen zu vergrößern und zu vervollkommnen.

Wir ersuchen ergebenst um gefällige Stellungnahme zu dieser Angelegenheit und recht baldige gutachtliche Aeußerung darüber, ob die einheimische Blumenzucht in der Lage sein würde, bei Einschränkung der Einfuhr aus Südfrankreich und Italien den inländischen Bedarf zu nicht allzu hohen Preisen zu decken."

Hierauf erwiderte die Handelskammer folgendes:

„Der Bedarf an frischen Blumen ist in Berlin auch in den Wintermonaten so groß, daß nach Ansicht der von uns befragten Händler und Züchter die einheimische Blumenzucht nicht imstande sein würde, die fortgesetzt steigende Nachfrage zu befriedigen, wenn durch irgendwelche Maßnahmen die Einfuhr französischer oder italienischer Blumen wesentlich eingeschränkt werden sollte. In diesem Falle würde naturgemäß eine beträchtliche Steigerung der Blumenpreise eintreten, aber selbst wenn die deutschen Gärtnereien daraufhin eine Erweiterung und Vervollkommnung ihrer Anlagen vornehmen wollten, würden sie doch niemals in der Lage sein, die Blumen französischen und italienischen Ursprungs zu ersetzen, da sich die Vorzüge des südlichen Klimas auch durch die vollkommenste Treibhausanlage nicht ausgleichen lassen. Die in Treibhäusern gezogenen deutschen Blumen, die übrigens wegen ihrer geringen Haltbarkeit nicht die vielseitige Verwendung finden können, wie die im Freiland gewachsenen Blumen aus Südfrankreich und Italien, würden sich viel zu teuer stellen, als daß dann noch der jetzige Massenverbrauch in Frage kommen könnte. Während jetzt der niedrige Preis der im Winter vom Auslande bezogenen Blumen fast allen Bevölkerungsklassen den Luxus frischer Blumen auch in der kalten Jahreszeit gestattet, würden künftig nur die wohlhabenden Kreise in der Lage sein, frische Blumen zu bezahlen. Der Verbrauch würde also ganz beträchtlich zurückgehen, so daß sich die für die einheimische Blumenzucht erhofften Vorteile leicht in empfindliche Rückschläge verwandeln könnten. Das Zurückdrängen der fremden Blumeneinfuhr würde allerdings in erster Linie den Handel treffen, denn alle die zahlreichen Blumenhandlungen und -bindereien, deren Grundlage die Einfuhr und die Verarbeitung französischer und italienischer Erzeugnisse bildet, würden dann ihren Betrieb einstellen müssen. Damit würde aber auch eine Schädigung der deutschen Züchter verbunden sein, denn jene Geschäfte führen neben den fremden auch deutsche Gärtnereierzeugnisse, die Absatzgelegenheit würde also für letztere ebenfalls eingeschränkt werden.

Die hier angedeutete Entwicklung könnte indes nur eintreten, falls etwa durch weitgehende schutzzöllnerische Maßnahmen eine starke Abnahme oder das gänzliche Aufhören der Einfuhr fremder Blumen erreicht würde, was ja vorläufig, so lange der deutsch-italienische Handelsvertrag gilt, ausgeschlossen ist. Dagegen ist der von der Königlichen Eisenbahndirektion erörterte Ausschluß der D-Züge von der Beförderung frischer Blumen nicht imstande, irgendwelche Veränderung der bestehenden Verhältnisse nach der von den Züchtern erwünschten Richtung herbeizuführen.

Die Aufgabe als Expreßgut, die sich beträchtlich teurer stellt als die Postpaketbeförderung, dient nur als ein Notbehelf, weil die Beförderung als Postpaket zu lange Zeit in Anspruch nimmt, so daß die Blumen bei warmer Witterung leicht in schlechtem Zustande hier eintreffen. Mit den D-Zügen 41 und 49 — diese beiden Züge kommen für den Verkehr nach Berlin wohl hauptsächlich in Betracht — werden nur die wertvolleren Blumen, in der Hauptsache Rosen, Nelken und Veilchen versandt, die eine höhere Fracht tragen können. Denn die auf diese Weise erreichte schnellere Beförderung bietet selbst bei ungünstigem Wetter die Gewähr dafür, daß die Blumen in guter Beschaffenheit ankommen, was unbedingt notwendig ist, wenn sie zu einigermaßen lohnenden Preisen abgesetzt werden sollen. Wird die Expreßgutbeförderung aufgehoben, so werden die Sendungen — ebenso wie früher — wieder der Post übergeben werden; eine Verringerung der Einfuhr an sich würde keineswegs eintreten, und infolgedessen könnte eine derartige Maßnahme auch keinen Einfluß auf den Absatz einheimischer Blumen und deren Preise ausüben. Der einzige Erfolg würde der sein, daß die Sendungen infolge der längeren Beförderungsdauer bei etwa unterwegs eintretender ungünstiger Witterung weniger frisch hier ankommen und dann zu niedrigen Preisen abgegeben werden müssen. Der Einfuhrhandel würde dadurch in vielen Fällen erheblichem Schaden ausgesetzt sein, der sich auch auf die Bindereien und deren Abnehmer, das große Publikum, übertragen würde, da die Blumen dann nur in weniger haltbarem Zustande geliefert werden können.

Die nach jahrelangen Bemühungen der Interessenten eingerichtete Expreßgutbeförderung ist also, solange die Postbeförderung nicht beschleunigt wird, tatsächlich notwendig, um die unter den heutigen Verhältnissen im Winter unentbehrlichen französischen und italienischen Blumen dem deutschen Markte in frischem Zustande zuzuführen und den Handel vor Verlusten zu bewahren. Ihre Aufhebung würde den Beteiligten nur Schwierigkeiten bereiten, ohne der einheimischen Blumenzucht Vorteile bringen zu können. Sie würde sich also als eine zwecklose Maßnahme darstellen, die der Aufgabe der Eisenbahnverwaltung, den Verkehr zu erleichtern, wenig entsprechen würde. Wir ersuchen die Königliche Eisenbahndirektion daher dringend, für die Beibehaltung der Blumenbeförderung in den D-Zügen mit allem Nachdruck eintreten zu wollen."

Zeit- und Streitfragen.

Der **Zentralausschuß des Vereins zur Errichtung von Wohlfahrtsanstalten, Ebingen** (Württemberg), versendet zurzeit an Gemeindebehörden des Deutschen Reiches ein Zirkular, in welchem er dem Massenobstbau das Wort redet und im Anschluß hieran auf seine Art Geschäfte zu machen sucht, indem er die für diesen Massenobstbau erforderliche Baumschulware zu ganz unerhörten Schleuderpreisen anbietet, die auf zweifelhaften Ursprung, mindestens aber auf schlechte Beschaffenheit dieses Pflanzmaterials schließen lassen. Es werden angeboten: Partien von 100 Stück sortierter Apfel- und Birnbäume, 1—8jährig, bis 3 m hoch, mit wetterhartem Kernstamm, die angeblich für jede Lage, für jede Bodenart und jedes rauhe Klima bis zu 1000 m Meereshöhe passend sind, zum Preise von 15 M für 100 Stück, also 15 Pfg. pro Stück, ab Station Ebingen, so lange der Vorrat von 10 000 Stück reicht. Mit diesen Schleuderpreisen vergleiche man die Mindestpreise der soliden, im Bunde Deutscher Baumschulenbesitzer vereinigten Baumschulenbetriebe; man wird sich dann selbst sagen können, was hier geliefert werden kann.

Der Zentralausschuß des Vereins zur Errichtung von Wohlfahrtsanstalten scheint nach den seiner Offerte weiter beigefügten Drucksachen eine ebenso unbedeutende, wie vielseitige Vereinigung zu sein. Unter seinen 13 Vorstandsmitgliedern finden wir neben einem Baumeister, der erster Vorsitzender ist, auch einen Prediger, einen sogen. Gesundheitsingenieur (!), ferner den bekannten Dr. Heinrich Pudor, der sich seit Jahren bemüht, als Mitarbeiter gärtnerischer Fachzeitschriften festen Fuß zu fassen, und auch einen Handelsgärtner, Julius Manz in Pforzheim. Nach den eigenen Mitteilungen des Vorstandes beträgt die gesamte Zahl der ordentlichen Mitglieder dieses Vereins, bei einem Jahresbeitrage von 4 M, ganze 130 Mann! Der Verein bekämpft den Alkohol-, Tabak- und Fleischgenuß, und verspricht demjenigen, der Mitglied wird, 4 M pro Jahr Beitrag zahlt und eine einmalige Spareinlage von 20 M macht, ein eigenes Heim im Werte von 4000 M mit 3 bis 4 Zimmern. Wo er das Geld dazu hernimmt, wie dieses 4000-Mark-Luftschloß beschaffen sein wird, wenn man das erste zu bauen vermag, wo es liegen wird, — etwa in Wolkenkuckucksheim, Klein-Tüpfelsdorf oder im Reiche des Kaisers der Sahara —, das sind andere Fragen, über die Auskunft zu erhalten sehr interessant sein würde.

Dieser famose Verein handelt aber nicht nur mit Baumschulerzeugnissen, verspricht nicht nur der ganzen Welt das Blaue vom Himmel herunter, sondern betreibt auch Sortimentsgeschäft mit Büchern, die er auf blau gefärbtem Zirkular anbietet. Unter diesen Büchern finden wir die „Deutsche Bodenreform“ für 10 Pfg., „Heiraten und gut leben mit einer Mark täglich“ für 60 Pfg., im Auszug für 10 Pfg., den „Alkoholteufel“ für 10 Pfg., das „Geheimnis, das menschliche Leben zu verlängern“ für 25 Pfg. usf. Auch hier wäre es interessant zu erfahren, wie etwa ein Familienvater mit Frau und fünf bis acht Kindern, oder auch nur ohne solche, der nach den Vorschlägen des Zentralausschusses sich und seine Angehörigen mit einer Mark pro Tag, wahrscheinlich mit Kohlrüben, Futterrunkeln und Kartoffeln ernährt, es anzufangen hat, sein Leben möglichst zu verlängern. Ich fürchte, daß diese Ernährungsweise ebenso beschaffen sein wird, wie die 1—8jährigen Obstbäume zum Preise von 15 Pfg. pro Stück. Oder wird etwa in der Broschüre „Heiraten und gut leben mit einer Mark täglich“ den Gläubigen der Rat gegeben, sich solange gegen Geld als Hungerkünstler sehen zu lassen bis die gekauften Krüppelbäume in vollem Ertrage stehen? Und was wird aus Industrie und Landwirtschaft, wenn alle Welt abstinenzlerisch und vegetarisch geworden? Dann wird wahrscheinlich der famose Zentralausschuß für Hunderttausende auf dem Trockenen sitzender Industriearbeiter seine Wohlfahrtseinrichtungen schaffen und von Freiburg bis in das Elsaß hinein die verödeten Weinberge mit Kohlrüben bepflanzen. Und da nun einmal Landwirtschaft ohne rationelle Viehzucht unmöglich, der Fleischgenuß aber abgeschafft ist, also der Vergangenheit angehört, so wird man das überzählige Vieh zu Tischlerleim einkochen, um damit die Riesenzahl derjenigen zu leimen, die nicht alle werden.

Mögen die Apostel des Zentralausschusses des Vereins zur Errichtung von Wohlfahrtsanstalten und, wie ich hinzufügen möchte, zum Vertriebe von Obstbaumkrüppeln, ruhig nach ihrer Fasson selig, dick und fett werden. Wenn sich die Leute aber, wie in dem mir vorliegenden Zirkulare, dazu berufen fühlen, dem werktätigen deutschen Handelsgärtner ins Geschäft zu pfuschen und den Gartenbau durch Vertrieb minderwertiger Schleuderware schädigen, dann scheint es mir angebracht, daß solchem Gebahren gegenüber energisch Front gemacht wird. **M. H.**

Rechtspflege.

In, ein offenes Wasserbassin gefallen und ertrunken. Der Gärtnereibesitzer Hermann Bernhard Moritz in Dölitz hatte sich kürzlich vor Gericht wegen fahrlässiger Tötung zu verantworten. Im August dieses Jahres war das dreijährige Söhnchen der Schwester des Angeklagten, die in dessen Gärtnerei mitgearbeitet hatte, in einem unbewachten Augenblicke davongelaufen und in ein nicht zugedecktes Wasserbassin gefallen. Der Kleine konnte nur als Leiche aus dem Wasserbehälter gezogen werden. Moritz wurde nun angeklagt, den Tod des Kindes aus Fahrlässigkeit verschuldet zu haben, weil er es unterlassen hatte, die Bassins, von denen sich drei in dem Gärtnereigrundstück befanden, mit genügenden Schutzvorrichtungen zu versehen. Der Angeklagte machte geltend, daß er sich keiner Fahrlässigkeit bewußt sei, er habe die Bassins, die von Brettern umgeben gewesen seien, gar nicht zudecken können, da das Wasser, das er zum Begießen der Blumen brauche, nicht zu kalt sein dürfe. Der Sachverständige bestätigte, daß die Anbringung einer Schutzvorrichtung nicht üblich sei. Das Wasser müsse den Sonnenstrahlen ausgesetzt und warm sein, wenn es zum Begießen der Pflanzen verwendet werden solle. Auf Grund dieses Gutachtens gelangte das Gericht zur Freisprechung des Angeklagten.

Nachschrift der Redaktion. Wir sind im Gegensatz zum Richter und Sachverständigen der Ansicht, daß hier Fahrlässigkeit vorliegt und daß man Wasserbassins, die nicht verdeckt werden sollen, nicht in die Erde bauen oder eingraben, sondern so hoch stellen muß, daß kleine Kinder nicht hineinfallen können.

Bevorstehende Ausstellungen.

Für die **Große Internationale Gartenbauausstellung**, welche um die Osterzeit 1909 (2. bis 13. April) in den neuen Ausstellungshallen am Zoologischen Garten in Berlin vom „Verein zur Beförderung des Gartenbaues in den preußischen Staaten“ veranstaltet wird, hat die Königliche Staatsregierung nunmehr offizielle Regierungsvertreter ernannt und den Regierungen von Belgien, Holland, England, Frankreich, Schweiz, Italien, Oesterreich-Ungarn, Rußland, Norwegen und Dänemark hierbei die Bitte übermittelt, gleichfalls Regierungsvertreter zu ernennen und besondere Ausstellungskommissionen zu bilden. Die Stadt Berlin, welche den Bestrebungen des Vereins schon seit jeher vollste Sympathie entgegengebracht hat, bewilligte für hervorragende Leistungen Ehrenpreise in der Gesamthöhe von 6000 M. Da eine große Reihe von Behörden und Korporationen diesem Unternehmen Förderung zugesichert haben, auch die Beteiligung hervorragender Aussteller aus dem In- und Auslande feststeht, dürfte diese Internationale Pflanzenschau einen erschöpfenden Ueberblick über den derzeitigen Stand der Gärtnerei geben. Alle Anfragen sind zu richten an das Generalsekretariat des Vereins zur Beförderung des Gartenbaues, Berlin N. 4, Invalidenstr. 42.

Tagesgeschichte.

Berlin. Die Parkdeputation hat kürzlich beschlossen, den mit dem ersten Preise seinerzeit gekrönten Entwurf des Gartenarchitekten Friedrich Bauer (Magdeburg) für den Schillerpark zur Ausführung bringen zu lassen (siehe Plan, Schaubild und Erläuterung in der „Gartenwelt“ No. 39 dieses Jahrganges). Der Plan hat unter den im Frühjahre d. J. eingegangenen zahlreichen Entwürfen u. a. deshalb den ersten Preis errungen, weil darin der bisher in unseren Gartenanlagen nur spärlich vertretene englische Rasen zum Mittelpunkte gemacht ist. Es sind weite Rasenflächen vorgesehen. Sehr wirkungsvoll hat auch Bauer die vorhandenen Hügel benutzt. Oben auf dem größten Hügel sind vier breite Alleen für Spaziergänger vorgesehen, und eine Mauer aus Granit stützt den Hügel, den voraussichtlich ein Standbild Schillers krönen wird. Der Park wird 25 Hektar groß sein, die sich zwischen der Reinickendorfer Grenze und der Müllerstraße erstrecken. Eine entsprechende Vorlage wird der Magistrat der Stadtverordnetenversammlung demnächst zugehen lassen.

Döbeln. Zum Stadtgärtner ernannt wurde vom Stadtrat der städtische Waldwärter Scheunert (!). Diese Ernennung bedeutet zugleich eine Auszeichnung Scheunerts, der seit etwa 20 Jahren die städtischen Waldungen und Anlagen versorgt. — „Städtischer Gartenarbeiter“ wäre wohl in diesem Falle die geeignetere Amtsbezeichnung gewesen (d. Red.).

Duisburg. Die Stadtverordneten haben in ihrer letzten geheimen Sitzung dem Ankauf des Stevenschen Grundstückes zur Vergrößerung des Stadtparkes in Duisburg-Meiderich zugestimmt.

Stettin. Eine neue Laubenkolonie wird voraussichtlich im nächsten Jahre auf dem im Stadtteil Nemitz gelegenen Schulzenlande errichtet werden. Es geht dies aus einer Magistratsvorlage für die nächste Stadtverordnetenversammlung hervor, die sich mit der weiteren Verpachtung des Schulzenlandes an die Kückenmühler Anstalten beschäftigt. Für die Zwecke der Laubenkolonie soll eine 7 Morgen große Fläche bereitgestellt werden.

Wiesbaden. Der Nass. Landesverein für Obst- und Gartenbau hat beschlossen, hier zu seinem Jubiläum im Jahre 1910 eine große Obst- und Gemüseausstellung zu veranstalten.

Bücherschau.

Deutscher Garten-Kalender. 36. Jahrgang 1909. Herausgegeben von Max Hesdörffer. Preis in Leinen geb. mit einer halben Seite weißem Papier pro Tag 2 M, in Leder geb. mit einer ganzen Seite weißem Papier pro Tag 3 M. Verlag von Paul Parey, Berlin SW., 11.

Ein gärtnerisches Taschen- und Hilfsbuch für den täglichen Gebrauch und für tägliche Notizen, das bereits seit 36 Jahren alljährlich mit Spannung erwartet wird und sich im Wandel der Zeiten die Gunst der Fachgenossen zu bewahren wußte, bedarf eigentlich keiner besonderen Empfehlung mehr, doch möchte ich ihm an dieser Stelle, wie seither, ein kleines Geleitwort mit auf den Weg geben.

Wie in früheren Jahren, so war ich auch diesmal bestrebt, den mir in dankenswerter Weise übermittelten Anregungen nach Möglichkeit zu entsprechen. Auf diese Anregungen ist u. a. die vollständige, zeitgemäße Neubearbeitung des Arbeitskalenders, die, den wachsenden Fortschritten des Berufes entsprechend, im Laufe der Jahre schon mehrfach erforderlich wurde, und die Erweiterung der von allen Arbeitgebern gern benutzten Lohntabelle zurückzuführen. Auch die möglichste Herabminderung des Umfanges des Kalenders, um ihn handlicher und bequemer zu machen, wurde in etwas durch Ausmerzung früherer Tabellen und Artikel erreicht, andererseits habe ich aber auch versucht, den Wert des Kalenders durch Aufnahme neuer Beiträge zu erhöhen. Von letzteren seien genannt: Die sich nun der Gebührenordnung des Vereins Deutscher Gartenkünstler anschließenden „Grundsätze für öffentliche Wettbewerbe", und die neue Prüfungsordnung für das Obergärtnerexamen der Gartenbauschule des Gartenbauverbandes für das Königreich Sachsen und diejenige der Kgl. Gartenbauschule zu Weihenstephan, wodurch nun die Prüfungsordnungen sämtlicher höherer Gärtnerlehranstalten vollständig vertreten sind. Von neu aufgenommenen, für die Praxis wichtigen Abhandlungen und Tabellen seien erwähnt: „Betrachtungen über die Schädlingsbekämpfung bei unseren Obstbäumen", vom Herausgeber; eine Abhandlung und Tabelle über „Schnittfarne", vom bekannten Farnspezialisten Otto Bernstiel, Bornstedt-Potsdam; eine äußerst praktisch eingeteilte Tabelle der besten Chrysanthemumsorten für Schnittzwecke, von Obergärtner Curt Reiter; eine Tabelle der besten und bewährtesten neuen Rosen der letzten Jahre, die den bekannten Neuheitenzüchter O. Jacobs zum Verfasser hat, und eine Abhandlung über die beste Ausnutzung der Gewächshäuser durch zeitgemäße geldbringende Kulturen. Eine gründliche Neubearbeitung hat auch der Abschnitt „Gärtnerische Unterrichtsanstalten" gefunden, und die wichtigen Angaben über die Gartenbauvereine des Deutschen Reiches sind wie in früheren Jahren so auch diesmal in sorgfältigster Weise nachgeprüft worden, zu welchem Zwecke zur Richtigstellung den Schriftführern sämtlicher aufgeführter Vereine Korrekturabzüge übermittelt wurden.

So darf ich denn der Hoffnung Raum geben, daß der wie immer durch die Verlagsbuchhandlung vorzüglich ausgestattete „Deutsche Garten-Kalender" sich auch in seinem neuen 36. Jahrgange zu den alten Freunden zahlreiche weitere hinzugewinnen möge, um in jeder Hand Nutzen zu stiften. **M. H.**

Personal-Nachrichten.

Heine, Carl, bisher in Erfurt, übernimmt am 1. Dezember dieses Jahres die Leitung der Obstanlagen „Posener Plantagenhaus", Elsemühle bei Posen.

Lesser, Ludwig, Garteningenieur, Zehlendorf-Berlin, wurde von der „Berliner Terrain-Zentrale", Berlin, als Gartendirektor zur Ausarbeitung der Projekte und zur Oberleitung der umfangreichen öffentlichen Parkanlangen der neuen „Gartenstadt Frohnau" an der Nordbahn berufen.

Oertel, Adolf, bisher schon mit der technischen Leitung des Botanischen Gartens der Universität Halle a. S. betraut, wurde am 1. d. M. fest angestellt und zum Kgl. Garteninspektor ernannt.

Otter, Obergärtner, konnte dieser Tage auf eine 40 jährige Dienstzeit in der herrschaftlichen Gärtnerei in Gralow zurückblicken. Der Jubilar hat die Feldzüge 1866 und 1870/71 mitgemacht.

Schneiberg, Gottlieb, Blumengeschäftsinhaber in Pilsen, Fodermayergasse, erhielt den Titel eines Kammerlieferanten Sr. kaiserl. Hoheit des Erzherzogs Karl Franz Josef.

Preisausschreiben der „Gartenwelt".

Von dem Bestreben geleitet, die „Gartenwelt" andauernd so interessant als möglich zu gestalten, damit sie sowohl textlich, als auch in bezug auf die bildliche Ausstattung weitgehendsten Anforderungen genügt, haben wir uns entschlossen, unserem ausgedehnten Leserkreise durch ein Preisausschreiben erneut Anregung zu zweckdienlicher Mitarbeit zu geben.

Zur Erlangung möglichst kurz gefaßter, nicht mehr Text als etwa eine bis drei Druckspalten der „Gartenwelt" umfassender Abhandlungen **über neue, zeitgemäße oder nutzbringende gärtnerische Kulturen, einschließlich Freilandkulturen und Wintertreiberei,** wenn möglich mit guten, für die Reproduktion geeigneten Aufnahmen, setzen wir hiermit

400 Mark

aus, die **in 10 Preisen** zur Verteilung gelangen. Erster Preis 100 M, zweiter Preis 80 M, drei dritte Preise von je 40 M = 120 M, fünf weitere Preise von je 20 M = 100 M, in Summa 400 M. Falls Photographien beigegeben werden sollen, können dieselben entweder Einzelpflanzen, ganze Kulturen oder bemerkenswerte Kultureinrichtungen darstellen.

Mit diesem Preisausschreiben wenden wir uns ausschließlich an gärtnerische Praktiker. Es liegt uns in erster Linie daran, Beiträge über vorbildliche, lohnende und neue, aber in der Praxis erprobte Kulturverfahren zu erhalten. Bei Beurteilung der eingereichten Arbeiten kommen also stilistische Leistungen nicht in Frage, die Schriftstücke müssen aber gut lesbar sein, wir unterziehen uns dann, wenn erforderlich, gern der Mühe, sie für den Druck zu bearbeiten.

Alle sich auf dieses Preisausschreiben beziehenden Einsendungen müssen so beschaffen sein, daß der Einsender äußerlich nicht kenntlich ist. Jede Einsendung ist mit einem Kennwort zu versehen und ihr ein mit gleichem Kennwort versehener, verschlossener Briefumschlag beizufügen, in welchem Name und Adresse des Einsenders enthalten sind. Schlußtermin für alle Einsendungen ist der 15. Januar 1909. Das Ergebnis dieses Preisausschreibens wird Mitte Februar 1909 bekannt gemacht. Die Redaktion behält es sich vor, nicht prämiierte, aber zur Veröffentlichung in der „Gartenwelt" geeignete Einsendungen gegen entsprechendes Honorar zu erwerben.

Wir bitten alle Freunde und Gönner der „Gartenwelt", unsere Bestrebungen durch zahlreiche Beteiligung an diesem Preisausschreiben zu fördern.

Redaktion der Gartenwelt.

Berlin SW. 11, Hedemannstr. 10. Für die Redaktion verantwortlich Max Hesdörffer. Verlag von Paul Parey. Druck: Anhalt. Buchdr. Gutenberg e. G. m. b. H., Dessau.

.S. Tognetti & C.

8 Via Ferrucio [1984

Florenz (Italien).

nd gegen Nachnahme per 5 kg-Korb frachtfrei nach Deutschland:

beerblätter, Florentiner Ia. Ia.	M	3,50
gnollenblätter, IIa.	„	3,20
schlorbeerblätter, Ia. Ia.	„	3,20
beerzweige, Ia. Ia.	„	2,50
gnollenblätter, Ia. Ia.	„	4,80
ubablätter, Ia. Ia.	„	6,—
zweige mit roten Beeren	„	3,60
ntasie, zierl. Mischung	„	3,20
erblätter, schwarz und braun präp.	„	3,60
hlorbeerblätter „ „ „ „	„	3.80
olienblätter „ „ „ „	„	4.—
erzweige „ „ „ „	„	2,70
nzweige, braun	„	3,—
nzweige, braun präp.	„	3,20
nzweige, lila	„	4,50
„ orange, grün u. rosa	„	5,—
„ dunkelrot	„	4,30

Lafayette

leuchtend samtig-scharlach.

ichtvolle, gefüllte Topf- und Gruppen-Begonie,

Vermehrungsknollen 10 St. 5 M, 100 St. 45 M, [1535
ke Knollen 10 St. 4 M, 100 St. 35 M,
fiehlt unter Garantie für Echtheit
Kasse od. Nachn. evtl. 3 Mon. Ziel

Ag. Heym,
hleusingen, Bez. Erfurt.

Starke

Alleebäume.

Grosse Vorräte von Linden, Ulmen, Ahorn usw. in prachtvoller, verpflanzter Ware mit schönen Kronen.

Sträucher und baumart. Gehölze

in allen Stärken und grosser Sortenwahl.

Obstbäume.

Sehr grosse Vorräte in allen Grössen und Formen, namentlich starke Spaliere u. Pyramiden.

Koniferen.

Taxus baccata u. fastigiata, Blautannen etc., mit festem Ballen.

Man verlange unser neuestes Preisverzeichnis.

Bei grösserem Bedarf u. Waggonladungen besonderes Vorzugsangebot mit **billigsten** Preisen.

240 Morgen Baumschulen.

J. Timm & Co.,
Baumschulen, [91
Elmshorn in Holstein.

Rhododendron

von 50 Pfg. bis 50 Mark pro Stück.

P. van Noordt & Söhne
Gartenbaubetrieb
Boskoop (Holland).

[1883

Spezial-Offerte!

Holländische Blumenzwiebeln.

Hyazinthen.	Mark per Stück	Mark per 100
Mit Namen in Farben für Töpfe	0,15	10,—
Mit Namen in Farben für Beete oder Schalen	0,13	7,50
Mit Namen in Farben, gem.	0,10	5,—
Tulpen mit Namen für Töpfe	0,10	4,—
mit Namen für Beete oder Schalen	0,08	3,—
gemischt	0,06	1,50

	Mark per Stück	Mark per 100
Crocus, gemischt	—	0,90
Narzissen, gemischt	0,03	1,—
Anemonen, gemischt	0,02	0,90
Ranunkeln, gemischt	0,02	0,80
Iris Anglica	0,04	2,—
„ Hispanica	0,02	0,80
Gladiolen, gemischt	0,04	1,80

Alle anderen Sorten laut Preisverzeichnis. [1763

P. de Jong, Hillegom-Haarlem, Holland.

Lohnende Reise!

Der Besuch unserer Baumschulen (540 pr. Morgen) und Pflanzenkulturen (60 grosse Palmen- und Gewächshäuser) muss jedem Kollegen dringend empfohlen werden. Wagen zur Besichtigung der grossen Kulturen steht zur Verfügung. **Kein gärtnerisches Unternehmen Deutschlands kann den Besuchern Interessanteres bieten.** [1406

Jac. Beterams Söhne,
Geldern a. Niederrhein.

Obst-Gestelle mit auswechselbaren Gitterhorden, auch zur Aufbewahrung von Flaschen, Gemüse, Kuchen, Eiern usw.

Nr.	1	2	4	5
mit	4	6	6	9 Horden
	60×50	60×50	100×50	100×50 cm
Preis	9.—	12.—	15.—	20.— M

Verhütet Fäulnis!

Einzig richtige Aufbewahrung.
Bequemstes Sortieren!
Beste Uebersicht.
Ausführung: Sauber, solid, zweckmässig, mit gezinkten, dauerhaften Horden.

Wirtschafts-Wagen No. 50
1-2 Ztr. Tragkraft
Kasten 95×55 cm
Preis Mk. 14.—.

Obst-Schränke.
Haus- und Küchengeräte.
Wagen und Karren 2- und 4-rädrig für Haus u. Geschäft bis 15 Ztr. Tragkr.
Tausende im Gebrauch!

Reich illustr. Preisl. No. 22 gratis.

Holzwarenfabrik FLEMMING
Globenstein No. 22, Post Rittersgrün, Sa.
Grossbetrieb mit eigenem Gleisanschluss.
[H. 1590

[1462

W. Aldinger
Baumschulen
Feuerbach-Stuttgart.
Anerkannt gute u. billige Bezugsquelle für alle Baumschul-Artikel. Specialität: Spaliere u. hochst. Obstbäume, Zierbäume, Rosen, Sträucher, Beerenobst, Coniferen etc.
10 Hectar Areal.
Belehrender illustr. Catalog gratis.

Goldparmänen

à Zentner 10 Mark, sowie andere gute Tafel- und Wirtschaftsäpfel, liefere in jedem gewünschten Posten zu soliden Preisen. [1952

W. Fischer, Schöneich
bei Guben.

Johs. von Ehren,

Baumschulen,
Nienstedten (Holst.) b. Hamburg,
empfiehlt

in gut kultivierter Ware und reicher Auswahl **Koniferen, Rhododendron, Ilex, Buxus, Azaleen, Kalmien, Andromeden. Solitär-Bäume** und **-Sträucher. Stämmige** und **niedere, Hänge-** und **Schlingrosen,** in schönen Sorten. **Vorpflanz-, Deck-** u. **Mittelsträucher, Obstbäume** in allen Formen und schönen Sorten in starker grossverschulter Ware. **Johannis-** und **Stachelbeeren** in stämmiger und buschiger Form, **Himbeeren, Brombeeren, Erdbeeren, Strassenbäume, Hecken-** und **Schlingpflanzen.**

Grössen und billigste Preisaufgabe auf gütige Anfrage umgehend. [7

Mein reichhaltiger **Hauptkatalog** mit Beschreibung u. Abbildung über

Winterharte Stauden

zur Schnittblumengewinnung, zur Ausschmückung von Gärten und Parks, Grotten, Felspartien u. Teichen

Winterharte Freilandfarne und Eriken, Alpenpflanzen ▪ Edel-Dahlien

und als Spezialität: [17

Primula obconica „Ronsdorfer Hybriden"

meiner in Grösse und Färbung noch unübertroffenen Züchtungen, wird auf Verlangen **kostenlos** übersandt.

Georg Arends

Staudengärtnerei und Samenhandlung,

Ronsdorf (Rhld.).

Seifen direkt ab Fabrik!

Prima Wasch-Seife in 5 Sorten sort.
Postpaket = 9 Pfd. Inhalt M 3.—
Bahnkiste = 25 Pfd. Inhalt M 7,50
ff. Toilette-Seife. — **Kein Abfall!**
50 Stück = ca. 9 Pfd. nur M 5,—
in 25 Sorten sortiert u. in div. Gerüchen. Sehr milde. Garantie Ia. Qualitäten.
Probepaket mit:
8 Pfd. Prima Waschseife und 1 Dtzd. feinste Toilette-Seife M 4,—.

Alles franko gegen Nachnahme.

Hoffmann & Krügel, Cöthen i. A. 92. [1760

Garten- und Okuliermesser

nur I. Qualität!

Hecken-Scheren [1808

aus Stahl!

Sämtliche **Garten-Werkzeuge.**

Abner & Co., G. m. b. H.,

:: Ohligs. ::

Spezialfabrik für Rasenmäher etc. etc.

[1805]

Herbst-Preis-Liste 1908
über echte **Haarlemer Blumen-Zwiebeln**
Samen, Obstbäume, Rosen u. Gehölze etc.
in Elite-Qualitäten
versendet gratis u. franko
E. Boese & Co.
Berlin C. 25
Gegründet 1844.

Mahonienblätter

schöne, grosse Ware, ‰ 3.— Mark, gibt ab so lange der Vorrat reicht

Max Franz,

Kunst- und Handelsgärtnerei,

WOLDEGK (Meckl.). [1944

Philipp Geduldig

Pannesheide-Kohlscheid

Bezirk Aachen [1318

Rosenschulen.

Hochstämmige und niedrige Rosen, Treibrosen. ::
Massenanzucht von Neuheiten eigener und fremder Einführungen.

Man verlange den Hauptkatalog und die Neuheitenliste.

Ausgeführt für das Genesungsheim in Hohenwiese im Riesengebirge.

Gustav Bild Fabrikgeschäft

(Inhaber: **Hermann Bild**)

Brieg, Bez. Breslau.

Gegründet 1839.

Spezialfabrik für **Gewächshäuser solidester Ausführung** mit Pitchpine- u. Lärchenholzsprossen auf Eisen-Tragkonstruktion. Sicher funktionierende **First- u. Sockellüftung** mit Zentral-Antrieb. **Zweckentspr. Inneneinrichtungen. Spritzwasserleitung. Schattendecken.**

Bewährte moderne Zentralheizungen

mit Oberleitung und Gegenstrom-Gliederkessel. [87

Frühbeetfenster * Spaliere * Drahtzäune * Eisenkonstruktionen.

Kataloge, Projektzeichnungen und Kostenanschläge gern zu Diensten.

Prämiiert Gartenbau-Ausstellung Leipzig 1904 und Chemnitz 1905.

Bereits in über **2500** Gärtnereien im Gebrauch. [1869

Der praktischste und billigste

Heizapparat

Petroleum - Gas. Heiz - Effekt 700° C.

☛ **Unentbehrlich für jeden Gärtner,**
☛ **Erzeugt sofort die nötige Wärme.**

Ganz geringer Petroleumverbrauch.

Absolut rauch-, und geruchfrei.

Beansprucht keine Bedienung. — Leicht transportabel. — Grösse nur 40 cm. — Ermöglicht die Aufstellung an jedem gewünschten Ort, auch als Zimmerheizofen. — **Preis 16 Mark.** — Versand per Post franko gegen Nachnahme oder vorherige Kasse.

Schreiber & Co.

Dresden-A., Mittelstrasse 18.

Spezialfabrik für Heiz- und Kochapparate.

Stauden- und Baumschul Kulturen!

In allen einschlägigen Artikeln:

Vom Guten das Beste!

Unter anderem grosse Bestände d feinsten Auswahl in:

Paeonia sinensis, Paeonia arborea, Clematis.

Reichhaltiges Verzeichnis mit Beschreibungen und Abbildungen frei

Goos & Koenemann

Grossh. Hess. Hoflieferanten

Nieder-Walluf bei Wiesbaden

Staudenkulturen und **Baumschulen** für Obstbäume, Koniferen, Rosen und Ziergehölze. [

Rheinisches Gartengl

anerkannt kräftigstes Fabrikat, c zu Frühbeet- u. Gewächshausfens besonders geeignet und bevor liefert in allen gangbaren Maßen, fe **Rohglas** glatt u. gerippt, sowie **Ia. Glaskitt,** garantiert schwerspatfrei, bestschneidende **Glaserdiamanten** billigst. [

Würzburger Glas- und Ho manufaktur N. Stern, Würzb

Buchenlaub, rotbr

P
M

herbstlich, gelb, rot, grün . „
Ruskus rot, lila, braun u. grün „
gelb, hochrot, orange etc. . „
Adlerfarnwedel rotbraun . „
Island-Moos, hochfein weisse „
Pinien, sortiert, pr. ‰ M 16, Postkolli . . . . „
Silberdistein, % M 1,25, gelb-orange . . . . „
Magnolienblätter, braun präp. „
Ital. Eichenzweige, rot präp. „
Cycas, je 100 Meter . . . „

Grossisten bitte Offerte einzuho

Fritz Klein I., Burbach

Fabrik präpar. Artikel.

[1996]

Avenarius-Baumspritzmitte

Erstklassiges sog. wasserlösliches Carbolineum.

R. AVENARIUS & Co.

Stuttgart, Hamburg, Berlin u. Köln

Hof-lieferant **J. C. Eberh**

Speyer a. Rh.

versendet zu zivilen Preisen

Physalis franchetti, getrocknet, leuchtend roten Schoten.
Physalis edulis (essbare Judenkirs
Oxalis esculenta, Glücksklees
Stachys tuberifera.
Kaiser Wilhelm Buschbohnen verb. I
Hochfeine **Herbst- und Wintertafel**

Druck der Anhaltischen Buchdruckerei Gutenberg e. G. m. b. H. in Dessau

Die Abonnenten erhalten mit diesem Heft eine farbige Kunstbeilage.

Die Gartenwelt.

Illustrierte Wochenschrift für den gesamten Gartenbau.

Herausgeber: Max Hesdörffer-Berlin.

Erscheint jeden Sonnabend.
Monatlich eine farbige Kunstbeilage.

Bezugsbedingungen:
…h jede Postanstalt bezogen Preis 2.50 M. vierteljährl. In Österreich-Ungarn 3 Kronen. …direktem Bezug unter Kreuzband: Vierteljährlich 3 M. Im Weltpostverein 3.75 M. Einzelpreis jeder Nummer 25 Pf.
…ohne Vorbehalt eingehenden Beiträgen bleibt das Recht redaktioneller Änderungen …rbehalten. Die Honorarauszahlung erfolgt am Schlusse jeden Vierteljahrs.

Anzeigenpreise:
Die Einheitszeile oder deren Raum 30 Pf.; auf der ersten und letzten Seite 50 Pf. Bei grösseren Anzeigen und Wiederholungen steigender Rabatt. Beilagen nach Übereinkunft. Anzeigen in der Rubrik Arbeitsmarkt (angebotene und gesuchte Stellen) kosten für Abonnenten einmalig bis zu 10 Zeilen Raum M. 1.50, weitere Zeilen werden mit je 30 Pf. berechnet. Erfüllungsort auch für die Zahlung: Berlin.

Adresse für Verlag und Redaktion: Berlin SW. 11, Hedemannstrasse 10.

XII. Jahrgang No. 59.	Verlag von Paul Parey, Berlin SW. 11, Hedemannstr. 10.	14. November 1908.

Beilage zur illustrierten Wochenschrift
„Die Gartenwelt".

Ideale Amaryllis-Hybride
Züchtung von
GEORG BORNEMANN, BLANKENBURG a. HAR

Verlag von Paul Parey in Berlin.

Illustrierte Wochenschrift für den gesamten Gartenbau.

Jahrgang XII. 14. November 1908. No. 59.

Zwiebel- und Knollengewächse.

Die Amaryllis oder Rittersterne. (Hippeastrum, Herbert.)

Von H. Nehrling.

II.

Hybriden. (Schluß).

(Hierzu die Farbentafel und neun Abbildungen.)

Mit der Firma James Veitch & Sons wetteiferten in England bald zahlreiche Blumengärtner und Liebhaber in der Amarylliszucht. Ich habe bereits erwähnt, daß die Sammlung des Major G. L. Holford als die beste gilt, die es überhaupt gibt. In den Kreisen der Amaryllisfreunde sagt man, daß die Firma Robert P. Ker & Sons in Liverpool die obengenannte alte Firma weit überflügelt habe (siehe die verschiedenen Abbildungen der von Ker gezogenen Amaryllis). Ich kannte diese Züchtungen nicht aus eigener Anschauung, habe aber mehrere hundert Sämlinge in Kultur. In neuester Zeit hatte ich nun Gelegenheit, eine Auswahl der herrlichen, von der Firma R. P. Ker & Sons gezogenen *Amaryllis* in Blüte zu sehen. Ich erhielt Anfang dieses Jahres zwei Dutzend sehr starker Zwiebeln dieser sogenannten Aigburth-Hybriden, die, wie mir Herr Ker mitteilte, nicht das Schönste, sondern nur ältere Sorten sind. Als sie in Blüte kamen, war ich überrascht von ihrer Farbenpracht und Formvollendung, und ich muß gestehen, daß ich nie etwas ähnliches auf diesem Gebiete geschaut. Ich verstehe jetzt recht wohl, weshalb diese Firma auf allen großen Ausstellungen goldene Medaillen und erste Preise für ihre Amarylliszüchtungen einheimst.

Hippeastrum-(Amaryllis-)Hybriden von Robert P. Ker & Sons, Liverpool (England). Neue Züchtungen.
Originalaufnahme für die „Gartenwelt".

Nachstehend gebe ich ein Verzeichnis der bei mir zur Blüte gekommenen Sorten und verweise den freundlichen Leser auf die beigegebenen, vielen prächtigen Abbildungen dieser Züchtungen:

Nestor, überaus herrlich, glühend tiefrot mit weißen Spitzen.

Spectabilis, herrlich rot, die Segmente weiß gespitzt.

Speciosa, Schlund und Spitzen weiß, die Mitte tief dunkelrot. Diese drei zeigen deutlich ihre Abstammung von *H. Leopoldi*, aber sie sind ungemein kräftig im Wachstum.

Model, rahmweiß, mit roten Streifen und Aderungen.

Cupid, fast reinweiß, wenig rot gestrichelt.

Scarlet Gem, rein leuchtend scharlachrot.

Ruby Gem, herrlich rubinrot.

Finette, ganz weiß, nur einige rötliche Streifen.

Aphrodite, weiß, rot gestreift und gefedert.

Calliope, scharlachrot, rosarot angehaucht.

Cornut, tief rosarot, ähnlich der Rose *Général Jacqueminot*.

Alba rosea marginata, reinweiß, alle Segmente rosarot gerändert.

Apollo, tief karminrot, Schlund weiß.

Eclatante, rot mit purpurfarbenem Schimmer.

Carminata, überaus herrliche, neue Farbenzusammenstellung; Grundfarbe ein schönes, helles Rosarot, die ganze Blüte ist rot gesprenkelt.

Progress, leuchtend rot.

Sappho, tief karminrot.

Andromeda, sehr heller Grund, rote Adern.

Iris, weiß, mattrote Adern.

Aurora, hellrötlich, stark rot geadert.

Minerva, hellrote Grundfarbe, weißes Band und weiße Adern.

Flora, weiß, sehr mattrot gerändert und geadert.

Melpomene, rötlich-weiß, stark rot geadert.

Cassandra, rot, weiß geadert.

Andromache, violettrot, neuer Farbenton.

Außerdem hat die Firma noch eine lange Reihe ganz wunderbar herrlicher, rein rosaroter Sorten gezüchtet. Ich erhielt *Pink Beauty*, hellrosarot mit weißem Stern, als Probe.

Hippeastrum Snowdon, bisher schönste weiße Hybride, von C. R. Fielder gezüchtet.
Originalaufnahme für die „Gartenwelt".

Ganz besonders gerühmt werden *Pink Pearl* und *Rose Perfection*. Alle diese Sorten, wie vorstehend kurz beschrieben, haben eine vollkommene Form, wie dies ja auch alle die uns freundlichst überlassenen Bilder dartun.

Mit der Firma James Veitch & Sons wetteiferte zunächst nur der verstorbene B. S. Williams in London, ein Mann, der große Begeisterung zeigte und anderen gern mit Rat und Tat zur Seite stand. Er zog die heute noch beliebte, kleine, ganz rote, sehr leuchtende und in der Form vollkommene Hybride *H. Dr. Masters*, und zwar von *H. pardinum*. Später benutzte er mit Vorliebe *H. Leopoldi* bei allen seinen Kreuzungen, wie es seine wunderschönen, sehr an jenes erinnernden Hybriden *H. Ophelia, Holloway Belle, Lady Ardilaun* und *Lord Brassey* dartun. Weiterhin verlegte er sich mit Vorliebe darauf, neue herbstblühende Hybriden von *H. reticulatum* zu züchten, was ihm auch mit großem Erfolge gelang. Ich werde auf diese Rasse noch zurückkommen.

Niemand in England hat soviel dazu beigetragen, die Amarylliskultur in den weitesten Kreisen zu verbreiten, wie Herr James Douglas, ein hervorragendes Glied der Royal Horticultural Society. Seine schön geschriebenen, von großer Begeisterung Zeugnis ablegenden Aufsätze über *Amaryllis* und deren Kultur erscheinen schon seit einem Menschenalter, namentlich in „The Garden" und „The Gardeners Chronicle", sowie im „Journal of the Royal Horticultural Society". Er hat auch selbst eine große Anzahl moderner Hybriden geliefert, welche an Schönheit mit den allerbesten wetteiferten und sie in Form noch übertrafen.

Bisher fehlte noch eine ganz reinweiße *Amaryllis*. Diese scheint jetzt in der Form *H. Snowdon* (siehe auch Abbildung und Beschreibung in „The Gardeners Chronicle" Heft 30, 1904, p. 283 und „Gartenwelt", Band IX, S. 367) erlangt worden zu sein; das Ideal und der Traum der Floristen ist zur Wahrheit geworden. Die Blume ist sehr groß, schön geformt, von langer Blütendauer, reinweiß und zeigt nur in der Röhre ein mattes Grün. C. R. Fielder, Gärtner bei Frau Burns, North Mimms Park, England, erlangte sie durch jahrelange sorgfältige Zuchtwahl.

In dem Garten von Sir Charles W. Strickland in Hildenley und in dem des Herrn A. Worsley in Isleworth, letzterer ein berufener Nachfolger des Dean Herbert, werden ganz besonders die ursprünglichen Arten gezogen und gekreuzt.

Ich begann meine Züchtungsversuche in größerem Maßstabe im Jahre 1890, als ich mir in Milwaukee ein kleines Gewächshaus eingerichtet hatte, und zwar mit den de Graaffschen und Veitchschen Hybriden, doch benutzte ich auch *H. Johnsonii, H. Ackermannii pulcherrimum, H. reginae, H. equestre* (Abbildung siehe „Gartenwelt", Jahrgang IX, auf Seite 368), *H. solandriflorum conspicuum* und ganz besonders *H. Leopoldi*, anfangs auch *H. vittatum* und dessen beste Hybriden und Mischlinge. Diese letzteren Versuche erwiesen sich jedoch als ein Fehlschlag. Obwohl recht schöne Farbenzusammenstellungen erzielt wurden, war doch die Form der Blüten unvollkommen, die Blumenblätter schmal und spitz, und die Konstitution schwach, wie es meistens bei den *H. vittatum*-Hybriden der Fall ist. Ich habe diese Rasse deshalb ganz aus meiner Sammlung ausgemerzt. Durch *H. equestre* bekam ich ganz wunderbar leuchtende, orangerote Farbentöne, durch *H. Leopoldi* tief rote Blumen ohne irgendwelche Nebentöne, auch rote Blumen mit weißem Schlunde und weißen Spitzen.

Hippeastrum Snow King, neueste reinweiße Hybride, gezüchtet von Robert P. Ker & Sons.
Originalaufnahme für die „Gartenwelt".

Durch Neuanschaffungen der besten von James Veitch & Sons gezogenen Formen suchte ich immer meine eigenen Züchtungen zu verbessern. Als Veitch die eigenartig-schöne *Ideala* in den Handel brachte, sandte ich sofort eine Bestellung nach Chelsea, mußte aber zu meinem Leidwesen erfahren, daß diese Züchtung schon verkauft war; erst ganz kürzlich erfuhr ich, daß sie ihren Weg nach Deutschland gefunden hatte. Vor einigen Jahren erschien in der „Gartenwelt" (Band IX, S. 134)

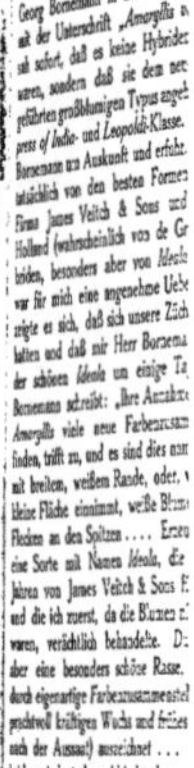

ein sehr schönes Bild, die neuen Mischlinge des Herrn Georg Bornemann in Blankenburg am Harz darstellend, mit der Unterschrift „*Amaryllis vittata*-Hybriden". Ich sah sofort, daß es keine Hybriden der genannten Art waren, sondern daß sie dem neuen, von Veitch eingeführten großblumigen Typus angehörten — der *H. Empress of India*- und *Leopoldi*-Klasse. Ich bat daher Herrn Bornemann um Auskunft und erfuhr, daß seine *Amaryllis* tatsächlich von den besten Formen der Sammlung der Firma James Veitch & Sons und einer Anzahl aus Holland (wahrscheinlich von de Graaff) bezogener Hybriden, besonders aber von *Ideala* abstammten. Dies war für mich eine angenehme Ueberraschung, denn hier zeigte es sich, daß sich unsere Züchtungspläne gekreuzt hatten und daß mir Herr Bornemann in der Erwerbung der schönen *Ideala* um einige Tage zuvorkam. Herr Bornemann schreibt: „Ihre Annahme, daß unter meinen *Amaryllis* viele neue Farbenzusammenstellungen sich finden, trifft zu, und es sind dies namentlich rote Blumen mit breitem, weißem Rande, oder, wo das Rot nur eine kleine Fläche einnimmt, weiße Blumen mit großen roten Flecken an den Spitzen .... Erzeugt wurden sie durch eine Sorte mit Namen *Ideala*, die ich vor etwa zehn Jahren von James Veitch & Sons für 60 Mark kaufte, und die ich zuerst, da die Blumen nicht besonders schön waren, verächtlich behandelte. Durch sie erhielt ich aber eine besonders schöne Rasse, die sich nicht nur durch eigenartige Farbenzusammenstellung, sondern durch prachtvoll kräftigen Wuchs und frühes Blühen (d. h. bald nach der Aussaat) auszeichnet ... Viele meiner Hybriden sind stark wohlriechend ... Meine *Amaryllis* stammen also von Veitch und ich habe zur Blutauffrischung etwas holländische Rasse dazu genommen. Im allgemeinen stehen die holländischen (auch die de Graaffschen) *Amaryllis* bedeutend hinter denen von Veitch und Ker zurück, weil sie erst im fünften Jahre nach der Aussaat, oft noch später blühen, während die meinigen im dritten, oft schon im zweiten Jahre nach der Aussaat blühen. Das Wachstum ist ein viel schnelleres und kräftigeres. Sehr bestrebt bin ich auch, einfarbige, d. h. *Amaryllis* mit Blumen ohne jegliche andere Zeichnung, ohne Bänder und ohne Grün heranzuziehen, und es ist mir das namentlich bei den roten gelungen. Eine rein weiße habe ich noch nicht erhalten, bin aber dicht daran."

Neue Hippeastrum-(Amaryllis-)Hybriden von Robert P. Ker & Sons.
Originalaufnahme für die „Gartenwelt".

Neue Hippeastrum-(Amaryllis-)Hybriden von Robert P. Ker & Sons.
Originalaufnahme für die „Gartenwelt".

Anfangs August erhielt ich nun dreißig herrliche, von der Künstlerhand der Frau Bornemann gemalte Aquarelle, ebensoviele neue Formen darstellend, von Herrn Bornemann zur Ansicht zugesandt. Ich war im höchsten Grade überrascht und erfreut, als ich diese kostbare Sammlung Blatt für Blatt anschaute. Jede dieser imposanten, formvollendeten Blumen zeigte mir, daß Herr Bornemann nicht nur meine eigenen Hybriden durch seine Züchtungen weit in den Schatten stellte, sondern daß sich dieselben den besten englischen Formen getros. an die Seite stellen können. Ich habe die besten von Eugène Souchet und James Kelway gezogenen *H. vittatum*-Hybriden besessen, aber alle waren ganz anders, nicht nur in der Farbe, sondern namentlich in der Form. Die Bornemannschen Züchtungen haben mit diesen nichts gemein. Die Farben variieren vom schönsten Lapagerienrot, Lachsrot, Rosenrot und Zinnober bis zum auffallendsten Cliviengelb, ferner von Rahmweiß und Rosaweiß bis fast zum reinsten Weiß, und die Blüten sind von wunderbarer Form und Größe.

Meine Rasse ist aus etwa 30 Sorten von Veitch, 24 von de Graaff, etwa 10 von Williams und etwa 20 von James Douglas, einer Anzahl von Kenneth Finlayson und aus Kreuzungen zwischen diesen und *H. Johnsonii, H. Ackermannii pulcherrimum, H. equestre, H. reginae, H. Leopoldi* und *H. solandriflorum conspicuum* entstanden — es sind darunter viele hundert herrlicher Hybriden —, aber als ich diese Aquarelle sah, da mußte ich mir selbst eingestehen, daß meine Züchtungen an Schönheit, Farbenschmelz und Form nicht mit denen des Herrn Bornemann zu wetteifern vermögen. Ich glaubte in der Mitte der neunziger Jahre das Beste zu haben, was es gibt und hatte es auch, aber neue Sorten kamen in den Vordergrund, und da ich Neuanschaffungen seit 1897 nicht machte, so bekamen andere Züchter einen Vorsprung. Es tut mir leid, daß ich dem Leser nicht die ganze Sammlung der 30 Aquarelle, sondern nur eines (siehe Farbentafel) vorführen kann, denn erst aus allen kann man sich einen Begriff jener schönen Züchtungen machen.

Hier in Amerika waren es zunächst deutsche Gärtner und besonders Liebhaber, welche die *Amaryllis* durch Kreuzung zu vermehren und zu verbessern suchten. In den achtziger Jahren zog Herr W. Otto Gronen, ein Ingenieur des Arsenals der Vereinigten Staaten in Rock Island, Ill., einige ganz wundervolle Hybriden von *H. psittacinum*, welche er mit Veitchs *Brilliant* kreuzte. Drei derselben waren so schön, daß er sie benannte — *Kohinoor, Mme Modjeska* und *Margaret Pomfret*. Erstere hatte eine tiefscharlachrote Grundfarbe, jedes Blumenblatt war an der Spitze breit gelblichweiß und im Innern der Röhre ebenfalls gelblichweiß; die zweite Sorte erinnerte stark an die schöne Nepallilie, *Lilium nepalense*, mit grünlichgelber Mitte, sehr dunkelroter Grundfarbe und an den Spitzen sehr breit rahmweiß; die dritte war ähnlich, nur zeigte sie kein Weiß in der Röhre. Die Blumen waren klein, nur etwa 6 Zoll im Durchmesser, aber von vollkommener Form. Ich habe nie wieder so schöne und so eigenartige Farbenzusammenstellungen gesehen. Es würde sich der Mühe lohnen, dieses Experiment zu wiederholen.

Herr P. H. Oberwetter in Austin, Texas, ein anderer Amaryllisfreund, benutzte ebenfalls *H. psittacinum*, welches er mit van Eedens *Fidelio* und *Count Cavour* kreuzte. Er erzeugte eine Rasse sehr eigenartiger, gerade nicht besonders farbenprächtiger, aber ungemein reichblühender Hybriden, die im texanischen Klima vollständig ausdauernd waren.

Herr H. Pfister, der 30 Jahre Obergärtner im Weißen Hause in Washington, der Wohnung des Präsidenten, war, zog jährlich Hunderte von Hybriden. Auch er ging seinen eigenen Weg, benutzte jedoch die van Houtteschen Züchtungen und auch *H. psittacinum* stark zu seinen Kreuzungen. Diese befruchtete er dann später wieder mit den besten Veitchschen Formen, und zwar mit ganz ausgezeichneten Erfolgen. Eine schön geformte, ganz rosarote *Amaryllis* nannte er *Mrs Cleveland*. Herr Pfister liebt ganz besonders die mittelgroßen Sorten. Durch Kreuzungen der herrlichen roten Hybride *Dr. Masters* mit einer prächtigen Form von *H. pardinum* zog er eine ganz neue Rasse. Sie alle waren auf weißlichem, rahmweißem und hellrotem Grunde stark dunkelrot gefleckt, und die Form aller war sehr schön und symmetrisch. Die besten nannte er *Ruth, Marion* und *Esther*, nach Präsident Clevelands Töchtern. Sie blühten schon im Alter von 18 Monaten, aber es standen immer nur zwei Blüten auf einem Stengel. Die Zwiebeln wurden nicht größer als eine kleine Walnuß, setzten aber, ebenso wie *Dr. Masters*, reichlich Brutzwiebeln an. Sie verlangten eine sorgfältige Kultur und fortwährende Beaufsichtigung.

Neuerdings hat auch Luther Burbank, der bekannte Pflanzenzüchter in Santa Rosa, Kalifornien, die Hybridisation der *Amaryllis* zu seiner Spezialität gemacht; seine Züchtungen wurden mit großem Klimbim*) der Welt als das Hervorragendste auf diesem Gebiete vorgeführt. In Kalifornien wachsen *H. vittatum* und dessen Hybriden ganz vorzüglich. Diese sind es zunächst, welche von Burbank ganz bedeutend verbessert wurden. Aber er hat auch eine großblumige Rasse mit ganz wundervollem Farbenreichtum hervorgebracht. Daß dieselben in der Form den neuen Bornemannschen Hybriden gleichkommen, bezweifele ich. Ich habe jetzt 24 derselben in Kultur und muß staunen über den imposanten Wuchs und die riesigen Zwiebeln. Blätter von 45 Zoll Länge und 3 Zoll Breite sind Regel. Diese Sorten haben bei mir noch nicht geblüht, es sollen aber weißgrundige mit roten Flecken, rotgrundige mit weißen Flecken und ganz gelbe, selbst gefüllte, darunter sein. Diese, von Burbank gezogenen Riesenamaryllis haben meist die Eigenschaft, daß sie sich durch Nebenzwiebeln ziemlich stark vermehren, was man leider von den modernen *Amaryllis* nicht sagen kann. Ich habe *Empress of India* schon seit 20 Jahren in Kultur und habe erst 13 Zwiebeln, *Southey* fast ebenso lange mit nur 12 Zwiebeln, *Crown Princess of Germanu* seit 17 Jahren mit 13 Zwiebeln, *Serapis* und *Star of India* seit 14 Jahren mit je 3, *Prof. Koch* und *Président Carnot* seit 18 Jahren mit nur je 2 Zwiebeln. Viele haben noch keine einzige Nebenzwiebel erzeugt. Dies erklärt den fortdauernd hohen Preis der benannten englischen Züchtungen.

Gar manche Zwiebel der besten Sorten wächst üppig und blüht in den ersten 4 oder 5 Jahren gut, dann wird sie von Jahr zu Jahr schwächer und geht regelmäßig ein. Wenn man sie auspflanzt und gut pflegt, so erholt sie sich hier im freien Grunde gewöhnlich wieder langsam, bleibt sie aber im Topfe, dann ist sie verloren.

Die zweite Amaryillisrasse, die hier berücksichtigt werden muß, ist die des *H. vittatum* und dessen Mischformen. Sie ist die verbreitetste und die gewöhnlichste. Die Blumen sind klein, haben schmale, spitze Blumenblätter, sind aber oft außerordentlich farbenreich. Das Wurzelsystem ist schwach im Vergleich mit den oben beschriebenen, und sie gedeihen hier in Florida nicht gut, in Kalifornien dagegen ausgezeichnet. Auch in der Topfkultur habe ich keinen großen Erfolg mit dieser Rasse gehabt. Die bekanntesten im Welthandel sind wohl die von Eugène Souchet gezogenen, die hauptsächlich von der Firma Vilmorin, Andrieux & Co. in Paris verbreitet werden. Auch die Firma James Kelway in England hat die Züchtung und Verbesserung dieser Rasse zu ihrer Spezialität gemacht. Wie mir Herr Kelway schreibt, hat er davon jetzt 200000, die ausgezeichneten Absatz finden. Sie werden

*) Anmerkung der Redaktion. Dieser Klimbim ist die Hauptspezialität des „Pflanzenzauberers“ von Santa Rosa.

alle im Freien gezogen und nur im Winter etwas durch Matten geschützt.

Es bleibt mir nun nur noch übrig, über die *H. reticulatum*-Rasse oder die sogenannten herbstblühenden *Amaryllis* einige Worte zu sagen. Bald nach der Einführung des schönen *Hippeastrum Leopoldi* wurde dasselbe in der Gärtnerei von James Veitch mit *Hippeastrum reticulatum striatifolium* mit ausgezeichnetem Erfolge gekreuzt. Einige der schönsten Hybriden sind *Autumn Beauty, Autumn Charm, Edith M. Wynne* und *Favorite*. Die Firma zog dann später auch noch *Sylvia* und *Lady Margaret*. Ganz besonders schöne Hybriden zog aber B. S. Williams von *H. Defiance*, das er mit dem Blütenstaube von *H. reticulatum* befruchtete. Aus dieser Verbindung gingen *Mrs Garfield, Mrs Wm Lee* und *Comte de Germiny* hervor, herrliche, starkwachsende und bald schöne, große Exemplare bildende Sorten. Später zog er noch *Her Majesty, G. Firth, R. J. Pitcher, Baron Palles* u. a. Herr James O'Brien, einer der hervorragendsten englischen Gärtner, zog von *H. pardinum*, das er mit *H. reticulatum* kreuzte, eine der herrlichsten *Amaryllis*, nämlich *H. O'Brieni*. Es war aber so zart, daß es bald wieder verschwunden ist. Vor einigen Jahren erschien im Garten von Sir Charles W. Strickland eine neue, reichblühende Form, *Hildenley*, und in diesem Jahre die schönste und reichblühendste aller dieser Hybriden, *Mrs Carl Jay*. (Abb. Seite 702.) Sie alle blühen vom September bis zum Spätherbst, sind leicht zu prächtigen Exemplaren heranzuziehen und auch ohne ihre Prachtblumen allein durch ihre schönen Blätter, welche einen weißen Mittelstreifen haben, sehr zierend. Diese eigenartigen und schönen *Amaryllis* sollten wieder mehr gepflegt werden.*)

Wie ich schon andeutete, findet man in den hiesigen Handelsgärtnereien fast ausschließlich *H. vittatum*-Hybriden, besonders Souchets *Etoile*, mit gelblichweißen, rotgestreiften Blumen, dann auch

*) Vor vielen Jahren erhielt ich von Haage & Schmidt eine dieser herbstblühenden Formen von *H. reticulatum*, die *Amaryllis Pirloti* genannt wurde, starkwachsend und schönblühend, sie scheint aber wieder aus den Kulturen verschwunden zu sein.

Neue Hippeastrum-Hybride von Robert P. Ker & Sons.
Originalaufnahme für die „Gartenwelt".

Neue hellrote Hippeastrum-Hybride mit tiefrotem Schlund von Robert P. Ker & Sons.
Originalaufnahme für die „Gartenwelt".

Artemise, Baffin, Clemence, Conquerant, A. Broginart, Oriflamme u. a., ferner unbenannte Sämlinge, meistens von Kelway. Die alten, schönen Hybriden findet man hier und da noch bei Liebhabern und in Privatgärten. Es ist ein großer Nachteil in der Kultur der *Amaryllis*, daß wir die uns besonders liebgewordenen Sorten entweder gar nicht oder doch nur sehr langsam durch Brutzwiebeln vermehren können. Herr Harry Veitch ist immer darauf bedacht, die besten Hybriden durch Nebenzwiebeln seiner Sammlung zu erhalten, andere Züchter legen dagegen gar kein Gewicht auf diese, sondern suchen dieselben durch bessere Sämlinge zu ersetzen. Daß dadurch vieles Schöne und Eigenartige verloren geht, ist selbstverständlich.

Eigentümlich ist es auch, daß manche Liebhaber und Gärtner nur eine Sorte der *Amaryllis* ziehen, diese aber dann massenweise. So fand ich in Milwaukee einen englischen Gärtner, der nur *H. Ackermannii* zog, dieses aber oft zu vielen Dutzenden in Blüte hatte — und er zog auch nur eine Orchidee, *Cattleya Mossiae*, und nur eine Rose, *Maréchal Niel*, aber er brachte alle drei gleichzeitig zur Blüte und das Gewächshaus glich dann einem Märchenbilde. Ein Liebhaber konnte von *H. fulgidum* nicht genug bekommen und ein deutscher Gärtner pflanzte nur *H. aulicum robustum (Tettavi)* und hatte für gar keine andere *Amaryllis* Sinn. Diese nannte er nur *Tettaui*, während *Vallota purpurea* als *Amaryllis* angeredet wurde. Er brachte seine *Tettaui* stets zu Weihnachten in Blüte und erzielte sehr gute Preise. Der verstorbene Obergärtner W. Saunders, ein geborener Schotte und ein Mann von ausgezeichnetem Geschmacke und feiner Bildung, zog in den Gewächshäusern des Ackerbaudepartements in Washington eine Rasse von feurigroten, sehr schön geformten *Amaryllis*, die er auf *H. Ackermannii pulcherrimum* zurückführte. Er hatte nur Sinn für diese und alle andern hatten für ihn keinen Wert. Es ist aber hervorzuheben, daß diese herrlichen Blumen kaum anderswo in solcher Vollkommenheit und solch strahlender Pracht zu finden waren.

In den Gewächshäusern unserer großen Parkanlagen findet man nur sehr selten schöne Amaryllissammlungen, dagegen werden dieselben in vielen Privatgärten aufs eifrigste kultiviert. Der herrliche Garten des Herrn H. H. Hunnewell in Wellesley, dem der englische Obergärtner D. T. Hatfield vorsteht, ist wegen seiner schönen *Amaryllis* berühmt, und in den Gewächshäusern Dr. Weldes in Brooklin, Mass., werden *Amaryllis* schon seit vielen Jahren mit Vorliebe gezogen. Sie alle stammen ursprünglich von James Veitch & Sons.

Lord Walter Rothschild in Tring Park, England, ist ein großer Amaryllisfreund und hat ein großes Gewächshaus eigens für dieselben errichtet. Er hat den Pflanzen persönlich sein Interesse zugewandt und verfolgt seine eigenen Wege. Er hat die Absicht, eine Rasse, die ganz reine Farben zeigt, heranzuziehen, z. B. eine scharlachrote, ohne Grün oder mattes und unscheinbares Rot, ferner ganz weiße, ganz gelbe und rein rosarote. Hauptsächlich wurde die alte, schöne Hybride *H. marginatum venustum* herangezogen, um eine rote Rasse mit weißgeränderten Blumenblättern zu erlangen. Dieser schöne Typus ist von den Züchtern bisher vernachlässigt worden und es ist ein Hochgenuß, wie Herr James O'Brien schreibt, die bereits erzeugten Formen mit ihren großen, bunten Blumen, ein schneeiges Weiß und ein leuchtendes Rot zeigend, zu besichtigen.

Neue rote Hippeastrum-Hybride von Robert P. Ker & Sons. Originalaufnahme für die „Gartenwelt".

Neues herbstblühendes Hippeastrum Mrs Carl Jay.
In den Kulturen von W. E. Humphreys, Blendon Hall, Bexley (England), für die „Gartenwelt" photographisch aufgenommen.

Pflanzenkrankheiten.

Beobachtungen über die Moniliakrankheit unserer Obstbäume.

Von E. Eipper, geprüfter Obergärtner, Wangen.

Die Moniliakrankheit tritt in vielen Gegenden seit einigen Jahren sehr stark auf, nicht nur an Kirschen und Pflaumen, sondern auch an Aepfeln und Birnen. Bisher war man fast allgemein der Ansicht, daß der Pilz nur die Blüten und Früchte befalle und diese zum Absterben, bezw. zum Faulen bringe. Demgegenüber habe ich in den letzten 5—6 Jahren beobachtet, daß der Pilz in vielen Fällen von der befallenen Blüte oder Frucht auf das Fruchtholz und von da auf Zweige und Aeste übergeht, diese abtötet und dadurch oft ganze Bäume in kurzer Zeit zum Absterben bringt.

Es sei mir deshalb gestattet, aus meinen bisher gemachten Beobachtungen einige Fälle von Moniliabefall näher zu beschreiben.

In den mir unterstellten Anlagen befinden sich unter andern sechs Stück jetzt etwa zehnjährige Halbstämme der Zwetsche *Großherzog*. Bis vor fünf Jahren ließen diese Stämme nichts zu wünschen übrig; sie haben 1903 sehr schön getragen und die sehr großen Früchte prächtig ausgebildet. Seit 1904 blühten die Bäume alljährlich sehr reich, brachten aber keinen Ertrag, weil die Blüten größtenteils von *Monilia* zerstört wurden, und die wenigen angesetzten Früchte nachträglich noch abfielen. Außerdem zeigten sich etwa vom Juni ab den ganzen Sommer hindurch allenthalben abgestorbene, dürre Triebe und Zweige, dabei solche bis Fingerstärke. Bei näherer Untersuchung konnten im Holze der stärkeren Zweige braune bis schwarze Längsstreifen wahrgenommen werden, welche zweifellos als vom Moniliapilz zerstörte Holzgewebe angesprochen werden müssen. Das gesamte Auftreten und der Verlauf der Krankheit bestätigte die Annahme.

Bei der Bekämpfung wurden in erster Linie sämtliche sichtbar befallenen Triebe sorgfältig abgeschnitten und verbrannt, diese Arbeit auch die ganzen Jahre hindurch fortgeführt und wiederholt, sobald sich befallene Teile zeigten. Ferner wurde während des Sommers zwei- bis dreimal mit dreiprozentiger Kupferkalkhrübe gespritzt; ob diese Spritzung eine Wirkung gegen *Monilia* hatte, konnte ich nicht feststellen. Um den Bäumen bei der Ausheilung der Schäden behilflich zu sein, wurde jedes Jahr eine reichliche Kali- und Phosphordüngung, in einem Jahre (1906) außerdem eine Kalkdüngung gegeben; in dieser Zeit wurde Stickstoff nicht verabreicht. In den ersten beiden Jahren konnte eine Abnahme der Krankheit nicht festgestellt werden,

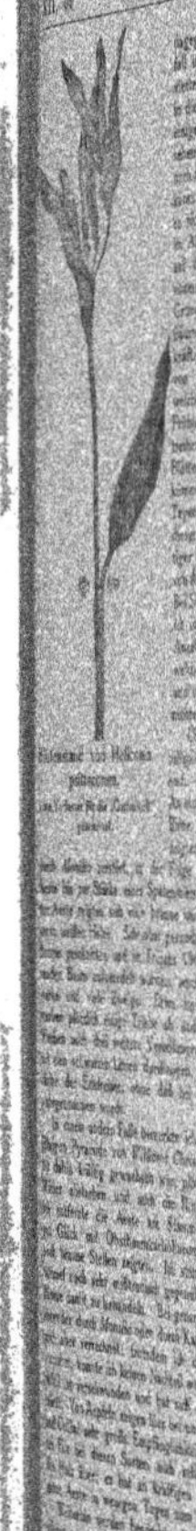

Blütenstand von Heliconia psittacorum.

Vom Verfasser für die „Gartenwelt“ gezeichnet.

dagegen verminderte sich der Befall im dritten und besonders im vierten Jahre der Behandlung, sodaß in diesem Jahre nur noch vereinzelt einige abgestorbene Zweigchen zu sehen waren, die Krankheit demnach als behoben betrachtet werden kann. In einem andern Falle handelt es sich um drei Aprikosenbüsche im Alter von fünf Jahren, welche auf verschiedenen, etwa 200 m voneinander entfernt liegenden Grundstücken standen. Diese Bäume zeigten 1907 bei sehr kräftigem Wachstum nur wenige von *Monilia* abgetötete Zweige, welche entfernt wurden. Dieses Frühjahr begannen die Bäume zu treiben, um nach Entfaltung einiger Blätter und Blüten plötzlich zu kümmern und im Verlaufe von acht Tagen gänzlich abzusterben. Auch dieser Fall konnte nach sorgfältiger Untersuchung dem Auftreten von *Monilia* zugeschrieben werden. Bei Süß- und Sauerkirschen konnte ich im Laufe der Jahre eine ganze Anzahl ähnlicher Fälle feststellen, welche starke Äste, halbe Kronen und auch einzelne Bäume ganz vernichteten.

Über das Auftreten des Moniliapilzes an Kernobst möchte ich noch einige Beispiele anführen. An einem älteren Hochstamme der Birne *Grüne Sommermagdalene* zeigten sich zahlreiche Früchte durch *Monilia* zerstört, in der Folge starben auch Zweige und Aeste bis zur Stärke eines Spatenstiels ab. Beim Durchschneiden der Aeste zeigten sich viele braune und schwarze Streifen in dem sonst weißen Holze. Scheinbar gesunde Edelreiser, die von diesem Baume geschnitten und im Früjahr 1906 auf einen jüngeren, gesunden Baum aufveredelt wurden, wuchsen sehr gut an und trieben starke und viele Zweige. Etwa im Juli des Veredlungsjahres starben plötzlich einige Triebe ab und diesen folgten in wenigen Wochen noch drei weitere Veredlungen; das Holz war auch hier mit den schwarzen Linien durchzogen, der Pilz war also schon im Holze der Edelreiser, ohne daß bei der Veredlung etwas davon wahrgenommen wurde.

In einem andern Falle bemerkte ich, daß an einer etwa siebenjährigen Pyramide von *Williams Christbirne* (auf Wildling), welche bis dahin kräftig gewachsen war, plötzlich an einigen Aesten die Blätter abstarben und auch die Rinde der Aeste braun wurde. Ich entfernte die Aeste am Stamme und bestrich diesen auf gut Glück mit Obstbaumkarbolineum, weil sich auch an ihm noch braune Stellen zeigten. Ich stand damals dem Karbolineumrummel noch sehr mißtrauisch gegenüber und hütete mich, gesunde Bäume damit zu behandeln. Bei genanntem Baume dachte ich, ihn entweder durch *Monilia* oder durch Karbolineum zu verlieren, hatte mich aber verrechnet; trotzdem ich die Kur mitten im Sommer vornahm, konnte ich keinen Nachteil wahrnehmen, auch der Moniliabefall ist verschwunden und hat sich der Baum wieder recht gut erholt. Von Aepfeln zeigen hier bei uns besonders *Kaiser Alexander* und *Cellini* sehr große Empfänglichkeit für Moniliabefall, und geht der Pilz bei diesen Sorten auch sehr stark von der Frucht auf das Holz über; er hat an kräftigen achtjährigen Pyramiden schon ganze Aeste in wenigen Tagen zum Absterben gebracht.

Weiterhin werden besonders die weichfleischigen Sommer- und Herbstsorten stark befallen; der Pilz geht von den zerstörten Früchten auf das Holz über, falls diese nicht von den Bäumen abgenommen werden. Ich habe wiederholt beobachtet, daß der Pilz von den mit Moniliapolstern überzogenen und verfaulten Früchten schon im selben Sommer auf den Zweig übergegangen war und diesen schon zu Anfang August abgetötet hatte; dagegen kann ich mir nicht recht erklären, auf welche Weise der Pilz auf solche Bäume gelangt, die noch nie eine Frucht getragen haben, aber dennoch ganze Aeste durch *Monilia* verlieren. Bei der Bekämpfung des Pilzes sind in erster Linie alle befallenen Früchte, Blätter, Zweige und Aeste sorgfältig auszuschneiden und zu verbrennen; müssen stärkere Aeste entfernt werden, streiche man den ganzen Stamm und die stärkeren Aeste, dann auch die entstandenen Schnittflächen mit dreiprozentigem Obstbaumkarbolineum. Ob ein Bespritzen der Bäume mit Karbolineum bei Moniliabefall Erfolg bringt, konnte ich noch nicht wahrnehmen, weil ich erst dieses Jahr mit entsprechenden Versuchen begonnen habe.*) Vorsichtshalber mache man nur mit minderwertigen Bäumen Karbolineumversuche.

Neben dieser Bekämpfung des Pilzes sollte eine gewissenhafte Wurzelpflege und Düngung mit Kalk, Kali und Phosphor Hand in Hand gehen, um gesundes, kräftiges Holz zu erzielen.

Sehr wünschenswert wären weitere Mitteilungen über die Moniliakrankheit.

*) Anmerkung des Herausgebers. Ich kann nur den wohlgemeinten Rat geben, die Behandlung mit Karbolineum zuvor reiflich zu überlegen. Nach meinen und anderer Erfahrungen ist Karbolineum gegen Monilia absolut wirkungslos. Ueber die bösen Erfahrungen, welche ich mit versuchsweiser Karbolineumbespritzung gemacht, habe ich auf Seite 510 dieses Jahrganges berichtet.

Heliconia psittacorum.

Vom Verfasser im Botanischen Garten zu München für die „Gartenwelt“ photographisch aufgenommen.

Topfpflanzen.

Heliconia psittacorum, L. fil. An einem hellen, taufrischen Morgen wars, im Ceylon des Westens, im schönen Trinidad. Daheim auf der oberbayrischen Hochebene war es wohl kalt, düster und neblig, man schrieb November, als ich an eine Waldlichtung kam, und über etwa $^1/_2$ m hochgestielten Blättern eine ungemein große Anzahl langgestielter, orangefarbener, wachsfester Blüten sah, so schön angeordnet, als wären sie hingepflanzt für ein Zierbeet. Wie sich später herausstellte, als die nach hier gebrachten Rhizome sich zum Blühen angeschickt hatten, war es die schon lange eingeführte, aber wieder in Vergessenheit geratene *Heliconia psittacorum*, die schon im Jahre 1800 vol. 14 des Bot. Magaz. auf tab. 502 abgebildet wurde.

Wie die Abbildung S. 703 zeigt, treten von den weitkriechenden Rhizomen reichlich $^1/_2$ m hohe, straffe Stengel aus, die von den einander umschließenden Scheiden der zwei oder drei Blätter gebildet werden. Diese Blätter sind oval zugespitzt, matt glänzend und von pergamentähnlicher Textur, blaugrün, bei 10 cm Breite etwa 25 cm lang. Zwischen den Scheiden der Blätter schieben sich die schlanken, straffen Blütenstengel heraus, welche in kurzer, fast köpfig zusammengedrängter Traube die etwa 8—10 Blüten tragen, welche gestützt und anfänglich umschlossen sind von einem oder mehreren, wie die Blüten in der Grundfarbe orangeroten Deckblättern. Die Blütenblätter sind zu einer schlanken, etwas dreikantigen Röhre vereint, an der Spitze mit dunkelgrünem, fast schwarzem Flecke und etwas gelblichgrünem Querbande geziert. Die Textur ist fest, fast wachsartig, die Blüte darum von wochenlanger Haltbarkeit. Das frische Orangerot ist von besonderer, feiner, aparter Wirkung und wird noch gehoben durch einen feinen weißlichen Wachsüberzug. Entsprechend kultiviert, d. h. auf einem warmen Beete im niedrigen Glashause halbschattig und feucht, halte ich die Pflanze für einen vorzüglichen Winterblüher und zum Blumenschnitt sehr geeignet. Die langgestielten Blüten würden mit Orchideen einen prächtigen Werkstoff für Bindezwecke geben. Die Pflanze wächst nicht schwierig, sie paßt sich verschiedenen, etwas veränderten Verhältnissen an, was schon dadurch bewiesen ist, daß sie auf Trinidad und, wie ich erfuhr, auch auf Jamaica sehr viel verbreitet ist. Freilich kommt sie nur in den Niederungen vor, im halbschattigen Walde, und verlangt infolgedessen recht viel Wärme, ca. 20° C. Nur wenige Wärmegrade an ihr gespart, bringen die Pflanze sehr zurück. Als Bewohnerin des Untergrundes im Urwalde, will sie nur ein mäßiges, diffuses Licht und einen hohen Grad ziemlich gleichbleibender Luftfeuchtigkeit. Als Boden verlangt sie ein humoses Gemisch von Laub ev. Kompost und faseriger Lehmerde. Die kriechenden, reichlich bleistiftstarken Rhizome und die wenigen Wurzeln benötigen nur flache Kulturgefäße mit gutem Abzug. Eine Ruhe- und Trockenperiode haben diese Pflanzen als Bewohner des schattigen, feuchten Regenwaldes nicht, wenngleich die Wassergaben nach der Blütezeit etwas zu beschränken sind. **B. Othmer**, München.

Mannigfaltiges.

Märkischer Tabaksbau.

Vielmehr als man allgemein annimmt, finden die Erzeugnisse des uckermärkischen Tabaksbaues Verwendung, und schon mancher verwöhnte Raucher hat in seiner vermeintlichen Sumatrazigarre heimisches Kraut sich wohlschmecken lassen. Die Zentrale des uckermärkischen Tabaksbaues ist Schwedt, ein freundliches, an der Oder gelegenes brandenburgisches Städtchen, das historisch ganz interessant ist und ein schönes, von der Gemahlin des Großen Kurfürsten, Dorothea, durch den Baumeister Cornelius Piquardt erbautes Schloß nebst Park besitzt. Der herrliche alte Schloßpark, nach französischem Geschmack angelegt, grenzt mit seinem Laubengange aus alten Linden an die breite Oder und gestattet weite Ausblicke über Fluß und Wiesen in das Land hinein.

Die Kunst des Tabaksbaues wurde durch die Refugies, die der Große Kurfürst in Schwedt ansiedeln ließ, nach Brandenburg gebracht, von den märkischen Gärtnern und Landwirten bald gelernt und betätigt; sie hat sich dort bis in die heutige Zeit erhalten und in die ganze Umgegend ausgebreitet. Das Land im Gebiete des Oderbruchs, durch die Jahrtausende lange Ablagerung von Schlick und Kalk zu einem fetten Marschboden geworden, sagt der Tabakpflanze außerordentlich zu und gestattet eine intensive Kultur, ohne daß es je „tabakmüde" wird.

Die ausschließlich kultivierte Art ist *Nicotiana Tabacum*, L. Der Same wird im Frühjahr in Schalen ausgesät, die Sämlinge in das Mistbeet pikiert. Im Mai, wenn keine Nachtfröste mehr zu befürchten sind, wird in Reihen aufs freie Land gepflanzt. Die sich bald zeigenden Blütenstände werden ausgeschnitten, da die Tabaksblätter nur solange erster Qualität sind, als die Pflanzen noch nicht geblüht haben. Im Juli beginnt die Ernte. Die großen Blätter, bei denen eine Länge von 1 m und eine Breite von 40 cm und darüber keine Seltenheit ist, werden zuerst gepflückt, auf Schnüre gezogen und zum Trocknen in die hohen und luftigen Tabakschuppen aufgehängt. Sie dienen zur Fabrikation von Zigarren, während die kleineren Blätter und die Blätter der Seitentriebe, des sogenannten „Geizes", minderwertiger sind und zur Herstellung von Pfeifentabak etc. gebraucht werden. Wenn die Seitentriebe genügend erstarkt sind (Monat August), erfolgt die Aberntung des „Geizes." Im September werden dann die stehengebliebenen Pflanzenstrünke als Gründüngung untergepflügt und die Jahresarbeit im Freien ist getan. Zur Samengewinnung läßt man einzelne Quartiere blühen. Der Samen wird im Herbst geerntet.

Wenn die Tabakblätter ihren Trockenprozeß durchgemacht haben, verlassen sie, schwach graubraun gefärbt, die Schuppen und wandern in die Fabriken, um dort zunächst „fermentiert" zu werden, d. h. man bringt eine große Anzahl von Blättern unter die Presse, wo sie durch die sich entwickelnde Wärme einen Gärungsprozeß durchmachen, und durch diesen Vorgang ihre charakteristische braune Farbe erhalten. Darauf erfolgt ihre weitere Verarbeitung zu Zigarren und Pfeifentabak. **Rudolf Fischer**, Berlin.

Betrogene Insekten! Es ist ja eine bekannte Tatsache, wie die Aaspflanzen, in unseren Kulturen besonders *Arum* und *Stapelia*, die Aasfliegen durch den für uns Menschen scheußlichen Geruch ihrer Blüten zwecks Befruchtung letzterer herbeilocken. Es ist aber doch eigentümlich, daß die sonst durchaus nicht intelligenzlosen Fliegen sich so von der Pflanze betrügen lassen, ihre Eier an der Blüte abzulegen. Allerdings bezweckt die Pflanze durch den Besuch des Insektes die Befruchtung ihrer Blüten. Bei *Stapelia*, um diese Pflanze handelt es sich hier, sind die weiblichen und männlichen Geschlechtsorgane — wie bei allen Asclepiadaceen — in einer Weise angebracht, daß das zum Nektar eindringende Insekt hierbei erstens eine ziemliche Gewalt anwenden muß und zweitens beim Zurückweichen die durch einen eigentümlichen Mechanismus nun eingeklemmten Gliedmaßen, oder auch den Saugrüssel, förmlich herausreißen muß, wodurch die wachsartigen Pollenkörner ebenfalls mit herausgerissen werden und am Insekt zur Weiterbeförderung hängen bleiben. Diese Arbeit können jedoch nur kräftige Insekten besorgen (Bienen z. B. hängen sehr oft mit dem Rüssel gefangen an den Blüten), unsere Fliegen auf keinen Fall, und so begnügt sich das Tier einfach damit, die Eier außen am Blütenmittelpunkt abzulegen. Originell ist es nun zu beobachten, wie die nach etwa 24 Stunden ausschlüpfenden jungen Maden ganz verzweifelt auf der Blüte umherirren, vergeblich nach Nahrung suchend. An den hellgefleckten Blüten verschiedener Stapelien wird dieses krabbelnde Volk leicht übersehen, an der 11 cm großen, violettroten Blüte der *Stapelia grandiflora* fällt dies jedoch dem aufmerksamen Beschauer sofort auf, besonders dann, ehe die Blüte den obersten ihrer fünf Zipfel als Schutz über die (befruchteten) Geschlechtsorgane legt.

Eigentümlich ist, daß Stapelien so selten bei Handelsgärtnern gefunden werden, trotzdem es ziemlich viel Liebhaber in der Laienwelt für diese Pflanzengattung gibt. Es wäre ja nicht notwendig, sich mit einem ganzen Sortiment von Stapelien zu befassen, sondern nur mit wenigen, dankbaren und reich- sowie großblühenden Sorten.

Zu letzteren gehört gerade die oben genannte *St. grandiflora*, eine Kappflanze, welche sich durch üppiges Wachstum, Anspruchslosigkeit an Kultur und durch Blühwilligkeit auszeichnet. Schon die großen Blütenknospen interessieren jedermann und bei Besichtigung der sternartigen, mit über 1 cm langen Haaren ausgestatteten Blüte wächst dieses Interesse sehr. Andere Arten zeigen gelb- oder braungefleckte Blüten, welche allerdings mehr oder minder kleiner sind, als bei *grandiflora*. Sehr hübsch ist die sich bildende Samenkapsel, deren größte wohl *Stapelia europaea* oder *Boucerosia Goussoniana*, wie die Pflanze nach Abtrennung von der Gattung *Stapelia* nun heißen soll, besitzt.

Die Kultur der Stapelien ist höchst einfach: Durchlässige, sandige Erde, guter Wasserabzug; eher flache als tiefe Töpfe. Wassergaben im Sommer bis zur Blütezeit mäßig, während letzterer und im Winter fast keines. Stand im Sommer im Freien, eingesenkt, der vollen Sonne ausgesetzt, im Winter im Kalthause, an trockener Stelle, sonnig oder doch hell. Feuchter Standort oder öfteres Tropfen vom Glase des Hauses erzeugen leicht Fäulnis.

Schelle, Tübingen

Fragen und Antworten.

Beantwortung der Frage No. 555. Welche Landschaftsgärtnereien Deutschlands sind für einen jungen Gartentechniker, der eine höhere Fachlehranstalt absolvierte, am geeignetsten zur gründlichen Ausbildung in der Landschaftsgärtnerei? —

Diese Frage zu beantworten ist schwierig, da es heute in Deutschland sehr viele und dabei sehr tüchtige Landschaftsgärtnereien gibt, die einem jungen Gartentechniker Gelegenheit bieten, sich in der Landschaftsgärtnerei gründlich auszubilden. Vor allem ist eine derartige Firma zu wählen, welche Schritt auf dem Gebiete der Landwirtschaftsgärtnerei hält und nicht an einem alten Schablonensystem festhält. Dann muß es eine Firma sein, bei welcher dem jungen Techniker Gelegenheit geboten wird, sich besonders praktisch zu betätigen, um die auf der Gartenbauschule angeeigneten theoretischen Kenntnisse zu verwerten. Aber gleichzeitig muß er auch Gelegenheit haben, die Kenntnisse im Zeichnen, Berechnen etc. wieder aufzufrischen und sich darin eine gewisse Uebung anzueignen, die Schülerarbeit einer Lehranstalt nicht mehr ähneln darf. Gerade in diesem letzteren Falle wird zu oft gesündigt, wenn die Praxis den Tag über anstrengend gewesen ist, so wird nur zu schnell das Theoretische im Fach vernachlässigt. Passende und geeignete Geschäfte gibt es im Rheinland (Cöln, Düsseldorf, Coblenz, Bonn), in Hamburg, Berlin, Frankfurt a. O. und a. M., Breslau, Karlsruhe, Stuttgart, München etc. Schwierig wird es sein, in ersten Geschäften anzukommen, da der Andrang stets sehr stark ist, und kann ich nur raten, sich nicht gleich mit hochfliegenden Plänen zu tragen, sondern von der Pike an zu dienen, dann kommt das Steigen in bessere Stellungen von selbst, wenn Fleiß und Energie Hand in Hand gehen. **Georg Blau,** städt. Gartentechniker, Bromberg.

— Nach dem Besuche einer höheren Lehranstalt ist es für einen jungen Techniker von großer Wichtigkeit, eine mehrjährige praktische Ausbildung in einer größeren Landschaftsgärtnerei durchzumachen, wo er alle Arbeiten bei größeren und kleineren Neuanlagen kennen lernt. Dies wird leider von den meisten jungen Leuten mit besserer Bildung außer Acht gelassen, denn heute wollen die Herrn nach absolvierter Lehranstalt nur technisch in städtischen Verwaltungen oder gartentechnischen Bureaus arbeiten, was von großem Nachteil für einen Landschaftsgärtner ist; erst kommt Praxis, dann Theorie. Größere Landschaftsgärtnereien für gute praktische Ausbildung in Neuanlagen und Unterhaltung sowie Umgestaltung von Parks, Gärten und Obstanlagen sind Körner & Brodersen, Steglitz bei Berlin; L. Späth, Abt. Landschaftsgärtnerei, Baumschulenweg bei Berlin; Köhler (Haacks Nachf.), Grunewald und Steglitz bei Berlin. Eine hervorragende süddeutsche Firma ist Gebr. Siesmayer, Frankfurt a. M.-Bockenheim.

C. Kaltenbach, Obergärtner, Mechernich.

Beantwortung der Frage No. 556. Gibt es ein Mittel, um *Potamogeton compressus*, L., und *crispus*, welche einen Teich derart durchwuchert haben, daß ein Baden darin kaum mehr möglich ist, zu vertilgen? Der Teich hat moorigen Untergrund, etwas Zufluß und etwas Abfluß. —

Derartige Teiche mit moorigem Untergrunde leiden größtenteils an starken Verunkrautungen, welche, wie im genannten Falle, höchst unangenehm werden können. Um diesem Uebelstande zu steuern, lasse man das Teichbett gründlich von allem Kraut säubern. Und zwar so oft, wie es sich nur wieder zeigt. Dann ist der Teich im darauf folgenden Winter abzulassen, und bleibt so ohne Wasser den Winter hindurch liegen, damit der Teichgrund dem Frost vollständig ausgesetzt ist. Dann decke man die Teichsohle mit einer 10 cm starken Kiesschicht ab und walze das Ganze ein Drittel tief ein. **Stehle,** Breslau.

— Außer anderen Wasserpflanzen, wie z. B. *Elodea, Hydrocharis, Stratiotes* usw. wuchern in den Marsch- und Moorgewässern hiesiger Gegend auch verschiedene Arten der Gattung *Potamogeton* sehr stark. Ein Gewässer, das von *Potamogeton* vollkommen durchwuchert ist, in kurzer Zeit davon zu befreien, dürfte sehr schwer halten. Ich habe oft Gelegenheit gehabt, die zähe Lebenskraft der Laichkräuter zu bewundern. Eine Tatsache hat mir aber öfter gezeigt, wie man dem Weiterwuchern der Laichkräuter in wirksamer Weise Einhalt tun kann. In hiesiger Gegend sind nämlich die Grundbesitzer gesetzlich verpflichtet, die Abwässerungskanäle krautrein zu halten. Sie benutzen dazu sogenannte „Lötten," das sind schaufelähnliche Geräte, die unter einem spitzen Winkel mit einem langen Stiel verbunden sind. Die Tätigkeit des Herausziehens der Unkräuter nennt man hier zu Lande „lötten". Ich habe nun die Erfahrung gemacht, daß die Laichkräuter dann am vollständigsten verschwinden, wenn das „Lötten" in den Monaten Mai und Juni geschieht, also in der Zeit des besten Wachstums der Pflanzen. Der Eingriff in das Leben der Laichkräuter ist dann so stark, daß selbst zurückgebliebene größere Pflanzenteile, die losgerissen sind, nur schlecht oder garnicht weiter wachsen.

Hermann Klöfkorn, Stade.

— *Potamogeton,* Laichkraut, ist ein Wassergewächs, welches in Deutschland in etwa 20 Arten vertreten ist. Zur Bepflanzung der Fisch- und Parkteiche wird es mit Recht empfohlen, weil es zum Klären des Wassers und zur Belebung des Teiches beiträgt. Die in Frage stehenden beiden Arten *compressus*, L., und *crispus* werden auch für Zimmeraquarien gezüchtet und durch Samen vermehrt. Für einen Badeteich mag das Laichkraut nun wohl lästig und seine Vertilgung geboten sein. Wie die meisten unserer Wasserpflanzen, so sind auch die Potamogetonarten frostempfindlich; den Winter überstehen sie nur unter dem Schutze des Wassers. Wird der Teich im Winter trocken gelegt, damit er durchfrieren kann, so wird die lästige Teichflora zerstört. Es ist aber auch damit zu rechnen, daß der ausgestreute Same nicht mit erfriert und daher Nachwuchs bringt. Die Blütezeit der Potamogeton und die damit folgende Samenbildung fällt in die Monate Juli, August. Um also nicht den Samen ausfallen zu lassen, ist es ratsam, schon im Sommer das Grün auszumähen und mit sogenannten Schlepprechen zu entfernen. **A. G. Radde,** Aachen.

Beantwortung der Frage No. 557. Seit vorigem Herbst tritt in meinen Myrtenbeständen der Pilz *Fusariella cladosporioides* auf. Derselbe befällt die Blätter unterseits und ruft auf der Oberseite gelbe, später sich bräunlich verfärbende Flecke hervor, welche das Abfallen der Blätter verursachen; die Unterseite zeigt vielfach einen modrigen Belag. Womit bekämpft man diesen Pilz erfolgreich? Einprozentige Kupfersodabrühe hat sich als wirkungslos erwiesen. —

Was zunächst die Ursache, den Erreger der fraglichen Krankheit betrifft, so dürfte derselbe richtiger als eine *Cercospora* und zwar als *Cercospora Myrti,* Erikss. (1885), zu bezeichnen sein. Dieser Pilz hat in Schweden, Dänemark, Deutschland, Italien schon mehrfach Schaden an Myrten angerichtet. [Der aus Finnland als *Fusariella cladosporioides,* Karst. (1891), beschriebene Myrtenpilz und wohl auch die in Brasilien beobachtete *Cercospora myrticola,* Speg. (1883), dürften übrigens von *Cercospora Myrti* spezifisch kaum oder gar nicht verschieden sein.]

Was die Bekämpfung des in Rede stehenden Myrtenpilzes anbetrifft, so liegen wohl noch keine Erfahrungen und Angaben darüber in der Literatur vor. Welche Maßnahmen könnten nun in Betracht kommen? Zunächst die Behandlung mit einem sogenannten Fungicid: Bespritzen mit Kupfervitriolkalk- oder Kupfervitriolsodabrühe, Bestäuben mit gepulvertem Schwefel etc. Diese Mittel haben jedoch den Nachteil, daß das Laub dadurch stark verunziert wird. Außerdem sind sie nur Vorbeugungs-, keine eigentlichen Heilmittel. Die einmal infizierten Blätter können nicht wieder gesunden; es könnte höchstens ein weiteres Umsichgreifen der Krankheit verhindert werden. Endlich ist speziell für Kupfervitriolsodabrühe ausdrücklich behauptet worden, daß sich dieselbe als wirkungslos gegen den Pilz erwiesen habe.

Unter diesen Umständen soll nun auf eine andere Maßnahme hingewiesen werden. Versetzt man wilde Pflanzen, die von einer Pilzkrankheit befallen sind, in den Garten oder in das Gewächshaus, um den Pilz studieren zu können, so macht man sehr häufig, wenn auch nicht immer, die Erfahrung, daß die Pflanzen in kurzer Zeit gesund werden und der Schmarotzerpilz spurlos verschwindet. Die mit dem Versetzen der Pflanzen verbundene Aenderung der Lebensbedingungen hat zur Folge, daß die Wirtspflanze an Widerstandsfähigkeit gewinnt oder daß der Schmarotzerpilz an Gefährlichkeit verliert. Es braucht das nicht jedesmal einzutreten; es tritt aber sehr häufig ein. Aendern wir den Standort und die Vegetationsbedingungen einer Kulturpflanze, die von einer Pilzkrankheit heimgesucht ist, pflanzen wir sie um, bringen wir sie z. B. von einem feuchteren an einen trockeneren, von einem wärmeren an einen kühleren, von einem schattigeren an einen helleren, von einem geschlossenen an einen luftigeren Standort oder umgekehrt, so kann unter Umständen die Krankheit dadurch zum Stillstand und zum Verschwinden gebracht werden.

Es dürfte kaum zu bezweifeln sein, daß sich auch die in Frage stehende Myrtenkrankheit durch die angedeutete Methode mit Erfolg bekämpfen lassen wird. X. Y.

Neue Frage No. 593. Wie erzielt man eine dichtere Belaubung älterer, ziemlich kahler Lorbeerpyramiden, und welche Erdmischung ist die beste zu ihrer Umpflanzung?

Neue Frage No. 594. Welche ausdauernden und möglichst blühenden Pflanzen eignen sich zur Bepflanzung einer Wand des Kalthauses? *Passiflora, Solanum, Ficus stipulata* und Efeu sind ausgenommen.

Zeit- und Streitfragen.

Zur Preisrichterfrage.

Vom Herausgeber.

Seit einigen Wochen beschäftigt sich das gut geleitete Organ des Verbandes der Blumengeschäftsinhaber, von welchem mir nur nicht gefallen will, daß er ständig mit dem Klingelbeutel herumgeht, um „milde Gaben" für seine Propaganda- und Zeitungskasse zu erbitten, mit der Preisrichterfrage. In dem Meinungsaustausche, der sich an Vorschläge des Vorstandes knüpfte, werden schwebende Fragen verschiedener Art, wie Reise- und sonstige Entschädigungen für die Preisrichter, Zusammensetzung des Preisgerichtes, Bewertung nach dem Punktsystem, Modus für die Vergebung der Staatspreise und die wichtige Frage, ob die Firmenschilder schon vor, oder erst nach der Prämiierung anzubringen sind, erörtert.

Mit einigen dieser Fragen habe ich mich bereits im Jahrgang VIII, Seite 95, in einer Betrachtung über „Gartenbauausstellungen, Preisrichter und Vertreter der Fachpresse" geäußert. Meine damaligen Ausführungen knüpften an ein Vorkommnis auf einer Ausstellung der Kölner „Flora" an, wegen dessen die Preisrichter der Bindekunstabteilung Protest eingelegt hatten. Man hatte die Preisrichter, die auf eigene Kosten zur Ausstellung kamen, um ihre Zeit und ihr Wissen in den Dienst derselben zu stellen, zu dem sich der Eröffnung anschließenden Festfrühstück eingeladen, um ihnen schließlich für dasselbe je 7 M abzuknöpfen. Eine Einladung zum Festessen ist doch schließlich das allergeringste, was ein Preisrichter beanspruchen kann. Abgesehen davon sind aber die Meinungen über die Zulässigkeit derartiger Zweckessen in den in Frage kommenden Kreisen sehr geteilt, zumal dann, wenn das Essen mitten in die Arbeit der Richter fällt, die dadurch eine unliebsame Störung erfährt. Andererseits ist jedoch in Betracht zu ziehen, daß Festessen bei großen Veranstaltungen ein sogenanntes notwendiges Uebel sind.

Viel wichtiger als die das Festessen betreffenden Fragen ist diejenige der Reise- und sonstigen Unkostenentschädigung für den Preisrichter. Ich habe diese Frage schon in dem oben genannten Artikel im VIII. Jahrgang angeschnitten. Ich schrieb damals: „Der Preisrichter opfert seine Ruhe, um dem an ihn ergangenen Rufe Folge zu leisten; er stellt in uneigennützigster Weise seine oft kostbare Zeit und sein reiches Wissen in den Dienst der Ausstellung, ja er trägt bei Gartenbauausstellungen auch noch die oft nicht unbeträchtlichen Reisespesen, um schließlich bei Seite geschoben zu werden." Daß diese Kosten nicht unbeträchtlich sind, führt Herr A. Waschke, Königsberg i. Pr., ein auf Bindekunstausstellungen überall gern gesehener Richter, in der „Verbandszeitung Deutscher Blumengeschäftsinhaber" aus. Er erklärt da, daß er als Preisrichter einschließlich der Hin- und Rückfahrt stets 5 bis 6 Tage opfern müsse, deshalb unter 100, 150 bis 200 M niemals weggekommen sei. Hierzu bemerke ich, daß heute im Ausstellungswesen die Verhältnisse so liegen, daß es wohl mit Ausnahme der Gartenbauausstellungen kaum noch irgendwo ein Ausstellungsunternehmen gibt, das den erwählten Preisrichtern nicht sämtliche Unkosten ersetzt. Trotz dieses Ersatzes der Unkosten ist und bleibt das Preisrichteramt ein Ehrenamt. Reichs- und Landtagsmandate sind ja auch Ehrenämter, obwohl der Staat den Abgeordneten Diäten zahlt. Bei Gartenbauausstellungen drängt sich oft alle Welt um die Erlangung eines Preisrichteramtes. Diejenigen, die sich den Ausstellungsleitungen aufdrängen, sind natürlich fast durchweg Leute, die viel freie Zeit und überflüssiges Geld besitzen, gern eine Rolle spielen möchten, deshalb, sobald sie in Dingsda oder sonstwo zum Preisrichter gewählt sind, nichts eiligeres zu tun haben, als sofort diese welterschütternde Tatsache dem heimatlichen General- oder Lokalanzeiger, dem Kreis- oder Wochenblatt zur Veröffentlichung bekannt zu geben, wodurch ihr Ansehen in geistig beschränkten Kreisen nicht wenig gefördert wird. Dabei bedenken diese Leute selten, daß ihnen durch die Ausübung des Richteramtes oft Feinde und dadurch geschäftliche Nachteile erwachsen, was speziell für Inhaber gärtnerischer Versandgeschäfte zutrifft. Die meisten Aussteller sind von der kolossalen Bedeutung ihrer Schaustellung natürlich felsenfest überzeugt, während es ein Preisrichter nicht jedem recht machen kann. Auf der Ausstellung des Vereins zur Beförderung des Gartenbaues im Treptower Park 1897, sagte mir der leider so früh verstorbene Ernst Müller, damals Inhaber der Firma J. C. Schmidt, Erfurt, daß er sobald kein Richteramt mehr annehmen werde; soeben sei einer der größten Kunden seiner Firma, dem der Ausfall der Prämiierung gegen den Strich ging, an ihn herangetreten und habe ihm gesagt, er brauche ihm seinen Reisenden für die Folge nicht mehr zu schicken.

Große Ausstellungen der letzten Jahre — ich habe hier in erster Linie Düsseldorf und Mannheim im Auge — bekundeten das Bestreben, so viel Preisrichter als irgend möglich aus aller Welt heranzuziehen. Alle in den Preisrichterlisten der Düsseldorfer Ausstellung verzeichneten, alle, deren Name in einer Fachzeitschrift einmal unter einem Artikel stand, gleichviel in welchem Winkel Europas sie saßen, bekamen die „ehrende Aufforderung", als Preisrichter am großen Mannheimer Rummel mitzuwirken. Wie in Düsseldorf, so befand ich mich auch in Mannheim unter der Riesenzahl der Auserwählten, trotzdem ich Herrn Bürgermeister Ritter schon ein Jahr vor Eröffnung der Ausstellung, als er mich hier in Berlin zur Rücksprache über das geplante Unternehmen aufsuchte, erklärt hatte, daß ich weder ein Preisrichteramt, noch irgend ein sonstiges Ehrenamt für die Ausstellung übernehmen könne. Ich gab damals

Herrn Bürgermeister Ritter den Rat, die Zahl der Preisrichter auf das notwendigste zu beschränken, nur erste Fachkräfte heranzuziehen, aber diesen alle Reiseauslagen voll zu ersetzen. Diese Ratschläge wurden natürlich nicht befolgt; ihre Befolgung hätte die Ausstellungskasse belastet. Man zog es vor, was Beine hatte als Preisrichter heranzuziehen, von der Erwägung ausgehend, daß diese in unserer, durch Ausstellungen übersättigten, ausstellungsmüden Zeit einen großen Teil der auswärtigen fachmännischen Besucher einer Gartenbauausstellung ausmachen und Geld mitbringen, das der Ausstellung selbst, den Hoteliers, Gastwirten und sonstigen Geschäftsleuten der guten Handelsstadt Mannheim zum Vorteil gereiche. Mit schwerem Geldbeutel kommt man an, um erleichtert, oft aber auch ernüchtert die Heimreise anzutreten. Daß schließlich die zusammengetrommelten Preisrichter nichts weiter als Statisten sind, die sich, immer je sechs bis acht Mann in jeder Gruppe, gegenseitig auf die Füße treten, tut ja nichts zur Sache

Im Hinblick auf die bevorstehende Internationale Gartenbauausstellung des Vereins zur Beförderung des Gartenbaues erscheint es zeitgemäß, die Preisrichterfrage erneut zur Erörterung zu stellen. Ich vertrete die Ansicht, daß es die moralische Pflicht einer jeden Ausstellungsleitung ist, erstens nur fähige Fachleute als Preisrichter heranzuziehen, ohne Rücksicht darauf, ob sie einen großen Geldbeutel haben, oder bescheiden besoldete Beamte sind, und diesen Preisrichtern, wenn man sie von auswärts herbeiholt, nicht nur freie Wohnung und Verpflegung in einem Hotel ersten Ranges anzuweisen, sondern ihnen auch die Fahrtkosten zweiter Klasse zu ersetzen. Will oder muß die Ausstellungsleitung Sparsamkeit üben, so steht es ihr ja frei, anstatt sich die Preisrichter aus den entlegensten Winkeln des Reiches und aus dem Auslande zu verschreiben, sie in nächster Nähe zu suchen. Es gibt heutzutage glücklicherweise in jedem Bundesstaat, ja in jeder Provinz genügend fähige Fachleute, die jedes Richteramt voll und ganz ausfüllen. In dem Organ des Verbandes der Blumengeschäftsinhaber wird der Heranziehung von drei, fünf und selbst sieben Preisrichtern für jede Gruppe das Wort geredet. Zu viele Köche verderben bekanntlich den Brei. Meiner unmaßgeblichen Meinung nach genügt ein Richter in jeder Gruppe vollständig. Werden durchaus mehrere gewünscht, so muß ihre Zahl immer eine ungerade sein, damit stets Stimmenmehrheit erzielt werden kann.

Die Frage der Zuziehung von Laienrichtern kommt eigentlich nur für Bindereien in Betracht. Hier haben sich namentlich in Frankfurt am Main und später auch in Berlin kunstverständige Damen im Preisgericht bewährt. Man darf freilich nicht in den Fehler verfallen, Damen der Geburts- und Finanzaristokratie, ohne Rücksicht auf ihre künstlerische Befähigung, als Preisrichterinnen zu laden, weil man von ihnen eine wirksame Propaganda für den Blumenluxus und Stiftung eines wertvollen Ehrenpreises erwartet. Eine Dame, mag sie gesellschaftlich noch so hoch stehen und noch so reich sein, die so wenig Geschmacksinn besitzt, daß sie mit einem überladenen, sagen wir grün und gelb gestreiften Kleiderrock und mit einem Riesenhute, von dem man nicht weiß, ob er eine Wiese vor dem ersten Schnitt, einen Wurstkessel, ein Hackbrett oder ein Automobilrad imitieren soll, umherläuft, darf gewiß nicht über künstlerische Leistungen richten.

Die Entscheidung über die Zuerkennung der Staats- und höchsten Ehrenpreise, soweit sie für Gesamtleistungen bestimmt sind, sollte nur durch das Gesamtpreisgericht erfolgen.

Wenn ich auch aus besonderen Gründen die Uebernahme des Preisrichteramtes auf Gartenbauausstellungen, die ich lediglich als Vertreter der „Gartenwelt" besuche, bisher fast stets abgelehnt habe, auch für die Folge ablehnen werde, so bin ich doch in den letzten 15 Jahren auf den verschiedensten Sportausstellungen als Richter tätig gewesen. Auf diesen war ich, ebenso auch die anderen Richter, in der Ausstellung und im Hotel stets Gast der Ausstellungsleitungen, habe natürlich auch die Fahrtkosten zweiter Klasse ersetzt erhalten; in manchen Fällen ist mir auch Fahrtentschädigung erster Klasse, was aber zu weit geht, angeboten worden. Auf allen diesen Ausstellungen bin ich stets der alleinige verantwortliche Richter in der mir übertragenen Abteilung gewesen. Von diesen nicht gärtnerischen Ausstellungen könnte man auch in gärtnerischen Kreisen so manches lernen. Ich führe hier von beherzigenswerten Bestimmungen, die fast in jedem Programm zu finden sind, die folgenden an: 1. Das Urteil des Richters ist unumstößlich; Proteste gegen dasselbe sind unzulässig. In anderen Programmen heißt es mitunter auch: Wer gegen das Urteil des Preisrichters Einspruch erhebt, hat zunächst bei der Ausstellungsleitung einen größern Geldbetrag zu hinterlegen. Erachten die hinzugezogenen Sachverständigen den Protest als unbegründet, so ist der hinterlegte Betrag zugunsten der Ausstellungskasse verfallen. 2. Die Preisrichter richten ohne Katalog, d. h. die Namen der Aussteller sind den Richtern absolut unbekannt. Die einzelnen Ausstellungsobjekte sind lediglich zur Orientierung des Richters mit fortlaufenden Nummern, an deren Stelle vor Eröffnung der Ausstellung die Namen treten, und mit den Programmnummern, in welchen sie konkurrieren, gekennzeichnet. 3. Die Ausstellungsobjekte müssen zwei Tage vor Eröffnung der Ausstellung eingeliefert sein (bei Pflanzen nicht immer, bei Bindereien überhaupt nicht durchzuführen). Am Tage vor Eröffnung der Ausstellung walten die Preisrichter ihres Amtes. An diesem Tage hat außer den Richtern und dem angestellten Dienstpersonal niemand zur Ausstellung Zutritt. Die Einhaltung der unter 2 und 3 angeführten Bestimmungen bietet absolute Gewähr dafür, daß alle sogenannten Vetterschaften, Begünstigungen und Parteilichkeiten ausgeschlossen sind. Diese Garantie wird noch durch die Vorschrift, daß die Ausstellungsobjekte, mögen es lebende oder tote sein, keine Zeichen tragen dürfen, welche ihre Herkunft erkennen lassen, verschärft. Kein vernünftiger Mensch wird in diesen Vorschriften, die überall — nur nicht auf Gartenbauausstellungen — üblich sind, einen Ausdruck des Mißtrauens gegen die Richter erblicken. Abgesehen davon, daß der Preisrichter auch nur ein Mensch ist, der, wenn auch nur unbewußt, durch das Aushängeschild einer Weltfirma beeinflußt werden könnte, kann es ihm nur lieb sein, wenn alles das wegfällt, was auch nur die leise Vermutung einer Parteilichkeit oder Voreingenommenheit rechtfertigen könnte. 4. Preisrichter dürfen nicht konkurrierende Aussteller sein. Diese Bestimmung findet man auch schon in gärtnerischen Ausstellungsprogrammen; sie ist jenen ausländischen Handelsgärtnern stark auf die Knochen gefallen, welche die Beteiligung als Aussteller stets von ihrer Ernennung zu Preisrichtern abhängig machten. Will der Preisrichter trotzdem zeigen, was er selbst leistet, so stellt er außer Konkurrenz aus; seine Schaustellungen tragen dann die Aufschrift „Außer Konkurrenz, weil Preisrichtereigentum". 5. Das preußische landwirtschaftliche Ministerium hat noch nicht für Gartenbauausstellungen, wohl aber für Tierausstellungen Bestimmungen bezüglich der Vergebung der Staatspreise erlassen, wie sie ähnlich auch von den Landwirtschaftskammern für Kammerpreise aufgestellt sind. Danach dürfen Staats- und Kammerpreise nur für besondere Rassen (Nutzrassen), nur für eigene Zuchtleistungen (Medaillen mit der Aufschrift „Für züchterische Leistungen") oder doch nur für Tiere, die sich seit mindestens drei Monaten im Besitze des Ausstellers befinden, zuerkannt werden. Die Entscheidung über die Vergebung von Staatspreisen kann nur unter Hinzuziehung eines Obmannes, als Vertreter des Ministeriums, gefällt werden; sie ist nur eine vorläufige, da die endgültige Verleihung des Staatspreises nur durch den Minister selbst, nach Eingang des Berichtes des Preisrichterkollegiums, erfolgen kann. Mit einigen Abänderungen wären diese Bestimmungen auch für Gartenbauausstellungen brauchbar und würden dann wesentlich dazu beitragen, den stark gesunkenen Wert der Staatsmedaillen für gärtnerische Leistungen in wünschenswerter Weise zu heben.

Bücherschau.

Klima, Boden und Obstbau. Die deutschen Klima- und Bodenverhältnisse, ihr Einfluß und ihre Wechselwirkung auf die Obstpflanzen. Nach den neuesten Forschungen gemeinfaßlich für Obstpächter dargestellt von A. Bechtle. Frankfurt a. Oder 1908. Druck und Verlag der Königlichen Hofbuchdruckerei Trowitzsch & Sohn. Preis geb. 8 M.

Das mir von der Redaktion dieser Zeitschrift zur kritischen Durchsicht übersandte Werk erweckte in seinem Titel die Hoffnung bei mir, daß es ein klares, umfassendes Bild gäbe von den innigen Beziehungen des Obstbaumes zu Klima und Boden. Ich bin hierin ziemlich enttäuscht worden. Das rund 550 Seiten starke Werk ist im Grunde genommen nur eine Klimatologie und Agrikulturchemie nebst Bodenkunde, hier und da versehen mit Abschweifungen in die Gebiete der Kulturtechnik und Pflanzenphysiologie. Der Obstbau kommt bei allem recht schlecht weg, kaum daß ab und zu einige Absätze an ihn erinnern. Der Verfasser hätte das Buch besser betitelt: Klima, Boden- und Pflanzenwuchs, denn es ist von Forst- und Zierpflanzen, von landwirtschaftlichen Nutzpflanzen fast ebensoviel die Rede, wie vom Obstbaum. Immer aber ruht der Schwerpunkt des Werkes bei den Erörterungen über Klima und Boden. Es fehlt das, was dem Werke einen praktischen Wert gegeben haben würde, was es dem praktischen Obstbau wertvoll gemacht hätte. Der Verfasser hat zu oft versäumt, aus den niedergelegten wissenschaftlichen Tatsachen die Konsequenzen für die Praxis des Obstbaues zu ziehen. Das aber mußte nach meiner Auffassung der Dinge und entsprechend dem Titel der Kernpunkt des Werkes sein.

Eine zweite Schwäche des Buches liegt in seiner Stärke von nahezu 35 Bogen. Nicht als ob es langweilte, im Gegenteil enthält es eine Fülle von interessanten und teilweise wichtigen Einzelheiten. Aber es ist zu viel Material als Beweismittel beigebracht für etwas, was hinterher nicht bewiesen wird. Ueberall begegnet uns der Verfasser als vielbelesener, gewissenhafter und fleißiger Mann, aber nirgends gibt er mehr als einen Extrakt aus den Arbeiten zahlreicher Forscher auf dem Gebiete obengenannter naturwissenschaftlicher Sondergebiete. Das Werk ist, im wohlmeinenden Sinne gedacht, eine Literaturarbeit, welche das wichtigste aus diesen Gebieten, das Neueste aus den maßgebendsten Werken unserer hervorragendsten Klimatologen etc. sammelt und in gedrängter Form vorträgt. Wenn es dem Verfasser nicht gelungen ist, selbstschöpferisch die Arbeitsergebnisse anderer für den Obstbau nutzbar zu machen, so liegt das wohl hauptsächlich daran, daß ihm die souveräne Kenntnis des Obstbaumes als Produkt der heimatlichen Scholle mangelt. Er hat das Unglück gehabt, ein hochinteressantes Gebiet bearbeiten zu wollen, das nur derjenige leidlich bewältigen kann, der neben der großen Belesenheit des Verfassers vielseitige praktische Erfahrungen im Obstbau und diese unter den verschiedensten Vegetationsverhältnissen besitzt. Immerhin gebührt ihm der Dank, alles das Wichtige aus einem hochwichtigem Gebiete zusammgetragen zu haben, was ohne seine Arbeit mühevolles Studium der gesammten Literatur erfordert hätte. In diesem Sinne soll dem Verfasser dankbare Anerkennung nicht vorenthalten werden. J.

Lohnbewegung.

Tarifkündigung in Berlin. Für das Lohngebiet Groß-Berlin besteht seit dem Jahre 1905 zwischen dem christlichen Deutschen Gärtnerverbande einerseits und der zuständigen Unternehmerorganisation andererseits ein Tarifvertrag, in dem ein Mindestwochenlohn von 20 Mark vereinbart ist. Dieser Vertrag ist nun von dem christlichen Verbande zum 1. April 1909 gekündigt worden, weil die Lebensmittelteuerung eine Lohnerhöhung heischt und weil die Löhne schon größtenteils über den Tarifsatz hinaus gestiegen sind. Der Handelsgärtnerverband hat zu der erfolgten Kündigung Stellung genommen und seine Mitglieder in der Tarifkommission beauftragt, alle Höherforderungen abzulehnen.

Gleichzeitig hat die Unternehmerorganisation die Einrichtung eines eigenen Stellennachweises ins Auge gefaßt, um sich damit von der Gehilfenorganisation, in deren Händen bisher die Stellenvermittlung lag, unabhängig zu machen. Der christliche Gärtnerverband hat andererseits für künftighin ein Zusammengehen mit der freigewerkschaftlichen Organisation am Platze beschlossen. Diese ist bedeutend stärker als die zurzeit im Vertragsverhältnis stehende; der Vertrag war gegen deren Protest zustande gekommen.

Aus den Vereinen.

In diesem Jahre hat der **Volkswirtschaftliche Verein für Obst- und Gemüseverwertung** in Deutschland zwei Herbsttagungen abgehalten, beide im Monat Oktober. Die erstere, geringeren Umfanges, zu Erfurt (9. und 10.), und die andere, größeren Umfanges, in Danzig (15. bis 19.). Die Veranstaltungen bestanden jedesmal aus belehrenden Vorträgen und praktischen Verwertungskursen. Die praktischen Verwertungskurse hat in beiden Orten Frau W. Bird, Dahlem bei Steglitz, gehalten. Die Versammlungen waren gut besucht; ein Teil der Danziger Veranstaltungen, namentlich die in Zoppot, sogar außerordentlich stark. Die Vorträge, die in Erfurt gehalten wurden, hatten merkwürdiger Weise nicht den großen Besuch aufzuweisen, der allgemein erwartet wurde; wenngleich zu derselben Zeit auch der Kepplerbund in Erfurt tagte, so ist diese Tatsache doch bei der großen Zahl von Obst- und Gemüseproduzenten in und um Erfurt etwas verwunderlich. Daß die Erfurter damit dokumentieren wollten, sie wären über die Ziele und Bestrebungen des Vereins erhaben, wollen wir nicht annehmen. Die Erscheinung ist nicht neu, daß Gegenden mit Erfolg in ihrem Gewerbe, besonders in pekuniärer Hinsicht, sich gegenüber Förderungen notwendiger, aber neuer Ziele ablehnend verhalten. Die Auswahl der Themata war besonders für Erfurts Gegend zugeschnitten: „Neues Verfahren auf dem Gebiete des Trocknens von Obst und Gemüse; neuere Verfahren auf dem Gebiete des Konservierens durch Sterilisation; Konserven als Massennahrungsmittel“ u. a. boten gewiß zeitgemäße Anregungen und Gedanken, die auch für die Obst- und Gemüsegärtner Erfurts und seiner Umgegend von Interesse gewesen wären.

Die Danziger Tagung war auf drei Tage vorgesehen, wovon die beiden ersten für Danzig selbst, der dritte Tag für Zoppot bestimmt war. Aus der Mitte der Versammlung wurden Anregungen bekannt gegeben, in Danzig noch einen vierten Tag tätig zu sein. Dieser Anregung wurde entsprochen, und so ist denn noch am 19. ds. Mts. der praktische Kursus vom 16. fortgesetzt und beendet worden. In Danzig waren Vorträge und Kurse durchaus gut besucht, auch die Gemahlinnen des Oberpräsidenten und des Regierungspräsidenten befanden sich unter den Teilnehmern.

Tagesgeschichte.

Breslau. Die zur Feier des 25 jährigen Bestehens des Verbandes schlesischer Gartenbauvereine hierselbst für 1910 geplante große Gartenbauausstellung wird, wegen Unstimmigkeiten in den Interessentenkreisen, jedenfalls nicht zur Ausführung kommen.

Friedrichshafen. Den hiesigen städtischen Kurgarten beabsichtigt ein Konsortium für 100 000 M zu erwerben. Als Ersatz für denselben hat die Stadt die am See gelegenen Gärten des Handelsgärtners Brechenmacher und des Hotelbesitzers Müller für 50 000 M gekauft, auch steht sie mit weiteren Gartenbesitzern wegen Ankaufs in Unterhandlung.

Jauer. Zur Vergrößerung des Stadtparkes wurde ein 36 Morgen großes Grundstück angekauft.

Personal-Nachrichten.

Eichenauer, Georg, Gärtner zu Cronberg im Obertaunuskreise, erhielt das Kreuz des Allgemeinen Ehrenzeichens.

Kleine, Kgl. Hofgärtner, Dresden, wurde das badische goldene Verdienstkreuz verliehen.

Petras, Georg, Gutsgärtner zu Sprottau, erhielt das Allgemeine Ehrenzeichen.

Rühl, Ph., Handelsgärtner in Frankfurt am Main, wurde der Titel eines Hoflieferanten der Erbprinzessin Leopold von Anhalt verliehen.

Wagner, Schloßgärtner in Merseburg, † am 27. Oktober im Alter von 60 Jahren. Das Merseburger Kreisblatt sagt von ihm: „In treuer Pflichterfüllung und reger Berufstätigkeit suchte und fand der Heimgegangene sein Glück, und die Treue hielt er auch seiner Familie und seinen Freunden. Möge ihm die Erde leicht sein!“

Berlin SW. 11, Hedemannstr. 10. Für die Redaktion verantwortlich Max Hesdörffer. Verlag von Paul Parey. Druck: Anhalt. Buchdr. Gutenberg e. G. m. b. H., Dessau.

Handelsregister.

)üsseldorf. Unter Nr. 596 des ıelsregisters B. wurde am 19. Ok- ; 1908 eingetragen die Gesellschaft 'irma **Westdeutscher Samenbau Grosshandlung J. Essers, Gesellschaft mit beschränkter Haftung,** dem Sitze in **Düsseldorf.** Der llschaftsvertrag ist am 16. Oktober ; festgestellt. Gegenstand des Unternehmens ist der Anbau und Vertrieb Samen aller Art sowie der Abıss von Geschäften, die hiermit im mmenhang stehen. Das Stammal beträgt 30000 M. Zum Geltsführer ist bestellt der Kaufmann, er Rentner, Franz Schmitz zu ıeldorf. Ausserdem wird bekannt ıcht: Die Bekanntmachungen der llschaft erfolgen durch den Reichsıger.

Konkurse.

Elbing. Ueber das Vermögen des **delsgärtners Kurt Heidenhain** in **ng,** Sonnenstrasse No. 58, wurde 30. Oktober, nachmittags 6¼ Uhr, Konkursverfahren eröffnet. Konvérwalter: Stadtrat Ludwig Wied- in Elbing. Anmeldefrist bis zum November 1908. Erste Gläubigerammlung am **19. November 1908, ıittags 10¼ Uhr.** Allgemeiner ungstermin am **7. Dezember 1908, ıittags 10¼ Uhr,** Zimmer No. 12. ıer Arrest mit Anzeigefrist bis zum November 1908.

Frankfurt, Oder. Ueber das Verın des **Gärtnereibesitzers Ferdi- l Ehrend** in **Frankfurt a. O.,** Leipstrasse 92, wurde am 3. November ;, mittags 1 Uhr, das Konkursverın eröffnet. Der Kaufmann Arno ıler in Frankfurt a. O., Regierungsse 22, ist zum Konkursverwalter ınt worden. Konkursforderungen bis zum 18. November 1908 bei Königlichen Amtsgericht anzumel- Gläubigerversammlungs- und Prüstermin **am 28. November 1908,** dem Königlichen Amtsgericht, strasse 53/54, Vordergebäude 1 Tr., ıer 11. Offener Arrest und Anıpflicht bis zum 18. November 1908.

Liegnitz. In dem Konkursverfahren das Vermögen der **Blumenllerin verwitweten Klara Enzn, geb. Krakowczik,** in **Liegnitz,** bergerstrasse Nr. 31, ist infolge ; von der Gemeinschuldnerin geıten Vorschlags zu einem Zwangsleiche, Vergleichstermin auf den **November 1908, vormittags 10½,** vor dem Königlichen Amtsgericht egnitz, Zimmer Nr. 31, anberaumt. Vergleichsvorschlag ist auf der ıhtsschreiberei des Konkursgerichts Einsicht der Beteiligten niedert.

Zwönitz. Das Konkursverfahren das Vermögen des **früheren st- und Handelsgärtners Kurt y Kunze** in **Zwönitz** wird nach ıltung des Schlusstermins hierı aufgehoben.

Neue Kataloge.

la Welter, Trier-Pallien, Rosenchter. Preisverzeichnis nebst Neuıtenliste für 1909.

an Noordt & Söhne, Boskoop olland). Engros-Preisverzeichnis er Baumschulartikel. 1908—09.

r Lambert, Trier. Illustiertes ıupt-Preisverzeichnis über Rosen, ıt- und Zierbäume, Park- und rtenanlagen etc. 1908—09.

es Veitch & Sons, Chelsea. Neuıtenliste für 1909.

Pape & Bergmann, Quedlinburg. Neuheitenverzeichnis über Blumen- und Gemüsesamen. Herbst 1908.

Chr. Bertram, Stendal. Preisverzeichnis über Obstbäume, Gehölze, Rosen etc. Herbst 1908 bis Frühjahr 1909.

F. C. Heinemann, Erfurt. Neuheitenverzeichnis 1909 nebst einem Anhang früherer bewährter Einführungen.

G. Frahm, Elmshorn (Holst.). Hauptkatalog über Baumschulartikel. 1908 bis 1909.

Walter Cossmann Nachf., Rödelheim b. Frankfurt a. M. Preisverzeichnis über Baumschulartikel, Stauden, Blüten- u. Gruppenpflanzen, Dahlien etc.

E. H. Krelage & Sohn, Haarlem. Blumenzwiebel-Verzeichnis. Herbst 1908.

Herm. A. Hesse, Weener a. d. Ems. Preisverzeichnis über Baumschulartikel 1908—09.

Forstecker Baumschulen, Inhaber: **H. Wendland, Kiel.** Haupt-Preisverzeichnis über Baumschulartikel, nebst Spezial-Prospekt über die Abteilung Landschaftsgärtnerei und Gartenarchitektur.

Haage & Schmidt, Erfurt. Neuheiten von Samen für 1909.

Obstbaumschulen Burg Namedy, Namedy, Bez. Coblenz. Preisl. 1908/09.

Peterson Nursery, Chicago. (Ill.). Preisverzeichnis über Baumschulartikel etc.

Patente und Musterschutz.

Gebrauchsmuster - Eintragungen Klasse 45f.

No. 352773. Blumentopf. Fritz **von Heider,** Magdeburg, Kaiser Friedrichstr. 1. 2. 3. 08. H. 36268.

No. 352813. Verstellbarer Baumanbinder. Jakob **Götz,** Betzingen bei Reutlingen. 14. 9. 08. G. 20149.

No. 352864. Obstpflücker aus einer über dem Fangsack angeordneten und von dem Griffende der Tragstange aus schliessbaren Schere. Leopold **Schneider,** Mühlhausen i. Thür. 31. 8. 08. Sch. 29604.

No. 352915. Blumentopf mit hochgezogenem, in der Mitte vertieftem, mehrfach durchlöcherten Boden, äusseren Luftöffnungen und wasserundurchlässigem unteren Topfrande. Hermann **Hülswitt,** Münster i. W., Bergstrasse 60/61. 8. 9. 08. H. 38457.

No. 354189. Emaillierte Blechplatte für Beeteinfassungen. Richard Franz **Müller,** Chemnitz, Theaterstrasse 12. 9. 9. 08. M. 27961.

No. 354215. Kasten für Champignonzucht. A. **Milenz,** Charlottenburg, Nürnbergerstr. 23. 21. 9. 08. M. 27720.

No. 354516. Aus Faserstoffen und hydraulischen Bindemitteln bestehendes Anhängeschild. Heinrich **Siebert,** Jübar, Kr. Salzwedel. 16. 9. 08. S. 18006.

No. 354517. Aus Faserstoffen und hydraulischen Bindemitteln bestehendes, in die Erde einzustehendes Schild. Heinrich **Siebert,** Jübar, Kr. Salzwedel. 16. 9. 08. S. 18007.

Bevorstehende Ausstellungen.

April 1909.

Berlin. Grosse Internationale Gartenbauausstellung vom 2.—13. April in der Ausstellungshalle am Zoologischen Garten, veranstaltet vom Verein zur Beförderung des Gartenbaues in den Kgl. preuss. Staaten.

München. Jubiläumsblumenausstellung der Bayerischen Gartenbau-Gesellschaft vom 24. April bis 3. Mai.

Illustrierte Wochenschrift für den gesamten Gartenbau.

Jahrgang XII. 21. November 1908. No. 60.

Stauden.

Viola calcarata und Campanula Waldsteiniana, zwei schöne Alpenpflanzen.

(Hierzu zwei Abbildungen.)

Es gibt eine Zeit im Alpengarten — bei mir währt sie von der zweiten Aprilhälfte bis spät in den Mai hinein —, da bringt jeder Tag ein neues Wunder in den Blumenflor, bis eines Tages der ganze leuchtend-bunte Blütenzauber auf seiner höchsten Entfaltungsstufe angelangt ist, um dann wieder allmählich an Leuchtkraft zu verlieren. Da rufe ich oft mit dem Dichter „die Welt wird schöner mit jedem Tag" — und ein wahres, reines Glücksgefühl beschleicht mich, wenn ich alle die zarten Lenzkinder näher betrachte und mich in ihre Sonderreize vertiefe.

Und dabei gibts hier trotz aller grell-bunten Töne, die so nahe beieinander stehen, keine Dissonanz, keine Disharmonie; ihre Formenmannigfaltigkeit und Gruppierung schließt jeden Mißklang aus. Die zarten Frühlingspulsatillen *(P. vernalis)* bringen die letzten Blumen, der kleine, wilde Alpenkrokus neigt sich entkräftet zum langen Sommerschlaf, aber blaue Enziane und Ranunkeln, gelbe und weiße, lila Alpenglöckchen *(Soldanella)*, leuchtende, rosenrote Himalayaprimeln und viele andere strahlende Sonnenkinder sind erwacht. Das ist die Zeit, von der H. Christ in seinem „Pflanzenleben der Schweiz", so treffend sagt: „Kommst Du zur richtigen Zeit, so gleicht auch nichts in der Welt dieser wahrhaft berauschenden Herrlichkeit . . . . . . Das zarte Rosa der Mehlprimel, der *Silene acaulis*, das kalte Weiß der *Anemone*, das brennende Hochgelb der Hieracien, das tiefe Kupferrot der *Bartsia*, das ebenso tiefe, aber feurige Blau der Gentianen, die in mächtigen Büschen auf dem Grunde lagern, und vor allem das tiefsammetne Violett der in unendlichen Mengen sich öffnenden Veilchen *(Viola calcarata)* bilden die Haupttöne in dem schillernden, mit unzähligen Tautropfen wie Diamanten beperlten Teppich." — Ja, dieses Spornveilchen ergänzt den Zauber des Frühlingsbildes auch im Alpengarten durch sein weiches Mattlila. Es gibt wenige derart getönte Alpenblumen; wohl kommt sie gelegentlich auch tief dunkellila, gelb oder weißlich in ihrer alpinen Heimat vor; ihr schönster und reizvollster Farbenton ist aber jenes matte, zarte Lila, das in ähnlicher Weise nur die wilde Grundform des Hornveilchens, *Viola cornuta*, aufweist.

So prangt sie denn in dichtrasigen Kissen, Blume an Blume, nur wenige Zentimeter hoch, aber auffallend durch die Dichtigkeit und Massigkeit. Du siehst kaum da und dort ein Blattspitzchen, nur lauter lachende, glückliche Blumengesichter, die, eng aneinander geschmiegt, den Kampf um Licht und Beachtung ringen — just wie die Menschen auch.

Drei bis vier Wochen, bei kühlem Wetter auch länger, währt der fröhliche Flor, dann neigen sie sich müde zur Seite, um Frucht zu bringen; und wie reich fällt die Samenernte

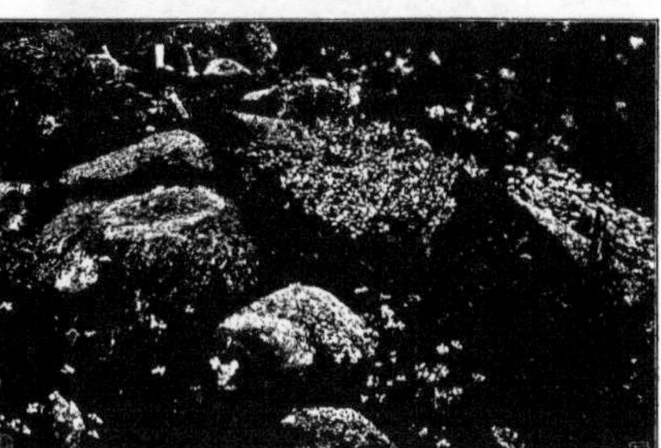

Viola calcarata. Originalaufnahme für die „Gartenwelt".

aus, wenn Du den richtigen Augenblick wahrnimmst. Die bis jetzt fest und geschlossen gewesenen Kissen mußt Du um diese Zeit aufmerksam beobachten, weil sie dann gern zerklüften und sich lockern; ich putze sie dann sorgsam aus, fülle sandige, humose Rasenerde zwischen ihre zarten Stengel und gieße sie mit größerer Vorsicht als vorher, um sie gesund zu erhalten. An ost- oder südostwärts gerichteten, sanften Hängen gedeihen sie bei mir in humoser, mit Steinschlag durchsetzter Rasenerde überaus willig, verbreiten und verdichten sich gern zu festen Rasen, die flach unter dem Erdboden feine Ausläufer nach allen Seiten versenden. Aus ihnen wachsen dann wieder kräftige Sprößlinge hervor, die sich schnell zu größeren Polstern bestocken. So verbreitet, verjüngt sich und wandert das schöne Spornveilchen jahraus jahrein und bezieht im Laufe der Zeit weite Strecken, die im Blumenflor eine entzückende Wirkung hervorbringen, die um so lebhafter ist, je mehr Exemplare beisammen stehen. Naht der Spätherbst, dann bedecken sie sich schon wieder ebenso wie die liebliche Frühlingsheide *(Erica carnea)* mit Knospen, die, bei genügender Tannenreisdeckung, im Frühjahr mit den ersten warmen Sonnenstrahlen erwachen.

Willst Du Deinen Bestand vermehren, so streue die Samen schon bald nach der Reife in Schalen; die Teilung und Stecklingsvermehrung erübrigt sich dadurch und Du zerreißest Dir nicht die einmal eingewurzelten Polster. Es gibt kein haltbareres und schöneres hochalpines Stiefmütterchen für den Alpengarten, denn die niedliche *Viola alpina* der Ostalpen fault immer wieder, gleichviel, ob sie aus Samen gezogen war, oder als wild gesammelter oder vorkultivierter Stock gesetzt wurde; die schöne, mehr die westlichen Alpen bevorzugende Schwester ersetzt mir den Trotzkopf der Ostalpen.

Campanula Waldsteiniana.
Originalaufnahme für die „Gartenwelt".

Wenn der Frühlingszauber längst erloschen ist, die Habmichlieb den zweiten Flor entfalten und die alpinen Herbstblumen aufstehen, bedeckt sich die zierliche *Campanula Waldsteiniana* mit ihren fast ganz flachen, schalenartigen Blumensternen. Es sind entzückende Blütenkissen, die um diese Jahreszeit besonders anmuten. Nur auf 10, höchstens 12, ausnahmsweise auch auf 15 Zentimeter hohen, mit schmalen, lanzettlichen, ungleichmäßig gezähnten Blättchen versehenen Stielchen erscheinen die hellila gefärbten, graziösen Blumen zu je drei oder fünf. Die vielsprossigen Stauden tragen auch hier die lieblichen Blütenaugen dicht aneinander, so daß ein schon von weitem bemerkbares Blumenkissen entsteht, wie es die Abbildung zeigt. Das ist die echte Trägerin dieses Namens. Die in No. 38 ds. Jahrganges abgebildete, deutlich walzenförmige Röhrenglocken zeigende, sowie durch einen lockeren Wuchs ausgezeichnete Art ist zwar in der Belaubung der echten *C. Waldsteiniana* recht ähnlich, in der Blütenform, Haltung und Tracht aber eine völlig andere Art, die kennen zu lernen ich sehr begierig wäre, — aber die echte *C. Waldsteiniana*, Roem. et Schult., ist es nie und nimmer! Meine Gartenpflanzen entsprechen genau den von Pichler auf dem Mont Laginaz im Velebit gesammelten Exemplaren meines Herbars; sie sind zweifellos typisch und echt. Am östlichen Abhange, steil, zwischen Felsen, nach Art eines Geröllfeldes, in humusdurchsetzte Rasenerde gebettet, gedeiht sie mir vorzüglich, sät sich selbst aus und breitet sich weithin aus. Ein mit mehreren starken Kissen geschmückter Abhang gibt immer ein anziehendes Bild. Die reichlich erzeugten, sehr feinen Samen säe ich auch gleich nach der Reife; sonst wächst auch jeder ausgerissene, in Töpfchen vertopfte, unter Glasschutz gehaltene Trieb schnell an, — aber wozu die Kissen zerreißen, wenn es genug Samen gibt und sie echte Nachkommen geben?

C. Waldsteiniana ist ein kleines, süßes Ding für jeden Alpinenliebhaber; wer sie haben möchte, kann sie in Tausch gegen ähnliche Schätze gern von mir beziehen, es ist genug Nachzucht vorhanden.

E. Wocke, Oliva.

Farne.

Polypodium glaucum crispum.

Von **Franz Jank**, Farngärtnerei, Wandsbek.

(Hierzu eine Abbildung.)

Dieses *Polypodium* fand ich mehrere Jahre hintereinander zwischen den Aussaaten von *Polypodium glaucum*. Da die Wedel gekraust sind, taufte ich dasselbe *Polypodium glaucum crispum*; sein Wuchs ist etwas gedrungener, auch die Färbung ist etwas bläulicher als bei *Polypodium glaucum*. Es ist ein eigenartiger, sehr schöner Farn, welcher allgemein auffällt und sehr gern gekauft wird. Sporen haben sich an den Pflanzen, auch bei vierjährigen, bis jetzt nicht gezeigt, jedoch lassen sich die Pflanzen durch Teilung ganz gut vermehren, auch die dicken, rhizomartigen Wurzeln treiben, wenn wie Dracaenenstammstücke eingelegt. Im letzten Frühjahre verkaufte ich einen größeren Teil meines Bestandes nach London; die Pflanzen wurden sehr hoch bezahlt. Auch hier erzielte ich für einzelne schöne, große Pflanzen von dieser Sorte bis 25 M pro Stück. *Polypodium glaucum crispum* ist jedenfalls ein Handelsfarn ersten Ranges, der stets willige Käufer findet.

Nachschrift des Herausgebers. Es handelt sich hier in der Tat um eine wertvolle Handelspflanze, die mir kürzlich bei einem Besuche der Jankschen Kulturen sofort auffiel. Wie *P. glaucum*, so dürfte auch die neue Form eine haltbare Zimmerpflanze sein.

Landschaftsgärtnerei.

Gruppenpflanzen und Pflanzengruppierung.

Von R. Stavenhagen, Rellingen.

III.

In der formenreichen Gattung *Begonia* ist *B. ricinifolia* eine der interessantesten Arten. Neben ihrem Werte als Blütenpflanze imponiert sie durch ebenso üppige, wie gefällige Blattform und gedeiht vorzüglich nicht nur im Zimmer, sondern auch an geschützten Stellen im Freien. Ihr ganzer Wachstumscharakter gemahnt an *Begonia Rex;* die Blätter erreichen aber weit beträchtlicheren Umfang, und die Beschaffenheit des Blattes ist derber und daher widerstandsfähiger. Als Zimmerpflanze ist *B. ricinifolia* recht selten geworden, als Blattpflanze des freien Landes wurde sie niemals häufig verwendet, obwohl sie in ihrer Eigenart durch nichts anderes zu ersetzen ist. Ich lernte die Pflanze zuerst vor 25 Jahren in Potsdam kennen. Dort wurde sie sowohl am neuen Palais als auch im Marlygarten alljährlich zu Zwecken der Gruppenbepflanzung benutzt. Der Standort war hier stets ein sehr geschützter, sowohl gegen Wind, als auch gegen die heißeste Mittagssonne. Ich habe jedoch später in den reich geschmückten Privatgärten der Villenkolonien am Rhein; z. B. in Godesberg, Mehlem usw., prachtvoll entwickelte Gruppen dieser rizinusblättrigen *Begonia* angetroffen, die in voller Sonne lagen. Es handelt sich hier allerdings darum, die für das Auspflanzen bestimmten Exemplare bei Zeiten an Luft und Sonne zu gewöhnen. Das prächtige Blatt zeigt in den Umrissen die Grundform eines Rizinusblattes, wirkt indes durch die elegante Zähnung des Blattrandes noch weit gefälliger. Das Kolorit tritt in voller Sonne am schönsten hervor. Im Schatten ist die Oberfläche des Blattes bräunlich, olivgrün getönt, unter der Einwirkung des Sonnenlichtes geht dieser Ton in ein kräftig getöntes, rötliches Bronzerot über. Die purpurbraune Blattunterseite färbt sich in der Sonne ebenfalls intensiver. Die eigenartige Tracht dieser *Begonia* kommt am besten zur Geltung, wenn sie für sich allein verwendet wird. In gemischten Gruppen ist sie möglichst frei zu stellen oder truppweise zu verwenden. Zur Bekleidung des Fußes höherer Gewächse, wie z. B. *Musa Ensete,* ist sie als gut deckend recht geeignet. Aeltere, mehrjährige Pflanzen erreichen ohne den Blütenstand 60 bis 70 cm Höhe; derart starke Exemplare lassen sich leicht durch Rhizomteilung vermehren. Wenn die Beschaffung von Pflanzen Schwierigkeiten macht, ist die Anzucht aus Samen anzuraten. Die reich ausgestatteten Kataloge größerer Samenhandlungen bieten den Samen kornweise an; die Anzucht ist von der anderer strauchartiger Begonien nicht verschieden, öfteres Pikieren und anfangs eine höhere, trockene Wärme sind allerdings notwendig. Aeltere Pflanzen gedeihen in jedem durch längere Kultur humusreichen Gartenboden; Beimischung von groben Heideerdebrocken oder Torfmull ist empfehlenswert, aber nicht unbedingt notwendig. Das Auspflanzen in eine sehr leichte, wenig bindige Erde beeinträchtigt entschieden die Schönheit der Pflanze. In voller Sonne trocknet ein solcher Boden zu schnell aus, in etwas schattiger Lage vergeilen die Blattstengel, worunter der ganze Habitus der Pflanze leidet. In bezug auf Bewässerung und Düngung stellt *B. ricinifolia* die gleichen Ansprüche wie jede andere krautartige Blattpflanze. Die Ueberwinterung erfolgt in einem temperierten

Polypodium glaucum crispum.
In der Farngärtnerei von Franz Jank, Wandsbek, für die „Gartenwelt" photographisch aufgenommen.

Hause; die Pflanzen ziehen nicht ein, gehen aber etwas zurück. Oefteres Teilen ist notwendig, da sonst die Rhizome zu sehr über den Boden hervortreten und die Pflanzen dann wohl viele, aber kleinere Blätter entwickeln.

Zu den Blattpflanzen, die ebenfalls schon länger aus unseren Gärten verschwunden sind, gehört *Melianthus major.* Die Schmuckeigenschaften der Pflanze, für die ein populärer Name fehlt, liegen weniger in großen, üppigen Blattformen als vielmehr in der gefälligen Gesamterscheinung, dem aparten blaugrünen Kolorit des ganzen Strauches und der zierlichen, eigenartigen Blattform begründet. Die unpaarig gefiederten Blätter sind wie die jüngeren Stengel und Zweige bläulich graugrün überlaufen. Der Rand der Fiederblättchen ist ziemlich grob gezähnt; außerdem fallen die stark entwickelten Nebenblätter auf. Die Größe eines Blattes läßt sich vielleicht mit der eines Holunderblattes vergleichen; die Tracht der Pflanze ist buschig und geschlossen; in den Hauptzügen zeigt sie den Charakter eines Schmetterlingsblütlers, ist aber botanisch nicht diesen, sondern den Rutaceen verwandt. Bei der Kultur muß man darauf bedacht sein, eine große, üppige Belaubung zu erzielen; Stutzen ist daher ganz zu unterlassen, Zurückschneiden nur im Herbste vor der Einwinterung notwendig. Pflanzen, die vom zeitigen Frühjahre an ununterbrochen im Wachstume bleiben und denen es nicht an Licht und Luft fehlt, verzweigen sich von selbst rechtzeitig. Die bräunlich-purpurroten Blüten sind mehr interessant als schön und erscheinen nur an älteren Exemplaren, wenn deren Leittriebe nicht zurückgeschnitten werden, was indes der sicheren und bequemen Ueberwinterung wegen nicht zu umgehen ist.

Auf der Genter Frühjahrsausstellung fand ich in einer großen, gemischten Gruppe auch ein älteres, blühendes Exemplar von *Melianthus major.* An den im freien Lande ausgepflanzten Exemplaren habe ich niemals Neigung zur Blütenbildung bemerkt, selbst wenn die Entwickelung eine sehr üppige war. Die Vermehrung geschieht durch Stecklinge, die möglichst mit etwas Astring zu schneiden sind; diese Stecklinge werden älteren, zurückgeschnittenen Pflanzen entnommen. Hierbei ist zu beachten, daß *M. major* wie andere Gewächse vom Kap sehr lichtbedürftig ist und übertriebene Nässe scheut. Man beginne daher mit der Vermehrung nicht zu früh und stopfe die Stecklinge auch nicht in ein geschlossenes Vermehrungsbeet, sondern in kleine Töpfe dicht an die Topfwandung. Die junge Vermehrung ist nur im Notfalle zu spritzen und möglichst bald an volle Sonne zu gewöhnen. Zweijährige Stecklingspflanzen bilden schon Büsche von etwa 60 cm Durchmesser, bei mehr als 1 m Höhe, und lassen sich sowohl als Einzelpflanzen, als auch im Vordergrunde gemischter Gruppen so benutzen, daß sie keinesfalls nach oben durch andere Gewächse überschirmt sind. Ein trockenes Haus von 8 bis 10 Grad genügt zur Ueberwinterung. Meine Schilderung würde unvollständig sein, wollte ich nicht schließlich den eigentümlichen Geruch, den sämtliche Teile der Pflanze ausströmen, erwähnen. Alte Gärtner vergleichen diesen Geruch mit dem des Kalbsbratens. Immerhin fürchte ich, daß derart duftender Kalbsbraten kaum den Beifall eines Feinschmeckers finden würde. *M. major* wird in Erfurter Katalogen regelmäßig in Samen angeboten. Obwohl bereits 2 jährige Sämlinge zum Auspflanzen brauchbar sind, ist ungeschlechtliche Vermehrung vorteilhafter, sobald man einmal im Besitz von Pflanzen ist. Bei reichlicher Ernährung erscheinen aus dem Wurzelstocke von selbst starke Wurzelausläufer, die noch stärkere Pflanzen als Stecklinge ergeben.

Wenn ich nun weiterhin auf einige für Gruppenbepflanzung besonders zu bevorzugende Sorten von *Canna* hinweise, sind auch in diesem Falle weniger der Wert als Blütenpflanze, sondern mehr die dekorativen Eigenschaften der empfohlenen Sorten für mich bestimmend gewesen. Seit 25 Jahren hat man mit nicht wegzuleugnendem Erfolge an der Erziehung einer Rasse von Blütencanna gearbeitet. Leider ist aber dabei der Charakter einer Blattpflanze in den Hintergrund getreten; namentlich besitzen viele Sorten französischen Ursprungs eine geradezu spärliche Belaubung. Ich wurde deshalb angenehm berührt, als ich im vorigen Herbste zuerst in Mannheim, dann in Kannstatt und Stuttgart das Beste an neuen *Canna* mit Einschluß der jüngsten Jahrgänge kennen lernte. Es handelt sich dabei meist um Züchtungen der bekannten Firmen G. Ernst, Stuttgart, und Wilh. Pfitzer, dessen Stammgärtnerei ebenfalls in Stuttgart liegt, dessen Kulturen sich aber zum großen Teil in einer neuen Gärtnerei in Kannstatt befinden. Namentlich die Pfitzerschen Züchtungen zeigen nicht nur einen entschiedenen Fortschritt in der Größe der Einzelblüten und Entwicklung der Blütenstände, sondern die Verbesserung kommt außerdem in einer üppigen Belaubung zum Ausdruck. Nur solche Sorten will ich hier nennen. Allerdings sind wir noch weit davon entfernt, Cannasorten zu besitzen, die schöne Blüten mit der imposanten Tracht und dem musaähnlichen Blattwerk mancher älteren Sorten dieser Arten verbinden. Hier sind die rotblättrige *C. Sénateur Millaud* und die grünblättrige *C. Auguste Ferrier* noch unübertroffen. Die erstgenannte wurde vor etwa 20 Jahren verbreitet und ist halbwegs bekannt. Die größtlaubige *Canna* ist aber doch *Auguste Ferrier,* die ich hier besonders in den Vordergrund stellen möchte. Die Bezeichnung „musaähnlich" ist hier keine Phrase, sondern entspricht vollauf den Tatsachen. Das bräunlich genervte Blatt besitzt einen ins Graubraune spielenden, grünen Grundton; der Blattrand ist braun gesäumt. Die robusten Blattstengel zeigen wie die Spitze der ruhenden Rhizome ein bräunliches Dunkelpurpur. Schon die Beschaffenheit der dicken, fleischigen Rhizome deutet beim Vergleich mit denen anderer Sorten auf den kräftigen Wuchs der Pflanze hin; sie sind nicht nur mehr als doppelt so stark und besser verzweigt, sondern auch im Winter weit widerstandsfähiger als jene. Die Sorte blüht meist überhaupt nicht, selbst wenn sie eine Höhe von $2^1/_2$ m erreicht. Was jetzt als *C. musaefolia* von Amerika aus angeboten wird, ist von *C. Auguste Ferrier* kaum verschieden, vielleicht ist es auch nur eine Auffrischung dieser, seit mehr als dreißig Jahren bekannten Sorte, die sich ein amerikanischer Handelsgärtner erlaubt hat. Außerdem sind unter den Sorten vom Typus der alten Blattcanna *C. discolor, C. nigricans, C. Président Faivre,* noch heute kulturwert. *C. nigricans* zeigt einen eigentümlichen, schwärzlich-olivgrünen bis blaugrünen Farbenton. Der Wuchs ist wie bei der rotblättrigen *C. Président Faivre* aufstrebend und geschlossen; das Blatt ist allerdings nur schmal und verläuft in eine schmale Spitze. In der Tracht durchaus verschieden ist *C. discolor,* deren rotbraun genervte Blätter fast kreisrund sind und beinahe rechtwinklig vom Stengel abstehen. Vielleicht gelingt es einmal, diese Sorten zu Kreuzungen mit Blütencanna zu benutzen, um dadurch unserer heutigen Rasse von *Canna* etwas neues Blut einzuimpfen.

Ich möchte zum Schluß diejenigen neuen Blütencanna nennen, welche die oben geschilderten Eigenschaften bis zu einem gewissen Grade besitzen. Die auffallendste Sorte unter den grünblättrigen ist jedenfalls *Meteor,* eine hochwachsende Sorte mit zinnoberroten Blumen. *Meteor* dürfte die beste Neuheit Pfitzers aus dem Jahrgange 1907 sein. Ein schönes Gegenstück dazu ist *Frau Martha Skopnik* (Pfitzer 1907) mit bunten Blumen. In zweiter Linie seien genannt *Feuermeer* (Pfitzer 1907), *Stadtgärtner Brennemann, Goethe* (Pfitzer 1907), alle drei grünblättrig. Die schönste Belaubung unter den rotblättrigen besitzen: *Dr. Marcus, Direktor Freudemann* (Pfitzer 1907), *Schwabenland.* Von den Ernstschen Züchtungen sind in Blume und Blatt hervorragend: *Königin der Gelben* mit grünem Blatt und gelber Blume, sowie *Graf Waldersee* mit bronzerotem Blatt und safrangelber Blume.

Die Belaubung der neuen lachsfarbenen *Mme Marguerite Mühle* ist ebenfalls ziemlich kräftig; dagegen gefällt mir *König Humbert* im Blatt weniger gut. Das rötlichbraune

Kolorit ist im Vergleich mit neueren rotblättrigen Sorten nicht rein genug. Wir besitzen jetzt unter den *Canna* eine so reiche Auswahl, daß man Sorten mit etwas spärlicher Belaubung und schlechten Wuchseigenschaften getrost ausschalten kann.

Der Bayerische Platz in Schöneberg.

(Hierzu drei Abbildungen.)

Fern im Westen der Reichshauptstadt, auf Schöneberger Gebiet, befindet sich, zum Teil noch im Entstehen begriffen, das bayerische Viertel; so genannt, weil die Straßen Namen bayerischer Städte tragen. Es war mir seit Jahren ein besonderer Genuß, diesen Stadtteil zu durchwandern, war doch hier einmal von der in und um Berlin üblichen rechteckigen Aufteilung des Geländes Abstand genommen worden. Durch manchmal nur geringe Verschiebungen, durch leichte Krümmungen der Straßen — wehe dem Gartenkünstler, der heute nicht auf die gerade Linie schwört —, ist hier eine Mannigfaltigkeit in das Städtebild gebracht worden, die noch durch die verständnisvolle und abwechselungsreiche Bepflanzung der Straßen, zum Teil auch der Vorgärten erhöht wird, die sich, zur Erzielung einheitlicher Wirkung, einem gemeinsamen Willen unterordneten. Ihr wurde das letzte Sonderheft des Vereins Deutscher Gartenkünstler teilweise gerecht.

Hier an der Kreuzung der Landshuter- mit der Grunewaldstraße ist nunmehr der Bayerische Platz dem Publikum übergeben worden, und die hauptstädtische Presse lobte in allen Tonarten diese vornehme Anlage. Sonderbar, daß dabei, soweit ich übersehen kann, der Gartenkünstler, der diesen Platz entworfen hat, es ist der Kgl. Gartenbaudirektor und Stadtgartendirektor Enke, Köln, gar nicht erwähnt wird. Il a travaillé pour le roi de Prusse. Es ist das um so verwunderlicher, als er doch so ganz im modernen Sinne gearbeitet, und das gesamte Requisit des modernen Allkünstlers verwendet hat.

Das reizende Brunnenhäuschen ist umgeben von einem Kranze von Pyramidenpappeln, dem Lieblingsbaume der Architekten, und, den Eingang von der Landshuter Straße straff zusammenfassend, von einem Behrensschen Lattengestell, weiß gestrichen, und vielen, vielen weißen Bänken, von oder nach Schultze-Naumburg. Ich möchte dazu meine ganz persönliche Meinung dahin aussprechen, daß ein bis drei Pyramidenpappeln, dem Landhause beigesellt, ein wundervolles Spiel der Linien ergeben; acht in einen Kreis gestellt, heben sich gegenseitig auf, sie werden, aus einiger Entfernung gesehen, als eine einzige breite Masse erscheinen, das Ragende, Himmelanstrebende geht verloren. Es wird dies umsomehr geschehen, wenn erst die Umbauung mit vierstöckigen Häusern vollendet sein wird. Mit solchen kann selbst die Pyramidenpappel nicht wetteifern; sie wird, auf dem verhältnismäßig doch nur kleinen Platze, glatt erdrückt werden. Mit dem Lattengestell geht es mir so wie es Fritz Reuter irgendwo von seinen Lesern vermutet, „wert mag, der magt, und wert nich mag, der magt ja wohl nicht mögen"; ich halte es zum mindesten für überflüssig. Die Bepflanzung mit *Tropaeolum* und einigen noch sehr schüchternen Wistarien ist reizvoll. Was wird denn aber aus dem weißen Gestell im Winter? Man beachte auch einmal den Durchblick von den westlich und östlich des Brunnenhäuschens angeordneten Sitzplätzen aus. Es ergibt sich da, durch die horizontalen Linien der Oberkante, der Mauerbogen, der Fensteröffnung und der Bogen des Lattengestells, ein Wirrwar von Linien, der scheußlich wirkt. Hier mußten die weißen Lattenbogen unbedingt verschwinden, oder aber vom üppigsten Grün bekleidet sein. Und sodann, warum nur dieses aufdringliche Weiß? Ist denn wirklich die Form dieses Lattengestells eine so hervorragend edle, — Hölzchen quer auf Hölzchen, eine ewige Wiederholung der Kreuzform —, daß sie so betont werden muß? Ebenso ergeht es mir mit der Fülle der weißen Bänke, von zugegeben edler Form, der weißen Kübel. Mir will es scheinen, als ob da immer und immer wieder der alte Grundsatz „eines schickt sich nicht für alle", hier zu variieren „für überall", vergessen wird. Die ein oder zwei weiß gestrichenen Bänke, die im Hausgarten ganz am Platze sind, sind bei der massenhaften Verwendung in den öffentlichen Anlagen unleidlich. Und wie lange werden denn diese Bänke auf dem öffentlichen Platze ihr strahlendes Weiß behalten? Fordert dieses nicht geradezu die unnützen Hände heraus? Der schwächste Teil der ganzen Anlage ist die Gestaltung des Terrains. Kommt man von der Landshuter Straße, so steigt es zunächst ein wenig an, um das Brunnenhäuschen herauszuheben, dies nimmt mitsamt dem Lattenrondel den höchsten Punkt des Ganzen ein, danach führen ein paar Stufen in den vertieften Teil des Platzes, um an der Brunnenanlage an der Grunewaldstraße mit einigen Stufen die Terrainhöhe wieder zu gewinnen. Alle anderen Wege überwinden diese Höhenunterschiede ohne Stufen. So stellt der Weg parallel der Grunewaldstraße eine scheußliche Mulde

Teilansicht vom Bayerischen Platze in Schöneberg.
Vom Verfasser für die „Gartenwelt" photographisch aufgenommen.

dar; die beiden seitlichen Wege machen einen reellen Knick, indem sie erst von oben nach unten, und dann wieder hinauf führen, die beiden begleitenden Rabatten machen natürlich diesen Knick mit und betonen ihn erst recht; so fällt auch der Querweg nach den Stufen am Brunnenhäuschen zu um etwa 30 cm, so daß das ganze Terrain in der Mitte zusammenknickt. Hier wäre wahrlich ein bischen mehr Schultze-

Teilansicht vom Bayerischen Platze in Schöneberg.
Vom Verfasser für die „Gartenwelt" photographisch aufgenommen.

Naumburg am Platze gewesen. Wenn schon Unterschiede in der Terrainhöhe vorhanden sein sollen, dann diese ehrlich durch Böschung und Stufen überwunden; es war dies um so leichter möglich, als der Platz für Kinderwagen gesperrt ist.

Die Bepflanzung der Blumenstücke, Rabatten usw. wurde in der feinen und sauberen Manier, die man in Schöneberg gewohnt ist, ausgeführt. **Bindseil.**

Gemüsebau.

Der Italienische Fenchel.

Von **H. Lindner**, Obergärtner, Wannsee.

Als ich in No. 55 den Artikel über die Limabohne von Herrn Obergärtner Buchholz las, dachte ich an ein anderes, ebenso feines, fremdländisches und hierzulande ebensowenig bekanntes Gemüse, den Italienischen Fenchel. Warum dieses so zarte Gemüse in Deutschland fast gar nicht angebaut wird, ist eigentlich sonderbar. Wenigstens sollte man den Fenchel dort finden, wo man Bleichsellerie zieht, schon aus dem Grunde, weil die Verwendungsart des Fenchels so ziemlich die gleiche ist wie beim Bleichsellerie.

Als Gewächs eines südlichen Himmelsstriches verlangt der Fenchel bei uns eine warme, wenigstens aber eine etwas geschützte Lage. Ein milder, tiefgelockerter und dungreicher Boden ist Bedingung. Die Aussaat geschieht Anfang Mai und zwar am besten direkt ins Freie. Ich säe den Fenchel am liebsten gleich an Ort und Stelle in Stufen zu je 3 Korn, in allseitigem Abstand von 30 bis 35 cm. Nachdem die Pflanzen aufgegangen und etwas erstarkt sind, werden sie, immer bis auf die kräftigste, verzogen. Später, etwa Anfang September, müssen die Pflanzen gebleicht, also behäufelt werden. Man kann aber den Fenchel auch pflanzen, was dann in etwa 10 cm tiefe Furchen, die Anfang September wieder zugezogen werden, geschieht. Die Benutzung ist, wie ich schon sagte, ähnlich wie beim Bleichsellerie. Man verwendet die am besten gebleichten, knolligen Fenchelstauden roh, nur mit Salz gewürzt, als Zuspeise. Auch läßt sich daraus ein vorzüglicher Salat bereiten. Man schneidet hierzu den abgeputzten Fenchel in möglichst dünne Scheiben, würzt ihn, genau so wie anderen Salat, mit Oel und Essig und gibt etwas gestoßenen Pfeffer hinzu. Wer rohe Salate nicht liebt, muß die Knollen brühen und ziemlich gar kochen lassen. Die Zubereitung ist auch dann genau wie im rohen Zustande und mundet mir dieser Salat, der viel an Selleriesalat erinnert, aber weit lieblicher schmeckt, am besten. Ferner kann man den in Salzwasser abgekochten Fenchel auch warm genießen. Man vierteilt ihn dann, übergießt ihn mit zerlassener Butter, die man mit Weizenmehl anschwitzt.

Ich hatte hier im Gärtnerverein in der letzten Sitzung unter anderem auch eine Fenchelstaude vorgeführt, es war aber niemand imstande zu sagen, was es sei. Man sieht dieses feine Gemüse, selbst hier in Berlin, im Herbst und Winter nur in einigen besseren Delikateßgeschäften, z. B. bei F. W. Borchardt, Französische Straße, Lindstedt & Säuberlich, Leipziger Straße. Auch einige italienische Wein- und Obstgeschäfte führen den *Finochio*.

Ich hoffe durch diese Zeilen manchem Kollegen die Anregung zu geben, einen Versuchsanbau mit dem Italienischen Fenchel zu wagen. Als Hauptsorte ist *Florentiner* zu merken.

Kultureinrichtungen.

Ampeln.

(Hierzu zwei Abbildungen.)

Alle Ziergewächse, die sich ihrer herabhängenden Zweige halber zur Kultur in Ampeln eignen, erfreuen sich heute einer so großen Beliebtheit, wie wohl nie zuvor.

Teilansicht vom Bayerischen Platze in Schöneberg.
Vom Verfasser für die „Gartenwelt" photographisch aufgenommen.

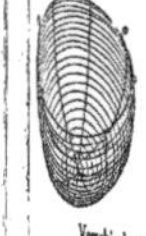

Verschiedene Formen

Mit besonderer Vorliebe schmückt der Privatgärtner seine Gewächshäuser, Wintergärten, Veranden, Laubeneingänge usw. mit Ampelpflanzen, die in schönen Exemplaren und in sinniger Verwendung nicht allein sein Können als Kultivateur, sondern auch ebensosehr sein Talent als Dekorateur erkennen lassen. Auch der Laie behandelt seine Ampelpflanzen, die er in einem Treppenaufgang oder wohl gar am Fenster seines Wohnzimmers aufhängt, mit soviel Liebe und Sorgfalt, wie wohl kaum etwas anderes im Zimmergarten. Trotz des oft mühsamen und schwierigen Transportes zum Markte, sind Ampelpflanzen ein lohnender und leicht abzusetzender Artikel für Handelsgärtner. Als Gefäße zur Aufnahme der Ampelpflanzen bedient man sich in den meisten Fällen der Blumentöpfe oder Schalen, die aber nicht immer den Bedürfnissen und Eigenheiten aller in Frage kommenden Pflanzengattungen entsprechen; wie das gleiche auch von den sich im Handel befindlichen Ampeln aus Holz, Draht, Ton, Porzellan usw. zu sagen ist, die entweder zu flach oder zu reich mit Verzierungen versehen sind, also im ersteren Falle für die Aufnahme der notwendigen Erde nicht genügen, im letzteren die Wirkung der Pflanzen beeinträchtigen. Ampelgefäße werden von den handwerksmäßigen Anfertigern der Ampeln nicht als Mittel zum Zweck angesehen, wie es sein sollte, sondern als Schmuckstücke, und daher kommt es, daß das Gefäß in seinem meist über alle Maßen reich verzierten Aeußern mehr Interesse erregt als die darin enthaltenen Pflanzen. Eine Ausnahme bezügl. Anbringung von Verzierungen sollte nur bei schwachwachsenden Pflanzen, durch die sich eine völlige Bekleidung der Gefäße nicht erreichen läßt, gestattet sein, und dann aber auch nur in solcher Anwendung, daß das Gedeihen der Pflanze nicht beeinträchtigt und das Auge nicht durch das überreich ausgestattete Gefäß von ihr abgelenkt wird. Ein feiner Geschmack kann sehr wohl die Schönheit der Pflanze und die Verzierungen der Ampelgefäße zu einem künstlerischen Ganzen vereinigen und somit ein Schmuckstück gärtnerischer und handwerklicher Kunst schaffen.

Wo wenig Wert auf Verzierungen der Ampeln gelegt wird, was meist da der Fall, wo dieselben dauernd in Gewächshäusern und Wintergärten verbleiben, wird oft vermittels einiger am oberen Rande angebrachter Drähte der Blumentopf zur Ampel umgestaltet und erfreut sich, weil billig und zweckentsprechend, größerer Beliebtheit, als die sich im Handel befindlichen Ampeln. Doch auch hier gibt es Fälle, wo der so hergerichtete Blumentopf durch eine Ampel ersetzt werden muß.

Praktische, für fast alle Zwecke gut zu verwendende Ampeln kann man sich sehr leicht selbst anfertigen, oder billig, nach vorgeschriebener Form und Größe, ganz den Bedürfnissen der zu verwendenden Pflanzen entsprechend, aus Draht anfertigen, bezw. anfertigen lassen. Die untenstehende Abbildung zeigt verschiedene solcher Formen, an deren oberem Teile nur noch einige Drähte zum Aufhängen befestigt werden müssen. Die obenstehende Abbildung zeigt oben eine mit *Oplismenus variegatum Burmanni (Panicum variegatum)* völlig überwachsene Ampel, unten links eine Drahtampel mit *Tradescantia fluminensis,* die sich, wie alle anderen Gartenformen dieser Gattung, als Steckling in die mit Moos abgedeckten Seitenwände der Ampel gebracht, vorzüglich entwickelt. Auch aus mehreren Farnen, wie dies rechts auf derselben Abbildung, die mit *Adiantum*

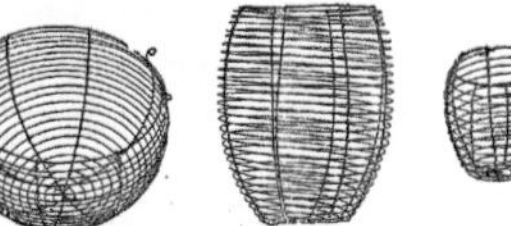

Verschiedene Formen der Drahtampel.
Originalzeichnung für die „Gartenwelt".

Bepflanzte Drahtampeln.
Im Palmengarten zu Frankfurt a. M. für die „Gartenwelt" photogr. aufgen.

tenerum var. Farleyense bepflanzte Ampel zeigt, lassen sich prächtige Schmuckstücke heranziehen, indem die Wedel die äußere Fläche der Ampel mit frischem Grün garnieren. Vorzüglich lassen sich hier auch *Nephrolepis* verwenden, doch ist es ratsam, nicht allein in die obere Oeffnung, sondern auch in die unteren Maschen der Ampel einige junge Rhizome dieses Farns zu pflanzen, um eine raschere Bekleidung zu erzielen. **Wilh. Pattloch.**

Pflanzenkrankheiten.

Wurzelschädlinge.

Von **Dr. Kühl,** Darmstadt.

(Hierzu eine Abbildung.)

Im Sommer 1907 wurden dem Autor aus Holstein angefaulte Wurzeln mit folgendem Vermerk zur Verfügung gestellt: „Die erste Aussaat geht uns jedes Jahr verloren, da die geernteten Wurzeln nach kurzer Zeit faulen". Daher wurden die Wurzeln und der Boden, auf dem sie wuchsen, auf Pilz- und Bakterienschädlinge untersucht. Es zeigte sich, daß die Bakterien harmloser Natur waren und somit, auf die Wurzeln geimpft, keinerlei Schädigung verursachten. Dagegen verursachten zwei Pilze, die den gewöhnlichen Schimmelpilzen nahe standen, eine Zersetzung der Möhrenwurzel *(Daucus Carota).* Der eine wurde aus langen Sporen, der andere aus runden Sporen gezüchtet.

Es dürfte nicht uninteressant sein, einen kurzen Bericht der Untersuchung zu geben. Bei genauer Betrachtung der angefaulten Wurzeln konnte man zwei infizierte, breiig gewordene Gewebepartieen unterscheiden, eine braune und eine schwarze. Unter dem

Mikroskop war keine Gewebestruktur mehr zu erkennen; in einer gleichmäßigen, schwarzen, beziehungsweise braunen Masse lag ein Gewirr von Pilzfäden. Beide Gewebepartieen wurden auf sterilen Rosinenmost geimpft, einem vorzüglich geeigneten Nährboden für niedere pflanzliche Organismen. Die Sterilität der verwendeten Nährböden war erforderlich, um eine Entwickelung irgend welcher in der Luft enthaltenen Keime auszuschließen. Nach kurzer Zeit entwickelten sich Pilzkolonieen, vornehmlich der schwarzköpfige *Mucor* und der Pinselschimmel *(Penicillium glaucum)*. Beide ließ ich unbeachtet und wandte mein Interesse einem anscheinend einheitlichen Pilze zu, der ausgezeichnet war durch ein dichtes Hyphengewebe und braunviolette Köpfchen. Unter dem Mikroskop konnte sofort erkannt werden, daß es sich um zwei Pilze handelt. Das Gewebe des einen wurde aus zartwandigen, gleichmäßigen, dünnen Schläuchen gebildet, während das Gewebe des zweiten Pilzes dickwandigere, breitere, in gewissen Intervallen wulstig erweiterte Schläuche bildete, die mit Fettröpfchen angefüllt waren, die zuerst den Eindruck von Sporen machten. Hier und da war eine Columella zerplatzt, infolgedessen traten die wirklichen Sporen in das Gesichtsfeld. Es zeigte sich nun, daß der zartschläuchige Pilz kurze, der andere dagegen mehr längliche Sporen besaß. Diese Tatsache, und die Verschiedenheit des Gewebes ließen mit Sicherheit auf zwei Pilze schließen.

Auf mühseligem Wege, durch wiederholtes Impfen der Sporen auf Gelatinemostplatten, gelang es nach längerer Zeit Reinkulturen zu erhalten, deren Entwickelung im hängenden Tropfen verfolgt werden konnte. Die Reinkulturen übertrug ich auf Wurzeln, die durch Eintauchen in Spiritus und nachfolgendes Abspülen mit sterilisiertem, d. h. keimfreiem Wasser oberflächlich steriel waren. Aufbewahrt würde das Material unter einer mit feuchtem Filtrierpapier ausgekleideten Glasglocke, bei 25 bis 28 ° C. Gleichzeitig infizierte ich durch die beiden Pilze auch Wurzeln, die vorher nicht sterilisiert wurden, in der angegebenen Weise. Bei allen trat ein langsamer Verfall ein, nach zwei Tagen sah man deutlich das Einfallen der infizierten Wurzelstelle. Beistehende Abbildung gibt uns hiervon ein Bild. Sofort erkennen wir den Verfall der Wurzel, auch das Gewebe des Pilzes, das außen wuchert, tritt scharf hervor. Die Wurzel links (1) zeigt uns das Werk des aus den langen Sporen gezüchteten Pilzes, während die andere Wurzel rechts (2) die Tätigkeit des zweiten Pilzes veranschaulicht. Die mikroskopische Untersuchung des eingefallenen Wurzelgewebes zeigte, daß bis auf die Gefäßstränge das Gewebe völlig zerstört und von den charakteristischen Pilzfäden durchzogen war. Gleichzeitig ließ sich feststellen, daß mit vorgeschrittener Zersetzung des Wurzelgewebes eine Schwarzfärbung der zersetzten Massen eintrat. Trotz dieser Versuche dürfte selbstverständlich nicht mit dem Rechte des Beweises behauptet werden, daß es sich um zwei Wurzelschädlinge handelt. Auch der gewöhnliche *Mucor Mucedo* gedeiht unter den günstigsten Bedingungen vorzüglich auf *Daucus Carota*. Eine durch kurzes Eintauchen in heißes Wasser präparierte Wurzel bedeckt sich bald mit einem dichten, weißen Gewebe, wenn sie mit Sporen von *Mucor* infiziert wird. Aus diesem Grunde war es durchaus erforderlich, Topfversuche anzustellen, um zu beobachten, wie die Pilze unter natürlichen Verhältnissen arbeiten. Einige Versuchsgefäße wurden mit im Autoklaven sterilisierter Gartenerde gefüllt, dann mit *Daucus Carota* besät und nachfolgend mit Reinkulturen der Schädlinge infiziert. In den Gefäßen, die mit kurzen Sporen infiziert waren, trat normales Wachstum ein und die geernteten Wurzeln zeigten bei der mikroskopischen Betrachtung keinerlei Veränderung im Bau. Dagegen trat bei den Wurzeln, die durch Pilze aus langen Sporen infiziert waren, ein Verfall ein. Demnach war dieser Pilz der wahre Wurzelschädling. Selbstverständlich mußte auch der Boden in gleicher Weise untersucht werden, auf dem die eingesandten angefaulten Wurzeln gewachsen waren. Es zeigte sich, daß keinerlei Bodenbakterien, wie schon erwähnt wurde, einen Verfall hervorriefen, dagegen gelang es, denselben Schädling aus dem Boden zu züchten. Somit war erwiesen, daß die Sporen dieses Schädlinges aus dem Lande stammten und nicht erst nachträglich *Daucus Carota* befallen hatten.

Es wäre möglich, daß man auch an anderen Orten des Reiches diesem Wurzelschädling begegnet ist, daher halte ich in einer Fachzeitschrift, die sich an Gärtner wendet, die Veröffentlichung für angebracht.

Charakteristisch für diese Fäulniserscheinungen ist der Verfall der Wurzel nach der Ernte, im Boden selbst tritt keine äußerlich wahrnehmbare Veränderung ein.

Wurzelschädlinge an Möhrenwurzeln.
Originalaufnahme für die „Gartenwelt".

Verkehrswesen.

Die Werte und der Umfang im auswärtigen Handel Deutschlands mit lebenden Pflanzen, Erzeugnissen der Ziergärtnerei, in den drei verflossenen Quartalen des Jahres 1908. Dieser Handel ist durchaus nicht unerheblich, denn er hat sich bis jetzt schon in einer hübschen Anzahl von Millionen Mark bewegt. Die trockenen Zahlen, die wir hierbei anzuführen gezwungen sind, zeigen aber bald recht interessante Ergebnisse, wenn man näher auf sie eingeht. Man erfährt, wie große Mengen dieser oder jener Pflanzen verbraucht werden, welche Pflanzen sich größerer Beliebtheit erfreuen, welche anderen wieder in der Einfuhr zurückgegangen sind, woher sie bezogen werden und wohin sie gehen usw. Jedenfalls aber beweisen sie, daß in dem pulsierenden deutschen Handelsleben die Gärtnerei ein nicht unbedeutender Faktor ist.

Es wurden in der Berichtszeit eingeführt an Palmen, indischen Azaleen, Lorbeerbäumen 36166 Doppelzentner im Werte von 1870000 M. Im gleichen Zeitraume des Vorjahres waren es 35979 Doppelzentner im Werte von 1860000 M. Es lieferten Belgien 31865 und Frankreich 3595 Doppelzentner. Zur Ausfuhr gelangten 5457 Doppelzentner für 382000 M, während im Vorjahre 3612 Doppelzentner im Werte von 253000 M ausgeführt wurden.

Forstpflanzen wurden in diesem Jahre 7591 Doppelzentner (1907: 4914) eingeführt, welche einen Wert von 156000 M (1907: 101000 M) präsentierten. Lieferanten waren Belgien mit 4045, Niederlande mit 3232 Doppelzentnern. Zur Ausfuhr nach Dänemark und Oesterreich-Ungarn kamen 9532 Doppelzentner im Werte von 57000 M.

Von Rosen wurden 513 Doppelzentner gegen 401 im Vorjahre zur Einfuhr gebracht. Sie präsentierten einen Wert von 41000 M und kamen aus Frankreich, hauptsächlich aber aus den Niederlanden. Ausgeführt wurden dagegen 2315 Doppelzentner gegen 2651 im Vorjahre. Sie gingen nach Frankreich und nach Oesterreich-Ungarn und waren im Werte mit 185000 M beziffert.

Die Einfuhr von Pflanzen in Töpfen (mit Ausnahme der vorgenannten Kategorien) betrug 2976 Doppelzentner im Werte von 179 000 M. Im Jahre 1907 waren es im gleichen Zeitraume 3177 Doppelzentner mit einer Wertbezifferung von 191 000 M. Belgien lieferte zu dieser Einfuhr allein 2559 Doppelzentner, die Niederlande 143. Die Ausfuhr von Pflanzen in Töpfen etc. zeigt eine Steigerung um über 1000 Doppelzentner, nämlich von 3584 im Jahre 1907 auf 4663 Doppelzentner in dem laufenden Jahre. Ebenso stieg der Wert der Ausfuhr von 287 000 auf 373 000 M. Abnehmer waren hauptsächlich Oesterreich-Ungarn mit 2410 und Dänemark mit 556 Doppelzentnern. Obstbäume, -sträucher, Beerenobststräucher und -stämme ohne Erdballen wurden in einer Menge von 3120 Doppelzentnern im Werte von 125 000 M eingeführt. Der Wert der vorjährigen Einfuhr war mit 127 000 M auf 3175 Doppelzentner beziffert. An der diesjährigen Einfuhr beteiligten sich Frankreich mit 656 und Niederlande mit 1796 Doppelzentnern. Die Ausfuhr stieg dagegen von 3985 Doppelzentner (Wert 159 000 M) im Vorjahre auf 4377 Doppelzentner im Werte von 175 000 M in diesem Jahre.

Allee-, Park- und andere Zierbäume, Ziersträucher usw. wurden 3995 Doppelzentner (1907: 3118) eingeführt. Der Wert belief sich auf 140 000 M (1907: 109 000 M). Niederlande lieferte davon allein 3027 Doppelzentner. Die Ausfuhr von 2520 Doppelzentnern im Werte von 88 000 M stand hinter derjenigen des Vorjahres zurück; letztere betrug 2551 Doppelzentner, die 89 000 M wert waren.

Cycasstämme ohne Wurzeln und Wedel wurden 51 Doppelzentner eingeführt und 2 Doppelzentner ausgeführt.

Von anderen Pflanzen und Pfropfreisern betrug die Einfuhr 25 757 Doppelzentner im Werte von 644 000 M. Im Jahre 1907 waren es 21 587 Doppelzentner im Werte von 540 000 M gewesen. Aus den Niederlanden kamen 19 670 und aus Belgien 4948 Doppelzentner. Die Ausfuhr belief sich auf 2868 (1907: 2119) Doppelzentner im Werte von 115 000 M (1907: 85 000 M). Oesterreich-Ungarn bezog davon 1158 Doppelzentner.

In Orchideenbulben, nicht eingewurzelt, fand eine Einfuhr von 137 Doppelzentnern (Wert 69 000 M) und eine Ausfuhr von 10 Doppelzentnern (Wert 5000 M) statt.

Blumenzwiebeln, -knollen und -bulben, vorstehend nicht genannt, wurden 28 470 Doppelzentner gegen 27 734 im Vorjahre eingeführt. Der Wert der Einfuhr betrug 2 135 000 M gegen 2 080 000 M im Vorjahre. Die Niederlande lieferten 25 985 und Japan 1209 Doppelzentner. Die herrschende Vorliebe für japanische Pflanzen kennzeichnet sich durch die Zunahme des Imports, denn im Vorjahre lieferte Japan nur 664 Doppelzentner. Die Ausfuhr ist gegen das Vorjahr zurückgegangen, und zwar von 5595 Doppelzentnern im Werte von 420 000 M auf 5255 Doppelzentner, welche einem Werte von 394 000 M entsprechen. Hauptabnehmer war Großbritannien mit 1020 Doppelzentnern.

Von Nelken, Orchideen, Rosen, Veilchen wurden 16 643 Doppelzentner und zwar 12 911 allein aus Frankreich und 3635 aus Italien eingeführt. Der Wert dieser Einfuhr bezifferte sich auf 3 845 000 M; im vergangenen Jahre auf 3 277 000 M für 14 185 Doppelzentner. Ausgeführt wurden 314 Doppelzentner, davon 139 nach Oesterreich-Ungarn. Der Ausfuhrwert war 94 000 M.

Flieder und andere frische Blumen, Blüten, Blütenblätter, Knospen zu Binde- oder Zierzwecken wurden 6194 Doppelzentner eingeführt (1907: 7180) im Werte von 358 000 M (1907: 415 000). Niederlande lieferte dazu 4682 Doppelzentner. Die Ausfuhr war gleich dem Vorjahre im Werte von 37 000 M für 464 Doppelzentner.

Cycaswedel und Kränze daraus wurden 392 Doppelzentner, fast nur aus Japan, eingeführt.

Die Einfuhr von Blumen, Blättern etc., zu Binde- oder Zierzwecken, getrocknet, getränkt usw., betrug 6018 Doppelzentner im Werte von 1 017 000 M (im Vorjahre 5068 Doppelzentner im Werte von 860 000 M). Es kamen aus Italien 1140, Britisch-Südafrika 1140, Vereinigte Staaten von Amerika 1362 Doppelzentner. Die Ausfuhr belief sich auf 2816 Doppelzentner im Werte von 563 000 M.

Badermann, Rummelsburg.

Zeit- und Streitfragen.

Der „Pflanzenzauberer“ und seine Trabanten.

Vom Herausgeber.

Der famose Pflanzenzauberer von Santa Rosa, Luther Burbank, geht wieder einmal in der politischen Tagespresse um. Der sogenannte Klimbim ist unentbehrlich für diesen Mann, der, weil er seine Züchtungsversuche dank enormer, ihm auf Jahre hinaus zur Verfügung gestellter Geldmittel in großem Umfange betreibt, neben viel minderwertigem selbstverständlich auch manche gute Neuzüchtung erzielt hat. Wie überall, so haben sich auch hier Trabanten gefunden, die für Burbank mächtig in die Posaune stoßen und ihn der staunenden Mitwelt in den illustrierten Zeitschriften als Uebermenschen und Pflanzenzauberer vorführen. Der alten Trabantenkorona hat sich nun in „Ueber Land und Meer“ ein Herr E. Osthaus zugesellt, der die Leistungen des Wundermannes verherrlicht. Die genannte Zeitschrift, die zufällig auch das Bedürfnis empfindet, von sich reden zu machen, hat zu diesem Zweck einen Auszug des Osthausschen Artikels als sogenannten Waschzettel an die Tagespresse in Stadt und Land verschickt, die selbstverständlich, rühmliche Ausnahmen abgerechnet, den ganzen Klimbim urteilslos nachdruckt.

Es handelt sich diesmal um die sogenannte Burbank-Opuntia, die, verblüfft durch die Burbankschen Züchtungsexperimente, die den Feigenkakteen von der Natur als Schutz gegen tierische Gelüste mit auf den Weg gegebene Bestachelung verlor, um nun als feistes Fettgewächs nicht nur für Länder mit mildem Klima, sondern nach Herrn Osthaus, der es ja wissen muß, für die drei Billionen Acres, die, genau ausgerechnet, auf der ganzen Erde unfruchtbar liegen sollen, eine neue Kulturpflanze zu sein. Die Eigenschaften der Pflanze sollen sein: Widerstandsfähigkeit, enormes Wachstum und großer Nährwert, „so daß sie in der Tat geeignet ist, Landwirtschaft und Viehzucht zu revolutionieren“. Natürlich hat der famose Herr Burbank seine Wunderpflanze eifersüchtig bewacht; „kein Mensch in der ganzen Welt ist im Besitz dieser Pflanze oder auch nur eines Triebes davon“, ausgenommen natürlich Herr Burbank selbst, — eine Gesellschaft in Australien, der er fünf Pflanzen zum Schleuderpreise von 1000 Dollar pro Stück überließ, und eine neugegründete Gesellschaft in Kalifornien, die aber bei Leibe vor dem Frühjahr 1909 keinen Steckling davon abgibt, nicht um die Welt! Merkst Du was, lieber Leser? Wir sind in der Tat davon überzeugt, daß es sich hier um ein außerordentlich billiges Viehfutter handelt, da voraussichtlich ein Schwein schon nach dem Genuß von 50 Pflanzen à 1000 Dollar zum Platzen dick ist und dies Futter sicher bald billiger wird, zumal ja Burbank für Reklame keinen roten Pfennig aufwendet.

In dem fraglichen Waschzettel heißt es dann weiter, daß Burbank, über dessen mädchenhafte Schüchternheit und Bescheidenheit ja gar kein Zweifel bestehen kann, in der ihm eigenen Unterschätzung seiner Leistungen diesen seinen Kaktus für das segensreichste hält, was die moderne Wissenschaft (!) der Menschheit geben konnte. Jedes in den Boden gesteckte Blatt hat nach sechs Wochen Knospen und Blüten und schlägt und treibt, daß ich demjenigen, der es gesteckt hat, nur raten kann, sich frühzeitig aus dem Staube zu machen, damit ihn nicht einer der gewaltigen Triebe vor den Kopf stößt. Dabei hat die Wunderpflanze, um sich in dieser Weise zu produzieren, nicht einmal Wasser nötig. Sie konnte deshalb sogar in der Nähe von Indio angepflanzt werden, wo Regen unbekannt ist und „die Sonne unausgesetzt ihre glühenden Strahlen herniedersendet“, so daß sie in dieser sonderbaren, gewiß in Utopien liegenden Gegend wohl auch das Untergehen vergißt. Da die Blätter sehr saftig, ersetzen sie in dieser Gegend dem Vieh zugleich das fehlende Wasser, es frißt und säuft auf der Opuntiazukunftsweide zugleich, und zwar, wie Verfasser des fraglichen Artikels behauptet, mit großer Gier, obwohl der Beweis dafür fehlt, daß es schon einer der amerikanischen Milliardäre versucht hat, das dortige Rindvieh mit

Tausenddollarblättern zu füttern. Aber nicht nur die Blätter sind ein unvergleichliches Viehfutter, auch die Früchte sind unschätzbar als menschliche Nahrung. Von diesen Früchten produziert jede Pflanze alljährlich die Kleinigkeit von 7 bis 20 Pfund, bekundet also damit eine Produktionskraft, an welche die be—rühmte Baumerdbeere — früher nach dem größten vorsintflutlichen Vieh Mammuterdbeere genannt — eines Dresdner Handelsgärtners, des deutschen Burbank, auch nicht entfernt heranreicht. Es heißt dann im Waschzettel von „Ueber Land und Meer" weiter, daß die Früchte von großem Wohlgeschmack sein sollen und daß „Professor (?!) Burbanks Beamte und Arbeiter, die das köstlichste gekostet haben, was die Erde hervorbringt, behaupten, daß nichts sich mit dieser Kaktusfrucht an Wohlgeschmack vergleichen lasse". Aber nicht nur mit der Kaktusfrucht, so möchte ich hinzufügen, auch mit aufdringlicher und lügenhafter amerikanischer Reklame, wie sie hier geboten wird, läßt sich nichts, aber auch rein gar nichts auf der ganzen Welt vergleichen. Dieser Reklame gegenüber scheint mir der Warnungsruf „Die Taschen zu!" am rechten Platze zu sein. Die Zukunft wird wohl lehren, daß die Früchte der Burbank-Opuntia als menschliches Nahrungsmittel im besten Falle nicht mehr und nicht weniger wert sind, als jene der allbekannten *Opuntia Ficus indica,* und daß die stachellosen Stammglieder in vielleicht frühester Jugend, unter gewissen örtlichen und klimatischen Verhältnissen, als Viehfutter in Frage kommen können. Der deutsche Gartenbau und die deutsche Landwirtschaft haben jedenfalls von dieser Züchtung nichts zu erhoffen.

Der „Berliner Lokalanzeiger" und das Chrysanthemum. Der „Berliner Lokalanzeiger" vom 10. dieses Monats und das Nachrichtenblatt des „Tag", das nur einen Auszug aus letztem darstellt, vom gleichen Tage, bringen unter der Rubrik „Aus der Reichshauptstadt" an erster Stelle einen Artikel über *Chrysanthemum,* der alles, was an gärtnerischem Blödsinn bisher in der Tagespresse veröffentlicht wurde, in den Schatten stellt und den oft zitierten Ausspruch des weisen Rabbi Ben Akiba, daß alles schon einmal dagewesen sei, Lügen straft. Auf die Reporterweisheit, welche die Einleitung dieses Artikels bildet, will ich hier nicht weiter eingehen, sondern nur erwähnen, daß der Artikelschreiber behauptet, die Zahl der Arten unserer modernen Chrysanthemen sei Legion. Es handelt sich hier natürlich nur um eine Art, das *Chrysanthemum indicum* und seine Gartensorten. Selbstverständlich kann man von einem Lokalberichterstatter nicht voraussetzen, daß er zwischen echten Arten und Gartensorten zu unterscheiden versteht, wenn ihm auch jeder Quartaner hierüber Aufklärung gehen könnte. Es wird dann weiter ausgeführt, daß die Chrysanthemen nicht nur dem Auge ein Labsal sind, sondern auch — dem Magen. „Das klingt verblüffend", so heißt es wörtlich, „aber es ist eine unleugbare Tatsache. Daß die Blütenblätter einiger bestimmter Arten von Chrysanthemen in richtiger Zubereitung einen sehr schmackhaften Salat ergehen, wußte man schon früher. Jetzt ist aber zum erstenmal eine neue Art nach Europa importiert worden, aus der sogar ein Gemüse bereitet wird, dessen zarter Geschmack von Kennern gar nicht genug gelobt werden kann. Die Botaniker haben dieser neuen eßbaren Art von Chrysanthemen den Namen *Oxalis esculenta* gegeben. In Japan werden die Blütenbüschel dieser Chrysantheme zu reizvollem Tafelschmuck verwendet, während man im Herbst ihre Wurzelknollen als Gemüse verspeist. Diese eine Art gedeiht allerdings nur in der Umgegend von Tokio und ihre Wurzel schillert in den verschiedensten Farben. Als allgemeines Volksnahrungsmittel dürfte sie sich freilich für uns sobald nicht nutzbar machen lassen, denn dazu ist die *Oxalis esculenta* vorläufig noch viel zu teuer. Der amerikanische Milliardär Rockefeller soll eine leidenschaftliche Vorliebe gerade für dieses Gemüse hegen. Aber was einem Rockefeller recht ist, dürfte einem Berliner Bürger noch lange nicht billig genug erscheinen."

Wenn man das gelesen hat, so weiß man nicht, ob man über ein derartiges Gewäsch weinen oder lachen soll. Für die große Zahl der Redakteure des „Berliner Lokalanzeigers" ist die Sache jedenfalls zum Weinen, für alle übrige Welt zum Kranklachen. Hier liegt entschieden die Vermutung nahe, daß ein Reporter aus einem Pariser Ausstellungsberichte falsch abgeschrieben hat, oder daß sich ein Spaßvogel mit den Redakteuren des „Lokalanzeigers" einen blutigen Scherz erlauben wollte und der ganze Redaktionsstab auf diesen faulen Witz hineingefallen ist. Es gehört entschieden nicht viel Denkkraft dazu, sich zu sagen, daß eine neue Art eines eßbaren Chrysanthemums, wenn sie existieren würde, nicht *Oxalis esculenta,* sondern doch nur *Chyrsanthemum esculentum* heißen könnte. *Oxalis esculenta* ist ein altbekanntes, harmloses Pflänzchen des Gemüsegartens, das, in Töpfchen gezogen, seit Jahren, seiner vierteiligen kleeähnlichen Blätter halber, in den Berliner Blumenhandlungen, Stück für Stück zu 50 Pf., als sogenannter „Glücksklee" feilgeboten wird. Wer die rübenartigen Wurzeln als Salat genießen will — nur als solcher finden sie in der Küche Verwendung —, der braucht durchaus kein amerikanischer Milliardär zu sein; jeder Herrschaftsgärtner wird sich ein Vergnügen daraus machen, ihm einen Posten der fast wertlosen Wurzeln zur Verfügung zu stellen. Wenn es wirklich wahr ist, daß der amerikanische Milliardär Rockefeller eine so große Vorliebe für dieses angeblich furchtbar teure Zeug hat, also mit seinen Milliarden nichts besseres anzufangen weiß, so verdient er neben der Redaktion des „Lokalanzeigers", die sich, wie üblich, nicht einmal zu einer Richtigstellung aufraffen konnte, aufrichtig bedauert zu werden. **M. H.**

Sommerblumen.

Waldersee- und Apolloaster. Als Züchter der Waldersee- und Apolloaster glaube ich mich berufen, der von Herrn Curt Engelhardt in seinem Berichte über die Neuheitenschau der Deutschen Dahliengesellschaft in Nr. 54 ausgesprochenen Ansicht entgegenzutreten, daß Waldersee- und Apolloaster gleich sind. Dies wird ja allerdings hin und wieder behauptet, wer die beiden Sorten aber einmal in meinen Kulturen gesehen hat, wird unbedingt anderer Meinung sein. Mit dem gleichen Rechte könnte man auch behaupten, daß Riesenkometaster und Straußenfederaster eins sind. Der Wuchs der Walderseeaster ist etwas pyramidenförmig, während sich die Apolloaster vollkommen rund baut. Auch ist in der Blume ein ziemlich großer Unterschied, worauf ich hier nicht näher eingehen kann. Beide Klassen sind sehr hübsch, eignen sich besonders zu Topfkulturen und zur Bepflanzung von Beeten, und ist es Geschmacksache, ob man die eine oder die andere vorzieht.

Die Walderseeaster existiert bis jetzt in folgenden Farben: rosa, weiß bandiert (Stammform), dunkelblau, dunkelblau mit weiß, weiß später rosa, weiß, dunkelkarmoisin, hellblau, hellblau mit weiß, karmoisin mit weiß. Die Apolloaster existiert hellblau, dunkelblau und rosa. **Martin Grashoff,** Quedlinburg.

Rechtspflege.

Festtagsarbeit in Blumengeschäften. Nach § 150c Ziffer 4 der Gewerbeordnung ist es gestattet, auch zur Zeit der Sonntagsruhe Arbeiten vorzunehmen, die unbedingt nötig sind, um das Verderben von Materialien zu verhüten. In der Silvesternacht von 12 bis 6 Uhr morgens, ferner zur Zeit des Hauptgottesdienstes an den beiden Weihnachtstagen und am Neujahrsmorgen hatte der Kaufmann Otto Bütschly, Prokurist der Firma A. Müller Sohn, Frankfurt a. M., Blumenbinderinnen arbeiten lassen. Gegen den Strafbefehl, den er deshalb erhielt, erhob Bütschly Einspruch und er wurde vom Schöffengericht freigesprochen. Der Staatsanwalt legte Berufung ein und Bütschly wurde von der Strafkammer wegen Vergehens gegen § 105b der Gewerbeordnung zu 60 M Geldstrafe verurteilt. Er hätte, so sagte das Gericht, an den Feiertagen die Arbeitseinteilung anders vornehmen müssen, jedenfalls aber die Mädchen lieber an den Nachmittagen als zur Zeit des Gottesdienstes beschäftigen sollen. Der Verurteilte legte Revision ein und erwirkte beim Oberlandesgericht Aufhebung und Ueberweisung an die Vorinstanz. Es sei zu prüfen, ob nicht die Zeit des Gottesdienstes trotz aller Arbeitseinteilung zur Erledigung der Arbeiten nötig sei. In der neuen Verhandlung vor der Strafkammer erklärte Bütschly, daß zu den Feiertagen für 30000 M Blumen aus dem Süden, besonders aus Nizza, eintreffen, die unbedingt verarbeitet und zurechtgemacht werden müssen, da sie sonst verderben. Der als Sachverständiger vernommene Blumenhändler und Gärtner Fleisch bestätigte, daß die Behandlung der Blumen sofort vorzunehmen sei. Das Gericht kam deshalb zur Freisprechung und wies sämtliche Kosten der Staatskasse zu.

Zwiebel- und Knollengewächse.

Die wichtigsten Hyazinthensorten.

Von **Adam Heydt**, Obergärtner, Blumenow.

Durch die heutigen ausgedehnten Spezialkulturen, die wohl für den Kultivateur einfach und empfehlenswert sind, leidet besonders die Liebhaberei, insofern, als der Abwechselung zu wenig Rechnung getragen, das Interesse dadurch zu wenig gehoben wird. Auch bei der Treiberei der Hyazinthen ist dieses der Fall. Wenn es auch beim Handelsgärtner empfehlenswert ist, wenige aber gute Sorten zu treiben, so sollte doch dieses nicht durchweg gehandhabt werden. Findet man doch, wenn man die Schaufenster der Blumenläden besieht, fast immer dasselbe, aber gerade durch Abwechselung in Sorten wird das Interesse gehoben. Ich meine deshalb, ein Handelsgärtner, der für seinen eigenen Bedarf Hyazinthen und Tulpen treibt, sollte recht viele Sorten zeigen, um so auch ideell für Hebung unseres Berufes einzutreten; er wird dann seine Rechnung besser finden, als wenn er nur einige Sorten führt, die der Liebhaber bald über hat. Verwerflich ist es aber, wenn von den im Privatdienst stehenden Gärtnern nur 3 bis 4 Sorten geführt werden oder gar Rummel. Eine Herrschaft, die eine Gärtnerei unterhält, wird stets für immer gebotene Abwechselung ein offenes Herz haben. Treibt nun ein Gärtner stets dieselben Sorten, so hat man sich bald daran satt gesehen und das Interesse schwindet. Und hohes Interesse für unseren Beruf tut not.

Sowohl unter den Hyazinthen wie Tulpen gibt es Prachtsorten, die entschieden Beachtung verdienen, und wenn ich mich mit der Anführung solcher befasse, so schicke ich voraus, daß mir hierin nicht nur Erfahrungen aus handelsgärtnerischen Betrieben, sondern auch aus Privatgärten zur Seite stehen. Die längst als gute Treibsorten bekannten will ich nur der Ordnung halber erwähnen: *Baron van Thuyll* in Rosa und Weiß, sind immer empfehlenswert, weniger die dunkelblauen. *Péllissier* und *Homerus* sind seit Jahrzehnten geschätzte Frühblüher, wenn auch letztere gerade keine Schönheit ist. *Gertrude* und *Robert Steiger* sind neben *Maria Cornelia* ganz bevorzugte Handelssorten in Rot. Dasselbe gilt von *Norma* in Rosa; doch halte ich *Moreno* entschieden für besser als *Norma*. Die Farbe bei *Moreno* ist lieblicher als bei *Norma*, dabei treibt sich erstere leichter.

Wahre Prachtsorten unter den roten Hyazinthen sind *Cavaignac*, *Cardinal Wisemann*; *Etna* und *Garibaldi*; *Etna* und *Cavaignac* für die mittelfrühe Treiberei. *Von Schiller* ist in der Art wie *Homerus*, doch feuriger. *Roi des Belges* ist als eine schöne, rote Sorte beachtenswert. *Rosea maxima* ist auch sehr frühblühend und besitzt eine extra schöne, große Blume; sie gehört fast in jede Treiberei. *Elise*, dunkelrot, ist für Töpfe besonders schön. Auch von *Lord Wellington* kann man dasselbe sagen. Unter den Neuheiten von rot und rosa blühenden Sorten sind *Jaques*, *Lady Derby*, *L'Ornament rose* und *Stanley* zu nennen. Unter den weißen Sorten sind am bekanntesten *L'Innocence*, *Mina*, *Blanchard*, *Mme van der Hoop* und *Voltaire*.

Alba globosa, eigentlich fleischfarbig, ist in dieser Farbe eine der vortrefflichsten von allen. Unter meinem großen Sortiment wurde sie von allen Liebhabern als die schönste bezeichnet und ich muß selbst sagen, daß dieses auch tatsächlich der Fall ist. Ich kann diese Sorte aufs beste empfehlen. Dieser Sorte nahestehend, sie aber in Schönheit nicht ganz erreichend, ist *Elfride*.

Mme van der Hoop ist sehr großblumig, besonders als Topfsorte empfehlenswert. *La Franchise*, sehr großglockig, ganz mattrosa, zählt mit zu den besten Hyazinthensorten, freilich eine Schnittsorte ist sie weniger, aber sie treibt sich früh. *Mr Plimsoll*, weiß mit rosa Schein, gehört auch in jedes bessere Sortiment. *Mina* möchte ich mehr zum Schnitt als für Topfkultur empfehlen. *Voltaire* ist ja als gute Topfsorte bekannt. *La Grandesse* ist eine Paradesorte, die wie *Montblanc*, *Snowball* und *Paix de l'Europe* zu den besten Vertretern in weißer Farbe zählen. *Lord Derby*, hellblau, zählt zu den Sorten, die man neben *Czar Peter*, *Grand Maitre*, *Queen of the Blues*, nicht zu verwechseln mit *King of the Blues*, *Potgieter*, *Pienemann*, als die schönsten Vertreter der Hyazinthen bezeichnen kann. *Blondin*, *Emilius*, *Grand Lilas*, *Marie*, *Regulus*, *Wilhelm I.*, sind ja bekannt als Handelssorten. Weniger verbreitet sind die noch neueren Sorten *Capitain Boyton*, *Enchantress* und *Pauline Lucca*. Unter den gelben Sorten gebührt *Ida* immer noch die führende Rolle, wenn auch *Mac Mahon*, *Obelisque* und *Marchioness of Lorne* in neuester Zeit sie zurückdrängen, aber diese letztgenannten Sorten sind das beste unter den Neuheiten.

Auf gefüllte Hyazinthen komme ich in nächster Saison zurück, weil ich noch mit einigen Neuheiten Versuche veranstalte und diese noch nicht abgeschlossen sind.

Wer Gewicht darauf legt, auch in Hyazinthen recht viel Abwechselung zu bieten, dem kann ich das Anschaffen obigen Sortimentes nur empfehlen.

Aus den Vereinen.

Deutsche Gesellschaft für Orchideenkunde. Diese Gesellschaft, an deren Gründung die deutschen Orchideenfreunde so große Hoffnungen knüpften und die anfangs, namentlich durch Veranstaltung viel besuchter und viel besprochener Orchideenschauen, eine vorbildliche Tätigkeit entfaltete, steht vor ihrer Auflösung. Eine für den 30. ds. Mts. einberufene Generalversammlung soll über Sein oder Nichtsein entscheiden. Der Verein zur Beförderung des Gartenbaues bemüht sich, die Gesellschaft, die jetzt annähernd 300 Mitglieder zählt, in seinen Schoß aufzunehmen, um seine verschiedenen Ausschüsse, von deren Wirksamkeit man selten etwas hört, durch einen Orchideenausschuß zu vermehren. Die Gesellschaft hat bisher einen Jahresbeitrag von 20 Mark pro Mitglied erhoben. Diese Jahresbeiträge und namhafte freiwillige Beiträge opferwilliger Mitglieder sind, wie das leider in der Regel der Fall, vollständig durch das monatlich einmal erscheinende eigene Organ, die „Orchis", aufgezehrt worden. Die Mitglieder haben bisher diesem Organ zum größten Teil nur ein geringes Interesse entgegengebracht, da es vorwiegend wissenschaftliche Abhandlungen bringt, der Praxis des Orchideenzüchters aber nur wenig Rechnung trägt.

Preisausschreiben.

Das Rittergut **Rüdersdorf** (Mark) erläßt ein Preisausschreiben zur Erlangung von Entwürfen für **Landhaus-Siedelungen** in märkischem Charakter mit folgendem kurzen Bemerken: „Für die künstlerische Gestaltung wird keine bestimmte Richtung vorgeschrieben oder bei der Preisverteilung begünstigt. Die Situation läßt es erwünscht erscheinen, daß möglichst Bau- und Gartenkünstler gemeinsame Entwürfe schaffen." Für Preise ist die Summe von 10000 M ausgesetzt worden, und zwar für drei Preise je 3500 M, 2500 M und 1500 M, sowie zum Ankauf von Entwürfen 2500 M. Näheres über den Bezug der Bedingungen und Unterlagen, sowie über das Preisgericht wolle man aus dem Inseratenteile dieser Nummer ersehen.

Tagesgeschichte.

Berlin. Die Deputation für die städtische Kanalisation und Rieselfelder hielt kürzlich eine Sondersitzung ab, in der die wirtschaftliche Zukunft der Güter der Stadt Berlin zur Beratung stand.

Die Deputation gab nach eingehender Beratung einhellig der Meinung Ausdruck, daß die von dem Direktor der Rieselgüter gegebenen Richtlinien in der Tat zu dem Endziel der vollen Einträglichkeit der Landwirtschaft der Stadt Berlin führen würden.

Die grundlegende Denkschrift weist an Hand einwandfreien und schlüssigen Materials nach, daß der Einzelpacht auf Rieselfeld, d. h. die Verpachtung an Gärtner usw. eine ganz erheblich größere Ausdehnung zu geben möglich sein wird, zum Vorteil der Pächter und der Verwaltung. So weit dies nicht durch dahinzielende Verwaltungsmaßnahmen zu erreichen sei, werde eine vorsichtige aber großzügige Kolonisation einzugreifen haben. Es sei mit Sicherheit zu erwarten, daß im Laufe der naturgemäß etwa zehn Jahre umfassenden dahingehenden Entwickelung 600 bis 800 Familien auf dem Landbesitz der Stadt Berlin anzusiedeln seien. Der Besitz umfaßt über 65 000 Morgen. Begründet ist diese Hoffnung damit, daß die jetzigen rund 500 Gemüselandpächter der Stadt, mit freilich großem Fleiße und nachahmungswerter Intelligenz fast durchweg sehr erfreulich wirtschaftlich vorwärts kommen, so daß z. B. im letzten Jahrfünft auch nicht ein Pachtzinsausfall zu verzeichnen gewesen sei. Die Millionen, welche die Durchführung dieses großzügig gedachten Planes erfordern würden, seien als auf jede Art gut angelegt anzusehen.

Mit gleicher Zustimmung wurde der zweite Teil des Zukunftsprogramms begrüßt. Er fordert, daß die Bedürfnisse der städtischen Verwaltungen weitestgehend von der eigenen landwirtschaftlichen Verwaltung gedeckt werden. Mit großem und von langer Hand vorbereitetem Zahlenmaterial wird belegt, welche große Spannung zwischen den Preisen besteht, die die landwirtschaftliche Verwaltung für ihre Erzeugnisse erziele und denen, die die städtischen Verwaltungsstellen ihrem Lieferanten zu zahlen hätten. Darüber, daß ein Landbesitz von rund 70 000 Morgen, befruchtet mit großem Kapital und allen daraus herzuleitenden Hilfsmitteln, in organischer Verbindung mit einem der größten Verbraucher Europas — der Berliner Stadtverwaltung — in der Lage sei, eine Verwertung für die Erzeugnisse der Land- und Forstwirtschaft zu finden, wie kaum jemand, könne kein Zweifel bestehen.

In einem Vortrage, welchen Prof. Dr. Kolkwitz, Berlin, im Gartenbauverein für Hamburg, Altona und Umgebung über die Rieselfelder und ihre Kultur hielt, führte er unter anderem aus, daß auf einer Fläche von einem Morgen Spinat in den Monaten März und April einen Erlös von 300 Mark, im Mai und Juni 100 Mark und im Juli, August und September 150 Mark eingebracht. Demgegenüber standen 60 Mark Auslagen. Der Reingewinn stellt sich natürlich bedeutend niedriger, da die Transporte zum Markt, die nicht immer genügende Abnahme usw. große Abgänge verursachen.

— Die städtische Parkdeputation hat jetzt den Gartenetat für 1909 festgesetzt. Es werden 1 355 510 M beansprucht, d. h. etwa 80 000 M mehr als im laufenden Geschäftsjahre. Den Hauptanteil an dieser Mehrforderung bildet die Summe von 75 000 M, die für die Anlegung eines Pflanzenzuchtgartens für die Schulen gefordert wird. Der Garten, dessen Gesamtkosten auf 175 000 M veranschlagt sind, soll bei Treptow angelegt werden. Die Verausgabung dieses Geldes soll auf zwei Jahre verteilt werden. Von den übrigen Titeln des Etats sei noch erwähnt, daß 2100 M für die Zwecke des Vogelschutzes eingestellt sind.

Biebrich. In den nächsten Tagen trifft hier eine Kommission aus dem Kolonialamte ein, um den hiesigen, mit *Azolla* bedeckten Weiher zu besichtigen. Die *Azolla* bedeckt rasch ganze Teichflächen so vollständig, daß die lästigen Schnaken ihre Eier nicht in das Wasser absetzen können. Das Kolonialamt beabsichtigt mit *Azolla* Versuche in unseren afrikanischen Kolonien anzustellen, um dadurch der Moskitoplage abzuhelfen. Die Versuche auf den Elbkanälen sind nicht günstig ausgefallen, während der hiesige Schloßweiher gänzlich mit *Azolla* bedeckt ist, welche im Frühjahre auf die übrigen Weiher und Sümpfe hiesiger Gegend übertragen werden soll. **H. Bramfeld.**

Mannheim. Der im hiesigen Strebelwerk ausgebrochene Streik wird, wie uns die Verwaltung mitteilt, auf die pünktliche Lieferung der von dieser Firma hergestellten Heizkessel (Strebelkessel) keinen Einfluß haben, da der Bedarf aus dem wohlsortierten Lager von mehreren 1000 Kesseln auf viele Monate hinaus gedeckt werden kann.

Pinneberg. Der Versand von Maiblumen, die in der Provinz Schleswig-Holstein an verschiedenen Stellen, im Kreise Pinneberg in der Umgegend von Elmshorn, Wedel und Pinneberg, in Norderdithmarschen bei Heide und im Kreise Segeberg, sowie auch in den Vierlanden in einer nicht unbedeutenten Anzahl von Großbetrieben gezüchtet und in großen Massen über Hamburg nach England, Norwegen, Schweden, Rußland und den Vereinigten Staaten ausgeführt werden, hat in diesem Herbste den gewohnten Umfang nicht erreicht. Zurückzuführen ist dies zur Hauptsache darauf, daß die Witterung des letzten Sommers dieser Kultur nicht gerade günstig gewesen ist. Bei dem dadurch bedingten verminderten Angebot war die Nachfrage eine verhältnismäßig starke, ein Umstand, der die Preise in die Höhe trieb und dadurch gegenüber dem Ausfall in der Produktion einen Ausgleich herbeiführte. Gezahlt wurden für Treibkeime 20 bis 25 M, und für Eiskeime 30 bis 35 M für 1000 Stück. Diese Preise stellen sich um etwa 10 bezw. 25 Prozent höher als die des Vorjahres.

Uelzen. Unter dem Namen „Vereinigte Baumschulbesitzer, Handels- und Landschaftsgärtner des Kreises Uelzen" haben sich die Baumschulbesitzer und Gärtner des Kreises zum Zwecke der Herbeiführung einheitlicher Preise für Obstbäume usw. zusammengeschlossen

Neue städtische Parkanlagen. Ihrer Vaterstadt **Gotha** hat Frau Bertha Schneyer ein Hausgrundstück im Werte von 145 000 M und ein wertvolles Feldgrundstück mit der Bedingung übereignet, daß der Zins bezw. der Erlös zur Anlage eines Volksgartens und zur Verschönerung der Stadt verwendet werde. — In **Landsberg** wurde von der Stadt das Kochsche Grundstück mit allem Zubehör zum Preise von 90 000 Mark erworben. Die dort seit Jahren bestehende Eisbahn bleibt auch in Zukunft. Die Umgebung wird in eine schöne Anlage verwandelt, von der aus nach allen Seiten bequeme Verkehrswege gehen, welche die Alt- und die Neustadt verbinden werden. Der Park, der voraussichtlich den Namen Stadtpark erhalten wird, liegt mitten in der Stadt. Der Magistrat wird sich bereits in seiner nächsten Sitzung mit der Angelegenheit zu beschäftigen haben, und das Stadtverordnetenkollegium hat dann das letzte Wort in dieser Sache zu sprechen. — Die städtische Verwaltung von **Ohligs** beabsichtigt die Anlage eines Stadtgartens im Lochbachtale. Das ganze, seinerzeit von der Stadt erworbene Terrain umfaßt etwa 11 Hektar. Davon sollen zunächst 27 Morgen in Angriff genommen und mit Wegen und Teichanlagen versehen werden. Die Teiche erhalten ihr Wasser durch eine Schleusenanlage aus dem Lochbach. Später soll eine kleine Kaffeewirtschaft in der Nähe der Teiche eingerichtet werden. Spielplätze sind nicht vorgesehen, da dieser Teil des Lochbachtales zu schmal ist. Man plant sie für den anderen, noch etwa 17 Morgen großen Teil. Die Kosten sind auf etwa 30 000 M berechnet ohne Aufwendung für Baulichkeiten und Anpflanzungen. Die Arbeiten sollen in eigener Regie und nur durch Arbeitslose ausgeführt werden. — Mit der Anlage eines großen Stadtparkes, der im Ausstellungsjahre 1910 fertig sein soll und einen Kostenaufwand von 150 000 M erfordert, ist in **Regensburg** begonnen worden.

Personal-Nachrichten.

Kießling, Emil, Obergärtner des Geh. Sanitätsrats Dr. Schieck, beging am 1. ds. Mts. das Jubiläum seiner 40 jährigen Tätigkeit in dieser Stellung.

Oppermann, Fritz, langjähriger Techniker des Kgl. Gartenbaudirektors M. Bertram, Dresden-Blasewitz, hat sich in Essen-Ruhr als Garteningenieur niedergelassen.

Berlin SW. 11, Hedemannstr. 10. Für die Redaktion verantwortlich Max Hesdörffer. Verlag von Paul Parey. Druck: Anhalt. Buchdr. Gutenberg e. G. m. b. H., Dessau

Handelsregister.

rtmund. In unser Handelsregister : am 22. Oktober 1908 unter No. die Firma **C. Hugo Thomas, t- und Handelsgärtnerei, Geschaft mit beschränkter Haftung Dortmund,** eingetragen. Der Gehaftsvertrag ist am 5. Oktober festgestellt. Gegenstand des rnehmens ist die Uebernahme und 'ortbetrieb der von dem Gärtnereizer Hugo Thomas zu Dortmund urten Kunst- und Handelsgärtnerei)ortmund und Oespel sowie die rnahme der in beiden Geschäften dlichen Gärtnereieinrichtungen und zenbestände mit allen Zubehörzen und Inventargegenständen. Das mkapital beträgt 20000 M. Getsführer ist der Gärtner Hugo ıas zu Dortmund. Von den Gehaftern bringt der Gärtner Thomas eine Einlage das von ihm bisher ortmund und Oespel betriebene ıt- und Handelsgärtnereigeschäft allem Zubehör, insbesondere den chtungen der Gärtnereien und 'flanzenbestände, über dessen Umdie Beteiligten einig sind, derlt in die Gesellschaft ein, dass das häft vom 15. Oktober an als auf Rechnung geführt angesehen wird. Gesamtwert dieser Einlage ist auf)0 M festgesetzt.

ıu-Ulm. Die bisherige Firma Georg , Kunst- und Handelsgärtnerei, ist 1. November unter der neuen **a Gebrüder Kurz** in das Handelster eingetragen worden. Gesellter sind Otto, Georg und Robert . Dieselben betreiben: Topfzen-Kulturen, Blumenbinderei und rationen, Landschaftsgärtnerei mit ntechnischem Büro und Versandıäft.

Konkurse.

Gross-Lichterfelde. Ueber das Verın des **Gärtnereibesitzers Paul ehke in Seehof** bei Teltow wurde 5. November 1908, nachmittags ır 53 Minuten, das Konkursverın eröffnet. Der Kaufmann Ernst er, Berlin W. 30, Barbarossastr. 42, zum Konkursverwalter ernannt. ursforderungen sind bis zum 6. Deer 1908 bei dem Gericht anzuen. Es wird zur Beschlussfassung die Beibehaltung des ernannten die Wahl eines anderen Verwalters über die Bestellung eines Gläuausschusses und eintretenden Falls die im § 132 der Konkursordnung chneten Gegenstände, ferner zur ung der angemeldeten Forderungen en **19. Dezember 1908, vormittags Uhr,** vor dem Königlichen Amtsht, Ringstrasse 9, Zimmer 15, in anberaumt. Allen Personen, ie eine zur Konkursmasse gehörige in Besitz haben oder zur Konnasse etwas schuldig sind, wird geben, nichts an den Gemeindner zu verabfolgen oder zu leisten, die Verpflichtung auferlegt, von Besitze der Sache und von den erungen, für welche sie aus der besondere Befriedigung in Anh nehmen, dem Konkursverwalter um 5. Dezember 1908 Anzeige zu en.

Neue Kataloge.

ger & Rotter, Erfurt. Spezialerte einiger neuerer oder beıders wertvoller Gemüse- und amensamen 1908—09.

C. Engelmann
in **Saffron Walden** (Essex, England)
empfiehlt seine neuen [2047
amerikanischen
Remontant-Nelken.
Illustrierte Kataloge für 1909 unberechnet von Herren **Halbentz & Engelmann** in **Zerbst** oder direkt.

Wilhelm Hennis
Orchideen-Importgeschäft
in **Hildesheim** (Hannover)
hat eigene Sammler in Ostindien und Südamerika. Man verlange Preisliste über **kultivierte** und **importierte Orchideen.** [1840

Obstbaum-karbolineum
leicht wasserlöslich, in höchster Konzentration, [1047
bestes Insektenvernichtungsmittel,
empfiehlt jedes Quantum billigst
Richard Hartmann,
Leipzig 75 b.

Funkia alba marginata, robuste Einfassungsstaude vor Gehölzgruppen etc., hat gröss. Posten **billig** abzugeben **Gärtnerei der Dampfziegelei Innien (Holstein).** [2016

Einen Posten (ca. 50 Stück) extra starke
Lindenbäume
mit einem Stammdurchmesser von 9 bis 15 cm hat preiswert abzugeben die Gemeinde **Heidenau** bei **Dresden.** Off. an die Gemeinde-Verwaltung erbeten.
2019] Der Gemeindevorstand.

Unterholz, Füllgehölze, Schattenpflanzen. Vogelschutz! Bergholunder.
Sambucus racemosa
Sträucher p. 100 St. 12 M, 1000 St. 100 M exkl. Packung, ab Ziegenhals.
Jänorschke, Baumschulenbesitzer,
Oberglogau. [1790

Goldparmänen
à Zentner 10 Mark, sowie andere gute **Tafel- und Wirtschaftsäpfel,** liefere in jedem gewünschten Posten zu soliden Preisen. [1952
W. Fischer, Schöneich
bei Guben.

Verlag von Paul Parey in Berlin SW. 11, Hedemannstrasse 10.

Vor kurzem erschien:

Einträgliche Geflügelzucht.

Ein kleines Lehrbuch
für jeden Nutzgeflügelzüchter und Geflügelfreund

von

Karl Friedrich Fechner.
ord. Landwirtschaftslehrer in Dahme (Mark).

Preis 60 Pfg.

Dieses vorzügliche kleine Buch soll dem Nutzgeflügelzüchter eine praktische Anleitung an die Hand geben, möglichst Missgriffe zu vermeiden und möglichst hohe Reinerträge zu erzielen. Es kann jedem Nutzgeflügelhalter und -Züchter warm empfohlen werden. Sein billiger Preis ermöglicht die Anschaffung einem jeden. [1885

Gegen postfreie Einsendung des Betrages erfolgt die Zusendung postfrei.

Bevorstehende Ausstellungen.

April 1909.

Berlin. Grosse Internationale Gartenbauausstellung vom 2.—13. April in der Ausstellungshalle am Zoologischen Garten, veranstaltet vom Verein zur Beförderung des Gartenbaues in den Kgl. preuss. Staaten.

München. Jubiläumsblumenausstellung der Bayerischen Gartenbau-Gesellschaft vom 24. April bis 3. Mai.

Buchhandlung Carl Köhler
Liebigstr. 1b, Leipzig
offeriert franko Deutschland:

Braess, das heimische Vogelleben. Illustr. M 3.60
— Unsere gefiedert. Freunde. M 3.—
— Vogelstudium und Vogelgeschichten. 2. Aufl. M 3.—
Garner-Marshall, Sprache der Affen. 2. Aufl. M 3.—
Houssay-Marshall, Tiere als Arbeiter. 2. Aufl. M 3.—
Knauer, Leben d. heimisch. Lurche u. Kriechtiere. Illustr. M 3.60
Röthe, Seele u. Sinne d. Tieres M 1.—
Schmitz, Aquarienliebhaber. Mit 22 Abb. M 1.—
Girod-Marshall, Tierstaaten u. Tiergesellschaften. 2. Aufl. M 3.—
Hennicke, Fänge d. Raubvögel. Mit 30 photolith. Taf. Geb. M 4.—
Jahrbuch für Vogelfreunde. Jahrgang I. M 1.20
Adam, Buch vom Kätzchen. Bilder und Skizzen mit Text. In Seide geb. (10.—) M 6.—
Müller, Krieg im Frieden. 12 Manöverb. Mappe (12.—) M 5.—
Zeichnungen deutsch. Künstler v. Karstens b. Menzel. 50 Taf. Grossfol. Mappe (120.—) M 40.—
Velázquez, Kunstatlas. 50 Taf. m. Text von Voll. Mappe M 3.—
Brockhaus' kleines Konvers.-Lexik. 1906. 2 Origbde. **Wie neu!** Statt M 24.— M 15.—
Brockhaus' Konvers.-Lexikon. 14. neue revid. Jub.-Ausgabe. 17 Orighfzbde. **Wie neu!** Statt M 204— M 90.—
Andree, Handatlas. 5. Aufl. Orighfz. **Wie neu!** Statt M 32.— M 25.—

Weihnachtskatalog gratis — franko.
Bücher-Ankauf und -Tausch.

Thüringer Grottensteine
zur Anlage von **Grotten, Ruinen, Wintergärten, Felsenpartien, Wasserfällen, Böschungen.** Gärtner erhalten Rabatt. — Vertr. ges. — Preislisten, Skizzen u. Referenzen gratis u. franko.
Otto Zimmermann, Hoflieferant,
Greussen i. Thür. [553

Edle Weinreben
in Töpfen: Bukland, Sweet-Water, Black, Hamburg, Frühe Malinger, Leipziger etc. Vorrat circa 3000 St. empfiehlt als Spezialität [1759
Gärtnerei Schaper, Arnsberg i. W.
Preise auf Anfrage. Versand per Nachn.

Koniferen u. Moorbeetpflanzen
speziell [509
grosse Schaupflanzen.
Heinr. Hellemann,
Moorende bei Bremen.

Mein reichhaltiger **Hauptkatalog** mit Beschreibung u. Abbildung über

Winterharte Stauden

zur Schnittblumengewinnung, zur Ausschmückung von Gärten und Parks, Grotten, Felspartien u. Teichen

Winterharte Freilandfarne und Eriken, Alpenpflanzen ▪ Edel-Dahlien

und als Spezialität: [17

Primula obconica „Ronsdorfer Hybriden"

meiner in Grösse und Färbung noch unübertroffenen Züchtungen, wird auf Verlangen **kostenlos** übersandt.

Georg Arends
Staudengärtnerei und Samenhandlung,
Ronsdorf (Rhld.).

Tonkinstäbe

Raffiabast, Kokosstricke, Muscheln, Russ. Bastmatten, Zierkorkholz, Birkenrinde,

billigste Offerte umgehend. [93

Carl Pfützner, Import, Bergedorf 3 (Hamburg).

Seifen direkt ab Fabrik!

Prima Wasch-Seife in 5 Sorten sort.
Postpaket = 9 Pfd. Inhalt M 3,—
Bahnkiste = 25 Pfd. Inhalt M 7,50.
ff. Toilette-Seife. —. **Kein Abfall!**
50 Stück = ca. 9 Pfd. nur M 5,—
in 25 Sorten sortiert u. in div. Gerüchen.
Sehr milde. Garantie Ia. Qualitäten.
Probepaket mit:
8 Pfd. Prima Waschseife und 1 Dtzd. feinste Toilette-Seife M 4,—.
Alles franko gegen Nachnahme.
Hoffmann & Krügel,
Cöthen i. A. 92. [1760

Ausgeführt für Herrn Kaiserl. Legationsrat v. Poritius, Güttmannsdorf.

Gustav Bild Fabrikgeschäft

(Inhaber: Hermann Bild)

Brieg, Bez. Breslau.

Gegründet 1839.

Spezialfabrik für **Gewächshäuser solidester Ausführung** mit Pitchpine- u. Lärchenholzsprossen auf Eisen-Tragkonstruktion. Sicher funktionierende **First- u. Sockellüftung** mit Zentral-Antrieb. **Zweckentspr. Inneneinrichtungen. Spritzwasserleitung. Schattendecken.**

Bewährte moderne Zentralheizungen
mit Oberleitung und Gegenstrom-Gliederkessel. [87

Frühbeetfenster ▪ Spaliere ▪ Drahtzäune ▪ Eisenkonstruktionen.

Kataloge, Projektzeichnungen und Kostenanschläge gern zu Diensten.

Muskauer Baumschule Muskau O.-Lausitz.

(Parkinspektor R. Lauche.)

Grosse Vorräte und grosse Auswahl

an gewöhnlichen und besten Sorten von

Ziergehölzen, Koniferen, Alleebäumen, Obstgehölzen.

Preisverzeichnis kostenlos. [734

Stau
u
Baum
Kultu
In allen einschl
Vom Guten
Unter anderem
feinsten Auswahl
Paeonia
Paeonia
Clem
Reichhaltiges
Beschreibungen und
Goos & Ko
Grossh. Hess.
Nieder-Wallut
Staudenl
und **Baum**
für Obstbäum
Rosen und

Wellp
bestes und billigs
(zum Schutze von Bä
Wellpappe-
für Früchte, Gem
Carl Lampmann Sö

Herzog's patent. Stahl

C. L. Klissing Sohn
Barth (Prov. Pommern).

Caladien mit bunten Blättern. Die Sammlung enthält über 350 Sorten, einschliessend Neuheiten für im Doppelbrief (Kästchen) zu verschicken zu Mark 7,50 und 15 Mar Sorten à Sorte von Mark 1 bis Mark 5. Beschreibende Liste umsonst und postfrei. Versand nach allen

---

ED. ZIMMERMANN, ALTONA

Etabliert 1870. → **Höchste Auszeichnungen.** ← Feinste Referenzen

Spezialfabrik

für

Gewächshäuser, Wintergärten, Veranden, Pavillons.

▪ ▪

Ausführung in Holz- und Eisenkonstruktion.

▪ ▪

Man verlange Zeichnung und Kostenanschlag.

Beste Be
fü
Frühbe
aus Pitch-pine
so
Schatte
„Her
und Gartenm
▪
Katalog unb
post

Illustrierte Wochenschrift für den gesamten Gartenbau.

Herausgeber: Max Hesdörffer-Berlin.

Erscheint jeden Sonnabend.
Monatlich eine farbige Kunstbeilage.

Bezugsbedingungen:

urch jede Postanstalt bezogen Preis 2.50 M. vierteljährl. In Österreich-Ungarn 3 Kronen. ei direktem Bezug unter Kreuzband: Vierteljährlich 3 M. Im Weltpostverein 3.75 M. Einzelpreis jeder Nummer 25 Pf.

ei ohne Vorbehalt eingehenden Beiträgen bleibt das Recht redaktioneller Änderungen orbehalten. Die Honorarauszahlung erfolgt am Schlusse jeden Vierteljahrs.

Anzeigenpreise:

Die Einheitszeile oder deren Raum 30 Pf.; auf der ersten und letzten Seite 50 Pf. Bei grösseren Anzeigen und Wiederholungen steigender Rabatt. Beilagen nach Übereinkunft. **Anzeigen in der Rubrik Arbeitsmarkt** (angebotene und gesuchte Stellen) kosten für Abonnenten einmalig bis zu 10 Zeilen Raum M. 1.50, weitere Zeilen werden mit je 30 Pf. berechnet.

Erfüllungsort auch für die Zahlung: Berlin.

Adresse für Verlag und Redaktion: Berlin SW. 11, Hedemannstrasse 10.

XII. Jahrgang No. 61.	Verlag von Paul Parey, Berlin SW. 11, Hedemannstr. 10.	28. November 1908.

Oscar R. Mehlhorn

erste und renommierteste Fabrik

für

Reform-Gewächshaus- und Reform-Oberheizanlagen ::

Schweinsburg (Pleisse)

Station Schweinsburg-Culten der Linie Leipzig-Hof

empfiehlt zur Saison in rühmlichst bekannter prima Qualität ihre

Original-Reformfenster

für Frühbeete und Gewächshäuser.

Mehlhorns Original-Reformfenster ist das älteste und meistverbreitetste Fenster **ohne Zapfen** und **Scheren** und in seiner praktischen Verwendbarkeit von keinem anderen Fenster erreicht.

Man verlange die Broschüre: **I Mehlhorns Reformfenster** kostenfrei.

Gewöhnliche Frühbeetfenster

in jeder gewünschten Ausführungsart zu billigen Preisen.

Strebels Original-Gegenstrom-Gliederkessel

mit neuen seitlichen Reinigungsklappen, in seinen Vorzügen von **keinem anderen Kessel** erreicht.

Kulante und prompte Bedienung. Prospekte gratis und franko.

Zur Saison bedeutendes Lager in Fenstern aller gangbaren Masse.

Strebelkessel mit neuen seitlichen Reinigungsklappen in allen Grössen vorrätig.

[31

Illustrierte Wochenschrift für den gesamten Gartenbau.

Jahrgang XII. 28. November 1908. No. 61.

Vogelschutz.

Vogelbrunnen.

Von **Harry Maaß**, Stuttgart.

(Hierzu drei Abbildungen.)

Auf dem Gebiete der Vogelpflege ist in letzter Zeit erfreuliches geleistet worden. Liebhaber, Förderer und Vereine haben sich für das kleine Federvölkchen in dankenswerter Weise ins Zeug gelegt. Allen voran steht da der Bund für Vogelschutz, mit dem Sitze in Stuttgart, unter der Leitung einer großen Vogelfreundin, Frau Kommerzienrat Hähnle. Dieser Verein gibt an seine Mitglieder und Interessenten anerkennenswerte Neuerungen in Brutstätten, Nistgelegenheiten und Futterplätzen für billiges Geld ab, er ermöglicht so jedem, sein Teil zur Erhaltung unserer Sänger und Insektenvertilger beizutragen. An verschiedenen Plätzen Württembergs hat dieser Verein baumbestandene Ländereien erworben, um dieselben den Vögeln zu ruhigen und feindesicheren Schutzgehölzen einzurichten, wo sie ihrem Brutgeschäft ungestört nachgehen können.

Neuerdings nun hat man eingesehen, daß man etwas für die Vögel unentbehrliches so gut wie vernachlässigt hat, und das ist die Wasserversorgung. Alljährlich gehen mehr Vögel an Wassermangel, als an Nahrungsmangel zugrunde. Wer aufmerksam die Natur beobachtet, wird bemerkt haben, daß die kleinen Vögel nach Regenfällen mit großem Eifer die Pfützen und Lachen auf Parkwegen und Straßen aufsuchen, um sich in ihnen zu tummeln, um aus ihnen zu trinken. Diese Wassertümpel sind ihnen willkommen, denn hier können sie baden, ohne Gefahr zu laufen, plötzlich das Uebergewicht zu verlieren und in einer grundlosen Stelle elend zu ertrinken. Wer hätte nicht schon in Wasserbassins, an Fontänen und sonstigen Wasserkünsten ertrunkene Vögelchen liegen sehen?

Vogelbrunnen. Tränkstätte für Singvögel, zugleich architektonischer Schmuck für Villengärten und öffentliche Anlagen. Originalaufnahme für die „Gartenwelt".

Ein guter Bekannter, eifriger Vogelfreund, hat hinter seinem Hause einen großen, steinernen Wassertrog. Ueber diesen Trog hat er ein weitmaschiges Drahtnetz gespannt, um den Tieren das Trinken zu ermöglichen, ohne daß sie Gefahr laufen, dabei zugrunde zu gehen. Andere lassen Kork- oder Holzstückchen auf dem Wasser schwimmen, um so den durstigen Tierchen Gelegenheit zum sicheren Auffußen zu geben. So gut alle diese Mittelchen einerseits gemeint sind, so unvollkommen sind sie andererseits, denn ein großer Prozentsatz edler Insektenvertilger findet dabei den Tod.

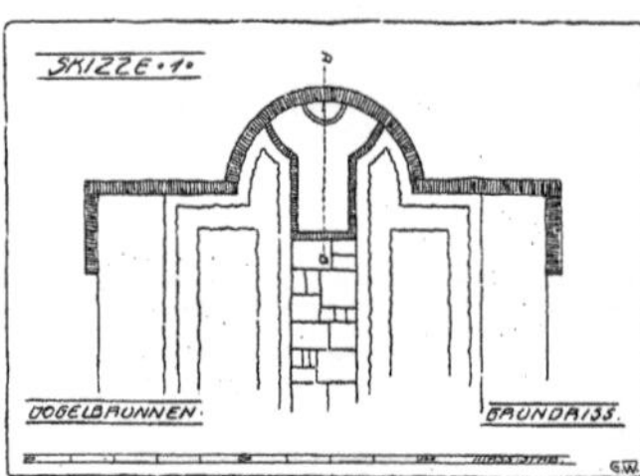

Vom Verfasser für die „Gartenwelt" gezeichnet.

Die Abbildung der Titelseite veranschaulicht eine Einrichtung, welche den Vögeln sowohl das Baden, als auch das Trinken gestattet, einen Vogelbrunnen.

Dieser hier abgebildete Brunnen zierte im Juni ds. Jahres den Eingang zur 22. landwirtschaftlichen Wanderausstellung, wo er von der Firma Berz & Schwede zur Schau gestellt war. Der Brunnen war Gegenstand allgemeinen Interesses und ist ähnlich an vielen Plätzen errichtet worden. Neben dem Vorteil seiner Zweckmäßigkeit besitzt er die ebenfalls nicht zu unterschätzende Eigenschaft, für private Gärten sowohl, als auch für öffentliche Anlagen ein schönes architektonisches Schmuckstück zu sein.

Die obere, im Durchmesser 1 m große Schale des Brunnens ist an ihrer seichtesten Stelle am Rande $^{1}/_{2}$ cm mit Wasser gefüllt und nimmt nach der Mitte hin nicht mehr als 4 cm an Tiefe zu. Auch das untere Becken ist nicht wesentlich tiefer, nur um 2 cm in der Mitte, da dort die größeren Vögel: Drosseln, Stare usw. ihr Bad nehmen sollen. Die Anlage ist aus Tuffstein hergestellt. Der Tuffstein ist seines rauhen Aeußeren wegen für diesen Zweck sehr passend, denn diese Eigenschaft gibt den Vögeln Gelegenheit zum sicheren Auffußen beim Anfliegen. Das Wasser erneuert sich nur langsam, möglichst tropfenweise; bei allzu lebhaftem Wasserfall würden die Vögel scheu werden. Ein weißer Lattenzaun bekrönt die 75 cm hohe Mauer, der die gärtnerische Beigabe, vor allen Dingen die Schlingpflanzen, die malerische Wirkung verleiht, die natürlich erst dann ihren Höhepunkt erreicht haben wird, wenn sich das pflanzliche Beiwerk in wildem Durcheinander um das massive Mauerwerk schlingt und üppiger Blumenflor das frische Grün des Blätterwerkes betüpfelt. Der Tuffstein besitzt ferner die angenehme Eigenschaft, sich in kürzester Zeit mit Algen und Moosen zu besetzen, wodurch derselbe mit der ihn umgebenden gärtnerischen Schmuckanlage eng verwächst.

In einfacher Art lassen sich Vogelbrunnenanlagen sehr gut aus liegenden Baumstämmen herstellen, die, flach ausgeschalt und geschickt umpflanzt, einen reizenden Schmuck für Gärten bilden. Auch eignen sich Findlingsteine zu diesem Zwecke vorzüglich. In der Mitte von Blumenbeeten oder im Anschluß an Gehölzgruppen aufgestellt, schmücken diese Brunnen sehr wirkungsvoll, vor allen Dingen aber zweckmäßiger als die allerorts immer noch anzutreffenden „Kulturauswüchse", die „sinnreichen" Gnomen mit Schirmen, Rechen, Spaten und Gießkannen, die unvermeidlichen Fliegenpilze und die grasenden, liegenden und springenden Hasen, Rehe, Hirsche und anderen Tierfiguren.

Vor reichlich einem Jahre war der Vogelbrunnen Gegenstand eines Preisausschreibens, welches der „Verein für deutsches Kunstgewerbe in Berlin" auf Veranlassung der Frau Geheimrat Sophie Riehl erließ. Die Beteiligung an diesem Preisausschreiben war sehr rege, die „Werkkunst", die Zeitschrift vorgenannten Vereins, berichtete in Heft 4 des III. Jahrganges darüber, auch sind in dem Heft die preisgekrönten Arbeiten veröffentlicht.

Es ist zu wünschen, daß Vogelbrunnenanlagen mehr und mehr in öffentlichen sowohl, als auch in privaten Gärten zur Ausführung gelangen.

Topfpflanzen.

Cochliostema Jacobinianum, C. Koch et Linden (Abb. S. 723), ist wohl eine der schönsten und imposantesten der krautigen monocotylen Pflanzen unserer Glashäuser, gleich schön sowohl im Zustande der Blüte, geschmückt mit den kräftigen, kurzen, vielverzweigten blauen Blütenrispen, als auch lediglich als Blattpflanze betrachtet, mit den mächtigen, zu einer imposanten, trichterförmigen Rosette vereinigten Blättern. Die Pflanze stammt aus den Bergwäldern Ecuadors, wo sie epiphytisch, gleich den Bromeliaceen, welchen sie in der Tracht vollkommen gleicht, auf den Aesten

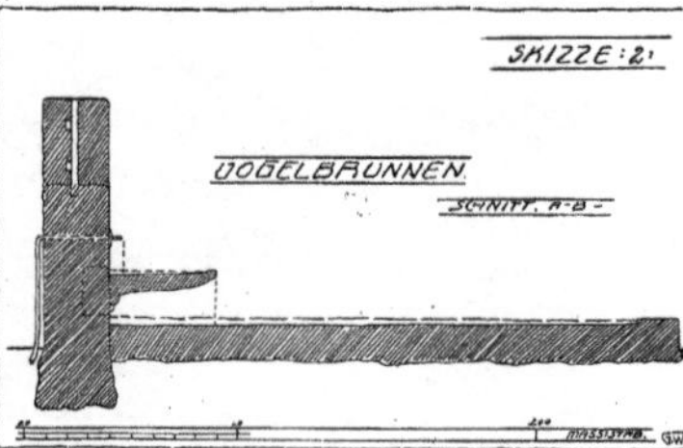

Vom Verfasser für die „Gartenwelt" gezeichnet.

großer Bäume wächst. Ende der 60er Jahre des vorigen Jahrhunderts wurde sie von Gustav Wallis entdeckt und von Linden, Brüssel, eingeführt. Die Blätter sind, wie gesagt, rosettenförmig angeordnet, breit schwertförmig, lanzettlich, an der Basis etwas verbreitert und so zusammenschließend, daß Regen- und Spritzwasser in ihnen festgehalten werden. Sie sind von fleischig-lederiger Textur, am Rande mit schmalen, braunroten Streifen versehen. Die Blätter messen bei kräftigen, erwachsenen Pflanzen etwa 80 bis 90 cm in der Länge und etwa 20 cm in der Breite, so daß der Durchmesser der ganzen Pflanze oft mehr denn 1½ m beträgt. Die Blüten erscheinen etwa Ende Januar und Februar in den Blattachseln an vielverzweigten, kurzen, kräftigen Rispen. Die einzelnen Rispenteile sind gestützt von starkhäutigen, blaßrötlich violetten, breit herzförmigen Deckblättern. Die Blüten sind tief ultramarinblau, etwa 4 cm im Durchmesser, nach der Dreizahl gebaut. Die drei Kelchblätter sind schmalrinnig und etwas gebogen, die drei Blumenblätter jenen gleichgestaltet, jedoch breiter, tiefer gefärbt und in der äußeren Hälfte mit feinen Wimperfransen besetzt. Der Griffel tritt aus dickkeuligem Grunde lang heraus, die Staubfäden sind feinwimperig zerteilt.

In den Kulturansprüchen ist diese Pflanze verhältnismäßig bescheiden und lohnt wie wenige die auf sie verwendete Mühe. Freilich braucht sie als starker Wachser viel Nährstoffe, besonders organischen Dünger (Kuhdung), sodann viel Feuchtigkeit, Wärme (18 bis 20° C), und ziemlich viel Schatten. Als Epiphyt will sie im Kulturgefäß ein recht lockeres, gut durchlüftetes Material aus halbverrotteter Laub- und Mistbeeterde, mit Brocken von Heideerde, Torfmull oder Faserwurzelerde, sowie Ziegelsteinbrocken und scharfem Sand gemischt. Das alljährliche Verpflanzen geschehe mit größter Schonung des Ballens und der wenigen Wurzeln, auch gebe man acht, daß die Pflanzen nicht zu tief gestellt werden, es könnte sonst passieren, daß die ganze Rosette vom Wurzelkörper abfault. Die Anzucht und Vermehrung geschieht durch Samen, der bei künstlicher Befruchtung leicht angesetzt wird.

B. Othmer.

Cochliostema Jacobinianum.

Vom Verfasser im Botanischen Garten zu München für die „Gartenwelt" photographisch aufgenommen.

Die Amaryllis oder Rittersterne. (Hippeastrum, Herbert.)

Von H. Nehrling.

III.

Die Kultur.

Die Amaryllis wachsen in ihrer Heimat an sehr verschiedenen Oertlichkeiten. Manche Arten finden sich auf den baumlosen, grasreichen Savannen oder Llanos, wie z. B. *Hippeastrum solandriflorum*, allgemein in Venezuela als Lirio (Lilie) bekannt. Zu Beginn der Regenzeit schmückt es hier die weiten Grasebenen aufs schönste und verbreitet seinen starken Duft weithin. Die Zwiebel steckt in beträchtlicher Tiefe im lehmreichen Boden. Während der trockenen Zeit sieht man hier kaum eine Spur von Vegetation, da die Savannenbrände alles vernichten, was brennbar ist. So schön diese *Amaryllis* hier auch während der Blütezeit erscheinen, so halten sie doch keinen Vergleich, mit denen aus, die in den Gärten von Caracas sorgfältig gepflegt werden. Diese Art verliert stets ihre Blätter, sobald die trockene Jahreszeit beginnt. Anders wächst die immergrüne blaue *Amaryllis*, *H. procerum*. Man findet sie in ihrer Heimat, besonders in der Nähe von Petropolis in Brasilien, nur auf Felsen, wo sie stets der vollen Sonne ausgesetzt ist. *H. equestre* kommt ebenfalls auf der Savanne des nördlichen Südamerika vor, doch bevorzugt es feuchtere und humusreichere Oertlichkeiten. Ueber *H. vittatum* habe ich mich nicht genau unterrichten können. Es soll in Peru an manchen Orten häufig wild wachsen und stets an Berghalden vorkommen, wo die Erde während der trockenen Jahreszeit staubtrocken wird. Die meisten Arten kommen im Halbschatten feuchter Wälder vor, wo sie in lockerem, humusreichem Boden überaus üppig gedeihen. Hierher gehören *H. aulicum* mit seinen Varietäten, *H. organense*, *H. calyptratum*, *H. rutilum* u. a. Zu bemerken ist hier, daß die Zwiebeln, selbst während der monatelangen Trockenheit, nicht leiden, was entschieden der Fall sein würde, wenn sie in Töpfen ständen.

Die Wurzeln verzweigen sich weit nach allen Seiten hin und finden immer etwas Feuchtigkeit, welche sie der Zwiebel zuführen. Sodann taut es in den Tropen gerade während der trockenen Zeit ungemein stark, so stark, daß bei Sonnenaufgang Bäume und Sträucher von Nässe förmlich tropfen. Ich habe hier in meinem Garten eine Reihe Versuche in dieser Richtung angestellt. Es wurden eine Anzahl Zwiebeln im September und Oktober in Töpfe gepflanzt und neben den Amaryllisbeeten aufgestellt. Sie alle wuchsen schnell an und zur Weihnachtszeit waren die Topfballen mit einem dichten Gewirr von Wurzeln angefüllt. Sie bekamen kein Wasser, nachdem die trockene Jahreszeit eingesetzt hatte. Von Anfang März bis zum 20. Juni fiel kaum ein Tropfen Regen, dagegen taute es jede Nacht sehr stark. Im April blühten alle im freien Grunde stehenden *Amaryllis* prachtvoll und trieben üppige, große Blätter. Die in Töpfen stehenden blühten allerdings auch recht schön, aber die Blüten waren längst nicht so groß und von so langer Dauer, als die übrigen. Ein Blattansatz zeigte sich, aber er kam nicht vorwärts. Sobald die Regenzeit einsetzte, trieben alle auf den Beeten stehenden *Amaryllis* so stark, daß deren Blätter vollständig den Boden bedeckten, während die in Töpfen stehenden nur spärliche und kleine Blätter zeigten. Als ich die Topfballen untersuchte, fand ich, daß alle feinen Saugwurzeln abgestorben waren, während sie sich bei den im freien Grunde stehenden nach allen Richtungen hin verzweigten und ein dichtes Gewirr bildeten. *H. equestre* hatte alle Wurzeln verloren und die Zwiebeln waren sehr eingeschrumpft, während die im Freien stehenden ein üppiges Grün zeigten und eine Menge feiner Saugwurzeln hatten. Ich glaube daraus den Schluß ziehen zu dürfen, daß man die in Töpfen stehenden *Amaryllis* nicht monatelang staubtrocken halten soll. Die meisten *Amaryllis* sind hier in meinem Garten immergrün und nur *H. vittatum* und dessen Hybriden, sowie *H. solandriflorum* und *H. psittacinum* verlieren im Herbste die Blätter vollständig. Alle *Amaryllis* machen aber im Freileben während der trockenen Zeit des Jahres eine Ruhepause durch. Das darf man bei der Kultur nie außer Acht lassen, und ich will hier gleich erwähnen, daß viel mehr *Amaryllis* durch zu viel als durch zu wenig Wasser zugrunde gehen. Aus dem Vorstehenden geht schon hervor, daß man nicht alle *Amaryllis* gleichmäßig behandeln darf und daß man die immergrünen anders behandeln muß als diejenigen, welche zu Anfang der Ruhezeit ihre Blätter verlieren.

Werfen wir zunächst einen Blick auf die immergrünen, im Herbste und Winter blühenden *Amaryllis*, *H. aulicum* und dessen Varietäten und *H. organense (H. corraiensis*, Bury). Bei mir hier im halbtropischen Florida blühen diese alle zu Weihnachten und Neujahr im Freien. Sie stehen in einem Kasten, dessen Unterlage aus altem, faulem Holze, Waldhumus und etwas Kalk besteht. Darauf befindet sich eine Schicht mooriger, fetter Schlammerde, welche einen Zusatz alten Kuhdüngers als Beimischung enthält. Diese Schlammerde findet sich in reichlicher Menge am Ufer meines Sees, an dem entlang meine besten *Amaryllis* stehen. Die Zwiebeln werden tief gepflanzt, so daß der Zwiebelhals mehrere Zentimeter mit Erde bedeckt ist. Hier treiben sie fast alle meterlange, sehr üppige Blätter. Eine Anzahl Zwiebeln stehen in Töpfen. Man nehme möglichst kleine Töpfe und pflanze in ein Gemisch reicher Rasen-, Laub- und Kuhmisterde, alles zu gleichen Teilen, und füge etwas scharfen Sand hinzu. Die Zwiebel darf im Topfe nur ein Drittel mit Erde bedeckt werden, die übrigen zwei Drittel müssen über der Erde stehen. Man gieße im Spätherbst nur wenig und stelle die Töpfe nicht zu warm. Eine Temperatur von 10 °C genügt. Durch reichliches Gießen und zu hohe Wärme werden nur Blätter, aber keine Blüten erzeugt.

Aehnlich wird auch die zweite Abteilung der immergrünen *Amaryllis*, *H. reticulatum* und die Hybriden dieser Art, behandelt. Da diese aber meistens im September und Oktober blühen, so müssen sie während des Sommers, also zur Zeit, da fast alle übrigen *Amaryllis* am üppigsten ihre Blätter entfalten, ziemlich trocken gehalten werden, doch nicht so trocken, daß die Blätter darunter leiden. Sobald sich die Blumenstengel an der Seite der Zwiebel zeigen, gieße man reichlicher, aber mit Vorsicht. Nachdem die Blütezeit vorüber ist, beginnen sich die schönen, breiten, mit einem weißen Mittelstrich versehenen Blätter zu entfalten. Nur wenn sich diese stark und kräftig entwickeln, wird in der Zwiebel die schlummernde Knospe rechtzeitig zum Vorschein kommen. Gehen sie durch zu reichliches Gießen oder übermäßige Trockenheit ein, so leidet die Zwiebel derartig, daß auf Blüten vorläufig nicht zu rechnen ist, ja es dauert oft mehrere Jahre, bis sie sich vollständig erholt hat. Hierher gehören die schönen Hybriden *Mrs Garfield, Mrs Wm Lee, Comte de Germing, Mrs Carl Jay* (Abb. S. 702 der No. 59), *Autumn Beauty* usw., die leider in den letzten Jahren von viel weniger schönen und unedlen Pflanzen in den Hintergrund gedrängt wurden. Sie verdienen in jeder feineren Pflanzensammlung den Ehrenplatz. In Milwaukee versuchte ich es, fast alle diese genannten Sorten in meinem Gewächshause mit Orchideen zusammen zu ziehen, doch ohne Erfolg. Die Orchideen bedürfen gerade im Sommer, wenn diese *Amaryllis* ruhen, am meisten Feuchtigkeit. Nur als ich ihnen einen trockenen, kühlen Platz während des Sommers anwies, begannen sie sich zu erholen und blühten reichlich. *H. aulicum* und fast alle anderen *Amaryllis* gediehen aber ganz vorzüglich in der Gesellschaft der Orchideen. Hier in Florida stehen auch diese im Freien. Ich habe sie mit *H. pardinum* und dessen Hybriden, mit *Griffinia Blumenavia, G. hyacinthina, Haemanthus Kalbrayeri (multiflorus), H. Katherinae, H. rupestris, H. hybr. König Albert, H. Lindeni* usw. zusammen auf einem Beete stehen, und alle diese Pflanzen beginnen Ende Juni und Anfang Juli, nach Eintritt der Regenzeit, zu blühen.

Eine wesentlich verschiedene Behandlungsweise verlangen die *Hippeastrum vittatum*-Hybriden. Diese Rasse ist durch Eugen Souchet und neuerdings durch James Kelway & Sons zu hoher Vollkommenheit gebracht worden. Die Blüten sind verhältnismäßig klein, die Blumenblätter schmal und spitz zulaufend; sie blühen fast alle, ehe die Blätter zum Vorschein kommen. Das Wurzelsystem ist ein eigenartiges. Ich habe gefunden, daß sie fast immer die kleinen Saugwurzeln verlieren, nachdem die Blätter abgestorben sind. Sie lieben schwere Erde, bestehend aus zwei Drittel Wiesenlehm und einem Drittel alter Kuhmisterde, mit einem kleinen Sandzusatz. Die Töpfe müssen möglichst klein, sehr rein und gut drainiert sein. Im Winter verlangen sie vollständige Ruhe und gar kein Wasser. Sobald im Herbst die Blätter absterben, stellt man das Gießen ein und fängt erst an wieder etwas Wasser zuzuführen, wenn der Blütenschaft einige Zentimeter aus der Zwiebel heraus ist. Es ist nicht nötig, daß man jedes Jahr verpflanzt. Ich habe Zwiebeln drei und selbst vier Jahre nicht umgepflanzt, sondern nur die obere Erdschicht durch eine frische ersetzt und reichlich mit Düngerwasser gegossen. Es bildeten sich schließlich eine ganze Anzahl Nebenzwiebeln, welche nach einigen Jahren ebenfalls blühten und der Pflanze einen erhöhten Glanz verliehen. Ich habe oft 7 bis 10 Blütenschäfte sich gleichmäßig in einem Topfe entwickeln sehen. Das Umpflanzen dieser Rasse kann man kurz vor, oder besser noch, kurz nach der Blütezeit, sobald die Blätter zu treiben beginnen, vornehmen. Mit dem Gießen muß man zunächst sehr vorsichtig sein, und wenn die frisch zur Verwendung kommende Erde den nötigen Feuchtigkeitsgehalt hat, dann ist ein Angießen nach dem Umpflanzen überhaupt nicht nötig. Erst wenn die Blätter ein üppiges Wachstum zeigen, gieße man stark, gebe ihnen auch oft einen Dungguß. Im Winter kann man die Töpfe in den Keller stellen — in einen Keller, in dem sich Kartoffeln und Dahlienknollen gut halten. Auch unter den Stellagen des Gewächshauses kann man sie die Ruhezeit durchmachen lassen, muß aber dann die Töpfe auf die Seite legen. Man achte darauf, daß diese *H. vittatum*-Hybriden während des Winters kein Wasser erhalten. Im Frühling, wenn sich der Schaft zeigt, stelle man den Topf einige Sekunden in lauwarmes Wasser. Dies wird genügen, die Wurzeln zu neuer Tätigkeit anzuregen.

Hier in Florida, wo fast alle andern *Amaryllis* überaus üppig gedeihen und zu höchster Vollkommenheit sich entfalten, gedeihen diese *H. vittatum*-Hybriden nicht besonders gut. Der leichte Boden und der Feuchtigkeitsgehalt der Luft scheinen ihnen nicht zuzusagen. Die einst von James Kelway & Sons (Langport, England) bezogenen schönen Sorten sind nach und nach alle verschwunden. Letztes Frühjahr schaffte ich mir trotz alledem eine neue Sammlung an, etwa hundert Zwiebeln der schönsten von Souchet gezüchteten Sorten, die ich von der Firma Vilmorin, Andrieux & Co. aus Paris bezog. Die Beete wurden gut vorbereitet, Ton und alte Kuhmisterde dem Sande zugefügt, auch etwas Kalk, und darüber ein Schattendach hergerichtet. Die Zwiebeln kamen im Januar an und wurden sofort gepflanzt. Die Mehrzahl blühte nicht, nur einige Sorten zeigten meinen neugierigen Blicken ihre Blütentrompeten. „Klein aber recht hübsch" waren sie, aber sie wurden vollständig in den Hintergrund gedrängt, als die neuen, großblumigen Hybriden ihre ersten Blütenknospen öffneten. Obgleich eine ganze Anzahl jetzt (Ende Juni) noch keine Blätter zeigt, scheinen die Zwiebeln doch noch vollständig gesund zu sein. Die übrigen haben sehr stark und üppig getrieben und ich bin gespannt auf den nächstjährigen Flor. Alle meine *Amaryllis* erhalten während der üppigsten Wachstumsperiode reichlich Kunstdünger (ein Gemisch von Knochenmehl, Blut, Phosphat und Pottasche), und auch diese bekamen ihr Anteil, was zur Folge hatte, daß die Blätter sich sehr üppig zu entwickeln begannen. In Kalifornien, wo man diese Rasse fast ausschließlich zieht, erreichen die Zwiebeln eine ganz enorme Größe. Die Blüten sind aber meist so klein und von so schlechter Form, daß es sich nicht lohnt, sie zu pflegen. Hierher gehören auch die vielgepriesenen Züchtungen Burbanks. Mit Fanfarentönen hat man deren Ruhm in die Welt hinaus erklingen lassen, und es geschieht noch fortwährend, aber im Vergleich mit den neuen englischen und auch deutschen (Bornemanns) Hybriden sind sie vollständig wertlos. Die Zwiebeln, oft von Riesengröße, blühen nicht nur schlecht, sondern, wenn sie wirklich blühen, enttäuschen die Blumen durch ihre schlechte Form und ihre matten Farben.

Im Anschluß hieran möchte ich auch der *H. pardinum*-Rasse noch einige Worte widmen, da diese durch die neuen, hervorragenden Züchtungen Dr. E. Bonavias in Worthing, England, besonders durch die prächtige *Queen of Spots, Spotted Orfeo* und, in diesem Jahre, durch *Spotted Angelina* wieder in den Vordergrund getreten sind. Dr. Bonavia war so freundlich, mir die zweite und auch die letzte Hybride zu übersenden, und ich kann berichten, daß beide ganz vorzüglich gedeihen. Zahlreich sind auch die von Holland aus in den Handel kommenden Hybriden dieser Art, sie haben aber oft eine sehr mangelhafte Form. Ich habe schon bei der Aufzählung der Arten erwähnt, daß der frühere Obergärtner des „Weißen Hauses" in Washington, Herr H. Pfister, ganz prächtige Hybriden zwischen *H. pardinum* und *Dr. Masters* erzielte, die alle schon im Alter von 18 Monaten blühten. Die Blüten waren klein, aber sehr formvollendet. Alle Blüten sind auf hellerem Grunde sehr stark dunkelrot gefleckt. Die schönsten sind die auf weißem, rahmfarbenem und rosarotem Grunde dicht tiefrot gesprenkelten Sorten. Man verwende möglichst kleine Töpfe und sorge für einen guten Abzug. Sie verlangen gute Lehmerde, die zur Hälfte mit Lauberde und etwas Sand vermischt sein muß. Verlieren die Zwiebeln im Herbste die Blätter, so müssen sie im Winter vollständig trocken gehalten werden. Sterben die Blätter jedoch nicht ab, dann gieße man spärlich weiter. Man stelle die Töpfe im Winter an eine recht warme Stelle des Gewächshauses. Die Stammart und viele ihrer Hybriden sind so schön, daß sie wieder mehr gezogen werden sollten.

Wir kommen nun zu den neuen großblumigen, strahlenden und formvollendeten, aus Kreuzungen zwischen *H. aulicum*. *H. psittacinum*, *H. Leopoldi* und anderen hervorgegangenen *Amaryllis*. Die Blüten sind sehr groß, sehr glühend, oft ganz rot, vom hellsten Rosarot bis zum tiefsten Karmin. Es gibt darunter auch fast ganz weiße. Meine Lieblinge sind die roten Sorten mit weißem Schlunde und weißen Spitzen. Man sieht sofort, daß diese von *H. Leopoldi* abstammen. In der Form erinnert diese neue Rasse mehr an eine *Ipomoea* als an eine *Amaryllis*. Ich verweise auf unsere schöne Farbentafel in No. 59 und auf die vielen prächtigen Abbildungen, die schönsten Züchtungen der Firmen James Veitch & Sons, Chelsea, und Robert P. Ker & Sons, Liverpool, darstellend (siehe No. 57 und 59). Eine ganz besondere Eigenschaft dieser neuen Züchtungen ist ihr starkes, kräftiges Wachstum, welches seinen Grund in einem sehr üppigen Wurzelsystem hat. Die Hauptwurzeln sind oft so dick wie ein Federkiel, und die Menge feiner Saugwurzeln sind mit einem dichten Busch sehr feiner Härchen bedeckt. Aus diesem starken Wuchse resultiert die überaus leichte Kultur dieser *Amaryllis*, die der Liebhaber zu ebenso großer Vollkommenheit am Zimmerfenster bringen kann, als der Gärtner im Gewächshause. Um diese imposanten Pflanzen zu höchster Vollkommenheit zu bringen, ist eine reiche Erde nötig. Diese soll aus zwei Drittel Wiesenlehm und einem Drittel Kuhmist, frisch aus dem Stalle kommend, bestehen. Ende Juli schichtet man beide Stoffe auf einen Haufen und läßt diesen drei Monate liegen. Dann mischt man das Ganze gehörig durcheinander, setzt etwas Sand zu und achtet darauf, daß die Mischung nie übermäßig naß wird. Im Januar, wenn das Umtopfen stattfinden soll, ist die Mischung zum Gebrauch fertig. Das Vorstehende ist die Gebrauchsanweisung des Herrn Harry J. Veitch. Bei Herrn Robert P. Ker kommt anstatt des Kuhmistes alte, gut verrottete Lauberde zur Verwendung.

Die Töpfe müssen möglichst klein sein, „je kleiner, je besser" heißt es hier. Man sorge stets für einen guten Wasserabzug. Sobald sich das Abzugsloch verstopft, ist die Zwiebel in Gefahr, die Wurzeln zu verlieren. Ehe man die Zwiebel eintopft, reinige man sie von allen trockenen und faulen Stoffen, besonders alten, trockenen Wurzeln und dergleichen. Die äußere trockene Haut der Zwiebel darf nicht beschädigt werden. Wenn man gleich nach Neujahr mit dem

Umpflanzen anfängt, hat man die ersten *Amaryllis* im März in Blüte; der Flor dauert etwa zehn Wochen, wenn man eine große Sammlung hat. Die Erde soll genügend Feuchtigkeit haben, um ein Angießen unnötig zu machen. Hat man eine große Sammlung und ein Gewächshaus zur Verfügung, so senkt man am besten die Töpfe in eine dicke Schicht alter Gerberlohe ein und zwar so, daß der Rand der Töpfe mehrere Zentimeter mit Lohe bedeckt ist. Bodenwärme ist zunächst nicht nötig, da die Pflanzen nicht angetrieben werden, sondern langsam ins Wachstum kommen sollen. Später wachsen die Wurzeln aus den Töpfen und verzweigen sich, einem dichten Netz vergleichbar, in der Gerberlohe. (Schluß folgt.)

Insektenfressende Pflanzen.

Drosera Burmanni, Vahl. Unser verehrter Kollege Rehnelt hat in diesen Blättern, Jahrgang VII, Seite 169 bis 172 und 185 und 186, die Gattung *Drosera* und ihre Vertreter so eingehend und vortrefflich behandelt, daß nur noch gelegentlich Nachträge hierzu für die nächste Zeit nötig sein dürften.

Eine von ihm seinerzeit gewünschte Neueinführung dürfte die nebenstehend dargestellte *D. Burmanni* sein, deren Samen ich durch Herrn Carl L. Kafka, den bekannten Präparator und Inhaber des biologischen Instituts in Wien, als *Drosera Calcutta, spec. ?* erhielt. Die Pflanze ähnelt sehr *D. spathulata* oder noch mehr der *D. pygmaea*, zwischen welchen beiden sie der Größe nach steht; die Fläche der Blätter ist kreisrund, mit einem Auslauf in den Stiel. Die Blattrosette ist ein rundliches, dichtgedrängtes Polster, dabei sind die einzelnen Blätter so gestellt, daß die Rosette nicht flach erscheint, wie bei *D. spathulata*, sondern halbkugelig hoch; Durchmesser der Rosette ist etwa $2^1/_2$ cm. Die Blütenstengel sind nicht höher, sie tragen nur einseitswendige Wickel, mit kleinen, weißen Blütchen besetzt. Die Pflanze ist einjährig, sie besitzt keine Knöllchen, wie ihr sonst ähnliche Arten, und bedarf daher einer alljährlichen Aufzucht aus Samen. Sie wächst willig und steht in den Kulturansprüchen *D. pygmaea* am nächsten. Sie setzt hier immer wenig Samen an, darum wird sie wohl zunächst noch sehr selten bleiben. Ihre Heimat ist Ostindien und Ceylon, auch Hinterindien und Nordaustralien, wo sie in sandigen Sümpfen wächst. B. Othmer.

Drosera Burmanni.
Vom Verfasser im Botanischen Garten zu München für die „Gartenwelt" photographisch aufgenommen.

Pflanzenschädlinge.

Das **Vertilgen von Pflanzenschädlingen** ist für den Landwirt und Gartenbesitzer eine wichtige Frage. Bekannte Mittel dafür sind Kalkmilch und Gaswasser (Ammoniak). Es ist aber auch bekannt, daß diese Stoffe, wenn in solcher Stärke verwendet, daß sie den Schädling abtöten, gewöhnlich auch die Pflanze selbst vernichten oder doch angreifen. Eine Erfindung, durch Patent No. 200305 in ganz Deutschland geschützt, hat nun festgestelllt, daß auch schwache (für die Pflanze unschädliche) Lösungen zur Vertilgung des Schädlings genügen, wenn man nicht wie bisher einen der beiden Stoffe allein verwendet, sondern beide im Gemisch. Dann wird der Schädling erst durch das Gaswasser in seiner Lebensenergie beeinträchtigt, und wenn das Gaswasser verflüchtigt ist, wird auch eine schwache Kalklösung ausreichen, um ihn vollends zu vernichten.

(Neuheitsbericht vom Patentbüro Krueger, Dresden.)

Aus deutschen Gärten.

Aus dem Schweriner Schloßgarten.

Von F. Schulze, Oberhofgärtner, Schwerin i. M.

(Hierzu zwei Abbildungen.)

Dieser Schloßpark ist ausgezeichnet durch reizvolle Lage am großen Schweriner See, dem drittgrößten Binnensee Deutschlands. An der breitesten Stelle ist der See 7 km breit, seine Länge beträgt 15 km. Infolge seiner naturlandschaftlich bevorzugten Lage steht der Schweriner Park für den Gartenkünstler hervorragend da.

Abbildung Seite 727 oben zeigt einen Blick über den sogenannten Kreuzkanal hinweg nach dem Großherzoglichen Schloß. Letzteres ist vielleicht in seiner vielgestaltigen, abwechslungsvollen Architektur zurzeit eins der schönsten Schlösser Deutschlands. Inmitten des Kreuzkanals sehen wir eine kleine Insel, mit niedrigen Koniferen bepflanzt; an den Seiten bilden gewaltige Linden und Kastanien mit davor in regelmäßigen Abständen postierten malerischen Sandsteinfiguren eine wirksame Umrahmung. Die Spiegelung der Umgebung im Wasser ist bei ruhigem Wetter wirklich schön, was auch das Bild zeigt.

Die Abbildung Seite 727 unten zeigt einen Teil des sogenannten Burggartens, welcher direkt das auf einer Insel gelegene Schloß umgibt. Dieser Garten ist als intimer Garten für den ungestörten Aufenthalt der Großherzoglichen Herrschaften gedacht und wird dem Publikum ev. nur am Sonntag nachmittag geöffnet, während der über 150 ha große Schloßpark dem freien Verkehr des Publikums freigegeben ist. Wenn auch der Burggarten an Ausdehnung nicht groß ist, bietet derselbe doch einesteils durch seine unmittelbare Lage am großen, schönen Schweriner See, andernteils durch seine abwechslungsreiche, mannigfach terrassierte Anlage viele malerische, reizvolle Bilder.

Das gegenüberstehende Bild zeigt im Vordergrunde rechts und links Blumenrabatten über den Gewächshäusern, also über gemauerten Bögen, ähnlich gelegen wie die seinerzeit berühmten Gärten der Semiramis. Dasselbe gilt von drei stufenweis höher gelegenen Terrassen, welche die von dem Cherubin rechts gelegene Freitreppe halbkreisförmig umgeben. An dieser Freitreppe fahren die Großherzoglichen Herrschaften vor und erwarteten fürstliche Herrschaften, um sich oben an der Treppe mit ihnen in das Turmzimmer zu begeben. Ueberall auf den Terrassen wurzeln die hier gepflanzten Rhododendron, Koniferen, Rosen, Florblumen usw. in einer verhältnismäßig dünnen Erdschicht mit Asphaltuntergrund, lassen aber infolge sorgfältiger Pflege und genügend gespendeter Nahrung im Wachstum nichts zu wünschen übrig.

Links von dem im Vordergrunde sichtbaren breiten Asphaltwege sehen wir in einem Pelargonienbeet mit Funkieneinfassung hochstämmige Myrtenkronenbäume von 1 bis $1^1/_2$ m Kronendurchmesser. Am Ende dieses Weges und im Bilde mitten vor demselben steht ein selten schönes Exemplar einer vermutlich einige hundert Jahre alten breitblättrigen Myrte mit einem Kronendurchmesser von ca. 2,5 m. Ein ähnliches zweites Exemplar befindet sich entsprechend auf der rechten Seite der Freitreppe (im Bilde nicht mehr zu sehen).

Man muß den Schweriner „Burggarten“ gesehen haben, um seine Reize, seine üppige Vegetation und die wundervolle Aussicht auf den „großen See“ beurteilen zu können.

Wasserpartie aus dem Großh. Schloßgarten zu Schwerin. Im Hintergrunde das Schloß.

Von E. Bindseil für die „Gartenwelt“ photographisch aufgenommen.

Zeit- und Streitfragen.

Der Gärtner im Dienste der Heimatpflege.

Von Carl Kanig.

Heimat — das Glück einer Kindheit zaubert das Wort herauf, Sehnen nach Vaterhaus und Mutterliebe, nach Dorf und Wald und Feld. Aber wie viele sind, die von dieser Poesie der Heimat nichts kennen. Der Wandertrieb unserer Zeit und die gemütlosen Steinhäufungen unserer großen Städte haben dem Worte den Klang genommen. Und doch dürfen wirs nicht verrauschen lassen im Hasten unserer Tage, müssen seine Kraft bewahren, sonderlich in der Kunst. Denn die Kunst ist wurzellos, wenn sie nicht aus der Volksseele heraufquillt, wenn sie nicht ihre Welt aus Wirklichkeit und Sage der Heimat erbaut.

Unsere Arbeit spezialisiert heute mit unerbittlicher Notwendigkeit; aber je mehr wir den Menschen zur Maschine machen, um so reicher entfaltet sich bei denen, die etwas vorwärts bringen wollen, das Interesse für alles, was sie umgibt. Und das bringt wieder Frucht bei der eigenen Arbeit im engsten Kreise. Es ist darum notwendig, daß wir nach allen Seiten Umschau halten. Auch die Kunst eines bestimmten Gebietes wird um so reicher und tiefer sein können, je mehr sie sich als Glied fühlt im Künstekonzert unserer Zeit, je mehr sie jede Anregung sich nutzbar macht, die von irgend einem verwandten Streben ausgeht.

Wir brauchen auch in der Gartengestaltung „Heimatkunst“, deren Lehrmeisterin uns die weite deutsche Heimat sein muß. Wer darum diese Heimat hegt und schützt, der muß uns lieb sein, weil er uns vertraute Bilder bewahrt, weil er den Jungen die Möglichkeit läßt, schauend sich zu entwickeln, und weil er zwar nicht schaffende, aber erhaltende Landschaftskunst treibt.

Teilansicht aus dem Burggarten im Großh. Schloßgarten zu Schwerin.

Von E. Bindseil für die „Gartenwelt“ photographisch aufgenommen.

Der „Bund Heimatschutz“, der 1904 in Dresden begründet wurde, gibt in seinem Wirken so manchen Fingerzeig, wie wir uns bei der Landesverschönerung bestehendes Wertvolle zunutze machen können. Man muß die Schätze der deutschen Landschaft kennen, um sie zu künstlerisch gediegenen Bildern steigern zu können. Wenn der Bund die typischen deutschen Pflanzenformationen schützt, einzelne im Aussterben begriffene Pflanzenarten, ferner die Steinformationen; wenn er die Denkmäler der Kulturgeschichte vor der Zerstörung bewahrt, den Steintisch der Vorzeit, das Hünengrab, die Ruinen, so rettet er uns das Handwerkszeug. Wie sehr auch die Staatsregierungen sich des Schutzgedankens der Heimat annehmen, geht daraus hervor, daß unter Professor Conwentz Leitung in Danzig eine staatliche Zentralstelle geschaffen worden ist.

Es ist von größtem Werte, wenn die Behörden gewisse Pflanzenformationen in ihrer Ursprünglichkeit erhalten. Man sollte die Studienreisen der Schüler unserer Lehranstalten in diese Gegenden richten. So werden jetzt z. B. Weißtannen in dem Gebiet der Oberförsterei Reppen (Mark) gepflegt; 200jähriger Mischwald von Kiefern, Eichen, Linden und Weißbuchen von der Oberförsterei Sorau; Eibenwälder von den Oberförstereien Lindenbusch und Oliva (bei Renneberg, W.-Pr.), und in der Tucheler Heide sowie im Kreise Schmitz (W.-Pr.) der berühmte alte Ziesbusch. Die Lüneburger Heide bewahrt uns bei den Oberförstereien Lühe und Harburg Fichtenwald (nicht Forst!) und im Totengrund am Wilsedeberg eine Calluna-Wachholderformation. Eine Sumpfflora birgt der Plagesee bei Chorin (Mark), eine Salzflora wird bei Artern gehütet, ein Zwergbirkenbestand im Kreise Uelzen und ein Buchenbestand bei Sadlowo (in Ostpreußen). Die Hochmoore in Ostpreußen und die Steppenflora im Weichselgebiet sind eines Studiums reichlich wert, und im Böhmerwald erhält der Fürst von Schwarzenberg einen deutschen Urwald.

Die Landschaftskunst muß erst das Bestehende achten und verwerten lernen, ehe sie zu Neuschaffungen und Ausbau schreitet. Und was von der Pflanze für uns gilt, muß auch für Stein und Bauten, für Wasser und Tierwelt seine Richtigkeit haben. Des Gärtners Arbeit kann so leicht die Klagen verstummen lassen, die man jährlich mehr über das Schwinden der Singvögel hört, indem sie z. B. Nistgelegenheiten in Hecke und Gebüsch schafft. Und kann sie uns nicht auch die aussterbenden Pflanzenarten erhalten helfen, dadurch, daß der botanische Gärtner sie mit besonderer Sorgfalt kultiviert? Ich nenne da Bärenklau, Bärlapp, Frauenschuh, Einbeere, Stranddistel, Sumpfporst und *Primula minima*.

Aber nicht nur Schüler soll der Gärtner im Dienste der Heimatpflege sein, sondern auch Schulmeister. Die Gartenstadtbewegung betrachtet es als ihre Domäne, der modernen Stadt das Land, die künstliche Natur zurückzuerobern. Dieses moderne Bestreben sollte aber die vornehmste Aufgabe unserer Gärtnerwelt werden. Denn die Gartenstadtbewegung scheint mir eine Richtung einzuschlagen, die weder der Kunst noch dem Land- und Frischlufthunger unserer Generation die Wege bereitet. Ihre Flugschrift No. 11 „Von der Kleinstadt zur Gartenstadt" will die rauchenden Schornsteine und die tosenden Arbeitsräume unserer Fabriken jetzt in den Kleinstädten errichten, weil dort der Verfall der Kleinindustrie Arbeitskräfte genug gäbe und man für das nötige Land fast nur den landwirtschaftlichen Nutzungswert zahle. Das ist für unsere mit Sorgen kämpfende Industrie gewiß eine lockende Aussicht. Aber wie verträgt sie sich mit den liebevollen Plänen der Gartenstadtbewegung? Der Gärtner soll der berufene Landschaftskünstler sein; er kann es auch, wenn er die mannigfachen Werte deutscher Landschaft und ihrer Bewohner beherrschen lernt, um sie durch seine Kunst zu einer Landschaftssymphonie zu verschmelzen. Was jetzt auf Grund eines bedenklichen Vorurteils in den Händen der Architekten liegt, sollte dem gebildeten Gärtner erobert werden. Allerdings müßten auch die Staatsregierungen begreifen lernen, daß der Architekt schon durch seinen Beruf der Zirkel- und Linealgedanken für die Landschaftskunst in den meisten Fällen ungeeignet sein wird. Daß in dem preußischen „Gesetz gegen die Verunstaltung landschaftlich hervorragender Gegenden" die Ausführungsbestimmungen zu § 8 die „Zuziehung eines Landschaftsgärtners von anerkanntem Ruf" anheim geben, ist freilich ein erfreulicher Fortschritt.

In der Vertiefung unseres Wissens von der Heimat mit ihrer Kulturgeschichte und Sage und auf der Basis einer gediegenen Persönlichkeit werden wir dem angedeuteten Ziele immer näher kommen. Und wenn bei landschaftlichem Schaffen recht mannigfach der Spezialist seine Kenntnisse in den Dienst einer gemeinsamen Sache stellt, dann wird im Zusammenklang eine wirkliche Schöpfung entstehen können. Nicht nur — wie in dieser Zeitschrift oftmals betont wurde —, sollen Architekt und Gärtner zusammengehen, man soll auch in der Landschaftskunst noch weitere Kreise von Spezialfachmännern heranziehen.

Schaugärten.

Von W. Korff, Magdeburg.

Daß die größeren Ausstellungen der letzten Jahre einen bedeutenden Einfluß auf die verschiedensten Zweige unseres Gärtnerberufs ausübten, ist nicht zu verkennen. Ganz besonders ist aber durch sie auch die Kenntnis der Pflanzenwelt und deren Verwendung in unseren Gärten gefördert worden. Aber in dieser Beziehung bleibt immer noch viel zu wünschen übrig, nicht nur im großen Publikum, sondern auch unter den Fachleuten selbst. Die führenden Gärtnerkreise sollten sich dessen bewußt sein und im Interesse unseres Berufs die Pflanzenkenntnis mit allen Mitteln zu heben versuchen. Die Aufnahmefähigkeit des Publikums ist bei seiner großen Pflanzenliebe besonders in den größeren Städten ganz unbegrenzt, es fehlt ihm nur in den meisten Fällen die Anregung. Ich kenne Fälle aus der Praxis, wo ein einzelner Handelsgärtner durch seine eigenen Stauden- und Gehölzanpflanzungen weite Kreise dafür zu interessieren verstand und, was die Hauptsache ist, auch einen wachsenden Abnehmerkreis fand; die Anlagen bekannter, größerer Staudenfirmen sind ebenfalls Beweise dafür. Allerdings sind solche Schauanlagen für den einzelnen Geschäftsmann meist zu kostspielig. Doch was dem Einzelnen nicht möglich, das könnten sehr wohl die Gärtner in ihrer lokalen Gesamtheit schaffen oder als solche die zuständigen Kommunalverwaltungen veranlassen, im Anschluß an öffentliche Anlagen dem Publikum Gelegenheit zu geben, seine Pflanzenkenntnisse zu erweitern. Nicht jede Stadt kann sich einen botanischen Garten leisten, aber zur Unterstützung des botanischen und Zeichenunterrichts bedarf heute jede fortschrittlich verwaltete, größere Stadt eines botanischen Schulgartens, und im Anschluß an diesen ließe sich sehr wohl ohne zu große Kosten ein sogen. Schaugarten einrichten. Vielfach ist schon von manchen Verwaltungen versucht worden, die Kenntnis der Pflanzen im Rahmen der öffentlichen Parkanlagen durch Anbringen von Namenschildern zu fördern. Im größeren Maße läßt sich dies aber nicht durchführen, weil der Charakter der Landschaft dadurch zu sehr gestört, die Bearbeitung und Beaufsichtigung erschwert werden würde.

Im abgeschlossenen Schau- und Schulgarten liegt die Sache anders. Hier entschuldigt der ausschließliche Zweck die Störung des Landschaftsbildes durch die Namenschilder, die Bearbeitung könnte durch ständiges, daher gut eingearbeitetes Personal erfolgen, und die Aufsicht würde erleichtert durch Kontrolle an den Ein- und Ausgängen, event. auch durch Ausstellung von Besucherkarten. Vor allen Dingen muß der Garten leicht erreichbar, der Besuch kostenlos sein, um seinen Hauptzweck, die Belehrung breiter Volksschichten, voll zu erfüllen.

Die Erziehung des Publikums in gärtnerischer und botanischer Hinsicht bezweckend, müßte eine solche Anlage nach dem Grundsatze durchgeführt werden, die Natur immer und immer wieder als Vorbild zu betrachten. Es wäre meiner Ansicht nach völlig verkehrt, wollte man im Schaugarten irgend einen gerade herrschenden Gartenstil privilegieren. Der Schaugarten soll nur die Bekanntschaft mit dem Pflanzenmaterial und dessen Verwendung in unseren Gärten vermitteln, die verschiedenen Richtungen der Gartenkunst seien dann getrost dem persönlichen Geschmack und — der Mode überlassen. Wenn wir nun unserem Vorbilde, der Natur, folgen, so gelangen wir unwillkürlich dazu, Vegetationsbilder und Lebensgemeinschaften darzustellen, es lassen sich auf diese Weise mit ein wenig feinsinniger Beobachtungsgabe ungemein reizvolle Partieen schaffen und diese durch geschickte Zusammenstellung zu einem harmonischen Ganzen vereinen. Auf diese Weise kann sich der wißbegierige Pflanzenfreund erfahrungsgemäß am leichtesten im großen Reiche der Flora zurechtfinden. Diese Anordnung schafft auch willkommene Gelegenheiten, die Verwendung einheimischer Gewächse zum Schmuck unserer Gärten zu zeigen, denn mit Unrecht werden viele schöne wildwachsende Pflanzen vernachlässigt, weil sie eben „nur" wild sind. Die Systematik der heimischen Flora würde dann im anschließenden Schulgarten zu ihrem Rechte kommen.

Eine besondere Aufgabe des Schaugartens ist es, außer den einheimischen Gewächsen auch diejenigen fremden anzupflanzen, welche in unserem Klima gedeihen und einen gewissen Zier- oder Nutzwert besitzen. Die Anordnung derselben im Gesamtbilde brauchte jedoch nur auf das Gedeihen, die Eigenart und Verwendungsmöglichkeit der betr. Pflanze Rücksicht zu nehmen, pflanzengeographische oder biologische Anordnung der ausländischen Pflanzen würde nicht zu den mehr volkstümlichen Zielen des Schaugartens passen. Selbstverständlich müßten im Laufe der Zeit auch stets alle wichtigeren Neueinführungen, Kulturformen usw. in den Pflanzenbestand aufgenommen werden, um dem Gärtner Anregung zur Anzucht empfehlenswerter Pflanzen zu geben und gleichzeitig dem Publikum die Verwendung derselben im Garten zu zeigen.

Eine Auskunftstelle zum Nachweise von Bezugsquellen und zur Erteilung von Rat in allen gärtnerischen Zweigen müßte mit dem Garten verbunden sein, um dessen Wirksamkeit nach allen Richtungen hin zu ergänzen.

Heutzutage, wo weitere Kreise durch Einrichtung von Laubenkolonien und Schrebergärten in den Stand gesetzt sind, ein eigenes Gärtchen zu besitzen und zu pflegen, halte ich die Anlage solcher Schaugärten für ganz besonders bedeutsam, denn die Beschäftigung mit Blumen und Pflanzen ist von hohem, erzieherischem und gesundheitlichem Werte, welche Tatsache in den letzten Jahren von weiten Kreisen gebührend gewürdigt wurde.

Fragen und Antworten.

Beantwortung der Frage No. 558. Auf Java ansässig, scheint es mir der geographischen Lage wegen vorteilhaft, Orchideen im großen aus Samen heranzuziehen. Ich möchte gern wissen, wie ich zu verfahren habe. Mein Wohnsitz liegt 400 Meter über dem Meere. Es herrscht hier eine mittlere Feuchtigkeit und eine Durchschnittstemperatur von 20 bis 28° C. Für die erste Lebensperiode der Orchideen kann ich Glasüberdachungen bauen, die an den Seiten offen bleiben sollen. Ist solche Kultur lohnend? Arbeitskräfte sind hier sehr billig. Wo kann ich Orchideensamen beziehen und wie lange bleibt derselbe keimfähig? Wie wäre die Kultur im hiesigen Klima zu handhaben, wie weit müssen die Pflanzen zum Export kultiviert sein, und welche Gattungen und Arten bieten die beste Absatzmöglichkeit? Die Pflanzen würden 1½ bis 2 Monate unterwegs sein. Wie hat die zweckmäßigste Verpackung zu erfolgen? Welche Preise werden für so kultivierte Pflanzen im Durchschnitt bezahlt? Welches Orchideenwerk ist dem Praktiker in erster Linie zu empfehlen? Ich bin Holländer, aber auch der deutschen Sprache mächtig. —

Wenn der Herr Fragesteller nicht Fachmann ist, was ich aus der Frage schließe, so wird die Sache wohl so leicht keinen Gewinn versprechen. Jedoch unter der Leitung eines tüchtigen Spezialisten dürfte sich ein von dem Fragesteller ins Auge gefaßtes Unternehmen rentieren, denn viele Orchideensorten werden in ihrer Heimat bald ausgerottet sein, und die Anzucht aus Samen in unseren Kulturen ist — weil sehr zeitraubend — noch immer zu kostspielig. Der Fragesteller müßte vor allen Dingen sich Vertreter verschiedener Orchideengattungen anschaffen, um zu sehen, welche Arten sich dem dortigen Klima am besten anpassen, aber auch um selber Samen zu ziehen.

Brieflich könnte ich auch Bezugsquellen für Orchideensamen angeben, und weitere Fragen eingehender beantworten.

Orchideensamen bleibt mehrere Monate keimfähig, wenn richtig verpackt. Es müßten nur Aussaaten von schönen und wertvollen Arten gemacht werden, weil für billige Sachen die Transportkosten zu hoch werden. Versandfähig würden die Sämlinge sein, wenn sie mehrere kräftige Bulben besitzen und womöglich schon geblüht haben. Die Pflanzen werden ein Jahr vor dem Versand auf Baumästen etabliert, welche beim Versand abgesägt und mit den dranwurzelnden Pflanzen in Kisten (mit guter Ventilation) festgenagelt werden.

Die Angaben des Fragestellers über das Klima seines Wohnsitzes sind leider nicht genügend. Wie lange und wie oft sind Regenzeiten dort?

Würde die geplante Anlage frei liegen, oder vielleicht im Walde bezw. in einer Plantage?

Herm. A. Sandhack,
Obergärtner in Mehlem a. Rh.

— Die Anzucht der Orchideen aus Samen ist eine schwierige Kultur, die von erfahrenen Orchideenzüchtern in Glashäusern geübt wird, nur um Gartenhybriden heranzuziehen, allenfalls um große Seltenheiten zu vermehren, deren Heimat nicht bekannt ist. In den Tropen Orchideen im Freien aus Samen zu ziehen, hat man bis heute wohl noch nicht versucht, und es wird — solange die heimatlichen Urwälder noch genügend Pflanzen bergen — kaum lohnend sein. Denn einerseits dauert es sehr lange, 4 bis 10 Jahre, je nach der Spezies, ehe aus einem Samenkorn eine blühbare Pflanze entstanden ist, anderseits ist der winzig kleine Sämling auf seinem Werdegang so vielen Gefahren ausgesetzt, daß von vielen Tausend Samen, die ausgestreut sind, oft nur eine einzige Pflanze das Alter erreicht, in dem sie blühen kann.

Es wird daher immer noch das billigste sein, die von der Natur großgezogenen Pflanzen zu sammeln. Glücklicher Weise werden grade die wichtigsten und beliebtesten Orchideen für Schnitt und Schmuck in solch großen Mengen gefunden, daß es immerhin noch lohnend ist, die großen Kosten und Strapazen der Sammelexpedition zu tragen.

Ein anderes wäre es, wenn die Staaten, in deren Urwäldern die Orchideen beheimatet sind, dazu übergehen sollten, zum Schutze der heimischen Flora hohe Ausfuhrzölle auf Orchideen zu legen, um dadurch deren Sammeln unmöglich zu machen, oder wenn die heimatlichen Bestände einer auf einen kleinen Landstrich beschränkten, seltenen Varietät ausgerottet sind, wie dies z. B. bei *Oncidium tigrinum var. splendidum* aus Guatemala der Fall ist.

Daß die Arbeitskräfte am Wohnorte des Fragestellers billig sind, ist wohl kaum von entscheidender Bedeutung, da die wichtigste und meiste Arbeit in den Saathäusern oder Saatfeldern, wie man in diesem Falle wohl richtiger sagen könnte, nur von geübten Gärtnern auszuführen ist, die drüben jedenfalls recht teuer sind.

Orchideensamen ist wohl auf der ganzen Erde in keinem Samengeschäfte zu erlangen, zudem ist die Dauer seiner Keimfähigkeit recht beschränkt; er muß daher immer wieder frisch im Urwalde gesammelt werden, diese Arbeit aber wird ebenso teuer und mühsam sein, wie das Einsammeln der fertigen Pflanzen.

Ueber die Kultur der Orchideen im allgemeinen läßt sich wenig sagen, da sie fast für jede Spezies verschieden ist. Bei den am Wohnorte des Fragestellers herrschenden Temperaturverhältnissen können übrigens nur wenige Spezies in Betracht kommen, die bei dieser hohen Durchschnittswärme von 20 bis 28° C gedeihen. Es wären dies vornehmlich die verschiedenen Spezies *Phalaenopsis*, einige Dendrobien, Vandeen und mehrere seltener in Kultur befindliche Orchideen. Ausgeschlossen aber sind grade die wichtigsten Orchideen für Schnittzwecke und für die Häuser der Liebhaber: all die herrlichen Odontoglossen und Oncidien des kalten Hauses, und ein großer Teil der ebenso schönen als wertvollen Cattleyen und Laelien.

Daß die Pflanzen bis zu 2 Monaten unterwegs wären, hätte nichts zu sagen, sie wären anderen gegenüber noch im Vorteil. Die aus dem Inneren Columbiens kommenden Cattleyen sind oft 4 bis 6 Monate auf dem Landwege und bestehen dann noch eine Seereise von 1 bis 1½ Monaten, um dann, allerdings vielfach recht schwach, in die Hände des Züchters zu kommen, dem es nur mit vieler Mühe und Sorgfalt gelingt, sie wieder zur Lebenstätigkeit zurückzurufen.

Die Verpackung ist für die meisten Orchideen recht einfach, die Hauptsache ist, daß keine faulenden, kranken oder verletzten Teile an der Pflanze belassen werden. Diese müssen mit scharfem Messer abgetrennt, die Wunden mit Holzkohlenpulver bestreut werden. Die Pflanzen läßt man etwas antrocknen und verpackt sie mit trocknen Hobelspänen in luftdurchlässige Fässer oder Kisten. Nur die Vertreter der Gattung *Phalaenopsis* bedürfen einer sorgfältigen Verpackung in eigens zu diesem Zwecke hergestellte Kisten mit Glasdeckel, nachdem sie für die lange Seereise einer besonderen Vorkultur unterworfen waren.

Für die Sämlingspflanzen wird niemand mehr zahlen, als für die in den Wäldern gesammelten Pflanzen, und deren Preise sind, soweit es sich um die meist kultivierten Orchideen handelt, so niedrig, daß es sich gar nicht lohnen wird, Aussaaten zu machen.

Einzig und allein käme die Orchideenkultur für den Fragesteller in Betracht, wenn er sich mit der Hybridisation befassen wollte und könnte, ob das aber am dortigen Platze ein rentables Unternehmen ist, glaube ich bezweiflen zu dürfen.

„Steins Orchideenbuch" (Verlag von Paul Parey, Berlin) ist bis jetzt noch das einzige, deutsch geschriebene, größere Orchideenwerk von Bedeutung, in englicher Sprache sind deren viele und eingehendere erschienen. Das genannte Buch, die Monatsschrift der deutschen Orchideengesellschaft „Orchis"*) und die englische „Orchid Review" wären in erster Linie anzuschaffen.

Alles in allem: Ist Fragesteller nicht selbst tüchtiger Orchideenkenner und Gärtner, und besitzt er nicht das nötige Geld, um die Jahre der Saaten ohne Ernte überdauern zu können, so kann ihm nur der Rat gegeben werden, Zeit und Geld nutzbringender anzulegen. **Carl Kolter jr.**, Zülpich.

Beantwortung der Frage No. 559. Welcher Leser kann mir ein Buch zum Selbsterlernen des Planzeichnens empfehlen? Ist die Anleitung zum Planzeichnen von Fritz Encke hierzu geeignet? —

Zum Selbstunterricht im Planzeichnen, Entwerfen von Neuanlagen, Villen und Hausgärten mit Perspektive und koloriert, Malen und Schattierung der Gehölzgruppen, sowie Berechnung der Kosten etc., ist das Buch von Encke sehr zu empfehlen. Ein sehr gutes, allerdings etwas teueres Buch als das Enckesche ist ferner „Gärtnerisches Planzeichnen" vom Königl. Gartenbaudirektor Max Bertram, welches in Mappe 12 M kostet (Verlag von Paul Parey, Berlin). Dieses ganz vorzügliche Werk zum Selbstunterricht ist besonders für den in der Praxis stehenden Gärtner zu empfehlen. Die im genannten Buche angewandte Zeichenmethode ist gegen die sonst gebräuchliche sehr vereinfacht.

E. Kaltenbach, Gut Homburg b. Mechernich.

— Als Anleitung zum Planzeichnen kann ich empfehlen „Vorlagen zum Zeichnen von Gartenplänen", herausgegeben vom Pomologischen Institut in Reutlingen. Diese enthalten 24 lithographierte Tafeln, wovon 12 koloriert sind. Preis 3 M. Das Werk ist kurz und leicht verständlich und dürfte für Anfänger genügen. Wer jedoch mehr anlegen und sich weiter ausbilden will, dem kann ich „Gärtnerisches Planzeichnen," herausgegeben von Max Bertram, Gartenbaudirektor in Blasewitz-Dresden, bestens empfehlen. Preis 12 M. Es enthält 16 Uebungsblätter und 24 ausgeführte Pläne mit Text. Auch „Anleitung zum gärtnerischen Planzeichnen" von Fritz Encke, Preis 8 M, ist zu empfehlen.

Heinr. Grapentin, Obergärtner, Greifswald i. Pom.

— Eine gediegene Grundlage zum Selbsterlernen des Planzeichnens ist sowohl „Das Planzeichnen" von Encke, als auch „Gärtnerisches Planzeichnen" von Bertram. Beide Werke zeigen an der Hand praktischer Vorlagen die allmälige Entwickelung der Planung, dabei in geschickter Weise stufenmäßig vom Leichteren zum Schwierigeren übergehend. Behandelt werden in beiden nicht nur Feder- und Pinsel-, sondern auch die verschiedenen Methoden der Farbentechnik. Ein beigegebener Text erläutert die enthaltenen Pläne und Vorlagen; gleichzeitig wird eine klare Uebersicht der zum Zeichnen benötigten Gerätschaften und Hilfsmittel geboten. Bei einiger Geduld und Geschicklichkeit dürften die angeführten Werke jeden zum Ziele führen. **Erich Heppler**, Gr. Lichterfelde.

— Aus der Frage ist anzunehmen, daß der Fragesteller wohl noch keine Vorbildung zum Planzeichnen hat. Ich kann für den Selbstunterricht im Planzeichnen, außer dem Planzeichnen von Fritz Encke empfehlen „Das Planzeichnen für den angehenden Landschaftsgärtner", von Arthur Stüting. Preis gebunden 4 M. Dieses kurzgefaßte und leicht zu verstehende Buch behandelt 1. Zeichengeräte, 2. Vorübungen zum Planzeichnen (geometr. Zeichnen und die verschiedenen Baumschlag-Uebungen in Feder- und Pinselmanier für Laubholz- und Nadelholzgruppen), 3. das Kopieren und Zeichnen der Pläne, 4. die verschiedenen Arten von Plänen und ihre Ausstattung, 5. Kurze Bemerkungen über perspektivisches Zeichnen. Auch „Gärtnerisches Planzeichnen". Leitfaden für den Unterricht an höheren Gärtnerlehranstalten und Gartenbauschulen und zum Selbstunterricht für Landschaftsgärtner, herausgegeben von Max Bertram, Königl. Gartenbaudirektor, Dresden, ist zu empfehlen. Dieses Werk besteht aus einer Mappe mit 16 Uebungsblättern als Vorlagen zum eigentlichen Zeichnen und 24 ausgeführten Gartenplänen nebst erläuterndem Text. Preis 12 M, welcher vielleicht etwas hoch erscheint, aber für das, was das Werk bietet, gering ist.

Nach genannten Werken ist es jedem bei einiger Uebung möglich, sich das Planzeichnen und bei dem Werke von A. Stüting sogar die ersten Anfänge des perspektivischen Zeichnens in nicht allzu langer Zeit anzueignen. Andere Werke zum Erlernen des Planzeichnens sind: Bogler, W., Landschaftsgärtner in Niederwalluf: Gärtnerische Zeichenschule, 4 Hefte à 6 Tafeln mit Text. Preis à Heft 2 M; Eichler, G.: „Handbuch des gärtnerischen Planzeichnens". Mit 18 Farbendrucktafeln und 125 Holzschnitten. Preis geb. 14 M; Heinrich, Konrad, Obergärtner: „Erster Unterricht im gärtnerischen Planzeichnen." Mit 4 Tafeln. Preis kart. 3 M; Wagner, A.: „Der praktische Planzeichner für Gärtner." Zweite Auflage, 12 Tafeln mit Text. Preis 8 M.

Georg Blau, städt. Gartentechniker, Bromberg.

Beantwortung der Frage No. 560. Gibt es ein Werk, welches die Vermehrung von Koniferen und Ziergehölzen behandelt, und welches ist das beste Werk zum Studium der Dendrologie? —

Ein Werk, das die Vermehrung von Laub- und Nadelgehölzen behandelt, ist „Illustriertes Gehölzbuch" von J. Hartwig, Verlag von Paul Parey, Berlin (gebunden 12 Mark). Das beste Werk zum Kennenlernen der Gehölze ist meines Erachtens bis jetzt immer noch „Deutsche Dendrologie" von Professor Dr. E. Koehne, Verlag von Ferdinand Enke, Stuttgart.

Es soll nicht verschwiegen werden, daß jedes bis jetzt über Dendrologie erschienene Werk seine Vor- und Nachteile hat. Koehnes Buch hat den Nachteil, daß es die gärtnerischen Varietäten zu wenig berücksichtigt und teilweise sehr gebräuchliche Synonyme der Pflanzen nicht erwähnt. Es ist deshalb empfehlenswert, sich als Ersatz hierzu anzuschaffen: Beißner, Schelle und Zabel, „Handbuch der Laubholz-Benennung". Verlag von Paul Parey, Berlin 1903, gebunden 15 Mark. Aber auch hier weichen leider die Ansichten der Verfasser über Priorität und Artbenennung häufig mit Koehne ab. Man tut gut, sich Koehne in der Namenbenennung, besonders der Laubhölzer, anzuschließen und das „Handbuch" nur als wertvolle Zugabe zu betrachten. Die Vorteile des Koehneschen Werkes dagegen sind: leichte, präzise Ermittelung der zu bestimmenden Gattungen und Arten, Betonen der richtigen Unterscheidungsmerkmale und, wegen des Zusammenfassens in einen, nicht zu starken Band, leichte Handlichkeit des Werkes. Diese Vorzüge teilt nicht das Werk von Dr. L. Dippel, „Handbuch der Laubholzkunde", das in drei starken Bänden erschienen ist (Zusammen gebunden 60 Mark!). Dieses großzügige Werk hat allerdings den Vorteil, auch die meisten gärtnerischen Varietäten gewissenhaft zu berücksichtigen. Seine 829 Abbildungen erleichtern überdies auch sehr das Bestimmen. Da dem Dippelschen Werke die Nadelhölzer fehlen (nicht so dem von Koehne), wird es nötig sein, bei Anschaffung dieses Buches auch zu erwerben: L. Beißner, „Handbuch der Nadelholzkunde". Verlag von Paul Parey, Berlin, Preis gebunden 20 Mark. Ein vorzügliches Werk, dessen Abbildungen leider nicht durchaus gut sind (dies gilt für die sehr laienhaft ausgeführten Habitusbilder). Die Dendrologie von Lauche, die früher mehr bekannt war, verdient dagegen kaum Beachtung. Sie hat für den Gärtner nur den einen Vorzug, zugleich Kultur- und Vermehrungsanleitungen zu geben, was bei Dippel und Koehne nicht der Fall ist. Im übrigen ist es nur eine sogenannte Ferienarbeit. Dies gilt auch für die darin enthaltenen Abbildungen, die teilweise falsch gezeichnet, zu ihrem größeren Teile aber anderen Werken entlehnt worden sind. Schließlich sei noch die Dendrologie von Karl Koch erwähnt, die aber derart veraltet ist, daß eine große Menge in Deutschland eingeführter, wertvoller Arten gar nicht beschrieben ist. Außerdem ist die Bestimmung der Arten nach diesem Buche weder leicht noch sicher.

In neuester Zeit schreibt Camillo Karl Schneider in Wien ein großes Werk über Laubgehölze. Es erscheint in Lieferungen, und

*) Anmerkung der Redaktion. Das Fortbestehen dieser Gesellschaft und ihrer Zeitschrift steht in Frage.

werden wohl noch Jahre vergehen, ehe sämtliche in Betracht kommende Gehölze beschrieben worden sind. Schneider geht außerordentlich gründlich vor und illustriert sehr reich. Ihm stehen zudem sehr begabte Mitarbeiter zur Verfügung. Sowohl in Anordnung wie Ausführung ist sein Buch mit keinem der anderen genannten Werke zu vergleichen. Es wird nur zwei Mängel haben: All zu großen Umfang und — zu hohen Preis, der bei der großzügigen Anlage des Werkes natürlich unvermeidlich ist.

Zu wünschen wäre daher trotzdem, Herr Professor Dr. Koehne in Friedenau entschlösse sich bald zur Herausgabe einer Neuauflage seines prächtigen Werkes, da manches der Aenderung und besonders der Hinzufügung — so der seit 1893 bekannt gewordenen dendrologischen Neuheiten — bedarf. **Strehle**, Breslau.

— Die Vermehrung von Ziergehölzen und Koniferen ist sehr gut, wenn auch in knapper Form behandelt, in dem Buche von Stephan Olbrich „Vermehrung und Schnitt der Ziergehölze". Durch den verhältnismäßig billigen Preis ist dieses Werk auch jedem jüngeren Gärtner zugänglich.

Weit schwieriger gestaltet sich die Beantwortung der Frage betreffend das beste Werk zum Studieren der Dendrologie. Das „Illustrierte Handbuch der Laubholzkunde" von C. K. Schneider ist zurzeit unstreitig das vollständigste und umfassendste Werk über laubabwerfende Gehölze. Ich fürchte aber, daß ein junger Gärtner, dem die botanischen Kunstausdrücke nicht geläufig sind, sich nur schwer durch das weit angelegte Werk mit seinen vielen Tabellen und Abkürzungen hindurcharbeiten wird. Die für den Gärtner und Praktiker wichtigen Merkmale gehen in der Fülle von nebensächlichen, beschreibenden Angaben verloren, und die Abkürzungen bedingen zu ihrem Verständnis ein Studium für sich. Außerdem befolgt C. K. Schneider in den ersten Lieferungen seine eigene, vorsündflutliche Nomenklatur. Von diesen Mängeln abgesehen, wird niemand umhin können, den großen Fleiß und die Gründlichkeit der Arbeit anzuerkennen. Unter den Abbildungen befinden sich auch vereinzelt sehr gute Habitusbilder. Im übrigen fehlt es ja nicht an teuren Werken über Gehölzkunde, aber sie alle werden den Gärtner in irgend einer Beziehung enttäuschen. Das für den Gärtner brauchbarste Werk dürfte trotz vieler Ungenauigkeiten noch immer das folgende sein: Jäger und Beißner, „Die Ziergehölze der Gärten und Parkanlagen", 3. Auflage, Weimar 1889. Alles Gesagte gilt für Laubhölzer. Für Koniferen haben wir das vorzügliche Beißnersche „Handbuch der Nadelholzkunde", welches ohne Reserve jedem Interessenten zu empfehlen ist. Auch das neue Werk: Mayr, „Fremdländische Wald- und Parkbäume für Europa", Verlag von Paul Parey, Berlin, gibt manchen wertvollen dendrologischen Fingerzeig, der in den anderen Werken fehlt.

R. Stavenhagen, Rellingen.

— Es gibt wohl mehrere Werke, welche die Vermehrung von Koniferen und Ziergehölzen behandeln, jedoch dürfte es geratener sein, Werke zu wählen, die beides getrennt beschreiben. Für Anzucht, Vermehrung und besonders das Bestimmen von Koniferen halte für das beste Werk „Handbuch der Nadelholzkunde. Systematik, Beschreibung Verwendung und Kultur der Freilandkoniferen. Für Gärtner, Forstleute und Botaniker bearbeitet von L. Beißner". Dieses Werk behandelt in klarer, übersichtlicher Weise alles Wissenswerte auf dem Gebiete der Koniferenkunde und kostet gebunden 20 M. Ferner ist auch das Buch „Die Nadelhölzer" von Dr. von Tubeuf empfehlenswert.

Zu empfehlen sind dann für Gehölzkunde Lauche, W., Kgl. Garteninspektor zu Potsdam, „Deutsche Dendrologie". Mit 283 Holzschnitten, Zweite Ausgabe, Preis 12 M, gebunden 14 M. „Illustriertes Gehölzbuch" von Hartwig, Preis 12 M. „Handbuch der Laubholzkunde" von Dr. Dippel, 1. Teil 15 M, 2. Teil 20 M, 3. Teil 25 M. „Deutsche Dendrologie" von Dr. Koehne, Preis 14 M. **Georg Blau**, städt. Gartentechniker, Bromberg.

— Die Vermehrung der Ziergehölze wird in dem Buche von St. Olbrich, Zürich, behandelt. Das Werk ist im Verlage von Eugen Ulmer, Stuttgart, erschienen. Zum Studium der Dendrologie lassen sich sehr viele gute Bücher, billige wie teure, empfehlen. Das Buch der Nadelholzkunde von Beißner, Bonn, ist bis jetzt noch nicht übertroffen worden. Zum Studium der Laubhölzer ist das „Illustrierte Gehölzbuch" von Garteninspektor Hartwig, Weimar, auch ein vortreffliches Werk. Zu erwähnen ist von neueren Büchern „Dendrologische Winterstudien" von Camillo Karl Schneider, das namentlich für Gärtner von hohem Werte ist. Von teueren Werken ist die Dendrologie von C. K. Schneider zu erwähnen, die in der Bücherschau der „Gartenwelt" von dem verstorbenen Gartendirektor Grube, Aachen, einer interessanten Kritik unterzogen wurde.

Koch, Kgl. Institutsgärtner.

Gärtnerisches Unterrichtswesen.

Gärtnerfachschule der Vereinigung selbständiger Gärtner Württembergs, E. V., Stuttgart. Die im Vorjahre gegründete Schule versendet jetzt ihren ersten Bericht über den Winterkursus 1907/08, an dem 16 Schüler teilnahmen. Die Schule untersteht dem Kgl. Gewerbeoberschulrat als oberster Aufsichtsbehörde und hat einen Schulvorstand von 10 bewährten Männern, meist Fachleuten. Der Unterricht beginnt Anfang November und endigt Ende Februar. Die Schule hat Tagesunterricht, beginnt frühestens morgens 8 Uhr und schließt spätestens abends 6 Uhr. Das Lokal befindet sich zunächst im städtischen Fortbildungsschulgebäude, Torstraße 8. Die ca. 450 Unterrichtsstunden sind wie folgt eingeteilt: I. Elementarfächer. Rechnen, Buchführung, Geschäftsaufsatz und Geometrie, je 34 Stunden, Bürgerkunde, Arbeiterversicherung, Nachbarrecht usw., 17 Stunden, unter steter Berücksichtigung des gärtnerischen Berufs. II. Technische Fächer. Allgemeiner Gartenbau, Botanik, Obstbau, Gemüsebau, je 34 Stunden, Landschaftsgärtnerei 17 Stunden, Fachzeichnen, Nivellieren und Feldmessen, Pflanzenkulturen, je 34 Stunden, Chemie und Physik, je 17 Stunden. Außerdem finden Exkursionen zur Besichtigung von bewährten Handelsgärtnereien, Baumschulen etc. statt. Das Lehrerkollegium besteht aus 8 Herren. Aufgenommen werden junge Gärtner mit dem zurückgelegten 16. Lebensjahre, welche in der Gärtnerei bereits 2 Jahre praktisch tätig waren. Am Schluß eines jeden Kurses findet eine öffentliche Prüfung mit Zeugnisverteilung statt.

Am 5. November wurde in Bromberg das **Wintersemester der Fach- und Fortbildungsschule des Obst- und Gartenbauvereins zu Bromberg** eröffnet. Besucher sind 7 Gehilfen und 12 Lehrlinge, die das Unterrichtsmaterial, welches zum Zeichnen etc. nötig ist, freigestellt bekommen. Es können nur solche Lehrlinge und Gehilfen an dem Unterricht teilnehmen, deren Chefs Mitglieder des Obst- und Gartenbauvereins sind. Die Unterrichtsfächer bestehen in den Fachwissenschaften, wie Landschaftsgärtnerei, Zeichnen (geometrisch und Planzeichnen), Gemüse-, Obstbau- und Topfpflanzenkulturen, Heizungstheorie, das wichtigste aus der Pflanzenanatomie, -morphologie, sowie Krankheiten, Schädlinge und Nützlinge der Pflanzenwelt. In den Elementarfächern werden neben den Uebungen im Rechnen, deutschen Aufsatz, Korrespondenz etc., Handelslehre, und das Invaliden-, Unfall- und Krankenkassenwesen durchgenommen. In den fachlichen Fächern unterrichtet Herr städtischer Gartentechniker Blau, in den Elementarfächern Herr Blindenlehrer Scheffler. Der Unterricht findet Montag, Mittwoch und Donnerstag abends von 7 bis 9 Uhr statt und steht unter Aufsicht eines besonderen Kuratoriums.

Der Oberschlesische Gartenbauverein Gleiwitz eröffnete am 12. d. M. den zweiten Winterkursus für Gärtnergehilfen und Eleven mit 24 Teilnehmern.. Der Magistrat hat in entgegenkommender Weise auch dieses Jahr wieder einen großen Zeichensaal der städtischen Schule 4 unentgeltlich zur Verfügung gestellt. Der Lehrkörper setzt sich aus 10 erfahrenen Fachleuten zusammen, die sich in folgende Unterrichtsfächer teilen: Gärtnerische Betriebslehre, Geometrie, Planzeichnen, Gehölzkunde, Obstbau, allgemeiner Pflanzenbau und gärtnerischer Schriftwechsel. Leiter des Kursus ist der Vorsitzende des Vereins, Herr städtischer Garteninspektor Kynast, Gleiwitz. Der Kursus hat den Zweck, die jungen Leute zum theoretischen Studium des Gartenbaues anzuregen und sie für den Besuch einer Gärtnerlehranstalt vorzubereiten.

Aus den Vereinen.

Verein Deutscher Gartenkünstler. Sitzung vom 9. November d. J. Nach kurzer Begrüßung der außerordentlich zahlreich erschienenen Gäste und der Mitglieder durch den Vorsitzenden, konnte der Schriftführer wieder die erfreuliche Mitteilung von der Aufnahme acht neuer Mitglieder aus allen Teilen des Reiches machen. Für die Bücherei stiftete Herr Direktor Kierski „Aesthetik der Natur" von Hallier und Herr städtischer Obergärtner F. Schultze, Berlin, „Zeitschrift für bildende Gartenkunst" 1893—98, davon vier Jahrgänge gebunden, und die „Gartenkunst" 1899—1905. Den Gebern sei auch an dieser Stelle verbindlichster Dank ausgesprochen. Von Herrn Oekonomierat Echtermeyer und Herrn Professor Dr. Worthmann waren Anschreiben eingegangen, in welchen der Zustimmung zu unserer Resolution üben die Ausbildung der Gartenarchitekten Ausdruck gegeben wird. Gleichfalls in einem Anschreiben verspricht der Schriftführer der Vereinigung ehemaliger Dahlemer (Wildparker) unsere Resolution dem Vorstande vorzulegen und deren Veröffentlichung in den „Mitteilungen" zu befürworten. Sodann ergriff Herr Parkinspektor Schneider, Görlitz, das Wort zu seinem Vortrage „Alte und neue Probleme der Gartenkunst". Unter Vorführung von 65 Lichtbildern durchwanderte er das ganze Gebiet der Gartenkunst. Ueberall zeigend, was wir an unseren alten Meistern besitzen, wurde er auch den neueren und neuesten gerecht, so daß man als Motto das alte Wort „prüfet alles und das beste behaltet" heraus zu hören glaubte. Stürmischer Beifall, wie wir ihn kaum je in unseren alten Räumen erlebt hatten, lohnte den in schwungvoller Weise zu Gehör gebrachten Vortrag. Ihm folgte Herr Karl Förster, Westend, der uns die Vorführung einiger Stauden in Bildern zugesagt hatte, aber in Wirklichkeit viel mehr gab, so daß es fast etwas zu viel des Guten wurde. Es war eine Blütenfolge für die ganze Jahresrunde, welche er in den markantesten Vertretern des Geschlechtes vorführte. Dabei warf er oft Charakteristiken seiner Lieblinge hinein, die blitzartig seine seelische Stellungnahme zu der betreffenden Pflanze beleuchteten und die Hörer Anteil nehmen ließen an den Beziehungen, wie sie zwischen einem so feinsinnigen Beobachter und seinen Pfleglingen bestehen. Wir sind stolz darauf, Herrn Förster in die Oeffentlichkeit unseres Vereins gezogen zu haben, es dürfte dies in absehbarer Zeit noch gute Früchte tragen. Von den zahlreichen Lichtbildern seien besonders die nach dem Lumièreschen Verfahren gefertigten Farbenphotographien erwähnt, die unseres Wissens zum ersten Male im Dienste unseres Berufes hier öffentlich vorgeführt wurden; es steht ihnen sicher noch eine große Zukunft bei der Wiedergabe farbiger Lichtbilder bevor.

Wegen fortgeschrittener Zeit mußte hier die Sitzung abgebrochen werden; wir dürfen in einer der nächsten Sitzungen eine ausgiebige Fortführung und Aussprache über das Thema „Stauden" erwarten. Die nächste Sitzung findet am Montag, den 14. Dezember, in den bekannten Räumen statt. B.

Der **Verein ausländischer Gärtner in Sceaux** (Seine), dessen zehnjähriges Bestehen kürzlich gefeiert wurde, kann auf eine segensreiche Tätigkeit zurückblicken; zahlreiche Kollegen aus allen Teilen Europas haben ihm angehört oder zählen jetzt zu seinen Mitgliedern. Im letzten halben Jahre wurden 19 Vorträge gehalten, sowie 7 Ausflüge unternommen, an denen sich außer den Mitgliedern noch viele Gäste beteiligten. Der Verein besitzt eine reichhaltige Bibliothek; auch liegen zahlreiche deutsche, französische und englische Fachzeitschriften aus. Nähere Auskünfte über die dortigen Verhältnisse erteilt die Geschäftsstelle der Société des jardinières étrangères, rue Houdan 6, Sceaux (Seine), France.

Tagesgeschichte.

Berlin. Die Abholzungen im Tiergarten haben in diesem Herbste einen größeren Umfang als sonst angenommen. Namentlich sind auf der schmaleren Nordseite des Parkes in der Umgegend des Schlosses Bellevue zahlreiche Stämme gefallen. Auf der anderen Seite der Charlottenburger Chaussee ist es besonders die sogenannte symmetrische Anlage, die alle ihre Bäume für die geplante Anlage eines Rosenhains hat hergeben müssen.

Bielefeld. Die Stadtverordneten bewilligten 15000 Mark zur Anlage eines Volksparkes und eines Spielplatzes.

Darmstadt. Die Landwirtschaftskammer für das Großherzogtum Hessen beabsichtigt im kommenden Frühling den Bezug von Waldsamen und Forstpflanzen für Privatwaldbesitzer zu vermitteln. Bestellungen sind bis zum 15. Dezember an die Kammer zu richten. Br.

Erfurt. Die seit zwei Jahren in Konkurs befindliche Firma M. Peterseims Blumengärtnereien hat ihren Gläubigern einen Zwangsvergleich mit ungefähr 7 Prozent angeboten. In einer am 5. d. M. abgehaltenen Versammlung wurde mitgeteilt, daß die Gesamtschulden 772000 Mark betragen. Der angebotene Zwangsvergleich wurde abgelehnt, da er nicht die vorgeschriebene Dreiviertelmehrheit fand. Der Antrag soll nunmehr am 4. Dezember noch einmal zur Abstimmung kommen.

Leistadt bei Bad Dürkheim. Das hiesige Dörfchen hat in diesem Jahre etwa 300000 M für Wein und Obst gelöst.

Magdeburg-Buckau. Im außerordentlichen Etat für 1908 ist der Betrag von 2000 M aus Sparkassenüberschüssen zur Erweiterung der gärtnerischen Anlagen am mittleren Buckauer Friedhof und ein weiterer von 600 M zur Bewässerung dieses Anlageteils bereitgestellt. Nach dem ausgearbeiteten Projekt soll der an den Friedhof grenzende bisherige Lagerplatz der Bauverwaltung und der größere Teil des sich anschließenden früher verpachtet gewesenen Grundstücks gärtnerisch ausgestaltet und als Kinderspielplatz hergerichtet werden.

Mannheim. Der Stadtrat beauftragte den Gartenbauingenieur Keerl mit der Bearbeitung des Projektes für den neuen Zentralfriedhof.

St. Gallen. Ein neuer alpiner Pflanzengarten soll auf Anregung der hiesigen Naturwissenschaftlichen Gesellschaft im Gebiete der Ostschweiz angelegt werden. Als Platz ist ein südöstlich vom Hohen Kasten auf der Rheintalerseite gelegenes und zur Alp Oberkamor gehörendes Felsplateau ausersehen. Der neue Garten liegt etwa 1700 Meter hoch und ist von der Kasten-Kamorlücke aus in einer Viertelstunde zu erreichen.

Teltow. Einen ausgedehnten Schutz für Vögel wird die hiesige Kreisverwaltung in diesem Winter ausüben. Es werden 40 große Vogelschutz- und Futterstationen, auch Vogelschutzgehölze eingerichtet werden. Hand in Hand mit diesen Bestrebungen soll ein verschärftes Vorgehen gegen verwilderte Katzen, gegen Vogelfänger und Nesterzerstörer eintreten.

Weißensee bei Berlin. Die Umwandlung des hiesigen Schloßparkes in einen Volkspark dürfte im Laufe des nächsten Jahres erfolgen. Die Gemeinde Weißensee wird, nachdem sie nach langwierigen Verhandlungen das Schloß Weißensee käuflich erworben hat, von den Ortsvereinen in Eingaben ersucht, wenigstens einen Teil des prächtigen Schloßparkes der allgemeinen Benutzung zu öffnen. Zunächst soll der sogenannte Trianonpark in einen Volkspark umgewandelt und dessen Besuch durch Schaffung neuer Eingänge, schöner Promenadenwege, blumengeschmückter Anlagen, sowie eines Spielplatzes dem Publikum erleichtert und angenehm gemacht werden.

Personal-Nachrichten.

Kühn, Fürstl. Obergärtner, Greiz, wurde am Geburtstage des Regenten die Medaille „Für Treue und Verdienst" verliehen.

Neldner, Bruno, Gärtner beim Gouvernement von Südwestafrika, erhielt die Großherzoglich Badische silberne Verdienstmedaille am Bande des militärischen Karl Friedrich-Verdienstordens.

Neumann, Gustav, Gutsobergärtner zu Buslar im Kreise Pyritz, erhielt das Preußische Allgemeine Ehrenzeichen.

Schieben, Jacob, seit 41 Jahren Obergärtner der Baumschulenfirma Lambert & Reiter, Trier, erhielt das Preußische Allgemeine Ehrenzeichen.

Berlin SW. 11, Hedemannstr. 10. Für die Redaktion verantwortlich Max Hesdörffer. Verlag von Paul Parey. Druck: Anhalt. Buchdr. Gutenberg e. G. m. b. H., Dessau.

Handelsregister.

Quedlinburg. In unser Handels-ster A ist am 19. Oktober 1908 bei Firma **Martin Grashoff, Quedlin-g,** eingetragen worden: Dem Kunst-Handelsgärtner **Alexander Gruss-**, dem Kaufmann **Walter Gruss-** und dem Kaufmann **Karl Bech-t** in Quedlinburg ist Gesamtprokura ler Weise erteilt, dass je zwei der-en gemeinschaftlich zur Vertretung Firma ermächtigt sind. Die Pro-des Kaufmanns Hugo Hesse ist schen.

Konkurse.

Gross-Lichterfelde. Ueber das Ver-en des **Gärtnereibesitzers Paul** **schke in Seehof** bei Teltow ist am November 1908, nachmittags 1 Uhr Minuten, das Konkursverfahren er-et worden. Der Kaufmann Ernst ner, Berlin W. 30, Barbarossastr. 42, zum Konkursverwalter ernannt. kursforderungen sind bis zum 6. De-ber 1908 bei dem Gericht anzu-den. Es wird zur Beschlussfassung r die Beibehaltung des ernannten : die Wahl eines anderen Verwal-sowie über die Bestellung eines ubigerausschusses und eintretenden s über die im § 132 der Konkurs-nung bezeichneten Gegenstände, er zur Prüfung der angemeldeten derungen auf den **19. Dezember 8, vormittags 10½ Uhr,** vor dem rzeichneten Gerichte, Ringstrasse 9, mer 15, Termin anberaumt. Allen sonen, welche eine zur Konkurs-se gehörige Sache im Besitz haben r zur Konkursmasse etwas schuldig , wird aufgegeben, nichts an den meinschuldner zu verabfolgen oder leisten, auch die Verpflichtung auf-gt, von dem Besitze der Sache und den Forderungen, für welche sie der Sache abgesonderte Befriedi-g in Anspruch nehmen, dem Kon-verwalter bis zum 5. Dezember 8 Anzeige zu machen.

Schwarzenbek. Das Konkursver-en über das Vermögen des **Handels-tners Heinrich Wilhelm Ludwig hm** in **Wentorf** wird nach erfolgter altung des Schlusstermins hier-h aufgehoben.

Ueberlingen. Ueber das Vermögen **Gärtners Heinrich Spindler** in **erlingen** wurde am 14. November 8, vormittags 11½ Uhr, Konkurs fnet. Verwalter: Rechtsagent Nist Ueberlingen. Offener Arrest mit eigefrist bis zum 8. Dezember 1908 chliesslich. Erste Gläubigerver-mlung und Allgemeiner Prüfungs-in **Mittwoch, 16. Dezember 1908, hmittags 3¼ Uhr.**

Neue Kataloge.

ly Müller, Nocera Inferiore talien). Preisverzeichnis September 908.

st Mathesius, Gautsch-Leipzig. ambus-, Luxus- und Rohr-Möbel-brik. Ein Katalog von 56 Seiten hr grossen Formats von staunens-erter Reichhaltigkeit, in dem wir lein gegen 100 verschiedene Bam-s- u. Rohrmöbel-Garnituren finden. rner Gebrauchsgegenstände aller t, u. a. Blumentische, -treppen, tagèren, -krippen und -ständer sehr grosser Auswahl, sogar hränke aus Rohr und Bambus d empfohlen. Jedenfalls eine er-unlich vielseitige und leistungs-hige Firma, die auch dem gärtne-chen Fachmanne als willkommene zugsquelle zu empfehlen ist.

Verlag von Paul Parey in Berlin SW., Hedemannstrasse 10.

Handbuch

des

Gärtnerischen Planzeichnens.

Leitfaden für den Unterricht an gärtnerischen Lehranstalten sowie zum Selbstunterricht.

Von

G. Eichler,

Garteninspektor in Wernigerode.

Zweite, durchgesehene Auflage.

18 Farbendrucktafeln nebst einem Textheft mit 125 Abbildungen.

In Mappe, Preis 10 M.

Das Werk bietet vorzügliches Material für den Lehrer und prächtige Vorlagen für den Schüler; es ist für den letzteren eine Richtschnur zum Lernen, für den ersteren zum Lehren und in Fachkreisen bereits weit verbreitet.

Die zweite Auflage ist einer sorgfältigen Durchsicht unterworfen und hat eine wesentlich praktische Umänderung erfahren, die darin besteht, dass der Text in kleinerem handlichen Format für sich zum Nachschlagen zu gebrauchen ist, und die lithographischen Tafeln einzeln wie Zeichenvorlagen benutzt werden können. [2083

Gegen postfreie Einsendung des Betrages erfolgt die Zusendung postfrei.

J. Felberg-Leclerc, Spezial-Rosen-Kulturen, **Trier,** Preisverzeichnis 1908—1909.

Bevorstehende Ausstellungen.

April 1909.

Berlin. Grosse Internationale Gartenbauausstellung vom 2.—13. April in der Ausstellungshalle am Zoologischen Garten, veranstaltet vom Verein zur Beförderung des Gartenbaues in den Kgl. preuss. Staaten.

München. Jubiläumsblumenausstellung der Bayerischen Gartenbau-Gesellschaft vom 24. April bis 3. Mai.

Illustrierte Wochenschrift für den gesamten Gartenbau.

Herausgeber: Max Hesdörffer-Berlin.

Erscheint jeden Sonnabend.
Monatlich eine farbige Kunstbeilage.

Bezugsbedingungen:
[illegible] jede Postanstalt bezogen Preis 2.50 M. vierteljährl. In Österreich-Ungarn 3 Kronen. [illegible]direktem Bezug unter Kreuzband: Vierteljährlich 3 M. Im Weltpostverein 3.75 M. Einzelpreis jeder Nummer 25 Pf.

[illegible]ne Vorbehalt eingehenden Beiträgen bleibt das Recht redaktioneller Änderungen [illegible]halten. Die Honorarauszahlung erfolgt am Schlusse jedes Vierteljahrs.

Anzeigenpreise:
Die Einheitszeile oder deren Raum 30 Pf.; auf der ersten und letzten Seite 50 Pf. Bei größeren Anzeigen und Wiederholungen steigender Rabatt. Beilagen nach Übereinkunft. **Anzeigen in der Rubrik Arbeitsmarkt** (angebotene und gesuchte Stellen) kosten für Abonnenten einmalig bis zu 10 Zeilen Raum M. 1.50, weitere Zeilen werden mit je 30 Pf. berechnet.
Erfüllungsort auch für die Zahlung: Berlin.

Adresse für Verlag und Redaktion: Berlin SW. 11, Hedemannstrasse 10.

[illegible]II. Jahrgang No. 62. | Verlag von Paul Parey, Berlin SW. 11, Hedemannstr. 10. | 5. Dezember 1908.

Oscar R. Mehlhorn

erste und renommierteste Fabrik

für

Reform-Gewächshaus- und Reform-Oberheizanlagen ::

Schweinsburg (Pleisse)

Station Schweinsburg-Culten der Linie Leipzig-Hof

empfiehlt zur Saison in **rühmlichst bekannter prima Qualität** ihre

Original-Reformfenster

für Frühbeete und Gewächshäuser.

Mehlhorns Original-Reformfenster ist das älteste und meistverbreitetste Fenster **ohne Zapfen** und **Scheren** und in seiner praktischen Verwendbarkeit von keinem anderen Fenster erreicht.

Man verlange die Broschüre: **I Mehlhorns Reformfenster** kostenfrei.

Gewöhnliche Frühbeetfenster

in jeder gewünschten Ausführungsart zu billigen Preisen.

Strebels Original-Gegenstrom-Gliederkessel

mit **neuen seitlichen Reinigungsklappen**, in seinen Vorzügen von **keinem anderen Kessel** erreicht.

Kulante und prompte Bedienung. Prospekte gratis und franko.

Zur Saison bedeutendes Lager in Fenstern aller gangbaren Masse.

Strebelkessel mit neuen seitlichen Reinigungsklappen in allen Grössen vorrätig.

[31

Illustrierte Wochenschrift für den gesamten Gartenbau.

Jahrgang XII. 5. Dezember 1908. No. 62.

Aus deutschen Gärten.

Ebersdorf-Reuß, ein altes Kleinod gartenkünstlerischen Schaffens.

Von Karl Koopmann, Beelitz.

(Hierzu fünf Abbildungen.)

Es ist doch ein Glück für uns, wenn wir uns einmal aus der Hetze und dem Kampfe des alltäglichen Lebens herausreißen können, um uns ohne Sorge und Schranken an dem Schönen in Natur und Kunst zu erfreuen. Ich meine nicht etwa die Hetze der täglichen Arbeit, denn diese hat für jeden berufsfreudigen Menschen immer wieder etwas erfrischendes. Aber der außerhalb der Berufsarbeit tobende Kampf, der Wettstreit um den Preis, Neid und Mißgunst, Hader um Ansicht und Erfolg, das sind so Nebengenüsse, wenn man mit der Zeit weiter zu arbeiten bestrebt ist, die den Menschen nervös, verdrießlich und schließlich gleichgültig machen; aber aus solcher Gleichgültigkeit muß man heraus.

Wenn man sich Jahre lang in die Lösungen von Preisaufgaben vertieft hat, darin auch den Kampf um den neuesten Kurs verfolgt, dabei auch erfährt, daß das Alte gar nichts taugt, daß diese auf krummen Wegen, jene auf geraden Wegen die neue Weisheit und Wahrheit entdeckt haben, daß Kulturen nur noch mit Halali und anderen Allheilmitteln möglich sind, da gehe man getrost einmal solchem Treiben aus dem Wege und suche das Gleichgewicht wieder zu erlangen, wo noch ruhige Entwicklung Platz hat.

Um einmal gar nicht von neuen Anschauungen beleckt zu werden, habe ich einen Ausflug in Gegenden unternommen, wo ich keine Ausstellungen, keine neuen Anlagen und keine modernen Ansichten zu befürchten haben würde. Ich suchte das Reußsche Oberland und den bayrisch-böhmischen Wald auf; Gartenanlagen würde ich ja finden. Darin habe ich mich auch nicht getäuscht. Allerdings muß ich bekennen, daß ich auch traurige Einblicke gewonnen habe. Waldverwüstungen, schlechte Gärten, oftmals nur die Folge traurigster Bewirtschaftung schön angelegten Besitzes, gehen ja leider oft Hand in Hand; geblieben sind nur schöne Pferde und gute Rassehunde, zum Glück wird aber schon beim Betreten des Hofes vor den bissigen Kötern gewarnt.

Solch ärgerliche Erinnerungen nehmen uns leicht auf einer nicht enden wollenden Rückfahrt gefangen, aber schließlich brechen sich doch wieder die wirklich schönen Eindrücke und Erlebnisse Bahn, über welche man lieber berichtet.

Schloß Ebersdorf von der Gartenseite.
Vom Verfasser für die „Gartenwelt" photographisch aufgenommen.

Reußsches Oberland, der südliche Teil des Fürstentums Reuß j. L., nahe dem Frankenwalde, zwischen Thüringer Wald und Fichtelgebirge, an den malerischen Ufern der Saale gelegen. Musterhafte Land-, Wald- und Wildpflege zeichnen das Land aus, über welches der Neuling zunächst auf einer Tour zu den überraschend schön, hoch über den Ufern der Saale gelegenen Heinrichsteinklippen einen Ueberblick gewinnen muß.

Den Mittelpunkt dieser herrlichen Besitzung bildet der Flecken Ebersdorf, zum Unterschied von den vielen gleichnamigen Ortschaften, mit Bezug auf die dort ansässige Kolonie der Brüdergemeinde, früher auch Heiligen-Ebersdorf genannt. Es ist die Sommerresidenz des Erbprinzen und Regenten Heinrich XXVII.

Das Schloß des Fürsten liegt unmittelbar am Orte, und von der Gartenseite tritt man über eine kleine Terrasse in einen anscheinend unbegrenzten Park ein. Wald, Wiese, Felder, Domänen lehnen sich dem eigentlichen, wohl nur 60 Hektar umfassenden Park in ungezwungener Weise an. Einer kleinen, der Fürstlichen Familie vorbehaltenen Anlage schließt sich der öffentliche Park, sowie, durch einen Teich getrennt, der sogenannte Fürstliche Hofgarten an. Letzterer dient vorwiegend wirtschaftlichen Zwecken, der Obst-, Gemüse- und Blumenzucht, enthält Spaliermauern, eine Orangerie, Gewächshäuser, unter denen eine besonders saubere Ananastreiberei sich sehr vorteilhaft auszeichnet, endlich ein Rosarium mit hervorragendem Sortiment, welches der besonderen Gunst und eifrigem Studium der Fürstin sich erfreut.

Partie aus dem Schloßpark zu Ebersdorf.
Vom Verfasser für die „Gartenwelt" photographisch aufgenommen.

Seit 1681 ist Ebersdorf im Besitze des Hauses Reuß; das Schloß wurde 1690 aus einem Privatherrenhause ausgebaut, und aus dieser Zeit stammen augenscheinlich auch die ersten Parkanlagen. Dieses bezeugen die altehrwürdigen, meist geradlinigen Lindenalleen, die sich mit den schönsten Deutschlands messen können; sie führen direkt aus dem engeren Schloßgarten über herrliche Wiesengründe, welche von dem Friesaubach in mäandrischen Windungen durchlaufen werden. Eine solche Allee verbindet Ebersdorf eine Stunde Weges mit der Stadt Lobenstein, welche als Sommerkurort bekannter ist als die Residenz selbst, und bildet die südliche Grenze des ganzen parkartigen Geländes. Die nördliche Grenze, auch aus älterer Zeit, aber mehr in natürlicher Gruppierung gehalten, stammt im wesentlichen, nach dem Baumbestande zu urteilen, aus einer etwas späteren Periode, welche in die Mitte des 18. Jahrhunders fallen mag. Gewaltige *Tsuga canadensis* und *Pinus Strobus*, deren vom Blitz oder Sturm gebrochene Stämme deutlich 150—160 Jahresringe zeigen, zeugen von einer Zeit, welche einen bedeutenden Aufschwung des Interesses an der Gartenkunst auch an anderen Orten — Anhalt — bedeutet, und durch genannte Baumarten in den verschiedensten Gegenden uns charakteristische Zeugen überliefert hat. Aber es hat hier doch ein anderer Geist geschaffen; nichts von spielerigen Anlagen und phantastischer Manier nach damaligen Vorbildern, nur ideale Nachahmung und Ausgestaltung der Natur ist einzig und allein maßgebend gewesen. Diese alten Anlagen umschließen mit ihren schattigen Umgehungswegen eine Taleinsenkung, aus deren Mitte sich in anmutigen Linien ein flacher, inselartiger Höhenzug erhebt, durch welchen das Gelände in mannigfaltiger Weise seine Gliederung und Abwechselung erhält.

Erlengruppe am Friesaubach im Schloßpark zu Ebersdorf.
Vom Verfasser für die „Gartenwelt" photographisch aufgenommen.

Wieder eine neue Entwickelungsperiode hat der Park in der zweiten Hälfte des 19. Jahrhunderts erfahren, nachdem Ebersdorf in den Besitz des jetzigen Hauses jüngerer Linie gelangte und der regierende Herr Heinrich XIV. und der jetzige Regent durch Ankauf von Nachbarländereien und Abtretung von Kammergut an den Park das Ganze abgerundet hatten. Dabei mußten Ansprüche der Neuzeit durch Anlage von Tennisplätzen, Kinderspielgärten, Terrarien und dergleichen berücksichtigt werden. Dieser Aufgabe inmitten der ganzen Parkanlagen nachzukommen, ohne den Charakter des Ganzen zu beeinträchtigen, hat man in musterhafter Weise verstanden; natürlich nur durch Wegeführung und Deckung, den Verhältnissen entsprechend, ohne nach neuen oder alten Vorschriften zu fragen. Zweck und Oertlichkeit bestimmten die Anlage, nicht Regel und Gesetz; das ist die einzige Vorschrift gewesen, nach welcher unsere größten Künstler, einerlei ob Fürsten oder Gartentechniker, gearbeitet haben. Die öffentliche Parkanlage ist gewahrt geblieben;

das Fürstliche Haus genießt ungeniert die Spielplätze inmitten seiner herrlichen Schöpfungen, und der Spaziergänger merkt kaum etwas davon, als höchstens ein fröhliches Kinderjauchzen über die Baumgruppen hinweg.

Auf weiteren Wegen durch die Anlagen werden wir natürlich auch zu kleinen Bequemlichkeiten und Ueberraschungen geführt. Ausgesuchte Sitzplätze mit herrlichen Aussichten, ein Teehäuschen, eine Einsiedelei in der Form einer gotischen Kapelle, inmitten eines prächtigen Buchenhains. Ganz versteckt liegen kleine Baumschulquartiere, auch im Plänterwaldtyp, aus welchen mit Frostballen und Pflanzwagen im Winter gefördert wird.

Ueber eine Terrainwelle gelangen wir an den Pfotenteich, einen künstlichen See in großartiger Waldumgebung mit luftigem Lusthäuschen. Der See ist angestaudet, sehr geschickt beufert, und besteht ganz unabhängig von der Friesau, ergießt nur über kleiner Kaskade den Wasserüberfluß seiner Fluten in den Bach, der zur allseitigen Bewässerung, aber auch noch zum Mühlenbetrieb seine Vorräte hergibt. Durchblicke aus dichtem Forstbestande auf den See erhöhen die Reize der ganzen Anlage. Der Pfotenteich ist reich mit Wasserpflanzen besetzt, in einem Winkel sogar durch gutes Gedeihen derselben überbürdet. Herrlich gedeihen hier neben den heimischen Wasserrosen die *Nymphaea Marliacea rosea* und *sphaerocarpa*. Eine besondere Anziehung verleihen dem Teich, der mit Karpfen voll besetzt ist; die temperamentvollen Goldorfen, ferner prächtige Goldfische von der Größe zwei- bis dreipfündiger Karpfen, die sich besonders gut im kalten Gewässer halten.

Orangerie im Hofgarten zu Ebersdorf.
Vom Verfasser für die „Gartenwelt" photographisch aufgenommen.

Unser Rundgang durch den Park ist beendet, aber wir müssen das Gesehene noch auf uns nachwirken lassen. Eine feinsinnige deutsche Frau hat das Ebersdorfer Gelände ein umbuschtes Idyll genannt. Wenn wir kurz charakterisieren: Einfach, wahr und schön, alles ungekünstelt, eine wirklich der Natur abgelauschte Anlage, die nur von feinem Verständnis für das Schöne zeugt, so dürfte wohl eine bedingungslose Uebereinstimmung mit dem obigen Ausspruch erzielt sein. Solches ist vornehmlich durch Vermeidung aller aufdringlichen Wirkungen und Kontraste erreicht. Und wieviel Kontrast und Wirkung begleitet uns trotzdem auf Schritt und Tritt. Aus tiefdunklen Erlengründen heraus betreten wir die lichtdurchflossenen Buchenhaine mit ihren herrlichen Frühjahrs-, Sommer- oder Herbsttönen. Das Gold der blühenden Linden zwischen den massigen Kronen der Ahorne und Eichen,

Blick vom Schlosse Ebersdorf in den abgegrenzten Parkteil.
Vom Verfasser für die „Gartenwelt" photographisch aufgenommen.

eingesprengt das zierliche Laub der Birken und Weiden. Die Urbestände von Fichten, Tannen und Lärchen, unterbrochen durch Weymouth und Hemlock, sind bald durch vorgepflanzte Laubgehölze in einheitlichen, selten gemischten, niemals kunterbunten Gruppen, bald durch neuere Gruppierung aus edleren Koniferen gedeckt und erscheinen in immer wechselnder Verschiebung und Beleuchtung. Unterholz und Deckpflanzung bestehen auch im wesentlichen aus heimatlichen Gehölzen, aber der Aesthetiker wird nichts an Farbe, Form und Wirkung vermissen. Als Dendrologe kommt man vielleicht nicht zu seinem vollen Rechte, wenn man auch hin und wieder einmal Gelegenheit findet, still zu stehen, um sich an einzelnen Seltenheiten zu erfreuen, an einer Riesensilberweide, deren Hauptstamm sich zur Erde geneigt hat, um neue Wurzeln und neue Tochterstämme sprießen zu lassen; interessant sind einzelne altehrwürdige *Fraxinus heterophylla (monophylla)*, eine vielleicht zufällig aus Samen entstandene Buche in Pyramidenform, aber besonders die urwüchsige Kraft unserer alten Bekannten des deutschen Waldes.

Die Neuzeit wird es ja mit sich bringen, daß auch andere wertvolle Gehölze ihren Einzug halten, am richtigen Platze mit alter, bewährter Vorsicht; unter der kundigen Hand des jetzigen Leiters, Hofgärtners Walter Fintelmann, wird es ja daran nicht fehlen. Von ihm möchte ich zum Schluß nur noch das Geheimnis offenbaren, daß er sehr gerne Gäste durch die herrlichen Reviere führt und sich immer wieder mit ihnen an allen Schönheiten des Parkes erfreut. Und endlich möchte ich ihm wünschen, daß er seinen beiden Vorgängern, Löscher und Schieferdecker, welche zusammen gerade das volle vergangene Jahrhundert in der Verwaltung der Ebersdorfer Anlagen sich geteilt haben, auch in gleicher Zähigkeit und Ausdauer nachfolgen möge.

Topfpflanzen.

Unter den zahlreichen Eucalyptusarten, die neben der allgemein bekannten *E. globulus* in den botanischen Gärten ein wenig beachtetes Dasein führen — sie werden eben nur als Vertreter der Gattung gehalten —, macht **Eucalyptus ficifolia**, F. v. Müll., eine hervorragende Ausnahme, indem sie schon als junge, vier- bis fünfjährige Pflanze blüht und dazu noch in einer selten schönen, hellleuchtendroten Färbung. Man kann es beim Anblick dieser hervorragend schönen Pflanze dem Autor, Baron von Müller, ohne weiteres glauben, daß die Blüte einen reichen roten Hauch über das dunkle Laub der Landschaft breite. Solch ein Anblick muß ein überwältigend schöner sein und wohl in etwas an die zur Trockenzeit blühenden, mit lachsroten Blüten übersäten Korallenbäume *(Erythrina Corallodendron)*, die Schattenbäume für Kakaopflanzungen in den Tropen, erinnern. Die eigenartig becherförmigen Fruchtknoten sind hier schön rötlich gefärbt; ebenso in etwas dunklerer Schattierung die eigentlichen Staubfäden, während deren Beutel goldig gelb schimmern. Die Blätter sind recht fest und sichelförmig.

Eucalyptus ficifolia.
Vom Verfasser im Botan. Garten zu München für die „Gartenwelt“ photogr. aufgen.

In der Kultur verlangen die Eucalyptusarten und so auch *E. ficifolia* als starkwachsende Pflanzen eine recht nahrhafte und gehaltreiche Erde. Milder Wiesenlehm mit etwas lockernder Heideerde und verrottetem Dung- oder Düngererde nebst etwas Sand, ist die beste Mischung. Daneben wollen alle *Eucalyptus* zur Entwickelung im Topfe oder freien Grunde genügend Raum haben, sowie einen hellen, sonnigen Standort. Während der heißen Tage des Sommers darf es nicht an Wasser fehlen, im Winter ist mit Vorsicht zu gießen.

Die Vermehrung und Anzucht geschieht am besten durch Samen, bei mäßiger Wärme. Stecklinge wachsen schwer und langsam. Ein Beschneiden der jungen Pflanzen ist zu vermeiden, da durch den Schnitt keineswegs eine Verzweigung und ein Buschigerwerden erreicht wird, sondern die Pflanzen auf Lebenszeit verschandelt sind. Die *Eucalyptus* verleugnen eben nicht ihre Eigenschaft als große Bäume und sind lediglich durch kräftige Kultur und freien Standort zu ansehnlichen, buschigen Pflanzen zu erziehen.

B. Othmer.

Zwiebel- und Knollengewächse.

Die Amaryllis oder Rittersterne. (Hippeastrum, Herbert.)

Von **H. Nehrling**.

III. **Die Kultur.** (Schluß).

Ein wichtiger, ja der allerwichtigste Punkt in der ganzen Amarylliskultur ist das Gießen. Dieses muß mit ganz besonderer Sorgfalt geschehen, denn es gehen viel mehr *Amaryllis* durch zu viel Wasser zugrunde, als durch übermäßige Trockenheit. Man gieße nie, wenn die Zwiebel die Blätter verloren hat; kommt die Vegetationsperiode heran, dann treiben die Blütenschäfte oder die Blätter auch ohne Wasser. Ist der Abzug gut und der Trieb üppig, dann kann man reichlich Wasser geben. „Uebermäßiges Gießen“, sagt Herr Harry Veitch in einem vor der Royal Horticultural Society gehaltenen Vortrage, „ist eine der Ursachen der sogenannten Eucharislaus, einer der gefürchtetsten und gefährlichsten Feinde, mit denen der Amarylliszüchter zu kämpfen hat. Die beim Einpflanzen zur Verwendung kommende Erde muß genügend feucht sein. Nach dem Umtopfen darf in den ersten 4 oder 5 Wochen kein Wasser gegeben werden, jedenfalls nicht eher, als bis die Blätter und der Blütenstengel eine Höhe von 2 bis 3 Zoll erreicht haben. Dann soll spärlich gegossen werden, bis die Blütenknospen aus der Scheide hervortreten. Von da an müssen die Pflanzen ziemlich stark gegossen werden, bis zur Zeit, wo die Vegetationsperiode sich ihrem Ende zuneigt. Man entzieht nun die Wassergaben nach und nach ganz und hält im Winter vollständig trocken. Man nimmt jetzt die Töpfe aus der Gerberlohe, entfernt letztere vollständig und stellt die Pflanzen darauf wieder auf ihren alten Platz.

In Milwaukee habe ich oft die Beobachtung gemacht, daß bei Liebhabern die *Amaryllis* schön gediehen, bei den Gärtnern aber meistens sehr bald zugrunde gingen. Die Ursache dieser Erscheinung war die ganz falsche Behandlung, die ihnen von den Gärtnern zuteil wurde. Nach dem Blühen wurden die Töpfe in irgend einer Ecke oder unter den Stellagen untergebracht, weil man den Platz, wie man angab, für andere Pflanzen nötig hatte. Man schenkte den *Amaryllis* gar keine Aufmerksamkeit mehr und erinnerte sich ihrer erst wieder, wenn die Blütezeit herankam. Dann waren sie aber stets in einem schlechten Zustande und fast alle Zwiebeln waren kleiner anstatt größer geworden, die Wurzeln waren abgestorben und gar manche Zwiebel war in Fäulnis übergegangen. Die *Amaryllis* sind aus diesem Grunde bei den amerikanischen Gärtnern in den Ruf undankbarer Pflanzen gekommen, man findet sie daher nur in Privatgärten in ihrer größten Vollkommenheit, sehr selten aber in den Handelsgärtnereien. Gerade nach der Blütezeit muß die Behandlung eine sorgfältige sein, denn zu dieser Zeit legen sie den Grund für den nächstjährigen Flor. Man muß für ein üppiges Wachstum der Blätter sorgen. Die Töpfe müssen frei aufgestellt werden und reichlich Luft und Licht haben. Oft muß man auch mit einem Dungguß nachhelfen. Dean Hole hat einst gesagt, daß nur der schöne Rosen ziehen kann, der schöne Rosen im Herzen hat. Dies gilt auch ganz besonders von den *Amaryllis*. Sie blühen nur dann schön und gedeihen üppig, wenn man sie mit Liebe und Begeisterung pflegt. Ich zog in Milwaukee meine *Amaryllis* mit dem größten Erfolge in einem Gewächshause mit Orchideen zusammen; *Cattleya Mossiae, C. labiata, C. Skinneri, C. Mendeli, Dendrobium nobile, D. aureum, Vanda suavis* und viele andere standen teils in Töpfen, oder waren in Orchideenkörben untergebracht. Der Same mancher *Amaryllis* setzte sich unbeachtet in den Orchideentöpfen fest, ging dort auf, und die Sämlinge wuchsen überraschend schnell zu großen, üppigen Pflanzen heran. Ich erinnere mich eines Falles, da sich eine solche Zwiebel in einem großen Topfe, in dem sich ein Prachtexemplar von *Cattleya Skinneri* befand, festgesetzt hatte. Nie habe ich eine üppigere *Amaryllis* gesehen, als diese, und doch stand sie nur im Torf und in den Scherben des Orchideentopfes. Beide Pflanzen blühten auch zusammen, und der Anblick der dreiundzwanzig großen Orchideenbüschel und der mächtigen Krone einer hellfarbigen *Amaryllis*, die über die Orchideen hervorragte, war ein ganz feenhafter.

Im südöstlichen Missouri, in der deutschen Ansiedlung Freistatt, pflanzte ich meine *Amaryllis* im April hinaus in den Garten. Der Boden war vorher gut vorbereitet, und sobald die Pflanzen ein üppiges Wachstum zeigten, wurde die Erde mit einer 2 bis 3 Zoll dicken Schicht alten Kuhdüngers bedeckt. Im November, nachdem der Frost die Blätter zerstört hatte, wurden die Zwiebeln wieder eingetopft und in den Keller gestellt. Das Wurzelnetz war oft so umfangreich, daß man es nur mühsam in dem Topfe unterbringen konnte. Man muß jede Beschädigung der Wurzeln, die sehr brüchig sind, zu vermeiden suchen, wenn man die Zwiebeln einsetzt. Die Zwiebel wird mit einer Hand in den Topf gehalten, die Wurzeln vorsichtig ausgebreitet und dann mit der anderen Hand die Erde eingefüllt. Dabei wird der Topf fortwährend geschüttelt, damit sich die Erde zwischen den Wurzeln gleichmäßig festsetzt. Sie bekamen kein Wasser. Erst wenn sich der Blütenschaft und die Blätter zeigten, wurde vorsichtig und leicht angegossen.

In Wisconsin hatte ich mit dieser Behandlungsweise keinen Erfolg, da dort der Sommer sehr spät einsetzt und die Zwiebeln nicht ausreiften. Dort und in vielen anderen Teilen des Landes behandeln manche Liebhaber ihre *Amaryllis* wie die Gladiolen. Sie werden anfangs Mai in den Garten in tiefen, reichen, lockeren Boden gepflanzt, wo sie dann meist im Juni blühen. Im Herbste, wenn die Blätter durch den Frost zerstört worden sind, werden sie herausgenommen und in trockenem Sande im warmen Keller aufbewahrt. Diese Behandlungsweise ist aber nur bei sehr robusten Sorten anwendbar, schwachwachsende gehen dabei sehr bald ein. Im Süden des Landes sind sie, wie auch *H. Johnsonii, Ackermannii, pulcherrima, marginata venusta, Crocea grandiflora* u. a., vollständig ausdauernd, wenn man sie tief pflanzt, damit sie der Frost nicht erreicht, und nach Eintritt der ersten starken Fröste mit kurzem Dünger gut bedeckt. Im Frühling wird der Dünger eingegraben und die Beete sorgfältig gereinigt, im Mai blühen die *Amaryllis* dann in ungeahnter Pracht.

Daß fast alle *Amaryllis* hier im halbtropischen Florida ganz vorzüglich im Freien gedeihen, habe ich schon mehrfach erwähnt. *H. equestre* wächst üppig im trockensten Sandboden und bildet hier bald große, dicht zusammengedrängte Zwiebelmassen. Dasselbe gilt von der gefüllten Form dieser Art, *H. Alberti*. *H. Johnsonii* gedeiht bei guter Pflege ausgezeichnet, doch nicht so gut, wie z. B. im südöstlichen Texas, in New Orleans oder in Charleston, Süd-Carolina und anderen Orten, wo sie eine der gewöhnlichsten Gartenblumen ist. Alle die modernen großblumigen Hybriden gedeihen in meinem Garten sehr gut, sogar oben auf dem hohen, trockenen Sandboden, vorausgesetzt, daß dieser die nötigen Nahrungsstoffe enthält. Am besten wachsen sie aber unten am See, im beständig feuchten, schwarzen Erdreich. Die Blätter werden hier über einen Meter lang, die Zwiebeln erreichen einen Umfang von 20 bis 24 Zoll, die Blütenstengel werden oft über einen Meter hoch und tragen jeder dann 4 bis 6 große Blüten. Manche Zwiebel treibt zwei bis drei Blütenschäfte. Ursprünglich wuchsen hier Saracenien (*Sarracenia flava*) und mehrere *Drosera*-Arten wild. Gegenwärtig sind die buntblättrigen Caladien, viele *Alocasia*-, *Colocasia*- und *Xanthosoma*-Arten, *Phyllotaenium Lindeni, Aglaonema pictum, A. commutatum* usw., *Homalomena Wallisi*, eine große Anzahl *Anthurium, Philodendron*- und *Schismatoglottis*-Arten, *Crinum giganteum, Humenocallis macrostephana, H. fragrans, H. senegambica, Musa zebrina, Heliconia Bibai, H. illustris*, blühender Bambus in stattlichen Exemplaren, und etwa 150 Arten tropischer Farne, darunter *Cibotium Schiedei, Alsophila australis* und *Lomaria gibba* und viele andere Tropenpflanzen ihre nächsten Nachbarn. *Maranta zebrina* gedeiht hier geradezu herrlich, und dasselbe gilt von etwa dreißig weiteren *Maranta*- und *Calathea*-Arten. Alle sind ausdauernd und nur die zartesten von ihnen erhalten eine Schutzdecke von trockenen Kiefernnadeln. Sogar einige *Dieffenbachia*-Arten habe ich auf diese Weise gut durch den Winter gebracht. Die *Amaryllis* jedoch erhalten keinen Schutz und sie leiden nie durch Fröste; selbst die kleinsten Sämlinge kommen ohne Schaden durch den Winter. Der Boden trocknet hier nie stark aus, ist im Gegenteil oft recht feucht, und doch stehen die Tausende von Zwiebeln in strotzender Gesundheit da und verlieren ihre Blätter nicht, während sie weiter oben auf trockenem Boden fast alle verlieren. Wenn die Blütezeit herannaht, sieht man hier einen Wald von Stengeln, denn die Zwiebeln sind dicht zusammengepflanzt. Beete von 8 Meter Länge und $1^1/_2$ Meter Breite enthalten durchschnittlich 250 blühbare Amarylliszwiebeln, die mehrere Jahre unberührt stehen bleiben. Der Boden wird nur hier und da gelockert und zweimal gedüngt — im Frühling und Herbst — und zwar mit dem schon genannten Kunstdünger. Wenn die Regenzeit anfängt, wird der Boden mit einer 2 bis 3 Zoll dicken alten Lage Kuh- und Pferdedünger bedeckt. Aber auch hierbei muß Vorsicht walten. Stark ammoniakhaltiger Dünger erzeugt hier und da die Rostkrankheit, die Blätter werden dann rostbraun und gehen oft ein. Dies läßt sich vermeiden, wenn man später die Beete dünn mit Kalk bestreut. Diese Rostflecke traten auch in meinem Gewächshause in Milwaukee auf, besonders wenn die Pflanzen zu kalt gehalten wurden. Sonst habe ich an meinen Pflanzen keine Krankheitserscheinungen beobachtet.

Die schlimmsten Feinde der *Amaryllis* in den Gewächshäusern sind die Wolläuse, die sich gerne zwischen den unteren Blättern festsetzen und großen Schaden anrichten können. Man sucht sie mit einem spitzen Hölzchen zu entfernen und bestreut ihre Schlupfwinkel mit Tabaksstaub. Thrips ist ebenfalls ein häufig auftretendes Insekt, das leicht mit Tabaksrauch unterdrückt werden kann. Der dritte Schädling ist die rote Spinne, welche man durch häufiges Spritzen im Schach hält.

Hier in Florida treten Feinde aus der Insektenwelt auf, mit denen der Liebhaber im Norden und in Europa glücklicherweise nicht zu kämpfen hat. Da sind zunächst die Riesenheuschrecken, die sogenannnten Lubber Grashoppers *(Dictyophorus rcticulatus)*, die mit ganz besonderer Vorliebe sich von den Blättern namentlich aber von den Knospen der *Amaryllis*, der *Crinum* und *Hymenocallis* nähren. Die Gefräßigkeit dieser Tiere grenzt ans Unglaubliche. Glücklicherweise kann man ihrer leicht Herr werden, wenn man ein stets wachsames Auge hat. Etwa Mitte März kommen die ersten Jungen in Gesellschaften von 50 bis 200 Stück aus dem Boden. Sie sind dann von der Größe eines kleinen Heimchens und hellbräunlich. Einige Tage später sind sie glänzend schwarz mit einem roten Rückenstreifen. Sie suchen sofort die Amaryllisblätter und Knospen auf und richten großen Schaden an, wenn man sie ungestört läßt. Da sie sich stets in Gesellschaften aufhalten und des Abends an irgend einen Blattstengel oder einem erhöhten Gegenstande sitzen, so kann man die ganze Sippschaft mit einem Schlage vernichten. Ich nehme dazu immer ein kleines Brett. Nach einigen Wochen sind sie schon so groß, wie eine gewöhnliche Heuschrecke, glänzend schwarz mit einem gelben Rückenstreifen. Sie sind jetzt nur vereinzelt zu sehen. Im Alter von $2^1/_2$ Monaten sind sie ausgewachsen. Die Farbe ist jetzt ein gelbliches Grau, und sie zeigen zwei kurze, rote Flügel. Die Weibchen sind kurz und dick, von der Größe einer mittelgroßen Maus, und sehr plump. Die schlanken und dünnen Männchen sind seltener, aber auch schneller in ihren Bewegungen. Eine einzige dieser Heuschrecken frißt ein ganzes Amaryllisblatt auf einmal. Dabei arbeiten die Kinnladen wie eine Säge. Sie vernichten eine ganze Amaryllisdolde oder den Blütenbüschel einer *Hymenocallis macrostephana* in einer Stunde. Glücklicherweise gehen sie nicht des Nachts, sondern morgens, nachdem die Sonne aufgegangen ist, an die Arbeit, und dann wieder nachmittags, etwa um ein Uhr. Ich gehe jeden Morgen und Mittag durch die Beete, und es vergeht kein Tag, daß nicht fünf oder sechs getötet werden. Da sie ungemein plump sind, so kann man ihrer leicht habhaft werden. Oft passiert es, daß man eine *Amaryllis* oder alle Sämlinge eines Kastens total abgefressen findet. Wenn man dann Umschau hält, so wird man den Uebeltäter ganz in der Nähe am einem Pfosten oder auf einem Strauche sitzen sehen. Sie verstehen sich gut zu verstecken, und ihre Farbe harmoniert vollständig mit den Pfosten oder den Aesten, an welchen sie sitzen — ein gutes Beispiel von Mimikry.

Ein zweiter Uebeltäter ist die Amaryllisraupe *(Prodenia eridania)*. Durch unausgesetzte Aufmerksamkeit kann man auch dieser Plage leicht Herr werden. Man findet sie immer auf der Unterseite der Blätter, wo sie sich in dichten Massen festsetzen. Sie sind so gefräßig, daß nur noch die obere dünne, durchsichtige Blatthaut übrig bleibt. Diese durchsichtigen Flecken auf den Blättern sind so auffallend, daß sie dem aufmerksamen Beobachter gar nicht entgehen können, wenn er an den Beeten entlang geht. Kehrt man nun die Blätter um, so wird man die winzigen Räupchen zu Tausenden in dichtgedrängten Massen beisammen sehen. Man biegt nun das Blatt zum Boden und zertritt die ganze Schar mit dem Fuße, oder man kann sie auch mit den Fingern zerdrücken. Fortwährende Aufmerksamkeit ist aber notwendig, denn bleiben sich diese Raupen nur eine Woche überlassen, so sind bald alle Amaryllisblätter vernichtet. Sie wachsen ungemein schnell, und wenn sie vier oder fünf Tage alt sind, lösen sich die Gesellschaften auf und verbreiten sich über das ganze Beet. Sie erreichen eine Länge von einem Zoll, sind unbehaart und abwechselnd mit schwarzen und bläulichweißen Ringen versehen. Die erste Pflanze, an der sie sich gewöhnlich festsetzen, ist das schönblättrige *Crinum giganteum*, dann folgen die verschiedenen *Hymenocallis* und schließlich die *Amaryllis*. An letzteren richten sie den größten Schaden an, da sie sich schließlich bis ins Herz der Zwiebel hineinfressen. Diese Raupen treten namentlich im Herbste massenweise auf, vereinzelt findet man sie aber auch das ganze Jahr hindurch. Die beiden genannten sind die Hauptfeinde der *Amaryllis*. Es gibt allerdings noch eine Anzahl grüner und grauer Grashüpfer und auch noch mehrere Raupen und andere Schädlinge, diese aber werden von meinen Bundesgenossen, den Eidechsen, im Schach gehalten. Namentlich häufig ist *Anolis carolinensis*, eine prächtige Eidechsenart, die in allen Farbentönen, vom tiefsten Graubraun bis zum schönsten Blattgrün schillert. Sie ist unausgesetzt mit dem Insektenfang beschäftigt. Nicht ganz so häufig ist die größere *Cnemidophorus sexlineatus*, dann folgt die kleine *Eumeces quinguelineatus* und *E. egregius*, beide mit langem, tief stahlblauem Schwanze. Häufig ist auch die sogenannte Glasschlange, *Ophisaurus ventralis*, seltener die hübsche *Liolepisma laterale*, und am seltensten die rauschuppige Eidechse, *Sceloporus undulatus*. Dann findet sich auch im Boden eine vollständig rosa- oder fleischrotgefärbte Art, die Regenwurmeidechse, *Rhineura floridiana*. Alle diese finden sich zwischen den Aroideen, Marantas und anderen Scitamineen, den Farnen und *Amaryllis*, und man sieht beständig die eine oder die andere Art, wenn man acht gibt. Kröten sind auch eine gute Hilfe. Sehr viel Not machen mir die Maulwürfe durch ihre Wühlereien, sodann eine Wühlmaus durch ihre unterirdischen Gänge und ihre Eigenschaft, die Amarylliszwiebeln anzubeißen.

Die Anzucht der *Amaryllis* aus Samen ist leicht. Man sät in leichte Erde in Kästen und pflanzt die kleinen Zwiebeln um, sobald sie Erbsengröße erlangt haben. Manche derselben wachsen schnell und sind schon nach zwei Jahren blühbar, die meisten fangen aber erst im dritten, viele sogar erst im vierten und fünften Jahre zu blühen an. Für den Liebhaber lohnt sich die Anzucht aus Samen nicht. Da die jungen Pflanzen gewöhnlich in den ersten zwei Jahren immergrün sind, so muß man darauf achten, daß sie im Winter ihre Blätter nicht einziehen, muß daher beständig gießen und die Töpfe (ein fünfzölliger Topf kann vier bis fünf Zwiebeln aufnehmen) in ein warmes Gewächshaus stellen. Gelingt es, ein üppiges Blattwerk zu erzielen, so wird die Zwiebel überraschend schnell an Größe zunehmen und bald blühbar werden.

Lathyrus odoratus praecox.
Vom Verfasser für die „Gartenwelt" photographisch aufgenommen.

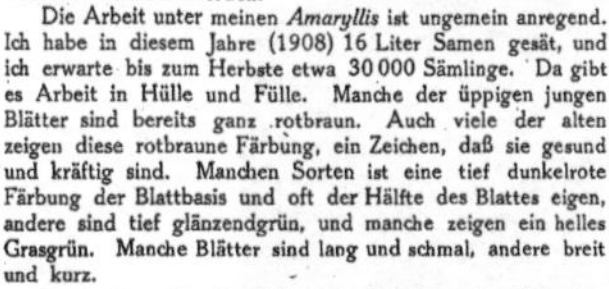

Die Arbeit unter meinen *Amaryllis* ist ungemein anregend. Ich habe in diesem Jahre (1908) 16 Liter Samen gesät, und ich erwarte bis zum Herbste etwa 30 000 Sämlinge. Da gibt es Arbeit in Hülle und Fülle. Manche der üppigen jungen Blätter sind bereits ganz rotbraun. Auch viele der alten zeigen diese rotbraune Färbung, ein Zeichen, daß sie gesund und kräftig sind. Manchen Sorten ist eine tief dunkelrote Färbung der Blattbasis und oft der Hälfte des Blattes eigen, andere sind tief glänzendgrün, und manche zeigen ein helles Grasgrün. Manche Blätter sind lang und schmal, andere breit und kurz.

Durch die vielen buntblättrigen Caladien, die Alocasien, Colocasien und Xanthosomas, welche sich teils zwischen den *Amaryllis*, teils auf eigenen Beeten neben ihnen finden, durch die herrlichen *Maranta*- und *Calathea*-Arten, die Kaempherias und Curcumas, die riesigen *Amorphophallus*-Arten, die Anthurien und Philodendron, die Farne usw., alle in der Nähe der *Amaryllis* wachsend, wird die Arbeit ungemein anregend und interessant. Dazu singt in der Nähe stets die Spottdrossel ihre Lieder, der rote Kardinal, der in meinem Garten ein häufiger Brutvogel ist, läßt unausgesetzt seine lauten Töne erklingen, und des Abends, wenn ich mein Tagwerk vollbracht und durch die Dickichte der Palmen, Bambusen, Magnolien und anderer immergrüner Pflanzen meinen Weg zum Hause einschlage, rufen der südliche Whippoorwill oder die Chuckwillswidow in schneller Aufeinanderfolge ihren Namen. Wohl ist es etwas heiß, namentlich in den trockenen Monaten April und Mai, aber die Abende sind herrlich, die Nächte immer kühl. Und dann tritt im Juni die Regenzeit ein. Es gießt nun jeden Tag wie mit Mulden eine halbe oder vielleicht auch eine ganze Stunde. Dann ist die Luft abgekühlt und die Natur lebt auf. Die Frösche pfeifen, lärmen, brüllen und quaken, die Vögel jubilieren im tausendstimmigen Chor, und die Pflanzen wachsen fast zusehends. Ja, es ist schön im halbtropischen Florida — so schön, daß meines Herzens Sehnsucht gestillt ist. Ich habe mehr gefunden als ich erwartet hatte, nicht nur Orangen und Zitronen, Palmen, Magnolien und *Amaryllis*, Spottdrosseln und Kardinäle, sondern auch die herrlichsten Farne, Scitamineen und Aroideen und unter letzteren die alles in den Schatten stellenden buntblättrigen Caladien.

Blumentreiberei.

Lathyrus odoratus praecox.

Von **Curt Reiter**, Obergärtner, Feuerbach.

(Hierzu zwei Abbildungen.)

Als großer Freund der *Lathyrus* habe ich die Aufzeichnungen von Herrn Otto Putz, Erfurt, in den Nummern 9 und 10, Jahrgang XI, sowie No. 15 dieses Jahrganges der „Gartenwelt". mit vielem Interesse gelesen. Drüben in England ist diese liebliche Sommerblume der Liebling des Tages und kann ich mir den englischen Blumenmarkt ohne „Sweet Peas" nicht denken. Es ist daher naheliegend, daß von England her die meisten Neuheiten in den Handel kommen, die in den von der „National Sweet Pea Society" veranstalteten Ausstellungen gezeigt und auf ihren Wert geprüft werden. Auch *Lathyrus odoratus praecox*, eine neue, winterblühende Zierwicke, ist von dorther in den Handel gekommen; sie scheint berufen zu sein, unsern heimischen Blumenflor in den Wintermonaten zu bereichern. Ich will jedoch gleich vorausschicken, daß mir diese Neuheit, abgesehen von ihrer Frühzeitigkeit, noch sehr verbesserungsbedürftig erscheint, da die Blumen die Größe unserer besseren *Lathyrus odoratus*-Sorten noch nicht erreichen. Besonders bei den dunkelblauen Farben ist noch viel auszusetzen. Ueberhaupt ist die Farbenskala in bezug auf reine, schöne Farben noch sehr zu ergänzen. Doch zweifle ich nicht, daß wir in den nächsten Jahren auch von dieser neuen Lathyrusklasse schöne Sorten erhalten werden, wenn sie erst genügend durchgezüchtet sein wird. Aber auch in seiner jetzigen Gestalt ist *Lathyrus odoratus praecox* schon ganz annehmbar, besonders da er bereits etwa zwei Monate nach der Aussaat mit dem Flor beginnt und auch in den Wintermonaten bei geeignetem Standort gut und reichlich blüht.

Lathyrus sind Kinder der Sonne; erinnert doch schon ihr Duft an heiße, schwüle Sommertage. War es bisher auch möglich, den Lathyrusflor durch geeignete Vorkehrungen zu verfrühen, sei es durch Auspflanzung in leere Kalthäuser, sei es durch Vorkultur in Töpfen, so erschien es doch unmöglich, zeitiger, als im April Lathyrusblumen schneiden zu

Ich habe es auf verschiedene Art und Weise probier

Herbstaussaat, wie durch Wärme, ohne aber rechten Erfolg zu sehen. Die Sonne fehlte eben, unsere beste Bundesgenossin bei fast allen Kulturen. Bei *Lathyrus* besonders wirkt die Sonne Wunder; stieg im Frühjahre die Sonne höher, dann kam auch Leben in die *Lathyrus*, bald hatten die Pflanzen die Höhe von 2 m erreicht, aber es wurde doch April bis Mai, bis die ersten Blumen sich öffneten. *Lathyrus odoratus praecox* blüht auch im Winter gut, ich bin mit der Blühwilligkeit recht zufrieden, besonders bei den hellen Farben, die dunklen Sorten befriedigten mich weniger.

Wenn ich auch einer eigentlichen Winterkultur heute weniger das Wort reden will, so möchte ich doch auf ein Verfahren aufmerksam machen, hohe Hinterwände von Kalthäusern, die der Sonne ausgesetzt sind, durch die Berankung mit *Lathyrus odoratus praecox* nutzbringend zu verwerten. Die obenstehende Abbildung zeigt eine derartige Pflanzung zu Beginn der Blüte, Anfang April.

Mit Lathyrus odoratus praecox bepflanzte Hinterwand eines Kalthauses.
Vom Verfasser für die „Gartenwelt" photographisch aufgenommen.

Den Samen säte ich am 28. Januar zu je 5 bis 6 Korn in 3" Töpfe aus und hielt diese bis zum Auspflanzen am 14. Februar im temperierten Hause, bei einer Wärme von etwa 15 ° C. Vor dem Auspflanzen ist ein recht tiefes Umgraben erforderlich. Um frischen Dünger zu vermeiden, habe ich gute, kräftige Komposterde mit untergebracht. Das Auspflanzen geschah mit Topfballen auf etwa 30 cm Entfernung. Geheizt wurde wenig und nur um das Haus frostfrei zu halten. Als mit der steigenden Sonnenwärme auch die Pflanzen höher wuchsen, mußte für das nötige Aufbinden gesorgt werden. Wenn an der betreffenden Wand altes Tannenreisig durch gespannten Draht befestigt wurde, brauchte man nur noch ein wenig durch Anbinden nachzuhelfen, da *Lathyrus* die Fähigkeit besitzen, sich wie andere Schmetterlingsblütler selbst festzuklammern.

Die ersten Blumen wurden am 4. April geschnitten und folgten dann weitere in überreicher Fülle. Die Blumen stehen zu 2 und 3 an etwa 15 bis 20 cm langen Stielen, sind bei den Blumengeschäften sehr beliebt und werden besonders für duftige Tafeldekorationen und ähnliche Zwecke verwendet.

Gedüngt habe ich die *Lathyrus* wöchentlich abwechselnd mit stark verdünnter Latrine und einer Lösung von 40 % Kalisalz (etwa 2 g auf 1 l Wasser).

Lathyrus können während der Blüte viel Sonnenwärme vertragen, bis 37 ° C, jedoch muß fleißig und viel gelüftet werden; es ist dieses eine große Hauptsache bei der Kultur, wenn die Pflanzen kräftig und üppig gedeihen sollen.

Eine so bepflanzte Wand wirft einen ganz netten Gewinn ab, da die Kulturkosten geringe sind und solche Wände oft unbenutzt und leer dastehen. Selbstverständlich kann man auch die neuesten *Lathyrus odoratus*, die sich durch größere Blumen und schönere Farbenpracht auszeichnen, auf derartige Weise behandeln. Die besten Sorten findet man in der No. 15 dieses Jahrganges erschöpfend angeführt. Freilich blühen diese *Lathyrus* etwa 4 Wochen später. Platz jedoch müssen *Lathyrus* zu ihrer Entwicklung haben, viel Platz, damit sie ungehindert hochgehen können. Eine Höhe von 2 bis 3 m erlangen sie auf alle Fälle.

Wer die Kultur unter Glas probieren will, wirds nicht bereuen, wir haben hier viel Freude an den *Lathyrus*, besonders weil sie viel und flott verarbeitet und verlangt werden.

Sport.

Künstliche Eisbahnen.

Von **G. Günther**,
städt. Garteninspektor, Bonn.

Bevor ich auf dieses gewiß zeitgemäße Thema näher eingehe, sei es mir gestattet, Betrachtungen über die Errichtung von Sport- und Spielplätzen überhaupt, mit denen ja wohl am häufigsten der Gartenbeamte betraut ist, anzustellen.

Der Wunsch, möglichst viele und ausreichende Sportplätze zu besitzen, bezw. die Anlagen dem Volke nutzbar zu machen, ist sicher allgemein, scheitert aber leider am häufigsten an der Grundstücksfrage, die zu große Mittel erfordert. Man ist nun verschiedentlich dazu übergegangen, vorhandene, fertige Anlagen zu diesem Zwecke preiszugeben. Ich gebrauche absichtlich den Ausdruck preisgeben, denn meiner Ansicht nach geschieht die Freigabe auf Kosten der Akkuratesse, der Sauberkeit, kurz der Schönheit der betreffenden Anlagen, die ich zugunsten der praktischen Verwendbarkeit derselben absolut nicht gutheißen kann. Auch die Freigabe einzelner großer Wiesen als Tummelplatz halte ich aus vorgenannten Gründen nicht für gerechtfertigt; die ästhetischen Rücksichten müssen bei einer Anlage größer sein als die praktischen.

Die so oft herangezogenen englischen Verhältnisse sind für uns durchaus nicht maßgebend. Das, was ich also sagen will, ist, daß Sport- und Spielplätze, sowie sogenannte Volkswiesen, von Anfang an für eine Anlage vorzusehen sind und ausreichend groß sein müssen. Solange wir, auf den Kopf der Bevölkerung gerechnet, nur 10 qm Anlagen durchschnittlich haben (nach einer Aufstellung von 59 Städten aus dem Jahre 1904; 45 Städte hatten weniger, 14 mehr) ist stets damit zu rechnen, daß der kleine Teil Wiesen, der davon für Spielzwecke unter Umständen freigegeben werden könnte, in kürzester Zeit vertreten ist. Das Streben sei also, viele und genügend große Spielwiesen und besonders eingerichtete Sportplätze für bestimmte Zwecke, wie Fußball-, Tennis-, Kinderspielplätze usw., zu schaffen. Zu den Spielplätzen für kleine Kinder möchte ich noch erwähnen, daß das, was bis jetzt stellenweise geschehen ist, noch viel unzulänglicher ist, wie für alle anderen Spielplätze überhaupt. Was man gewöhnlich sieht, sind beschränkte Stadtplätze, auf denen sich Hunderte von kleinen Kindern an ein oder zwei mit ein paar cbm Sand versehenen Spieltischen derart zusammendrängen, daß, um mich drastisch auszudrücken, nach Schluß des Spielens der größte Teil des Sandes auf den Köpfen der Kinder zu finden ist, von den hygienischen Bedenken ganz abgesehen. Für unsere Kleinsten müßte in erster Linie in ausreichender Weise gesorgt werden, damit dieselben von der Straße wegkommen, und zwar durch recht viele Plätze, die so sehr groß nicht zu sein brauchen, und durch Berge von Sand, der öfters erneuert werden muß.

Im Nachfolgenden gebe ich meine vorjährigen Erfahrungen bei Einrichtung einer künstlichen Eisbahn wieder, in der Hoffnung, auch von anderen Kollegen hierüber etwas zu hören. Wir sind hier in Bonn leider nicht in der glücklichen Lage, über eine Wasserfläche zu verfügen, zudem haben wir in der rheinischen Tiefebene mit meist kürzeren Frostperioden zu rechnen. Eine natürliche Wasserfläche würde uns daher auch nicht in dem Maße zugute kommen, wie anderwärts, wo eine genügend starke Eisdecke (9 bis 11 cm, je nach Größe der Fläche) in wenigen Tagen zustande kommt. So heißt es denn, diese wenigen Frosttage rasch benutzen.

Von künstlichen Eisbahnen sind zweierlei zu unterscheiden: 1. eine Fläche, die unter Wasser gesetzt werden kann, 2. eine solche, bei der die Eisdecke durch Aufspritzen von Wasser erzeugt werden muß.

Mit der Einrichtung der ersteren Art brauche ich mich nicht weiter zu befassen, da diese sehr einfach ist. Die horizontale Lage der Grundfläche ist auch hier wünschenswert, aber nicht unbedingt notwendig. Wenn die Grundfläche eine möglichst ebene ist, wird die Eisdecke gleichmäßig dick sein und überall aufliegen. Hohl liegende Stellen brechen leicht durch. Immerhin sind auch bei dieser Art Eisbahnen einige Frosttage notwendig.

Für die zweite Art der Eisbahnen kommt hauptsächlich die Grundfläche in Betracht. Gewöhnlich werden vorhandene Sport-, meist Tennisplätze, wie dies beim Eisklub Bonn der Fall ist, dazu benutzt. Die Herrichtung der Schlittschuhbahn wird um so einfacher sein, je mehr die Grundbedingung der vollständig glatten, ebenen Fläche gegeben ist. Das Eis wird durch Aufspritzen erzeugt. Dabei muß darauf geachtet werden, daß die damit beschäftigten Leute fortgesetzt mit dem mit einer Brause versehenen Strahlrohr hin und her bezw. rückwärts gehen, damit das aufgespritzte Wasser recht gleichmäßig zur Verteilung kommt. Es darf nie zuviel Wasser auf eine Stelle kommen, sonst wird die Eisfläche stets wulstig. Ist man genötigt, lange Schläuche zu benutzen, so muß dafür gesorgt werden, daß ein oder zwei andere Arbeiter jeden Schlauch so dirigieren, daß der Spitzer nicht durch Ziehen an dem Schlauche in seiner Arbeit aufgehalten wird. Eine Fläche von 3 Morgen wird etwa 3 Mann zum Spritzen bedingen. Die ganze Fläche wird dann in 3 Teile zerlegt und jeder Teil so streifenweise bespritzt (etwa wie ein Säender), daß der Schlauch nicht über noch nicht festgefrorene Flächen gezogen werden muß. Schläuche, Standrohr und alle sonstigen vorhandenen Gewinde dürfen natürlich nicht rinnen. Dieselben sind vor Beginn genau daraufhin zu prüfen. Die ganze Prozedur wird, nachdem das vorher aufgespritzte Wasser hart gefroren ist, von der Anfangsstelle aus so oft wiederholt, bis die Eisdecke genügend stark ist. Bei einem zweitätigen Frostwetter von der Höchsttemperatur von — 3 °C ist man imstande, eine gute Bahn zum Schlittschuhlaufen zu erzielen. Beweis dafür ist die Eisbahn, welche jährlich auf dem hiesigen Sportplatz (22 Tennisplätze) eingerichtet wird. Das erste Mal wird es vielleicht nicht so ganz nach Wunsch gelingen, denn das gleichmäßige Aufspritzen des Wassers erfordert große Aufmerksamkeit und einige Uebung. Stehen asphaltierte oder zementierte Flächen zur Verfügung, so ist die Sache noch einfacher. Dieses Verfahren läßt sich selbstverständlich auch zur Wiederinstandsetzung zerfahrener, natürlicher Eisbahnen anwenden. Die seinerzeit von Gartendirektor Kowallek konstruierten, heizbaren Eiswalzen haben sich nicht bewährt, weil sie sich zu schnell abkühlen und infolge ihres Gewichtes eine ziemlich starke Eisdecke voraussetzen.

Nun war im vergangenen Winter in der hiesigen Bürgerschaft der Wunsch laut geworden, mehrere Eislaufbahnen zu haben. Ich habe daraufhin die in der Gronauanlage gelegene 7300 qm große Wiese in Vorschlag gebracht. Diese Wiese war früher für sportliche Spiele gedacht, wurde aber sehr bald dem Verkehr wieder entzogen, da sie sehr rasch vertreten war und so von der Restauration aus einen schlechten Eindruck machte. Während der Ausführung dieser Eisbahn mußte ich nun die Erfahrung machen, daß ich mich in der Annahme, die Sache wäre ebenso einfach, gründlich getäuscht hatte. Kurz vor Eintritt des Frostwetters waren einige Zentimeter hoch Schnee gefallen, welcher das Eindringen des Frostes in die so wie so durch den Rasen geschützte Fläche noch mehr hinderte. Zuerst versuchte ich direkt auf den Schnee aufzuspritzen. Es war aber auf diese Weise nichts zu machen, weil durch die Schläuche der Schnee zusammengezogen wurde und jeder Fußtritt der damit beschäftigen Leute eine Vertiefung erzeugte. Darauf ließ ich die Wiese abkehren. Dies ging jedoch auch nur unvollständig, da ein Teil des Schnees zwischen den Gräsern hängen blieb. Als weiterer Uebelstand zeigte sich, daß die zuerst aufgespritzte Eisdecke vom Rasen getragen wurde und die Arbeiter beim weiteren Betreten überall durchbrachen, außerdem fror jeder in die Höhe stehende Grashalm zu einem Eiszapfen an. Nun versuchte ich es mit der Walze, aber auch das scheiterte, weil sich die Eisdecke zu wellenförmigen Lappen aufrollte und bei weiterem Spritzen doch wieder in die Höhe gehoben wurde. Nunmehr ging ich dazu über, ohne Rücksicht auf alles andere spritzen zu lassen. Begünstigt durch starke Fröste, gelang es mir, allerdings erst nach drei Tagen und drei Nächten, die zum Eislauf notwendige Stärke des Eises zu erzielen. Diese Eislaufbahn war aber herzlich schlecht, wenigstens konnte man einem guten Schlittschuhläufer nicht zumuten, darauf zu laufen. Zeitungsberichte in kräftiger

Form über die Ruppigkeit unserer Eisbahn waren die Belohnung für unsere Bemühungen. Ich habe noch zu erwähnen, daß die Wiese bezüglich ihrer horizontalen Lage viel zu wünschen übrig läßt und Höhenunterschiede bis 20 cm aufweist, wodurch unsere Arbeiten noch mehr erschwert wurden. Die darauf folgenden Reparaturarbeiten, wie Abkratzen mit schweren, eisernen Schippen, Ausgießen der Löcher, kehren, nochmaliges Spritzen usw., wären vielleicht von Erfolg gekrönt worden, wenn nicht Tauwetter uns einen Strich durch die Rechnung gemacht hätte. In einer späteren Frostperiode gingen wir wieder mit frischem Mut ans Werk, dabei die gemachten Erfahrungen verwertend. Der Erfolg war auch ein wesentlich günstiger, jedoch immer noch nicht zufriedenstellend. Für einen dritten Versuch fehlten dann leider Geld und Frost.

Nach allem dem Vorgesagten möchte ich nun folgende Regeln zur Errichtung einer Eislaufbahn auf einer Rasenfläche aufstellen:

1. Durchaus horizontale Lage der Wiese.
2. Der Schnitt des Rasens so kürz wie möglich.
3. Man warte mit dem Spritzen, bis der Frost durch die Grasnarbe etwa 2 Zoll in den Boden eingedrungen ist.
4. Statt spritzen zuerst gießen, ich meine damit starkes Bewässern, jedoch nicht so stark, daß durch das verhältnismäßig warme Wasser der Leitung der Boden aufgetaut wird und das Wasser versickert.
5. Spritzen in der vorgeschriebenen Weise, wenn die Eisdecke über die Grashalme herauskommt.
6. Beim Spritzen selbst nicht zuviel Wasser auf einmal und die Wiederholung erst dann, wenn das vorherige Wasser vollständig gefroren ist.
7. Das Ziehen der Schläuche über noch nicht hart gefrorene Flächen muß unbedingt vermieden werden.

Auch in diesem Winter werden wir die Versuche erneuern, worüber ich später berichten will. Jedenfalls steht aber schon soviel fest, daß zur Errichtung einer Eisbahn auf Rasen durch Aufspritzen von Wasser bei entsprechendem Frost mindestens 4 bis 5 Tage notwendig sind.

Zeit- und Streitfragen.

Wie man mit Stiftern von Ehrenpreisen umgeht. — Zum Karbolineumrummel. — Der Baumschulenbetrieb als Goldgrube.

Vom Herausgeber.

Von hochgeschätzter Seite wird mir der nachfolgende, lehrreiche, die verflossene Mannheimer Ausstellung betreffende Beitrag zur **Stiftung von Ehrenpreisen** mitgeteilt. Mein Gewährsmann, ein für die Förderung des deutschen Gartenbaues sehr bemühter Herr, stiftete für die Mannheimer Ausstellung einen wertvollen Silberpreis, teilte dies der Ausstellungsleitung mit und erhielt nach einiger Zeit ein Dankschreiben für diese Absicht. Vor Beginn der Ausstellung wurde der Gegenstand abgesandt, ohne daß jedoch eine Eingangsbestätigung eintraf. Da der Stifter in Ungewißheit belassen wurde, ob die Leitung das Wertstück auch wirklich erhalten hatte, wurde nach einigen Wochen die Empfangsbestätigung durch eingeschriebenen Brief verlangt und daraufhin erteilt. Seitdem schweigt die Weltgeschichte. Der Stifter weiß heute nach $1\frac{1}{2}$ Jahren weder durch mündliche, noch schriftliche, noch gedruckte Mitteilung, was aus seiner Gabe geworden ist, ob sie einem Aussteller zuerkannt wurde oder nicht, wer sie erhalten hat, für welche Bewerbung bezw. Leistung sie verliehen wurde, kurz, die Verwendung der Gabe wurde dem Stifter gegenüber vollständig ignoriert. Da es auch der ev. mit diesem Preise ausgezeichnete Aussteller nicht für erforderlich hielt, dem Geber ein freundliches Wort zu schreiben, so ist letzterer in vollständiger Ungewißheit, welches Ende seine Sendung gefunden hat. Nochmals bei der vielbeschäftigten Leitung (jede Leitung ist bekanntlich „vielbeschäftigt") anfragen, wollte er nicht, um nicht den falschen Schein zu erregen, es sei ihm bei seiner Stiftung um Dankbarkeit zu tun gewesen.

Mein Gewährsmann möchte gern erfahren, ob eine derartige Außerachtlassung jeglicher konventioneller Formen nur in diesem Falle vereinzelt vorkam, oder ob sich noch andere Stifter einer gleichen Nichtachtung zu erfreuen hatten. Der betreffende Herr, der „unbestraft und im Besitze der bürgerlichen Ehrenrechte ist", hat durch das geschilderte Vorkommnis einen kleinen Preller bekommen, und wird sich hüten, sich noch fernerhin in einer, in Mannheim anscheinend unerwünschten Weise zu betätigen, was im Interesse anderer Ausstellungen nur bedauert werden kann. —

Der vorstehend bekanntgegebenen, berechtigten Klage eines hochherzigen Förderers des Gartenbaues und Ehrenpreisstifters würden sich sicher viele weitere Klagen anschließen, wenn diejenigen, die in Mannheim böse Erfahrungen gemacht haben, aus der Reserve heraustreten und sich in die Oeffentlichkeit flüchten wollten. Die Gärtnerfreundlichkeit der Leitung der Mannheimer Ausstellung hatte anfangs keine Grenzen. Nachdem aber die Aussteller herangezogen waren, setzte man sich dort auf das hohe Roß. Auch ich persönlich erhielt schließlich auf einen Brief, in welchem ich Herrn Bürgermeister Ritter in höflicher Weise um Zurücksendung mehrerer, ihm zur Kenntnisnahme leihweise überlassener Fachwerke ersuchte, einfach keine Antwort. Bis heute warte ich vergeblich auf die Rückkehr meiner Bücher! Ein Aussteller der wissenschaftlichen Abteilung, der für seine Ausstellungsobjekte einen dreiteiligen, teuren Glaskasten auf eigene Kosten anfertigen ließ, wartet gleichfalls bis auf den heutigen Tag vergeblich auf die Rückkehr desselben! Auch in diesem Falle setzte man sich mit Schweigsamkeit über die Reklamation hinweg. Mögen auch untergeordnete Angestellte diese Unterlassungssünden auf dem Gewissen haben, die Verantwortung fällt doch auf den obersten Leiter des Unternehmens. Hoffentlich ist man in Mannheim so schlau, für das nächste Jahrzehnt auf die Veranstaltung einer weiteren Gartenbauausstellung zu verzichten, man könnte dort sonst sein blaues Wunder erleben. —

Die Karbolineumfrage habe ich in Nummer 43 des laufenden Jahrganges auf Grund selbst gemachter, sehr trauriger Erfahrungen in unzweideutiger Weise behandelt. Ich bin jetzt in der Lage, die bösen Nachwirkungen der zweimaligen Bespritzung an den dafür aufs Spiel gesetzten Versuchsbäumen voll übersehen zu können. Ein großer Teil der bespritzten Bäume mußte durch neue ersetzt werden, die übrigen haben furchtbar gelitten und fast das ganze Fruchtholz eingebüßt, sodaß sie erst allmählich durch sachgemäßen Rückschnitt und sorgfältige Behandlung wieder auf die Beine gebracht werden können. Von allen Seiten mehren sich jetzt die Stimmen gegen das Karbolineum. Nur an einer Stelle, und zwar in einem in Erfurt erscheinenden Liebhaberblättchen, wird weiter in die Posaune geblasen; man ist jetzt dort gerade dabei, die Ergebnisse einer Umfrage zu veröffentlichen, an welcher sich Gevatter Schuster und Schneider, Landbriefträger und Fuhrknechte, gewiß alles höchst ehrenwerte Leute, die aber zum größten Teil von Obstbaufragen keine blasse Ahnung haben, beteiligen konnten. Was da herauskommt, kann man sich denken. Einige vernünftige Beantworter dieser sogenannten Interpellation haben ehrlich erklärt, daß es mit dem Karbolineum als Allheilmittel nichts sei, die meisten aber, die doch auch gern einmal „in die Zeitung" kommen wollten, rühmen sich angeblicher Erfolge.

Spät, aber immer noch zur rechten Zeit, hat nun auch der „Deutsche Pomologenverein" in seinem neuesten Heft zu dieser Frage Stellung genommen, die schon so ungeheures Unheil angerichtet hat. Der Vorstand des genannten Vereins gibt den Betrachtungen über die Karbolineumfrage nachstehende Einleitung:

„Seitdem die verschiedenen Karbolineummittel zur Bekämpfung von Krankheiten und Schädlingen der Obstbäume ausgedehnte, weite Verbreitung gefunden haben, ist genügend Zeit dahin gegangen, um Obstzüchtern, Obstbaubeamten und wissenschaftlichen Forschern ausreichende Gelegenheit zu bieten, das Ergebnis ihrer Arbeiten und Versuche festzustellen. Dabei hat sich fast überall die Erkenntnis Bahn gebrochen, daß die von vielen Seiten angebotenen Karbolineumfabrikate, zu denen sich fortwährend neue gesellen, doch mit größter Vorsicht angewendet werden sollten. Und trotz dieser sind dennoch erhebliche Schädigungen an Obstbäumen und an den zwischen diesen angebauten Unterkulturen zu beklagen gewesen, ohne daß die erwartete Vernichtung der Schädlinge und Krankheiten erreicht worden wäre. Von allen Seiten hört man Klagen über Mißerfolge und Schäden. Es ist zu befürchten, daß nachträglich sich noch weitere Schäden an den mit Karbolineum behandelten Bäumen zeigen werden."

Obwohl die Karbolineumfrage für jeden urteilsfähigen Gärtner längst abgetan sein sollte, gebe ich einige Auszüge aus den beim D. P. V. eingegangenen Gutachten, die sich zum größten Teil für die Kupferkalkbrühe und gegen das Karbolineum aussprechen. Fast überall wird zum Ausdruck gebracht, daß das Karbolineum gegen Pilzkrankheiten, Blutläuse und sonstige tierische Schädlinge absolut wirkungslos ist. Ich habe dies schon vor längerer Zeit durch exakte Versuche festgestellt und empfehle nur folgenden Versuch: Man tauche einen mit Eierring des Ringelspinners versehenen Zweig in die spritzfähige Karbolineumlösung, lege ihn in ein mit Drahtgaze abzuschließendes Glas und stelle dieses warm. Nach kurzer Zeit werden sämtliche Räupchen den karbolinierten Eiern entschlüpfen.

Nun zu einigen Gutachten: Direktor Huber von der Obstbauanstalt der Landwirtschaftskammer für den Regierungsbezirk Kassel zeigt in drei Abbildungen je einen nicht bespritzten, einen mit Kupferkalk und einen mit Karbolineum bespritzten Obstbaum; der letztere bietet den denkbar traurigsten Anblick. Huber spricht am Schlusse seiner Ausführungen von einer Krankheit der Früchte an bespritzten Bäumen, die er Karbolineumseuche nennt. Die gleiche Krankheit habe ich selbst beobachtet und seinerzeit einige der erkrankten Früchte an die Biologische Anstalt geschickt.

Obergärtner Wagner, Bonn, hat Birnpyramiden, welche sehr von *Fusikladium* befallen waren, stark verjüngt und von unten bis oben mit reinem Karbolineum angestrichen. Trotzdem zeigte sich nach Austrieb der Blätter erneut Fusikladiumbefall. Fünfzehnjährige Apfelhochstämme, die vor zwei Jahren mit Karbolineum bestrichen worden waren, zeigen auf der Sonnenseite große abgestorbene Stellen. Sommerbespritzung hat Herr Wagner nicht vorgenommen, da ihm seine Bäume für derartige Späße zu wertvoll sind.

Obstwanderlehrer Zier stellte fest, daß Blattläuse selbst bei Anwendung 1 %iger Brühe nicht absterben, ebensowenig die Apfelgespinstmotten, und daß die Eierringe des Ringelspinners trotz dreimaliger Bespritzung vollständig lebensfähig geblieben sind, glaubt aber bemerkt zu haben, daß die Raupen des Frostspanners im verflossenen Frühjahre spärlicher aufgetreten sind, was übrigens wohl auf andere Ursachen zurückzuführen ist.

Amtsstraßenmeister Teich hat mit Karbolineum einen krebsigen Baum „umgebracht", wie er sich ausdrückt.

Dr. Walther Spiecker faßt die Ergebnisse seiner umfassenden Versuche dahin zusammen, „daß sich das Spritzen mit Karbolineum, und zwar sowohl das einmalige mit 10 %iger im Winter, wie das mehrmalige mit $^1/_2$ %iger im Sommer allein und in Verbindung miteinander zur Bekämpfung des Fusikladiums bei ihm als unwirksam erwiesen hat; daß dagegen die mehrmalige Anwendung der 2 %igen Kupfervitriolkalkbrühe im Sommer eine einschränkende Wirkung gehabt hat."

Obergärtner Müller, der bekannte Leiter des Provinzialobstgartens der Landwirtschaftskammer für die Provinz Sachsen, schreibt: „Ein leichtes Verstäuben der Flüssigkeit, nach Pekrunschen Vorschlägen, ist in Diemitz ohne jede Wirkung geblieben. Wir haben den Strahl der Spritze so lange auf die Baumkrone gerichtet, bis wir überzeugt waren, alle Teile getroffen zu haben. Die Spritzungen wurden zunächst in Zwischenräumen von 14 Tagen bis 3 Wochen wiederholt, vor dem Austrieb der Knospen mit 10 %iger Lösung, nach der Blüte mit $^1/_2$ %iger Lösung. Die Sommerbehandlung im belaubten Zustande der Bäume war ohne allen und jeden Erfolg. Wir haben dann 1 %ige Lösung verwendet und hatten genau die gleichen Mißerfolge. Eine noch stärkere Lösung, die versuchsweise angewendet wurde, bräunte die Blätter, Blutläuse dagegen waren nach wenigen Tagen wieder massenhaft vorhanden.

Unsere größte Hoffnung hatten wir auf Webels Arbolineum gesetzt und ein Originalfaß davon kommen lassen, da dieses Mittel nach den vielseitigen Urteilen in der Fachpresse und in besonderen Broschüren alle Schädiger vernichten sollte. Auch Arbolineum hat vollständig versagt. Daneben wurden in kleineren Mengen etwa 20 andere Karbolineummittel probiert. Trotz der vielen Tausende von Litern, die wir in diesem Jahre auf unsere Bäume verspritzt haben, verbleiben die Blutläuse, gerade als sei nicht das geringste gegen sie getan worden. Schade um das Geld, schade um die Zeit, die nutzlos angewendet wurde!"

Landesobstbauinspektor Bißmann hat die Erfahrung machen müssen, daß selbst noch $^1/_2$ %ige Lösung allen Baumarten in belaubtem Zustande sehr nachteilig ist. Die Bäume bleiben im Wachstum zurück und wollen sich nicht wieder erholen, während sich Läuse und Pilze nach der Behandlung noch äußerst wohl fühlen.

Die vorstehend im Auszuge wiedergegebenen sachverständigen Gutachten, die noch wesentlich erweitert werden könnten, mögen genügen. Für uns ist die Karbolieneumfrage hiermit abgetan. Der Volksmund sagt: „Wem nicht zu raten, dem ist auch nicht zu helfen". Wenn aber diejenigen, die trotz aller in Fachkreisen gemachten bösen Erfahrungen den von Müller, Diemitz, gegebenen Ratschlag befolgen und von den Karbolineumfabrikanten erstens vor Ankauf der Brühe Garantie für Ersatz der durch Anwendung des Mittels entstandenen Schädigungen, welcher vorher nach bestimmten Grundsätzen festzusetzen ist, zweitens Garantie für Tragung der Kosten für die bei vergeblicher Anwendung des Mittels erwachsene Arbeit verlangen, dann dürften die Herren Fabrikanten bald sehr kleinlaut werden und es vorziehen, die Empfehlung des Karbolineums auf seine Anwendung als Konservierungsmittel für Balken und Latten an Schuppen und Scheunen beschränken. Es ist hohe Zeit, dem in Dresden sitzenden Karbolineumapostel „Rückwärts, rückwärts, Don Rodrigo!" zuzurufen, helfen wird es freilich nichts. —

Im „Handelsblatt", dem Organ des Handelsgärtnerverbandes, wurde in No. 43 auf die Frage: **„Welcher Reingewinn bezw. Bruttoertrag ist aus der Kultur der hochstämmigen Stachelbeeren und Johannisbeeren zu erwarten?"**, die nachstehende Antwort erteilt:

„Die Kultur hochstämmiger Stachel- und Johannisbeeren erfordert ein gut vorbereitetes Kulturland, möglichst frei von Druck durch Schatten nebenstehender Bäume und in frischer, freier Luft. Gewöhnlich ist die Kultur zur fertigen Verkaufsware eine zweijährige; nachdem auf besonderem Lande die Ribesunterlagen herangezogen worden sind. Die Rentabilitätsberechnung gestaltet sich nach Beschaffenheit des Bodens und der Pflege verschieden und sind bei einiger Aufmerksamkeit Ausfälle selten zu verzeichnen. Unter Berücksichtigung einer nicht zu engen Pflanzung und etwaiger Pflege dürften pro Morgen mindestens 10 000 Pflanzen zur normalen Entwickelung gelangen, die einen Mindestverkaufswert von 6000 M repräsentieren. (Im Kleinhandel sind 25 bis 30 % höhere Preise.) Nehmen wir den Höchstwert der frisch gepflanzten, veredelten Beerenhochstämme mit gekauften Wildlingen und Auslagen für Veredelung usw. mit 18 Pf. pro Stück an, 2 Pf. für fernere Pflege auf dem Terrain, so ergibt das einen Gewinn von 4000 M pro Morgen, was einem Jahresertrage von 2000 M entspricht."

Diese Antwort unterzieht nun Herr G. Rastler in der „Süddeutschen Gärtnerzeitung", dem Organe des Vereins selbständiger Gärtner Badens, einer ebenso köstlichen, wie sachgemäßen Kritik, die wir unsern Lesern in der gegenwärtigen ernsten Zeit, in welcher die Rentabilität des Baumschulenbetriebes auf ein Minimum herabgesunken ist, und die weitaus größte Zahl der deutschen Baumschulenbesitzer schwer um ihre Existenz zu ringen haben, nicht vorenthalten wollen. Hier ist sie:

„Wie einfach und leicht in die Praxis umzusetzen! A. pachtet in guter Gegend, in der Nähe einer Eisenbahnstation, ein zufällig frei werdendes Kulturland, frei von Druck und doch in frischer, freier Luft, wie es überall genug zu haben ist, zu, sagen wir 100 M pro Morgen und Jahr. Das bischen Dünger, das die Unterlagen vielleicht noch nötig haben, gibt ihm der Verpächter gratis zu. Einige Tagelöhner, die gerade nichts zu tun haben, machen ihm, um nicht aus der Uebung zu kommen, die Arbeit des Rigolens etc. umsonst. Die nötigen 12000 Ribes, allerbeste Ware, nicht unter 150 cm hoch, sind überall für rund 1200 M frei am Platze zu haben. Sollte A. nicht in der Lage sein, diese gegen Bar oder auf drei Monate Ziel einzukaufen, so findet er bei diesen schlechten Zeiten sehr leicht einen Rentner, der seine Tausende nicht unterzubringen weiß, und ihm den Betrag um seiner schönen Augen willen auf zwei Jahre gegen mäßige Zinsen vorstreckt. Die Arbeit des Auspflanzens kann nach Feierabend geschehen, irgend welche Stützen haben die schlanken Ruten nicht nötig; dieselben wachsen alle an. Unkraut kann dagegen auf dem Boden nicht aufkommen. Zur Veredelung holt A. sich die Reiser in guten, echten Sorten aus benachbarten Privatgärten, das Veredeln selbst kann zu einer Zeit geschehen, wo er sonst nichts zu tun hat. Irgend welcher Pflege bedürfen die Stämme von jetzt ab nicht mehr, Wurzelschosse zeigen sich nirgends, ein Ausputzen ist also nicht nötig. Die Veredelungen wachsen natürlich alle an, gegen tierische oder pflanzliche Parasiten — auch gegen den gefürchteten amerikanischen Mehltau (Red. der „Gartenwelt“) — sind sie unempfindlich, auch ungünstige Witterung, plötzliche Wetterumschläge, große Dürre, Hagelschlag, Krankheiten und dergleichen können ihnen nichts anhaben. Die Kronen formen sich ohne irgend welche Nachhülfe wie nach der Schablone, und wenn die zwei Jahre herum sind, hat A. einen Bestand von 10000 Stachel- und Johannisbeerhochstämmen wie sie im Buche stehen. Diese schöne Ware ist außerdem so gesucht, daß er gar nicht nötig hat, etwa Kataloge herauszugeben, oder in Inseraten seine Ware anzupreisen, die Kunden kommen von selbst, sie zahlen bar, oder lösen nachher Postaufträge oder Wechsel prompt ein, so daß irgend welche Verluste von vornherein durchaus ausgeschlossen sind. In derselben Nummer des Handelsblattes werden zwar von einer ganz bekannten Firma Stachelbeerhochstämme bester Qualität mit 2 jährigen Kronen mit 450 M pro 1000 Stück angeboten, aber 600 M ist im Großhandel der Mindestverkaufswert!

Die baren Auslagen betragen also 1200 M für die Wildlinge, für Pacht 200 M, rechnen wir für Zinsen, Bindebast und dergleichen kleine Ausgaben noch 200 M, so bleibt die Rechnung noch um 200 M hinter der im Handelsblatt aufgestellten zurück, A. kann also, in der sicheren Erwartung seines Gewinns, sich täglich noch ein gutes Glas Wein und eine Extrazigarre erlauben.

In seiner Herzensfreude über den ihm gewiesenen Weg zum Reichtum, läßt A. das Rezept in einer Million Exemplare drucken und verbreiten, damit auch andere davon profitieren und sich in den Bund derjenigen aufnehmen lassen können, die nicht alle werden."

Aus den Vereinen.

Die immer regere Nachfrage nach ehemaligen Schülern der Geisenheimer Lehranstalt in Wein-, Obst- und Gartenbaubetrieben hat zur Folge gehabt, daß seitens der Vereinigung eine besondere **Stellenvermittelung für Geisenheimer** ins Leben gerufen wurde. Wir bitten höflichst im Bedarfsfalle Gebrauch davon machen und auch in Bekanntenkreisen darauf hinweisen zu wollen. Wir glauben, sorgfältigste und zutreffende Auskunft zusichern zu können, da die zu vermittelnden Personen einerseits der Anstaltsleitung bekannt sind, andererseits die Beziehungen zu den etwa 600 Mitgliedern der „Vereinigung ehem. Geisenheimer“, die sich auf das In- und Ausland verteilen, Erkundigungen und Auskünfte leicht ermöglichen, die bei Besetzung namentlich von Lebensstellungen von außerordentlichem Werte sind. Unsere Vermittelung erfolgt kostenlos; sie ist eine Einrichtung der unterzeichneten Vereinigung, welcher die Leitung der Königlichen Lehranstalt alle Unterstützung zugesagt hat.

Die Stellenvermittelung liegt in den Händen eines seit Jahren als Lehrer im Obstbau zu Geisenheim wirkenden Herrn, des Königl. Garteninspektors E. Junge, Geisenheim, der gleichzeitig Vorstandsmitglied der unterzeichneten Vereinigung ist.

Bei Anfragen bitten wir, das Porto gütigst in Briefmarken beizulegen.

Vereinigung ehemaliger Geisenheimer.
Buhl, Vorsitzender.

Preisausschreiben der „Gartenwelt“.

Von dem Bestreben geleitet, die „Gartenwelt“ andauernd so interessant als möglich zu gestalten, damit sie sowohl textlich, als auch in bezug auf die bildliche Ausstattung weitgehendsten Anforderungen genügt, haben wir uns entschlossen, unserem ausgedehnten Leserkreise durch ein Preisausschreiben erneut Anregung zu zweckdienlicher Mitarbeit zu geben.

Zur Erlangung möglichst kurz gefaßter, nicht mehr Text als etwa eine bis drei Druckspalten der „Gartenwelt“ umfassender Abhandlungen **über neue, zeitgemäße oder nutzbringende gärtnerische Kulturen, einschließlich Freilandkulturen und Wintertreiberei,** wenn möglich mit guten, für die Reproduktion geeigneten Aufnahmen, setzen wir hiermit

400 Mark

aus, die **in 10 Preisen** zur Verteilung gelangen. Erster Preis 100 M, zweiter Preis 80 M, drei dritte Preise von je 40 M = 120 M, fünf weitere Preise von je 20 M = 100 M, in Summa 400 M. Falls Photographien beigegeben werden sollen, können dieselben entweder Einzelpflanzen, ganze Kulturen oder bemerkenswerte Kultureinrichtungen darstellen.

Mit diesem Preisausschreiben wenden wir uns ausschließlich an gärtnerische Praktiker. Es liegt uns in erster Linie daran, Beiträge über vorbildliche, lohnende und neue, aber in der Praxis erprobte Kulturverfahren zu erhalten. Bei Beurteilung der eingereichten Arbeiten kommen also stilistische Leistungen nicht in Frage, die Schriftstücke müssen aber gut lesbar sein, wir unterziehen uns dann, wenn erforderlich, gern der Mühe, sie für den Druck zu bearbeiten.

Alle sich auf dieses Preisausschreiben beziehenden Einsendungen müssen so beschaffen sein, daß der Einsender äußerlich nicht kenntlich ist. Jede Einsendung ist mit einem Kennwort zu versehen und ihr ein mit gleichem Kennwort versehener, verschlossener Briefumschlag beizufügen, in welchem Name und Adresse des Einsenders enthalten sind. Schlußtermin für alle Einsendungen ist der 15. Januar 1909. Das Ergebnis dieses Preisausschreibens wird Mitte Februar 1909 bekannt gemacht. Die Redaktion behält es sich vor, nicht prämiierte, aber zur Veröffentlichung in der „Gartenwelt“ geeignete Einsendungen gegen entsprechendes Honorar zu erwerben.

Wir bitten alle Freunde und Gönner der „Gartenwelt“, unsere Bestrebungen durch zahlreiche Beteiligung an diesem Preisausschreiben zu fördern.

Redaktion der Gartenwelt.

Berlin SW. 11, Hedemannstr. 10. Für die Redaktion verantwortlich Max Hesdörffer. Verlag von Paul Parey. Druck: Anhalt. Buchdr. Gutenberg e. G. m. b. H., Dessau.

Allgemeiner Deutscher Versicherungs-Verein in Stuttgart

Auf Gegenseitigkeit. —— Gegründet 1875.
Unter Garantie der Stuttgarter Mit- und Rückversicherungs-Aktiengesellschaft. [1382
Kapitalanlage über 50 Millionen Mark.

Haftpflicht-Versicherung für Gärtnereibesitzer.

Empfehlungsverträge mit dem **Verband der Handelsgärtner Deutschlands,**
sowie mit zahlreichen andern **Verbänden, Vereinen, Innungen und Handwerkskammern.**
Gesamtversicherungsstand über 740 000 Versicherungen. Monatlicher Zugang ca. 6000 Mitglieder.
Prospekte, Versicherungsbedingungen, Antragsformulare, sowie jede weitere Auskunft bereitwilligst und kostenfrei.

Unfall-Versicherung. | Vertreter überall gesucht. Bezugnahme auf dieses Blatt erwünscht. | **Lebens-Versicherung.**

Obstbaum-karbolineum

leicht wasserlöslich, in höchster Konzentration. [1047
bestes Insektenvernichtungsmittel,
empfiehlt jedes Quantum billigst
Richard Hartmann,
Leipzig 75 b.

ILEX-

…eige ohne Beeren, schön dunkel-…ig, stets frisch geschnitten, 1 Ztr. …, 5 Kilo 1.50 M, **Juniperusgrün,** 1 Ztr. 6 M, 5 Kilo 1 M.

…rnwedel, schöne frischgrüne, fehlerfreie Wedel, Postkorb (2000 St.) 3,50 M.

…. Varenau, Emsbüren,
Hannover. [2105
…gr.-Adresse: Varenau, Emsbüren.

Gewächshäuser aller Art

Wintergärten & Veranden — Frühbeetfenster-Rahmen und Schattendecken
liefert in tadelloser Ausführung zu billigsten Preisen:
Hinrich Möller & Schultz, Altona-O., Rothestr. 88.
Norddeutsche Gewächshausbau-Anstalt [1901]

Grosskulturen von Rhododendron

in winterharten und weicheren, gangbarsten Sorten, :: :: :: ::
Fliedern und anderen in Topf kultivierten Pflanzen zum Treiben,
Azaleen, Koniferen, Buxus, Aucuben, Magnolien usw.
Billigste und sicherste Bezugsquelle!
Zum Besuche wird freundl. eingeladen.
Kataloge (deutsche, engl. u. amerikan. Ausgaben) frei auf gefl. Anfrage.
Jacs. Smits Ltd., Naarden,
Holland. [46

…uchenlaub, rotbraun — Postkolli M 4,—
…erbstlich, gelb, rot, grün . „ 4,50
…skus rot, lila, braun u. grün „ 4,—
…elb, hochrot, orange etc. . „ 6,—
…lerfarnwedel rotbraun . „ 2,75
…and-Moos, hochfein weiss „ 6,—
…lien, sortiert, pr. ‰ M 16,
…ostkolli . . . . „ 2,50
…berdistein, % M 1,25,
…elb-orange . . . . „ 2,—
…gnolienblätter, braun präp. „ 4,—
… Eichenzweige, rot präp. „ 4,—
…cas, je 100 Meter . . . . „ 23,—
…rossisten bitte Offerte einzuholen.

…itz-Klein I., Burbach i. W.
Fabrik präpar. Artikel. [1420

Philipp Geduldig
Pannesheide-Kohlscheid
Bezirk Aachen [1318
Rosenschulen.

Hochstämmige und niedrige Rosen, Treibrosen. ::
Massenanzucht von Neuheiten eigener und fremder Einführungen.
Man verlange den Hauptkatalog und die Neuheitenliste.

Areal: 1300 Morgen.

Hauptkatalog
erschienen.

L. Späth,
Baumschulenweg-Berlin. [47

Wollstaub! Baumwollstaub! Seidenstaub!

…alle Zweige der Blumen-Fabrikation …fern garantiert rein und unbeschwert als älteste Fabrik [1985
…rzener Teppich- u. Veloursfabriken A.-G.
…rzen b. Leipzig. Gegründet 1856.

Drahtgeflecht!

1 Meter breit, best verzinkt, kosten 50 Meter
5.50 Mark
Verlangen Sie Offerte.
Hermann Hüls, Drahtgeflecht-Fabrik
Lage in Lippe. [2039

Baumschulen

Oscar Heymann
Carlowitz-Breslau 12.
Grosse Vorräte.
Billige Preise. [1912
Preisliste gratis.

Lafayette

leuchtend samtig-scharlach,
prachtvolle, gefüllte Topf- und Gruppen-**Begonie,**
Vermehrungsknollen 10 St. 5 M, 100 St. 45 M, [1535
starke Knollen 10 St. 4 M, 100 St. 35 M,
empfiehlt unter Garantie für Echtheit per Kasse od. Nachn. evtl. 3 Mon. Ziel
Ag. Heym,
Schleusingen, Bez. Erfurt.

…onkinstäbe

Raffiabast, Kokosstricke, Muscheln, Russ. Bastmatten, Zierkorkholz, Birkenrinde,
billigste Offerte umgehend. [93
…arl Pfützner, Import,
Bergedorf 3 (Hamburg).

Prämiiert Gartenbau-Ausstellung Leipzig 1904 und Chemnitz 1905.
Bereits in über **2500** Gärtnereien im Gebrauch. [1869
Der praktischste und billigste
Heizapparat
Petroleum-Gas. Heiz-Effekt 700° C.
Unentbehrlich für jeden Gärtner,
Erzeugt sofort die nötige Wärme.
Ganz geringer Petroleumverbrauch.
Absolut rauch- und geruchfrei.
Beansprucht keine Bedienung. — Leicht transportabel. — Grösse nur 40 cm. — Ermöglicht die Aufstellung an jedem gewünschten Ort; auch als Zimmerheizofen. — **Preis 16 Mark.** — Versand per Post franko gegen Nachnahme oder vorherige Kasse.
Schreiber & Co.
Dresden-A., Mittelstrasse 18.
Spezialfabrik für Heiz- und Kochapparate.

Johs. von Ehren,
Baumschulen,
Nienstedten (Holst.) b. Hamburg,
empfiehlt
in gut kultivierter Ware und reicher Auswahl **Koniferen, Rhododendron, Ilex, Buxus, Azaleen, Kalmien, Andromeden. Solitär-Bäume und -Sträucher. Stämmige und niedere, Hänge- und Schlingrosen,** in schönen Sorten. **Vorpflanz-, Deck- u. Mittelsträucher, Obstbäume** in allen Formen und schönen Sorten in starker grossverschulter Ware. **Johannis- und Stachelbeeren** in stämmiger und buschiger Form, **Himbeeren, Brombeeren, Erdbeeren, Strassenbäume, Hecken- und Schlingpflanzen.**
Grössen und billigste Preisaufgabe auf gütige Anfrage umgehend. [7

…trohdecken,

… prima Roggenstroh, 150 × 200 …fmal mit imprägniertem Bindfaden …geschnürte Handarbeit, à Dutzend …75 M. Jedes andere Mass wird ge…ert. **S. Knist,** Strohdeckenfabrik,
…8] **Grossbreitenbach,** Thür.

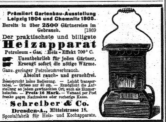

Mein reichhaltiger **Hauptkatalog** mit Beschreibung u. Abbildung über

Winterharte Stauden

zur Schnittblumengewinnung, zur Ausschmückung von Gärten und Parks, Grotten, Felspartien u. Teichen

Winterharte Freilandfarne und Eriken, Alpenpflanzen ▪ Edel-Dahlien

und als Spezialität: [17

Primula obconica „Ronsdorfer Hybriden“

meiner in Grösse und Färbung noch unübertroffenen Züchtungen, wird auf Verlangen **kostenlos** übersandt.

Georg Arends
Standengärtnerei und Samenhandlung,
Ronsdorf (Rhld.).

Edle Weinreben

in Töpfen: Bukland, Sweet-Water, Black, Hamburg, Frühe Malinger, Leipziger etc. Vorrat circa 3000 St. empfiehlt als Spezialität [1759

Gärtnerei Schaper, Arnsberg i. W.
Preise auf Anfrage. Versand per Nachn.

Citrus nobilis-Mandarinen für Weihnachten! [2065

5 kg-Korb süsse grosse Früchte

5 Mark,

5 kg-Korb Mandarinen, Feigen und Datteln, gemischt, 6 Mark franko und zollfrei gegen Cassa od. Nachn. Garantiere pünktliche Ankunft.

E. A. Metz, Portici-Neapel

Neuzeitliche Garten-gestaltung!

Bei **Umänderung** oder **Neuanlage** von **Gärten jeder Art** wende man sich nur an ein **renommiertes Spezialgeschäft,** will man nicht arge Enttäuschung erfahren. Entwürfe und Kostenanschläge billigst, bei Auftragerteilung oder Lieferung des Pflanzenmaterials **kostenlos.** Ausführung ganzer Anlagen in jeder Grösse. Rat in allen Gartenfragen. [1781

Rebenstorf & Co.
Erfurt
Büro für Landschaftsgärtnerei und Gartenarchitektur.

Amaryllis-Hybriden

meiner unübertroffenen, reichblühenden und riesenblumigen Rasse

(siehe No. 59 der Gartenwelt) empfehle ich zu folgenden Preisen:

4-5jährige, aus Töpfen, extra starke, 10 Stück 20 M, 25 St. 40 M, 100 St. 150 M.
3jährige, aus Töpfen, blühfähige, 10 Stück 15 M, 25 St. 30 M, 100 St. 100 M.
2jährige, aus dem Beete, zur Weiterkultur, 10 Stück 10 M, 25 St. 20 M, 100 St. 60 M.
1jährige, aus dem Beete, zur Weiterkultur, [2053 10 Stück 5 M, 25 St. 10 M, 100 St. 30 M.

Kulturanweisung auf Wunsch mit der Lieferung.

G. Bornemann, Florist, Blankenburg a. Harz.

Für 400000 Mark Herkules-Windturbinen

haben wir im Jahre 1907 geliefert für **Wasserversorgungen, Ent- und Bewässerungen,** Antrieb [2080
landwirtschaftlicher Maschinen
und **Erzeugung von Elektrizität.**

Absolute Garantie für Leistung, Sturmsicherheit.

Kataloge, Prosp., Besichtigung kostenlos.

Deutsche Windturbinen-Werke, Rudolph Brauns, G. m. b. H., Dresden-A.

Massenvorräte.

Riesenbl. aufrechtst. Begonien-Knollen u. -Samen

versende % 2, 4, 6 und 8 ℳ. **Gloxinien** 4—10 ℳ. **Grossbl. Canna,** etwa 25000 St. inkl. feinster Neuheiten % 8, 12, 15 und 20 ℳ. **Pelargonien zonale,** % 2.50—5.50 und 8 ℳ. **Edel-Dahlien,** Prachtsortiment % 10, 12, 15 und 20 ℳ.

Paul Schmid, Donzdorf (Württemberg).
Ausführlicher Katalog gratis und franko. [358

Maiblumen-Treibkeime

von leichtem Boden, 1000 St. zu 8, 12, 15, 20 M.
Probepostpakete zum 1000 St.-Preis.

N. L. Chrestensen ▪ Erfurt.

Alle Aufträge finden sofort Erledigung. [2050

Kalvill von Forsteck.

Hervorragende Apfelneuheit. [1813
Beschreibung und kolorierte Abbildung im neuen Katalog.

Grosse Vorräte! Obstbäume Extra starke Ware!

in allen Formen.

Beerenobst, hoch und niedrig, **Rosen,** Hochstämme und niedrige, **Allee- und Zierbäume, Ziersträucher, Koniferen** in reichster Sortenwahl, **Schlingpflanzen, Trauerbäume, Pflanzen für Hecken und Lauben.** ◆◆ *Kataloge umsonst und postfrei.*

Forstecker Baumschulen, Kiel. Inhaber: H. Wendland.

Illustrierte Wochenschrift für den gesamten Gartenbau.

Herausgeber: Max Hesdörffer-Berlin.

Erscheint jeden Sonnabend.
Monatlich eine farbige Kunstbeilage.

Bezugsbedingungen:
…ch jede Postanstalt bezogen Preis 2.50 M. vierteljährl. In Österreich-Ungarn 3 Kronen. … direktem Bezug unter Kreuzband: Vierteljährlich 3 M. Im Weltpostverein 3.75 M.
Einzelpreis jeder Nummer 25 Pf.
…ohne Vorbehalt eingehenden Beiträgen bleibt das Recht redaktioneller Änderungen …halten. Die Honorarauszahlung erfolgt am Schlusse jeden Vierteljahrs.

Anzeigenpreise:
Die Einheitszeile oder deren Raum 30 Pf.; auf der ersten und letzten Seite 50 Pf. Bei grösseren Anzeigen und Wiederholungen steigender Rabatt. Beilagen nach Übereinkunft. **Anzeigen in der Rubrik Arbeitsmarkt** (angebotene und gesuchte Stellen) kosten für Abonnenten einmalig bis zu 10 Zeilen Raum M. 1.50, weitere Zeilen werden mit je 30 Pf. berechnet. Erfüllungsort auch für die Zahlung: Berlin.

Adresse für Verlag und Redaktion: Berlin SW. 11, Hedemannstrasse 10.

XII. Jahrgang No. 68. | Verlag von Paul Parey, Berlin SW. 11, Hedemannstr. 10. | 12. Dezember 1908.

Oscar R. Mehlhorn

erste und renommierteste Fabrik

für

Reform-Gewächshaus- und Reform-Oberheizanlagen ::

Schweinsburg (Pleisse)

Station Schweinsburg-Culten
der Linie Leipzig-Hof

empfiehlt zur Saison in **rühmlichst bekannter prima Qualität ihre**

Original-Reformfenster

für Frühbeete und Gewächshäuser.

Mehlhorns Original-Reformfenster ist das älteste und meistverbreitetste Fenster **ohne Zapfen** und **Scheren** und in seiner praktischen Verwendbarkeit von keinem anderen Fenster erreicht.

Man verlange die Broschüre: **I Mehlhorns Reformfenster** kostenfrei.

Gewöhnliche Frühbeetfenster

in jeder gewünschten Ausführungsart zu billigen Preisen.

Strebels Original-Gegenstrom-Gliederkessel

mit **neuen seitlichen Reinigungsklappen**, in seinen Vorzügen von **keinem anderen Kessel** erreicht.

Kulante und prompte Bedienung. Prospekte gratis und franko.

Zur Saison bedeutendes Lager in Fenstern aller gangbaren Masse.

Strebelkessel mit neuen seitlichen Reinigungsklappen in allen Grössen vorrätig.

[31

Illustrierte Wochenschrift für den gesamten Gartenbau.

Jahrgang XII. | 12. Dezember 1908. | No. 63.

Schlingpflanzen.

Allamanda Hendersonii.

Von Herm. A. Sandhack, Obergärtner, Mehlem.

(Hierzu eine Abbildung.)

Es ist eigentümlich, daß diese so wunderbar schön und dankbar blühende Schlingpflanze so wenig in Gärtnereien anzutreffen ist, obgleich jeder Gärtner oder Liebhaber, der *A. Hendersonii* im vollen Blütenschmuck sieht, davon entzückt ist. Ohne besondere Pflege, nur einen hellen, warmen Standort beanspruchend, bringt diese *Allamanda* den ganzen Sommer hindurch Massen der bis 15 cm großen, trichterförmigen Blüten von prächtiger, gelber Farbe.

Unter dem Glase, an Drähten gezogen, werden die Ranken der *A. Hendersonii*, gleich anderen Schlingpflanzen, befestigt. Sie wächst und blüht im Sommer üppig; im Winter werden die langen Triebe etwas gestutzt, und wenn die Pflanze die Blätter wirft, das Zeichen der Ruhezeit, wird weniger gegossen, sehr wenig; auch fordert diese *Allamanda* im Winter geringere Wärme. Die Vermehrung geschieht durch Stecklinge. Die nebenstehende Abbildung zeigt die Teilansicht einer Pflanze, die im Frühling 1907 gesteckt wurde.

Sumpf- und Wasserpflanzen.

Bacopa amplexicaulis (Mchx.), Wettst.

Von C. Bonstedt, Königl. Gartenmeister, Göttingen.

(Hierzu drei Abbildungen.)

Seitdem die Liebhaberei für Sumpf- und Wasserpflanzen nicht nur in den Gärten mit kostspieligen Einrichtungen hierfür, sondern auch bei Privaten durch die gesteigerten Bedürfnisse an Aquarienpflanzen gefördert ist, hat so manches bisher unbeachtet gebliebene Sumpfgewächs Eingang in die Kulturen gefunden, ja es wird gerade auf diesem Gebiete jede neue Einführung, die Abwechslung in die bekannten Formen bringt, mit Freuden begrüßt. Trotz alledem ist aber die Anzahl der tropischen und subtropischen Gewächse, die wir

Allamanda Hendersonii.

Nach einer in der Gärtnerei des Geh. Kommerzienrates Camphausen, Mehlem, gefertigten Aufnahme für die „Gartenwelt“ gezeichnet.

nur aus Beschreibungen und Herbarexemplaren kennen, und die den Weg noch nicht in unsere Gärten gefunden haben, recht groß. Es liegt dies wohl einesteils an den Schwierigkeiten, mit denen der Import lebender Sumpf- und Wassergewächse verbunden ist, andernteils daran, daß unsere wissenschaftlichen Sammler zu wenig darüber orientiert sind, was in den europäischen Gärten vertreten ist und was Wert zum Import besitzt. Da bleibt es denn bei der üblichen Heuernte.

Eine noch wenig bekannte Neueinführung kann ich heute den Lesern der „Gartenwelt“ in *Bacopa amplexicaulis* vorführen. Ich erhielt dies reizende Sumpfgewächs im vorigen Jahre vom Kollegen Baum, Rostock, mit dem Bemerken, daß die Pflanze aus Florida stamme. Wir glaubten damals eine *Veronica* vor uns zu haben. Die erhaltene Pflanze hat sich sehr gut in einer Wasserschale im temperierten Hause überwintert. In diesem Frühjahre kam ein Teil davon ins Freie, der andere in ein flaches Bassin des Viktoriahauses. Letztere Pflanzen haben von August an reichlich geblüht und ermöglichten mir, sie zu bestimmen, während die Pflanzen im Freien sich auch gut entwickelten, aber keine Blüten hervorbrachten. Freund Baum teilte mir dann noch mit, daß *Bacopa amplexicaulis* durch Herrn Matte, einem renommierten Fischzüchter, eingeführt und als *Septilia carolinea* oder *Monniera cranulata(?)* in den Handel gebracht worden sei.

Blühende Zweige von Bacopa amplexicaulis.
Originalaufnahme für die „Gartenwelt“.

In den amerikanischen Floren von A. Gray sowohl, als von Chapman ist diese *Scrophulariaceae* aus der Unterabteilung der *Gratioleae* als *Herpestis amplexicaulis*, Pursh, beschrieben. Erst von Wettstein hat die beiden Gattungen *Bacopa* und *Herpestis*, die sich dadurch unterscheiden, daß erstere 5, letztere 4 Staubbeutel hat, unter *Bacopa* zusammengezogen (Engler und Prantl, „Natürl. Pflanzenfamilien“). Der Stengel ist rund, aufsteigend, flaumig behaart, die Blätter gegenständig, rundlich, stengelumfassend, glatt, saftgrün und mit durchscheinenden Drüsenpunkten besetzt. Die Blüten erscheinen einzeln in den Achseln der Blätter. Die 5 Kelchblätter sind alle von ungleicher Größe, das äußerste ist das größte. Die hellblaue Blumenkrone steht auf einem bezahnten Discus und macht den Eindruck einer regelmäßig gebauten Blüte, da die einteilige, abgerundete, nur wenig eingeschnittene Oberlippe ebenso groß ist, wie die 3 gleichgroßen Zipfel der Unterlippe. Die Pflanze strömt einen aromatischen Geruch aus, der besonders beim Trocknen der Stengel und Blätter auffällt.

Bacopa amplexicaulis als Unterwasserpflanze im Aquarium.
Originalaufnahme für die „Gartenwelt“.

Während die etwa 50 übrigen Vertreter der Gattung den Tropen, speziell Südamerikas, angehören, kommt *Bacopa amplexicaulis* in den südlicheren Staaten Nordamerikas, von Florida bis Nordkarolina, vor. Sie ist auch die einzige Art, die bisher ihren Weg zu uns gefunden hat. In der Kultur ist sie durchaus anspruchslos und wird wohl in wärmeren Bassins auch im Freien zur Blüte gelangen. Obwohl eigentlich eine Sumpfpflanze, läßt sie sich auch geraume Zeit als Unterwasserpflanze im Aquarium ziehen.

Obstbau.

Umschwung in der Obstsortenbestimmung.

Von A. Janson, Köstritz.

In jedem Jahre gehen mir von den verschiedensten Stellen Obstsorten in jeder Anzahl zu, indem zugleich die Bitte ausgesprochen wird, die Namen der Sorten anzugeben. Gleich mir weiß jeder andere Obstbaufachmann, wie leicht bei der Benennung Irrtümer unterlaufen können. Es gibt kaum etwas, was im Bereiche des Gartenbaues liegt und schwieriger ist, als die Sortenkunde. Die Schwierigkeit liegt einmal in der großen Sortenzahl, dann in der Aehnlichkeit vieler Sorten, vor allen Dingen aber darin, daß nach Boden- und Klimaverhältnissen, nach dem Grade der Beleuchtung, nach der Bodenbeschaffenheit, nach Alter und Gesundheit des Baumes, nach seiner Unterlage usw. die Früchte stark variieren, ja daß die Früchte innerhalb einer Sorte verschiedene Formen zeigen, so daß selbst Leute mit großer Sortenkenntnis und von bewährter Erfahrung vielen Irrtümern unterworfen sind.

Um die Sortenbestimmung zu erleichtern, sind wohl sogenannte Pomologien geschrieben worden. Sie geben eine sehr sorgfältige, eingehende Beschreibung vom Aussehen und Geschmack der Frucht, von den Eigenschaften des Baumes, aber selbst der tüchtige Sortenkenner vermag nur selten mit Hilfe dieser Werke den Namen von Sorten zu bestimmen, die er nicht kennt, oder über welche er mit sich im Zweifel ist.

Für den angehenden Sortenkenner sind derartige Pomologien um so wertloser, als die schematische Einteilung in Klassen und Ordnungen nach den verschiedenen gebräuchlichen pomologischen Systemen ausschließlich solche Sorten zu Gruppen vereinigt, welche viel Aehnlichkeit im Aussehen und ihren Eigenschaften nach besitzen. Wer in solchem

Falle nicht die Frucht auf den ersten Blick kennt, wird nur ausnahmsweise aus den vielen einander überaus ähnlichen Beschreibungen die richtige und damit den richtigen Namen finden. Trotz allen pomologischen Scharfsinnes ist bisher kein Weg gefunden worden, der zur zweifellos sicheren Ermittelung der Namen führt. Ueber diese Mängel hat mich die Praxis alljährlich neu belehrt, und ich habe seit längerem die Möglichkeit erwogen, die zu einer festen Grundlage für die Sortenbestimmung führen könnte. Wie ich glaube, ist mir das in einem Maße gelungen; das in Zukunft die Sortenkunde auf einen ganz anderen Punkt stellen wird.

Es ist jedem Sortenkenner bekannt, daß die verschiedenen Sorten bei gleicher Größe der Frucht verschieden schwer sind. So z. B. gilt die *Schafsnase* als ein sehr leichter Apfel, die *Grauen Renetten* aber gelten als schwer. Der auffallende Unterschied hat mich veranlaßt, die verschiedenen Sorten auf das spezifische Gewicht zu untersuchen, und diese Untersuchungen haben ein Ergebnis gehabt, das für das sichere Bestimmen von Sorten von höchstem Einfluß ist. Es ergeben sich aus meinen Untersuchungen bisher folgende Tatsachen:

1. Bei den bisher von mir untersuchten Apfelsorten schwankt das spezifische Gewicht, je nach Sorte, zwischen 0,692 und 0,930. Die schwerste Sorte ist also um etwa 30% schwerer, als die bisher leichteste. Mithin sind die Differenzen viel größer, als gemeinhin angenommen wird.

Bacopa amplexicaulis im tropischen Wasserpflanzenhause des Botanischen Gartens zu Göttingen.
Originalaufnahme für die „Gartenwelt".

2. Das spezifische Gewicht einer Sorte bleibt sich in allen Bodenarten, gleichgültig ob feuchte oder trockene Witterung, ob nasser oder trockener Boden, auf den verschiedenen Unterlagen usw. gleich. Es ist also konstant bis auf ganz geringe Schwankungen, die sich selten über 3 pro Tausend Differenz erheben. Das ist eine so minimale Schwankung, daß sie als Hindernis nicht empfunden wird.

3. Diese Konstanz des spezifischen Gewichtes wird aber nur bei solchen Früchten einer Sorte bemerkt, welche baumreif geerntet wurden, nicht lange gelagert haben und nicht infolge Verdunstung gewelkt sind.

4. Früchte, die in nassem Boden oder bei Regenwitterung gewachsen sind, zeigen deshalb keine Veränderung im spezifischen Gewicht, weil sie in demselben Maße an Umfang zunehmen, wie sie Wasser aufsaugen.

5. Größere Schwankungen bis zu 16 pro Tausend zeigen solche Sorten, welche hohle Kerngehäuse besitzen, wie das bei den sogenannten Schlotteräpfeln der Fall ist. Sobald man diese aber teilt und ihre Volumen dann erst in nachbeschriebener Weise im Wasserbade feststellt, betragen die Schwankungen gleichfalls nur bis etwa 3 pro Tausend.

6. Die Gleichmäßigkeit des spezifischen Gewichts innerhalb einer Sorte erklärt sich dadurch, daß die Gewebe, der Wassergehalt und der Gehalt an Extraktstoffen je nach der Sorte im konstanten Verhältnis stehen, also durch die Vegetationsverhältnisse nicht beeinflußt werden.

Diese Ergebnisse meiner Untersuchungen geben zu folgenden Schlüssen für die Obstsortenbestimmungen Anlaß: Sobald eine Liste der verbreiteten Obstsorten mit der genauen Angabe der spezifischen Gewichte dieser Sorten aufgestellt wird (und ich arbeite daran), bedarf es bei der zu bestimmenden Obstsorte nur der Ermittelung des spezifischen Gewichtes und eines Vergleichs mit den in der Liste aufgestellten Molekulgewichten, um mit hoher Wahrscheinlichkeit sofort den Namen der Sorte festzustellen.

Da bei manchen verwandten Sorten die Gewichtszahlen dicht beieinander liegen und kleine Fehler beim Ablesen (siehe weiter unten) nicht immer ganz zu umgehen sind, wird man in solchem Falle die pomologischen Beschreibungen zum weiteren Vergleich heranziehen, wie das vorsichtshalber in jedem Falle zu empfehlen ist.

Jedenfalls aber wird bei dem nachfolgend beschriebenen Verfahren ein nie versagendes Merkmal gegeben, außerdem das lange, ermüdende und meist erfolglose Nachsuchen unter den Hunderten von Sorten pomologischer Werke gänzlich vermieden.

Ich bin erst am Anfange meiner Untersuchungen und will deshalb heute nur besonders festliegende Zahlen mitteilen.

Das spezifische Gewicht beträgt bei:

Lord Suffield	0,705
Gloria Mundi	0,745
Ripston Pepping	0,774
Canada Renette	0,800
Gelber Edelapfel	0,824
Graue französische Renette .	0,880
Baumanns Renette . . .	0,913
Goldparmaine	0,930

Im allgemeinen steigt der Adel einer Frucht mit dem spezifischen Gewicht. Die lockerfleischigen, sehr großfrüchtigen Sorten besitzen weniger Molekulargewicht, wie die kleineren, festfleischigen.

Um die praktische Brauchbarkeit dieser Bestimmungsmethode zu erproben, habe ich beliebige Früchte dieser Sorten von befreundeter Seite genau abwiegen und die Wasserverdrängung abmessen lassen. Im Besitze dieser beiden Zahlen habe ich durch einfache Division das spezifische Gewicht ermittelt und, ohne die Frucht gesehen zu haben und die Sorte zu kennen, nach meiner Liste den Namen richtig ermittelt.

Ich glaube, es gibt kaum einen schlagenderen Beweis für die Genauigkeit, mit welcher diese Bestimmungsmethode arbeitet, und ich zweifle um so weniger daran, daß sie bald allgemein angewendet wird, weil sich außerordentlich schnell danach arbeiten läßt und die nötigen Hilfsmittel für wenige Pfennige zu beschaffen sind. Die Hilfsmittel bestehen in einem weiten Glaszylinder mit Inhaltsangabe nach Kubikzentimetern Wasser in Graden, und einer guten Wage, die bis auf ein Gramm genau arbeitet. Die Glaszylinder sind überall unter der Bezeichnung Mensuren käuflich.

Die Ermittelung des spezifischen Gewichtes wird folgendermaßen vorgenommen: Man füllt die Mensur etwa halb voll Wasser, so daß die Wasseroberfläche mit einem Teilungsstrich glatt abschneidet. Die zu prüfende Frucht wird an eine Nadel gespießt und so weit in das Wasser eingeführt, daß sie knapp von diesem bedeckt ist. Durch das Einführen der Frucht steigt das Wasser im Glase, an dessen Skala man die Zahl der Kubikzentimeter des Inhaltzuwachses ablesen kann. Die abgelesene Kubikzentimeterzahl gibt das Volumen der untergetauchten Frucht. Diese wird nach sorgfältigem Abtrocknen genau gewogen. Wenn man dann das Gewicht in Gramm durch die Volumenziffer dividiert, erhält man das spezifische Molekulargewicht. Die Sache ist also sehr einfach und geht wesentlich schneller, als die Niederschrift dieser Beschreibung. Ich selbst habe im Verlauf von etwa 2 Stunden 16 Sorten in etwa 100 Früchten berechnet, so daß also pro Frucht etwa 1 Minute erforderlich ist.

Wer meine Versuche einer Nachprobe unterzieht, wird sich sehr schnell überzeugen, daß dieses Verfahren der Sortenbestimmung vor allen anderen den Vorzug unbedingter Sicherheit besitzt. Irrtümer können nur bei unrichtigem Ablesen und Abwiegen, sowie bei groben Rechenfehlern entstehen. Man darf sich aber nicht allein auf das Uebereinstimmen der spezifischen Gewichte verlassen, sondern muß von Fall zu Fall an Hand guter Sortenbeschreibungen vergleichen, denn bei der Unzahl von Zuchtsorten, Lokalsorten und Bastarden werden manche Sorten die gleichen Molekulargewichte haben. Die Entscheidung, mit welcher Sorte man es zu tun hat, fällt dann nicht schwer, weil man Sorten mit verschiedenstem Aussehen vor sich hat, nicht aber miteinander nahe verwandte Sorten in größerer Zahl, wie in den Klassen und Ordnungen unserer pomologischen Systematik.

Ich veröffentliche dieses, trotzdem meine Arbeiten erst im Anfangsstudium sind. Man könnte mir deshalb den Vorwurf der Voreiligkeit machen. Ich habe aber einen wichtigen Grund, schon jetzt an die Oeffentlichkeit zu treten. Trotz größter Bemühungen ist es mir bisher nur gelungen, etwa 80 Kernobstsorten in zweifellos echten Exemplaren zusammen zu tragen. So groß auch dieses Material an sich ist, so genügt es nicht immer zur erschöpfenden Beantwortung mancher auftauchenden Frage, zur Festlegung gültiger Werte. In Anbetracht der hohen Bedeutung dieser Feststellungen für die Sortenbenennung wende ich mich deshalb an meine Fachgenossen und Leser dieser Zeitung mit der Bitte, mich durch Uebersendung von Früchten nicht überall vorkommender Sorten zu unterstützen. Ich werde jederzeit gern zu Gegengefälligkeiten bereit sein. Zum Herbst 1909 hoffe ich dann mit Vorschlägen über die Sortenbestimmung unserer verbreitetsten Sorten hervortreten zu können, welche hoffentlich mit einem Schlage der Unsicherheit in der Sortenbestimmung ein Ende machen.

Obstbäume auf fiskalischem Boden.

Von **W. Jäck**, Bremen.

In Nummer 58 dieser geschätzten Zeitschrift beleuchtete Herr A. Janson, Köstritz, das Subventionswesen unseres heimischen Obstbaues, was mich veranlaßt, eine für Preußen herausgegebene Bekanntmachung vom Ministerium des Innern (15. Februar 1906) als Ergänzung des Jansonschen Artikels besonders den obstbautreibenden Lesern der „Gartenwelt" bekannt zu geben.

Aus dem Erlaß geht hervor, daß Obstbäume etc. auf staatlichem Besitz in das Eigentum des Fiskus auch dann übergehen, wenn sie von den Nutznießern beschafft und gepflanzt worden sind. Dem war angefügt, daß dieser Erlaß im Interesse des heimischen Obstbaues sehr zu begrüßen und eine gleiche Verfügung in anderen Staaten zu erhoffen sei.

Diesen Wunsch können die meisten Nutznießer von staatlichen Grundstücken, namentlich solche, welche neu angelegte Dienstgärten inne haben, wohl kaum teilen. Solche Grundstücke werden den Beamten vom Staate in der Regel ohne jeden Baum und Strauch zur Nutznießung übergeben. Wenn nun der Nutznießer auf seine Kosten ein solches Grundstück mit Obstbäumen und dergleichen bepflanzt und verliert nach nicht allzulanger Zeit, sei es durch Versetzung oder sonstige amtliche Maßnahmen, das Nutzobjekt wieder, ohne auch nur den bescheidensten Nutzen davon gehabt zu haben, so kann doch jeder billig denkende Mensch es einem solchen Beamten nicht verübeln, wenn er für seine Aufwendungen Entschädigung verlangt, oder gepflanzte Bäume verkauft, bezw. mitnimmt.

Anders würde es aussehen, wenn der Staat selbst Obstbäume auf solche Grundstücke pflanzen ließe, um sie gegen entsprechendes Pachtgeld den jeweiligen Nutznießern zu überlassen, wodurch diese Beamten zu Obstbauinteressenten gewissermaßen erzogen würden, falls sie es vorher noch nicht waren.

Gehölze.

Perowskia atriplicifolia *(Labiatae)*. Dieser Halbstrauch, der in den letzten Jahren vom Himalayagebirge eingeführt wurde, mit Recht die blaue *Spiraea* genannt, ist eine Idealpflanze für jeden Garten. Dieselbe erreicht eine Höhe von 80 bis 90 cm, Wuchs aufrecht und buschig. Die Blumenrispen, die von jedem Zweig hervorgebracht werden und eine Länge von 30 bis 35 cm erlangen, sind sehr zierlich. Solange dieselben sich im Knospenzustande befinden, sind sie von entzückendem Veilchenblau, welche Farbe, sobald die Blumen zur vollen Oeffnung kommen, in ein klares Blau übergeht. Die einzelnen Blumen sind klein, dem *Cytisus* sehr ähnlich; sie bedecken die schlanken Rispen in zahlloser Menge. Die Blätter sind silbergrau, lanzettlich, ein wenig gerändert, fast stiellos und bedecken die aufrechtstehenden Triebe in dichter, gegenüberstehender, abwechselnder Reihenfolge. Der ganze Strauch ist überzogen mit winzigen, silberigen Haaren; er bietet in Verbindung mit den verschiedenen purpurroten, violetten und hellblauen Schattierungen der Blumen einen überaus hübschen Anblick. Blütezeit ist Anfang August bis Ende September. *Perowskia atriplicifolia* ist vollkommen winterhart und für Pflanzengruppen im Freien wertvoll, auch eignet sich der Strauch vorzüglich zur Topfkultur und wird, sobald genug bekannt, dem Dekorationsgärtner, besonders zu einer Zeit, wo blühende Pflanzen rar sind, als ein wirksames Mittel zur Hand stehen.

Die Kultur ist ganz einfach; eine sonnige Lage mit einem guten, durchlässigen Boden genügt den Bedürfnissen dieser *Perowskia*. Vermehrung geschieht am besten durch harte Stecklinge im zeitigen Frühjahre. **P. Hanschitz**, Chester.

Rhodora canadensis. Zu unsern schönsten frühblühenden Gehölzen, die sich fürs Alpinum verwenden lassen, zählen unstreitig alle *Rhododendron*, und gibt es in der Tat nichts farbenprächtigeres als eine Gruppe dieser herrlichen Blütensträucher. Aber auch manche Perle ist darunter, die noch recht wenig bekannt und verbreitet und nur in einigen botanischen Gärten zu finden ist, obgleich sie ein besseres Los verdiente. Zu diesen zähle ich die obengenannte *Rhodora canadensis*, L., *syn. Rhododendron canadense*, Zabel; sie gehört durch ihre frühzeitige Blüte, Ende April bis Anfang Mai, zu den ersten Freilandblühern. *R. canadensis* ist, wie der Name schon sagt, ein aus Nordamerika stammender Strauch von $^1/_2$ bis $1^1/_2$ m Höhe, der das Laub im Winter abwirft.

Die kurzgestielten Blätter stehen an den Zweigenden dicht gedrängt, fast schopfartig, sonst aber zerstreut; sie sind von schmalelliptischer, länglicher Form, oberseits hellgraugrün, unterseits weißlichgrau und weich behaart.

Die mittelgroßen Blumen stehen zu 3 bis 6 zusammen und sind von zartlilarosa Farbe; sie erscheinen vor den Blättern in großer Anzahl, so daß der ganze Strauch einen großen Blumenbusch bildet. Es existiert auch eine weißblühende Form, doch ist dieselbe recht selten. *R. canadensis* eignen sich auch zu Topfpflanzen, besonders wenn sie in der Jugend häufig entspitzt werden, um gedrungenen Wuchs zu erhalten. Mäßig angetrieben, blühen sie dann schon im Februar-März.

E. Richlin.

Carpinus Betulus als Heckenpflanze.

Vom Herausgeber.

(Hierzu eine Abbildung.)

In der Rubrik „Fragen und Antworten" der No. 55 dieser Zeitschrift wurde die Frage des Heckenschnittes von verschiedenen Seiten einer eingehenden Erörterung unterzogen. Für denjenigen, der in die Lage kommt, ein größeres Grundstück mit lebender Hecke zu umgeben, ist die Frage der Auswahl der geeigneten Heckenpflanzen und der Aufzucht von gleich großer Wichtigkeit. Soll die Anpflanzung einer Hecke unter Aufwendung möglichst geringer Kosten erfolgen und späterhin die fertige Hecke einen nicht allzubreiten Raum einnehmen, so kommen für dieselbe ausschließlich Laubgehölze, und von diesen in erster Linie Weißbuche und Weißdorn, in Frage. *Thuya occidentalis* und Eiben sind in solchen Fällen zu teuer, Fichtenhecken werden zu breit und infolge des fortgesetzten seitlichen Schnittes von unten auf rasch kahl, während sie das wiederholte Kappen der Gipfeltriebe weniger beeinträchtigt.

Unter den Laubgehölzen liefert unbedingt die Weißbuche die weitaus beste Heckenpflanze, weil sie erstens sehr wüchsig ist und zweitens nicht unter Pilzkrankheiten und Schädlingen leidet. Ich habe bisher nur die Raupe des Ringelspinners ganz vereinzelt auf *Carpinus Betulus* beobachtet. Der Weißdorn hat der Weißbuche gegenüber den Vorzug der Bedornung, dagegen den großen Nachteil, daß er fortgesetzt von tierischen Schädlingen heimgesucht wird, und zwar von jenen, die auch der Obstkultur verderblich werden. Eine große Weißdornhecke von diesen Schädlingen frei zu halten, ist ein schweres Stück Arbeit, das meist unterbleibt. Ich habe in den verschiedensten Gegenden des Reiches die Weißdornhecken im Hochsommer auf weite Strecken hin vollständig kahl gefressen gefunden.

Wer sich ein Gartengrundstück kauft, um es sofort in Kultur zu nehmen, darf freilich die frisch gepflanzte Hecke zunächst nicht als schützende Einfriedigung betrachten; eine solche wird sie erst nach Jahren. Wer aber von Anfang an Schutz gegen vierbeinige Schädlinge wünscht, von welchen namentlich Kaninchen und Hasen, in vielen Gegenden auch Rehwild, in Frage kommen, der wird noch vor Anpflanzung der Hecke das Grundstück durch einen, wenn auch nur primitiven Drahtzaun schützen müssen. Diesen Drahtzaun errichtet man durch Einsetzen von trockenen Kiefernrundholzpfosten in je $2^1/_2$ m Abstand, an welchen dann das straff gespannte Drahtgeflecht mit Eisendrahthaken in üblicher Weise befestigt, sowie oben und unten mit Eisendraht versteift wird. Es ist gut, den Draht so zu spannen, daß er unten 10—15 Zentimeter tief in der Erde steht. Hasen und Kaninchen geben dann jeden Versuch sich durchzuwühlen sofort auf. Für derartige Drahtzäune, die mit Heckenpflanzen bekleidet werden sollen, genügt Maschinengeflecht von 9 cm Maschenweite. Zur Anpflanzung verwendet man am besten zweijährige *Carpinus Betulus*-Sämlinge, da ältere, stärkere Pflanzen nur schwer anwachsen. Es ist ein großer Nachteil der Weißbuche, daß sie, gleichviel ob im Herbst oder Frühling gepflanzt, nicht leicht anwächst. Auf meiner Plantage führte ich die erste Anpflanzung im Oktober 1903 aus. Da künstliche Bewässerung der mehrere hundert Meter langen Hecke

Teilansicht meiner Carpinus Betulus-Hecke. Aufgenommen im Mai d. J., dem vierten Jahre nach der Pflanzung. Links Obergärtner W. Mütze, von der Kaiserl. Biologischen Anstalt in Dahlem.

Originalaufnahme für die „Gartenwelt".

in dem folgenden, ungewöhnlich trockenen Sommer nicht möglich war, so ging die ganze Anpflanzung verloren. Im Herbste 1904 wurde der Drahtzaun zum zweiten Male bepflanzt, worauf in den drei folgenden Jahren noch Nachpflanzungen erforderlich waren. Ich habe die Beobachtung gemacht, daß viele der im Herbste gepflanzten *Carpinus Betulus* erst nach Eintritt einer Regenperiode im Hochsommer auszutreiben beginnen, ja einige im Herbste 1906 nachgepflanzte *Carpinus* rührten sich während des ganzen folgenden Sommers nicht, zeigten aber gesundes Holz und gelangten teilweise noch im Juni dieses Jahres zum Austrieb.

Das Beschneiden der frisch gesetzten *Carpinus Betulus* halte ich für ganz verkehrt; ich habe 15 bis 20 jährige Hecken gesehen, die infolge des gewaltsam ausgeführten Schnittes noch höchst unvollkommen waren. Meine im Herbste 1904 an den $1^1/_2$ m hohen Drahtzaun gepflanzte Hecke ist jetzt auf größere Strecken in dem tieferen, feuchteren Teile der Plantage so gut wie fertig. Die Pflänzlinge habe ich weder nach der Pflanzung noch in den folgenden drei Jahren geschnitten, dagegen habe ich mir die Mühe gemacht, alle Triebe Jahr für Jahr gleichmäßig verteilt an den Drahtzaun anzuheften, mit dem sie nun so vollständig verwachsen sind, daß der Zaun auch dann felsenfest steht, wenn nach einiger Zeit die Rundholzpfosten abgefault sind. Die Abbildung Seite 749 zeigt eine Teilansicht dieser, wie gesagt, im Herbste 1904 mit zweijährigen Sämlingen angepflanzten Hecke, nach einer Mitte Mai dieses Jahres gefertigten Aufnahme. Den ersten Schnitt mit der Heckenschere habe ich Anfang September dieses Jahres ausgeführt. Von jetzt ab soll die Hecke jährlich zweimal, Ausgang Juni und dann wieder im September, beschnitten werden. Die kräftigen *Carpinus Betulus* haben bereits bis zu armstarke Stämme und sind die Hauptäste vielfach vollständig in den Draht hineingewachsen, ohne sichtbaren Schaden. Mein Drahtzaun hat nämlich nur 6 cm Maschenweite, weil ich anfangs eine Bepflanzung nicht ins Auge gefaßt hatte. Wo nicht von Anfang an eine wild- und diebessichere Einfriedigung gewünscht wird, da erübrigt sich die Aufstellung eines Drahtzaunes vor Anpflanzung. Es genügt dann zunächst, in je 10 cm Abstand drei Stacheldrähte übereinander zu spannen und in den nächsten Jahren je einen neuen nachzuspannen.

Eine *Carpinus Betulus*-Hecke läßt sich beliebig hoch ziehen; für größere, den Winden ausgesetzte Gartengrundstücke empfiehlt es sich, die Hecke alljährlich oben so zu beschneiden, daß sie von Jahr zu Jahr an Höhe 20 bis 25 cm Zuwachs erhält, bis 3 m Höhe und mehr erreicht sind. Solche Hecken bieten vorzüglichen Windschutz, da sie das trockene Laub halten. Durch metertiefes Rigolen vor Anpflanzung und sachgemäßes Düngen wird die Wuchskraft gefördert. In sehr trockenen Böden ist Bewässerung in den ersten Jahren zu empfehlen.

Topfpflanzen.

Gonioscypha eucomoides, Bak., ist eine nur mäßig schöne, jedoch sehr interessante Pflanze aus der Familie der Liliaceen. Sie wurde etwa 1886 durch W. Bull aus Bhotan (Himalaya) eingeführt und kam über einige botanische Gärten wohl kaum hinaus. Ich verdanke unser Exemplar noch meinem verstorbenen väterlichen Freunde Wendland-Herrenhausen.

Aus einem Stock fleischiger Wurzeln erhebt sich eine spiralig angeordnete, lockere Rosette großer, lederiger, hellgrünlicher, ovaler, zugespitzter Blätter, bei 15 cm Breite, etwa 35 cm lang. Die unteren Blätter sind scheidig gestaltet und hüllen die oberen am Grunde ein. Aus dem Blattinnern der Rosette erhebt sich gegen den Sommer hin der walzenförmige Blütenstand mit kleinen, grünlichbraunen Blumen, die nichts von Lilienschönheit haben. Die je drei schmalen Kelch- und Blumenblätter sind einander gleichgestaltet, derb, schmallanzettlich und an der Spitze nach außen etwas zurückgeschlagen, von schmutzigbräunlicher, olivgrüner Farbe. Die Staubfäden sind etwas kürzer als die Blumenblätter; sie sind von gelblichgrüner Färbung, während die Staubbeutel hellgelb sind. Der Stiel ist etwas länger, aus der Blumenröhre herausragend, und grünlich gefärbt.

Gonioscypha eucomoides.
Vom Verfasser im Botanischen Garten zu München für die „Gartenwelt" photographisch aufgenommen.

In bezug auf Kultur gibt es kaum eine anspruchslosere Pflanze. Im mäßig warmen Hause (15 bis 18 ° C), an halbschattiger Stelle, in lockerer Laub- oder Lehmerde, fühlt sie sich in frischer Luft recht wohl und lohnt die geringe Mühe des Gießens durch freudiges Gedeihen und alljährliche Entfaltung einer neuen Blattrosette. Die alten Blätter sterben darnach allmählich ab.

Die Vermehrung geschieht durch junge Sprossen, welche von der Basis des Stammes zwischen den oberen fleischigen Wurzeln hervorsprießen. Die nebenstehende Abbildung zeigt eine Pflanze in starker Verkleinerung. **B. Othmer.**

Zwiebel- und Knollengewächse.

Eine interessante Cyclamenkreuzung. Im Herbst 1906 nahm ich, rein zum Studium der Vererbungsgesetze, eine Cyclamenkreuzung vor. Das aus Suttonschem Originalsamen erzogene *Butterfly* von reinweißer Farbe bestäubte ich mit dem Staub der schwarzrot blühenden Sorte *Sanguineum*, die Handelsgärtner Hottinger, Zürich V, seit Jahren rasserein durchzüchtet. Die Kreuzungsprodukte halten bekanntlich meist die Mitte zwischen beiden Elternpflanzen; sie sind „intermediär" im Botanikerdeutsch, und nur in Ausnahmefällen richten sie sich nach dem von Gregor Mendel aufgestellten Gesetz, das in den letzten Jahren so viel Tinte hat fließen lassen. Meine Kreuzung Reinweiß×Schwarzrot brachte mir aber doch eine Ueberraschung, als Zwischenprodukt ein ins Blaue zielendes „Krapprot", wie es als Farbenton in den Cyclamen meines Wissens nicht vorhanden ist. Ein Studierender der Dresdener Kunstakademie belehrte mich aber durch Farbenmischung auf der Palette, daß das Krapprot völlig die Mitte zwischen beiden Farben hält. Die bläuliche Tönung rührt daher, daß im Schwarzrot des *Sanguineum* tatsächlich Blau vorhanden, wenn es auch für das Auge kaum sichtbar ist. Am *Sanguineum* wird als besonderer Vorzug der angeführt, daß es nicht „verblaut". Durch Vermischen mit Weiß tritt das Bläuliche des Farbentons nur stärker hervor. Ich will die Farbe weiter durchzüchten, vielleicht ist aus ihr Blau zu erreichen und unwillkürlich kommt mir der Gedanke an Rosenkreuzungen, die „blaue Rose".

Das Interessanteste aber ist, daß ich n u r 70 Prozent der Sämlinge in krapproter Farbe und ohne alle sichtbare Farbenabstufung erzielte. Die übrigen 30 Prozent waren ebenfalls intermediär gefallen, aber in anderer Verteilung des Blutgemisches. Sie haben weiße Blumen mit „rotem Auge", das Weiß nicht rein, sondern deutlich rosaviolett angehaucht.

Alle Sämlinge stammen von einer einzigen Mutterpflanze, die mir 5 Samenkapseln geliefert hatte. Leider habe ich die Kapseln nicht getrennt zur Aussaat gebracht, so daß ich nicht weiß, ob beiderlei Kreuzungsprodukte aus ein und derselben Kapsel hervorgegangen sein können. Vielleicht lieferten 4 Kapseln krapprote Nachkommen, die fünfte weiße Cyclamen mit rotem Auge? Beide Kreuzungsprodukte habe ich nun in Inzuchtbestäubung genommen, um in der nächsten Generation weitere Beobachtungen machen zu können.

Da sich Suttons *Butterfly* in Wuchs, Blattstiellänge, Blattform und -farbe auffallend von unsern deutschen Cyclamen unterscheidet und a l l e Sämlinge der Kreuzung bis auf die Blütenfarbe treu den Charakter des *Butterfly* ererbten, so daß man sie auch im nichtblühenden Zustande aus andern herauslesen konnte, ist die etwaige Annahme völlig ausgeschlossen, es könnten durch Nachlässigkeit Pflanzen „Weiß mit rotem Auge" mit unter die krapproten der Kreuzung gekommen sein. **M. Löbner**, Dresden.

Stauden.

Clematis erecta und Cl. Davidiana. Im Gegensatz zu den andern Clematisarten, die zum allergrößten Teile Schlinger sind, haben *Clematis erecta* und *Clematis Davidiana* mehr staudenartigen Charakter. Beide Arten wachsen kräftig und gedrungen und erreichen eine Höhe von etwa 1 m. Die in lockeren, großen Dolden erscheinenden Blumen bilden den Abschluß des Triebes und sind von reinweißer, bei *Clematis Davidiana* von zart hellblauer Farbe. Die ganze Pflanze wirkt sehr dekorativ und ist besonders das frischgrüne, lederartige Laub ungemein zierend.

Als Schnittblume kann *Clematis erecta* zu Vasensträußen nur empfohlen werden, da die Blumen im Wasser lange haltbar sind und sich deshalb gut für alle möglichen Arrangements verwenden lassen. Die Blütezeit ist Ende Mai-Juni.

Im Herbst werden diese *Clematis* über dem Boden abgeschnitten, da sie alljährlich neue Wurzeltriebe entwickeln. Ein Decken ist nicht notwendig, da sie vollständig winterhart sind und die kältesten Winter ohne jeden Schutz aushalten. **Reiter.**

Clematis erecta (links) und Clematis Davidiana (rechts).
Vom Verfasser für die „Gartenwelt" photographisch aufgenommen.

Gemüsebau.

Erfolge und Mißerfolge in der Champignonzucht.

Von **F. Oehlke**, Champignonzüchter, Leipzig-Kl. Zschocher.

In den letzten Jahren hatte ich Gelegenheit, auf dem Gebiete der Champignonkultur in verschiedenen Gegenden Deutschlands und in der Schweiz Erfahrungen zu sammeln, über die ich nachstehend berichten will.

Die oft beklagten Mißerfolge in der Kultur sind größtenteils auf fehlerhafte Präparation des Düngers zurückzuführen. Viele Züchter und zwar nicht nur diejenigen allein, die nur gelegentlich züchten, sondern auch manche Berufszüchter verstehen es nicht, den Dünger sachgemäß zu präparieren, trotzdem hiervon der Erfolg in der Hauptsache abhängt. In vielen Fällen wird der Dünger schon naß angefahren; war er nicht naß, so wird er durch Angießen gründlich naß gemacht, schichtweise angesetzt und festgetreten, bis der Haufen einen Meter hoch geworden ist. In diesem Haufen erhitzt sich der Dünger stark und entwickelt infolge seines großen Wassergehaltes reichlich Wasserdämpfe, welche, da die Haufen festgetreten sind, nicht entweichen können. Als Folge hiervon machen sich bald fauliger Geruch und schwarzbraune Verfärbung geltend. Wird nun der Düngerhaufen wie üblich noch ein- bis zweimal umgesetzt und dabei jedesmal wieder festgetreten, so nimmt er schließlich eine ganz schwarzbraune Färbung an. In dieser Beschaffenheit ist der Dung nach Ansicht mancher Züchter zur Anlage der Beete gut. Nur ausnahmsweise erzielt man aber mit solchem Dünger Erfolge, wenn er sich auf den Kulturbeeten nochmals erwärmt und das überflüssige Wasser verdampft. In der Regel nehmen die Fäulnispilze in derartig präpariertem Dung überhand, die Beete bleiben dann ertraglos, im günstigsten Falle ist die Tragbarkeit nur von kurzer Dauer und das Ernteergebnis deshalb sehr gering, obwohl auch unter solchen Verhältnissen mitunter Pilze von guter Qualität gewonnen werden.

Auf schlecht präparierten Beeten vegetiert der Champignon erfahrungsgemäß nur so lange, als sich der Dünger in Gärung befindet; wird die Gärung durch übermäßige Nässe oder durch starke Temperaturschwankungen gestört, so stockt die Vegetation sofort.

Die Vorbereitung des Düngers soll in folgender Weise gehandhabt werden: Der angefahrene Pferdemist wird, wenn er zu trocken erscheint, mit etwas Wasser angefeuchtet. Das Wasser muß schon vor dem Erhitzen des Düngers gegeben werden und im Dung mit vergären. Sollte der Dünger in der wärmeren Jahreszeit trotzdem noch trocken brennen, so ist ihm nochmals Wasser zuzusetzen, wonach er noch einmal frisch umgesetzt werden muß. Es kann aber auch vorkommen, daß der Dung zu naß ist, auch in diesem Falle empfiehlt es sich, ihn umzusetzen und mit der Dunggabel mäßig anzuklopfen. Der ganze Haufen wird sich dann nochmals erhitzen und die überflüssige Feuchtigkeit wird in Form von Wasserdämpfen entweichen. Will man sich von der richtigen Beschaffenheit des fertig präparierten Düngers überzeugen, so steckt man einen trockenen Stab in den Dunghaufen. Ist der Stab beim Herausziehen so naß, daß man beim Herunterstreifen mit der Hand Wasser abstreift, dann ist der Wassergehalt des Düngers zu groß, bleibt der Stab ganz trocken, so fehlt es dem Dung an dem notwendigen Wassergehalt, denn der Stab soll beim Herausziehen feucht sein. Das Weißbrennen des Dungs im Innern des Haufens ist kein Fehler, aber Trockenbrennen darf er nicht.

Bis vor kurzem vertrat man noch die Ansicht, daß der Champignon nur in Pferdedünger wächst, was aber nicht der Fall ist. Champignon wächst in allen organischen Stoffen, welche eine Gärung durchgemacht haben. Nimmt man halbtrockenes, als Futter nicht geeignetes Heu, oder im Herbst zusammengeharktes Fallaub, um es auf Haufen zu bringen und wie Pferdemist zu präparieren, so kann beides zur Anlage von Champignonbeeten Verwendung finden; die Brut wächst in diesen Substanzen sehr gut, die Beete werden deshalb befriedigend und andauernd tragen.

Wenn der Dünger vorzeitig in Fäulnis übergeht, so wird dies nach meinen Erfahrungen stets geringe Ernte oder vollständige Mißernten zur Folge haben. Eine Folgeerscheinung dieser Fäulnis sind stets die kleinen Pilzfliegen, die dann den Kulturraum oft zu Millionen bevölkern. Man nimmt gewöhnlich an, die Fliege würde durch ihr Auftreten allein die Ernte vernichten, sie wird aber nur durch den Fäulnisgeruch des Düngers angezogen, und legt ihre Eier in den Dünger, aber auch direkt in die Pilze. Gut präpariertem Dünger, der einen süßlichen Geruch verbreitet, bleibt die Fliege fern.

In der Regel verwendet man zur Champignonkultur Räumlichkeiten, für welche gerade keine andere Verwendung vorhanden ist; mitunter sind diese Räume heizbar. Jahreszeit und Kulturraum sind auf den Erfolg der Champignonkultur nicht ohne Einfluß. Soll die Zucht in einem ungeheizten Raume betrieben werden, mag es ein Keller, Stall oder Schuppen sein, so ist man an die wärmere Jahreszeit gebunden. In den Monaten April bis Juni würde die Brut zwar anwachsen, aber nach einigen wärmeren Tagen wäre es mit der Ernte vorüber. Gute Resultate erzielt man in den gleichen Räumen, wenn die Beete vom Dezember bis Februar angelegt werden; dann entwickelt sich die Brut langsam, bis sich bei zunehmender Wärme die ersten Pilze zeigen, und bevor die Sommerhitze eintritt, haben die Beete bereits ihren Ertrag geliefert. Dieselben guten Resultate erzielt man in den gleichen Räumen bei Anlage der Beete vom Juli bis September, da die dann angelegten Beete mit Eintritt der Winterkälte ihre Schuldigkeit getan haben.

Die weit verbreitete Ansicht, daß der Champignonkulturraum dunkel gehalten werden müsse, ist nicht ganz richtig. Direkt auf die Beete fallendes Licht ist allerdings dem Champignon nachteilig, Seitenlicht dagegen nicht.

Ist man genötigt, auf feuchtem Boden Champignonbeete anzulegen, so bildet man aus drei Brettern von je 20 cm Breite einen Kanal; der präparierte Dünger wird dann über dem Kanal in 80 cm Beetbreite so aufgesetzt, daß das Beet in der Mitte etwa 35 cm Höhe hat und etwa die Gestalt einer Kartoffelmiete zeigt. Derartige Beete sind die besten für Kellerräume und pflegen reich und andauernd zu tragen. Platt auf dem Boden liegende Beete geben nur geringe oder gar keine Erträge, da sie kalt liegen und der Dünger die Bodenfeuchtigkeit an sich zieht, infolgederen er bald in Fäulnis übergeht.

Ich kultiviere Champignons schon seit 28 Jahren und ist mir in den letzten 11 Jahren nicht eine einzige Anlage fehlgeschlagen.

Fragen und Antworten.

Beantwortung der Frage No. 561. Welche Erdmischung ist für Topferdbeeren zur Frühtreiberei zu empfehlen? Sind einjährige, im freien Grunde vorkultivierte oder im Juni—Juli in Töpfe abgesenkte Ausläufer zum Treiben vorzuziehen? —

Die Beschaffenheit der Erde ist für die Erdbeertreiberei während der Vorkultur, sowie auch bei dem Treiben der Pflanzen von großer Wichtigkeit, es hängt von derselben auch zum großen Teil das Resultat ab. Man achte darauf, daß die Erde nahrhaft, nicht zu leicht und gut verrottet ist. In hiesiger Gärtnerei, wo jährlich 10 bis 11 Tausend Töpfe abgetrieben werden, wird gute Rasen- oder Landerde und Mistbeeterde, beides zu gleichen Teilen, auf einen Haufen gebracht, über diesen Thomasmehl und Guano, auch zu gleichen Teilen, gestreut, etwa 15 bis 18 kg auf 1 cbm Erde, und das Ganze zweimal gut durchgemischt. Vorteilhaft ist es für die Erde, wenn man dieselbe so zeitig zubereitet, daß sie noch 3 bis 4 Wochen vor dem Verbrauch auf dem Haufen liegen kann. Mit dieser Erdmischung sind seit Jahren die besten Erfolge erzielt worden.

Die Mitte Juni-Juli abgesenkten Ausläufer liefern stets die besten Pflanzen zum Treiben; Pflanzen, die schon ein Jahr im freien Lande vorkultiviert sind und dann in Töpfe gepflanzt werden, verholzen zu stark, geben beim Frühtreiben sehr viel Ausfall und bringen nur kleine Früchte.

Um recht kräftige Pflanzen zum Treiben zu bekommen, fülle man Mitte Juni bis Juli, je nachdem die Ausläufer stark genug sind, größere Stecklingstöpfe mit Mistbeeterde, senke sie zwischen die Reihen der zur Anzucht bestimmten Sorten ein, lege die Ausläufer auf die Töpfe und drücke sie in der Erde fest. Man nehme nur die erste Pflanze von einer Ranke, da diese immer am kräftigsten wird. Ist diese Arbeit geschehen, so werden die Töpfe gut angegossen und auch weiterhin gleichmäßig feucht gehalten, da die Pflanzen bei genügender Feuchtigkeit schneller durchwurzeln. In etwa 14 Tagen werden die Pflanzen die Töpfe durchwurzelt haben, man schneidet sie nun von der Mutterpflanze ab und pflanzt sie in 16 cm große Töpfe in vorerwähnte Erde. Viele Gärtner sind der Ansicht, daß die Erdbeeren öfter verpflanzt werden müssen, was hier früher auch gehandhabt wurde. Man ist aber davon abgekommen, da das öftere Verpflanzen viel Zeit in Anspruch nimmt und man bei einmaligem Verpflanzen ebenso starke Treibware erhält, als wenn es öfters geschieht.

Nach dem Einpflanzen in 16" Töpfe gieße man die Pflanzen gut an und stelle sie auf ein freiliegendes, sonniges Beet; eingesenkt werden die Töpfe nicht. Ein Platz direkt vor einer Mauer ist nicht zu empfehlen, da diese im Sommer zu warm wird und die Pflanzen dem Austrocknen zu sehr ausgesetzt sind.

Die Kultur der Treibpflanzen hat den Sommer hindurch mit der größten Aufmerksamkeit zu geschehen. Sie müssen stets reichlich mit Wasser versorgt, nach sonnigen und heißen Tagen des Abends überspritzt und von allen sich bildenden Ranken befreit werden. Auch die Beete, auf denen die Töpfe stehen, sind immer von Unkraut rein zu halten, ohne daß man die Töpfe aus ihrer Stellung bringt.

Ist nun der Topf gut durchwurzelt, so gibt man den Pflanzen zweimal in der Woche einen Dungguß von aufgelöstem Kuhdung oder Kunstdünger, Marke P. K. N. von Albert in Biebrich a. Rh. Von letzterem nimmt man 4 g auf 1 l Wasser; es sind hier damit vorzügliche Erfolge erzielt worden. Wurzeln die Pflanzen durch das Abzugloch in das Beet, auf welchem sie stehen, so hebt man die Töpfe auf und entfernt die Wurzel, indem man mit der Hand darunter faßt, ohne den Topf zu drehen.

Je weiter es zum Herbste geht, desto vorsichtiger muß gegossen werden, da bei allzugroßer Nässe leicht Wurzelfäule eintritt. Sollte eine lange Regenzeit eintreten, so legt man die Töpfe auf die Seite, damit der Regen nicht zu stark auf die Pflanzen einwirken kann. Bei Eintritt des Frostes bringt man die Pflanzen in ausgeräumte Kästen, wenn möglich unter Glas, und sorgt für reichliches Lüften. Zwei bis drei Grad Kälte schaden den Erdbeeren nichts. im Gegenteil, die Pflanzen kommen danach schneller zur Ruhe und lassen sich besser treiben, nur muß man achtgeben, daß nicht stärkere Kälte einwirkt, wodurch die Töpfe leicht springen. Sobald starker Frost eintritt, schützt man die Töpfe durch Laubumschläge und Ueberdecken des Fensters mit Strohmatten vor dem Springen. Auf diese Weise vorkultivierte Pflanzen werden einen guten Ertrag bringen, ein Mißerfolg wäre der Treiberei zuzuschreiben. Im vorigen Jahre wurden hier am 15. Dezember 600 Töpfe *Royal Souvereign* aufgestellt, von denen etwa 80 Stück ausfielen, die übrigen brachten schöne Früchte, deren erste am 16. März geliefert werden konnten. Sätze, die von Mitte Januar ab aufgestellt wurden, brachten fast gar keinen Ausfall mehr. *Royal Souvereign* ist eine der besten Erdbeeren zum Treiben. Sie läßt sich ganz früh treiben und bringt schöne, große Früchte. Hier in der Kruppschen Gärtnerei wird die Sorte vorwiegend und mit gutem Erfolge getrieben. Für spätes Treiben, April und Mai, nenne ich *Sieger* und *Cothene*. Aeltere Treibsorten, wie *Laxtons Noble* und *La grosse Sucré* hat man schon seit Jahren fallen lassen, da sie nicht an *Royal Souvereign* herankommen.

W. Grunst, Hügel.

— Sehr empfehlenswert ist für die Erdbeertreiberei eine gute, fast zweijährige Vorkultur der Pflanzen, welche zum Treiben Verwendung finden sollen. Sobald die Ausläufer an den Erdbeerpflanzen im freien Lande sich gut bewurzelt haben, werden die besten und am kräftigsten entwickelten Pflanzen vom Mutterstocke abgeschnitten. Die Beete, auf welche diese jungen Pflanzen dann gepflanzt werden, sollen mit verrottetem Kompost gut durchgraben sein. Nachdem die Pflanzen gesetzt sind, wird die Beetfläche mit kurzem Dung bedeckt, so daß nur die Pflanzen freibleiben. Im kommenden Frühjahre werden die Beete gut gelockert, damit Luft und Sonne auf das gute Wachsen der Pflanzen einwirken können. Sämtliche erscheinenden Blütenknospen und Ranken sind sofort auszukneifen und den Pflanzen ist öfter ein kräftiger Jaucheguß zu verabreichen. Im Juli erfolgt dann ein sorgfältiges Eintopfen der Pflanzen. Als Erdmischung dient eine am besten schon im Winter vorher zubereitete, kräftige Erde, bestehend aus Laub- und Mistbeeterde mit doppelt soviel Rasen- oder gut zubereiteter Wiesenerde und mit Sand vermengt. Als Zusatz zu dieser Erdmischung sind alter Baulehm und gebrannter, gelöschter Kalk in nicht zu großer Menge sehr gut. Diese Erdmischung ist öfter mit Jauche zu übergießen und gut zu kompostieren. Die Kalkbeigabe dient sehr zur reichen Blüten- und daraus folgenden Fruchtbildung, und die Früchte selbst gewinnen an Aroma. Nach dem Eintopfen sind die Pflanzen einige Tage gut geschlossen zu halten, werden dann aber wieder im Freien eingefüttert, und sobald sie durchwurzelt sind, durch öfteres Jauchen möglichst gekräftigt. Falls die Töpfe im Anfange beim Eintopfen etwas klein gewählt wurden, so können die Pflanzen noch einmal umgepflanzt werden, doch sind besser beim Eintopfen nicht zu kleine Töpfe zu wählen, auch ist ein Ausstreichen der Töpfe mit Kuhdung sehr nützlich. Die eingefütterten Töpfe sind mit kurzem Dung zu überstreuen. Im Spätherbste sind die Töpfe dann nach einigen Frösten in einen kalten Kasten zu bringen; zwischen die Töpfe wird Laub geschüttet, die Pflanzen sind von oben mit Tannenreisig zu decken und noch zum Schutze Bretter oder Laub darüber zu bringen. Man kann die Töpfe aber auch im Freien belassen und dieselben in genannter Weise schützen. Töpfe, welche zur ganz frühen Treiberei dienen sollen, sind schon im September durch Umlegen zum Wachstumsstillstand zu bringen. Zur Frühtreiberei kommt nur das Treiben im Gewächshause in Betracht. Vor dem Einstellen der Töpfe zum Treiben entferne man die obere Erdschicht, ohne die Wurzeln zu verletzen und ersetze sie durch gut verrotteten Dung. Der Standort, den die Töpfe im Gewächshause erhalten, muß möglichst dicht unter Glas sein. Es ist mit einer Temperatur von 5 bis 7 °C bei der Treiberei zu beginnen, und sind die Pflanzen mit lauwarmem Wasser gut durchzugießen und zu spritzen. Das Wasser, welches zum Gießen und Spritzen dient, soll überhaupt nie zu kalt sein. Auf frische Luft ist im Verlauf der ganzen Treibperiode ein Hauptaugenmerk zu richten. Die Temperatur im Treibhause ist von Woche zu Woche um ungefähr 2 °C zu steigern, bis zu einer Höchsttemperatur in der Reifezeit von 20 °C, wobei dann die Sonnenwärme ungefähr 22 °C haben kann. Sobald die Blüten sich zu öffnen beginnen, ist das Spritzen einzustellen und sind die Häuser bis zur erfolgten Befruchtung warm, luftig und trocken zu halten. Sollte in der Blütezeit wenig sonniges Wetter herrschen, so ist ein künstliches Befruchten mittelst Pinsels notwendig. Sobald die Blumenblätter abgefallen sind, muß wieder tüchtig bewässert und gespritzt werden. Aber auch für einen kräftigen und öfteren Dungguß erweisen sich die Pflanzen durch große, saftige Früchte sehr dankbar. Am vorteilhaftesten wirkt das Düngen mit Jauche aus Kuhdung, jedoch ist auch künstliche Düngung mit Nährsalzen sehr zu empfehlen, aber vorsichtig anzuwenden. Beim Eintritt der Reife ist das direkte Bespritzen der Pflanzen einzustellen, wohl aber ist für eine feuchte, warme Temperatur im Treibraume zu sorgen, indem die Wege, Stellagen etc. öfter bespritzt werden. Das Lüften darf nicht versäumt werden, ebenso kann die Sonne bei der Reife der Früchte schon ziemlich intensiv scheinen.

Zum Treiben geeignete Sorten sind: *Laxtons Noble, König Albert, Professor Dr. Liebig, Garteninspektor Koch, Roseberry maxima, Prince of Wales, British Queen.*

Einer der gefährlichsten Feinde der Erdbeeren beim Treiben ist die rote Spinne, wogegen das häufige Bespritzen das beste Mittel ist. **Georg Blau**, städtischer Gartentechniker, Bromberg.

— Bei Topferdbeeren, welche man zum Treiben vorkultivieren will, ist es Hauptsache, daß man im Herbste starke und gut durchwurzelte Pflanzen hat, damit sie den Winter gut durchhalten, und es dürften zu diesem Zwecke wohl die in Töpfe abgesenkten den im freien Grunde vorkultivierten vorzuziehen sein. Die Erdmischung kann man auf verschiedene Arten zusammenstellen. In erster Linie muß auf eine kräftige, schwere Erdmischung Rücksicht genommen werden, die man am besten aus einer Mischung von $^{2}/_{3}$ Mistbeeterde und $^{1}/_{3}$ reiner Misterde herstellt. Man versäume nicht, die jungen Pflanzen gleich in genügend große Töpfe zu pflanzen, da ein späteres Verpflanzen nachteilig wirkt.

O. Hollmann, Paris-Vitry.

— Zur Topfkultur von Erdbeeren für Frühtreiberei kann ich eine gut abgelagerte, lehmige Rasenerde empfehlen, der man eine gute Portion alten Kuhdung oder Mistbeeterde beimischt. Später ist ja während der eigentlichen Treiberei und besonders während der Fruchtbildung flüssiger Dungguß die Hauptsache.

Ich ziehe einjährige, im freien Grunde vorkultivierte Pflanzen den in Töpfe abgesenkten zum Treiben entschieden vor. Sie lassen sich bei der Vorkultur besser und reichlicher bewässern und düngen, entwickeln daher kräftigeren Wuchs, und lassen sich schließlich — falls der Boden ein nicht gar zu sandiger ist —, mit tadellosen Ballen herausnehmen. **H. Riebe**, Arnswalde.

— Als Erdmischung für Erdbeeren zum Frühtreiben verwende man Rasenerde und Kompost- oder Mistbeeterde zu gleichen Teilen mit etwas Sand; ich halte es auch für unbedingt notwendig, etwas Kalk der Erde beizugeben und fest zu pflanzen. Absenken in Töpfe ist das beste. Ich verwende, wenn es geht, weder Frühjahrseinpflanzung noch pikierte Pflanzen, obwohl man damit auch zum Ziele kommen kann. Wer Erdbeeren treiben will, pflanze sich jedes Jahr ein Teil Pflanzen von *Royal Souvereign* und lasse dieselben nicht blühen, damit sie früh ranken, schwefele ein paarmal, halte sie feucht, senke die stärksten Rankenpflanzen in 8—10 cm weite Töpfe ab und belasse sie bis zum Verpflanzen an der Mutter; man wird dann an dieser Sorte seine Freude haben, obwohl viel über die neue Milbe, welche wir hier schon seit 1900 kennen, und über Krankheiten der Blätter geklagt wird.

Zum Treiben ist nur gesundes, kräftiges, gut durchwurzeltes Material zu verwenden. *Royal Souvereign* ist selten in größerem Umfange wie *Noble* angepflanzt, aber doch hat sie fast ein jeder in seinem Sortiment. Wird sie verlangt, so wird sie meist in einem verlassenen Winkel aufgesucht und so, gut oder schlecht, wie sie eben ist, verschickt. Da kann es einem passieren, wie es mir ging, daß man von fünf verschiedenen Sendungen keine einzige gebrauchen kann. Obwohl *Noble* die beste Erdbeere für kalte und warme Kästen ist, taugt sie fürs Gewächshaus nichts.

Hch. C. Ballenberger, Kunst- u. Handelsgärtner, Erdbeertreiberei, Oberhöchstadt-Cronberg.

— Für den Zweck der Erdbeertreiberei läßt man beim Abranken der Erdbeerbeete die kräftigsten Ausläufer stehen. Sobald nun die jungen Pflanzen reichlich bewurzelt sind, was mitunter schon im August der Fall ist, hebt man sie mit möglichster Schonung des Ballens aus der Erde und pflanzt je drei in 15 bis 18 cm Töpfe, die man vorher mit frischem Kuhmist ausgestrichen hat. Als vorteilhaftestes Pflanzmaterial kenne ich folgende Erdmischung: Einen Haufen schwerer Rasenerde durchsetzt man, am besten schon im Winter, mit gut verrottetem Kuhmist, Abort und reichlich Jauche und sticht den Haufen mehrmals um. Auf diese Weise erhält man bis zur Zeit des Eintopfens eine sehr nahrhafte, poröse Erde. Die nun fertig eingepflanzten Töpfe senkt man auf Beete dicht zusammen ein, sorgt hier für reichliche Bewässerung, für feuchte Luft durch Spritzen, bei zu starker Sonne für leichten Schatten. Nach dem Anwurzeln regen allwöchentliche Dunggüsse zu üppigem Wachstum an. Bei Eintritt stärkeren Frostes bringt man die nun gut entwickelten Exemplare in einen tiefen Kasten und bedeckt sie sicher mit Laub. Um gegen Nässe und damit verbundene Fäulnis zu schützen, legt man Fenster auf, die ja zu dieser Zeit leicht zu entbehren sind. Ende Januar, oder je nachdem man die Erdbeeren früher oder später in Reife wünscht, beginnt man mit der Treiberei im warmen Kasten. Hier gewährt man ihnen bei günstigem Wetter möglichst reichlich Licht und Luft, um zur Blütezeit eine gute Befruchtung zu erzielen, sogar Kreuzluft. Hat sich nun der junge Ansatz etwas entwickelt, dann bringt man die verheißungsvollen Pflanzen in ein sonniges Haus, recht nahe unter Glas, und gibt ihnen nebst reichlicher Bewässerung oft einen schwachen Dungguß von Jauche oder Nährsalz. Auf diese einfache Weise behandelte Erdbeeren liefern nach kurzer Kultur einen reichen Gewinn. **Fritz Keil**, Wilhelmshöhe..

— Die auf Beete ausgepflanzten Mutterpflanzen treiben schöne, starke Ausläufer, die im Juni und Juli in kleine Töpfe gesenkt und mit einer Drahtklammer festgesteckt werden, jedoch wird die Ranke an der Mutterpflanze belassen. Die Töpfe werden bis an den Rand eingesenkt und entsprechend feucht gehalten. Sind die Senker gut eingewurzelt, so werden sie von der Mutterpflanze gelöst und in entsprechend große Töpfe verpflanzt. Die zu verwendende Erde wird zusammengesetzt aus Rasenerde, Schlammerde, verrottetem Kuhdung und scharfem Sand. Für gute Drainage muß gesorgt werden. Die Erdbeertöpfe werden nun, um ein zu schnelles Austrocknen zu verhindern, auf Beete eingesenkt. Hauptsache ist jetzt, die Töpfe gleichmäßig feucht zu halten und an heißen Tagen mehrmals zu spritzen, sowie die erscheinenden Ranken sofort zu entfernen. Im Herbste wird weniger gegossen, man läßt dann die Töpfe allmählich trockener werden. Auf diese Weise verfahren, wird man starke Pflanzen erhalten, die bei sachgemäßer Treiberei gute Erträge bringen. **Wilhelm Titze**, Crangen.

Beantwortung der Frage No. 562. Wann pflückt man Weißdornfrüchte, wie bereitet man dieselben zur Aussaat vor und wann ist die beste Saatzeit?

Bei der Anzucht von Weißdornpflanzen für Hecken und forstliche Zwecke ist es zunächst wesentlich, sich Saatgut der hierfür bestgeeigneten Art zu beschaffen. Es ist dies *Crataegus monogyna*, der einsamige Weißdorn, dessen Frucht nur einen Stein enthält. *C. monogyna* wächst schlanker als *C. oxyacantha* und bei der Aussaat der Beeren keimt immer nur eine Pflanze an einer Stelle. Außerdem wird behauptet, daß *C. oxyacantha* langsamer keime.

Man pflückt den Samen möglichst schon im September, sobald die Beeren durch ihre dunkle Färbung die Reife anzeigen. Je früher die Früchte in Behandlung genommen werden, je gleichmäßiger erfolgt die Keimung; das lange Hängen an der Pflanze bis nach dem Laubfall ist daher keineswegs ein Vorteil. Die Beeren werden mit feuchtem Sand vermischt, an einem geschützten, schattigen Orte oder in einem Schuppen nicht zu dicht ausgebreitet und öfter umgeschaufelt, um ein Erhitzen der Samen zu verhüten. Bei starker, schneeloser Kälte deckt man mit einem Material, welches die Luft nicht völlig abschließt. Auf diese Weise lagert die Saat etwa 1½ Jahre, da der Keimprozeß selbst im günstigsten Falle nicht im ersten Jahre beginnt. Dennoch beginnt der Weißdornsamen oft schon sehr zeitig im zweiten Frühjahre nach der Ernte zu keimen, es hat daher die Frühjahrssaat ihre Bedenken. Man sät hier in Holstein oft schon im Herbst, sehr häufig im Laufe des Winters, sobald der Boden offen ist, im Dezember oder Januar. Reihensaat ist für die spätere Bearbeitung das beste. Ein Eindecken mit Sand, wie bei feineren, schwer durchbrechenden Samenarten, ist nicht notwendig, aber auch nicht vom Uebel. Um die Krustenbildung der Beetoberfläche zu verhindern und um den Keimlingen das Durchbrechen zu erleichtern, wird im Frühjahre kurz vor dem Keimen das Land mit einer kleinen Stachelwalze bearbeitet. Dieses sehr praktische Instrument, welches hier „Igel" heißt und außerhalb Holsteins wenig bekannt ist, empfiehlt sich für alle Gehölzbaumschulen mit eigener Sämlingsanzucht. Die jungen Weißdornsämlinge, die regelmäßig schon im Laufe des Aprils erscheinen, leiden von starken Nachtfrösten; im Großbetrieb ist aber ein Decken mit Riedmatten gegen die Frostgefahr nicht lohnend, im Kleinbetrieb dagegen ausführbar. Man hüte sich aber, die Sämlinge zu verweichlichen.

Das beste Pflanzmaterial von Weißdorn sind zweijährige, als einjährige verpflanzte Samenpflanzen; jedoch erreicht die Ware nur in gutem, feuchtem Boden nach Ablauf des zweiten Jahres die nötige Stärke, deshalb ist man genötigt, in minder günstigen Verhältnissen die Pflanzen zwei Jahre auf dem Schulbeete zu belassen. Es ist dies die bekannte dreijährige, verpflanzte Ware.

Ich möchte noch betonen, daß der Weißdorn beim Verpflanzen gegen einen kräftigen Rückschnitt keineswegs empfindlich ist. Es empfiehlt sich dabei in allen Fällen schon beim Pflanzen ein Rückschnitt um ein gutes Drittel des Leittriebes. Starke, überständige Ware sollte man um die Hälfte der Trieblänge kürzen.

R. Stavenhagen, Rellingen.

— Die Weißdornfrüchte sind zu pflücken, wenn sie ihre völlige Reife erreicht haben. Dieses ist leicht an der auffallend roten äußeren Färbung des Fruchtfleisches zu erkennen und sobald dieses eine mehlige, weiche Form annimmt. Die Aussaat soll sofort nach der Ernte erfolgen und sind hierzu die Früchte einige Tage auf einen Haufen zu schütten, um das Fruchtfleisch zu lösen. Dann werden die Kerne ausgewaschen und am besten in Handkästen, Kübel oder Töpfe mit Sand eingeschichtet. Dieses geschieht, indem eine Lage Sand mit einer Samenschicht wechselt. Der Samen kann zwar auch sofort nach dem Reinigen ins freie Land, auf sonnig liegende Saatbeete ausgesät werden, jedoch hat dieses Verfahren den Nachteil, daß ihm die Mäuse nachstellen, so daß oft im kommenden Frühjahre nicht mehr viel davon aufläuft. Die Saatbeete sind gut mit kräftigem Kompost vor der Aussaat durchzugraben und sollen trockene, sonnige Lage haben, d. h. es darf sich vor allem kein Grundwasser bilden und der Boden nicht zu schwer sein. Anzuwenden ist die Reihensaat, und ist es gut, zwischen die Reihen kurzen Dung zu streuen. Auch sind die Saatbeete bei anhaltender Trockenheit zu gießen, öfter aufzulockern und vom Unkraut rein zu halten. Ein leichtes Schattieren der Beete mit Reisig ist wegen der Sonne, welche die Beete im Frühjahre leicht austrocknet, vorteilhaft. Bei der Methode, die Samen in Sand einzuschichten, bleiben die Gefäße mit dem Samen an einem kühlen, frostfreien, aber nicht dumpfigen Orte bis zum Februar-März stehen, worauf dann die Aussaat ebenfalls in Reihen auf die Saatbeete erfolgt. Die Reihensaat ist aus verschiedenen Gründen der Breitsaat vorzuziehen, da bei letzterer die Beete viel schwieriger vom Unkraute frei zu halten sind und auch ein durchgehendes Lockern nicht so wie bei Reihensaat erfolgen kann.

Georg Blau, städtischer Gartentechniker, Bromberg.

— Bisher wurden gewöhnlich die Früchte gepflückt, wenn sie reif waren, also etwa im Oktober; man setzte sie, wie sie gepflückt waren, also ohne das Fruchtfleisch zu entfernen, auf einen Haufen. Sobald sich im Frühjahre Keimungsfähigkeit zeigte, wurden die Früchte ausgesät. Jetzt aber weiß man, daß die Samen bereits keimfähig sind, auch wenn das Fruchtfleisch seine rote Farbe noch nicht angenommen hat, deshalb wird vielfach bereits im September gesät. Das Fruchtfleisch beläßt man an den Samen. Im zeitigen Frühjahre sieht man schon die jungen Pflänzchen sich über den Boden erheben. Die Sämlinge kommen gewöhnlich sehr regelmäßig. Nach einem Jahre werden die Pflänzchen pikiert. Man säe nicht zu dicht und in Reihen, damit im Sommer bequem gejätet werden kann.

P. J. **Schenk,** Amsterdam.

— Die Farbe der Weißdornfrüchte, *Crataegus oxyacantha*, L., ist rot. Die Ernte der Früchte geschieht im September und unterzieht man sie dann noch einige Tage einer Nachreife auf dem Samenboden. Durch tüchtiges Auswaschen sind hierauf die Körner von dem Fleische gut zu befreien und dann zu trocknen. Noch im Herbst wird der Samen auf gut vorbereitete Beete ausgesät, trotzdem erfolgt das Aufgehen erst im nächstfolgenden Jahre. Hat man Mäuse bei der Saat zu befürchten, so schichtet man den Samen am besten 1 Jahr ein, um dann die Aussaat vorzunehmen. **Koch,** Institutsgärtner.

Beantwortung der Frage No. 563. Junge Triebe sonst gesunder, teils im Schatten, teils in voller Sonne stehender Koniferen werden braun. Was mag die Ursache sein?

Wenn man die erkrankten Koniferen nicht sehen kann, hält es schwer, zu beurteilen, wodurch die Nadeln braun werden. Sind die Pflanzen groß oder klein, stehen sie auf einem Beete zusammen oder in der Anlage verteilt? Ist der Boden naß oder trocken? Stehen die Koniferen bereits lange auf ihrem Platze oder wurden sie erst kürzlich gepflanzt?

Dies sind einige Fragen, welche aufzuwerfen wären. Obwohl ich versuchen werde, eine Antwort zu geben, würde ich raten, Material zur Untersuchung an ein pflanzenpathologisches Institut zu senden. Nicht unbekannt dürfte es sein, daß die Koniferen nach dem Verpflanzen sehr oft ihre Nadeln bei Trockenheit verfärben und fallen lassen. Dieses Uebel kann sich auch im zweiten Jahre, unter Umständen noch im dritten Jahre einstellen. Es gelingt selten, trockene Wurzelballen durch einfaches Angießen wieder feucht zu machen. Wir haben es mitgemacht, wie an kränkelnden Koniferen Wasser in Hülle und Fülle verschwendet wurde und die Pflanzen doch starben. Als sie aus dem nassen Boden herausgegraben wurden, zeigte es sich, daß die Wurzelballen nur an der Außenseite etwas Wasser angezogen hatten, im Innern aber noch vollständig trocken waren. Man pflanze keine ballentrockenen Koniferen und gieße in den ersten Jahren nach der Pflanzung wiederholt durchdringend.

Es wäre auch möglich, daß die Koniferen von *Botrytis Douglasi* befallen sind. Bei an dieser Krankheit leidenden Koniferen färben sich die Nadeln braun und fallen späterhin ab. Manchmal sind die Gipfeltriebe der befallenen Pflanzen krankhaft verzogen, die Nadeln ebenfalls, auch oftmals nach einer Seite gerichtet. An den toten Nadeln sind oft die stecknadelkopfgroßen, schwarzen Sklerotien zu sehen. *Botrytis Douglási* wurde beobachtet auf Douglastannen, Weißtannen, Fichten und Lärchen. **P. J. Schenk,** Amsterdam.

Neue Frage No. 595. Versteht man unter Chornelken allgemein einmal blühende, also nicht remontierende großblumige Nelken für Topfkultur, ohne Unterschied der Färbung und Form? Gehören die Malmaisonnelken zu dieser Klasse? Welches sind die schönsten Sorten? Gibt es unter den amerikanischen Remontantnelken Blumen, die in Größe, Form und Farbe den Chornelken überlegen sind?

Zeit- und Streitfragen.

Zu unserem Artikel **„Der Pflanzenzauberer und seine Trabanten“** in Nr. 60, schreibt uns Herr Konsul Guillermo Kalbreyer, Hildesheim, Gründer und Besitzer der Firma „La Flora“, Bagota, Republik Kolumbien, daß er vor einiger Zeit in einer Zeitschrift von einer neuen Rosenzüchtung gelesen habe, die nicht von Burbank, aber von einer seiner Schülerinnen, die er in seine Geheimnisse eingeweiht habe, damit sie neue Pflanzen hervorbringe, gezüchtet worden sei. In dem betreffenden Artikel wurde den Gläubigen erzählt, daß die Züchterin, eine Miß X., eine Rundreise durch Europa anzutreten beabsichtige, um die alte Welt mit ihrer eigenartigen Züchtung zu beglücken, bezw. die europäischen Gartenfreunde zu rupfen. Natürlich soll auch diese Rose eine Wunderpflanze sein, nicht nur weil sie ohne Dornen ist, sondern auch weil ihre Blume auf einem — Lilienstengel wachse. Selbstverständlich besitzt diese Rose auch prachtvolle Farbe und unvergleichlichen Wohlgeruch. — Die dornen-, richtiger stachellose Rose ist in gärtnerischen Kreisen seit langem bekannt; stachellose Wildlinge wurden schon Anfang der achtziger Jahre des vorigen Jahrhunderts angeboten. Herr Kalbreyer erhielt, wie er uns schreibt, damals einen solchen als Unterlage von *Climbing devoniensis*. Der Edeltrieb ging ein, aber die Unterlage wuchs freudig weiter, so daß sie jetzt in Bogota das Dach einer Laube vollständig bedeckt. Diese stachellose Rose blüht gelb, freilich trägt sie aber ihre Blüten nicht auf Lilienstengeln; sie sind klein, gefüllt und duftlos. Zeitweise ist diese Kletterrose vollständig mit gelben Blüten bedeckt, so daß die immergrünen Blätter völlig unter der Blütenfülle verschwinden.

Herr Th. Müller schreibt uns: „Die Artikel über den „Zauberer“ aus Kalifornien erinnern mich an meine Erfahrungen mit einer Züchtung des großen Mannes, die mit ungeheurer Reklame in die Welt geschickt wurde und etwas einzig dastehendes sein sollte, sich, wenigstens bei mir, aber als „fauler Zauber“ erwies, der weißen Brombeere *Eisberg*. Weil ich von jeher eine Schwäche für Albinoformen hatte, fiel ich sofort darauf hinein, erlebte aber wenig Freude an dem Weltwunder. Nach mehrjähriger, sorgfältiger Kultur erschienen die ersten Früchte. Von „unter der Last schneeweißer Früchte sich biegenden Zweigen“ habe ich allerdings nie etwas gesehen. Kümmerlich genug sahen die wenigen, gelblich-grauen Dinger aus. Zur Illustrierung des Geschmackes will ich erzählen, daß ein Freund, den ich zum Kosten einer vollreifen Frucht verleitete, mich im ersten Schreck mit dem Spazierstock attackierte, um seiner hochgradigen Empörung über diesen Versuch, ihm das Leben zu „verbittern“, Ausdruck zu verleihen. Ich glaube gern, daß man in dem berühmten Goldlande mit leichter Mühe Erfolge erzielen kann, von denen man sich in Norddeutschland nichts träumen läßt. Immerhin erscheint es mir aber recht zweifelhaft, ob man selbst dort die *Eisberg*-Früchte ohne weitere „Verzauberung" genießen kann. Vielleicht hat jemand andere Erfahrungen mit dieser Brombeere gemacht."

Nachschrift des Herausgebers. Die Burbanksche Brombeere *Eisberg*, äußerlich durch den straffen, aufrechten Wuchs und ziemliche Belaubung gekennzeichnet, brachte bei mir nach vierjähriger Kultur die ersten Früchte. Diese enttäuschten vollkommen; sie waren auch noch im folgenden Jahre kümmerlich, von halber Größe guter Waldbrombeeren, den Früchten von *Morus alba* ähnlich und gleich groß, gelblich weiß, im Geschmack nicht sauer, sondern widerlich süßlich. Ich habe die Pflanzen dahin expediert, wo sie hingehören, auf den Komposthaufen.

Tagesgeschichte.

Berlin. Zu unserer Notiz in No. 28 über den Berliner Tiergarten teilt uns Herr Tiergartendirektor Freudemann mit, daß Abholzungen in größerem Umfange, außer in der symmetrischen Anlage, nicht stattgefunden haben, also auch nicht auf der Nordseite der Charlottenburger Chaussee.

Freiburg i. Br. Hier veranstaltete der rührige Gartenbauverein eine Chrysanthemum-, Winterflor-, Binderei- und Obstausstellung, welche vom 14. bis 16. November stattfand.

In dem geschmackvoll dekorierten Saale der Sängerhalle waren denn auch schöne Leistungen vertreten, von denen der Hauptanteil natürlich auf *Chrysanthemum* fiel. Chrysanthemumschau- und Handelspflanzen hatten besonders J. B. Berié und L. Bensel ausgestellt, die von einer guten Kultur zeugten. Hierfür, sowie für ihre anderen Leistungen wurden sie denn auch mit je einem Ehrenpreise ausgezeichnet. Ferner stellten noch Gebr. Hambrecht, Schwaab in Deurlingen, sowie C. Bertschin Gruppen schöner *Chrysanthemum* aus; auch die Stadtgärtnerei war mit einer Gruppe prachtvoller Schaupflanzen vertreten. Neuere Sorten bemerkte ich nur vereinzelt. Besondere Erwähnung verdienen die Hochstammgruppen der Sorte *Ada Owen*, von J. B. Berié, welche wirklich schön waren. Von anderen Pflanzen waren besonders *Cyclamen* gut ausgestellt, hier stellten wiederum an erster Stelle Berié und Bensel aus; die Pflanzen waren tadellos, doch fehlten neue Züchtungen fast gänzlich, nur Berié hatte eine kleine Zahl, darunter auch einige schöne *Salmoneum* (Fröbel) ausgestellt. Gebr. Hambrecht stellten eine Gruppe schöner *Begonia Gloire de Lorraine* aus, welche von guter Kultur zeugten, Bensel und Berié *Primula Arendsi* in schönen, vollblütigen, großblumigen Pflanzen. Die letztere Firma hatte auch eine äußerst geschmackvolle Japanausstellung arrangiert.

Von den Bindereien ist nur lobenswertes zu sagen; es waren geschmackvolle, gute Arbeiten vorhanden.

Das Obst, welches sich in der Ausstellung auf kleinen Tellern präsentierte, sah recht appetitlich aus und machte den Ausstellern Ehre. Es waren hauptsächlich Aepfel und Birnen in Tafel- und Marktsorten vertreten.

Im großen und ganzen konnte die Ausstellung befriedigen; sie kann als eine äußerst gelungene bezeichnet werden. **K. Fischer.**

Holtenau. Für den Posten eines Kirchendieners und Kirchhofgärtners (!) hierselbst hatten sich nicht weniger als 56 Bewerber gefunden.

Verkehrswesen.

Das Kaiserreich Aethiopien (Abessinien) ist dem Weltpostverein beigetreten. Der Briefverkehr mit diesem Lande regelt sich daher fortan nach den Bestimmungen des Weltpostvertrages. Die besondere Gebühr, die bisher in Aethiopien für die eingehenden Drucksachen, Warenproben und Geschäftspapiere vom Empfänger erhoben wurde, kommt in Wegfall.

Personal-Nachrichten.

Eipper, E., geschätzter Mitarbeiter der „Gartenwelt", übernahm am 1. ds. Mts. die Leitung der Calvillkulturen des Herrn Geheimen Hofrats von Scala in Vilpian (Südtirol).

Kober, Julius, Obergärtner zu Breslau, † am 20. Novembe im 71. Lebensjahre. Der Verstorbene, ein langjähriges Vorstandsmitglied der Schlesischen Gartenbau-Gesellschaft, zuletzt deren Ehrenmitglied, stand fast 35 Jahre im Dienste der Familie der Frau Geheimrätin Paula Heimann in Breslau.

Lindemuth, Hugo, Kgl. Gartenbaudirektor und Dozent für Obstbau an der Kgl. Landwirtschaftlichen Hochschule zu Berlin, † am 1. ds. Mts. im 62. Lebensjahre. Der Verstorbene, ein vornehmer Charakter, mit dem mich langjährige Freundschaft verband, war ein Mann von hervorragender wissenschaftlicher Bildung und eine Zierde des Gärtnerstandes. Geboren am 17. Mai 1846, widmete er sich dem gärtnerischen Berufe und trat Anfang der achtziger Jahre, als der gleichfalls verstorbene W. Perring zum Inspektor des Berliner Botanischen Gartens berufen worden war, in dessen Stellung als Universitätsgärtner ein, in welcher ihm im Laufe der Jahre zunächst der Titel Kgl. Garteninspektor und vor einigen Jahren der Titel Kgl. Gartenbaudirektor verliehen wurde. Vor seiner Berufung nach Berlin war L. Gartenmeister der Landwirtschaftlichen Akademie Poppelsdorf. Es ist bedauerlich, daß ein so hervorragend begabter, auch botanisch vorzüglich durchgebildeter Fachmann durch ein Vierteljahrhundert in einem so bescheidenen Wirkungskreise, wie ihn der Universitätsgarten bietet, verbringen mußte, ohne seine vielseitige Befähigung zur Entfaltung bringen zu können. In weiten gärtnerischen und wissenschaftlichen Kreisen ist Lindemuth durch seine Studien über den Einfluß des Edelreises auf die Unterlage bekannt geworden und noch im vorigen Jahre veröffentlichte er im Verlage von Paul Parey, in welchem 1883 auch sein „Handbuch des Obstbaues" erschien, eine in dieses Gebiet fallende Broschüre über die sogen. Panaschüre und über einige Erscheinungen derselben, in welcher er die Ergebnisse vierzigjähriger Studien und praktischer Versuche über die Buntlaubigkeit gewisser Pflanzen und deren Uebertragung auf grünblättrige Pflanzen durch den Einfluß aufgepfropfter, buntlaubiger Reiser niederlegte (Siehe „Bücherschau" in Nummer 18 dieses Jahrganges). Von hohem gärtnerischem Interesse waren auch Lindemuths Kulturen hochstämmiger Rexbegonien, aus langstielig geschnittenen Blattstecklingen erzogen, deren Blattstiele späterhin den Stamm bildeten. Hierüber hat der Entschlafene in No. 5 des X. Jahrganges der „Gartenwelt" eine eingehende illustrierte Abhandlung veröffentlicht. Mit Lindemuth ist der letzte Universitätsgärtner des Berliner Universitätsgartens dahingegangen. Der vollständig eingebaute und durch die Bäume des angrenzenden Kastanienwäldchens stark in Mitleidenschaft gezogene Garten, der außerdem durch den neuen Botanischen Garten in Dahlem für die Universität wesentlich an Bedeutung verloren hat, soll für die Folge unter die technische Leitung eines botan. Gärtners mit dem für die Obergehülfen des Dahlemer Gartens festgesetzten Gehaltsbezuge gestellt werden. (Siehe darüber Gehaltstabelle der dem preußischen Ministerium für geistliche etc. Angelegenheiten unterstellten Gartenbeamten, „Gartenwelt" VI, S. 108.) Am Nachmittage des 4. Dezember wurde Lindemuth bei hellem Sonnenschein auf dem Friedhofe der Dorotheenstädtischen Gemeinde unter zahlreicher Beteiligung zur ewigen Ruhe gebettet. Ehre seinem Andenken! **M. H.**

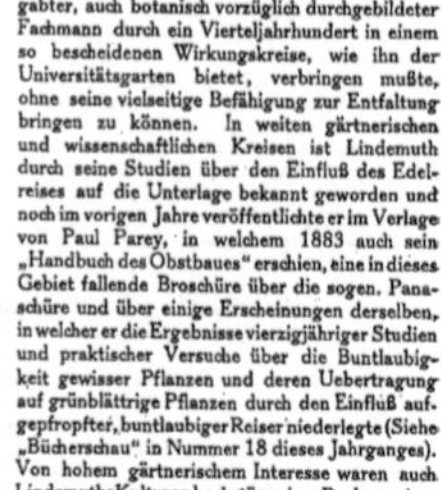
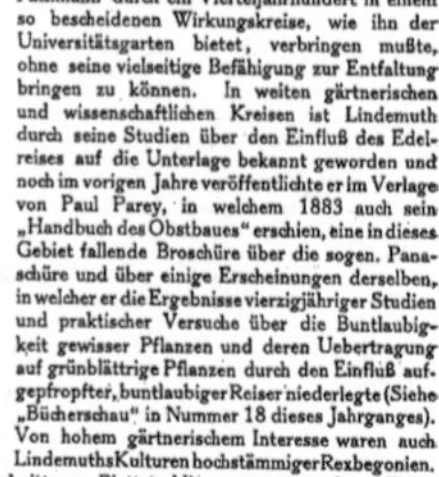

Hugo Lindemuth †.

Meyer, Louis, Groß Lichterfelde-West, ehemaliger Wildparker, wurde als etatsmäßiger Garteningenieur bei der Berliner Stadtsynode angestellt. Seine Hauptaufgabe besteht in der Leitung der gartentechnischen Arbeiten bei der Einrichtung und Unterhaltung der Berliner Zentralfriedhöfe in Stahnsdorf, Ahrensfelde und Mühlenbeck.

Berlin SW. 11, Hedemannstr. 10. Für die Redaktion verantwortlich Max Hesdörffer. Verlag von Paul Parey. Druck: Anhalt. Buchdr. Gutenberg e. G. m. b. H., Dessau.

Vegen Räumung

Gutsbaumschule zu jedem anbaren Preis.

)0 **Tilia holl.,** 1,50 bis 2,50 m stark, buschig.
)0 **Eschen,** 1,50 m.
)0 **Roteichen,** 1/2 bis 1 m.
)0 **Akazien,** Hälfte schon Alleebäume. Starke Erlen, Eichen, Ulmen.
)0 **Apfelwildlinge,** 1,50 bis 2 m.
)0 3jähr. Veredl. **Apfel-Büsche** in Cassler, Landsberger, Stettiner, Gold-Parmäne etc.

l. Preisangeb. erb. **M. Kockel, chenau,** Bez. Liegnitz. [1927

umschulen

Oscar Heymann
Carlowitz-Breslau 12.
Grosse Vorräte.
Billige Preise. [1912
Preisliste gratis.

10000 Flaschen

garantiert reinen, unverschnittenen, unverfälschten

Ia. alten Portwein

habe in Teillieferungen von 12 Flaschen an, solange der Vorrat reicht, zu dem nie wiederkehrenden Angebot von **nur 1 Mark** die grosse Flasche (3/4 Liter Inhalt), inkl. Glas, Kiste und Packung, frei jeder Bahnstation Deutschlands, schnell unterzubringen. [2124

Vor Auftragerteilung versende kleine

Probeflaschen umsonst

die umgehend zu verlangen bitte.

Otto Rechlin, Karlshorst bei Berlin.

Schley's Ausstellungs-Gurke 1904

ertragreichste und widerstandsfähigste

Treibhaus-Gurke.

Goldene Medaille Düsseldorf 1904 und Mannheim 1907.

Original-Samen 100 Korn 4 M, 10 Korn 0,50 M.
(Freiwilliges fachm. Urteil in No. 24 der „Gartenwelt" 1906.)

Peter Schley, Bergerhausen bei Essen.

[2123

300000 Begonien-Knollen.

2115]

	Per Hundert Grösse I	II	III
Einfache riesenbl. rot, rosa, gelb, weiss u. Mischung	11 ℳ	8 ℳ	5 ℳ
Gef. u. halbgefüllt " " " " " "	13 "	10 "	8 "
Gef. riesenbl. Ausl. " " " " " "	20 "	16 "	13 "
Einf. riesenbl. marmorata (weiss punktierte Blüten)	15 "	12 "	10 "
" " cristata	16 "	13 "	11 "
" " crispo	12 "	10 "	8 "
Gladiolen Lemoinei, Mischung	6 "	4,50	
Gloxinien-Knollen, Mischung oder 6 getrennte Sorten	18 "	12	

S. Kopp, Riedlhütte, Post Spiegelau (Bayer. Wald).

Verpflanzte, extra starke

Zier- und Alleebäume

mit 15—25 cm Stammumfang

wie **Linden, Kastanien, Ahorn, Ulmen etc.**

mit grossen Kronen und reicher Bewurzelung empfiehlt nebst allen anderen Baumschulartikeln [2060

Julius Brecht, Baumschulen,
Ditzingen bei Stuttgart.

(Genaue Maße und Preise laut Katalog oder Brief.)

Konkurse.

anzig. In dem Konkursverfahren das Vermögen des **Gärtnereisers und Kaufmanns Franz e,** wohnhaft in **Danzig-Langfuhr,** tstrasse 12, alleinigen Inhabers Firma **Franz Raabe, Oliva,** ist ;e eines von dem Gemeinschuldner chten Vorschlags zu einem Zwangsiche Vergleichstermin auf den **ezember 1908, vormittags 11 3/4** vor dem Königlichen Amtsgerichte anzig, Pfefferstadt 33—35, Hofde, Zimmer No. 50, anberaumt. Vergleichsvorschlag und die Erng des Gläubigerausschusses sind ler Gerichtsschreiberei des Konerichts zur Einsicht der Beteiligten rgelegt.

rankfurt, Main. Ueber den Nachdes am 7. November 1908 hier orbenen **Gärtners Heinr. Werner,** äftslokal Hederichstrasse 1, Privatung Schwanthalerstrasse 18, ist 5. November 1908, nachmittags r das Konkursverfahren eröffnet en. Der Rechtsanwalt Dr. Robert Vertheimer, hier, Braubachstr. 56, m Konkursverwalter ernannt wor- Arrest mit Anzeigefrist bis 15. Deer 1908. Frist zur Anmeldung 'orderungen bis zum 9. Dezember Bei schriftlicher Anmeldung Vorn doppelter Ausfertigung dringend ohlen. Erste Gläubigerversammlung llgemeiner Prüfungstermin **Sonnd, den 19. Dezember 1908, vorgs 11 1/2 Uhr** hier, Seilerstr. 19 a, ock, Zimmer 10.

alle, Saale. In dem Konkurshren über das Vermögen des **nereibesitzers Karl Hugo Dienel mmendorf** ist zur Abnahme der ssrechnung des Verwalters, zur bung von Einwendungen gegen chlussverzeichnis der bei der Verg zu berücksichtigenden Forden und zur Beschlussfassung der iger über die nicht verwertbaren ögensstücke sowie zur Anhörung Gläubiger über die Erstattung der gen und die Gewährung einer itung an die Mitglieder des Gläuausschusses der Schlusstermin auf **17. Dezember 1908, vormittags Uhr,** vor dem Königlichen Amtsgericht in Halle a. S., Poststr. 13-17, Erdgeschoss, Südflügel, Zimmer No. 45, bestimmt.

Landsberg, Warthe. Das Konkursverfahren über das Vermögen des **Gärtnereibesitzers Friedrich von der Osten** in **Landsberg a. W.** (Firma **Fr. Burgass)** wird nach erfolgter Abhaltung des Schlusstermins hierdurch aufgehoben.

Seligenstadt, Hessen. Ueber das Vermögen des **Gärtnereibesitzers Engelhard Schlitte** in **Seligenstadt (Hessen)** ist am 16. November 1908, vormittags 11 1/2 Uhr, das Konkursverfahren eröffnet worden. Konkursverwalter: Rechtsanwalt Carnier in Seligenstadt. Anmeldefrist bis 8. Dezember 1908. Erste Gläubigerversammlung und allgemeiner Prüfungstermin am **16. Dezember 1908, nachmittags 4 Uhr,** vor dem unterzeichneten Gericht (Sitzungssaal). Offener Arrest mit Anzeigepflicht bis 8. Dezember 1908.

Vechta. Ueber das Vermögen des **Gärtners Clemens Schulke in Vechta** ist am 19. November 1908, nachmittags 6 Uhr, das Konkursverfahren eröffnet. Konkursverwalter: Mandatar Josef Thole in Vechta. Anmeldefrist bis zum 2. Januar 1909. Wahltermin am **22. Dezember 1908, vormittags 10 Uhr.** Prüfungstermin am **12. Januar 1909, vormittags 10 Uhr.** Offener Arrest mit Anzeigepflicht bis zum 30. Dezember 1908.

Patente und Musterschutz.

Gebrauchsmuster-Eintragungen Klasse 45f.

356002. Schattendecke aus einzelnen, durch biegsame Mittel miteinander verbundenen gespaltenen Bambusrohren. Fa. **Carl Beisser,** Stuttgart. 19. 10. 08. B. 40021.

356823. Aufklappbare, mit Polster versehene Schelle zur Befestigung von Bäumen an Stützpfählen. Friedrich **Reibandt,** Radefeld bei Schkeuditz. 8. 10. 08. R. 22315.

356790. Einrichtung zum Heften der jungen Triebe der Weinstöcke. Josef **Retzel,** Rüdesheim a. Rh. 28. 9. 08. R. 22244.

356818. Handapparat zum Entdornen von Rosenstämmen. Edgar **Harras,** Suhl i. Th. 21. 10. 08. H. 38907.

357026. Blumenkasten aus plastischer Masse mit Verkleidung. Adolf **Sendele,** Heidelberg, Uferstrasse 36. 21. 10. 08. S. 18218.

357228. Spargelstecher, dessen am unteren Ende der Klinge angeordnete Messerschneide zur Seite weist und mit der Schneidkante schräg noch oben gerichtet ist. **August Steen,** Altona, Kl. Gärtnerstrasse 169. 22. 10. 08. St. 10962.

357229. Hohler Weinbergpfahl aus Metallblech. Wilhelm **Bott,** Mettingen, Württ. 23. 10. 08. B. 40070.

Neue Kataloge.

Sluis & Groot, Enkhuizen (Niederl.). Haupt-Preisverzeichnis üb. Gemüse-, Blumen- und Feldsamen. Nov. 1908.

Bevorstehende Ausstellungen.

April 1909.

Berlin. Grosse Internationale Gartenbauausstellung vom 2.—13. April in der Ausstellungshalle am Zoologischen Garten, veranstaltet vom Verein zur Beförderung des Gartenbaues in den Kgl. preuss. Staaten.

München. Jubiläumsblumenausstellung der Bayerischen Gartenbau-Gesellschaft vom 24. April bis 3. Mai.

Mein reichhaltiger **Hauptkatalog** mit Beschreibung u. Abbildung über

Winterharte Stauden

zur Schnittblumengewinnung, zur Ausschmückung von Gärten und Parks, Grotten, Felspartien u. Teichen

Winterharte Freilandfarne und Eriken,

Alpenpflanzen ▪ Edel-Dahlien

und als Spezialität: [17

Primula obconica „Ronsdorfer Hybriden"

meiner in Grösse und Färbung noch unübertroffenen Züchtungen, wird auf Verlangen **kostenlos** übersandt.

Georg Arends

Staudengärtnerei und Samenhandlung,

Ronsdorf (Rhld.).

Strohdecken,

aus prima Roggenstroh, 150 × 200 **fünfmal mit imprägniertem Bindfaden festgeschnürte Handarbeit,** à Dutzend 13,75 M. Jedes andere Mass wird geliefert. **S. Knist,** Strohdeckenfabrik, 2078] **Grossbreitenbach,** Thür.

Citrus nobilis-Mandarinen für Weihnachten! [2065

5 kg-Korb süsse grosse Früchte

5 Mark,

5 kg-Korb Mandarinen, Feigen und Datteln, gemischt, 6 Mark franko und zollfrei gegen Cassa od. Nachn. Garantiere pünktliche Ankunft.

E. A. Metz, Portici-Neapel

Neuzeitliche Garten-gestaltung!

Bei **Umänderung** oder **Neuanlage** von **Gärten jeder Art** wende man sich nur an ein **renommiertes Spezialgeschäft,** will man nicht arge Enttäuschung erfahren. Entwürfe und Kostenanschläge billigst, bei Auftragerteilung oder Lieferung des Pflanzenmaterials **kostenlos.** Ausführung ganzer Anlagen in jeder Grösse. Rat in allen Gartenfragen. [1781

Rebenstorf & Co.

Erfurt

Büro für Landschaftsgärtnerei und Gartenarchitektur.

Prämiiert Gartenbau-Ausstellung Leipzig 1904 und Chemnitz 1905.

Bereits in über **2500** Gärtnereien im Gebrauch. [1869

Der praktischste und billigste

Heizapparat

Petroleum-Gas. Heiz-Effekt 700° C.

Unentbehrlich für jeden Gärtner,
Erzeugt sofort die nötige Wärme.

Ganz geringer Petroleumverbrauch.

Absolut rauch- und geruchfrei.

Beansprucht keine Bedienung. — Leicht transportabel. — Grösse nur 40 cm. — Ermöglicht die Aufstellung an jedem gewünschten Ort, auch als Zimmerheizofen. — **Preis 16 Mark.** — Versand per Post franko gegen Nachnahme oder vorherige Kasse.

Schreiber & Co.

Dresden-A., Mittelstrasse 18.

Spezialfabrik für Heiz- und Kochapparate.

Für Weihnachtsgeschenke

Export-Pergament

gesetzlich geschützt

geschmeidig, weiss und braun, selbst in **„siedendem"** Wasser

unlöslich.

Seit über 15 Jahren von **vielen hunderten Blumenhändlern, Bindereien** etc. des **In- und Auslandes** zum Auslegen der **Pflanzen-Jardinièren** etc. verwendet. **Pflanzenhändler,** besonders **Rosenzüchter** schlagen die Ballen der Versandbäume und -Sträucher damit ein, **Samenhandlungen** verpacken damit etc.

Export-Pergament ist wasserdicht, schadet den Wurzeln nicht, billiger und fester als Zinnfolie.

Für Versuch: Ein 5 Kilo-Postpaket, weiss M 5.50, braun M 5.25 unter Nachnahme franko Deutschland, Oesterreich-Ungarn und Luxemburg. Ausland entsprechend höher. Alleiniger Fabrikant: [2119

Heinrich Hennig, Mügeln b. Dresden.

Stauden- und Baumschul Kulturen!

In allen einschlägigen Artikeln:

Vom Guten das Beste!

Unter anderem grosse Bestände de feinsten Auswahl in:

Paeonia sinensis, Paeonia arborea, Clematis.

Reichhaltiges Verzeichnis mit Beschreibungen und Abbildungen frei

Goos & Koenemann

Grossh. Hess. Hoflieferanten

Nieder-Walluf bei Wiesbaden

Staudenkulturen und **Baumschulen** [5
für Obstbäume, Koniferen, Rosen und Ziergehölze.

Maiblumentreibkeim

prima II. Qual., vom Sandboden, ‰ 10 M gegen Nachnahme, b. A v. Ref. Ziel, empfiehlt [2

Johs. Mohr, Baumschule **Vossloch** bei Elmshorn in Holst

Ia. Torfmull, Ballen von 100 bis 13 à M 3,60 % kg Orig.-Gewicht, ab Lager Ma heim Nachnahme, Leinenverpack 75 Pfg. Zuschlag. [

Valentin Knieriem, Mannhe

Hauptkatalog 1908-1909

(über 200 Seiten stark)

ist erschienen.

Herm. A. Hess

Weener

(Provinz Hannover).

Grösste und reichhaltigst Baumschule der Welt.

[1

Weihnachten 1908.

Erscheint jeden Sonnabend.
Monatlich eine farbige Kunstbeilage.

Bezugsbedingungen:
Durch jede Postanstalt bezogen Preis 2.50 M. vierteljährl. In Österreich-Ungarn 3 Kronen.
Bei direktem Bezug unter Kreuzband: Vierteljährlich 3 M. Im Weltpostverein 3.75 M.
Einzelpreis jeder Nummer 25 Pf.

Bei ohne Vorbehalt eingehenden Beiträgen bleibt das Recht redaktioneller Änderungen vorbehalten. Die Honorarauszahlung erfolgt am Schlusse jeden Vierteljahrs.

Anzeigenpreise:
Die Einheitszeile oder deren Raum 30 Pf.; auf der ersten und letzten Seite 50 Pf. größeren Anzeigen und Wiederholungen steigender Rabatt. Beilagen nach Übereink. **Anzeigen in der Rubrik Arbeitsmarkt** (angebotene und gesuchte Stellen) kosten Abonnenten einmalig bis zu 10 Zeilen Raum M. 1.50, weitere Zeilen werden mit je 3(berechnet.
Erfüllungsort auch für die Zahlung: **Berlin.**

Adresse für Verlag und Redaktion: Berlin SW. 11, Hedemannstrasse 10.

Die Abonnenten erhalten mit diesem Heft den farbigen Wandkalender für 1909.

Illustrierte Wochenschrift für den gesamten Gartenbau.

Jahrgang XII. 19. Dezember 1908. No. 64.

Dahlien.

Vom Versuchsfelde der Deutschen Dahlien-Gesellschaft im Palmengarten zu Frankfurt a. M. 1908.

(Hierzu sechs Abbildungen.)

Ein recht derber Frost hat in der Nacht vom 19. zum 20. Oktober alle die schönen Blumen dahingerafft, die, vom milden Wetter der vorhergegangenen Wochen begünstigt, noch einmal ihre volle Schönheit entfaltet hatten. Dies war besonders bei den vielen Sommerblumen der Fall, die auf den Rabatten des Anzuchtgartens im Palmengarten schon eine Reihe von Jahren eine geeignete Stätte gefunden haben, aber auch bei den Dahlien, die sich teilweise beim Eintreten der klaren Herbstwitterung noch entwickeln konnten.

Ein ungünstiges Jahr für solche Versuche liegt hinter uns; wechselnde Wetterverhältnisse, wie selten zuvor, ein bescheidenes Maß an Sonnenlicht und Sonnenwärme, niedere Nachttemperaturen, auch im Sommer, sind die Merkzeichen dafür. Und so konnte es nicht fehlen, daß trotz aller Pflege die Dahlien nicht so gediehen, wie man es gerne gesehen hätte. Die reichlichen und schweren Regengüsse förderten die Krautbildung zu Ungunsten der Blüte; beinahe alle Sorten wurden unverhältnismäßig hoch und breit, die anhaltende Nässe schadete der Entwicklung der Blumen (siehe Tabelle am Schlusse dieses Artikels).

Wenn wir diese Faktoren in Betracht ziehen, so wirft sich die Frage auf: „Kann man unter solchen Umständen ein endgültiges Urteil über die angepflanzten Sorten abgeben?" Diese Frage wird zu verneinen sein, denn derartige abnorme Verhältnisse haben vielleicht die Entwicklung mancher Sorte so stark beeinträchtigt, daß es unrichtig wäre, daraus einen Schluß auf die Brauchbarkeit derselben zu ziehen. Andererseits kann man dann aber nicht ohne weiteres annehmen, daß die gutentwickelten Dahlien in einem heißen und trockenen Sommer so geworden wären, wie sie sich in diesem Jahre zeigten, obgleich im allgemeinen hierbei die Wahrscheinlichkeit eine größere ist. Bei der Beurteilung eines Versuchsfeldes ist vor allem auch die Lage in Betracht zu ziehen; wir wissen, daß verschiedene Sorten im Norden oder im Süden besser als bei uns gedeihen und sich vorzüglich bewähren, es wird also auch der Fall sein, daß die hierorts gedeihenden Sorten in anderen Gegenden nicht immer die Schönheit zeigen, die sie hier entwickelt haben.

Diesen Erwägungen entsprechend, werde ich die Sorten unseres Versuchsfeldes kurz erwähnen und nur die Beobachtungen festlegen, die ich im Laufe der Wachstumsperiode gemacht habe. Ich halte es nicht für richtig, wenn man mit gezücktem Bleistift in der Anlage herumgeht und dekretiert, „dies ist gut, dies ist nichts", denn in einzelnen Fällen wird man dann in die Lage kommen, dem Züchter Unrecht zu tun.

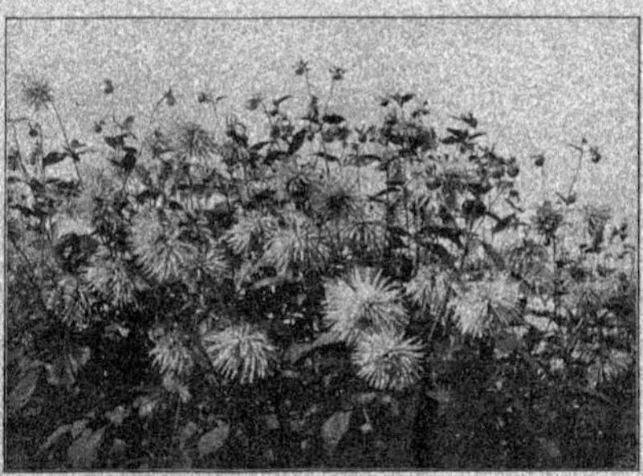

Edeldahlie Frigga. Originalaufnahme für die „Gartenwelt".

Edeldahlie Königin Luise.
Originalaufnahme für die „Gartenwelt".

Bemerkt sei vorweg, daß die Dahlien in gesunden, kräftigen Stecklingspflanzen geliefert und Ende Mai auf das nicht frisch gedüngte Feld gepflanzt worden sind.

Was in diesem Jahre besonders auffiel, ist die verhältnismäßig große Zahl der totalen Versager aus der Klasse der Edeldahlien. Ich habe bereits im vorigen Jahre den Eindruck gehabt, daß nicht viele wirklich wertvolle Neuheiten dieser Klasse vorhanden sind, und dieser Eindruck wurde dieses Mal verstärkt. Wirklich hervorragende Erscheinungen waren nur *Frigga*, *Genoveva*, *Fortschritt*, *Lawine*, *Parzival*, *Weiße Dame* und *Verschwendung*. Bei allen anderen Edeldahlien ließen entweder die Haltung der Blume, die Beschaffenheit des Stieles, oder die Blühwilligkeit und die Ausbildung der Blumen vieles zu wünschen übrig.

Beginnen wir mit dem Felde, das nur mit Edeldahlien bepflanzt war, so ist zunächst Bornemann, Blankenburg, zu nennen, der mit seiner neuen Züchtung *Fortschritt* den Vogel abgeschossen hat. Hier sieht man in der Tat einen Fortschritt. Das größte Verdienst dieser Sorte liegt in der sich vollständig freitragenden, nach oben schauenden Blume, die auf einem starken Stiele steht, der imstande ist, sie richtig zu halten. Die Fortschrittsklasse wird die Klasse der nächsten Zukunft sein. Von demselben Aussteller waren noch zu sehen: *Delicat*, auf fliederfarbenem Grunde karminviolett gezeichnet, sehr reich- und frühblühend, aber kurzstielig und leicht hängend, — vielleicht eine gute Schnittsorte —, *Freudenfeuer*, eine leuchtendrote Schmuckdahlie von guter Haltung, während *Pikfein* und *Tip-Top* nichts sonderliches vorstellten. — Die vier Döpplebschen Züchtungen können nach dem, was man hier gesehen hat, kaum in Betracht kommen, sie haben undankbar geblüht und schlechte Blumen gebracht. — Eduard Craß, Mariendorf, zeigte zwei Sorten: *Purpurkönig*, die in dieser Farbe entbehrlich ist, und *Weiße Dame*, der man unbedingt das Wort reden muß. Es ist eine tatsächlich blendendweiße Dahlie von gutem Bau, hat mittelfrüh geblüht und trägt sich gut; eine sehr beachtenswerte weiße Sorte!

Die Züchtungen von Finger in Stünz werden kaum Verbreitung finden. Von den beiden Dahlien von Holzschuh, Hanau, *Obergärtner Ulmer*, rosafliederfarben und *Alexander Holzschuh*, dunkelblutrot, dürfte nur die letztere weiterer Versuche wert sein, da die erstere die Blumen vollständig versteckt trägt.

Mit *Magie* war Knopff, Roßdorf, erschienen; in ihr haben wir eine sehr hervortretende Dahlie von eigenartiger Färbung, gutem Bau und guter Haltung, die auch sehr früh blühte. Die Blume ist karminrosa mit gelb; die Wirkung der Farbe ist bei Licht eine besonders gute.

Goos & Koenemann zeigten *Frigga* (Abb. Titelseite), eine feinstrahlige, außerordentlich reich- und frühblühende Dahlie von gelblichweißer Farbe, allerdings etwas schwachstengelig, ferner *Parzival*, eine gute Sorte, weiß mit gelblicher Mitte, vornehme und auffallende Blumenform mit kräftigem Stengel, *Nerthus*, eine apart gefärbte Sorte, karminviolett mit gelblichem Hauch, die sich als Schmuckdahlie gut einführen wird, und *Wodan*, riesenblumig, die noch nicht ganz den Anforderungen entspricht, da die Stiele zu schwach sind und die Blühwilligkeit noch zu gering ist. — Ueber *Kaiser Lothar* und *Rebus* von Hirth

Riesenedelsterndahlie Riesen-Edelweiß. Originalaufnahme für die „Gartenwelt".

ist nichts zu sagen, ebensowenig über die von Otto Mann ausgestellten drei englischen Sorten, die schlechte Blumen gebracht haben. *Nellie Hemsley*, deren Farbe wunderschön ist, die schon voriges Jahr gezeigt wurde, leidet an einem außerordentlich schwachen Stiel.

Pape & Bergmann haben mit ihrer Zwergdahlie *Glückauf* einen Treffer gemacht; die Sorte ist etwa 80 cm hoch, blühte sehr dankbar und war eine der frühesten. Von den andern Sorten kann nach dem, was ich hier gesehen habe, nur *Bergmanns Silber* in Frage kommen, die anderwärts gut gewesen sein soll, bei uns aber in keiner Weise aufgefallen ist.

Severin in Kremmen brachte *Selma Langer, Königin Luise* (Abb. S. 758) und *Pindar;* während die erste sich nicht hervorzutun vermochte, dürfte *Königin Luise* als feinstrahlige, rosafarbene Sorte Beachtung finden, ebenso die weinrote *Pindar*, die große Blumen bringt, reich und früh über dem Laube blüht und als Gartendahlie von Wirkung ist.

Mit neun Sorten beteiligten sich Nonne & Hoepker, Ahrensburg. *Erika*, hellchamois, blüht reich und früh, aber die Blumen hängen alle. Kräftiger in Farbe und Form ist *Pussel*, die auch stärkere Stiele hat. *Genoveva*, leuchtend gelb, ist sehr reichblühend, wenngleich auch bei ihr die Stiele nicht befriedigen können. *Zwergsonne* bildet einen etwa 70 cm hohen Busch mit schwefelgelben Blumen; sie wird sich wohl bei besserem Wetter noch anders entwickeln. *Sieger* ist durch den Bornemannschen *Fortschritt* schon überholt.

Auf den Längsrabatten waren meist einfache, halbgefüllte und Hybriddahlien ausgepflanzt, die beinahe alle eine recht gute Entwicklung zeigten. Den Reigen eröffnete die *Lustige Witwe*, eine einfache rote Dahlie von C. Engelhardt, die sehr früh und reich blüht und nur mäßig hoch wird, wie es scheint eine gute Gruppendahlie! Von den Edelschmuckdahlien der Firma Goos & Koenemann seien genannt: *Lawine*, weiß mit zart rosa Hauch, vollblühend und gut tragend, *Verschwendung*, leuchtend rot, reichblühend, mit straffem, langgestrecktem Stiel, darin der Sorte *Fortschritt* gleichkommend, und dann *Lichtblick*, eine einfache kanariengelbe, becherförmig gebaute Blume auf starkem Stiel, für Schnittzwecke jedenfalls sehr zu empfehlen.

Otto Manns *Feuerregen* ist eine auffallende Schmuckdahlie, aufrecht wachsend, die leuchtenden, nicht ganz gefüllten Blumen hoch emporschickend. Von enormer Reichblütigkeit waren desselben Ausstellers Riesen-Edelsterndahlien *Philadelphia* (Abb. S. 761) und *Riesen-Edelweiß* (Abb. S. 758), erstere purpurkarmesin in Rosa übergehend, die zweite reinweiß. Die Blumen, welche meist zwei bis drei Reihen langer, etwas einwärts gedrehter Petalen haben, sind bei beiden Sorten sehr groß und erheben sich über das Laub; zwei außerordentlich empfehlenswerte Neuheiten!

Dahlienrabatte des Versuchsfeldes im Frankfurter Palmengarten. Im Vordergrunde paeonienblütige Riesendahlien. Originalaufnahme für die „Gartenwelt".

Von den halbgefüllten Riesendahlien der Firma W. Pfitzer ist besonders die scharlachrote *Ortler* bemerkenswert, die sich durch sehr starke, hoch über die Belaubung hinausragende Stiele auszeichnet. Die holländischen Paeoniendahlien von Waveren & Kruijff, Sassenheim, entwickelten sich überraschend gut; ihnen scheint kühle und feuchte Witterung mehr als warmes Wetter zuzusagen. Die beste Sorte ist wohl *Bertha von Suttner*, blaßmauve mit lachsfarbig rosa, groß und reichblühend; *A. Carnegie* ist in der Farbe ähnlich, *Geisha*, scharlach mit gelb, mit ihrer bizarren Blumenform wohl nicht jedermanns Geschmack; *P. W. Janssen* hat eine etwas zu stumpfe Farbe, aber einen guten Stiel, der Wuchs ist zu dünn und aufstrebend.

F. C. Heinemanns einfache bandierte Dahlien sprechen sehr an, sie sind apart in der Farbe, weiß oder gelb mit verschiedenen Nuancen von Rot, haben eine gute Haltung, sodaß man die Blumen ganz sehen kann. Auf alle Fälle sind es recht dankbare Gartensorten. — Zwei amerikanische Neuzüchtungen machten den Beschluß, sie zeigten Blumenformen, die in Deutschland wenig gefragt sind, aber doch im Garten des Liebhabers einen Platz finden sollten. *W. W. Rawson* (Abb. S. 761), eine „großblumige" Dahlie alten Stiles, zeigt eine feine Farbe, perlweiß mit zart violettem Anflug, *Mrs Roosevelt* (Abb. S. 761) ist zart rosa, Blumenblätter eingerollt; beide sind reichblühend.

Was sagten nun die Besucher zu diesen Dahlien? Man machte so seine Betrachtungen und fand dabei, daß ein erfreuliches Interesse nicht nur seitens der einheimischen Besucher, sondern auch bei den zahlreichen Fremden vorhanden war. Merkwürdig bleibt, daß die große Masse für die einfachen und halbgefüllten Formen und deren verschiedene Abarten besondere Vorliebe hat, weniger ist dies der Fall mit den Edeldahlien, die naturgemäß mehr von den Gärtnern und Kennern betrachtet wurden. Es ist aber anzunehmen, daß es für die Aussteller vorteilhaft ist, ihre Erzeugnisse einem größeren Publikum zugängig zu machen, wie auch andererseits ein Austausch der Beobachtungen über die einzelnen Sorten als Pflanzen nur dazu dienen kann, klärend zu wirken und dem wirklich Guten die Bahn zu ebnen.

Witterungstabelle.

	Monatlicher Durchschnitt der Temperaturen in C			Gesamt-Niederschlag in mm	Relative Feuchtigkeit in %	Höchster Thermometerstand	Niedrigster Thermometerstand
	Maximal	Minimal	Ingesamt				
Juli	24.0 (24.8)	13.8 (14.4)	19.2 (19.3)	93.2 (75.4)	76.4 (71.0)	33.1 am 12. 7.	10.5 am 22. 7.
August	20.4 (23.9)	10.9 (13.7)	15.4 (18.1)	104.6 (83.0)	79.2 (72.0)	26.9 am 5. 8.	6.9 am 15. u. 16. 8.
September	19.6 (20.2)	7.6 (10.7)	12.8 (15.0)	47.4 (48.3)	78.3 (78.0)	24.9 am 8. 9.	3.3 am 15. 9.

Die in Klammern gesetzten Zahlen stellen den Durchschnitt in den Jahren 1857 bis 1902 dar.

Aus obiger Aufstellung ist ersichtlich, daß gegenüber dem 45jährigen Durchschnitt das Jahr 1908 sehr ungünstige Ziffern aufweist.

Krauß.

Stauden.

Viola cornuta-Hybriden.

Von **Martin Grashoff**, Samenzüchter, Quedlinburg.

(Hierzu der farbige Wandkalender für 1909.)

Während die *Viola cornuta*-Hybriden sich in England und Amerika schon seit langem großer Beliebtheit erfreuen, haben sie bei uns trotz mehrfacher Bemühungen größerer gärtnerischer Firmen bis vor wenigen Jahren nur geringe Verbreitung gefunden. Das hat sich jetzt geändert, und ich glaube, nicht unbescheiden zu sein, wenn ich annehme, durch meine Neuzüchtungen zu diesem Umschwunge nicht wenig beigetragen zu haben. Dank dem Entgegenkommen des Herausgebers dieser Zeitschrift, dem ich Blüten meiner Züchtungen vorlegte, und der sie für würdig hielt, den neuen Gartenweltkalender zu schmücken, bin ich in der Lage, den Gartenweltlesern die Blüten von fünf verschiedenen eigenen Züchtungen in vollendeter, farbengetreuer Wiedergabe vorzuführen.

Die *Viola cornuta*-Hybriden sind aus Kreuzungen von *Viola cornuta* (Hornveilchen) und *Viola tricolor maxima* hervorgegangen. Sie vereinigen in sich die Widerstandsfähigkeit und Blühwilligkeit der *Viola cornuta* mit dem gedrungenen Wuchs und den farbenprächtigen, schön geformten Blumen der *Viola tricolor*. Als Gruppenpflanzen sind diese neuen Hybriden von hohem Werte, da sie als ausdauernde Stauden unserem deutschen Winter standhalten und die Schönheit ihrer Blüten auch nicht wie bei den *Viola tricolor*-Sorten durch andauernden Regen beeinträchtigt wird. Auch in vorwiegend nassen Sommern lassen Blütenfülle und Blütenschönheit bei meinen Hybriden nichts zu wünschen übrig. Die Blütezeit beginnt im zeitigen Frühjahre, und bis in den späten Herbst hinein ergänzen sich die Blumen in ununterbrochener Folge.

Während man in früheren Jahren gewöhnt war, die damals bekannten *Viola cornuta*-Hybriden vorwiegend durch Stecklinge zu vermehren, weil sie nur wenig Samen ansetzten, ist diese umständliche Vermehrungsart heute nicht mehr notwendig, da alle von mir gezüchteten Sorten nicht nur reichlich Samen ansetzen, sondern auch vollkommen treu aus Samen fallen.

Der farbige Wandkalender zeigt die nachfolgenden fünf Sorten:

Viola cornuta hybr. admirabils (auf dem Kalender unten im Mittelgrunde), Grashoffs drei- und fünffleckige Hybriden, Einführung von 1908, in Prachtmischung. Diese Sorte hat Fräulein Beckmann, die Malerin, sehr gut getroffen, man glaubt, lebende Blumen vor sich zu sehen. Das Charakteristische dieser Varietäten ist die so sehr beliebte gefleckte Zeichnung, wie wir dieselbe bei der Cassierrasse haben. Das Farbenspiel ist ein vollendetes, ja man kann behaupten, reichhaltiger als bei den Cassiers, die Blumen, 2 bis 3 cm im Durchmesser haltend, stehen auf steifen Stielen frei über dem runden, zierlichen Busch.

Viola cornuta hybr. Firmament ist gleichfalls eine Einführung von 1908 (rechts oben auf dem Kalender). Die Farbe der Blumen ist ein bestechendes, klares Himmelblau. Viele Besucher meiner Kulturen nannten *Firmament* die beste Sorte im Sortimente der *Viola cornuta*-Hybriden.

Viola cornuta hybr. Schwarzer Prinz (Grashoff 1909), (rechts auf dem Kalender), ist sammetschwarz und sehr reichblühend.

Viola cornuta hybr. variabilis (Grashoff 1909). Die Blumen (auf dem Kalender die Sorte *Schwarzer Prinz* umgebend) zeigen meist die Farben des Regenbogens.

Viola cornuta hybr., rote und rosa Varietäten (Grashoff 1909), sind links auf dem Kalender dargestellt. Diese Mischung von nur roten Farbentönen steht einzig da. *Viola tricolor maxima* kann diese Farbentöne überhaupt nicht aufweisen. Die Blumen variieren vom zartesten Rosa bis Dunkelrosa und Karminrot. Jede Blume ist mit einem weißen bis gelblichweißen Gesicht geziert.

Nachfolgend geschilderte zwei Sorten sind nicht auf dem Kalender abgebildet:

Viola cornuta hybr., gelb mit Auge (Grashoff 1909), sehr schön und konstant, und *Viola cornuta hybr. Apollo* (Grashoff 1909), dunkelblau mit weißem bis gelblichweißem Gesicht.

Zum Schlusse möchte ich noch die von mir kultivierten älteren *Viola cornuta hybr.*-Sorten aufführen:

Blue Perfection, *White Perfection*, *Purple King*, purpurviolett, *Admiration*, dunkelblau, *Feenkönigin*, hellblau mit weißem Rande (Grashoff), *rosea*, weiß mit Auge, *Lord Beaconsfield, lutea splendens, sulphurea, veilchenblau.*

Ausstellungsberichte.

Neuheiten der Dahlien-, Obst- und Chrysanthemumausstellungen in London 1908.

Von **Paul Schmidt**, London S. E.

Anläßlich meines Besuches der im September ds. Js. von der „Royal Horticultural Society“ in London veranstalteten Dahlienschau, die, wie alle ihre Vorgängerinnen, möglichst einfach aufgemacht, sehr gut beschickt und besucht war, hatte ich Gelegenheit, von den verschiedenen Sportsklassen dieses beliebten Herbstblühers die empfehlenswertesten Neuheiten zu notieren, wobei ich mein Augenmerk vorwiegend auf Vorteile und Eigenschaften richtete, wie sie für eine Schnittblume in Betracht kommen, nämlich straffer, aufrechter Wuchs eines langen Stieles, fester Sitz neben einem leichten, lockeren Bau der Blume selbst, sowie tadelloses, reines Farbenspiel. Unter den Ausstellern seien u. a. die hervorragendsten Spezialisten wie Keynes, Williams & Co., John Knight, J. Walker, J. Cheal, Stredwick & Sons, Thomas Ware, H. Cannell & Sons, Mess. Dobbie lobend erwähnt, deren zahlreiche Neuzüchtungen in der Tat von entzückender Schönheit, höchster Vollkommenheit und überraschender Wirkung waren. Unter den zahlreichen Klassen nahmen die Edeldahlien den Hauptplatz ein, während Sortimente von Fantasie-, Riesen- und Zwerg-, paeonienblütigen und Tom-Thumb-Dahlien auch mehr oder weniger stark vertreten waren. Zunächst seien die besten Neuheiten der Edeldahlien genannt: *Cynthia*, altgold, mattrot schattiert, mit hellgelben Spitzen; *Delicatissima*, mattes Apfelblütenrosa; *J. B. Fry*, mattgoldgelb, in lachsrosa übergehend; *Lord Cromer*, hellorange; *Lusitania*, rosa mit crêmegelbem Grunde; *Killarney*, hellbronzegold; *Mrs Woodall*, mattkarminrosa; *Mauve Queen*, schokoladenbraun; *The Bride*, reinweiß; *C. H. Curtis*, scharlachrot; *Clara*, hell lachsrosa mit gelbem Grunde; *Dorothy*, mattrosa; *Flame*, orangescharlach; *Harrold Peermann*, tief reingelb; *Mercury*, mattrosa mit gelbem Grunde; *Rev. A. Bridge*, hellgelb mit rosenrotem Uebergang; *Snowdon*, weiß; *Debutant*, hellrosa.

Riesenedelsterndahlie Philadelphia. Originalaufnahme für die „Gartenwelt".

Einfache Edeldahlien: *Fair Maid*, reinweiß; *Minna*, bronzegelb mit Karmin.

Zwerg-Edeldahlien: *Minima*, purpurrot; *Grazie*, scharlach mit gelbem Grunde; *Mignon*, hellrosa mit grünlichgelbem Grunde; *Nain*, mattorangerot mit dunklem Grunde. Empfehlenswerte ältere hierher gehörige Sorten sind: *Little Dolly, Mary, Modestie, Coronation, Tomtit.*

Einfache Riesendahlien: *Peggy*, rosa mit orangerot; *Elmira*, dunkelbraun mit feurigrotem Grunde; *Glencox*, tiefgelb; *Simcoe*, rosarot mit gelbem Grunde.

Einfache Zwergdahlien: *Enid*, hellkarmin mit gelbem Grunde; *Betty*, rotbraun mit gelb; *Fabian*, karmin mit hellgelb; *Mrs J. Tait*, blendendscharlach mit hellgelbem Grunde; *Cynthia*, zartrosa; *Sevenoaks White*, reinweiß.

Gefüllte Zwergdahlien: *Golden Gem*, goldgelb; *Adela*, weiß; *Nancy*, zart lachsrot; *Julius*, tiefkarminrot; *Mohican*, zartgelb; *Nautilus*, aprikosenrot mit goldgelbem Grunde; *Girlie* mattrosa.

Paeonienblütige oder holländische Dahlien: *Pius λ.*, gross, hellgelb; *Queen Wilhelmina*, reinweiss; *Andrew Carnegie*, lachsrosa mit Bronze schattiert; *Bertha von Suttner*, zartgelb mit rotbraun; *Geisha*, orangerot mit hellgelbem Grunde und Spitzen; *Germanía*, scharlach mit rosa Uebergang.

Mrs Roosevelt. Amerikanische Dahlien. W. W. Rawson.
Originalaufnahme für die „Gartenwelt".

Fantasiedahlien (charakteristisch durch ihre gleichmäßige, kugelförmige Ballform der Blüte): *Miss Ormonde, J. West, Marforie, John Walker;* alle bunt, abwechselnd vom reinsten Weiß bis zum tiefsten Schwarzrot.

Sterndahlien: *Jupiter*, gelb und rosarot mit weißem Grunde; *Mars*, tiefscharlachrot mit weißem Grunde; *Mercurie*, weiß mit scharlach; *Neptune*, purpurrot mit weißem Grunde.

Tom-Thumb-Dahlien: *Bautain*, dunkelscharlach; *Fairy*, weiß mit mattbraun; *Venus*, rosa mit braun. —

Die alljährliche Britische Obstschau fand unter obenerwähnter Gesellschaft am 16. Oktober in der Royal Horticultural Hall statt. Unter den ausgestellten Obstarten nahmen die Trauben die erste Stelle ein. Sowohl von diesen; als auch von Aepfeln, Birnen, Melonen, Ananas, Pfirsichen und Pflaumen waren Schaufrüchte von unübertroffener Größe vorhanden. Von weißen Trauben sah man meist die bekannten Sorten: *Muscat of Alexandria, Lady Hutt, Mrs Pearson, Fosters Seedling,* während von dunklen Sorten *Gros Maroc, Black Alicante, Black Hamburgh, Gros Colman, Lady Downes Seedling* den Hauptbestand bildeten. Diese Früchte waren alle, wie auch die großen Mengen von Aepfel und Birnen, zwischen passenden herbstlichen Dekorationen geschmackvoll angeordnet. Aepfel und Birnen bestanden vorwiegend aus englischen Lokalsorten, doch las man auch vielfach bekannte Namen wie: *Baumanns Rtte, Bismarck, Cellini, Cox Pomona, Kaiser Alexander, Gravensteiner, Roter Astrachan, Canada Rtte,* und von Birnen: *Esperens Bergamotte, Amanlis-, Clairgeaus* und *Diels Butterbirne, Herzogin von Angoulême, Josephine von Mecheln, Marie Louise, Andenken an den Kongreß* etc. — Die Zahl der Aussteller war eine sehr große. Besonders interessierten mich die Erzeugnisse der beiden Gartenbauschulen Swanley (Damen) und Wisley, welch letztere übrigens auch eine noch neuere dunkle Traube, *Prince of Wales,* zeigte, die nach Ansicht bedeutender Fachmänner mit den obenerwähnten dunklen Sorten wetteifern kann. Versandfähige Obstkörbe und verschiedene Fruchtarrangements vervollständigten das Bild dieser Schau. — Nicht unerwähnt möchte ich lassen, daß die peinliche Einteilung und Trennung von Tafel- und Wirtschaftsobst, von unter Glas oder im Freien gezogenen Früchten, für den Markt oder für Delikateßhandlungen bestimmt, von Berufsgärtnern oder von Liebhabern, in Handels- oder Privatgärtnereien kultiviert, einen sehr guten Eindruck auf mich machte. —

Im Crystalpalast, nebenbei bemerkt das größte Vergnügungsetablissement der Welt, hielt vom 4. bis 6. November die National Chrysanthemum-Society ihre alljährliche erste Chrysanthemum-Schau ab, die nicht nur einen sehr regen Besuch, sondern auch eine sehr umfangreiche Sammlung der schönsten und neuesten Varietäten aus allen Teilen Englands aufzuweisen hatte. Es war dies die erste Schau dieser Saison, somit kamen nur frühblühende Sorten in Betracht. Bei den Spezialzüchtern J. Simpson, N. Davis, Peed & Son, H. Jones, W. Wills, J. Laing, H. Cannell, R. Sydenham, D. Hobbie, W. Thorp sah man musterhafte Gruppen- und Schaublumen von einfachen, mit nach außen (japanischen) oder nach innen gebogenen Petalen, anemonenblütigen, federartigen und Zwerg-Chrysanthemum.

Die Neuheiten für 1909 sind folgende:

Einfache, mittlerer Größe: *Harrie,* bronzegelb; *Bronce Pagram,* bronzegelb; *Paric Felicity,* mattrosa; *Hilda Lawrence,* hellrosa mit gelbem Grunde; *Miss Flor. Lamb,* reinweiß; *Snowbird,* reinweiß; *Dinah,* dunkelrosa; *Miss R. Davies,* zart kanariengelb; *Empress of Germany,* hellkarmin; *Table Dekorator,* orangerot.

Gefüllte, mit einwärts gebogenen Petalen: *George Mileham,* reingelb; *Mrs H. J. Jones,* tiefgelb; *Golden City,* tiefgoldgelb; *Mr H. Bennett,* zartrosa; *Melba,* zartrosa; *H. W. Thorp,* reinweiß.

Mit auswärts gebogenen Petalen: *John Wainwright,* rotgelb mit hellbraun; *Master David,* hellrot; *Lady Crisp,* goldgelb; *Red. Buttercup,* rotbronze; *Sir Frank Crisp,* kastanienbraun; *Master James,* dunkelbraun und gelb; *Oktober-Gold,* goldgelb, *Exquisite,* hellbraun mit gelbem Grunde; *Mrs R. Marsham,* crêmeweiß; *W. J. Davies,* rosarot mit gelbem Grunde; daneben bewährte ältere Sorten wie: *Mr Godfrey, Silisbury, Mrs Miller, W. Finks, Magnificent u. a.*

Zwerg-Chrysanthemum: *Aurora borealis,* bronze-orangerot; *Lizzie Holmes,* kanariengelb; *Snowdrop,* reinweiß; *Rosinante,* rosarot; *W. Kenedy,* scharlachrot; *Toussaint-Maurisot,* rosa mit lila gefranst.

Anemonenblütige Zwerge: *Aglaia,* rot mit weißem Grunde; *Perle,* dunkelrosa; *Calliope,* rot; *Mrs Astie,* goldgelb.

Federblütige Sporte: *Star of the North,* reinweiß; *Ruby,* dunkelrosa; *Mrs Filkins,* hellgelb; *Houppe Fleurie,* dunkelrot mit gelb.

Schließlich seien noch einige sehr schöne französische Neuheiten genannt: *Bretagne,* rosa mit gelbem Grunde; *Champagne,* scharlachrot; *Lorraine,* tiefdunkelrot; *Normandie,* zartrosa; *Savoie,* reinweiß.

Blumentreiberei.

Diclytra spectabilis, eine dankbare Treibpflanze. Wenn ich in nachstehendem auf diese alte, aber sehr dankbare Treibpflanze hinweise, so geschieht es aus dem Grunde, weil sie vielseitige Beachtung verdient. Ich gebe zu, daß das Treiben der *Diclytra* weniger für Massentreiberei sich eignet, sondern mehr für den Gärtner, der selbst für den eigenen Bedarf blühende Pflanzen, wie auch Schnittblumen treibt. Diese Pflanze gehört in die Treiberei der Privatgärtner, nicht nur, weil sie Abwechselung in die Winterblumen bringt, sondern auch, weil sie ein ausgezeichnetes, haltbares Dekorationsmaterial für Blumentische liefert, und auch die abgeschnittenen Blumen haltbar sind.

Diclytra spectabilis unterwirft sich willig und ohne besondere Vorkultur der Treiberei. Hauptsache ist es jedoch, zum Treiben starke Stauden zu verwenden, denn nur diese liefern reichblühende Dekorationspflanzen.

Das Einpflanzen der Stauden geschieht im Herbst, ich selbst habe es mit Erfolg noch im Dezember vorgenommen und bereits im Januar mit dem Treiben begonnen. Bis zum Einstellen in die Treiberei werden die Pflanzen frostfrei, im Mistbeet oder Schuppen, gehalten. Vom Anbeginn des Treibens bis zur Entwicklung der Blumen gebrauchen die Pflanzen, je nach Wärme, 4 bis 6 Wochen. Anfangs Januar stelle ich die ersten Pflanzen zum Treiben ein, und zwar bei einer Wärme von 10 bis 12° C. Die ganze Behandlung besteht nun in reichlicher Bewässerung. Wenn die Luft zu trocken, ist ein Ueberspritzen der Pflanzen notwendig. Nach etwa 10 Tagen kommen die Pflanzen in eine Temperatur von 12 bis 17° C. Etwa gegen den 20. Februar beginnt dann der Flor. Die Pflanzen blühen oft 6 Wochen, die Blumen sind sehr haltbar. Stellt man nun alle 14 Tage bis 3 Wochen eine Portion Pflanzen zum Treiben ein, so kann man fortwährend blühende *Diclytra* haben. Wenn man die Wärme auf 20 bis 22° C erhöht, so tritt der Flor noch früher ein. Mißerfolg habe ich mit *Diclytra* noch niemals gehabt, immer habe ich sehr reichblühende Pflanzen erzielt, die von jedermann bewundert wurden, weil sie zur Winterszeit etwas nicht Alltägliches waren.

Die abgetriebenen Pflanzen werden im kühlen Raume aufbewahrt und Ende April ausgepflanzt; sie können schon im Herbste wieder in Töpfe gepflanzt und im Januar erneut getrieben werden.

Adam Heydt, Blumenow.

Gemüsebau.

Vom Ueberwintern der Artischocken. Ueberwinterte und Mitte April gepflanzte Artischocken ergeben immer einen früheren Ertrag, als solche Pflanzen, die im Januar bis Februar ausgesät und mit peinlichster Sorgfallt gepflegt werden. Es sind verschiedene Ueberwinterungsmethoden gebräuchlich. In früheren Jahren habe ich die Artischocken im Freien überwintert. Die Pflanzen wurden nach der Ernte, Ende September bis Oktober, etwa 15 bis 20 cm über der Erde abgeschnitten, einige Stäbe im Dreieck herumgesteckt und dann gut mit Laub und Kiefernnadeln verpackt. Gewiß, auf diese Art und Weise überwintern die Artischocken auch ganz gut, nur in sehr nassen Wintern hat man Schaden. Die Ernte tritt auch ganz früh ein, — allein heute mache ich es ganz anders.

Meine Methode der Artischockenüberwinterung ist noch einfacher, sicherer und in jeder Weise vorteilhafter. Ende Oktober werden die alten Blätter der Artischocken bis auf die jüngsten entfernt, die Pflanzen alsdann mit Ballen ausgehoben. Es liegt mir dabei mehr an guter Erhaltung der Wurzeln, als an großen, schweren Erdballen. Die Pflanzen werden dann entweder im trockenen Keller, oder, wie ich es mache, im Pflanzenschuppen unter einer Stellage eingeschlagen. Beim Durchputzen der Pflanzen im Winter wird auch mal nach den Artischocken gesehen, eine weitere Arbeit entsteht bei meiner Ueberwinterungsmethode nicht. Im April kommen die Artischocken wieder ins Freie. Das Quartier, auf welchem die Pflanzen zu stehen kommen, wurde inzwischen rigolt, ich halte dieses entschieden für wichtig.

Die Artischocken pflanze ich auf 1,10 m Entfernung, zwei Reihen auf 1,50 m breite Beete. Sollte einmal eine Pflanze eingehen, so schaffe ich durch Abnehmen von Schößlingen starker Pflanzen Ersatz, von welchen ich 2 bis 3 Stück zusammenpflanze. Es versteht sich von selbst, daß ich bei Trockenheit öfters begießen lasse, bis die Pflanzen in vollem Triebe stehen. Da die Pflanzen in neuer Erde stehen, treiben sie stärker als wenn sie im Freien überwintert wurden, also auf gleicher Stelle weiter kultiviert werden.

Schon Ende Juni habe ich für den Gebrauch fertige Artischocken, und ich führe dieses auf meine Methode zurück. Die Pflanzen haben gesicherte Ruhe im Winter, sie faulen nicht, und sobald sie im Frühjahre in neuer Erde in kräftiges Wachstum kommen, geht die Entwicklung sehr flott vonstatten.

Jedem, dem an frühzeitiger Ernte von Artischocken gelegen ist, kann ich meine Ueberwinterungsmethode empfehlen, sie ist sicher und erfolgreich, dabei entschieden einfach.

Adam Heydt, Obergärtner, Blumenow.

Schnittblumenkultur.

Galega officinalis grandiflora alba.

Von Karl Illmer, Handelsgärtner, Grünberg in Schlesien.

(Hierzu zwei Abbildungen.)

Alljährlich werden Pflanzenneuheiten resp. Verbesserungen in den Handel gebracht, um oft rasch, nachdem man sich von deren Wertlosigkeit überzeugt hat, wieder von der Bildfläche zu verschwinden. Oftmals sind diese Neuheiten Pflanzen, welche die aufgewendete Reklame nicht wert sind und den Züchter mehr kosten, als sie ihm einbringen. Andererseits werden häufig aber auch ältere, wirklich wertvolle Pflanzen durch die Sucht nach Neuzüchtungen verdrängt.

In meiner, an zwei größeren Friedhöfen gelegenen Gärtnerei brauche ich alljährlich große Mengen von Schnittblumen. Alle nur erdenklichen Stauden, welche einigermaßen Handelswert besitzen, werden kultiviert, um der großen Nachfrage gerecht werden zu können. Auf dem hiesigen Weingartenboden ohne Unterfeuchtigkeit (Sand und Kiesgemisch) ist es sehr schwierig, manche Pflanzen einzugewöhnen und deren Kultur lohnend zu gestalten, gewisse Pflanzen zeigen sich aber auch recht dankbar und lohnen die aufgewendete Pflege. Trotzdem ich nun so ziemlich alle im Handel befindlichen Schnittstauden kultiviere, fehlte mir bisher immer nach dem Abblühen der Frühlingsblumen und -sträucher eine Schnittstaude, die bald nach diesen mit der Blüte beginnt, also in der letzten Hälfte des Juni sowie Anfang Juli größere Mengen weißer, langstieliger Schnittblumen liefert; nach dem Verblühen der großblumigen weißen Federnelken *Her Majesty* und *Diamant*, in der Zeit vom 20. bis 25. Juni, ist der Flor der meisten Frühlingsblumen beendet. Angestellte Versuche, frühblühende Astern, Dahlien, Gladiolen, Levkojen etc. nach dieser Zeit bald in Blüte zu haben, entsprachen nicht den aufgewendeten Mühen.

Galega officinalis als Topfpflanze.
Originalaufnahme für die „Gartenwelt".

Teilansicht eines Beetes mit Galega officinalis in der Handelsgärtnerei von Karl Illmer, Grünberg in Schlesien.
Originalaufnahme für die „Gartenwelt".

Seit mehreren Jahren kultiviere ich *Galega officinalis grandiflora alba* mit Erfolg, welche diese Lücke ausfüllt. Die Staude wird über 1 m hoch, hat gefiederte Blätter und lathyrusähnlich in Trauben stehende Blüten. Letztere erscheinen von Ende Juni an, und dauert der Hauptflor bis Mitte Juli. Die schneeweißen, herrlichen Blütentrauben sind für jede Art Binderei gut verwendbar, halten sich abgeschnitten bis 14 Tage lang und sind gegen Regen unempfindlich. An Blühbarkeit ist diese *Galega* unübertroffen; aus den Blattachseln erscheinen fortwährend neue Blüten, und hält dieser Flor bis Oktober an. Für Schnittblumengärtnereien ist sie eigentlich unentbehrlich, deshalb müßte sie jeder, der ihren Wert kennt, in seine Kulturen aufnehmen, zumal sie auf Bodenverhältnisse und Pflege keine besonderen Ansprüche macht.

Die Kultur ist sehr einfach. Den Samen sät man Anfang April oder Anfang Mai ins Freie. Nach 14 Tagen erscheinen die jungen Pflanzen, die man, nachdem sie gehörig erstarkt, auf ein gut gedüngtes, tief gelockertes Beet vierreihig in Abständen von 35 cm pflanzt. Schon nach wenigen Wochen beginnen die Pflanzen mit der Blüte und liefern bereits im ersten Jahre hübsche Blütenzweige. Im Herbst, sobald der Frost die Zweige zerstört hat, schneidet man diese ab und bedeckt die Stauden zum Schutze gegen starke Kälte mit kurzem Dung oder Reisigzweigen. Als Kopfdünger gebe ich im Winter etwas Kainit mit Thomasmehl und Superphospat, jedoch nur wenig. Die Pflanzen treiben dann im Frühjahre kräftig aus und bringen eine Fülle prächtiger, langstieliger Schnittblumen. Die eine der nach Anfang Juli gefertigten Aufnahmen auf Seite 763 wiedergegebenen Abbildungen zeigt einen Teil eines Beetes. Sämtliche Besucher meiner Gärtnerei staunten über die Blütenfülle, die trotz der Trockenheit des diesjährigen Juni — wir hatten hier von Anfang Juni bis 12. Juli fast keine Niederschläge — ohne Bewässerung in voller Sonne sich prächtig ausnahm. Auch im Jahre 1904, wo infolge großer Trockenheit die meisten Stauden und Florblumen versagten, blühten die *Galega* bei mir unermüdlich und lieferten eine Menge Schnittmaterial. Die zweite Aufnahme auf gleicher Seite zeigt ein in einen Topf gepflantzes Exemplar. Da die Staude ganz leidlich Ballen hält, läßt sie sich auch längere Zeit als Dekorationspflanze gut verwenden. Bemerken möchte ich noch, daß die Stauden mehrere Jahre auf einem Platze stehen bleiben können und sich dann bei wenig Pflege zu großen Exemplaren entwickeln.

Ich hoffe, daß durch diese Schilderung diese so dankbare *Galega* der Vergessenheit entrissen wird, damit sie den ihr gebührenden Platz in den Staudensortimenten dauernd wieder einnimmt.

Pflanzenvermehrung.

Frühjahrsokulation.

Von H. Sterz, Orléans.

Gelegentlich eines Gedankenaustausches mit einem Kollegen, sprach man auch von der Okulation von Kirschbäumen im Frühjahre. Da diese Methode und ihr Erfolg nicht sehr bekannt sind, so möchte ich dieselbe hier näher beschreiben. In den Baumschulen von Simon-Louis frères, Plantières-Metz, sind ganze Quartiere von Kirschbäumen auf diese Art veredelt, alle zeigen ein gesundes, kräftiges Wachstum.

Die Veredelungsreiser werden etwa im Dezember geschnitten, sortenweise gebündelt, mit Namen versehen und in Stroh verpackt; in einem mäusesicheren, an einem Nordabhange gelegenen kühlen Keller lagern sie bis zur Verwendung im Frühjahre. Ist ein so beschaffener Raum nicht vorhanden, so behilft man sich mit dem Einlegen der Reiser in eine Kiste, die an einer Nordwand eingegraben wird, oder aber man schlägt im Notfalle die Reiser in eine Sandschicht, an einen nicht zu feuchten Ort ein. Anfang Mai, wenn der Saft im Baume steigt und die Rinde sich löst, kann das Veredeln beginnen. Die Art und Weise ist dieselbe wie das Veredeln aufs schlafende Auge im Herbste. Indessen ist acht zu geben, daß die Ansatzstelle des eingesetzten Auges nicht zu eng eingeschnürt wird, sondern frei bleibt, da der wachsende Edeltrieb das Bindematerial sonst überwallen würde. Ist das Veredeln beendet, so ästet man die veredelten Hochstämme auf, schneidet auf Zapfen und stutzt die Triebe des Zapfens. Bei den nicht veredelten Stämmen, die genügende Stärke noch nicht erreicht hatten, aber hoch genug sind, stutzt man die Triebe auf etwa 40 cm und entfernt alle Aeste und Triebe in einer Höhe von etwa 2 m auf 20 cm Länge, um so die Veredelungsstelle für das nächste Jahr vorzubereiten. Ende Mai entfernt man alle Triebe des Zapfens und säubert auch den Stamm von den sich neubildenden. Sollte ein Auge vom Safte erstickt sein, — dies kommt sehr selten vor —, so löst man den Verband und beläßt dem Baume seine Triebe. Den Verband der übrigen Veredlungen löst man im Juni und heftet die Edeltriebe an den Zapfen; gleichzeitig ist nochmals der Stamm von allen überflüssigen Trieben zu säubern.

Für Veredlungen auf Mahaleb findet das Gesagte sinngemäße Anwendung. Zur Vervollständigung möchte ich hier in einem Auszuge aus dem Werke: „L'art de Greffer" das Urteil eines französischen Praktikers, des Baumschulbesitzers Charles Baltet zu Troyes, anführen: „Die Veredlung aufs treibende Auge muß im Anfang der Wachstumsperiode ausgeführt werden, damit der Edeltrieb sich genügend entwickeln und noch vor Wintersanfang verholzen kann. Zu vermeiden ist ein Mißbrauch der Veredlung aufs treibende Auge, wenn das so erzwungene Wachstum im Mißverhältnis zur Lebenskraft der Pflanze steht. Zeitig genug vor Eintritt des Saftes schneidet man die Edelreiser an der Mutterpflanze. Ist die Unterlage in Saft getreten, so daß sich die Rinde gut löst, kann man mit dem Veredeln nach dem bekannten Verfahren beginnen. Zu dieser Veredlung eignet sich die Rose: 1. im April mit Reisern, die im vorangehenden Jahre geschnitten sind; 2. im Juni mit Reisern desselben Jahres, die man am Tage des Gebrauchs geschnitten hat. Man darf nicht zu spät aufs treibende Auge veredeln.

In den kalten Gegenden, wo die Winter lange anhalten und schroffe Temperaturwechsel aufweisen, veredelt man im Juni (nach meiner Ueberzeugung besser im Mai, H. St.) Aprikosen, Pfirsiche und Kirschen aufs treibende Auge mit Zweigen, die man im Eiskeller aufbewahrt hat; ein im Herbste eingesetztes Auge könnte durch die Winterkälte geschwächt werden."

Landschaftsgärtnerei.

Bei Willy Lange.

„Mit Worten läßt sich trefflich streiten, mit Worten ein System bereiten", so denkt wohl mancher und schüttelt den Kopf, wenn er sieht, wie Lange unablässig für sein Gartenideal wirbt und kämpft und mit sich und seiner Ideenwelt ringt, um immer klarer und schärfer herauszumeißeln und zu fassen, was ihm in Zweck und Gestaltung höchstes Ziel seiner Kunst scheint. Es sind eben nur Worte, und in der Gartenkunst entscheidet über Wert und Unwert in letzter Instanz die Wirklichkeit. Nun, Lange scheut auch sie nicht und hat in den letzten Jahren durch die Firma Kühn & Solbrig eine kleine Reihe von Gärten nach seinen Ideen angelegt. Zu ihrer Besichtigung waren im Herbste dieses Jahres die Mitglieder des Vereins Deutscher Gartenkünstler gemeinsam mit der Deutschen Gesellschaft für Gartenkunst nach Wannsee eingeladen. Lange hatte gut daran getan und einen ansehnlichen Kreis um sich versammelt, der ihm erwartungsvoll und kritisch interessiert auf seinem Rundgange treu blieb. Nichts Vollkommenes im Sinne seiner Theorie wolle er mit diesen Gärten bieten, so führte Lange einleitend aus, einmal läge das an den Zugeständnissen, zu denen Ansichten und Neigungen des Auftraggebers fast stets zwängen, dann aber handle es sich hier auch um Dinge, die sich bis zu einem gewissen Grade noch im Läuterungsprozeß befänden. Wer neue Wege erschließen will — und das scheint ihm Aufgabe und Pflicht des Lehrers —, der müsse verschiedenen Spuren folgen und sie prüfen, um das Rechte zu finden. Auch seien die Anlagen noch in der Entwicklung. Manches Alte sei dem augenblicklichen Eindruck zuliebe belassen und müsse, sobald das Neue mit genügender Kraft wirke, entfernt werden, oder trete in den Hintergrund. Alles das verleite aber oft den Uneingeweihten zu falschem Urteil, und so käme es dann, daß zwischen Theorie und Praxis seltsame Lücken zu bestehen schienen.

Leider ist es bei der Eigenart Langescher Gärten schwer möglich, durch Schilderung einzelner Szenerien mit Worten eine Vorstellung von der feinen und ich möchte sagen — poetisch verklärten Naturstimmung zu geben, die in ihnen zum Ausdruck kommt und oft mit einer Kraft wirkte, die so manchen gefangen nahm, der Lange bisher gänzlich ablehnend gegenüber gestanden hatte. Aber auch die Kritik fehlte nicht, und manch interessanter Meinungsaustausch ergab sich dabei, so daß mich der Versuch reizt, im nachstehenden noch einiges in Langes Schaffen nach Gehörtem und Gesehenem in seinen Beweggründen klarzustellen, ihm gerecht zu werden.

Grundsätzliche Bedenken gegen Langes künstlerische Auffassung, wie sie sich in seinen Gärten äußert, können ernstlich nicht erhoben werden; so wenig wie gegen eine andere, stilisierend die Natur zum Vorbild nehmende Richtung, sofern sie das menschliche Gestalten nicht verleugnet. Das will auch Lange nicht. Wenn er aber bei seiner feinempfindenden Natur es ablehnt, für die Gartenkunst Vorschriften anzuerkennen, die nicht über die enge Grenze eines äußerlichen Formalismus hinauskommen und zum größten Teil unter Bedingungen von Zweck und Material entstanden sind, die dem Garten fremd sind, wer will ihm das verargen? Wer wollte ihm nicht demgegenüber dankbar sein, wenn er bemüht ist, den reichen Schatz, der in der Schönheit der freien Natur und besonders der Pflanze ruht, zu heben und dem Garten nutzbar zu machen. Das so gewonnene Resultat nennt Lange „Gartengestaltung auf biologisch-physiognomischer Grundlage“. Der wissenschaftliche Geruch aber, der dieser Formel äußerlich anhaftet, gibt nun seinen Gegnern die erwünschte Gelegenheit, sich über eine Kunst lustig zu machen, die in Wirklichkeit nur ein wissenschaftliches Zwitterwesen sei.

Das ist ein arger Irrtum, der etwas rätselhaft erscheint. Feinfühlig spürt doch sonst überall der Kunstverständige Wesenszüge selbst in leblosem Material, in Holz, in Stein und Metall und deren Abarten; der Künstler studiert sie eingehend und leitet aus ihnen für seine Zwecke Gestaltungsmöglichkeit und Bedingungen her, die wiederum alles das, was an Eigenart und Schönheit im Material schlummert, zu höchster Geltung bringen sollen. Nicht anders aber kann es sein bei einem Gestaltungsmittel, das so voller Leben und eigenem Willen ist, wie die Pflanze, und das in so unendlicher Mannigfaltigkeit, Schönheit und ausgeprägte Eigenart aufzuweisen hat. Und was bedeutet denn Biologie und Physiognomie im vorliegenden Falle weiter, als die Kenntnis der Entwicklungsvorgänge und Bedingungen, die im Pflanzenleben wirksam sind, und der Wesenszüge und Eigentümlichkeiten, mit denen sie sich widerspiegeln im Blätterkleide und Blütenantlitz der einzelnen Pflanze und in der Zusammensetzung örtlicher Lebensgemeinschaften? Das sind doch eigentlich Dinge, die jedem vertraut sind, der mit sehendem Auge durch die Natur schreitet, und je tiefer er in ihr Verständnis eingedrungen ist und in ihren Zügen zu lesen versteht, je feinfühliger wird er auch den Schöpfungen der Gartenkunst in bezug auf Pflanzenverwendung und -komposition gegenüber stehen und die Mißachtung ihrer Bedingungen als störend und widernatürlich empfinden. Denn die Sonderaufgabe des Gartens in der Anlage des menschlichen Heims ist in erster Linie, eine Stätte des Pflanzenlebens zu sein, mit dem wir hier innig in Berührung treten und Umgang pflegen wollen; das muß bei seiner Ausführung im Vordergrunde stehen, unbeschadet seiner sonstigen Nebenzwecke.

Wenn man nun seine Gärten, wie es Lange beliebt, vorzugsweise „nach Vorbildern der Natur“ schafft, so ist mit diesem Ausdruck die Möglichkeit eines neuen Irrtums gegeben. Was heißt „Schaffen nach dem Vorbilde der Natur“? Nichts weiter, als unter Beachtung der in der Natur wirksamen Gesetzmäßigkeit, wie sie sich im geologischen Aufbau und in charakteristischen Vegetationsbildern von Wald und Flur, Berg und Tal offenbart, Gartenbilder in individueller, menschlicher Umdichtung erstehen lassen. Nirgends will Lange Natur „vortäuschen“! Nur im Geiste der Natur, von ihr ausgehend, schafft er, und so wie er sie empfindet, erlebt sie im Garten ihre Wiedergeburt, in künstlerischer Steigerung und im Hinblick auf den besonderen Zweck.

In solchem Schaffen liegt natürlich auch eine Gefahr. Dem nach höchstem Ausdruck ringenden Künstler verflüchtigt sich leicht die Grenze, die seiner Kunst gezogen ist, und leicht kann es geschehen, daß er einmal zu Mitteln greift, deren Berechtigung mindestens zweifelhaft ist. Aber nicht darauf kommt es an, hier zu entscheiden, was im einzelnen Falle recht oder unrecht war, sondern auf die Tendenz, die aus dem Ganzen spricht. Sie muß ausschlaggebend sein und sie ist bei Lange Stil im besten Sinne und gibt nebenbei Raum für jede Individualität. Vor allem aber liegt in Langes künstlerischer Auffassung für unsere schöne Gartenkunst die Möglichkeit einer lebensvollen Fortentwicklung im Sinne einer Vertiefung, denn das Höchste und Letzte, was Gartenkunst, und einzig sie, zu bieten vermag, ist nur auf diesem Wege möglich! —

Nach beendetem Rundgange nahm Willy Langes Gartenheim uns zu kurzer Rast und Stärkung in seinen traulichen Frieden auf, und hier, wo Langes künstlerisches Wollen am reinsten und stärksten auf uns einwirkte, gab Herr Hofgärtner Hoffmann der allgemein sympatischen Stimmung in beredten Worten des Dankes Ausdruck. Ein kurzer Besuch galt noch dem Kleistgrab. Dann schieden wir, wohl jeder mit dem Gefühl, daß dieser Nachmittag ein besonderes Erlebnis gewesen sei. Möge Lange daraus die Anerkennung erwachsen, die seinem Streben zukommt. F. Ulrich.

Fragen und Antworten.

Beantwortung der Frage No. 565. Welche Blütensträucher eignen sich am besten für den Vorgarten? —

Als die besten Blütensträucher für einen Vorgarten kann ich folgende empfehlen: Als Frühlingsblüher *Forsythia suspensa, F. intermedia, Amygdalus persicoides, A. Persica* in verschiedenen Varietäten, *Chaenomeles japonica* in verschiedenen Farben, *Prunus triloba, Pr. chinensis, Pr. Pseudocerasus, Pirus spectabilis, P. Scheidekeri, Kerria japonica.* In der Blüte schließen sich dann an *Spiraea prunifolia, Sp. arguta, Sp. Thunbergii, Paeonia arborea* in verschiedenen Farben, *Rhododendron chinense, Rh.* hybr., *Rh. flavum, Ribes sanguineum, R. Gordonianum, Staphylea colchica, Cytisus sessilifolius,* verschiedene Syringen, *Exochorda grandiflora, Calycanthus floridus* und die Magnolien.

Weiterhin sind zu empfehlen: *Robinia hispida,* niedrig veredelt, *Deutzia gracilis, D. Lemoinei, Viburnum Opulus, V. tomentosum,* verschiedene *Philadelphus, Hedysarum multijugum, Diervilla grandiflora, D. intermedia,* am besten einzeln oder als Vorpflanzung in voller Sonne, *Ceanothus americanus* (verlangen Winterschutz), *Indigofera Gerardiana.* Von den vielen Spiraeen sind die besten: *Sp. Bumalda, Douglasii, callosa* und *Holodiscus discolor.* Nicht genug zu empfehlen und von sehr langer Blütendauer ist *Hydrangea paniculata.* Es kommen noch winterharte Fuchsien wie *F. gracilis* und *F. Riccartoniana* in Frage, die man leider viel zu wenig antrifft; sie müssen im Winter geschützt werden. Die Liste der schönen Blütensträucher ließe sich noch bedeutend verlängern, namentlich durch die verschiedenen Buschrosen, von denen ich *Rosa rugosa, R. gallica, R. lutea, R. rubiginosa* besonders empfehlen kann.

Heinrich Grapentin, Greifswald in Pommern.

— Zur Ausschmückung eines Gartens eignen sich wohl alle Blütensträucher, doch dürfte auf dem beschränkten Raume eines Vorgartens sorgfältige Auswahl geboten sein, die man am vorteilhaftesten derart trifft, daß die eine Gehölzart die andere in der Blütenfolge ablöst. Sachgemäß gruppiert, wird ein derartig ausgestatteter Vorgarten jederzeit ein ansprechendes, gefälliges Aeußere zeigen. Im Nachfolgenden sei eine kleine Uebersicht von Blütensträuchern gegeben, nach ihrer Blütezeit geordnet; sie haben sich sehr gut in Vorgärten bewährt und dürften allen Ansprüchen genügen.

Daphne Mezereum und *Laureola, Amygdalus communis, Davidiana* und *nana, Forsythia suspensa, Fortunei* und *viridissima*, verschiedene *Crataegus, Kalmia angustifolia, Kerria japonica, Malus spectabilis* und *floribunda, Ceanothus americanus* (besonders *C. Arnoldi* und *Gloire de Versailles)*, verschiedene Wildrosen, wie *Rosa lutea bicolor, multiflora, microphylla,* auch *rubrifolia, Spiraea van Houttei, Sp. japonica (callosa), Sorbaria Lindleyana, Calycanthus floridus, Hypericum hircinum, Tamarix Odessana, Clethra alnifolia, Hydrangea paniculata, Potentilla fruticosa* und *Friedrichsenii.*

Außer diesen verdienen die *Rhododendron*-Varietäten einer weitgehendsten Beachtung; ihre Verwendung gerade im Vorgarten kann nicht genug empfohlen werden. Auch *Caragana Chamlagu* ist ein herrlicher Blütenstrauch, dem man noch verhältnismäßig selten begegnet; die erst hellgelben, dann ins Rötlichbraune übergehenden Blüten erscheinen Mitte Juni. Vor allem jedoch sollten die reizenden *Hibiscus syriacus* in keinem Vorgarten fehlen, nie wird man willigere, dankbarere Herbstblüher als diese finden.

Selbstverständlich wird man nun diese Blütensträucher nicht im bunten Mischmasch verwenden, wie dies ja leider noch so oft geschieht, im Gegenteil, man wird vielmehr die Anzahl der zu verarbeitenden Gehölzarten der mehr oder minder großen Ausdehnung des Vorgartens anzupassen und diese dann möglichst gruppenweise anzupflanzen suchen, um so das Zusammenwirken der verschiedenen Arten zu erstreben. Berankt man nun noch das Haus mit irgendwelchen blühenden Schling- oder Rankpflanzen, etwa mit der hübschen Rose *Dorothy Perkins*, um die starren Linien der Architektur zu mildern, so wird ein derart behandelter Vorgarten einen ebenso günstigen, wenn nicht noch sympathischeren Eindruck hinterlassen als der öde viereckige Grasplatz vor dem Hause mit den vier geschnittenen Kugelbuxus.

Erich Heppler, Gr.-Lichterfelde.

— Unter den für den Vorgarten geeigneten Sträuchern sind es 3, die einer besonderen Hervorhebung bedürfen: *Rhododendron, Magnolia* und *Azalea*. Sie sind die vornehmsten und feinsten Gehölze, die es überhaupt gibt. Es sei erwähnt, daß es genügend *Rhododendron*-Arten und Sorten gibt, die den deutschen Winter aushalten, sogar ohne jegliche Deckung, falls die Pflanze ein wenig Schutz durch in der Nähe stehende Nadelhölzer hat. Von den Azaleen sind es *A. mollis (Rhododendron chinense)* und *A. pontica (Rhododendron flavum)*, die am schönsten und härtesten sind. Sie bedürfen höchstens einer dünnen Wurzelbedeckung von Streu oder Laub.

Magnolien sind besonders in der Jugend empfindlich und müssen gedeckt werden (Koniferenreisig). Im Alter, d. h. wenn die Pflanzen über Mannsgröße erreicht haben, bedürfen sie im weitaus größten Teile Deutschlands nicht mehr des Winterschutzes. Empfehlenswert ist besonders die Kreuzung *Magn. obovata×conspicua (Yulan)*. Hiervon existieren verschiedene Formen, so *M. Soulangeana, Norbertiana, Alexandrina, Lenneana.*

Auch beide Arten *(Yulan* und *obovata)* sind schön, *obovata* mehr rot als weiß, und später als *Yulan* blühend. Sehr zierlich ist *Magnolia stellata.*

Nun dürften folgende neun Gattungen die wertvollsten sein:

1. *Amygdalus* bezw. *Prunus triloba, Petzoldii, Amygdalus Davidiana* (wundervoll, sehr wenig bekannt, mit am frühesten blühend), *Persica* und *communis.*

2. *Chaenomeles (Cydonia) japonica* und *Maulei*, in Blütenpracht und Farbe unübertroffen.

3. *Forsythia* mit den sehr zeitig gelb blühenden Arten *suspensa* und *viridissima.*

4. *Malus.* Im Vorgarten besonders am Platze sind die nicht groß werdenden, überaus reich blühenden *floribunda-, Ringo-, Toringo-, baccata-, pumila*-Varietäten und ihre verschiedenen Kreuzungen.

5. Die Gattung *Prunus.* Von den Traubenkirschen gehören wegen ihrer Größe, trotz ihrer Schönheit, nur dann Vertreter in den Vorgarten, wenn er sehr groß ist. In der Blüte am schönsten ist *Pr. Padus.* Prächtig im Flor sind *Pr. pendula, caproniana* und *Cerasus,* letztere auch mit gefüllten Blüten, *forma Rhexii, P. avium.* Auch hiervon gibt es eine Form mit gefüllten Blüten. Niedrige Büsche sind *P. pumila* und *japonica (chinensis)*, letztere bis jetzt nur weiß oder rosa gefüllt im Handel. Ein prächtiger, kleiner Strauch!

6. Die Gattung *Rosa.* Daß Rosen in den Vorgarten gehören, dürfte von vornherein klar sein. Alle empfehlenswerten Rosen hier aufzuführen, würde zu weit gehen.

7. *Spiraea.* Besonders schön sind *Sp. Vanhouttei, cantoniensis, chinensis, hypericifolia, prunifolia, Thunbergii, pumila, bullata.* Ferner *Sorbaria (Spiraea) sorbifolia, ariifolia (Holodiscus discolor)* und die vielen Arten und Hybriden.

8. *Syringa.* Einen Strauch mit duftender Blüte möchte man nur ungern am Hause missen. Also heran mit *S. vulgaris, persica* und *chinensis!*

9. *Paeonia arborea.* Als Einzelstrauch von ganz vorzüglicher Schönheit, besonders die Exemplare mit gefüllten Blüten.

Aber auch folgende Gattungen und Arten sind sehr erwähnenswert: *Aesculus parviflora (macrostachya), Sorbus (Aria) sudetica; Aronia; Buddleia* (im Herbst blühend und dann den Flieder ersetzend, sehr schöne und willig wachsende Gattung!); *Calycanthus* mit seinen dunkelroten, wohlriechenden Blüten (auch der ganze Strauch hat ein gewürziges Aroma); *Catalpa,* nur für größere Vorgärten, *Ceanothus,* Herbstblüher; *Cephalanthus occidentalis,* auffallend durch seine kugeligen *(Echinops*-ähnlichen) Blüten; *Ceratostigma plumbaginoides,* ganz niedrig und im Spätsommer blau blühend, sehr schön, wenig bekannt; *Cercis,* besonders *Siliquastrum* empfehlenswert, hat dunkelrosa, im Mai aus dem Stamme und den Zweigen kommende Blüten; *Clerodendron trichotomum,* herrlich in Blüte, außerordentlich schnell wachsend und früh blühend, aber etwas empfindlich; *Corylopsis,* kleiner, sehr früh und gelb blühender Strauch, an *Forsythia* erinnernd. *Daphne,* mit seinen schönen, duftenden Blüten, die schon im Februar erscheinen (giftig!); *Deutzia* und *Diervilla (Weigelia),* bekannte herrliche Ziersträucher (weniger bekannt ist die schönste *Diervilla Middendorffiana,* Blüten wie eine kleine *Gloxinia [Sinningia]); Halesia* im Mai, *Halimodendron* im Juni, *Hibiscus* im Herbst blühend. Ferner *Hydrangea, Hypericum, Kalmia, Indigofera, Lespedeza, Hedysarum, Mespilus, Tamarix* und *Myricaria, Pyracantha coccinea, Pirus, Robinia (viscosa* und *hispida).* Von Gehölzen, die gleichzeitig als Decksträucher benutzt werden können, seien genannt: *Amelanchier, Amorpha, Berberis, Caragana, Colutea, Cotoneaster, Crataegus, Cytisus, Exochorda, Genista, Kerria, Rhodotypus, Lonicera, Philadelphus, Viburnum.*

Schönblühende Sträucher für den Vorgarten, die klettern oder schlingen, sind folgende: *Lonicera Caprifolium* und *Periclymenum,* beide duftend. Noch schöner in der Blüte ist *L. sempervirens* mit den schönen Formen: *L. s. f. superba* und *coccinea superba* und *L. ciliosa.* Eine Kreuzung hiervon ist *L. plantierensis,* besonders schön in der Form *fuchsioides.* Auch die sehr selten in den Katalogen verzeichnete und meist falsch gelieferte, blütenduftende *L. flava* ist beachtenswert.

Clematis. Besonders die Sektion *Viticella* mit den Kreuzungen von *patens, florida, lanuginosa* und *Viticella* (z. B. *C. Jackmanii)* zeichnet sich durch große Schönheit der Blüten aus. Was jedoch unsere gewöhnliche *Cl. Vitalba* anlangt, so sollte auch sie nicht fehlen. Was sie an Größe und Farbenpracht der Blüten entbehrt, bringt sie durch den auffallenden Reichtum ihrer weißen Blüten und grauweißen, federigen, bärtigen Früchte wieder ein; sie bildet daher auch im Herbst einen wesentlichen Gartenschmuck.

Wistaria (Glycine) chinensis, mit ihren prächtigen, blauen Blütentrauben, ist eine vornehme Zierde jeder Villa.

Tecoma radicans und *chinensis,* meist härter als geglaubt wird, zeitigen im Juli bis September herrliche, rote, trichterförmige Blumen.

Polygonum Baldschuanicum, mit reicher Blüte, bedarf sehr des Lichtes und der Südsonne, ist aber völlig winterhart.

Akebia quinata. Sehr interessante und ornamentale Pflanze, die noch zu wenig angepflanzt wird. Die Blüten, die an derselben Pflanze erscheinen, sind männlich oder weiblich und zeigen einen von dem Herkömmlichen sehr abweichenden Bau. Ihre Farbe ist dunkelpurpurn. Die Blätter sind fünfzählig und halten sich bis tief in den Winter hinein am Stocke.

Zu erwähnen wäre noch die schöne *Bignonia capreolata,* die aber für den größten Teil Deutschlands nicht winterhart ist, sondern besser im Kalthause kultiviert wird.

Last not least: Die Kletterrosen! Doch hierüber möge man einen Katalog nachschlagen. **F. Strehle,** Breslau.

Beantwortung der Frage No. 566. Welches sind die wichtigsten Gartenbauschulen in Oesterreich und welche Aufnahmebedingungen sind vorgeschrieben? —

Die einzige höhere Gartenbauschule in Oesterreich ist die Obst- und Gartenbauschule in Eisgrub, Mähren. Der Kursus ist dreijährig, die Unterrichtssprache ist deutsch. Zur Aufnahme werden folgende Bedingungen gestellt: 1. ein Alter von 15 Jahren; 2. ein ärztliches Zeugnis; 3. Absolvierung des Untergymnasiums, der Unterreal- oder der Bürgerschule; 4. mindestens einjährige, beglaubigte Lehrzeit in einer größeren Gärtnerei; 5. Nachweis der nötigen Mittel für Unterhalt.

Es finden jährlich zwanzig ordentliche Schüleraufnahmen statt. Hospitanten können jederzeit aufgenommen werden. Das Schuljahr beginnt am 1. Oktober. Die Anzahl der Lehrer beträgt zehn. International. Für Minderbemittelte, die die Aufnahmeprüfung gut bestehen, sind zehn Stipendien vorgesehen. Die Gesamtkosten belaufen sich pro Jahr auf zirka 600—800 Kronen. Die Absolventen besitzen die Berechtigung für den einjährig-freiwilligen Militärdienst. Zum Anschauungsunterricht stehen der Anstalt die zahlreichen Gewächshäuser, die ausgedehnten Baumschulen und Formobstgärten, sowie die großartigen Parkanlagen des regierenden Fürsten Johann II. von und zu Lichtenstein zur Verfügung.

Als niedere Gartenbauschulen kämen in Betracht:

1. Die Gärtnerschule „Elisabethinum" in Mödling bei Wien. Der Kursus ist zweijährig. Die Zahl der Lehrer beträgt sechs.

2. Die Gärnerfachbildungsschule der k. k. Gartenbaugesellschaft in Graz. Besteht aus einem zweijährigen Kursus für Gärtnergehilfen und Lehrlinge.

3. Die Gartenbauschule in Chrudim (Böhmen). Der Kursus ist ebenfalls zweijährig.

4. Die Gärtnerbildungsanstalt am k. k. botanischen Garten in Lemberg. Vier Jahrgänge. International. Oberleitung: Universität.

5. Die Gartenbauschule der Gesellschaft für Gartenbau und Bienenzucht in Lemberg. Zwei Jahrgänge. International. Oberleitung: Ein Komitee der Gesellschaft.

6. Die Landesgartenbauschule in Cernichów und Krakau. Zwei Jahrgänge. International. Die Oberleitung führt der galizische Landesausschuß.

Es gibt noch verschiedene Gartenbauschulen in Oesterreich, doch werden an denselben meist nur Winterkurse abgehalten. Als Aufnahmebedingung in den niederen Fachschulen genügt in den meisten Fällen schon eine gute Volks- oder Bürgerschulbildung und eine 1 bis 2jährige Praxis. Zur genauen Orientierung möge sich Fragesteller Prospekte schicken lassen, die ja jede Anstalt kostenlos zusendet. **Adolf Cepek,** Stadtgärtner, Ravensburg.

Beantwortung der Frage No. 567. Welche Fachzeitschrift behandelt ausschließlich oder doch vorwiegend den Gemüsebau? —

Eine Fachzeitschrift der gewünschten Art existiert nicht, da Gemüsegärtner nur selten das Bedürfnis zu theoretischer Weiterbildung haben. Es gibt aber zahlreiche kleine, den Gemüsebau behandelnde Schriften, die allen Anforderungen strebsamer Züchter gerecht werden. Eine den Gemüsebau ausschließlich behandelnde Zeitschrift würde sehr bald unter Stoffmangel leiden. D. Red.

— Eine Fachzeitschrift, die vorwiegend oder ausschließlich dem Gemüsebau gewidmet ist und sich an Gärtner wendet, gibt es nicht. Der Gemüsebau bildet bedauerlicherweise überall nur ein Anhängsel des Obstbaues. Gute Aufsätze über Gemüsebau fand ich außer in den großen bekannten Blättern, deren Aufzählung ich mir wohl ersparen darf, verhältnismäßig häufig in den „Geisenheimer Mitteilungen über Obst- und Gartenbau".

R. Stavenhagen, Rellingen.

Neue Frage No. 596. Ein Krankenhaus mit umfangreichen Gartenanlagen hat pro Jahr mehrere hundert Kubikmeter Moorrückstände aus den Moorbädern der Anstalt. Diese säuerlichen, noch ballenden Moorbestände sollen nun zur Düngung des trocknen Höhensandes der Gartenanlagen, in welchen das Wasser erst bei etwa 25 m Tiefe ansteht, verwendet werden. Ist eine derartige Verwendung vorteilhaft? Ich beabsichtige die Moorrückstände mit Straßenkehricht, Asche und anderen Abfällen unter Zusatz von Aetzkalk zu kompostieren.

Neue Frage No. 597. Wie heißt der weiße Schimmel bei *Cineraria hybrida,* wodurch entsteht er und wie bekämpft man ihn am besten?

Aus den Vereinen.

Vom kaiserl. königl. österreichischen Pomologenverein. Diese Vereinigung, welche berufen ist, ein Bindeglied zwischen den Obstbautreibenden aller Nationalitäten in den Kronländern zu bilden, ebenso aber auch, bei Behandlung internationaler Obstbaufragen, die Verbindung mit dem Auslande aufrecht zu erhalten, hat den Sitz der Zentralleitung von Lechwald-Graz nach Wien verlegt. Den veränderten Verhältnissen entsprechend, wird die Vereinigung alles daran setzen, um, zeitgemäß reformiert, ihre Aufgaben vollständig erfüllen zu können.

Hierzu erbittet sich der kaiserl. königl. österreichische Pomologenverein die Unterstützung der Obstbauinteressenten aller Kronländer.

Der langjährige verdienstvolle Präsident dieser Körperschaft, Heinrich Graf von Attems mußte, infolge seines leidenden Zustandes, bei der am 14. November ds. Js. in Wien stattgefundenen Jahresversammlung leider auf eine Wiederwahl verzichten, wird jedoch die von ihm eingeleitete Herausgabe des Obstgrundbuches beibehalten und selbst durchführen. Alle Postsendungen sind erbeten an den Geschäftsführer des kaiserl. königl. Pomologenvereins Emanuel Tollmann, Wien 4/1, Taubstummengasse 5.

Eine **soziale Studienreise nach England** veranstaltet in den Tagen vom 6. bis 18. Juli 1909 die deutsche Gartenstadtgesellschaft. Die Reise, in Rotterdam beginnend, berührt Manchester, Liverpool-Port Sulighton, Birmingham-Bournville, Letchworth, London und zurück Rotterdam und kostet excl. Getränke 240 M. Diejenigen, die länger in London zu bleiben wünschen, können die Rückreise auch einzeln ohne Preiserhöhung antreten und finden in Londoner Hotels auch für die spätere Zeit Preisermäßigung. Die Teilnahme ist auch Nichtmitgliedern gestattet; näheres besagt ein ausführlicher Prospekt, der durch den Unterzeichneten bezogen werden kann.

Bindseil, Berlin SW. 47.

Tagesgeschichte.

Bonn. Herr L. Beißner, Inspektor des Botanischen Gartens, Bonn-Poppelsdorf, bittet uns bekannt zu geben, daß die durch eine andere Fachzeitschrift verbreitete Nachricht von der Feier seines 70. Geburtstages am 8. d. M. nicht der Wahrheit entspricht. Herr Beißner ist erstens nicht im Dezember geboren, sondern im Juli, und zweitens nicht 70 Jahre alt, sondern erst 65. Die falsche Nachricht ist vielleicht durch die Angabe des Rümplerschen Gartenbaulexikons entstanden, das den 8. Dezember als Geburtstag und 1838 als Geburtsjahr des Herrn Beißner angibt. Die „Gartenwelt" wird nicht verfehlen, den hochverdienten und allseits geschätzten Kollegen dann zum 70. Geburtstage zu beglückwünschen, wenn der richtige Zeitpunkt dazu gekommen ist. **M. H.**

Frankfurt a. M. Der hiesigen, weitbekannten landschaftsgärtnerischen Firma von Gebrüder Siesmayer wurde vom 1. Januar 1909 ab die Unterhaltung der Kuranlagen zu Schlangenbad übertragen.

Diese Maßnahme erfolgte, weil die Kgl. Badeverwaltung den gesteigerten Ansprüchen der Badegäste in gärtnerischer Beziehung ohne erheblichen Mehraufwand nicht mehr entsprechen konnte.

Frankenthal. Für den Bezirk Frankenthal-Grünstadt wird die Gründung einer Genossenschaft m. b. H. zur Anlage und zum Betriebe einer Edelobstplantage in Dirmstein von einem Konsortium unter Führung des Obst- und Weinbauinspektors Klingmann beabsichtigt. Es besteht der Wunsch, die auf dem bisher bewirtschafteten Versuchsfelde gesammelten Erfahrungen zu verwerten und der obstbautreibenden Bevölkerung in größerem Umfange vorzuführen. Zur Durchführung des Unternehmens soll in Dirmstein ein etwa 18 Morgen großes Land gepachtet werden. Die Anpflanzung der Bäume soll, falls die Anteilscheine rechtzeitig untergebracht werden, raschestens erfolgen.

New York. Nach Berichten politischer Zeitungen hat Josef Fleischmann, der Besitzer des größten und berühmtesten Blumengeschäftes in der amerikanischen Metropole, seine Zahlungen einstellen und seine prachtvollen Räume in der fünften Avenue schließen müssen. Die letzte wirtschaftliche Krise hat auch diejenigen sparsamer werden lassen, die bisher Unsummen für frische Blumen ausgegeben haben.

Rixdorf bei Berlin. Die Stadt Rixdorf hat wiederholt an die Gemeinden Johannisthal und Nieder-Schöneweide das Ersuchen gerichtet, gemeinsam mit ihr ein größeres Gelände in der Königsheide zu erwerben, um einen großen Volkspark mit Spielplätzen zu errichten. Die Gemeinden verhielten sich bisher diesem Vorschlage gegenüber ablehnend. Neuerdings sind jedoch die Verhandlungen wieder aufgenommen worden. Die Gemeinde Nieder-Schöneweide beschloß, durch einen Landmesser die Lage genau feststellen und einen Uebersichtsplan anfertigen zu lassen. Der Plan der Errichtung eines Volksparkes in der Königsheide wird, wie wir erfahren, jedenfalls verwirklicht werden, wenn auch vielleicht seine ursprünglich in Aussicht genommenen Grenzen eine nicht unwesentliche Verschiebung oder Erweiterung erfahren werden.

Bücherschau.

Die Obstbauliteratur ist in den letzten Jahren in geradezu beängstigender Weise angeschwollen. Viele berufene, aber noch mehr unberufene Federn werden noch fortgesetzt auf diesem Gebiete in Bewegung gesetzt, es vergeht deshalb kaum eine Woche, in der nicht ein neues Buch über Obstbau erscheint. Unter diesen Neuerscheinungen befinden sich aber nur wenige, die wirklich neues Material zur Obstbaufrage beibringen. In den meisten Fällen sagt jeder neue Autor nur das, was schon Hunderte vor ihm ausgeführt haben. Von all diesen Neuerscheinungen über Obstbau finden sehr viele das Schicksal, das sie verdienen: Der Absatz ist außerordentlich gering, nur sehr wenige erleben neue Auflagen, die meisten werden schließlich verramscht oder als Makulatur eingestampft.

Ein neues Büchelchen, das zwar auch nicht viel neues zur Obstbaufrage beibringen kann, aber einen hervorragend befähigten Fachmann zum Verfasser hat, ist soeben unter dem Titel **Obstbau** als 20. Band der „Bibliothek der gesamten Landwirtschaft" erschienen. Verlag von Dr. Max Jänecke, Hannover. Preis geheftet 1,80 M. Verfasser ist J. Müller, der bekannte Vorsteher des Provinzialobstgartens zu Diemitz bei Halle. Das Schriftchen ist, dem Charakter der Bibliothek entsprechend, vorzugsweise für landwirtschaftliche Kreise bestimmt und behandelt in seinen Hauptabschnitten alles, was diesen bei Ausübung der Obstkultur im Haupt- oder Nebenbetriebe zu wissen nützlich ist. Zur Erläuterung des Textes tragen zahlreiche eingedruckte, meist nach photographischen Aufnahmen gefertigte Abbildungen bei, die besonders dadurch wertvoll sind, daß sie teils auch die Folgen unrichtiger Maßnahmen zur Anschauung bringen. Dem Schriftchen ist auch ein Bepflanzungsplan des Provinzialobstgartes zu Diemitz bei Halle a. S. beigegeben.

Als Ergänzung dieser Schrift kann die kleine, bei Trowitzsch und Sohn, Frankfurt a. O., unter dem Titel **Was habe ich bei der Anlage eines Obstgutes zu beachten?** erschienene und von F. Stoffert unter Mitwirkung einer kaufmännischen Kraft bearbeitete Broschüre dienen. Preis geheftet M 1,50. Verfasser behandelt den Obstplantagenbetrieb vom kaufmännischen Standpunkte aus, indem er Anleitung zu einer sachgemäßen Kulturbuchführung gibt, der sich dann sorgfältig ausgearbeitete Rentabilitätsberechnungen anschließen, die zeigen, welche Kulturen in den ersten Jahren Verluste, welche Erträge bringen. Derartige Tabellen können selbstverständlich nur als ungefährer Anhalt gelten, d. h. man darf sie nicht unter allen Umständen als bare Münze nehmen, denn „wenn" und „aber" sprechen bei allen Gartenkulturen, speziell bei der Obstkultur ein oft nur zu gewichtiges Wort mit. Es sind in erster Linie die unsicheren Erträge der Obstpflanzungen, die der Errichtung rationeller Großbetriebe im Wege stehen. Hagel, Sturm, Dürre, Insektenschäden, Fröste, nasse Jahre usw. können die schönsten Rentabilitätsberechnungen über den Haufen werfen.

Das Büchelchen **Unsere Beerengewächse** von Dr. B. Plüß, Herdersche Verlagsbuchhandlung, Freiburg (Zweite Auflage, in Leinen gebunden M 1,50) bietet vom gärtnerischen Standpunkte aus betrachtet nur geringes Interesse. Es ist eine kleine Botanik der verschiedenartigsten beerenartentragenden Pflanzen, mit einem Anhang über Giftgewächse. Illustriert mit minderwertigen Textbildern, ist das Heftchen gewissermaßen nur ein Extrakt aus den guten botanischen Taschenbüchern, an deren Spitze die Garckesche Flora steht.

Auch die Literatur über Gemüsebau ist in den letzten Jahren stark angewachsen. Dieses Gebiet finden wir in einigen guten größeren Werken so vollständig und so vorzüglich behandelt, daß auch die hier wie Pilze aus dem Boden schießenden kleinen Schriften kaum etwas neues beibringen können.

Erfolgreicher Gemüsebau im Hausgarten ist der Titel eines von Otto Brüders verfaßten, von A. Hartlebens Verlag in Wien verlegten Schriftchens (Preis broschiert M 2,—, gebunden M 3,—), das dem Gartenbesitzer in Stadt und Land ein Leitfaden sein will. Altbekannte Kulturen und was damit zusammenhängt, werden hier in klarer, volkstümlicher Weise behandelt, die beigegebenen Abbildungen sind zum Teil gärtnerischen Katalogen entnommen, zum Teil handwerksmäßig hergestellte, primitive Holzschnitte, die der einfachen Hausfrau vom Lande und dem kleinen Gartenbesitzer vielleicht genügen; sie zeigen, wie alltägliche gärtnerische Arbeiten ausgeführt werden. M. H.

Personal-Nachrichten.

Radl, Florian, Samenzüchter, San Giovanni a Teduccio bei Neapel, † am 3. d. M. im 52. Lebensjahre. Durch das unerwartete Ableben Radls verliert der Unterzeichnete einen langjährigen treuen Freund, die „Gartenwelt" einen bewährten Mitarbeiter, der in früheren Jahrgängen eine Reihe wertvoller Beiträge veröffentlichte. Radl war ein vorzüglicher Kenner sukkulenter Pflanzen, überhaupt ein Pflanzenkenner ersten Ranges. Seine umfangreichen Pflanzenkenntnisse eignete er sich während seiner langjährigen Tätigkeit als Obergärtner der Firma Haage & Schmidt in Erfurt an. Von dort aus kam Radl auf meine Empfehlung als Leiter der Samenkulturen der Firma Dammann & Co. nach Neapel, wo er einige Jahre später mit dem inzwischen verstorbenen Schwiegervater seiner Tochter die Firma Fava & Radl gründete, die er nach dem Tode Favas auf alleinige Rechnung weiterführte und mit zäher Ausdauer hoch zu bringen suchte. Noch im vorigen Winter war Radl geschäftlich in Deutschland anwesend, und freute ich mich damals, ihn nach langen Jahren gesund, jugendfrisch und unternehmungslustig wiederzusehen. Alle, die ihm im Leben näher getreten, werden den frühen Tod dieses tüchtigen Fachgenossen und liebenswürdigen Menschen aufrichtig bedauern. M. H.

Rühl, Philipp, Handelsgärtner, Frankfurt am Main, † am 17. v. Mts. Der Verstorbene war von Hause aus Kaufmann, wandte sich später aus Gesundheitsrücksichten der Gärtnerei zu und gründete mit den bescheidensten Mitteln eine kleine Handelsgärtnerei, aus welcher der heutige große landschaftsgärtnerische Betrieb hervorging. Wiederholte günstige Grundstücksverkäufe, zuletzt Ende der 70er Jahre zum Bau des Frankfurter Zentralbahnhofs, machten den Verstorbenen zum wohlhabenden Manne.

Berlin SW. 11, Hedemannstr. 10. Für die Redaktion verantwortlich Max Hesdörffer. Verlag von Paul Parey. Druck: Anhalt. Buchdr. Gutenberg e. G. m. b. H., Dessau.

L. Klissing Sohn
...arth (Prov. Pommern).

Caladien mit bunten Blättern. Die Sammlung enthält über 380 Sorten, einschliessend Neuheiten für 1908. 10 bis 25 Sorten im Doppelbrief (Kästchen) zu verschicken zu Mark 7,50 und 15 Mark und teurer. Feinere Sorten à Sorte von Mark 1 bis Mark 5. Beschreibende Liste umsonst und postfrei. Versand nach allen Ländern. [29

PAUL HUBER [15

Baumschule

Halle a. Saale.

...niferen u. Moorbeetpflanzen
speziell [509
grosse Schaupflanzen.
Heinr. Hellemann,
Moorende bei Bremen.

Farnwedel

...pfiehlt: **Aspidium aculeatum,** 600 (Postpaket) 2,40 M, bei Abnahme ... 10000 St. per 1000 St. 3,50 M, ...**idium Lonchitis,** 1000 St. 4 M, ...**lopendrium** (Hirschzunge), 1000 St. ...) M, **Blechnum Spicant,** 1000 St. ...) M. — Zum Versand kommt nur ...rkannt tadellose Ware bei reeller Bedienung. [2029

Geisler, Blumenversand, Bad ...chenhall. — Tel.-Adr.: Geisler Reichenhall. Frachtgutsendungen Preise brieflich.

Räuchern Sie
nur mit unserem
Tabak-Räucherpulver
mit **extra verstärkten Nikotin- und Quassia-Dämpfen,** 1 kg 60 Pfg., 10 kg M 5,—.
Räucher-Rost, überall aufzustellen, 1 Stück 60 Pfg.
Räucher-Unterlagen mit Zündstreifen **(Zündpapier)** 100 Blatt 90 Pfg., 10 Stück 10 Pfg. — Gegen Nachnahme.
Gärtner erhalten auf obige Preise 10 % Rabatt. [2025
Illustrierter **Hauptkatalog** kostenfrei.
Pape & Bergmann, Quedlinburg
Spezialhaus für feine Gartensamen und Blumenzwiebeln.

Wilhelm Hennis

...rchideen-Importgeschäft
in **Hildesheim** (Hannover)
... eigene Sammler in Ostindien und ...lamerika. **Man** verlange Preisliste ...r **kultivierte** und **importierte Orchideen.** [1840

...ald-Farn

...ssartige **Dekorationspflanzen** ... jeden Garten, **kräftige Knollen,** ...-10 Wedel, 100 St. 10 M. [868
...Tausch nehme Samen und Pflanzen.
Chr. Becker, Gärtnerei,
Dillweissenstein.

Bürgersche grossbl. Pelargonien.

Anerkannt bestes der sogenannten Englischen Pelargonien.

Leichte Kultur, kräftiger Wuchs, üppige Belaubung, andauernder Blütenreichtum, reichstes, feinstes Farbenspiel. Junge, vollbelaubte Stecklingspflanzen mit festen Topfballen **1 Sortiment 100 Stück meiner neueren und neuesten remontierenden Sorten für Gruppen, Balkone, Fensterkästen 60 bis 75 M.**

1 Sortiment 100 St. in neueren und bewährtesten älteren Sorten 30 bis 50 M.
1 Sortiment 100 St. in 20 bis 25 vorzüglichen dankbarsten Marktsorten 25 M.
100 St. Mischung in reichstem Farbenspiel und leicht wachsenden Sorten 12 bis 15 M.

Ausführliche Beschreibungen mit bunten Abbildungen in meinem Kataloge.

Grosse Vorräte von **Palmen, Kalt-** und **Warmhaus-,** sowohl in Topf- wie in grossen **Dekorations-Pflanzen** zu billigsten Preisen.

W. Bürger, Halberstadt.

[1209

Schley's Ausstellungs-Gurke 1904

ertragreichste und widerstandsfähigste
Treibhaus-Gurke.
Goldene Medaille Düsseldorf 1904 und Mannheim 1907.
Original-Samen 100 Korn 4 M, 10 Korn 0,50 M.
(Freiwilliges fachm. Urteil in No. 24 der „Gartenwelt" 1906.)
Peter Schley, Bergerhausen bei Essen.
[2123

Viburnum macrocephalum

(Riesenbl. Viburnum) soll kalt u. langsam getrieben werden. In Topf kultivierte Pflanzen m. Knospen, 100 Stück 100 M. Bitte verlangen Sie unseren Katalog.
Jacs. Smits Ltd., Hoflieferanten, **Naarden** (Holland). [2116

Wellpapier

[1469]
bestes und billigstes Packmaterial
(zum Schutze von Bäumen sehr geeignet)
Wellpappe-Schachteln
für Früchte, Gemüse, Blumen etc.
Carl Lampmann Söhne, Köln-Ehrenfeld

Mein reichhaltiger **Hauptkatalog** mit Beschreibung u. Abbildung über

Winterharte Stauden

zur Schnittblumengewinnung, zur Ausschmückung von Gärten und Parks, Grotten, Felspartien u. Teichen

Winterharte Freilandfarne und Eriken,

Alpenpflanzen ■ Edel-Dahlien

und als Spezialität: [17

Primula obconica

„Ronsdorfer Hybriden“

meiner in Grösse und Färbung noch unübertroffenen Züchtungen, wird auf Verlangen **kostenlos** übersandt.

Georg Arends

Staudengärtnerei und Samenhandlung,

Ronsdorf (Rhld.).

Lafayette

leuchtend samtig-scharlach,

prachtvolle, gefüllte Topf- und Gruppen- **Begonie,**

Vermehrungsknollen 10 St. 5 M, 100 St. 45 M, [1535

starke Knollen 10 St. 4 M, 100 St. 35 M, empfiehlt unter Garantie für Echtheit per Kasse od. Nachn. evtl. 3 Mon. Ziel

Ag. Heym,

Schleusingen, Bez. Erfurt.

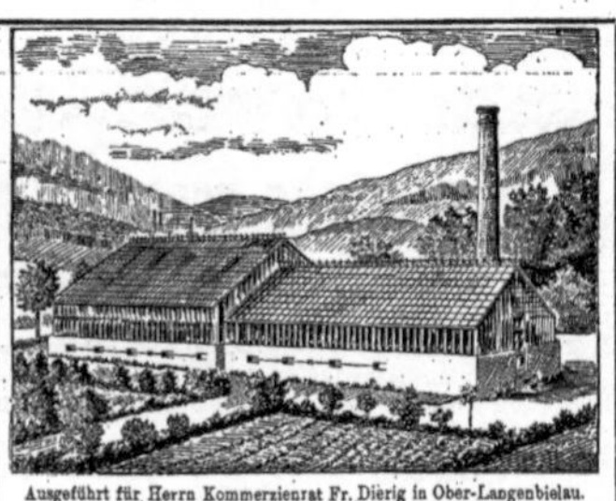

Ausgeführt für Herrn Kommerzienrat Fr. Dierig in Ober-Langenbielau.

Gustav Bild Fabrikgeschäft

(Inhaber: **Hermann Bild**)

Brieg, Bez. Breslau.

Gegründet 1839.

Spezialfabrik für **Gewächshäuser solidester Ausführung** mit Pitchpine- u. Lärchenholzsprossen auf Eisen-Tragkonstruktion. Sicher funktionierende **First- u. Sockellüftung** mit Zentral-Antrieb. **Zweckentspr. Inneneinrichtungen. Spritzwasserleitung. Schattendecken.**

Bewährte moderne Zentralheizungen

mit Oberleitung und Gegenstrom-Gliederkessel. [87

Frühbeetfenster * Spaliere * Drahtzäune * Eisenkonstruktionen.

Kataloge, Projektzeichnungen und Kostenanschläge gern zu Diensten.

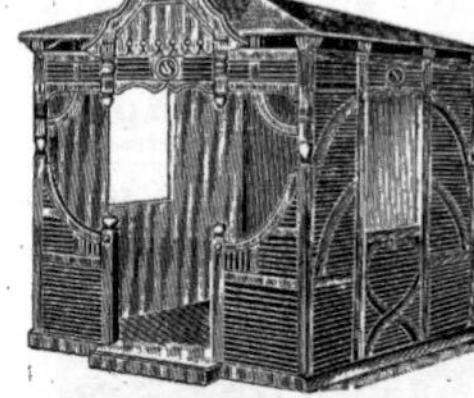

Vor Anschaffung eines Gartenhauses versäumen Sie nicht, sich mit der Neuheit

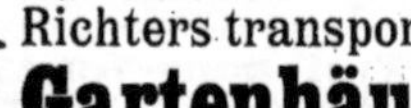

Richters transportale

Gartenhäuser

bekannt zu machen.

Künstlerische Ausführung.

⌘ ⌘ Katalog gratis. ⌘ ⌘

Jalousie- u. Rollladenfabrik

Grünhainichen No. 27 i. Sa.

Louis Richter. [5

Verlangen Sie Offerte! **Rollschattendecken.** Verlangen Sie Muster!

Ed. Zimmermann,

Altona (Elbe).

Gegründet 1870.

Höchste Auszeichnungen. Feinste Referenzen.

Spezialfabrik [1850

für Wintergärten, Gewächshäuser, Veranden, Pavillons, Frühbeetfenster, Schattendecken „Herkules“, Bänke u. Tische für Gärten u. Parks.

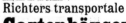

Hierzu je eine Beilage der Firma **Otto Heyneck,** Chrysanthemumkulturen, **Magdeburg,** sowie von der **Verla Berlin SW. 11,** Hedemannstrasse 10.

Druck der Anhaltischen Buchdruckerei Gutenberg e. G. m. b. H. in Dessau

Illustrierte Wochenschrift für den gesamten Gartenbau.

Herausgeber: Max Hesdörffer-Berlin.

Erscheint jeden Sonnabend.
Monatlich eine farbige Kunstbeilage.

Bezugsbedingungen:
[Dur]ch jede Postanstalt bezogen Preis 2.50 M. vierteljährl. In Österreich-Ungarn 3 Kronen. [Bei] direktem Bezug unter Kreuzband: Vierteljährlich 3 M. Im Weltpostverein 3.75 M. Einzelpreis jeder Nummer 25 Pf.

[B]ei ohne Vorbehalt eingehenden Beiträgen bleibt das Recht redaktioneller Änderungen [vorbe]halten. Die Honorarauszahlung erfolgt am Schlusse jeden Vierteljahrs.

Anzeigenpreise:
Die Einheitszeile oder deren Raum 30 Pf.; auf der ersten und letzten Seite 60 Pf. Bei grösseren Anzeigen und Wiederholungen steigender Rabatt. Beilagen nach Übereinkunft. Anzeigen in der Rubrik Arbeitsmarkt (angebotene und gesuchte Stellen) kosten für Abonnenten einmalig bis zu 10 Zeilen Raum M. 1.50, weitere Zeilen werden mit je 30 Pf. berechnet.
Erfüllungsort auch für die Zahlung: Berlin.

Adresse für Verlag und Redaktion: Berlin SW. 11, Hedemannstrasse 10.

XII. Jahrgang No. 65. | Verlag von Paul Parey, Berlin SW. 11, Hedemannstr. 10. | 26. Dezember 1908.

Illustrierte Wochenschrift für den gesamten Gartenbau.

Jahrgang XII. 26. Dezember 1908. No. 65.

Farne.

Kultur und Verwendung der Farne.

Von **K. Klose**, West Norwood-London S. E.

(Hierzu sechs Abbildungen.)

Vom Standpunkte des Pflanzenzüchters aus teilt man die Farne nach praktischen Gesichtspunkten in zwei Gruppen ein: Erstens in Schau- und Dekorationspflanzen, zweitens in Handelspflanzen für die Massenanzucht. Nach den Anforderungen, welche sie an die Temperatur stellen, werden sie in Warmhaus-, Kalthaus- und Freilandfarne eingeteilt. Zu den letzteren gehören neben den heimischen auch harte ausländische, die ohne oder unter leichter Decke im Freien aushalten. In bezug auf die Belaubung findet man unter den Farnen eine außerordentliche Mannigfaltigkeit, die jedem, auch dem verwöhntesten Geschmack gerecht wird; sie wird erhöht durch eine Fülle verschieden gestalteter Sorten. Ihr Dekorationswert und die Verwendbarkeit der Wedel für die feine Binderei hat die Farne zu einem gesuchten Handelsartikel gemacht, zumal sie auch schon in kleinen Exemplaren für Jardinièren, Tafeldekorationen und Blumentische gern und viel Verwendung finden. Die Liebhaberei für Farne hat sich in den letzten Jahren wesentlich gehoben und ist noch in aufsteigender Entwicklung begriffen. Diese Entwicklung wurde durch die Erfahrung gefördert, daß viele feinere Farne, die man früher ausschließlich im Warmhause kultivierte, nur wenig wärmebedürftig sind und deshalb im temperierten Hause und Wintergarten weit besseres Fortkommen finden. Die in Deutschland leider noch wenig beachteten Freilandfarne sind hier zur Ausschmückung der Felsengärten und beschatteten Parkpartien sehr gesucht.

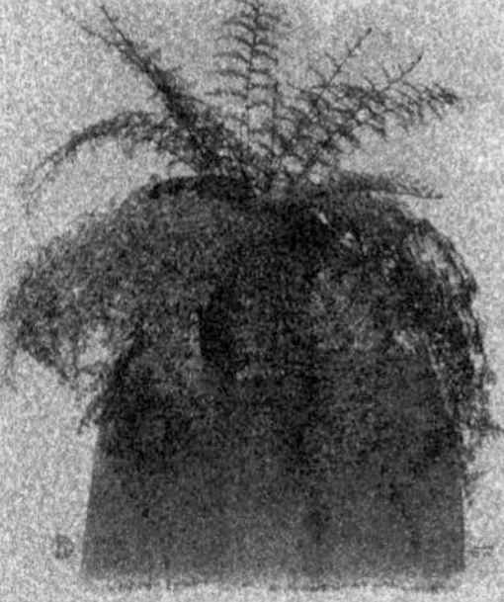

Gymnogramme schizophylla gloriosa.
Originalaufnahme für die „Gartenwelt".

Die natürliche Vermehrung durch Sporen ist für viele Handelsfarne die gebräuchlichste. Bei manchen Gattungen, so bei *Adiantum* und *Pteris*, erzielt man hierdurch die gewünschte Massenvermehrung, bei anderen liefern Aussaaten weniger günstige Resultate. Bei gewissen Arten ist die künstliche Vermehrung durch Rhizome gebräuchlich, so bei Davallien; Rhizome wurzeln meist leicht, oder sie werden durch Einschnitte zu rascher Wurzelbildung gezwungen. Die früher viel gebräuchliche künstliche Vermehrung durch Teilung älterer Pflanzen ist in neuerer Zeit durch die natürliche Vermehrung mehr und mehr zurückgedrängt worden. Manche Farne, so namentlich *Asplenium*, bilden Brut an den Wedeln, die bald austreibt, abgenommen und pikiert wird. Von Baumfarnen werden Stämme in größerer Zahl importiert, die bald fertige Dekorationspflanzen liefern. Baumfarne können aber auch durch Sporen vermehrt werden, doch vergehen dann Jahre, bis die Sämlinge zu stärkeren Pflanzen herangewachsen sind.

Die sporentragenden, zur Samengewinnung bestimmten Wedel müssen sorgfältig beobachtet und zur rechten Zeit geschnitten werden. Wenn sie braun zu werden beginnen, ist es Zeit zum Schnitt, worauf man sie dann in Papierdüten zum Nachtrocknen aufhängt. Es empfiehlt sich stets rasche Aussaat der Sporen, die zu jeder Jahreszeit ausführbar, wenn auch die Frühjahrssaat am empfehlenswertesten ist. Die Aussaat erfolgt in Warmhausbeete, besser aber in die leicht zu handhabenden

Schalen oder Kästen. Diese erhalten eine gute Scherbenunterlage, auf welche dann die Erdmischung, feingesiebte Rasen- und Heideerde, mit Sand und klein geschlagenen Ziegelsteinen vermischt, gegeben wird. Diese gleichmäßig zu verteilende Erdmischung wird gut angedrückt und vor der Aussaat tüchtig angebraust, da späteres Gießen die Sporen wegschwemmen würde. Die Aussaat hat sehr dünn zu geschehen. Die Saatgefäße bedeckt man mit Scheiben und bringt sie in das geschlossen zu haltende und bei Sonnenschein gut zu schattierende Vermehrungsbeet. Das beste Schattierungsmaterial sind über die Fenster zu legende Papierbogen. Vier bis sechs Wochen nach der Aussaat wird das erste, sehr vorsichtig auszuführende Pikieren vorgenommen, und darf danach in den nächsten Tagen nicht gespritzt werden; sollte Bewässerung erforderlich sein, so stellt man die Gefäße vorübergehend in flache Wasserbehälter, damit die Erde von unten Feuchtigkeit anzieht. Mit fortschreitendem Wachstum wird nach und nach etwas gelüftet. Aus zeitigen Frühjahrsaussaaten erhält man bis zum Herbste schöne Handelspflanzen, falls stets verpflanzt wird, wenn die Ballen leicht durchgewurzelt sind. Wird das rechtzeitige Verpflanzen versäumt, dann tritt eine Stockung im Wachstume ein.

Die Vermehrung durch Teilung erfolgt am besten in den Monaten Februar und März, also zu Beginn der neuen Vegetation. Rhizome werden abgeschnitten und in Torfmull oder Peat eingelegt. Starke, mehrköpfige Pflanzen teilt man mit dem Messer, topft die einzelnen Stöcke ein und hält sie warm. Oft wird der Fehler gemacht, tropische Farne zu warm, zu geschlossen und zu schattig zu halten, was mehr schadet als nützt; schwache, dünne Wedel und Ungeziefer sind eine Folge dieser verkehrten Behandlungsweise. Diese Farne lieben keinen dichten Schatten, nur Schutz vor grellen Sonnenstrahlen, Luftwechsel, aber auch feuchte Luft.

Wie andere Pflanzen, so sind auch die Farne einer Ruheperiode unterworfen; ihr wird Rechnung getragen, indem wir die Wassergaben einschränken und die Durchschnittstemperatur etwas heruntergehen lassen. Je gewissenhafter die Ruhezeit eingehalten wird, um so besser werden sich die Pflanzen in der kommenden Vegetationsperiode entwickeln. Zu Beginn des neuen Wachstums ist die beste Zeit für das Verpflanzen gekommen. Die Wachstumsperiode dauert bei Warmhausfarnen in der Regel acht Monate, vom Februar bis einschließlich September. In die Monate Oktober bis Januar fällt die Ruheperiode, in welcher eine Durchschnittstemperatur von 10 bis 12 °C für diese Pflanzen genügt. Muß man nun auch weniger Wasser geben, so darf doch die Erde niemals staubtrocken sein. Sobald das Wachstum wieder einsetzt, wird die Temperatur gesteigert, es darf dann die Nachttemperatur nie unter 16 bis 18 °C herabgehen. Das Lüften ist so auszuführen, daß Zugluft vermieden wird, durch welche die jungen Wedel leicht Schaden nehmen. *Adiantum, Gymnogramme*, überhaupt alle behaarten und mit Gold- oder Silberstaub bepuderten Farne dürfen niemals bespritzt werden.

Die ganze Schönheit der Farne hängt von gutem Wachstum, von der vollständigen Ausbildung der Wedel ab. Auf diese hat die richtige Sommer- und Herbstbehandlung wesentlichen Einfluß. Im Herbste müssen die Pflanzen mehr Licht und Luft bekommen, um gut auszureifen. Zur Schattierung der Farnhäuser bedient man sich am besten der Rollschattendecken. Bei manchen Farnen erzielt man durch Auspflanzen während des Sommers bessere Resultate als mit der Topfkultur. Es ist dies namentlich bei *Pteris* der Fall, die sich, auf Tabletten, in lockere, grobkörnige Erde ausgepflanzt, in üppiger Weise entwickeln. Auch *Davallia canadensis, Nephrolepis exaltata, Onychium japonicum, Woodwardia radicans* und *Todea barbara* gedeihen ausgepflanzt sehr gut.

Farne, die sich zur Bepflanzung von Ampeln eignen, sind in England und wohl auch anderwärts stets gesucht, und kommen namentlich solche mit hängenden Wedeln bei dieser Verwendungsart zu bester Wirkung. Man pflanzt hier meist in innen mit frischem Moos ausgelegte Drahtkörbe. Für die Korbbepflanzung empfehlen sich u. a. *Adiantum caudatum, cuneatum gracillimum, Farleyense* und *Moorei*, ferner *Asplenium Belangeri, longissimum* und *viviparum, Davallia dissecta* und *pallida, Gymnogramme schizophylla, Nephrolepis* in verschiedenen Arten und andere.

Zur Kultur der Baumfarne gehören große Häuser und viel Raum, um sie zu voller Entwicklung zu bringen. Am besten gedeihen sie ausgepflanzt in Palmenhäusern. Ihre Verwendung zu Dekorationen erfordert aber Kultur in Töpfen oder Kübeln, doch muß man sich da mit mäßiger Entwicklung zufrieden geben. Schöne Baumfarne sind: *Alsophila australis, Cyathea dealbata* und *medullaris*, sowie *Dicksonia antarctica*. Frisch eintreffende, importierte Stämme der Baumfarne kommen in ein feuchtwarmes Gewächshaus. Hier bedeckt man die Stämme mit feuchtem Moos, das wieder entfernt wird, wenn die ersten Wedel erscheinen, doch sind die Stämme durch Spritzen dauernd feucht zu erhalten.

Nephrolepis pectinata. Originalaufnahme für die „Gartenwelt“.

Pteris Summersii. Originalaufnahme für die „Gartenwelt“.

Die Hauptsache bei der Topfkultur der Farne bildet ein guter Wasserabzug; Farne brauchen viel Wasser, deshalb wird die Erde leicht sauer, wenn es an der nötigen Drainage fehlt. In einer Mischung, zusammengesetzt aus einem Teil Lauberde, einem Teil guter Rasenerde und einem Teil Komposterde, mit Sand und feingeschlagenen Topfscherben vermischt, werden fast alle Farne gedeihen. Eine Ausnahme machen nur die epiphytischen Arten, wie *Platycerium*, *Davallia* und *Acrostichum*, welche an Torfstücken mit Sumpfmoos am besten wachsen. Fast alle Farne gedeihen in ziemlich kleinen Töpfen, doch ist dann zu geeigneter Zeit mit leichten Dunggüssen nachzuhelfen.

Gegen die tierischen Feinde der Farne, speziell gegen Thrips, geht man durch vorsichtiges Räuchern vor. Wird zu stark geräuchert, so leiden die jungen Wedel. Schild-, Schmier- und Wolläuse sind durch vorsichtiges Waschen zu entfernen.

Die beigegebenen Abbildungen veranschaulichen schöne Pflanzen aus englischen Kulturen. *Nephrolepis pectinata* (Abbildung Seite 770) ist ein Warmhausfarn, der gewöhnlich in kleinen Exemplaren in den Handel gelangt. Unsere Abbildung zeigt aber, daß er sich auch zu prächtigen Schaupflanzen heranziehen läßt. Seine Heimat ist das tropische Amerika. Prächtige Warmhausfarne mit silber- und goldbestäubten Wedeln, die leider in neuerer Zeit nur noch selten in Kultur angetroffen werden, sind die *Gymnogramme*. Als allerbeste Handelspflanze aus dieser Gattung haben wir wohl *G. schizophylla* anzusprechen. Von dieser Art sind prächtige Varietäten gezüchtet worden, wie *superba* und die abgebildete *gloriosa* (Abbildung Titelseite), die sich sehr leicht durch die sich in den Gabelungen am Ende der Wedel bildenden jungen Pflänzchen vermehren lassen. Unsere Abbildung gibt ein vorzügliches Bild von der Zierlichkeit und Eleganz der lang herabhängenden, stattlichen Wedel. Als Einzelpflanze auf Blumenständern und für große Drahtampeln ist gerade letztgenannte Varietät von besonderem Werte. Obenstehende Abb. zeigt *Pteris Summersii*, eine etwa 50 bis 60 cm hoch werdende, starke Büsche bildende Pflanze. Die reich zerteilten, etwas monströsen Wedel werden aufrecht von kräftigen Stielen getragen. Untenstehende Abb. zeigt eine Form der Hirschzunge, mit stark monströsen, fast hahnenkammartigen Wedeln, *Scolopendrium vulgare ramo-cristatum*. Diese Form ist ebenso wie die bei uns heimische Stammart winterhart und gleich wertvoll als Topf- und Freilandfarn. Auch die auf Seite 772 abgebildete *Polystichum*-Varietät, *P. (Aspidium) angulare divisilobum* und *var. plenum*, sind harte, unter Decke dem Winter standhaltende Farne von großer Eleganz. Unser letztes Bild auf gleicher Seite zeigt eine der schönsten, wenn nicht die allerschönste Davalliaart, *Davallia retusa*. Die Pflanze wird etwa 60 cm hoch, ihre älteren Wedel neigen sich leicht nach abwärts, während die jungen anfangs aufrecht gerichtet sind. Diese Art wird in England gern als Dekorationspflanze, namentlich auch zu Ampelbepflanzungen verwendet.

Scolopendrium vulgare ramo-cristatum. Originalaufnahme für die „Gartenwelt“.

Stauden.

Andropogon formosus, ein sehr schönes, dekoratives Gras. Hohe, elegante Gräser sind immer gut zu verwenden, sei es zu Gruppen- oder zu Einzelpflanzungen. Ein solches Ziergras ist *Andropogon formosus*. Es wird bis 2 m hoch, die einzelnen Halme sind schmal, etwa 1 bis 1½ cm breit, stehen sehr schlank und bewegen sich beim geringsten Luftzuge. Ich halte *A. formosus* für viel wertvoller zur Gartenausschmückung als die in den letzten Jahren so verbreitete *Kochia*. In Blattpflanzengruppen wird *A. formosus* genau so wie als Einzelpflanze auffallen. Als letztere mag ich dieses Gras gar nicht mehr missen. Seine Kultur ist äußerst einfach, dabei ist es außerordentlich wüchsig. Obwohl mehrjährig, ist die jährliche Neuanzucht am empfehlenswertesten.

Die Anzucht des *A. formosus* geschieht durch Samen — Interessenten können denselben von mir erhalten, da er in Deutschland wenig angeboten riwd, — und zwar ist die Aussaat recht früh vorzunehmen, in der Regel Ende Januar bis März. Der Same keimt im Vermehrungshause sehr schnell, oft nach 4 bis 5 Tagen. Sobald die Sämlinge etwa 6 bis 7 cm hoch sind, werden sie in Schalen umpikiert und, wenn möglich, in einen Mistbeetkasten gebracht. Die Sämlinge entwickeln sich nun rasch so kräftig, daß sie schon nach 3 bis 4 Wochen einzeln in kleine Töpfe gepflanzt werden müssen, wonach man sie warm und anfangs geschlossen hält, dann aber durch Lüften abhärtet. Wenn man extra starke, kräftig entwickelte Pflanzen Ende Mai bis Juni auspflanzen will, so ist ein nochmaliges Verpflanzen in $4^1/_2$" Töpfe sehr ratsam. Ausgangs Mai auf warmen Fuß ausgepflanzt, ist

Polystichium angulare divisilobum.
Originalaufnahme für die „Gartenwelt."

A. formosus ein vorzügliches Dekorationsstück und gereicht jedem Park zur hervorragenden Zierde. In Blüte habe ich diese Pflanze im Freien noch nicht gesehen.

Adam Heydt, Blumenow bei Fischerwall.

Obstbau.

Einiges über das Anbinden der Obstbäume.

Von **H. Tietjens**, Poppelau.

(Hierzu eine Zeichnung.)

Ich habe schon verschiedentlich die Meinung aussprechen hören, daß es vorteilhaft sei, die jungen Bäume überhaupt nicht anzubinden. Der Baum soll, ohne Pfahl gepflanzt, angereizt werden, frühzeitig stärkere Wurzeln zu treiben, die ihn im Boden festhalten und einen Pfahl erübrigen, werden doch unsere Bäume im Walde auch nicht mit einem Pfahle gepflanzt. Dies mag wohl einleuchten, jedoch sprechen für das Setzen eines Pfahles beim Pflanzen so viele Gründe, daß man sich eben doch gezwungen sieht, dem Baume eine solche künstliche Stütze zu geben. In einem kleinen Garten, den man immer unter Augen hat, lasse ich es meinetwegen gelten, besonders noch, wenn derselbe geschützt liegt, daß man den jungen Baum auch ohne Pfahl pflanzt. Bei einer größeren Anlage jedoch, vornehmlich an Straßen, wird man den Pfahl nicht sparen können. Man gibt dem Baum entweder einen, zwei oder auch drei Pfähle. Das Anbinden an mehrere wird aber nur bei schon größeren Bäumen und in besonders windreichen Gegenden notwendig sein, oder wenn man gezwungen ist, sie auf Weiden etc. vor Beschädigungen durch Vieh zu schützen. In welch sinnloser Art und Weise nun aber die Bäume, ganz gleich ob jung oder älter, bisweilen seitens mancher Gartenbesitzer und auch solcher Leute, die sich mit der Pflege von Bäumen zu befassen haben, an die Pfähle angebunden werden, sollte man kaum für möglich halten. Gar mancher glaubt, er hätte genug getan, wenn er nur dafür sorgt, daß seine Bäume nicht umfallen. Oftmals habe ich gesehen, daß beim Anbinden derart verfahren wird, daß ich mir sagte, es wäre hier das beste gewesen, man hätte den Baum überhaupt nicht angebunden. In diesem Falle haben dann selbstverständlich diejenigen Leute Recht, die da sagen, es sei vorteilhafter für den Baum, ihn ohne Pfahl zu setzen.

Zum Anbinden selbst haben wir nun das verschiedenartigste Material, wie zum Beispiel Kokosfaserstricke, fertige Kokosbänder, Rohrbänder, Lederriemen, Gurte, alte Spritzenschläuche, Weiden, Strohseile usw. Oftmals wird in Zeitschriften dem einen oder anderen der angeführten Bindemittel in gleichem Maße das Wort geredet, auch findet man sie in vielen Büchern über Obstbau gleich warm empfohlen, während ich die meisten von ihnen als untauglich bezeichnen möchte, weil sie durch ihre mangelhafte Gebrauchsfähigkeit zu leicht falsch angewendet werden. Der angebundene Baum soll nach vollendeter Arbeit fest stehen, namentlich in windreichen Gegenden, wenn nicht am Stamme Scheuerwunden entstehen sollen. Um diese zu verhüten, wendet man den ∞-Verband an, indem also das Band in Form einer ∞ um den Pfahl und Baum herumgelegt wird. So wenigstens kann man in manchem Werk über Obstbau lesen. Man geht eben oftmals gerne, ohne lange zu prüfen, seinen alten Schlendrian weiter. Von Vorteil ist dieser Verband nicht. Mit ihm erreicht man nicht, was ich eben gesagt habe, daß der angebundene Baum feststeht.

Welche Ansprüche stellt man überhaupt an ein brauchbares Baumband? Es muß billig, dauerhaft, bequem in der Handhabung sein und sich damit leicht ein fester Verband ausführen lassen. Das Strohseil als Baumband finde ich, wenigstens bei schon größeren Bäumen, gänzlich ungeeignet. Es ist wenig dauerhaft und außerdem findet in ihm allerlei Ungeziefer willkommenen Unterschlupf. Das Weidenband ist gleichfalls zu verwerfen, denn einen wirklich festen Verband wird man damit nicht herstellen können. Auch die Gurte und alten Spritzenschläuche kann ich nicht empfehlen. Dieses Material ist wohl billig, auch dauerhaft, aber zur richtigen Handhabung ungeeignet. Meistens wird es in Form einer ∞ um Baum und Pfahl gelegt und an letzteren angenagelt. Während man dieses Band anlegt, findet man es wohl praktisch, jedoch muß man schon nach einiger Zeit, wenn man die angebundenen Bäume revidiert, anderer Meinung werden. Ein fester Verband hat sich nicht anfertigen lassen, namentlich dann nicht, wenn die Arbeit nur von einem Arbeiter ausgeführt werden mußte. Die Bäume werden in der Schlinge vom Winde hin und her geworfen und Scheuerwunden,

Davallia retusa. Originalaufnahme für die „Gartenwelt".

die oftmals dem Baume das Leben kosten, sind unausbleiblich. Um dieses zu vermeiden, empfiehlt Herr Obstbaulehrer Lorentz zwischen das in O-Form um den Baum herumgelegte Band einen Korkkeil einzuklemmen. Theoretisch ist dies ganz gut, jedoch praktisch läßt es sich in einer größeren Anlage, weil zu umständlich, nicht durchführen. Aus denselben Gründen verwerfe ich auch die geflochtenen, in einer gewissen Länge hergestellten Baumbänder. Vor einiger Zeit hatte ich Gelegenheit, eine Pflanzung von etwa 100 jungen Pflaumenbäumchen zu sehen, die alle mit geflochtenen Rohrbändern angebunden waren. Die Bäumchen befanden sich in einem geradezu traurigen Zustande. Dem größten Teil der Bäume war durch die schlecht angelegten und rauhen Bänder die Rinde dermaßen durchgerieben, daß von einem Weiterwachsen nicht mehr die Rede sein konnte. Man wird sagen, daß das auch bei jedem anderen Bande, mag es noch so gut sein, passieren kann. Jedoch alles mit Unterschied. Je mehr Mühe ein zu schneller Arbeit sich veranlaßt fühlender Arbeiter zur Anlegung eines guten Verbandes aufwenden muß, desto leichter entstehen durch schlechtes Binden an unseren Bäumen Verwundungen. Allen an ein gutes Baumband gestellten Anforderungen entspricht meiner Meinung nach entschieden der Kokosstrick. Da dieses Material in Rollen von mehreren Metern verkauft wird, läßt sich mit ihm ein in jeder Beziehung zweckdienlicher Verband ausführen. Man legt den Strick einige Male, wie es gerade die Stärke des Baumes erfordert, in Form eines O um Stamm und Pfahl und schlingt sodann das Band mehrere Male zwischen Pfahl und Baum hindurch, sodaß Baum und Pfahl in einer Schlinge stehen und zwischen beiden ein Polster geschaffen ist, jedoch in der Weise, daß man vom Pfahl aus beginnt den Strick um den Stamm und Pfahl herumzulegen und, nachdem dies, je nach der Stärke des Baumes, ein paar Mal geschehen ist, sodann ihn öfters, dicht am Stamme beginnend, zwischen diesen und Pfahl hindurchschlingt und die beiden Enden an der Rückseite des Pfahles miteinander verknotet. (Abbildung unten.) Diese Art des Anbindens wird auch in Verbindung mit dem Dietrichschen Baumhalter in Anwendung gebracht, jedoch erübrigt sich dieser eigentlich bei der eben beschriebenen Methode. Namentlich bei schon größeren Bäumen (Straßenbäumen) und in besonders windreichen Gegenden habe ich diesen Verband immer mit bestem Erfolge angewendet. Die Bäume standen stets fest. Allerdings ist ein jährliches Lösen der Bänder unbedingt notwendig!

Topfpflanzen.

Macleania punctata, Hook. fil., und andere.

Von B. Othmer, kgl. Garteninspektor, München.

(Hierzu zwei Abbildungen.)

Während die alpinen und subalpinen Kräuter und Sträucher der alten Welt reichlichst in unsern Gartenkulturen vertreten sind, es selbst an denen aus den nördlichen Teilen der neuen Welt nicht fehlt, sind die unermeßlichen Schätze der südamerikanischen Alpen, der Cordilleren, bekanntlich nur ganz außerordentlich gering behoben. Nur ab und zu zeigen, oder haben einzelne Einführungen uns eine Ahnung davon gegeben, was alles Schönes dort noch zu holen ist. Freilich, bis mehr davon zu uns herüberkommt, wird noch recht viel Zeit vergehen; alles in der Welt hat seine Zeit, ist einmal Mode oder auch nicht, und so geht es auch mit Entdeckungs- und Sammelreisen und mit Pflanzeneinführungen. Zurzeit sind Ostasien und Afrika an der Reihe, für den südamerikanischen Kontinent schlummert das Interesse wohl noch recht lange.

Solche in den Kulturen sehr seltene und vereinzelte Erscheinungen sind auch die Macleanien, immergrüne Sträucher von etwa Meterhöhe, die in Südamerika, in den Anden von Ekuador und Peru, in einer Höhe von etwa 4000 m beheimatet sind. Am häufigsten trifft man in den Kulturen wohl *Macleania punctata*, Hook. (Abbildungen Seite 774), mit steifen, braunroten, holzigen Stengeln und spiralig gestellten, eirunden, derbharten, lederigen Blättern mit ober- und unterseits dunkelbraunen Pusteln. Die langröhrigen, wie aus Wachs geformten, dunkelscharlachroten Blüten mit hellgelbem Saume sitzen in kurzem, becherigem, ebenfalls dunkelrotem Kelche, sind etwa 3 cm lang und reichlich $^1/_2$ cm breit. Sie sind in dichten Trauben an der Spitze jungen einjährigen Holzes angeordnet; altes Holz blüht nicht. Ihr am nächsten steht wohl *M. angulata*, Hook., mit hellroten Blüten und gelbem Blütensaum, auch der Kelch ist gelblichgrün. Die Blüten stehen kurz, 1 bis 2 cm lang gestielt, im Winkel der kurzgestielten, fast sitzenden Blätter, die größer sind als bei der vorigen Art. *M. pulchra*, Hook. (syn. *Thibaudia floribunda*, H. B. K.) ist größer und stärker wachsend, mit sitzenden, eirunden, zugespitzten Blättern. Die Blüten sind etwas länger gestielt, schlanker und größer wie bei den vorigen Arten, auch heller gefärbt, also hellscharlachrot mit grünlichgelbem Saum, aber rotem Kelch und nur grünlichem Blütenstiele. Sie stehen zu je drei in den Achseln der oberen Zweigblätter, sind dort unterseits angeordnet und abwärts hängend. *M. speciosissima*, Hook. (syn. *Thibaudia elliptica*, hort. Lind.) ist die reichblütigste, jedoch nicht straff aufrechte, sondern schlanke Art, mit überhängenden Zweigen, wohl epiphytischen Wachstums. Die eirunden, zugespitzten, etwas blaugrünen und nicht so steifen Blätter sind zweizeilig angeordnet. Im Winkel derselben, im oberen Drittel der Zweige, stehen die Blüten zu drei oder vier, an 2 bis 3 cm langen, grünlichen Stielen in grünlichem Kelche sitzend, von schwach rosenroter Färbung mit gelblichem, breitem oberem Rande.

Die Blütezeit dieser schönen und seltenen Sträucher ist die erste Hälfte des Sommers. Infolge ihrer wachsartigen Konsistenz halten sie lange und erfreuen durch ihre aparte Erscheinung und brillante Färbung. In der Kultur verlangen die Pflanzen einen hellen Platz in mäßig warmem Kalthause, im Sommer einen warmen, vor Prellsonne geschützten Ort im Freien. Als Erdmischung ist eine gut abgelagerte, lockere Heideerde zu empfehlen, mit Beimischung von gleichem Teile sandigen Lehmes oder faseriger Wiesenerde, darunter Ziegelbrockengemisch und scharfen Sand. Die Wurzeln sind bis federkielstark, etwas fleischig-holzig, ziemlich weit ausladend und etwas kriechend, so daß sich die Verwendung mehr weiter als tiefer Töpfe empfiehlt, jedoch sollen diese besserer Durchlüftung halber stets möglichst klein sein und stets gut durchgewurzelt gehalten werden.

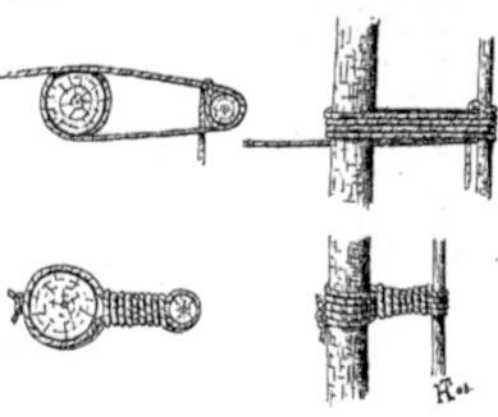

Praktisches Baumband aus Kokosfaserstrick.
Vom Verfasses für die „Gartenwelt" gezeichnet.

Im Sommer wollen die Pflanzen reichlich Wasser haben, sind dann auch sehr dankbar für einen Dungguß, im Winter dagegen sei man mit den Wassergaben weit sparsamer. Man wirke durch relativ starkes Zurückschneiden auf Bildung jungen Holzes hin, da, wie oben angegeben, nur an jenem die Blüten erscheinen. Sehr zierend sind dann auch die weichen, jungen Blätter, die wie bei so vielen anderen breitblätterigen Ericaceen auch hier recht schön rot gefärbt sind.

Die Anzucht und Vermehrung geschieht aus Samen oder Stecklingen. Letztere werden bei mäßiger Bodenwärme in Sand unter Glasglocken gesteckt.

Diese selteneren und schöneren Pflanzen sind wohl allgemeiner Verbreitung und Verwendung wert, wenngleich sie ja stets nur für den Garten des Liebhabers in Betracht kommen werden.

Gemüsebau.

Kohlrabizucht verursacht hier viel Schwierigkeiten. Die früh im Kasten gezogenen Pflanzen werden gut, aber die vom Mai bis Juli ausgepflanzten zeigen sich stets mit der Kohlmade behaftet und schlagen fehl. Seit mehreren Jahren wende ich folgendes Kulturverfahren an: Ich säe die späten Goliathkohlrabi unter Umgehung des Verpflanzens gegen April bis Anfang Mai direkt auf Beete und zwar in Reihen, dazwischen noch dünn Salat, der zuerst abgeerntet wird. Zu dicht aufgehende Sämlinge werden entfernt. Ist der Salat abgeerntet, so behacke ich die Kohlrabi und gebe später bei trübem Wetter flüssigen Dünger. Bei diesem Kulturverfahren tritt die Kohlmade nicht auf, und ein guter Ertrag ist die Folge davon. Mehrfach habe ich die ausgezogenen, zu dicht stehenden Pflanzen versuchsweise auf Nachbarbeete pikiert, aber im Gegensatz zu den an Ort und Stelle gesäten wurden diese pikierten Kohlrabi stets von der Kohlmade befallen und vernichtet, während die Kohlrabi auf den Saatbeeten ein hohes Gewicht erreichten. Verschiedene Kollegen, welchen ich vorstehendes Kulturverfahren empfahl, haben es mit gleichem Erfolge gehandhabt.

G. Bovenkerk, Obergärtner, Langenberg.

Macleania punctata.
Vom Verfasser im Botanischen Garten zu München für die „Gartenwelt" photographisch aufgenommen.

Blütenzweig von Macleania punctata.
Vom Verfasser im Botan. Garten zu München für die „Gartenwelt" photographisch aufgen.

Fragen und Antworten.

Beantwortung der Frage No. 568. Welche Kulturmethode empfiehlt sich bei Buschrosen, um kräftige Stöcke mit schönen, gesunden Blüten zu erhalten? —

Aus der Frage ist nicht genau zu ersehen, was der Fragesteller unter „Buschrosen" selbst versteht, also was in diesem Falle gemeint ist. Ich verstehe unter „Buschrosen" harte Strauch- und sogenannte Gruppenrosen, wie *Rosa rugosa, R. rubiginosa, R. rubrifolia, R. lutea,* die *R. Wichuraiana* und andere. Doch kann man oft von Laien mit Buschrosen auf Wurzelhals veredelte Rosen bezeichnet hören. Um zuerst von den ersteren zu reden, so ist es nötig, daß alle diese Sorten einen humusreichen, sehr nahrhaften, lehmig-sandigen Boden zu ihrem guten Gedeihen und kräftigen Wachstum erhalten. Ein Hauptaugenmerk ist dann auf den Schnitt zu richten. Um bei Buschrosen einen möglichst reichen Blumenflor zu erhalten, ist ein jährlicher starker Rückschnitt der Triebe möglichst zu vermeiden, da die meisten Buschrosen sonst stark ins Holz treiben, aber nicht zum Blütenreichtum neigen. Man schneide nur die unreifen Triebspitzen soweit zurück, bis die Augen an den Trieben eine vollkommene Ausbildung zeigen, d. h. die Augen müssen reif sein. Man schneide, wenn die Büsche zu alt werden, nur das starke Holz heraus.

Bei den Wurzelhalsveredlungen müssen die Triebe, um gute, vollkommen ausgebildete Blumen zu erhalten, ziemlich stark zurückgeschnitten und das schwache Holz entfernt werden. Unter diesem starken Schnitt leidet selbstverständlich der Blütenreichtum, aber die erscheinenden Blüten zeigen große Vollkommenheit in Bau und Farbe. Eine Kalidüngung (am besten Herbstdüngung) wirkt sowohl bei den Busch- wie auch bei den auf Wurzelhals veredelten Rosen auf gesunde kräftige Holzbildung und reichen Blütenflor.

Georg Blau, städtischer Gartentechniker, Bromberg.

Beantwortung der Frage No. 569. Welche Rosensorten sind bezüglich ihrer Widerstandskraft gegen Kälte und Blattkrankheiten empfehlenswert? —

Als besonders harte und widerstandsfähige Rosen haben sich die folgenden bewährt; sogar in dem verhältnismäßig rauhen und feuchten Klima Mittelschwedens hat man damit gute Erfahrungen gemacht:

Remontantrosen: *Alfred Colomb, Clio, Eugen Fürst, Fisher et Holmes, Général Jacqueminot, Jules Margottin, La Reine, Mme Victor Verdier, Margaret Dickson, Magna Charta, Marie Zahn, Marie Baumann, Mrs R. G. Sharman-Crawford, Mr Boncenne (= Baron Bonstetter), Mrs John Laing, Mrs F. W. Sanford, Mme James Hennessy, Prince Camille de Rohan, Senateur Vaisse, Triomphe de l'Exposition, Paul Neyron, Ulrich Brunner fils, Louis Van Houtte, Frau Karl Druschki.*

Noisette- und Bourbonrosen: *Aimée Vibert, Blanche Lafitte,* sowie alle sogenannten Noisette-Bourbon-Hybriden, z. B. *Boule de neige.*

Teerosen: *Blumenschmidt, Franziska Krüger, Gloire de Dijon, Mme Bérard, G. Nabonnand, Mme Lombard.*

Teehybriden: Mit wenigen Ausnahmen fast alle neueren Teehybriden, besonders noch *Gruß an Teplitz, Johanna Sebus, Mme Abel Chatenay, Mme Caroline Testout, Mme Jules Grolez, Königin Carola, Souvenir du Président Carnot, Viscountess Falkestone, Mme Ravary, Franz Deegen.*

Rosen anderer Klassen: *Lutea bicolor, Mme Hardy, Mme Plantier, Conrad Ferdinand Meyer, Soleil d'or* und alle Rugosa- und Centifolien-Abkömmlinge.

Von den hier genannten Sorten sind die Rassen mit glattem, glänzendem Laube, also alle Teerosen und Noisetten, sowie die Teehybriden mit ausgesprochenem Teeblut gegen Blattkrankheiten weit widerstandsfähiger als die Remontantrosen, die besonders sehr dem Rosenrost unterworfen sind. **R. Stavenhagen,** Rellingen.

— In meiner 20jährigen Praxis habe ich die Erfahrung gemacht, daß die nachstehenden Rosen die härtesten und am wenigsten empfindlich gegen Blattkrankheiten sind: *Ulrich Brunner fils, Frau Karl Druschki, Louis Van Houtte, Fisher et Holmes, Captain Christy, Alfred Colomb, Mme Caroline Testout, Grace Darling, Kaiserin Auguste Viktoria, Mlle Franziska Krüger, Marie Baumann, Mme Victor Verdier, Crimson Rambler, Mme Norbert Levavasseur.*

Die angeführten Rosen haben, mit Fichtenreisig zugedeckt, die strengsten Winter am besten ausgehalten.

E. Winter, Obergärtner, Wieblingen.

Beantwortung der Frage No. 570. Welche Kennzeichen haben die sogenannten Kaisernelken und Prachtnelken? Wodurch unterscheiden sie sich von Malmaisonnelken?

Die sogenannte Malmaisonnelke ist eine halbstrauchartige Kalthauspflanze mit großen, gefüllten, weißen Blüten. Weil undankbar blühend, findet man sie nur selten in Handelsgärtnereien, ab und zu dagegen am Blumenfenster des Liebhabers. Im Gegensatz zu dieser Nelke, die im Laufe der Jahre ziemlich hoch wird, ist die sogenannte Kaisernelke, zur Gruppe der chinesischen Nelken *(Dianthus chinensis)* gehörig, eine nur 20 bis 25 cm hoch werdende. Sommerblume mit verschiedenfarbigen, einfachen und gefüllten, während des ganzen Sommers erscheinenden Blüten. Die Blüten wechseln im prachtvollen Farbenspiel vom reinsten Weiß bis zum tiefsten Schwarzrot. Die Kataloge der großen Samenhandlungen führen zahlreiche Sorten auf, darunter auch ganz niedrige *(D. chinensis imperialis nanus)*, die sich zur Bepflanzung teppichartiger Beete und zu zierlichen Einfassungen eignen. **M. H.**

Neue Frage No. 598. Gibt es ein Buch, welches besonders die Verwendung der Ziersträucher in Park und Garten behandelt, und in dieser Hinsicht „Die schönsten Blütensträucher" von Max Hesdörffer ergänzt?

Neue Frage No. 599. Welches Verfahren zum Trocknen des *Echinops Ritro* verspricht wirklich Erfolg?

Zeit- und Streitfragen.

Handelsgärtner und Schrebergärten.

Von **W. Korff,** Magdeburg.

Vielfach findet man, daß weite Handelsgärtnerkreise den Bestrebungen der Schrebergärtenvereine abweisend gegenüberstehen mit der Begründung, daß dieselben besonders den kleineren Handelsgärtnern fühlbare Konkurrenz machen. In manchen Fällen mag dieses wohl zutreffen, besonders da, wo die einzelnen Gärten so groß bemessen sind, daß ihre Pächter in den Stand gesetzt sind, über den eigenen Familienbedarf zu produzieren. Aus Erfahrung weiß ich, daß solche Gartenbesitzer ihren Ueberfluß zu unglaublich billigen Preisen losschlagen und dadurch manchen Geschäftsmann, der naturgemäß nicht so billig verkaufen kann, empfindlich schädigen. Aber gerade da solche Fälle vorkommen, halte ich die Zurückhaltung der Berufsgärtner und ihrer Vereine nicht für richtig, vielmehr müßten sie sich der Sache annehmen, um rechtzeitig bestimmend und veredelnd in jeder Weise bei der Anlage solcher Kolonien einwirken zu können.

Die volkswirtschaftliche Bedeutung der Schrebergärten ist ja unbestreitbar, aber ebenso unbestreitbar ist auch die Tatsache, daß die meisten, besonders die von privater Seite angelegten Laubenkolonien einen wahrhaft trostlosen Eindruck machen mit ihren primitiven Lauben, Hühner-, Ziegen- und gar Schweineställen, dem Gewirr von unordentlichen Drahtzäunen und ihren Bergen von Unkraut und Abfällen. Die Umgebungen der größeren Städte werden geradezu verunziert durch solche weitausgedehnten Ansiedlungen. Daß hinter diesen unerfreulichen Aeußerlichkeiten sich so manche Szene rührender Naturfreude und Pflanzenliebe des abgehetzten Stadtmenschen abspielt, ist eigentlich nur ein schwacher Trost für unser beleidigtes Schönheitsgefühl! In den meisten größeren Städten haben ja jetzt die Gartenverwaltungen die Anlage solcher Gärten übernommen, die dann durch ihre Einheitlichkeit und Zweckmäßigkeit angenehm auffallen. Sache der Berufsgärtner ist es nun, den Tätigkeitsdrang des Laienpublikums in die richtigen Bahnen zu lenken, durch Einrichtung von Mustergärten möglichst mit Verkaufsgelegenheit der ausgestellten Pflanzen den Pächtern Anregungen zur Ausgestaltung ihrer Parzellen zu geben und so dem Gärtnerstande ein neues zukunftsreiches Absatzgebiet zu erschließen. Es ist doch nicht nötig und auch gar nicht dem Geschmack eines Jeden entsprechend, immer nur Gemüse zu ziehen! Hier in Magdeburg gibt es so manchen entzückenden kleinen Schrebergarten, dessen Besitzer (meist dem Lehrerstande oder dem besseren Beamtenstande angehörig) aus eigenem Antriebe es verstand, sich ein kleines Pflanzeneldorado zu schaffen. Der eine schwärmt für Rosen, der andere für Stauden, Sommerblumen oder Farne. Hier ein schmuckes Alpinum im sauber gehaltenen Gärtchen, oder dort gar Sammlungen einheimischer Erdorchideen an Stelle der unvermeidlichen Kohlstrünke der benachbarten Parzellen. Solche Liebhabereien mit Wort und Tat zu fördern, liegt im eigensten Interesse der Handelsgärtner und Gartenbauvereine, anstatt grollend zur Seite zu stehen oder gar anschlußsuchende Kolonistenvereine zurückzuweisen.

Im Zeitalter des Verkehrs. Ein Bürokratenstückchen, dem ein Kistchen mit vier kultivierten Orchideen zum Opfer fiel, verdient auch in weiteren gärtnerischen Kreisen bekannt zu werden. — Die Unglückskiste wurde am 14. Nov. dieses Jahres in Paris der Post übergeben. Am 16. Nov. war bereits die Rechnung in meinen Händen, aber die Sendung selbst blieb ungewöhnlich lange aus. Ich reklamierte beim Absender, der mir antwortete, er könne weiter nichts tun, als bei der dortigen Post Beschwerde zu erheben. Am 3. Dezember, also 20 Tage nach erfolgter Absendung, ging mir vom Postamt in Kettwig die Nachricht zu, daß ein Paket für mich auf dem Zollamte in Werden an der Ruhr eingetroffen sei. Nichts gutes ahnend, fuhr ich persönlich mit der Begleitadresse zur Empfangnahme der Sendung nach Werden. Dort wurde mir mitgeteilt, daß das Paket bereits am 17. Nov. eingetroffen sei, aber auch jetzt konnte ich die Pflanzen noch nicht aus ihrer unglücklichen Lage befreien, ihr Leidensweg sollte noch lange nicht beendet sein.

Die Post in Werden hatte nämlich die Zolldeklaration nicht zur Stelle und deshalb konnte man das Paket auf dem Zollamt in Werden nicht abfertigen. Meine sofortige Beschwerde bei der Oberpostdirektion hatte den nicht gerade günstigen Erfolg, daß mir die Sendung am 11. Dezember, also 27 Tage nach erfolgter Absendung, ausgefolgt wurde, aber in welcher Verfassung!

Bittner, Hugenpoet.

Und da soll noch einer daran zweifeln, daß wir im Zeitalter des Verkehrs leben, und daß die Kaiserliche Reichspost stets und unter allen Umständen ihren großen Aufgaben voll und ganz gewachsen ist! **Die Redaktion.**

Tagesgeschichte.

Bredeney. Laut Beschluß des Gemeinderates soll hierselbst ein Gemeindegärtner angestellt werden, der zugleich den Dienst des Friedhofsverwalters auszuführen hat. Das Gehalt ist auf 1800 M festgesetzt worden. Gefordert wird Absolvierung einer Gartenbauschule.

Britz bei Berlin. Infolge einer Anregung des Magistrates der angrenzenden Stadt Rixdorf, die Anlage eines Volksparkes in der Königshalde betreffend, worüber wir schon früher berichteten, beschloß die hiesige Gemeindevertretung zwecks Erwerbung der erforderlichen Ländereien gleichfalls mit dem Forstfiskus in Unterhandlung zu treten. Die Stadt Rixdorf will für genannten Zweck eine Fläche von 55 ha erwerben.

Gladbeck. Das hiesige christliche Gewerkschaftskartell hat in einer Eingabe an die Gemeinde u. a. auch um Anlage eines Volksparkes ersucht. Die Gemeinde hat zu diesem Antrag Stellung genommen und beschlossen, ein geeignetes Gelände zur Volksparkanlage zu erwerben.

Magdeburg. Der hiesige Obstbauverein hat sich zwecks regelmäßiger, alljährlicher Veranstaltung eines Obstmarktes um Unterstützung an die Landwirtschaftskammer in Halle a. d. S. gewendet, welche wohlwollende Antwort erteilte und den Verein für Staatsbeihilfen vorgemerkt hat, die zur Deckung der Unkosten und als Prämien für gut verpacktes Obst in größeren Mengen einer Sorte Verwendung finden sollen. Es ist wünschenswert, daß sich sämtiche Obstbauvereine des Regierungsbezirkes zur Beteiligung an diesen Obstmärkten entschließen.

Stettin. Die Stadtverordneten beschlossen die Aufnahme von 10 Millionen zum Grunderwerb. Die Grundstücke sollen u. a. zur Anlage eines Volksparkes und großer Laubenkolonien dienen.

Tübingen. Die Stadtverwaltung läßt zurzeit durch die Firma Berz & Schwede, Stuttgart, Pläne zur landschaftlichen Ausgestaltung der Lichtenberger Höhe ausarbeiten. Es sollen größere Waldpartien, vermischt mit landschaftlichen Anlagen, angepflanzt und durch diese Anpflanzungen der eigentliche Wald näher mit der Stadt verbunden werden.

Mannigfaltiges.

Vom Herrenhausener Schloßgarten bei Hannover. Wie bisher immer berichtet und auch geglaubt wurde, ist der Herrenhausener Schloßgarten von dem Schöpfer der Gartenanlagen von Versailles, dem Gartendirektor Le Notre, im Anschluß an seine Versailler Schöpfungen, angelegt worden. Dies ist aber nicht der Fall, wie Geheimrat Schuster in den Hannoverschen Geschichtsblättern von 1904 behauptet, ohne daß ihm bis jetzt ein Gegenbeweis erbracht werden konnte. Vielmehr hat ein Gartenmeister Charbonnier die Herrenhausener Anlagen projektiert und angelegt, ist aber vor Vollendung seines Werkes gestorben, so daß unter Kurfürst Georg, der seinem Vater Ernst August in der Regierung nachgefolgt war, die Gartenanlagen nach dem Charbonnierschen Plane ihrer Vollendung entgegengeführt wurden. Nun war in dem Plane aber auch die Anbringung einer Fontäne in der Mittelachse des Schlosses vorgesehen, die erst Herzog Johann Friedrich zur Ausführung bringen sollte, denn inzwischen hatte König Ludwig XIV. von Frankreich in dem Lustgarten von Versailles die großen Wasserkünste anbringen lassen, welche sich einen Weltruhm erwarben. Wie es damals Sitte war, eiferten viele Fürsten dem prunkvollen Pariser Hofe nach, und die Versailler Wasserkünste wollte schließlich auch jeder andere Herrscher in seinem Lustgarten haben, seien es auch nur ganz unwesentliche Sachen. So gedieh zu dieser Zeit die Gilde der Fontänenkünstler, wie sich die Erbauer solcher Wasserkünste nannten. Herzog Johann Friedrich berief den Dänen Cadart und betraute ihn mit der Ausführung. Nach 10 Jahren wurde Cadart entlassen, da seine Kunst sich nicht bewährte und die ungeheuren Kosten in keinem Verhältnisse zu dem ungenügenden Werke standen. Erst 24 Jahre später, im Jahre 1718, war das Werk vollendet und die große Fontäne ein zweites Weltwunder geworden.

Badermann, Rummelsburg.

Ein interessanter Baum, der sich in Rheinhessen erhebt, ist jetzt unter Denkmalsschutz gestellt worden. Es ist dies die schon mehr als 1000 Jahre alte Ulme zu Schimsheim, die im Volksmunde das Schimsheimer Rathaus genannt wird. Sie hat diesen Namen, weil im Sommer die Väter des Dorfes sich unter ihren Aesten versammeln, um über das Wohl und Wehe des Dörfchens zu beraten. Diese Ulme ist wohl der stärkste Baum in Deutschland. Sie hat einen Umfang von 15,5 m, der sich bis zur Höhe von 5 m gleich bleibt. In der Mitte des 19. Jahrhunderts hat der Blitz in den Baum geschlagen, so das er fast ganz ausbrannte und nach und nach zurückging. Vor noch nicht langer Zeit hat man die Oeffnungen mit 27 cbm Sand ausgefüllt und sorgfältig vermauert. Nun entwickelte sich der Baum wieder und dürfte noch manches Jahr, vielleicht auch noch manche Generation überdauern.

Bevorstehende Ausstellungen.

Aarhus. Im Mai nächsten Jahres wird hierselbst eine finnische Landesausstellung stattfinden, auf welcher auch der Gartenbau entsprechende Vertretung finden soll. Diese Ausstellung verspricht die größte zu werden, welche jemals in Dänemark stattgefunden hat.

Plauen i. V. Der vogtländische Gartenbauverein will aus Anlaß seines bevorstehenden 25jährigen Jubiläums im August nächsten Jahres eine große Gartenbauausstellung veranstalten.

Personalnachrichten.

Füredi, Eugen, bisher Untergärtner an der Kgl. ungar. Gartenbaulehranstalt in Budapest, ist zum Staatsgartenbaulehrer an der Kgl. ungar. Korrektionsanstalt in Kassa ernannt worden.

Grasenack, August, Gärtnereibesitzer zu Wittenberg, wurde der Kgl. Kronenorden vierter Klasse verliehen.

Heins, W., Baumschulenbesitzer, Halstenbek (Holst.), † am 8. d. Mts. Der Tod ereilte den Verstorbenen infolge eines Schlaganfalls an der Türe seines Geschäftszimmers, das er am Morgen in gewohnter Weise betreten wollte. Heins, der ein Alter von 75 Jahren erreicht hat, war der Sohn des Begründers der Halstenbeker und damit der heute weltbekannten südholsteinschen Baumschulenindustrie. Die Begründung der Baumschule erfolgte vor etwa 40 Jahren auf einem Terrain, das etwa $^1/_3$ ha groß war, während der gegenwärtige Betrieb eine Grundfläche von 150 Tonnen umfaßt, das sind etwa 75 ha, die der Anzucht von Forst- und Heckenpflanzen dienen, wovon etwa 150 Millionen jährlich in den Handel gelangen sollen. Die Firma J. Heins Söhne ist vorzugsweise durch den Verstorbenen zu ihrer gegenwärtigen Entwicklung gebracht worden.

Jeunrich, Karl, Gutsgärtner zu Warnin im Kreise Köslin, erhielt das Allgemeine Ehrenzeichen.

Briefkasten der Redaktion.

Dieser Nummer liegt das Inhaltsverzeichnis des hiermit abgeschlossenen zwölften **Jahrganges bei;** das alphabetische **Sachregister** wird **der No. 1 des neuen, dreizehnten Jahrganges** beigegeben werden.

Berlin SW. 11, Hedemannstr. 10. Für die Redaktion verantwortlich Max Hesdörffer. Verlag von Paul Parey. Druck: Anhalt. Buchdr. Gutenberg e. G. m. b. H., Dessau.

Vereinigte Blumenfabriken, Buchen
(Firma: Stall & Spieler)
empfehlen sich zur Lieferung von
Trauerkränzen aller Art
(auch in Perlen und Metall) an
Grossisten und Export. [2183

---

v. Schlüter'sche Nist-Urnen
aus unverwüstlichem Ton
Medail M. für Meisen. vorzüglich bewährt.
f. Meisen 25 Pf. p. Stck.
f. Stare 40 „ „
f. Halbhöhlenbrüt. 20 Pf.
Bei Sendung von 25 Stück Packung frei. Grosse Abnahmen billig.
Walter Menzel, [2163
Holzkirch a. Queis, Kr. Lauban i. Schl.

Jacques Hasslach,
Samenzüchter, Propriétaire,
St. Rémy de Provence.

Gemüse- u. Blumensamen.
Sorgfältigst gezogen. — Feinst u. sehr begehrt: **Aster sinensis, Mont-Esterel, Kochia trichophylla.** [2137

Chrysanthemum,
sortenechte kräft. Mutterpfl. aus 15 cm-Topf., neueste erprobte riesenbl. v. 1908 : reinweiss **Miss Clay Fick** (weiss W. Duckham), **A. T. Miller, Edith Clausonne, Maud Jefferies, E. Willmot, Marg. de Mons,** l. rosa, **Ami Bergeret, O. H. Bromhead, Mary Mason,** gelb, **Polyphème** à 1 M, 10 St. 9 M, **R. Oberthür, C. A. Brooks, Mlr. Hankey, M. G. Rivol, Soleil de Décembre, Distinction** à 50 Pf., **W. Duckham, Monaco, Buron, Marg. Desjouis, La Gracieuse, Radaelli, J. Hilpert** etc. à 30 Pf., empfiehlt in zuverlässiger Ware gegen Nachnahme [2158
H. Scheibel, Chrysanth.-Spezialkult., **Merseburg** an der Saale.

Schneeglöckchen
das ganze Jahr!

Durch eine besondere Behandlung der Zwiebeln von **Leucojum vernum,** des besten aller Schneeglöckchen, ist es möglich, dieselben den Winter über, wie solche im Freien blühen, versandfähig zu erhalten. Ich versende nur Zwiebeln, die jetzt oder bald in **frostfreie Räume gepflanzt, sicher im Januar-Februar blühen,** das Tausend zu **10 Mk.**

Gleichzeitig offeriere **billigst, sofort lieferbar:** 100 St. ℳ

Helleborus niger, starke Pflz.	45,—
„ **niger major,** stark	50,—
„ **viridis,** grünbl., interessant	60,—
Hepatica tril. coerulea, stark	25,—
Cyclamen europ., komp. Knoll.	30,—
Ornithogalum umbellatum	6,—
Freilandfarne, bestens sortiert	60,—
Spiraea aruncus, starke Pflz	30,—
Gentiana cruc., Kreuz-Enzian	30,—
Digitalis sulph., gelb. Fingerhut	60,—
Centaurea mont., Flockenbl.	30,—
Erica herbacea, Glockenheide	30,—

Man verlange Preisliste über alle anderen Artikel. [2153
Johannes Grünauer, Massenversand, **Schwanenstadt,** Ober-Oesterreich.

Gewächshäuser,
Heizungsanlagen,
Frühbeetfenster, Gartenglas, Glaserdiamanten.
Böttger & Eschenhorn
Gr.-Lichterfelde-Ost
Marienfelder Strasse No. 98.
Fernsprecher: Amt Gr.-Lichterfelde No. 887.
Bahnstation Gross-Lichterfelde-Ost. [2197

Für 400000 Mark
Herkules-Windturbinen
haben wir im Jahre 1907 geliefert für **Wasserversorgungen, Ent-** und **Bewässerungen,** Antrieb [2080
landwirtschaftlicher Maschinen
und Erzeugung von Elektrizität.
Absolute Garantie für Leistung.
Sturmsicherheit.
Kataloge, Prosp., Besichtigung kostenlos.
Deutsche Windturbinen-Werke, Rudolph Brauns, G. m. b. H. Dresden-A.

Meine
Treibhausgurken
Beck's „Namenlose" und Beck's „1900"
sind noch immer **unübertroffen.** Auch dieses Jahr, wie in den letzten 2 Jahren biete ich demjenigen [2182
500 Mark
der mir den Nachweis erbringt, dass es eine bessere Sorte gibt, wie die obigen. — Hunderte freiwilliger Anerkennungsschreiben stehen zur Verfügung. — **Garantiere für die Keimfähigkeit jedes Kornes.** — 100 Korn M 4,50 geg. Nachnahme. — „Die Treibhausgurke und ihre Kultur" 80 Pfg. —
A. Beck, Gurkentreiberei, **Zuffenhausen-Stuttgart.**

Wichtig für Gärtner und Gartenbesitzer!
Moorerde für Rhododendron, Azaleen, Erika u. dergl.
Moor-Torfmull, wichtigstes Mittel zur Bodenverbesserung für alle Gartenkulturen!
Versandgeschäft: **J. Kastner, Landstuhl i. Pf.**
Lieferant sämtlicher Hof- und Stadtgärtnereien Süddeutschlands.
Preise brieflich. — Probe zu Diensten. [2181

Poudrette
nur aus menschlichen Fäkalien hergestellt, anerkannt bester Dünger für Gartenbau, Feld, Wald und Wiesen.

ab Kiel per Sack 75 kg M 13
„ Darmstadt „ 75 „ „ 14
gegen Kasse oder Nachnahme.
Bei Engros-Bezug Preisermässigung.
Generalvertreter Darmstadt:
G. M. Hachenburger.
Fernsprechstelle No. 9. [2143

Farn-Wedel
empfiehlt in nur sehr schöner und gut abgehärteter Ware:
1 Post-Pak.

(600)	**Asp. aculeatum**	2,40 ℳ
(1000)	„ **Lonchitis**	4,— „
(3000)	**Blechnum spic.**	3,50 „
(1000)	**Scolopendrium** (Hirschzunge)	3,50 „
(2000)	**Polypodium vulgare**	3,50 „
	ob. Sorten n. Wunsch gemischt	3,50 „

Bei Frachtgut-Sendungen Preise briefl.
M. Jacobi, Kunst- u. Handelsgärtn.,
Bad Reichenhall, Oberbayern.
Telegr.-Adresse: **Jacobi Reichenhall.**
Telephon Nr. 143. [2150

Harte Park-Rosen.
Grosse Vorräte in schönen
Polyanthasorten,
Gruppensorten,
Kletterrosen,
Hecken- und Wildrosen,
Hoch- und Halbstammrosen.
Koniferen und Ziersträucher,
verpfl. Solitär- und Alleebäume.
Peter Lambert, Trier.
Bad. Hoflieferant. [2180

Champignon-Brut,
d. Beste, was existiert, bes. präpariert; Garantie für d. Erfolg, wenn Beete nach meiner Anweisung angelegt und behandelt werden, Postkorb 5 M., 25 kg. 25 M. **Fr. Grunewald,** Baumschule, **Zossen.** [30

Zuverlässigste Bezugsquelle
für alle Arten
Gemüse- und Blumen-Sämereien.
Nonne & Hoepker
Königl., Grossherzogl. u. Herzogl. Hofl.
Ahrensburg bei Hamburg.
Illustr. u. beschreibende Samen-, Pflanzen-, Baumschul-, Stauden- und Dahlien-Kataloge frei. [2134

Maiblumen-
treibkeime
beste Qualität,
pro Mille 20 M., empfiehlt
Gustav Kunze,
Altenburg, S.-A.,
Bismarckstr. 36.
[2063

Mein reichhaltiger **Hauptkatalog** mit Beschreibung u. Abbildung über

Winterharte Stauden

zur Schnittblumengewinnung, zur Ausschmückung von Gärten und Parks, Grotten, Felspartien u. Teichen

Winterharte Freilandfarne und Eriken, Alpenpflanzen ▪ Edel-Dahlien

und als Spezialität: [17

Primula obconica „Ronsdorfer Hybriden“

meiner in Grösse und Färbung noch unübertroffenen Züchtungen, wird auf Verlangen **kostenlos** übersandt.

Georg Arends

Staudengärtnerei und Samenhandlung,

Ronsdorf (Rhld.).

Lafayette

leuchtend samtig-scharlach,

prachtvolle, gefüllte Topf- und Gruppen-Begonie,

Vermehrungsknollen 10 St. 5 M, 100 St. 45 M, [1535

starke Knollen 10 St. 4 M, 100 St. 35 M, empfiehlt unter Garantie für Echtheit per Kasse od. Nachn. evtl. 3 Mon. Ziel

Ag. Heym,

Schleusingen, Bez. Erfurt.

Rheinisches Gartenglas,

anerkannt kräftigstes Fabrikat, per 20 qm-Kiste zu M 27.— ab nächster Glashütte liefert in allen gangbaren Maßen, ferner **Rohglas** glatt und geripppt, sowie **Ia. Glaserkitt,** garantiert schwerspatfrei, und bestschneidende **Glaserdiamanten** billigst. [1893

Würzburger Glas- und Holzmanufaktur N. Stern, Würzburg I.

Welche Schattendecken sind die stärksten und auf die Dauer billigsten? Das sind die ☛

HERCULES

mit den **Schnallengliederketten aus verzinktem Bandeisen.** Grösste Zugfestigkeit. Dieselben liefert

Ed. Zimmermann, Altona/Elbe

Spezialfabrik für Gewächshäuser, Wintergärten, Veranden und Frühbeetfenster etc. Etabliert 1870.

1851]

Beeteinfassung

aus verzinktem Bandeisen mit passenden Stützen dazu.

☛ Preise auf Anfrage. ☚

Wilh. Klotz, Düsseldorf,

Schützenstrasse 64. [2159

Stauden- und Baumschul-Kulturen!

In allen einschlägigen Artikeln

Vom Guten das Beste!

Unter anderem grosse Bestände der feinsten Auswahl in:

Paeonia sinensis, Paeonia arborea, Clematis.

Reichhaltiges Verzeichnis mit Beschreibungen und Abbildungen frei!

Goos & Koenemann

Grossh. Hess. Hoflieferanten

Nieder-Walluf bei Wiesbaden

Staudenkulturen und **Baumschulen** für Obstbäume, Koniferen, Rosen und Ziergehölze. [9

Spargelsamen,

frische diesjährige Ernte, fordern Sie **Spezial-Offerte** von uns ein

Gebrüder Meier & Co.,

Braunschweig. [2057

Kranzweiden

bis 3 m lange, kräftige Ware, ‰ 7 M, gegen Nachnahme (190 kg). [2146

F. Gall,

Freiburg-Elbe (Hannover).

Maiblumentreibkeime,

prima II. Qual., vom Sandboden, per ‰ 10 M gegen Nachnahme, b. Ang. v. Ref. Ziel, empfiehlt [2009

Johs. Mohr, Baumschulen, Vossloch bei Elmshorn in Holstein.

Wer Bedarf hat

in **Blumentöpfen,** sollte nicht verfehlen, eine Probesendung zu beziehen und Preise zu verlangen. **Mein Fabrikat wird allgemein als bestes anerkannt** und es besitzen die Töpfe alle Eigenschaften, welche an einen guten Blumentopf gestellt werden müssen. **Grösste Dauerhaftigkeit und Porosität, hohler Boden, dadurch keine Wurzelfäulnis, weil Luftzutritt von unten, u. a. m.**

[2002

Emil Pabst Ofen- und Blumentopffabrik, **Meuselwitz S.-A.**

Druck der Anhaltischen Buchdruckerei Gutenberg e. G. m. b. H. in Dessau.

Lightning Source UK Ltd.
Milton Keynes UK
UKHW011221051118
331792UK00012B/2400/P